En vente à la librairie de L. HACHETTE et Cie, rue Pierre-Sarrazin, n° 14, à Paris,
ET CHEZ LES PRINCIPAUX LIBRAIRES FRANÇAIS ET ÉTRANGERS.

DICTIONNAIRE
UNIVERSEL
DES SCIENCES, DES LETTRES ET DES ARTS

contenant

POUR LES SCIENCES :

I. Les SCIENCES MÉTAPHYSIQUES et MORALES : Religion et Théologie naturelle ; Psychologie, Logique, Morale ; Éducation ; — Droit et Législation ; Administration, Économie politique ;
II. Les SCIENCES MATHÉMATIQUES : *Mathématiques pures*, Arithmétique, Algèbre, Géométrie ; — *Mathématiques appliquées*, Mécanique, Astronomie et Cosmographie, Génie, Art militaire ; Marine ; — Calcul des probabilités, Assurances, Tontines, Loteries ; — Arpentage et Géodésie ; —

Métrologie (Mesures, Poids et Monnaies), etc. ;
III. Les SCIENCES PHYSIQUES et les SCIENCES NATURELLES : Physique et Chimie ; — Minéralogie et Géologie ; Botanique, Zoologie ; — Anatomie, Physiologie ;
IV. Les SCIENCES MÉDICALES : Médecine, Chirurgie, Pharmacie et Matière médicale ; Art vétérinaire ;
V. Les SCIENCES OCCULTES : Alchimie, Astrologie, Magie, Sorcellerie, etc. ;

POUR LES LETTRES :

I. La GRAMMAIRE : Grammaire générale, Linguistique, Philologie ;
II. La RHÉTORIQUE : Genre oratoire, genre narratif, genre didactique, genre épistolaire, etc. ; — Figures, Tropes ;
III. La POÉTIQUE : Poésie lyrique, épique,

dramatique, didactique, etc. ; — Prosodie, Métrique ;
IV. Les ÉTUDES HISTORIQUES : Formes diverses de l'histoire, Histoire proprement dite, Chroniques, Mémoires, etc ; — Chronologie, Archéologie, Paléographie, Numismatique, Blason ; — Géographie théorique, Ethnographie, Statistique ;

POUR LES ARTS :

I. Les BEAUX-ARTS et les ARTS D'AGRÉMENT : Dessin, Peinture, Gravure, Lithographie, Photographie ; — Sculpture et Statuaire ; — Architecture ; — Musique, Danse et Chorégraphie ; — Gymnastique, Escrime, Équitation, Chasse, Pêche ; — Jeux divers : Jeux d'adresse, Jeux de hasard, Jeux de combinaison ;

II. Les ARTS UTILES : *Arts agricoles*, Agriculture, Silviculture ; Horticulture ; *Arts métallurgiques*, Extraction et travail des Métaux et des Minéraux ; — *Arts industriels*, Arts et Métiers, Fabriques et Manufactures, Produits chimiques ; — *Professions commerciales*, Négoce, Banque, Change, etc. ;

Avec l'Explication et l'Étymologie de tous les termes techniques,
l'Histoire sommaire de chacune des principales branches des connaissances humaines,
et l'Indication des principaux ouvrages qui s'y rapportent ;

RÉDIGÉ, AVEC LA COLLABORATION D'AUTEURS SPÉCIAUX,

PAR M.-N. BOUILLET,

CONSEILLER HONORAIRE DE L'UNIVERSITÉ, INSPECTEUR DE L'ACADÉMIE DE PARIS,
OFFICIER DE LA LÉGION D'HONNEUR, CHEVALIER DE L'ORDRE DE CHARLES III D'ESPAGNE ;
Auteur du *Dictionnaire universel d'Histoire et de Géographie*.

UN BEAU VOLUME DE 1750 PAGES GRAND IN-8°, A DEUX COLONNES.
(*L'ouvrage peut se diviser en 2 parties.*)

Prix de l'ouvrage : broché, 21 fr. ; cartonné en percaline gaufrée, 23 fr. ;
demi-reliure veau, 24 fr. ; demi-reliure chagrin, 25 fr.

Prospectus.

[Extrait de la préface de l'Auteur.]

Il est deux sortes de difficultés qui peuvent arrêter celui qui aime à s'instruire et à se rendre compte : les unes se rapportent aux personnages qui ont attiré, à quelque titre que ce soit, l'attention des hommes, aux lieux qui offrent quelque importance géographique, historique, administrative ou industrielle ; les autres, aux objets de la nature, aux créations de l'art ou de l'industrie, aux découvertes de la science ; en un mot, les unes se rapportent aux *noms*, les autres aux *choses*. S'il est intéressant pour un esprit cultivé de se représenter les hommes qui ont influé sur le sort de leurs semblables ou contribué à leur jouissances, les contrées qui ont été le théâtre de grands événements ou le berceau des personnages célèbres, il est nécessaire pour tous de connaître les êtres qui nous entourent, les forces qui animent la nature et qui agissent incessamment sur nous, les éléments dont toutes choses sont composées ; de se familiariser avec les inventions de tout genre qu'a enfantées le génie de l'homme. Dans notre *Dictionnaire universel d'Histoire et de Géographie*, nous nous sommes efforcé de satisfaire au premier de ces besoins, en levant les difficultés qui naissent des *noms propres*; dans le *Dictionnaire universel des Sciences, des Lettres et des Arts*, que nous publions aujourd'hui, nous tentons de répondre au second, en offrant pour l'étude des *choses* le même genre de secours.

Il existe déjà, il est vrai, un grand nombre d'ouvrages qui paraissent avoir cette destination : tels sont les *Vocabulaires* ou *Dictionnaires de la langue*, les *Encyclopédies* de toute espèce. Mais, parmi ces ouvrages, les uns, les *Dictionnaires de la langue*, ne peuvent, quelque complète que soit leur nomenclature, offrir que de pures définitions de mots, sans pénétrer jusqu'à la nature des choses; les autres, les *Encyclopédies*, allant au delà du but, donnent sur chaque sujet des dissertations ou même de véritables traités, plutôt que de simples articles, et atteignent ainsi de vastes proportions qui les mettent hors de la portée de la plupart des lecteurs. Il fallait un livre qui se plaçât entre ces deux sortes d'ouvrages; qui, moins superficiel que les premiers, moins développé que les seconds, donnât sur chaque matière, et de la manière la plus exacte, les notions vraiment indispensables, mais qui, en même temps, les présentât sous la forme la plus succincte et la plus substantielle; et qui, à la faveur d'un grand laconisme dans l'expression et d'un choix sévère dans les détails, pût condenser toutes ces notions en un seul volume, d'un usage facile pour tous. Il fallait, en un mot, une *Encyclopédie pratique*, où trouvassent place tous les sujets sur lesquels il y a quelque chose d'utile ou d'intéressant à dire. Malgré des tentatives dont on ne doit pas méconnaître la valeur, il nous a semblé qu'un tel livre restait encore à faire : c'est ce livre que nous avons tenté d'exécuter.

Il était, on le conçoit, impossible à une seule personne de réunir toutes les connaissances nécessaires pour accomplir une si vaste entreprise : aussi avons-nous dû, pour les parties qui ne pouvaient nous être familières, nous assurer le concours d'auteurs spéciaux, versés dans chacune d'elles. Nous réservant, avec la direction et la révision de tout l'ouvrage, les *Sciences métaphysiques et morales*, qui ont été l'objet constant de nos études et que nous avons enseignées pendant vingt ans, ainsi que les *Sciences historiques*, qui se rattachent étroitement aux travaux que nous avons précédemment publiés sur l'histoire et la géographie, nous avons confié les *Sciences physiques et mathématiques*, avec les *Arts industriels*, qui en sont l'application, à M. Ch. Gerhardt, docteur ès sciences, ancien professeur de chimie à la Faculté des sciences de Montpellier, auteur d'un *Précis de Chimie organique* qui depuis longtemps fait autorité, et d'un nouveau *Traité de Chimie organique* destiné à compléter le grand *Traité de Chimie* de Berzélius ; les *Sciences naturelles*, à M. Ach. Comte, professeur d'histoire naturelle au lycée Charlemagne, à qui l'on doit, entre autres ouvrages écrits pour la jeunesse, le *Règne animal de Cuvier disposé en tableaux méthodiques*, les *Cahiers d'histoire naturelle à l'usage des colléges*, et un *Traité complet d'histoire naturelle*; les *Sciences médicales*, à M. le Dr V. Jeannoël, médecin-major dans les hôpitaux militaires et l'un des officiers les plus distingués de notre Corps de santé. La partie littéraire a été traitée par M. Alph. Legouëz, professeur au lycée Bonaparte, auteur de divers ouvrages classiques justement estimés [1].... La position officielle qu'occupe chacun de ces collaborateurs, les travaux que plusieurs ont déjà publiés, la réputation dont ils jouissent, garantissent assez leur parfaite compétence, et donnent l'assurance que cet ouvrage sera au niveau des connaissances actuelles.

Malgré cette diversité d'auteurs, l'unité de l'ouvrage a été maintenue avec le plus grand soin, et c'est là, nous ne craignons pas de le dire, un mérite par lequel ce Dictionnaire se distinguera de la plupart des autres recueils de ce genre. On y trouvera, d'un bout à l'autre, le même esprit, la même marche, le même style.

L'esprit qu'on s'est efforcé d'y faire régner, c'est, avant tout, un respect scrupuleux pour tout ce qui doit être respecté : ainsi, dans les sujets qui intéressent la morale ou la religion, on a écarté tout ce qui aurait pu alarmer la pudeur ou la foi; bien que cet ouvrage ne soit pas exclusivement destiné à la jeunesse et qu'il s'adresse à toutes les classes de lecteurs, on a voulu qu'il pût, en toute sécurité, être mis entre les mains des jeunes gens, auxquels il sera plus particulièrement utile. En outre, dans toutes les matières qui sont encore controversées, on s'est fait un devoir d'observer une stricte impartialité entre les doctrines en lutte, et de parler avec de justes égards de toutes les opinions sincères : dans ces cas, on s'est borné à exposer fidèlement l'état de la science, sans faire prévaloir de système.

Dans la rédaction des articles, on a partout suivi une marche uniforme. Immédiatement après le nom de la chose, on a donné l'étymologie du mot, quand elle devait en éclaircir le sens ou même quand elle pouvait seulement aider la mémoire; viennent ensuite la définition adoptée par la science, la description, réduite aux traits essentiels et vraiment caractéristiques, les divisions et les classifications consacrées, les usages et les applications de l'objet dé-

---

[1] Suivent ici, dans la *Préface*, les noms de plusieurs personnes qui ont aussi coopéré, mais d'une manière moins assidue, à la rédaction du nouveau Dictionnaire, en traitant, chacune, une matière spéciale.

crit ou les inconvénients qu'il peut offrir. Les articles se terminent, quand il y a lieu, par une notice historique qui fait connaître l'origine et les progrès de chaque science, de chaque art, l'époque et l'auteur de chaque découverte, de chaque invention. Enfin, on a joint aux articles principaux des indications bibliographiques, qui renvoient aux meilleurs ouvrages publiés sur chaque matière.

Quant au genre de style, il était commandé par la nature même d'un ouvrage où il fallait dire le plus de choses avec le moins de mots, et qui aurait pu prendre pour devise : *Res, non verba*. Le style devait donc être laconique, sans cesser d'être clair; il devait, en outre, être éminemment exact et expressif. Or, il n'y a que la langue scientifique qui remplisse ces conditions : aucune périphrase n'eût pu remplacer, pour la description d'un minéral, d'un végétal, d'un animal, pour l'analyse d'un corps, pour la démonstration d'un théorème, les termes propres et la savante phraséologie qu'ont adoptés les minéralogistes, les botanistes, les zoologues, les chimistes, les géomètres : ce sont comme autant de signes algébriques auxquels la science moderne doit en grande partie sa précision, sa rigueur et ses progrès. Le nombre des personnes qui ont été initiées par leurs études premières au langage technique s'accroissant de jour en jour, nous pouvions sans inconvénient emprunter ce langage; néanmoins, pour venir en aide aux personnes auxquelles il est moins familier, nous avons de préférence employé les termes vulgaires toutes les fois que nous pouvions le faire sans nuire à l'exactitude; en outre, nous avons pris soin d'expliquer, à leur ordre alphabétique, tous les termes techniques qui étaient de nature à offrir quelque obscurité.

Nous osons espérer que, tel qu'il est, ce livre rendra quelques services. Bien que le projet de l'ouvrage remonte à un grand nombre d'années et que l'exécution en soit commencée depuis près de sept ans, il est tellement accommodé aux besoins de l'époque qu'il pourra paraître une œuvre de circonstance. Il offre, en effet, cette association des Sciences et des Lettres qui est aujourd'hui reconnue comme la condition indispensable de toute éducation sérieuse et complète, association que de sages réformes ont récemment consommée dans tous nos grands établissements d'instruction publique. En facilitant au savant et au lettré l'accès d'un nouvel ordre de connaissances, auquel chacun d'eux était jusque-là resté trop étranger, il contribuera à faire cesser ce funeste divorce qui a trop longtemps existé entre les Lettres et les Sciences.

C'est surtout par la partie scientifique que cet ouvrage nous paraît devoir se recommander. L'impulsion extraordinaire qui a été donnée depuis quelques années à cette partie des études, les grandes découvertes qui ont été faites, les applications merveilleuses que ces découvertes ont reçues, et qui ont si bien justifié, même aux yeux du vulgaire, ce mot prophétique de Bacon : *Savoir, c'est pouvoir,* ce sont là autant de causes qui ont appelé sur les Sciences l'attention et la faveur universelles, et qui ont donné au plus grand nombre le désir d'y être initié. Le *Dictionnaire universel des Sciences, des Lettres et des Arts* aidera à satisfaire ce légitime désir. Rassemblant en un seul corps et en un seul volume des notions qui sont éparses dans vingt dictionnaires différents, ou perdues dans de vastes encyclopédies, les résumant de la manière la plus brève, la plus exacte et la plus simple, il mettra à la portée de tous des connaissances indispensables, qui trop longtemps ont été réservées au plus petit nombre; il donnera immédiatement à l'homme du monde la définition de termes techniques qu'il rencontre à chaque instant dans les livres, dans les journaux, dans la conversation même, et qui lui offraient autant d'énigmes; la description de machines et de procédés qu'il a tous les jours sous les yeux sans les comprendre; il rappellera à l'étudiant, peut-être même quelquefois au savant, les éléments et les propriétés essentielles d'un composé chimique, les caractères distinctifs d'une famille ou d'un genre en botanique, en zoologie; les symptômes d'un mal naissant et les premiers remèdes à y apporter. S'il ne satisfait pas complétement à toutes les questions, ce livre pourra du moins, à la faveur des renseignements bibliographiques qu'il contient, indiquer aux esprits curieux les sources où ils iront puiser plus abondamment.

Répondant, comme le *Dictionnaire universel d'Histoire et de Géographie,* à un besoin réel, conçu dans le même esprit, exécuté par le même auteur, sur un plan analogue, dans les mêmes proportions et jusque dans la même forme, le *Dictionnaire universel des Sciences, des Lettres et des Arts* est destiné à devenir le compagnon inséparable de son devancier. Ces deux ouvrages forment, en effet, comme les deux moitiés d'un même tout; ils se complètent nécessairement l'un l'autre.

(Voir ci-après une page de *Spécimen,* tirée du Dictionnaire.)

OUVRAGE DU MÊME AUTEUR,

Publié par la même librairie et aux mêmes conditions :

DICTIONNAIRE UNIVERSEL D'HISTOIRE ET DE GÉOGRAPHIE,

Contenant : 1° l'Histoire proprement dite ; 2° la Biographie universelle; 3° la Mythologie; 4° la Géographie ancienne et moderne ; ouvrage recommandé par le Conseil de l'Instruction publique; 9e édition, augmentée d'un Supplément. 1 volume grand in-8°, à 2 colonnes.

DICTIONNAIRE

UNIVERSEL

DES SCIENCES, DES LETTRES ET DES ARTS.

AVIS.

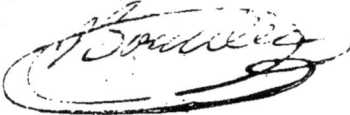

Paris. — Typographie Panckoucke, rue des Poitevins, 8 et 14.

DICTIONNAIRE

UNIVERSEL

DES SCIENCES, DES LETTRES ET DES ARTS

CONTENANT

POUR LES SCIENCES :

I. Les Sciences métaphysiques et morales : Religion et Théologie naturelle ; Psychologie, Logique, Morale ; Éducation ; — Droit et Législation ; Administration, Économie politique ;
II. Les Sciences mathématiques : *Mathématiques pures*, Arithmétique, Algèbre, Géométrie ; — *Mathématiques appliquées*, Mécanique, Astronomie, Génie, Art militaire, Marine ; — Calcul des probabilités, Assurances, Tontines, Loteries ; — Arpentage et Géodésie ; — Métrologie (Mesures, Poids et Monnaies), etc. ;
III. Les Sciences physiques et les Sciences naturelles : Physique et Chimie ; — Minéralogie et Géologie ; Botanique, Zoologie ; — Anatomie, Physiologie ;
IV. Les Sciences médicales : Médecine, Chirurgie, Pharmacie et Matière médicale ; Art vétérinaire ;
V. Les Sciences occultes : Alchimie, Astrologie, Magie, Sorcellerie, etc. ;

POUR LES LETTRES :

I. La Grammaire : Grammaire générale, Linguistique, Philologie ;
II. La Rhétorique : Genre oratoire, genres didactique, épistolaire, etc. ; — Figures, Tropes ;
III. La Poétique : Poésie lyrique, épique, dramatique, didactique, etc. ; — Prosodie ;
IV. Les Études historiques : Formes diverses de l'histoire, Histoire proprement dite, Chroniques, Mémoires, etc. ; — Chronologie, Archéologie, Paléographie, Numismatique, Blason ; — Géographie théorique, Ethnographie, Statistique ;

POUR LES ARTS :

I. Les Beaux-Arts et les Arts d'agrément : Dessin, Peinture, Gravure, Lithographie, Photographie ; — Sculpture et Statuaire ; — Architecture ; — Musique, Danse et Chorégraphie ; — Gymnastique, Escrime, Équitation, Chasse, Pêche ; — Jeux divers : Jeux d'adresse, Jeux de hasard, Jeux de combinaison ;
II. Les Arts utiles : *Arts agricoles*, Agriculture, Silviculture ; Horticulture ; *Arts métallurgiques*, Extraction et travail des Métaux et des Minéraux ; *Arts industriels*, Arts et Métiers, Fabriques et Manufactures, Produits chimiques ; — *Professions commerciales*, Négoce, Banque, Change, etc.

Avec l'Explication et l'Étymologie de tous les termes techniques,
l'Histoire sommaire de chacune des principales branches des connaissances humaines,
et l'Indication des principaux ouvrages qui s'y rapportent ;

RÉDIGÉ, AVEC LA COLLABORATION D'AUTEURS SPÉCIAUX,

PAR M.-N. BOUILLET,

CONSEILLER HONORAIRE DE L'UNIVERSITÉ, INSPECTEUR DE L'ACADÉMIE DE PARIS,
OFFICIER DE LA LÉGION D'HONNEUR, CHEVALIER DE L'ORDRE DE CHARLES III D'ESPAGNE ;

Auteur du *Dictionnaire universel d'Histoire et de Géographie.*

———◦◦◦———

PARIS

LIBRAIRIE DE L. HACHETTE ET Cie

RUE PIERRE-SARRAZIN, N° 14

(Près de l'École de médecine)

1854

PRÉFACE.

Il est deux sortes de difficultés qui peuvent arrêter celui qui aime à s'instruire et à se rendre compte : les unes se rapportent aux personnages dont les noms ont attiré, à quelque titre que ce soit, l'attention des hommes, aux lieux qui offrent quelque importance géographique, historique, administrative ou industrielle; les autres, aux objets de la nature, aux créations de l'art ou de l'industrie, aux découvertes de la science; en un mot, les unes se rapportent aux *noms*, les autres aux *choses*. S'il est intéressant pour un esprit cultivé de se représenter les hommes qui ont influé sur le sort de leurs semblables ou contribué à leurs jouissances, les contrées qui ont été le théâtre de grands événements ou le berceau des personnages célèbres, il est nécessaire pour tous de connaître les êtres qui nous entourent, les forces qui animent la nature et qui agissent incessamment sur nous, les éléments dont toutes choses sont composées; de se familiariser avec les inventions de tout genre qu'a enfantées le génie de l'homme.

Dans notre *Dictionnaire universel d'Histoire et de Géographie*, nous nous sommes efforcé de satisfaire au premier de ces besoins, en levant les difficultés qui naissent des *noms propres*; dans le *Dictionnaire universel des Sciences, des Lettres et des Arts*, que nous publions aujourd'hui, nous tentons de répondre au second, en offrant pour l'étude des *choses* le même genre de secours.

Il existe déjà, il est vrai, un grand nombre d'ouvrages qui paraissent avoir cette destination : tels sont les *Vocabulaires* ou *Dictionnaires de la langue*, les *Encyclopédies* de toute espèce. Mais, parmi ces ouvrages, les uns, les *Dictionnaires de la langue*, ne peuvent, quelque complète que soit leur nomenclature, offrir que des définitions de mots, sans pénétrer jusqu'à la nature des choses; les autres, les *Encyclopédies*, allant au delà du but, donnent sur chaque sujet des dissertations ou même de véritables traités, plutôt que de simples articles, et atteignent ainsi de vastes proportions qui les mettent hors de la portée de la plupart des lecteurs. Il fallait un livre qui se plaçât entre ces deux sortes d'ouvrages; qui, moins superficiel que les premiers, moins développé que les seconds, donnât sur chaque matière, et de la manière la plus exacte, les notions vraiment indispensables, mais qui, en même temps, les présentât sous la forme la plus succincte et la plus substantielle; et qui, à la faveur de ce laconisme dans l'expression et d'un choix sévère dans les détails, pût condenser toutes ces notions en un seul volume, d'un usage facile pour tous. Il fallait, en un mot, une *Encyclopédie pratique*, où trouvassent place tous les sujets sur lesquels il y a quelque chose d'utile ou d'intéressant à dire. Malgré des tentatives dont on ne doit pas méconnaître la valeur, il nous a semblé qu'un tel livre restait encore à faire : c'est ce livre que nous avons tenté d'exécuter.

Il était, on le conçoit, impossible à une seule personne de réunir toutes les connaissances nécessaires pour accomplir une si vaste entreprise : aussi avons-nous dû, pour les parties qui ne pouvaient nous être familières, nous assurer le concours d'auteurs spéciaux, versés dans chacune d'elles. Nous réservant, avec la direction générale de tout l'ouvrage, les *Sciences métaphysiques et morales*, qui ont été l'objet constant de nos études et que nous avons enseignées pendant vingt ans, ainsi que les *Sciences historiques*, qui se rattachent étroitement aux travaux que nous avons précédemment publiés sur l'histoire et la géographie, nous avons confié les *Sciences physiques et mathématiques*, avec les *Arts industriels*, qui en sont l'application, à M. Ch. Gerhardt, docteur ès sciences, ancien professeur de chimie à la Faculté des sciences de Montpellier, auteur d'un *Précis de Chimie organique* qui depuis longtemps fait autorité, et d'un *Traité de Chimie organique* destiné à compléter le grand *Traité de Chimie* de Berzélius; — les *Sciences naturelles*, à M. Ach. Comte, professeur d'histoire naturelle au lycée Charlemagne, à qui l'on doit, entre autres ouvrages écrits pour la jeunesse, le *Règne animal de Cuvier disposé en tableaux méthodiques*, les *Cahiers d'histoire naturelle à l'usage des collèges*, et un *Traité complet d'histoire naturelle;* — les *Sciences médicales*, à M. le Dʳ V. Jeannoël, médecin-major dans les hôpitaux militaires et l'un des officiers les plus distingués du Corps de santé. — La partie littéraire a été traitée par M. Alph. Legouëz, professeur au lycée Bonaparte, auteur de divers ouvrages classiques. La position officielle qu'occupe chacun de ces collaborateurs, les travaux que plusieurs ont déjà publiés, la réputation dont ils jouissent, garantissent assez leur parfaite compétence, et donnent l'assurance que cet ouvrage sera au niveau des connaissances actuelles.

A ces noms, nous devons ajouter ici ceux de plusieurs personnes qui nous ont aussi prêté leur concours, quoique d'une manière moins assidue. M. Éd. Bonnier, professeur à la Faculté de droit de Paris, a bien voulu revoir les articles de Droit les plus importants. M. Val. Parisot, professeur de littérature à la Faculté de Douay, nous a donné des articles de littérature et de philologie où l'on retrouve la solide instruction qu'on lui connaît. M. C.-R. d'Hurbal, colonel d'état-major, nous a fourni les documents les plus exacts sur l'Art et l'Administration militaires. M. le Dʳ Rigal, médecin du lycée Bonaparte, a coopéré de la manière la plus utile à la rédaction des articles de Médecine. M. Cap, auteur d'ouvrages couronnés par diverses sociétés savantes, a traité la Matière médicale. M. Aggiutorio, professeur de musique, et l'un de nos plus gracieux compositeurs, a revu ce qui se rapporte à la Musique. M. Jacquet, licencié ès sciences, auteur d'un *Cours élémentaire d'Histoire naturelle,* avait préparé bon nombre d'articles sur les objets de ses études; mais une mort aussi cruelle que prématurée nous l'a enlevé avant qu'il ait pu mettre la dernière main à son travail.

Malgré cette diversité de collaborateurs, que nécessitait la multiplicité des matières, l'unité de l'ouvrage a été maintenue avec le plus grand soin, et c'est là, nous ne craignons pas de le dire, un mérite par lequel ce Dictionnaire se distinguera de la plupart des autres recueils de ce genre. On y trouvera, d'un bout à l'autre, le même esprit, la même marche, le même style.

L'esprit qu'on s'est efforcé d'y faire régner, c'est, avant tout, un respect scrupuleux pour tout ce qui doit être respecté : ainsi, dans les sujets qui intéressent la morale ou la religion, on a écarté tout ce qui aurait pu alarmer la pudeur ou la foi; bien que cet ouvrage ne soit pas exclusivement destiné à la jeunesse et qu'il s'adresse à toutes les classes de lecteurs, on a voulu qu'il pût, en toute sécurité, être mis entre les mains des jeunes gens, auxquels il sera plus particulièrement utile. En outre, dans toutes les matières qui sont encore controversées, on s'est fait un devoir d'observer une stricte impartialité entre les doctrines en lutte, et de parler avec de justes égards de toutes les opinions sincères : dans ces cas, on s'est borné à exposer fidèlement l'état de la science, sans faire prévaloir de système.

Dans la rédaction des articles, on a partout suivi une marche uniforme. Immédiatement après le nom de la chose, on a donné l'étymologie du mot, quand elle devait en éclaircir le sens, ou même seulement quand elle pouvait aider la mémoire; viennent ensuite la définition adoptée par la science, la description, réduite aux traits essentiels et vraiment caractéristiques, les divisions et les classifications consacrées, les usages et les applications de l'objet décrit ou les inconvénients qu'il peut offrir. Les articles se terminent, quand il y a lieu, par une notice historique qui fait connaître l'origine et le progrès de chaque science ou de chaque art, l'époque et l'auteur de chaque découverte. Enfin, on a joint aux articles principaux des indications bibliographiques, qui renvoient aux meilleurs ouvrages publiés sur chaque matière.

Quant au genre de style, il était commandé par la nature même d'un ouvrage où il fallait dire le plus de choses avec le moins de mots, et qui aurait pu prendre pour devise : *Res, non verba*. Le style devait donc être laconique, sans cesser d'être clair; il devait, en outre, être éminemment exact et expressif. Or, il n'y a que la langue scientifique qui remplisse ces conditions : aucune périphrase n'eût pu remplacer, pour la description d'un minéral, d'un végétal, d'un animal, pour l'analyse d'un corps, pour la démonstration d'un théorème, les termes propres et la savante phraséologie qu'ont adoptés les minéralogistes, les botanistes, les zoologues, les chimistes, les géomètres : ce sont comme autant de signes algébriques auxquels la science moderne doit en grande partie sa précision, sa rigueur et ses progrès. Le nombre des personnes qui ont été initiées par leurs études premières au langage technique s'accroissant de jour en jour, nous pouvions sans inconvénient emprunter ce langage; néanmoins, pour venir en aide aux personnes auxquelles il est moins familier, nous avons de préférence employé les termes vulgaires toutes les fois que nous pouvions le faire sans nuire à l'exactitude; en outre, nous avons pris soin d'expliquer, à leur ordre alphabétique, tous les termes techniques qui étaient de nature à offrir quelque obscurité.

Pour mieux assurer l'unité et l'harmonie du tout, pour éviter les contradictions, les omissions, les répétitions, les doubles emplois, les faux renvois, qui déparent tant d'ouvrages de ce genre, nous nous sommes réservé le soin, non-seulement de distribuer le travail entre les divers collaborateurs, mais de coordonner et de reviser tous les articles, afin de les mettre en accord et de les proportionner entre eux. Un jeune et savant professeur, que nous avons déjà nommé parmi nos collaborateurs principaux, et qui précédemment nous avait prêté le plus utile concours dans la préparation du *Dictionnaire universel d'Histoire et de Géographie*, M. Alph. Legouëz, nous a, cette fois encore, secondé dans cette partie si pénible et si délicate de notre tâche avec autant de dévouement que d'intelligence : nous lui en témoignons ici toute notre reconnaissance.

Nous osons espérer que, grâce au concours de tant d'efforts, ce livre atteindra sa destination et qu'il rendra quelques services. Bien que le projet de l'ouvrage remonte à un grand nombre d'années et que l'exécution en soit commencée depuis près de sept ans (1), il est tellement accommodé aux besoins de l'époque qu'il pourra paraître une œuvre de circonstance. Il offre, en effet, cette association des Sciences et des Lettres qui est aujourd'hui reconnue comme la condition indispensable de toute éducation sérieuse et complète, association que de sages réformes ont récemment établie dans tous nos grands établissements d'instruction publique (2). En facilitant au savant et au lettré l'accès d'un nouvel ordre de connaissances, auquel chacun d'eux était jusque-là resté trop étranger, il contribuera à faire cesser ce funeste divorce qui a trop longtemps existé entre les Lettres et les Sciences.

C'est surtout par la partie scientifique que cet ouvrage nous paraît devoir se recommander. L'impulsion extraordinaire qui a été donnée depuis quelques années à cette partie des études, les grandes découvertes qui ont été faites, les applications merveilleuses que ces découvertes ont reçues, et qui ont si bien justifié, même aux yeux du vulgaire, ce mot prophétique de Bacon : *Savoir, c'est*

---

(1) L'auteur avait, dès 1829, signé avec M. Hachette et un autre éditeur un traité pour la rédaction d'un *Dictionnaire encyclopédique* : l'exécution, longtemps retardée par l'accomplissement de devoirs sacrés et par la rédaction d'autres ouvrages, n'a pu être effectuée qu'à la suite des événements de 1848.

(2) Voir le décret du 10 avril 1852, le *Plan d'études* du 30 août 1852 et les Programmes annexés.

pouvoir (1), ce sont là autant de causes qui ont appelé sur les Sciences l'attention et la faveur universelles, et qui ont donné au plus grand nombre le désir d'y être initié. Ce livre aidera à satisfaire ce légitime désir. Rassemblant en un seul corps et en un seul volume des notions qui sont éparses dans vingt dictionnaires différents, ou perdues dans de vastes encyclopédies, les résumant de la manière la plus brève, la plus exacte et la plus simple, il mettra à la portée de tous des connaissances indispensables, qui trop longtemps ont été réservées au plus petit nombre; il donnera immédiatement à l'homme du monde la définition de termes techniques qu'il rencontre à chaque instant dans les livres, dans les journaux, dans la conversation même, et qui lui offraient autant d'énigmes; la description de machines et de procédés qu'il a tous les jours sous les yeux sans les comprendre; il rappellera à l'étudiant, peut-être même quelquefois au savant, les éléments et les propriétés essentielles d'un composé chimique, les caractères distinctifs d'une famille ou d'un genre en botanique, en zoologie; les symptômes d'un mal naissant et les premiers remèdes à y apporter. S'il ne satisfait pas complétement à toutes les questions, ce livre pourra du moins, à la faveur des renseignements bibliographiques qu'il contient, indiquer aux esprits curieux les sources où ils iront puiser plus abondamment.

Répondant, comme le *Dictionnaire universel d'Histoire et de Géographie,* à un besoin réel, conçu dans le même esprit, exécuté par le même auteur, sur le même plan, dans les mêmes proportions et jusque dans la même forme, le *Dictionnaire universel des Sciences, des Lettres et des Arts* est destiné à devenir le compagnon inséparable de son devancier. Ces deux ouvrages forment, en effet, comme les deux moitiés d'un même tout; ils se complètent nécessairement l'un l'autre; il y a entre eux, malgré la différence essentielle des deux sphères de l'Histoire et de la Science, des points de contact qui nous ont plus d'une fois obligé de renvoyer de l'un à l'autre : c'est ce qui a eu lieu surtout pour la législation, pour les institutions publiques, pour les titres de dignités et de fonctions, toutes matières qui appartiennent également à la science politique et à l'histoire des peuples.

Le bienveillant accueil fait par le public au *Dictionnaire universel d'Histoire et de Géographie* est ce qui nous a enhardi à entreprendre une œuvre devant l'exécution de laquelle nous avions longtemps reculé. Nous avons apporté dans la rédaction du *Dictionnaire universel des Sciences, des Lettres et des Arts* le même zèle, les mêmes soins, avec une expérience plus grande. Puisse le nouveau venu obtenir un peu de cette faveur qui a été prodiguée à son aîné!

Paris, le 15 novembre 1854.

(1) « Scientia et potentia humana in idem coincidunt. » *Novum Organum,* lib. I, aphor. 5 (vol. II, p. 9 de notre édition).

DICTIONNAIRE

UNIVERSEL

DES SCIENCES, DES LETTRES ET DES ARTS.

A, voyelle et première lettre de l'alphabet dans presque toutes les langues connues (elle est la 13e dans l'éthiopien et la 10e dans le runique).—Dans la composition des mots, l'*a* placé en tête d'un mot est ordinairement privatif dans les langues sanscrite, grecque, latine, et dans leurs dérivés : *athée*, sans Dieu ; *amens*, sans raison, insensé.—Dans les nombres, *α'* valait 1 chez les Grecs, *α* 1,000 ; chez les Romains, A valait 500 (avant l'emploi du D pour cet usage) ; Ā 5,000. — Dans le calendrier romain, A était la première des lettres nundinales ; il est encore dans notre calendrier la première des lettres dominicales.— En Logique, A indique la proposition universelle affirmative : *Asserit* A, *negat* E, *verum generaliter ambo*. — En Musique, *a* désigne le *la*. — Dans les abréviations, A se met, chez les anciens, pour *Aulus*, *Augustus*, *annus*, etc.; chez les modernes, pour *altesse*, etc. — Dans les formules médicales, *ā* ou *āā* veut dire : égale quantité de chaque substance. — Sur nos monnaies, A indique la fabrique de Paris. — Dans les formules chimiques, *Ag*, veut dire argent; *Al*, alumine; *As*, arsenic; *Au*, or ; *Az*, azote.

ABAISSEMENT DES ÉQUATIONS. *Voy.* ÉQUATIONS.

ABAISSEURS (MUSCLES). *Voy.* MUSCLES.

ABAJOUES (pour *au bas des joues*), poches intérieures situées aux deux côtés de la bouche chez les singes de l'ancien continent, les rongeurs diplostomes et les chauves-souris nyctères, leur servent comme de garde-manger pour conserver les aliments : elles sont formées par la distension des muscles de la joue.

ABANDON DE BIENS. *Voy.* CESSION DE BIENS.

ABAQUE (du grec *abax*), espèce de buffet ou de comptoir que les anciens employaient à différents usages. Le plus souvent ce mot désignait une table couverte de poussière ou de sable fin sur laquelle les anciens faisaient leurs calculs ou traçaient les figures de géométrie. L'*abaque de Pythagore* était notre table de multiplication. On a depuis étendu le nom d'*abaque* à des tableaux propres à faciliter les calculs. On doit à M. Léon Lalanne un *Abaque* ou *Compteur universel*, donnant à vue, au moyen de lignes droites tracées dans différents sens, les résultats de tous les calculs d'arithmétique, de géométrie, de mécanique pratique, etc. (Paris, 1845 et 1851). *Voy.* ARITHMOMÈTRE, MACHINE ARITHMÉTIQUE.

En Architecture, on nomme *abaque* la tablette formant la partie supérieure du chapiteau des colonnes, sur laquelle porte l'architrave ; on la nomme aussi *tailloir*.

ABATELLEMENT, terme de Jurisprudence employé dans les Echelles du Levant pour exprimer la sentence par laquelle le consul de France interdit tout commerce avec les négociants qui auraient résilié leur marché ou n'auraient pas payé leurs dettes.

ABATTÉE, mouvement en vertu duquel un bâtiment qui n'est animé d'aucune vitesse tourne autour de son axe vertical : ainsi, l'abattée a lieu lors de l'appareillage, ou quand le navire est en panne ou à la cape, etc. — *Abattée* se dit aussi de l'espace entier parcouru pendant le mouvement.

ABATTOIR, établissement dans lequel les bouchers sont tenus de venir abattre et préparer les animaux destinés à la consommation. On y trouve réunis, outre les cases destinées à l'abattage, un abreuvoir, une cour dallée, dite *voirie*, où l'on jette les matières tirées de l'estomac et des intestins, des fonderies de suif, des échaudoirs où sont lavées à l'eau chaude et préparées les *issues* des animaux destinées aux tripiers. Ces établissements, de création toute récente, ont fait disparaître ces *tueries* infectes qui compromettaient la santé des grandes villes. Les abattoirs de Paris peuvent servir de modèles. Ils sont au nombre de 5, placés aux extrémités des faubourgs les plus populeux (faubourgs St-Honoré, Montmartre, Ménilmontant, plaine d'Ivry, Grenelle). Décrétés dès 1810, ces abattoirs n'ont été achevés qu'en 1818. On en trouve la description et l'historique dans les *Études relatives à l'art des constructions* de M. Bruyère, Paris, 1823. — On a, en outre, depuis peu d'années, établi près Paris un *abattoir de chevaux*, qui n'a pas rendu moins de services que les abattoirs de boucherie, en remplaçant les équarrissages qui ensanglantaient et infectaient la capitale, et en fournissant à l'industrie des moyens d'utiliser des débris qui jusque-là étaient perdus pour la plupart : cet abattoir est situé à Aubervilliers, dans la plaine des Vertus.

ABBAYE, monastère d'un ordre particulier, dirigé par un abbé ou une abbesse; bâtiments du monastère. — On distingue *abbaye en règle* ou *régulière*, qui ne peut avoir pour chef qu'un religieux, et *abbaye en commende*, qui peut avoir pour abbé un séculier (*Voy.* ABBÉ au *Dict. univ. d'Hist. et de Géogr.*).— Les monastères de Bénédictins, Bernardins, Prémontrés, Trappistes, avaient rang d'*abbaye;* la plupart possédaient de grands biens. On connaît surtout l'abbaye du Mont-Cassin en Italie ; celles de Cluny, Cîteaux, Clairvaux, la Trappe, en France; de Fulde, Corvey, en Allemagne; de St-Gall, en Suisse ; de Westminster, en Angleterre, etc. Les abbayes furent supprimées en France en 1790; leurs bâtiments et leurs révenus furent réunis au domaine de l'Etat.

ABCÈS (du latin *abscessus*, séparation), amas de pus formé dans une cavité accidentelle ou naturelle. Les Grecs le nommaient *apostème*. Un abcès est toujours la conséquence d'une inflammation. On distingue : *abcès chaud* ou *aigu*, quand l'inflammation a marché avec rapidité et que la tumeur est rouge et douloureuse; *abcès froid* ou *chronique*, quand la marche de l'inflammation a été lente et peu apparente, et que la tumeur est molle et indolente; *abcès par congestion* ou *symptomatique*, quand l'amas de pus dans une partie est le résultat d'une inflammation dont le siége est dans une région éloignée. On reconnaît que l'abcès est mûr quand on sent sous le doigt une sorte de *fluctuation*. Le traitement des abcès, quand ils ne crèvent pas naturellement, ou quand ils ne se dissipent pas par résorption, consiste à donner une issue à la matière purulente. On y réussit tantôt au moyen de simples applications émollientes ou maturatives, tantôt en les ouvrant avec le bistouri, ou en faisant la ponction, tantôt en les brûlant avec un caustique ou même avec le feu.

ABDICATION, acte par lequel le chef d'un État se dépouille de la puissance suprême (pour les abdications les plus célèbres, *Voy.* le *Dict. univ. d'Hist. et de Géogr.*). — On donnait aussi ce nom, chez les anciens, à un acte par lequel un père désavouait son fils comme indigne, et l'excluait de sa famille : cet acte entraînait l'exhérédation.

ABDOMEN (du latin *abdo*, cacher, envelopper). C'est la partie du corps faisant suite au thorax, et destinée à contenir, en général, la dernière portion des organes digestifs et l'appareil de la génération. Cette partie, dans l'homme et les animaux vertébrés, constitue le ventre, grande cavité qui s'étend entre le diaphragme, le bassin et les vertèbres lombaires, et qui contient les principaux viscères. L'abdomen est doublé intérieurement d'une membrane unie et mince, appelée *péritoine*, qui enveloppe tous les viscères contenus dans cette cavité. On y distingue trois régions : la *région épigastrique*, qui comprend, en avant, l'épigastre ou creux de l'estomac, et, sur les côtés, les hypocondres; la *région ombilicale*, qui comprend l'ombilic et les flancs; la *région hypogastrique*, qui comprend l'hypogastre et les fosses iliaques. — Dans les poissons et les reptiles, qui n'ont point de diaphragme, l'abdomen se confond avec le thorax. Dans les Crustacés, il forme ce que l'on appelle improprement la *queue* de ces animaux. Dans les insectes, il est formé d'anneaux rétractiles plus ou moins solides, et est souvent très-allongé. Enfin, il est nul ou peu distinct dans les animaux des dernières classes.

ABDOMINAUX (POISSONS). Cuvier nomme ainsi un ordre de poissons malacoptérygiens qui ont les nageoires ventrales suspendues sous l'*abdomen*, en arrière des pectorales. Cet ordre, qui comprend la plupart des poissons d'eau douce, embrasse cinq familles : *Cyprinoïdes*, *Esoces*, *Siluroïdes*, *Salmones*, *Clupes*.

ABDUCTEURS (MUSCLES). *Voy.* MUSCLES.

ABÉCÉDAIRE, livre dans lequel on apprend à lire. *Voy.* LECTURE (Méthodes de).

ABEILLE ou MOUCHE A MIEL, *Apis*, genre d'insectes Hyménoptères, de la famille des Mellifères, section des Apiaires, est ainsi caractérisé : antennes ordinairement brisées, filiformes, composées de douze ou treize articulations; mâchoire et lèvre inférieure fléchies en dessous, longues et étroites; palpes maxillaires très-petites; labiaux en forme de soies; corps court, plus ou moins velu; premier article des tarses fort grand; un aiguillon caché à l'extrémité de l'abdomen dans les femelles et les ouvrières ou neu-

tres. On distingue plusieurs espèces d'abeilles : les unes vivent en société, les autres vivent solitaires. Parmi les abeilles sociales, on appelle *villageoises* celles qui vivent hors de la dépendance de l'homme, et *domestiques* celles qu'on soigne pour avoir du miel: celles-ci ont pour type l'*A. commune*, *Apis mellifica*.

L'*Abeille commune* a le corps brun et velu. Son abdomen est composé de six anneaux dont le dernier cache un aiguillon piquant et barbé. Sa bouche est munie d'une trompe qui se cache, dans le repos, sous la tête et le thorax, et qui lui sert à sucer les fleurs. Ses pattes sont velues et garnies de petites brosses qui lui servent à retenir le pollen des fleurs et à en fabriquer la cire. Les abeilles vivent en société dans des *ruches*, sous un gouvernement qui présente l'image d'une monarchie. Ces réunions, dites *essaims*, qui sont ordinairement de 30 à 40,000 abeilles, se composent : 1° d'*ouvrières* ou *abeilles travailleuses*, qui sont *neutres*, c'est-à-dire sans sexe; 2° d'*abeilles mâles*, dites *faux-bourdons*; et 3° d'une femelle qui exerce l'autorité sur tous, et qu'on nomme *reine* ou *mère-abeille*. — Les ouvrières sont les plus petites : les unes recueillent dans le calice des fleurs les matériaux dont elles forment la cire et le miel, construisent avec la cire des cellules régulières ou *alvéoles*, destinées à recevoir le miel et à loger les œufs; les autres nourrissent les larves issues de ces œufs, et qu'on appelle le *couvain*. — Les bourdons, au nombre de 1,000 environ par essaim, sont plus grands que les ouvrières, mais n'ont point d'aiguillon. Destinés à féconder la femelle, ils sont tués par les ouvrières dès que les œufs sont pondus et que leur rôle est, par conséquent, achevé. — La reine est l'âme de l'essaim. Il ne peut y en avoir deux dans la même ruche; s'il en naît plusieurs, ou elles vont former de nouveaux essaims, ou elles sont mises à mort par celle qui est éclose la première. La reine est plus grande que les autres abeilles; destinée à propager l'espèce, elle a été, à cet effet, douée d'une prodigieuse fécondité; elle pond des milliers d'œufs et en dépose un dans chaque cellule; il en sort un petit ver blanc ou *larve* qui se transforme bientôt en chrysalide, puis en abeille. Les larves sont nourries et soignées par les ouvrières (*Voy.* ESSAIM, RUCHE, MIEL). — La piqûre des abeilles est fort douloureuse; on calme la souffrance qu'elle cause en extrayant le dard s'il est resté dans la plaie, et en faisant des onctions huileuses ou simplement des lotions avec de l'eau fraîche légèrement acidulée.

L'homme a de temps immémorial exploité les abeilles; la fable attribue l'invention de cet art au berger Aristée, fils d'Apollon et de la nymphe Cyrène. Les anciens célèbrent les abeilles du mont Ida, qui nourrirent Jupiter; celles de l'Hymette et de l'Hybla, qui fournissaient le meilleur miel. En France, on élève surtout les abeilles dans les anciennes provinces du Languedoc, du Dauphiné, de la Bretagne, dans le Gâtinais et aux environs de Paris. — Les mœurs des abeilles, poétiquement décrites par Virgile (*Géorg.*, IV), ont été philosophiquement observées par Réaumur et par Huber de Genève (*Observations sur les abeilles*, Gen., 1792). L'abeille est l'emblème de l'ordre et du travail; à ce titre, elle figure dans les armoiries et les devises aussi bien que dans les descriptions des poëtes. — On croit que les abeilles étaient le symbole de la tribu des Francs; on en a trouvé dans le tombeau de Childéric. Le manteau impérial et les armoiries de Napoléon étaient parsemés d'abeilles d'or. — Le pape Urbain VIII portait des abeilles dans ses armes.

ABERRATION DE LA LUMIÈRE. On nomme ainsi une déviation apparente ou réelle des rayons lumineux, soit que ces rayons nous viennent des astres, soit qu'ils traversent les lentilles. L'*aberration des astres* n'est qu'apparente. Elle est due à la composition du

mouvement rectiligne de la lumière avec le mouvement de la terre dans son orbite. Son effet est de faire décrire aux astres dans l'espace d'une année une ellipse dont le petit axe varie pour chaque étoile, mais dont le demi-grand axe a pour valeur constante 20'', 25.
— En Optique, on nomme *aberration de sphéricité* l'étendue plus ou moins grande dans laquelle se réunissent les rayons lumineux partant d'un même point, après avoir traversé une lentille. Cette déviation, due à la sphéricité même de la lentille, rend l'image confuse. On y obvie, en partie, en ne laissant pénétrer dans le verre, au moyen d'un écran, que les rayons voisins de l'axe. — Enfin, l'on nomme le phénomène de dispersion qui accompagne ces mêmes rayons, *aberration de réfrangibilité*, à cause de leur réfrangibilité inégale. Cet effet donne lieu aux teintes irisées que l'on observe sur les bords de l'image, et que l'on peut faire disparaître presque complétement. *Voy.* ACHROMATISME.

ABIÉTINÉES (d'*abies*, sapin), tribu de la famille des Conifères, établie par L. Richard; arbres gigantesques, remarquables par leur forme conique, leurs feuilles aciculées qui leur ont fait donner le nom d'*arbres à aiguilles*, par l'abondance de leur pollen qui forme les *pluies de soufre*, par la forme conique de leur fruit appelé de là *cône* ou *strobile*, et enfin par les écailles doubles de leurs chatons femelles et la position réfléchie des deux ovules nus que chaque écaille supérieure porte à sa base. *Voy.* PIN, SAPIN, CÈDRE, MÉLÈZE, etc.

ABIGEAT (d'*abigere*, emmener, détourner). On appelait ainsi chez les Romains le vol de bestiaux dans les pâturages. Le mot n'a pas été maintenu dans notre droit français, mais le fait est prévu : l'art. 388 du Code pénal punit d'un emprisonnement d'un an au moins et de cinq ans au plus celui qui a volé ou tenté de voler dans les champs des chevaux ou bêtes de charge, de gros et de menus bestiaux.

AB INTESTAT (pour *ab intestato*, provenant d'un homme qui n'a pas testé), se dit de la succession qui s'ouvre sans que le défunt ait fait de testament, et de l'héritier même qui recueille ce testament. Dans ce cas, qui est le plus fréquent, la succession est réglée par la loi. *Voy.* SUCCESSION.

ABJURATION, acte public et solennel par lequel on renonce à une religion fausse, à une hérésie, à un schisme, pour embrasser la religion chrétienne, spécialement la religion catholique, ou pour rentrer dans le sein de l'Église. L'histoire en offre des exemples célèbres : on connaît surtout les abjurations de Henri IV montant sur le trône, 1593; de la reine Christine de Suède, 1655; de Turenne, 1668; d'Auguste II, électeur de Saxe, puis roi de Pologne, 1706; de Bernadotte, devenu prince royal de Suède, 1810. On a aussi remarqué celles de Zacharie Werner, du comte de Stolberg, de Frédéric Schlegel, de Louis Haller, tous quatre littérateurs célèbres en Allemagne.

ABLATIF. *Voy.* CAS.

ABLE (d'*albus*, blanc, par transposition de lettres), espèce du genre Cyprin et de la famille des Cyprinoïdes, renferme des poissons blancs, dont le plus connu est l'Ablette, petit poisson blanc dont l'organisation se rapproche de celle du genre Carpe : corps aplati, argenté; tête pointue; mâchoire inférieure un peu plus longue que l'autre. Il ne dépasse guère 7 centimètres. Il est commun dans la Seine; on le pêche pour en retirer une substance nacrée nommée *essence d'Orient*, dont on se sert pour la fabrication des fausses perles. — Pour préparer l'essence d'Orient, on écaille d'abord les ablettes; on lave ensuite les écailles, on les broie dans l'eau, puis on laisse reposer la matière, qui se rassemble au fond sous forme d'une huile épaisse de la couleur des perles. Il suffit ensuite de décanter et d'introduire une goutte de cette liqueur avec un chalu-

meau dans les petites bulles de verre qui forment le corps de la perle fausse, et que l'on remplit ensuite de cire pour leur donner plus de solidité. C'est un nommé Jannin, marchand de chapelets à Paris, qui a inventé cette fabrication.

ABLÉGAT (du latin *legatus*, envoyé, *ab*, hors de), vicaire d'un légat. L'*ablégat* est un commissaire spécial chargé par la cour de Rome de porter à un cardinal la barrette et le petit bonnet rouge carré. Ses fonctions cessent dès que le cardinal a reçu les insignes de sa dignité.

ABLET, ABLETTE. *Voy.* ABLE.

ABLUTION, pratique commandée par quelques religions, et qui consiste à se laver à des heures déterminées. Les croyants espèrent purifier l'âme en lavant le corps. Les ablutions étaient prescrites chez les Juifs, les Grecs, les Romains; de nos jours, les Indiens, les Mahométans surtout, font encore de fréquentes ablutions : les Turcs ne prient jamais sans avoir fait la *grande* ou la *petite ablution*. La grande ablution, c'est le bain ou la purification du corps entier : elle se nomme *ghoust; la petite ablution, qui se nomme *abdest*, se fait à la fontaine, et consiste à laver les cinq sens. Ils ont une troisième sorte d'*ablution* appelée *sablonneuse* ou *terreuse* : elle a lieu quand il n'y a point d'eau ou qu'un malade ne peut souffrir l'eau sans danger de mort. — Chez les Catholiques, l'*ablution* est une des cérémonies de la messe : elle consiste en ce qu'après la communion, le prêtre se fait verser entre les doigts un peu de vin et d'eau qui retombe dans le calice et qu'il boit ensuite, en prononçant ces mots : *Corpus tuum, Domine, quod sumpsi*, etc.

ABOLITION (LETTRES D'), lettres par lesquelles un souverain, usant de son autorité, absolvait un coupable d'un crime qui eût été irrémissible selon les règles ordinaires de la justice. L'effet des lettres d'abolition n'était que de remettre la peine due au crime sans préjudicier jamais à l'intérêt civil des parties offensées. — On nommait *lettres d'abolition générale* celles que le roi accordait quelquefois à une province, à une ville, pour crime contre l'autorité royale. En 1649 le roi donna une déclaration portant abolition de tout ce qui s'était passé dans la ville d'Aix depuis le lundi gras de l'année 1648 jusqu'au 20 janvier suivant. En 1660, des lettres d'abolition furent accordées en faveur de Louis de Bourbon, prince de Condé, et de ceux qui avaient suivi son parti. En 1670, les duels, les assassinats prémédités et le rapt par violence, furent exceptés du bénéfice de l'abolition.

ABOLITIONISTE, partisan de l'abolition de l'esclavage. L'abolitionisme, né en Angleterre, où il eut pour apôtres, au XVIIe siècle W. Penn, et au XVIIIe Wilberforce, a fini par triompher presque partout; il n'a plus guère d'adversaires qu'aux États-Unis, dans les États du Midi, dont la prospérité semble liée à la conservation de l'esclavage : aussi, toute la population y est divisée en *abolitionistes* et *anti-abolitionistes*.

ABORDAGE, se dit soit du choc accidentel de deux bâtiments, soit de l'action d'aborder un vaisseau pour s'en emparer. Dans les combats de mer, pour exécuter l'abordage, il faut d'abord accrocher le vaisseau ennemi : ce qui se fait en jetant dessus de forts crochets en fer attachés à des chaînes et dits *grappins*; puis les assaillants se précipitent armés de sabres, de pistolets et de haches. Les combats à l'abordage conviennent surtout aux peuples d'une valeur brillante; c'est à ce genre de combat que les anciens Romains durent leurs victoires sur les Carthaginois, et la marine française une grande partie de ses succès : on cite les combats à l'abordage de la frégate *la Belle-Poule* dans la guerre de l'indépendance américaine, et de la corvette *la Bayonnaise* contre la frégate anglaise *l'Embuscade*.

ABOYEUR, oiseau de l'ordre des Échassiers, est une espèce du genre Chevalier; il est à peu près de la grosseur d'un pigeon et son cri a quelque rapport avec l'aboiement du chien. L'aboyeur habite les marécages des côtes de l'Europe : c'est le *Chevalier aux pieds verts* de plusieurs auteurs.

ABRANCHES (c.-à-d. *sans branchies*), une des trois grandes divisions établies par Cuvier dans l'ordre des Annélides ou vers à sang rouge. Ce groupe renferme les Lombrics ou Vers de terre, les Naïs, les Sangsues, et les Gordius.

ABRÉGÉ. *Voy.* COMPENDIUM et ÉPITOMÉ.

ABRÉVIATION (de *brevis*, court). Les abréviations sont de différentes sortes : 1° de pures initiales, comme M. pour *Monsieur*, S. M. pour *Sa Majesté*; N. pour *nord*, S. pour *sud*, etc.; on les trouvera aux articles consacrés à chaque lettre de l'alphabet; 2° des combinaisons de lettres unies entre elles par des *ligatures* (*Voy.* LIGATURES, SIGLES, MONOGRAMMES), comme dans les anciens manuscrits; 3° des signes purement conventionnels comme ceux qu'emploient les mathématiciens (*Voy.* SIGNES), les astronomes, les médecins, les chimistes, etc. (*Voy.* ASTRONOMIE, MÉDECINE, CHIMIE, etc.). — Les abréviations étaient employées dès les temps les plus anciens : on en attribue l'invention aux Égyptiens, à qui les Grecs les empruntèrent; elles furent perfectionnées par Tiron, affranchi de Cicéron, de qui elles prirent le nom de *notes tironiennes*. Déjà très-communes dans les manuscrits du VIᵉ siècle, les abréviations le furent davantage au VIIIᵉ, encore plus au IXᵉ; elles se multiplièrent à l'infini du Xᵉ au XVᵉ siècle. L'écriture en fut farcie, même dans les ouvrages en langue vulgaire, et dans les premiers livres imprimés. Philippe le Bel fut obligé, en 1304, de rendre une ordonnance pour bannir des minutes des notaires, et surtout des actes juridiques, toutes les abréviations qui exposaient les actes à être falsifiés ou mal entendus : cette défense a été renouvelée par l'article 42 du Code civil. — L'étude des abréviations employées dans les anciens manuscrits est devenue une science : c'est une partie importante de la *paléographie*. On peut consulter sur ce sujet les traités de paléographie de Montfaucon, de Kopp; le *Nouveau traité de diplomatique* des Bénédictins; le *Lexicon diplomaticum* de Walter, l'*Archéologie* de Vermigliosi (12ᵉ leçon); les recherches de Lacurne de Ste-Palaye sur les *Antiquités françaises*; les *Éléments de paléographie* de Natalis de Wailly (t. I).

ABRICOTIER, *Prunus armeniaca* de Linné, arbre fruitier du genre prunier, de la famille des Rosacées, tribu des Amygdalées, paraît être originaire d'Arménie. La fleur, d'un blanc d'albâtre, s'ouvre avant toutes les autres. Tout le monde connaît son fruit parfumé : c'est un des plus agréables qu'on serve sur nos tables; on en fait des confitures, des compotes, des pâtes; on en extrait de l'eau de noyau, etc. L'abricotier réussit dans les terres qui ne sont ni trop fortes ni trop légères; il vient en espalier ou en plein vent. Ses variétés les plus répandues sont : l'*A. pêche* ou de *Nancy*, l'*A. aveline* ou de *Hollande*, l'*A. angoumois*, l'*A. alberge*. On multiplie l'abricotier soit en semant les noyaux, soit en le greffant sur prunier ou amandier. L'amande du noyau de l'abricotier est amère et contient un peu d'acide cyanhydrique. Le bois laisse parfois exsuder une gomme qui a beaucoup de rapport avec la gomme du Sénégal. — Le mot *abricot* est une corruption de l'italien *albicocca*, dont l'étymologie est incertaine; les uns le dérivent d'*apricus*, exposé au soleil, les autres de *præcoquus*, à cause de la précocité de ses feuilles; Gébelin le tire d'*avercoccus*, fruit à coquille qui naît au printemps; M. Caussin de Perceval dérive ce nom de l'arabe.

ABROME (du grec *a* privatif, et *broma*, nourriture), genre de la famille des Malvacées, renferme de petits arbrisseaux élégants, aux feuilles larges et anguleuses, aux fleurs pourpres, réunies en bouquets. Le fruit est sec, insipide, impropre à l'alimentation. L'abrome est originaire de l'Inde, et réussit dans nos jardins; mais elle craint le froid.

ABROTANE ou ABROTONE. *Voy.* AURONE.

ABRUS (du grec *abros*, élégant), plante légumineuse, originaire de l'Inde, d'où elle a été transportée en Amérique et en Afrique. Son fruit renferme des graines rouges avec un point noir, dont les Américaines se plaisent à faire des colliers et des chapelets; sa racine et ses feuilles sont sucrées, et s'emploient au même usage que la réglisse.

ABSCISSE (du latin *abscissus*, coupé, divisé). *Voy.* COORDONNÉES.

ABSENCE, ABSENT (d'*abs*, hors de, *ens*, étant). On appelle ainsi, en Droit, l'état d'une personne dont on n'a point reçu de nouvelles depuis une certaine époque, et dont la résidence actuelle n'est point connue. Selon la loi française, l'absence est d'abord *présumée* quand il y a urgence d'agir et que l'état de disparition sans nouvelles s'est maintenu pendant un certain temps; après quatre ans, l'absence est *constatée* par une enquête; un an après, elle est *déclarée*, puis les héritiers présomptifs de l'absent se font envoyer, moyennant caution, en possession provisoire de ses biens. Après trente ans, les cautions sont déchargées, et la possession devient définitive. Si l'absent reparaît après l'absence déclarée, il recouvre ses biens; mais il laisse une portion des revenus plus ou moins forte, selon la longueur de l'absence. S'il revient après l'envoi en possession définitive, il reprend sa fortune dans l'état où elle se trouve, sans avoir droit à répéter les revenus. Tout ce qui concerne l'absence a été réglé par le Code civil (liv. I, titre IV, et liv. III, titre I, ch. 6).

ABSIDE ou APSIDE (du grec *absis*, arceau de voûte). En Architecture, ce mot signifie un arc ou une voûte en forme de croix d'une église ou d'une chapelle; mais on ne sait pas bien si c'était le vestibule d'une église, ou l'ambon ou le jubé que l'on désignait sous ce nom dans les premiers temps. — En Astronomie, on nomme *absides* les extrémités du grand axe de l'orbite d'une planète; en d'autres termes, les deux points où cette planète se trouve, soit à sa plus grande, soit à sa plus petite distance de la terre ou du soleil. La ligne qui joint ces deux points est la *ligne des absides*. Le point où la planète est à la plus grande distance du soleil est l'*aphélie*; celui où il en est le plus rapproché est le *périhélie*. Si c'est par rapport à la terre que la distance est appréciée, on dit *apogée* et *périgée*.

ABSINTHE (en grec *absinthion*, qu'on dérive de *a* privatif, et *psinthos*, plaisir), nom qui a été donné, à cause de leur amertume, à deux espèces du genre Armoise, de la famille des Composées, tribu des Corymbifères. Ces deux espèces sont la grande absinthe (*Artemisia absinthium*) et la petite absinthe (*Artemisia pontica*). La première est une plante vivace, haute de près d'un mètre, et que l'on emploie en médecine comme tonique et vermifuge. On en fait le *vin d'absinthe*, connu des anciens. La teinture alcoolique constitue l'*absinthe suisse* de nos tables. Le *wermout* n'est autre chose qu'une infusion d'absinthe dans du vin blanc. En chimie, on a nommé longtemps *sel d'absinthe* le sous-carbonate de potasse, parce que autrefois l'on préparait ce sel par l'incinération et la lixiviation de la plante.

ABSOLU (d'*absolvere*, délier), se dit, en Métaphysique, de ce qui ne suppose rien au-dessus de soi; de ce qui ne dépend d'aucune condition. On l'oppose au *relatif*, au conditionnel. Les vérités absolues sont les vérités nécessaires et universelles, comme les axiomes mathématiques, métaphysiques, etc. — Les métaphysiciens modernes, surtout en Allemagne, ont consumé beaucoup d'efforts à la recherche de l'absolu, c'est-à-dire d'une vérité première et incontestable qui servit de base à la science, ou d'un être indépendant de qui tout dérivât : un tel être ne peut évidemment être que Dieu.

ABSOLUTION (d'*absolvere*, délier). En Droit criminel, c'est, non pas l'acquittement d'un accusé, mais le jugement qui renvoie de l'accusation un accusé même coupable, mais dont le crime ou le délit n'est atteint par aucune loi. Cette distinction résulte des articles 358, 364 et 366 du Code d'instruction criminelle. — En Théologie, c'est l'acte par lequel le prêtre remet les péchés après la confession, en prononçant les paroles sacramentelles. Le droit de remettre les péchés est fondé sur ces paroles du Sauveur : « Ceux à qui vous aurez remis les péchés, leurs péchés leur seront remis. » (S. *Jean*, xx, 21, 24.) « Tout ce que vous lierez ou délierez sur la terre, sera lié ou délié dans le ciel. » (S. *Matthieu*, xvi, 19.)

ABSORBANTS (d'*absorbere*, boire). En Chirurgie, on donne ce nom à des substances spongieuses, propres à s'imbiber des liquides épanchés, comme la charpie, l'agaric, l'amadou, etc.—En Médecine, ce sont des médicaments propres à absorber les acides qui se développent quelquefois dans les voies digestives : tels sont le carbonate de chaux, la magnésie, etc. — En Physiologie, on donne ce nom aux vaisseaux lymphatiques et aux vaisseaux chylifères dont l'ensemble constitue ce que l'on a appelé le *système absorbant*.

ABSORPTION (d'*absorbere*, boire). C'est le phénomène général par lequel un corps se pénètre d'un autre corps solide, liquide ou gazeux, appliqué à sa surface. En Physique, l'absorption a lieu sans que ni l'un ni l'autre des deux corps change de nature : tel est le cas, en général, pour les substances dites *hygrométriques*, comme le sel, l'argile, la chaux vive. — En Chimie, il y a absorption d'un corps par un autre lorsque deux corps se combinent au contact, ou qu'un gaz disparaît en se combinant avec un autre corps solide ou liquide. — En Physiologie, on nomme absorption une fonction par laquelle les vaisseaux absorbent, pompent, tant à l'intérieur qu'à la périphérie de tous les organes, un fluide connu sous le nom de lymphe, qu'ils transmettent ensuite dans la masse du sang. L'appareil qui remplit cette fonction est dit *appareil lymphatique;* il est aidé dans son action par le système veineux. On a longtemps regardé le phénomène de l'absorption comme le résultat d'une propriété vitale particulière; M. Magendie a montré que c'était un simple phénomène d'imbibition. *Voy.* ENDOSMOSE.

ABSOUTE (d'*absoudre*), cérémonie qui se pratique dans l'Église catholique le jeudi de la semaine sainte, pour représenter l'absolution qu'on donnait vers le même temps aux pénitents de la primitive Église. Le prêtre récite les sept psaumes de la pénitence, suivis de quelques oraisons relatives au repentir qu'on doit avoir de ses péchés; puis il prononce les formules *Misereatur* et *Indulgentiam.* — Le jeudi saint, jour où l'on fait l'*absoute*, est nommé quelquefois le *jeudi absolu.*

ABSTÈME (du latin *abstemius*, dérivé lui-même d'*abs*, sans, et *temetum*, vin), se dit généralement des personnes qui s'abstiennent entièrement de boire du vin, soit par régime, soit par aversion pour cette liqueur. Les théologiens protestants emploient plus particulièrement ce mot pour signifier les personnes qui ne peuvent participer à la coupe dans le sacrement de l'eucharistie, à cause de l'aversion naturelle qu'elles ont pour le vin. Leurs sectes sont partagées sur la question de savoir si l'on doit laisser communier les abstèmes. — Chez les premiers Romains, toutes les femmes devaient être abstèmes.

ABSTERGENTS (d'*abs* et *tergere*, essuyer), remèdes extérieurs anciennement employés pour enlever les matières visqueuses et putrides de la peau, et qu'on supposait agir sur un principe savonneux. On les remplace aujourd'hui par les *détersifs* qui nettoient les surfaces sans les irriter.

ABSTINENCE (de *tenere ab*, tenir loin de). L'abstinence, ou la privation de certains aliments, de certains plaisirs, est prescrite tantôt par la médecine comme moyen d'hygiène ou de guérison, et elle prend alors le nom de *diète* ou *régime;* tantôt par le moraliste comme moyen de combattre les désirs grossiers, et d'assurer l'empire de l'âme sur elle-même (en ce sens, elle a été surtout recommandée par les Pythagoriciens, qui défendaient l'usage des viandes; par les Stoïciens, notamment par Épictète, qui réduisait toute la morale à ces deux préceptes : *Abstine, Sustine*); tantôt par les religions, comme moyen de mortification et de pénitence. Cette pratique, adoptée dans l'Inde et chez la plupart des peuples orientaux, a passé du mosaïsme au christianisme : l'abstinence est prescrite par S. Paul : *Ep. aux Rom.*, xiv, 21. — On distingue l'*abstinence* proprement dite du *jeûne* : l'abstinence proprement dite consiste seulement à se priver d'aliments gras à certains jours, par exemple, dans le culte catholique, les vendredis et samedis, et la veille des fêtes solennelles. — L'*abstinence prolongée*, ou la privation complète d'aliments, donne lieu d'abord à ce sentiment de faim et de faiblesse que tout le monde connaît, à une grande sécheresse de la bouche et à des douleurs épigastriques; puis l'intelligence s'affaisse; survient enfin une exaltation nerveuse, souvent accompagnée de délire, de fureur, et suivie bientôt d'une atonie complète qui se termine par la mort.

ABSTRACTION (du latin *trahere abs*, tirer hors, séparer). On nomme ainsi en Psychologie : 1° la faculté et l'opération par laquelle l'esprit, séparant ce qui est naturellement uni, considère les qualités indépendamment des substances dans lesquelles elles résident, par exemple, la *blancheur* sans la neige; 2° l'idée qui résulte de cette manière d'envisager les choses, idée que l'on nomme aussi *idée abstraite.* L'abstraction n'est pas une faculté à part : c'est l'attention portée sur une face des objets; l'idée abstraite, fugitive de sa nature, est fixée au moyen d'un mot, auquel elle s'incorpore bientôt. — L'homme est naturellement porté à *réaliser les abstractions* : c'est ainsi que les païens ont personnifié et divinisé la Beauté (Vénus), la Sagesse (Minerve), la Justice (Thémis), la Jeunesse (Hébé); que Platon et ses disciples ont réalisé, sous le nom d'*archétypes*, d'*idées*, les essences de chaque genre, de chaque espèce; que les Scolastiques, à leur suite, ont multiplié les *universaux*, vaines entités qui ont donné naissance à la célèbre querelle des Réalistes et des Nominaux; que les philosophes modernes sont tombés dans mille erreurs en réalisant les uns l'idée de *substance*, comme Spinosa, les autres les idées de *temps*, d'*espace*, d'*infini*, d'*absolu*, comme les Rationalistes allemands. Condillac a fait voir dans plusieurs de ses écrits, notamment dans son *Traité des systèmes*, les dangers des idées abstraites.

ABSTRAIT (NOMBRE). *Voy.* NOMBRE.

ABUS D'AUTORITÉ ou de POUVOIR. Ils peuvent être commis contre les particuliers et contre la chose publique : contre les particuliers, lorsqu'un fonctionnaire viole un domicile, refuse de rendre la justice, exerce sans motif légitime des violences contre les personnes;—contre la chose publique, lorsqu'un fonctionnaire requiert ou ordonne l'action de la chose publique contre l'exécution d'une loi, d'une ordonnance, d'un mandat de justice, contre la perception d'une contribution. Les peines dont les fonctionnaires sont passibles dans chacun de ces cas sont fixées par le Code pénal (liv. III, tit. I, art. 184, 191).

ABUS D'AUTORITÉ ECCLÉSIASTIQUE. Les cas d'abus, définis par le Concordat de 1801, sont : l'usurpation ou l'excès de pouvoir, la contravention aux lois et règlements de l'État, l'infraction des règles consacrées par les canons reçus en France, l'attentat aux libertés, franchises et coutumes de l'Église gallicane. Ils donnent lieu à *l'appel comme d'abus*. Voy. APPEL COMME D'ABUS.

ABUS DE CONFIANCE. Aux termes du Code pénal (liv. III, tit. II, art. 406-409), on se rend coupable de ce délit : 1º en abusant des besoins, des faiblesses ou des passions d'un mineur pour lui faire souscrire des obligations, quittances ou décharges à son préjudice; 2º en abusant d'un blanc-seing; 3º en détournant au préjudice du propriétaire des effets, deniers, marchandises, qu'on n'aurait reçus qu'à titre de dépôt; 4º en soustrayant quelque titre, pièce ou mémoire dans une contestation judiciaire. Des peines graduées sont appliquées à chacun de ces délits.

ACACIA (mot dérivé, selon les uns, du grec *aké*, pointe, aiguillon; selon les autres, d'*akakia*, sans méchanceté, parce que les espèces connues primitivement étaient sans aiguillons, ou n'avaient que des aiguillons inoffensifs). Ce nom est appliqué par les botanistes et par les gens du monde à deux genres très-différents de la famille des Légumineuses.

L'*Acacia* des botanistes, *Acacia* proprement dit, de la tribu des Acaciées, section des Mimosées, renferme des arbres dont les uns sont inermes et les autres armés d'aiguillons; il est caractérisé par un calice urcéolé, ordinairement à cinq dents, par une corolle infundibuliforme plus longue que le calice et par des étamines en nombre indéfini, et à filets libres : ovaire unistyle, stigmate simple; gousse uniloculaire, sèche et bivalve. On en compte près de 300 espèces, à fleurs jaunes, blanches, rouges ou verdâtres; la plupart sont équatoriales. Les principales sont l'*A. à fruits sucrés* de Saint-Domingue, l'*A. miellux* de l'Arabie, l'*A. à grandes gousses* de l'Amérique, l'*A. féroce* de Chine, l'*A. saponaire* de Cochinchine, l'*A. balsamique* du Chili, l'*A. d'Égypte* ou *Gommier rouge* et l'*A. du Sénégal* ou *Gommier blanc* qui fournissent la gomme arabique; l'*A. catéchou* de l'Inde, qui donne le cachou; l'*A. pudique*, qui, au moindre attouchement, replie ses feuilles; l'*A. de Sainte-Hélène*, dont les rameaux pendent comme ceux du saule pleureur, etc.

L'*Acacia* de nos jardins, ou *faux acacia*, appelé par les botanistes *Robinier*, parce qu'il fut introduit d'Amérique en France par J. Robin, médecin et botaniste du temps de Henri IV, appartient à la section des Papilionacées. Il est caractérisé par ses feuilles pennées avec impaire, sa corolle irrégulière à carène obtuse, ses étamines diadelphes et son ovaire à 16 ou 20 ovules surmonté d'un style barbu antérieurement. Tout le monde connaît son joli feuillage, ses fleurs faites comme celles des pois et des fèves, pendantes en grappes de la manière la plus gracieuse et exhalant une odeur suave. On en trouve dans nos bosquets de 15 à 18 espèces qui se distinguent par leur taille, le port de leurs branches, la couleur de leurs fleurs, tantôt blanches, tantôt jaunes ou roses, et par le nombre de leurs épines. — L'*A. blanc*, acacia commun, peut atteindre plus de vingt mètres; mais on en voit rarement de cette taille, parce que le vent brise facilement ses jeunes branches; ses racines sont traçantes; il en sort des pousses qui surprennent à cause de leur éloignement de la tige-mère. Le bois de cet acacia se travaille bien, parce qu'il est dur, solide et d'une maille très-fine; il convient aux menuisiers et aux tourneurs par sa belle couleur jaune et son brillant poli. On l'emploie comme bois de charpente en Amérique, et l'on a remarqué qu'il est difficilement inflammable; aussi est-il propre aux pilotis, aux échalas des vignes, etc. Les bestiaux mangent comme fourrage d'hiver ses feuilles fraîches et fanées. On le multiplie de semis, de drageons; il pourrait se mettre en taillis et en coupes réglées pour faire du bois de chauffage, car il brûle

fort bien sans être très-sec. L'*A. glutineux*, dont les fleurs sont d'un beau rosé; l'*A. parasol*, dont le port est si distingué et qui se multiplie par la greffe sur l'acacia commun; l'*A. boule*, sont au nombre des plus jolies variétés que l'on ait introduites dans nos jardins.

ACACIÉES, tribu de la famille des Légumineuses, section des Mimosées, renferme les genres *Acacia* (g. type), *Mimosa*, *Adenanthera*, *Darlingtonia*, *Albizzia*, *Vachelia*, *Zygia*, *Inga*, *Prosopis*.

ACADÉMIE. Ce mot a successivement désigné :

1º. Un gymnase d'Athènes avec de vastes jardins, établi dans des terrains qui avaient appartenu à un certain Académus dont il prit le nom;

2º. L'école philosophique que Platon ouvrit dans ces jardins vers l'an 388 avant J.-C., et les diverses écoles qui en sortirent;

3º. Diverses sociétés scientifiques, littéraires et artistiques (pour ces diverses académies, Voy. notre *Dict. univ. d'Hist. et de Géogr.*);

4º. Les divisions de l'administration universitaire de France : ces divisions, établies par le décret du 17 mars 1808, furent d'abord en nombre égal à celui des cours d'appel; réduites à vingt par l'Assemblée constituante de 1848, elles ont été portées à un nombre égal à celui des départements par la loi du 15 mars 1850, et enfin fixées à 16 en 1854;

5º. Des écoles analogues à nos Colléges ou à nos Facultés; c'est surtout à l'étranger, notamment en Belgique et en Prusse, que cette dénomination est usitée;

6º. Des écoles d'armes, d'équitation, ou même de musique; on voit aussi étendu ce nom à un théâtre : l'Opéra est dit *Académie de musique*.

7º. Dans les arts du dessin, on nomme ainsi une figure entière, peinte où dessinée d'après un modèle nu ou d'après la bosse. Ces figures étaient sans doute ainsi nommées parce qu'après avoir été copiées par les élèves, elles étaient exposées dans l'école ou l'académie.

ACAJOU, nom donné à trois arbres d'Amérique de genres différents :

1º. L'*A. à meubles* : il appartient à la famille des Cédrélacées et forme le genre *Swietenia Mahogoni*; c'est un grand arbre de l'Amérique méridionale, très-rameux; son bois, très-dur et très-compacte, d'un brun rougeâtre, est un des meilleurs pour les ouvrages de charpente, de menuiserie, de tabletterie et surtout d'ébénisterie. Les ébénistes s'en servent pour fabriquer des meubles de luxe; sous l'emploie soit massif, soit en feuilles plaquées; sous cette dernière forme, il offre les plus belles nuances, et, par l'heureuse disposition des veines, forme d'élégants dessins. Il prend un très-beau poli, et sa couleur est presque inaltérable. Ce n'est qu'au commencement du dernier siècle que le bois d'acajou a commencé d'être employé; introduit d'abord en Angleterre, il s'est rapidement répandu sur le continent.

2º. L'*A. à planches*, connu des botanistes sous le nom de *Cedrela* à cause de quelque analogie avec le cèdre : c'est un très-grand arbre qui fournit des planches dont on se sert surtout pour la construction des vaisseaux.

3º. L'*A. à pommes*, improprement appelé *Acajou*, espèce d'Anacardier, nommé par les botanistes *Anacardium occidentale* et *Cassuvium pomiferum*, arbre de la famille des Térébinthacées, plus petit que les précédents, qui fournit la *pomme* et la *noix d'acajou* : la pomme n'est qu'un pédoncule très-développé qui supporte la noix; la noix, en forme de rein, est lisse, grisâtre, et renferme une amande blanche, émulsive, d'une saveur agréable, d'où l'on extrait une huile très-inflammable, qui teint le linge d'une manière indélébile et détruit les verrues.

Le mot *Acajou* paraît être indigène : dans les langues de racine malaise, ce mot désigne tout bois bon à travailler.

ACALÈPHE (mot grec qui veut dire *ortie*), 2e classe des Zoophytes (3e de Cuvier), animaux marins, gélatineux, à forme circulaire et rayonnants, divisés par Cuvier en deux ordres : *A. simples*, qui flottent et nagent dans la mer au moyen de la contraction et de la dilatation de leur corps, et *A. hydrostatiques*, suspendues dans les eaux au moyen de vessies. Leurs mouvements sont lents; leur bouche leur sert aussi d'anus. Dans cette classe rentrent les *Méduses*, les *Vélelles*, les *Physalies*, les *Diphyes*. — Plusieurs de ces animaux ont la propriété de causer au contact une sensation de brûlure analogue à celle des *orties* : de là leur nom.

ACALYPHE (du grec *acalypha*, pour *ocaléphé*, ortie), vulgairement *Ricinelle*, genre de la famille des Euphorbiacées, type de la tribu des Acalyphées, renferme un assez grand nombre d'espèces, la plupart originaires des régions tropicales de l'Amérique. Elles sont herbacées ou frutescentes, et ressemblent assez par leur port à l'*ortie*, sans toutefois posséder les propriétés nuisibles de cette plante.

ACALYPHÉES (du genre type *Acalypha*), tribu de la famille des Euphorbiacées. Elle est formée des genres *Acalypha, Mercurialis, Alchornea, Traganthus, Mappa, Tragia*.

ACANTHACÉES, famille de plantes dicotylédones, appartenant à l'Hypocorollie de Jussieu et aux Exogènes corolliflores de De Candolle, a pour type le genre *Acanthe*, et se distingue par les caractères suivants : plantes herbacées ou frutescentes, feuilles opposées, fleurs hermaphrodites, calice découpé en plusieurs parties, corolle monopétale, deux ou quatre étamines, un style, un ou deux stigmates, capsules à deux loges, deux valves longitudinales, cloison opposée aux valves se partageant en deux parties adhérentes aux valves et pourvues de crochets dans les aisselles desquels les graines sont placées. Les Acanthacées forment trois tribus : les *Thumbergiées*, les *Nelsoniées* et les *Ecmatacanthées*.

ACANTHE (du grec *akantha*, épine), plante herbacée, de la famille des Acanthacées, remarquable par la beauté de son port et par ses feuilles élégantes. On en connaît douze espèces; la plupart dans les régions tropicales. Deux seulement, l'*Acanthus mollis* et l'*Acanthus spinosus*, croissent naturellement dans le midi de l'Europe. — La feuille d'acanthe, large et profondément découpée, a été appliquée de bonne heure à l'ornement des frises, des corniches, et principalement du chapiteau; elle est un des traits distinctifs de l'ordre corinthien. Vitruve raconte que Callimaque, habile architecte de Corinthe, aurait conçu l'idée de cet ornement en voyant le bel effet produit par des branches d'acanthe roulées en volute, qui s'étaient développées spontanément autour d'un panier laissé dans l'herbe. On donne à l'acanthe le nom vulgaire de *branc-ursine*, à cause, dit-on, d'une prétendue ressemblance qu'aurait sa feuille avec la patte d'ours.

ACANTHIAS, espèce de Squale. *Voy.* AIGUILLAT.

ACANTHOPTÉRYGIENS (du grec *akantha*, épine, et *pterygion*, nageoire; *à nageoires piquantes*), nom donné par Cuvier, d'après Artédi, au premier ordre des Poissons osseux. Ils ont la mâchoire supérieure mobile, les branchies en forme de peigne, des rayons osseux et piquants aux nageoires. Cet ordre se subdivise en quinze familles : *Percoïdes, Joues-cuirassées, Sciénoïdes, Sparoïdes, Ménides, Squammipennes, Scombéroïdes, Tænioïdes, Teuthies, Pharyngiens labyrinthiformes, Mugiloïdes, Gobioïdes, Pectorales pédiculées, Labroïdes, Bouches-en-flûte.*

ACARIDES [du grec *akarès*, insécable, d'où *acari*, ciron, mite), tribu de la famille des Holètres, ordre des Arachnides. Cette tribu se compose d'animaux fort petits ou même microscopiques, connus vulgairement sous les noms de mites, cirons, teignes. On les trouve partout, sous les écorces d'arbres, dans la terre, sur les animaux vivants ou morts. Ils sont ovipares, et se multiplient prodigieusement. Le type de cette famille est l'Acarus. *Voy.* ce mot.

ACARUS (du grec *akarès*, indivisible), genre d'animalcules de la tribu des Acarides. Ils ont la bouche conformée en suçoir et respirent par des trachées. Ce genre renferme plusieurs espèces que l'on trouve dans les substances qui subissent quelque altération, notamment dans la poussière du vieux fromage; on les appelle aussi *mites* ou *cirons*. Quelques-uns vivent en parasites sur d'autres animaux et même sous leur chair; on les connaît sous le nom de *tiques* ou *ricins*, et de *sarcoptes*. Parmi ces derniers, on doit surtout remarquer l'acarus de la gale, *A. scabiei*, qui a donné lieu à de longues controverses. Signalé dès le xvie siècle par Scaliger et Ingrassias, décrit par Morgagni, son existence fut compromise par Galès, qui, dans un travail publié en 1812, l'avait confondu avec la mite du fromage : il fut retrouvé une vingtaine d'années plus tard par un élève en médecine, M. Renucci, dans les sillons qu'il se creuse; son existence est aujourd'hui hors de doute : c'est à sa morsure qu'on attribue les vésicules de la gale.

ACATALECTIQUE (VERS). *Voy.* CATALECTIQUE.

ACATALEPSIE (du grec *a* privatif, et *catalepsis*, compréhension), incompréhensibilité ou impossibilité de saisir le vrai, de rien connaître certainement. Cette doctrine fut soutenue par Arcésilas, chef de la deuxième Académie, en opposition au dogmatisme des Stoïciens qui enseignaient la *catalepsis* ou faculté de saisir le vrai. — Les partisans de cette doctrine s'appelaient *Acataleptiques*; ce nom s'étendit à tous les Sceptiques et Pyrrhoniens.

ACAULE (du grec *a* privatif et *caulos*, tige), se dit des plantes dont les feuilles et les fleurs semblent être privées de tige et naître du collet de la racine, comme le pissenlit, la primevère, etc.; la tige existe, mais dans des proportions si petites qu'elle ne constitue qu'une souche ou rhizome.

ACCAPAREUR (du latin *capere*, prendre), spéculateur qui retire de la circulation une forte quantité de denrées ou de marchandises de la même espèce, dans l'intention d'en causer la rareté sur le marché, d'en élever le prix, et de s'en approprier alors le débit, afin de réaliser un bénéfice exorbitant. Ce genre de spéculation, qui s'exerce le plus souvent sur les choses de première nécessité, notamment sur le blé, ne peut se faire qu'aux dépens du consommateur, surtout du pauvre. Il fut pratiqué en grand sous Louis XV par une association toute-puissante qui longtemps exploita et ruina la France. (*V.* PACTE DE FAMINE au *Dict. univ. d'Hist. et de Géogr.*). — L'accaparement, condamné par la morale, a été, dans presque tous les pays, défendu par les lois : François Ier voulut le proscrire en France par un édit de 1593. Il est atteint indirectement par les articles 419 et 420 du Code pénal, dirigés contre ceux qui emploient des manœuvres frauduleuses pour faire hausser ou baisser le prix des marchandises.

ACCÉLÉRATION DU MOUVEMENT DES ÉTOILES. *Voy.* ÉTOILES.

ACCENT (d'*accentus*, chant, intonation). On nomme ainsi : 1o certaine manière de prononcer soit les mots, soit les syllabes; 2o certains signes grammaticaux.

On peut, en débitant une phrase ou un membre de phrase, appuyer sur les mots qui semblent plus propres, soit à faire comprendre la pensée, soit à mieux rendre le sentiment; l'accent est dit *logique* dans le premier cas, *pathétique* dans le second. On peut aussi, en prononçant un mot, élever ou abaisser la voix sur une syllabe, selon le degré d'importance qu'on attribue à cette syllabe dans le mot; c'est alors l'accent *prosodique* ou *tonique*; on l'appelle *aigu* quand la voix s'élève, *grave* quand elle s'abaisse, *circonflexe* quand elle s'élève et s'abaisse successivement sur la même voyelle. Ces diverses manières d'accentuer les syllabes, qui font de la parole une espèce de chant, étaient surtout sensibles chez les Grecs et les Romains; elles forment, avec la quantité, la base de leur versification. Elles se retrouvent, quoique avec moins de force, dans les langues modernes; les Français seuls ne font pas sentir l'accent, ou du moins ils ne le placent généralement que sur la dernière syllabe.

Accent grammatical. On donna d'abord le nom d'*accents* aux signes employés pour marquer l'accent prosodique : ces signes sont (´) pour l'accent aigu, (`) pour le grave, (^) pour l'accent circonflexe. On en attribue l'invention à Aristophane de Byzance, grammairien qui florissait dans Alexandrie au IIe siècle avant J.-C. — Ces signes, qui, dans les langues anciennes, marquaient véritablement l'accent ou l'intonation, ne sont plus dans notre langue que de purs signes *orthographiques*, destinés soit à indiquer les diverses manières de prononcer certaines voyelles (*é, è, ê*), soit à distinguer un mot d'un autre mot qui s'écrit de même (*a, à; ou, où; du, dû*). Cet emploi de l'accent dans notre orthographe ne paraît pas remonter plus haut que le règne de Louis XIII.

ACCEPTATION se dit, en Droit, du consentement légal de celui à qui l'on fait une offre. On distingue : *A. de communauté*, acte par lequel une veuve ou ses héritiers acceptent la communauté de biens, qui était entre le mari et la femme; — *A. d'une donation*, consentement du donataire; — *A. de succession*, acte par lequel le présomptif héritier du défunt manifeste qu'il se porte son héritier; — *A. de succession sous bénéfice d'inventaire*, celle qui est précédée ou suivie d'un inventaire fidèle et exact; ses effets sont de donner à l'héritier l'avantage de n'être tenu des dettes que jusqu'à concurrence des biens de la succession, et de ne point confondre ses biens personnels avec ceux de la succession. — Dans le commerce, *acceptation* se dit de la signature qu'un banquier, marchand ou négociant, met au bas d'une lettre de change tirée sur lui : cette acceptation l'oblige à payer la lettre à son échéance.

ACCÈS (d'*accedere*, s'approcher), ensemble de symptômes qui cessent et reviennent à des intervalles plus ou moins éloignés. Ce mot se dit surtout dans les cas de fièvre intermittente. L'*accès* de fièvre intermittente se compose de trois temps ou *stades :* le froid, la chaleur et la sueur. L'accès *complet* est celui qui présente ces trois stades; l'accès est *incomplet* si un ou deux de ces stades viennent à manquer. L'intervalle qui sépare les accès est dit *apyrexie* ou *intermission*. Quand la douleur est portée à son plus haut degré, l'accès prend le nom de *paroxysme*.

ACCESSION (d'*accedere*, s'approcher, s'ajouter), se dit, en Droit, de l'extension que reçoit une chose dont on est propriétaire, par l'union d'un objet accessoire; cette union de l'accessoire au principal rend le propriétaire du principal maître de l'accessoire. De là le principe : L'*accessoire suit le principal*. La loi française a fait de l'*accession* une manière d'acquérir la propriété; elle a posé en principe que « la propriété d'une chose, soit mobilière, soit immobilière, donne droit sur tout ce qu'elle produit, soit accessoirement, soit naturellement, soit artificiellement. » Les fruits de la terre, les fruits civils, le croît des animaux, appartiennent au propriétaire par droit d'accession, ainsi que tout ce qui peut être extrait d'un terrain au moyen des fouilles (sauf les exceptions relatives aux mines), tout ce qui s'y ajoute par atterrissement ou alluvion. *Voy.* Code civil, art. 546-577.

ACCIPITRES (du latin *accipiter*, épervier), nom donné par Linné au premier ordre de la classification des oiseaux, que Cuvier a désignés sous le nom

d'*Oiseaux de proie*, et Duméril sous celui de *Rapaces*.

ACCISE (du bas latin *accisia*, taille, impôt, dérivé d'*accidere*, couper, tailler), impôt analogue à nos contributions indirectes, porte le plus souvent sur les boissons. L'accise commença d'être en usage en France; elle fut établie en Hollande dès la naissance de la république; de là elle passa, en 1430, dans les États de Brandebourg, en Allemagne, puis et enfin en Saxe. En Belgique, les droits d'accise sont aujourd'hui perçus sur les bières, vins, vinaigres, boissons distillées, et s'étendent même sur le sel et le sucre. En Angleterre, l'*accise* s'appelle *excise*.

ACCOLADE (de *ad collum*), cérémonie usitée dans la réception d'un chevalier, consistait à l'embrasser en lui passant les deux bras autour du cou; on le frappait aussi du plat de l'épée en forme de croix sur l'une et l'autre épaule, et en prononçant en même temps quelques paroles sacramentelles. — L'*accolade* est encore en usage dans la franc-maçonnerie. — Dans l'ordre de la Légion d'honneur, c'est la cérémonie par laquelle une personne qui vient d'être brevetée de cet ordre est reçue par un membre délégué à cet effet. — En Musique, l'*accolade* est un trait vertical, tiré à la marge des portées, afin d'unir ensemble toutes les parties.

ACCOMPAGNEMENT. On appelle ainsi, en Musique, l'application des accords à une mélodie donnée, suivant les règles de la science harmonique. C'est un emploi restreint de l'harmonie. On distingue plusieurs sortes d'accompagnements : l'*A. plaqué* consiste à placer sous les notes principales d'une mélodie l'accord qu'elles doivent porter; l'*A. figuré* réunit les formes de la mélodie à celles de l'harmonie; c'est proprement le contre-point; l'*A. de la partition* s'entend de l'art de traduire sur le piano les effets d'instrumentation que le compositeur a conçus pour l'orchestre ou pour divers instruments. — Dans le sens vulgaire, *accompagner*, c'est exécuter les parties d'harmonie qui soutiennent la partie principale, en même temps que le chanteur ou l'instrumentiste qui récite cette partie. Le talent de l'accompagnateur est de faire valoir le chant sans le couvrir, comme cela n'arrive que trop souvent. — On attribue l'invention de l'accompagnement à Louis Viadana, maître de chapelle à Mantoue au commencement du XVIIe siècle. Cet art fut perfectionné au siècle suivant par François Gasparini à Venise, et par Rameau, Catel et Fétis en France. On doit à Fétis un *Traité de l'accompagnement*, 1829, in-4.

ACCORD. En Musique, plusieurs sons émis simultanément et dont la réunion est agréable à l'oreille prennent le nom d'*accord*. L'accord le plus simple est formé par deux notes. Deux voix chantant à la tierce produisent déjà une harmonie agréable; mais s'il s'y joint une troisième voix attaquant la quinte, l'harmonie est complète, et il en résulte ce qu'on nomme un accord *parfait*; c'est l'accord normal, d'où procèdent tous les autres. L'accord parfait a pour fondement les premières divisions du monocorde, c'est-à-dire d'une corde tendue qui donne un son déterminé. Si l'on divise cette corde par la moitié, on obtient l'octave supérieure; son quart donne la double octave; son tiers, la douzième; le cinquième, la dix-septième; le sixième, l'octave du tiers; le septième, la vingt et unième; le huitième, la triple octave, et le neuvième la vingt-troisième : ce qui représente une suite de tierces, et donne tous les sons dont se forme l'accord le plus compliqué. — On distingue des accords *consonnants* et des accords *dissonants*. Les premiers se composent des intervalles de tierce, de quarte, de quinte, de sixte et d'octave, qui sont les plus agréables; les autres, où figurent la seconde et la septième, ne peuvent satisfaire l'oreille qu'à la condition d'être suivis d'un accord cousonnant, ou, comme on dit, de se résoudré sur une consonnance. Ces deux familles d'accords dérivent, l'un de l'accord *parfait*, l'autre de l'accord de *septième*. Ce dernier se compose de quatre notes, à la tierce supérieure l'une de l'autre : *sol*, *si*, *ré*, *fa*. L'accord de *neuvième*, qui se forme en ajoutant *la* bémol aux quatre premières notes, n'est autre chose que le même accord dans le mode mineur.—Les notes qui composent un accord quelconque peuvent se combiner de diverses manières. Ce changement d'ordre se nomme *renversement*. *Voy.* RENVERSEMENT et HARMONIE.

La science des accords, qui se confond avec celle de l'harmonie, ne date guère que du XVIe siècle ; elle doit le plus au Vénitien Cl. Monteverde, au géomètre français Sauveur, à Rameau, à Tartini, à Catel. Berton a donné un *Dictionnaire des accords* à la suite de son *Traité d'harmonie*, 1815 ; et Dourlen un *Tableau de tous les accords*, 1824.

ACCORD se dit aussi de l'état d'un instrument dont les cordes sont entre elles dans toute leur justesse, ou de l'état de tous les instruments ensemble par rapport à un ton donné. Un instrument à vent est toujours d'accord avec lui-même ; il peut ne pas l'être avec les autres instruments ; pour l'y mettre, il faut qu'on allonge le corps de l'instrument s'il est trop haut, ou qu'on le raccourcisse s'il est trop bas. De même on tend ou on lâche les cordes d'un violon, d'un piano, les peaux des timbales : c'est ce qu'on nomme *accorder*. *Voy.* ACCORDEUR.

ACCORD, en Grammaire, se dit des mots qui, à raison du rapport d'identité ou de liaison indissoluble qu'ont entre elles les choses qu'ils expriment, subissent les mêmes accidents grammaticaux, c'est-à-dire prennent le même nombre, le même genre, la même personne : c'est ainsi que l'adjectif s'*accorde* avec son substantif en genre, en nombre, et en cas (dans les langues qui ont des cas) ; le verbe s'*accorde* avec son sujet en nombre et en personne, etc.

ACCORDEON (d'*accord*, harmonie), instrument de musique composé de plusieurs languettes de métal qui sont mises en vibration par un soufflet. En pressant des touches disposées sur le devant de l'instrument, l'air fait vibrer la languette placée devant les touches qui se lèvent, et il s'échappe par l'ouverture qu'elles lui laissent, en faisant entendre un son. En tirant et retirant le soufflet, on produit deux sons bien distincts. En ouvrant deux clefs placées sur le devant, on entend deux accords qui peuvent servir à s'accompagner. Tout l'instrument est accordé naturellement de manière à produire constamment l'accord du ton. Il a la forme d'un livre, et se tient de la main droite ; la gauche fait aller le soufflet. Le son de l'accordéon peut être agréable, mais il est monotone. Cet instrument, d'invention toute récente, nous vient de l'Allemagne.

ACCORDEUR, celui qui fait profession d'accorder certains instruments de musique d'un mécanisme compliqué, comme le piano, l'orgue, etc. Les *accordeurs* sont presque tous des facteurs d'instruments, familiarisés avec les principes de l'acoustique. Ils se servent pour accorder d'un outil qu'on nomme *accordoir*. M. Giorgio di Roma a publié, dans l'*Encyclopédie Roret*, un *Manuel de l'Accordeur de pianos.* — Pour les personnes qui veulent se passer d'accordeur, on a imaginé un petit instrument qui porte lui-même le nom d'*accordeur*, et qui se compose de douze diapasons d'acier disposés sur une planche sonore et donnant avec justesse les douze demi-tons de la gamme par tempérament égal. On peut encore recourir à un instrument plus simple, au monocorde : c'est une planchette de sapin aux deux bouts de laquelle est fixée une corde sonore qu'on allonge et qu'on accourcit à volonté, au moyen d'un chevalet mobile, pour donner les douze demi-tons de la gamme calculés sur autant de lignes transversales. *Voy.* aussi le mot CHROMAMÈTRE.

ACCORE, nom donné dans l'Art de la construction maritime à des étançons ou fortes pièces de bois qui servent à étayer un vaisseau en construction ou en réparation. — On appelle encore ainsi le contour d'un banc ou écueil à partir du point où la profondeur de l'eau n'est plus appréciable au moyen de plombs attachés à des cordages. — Le mot *accore* s'emploie aussi comme adjectif dans le même sens qu'*escarpé* pour désigner une côte élevée et coupée perpendiculairement à la surface de la mer.

ACCOUCHEMENT (de *couche*). On nomme ainsi 1° l'expulsion naturelle et spontanée du fœtus humain hors du sein de la mère ; 2° l'extraction du même fœtus par l'*accoucheur*, au moyen d'une opération plus ou moins compliquée.

L'accouchement a lieu, en général, à la fin du neuvième mois de grossesse ; on le nomme *prématuré*, avant cette époque, lorsque l'enfant est viable ; *tardif*, après les neuf mois révolus ; la loi en a fixé les limites au 300e jour, c'est-à-dire à la fin du dixième mois depuis la mort, le départ ou la séparation de l'époux. Relativement à la manière dont il se termine, l'accouchement est dit *naturel* quand il s'opère par les seules forces de la nature ; *manuel*, lorsqu'il réclame le secours de la main ; *mécanique* ou *laborieux*, quand la main doit s'armer d'instruments, tels que le levier, le forceps, etc.—Dans les premiers temps, les femmes accouchèrent seules, comme cela a lieu de nos jours encore chez les sauvages, et si souvent dans nos campagnes. Plus tard, quand la nécessité eut fait réduire en méthode la pratique des accouchements, cette pratique devint une profession exclusivement exercée par des femmes âgées et expérimentées, dites *matrones*. C'est ce qui avait lieu chez les Israélites. Il en fut d'abord ainsi chez les Égyptiens et les Grecs. Hippocrate et Aristote les appellent *omphalotomoi* (coupeuses de cordon ombilical) ; mais déjà il y avait aussi en Grèce des médecins plus particulièrement voués à venir en aide aux sages-femmes dans les cas difficiles. En France, jusqu'au XVIIe siècle, cette profession fut exclusivement exercée par des femmes ; ce fut en 1663, pour les premières couches de Mlle de La Vallière, qu'un chirurgien fut mystérieusement appelé pour la première fois ; le secret ayant transpiré, les princesses et les autres dames de la cour suivirent l'exemple de la maîtresse du roi ; bientôt la coutume en devint à la mode, et l'on inventa le nom d'*accoucheur*.

L'art des accouchements, *obstétrique*, *tocologie*, ne s'est perfectionné que fort tard ; on en peut suivre les progrès dans les ouvrages de Paré, Mauriceau, Smellie, Levret, Astruc, Puzos, Baudelocque, Gardien, et de nos jours, dans les traités particuliers et les cliniques des Capuron, des Moreau, des Velpeau, de P. Dubois, de Chailly, et dans les livres si éminemment pratiques de Mmes Lachapelle et Boivin.

ACCOUCHEUR. *Voy.* ACCOUCHEMENT.

ACCOUCHEUR (CRAPAUD), *Bufo obstetricans*, espèce de crapaud commune aux environs de Paris, ainsi appelée, parce que le mâle, au moment du frai, aide la femelle à se débarrasser de ses œufs, qui sont assez gros. Quelques-uns en font un genre à part, sous le nom d'*Alyte*.

ACCUSATIF. *Voy.* CAS.

ACCUSATION, poursuite d'un crime ou d'un délit. Dans notre Droit criminel, ce mot est restreint au cas où il s'agit de crime : la loi nomme *prévention* la mise en jugement pour simple délit. — Dans toute accusation, il faut distinguer l'*inculpation*, qui comprend la dénonciation du crime et l'instruction ; la *prévention*, déclaration de la chambre du conseil qui statue sur les suites à donner à l'inculpation, et qui renvoie l'affaire, s'il y a lieu, à la *chambre des mises en accusation* ; la *mise en accusation* proprement dite, résultant d'un arrêt de cette chambre qui, après avoir reconnu qu'il y avait des indices assez graves contre le prévenu, le renvoie devant la *cour d'assises*. A la suite de la mise en accusation, le procureur général dresse l'*acte d'accusation*. — Les formalités à remplir à l'égard des accusés sont déterminées par le Code d'instruction criminelle, notamment aux articles 217 et suivants, et par le décret du 6 juillet 1810.

A Athènes, dans les différends entre particuliers, la personne lésée pouvait seule accuser ; mais, pour les délits qui concernaient l'État, chacun en avait le droit. On portait ces accusations devant le sénat ou devant le peuple, qui, après un premier jugement, les renvoyait aux cours supérieures. L'accusateur s'engageait par serment à soutenir l'accusation. S'il s'en désistait, ou s'il n'obtenait pas la cinquième partie des suffrages, il était condamné à une amende de 1,000 drachmes. Celui qui ne pouvait convaincre d'impiété un citoyen qu'il avait accusé était condamné à mort. — A Rome, tout citoyen avait droit d'en accuser un autre. On remettait au préteur l'acte d'accusation ; le jugement avait lieu le trentième, quelquefois le dixième jour après l'accusation. L'abus de ce droit donna naissance aux délateurs (*Voy.* ce mot). — Sous la République française, on créa l'emploi d'*accusateur public* (1793). Ce magistrat était chargé de poursuivre les personnes prévenues de crime ; il était nommé par l'assemblée électorale. Il a depuis été remplacé par le procureur du roi, aujourd'hui procureur de la République.

ACÈNE (mot grec qui signifie *pointe, perche*), mesure de longueur employée dans l'ancienne Grèce et l'Asie, valait 10 pieds grecs (3m,08). On la nommait aussi *décapode* (dix pieds).

ACÉPHALES (du grec *acéphaloi*, sans tête), 4e classe de Cuvier dans l'embranchement des Mollusques. Elle renferme les huîtres, les moules, animaux qui n'ont pas de tête apparente ; mais seulement une bouche cachée sous les plis du manteau. On nomme aussi *acéphales* ces embryons ou fœtus d'animaux d'ordres supérieurs qui, par l'effet d'un développement incomplet, manquent de tête. *Voy.* MONSTRES.

ACÉRACÉES ou ACÉRINÉES (d'*acer*, érable), famille de plantes Dicotylédones polypétales, a pour principaux caractères : Corolle de 5 à 9 pétales, 7 à 12 étamines, ovaire à 2 ou 3 loges ; le fruit est une samare ou une capsule. Elle formait autrefois deux sections ayant pour types les genres *Érable* et *Marronnier*. La 1re seule a été conservée sous le nom d'*Acérinées*; elle se compose que des genres *Acer* (Érable) et *Negundium*. Pour la 2e, *Voy.* HIPPOCASTANÉES.

ACÉRDÈSE (du grec *akerdès*, sans valeur), dit aussi *Oxyde de manganèse prismatique, Manganèse oxydé hydraté, Manganèse argentin, Manganite, Manganèse oxydé terreux*; minéral gris de fer, cristallin et fibreux, d'une pesanteur spécifique de 4,328, est composé de sesquioxyde de manganèse hydraté. Il forme des gîtes considérables dans tous les terrains. On le rencontre particulièrement à Laveline dans les Vosges, à la Voulte dans l'Ardèche, à Saint-Jean-de-Gardonnenque dans les Cévennes, à l'abbaye de Sept-Fonts dans l'Allier, etc. Il a moins de valeur commerciale que la pyroluse, et ne convient pas à la préparation de l'oxygène.

ACÈRES (du grec *akéros*, sans corne), nom donné par quelques naturalistes à certains animaux (soit mollusques, soit arachnides) dépourvus de tentacules.

ACÉTABULE (d'*acetum*, vinaigre), mesure dont les Romains se servaient pour mesurer quelques liquides, tire son nom du vase où l'on mettait le *vinaigre* ; il contenait la moitié de l'*hémine*, le huitième du *sextarius*, et valait 6 centilitres, 74.

Les naturalistes ont donné le nom d'*acétabule* à une production marine que l'on avait d'abord classée à tort parmi les Zoophytes, mais que M. Rafeneau de Lille a reconnue pour appartenir au règne végétal. C'est une plante cryptogame, qui ressemble à

un petit agaric vert, ayant un disque en ombelle un peu concave : d'où son nom.

ACÉTATES, sels artificiels composés d'acide acétique et d'un oxyde métallique. Voici les principaux :

Acétate d'alumine. On l'obtient par double décomposition, au moyen de l'alun et de l'acétate de plomb, préalablement dissous dans l'eau. Il sert de mordant dans l'impression des toiles.

Acétate de cuivre. Il y a deux sels de ce nom : l'acétate neutre, appelé vulgairement *Vert distillé, Vert cristallisé, Cristaux de Vénus*, se présente en prismes rhomboïdaux [C4H3O3,CuO+aq], légèrement efflorescents et d'un vert foncé qui s'obtiennent en dissolvant dans du vinaigre distillé l'*acétate basique* ou *sous-acétate*, plus connu sous le nom de *Verdet*, ou de *Vert-de-gris*, et renfermant les mêmes éléments, plus une certaine quantité d'oxyde de cuivre. Ce dernier acétate se prépare en grand dans le midi de la France, surtout à Grenoble et à Montpellier, au moyen de lames minces de cuivre, empilées avec du marc de raisin qu'on a laissé s'aigrir. Le métal est oxydé par l'air, et l'oxyde formé s'unit à l'acide acétique contenu dans le marc. Ce sous-acétate est presque insoluble dans l'eau, mais très-soluble dans le vinaigre et dans les autres acides. — Ces deux acétates sont vénéneux. On les emploie comme couleurs vertes dans la peinture à l'huile, et comme mordants dans la teinture en noir sur laine ; on en fait aussi des liqueurs nommées *vert d'eau, vert préparé*, qui servent au lavis des plans. Les médecins font usage du vert-de-gris comme escarotique. — Toutes les fois que des liqueurs ou des mets mêlés de vinaigre se refroidissent et séjournent dans des vases de cuivre ; ils se chargent d'une certaine quantité d'acétate de cuivre, et acquièrent ainsi des propriétés extrêmement délétères. On peut, cependant, faire bouillir du vinaigre dans des casseroles de cuivre sans avoir à craindre d'accident, pourvu qu'on ne laisse pas le vinaigre s'y refroidir. — Il ne faut pas confondre le sous-acétate de cuivre avec le vert-de-gris qui se forme à la surface des ustensiles de cuivre, des statues de bronze, des pièces de monnaie, par la seule action de l'air humide ; ce vert-de-gris n'est qu'un sous-carbonate de cuivre. — Les Grecs et les Romains connaissaient le sous-acétate de cuivre ; ils l'employaient comme couleur et comme médicament, et le préparaient comme aujourd'hui.

Acétate de fer, liqueur brun-foncé, incristallisable, qu'on obtient en mettant en digestion du vinaigre de vin ou de l'acide pyroligneux distillé avec des rognures de tôle ou de vieille ferraille. On l'emploie comme mordant dans les ateliers de teinture et d'indienne.

Acétate de plomb. Il existe un *acétate neutre* et des *sous-acétates*. Le premier, plus connu sous le nom de *sel de Saturne, sucre de plomb* [C4H3O3,PbO+3aq], se présente en prismes incolores, efflorescents, d'une saveur à la fois sucrée et astringente. Il est très-vénéneux. On l'obtient en dissolvant de la litharge dans de l'acide acétique, et faisant cristalliser la solution par la concentration. On en consomme beaucoup pour la fabrication de la céruse et de l'acétate d'alumine ou *mordant rouge* des indienneurs. Les médecins l'administrent quelquefois à l'intérieur pour combattre les sueurs nocturnes des phthisiques. Il était déjà connu des alchimistes. — Le *sous-acétate* de plomb est un sel blanc qui s'obtient en dissolvant de la litharge dans l'acétate neutre. Les médecins l'emploient en dissolution à l'extérieur, sous le nom d'*extrait de Saturne*, comme calmant, pour prévenir ou détruire l'*inflammation*, pour hâter la cicatrisation des plaies. L'*eau blanche*, ou *eau de Goulard*, ainsi appelée du nom d'un chirurgien de Montpellier, avec laquelle on lave les plaies, est le même sous-acétate, étendu de beaucoup d'eau et troublé par un peu de sous-carbonate de plomb en suspension.

ACETIFICATION (d'*acetum*, vinaigre, et *facere*, faire), réaction chimique qui transforme l'esprit-de-vin en vinaigre. *Voy.* ce mot et ACÉTIQUE (acide).

ACÉTIQUE (ACIDE), du latin *acetum*, vinaigre, liquide contenu dans le vinaigre et dans tous les produits de la fermentation acide des liquides spiritueux, tels que le vin, la bière, le cidre, etc. A l'état concentré, il a une odeur forte et pénétrante, mais agréable, ce qui le fait employer contre les défaillances (*sel anglais* ou *sel de vinaigre*); il peut même s'obtenir sous forme solide et cristallisée; il renferme alors du carbone, de l'hydrogène et de l'oxygène dans les rapports de $C^4H^3O^3 + aq$, et bout à 120°. Il se produit en grande quantité dans la carbonisation du bois en vases clos, et c'est par ce moyen qu'on le prépare de préférence : de là le nom d'*acide pyroligneux* ou de *vinaigre de bois*, qu'on lui donne dans le commerce. On l'emploie particulièrement dans les laboratoires de chimie, ainsi que pour la préparation des *acétates*. *Voy.* ce mot et VINAIGRE.

ACÉTONE, ou *Esprit pyroacétique*, liquide incolore, d'une odeur empyreumatique, inflammable, qui se produit dans la distillation sèche des acétates, ainsi que du sucre, de l'acide tartrique, de l'acide citrique, etc. Il est plus léger que l'eau, et se mêle avec ce liquide en toutes proportions. Il renferme du carbone, de l'hydrogène et de l'oxygène dans les rapports de C^3H^3O. Il a été découvert au commencement de ce siècle par l'Irlandais Chenevix : il s'emploie quelquefois comme solvant.

ACHARNAR, étoile de première grandeur, située à l'extrémité australe de la constellation appelée *Eridan*. *Voy.* ÉRIDAN.

ACHE, *Apium*, genre de plantes herbacées de la famille des Ombellifères, tribu des Amminées, comprenant plusieurs espèces, dont les plus connues sont le persil (*A. petroselinum*), le céleri (*A. graveolens*), et l'ache proprement dite. Celle-ci est d'un beau vert; ses feuilles approchent de celles du persil ordinaire; mais elles sont plus amples et plus épaisses : elle croît dans les marais et le long des ruisseaux. Cultivée, elle perd sa saveur âcre et amère. Les anciens mettaient l'ache au nombre des plantes funèbres.

ACHILLE (TENDON D'). *Voy.* TENDON.

ACHILLÉE, *Achillea*, genre de plantes de la famille des Composées de Jussieu, herbe vivace, commune aux deux continents, à fleurs blanches en corymbes, à odeur légèrement aromatique, à feuilles découpées et un peu velues. Cette plante renferme un suc amer, longtemps regardé comme fébrifuge. On prétend qu'Achille en servait pour cicatriser des blessures (d'où son nom). Ses propriétés vulnéraires n'en sont pas moins fort douteuses. On en distingue un assez grand nombre de variétés, qu'on cultive dans les jardins : l'*A. dorée*, qui a des fleurs d'un jaune doré; l'*A. à mille feuilles*, à fleurs pourpres; l'*A. sternutatoire* ou *herbe à éternuer*, dite aussi *bouton d'argent*, à fleurs blanches; l'*A. de Hongrie*, à fleurs blanches aussi, mais plus petite.

ACHROMATISME (du grec *a* privatif, et *chroma*, couleur). On nomme ainsi la destruction de cette variété de couleurs qui résulte de la décomposition de la lumière. Lorsqu'on regarde les objets extérieurs à travers un prisme de verre ou à travers une lunette ordinaire, ils paraissent bordés de franges colorées. Cet effet est produit par la déviation inégale qu'éprouvent les divers rayons colorés, soit à leur entrée, soit à leur sortie du verre. On est parvenu à neutraliser ces effets dans les lunettes dites *achromatiques*. Dans ces lunettes, les objectifs sont formés de deux ou de plusieurs verres de facultés réfractives différentes, accolés les uns contre les autres, de manière à anéantir, en se compensant, les effets de la dis-

persion. Ce résultat se trouve naturellement réalisé dans l'œil, qui est parfaitement achromatique.

Newton, admettant que la réfrangibilité était toujours proportionnelle à la dispersion, avait cru insoluble le problème de l'achromatisme; mais Hall en 1733, et, après lui, J. Dollond, prouvèrent l'erreur de leur compatriote en construisant les premiers des lunettes achromatiques. Les deux sortes de verres employées par Dollond et usitées généralement depuis sont le *crown-glass* ou verre semblable au verre à vitres, et le *flint-glass*, qui est analogue au cristal, et contient environ le tiers de son poids de plomb. Dollond obtint l'achromatisme en appliquant une lentille biconcave de flint contre une lentille biconvexe de crown. Le flint jouit d'un pouvoir réfringent et d'un pouvoir dispersif plus grand que le crown : il en résulte que les rayons rouges et les rayons violets deviennent parallèles au sortir de la lentille. On peut aussi substituer avec avantage le cristal de roche au crown. Les substances liquides peuvent, comme les solides, entrer dans la composition des objectifs achromatiques. Le Dr Blair emploie d'une part le crown, et de l'autre une solution de chlorure d'antimoine (beurre d'antimoine), dissous dans l'acide chlorhydrique, ou bien une solution de bichlorure de mercure (sublimé corrosif) dans le sel ammoniac. Il introduit le liquide entre deux lentilles de crown, qui sont, l'une plane-convexe, et l'autre concave-convexe.

ACIDE (en latin *acidus*, du grec *acis*, pointe, piquant), corps qui jouit de la propriété de se combiner avec une base salifiable pour former un sel, et qui, dans l'opinion commune, se rend au pôle positif quand on décompose le sel par la pile électrique. Les acides solubles dans l'eau sont caractérisés par une saveur aigre, par la propriété qu'ils possèdent de rougir le tournesol bleu, et par celle de décomposer avec effervescence la craie et le marbre. On a cru pendant longtemps que tous les acides renfermaient de l'oxygène : cet élément entre, en effet, dans la composition du plus grand nombre; mais on sait aujourd'hui que l'hydrogène forme aussi beaucoup d'acides. Les acides se divisent donc en *acides hydrogénés* ou *hydracides*, formés par l'hydrogène; et *acides oxygénés* ou *oxacides*, formés par l'oxygène. Ces derniers se subdivisent, en outre, en *acides anhydres* ou sans eau, et *acides hydratés* ou combinés avec de l'eau. D'après les théories plus récentes de MM. Laurent et Gerhardt, les hydracides et les acides hydratés comptent seuls parmi les acides; les autres sont considérés comme des corps à part, appelés *anhydrides*.

On appelle *acides minéraux* les acides fournis par le règne minéral; *acides métalliques*, les acides formés par l'oxygène et un métal; *acides organiques*, les acides renfermant du carbone, et obtenus avec les substances organiques; *acides gras*, les acides organiques extraits des graisses et des huiles grasses; *acides pyrogénés*, les acides produits par l'action de la chaleur sur les matières organiques.

Dans la nomenclature proposée par Guyton-Morveau et Lavoisier, les acides minéraux se désignent par un adjectif formé du nom des éléments unis à l'oxygène, et terminé en *eux* ou en *ique*; ainsi acide sulfureux, acide phosphorique, veut dire acides formés, le soufre et l'oxygène, par le phosphore et l'oxygène. Si l'acide est formé par l'hydrogène, on commence l'adjectif par *hydro*, ou bien on le termine par *hydrique* : acide hydrochlorique ou chlorhydrique, c'est-à-dire acide composé de chlore et d'hydrogène. Les deux syllabes *eux* et *ique*, qu'on ajoute aux noms des acides oxygénés, ont une signification différente : *ique* correspond toujours à un acide qui renferme plus d'oxygène que l'acide dont le nom se termine en *eux*; ainsi l'acide sulfurique est plus oxygéné que l'acide sulfureux. Dans les cas où l'oxygène forme avec un seul élément plus de deux acides, on commence le nom de l'adjectif par quelque particule distinctive ; par exemple, *hypo* (en grec, au-dessous); *hyper* (au-dessus); ou *per* (au plus haut degré). Ainsi l'acide hyposulfureux est un acide composé de soufre et de proportions d'oxygène plus faibles que dans l'acide sulfureux; l'acide perchlorique renferme plus d'oxygène que l'acide chlorique, etc. — Les acides dont le nom se termine en *eux* forment des sels dont le nom finit en *ite*; les acides dont le nom se termine en *ique* donnent des sels dont le nom finit en *ate*. Ainsi l'acide sulfureux produit les sulfites, l'acide sulfurique les sulfates; l'acide phosphoreux donne les phosphites; l'acide hypophosphoreux, les hypophosphites; l'acide perchlorique, les perchlorates.

Les acides organiques, qui sont infiniment plus nombreux que les acides minéraux, et qui renferment tous du carbone et de l'hydrogène, la plupart de l'oxygène, quelques-uns aussi de l'azote, n'ont aucune nomenclature régulière.

Les acides les plus connus sont, parmi les acides minéraux, les *acides sulfurique*, *sulfureux*, *sulfhydrique*, *azotique* ou *nitrique*, *phosphorique*, *arsénieux*, *arsénique*, *chromique*, *fluorhydrique*, *chlorhydrique*, *chlorique*, *iodique*, *carbonique*, *borique*, *silicique*; parmi les acides végétaux et animaux, les *acides formique*, *cyanhydrique* ou *prussique*, *oxalique*, *acétique*, *malique*, *tartrique*, *succinique*, *benzoïque*, *citrique*, etc. *Voy.* ces mots.

Plusieurs acides sont employés en médecine : tels sont les acides sulfurique, azotique, chlorhydrique, phosphorique, tartrique, citrique, oxalique et acétique. Étendus de beaucoup d'eau et donnés sous forme de boisson acidule, ils diminuent la chaleur et l'irritation; ce qui leur a valu le nom de *rafraichissants*, *tempérants*, *antiphlogistiques*. On y recourt dans les cas de fièvre, d'inflammation, de pléthore, d'excitation du cœur, d'affections bilieuses; contre les vomissements des femmes enceintes, les hoquets spasmodiques. On les emploie aussi à l'extérieur, contre les cors, les entorses, les dartres, les phlogoses, et, en général, contre toutes les irritations de la peau.

ACIER (*d'acies*, tranchant), substance métallique formée de fer pur et d'une très-petite quantité de carbone, variant de 1 à 2 centièmes. Sous cette forme le fer acquiert des propriétés nouvelles. Lorsqu'après l'avoir fait rougir, on le refroidit brusquement en le plongeant dans l'eau, l'acier devient très-élastique, moins dense, moins ductile, plus dur et très-cassant à froid : dans cet état, on l'appelle *acier trempé*. En ne chauffant l'acier trempé que jusqu'au moment où sa surface se colore, c'est-à-dire en deçà du point où il a subi la trempe, et le laissant ensuite refroidir lentement, on pratique l'opération du *recuit*, opération qui a pour objet de donner à l'acier des degrés de dureté et d'élasticité variables, appropriés au genre de fabrication auquel on le destine. On peut distinguer l'acier du fer en déposant à la surface du métal poli une goutte d'acide sulfurique affaibli : avec l'acier, il se produit une tache noire due au charbon mis à nu, tandis qu'il n'apparaît sur le fer qu'une tache verdâtre que l'eau enlève aisément. En outre, l'acier est plus attirable à l'aimant, et conserve plus longtemps que le fer la propriété magnétique : aussi prépare-t-on de préférence avec l'acier les aimants artificiels. L'acier est susceptible de recevoir par le poli un très-bel éclat; il s'applique, dans l'industrie, à mille usages qui varient selon sa qualité.

On distingue plusieurs espèces d'acier : l'*acier naturel*, retiré directement des minerais; l'*acier de forge*, obtenu par l'affinage partiel de la fonte; l'*acier de cémentation*, préparé par la cémentation du fer forgé; l'*acier fondu*, provenant de la fusion d'un des aciers précédents; et enfin, l'*acier indien*, dit *acier wootz*, imité des Orientaux. — On trouve souvent dans les forges catalanes l'*acier naturel* en traitant certains minerais de fer très-pur.—On obtient l'*acier de forge* en soumettant les fontes grises ou blanches à l'action de la chaleur et d'un courant d'air; on leur fait perdre alors une quantité surabondante de carbone, ainsi que d'autres substances étrangères. L'*acier de forge* est le plus commun; c'est avec lui qu'on fabrique la grosse coutellerie, les ressorts de voiture, les sabres, les scies, les instruments aratoires, etc. C'est dans l'Isère, la Thuringe, la Westphalie, la Styrie, la Carinthie, que l'on prépare principalement l'acier de forge. — On prépare l'*acier de cémentation*, dit aussi *acier poule*, en chauffant fortement du fer en barre au milieu d'une poussière composée de charbon, de suie, de cendres et de sel marin. Les meilleurs fers de cémentation sont les fers suédois, norwégiens et russes. On emploie l'acier poule à la fabrication des limes et des objets de quincaillerie; on le soude au fer pour armer des marteaux, des cisailles, des enclumes, etc. — L'*acier fondu* ou *acier fin* s'obtient par la fusion des autres aciers. Il acquiert par la trempe une dureté et une ténacité très-grandes : c'est avec lui que l'on confectionne les burins et les ciseaux capables de couper la fonte, le fer et les autres aciers. Il prend le plus beau poli; aussi l'emploie-t-on de préférence pour la belle coutellerie fine, la bijouterie d'acier, les ressorts de montre, les instruments de chirurgie, les coins des monnaies, etc. — L'*acier indien*, dit aussi *acier wootz*, est celui avec lequel les Orientaux fabriquent, depuis un temps immémorial, leurs excellentes lames de sabre, appelées *damas*, du nom de la ville de Syrie où elles se préparent particulièrement. Les dessins moirés qu'on y remarque paraissent être dus à la présence, dans la pâte de l'acier, d'un carbure de fer cristallisé, qui se trouve mis à découvert par l'action des acides. Stodart et Faraday ont trouvé, en 1822, qu'en alliant à l'acier de petites quantités de certains métaux, comme le platine, l'argent, le palladium, on lui donne, avec la propriété de se *damasser*, la dureté, le grain et tous les caractères de l'*acier de l'Inde*. Aussi aujourd'hui imite-t-on parfaitement cet acier : les manufactures des Bouches-du-Rhône envoient même en Orient de très-belles lames damassées où le platine est uni à l'acier.

L'art de préparer l'acier, que la Bible attribue à Tubalcaïn, et dans lequel excellaient les *Chalybes*, peuple du Pont qui donna son nom à cette préparation du fer (*chalybs*, en grec, veut dire acier), fut enseigné aux Européens par les Orientaux; c'est surtout à partir du xe siècle que les armes blanches furent fabriquées avec l'acier. Les petits instruments d'acier, tels que couteaux et ciseaux, ne furent connus que plus tard. On ne vendit des aiguilles d'acier en Angleterre que sous la reine Marie. La fabrication de l'acier fondu a été découverte par Benjamin Huntsman, qui créa en 1740 le premier établissement de ce genre à Handsworth près de Sheffield. Les aciéries d'Angleterre sont encore aujourd'hui très-renommées.

ACNE (qu'on dérive d'*a* augmentatif et de *knao* ou *knémi*, démanger), nom donné par quelques pathologistes à une variété de la couperose, par d'autres à la dartre pustuleuse disséminée. *Voy.* DARTRE et COUPEROSE.

ACOLYTES (du grec *acolouthos*, suivant). On nomme ainsi les clercs qui ont reçu le plus élevé des quatre ordres mineurs de l'Église catholique, et dont l'office est de suivre et de servir les diacres et les sous-diacres dans le ministère des autels. Ils doivent porter l'encens, allumer et tenir les cierges. Dans la plupart des paroisses, surtout dans les campagnes, ces fonctions sont remplies aujourd'hui par les sacristains et les enfants de chœur. Autrefois, les acolytes suivaient partout les évêques pour les servir et porter leurs messages.

ACONIT (en grec *aconiton*, qu'on dérive d'*a-coné*, pierre, parce que cette plante croît dans les terrains pierreux), genre de la famille des Renonculacées, tribu des Elléborées, plante herbacée qui renferme des végétaux très-vénéneux en général, mais remarquables par la beauté de leurs fleurs, qui ressemblent à de petits casques et se groupent en épis. Les deux espèces les plus connues sont : l'*A. napel*, vulgairement *tue-chien*, qui se distingue par un bel épi de fleurs bleues, en forme de casque fermé; par ses feuilles étroites, finement découpées, luisantes et d'un vert glabre : elle contient un poison très-violent et corrosif; 2° l'*A. tue-loup*, que caractérise la couleur de ses fleurs, qui sont d'un jaune livide, mais à peu près de la même forme et disposées également en épi; ses feuilles sont d'un vert sombre, plus larges que celles du napel et un peu velues. — L'aconit croît naturellement dans les Alpes, et est très-commun en Savoie. On a employé l'aconit-napel contre les rhumatismes et les névralgies, contre les affections arthritiques, contre l'hydropisie et la paralysie. L'homœopathie, surtout, en fait un grand usage pour combattre la suractivité de la circulation artérielle, les hémorragies actives, en un mot, pour remplacer dans la plupart des cas les émissions sanguines. On extrait de l'aconit l'*aconitine* (*Voy.* ce mot).—Selon les poètes, l'aconit naquit de l'écume de Cerbère, lorsque Hercule lui étreignit fortement le gosier, et l'arracha des enfers.

ACONITINE, alcali végétal, en grains incolores, fort amers et vénéneux, contenu dans les aconits : il contient du carbone, de l'hydrogène, de l'azote et de l'oxygène. Sa formule est $C^{60} H^{47} N O^{14}$.

ACONITIQUE (ACIDE), dit aussi *Acide pyrocitrique* ou *citridique*, acide organique, cristallisant en croûtes mamelonnées, incolores, très-solubles, trouvé par Peschier dans le suc des aconits, en combinaison avec de la chaux. D'après les expériences de Berzélius et de M. Crasso, il s'obtient aussi artificiellement par l'action de la chaleur sur l'acide citrique. Avec les bases, il forme les *aconitates;* l'extrait d'aconit dépose souvent de l'aconitate de chaux sous la forme de grains blancs. Formule : $C^4 HO^3 HO$.

ACORÉES (du genre *Acorus*, qui en est le type, tribu des Aroïdées, comprenant les genres *Acorus* et *Gymnostachys*.

ACORUS (qu'on dérive du grec *coré*, prunelle, parce que, selon Dioscoride, cette plante guérit les maux d'yeux), dite aussi *Jonc odorant, Iris jaune, Lis des marais*, plante de la famille des Aroïdées, croissant dans les lieux humides et sur le bord des eaux, est vivace, épaisse, parasite : tiges souterraines, fleurs odorantes, en chaton; racines aromatiques, dont on fait quelque usage en médecine comme excitant et sudorifique; on les mange en Auvergne; on peut en extraire par distillation une liqueur forte. On distingue l'*A. calamus*, originaire de l'Inde, commune en Europe, et qui entre dans la composition de la thériaque ou du mithridate, et l'*A. gramineus*, originaire de Chine, moins répandu.

ACOTYLÉDONS ou ACOTYLÉDONES (du grec *a* priv. et de *cotylédon*), non que l'on donne aux plantes privées de cotylédons. On les a nommées aussi *Inembryonés* (Richard), parce qu'elles n'ont pas d'embryon, *Agames* (Necker) et *Cryptogames* (Linné), parce qu'elles n'ont pas de fleurs ou que du moins on ne leur en voit pas. —L. de Jussieu en a formé sa première classe ACOTYLÉDONIE, composée des familles : *Algues, Champignons, Lichens, Mousses, Lycopodiacées, Fougères, Equisétacées* et *Marsiléacées*.

ACOUSTIQUE (du grec *acouô*, j'écoute), science des sons, traite de tout ce qui se rapporte à la formation, à la transmission, à la réflexion, enfin à la propagation du son. C'est une science mixte, qui appartient aux mathématiques, à la physique et à la musique : l'acoustique mathématique fait connaître les lois du mouvement de vibration, considéré comme cause occasionnelle du son; l'acoustique physique étudie les phénomènes sonores; l'acoustique musicale considère les sons comme faisant partie d'un système de musique. — L'acoustique, restreinte pendant longtemps à la considération musicale des sons, a été cultivée dès la plus haute antiquité. Ce fut Pythagore qui découvrit les rapports qui existent entre les longueurs des cordes vibrantes, d'où résultent les différences de tons. Cependant cette science fit peu de progrès jusqu'à la fin du XVIIᵉ siècle. Bacon connaissait déjà le fait de la propagation et de la réflexion du son; mais il en ignorait les lois. Sauveur fut le premier qui exposa la théorie des cordes vibrantes et son application à la musique, une des branches importantes de la physique. Après lui, Taylor, D. Bernouilli, Euler, D'Alembert et Lagrange développèrent cette partie de la science : Chladni publia en 1809 ses découvertes sur la vibration des surfaces élastiques. Depuis cette époque, MM. Biot, Cagniard-Latour, Savart surtout, enrichirent l'Acoustique par de nombreuses expériences : ce dernier, s'attachant aux mouvements individuels des molécules, détermina les lois et les caractères des divers modes d'ébranlements qu'elles peuvent recevoir, selon la nature particulière des divers corps solides, etc. MM. Poisson et Cauchy ont aussi contribué aux progrès de l'acoustique par leurs travaux mathématiques.

ACQUA-TINTA, A.-TOFANA, etc. *Voy.* AQUA.

ACQUÊT (d'*acquérir*), bien dont on devient propriétaire par achat, donation, ou de toute autre manière que par succession. La communauté conjugale peut être réduite aux *acquêts* (Code civil, art. 1497), c'est-à-dire aux biens acquis pendant le mariage; dans ce cas, les biens propres, c'est-à-dire apportés par l'un ou l'autre des époux, restent la propriété exclusive de chacun d'eux.

ACQUIT-A-CAUTION, autorisation délivrée par les employés des douanes ou des contributions indirectes pour qu'une marchandise qui n'a point encore payé les droits de consommation puisse librement circuler d'un entrepôt en un autre, sous la garantie qu'elle ne sera pas détournée de sa destination. Au moyen de cette autorisation, les marchandises sont exemptes de la visite des bureaux placés sur la route qu'elles doivent parcourir.

ACRE (du latin *ager, agri*, champ), mesure de superficie usitée autrefois en France, variait selon les provinces et était en usage; sa valeur la plus ordinaire était d'un arpent et demi. L'acre de Normandie, le plus connu, se divisait en 4 *vergées*, et la vergée en 40 *perches;* il valait 81 ares 71 centiares. —Ailleurs, l'acre ne valait guère que 50 ares. — L'acre anglais vaut 40 ares 47 centiares.

ACRIDIENS (du grec *acris*, sauterelle), famille de l'ordre des Orthoptères établi par Latreille (Sauteurs de Cuvier), caractérisée par ses antennes filiformes ou prismatiques, des tarses de trois articles, des cuisses renflées propres au saut, renferme une vingtaine d'espèces, et a pour type la *Sauterelle* (*Voy.* ce mot). Répandus sur toute la terre, ces animaux se multiplient prodigieusement, et exercent, surtout dans le Midi, les plus grands ravages.

ACROBATE (du grec *acrobatès*, qui marche en haut, en l'air), nom donné par les anciens aux danseurs de corde, a été remis en honneur dans ces derniers temps, et a remplacé celui de *funambule*. Les acrobates dansent sur la corde tendue ou lâche, disposée horizontalement ou obliquement, et font mille tours de force. Ces exercices, qui exigent beaucoup de vigueur, de souplesse et d'aplomb, ont été de tout temps en possession de divertir la foule; ils sont mentionnés par plusieurs écrivains grecs et latins, Nicéphore Grégoras, Nicétas, Manilius, Vopiscus. Quelques individus ont montré dans ces exercices une telle supériorité, qu'ils ont acquis une célébrité populaire : on cite, entre autres, le fameux Tuccaro, dit l'*Archange*; sous Maximilien II et Charles IX; Forioso, en France, sous l'Empire, et, de nos jours, Mme Sàqui et *il signor Diavolo*.

ACROCARPES (du grec *acros*, au sommet, et *carpos*, fruit, parce que les capsules sont à l'extrémité des tiges), 3e ordre de la famille des Mousses dans la classification de C. Montagne, divisé en 27 tribus : *Polytricées, Buxbaumiées, Bartramiées, Oréadées, Funariées, Méésiées, Bryées, Leptostomées, Orthotricées, Zygodontées, Grimmiées, Encalyptées, Hydropogonées, Trichostomées, Ripariacées, Dicranées, Syrrhopodontées, Discéliées, Weissiées, Octoblépharées, Tetrodontées, Hedvigiacées, Schistostégées, Splanchnées, Pottiacées, Sphagnées, Phascées.*

ACROGÈNES (du grec *acros*, sommet, *génos*, naissance : croissant par le sommet), nom que M. Lindsey donne aux Acotylédons de Jussieu, par opposition avec les *Endogènes* et les *Exogènes*, qui, pour lui, remplacent les Monocotylédons et les Dicotylédons. Les Acrogènes sont ainsi nommées, parce que ces plantes s'accroissent par l'allongement de leur extrémité.

ACROLÉINE (du latin *acer*, âcre, et *oleum*, huile), liquide extrêmement volatil, qui se produit par l'action d'une chaleur élevée sur les graisses et les huiles grasses, et dont la vapeur irrite à un haut degré les yeux et les voies respiratoires. Il renferme du carbone, de l'hydrogène et de l'oxygène dans les rapports exprimés par la formule C⁶H⁴O². Il a été isolé et étudié pour la première fois par M. Redtenbacher de Prague en 1843.

ACROMION (du grec *acros*, extrême, et *omos*, épaule), apophyse de l'omoplate produite par une éminence appelée *épine*. Dans l'enfance, ce n'est encore qu'un cartilage; il s'ossifie peu à peu jusqu'à 20 ans : il est alors parfaitement dur, et forme avec l'omoplate un tout continu. *Voy.* OMOPLATE.

ACROSTIC, *Acrostichum* (du grec *acros*, sommet, *stichos*, rangée), genre de fougères qui appartiennent aux Polypodiacées, à capsules nues. M. Gaudichaud a formé sous le nom d'*Acrostichiées* une tribu dont le genre Acrostic est le type.

ACROSTICHE (du grec *acros*, extrémité, *stichos*, vers), petite pièce de poésie dans laquelle chaque vers commence par une lettre faisant partie d'un nom qu'on écrit en travers à la marge et qu'on prend pour sujet, comme on le voit dans les vers suivants sur la belle Laure, l'amante de Pétrarque :

Le ciel qui la sauva de son propre penchant,
La beauté du corps unit celle de l'âme,
Au seul de ses regards, par un pouvoir touchant,
Rendait à la vertu le cœur de son amant,
Elle embellit l'amour en épurant sa flamme.

Ce genre était fort en vogue dans les bas siècles de la littérature grecque; il fut imité des Grecs à la renaissance des lettres, surtout sous François Ier. Aujourd'hui il est fort décrié, et ne compte plus que parmi les *difficiles nugæ*.

ACROSTICHIÉES (du genre type *Acrostichum*), tribu de l'ordre des Polypodiacées, de la famille des Fougères. Cette tribu renferme les genres *Acrostichum* (Acrostic), *Polybotrya*, *Olfersia* et *Gymnopteris*.

ACROTÈRE (d'*acroteros*, comparatif d'*acros*, placé plus haut). On nomme ainsi, en Architecture, un petit piédestal ordinairement sans base et sans corniche, destiné à porter des statues, des vases ou autres ornements, et qu'on place au milieu et aux côtés des frontons. On donne aussi ce nom aux

dosserets ou petits murs élevés entre le socle et la tablette des balustrades.

ACTE (d'*ago*, agir). En Morale, on distingue, selon la manière dont l'agent se développe, des actes spontanés ou instinctifs, volontaires ou réfléchis, libres ou délibérés; selon la nature de la faculté qui agit, des actes physiques, intellectuels, moraux; selon le mérite de l'agent, des actes bons, vertueux, s'ils sont conformes au devoir; mauvais, coupables, s'ils y sont contraires. — En Métaphysique et en Logique, on oppose *acte* à *puissance*. La puissance est une simple faculté ou propriété, comme la pesanteur; l'acte est l'exercice de la faculté, la réalisation d'un fait, comme la chute d'un corps. On ne peut conclure de la puissance à l'acte, *à posse ad actum*; mais, au contraire, la conséquence est bonne de l'acte à la puissance. — Dans la Pratique, *Acte* se dit de tout écrit qui sert à constater ou à justifier quelque chose. On distingue : *A. privés*, qui se passent entre particuliers, sans le ministère d'aucune personne publique; *A. publics* ou *authentiques*, qui sont passés par-devant des personnes qui ont un caractère public, comme les *actes notariés*; *A. judiciaires*, où le ministère des avoués et du juge intervient; *A. extra-judiciaires*, qui ne sont que le fait des huissiers et sergents; *A. respectueux*, ceux qui, à défaut de consentement des père et mère, doivent avoir lieu avant le mariage, quand le fils a plus de 25 ans et la fille plus de 21; *A. de notoriété*, déclaration signée par plusieurs témoins, et pouvant, en certains cas, suppléer un acte de naissance; *A. de l'État civil*, ceux par lesquels les officiers de l'État civil constatent les naissances, les mariages, les décès.—En Politique, on connaît sous le titre d'*A. constitutionnel* la constitution publiée en 1793 par la Convention nationale; d'*A. additionnel*, les articles que Napoléon ajouta, dans les Cent-Jours, aux constitutions de l'Empire : il présenta cet acte le 22 avril 1815 à l'acceptation des Français.

Dans l'Art dramatique, *Acte* se dit des divisions d'une pièce; chaque acte se subdivise en scènes. La division en actes ne paraît pas tranchée dans les poëtes grecs; elle l'est mieux chez les Romains; Horace commande la division de chaque pièce en cinq actes :

Neve minor, neu sit quinto productior actu
Fabula quæ posci vult et spectata reponi.

Les modernes ne se sont nullement assujettis à cette règle : ils ont des pièces en 4 actes, en 2 et en 1; cependant il y en a peu qui en comptent plus de 5. Chez les Romains on nommait *acte simple* (*actus simplex, actus minimus*), une mesure de superficie qui avait 120 pieds romains de long sur 4 de large, et qui valait 42 de nos mètres carrés; *acte carré* (*actus quadratus* ou *semis*), une mesure qui était moitié du *jugerum*, et qui avait 120 pieds romains en tous sens; elle valait 12 de nos ares, plus 60 mètres et 40 centimètres carrés.

ACTÉE (du grec *actœa*, sureau), genre de la famille des Renonculacées, tribu des Elléborées; plante vivace à rhizome traçant, s'élève à 1m,30, donne de jolies fleurs blanches, mais est vénéneuse. Elle vient en pleine terre, et se plaît dans les lieux ombragés. Sa racine, dite *Ellébore noir*, est employée en médecine et sert de remède contre une maladie des bœufs. On distingue l'*A. cimicifuge* ou *Chasse-punaise*, l'*A. épiée* (spicata) ou *herbe de Saint-Christophe*, l'*A. des Alpes*, l'*A. à grappes*.

ACTEURS. C'est en Grèce que parurent les premiers acteurs connus :

Thespis fut le premier qui, barbouillé de lie,
Promena par les bourgs cette heureuse folie,
Et, d'acteurs mal ornés chargeant un tombereau,
Amusa les passants d'un spectacle nouveau.

Chez les anciens il n'y avait d'acteurs que des hommes; les femmes ne montaient pas sur la scène. — Chez les Grecs, la profession d'acteur n'avait rien de déshonorant : elle était souvent remplie par les auteurs eux-mêmes. Chez les Romains, au contraire, elle ne pouvait être exercée que par des esclaves : un Romain qui montait sur le théâtre perdait ses droits de citoyen. Chez les modernes, surtout dans les pays catholiques, il a longtemps régné contre les acteurs de fâcheux préjugés, effet des anathèmes prononcés par la religion contre les théâtres. Il était défendu d'enterrer les comédiens en terre sainte. Ces préjugés s'effacent tous les jours, et l'acteur est estimé en proportion de sa conduite et de sa valeur personnelle. Les plus grands acteurs de l'antiquité sont, chez les Grecs, Polus et Théodore ; chez les Romains, Ésope et Roscius, qui excellèrent, le premier dans la tragédie, et le second dans la comédie. Dans les temps modernes, les noms les plus célèbres sont, parmi les acteurs, ceux des tragiques Garrick, Lekain, Larive, Talma, Kemble ; des comiques Molé, Préville, Baron ; parmi les actrices, ceux de Champmêlé, Lecouvreur, Dumesnil, Clairon, Mars, Duchesnoy, George, Rachel. Plusieurs des plus grands auteurs ont été en même temps d'excellents acteurs, à leur tête Shakspeare et Molière.

ACTIF. En termes de Commerce, l'*actif* est la réunion des sommes dues à un négociant, de toutes les créances à recouvrer tant en capital qu'en intérêt ; on l'oppose au *passif*, qui est, au contraire, le total des sommes dont le négociant est débiteur. — Au budget de l'État, l'*actif* se compose de la perception de tous les impôts, du recouvrement de toutes les créances, quelles que soient leur nature et leur source. — En Grammaire, on oppose aussi actif à passif : verbe *actif*, voix *active*. *Voy.* VERBE.

ACTINIE (du grec *actis*, rayon), zoophyte marin, genre de Polypes *rayonnés* et charnus, à tentacules nombreux, au centre desquels est une ouverture qui sert à la fois de bouche et d'anus. Ces animaux ont la forme d'un cylindre ou d'une demisphère à couleurs brillantes, et s'épanouissent à la manière des fleurs ; d'où vient qu'on les appelle *Anémones de mer*. Leur contact est brûlant, ce qui leur fait aussi donner le nom d'*Orties de mer*. Cependant quelques espèces sont comestibles : telles sont l'*A. edulis*, qu'on trouve sur les côtes de Provence.

ACTINOTE. *Voy.* AMPHIBOLE.

ACTION. En Mécanique, le mot *action* exprime tantôt l'effort qu'une force déploie contre un corps, tantôt l'effet, le mouvement résultant de cet effort. C'est un axiome en Mécanique, que la réaction est toujours égale à l'action. On admet aussi que, lorsqu'il survient quelque changement dans l'état des corps, la quantité d'action qu'ils perdent est la plus petite possible : cette vérité, établie par Maupertuis, est connue sous le nom de principe de la moindre action. — En Littérature, l'*action* est le développement, suivant les règles de l'art, de l'événement qui fait le sujet du drame et de l'épopée ; on y distingue trois parties : l'exposition, le nœud, le dénoûment. La règle de toute action est l'unité :

........Sit quodvis simplex duntaxat et unum.

Cette règle, fondée sur une nécessité réelle, parce que l'intérêt se dissipe en se divisant, a mieux résisté aux efforts des novateurs que celles qui prescrivent l'unité de temps et de lieu. — Dans l'Art oratoire, l'*action* est le geste et le débit : les anciens y attachaient la plus grande importance. Démosthène y réduisait preque tout, et disait que *l'action est le commencement, le milieu et la fin de l'art de l'orateur.* Cicéron l'appelle le langage du corps, *sermo corporis*, et lui consacre une grande place dans ses traités de rhétorique. — En Jurisprudence, l'*action* est à la fois le droit de réclamer en justice ce qui nous appartient : *Jus persequendi in judicio quod sibi debetur* (*Instit.*, lib. IV, tit. VI), et l'usage que l'on fait de ce droit. On dit en ce sens : *Avoir action contre quelqu'un.* L'action est dite *personnelle* quand elle est dirigée contre une personne ; *réelle*, quand elle a pour but la revendication d'une chose, comme de terres, de rentes ; *mixte*, si elle est à la fois dirigée contre les biens et contre la personne qui les détient ; *civile*, si la poursuite est faite dans un intérêt privé ; *criminelle*, si elle a pour but la punition d'un crime : cette dernière s'appelle aussi *publique*, parce qu'elle est faite d'office dans un intérêt public. On nomme *A. pétitoire*, celle par laquelle le propriétaire d'un fonds, ou un ayant droit sur ce fonds, agit contre le possesseur à l'effet de recouvrer sa propriété ou la jouissance de ses droits ; *A. possessoire*, celle par laquelle on demande à recouvrer une possession, ou à être maintenu en possession. — En Matière commerciale et industrielle, on nomme *action* une part dans les fonds et dans l'intérêt d'une compagnie formée pour une entreprise quelconque (mines, canaux, chemins de fer, banque, etc.). Ces actions peuvent se négocier ; elles sont en hausse ou en baisse, selon qu'on en espère plus ou moins. Ce mode de placement, né du besoin d'associer pour les grandes entreprises des fortunes qui seraient insuffisantes isolément, est d'origine fort récente. Il est sujet à de très-grandes variations. En 1719, on vit les actions de la compagnie des Indes occidentales, établie par Law, s'élever en six mois de 100 à 1,900 liv., puis tomber tout à coup, et ruiner des milliers de familles. — Les actions sont nominatives ou au porteur ; la cession s'en fait, dans le premier cas, en inscrivant sur les registres une déclaration de transfert ; dans le second, par la simple remise du titre.

ACTIVITÉ, puissance d'agir : on l'oppose à la *Passivité.* On distingue l'activité physique ou force motrice, principe de toutes les facultés physiques, cause de tous nos mouvements ; l'activité mentale, principe de toutes nos facultés intellectuelles et morales. L'activité, quelles que soient d'ailleurs ses applications, peut être successivement spontanée ou instinctive, volontaire ou éclairée, libre ou délibérée, habituelle ou machinale. Quelques philosophes, en réduisant tout à la sensation, ont implicitement détruit l'activité ; Laromiguière et Maine de Biran se sont honorés en rétablissant le rôle de l'activité, bien que ce dernier ait paru d'abord borner ce rôle à l'exercice de la force motrice, à l'*effort musculaire.*

ACUPONCTURE (d'*acus*, aiguille, *punctura*, piqûre), opération qui consiste à introduire des aiguilles dans le corps, a été employée pour guérir certaines affections, telles que névralgies, douleurs rhumastimales, paralysies, inflammations. On se sert, à cet effet, d'aiguilles fines, en or, en argent ou en acier détrempé ; on les garnit d'une tête de métal ou de cire pour qu'elles ne s'enfoncent pas tout entières. Les Chinois, les Japonais pratiquent depuis des siècles l'acuponcture ; c'est leur remède universel. Le voyageur Kæmpfer apporta cette méthode en Europe à la fin du XVIIe siècle. Elle était fort négligée, lorsqu'en 1826 M. J. Cloquet la remit en vogue ; mais elle retomba bientôt dans l'oubli. M. Cloquet a donné un *Traité de l'acuponcture*, Paris, 1826.

ADAGE (en latin *adagium*, qu'on dérive d'*ad agendum*, pour agir, règle d'action), maxime ou règle de conduite dont l'expression est consacrée et est devenue proverbiale. Chaque nation a ses adages ; l'Orient surtout est riche en ce genre : on l'a surnommé le pays des adages. Érasme a extrait des auteurs anciens plus de quatre mille sentences de ce genre : ce recueil est connu sous le titre d'*Adages d'Érasme.*

ADAGIO, mot italien qui signifie *à l'aise*, *posément*. Ce mot, placé à la tête d'un morceau de musique, indique que le mouvement en est moins lent que celui du *largo*, et moins animé que celui de l'*andante*. C'est à Corredi, violoniste du XVIIᵉ siècle, que l'on doit l'introduction de l'*adagio*.

ADANSONIA, nom donné par quelques botanistes au Baobab, dédié au célèbre Adanson. *V.* BAOBAB.

ADANSONIÉES (du genre type *Adansonia*, Baobab), tribu des Bombacées, comprenant les genres *Adansonia*, *Bombax*, *Erione*, *Ériodendron*.

ADDITION (d'*addo*, ajouter), opération d'Arithmétique qui a pour objet de réunir plusieurs nombres en un seul appelé *somme* ou *total*. C'est la première des quatre règles fondamentales de cette science. S'il s'agit de *nombres entiers*, tout l'artifice de l'opération consiste à additionner d'abord la colonne des unités simples de tous les nombres proposés, puis les dizaines, puis les centaines, et ainsi de suite ; en un mot, à substituer à l'opération proposée plusieurs opérations partielles beaucoup plus simples. Si les nombres à ajouter sont *complexes*, c'est-à-dire s'ils contiennent des parties de dénominations diverses, ayant entre elles des rapports connus, comme toises, pieds, pouces, lignes, etc., on ajoute ensemble les parties de même grandeur, en ayant soin de prélever, s'il y a lieu, sur chaque somme partielle les unités de l'ordre supérieur, afin de les reporter à la colonne des unités de cet ordre.—Pour additionner des *fractions*, il faut préalablement les réduire au même dénominateur, afin qu'elles représentent des parties de même grandeur, puis ajouter ensemble les numérateurs des fractions ainsi réduites, et donner à leur somme le dénominateur commun. — L'addition des quantités algébriques s'effectue en les écrivant à la suite l'une de l'autre avec leurs signes, et en *réduisant* les termes semblables, s'il y a lieu : ainsi la somme de $2a+b$, et $a-2b$, est $2a+b+a-2b$, ou, en réduisant, $3a-b$.

ADDUCTEURS (MUSCLES). *V.* MUSCLES ADDUCTEURS.

ADELPHES (du grec *adelphos*, frère), se dit, en Botanique, des étamines réunies en certain nombre sur un support commun qu'on a proposé de nommer *androphore* : de là les épithètes de *monadelphes* (étamines réunies en un seul groupe), *diadelphes* (deux groupes), etc., et les noms de *monadelphie*, *diadelphie*, *polyadelphie*, donnés par Linné à trois des classes de son système sexuel.

ADÉNITE, ADÉNOLOGIE, ADÉNOTOMIE, etc., mots dérivés du grec *aden*, glande. *Voy.* GLANDE.

ADHÉRENCE (d'*adhærere*, être attaché à), état de deux corps qui, sans se pénétrer, sont retenus l'un près de l'autre par le seul contact des surfaces. L'eau, par exemple, *adhère* à un grand nombre de corps ; les particules à même goutte d'eau ont aussi entre elles une certaine *adhérence* : les particules d'huile en ont entre elles une encore plus grande. Deux disques bien polis de métal, de verre ou de marbre, adhèrent entre eux, et il faut une assez grande force pour les séparer, même dans le vide. L'adhérence est un élément très-important dans la construction des machines. Sur les chemins de fer, par exemple, on diminue les obstacles qui s'opposent à la marche des locomotives en, en augmentant leur adhérence aux rails. Dans ces derniers temps, un habile chimiste, M. Nicklès, a proposé de renforcer cette adhérence en transformant les roues des locomotives en aimants au moyen d'un système de piles galvaniques. — On attribue le phénomène de l'adhérence à une force que l'on nomme *adhésion*, espèce d'attraction moléculaire qui commence à se faire sentir lorsque deux corps se répondent par un grand nombre de points d'une surface unie ; cependant ce phénomène ne paraît point étranger à ce qu'on nomme affinité chimique ou attraction de combinaison. On détermine la force d'adhésion en évaluant l'effort nécessaire pour détacher des disques

solides de la surface d'un liquide. Pour mesurer cet effort, on se sert d'une balance : d'un côté on met le disque, de l'autre on met des contre-poids ; et, quand l'équilibre est établi, on approche la surface liquide jusqu'à l'instant où elle touche la surface inférieure du disque ; alors on ajoute peu à peu du poids du côté opposé ; l'on note combien il en faut mettre pour rompre l'adhésion. Ce procédé a été imaginé par Taylor et perfectionné par Cigna, Guyton-Morveau, etc.

ADIANTE, *Adiantum* (mot grec qui signifie *fougère*), genre de Fougères, à feuilles minces et transparentes, à tige grêle et lisse comme les cheveux, ce qui leur a valu le nom de *Capillaires*. Il comprend une soixantaine d'espèces dont deux seulement habitent nos climats tempérés : ce sont l'*A. fœdatum* et l'*A. capillus Veneris* ou *Cheveu de Vénus*. Cette dernière tire son nom du pédicule et de la nervure médiane des feuilles, qui ont la couleur et la finesse des cheveux châtains. Cette jolie plante est commune à tous les climats : on la trouve dans le midi de la France, aux environs de Montpellier, ce qui l'a fait aussi nommer *Capillaire de Montpellier*. Elle se trouve entre les fentes des rochers humides, sur le bord des fontaines. Son feuillage, très-découpé, est élégant, et la plante desséchée a un arome léger, fort agréable, qui la rend propre à être employée en infusion dans la toux : on en fait également un sirop connu sous le nom de *sirop de capillaire*.

ADIANTÉES (du genre type), tribu de la section des Polypodiacées, famille des Fougères, renferme les genres *Adiantum*, *Lonchitis*, *Pteris*, *Cheilanthus*.

ADIPIQUE (ACIDE), acide organique, à cristaux blancs, obtenu par M. Laurent en faisant agir l'acide azotique sur les corps gras (en latin *adeps*).

ADIPOCIRE (d'*adeps*, *adipis*, graisse, c'est-à-dire cire grasse), ou *Gras de cadavre*, produit de la décomposition des substances animales dans la terre humide ou sous l'eau. Ce produit se rencontre fréquemment dans les cimetières humides. Il a été observé pour la 1ʳᵉ fois en 1787 par Fourcroy. M. Chevreul l'a trouvé formé d'une petite quantité d'ammoniaque, de potasse, de chaux, unie à beaucoup d'acide margarique et à très-peu d'acide oléique. L'adipocire provient seulement de la graisse préexistante dans le corps mort, et non de l'altération de la chair humaine, des tendons ou des cartilages, ainsi qu'on l'avait d'abord supposé. Les Anglais font avec l'*adipocire* des chandelles économiques d'une consistance plus grande que le suif, et qui ressemblent beaucoup aux bougies de cire. Jusqu'à ces derniers temps, on a confondu à tort l'adipocire avec le *Blanc de baleine* ou *Cétine*, et avec la *Cholestérine* extraite des sécrétions biliaires de l'homme.

ADJACENTS (ANGLES). *Voy.* ANGLE.

ADJECTIF (d'*adjicio*, ajouter), une des parties essentielles du discours, exprime une qualité, une manière d'être comme ajoutée ou rapportée à une substance : aussi n'y a-t-il point d'adjectif sans substantif, exprimé ou sous-entendu. Comme la qualité est inséparable du sujet, l'adjectif subit toutes les variations du substantif ; il s'accorde avec lui en genre, en nombre, en cas. Il y a cependant quelques langues, comme l'anglais, le persan, le turc, où l'adjectif est invariable. Quelques grammairiens rapportent l'adjectif au nom, distinguent des noms substantifs et des noms adjectifs ; l'Académie semble confirmer cette manière de voir quand elle dit les adjectifs *noms que l'on joint aux substantifs pour les qualifier ou les modifier*. — On distingue deux classes d'adjectifs : les *adjectifs qualificatifs*, comme *blanc*, *noir* ; *beau*, *laid*, qui expriment les qualités propres aux personnes et aux choses ; et les *adjectifs déterminatifs*, comme *ce*, *ces* ; *un*, *plusieurs* ; *mon*, *ton*, *son*, etc., qui expriment les diverses manières dont l'esprit envisage les choses. Il y a quatre sortes d'adjectifs déterminatifs : les adjectifs *numéraux*, *démonstratifs, possessifs* et *indéfinis*; on fait aussi rentrer l'*article* dans la classe des adjectifs déterminatifs. — Pour l'*Adjectif verbal*, *Voy.* VERBAL.

ADJOINT (du latin *adjunctus*). Ce mot, qui signifie en général toute personne associée à une autre pour l'aider dans ses travaux, s'applique tout spécialement à l'*adjoint au maire*, officier public qui, dans chaque commune, est chargé de remplacer le maire en cas d'absence et d'empêchement, et qui le seconde dans ses fonctions. *Voy.* MAIRE.

ADJUDANT (du latin *adjuvare*, aider), officier militaire, subordonné à un autre pour l'aider dans ses fonctions. Les *adjudants sous-officiers* font le service journalier; ils sont les premiers parmi les sous-officiers; ils ont une solde plus élevée, un uniforme plus distingué; ils portent à droite une épaulette d'or ou d'argent à franges simples, barrée d'un double galon de soie; à gauche, une contre-épaulette semblable. Ce grade a été créé en 1771. Les adjudants ont autorité et inspection immédiate sur les sous-officiers et caporaux, pour tout ce qui a rapport au service et à la discipline : ils sont chargés de l'instruction des caporaux; ils sont sous les ordres des *adjudants-majors*. — Les *adjudants-majors* sont chargés de tous les détails du service, ainsi que de l'instruction des sous-officiers et caporaux de leur bataillon. Les adjudants-majors sont au choix du colonel. On les prend dans le grade de capitaine. Ils portent les insignes de leur grade, mais avec des épaulettes d'une couleur distincte de celle du corps (blanches quand celles du corps sont jaunes, jaunes quand elles sont blanches). Ces adjudants ont été créés en 1790. — Les *adjudants généraux*, créés en 1790, appelés aussi *adjudants commandants*, sont devenus *colonels d'état-major*.

ADJUDANT DE PLACE. *Voy.* AIDE-MAJOR.

ADJUDICATION (d'*adjudicare*, juger en faveur de, adjuger), concession faite aux enchères ou au rabais par un officier public chargé des pouvoirs nécessaires. Celui qui adjuge est dit *adjudicateur*, celui à qui on adjuge *adjudicataire*. Il y a trois sortes d'adjudications : 1° l'*A. volontaire* ou la vente que fait aux enchères un individu majeur et capable de traiter, qui vend ses immeubles ou ses meubles sans y être contraint par ses créanciers; 2° l'*A. forcée* ou *judiciaire*, ou la vente que les créanciers poursuivent en justice des biens de leur débiteur pour obtenir leur payement; 3° l'*A. administrative*, ou celle qui se fait sans autre intervention que celle de l'administration. — L'adjudication se fait, soit à la chaleur des enchères et à l'extinction des feux, soit par soumission cachetée. Toute adjudication doit être faite avec publicité et concurrence. La concession n'est définitive qu'après vingt-quatre heures.

ADMINISTRATION PUBLIQUE. On nomme ainsi l'ensemble des pouvoirs qui, soit au centre de l'Etat, soit dans chaque département, arrondissement, canton et commune, sont chargés de l'exécution des lois d'intérêt général qui statuent sur les rapports nécessaires de chaque administré avec la société. Les principaux agents de l'administration sont : le chef de l'Etat, roi ou président; les ministres et leurs agents, préfets et maires, etc. On distingue : A. civile, judiciaire, ecclésiastique, universitaire, militaire, financière, forestière; A. des ponts-et-chaussées, des hospices; A. centrale, départementale, municipale, etc.

La science de l'administration, d'origine toute récente, est surtout redevable en France aux travaux de M. de Gérando, qui occupa la première chaire de droit administratif à la Faculté de Paris; et à ceux de MM. Cormenin et Macarel. M. L. Dufour a donné un *Traité de Droit administratif appliqué* (1850-54). Il a paru de 1846 à 1850 un excellent *Dictionnaire d'Administration*, par MM. Blanche, Boulatignier, etc.

Après la révolution de février 1848, le gouvernement provisoire créa une *École d'administration :* cette école fut annexée au collège de France; les cours devaient être faits par les hommes les plus éminents du nouveau gouvernement; MM. Lamartine, Garnier-Pagès, Marrast, Ledru-Rollin; mais aucun d'eux ne monta jamais en chaire, et l'école, mal conçue, quoique utile dans sa destination, fut supprimée en 1849 par l'Assemblée législative; il fut seulement créé, dans plusieurs des Facultés, de nouveaux cours de droit administratif.

ADONIDE (d'*Adonis*, personnage mythologique), plante herbacée, de la famille des Renonculacées, d'un aspect élégant, à feuilles finement découpées, à fleurs ordinairement solitaires, rouges ou citrines, ayant cinq ou six pétales. Elle est très-abondante dans les blés. On distingue l'*A. vernale* ou de printemps, l'*A. estivale* ou d'été, dite aussi *OEil-de-perdrix*, et surtout l'*A. automnale* ou *Goutte-de-sang*. ainsi nommée à cause de sa couleur d'un rouge pourpre. Cette dernière, selon la Fable, reçut le sang d'Adonis blessé : c'est de là qu'elle tire son nom. On la cultive dans nos jardins.

ADONIQUE (VERS), vers latin composé d'un dactyle et d'un spondée ou d'un trochée. Ex. : *Térrǔit ǔrbĕm*. Il termine ordinairement la strophe *saphique* (*Voy.* SAPHIQUE). On croit que son nom vient de ce que ce vers était usité dans les lamentations ou fêtes lugubres en l'honneur d'Adonis.

ADOPTION (d'*adoptare*, dérivé de *opto*, choisir), acte en vertu duquel un étranger est admis à faire partie d'une famille qui le reçoit dans son sein. L'adoption était pratiquée par tous les peuples anciens. A Athènes, on ne pouvait adopter que des enfants légitimes, qui n'eussent pas plus de vingt ans. Il fallait, pour adopter, avoir un âge prescrit par la loi et être inscrit sur les registres publics. A Rome, l'adoption était très-fréquente : elle se fit d'abord avec l'autorisation des pontifes, et, plus tard, avec celle des magistrats et du peuple. L'adoptant avait droit de vie et de mort sur l'adopté : celui-ci devait avoir dix-huit ans de moins que le premier. Dans l'origine, les patriciens ne pouvaient adopter les plébéiens; mais ceux-ci pouvaient adopter un patricien. Quelquefois on adoptait par testament. L'adopté prenait le nom et le surnom de l'adoptant, et y ajoutait son nom de famille ou son surnom, dont il faisait un adjectif : ainsi, *Scipio Æmilianus, Cæsar Octavianus*, indiquaient que l'adopté des Scipions ou des Césars se nommait d'abord *Æmilius* ou *Octavius*. — En France, l'usage de l'adoption se perdit après la première race de nos rois. Rétablie en 1792, l'adoption a été consacrée dans le Code civil. L'adoptant doit être âgé de plus de cinquante ans, avoir au moins quinze ans de plus que l'adopté, et n'avoir pas d'enfants légitimes; s'il est marié, il faut le consentement de l'autre époux. L'adopté doit être majeur. — Outre l'adoption ordinaire, le Code admet l'adoption *rémunératoire*, faite en reconnaissance de quelque grand service, et l'adoption *testamentaire*. Tout ce qui regarde l'adoption est réglé par le Code civil, liv. I, tit. VIII.

ADOXA (du grec *a* priv., et *doxa*, gloire, sans éclat), nom donné par les botanistes à la *Moscatelle*, sans doute à cause du peu d'éclat de ses fleurs, petites et d'un jaune verdâtre. *Voy.* MOSCATELLE.

ADRAGANT (par corruption du mot *tragacantha*, nom grec de l'arbrisseau épineux qui donne cette gomme), gomme qui découle spontanément des tiges et des rameaux de certains arbrisseaux, surtout de l'*Astragalus tragacantha* et de l'*Astragalus verus*, qui se trouvent dans la Turquie d'Asie ainsi que dans la Perse. L'adragant est en petits fragments rubanés, opaques, de couleur blanche. Il sert en médecine comme analeptique; en pharmacie, il donne de la consistance et le liant à plusieurs médicaments; on en fait des loochs, des crèmes, des gelées. Dans les arts, il donne du lustre et de la consistance, et sert aux apprêteurs, aux confiseurs, aux fabricants de couleurs, etc. La propriété qu'il a de former des mucilages est due à un principe immédiat que l'on en a extrait, et que l'on nomme *Adragantine.*

ADRESSE. On nomme ainsi, en Politique, un discours adressé au chef de l'État par un corps politique, administratif, ou par une réunion de citoyens. Sous la monarchie, on appliquait spécialement ce nom à la réponse faite par les chambres au discours du trône. On connaît surtout la célèbre adresse dite *des Deux cent vingt et un*, votée en mars 1830 par 221 membres de la Chambre des députés, en réponse au discours menaçant de Charles X. Cette adresse, mal accueillie par le roi, fut bientôt suivie de la révolution de juillet. — L'adresse, dont la discussion faisait perdre un temps précieux, a été supprimée depuis la révolution de 1848.

ADULAIRE, espèce de Feldspath qu'on trouve surtout au mont Adule (Saint-Gothard) en Suisse. On la nomme aussi *Pierre de lune*, à cause de sa couleur blanche et de son éclat nacré. Les lapidaires la montent sur les bagues et les épingles.

ADULTE (AGE). *Voy.* AGE.

ADULTÈRE (d'*adulterare*, changer, corrompre, dérivé d'*alter*, autre). Ce mot désigne et la violation de la foi conjugale et la personne coupable de cette violation. Le crime d'adultère, qui porte le trouble dans les familles, et qui, commis par la mère, charge le père d'enfants qui lui sont étrangers, a été de tout temps flétri par la morale, condamné par les diverses religions, et puni sévèrement, quoique à des degrés différents, par la législation. Défendu par le Décalogue, il était puni de mort chez les Juifs : les deux coupables étaient lapidés. Les Lacédémoniens, les Germains, punissaient également l'adultère du dernier supplice : c'est ce qui a lieu encore aujourd'hui chez les Musulmans et chez la plupart des Orientaux. A Athènes, la femme coupable était répudiée et exclue des temples. A Rome, elle était livrée au mari, qui pouvait la répudier ou même la tuer ; la loi *Julia*, rendue par Auguste, prononçait, selon les cas, la mort ou la relégation. — En France, avant la Révolution, la femme adultère était le plus souvent enfermée, pour le reste de ses jours, dans un couvent ou dans un hôpital avec les femmes de mauvaise vie. Aujourd'hui, l'adultère donne lieu à la séparation (au divorce, avant l'abolition du divorce), Code civil, art. 229, 230. La femme adultère est, en outre, condamnée par le Code pénal (art. 336-39) à la réclusion pendant un temps qui peut varier de 3 mois à 3 ans ; son complice est passible de la même peine, et, de plus, d'une amende de 100 à 2,000 fr.; le meurtre commis sur les coupables par le mari outragé est déclaré *excusable.* Le mari adultère est condamné à une amende de 100 à 2,000 fr., s'il a entretenu une concubine dans la maison conjugale. — Les enfants *adultérins* ne peuvent être reconnus ni légitimés ; ils n'ont droit qu'à des aliments.

ADVERBE (de *ad*, à, auprès, et *verbum*, mot), mot invariable, dont la fonction est de modifier le mot, verbe, adjectif ou adverbe, auprès duquel il se place. Il y ajoute une idée de degré, *très, fort, trop, plus, moins, peu, beaucoup*; de manière, *lentement, doucement, aisément*; de temps, comme *demain, aujourd'hui, hier*; de lieu, comme *ici, là.* L'adverbe n'est pas, à proprement parler, un élément essentiel du langage ; il n'est lui-même qu'un mot composé, qu'une forme abrégée d'un mot, qui équivaut à une préposition suivie de son complément : agir *sagement*, c'est agir *avec sagesse.* — Tous nos adverbes en *ment* ne sont autre chose qu'un adjectif joint à l'ablatif latin *mente*, qui lui-même est pour *avec une disposition*, *une manière*, que l'adjectif vient

déterminer : *sagement*, formé de *sapienti mente*, veut dire *avec un esprit sage.*

ADYNAMIE (du grec *a* privatif, et *dynamis*, 'force'), privation de force, disposition ou état morbide caractérisé par l'abattement profond de la physionomie, la flaccidité des chairs, la difficulté ou l'impossibilité du mouvement, l'obscurcissement des sensations, des affections morales et des opérations intellectuelles. Cet état d'adynamie s'observe dans des maladies bien différentes, spécialement dans le typhus, le scorbut et la fièvre typhoïde, que l'on désignait autrefois sous le nom de *fièvre adynamique.*

ÆGAGRE, chèvre sauvage. *Voy.* CHÈVRE.

ÆGAGROPILES. *Voy.* BÉZOARD.

ÆGICÉRÉES, famille de plantes détachée par M. Blume de la tribu des Myrsinées, ne renferme que le genre *Ægiceras* (du grec *aix, aigos*, chèvre, et *kéras*, corne, ainsi nommé par allusion à la forme du fruit), de l'Asie tropicale. Ce sont des arbrisseaux à fleurs blanches réunies en grappes ou en ombelles à l'extrémité des rameaux. Suivant Rumph, les feuilles d'une espèce peuvent se manger, même crues, tandis que celles d'une espèce voisine sont très-vénéneuses et servent à tuer le poisson.

ÆGILOPS (mot grec dérivé d'*aix*, chèvre, et *ôps*, œil). On nomme ainsi en Médecine un petit ulcère qui se forme à l'angle interne de l'œil, et qui, lorsqu'il devient calleux et sinueux, s'appelle *fistule lacrymale.* Il est ainsi appelé, dit-on, parce que cette maladie est commune aux chèvres.

En Botanique, on nomme *Ægilops* un genre de la famille des Graminées, voisin du *Triticum*, à épi simple, composé d'épillets fossiles, solitaires, de deux à trois fleurs. On en distingue quatre espèces communes dans le midi de la France. On a prétendu que le froment n'était qu'une modification d'une de ces espèces, l'*Ægilops ovata.*

ÆGLEFIN ou AIGREFIN, poisson du genre Gade, analogue à la morue ; sa chair s'enlève aussi facilement par feuilles, mais elle est moins recherchée. Ce poisson ne parvient guère qu'à la longueur de quatre ou cinq décimètres. On le trouve dans l'Océan Septentrional. Il s'approche dans les mois de février et de mars, en troupes serrées, vers les rivages septentrionaux de l'Europe.

ÆPIORNIS (du grec *aipys*, immense, et *ornis*, oiseau), genre d'oiseaux gigantesques, tout à fait distinct de l'autruche et du casoar, et dont on n'a que le squelette et les œufs. Ces œufs, découverts à Madagascar en 1850, ont une capacité d'environ huit litres : les Malgaches s'en servent comme de vases.

AÉRAGE, AÉRATION. *Voy.* VENTILATION.

AÉRIFORME (qui a la forme de l'air), se dit des fluides qui, différant de l'air atmosphérique par leur nature propre, lui ressemblent par leur transparence, leur élasticité, leur compressibilité : tels sont les gaz et les vapeurs.

AÉROLITHES (du grec *aer*, air, et *lithos*, pierre), dits aussi *Bolides, Pierres météoriques, Météorites*, masses minérales plus ou moins volumineuses qui tombent de l'atmosphère. Elles sont généralement arrondies et recouvertes d'une écorce noire ; elles se composent de diverses substances terreuses ou métalliques, dont quelques-unes sont cristallisées et les autres en globules ou en petites veines. On y trouve principalement du fer allié à du nickel et à du chrome, quelquefois aussi à du soufre, à de la silice, à du manganèse. — La chute des aérolithes est ordinairement précédée de l'apparition de globes enflammés qui se meuvent dans l'espace avec une grande vitesse et à une très-grande hauteur, et qui finissent par éclater en produisant de fortes détonations. Les pierres météoriques arrivent brûlantes à la surface de la terre, et dégagent souvent des vapeurs sulfureuses au moment de leur chute. — On a pensé d'abord que les aérolithes se formaient dans l'espace, vers la limite de notre atmosphère, par voie d'agrégation et de condensation ; plus tard, Laplace a supposé qu'elles pouvaient être lancées par les volcans de la lune. Mais, depuis quelques années, on est disposé à regarder les pierres météoriques comme des fragments de petites planètes qui, circulant irrégulièrement dans l'espace et se trouvant engagées dans notre système, cèdent à l'attraction de la terre et se précipitent sur elle dès qu'elles entrent dans sa sphère d'activité. Cette hypothèse rattache ce phénomène à celui des étoiles filantes (*Voy.* ce mot).—On regarde comme des aérolithes les masses de fer plus ou moins considérables qu'on trouve à la surface de la terre en quelques lieux, bien qu'on n'en ait pas observé la chute ; plusieurs d'entre elles ont un poids qui dépasse plusieurs milliers de kilogrammes. — La chute de pierres tombées du ciel est un fait connu de toute antiquité. Il est question dans Josué d'une pluie de pierres qui détruisit l'armée ennemie. Les pierres miraculeuses que les anciens nommaient *bætyles, abadirs*, et qu'ils gardaient dans les temples et les consacraient aux dieux, surtout à Cybèle, n'étaient sans doute que des aérolithes. Plutarque, dans la *Vie de Lysandre*, décrit une pierre qui était tombée en Thrace, près de l'embouchure de l'Ægos-Potamos. Longtemps les savants modernes ont relégué les pierres tombées du ciel parmi les contes populaires ; un fait de ce genre constaté à Sienne, en Toscane, par le savant Chladni le 16 juin 1794, ébranla les incrédules ; un autre fait, qui eut lieu en plein jour à L'Aigle, en Normandie, le 26 avril 1803, et qui fut l'objet d'une enquête de la part de l'Académie des sciences, dissipa tous les doutes. — Un savant anglais, M. Howard, a dressé une liste chronologique de toutes les pierres tombées du ciel depuis les temps les plus reculés jusqu'en 1818 ; M. Chladni a continué cette liste jusqu'en 1824.

AÉRONAUTE (du latin *aer*, air, et *nauta*, navigateur). On nomme ainsi ceux qui voyagent dans l'air au moyen d'*aérostats* (*Voy.* ce mot). Les plus célèbres aéronautes, après les frères Montgolfier, inventeurs de l'aérostat, sont : Blanchard, qui réussit à traverser la Manche en 1785 ; Pilâtre de Rozier, qui voulut renouveler l'expérience peu de mois après, mais qui périt pour avoir imprudemment placé au-dessous d'un ballon plein d'hydrogène une montgolfière avec son foyer ardent ; Garnerin, à qui l'on doit le parachute (1784) ; Mme Blanchard, qui périt par le feu en lançant des artifices du haut de sa nacelle au jardin de Tivoli (1819), et, de nos jours, MM. Robertson, Green, Margat, Godard, Poitevin, Petin ; l'un d'eux, M. Green, a renouvelé le trajet de la Manche en 1851.

AÉROSTAT (du latin *aer*, air, *stare*, se tenir), espèce de ballon rempli d'un fluide plus léger que l'air, et au moyen duquel on s'intéresse dans l'atmosphère. On appelle *aéronaute* celui qui monte l'aérostat. Le principe de cette ascension est le même que celui qui fait monter à la surface de l'eau les corps moins denses qu'on y a plongés : c'est que tout corps plongé dans un fluide quelconque perd une partie de son poids égale au poids du fluide qu'il déplace. — Les aérostats furent imaginés par les frères Montgolfier, d'Annonay, qui firent leur première expérience à Annonay, le 5 juin 1783 ; ils la répétèrent à Versailles le 20 sept. Leur ballon, appelé de leur nom *montgolfière*, était formé d'une enveloppe de toile doublée de papier et renfermait de l'air dilaté par la chaleur (on produit cette dilatation en brûlant de la paille sous un orifice ménagé à la partie inférieure du ballon). Au mois d'oct. 1783, Pilâtre de Rozier et le marquis d'Arlandes osèrent les premiers s'élever dans une nacelle suspendue au-dessous d'une de ces *montgolfières* ; pour éviter que le refroidissement qu'éprouvait le ballon ne ramenât l'air qu'il contenait à son premier volume, ils entretenaient le feu sous l'orifice de l'aérostat. Ce procédé, qui exposait l'aé-

ronaute aux plus graves dangers, fut bientôt abandonné. Dès 1783, le physicien Charles sut mettre à profit la légèreté du gaz hydrogène pour le substituer à l'air raréfié par la chaleur ; ce gaz, en effet, à la même température que l'air, pèse environ quinze fois moins que lui. C'est encore ce gaz que l'on emploie aujourd'hui. L'enveloppe se fait avec du taffetas gommé de bonne qualité ; un filet qui embrasse le ballon supporte la nacelle dans laquelle se place l'aéronaute. Les couches de l'atmosphère étant de plus en plus raréfiées à mesure qu'on s'élève, l'aéronaute parvenu à une certaine hauteur n'éprouve plus qu'une poussée égale à son poids, et, par conséquent, ne peut s'élever davantage. Si l'on gonflait entièrement le ballon en quittant la terre, l'hydrogène tendant sans cesse à se mettre en équilibre avec l'air environnant, pourrait crever ce ballon à une certaine hauteur ; pour prévenir ce résultat, on ne remplit les aérostats qu'aux trois quarts. L'aéronaute se munit aussi d'une provision de lest, dont il jette une partie quand il veut s'élever davantage et que le ballon n'a plus de force ascensionnelle. Pour redescendre, il ouvre, au moyen d'une corde, une soupape ménagée à la partie supérieure du ballon, et par laquelle s'échappe alors une portion du gaz hydrogène. L'invention du *parachute* (*Voy.* ce mot) prévient une partie des dangers de la navigation aérienne. — Les aérostats n'ont guère été jusqu'ici qu'un curieux et intéressant spectacle destiné à amuser la foule dans les fêtes publiques ; ce jeu hardi a donné la célébrité à quelques aéronautes, mais il a été fatal à plusieurs (*Voy.* AÉRONAUTE). On a aussi essayé d'en faire quelques applications utiles : ainsi, on s'est servi des ballons pour reconnaître en temps de guerre les positions de l'ennemi ; il fut formé en 1793 une compagnie d'ingénieurs *aérostatiers*, et à la bataille de Fleurus (1794), des officiers montés dans un ballon observaient les mouvements des Autrichiens ; ce moyen a été bientôt abandonné. Les Russes tentèrent, en 1812, de se servir des aérostats pour jeter sur l'armée française des projectiles incendiaires ; mais cette tentative échoua. — MM. Biot et Gay-Lussac appliquèrent en 1804 l'aérostat à la solution de plusieurs problèmes de physique ; M. Gay-Lussac s'éleva à près de 7,000 mètres, la plus grande hauteur atteinte jusqu'ici. MM. Bixio et Barral ont également exécuté, en 1850, deux ascensions dans un but scientifique. — M. Arago a proposé de se servir de l'aérostat pour faire passer dans le sol l'électricité contenue dans les nuages et préserver ainsi les récoltes de la grêle ; on n'a pas encore expérimenté ce moyen. — De nombreux essais ont été faits pour diriger les aérostats. On trouve sur cette matière un intéressant article dans le *Magasin pittoresque* (mai 1844) ; M. Francallet a écrit une dissertation *Sur les moyens de diriger les aérostats* (Paris, 1849) ; mais jusqu'ici le succès n'a point confirmé les moyens proposés. M. Petin annonce avoir résolu le problème au moyen d'un *navire aérien* soutenu par plusieurs ballons (1851). On peut consulter, pour plus de détails, l'*Aérostation, ou Guide pour servir à l'histoire et à la pratique des ballons*, par M. Dupuis-Delcour (Paris, 1849), et les *Ballons, ou Histoire de la locomotion aérienne depuis son origine jusqu'à nos jours*, par M. J. Turgan (Paris, 1850).

AÉROSTATIER ou AÉROSTIER. *Voy.* AÉROSTAT.

ÆSCULUS. *Voy.* MARRONNIER.

ÆSTHÉTIQUE. *Voy.* ESTHÉTIQUE et BEAU.

ÆTHUSE, *Æthusa* (du grec *aïthô*, j'enflamme), genre de la famille des Ombellifères, ainsi nommé à cause de l'âcreté du suc de la plante. On distingue. 1o l'Æ. *cynapium*, ou *petite ciguë*, qui est très-vénéneuse et qu'on peut confondre facilement avec le persil ; elle en diffère toutefois par l'odeur fétide qu'elle exhale quand on froisse ses feuilles entre les doigts, et par la couleur de ses fleurs qui sont très-blanches, tandis que celles du persil sont d'un jaune verdâtre ; 2° l'Æ. *à feuilles capillaires*, qui a des vertus médicales et qui nourrit les bestiaux.

AFFAIRES ÉTRANGÈRES. *V.* RELATIONS EXTÉRIEURES.

AFFALER (S'), terme de marine, s'approcher trop près de la côte au risque de ne pouvoir ensuite se délivrer. Un bâtiment s'*affale* lorsqu'il est poussé trop près de la côte par le vent ou par les courants. — On dit, en prenant ce mot activement, *affaler une manœuvre*, pour l'abaisser, peser sur elle pour vaincre le frottement qui la retient.

AFFECTION (d'*afficere*, toucher, émouvoir). En Psychologie morale, on désigne spécialement par le nom d'*affections* une classe de principes d'action, celle qui est tirée des sentiments qui se rapportent à nos semblables, et qui est opposée aux mobiles purement personnels. On divise les affections en *bienveillantes*, telles que l'amour, l'amour paternel, filial, fraternel, l'amitié, la pitié, le patriotisme, la philanthropie, la reconnaissance ; et en *malveillantes*, telles que la haine, la jalousie, l'envie, la vengeance, la misanthropie. — En Médecine : le mot *affection* est devenue synonyme de maladie : affection rhumatismale, catarrhale, scrofuleuse, etc.

AFFICHES (d'*affigere*, attacher, expliquer). En vertu de la loi du 22 juillet 1790, les affiches publiées par le gouvernement peuvent seules être imprimées sur papier blanc ; les affiches des simples particuliers doivent être sur papier de couleur. Ces dernières sont, en outre, soumises à un droit de timbre et à de sévères règlements : la loi du 10 décembre 1830 prohibait toute publication politique au moyen d'affiches ou placards ; celle du 16 juillet 1850 a renouvelé et aggravé les prescriptions antérieures.

AFFICHES (PETITES-). En 1638, le médecin Renaudot fit paraître sous le titre de *Bureau d'adresses*, les *Petites-Affiches de Paris*, qui cessèrent à sa mort (1653). Ce recueil périodique, repris en 1715 et continué encore aujourd'hui, offre un assemblage exact de toutes les affiches intéressantes et des avis que les particuliers font publier.

AFFILOIR (de *fil*), instrument destiné à aiguiser les instruments tranchants en leur donnant le *fil*, quand ils l'ont perdu, ou en leur enlevant le *morfil* quand ils viennent d'être aiguisés à la meule. C'est le plus souvent une pierre schisteuse sur laquelle on répand quelquefois un peu d'huile pour favoriser le glissement de la lame.—On a récemment inventé un affiloir d'un nouveau genre : c'est un appareil composé de deux cylindres d'acier placés parallèlement sur un plan horizontal, et garnis de cercles d'environ 5 millim. de largeur qui s'emboîtent légèrement les uns dans les autres et qui sont striés de manière à former de véritables limes.

AFFINAGE, opération de métallurgie par laquelle on dépouille certains corps des substances qui en altéraient la pureté. Ce mot s'emploie surtout pour les métaux, notamment l'or, l'argent et la fonte. — L'*affinage de l'or* a pour but de séparer ce métal de l'argent et du cuivre. Autrefois, on effectuait cette séparation par la méthode dite du *départ* (ainsi nommée du mot *départir*, séparer), qui consistait à dissoudre le métal dans l'acide nitrique ; il se faisait du nitrate d'argent et de cuivre soluble, tandis que l'or restait à l'état métallique et insoluble. Mais on a renoncé à l'emploi de ce procédé, parce qu'il y avait toujours une certaine quantité d'or entraînée dans la dissolution. Aujourd'hui, on remplace l'acide nitrique par l'acide sulfurique bouillant.—L'*affinage de l'argent* consiste à faire fondre ce métal dans un creuset : lorsque le métal est fondu, on jette dans le creuset du salpêtre qui se combine avec le cuivre sans toucher à l'argent ; ce mélange surnage à la surface du bain, et l'on trouve au fond du creuset un culot d'argent fin.—L'*affinage de la fonte*, c'est-à-dire sa conversion en fer ductile et malléable, consiste à la chauffer fortement au contact de l'air, afin d'oxyder le carbone et les autres matières étrangères. Cette opération se pratique dans des fourneaux particuliers appelés *puddlings* ou *fours à puddler*. — On appelle encore *affinage* : 1° l'opération qui a pour but de rendre le chanvre plus long, plus doux et plus fin ; ce qu'on obtient en le faisant passer par plusieurs peignes de fer très-déliés et très-fins ; 2° la dernière opération que l'on fait subir aux aiguilles, et qui consiste à aiguiser leur pointe sur une pierre ; 3° la dernière tonture que l'on fait subir aux draps.

AFFINITÉ (d'*ad*, auprès, *finis*, limite ; voisin). En Droit, c'est l'alliance que le mariage établit entre un époux et les parents de son conjoint ; c'est une sorte de parenté civile. Les personnes ainsi unies sont dites *affins*. On les nomme plus communément *alliés* : deux beaux-frères sont alliés entre eux ; la belle-mère est alliée à la belle-fille. — Les Théologiens catholiques ont admis trois sortes d'affinités comme empêchement au mariage : 1° entre le mari et les parents de sa femme, et entre la femme et les parents de son mari ; 2° entre le mari et les alliés de la femme, et entre la femme et les alliés de son mari ; 3° entre l'adoptant, ses parents ou alliés, et l'adopté, ses parents et alliés. Dans le Code civil promulgué en 1803, les seules affinités qui mettent obstacle au mariage sont celles de beau-père et belle-mère, beau-fils et belle-fille, gendre et bru, beau-frère et belle-sœur (art. 161 et suiv.). Toutefois une loi du 16 août 1832 autorise le chef de l'État à lever plusieurs de ces prohibitions ; cette loi permet notamment le mariage entre beau-frère et belle-sœur.

En Chimie, l'affinité est la tendance qu'ont les corps à se combiner ensemble. On dit plus communément aujourd'hui *attraction chimique*. Elle se distingue des autres attractions moléculaires en ce qu'elle ne se manifeste qu'entre des corps de nature différente, et qu'elle donne naissance à des composés dont les propriétés diffèrent de celles des corps composants. Le résultat de l'affinité est la *combinaison chimique*. Les anciens chimistes distinguaient plusieurs espèces d'affinités : affinité *élective*, *prédisposante*, *divellente*, *quiescente*, etc. On conserve encore quelquefois la première de ces dénominations, et l'on distingue l'affinité élective en *simple*, quand un corps mis en présence d'un autre, composé de deux éléments, se combine avec l'un de ces éléments par une sorte de préférence et à l'exclusion du second ; et en *double*, quand deux corps composés chacun de deux éléments échangent ou leurs éléments. Exemple : l'eau et le perchlorure de phosphore donnent de l'acide chlorhydrique et de l'acide phosphorique.—Le mot *affinité* paraît avoir été employé pour la première fois par Stahlusen, chimiste allemand, dans ses *Éléments de chimie* (Leyde, 1703). Geoffroy l'aîné publia en 1718 la première table d'affinités ; d'autres furent dressées par Wenzel, Bergmann, Guyton-Morveau, et par plusieurs autres chimistes du siècle dernier.—On a, dans ce siècle, rapporté l'affinité à un mode particulier d'électrisation imaginé par M. Ampère. Suivant lui, chaque particule matérielle contient une électricité propre, positive ou négative, dont elle ne peut se départir, et, par suite, s'entoure dans l'air d'une couche d'électricité contraire, qui rend *positive* celle dont l'électricité propre est *négative*, et réciproquement. Cela posé, il y aura combinaison entre les molécules d'atmosphères d'électricité contraire, et entre celles qui seront chargées d'une électricité de même nature ; et l'attraction ou la répulsion sera d'autant plus forte, que la différence d'électrisation des particules sera plus grande.

AFFIRMATION (de *firmare*, rendre ferme, certain). En Logique, c'est tantôt l'acte par lequel l'esprit prononce sur la réalité d'un fait : *affirmation* est alors opposée à *doute* ; tantôt celui par lequel on juge qu'une substance possède une qualité ; *affirmation* est alors opposée à *négation. Dieu est tout-puissant*, jugement affirmatif ; *Dieu n'est pas injuste*, jugement négatif.

En Droit, l'*affirmation* est la déclaration de la vérité d'un fait, avec ou sans serment. Il y a *affirmation de compte, de créance, de procès-verbaux*, etc., selon les objets auxquels l'affirmation s'applique. D'après l'article 781 du Code civil, l'affirmation des maîtres, quand il s'agit de gages ou d'appointements, prévalaient sur celle des domestiques et des ouvriers. Cette espèce de privilège a disparu depuis 1848. *Voy.* SERMENT.

AFFIXES (d'*affixus*, attaché à), particules qui se mettent à la fin des mots pour y ajouter l'idée accessoire de rapport à l'une des trois personnes, comme cela a lieu dans les langues hébraïque, syriaque, samaritaine, turque, laponne, péruvienne, etc. On oppose *affixe* à *suffixe* et à *préfixe*.

AFFOUAGE (d'*ad focum*, destiné au feu). On nomme ainsi et le bois de chauffage qui se délivre annuellement aux habitants de certaines communes, et le droit de recevoir ce bois. Cet usage, réglé par la loi du 26 nivôse an II, est imité d'une loi donnée à la Lorraine par Stanislas de Pologne. Il est interdit de vendre son bois d'affouage. On doit à M. E. Meaume un *Traité des droits d'usage dans les forêts et de l'affouage*, 1851, 2 v. in-8.

AFFOURCHE (ANCRE D'). *Voy.* ANCRE.

AFFRANCHI (de *franc*, libre), *libertus*, *manumissus*. On nommait ainsi, chez les anciens, les esclaves qui recevaient de leurs maîtres la liberté. Chez les Grecs, les affranchis n'étaient pas considérés comme citoyens, et ne jouissaient d'aucun droit. Ils étaient tenus de rendre encore certains services à leurs anciens maîtres ; ceux-ci, de leur côté, leur devaient aide et protection. Les affranchis quittaient le plus souvent leur nom d'esclaves.—A Rome, on nommait *libertus* l'affranchi qui avait été lui-même esclave ; *libertinus*, celui qui était né de parents affranchis. L'affranchi devenait citoyen, mais il était incapable d'exercer les charges de l'État. Les *liberti* et les *libertini* portaient un vêtement particulier. Longtemps méprisés à Rome, les affranchis devinrent tout-puissants sous les empereurs, surtout sous les princes les plus corrompus, auxquels ils rendaient les services les plus abjects : sous Claude et Néron, les Pallas, les Narcisse furent les maîtres de l'empire.

AFFRANCHISSEMENT. Chez les anciens, l'affranchissement était l'acte par lequel on rendait la liberté à un esclave. A Sparte, le peuple seul pouvait affranchir les esclaves ; il n'usait de ce droit que pour récompenser des services rendus aux citoyens ou à l'État. On déclarait l'esclave en lui mettant une couronne sur la tête. A Athènes, le maître pouvait affranchir son esclave : il le présentait à un archonte, et le déclarait libre en lui mettant la main sur la tête ; ensuite un héraut annonçait l'affranchissement au peuple. Quelquefois la république affranchissait un esclave, et lui accordait le droit de citoyen lorsqu'il avait rendu de grands services. A Rome, l'affranchissement commença sous Servius Tullius. Les maîtres affranchissaient eux-mêmes leurs esclaves. Cela se faisait de trois manières : 1° *par la baguette* (*per vindictam*) : le maître allait devant le consul ou le préteur, le proconsul ou le propréteur, et lui proposait par une formule d'usage de donner la liberté à son esclave ; si le magistrat y consentait, il le déclarait libre en lui frappant la tête avec une baguette ; puis le maître ou le licteur le frappait sur la joue et lui faisait signe de la main

qu'il était libre de s'en aller (de là l'expression de *manu mittere*, congédier de la main, pour affranchir) ; 2° *par le cens* (*per censum*) : l'esclave que son maître voulait affranchir ainsi n'avait qu'à inscrire son nom sur les registres publics (*cens*) et à déclarer son bien ; 3° *par testament* : le maître déclarait dans son testament qu'il accordait la liberté à son esclave. On affranchit dans la suite *par lettres* ; ou bien en déclarant l'esclave libre devant cinq témoins, ou en le faisant manger à sa table. Pour être affranchi, il fallait avoir dix-huit ans. Les esclaves affranchis se coupaient les cheveux, et recevaient un bonnet, le *pileum*, comme signe de liberté ; alors ils choisissaient un prénom·, et faisaient précéder leur nom de celui de leur patron. — Pour l'affranchissement chez les modernes, *Voy.* SERFS, ESCLAVES.—Pour l'affranchissement des Communes, *Voy.* COMMUNES.

AFFRONTÉ (de *front*), se dit, en termes de Blason, des animaux qui semblent se regarder, et, en général, de toutes pièces posées en face l'une de l'autre : *deux lions affrontés*.

AFFUSION (de *fundere*, verser), application de l'eau usitée en Thérapeutique, consiste à faire tomber ce liquide sur le corps, non en colonne d'un petit diamètre, comme dans la douche, mais en masse assez considérable pour atteindre à la fois une grande étendue de la surface cutanée. L'eau des affusions est prise à diverses températures, et est chargée de principes médicamenteux qui diffèrent selon les cas. On les emploie contre l'aliénation mentale, contre les affections nerveuses, contre la goutte, le rhumatisme, le tétanos. L'affusion produit une percussion et un refroidissement subit ; elle détermine la constriction des vaisseaux capillaires et la concentration du sang sur les organes intérieurs ; aussi ne doit-on l'employer qu'avec prudence.

AFFÛT (de *fût*, dérivé de *fustis*, bâton), assemblage de pièces de charpente sur lequel on monte un canon, et qu'on fait mouvoir par le moyen de deux roues. On distingue l'*A. à rouage* des *A. de places* et des *A. marins*, qui, au lieu de roues ordinaires, n'ont que des roulettes pleines qui suffisent pour faire mouvoir le canon sur un rempart ou sur de petits espaces. L'*A. à rouage* lui-même diffère selon qu'il est destiné à des pièces *de campagne* ou à des pièces *de montagne*. L'affût sur lequel on place les mortiers se nomme *A. de mortier*, et il n'a point de roues. Le système des affûts a été notamment amélioré depuis 1815 par l'introduction des *A. à flèche*, adoptés d'abord par les Anglais, et admis dans notre artillerie en 1827.

En termes de Chasse, on nomme *affût* un lieu caché où l'on attend le gibier à la sortie ou à l'entrée du bois. La chasse à l'*affût*, comme toute autre chasse, est interdite sur le terrain d'autrui.

AGALLOCHÉ ou BOIS D'ALOÈS. *Voy.* AQUILAIRE.

AGALMATOLITHE (du grec *agalma*, statue, et *lithos*, pierre), minéral qui nous est apporté de la Chine sous la forme de petites statuettes et de magots, servant d'ornement pour les cheminées ; il est translucide, d'un aspect mat, blanc, avec une légère teinte rose, grise, jaune ou verte ; il se laisse couper et modeler facilement avec un instrument tranchant. Il renferme beaucoup de silice et d'alumine, avec un peu de chaux et de potasse.

AGAMES (du grec *a* priv., et *gamos*, mariage, c'est-à-dire sans organes sexuels), nom donné par quelques botanistes aux plantes privées d'organes sexuels, et dont les corpuscules reproducteurs ne sont pas de véritables graines. Ce mot, introduit dans la science par Richard, est synonyme de *cryptogames. Voy.* ce mot. — Parmi les animaux, les polypes d'eau douce, la plupart des radiaires et les infusoires, paraissent être agames. — On donne le nom d'*agames* à un groupe de Sauriens propres à l'Amérique, communs surtout à la Guyane. — *Agame* est aussi le nom d'une espèce de mollusque fossile appartenant au genre *Bélemnite*.

AGAMI, genre d'oiseaux de l'ordre des Échassiers, placé par Cuvier en tête de sa tribu des Grues, a pour type l'*Agami trompette* de la Guyane, ainsi appelé à cause du bruit rauque qu'il fait entendre fréquemment. L'agami s'attache à l'homme et prend, pour lui rendre service, toutes les habitudes du chien. Cet oiseau est recherché pour sa chair, qui est d'une saveur délicate.

AGAPANTHE (c'est-à-dire *fleur aimable*, du grec *agapè*, amour, et *anthos*, fleur), belle plante liliacée, à ovaire libre et non adhérent, forme un genre qui a pour type l'*A. ombellé* (*Crinum africanum*, L.) du cap de Bonne-Espérance. On la cultive dans nos jardins sous le nom de *Tubéreuse bleue*. Sa tige, d'un mètre environ de hauteur, se pare en juillet d'une belle aigrette de fleurs bleues, de la forme et de la grosseur de celles de la tubéreuse, mais qui n'ont pas d'odeur. Originaire d'Afrique, cette plante craint les plus petites gelées : aussi la rentre-t-on à la fin de l'automne pour ne la sortir qu'en février ou en mars.

AGAPANTHÉES, sous-ordre de la famille des Liliacées, comprenant les genres *Agapanthus* (genre type) et *Phormium*.

AGARIC (dérivé, selon Dioscoride, d'*Agaria*, contrée de la Sarmatie méridionale où ce champignon croît en abondance), genre de Champignons qui ont pour caractère principal un chapeau distinct du pédicule et garni intérieurement de lames nombreuses irradiant du centre à la circonférence. Les agarics croissent dans les lieux humides et ombragés, dans les prairies, les fumiers, les troncs d'arbres, les caves et les bois pourris. Ce genre contient un grand nombre d'espèces, dont quelques-unes offrent un mets très-délicat, mais qui, pour la plupart, sont vénéneuses. L'*A. comestible* (*A. edulis*) ou *Champignon de couche*, est le seul qu'on permette de vendre à Paris. Le pédicule est haut de 3 à 5 centimètres, le chapeau convexe, lisse, garni en dessous de feuillets d'un rose terne et qui noircit en vieillissant. La couleur générale est d'un blanc brunâtre ; l'odeur et le goût sont très-agréables. Parmi les champignons comestibles qui se trouvent dans les bois, on estime surtout : l'*Oronge*, le *Mousseron*, l'*A. élevé*, l'*A. annulaire*, etc. Parmi les espèces dangereuses, on remarque l'*A. styptique*, de couleur jaune cannelle, dont le chapeau hémisphérique ressemble à une oreille d'homme ; l'*A. caustique*, de couleur rouge ; l'*A. brûlant*, de couleur jaune sale, etc. — On connaît encore sous le nom d'*Agarics* certaines espèces de champignons parasites, employées dans la chirurgie ou dans les arts : l'*A. de chêne* ou *Amadouvier*, avec lequel on prépare l'amadou ; l'*A. de mélèze*, dit *A. blanc* ou *des boutiques*, substance blanche, spongieuse, qui était jadis fort employée comme vomitif et purgatif, et qu'on n'emploie plus guère que dans la médecine vétérinaire ; les naturalistes modernes rangent ces espèces dans le genre *Bolet*, réservant celui d'*Agaric* aux champignons dont la surface intérieure offre des lames rayonnantes.

AGARICINES (du genre *Agaric*, qui en est le type), tribu de la famille des Champignons, section des Basidiosporés, renferme les genres *Agaricus*, *Amanita*, *Cantharellus*, *Lentinus*, *Panus*, *Montagnites*, *Pterophyllus*, *Heliomyces*, *Xerotus*, *Trogia*, *Schizophyllum*, *Lenzites*, *Cyclomyces*.

AGATE (qu'on dérive d'*Achates*, fleuve de Sicile, sur les bords duquel on trouvait cette pierre), variété de Quartz, renfermant tous ceux qui n'ont pas l'aspect vitreux. Les Agates se reconnaissent à leurs couleurs vives et variées, ordinairement mélangées par bandes ondulées et concentriques ; leur cassure est semblable à celle de la cire. Ces pierres font feu au briquet, quoique moins dures que le cristal de roche et le silex ordinaire. Quand les bandes de couleur sont peu nombreuses, et que les couleurs en sont très-tranchées, noir et blanc, par exemple, l'agate s'appelle *onyx*. Les agates d'un blanc laiteux, légèrement bleuâtre, se nomment *calcédoines*; les agates rouge cerise, *cornalines*; les rouge orangé, *sardoines*; les bleu de ciel, *saphirines*, les vert pomme, *chrysoprases*; les vert foncé, tachetées de rouge, *héliotropes*. On nomme *A. œillée* celle dont les couches sont circulaires; *A. jaspée*, celle qui est mêlée avec du jaspe; *A. herborisée* ou *arborisée*, celle qui offre dans l'intérieur de sa pâte des représentations d'herbes ou d'arbres; *A. mousseuse*, celle dont l'intérieur semble renfermer de la mousse; *A. enhydre*, celle qui contient des gouttelettes d'eau. Les agates sont employées dans la bijouterie et la gravure sur pierre. On les utilise aussi, à cause de leur dureté, à la confection de mortiers, molettes, brunissoirs, etc. — On fait, depuis quelques années, des agates artificielles qui imitent parfaitement la nature.

AGAVÉ (du grec *agauos*, admirable), genre de la famille des Amaryllidées, détaché des Liliacées par Herbert. L'espèce la plus remarquable est la *Fourcroye séculaire* (*Furcræa longæva*), consacrée à Fourcroy, et qui, suivant les traditions du Mexique, serait quatre cents ans avant de fleurir. Son tronc atteint 15 à 16 mètres de hauteur sans que son diamètre dépasse 35 à 40 centimètres. La tige est embrassée par des feuilles épaisses et surmontées d'un beau panache de fleurs d'un blanc jaunâtre. La Fourcroye séculaire est originaire du Mexique : on la cultive aujourd'hui en Europe. Ses feuilles fournissent une liqueur enivrante très-agréable et fort en usage au Mexique. Une autre espèce, l'*A. américaine* ou *Pitte des Antilles*, fournit par les fibres de ses feuilles une excellente filasse dont on fait des cordes, des hamacs, et même des tissus pour vêtements.

AGE (qu'on dérive d'*ævum*, d'où successivement *aive*, *aige*, *age*). Les physiologistes distinguent *quatre âges* : 1° l'*enfance*, divisée en *première enfance* (l'*infantia* des Latins) jusqu'à 7 ans, et en *seconde enfance* (*pueritia*), qui finit à 14 ou 15 ans pour les garçons, à 11 ou 12 pour les filles; 2° l'*adolescence* et la *jeunesse*, qui commence à l'époque où finit le précédent et se termine à 25 ans; 3° l'*âge adulte* (*virilitas*), où le corps humain a acquis son entier développement; cet âge peut durer jusqu'à 55 ans; on y distingue l'*âge viril* proprement dit, de 25 à 35 ans environ, et l'*âge consistant* ou *âge mûr*, de 35 à 55, pendant lequel la nature paraît stationnaire; 4° enfin, la *vieillesse* (*senectus*), qui commence vers 55 ou 60 ans et se termine par la *décrépitude* et la mort. — D'autres physiologistes ont distingué seulement trois âges : 1° *âge d'accroissement* (de un an à 25 ans), comprenant l'*enfance* et l'*adolescence*; 2° *âge stationnaire* (de 25 à 55), correspondant à l'*âge adulte*; 3° l'*âge de décroissement*, se rapportant à la vieillesse.

Les anciens distinguaient 4 âges dans l'histoire du genre humain : l'*âge d'or*, l'*âge d'argent*, l'*âge d'airain*, l'*âge de fer*. Voy. ces mots au Dict. univ. d'Hist. et de Géogr.

On applique le mot *âge* aux animaux, aux plantes, aux astres même. L'*âge d'un cheval* est indiqué par les dents, le sabot, le poil, la queue, les yeux. On appelle *hors d'âge* le cheval qui n'a plus les marques auxquelles on pourrait reconnaître le nombre de ses années. — L'*âge d'un arbre* se connaît au nombre des cercles que présente sa coupe transversale. Les bourrelets placés aux différentes tailles des arbres fruitiers indiquent aussi leur âge. — L'*âge de la lune* est le temps écoulé depuis la dernière nouvelle lune. On détermine l'âge de la lune pour un jour donné, à l'aide de l'épacte de l'année dans laquelle se trouve le jour proposé.

AGE LÉGAL. La loi a fixé l'âge nécessaire pour accomplir certains actes : 1° pour gérer ses biens et se marier (*Voy.* MAJORITÉ); 2° pour adopter (*Voy.* ADOPTION); 3° pour être appelé au service militaire : on tire dès qu'on a 20 ans révolus; 4° pour être électeur, éligible, juré (*Voy.* ces mots); 5° pour encourir certaines peines : au-dessous de 16 ans, le prévenu est présumé avoir agi sans discernement; à 70 ans, on n'est plus soumis à la contrainte par corps. *Voy.* BÉNÉFICE D'AGE.

AGENT (d'*agere*, agir). Ce mot s'applique à la fois aux forces de la nature, comme le calorique, l'électricité, le magnétisme, etc., qui sont dits *agents physiques*, et aux personnes chargées d'un service quelconque; dans le 2ᵉ sens on distingue : *Agents d'affaires*, mandataires chargés de suivre les affaires de leurs clients; — *Agents de change*, officiers ministériels nommés par le chef de l'État et chargés de négocier à la Bourse les effets publics français ou étrangers (rentes sur l'État, actions de banque, de sociétés industrielles, etc.), et de *coter* ces diverses valeurs. A Paris, ils sont aujourd'hui au nombre de soixante, fournissent un cautionnement de 125,000 fr., et sont régis par une chambre syndicale. Leurs honoraires sont d'un huitième à un quart pour cent sur chaque opération. L'institution des agents de change remonte au règne de Charles IX; — *Agents comptables* (économes, commis d'administration, etc.); — *Agents diplomatiques* (ambassadeurs, ministres plénipotentiaires, résidents, chargés d'affaires avec ou sans caractère officiel); — *Agents de la force publique* (commissaires, officiers de paix, gendarmes, gardes champêtres, sergents de ville, agents de police); — *Agents voyers*, chargés de l'entretien et de la rectification des routes et chemins, etc.

AGGLUTINATIFS (de *gluten*, colle), substances emplastiques qui ont la propriété d'adhérer fortement à la peau, et qu'on emploie pour maintenir les lèvres des plaies en contact, jusqu'à ce qu'elles soient réunies par la cicatrisation. Les *agglutinatifs* dont on se sert le plus souvent sont le sparadrap, le diachylon gommé, l'emplâtre d'André de Lacroix, et le taffetas d'Angleterre.

AGGRAVANTES (CIRCONSTANCES). *Voy.* CIRCONSTANCES.

AGIO (de l'italien *aggio*, ajouté, donné en sus, plus-value). C'est la différence entre la valeur nominale et la valeur réelle des monnaies, entre l'argent courant et le papier de banque, entre l'argent du pays et l'argent d'une nation étrangère, et en général entre deux valeurs négociables quelconques. Ce mot a été étendu au bénéfice que l'on fait en trafiquant des monnaies où en spéculant sur les différentes valeurs. — On a par suite appelé *agiotage* le jeu qui se fait sur les fonds publics par des capitalistes qui les achètent ou les vendent par spéculation, et qui souvent emploient, pour les faire monter ou descendre, les manœuvres les moins loyales. On nomme *agioteurs* ceux qui se livrent à ce genre de jeu. — L'agiotage, qui parfois enrichit le spéculateur en un instant, sans travail, la ruine plus souvent encore : tout le monde connaît les désastreux résultats du système de Law. On a souvent tenté de réprimer l'agiotage : la loi du 13 fructidor an III, du 28 vendémiaire an IV, les articles 85 et 86 du Code de commerce, 241 et 242 du Code pénal, ont frappé certaines spéculations illicites; mais le mal n'a pu être déraciné.

AGIOGRAPHE. *Voy.* HAGIOGRAPHE.

AGITATO, mot italien qui indique que le morceau de musique en tête duquel on le place doit avoir le caractère de l'agitation, c'est-à-dire exprimer un sentiment de vague et de trouble inquiet.

AGNAT (en latin *agnatus*, *natus*, né, *ad*, auprès). Dans le Droit romain, les *agnats* sont des collatéraux qui descendent par mâles d'une même souche masculine et qui, à ce titre, appartiennent à la même famille, sont soumis à la puissance paternelle du même chef; on les oppose aux *cognats*, qui descendent aussi d'une souche commune, mais sans unité de famille : deux frères de père étaient *agnats*; deux frères de mère seulement étaient *cognats*. Les agnats seuls composaient, à Rome, la famille légale; seuls ils étaient appelés à la tutelle, et venaient en second ordre à l'hérédité. Cette distinction n'a pas été conservée dans notre législation.

AGNEAU (en latin, *agnus*; du grec *agnos*, chaste, pur, parce que dans les sacrifices l'agneau était considéré comme une victime pure et agréable à Dieu). C'est le petit d'une brebis tant qu'il ne passe pas un an : après un an, l'agneau prend le nom de *bélier* ou de *mouton*. La chair de l'agneau est tendre, délicate, gélatineuse, mais laxative. Sa peau sert à faire des gants de femme et des fourrures.

AGNEAU PASCAL. Les Juifs nommaient ainsi l'agneau qu'ils immolaient le jour de la Pâque, en mémoire de la délivrance de leurs pères et de leur sortie d'Égypte. L'agneau pascal devait être sans tache, être mâle, et n'avoir qu'un an. On le mangeait avec du pain sans levain et des laitues sauvages, à l'entrée de la nuit. — Jésus-Christ est souvent désigné par l'*Agneau de Dieu*, dont le sang a lavé les péchés des hommes.

AGNEAU, AGNEL, AIGNEL, AGNELET, monnaie d'or qui a eu cours en France sous plusieurs rois, de Louis IX à Jean II le Bon. La valeur en a varié : elle valait sous saint Louis 13 fr. 95 c.; sous Jean II, 16 fr. 50 c. Elle avait pour effigie un *agneau* avec cette devise : *Agnus Dei, qui tollis peccata mundi, miserere nobis.*

AGNUS ou AGNUS DEI (*agneau de Dieu*), prière de l'Église catholique qui commence par ces mots, et qui se répète trois fois à la messe entre le *Pater* et la communion. — On nomme encore ainsi un morceau de cire rond et plat, bénit par le pape, sur lequel est empreinte l'image d'un *agneau* portant l'étendard de la croix, avec le nom du pape régnant et l'année de son pontificat. Le pape bénit les *agnus* tous les sept ans, et en fait donner un grand nombre. Cette coutume vient de ce que jadis, dans la plupart des églises, on distribuait au peuple les morceaux du cierge pascal bénit le samedi saint. A Rome, l'archidiacre bénissait, à la place du cierge pascal, de la cire qu'il distribuait par morceaux moulés en forme d'agneau. Cet usage est antérieur au IXᵉ siècle.

AGNUS CASTUS, nom officinal du *Vitex agnus castus*, L., genre de la famille des Gattiliers; arbrisseau aromatique, à feuilles digitées, à fleurs en épis, violettes ou d'un gris blanchâtre, d'un effet fort agréable dans les massifs. On attribuait à cette plante des propriétés anaphrodisiaques qui sont loin d'être constatées, mais qui lui ont valu son nom.

AGONIE (du grec *agon*, combat), dernière lutte de la vie contre la mort. Le malade éprouve alors, tantôt une prostration complète des forces, tantôt une violente agitation des principes vitaux; quelquefois il perd connaissance, souvent il conserve toutes ses facultés intellectuelles. Le visage de l'agonisant est pâle et jaunâtre, ses yeux ternes, sa peau ridée, le nez contracté; sa respiration est rauque et embarrassée. L'agonie dure habituellement quelques heures, quelquefois plusieurs jours. Du reste, elle présente des phénomènes différents suivant les âges : le vieillard décrépit finit par gradations insensibles, et n'a pour ainsi dire pas d'agonie.

AGOUTI, espèce du genre Cabiai, de l'ordre des Rongeurs, originaire de l'Amérique et de l'Océanie. On en connaît trois espèces : l'*Agouti* proprement dit, l'*Acouchi* et l'*Agouti huppé*. Cet animal a la taille, les mœurs et les habitudes du lièvre et du lapin; il se rapproche aussi du cochon d'Inde par son corps plus volumineux à la partie postérieure, par la forme aplatie de sa tête, par ses oreilles courtes, minces, arrondies; par ses doigts au nombre de cinq sur les pattes de devant, et de trois sur les pattes de derrière, armés d'ongles très-forts; par sa queue très-courte ou nulle; cependant il s'en distingue par ses jambes de derrière, plus longues d'un tiers que celles de devant. Le poil est lisse et brillant, ras sur les membres, plus long sur le dos et la croupe; le pelage est fauve orangé, foncé de noir avec des nuances verdâtres. L'agouti ne se creuse pas de terriers; il habite dans le creux des arbres, et vit de fruits, de feuilles et de racines. Sa chair est délicate et recherchée. On le réduit facilement en domesticité. Sa peau sert à divers usages.

AGRÉÉS (c'est-à-dire admis, autorisés), praticiens attachés aux tribunaux de commerce français pour y représenter les plaideurs. On les nomme ainsi, parce qu'ils doivent être agréés ou accrédités par le tribunal comme mandataires des parties; on les appelait autrefois postulants, procureurs aux consuls. Le Code de procédure défend l'intervention des avoués devant les tribunaux de commerce, afin de simplifier les affaires; les agréés remplissent leur office. La plupart sont avocats. A Paris, il n'y a que quinze agréés. Leur profession est extrêmement laborieuse à cause de la multiplicité des affaires dont ils sont chargés et de l'extrême rapidité de la procédure commerciale.

AGRÉGÉ (de grex, troupeau, groupe). On donne cette épithète, en Botanique, aux parties des plantes qui naissent plusieurs ensemble d'un même point. Ainsi une bulbe (vulgairement oignon) est agrégée lorsqu'elle est formée de la réunion de plusieurs petites bulbes, nommées caïeux, comme dans l'ail. Les fleurs sont agrégées quand elles sont réunies dans un réceptacle commun, ou qu'elles naissent plusieurs ensemble d'un même point de la tige, comme dans la scabieuse, le buis, la renouée, etc. Les fruits sont agrégés quand ils sont composés de plusieurs petits fruits réunis, comme la mûre, la framboise, etc.

AGRÉGÉS (de grex, troupeau, corps), nom qu'on donne en France aux personnes admises, après un concours, dans le corps des professeurs.

L'instruction secondaire comptait, antérieurement à 1852, sept ordres d'agrégés : ceux de philosophie, de mathématiques, de physique; des classes supérieures des lettres, d'histoire, de grammaire, des langues vivantes. Un décret en date du 10 avril 1852 a changé cet état de choses. Aux termes de l'art. 7 de ce décret : « Il y a deux sortes d'agrégation, l'une pour les lettres, l'autre pour les sciences. Les candidats doivent être âgés de 25 ans, avoir fait la classe pendant 5 ans et être pourvus du diplôme de licencié ès lettres ou de licencié ès sciences. Trois années d'École normale comptent, ainsi que le diplôme de docteur ès lettres ou de docteur ès sciences, pour deux années de classe. » Un règlement du 21 février 1853 a déterminé la nature et la forme des épreuves.

Les Facultés des Lettres et des Sciences, l'École de Médecine, l'École de Pharmacie ont aussi des agrégés (à l'École de Droit, ils prennent le nom de Suppléants).

AGRICULTURE (d'ager, champ, et cultura, soin), art de cultiver la terre, de la fertiliser et de lui faire produire les plantes utiles à l'homme. On y joint l'art de gouverner et de multiplier les animaux domestiques. Prise dans son acception la plus étendue, elle comprend, avec l'agriculture proprement dite, l'horticulture, la silviculture, l'arboriculture, la viticulture, l'économie rurale; mais le plus souvent on en détache ces études spéciales, et on la borne à la culture des champs, opérée dans le but d'en tirer les plantes nécessaires

à la vie. — L'agriculture remonte au berceau du genre humain : elle dut naître dès que la chasse, la pêche et les troupeaux ne suffirent plus pour nourrir l'homme. Connue de toute antiquité en Asie, elle se répandit de là sur toute la terre, et fut partout honorée comme la nourrice et la bienfaitrice du genre humain. Les Egyptiens en attribuaient l'invention à Isis, les Grecs à Cérès et à Triptolème, inspiré par la déesse, et les Italiens à Saturne ou à Janus. En Chine, elle est de temps immémorial l'objet d'une sorte de culte; à Rome, elle fut en grand honneur pendant les beaux temps de la République : les plus grands hommes cultivaient leurs champs de leurs propres mains. Longtemps négligée dans les temps modernes et livrée à une routine aveugle, elle a été transformée, depuis une centaine d'années, par les savantes recherches des agronomes français et anglais et par les découvertes de la chimie. La jachère a été remplacée par les assolements et les prairies artificielles; de bonnes méthodes d'irrigation, de précieux amendements, de nouveaux engrais ont été introduits; les instruments aratoires ont été perfectionnés; des fermes modèles ont été établies sur divers points de l'Europe (Hofwyll en Suisse, Mœglin près de Berlin en Prusse, Roville, Grignon, Grand-Jouan, etc., en France); des cours spéciaux ont été ouverts; des sociétés d'agriculture ont rivalisé d'efforts pour perfectionner les méthodes. En France, il avait été formé, dès 1819, un conseil d'agriculture chargé de veiller à tout ce qui peut contribuer au progrès, et de distribuer des récompenses; en 1830, un ministère de l'agriculture fut constitué; enfin, une loi du 3 octobre 1848 a organisé l'enseignement de l'agriculture en créant des Fermes-Écoles dans tous les départements, des écoles régionales dans certaines zones de culture, et un Institut national agronomique à Versailles. — Les ouvrages les plus célèbres sur l'agriculture sont le poème d'Hésiode sur les Travaux et les jours, les Géorgiques de Virgile, les traités de Caton, de Columelle, de Palladius, de Varron, de Re rustica; les Géoponiques de Cassianus Bassus, le Théâtre d'agriculture d'Olivier de Serres, la Maison rustique de Ch. Estienne, la Nouvelle Maison rustique de Liger, le Cours d'agriculture de l'abbé Rozier, les Éléments d'agriculture de Duhamel, le Nouveau Cours complet d'agriculture du XIXᵉ siècle, par les membres de la section d'agriculture de l'Institut, les Annales de l'agriculture de Tessier, Bosc, etc., et les écrits plus récents de Mathieu de Dombasle, Boussingault, Liebig, Moll, Payen, etc. Ces travaux ont été résumés dans la Maison rustique du XIXᵉ siècle, dans le Cours élémentaire d'agriculture de MM. Girardin et Dubreuil, 1850, et dans le Précis d'agriculture de MM. Payen et Richard, 1851. La science doit aussi beaucoup aux écrits des savants agronomes anglais Arthur Young, André Hunter, Marshall, Sainclair, etc.

AGRION, genre d'insectes névroptères, famille des Subulicornes, assez semblables aux Libellules ou Demoiselles. Voy. LIBELLULES.

AGRIPAUME. Voy. LÉONURE.

AGRONOME (du grec agros, champ, et nomos, règle), celui qui est versé dans la science agricole et qui peut enseigner les règles de l'agriculture. L'agriculteur cultive, l'agronome sait comment on doit cultiver ou écrit sur l'agriculture. L'agronome est exposé à de graves erreurs et à de dangereux mécomptes s'il ne joint la pratique à la théorie. L'agronomie, née de l'application de la raison à l'observation et à l'expérience, est une science nouvelle par rapport à l'agriculture, dont les pratiques l'ont de beaucoup devancée. Voy. AGRICULTURE.

AGROSTEMME (mot grec qui signifie couronne des champs), genre de la famille des Caryophyllées, renferme des plantes d'un aspect agréable qui croissent dans les blés. Les fleurs sont pourpres, à 5 pétales, en forme d'étoiles. Le fruit est une capsule ovoïde, à une seule loge, renfermant des graines nombreuses. L'espèce la plus commune, l'*A. githago*, vulgairement *Nielle des blés*, a des semences farineuses qui communiquent un goût amer à la farine ; leur écorce est noire et donne cette couleur au pain. L'*A. en couronne*, dite *Coquelourde*, a les fleurs d'un beau pourpre et se cultive dans les jardins ; elle vient d'Italie.

AGROSTIDE (du grec *agrostis*, gazon), genre de la famille des Graminées. Ses espèces sont nombreuses, variées et donnent un bon fourrage. L'*A.* dite *Epi du vent*, *Spica venti*, est remarquable par sa panicule découpée, élégante, qui s'agite au moindre souffle. L'*A. traçante*, *A. stolonifera*, sert à retenir les terres par ses rejets rampants. Elle est connue dans les campagnes sous le nom de *trainasse*.

AGROSTIDÉES, tribu de la famille des Graminées, renferme les genres *Agrostis*, *Cinna*, *Ægopogon*, *Lycurus*, *Coleanthus*, *Polypogon*, *Gastridium*.

AÏ. *Voy.* BRADYPE et PARESSEUX.

AIDE DE CAMP, officier d'ordonnance attaché à la personne d'un général pour transmettre ses ordres partout où ils peuvent être nécessaires, et veiller à leur exécution. On les appelait au XVIIe siècle *aides des maréchaux de camp des armées du roi*. Ils remontent sous des noms divers aux temps les plus anciens de la monarchie. — Les généraux de brigade ont deux aides de camp, savoir : un capitaine et un lieutenant ; les généraux de division, trois : un chef d'escadron et deux capitaines ; les maréchaux de France, quatre : un colonel, un chef d'escadron et deux capitaines. Les souverains attachent aussi à leur personne un certain nombre d'aides de camp, et en accordent un nombre plus limité aux membres de leur famille.

AIDE-MAJOR, nom donné autrefois à un officier subordonné au major et qui le remplaçait en cas d'absence. Ce n'était pas un grade particulier ; ces fonctions étaient remplies par des capitaines ou des lieutenants. Aujourd'hui ces fonctionnaires sous le nom d'*Adjudants* (*Voy.* ce mot). — On nomme actuellement *Aides-majors* les chirurgiens militaires placés dans chaque régiment sous les ordres du chirurgien-major ; on en distingue de *première classe* et de *deuxième classe* ; ils ont au-dessous d'eux des *sous-aides*. *Voy.* CHIRURGIEN.

AIDES. On nommait ainsi autrefois un impôt qu'on levait sur le vin et les autres boissons pour *aider* le roi à subvenir aux charges de l'Etat ; il se payait par toutes les classes, à la différence des *tailles*, que le tiers état payait seul. Cet impôt s'introduisit sous la 3e race des rois de France. On nommait *A. libres et gracieuses* les sommes offertes volontairement dans les nécessités imprévues, et *A. chevels*, *loyaux* ou *léaux* les contributions qu'un seigneur levait sur ses vassaux dans diverses circonstances ; il y en avait de quatre sortes : 1o *A. de mariage*, quand un seigneur mariait sa fille aînée ; 2o *A. de rançon*, quand le seigneur était prisonnier ; 3o *A. de chevalerie*, quand le fils aîné du seigneur était fait chevalier ; 4o *A. d'allée d'outre-mer*, quand le seigneur partait pour la croisade. On levait encore des aides pour un voyage du seigneur à la cour, pour la défense du territoire, pour la réparation des maisons royales, pour l'achat d'une terre (*A. de rigueur*) ; on en payait pour être dispense d'accompagner le seigneur à l'armée (*A. de l'ost et de chevauchée*), etc. — La dénomination d'*aides* s'étendit ensuite à tous les impôts levés pour les besoins de l'État sur les objets de consommation ou sur les marchandises ; ce qui correspond à peu près à nos contributions indirectes.

AIDES (COUR DES), ancienne cour souveraine chargée de rendre la justice et de juger en dernier ressort les procès en matière d'*aides* ou impôts, fut créée en 1355 par le roi Jean et constituée en 1364 par Charles V. Il y avait en France treize cours des aides : à *Paris*, *Rouen*, *Nantes*, *Bordeaux*, *Pau*, *Montpellier*, *Montauban*, *Grenoble*, *Aix*, *Dijon*, *Châlons*, *Nanci* et *Metz*. Supprimée en 1771 avec le parlement par le chancelier Maupeou, cette juridiction fut rétablie par Louis XVI en 1774, et subsista jusqu'en 1790.

AIGLE, *Aquila*, genre d'oiseaux de proie, de l'ordre des Rapaces, de la famille des Diurnes et de la tribu des Faucons, caractérisé par un bec sans dentelure et droit à sa base jusqu'auprès de l'extrémité, où il se courbe beaucoup ; par des pieds robustes armés d'ongles aigus et tranchants, par leur vue perçante et leur grande envergure. Les aigles habitent les rochers les plus sauvages et les plus escarpés ; ils vivent fort longtemps, et n'ont qu'une seule femelle, avec laquelle ils passent leur vie entière. Les jeunes aigles ou *aiglons* mettent plusieurs années pour arriver à leur complet accroissement. Leur plumage change considérablement par la mue. —Cuvier compte jusqu'à 8 sous-genres d'aigles : *Aigle proprement dit*, *Aigle pêcheur* ou *Pygargue*, *Balbuzard*, *Circaète*, *Caracara*, *Harpie*, *Aigle autour*, *Cymindis*.

L'Aigle proprement dit a le corps emplumé jusqu'à la base des doigts et l'aile aussi longue que la queue. On en compte 4 espèces : *Aigle commun*, *Aigle impérial*, *Aigle criard*, *Aigle botté*. — L'*Aigle commun*, dit aussi *Grand aigle* ou *Aigle royal*, est d'un brun noirâtre, moins foncé à la partie supérieure de la tête et sous le corps. C'est un des plus puissants oiseaux de proie ; la femelle, plus grande que le mâle, a plus d'un mètre de l'extrémité du bec au bout des ongles, et ses ailes étendues ont près de 3 mètres. Son vol est étendu et rapide. Il chasse les faons, les lièvres, les agneaux, les enlève et les transporte dans son nid ou *aire*. Il s'attaque même à de plus grands animaux, qu'il tue et dévore sur place. Pris jeune, il peut être réduit à la domesticité. Son courage, sa force, la majesté de son vol l'ont fait nommer le *roi des oiseaux*. Il a été chez tous les peuples l'emblème de la force, de la puissance et de la majesté. C'était l'attribut et le messager de Jupiter chez les anciens. — L'*Aigle impérial* est plus petit que l'Aigle royal, de couleur moins foncée, et porte sur le dos deux grandes plaques blanches qui lui ont fait donner le nom d'*Aigle à dos blanc*. — L'*Aigle criard*, dit aussi *Petit aigle* ou *Canardier*, a 80 centimètres de long et 1m,30 de vol ou d'envergure ; il est d'un brun sombre, un peu blanchâtre sous la gorge ; ses yeux et ses doigts sont jaunes ; mais ce qui le distingue plus particulièrement des autres aigles, ce sont des taches ovales, d'un assez beau blanc, que l'on trouve sous ses ailes et sur les plumes de ses jambes. Il fait la chasse aux canards, aux petits oiseaux, aux rats, etc. Il pousse des cris plaintifs, et se laisse dresser à la chasse. On le trouve dans toute l'Europe.—L'*Aigle botté* ressemble aux Buses par son bec légèrement arqué, par l'ensemble de ses formes et par sa taille (50 centimètres seulement). Le dessous du corps et les tarses sont d'un blanc moucheté qui les détache du reste du corps, ce qui lui donne l'apparence d'être chaussé ou botté. — L'Aigle a été pris comme emblème par plusieurs nations : les Perses et les Épirotes, puis les Romains, les empereurs d'Occident et d'Orient, l'Empire d'Autriche, Napoléon, l'adoptèrent pour enseigne militaire. Il fait, en outre, partie des armoiries des rois de Prusse, de Sicile, de Sardaigne, de Pologne, et donne son nom à plusieurs ordres de chevalerie en Prusse, en Pologne, en Wurtemberg. — L'aigle a été rétablie sur nos drapeaux par décret du 31 déc. 1851.

AIGLE, monnaie d'or en usage aux États-Unis d'Amérique, ainsi nommée parce qu'elle porte l'effigie d'un aigle. L'aigle de 5 dollars vaut 27 fr. 60 cent. et demi de notre monnaie. Le double aigle vaut 55 fr. 21 cent. Le demi-aigle de 2 dollars et demi vaut 13 fr. 80 cent. et quart.

AIGLE, constellation de l'hémisphère septentrional, au S.-E. de la Lyre; son aile droite touche la ligne équinoxiale, son aile gauche est voisine du Serpent. On y remarque trois étoiles sur une même ligne droite; celle du milieu est de première grandeur : on la nomme Altair ou Ataïr. — On réunit souvent à cette constellation celle d'Antinoüs, qui en est voisine.

AIGREFIN. Voy. ÆGLEFIN.

AIGRÉMOINE, Agrimonia, plante vivace, de la famille des Rosacées, aux feuilles oblongues et ailées, aux fleurs jaunes, tubuleuses, à cinq pétales, disposées en épis terminaux. L'A. eupatoria se distingue à ses feuilles qui embrassent la tige, et à son fruit hérissé de pointes : elle est commune en France. On s'en sert en médecine, comme tonique, contre les catarrhes pulmonaires. On l'emploie en gargarismes contre les maux de gorge, en cataplasmes détersifs, ou comme vulnéraire et comme vermifuge.—Plante de la famille des Papavéracées. Voy. ARGÉMONE.

AIGRETTE (d'arista, épi, ou, selon Gébelin, de crista, crête), faisceau de plumes effilées et droites qui orne le haut de la tête de certains oiseaux, tels que le duc, le héron, le hibou, le paon, etc. — On a étendu ce nom : 1o à un bouquet de plumes (plumet) et aux panaches que l'on porte sur les chapeaux ou les casques dans l'armée, ou que l'on emploie pour la coiffure des femmes; 2o à un faisceau de pierreries ou de diamants disposé en forme d'aigrette et destiné à la parure; 3o à une pièce d'artifice dans laquelle les étincelles forment en se réunissant une aigrette de feu; 4o à des faisceaux de rayons lumineux qu'on aperçoit aux extrémités et aux angles des corps électrisés, et qu'on nomme aigrettes lumineuses.

En Botanique, on donne le nom d'aigrettes à des touffes de filaments qui couronnent la graine ou le fruit de certaines plantes : telle est l'aigrette du pissenlit ou des chardons, qui se détache à la moindre agitation de l'air, et va transporter la graine à de longues distances. L'aigrette des plantes est dite membraneuse, lorsqu'elle forme un bourrelet autour du fruit (comme dans la chicorée); squammeuse, composée d'écailles (œillet d'Inde); soyeuse, formée de poils fins ou soies; poilue, si ses poils sont simples (chardon); plumeuse, si les poils sont ramassés; sessile, si le faisceau de poils part immédiatement du fruit; pédiculée ou stipitée, si elle est au sommet d'un petit filet nommé pédicule ou stipe.

En Zoologie, on appelle spécialement Aigrette une espèce de héron qui porte une belle aigrette sur le dos, et l'on distingue la grande Aigrette, dont les mâles adultes ont les plumes du bas du dos longues et effilées, et la petite Aigrette, dont les plumes du bas du dos sont effilées, mais moins longues que celles du héron grande aigrette.

AIGREURS, rapports de gaz ou de liquides aigris, sont le résultat tantôt du mauvais choix des aliments, tantôt d'une digestion pénible ou d'une sécrétion acide des cryptes de l'estomac. Dans ce dernier cas, on les combat par l'emploi des absorbants, notamment de la magnésie, que l'on prend délayée dans de l'eau ou en pastilles; mais ce n'est là qu'un palliatif qui ne dispense pas de traiter directement la maladie d'estomac.

AIGUE-MARINE (d'aqua marina, eau de mer), nom que l'on donne dans la bijouterie à une variété d'émeraude commune dont la couleur est d'un vert bleuâtre, comme l'eau de mer. Les Aigues-marines sont rangées par Beudant dans la famille des Silicates alumineux doubles. Elles sont formées de 1 atome de quadrisilicate de glucine et de 2 atomes de bisilicate d'alumine colorés par 2 ou 3 centièmes seulement d'oxyde de fer. Ces pierres font un assez joli effet quand elles sont bien taillées et sans défauts; on en fait des colliers, des bagues, des épingles, des pendants d'oreilles, etc. — Presque toutes les Aigues-marines viennent du Brésil ou de la Russie. Une Aigue-marine d'une belle couleur, bien pure et pesant 5 grammes ne vaut pas plus de 36 à 40 francs. La plus remarquable est celle qui orne la couronne royale d'Angleterre; elle a près de 6 centimètres de diamètre.

AIGUILLAT, Spinax, nom vulgaire du Squale acanthias, espèce de chien de mer. L'Aiguillat possède des évents et a les dents petites et tranchantes; la partie antérieure de ses nageoires dorsales est munie d'une longue et forte épine de nature cornée, qui perce comme une aiguille, d'où son nom. Il manque de nageoires à l'extrémité du corps. Ces poissons ne dépassent pas un mètre de longueur. L'A. ordinaire est d'un gris bleuâtre en dessus et d'un blanc sale sous le ventre. Il vit de poissons, de crustacés, de mollusques. Sa chair est blanche et peu délicate. On retire de son foie une huile limpide employée dans les arts, et à laquelle on attribue la vertu de calmer les douleurs rhumatismales. Sa peau est rude et sert aux tourneurs pour polir.

AIGUILLE (du latin aculeus, aiguillon, dérivé d'acus, aiguille), petit instrument d'acier fort délié, pointu par un bout, percé par l'autre, et qui sert à coudre. Pour fabriquer les aiguilles, on emploie du fil d'acier d'excellente qualité. L'aiguille passe par une foule de mains et subit un grand nombre d'opérations : lorsque le fil d'acier est suffisamment tréfilé ou dégrossi, on le coupe par brins à peu près d'égale longueur; un second ouvrier prend ces brins et les palme, c'est-à-dire aplatit sur l'enclume le bout qui doit faire la tête de l'aiguille; l'aplatissement fait, on passe les aiguilles par le feu pour recuire l'acier et lui conserver ainsi toute sa douceur; puis, un autre ouvrier, armé d'un poinçon, perce sur l'enclume une des faces aplaties; le trou ainsi formé prend le nom de chas; on évide ensuite ce trou, c'est-à-dire on pratique à la lime une petite rainure de chaque côté du trou pour recevoir le fil; enfin, on empointe l'aiguille. Cette dernière opération, qui s'exécute en faisant tourner la pointe de l'aiguille sur une pierre d'émeri mise en mouvement par une roue à main, était autrefois très-pernicieuse pour la santé des ouvriers, à cause de la poussière qu'elle développe; aujourd'hui tout danger a disparu, grâce à un mécanisme inventé en 1809 par un ouvrier anglais, G. Prior, et à l'aide duquel cette poussière est enlevée par le vent d'un fort soufflet. L'aiguille ainsi terminée, il faut encore procéder à d'autres opérations non moins importantes, telles que la trempe, le polissage, le dégraissage, et finalement le triage et l'affinage. — La grande perfection des aiguilles ne consiste pas seulement dans la finesse et la trempe de l'acier, mais surtout en ce que la pointe soit exactement dans l'axe et que l'œil ou chas ne coupe pas le fil. C'est ce qui distingue les aiguilles de bonne fabrique anglaise, faites avec un soin tout particulier. La fabrication des aiguilles d'emballage, à tricoter, etc., est plus ou moins semblable à celle des aiguilles à coudre.

On a étendu le nom d'aiguille à tout ce qui a quelque analogie avec cet instrument, soit pour l'usage, soit pour la forme pointue : par exemple, à des tiges métalliques dont on se sert en chirurgie, comme l'aiguille à cataracte, l'aiguille à fistule, à inoculation, à séton, l'aiguille qui sert à l'acuponcture; — aux verges métalliques qui servent à indiquer l'heure sur les cadrans solaires, les horloges, les montres, ou à marquer la direction du courant magnétique dans la boussole : on nomme celles-ci *aiguilles aimantées* (*Voy.* ci-après); — aux sommets des montagnes taillées en pointes aiguës (*l'Aiguille du Midi*, près de Chamouni, en Suisse) ; — à des monuments pointus (*l'Aiguille* ou Obélisque *de Cléopâtre*, celles de Saint-Pierre de Rome, de la place de la Concorde); — à des clochers très-élevés (*l'Aiguille* d'Anvers, de Strasbourg ; les *Aiguilles* de Chartres); — à certains poissons de forme très-allongée que l'on nomme *Aiguilles de mer*, tels que les syngnathes, l'orphie, etc.

Dans les Chemins de fer, on appelle *aiguilles* des portions de *rails* qui servent à opérer les changements de voie : ces aiguilles peuvent tourner autour de boulons verticaux et sont liées entre elles par une traverse rigide de manière à ne pouvoir se déplacer l'une sans l'autre : elles forment un chemin temporaire sur lequel passe la locomotive. On appelle *aiguilleur* l'ouvrier chargé de manœuvrer les aiguilles.

AIGUILLE AIMANTÉE, petit barreau ou lame d'acier, pointu par les deux bouts, mobile sur un pivot et rendu magnétique par influence, est la partie essentielle de la boussole. Une aiguille aimantée qu'on abandonne à elle-même se tourne de manière que ses extrémités, ou *pôles*, se dirigent vers les pôles magnétiques de la terre. L'extrémité *sud* de l'aiguille est tournée vers le nord, l'extrémité *nord* ou *boréale* est tournée vers le midi. Cette propriété remarquable se reproduit partout : sur toute la surface de la terre, au sommet des plus hautes montagnes comme dans les mines les plus profondes, partout l'aiguille aimantée prend une direction fixe à laquelle elle revient lorsqu'on l'en écarte. Dans le même lieu, les aiguilles aimantées prennent des directions sensiblement parallèles; mais, sur des points de la terre qui sont éloignés de quelques degrés en longitude ou en latitude, ce parallélisme n'existe plus, et l'on voit l'aiguille dévier plus ou moins à l'E. ou à l'O. du méridien. En outre, l'aiguille aimantée ne conserve pas partout la position horizontale, mais incline plus ou moins vers le centre de la terre. On nomme *déclinaison* la déviation de l'aiguille vers l'E. ou vers l'O., et *inclinaison* l'angle qu'elle forme avec l'horizon (*Voy.* BOUSSOLE, DÉCLINAISON. INCLINAISON). — Enfin, plusieurs causes accidentelles agissent sur l'aiguille aimantée, ou pour la déranger brusquement de sa position, ou pour troubler au moins la régularité de ses variations diurnes; telles sont les tremblements de terre, les éruptions de volcans, et surtout les aurores boréales. Quand le tonnerre frappe des corps aimantés, ou quand il tombe seulement à quelque distance, il change, détruit ou renverse leur magnétisme, et expose ainsi le navigateur à des erreurs funestes : comme on en a vu de trop fréquents exemples.

On appelle *aiguille aimantée astatique*, c.-à-d. non fixe (du grec *a* priv. et *istêmi*, j'arrête), une aiguille aimantée disposée de manière qu'elle cesse d'obéir au magnétisme de la terre ; elle sert à étudier les propriétés du magnétisme dans les aimants. On détruit l'effet de la terre en plaçant en présence de l'aiguille aimantée un barreau aimanté disposé de telle sorte que son pôle le plus voisin soit pareil à celui de même nom que l'aiguille tourne de son côté par l'influence de la terre : en éloignant ou en rapprochant ce barreau, on peut arriver à un point où son effet contrebalance exactement l'action de la terre. Un autre moyen consiste à opposer à une aiguille une aiguille de même force dont les pôles soient tournés en sens contraire.

AIGUILLETTE (diminutif d'*aiguille*), morceau de tresse, de tissu ou de cordon plat et rond, ferré par les deux bouts, qui a servi longtemps à attacher les diverses parties du vêtement. Aujourd'hui, elle n'a plus guère d'usage que comme ornement : c'est, chez nous, une simple décoration, qui entre dans certains uniformes. Dans la cavalerie, elle est de fil ou de coton pour les simples cavaliers, d'or ou d'argent pour les officiers, et mélangée de fil et de métal pour les sous-officiers; elle se porte pendue à l'épaule. — Les aspirants de marine portent l'aiguillette d'or. — Les aiguillettes se terminent aux deux bouts par de petits cylindres argentés ou dorés, dits *afférons*. — On nomme encore *Aiguillette* une espèce d'escargot mince et effilé, du genre Bulime.

AIGUILLON (du latin *aculeus*, dérivé d'*acus*, aiguille). Ce mot, qui signifie au propre une pointe de fer qu'on met au bout d'un bâton pour piquer les bœufs, a été étendu à certains organes d'animaux et de végétaux qui ont quelque analogie avec l'aiguillon. — Dans le règne animal, l'aiguillon est une sorte de dard, organe offensif et défensif très-délié, en forme de petite aiguille, que certains insectes (abeilles, bourdons, frelons, guêpes, etc.) portent à l'extrémité de l'abdomen ; souvent il produit une piqûre dangereuse en introduisant sous la peau un liquide irritant qui y est contenu ; souvent aussi l'aiguillon reste dans la plaie, et l'insecte meurt en le perdant. — Dans le règne végétal, on donne ce nom à des piquants dont plusieurs plantes sont armées; ils diffèrent de l'épine en ce qu'ils ne sont fixés qu'à l'écorce et s'en détachent facilement, tandis que l'épine fait corps avec les parties où elle croît ; le rosier, la ronce, l'acacia ont des aiguillons; le houx, l'épine-vinette ont des épines.

AIL, en latin *Allium*, plante bulbeuse, de la famille des Asphodélées, vivace ou bisannuelle, dont l'oignon, d'une odeur forte et d'un goût piquant et bien connu, se compose de plusieurs petites gousses réunies sous une enveloppe commune. Cet oignon s'appelle *tête d'ail*. Outre l'ail ordinaire (*A. sativum*), on connaît plusieurs variétés intéressantes : le *poireau* (*A. porrum*), la *ciboule* (*A. fistulosum*), la *civette* (*A. schœnoprasum*), l'*oignon* proprement dit (*A. cepa*), l'*échalote* (*A. ascalonicum*), la *rocambole* (*A. scorodoprasum*), sont des variétés qui sont utilisées dans l'économie domestique. L'ail ordinaire n'exige aucun soin. Les Égyptiens paraissent l'avoir cultivé les premiers; il était dans leur pays moins âcre que dans le nôtre. De nos jours, il s'en fait une grande consommation dans le Midi, où il sert à assaisonner presque tous les mets. L'ail possède des propriétés médicales très-nombreuses ; sa vertu vermifuge est connue. On le considère, en outre, comme fébrifuge, diurétique, antiseptique, antiscorbutique. En mâchant des feuilles de persil ou de cerfeuil, on peut neutraliser l'odeur de l'ail.

AILANTE, AYLANTE. *Voy.* VERNIS DE LA CHINE.

AILE, en latin *ala*, partie du corps des oiseaux, de plusieurs insectes et même de quelques poissons, qui leur sert à voler ; cet organe est l'analogue du bras. Les oiseaux et les insectes ont des ailes d'une forme plane et large ; celles des oiseaux sont revêtues de plumes ; celles des insectes sont fines et transparentes. L'aile de la chauve-souris est membraneuse et allongée. — Ce nom a été étendu à des organes ou à des objets qui n'ont avec l'aile des oiseaux qu'une analogie fort éloignée.

Les Anatomistes nomment ainsi certaines parties situées de chaque côté d'un organe : les *ailes du nez*, formant le côté externe de l'ouverture des narines; *l'aile de l'oreille*, partie supérieure et évasée du pavillon de l'oreille. — On a aussi nommé *Aile* la lèvre extérieure de plusieurs coquilles, lorsqu'elle est plus dilatée qu'à l'ordinaire; les nageoires de plusieurs mollusques, et même quelques espèces d'animaux : *l'Aile d'aigle* ou Strombe géant; l'*Aile de chauve-souris*, ou Strombe pied de pélican. *Voy.* ces mots.

En Botanique, on nomme *aile* la partie latérale de

la corolle des Papilionacées; on appelle encore ainsi toutes les membranes saillantes des végétaux disposées aux côtés de la tige, des rameaux, etc. On nomme feuilles *ailées* celles qui sont composées de deux folioles opposées.

En Architecture, on nomme *ailes* deux parties construites à droite et à gauche, pour accompagner le principal corps de logis; les *ailes* d'une église en sont les bas-côtés. — Dans l'Art militaire et la Marine, les *ailes* sont les deux extrémités d'une armée rangée en bataille, et faisant face à l'ennemi; *l'aile droite* se forme des troupes ou des vaisseaux placés vers la droite; *l'aile gauche*, de celles ou de ceux qui sont postés vers la gauche.

AILERON. On nomme ainsi, chez les oiseaux, l'extrémité de l'aile, composée de trois, quatre ou cinq plumes longues et étroites, dites *pennes*: c'est ce qu'on nomme aussi *fouet de l'aile;* — chez les insectes, de petites lamelles ou écailles placées au-dessous du point où naissent les ailes antérieures, et qui se continuent avec d'autres écailles semblables, nommées *cuillerons;* elles sont blanchâtres et arrondies; — chez les poissons, les os qui retiennent les rayons des nageoires. — En Mécanique, ce sont les petites planches dont sont garnies les roues des moulins, et sur lesquelles tombe l'eau, dont le poids fait tourner ces roues.

AIMANT (par contraction du grec *adamas, adamantos,* diamant, à cause de la dureté de la pierre d'aimant), nom donné d'abord à une espèce de minerai de fer, à l'aspect métallique, d'un noir brillant, et qui a la propriété d'attirer le fer, l'acier, le cobalt et le nickel; puis appliqué généralement à des barres d'acier rendues magnétiques par influence (*Voy.* AIMANTATION); on nomme ces derniers *aimants artificiels.* La *pierre d'aimant,* ou *aimant naturel,* se compose d'une combinaison de protoxyde et de peroxyde de fer (FeO+Fe² O³), qu'on appelle *fer oxydulé magnétique,* et qu'on trouve en Suède, en Norwège, à l'île d'Elbe et aux États-Unis d'Amérique. — Lorsqu'on plonge un aimant soit naturel, soit artificiel, dans de la limaille de fer, on voit celle-ci y adhérer; si l'on présente l'aimant à distance, la limaille en est attirée et s'élance sur lui. Certains aimants sont très-faibles, et sous un grand volume n'exercent sur le fer qu'une attraction peu sensible; d'autres sont très-puissants et peuvent soulever des masses de 50 et même de 100 kilogrammes. — La limaille ne se répand pas uniformément sur la surface d'un aimant; elle s'amoncelle surtout autour de deux points opposés qu'on appelle les *pôles* de l'aimant, et il reste vers le milieu une ligne dont les points n'exercent aucune action attractive, et qui se nomme *ligne neutre* ou *ligne moyenne.* Si l'on brise un aimant en un nombre quelconque de parties et qu'on plonge dans la limaille chacune de ces parties, on trouve que chacune d'elles devient un aimant à son tour, ayant ses deux pôles et sa ligne moyenne au milieu. Quelquefois on observe plus de deux pôles sur un aimant; alors, chaque pôle touche toujours un pôle de nom contraire; on dit qu'un pareil aimant a des *pôles conséquents.* — Dans les aimants, les pôles de même nom se repoussent, les pôles de nom contraire s'attirent, et ces attractions ou répulsions sont en raison inverse du carré des distances. On peut s'en assurer aisément, en suspendant librement un aimant et en approchant successivement les deux pôles d'un second aimant.

Les aimants artificiels prennent des noms différents: *aiguilles aimantées, lames aimantées, barreaux aimantés,* etc., suivant leurs dimensions. La réunion de plusieurs aiguilles ou de plusieurs lames aimantées ayant toutes les pôles de même nom tournés dans le même sens, forme une *arma-*

ture ou un *faisceau magnétique.* On donne souvent aux armatures la forme de fer-à-cheval.

Une aiguille aimantée, suspendue librement, prend une direction déterminée, du S. au N. (*V.* AIGUILLE AIMANTÉE et BOUSSOLE). La force directrice à laquelle elle obéit réside dans la terre, qui est elle-même un vaste aimant, ayant une ligne moyenne et des pôles opposés (*Voy.* MAGNÉTISME TERRESTRE).

— Les aimants servent à reconnaître la présence du fer, même en petite quantité, dans les minerais et dans les pierres précieuses; à séparer de petits objets en fer, tels que des goupilles, confondus dans des amas de poudres métalliques ou de tout autre alliage; enfin, à former la boussole qui dirige le navigateur, en lui indiquant approximativement la position des points cardinaux.

Les anciens connaissaient les propriétés de l'aimant, qu'ils appelaient *magnes, pierre herculéenne, sideritis* ou *pierre de Lydie.* Mais ce ne fut que dans le XII° siècle que l'on connut en Europe la faculté qu'a ce minerai de se diriger constamment vers le pôle nord (*Voy.* BOUSSOLE). Le médecin anglais Gilbert a le premier démontré, à la fin du XVI° siècle, que la terre est magnétique et que c'est son action qui dirige l'aiguille aimantée. — Les Égyptiens croyaient beaucoup aux propriétés thérapeutiques de l'aimant, et lui attribuaient une action merveilleuse, soit à l'intérieur, soit à l'extérieur. Cet usage de l'aimant était depuis longtemps tombé dans l'oubli: Mesmer, au dernier siècle, le remit en vogue (*Voy.* MAGNÉTISME ANIMAL). De nos jours, l'aimant est peu employé comme moyen de traitement; on lui reconnaît cependant une vertu sédative et antispasmodique, et on l'emploie contre les névralgies; M. Récamier l'a récemment remis en honneur pour cet usage.

AIMANT DE CEYLAN. *Voy.* TOURMALINE.

AIMANTATION, opération par laquelle on communique à l'acier ou au fer des propriétés magnétiques. On emploie pour cela divers procédés: 1° la *simple touche,* opération qui consiste à frotter la pièce qu'on veut aimanter sur un fort aimant naturel ou artificiel, en la faisant glisser chaque fois d'un bout à l'autre, toujours dans le même sens et sans en changer le pôle; 2° la *touche séparée,* ou procédé de Duhamel, procédé avantageux pour aimanter les aiguilles de boussole: on dispose sur une même ligne et à une certaine distance l'un de l'autre deux barreaux aimantés dont les pôles opposés se regardent; sur ces barreaux, qui restent fixes, on place l'aiguille qu'il s'agit d'aimanter; prenant alors deux autres barreaux aimantés, un de chaque main, on les pose au milieu de l'aiguille en les inclinant sous un angle de 25° ou 30°, et on les fait glisser en sens contraire sous cette même inclinaison, de manière à ce qu'ils arrivent en même temps aux extrémités de l'aiguille; là, on les relève, on les rapporte au milieu, et l'on répète la même manœuvre jusqu'à ce que l'aiguille se trouve suffisamment aimantée; — 3° la *double touche,* ou procédé d'Æpinus, qui s'emploie pour aimanter les pièces fortes; il est semblable au précédent, avec la différence qu'on promène les barreaux aimantés ensemble, et sans les rapprocher, depuis le milieu de la pièce jusqu'à l'une de ses extrémités, puis on les ramène à l'extrémité opposée, et l'on revient par la même route à plusieurs reprises. — Outre ces trois procédés d'aimantation, *l'action de la terre,* le choc, la torsion, les décharges électriques, les courants voltaïques, peuvent encore développer dans le fer et l'acier les propriétés magnétiques: ainsi, les croix de fer placées sur les clochers des églises deviennent à la longue de très-bons aimants; tous les outils des forgerons sont dans un état magnétique, etc. C'est même en soumettant des fils de fer à l'action d'un courant continu qu'on a obtenu les aimants les plus puissants (*Voy.* ÉLECTRO-MAGNÉTISME); on en a fait tout récemment d'importantes applications dans la télégraphie électrique.

AINE (jadis *aigne*, corruption du latin *inguen*), jonction de la cuisse et du bas-ventre, est un enfoncement anguleux formé des muscles larges de l'abdomen qui s'unissent avec les muscles de la partie antérieure de la cuisse. Cette partie, siége de nombreux ganglions lymphatiques, est sujette à des tumeurs, telles qu'abcès par congestion et bubons, à des hernies, à des anévrismes.

AINESSE (d'*ainé*, dérivé d'*antè natus*, né antérieurement). Longtemps le titre d'aîné donna droit à certaines prérogatives, notamment à celle de prendre dans la succession des parents une plus grande part que les autres enfants; c'est ce qu'on appelait *droit d'aînesse*. Ce droit remonte à la plus haute antiquité; l'histoire d'Esaü et de Jacob nous le montre établi chez les Hébreux. En Égypte, en Grèce, à Rome, chez les Germains, l'aîné jouissait de priviléges particuliers; cependant ce droit n'est pas consacré par la législation romaine. En France, le droit d'aînesse n'était pas connu sous la 1re race; la couronne et les alleux se partageaient alors entre les frères; sous les races suivantes, il fut introduit afin de mettre un terme aux perpétuelles divisions des Etats; de la famille royale, il s'étendit bientôt à celles des seigneurs féodaux, puis à toutes les autres; il était régi par le Droit coutumier. Ce droit d'aînesse, si contraire à l'égalité et aux sentiments d'affection que le père porte à tous ses enfants indistinctement, a été aboli en France par les lois du 15 mars 1790 et du 8 avril 1791. Charles X tenta en vain de le rétablir en 1826; cette proposition impopulaire fut rejetée par la chambre des Pairs elle-même. Le droit d'aînesse ne fut maintenu que pour l'hérédité du trône et pour certains cas particuliers (*Voy.* MAJORAT).—Le droit d'aînesse subsiste encore dans la plupart des autres pays de l'Europe, en Russie, en Espagne, en Italie, en Angleterre surtout, où il assure la puissance de l'aristocratie, mais où il condamne une foule d'enfants de famille à la misère. — Dans l'ancien régime, les *cadets*, privés de leur part dans l'héritage, embrassaient le parti des armes ou se consacraient au service divin; souvent aussi, ils allaient chercher fortune en pays étranger.

AIR (du grec *aer*), fluide gazeux qui forme autour du globe terrestre une enveloppe désignée sous le nom d'*atmosphère*. L'air paraît incolore quand il ne forme pas une couche très-épaisse, mais vu en masse, il est bleu; cette couleur, attribuée par le vulgaire à une voûte céleste imaginaire, se montre dans toute sa pureté en l'absence des nuages. L'air nous paraît sans odeur et sans saveur, mais il est probable que nous en jugeons ainsi par l'habitude où nous sommes de le respirer dès notre naissance; enfin, l'air est pesant comme tous les corps gazeux, et comme eux très-élastique : 1 litre d'air, à la température de 0° et sous la pression de 0m,76, pèse 1 gr., 2995; l'air est donc 770 fois moins pesant que l'eau. La pesanteur d'une masse d'air donnée varie selon l'état de l'atmosphère; on mesure cette pesanteur au moyen du *baromètre* (*Voy.* ce mot). Il n'est guère possible de déterminer exactement la hauteur de l'atmosphère, car elle ne finit pas brusquement à une certaine élévation; l'air devient seulement de plus en plus rare à mesure qu'on s'élève; cependant cette hauteur a été évaluée approximativement à environ 80,000 mètres (ou 20 lieues.) Le poids de la colonne d'air qui presse sur une surface d'un centimètre carré est d'un kilogr. environ. —L'air atmosphérique, que les anciens regardaient comme un corps simple et qu'ils mettaient au nombre des 4 éléments, est un mélange d'oxygène et d'azote, dans la proportion de 21 à 79; il renferme en outre quelques millièmes d'acide carboni-

que, une quantité variable de vapeur d'eau et un peu d'hydrogène carboné. Cette composition de l'air pur et normal peut être modifiée par des causes accidentelles, telles que la respiration des animaux, la combustion du bois ou du charbon, la décomposition des matières organiques par la putréfaction, etc. — L'air joue un rôle immense dans la nature : il est indispensable à la vie des animaux, auxquels il fournit l'oxygène nécessaire à la respiration; il ne l'est pas moins à la vie des plantes, qui y puisent l'oxygène, l'azote et l'acide carbonique; il détermine le phénomène de la combustion; il est le véhicule du son, et par suite du langage; enfin, il est utilisé par l'industrie de l'homme et employé comme force motrice dans la navigation à voile, les moulins à vent, les fusils à vent, les chemins de fer atmosphériques, etc.

La pesanteur de l'air, entrevue par Aristote, connue de Bacon, ne fut nettement exprimée pour la première fois qu'en 1664 par Torricelli, disciple de Galilée. Des fontainiers de Florence ayant inutilement tenté d'élever l'eau, par le moyen de la pompe, à une hauteur plus grande que 32 pieds, Galilée soupçonna le premier que l'ascension de l'eau dans le corps de pompe était due à la pression exercée par l'air sur la surface libre du liquide contenu dans le réservoir, et que la limite de 32 pieds était la hauteur nécessaire pour qu'une colonne d'eau fit équilibre à cette pression. Plus tard, Torricelli mit ce principe hors de doute. Pascal confirma cette théorie par de nouvelles expériences. De son côté, Mariotte découvrit la loi qui règle la compressibilité de l'air. — Ce ne fut qu'à la fin du siècle dernier qu'on connut la composition de l'air et le rôle que joue ce fluide dans les combinaisons chimiques. Déjà, en 1630, Jean Rey ayant vérifié l'expérience de Brun, pharmacien de Bergerac, qui avait trouvé que l'étain augmente de poids par la calcination, expliqua ce phénomène en l'attribuant à l'absorption de l'air par le métal; cependant les idées de Rey restèrent ensevelies dans l'oubli jusqu'en 1774 : à cette époque Priestley et Bayan reconnurent que toutes les substances désignées sous le nom de *chaux métalliques* doivent à l'absorption d'un des principes de l'air l'excès de poids et tous les caractères qui les distinguent du métal qu'elles contiennent. Enfin Lavoisier, complétant les recherches de ses devanciers, donna la première analyse de l'air, examina les produits de toutes les combustions, et parvint à fonder une théorie nouvelle que toutes les expériences ultérieures n'ont fait que consolider. Toutefois, il admit encore trop d'oxygène dans l'air, et les véritables proportions ne furent établies que par les analyses de MM. de Humboldt et Gay-Lussac, dont les résultats ont été confirmés par les derniers travaux de MM. Dumas, Boussingault, Regnault, etc.

AIR INFLAMMABLE. *Voy.* HYDROGÈNE.

AIR, en Musique (de l'italien *aria*, qu'on dérive du latin *ara*, chiffre, signe de prosodie chez les Romains), morceau de musique à une seule partie principale. L'air est le plus souvent composé pour le chant ou pour la danse; de là la distinction des *airs de chant*, qui prennent les noms de *romances*, *cavatines*, *rondeaux*, *couplets*, etc., et des *airs de danse*, tels que le *menuet*, la *gavotte*, la *courante*, la *gigue*, l'*anglaise*, l'*allemande*, etc. — Parmi les airs de chant on distingue de *petits airs*, qui ne se composent que de deux ou trois phrases, et de *grands airs* ou *airs d'opéra* (l'*aria* ou la *cavatine* des Italiens), qui se composent ordinairement d'un *cantabile*, souvent précédé d'un *récitatif* et suivi d'un *allegro* impétueux; mais cette coupe se modifie de mille manières : ainsi, l'air peut commencer par un *allegro* animé, être suivi d'un *cantabile*, et revenir au sujet et au mouvement primitifs. Dans tous les cas, le grand air doit avoir le double objet d'exprimer un sentiment profond et de faire briller la voix et le talent du chanteur.

— On appelle *airs de bravoure*, dans les opéras, ceux qui ont plus spécialement cette dernière destination. — Longtemps les *airs de danse* eurent un caractère déterminé et furent faits exprès; aujourd'hui on les tire le plus souvent des opéras en vogue; cependant on a conservé certains airs de danse, le *fandango*, la *valse*, la *polonaise*, le *galop*, la *polka*. Ces airs doivent se distinguer surtout par un mouvement gracieux et par un rhythme bien cadencé.

— Chaque peuple a ses airs nationaux et ses chansons populaires : tels sont les *barcarolles* à Venise, les *tarentelles* et les *villanelles* à Naples, le *ranz des vaches* en Suisse, les *lieder* en Allemagne, les *boléros*, les *seguidillas* en Espagne, les *songs* en Écosse et en Irlande. En France, chaque province a les siens : l'Auvergne a ses *bourrées*; le Poitou, ses *branles*; la Bourgogne, ses *noëls*, etc.

AIRA, nom botanique de la *Canche*. *Voy.* ce mot.

AIRAIN, mot indéterminé par lequel on traduit généralement l'expression *æs* des Romains. Ceux-ci paraissent avoir quelquefois désigné par ce mot le cuivre pur; mais plus fréquemment ils l'ont appliqué aux alliages de ce métal avec plusieurs autres substances métalliques, notamment avec l'or, l'argent, le zinc, le plomb et l'étain. La fabrication de l'airain était une partie importante de l'art métallurgique chez les anciens; ils s'en servaient principalement pour faire de la monnaie et des statues. L'airain de Délos et celui d'Égine étaient les plus estimés. — On appelait *airain de Corinthe* un alliage qu'on supposait s'être produit fortuitement par la fusion d'un grand nombre de métaux précieux pendant l'incendie de cette ville par Mummius, alliage que l'art sut reproduire. — Le mot *airain* s'emploie aussi, la plupart du temps dans le langage poétique, pour désigner plus particulièrement les alliages de cuivre et d'étain qui servent à la fabrication des canons, des cloches, des statues, etc. *Voy.* BRONZE.

AIRE (du latin *area*), se dit, en Géométrie, de la superficie d'une figure. Pour mesurer l'aire ou la surface d'une figure plane, on prend pour unité de mesure l'aire d'un carré dont les côtés sont l'unité linéaire. Ainsi, en adoptant le mètre pour unité des mesures linéaires et le mètre carré pour unité de surface, l'aire d'une figure quelconque sera déterminée quand on connaîtra combien elle contient de mètres carrés ou de parties du mètre carré. Toutes les propositions de la géométrie relatives à l'aire des figures planes peuvent se ramener aux suivantes : Tout rectangle a pour mesure le produit de sa base par sa hauteur; l'aire d'un triangle est égale à la moitié du produit de sa base par sa hauteur; l'aire d'un parallélogramme est égale au produit de sa base par sa hauteur; l'aire d'un trapèze est égale à la moitié du produit de sa hauteur par la somme des deux bases parallèles.

AIRE-DE-VENT OU AIR-DE-VENT. Les marins nomment ainsi la trente-deuxième partie de l'horizon; ce qui, en divisant l'horizon en 360 degrés, donne pour chaque *aire-de-vent* 15 degrés, 15 minutes. Pour les dénommer, on prend les noms assortis d'abord aux quatre points *cardinaux* (*est*, *nord*, *midi*, *ouest*); puis aux quatre *collatéraux* (*nord-ouest*, *sud-est*, *sud-ouest*, *nord-est*); aux huit *intermédiaires* (*sud-sud-est*, *sud-sud-ouest*, etc.); et enfin aux seize points *marins* compris entre les seize points susdits (*nord-quart-nord-est*, *nord-est-quart-nord*, *nord-est-quart-est*, etc.). Les aires-de-vent écrites sur la *rose des vents*, cercle placé sous l'aiguille aimantée de la boussole, servent à indiquer la direction suivie par cette aiguille, et par suite celle des vents. Les aires se nomment encore *rumbs*, *demi-rumbs*, *quarts de rumb*. — Les marins ne sont pas d'accord sur la manière d'écrire ce mot : les uns préférant *aire*, comme dérivant d'*area*, superficie, champ; les autres, *air*, qu'ils dérivent d'*arare*, sillonner.

AIRELLE, *Vaccinium*, genre de plantes de la famille des Éricacées, tribu des Vacciniées, dont il forme le type. L'*A. myrtille* (*Vaccinium myrtillus*), ainsi nommée à cause de sa ressemblance avec le myrte, est un arbuste à tiges anguleuses, rameuses, à fleurs d'un blanc lavé de rouge, auxquelles succèdent des baies d'un bleu noirâtre qui ont une saveur acide et rafraîchissante; il est commun dans les bois, les lieux couverts et montagneux. Une autre espèce, l'*A. ponctuée* (*Vacc. vitis idæa*), est un sous-arbrisseau à fleurs rougeâtres en grappes terminales penchées. Les baies sont également rouges, acides, et peuvent servir à préparer une boisson fermentée fort agréable. On en fait usage dans la médecine et la teinture. Les marchands de vin s'en servent quelquefois de ce fruit pour colorer le vin : aussi le nomme-t-on *teint-vin*.

— L'*A. coussinette* (*Vacc. Oxycoccus*), dite aussi *Canneberge*, se plaît dans les endroits marécageux du nord de l'Europe. Ses tiges sont déliées, ligneuses et garnies de petites feuilles. Sa fleur isolée donne, en se dépouillant, un fruit rouge et très-acide. Les Russes font de ce fruit une boisson de couleur rosacée très-rafraîchissante et antiscorbutique. Dans les arts on s'en sert pour nettoyer et blanchir l'argenterie.

AISSELLE (du latin *axilla*), cavité qui se trouve au-dessous de la jonction du bras avec l'épaule. Sa peau est molle, fine, et attachée aux parties qui l'entourent par un tissu très-extensible et lâche. Les maladies qui s'y forment sont l'engorgement des ganglions, les abcès, les bubons (qui, dans les temps de peste, sont un des symptômes de l'infection), les anévrismes. — On nomme ainsi en Botanique l'angle formé par une feuille ou par un rameau sur une branche ou sur la tige. L'organe situé dans cet angle prend l'épithète d'*axillaire* : ainsi les fleurs de la pervenche sont *axillaires*.

AJONC, *Ulex*, genre de la famille des Légumineuses, sous-ordre des Papilionacées, tribu des Lotées. Ce genre ne renferme que des arbustes velus, à feuilles simples, longues et épineuses, à fleurs jaunes et solitaires. L'*A. d'Europe*, appelé aussi *Genet épineux*, *Genet d'Espagne*, *Sainfoin d'hiver*, est un arbrisseau toujours vert dont les feuilles, d'abord souples, se changent, à la fin de l'automne, en épines dures, d'un vert sombre. L'ajonc pousse naturellement dans les lieux secs et arides. On l'emploie pour nourrir les bestiaux, pour chauffer le four et faire des enclos. Cette plante, qui vient spontanément dans nos pays, a la propriété d'utiliser les mauvaises terres, qu'elle rend, après six ans, propres à la culture.

AJOUPA, nom donné dans les colonies à une espèce de hutte portée sur des pieux, que l'on recouvre à la hâte de branchages, de paille ou de jonc. Les marins construisent des *ajoupas* quand ils vont à terre sur une côte inhabitée pour renouveler leurs provisions.

AJOURNEMENT. En Droit, on appelle ainsi l'acte par lequel un huissier dénonce à une personne une demande formée contre elle, avec sommation de comparaître à certain jour; c'est ce qu'on appelle communément *assignation* (*Voy.* ce mot). Tout ce qui concerne les ajournements est réglé par le titre II du Code de procédure.

AJUGA, plante. *Voy.* BUGLE.

AJUGOÏDÉES, tribu de la famille des Labiées, renferme les genres *Ajuga* (Bugle), *Amethystea*, *Teucrium*, *Cymaria*.

AJUSTEUR (d'*ad justum*, sous-entendu *dirigere*, rendre juste, exact), ouvrier qui, dans les arts mécaniques, réunit les diverses parties d'une machine exécutées par d'autres ouvriers, et qui les assemble et les raccorde pour qu'elles puissent fonctionner. Dans l'horlogerie, l'ajusteur est plus ordinairement appelé *finisseur;* dans d'autres arts, on le nomme *monteur.* — L'ajusteur, dans l'art du monnayage, est chargé de donner le poids légal aux *flans* des monnaies, c'est-à-dire aux pièces de métal destinées à passer sous le balancier pour être frappées. — On appelle *ajustoir* une petite balance où l'on pèse et *ajuste* les monnaies avant de les marquer : on la nomme aussi *trébuchet.*

AJUTAGES ou **AJUTOIRS** (du verbe *ajouter*), petits tuyaux coniques ou cylindriques qui s'ajoutent ou s'adaptent à l'extrémité d'un tuyau plus grand, pour régler l'écoulement d'un liquide. La forme de l'ajutage influe beaucoup sur la vitesse de l'écoulement, et par suite sur la dépense d'eau dans le même temps. Un ajutage de même forme que la veine fluide peut augmenter la dépense du liquide dans le rapport de 3 à 2. Au contraire, un ajutage cylindrique ou conique la diminue. C'est aussi l'ajutage qui détermine la forme du jet du liquide. L'emploi des ajutages, lorsqu'il est fait avec art, produit des effets très-heureux, tels que *gerbes, berceaux,* etc. — On donne aussi le nom d'*ajutage* à un petit tuyau de métal ou de caoutchouc destiné à joindre l'un à l'autre deux appareils chimiques.

AKÈNE ou **ACHÈNE** (du grec *a* privatif, et *chainô*, s'ouvrir). On applique cette épithète à un genre de fruit *indéhiscent;* c'est généralement un fruit sec, à une seule semence, dont le péricarpe, réduit à une lame mince, adhère plus ou moins intimement avec l'enveloppe de la graine et avec le tube du calice, comme on le remarque dans la semence de carotte et la chicorée.

AKIS (mot grec qui signifie *pointe*), coléoptère du genre Pimélie, section des Hétéromères, famille des Mélasomes; petit insecte noir, lisse, dont le corselet, plus large que la tête et fortement échancré en avant, a les bords relevés sur les côtés. On en connaît plusieurs variétés qui vivent sur les terrains tenant en dissolution des substances salines.

ALABANDINE, pierre précieuse que l'on trouvait dans les environs d'Alabanda, en Carie. Elle tenait le milieu entre le grenat et le rubis ; elle est plus transparente que le premier, moins obscure que le second; elle est dure et anguleuse. On la nomme aujourd'hui *spinelle rouge pourpré.* On lui donne le premier rang après le rubis.

ALABASTRITE. *Voy.* ALBATRE GYPSEUX.

ALABASTRON, nom donné par les Grecs à des vases à parfum sans anse, faits en albâtre, a été ensuite appliqué à une mesure de capacité usitée autrefois en Grèce et en Orient; elle valait un *demi-xestès* ou *cotyle;* en mesures françaises, 0 lit., 26.

ALAMBIC (du grec *ambix*, vase distillatoire, précédé de l'article arabe *al*), appareil employé dans les arts chimiques pour distiller, c'est-à-dire pour séparer un liquide volatil des substances fixes ou moins volatiles que lui. Les trois parties essentielles d'un alambic sont : la *cucurbite*, le *chapiteau* et le *réfrigérant.* La cucurbite est la partie inférieure dans laquelle sont placées les matières à distiller; elle doit être construite de manière à présenter à l'action de la chaleur la plus grande surface possible. Le *chapiteau* conduit les vapeurs de la cucurbite dans le réfrigérant; c'est un tuyau ajusté à ces deux parties; il doit être assez large pour ne pas opposer de résistance aux vapeurs qui le traversent. Le *réfrigérant* est la partie dans laquelle les vapeurs se condensent et prennent l'état liquide; il consiste ordinairement en un serpentin ou tube en spirale, qui plonge dans l'eau froide. La forme des alambics varie suivant les besoins des industries qui s'en servent. Dans les laboratoires de chimie, on remplace généralement les alambics par des cornues. — On attribue aux Arabes la construction des premiers alambics. Arnaud de Villeneuve, au XIIIe siècle, en propagea l'usage en Europe.

ALANGIÉES (d'*alangi*, nom hindou du genre type); petite famille que M. de Candolle a détachée des Myrtacées. Elle ne se compose que du seul genre *Alangium* qui ne renferme qu'une espèce, l'*A. à dix pétales* (*A. decapetalum*), arbre de l'Inde à fleurs grandes et odorantes et ayant pour fruit un drupe monosperme, bon à manger. Le suc des racines est employé au Malabar contre la morsure des serpents et comme purgatif.

ALATERNE, *Rhamnus alaternus*, L., arbrisseau du genre Nerprun, qu'on trouve surtout dans les lieux humides du midi de l'Europe, atteint quelquefois 5 mètres de haut ; son feuillage, toujours vert, est d'une teinte sombre ; ses feuilles sont luisantes, ovales, légèrement dentelées sur les bords et d'une consistance assez ferme. Cet arbrisseau est très-branchu ; il a l'écorce brune; ses fleurs, peu apparentes, sont verdâtres et sentent le miel. On l'a introduit dans les jardins d'agrément, où il forme des buissons. On le multiplie de graines, de marcottes et d'éclats. Autrefois cet arbre était réputé de mauvais voisinage, parce que le suc qu'il fournit est couleur de sang.

ALAUDIDÉES (d'*alauda*, alouette), famille d'oiseaux de l'ordre des Passereaux conirostres de Cuvier, renferme deux sous-familles : les *Alaudinées*, dont l'*alouette* est le type, et les *Anthusinées*, qui ont pour type les *anthus* ou *pipis.*

ALBATRE (du grec *alabastros*, qui a la même signification), nom donné à deux sortes de pierres de composition différente, que l'on emploie dans les arts : l'*A. gypseux* et l'*A. calcaire.* — L'*A. gypseux* ou *alabastrite*, sulfate de chaux hydraté, est remarquable par sa blancheur proverbiale, mais il est extrêmement tendre et le moindre frottement peut en détacher des parcelles; on le sculpte pour en faire des objets d'ornement, vases, pendules, petites statues, etc. Il en existe de vastes carrières à Volterra, en Toscane; on a trouvé à Lagny, près de Paris, un albâtre veiné qu'on exploite avec avantage. — L'*A. calcaire*, dit aussi *A. oriental*, *A. proprement dit*, variété de chaux carbonatée, est beaucoup plus dur et peut même rayer le marbre; il est susceptible d'un beau poli; il est d'un blanc laiteux, un peu roux ou jaune de miel, et offre des veines qui sont d'un agréable effet. On en fait de beaux ouvrages, des vases, des camées, et même de grandes statues. Les anciens, qui en faisaient un grand usage, le tiraient de l'Égypte, de l'Asie Mineure, et de l'Inde. On a trouvé à Montmartre, près de Paris, un albâtre calcaire d'un beau jaune de miel, mais en petite quantité.

ALBATROS (du latin *albatus*, vêtu de blanc), *Diomedea*, oiseaux aquatiques de l'ordre des Palmipèdes, de la famille des Longipennes ou Grands-Voiliers, sont les oiseaux d'eau les plus gros et les plus voraces. Leur séjour habituel à la surface des eaux les a fait surnommer *pélasgiens;* leur taille énorme leur a fait appeler par les matelots *moutons du Cap* et *vaisseaux de guerre.* Ils atteignent en effet un mètre de longueur, et leurs ailes étendues dépassent trois mètres; leur bec est terminé par un crochet qui semble ajouté après coup et est d'un blanc jaunâtre; le dessus du corps est blanc avec quelques bandes brunes, le dessous tout blanc; les jambes sont courtes, et les pattes, qui n'ont que trois doigts, dirigés en avant, sont d'un rose pâle. L'albatros est lourd, lâche et glouton ; il vit de poisson et en dévore une énorme quantité. On connaît 5 espèces d'albatros : l'*A. commun*, le plus grand de tous, dont le cri ressemble au braiment de l'âne ; l'*A. exilé* ou *A. gris*, l'*A. chocolat* ou *bai-brun*, l'*A. brun* ou *fuligineux*; l'*A. ruban-jaune* ou *à sourcils noirs*. Les Albatros habitent les mers australes, et, malgré leur volume considérable, ils volent rapidement et s'avancent très-loin en pleine mer. Leur chair est dure et d'un goût détestable.

ALBERGIER, arbre fruitier, assez grand, à feuilles en cœur, dentelées, plus petites que celles de l'abricotier. Ses fruits, nommés *alberges*, tiennent de la pêche et de l'abricot; ils sont précoces, mûrs à la mi-août, généralement abondants et de bonne qualité; leur couleur est jaune foncé; leur peau, raboteuse et colorée; leur chair est fondante, vineuse, légèrement amère. Le noyau est gros, et contient une amande amère. C'est à tort qu'on regarde quelquefois l'albergier comme une variété de l'abricotier; il forme dans ce genre une espèce distincte. On le cultive surtout en Touraine.

ALBINOS (dimin. d'*albus*, blanc). On nomme ainsi certains individus dont la peau est blafarde ou d'un blanc fade, ainsi que les cheveux et les poils, dont les yeux rouges et pâles ne peuvent supporter la lumière du jour. Cette anomalie est due à l'absence du *pigment*, matière qui colore la peau, les yeux et les cheveux. C'est le résultat d'une maladie qui peut attaquer l'homme sous tous les climats; mais ce n'est pas le caractère d'une race particulière, comme on l'a cru longtemps. On trouve beaucoup plus d'albinos en Afrique, parmi les nègres, que dans tous les autres pays; ce qui leur a fait donner le nom de *nègres blancs*. Les albinos mâles sont généralement impuissants; mais les femmes peuvent devenir mères. — L'albinisme se rencontre souvent chez les animaux; c'est à cette maladie qu'est due la blancheur du poil dans les souris, les éléphants, les serins, les cerfs, les chiens, les lapins et dans certains merles; car les *merles blancs*, pour être rares, n'en sont pas moins réels.

ALBITE, espèce de feldspath. *Voy.* SCHORL BLANC.

ALBUGINE ou ALBUGO (d'*albus*, blanc), tache de l'œil, vulgairement nommée *taie*, est produite par le dépôt d'une matière blanche entre les lames de la cornée. Ses causes sont l'ophthalmie, les vices dartreux, scrofuleux, etc. La tache, opaque, laiteuse quand elle est récente, devient, avec le temps, crayeuse et nacrée; elle est peu douloureuse. L'albugo est d'autant plus difficile à guérir qu'elle est plus ancienne et que le malade est plus âgé. On emploie à cet effet un collyre composé de sucre candi en poudre fine et d'un peu de nitre, de vitriol ou d'os de sèche.

ALBUGINÉ (d'*albus*, blanc), épithète donnée en Anatomie aux membranes remarquables à la fois par leur blancheur et leur consistance; on nomme *tunique albuginée de l'œil*, la sclérotique; *humeur albuginée*, l'humeur aqueuse de l'œil; *fibre albuginée*, celle qui forme les tendons, les ligaments articulaires; cette fibre se distingue des autres par sa fermeté et son élasticité; on la nomme, selon ses diverses applications, *aponévrose, tendon. ligament*.

ALBUM, mot latin qui veut dire *blanc*. On nommait ainsi chez les Romains des tablettes blanches ou des murs blanchis avec un enduit de plâtre, sur lesquels les préteurs publiaient leurs édits, ou bien sur lesquels on affichait des documents officiels. Selon quelques auteurs, ce mot désignait seulement les caractères blancs avec lesquels on les écrivait. Par suite, on a nommé *album* le droit prétorien, pour le distinguer du droit civil, que l'on nommait *rubrica* (de couleur rouge), parce qu'on écrivait les titres des lois en rouge. — Aujourd'hui on appelle *album* un portefeuille composé de feuilles détachées sur lesquelles les personnes dont on veut conserver le souvenir, ou dont on veut posséder un autographe, écrivent leurs noms, leurs pensées, des airs notés, peignent des portraits, des fleurs ou des paysages, etc. Cette mode a été importée d'Allemagne en France au commencement de ce siècle. — C'est aussi un portefeuille de poche ou *memorandum* à l'usage des voyageurs.

ALBUMEN (mot latin qui signifie *glaire*, blanc d'œuf), partie de l'amande ou de la graine appliquée sur l'embryon, auquel il sert de nourriture quand il est jeune. L'albumen n'a pas d'organisation vasculaire. Il manque dans plusieurs graines, et sa nature varie beaucoup: il est sec et farineux dans les Graminées, coriace dans les Ombellifères, oléagineux et charnu dans les Euphorbiacées, corné dans les Rubiacées et membraneux dans les Labiées. C'est le *périsperme* de Jussieu et l'*endosperme* de Richard.

ALBUMINE (d'*albumen*, blanc d'œuf), matière visqueuse, blanchâtre, d'une saveur un peu salée, et qui constitue l'un des éléments des corps organisés (animaux et végétaux). Elle se distingue des autres substances organiques par la propriété qu'elle possède de se coaguler par la chaleur. Elle constitue presque en totalité le blanc d'œuf et le sérum du sang; on la trouve dans la matière cérébrale et nerveuse, dans l'humeur vitrée de l'œil, dans l'eau des hydropiques et dans tous les liquides séreux. Les cheveux, les ongles, les durillons de toute sorte sont formés d'albumine concrétée. Elle est également contenue dans le suc des légumes, des raves, des choux-fleurs, des asperges; quand on fait bouillir ce suc, il s'en sépare un coagulum qui est identique au blanc d'œuf. Les amandes et les noix en renferment aussi. L'albumine est une combinaison de carbone, d'hydrogène, d'azote et d'oxygène avec de petites quantités de soufre et de phosphore. — On s'en sert en médecine dans les cas d'empoisonnement par des sels minéraux (principalement de cuivre et de mercure); battue et mêlée avec l'huile, elle guérit les brûlures récentes. Dans les arts, on l'emploie pour clarifier les divers liquides, les sucres, etc., et pour coller les vins, parce qu'elle forme en se coagulant une sorte de réseau qui entraîne les substances tenues en suspension dans ces liquides. On s'en sert encore pour donner plus de blancheur et de légèreté à certaines pâtes, pour recoller la porcelaine et le verre cassés, etc.

ALCADE. *Voy.* le *Dict. univ. d'Hist. et de Géogr.*

ALCADÉES (d'*alca*, pingouin), tribu de la famille des Brachyptères, ordre des Palmipèdes de Cuvier; on en a fait une famille composée des genres *Pingouin, Guillemot, Mergule, Macareux, Cérorhynque* et *Starique*, et caractérisée par des pieds implantés très en arrière, entièrement palmés et sans pouce, des ailes courtes, peu propres au vol. — On y avait aussi, mais à tort, rapporté le *Plongeon*.

ALCAHEST, mot arbitrairement forgé par Paracelse pour désigner une liqueur propre, selon lui, à guérir toute sorte d'engorgements. — Ce nom a été donné par Van Helmont à un remède capable de ramener tous les corps de la nature à leur première vie. — L'*Alcahest de Glauber* est une liqueur épaisse que l'on obtient en faisant détoner sur des charbons ardents le nitrate de potasse, qui le transforme en sous-carbonate de potasse. — L'*Alcahest de Respour* est un mélange de potasse et d'oxyde de zinc.

ALCAÏQUE (VERS), vers grec inventé par le poëte Alcée, et adopté chez les Latins, est formé de quatre pieds et d'une césure, qui se place au milieu: le 1er pied est un spondée, rarement un ïambe; le 2e un ïambe; puis la césure, et enfin deux dactyles:

Dūlcĕ ĕt | dĕcŏ | rŭm ēst | prŏ pătrÏ | ā mŏrÏ.

— On appelle *strophe alcaïque* une strophe composée de 4 vers, dont les deux premiers sont alcaïques, comme dans ces vers d'Horace:

Omnes eodem cogimur: omnium
Versatur urna: serius, ocius
Sors exitura, et nos in æternum
Exilium impositura cymbæ.

ALCALI (de l'arabe *al-kali*, la soude), se dit en Chimie de certaines substances douées d'une saveur âcre et urineuse, caractérisées par leur causticité et par l'énergie avec laquelle elles se combinent avec les acides. Les alcalis solubles dans l'eau ramènent au bleu le tournesol rougi par les acides, verdissent le sirop de violettes, et brunissent la teinture de curcuma. Les anciens chimistes n'appliquaient le mot *alcali* qu'à trois substances : la potasse, qu'ils nommaient *alcali minéral*; la soude, *alcali végétal*; et l'ammoniaque, *alcali volatil*. La chimie moderne distingue les alcalis proprement dits, comprenant, outre les trois précédents, la lithine; et les *alcalis terreux* ou *terres alcalines*, comprenant la chaux, la baryte, la strontiane et la magnésie. A l'exception de l'ammoniaque, tous les alcalis sont des oxydes métalliques; aucun d'eux ne se rencontre dans la nature à l'état de liberté. On les appelle aussi *alcalis caustiques* pour les distinguer des *alcalis carbonatés*, combinaisons des alcalis caustiques avec l'acide carbonique, qui partagent beaucoup de propriétés avec les alcalis libres.
— Les *alcalis végétaux* de la chimie moderne, appelés aussi *bases végétales*, *alcaloïdes* ou *alcalis organiques*, sont de beaucoup plus nombreux que les alcalis fournis par le règne minéral; ils contiennent tous du carbone, de l'hydrogène et de l'azote, et la plupart d'entre eux de l'oxygène. Parmi ces alcaloïdes, les uns existent tout formés dans les organes des plantes, en combinaison avec certains acides : tels sont la quinine, la morphine, la strychnine, etc.; les autres sont le produit de réactions chimiques sur certaines substances organiques : tels sont l'aniline, la quinoléine, la toluidine, etc. Les alcalis végétaux naturels sont généralement insolubles dans l'eau, ce qui permet de les extraire des organes qui les renferment, en traitant ceux-ci par de l'acide chlorhydrique ou sulfurique affaibli, et décomposant la solution par de la chaux ou de l'ammoniaque, qui vient alors précipiter les alcaloïdes. Presque toutes les plantes vénéneuses doivent leur action à de semblables alcalis : la ciguë contient la conine; la belladone renferme l'atropine; le pied d'alouette staphisaigre, dit *herbe aux poux*, contient la delphine, etc. Ces alcalis sont devenus, pour la plupart, des remèdes précieux dont l'emploi a remplacé, dans presque tous les cas, celui des végétaux dont on les extrait.
Les alcalis minéraux étaient connus fort anciennement (*Voy.* l'art. de chacun d'eux). La découverte des alcalis végétaux ne remonte qu'à l'année 1817, époque à laquelle Sertuerner, pharmacien de Hanovre, découvrit la morphine dans l'opium. Depuis lors, la liste des alcalis végétaux s'est considérablement accrue, grâce aux recherches de MM. Pelletier et Caventou, Robiquet, Brandes, Geiger, Henry fils et Plisson. Dans ces derniers temps, Woehler, Hofmann, Gerhardt et Zinin ont fait connaître les procédés à l'aide desquels on peut produire certains alcalis végétaux au moyen des réactions chimiques.
ALCALIMÈTRE (de l'arabe *al-kali*, et du grec *métron*, mesure), instrument servant à déterminer les proportions d'alcali caustique ou carbonaté contenues dans les potasses et les soudes du commerce. Les parties alcalines étant les seules utiles au blanchisseur, au teinturier, au savonnier, etc., cette détermination indique la valeur intrinsèque de ces produits. Deux méthodes sont en usage : la première, proposée en 1801 par Descroizilles et modifiée par Gay-Lussac, est la plus expéditive : elle consiste à saturer l'alcali par de l'acide sulfurique étendu, d'un titre connu, et contenu dans une burette graduée; le point de saturation se reconnaît à l'aide d'un papier de tournesol. L'autre méthode, moins prompte, mais plus exacte, est due à MM. Frésénius et Will : on équilibre sur le

même plateau de la balance l'alcali et l'acide destiné à le saturer, contenus dans deux ballons contigus, et, après les avoir mêlés, on fait une nouvelle pesée; la différence de poids sur la première pesée indique l'acide carbonique dégagé. Ces deux méthodes sont décrites avec beaucoup de détails dans le *Précis d'analyse* de M. Frésénius.
ALCALIN, ALCALINITÉ, se disent, en Chimie, de la propriété que possèdent certains corps solubles dans l'eau de ramener au bleu le tournesol rougi par les acides : on dit *réaction alcaline*, par opposition à *réaction acide*. Les *sulfures alcalins* sont les sulfures formés de soufre et de quelqu'un des métaux qui produisent avec l'oxygène les alcalis ou *oxydes alcalins* (potassium, sodium, calcium, baryum). On appelle *sels alcalins* les sels à base d'alcali, surtout ceux qui renferment un excès de cette base.
ALCALOÏDE (c'est-à-dire *semblable à l'alcali*), synonyme d'*alcali végétal*. *Voy.* ALCALI.
ALCANNA, plante plus connue sous le nom de HENNÉ. *Voy.* ce mot.
ALCARAZAS, ou mieux ALCARRAZA, mot arabe qui désigne un vase poreux en forme de bouteille, dont on se sert dans les pays chauds, surtout en Espagne, pour rafraîchir l'eau. Ces vases étant, par leur porosité, légèrement perméables, la vaporisation qui a lieu à leur surface leur enlève assez de calorique pour refroidir le liquide qu'ils contiennent. On les place à l'ombre, et on les expose à un courant d'air pour augmenter l'évaporation. Selon M. Darcet, ils sont formés d'un mélange de 5 parties de terre calcaire et de 8 parties d'argile; on y introduit aussi un peu de sel.—Ce genre de vases était connu de toute antiquité chez les Égyptiens; les Arabes l'introduisirent en Espagne. On les fabrique aussi avec succès en France : M. Fourmy, qui a le premier fabriqué de ces vases à rafraîchir, les a nommés *hydrocérames*.
ALCÉDIDÉES (d'*alcedo*, nom de l'alcyon ou du martin-pêcheur), famille d'oiseaux de l'ordre des Passereaux, formée aux dépens de celle des Syndactyles de Cuvier, est caractérisée par un bec fort allongé, droit, presque quadrangulaire; pieds à tarses très-courts, complètement syndactyles. Elle comprend les genres *Martin-pêcheur*, *Ispida* ou *Céryle*, *Céyx*, *Alcyon*, etc.
ALCÉE (du grec *alkéa*, mauve), genre de plantes de la famille des Malvacées, réuni aujourd'hui par la plupart des botanistes au genre *Althéa* ou Guimauve. L'espèce la plus remarquable est l'*Althea rosea* (*Alcée des jardins*, *Rose trémière* ou *Passerose*), qui fait l'ornement des parterres. Sa tige est élevée, droite, velue, couverte de belles fleurs dont la nuance varie du blanc au rouge jaune et au cramoisi. Elle est originaire de Syrie, d'où elle fut apportée à l'époque des croisades. Une autre espèce, venue de Chine, à fleurs blanches et pourpres panachées, est très-recherchée des amateurs.
ALCHÉMILLE ou ALCHIMILLE, genre de plantes de la famille des Rosacées; herbe vivace, aux feuilles palmées ou digitées et aux fleurs verdâtres, en corymbes ou en grappes terminales. L'*A. vulgaris*, ou *Pied-de-lion*, est très-commune dans les prés et les bois montagneux : elle possède des propriétés astringentes. Les *alchimistes* employaient dans l'opération du grand œuvre la rosée recueillie sur ses feuilles : de là son nom. L'*A. des Alpes* (*A. alpina et argentea*) est remarquable par le duvet soyeux et argenté de la lame inférieure de ses feuilles.
ALCHIMIE (de l'article arabe *al* et du mot *chimie*), science occulte qui étudiant, comme aujourd'hui la chimie, les combinaisons des corps, et cherchait à surprendre les secrets de la nature, mais dans le but chimérique d'opérer la transmutation des mé-

3

tàux en transformant les substances plus viles en métaux précieux, de faire de l'or et de composer une *panacée* ou remède universel, propre à prolonger indéfiniment la vie. L'agent tout-puissant au moyen duquel l'alchimiste devait opérer ces merveilles était appelé la *pierre philosophale;* et l'opération elle-même était le *grand œuvre.* Le mercure, l'or, l'antimoine, sont les métaux dont les alchimistes se servaient le plus. L'alchimie s'associait le plus souvent à l'astrologie et à la magie. Les Égyptiens l'appelaient l'*Art sacré*, parce que cet art n'était connu que de leurs prêtres; on l'a aussi nommé l'*art hermétique*, parce que l'invention en était attribuée à Hermès Trismégiste. Le nom d'*alchimie* est dû aux Arabes, et ne paraît pas remonter au delà du ix° siècle. Quant à la science elle-même, ses adeptes lui attribuaient la plus haute antiquité : pratiquée, selon eux, même avant le déluge, par Tubalcaïn, elle fut conservée par Cham, fils de Noé, à qui elle emprunta son nom et qui l'enseigna aux Égyptiens. Ce qui paraît vrai, c'est que ce dernier peuple eut de bonne heure, ainsi que les Chinois, des connaissances étendues en chimie, et que c'est de ses mains que cette science passa aux Grecs et aux Arabes, qui l'apportèrent en Occident. Elle régna au moyen âge; discréditée à mesure que les méthodes rationnelles firent des progrès, elle céda la place, dès le xviiᵉ siècle, à la *Chimie*, qui hérita de son nom, en conservant ce qu'elle pouvait contenir d'utile. Cependant elle compte encore quelques adeptes, dupes ou charlatans.—Après l'antique Hermès, père de l'*Art sacré*, à qui on attribue les livres dits *hermétiques*, qui paraissent avoir été fabriqués en Égypte au iiiᵉ ou iv° siècle de notre ère, on nomme parmi les plus célèbres alchimistes le Grec Zosime, écrivain du vᵉ siècle, auteur d'un livre sur l'*Art de faire de l'or*; les Arabes Geber ou Giaber (ix° siècle), Al-Farabi, Avicenne, et depuis, le moine Roger Bacon, Albert le Grand, Raymond Lulle, Nicolas Flamel, Georges Agricola, Basile Valentin, les Rose-croix, Paracelse, qui obtint une immense renommée en appliquant l'alchimie à la médecine. Au xviiiᵉ siècle même, de grands charlatans, le comte de Saint-Germain, Cagliostro, J.-J. Casanova, firent de nombreuses dupes en prétendant posséder les secrets de l'alchimie. — Quelque chimérique que cet art pût être dans son but, il reposait sur l'observation de quelques faits merveilleux, mais réels, et on lui doit d'importantes découvertes. Lenglet Dufresnoy a donné une *Histoire de la philosophie hermétique*, 1742, 3 vol. in-12; et Schmieder une *Histoire de l'alchimie*, Halle, 1832.

ALCOOL (de l'arabe *al-cahol*, corps très-subtil), dit aussi *hydrate d'oxyde d'éthyle, esprit-de-vin, eau-de-vie, trois-six;* liquide incolore, très-volatil et très-combustible, composé de carbone, d'hydrogène et d'oxygène dans les rapports de C⁴H⁶O², et se produisant dans la fermentation des liquides sucrés. Dans l'état de pureté chimique, où le désigne plus particulièrement sous le nom d'*alcool absolu* ou d'*alcool anhydre;* mais c'est toujours à l'état de mélange avec une proportion d'eau plus ou moins grande qu'on le trouve dans le commerce. L'alcool absolu des chimistes a une densité de 0,79 et bout à 78°. Sa saveur est âcre et brûlante; son odeur faible, mais enivrante. Il absorbe rapidement l'humidité de l'air; mêlé avec l'eau, il dégage de la chaleur; avec la neige, dans une proportion d'une partie d'alcool pris à la température de 0° et d'une demi-partie de neige, il donne un froid qui peut aller jusqu'à 37°. Il enlève l'eau même aux parties vivantes, qu'il racornit, ce qui le rend très-propre à la conservation des préparations anatomiques; c'est encore par la même raison qu'il détermine la mort quand on l'injecte dans

les veines. Il dissout fort bien les résines, les essences, les matières grasses; il se combine avec les acides, et produit ce que les chimistes appellent des *éthers*. — On obtient l'alcool absolu en distillant l'alcool du commerce avec des substances très-avides d'eau, telles que la chaux vive ou le carbonate de potasse. L'alcool du commerce s'obtient en soumettant à la distillation les liquides sucrés qui ont éprouvé la fermentation spiritueuse. Cette opération se pratique en grand sur les vins, et sur des liqueurs préparées avec la pomme de terre, la betterave, ou avec certaines céréales (*Voy.* EAU-DE-VIE). — L'alcool est, après l'eau, le dissolvant le plus général. Les chimistes l'emploient très-fréquemment dans leurs travaux d'analyse; les pharmaciens le font servir à la préparation des *teintures* et des *alcoolats*. On l'utilise dans les arts à la fabrication des vernis siccatifs; les parfumeurs en consomment aussi beaucoup pour composer une foule de liqueurs aromatiques, qu'ils désignent sous les noms d'*esprits d'odeur*, d'*extraits d'odeur*, d'*eaux de senteur*, d'*eaux spiritueuses*. Étendu d'eau et pris en petite quantité, l'alcool excite les forces momentanément, tandis qu'à plus haute dose il les détruit, et produit l'ivresse. L'usage trop fréquent de l'alcool à l'état d'eau-de-vie devient presque toujours une source d'irritations chroniques et de lésions organiques des plus graves. L'alcool se répand promptement dans tous les organes, qui en restent imprégnés : quelques médecins attribuent à cette imprégnation générale de l'économie les combustions spontanées, qu'on observe surtout chez ceux qui abusent des liqueurs fortes.

Dans le commerce, on rencontre l'alcool à divers états de concentration. Pour déterminer exactement son degré de force, on se sert d'instruments appelés *aréomètres* et *alcoomètres* (*Voy.* ces mots). — Le commerce a adopté des noms particuliers pour distinguer les différents degrés de spirituosité de l'alcool. Les premiers produits de la distillation, marquant depuis 16° jusqu'à 20° de l'aréomètre de Cartier, portent le nom d'*eau-de-vie*. On appelle particulièrement *preuve de Hollande* ou *eau-de-vie ordinaire* celle qui marque 19°, et *eau-de-vie forte* celle qui a de 21 à 22°. Au delà de ce degré, les produits alcooliques prennent le nom d'*esprits*, et le plus ou moins d'eau qu'ils contiennent s'exprime par des nombres qu'on indique sous la forme de fractions. Ces nombres font connaître la quantité d'eau qu'il faut ajouter à chaque partie d'esprit pour le ramener à l'état d'eau-de-vie ordinaire ou à 19°. Ainsi on nomme *esprit trois-cinq* de l'alcool à 29° 1/2, parce qu'en prenant 3 volumes de ce liquide, et y ajoutant 2 volumes d'eau, on obtient 5 volumes d'eau-de-vie à 19°; on appelle *esprit trois-six* de l'alcool à 33°, dont 3 volumes mêlés à 3 volumes d'eau produisent 6 volumes d'eau-de-vie à 19°, etc.

Voici les titres et les noms vulgaires des différents alcools du commerce :

	Aréomètre de Cartier.	Alcoomètre de Gay-Lussac.	Densité.
Eau-de-vie faible........	16°	37°9	0,957
Id.................	17°	42°5	0,949
Id.................	18°	46°5	0,943
Eau-de-vie ordinaire....	19°	50°1	0,936
Id.................	20°	53°4	0,930
Eau-de-vie forte.......	21°	56°5	0,924
Id.................	22°	59°2	0,918
Esprit trois-cinq........	29°5	78°0	0,869
Esprit trois-six........	33°	85°1	0,851
Esprit trois-sept........	35°	88°5	0,840
Esprit rectifié.........	36°	90°2	0,835
Esprit trois-huit........	37°5	92°5	0,826
Alcool à 40°..........	40°	95°9	0,814
Alcool absolu..........	44°19	100°0	0,794

C'est probablement aux Arabes qu'on doit l'art d'extraire l'alcool du vin et des autres liqueurs fermentées. Arnaud de Villeneuve, savant du XIIIᵉ siècle, à qui on fait quelquefois honneur de cette découverte, ne fit que propager l'usage de l'alcool en médecine. Ce que Raymond Lulle et ses successeurs appelaient *quinta essentia*, d'où l'on a formé *quintessence*, et dont ils faisaient la base de leurs travaux alchimiques, n'était autre chose que de l'esprit-de-vin rectifié au moyen de la chaleur du fumier. Au XVᵉ siècle, l'esprit-de-vin n'était encore qu'un médicament et ne se trouvait que dans l'officine des pharmaciens ; mais, avant la fin du XVIᵉ siècle, il servait déjà comme boisson dans presque tous les pays de l'Europe.

ALCOOLAT, alcool qui a été chargé, au moyen de la distillation, des parties aromatiques de certains végétaux : ce nom a remplacé celui d'*esprit*. On peut citer l'*A. vulnéraire*, l'*A. de cochléaria*, l'*eau de Cologne*, le *baume de Fioraventi*. Les alcoolats sont *simples* ou *composés* : simples, quand il n'entre qu'une seule substance dans leur préparation ; composés, quand on a distillé l'alcool sur plusieurs substances.

ALCOOLATE, combinaison d'alcool avec un sel.

ALCOOMÈTRE (c.-à-d. *mesure de l'alcool*), espèce d'aréomètre servant à indiquer la quantité d'alcool contenue dans les esprits-de-vin du commerce ; il a été construit par Gay-Lussac en 1824. Il marque 0° dans l'eau et 100° dans l'alcool absolu ; il indique immédiatement la quantité d'alcool réel qui existe dans un esprit : ainsi l'esprit qui marque 60° contient 60 pour 100 d'alcool pur. Comme les variations de température augmentent ou diminuent le volume des liquides, et par suite leur densité, les indications de l'alcoomètre ne sont exactes qu'autant qu'elles sont prises à la température à laquelle l'instrument a été gradué, c'est-à-dire à 15 degrés ; mais M. Gay-Lussac a construit des tables où les corrections à faire sont indiquées. MM. Lerebours et Secretan ont construit un *thermomètre alcoométrique*. — Pour reconnaître la proportion d'alcool contenue dans les vins, on en distille une portion ; on note le volume de l'alcool faible obtenu, et l'on détermine le degré à l'aide de l'alcoomètre. Descroizilles a imaginé pour ces essais un petit alambic, perfectionné depuis par M. Gay-Lussac et par M. Dunal de Montpellier.

ALCORAN, livre sacré des Musulmans. *Voy.* le *Dict. univ. d'Hist. et de Géogr.*

ALCYON, nom que les Grecs donnaient à un oiseau qui faisait son nid sur le bord de la mer ou, à ce qu'ils croyaient, sur la mer elle-même. On ne sait pas bien quel était cet oiseau : les uns le retrouvent dans le martin-pêcheur ; les autres dans le pétrel des tempêtes ou dans l'hirondelle salangane dont les Chinois recherchent les nids comme mets délicat. Selon la Fable, Alcyone, femme de Céyx, roi de Trachine, s'étant précipitée dans la mer en apprenant la mort de son époux, avait été changée en *alcyon*. Cet oiseau était consacré à Thétis. Il était le symbole de la paix et de la tranquillité, parce qu'il ne peut faire son nid sur la mer que quand ses eaux sont calmes. On donnait le nom de *jours alcyoniens* aux quinze jours de l'année pendant lesquels l'alcyon était supposé faire son nid et couver ses œufs à la faveur du calme de la mer (c'étaient le jour du solstice d'hiver, les sept qui le précèdent et les sept qui le suivent).

Quelques ornithologistes donnent le nom d'*alcyon* ou *alcyone* au martin-pêcheur, oiseau de mer et des marécages, et en font le type d'un genre qui comprend plusieurs espèces : *A. tétradactyle sans huppe*, *A. tétradactyle huppé*, et *A. tridactyle*.

ALCYON, genre de Polypes nus, de la famille des Alcyoniens, couronnés à leur extrémité de tentacules ou filets en nombre variable. Ils sont tantôt en forme d'arbustes, tantôt semblables à des champignons, d'autres fois ils forment sur la surface des corps une croûte assez épaisse. Ils ont de belles couleurs que la lumière leur fait perdre. Les cendres d'alcyons brûlés étaient jadis employées comme dentifrices. On leur attribuait aussi la propriété de faire pousser les cheveux et la barbe. — Ce genre donne son nom à l'ordre des *Alcyonées* ou *Alcyoniens* de Lamouroux, qui renferme, outre l'*Alcyon* proprement dit, l'*Alcyonelle*, l'*Ammothée*, la *Lobulaire*, etc.

ALCYONÉES, ALCYONELLE. *Voy.* ALCYON.

ALDEBARAN (en arabe, *qui brille*), étoile de première grandeur, placée dans l'*œil du Taureau*.

ALDÉE, nom que les Hindous donnent à leurs villages, principalement sur la côte de Coromandel ; ce nom vient des Arabes.

ALDÉHYDE (par contraction des mots *alcool déshydrogéné*), dit aussi *éther oxygéné;* liquide incolore, extrêmement volatil, composé de carbone, d'hydrogène et d'oxygène dans les rapports de $C^4H^4O^2$, et résultant de l'action de l'oxygène sur l'alcool. Il se forme dans un grand nombre de circonstances, lorsque l'alcool est mis en contact avec des corps oxygénants; il se produit, entre autres, dans la préparation du vinaigre, quand l'accès de l'air à l'alcool n'est pas assez complet pour la transformation de ce liquide en acide acétique Il a été découvert par M. Liebig en 1835.

ALE (mot anglais qu'on prononce *éle*), espèce de bière anglaise, blonde, transparente et sans amertume, parce qu'on la fabrique sans houblon. Elle est le produit de la fermentation de la drèche qu'on a fait infuser dans de l'eau bouillante. On en fait de deux sortes : l'*ale légère*, rafraîchissante ; l'*ale de garde*, boisson nourrissante et tonique, mais qui enivre vite, parce qu'elle contient une assez grande quantité d'alcool. On estime l'*ale d'Écosse*. On fabrique aussi de l'*ale* en France.

ALECTORS (du grec *alector*, coq), nom donné par quelques auteurs à un genre de Gallinacés d'Amérique, intermédiaires entre les dindons et les faisans ; ils ont la queue large et arrondie, composée de douze plumes grandes et roides, et manquent d'éperons aux jambes. Ces oiseaux vivent dans les bois, se nourrissant de bourgeons et de fruits; ils sont très-sociables, et se réduisent facilement en domesticité.

ALEMBROTH (mot chaldéen qui signifie *le chef-d'œuvre de l'art*). Les alchimistes nommaient ainsi le produit de la sublimation du deutochlorure de mercure (sublimé corrosif) et du sel ammoniac; ils le nommaient aussi *sel de sagesse*. Ce produit jouit de propriétés stimulantes; il a été abandonné par la médecine moderne.

ALÈNE, poinçon droit ou courbe destiné à percer le cuir, dont les cordonniers et les bourreliers font un continuel usage : ils s'en servent pour percer deux morceaux de cuir qui doivent être cousus ensemble. L'alène est en acier, et se fabrique à la forge ou à la lime. Le fabricant d'alènes est dit *alénier*. — On nomme *alène*, dans le midi de la France, la raie à museau aigu, dite *raie oxyrhinque*.

ALÉNOIS (CRESSON). *Voy.* CRESSON.

ALÉPINE, étoffe dont la chaîne est en soie et la trame en laine. Cette étoffe, originaire d'*Alep*, se fabrique aujourd'hui avec succès en France, notamment à Amiens. — On nomme Galles *alépines* des noix de galle qui viennent d'Alep.

ALÉRIONS (d'*aquilario*, diminutif d'*aquila*), nom donné autrefois à de petites aigles sans bec ni jambes que l'on mettait dans les armoiries et qui avaient les ailes étendues. Lorsqu'il y avait plus de trois aigles dans un écu, ou que le nombre des aigles étant de trois seulement, ces oiseaux étaient accompagnés d'autres pièces héraldiques, on les nommait *aiglettes* ou *alérions*. La maison de Lorraine portait d'*or à la bande de gueules, chargée de trois alérions d'argent.* La maison de Montmorency portait 16 alérions en mémoire d'autant de drapeaux pris sur l'ennemi.

ALÉSOIR (de *lès*, bords, côtés), instrument ou machine dont on se sert pour terminer les surfaces cylindriques concaves, par exemple pour agrandir, arrondir et polir la surface intérieure d'un corps de pompe, d'une machine à vapeur, le canon d'une bouche à feu, d'un fusil, etc. L'objet à aléser étant fixé dans un étau, l'*alésoir* effectue son travail en tournant sur lui-même, et en avançant dans le sens de son axe; par ce double mouvement, il coupe, refoule ou use la matière, jusqu'à ce que le calibre du trou sur lequel il opère soit du même calibre que lui. L'*alésage* dans le fer, l'acier, le cuivre rouge, l'étain, le plomb, etc., se fait à l'huile ou à l'eau. Il se fait à sec dans la fonte de fer. On le facilite dans le cuivre jaune en mettant de la cire. L'invention de l'alésoir ne paraît pas remonter au delà du dernier siècle.

ALEXANDRIN (VERS), vers français de six pieds. *Voy.* VERS.

ALEXIPHARMAQUES (du grec *alexéin*, repousser, et *pharmacon*, drogue, poison), remèdes propres à prévenir ou à détruire les mauvais effets des poisons. On rangeait dans cette classe les racines d'angélique, d'aunée, de gingembre, les feuilles de menthe, de thym; les fleurs de sureau, d'œillet; l'écorce d'orange, de cannelle, etc. C'étaient, en général, des remèdes toniques, excitants, sudorifiques. On ne s'en sert guère aujourd'hui.

ALEZAN (de l'arabe *alhezan*), poil de cheval tirant sur le roux. Ce poil a plusieurs nuances qu'on désigne sous le nom d'*alezan clair, alezan poil de vache, alezan bai, alezan vif, alezan obscur, alezan brûlé.* Les chevaux dont le poil a cette dernière nuance passent pour être très-vigoureux.

ALFÉNIDE, nouvelle composition métallique découverte en 1850 par MM. Ch. et M. Halphen, et qui imite parfaitement l'argent. On en fait des couverts de table et autres pièces d'argenterie. Cette composition paraît n'être que du maillechort argenté, et contient : cuivre, 591; zinc, 302; nickel, 97; fer, 10.

ALGALIE (mot d'origine arabe), sonde creuse qu'on introduit dans la vessie pour faire évacuer l'urine. On les fait, selon le besoin, en argent, en platine, en gomme élastique, ou bien encore en tissu de soie enduit d'huile de lin. *Voy.* SONDE.

ALGAROT, poudre inventée par Victor Algarotti, médecin de Vérone. C'est un oxychlorure d'antimoine qu'on obtient en traitant le chlorure d'antimoine par l'eau distillée. On employait autrefois cette poudre comme purgative et émétique, et on lui donnait le beau nom de *mercure de vie*; aujourd'hui elle est presque entièrement abandonnée.

ALGÈBRE (de l'arabe *al-djaber*, science des restitutions). C'est la science des nombres considérés dans leurs rapports généraux, ou l'arithmétique généralisée. Les nombres, comme tous les objets des connaissances humaines, peuvent être considérés en particulier et en général; de là deux branches de la science des nombres : l'*arithmétique*, qui a pour objet les faits, et l'*algèbre*, qui traite des lois. En disant, par exemple, que 5 multiplié par 4 donne le même produit que 4 multiplié par 5, on énonce un fait d'arithmétique; mais si l'on établit d'une manière générale que le produit de deux nombres quelconques est le même dans quelque ordre qu'on les multiplie, on formule une proposition d'algèbre, une loi des nombres. — L'algèbre représente les nombres par des lettres, et considère les propriétés qu'ils possèdent indépendamment de toutes valeurs déterminées; les lettres qu'elle emploie sont prises arbitrairement : toutefois, on désigne ordinairement les quantités connues par les premières lettres de l'alphabet, *a, b, c, d*, etc., et l'on réserve les trois dernières, *x, y, z*, pour désigner les inconnues; *n* exprime un nombre quelconque. — Outre les lettres, l'algèbre se sert encore, pour abréger le calcul, de certains signes particuliers dont les principaux sont : le signe de l'addition, $+$, *plus*: $a + b$; le signe de la soustraction, $-$, *moins*: $a - b$; le signe de la multiplication, $\times$, *qui multiplie*: $a \times b$, ou $a.b$; ou même ab; le signe de la division, $\frac{a}{b}$, *qui divise*: $\frac{a}{b}$ ou $a : b$; le signe de l'égalité, $=$, *égal à*: $a = b$; les signes de supériorité ou d'infériorité, $>$, *plus grand*: $a > b$, et $<$, *plus petit*: $a < b$; le *coefficient*, chiffre qui s'écrit à la gauche d'une lettre pour exprimer que la quantité qu'elle représente doit être répétée plusieurs fois : ainsi, au lieu d'écrire, $a + a + a$, on écrit $3a$; l'*exposant*, nombre placé à droite et un peu au-dessus d'une lettre, et qui indique sa *puissance*, c'est-à-dire combien de fois la quantité exprimée par cette lettre doit être multipliée par elle-même, ou combien de fois moins un elle doit être prise comme facteur : ainsi, a^3 est pour $a \times a \times a$; enfin, pour désigner qu'on prend la *racine* d'un nombre, c'est-à-dire qu'on descend de la puissance au nombre dont elle provient, on emploie le signe $\sqrt{}$, appelé *radical*, et en mettant entre branches un chiffre qui marque le degré de la racine à extraire : ainsi $\sqrt[3]{a}$ veut dire racine 3e ou cubique de *a*.

Les opérations de l'algèbre sont les mêmes que celles de l'arithmétique : addition, soustraction, multiplication, division, élévation aux puissances, extraction des racines; mais comme en algèbre on désigne les valeurs numériques par les lettres, chaque problème y conduit à une solution exprimée par ces lettres entremêlées de signes : c'est ce qui constitue une *formule algébrique*, sorte de tableau des opérations à exécuter pour obtenir la réponse au problème. On exprime à l'aide de deux formules disposées en *équations* (*Voy.* ce mot), les relations qui existent entre des quantités différentes.

L'origine de l'algèbre ne peut être déterminée avec exactitude, et bien qu'il en existe des traces dans les écrits des plus anciens mathématiciens, ce n'est proprement que depuis Diophante, auteur grec d'Alexandrie au ive siècle, qu'elle a formé une science vraiment distincte de l'arithmétique. On ignore par qui les Arabes connurent l'algèbre : les uns supposent qu'ils la tenaient des Grecs; d'autres qu'ils en doivent la connaissance aux Indiens. Toujours est-il que l'algèbre et son nom ont été transmis à l'Europe, et particulièrement à l'Espagne par les Arabes, vers l'an 1100. L'Italie paraît avoir cultivé cette science, après son introduction en Europe, avant toutes les autres nations : Lucas de Burgo (Lucas Pacilus) publia plusieurs traités d'algèbre vers la fin du xve siècle. Après lui, Jérôme Cardan, professeur à Milan, se rendit célèbre, au milieu du xvie siècle, par la publication de son *Arte magna*, contenant la résolution des équations du troisième degré, résolution qui lui avait été révélée en partie par Nicolas Tartaglia; celle des équations du quatrième degré est due à Scipion Ferrari, élève de Cardan. A la même époque, la science algébrique fut cultivée avec ardeur en Allemagne, en Angleterre et en France; c'est surtout depuis Viète, savant français du xvie siècle, que l'algèbre a changé de face. Sortant enfin des considérations individuelles, cet illustre mathématicien envisagea les nombres d'une manière beaucoup plus générale, et établit l'usage des lettres pour représenter toutes les quantités connues ou inconnues; ce qui fit donner à son algèbre le nom de *spécieuse*, parce que tout y est représenté par des symboles; Viète s'éleva jusqu'à la résolution générale des équations de tous les degrés. Après lui, Albert Gérard en Flandre et Harriot en Angleterre s'illustrèrent par d'importantes découvertes. Au XVIIe et au XVIIIe siècle, beaucoup de mathématiciens enrichirent le domaine de l'algèbre : Descartes découvrit l'application de l'algèbre à la géométrie; Leibnitz et Newton se disputèrent la découverte du calcul différentiel; Lambert publia de profondes recherches sur les diviseurs des nombres et sur les fonctions continues; Lagrange perfectionna les méthodes d'approximation; Laplace féconda la science des nombres dans sa *Analyse des probabilités*; enfin, Euler étendit la théorie des suites, créa le calcul algébrique des fonctions circulaires, traita entièrement la mécanique par l'algèbre, et perfectionna considérablement le calcul différentiel et le calcul intégral. Plusieurs autres noms illustres, tels que Fermat, Bernouilli, Moivre, Wallis, Stirling, Maupertuis, d'Alembert, etc., perfectionnèrent encore, dans ces deux siècles, toutes les branches de l'algèbre. Deux femmes, Maria Agnesi au XVIIIe siècle et Sophie Germain de nos jours, doivent aussi être comptées parmi les plus habiles algébristes. L'algèbre d'Euler avec des notes de Lagrange, celles de Lacroix, de Bourdon, de MM. Mayer et Choquet, sont les traités classiques les plus complets et les plus estimés sur cette matière.

ALGORITHME, mot arabe dont plusieurs auteurs, surtout les Espagnols, se sont servis, après les Arabes, pour signifier la science des nombres et notamment la pratique de l'algèbre.— Il se prend aussi pour désigner la méthode et la notation de toute espèce de calcul; c'est dans ce sens qu'on dit l'*algorithme* du calcul intégral, l'*algorithme* du calcul exponentiel, l'*algorithme* du calcul des sinus, etc.

ALGUES, *Algæ*, plantes agames, de texture cellulaire ou filamenteuse, dépourvues de vaisseaux, et ordinairement aquatiques, susceptibles de se reproduire soit par gemmes, soit par sporules ou séminules répandues sur leur surface. Jussieu en avait fait la première famille de sa classe *Acotylédonie*, et les divisait en *Conferves*, qui habitent les eaux douces, et *Fucus* ou *Varechs*, qui habitent les eaux salées. Lamouroux les partagea en *Hydrophytes* ou algues d'eau douce, et *Thalassiophytes*, qui vivent dans les eaux salées. Aujourd'hui, on les partage communément en trois sections comprenant chacune un certain nombre de tribus : les *Zoospermées* (*Zoosporées* et *Sysporées* de M. Decaisne), les *Floridées* ou *Choristosporées*, et les *Phycoïdées* ou *Haplosporées* (*Voy.* ces mots). Les algues sont généralement recueillies comme engrais. Les paysans rassemblent en monceaux celles que la mer apporte sur le rivage, et les répandent sur le sol, ou les font sécher pour les brûler et pour extraire de leurs cendres la soude et l'iode qu'elles contiennent. Quelques algues sont alimentaires, comme l'*ulve étendue* et le *varech comestible* en Écosse, la *durvillée utile* au Chili, la *laitue de mer*, l'*ulve ombiliquée* et les *gélidies* que les hirondelles salanganes emploient à la confection de leurs nids. D'autres enfin, comme la *mousse de Corse*, les *varechs*, sont d'un fréquent usage en médecine, principalement comme vermifuges.

ALIBI (mot latin qui signifie *ailleurs*). Ce mot exprime qu'une personne était dans un lieu autre que celui où on la supposait être en même temps. L'*alibi* est invoqué en justice comme moyen de défense, et consiste à prouver que l'accusé se trouvait, par son éloignement du lieu où a été commis l'acte incriminé, dans l'impossibilité d'y prendre part.

ALIBOUFIER, *Styrax*, arbrisseau originaire du Levant, acclimaté dans le midi de la France et en Italie, appartenant à la famille des Diospyrées. L'*Aliboufier officinal* fournit, par une incision faite à son tronc et à ses rameaux, une gomme aromatique nommée *storax*. Les aliboufiers forment dans les jardins d'agréables buissons. Leurs fleurs, blanches et semblables à celles des orangers, leurs feuilles, qui sont d'un beau vert, font un bel effet.

ALIDADE (de l'arabe *al-hidad*, règle), règle mobile de bois ou de métal, portant perpendiculairement à chaque extrémité une pinnule ou plaque percée d'une fente dans son milieu. On s'en sert pour viser les objets et déterminer leur direction, lorsqu'on lève les plans à l'aide de l'instrument nommé *planchette* (*Voy.* ce mot). On remplace avec avantage les pinnules de l'alidade par une lunette qui permet à la vue de s'étendre plus loin et de mieux ajuster les signaux. — On appelle encore *alidade* la règle mobile qui, partant du centre d'un cercle divisé en degrés, peut en parcourir tout le limbe pour mesurer les angles.

ALIÉNATION (d'*alienum facere*, rendre autre ou étranger), transport qu'une personne fait à une autre d'une propriété soit mobilière, soit immobilière : donner, vendre, échanger, c'est aliéner. On distingue l'*A. à titre gratuit*, comme une donation, un legs, et l'*A. à titre onéreux*, comme une vente, un échange, un prêt de consommation. L'aliénation n'est pas permise par la loi française : 1o aux propriétaires incapables, c'est-à-dire aux interdits et aux mineurs qui n'ont point réclamé l'entremise de leurs tuteurs autorisés, aux femmes mariées qui n'ont point reçu l'autorisation de leur mari ou celle de la justice; 2o aux propriétaires grevés de substitution et aux gens de main-morte. Les biens de mineur, les biens propres à la femme mariée ne peuvent être aliénés qu'à certaines conditions. En outre, il y a des choses qui de leur nature ne peuvent être aliénées : telles sont, dans les monarchies, les domaines de la couronne, les majorats, les terres substituées.

ALIÉNATION MENTALE, terme général sous lequel on réunit les diverses maladies mentales (*Voy.* FOLIE, DÉMENCE, MONOMANIE). — En Droit, l'aliénation mentale est une cause d'interdiction.

ALIÉNÉS. Ces malheureux, si longtemps abandonnés sans secours ou traités avec barbarie comme des animaux malfaisants, ont, depuis le commencement de ce siècle, attiré l'attention de médecins philanthropes et du gouvernement. MM. Pinel et Esquirol donnèrent l'exemple de substituer aux traitements violents dont ils étaient l'objet, des mesures de douceur, et firent tomber les chaînes dont le plus souvent ils étaient chargés. L'État, par diverses mesures, adoucit leur sort en France : la loi du 30 juin 1838 leur ouvrit de nombreux asiles en faisant une obligation à chaque département d'entretenir un établissement public destiné à les recevoir et à les soigner. Ces mesures ont déjà produit les meilleurs effets.

ALIGNEMENT (de *ligne*), tracé que fait l'autorité administrative pour fixer la largeur de la voie publique et la ligne sur laquelle doivent être construits les bâtiments qui bordent les rues et les routes. Pendant longtemps, les maisons ont été construites sans règle et sans plan; les premiers actes de l'autorité en France pour régulariser les constructions remontent à Henri IV, qui rendit un édit sur ce sujet en 1607. Un décret impérial du 16 septembre 1807 résuma et coordonna toutes les dispositions antérieures; c'est depuis cette époque que la plupart des villes de France, Paris surtout, se sont transformées. Par application de ce décret, l'administration trace des plans, fixe des tracés et des hauteurs auxquels chacun est tenu de se conformer : une *Commission d'alignements* est instituée à cet effet dans le sein des conseils municipaux des grandes villes. — On trouvera dans le *Dictionnaire d'Administration* tout ce qui concerne cette matière; l'auteur y fait connaître par qui et comment l'alignement doit être donné, quels sont les droits et les obligations des particuliers en matière d'alignement, et y traite des réclamations et des contraventions. *Voy.* VOIRIE.

ALIMENTS (d'*alere*, nourrir). Le choix des aliments est ce qui influe le plus sur la santé. Les aliments qui nourrissent le plus sous le moindre volume doivent, toutes choses égales d'ailleurs, être préférés par les sujets qui se livrent à des travaux fatigants. Les aliments considérés comme *rafraîchissants* sont ceux qui, par l'abondance de leur eau de végétation et par leur acidité plus ou moins prononcée, calment la soif et tempèrent la chaleur animale : tels sont les fruits rouges, les cerises, les groseilles, les framboises, les fraises, les oranges, les citrons, les melons, l'oseille, les salades, etc. Les aliments *excitants* ou *échauffants* sont ceux qui stimulent les tissus organiques; ils doivent en partie cette propriété à diverses substances, telles que le poivre, le sel, le girofle, le gingembre, la cannelle, le laurier, le thym, l'ail, etc. Les aliments *toniques* excitent lentement les tissus et leur communiquent une force durable : tels sont principalement le pain, les grosses viandes et le gibier; ce sont, en général, ceux qui contiennent le plus de *fibrine*, comme la chair musculaire du bœuf, du mouton, etc.; de *gélatine*, comme les os, les membranes, la chair musculaire des jeunes animaux; d'*albumine* (cerveau, foie, œufs, huîtres, etc.), d'*osmazôme* (bouillon et viandes rôties), de *gluten* (pain et fécules); enfin, les aliments *mixtes* (poissons), formés de proportions à peu près égales de fibrine, de gélatine et d'albumine. Malgré leur extrême variété, tous les aliments se composent chimiquement des mêmes éléments : oxygène, hydrogène, azote et carbone. Leur vertu nutritive est en proportion de leur azote. On doit au Dr Gautier un *Tr. des Aliments* (1829) et à M. Payen un *Tr. des Substances alimentaires* (1854).

En Jurisprudence, on nomme *aliments* ce qui est nécessaire à la nourriture, au logement et à l'entretien d'une personne; on fournit les aliments soit en nature, soit en argent, ce qui constitue une pension viagère. Le père, et après lui, la mère, puis les ascendants paternels ou maternels, doivent des aliments à leurs enfants ou descendants; les enfants, de leur côté, sont obligés de nourrir leurs parents pauvres; les époux, de s'alimenter l'un l'autre (Code civil, art. 203, 205 et suiv.); mais ces secours ne sont accordés que dans la proportion des besoins de celui qui les réclame et de la fortune de celui qui les doit (art. 208). Les aliments sont encore dus au débiteur par celui qui le fait incarcérer. — On nomme *provision alimentaire* la somme attribuée par les juges jusqu'à l'issue du procès à celle des parties qui réclame des aliments.

ALIQUANTE (du latin *aliquantus*, en quelle quantité), se dit, en Mathématiques, des parties d'un tout qui, répétées un certain nombre de fois, ne font pas ce nombre complet, mais un nombre plus grand ou plus petit : ainsi, 2 est une partie aliquante de 7; en effet, 7 est compris entre 2×3 et 2×4, ou entre 6 et 8.

ALIQUOTE (du latin *aliquotus*, combien de fois), se dit, en Mathématiques, d'une quantité qui divise une autre exactement, ou qui, répétée un certain nombre de fois, reproduit cette autre quantité : ainsi, 2, 3, 4, 6, qui divisent exactement 12, sont des parties aliquotes de ce nombre. Autrefois les parties aliquotes étaient d'un usage fréquent dans les calculs des nombres complexes; l'emploi des décimales a beaucoup simplifié ces calculs.

ALISMACEES, famille de Monocotylédones, à étamines périgyniques, formée par Richard aux dépens des Joncs de Jussieu, a pour type l'*Alisma*. Elle renferme des plantes herbacées, vivaces, à feuilles simples et croissant sur le bord des ruisseaux, des étangs et dans les terres marécageuses. Elle n'est formée que des genres *Alisma*, *Damasonium* et *Sagittaria*.

ALISÉ, ALISIER. *Voy.* ALIZÉ, etc.

ALISME, *Alisma* (mot grec qui veut dire *plantain d'eau*), genre de plantes herbacées, vivaces, type de la famille des Alismacées : calices à 6 divisions profondes, dont les 3 intérieures sont pétaloïdes et les 3 extérieures vertes et caliciformes; ordinairement 6 étamines, pistils très-nombreux, réunis en tête au centre de la fleur. Il renferme dix espèces dont une, le *plantain d'eau* ou *fluteau* (*A. plantago*, L.), croît en France sur le bord des marais et des étangs. Ses tiges sont droites, lisses, triangulaires, creuses, articulées ou nouées; ses fleurs petites, roses, et portées sur une longue tige; les feuilles radicales sont droites, ovales, engainantes. On a attribué à sa racine pulvérisée la propriété de guérir la rage, mais rien n'est moins certain.

ALIZARINE, matière colorante rouge que l'on retire de l'*Alizari* (*Rubia tinctorum*), racine sèche de la garance. Elle est mêlée dans la garance à une autre matière de couleur jaune, dont on la sépare par la macération. C'est à MM. Robiquet et Collin que l'on doit la découverte de l'Alizarine et des moyens de l'isoler (1826). *Voy.* GARANCE.

ALIZÉS (VENTS), qu'on dérive d'*alis*, vieux mot qui signifiait *uni*, *régulier*; se dit de certains vents qui, dans les mers ouvertes et au large des côtes, soufflent perpétuellement dans la même direction, et qui s'étendent des deux côtés de l'équateur jusqu'au 30e degré de latitude environ. La tendance des vents alizés est de l'E. à l'O., comme le mouvement diurne du soleil. Selon les uns, l'explication de ces vents repose sur ce fait général, que l'air froid venu des climats septentrionaux coule par le bas vers l'air chaud de l'Équateur, et que celui-ci se déverse par le haut sur le premier; selon d'autres, ils seraient l'effet de la rotation de la terre.

ALIZIER, *Cratœgus*, genre de la famille des Rosacées, tribu des Pomacées : calice à 5 dents, corolles à 5 pétales étalés et arrondis, ovaire ayant de 2 à 5 loges, styles glabres, fruit charnu, oblong, comme la poire, couronné par les dents du calice.— L'*A. blanc*, dit aussi *Allouchier* (*C. aria*), est un arbrisseau épineux assez commun sur toutes les montagnes de France. La dureté de son bois le fait rechercher par les menuisiers, les tourneurs et les luthiers; ces derniers en font des flûtes. Les fleurs sont terminales, étalées, petites, blanches et roses; les feuilles sont ovales, dentées, argentées en-dessous, l'écorce grisâtre; les fruits, dits *alizes*, sont rouges, agréables au goût et bons à manger. L'écorce et les fruits sont astringents; on les recommande contre la diarrhée. — L'*Azerolier* et l'*Aubépine* ne sont que des espèces d'alizier.

ALKÉKENGE (nom arabe), *Physalis*, genre de plantes de la famille des Solanées. La seule espèce qui soit indigène est connue sous le nom vulgaire de *Coqueret* : c'est une plante herbacée remarquable par son calice à cinq lobes, renflé pendant la maturité, et formant une sorte de vessie, d'un rouge vif, ainsi que la baie qui y est contenue. Ses baies sont employées comme diurétiques. On les a préconisées tout récemment comme un succédané du quinquina et de ses préparations contre les fièvres intermittentes, propriété que l'expérience n'a pas encore suffisamment constatée.

ALKERMÈS (de l'arabe *al*, le; et *kermès*, écarlate), liqueur de table fort agréable, mais très-excitante, tire son nom des graines de kermès qu'on emploie pour lui donner une belle couleur rouge

(*Voy.* KERMÈS). Pour la préparation de cette liqueur, ou prend : Feuilles de laurier, 500 gram. ; macis, 35 gr. ; muscade et cannelle, 64 gr. ; girofle, 8 gr. ; on fait infuser pendant six semaines dans 14 litres d'alcool faible ; on filtre et on distille pour en tirer 12 litres, en ajoutant 750 gr. de sucre et en colorant avec le kermès. Cette liqueur, recherchée en Italie, se préparait surtout à Naples, au couvent de Santa-Maria-Novella. On en faisait aussi beaucoup à Montpellier.

ALLAH, nom de *Dieu* chez les Arabes et les Mahométans, répond à ceux d'*Elohim* et *Adonaï*, chez les Juifs. L'adoration d'Allah est recommandée par le Koran comme le dogme fondamental de la religion. — Le mot *Allah* signifie par excellence l'être digne de culte, l'être adorable.

ALLAITEMENT. Il peut être pratiqué soit par la mère, soit par une nourrice, soit par un animal, soit enfin par des moyens artificiels.

L'*Allaitement maternel*, le plus naturel, est aussi le meilleur de tous, sauf de rares circonstances où il pourrait être funeste à la mère et nuisible à l'enfant. Il faut que la mère qui veut nourrir soit d'une bonne constitution, sans aucune affection héréditaire, qu'elle jouisse d'une bonne santé, qu'elle ait un lait de bonne qualité et assez abondant. Quatre ou cinq heures après la délivrance, la mère doit présenter le sein ; l'enfant y puisera le premier lait, *colostrum*, dont les propriétés légèrement laxatives sont en rapport avec le besoin qu'il a de rendre son *méconium*. — Tant que l'enfant trouve au sein de sa mère une nourriture suffisante, il n'est pas nécessaire de lui donner d'autres aliments ; il faut surtout s'abstenir de toute nourriture solide avant les premières dents. Vers le 12e ou 15e mois arrive l'époque du sevrage, qui sera d'autant plus facile que l'enfant y aura été graduellement préparé. Pour l'*Allaitement pratiqué par une nourrice*, *Voy.* NOURRICE.

Allaitement par une femelle de mammifère. Bien que le lait de jument et d'ânesse ait le plus d'analogie avec le lait de la femme, on préfère la chèvre à cause de la facilité avec laquelle elle se laisse teter. Il faut choisir une chèvre bien conformée, blanche et sans cornes. Le lait de chèvre, actif, nourrissant, convient aux enfants lymphatiques.

Allaitement artificiel. Il consiste à nourrir l'enfant avec du lait de vache ou de chèvre réchauffé au bain-marie ; on se sert à cet effet soit du verre, soit du petit pot, soit du biberon. Cet allaitement doit être rejeté toutes les fois qu'il est possible de faire autrement ; il ne donne souvent que des enfants pâles et chétifs. Dans ce mode d'allaitement, au lieu de couper le lait avec de l'eau d'orge, de gruau, ou avec du bouillon, il serait préférable, pour les premiers temps surtout, de se procurer le premier lait de chaque traite, l'analyse ayant démontré que ce lait, plus léger et moins nourrissant, ne renferme que 5 à 10 pour cent de crème, tandis que le lait qui vient à la fin de la traite en contient 12, 15 et 20 pour cent, et s'éloigne ainsi beaucoup du lait de femme.

ALLANTOIDE (du grec *allas*, *allantos*, boyau), sorte de sac membraneux, faisant partie de l'arrière-faix des mammifères, a son siége entre le chorion et l'amnios, et contient un liquide nommé *liqueur allantoïque*. L'allantoïde communique avec la vessie du fœtus au moyen d'un canal nommé *ouraque*. On croit que sa fonction est de recevoir l'urine que sécrètent les reins pendant la vie intra-utérine. — Wœhler a découvert dans la liqueur allantoïque de la vache et dans l'urine du veau un principe cristallisable qu'il a nommé *allantoïne*. Il est insipide, sans action sur les couleurs végétales et très-soluble dans l'eau. On l'obtient artificiellement par l'action du peroxyde de plomb sur l'acide urique.

ALLÉGE, (d'*alléger*), petit bâtiment dont la forme et la grandeur varient selon le besoin, et dont la fonction est d'alléger les grands navires, de porter une portion de leur charge pendant leur armement ou leur désarmement. Ce ne sont généralement que des barques dont le service se borne à parcourir un port ou une rade. Cependant on donne aussi ce nom à des navires ; celui qui ramena de Luxor l'obélisque de la place de la Concorde était une *allége* à trois mâts verticaux de 35 mètres de quille environ. — En Architecture, on nomme *Allége* un mur d'appui dans l'embrasure d'une fenêtre ; il est d'une épaisseur moindre que la fenêtre.

ALLÉGORIE (du grec *allos*, autre, et *agoreuó*, parler), fiction qui offre à l'esprit un objet de manière à lui en représenter un autre avec lequel il a des rapports. C'est aussi une figure de style, que l'on définit une métaphore continuée. De là deux sortes d'allégories : l'une qui a l'étendue d'un poëme, comme les *Moutons* de Mme Deshoulières, les *Allégories* de J.-B. Rousseau (*Minerve*, la *Vérité*, la *Morosophie*), ou d'un morceau qu'on pourrait détacher, comme les *Prières*, la *Ceinture de Vénus* d'Homère, la *Mollesse* de Boileau, l'*Envie*, dans la *Henriade* ; l'autre, qui se réduit à un rapprochement pour lequel quelques vers ou même quelques mots suffisent :

Sur les ailes du Temps la Tristesse s'envole.

Lemierre a donné à la fois l'exemple et le caractère essentiel de l'allégorie dans ce vers célèbre :

L'Allégorie habite un palais diaphane.

L'allégorie n'est pas moins familière au peintre et au sculpteur qu'au poëte. On admire l'allégorie par laquelle Prudhon a représenté le *Crime poursuivi par la Justice et le Remords.*—L'allégorie est tellement familière à l'esprit humain, que c'est à elle que l'on doit la plupart des fables du paganisme.— Beaucoup de passages de l'Écriture paraissent également ne pouvoir s'expliquer qu'en les considérant comme des allégories, comme l'ont fait S. Matthieu, S. Paul, S. Clément d'Alexandrie, Origène, S. Augustin, S. Grégoire, et beaucoup de théologiens modernes, surtout en Allemagne.

ALLEGRO (du latin *alacer*, vif, gai), mot italien qui signifie *gai, joyeux*, mais qui, en Musique, n'indique que le degré de vitesse que l'on doit donner au mouvement d'un morceau. Ce mouvement tient le milieu entre l'*andantino* et le *presto* : il admet plusieurs modifications, que rendent les expressions *allegro moderato*, *agitato*, *vivace*, *maestoso*, etc. Le premier morceau d'une symphonie, d'un quatuor, d'une pièce de musique instrumentale, est presque toujours un allegro. — L'*allegretto* est un diminutif de l'allegro, qui indique un mouvement un peu plus léger et animé.

ALLELUIA (mot hébreu signifiant *louez le Seigneur*), cri d'acclamation, chant de joie ordinaire dans les jours de solennité et d'allégresse, qui a passé de la synagogue à l'église ; se fait surtout entendre dans le temps de Pâques. On ne chante *alleluia* ni aux offices des morts ni pendant le carême. — C'est S. Augustin et S. Jérôme qui ont introduit l'*alleluia* dans l'Église latine, au temps du pape Damase.

ALLELUIA, nom vulgaire de l'*Oxalide blanche* (*Oxalis acetosella*, L.), dite aussi *Surelle* ou *Pain de coucou*. Cette plante fleurit vers Pâques : d'où son nom. Elle est fort semblable à l'oseille, et fournit le sel dit *sel d'oseille* (oxalate acidule de potasse).

ALLEU, nom de la terre libre dans le régime féodal. *Voy.* le *Dict. univ. d'Hist. et de Géogr.*

ALLIAGE, combinaison d'un métal avec d'autres métaux. Quand l'un des métaux combinés est du mercure, l'alliage porte le nom d'*amalgame*

(*Voy.* ce mot). Lorsque les métaux s'unissent entre eux, ils changent plus ou moins de propriétés : tantôt ils deviennent plus sonores, comme le cuivre allié à l'étain ; tantôt plus durs, comme l'argent ou l'or alliés au cuivre ; d'autres fois, l'alliage est plus fusible que les métaux composants, comme, par exemple, l'alliage de bismuth, plomb et étain, dit *alliage de Darcet*. La densité des alliages est ordinairement plus grande que celle des métaux constituants, les molécules se trouvant alors plus rapprochées par leur affinité qu'elles ne l'étaient par leur cohésion. Généralement, ils sont moins ductiles que leurs composants ; enfin, ils sont souvent plus oxydables. Les alliages ont été considérés longtemps comme de simples mélanges, par la raison qu'on peut mêler les métaux fusibles en proportions quelconques ; mais on a reconnu depuis que beaucoup d'alliages sont de véritables combinaisons chimiques, car ils peuvent s'obtenir sous la forme cristallisée, à l'instar des autres combinaisons. — On trouve dans la nature quelques alliages ; mais le plus souvent ils sont le produit de l'art, et s'obtiennent tous par le moyen de la chaleur. Parmi les alliages les plus utilisés dans l'industrie, il faut citer : le *bronze* (étain et cuivre) ; le *laiton* (cuivre et zinc), auquel se rattachent le *chrysocalque* et le *similor* ; la *soudure des plombiers* (plomb et étain) ; les alliages qui servent à faire les *caractères d'imprimerie* (plomb, antimoine, et quelquefois cuivre) ; ou la *poterie d'étain* (étain, antimoine et cuivre) ; et ceux qui sont connus sous le nom de *métal d'Alger* (étain, plomb, antimoine), de *métal de la reine* (étain, antimoine, plomb, bismuth), employé pour les théières anglaises ; d'*alliage de Darcet* (bismuth, étain, plomb), fusible à 90°, dont on fait les plaques fusibles ou soupapes de sûreté, et dont quelques dentistes se servent pour plomber les dents ; enfin les alliages de l'or et de l'argent avec le cuivre, qui sont usités dans la fabrication des *monnaies* et l'*orfèvrerie*.

ALLIAGE (RÈGLE D'), opération d'arithmétique qui sert à trouver : 1° le prix d'un mélange, les quantités et les prix des parties mélangées étant connus ; 2° la quotité des parties à mélanger, d'après un prix fixé d'avance pour le mélange ; et le prix connu des parties à mélanger. Voici comment on procède :

1er cas : on a mêlé 10 hectolitres de blé à 24 fr. avec 12 à 25 fr. et 7 à 30 fr. ; que vaut le mélange ?

10 hectolitres	à 24 fr. font	240 fr.
12	— à 25	—	300
7	— à 30	—	210

29 hect. coûtent ensemble 750 fr.

En divisant 750 par 29 on trouvera que l'hectolitre du mélange vaut 25 fr. 86 c.

2e cas : il s'agit de faire un mélange de blé dont l'hectolitre revienne à 27 fr. 75 c., avec des blés à 25 et 30 fr. : combien en faut-il prendre de chacun ? On commence par prendre la différence des prix donnés sur le prix du mélange, et l'on écrit ces différences en ordre inverse, de cette manière :

Prix du mélange............ 27 fr. 75 c.

Prix donnés..... { 25 fr. — différence 2,25
                   { 30 fr. — différence 2,75

Si l'on mélange 2,25 hectolitres à 25 fr. avec 2,75 hectolitres à 30 fr., le blé reviendra à 27 fr. 75 c., ainsi qu'on peut s'en assurer par le calcul :

2,25 hectolitres	à 25 fr. font	56 fr. 25 c.
2,75	— à 30	—	82	50

5,00 hect. coûtent ensemble 138 fr. 75 c.

Donc 1 hectolitre coûte 138 fr. 75 c. divisés par 5, c'est-à-dire 27 fr. 75 c.

Il est évident que les problèmes de cette seconde espèce ont une multitude infinie de solutions. Dans notre exemple, si l'on double les résultats, on a 4 1/2 et 5 1/2 hectolitres, qui conviennent aussi bien que 2,25 et 2,75 ; on pourrait de même tripler, quadrupler, décupler, et, en général, multiplier ces deux nombres par telle quantité qu'on jugerait à propos, soit entière, soit fractionnaire. L'arithmétique ne fournit, pour ces sortes de questions, que des méthodes de tâtonnement : leur solution générale ne peut s'obtenir que par l'algèbre.

ALLIANCE (du latin *alligare*, lier), se dit particulièrement, en Droit, de l'union de l'homme et de la femme par mariage (*Voy.* MARIAGE et AFFINITÉ), et, en Politique, de l'union de deux ou plusieurs États qui se rapprochent dans le but de se défendre ou d'attaquer un ennemi commun ; de là *alliance défensive* et *alliance offensive* (Pour les alliances les plus célèbres dans l'histoire, *Voy.* le *Dict. univ. d'Hist. et de Géogr.*, au mot ALLIANCE).

En Théologie, on nomme *alliance* l'union du Seigneur avec l'homme, et l'on distingue : *Ancienne alliance*, celle que Dieu contracta avec Abraham et ses descendants, et qu'il confirma par la loi de Moïse ; *Nouvelle alliance*, celle dont Jésus-Christ a été le médiateur et qu'il a scellée de son sang. Indépendamment de ces deux alliances solennelles, on cite encore dans les livres sacrés celle que Dieu fit avec Adam avant et après le péché originel ; celles qu'il fit avec Noé, et dont l'arc-en-ciel fut le signe ; celle qu'il fit avec Moïse, et dont le gage furent les tables de la loi, conservées depuis dans l'*arche d'alliance*. L'alliance de Dieu avec Adam a reçu le nom de *loi de nature* ; l'alliance avec Moïse, celui de *loi de rigueur* ; l'alliance avec Jésus-Christ celui de la *loi de grâce*.

ALLIÉ, se dit, en Droit, de celui qui est joint à un autre par un lien d'affinité. Pour les effets civils de ce lien, *Voy.* AFFINITÉ.

ALLIGATOR ou CAÏMAN, une des trois grandes divisions du genre Crocodile, renferme plusieurs espèces particulières aux grands fleuves de l'Amérique du Sud : ils ont le museau large et obtus, les dents très-inégales et dirigées en dedans, à la mâchoire inférieure, les pieds à demi palmés ; ils atteignent une longueur de 4 à 6 mètres. Leur couleur est d'un brun verdâtre en dessus avec des bandes transversales irrégulières et blanchâtres en dessous : ce sont les moins aquatiques des crocodiles. L'alligator marche assez vite en droite ligne, ne tourne qu'avec peine, mais nage avec une effrayante rapidité ; il a pour ennemis le jaguar, le tigre et surtout le marsouin. Les indigènes mangent la chair de cet animal malgré la forte odeur de musc qui lui est propre ; les nègres se servent de sa graisse contre les rhumatismes ; ils tannent sa peau, qui donne un assez bon cuir. On voit de temps à autre des alligators en Europe dans les ménageries ambulantes des bateleurs. — Cuvier dérive le nom d'*alligator* du portugais *lagarto*, corruption du latin *lacerta*, lézard ; d'autres le font venir de *legator*, nom vulgaire du crocodile dans la presqu'île de Gange. Il peut venir tout simplement du latin *alligare*, lier, enlacer, parce qu'on attribuait à ces animaux (quoique à tort) l'art d'attirer et de tromper les passants en imitant la voix d'un enfant qui pousse des cris plaintifs. — Les naturalistes comptent 5 espèces d'alligators : l'*A. à paupières osseuses* ; l'*A. à museau de brochet*, l'*A. à lunettes*, l'*A. cynocéphale*, et l'*A. à points noirs*. *Voy.* CROCODILE.

ALLITÉRATION (de *littera*, lettre), répétition des mêmes lettres, surtout des mêmes consonnes. Elle produit quelquefois d'heureux effets d'harmonie imitative, comme dans ces vers célèbres :

Pour qui sont ces serpents qui sifflent sur vos têtes ?
Sa croupe se recourbe en replis tortueux.

Elle sert encore à aider la mémoire, comme dans quelques proverbes : « Qui terre *a*, guerre *a*. Qui refuse, !muse. » Mais elle devient un défaut lorsqu'elle ne peint rien, et n'est que l'effet de la négligence du poëte, comme dans ce vers de Voltaire :

Non, il n'est rien que Nanine n'honore.

Souvent l'allitération n'est qu'un jeu puéril qui n'a d'autre mérite que celui de la difficulté vaincue, comme dans ces poëmes dont tous les mots commençaient par la même lettre : on sait que dans un poëme composé en l'honneur de Charles le Chauve tous les mots commençaient par la lettre *C*; dans un autre, où l'on chantait la guerre des Pourceaux, tous les mots commençaient par la lettre *P* :

Plaudite, Porcelli, porcorum pigra propago
Progreditur, etc.

— Chez les peuples scandinaves, l'allitération ou l'emploi des mêmes consonnes était le principe dominant de la versification, comme la mesure chez les anciens et la rime chez nous.

ALLOPATHIE (du grec *allos*, autre, et *pathos*, maladie), système de médecine opposé à l'*homœopathie*, a pour objet de guérir les maladies en recourant à des remèdes d'une nature contraire, suivant l'aphorisme : *Contraria contrariis curantur*. C'est la médecine hippocratique.—On nomme *allopathes*, *allopathistes*, les partisans de ce système.

ALLOUCHIER, nom donné à l'*Alizier à fleurs blanches*, parce qu'on emploie son bois, qui est très-dur, à faire des *alluchons* de moulin et des vis de pressoir. *Voy.* ALIZIER.

ALLRUNES (du mot *runes*, caractères scandinaves), espèce de poupées couvertes de caractères runiques, auxquelles les anciens Germains demandaient des oracles. Ils donnaient encore ce nom à leurs sorcières ou à des racines de plantes auxquelles ils attribuaient des propriétés merveilleuses.

ALLUCHON, dent d'une roue d'engrenage qui ne fait pas corps avec la couronne : c'est une pièce de bois ou de fonte qui s'adapte à la roue pour en former les dents. Tantôt les alluchons sont implantés perpendiculairement à la surface courbe de la roue, qui prend le nom de *hérisson*; tantôt ils s'adaptent à la partie plane et latérale vers son contour : cette seconde espèce de roue s'appelle *rouet*. Dans les machines qui éprouvent beaucoup de frottement et dont les dents sont par conséquent promptement usées, il faudrait changer souvent la roue tout entière, si les alluchons n'obviaient à cet inconvénient.

ALLUMETTES. Pendant longtemps on n'a employé que les allumettes soufrées, que tout le monde connaît ; elles ont été depuis quelques années remplacées par les *allumettes oxygénées*, *phosphoriques*, etc. — On appelle allumettes *oxygénées* des allumettes soufrées dont on enduit l'extrémité d'un mélange de chlorate de potasse, de fleur de soufre et d'eau gommée. Pour faire usage de ces allumettes, on les trempe dans un flacon qui contient des filaments d'amiante imprégnés d'acide sulfurique : dès qu'on retire l'allumette, elle s'enflamme. Les allumettes *phosphoriques*, dites aussi *A. chimiques allemandes*, sont enduites d'une pâte composée de phosphore, de nitrate ou de chlorate de potasse et de gomme, colorée avec de l'indigo ou du minium. Pour éviter que l'humidité ne les altère, on les trempe dans un vernis à la sandaraque. On n'a qu'à frotter l'allumette contre un corps sec, et on la voit s'enflammer. Ces allumettes sont beaucoup plus commodes que les précédentes, mais aussi plus dangereuses. — La fabrication des allumettes n'est pas sans intérêt et sans importance : quatre ou cinq ouvriers, en se partageant l'ouvrage, en fabriquent 4 ou 5,000 à l'heure. On peut même, au moyen d'un rabot récemment inventé par

M. Pelletier, en fabriquer 60,000 à l'heure. Une seule fabrique, celle d'Élie Dixon à Newton en Angleterre, en fabrique plus de 2 milliards par an. Le Dr Roussel a publié, dans la collection Roret, un *Manuel des allumettes chimiques*.

ALLURE (d'*aller*, marcher), manière dont une personne ou un animal marche habituellement ou porte son corps en marchant. Les allures du cheval sont de quatre sortes, le *pas*, le *trot*, l'*amble*, le *galop*.—Dans la Marine, on nomme *allure* la disposition de la voilure par rapport au vent que reçoit le bâtiment. On distingue trois allures ou trois manières de marcher : le *plus près*, le *largue* et le *vent arrière*.

ALLUVION (en latin *alluvio*, de *luo*, baigner, *ad*, auprès), accumulation successive de vase, de sable, de gravier, de débris organiques et d'autres matériaux, entraînés et rejetés sur les côtes par les eaux de la mer, et sur les rivages et à l'embouchure des fleuves et des grandes rivières. Elle donne naissance aux *terrains d'alluvion*, les plus récents de tous, et dont plusieurs se forment presque sous nos yeux : les deltas de la basse Égypte et du Danube, le sol des vallées du Pô et de l'Arno, les polders de la Hollande, et, en général, une grande partie des terrains qui bordent la mer du Nord sont des exemples d'alluvions dues aux crues d'eau de l'époque actuelle. La surface des grandes plaines et le fond des grandes vallées sont aussi recouverts ordinairement d'un puissant terrain d'alluvion, qui remonte à des temps antérieurs à l'époque actuelle. — En Jurisprudence, l'*alluvion*, qui n'est qu'un cas de l'*accession*, donne au propriétaire le droit de s'approprier le terrain qui s'est ainsi formé dans les limites de sa propriété. L'exercice de ce droit est réglé par les articles 556 et suiv. du Code civil, qui ont été modifiés en 1850 de manière à rendre plus équitable le partage des terrains d'alluvion.

ALMANACH (qu'on dérive de l'arabe *al manach*, le comput), nom vulgaire du calendrier. Les anciens almanachs contenaient, outre le calendrier proprement dit, des prédictions sur les phénomènes astronomiques ou météorologiques, et même sur les événements politiques; on connaît surtout en ce genre l'*Almanach de Nostradamus*, publié par cet astrologue de 1550 à 1567, celui de Matthieu Laensberg, dit *Almanach de Liége*, publié à partir de 1636. A ces prédictions ridicules on a, de nos jours, substitué dans les almanachs, qui sont la principale lecture du peuple, des notions utiles sur l'agriculture, l'industrie, la politique, etc. — On a étendu le nom d'*Almanach* à une foule de livres publiés annuellement avec un calendrier en tête, et dont le but est de donner au public des productions nouvelles, des renseignements utiles, ou de propager certaines doctrines : tels sont l'*Almanach des Muses*, recueil annuel de poésies nouvelles qui eut une grande vogue dans le dernier siècle; l'*Almanach nautique*, qui a pris depuis 1788 le titre de *Connaissance des temps* et est publié par le Bureau des longitudes ; l'*Alm. impérial* (jadis *A. royal*, *A. national*), fondé en 1679, qui contient, outre l'état des souverains, la liste officielle de tous les fonctionnaires; l'*Almanach du commerce*, fondé par Delatynna en 1798, et continué depuis par Bottin ; les *Almanachs de Weimar*, *de Gotha*, etc., précieux pour la généalogie et la chronologie. *Voy.* CALENDRIER, ANNUAIRE.

ALMÉES, danseuses et chanteuses en Orient. *Voy.* le *Dict. univ. d'Hist. et de Géogr.*

ALMICANTARATS (de l'arabe *almocantharat*). On nomme ainsi, en Astronomie, des cercles parallèles à l'horizon qu'on imagine passer par tous les degrés du méridien : ils servent à faire connaître la hauteur du soleil et des étoiles; aussi les appelle-t-on souvent *cercles* ou *parallèles de hauteur*; ils sont d'usage dans la gnomonique pour tracer des cadrans solaires.

ALMUD ou ALMUDE, mesure de liquides en Portugal, vaut 16 lit., 54 cent. Elle se divise en 2 *cantares* et 12 *cavadas; * 18 almudes font un *baril; * 26, une *pipe; * 52, un *tonneau.*

ALOÈS (en grec, *aloè*), genre de plantes grasses de la famille des Liliacées, tribu des Aloïnées, au calice tubuleux, cylindrique, aux feuilles spineuses, charnues, réunies à la base de la hampe, et se terminant par un épi lâche de fleurs rouges. L'aloès appartient presque exclusivement à l'Afrique; cependant on le trouve aussi dans le midi de l'Europe, et on le cultive dans nos jardins. Son suc fournit des matières colorantes et une gomme résineuse, amère, odorante et utile en médecine. On tire de ses feuilles un fil très-fort et très-blanc dont on fait des cordes, les meilleurs qui existent, des filets, des tissus. Le suc de l'aloès se distingue dans le commerce en *aloès socotrin* (tiré primitivement de l'île de Socotora), d'un jaune transparent, d'une saveur amère et aromatique, d'une odeur forte; *aloès hépatique*, plus grossier, d'un rouge brun comme le foie (en grec *hépar*); *aloès caballin*, moins estimé, d'un brun sale, et usité seulement comme médicament pour les chevaux. L'aloès, pris à petite dose, est tonique; à plus haute dose, c'est un purgatif puissant; on l'emploie contre la jaunisse et la constipation; son effet est lent, mais sûr : on le défend aux personnes affectées d'hémorroïdes. La pulpe de ses feuilles neutralise les brûlures. L'aloès fait la base de la préparation nommée *élixir de longue vie.* — L'*Aloès-pitte* est la même chose que l'*Agave. Voy.* ce mot.

ALOÈS (Bois d'), ou *bois d'aigle. Voy.* AQUILAIRE.

ALOI (du latin *ad legem*, selon la loi; ou du verbe *alloyer*, ancienne variante d'*allier*), alliage de métaux précieux fait dans des proportions convenables à la destination du mélange. Il signifie aussi, en parlant des matières d'or et d'argent, le titre légal de ces métaux. Un objet, une monnaie est de *bon aloi* quand la matière est au titre de l'ordonnance; ils sont de *bas* ou de *mauvais aloi* quand ils n'ont pas le titre qu'ils devraient avoir.

ALOÏNÉES, tribu de la famille des Liliacées, renferme les genres *Aloès* et *Yucca.*

ALOPÉCIE (du grec *alopex*, renard; animal sujet à une espèce de gale suivie de dépilation). On nomme ainsi la chute temporaire des cheveux et des poils : elle diffère de la *calvitie*, qui en est la perte permanente. L'alopécie a lieu, soit à la suite d'excès ou de maladies qui tiennent presque toutes à un état anormal de la peau, soit par l'effet de cosmétiques irritants. Un des moyens de traitement réputés les plus efficaces, c'est de raser fréquemment la région dénudée, d'y pratiquer des lotions émollientes, si la peau est sensible ou irritée; toniques, au contraire, lorsqu'il s'agit de réveiller l'action des follicules pileux. On y joindra des embrocations d'huile d'amandes douces, ou de laurier, de lavande, de camomille; l'usage de la pommade de *Dupuytren*, quand il n'y a pas irritation des bulbes; enfin des frictions faites avec un mélange d'huile d'amandes douces et de rhum.

ALOSE (en latin *alosa*), espèce du genre Hareng, de la famille des Clupes, qui se trouve sur les côtes de l'Europe et de l'Amérique du Nord. Elle a pour type l'*alose commune*, qui ne diffère du hareng que par une échancrure au milieu de la mâchoire supérieure, par sa taille plus grande qui atteint jusqu'à un mètre, par l'absence de dents et par une tache noire derrière les ouies; elle a la tête large et veinée, le dos épais et arrondi, le ventre mince et tranchant. La chair, de l'alose est très-délicate : les femelles sont plus grosses, et offrent un meilleur manger que les mâles. — L'*alose finte* est moins délicate que l'alose commune; elle se reconnaît aux petites dents dont sa bouche est garnie et à sa forme plus allongée. — Les aloses vivent de vers, d'insectes et de petits poissons. Vers la fin d'avril et pendant le mois de mai, elles remontent, pour frayer, dans les fleuves et quelquefois dans leurs affluents : on pêche l'alose au tramail, et elle meurt aussitôt qu'on l'a tirée de l'eau.

ALOUATES, *Stentor*, espèce de singes, de la famille des Hurleurs, du sous-genre Sapajou, habitant les contrées chaudes de l'Amérique. Ils sont à peine hauts de 6 décim., ont la queue forte et prenante, la poitrine large. Ils ont une voix forte, effrayante, tout à fait disproportionnée avec leur petite taille, ce qui est dû à la capacité énorme des ventricules de leur larynx, où l'air expiré résonne comme dans un tambour. Ces singes, lestes et farouches, s'attroupent dans les bois. Ils pansent eux-mêmes leurs blessures. Leur chair est bonne à manger.

ALOUCHIER. *Voy.* ALLOUCHIER.

ALOUETTE (du latin *alauda*), genre d'oiseaux de l'ordre des Passereaux, de la famille des Alaudinées (Conirostres de Cuvier), se trouve dans toute l'Europe, dans l'Inde et l'Afrique, et a pour type l'*alouette des champs*, qui est un peu plus grosse que le moineau. On connaît le plumage de l'alouette, d'un gris roussâtre, son chant continuel, dont les accents sont perçants et mélodieux, l'activité avec laquelle elle cherche sa nourriture dans les champs, sur les routes; la manière dont elle s'élève dans les airs en chantant de plus en plus fort jusqu'au moment où elle se laisse tomber à terre avec une rapidité extraordinaire; on connaît aussi la facilité avec laquelle elle apprend toutes sortes d'airs. L'alouette libre vit ordinairement dans les champs; elle se nourrit de petits vers et de petits insectes; mais en cage elle mange volontiers de la pâtée faite avec du pain et des graines écrasées. Enfermée, elle essaye continuellement de s'envoler, et se casserait bientôt la tête si on n'avait la précaution de couvrir la cage avec une toile. Les alouettes font leur nid à terre, dans l'avoine, le trèfle, la luzerne. A l'entrée de l'hiver elles se réunissent en troupes nombreuses; elles engraissent beaucoup à cette époque; on leur donne alors communément le nom de *mauviettes;* dans cet état, elles sont recherchées par les chasseurs, qui les attrapent au filet ou qui les tirent au miroir. On distingue plusieurs espèces d'alouettes : l'*A. commune*, qui a l'ongle du pouce remarquablement long, ce qui l'aide à marcher dans les terres labourées; l'*A. calandre*, qui est plus grosse, et dont le bec est plus fort et a la forme conique; elle se distingue aussi par sa gorge blanche et son collier noir; elle habite les pays chauds; l'*A. huppée*, dite aussi *A. des chemins* et Cochevis, qui se fait remarquer par sa petite huppe de plumes qu'elle redresse à volonté.

ALOUETTE DE MER, *Pelidna*, oiseau du genre des Bécasseaux, de la famille des Échassiers, a le bec crochu, le pouce long, les jambes assez hautes et nues à leur partie inférieure. Son vol est vif et rapide. Ces oiseaux forment des sociétés nombreuses. On les trouve sur les rivages des deux continents; ils sont longs de 15 centimètres environ, cendrés en dessus du corps, blancs en dessous; la poitrine est nuagée de gris en hiver; en été, leur plumage est fauve tacheté de noir, avec de petites taches noires sur le devant du cou et de la poitrine, et une plaque noire sous le ventre. Leur chair est bonne tant qu'elle est fraîche, mais elle rancit en vieillissant.

ALPACA ou ALPAGA, espèce de Ruminants, du genre Lama, propre à l'Amérique méridionale, intermédiaire entre le lama proprement dit et la vigogne, avec lesquels il a été longtemps confondu. Il porte une laine remarquable par sa longueur, sa finesse et son moelleux. Cet animal est alerte, doux et s'attache à l'homme. Les alpacas ont vécu en domesticité en Espagne; ils pourraient se naturaliser de même dans le midi de la France. — On a étendu le nom d'*alpaca* à une belle étoffe faite avec la laine de l'alpaca. Dans ces derniers temps on a vendu à Paris, sous ce nom, des étoffes de laine à longs poils, très-chaudes et d'un prix très-modique. C'est à Ternaux qu'on doit cette utile fabrication.

ALPHA, première lettre de l'alphabet grec, empruntée à l'*aleph* des Phéniciens et des Hébreux, correspond à notre *A*. — Les mots *alpha et oméga* s'emploient pour dire le commencement et la fin, parce que ces deux lettres sont la première et la dernière de l'alphabet grec : c'est ainsi que Dieu dit de lui dans l'Apocalypse (ch. I, v. 8) : *Je suis l'alpha et l'oméga.*

ALPHABET (des mots *alpha* et *béta*, noms des deux premières lettres de l'alphabet grec). Malgré l'extrême diversité des langues et des écritures, la plupart des alphabets offrent, dans le nombre, le nom, l'ordre et même la forme des caractères, des ressemblances qui attestent une origine commune. Les Égyptiens, les Chaldéens et les Phéniciens se disputent l'honneur d'avoir inventé l'écriture alphabétique ; selon l'opinion la plus commune, cet honneur appartiendrait aux Phéniciens, dont l'alphabet offre, au reste, de grandes analogies avec ceux des Chaldéens, des Hébreux, des Syriaques, des Arabes, des Persans et des Arméniens. C'est le Phénicien Cadmus qui aurait apporté en Grèce l'alphabet et l'art d'écrire :

Phœnices primi, famæ si credimus, ausi
Mansuram rudibus vocem signare figuris.

Les Grecs, en colonisant l'Italie, introduisirent leur alphabet chez les Étrusques, qui le transmirent aux Romains avec quelques variations dans la forme des caractères ; les Romains le répandirent dans toute l'Europe. L'alphabet grec, comme le phénicien, n'avait dans l'origine que 16 lettres : α, ϛ, γ, δ, ε, ι, κ, λ, μ, ν, ο, π, ρ, σ, τ, υ. Palamède inventa, dit-on, au siége de Troie les 4 lettres θ, ξ, Φ, χ, et Simonide y ajouta, cinq siècles après, les lettres ζ, η, ψ, ω. L'alphabet latin, apporté de Grèce, dit-on, par l'Arcadien Evandre, n'eut aussi d'abord que 16 lettres, comme le prouvent les inscriptions étrusques ; c'étaient : *a, b, c, d, e, f, i, l, m, n, o, p, r, s, t, u* ; ce n'est que plus tard qu'on y ajouta les 7 lettres *g, h, k, q, x, y, z*. Claude voulut y introduire trois nouveaux signes, mais cette innovation ne dura pas plus que son règne. — Notre alphabet, qui n'est que celui des Latins et qui nous est commun avec presque tous les peuples de l'Europe, a 25 lettres ; il n'en avait que 23 quand on ne distinguait pas les lettres *i* et *j*, *u* et *v*, distinction dont la première idée remonte au XVIe siècle, mais qui n'est bien établie que depuis une soixantaine d'années. — Après l'alphabet phénicien, les plus importants à connaître sont ceux de l'Inde, surtout celui du *Devanagari*, le dialecte le plus parfait du sanscrit ; on y compte 100 caractères ; et au lieu d'être jetées au hasard comme dans nos alphabets, les lettres sont disposées dans un ordre philosophique, d'après leurs analogies naturelles. — On remarque aussi l'alphabet *runique*, répandu dans le nord de l'Europe et dont il ne reste que quelques vestiges dans les anciennes inscriptions.

Pour être parfait, un alphabet devrait avoir autant de signes qu'il y a d'éléments de la voix à notre (on en compte de 35 à 40) et n'en avoir pas davantage ; or, la plupart des alphabets manquent de plusieurs de ces signes (en français, par exemple, on est obligé de donner à la lettre *e* plusieurs valeurs : *e, é, è*), et en même temps les alphabets ont plusieurs signes surabondants (c dur, *k, q*, remplissent dans notre écriture le même office). Cette imperfection des alphabets, qui est la principale source des difficultés qu'offrent la lecture et l'ortho-

graphe, a fait sentir le besoin d'un alphabet complet, applicable à toutes les langues ; Wilkins, Dalgarno et Lodwick chez les Anglais, Leibnitz en Allemagne, Debrosses et Volney chez nous, ont tenté de remplir cette lacune ; mais aucun résultat n'a pu être obtenu jusqu'ici. — Il a été publié des recueils comparatifs d'alphabets ; les plus complets sont ceux de De Bry (*Alphabeta.... a mundo creato*, Francf., 1596), de Des Hauterayes (*Caractères et Alphabets des langues mortes et vivantes*, dans les planches de l'*Encyclopédie*), des Bénédictins (*Nouveau traité de Diplomatique*, 1765), la *Pantographia* de l'anglais Ed. Fry, Lond., 1799, et les *Alphabets* publiés par les presses de la Propagande à Rome.

ALPHABET MANUEL. *Voy.* SOURDS MUETS.

ALPHONSIN, instrument de chirurgie, ainsi nommé d'Alphonse Ferri, chirurgien, qui l'inventa en 1552, est destiné à extraire les balles du corps. Il est composé de trois branches élastiques réunies dans une poignée commune, susceptibles de s'entre-écarter par leur extrémité libre, qui est en forme de cuiller, et entourées d'une virole courante qui les rapproche comme un porte crayon. Cet instrument est peu usité aujourd'hui ; on le remplace par des *tire-balles* et des *pinces à gaîne.*

ALPHOS (mot grec qui signifie *blanc*), sorte de lèpre caractérisée par des taches *blanches* et farineuses.

ALPINIA (de Pr. *Alpin*, botaniste), genre de Zingibéracées, tribu des *Alpiniées. Voy.* GALANGA.

ALPISTE, *Phalaris*, genre de la famille des Graminées, a la tige frêle, les feuilles longues et minces, les fleurs disposées en épis ovales et allongés, le fruit oblong. Une espèce, l'*A. des Canaries*, produit des graines qui se mangent en bouillie dans l'Espagne, et donne un fourrage excellent. Cette plante sert à la nourriture des oiseaux domestiques, surtout des serins. La farine qu'elle fournit est employée avec succès pour l'encollage des tissus fins. — On remarque encore l'*A. asperelle*, dite *Riz bâtard* parce que ses graines pourraient remplacer le riz, et l'*A. chiendent*, cultivée dans les jardins à cause de ses panaches de fleurs purpurines et de ses feuilles rayées de jaune et de vert.

ALQUIFOUX (mot d'origine arabe), nom donné par les potiers à la galène ou sulfure de plomb naturel. Ils l'emploient à l'état pulvérulent pour faire le vernis noir sur les poteries ; ce vernis n'est autre chose qu'un émail très-fusible, rendu noir par l'interposition du sulfure de plomb. En Orient, les femmes se servent de l'alquifoux pour se teindre les cils et les sourcils.

ALRUNES. *Voy.* ALLRUNES.

ALSINE (en grec *alsinè*, nom d'une plante des bois, dérivé d'*alsos*, bois), *Alsina*, genre de la famille des Caryophyllées. L'*A. media* est cette jolie petite plante si connue sous les noms vulgaires de *Mouron des oiseaux* ou de *Morgeline* (*Morsus gallinæ*), parce que les oiseaux et les poules en sont très-avides. Sa tige est menue, rameuse ; ses feuilles sont ovales, aiguës, d'un vert tendre. La fleur est blanche, petite, portée sur un long pédoncule. La plante fleurit toute l'année ; elle passe pour avoir des propriétés rafraîchissantes. Il ne faut pas la confondre avec le *Mouron rouge* (*Anagallis*), qui appartient aux Primulacées.

ALSINÉES (du genre type *Alsine*), tribu des Caryophyllées, renfermant les genres *Alsine, Sagina, Buffonia, Queria, Arenaria, Brachystemma, Holosteum, Stellaria, Cerastium, Malachium.*

ALSTROEMÉRIE, genre de la famille des Amaryllidées, ainsi nommée en l'honneur du botaniste Ch. Alstrœmer, est propre à la partie équinoxiale du nouveau monde. L'*A. pélégrine* ou *Lis des Incas*, originaire du Pérou, est une des plus belles fleurs connues ; racine vivace, tige haute de 80 centimètres, feuilles contournées, longues, pointues, fleurs grandes, à six divisions inégales, blanches, rayées et lavées de rose à l'extérieur, marquées à la base d'une tache jaune, et pointillées de pourpre en dedans. Quelques espèces répandent une odeur suave. Ces plantes ne sont cultivées que dans nos serres.

ALTAÏR ou ATAÏR, étoile centrale de la constellation de l'Aigle, est de première grandeur.

ALTER EGO (c'est-à-dire *autre moi*), titre officiel en usage dans le royaume des Deux-Siciles, en vertu duquel le roi transmet à un vicaire général le plein exercice de sa puissance, faisant en quelque sorte de ce vicaire une seconde personne royale. Il correspond à ce qu'on appelait chez nous lieutenant général du royaume.

ALTERNAT, méthode par laquelle on *alterne* les cultures en forçant le sol à donner des produits successifs de différents genres, adaptés à la nature de la terre. C'est une des opérations les plus délicates et les plus nécessaires de l'économie rurale. *Voy.* ASSOLEMENT.

ALTERNES (FEUILLES). *Voy.* FEUILLES.

ALTERNES-EXTERNES et ALTERNES-INTERNES (ANGLES). *Voy.* ANGLES.

ALTESSE (d'*altus*, élevé), titre d'honneur qui se donne actuellement aux princes non souverains, a longtemps été porté par les rois eux-mêmes. Les rois d'Angleterre jusqu'à Jacques Ier, et ceux d'Espagne jusqu'à Charles V, n'ont point eu d'autre titre. En France, le titre d'*Altesse* fut porté d'abord par les ducs d'Orléans. En 1633, les aînés de la branche cadette de Bourbon prirent le titre d'*Altesse royale*; et sous Louis XIV, le titre d'*Altesse* ayant été étendu aux princes légitimés, le prince de Condé prit, pour s'en distinguer, le titre d'*Altesse sérénissime*. Aujourd'hui, sauf quelques exceptions, le titre d'*Altesse royale* ou *impériale* appartient à tous les princes issus en droite ligne d'un roi ou d'un empereur, et celui d'*Altesse sérénissime* à leurs collatéraux.

ALTHÉE (en grec *althaia*, d'*althéin*, *guérir*), nom scientifique du genre de plantes malvacées appelé ordinairement *Guimauve*; les espèces principales sont l'*A. officinale* (*Voy.* GUIMAUVE) et l'*Alcée* ou *Rose trémière* (*Voy.* ALCÉE). On extrait de la racine l'*althéine*, mélange de magnésie et d'une substance cristallisable identique à l'asparagine.

ALTISE ou ALTIQUE (du grec *halticos*, *sauteur*), petit insecte coléoptère, de la famille des Cycliques, a la singulière faculté de sauter comme les puces. L'espèce la plus commune en France et la plus grande est l'*A. potagère*, dite aussi *Puce-rotte*, longue de 5 millim., verte ou bleue, ovale, allongée, avec la couverture des ailes pointillée; les antennes ou filets de la tête sont noires. L'*A. rubis*, la plus jolie, est d'un rouge doré éclatant, avec les ailes vertes ou bleues. — Cet insecte est très-commun dans les environs de Paris, et vit sur les plantes ou dans les jardins. Il est très-nuisible et peut détruire les récoltes.

ALTO (du latin *altus*, profond), nom donné autrefois au genre le plus grave des voix aiguës des femmes et des hommes. On dit aujourd'hui *haute-contre* en parlant des hommes, et *contralto* ou *contralte* en parlant des femmes. — On appelle aussi *alto* un instrument à 4 cordes (*la*, *ré*, *sol*, *ut*) connu jadis sous le nom de *viole*; c'est un instrument un peu plus grand que le violon ordinaire, et qui, dans un orchestre, tient le milieu entre le violon et le violoncelle ou la basse. On l'appelle aussi *alto viola* ou *quinte*. — Autrefois on appelait *alto basso* un instrument de percussion à cordes que le musicien frappait d'une main, tandis que de l'autre il jouait sur la flûte un air qui s'unissait aux sons de l'alto accordé à l'octave, à la quinte et à la quarte.

ALUCITE (du latin *alluceo*, éclairer, briller), petits insectes lépidoptères, à couleurs métalliques très-resplendissantes, appartiennent au genre Phalène et à la section des Tinéites, et ont du rapport avec les teignes, les ptérophores, les pyrales et les ypsolophes. Ce genre a été créé par Fabricius. On distingue : l'*A. xylostelle*, qui vit sur différents arbrisseaux et qui attaque de préférence les choux et les navets parmi les plantes potagères; l'*A. de la julienne*; l'*A. des grains*, qui fit de grands ravages dans l'Angoumois en 1770, etc. On a fait beaucoup de recherches pour détruire l'*Alucite du blé*; le meilleur procédé est celui qu'a proposé M. Doyère en 1850 : il consiste à chauffer le blé jusqu'à 60 degrés (ce qu'on appelle le *soixanter*); à cette température, l'insecte est détruit sans que le grain soit altéré.

ALUDEL (d'*a* privatif, et du latin *lutum*, qui n'est point luté, qui reste ouvert). Les chimistes nomment ainsi des espèces de pots ouverts par leur partie inférieure et supérieure, et qui s'emboîtent les uns dans les autres, en sorte qu'ils peuvent former un tuyau plus ou moins long. Le pot ou l'*aludel* qui termine ce tuyau doit être fermé par le haut, et n'avoir qu'un petit trou. On emploie ces vases pour la sublimation du soufre et du mercure.

ALUMELLE (d'abord *alamelle*, qu'on dérive du latin *lamella*, petite lame). On nomme ainsi : 1° en termes de Tabletiers, une lame de couteau aiguisée d'un seul côté, comme celui d'un ciseau de menuisier, et qui sert à gratter le buis, l'ivoire, l'écaille, la corne, etc.; c'est une alumelle qui forme la partie essentielle du rabot; 2° dans la Marine, des petites plaques de fer très-plates, dont on garnit les mortaises pour que le frottement des barres n'en use pas le bois intérieur.

ALUMINATE, combinaison de l'alumine avec un autre oxyde. On rencontre plusieurs aluminates dans la nature : tels sont le *spinelle*, le *pléonaste*, la *gahnite*, la *cymophane*, qui sont des aluminates de magnésie, de protoxyde de fer, d'oxyde de zinc, et de glucine.

ALUMINE (du latin *alumen*, alun), dit aussi *oxyde d'aluminium*, *terre d'alun*; combinaison de l'oxygène avec l'aluminium (Al^2O^3); se trouve dans la nature à l'état cristallisé, plus ou moins pur, et constitue alors le *corindon*, le *rubis*, la *topaze orientale*, le *saphir oriental*, l'*émeri*. L'alumine des laboratoires est une poudre légère, blanche, insipide, inodore, infusible à la chaleur des plus violents feux de forge; elle est insoluble dans l'eau, mais elle se dissout dans les acides, si elle n'a pas été soumise à une trop forte calcination. Récemment précipitée d'une de ses combinaisons, elle se présente sous forme de gelée blanche (*hydrate d'alumine*), soluble dans la potasse : dans cet état, elle a une affinité prononcée pour les matières colorantes, qu'elle enlève à l'eau et aux autres substances qui y sont unies; elle forme, avec ces matières colorantes, des composés insolubles qui portent dans les arts le nom de *laques*. Simplement desséchée, l'alumine absorbe l'humidité des corps avec lesquels on la met en contact, et happe à la langue. L'alumine existe dans tous les sols propres à la culture (*Voy.* ARGILE); elle est aussi une des parties constituantes de l'alun des teinturiers. On l'obtient pure, soit en calcinant au rouge de l'alun d'ammoniaque, soit en précipitant l'alun de potasse par de l'ammoniaque. — L'alumine se comporte avec certaines bases comme un véritable acide, et forme avec ces bases des composés salins appelés *aluminates* : tel est l'aluminate de magnésie, qui constitue le rubis spinelle. Avec la silice, elle forme les *silicates* qui constituent soit l'argile la plus pure, servant à fabriquer la porcelaine, soit les terres employées à la confection des poteries communes, et les glaises qui servent à garantir les bassins d'infiltrations. — A part les silicates naturels formant les argiles, les glaises, les diverses terres et une foule de minéraux, il n'y a, parmi les combinaisons de l'alumine, que le *sulfate* et surtout l'*alun* qui présentent de l'intérêt. Les *sels d'alumine* solubles ont, en général, une saveur astringente et douceâtre; ils sont incolores, et donnent, par l'ammoniaque, un précipité gélatineux d'hydrate d'alumine.

L'histoire de l'alumine se rattache à celle de l'alun; ce n'est que depuis 1754 que Margraff a reconnu la nature particulière de l'oxyde terreux que l'on extrait de ce sel.

ALUMINITE, minéral blanc et terreux, trouvé pour la première fois aux environs de Halle, et plus tard, dans les terrains tertiaires d'Auteuil et de Lunel-Vieil (Gard). C'est un sous-sulfate d'alumine.

ALUMINIUM, métal qu'on extrait des combinaisons d'alumine, surtout du chlorure, en les traitant par le potassium et le sodium. Isolé par M. Wœhler en 1827, sous la forme d'une poudre grise, il a été obtenu en masse compacte par M. Deville en 1854; il a alors l'éclat de l'argent, mais est plus léger et plus tenace.

ALUN, sel blanc, très-soluble dans l'eau, astringent, cristallisé en octaèdres réguliers, est formé par la combinaison du sulfate d'alumine avec le sulfate de potasse et l'eau (Al²O³,3SO³ + KO,SO³ + 24aq). Il existe tout formé aux environs de plusieurs volcans; mais la quantité en est si faible, qu'il faut recourir à différents procédés pour fournir au commerce les 4 ou 5 millions de kilogrammes qui lui sont annuellement nécessaires. Tantôt on le retire de l'alunite; tantôt on l'obtient en abandonnant au contact de l'air des schistes alumineux préalablement calcinés; on lessive le produit, et on ajoute du sulfate de potasse. Enfin, en traitant les argiles les plus pures par l'acide sulfurique faible, et versant dans les liqueurs concentrées du sulfate de potasse, on produit de toutes pièces de l'alun très-pur. — Dans le commerce, l'alun est ordinairement en grosses masses blanches et translucides, qu'on obtient en faisant fondre les cristaux dans leur eau de cristallisation, et coulant le liquide dans de grands vases, où il se fige. — La calcination boursoufle l'alun, et le transforme en une poudre légère, poreuse et blanche; cet *alun calciné* est employé par les médecins pour ronger les ulcères et les chairs baveuses. — L'alun sert principalement dans la teinture comme *mordant*. Il est d'autant plus estimé qu'il contient moins de sulfate de fer, attendu que ce sel lui communique la propriété d'altérer certaines couleurs délicates, comme celles de la gaude et de la cochenille. On reconnaît la présence du fer dans l'alun en ajoutant à sa solution quelques gouttes de ferrocyanure de potassium : si l'alun contient du fer, le mélange prend alors une teinte bleue. — L'alun s'emploie aussi pour préserver les substances animales de la putréfaction, pour conserver les peaux avec leurs poils, pour garantir les bois et toiles de l'incendie, pour fabriquer le papier, la colle forte, pour raffiner le sucre, pour clarifier les eaux bourbeuses : les blanchisseuses des environs de Paris s'en servent pour éclaircir l'eau de Seine, rendue trouble par les orages. — Outre l'alun ordinaire, il existe divers composés isomorphes de cet alun, qui renferment de l'ammoniaque, de la soude, du chrôme, du fer, etc., à la place de la potasse et de l'alumine.

La connaissance de l'alun nous vient de l'Orient; jusqu'au xve siècle, il fut surtout préparé à Constantinople, à Alep, en Syrie, d'où l'on tirait l'alun connu sous le nom d'*alun de roche*, nom qu'il porte encore dans le commerce. La première fabrique d'alun fut établie en Europe au xve siècle, dans l'île d'Ischia, par un marchand génois, nommé Perdix. A la même époque, Jean de Castro éleva une fabrique semblable à la Tolfa (près de Civita-Vecchia), où se trouve une riche mine d'alun. Plusieurs exploitations de mines d'alun s'élevèrent successivement, au xvie siècle, en Allemagne, en Espagne et en France; mais cette industrie ne fit de véritables progrès que dans les temps modernes, par le secours de la chimie. A la fin du siècle dernier, Curaudau établit la première fabrique d'alun artificiel à Javelle, près de Paris; à la même époque, Chaptal en fonda une à Montpellier. La production totale de l'alun en France s'élève annuellement à 3 millions de kilogrammes; le département de l'Aisne en fournit seul la moitié.

ALUN ALUMINÉ, dit aussi *Alun saturé de sa terre*, sous-sulfate de potasse et d'alumine insoluble, qui s'obtient quand on fait bouillir l'alun avec de l'alumine en gelée.

ALUN D'AMMONIAQUE, alun renfermant de l'ammoniaque à la place de la potasse, se prépare de la même manière, et présente les mêmes propriétés. On utilise à la fabrication de ce sel le sel d'ammoniaque fourni en grandes quantités par les usines à gaz de l'éclairage. On le distingue de l'alun ordinaire en le triturant avec de la chaux humide; il exhale alors une odeur ammoniacale très-prononcée.

ALUN DE CHROME, alun renfermant de l'oxyde de chrome à la place de l'alumine contenue dans l'alun ordinaire; il est d'un violet foncé, presque noir.

ALUN DE FER, alun renfermant du sesquioxyde de fer à la place de l'alumine renfermée dans l'alun ordinaire.

ALUN DE PLUME, alumine sulfatée naturelle, qui se présente sous forme fibreuse. *Voy.* ALUNOGÈNE.

ALUN DE ROME ou CUBIQUE, alun ordinaire cristallisé en cubes et fabriqué à la Tolfa, près de Civita-Vecchia, dans les États romains. Ses cristaux sont rendus opaques par une très-petite quantité d'alumine mécaniquement interposée; ils ont d'ailleurs la même composition que l'alun octaèdre.

ALUN DE SOUDE, alun renfermant de la soude à la place de la potasse contenue dans l'alun ordinaire.

ALUNAGE, opération qui consiste, dans la teinture, à fixer les couleurs sur les tissus, à l'aide de l'alun. *Voy.* MORDANÇAGE.

ALUNITE, dite aussi *Pierre d'alun*, *Beurre de montagne*, minéral blanc, tantôt dur, tantôt tendre et terreux, qu'on rencontre dans le tuf trachytique de la Tolfa et du mont Dore. C'est un sulfate d'alumine et de potasse hydraté. Pendant longtemps, la pierre d'alun de la Tolfa fournissait au commerce une grande partie de l'alun employé. Pour retirer l'alun de l'alunite, on grille celle-ci et on la transporte sur une aire où on l'arrose continuellement, afin de la faire effleurir; on la réduit ensuite en pâte, on la lessive à chaud, et on la fait cristalliser.

ALUNOGÈNE, alumine sulfatée naturelle. Ce sel est fréquent dans les sulfatares, où il est le produit de l'altération des trachytes par les vapeurs qui les traversent. Dans les mines, on le voit s'effleurir à la surface des roches qui contiennent des pyrites. Il se présente sous la forme de houppes concrétionnées ou de fibres déliées, analogues à la soie.

ALVÉOLE (du latin *alveolus*, diminutif de *alveus*, lit, cavité, loge), cellules ou loges que les abeilles et les guêpes se construisent pour y élever leurs larves; elles sont en cire, et ont toutes la forme d'un petit godet hexagonal; la réunion des alvéoles forme le gâteau; elles servent à la fois de berceau aux jeunes abeilles et de magasin de miel. — On applique aussi ce nom, en Anatomie, aux cavités creusées dans les os des mâchoires et destinées à recevoir les dents, et, en Botanique, aux petites cavités du réceptacle où sont logées les semences de certaines fleurs : le réceptacle alors est dit *alvéolé*.

ALYSSE, *Alysson* (d'a privatif, et *lyssa*, rage,

parce que les anciens attribuaient à cette plante des propriétés efficaces contre cette maladie), vulgairement *Passe-rage*, genre de la famille des Crucifères, renferme plusieurs espèces très-communes : l'*A. jaune* (*A. saxatile*, L.), originaire de Candie, très-cultivée dans les jardins, où elle est connue sous le nom de *Corbeille d'or*; ses fleurs jaunes, petites, mais nombreuses, forment, en effet, de larges touffes dorées d'un aspect agréable; son fruit consiste en une silicule orbiculaire, velue et aplatie; l'*A. sinuée*, originaire d'Espagne; l'*A. des Pyrénées*, arbrisseau propre à former de beaux buissons : ses fleurs sont petites, blanches, réunies au nombre de 20 à 25, et durent fort longtemps.

, ALYTE, batracien anoure, connu sous le nom de *Crapaud accoucheur*. *Voy.* ACCOUCHEUR.

AMADOU (qu'on dérive du latin *ad manum dulce*, doux au toucher), substance spongieuse fournie par la partie interne d'un champignon appelé *Agaric de chêne* ou *Amadouvier* (*Boletus igniarius* de Linné), et préparée de manière à prendre feu au moyen d'une étincelle produite par une pierre à fusil et un briquet. Pour préparer l'amadou, on enlève d'abord de l'agaric la partie supérieure qui est très-coriace; la partie fongueuse, d'un jaune brun, placée au-dessous, est ensuite coupée en tranches minces et battue au marteau, jusqu'à ce qu'elle devienne tout à fait souple : dans ce premier état, l'agaric sert pour arrêter les hémorragies. Pour en faire de l'amadou propre à allumer le feu, on l'imprègne d'une dissolution de nitrate de potasse ou de nitrate de plomb, et on le fait sécher. Quelquefois on roule l'amadou dans de la poudre à canon : c'est l'*amadou noir*. Les vesses-de-loup, sorte de plantes du genre *Lycoperdon*, donnent un amadou tout préparé qu'il suffit d'imbiber d'une légère eau de poudre. On fait aussi de l'amadou avec des feuilles de papier à sucre, et même avec du linge qu'on laisse brûler jusqu'à ce que la flamme s'éteigne, et qu'on étouffe à l'instant. — L'emploi de l'amadou contre les hémorragies était connu des anciens : longtemps négligé, il a été renouvelé, à la fin du siècle dernier, par un nommé Brossard, et a été fort utile dans nos grandes guerres.

AMADOUVIER, champignon du genre *Bolet*, avec lequel on fait l'amadou. *Voy.* AGARIC et BOLET.

AMALGAMATION, opération par laquelle on combine le mercure avec d'autres métaux. On l'applique surtout à l'extraction de l'argent. On distingue deux procédés : l'*A. saxonne* ou *de Freyberg*, et l'*A. américaine*. A Freyberg, après avoir bocardé (écrasé) le minerai d'argent, on le mêle avec un dixième de sel marin, et on le grille dans un fourneau à réverbère, afin de convertir le sulfure d'argent en chlorure. Ensuite on réduit en poudre fine le produit de la calcination, et on le met avec de l'eau et des disques de fer forgé dans des tonneaux traversés par un axe horizontal qui tourne au moyen d'une roue. Après avoir fait mouvoir les tonneaux pendant une heure, on y introduit du mercure, et on le remet de nouveau en mouvement pendant 16 ou 18 heures. Dans cette opération, le chlorure d'argent est décomposé par le fer : il en résulte du chlorure de fer soluble et de l'argent métallique très-divisé qui s'unit au mercure. L'amalgame d'argent, étant liquide à la température ordinaire, se rassemble aisément, et s'obtient pur par le lavage. On le soumet ensuite à la distillation en le chauffant sur des plateaux circulaires de fer, disposés les uns au-dessus des autres, et recouverts d'une cloche de fer : le mercure se volatilise et se condense dans le bas de l'appareil; l'argent reste sur les plateaux. Ce procédé, malgré le prix élevé du mercure, est le seul qui convienne pour le traitement des minerais pauvres. — La méthode américaine, plus ancienne que le procédé de Freyberg,

consiste à broyer le minerai avec de l'eau pour en faire une espèce de pâte, à y incorporer du sel marin, puis du magistral (mélange d'oxyde de fer et de sulfate de cuivre, provenant du grillage de la pyrite de cuivre), et enfin du mercure. Quand l'amalgamation s'est opérée, au bout de deux ou trois mois, on lave le produit, puis on presse et on distille l'amalgame. Ce procédé perd beaucoup de mercure. — L'amalgamation a été inventée au Mexique en 1557 par un mineur nommé Bartolomé de Medina, et introduite au Pérou en 1571 par Fernandez de Velasco. Adoptée en Europe dans le courant du siècle dernier, elle a été modifiée depuis par de Born, et perfectionnée par Charpentier, Gellert et plusieurs autres métallurgistes allemands.

AMALGAME (du grec *ama*, ensemble, et *gamos*, mariage, ou, selon d'autres, d'un mot arabe), alliage du mercure avec d'autres métaux. Les amalgames sont décomposés par la chaleur, et dégagent alors tout le mercure; plusieurs sont fusibles à la température ordinaire. — Les amalgames d'or et d'argent servent à dorer et à argenter les autres métaux. Un amalgame d'étain sert à mettre les glaces au tain. Les dentistes emploient souvent l'amalgame d'argent pour plomber les dents; en Angleterre, on fait servir au même usage l'amalgame de palladium. C'est avec un amalgame de bismuth qu'on donne aux globes de verre une apparence métallique.

AMANDE (en grec, *amygdalè*). Ce nom, limité d'abord au fruit de l'Amandier, s'est ensuite étendu au corps blanc et tendre renfermé dans le noyau de certains fruits. Les botanistes le prennent même dans un sens plus général : ils nomment *amande* la substance blanche contenue dans toute graine; ainsi entendue, l'amande présente deux parties distinctes : l'*embryon*, partie essentielle de la reproduction, et le *périsperme*, qui sert à nourrir l'embryon. — Les amandes proprement dites ont des propriétés différentes, selon l'espèce d'amandier qui les porte. On distingue des *amandes douces*, bonnes à manger, qui servent à faire l'orgeat, les gâteaux d'amandes, les nougats, et qui renferment une huile blanche et douce usitée en pharmacie, surtout pour les loochs blancs; des *amandes amères*, qui contiennent de l'acide cyanhydrique, et qui sont employées comme fébrifuges et toniques. On a, en outre, désigné, dans le commerce, par des noms particuliers plusieurs sortes d'amandes : *A. à la dame*, à coque grosse, solide, arrondie, pointue à l'un des bouts, couverte de trous et sillonnée de lignes vermiculaires; *A. à la princesse*, en coques de moyenne grosseur, aplaties, minces, fragiles, jaunâtres et d'une saveur douce; *A. de Chinon*, dépouillées de leurs coques et d'un jaune brun; *A. de Valence*, grandes, aplaties, pointues à l'une de leurs extrémités, et comprimées dans la partie moyenne; *A. d'Italie*, plus petites, moins douces et moins déprimées au milieu; *A. d'Espagne et de Malaga*, d'une saveur douce et très-agréable, semblable à celle des noisettes; *A. de Milhaud* (Aveyron), qu'on vend dépouillées de leur coque, en fèves longues et aplaties, etc.

AMANDIER, *Amygdalus*, genre de la famille des Rosacées, tribu des Drupacées ou Amygdalées, se compose d'arbres et d'arbrisseaux à feuilles étroites, lancéolées, dont les fleurs s'épanouissent de très-bonne heure. Le fruit est charnu, globuleux ou allongé, marqué d'un sillon longitudinal, et renfermant un noyau dont la surface est marquée de sillons irréguliers, et dans lequel on trouve l'*amande* (*Voy.* ce mot). Le genre Amandier comprend deux espèces principales : l'*A. commun* et l'*A.-pêcher* (*Voy.* PÊCHER). L'amandier commun, originaire du Levant et de l'Afrique, réussit surtout dans le midi de l'Europe, où il atteint 10 mètres de hauteur. Ses fleurs, petites et blanches, s'ouvrent aux premiers rayons du soleil de janvier : aussi sont-elles souvent détruites par les gelées. On distingue deux espèces d'amandier commun : l'*A. à amandes douces* et l'*A. à amandes amères*. Le bois de cet arbre est dur et bien coloré ; ce qui le fait rechercher par les tourneurs. Du tronc découle une gomme rougeâtre, analogue à la gomme arabique. Outre l'amandier commun, les jardiniers cultivent l'*A. argenté*, ainsi nommé de la couleur de son feuillage, et l'*A. nain*, qui ne s'élève guère à plus de 70 centimètres : c'est un joli arbrisseau, à fleurs de couleur pourpre. — L'amandier reçoit les greffes du pêcher et de l'abricotier.

AMANITE, genre de Champignons, ainsi nommé du mont *Amanus* en Cilicie, où ils étaient très-abondants, est caractérisé par une bourse (*volva*), qui entoure le champignon dans sa jeunesse, et par un pédicule bulbeux à la base. Son chapeau est garni en dessous de feuillets inégaux. Les principales espèces d'amanites sont les *Oronges*. Ce genre renferme à la fois les champignons les plus recherchés pour la table et ceux qui sont le plus vénéneux.

AMARANTACÉES, famille de plantes dicotylédones apétales, renferme des végétaux herbacés à feuilles alternes ou opposées, à fleurs petites, réunies en épis et en grand nombre. A cette famille appartiennent les genres *Amarante*, qui en est le type, et *Gomphrène* ou *Amarantine*.

AMARANTE (du grec *a* privatif, et *marainô*, se flétrir), *Amarantus*, genre type de la famille des Amarantacées, ainsi nommé à cause de la persistance de ses fleurs, renferme des plantes herbacées, annuelles, dont les fleurs sont en épis ou en grappes, et disséminées dans toutes les contrées du monde. L'amarante est cultivée dans les jardins d'ornement, et fleurit en automne. L'*A. à fleurs en queue*, nommée aussi *Discipline religieuse* ou *Queue de renard*, a une tige haute de près d'un mètre, des feuilles ovales, oblongues, rougeâtres, des fleurs en longues grappes, pendantes et cramoisies ; elle se sème d'elle-même et vient partout. L'*A. crête-de-coq* ou *Passe-velours* a ses fleurs disposées en forme de panache, et ressemble à du velours d'une belle couleur rouge mêlée de violet ; c'est cette espèce qui a donné son nom à la couleur *amarante*. L'*A. tricolore* a ses feuilles tachées de jaune, de vert et de rouge ; les fleurs sont vertes et latérales. L'*A. blette* a la tige rameuse, couchée à la base, les feuilles ovales, échancrées au sommet ; cette espèce est comestible. — L'amarante était, chez les anciens, le symbole de l'immortalité. Les magiciens attribuaient aux couronnes faites de cette fleur la vertu de concilier la faveur et la gloire à ceux qui en portaient. Dans l'Académie des *jeux floraux*, l'amarante d'or est le prix de l'ode. — Christine, reine de Suède, avait institué en 1653 un *ordre de l'Amarante*, qui ne fut pas conservé après elle.

AMARANTINE. *Voy.* GOMPHRÈNE.

AMARQUE (de *marquer*). *Voy.* BOUÉE OU TONNE.

AMARRE, câble ou chaîne servant à attacher un rivage une barque ou un vaisseau. On donne encore ce nom aux cordages qui servent au touage, au halage, à l'évitage des navires, ainsi qu'au bout de corde qu'on jette à un canot, à un homme pour l'aider à accoster. — *Amarrer*, c'est assujettir, arrêter, lier un objet, ou mettre un vaisseau en état de n'être pas entraîné par les vents.

AMARYLLIDÉES, famille naturelle de végétaux monocotylédons, est un démembrement formé par Robert Brown aux dépens des Narcissées de Jussieu, et a pour type l'*Amaryllis*. Ses caractères sont : calice monosépale, tubuleux, à six divisions ; étamines au nombre de six, à filets libres ou soudés, ovaire infère, style simple, stigmate trilobé. La famille des Amaryllidées se divise en quatre tribus : les *Hypoxydées*, les *Agavées*, les *Amaryl-*lidées vraies et les *Galanthées*. Les Amaryllidées vraies renferment les genres *Amaryllis, Narcissus, Zephyranthes, Corbularia, Ajax, Clinanthe, Pancratium, Crinum, Cyrtanthus, Habranthus*, etc.

AMARYLLIS, belle plante de la famille des Narcissées, a sans doute reçu, à cause de sa beauté, le nom de la bergère Amaryllis, chantée par Virgile dans ses *Églogues*. Elle est, en effet, remarquable par la grandeur, la forme et l'éclat de ses fleurs, qui exhalent une odeur très-suave. Les amaryllis proviennent d'un oignon comme les jacinthes ; leurs feuilles sortent de terre ; du milieu du faisceau qu'elles forment s'élève une tige plus ou moins allongée, qui se termine par une ou plusieurs fleurs rouges, jaunes ou roses. On distingue surtout : l'*A. très-belle*, plus connue sous le nom de *Lis-saint-Jacques*, originaire du Mexique ; sa fleur unique, du plus beau rouge pourpré, se compose de trois pétales inférieurs et de trois autres pétales qui se redressent en l'air en s'écartant comme les bras d'une croix ; on ne la cultive que depuis 1593, époque où on l'apporta en Espagne ; — l'*A. de Guernesey*, qui porte plusieurs fleurs à la fois, d'un rouge vif : elle est originaire de l'île de France et du Japon, et l'on présume qu'elle ne croît naturellement à Guernesey que parce qu'un vaisseau venant d'Asie y aura porté des oignons de cette belle plante ; — l'*A. belladonne*, originaire des Antilles, remarquable par ses grandes fleurs roses mêlées de blanc, qui sont quelquefois au nombre de huit sur la même tige ; on peut la cultiver en pleine terre, pourvu qu'on lui choisisse un terrain léger et une exposition chaude ; — l'*A. jaune*, vulgairement nommée *Narcisse* ; elle est beaucoup moins belle et moins rare que les précédentes ; on la trouve dans tous les jardins.

AMAUROSE (du grec *amaurosis*, obscurcissement), dite aussi *goutte sereine*, *cataracte noire*, diminution ou perte complète de la vue, produite par la paralysie du nerf optique ou de la rétine, sans altération appréciable dans l'organisation de l'œil ; elle peut être bornée à un seul œil, ou les affecter tous les deux à la fois. Elle a pour causes principales : l'exposition de l'œil à une vive lumière, des lectures assidues, la vieillesse, les contusions du globe de l'œil ou du front, les lésions organiques du cerveau, les études microscopiques, les chagrins prolongés, la colère, l'ivresse répétée, la pléthore, la suppression de la sueur, d'un émonctoire, d'un exanthème cutané, d'une hémorragie périodique ; la disparition prompte de la teigne, des dartres, de la goutte, du rhumatisme ; les accès d'hystérie, d'épilepsie ; l'apoplexie, les saignées trop rapprochées ; les poisons narcotiques. L'invasion a lieu tantôt graduellement et tantôt subitement. L'amaurose est *complète* ou *incomplète* ; ordinairement *continue*, elle est quelquefois *périodique* : sa durée est généralement longue. Le pronostic est très-grave quand la maladie occupe les deux yeux, qu'elle est très-ancienne ; que la pupille est déformée, dilatée, et qu'on voit une teinte grisâtre au fond de l'œil. Le traitement varie comme les causes : il est général ou local. Le traitement général consiste dans l'emploi de tous les moyens dérivatifs et révulsifs. Parmi les remèdes locaux, on recommande les frictions et applications narcotiques sur l'œil, celles du baume de Fioraventi, de gaz acide sulfureux, de gaz ammoniac, la vapeur d'éther phosphoré ; les sachets aromatiques, dont on couvre les yeux ; enfin, on a essayé les sternutatoires, l'électricité et le galvanisme. Le Dr Deval a donné un *Traité de l'Amaurose*.

AMAZONES, nom donné par Buffon aux perroquets à plumage vert, dont le fouet de l'aile est coloré de rouge et de jaune. On les trouve dans l'Amérique du Sud sur les bords du fleuve des Amazones. Ces perroquets se distinguent par l'éclat, la vivacité de leurs couleurs, leur facilité à parler, et par une douceur qui les fait rechercher.

AMAZONITE, espèce de feldspath vert, opaque, susceptible de recevoir un beau poli, ainsi nommée parce qu'on la trouve sur les bords du fleuve des Amazones. Les anciens la connaissaient, comme le prouvent les camées et les vases grecs faits de cette substance qu'on voit encore dans plusieurs musées. Ils la tiraient de l'Orient ou des monts Ourals, où l'on en trouve encore aujourd'hui.

AMBASSADEUR (du bas latin *ambascia*, qu'on dérive lui-même du celtique *ambacht*, serviteur, ministre), agent diplomatique de premier ordre, envoyé par un prince ou un État auprès d'un autre prince ou État, pour le représenter, ou pour donner communication des volontés du gouvernement qui l'envoie. Les ambassadeurs sont *ordinaires* ou *extraordinaires*. Les *ambassadeurs ordinaires* résident auprès des gouvernements étrangers, et ont pour mission d'aplanir les difficultés qui pourraient survenir entre l'État qu'ils représentent et celui près duquel ils sont accrédités. Les *ambassadeurs extraordinaires* sont ceux qu'on envoie dans un cas particulier, comme un couronnement, un mariage, etc. Les ambassadeurs jouissent de certaines prérogatives : ils ont accès toutes les fois qu'ils le désirent auprès du chef de l'État; leur personne et leur domicile sont inviolables; pendant longtemps même ils eurent *droit d'asile*. Les ambassadeurs remplissent en général pour leurs compatriotes les fonctions d'officiers civils. — L'usage des ambassadeurs résidents ne remonte pas au delà du XIIIe siècle. Quoique chaque État entretienne des représentants auprès des autres États, fort peu de ces représentants ont le titre et le rang d'ambassadeurs : sous la monarchie, la France n'entretenait d'ambassadeurs qu'auprès de l'Autriche, de la Belgique, des Deux-Siciles, de l'Espagne, des États Romains, de la Grande-Bretagne, de la Russie, de la Sardaigne, de la Suisse et de la Turquie, puissances qui avaient également des ambassadeurs auprès d'elle; elle n'entretenait auprès des autres gouvernements que des ministres plénipotentiaires, des envoyés extraordinaires ou des chargés d'affaires. En 1848, la France remplaça ses ambassadeurs par des ministres plénipotentiaires : depuis, trois ambassades ont été rétablies, celles de Londres, de Madrid et de Rome. On doit à Wicquefort l'*Ambassadeur et ses fonctions* (Cologne, 1715, 2 vol. in-4o), ouvrage classique sur la matière, et à Martens le *Manuel diplomatique*, Leipzig, 1823, in-8o.

AMBASSE, genre de poissons de la famille des Percoïdes, formé par Cuvier et Valenciennes. L'*A. de Commerson*, ainsi nommé parce que ce naturaliste l'observa le premier, est l'espèce type. Il atteint jusqu'à 20 centim. de longueur; son dos est d'un vert brunâtre, quelquefois pointillé de noir; une bande argentée se fait remarquer sur les deux côtés du corps, depuis l'ouverture des ouïes jusqu'à la queue. Sa chair est très-estimée. On trouve ce poisson en abondance dans les mers de l'Inde et sur les côtes de l'île Bourbon; on le conserve dans la saumure comme les anchois.

AMBE (du latin *ambo*, deux), combinaison de deux numéros pris ensemble à la loterie, et qui sont sortis ensemble. L'*ambe simple* produisait 270 fois la mise, et l'ambe *déterminé* 5,100 : *ambe déterminé* se disait de deux numéros sortant dans l'ordre indiqué par le joueur. — *Ambe* se dit aussi au loto de deux numéros gagnants placés sur la même ligne horizontale.

AMBIDEXTRE (du latin *ambo*, deux, et *dextera*, main droite), qui se sert indifféremment, et avec la même adresse, de la main droite et de la main gauche. Tous les mammifères munis de mains sont *ambidextres*; ce n'est que par l'effet de l'éducation

que l'homme fait exception et se sert exclusivement de la main droite. Il serait cependant à désirer que les deux mains fussent également exercées; il est même certaines professions dans lesquelles on ne peut bien réussir si l'on n'est ambidextre : telles sont la chirurgie, l'art vétérinaire et plusieurs métiers, comme celui de l'aiguiseur, du tourneur, etc.

AMBLE (du latin *ambulare*, se promener), sorte d'allure entre le pas et le trot, par laquelle l'animal, pour avancer, fait mouvoir simultanément ses deux membres du même côté. L'ours et la girafe sont les deux seuls animaux qui marchent naturellement l'amble; c'est aussi l'allure du poulain, et quelquefois même du cheval déjà grand; mais la plus souvent cette allure est chez le cheval l'effet de l'art. On y façonne également l'âne et le mulet. Cette façon d'aller, qui fatigue beaucoup les épaules du coursier, est extrêmement douce pour le cavalier. L'amble était fort en honneur au moyen âge; on dressait à marcher l'amble des *haquenées* pour les abbés, les châtelaines, etc. Aujourd'hui cette allure est fort peu cultivée dans nos manéges.

AMBLY... (du grec *ambly*, obtus), mot qui entre dans la composition de beaucoup de termes scientifiques : *amblygone*, à angles obtus; *amblyope*, à vue faible; *amblyptère*, à ailes tronquées, etc. — L'*amblyopie* est le premier degré de l'amaurose : dans cet état, le malade ne peut distinguer que les objets volumineux, bien éclairés, et d'une couleur tranchée.

AMBON (du grec *ambôn*, hauteur au bord en saillie), tribune sur le devant du chœur d'une église, dans laquelle on montait autrefois soit pour prêcher, soit pour lire ou chanter certaines parties de l'office; on y lisait le graduel, l'évangile et l'épître. Il est question de l'ambon dans nos annales dès l'an 800. On voit encore un *ambon* à Paris dans l'église Saint-Étienne-du-Mont et à Notre-Dame; l'église Saint-Clément, à Rome, en a trois. On connaît davantage l'*ambon* sous le nom de *jubé*.

AMBRE (en arabe *ambar*), nom donné à deux substances, l'*ambre jaune* et l'*ambre gris*, qui n'ont guère de commun que d'être toutes deux aromatiques.

AMBRE JAUNE, dit aussi *Succin* ou *Carabé*, espèce de résine fossile, jaune, diaphane, d'une odeur agréable, *sui generis*, homogène et susceptible de recevoir un beau poli. Lorsqu'on le soumet à la dessiccation, il donne de l'*acide succinique*. Il appartient particulièrement aux terrains tertiaires; il accompagne le lignite dans plusieurs localités, comme, par exemple, autour de Soissons et à Saint-Paulet (Gard). Il existe en assez grande quantité dans les dunes sablonneuses qui bordent le rivage de la mer Baltique, entre Kœnigsberg et Mémel; le mouvement des eaux en dépose beaucoup sur la côte. Il paraît provenir d'une espèce de conifères antédiluviens, dont on ne rencontre plus que les graines et les cônes; il était primitivement fluide, comme le prouvent les insectes et les brins de plante qu'il contient quelquefois. Les poètes anciens supposaient que les grains d'ambre provenaient des larmes des sœurs de Phaéthon. — L'ambre entre dans la composition du vernis gras et sert à fabriquer de petits objets d'ornement, colliers, chapelets, etc. L'ambre jaune (*électron*, en grec) devient électrique par le frottement : c'est de son nom grec qu'est dérivé le mot d'*électricité*. Il est antispasmodique et excitant.

AMBRE GRIS, substance grasse, aromatique, qui donne un parfum analogue au musc. Elle provient de certains cachalots, notamment le *Physeter macrocephalus* et paraît être une concrétion formée dans les intestins ou dans l'estomac de ce cétacé. On la trouve ordinairement en petits morceaux, quelquefois aussi en masses d'un volume assez considérable, flottant à la surface de la mer, aux environs de Madagascar, de la côte de Coromandel, des Iles Moluques et du Japon. Elle est plus légère que l'eau et d'un gris cendré ; elle se ramollit par la chaleur et fond comme la cire. Elle se compose en grande partie d'un corps gras particulier, appelé *ambréine*, vanté jadis comme aphrodisiaque et antispasmodique. L'ambre gris n'est plus guère employé que dans la parfumerie.

On nomme *ambre blanc* une variété de l'ambre jaune, moins colorée ; — *ambre noir*, le jayet.

AMBRÉINE, matière d'un blanc brillant, insipide, presque inodore, fusible à 30°, se volatilisant au-dessus de 100°. L'eau ne la dissout pas. Elle s'obtient en traitant l'ambre gris par l'alcool ; la connaissance en est due à MM. Pelletier et Caventou.

AMBRÉIQUE (ACIDE), acide obtenu par l'action de l'acide nitrique sur l'ambréine. Il est jaune en masse, blanc quand il est divisé. Il fond au-dessus de 100°, renferme de l'azote, mais ne donne pas d'ammoniaque dans sa décomposition ; il est peu soluble dans l'eau froide, et se dissout dans l'alcool et l'éther.

AMBRETTE (d'*ambre*), *Succinea*, espèce odorante du genre *Ketmie*, de la famille des Malvacées. C'est un arbrisseau originaire de l'Asie et de l'Amérique, haut de plus d'un mètre, à feuilles palmées à 5 ou 7 divisions pointues et dentées ; ses fleurs, portées sur un pédoncule assez long, sont de couleur jaune soufre ; ses graines, petites, réniformes, exhalent une odeur marquée d'ambre et de musc : elles servent dans la parfumerie, et sont employées pour la fabrication du parfum dit *poudre de Chypre*. Ces graines, nommées aussi *abelmosch* (graine de musc), furent longtemps en usage pour parfumer la poudre à blanchir les cheveux.

On nomme *poire d'ambrette* une petite poire qui a un goût d'ambre.

Le nom d'*ambrette* a aussi été donné à un genre de Mollusques gastéropodes voisin des *Hélices*, qui a une coquille ovale, allongée ; on en trouve sur les bords du Rhin et aux environs de Paris.

AMBROISIE (du grec *ambrotos*, immortel), nourriture des dieux, qui, selon la Fable, rendait immortels ceux qui la mangeaient. Elle était neuf fois plus douce que le miel, et exhalait une odeur suave. L'essence nous en est inconnue. Le plus grand nombre des auteurs en font un aliment solide, et l'opposent au *nectar*, qui était un breuvage.

AMBROISIE, *Ambrosia*, genre de la famille des Corymbifères, a pour caractères : fleurs monoïques, corolles très-courtes, 1 style, 2 stigmates ; fruits recouverts par le calice. Ce genre renferme des herbes ou des arbustes à feuilles alternes ou opposées et souvent découpées. On en connaît cinq ou six espèces, toutes propres à l'Amérique, à l'exception d'une seule qui croît sur le bord de la mer dans les pays du midi de l'Europe ; c'est l'*A. maritime*, herbe haute d'un demi-mètre, à racine fibreuse, à feuilles très-découpées, soyeuses, blanchâtres ; odeur aromatique, saveur un peu amère. Elle est regardée comme stomachique et résolutive ; on en fait des infusions dans l'eau, le vin, etc.

AMBROISIE ANSÉRINE, *Chenopodium ambrosioïdes*, plante potagère du genre *Chénopode*, que l'on dit originaire du Mexique, quoiqu'elle se trouve naturellement en France ; elle est annuelle, rameuse, garnie de feuilles d'un beau vert, de fleurs blanchâtres, disposées en petites grappes, qui s'épanouissent en juin et durent jusqu'à un octobre. Elle répand une odeur aromatique et agréable. On la cultive en pleine terre et dans les jardins. On a pris quelque temps ses feuilles en infusion sous le nom vulgaire de *thé du Mexique*.

AMBROSINIÉES, tribu de la famille des Aroïdées, renferme les deux genres *Ambrosinie* et *Cryptocoryne*. Le premier de ces genres est curieux à cause de sa spathe roulée, presque close, et terminée par une longue pointe. Cette spathe, partagée en deux

loges par le spadix qui est plan, contient d'un côté une seule fleur femelle sessile, de l'autre 8 étamines disposées sur deux rangées. Ce genre ne se compose que d'une seule espèce, l'*A. de Bassi* (botaniste bolonais), petite plante vivace qui croît en Sicile.

AMBULANCE (d'*ambulare*, marcher, se déplacer), espèce d'hôpital militaire attaché à un corps d'armée en campagne, et qui peut se transporter en tout lieu. Une ambulance peut être établie dans un bâtiment particulier au voisinage du champ de bataille, ou sous une tente, ou même en pleine campagne, derrière les rangs de l'armée. On y place les soldats malades ou blessés. Le service de l'ambulance se compose de chirurgiens qui pansent ou opèrent les blessés, et d'infirmiers militaires organisés en *compagnies d'ambulance*, qui relèvent les blessés et les soignent. On distingue : *A. volantes*, placées près du lieu du combat et dont les membres vont quelquefois chercher les blessés au milieu même du feu, et *A. de réserve*, qui restent sur le derrière et forment des hôpitaux temporaires. — Ce n'est guère que depuis Henri IV qu'on a songé à établir un service de ce genre ; mais il n'a été vraiment constitué que pendant les grandes guerres de la République et de l'Empire. C'est à Percy et à Larrey qu'il doit le plus : ce dernier institua les *ambulances volantes* en 1793, à l'armée du Rhin.

AME (des mots *anima*, *animus*), en grec *psyché*, principe de la vie et de la pensée, substance conçue comme *immatérielle*, et qui, jointe au corps, constitue l'homme. Elle est l'objet d'une science particulière, la *Psychologie* (Voy. ce mot).

Immatérialité de l'âme. On prouve que l'âme est immatérielle en s'appuyant sur ce principe : Que des propriétés différentes supposent des substances distinctes ; or, l'observation nous fait découvrir dans la nature deux ordres de propriétés essentiellement différentes : d'un côté, l'étendue, la solidité, la figure, la pesanteur, etc.; de l'autre, chez certains êtres, le sentiment, la pensée, la vie; donc, il existe deux sortes de substances dans lesquelles résident ces propriétés : le *corps* ou la *matière*, l'*âme* ou l'*esprit*. Bien plus, on reconnaît que plusieurs de ces propriétés sont non-seulement distinctes, mais opposées, incompatibles ; que tandis que les corps sont inertes, esclaves de la fatalité, l'homme se sent actif et libre; que tandis que le corps est composé d'un amas de molécules qui se séparent, qui se renouvellent perpétuellement, l'homme sent en lui quelque chose qui reste un et simple ou indivisible au milieu des sensations venues des sources les plus diverses ; qui est identique, et qui persiste à travers toutes les vicissitudes de l'organisme; d'où l'on conclut que l'âme est essentiellement distincte du corps et ne saurait être confondue avec lui.

L'immatérialité de l'âme sert à démontrer son *immortalité*. Voy. ce mot.

L'âme fut d'abord conçue sous la forme d'un souffle (*anémos*, *anima*), d'une flamme, en un mot, d'une substance plus subtile que le corps. Pythagore et Anaxagore paraissent être les premiers qui aient formulé philosophiquement la distinction de l'âme et du corps ; recueilli par Platon et par Aristote, le dogme de la spiritualité a été pour ainsi dire constitué et établi sur des bases solides par les Néoplatoniciens ; adopté par les Pères de l'Église, il entra dans l'enseignement officiel des Scolastiques. Descartes plaça l'essence de l'âme dans la pensée, comme celle du corps dans l'étendue; Leibnitz, sortant de l'abstraction, dans laquelle était resté Descartes, donna pour *substratum* à la pensée la *monade*, être simple, essentiellement actif et sensible.

Non contents de distinguer l'âme du corps, les philosophes se sont demandé : 1° comment l'âme communique avec le corps ; 2° où elle réside ; 3° quand elle s'est unie au corps ; 4° ce qu'elle devient

4

à la mort; 5° si l'âme est propre à l'homme, si les animaux, si le monde même n'ont pas aussi une âme.

Sur le 1er point, quatre réponses ont été faites : selon les uns, l'âme et le corps agissent physiquement l'un sur l'autre (*influx physique*), ce qui est ou ne rien expliquer ou tomber dans une contradiction en assimilant l'âme au corps; selon d'autres, les deux substances ne peuvent agir l'une sur l'autre, mais il existe entre elles un médiateur, que Cudworth nomme *médiateur plastique* et dont il fait un être d'une nature particulière, tandis que Descartes et Malebranche le trouvent dans Dieu même (*assistance divine*); selon Leibnitz, il n'y a ni action réciproque, ni médiateur; mais l'âme et le corps, comme deux horloges bien réglées qui marcheraient d'accord, se développent parallèlement en vertu de leur nature propre et de l'impulsion qu'ils ont reçue une fois pour toutes du Créateur qui les a accouplées (*harmonie préétablie*).

Sur le 2e point, les uns, distinguant plusieurs âmes, ont, avec Platon, assigné à chacune un siége particulier : à l'âme raisonnable, le *cerveau*; à l'âme irascible, la *poitrine*; à l'âme concupiscible, le *bas-ventre*; les autres lui ont donné un siége unique, soit le cerveau tout entier, soit une partie du cerveau, la glande pinéale (Descartes), le corps calleux (la Peyronie), le cervelet, etc. ; d'autres enfin la disent répandue dans tout le corps et amalgamée avec chacune de ses parties (Plotin).

Sur le 3e point, Platon, Origène, etc., ont pensé que les âmes existaient antérieurement, et que Dieu unit une âme à un corps au moment de la naissance, tandis que la plupart des théologiens enseignent que Dieu crée une nouvelle âme pour chaque nouveau corps; quelques-uns, approuvés en cela par Leibnitz, croient que toutes les âmes ont existé en germe dans le premier homme et qu'elles se propagent, comme les corps, par la génération.

Sur le 4e point, quelques philosophes, les disciples de Leucippe, de Démocrite et d'Épicure chez les anciens, les matérialistes, tels que d'Holbach, Lamettrie, Broussais, chez les modernes, croient que l'âme meurt avec le corps, ou plutôt ils ne la distinguent pas du corps; mais la plupart des philosophes, d'accord en cela avec les diverses religions, ont admis qu'après la mort, l'âme avait une vie nouvelle dans laquelle elle était récompensée ou punie selon ses œuvres, laissant d'ailleurs aux religions positives le soin de décrire le genre des peines et des récompenses. Pythagore, allant plus loin, prétendit que les âmes animaient successivement plusieurs corps (*Métempsycose*).

Sur le dernier point, les anciens, d'après Aristote, accordaient aux animaux une *âme sensitive* et donnaient même aux plantes une *âme végétative*, réservant pour l'homme l'*âme rationnelle*, qui s'unit en lui aux deux autres; Descartes refuse toute âme aux bêtes et en fait de pures machines; Condillac restitue une âme aux bêtes et leur accorde des facultés analogues aux nôtres, mais inférieures et proportionnées à leur organisation. — Enfin, la plupart des philosophes anciens, Timée, Platon, Zénon, Plotin et ses disciples donnent au Monde une âme, que les uns distinguent de Dieu, que les autres confondent avec lui ; on peut rapporter à cette dernière classe les panthéistes modernes, Vanini, Spinosa, Schelling, etc.

Sur toutes ces questions, le plus sage serait peut-être de dire qu'elles sont hors de notre portée. Toutefois, on lèverait une partie des difficultés relatives aux rapports de l'âme et du corps, si, au lieu d'établir un antagonisme absolu entre les deux substances, on admettait, avec Leibnitz, que toutes deux procèdent de *monades*, éléments simples, ayant en puissance la vie et le mouvement, et qui se produisent sous différentes formes, suivant les conditions diverses dans lesquelles ils se trouvent placés.

Les principaux auteurs à consulter sur l'*Ame* sont : Platon (*Phédon, Alcibiade*), Aristote (*De Anima*), Plotin (*Ennéades*), Nemesius (*De Natura hominis*), Descartes (*Méditations*), Wolf (*Psychologie*); Astruc (*Immatérialité et immortalité de l'Ame*); Bonnet (*Essai analytique sur les facultés de l'âme*), A. Baxter (*Recherches sur la nature de l'âme*), Collins (*Essais sur la nature et la destination de l'âme*), La Luzerne (*Dissertation sur la spiritualité de l'âme*).

AME (Musique). L'*âme* du violon et des autres instruments à cordes est un petit cylindre de bois qui se pose debout entre la table supérieure et le fond de l'instrument, dans le double but de maintenir la distance respective des parties et d'établir entre elles des vibrations uniformes.

AMEN, mot hébreu qui signifie *ainsi soit-il*, terminait toutes les prières des Juifs. Au commencement d'une phrase (*Amen dico vobis*) signifiait *en vérité, certainement*. Aujourd'hui, les Chrétiens et les Mahométans disent aussi *amen* à la fin de leurs prières. Ce mot a même passé chez nous dans le style familier, et s'emploie dans les locutions suivantes : Depuis *Pater* jusqu'à *Amen*; dire *Amen* à tout ce qu'on dit, etc.

AMÉNAGEMENT, art qui consiste à diviser une forêt en coupes successives et à régler l'étendue et l'âge des coupes annuelles. Cet art n'a commencé à attirer l'attention qu'au dernier siècle, et a été l'objet des travaux de Buffon, Duhamel, Réaumur, Rozier, Varenne de Fenille, Pertuis, etc., dont les recherches ont été résumées par Baudrillart, dans son *Dictionnaire des Forêts*.

AMENDE (du latin *menda*, faute), peine pécuniaire imposée par la loi, ou laissée à l'arbitraire du juge, pour punir une faute légère, le plus souvent une simple contravention aux règlements de police. Tantôt l'amende est une peine principale et isolée, tantôt c'est une peine accessoire : en tout cas, elle ne profite jamais qu'au fisc. — On retrouve les traces de cette peine dans toutes les législations : au moyen âge on l'admettait pour les crimes les plus graves, même pour le meurtre, lorsque le coupable était noble au seigneur; chez les Francs, on appelait *wehrgeld* ou *composition* la somme payée dans ce cas à la famille de l'offensé, et *frède* ou *gage de paix*, la part que le fisc prélevait sur cette somme. — Faire *amende honorable*, c'était autrefois aller nu, en chemise, la torche à la main, la corde au cou, demander pardon à Dieu et au roi, à la porte d'une église ou ailleurs, d'un crime quelconque. Aujourd'hui c'est demander pardon d'une offense à quelqu'un, lui faire réparation.

AMENDEMENT (du latin *amendare*, corriger). On nomme ainsi en Agriculture les matériaux et les opérations qui ont pour but d'accroître la faculté végétative d'un sol, et d'en modifier la nature par l'addition de substances étrangères qui lui manquaient. L'art des amendements doit être appliqué en raison combinée de la nature du sol et de celle des végétaux que l'on veut obtenir. Les principaux amendements sont l'argile pour un sol sableux; le sable pour un sol argileux; les marnes, la craie concassée, le plâtre, le sel marin, le nitre, les cendres, qui agissent surtout comme stimulants de la végétation. On étend quelquefois, mais à tort, le nom d'*amendements* aux engrais. L'art des amendements ne date guère que du dernier siècle; il a fait en grande partie la prospérité agricole de l'Angleterre et de la Belgique; il est encore trop négligé en France. Franklin, au XVIIIe siècle, et de nos jours MM. de Dombasle, Boussingault et Gasparin, ont beaucoup contribué à le mettre en honneur. La *Maison rustique du XIXe siècle* (vol. I, ch. 3) donne, sur ce sujet, de précieuses directions.

En Politique, on nomme *amendements* les modifications apportées à une loi, lors de sa discussion publique dans les chambres ou assemblées délibérantes. Les amendements doivent être imprimés et distribués avant d'être discutés.

AMENTACÉES, famille de plantes qui, dans la classification de L. de Jussieu, comprend un grand nombre de genres, remarquables par la forme de leurs fleurs disposées en chatons (*amentum*). Les ·ormes, les bouleaux, les peupliers, les saules, les chênes et les châtaigniers en font partie. Les Amentacées de L. de Jussieu forment aujourd'hui 7 familles : les *Ulmacées*, les *Cupulifères*, les *Bétulacées*, les *Salicinées*, les *Myricées*, les *Juglandées*, les *Platanées*, et comprennent les plus beaux arbres de nos forêts et quelques arbustes, comme le coudrier et l'aune.

AMER, nom vulgaire de la vésicule du FIEL.

AMERS, médicaments caractérisés par la saveur toute spéciale que rappelle ce nom : tels sont le quinquina, le quassia, la gentiane, le café, la petite centaurée, la camomille, le scordium, la rhubarbe, l'écorce d'orange, la fève saint-Ignace, où l'amertume est plus ou moins forte. On retrouve ce goût dans des familles entières, les Labiées, les Corymbifères, les Laurinées, où il est associé à divers principes aromatiques. Les amers ont des vertus médicales précieuses : ils sont stomachiques, fébrifuges, anthelmintiques, emménagogues ; on leur attribue même la propriété de combattre la goutte : la poudre du duc de Portland, longtemps recommandée contre la goutte, n'est qu'un composé d'amers.

AMÉTHYSTE (du grec *améthystès*, formé de *a* privatif, et *méthè*, ivresse, parce que les anciens attribuaient à cette pierre la propriété de préserver de l'ivresse), pierre précieuse de couleur violette, est un quartz transparent, coloré par de l'oxyde de manganèse ; elle s'emploie dans la bijouterie. Les plus belles améthystes viennent des Indes, des Asturies, du Brésil, de la Sibérie ; on en trouve aussi en France et en Allemagne. La couleur violette de cette pierre l'a fait adopter pour orner l'anneau pastoral des évêques, ce qui l'a fait nommer *pierre d'évêque*. — L'*A. orientale* est une variété de corindon.

AMÉTHYSTÉE, plante annuelle de la famille des Labiées, ainsi nommée de la ressemblance de sa couleur avec celle de l'améthyste, est haute de 30 centimètres. Elle est originaire de la Sibérie ; on la cultive dans nos jardins. Sa tige porte des feuilles opposées et d'un vert tendre. Ses fleurs, petites, de couleur bleu-violet, sont disposées trois par trois, et répandent une odeur suave.

AMEUBLISSEMENT (de *meuble*). Lorsque les époux font entrer en communauté tout ou partie de leurs immeubles présents ou futurs, les assimilant par fiction à des meubles, cette clause s'appelle, en Droit, *ameublissement* (Voy. sur ce sujet les art. 1505 et suiv. du Code civil).

En Agriculture, on appelle *ameublissement* le travail qui consiste à rendre une terre plus *meuble*, plus légère : on y réussit par de fréquents binages, qui, en même temps qu'ils enlèvent les herbes nuisibles, facilitent l'action des rosées et des eaux pluviales.

AMIANTE (du grec *amiantos*, incorruptible), substance minérale, tantôt verte ou grisâtre, tantôt blanche, qu'on rencontre en masses fibreuses ou feutrées, souples et soyeuses, se trouve particulièrement dans les fissures des dépôts de serpentine. L'amiante semble s'enflammer au feu, mais ne subit point de détérioration : cette propriété et sa structure filamenteuse lui ont fait donner par Haüy le nom d'*asbeste flexible*, par opposition à l'*asbeste* proprement dite, dont les fibres sont plus roides : on la désigne aussi sous les noms de *papier fossile*, *liége fossile*, *cuir fossile*, *bois* et *carton de*

montagne. L'amiante se compose de silicate de magnésie, souvent hydraté, en proportions qui le rapprochent de l'amphibole et du pyroxène. — Les anciens regardaient l'amiante comme une espèce de lin produit par une plante des Indes : ils en faisaient des nappes et des serviettes qu'on jetait au feu pour les blanchir ; des mèches de lampe qui brûlaient dans l'huile sans se consumer ; des linceuls pour les cadavres, afin de pouvoir recueillir leurs cendres sans qu'elles se mêlassent à celles du bûcher. Les alchimistes l'appelaient *lin vif* ou *laine de salamandre*, parce que, suivant eux, la salamandre était à l'épreuve du feu. L'art de filer l'amiante a été retrouvé de nos jours en Italie : on en fait du papier et de la dentelle incombustibles ; M. Aldini en a fait des vêtements servant à préserver les pompiers des premières atteintes du feu ; on emploie aussi l'amiante pour retenir l'acide sulfurique dans les briquets oxygénés. — Cette substance, autrefois très-rare et très-chère, est aujourd'hui très-commune : on la trouve dans les Hautes-Alpes, dans les Pyrénées (près de Barèges), en Écosse, en Corse, et dans la Tarantaise en Savoie : c'est de ce dernier pays qu'on tire l'amiante dont les filaments sont les plus longs et les plus soyeux.

AMICT (du latin *amictus*, vêtement), linge bénit, de forme carrée, que les ecclésiastiques se mettent sur les épaules avant de revêtir l'aube, et après l'avoir un instant placé sur la tête. Le diacre, le sous-diacre et les induts portent aussi l'amict quand ils servent à l'autel. Cet ornement est considéré comme le symbole de la retenue que doivent garder ceux qui le portent.

AMIDE (formé d'*am*, première syllabe d'ammoniaque, et de la terminaison *ide*), classe de composés qui diffèrent des sels ammoniacaux par l'absence des éléments de l'eau, et qui sont capables de se convertir en ces sels en s'assimilant les éléments de l'eau. La chimie organique surtout est riche en amides. A chaque amide correspond un acide ; aussi désigne-t-on les amides par les noms de leurs acides : *amide phosphorique* ou *phosphamide*, *amide oxalique* ou *oxamide*, etc. Ces corps ont une grande importance théorique : MM. Laurent et Gerhardt ont fait connaître les lois de leur composition. La première amide a été découverte en 1830 par M. Dumas, en distillant de l'oxalate d'ammoniaque. Le résidu obtenu était représenté par C^2O^2,A^3H^4, composé qui ne diffère de l'oxalate employé que par l'absence de deux atomes d'eau.

AMIDINE, substance opaque ou demi-transparente, de couleur blanche ou jaunâtre, très-friable, inodore, insipide, soluble dans l'eau bouillante, insoluble dans l'alcool, que l'on obtient en abandonnant à lui-même l'empois d'amidon, à la température ordinaire, avec ou sans le contact de l'air.

AMIDON (par corruption du grec *amylon*, dérivé lui-même d'*a* privatif, et *mylé*, meule, c'est-à-dire farine faite sans le secours de la meule), poudre blanche et sans saveur, formée de granules sphéroïdes, ovoïdes ou plus ou moins allongés, qu'on extrait de différentes plantes, telles que les céréales, les graminées, les semences des légumineuses (fèves, haricots, pois, lentilles), les racines ou tubercules charnus de la pomme de terre, du topinambour, du manioc, les tiges des palmiers, plusieurs espèces de lichens, les racines d'aunée, de dahlia, les bulbes du lis, les fruits du chêne, du marronnier d'Inde, du châtaignier, etc. On donne particulièrement le nom d'*amidon* à l'amidon des céréales ; on appelle *fécule* l'amidon extrait de la pomme de terre. — Le plus ancien procédé pour extraire l'amidon consiste à altérer profondément les farines par une longue fermentation ; le gluten devient ainsi soluble, et l'on peut alors en séparer facilement l'amidon. D'après un procédé préférable dû à M. E. Martin, de Vervins, on fait une pâte de la matière d'où

4.

l'on veut extraire l'amidon, et l'on soumet cette pâte à un lavage continu sur un tamis en toile métallique : on obtient, d'une part, dans le liquide, l'amidon en suspension et la matière sucrée dissoute ; de l'autre, sur le tamis, le gluten sans altération. L'extraction de la fécule de la pomme de terre se fait par le même procédé, après que les tubercules ont été réduits en pulpe très-fine. On trouve dans le commerce plusieurs espèces de fécules connues sous le nom de *arrow-root, moussache, tapioka, sagou* (*Voy.* ces mots). Amené à l'état de pureté, l'amidon, quelle qu'en soit l'origine, est partout identique, et ne constitue qu'une seule espèce chimique. — L'amidon renferme du carbone, de l'hydrogène et de l'oxygène dans les rapports $C^{12}H^{10}O^{10}$; il est insoluble dans l'eau froide ; l'eau chaude le convertit en une matière collante et mucilagineuse, appelée vulgairement *empois*. L'amidon se colore en bleu par une solution d'iode. La sensibilité de l'amidon, comme réactif de l'iode, est telle qu'on peut reconnaître dans un liquide, au moyen d'une solution aqueuse d'amidon, jusqu'à 1/550,000 d'iode libre. Sous l'influence des acides faibles, aidés de la chaleur, l'amidon se convertit d'abord en une matière gommeuse, dite *dextrine*, puis en une matière sucrée appelée *glucose* ou *sucre de fécule*. La même transformation s'effectue par l'action de la *diastase* (*Voy.* ce mot) contenue dans l'orge germée. Ces transformations donnent à l'amidon une grande importance dans plusieurs arts industriels, entre autres dans la fabrication de l'eau-de-vie dite *eau-de-vie de pommes de terre*.

La fécule offre un aliment abondant, nourrissant et très-facile à composer ; sa fadeur naturelle en fait l'excipient approprié d'une foule de matières d'assaisonnement. Dans les fabriques d'indiennes, l'amidon de blé est employé pour épaissir les mordants, auxquels il donne plus de consistance que la gomme. L'apprêt qu'on donne aux toiles de lin, de chanvre et de coton, pour leur communiquer du lustre et une certaine fermeté, est souvent fait avec de l'empois de fécule. Autrefois on consommait une énorme quantité d'amidon pour poudrer les cheveux. Les confiseurs en font un usage journalier pour la composition des dragées. En Médecine, on emploie l'amidon comme adoucissant ; on le donne en lavement dans les diarrhées.

AMIE (d'*amis*, nom de la Pélamide chez les Grecs), genre de poissons de la famille des Scombéroïdes, a pour type le *Scombre pelamys* ou *Pelamys sarde* des ichthyologistes modernes. Aujourd'hui ce poisson se trouve surtout en Amérique, dans les rivières de la Caroline.

AMILACÉ, nom donné aux corps ou substances qui ont par leurs propriétés générales du rapport avec l'amidon. On a nommé *fécule amilacée* toute poudre végétale blanche qui ressemble à l'amidon.

AMIRAL (de l'arabe *émir al ma*, chef de l'eau, commandant de mer), général en chef de la flotte. Ce titre, emprunté à la marine arabe, paraît avoir d'abord été adopté par les Siciliens et les Génois. Saint Louis est le premier qui ait introduit cette dignité en France ; il fit de l'amiral une des grandes dignités de la couronne, et lui confia l'administration de la marine ; il investit de cette charge, en 1270, Florent de Varennes. Charles IV créa, en 1322, un *grand amiral*, avec de nouvelles prérogatives. Richelieu, redoutant l'influence que cette haute dignité pouvait donner à celui qui en était revêtu, la supprima en 1627. Louis XIV la rétablit en 1669, mais en diminuant les prérogatives de ce grand officier de la couronne. Supprimé de nouveau en 1791 par l'Assemblée nationale, le titre de grand amiral fut nominalement rétabli en 1806 par Napoléon, qui le conféra à son beau-frère Murat ; il fut maintenu par Louis XVIII, qui le donna à son ne-

veu, le duc d'Angoulême. Après 1830, le titre purement honorifique de grand amiral disparut ; mais Louis-Philippe créa trois titres d'amiraux ; une loi du 17 juin 1841 maintint ce nombre pour les temps de guerre, mais le réduisit à deux en temps de paix. Les amiraux furent assimilés aux maréchaux de France, et ne purent être pris que parmi les hauts officiers de la marine. Ils ont sous leurs ordres des vice-amiraux et des contre-amiraux, qui, dans l'usage, sont tous salués du titre d'*amiral* (*Voy.* ces mots). — Le vaisseau monté par un amiral est dit *vaisseau amiral*. En outre, il y a dans chaque grand port un vaisseau dit *l'amiral*, sur lequel flotte le pavillon du préfet maritime ; il sert de corps de garde principal, et est affecté à la police du port ; on y passe les revues.

En Conchyliologie, on nomme *amiral* une coquille univalve du genre Cône, qui se trouve sur les côtes de la mer des Indes, le *Conus ammiralis* de Linné. Ce coquillage est très-beau et très-recherché.

AMIRAUTÉ. C'était autrefois une cour contentieuse ayant une juridiction spéciale, distincte des tribunaux judiciaires. On y rendait la justice sur les faits et les contestations de la marine et du commerce, sous le nom et l'autorité de l'amiral. L'amirauté avait dans tous les ports du royaume des siéges et des bureaux. Le chef des officiers de chaque siége prenait le nom de *lieutenant de l'amirauté*. Napoléon avait créé en 1810 un *Conseil de marine* ; supprimé en 1814, ce conseil fut rétabli en 1824 sous le nom de *Conseil d'amirauté*, pour régler tout ce qui concerne la marine. Il fut réorganisé par une ordonnance du 26 août 1830, qui fixa le nombre de ses membres à sept : un amiral, vice-président, deux vice-amiraux, deux contre-amiraux (un de ces derniers est directeur du personnel de la marine), un officier supérieur du génie maritime, directeur des ports, un commissaire général, directeur des fonds et des soldes de retraite ; il est présidé par le ministre de la marine. Ce conseil a été reconstitué par décret du 16 janvier 1850. — En Angleterre, l'*Amirauté*, composée de plusieurs commissaires appelés *lords de l'Amirauté*, a la direction suprême de tout ce qui concerne la marine, et possède les attributions judiciaires de l'ancienne amirauté de France.

AMMI (mot tiré du nom grec d'une plante incertaine), plante herbacée de la famille des Ombellifères, originaire du Levant. Il y en a plusieurs espèces ; on distingue l'*A. majus*, dont les semences aromatiques, très-chaudes, sont analogues au cumin ; l'*A. visnaga*, dit *herbe aux cure-dents*, parce que les rayons de ses ombelles servent aux Turcs à faire des brosses à dents qu'on expédie pour Marseille.

AMMINÉES, tribu des Ombellifères, section des Orthospermées, renfermant les genres *Ammi. Cicuta, Zizia, Apium, Petroselinum, Ægopodium, Carum, Pimpinella, Anisum, Bupleurum*.

AMMOCOETE (du grec *ammos*, sable, et *koité*, gîte), genre de poissons établi par Duméril, de la famille des Cyclostomes, assez ressemblant aux anguilles aux lamproies. L'*A. lamproyon*, *lamprillon*, est long d'environ 20 centim. et gros comme un fort tuyau de plume. Son dos est verdâtre et le dessous du corps blanc. Il s'enfonce dans le sable, et vit de petits poissons. L'*A. rouge* est d'un rouge de sang, plus foncé sur le dos que sous le ventre. On trouve ces poissons à l'embouchure de la Seine. A Rouen, on mange la première espèce, et toutes deux servent d'appât pour la pêche.

AMMODYTE (c'est-à-dire, en grec, qui habite dans le sable). *Voy.* ÉQUILLE.

AMMON (CORNE D'), nom vulgaire de l'Ammonite (*Voy.* ce nom). — En Anatomie, on appelle *Cornes* *d'Ammon* deux saillies médullaires recourbées en forme de corne, et allant, dans le cerveau, du corps calleux à la partie inférieure des ventricules latéraux.

AMMONÉES. *Voy.* ammonidées.

AMMONIAC (sel), ainsi nommé d'*Ammonium*, oasis de l'ancienne Libye d'où on tirait ce sel, dit aussi *Chlorhydrate* ou *Hydrochlorate d'ammoniaque*, *Chlorure d'ammonium*; sel composé d'acide chlorhydrique et d'ammoniaque (HCl + NH³). Il est blanc, fibreux, se cassant avec difficulté, fort soluble dans l'eau, d'une saveur fraîche, un peu piquante. On l'emploie, dans les arts, pour l'étamage et la soudure, et dans les laboratoires pour la préparation de l'ammoniaque. — On trouve le sel ammoniac dans les urines humaines et dans la fiente des animaux qui mangent des herbes salées, particulièrement dans celle des chameaux. Les volcans, les houillères embrasées en fournissent également. — De temps immémorial, on sut en Égypte extraire le sel ammoniac de la fiente des chameaux; dans ce pays, où les excréments servent de combustibles, la suie qu'ils fournissent est chauffée dans de grands matras en verre, et le sel ammoniac se condense alors sur les parois et s'y moule en quelque sorte : de là la forme particulière des *pains* du commerce. En France, le sel ammoniac et les autres combinaisons ammoniacales se préparent en grand dans les fabriques, à l'aide de toute espèce de matières animales azotées qu'on soumet à l'action du feu dans des cylindres en fonte ; on distille ainsi de la corne, du vieux cuir, des chiffons de laine, et l'on combine le produit avec les acides nécessaires.

AMMONIAQUE, dit aussi *Alcali volatil*, *Azote d'hydrogène*, *Amidure d'hydrogène*, *Oxyde d'ammonium*; combinaison d'azote et d'hydrogène (NH³, 1 volume d'azote et 3 volumes d'hydrogène condensés à 2 volumes), gaz incolore, d'une densité de 0,596, d'une saveur âcre et caustique, d'une odeur urineuse et pénétrante ; éteint les corps en combustion, se liquéfie par un froid de —40°, et se solidifie par l'action simultanée d'un grand froid et d'une pression de plusieurs atmosphères. L'eau dissout jusqu'à 670 fois son volume de gaz ammoniac ; la solution, dite *ammoniaque liquide*, est fréquemment employée dans les laboratoires de chimie pour l'extraction et la décomposition d'une foule de substances ; elle sert aux teinturiers pour dissoudre ou pour nuancer certaines matières colorantes, aux dégraisseurs pour nettoyer les étoffes, etc. Appliquée sur la peau, elle la rougit, et même, si elle est concentrée, elle la brûle ; aussi est-elle employée pour cautériser les morsures des serpents venimeux et des chiens enragés, les piqûres des guêpes et d'autres insectes. L'irritation produite par le gaz ammoniaque dans les membranes olfactives peut être utilisée pour rappeler à la vie des personnes asphyxiées ou tombées en syncope. —L'ammoniaque sature les acides, et produit avec eux les *sels ammoniacaux*, dont les principaux sont : le *chlorhydrate* ou *sel ammoniac*, le *carbonate*, le *nitrate*, l'*acétate*, le *sulfate* et le *phosphate*. On reconnaît ces combinaisons en ce qu'elles dégagent de l'ammoniaque quand on les broie avec de la chaux. La dissolution d'ammoniaque ramène au bleu le tournesol rougi par les acides, verdit le sirop de violettes, et brunit le papier de curcuma. Lorsqu'on ajoute à un sel d'ammoniaque de la potasse ou de la chaux, l'ammoniaque est expulsée. Cette réaction s'utilise pour l'extraction de l'ammoniaque : on l'obtient, en effet, en chauffant ensemble parties égales de chaux vive et de sel ammoniac.

L'ammoniaque est la plus commune des combinaisons azotées : elle se répand dans l'atmosphère par suite des décompositions qui s'accomplissent sans cesse à la surface du globe dans les matières organiques ; elle se développe en abondance dans les fosses d'aisances, dans les cimetières, dans les charniers remplis d'immondices. Elle fournit à la végétation l'azote nécessaire à la formation d'un grand nombre de composés.

Les alchimistes ne connaissaient l'ammoniaque qu'en dissolution dans l'eau ; Priestley le premier l'a isolée à l'état de gaz. Les anciens Égyptiens, ainsi que les Arabes, savaient préparer le sel ammoniac, d'où l'ammoniaque s'extrait encore aujourd'hui. *Voy.* ammoniac (sel).

AMMONIDÉES ou ammonées (du grec *ammos*, sable), famille de Coquilles qui se reconnaissent à leurs cloisons sinueuses, découpées dans leur contour, se réunissant entre elles contre la paroi intérieure de la coquille, et s'y articulant par des sutures découpées. On y distingue l'*Ammonite* et la *Baculite.*

AMMONITE, genre de la famille des Ammonidées, renferme des coquilles en forme de disques en spirale, découpées dans leur contour, à tours contigus et apparents, percées dans leur intérieur par une sorte de tube. Ces coquilles, qui atteignent souvent une grande dimension, ne sont encore connues qu'à l'état fossile ; elles forment quelquefois des chaînes de montagnes entières. Leur intérieur est orné de belles couleurs. Quelques-unes sont converties en agates. On nomme vulgairement l'Ammonite *Corne d'Ammon.*

AMMONIUM, nom donné par les chimistes à une combinaison hypothétique d'azote et d'hydrogène, dans les rapports de NH³, et qui jouerait le rôle de métal dans les sels ammoniacaux. Le chlorhydrate d'ammoniaque, par exemple, s'obtient par la combinaison directe de l'acide chlorhydrique (HCl) et de l'ammoniaque (NH³) ; la théorie de l'ammonium fait de ce produit un *chlorure d'ammonium* et suppose que l'hydrogène se serait détaché du chlore de l'acide chlorhydrique pour se porter sur l'ammoniaque et produire ainsi le métal composé ammonium, lequel se serait ensuite combiné avec le chlore. Cette hypothèse, due à Ampère, fait rentrer les combinaisons de l'ammoniaque dans la théorie générale des sels, et explique pourquoi les sels ammoniacaux ont toujours la même forme que les sels de potasse correspondants.

AMMONIURES, composés résultant de la combinaison de l'ammoniaque avec les oxydes de certains métaux, comme l'or, l'argent, le mercure, le platine. Ces composés, dont la préparation est fort dangereuse, détonent avec violence par la percussion, la chaleur ou le frottement. Un décigramme d'ammoniure de bi-oxyde d'or produit une explosion comparable à celle d'un pistolet.

AMNÉSIE (du grec *a* priv., et *mnésis*, mémoire), perte de la mémoire, est considérée par quelques auteurs comme une maladie particulière ; elle est le plus souvent le symptôme de quelque maladie cachée. Elle peut aussi être l'effet de causes apparentes, telles que blessures, épanchement de sang ou de sérosité, inflammation. Elle offre toutes sortes de variétés, et peut être purement partielle ; on voit des personnes perdre la mémoire des dates, des noms propres, même des noms communs, tout en conservant, du reste, l'intégrité de leurs facultés.

AMNIOS (mot grec de même signification), membrane lisse, transparente, de nature séreuse, d'une grande ténuité, qui sert d'enveloppe au fœtus dans le sein de la mère. Elle le recouvre directement et est couverte elle-même par une autre membrane nommée *chorion*. L'amnios exhale à l'intérieur un fluide nommé les *eaux de l'amnios*, ou simplement *les eaux*, au milieu duquel nage le fœtus dans le sein de la mère. Ce fluide est limpide, jaunâtre ou blanchâtre et comme laiteux. Il sert à garantir le fœtus d'une compression douloureuse, à modérer ou amortir les chocs extérieurs, et à préparer les voies à l'accouchement.

AMNISTIE (du grec *amnestia*, oubli), pardon, rémission d'une peine accordée à celui qui s'est rendu coupable d'un délit ou d'un crime. Comme le droit de grâce, le droit d'amnistie appartient ordinairement au souverain. En France, il était exercé par les rois, qui cependant y ont plusieurs fois fait intervenir le pouvoir législatif. La Constitution de 1848 exige une loi (art. 55). — Presque toujours après les révolutions on accorde des amnisties, parce que les lois ordinaires seraient inapplicables. Les plus célèbres amnisties sont : celle de Thrasybule, qui créa ce nom pour une loi qu'il fit rendre à Athènes, après l'expulsion des trente tyrans; celle qui fut accordée par Charles IX en 1570 aux protestants, et qui n'en fut pas moins suivie de la Saint-Barthélemy (1572) ; celle par laquelle Charles II, rétabli sur le trône d'Angleterre, accorda la grâce aux juges de son père; celle de 1802, qui rouvrit la France aux émigrés; celle par laquelle Louis XVIII pardonna à ceux qui avaient pris part au retour de Napoléon (1816), mais en faisant de nombreuses exceptions. Louis-Philippe en accorda une à tous les condamnés politiques en 1837 à l'occasion du mariage de son fils, le duc d'Orléans.

AMODIATION (du latin *ad modium*, au boisseau), bail à ferme d'une terre au moyen du partage des produits dans une proportion stipulée entre le propriétaire et le fermier (dit en ce cas *colon partiaire*). On dit *amodier* une terre pour l'affermer en grain ou en argent. *Voy.* sur ce genre de bail le Cod. civ., art. 1763, 1827 et suiv.

AMOME, *Amomum* (du grec *amomon*, nom d'une plante odoriférante de l'Inde), genre de la famille des Amomées, renferme des herbes aromatiques, originaires des pays chauds, à racines épaisses, à feuilles entières, lancéolées, engaînantes, à fleurs en épi ou en petite grappe terminale; calice trifide, corolle à 4 divisions, 1 étamine à filet plane, et trilobé au sommet. On emploie les graines de ces plantes comme épices et comme assaisonnements, dans les ragoûts indiens; quelques espèces servent à des usages médicinaux. Chez les anciens, ce genre de plantes jouissait d'une grande réputation. Les espèces les plus connues sont le *Cardamome* et la *Graine de paradis*.

AMOMÉES (d'*Amomum*, type de la famille), famille de plantes herbacées, monocotylédones, créée par Richard et répondant aux *Balisiers* de Jussieu, aux *Drymyrrhizées* de Ventenat et aux *Scitaminées* de Brown. Racines tubéreuses, épaisses et aromatiques; feuilles simples, entières, engaînantes; fleurs grandes, en épi ou en grappe; capsules à trois valves (s'ouvrant de trois côtés). Les genres de cette famille sont, outre l'*Amomum*, qui en est le type, le *Balisier*, le *Gingembre*, le *Curcuma*, etc. On divise aujourd'hui cette famille en deux tribus, les *Zingibéracées* et les *Cannées*.

AMONT (du latin *ad montem*, du côté de la montagne, d'en haut), terme dont les bateliers se servent pour signifier le côté d'où descend un fleuve, une rivière; il est l'opposé d'*aval*, et c'est dans ce sens qu'on dit : *le pays d'amont, le vent d'amont*; on dit encore : *en amont de la ville, en amont du pont*, pour désigner un endroit de la rivière qui est au-dessus de la ville, du pont. *Aller en amont*, c'est aller en remontant le cours de l'eau. — Dans la Marine, on appelle *Vent d'amont* le vent compris depuis le N.-E. jusqu'au S.-E., en passant par l'E.

AMORCE, petite quantité de poudre placée à l'extérieur des armes détonantes, et dont l'inflammation communique le feu à la charge à travers une ouverture pratiquée à cet effet, et qu'on nomme *lumière*. Pour les pièces d'artillerie, l'amorce est généralement renfermée dans une paille ou un roseau mince et prend le nom d'*étoupille*.

Pour les fusils à silex, l'amorce est une portion de la charge de la cartouche que l'on verse dans le bassinet. Pour les armes à percussion, c'est une petite quantité de poudre fulminante, fixée dans le fond d'une *capsule*, qui elle-même se place sur un petit cône percé, nommé la *cheminée*. Ces dernières amorces sont préférables, parce qu'elles permettent de faire feu malgré le vent et la pluie, et augmentent la promptitude du départ.

AMORPHA (du grec *amorphos*, difforme, à cause de l'irrégularité de la corolle), arbrisseau de la Caroline, de la famille des Légumineuses, dont les fleurs sont très-irrégulières, sa corolle manquant d'ailes et de carène. Sa racine pelée guérit les maux de dents. L'*A. fruticosa* se cultive dans nos jardins. Ses feuilles, d'un vert noir, ses fleurs, en long épi pourpre et violet, sont d'un aspect agréable. On appelle cet arbrisseau *Indigo bâtard*, quoiqu'il ressemble peu à l'indigotier, et qu'il n'ait pas sa vertu colorante.

AMORPHE (du grec *amorphos*, sans forme), épithète donnée aux minéraux dont la cristallisation est confuse, et, en général, à toutes les substances, ou parties, dont la forme est mal déterminée.

AMORTISSEMENT (d'*amortir*, annuler). On nomme ainsi aujourd'hui l'extinction graduelle de la dette publique au moyen de fonds consacrés au rachat des rentes. La première idée de cette institution appartient aux États de Hollande, qui la fondèrent en 1655. Des institutions analogues furent adoptées successivement par le pape Innocent VI, par l'Angleterre, sur la proposition de Robert Walpole : Pitt la réorganisa d'après les calculs du Dr Price. En France, M. de Machault avait proposé dès 1749 le projet d'une *Caisse d'amortissement* : ce projet ne fut mis à exécution qu'en 1764, mais sans succès; réorganisée en 1784, cette institution fut abandonnée dès 1788 ; rétablie en 1799, elle fonctionna avec succès sous l'Empire; elle a été reconstituée par les lois de finances de 1816 et 1817 et dotée d'un revenu annuel. La révolution de 1848 est venue suspendre son action. Les financiers ne sont pas d'accord sur l'efficacité des caisses d'amortissement, au moins telles qu'elles sont aujourd'hui constituées : elles ont été supprimées de fait en Angleterre depuis 1827.

On nommait autrefois en France *amortissement* une permission que le roi accordait, moyennant finances, aux gens de *main-morte*, églises et communautés religieuses, de posséder des fiefs et héritages à perpétuité, contrairement aux anciennes constitutions de la France. Louis IX régla que, pour obtenir cette autorisation, l'intéressé payerait au roi un droit arbitrairement taxé par lui et aux seigneurs une indemnité. Les patentes par lesquelles on donnait ces faveurs furent appelées *lettres d'amortissement*.

AMOURETTE, nom vulgaire de plusieurs plantes des champs qui se font remarquer par un port gracieux. Il s'applique spécialement à une plante vivace de la famille des Graminées, du genre *Brize*, qui habite les prés secs et les montagnes dénudées de bois. Elle fournit un fourrage court, mais de bonne qualité, aimé des chevaux, des vaches et surtout des moutons. Ses épis sont courts et ovales. — On appelle A. *des prés* la *Lychnide fleur de coucou*, A. *moussue* la *Saxifrage hypnoïde*, et *petite A.* le *Paturin airagroste*.—Le *Bois d'amourette* est celui d'une espèce d'acacia mimosa.

AMPÉLIDÉES (du grec *ampélos*, vigne), famille de plantes dicotylédones polypétales hypogynes qui renferme plusieurs genres dont le plus important est la Vigne. Ces plantes, successivement nommées par les botanistes *Vinifères, Vitacées, Sarmentacées*, ont enfin reçu de Kunth le nom d'*Ampélidées*. Leurs fleurs sont petites, verdâtres, formées d'un calice à 4 ou 5 divisions très-petites, d'une corolle à 4 ou 5 pétales alternant avec les dents du calice, d'autant d'étamines opposées aux pétales, et d'un ovaire libre qui devient une baie lors de sa maturité.

AMPÉLITE (du grec *ampélos*, vigne), schiste argileux noir, qu'on mettait anciennement au pied des vignes, soit pour détruire les insectes nuisibles, soit pour servir d'engrais; c'est un mélange d'anthracite et de matières phylladiennes schisteuses, fortement chargé de pyrite blanche. On distingue l'*A. alunifère*, employée à la fabrication de l'alun, et l'*A. graphique*, nommée vulgairement *pierre d'Italie* et *crayon des charpentiers*, parce qu'elle leur sert à faire des crayons noirs.

AMPÉLOGRAPHIE (du grec *ampélos*, vigne, et *grapho*, décrire), traité de la vigne (*Voy.* VIGNE). Cette intéressante partie de la science a été surtout avancée par les travaux de M. C. Odart, qui a donné ce titre un ouvrage qui fait autorité.

AMPHIBIE (du grec *amphibios*, à double vie), nom donné aux animaux qui ont la propriété de vivre sur la terre et sous l'eau; ceux qui ont à la fois des *poumons* pour respirer l'air atmosphérique et des *branchies* pour respirer l'air contenu dans l'eau : tels sont les sirènes, les protées, les ménobranches, les axolotls. Les phoques, les morses, les crocodiles, les castors, improprement appelés *amphibies* puisqu'ils n'ont pas de branchies, ne peuvent rester dans l'eau qu'un temps très-court et sont forcés de venir de temps en temps à la surface pour respirer. Les larves de plusieurs reptiles, comme le têtard de la grenouille, sont amphibies dans les premiers temps de leur existence.

AMPHIBOLE (du grec *amphibolos*, ambigu, à cause de son analogie avec d'autres minéraux), le *Schorl noir* des anciens minéralogistes, genre minéralogique comprenant des substances blanches, vertes ou noires, fort analogues aux pyroxènes, clivables aussi en prismes rhomboïdaux, mais où les faces sont inclinées de 124° à 127°. La densité des amphiboles varie de 2,9 à 3,2. Ils renferment de la silice combinée avec de la magnésie et de la chaux ou du protoxyde de fer. On distingue l'*A. blanche*, appelée aussi *Trémolite* ou *Grammatile*, dont l'amiante est une variété; l'*A. verte* ou *Actinote*, dite aussi *Amphibolite*; l'*A. noire* ou *Hornblende*; l'*A. aciculaire* ou *Strahlstein* des Allemands; l'*A. granuliforme* ou *Pargasite*, à laquelle les minéralogistes allemands ont donné le nom de *tigererz*, *mine tigrée*; l'*A. compacte* ou *cornéenne*. Les amphiboles appartiennent à peu près à tous les dépôts de cristallisation, où elles forment des couches plus ou moins considérables en compagnie du mica, du feldspath, des grenats, etc. Mêlées avec l'orthose ou l'albite, elles constituent les siénites et les diorites. Elles sont surtout communes dans les terrains trachytiques, notamment au Saint-Gothard, dans le Tyrol, la Saxe, la Bohème, etc. — On en fait des boutons d'habits, des manches de couteaux et des verres noirs ou verts.

AMPHIBRAQUE, pied de vers grec. *V.* AMPHIMACRE.

AMPHIGÈNE (du grec *amphi*, doublement, et *génos*, naissance, parce qu'on peut en diviser les cristaux dans deux sens différents), dit aussi *Leucite*, *Leucolite*, *Grenat du Vésuve*, minéral cristallisé en trapézoèdre translucide, généralement incolore ou d'un blanc de lait, appartient aux terrains volcaniques et se trouve dans les laves de la Somma, de Frascati, d'Albano, près de Rome, etc., ainsi que dans les roches basaltiques des bords du Rhin. C'est un silicate d'alumine et de potasse.

AMPHIGOURI (du grec *amphi*, autour, et *gyros*, cercle), discours burlesque fait à dessein, dont les mots n'ont entre eux aucune liaison et ne présentent aucun sens raisonnable. Les deux plaidoyers et la sentence qui se trouvent dans le *Pantagruel* de Rabelais (liv. II, c. 11-13) offrent un exemple curieux d'amphigouri. — En Poésie, on nomme *amphigouri* une petite parodie en style amphigourique dans laquelle on reproduit les rimes de la pièce que l'on veut tourner en ridicule. Scarron, Collé, ont fait des amphigouris. Tout le monde connaît celui qui commence par ce vers :

Un jour qu'il faisait nuit, je dormais éveillé, etc.

AMPHIMACRE (d'*amphi*, autour; *macros*, long), pied de vers grec ou latin, composé d'une brève entre deux longues, comme *cāstĭtās*; on l'oppose à l'*Amphibraque* (formé de *brachys*, bref), qui se compose d'une longue entre deux brèves, *āmāre*.

AMPHINOME, genre d'Annélides. *Voy.* ANNÉLIDES.

AMPHIPODES (d'*amphi*, des deux côtés, et *pous*, *podos*, pied), nom donné par Latreille à de petits Crustacés aquatiques et terrestres qui forment son 14e ordre. Ils constituent le 3e ordre de la section des Malacostracés de Cuvier. La tête de ces animaux est distincte du thorax et porte quatre antennes. Le corps est muni de huit paires de pieds, et se termine par une espèce de queue. Ces animaux ont généralement, à la base extérieure des pieds et à partir de la deuxième paire, des bourses vésiculaires dont on ignore l'usage. Les Amphipodes forment trois familles, les *Crevettines*, les *Podocérides* et les *Hypérines*.

AMPHISBÈNE (d'*amphi*, des deux côtés, et *baino*, marcher), nom donné par les Grecs à un serpent auquel ils attribuaient la faculté de marcher en arrière comme en avant. Ce nom est aujourd'hui appliqué par les naturalistes à des reptiles de la famille des Ophidiens apodes de Cuvier, que l'on ne trouve guère qu'en Amérique et dans quelques parties de l'Afrique, qui ont un volume égal dans toute l'étendue du corps, et dont la queue est aussi grosse que la tête, ce qui la fait confondre avec elle, et ce qui explique l'erreur des anciens. Leur tête est recouverte de grandes plaques; leur corps est revêtu d'écailles égales, uniformes, carrées et lisses. Ces animaux n'ont qu'un poumon et ne sont pas venimeux. Ils sont ovipares et se nourrissent d'insectes et de fourmis. La taille des amphisbènes varie de 2 à 60 centimètres. Leur couleur est blanche rosée, bleue jaunâtre, blanche avec des bandes noirâtres ou brunâtres, ou enfin brune.

AMPHISCIENS (d'*amphi*, des deux côtés, et *skia*, ombre), nom qu'on donne aux peuples qui demeurent entre les deux tropiques, et qui, par cette raison, jettent une ombre méridienne en un temps de l'année vers le midi, et en l'autre, vers le nord.

AMPHITHÉATRE (du grec *amphi*, autour, et *théatron*, théâtre), vaste édifice destiné chez les Romains à donner au peuple des spectacles, des combats d'animaux, de gladiateurs, des représentations dramatiques, des exercices nautiques. L'amphithéâtre était de forme ronde ou ovale. Dans le milieu était une place ovale nommée *arène* à cause du sable fin (en latin *arena*) qui la recouvrait, et où avaient lieu les spectacles. L'arène était entourée d'un large mur, haut de 4 à 5 mètres : sur ce mur était placé un premier rang de siéges nommé *podium*. A partir du *podium*, des rangs de siéges, placés les uns au-dessus des autres, s'élevaient en gradins jusqu'au sommet de l'édifice. Ces siéges étaient divisés en trois étages, entre lesquels il y avait des allées circulaires, *præcinctiones*. De distance en distance étaient pratiqués des escaliers pour monter d'un étage à l'autre, *scalaria*. Sous le premier rang de siéges, autour de l'arène, étaient des voûtes peu élevées, dans lesquelles on renfermait les gladiateurs, où les bêtes féroces qu'ils devaient combattre, ou l'eau qui devait changer l'arène en un bassin pour les naumachies. Ces voûtes, *cavea*, étaient fermées par des grilles de fer (*ferreis clathris*); et au-dessous d'elles, entre le mur et l'arène, était un canal plein d'eau;

nommé *euripus*, pour empêcher les bêtes féroces de s'élancer sur les spectateurs. Le peuple entrait et sortait par de vastes portes nommées *vomitoria*. L'amphithéâtre était découvert. Quand il pleuvait ou que la chaleur était trop forte, on étendait des toiles au-dessus. — Les hommes de chaque condition avaient un quartier particulier (*cuneus*). Des maîtres de cérémonies, *designatores*, assignaient à chacun sa place. L'empereur, les sénateurs et les ambassadeurs étrangers se plaçaient sur le *podium*. Le siége de l'empereur (*suggestum*) était élevé comme une chaire et surmonté d'un dais. La place de celui qui donnait les jeux et celle des vestales étaient décorées d'un pavillon semblable. Derrière les sénateurs étaient les chevaliers sur quatorze rangs. Derrière ceux-ci enfin, le peuple s'asseyait sur des degrés de pierre, *popularia*. — Les Romains empruntèrent les amphithéâtres aux Étrusques. Jules César paraît avoir fait construire le premier à Rome, l'an 45 avant J.-C.; il était en bois. Auguste en fit construire un en pierre, l'an 26 avant J.-C. Le plus célèbre amphithéâtre est le Colysée, construit à Rome sous Vespasien et achevé sous Titus, l'an 80 de J.-C. Il avait 540 m. environ de circonférence et 80 arcades. Il pouvait contenir cent vingt mille spectateurs. Il en reste encore des ruines. — Il existait aussi de nombreux amphithéâtres dans le reste de l'Italie, en Espagne, en Gaule; on cite dans notre pays ceux de Saintes, d'Autun, d'Arles, de Fréjus, de Nîmes; ce dernier a été conservé presque intact.

On nomme *amphithéâtre* chez les modernes: 1º un demi-cercle élevé vis-à-vis de la scène dans les théâtres, rempli de degrés placés les uns au-dessus des autres, d'où les spectateurs voient le spectacle plus commodément ; 2º un lieu où le professeur donne ses leçons et fait ses démonstrations; les plus remarquables en ce genre sont, à Paris, ceux de l'École de médecine, de la Sorbonne, du Muséum d'histoire naturelle et du Conservatoire des arts et métiers.

AMPHITRITE, nom donné par Cuvier à un genre d'Annélides, de la famille des Tubicoles. Ces animaux, semblables à des vers, ont à la partie antérieure de la tête des espèces de pailles ou filets de couleur dorée, rangés en peigne ou en couronne, ce qui sans doute leur a fait donner le nom de la reine des mers; autour de la bouche sont de très-nombreux filets. Ils habitent des tuyaux légers qu'ils se composent eux-mêmes, et qu'ils transportent avec eux. On distingue l'*A. dorée* (*A. auricoma*), dont le tube est formé de grains ronds de diverses couleurs.

AMPHITRITE, astéroïde. *Voy.* PLANÈTE.

AMPHORE (en grec *amphoreus*, d'*amphi*, des deux côtés, et *phéró*, porter), vase à deux anses dans lequel on conservait le vin. A Rome, on marquait sur chaque amphore l'année du consulat sous lequel le vin avait été recueilli.—C'était aussi le nom d'une mesure de liquides usitée en Grèce et à Rome. L'amphore grecque, plus connue sous le nom de *métrétès*, valait 38 lit., 83 de nos mesures. L'amphore romaine, nommée aussi *quadrantal*, avait un pied romain en tous sens. On en conservait au Capitole un type ou modèle qui prenait le titre d'*amphora capitolina*. Elle contenait 2 urnes, ou 8 conges ou 48 setiers, et valait de nos mesures 25 lit., 89.

AMPLEXICAULE (du latin *amplecti*, embrasser, et *caulis*, tige), nom donné en Botanique aux feuilles qui s'élargissent à leur base et embrassent leur tige, comme les feuilles de l'aloès, des agaves.

AMPLITUDE, ligne horizontale comprise entre le point d'où l'on suppose que commence un arc ou une portion de parabole et le point où cet arc se termine. Dans le jet des bombes, on nomme *amplitude de jet* l'arc de la courbe que décrit le projectile. —En Astronomie, on nomme *amplitude* l'arc de l'horizon compris entre l'équateur et cet

astre quand il se trouve à l'horizon. Elle est *occase* ou *occidentale*, quand on la compte du point de l'occident, pour un astre qui se couche ; *ortive* ou *orientale*, quand on la compte du point de l'orient, pour un astre qui se lève.

AMPOULE (du latin *ampulla*, fiole à ventre bombé), nom donné, 1º en Chimie et en Pharmacie, à de petites fioles de verre, et en général à tous les vaisseaux qui ont un col assez long et un gros ventre; 2º en Médecine, à une tumeur nommée aussi *cloche* et *phlyctène*, et formée par du pus ou de la sérosité, accumulé entre le derme et l'épiderme de la peau, à la suite de brûlures, de pression forte, de frottements rudes ou répétés; 3º en Botanique, à des filaments transparents, simples ou rameux, cylindriques, articulés, que possèdent certaines plantes marines, et auxquels ces plantes doivent la propriété de surnager.

On appelait *Sainte-Ampoule* une fiole remplie d'huile bénite, qui servait à sacrer les rois de France. *Voy.* le *Dict. univ. d'Hist. et de Géogr.*

AMPULLAIRE (d'*ampulla*, ampoule), Mollusque de l'ordre des Pulmonés de Cuvier, caractérisé par une coquille globuleuse, ventrue, ayant une ouverture large et presque ronde. Ces animaux habitent la terre, les lacs, les fleuves et les rivières; ils sont carnivores, herbivores et frugivores. On remarque l'*A. idole*, qui habite le Mississipi, fleuve d'Amérique : c'est une des plus grosses espèces connues; les Indiens l'ont en vénération; l'*A. cordon bleu*, reconnaissable aux zones bleues qui teignent son dernier tour.

AMPUTATION (du latin *amputare*, couper). Les amputations se pratiquent ou *dans la continuité* des membres, ou *dans leur contiguïté*; cette dernière opération prend le nom d'*amputation dans l'article*. Dans l'un ou l'autre cas, il est nécessaire de conserver une quantité de parties molles suffisante pour recouvrir les os. On remplit cette condition par l'une des trois méthodes suivantes : la méthode *circulaire*, la méthode *à lambeaux*, et la méthode *ovalaire* ou *oblique*.

1º. L'*amputation circulaire*, qui longtemps fut la seule pratiquée, consiste à couper les chairs d'un seul trait, perpendiculairement à l'os; mais ce mode de division des parties molles avait l'inconvénient de produire la dénudation de l'os et la conicité du moignon, par la rétraction plus ou moins grande des chairs et des téguments : aussi J.-L. Petit, Cheselden, Louis, Valentin, Alençon, B. Bell, etc., ont-ils imaginé divers procédés pour ne couper les parties molles qu'en deux ou trois temps, eu égard au degré de contractilité des tissus incisés, et de manière que la plaie représente un cône creux, au fond duquel se trouve l'extrémité de l'os.

2º. L'*amputation à lambeaux* a été pratiquée d'abord par Lowdham, chirurgien d'Oxford, en 1679; Verduin d'Amsterdam, en 1696, et Sabourin, de Genève, en 1702, en revendiquèrent l'invention. Ils ne conservaient qu'un seul lambeau. Malgré les modifications avantageuses apportées à cette méthode par Garengeot, Lafaye, O'Halloran, chirurgien irlandais, etc., on l'a presque généralement abandonnée. Ravaton et Vermalle proposèrent chacun, en 1739, un nouveau procédé par lequel ils conservaient deux lambeaux. Pour pratiquer cette amputation, on plonge l'instrument tranchant à travers les chairs, près du point où l'on veut scier l'os, là où doit être la base des lambeaux; et, le membre étant traversé de part en part, on taille de haut en bas, sans retirer l'instrument, un lambeau conique à son extrémité; on fait ensuite un semblable lambeau de l'autre côté de l'os.

3º. Les *amputations obliques*, appelées par Scoultetten *amputations ovalaires*, à raison de la forme de leur surface, sont en quelque sorte une transition des amputations circulaires aux amputations à lambeaux; elles ont pour caractère essentiel la section des parties molles sur un plan oblique ou en bec de flûte.

De quelque manière que les parties molles aient été divisées, il reste ensuite à scier l'os; puis, à lier les artères. Le pansement diffère suivant que l'on a en vue l'adhésion primitive ou secondaire des bords de la plaie.

Depuis peu d'années, la chirurgie a trouvé pour les amputations un secours puissant dans les anesthésiques, qui annulent la douleur. Voy. CHLOROFORME et ÉTHÉRISATION.

On nomme Appareil à amputation un appareil qui contient tout ce qui est nécessaire soit pour l'amputation, soit pour les ligatures et le pansement : tourniquet, garrot, couteaux, bistouris, scies, tenailles incisives, pinces à disséquer, tenaculum, aiguilles courbes, bandelettes, compresses, fils, éponges, etc.

AMULETTE (que l'on dérive de l'arabe hamaïl, préservatif, ou du latin amoliri, préserver), objet consacré par la superstition et la crédulité, et que l'on porte sur soi afin d'écarter les démons, les maladies, les accidents, etc. Les Chaldéens et les Egyptiens communiquèrent aux Grecs et aux Romains la croyance aux amulettes. Les peuples sauvages de l'Amérique, de l'Océanie, de l'Afrique, les Musulmans et les Arabes sont ceux qui vénèrent le plus toute sorte d'amulettes : ils portent continuellement sur eux des objets auxquels ils donnent de grands pouvoirs. Ces objets sont, soit des pierres taillées d'une certaine manière, avec certains caractères mystiques écrits dessus; soit de figures de divinités, des versets du Coran; ils varient d'après l'intention de chaque personne. — L'usage des amulettes pénétra même dans le christianisme; il devint général au moyen âge, et les vestiges en subsistèrent longtemps; on sait que Pascal lui-même portait une amulette. Les conciles ont condamné l'usage des amulettes, avec lesquelles il ne faut cependant pas confondre les reliques des saints, les agnus et autres objets bénits par les prières de l'Eglise.

AMURES (d'ad murum, attaché au mur), cordages qui servent à amurer les voiles, c'est-à-dire à les maintenir du côté d'où vient le vent. On nomme amure de revers celle qui se trouve sous le vent. On fixe les amures dans un trou pratiqué dans le côté du vaisseau, et que l'on nomme dogue d'amure. Amurer tout bas, c'est tirer les amures, et par suite les points des voiles où elles sont fixées le plus près des dogues d'amure.

AMYGDALÉES ou DRUPACÉES, groupe formé par L. de Jussieu dans la famille des Rosacées, constituant aujourd'hui une tribu, et même, selon quelques botanistes, une famille, contient la plupart de nos arbres fruitiers à noyau monosperme (abricotier, prunier, pêcher, amandier, etc.); il tire son nom du mot grec amygdalè, amande. On remarque dans les Amygdalées la présence du principe le plus vénéneux que l'on connaisse, l'acide cyanhydrique, qui se trouve dans les feuilles et les noyaux.

AMYGDALES (du grec amydalè, amande, à cause de leur forme), nom de deux glandes muqueuses, de forme ovoïde, rugueuses à leur surface, au tissu mou et d'un gris rougeâtre, placées près de la racine de la langue. Elles servent à sécréter une liqueur muqueuse qui facilite la digestion et la déglutition. On peut cependant, dans quelques cas, en pratiquer la résection sans inconvénient. On les nomme aussi tonsilles. Voy. AMYGDALITE.

AMYGDALINE (du grec amygdalè, amande), principe chimique composé de carbone, d'hydrogène, d'azote et d'oxygène ($C^{40}H^{27}NO^{22}+6aq$), cristallisé en feuillets blancs et nacrés, soluble dans l'eau et l'alcool. On le rencontre dans les

amandes amères et dans les feuilles du laurier-cerise, du prunier, etc. Il a la propriété de se décomposer en présence de l'eau et de l'albumine des amandes amères en huile essentielle et en acide prussique. On en doit la découverte à MM. Robiquet et Boutron-Charlard (1830). MM. Liebig et Wœhler en ont proposé l'emploi en médecine en place de l'eau distillée d'amandes amères et de laurier-cerise.

AMYGDALITE, dite aussi. Angine tonsillaire, Esquinancie, inflammation des amygdales. Cette maladie est le plus souvent produite par un refroidissement subit. Ses principaux symptômes sont : le gonflement des amygdales, leur rougeur, la difficulté d'avaler et de respirer, la sensation d'un corps étranger, la parole confuse et gênée; en déprimant la base de la langue, on voit les amygdales tuméfiées dépasser les piliers du voile du palais; le plus ordinairement les symptômes augmentent d'intensité pendant trois ou quatre jours, et diminuent ensuite sous l'influence d'un traitement antiphlogistique très-actif. On prescrit les boissons délayantes et mucilagineuses, les cataplasmes émollients autour du cou, et les vapeurs de même nature dirigées vers l'arrière-bouche. On applique des sangsues au cou, mais en ayant soin, dès qu'elles ont cessé de saigner, de faire prendre un pédiluve irritant, et d'insister sur les moyens dérivatifs les plus énergiques. Souvent la saignée générale est nécessaire. Cette maladie peut durer de 4 à 14 jours. Le plus souvent la terminaison est heureuse.

AMYGDALOÏDE (d'amygdalé, amande, et eidos, ressemblance). On appelle ainsi tout fragment de roche contenant dans son intérieur des espèces de noyaux plus ou moins arrondis, souvent de nature différente de celle de la masse qui les renferme. Presque toutes les agates employées dans la bijouterie proviennent de noyaux de ce genre, que l'on recueille principalement aux environs d'Oberstein (Oldenbourg).

AMYLACÉ. Voy. AMILACÉ.

AMYRIDEES, tribu de la famille des Térébinthacées, est formée du seul genre Amyris, nom latin du Balsamier. Voy. BALSAMIER.

ANA, nom que l'on donne à des recueils de pensées détachées, de bons mots, de traits d'histoire, d'anecdotes relatives aux hommes qui se sont fait remarquer par leur esprit ou par leurs actions (ana n'est que la terminaison du nominatif pluriel neutre d'adjectifs latins en anus, ajoutée à divers noms propres). Tels sont les Menagiana, Bievriana, Bonapartiana, Voltairiana, etc., recueils des pensées, des actions ou des bons mots de Ménage, de M. de Bièvre, de Bonaparte, de Voltaire. Le premier livre qui ait porté un titre de ce genre est le Scaligeriana, recueil d'observations sur divers écrits, recueillies dans les ouvrages de Scaliger, savant célèbre du XVIe siècle; il fut publié en 1666. Au commencement de ce siècle, un compilateur infatigable, Cousin d'Avallon, a publié un nombre prodigieux de recueils de ce genre. D'Artigny a donné un catalogue des Ana dans ses Nouveaux mémoires d'histoire.

En Médecine, ana est employé dans les ordonnances pour indiquer qu'il faut mêler ensemble une quantité égale de drogues, autant de l'une que de l'autre. On écrit très-fréquemment $\bar{a}$ ou $\bar{aa}$; il est probable que le mot ana est résulté de la réunion des deux a joints au moyen de l'euphonique n.

ANABAINE (du grec anabaino, monter, parce que l'Anabaine monte à la surface des eaux), végétal de la tribu des Nostocinées, famille des Phycées, avait d'abord été mis par les naturalistes au rang des Zoophytes. Les Anabaines sont des êtres qui servent de transition entre les végétaux et les animaux, et qui participent de ces deux grandes divisions naturelles. Ils sont caractérisés, selon Bory de Saint-Vincent, par des filaments libres et simples, à double tube, dont l'extérieur est lisse et inarticulé, tandis que l'intérieur est composé d'articles ovoïdes, disposés comme les grains d'un collier. Ces êtres sont muqueux au tact. Ils ont un mouvement progressif semblable à la manière dont rampent les lombrics de terre. L'*A. fausse oscillaire*, d'un vert noir, semblable à des brins de ficelle, forme un tissu très-serré sur les plantes qui habitent les eaux pures stagnantes. L'*A. membranine* a des filaments plus fins que la précédente, d'un beau vert foncé, rampant sur les plantes des fossés tranquilles. L'*A. thermale* tapisse les bassins d'eau chaude. L'*A. impalpable* a ses filaments presque imperceptibles, et teint d'une couleur verte la surface de la vase. L'*A. lichéniforme* croît vers la fin de l'automne sur la terre grasse des jardins ombragés, dans les allées des potagers et les endroits nus des pelouses; elle y forme des taches luisantes d'un vert triste. — On a donné aussi le nom d'*Anabaine* à une plante euphorbiacée, grimpante, originaire du Brésil.

ANABAS (du grec *anabaino*, monter), genre de poissons de la famille des Pharyngiens-Labyrinthiformes, fondé sur une seule espèce de la mer des Indes, qui grimpe, dit-on, sur les plantes aquatiques, et qui peut vivre assez longtemps hors de l'eau. Les jongleurs indiens s'en servent pour amuser le peuple. L'Anabas a 15 centim. environ; il est de couleur verte, sombre, quelquefois rayé de bandes transversales; sa chair est fade et désagréable : cependant les Indiens la mangent, à cause des propriétés médicales qu'ils lui attribuent.

ANABLEPS (d'*anablépô*, lever les yeux, regarder en haut), genre de poissons créé par Artedi et placé par Cuvier dans les Cyprinoïdes. Ils ont le tiers postérieur du corps aplati sur les côtés; la partie antérieure, ainsi que la tête, très-déprimées; ils sont couverts de larges écailles; la bouche est une fente transversale aussi large que le museau. L'Anableps est surtout remarquable par la singulière disposition de son œil, dont plusieurs parties sont doubles : on y distingue deux cornées, deux iris et deux prunelles; ce qui lui donne la singulière faculté d'avoir deux champs de vision; c'est-à-dire de regarder en même temps au-dessus de sa tête et autour de lui. Ce poisson est commun en Amérique, où on le nomme *gros-œil*, parce que son œil est gros et saillant. Il atteint 25 centim. de longueur. Sa chair est très-estimée.

ANACAMPTIQUE (du grec *anacamptô*, réfléchir), nom donné quelquefois à la partie de l'Optique qui traite de la réflexion de la lumière en général; il est synonyme de *Catoptrique*. — On emploie aussi ce mot pour désigner la réflexion des sons.

ANACANTHE (du grec *a* privatif, et *acantha*, épine), genre de poissons de la famille des Raies, ainsi nommés parce qu'ils n'ont pas de nageoires dorsales ni d'aiguillons, a pour type l'*A. orbiculaire* de la mer Rouge.

ANACARDIACÉES, tribu de la famille des Térébinthacées, renfermant, outre le genre type *Anacardium* (Anacardier), les genres *Pistacia, Comocladia, Cyrtocarpa, Odina, Pegia, Solenocarpus, Schinus, Lithræa, Rhus, Botryceras, Anaphrenium, Ozoroa, Melanorrhœa, Cluta, Mangifera, Semecarpus, Buchanania, Erythrostigma*.

ANACARDIER (en grec *anacardion*, dérivé lui-même de *cardia*, cœur), genre d'arbres de la famille des Térébinthacées, propre à l'Inde, à fleurs petites, disposées en grappes, à fruits *en forme de cœur*, appuyés sur un réceptacle charnu un peu plus gros que le fruit, mais jamais aussi développé que dans la pomme d'acajou. Ce genre est si voisin de l'acajou (*Cassuvium*) que quelques botanistes ne l'en distinguent pas. L'on mange l'amande de ce fruit, nommée *anacarde* ou *noix de marais*. Il fournit un vernis très-recherché en Chine. D'après

les croyances des Indiens, l'amande aurait la propriété d'atténuer les humeurs, d'exalter les sens, et de donner de l'esprit. Le suc de l'écorce, combiné avec la chaux, sert, comme l'huile extraite de la noix d'acajou, à marquer le linge d'une manière indélébile.

ANACHORÈTE (mot grec dérivé d'*anachoréô*, se retirer, vivre à l'écart), homme retiré du monde, qui vit en solitaire dans un désert, pour ne s'occuper que de Dieu et n'avoir plus commerce avec les hommes. Les anachorètes remontent aux premiers siècles du christianisme. On en trouve même le berceau chez les Juifs : une de leurs sectes, les Esséniens, s'adonnait depuis longtemps à la vie contemplative. Ils se multiplièrent aux IIe et IIIe siècles par suite des persécutions ordonnées contre les Chrétiens. Un grand nombre d'entre eux se réfugièrent dans les déserts de la Thébaïde. Plusieurs sont célèbres : on connaît surtout Paul l'Ermite ou le Thébain, qui passe pour le premier anachorète (250), S. Antoine, S. Pacôme, S. Siméon Stylite, qui s'imposaient d'incroyables privations (*Voy.* ERMITE). — Peu à peu les anachorètes se réunirent entre eux, et formèrent des congrégations sous le nom de *cénobites*. Ce fut là l'origine de l'état monastique.

ANACHRONISME (du grec *ana*, qui exprime *interversion*, et *chronos*, temps), faute contre la chronologie. Virgile commet sciemment un anachronisme quand il fait vivre ensemble Énée et Didon, quoique le premier soit de près de trois cents ans antérieur à l'autre. C'est par un anachronisme consacré que l'on place la naissance de Jésus-Christ l'an 4004 du monde; il a été reconnu que cette date, déterminée par Denys le Petit au VIe siècle, devait être reportée à trois ou quatre ans plus tôt. — *Anachronisme* se dit, par extension, de toute erreur qui attribue aux personnages d'une époque les idées, les usages, les costumes d'une autre époque. Les peintres italiens ont commis beaucoup d'anachronismes dans le costume et les attributs; le théâtre présentait constamment un anachronisme du même genre en habillant à la moderne les personnages antiques : Voltaire, aidé de Lekain, a fait cesser ce choquant anachronisme.

ANACLASTIQUE (du grec *anaclaô*, briser, réfracter), qui concerne la réfraction de la lumière. Ainsi on dit *tables anaclastiques* pour *tables de réfraction; point anaclastique*, celui où un rayon lumineux réfracté rencontre la surface qui le réfracte; *courbes anaclastiques*, courbes apparentes que forme le fond d'un vase plein d'eau pour un œil placé dans l'air, ou le plafond d'une chambre pour un œil placé dans un bassin plein d'eau au milieu de cette chambre, ou la voûte du ciel vue par réfraction à travers l'atmosphère.

ANACOLUTHE (en grec *anacoluthos*, incohérent, d'*a* privatif, et *acolouthos*, compagnon), ellipse par laquelle on retranche dans une phrase le corrélatif ordinaire de l'un des mots exprimés. Ainsi dans ce vers de Virgile (*Én.*, II, 331) :

Millia quot magnis nunquam venere Mycenis,

le *quot* exigerait un *tot*, qui ne s'y trouve pas; dans ce vers de Voltaire (*Mérope*, I, 3) :

Qui sert bien son pays n'a pas besoin d'aïeur,

on sous-entend *celui* devant *qui*.

ANACRÉONTIQUE (GENRE), genre de littérature dont Anacréon a donné le modèle, consiste à chanter dans des vers légers et gracieux les plaisirs, les ris, l'amour, le vin. Catulle et Horace, chez les Latins; Pétrarque, Guarini, en Italie; en France, Chaulieu, La Fare, Voltaire, Parny, Dorat, Pezay, cultivèrent, bien qu'avec des succès fort divers, la poésie anacréontique.

ANACYCLIQUE (du grec *anacycléô*, retourner en

sens inverse), nom donné à certains vers qui offrent un sens, soit qu'on les lise naturellement, soit qu'on les lise à rebours. Les vers *anacycliques* jouirent d'une grande vogue sous Charles IX et Louis XII, où ils reçurent le nom de *rétrogrades*, lus à rebours ils offraient encore, outre le sens, la mesure et la rime. — Les anciens connaissaient ces sortes de vers; ils les nommaient *sotadiques*, de *Sotadès*, poëte grec de Maronée en Thrace, qui passait pour en être l'inventeur. En voici un exemple :

Roma tibi subito motibus ibit amor.

ANADYOMÈNE (mot grec qui signifie *sortant de l'eau*), genre de Polypes à cellules, dont le polypier est composé d'articulations régulièrement disposées en branches, sillonnées de nervures symétriques et articulées, comparables à certaines dentelles. Ce réseau est formé d'une substance un peu cornée, recouverte d'un enduit gélatineux et verdâtre. Ces polypes habitent les côtes de France et d'Italie. On les rencontre dans la *mousse de Corse*.

ANAGALLIDE, *Anagallis* (du grec *anagélaô*, éclater de rire, parce que les anciens attribuaient à cette plante la faculté de guérir la mélancolie), genre de la famille des Primulacées, renfermant plusieurs plantes herbacées. La plus commune est l'*A. des champs*, vulgairement *Mouron rouge*, qui a les tiges faibles, un peu couchées et rameuses, les feuilles opposées, ovales, les fleurs ordinairement d'un rouge brique, variant quelquefois du blanc au bleu. Elle fleurit dans les champs depuis mai jusqu'en octobre. Elle tue les oiseaux à qui on la donne. Il ne faut donc pas la confondre avec le *Mouron des oiseaux* ou *Alsine* (*Voy.* ce mot). On l'a longtemps préconisée contre la rage, mais sans preuve.

ANAGALLIDEES, tribu de la famille des Primulacées, renfermant les genres *Anagallis* (genre type), *Micropyxis, Centunculus*.

ANAGOGIE (du grec *anagogè*, action d'élever, transport), interprétation figurée d'un fait ou d'un texte de la Bible, pour lui faire signifier les choses du ciel. L'*interprétation anagogique* est celle que l'on tire d'un sens naturel et littéral, pour s'élever à un sens spirituel et mystique.

ANAGRAMME (en grec *anagramma*, écrit à rebours), transposition ou dérangement des lettres d'un ou de plusieurs mots, pour en former un ou ou plusieurs autres qui aient un sens différent. L'anagramme du mot *Versailles* est *ville seras*; celle du poëte *Pierre de Ronsard*, *Rose de Pindare*; celle de *Marie Touchet*, maîtresse du roi Charles IX, *je charme tout*; de *vigneron*, *ivrogne*; de *logica*, *caligo*. Dans le nom de Pilastre du Rosier, qui exécuta la première ascension aérostatique, on trouva : *Tu es le premier roi de l'air* (la lettre *p* étant prise pour abréviation de *premier*). Lorsque Bonaparte arriva au pouvoir, on trouva dans les mots *Révolution française* cette prédiction : *Un Corse la finira.*—On attribue l'invention des anagrammes à Lycophron, poëte grec qui florissait environ 280 ans avant J.-C. Elles furent en vogue à la cour de France au XVIᵉ siècle : Daurat y excellait. Le goût de ces laborieuses bagatelles a passé depuis longtemps.

ANAGYRE ou **BOIS PUANT**, *Anagyris fœtida* (nom grec dérivé de *gyros*, cercle, à cause de la forme arrondie de ses fruits), arbrisseau d'un mètre env. de haut, de la famille des Légumineuses, à feuilles trifoliées, blanchâtres, cotonneuses, à fleurs jaunes en faisceaux; la gousse est plane, allongée, un peu courbée, et renferme plusieurs graines bleuâtres, réniformes. L'épithète de *puant* donnée à cet arbrisseau vient de l'odeur fétide qu'exhalent son écorce ou ses feuilles quand on les froisse. Il se plaît sur les lieux montueux du Midi de la France et de l'Espagne. Ses fleurs devancent le printemps. Ses feuilles sont résolutives; ses semences fournissent un puissant vomitif.

ANALCIME (du grec *a* privatif, et *alcimos*, fort; sans force), substance minérale, ainsi nommée à cause de son peu de vertu électrique, est composée de silice, d'alumine, de soude et d'eau. Elle est blanche, avec des nuances couleur de chair : ses cristaux, qui affectent la forme trapézoïdale, offrent des propriétés optiques fort curieuses. On la trouve au mont Etna, dans les îles Cyclopes, en Ecosse, etc. Elle est sans application dans les arts.

ANALECTES, *Analecta* (du grec *analégô*, choisir), titre donné à divers recueils de morceaux choisis d'auteurs anciens ou à des collections de pièces détachées, rassemblées pour les conserver. On connaît surtout les *Analecta veterum poetarum* de Brunck (Strasbourg, 1785, 3 vol. in-8º), qui est la plus complète des anthologies publiées jusque-là.

ANALEMME (du grec *analemma*, hauteur), terme d'Astronomie qui désigne une opération au moyen de laquelle on trouve la hauteur d'un astre à toute heure et le moment de son passage au méridien. Cette opération n'est autre que la projection orthographique de la hauteur de l'astre sur un des plans de la sphère. — On emploie aussi le mot *analemme* comme synonyme de *Planisphère*, pour désigner la projection orthographique de tous les cercles de la sphère sur les colures des solstices.

ANALEPTIQUE (du grec *analepticos*, confortatif), tout ce qui tend à rétablir les forces. Les fécules, les bouillons, les gelées animales, le chocolat, les œufs, sont des *aliments analeptiques*. La classe des toniques fournit les *médicaments analeptiques*.

ANALOGIE (du grec *analogia*, proportion, correspondance), ressemblance plus ou moins parfaite entre plusieurs choses.—La Logique étudie l'analogie comme étant le fondement de raisonnements nombreux, qui ont la plus grande importance dans les sciences ainsi que dans la conduite de la vie. On en distingue trois sortes, selon la nature des rapports sur lesquels on s'appuie : or, ces rapports peuvent être 1º d'effet à cause ou de cause à effet, 2º de moyens à fin ou de fin à moyens, 3º de pure ressemblance ou de concomitance. De l'analogie des effets on conclut à celle des causes ; de l'analogie des moyens à celle de la fin ; de la ressemblance partielle à une ressemblance totale. Condillac a exposé complétement ce sujet dans son *Art de raisonner*, et a montré comment les trois sortes de raisonnement par analogie concourent à nous apprendre que les hommes qui nous entourent, qui sont faits comme nous (analogie de pure ressemblance); qui agissent comme nous (analogie de cause); qui ont les mêmes organes que nous (analogie de moyens), doivent être en tout point nos semblables, et posséder les mêmes facultés que nous, bien que nous ne puissions observer directement en eux ces facultés.

En Mathématiques, *analogie* est synonyme de *proportion*. — On nomme *analogies de Napier* (ou *Néper*), quatre formules découvertes par ce géomètre pour la résolution des triangles sphériques. Ces formules, très-usitées dans les calculs trigonométriques, sont les suivantes :

$$\text{tang.}\; \tfrac{1}{2}\,(b+c) = \text{cot.}\; \tfrac{1}{2}\,a \times \frac{\text{cos. } 1/2\;(B-C)}{\text{cos. } 1/2\;(B+C)}.$$

$$\text{tang.}\; \tfrac{1}{2}\,(b-c) = \text{cot.}\; \tfrac{1}{2}\,a \times \frac{\text{sin. } 1/2\;(B-C)}{\text{sin. } 1/2\;(B+C)}.$$

$$\text{tang.}\; \tfrac{1}{2}\,(B+C) = \text{cot.}\; \tfrac{1}{2}\,A \times \frac{\text{cos. } 1/2\;(b-c)}{\text{cos. } 1/2\;(b+c)}.$$

$$\text{tang.}\; \tfrac{1}{2}\,(B-C) = \text{cot.}\; \tfrac{1}{2}\,A \times \frac{\text{sin. } 1/2\;(b-c)}{\text{sin. } 1/2\;(b+c)}.$$

ANALYSE (du grec *analuô*, délier, dissoudre), réduction d'une chose en ses parties. La définition de ce mot varie selon qu'il s'agit d'opérations matérielles, mentales ou grammaticales.

Dans l'ordre matériel, l'analyse est *mécanique* si

elle se borne à détacher, sans en altérer la nature, les parties unies entre elles, comme les rouages d'une montre, d'une machine, les couches d'un minéral, les organes d'un végétal ou d'un animal; *physique*, si elle isole successivement les différentes forces qui concourent à la production d'un phénomène; *chimique*, si elle décompose un corps en ses principes constituants. *Voy.* ci-après ANALYSE CHIMIQUE.

Dans l'ordre intellectuel, l'analyse prend le nom de *philosophique*; on la nomme aussi *A. logique*, par opposition aux précédentes, qu'on réunit sous le nom d'*A. physique.* L'analyse philosophique varie elle-même selon qu'on l'applique dans les sciences d'observation ou dans les sciences de raisonnement : dans les premières, elle est *descriptive*, si elle se borne à décomposer par la pensée un tout complexe en observant successivement et avec ordre ce qui d'abord avait été vu simultanément; *abstractive* et *comparative*, si elle compare les choses entre elles, afin de les classer d'après leurs ressemblances. Dans l'un et l'autre cas, elle est dite *psychologique*, si c'est à l'âme seule qu'elle s'applique.

Dans les sciences de raisonnement, elle est *inductive*, si elle remonte des effets aux causes, des faits particuliers aux lois générales; *déductive*, si elle démontre une vérité en prouvant qu'elle est impliquée dans une vérité déjà connue; *mathématique*, si elle s'applique à la solution des problèmes mathématiques. *Voy.* ci-après, ANALYSE MATHÉMATIQUE.

A chacune de ces *analyses* correspond un procédé opposé, la *synthèse*, qui va des parties au tout, des causes aux effets, des principes aux conséquences. On définit l'analyse en général, d'après le but qu'elle se propose partout, méthode d'invention, d'investigation; et la *synthèse*, méthode d'exposition, de doctrine, d'enseignement. On a beaucoup disputé sur la prééminence de l'analyse et de la synthèse : Condillac et ses disciples exaltent l'analyse et lui sacrifient la synthèse; mais, dans le plus grand nombre des cas, ces deux méthodes sont inséparables, et doivent concourir pour donner une connaissance complète des objets.

En Grammaire, l'analyse étudie le discours dans tous ses éléments, et chaque élément sous tous ses aspects; elle est dite *logique*, quand elle décompose la proposition en ses éléments constituants, sujet logique, attribut logique, verbe; *grammaticale*, quand elle prend chaque mot à part pour en faire connaître l'espèce, le nombre, le cas, la personne, le mode, etc.

ANALYSE CHIMIQUE. C'est l'ensemble des opérations à l'aide desquelles le chimiste détermine la nature et les proportions des parties constituantes d'un composé. On distingue l'*A. qualitative*, recherche de la nature des parties constituantes, et l'*A. quantitative* ou *Dosage*, recherche des proportions dans lesquelles ces parties sont combinées.

L'*analyse qualitative* précède toujours le dosage : elle consiste, en général, à dissoudre dans un liquide approprié la substance qu'on examine, à verser dans la solution d'autres solutions d'une nature connue appelées *réactifs*, telles que des acides, des alcalis, des sels, de manière à y produire des changements apparents, soit d'état, soit de couleur. Les solvants employés sont l'eau, l'acide chlorhydrique, l'acide nitrique, l'eau régale, les alcalis. Cette méthode d'analyse est dite par la *voie humide* : on l'oppose à l'analyse par la *voie sèche*, qui se fait au moyen de la chaleur. — Les opérations de l'*analyse quantitative* sont entièrement subordonnées à la nature et au nombre des éléments à doser; le chimiste les combine de manière à séparer chaque élément sous une forme qui permette d'en prendre le poids exact. Le dosage des matières organiques s'exécute d'après un procédé particulier connu sous le nom d'*analyse organique*, et qui consiste à brû-

ler ces matières dans des appareils appropriés, et à recueillir les produits de la combustion. — L'analyse chimique, très-imparfaite jusqu'au commencement de ce siècle, est aujourd'hui d'une grande précision, grâce aux travaux de Berzélius, Stromeyer, Berthier, H. Rose, etc. MM. Gay-Lussac et Thénard ont fait les premières analyses exactes des matières végétales et animales; les perfectionnements apportés à leur méthode par M. Liebig et M. Dumas ont donné une grande impulsion à la chimie organique. Le *Traité d'analyse* de M. Henri Rose (traduit par Jourdan, 2 vol. in-8°, Paris) est l'ouvrage le plus complet sur cette matière. Le *Précis d'analyse* de M. Frésénius (traduit en franç. par Saco, 2 vol. in-18, 1847) donne en abrégé les procédés d'analyse des corps les plus usités.

ANALYSE MATHÉMATIQUE. Elle consiste à supposer vrai ce qui est en question, à tirer de ces suppositions les conséquences qui en dérivent, et de celles-ci de nouvelles, jusqu'à ce qu'on soit parvenu à quelque chose qui soit évidemment vrai ou faux, d'évidemment possible ou impossible. La nature de cette dernière conséquence décide de la vérité ou de la possibilité de la proposition qu'on examine. On attribue à Platon la première application de la méthode analytique aux constructions de la géométrie. — Quelques mathématiciens donnent au mot *analyse* une signification plus étendue et moins rigoureuse, en l'appliquant à presque toutes les branches de la science des nombres : ainsi ils nomment l'algèbre, *analyse finie*; le calcul différentiel, *analyse infinitésimale*, etc. Ils désignent aussi, sous le nom de *géométrie analytique*, l'application de l'algèbre à la géométrie, c'est-à-dire la partie de la géométrie qui traite spécialement de la génération et de la comparaison universelle des étendues.

ANANAS, *Bromelia*, type de la famille des Broméliacées, plante vivace, épineuse, originaire de l'Amérique du Sud, a un port élégant, des feuilles longues et vertes, radicales, roides, enveloppant une tige assez forte, droite, charnue et robuste, couronnée elle-même d'un épi de fleurs nombreuses et violacées, auxquelles succèdent des baies si pressées qu'elles ne semblent faire qu'un seul fruit. Ce fruit, qui a la forme d'une pomme de pin et qui, à sa maturité, est d'un jaune doré, exhale un parfum des plus agréables; sa chair est délicieuse. Il y a plusieurs variétés d'ananas, à fruits rouges, blancs, violets, noirs, pyramidaux, etc. En Europe l'ananas se cultive en serre-chaude; mais, malgré les soins les plus minutieux, il y perd une partie de son parfum. Pour reproduire cette plante, il suffit de détacher avec soin le bouquet de feuilles vertes qui surmonte le fruit, et de le mettre en terre; on propage encore l'ananas au moyen d'œilletons qui se forment à côté des pieds qui ont fleuri. — L'ananas est mentionné pour la première fois dans un voyage fait au Brésil en 1555 par le Français Jean de Léry. Importé en France, il ne put d'abord y réussir; ce n'est qu'en 1733 qu'on parvint à le faire mûrir à Versailles : Louis XV fit cette année-là servir à sa table les deux premiers ananas qui aient mûri sous notre climat. — On nomme vulgairement *A. des bois* ou *sauvage*, la *Tillandsie*; *A. pitte*, une variété d'ananas non épineuse; *A. fraiser*, une espèce de fraisier dont le fruit est gros; — *A. de mer*, le madrépore, plus connu sous le nom d'*Astrée.*

ANAPESTE (en grec *anapaistos*), dérivé d'*anapaio*, frapper à rebours), pied des vers grecs et latins, est composé de deux brèves et une longue (*sôbôlês*), au rebours du dactyle qui se compose d'une longue suivie de deux brèves.

ANAPHORE (du grec *ana*, en haut; *phéro*, porter), figure de rhétorique qui consiste à répéter le même mot au commencement de deux ou plusieurs phrases, ou à recommencer de la même manière les divers membres d'une période, comme dans la célèbre imprécation de Camille (*Hor.*, IV, 5) :

Rome, l'unique objet de mon ressentiment!
Rome, à qui vient ton bras d'immoler mon amant!
Rome qui t'a vu naître....

ANARCHIE (du grec *a* priv., et *archè*, pouvoir, autorité), état d'un peuple, d'une cité qui n'a plus ni chef ni autorité à laquelle on obéisse. L'histoire offre de trop nombreux exemples de cet état funeste : à Rome, dans le 1er siècle avant J.-C., siècle marqué par les proscriptions de Marius, de Sylla, par les luttes et le triumvirat d'Octave, d'Antoine et de Lépide; aux 2e et 3e siècles, quand les prétoriens font et défont les empereurs; en France, sous les derniers Carlovingiens, époque où se dissout le lien féodal et où chaque seigneur se rend indépendant; pendant la démence de Charles VI; sous les règnes de Charles IX et de Henri III; dans les années 1793 et 1794, et dans les premiers mois qui suivirent la révolution de 1848; en Pologne, après l'extinction de la race des Jagellons et l'établissement de la royauté élective, etc. L'anarchie aboutit le plus souvent au despotisme. — De nos jours, il s'est trouvé un sophiste pour présenter l'*Anarchie* comme l'idéal de la société; M. Proudhon, auteur de ce système, définit l'anarchie (qu'il écrit *an-archie*) la suppression de toute intervention gouvernementale.

ANARRHIQUE (du grec *anarrichômai*, grimper, parce qu'on croit que ce poisson grimpe sur les rochers sous-marins), poisson de la famille des Gobioïdes, a la peau lisse et muqueuse, les nageoires pectorales et caudale arrondies (les nageoires ventrales n'existent pas), la bouche armée de nombreuses dents, d'une grande force. L'*A.-loup*, nommé aussi *Loup marin*, *Chat marin*, etc., habite les mers du Nord et vient souvent sur nos côtes. C'est un poisson féroce et dangereux, qui dépasse 2 mètres; sa chair, comparable à celle de l'anguille, peut se manger, mais elle est peu estimée. Sa couleur est d'un brun noirâtre, un peu plus clair sous le ventre, avec douze ou treize bandes verticales brunes sur les côtés. Sa peau sert à faire de la colle forte et des lanières.

ANAS. *Voy.* CANARD et ANATIDÉES.

ANASARQUE (du grec *a* priv., et *asarcos*, maigre; non maigre, bouffi), hydropisie ou accumulation de sérosité dans le tissu cellulaire, surtout dans le tissu sous-cutané. La peau est froide, luisante, et d'une couleur blanc de lait. Les principales causes qui déterminent l'anasarque sont l'action prolongée de l'humidité atmosphérique, la suppression brusque d'une transpiration abondante ou de quelque écoulement; elle vient souvent chez les enfants à la suite de la rougeole ou de la scarlatine, lorsqu'on les expose trop tôt à un air froid et humide. La terminaison de l'anasarque est quelquefois fâcheuse. Dans les cas les plus favorables, la sérosité s'écoule du corps par les voies urinaires. — Il faut bien distinguer l'anasarque essentielle de celle qui n'est que symptomatique. Le traitement diffère peu de celui de l'hydropisie (*Voy.* ce mot).

ANASTATIQUE (du grec *anastaticos*, qui ressuscite), vulgairement *Rose de Jéricho*, genre de plantes, de la famille des Crucifères, croissant en Syrie, en Palestine et en Egypte, a la tige rameuse, garnie de feuilles oblongues, et terminée par des épis de fleurs blanches. Dès que la graine a atteint l'époque de la maturité, cette plante se pelotte et se dessèche. Les vents l'arrachent au sol sablonneux d'Afrique; la mer la charrie jusque sur nos côtes. Lorsqu'elle touche une terre humide, les racines s'accrochent au sol, et une nouvelle végétation s'accomplit : c'est là la raison de son nom. Cette plante a des propriétés hygrométriques : elle se dilate et s'étend quand l'air est humide, et se resserre quand il est sec.

ANASTOMOSE (en grec *anastomôsis*, ouverture, abouchement). On nomme ainsi, en Anatomie, la communication qui existe soit entre les vaisseaux, soit entre les nerfs, au moyen de leurs embranchements. Les anastomoses servent à la circulation du sang et du fluide nerveux que l'on suppose exister dans les nerfs.

ANATHÈME (en grec *anathéma*, chose exposée en haut), nom donné chez les anciens à une offrande suspendue dans les temples des dieux, ou à une victime expiatoire dévouée aux dieux infernaux. — Dans l'Église chrétienne, ce mot devint synonyme de *malédiction*, et désigna la séparation d'un homme de la communion des fidèles, séparation prononcée par un concile, par le pape ou un évêque, contre un hérétique. L'Église a quelquefois étendu l'anathème, c.-à-d. la malédiction, à des animaux malfaisants. — Lorsqu'un hérétique veut se convertir, il est obligé de dire *anathème* à ses erreurs; cet anathème est dit *abjuratoire*.

ANATIDÉES (du latin *anas*, canard), famille de l'ordre des Palmipèdes de Cuvier, se compose de toutes les espèces que Linné comprenait dans son genre *Anas*, groupe des plus naturels, caractérisé par un bec large, le plus souvent déprimé et arrondi à son extrémité, revêtu d'une peau molle plutôt que d'une véritable corne, garni à ses bords de lamelles transversales en forme de petites dents; ce qui lui a fait aussi donner par Cuvier le nom de *Lamellirostres*. On le divise en *Cygnes*, *Oies*, *Canards* et *Céréopsis*.

ANATIFE, genre de Mollusques de la famille des Cirrhopodes pédiculés : coquille composée de 5 valves (2 de chaque côté et la 5e sur le bord dorsal), réunies par une membrane qui les borde et les maintient; dans la coquille fermée, ces valves sont rapprochées en forme de cône aplati, soutenu sur un pédicule flexible dont l'animal se sert pour se fixer sur différents corps; ces mollusques s'attachent à la cale des navires. L'Anatife se retrouve dans toutes les mers. On en mange plusieurs espèces. — Le nom d'*anatife* est dérivé d'*anas*, canard, et *fero*, porter, produire, parce que l'on croit, dit-on, dans le Nord de l'Europe que ces animaux donnent naissance aux canards sauvages.

ANATOCISME (du grec *anatocismos*, reproduction des intérêts), contrat usuraire qui consiste à percevoir l'intérêt des intérêts mêmes, en ajoutant ces intérêts au capital, et formant ainsi un autre capital dont on tire aussi les intérêts. L'anatocisme est condamné par les lois civiles et canoniques. Cependant il est autorisé par notre Code civil (art. 1154) lorsqu'il s'agit d'intérêts échus et dus au moins pour une année entière.

ANATOMIE (du grec *anatemno*, couper, disséquer), science qui a pour objet l'étude des organes qui, par leur réunion, constituent les êtres organisés, animaux ou végétaux. Cette science ne procède qu'en divisant ou *disséquant* le corps qu'on veut connaître : de là son nom. Elle prend le nom d'*A. générale*, lorsqu'elle s'occupe de la structure et des propriétés des tissus communs à divers organes, et d'*A. descriptive*, lorsqu'elle s'attache plus particulièrement à la description des formes et de la figure de chaque organe. L'anatomie, soit générale, soit descriptive, se divise, en outre, selon son objet, en *A. végétale* ou *Phytotomie*, lorsqu'elle s'applique aux végétaux, *A. animale* ou *Zootomie*, quand elle s'occupe des animaux. Cette dernière prend le nom d'*A. humaine* ou *Anthropotomie*, quand elle a pour but de faire connaître la structure du corps humain; d'*A. comparée*, quand elle considère l'organisation d'animaux autres que l'homme. L'Anatomie humaine se subdivise en *Squelettologie*, étude des parties dures du corps, comprenant l'*ostéologie*, étude des os, et la *syndesmologie*, étude des ligaments; *Sarcologie*, étude des parties molles, comprenant la *myologie*, étude des muscles; la *névrologie*, des nerfs; l'*angiologie*, des vaisseaux; l'*adénologie*, des glandes; la *splanchnologie*, des viscères; la *dermatologie*, des téguments généraux. — On a nommé *A. chirurgicale* l'étude des ororganes considérés sous le rapport des opérations à exécuter; *A. pathologique*, celle des altérations que l'état de maladie produit dans les organes du corps humain; *A. artificielle* ou *imitative*, l'art de modeler et de représenter avec de la cire, du plâtre ou du carton, les différentes préparations d'anatomie.

Inconnue aux anciens, qui avaient regardé comme une profanation l'ouverture d'un cadavre, l'Anatomie humaine fut longtemps remplacée par la dissection des animaux les plus rapprochés de l'homme. Hérophile, Erasistrate, médecins du IIIe siècle av. J.-C., passent pour être les premiers qui aient disséqué des corps humains. Galien, au IIe siècle après J.-C., rassembla en un corps toutes les connaissances anatomiques obtenues jusqu'à lui, et ses ouvrages firent loi pendant plus de mille ans. Au XIVe siècle, un médecin de Bologne, Mondini, fit des démonstrations publiques d'anatomie (1315). Vésale, en publiant son grand traité *De corporis humani fabrica* (1543), fut le véritable créateur de l'anatomie scientifique, qui fit de rapides progrès entre les mains de Harvey, Malpighi, Stenon, Clisson, Albinus, Haller, et surtout de Bichat.

L'Anatomie comparée, née au dernier siècle des travaux de Vicq d'Azyr et de Daubenton, a été presque dès le début portée au plus haut degré par Cuvier, dont les travaux ont été complétés par Blumenbach, Duméril et Blainville. De son côté, Geoffroy-Saint-Hilaire faisait faire un nouveau pas à la science en créant l'anatomie philosophique.

L'étude de l'anatomie, qu'il n'est pas toujours possible de faire sur la nature même, a trouvé de puissants auxiliaires, d'abord dans des planches gravées, puis dans la sculpture et dans le moulage en cire, qui a été porté à une admirable perfection par Zumbo et Galli, en Italie, Laumonier et Pinson, en France; ces moyens ont été surpassés de nos jours par les procédés dus au Dr Auzoux : il réussit en 1822 à fabriquer avec une pâte de carton des pièces d'anatomie d'une admirable fidélité, qui peuvent se monter et se démonter à volonté : c'est ce qu'il nomme *anatomie clastique* (du grec *klastos*, qui peut se briser).

Les ouvrages classiques d'anatomie les plus répandus aujourd'hui sont ceux d'A. Boyer, Bayle, Cloquet, Cruveilhier, Velpeau, et le *Traité complet de l'A. de l'homme* de Bourgery et Jacob, 1830-52.

ANCHE (du grec *anchô*, serrer, rétrécir, parce que l'anche rétrécit le passage de l'air). On appelle ainsi le bec de quelques instruments à vent, dits, à cause de cela, *instruments à anche*, tels que le hautbois, la clarinette, le cor anglais et le basson. L'anche est ordinairement formée de deux languettes de roseau, fort minces, appliquées l'une sur l'autre et ajustées sur un petit tube de métal. Cet appareil s'adapte à l'instrument de diverses manières, et l'exécutant lui imprime, en soufflant dedans et en le pressant entre ses lèvres, des vibrations qui produisent le son. L'anche de la clarinette n'a qu'une seule languette, appliquée sur un bec d'une forme particulière. Dans l'orgue, quelques tuyaux sont armés d'un appareil analogue, qu'on nomme *jeu d'anche*. — On appelle aussi *anche* le conduit par lequel passe le grain dans un moulin.

ANCHILOPS (d'*anchi*, proche de, et *ops*, œil), petite tumeur située vers le grand angle de l'œil, audevant ou à côté du sac lacrymal. Souvent il persiste et forme un *kyste*. Lorsqu'il vient à s'ouvrir, il s'en écoule une matière muqueuse ou purulente. Le petit ulcère qui lui succède se nomme *ægilops*.

ANCHOIS, *Engraulis*, poissons de couleur brune, de la famille des Clupes, se distinguent des harengs

par une taille plus petite et une bouche plus large. Leur tête se prolonge en un petit museau conique et pointu. Ils ont de 10 à 11 centimètres, sont allongés, étroits, ronds sur le dos, couverts d'écailles larges, transparentes, qui se détachent de la peau avec une grande facilité. Ils vivent en troupes nombreuses. On en prend chaque année, pendant le printemps et l'été, une quantité innombrable sur nos côtes du midi : c'est dans les nuits obscures, et en les attirant par une vive clarté, qu'on les pêche avec des filets nommés en Provence *rissoles*. Frais, les anchois sont peu estimés. On les sale presque tous pour les conserver et les exporter. Pour les saler, on leur arrache la tête et on les vide; on les lave ensuite; puis on les place dans des barils ou de petites boîtes de métal, et on les dispose de telle manière qu'il y ait un lit de sel et un lit d'anchois. On a coutume de mêler au sel de la poussière d'argile, ce qui leur donne une couleur rougeâtre. Les meilleures salaisons se font à Fréjus, à Cannes, à Saint-Tropez et autres lieux du littoral de la Méditerranée. On en fait un grand commerce à Marseille. On emploie les anchois comme assaisonnement. Les anciens faisaient un grand usage de ce poisson; il entrait dans leur saumure (*garum*).

ANCHUSÉES (du genre *Anchuse*, qui en est le type), sous-tribu des Borraginées, comprend les genres *Cérinthe, Echium, Pulmonaria, Lithospermum, Nonnea, Dioclea, Lycopsis, Anchusa, Botriospermum, Myosotis, Symphytum, Borrago, Trachystemon*. — Le genre *Anchuse*, type de cette tribu, renferme une espèce médicinale, l'*A. italique* ou *Buglosse*, qui croît aux envir. de Paris, et qu'on emploie pour remplacer la bourrache, comme mucilagineuse, diaphorétique et diurétique.

ANCOLIE, *Aquilegia*, plante de la famille des Renonculacées, tribu des Elléborées, remarquable par l'organisation de sa fleur, qui ressemble à un capuchon ou à un bec avec des serres d'aigle, et par ses feuilles, qui forment une espèce de cornet où se déposent les gouttes de pluie et de rosée. On cultive l'*A. vulgaire* ou *des bois*, nommée aussi *Gant de Notre-Dame*, qui est un des plus beaux ornements de nos parterres : elle est vivace, à fleurs bleues qui deviennent doubles par la culture, blanches, jaunes, rouges, violettes et panachées; l'*A. des Alpes*, plus petite, à fleurs bleues; l'*A. de Sibérie*, à fleurs grandes, bleues et entourées d'un anneau blanc; l'*A. du Canada*, au port élégant, aux fleurs d'un beau rouge mêlé de jaune safrané, portées par un pédoncule légèrement courbé. — Le nom d'*ancolie* paraît être une corruption d'*aquilegia*, gouttière, nom que les anciens donnaient à cette plante, parce qu'elle recueille, dans le cornet que forment ses feuilles, l'eau de la pluie et de la rosée.

ANCRAGE, lieu de la mer où l'on peut commodément jeter l'*ancre* : on le nomme plus ordinairement *mouillage*. — On nomme *droit d'ancrage* le droit qu'on exige des bâtiments qui mouillent sur une rade étrangère : ce droit est fixé par les règlements particuliers de chaque nation maritime.

ANCRE (du latin *anchora*), instrument en fer forgé servant à retenir les vaisseaux au mouillage par le moyen d'un câble : c'est une barre ou *tige* dont l'extrémité inférieure se partage en deux courbes terminées chacune par un fort crochet destiné à s'enfoncer sur le fond. L'ancre se compose de 5 parties : 1o un *anneau* en fer, que l'on nomme *organeau*, qu'on entortille de petites cordes que l'on nomme *amboudinure*, et qui sert pour y attacher un câble; 2o la *vergue* ou tige droite, dont l'extrémité est percée d'un trou par où passe l'anneau; 3o la croisée ou *crosse*, qui est soudée au bout de la vergue, et dont chaque moitié est appelée *bras* ou *branche*; 4o deux *pattes* qui sont des espèces de crochets ou pointes recourbées, l'une à droite et l'au tre à gauche, à peu près semblables à des hameçons; 5° le *jas*, assemblage de deux pièces de bois de même proportion et figure, jointes ensemble par des chevilles de fer au-dessous du trou de la vergue et à angle droit avec la crosse : son office est d'empêcher l'ancre de coucher de plat sur le sable, et de faire que l'une des pattes s'enfonce dans le terrain solide qui se trouve au fond de la mer. Les vaisseaux ont ordinairement trois ancres, deux qui sont toujours prêtes à la poupe, et une troisième, appelée l'ancre de salut, qui est plus forte que les deux autres, et dont on se sert pour sauver le vaisseau en danger de périr sur une côte. Un bâtiment à trois mâts porte six ou sept ancres. Le poids des ancres varie de 100 à 3,000 kilogr. — On appelle *ancre d'affourche* une ancre légère qui sert à *affourcher* un bâtiment. *Affourcher*, c'est jeter une 2ᵉ ancre en sens opposé, de manière que les cordages qui retiennent les deux ancres forment entre eux une espèce de *fourche*. Le vaisseau, retenu par les deux ancres, qui ont des directions opposées, ne change presque point de place, pendant les changements de marée ou de vent.

Il se fait des ancres en plusieurs endroits de France; une des fabriques les plus considérables est celle des *Forges de la Chaussade*, entre Guerigny et Cosne (Nièvre); on y fait annuellement 600 milliers d'ancres, le plus grand nombre pour la marine militaire. Il y a encore des fabriques d'ancres dans l'Angoumois, le Berry, à Douai, à Toulon, etc.

En Architecture, on nomme *ancre* une barre de fer en forme de S, T, Y, ou même en ligne droite, qui, passée dans l'œil d'un tirant, retient l'écartement de la poussée des voûtes ou des murs d'un bâtiment, maintient les tuyaux de cheminée fort élevés, ou affermit les pilots de garde dont on garnit les devants d'un quai ou d'une jetée.

ANCRE, *anker*, mesure de liquides employée dans le Nord et la Hollande. L'*anker* d'Amsterdam contient 32 mingles, à peu près 37 lit. 15 cent. L'*anker* de Suède, de même capacité, contient 15 pots de Suède. L'*anker* de Danemarck contient 37 lit. 68 cent.

ANDALOUSITE, pierre commune en Andalousie, plus connue sous le nom de MACLE. *Voy.* ce mot.

ANDANTE (participe du verbe italien *andare*, aller). Ce mot sert, en Musique, à indiquer un mouvement gracieux et modéré, plus animé que l'*adagio* et plus lent que l'*allegro*. C'est celui qui caractérise, en général, les airs que l'on désigne par le titre de *cantabile*. On le prend quelquefois substantivement pour indiquer un morceau de musique qui a ce caractère. L'*andantino* est un diminutif de l'andante, dont le mouvement est un peu plus accéléré.

ANDOUILLE, sorte de charcuterie, consiste le plus souvent en boyaux et chair de porc, mêlés de graisse et hachés, qu'on enferme dans un autre boyau. C'est un mets peu relevé : on estime pourtant les *andouillettes* dites de *Troyes*. — On fait aussi des andouilles de sanglier, de bœuf, de fraise de veau, même de lapin.

ANDOUILLER, terme de Vénerie. V. BOIS DE CERF.

ANDRENE, insecte hyménoptère, de la famille des Mellifères, dont l'espèce la plus commune, l'*A. des murs*, se rencontre en France. Elle est longue de 15 millim., d'un noir bleuâtre, avec des poils blancs sur la tête; le corselet, l'abdomen, les pieds et les ailes sont noirâtres. La femelle dépose dans les murs un miel particulier d'une odeur narcotique. L'Andrène est le type de la famille des *Andrenètes*, créée par Latreille.

ANDROGYNE (du grec *aner*, génitif *andros*, homme, et *gyné*, femme). En Zoologie, on donne spécialement le nom d'*androgynes* aux animaux qui, tout en possédant les deux sexes, ne peuvent se reproduire qu'en s'accouplant deux à deux, comme les limaces. — En Botanique, on nomme ainsi les végétaux dans lesquels les deux sexes sont réunis, et qui se suffisent à eux-mêmes pour se reproduire. — On a proposé de réserver ce nom aux plantes qui ont les deux sexes dans des fleurs séparées sur la même individu, comme le noyer et le noisetier, et de donner le nom d'*hermaphrodite* à toutes celles dont les sexes sont réunis dans une même fleur.

ANDROIDE (d'*aner*, homme et *eidos*, forme, qui ressemble à l'homme), automate à figure humaine, qui, au moyen de ressorts habilement disposés à l'intérieur, exécute plus ou moins bien les mouvements de l'homme. On connaît le flûteur de Vaucanson, le joueur d'échecs de Kempelen, etc. *V.* AUTOMATE.

ANDROMÈDE, constellation voisine du pôle arctique, près de Cassiopée et de Persée, se compose de 59 étoiles. Elle est représentée dans les planisphères célestes par une figure de femme enchaînée qui rappelle la fable d'Andromède.

ANDROMÈDE, genre de Bruyères, de la famille des Éricacées, forme des arbrisseaux s'élevant quelquefois à la hauteur d'arbres, ayant les feuilles alternes ou opposées, coriaces, et les fleurs en grappes ou en épis. Le port élégant des Andromèdes les a fait admettre comme ornement dans nos jardins; on remarque l'*A. en arbre*, bel arbuste à feuilles elliptiques; l'*A. magnifique*, buisson d'un mètre environ de hauteur, dont les feuilles sont couvertes en dessous d'une poudre blanche; l'*A. à plusieurs feuilles*, aux feuilles luisantes, toujours vertes. Cet arbrisseau est indigène de l'Amérique tropicale. Il est le type de la tribu des *Andromédées*.

ANDROPHORE (d'*aner*, mâle; *phoros*, qui porte), nom donné par quelques botanistes au filet de l'étamine lorsqu'il porte plusieurs anthères, ou plutôt à la réunion des filets en un ou plusieurs faisceaux. C'est ce qui caractérise les classes 6ᵉ, 7ᵉ et 8ᵉ de Linné. *Voy.* ÉTAMINE.

ANDROPOGON, c'est-à-dire barbe d'homme (d'*aner*, homme; *pogon*, barbe), genre de Graminées, ainsi nommé à cause de ses racines touffues, a pour caractères : épillets géminés ou ternés, celui du centre sessile, hermaphrodite, uniflore; fleurs en épis. Il donne son nom à la tribu des *Andropogonées*, qui compte jusqu'à 150 espèces. Les principales sont : l'*A. nard*, dont la racine (*Nard indien*) a des propriétés excitantes; l'*A. schœnanthus*, aussi originaire des Indes et de l'Arabie, exhalant une odeur de citron; ses fleurs se prennent en infusion comme le thé; l'*A. caricosum*, qui sert de chaume pour couvrir les maisons à l'île de Java. Les racines d'une autre espèce entrent, sous le nom de chiendent, dans la confection de brosses et de balais. Celles de l'*A. squarrosus* ont reçu le nom de *Vétiver* (de *veto* et *vermis*), parce qu'elles exhalent une odeur aromatique à laquelle on attribue la vertu de préserver les vêtements de l'invasion des vers.

ANE (du latin *asinus*), quadrupède non ruminant, faisant partie du genre Cheval, se distingue du cheval par une tête plus grosse et moins allongée, par des oreilles plus longues, par une queue garnie de poils à son extrémité seulement, par des épaules plus étroites, traversées, chez le mâle, d'une ligne noire qui se croise avec une autre ligne de même couleur tracée le long de l'échine, par un dos plus tranchant, par une croupe moins carrée, enfin par un cri différent : on sait que le braiment est le cri de l'âne, et le hennissement celui du cheval. L'âne vit dans nos climats de 15 à 16 ans. Accouplé à la jument, il donne le *mulet*. On connaît la sobriété de l'âne, son aptitude au travail, la sûreté de sa marche : on connaît aussi ses vices, qui l'ont rendu un objet de mépris; mais ces vices viennent en grande partie de l'état de dégradation dans lequel il est tombé par suite du peu de soin qu'on prend de lui et des mauvais traitements dont on l'accable.

L'âne paraît être, comme le cheval, originaire de

l'Arabie; on croit qu'il n'est autre que l'*Onagre*, qui vit en grandes troupes dans les déserts de l'Asie centrale : dans cet état, il est de la grandeur d'un cheval de moyenne taille et porte la tête haute; ses oreilles sont moins longues et plus fines; il est actif, vigilant, sociable avec ses pareils, et sa fuite est aussi rapide et plus soutenue que celle du meilleur cheval. En Perse, les ânes sont d'une beauté remarquable et peuvent soutenir longtemps une vitesse de 10 kilomètres à l'heure. On trouve aussi en Égypte, en Grèce et même en Espagne des ânes d'une beauté, d'une taille et d'une force bien supérieures à ceux que nous connaissons. Aussi l'âne était-il estimé chez les Orientaux et chez les Grecs (surtout en Arcadie) presque à l'égal du cheval : c'est encore aujourd'hui chez quelques peuples la monture des gens de condition, le cheval étant réservé pour les combats.

La peau de l'âne, dure et élastique, sert à faire des tambours, des cribles, des tamis, du gros parchemin et de la peau de chagrin.

ANECDOTES (du grec *anecdotos*, non publié), nom donné primitivement à divers recueils d'ouvrages inédits, le plus souvent tirés des manuscrits grecs : tels sont les *Anecdota græca* de Muratori (1709) et ceux de Bekker (1804), les *Anecdota litteraria* de J.-Chr. Amaduci (1773). — On l'a depuis appliqué à un court récit contenant de petits faits neufs et de nature à intéresser; on a fait de nombreux recueils de récits de ce genre qui sont lus avec plaisir comme délassement. Un des mieux faits est le *Manuel anecdotique* de Mme Celnart, 4 v. in-18. — On connaît sous le nom d'*Ana* des recueils d'anecdotes relatives à un même personnage. *Voy.* ANA.

ANÉLECTRIQUE (du grec *a* priv., et *électron*, électricité), se disait autrefois des corps qui n'étaient point électrisables par le frottement, tels que les métaux et l'eau, par opposition aux corps dits idio-électriques (la cire, le verre). Aujourd'hui, on sait que tous les corps sont électriques par le frottement; mais que les corps bons conducteurs, comme l'eau, les métaux, précédemment regardés comme anélectriques, ont seulement besoin d'être isolés pour conserver l'électricité que le frottement leur a communiquée.

ANÉMIE (du grec *a* priv., et *aima*, sang), état morbide opposé à la pléthore, consiste, non pas, comme le mot l'indique, en une diminution absolue de la *quantité* du sang, mais dans un abaissement de la *qualité*, le nombre des globules de ce liquide devenant inférieur au nombre normal. Suivant MM. Andral et Gavarret, la moyenne normale des globules est de 127 sur 1,000. L'abaissement de ce nombre à 113 et même au-dessous n'est pas incompatible avec l'état de santé. C'est le chiffre 80 qu'on doit regarder comme la limite où le vice du sang commence à être décidément morbide. Le mal est plus grand encore si les globules tombent à 60 ou à 50; ce dernier chiffre est celui qu'on a coutume de rencontrer dans la chlorose confirmée. L'eau augmente dans le sang à proportion que les globules y diminuent. Les symptômes essentiels de l'anémie sont la décoloration et l'affaiblissement. Quand elle est portée à un haut degré, il y a pâleur extrême de la peau et des surfaces muqueuses visibles, et toutes les fonctions sont plus ou moins troublées. Cet état est généralement l'effet de l'insuffisance des aliments ou de l'usage de substances trop peu nutritives, d'évacuations exagérées, etc.; quelquefois aussi il survient sans causes appréciables. L'anémie essentielle réclame l'emploi des ferrugineux, des amers, des toniques de la nature du quinquina, et un régime analeptique.

ANÉMOMÈTRES (du grec *anémos*, vent, et *métron*, mesure). On possède une foule d'instruments de ce nom destinés à mesurer la *force* du vent,

à la différence de la girouette qui en indique la direction. Celui de Wolf consiste dans un mécanisme qui, s'adaptant à une girouette ou à un moulinet, fait mouvoir une aiguille autour d'un cadran où sont tracées les divisions d'une rose des vents. L'anémomètre de Lind est un niveau d'eau dont un des tubes verticaux est courbé horizontalement, de manière à pouvoir être opposé au vent : l'ascension de l'eau refoulée dans l'autre tube indique la vitesse. L'anémomètre le plus communément employé consiste en une simple planche carrée, appuyée au centre contre un ressort à boudin qu'elle déprime; une tige de fer est fixée à la planche pour l'accrocher et la retenir lorsqu'elle est arrivée au plus haut point de pression. M. Delamanon a inventé un anémomètre musical composé de 21 tuyaux, où le vent, en entrant, produisait, selon sa force, les notes de trois octaves successives.

ANÉMONE (mot grec qu'on dérive d'*anémos*, vent, parce que cette fleur se plaît en plein vent), genre de la famille des Renonculacées, type de la tribu des Anémonées, se compose de jolies plantes vivaces, à tige droite et robuste, à feuilles d'un vert foncé, découpées, à fleurs doubles, dont les couleurs sont magnifiques et variées. C'est une des plus belles plantes de nos jardins : elle fleurit des premières et annonce le retour du printemps. On en compte plus de 300 variétés, parmi lesquelles on distingue l'*A. pulsatille*, d'un beau violet, quoique un peu sombre, emblème de la tristesse; l'*A. en ombelle*, des montagnes de Provence; l'*A. hépatique*, d'un bleu tendre, variant au rose, au violet et au blanc; l'*A. sylvie*, à fleur blanche et purpurine; l'*A. des fleuristes*, reproduisant les couleurs de l'arc-en-ciel, même le vert, et faisant l'ornement le plus riche des parterres, etc. Les anémones se plaisent dans des plaines élevées et recherchent des lieux exposés au vent; on peut en obtenir presque en toute saison, en les plantant à divers mois de l'année. Ces plantes si brillantes se fanent facilement, et sont l'emblème de la fragilité; elles n'ont point d'odeur; enfin on assure qu'elles sont aussi dangereuses que belles, et qu'elles doivent être mises au nombre des poisons âcres exerçant une action corrosive sur les tissus, et stupéfiante sur le système nerveux. — Selon la Fable, l'anémone était née du mélange du sang d'Adonis et des larmes de Vénus.

ANÉMONE DE MER, nom donné aux Actinées, qui ressemblent souvent à une fleur épanouie.

ANÉMOSCOPE (du grec *anémos*, vent, et *scopéin*, observer). *Voy.* GIROUETTE et ANÉMOMÈTRE.

ANEMOMÉES, tribu des Renonculacées, est formée des genres *Anémone* (genre type), *Thalictrum*, *Pulsatille*, *Hépatique*, *Hamadryas*, *Hydrastis*, *Adonis*, *Myosurus*.

ANENCÉPHALIE (d'*a* priv., et *encéphalon*, cerveau), monstres qui naissent sans cerveau ni moelle épinière. Cette monstruosité est presque exclusivement propre à l'espèce humaine. Les fœtus ainsi conformés naissent vers le 7e ou le 8e mois de la grossesse, et meurent en naissant. M. Geoffroy-Saint-Hilaire en a fait une famille de l'ordre des Autosites. — A parler rigoureusement, il n'y a jamais absence complète de l'encéphale; on en rencontre toujours quelques rudiments.

ANÉROÏDE (du grec *a* priv., et d'*aer*, air), espèce de baromètre, qui se compose d'une boîte métallique dans laquelle on fait le vide. La paroi supérieure est assez mince pour céder sensiblement à la pression atmosphérique et s'enfoncer : en se rapprochant ou en s'éloignant de la paroi opposée, suivant que cette pression augmente ou diminue, elle met en mouvement un index dont les divisions, déterminées expérimentalement, correspondent à celles de l'échelle des baromètres ordinaires. L'anéroïde est moins fragile que le baromètre et se laisse aisément transporter, mais ses indications ne sont pas aussi rigoureuses. On l'a proposé pour l'usage des marins et des aéronautes. Il a été inventé en 1847 par M. Védy.

ANESTHÉSIE (d'*a* privatif, et *aisthésis*, sensibilité), privation générale ou partielle de la faculté de sentir. On nomme *anesthésiques* les substances qui, comme le chloroforme, l'éther et les divers liquides éthérés, ont la propriété de suspendre la sensibilité. On y recourt journellement depuis quelques années pour annuler la douleur dans les opérations chirurgicales. On doit à M. le Dr Douisson un *Traité de la Méthode anesthésique* (1852).

ANETH (du grec *anethon*, fenouil odorant), plante aromatique annuelle, de la famille des Ombellifères, commune dans le midi de la France, en Espagne et en Italie. Elle monte à 40 ou 60 centimètres. Son odeur est forte et agréable, son goût âcre et piquant. Ses racines servent, dans la cuisine, à donner du goût aux végétaux. On en retire une huile essentielle, autrefois très-recherchée en médecine et employée par les gladiateurs, à cause de la propriété qu'on lui attribuait d'augmenter les forces. En Médecine, on prescrit ses graines comme toniques, excitantes et carminatives. Les confiseurs les emploient en guise d'anis. Cette plante était pour les anciens le symbole de la joie : ils se couronnaient d'aneth dans les festins.

ANÉVRISME (du grec *aneurusma*, dilatation). On nomme proprement *anévrisme* une tumeur produite dans l'intérieur d'une artère par la dilatation des membranes qui constituent ses parois : c'est l'*A. vrai*. On a étendu ce nom aux tumeurs produites par le sang épanché hors d'une artère (*A. faux*), ainsi qu'aux dilatations du cœur.

Anévrismes des artères. On les divise en *traumatiques* ou *spontanés*, selon qu'ils sont ou non la suite d'une blessure. L'*A. vrai* est généralement spontané, ou, du moins, il survient sans cause apparente; tantôt il est *externe*, quand il affecte les artères placées superficiellement, comme dans l'anévrisme du jarret, qu'on observe souvent chez les laquais obligés de monter derrière les voitures; tantôt il est *interne*, quand il affecte les artères intérieures : l'abus des boissons spiritueuses, les passions violentes, le chagrin, occasionnent souvent l'anévrisme interne : c'est une maladie grave contre laquelle il n'y a pas de traitement direct; on ne peut la combattre que par un traitement débilitant (saignées fréquentes, diète rigoureuse ou régime lacté), par le repos et l'emploi de la digitale. — Pour les anévrismes externes, l'oblitération de l'artère est le seul moyen de guérison : on l'obtient quelquefois par une compression méthodique longtemps exercée, soit sur la tumeur elle-même, soit au-dessus d'elle, de manière à arrêter le cours du sang; mais le plus souvent il faut recourir à la ligature de l'artère. Quand on ne fait aucun traitement, la tumeur finit par s'ouvrir, et cette rupture de l'anévrisme entraîne une hémorragie mortelle ou la gangrène de la partie malade.

L'*A. faux* est le plus souvent traumatique; c'est une plaie de l'artère, avec épanchement de sang dans le tissu cellulaire environnant : les médecins en ont constaté plusieurs espèces, parmi lesquelles on remarque l'*A. variqueux*, dit aussi *A. par anastomose*, lorsque, par suite d'une double lésion d'une artère et d'une veine, le sang, par une anastomose contre nature, passe de l'artère dans la veine, et distend les parois de ce dernier vaisseau.

Anévrismes du cœur. Ils se distinguent en *A. actifs* et *A. passifs*. Les premiers, improprement nommés *anévrismes*, puisqu'ils consistent dans un développement morbide des parois du cœur, qui en rétrécit les cavités bien loin de les dilater, sont aujourd'hui désignés par le nom d'*hypertrophie* (*Voy.*

ce mot) : on les appelait *actifs*, parce que de cette affection résulte une augmentation de la force contractile du cœur. Quant aux anévrismes *passifs*, ils consistent dans l'amincissement des parois du cœur, d'où résulte l'agrandissement de ses cavités et l'affaiblissement de ses fonctions. *Voy.* cœur.

ANGARIES (du grec *angaréia*, corvée). On appelle ainsi, en Droit maritime, les prestations et les obligations qu'impose un souverain aux navires arrêtés dans ses ports et dans ses plages, comme de transporter pour lui, en temps de guerre, des soldats, des armes, des munitions de guerre, etc., moyennant indemnité; aucun navire ne peut se soustraire à l'obligation des angaries. A l'époque de l'expédition d'Egypte, cette obligation a été mise en vigueur dans les ports de Marseille, de Toulon et autres, pour le transport de l'armée. Ce n'est du reste que quand les vaisseaux de guerre ne peuvent suffire au service de transport que les puissances maritimes ont ainsi recours aux bâtiments de la marine marchande.

ANGE (du grec *aggélos*, envoyé, messager), créature spirituelle et intelligente, immortelle et incorruptible, intermédiaire entre l'homme et la Divinité. Les théologiens divisent les anges en trois hiérarchies, et chaque hiérarchie en trois ordres. La 1re comprend les *Séraphins*, les *Chérubins* et les *Trônes*; la 2e, les *Dominations*, les *Vertus* et les *Puissances*; la 3e, les *Principautés*, les *Archanges*, à la tête desquels on place saint Michel, et les simples *Anges*, dont le nom s'est étendu à tous; ces derniers sont attachés spécialement aux hommes. C'est à S. Denis l'Aréopagite qu'on attribue cette classification.

La fonction des anges, en général, est de bénir Dieu et de chanter ses louanges. On distingue de bons anges, les seuls qui conservent le nom d'*anges*, et de mauvais anges ou anges déchus, que Dieu a précipités dans l'abîme, à cause de leur révolte, et qui sont devenus les *démons*. Chaque homme, en naissant, reçoit de Dieu un *ange gardien*, destiné à le pousser au bien, en détruisant la puissance du démon. Les Catholiques rendent un culte aux anges : la *Fête des saints anges gardiens* se célèbre le 2 octobre. Les Protestants rejettent ce culte.

On représente les anges sous des traits humains, parce qu'ils ont souvent apparu ainsi à ceux à qui Dieu les a envoyés. On leur donne des ailes pour marquer la promptitude avec laquelle ils obéissent à Dieu et la protection dont ils environnent ceux dont la garde leur est confiée. Le vêtement qui les couvre est lumineux et léger; ils sont presque toujours entourés d'un nuage blanc. C'est à peu près ainsi qu'on représente Gabriel annonçant à la vierge Marie l'incarnation du Verbe, Raphaël conduisant Tobie, Michel terrassant Lucifer. Quelquefois on peint les anges sous les traits de petits enfants nus et ailés, emblèmes d'innocence; d'autres fois ils sont représentés simplement par des têtes d'enfants entourées de deux ailes.

La doctrine des anges nous vient des Juifs; elle était également répandue parmi les Perses et les Babyloniens; il paraît même que ce n'est que pendant la captivité de Babylone que les Juifs connurent les noms des anges. Les Pères de l'Eglise ne sont pas complétement d'accord sur leur nature. Le P. Maldonat a résumé les données sur ce sujet dans sa *Théologie des Anges.*

ANGE DE MER ou SQUATINE, poisson de la famille des Plagiostomes, établie par Duméril, se place entre les squales et les raies : les nageoires pectorales sont blanches et étendues comme celles que l'on donne aux *anges;* la tête est arrondie, et la bouche fendue à son extrémité. On en connaît trois espèces, dont deux se pêchent sur nos côtes : 1o l'*A. squatine*, de 2 à 3 mètres de long ; toute la partie supérieure du corps est couverte d'une peau rude et d'un gris roussâtre; le mâle a de petites épines au bord des pectorales; 2° l'*A. épineux*, qui porte le long du dos une rangée de fortes épines.

ANGE D'OR, monnaie d'or en usage sous Philippe de Valois et sous les règnes suivants, ainsi nommée parce qu'elle portait l'effigie d'un ange, valait 75 sous de l'époque (environ 21 fr. 36 cent. de notre monnaie). *Voy.* ANGELOT.

ANGÉIOGRAPHIE, ANGÉIOLOGIE. *Voy.* ANGIOGRAPHIE, etc.

ANGÉLICÉES, tribu de la famille des Ombellifères, section des Orthospermées, renferme les genres *Angelica* (g. type), *Archangelica*, *Selinum*.

ANGÉLIQUE, *Angelica* (ainsi nommée par allusion à ses vertus bienfaisantes), plante aromatique et charnue, de la famille des Ombellifères, genre type de la tribu des Angélicées : tige droite, robuste, cannelée, s'élevant à la hauteur de 2 mètres; feuilles grandes, ailées et d'un beau vert; ombelles à rayons nombreux, étalés; fruits ovoïdes et renfermant deux graines. On en connaît neuf ou dix espèces; la plus belle est l'*A. archangélique*, que l'on croit originaire de Syrie, mais qui vient aussi naturellement en France et dans le nord de l'Europe. Sa tige, ses feuilles, ses racines et ses semences sont odorantes, stomachiques, cordiales et vermifuges. Confites dans du sucre, ses tiges donnent des conserves délicieuses et parfumées, et offrent un aliment agréable et salutaire. Sa racine, qui fournit une liqueur spiritueuse, est employée comme diurétique; ses feuilles peuvent être utiles à l'entretien et à l'hygiène de la bouche. C'est surtout dans la ville de Niort que l'on prépare l'angélique du commerce.—On a donné encore ce nom à une variété de la *Poire*, à la *Podagraire* et à une espèce d'*Aralie*.

ANGELOT, monnaie du moyen âge, ainsi nommée parce qu'elle portait l'empreinte d'un petit ange. Il y en eut en or et en argent. L'angelot d'or, diminutif de *l'ange d'or*, fut usité en France depuis 1240 jusque sous le règne de Louis XI. S. Michel y était figuré avec une épée dans la main droite, un écu de fleurs de lis dans la main gauche, et un serpent sous les pieds. Cet angelot valait un écu d'or fin, environ 14 fr. 20 c. — Un angelot d'or d'une moindre valeur (7 fr. 40 c.) fut frappé, en 1427, par le roi d'Angleterre Henri VI, alors maître de Paris. Le même prince émit aussi un angelot d'argent, qui valait environ 5 fr. 60 c. de notre monnaie.

ANGELUS, prière à la sainte Vierge, qui commence par ces mots *Angelus Domini nuntiavit Mariæ* (l'Ange du Seigneur annonça à Marie). Elle se compose de 3 versets, dont chacun est suivi de la salutation angélique. Les Catholiques la récitent trois fois par jour, le matin, à midi et le soir; on sonne la cloche chaque fois pour avertir de faire cette prière. Le pape Urbain II institua cet usage au concile de Clermont. Jean XXII rédigea, en 1316, la prière telle qu'elle est encore récitée aujourd'hui. Louis XI l'introduisit en France en 1472.

ANGINE (du latin *angere*, suffoquer, étrangler), vulgairement *mal de gorge, esquinancie*, inflammation plus ou moins intense de l'arrière-bouche et du pharynx, ou du larynx et de la trachée-artère. De là deux espèces principales d'angine : celle qui a son siége dans les voies alimentaires, caractérisée par la gêne de la déglutition, et celle qui affecte les voies respiratoires, dont le symptôme principal est la difficulté de respirer.

La 1re, dite *A. gutturale*, consiste dans l'inflammation de la membrane muqueuse qui revêt l'isthme du gosier, le voile du palais, ses piliers, la luette, les amygdales, etc. Elle se subdivise, selon la partie affectée, en *A. tonsillaire* ou *amygdalite*, *A. pharyngée*, et *A. œsophagienne*.

La 2e, l'*A. des voies respiratoires*, se subdivise en *A. laryngée* et *A. trachéale*. Le *Croup* n'est qu'une variété de cette dernière, variété nommée aussi *A. membraneuse, polypeuse, striduleuse,* etc.

— On appelle *A. laryngée œdémateuse*, ou *œdème de la glotte*, le gonflement œdémateux de la membrane muqueuse qui tapisse l'ouverture supérieure du larynx, par l'infiltration séreuse ou purulente du tissu cellulaire sous-jacent.

On nomme *A. maligne* ou *gangréneuse* une espèce d'angine caractérisée par le développement de plaques irrégulières, d'un blanc jaunâtre ou grisâtre, d'un aspect lardacé, qui, s'accumulant rapidement sur les amygdales, les côtés du pharynx et le voile du palais, obstruent les voies aériennes et étouffent le malade : c'est l'*A. couenneuse* de Guersent, la *Diphthérite* de Bretonneau. — L'*A. de poitrine* ou *Sternalgie* est une névrose des organes de la respiration.

Le traitement de l'angine est, en général, celui des inflammations aiguës, et varie selon l'espèce. *Voy.* AMYGDALITE, CROUP, LARYNGITE, etc.

ANGIOLOGIE, ANGIOGRAPHIE (du grec *angéion*, vaisseau, et *légô, graphô*, parler, décrire), description des vaisseaux du corps humain, partie de l'Anatomie qui traite des vaisseaux du corps humain. Elle comprend l'étude des artères (*artériologie*), celle des veines (*phlébologie*), et celle des vaisseaux lymphatiques (*angiohydrologie*).

ANGIOSPERMIE (du grec *angéion*, vase, capsule, et *sperma*, graine). C'est, dans la classification botanique de Linné, le 2e ordre de sa 14e classe. Il comprend toutes les plantes qui, avec quatre étamines didynames, ont leur graine renfermée dans une capsule; telles sont les *scrofulaires*, les *digitales*, les *bignones*. Ces plantes prennent elles-mêmes le nom d'*Angiospermes*.

ANGLE (du latin *angulus*), se dit, en Géométrie, de la portion d'espace comprise entre plusieurs lignes ou plusieurs surfaces inclinées qui se rencontrent. Les lignes ou les surfaces qui forment l'angle sont les *côtés* de l'angle; leur point de rencontre est le *sommet*. On désigne un angle formé par 2 lignes soit par une seule lettre placée au sommet, soit par trois lettres écrites sur les côtés et au sommet de l'angle, la lettre du sommet étant placée entre les deux autres. Lorsque les côtés sont des droites, l'angle est dit *rectiligne* ou angle plan; quand ce sont des courbes, il prend le nom de *curviligne*; il s'appelle *mixtiligne* quand l'un des côtés est droit et l'autre courbe. — On nomme : *A. droits* les angles formés par deux lignes perpendiculaires entre elles; *A. obtus*, les angles plus grands, et *A. aigus*, les angles moindres qu'un angle droit; *A. correspondants*, les angles dont les côtés sont situés dans le même sens, l'un en dedans, l'autre en dehors de deux parallèles, et tous deux du même côté de la sécante; *A. internes*, les angles qui sont compris en dedans des deux parallèles coupées par une sécante; *A. externes*, les angles en dehors de ces parallèles; *A. alternes internes*, les angles situés en dedans de deux parallèles, d'un côté différent de la sécante; *A. alternes externes*, les angles situés en dehors de ces parallèles et d'un côté différent de la sécante; *A. adjacents*, ceux qui sont formés par la rencontre de deux lignes et qui ont un côté commun; *A. opposés*, deux angles qui se touchent par le sommet et dont les côtés de l'un sont formés par le prolongement des côtés de l'autre.

On appelle : *Angles dièdres* (du grec *dis*, deux fois, et *hédra*, base) les portions de l'espace indéfini comprises entre deux plans qui se coupent; *A. polyèdres* (du grec *poly*, beaucoup, et *hédra*), ou *A. solides*, les angles formés par trois ou plusieurs plans dont les intersections vont se réunir en un même point; chacun des angles rectilignes formant l'angle solide prend le nom de *face*.

Les angles qui ont leurs sommets au centre d'un

même cercle sont entre eux comme les arcs interceptés par leurs côtés; les angles qui interceptent des arcs égaux sont égaux. On peut donc *mesurer* tout angle proposé, en décrivant de son sommet pris pour centre, et avec un rayon quelconque, un arc de cercle, et en cherchant le nombre de degrés de l'arc qui est limité par la rencontre des deux côtés (*Voy.* RAPPORTEUR). Si l'angle à mesurer est, par exemple, formé par deux routes qui se croisent, ou par des rayons visuels dirigés d'un lieu vers deux objets désignés, on emploie une circonférence divisée en degrés et armée d'une alidade ou d'une lunette mobile autour du centre et pouvant se placer sur tous les rayons du cercle; en dirigeant la lunette successivement vers les deux objets, et lisant sur le limbe l'arc parcouru dans le mouvement du rayon, on obtient la mesure de l'angle cherché. C'est sur cette théorie que sont fondées les divisions du graphomètre, de la boussole, du cercle répétiteur, du théodolite, et de tous les instruments destinés à mesurer les angles sur le terrain. En Astronomie, on nomme *A. de position* l'angle que forment les arcs menés d'une étoile au pôle de l'écliptique et à celui de l'équateur; il est formé par les arcs sur lesquels se comptent la latitude et la déclinaison; *A. horaires*, ceux qui sont formés au pôle par les plans des cercles horaires et le plan du méridien; leur mesure est l'arc de l'équateur compris entre ces cercles. Ces angles varient à chaque instant : tant que l'étoile est vers l'E., elle se rapproche du méridien et l'angle horaire décroit; il est nul au méridien et croît en sens opposé après ce passage; *A. de commutation*, l'angle formé au centre du soleil par deux lignes, dont l'une est tirée de la terre et l'autre du lieu de la planète réduite à l'écliptique; *A. d'élongation*, l'angle formé par deux lignes menées de la terre, l'une au soleil, l'autre à la planète; ou bien la différence entre le lieu du soleil et le lieu géocentrique de la planète; *A. de longitude*, celui qui est formé au pôle de l'écliptique par le méridien et le cercle de longitude d'une étoile; *A. parallactique*, formé par le vertical et le cercle de latitude. En Optique, on nomme *A. visuel* ou *optique* l'angle formé par deux rayons visuels menés du centre de l'œil aux extrémités d'un objet. L'œil estime la grandeur d'un objet suivant la grandeur de l'image qui se peint sur la rétine; cette image est toujours en rapport avec l'ouverture de l'angle que font entre eux les rayons extrêmes partis de l'objet et qui vont se croiser dans la prunelle. Une conséquence nécessaire de ce mode d'appréciation est qu'un même objet est jugé plus grand ou plus petit, suivant la distance. En Physique, on nomme *A. d'incidence*, l'angle formé par le rayon incident et la normale, ou perpendiculaire au point d'incidence; *A. de réflexion*, l'angle formé par le rayon réfléchi et la normale; *A. de réfraction*, l'angle formé par le rayon réfracté et la normale; *A. de polarisation*, l'angle que le rayon réfléchi polarisé fait avec la normale. M. Brewster a découvert que la tangente de ce dernier angle est toujours égale à l'indice de réfraction. L'angle de polarisation n'est pas le même pour les différents minéraux; aussi, dans beaucoup de cas, la connaissance de cet angle suffit-elle pour reconnaître les espèces auxquelles ils appartiennent : le diamant, par exemple, sur lequel on ne peut faire aucun essai quand il est taillé, se distingue immédiatement des pierres fausses par cette observation. L'angle de polarisation maximum du diamant (celui sous lequel ses surfaces polarisent la lumière en plus grande proportion) est de 21° 59'; celui du verre est de 35° 25'; celui du quartz, de 33° 2'.

ANGLE FACIAL, angle formé par la rencontre de deux lignes, dont l'une passe verticalement par le bord des dents supérieures et par le point le plus saillant du front, et l'autre s'étend horizontalement du conduit de l'oreille aux mêmes dents. Camper a cherché, en comparant l'ouverture de cet angle dans les différents animaux, à calculer le volume du cerveau et à juger par là du degré d'intelligence de chacun d'eux. Plus cet angle est aigu, plus le cerveau de l'animal est petit, plus son intelligence est obtuse. L'homme a reçu le plus grand cerveau de tous, et dans l'espèce humaine, l'Européen est le mieux partagé : chez les Européens, l'angle facial est de 80 à 85°; chez les Mogols, de 75°; chez les nègres, de 70 à 72°; celui de l'orang-outang est de 67°. L'angle facial du Jupiter Olympien et de l'Apollon du Belvédère a plus de 90°.

ANGOISSE (du latin *angere*, presser). C'est proprement un sentiment de resserrement à la région épigastrique, accompagné d'une grande difficulté de respirer et d'une tristesse excessive : c'est le dernier degré de l'*anxiété*. Cet état pénible résulte ordinairement de la vue d'un danger qui nous menace et que nous sentons ne pouvoir éviter, ainsi que de commotions morales souvent renouvelées; c'est aussi le symptôme de plusieurs maladies, telles que l'hypocondrie, la rage, la folie. On appelait jadis *poire d'angoisse* un instrument en forme de poire avec lequel les voleurs bâillonnaient ceux qu'ils voulaient dépouiller. Ce mot s'emploie encore au figuré.

ANGORA, nom donné à une race de chats, de lapins et de chèvres à poil long et soyeux, originaires d'Angora (Ancyre), en Anatolie.

ANGOSTURE, sorte d'écorce. *Voy.* ANGUSTURE.

ANGREC, *Limodorum*, g. d'Orchidées. *V.* LIMODORE.

ANGUILLE, *Anguilla*, *Muræna* de Linné, poisson connu de tous, type de la famille des Anguilliformes, abonde dans les rivières, les lacs et les étangs de toute l'Europe. Elle a le corps grêle, cylindrique, souple, couvert d'une peau grasse et glissante, dont les écailles ne sont visibles qu'après le desséchement; la tête étroite et pointue, la bouche garnie de dents. Ces poissons ont la propriété de vivre hors de l'eau et de ramper comme les reptiles; on les trouve souvent dans les prés marécageux. Leur couleur est le plus souvent noirâtre ou d'un vert olive en dessus, et jaunâtre ou blanche en dessous. La chair des anguilles fournit un aliment aussi sain qu'agréable. L'*A. commune* est très-répandue en Europe, en Amérique et en Asie. Elle se tient cachée pendant le jour dans la vase, et sort la nuit pour aller à la recherche de sa nourriture, qui consiste en vers et en petits poissons; elle a communément de 5 à 10 décim. de long ; elle peut dépasser de beaucoup cette taille.—Le *Congre*, ou *A. de mer*, atteint une longueur de plus de 2 mètres; son corps est de couleur blanchâtre, ses nageoires verticales portent une bordure noire; c'est un poisson fort commun pendant toute l'année sur les marchés de Paris; la chair en est peu délicate. — On croit que l'anguille est *ovovivipare*, c'est-à-dire que les œufs éclosent dans le sein de la mère. On a récemment fait des expériences intéressantes sur les moyens de multiplier ce poisson, qui est aussi facile à élever qu'il est précieux. On connaît ce proverbe : *Il semble l'anguille de Melun, il crie avant qu'on l'écorche*, pour dire : Il se plaint avant d'avoir du mal. Ce proverbe vient, dit-on, de ce qu'un bourgeois de Melun, nommé L'Anguille, jouant le rôle de saint Barthélemy dans un mystère, fut effrayé et cria avant que le bourreau, qui s'approchait en feignant de vouloir l'écorcher, eût mis la main sur lui.

ANGUILLIFORMES, famille de poissons, formée par Cuvier dans l'ordre des Malacoptérygiens apodes. Ces poissons manquent de nageoires ventrales, ont le corps allongé, couvert d'une peau épaisse et gluante, les écailles peu visibles, une vessie natatoire de forme variable et singulière. A cette famille appartiennent les genres *Anguille*, *Murène*, *Ophisure*, *Gymnote*, *Gymnarque*, *Equille*, etc.

ANGUIS, serpent. Appliqué d'abord à tous les reptiles ophidiens, ce nom, tout latin, désigne aujourd'hui une famille de reptiles à corps cylindrique, dépourvu de membres apparents, et dont l'organisation intérieure se rapproche de celle des lézards. Ils ont la bouche petite, à peine dilatable; les dents petites, nombreuses, serrées; le corps revêtu d'écailles uniformes, lisses, etc. L'*Anguis* vit de petits insectes et est vivipare. La longueur de son corps est de 40 à 50 centimètres. L'*A. fragile* ou *Serpent de verre*, ainsi nommé à cause de la facilité avec laquelle il se brise entre les doigts, est inoffensif et habite les bois sablonneux de l'Europe : il est gros comme le petit doigt; sa couleur varie d'un blanc argenté au brun fauve ou grisâtre. On le nomme vulgairement *Orvet*, *Envoye* et *Aveugle*.

ANGUSTURE, *Angostura*, écorce usitée en médecine, ainsi nommée de la ville de ce nom en Guyane, où on l'a connue pour la première fois. Il en existe deux sortes, qu'il est important de distinguer : la *vraie*, qui est un remède précieux, et la *fausse*, qui est un poison dangereux. L'*A. vraie*, que fournit le *Cusparé* (*Cusparia Bomplandi*), arbre d'Amérique, est livrée par le commerce en morceaux variables de forme, de grosseur et de longueur, amincis sur les bords, très-fragiles, peu épais, d'une texture peu serrée, d'une odeur désagréable et d'une saveur très-amère. Elle a une vertu tonique et anti-dyssentérique, et est employée comme succédané du quinquina contre les fièvres, surtout contre la fièvre jaune. L'*A. fausse*, qui se trouve quelquefois mélangée à la vraie, est fournie par le commerce en morceaux plus forts, non amincis sur les bords, non fragiles, pesants, compactes, à surface grisâtre ou couleur de rouille, inodores et très-amers. On ignore l'arbre qui la produit; les uns l'attribuent au *Brucea ferruginea*, les autres au *Strychnos colubrina* de Linné ou au *Strychnos nux vomica*.

ANHÉLATION (du latin *anhelare*, souffler), essoufflement, état dans lequel la respiration est fréquente, courte, et les mouvements de la poitrine très-prononcés, accompagne un grand nombre d'affections, telles que l'asthme, les anévrismes, etc.

ANHINGA (nom brésilien de cet oiseau), *Plotus* L., genre d'oiseaux Palmipèdes totipalmes, ont le bec plus long que la tête, le cou mince et allongé, la queue grande et large, contrairement aux oiseaux d'eau. L'*Anhinga* habite les contrées les plus chaudes de l'Amérique et fait son nid sur les arbres; il se traîne difficilement à terre, mais il a le vol très-élevé. Il est piscivore, et excellent nageur en même temps que percheur. Sa chair est mauvaise.

ANHYDRE (du grec *a* priv., et *hydor*, eau), épithète donnée par les chimistes à certaines combinaisons qui ne renferment pas d'eau, ou qui ont été privées d'eau par un procédé quelconque; on dit : *acide anhydre*, *sel anhydre*, par opposition à *acide hydraté*, *sel hydraté*, qui contient de l'eau.

ANHYDRIDE, synonyme d'acide anhydre.

ANHYDRITE, minéral cristallin, blanc ou gris, composé de sulfate de chaux anhydre, est très-répandu dans les Alpes, où il forme quelquefois des masses considérables à la jonction des terrains de cristallisation et des terrains de sédiment. Il est impropre à la fabrication du plâtre. Une variété légèrement siliceuse, d'un gris bleuâtre, est employée en Italie pour faire des tables et des cheminées, sous le nom de *marbre de Bergame* ou de *bardiglio*; on la tire de Vulpino, à 60 kil. de Milan.

ANI (nom indigène), *Crotophaga*, genre d'oiseaux de l'ordre des Grimpeurs, famille des Cuculidées, originaire des contrées les plus chaudes de l'Amé-

rique, a le bec très-arqué et très-élevé supérieurement, les ailes faibles, à rémiges courtes, la queue longue, étagée. Il est très-familier et susceptible de domesticité. Le même nid sert à plusieurs femelles; c'est en commun qu'elles y pondent et qu'elles y couvent. L'Ani se nourrit de lézards, d'insectes, et souvent s'abat sur le dos des animaux pour y enlever la vermine qui les ronge : c'est de là que lui vient le nom scientifique de *Crotophaga* (du grec *croton*, tique, vermine; *phagô*, manger). La chair de cet oiseau est de mauvais goût.

ANIL. Voy. INDIGOTIER.

ANILIDES (du portugais *anil*, indigo), s'emploie en Chimie comme terme générique pour désigner une classe de composés qui diffèrent des sels d'aniline par les éléments de l'eau, et qui peuvent se convertir en ces sels en s'assimilant ces éléments. Ils ont été découverts par M. Gerhardt en 1846.

ANILINE (même étymologie qu'*anilide*), alcali végétal huileux, très-âcre, d'une odeur aromatique, composé de carbone, d'hydrogène et d'azote, dans les rapports de $C^{12}H^7N$. M. Fritzsche l'a découvert en distillant l'indigo avec la potasse; il se rencontre en abondance dans l'huile du goudron de houille. Il forme avec les acides des sels cristallisables, qui se colorent en violet avec le chlorure de chaux.

ANILLE (du latin *anellus*, *annellus*, petit anneau). On nomme ainsi, en Technologie, une espèce d'anneau en fer qui soutient la meule supérieure d'un moulin à farine; — en Hydraulique, une sorte de tirants ou d'anneaux de fer scellés dans le parement des bajoyers d'une écluse, pour retenir les poteaux de garde posés le long des branches et sur les faces de l'avant-bec des piles; — dans le Blason, une figure en forme de deux C adossés; on dit : porter d'azur à une *anille* d'argent entourée d'une couronne de gueules.

ANIMAL (RÈGNE), l'ensemble des êtres organisés connus sous le nom général d'animaux, c'est-à-dire doués de sensibilité et de mouvement. Linné les distinguait des êtres appartenant aux deux autres règnes de la nature dans les lignes suivantes :
Mineralia crescunt; Vegetabilia crescunt et vivunt; Animalia crescunt, et vivunt, et sentiunt.

Cuvier partageait les animaux en 4 grands embranchements : 1° VERTÉBRÉS, se subdivisant en *Mammifères*, *Oiseaux*, *Reptiles* et *Poissons*; 2° MOLLUSQUES, qui n'ont point de squelette, et se subdivisent en *Acéphales*, *Céphalopodes*, *Ptéropodes*, *Gastéropodes*, *Brachiopodes* et *Cirrhopodes*; 3° ARTICULÉS, se subdivisant en *Crustacés*, *Arachnides*, *Myriapodes*, *Annélides* et *Insectes*; 4° RAYONNÉS ou ZOOPHYTES, subdivisés en *Échinodermes*, *Intestinaux*, *Acalèphes*, *Polypes* et *Infusoires*.

Les progrès de la science ont modifié quelques parties du système de Cuvier. Les Articulés ont été placés avant les Mollusques et ont été partagés en deux sous-embranchements : les ARTICULÉS PROPREMENT DITS, comprenant *Insectes*, *Myriapodes*, *Arachnides*, *Crustacés* et *Cirrhopodes*, et les VERS, partagés en 4 classes : *Annélides*, *Rotateurs*, *Turbellariés* et *Helminthes*. Les Mollusques ont formé de même 2 sous-embranchements : les MOLLUSQUES PROPREMENT DITS : *Céphalopodes*, *Gastéropodes*, *Ptéropodes* et *Acéphales*, et les MOLLUSCOÏDES, formés des *Tuniciers* et des *Bryozoaires*. Enfin les Zoophytes (dont les Intestinaux ont servi à former la classe des Helminthes dans le sous-embranchement des *Vers*), comprennent maintenant : *Échinodermes*, *Acalèphes*, *Polypes*, *Infusoires* et *Spongiaires*. Cette division est celle qui a été adoptée dans le *Cours élémentaire d'Histoire naturelle* de M. Milne-Edwards.

ANIMALCULES, animaux tellement petits qu'ils ne peuvent être distingués qu'à l'aide d'un microscope. On les appelle aussi pour ce motif *microscopiques*. La connaissance de ces êtres est encore fort imparfaite. On a attribué à l'invasion d'animalcules malfaisants les maladies épidémiques.

ANIME, espèce de cuirasse composée de lames de métal, était d'un usage général au moyen âge; on s'en servait encore en Italie il y a deux siècles, sous le nom d'*anima*, *animetta*. L'anime a aussi été appelée *garde-cœur*.

ANIMÉ. *Voy.* RÉSINE ANIMÉ.

ANIMISME (d'*anima*, âme), système physiologique qui explique les phénomènes de la vie et 'do la maladie par l'action de l'âme, au lieu de les rapporter à des causes purement physiques ou chimiques. Cette doctrine, dont l'*archée* de Van-Helmont paraît être le germe, a été soutenue au XVIII° siècle par le célèbre Stahl, professeur à l'université de Halle; elle se retrouve, avec quelques modifications, dans la théorie du *principe vital* de l'école de Montpellier, de Barthez, Bordeu, etc. Elle a perdu du terrain à mesure que l'action des causes physiques a été mieux connue; mais elle compte encore de chauds partisans et puise de solides arguments dans l'influence incontestable du moral sur le physique. Ses partisans s'appellent *Animistes*.

ANIS, *Pimpinella anisum* (du grec *anison*, même signific.), plante annuelle de la famille des Ombellifères, tribu des Amminées. Elle appartient au genre *Boucage* et est caractérisée par son fruit réticulé et le peu de durée de sa tige, qui est annuelle. On la cultive en grand aux environs d'Angers, de Bordeaux, en Espagne et en Orient. Elle est originaire de l'Égypte. Ses graines sont très-aromatiques, et exhalent une odeur agréable : en Italie et en Allemagne, on mêle ces graines avec le pain; partout elles entrent dans la plupart des pâtisseries. Les *dragées d'anis* sont très-estimées, surtout celles de Verdun, ainsi que la liqueur d'anis ou *anisette :* l'anisette de Bordeaux a un grand renom; cependant celle d'Amsterdam lui fait une redoutable concurrence. On emploie l'*anis vert* en médecine comme stomachique et apéritif, pour réveiller les forces vitales, favoriser la digestion, augmenter le lait chez les nourrices et les femelles des animaux, aider l'expectoration. On en retire une huile grasse odorante et une huile essentielle bleue qui, à Francfort et dans d'autres localités, sert à teindre l'eau-de-vie. — On nomme *Anis âcre* ou *A. aigre* le *cumin*, *Anis de Paris* une variété de *fenouil* dont on mange les racines et le bas de la tige, *Anis étoilé* la *Badiane* de la Chine, qui sert aussi à fabriquer l'anisette de Bordeaux. *Voy.* BADIANE.

ANISETTE, liqueur fort estimée, produite par la distillation de l'alcool avec de l'anis. *Voy.* ANIS.

ANISIQUE (ACIDE), dit aussi *acide dracique* ou *draconique*, acide incolore, solide et cristallisé, qui se produit par l'action de l'acide nitrique sur l'essence d'anis et l'essence d'estragon; découvert en 1841 par M. Cahours. Sa formule est $C^{16}H^{7}O^{5}HO$.

ANKYLOSE (du grec *agkylos*, courbé), diminution ou impossibilité absolue des mouvements d'une articulation naturellement mobile. On distingue l'*A. vraie* ou *complète*, lorsqu'il y a soudure des extrémités articulaires entre elles, et l'*A. fausse* ou *incomplète*, lorsque les surfaces articulaires exécutent encore quelques mouvements les unes sur les autres. On a vu des sujets chez lesquels l'ankylose complète s'est étendu à tous les membres. L'ankylose, vraie ou fausse, suppose toujours que le membre est resté longtemps immobile, comme il arrive à la suite des luxations, des fractures, etc. Ce peut être aussi un effet des progrès de l'âge. On remédie à ce mal au moyen des bains, des cataplasmes, des fomentations émollientes, des embrocations huileuses, et par l'usage des eaux thermales de Bourbonne, de Baréges, prises en bains, douches et boissons. Lorsque, par l'usage de ces moyens, les ligaments et les autres parties molles commencent à

être relâchés, il faut faire exécuter graduellement des mouvements à l'articulation malade.

ANNALES. C'est proprement la relation simple, impartiale et sans jugement des faits qui se passent chaque année; les annales servent à la formation des histoires. Les plus anciennes annales connues sont celles de la Chine, qui remontent jusqu'à près de 3,000 ans avant J.-C. Les plus célèbres sont, chez les Grecs, celles des Athéniens, écrites sur les marbres dits de Paros ou d'Arundel; chez les Romains, les *Annales maximi*, qui servirent à l'histoire de Rome : le soin de les rédiger était une des fonctions du grand prêtre; il écrivait sur des tablettes tous les événements qui avaient eu lieu dans l'État, et exposait ces tablettes dans son logis, afin que le peuple pût aller les lire. C'est ce qui les faisait aussi appeler *Annales pontificum*. Cette coutume, qui remonte aux premiers temps de Rome, subsista jusqu'en 134 avant J.-C. — On a étendu le nom d'*Annales* à des histoires suivies : on connaît surtout sous ce titre les *Annales* de Tacite, qui embrassent l'histoire des événements qui eurent lieu depuis la mort d'Auguste jusqu'à celle de Néron : c'est un des plus beaux monuments de la littérature romaine.

ANNEAU (du latin *annulus*), ornement en usage dès la plus haute antiquité : on le trouve chez les Egyptiens, les Hébreux, les Perses, les Grecs, desquels il passa aux Romains. Dans quelques pays, on en portait même aux pieds. A Rome, l'anneau distinguait les différents ordres de citoyens. Dans les premiers temps de la république, les sénateurs étaient les seuls qui eussent droit de porter l'anneau d'or. Bientôt ce droit s'étendit aux chevaliers, puis à toutes les autres classes, et enfin il ne fut plus une distinction. Cependant l'anneau de fer demeura toujours la marque caractéristique des esclaves. — Les anneaux servaient souvent, comme chez nous, de cachets (*annuli sigillarii*); le mari en donnait un à son épouse le jour des fiançailles (*annulus nuptialis* ou *sponsalitius*), usage qui s'est aussi maintenu chez les modernes (*alliance*); en mourant, on le laissait, comme on le voit par la mort d'Alexandre, à celui qu'on voulait désigner pour son héritier ou son successeur.

L'*anneau* est, avec la *crosse*, le symbole du pouvoir pastoral; il est donné par le pape aux évêques, aux archevêques et aux cardinaux; il est le plus souvent d'or, et au milieu est enchâssée une améthyste.

—L'*anneau du pêcheur* est un anneau ou sceau avec lequel le pape signe les brefs apostoliques. Il porte l'image de saint Pierre (qui fut lui-même pêcheur), assis dans sa barque. L'usage de cet anneau remonte aux premiers siècles de l'Église. L'anneau doit être rompu à la mort de chaque pontife.

En Astronomie, on appelle *anneau astronomique*, *solaire* ou *horaire*, un petit cadran portatif sur lequel sont gravés les signes du zodiaque. Cet anneau est percé d'une rainure à jour recouvrant d'un autre anneau mobile et percé d'un trou qu'on fait correspondre aux signes du zodiaque qui paraissent pendant le mois. Le point lumineux qui passe par ce trou exposé au soleil indique l'heure gravée sur la surface du cercle, et par suite la latitude du lieu où l'on se trouve.

En Anatomie, on nomme *anneau* toute ouverture qui traverse un muscle et livre passage à des vaisseaux ou à des nerfs : tels sont principalement l'*anneau inguinal* ou *sus-pubien*, creusé dans l'épaisseur du muscle costo-abdominal, et où s'engagent les viscères dans la hernie inguinale ou descente, et l'*anneau ombilical* qui, dans le fœtus, donne passage aux vaisseaux ombilicaux et dont la cicatrice forme le nombril.—En Histoire naturelle, on emploie aussi ce nom pour désigner certaines parties des plantes et des animaux des classes inférieures, comme dans les champignons, les mousses, les fougères, les insectes, les annélides, etc.

ANNEAUX COLORÉS, phénomène d'optique que présentent tous les corps diaphanes réduits en lames assez minces, est produit par l'effet de deux réflexions uniformes, qui ont lieu aux deux surfaces de ces lames. On l'observe dans les bandes de verre soufflées à la lampe et gonflées jusqu'au point d'éclater; dans les lames de clivage des cristaux; dans les bulles de savon ou dans les gouttes d'huile qui s'étalent sur l'eau. Il se produit également dans les métaux polis, comme le fer et l'acier, sous l'action de la chaleur et au contact de l'air; il est dû, dans ce cas, à une légère pellicule d'oxyde. Enfin l'air, les vapeurs et les gaz donnent naissance au même phénomène. Newton en a le premier reconnu les lois: 1° Dans chaque substance, les couleurs changent avec l'épaisseur de la lame et avec l'obliquité sous laquelle on la regarde; mais dans tous les cas elles disparaissent quand la lame est trop mince ou trop épaisse. 2° Les couleurs simples donnent des anneaux qui sont alternativement brillants et sombres; dans les différentes couleurs, les anneaux du même ordre ont des diamètres d'autant plus grands que les couleurs qui les forment sont moins réfrangibles. 3° Dans une lame mince quelconque, les épaisseurs correspondant aux anneaux brillants des différents ordres suivent la série des nombres impairs 1, 3, 5, 7, etc., tandis que les épaisseurs correspondant aux anneaux noirs suivent des nombres pairs 0, 2, 4, 6, etc. 4° Dans deux lames de diverses substances, les épaisseurs qui correspondent aux anneaux du même ordre produits avec la même lumière sont entre elles en raison inverse des indices de réfraction de ces substances.

On doit aussi à Newton la découverte des anneaux colorés produits par les plaques épaisses: lorsqu'un rayon solaire entre dans la chambre noire par une ouverture de 4 ou 5 millim. de diamètre, et qu'il tombe sur un miroir concave de verre étamé qui le renvoie exactement dans la direction de l'incidence, on distingue autour de l'ouverture, sur un carton blanc disposé à cet effet, une série d'anneaux très-éclatants. Newton a reconnu que: 1° dans une lumière homogène quelconque, les carrés des diamètres suivent, pour les anneaux brillants, la série des nombres pairs 0, 2, 4, 6, etc., et pour les anneaux sombres, la série des nombres impairs 1, 3, 5, 7, etc.; 2° avec un même miroir, placé à la même distance, les diamètres des anneaux de même ordre dans les différentes couleurs vont en décroissant, depuis le rouge jusqu'au violet, et leurs rapports sont les mêmes que pour les anneaux formés dans les lames minces; 3° les diamètres des anneaux de même couleur et de même ordre, formés avec des miroirs de même rayon et de différente épaisseur, sont réciproquement proportionnels aux racines carrées des épaisseurs des miroirs.

ANNEAU DE SATURNE. Voy. SATURNE.

ANNÉE (du latin annus), nombre déterminé de jours qui forment une certaine période, solaire ou lunaire, suivant qu'on mesure le temps par les révolutions du soleil ou par celles de la lune.

L'année est dite astronomique ou civile, suivant que cette division du temps s'applique spécialement aux phénomènes célestes ou aux usages sociaux.

La durée de l'année astronomique solaire, calculée sur le temps qu'emploie le soleil à faire le tour de l'écliptique, c.-à-d. le temps qui s'écoule entre un solstice et un solstice semblable, ou bien entre un équinoxe et un équinoxe semblable, est de 365 jours 5 h. 48' 51" 6'''. La durée de l'année astronomique lunaire est calculée sur la durée de 12 lunaisons, chacune d'elles étant de 29 j. 12 h. 44' 2" 8'''; cette année se compose ainsi de 354 j. 8 h. 48' 34". Ce sont ces fractions difficilement appréciables pour les usages de la vie sociale qui forment la différence entre l'année civile et l'année astronomique. L'année tropique est l'année solaire vraie, c.-à-d. le temps que met le soleil à revenir au même tropique, et, par conséquent, celui qui est nécessaire pour que chaque saison se reproduise dans le même ordre. C'est pour cela que les astronomes l'appellent aussi année équinoxiale. Ils nomment année sidérale celle qui est calculée sur le retour apparent du soleil à la même étoile. Le retour du soleil aux mêmes étoiles exigeant un temps plus considérable que le retour du soleil à l'équateur, cette année excède l'année tropique de 20' 20".

L'année civile a toujours été, chez tous les peuples, ou solaire ou lunaire. Chez les Égyptiens, l'année civile était composée de 360 jours et divisée en 12 mois de 30 jours; après le 12e mois, on ajoutait 5 jours additionnels, qui portaient à 365 jours la durée totale de l'année. L'année des Juifs était une année lunaire, composée de 12 mois alternativement de 30 et de 29 jours; elle était ainsi de 354 jours. Tous les 3 ans, on ajoutait un 13e mois de 30 jours; cette année, dite embolismique ou intercalaire, avait 384 jours; chaque 7e année était une année sabbatique; au bout de 7 semaines d'années, ou de 49 ans, on célébrait l'année du jubilé (Voy. SABBAT, JUBILÉ). — L'année grecque était à la fois lunaire et solaire, c.-à-d. que les mois étaient réglés sur le cours de la lune, et la longueur de l'année sur le cours du soleil. Ce qui avait nécessité ce mélange, c'est que les cérémonies civiles et religieuses étaient fixées, tantôt au retour des phases de la lune, tantôt au retour des différentes saisons. Après de nombreux essais pour accorder ces deux années, les Grecs adoptèrent une année fautive de 360 jours, composée de 12 mois de 30 jours chacun; mais bientôt on s'aperçut d'un côté que la révolution de la lune n'était pas exactement de 30 jours, et que, d'autre, l'année de 360 jours retardait sur l'année solaire, de manière que les saisons ne tombaient plus dans les mêmes mois; alors on forma des mois qui avaient alternativement 29 et 30 jours, ce qui faisait une année de 354 jours. Puis, pour mettre cette année les 2 ans à la fin du dernier mois un mois supplémentaire de 30 jours, nommé posidéon 2e; ce qui faisait une période de 25 mois lunaires ou de 738 jours. On nomma ce cycle de 2 ans la diétéride (2 fois l'année). La diétéride ne redressait pas entièrement les erreurs, et ne rétablissait pas encore l'égalité entre l'année lunaire et l'année solaire: elle avait 6 h. 21' de moins que 25 révolutions de la lune, et 7 j. 12 h. 22' de plus que 2 années solaires. Après plusieurs essais de correction, on forma vers le ve siècle avant J.-C. un cycle nommé octaétéride ou période de 8 années. Supposant l'année solaire de 365 jours, une année lunaire de 354, 8 années solaires = 2,922 jours, 8 années lunaires = 2,832 jours; la différence était donc au bout de 8 ans de 90 jours, dont on pouvait faire 3 mois chacun de 30 jours. Si donc, dans l'espace de 8 années lunaires, on intercale ces 3 mois, la totalité sera la même que celle des 8 années solaires. On répartit ces 3 mois dans les 8 ans: le 1er au bout de la 3e, le 2e au bout de la 5e, le 3e au bout de la 8e, en sorte que ces 3 années avaient chacune 13 mois au lieu de 12, et 384 jours au lieu de 354.

L'année des Romains eut d'abord 10 mois seulement, puis 12. Pour régler les intercalations, Jules César fit venir à Rome Sosigène, astronome d'Alexandrie, lequel, supposant que l'année commune était de 365 jours un quart, établit que l'année commune serait trois fois de suite de 365 jours, et la quatrième de 366. Le jour intercalaire se plaçait 6 jours avant les calendes de mars, et on l'appelait bissexto calendas, d'où nous avons donné à cette année le nom de bissextile. Cette réforme, qui date de l'an 47 avant J.-C., est connue sous le nom d'ère *julienne*.

Mais l'année julienne est trop longue d'environ 11′, 10 ou 12″, qui produisent à peu près un jour en 134 ans, ou 3 jours en 400 ans. En 1582, les inconvénients résultant de cette erreur devinrent assez manifestes pour que le pape Grégoire XIII cherchât à y remédier par une nouvelle réforme : on fut obligé de retrancher 10 jours à l'année civile, et le 5 du mois d'obtobre 1582 fut compté pour le 15; mais afin qu'une pareille confusion ne se renouvelât plus, on dut retrancher ce qu'il y avait de trop dans l'année julienne, c.-à-d. un jour sur 134 ans : à cet effet, on convint qu'à l'avenir 3 des années séculaires qui, d'après le calendrier julien, devaient être *bissextiles*, seraient *communes*, et que dans la 4e seulement on intercalerait un jour supplémentaire. Cette réforme, connue sous le nom de *grégorienne*, a été généralement adoptée, quoiqu'à des époques fort diverses (les Anglais ne l'admirent qu'en 1752). Le calendrier julien n'est plus suivi qu'en Russie et en Grèce; l'ancienne manière de compter s'appelle le *vieux style*, par opposition à celle qui est en usage dans le reste de l'Europe, et qu'on nomme *nouveau style;* elle est aujourd'hui en retard sur le nouveau style de 12 jours.

En 1792, on imagina en France une réforme du calendrier, en empruntant aux Égyptiens la division de l'année en 360 jours avec l'addition de jours *épagomènes*, qu'on appela *complémentaires*, au nombre de 5 ou de 6, suivant que l'année était commune ou bissextile. Ce calendrier, dit *républicain*, n'a été en usage que durant environ 13 ans (1792-1805).

L'époque du commencement de l'année a varié chez tous les peuples. Les Égyptiens, les Chaldéens, les Perses, les Syriens, les Phéniciens, les Carthaginois, la commençaient à l'équinoxe d'automne. C'est aussi vers cette époque (au 25 septembre) que les Juifs commençaient leur année civile, bien que l'année ecclésiastique commençât à l'équinoxe du printemps. — Le commencement de l'année des Grecs se trouvait au solstice d'hiver à la première réforme (22 décembre), et au solstice d'été (3 juillet) à la deuxième. — Celle des Romains commençait à l'équinoxe du printemps sous Romulus, au solstice d'hiver depuis Numa. — En France, le commencement de l'année a souvent varié : en général, sous la première race, ce fut le 1er mai, jour où l'on passait les troupes en revue. Sous la deuxième race, ce fut le jour de Noël, au solstice d'hiver. Sous la troisième, le jour de Pâques. Un édit de Charles IX, de 1564, ordonna que l'année commencerait le 1er janvier. — L'année républicaine commençait le 1er vendémiaire, qui correspondait alternativement au 22 et au 23 septembre. *Voy.* CALENDRIER.

ANNÉE CLIMATÉRIQUE. *Voy.* CLIMATÉRIQUE.

ANNÉLIDES (d'*annellus*, petit anneau), classe d'animaux articulés, renfermant des vers au corps mou, au sang rouge, qui vivent dans la mer, dans le sable humide, etc.; leur corps est muni soit de segments, soit de rides transverses qui ressemblent à de *petits anneaux*. Ce nom fut créé par Lamarck pour désigner les animaux que Cuvier appelait *Vers à sang rouge*. D'après lui, les Annélides se divisent en 3 ordres : *A. apodes* (Hirudées, Echiuridées); *A. antennées* (Aphrodites, Néréides, Eunicées, Amphinomes); *A. sédentaires* (Dorsalées, Maldanées, Amphitritées, Serpulées). Les travaux plus récents de M. de Blainville et de M. Milne-Edwards ont apporté des modifications à cette division. Aujourd'hui on divise les Annélides en 4 ordres : les *A. errantes*, les *Tubicoles* ou *Sédentaires*, les *Terricoles* et les *Suceuses.*

Les *A. errantes*, qui forment le 1er ordre, ont leurs organes, et surtout leurs branchies, disposés

également sur les deux côtés du corps; le genre *Amphinome*, type de cet ordre, se distingue à ses pieds saillants armés de soies sans crochets, et à la disposition de ses branchies qui existent à tous les segments du corps, excepté aux 3 ou 4 premiers. Ces animaux habitent les mers des contrées chaudes.

M. Milne-Edwards fait des Annélides sa 1re classe des Animaux annelés ou vers, qu'il place après les Insectes, les Arachnides et les Crustacés, et il les fait suivre des Rotifères que Cuvier avait placés dans les Infusoires, et des Vers intestinaux (Turbellariées et Helminthes), dont Cuvier avait fait sa 2e classe de Zoophytes.

ANNEXE (du latin *annexus*, formé de *ad*, à ; *nectere*, lier, ce qui est joint à une chose principale), se disait, en termes de Droit féodal, des terres ou domaines attachées à une seigneurie dont ils n'étaient pas mouvants ou dépendants. — Aujourd'hui ce mot exprime en Droit : 1o les pièces ajoutées à un acte et en dépendant; 2o les acquisitions qui unissent à une propriété possédée précédemment, et que l'on a augmentée ; 3o certains endroits consacrés à l'exercice du culte, et qui ne sont ni paroisses ni succursales.

ANNUAIRE (d'*annus*, année), publication annuelle dans laquelle on donne, outre le calendrier de l'année, l'histoire et la statistique d'un pays, d'un département, d'une ville, d'une société, et où l'on rend compte de tous les changements qui ont eu lieu dans le courant de l'année. Les ouvrages le plus estimés en ce genre sont : l'*Annuaire historique* de Lesur; l'*Annuaire des Deux-Mondes*, publié pour la première fois en 1851 par les éditeurs de la *Revue des Deux-Mondes*. On a étendu le nom d'Annuaire à ce qui s'appelait précédemment *Almanach :* Annuaire du Commerce, Annuaire militaire, Annuaire du Clergé, etc. (*Voy.* ALMANACH). — L'*Annuaire du Bureau des longitudes*, publié chaque année à Paris, est un recueil d'observations astronomiques et météorologiques faites à l'Observatoire de cette ville. Cet ouvrage a été publié pour la première fois en 1796.

ANNUEL. En Botanique, on nomme *plantes annuelles*, par opposition à *plantes vivaces*, celles qui croissent, se développent et meurent dans l'année. On nomme *bisannuelles* celles qui vivent deux ans. La première année, la tige se flétrit; elle en produit une nouvelle qui meurt avec elle à la fin de la seconde année. Le blé et toutes les Graminées sont *annuels ;* le chou, la carotte sont *bisannuels.*

Dans la Liturgie, *annuel* signifie Messe dite tous les jours ou chaque semaine de l'*année* du deuil pour le repos de l'âme d'un défunt.

ANNUITÉ (d'*annus*, année), mode de payement dans lequel le débiteur s'acquitte envers le créancier en lui versant chaque année une somme composée partie des intérêts, partie d'une fraction de capital. Soit une somme de 10,000 fr. empruntée pour dix ans à 5 0/0 : au lieu de payer chaque année 500 fr. d'intérêts qui ne diminuent en rien le capital à rembourser, on peut, par un calcul facile, trouver une somme qui, la même pour chaque année, comprenne à la fois les intérêts et une portion du capital, portion qui s'accroîtra chaque année, tandis qu'au contraire les intérêts diminueront; cette somme est 1,295 fr. Ce mode de remboursement est, on le voit, le moins onéreux. M. Grémilliet a donné, dans sa *Théorie du calcul des intérêts*, des tables qui offrent la solution de toutes les questions d'annuités. — Le remboursement par annuités, d'abord employé en Angleterre, a été adopté depuis en France et dans plusieurs autres États. — On a par suite étendu le nom d'*annuités* à des actions ou engagements productifs d'intérêts, mis en circulation par le Trésor à l'occasion d'un emprunt public dont le capital est remboursable par fractions à des échéances déterminées. En France, il avait été créé 60 millions d'*annuités* de ce genre pour payer les reconnaissances de liquidation ; ces *annuités* étaient de deux classes, l'une, de 10 millions, à 6 0/0 d'intérêt, l'autre, de 50 millions, à 4 0/0.

ANNULAIRE (ÉCLIPSE). *Voy.* ÉCLIPSE.

ANOBLISSEMENT. *Voy.* NOBLESSE.

ANODINS (du grec *a* priv., et *odynê*, douleur), remèdes qui ont la propriété de calmer et même de faire cesser entièrement une douleur. Les médicaments gélatineux, mucilagineux, les corps gras, etc., sont anodins. L'opium, le pavot, la ciguë, la jusquiame, en un mot les narcotiques à petites doses, prennent plus spécialement ce nom.

ANODONTE (d'*a* priv., et *odous, odontos*, dent), genre de Coquilles, de la famille des Mytilacés, que l'on trouve très-souvent dans les fleuves et dans les étangs de nos pays, sont minces et fragiles, composées d'une nacre assez belle, argentée, recouverte d'une peau verte ; elles ressemblent aux moules, et doivent leur nom à la forme de leur charnière qui est linéaire et *sans dents*. L'*A. dilatée*, grande de 15 à 20 centimètres, sert aux habitants des campagnes pour écrémer le lait.

ANOLIS (nom indigène), genre de Reptiles sauriens de l'Amérique et des Antilles, de la famille des Lézards iguaniens de Duméril, se distinguent par la largeur de leurs doigts ; ce qui les a fait nommer *Larges-doigts*. Leur couleur est variable comme celle des caméléons. Les *Anolis* mordent fortement et avec assez d'acharnement la main qui les saisit ; mais leur morsure est innocente.

ANOMAL, ANOMALIE (d'*a* priv., et *nomos*, loi, règle), nom donné à ce qui s'écarte de la règle commune. En Botanique, on nomme *anomales* les parties de la plante (fleurs, feuilles, etc.), qui par leur forme irrégulière se distinguent de la classe dont elles auraient dû faire partie.

En Astronomie, on appelle *anomalie* la distance d'un astre à son périhélie. L'*A. moyenne* est la distance d'un astre à son périhélie avec cette condition nécessaire qu'elle est toujours proportionnelle aux temps ; l'*A. vraie* est l'angle formé au centre du soleil par le rayon vecteur et le grand centre de l'ellipse : la différence entre l'*A. vraie* et l'*A. moyenne* donne l'équation du centre ou l'équation de l'orbite. L'*A. excentrique* est celle qui est vue du centre d'un cercle circonscrit à l'ellipse, pour un point du cercle qui a la même ordonnée que l'ellipse.

ANOMALISTIQUE (d'*anomalie*), se dit, en Astronomie, du temps qu'une planète qui part de l'un des sommets de son orbite met à y revenir, c.-à-d. de la durée de toutes ses *anomalies* : ce temps diffère de la révolution sidérale, parce que l'axe de l'orbite varie de position. C'est dans ce sens que l'on dit *révolution anomalistique, année anomalistique*.

ANOMIE (d'*a* priv., et *nomos* règle, irrégulier), genre de coquilles de la famille des Ostracés, à deux valves inégales, minces et translucides, d'une couleur jaune plus ou moins foncée. Ces coquilles s'attachent sur les corps marins, sur des animaux et même sur d'autres coquilles. Une de leurs valves est percée, aplatie ; l'autre est plus grande, concave et entière. L'espèce la plus commune, la *Pelure d'oignon*, habite la Méditerranée, la Manche et l'Atlantique. Les riverains la mangent comme les huitres.

ANONACÉES (d'*Anone*, genre type), famille de plantes dicotylédones polypétales, renferme des arbrisseaux ou des arbres étrangers, à rameaux nombreux, à feuilles simples et alternes ; les fleurs sont placées à l'aisselle des feuilles ou des rameaux, sans stipules.

ANONE (nom indigène), genre type de la famille des Anonacées, est composé d'arbrisseaux originaires des contrées voisines de l'équateur. On les cultive en Espagne. Leur fruit charnu est en forme de poire ou de cœur et composé de plusieurs baies ; il est pulpeux intérieurement et écailleux à l'extérieur ; il renferme plusieurs graines. On en compte jusqu'à 40 espèces, entre autres l'*A. muricata*, nommée aussi *Corossol* ou *Cachiman* ; l'*A. à trois pétales* ou *Cherimolia*, et l'*A. écailleuse* ou *Pommier cannelle*, dont les fruits sont très-succulents et se servent sur les tables au Pérou. Ceux de l'*A. réticulée* ou *Cœur-de-bœuf* se donnent aux animaux de basse-cour. La graine passe pour vénéneuse ; mais on en retire de l'écorce un remède contre la dyssenterie.

ANONYME (du grec *a* priv., et *onoma*, nom). On nomme ainsi et les écrits dont l'auteur ne se nomme pas et l'auteur même de ces écrits. Baillet avait publié dès 1690, sous le titre d'*Auteurs déguisés*, des recherches sur les ouvrages anonymes de son temps. Le bibliophile Barbier a donné un ouvrage complet et précieux sur la matière, le *Dictionnaire des ouvrages anonymes et pseudonymes*, 4 vol. in-8°, 1822.

Le voile de l'anonyme a trop souvent servi à cacher de coupables attaques. Condamnées de tout temps par la morale, elles ont été flétries par le poëte qui a dit :

> Un écrit clandestin n'est point d'un honnète homme .
> Quand j'attaque quelqu'un , je signe et je me nomme.

Les attaques anonymes faites par la voie de la presse se trouvent atteintes par la loi de 1850, qui prescrit de signer tous les articles de journaux.

ANONYME (SOCIÉTÉ). *Voy.* SOCIÉTÉ ANONYME.

ANOPLOTHÉRIUM (du grec *anoplos*, sans armes, *thérion*, animal), mammifère fossile de l'ordre des Pachydermes, restitué par Cuvier d'après des débris trouvés dans les carrières de plâtre aux environs de Paris. Ces animaux, dont la race est éteinte, avaient le pied fendu en deux doigts comme le chameau ; chaque mâchoire renfermait 20 dents. On distingue l'*A. commun*, de la taille d'un ânon, amphibie herbivore, au poil lisse et court, et ressemblant à la loutre, animal nageur et peut-être plongeur ; et l'*A. moyen*, de la taille et de la forme d'une gazelle, herbivore et n'habitant pas les lieux humides. — C'est par l'Anoplothérion que Cuvier a commencé à démontrer que parmi les ossements fossiles il y avait des débris de races d'animaux inconnues aujourd'hui dans la nature vivante.

ANOREXIE (du grec *a* priv., et *orexis*, appétit), état maladif dans lequel on n'éprouve aucun désir de prendre des aliments. *Voy.* APPÉTIT.

ANOSMIE (du grec *a* priv. et *osmê*, odeur), affaiblissement ou perte de l'odorat : on l'observe dans le rhume de cerveau, dans la fièvre ataxique et dans l'hystérie ; on l'attribue tantôt à l'abondance et à l'altération du mucus nasal, et tantôt à la sécheresse de la membrane muqueuse des fosses nasales. Les parfumeurs, qui vivent dans une atmosphère chargée de substances très-odorantes, et les ouvriers qui respirent journellement des vapeurs irritantes, sont sujets à l'anosmie.

ANOURE (du grec *a* priv., et *oura*, queue), nom donné par Duméril à une famille de Batraciens qui, dans l'âge adulte, n'ont point de queue : tels sont les *Grenouilles*, les *Crapauds*, les *Rainettes*.

ANSÉRINE (d'*anser*, oie, parce que cette plante a des feuilles en forme de patte d'oie), *Chenopodium*, genre type de la famille des Atriplicées ou Chénopodées : tige cannelée. feuilles alternes, fleurs verdàtres, peu apparentes et disposées en petits paquets à l'extrémité des rameaux. Les graines de l'*A. verte* se mangent en guise de millet, et les feuilles en guise d'épinards. L'*A. pourprée* se cultive dans les jardins ; la médecine emploie l'*A. vermifuge* et l'*A. fétide* : celle-ci passe pour calmer les douleurs après l'accouchement. — *Voy.* AMBROISIE ANSÉRINE.

ANSÉRINÉES (du genre type *Ansérine*), tribu de la famille des Atriplicées ou Chénopodées, comprend les genres *Chenopodium* (Ansérine), *Beta*, *Ambrina* (Ambroisie ansérine), *Blitum* (Blète).

On nomme aussi *Ansérinées* (d'*anser*, oie) une sous-famille d'oiseaux de la famille des Anatidées, ordre des Palmipèdes, comprenant les genres *Oie* et *Bernache*.

ANSPECT (du celtique *ann spek*, un levier), nom donné à des leviers de différentes proportions qui servent, dans la marine militaire, à pointer les canons de 36, 24, 18 et 12. Les *anspects* sont faits en bois de frêne ou d'orme ; le gros bout, taillé en sifflet, est aujourd'hui ferré.

ANSPESSADES, nom donné anciennement à des officiers armés de lances dans l'infanterie française. Il y avait douze anspessades par bande de trois cents hommes ; ces emplois étaient réservés à la noblesse et étaient payés 30 livres par mois. Le nom d'*anspessades* est une corruption de l'italien *lancie spezzate*, lances brisées : on les nommait ainsi parce que, quand un gentilhomme sortait de la cavalerie pour venir servir dans l'infanterie, il *brisait sa lance* pour la raccourcir.

ANTAGONISTE (du grec *anti*, contre, *agonizomai*, lutter), qui agit en sens opposé. En Anatomie, on nomme *muscles antagonistes* des muscles attachés à la même partie et agissant en sens contraire. Il n'y a pas de muscle qui n'ait ses *antagonistes*. — En Physiologie, on appelle *antagonisme* l'opposition qui existe entre certains organes ou certaines fonctions, comme entre le cerveau et l'estomac, entre le système nerveux et le système musculaire.

ANTARCTIQUE (du grec *anti*, contre, à l'opposite, et *arctos*, ourse, constellation boréale), se dit du pôle méridional et du cercle qui l'entoure, par opposition au pôle boréal ou arctique et au cercle polaire arctique. *Voy.* PÔLE et CERCLES.

ANTARÈS, étoile de première grandeur située au cœur du Scorpion. *Voy.* SCORPION.

ANTÉCÉDENT (de *cedere ante*, passer devant). En Arithmétique ce mot désigne le 1er et le 3e terme d'une proportion : le 2e et le 4e terme sont dits *conséquents*. — En Logique, c'est la 1re des deux propositions dont se compose un enthymème. — En Grammaire, c'est le nom ou pronom qui précède le relatif *qui*, *lequel*, et lui impose son genre et son nombre. Dans cette phrase : *Dieu qui nous gouverne, Dieu* est l'antécédent du relatif *qui*.

ANTÉDILUVIEN, tout ce qui a existé avant le déluge. Les savants appliquent spécialement ce nom aux animaux, aux plantes et aux divers corps organiques que l'on suppose antérieurs au déluge, dont les races ou les espèces se sont perdues : tels sont les *Mastodontes*, les *Anoplothériums*, etc. Ces débris et ceux d'autres animaux encore existants, comme le rhinocéros, l'éléphant, etc., se trouvent en grand nombre dans le sein de la terre (*Voy.* FOSSILES). — Les géologues donnent le nom d'*antédiluviennes* aux formations alluviales qu'on suppose avoir précédé le déluge.

ANTÉFIXE (du latin *ante*, devant, et *fixus*, fixé), ornement employé dans l'architecture des anciens, avait ordinairement la forme d'une palmette ou d'une tête de lion, et s'appliquait au bord des toits couverts de tuiles creuses pour en masquer les vides. Les anciens coloriaient souvent les antéfixes des plus vives couleurs.

ANTENNE (en latin *antenna*), vergue d'une galère et autres bâtiments gréés en voiles latines. Les *antennes* sont longues, formées de plusieurs pièces d'assemblage ; par leur construction, comme par la position qu'on leur donne, elles diffèrent beaucoup des vergues adaptées à nos voiles carrées. Le nom d'*antenne* est surtout usité dans la Méditerranée.

ANTENNES (ainsi nommées à cause de leur analogie avec les *antennes* des navires), vulgairement *cornes*, filets articulés, mobiles, rétractiles, composés de petits cylindres creux, et placés entre les yeux des insectes et des crustacés. Elles varient à l'infini, quant à leur forme et à leur nombre. On ignore leur destination, les uns en faisant l'organe du tact ; les autres, de l'odorat ou de l'ouïe : l'on pense cependant assez généralement qu'elles servent à ces animaux d'organes du toucher.

ANTENNÉES, 2e ordre des Annélides de Lamarck, correspondant aux *Annélides errantes* de Cuvier. *Voy.* ANNÉLIDES.

ANTENNULES. *Voy.* PALPES.

ANTÉOCCUPATION, figure de Rhétorique, qui consiste à aller au-devant d'une objection pour la détruire. *Voy.* PROLEPSE.

ANTHÈLE (du grec *anthélion*, petite fleur), grappe de fleurs dont les rameaux sont longs et étalés. Ce mot est spécialement appliqué par Meyer à l'inflorescence des joncs.

ANTHELMINTIQUES (d'*anti*, contre, et *helmins*, ver), remèdes contre les vers. *Voy.* VERMIFUGES.

ANTHEMIDÉES, sous-tribu des Composées, de la famille des Composées, renferme les genres *Anthémis* ou *Camomille*, genre type, *Maruta*, *Lepidophorum*, *Ptarmica*, *Achillea*, *Diotis*, *Santolina*, *Lasiospermum*, *Xanthocephalum*, *Leucanthemum*, *Matricaria*, *Pyrethrum*, *Chrysanthemum*, *Cotula*, *Aromia*, *Cenia*, *Athanasia*, *Eriocladium*, *Artemisia*, *Tanacetum*, *Abrotanella*, *Hippia*, *Eriocephalus*.

ANTHÉMIS (mot grec qui signifie *petite fleur*, *fleuron*). *Voy.* CAMOMILLE et CHRYSANTHÈME.

ANTHÈRE (du grec *anthéros*, fleuri, dérivé lui-même d'*anthos*, fleur). On nomme ainsi dans les fleurs un petit sac membraneux de couleur jaune, violette ou rougeâtre, de forme le plus souvent ovoïde, placé au sommet du filet de l'*étamine*, et qui renferme la poussière fécondante ou *pollen*. L'anthère se compose de deux poches (quelquefois quatre, et même davantage) unies entre elles ou séparées par un corps nommé *connectif*. Leur disposition varie beaucoup. L'anthère ne s'ouvre qu'à l'époque de l'entier épanouissement de la fleur. Le nombre, la forme et la disposition des anthères ont fourni aux auteurs de classifications de bons caractères botaniques.—Le mot même d'*anthère* entre dans plusieurs dénominations, comme celle de *Synanthérées*.

ANTHÉRIC (du grec *anthéricos*, plante que l'on croit être la même que l'asphodèle), genre de Liliacées renfermant un grand nombre d'espèces herbacées, indigènes dans les parties chaudes d'Europe, d'Asie, au Cap, à la Nouvelle-Hollande, est le type de la tribu des Anthéricées de Linné : racines fasciculées-fibreuses, feuilles radicales filiformes, fleurs en grappes ou en panicules.

ANTHÉRICÉES, tribu des Asphodélées, renferme les genres *Anthericum* (genre type), *Asphodelus*, *Hemerocallis*, *Stypandra*, *Cæsia*, *Tricoryne*.

ANTHÉRIDIE (diminutif d'*anthère*). *Voy.* MOUSSES.

ANTHÈSE (du grec *anthésis*, floraison), épanouissement des fleurs. L'anthèse est soumise à l'influence du climat, de la chaleur, de la lumière, de la température, des saisons, et même de l'heure.

ANTHIAS, nom grec d'un poisson de la Méditerranée, le même que le *Barbier* ou *Serran*. *V.* SERRAN.

ANTHOLOGIE (du grec *anthos*, fleur, et *légó*, choisir ; choix de fleurs, bouquet), se dit figurément d'un recueil de petites pièces de vers choisies. On a fait des recueils de ce genre dans toutes les nations lettrées : ainsi il y a des anthologies latines, françaises, anglaises, arabes même, aussi, bien que grecques ; cependant on est resté plus spécialement attaché à un recueil de poésies grecques formé au XIVe siècle par Planude. *Voy.* l'art. ANTHOLOGIE au *Dict. univ. d'Hist. et de Géogr.*

ANTHRACITE (du grec *anthrax*, charbon), vulgairement *houille éclatante*, *charbon incombustible*, substance noire, d'un éclat métalloïde, friable, brûlant lentement et avec difficulté, sans répandre de fumée ni d'odeur. Ces derniers caractères la distinguent de la houille. L'anthracite est composé de carbone, de silice, de fer, avec traces d'hydrogène et de matières terreuses. Ce minéral a les mêmes usages que la houille : il produit une chaleur intense, mais il est très-difficile à allumer. C'est avec l'anthracite pulvérisé, uni à de la houille et à une petite quantité d'argile, qu'on forme les bûches économiques, que l'on place au fond des cheminées pour entretenir le feu. On peut aussi le tailler comme le marbre et en faire des ornements de cheminée. — L'anthracite se rencontre le plus souvent dans les terrains de sédiment; on le trouve par couches. Les gites les plus considérables en France sont ceux des bords de la Loire, entre Angers et Nantes; ils se prolongent dans l'Ille-et-Vilaine, ainsi que dans la Mayenne et dans la Sarthe.

ANTHRAX (du grec *anthrax*, charbon), tumeur inflammatoire du tissu cellulaire sous-cutané et de la peau, très-dure et très-douloureuse, offrant à son centre une escarre noire entourée d'un cercle rouge et luisant. On distingue deux espèces d'anthrax: 1º l'*A. bénin* ou *furonculeux*, se terminant comme le *Furoncle* par la formation et la chute d'un *bourbillon*; 2º l'*A. malin* ou *pestilentiel*, plus connu sous le nom de *Charbon*, tumeur essentiellement gangréneuse et amenant une mort prompte si l'on ne se hâte d'y remédier par l'*incision* et la *cautérisation*. — Le traitement de l'*Anthrax bénin* consiste d'abord dans l'application d'un grand nombre de sangsues et de cataplasmes émollients, ensuite dans le débridement de la tumeur au moyen d'incisions cruciales; on expulse par des pressions méthodiques le pus et les bourbillons détachés, et l'on panse avec des plumasseaux de charpie enduits d'onguent détersif, par-dessus lesquels on place un cataplasme émollient. — Pour l'*Anthrax malin*, *Voy.* CHARBON.

ANTHRAX. Les Entomologistes donnent ce nom à un genre de mouches de l'ordre des Diptères, famille des Tanystomes de Cuvier. Les Anthrax volent avec une grande rapidité. On les voit souvent planer au-dessus des fleurs, où ils restent longtemps comme suspendus en imprimant à leurs ailes un mouvement vibratoire. Leur ailes sont moitié opaques et moitié transparentes, et la partie opaque est ordinairement noire, d'où leur nom.

ANTHRÈNE (du grec *anthrènè*, guêpe, frelon), genre de Coléoptères pentamères clavicornes, ayant pour type l'*A. des musées;* ils n'ont rien de commun avec les guêpes, dont Geoffroy leur a bien à tort donné le nom. La larve des anthrènes fait beaucoup de tort aux collections d'histoire naturelle : on prévient leurs ravages par une grande propreté et en fermant hermétiquement les armoires. Cet insecte contrefait la mort quand on le touche.

ANTHROPOLITHE (du grec *anthropos*, homme, et *lithos*, pierre), nom donné à des ossements fossiles que l'on a cru être des ossements humains ou des hommes pétrifiés. On a beaucoup discuté sur ces débris, au moyen desquels on a voulu prouver un premier cataclysme plus ancien que notre déluge; mais la plupart ont été reconnus pour être des restes de mammifères ou de reptiles. Jusqu'à présent on n'a point trouvé de véritables ossements humains dans les terrains les plus anciens ni même dans les terrains tertiaires de tous les étages. Il n'en a été trouvé que dans des roches de formation récente, comme à la Guadeloupe ou dans les brèches osseuses qui remplissent les fentes des rochers sur les côtes de la Méditerranée, comme à Gibraltar, à Nice, à Corfou, etc.; on a trouvé en 1837, dans les brèches osseuses de l'île de Candie, une portion de squelette humain qui se voit au Muséum d'histoire naturelle de Paris.

ANTHROPOLOGIE (d'*anthropos*, homme, *logos*, discours), nom vague donné à l'étude de l'homme soit physique, soit moral, a été indistinctement employé par les physiologistes et par les philoso-

phes, surtout en Allemagne. Platner, qui publia sous ce titre un ouvrage célèbre (Leipzig, 1772), s'en sert pour désigner la psychologie ou la science qui traite de l'intelligence humaine, des facultés qui distinguent particulièrement l'homme des autres animaux. Burdach entend par *Anthropologie* l'ensemble des connaissances anatomiques, chimiques, physiologiques et psychologiques relatives à l'homme. Prise dans toute son étendue, l'Anthropologie est la science universelle de l'homme, soit qu'on le considère comme un *individu*, dans sa structure, dans sa composition et dans ses phénomènes physiologiques et intellectuels, soit qu'on l'étudie comme une *espèce*, présentant plusieurs races vivant en société et se perfectionnant par la civilisation.

ANTHROPOMORPHISME (d'*anthropos*, homme, et *morphè*, forme), erreur de ceux qui attribuent à Dieu un corps humain. Cette erreur, qui paraît naturelle aux peuples dans l'enfance, engendra l'idolâtrie dès les premiers temps; elle fut également professée dans les premiers siècles du christianisme par des hérétiques que combattirent S. Épiphane, Origène et S. Augustin. Tertullien semble pencher vers cette erreur.

ANTHROPOPHAGES (d'*anthropos*, homme, et *phagô*, manger). L'anthropophagie paraît avoir régné de tout temps chez les peuples barbares. Sans rappeler les horribles festins de Tantale, de Lycaon, de Thyeste, si célèbres dans la Fable, sans parler de Polyphème et des Lestrygons, qui, au dire d'Homère, dévorèrent les compagnons d'Ulysse; les Scythes, les Germains, les Bohèmes, les Celtes, les Carthaginois, les Éthiopiens, furent anthropophages, au dire de Strabon et de Pline. Lors de la découverte de l'Amérique, on trouva l'anthropophagie établie chez les Caraïbes des Antilles, chez les peuples du nouveau continent, même dans les empires civilisés du Mexique et du Pérou. Elle règne encore aujourd'hui parmi les sauvages de l'Amérique du nord, dans le centre de l'Afrique, surtout chez les Jaguas, en Asie, chez quelques peuplades de l'Inde, dans les îles de la Sonde, surtout à Sumatra, chez les Battas, dans l'Australie, la Nouvelle-Zélande, la Polynésie. Toutefois on doit dire que le plus souvent l'homme ne se nourrit de chair humaine que quand il est pressé par la faim ou qu'il veut assouvir sa vengeance ou satisfaire ses dieux : les sauvages les plus féroces respectent ceux de leur tribu; ils ne dévorent que les ennemis pris à la guerre ou les victimes offertes en sacrifice.

ANTHUSINÉES (du latin. *anthus*, pipi), famille d'oiseaux. *Voy.* ALAUDIDÉES et PIPI.

ANTI....., mot grec qui signifie *contre*, entre dans la composition d'un grand nombre de mots et exprime opposition : antifébrile, antinational. Il est fort usité dans les titres d'ouvrages destinés à réfuter : *Anti-Lucrèce*, *Anti-Baillet*, etc. Pour les mots scientifiques commençant par *anti* qui ne seraient pas ici, *Voy.* le mot qui suit.

ANTIAPHRODISIAQUE (du grec *anti*, contre, *aphrodité*, Vénus), substances propres à amortir l'appétit vénérien : l'*agnus castus*, le *camphre*, le *nénuphar*, ont été regardés comme tels.

ANTIARIS (du mot japonais *antjar*, nom de cette plante), plante de la famille des Urticées, particulière à l'île de Java. Une espèce, le *boun-upas*, nommée par les botanistes *Antiaris toxicaria*, plante à écorce lisse, épaisse, blanchâtre, à feuilles alternes, ovales, d'un vert pâle, produit un poison extrêmement violent : c'est un suc blanc ou jaunâtre, laiteux et visqueux; les Javanais s'en servent pour empoisonner leurs flèches.

ANTICHRÈSE (du grec *anti*, à la place de, et *chrèsis*, usage : échange), contrat par lequel un débiteur, en nantissement de sa dette, remet au créancier un immeuble avec la faculté d'en percevoir les fruits, à la charge d'imputer annuellement la valeur de ces fruits sur les intérêts et ensuite sur le capital de la créance (Code civ., art. 2071, 2072 et 2085). C'est ce qu'on nommait *mort-gage*. Celui au profit de qui l'*antichrèse* est consentie est appelé *antichréiste*.

ANTICHTHONES (d'*anti*, en opposition ; *chthon*, terre), peuples qui habitent à deux points opposés de la terre, mais à égale latitude. Les saisons sont renversées pour ces peuples.

ANTICIPATION. On nomme ainsi, en termes de Commerce, les avances sur consignation de marchandises, avances que les négociants sont dans l'usage de faire à leurs correspondants qui leur envoient des marchandises en commission, et leur adressent des cargaisons. Les anticipations sont ordinairement d'un tiers du montant de la facture.

ANTIDATE (du latin *ante*, avant, *datus*, donné), date d'un acte antérieure à celle qu'il devrait réellement avoir. L'*antidate* peut, dans un acte public, constituer le crime de faux, surtout lorsqu'elle tend à porter préjudice à autrui : elle est souvent une cause de nullité. L'art. 139 du Code de commerce défend expressément d'antidater les ordres des billets ou lettres de change. Le législateur, en établissant la formalité de l'enregistrement, a pris de sages mesures contre l'*antidate* des actes.

ANTIDOTE (du grec *antidotos*, donné contre), nom donné aux substances propres à neutraliser les poisons et les venins, à les décomposer ou à se combiner avec eux pour former des produits inertes et inoffensifs : on emploie l'albumine contre le sublimé corrosif, le sel contre le nitrate d'argent, les acides contre les poisons alcalins, etc. Ces remèdes, pour produire un effet, doivent être administrés immédiatement après l'introduction du poison. — Il ne peut exister d'antidote universel : le remède varie nécessairement selon la nature du mal. C'est donc à l'occasion de l'article consacré à chaque poison que l'on fera connaître son antidote. *Voy.* POISON.

ANTIENNE (abréviation d'*antiphonè*, répons), paroles tirées des livres saints, originairement chantées à l'office par deux chœurs qui *se répondaient* alternativement. Aujourd'hui, l'antienne est un chant ou un récitatif qui précède ou suit les psaumes ou les cantiques ; quelquefois pourtant on les chante seules : c'est ce qui arrive dans les antiennes solennelles, comme celles de commémoraison ou de procession. On choisit, en général, pour antiennes des passages courts tirés de l'Écriture, qui conviennent à la fête que l'on célèbre. — On donne aussi ce nom à quelques prières en l'honneur de la Vierge, comme le *Salve Regina*, l'*Alma Redemptoris mater*, qui sont suivies d'un *verset*, d'un *répons* et d'une *oraison*.

ANTI-LAITEUX. *Voy.* LAIT.

ANTILOPE (par corruption du nom d'*antholops*, donné par Eustathe à un animal à longues cornes dentelées), genre de Mammifères ruminants, de la famille des Tubicornes, qui se place entre les cerfs et les chèvres. Les Antilopes se distinguent par leurs cornes creuses, entourant un noyau osseux ; par leurs formes gracieuses, leur légèreté à la course, leur vue perçante, la finesse de leur ouïe et de leur odorat ; elles sont timides, paisibles, sociables, et vivent ordinairement en troupes. On les trouve principalement dans l'Afrique centrale ; cependant il en existe aussi plusieurs espèces en Asie ; on en a même trouvé en Europe et en Amérique. On les divise en plusieurs espèces (*Gazelles, Bubales, Oryx, Acuticornes, Strepsicères, Léiocères, Ramicères, Tseirans*), dont les caractères sont peu tranchés et sur lesquelles les naturalistes ne sont pas d'accord. L'*Isar* des Pyrénées, ou *Chamois*, est une variété d'Antilope.

ANTIMOINE, *Antimonium, Stibium*, métal d'un blanc bleuâtre, brillant, lamelleux, se rapprochant beaucoup de l'arsenic, avec lequel il est souvent mêlé, d'une densité d'env. 6,75, se fond à env. 480°,

se volatilise au rouge blanc et brûle au contact de l'air en répandant d'abondantes vapeurs blanches d'*oxyde d'antimoine*, qui se condensent sur des corps froids en petits cristaux blancs et brillants, appelés autrefois *fleurs* ou *neige d'antimoine*. — Il se rencontre rarement dans la nature à l'état métallique, état sous lequel on le nomme dans le commerce *régule d'antimoine* ; on l'extrait du *sulfure*. Ce sulfure, que l'on nomme aussi *stibine, antimoine cru*, se trouve en masses fibreuses ou grenues, de couleur grise ; il fond à la seule flamme d'une bougie. On rencontre le sulfure d'antimoine dans les terrains anciens : en France, dans le Puy-de-Dôme, le Gard, l'Ariége et la Vendée ; en Angleterre, en Saxe, en Suède, au Hartz, en Hongrie, au Mexique, en Sibérie, aux Indes orientales, à Martaban, au Pégu, à Bornéo, etc. On préparait autrefois avec ce sulfure une foule de médicaments destinés surtout à combattre les affections cutanées chroniques, la syphilis, le rhumatisme, la goutte, etc. On le fait quelquefois encore entrer dans la préparation de certaines décoctions sudorifiques. Les anciens chimistes donnaient le nom de *crocus metallorum* (safran des métaux) et de *verre d'antimoine* à l'antimoine sulfuré plus ou moins grillé, et contenant une certaine quantité d'oxyde d'antimoine.

L'antimoine forme avec l'oxygène trois combinaisons : l'*oxyde d'antimoine*, l'*acide antimonieux* et l'*acide antimonique*. En outre, il forme avec les acides un grand nombre de sels : on sait que l'*émétique* n'est qu'un tartrate d'antimoine et de potasse. — On reconnaît, en général, les combinaisons de l'antimoine au sulfure orangé qui se précipite par l'addition de l'hydrogène sulfuré à leur solution, ainsi qu'aux taches caractéristiques qu'elles donnent avec l'appareil de Marsh.

L'antimoine entre dans un grand nombre d'alliages ; il sert à donner aux métaux de la dureté et les rend cassants : c'est surtout avec l'étain, le plomb, le bismuth qu'on l'allie. Ces alliages servent à faire des poteries d'étain, des ustensiles de ménage, surtout les belles théières anglaises en *métal de la reine*, des couverts en *métal d'Alger*, des caractères d'imprimerie et les planches stéréotypes. Les ustensiles formés de ces alliages sont très-brillants, mais se ternissent promptement et noircissent.

On nomme quelquefois *A. blanc*, l'oxyde d'antimoine ; *A. en plumes*, un minéral composé de sulfure de plomb et de sulfure d'antimoine ; *beurre d'A.*, une combinaison de chlore et d'antimoine employée en médecine comme escarrotique, et qui sert dans l'industrie pour bronzer les métaux, surtout les canons de fusil ; *A. diaphorétique*, une combinaison d'antimoine et de potasse qu'on prescrit comme sudorifique, etc.

L'antimoine ne fut connu comme métal que fort tard ; c'est à Basile Valentin, moine du XVᵉ siècle, qu'on en attribue la découverte. Cependant son principal composé, le sulfure, était fort anciennement connu ; il est déjà mentionné par Hippocrate et Galien, qui l'employaient à l'extérieur, surtout dans les collyres secs. Dioscoride le cite sous le nom de *mimmi*, Pline sous celui de *stibium*. Les alchimistes en firent une étude approfondie ; ils lui attribuaient des propriétés merveilleuses et lui donnaient le titre de *régule* ou petit roi ; ils découvrirent presque tous ses composés et en tirèrent des remèdes puissants, dont quelques-uns donnèrent lieu à de vives discussions (*Voy.* ANTIMONIAUX et ÉMÉTIQUE).

Quant à l'origine du nom, on conte que le moine Basile Valentin ayant remarqué l'action purgative exercée sur des animaux par une préparation d'antimoine qu'ils avaient avalée par hasard, imagina de s'en servir également pour traiter ses confrères, mais que tous en moururent ; c'est de là, dit-on, que serait venu le nom d'*antimoine*, c.-à-d. contraire aux moines. D'autres dérivent ce nom de ce que pendant longtemps on a cru que ce métal ne se trouvait *jamais seul* dans la nature (*anti monos*, opposé à la solitude).

ANTIMONIATES, sels formés par l'acide antimonique et une base métallique.

ANTIMONIAUX, classe de médicaments dont l'antimoine est la base ou le principe actif. Les principaux sont l'*émétique*, le *soufre doré* et le *kermès*, que les praticiens prescrivent contre les scrofules, les maladies chroniques de la peau, celles des organes pulmonaires et des viscères abdominaux. Beaucoup d'antimoniaux sont des poisons irritants.

ANTIMONIEUX (ACIDE), combinaison de l'antimoine avec l'oxygène, donnant avec les bases les *antimonites*.

ANTIMONIQUE (ACIDE), combinaison de l'antimoine avec l'oxygène, renfermant plus d'oxygène que l'acide antimonieux; c'est une poudre jaunâtre, rougissant le tournesol, soluble dans l'acide chlorhydrique et la potasse. Elle donne avec les bases les *antimoniates*.

ANTIMONITES, sels formés par l'acide antimonieux et une base métallique.

ANTIMONIURES, combinaisons de l'antimoine avec un autre métal. On rencontre plusieurs antimoniures dans la nature, notamment l'antimoniure d'argent (*discrase*), de plomb (*plomb antimonié*), etc.

ANTINOMIE (du grec *anti*, en opposition, et *nomos*, loi). On nomme ainsi en Philosophie la contradiction qui existe entre des principes qui paraissent également vrais. Kant s'est plu, dans sa *Critique de la raison pure*, à rassembler les antinomies qui s'offrent à notre esprit; c'est ainsi que l'on peut essayer de soutenir à la fois que le monde est éternel, ou qu'il a eu un commencement; qu'il est infini ou qu'il doit avoir des bornes; que la matière est divisible à l'infini ou que la divisibilité infinie est impossible; qu'il y a de la liberté dans le monde, ou que tout est soumis à la fatalité; que tout est contingent ou qu'il existe un être nécessaire. Kant en conclut à l'impuissance de la raison humaine. — On nomme aussi *antinomies*, en Jurisprudence, les contradictions qui existent entre deux lois ou deux dispositions d'une même loi.

ANTIODONTALGIQUES (d'*anti*, contre; *odous*, dent, et *algos*, douleur), moyens propres à combattre le mal de dents. *Voy.* DENTS et ODONTALGIE.

ANTIPAPE (de *anti*, contre, et *pape*), nom donné à ceux qui, à différentes époques, prirent le titre de pape, en opposition au souverain pontife élu canoniquement. Ils sont sortis, les uns des rivalités intérieures de l'Église, les autres de l'influence de la politique, surtout de l'intervention des empereurs d'Allemagne dans les affaires d'Italie. On en compte 28 du IIIe au XVe siècle. *Voy.* leurs noms dans la liste des PAPES, au *Dict. univ. d'Hist. et de Géogr.*

ANTIPHLOGISTIQUE (du grec *anti*, contre, et *phlox*, *phlogos*, inflammation), se dit du traitement et des médicaments propres à combattre l'inflammation. Le traitement antiphlogistique, recommandé surtout par l'école de Broussais, consiste dans l'emploi des saignées générales ou locales, des boissons aqueuses ou amylacées, mucilagineuses ou acidules, selon les circonstances, des bains tièdes, des applications émollientes et de l'abstinence.

On a aussi appliqué l'épithète d'*antiphlogistique* à la chimie de Lavoisier, parce qu'elle combattait la doctrine du *phlogistique* de Stahl.

ANTIPHONAIRE (du grec *antiphonè*, antienne), livre d'église contenant le chant des Matines, des Laudes et autres heures, et offrant en même temps les *répons* et les *versets*, le tout noté en plain-chant. Le pape Grégoire le Grand passe pour être le premier auteur de ces recueils.

ANTIPHONEL (d'*anti*, et *phonè*, voix), méca-

nisme ingénieux qui s'adapte à un orgue, à un harmonium ou à un piano, et exécute sur ces instruments mêmes, au moyen d'une manivelle ou d'un levier, les airs les plus difficiles. Ce mécanisme se compose d'une boîte oblongue, dont la partie supérieure est recouverte d'une plaque de métal percée dans sa largeur d'une série de petites ouvertures très-rapprochées, laissant passage à des becs d'acier qui font saillie. Ces becs se prolongent à l'intérieur de la boîte et correspondent avec chaque note de l'instrument. La musique est notée sur de petites planchettes de bois dans lesquelles sont implantées des pointes de fer; on place ces planchettes sur l'appareil et on tourne la manivelle. Les pointes dont celle-ci est armée rencontrant successivement en passant les becs d'acier en saillie, ceux-ci s'abaissent et transmettent leurs mouvements aux touches. L'antiphonel a été inventé en 1846 par M. A. Debain.

ANTIPHRASE (du grec *anti*, contre, et *phrazô*, parler), figure de Rhétorique par laquelle on emploie une locution, une phrase, dans un sens contraire à sa signification ordinaire et à la pensée même de celui qui parle; il s'y mêle un certain degré d'ironie. C'est par antiphrase que les Grecs nommaient les Furies *Euménides*, c.-à-d. *bienveillantes*, la mer Noire *Pontus Euxinus*, ou *mer Hospitalière*; que l'on donna à deux des Ptolémées, qui avaient fait périr les auteurs de leurs jours, les surnoms de *Philopator*, *Philométor* (qui aime son père, sa mère).

ANTIPODES (du grec *anti*, contre, et *pous*, *podos*, pied), se dit et des points diamétralement opposés du globe terrestre, et des êtres qui habitent les contrées placées dans cette situation. Les pays qui sont sur des parallèles à l'équateur, à égal éloignement de ce cercle et aux extrémités d'un même diamètre, les uns au midi, les autres au nord, enfin qui ont le même méridien et qui sont sous ce méridien à la distance les uns des autres de 180°, c.-à-d. de la moitié du méridien, ces pays sont antipodes; leurs habitants ont effectivement les pieds diamétralement opposés. Les antipodes de Paris sont dans le Grand-Océan, au Sud-Est de la Nouvelle-Zélande. Les antipodes éprouvent à peu près les mêmes degrés de chaleur et de froid, et ont des jours et des nuits d'une égale longueur, mais en des temps opposés: ainsi, quand il est midi pour l'un des antipodes, il est minuit pour l'autre; et lorsque pour l'un les jours ont atteint leur plus grand accroissement, ils sont pour l'autre au point le plus court.

Les antipodes, aujourd'hui incontestés, ont été le sujet de nombreuses controverses chez les anciens: Lactance se moque de ceux qui croyaient aux antipodes; saint Augustin combat aussi leur existence; le pape Zacharie censura le prêtre Virgile pour l'avoir soutenue. L'opinion des Pères de l'Église à cet égard devint presque un article de foi, et fut un des plus grands obstacles que rencontra Christophe Colomb pour faire approuver son projet de voyage. Le succès de ce voyage commença la démonstration des antipodes; elle fut complétée par la navigation de Magellan autour du monde.

ANTIPYRÉTIQUES (du grec *pyrétos*, fièvre). *Voy.* FÉBRIFUGES.

ANTIQUAIRE, savant qui s'occupe de l'étude des monuments et des objets antiques; on dit de préférence aujourd'hui *Archéologue*. On ne donne plus guère le nom d'*antiquaires* qu'à certains amateurs qui, le plus souvent sans études préparatoires, font des collections de fragments, de médailles, de monnaies, d'objets de tout genre, antiques, ou qu'on leur vend pour tels. — Il s'est formé en France et à l'étranger plusieurs sociétés qui se livrent à l'étude, à la collection et à la conservation des objets antiques, surtout des monuments nationaux: la plus ancienne est celle de Londres, qui date de 1572; la Société des Antiquaires de France, fondée en 1805 sous le titre d'Académie celtique, a rendu de grands services. *Voy.* ANTIQUITÉS, ARCHÉOLOGIE.

ANTIQUES. On comprend sous ce nom les médailles et statues des temps anciens qui nous sont parvenues; il y a au Louvre une.*Salle des antiques* qui renferme d'immenses richesses. M. de Clarac, qui fut conservateur du Musée après Visconti, en a donné un bon catalogue. On lui doit, en outre, le *Musée de la sculpture antique* (1827, etc.). Les savants modernes qui ont écrit avec le plus de goût sur les *Antiques* sont : Visconti, Winckelmann, Wolff, Heyne, Bouterweck, Bœttiger.

ANTIQUITÉS. L'étude des antiquités embrasse tout ce qui concerne les temps anciens : institutions, croyances, usages, arts, monuments, tels que temples, édifices publics, tombeaux, sculptures, peintures, pierres gravées, ustensiles, inscriptions, etc. Elle a été l'objet de travaux immenses, parmi lesquels on remarque : les *Trésors d'Antiquités sacrées* d'Ugholini; d'*Antiquités grecques* de Gronovius, d'*Antiquités romaines* de Grævius, Sallengre, Palini; les ouvrages de Potter, Lambert Bos, Havercamp, relatifs à la Grèce; de Rosini, Nieuport, Pitiscus, Maternus, Heyne, relatifs à Rome; de Muratori sur l'Italie au moyen âge; les recherches de Grupen, Heineccius, Hummel, sur les *Antiquités teutoniques*; de J. Martin, La Sauvagère, sur les *Antiquités gauloises*; de W. Baxter sur les *Antiquités britanniques*; ceux d'A. Lenoir et de Dusommerard sur les *anciens monuments français*. Les *Antiquités grecques* de Robinson, et les *Antiquités romaines* d'Adam sont des abrégés devenus classiques.

ANTIRRHINEES, tribu de la famille des Scrofulariées, renferme les genres *Antirrhinum* (genre type), *Linaria, Galvesia, Maurandia, Lophospermum, Rhodochiton.*—L'*Antirrhinum* est appelé vulgairement *Muflier, Mufle de veau* ou *Gueule-de-loup.*

ANTISCIENS (d'*anti*, en opposition, *skia*, ombre), peuples dont les ombres ont à midi des directions contraires : ce sont les peuples situés sous la même longitude et ayant une latitude égale, les uns au-dessus et les autres au-dessous de l'équateur. Les uns et les autres voient passer le soleil au méridien dans le même instant, mais ceux-ci dans la saison d'été, ceux-là dans la saison d'hiver; s'ils regardent le soleil à midi, ils se trouveront en face l'un de l'autre, et leurs ombres seront opposées.

ANTISCORBUTIQUES, substances propres à combattre le scorbut : telles sont les racines du raifort, les feuilles du cochléaria, du cresson, et un grand nombre de plantes crucifères. Les *sucs antiscorbutiques* sont obtenus, selon le Codex, par expression de parties égales de feuilles de cochléaria, de cresson et de trèfle d'eau. — On prépare le *vin antiscorbutique* en mettant macérer pendant huit jours dans une bouteille de vin blanc, en quantités déterminées, de la racine fraîche de raifort sauvage coupée menu, des feuilles fraîches de cochléaria, de trèfle d'eau, des graines de moutarde noire contuses, et du sel ammoniac. — Les feuilles fraîches de cochléaria, de trèfle d'eau, de cresson de fontaine, la racine de raifort sauvage, les oranges amères et la cannelle sont, avec le vin blanc et le sucre, les éléments du *sirop antiscorbutique.*

ANTISCROFULEUX, remèdes propres à combattre les scrofules. Les *pilules antiscrofuleuses* sont composées de scammonée et sulfure de mercure noir, oxyde d'antimoine blanc, cloportes préparés et savon amygdalin, avec sirop des cinq racines; l'*élixir antiscrofuleux*, de racine de gentiane, carbonate d'ammoniaque, alcool à 56° cent. Si l'on remplace le carbonate d'ammoniaque par trois gros de carbonate de soude, on a l'*élixir antiscrofuleux de Peyrilhe.*— Aujourd'hui on emploie surtout comme antiscrofuleux les préparations d'iode.

ANTISEPTIQUES (du grec *anti*, contre, et *sepsis*, putréfaction). On a proposé comme tels des remèdes fort divers : les véritables *antiseptiques* sont pris dans la classe des acides, des astringents, des toniques, des stimulants. La *potion antiseptique* contient de la serpentaire de Virginie, du sirop de quinquina, de la teinture alcoolique de quinquina, du camphre, de l'acétate d'ammoniaque liquide.

ANTISPASMODIQUES, remèdes propres à combattre les *spasmes*, c.-à-d. à ramener à l'état normal la sensibilité des muscles et des nerfs trop irrités, et à combattre les convulsions : tels sont les gommes-résines fétides, le musc, l'ambre gris, le camphre et toutes les plantes qui, comme les sauges, les menthes, les mélisses, etc., contiennent du camphre. Les eaux distillées de lis, de muguet, de fleurs d'oranger, les éthers et les teintures éthérées, sont aussi *antispasmodiques*. La *potion antispasmodique* du Codex se compose de sirop de fleur d'oranger, d'eau distillée de fleurs de tilleul et d'oranger, d'éther sulfurique.

ANTISPASTIQUE. Ce mot s'emploie comme synonyme d'*antispasmodique*, et a la même étymologie.

ANTISTROPHE (du grec *antistréphô*, se retourner), 2e partie des stances dans la poésie lyrique des anciens Grecs. On la nommait ainsi, parce qu'après avoir chanté la *strophe* en marchant dans un sens, le chœur chantait l'antistrophe en revenant sur ses pas.

ANTITHÈSE (du grec *antithésis*, opposition), figure de style qui oppose les pensées aux pensées, les mots aux mots. Ce vers de Corneille au sujet d'Auguste offre un bel exemple d'antithèse :

> Et monté sur le faîte, il aspire à descendre.

On trouve une piquante antithèse dans l'épigramme d'Ausone sur Didon, que l'on a ainsi traduite

> Pauvre Didon, où t'a réduite
> De tes maris le triste sort?
> L'un en mourant cause ta fuite,
> L'autre en fuyant cause ta mort.

L'antithèse plaît infiniment par le contraste qu'elle présente à l'esprit; mais il est facile d'en abuser. On a justement blâmé cette antithèse que Racine met dans la bouche de Pyrrhus :

> Brûlé de plus de feux que je n'en allumai.

ANTONOMASE (du grec *anti*, en place de, et *onoma*, nom; échange de nom), figure de Rhétorique dans laquelle on emploie le nom commun pour le nom propre (le *Sage*, le *Roi prophète*, l'*Apôtre*, l'*Orateur romain*, pour Salomon, David, S. Paul, Cicéron), ou le nom propre pour le nom commun :

> Un *Auguste* aisément peut faire des *Virgiles.*

ANTOFLE (par corruption du grec *anthophylle*), fruit du giroflier, charnu, noir, aromatique, de forme ovoïde, analogue à l'olive, fournit une huile essentielle très-répandue et sert à faire des confitures très-agréables. *Voy.* GIROFLIER et CLOU DE GIROFLE.

ANUS (mot latin de même signification), orifice du rectum, situé à 3 centimètres environ au-devant du coccyx, est fermé par un anneau musculeux nommé *sphincter de l'anus*, qui, en partie soumis à l'empire de la volonté, permet ou empêche la sortie des matières contenues dans l'intestin. — On nomme *anus artificiel* une ouverture faite par l'art pour suppléer à l'anus naturel : on y a recours lorsqu'il y a imperforation du rectum ou absence de cet intestin. — L'*anus* est dit *contre nature* lorsque, au lieu de se trouver à l'endroit ordinaire, il s'ouvre à l'ombilic ou dans toute autre région. Les chirurgiens établissent artificiellement un *anus contre nature* dans certaines lésions de l'extrémité inférieure du canal intestinal. L'anus peut être le siège de plusieurs affections plus ou moins graves, telles que fistules, ulcères, hémorroïdes, etc.

AORISTE (du grec *a* priv., et *oristos*, défini), un des temps passés des verbes grecs, exprime tantôt une action d'habitude, tantôt une action faite à une époque déterminée; il est alors analogue à notre prétérit défini. Il semble que dans ce dernier cas il y ait contradiction entre la fonction de l'aoriste et le nom de ce temps; mais on peut dire que l'aoriste est par lui seul indéterminé, et qu'il ne devient *défini* qu'au moyen des adverbes de temps qu'on y joint. Il y a en grec deux aoristes qu'on appelle 1er et 2e, qui diffèrent par la forme plutôt que par le sens : le 1er dérive du futur premier, le 2e du futur second.

AORTE (mot grec de même signification), dite aussi *grande artère, vaisseau dorsal*, principale artère du corps destinée à porter le sang rouge dans tous les organes. Elle part du ventricule gauche du cœur, s'élève d'abord un peu au-dessus, et se recourbe ensuite pour descendre jusqu'au bassin : cette courbure se nomme *crosse de l'aorte*; elle varie, selon les animaux, d'étendue, de formes et de disposition. Quelques animaux, comme la sèche, ont deux aortes. — L'aorte peut être le siège de maladies graves; la plus commune est l'anévrisme. L'inflammation de l'aorte prend le nom d'*aortite*. A. Cooper et M. James ont tenté sans succès la ligature de l'aorte dans des cas d'anévrisme désespérés. Toutefois la même expérience faite sur des animaux a réussi à Cooper lui-même, à Béclard et à plusieurs autres chirurgiens.

AOÛT (par corruption d'*augustus*). Ce mois se nommait d'abord *sextilis*, parce qu'il était le sixième de l'année de Romulus, qui n'était que de dix mois. Il devint le huitième de l'année de Numa, qui ajouta deux mois à celle de Romulus : mais il n'en conserva pas moins son nom primitif de *sextilis* jusqu'à Auguste : cet empereur lui donna le sien en l'honneur des victoires qu'il avait remportées pendant ce mois l'an 8 avant J.-C. — Ce mois étant dans nos climats celui où mûrissent les blés et la plupart des fruits, on prend souvent le mot d'*août* pour la moisson et la récolte mêmes. De là aussi l'expression d'*aoûter* pour *parvenir à maturité*.

APAGOGIE (du grec *apo*, de, et *agô*, conduire; déduire), méthode de raisonnement qui sert à prouver la vérité d'une proposition en démontrant l'absurdité d'une proposition contraire : c'est ce qu'on nomme aussi *Deductio ad absurdum*.

APANAGE (du bas latin *apanare*, approvisionner de *pain*, doter), espèce de dot, en terres ou en revenus, que l'on donne aux princes d'une maison régnante, pour qu'ils puissent vivre d'une manière conforme à leur rang. L'apanage n'est en usage que depuis les rois de la 3e race; il remplaça les partages de territoire qui avaient été si funestes aux deux premières dynasties. La législation des apanages en France s'est fixée lentement : de Hugues Capet jusqu'à la fin du règne de Philippe-Auguste, les fils de France reçoivent certains domaines en *toute propriété*; le roi ne se réserve que la *suzeraineté*. A partir de Louis VIII on stipule la condition du *retour à défaut d'hoirs*. Sous Philippe le Bel, les collatéraux sont exclus, ainsi que les filles, du droit à l'apanage territorial qui est remplacé pour les filles par une dot en espèces. Charles IX fixa par une ordonnance de 1566 la législation sur ce point, et cet état de choses subsista jusqu'en 1790. La constitution de cette époque assurait aux princes des rentes apanagères au moment de leur mariage. Des dispositions semblables furent proposées sous Louis-Philippe en faveur des princes de la famille royale; adoptées sans difficulté pour le prince royal (duc d'Orléans), elles furent rejetées à l'égard du duc de Nemours (1840). On doit à M. Dupin aîné un *Traité des apanages* (1817 et 1835).

APATHIE (d'*a* priv., et *pathos*, passion), exemption de trouble. Les Stoïciens entendaient par ce mot l'anéantissement des passions par la raison, insensibilité volontaire qui est le triomphe de la liberté et l'apanage du vrai sage. — Les Pyrrhoniens recommandaient également l'*apathie* (qu'ils nommaient aussi *ataraxie*, imperturbabilité), comme le souverain bien, comme le but de la sagesse.

APATITE (du grec *apataô*, tromper), chaux phosphatée naturelle, se rencontre en petits filons dans le granit, en masses vertes ou jaunes, cristallines ou concrétionnées; c'est la plus dure des substances calcaires. Sa transparence l'avait d'abord fait prendre pour une pierre précieuse : de là son nom. Les variétés en sont nombreuses. Celle qui est transparente a été nommée *Béryl de Saxe* ou *Augustite*; celle qui est en cristaux bleuâtres, *Moroxite*; celle qui est verdâtre, *Pierre d'asperge*; celle qui est pulvérulente, *Terre de marmarosch*; la variété blanche et terreuse, *Phosphorite*, parce que sa poussière embrasée devient phosphorescente. Il y a encore des apatites *violettes, rouges, jaunâtres, vert foncé, laminaires, lamellaires, granulaires, fibreuses, compactes*, etc. Les plus belles se trouvent en Saxe, en Bohème, en Suisse et en Espagne.

APEPSIE (du grec *a* priv., et *peptô*, cuire, digérer), défaut de digestion, mauvaise digestion; état maladif qui empêche que l'aliment ne soit fournisse le chyle qui sert à la formation du sang et à la nourriture du corps. Ce terme est aujourd'hui peu usité; on dit plutôt *dyspepsie*.

APERCEPTION, mot créé par Leibnitz et que ce philosophe oppose à *perception*. « La *perception*, selon lui, c'est l'état intérieur de la monade représentant les choses externes, et l'*aperception* est la conscience ou la connaissance réflexive de cet état intérieur, laquelle n'est pas donnée à toutes les âmes. »

APEREA, espèce type du genre *Cobaye. Voy. ce* mot.

APÉRITIF (du latin *aperire*, ouvrir, qui ouvre le passage), substances propres à rétablir la liberté dans les voies digestives, biliaires, urinaires, etc. : tels sont les sels purgatifs employés à petites doses, les racines d'ache, de fenouil, de persil, d'asperge, de petit houx. Les racines de capillaire, de chiendent, de chardon-roland, d'arrête-bœuf et de fraisier, les substances toniques amères (la scorsonère, le pissenlit, la chicorée et autres plantes de la même famille), et divers ferrugineux (les oxydes et sels de fer, et les eaux minérales ferrugineuses), ont la même propriété, mais à un moindre degré : ce qui les fait nommer *apéritifs mineurs*.

APÉTALES (d'*a* priv., et *pétalon*, pétale). On donne cette épithète aux fleurs dépourvues de pétales, et par conséquent de corolles, comme les Graminées et les Amarantacées. Tournefort avait donné ce nom à une de ses classes.

APHÉLIE (du grec *apo*, loin, et *hélios*, soleil), point de l'orbite d'une planète où elle se trouve à sa plus grande distance du soleil. On l'oppose à *périhélie*, point de l'orbite où la planète se trouve à sa plus petite distance du soleil. Le soleil occupant un des foyers de l'ellipse parcourue par les planètes, le point de l'ellipse le plus éloigné de cet astre et le point le plus rapproché sont les deux extrémités de la droite qui passe par les foyers : cette ligne est dite *grand axe* ou *ligne des absides. Voy.* ABSIDES.

APHÉRÈSE (du grec *aphairésis*, retranchement), figure grammaticale par laquelle on retranche une syllabe ou une lettre au commencement d'un mot, à la différence de l'*apocope*, qui s'exerce sur la fin du mot. *Las!* j'ai tant souffert! pour *Hélas! Lors*, ouvrant l'œil, pour *Alors*. L'aphérèse n'a lieu que rarement en français.

APHIDIENS (du grec *aphis*, puceron), famille de l'ordre des Hémiptères, section des Homoptères, établie par Latreille, a pour type le genre Puceron. Ces petits insectes, ordinairement mous, vivent sur les végétaux, dont ils pompent les sucs au moyen de leur trompe. On nomme *Aphidiphages* une famille de Coléoptères qui vivent de ces insectes : tels sont les Coccinelles, les Hémérobes.

APHONIE (du grec *a* priv., et *phoné*, son, voix), privation de la voix, état dans lequel le malade ne peut produire aucun son. L'aphonie diffère de l'*extinction de voix*, dans laquelle des sons, même articulés, mais extrêmement faibles, se font entendre. L'aphonie résulte naturellement des lésions affectant les organes vocaux, telles que l'inflammation aiguë ou chronique de la membrane muqueuse du larynx et des autres parties des voies aériennes, la bronchite et l'angine gutturale, le croup, l'œdème de la glotte, la phthisie laryngée, les ulcères syphilitiques; elle reconnaît aussi pour cause l'action subite du froid, les efforts de chant, de déclamation, les cris répétés, la frayeur, la colère, l'ivresse, certaines névroses, etc. — Le traitement varie d'après les causes. Les gargarismes émollients, l'eau d'orge miellée, la décoction des quatre fruits pectoraux, l'inspiration de vapeurs émollientes et sédatives, les cataplasmes autour du cou, les sangsues et ventouses scarifiées au cou, à la nuque, les pédiluves sinapisés, les frictions avec la pommade stibiée sur la région du larynx, les vésicatoires et sétons à la nuque, l'insufflation d'alun dans la gorge et les gargarismes aluminés, les purgatifs, la cautérisation de la muqueuse laryngée avec une solution de nitrate d'argent, sont les moyens le plus souvent prescrits.

APHORISME (du grec *aphorizô*, définir), définition ou sentence dans laquelle on présente brièvement ce qu'il y a de plus important à savoir sur une chose : les aphorismes doivent renfermer en peu de mots beaucoup de sens. Cette forme convient surtout aux sciences : on connaît en Médecine les *Aphorismes* d'Hippocrate, de l'école de Salerne, de Boerhaave; en Droit, ceux de Godefroy; en Politique, ceux de Harrington. Le *Novum organum* de Bacon est aussi écrit en aphorismes.

APHRODISIAQUES (du grec *Aphroditè*, Vénus), remèdes propres à rétablir les forces des organes reproducteurs. Les substances aromatiques, stimulantes ou toniques, telles que les truffes, les champignons, les baumes, le musc, le safran, surtout les cantharides, le phosphore, passent pour avoir cette vertu; mais, lors même qu'il ne serait pas immoral de recourir à de tels moyens, il ne faudrait en user qu'avec la plus grande circonspection; car leur abus peut amener les maladies les plus graves, même la mort.

APHRODITES (du grec *Aphroditè*, Vénus), famille d'Annélides errantes : tête distincte munie d'antennes, trompes armées de quatre mâchoires; pieds très-développés, inégaux, et alternes dans la plus grande longueur du corps. Le type de cette famille est l'*A. hérissée*, qu'on trouve sur nos côtes, et qui se fait remarquer par ses brillantes couleurs.

APHTHES (en grec *aphtha*, du verbe *aptéin*, enflammer), petites ulcérations blanchâtres et brûlantes qui se développent sur la membrane muqueuse de la bouche ou du tube digestif, et se terminent ordinairement par cicatrisation. Les aphthes sont tantôt *idiopathiques* et tantôt *symptomatiques*. On les observe à tous les âges de la vie, quelquefois chez les nouveau-nés. Les aphthes simples et discrets sont une indisposition légère qui cède promptement à la diète, aux boissons adoucissantes et relâchantes, comme l'eau d'orge, l'eau de veau, le petit lait, etc. Dans l'aphthe confluent, il faut insister d'abord sur les collutoires adoucissants et calmants, comme la décoction de guimauve, de pavot, de laitue, avec addition de lait. On touchera les aphthes les plus douloureux avec du mucilage de pépins de coing, soit pur, soit additionné de quelques gouttes de laudanum. Aussitôt que les ulcérations seront peu douloureuses, on emploiera les astringents et les excitants avec ménagement, les boissons acidulées, puis les caustiques, le borate de soude, l'acide chlorhydrique, l'alun, le nitrate d'argent : ce dernier moyen amène une prompte cicatrisation.

APHYE (du grec *aphyè*, loche), petit poisson de la Méditerranée du genre des Gobies. — Ce nom est quelquefois synonyme de *fretin*, et dans ce cas il s'applique également aux goujons, aux surmulets et même à l'anchois.

API (d'*appianum malum*, pomme d'Appius, Romain qui, au rapport de Pline, obtint ces pommes par la greffe), nom vulgaire d'une variété de Pommier dont le fruit est assez estimé. La pomme d'api est petite, d'un rouge vif d'un côté, blanche de l'autre; la peau est très-fine; la chair est blanche, ferme et croquant sous la dent, l'eau douce et sucrée.

APIAIRES (d'*apis*, abeille), tribu d'insectes Hyménoptères mellifères, section des Porte-aiguillons. Les Apiaires se distinguent des autres Hyménoptères par l'allongement de leur mâchoire, de leurs palpes et de leurs lèvres qui forment une espèce de trompe et par la forme déliée de leur languette, ordinairement terminée en une pointe qui est souvent velue ou soyeuse; elles ont la tête triangulaire, verticale. Elles volent avec rapidité de fleur en fleur pour recueillir le miel. Cette tribu se divise en deux classes : les *A. solitaires* ou *parasites* et les *A. sociales* ; les Abeilles proprement dites (*apes*) sont un des genres principaux de cette tribu, dont elles forment le type et à laquelle elles donnent leur nom.

APICULTURE (d'*apis*, abeille, *cultura*, culture), partie de l'Agronomie qui traite de l'éducation des abeilles, a été surtout cultivée en Allemagne. M. Lombard a fait pendant plusieurs années des cours publics sur l'apiculture. *Voy.* ABEILLES, RUCHES.

APION (du grec *apion*, poire, sans doute à cause de leur forme), genre de Coléoptères tétramères, de la grande famille des Curculionites. Ces insectes, de fort petite taille (4 à 5 millim.), font, à l'état de larve, de grands ravages dans les récoltes de grain. On en compte environ 200 espèces.

APLATISSOIR, instrument qui, dans les forges, sert à aplatir et étendre les barres de fer, se compose de cylindres de fer qu'on tient approchés ou éloignés à discrétion, et entre lesquels la barre de fer, entraînée par le mouvement que font ces cylindres par eux-mêmes, est allongée et aplatie.

A-PLOMB (FIL-). *Voy.* FIL-A-PLOMB.

APLUSTRE (nom latin de la *girouette*), espèce d'ornement en forme de girouette garnie de banderolles, qui se plaçait au haut de la poupe des navires. C'était, dans la Sculpture, un des attributs de Neptune.

APLYSIE (du grec *aplysia*, saleté, à cause de son odeur nauséabonde), genre de Mollusques gastéropodes voisin des Limaces, au corps charnu, oblong, allongé ou arrondi, bombé en dessus, plat en dessous, sans coquille. On les trouve sur presque toutes les côtes; elles habitent les plages peu profondes, vaseuses ou sableuses. Les pêcheurs leur attribuent des qualités malfaisantes : elles rejettent, en effet, lorsqu'on cherche à les prendre, une liqueur infecte que l'on a prise pour un venin mortel et qui entrait, dit-on, jadis dans les poisons des Romains. Cuvier croit que cette liqueur, qui est rouge-foncé, n'est autre que la pourpre des anciens. Les Aplysies ont reçu le nom vulgaire de *Lièvres marins*, sans doute à cause de leurs tentacules antérieurs qui sont très-longues, comme les oreilles du lièvre.

APOCOPE (du grec *apocoptô*, couper), retranchement d'une lettre ou d'une syllabe à la fin d'un mot : *Di* pour *Dii* est une apocope. Les poètes français usent quelquefois de l'apocope : *je voi* pour *je vois*; *encor* pour *encore*, etc. On dit par apocope *grand'mère*, *grand'messe*, etc.

APOCRISIAIRE (du grec *apocrisis*, réponse), dignitaire du Bas-Empire, chargé de faire connaître les décisions du souverain. Les *apocrisiaires* formaient un corps d'officiers publics; leur chef portait le titre de *grand apocrisiaire*, et remplissait les fonctions de chancelier, garde du sceau. — On dounait aussi ce nom à des ecclésiastiques députés par le pape près la cour de Constantinople ou de toute autre cour. — Sous la 1re race de nos rois et même sous Charlemagne, on nommait *apocrisiaire* l'officier ecclésiastique remplissant les fonctions désignées depuis sous le titre de *grand aumônier*.

APOCRYPHES (du grec *apocryphos*, caché, tenu secret), livres dont l'auteur est inconnu ou supposé et dont l'autorité est douteuse. Ces livres étaient très-nombreux avant la découverte de l'imprimerie, la fraude étant alors favorisée par le défaut de publicité et de moyens de contrôle. On cite comme apocryphes, parmi les ouvrages profanes, les *Annales d'Égypte* attribuées à Thaut, les écrits attribués à Hermès Trismégiste, les *Livres sibyllins*, les *Vers dorés* de Pythagore, les *Poëmes* d'Orphée et plusieurs autres livres fabriqués par l'école d'Alexandrie, les fragments d'auteurs anciens publiés par Annius de Viterbe. — Il a paru dans les premiers siècles de l'Église une foule de livres apocryphes, se rattachant, les uns à l'Ancien Testament, tels que l'*Apocalypse d'Adam*, l'*Évangile d'Ève*, le *Livre de Seth*, le *Testament de Noé*, le *Livre d'Abraham*, le *Testament des douze patriarches*; les autres, au Nouveau Testament : *Évangile selon les Hébreux*, etc. (*Voy.* ÉVANGILE). La plupart de ces livres ont péri. — L'Église, pour épargner aux fidèles toute incertitude, a dressé une liste des livres reconnus comme authentiques : c'est ce qu'on nomme *Livres canoniques*.

APOCYN (du grec *apo*, loin de, *kyon*, chien; plante dont les chiens doivent s'éloigner), genre type de la famille des Apocynées, section des Apocynées vraies, composé de plantes exotiques, vivaces, robustes et traçantes, à feuilles opposées, glabres, à calice et à corolle quinquéfides, à cinq étamines, à ovaire double, surmonté d'un stigmate presque sessile. Nous citerons parmi les espèces : l'*A. maritime*, dont le suc est fort vénéneux; l'*A. gobe-mouches*, dont les pétales en se contractant retiennent les petits insectes qui s'y posent, et les emprisonnent; l'*A. à feuilles herbacées*, plante textile comme le chanvre. Toutes sécrètent un suc laiteux qui est vénéneux.

APOCYNEES, famille de plantes dicotylédones, monopétales, hypogynes, remarquable par les poils soyeux qui surmontent sa graine, et qui dans quelques espèces, surtout dans les Asclépiades, sert à faire des étoffes (*Voy.* OUATE). Cette famille est divisée aujourd'hui, d'après Brown, en deux sections : les Asclépiadées et les Apocynées vraies. Cette dernière a pour type l'*Apocyn*, et renferme en outre les *Pervenches*, les *Lauriers-roses*, etc. M. Endliger partage cette 2e section en quatre sous-ordres : *Carissées, Ophioxylées, Euapocynées* et *Wrightiées*.

APODES (d'*a* priv., et *pous*, *podos*, pied), épithète qui s'applique également à certains oiseaux qui ont les pieds si courts qu'ils ont de la peine à marcher, aux poissons dépourvus de nageoires, et aux larves des insectes dépourvus de pattes.

Lamarck et Blainville nomment spécialement *Apodes* une classe d'Annélides qui comprend la plus grande partie des vers intestinaux.

APODICTIQUE (du grec *apodeiknumi*, démontrer), se dit en Logique des jugements qui sont le résultat de la démonstration et non de l'expérience, et qui, par conséquent, entraînent la conviction de leur nécessité : on oppose les connaissances apodictiques, la certitude apodictique, aux connaissances sensibles, à la certitude empirique. C'est surtout dans l'école de Kant que cette dénomination est usitée.

APOGEE (du grec *apo*, loin de, et *gè*, terre), C'est, dans le système de Ptolémée et des anciens, le point de l'orbite d'une planète où elle est le plus éloignée de la terre. Le soleil est à son apogée quand la terre est à son aphélie (*Voy.* ce mot). On oppose à l'*apogée* le *périgée*, qui est la plus petite distance d'une planète à la terre. Il répond au périhélie des modernes. — Les termes d'*apogée* et *périgée* ne peuvent aujourd'hui s'appliquer proprement qu'aux rapports de la lune et de la terre : l'*apogée* est le point où la lune est le plus éloignée de notre globe, le *périgée* celui où elle en est le plus rapprochée.

APOGON (d'*a* priv., et *pogon*, barbe), genre de poisson de la famille des Percoïdes, très-estimé des anciens qui l'appelaient *mullus*. Il n'a point de barbillons, d'où son nom. Il a le corps long de 13 centim., d'un très-beau rouge, à reflets dorés et argentés, aux écailles unies, larges et tombant facilement. Sa chair est douce et délicate, surtout sur les côtes de la Méditerranée. On le nomme en quelques endroits le *Roi des rougets*. Artédi l'appelle *Mullus imberbis*.

APOLLONICON (d'*Apollon*, dieu des arts), grand orgue à cylindre, propre à être touché par plusieurs musiciens à la fois, au moyen de cinq claviers adaptés les uns à côté des autres. Le son en est majestueux et très-varié. Il fut inventé à Londres en 1817 par Flight et Robson ; il est analogue au *Panharmonicon* de Maelzel, et à l'*Apollonion*, instrument à deux claviers inventé par Jean Vœller à Darmstadt vers la fin du XVIIIe siècle, et qui était touché par un automate.

APOLOGETIQUE, partie de la science théologique qui expose les motifs, prouve la vérité et la perfection du christianisme, et qui répond aux attaques de ses adversaires. On désigne spécialement sous le titre d'*Apologètes* ou *Apologyistes* quelques auteurs des premiers siècles qui ont écrit en ce sens : S. Justin, Athénagore, Tatien, Théophile et Hermias, parmi les Grecs; Tertullien, Minutius Félix, Lactance, Arnobe, parmi les Latins; et, chez les modernes, Hugo Grotius, Nœsselt, Less, Reinhard, Spalding, Rosenmuller, etc. On y joint quelquefois l'auteur du *Génie du Christianisme*.

APOLOGUE (du grec *apologos*, récit détourné), récit d'une action allégorique attribuée le plus souvent à des animaux, dans lequel on a pour but d'arriver indirectement à une conclusion morale et instructive : cette conclusion, qu'on appelle la *morale* de la fable, peut n'être pas exprimée. Le style de l'apologue doit être simple, familier, naturel et même naïf. L'apologue paraît être né de la nécessité de faire entendre des vérités qu'il eût été difficile ou dangereux de présenter sans déguisement : aussi en place-t-on le berceau dans les cours :

Jamais la vérité n'entre mieux chez les rois
Que lorsque de la fable elle emprunte la voix.

L'origine de l'apologue se perd dans la nuit des temps : on en trouve plusieurs exemples dans l'Ancien Testament (représentations de Nathan à David, de Joatham aux Sichémites, etc.) et dans les premiers temps de l'histoire des Grecs et des Romains (apologues de Stésichore, de Ménénius, etc.) ; on en attribue le plus souvent l'invention au Phrygien Esope (qu'on place au VIe siècle avant J.-C.), parce que c'est lui qui paraît avoir cultivé ce genre avec le plus de suite et de succès chez les anciens. Cependant l'Indien Pilpay, l'Arabe Lokman, lui disputent la priorité. Après eux, les plus célèbres fabulistes sont : chez les Grecs, Babrius, dont les fables ont été récemment retrouvées ; chez les Romains, Phèdre, Avianus; en Italie, Faërne, Abstemius, auteur de fables latines, Casti, l'ingénieux auteur des *Animaux parlants*; en France, l'inimitable La Fontaine, Lamotte, Florian, Aubert, Lebailly, Boisard, Arnault, Viennet; en Angleterre, J. Gay, Dodsley; en Allemagne, Lessing, Pfeffel; en Russie, Kryloff.

APONEVROSES (du grec *apo*, de, *neuron*, nerf, parce que les anciens les regardaient comme des expansions nerveuses), membranes blanches, luisantes, très-résistantes, composées de fibres entrecroisées. On distingue : 1° *A. partielles* ou *musculaires*, qui se continuent avec les fibres musculaires, et ne diffèrent des tendons que par leur forme aplatie : on les nomme *A. d'insertion* si elles sont à l'extrémité des muscles (Ex. : les grand et petit oblique de l'abdomen), qu'elles servent alors à fixer aux os ; *A. d'intersection* si elles interrompent la continuité du muscle (Ex. : le muscle droit abdominal), et se continuent des deux côtés avec des fibres musculaires ; 2° *A. générales*, ou *d'enveloppe*, ou *capsulaires*, qui ont la forme des membres, dont elles recouvrent et maintiennent les muscles.

APOPHTHEGME (du grec *apophtheggomaï*, parler avec emphase), dit mémorable, pensée forte et exprimée laconiquement de quelque personnage célèbre : Plutarque nous a conservé un grand nombre d'apophthegmes des anciens. Lycosthène (Wolffhardt) a donné un intéressant recueil d'*Apophthegmes*.

APOPHYSES (du grec *apophysis*, rejeton, excroissance). On nomme ainsi les éminences naturelles des os, lorsque ces éminences sont allongées et très-saillantes. Elles ont reçu différents noms qui expriment leur forme : *A. styloïde, A. coracoïde*, etc.; ou bien elles portent le nom de quelque anatomiste, comme l'*A. d'Ingrassias* (petites ailes du sphénoïde). — Les Botanistes donnent aussi ce nom à un renflement situé à la base de quelques mousses.

APOPLEXIE (du grec *apoplettéin*, frapper avec violence, abattre), maladie du cerveau caractérisée par une paralysie soudaine plus ou moins complète, plus ou moins durable, du sentiment et du mouvement, dans une ou plusieurs parties du corps sans que la respiration et la circulation soient suspendues. Cette paralysie est produite le plus ordinairement par un épanchement de *sang* dans les membranes du cerveau, dans les ventricules ou dans la substance même de l'encéphale : c'est l'*A. sanguine*, que l'on définit une hémorragie cérébrale. Assez souvent, au lieu de sang, c'est une *sérosité* plus ou moins abondante qui s'épanche dans l'arachnoïde ou dans les ventricules cérébraux ; l'*apoplexie* est alors *séreuse*. D'autrefois on ne reconnaît aucune lésion matérielle appréciable : l'*apoplexie* est dite alors *nerveuse*.

L'apoplexie sanguine, qui est la plus commune, peut avoir pour cause tout ce qui détermine un afflux considérable de sang vers le cerveau : l'excès des travaux intellectuels ou des émotions morales, l'abus des liqueurs alcooliques, l'exposition à un soleil trop ardent ou à un froid trop intense, la suppression d'une évacuation habituelle, etc. Elle est surtout fréquente de 45 à 60 ans ; on y est plus exposé dans les temps très-chauds ou très-froids. Quelquefois l'attaque survient d'une manière brusque et inopinée, ce qui lui a valu le nom d'*apoplexie foudroyante*; alors la mort a lieu sur-le-champ. L'attaque est ordinairement annoncée par divers symptômes, tels que violents maux de tête, éblouissements, vertiges, palpitations, tintements d'oreilles, fourmillements incommodes dans les membres, somnolence, parole embarrassée, intelligence engourdie. On peut prévenir l'attaque par des émissions sanguines, par l'emploi des révulsifs. Quand elle a eu lieu, il faut débarrasser le malade des vêtements trop serrés, le transporter sans secousse dans un lieu aéré, d'une température fraîche, éloigné du bruit ; maintenir la tête élevée et découverte; pratiquer une saignée copieuse à la jugulaire, au pli du bras ou à la saphène. Concurremment avec la saignée générale, on emploiera avantageusement la saignée locale au moyen de sangsues à la nuque, aux apophyses mastoïdes, ou à l'anus, ainsi que les ventouses scarifiées. On applique en même temps sur la tête des compresses imbibées d'eau froide et souvent renouvelées. A ces moyens on ajoutera des pédiluves sinapisés, des lavements laxatifs ou purgatifs préparés avec le séné, le sulfate de soude, l'aloès, etc., enfin la diète, les boissons délayantes et le repos le plus absolu.

APOSIOPÈSE (d'*apo*, de, et *siopaó*, se taire),

nom grec de la figure de Rhétorique plus connue sous le nom de *Réticence*.

APOSTASIE (du grec *apostasia*, défection), acte de celui qui renonce à sa religion, spécialement à la religion chrétienne, ou d'un religieux qui renonce à ses vœux. Les plus célèbres apostasies sont celles de Julien et de Henri VIII. Les premiers temps de la Réforme et la Révolution française ont offert un assez grand nombre de religieux qui apostasièrent. — Dans l'ancien droit canonique, l'apostat était frappé de diverses peines, telles que l'excommunication, la privation de juridiction, des droits de cité. L'apostat qui rentrait dans le sein de l'Église avait à subir les plus dures pénitences.

APOSTÈME, APOSTUME (du grec *apostéma*, abcès). *Voy.* ABCÈS.

APOSTROPHE (du grec *apostréphô*, détourner), figure oratoire par laquelle on détourne son discours de l'objet auquel il est consacré, pour s'adresser tout à coup à une personne ou à une chose, soit pour l'invoquer en témoignage, soit pour lui faire des reproches. Cette figure hardie est d'un grand effet quand elle est bien placée. Voltaire, dans l'éloge funèbre de César qu'il prête à Antoine, nous donne l'exemple d'une belle apostrophe :

Il payait le service, il pardonnait l'outrage.
Vous le savez, grands dieux! vous dont il fut l'image;
Vous, dieux! qui lui laissiez le monde à gouverner.
Vous savez si son cœur aimait à pardonner! (Acte III, sc. 8.)

APOTHÉOSE (du grec *apothéosis*, divinisation), cérémonie par laquelle les anciens plaçaient un homme illustre au rang des dieux. Cette cérémonie remonte aux temps les plus anciens ; la plupart des dieux du paganisme ne sont sans doute que des héros divinisés. On en trouve quelques exemples chez les Grecs dans les temps historiques : ainsi, Alexandre mit au rang des dieux son ami Éphestion ; mais c'est à Rome que cette cérémonie fut le plus multipliée ; la plupart des empereurs romains furent divinisés après leur mort. Pour célébrer l'apothéose de ces derniers, on plaçait sur un lit d'ivoire une image en cire ressemblant au défunt. Le sénat la visitait, et des médecins donnaient chaque jour des bulletins de sa santé, comme s'il se fût agi d'un personnage vivant ; au 7° jour, ils annonçaient sa mort; les jeunes gens les plus distingués portaient le lit de parade au Champ de Mars, et le plaçaient sur un catafalque pyramidal, formé de matières combustibles. On chantait tout autour des hymnes en l'honneur du défunt, et on faisait défiler devant lui les effigies des grands hommes ; puis l'empereur régnant mettait le feu au catafalque avec une torche, et après lui les sénateurs et les chevaliers. Du milieu des flammes on voyait sortir un aigle qui, selon la croyance, emportait aux cieux l'âme du défunt. Si c'était une impératrice, on se servait d'un paon au lieu d'aigle.

APOTHICAIRE (du grec *apothéké*, serre, lieu où l'on met en réserve), celui dont la profession est de préparer et de vendre les médicaments. Les apothicaires ne faisaient autrefois à Paris qu'un seul corps de communauté avec les marchands épiciers-droguistes ; c'était le second des six corps marchands. De nos jours, cette profession est plus relevée à raison des connaissances scientifiques qu'elle exige. On emploie aujourd'hui de préférence le mot *Pharmacien. Voy.* ce mot.

APOZÈME (du grec *apozéma*, décoction), potion composée d'une décoction ou infusion d'une ou de plusieurs substances végétales, à laquelle on ajoute divers autres médicaments, tels que sels, sirops, électuaires, teintures. On prépare des *apozèmes* purgatifs, fébrifuges, antiscorbutiques, etc. La tisane royale, la décoction blanche, sont des *Apozèmes*. L'Apozème est toujours très-composé ou très-chargé de principes végétaux : aussi ne sert-il jamais, comme la tisane, de boisson habituelle. Les *Apo-*

zèmes ne sont guère employés aujourd'hui, à cause du dégoût qu'ils inspirent au malade.

APPARAT, ou en latin APPARATUS (c.-à-d. ici *instrument d'étude*), nom donné autrefois à certains livres disposés en forme de dictionnaires ou de catalogues et propres à faciliter les études classiques : tels sont l'*A. sacré*, livre renfermant par ordre alphabétique les noms des auteurs ecclésiastiques et les titres de leurs ouvrages; l'*A. poétique*, recueil de diverses poésies; l'*Apparatus ad Ciceronem*, espèce de concordance ou de recueil de phrases cicéroniennes.

APPARAUX (d'*apparatus*, apprêt, machine). Dans la Marine, on désigne sous ce nom collectif tous les objets nécessaires à certains mouvements d'un vaisseau, tels que les voiles, les vergues, les poulies, les ancres, les cabestans, le gouvernail, les câbles, etc. : on y comprend même l'artillerie d'un bâtiment. On dit d'un vaisseau bien disposé, qu'il a ses agrès et ses apparaux.

APPAREIL (du latin *apparare*, préparer). On nomme ainsi, en Physiologie, l'ensemble des organes qui concourent à une même fonction : *A. digestif*, *A. respiratoire*. Un *système* d'organes comprend tous ceux qui sont formés d'un tissu semblable; un *appareil* comprend souvent des organes de nature très-différente. — En Chirurgie, on appelle *Appareil* l'assemblage méthodique de tous les instruments et objets nécessaires pour pratiquer une opération (*Voy.* AMPUTATION). Par extension, on a donné le nom d'*Appareil* (*capsa chirurgica*) au plateau à compartiments sur lequel sont placées les diverses pièces nécessaires pour les pansements. — En Chimie, on nomme aussi *Appareil* un assemblage d'ustensiles nécessaires pour une opération ou une expérience (on connaît surtout l'*A. de Marsh* (*Voy.* ARSENIC). — En Architecture, c'est l'art de tracer exactement et de disposer les pierres qui conviennent à chaque partie d'un édifice.

APPAREILLEUR, ouvrier-chef des tailleurs de pierre, qui fait le choix des pierres, trace la forme à leur donner, marque la place qu'elles doivent occuper, dirige et surveille ceux qui les taillent et ceux qui les posent. L'Appareilleur doit connaître à fond la géométrie pratique, le dessin linéaire, et la nature des matériaux qu'il emploie. Quand on bâtit, c'est un grand avantage d'avoir un habile *Appareilleur*.

APPARITEURS (d'*apparere*, apparaître). On désignait en général par ce nom chez les Romains tous les officiers chargés de l'exécution des ordres des magistrats, tels que les licteurs, les scribes, les interprètes. Aujourd'hui on le donne aux huissiers qui, dans les cérémonies de l'Université, précédaient le recteur et les doyens des diverses facultés, portant la *masse* devant eux. Les Appariteurs sont, en outre, chargés de maintenir l'ordre dans les salles de cours.

APPEAU (d'*appel*), sifflet d'oiseleur qui sert à contrefaire les différents cris des oiseaux, et, par ce moyen, à les *appeler* et à les attirer dans le piège. On distingue : l'*A. à sifflet*, avec lequel on imite le cri des alouettes, des perdrix, des cailles; l'*A. à languette*, ou *pipeau*, qui ne consiste qu'en un petit ruban ou même une simple feuille de chiendent, et avec lequel on épouvante les oiseaux en contrefaisant le cri de la chouette; l'*A. à frouer*, formé d'une feuille de lierre disposée en cornet, qui contrefait le cri ou le vol des geais et des merles, etc. — On appelle aussi *Appeau* l'oiseau qui sert à l'oiseleur pour attirer les autres.

APPEL. On nomme ainsi, en Droit, l'acte par lequel une partie condamnée s'adresse à une juridiction supérieure pour faire réformer le premier jugement. On distingue : l'*A. principal*, première réclamation par laquelle on défère le jugement au tribunal supérieur, et l'*A. incident*, interjeté par la partie poursuivie en appel, durant le cours de l'appel principal. On nomme *appelant* celui qui demande la réformation du jugement, *intimé* celui contre qui cette réformation est demandée.

Les règles et les effets de l'appel varient selon que le jugement attaqué a été rendu en matière civile, criminelle, administrative ou ecclésiastique.

I. *En matière civile*, on peut, en principe, appeler de tous les jugements rendus par les tribunaux civils de 1er degré; on excepte les jugements rendus par les juges de paix dans certaines limites, les jugements préparatoires et ceux qui ont force de chose jugée. Le délai pour interjeter appel est généralement de 3 mois (art. 443 du Code de procéd.). Les appels des jugements des juges de paix sont portés devant le tribunal de 1re instance de l'arrondissement; les jugements rendus par les tribunaux de 1re instance et de commerce sont portés devant la cour d'appel. L'acte d'appel doit, sous peine de nullité, contenir assignation dans les délais de la loi, et être signifié à personne ou domicile (art. 456). Tout appel est suspensif. Celui qui succombe dans son appel est condamné à une amende de 100 francs, et à payer les dépens du procès.

II. *En matière criminelle*, on peut appeler des jugements de simple police et des jugements rendus par les tribunaux correctionnels; mais on ne peut appeler des jugements rendus par les cours d'assises. — Toutefois les jugements rendus, soit par les tribunaux civils, soit par les tribunaux criminels, peuvent être portés en cour de cassation pour vices de forme.

III. *En matière administrative*, on se pourvoit en appel devant le Conseil d'État, par l'intermédiaire des avocats spécialement attachés à ce conseil.

IV. *En matière ecclésiastique*, on peut recourir devant l'autorité civile contre les *abus* de pouvoir commis par les supérieurs ecclésiastiques, dans les cas de contravention aux constitutions ou concordats reçus dans le pays : c'est ce qu'on nomme *appel comme d'abus*. Ce droit était reconnu en France dès 1329. Les appels comme d'abus étaient jadis déférés tantôt aux parlements, tantôt aux conseils souverains; ils ont été attribués par le Concordat de 1801 au Conseil d'État; là loi du 18 germinal an X (8 avril 1802), qui régit encore la matière, a réglé les formes à suivre.

APPEL AU PEUPLE, droit dont jouissait tout citoyen romain de faire juger une cause criminelle par le peuple en dernier ressort. Ce droit a été rétabli pendant la Révolution française : ceux qui voulaient sauver Louis XVI votèrent presque tous pour l'appel au peuple. L'exercice de ce droit fut réglé par les décrets des 5 fructid. an III, 24 et 25 frim. an VIII, l'arrêté du 20 floréal an X, le sénatus-consulte du 28 flor. an XII.

APPEL COMME D'ABUS. *Voy.* ci-dessus *Appel en matière ecclésiastique*.

APPEL, en termes d'Escrime, désigne une feinte ou un temps faux fait hors de mesure, pour forcer son adversaire à attaquer la partie qu'on découvre, pour mieux le surprendre à son tour et le faire s'enferrer lui-même.

APPELANTS. On a donné ce nom, dans le dernier siècle, à ceux qui, en 1717, interjetèrent appel au futur concile de la bulle *Unigenitus*, par laquelle Clément XI avait condamné un livre du P. Quesnel où se trouvaient reproduites quelques-unes des erreurs de Jansénius; ils comptaient parmi eux plusieurs évêques. Cet appel n'eut aucun effet.

APPENDICE (de *pendere ad*, pendre à, s'ajouter), nom donné, en Histoire naturelle, à des organes qui s'attachent aux parties essentielles. On nomme ainsi, en Zoologie, diverses sortes de membres qui sont ajoutés aux anneaux du corps des animaux articulés; — en Botanique, les petits prolongements qui garnissent la corolle de certaines Borraginées, ainsi que les écailles qui entourent l'ovaire des Graminées et la partie supérieure de la squamme de certaines Synanthérées : on appelle *A*.

terminal le petit filet qui se prolonge au-dessous de l'anthère; *A. basilaires* les petits prolongements qui se trouvent à la partie inférieure des loges de l'anthère.

APPÉTIT (*d'appetere*, désirer, rechercher). Les Scolastiques désignaient en général par ce nom la faculté par laquelle l'âme se porte vers un bien (*A. concupiscible*), ou s'éloigne d'un mal (*A. irascible*). — Dans la classification des principes actifs proposée par les Écossais, et généralement adoptée aujourd'hui, les appétits sont des principes actifs qui tirent leur origine du corps, qui ne sont point continus, mais périodiques, et à la satisfaction desquels nous sommes poussés par une sensation désagréable, telle que la faim, la soif, le besoin de sommeil, etc. On les oppose aux *désirs* et aux *affections*. — En Médecine, l'appétit est proprement le désir de manger. Comme la faim, il a son siége dans le système des ganglions, mais il en diffère en ce qu'il n'est pas une sensation pénible. Il s'annonce par une excitation des papilles nerveuses et une sécrétion abondante de salive; la faim apaisée, il peut subsister encore. L'appétit peut devenir un symptôme de maladies; parfois il est exagéré, dévorant (*cynorexie, boulimie*), quelquefois bizarre, dépravé (*envies* des femmes grosses, *pica, malacia*); enfin il peut être détruit et remplacé par un dégoût invincible des aliments (*anorexie*); d'ordinaire, ces perturbations de l'appétit surviennent et disparaissent avec d'autres maladies dont ils sont la conséquence.

APPLICATION. On nomme ainsi dans les Sciences l'usage que l'on fait des principes d'une science pour étendre ou éclairer une autre science (de l'algèbre, par exemple, pour perfectionner la géométrie), et, spécialement, le passage de la théorie à la pratique.

APPLICATION (ÉCOLES D'). Il y a en France deux écoles militaires d'application, ainsi nommées parce qu'on y fait l'*application* des théories abstraites qui ont fait jusque-là l'objet de l'enseignement : l'*École d'application de l'artillerie et du génie*, créée en 1802 par le premier consul, et l'*École d'application du corps d'état-major*, créée en 1818 sous le ministère du maréchal Gouvion Saint-Cyr. — La première de ces deux écoles, établie à Metz, et organisée définitivement par ordonnance du 5 juin 1831, compte 100 élèves, qui y sont admis en sortant de l'École polytechnique, après un examen ouvert à cet effet, et qui, en y arrivant, prennent le grade et le rang de sous-lieutenant; la durée de l'enseignement est de 2 à 3 ans. — La seconde, à Paris, compte de 40 à 50 élèves; ils sont choisis parmi les élèves de Saint-Cyr et de l'École polytechnique, et ont aussi le brevet de sous-lieutenant. Après deux ans d'études, les élèves vont passer deux ans dans chacune des trois armes, infanterie, cavalerie, artillerie, avant de remplir les fonctions d'officiers d'état-major.

Il existe en outre une *École d'application du génie maritime*, établie à Lorient en 1791, dans le but de former des ingénieurs chargés de diriger la construction des vaisseaux de la marine royale, et les travaux relatifs à ce service. Les élèves sont choisis au concours parmi ceux qui ont fait deux années d'études à l'École polytechnique.

APPLICATION SUR DENTELLE. *V.* DENTELLE, BRODERIE.

APPOGGIATURE. Ce mot, tiré de l'italien (*appoggiare*, appuyer), s'applique, en Musique, à une petite note sur laquelle on appuie légèrement avant d'attaquer la note principale. L'appoggiature peut se placer au-dessus ou au-dessous de cette note. Sa durée vaut ordinairement la moitié de la note suivante et se prend sur la valeur de celle-ci. L'appoggiature est *préparée* quand elle est précédée d'une note située au même degré qu'elle-même. Son exécution bien appliquée ajoute au charme et à la grâce du chant.

APPOINT. On appelle ainsi : 1° la petite monnaie qu'on ajoute à la grosse pour solder un compte par sous et centimes : par arrêt du Conseil du 21 janvier 1821, il est défendu de donner en monnaie de billon, dans les payements, plus que les appoints qui ne peuvent se faire en écus; 2° une somme qui forme le solde ou la balance d'un compte; on dit, par exemple, tirer une lettre de change par appoint, lorsqu'on la tire pour solder un compte.

APPORT. On nomme ainsi, en Droit, les valeurs, de quelque nature qu'elles soient, que chaque associé apporte dans une société commerciale, et, plus spécialement, ce qu'un époux apporte dans la communauté. Sous le régime de la communauté pure et simple, les apports de deux époux, s'ils ne consistent qu'en objets mobiliers, deviennent communs entre eux. On fixe d'habitude dans le contrat de mariage la valeur des apports de chaque époux. Lorsque les époux stipulent qu'ils mettront réciproquement dans la communauté jusqu'à concurrence d'une somme ou d'une valeur déterminée, ils sont par cela seul censés se réserver le surplus (Code civ., art. 1500). — La femme, en renonçant à la communauté, a la faculté de *reprendre son apport franc et quitte* (art. 1497 et 1514).

APPOSITION (de *ponere ad*, placer auprès), figure de construction, qui consiste à placer l'un auprès de l'autre, sans conjonction, deux noms dont le dernier sert de qualificatif, comme dans ces phrases : Cicéron, *l'orateur romain*; Titus, *les délices du genre humain*; Attila, *le fléau de Dieu*. Cette figure est très-usitée en poésie; Racine le fils en offre un exemple dans les vers suivants :

C'est dans un faible objet, *imperceptible ouvrage*,
Que l'art de l'ouvrier me frappe davantage.

APPRENTI, APPRENTISSAGE. Avant l'abolition des jurandes et des maîtrises, les apprentis étaient obligés, par les statuts des communautés d'arts et métiers, à passer près des maîtres un temps fixé qui était au moins de 3 ans; ils étaient assujettis à un état voisin de la servitude, et ne pouvaient s'établir qu'en remplissant des conditions fort onéreuses. Cet état de choses a été aboli en 1791 par l'Assemblée Constituante. L'apprentissage est aujourd'hui régi par la loi du 22 germinal an XI par celle du 22 février 1851 : cette dernière loi a eu surtout pour but de prévenir l'abus que certains maîtres pouvaient faire encore des jeunes gens confiés à leurs soins.

APPRÊTEUR, ouvrier qui donne l'*apprêt*, c.-à-d. qui fait subir aux marchandises, draps, toiles, cotonnades, certaines préparations qui ont pour but de leur donner du lustre, du poli et de la fermeté. Pour les étoffes de lin ou de chanvre, l'apprêt consiste dans un mélange d'amidon et d'azur; quand elles ont reçu cet apprêt, on les déplisse, on les calandre, et enfin on les met à la presse. — Pour les étoffes de coton, on les apprête avec de l'amidon bien épuré, puis on les fait passer entre deux cylindres chauffés qui lustrent à la fois l'endroit et l'envers. — Pour les draperies, l'apprêt s'effectue à l'aide d'une pression plus ou moins forte; cette pression peut être combinée ou non avec l'action de la chaleur, d'où deux sortes d'apprêts, le *cati à chaud* et le *cati à froid*. Voy. CATI.

APPROCHES. On désigne spécialement, dans l'Art militaire, les travaux à l'aide desquels on tente de parvenir jusqu'au corps d'une place qu'on assiége, tout en se mettant à couvert de son feu.

APPROXIMATION. On nomme ainsi en Mathématiques une opération par laquelle on trouve, au moyen du calcul ou d'une construction géométrique, la valeur approximative d'une quantité que l'on ne peut déterminer rigoureusement. Le calcul des approximations est particulièrement employé, en Arithmétique et en Algèbre, à rechercher les racines carrées et cubiques des nombres qui ne sont pas des carrés ou des cubes parfaits.

APPULSE (du latin *appulsus*, poussé auprès), se

dit, en Astronomie, du passage de la lune *près* d'une étoile, soit qu'il y ait éclipse, soit que le bord de la lune passe seulement à quelques minutes de l'étoile, de manière à être observée dans le même champ de la lunette; on observe les *appulses* avec soin pour déterminer les lieux de la lune, les erreurs des tables, et les longitudes des lieux.

APRON (du latin *asper*, rude, à cause de la rudesse de ses écailles), genre de poissons Acanthoptérygiens, de la famille des Percoïdes, ne diffère des Perches proprement dites qu'en ce qu'il a le palais hérissé de dents, le museau saillant et les deux dorsales éloignées et ne se touchant pas. On le trouve surtout dans les eaux du Rhône et du Danube. L'*A. ordinaire*, nommé *Sorcier* par les pêcheurs du Rhône, est long d'environ 20 centim. Son corps est allongé et à peu près arrondi. Sa tête est déprimée; les joues, les mâchoires, la poitrine, sont dépourvues d'écailles. La partie supérieure du corps est d'un brun rougeâtre, et l'inférieure d'un blanc gris. Ce poisson, dont la chair est blanche, légère et d'un goût agréable, se nourrit de vers et aime les eaux pures et vives. Une autre espèce, le *Cingle* ou *Zingel*, qui habite les eaux du Danube, a un demi-mètre de longueur, et un corps triangulaire. Sa chair est blanche, ferme et d'excellent goût.

APSIDE. *Voy.* ABSIDE.

APTÈRES (du grec *a* priv., et *ptéron*, aile), épithète donnée en Zoologie aux animaux articulés dépourvus d'ailes. Linné comprenait sous cette dénomination les Crustacés, les Arachnides, les Myriapodes, les Parasites, etc., même les Vers, en un mot, tous les animaux articulés n'acquéraient jamais d'ailes, et ii en formait un ordre du règne animal. Lamarck conserva ce nom; mais il ne s'applique plus aujourd'hui à aucun ordre. On l'emploie adjectivement pour désigner tels ou tels animaux articulés privés d'ailes ou qui n'en ont que de rudimentaires.

APTÉRODICÈRE (du grec *aptéros*, sans ailes, et *dikéros*, à deux cornes), sous-classe d'insectes, composée de ceux qui sont aptères, qui ne subissent point de métamorphoses, et ont deux antennes et six pieds. Elle comprend les *Thysanoures* et les *Parasites*.

APTÉRYGIENS (d'*a* priv., et *ptéryx*, nageoire), animaux qui manquent d'organe spécial pour nager. — On divise les Mollusques en deux classes principales: les *Ptérygiens*, qui ont un pied, les *Aptérygiens*, qui manquent de cet organe.

APTÉRYX (même étym.), oiseau singulier de la Nouvelle-Zélande, de la taille d'une oie, au plumage brun ferrugineux. Il a de grands rapports avec l'Autruche, et ses jambes sont celles des Gallinacés. Ses ailes, presque nulles, sont terminées par un ongle fort et arqué. Quelques naturalistes en font une classe à part, dite des *Nullipennes*.

APTINUS (du grec *aptèn*, sans ailes), genre de Coléoptères pentamères de la famille des Carabiques, très-voisin des Brachines, avec lesquels on l'a longtemps confondu, mais dont il se distingue par l'absence d'ailes et par ses élytres tronqués obliquement à l'extrémité, tandis qu'ils sont coupés carrément dans les Brachines. Toutes les espèces de ce genre jouissent, comme les Brachines, de la faculté singulière de lancer par l'anus, avec fumée et explosion, une liqueur volatile brûlante et caustique (*Voy.* BRACHINE). L'*A. Baliste* peut fournir de suite 10 à 12 décharges.

APUREMENT DE COMPTE. Cette formule, en usage dans la comptabilité, désigne que les comptes entre les commerçants ont été vérifiés et entièrement terminés.

APYRE (d'*a* priv. et *pyr*, feu), épithète appliquée en Chimie et en Minéralogie à certaines substances infusibles, telles que le cristal de roche, l'amiante. — Ce nom a été donné spécialement à un minéral qu'on nomme aussi *Macle* et *Andalousite*.

APYREXIE (du grec *a* priv., et *pyr*, feu), temps intermédiaire aux accès dans les fièvres intermittentes; — cessation du mouvement fébrile. *Voy.* FIÈVRE.

AQUARELLE (de l'italien *acquarella*, peinture à l'eau), dessin au lavis et de plusieurs couleurs. On se sert à cet effet de couleurs délayées à l'eau et légèrement gommées que l'on applique sur du papier, du carton ou de l'ivoire; on prépare pour cet usage un papier particulier dit papier *Watermann*. L'aquarelle se distingue par la finesse et la transparence des teintes, par la fraîcheur et l'éclat des couleurs; elle se prête surtout à la peinture des portraits, des fleurs, des oiseaux, des paysages, pourvu que les sujets soient de petite dimension. Ce genre de peinture, qui offre un agréable délassement, est devenu fort à la mode depuis quelques années : il s'est formé en Angleterre une société d'*aquarellistes*. On trouve dans la collection des *Manuels-Roret* un *Manuel de peinture à l'aquarelle*.

AQUA-TINTA, ou mieux ACQUA TINTA. (c.-à-d. en italien *eau teinte*), genre de gravure sur cuivre qui imite les dessins au lavis faits à l'encre de Chine, au bistre ou à la sépia. On l'emploie spécialement pour les dessins de grande dimension. On grave d'abord à l'eau-forte les contours de la figure; on couvre ensuite d'un vernis noir impénétrable à l'acide nitrique les parties de la planche où il ne doit y avoir ni trait ni ombre; puis on répand sur la planche de la colophane réduite en poudre très-fine, et on l'expose à une chaleur ardente jusqu'à ce que la résine soit fondue; par ce moyen, il se forme de petits espaces par lesquels l'acide nitrique peut s'insinuer. L'acide est alors versé sur la planche, et on l'y laisse cinq minutes, temps suffisant pour que l'acide puisse mordre. On renouvelle l'opération plusieurs fois pour tracer les ombres les plus fortes. Quoique moins estimée que la gravure au burin, l'*aqua-tinta* est parvenue à un haut degré de perfection, et a pu reproduire à très-bon marché la majeure partie des bons tableaux de l'époque. Les Anglais surtout en font un grand usage.

AQUA-TOFANA, c.-à-d. en italien *eau de Tofana*, dite aussi *Aquetta di Napoli*, poison très-subtil dont on attribue l'invention à une femme de Palerme nommée Tofana, qui commença à le répandre vers 1659. C'était un liquide transparent, limpide comme l'eau, inodore, qui n'éveillait en rien le soupçon. Ce poison n'agissait que lentement, et ne laissait aucune trace. Tofana, dont les crimes furent découverts seulement en 1709, mourut, dit-on, étranglée en prison, après avoir causé la mort de plus de six cents personnes, au nombre desquelles on met les papes Pie III et Clément XIV. On a beaucoup disputé sur la composition de l'*Aqua-Tofana*: l'opinion la plus probable est que c'était une solution très-étendue d'acide arsénieux mêlée à d'autres substances qui la déguisaient.

AQUEDUC (du latin *aquæ ductus*, conduite d'eau), canal construit en pierre ou en maçonnerie, élevé sur un terrain inégal pour ménager la pente de l'eau et la *conduire* dans un lieu qui en est dépourvu. Quand il traverse des vallées, il est supporté par des arcades, qui quelquefois même sont élevées par étages les unes au-dessus des autres. On citait dans l'antiquité l'aqueduc de Sésostris à Memphis, celui de Sémiramis à Babylone, celui de Salomon dans le pays d'Israël. Le premier aqueduc construit par les Romains fut dû au célèbre auteur de la voie Appienne : on le nommait *Aqua Appia*. Plusieurs autres se formèrent ensuite : l'*Anio Vetus*, l'*Aqua Martia*, l'*Aqua Julia*, l'*Aqua Virgo*; ce dernier, construit par Agrippa, avait 14,105 pas romains. Parmi les aqueducs que les Romains construisirent dans les provinces, les plus célèbres sont l'aqueduc de Nîmes, dit pont du Gard, qui a trois rangs d'arcades superposées; l'aqueduc de Ségovie; l'aqueduc de Metz, qui traversait la Moselle; l'aqueduc d'Arcueil, près de Paris, attribué à l'empereur

Constance Chlore, et relevé ou plutôt remplacé en 1624 par Marie de Médicis. Louis XIV fit exécuter l'aqueduc de Montpellier ; il commença celui de Maintenon, qui devait conduire à Versailles une partie des eaux de l'Eure ; mais ce monument gigantesque n'a pas été achevé : il a 48 arcades, qui forment 3 rangs. Un des plus récents est le superbe aqueduc de Roquefavour qui conduit à Marseille les eaux de la Durance ; il a 20 kil. de longueur, et dans certains endroits ses arcades atteignent 80 m. de hauteur. Il a été achevé en 1848.

Les Anatomistes emploient par analogie le mot d'aqueduc pour désigner certains conduits qui établissent des communications entre différentes parties des organes : tels sont l'A. de Fallope, ou canal spiroïde de l'os temporal ; l'A. du vestibule, conduit osseux qui s'étend du vestibule à la face postérieure du rocher ; l'A. du limaçon, conduit extrêmement étroit qui va de la rampe du tympan au bord postérieur du rocher ; l'A. de Sylvius, canal intermédiaire des ventricules, situé dans l'épaisseur du cerveau et sur la ligne médiane.

AQUIFOLIACÉES, famille de plantes ainsi nommée de l'Aquifolium, espèce de Houx, qui en est le type, est plus connue sous le nom d'Ilicinées.

AQUILAIRE, Aquilaria, grand arbre originaire des Indes Orientales, est le type de la famille peu nombreuse des Aquilarinées. C'est de cet arbre qu'on tire le Bois d'aigle ou Bois d'aloès, dit aussi Agalloche, Cambac, Calambouc, Garo, bois pesant, résineux, d'une odeur faible que la chaleur rend aromatique et agréable. Il en existe plusieurs variétés. On faisait autrefois des fumigations avec le bois d'aloès. Les Indiens en brûlent dans leurs maisons pour purifier et parfumer l'air.

AQUILEGIA. Voy. ANCOLIE.

ARA (ainsi nommé par imitation du cri rauque de cet oiseau), espèce de perroquets de l'Amérique Septentrionale, a la queue plus longue que le corps, les joues dépourvues de plumes, recouvertes d'une membrane blanche, le bec très-fort et crochu. L'ara est surtout remarquable par sa grande taille et par sa beauté ; son plumage est orné des plus brillantes couleurs, bleu, jaune d'or, vert, rouge, qui, nuancées et fondues sur les diverses parties de son corps, produisent un effet ravissant. De tous les aras, celui qui s'acclimate le mieux en France est l'ara bleu de Buffon. Ces oiseaux volent par troupes, et sont frugivores ; on les apprivoise aisément.

ARABESQUES, ornements de sculpture, de peinture et d'architecture, ainsi nommés parce qu'ils sont surtout à la mode chez les Arabes, sont formés de branches, de feuillages et de fruits, d'animaux et d'êtres imaginaires, ou de draperies, de rubans, etc., assortis, contrastés, groupés ou enlacés avec art, de manière à produire un effet agréable. La loi de Mahomet interdit toute représentation de figures d'hommes et d'animaux ; ce qui fait qu'on n'en rencontre point dans celles des compositions qui sont véritablement l'ouvrage des Arabes ; mais les Européens, que n'atteint point cette défense, groupent ensemble dans leurs arabesques toutes sortes de figures et d'objets bizarres. Les Romains ont connu et recherché les ornements arabesques ; les Arabes les ont remis à la mode en Europe au moyen âge.

ARABETTE ou ARABIDE, Arabis, Arabidium, genre de plante de la famille des Crucifères, ainsi nommée, sans doute, parce qu'elle est originaire d'Arabie, renferme des plantes herbacées, annuelles ou vivaces, à fleurs petites, blanches ou roses, peu apparentes et inodores. Elle est très-répandue en Europe ; on la cultive dans les jardins. L'A. des Alpes (A. alpina) forme des touffes toujours vertes qui se couvrent de fleurs blanches un peu odorantes dès la fin de mars. L'A. petite-tour (A. turrita) monte à

1 mètre, et porte un épi de fleurs blanches et assez grandes. La plus belle espèce est l'A. du Caucase (A. caucasica), remarquable par la précocité de sa floraison et par les touffes veloutées de ses feuilles ; elle produit un joli effet dans les plates-bandes.

ARABINE, principe chimique, soluble dans l'eau froide, et qui constitue en grande partie la gomme arabique (Voy. GOMME). Les acides affaiblis le convertissent par l'ébullition en sucre de raisin.

ARAC ou RACK, nom donné par les Indiens à toute liqueur spiritueuse, et surtout à celle qu'ils retirent d'un mélange de riz, de sucre de canne et d'une noix de coco, ou de la distillation du jus de cocotier. — L'arac de Goa est celui dont on fait la plus forte consommation, quoiqu'il soit moins fort que celui de Batavia. Les Anglais se servent de l'arac comme du rhum pour composer leur punch. — Les Tartares donnent le nom d'arac à une liqueur enivrante extraite du lait de cavale.

ARACARI, espèce de Toucan, originaire du Brésil, un peu plus gros que le merle, ainsi appelé par imitation de son chant.

ARACATCHA, plante de la famille des Ombellifères, originaire de l'Amérique Méridionale, et cultivée surtout aux environs de Santa-Fé de Bogota, est connue en Europe depuis 1804. Ses racines, en forme de corne de vache, offrent un aliment sain et agréable ; leur saveur tient de la châtaigne et de la pomme de terre. On les mange crues ou cuites sous la cendre, et elles s'apprêtent comme les pommes de terre. On n'a pu jusqu'ici les acclimater en France.

ARACÉES ou AROÏDÉES (d'Arum). Voy. AROÏDÉES.

ARACHIDE, plante annuelle de la famille des Légumineuses, ne s'élève pas au-dessus du sol, qu'elle couvre comme d'une épaisse chevelure, et produit un grand nombre de longues gousses dites Pistaches de terre, qui renferment des espèces d'amandes de la grosseur d'une petite aveline. A mesure que les gousses succèdent aux fleurs, elles entrent dans la terre pour achever leur maturité. Les amandes de l'Arachide, fraîches ou cuites sous la cendre ou dans l'eau, offrent un aliment agréable : on en extrait une huile limpide, claire, inodore, moins grasse que l'huile d'olive, à laquelle on la dit supérieure, et qui rancit difficilement ; on en fait aussi une pâte qui se mêle au cacao pour faire le chocolat ; elle sert aussi à fabriquer le savon en Espagne. Cette plante, qui a toute l'utilité de l'olive et de la pomme de terre à la fois, est originaire de l'Amérique ; elle n'est bien connue que depuis 1798, qu'elle a été décrite par le docteur Bodart le Jacopierre. On la trouve aujourd'hui en Chine, au Japon, à Macassar, aussi bien qu'en Amérique ; elle prospère en Italie, en Espagne, et même dans le midi de la France ; on l'a récemment importée avec beaucoup de succès en Algérie.

ARACHNIDES (du grec arachné, araignée), classe d'animaux articulés dont la tête se confond avec le thorax, dont la bouche est composée de deux mandibules se mouvant de haut en bas, d'une paire de mâchoires supportant chacune une palpe ; elles ont le ventre énorme, divisé en anneaux et supporté par huit pattes terminées par deux ou trois crochets ; les yeux lisses et petits, variant de deux à douze. On y comprend, outre les araignées proprement dites, les Galéopodes, les Scorpions, les Ixodes ou Ricins, les Poux, les Teignes. Les Arachnides se divisent en deux ordres d'après la structure de leurs organes respiratoires : 1o les A. pulmonaires, respirant par des poumons ou poches pulmonaires (c'est à cet ordre qu'appartiennent les Aranéides ou Araignées proprement dites), et les A. trachéennes, respirant par des trachées comme les insectes. Tels sont les Faucheurs et les Acarides ou Mites.

ARACHNOÏDE, nom donné par les anatomistes à diverses membranes à cause de leur ténuité, comparable à celle de la toile d'araignée, notamment à l'une des membranes de l'œil qui renferme le cristallin et l'humeur vitrée, et à la deuxième des méninges ou enveloppes du cerveau, placée entre la pie-mère et la dure-mère.

ARACHNOLOGIE. Voy. ARANÉOLOGIE.

ARAGONITE, carbonate de chaux naturel, cristallisé dans le système prismatique rectangulaire, non susceptible de clivage (Voy. SPATH D'ISLANDE); se rencontre sous forme coralloïde ou en petites masses bacillaires ou fibreuses, blanches ou jaunâtres, dans les gîtes de minerais de fer, dans les fentes des dépôts basaltiques et des roches serpentineuses, dans les argiles gypseuses des dépôts salifères, etc. Certains tufs calcaires, ceux de Vichy, par exemple, sont entièrement à l'état d'aragonite. Ce minéral fut trouvé en 1775 dans l'Aragon: d'où son nom.

ARAIGNÉE (en latin aranea), animal connu de tous, de la famille des Aranéides, forme un genre qui comprend lui-même un assez grand nombre d'espèces. La plus commune est l'A. fileuse ou domestique, dont l'abdomen offre six mamelons, dits filières, renfermant une liqueur qui se concrète par le contact de l'air, et forme des fils soyeux et ténus avec lesquels les araignées enveloppent leurs œufs ou forment la toile qui leur sert de demeure et de filets, ainsi que les fils connus dans la campagne sous le nom de fils de la Vierge. Ces animaux sont carnassiers, et se livrent entre eux des guerres cruelles. Cependant ils sont, dit-on, susceptibles de s'apprivoiser : tout le monde connaît l'histoire de Pélisson, qui, enfermé à la Bastille, avait apprivoisé une araignée qu'il attirait par le son d'un instrument. On a essayé d'utiliser la toile d'araignée : on en faisait autrefois des cataplasmes en les mêlant avec de la suie, du sel et du vinaigre, pour arrêter la fièvre quarte; on s'en servait aussi pour arrêter les hémorragies. Enfin on en a fait des étoffes, mais qui n'ont jamais eu une grande solidité. — Outre l'A. fileuse, on distingue des A. vagabondes, couroses, voltigeuses, sauteuses, des A. aquatiques, etc. L'espèce la plus célèbre est la grosse araignée de Tarente, dite Tarentule (Voy. ce mot), sur laquelle on a fait bien des contes.

Les araignées sont le plus souvent un objet de dégoût ou même d'horreur; leur aspect peut justifier cette aversion. En outre, elles répandent un venin qui tue les insectes qu'elles attrapent; toutefois ce venin ne peut offrir aucun danger à l'homme, comme cela a été constaté par de nombreuses expériences. Quelques personnes sont parvenues à surmonter le dégoût qu'inspire l'araignée, au point même d'en manger : on sait que l'astronome Lalande se plaisait à croquer l'araignée de cave, à laquelle il trouvait un goût de noisette. — L'araignée nous rend des services réels en chassant une foule d'insectes nuisibles aux fruits de la terre : aussi l'une des espèces, la petite araignée du raisin, a-t-elle mérité le nom de Bienfaisante. — Les naturalistes à qui cette partie de la science doit le plus sont Treviranus, Lyonnet, L. Dufour, Marcel de Serres, Brandt, Walckenaer, qui a donné en 1806 l'Histoire naturelle des Aranéides. Voy. ARANÉOLOGIE.

Le mot Araignée sert souvent à désigner certains objets dont la forme rappelle plus ou moins l'araignée ou sa toile : ainsi, dans l'Art militaire, on nomme araignée les branches ou rayons de galerie, les conduits de mine ou chemins sous terre qui sortent d'un puits commun, et qui, par une ouverture d'un mètre environ de largeur, s'avancent sous le terrain des ouvrages où l'on veut conduire des mines. — En termes de Marine, l'araignée est un réseau dont les cordes vont s'attacher dans des trous espacés, percés à cet effet dans des poutres.

ARAIRE. Voy. CHARRUE.

ARALIACÉES, famille de végétaux dicotylédones, polypétales, à étamines épigynes, composée de plantes herbacées et d'arbrisseaux exotiques très-voisins de nos Ombellifères, a pour type l'Aralie. La racine de Ginseng, à laquelle les Chinois attribuent des propriétés médicales merveilleuses, appartient à une Araliacée.

ARALIE, genre type de la famille des Araliacées, plante exotique : feuilles alternes, fleurs à 5 sépales, à 5 pétales, à 5 étamines et à 5 styles; le fruit est une baie à 5 loges. La racine est sucrée, aromatique, et peut servir à la nourriture de l'homme. On cultive les Aralies comme plantes d'agrément, à cause de la douce odeur qu'exhalent leurs fleurs blanches. — On distingue l'A. spinosa ou Angélique épineuse, arbrisseau indigène des États-Unis, de 3 à 4 mètres de haut : l'écorce de sa racine est employée comme drastique; l'A. nudicaulis ou Salsepareille de Virginie; l'A. racemosa, qui passe pour efficace contre les rhumatismes, etc.

ARANÉIDES (du latin aranea, araignée), 1re famille de l'ordre des Arachnides pulmonaires, caractérisée par l'existence de quatre ou six appendices articulés appelés filières, situés à l'extrémité de leur abdomen. C'est par ces filières que sortent les fils soyeux dont elles tissent leurs toiles. Les Aranéides portent aussi le nom de Fileuses. Elles comprennent deux genres : les Araignées et les Mygales.

ARANÉOLOGIE, ARACHNOLOGIE (du latin aranea ou du grec arachné, araignée, et logos, discours), art de prédire les changements et les variations atmosphériques d'après le travail et le mouvement des araignées. On a observé que lorsqu'il doit pleuvoir, les araignées restent dans la torpeur; elles en sortent pour reprendre le travail dès qu'elles sentent revenir le beau temps. Dans le 1er cas, elles raccourcissent les fils de leur toile; dans le 2e, elles les allongent. Il en est à peu près de même pour le froid et la chaleur. Les anciens croyaient beaucoup aux signes tirés des araignées; le peuple, dans ses préjugés, leur attribue une sorte de divination : « Araignée du matin, chagrin; araignée du soir, espoir. » — Quelques savants modernes ont fait des recherches sur le rapport des mouvements des araignées avec le temps : Quatremère Disjonval, emprisonné au commencement de la Révolution, employa les huit mois de sa captivité à faire des observations sur ce sujet, et publia un curieux traité d'Aranéologie, ainsi qu'un Calendrier aranéologique (1795 et 1797).

ARASES, ou PIERRES D'ARASE (de ras), pierres de bas appareil qui servent à araser (mettre de niveau) un cours d'assises à la hauteur des planchers ou plinthes d'un bâtiment. — En termes de Menuiserie, araser, c'est couper, à une certaine épaisseur, avec une scie faite pour cet usage, le bas des planches où l'on veut mettre des emboîtures, tout en conservant assez de bois pour faire les tenons.

ARAUCARIA, genre de Conifères qui tire son nom du pays des Araucans, au S. du Chili, où on l'a trouvé pour la 1re fois : ce sont de très-grands arbres à tige droite, portant, comme les Sapins, des branches rapprochées en faux verticilles très-réguliers. On les retrouve, avec quelques différences, dans le Brésil et la Nouv.-Hollande. — On a découvert dans les terrains houillers des bois fossiles analogues à l'Araucauria; on les a nommés Araucarites.

ARBALESTRILLE (diminutif d'arbalète), nom donné jadis à un instrument de marine qui servait à prendre en mer la hauteur du soleil ou des astres. On le nommait aussi radiomètre, verge d'or, bâton de Jacob. Cet instrument, qui était défectueux, a été remplacé par le quart de cercle et l'octant.

ARBALÈTE (par corruption d'arcus balista), arc composé dont on se servait avant l'invention de l'artillerie, pour lancer des flèches ou d'autres projectiles avec plus de force et de justesse qu'avec l'arc ordinaire. L'arbalète est formée d'une branche de métal dur et flexible, aux extrémités de laquelle est attachée une corde; cette branche de métal est fixée par son milieu sur une pièce en bois appelée *fût* ou *arbrier*, ayant une rainure dans une partie de sa longueur pour diriger la flèche ; ce fût est terminé par une espèce de crosse que l'on appuie à l'épaule en fixant l'œil dans la direction de la rainure ; à l'endroit de la plus grande tension de l'arc, il y a un crochet pour retenir la corde ; la flèche est placée le long du fût, et s'appuie sur la corde ; lorsque l'on a ajusté, on détache la corde au moyen d'une détente ; et la flèche part avec une grande rapidité. On bandait l'arbalète soit avec la main ou le pied ; soit avec un moulinet et une poulie, selon la dimension de l'arme. — On attribue l'invention de l'arbalète aux Phéniciens ; il ne paraît pas cependant que les Romains l'aient connue, à moins qu'on ne la confonde avec leur *manubaliste* ou baliste à main. Il n'en est question en France qu'au temps de Louis le Gros ; Philippe-Auguste créa des compagnies d'*Arbalétriers*, qui prirent une grande importance dans l'armée ; leur chef portait le nom de *Grand maître des Arbalétriers*, et sa charge était la 1re après celle de maréchal de France ; elle fut réunie en 1515 à celle de grand maître de l'artillerie. Il existait encore sous François Ier un corps d'Arbalétriers ; ce n'est qu'à la fin du xvie siècle qu'il fut définitivement supprimé. Il y a encore auj. dans plusieurs villes de France des compagnies d'arbalétriers.

Les serruriers, taillandiers et autres ouvriers en métaux donnent le nom d'*arbalète* à un instrument composé de deux lames élastiques d'acier courbées l'une contre l'autre ; le gros bout de la première touchant au bout mince de la seconde, et retenues ensemble dans cette position par deux viroles de fer placées vers les extrémités. L'une de ces lames est attachée au plancher, au point qui correspond verticalement en deçà des mâchoires de l'étau ; l'autre lame s'applique contre une coche pratiquée au dos d'une lime à deux manches, qui, elle-même, pose sur l'ouvrage à polir. L'arbalète épargne à l'ouvrier la fatigue de presser la lime sur la pièce qu'il travaille.

ARBALÉTRIER , soldat armé d'une *arbalète*. *Voy.* ce mot.

En Zoologie, c'est le nom vulgaire du *Martinet noir*, qui, par sa forme et la vitesse de son vol, rappelle l'arbalète. — Dans la Charpente, on nomme ainsi des pièces de bois qui servent à former le comble d'un bâtiment ; elles sont posées obliquement, de manière à s'assembler par leur bout supérieur dans la poutre perpendiculaire qu'on appelle *poinçon* ou *aiguille*, et par le bout opposé dans la poutre horizontale ou *entrait*.

ARBENNE , oiseau ressemblant à la Perdrix , et vulgairement nommé *Perdrix blanche*. *Voy.* ce mot.

ARBITRAGE (d'*arbiter*, juge), jugement de tiers que les parties choisissent pour prononcer sur leurs différends, ou que le magistrat délègue à cet effet. De là, deux sortes d'arbitrages, l'*A. volontaire* et l'*A. forcé*. Dans le 1er, les arbitres ont dû être désignés à l'avance par une convention que l'on nomme *compromis* ; si les deux arbitres ne tombent pas d'accord, on recourt pour le départage à un *tiers arbitre*, qui est nommé soit par les deux premiers, soit par le tribunal. Entre associés, l'arbitrage est forcé. — Ce qui concerne l'arbitrage volontaire a été réglé par le Code de procédure, art. 1005 et suiv. Les règles particulières aux *arbitrages forcés* entre associés sont posées dans les art. 51 et suiv. du Code de commerce. On peut toujours en appeler des décisions des arbitres volontaires, nonobstant toute convention contraire. — Lorsque les arbitres sont nommés par les parties, leurs décisions sont appelées *sentences arbitrales* ; s'ils sont nommés d'office par les juges, elles sont nommées *rapport arbitral*.

En termes de Commerce et de Banque, l'arbitrage est une opération de calcul fondée sur la comparaison de la valeur des fonds, du prix des marchandises et du cours du change dans diverses places, opération à l'aide de laquelle un négociant reconnaît les places où il peut faire le plus grand bénéfice. Il fait en conséquence passer des fonds dans ces places, pour y effectuer des achats ou des remises.

ARBITRE , juge. *Voy.* ARBITRAGE.

ARBITRE (LIBRE). *Voy.* LIBERTÉ.

ARBORICULTURE , partie de l'agriculture qui concerne la culture des arbres. Elle traite et des soins généraux applicables à toute espèce d'arbres (choix et préparation des terrains, modes divers de reproduction par semis, drageons, marcottes, boutures, greffe, etc.), et des soins particuliers à chaque espèce : à ce dernier effet, elle partage les arbres en 5 grandes classes : *Arbres forestiers*, *Arbres d'agrément*, *Arbres fruitiers*, *Vignes*, *Arbres et arbrisseaux fourragers*, pour reprendre chacune d'elles en particulier (*Voy.* FORÊTS, VIGNES, etc.). Les ouvrages classiques sur la matière sont : le *Traité des Arbres et Arbustes que l'on cultive en pleine terre en Europe et particulièrement en France*, par Duhamel du Monceau, Veillard, Jaume Saint-Hilaire, Mirbel, Poiret, continué par M. Loiseleur-Deslonchamps , 7 vol. in-fo, avec figures ; le *Nouveau traité des arbres fruitiers*, par Duhamel, Veillard, Mirbel, Poiret et Loiseleur-Deslonchamps, 2 vol. in-fo ; et le *Cours élémentaire d'Arboriculture*, par A. Dubreuil (1850, 2e éd.).

ARBORISATION , espèce de dessin naturel, ordinairement noir, qu'on remarque sur certaines pierres ; telles que les agates, et qui représente des rameaux d'arbres. Les arborisations proviennent des infiltrations métalliques qui s'opèrent dans les fissures des pierres. On dit aussi *dendrite*.

ARBOUSIER (du latin *arbutus*, même sens), genre de plantes de la famille des Éricinées ou Bruyères, comprend des arbrisseaux, des arbustes et des arbres , d'un port remarquable et d'un beau feuillage toujours vert, qui croissent en Amérique, en Asie et en Europe. On distingue : l'*A. commun*, ou *des Pyrénées*, qui s'élève à la hauteur de 3 à 9 m., et jusqu'à 7 m. en Espagne ; en Italie et dans les Pyrénées : ses fleurs sont blanches ou roses , en grappes ; son fruit ressemble à la fraise, ce qui fait donner souvent à l'arbousier commun le nom d'*Arbre à fraises* ; les oiseaux sont friands de ce fruit ; on retire de sa pulpe jaune et mucilagineuse un sucre doux et liquide, et qui le fait encore nommer *Arbre à sucre* : on en extrait aussi depuis 1807 de l'eau-de-vie et de l'alcool ; — l'*A. des Alpes*, arbuste rampant, à fleurs rouges, à feuilles semblables à celles du buis, ce qui lui a fait donner le nom de *Busserole* ; on le nomme aussi *Raisin d'ours* : ses feuilles servent au tannage du cuir ; surtout pour la préparation du maroquin ; la décoction de ces feuilles s'emploie aussi en Médecine contre la diarrhée et la gravelle, mais leur efficacité n'est pas démontrée.

ARBRE (du latin *arbor*), nom sous lequel on désigne vulgairement tous les végétaux ligneux dont les racines subsistent un grand nombre d'années, dont la tige est épaisse, élevée, nue à la base, chargée de branches et de feuilles au sommet. Les arbres se distinguent en *A. dicotylédonés* ou *exogènes* (Chêne, Peuplier, Pommier, etc.), et *A. monocotylédonés* ou *endogènes* (Palmier, Jonc, Canne à sucre, etc.). Les troncs des premiers présentent , de l'extérieur à l'intérieur, une série de couches concentriques divisées en deux systèmes : le *système cortical*, formé de l'épiderme, de l'enveloppe herbacée, des couches corticales et du liber ; et le *système central*, formé de l'aubier, du bois proprement dit, de l'étui médullaire et de la moelle. De plus, les dicotylédonés s'accroissent chaque année en grosseur, par la formation d'une nouvelle couche entre l'aubier et le liber (*Voy.* SÈVE), et en hauteur, par un nouveau scion ou rejet que le bourgeon terminal forme chaque année au-dessus du bourgeon de l'année précédente. Au contraire, les arbres monocotylédonés, dont la tige prend le nom de *stipe*, ne présentent à l'intérieur qu'une masse homogène de tissu cellulaire, sans couches distinctes, et où se distribuent longitudinalement des fibres ligneuses. L'accroissement en hauteur se fait par la formation d'un nouveau disque au-dessus du disque provenant de la soudure des feuilles de l'année précédente, et l'accroissement en grosseur n'est presque dû qu'à la pression des disques supérieurs sur les disques inférieurs. De là vient que l'on peut connaître l'âge d'un arbre dicotylédon en comptant le nombre de couches que son tronc présente près de la racine, et celui d'un monocotylédon en comptant le nombre des anneaux formés par le desséchement des feuilles de chaque année.

Les arbres ne fleurissent et, à plus forte raison, ne peuvent donner de fruits que plusieurs années après qu'ils ont été semés. Ordinairement de 40 à 50 ans, l'arbre se fait dans toute sa force; de 50 à 60, il se soutient encore; mais de 70 à 90, il décline et finit par périr. Cependant on a vu un grand nombre d'arbres dépasser ce terme et offrir des exemples d'une longévité extraordinaire : tels sont le Cèdre du Liban, le Baobab, etc.; quelques-uns même auraient dépassé plusieurs milliers d'années.

Les arbres proprement dits ne se distinguent guère des *arbrisseaux* et des *arbustes* que par une plus haute taille et une plus longue durée. Les arbrisseaux ont à peine un tronc, ou leur tronc se divise presque à la racine; ils ne s'élèvent guère au-dessus de 4 ou 5 m. : tels sont l'Aubépine, le Cognassier, le Néflier, le Sureau. Les *arbustes*, plus petits que les arbrisseaux, affectent la forme de buisson : tels sont les Bruyères, certains Rosiers, les Daphnés, le Dryas octopétale, plusieurs Saules. Enfin, les *sous-arbrisseaux*, tels que la Vigne vierge, la Clématite, tiennent le milieu entre les arbustes et les plantes herbacées.

Selon les divers points de vue sous lesquels on peut considérer les arbres, on les groupe encore en *A. à feuilles caduques* et *A. à feuilles persistantes* ou *A. verts*, en *A. indigènes* et *A. exotiques*, en *A. forestiers* et *A. fruitiers. Voy.* ces mots et l'article ARBORICULTURE.

On donne vulgairement le nom d'*arbre*, en y ajoutant un trait distinctif, à divers végétaux remarquables par certaines propriétés. Voici les principaux : *Arbre à l'ail*, la Cerdane; — *A. d'amour*, le Gainier; — *A. d'argent*, le Protée argenté; — *A. de baume*, le Bursère gommifère, le Badamier, etc.; — *A. à beurre*, la Bassie butyracée; — *A. à bourre*, l'Arec chevelu; — *A. du Brésil* ou *Brésillet*, la Césalpinie épineuse; — *A. de Castor*, le Magnolia; — *A. du ciel*, le Ginkgo; — *A. à cire*, le Myrica cérifère et le Céroxylon andicole; — *A. de corail*, ou *immortel*, le Corallodendre érythrin; — *A. à cordes*, le Figuier de l'île Bourbon; — *A. au coton*, le Fromager à 5 feuilles; — *A. de Chypre*, le Cordia gérascanthe; — le Cyprès chauve, etc.; — *A. de Cythère*, le Spondias; — *A. du diable*, le Sablier; — *A. de Dieu*, le Figuier religieux; — *A. d'encens*, diverses espèces d'Amyrides et d'Iciquiers; — *A. de fer*, le Bois de fer; — *A. à fraises*, l'Arbousier; — *A. à franges*, le Chionanthe; — *A. à la glu*, le Houx, l'Hippomane biglanduleuse; — *A. à la gomme*, l'Eucalypte, le Métrosidère; — *A. à grives*, le Sorbier; — *A. à l'huile*, le Dryandre; — *A. de Judée*, le Cercis ou Gainier; — *A. à lait*, plusieurs Apocynées et Euphorbiacées, qui ont un suc laiteux et laiteux; — *A. au lis*, le Tulipier; — *A. de mai* ou de *St-Jean*, le Panax; — *A. à la main*, le Chéirostème; — *A. à la migraine*, le Prernne; — *A. de mille ans*, le Baobab; — *A. de Moïse*, le Nespile pyracanthe; — *A. de neige*, la Viburne, le Chionanthe; — *A. ordéal* ou *à épreuves*, l'Érythrophle; — *A. à pain*, l'Artocarpe; — *A. à papier*, le Broussonetie; — *A. à la pistache*, le Staphylier; — *A. au poivre*, le Schine;

— *A. puant*, la Fétidie, le Sterculier; — *A. aux quarante écus*, le Ginkgo; — *A. saint*, la Melia; — *A. de Ste-Lucie*, le Bois de Ste-Lucie; — *A. de St-Thomas*, la Bauhinie; — *A. à sang*, le Millepertuis; — *A. de soie*, la Mimosa et plusieurs Apocynées, qui donnent un duvet blanc et soyeux; — *A. à suif*, le Croton; — *A. à thé*, le Symploque; — *A. triste*, le Nyctanthe; — *A. à la vache*, le Galactodendre; — *A. à velours*, la Tournefortie; — *A. au vermillon*, le Quercus coccifère; — *A. au vernis*, le Terminalier, le Rhus; — *A. de vie*, le Thuya; — *A. du voyageur*, l'Uranie.

Les Anatomistes nomment *Arbre de vie* certaines ramifications qu'offre le cervelet. Elles sont l'effet de lames blanches, courtes, concentriques, entremêlées de lames grises, qui semblent former les branches d'un arbre dépouillé de ses feuilles. On observe cette disposition dans la substance médullaire qui revêt les parois du cerveau.

Les Alchimistes donnaient le nom d'*Arbres métalliques* à certaines cristallisations métalliques. Les principales sont l'*A. de Diane* et l'*A. de Saturne*, que l'on voit souvent exposées à l'étalage des pharmaciens. — L'*A. de Diane*, ou *A. philosophique*, est un amalgame d'argent, cristallisé en petites houppes brillantes et réunies sous forme de végétations, qu'on obtient en abandonnant pendant quelques jours du mercure dans une dissolution un peu concentrée de nitrate d'argent. C'est Eck de Sulzbach qui, dans le XVᵉ siècle, a fait la première mention de l'arbre de Diane. — L'*A. de Saturne* est un dépôt de plomb métallique et cristallisé, qui se produit sous forme de végétation lorsqu'on abandonne une lame de zinc dans une solution d'acétate de plomb.

En Mécanique, on nomme *Arbre* une grande pièce de bois ou de fonte, immobile ou même mobile, qui est la partie principale d'une machine et autour de laquelle tourne la machine tout entière. Les horlogers nomment ainsi : 1º une pièce ronde ou carrée, qui a des pivots, et sur laquelle est ordinairement adaptée une roue; 2º l'essieu qui est au milieu du barillet d'une montre ou d'une pendule; 3º un outil qui sert à monter des roues et d'autres pièces, de manière à pouvoir les tourner entre deux pointes; 4º un outil qui est armé d'un crochet, et qui sert à mettre les ressorts dans les barillets et à les en ôter.

En termes de Marine, on nomme *Arbres* les mâts qui portent des antennes et des voiles latines. Le mât de l'avant se nomme *A. de trinquet*; celui du milieu, *A. de mestre*. L'*A. de touret* est l'axe sur lequel tournent plusieurs espèces de dévidoirs.

On nomme *A. généalogique* une table en forme d'arbre, où l'auteur de la famille forme la souche, et d'où l'on voit sortir comme d'un tronc diverses branches de consanguinité et de parenté; les arbres généalogiques furent jadis un grand objet de luxe; — *A. encyclopédique*, un tableau systématique des sciences et des arts disposé de manière à faire voir leur enchaînement et leurs rapports mutuels : on connaît surtout les arbres encyclopédiques dressés dans ce but par Bacon et par d'Alembert (on trouve ce dernier en tête de l'*Encyclopédie*).

ARBRES VERTS. On appelle ainsi les arbres qui conservent leur feuillage pendant l'hiver : tels sont les Lauriers, les Alaternes, les Yeuses, etc.; mais ce nom est plus particulièrement réservé pour plusieurs arbres de la famille des Conifères (Pins, Sapins, Ifs, Genévriers, Thuyas, etc.).

ARBRISSEAU, ARBUSTE. *Voy.* ARBRE.

ARC (du latin *arcus*), instrument dont tout le monde connaît la forme et l'usage, est certainement la plus ancienne de toutes les armes : il en est fait mention dans l'Écriture sainte, et la Fable en attribue l'invention à Apollon. C'est encore aujourd'hui le principal moyen d'attaque et de défense des sauvages. L'emploi de l'arc a persisté longtemps dans les armées modernes, même après l'invention de la poudre de guerre; l'arbalète n'en est qu'un perfectionnement. Louis XI commença en 1481 à abolir l'usage de l'arc et de la flèche. *Voy.* ARCHERS et FLÈCHE.

En Géométrie, on appelle *arc* toute portion d'une ligne courbe. On nomme *corde* de l'arc la ligne qui joint ses extrémités, *flèche* de l'arc la perpendiculaire menée au milieu de la corde et qui se termine à l'arc même. La *rectification* d'un arc consiste à construire une ligne droite qui lui soit exactement égale. L'*arc de cercle* est une partie de la circonférence du cercle. Les *arcs égaux* sont ceux d'un même cercle qui contiennent le même nombre de degrés; les *arcs semblables* contiennent le même nombre de degrés, mais appartiennent à des cercles différents. Les *arcs concentriques* sont ceux qui ont le même centre.

En Astronomie, on appelle *Arc diurne* la portion de cercle qu'un astre parcourt sur l'horizon. L'*A. semidiurne* est la portion que l'astre décrit pour arriver de l'horizon, ou celle qu'il parcourt pour aller du midi à l'horizon. — L'*A. d'élévation du pôle* contient les degrés compris depuis le pôle jusqu'à l'horizon. — L'*A. de l'équateur* est la partie de cercle comprise entre les méridiens de deux endroits: c'est cet arc qui détermine la longitude. — L'*A. de progression* ou *de direction* est un arc de l'écliptique qu'une planète semble parcourir en suivant l'ordre des signes; les *A. de rétrogradation* sont des arcs de l'écliptique qu'une planète semble décrire contre l'ordre des signes. — L'*A. de station première* est l'arc qui détermine le mouvement d'une planète stationnaire dans le premier demi-cercle de son épicycle; l'*A. de station seconde*, celui qui détermine le mouvement de cette planète dans l'autre demi-cercle de son épicycle. — L'*A. entre les centres* est, dans les éclipses solaires, l'arc tiré perpendiculairement du centre au soleil, ou, dans les éclipses lunaires, du centre de l'ombre de la terre sur l'orbite de la lune. — L'*A. de vision* ou *d'émersion* mesure la distance à laquelle le soleil est au-dessus de l'horizon, quand une étoile que ses rayons cachaient commence à reparaître.

En Numismatique, l'*arc* est un attribut ou un emblème qui se voit sur beaucoup de médailles, qui représentent Diane, Apollon, Éros ou l'Amour; dans celles qui représentent des rois de Perse ou des Parthes, l'arc se voit comme arme de guerre.

En Architecture, on nomme *arc* toute construction dont le profil a la forme d'une courbe: l'*A. doubleau* est celui qui fait saillie au-dessous d'une voûte pour la consolider; l'*A. à plein cintre*, celui dont le profil est un arc de cercle; il est *surbaissé*, quand il est moins courbé qu'un arc de cercle; *surhaussé*, quand il est plus courbé; l'*arc-boutant* est un pilier destiné à soutenir une voûte et terminé à sa partie supérieure par un demi-arc qui sert à joindre ensemble la voûte d'un édifice et le mur extérieur: on voit beaucoup d'arcs-boutants aux édifices gothiques.

ARCS DE TRIOMPHE, monuments formés de grands portiques cintrés, placés le plus souvent à l'entrée des villes, sur des ponts, des chemins publics, et ornés de figures, de bas-reliefs et d'inscriptions pour consacrer la gloire d'un vainqueur ou le souvenir de quelque événement mémorable. C'est aux Romains qu'on doit la première idée de ces constructions. Les arcs de triomphe étaient le plus souvent élevés pour l'entrée des triomphateurs. Les plus célèbres de ces monuments sont: l'*A. de Constantin*, haut de 16 m., élevé à Rome à l'occasion des victoires que Constantin remporta sur Maxence; l'*A. de Septime-Sévère*, au pied du Capitole; l'*A. de Gallien*, élevé vers l'an 260 de notre ère; l'*A. de Titus*, érigé à l'occasion de la prise de Jérusalem: les bas-reliefs qui décorent cet arc en font un monument précieux pour l'histoire de l'art; l'*A. de Bénévent*, élevé en

l'honneur de Trajan: ce n'est qu'une copie de l'arc de Titus; l'*A. d'Ancône*, en marbre blanc, dédié aussi à Trajan; l'*A. de Rimini*, dédié à Auguste, et le plus ancien des arcs élevés par les Romains; l'*A. de Suze*, au pied du mont Cenis, dédié à Auguste; ceux de Carpentras, d'Aix, d'Arles, d'Autun, de Cavaillon, du pont de St-Chamas, de St-Remi (B.-du-Rhône), d'Orange, le plus antique que la France possède, celui de Reims, celui de Djimilah en Algérie; qui tous sont l'œuvre des Romains.

Paris possède quatre arcs de triomphe: celui de la *Porte St-Denis*, élevé en 1673 aux frais de la ville, à l'occasion du passage du Rhin par Louis XIV; celui de la *Porte St-Martin*, dédié à Louis XIV après la conquête de la Franche-Comté; celui du *Carrousel*, érigé à la gloire de Napoléon et des armées françaises en 1806; celui de l'*Étoile*, dit spécialement l'*Arc de Triomphe*, œuvre de Chalgrin et Huyot, commencé en 1806 et terminé en 1835; c'est le plus colossal de tous les arcs de triomphe (il a 45 mètres de haut); sa position est magnifique.

ARCACÉES (du latin *arca*, coffre, à cause de l'analogie de leur forme avec celle d'un coffre), famille de Mollusques acéphales ostracés, à coquille bivalve, régulière, équivalve, ayant des dents petites, nombreuses, entrant les unes dans les autres et disposées, sur l'une et l'autre valve, en lignes droites ou brisées. L'*Arche* en est le type. Ces coquilles sont transverses ou arrondies. Quelques espèces se fixent aux rochers; d'autres vivent enfouies dans le sable à peu de distance des côtes: toutes sont marines.

ARCADE (d'*arcus*, arc). En Architecture, c'est une ouverture pratiquée dans un mur dont le haut a la forme d'un demi-cercle parfait: telles sont à Paris les arcades de la rue de Rivoli, de l'ancienne place Royale, de l'ancien Palais-Royal.

En Anatomie, on nomme *Arcade alvéolaire* ou *dentaire* l'espèce d'arc formé par la série des alvéoles et des dents sur les os maxillaires; *A. orbitaires*, les rebords saillants des orbites; *A. sourcilières*, deux saillies de l'os frontal qui correspondent aux sourcils; *A. palmaire*, une courbure que forment dans la paume de la main les veines et les artères radicales et cubitales; *A. plantaire*, courbure semblable formée sous la plante des pieds par les veines et les artères plantaires, etc.

ARCANE (d'*arcanum*, secret), nom donné à tout procédé mystérieux, notamment aux opérations de l'alchimie, aux remèdes secrets ou dont on cache la composition pour en relever aux yeux du public l'efficacité et le prix: le plus célèbre est la *pierre philosophale* (*Voy.* ce mot). — Les anciens chimistes nommaient *A. double* le sulfate de potasse; *A. de corail*, le deutoxyde de mercure rouge préparé par l'acide nitrique; *A. jovial* ou *de Jupiter*, un mélange de deutoxyde d'étain et nitrate de mercure.

ARCANSON (d'*archet*), résine qui sert à frotter les archets. *Voy.* BRAI et COLOPHANE.

ARCASSE, partie extérieure de la poupe d'un navire qui se compose de l'étambot et de diverses barres assemblées sur cette pièce transversalement à la direction de la quille. La plus élevée de ces barres est la *barre d'arcasse*; puis viennent la *barre d'hourdi* et la *barre du pont*.

ARC-EN-CIEL ou IRIS, météore qui se produit quand un nuage opposé au soleil luisant se résout en pluie, ou qu'on tourne le dos à cet astre. Le phénomène s'observe lorsque la hauteur du soleil qui éclaire le nuage est moindre que 42° au-dessus de l'horizon. On aperçoit ordinairement deux arcs concentriques avec la même suite de couleurs que dans le spectre solaire; dans l'arc intérieur, beaucoup plus vif que l'autre, le rouge est en haut et le violet en bas; c'est le contraire dans l'arc supérieur, qui est souvent trop pâle pour être bien distingué. Ce météore résulte de la réfraction et de la réflexion des rayons solaires, combinées ensemble, dans des gouttes d'eau sphériques. On parvient à l'imiter en jetant de l'eau en l'air, de manière qu'elle s'éparpille ; les jets d'eau, les cascades, offrent ce phénomène lorsqu'on est placé convenablement pour l'observer.

Antonio de Dominis, évêque de Spalatro, démontra le premier la véritable nature de l'arc-en-ciel ; mais c'est surtout à Newton que nous sommes redevables d'une théorie exacte de ce phénomène. — L'arc-en-ciel est, selon la Bible, le gage de réconciliation donné par Dieu à Noé après le Déluge. Les païens y voyaient la trace laissée par Iris, messagère des dieux.

ARCHAISME (du grec *archaios*, ancien), expression ; tournure vieillie que l'on emploie soit par négligence, soit, le plus souvent, à dessein ; on l'oppose à *néologisme*. On trouve de nombreux archaïsmes, parmi les anciens, chez Salluste et Lucrèce ; parmi nos poëtes, chez La Fontaine. Chateaubriand, M. Villemain, ont souvent, par d'heureuses hardiesses, rajeuni des mots vieillis. Paul-Louis Courier, dans ses traductions grecques, Vanderbourg, dans les *Poésies de Clotilde de Surville*, ont imité avec succès notre vieux langage.

ARCHAL (FIL D'): *Voy.* FIL D'ARCHAL.

ARCHANGE (du grec *archos*, chef, et *aggélos*, ange), ange d'un ordre supérieur ; l'avant-dernier dans l'ordre des neuf chœurs d'esprits célestes. Les archanges portent les messages du Seigneur dans les occasions importantes. L'Écriture sainte n'en nomme que trois : Gabriel, Raphaël et Michel, le vainqueur de Satan. *Voy.* ANGES.

ARCHANGÉLIQUE (c.-à-d. *Angélique supérieure*), sous-genre du genre Angélique ; dite aussi *Archangélique officinale*, plante bisannuelle originaire de Syrie et qui croit naturellement en Europe sur le bord des ruisseaux ; dans les pays de montagnes. L'huile essentielle des racines de l'archangélique agit sur nous comme l'éther. Les jeunes pousses, de la plante passent pour antiscorbutiques.

ARCHE (du latin *arca*, coffre), voûte en arcade entre les piles d'un pont. Les arches peuvent être ou surhaussées, ou surbaissées, ou en plein cintre. On nomme *maitresse arche* celle du milieu d'un pont, ordinairement plus large et plus élevée que les autres ; *A. elliptique*, celle dont le trait forme une demi-ellipse, comme au Pont-Royal à Paris ; *A. extra-dossée* ; celle dont les voussoirs sont égaux en longueur ; parallèles à leurs douelles, comme au pont Notre-Dame à Paris. L'*A. marinière* est celle qui est réservée au passage des bateaux.

En Zoologie, on nomme *Arche* un genre de coquilles bivalves, servant de type à la famille des Arcacées : test à crochets écartés, caractérisé par les nombreuses petites dents en forme de peigne dont la charnière est ornée. L'*A. bistournée* et l'*A. demi-torse* sont les plus recherchées. On nomme *Arcacites* les espèces fossiles du genre Arche.

ARCHE D'ALLIANCE, espèce de coffre (*arca*) à peu près carré dans lequel les Hébreux conservaient les tables de la loi données par Dieu à Moïse sur le mont Sinaï, la verge d'Aaron et un vase plein de la manne du désert. L'arche était de bois de séthim, recouverte de lames d'or en dedans et en dehors, longue de deux coudées et demie : son couvercle, appelé *propitiatoire*, supportait deux chérubins en or, qui le couvraient de leurs ailes. Elle était placée dans le tabernacle. Les Juifs avaient une très-grande vénération pour l'arche ; on la portait dans les guerres. Les Philistins la prirent sous Héli ; mais, punis de ce sacrilége par la main de Dieu, ils la renvoyèrent bientôt. Après le siège de Jérusalem par Nabuchodonosor, le prophète Jérémie fit transporter l'arche et l'autel des parfums sur le mont Nébo, célèbre par la mort de Moïse, et les cacha dans une caverne dont il ferma si bien l'entrée, que l'on n'a jamais retrouvé

l'arche depuis cette époque. — On avait appelé ce coffre *arche d'alliance* ; parce que les objets qui s'y trouvaient déposés étaient les signes visibles de l'alliance du Seigneur avec le peuple hébreu.

ARCHE DE NOÉ ; immense vaisseau en forme de coffre (*arca*) que Dieu, après avoir résolu de punir les hommes par le déluge, ordonna à Noé de construire pour s'y réfugier. L'arche avait 300 coudées de long, 50 de large et 30 de haut : Noé mit cent ans à la construire. Elle renfermait ce patriarche et sa famille ; un couple de chaque animal impur et sept d'animaux purs. Après un an, l'arche s'arrêta sur le mont Ararat.

ARCHÉE (du grec *archaïon*, dérivé d'*arché*, principe dominant) ; nom inventé par Paracelse pour désigner l'esprit vital, qui, selon lui, préside à la nutrition et à la conservation des êtres vivants ; ce n'est pas un être spirituel, mais un corps *astral*, émané de la substance des astres. Il est placé dans l'estomac. Van Helmont fit de l'*archée* le principe actif dans tous les corps ; selon lui, il ne préside pas seulement aux fonctions de la vie, mais il donne aux corps et à chaque organe la forme qui leur est propre : aussi existe-t-il autant d'archées qu'il y a d'organes. Stahl et les animistes ont attribué à l'âme le rôle que Van-Helmont faisait jouer à ses archées.

ARCHÉOLOGIE (d'*archaios*, ancien, et *logos*, discours) ; science qui s'occupe de tout ce qui est relatif aux mœurs et usages des anciens ; et spécialement de leurs arts et de leurs monuments : on l'a définie en ce sens la science de l'*Antiquité figurée*. Elle embrasse les différentes parties de l'art des anciens, l'architecture (édifices publics et privés, temples, palais, pyramides, obélisques, etc.), la sculpture (statuaire, bas-reliefs, vases, ornements), la peinture et le dessin (sur bois, sur toile, sur marbre, sur ivoire, mosaïques), la gravure (camées, intailles, médailles et monnaies). L'Archéologie s'occupe aussi de certains monuments écrits ; tels que les inscriptions sur marbre, sur pierre, sur papyrus ; et de tout ce qui est relatif à l'écriture des langues anciennes ou à la paléographie. On ne doit pas confondre l'*archéologue*, qui classe et contrôle les monuments, et sait en tirer des inductions sur les idées, l'industrie, les mœurs et l'histoire des anciens peuples, avec l'*antiquaire*, qui ne fait que rechercher et recueillir ces monuments ; et qui, pour cela, a moins besoin d'érudition que de goût, de tact et d'habitude. — Laurent de Médicis, en établissant à Florence un enseignement public sur les monuments de l'antiquité, fut le créateur de la science que nous nommons *Archéologie*. Grævius, Gronovius, Montfaucon, Kircher, Hardouin, Vaillant, Muratori, Millin, Caylus, Barthélemy, d'Agincourt, Quatremère, Visconti, cultivant la science à des points de vue divers, l'aidèrent par de précieuses collections ou par de savantes recherches ; Winckelmann donna l'*Histoire de l'art chez les anciens*. Outre les grands ouvrages des auteurs qui viennent d'être nommés, on peut consulter avec fruit le *Traité élémentaire d'archéologie* de M. Champollion-Figeac (1843), le *Manuel d'archéologie* d'Ottfried Muller, traduit par Nicard (1845), et le *Dictionnaire d'antiquités* de Mongès. *Voy.* ANTIQUITÉS, NUMISMATIQUE, GLYPTIQUE, ÉPIGRAPHIE, PALÉOGRAPHIE.

L'Archéologie nationale, longtemps négligée, a pris un grand essor dans ce siècle, surtout depuis la Restauration (1815) : les hommes auxquels la science doit le plus sont : M. Lenoir, qui créa le *Musée des monuments français*, aujourd'hui à l'école des Beaux-Arts ; M. Dusommerard, créateur d'un musée d'antiquités nationales, auteur des *Arts au moyen âge* ; M. de Caumont, qui s'est surtout occupé des antiquités de la Normandie, MM. Taylor, Didron, etc. M. Batissier a donné des *Éléments d'archéologie nationale*, 1843.

ARCHER. Chez les anciens, les Scythes, les Crétois, les Parthes, les Thraces passaient pour d'excellents archers : l'histoire a conservé les noms d'Aster, d'Amphipolis, qui perça l'œil droit de Philippe, et de Ménélas, qui, au rapport de Zosime ; lançait avec un seul arc trois flèches à la fois, et frappait trois buts différents. Chez les modernes, les archers anglais étaient renommés par leur adresse. — Les Grecs et les Romains avaient des troupes légères d'archers. En France, il existait de nombreux corps d'archers : Charles VII établit un corps de *francs-archers*, les uns à pied, les autres à cheval, ainsi nommés parce qu'ils étaient francs ou exempts de tout impôt ; ils étaient tirés du corps de la noblesse ou conféraient la noblesse : Louis XI les supprima en 1481.

On nommait *archers de la connétablie* les officiers chargés d'exécuter les sentences des lieutenants des maréchaux de France ; ils avaient le droit d'exploiter partout le royaume, et de mettre à exécution les arrêts de toute espèce de juges ; — *archers de la garde*, des gardes du corps armés d'un arc ou d'une arbalète ; ces archers existaient sous Louis XI et François Ier ; — *archers de la manche*, des soldats de la maison du roi spécialement employés comme gardes de la manche.

ARCHER. On nomme ainsi, en Zoologie, un genre de poissons de la famille des Squammipennes de Cuvier. On le reconnaît à sa dorsale très-reculée, aux sept rayons qui soutiennent la membrane des branchies, et aux dents veloutées qui garnissent ses mâchoires et ses palatins. On ne connaît qu'une seule espèce de ce genre, l'*A. sagittaire* (*Toxotes*; *Jaculator*, Cuv.), petit poisson du Gange et de l'Archipel indien, de 18 à 20 centim. de longueur ; qui jouit de la curieuse faculté de lancer de l'eau avec sa bouche à plus d'un mètre de hauteur sur les insectes dont il fait sa proie : à la son nom.

ARCHET (diminutif d'*arc*). Dans les Arts mécaniques, on nomme ainsi une sorte de petit arc composé d'une lame d'acier ou d'une baleine emmanchée dans un morceau de bois, et d'une grosse corde de boyau fixée par une de ses extrémités à la partie de la lame qui est près du manche, et s'accrochant par l'autre extrémité à l'un des crans ou entailles pratiqués à l'autre bout de la baleine. Les arquebusiers, les doreurs, les horlogers, les serruriers, les tourneurs, se servent d'archets pour faire tourner la boîte à foret. — En Musique, c'est une baguette de bois dur, qui avait dans le principe quelque rapport de forme avec un arc, et dont la corde est représentée par un faisceau de crins de cheval que l'on tend à volonté au moyen d'une vis. Ces crins sont enduits de colophane, et, en les passant à angle droit sur les cordes d'un instrument, on en tire des sons d'une plus ou moins grande intensité. De l'art de tenir et de gouverner l'archet dépendent le talent du violoniste, du violoncelliste, et les effets presque magiques que l'on tire des instruments à cordes.

ARCHÉTYPE (du grec *arché*, principe, et *typos*, modèle), modèle primordial. Ce mot ; synonyme d'*idée* dans la langue de Platon, désigne les formes substantielles des choses qui existaient de toute éternité dans la pensée divine, et qui sont le modèle ou le patron sur lequel tous les êtres ont été créés.

ARCHEVÊQUE (du grec *archos*, chef, et *épiscopos*, évêque), prélat métropolitain qui est tout à la fois évêque d'un diocèse et chef d'une province ecclésiastique : les autres évêques de la province sont ses *suffragants*. Cette dignité est d'institution apostolique ; mais le titre d'archevêque ne remonte qu'au IVe siècle. La marque de la dignité des archevêques est le *pallium* (*Voy.* ce mot). Autrefois les archevêques assistaient par eux-mêmes ou par des délégués aux élections des évêques leurs suffragants, confirmaient ceux qui avaient été élus, avaient le droit de visiter les églises des diocèses administrés par leurs suffragants, et d'y faire les règlements nécessaires pour le maintien de la discipline ecclésiastique. Aujourd'hui, leur droit se borne à juger les appels ; à convoquer les conciles provinciaux et à y présider.

Il y a en France 14 archevêchés. Pour les noms de ces archevêchés et de leurs suffragants, *Voy.* le *Dict. univ. d'Hist. et de Géogr.* à l'art. FRANCE.

ARCHI. Ce mot, qui est tiré du grec *arché*, et qui signifie principe, supériorité, se joint à une foule de mots pour marquer la prééminence dans des choses de même espèce. Ainsi on dit *archichancelier, archiduc*, etc., pour désigner une personne d'un rang supérieur à celui de *chancelier*, de *duc*, etc.

ARCHIATRE (mot qui signifie *principal médecin*), titre du médecin spécialement chargé de la santé du monarque : Marchifus ; médecin de Childebert ; fut le premier qui porta ce titre ; et Dodard ; médecin de Louis XV ; fut le dernier.

ARCHICAMÉRIER, ARCHICHAMBELLAN, ARCHICHANCELIER, etc. *Voy.* CAMÉRIER, CHAMBELLAN, CHANCELIER ; etc.

ARCHICONFRÉRIE. *Voy.* CONFRÉRIE.

ARCHIDIACRE. On nommait ainsi jadis le premier et le plus ancien des diacres ; il était le principal ministre de l'évêque, et était chargé surtout de l'administration du temporel. C'est aujourd'hui un supérieur ecclésiastique qui a droit de visite sur les curés d'un diocèse. Dans quelques diocèses les archidiacres sont institués vicaires généraux par l'évêque, qui les rend dépositaires de ses pouvoirs. Ils forment la partie active du conseil épiscopal ; et tirent leur titre de l'église à laquelle ils sont attachés : tels sont, à Paris, les archidiacres de Notre-Dame, de Ste-Geneviève et de St-Denis, qui sont en même temps grands vicaires du diocèse. Le titre d'archidiacre n'est connu que depuis le concile de Nicée. *Voy.* DIACRE.

ARCHIDUC, celui dont l'autorité s'élève au-dessus des autres ducs. En France, il y eut un archiduc d'Austrasie dès le règne de Dagobert. Le Brabant et la Lorraine eurent plus tard le titre d'archiduchés. Les ducs d'Autriche, qui dès 1156 avaient pris le titre d'*archiducs*, ne le virent confirmer qu'en 1453. Aujourd'hui, le titre d'archiduc n'est plus affecté qu'aux princes de la maison d'Autriche.

ARCHILOQUIEN (VERS); vers grec dont on attribue l'invention à Archiloque, est souvent employé par les poëtes latins. On distingue l'*archiloquien* proprement dit ; composé de deux dactyles et d'une césure :

Púlvĭs ĕt | ŭmbră sŭ | mŭs (HOR.);

le *grand archiloquien*, qui à 7 pieds : les 3 premiers, dactyles ou spondées ; le 4e, dactyle ; les 3 derniers, trochées :

Sōlvĭtŭr | ācrĭs hĭ | ēms grā | tā vĭcē | vērĭs | ĕt Fă | vōnī (H.);

le *tétramètre archiloquien*, qui à les 4 derniers pieds de l'hexamètre :

Crās ĭn | gēns ĭtĕ | rābĭmŭs | æqŭŏr. (HOR.)

ARCHIMANDRITE; c.-à-d. *chef du troupeau* (du grec *arché* et *mandra*, troupeau), nom d'un supérieur de monastère chez les Grecs, ou en général de tous les supérieurs ecclésiastiques de l'Eglise grecque. L'archimandrite porte une large robe noire ; une croix d'or lui tombe sur la poitrine, et il tient à la main un bâton incrusté d'or et d'ivoire.

ARCHINE, mesure de longueur russe analogue à notre aune, est usitée aussi en Turquie et en Perse, et vaut environ 70 centimètres. Il en faut 1,500 pour égaler la verste.

ARCHIPEL. Ce nom, qui a d'abord désigné spécialement la mer orientale de la Grèce (*Voy.* l'art. ARCHIPEL au *Dict. univ. d'Hist. et de Géogr.*), a, depuis, été étendu à toute mer parsemée d'îles, et même aux groupes d'îles qu'on rencontre dans ces mers. Tels sont l'A. des Antilles en Amérique, l'A. de Sumbava-Timor en Océanie, l'A. Arctique dans la mer Arctique.

ARCHIPRÊTRE, curé ou prêtre délégué par l'évêque pour être le chef des autres dans l'office sacerdotal; c'était ordinairement le plus ancien: aussi l'appelait-on *doyen*. Les archiprêtres avaient jadis droit d'inspection. Aujourd'hui, dans la plupart des diocèses, ce titre n'est resté que comme une dignité de chapitre, ou comme attaché à certaines cures principales (par exemple à Notre-Dame de Paris) : c'est une simple dénomination honorifique.

ARCHITECTE (du grec *archè*, et *tectón*, ouvrier, ouvrier en chef), artiste dont le travail consiste à dresser le plan et le devis d'un édifice, et à diriger les constructions. Lorsqu'il s'est chargé d'une construction à forfait, il ne peut demander aucune augmentation de prix. Selon la jurisprudence établie en France, l'architecte est responsable de la solidité des constructions dont il a dressé les plans et les devis, pendant dix ans, à partir du jour où les travaux ont été terminés. Il a un privilège comme créancier sur les édifices qu'il a construits. Outre l'art de construire, l'architecte doit posséder à fond la législation des bâtiments. Pour l'indication des plus célèbres architectes, *Voy.* ARCHITECTURE.

ARCHITECTONIQUE (du grec *archè*, et *tectón*, ouvrier en chef), art de la construction; se prend le plus souvent comme synonyme d'architecture. *Voy.* ce mot et CONSTRUCTION.

ARCHITECTURE (*d'architecte*), art de bâtir suivant des règles et des proportions convenables. On divise cet art, suivant ses usages, en trois grandes sections : *A. civile*, qui a pour objet la construction des édifices propres aux usages de la vie, tels que maisons, palais, temples, théâtres, etc.; *A. militaire*, qui est l'art de fortifier les villes et de préparer les moyens d'attaque et de défense des places; *A. navale*, qui a pour objet la construction des navires, des ports, des magasins, des chantiers, etc. L'architecture civile admet elle-même une foule de divisions entre lesquelles on distingue : l'*A. religieuse*, celle des édifices consacrés au culte; l'*A. rurale*, celle des constructions relatives à l'agriculture; l'*A. hydraulique*, qui s'occupe des fondations sous l'eau et de la conduite des eaux, etc.

Considérée sous le rapport de l'art et comme visant au beau, l'architecture admet cinq ordres qui se distinguent par la forme, la proportion et l'ornementation des colonnes ou de l'entablement: le dorique, l'ionique, le corinthien, le toscan, le composite. (*Voy.* ces mots et ORDRES D'ARCHITECTURE).

Presque tous les peuples ont eu leur architecture, qui est, jusqu'à un certain point, l'expression de leur civilisation. L'architecture de l'antique Égypte et celle des Assyriens se distinguent par la solidité et le colossal des monuments. L'architecture des Indiens offre le même type : leurs temples ou *pagodes* sont taillés dans le roc; leurs monuments se font remarquer d'ailleurs par le luxe des figures humaines et des divinités allégoriques. L'architecture chinoise, invariable depuis des siècles, est reconnaissable à ses toits terminés en pointe, qui rappellent les tentes et les pavillons légers qui lui ont servi de type. La Grèce fut, surtout au temps de Périclès, le siége de la plus belle architecture : c'est à ce pays que nous devons les trois ordres principaux (dorique, ionique et corinthien). En Italie, les Étrusques introduisirent l'ordre dit, d'après eux, *toscan*, qui dérivait de l'ordre dorique. Les Romains, tout en adoptant les ordres des Grecs et des Étrusques, y ajoutèrent l'ordre *composite*, mélange judicieux des précédents ; l'architecture prit chez eux un grand développement, et atteignit son apogée sous Auguste. Comme tous les arts, elle fut presque anéantie par les barbares. — L'architecture du moyen âge est, du VIᵉ au XIᵉ siècle, connue des archéologues sous le nom d'*A. romane*, ou architecture romaine dégénérée. Les modifications apportées par chaque peuple à l'architecture ancienne formèrent d'abord le *vieux gothique*, que l'on distingua, selon le pays, en *A. lombarde*, *A. saxonne*, *A. normande*, etc. Les arts de l'Orient, en se mêlant au vieux gothique, formèrent le style byzantin ou *A. byzantine*, remarquable par une plus grande élévation dans les arcs et par la substitution des voûtes aux plafonds plats. L'*A. arabe*, venue d'Espagne, remplaça bientôt le style byzantin et apporta en France ses colonnettes, ses pierres découpées, ses murs à jour et un grand luxe d'ornements fantastiques (arabesques). L'*A. sarrasine* ou *gothique moderne*, ou simplement *gothique*, se forma ensuite du mélange du vieux gothique et du style byzantin avec l'architecture arabe et mauresque : peu à peu on y vit dominer l'ogive, les formes aiguës et anguleuses, et les ornements se multiplièrent à l'infini (*Voy.* GOTHIQUE). — Cependant l'Italie, au XVIᵉ siècle, fit revivre le goût de l'architecture antique, et amena une heureuse *renaissance*, dont les effets se font encore sentir. Aujourd'hui, on voit régner dans l'architecture, comme dans tout le reste, un éclectisme éclairé.

Parmi les principaux architectes, nous citerons dans l'antiquité: Agamède et Trophonius, qui érigèrent le temple d'Apollon à Delphes; Ctésiphon et Métagène, qui bâtirent le temple de Diane à Éphèse; Antimachide, qui, avec Antistate, Caleschros et Porinos, fut chargé de bâtir le temple de Jupiter Olympien; Charès, qui érigea le colosse de Rhodes; Ictinus et Callicrate, qui dressèrent, sous la direction de Phidias, les plans du Parthénon d'Athènes; Satirus et Pitéc, qui érigèrent le fameux tombeau de Mausole; le Macédonien Dinocrate, à qui l'on attribua le singulier projet de donner au mont Athos la figure d'Alexandre; enfin Vitruve, le seul des anciens qui nous ait laissé un traité complet et classique d'architecture. Viennent ensuite Apollodore, qui construisit dans la basse Hongrie le fameux pont du Danube, et à Rome le Temple et le Forum de Trajan; Anthémius, qui, avec Isidore de Milet, fut chargé par Justinien de la construction de l'église de Sainte-Sophie, à Constantinople; Arnolfo (di Lapo) et Brunelleschi, auxquels Florence doit sa cathédrale; le Bramante, dont s'immortalisa surtout dans la construction de la basilique de Saint-Pierre, achevée par Michel-Ange; Palladio, qui éleva le palais des procuraties à Venise; Vignole, à qui l'on doit un *Traité de perspective* et un *Traité des cinq ordres*, encore classique; Inigo-Jones, le Vitruve de l'Angleterre, et Christophe Wren, qui reconstruisit la basilique de Saint-Paul à Londres; en France, L. Bernin, Philibert Delorme, De Brosse, Perrault, Mansart, Servandoni, Soufflot, Rondelet, Gabriel, Brongniart, Chalgrin, Huyot, Visconti, etc.

La France, qui a déjà fourni tant de grands architectes, n'a rien épargné pour assurer les progrès de l'art : l'École des Beaux-Arts, dans sa section d'architecture, offre à la jeunesse tous les moyens d'étude; des prix sont décernés chaque année; le grand prix est envoyé à Rome avec le titre de pensionnaire de l'Académie de France; enfin, une section de l'Institut reçoit les architectes les plus distingués.

Les principaux ouvrages à consulter sur l'architecture et sur son histoire sont, outre ceux des auteurs déjà indiqués : les *Cours d'architecture* de Blondel, de d'Aviler, de Durand; le *Traité de l'Art de bâtir* de Rondelet; le *Traité d'architecture* de M. L. Raynaud (1851); le *Dictionnaire d'architecture* de Quatremère de Quincy; l'*Histoire des plus célèbres architectes*, du même; l'*Histoire de l'Architecture*, de Th. Hope, traduit de l'anglais par A. Baron; le *Manuel de l'Hist. de l'Archit.*, de D. Ramée; les *Monuments anciens et modernes*, de Gailhabaud; le *Dict. de l'Archit. française*, de Viollet le Duc, etc.

ARCHITRAVE (du grec *archos*, principal, et du latin *trabs*, poutre), l'*épistyle* des Grecs, partie inférieure de l'entablement, qui pose immédiatement sur les chapiteaux des colonnes. On appelle *A. coupée*, celle qui est interrompue par l'ouverture ou par la traverse du chambranle d'une fenêtre; *A. mutilée*, celle dont on retranche quelquefois la saillie, en l'arasant avec la frise : ces deux sortes d'architraves sont d'un mauvais effet. *Voy.* ENTABLEMENT.

ARCHI-TRÉSORIER, dignité dont l'électeur palatin était revêtu dans l'ancien Empire d'Allemagne. L'archi-trésorier précédait à cheval l'empereur le jour du couronnement et répandait sur la place publique des pièces d'or et d'argent. — Sous l'Empire français, il y avait un archi-trésorier, mais ces fonctions étaient purement honorifiques; c'était le 3e grand dignitaire de la couronne : ce titre fut confié à l'ancien consul Lebrun.

ARCHIVES (du latin *archivum*, dérivé lui-même du grec *archéion*, même signification), collection de documents manuscrits ou imprimés, renfermant l'histoire d'une famille, d'une communauté, d'une ville ou d'un État. Ce mot se prend aussi pour le lieu où ces pièces sont conservées. — Les anciens conservaient leurs archives dans des temples. En France, sous les premiers rois, les archives suivaient les rois à la guerre ou dans les voyages; aussi étaient-elles exposées à tomber entre les mains de l'ennemi, comme cela eut lieu en 1194, à la bataille de Fréteval, le camp de Philippe-Auguste ayant été surpris par le roi d'Angleterre. On sentit dès lors le besoin de créer des dépôts permanents; mais ce n'est que sous Louis XIV, en 1688, que les archives reçurent une véritable organisation. Alors il y eut les archives de la guerre, de la marine, de la justice, etc. En 1790, on centralisa tous ces dépôts d'archives dans l'ancien hôtel de Soubise, à Paris, avec le titre d'*A. du royaume*, titre remplacé depuis par celui d'*A. nationales*; ce dépôt est confié à un *Garde des Archives*, qui depuis 1853 a reçu le titre de *Directeur général*. Les archives nationales sont régies par une ordonnance du 5 janvier 1846; elles forment trois sections : section historique, section administrative, section judiciaire, qui ont chacune à leur tête un chef de section. — Cet établissement a été complété par l'institution de l'École des Chartes (*Voy.* CHARTES). — Les ministères (notamment ceux de la Marine et des Affaires étrangères), toutes les grandes administrations publiques, ainsi que la plupart des villes, ont leurs archives particulières.

ARCHIVISTES. *Voy.* CHARTES (ÉCOLE DES).

ARCHIVOLTE (d'*arcus*, arc, et *volutus*, roulé), moulure plus ou moins large, en saillie, régnant sur la tête des voussoirs d'une arcade dont elle suit et orne le contour d'une imposte à l'autre. Les moulures des *archivoltes* imitent celles des architraves, et ne doivent, par conséquent, recevoir que des ornements en proportion avec la nature des ordres. On nomme *A. rustique*, celle qui n'a que des moulures très-simples qu'interrompent des bossages unis ou vermiculés; *A. retournée*, celle dont la moulure, après s'être arrêtée à l'improviste, fait un retour d'équerre, et, se prolongeant sur toute la largeur du pied-droit ou du trumeau, va rejoindre l'imposte de l'arcade voisine.

ARCHONTES (du grec *archô*, commander), premiers magistrats d'Athènes. *Voy.* le *Dict. univ. d'Hist. et de Géogr.*

ARÇON (du latin *arcus*, arc), espèce d'arc formant le corps d'une selle de cheval, est composé de deux pièces de bois unies au moyen d'une branche de fer; il est le plus souvent rembourré et garni de cuir. On distingue l'*A. antérieur* ou *de devant*, l'*A. postérieur* ou *de derrière*. On place souvent sur les côtés des poches ou *fontes* destinées à recevoir des pistolets dits de là *pistolets d'arçon*.

Dans les Arts mécaniques, l'*arçon* est un instrument en forme d'archet de violon dont se servent les artisans qui travaillent le poil, la laine ou le coton, les chapeliers, bourreliers, etc., pour diviser les matières et les séparer des ordures qu'elles contiennent; l'ouvrier qui manie cet instrument est appelé *arçonneur*. Dans plusieurs établissements on a substitué à l'arçon un cylindre tournant, percé de petites fentes longitudinales dans lesquelles on insère des cordes de boyau tendues convenablement. Cette substitution a pour but de prévenir les fâcheux effets que peuvent produire sur la santé des *arçonneurs* la poussière et les petits filaments que leur travail fait voltiger autour d'eux et qu'ils avalent sans cesse.

ARCTIE (d'*arctos*, ours), genre d'insectes Lépidoptères de la famille des Nocturnes, ainsi appelés à cause de leurs chenilles très-velues. Ce sont des papillons de nuit très-communs en France. Ils éclosent au mois d'août. Leurs chenilles quittent leur toile au printemps pour se répandre sur les arbres, dont elles rongent les premières pousses. Quand elles sont parvenues à toute leur croissance, elles filent une coque lâche entre quelques feuilles d'arbres et y restent jusqu'à leur dernière métamorphose. L'*A. cul brun*, de taille moyenne, d'un brun doré, est garnie de poils sur tout son corps; la chenille est noirâtre, avec des tubercules de même couleur, d'où s'élèvent des aigrettes de poils roussâtres; elle a deux lignes rouges et deux lignes blanches le long du dos. Cette chenille dévore les feuilles des bois. — On connaît encore l'*A. cul doré* et l'*A. du saule*.

ARCTIQUE, c.-à-d. voisin de l'Ourse (*arctos* en grec) ou du Nord. *Voy.* PÔLE ARCTIQUE.

ARCTOMYDES (du grec *arctos*, ours, et *mus*, rat), nom donné par Latreille à une famille qui a pour type le genre Marmotte (en latin *Arctomys*).

ARCTONYX (du grec *arctos*, ours, et *onyx*, ongle), ou *Bali-saur*, blaireau de l'Inde. *V.* BALI-SAUR.

ARCTOTÉES ou ARCTOTIDÉES (d'*arctos*, ours), tribu de la famille des Corymbifères, établie par G. Cassini, et ayant pour caractères des capitules multiflores, pourvus de fleurons, ordinairement femelles ou neutres, et des fruits souvent ailés. Cette tribu a pour type le genre *Arctotide* (*Arctotis*), que l'on cultive comme plante d'agrément, principalement l'*A. tricolore* et l'*A. à fleurs de rose*.

ARCTURUS (du grec *arctos*, ourse, et *oura*, queue), étoile fixe de la première grandeur, située dans la constellation du Bouvier, et vers laquelle paraît se diriger la queue de la grande Ourse. On observe dans cette étoile un mouvement qui lui est propre; elle avance vers le midi de 4' par siècle.

ARDEB, mesure de capacité pour les grains, usitée dans presque toute l'Afrique, vaut 182,000 litres.

ARDÉIDÉES (du latin *ardea*, héron), famille de l'ordre des Échassiers répondant aux Cultrirostres de Cuvier. L'on y compte cinq sous-familles : *Gruinées, Ardéinées, Ciconinées, Ibisinées* et *Araminées*, ayant pour types les genres Grue, Héron, Cigogne, Ibis et Courliri. *Voy.* ces mots.

ARDENTS (MAL DES). *Voy.* FEU SACRÉ.

ARDISIACÉES (d'*Ardisia*, genre type), famille de plantes établie par L. Jussieu, la même que R. Brown nomme *Myrsinées. Voy.* ce mot.

ARDISIE, *Ardisia* (du grec *ardis*, flèche, à cause de quelque analogie de forme), type de la famille des Ardisiacées, renferme des arbres, des arbrisseaux et des sous-arbrisseaux élégants, à feuilles le plus souvent denticulées, propres aux contrées chaudes de l'Asie et de l'Amérique, et dont plusieurs espèces à belles fleurs roses ou purpurines sont cultivées dans nos serres.

ARDISIÉES, tribu de la famille des Myrsinées (*Ardisiacées* de L. Jussieu), renferme les genres *Ardisia, Wallenia, Conomorpha, Cybianthus, Myrsine, Embelia, Choripetalum*.

ARDOISE (qu'on dérive du celtique *ard*, pierre,

ou d'une ville d'*Ardy* en Irlande, d'où les premières ardoises auraient été tirées), espèce de pierre schisteuse dont on se sert pour couvrir les maisons, est une variété de la roche nommée par les géologues *Phyllade* ou schiste argileux, et se présente sous forme de masses faciles à diviser en feuillets minces, solides et droits. L'ardoise n'absorbe pas l'eau, ce qui la fait rechercher pour la couverture des édifices. Les ardoises offrent souvent dans le sens de leurs feuillets un luisant satiné ; leur couleur est très-variable, mais la teinte la plus ordinaire est le gris bleuâtre. Les ardoises se trouvent en couches très-inclinées, quelquefois verticales, et dont les feuillets ne sont pas toujours parallèles au plan des couches. Ces couches appartiennent aux terrains *de transition*, et présentent fréquemment des empreintes de corps organisés. On les exploite, suivant leur position, tantôt à ciel ouvert, tantôt par galeries souterraines ; on les extrait par blocs. Les meilleures ardoises sont dures, pesantes, sonores, et ne s'imbibent pas ; chauffées au four, elles acquièrent plus de ténacité. Les principales ardoisières sont, en France, celles des Ardennes, surtout celles de Charleville et celles de Fumay, les plus estimées de toutes ; celles de Maine-et-Loire, abondantes surtout dans les communes de Trelazé et des Agraux, près d'Angers (dite la *Ville-Noire*, à cause du grand nombre d'ardoises qu'on y emploie) ; celles de l'Isère, de la Dordogne, de la Corrèze, de la Manche, du Finistère ; à l'étranger, celles du Westmoreland en Angleterre, dont les produits sont les plus durables, et celles de Chiavari dans la province de Gênes, qui fournissent des ardoises de très-grande dimension. On distingue plusieurs qualités d'ardoises ; on les nomme, dans l'ordre de leur valeur, *carrée fine, gros noir, poil noir, poil taché, poil roux, carte, héridelle*. La *carrée* est faite du cœur de la pierre ; elle porte environ 21 centim. sur 30, et doit être sans rousseur. Le *gros noir* n'en différe qu'en ce qu'il n'a pas été tiré d'un morceau de pierre qui pût soutenir les dimensions requises pour l'ardoise carrée. Le *poil noir*, est plus mince et plus léger. Le *poil taché* a des endroits roux. Le *poil roux* est une ardoise toute rousse ; ce sont les premières foncées qui la donnent, et ce n'est proprement que de la cosse. La *carte* a la même figure que la carrée, mais plus petite et plus mince. L'*héridelle* est une ardoise étroite et longue, dont les côtés seulement ont été taillés, mais dont on a laissé les deux autres extrémités brutes.

L'usage des ardoises pour la couverture des édifices n'était point connu des anciens, qui n'employaient que la tuile ; on ignore même l'époque précise à laquelle ces matériaux ont commencé à être usités chez les modernes. On sait seulement, par une charte du XIe siècle, déposée dans les archives de Fumay, qu'il y avait déjà alors dans cette ville une confrérie d'ardoisiers.

Outre leur application à la couverture des maisons, les ardoises servent à faire des tablettes sur lesquelles on écrit avec un crayon fait de schiste gris tendre, et ne rayant pas l'ardoise. On se sert aujourd'hui de ces ardoises dans toutes les écoles en place de papier, pour apprendre l'écriture, le calcul et le dessin.

On a, dans ces dernières années, fabriqué des *ardoises artificielles* : leur composition est la même que celle du *carton-pierre*. *Voy.* ce mot.

ARE (d'*area*, aire, surface), unité de mesure agraire de notre nouveau système métrique. C'est un décamètre carré ou un carré dont chaque côté a 10 *mètres de long*, ayant, par conséquent, 100 *mètres carrés* de superficie. L'are est le centième de l'*hectare*, et se subdivise en *centiares* ou mètres carrés. Il contient env. 26 toises carrées ou 3 perches.

AREC ou AREQUIER, genre de Palmiers, originaire de l'Amérique et des Indes, et qui a servi de type

à la tribu des Arécinées : fleurs unisexuées, réunies sur le même spadice ou régime ; trois, six ou douze étamines naissant à la base de la corolle ; drupe charnu contenant une seule graine à périsperme corné. L'*A. de l'Inde*, nommé à tort *Cathecu* (*Voy.* CACHOU), ressemble au cocotier. Le fruit, nommé aussi *Arec*, est une noix ovoïde qui, dans l'Inde, atteint la grosseur d'un œuf de poule. La pulpe de son fruit, tendre et astringente, entre dans la composition de l'espèce de pâte masticatoire appelée *bétel*, dont les Orientaux font un fréquent usage.

ARÉCINÉES, tribu de la famille des Palmiers, renfermant les genres *Areca* ou *Arec* (genre type), *Pinanga, Caryota, Iriartea, Chamædorea, Morenia, Euterpe, OEnocarpus*.

ARÉNACÉ (du latin *arena*, sable), se dit de roches friables, composées de petits grains se désagrégeant facilement, et ayant l'aspect du sable.

ARÉNAIRE, *Arenaria* (d'*arena*, sable, parce que cette plante croit dans les endroits sableux), vulgairement *Sabline*. *Voy.* ce mot.

ARÈNE (du latin *arena*, sable). On nomme ainsi, en Géologie, tout amas de particules de pierres, formé des débris de matières lapidifiques calcinables. L'arène, le gravier et le sable sont la même substance ; ils ne diffèrent que par la grosseur des grains. L'arène tient le milieu entre le sable et le gravier. On distingue *A. marine, A. fluviatile, A. fossile*, selon qu'elle se trouve sur les bords de la mer, dans le lit des rivières ou dans les entrailles de la terre. On donne à l'Arkose le nom d'*A. friable*.

Les anciens nommaient *arène* un lieu circulaire et sablé au centre de l'amphithéâtre, où s'exécutaient les combats de gladiateurs et de bêtes féroces ; le sable servait soit à amortir les chutes, soit à absorber le sang. Celui qui s'y montrait en spectacle se nommait *Arenarius*. Le nom d'*arènes* s'étendit ensuite à l'amphithéâtre tout entier.— On remarque encore en France les *Arènes* de Nîmes, d'Arles, de Fréjus, de Poitiers, etc. *Voy.* AMPHITHÉÂTRE.

ARENG, nom indigène d'un genre de Palmiers appelé aussi *Saguerus*, renfermant une seule espèce, commune aux Moluques, et qui s'élève jusqu'à 20 m. ; sa moelle donne un excellent sagou, et ses fruits confits sont agréables. Sa sève produit du sucre, et ses feuilles renferment des fibres propres à faire des cordes.

ARÉNICOLES (d'*arena*, sable, et *colere*, habiter), genre d'Annélides errantes, renfermant des vers qui habitent dans le sable sur le bord des mers d'Europe. L'*A. des pêcheurs* est longue de 15 à 25 centim., de couleur cendrée, rougeâtre ou brune. Son corps est allongé, mou, fusiforme, plus gros au milieu qu'aux deux extrémités, muni d'une tête peu distincte ; ses pieds sont très-nombreux. Les pêcheurs se servent des arénicoles pour la pêche du poisson de mer. Ils les trouvent dans les trous creusés dans le sable. — Genre de Coléoptères établi par Latreille dans la tribu des Scarabéides, famille des Lamellicornes. Ses caractères sont : antennes de 9 à 11 articles, mandibules cornées et arquées, élytres recouvrant complétement l'abdomen, et pattes postérieures très-reculées en arrière. Les Arénicoles, comme les Coprophages, vivent dans les sables, déposent leurs œufs en terre, et volent le soir par un temps serein.

ARÉOLE (diminutif d'*area*, aire, surface), cercle irisé qui entoure la lune. On donne aussi ce nom au cercle coloré qui entoure les mamelons des hommes ainsi que les yeux, ou qui règne autour de certains boutons, comme dans la variole. — En Anatomie, ce nom désigne les petits interstices que laissent entre elles les anastomoses : ils sont remplis d'une substance plus ou moins fluide et diversement colorée.

ARÉOMÈTRE (du grec *araios*, léger, peu dense, et *métron*, mesure), instrument servant à mesurer la densité relative des liquides dans lesquels il est plongé; selon ses différents usages, il porte aussi les noms de *pèse-liqueur*, *pèse-acide*, *pèse-sel*, *pèse-sirop*, *pèse-lait*; etc. Sa construction repose sur ce principe, découvert par Archimède, qu'un corps plongé dans un liquide perd de son poids un poids égal à celui du volume du liquide déplacé.

On distingue deux sortes d'aréomètres : les aréomètres à volume constant et à poids variable, et les aréomètres à volume variable et à poids constant. Les aréomètres de Nicholson et de Fahrenheit appartiennent à la première catégorie ; les autres aréomètres se rangent dans la seconde.

I. L'aréomètre de Fahrenheit se compose d'un tube creux en verre, portant à son extrémité inférieure une partie renflée dans laquelle se trouve un corps pesant (du mercure ou de la grenaille de plomb), afin de maintenir dans une position verticale le tube immergé; à l'autre extrémité se trouve une petite cuvette, supportée par une tige, sur laquelle est marqué un trait, dit *point d'affleurement*. Pour se servir de cet aréomètre, on le plonge dans un liquide, et l'on ajoute des poids dans la cuvette, de manière à enfoncer l'instrument jusqu'au point d'affleurement. Cet aréomètre est à volume constant, puisque, à chaque expérience, on l'enfonce d'une égale quantité; mais il est à poids variable, le nombre des poids à ajouter pour l'affleurer variant avec chaque liquide. Exemple : l'aréomètre pesant 70 grammes, il faut, pour le faire enfoncer dans l'eau distillée, ajouter 30 grammes; le volume d'eau déplacée pèse donc 100 grammes. Portant ensuite l'instrument dans l'acide sulfurique, on trouve que, pour l'affleurer, il faut ajouter 115 grammes; le poids total est donc 70 + 115 = 185; le volume d'acide sulfurique déplacé pèse donc 185. Mais ce volume est le même que celui de l'eau dans l'expérience précédente; un volume d'acide sulfurique pèse donc 185, quand un pareil volume d'eau pèse 100. La densité de l'acide sulfurique est donc à celle de l'eau comme 1,85 est à 1. — L'aréomètre de Nicholson est le même instrument; seulement il est fait en métal, et il porte vers le bas un petit seau mobile qui sert à peser les corps sous l'eau. On l'emploie pour prendre la densité des corps solides. Il a été perfectionné par Guyton Morveau, qui lui a donné le nom de *gravimètre*.

II. Les aréomètres à volume variable et à poids constant, dits *A. de Richter*, sont d'un usage plus habituel que les aréomètres précédents : ils se composent d'une tige creuse en verre, portant une boule ou un cylindre également creux, et plus loin, un petit appendice contenant le lest; une bande de papier est soigneusement fixée dans l'intérieur de la tige, pour porter les divisions qui marquent les différents points d'affleurement. Le poids de cet aréomètre étant constant, il en résulte que les densités des liquides dans lesquels il s'enfonce sont entre elles en raison inverse des volumes immergés. C'est d'après ce principe qu'on gradue l'instrument. Les graduations qui sont les plus en usage sont celles de Baumé et de Cartier. Baumé, pour graduer son aréomètre, marquait zéro au point de l'affleurement de l'instrument dans une solution faite avec 90 parties d'eau distillée et 10 parties de sel marin, l'observation étant prise à la température de 12o,5. Il marquait 10 degrés au point où l'instrument affleurait dans l'eau distillée ; puis il continuait à diviser, en prenant pour base la grandeur des premières divisions. — L'aréomètre de Cartier, généralement employé dans le commerce, ne s'emploie que pour des liqueurs légères; c'est une modification de l'aréomètre de Baumé; le zéro est le même pour les deux instruments, mais l'aréomètre de Cartier s'enfonce à 30o quand celui de Baumé affleure à 32o. Enfin M. Gay-Lussac a construit un aréomètre destiné spécialement à l'essai des esprits : on le nomme *alcoomètre*. *Voy.* ALCOOMÈTRE.

On construit encore des aréomètres qui font connaître immédiatement la densité du liquide dans lequel on les plonge; on fait aisément un aréomètre étalon de ce genre, en graduant l'instrument dans des liqueurs dont la densité est connue.

ARÉOPAGE, tribunal d'Athènes, renommé par sa sagesse. *Voy.* le *Dict. univ. d'Hist. et de Géogr.*

AREPENNIS, mesure de superficie des anciens Gaulois, égale à un demi-jugerum des Romains. C'est de là qu'est venu notre mot *arpent*.

ARÉQUIER. *Voy.* AREC.

ARÊTE (du latin *arista*, barbe d'épi), nom donné vulgairement à différentes pièces osseuses des poissons : leur colonne vertébrale, armée de longues apophyses épineuses, est la *grande arête*, qui forme la charpente du corps ; leurs côtes nombreuses, soudées avec les apophyses transverses, sont les *arêtes* proprement dites ; on donne aussi ce nom aux *rayons*, petites pièces osseuses, longues et grêles, qui soutiennent les nageoires, ainsi qu'aux stylets allongés qui, chez certains poissons, partent des vertèbres des côtes et soutiennent les chairs.

En Botanique, l'*arête* ou *barbe* est le filet allongé, roide, coriace et quelquefois articulé, qui naît brusquement du dos ou du sommet des valves de la *glume* dans les Graminées. On ne doit pas la confondre avec la *soie*, qui n'est que le prolongement d'une des nervures de la fleur. Le blé, le seigle, l'orge, l'avoine, le riz, ont une arête.

En Minéralogie, *arête* se dit de la ligne de jonction de deux surfaces ou de deux plans, qui sont inclinés l'un sur l'autre dans un cristal. L'égalité des arêtes dépend, non-seulement de leur longueur, mais encore de l'angle que font entre eux les plans dont elles sont l'intersection.

En Architecture, l'*arête* est l'angle saillant que forment deux faces droites ou courbes d'une pierre, d'une pièce de bois, etc. Une pièce de bois est taillée *à arête vive*, lorsqu'on l'a bien équarrie, qu'on n'y a laissé ni écorce ni aubier, et que tous les angles en sont bien marqués.

ARÉTHUSE (du nom d'une fontaine de Sicile connue dans la Mythologie), genre de la famille des Orchidées, qui a servi de type à la tribu des Aréthusées. On cultive dans les jardins l'*A. bulbeuse*, petite plante sans feuilles dont la hampe se termine par une fleur purpurine assez grande.

ARÉTHUSÉES, tribu établie par Lindley dans la famille des Orchidées, caractérisée par son anthère terminale en opercule, et par son pollen, dont les grains pulvérulents sont réunis en lobules par une matière élastique, renferme les genres : *Aréthuse* (genre-type), *Chloræa*, *Limodorum*, *Acianthus*, *Corysanthes*, *Pogonia*, *Vanilla*, *Cyrtosia*.

ARÉTIER (d'*arête*), pièce de charpente, droite ou courbe dans sa longueur, qui se place à la partie saillante et rampante d'un comble formée par la rencontre de la face et de la croupe.

ARGALI (du mongol *arga*, crête de montagne), mouton sauvage qui habite les montagnes méridionales de la Sibérie. Il est de la taille du daim; les cornes du mâle sont grosses, longues, triangulaires et implantées sur le sommet de la tête, de manière à se toucher presque à leur racine, et à se diriger ensuite obliquement en haut et en dehors. Une fourrure extérieure rude recouvre une faible quantité de laine douce et blanche. L'*A. de Sibérie* paraît être la souche de tous les moutons de l'Asie.

ARGANE, plante exotique. *Voy.* SIDÉROXYLE.

ARGÉMONE (du grec *argéma*, maladie de l'œil contre laquelle cette plante était employée), genre de la famille des Papavéracées, sous-tribu des Papavérinées : calice à deux ou trois sépales mucronés, velus; corolle de quatre à six pétales, quatre ou sept stigmates non soudés, capsule uniloculaire à cinq valves, renfermant de nombreuses graines. Ces plantes sont herbacées, annuelles, à tige paniculée et feuillée, renfermant un suc propre jaunâtre. Les feuilles sont glauques, glabres, et les fleurs grandes, jaunes ou blanches. Cette plante appartient à l'Amérique et à l'Asie équatoriale. L'*A. commune*, l'*A. à fleurs blanches* et l'*A. à grandes fleurs*, sont cultivées dans nos jardins comme plantes d'agrément. La première est encore connue sous les noms de *Pavot épineux* et de *Chardon bénit* des Américains.

ARGÉMONÉES, tribu de la famille des Papavéracées, renferme les genres *Argémone* (g. type), *Papaver*, *Chelidonium*, *Glaucium*, *Bocconia*, *Roemeria*.

ARGENT (du grec *argos*, blanc), métal blanc, d'une pesanteur spécifique de 10,40, un peu plus élastique et plus sonore que l'or; fusible à 1000°. C'est, après l'or, le plus inaltérable et le plus ductile des métaux: on peut le réduire en feuilles si minces que 8,000 de ces feuilles n'ont pas l'épaisseur de 2 millim. 1/2, et qu'un gramme peut être tiré en un fil de 2540 à 2550 mètres de longueur. L'argent, dans l'état de pureté absolue, est plus dur que l'or, mais moins que le cuivre; aussi, pour que les monnaies, les bijoux, les ustensiles, les vases qu'on fabrique avec ce métal, puissent conserver leur forme, et résister plus longtemps à l'usure, on est obligé d'y allier une certaine quantité de cuivre. Ainsi la monnaie d'argent de France renferme 9/10 d'argent et 1/10 de cuivre; la vaisselle d'argent contient 5 p. 0/0 de cuivre; les bijoux d'argent renferment 1/4 de cuivre. La quantité d'argent qui se trouve dans chacun de ces alliages constitue ce qu'on appelle le *titre* de l'argent. Le kilogramme d'argent pur, payé en argent monnayé, vaut 222 fr 22 cent.; le kilogr. d'argent au titre de 900/1000° vaut 200 fr.

L'argent existe dans la nature sous un assez grand nombre de formes: à l'état de pureté plus ou moins grande, dans l'*A. natif*; combiné avec le soufre, dans l'*A. sulfuré*; avec le soufre et l'antimoine, dans l'*A. rouge*; avec le chlore, dans l'*A. corné* ou *chloruré*; avec le brome, dans l'*A. bromuré*; avec l'or, dans l'*or natif* et l'*auro-poudre*; avec l'arsenic et l'antimoine, dans l'*A. arsenical* et l'*A. antimonial*; avec le mercure, dans l'*arquérite*. Parmi ces minerais, le sulfure est le plus abondant; viennent ensuite l'argent natif, le chlorure et l'alliage d'antimoine. Les mines d'argent les plus célèbres et les plus riches sont situées au Mexique (celle de Guanaxato est la plus riche de l'univers), au Pérou, au Chili, aux États-Unis, en Colombie. En Europe, il y a aussi des mines d'argent fort importantes: en Hongrie, en Transylvanie, en Norwége, en Saxe, dans le pays de Mansfeld, en Westphalie, etc. Cependant le nouveau monde fournit à lui seul près des 9/10 de tout l'argent qui entre dans le commerce. On extrait principalement l'argent de son sulfure; mais on exploite aussi comme mines d'argent certains minerais qui renferment accidentellement ce composé: telles sont les galènes argentifères; nous en possédons de semblables en France, à Sainte-Marie-aux-Mines à Giromagny dans les Vosges, à Huelgoat en Bretagne, à Allemont dans l'Isère. Les procédés d'extraction varient en raison de la nature des mines, de leur richesse et des lieux où elles se trouvent; toutefois, en dernier résultat, ces procédés consistent presque tous à ramener l'argent à l'état métallique, lorsqu'il n'y est pas, et à en former, avec un métal convenable, un alliage fusible qui puisse, en raison de sa densité, se séparer des gangues qui accompagnent l'argent. *Voy.* AFFINAGE, AMALGAMATION, COUPELLATION.

L'argent est inaltérable à l'air et dans l'eau; ce qui lui a valu, de la part des anciens, l'épithète de *noble*. Lorsqu'il perd son éclat, il faut attribuer cet effet à la présence accidentelle de l'hydrogène sulfuré: ce gaz produit alors un *sulfure d'argent*, lequel est

de couleur noire; cet effet est surtout marqué dans l'argenterie qui est exposée aux émanations des fosses d'aisances; les cuillères d'argent se colorent aussi au contact des œufs ou d'autres aliments contenant du soufre. Pour rendre aux ustensiles leur beauté première, il suffit de les frotter avec un peu d'huile ou de craie, ou avec une toile fine imbibée d'ammoniaque; lorsque la teinte noire persiste, le mieux est de les plonger un instant dans l'acide chlorhydrique bouillant, ou dans une dissolution de caméléon minéral. — Parmi les acides, il n'y a guère que l'acide sulfurique, l'acide nitrique et l'eau régale qui attaquent l'argent: le premier n'a d'action, toutefois, qu'autant qu'il est concentré et bouillant; il produit un sulfate peu soluble; le second dissout l'argent à la température ordinaire, le convertissant en nitrate; enfin l'eau régale agit aussi à froid, mais le métal se convertit, dans ce cas, en chlorure insoluble.

Parmi les combinaisons chimiques de l'argent, il faut citer comme importantes, à part les minerais déjà nommés, le *nitrate*, le *chlorure* et le *fulminate* (*Voy.* ces mots). Les *sels d'argent* sont, en général, incolores, lorsque l'acide qu'ils renferment n'est pas lui-même coloré; leur saveur est astringente et métallique. On les reconnaît à ce que l'acide chlorhydrique y produit un précipité blanc et caillebotté, insoluble dans l'eau et les acides, mais soluble dans l'ammoniaque. Le fer, le cuivre, l'étain et le plomb précipitent l'argent de ses dissolutions.

L'argent est connu dès la plus haute antiquité. Les alchimistes le désignaient par le symbole de la lune ou de Diane, à cause de la ressemblance de sa couleur avec l'éclat de la lune; ils connaissaient également le chlorure et le nitrate d'argent.

ARGENT AIGRE. *Voy.* ARGENT SULFURÉ FRAGILE.

ARGENT AMALGAMÉ, minéral d'un beau blanc d'argent cristallisé, avec éclat métallique, et composé de mercure (64) et d'argent (36). Les cristaux les plus habituels sont en dodécaèdres réguliers; les plus beaux viennent de Moschel-Landsberg, en Bavière.

ARGENT ANTIMONIAL, dit aussi *Discrase*, minéral d'un blanc d'argent avec éclat métallique, en masses cristallines ou amorphes, composé d'argent (76) et d'antimoine (24); accompagne les mines d'argent arsénifère de Wolfach dans le pays de Bade, d'Andréasberg, au Hartz, et de Guadalcanal, en Espagne.

ARGENT ARSENICAL, mine d'argent contenant de l'arsenic, du fer et du soufre, dans des proportions variables.

ARGENT BLANC, mine d'argent contenant du plomb, de l'antimoine et du soufre.

ARGENT BROMURÉ, minéral vert et cristallisé, composé de brome et d'argent, très-abondant dans les mines du Chili, notamment dans le district de Plataros; on le désigne dans le pays sous le nom de *plata verde* (argent vert).

ARGENT CHLORURÉ, CORNÉ ou MURIATÉ, *Kérargyre*, combinaison de chlore (25) et d'argent (75) qui forme un des minerais les plus riches du Chili; le plus ordinairement il y est en petits cristaux cubiques disséminés dans des couches ferrugineuses, désignées dans le pays sous le nom de *pacos* et de *colorados*. Il est peu commun dans les mines d'Europe. Il est blanc ou brunâtre, demi-transparent, et se coupe au couteau comme de la cire ou de la corne.

ARGENT FULMINANT, *Azoture* ou *Ammoniure d'argent*, poudre noire et brillante, composée d'argent et d'azote, ayant la propriété de se décomposer par le plus léger choc. On l'obtient en versant de l'ammoniaque dans un sel d'argent, puis de la potasse. C'est une des poudres les plus détonantes qu'on connaisse. Ce composé dangereux a été découvert par Berthollet; il ne faut pas le confondre avec le fulminate d'argent.

ARGENT NATIF, minéral d'un blanc d'argent plus

ou moins terne, composé en plus grande partie d'argent, avec une certaine proportion de cuivre, et quelquefois avec de l'arsenic et de l'antimoine. Dans quelques localités, il est aurifère. Il accompagne les autres minerais d'argent, particulièrement le sulfure et le chlorure; il s'y présente en cristaux, en filaments, quelquefois en plaques plus ou moins étendues, enfin en morceaux massifs. Il n'est pas rare de trouver de ces masses amorphes pesant un kil.; on en cite deux de la mine de Kongsberg qui pesaient plusieurs quintaux chacune. Le plus ordinairement l'argent natif est disséminé dans des roches ferrugineuses, appelées *terres rouges*, véritables minerais d'argent, contenant de 1 à 4 millièmes d'argent : tels sont le minerai de Huelgoat, en Bretagne, et ceux du Chili et du Mexique.

ARGENT NOIR, synonyme d'argent sulfuré fragile.

ARGENT ROUGE, *Argyrythrose*, *Argent antimonié sulfuré*, minerai d'argent remarquable par la belle couleur rouge qu'il offre quand on le brise ou qu'on le réduit en poussière; il est cristallisé et renferme 59 pour 100 d'argent; le reste se compose de soufre et d'antimoine. Il ne se trouve qu'en petite quantité dans les mines d'Europe, et y est subordonné aux gîtes d'argent sulfuré; mais au Mexique et au Pérou, il forme la partie la plus importante de certains dépôts et la source de produits considérables.

ARGENT SULFURÉ, *Argyrose*, *Argent vitreux*, minéral d'un gris d'acier ou de plomb, quelquefois en cubes ou en octaèdres réguliers, en dendrites, en filaments contournés, ou en petites masses mamelonnées, renferme 87 pour 100 d'argent combiné avec du soufre; il se trouve en filons ou amas plus ou moins riches dans les terrains de cristallisation, ou dans les terrains de sédiment qui les avoisinent. Les dépôts les plus célèbres en Europe sont ceux de Hongrie et de Transylvanie; viennent ensuite les mines de Kongsberg en Norwége, de Sala en Suède, des environs de Freyberg en Saxe, etc. Mais c'est surtout dans l'Amérique équatoriale, au Mexique et au Pérou, qu'il se trouve le plus abondamment.

ARGENTERIE. *Voy.* ARGENT et VAISSELLE.

ARGENTIER, nom donné autrefois aux fabricants d'objets d'argent, ainsi qu'à tous ceux qui faisaient le commerce de l'argent, banquiers, changeurs, etc., a été ensuite appliqué spécialement à un officier qui, à la cour et dans les grandes maisons, était préposé pour administrer les finances. En France, ce fut d'abord le titre de l'officier qui réglait les dépenses de la maison du roi. Sous la 1re branche des Valois, ce fut un grand officier chargé de percevoir et d'administrer les finances du royaume; sous Charles VII, Jacques Cœur portait le titre d'*Argentier du roi*. En 1515, sous François Ier, l'argentier prit le titre de surintendant des finances; le premier fut Jacques de La Baume de Samblançay.

ARGENTINE, genre de poissons de la famille des Saumons, au corps allongé, peu comprimé, semblables à la truite, et caractérisés par les six rayons de leurs ouïes. L'œil de l'argentine est grand, sa langue est armée de dents. Ce poisson possède une vessie natatoire épaisse et très-chargée d'une substance argentée qui sert à fabriquer les fausses perles, et se prépare comme celle de l'ablette. L'argentine est pour cela l'objet d'un commerce important dans la Méditerranée, surtout dans l'Adriatique. — C'est aussi le nom vulgaire de la *Potentille*.

ARGENTURE, art d'appliquer de l'argent sur la superficie des objets. En fait de métaux, on n'argente guère que le cuivre, le laiton et le maillechort; l'argenture sur bois se fait comme la dorure. Les procédés d'argenture sur métal se réduisent à trois : l'*A. en feuilles*, l'*A. au pouce*, et l'*A. galvanique*. L'argenture en feuilles est le procédé le plus ancien; elle consiste à appliquer sur le cuivre, préalablement bien décapé et préparé, des feuilles d'argent très-minces qu'on fait adhérer à l'aide de la chaleur et d'une pression longtemps exercée au moyen d'un brunissoir d'acier; on décape les pièces en les chauffant au rouge, et les plongeant ensuite dans de l'acide nitrique très-étendu (eau seconde). Ce mode d'argenter est fort dispendieux et ne peut guère être pratiqué sur les petites pièces de métal destinées aux ornements, surtout lorsqu'elles sont relevées en bosse; l'usure en est d'ailleurs assez prompte; enfin, quand une pièce a été argentée par ce procédé, on est forcé, si elle est usée en quelques endroits, de la réargenter en entier (*Voy.* PLAQUÉ). — L'argenture au pouce, imaginée par Mellawitz, consiste à appliquer l'argent par frottement. La base des préparations employée pour cette argenture est presque toujours le chlorure d'argent. Si l'on frotte une lame de cuivre avec ce chlorure récemment précipité et humecté d'un peu d'eau salée, l'argent revient à l'état métallique et pénètre assez profondément dans le cuivre. — L'argenture galvanique ou électro-chimique se pratique aujourd'hui sur une échelle très-étendue, et est destinée à remplacer toutes les autres méthodes; elle a été introduite en 1840 par MM. Elkington et Ruolz, qui ont pris pour l'exploiter un brevet de 15 ans. D'après ce procédé, on dissout l'argent dans des agents convenables; on place dans ce bain les pièces à argenter, et, par l'effet de l'électricité développée au moyen d'une pile, on précipite l'argent pur, qui vient se fixer sur ces pièces. Les bains se composent généralement d'un sel d'argent (carbonate, chlorure, phosphate, borate) dissous dans une solution aqueuse de cyanure de potassium ou d'hyposulfite de soude.

ARGILE (en grec *argillos*, formé de *argos*, blanc), terre grasse, molle et ductile, avec laquelle on fait des vases. Les argiles sont des combinaisons, en proportions variables, de silice, d'alumine et d'eau, quelquefois pures, souvent mélangées de matières étrangères, telles que carbonate de chaux ou de magnésie, silicate de chaux, oxyde de fer, etc. On les reconnaît au toucher gras et onctueux, au poli que le frottement de l'ongle leur communique, et à la propriété de former avec l'eau une pâte qui durcit par la cuisson. Ce dernier caractère rend les argiles précieuses pour la confection des poteries de toutes sortes, depuis les plus communes, comme les briques et les carreaux, jusqu'aux plus estimées, comme la porcelaine. Très-répandues à la surface de la terre, où elles se trouvent par couches épaisses, les argiles appartiennent en quelque sorte à tous les terrains; elles forment fréquemment des collines qui sont remarquables en ce qu'elles ne présentent pas le moindre escarpement, et sont d'une stérilité complète. Les géologues pensent que l'argile est produite par la décomposition de diverses substances, telles que le porphyre, le granit, le basalte.

Outre l'*A. commune*, dite *terre glaise*, ou *A. figuline*, qu'emploient les potiers et les sculpteurs, on distingue plusieurs autres espèces : l'*A. à foulon*, dite aussi *Terre à foulon*, *A. smectique* (du grec *sméchô*, nettoyer), argile très-tendre, qui sert principalement à enlever aux draps l'huile employée dans leur fabrication; dans beaucoup de pays on en fait usage en guise de savon, pour nettoyer le linge; les argiles à foulon contiennent en moyenne 45 pour 100 de silice, 20 d'alumine, avec un peu d'oxyde de fer; le reste est de l'eau; — l'*A. à porcelaine*, le *kaolin* des Chinois, argile résultant de la décomposition du feldspath; elle se rencontre fréquemment dans les pays à montagnes granitiques. Les belles variétés s'emploient à faire de la porcelaine. Les environs de Saint-Yrieix, près de Limoges, renferment un gîte de kaolin qui est l'objet d'une exploitation très-active, et qui alimente un grand nombre de manufactures; il contient 31,09 silice, en combinaison avec 34,6 alumine et 12,17 eau; le

7

surplus est formé de silice libre. — L'*A. calcaire* est connue sous le nom de *Marne* (*Voy.* MARNE). — L'*A. plastique* (du grec *plastikos*, dérivé de *plassô*, façonner), est une argile très-tenace et refractaire, avec laquelle on fait la faïence fine. On a donné ce nom, en Géologie, à l'argile située à la base des terrains tertiaires, et qui recouvre immédiatement la craie : telle est l'argile d'Auteuil, près Paris, d'Abondant, près Dreux, de Stourbridge, en Angleterre, la terre de pipe de Vollendar, près de Coblentz, et l'argile de Gross-Almerode, dont on fait les creusets de Hesse. — L'*A. plombagine*, argile mélangée de bitume ou de charbon, s'emploie avec avantage à la fabrication des creusets pour acier fondu.

ARGILOLITHE (d'*argillos*, argile, et *lithos*, pierre), roche de grès rouge renfermant des parties argileuses plus compactes, que l'on a confondues avec des pétrosilex ou des trachytes décomposées.

ARGO, grande constellation de l'hémisphère austral, renferme l'étoile de 1re grandeur Canopus.

ARGONAUTE (ainsi nommé du grec *Argonautès*, par allusion à l'instinct navigateur de cet animal), le *Nautilus* des anciens, genre de Mollusques céphalopodes, habitant une coquille mince, blanche, demi-transparente, qui a un peu la forme d'une nacelle. Il a autour de la bouche huit pieds portant chacun deux rangs de ventouses, et sa bouche est armée d'un bec noirâtre, corné, en forme de bec de perroquet. L'animal ne tient à sa coquille par aucun ligament et peut même la quitter dans un danger présent, lorsqu'elle l'embarrasse dans sa fuite. Les anciens ont cru que l'Argonaute pouvait s'élever du fond de la mer, retourner sa coquille à la surface de l'eau, voguer ainsi par un vent doux en se servant de six de ses bras comme de rames, et des deux autres, élargis aux extrémités, comme de voiles; qu'enfin, au moindre danger, il pouvait retirer promptement ses agrès et se précipiter au fond de la mer. Mais on sait maintenant que l'Argonaute nage à reculons comme les autres céphalopodes, par le refoulement de l'eau au moyen de son tube locomoteur. On le trouve dans la Méditerrannée, les mers de l'Inde et le Grand Océan.

ARGOT, langage particulier aux malfaiteurs. Chaque pays a le sien. Comme la connaissance de ce langage peut être utile à la justice, on en a donné des vocabulaires : Pechon de Ruby publia, dès 1622, *la Vie généreuse des Maltois, gueux, bohémiens et cagoux*, contenant leurs façons de vivre, *subtilités et gergon*. Grandval a donné un *Dictionnaire argot-français* à la suite de son poème de *Cartouche*. Le fameux Vidocq a rédigé un vocabulaire de l'argot de nos jours, qui n'a pas encore paru. Voici quelques exemples de termes d'argot : *buter*, *chouriner*, tuer; *grinche*, voleur; *goëpeur*, vagabond; *ouvrage*, vol; *travailler*, voler; *manger le morceau*, révéler; *marquant*, ivrogne; *cogne-grive*, gendarme; *la rousse*, la police; *filoche*, bourse; *pré*, bagne; *escarpe*, assassin; *enflaquer*, arrêter; *mousseline*, pièces d'argent; *sorbonne*, tête, etc. Cette langue se compose de mots pris dans un sens différent de leur acception vulgaire (*canton*, prison; *lance*, eau); partie de mots suggérés par quelque analogie (*curieux*, juge d'instruction; *tocante*, montre; *tournante*, clef; *cassantes*, noix; *cornant*, bœuf); partie de mots estropiés (bout*anche*, boutique; sant*u*, santé; tout*ine*, tout); partie de mots entièrement fabriqués (*satou*, bois; *tirou*, chemin).

ARGOUSIER, *Hippophaë*, genre de la famille des Elæagnées, renfermant des arbrisseaux qui peuvent atteindre 4 ou 5 m. de haut, mais qui forment le plus souvent des buissons hauts de 1 m. ou de 1 m. 1/2. L'Argousier est épineux, garni de feuilles alternes, persistantes, parsemées en dessous d'écailles blanches ou roussâtres, ainsi que les rameaux; les fleurs sont petites, vertes, dioïques, et les fleurs mâles à 4 éta-

mines; le fruit est d'un jaune éclatant, de la grosseur d'un pois, et globuleux. Il est acide, très-astringent, et mûrit en septembre. Les racines longues et traçantes servent à fixer les sables mouvants des dunes, à contenir les eaux des torrents, les rives des fleuves et des rivières ; la berge des fossés, etc. De ses racines on fait découler par incision un suc gommeux employé dans la médecine vétérinaire. Le bois est blanc et très-dur. L'Argousier abonde en Provence, en Dauphiné, dans les Alpes et sur les bords du Rhin.

ARGOUSIN (corruption de l'esp. *alguazil*), bas-officier chargé dans les bagnes de la garde des forçats.

ARGUE, sorte de filière à l'usage des tireurs d'or, qui sert à dégrossir les lingots d'or et d'argent. Il y a dans plusieurs villes de France, notamment à Paris, à Lyon, à Trévoux, des *Bureaux de l'Argue*, où les orfèvres et les tireurs d'or font dégrossir leurs lingots. Ces bureaux ont été établis dans l'origine pour conserver au fisc les droits de marque. Il est défendu aux orfèvres d'*arguer* chez eux leurs métaux.

ARGUMENT (d'*arguere*, accuser, convaincre). On donne ce nom, en Logique, à toute preuve employée pour établir une proposition, pour attaquer ou réfuter un adversaire ; c'est un raisonnement exprimé. On en distingue de plusieurs sortes : sous le rapport de la forme, les principaux arguments sont le syllogisme, le prosyllogisme, l'enthymème, l'épi-chérème, le dilemme, le sorite, l'exemple, l'induction ; —sous le rapport de la méthode de démonstration, les arguments sont dits *à priori* ou *à posteriori*, selon qu'ils sont déduits d'axiomes, de vérités précédemment démontrées, ou qu'ils s'appuient sur l'expérience ; — sous le rapport du genre de certitude qu'ils comportent, ils sont *apodictiques* ou *dialectiques*, selon qu'ils reposent sur des vérités nécessaires et absolues ou sur des propositions d'une vérité contingente ou relative. — On appelle *A. ad hominem*, celui qui s'adresse directement à l'adversaire, en se servant contre lui de ses propres concessions. — L'argumentation consiste dans l'art de manier les arguments pour établir une vérité ou attaquer une erreur. Les Scolastiques avaient poussé cet art jusqu'à l'abus. On s'exerce encore aujourd'hui à l'argumentation dans les cours de philosophie, surtout dans les séminaires.

En Astronomie, on nomme *argument* la quantité de laquelle dépend une équation, une inégalité ou une circonstance quelconque du mouvement d'une planète. L'*A. de latitude* est la distance d'une planète à son nœud ascendant, parce que cette distance sert à calculer la latitude de la planète ; l'*A. annuel* est la distance du soleil à l'apogée de la lune, ou l'arc de l'écliptique compris entre le soleil et cet apogée ; l'*A. de la parallaxe* est l'effet qu'elle produit sur une observation, et qui sert à déterminer la parallaxe horizontale.

ARGUS (du nom d'un personnage mythologique qui fut changé en paon). Le nom a été donné à des animaux de natures fort différentes. En Ornithologie, l'*Argus* est une espèce du genre Faisan, *Phasianus Argus* : c'est un magnifique oiseau, qu'on trouve à Java et à Sumatra, et dont la chair est très-délicate. Son nom lui vient du grand nombre d'yeux répandus sur son plumage. Toutefois, il diffère du paon par ses rectrices moins nombreuses et par l'absence d'ergots aux tarses.—En Ichthyologie, deux poissons ont reçu le nom d'*Argus* : l'un, de la famille des Leptosomes, est remarquable par ses vives couleurs; l'autre est un *pleuronecte* ou poisson plat, et présente, comme les soles, les limandes, etc., deux yeux placés d'un même côté de la tête. — Parmi les Reptiles, une couleuvre et une espèce de lézard portent le nom d'Argus.—En Entomologie, c'est une espèce de Papillon diurne du genre Polyommate; ses ailes sont d'un beau bleu et tachetées; il voltige sur les bruyères et les prairies. Il est commun en France.

— En Malacologie, on nomme *Argus* une coquille du genre Porcelaine, qui est recouverte de taches semblables à des yeux.

ARGYLIE (du nom d'un duc d'*Argyle*, en Écosse), genre de la famille des Bignoniacées, tribu des Bignoniées, renferme quelques espèces originaires du Chili, à tiges dressées et cylindriques, à feuilles alternes peltées digitées, et à fleurs terminales presque en grappes, jaunes et à gorge ponctuée de rouge.

ARGYNNE, genre d'insectes Lépidoptères. Ce sont des papillons de jour, dont les antennes sont terminées par une espèce de bouton; les organes de la bouche sont apparents. Les chenilles sont épineuses et vivent sur les violettes et plantes semblables. Leurs chrysalides, qui ont la forme d'un sabot, se suspendent par la queue. On en distingue plusieurs espèces : *A. nacré*, *A. collier argenté*, *A. petite violette*, *A. cardinal*. Cette dernière espèce, commune dans le midi de la France, et large de près de 7 centim. et demi, est fauve avec plusieurs rangs de taches rondes et une ligne prolongée sur les deux ailes en zigzags noirs. Les ailes antérieures sont verdâtres en dessous; les inférieures sont d'un vert mat, traversées longitudinalement par quatre bandes argentées.

ARGYRE (du grec *argyros*, argent), insecte Diptère brachocère, de la famille de Brachystomes, tribu des Dolichopodes. Ce genre tire son nom du duvet *argenté* qui recouvre le corps des principales espèces. Les caractères du genre sont : front déprimé, article des antennes comprimé et pointu, yeux velus, et appendices de l'abdomen filiforme. L'espèce principale est l'*A. diaphane* qu'on voit voler en mai et en juin dans toute l'Europe.

ARGYREE (du grec *argyréios*, d'argent). En Zoologie, c'est un genre de Lépidoptères diurnes, de la famille des Papilionides, remarquable par les bandes et les taches de points ocellés, argentés ou dorés qui ornent leurs ailes. — En Botanique, on désigne par ce nom un genre de la famille des Convolvulacées, tribu des Convolvulées, caractérisé par un calice à 5 feuilles un ovaire biloculaire, un embryon courbe, et des cotylédons ridés à radicule infère. Ce sont des arbrisseaux volubiles, à fleurs amples et élégantes, que l'on cultive comme ornement de serre chaude.

ARGYRIDES (d'*argyros*, argent), nom donné par Beudant à une famille de minéraux qui ont pour type l'argent.

ARGYROLÉPIS (du grec *argyros*, argent, et *lépis*, écaille), genre de Lépidoptères de la famille des Nocturnes, tribu des Platyomides, papillon remarquable par les raies et les taches *argentées* qui, dans toutes les espèces, ornent les ailes déjà éclatantes de riches couleurs. Le type de ce genre est l'*A. de Baumann* (*Pyralis Baumannia*, Fabr.), qu'on rencontre quelquefois aux environs de Paris.

ARGYRONETE (d'*argyros*, argent, et *néô*, filer), genre d'araignée de l'ordre des Pulmonaires, famille des Aranéides. — L'*A. aquatique*, condamnée à vivre au sein des eaux, et ne pouvant respirer que l'air atmosphérique, sécrète une matière soyeuse qu'elle étale et dont elle se fait une cloche qu'elle remplit d'air. Cette même cloche lui sert de retraite et de filet pour prendre sa proie. L'argyronète se trouve en France, mais principalement dans le nord de l'Europe, jusqu'en Suède et en Laponie.

ARGYROSE. *Voy.* ARGENT SULFURÉ.

ARGYRYTHROSE (d'*argyros*, argent, et *érythros*, rouge). *Voy.* ARGENT ROUGE.

ARHIZES (de *a* priv., et *rhiza*, racine), nom sous lequel Richard désigne les plantes acotylédones, plantes qui sont dépourvues d'embryon, et par conséquent de radicule.

ARIA CATTIVA (air contagieux). Les Italiens désignent par ce nom les émanations marécageuses qui produisent des fièvres pernicieuses dans la campagne de Rome, et dont l'influence s'exerce principalement aux environs des marais Pontins. L'*aria cattiva* se fait sentir à Rome même, dans la ville basse. C'est ce qu'on nomme aussi *malaria* (mauvais air).

ARIADNE (nom d'un personnage mythologique), genre d'Aranéides détaché des Dysdères, et caractérisé par les yeux intermédiaires de la ligne postérieure, plus gros que les autres. Ce genre a pour type l'*A. insidiatrice* qu'on trouve en Égypte.

ARICIE (nom mythologique), genre d'Annélides errantes, qui vit dans la mer. On en trouve plusieurs espèces sur les côtes d'Europe. — Genre de Diptères athéricères, tribu des Muscides, section des Anthomysides, qui fréquente les lieux humides, et dont les larves se développent dans des détritus de matières végétales. L'*A. lardière* est commune partout.

ARIETTE, diminutif d'*aria*, air. C'est un petit air détaché, léger et gracieux, tenant le milieu entre la romance et la chanson. Très en usage au XVIIe siècle, les ariettes ont passé de mode, et sont remplacées dans les opéras par ce qu'on appelle aujourd'hui *cavatine*.

ARILLE, *arillus*, prolongement du cordon ombilical des graines : c'est une expansion du trophosperme ou podosperme qui se répand sur la graine de certaines plantes et la recouvre plus ou moins. On l'observe sur la graine du muscadier, sur l'oxalide, le fusain, etc. On nomme *arillée* la graine qui présente une arille.

ARION (d'un nom mythologique), genre de Mollusques, détaché de celui des Limaces, est caractérisé par un pore muqueux situé à l'extrémité du corps. Les Arions vivent dans les endroits humides des jardins; leur couleur est d'un rouge foncé. On connaît la faveur populaire dont jouit l'*A. des empiriques* ou *limace rouge*. Les charlatans vendent la poudre qu'ils en retirent par la calcination, pour guérir diverses maladies. *Voy.* LIMACE.

ARISTOCRATIE (du grec *aristos*, meilleur, et *cratéia*, pouvoir), forme de gouvernement où l'autorité serait confiée aux hommes les meilleurs, aux plus vertueux et aux plus éclairés. Il est douteux que ce type idéal ait jamais été réalisé, et l'aristocratie n'a été le plus souvent que le gouvernement des principaux citoyens, de ceux qui s'élevaient au-dessus des autres par leur puissance ou leurs richesses. Tels furent dans l'antiquité les gouvernements d'Athènes sous la législation de Solon; ceux de Rome et de Carthage; et dans les temps modernes, les gouvernements de Venise, de Gênes, de Berne, qu'il serait mieux de nommer des *oligarchies*. — Dans plusieurs monarchies l'aristocratie a une grande place, comme on le voit en Angleterre et en France, où la noblesse a de tout temps joué un rôle important : la Chambre des Lords en Angleterre, la Chambre des Pairs en France, sont des institutions aristocratiques. — Depuis la Révolution, le mot *aristocrate*, aujourd'hui abrégé par le peuple en celui d'*aristo*, a été employé abusivement pour désigner, non-seulement les nobles et les privilégiés, mais tous ceux qu'on suspectait d'être attachés à l'ancien régime ou de posséder quelque richesse; ce n'était le plus souvent qu'une qualification perfide adoptée par les délateurs pour perdre leurs victimes.

ARISTOLOCHE (en grec *aristolochéia*, d'*aristos*, excellent, et *lochéia*, accouchement, parce que cette plante passait chez les anciens pour faciliter les accouchements), genre type de la famille des Aristolochiées. C'est une herbe ligneuse, ayant pour caractères un périanthe marcescent, tubuleux, ventru à la base, et six étamines adnées au style et au stigmate, avec anthères introrses; la fleur, dépourvue de corolle, présente un calice en forme de siphon recourbé ou de tube terminé en languette, qui ne permet de la confondre avec aucune autre. Nous citerons l'*A. clématite* (*Voy.* CLÉMATITE); l'*A. siphon*, originaire de Virginie, dont les tiges dépassent 10 m. de longueur, et qui dans nos jardins recouvrent les berceaux de leurs larges feuilles en cœur; la *Serpen-*

taire de Virginie ou *A. anguicida*, dont le suc, au rapport de Jacquin, engourdit et tue les serpents; l'*A. longue* et l'*A. ronde*, employées comme sudorifique.

ARISTOLOCHIEES, famille de plantes dicotylédones, apétales et hermaphrodites, à ovaire adhérent de 3 à 6 loges, et à étamines épigynes au nombre de 6 à 12, a pour type l'Aristoloche. Leurs tiges sont herbacées, ou frutescentes ou grimpantes, et leurs feuilles simples et alternes. *V.* ARISTOLOCHE.

ARITHMÉTIQUE (en grec *arithmétiké*, dérivé d'*arithmos*, nombre), science des nombres, qui a pour objet la réalisation des calculs. On la nomme *A. numérale*, quand elle opère sur des nombres déterminés, et emploie des chiffres; et *A. littérale* ou *spécieuse*, quand, au lieu de chiffres, elle emploie les lettres de l'alphabet : celle-ci reçoit le nom d'*algèbre*. — Les nombres peuvent être considérés sous le rapport de leur formation ou génération, et sous celui de leur relation ou comparaison. Le premier point de vue conduit aux différentes opérations d'arithmétique : *addition, soustraction, multiplication, division, élévation aux puissances, extraction des racines*. De la comparaison des nombres résultent les *rapports, proportions, progressions, logarithmes*. *Voy.* ces mots. L'origine de l'arithmétique est extrêmement obscure. Selon Platon et Diogène Laërce, l'arithmétique et la géométrie seraient d'origine égyptienne; Josèphe, au contraire, affirme qu'Abraham, pendant son séjour en Égypte, avait le premier enseigné l'arithmétique aux habitants de ce pays. On ne saurait, non plus, préciser l'époque à laquelle s'établirent les signes numériques et les premières méthodes de calcul. Il est constant, toutefois, que presque toutes les nations ont été conduites à poser la même échelle numérique pour base de leur arithmétique; car, à l'exception des Chinois, tous les peuples ont choisi la division décimale ou la méthode de calculer par période de dix, sans doute par suite de l'habitude, contractée dès l'enfance, de compter sur les doigts. *Voy.* NUMÉRATION. Les savants arabes sont d'accord pour reconnaître que c'est aux peuples de l'Inde qu'ils ont emprunté, vers le xᵉ siècle, les caractères que nous nommons *chiffres arabes*, et qu'ils nommaient *chiffres indiens*. Ce fut vers le commencement du xiiiᵉ siècle que l'arithmétique arabe se répandit en Europe. Le moine grec Planude, Jean Halifax, plus connu sous le nom de Sacro-Bosco, et plus tard, après l'invention de l'imprimerie, Lucas de Burgo et Nicolas Tartaglia en Italie, Clavius et Ramus en France, Stifelius et Henischius en Allemagne, Buckley, Diggs et Recorde en Angleterre, peuvent être cités comme les principaux arithméticiens de cette première époque de la science. Mais l'arithmétique ne doit son entier développement qu'aux immenses progrès que fit l'algèbre dans les deux derniers siècles. *Voy.* ALGÈBRE. Les traités d'arithmétique les plus estimés en France sont ceux de Lacroix, de Clairaut, de Bezout, de Mauduit; les plus répandus aujourd'hui sont ceux de Reynaud, Bourdon, Cirodde, Guillemin. Les traités de MM. Grémilliet, Querret, Longuêtre, Juvigny, etc., sont plus spécialement consacrés au commerce et aux arts.

Diverses machines et divers moyens graphiques)nt été imaginés pour abréger ou simplifier les calculs d'arithmétique : tels sont le *Calculateur* de Pascal, la *Machine arithmétique* de Leibnitz, les *Bâtons* de Néper, les *Machines à calculer* de L'Épine et de Boitissendeau, de Royer, du Milanais Torchi, l'*Abaque* ou *Compteur universel* de M. Léon Lalanne, l'*Arithmomètre* de M. Thomas, de Colmar, (*Voy.* ces mots). La plupart de ces moyens mécaniques sont plus curieux qu'utiles.

ARITHMOMÈTRE (du grec *arithmos*, nombre, et *métron*, mesure), instrument sur lequel sont tracées des divisions logarithmiques, qui servent à exécuter les calculs arithmétiques. M. Thomas, de Colmar, a inventé en 1851 un arithmomètre ou machine à calculer. C'est un appareil en bois ou en cuivre, avec lequel on obtient des produits de quatrillions en quelques secondes; on en extrait la racine carrée avec la preuve, en une minute 20 secondes.

ARKOSE, roche qui varie beaucoup dans sa texture, tantôt grenue et composée de grains de quartz hyalin et de feldspath, tantôt compacte ou argiloïde. Dans l'*A. commune*, le quartz est dominant; dans l'*A. granitoïde*, c'est le feldspath; dans l'*A. milliaire*, les grains sont d'une petitesse remarquable. L'*A. friable* ou *Arène* sert à faire des mortiers hydrauliques. On emploie plusieurs variétés à faire des cheminées de fourneaux, des carreaux de dallage ou des meules de moulin.

ARLEQUIN, personnage comique de la scène italienne, destiné primitivement à amuser le public par ses *lazzi* pendant les intervalles des représentations, a pour costume un vêtement collant, composé de morceaux de drap triangulaires de couleurs diverses, et des souliers sans talons. Il a la tête rasée, un masque noir et une batte à la main. Son caractère est un mélange de naïveté, d'esprit, de malice et de grâce, joint à une extrême agilité. Importé en France au xviiᵉ siècle, l'arlequin devint bientôt le personnage à la mode, et fut, avec Colombine, sa maîtresse, le héros de cent petites pièces qui prirent le nom d'*arlequinades*. Dominique, Carlin, Thomassin, Laporte, se firent un nom dans ce rôle. — Les uns voient dans l'Arlequin un reste des anciens mimes; les autres le disent tout récent, et placent sa naissance en 1580 : ils racontent que plusieurs enfants de Bergame, s'étant cotisés pour habiller un de leurs camarades pauvre, lui apportèrent chacun un morceau de drap de couleur différente, dont il fut fait un seul habit. On prétend qu'Arlequin représente plus particulièrement les ridicules du pays bergamasque.

En Zoologie, le nom d'Arlequin a été donné à plusieurs animaux remarquables par la bigarrure de leurs couleurs : aux chiens danois; à une espèce de colibri (*Trochilus multicolor*); à une grande et belle espèce de Coléoptères de Cayenne, de la tribu des Lamiaires. — On appelle *Arlequine* une coquille du genre Porcelaine, longtemps fort rare, mais aujourd'hui assez commune (*Cypræa histrio*, L.); *fausse Arlequine* une autre espèce du même genre (*Cypræa arabica*).

ARMADILLE, genre de Crustacés de la famille des Cloportides, ordre des Isopodes, renfermant des animaux assez semblables aux cloportes, qui habitent les lieux humides, caves, rochers, etc. L'*A. des boutiques* est grise, et a le 2ᵉ anneau du corps très-grand et échancré. *Voy.* CLOPORTE.

ARMARINTE, plante. *Voy.* CACHRYDE.

ARMATEUR, celui qui arme un navire, c'est-à-dire qui le fournit de tout ce qui lui est nécessaire pour aller en mer : mâture, voilure, gréement, armes, munitions, etc. L'armateur est tantôt un négociant qui affrète un vaisseau, et le charge de marchandises pour l'expédier à un port de commerce : tels sont les armateurs du Havre, de Marseille, de Toulon, de Bordeaux, de Cherbourg, de Saint-Malo, etc. ; tantôt le commandant d'un vaisseau armé en course, et destiné à s'emparer, en temps de guerre, des bâtiments ennemis : dans ce second sens, *armateur* est à peu près synonyme de corsaire. Presque tous nos célèbres marins du xviiᵉ siècle, Jean-Bart, Duguay-Trouin, etc., ont commencé leur carrière par être armateurs. *Voy.* CORSAIRE.

ARMATURE ou ARMURE se dit, en Physique, des pièces de fer doux qui sont mises en contact avec les aimants, pour en maintenir l'activité par la décomposition magnétique qu'elles éprouvent. Pour armer des barreaux aimantés, on les dispose parallèlement, de manière que les pôles contraires se correspondent, et on ajoute transversalement aux deux extrémités deux prismes quadrangulaires de fer doux qui complètent le parallélogramme. Chacune de ces pièces de fer devient ainsi un aimant qui réagit sur les barreaux pour y fixer les fluides décomposés.

Dans les Arts mécaniques, on nomme *armature* tout assemblage de barres ou liens de fer servant à soutenir ou à contenir les parties d'un ouvrage de maçonnerie, de charpenterie, de mécanique, d'un modèle de sculpture en terre, d'une figure de bronze, etc. L'armature des fondeurs se compose de plusieurs pièces attachées les unes aux autres au moyen de vis, de clavettes, de boulons.

En Musique, *l'armature* est la réunion des signes qui se trouvent à la clef et qui sont affectés au ton et au mode dans lesquels le morceau de musique est écrit.

ARMÉE (par ellipse pour *troupe armée*, force armée). C'est l'ensemble des forces militaires d'un État. On distingue : *A. de terre*, *A. de mer* ou *navale* ; *A. de guerre* ou *d'expédition*, *A. de réserve*, *A. d'observation* ; *A. active*, *A. sédentaire*, tous mots qui s'entendent d'eux-mêmes. L'armée proprement dite est une *force active*, permanente et tout organisée pour le combat. Elle se compose d'*infanterie*, de *cavalerie*, d'*artillerie* et de troupes de *génie* (Voy. ces mots). Elle se fractionne en divisions, brigades, régiments ; les régiments se subdivisent eux-mêmes en bataillons (infanterie), escadrons (cavalerie), batteries (artillerie).

Les armées chez la plupart des peuples anciens et dans les premiers siècles de l'histoire moderne, sous le régime féodal, étaient purement temporaires et se dissolvaient le plus souvent au bout d'une campagne : l'armée n'est devenue permanente en France que sous Philippe-Auguste (au XIIe siècle). On trouve dans *l'Annuaire militaire* publié chaque année tous les détails de l'organisation actuelle de l'armée en France.

On doit à M. le général Bardin un *Dictionnaire de l'armée* (1851), à M. Pascal l'*Histoire de l'Armée* (1854), et à M. Durat-Lasalle un *Traité du Droit et de la Législation des Armées de terre et de mer*.

ARMÉE NAVALE. Elle se compose de trois escadres, commandées, la première par un amiral ou par un vice-amiral commandant en chef, la deuxième par un vice-amiral, et la troisième par un contre-amiral. Chacune des escadres doit avoir au moins deux divisions. Une division ne saurait compter moins de trois vaisseaux ; elle est commandée par le capitaine le plus ancien. Il y a, en outre, plusieurs frégates et bâtiments légers destinés à éclairer la marche et à porter les ordres.

ARMES (du celtique *arm*, bras?). On distingue : 1º *A. offensives*, subdivisées elles-mêmes en *A. de main*, autrefois *A. d'hast* (massue, épieu, lance, pique, hallebarde, sabre, épée, etc.) et *A. de jet* (fronde, javelot, arc et flèche, arbalète, arquebuse, mousquet ou fusil, pistolet, etc.), 2º *A. défensives* (bouclier, casque, cuirasse, brassard, cuissard, etc.). Aujourd'hui on divise vulgairement les armes offensives en *A. blanches* (sabre, épée) et *A. à feu* (fusil, pistolet, canon, etc.).—Les fabriques d'armes les plus renommées au moyen âge étaient celles de Damas, de Crémone, de Tolède. Les plus importantes aujourd'hui sont, en France, celles de Paris, Saint-Étienne, Charleville, Metz, Strasbourg, Rouen, Amboise ; en Belgique, celles de Liége, Namur ; en Angleterre, celles de Birmingham, Sheffield, etc. — Il y a en France quatre manufactures d'armes du Gouvernement, dont trois pour les armes à feu seulement, Saint-Étienne, Tulle et Mutzig, et une à la fois pour les armes blanches et à feu, Châtellerault ; la direction et la surveillance en sont confiées à des officiers d'artillerie. Il y en avait une cinquième à Klingenthal, près de Schelestadt ; elle a été récemment supprimée.

Dans l'Art militaire, *arme* se dit des différents corps de troupes qui composent une armée : infanterie, cavalerie, artillerie, génie. On l'applique même aux subdivisions de ces corps, et l'on dit : l'arme de l'infanterie légère ou de l'infanterie de ligne, l'arme des dragons, des lanciers, des cuirassiers, etc. On doit au colonel prussien Decker un traité des *Trois armes* (infanterie, cavalerie, artillerie, comprenant le génie), traduit en français en 1851 : c'est un excellent guide pratique.

ARMES HÉRALDIQUES. Voy. ARMOIRIES.

ARMES D'HONNEUR, armes décernées aux soldats pour des actions éclatantes : ce genre de récompense, déjà fréquent chez les anciens, notamment chez les Romains et les Gaulois, fut renouvelé sous la République française par un décret de la Convention. Cette institution a été supprimée lors de la création de la Légion d'honneur, qui l'a remplacée avec avantage par la décoration.

ARMES PROHIBÉES. Aux termes d'une ordonnance du 23 mars 1728, encore en vigueur, toute fabrique, commerce, port et usage de poignards, fusils, baïonnettes, pistolets de poche, épées en bâton, et autres armes offensives, cachées ou secrètes, sont défendues. Les fusils à vent, les cannes renfermant une arme à feu ont, depuis, été compris dans la même prohibition. Aux termes de l'art. 314 du Code pénal, tout porteur d'armes prohibées est puni d'un emprisonnement de six jours à six mois. — Toutefois, le port d'armes de chasse est permis à certaines époques et à des conditions déterminées par la loi. Voy. PORT D'ARMES.

ARMILLAIRE (SPHÈRE), du latin *armilla*, bracelet. Voy. SPHÈRE.

ARMILLES (du latin *armilla*, bracelet). On nomme ainsi, en Architecture, les moulures qui entourent en forme d'anneaux le chapiteau dorique immédiatement au-dessous de l'ove. Ces moulures se nomment *filets* ou *listeaux*, lorsque, au lieu de tourner circulairement, elles sont étendues en ligne droite.

En Astronomie, c'est un instrument composé de deux cercles de cuivre gradués, fixés dans le plan de l'équateur et du méridien, dont se servaient les anciens astronomes pour prendre des angles. Les armilles d'Alexandrie servirent à d'importantes observations qui conduisirent Hipparque à déterminer le changement de situation des étoiles fixes et la précession des équinoxes. Tycho-Brahé est le dernier astronome qui se soit servi d'armilles.

ARMISTICE (d'*arma*, et de la terminaison *stitium*, dérivé de *stare*, s'arrêter), suspension des actes d'hostilité entre deux armées. Sa durée est déterminée par la convention ; on ne reprend les armes que quand une des parties belligérantes a notifié à l'autre la reprise des hostilités ; ce qu'on appelle *dénoncer l'armistice*. Le plus souvent l'*armistice* est un acheminement à la conclusion d'une trêve ou d'une paix définitive.

ARMOIRE (d'*armarium*, parce que, sans doute, les premières armoires servirent à serrer des armes). Les comptables ont généralement une *Armoire à trois clefs*, où sont déposées les sommes importantes, et qu'ils ne peuvent ouvrir sans le concours d'agents supérieurs.

On connaît, sous le nom d'*Armoire de fer*, une armoire secrète du château des Tuileries, découverte au mois de novembre 1792 par les révélations de l'ouvrier serrurier qui l'avait construite pour Louis XVI. Les papiers qu'on y trouva, ou qu'on prétendit y avoir trouvés, fournirent contre l'infortuné monarque plusieurs chefs d'accusation.

ARMOIRIES ou ARMES HÉRALDIQUES, emblèmes de noblesse et de dignité que l'on portait originairement sur les *armures* et les drapeaux, et qui servent à distinguer les personnes, les familles, les sociétés ou corporations, les villes et les nations. La science qui

traite de ces emblèmes est le *Blason* (*Voy.* ce mot).
— Si l'on considère. les armoiries sous le rapport
de leur composition, on y distingue l'*écu*, les *émaux*
et les *figures*, ornements qui sont décrits à l'article
BLASON. Si on les considère sous celui de leur destination ou de leur signification, on en distingue de
huit espèces : 1. *A. de domaine*, destinées à symboliser les empires, royaumes, fiefs; 2. *A. de dignités*,
symboles de certaines fonctions, que l'on porte indépendamment des armes personnelles; 3. *A. de concession*, qui contiennent quelques signes ou pièces
des armoiries des souverains, *concédées* par honneur
à un particulier; 4. *A. de villes*, que les cités adoptèrent pour la plupart lors de l'affranchissement des
communes; 5. *A. de patronage*, dans lesquelles les
armes de la ville sont unies à celles d'un prince, sous
le *patronage* duquel elle se place; 6. *A. de prétention*, qui contiennent des pièces destinées à indiquer
les droits que l'on *prétend* avoir sur certains domaines; 7. *A. de sociétés* ou *de corporations*, telles qu'u-
niversités, académies, communautés religieuses, corps
de marchands et artisans; 8. *A. de famille*, les plus
nombreuses de toutes, qui sont dites *légitimes*, *vraies*,
pures, et *pleines*, quand elles ne sont accompagnées
d'aucun signe accessoire; *brisées*, quand les cadets
les modifient pour se distinguer des aînés; *diffa-
mées*, quand le souverain, pour quelque méfait, y
apporte quelque modification injurieuse; *à enquérir*,
lorsqu'elles violent les règles héraldiques, et présentent quelque chose de louche; *parlantes*, lorsqu'elles désignent le nom de celui qui les porte.
Les armoiries de famille avaient été abolies en
France, en même temps que la noblesse, par l'Assemblée nationale, le 20 juin 1790. Elles ont été rétablies
en 1804 par Napoléon, qui créa une nouvelle noblesse,
à laquelle il donna de nouvelles armoiries. Elles ont
été reconnues par Louis XVIII, et ont survécu à la
révolution de 1848, bien qu'il ait été défendu de
prendre des titres de noblesse dans les actes publics.
Les armoiries des villes avaient aussi été supprimées à la Révolution; elles ont été rétablies par ordonnance du 26 septembre 1814; il est d'usage de
les graver sur le sceau de la mairie, de les représenter sur les édifices municipaux, sur le drapeau de la
garde nationale, etc.
On peut consulter, outre les traités de Blason, la
Vraie et parfaite science des armoiries du marquis de Magny, 1845; le *Nouveau traité historique
et archéologique de la science des armoiries*, du
même auteur, ainsi que les *Armorials*. *Voy.* ce mot.

ARMOISE (par corruption d'*artemisia*, nom latin
de cette plante), genre de plantes de la famille des
Composées, tribu des Artémisiées, caractérisé par
ses capitules discoïdes, ses fleurs en panicules rameuses et ses feuilles alternes, découpées, cotonneuses en dessous. Ce genre renferme des plantes
herbacées ou frutescentes, remarquables par une
huile volatile et un principe amer, auxquels elles
doivent des propriétés aromatiques et toniques. Les
principales espèces de ce genre sont : 1° l'*Artemisia
vulgaris*, ou *Armoise vulgaire*, plante très-commune,
abondante en principes amers et résineux, et dont la
tige, haute d'un mètre, est remarquable par ses bouquets de fleurs petites, d'un blanc jaunâtre, extrêmement nombreuses : ses fleurs sont, depuis Hippocrate,
employées en médecine comme emménagogues toniques et antispasmodiques; la racine a été préconisée
en Allemagne contre l'épilepsie; 2° l'*A. Absinthium*
ou *Absinthe*, plus riche en principes aromatiques que
la précédente; 3° l'*A. Dracunculus* ou *Estragon*;
4° l'*A. abrotanum* ou *Aurone*; 5° l'*A. judaïca* ou *Se-
men contra*, puissant vermifuge; 6° l'*A. acetica*, dont
toutes les parties exhalent une odeur d'acide acétique.

ARMOISIN ou ARMOISE, sorte de taffetas faible et
peu lustré, ordinairement de couleur rouge, qui se
fabrique à Lyon, à Avignon, à Florence et autres endroits de l'Italie. On en tire aussi des Indes Orientales.

ARMORACIA (nom ancien de l'espèce-type, commune dans l'Armorique ou Bretagne), genre de la
famille des Crucifères, tribu des Alyssinées, caractérisé
par son calice à 4 sépales égaux, sa corolle à
4 pétales onguiculés, ses 6 étamines alternant
avec 6 petites glandes situées à la base de la corolle.
L'espèce connue des anciens est l'*A. rusticana* (*Cochlearia armoracia* de Linné), vulgairement *Raifort
sauvage*, *Cranson de Bretagne*, *Moutardelle*, dont
la racine a une saveur piquante comme celle de la
moutarde. On s'en sert comme d'assaisonnement; la
médecine l'emploie comme vermifuge, stimulant,
diurétique, et surtout comme antiscorbutique.

ARMORIAL, registre ou catalogue contenant les
armes ou armoiries de la noblesse d'un royaume,
celles d'une province, d'une ville, d'une famille,
dessinées, peintes ou seulement décrites. — Il existe
dans chaque pays un grand nombre de recueils de ce
genre : on connaît surtout le *Livre d'Or*, armorial
de Venise, ouvert en 1297 par le doge Gradenigo, pour
y inscrire toutes les familles nobles de la République; l'*Armorial général de France*, dressé par
d'Hozier, grand généalogiste et juge d'armes de
France, continué par de La Chesnaie des Bois; l'*Armorial de l'Empire français*, par H. Simon. M. Jouffroy d'Eschavannes a publié récemment un *Armorial universel*, 1844-50. *Voy.* ARMOIRIES.

ARMURE, mot qui désigna chez les Grecs, les
Romains, au moyen âge, et même jusqu'à Louis XIV,
toutes les pièces dont s'armaient les guerriers, mais
surtout les armes défensives, telles que le casque,
le bouclier, la cuirasse, les brassards, cuissards,
gantelets, etc. *Voy.* PANOPLIE.

ARMURE en Magnétisme. *Voy.* ARMATURE.

ARMURIER. On nommait ainsi primitivement
l'ouvrier qui fabrique ou qui vend des armes défensives, comme casques, cuirasses, et on le distinguait
de l'*arquebusier*, qui fabrique des armes à jet et des
armes à feu. Aujourd'hui, on réunit sous le nom général d'*armuriers* tous ceux qui fabriquent des
armes, de quelque nature qu'elles soient. *Voy.* ARMES.
Les armuriers sont soumis à des règlements sévères : ils sont tenus, aux termes d'une ordonnance
du 24 juillet 1816, d'avoir un registre paraphé indiquant l'espèce et la quantité d'armes qu'ils fabriquent ou vendent, avec les noms des acheteurs. Ils
ne peuvent donner à leurs armes le calibre de
guerre (décret du 14 déc. 1810). Enfin, ils ne peuvent, sous peine d'emprisonnement et de confiscation,
vendre des *armes prohibées*. *Voy.* ce mot.—M. Paulin Desormeaux a publié un *Manuel de l'Armurier*.

ARNICA ou ARNIQUE (qu'on dérive par corruption
du grec *ptarmica*, sternutatoire), genre de la famille
des Composées, tribu des Sénécionidées, se distingue
par l'aigrette qui couronne toutes les graines. Les
fleurs sont jaunes et radiées, les feuilles opposées ou
alternes, radicales ou caulinaires. L'arnique est sternutatoire, et est employée en médecine à cause de
ses propriétés excitantes, surtout dans le traitement
des lésions mécaniques. On s'en sert à l'état de teinture. Les médecins homœopathes l'emploient de plus
dans les congestions sanguines, les hémorragies actives, l'apoplexie cérébrale, les affections rhumatismales, et en général partout où la médecine ordinaire a recours à la saignée. On appelle aussi cette
plante *tabac des Vosges* et *Bétoine de montagne*.

AROBE. *Voy.* ARROBE.

AROIDÉES ou ARACÉES (d'*Arum*, nom latin du
Gouet qui en est le type), famille de plantes monocotylédones : racine vivace, tubéreuse et charnue,
feuilles embrassant la tige; beaucoup d'espèces sont
acaules; la tige, quand elle existe, est tantôt dressée, tantôt sarmenteuse, et s'élevant ainsi, à l'aide
des végétaux ligneux, à une très-grande hauteur.
Ces plantes naissent à l'ombre, dans les lieux humi-

des, et renferment des sucs vénéneux. Cette famille renferme les genres *Arum, Ambrosinia, Acorus, Colocasia,* etc.

AROMADENDRON (du grec *aroma*, parfum, et *dendron*, arbre), genre de la famille des Magnoliacées, tribu des Magnoliées, offrant un calice à 4 sépales verdâtres, et une corolle de 20 à 34 pétales disposés en ordre quaternaire, les intérieurs graduellement plus petits. Le fruit est un syncarpe globuleux presque ligneux. La seule espèce que l'on connaisse est l'*A. élégant*, l'un des plus beaux arbres qu'on puisse voir, et qui fournit un excellent bois de construction. Les feuilles et l'écorce exhalent un *arome* très-agréable, et sont employées comme stomachiques. Il croît naturellement dans les forêts de Java.

AROMATE (du grec *aroma*, parfum), toute substance qui répand une odeur plus ou moins suave. Les aromates qui sont tirés des végétaux doivent leur odeur à des huiles essentielles et à des résines. La plupart des aromates nous sont fournis par les pays chauds, notamment par l'Arabie; les uns s'emploient en médecine, comme l'aloès et les baumes excitants et antispasmodiques; d'autres servent comme assaisonnements, tels que le poivre, la muscade, la cannelle, le macis, le piment, l'anis, la badiane, la coriandre, etc.; d'autres en parfumerie, comme l'encens, la myrrhe, la vanille, le benjoin. L'ambre gris et le musc sont des aromates fournis par le règne animal.

AROMATITE (d'*aroma*, arome), anciennement *Myrrhinite*, substance bitumineuse qui a l'odeur et la couleur de la myrrhe; on la trouve en Égypte et en Arabie, où on l'emploie comme pierre précieuse.

AROME (même étymologie). C'est cette portion du corps odorant qui, en se volatilisant, se mêle à l'air et vient produire la sensation des odeurs, comme cela se remarque dans le café, le thé, les infusions de tilleul, de fleur d'oranger, etc. Cette portion volatile peut être fixée par l'eau, les huiles, les graisses, l'alcool, etc., soit au moyen de la distillation des liquides sur les plantes odorantes, comme pour les eaux distillées, les alcoolats, etc.; soit par la simple imprégnation pour les graisses ou les pommades.

AROMIE (d'*aroma*, arome), genre de Coléoptères tétramères, famille des Longicornes, reconnaissable à ses antennes glabres, à ses élytres presque planes, non arrondies à l'angle sutural, et à l'odeur de rose qu'exhalent plusieurs espèces, particulièrement le *Cerambyx moschatus* et le *Cerambyx ambrosiacus*, dit vulgairement *Capricorne à odeur de rose*, qu'on trouve sur les saules. Il est d'un vert brun et a une longueur de 2 centimètres.

ARONDE, ARONDELLE et HARONDELLE, anciens noms de l'Hirondelle tombés en désuétude.—Dans les Mollusques, ARONDE est synonyme d'AVICULE.

ARONDE (QUEUE D'), pour *Queue d'hirondelle*, nom donné dans la Fortification aux ailes ou branches d'un ouvrage à corne ou à couronne, lorsqu'elles vont en se rapprochant vers le corps de la place, de sorte que la gorge se trouve moins étendue que le front. — Dans la Marine, on appelle *Queue d'aronde* une sorte d'écart ou moyen d'assemblage servant à lier deux pièces de bois. Ce nom vient, dans les deux cas, d'une ressemblance grossière avec la forme de la queue d'hirondelle.

ARONDELLE, grosse ligne de pêche, composée d'un cordage d'env. 25 brasses de long, garni de petites lignes dites *avançons*, et armées chacune d'un hameçon; on la fixe sur le sable au bord de la mer, à marée basse.

ARONIE (du grec *arŏnia*, néflier), genre de la famille des Rosacées, tribu des Pomacées: calice à cinq dents dressées pendant la floraison, 5 pétales courtement onguiculés, étamines divergentes aussi longues que les pétales. Ce genre ne renferme que des arbrisseaux à fleurs petites, disposées en cymes ou en

corymbes, et que l'on cultive comme ornement: il est propre à l'Amérique du Nord.

AROURA (mot grec qui signifie *champ*), l'arc des Grecs, mesure de superficie qui valait 2,500 pieds grecs carrés; de nos mesures, 2 ares, 37 m.c. 55.

ARPEGE ou HARPÉGE (en ital. *arpeggio*, de l'ital. *arpa*, harpe), manière de faire entendre successivement les sons d'un accord, en les attaquant tour à tour et avec rapidité, comme on le fait sur la harpe pour suppléer au peu de durée des notes. L'arpège diffère de la batterie en ce qu'il ne contient que les notes d'un même accord, et qu'il les exprime régulièrement du grave à l'aigu et de l'aigu au grave (*Voy.* BATTERIE). — Dans la musique écrite pour le piano ou la harpe, on l'indique par une barre perpendiculaire ondulée, placée avant l'accord.

ARPENT (d'*arapennis*, nom d'une mesure gauloise), ancienne mesure de surface usitée en France, variant selon les localités, mais se divisant toujours en 100 perches. Les plus usités étaient:

1°. L'*A. d'ordonnance* ou *des eaux et forêts*, dit *A. royal*, *A. légal*, composé de 100 perches carrées de 22 pieds de côté, et contenant 48,400 pieds carrés;

2°. L'*A. commun*, employé dans le Gâtinais, l'Orléanais, la Brie, le Poitou, etc., composé de 100 perches de 20 pieds de côté, ou 40,000 pieds carrés;

3°. L'*A. de Paris*, de 100 perches de 18 pieds de côté chacune, et contenant 900 toises carrées ou 32,400 pieds carrés.

Le tableau suivant donne la valeur de ces trois sortes d'arpents en mesures actuelles:

NOMBRE D'ARPENTS.	VALEURS EN HECTARES, ARES ET CENTIARES		
	DES ARPENTS d'ordonnance ou des eaux et forêts.	DES ARPENTS communs.	DES ARPENTS de Paris.
	h a c	h a c	h a c
1	0 51 07	0 42 21	0 34 19
2	1 02 14	0 84 42	0 68 38
3	1 53 22	1 26 62	1 02 57
4	2 04 29	1 68 83	1 36 75
5	2 55 36	2 11 04	1 70 94
6	3 06 43	2 53 25	2 05 13
7	3 57 50	2 95 46	2 39 32
8	4 08 58	3 37 67	2 73 51
9	4 59 65	3 79 87	3 07 70
10	5 10 72	4 22 08	3 41 89

L'*A. métrique* n'est autre chose que l'*hectare*.

ARPENTAGE, art de mesurer les terrains, ou application de la géométrie à la mesure des terrains. Les opérations de l'arpentage se divisent en trois parties: l'*arpentage proprement dit*, comprenant les opérations qu'il faut exécuter sur le terrain même; le *levé des plans*, ou les opérations qui ont pour but de représenter sur le papier la figure et les proportions du terrain mesuré; et enfin, le *toisé*, ou les calculs nécessaires pour arriver à la connaissance de la superficie de l'aire du terrain. Les instruments dont on se sert pour opérer sur le terrain sont: l'*équerre*, le *graphomètre*, la *boussole d'arpenteur*, la *planchette* et le *niveau* (*Voy.* ces mots). Il faut de plus une *chaîne* et des *fiches* pour mesurer les longueurs, et des *jalons* pour tracer les alignements.

Tous les écrivains s'accordent à placer en Égypte l'origine de l'arpentage; c'est cet art qui a donné naissance à la géométrie.—Le meilleur *Manuel d'arpentage* est celui de M. Lacroix; il a été complété par MM. Hogard et Chartier dans leur *Manuel d'arpentage supplémentaire*, consacré surtout à des exemples pratiques. M. D. Puille a donné un *Cours complet d'arpentage*, Paris, 1851, in-12.

ARPENTEUR. *Voy.* l'art. ci-dessus, et PLUVIER.

ARPENTEUSE, nom donné vulgairement à des chenilles de Lépidoptères nocturnes, de la tribu des *Phalénites*, dont le corps est très-long, et qui ont un tel intervalle entre les pattes de derrière et celles de devant, que leur abdomen est forcé de se plier pour faciliter le transport du corps, ce qui fait qu'elles semblent arpenter le chemin qu'elles parcourent.

ARQUEBUSADE, coup d'arquebuse. — On connaît sous le nom d'*Eau d'arquebusade* une eau vulné-raire que l'on employait autrefois à l'extérieur con-tre les plaies produites par une arme à feu. L'*Eau d'arquebusade de Theden*, qui fut longtemps en vogue, est une liqueur qu'on préparait en mêlant ensemble 150 grammes d'acide sulfurique concentré et 720 gr. d'alcool à 80° cent., en ajoutant au mélange une dissolution de 360 gr. de sucre dans 150 gr. d'eau et 720 gr. de suc d'oseille filtrée. En Allema-gne, on prépare cette eau en mêlant ensemble 1 par-tie d'acide sulfurique, 6 de vinaigre, autant d'alcool et 2 de miel despumé.

ARQUEBUSE (de l'ital. *arcobugio*, composé lui-même d'*arco*, arc, et *buso*, percé). C'est la première forme des armes à feu portatives. L'arquebuse se composait d'un long tube de fer porté par deux hommes, et que l'on appuyait, pour en faire usage, sur une fourchette fixée en terre ; on la chargeait avec de la poudre et des pierres, et l'on y mettait le feu avec une mèche. Bayard, en 1524, fut blessé à mort par une arquebuse. On diminua successivement la longueur et le poids de l'arquebuse ; on eut des arquebuses à croc, à rouet, à mèche, à serpentin ; enfin, on y adapta la batterie à pierre. Son usage, qui commença avec le règne de Charles VI, n'a pas dépassé le XVIIe siècle ; elle fut remplacée par le mousquet et le fusil. — Outre les arquebuses à feu, il y eut des arquebuses à vent, construites sur les mêmes principes que nos fusils à vent.

ARQUEBUSIER. C'est proprement celui qui fabri-que et vend des armes à feu portatives. On le con-fond généralement aujourd'hui avec les *armuriers* (*Voy.* ce mot). — On donna depuis le XIVe siècle le nom d'*arquebusiers* à des compagnies de soldats ar-més d'arquebuses. Il y en avait à pied et à cheval ; ils se composaient de l'élite des citoyens, et furent d'une grande ressource pour la défense en cas de siége ; ils jouissaient de nombreux privilèges. Le nom d'*ar-quebusier* subsista même après que l'arquebuse eut été abandonnée : on voit figurer des compagnies d'arquebusiers dans les guerres de 1733 et de 1741.

ARQUÉRITE, amalgame d'argent.

ARRACACHA ou ARACATCHA. *Voy.* ARACATCHA.

ARRAGONITE. *Voy.* ARAGONITE.

ARRASE. *Voy.* ARASE.

ARRÉMON (mot grec qui signifie *silencieux*), genre de l'ordre des Passereaux dentirostres, com-mun dans l'Amérique Méridionale. Les Arrémons sont d'un naturel tranquille, solitaire et presque stupide, se laissent facilement approcher, et ne font entendre aucun cri ni aucun chant : d'où leur nom. Ils se tiennent à terre dans les lieux couverts.

ARRÉRAGES (par corruption d'*arriérage*), inté-rêts, pensions, rentes foncières et autres redevances annuelles, dont le payement est en *arrière*. Ils produisent intérêt du jour de la demande ou de la convention. Les arrérages de rentes perpétuelles et viagères se prescrivent par cinq ans.

ARRESTATION. Hors le cas de flagrant délit, dans lequel toute personne est tenue de saisir le coupable (art. 106 du Code d'instr. crim.), l'arresta-tion ne peut être opérée qu'en vertu d'un mandat régulier, contenant le motif de l'arrestation, l'auto-rité de laquelle il émane, et notifié à la personne arrêtée (art. 96). Le Code pénal punit les arresta-tions illégales des travaux forcés à temps ou à per-pétuité, selon la gravité des cas.

ARRÊT (d'*arrêter*, décider, ou, selon quelques-

uns, du grec *areston*, décret). En Jurisprudence, c'est la décision d'une cour souveraine. On distingue l'*arrêt* du *jugement*, qui est la décision d'un tribunal infé-rieur. Les arrêts des cours d'appel sont définitifs et exécutoires ; toutefois, on peut se pourvoir en cassation pour vice de forme. — On nomme *A. de renvoi*, celui par lequel la chambre des mises en accusation ren-voie un prévenu devant la cour d'assises, ou par le-quel la cour de cassation, en rendant une décision judiciaire, renvoie l'affaire devant d'autres juges ; *A. d'admission* celui par lequel la cour de cassation admet le pourvoi du demandeur. — On appelle *A. du Conseil* les décisions rendues par le conseil d'État en matière contentieuse. — Les arrêts se rendirent en latin jusqu'à François Ier ; ce qui donna lieu bien souvent à de fausses interprétations.

On a nommé *arrêtistes* les compilateurs d'arrêts. A leur tête se placent MM. Sirey et Dalloz.

Arrêt se dit aussi de la saisie d'une personne ou d'une chose (*Voy.* ARRESTATION et SAISIE).

Les *maisons d'arrêt* sont des prisons où l'on en-ferme les personnes *prévenues* d'un crime. Elles fu-rent établies par un décret de l'Assemblée consti-tuante en 1791 : auparavant, prévenus, accusés, coupables, étaient confondus dans une même prison.

Dans l'armée, les *arrêts* sont une punition qu'on inflige aux officiers pour des fautes contre le ser-vice ou la discipline. Les *A. simples* ne dispen-sent pas du service ; l'officier garde sa chambre seulement pendant les heures où son devoir ne l'ap-pelle pas au dehors. Si l'officier est aux *A. forcés* ou *de rigueur*, il est dispensé de tout service, et ne sort sous aucun prétexte. Ordinairement les officiers gardent les arrêts sur leur parole. Les arrêts simples peuvent être ordonnés à tout inférieur par tout supé-rieur, à charge d'en rendre compte. Les arrêts forcés ne sont prescrits que par le chef de corps. L'officier mis aux arrêts forcés remet son épée à l'adjudant-major qui les lui signifie.

ARRÊTÉ, acte émané de l'autorité administra-tive. On a 3 mois pour se pourvoir contre les arrêtés des sous-préfets devant le préfet, des préfets devant le ministre, du ministre devant le Conseil d'État.

ARRETE-BŒUF, espèce de Bugrane, plante ainsi nommée parce que ses racines traçantes font souvent obstacle à la charrue. Voy. BUGRANE.

ARRHÉNATHÈRE (du grec *arrhen*, mâle, et *ather*, barbe d'épi), genre de la famille des Grami-nées, tribu des Avénacées, a pour type l'*A. avenacée*, grande plante vivace, commune dans tous nos prés.

ARRHES (du latin *arrha*, *arrhæ*), argent qu'un locataire ou un acquéreur donne pour garantie de l'exécution d'un marché verbal. Quand une vente a été faite avec des arrhes, chacun des contractants est libre de s'en départir : celui qui les a données, en les perdant ; celui qui les a reçues, en restituant le double (Code civ., art. 1590). *Voy.* DENIER A DIEU.

ARRIÈRE (l') d'un bâtiment. *Voy.* AVANT (l').

ARRIÈRE-BAN, ARRIÈRE-FIEF, etc. *Voy.* BAN, FIEF.

ARRIÈRE-GARDE, corps de troupe destiné à cou-vrir la retraite d'une armée ou d'un corps d'armée. Elle doit se composer d'artillerie avec quelques piè-ces de campagne, et de cavalerie légère. Celle-ci agit dans la plaine, soutenue par l'infanterie ; les chas-seurs tiennent en respect les éclaireurs de l'ennemi.

ARRIMAGE, opération qui consiste à distribuer convenablement et à placer avec solidité, dans l'in-térieur d'un bâtiment, les divers objets qui compo-sent sa charge, sa cargaison. Ainsi, on embarque d'abord le lest au fond de la cale ; puis on forme au-dessus du lest 4 compartiments, au milieu des-quels on place l'eau, le vin et les poudres ; sur les cô-tés se placent le charbon, le sable, les boulets, etc.

ARROBA, ARROBE, nom d'une mesure de poids et d'une mesure de capacité, dont on se sert en Espagne, en Portugal et dans l'Amérique espagnole, et qui varie selon les pays. Comme mesure de poids, l'arrobe d'Espagne, la plus répandue, vaut 25 livres espagnoles (ou 11 kil. et demi). Comme mesure de capacité, on distingue l'*A. menor*, qui vaut 2 litres un quart, et l'*A. mayor*, qui vaut 16 litres.

ARROCHE, plante potagère de la famille des Chénopodées, et dont une espèce, l'*A. des jardins* ou la *Belle et bonne dame*, se cultive dans nos jardins. Elle est originaire d'Asie. Sa racine est annuelle, sa tige droite, d'un vert pâle; ses feuilles larges, dentées, triangulaires, aiguës, d'un vert jaune. Les fleurs sont presque toujours monoïques, les fleurs mâles offrant un périgone de trois à cinq sépales, avec autant d'étamines; et les fleurs femelles, deux styles sans périgone. On mange en salade les feuilles de l'arroche; on en met dans le bouillon, auquel ses feuilles donnent une couleur dorée; on s'en sert aussi pour adoucir l'acidité de l'oseille. Quelques variétés fournissent de la soude.

ARROCHE PUANTE. *Voy.* ANSÉRINE FÉTIDE.

ARRONDISSEMENT. On nomme ainsi, en France, une division de département administrée par un sous-préfet, et ayant un chef-lieu particulier. Chaque département est divisé en plusieurs arrondissements communaux, siéges de sous-préfectures, renfermant plusieurs justices de paix ou cantons, qui eux-mêmes contiennent des communes administrées par des maires. Il y a 373 arrondissements (*Voy.* leurs noms à l'article de chaque département dans notre *Dict. univ. d'Hist. et de Géogr.*). — On nomme aussi *arrondissement* une fraction d'une grande ville qui a ses officiers civils distincts de ceux des autres fractions de la cité : Paris a douze arrondissements.

ARRONDISSEMENT FORESTIER. *Voy.* FORÊTS.

ARRONDISSEMENT MARITIME. Il y en a 5 en France : Cherbourg, Brest, Lorient, Rochefort, Toulon. Ils sont administrés par un préfet maritime, vice-amiral ou contre-amiral.

ARROSEMENT (du latin *ros, roris*, rosée). L'eau employée à cette opération de jardinage doit être très-pure, bien aérée, et la plus dégagée possible de matières solubles ou en suspension. Par cette raison, l'eau de pluie et l'eau de rivière conviennent mieux que l'eau des sources ou des puits. Cette dernière doit être exposée quelque temps au soleil avant de servir. L'arrosement doit se faire le soir, et non au soleil, la trop grande chaleur pouvant déterminer des brûlures et des dessêchements nuisibles. On emploie de préférence des *arrosoirs à pomme*, qui disséminent l'eau et imitent la pluie. *Voy.* IRRIGATION.

ARROSOIR. Outre l'instrument de jardinage connu de tout le monde, on nomme ainsi un genre de Mollusques acéphales, voisin des Fistulanes, dont les coquilles univalves, tubuleuses, et claviformes à une extrémité, figurent la pomme d'un *arrosoir*. Ces Mollusques vivent enfoncés perpendiculairement dans le sable.

ARROW-ROOT (mot anglais, qu'on prononce *arrô-route*, et qui veut dire *racine à flèche*, parce que les naturels l'emploient pour détruire l'effet des flèches empoisonnées), fécule blanche que l'on extrait de la racine du *Maranta arundinacea* ou *indica*, et de quelques autres plantes de la même famille (celle des Amomées). Cette plante, originaire des Indes Orientales, est cultivée maintenant à la Jamaïque, à la Guyane, etc. L'Arrow-root est recommandé en médecine dans les cas d'irritation du canal intestinal; on l'emploie aussi comme nourriture de la première enfance : elle est très-nourrissante.

ARS (d'*artus*, membre), se dit des quatre membres d'un animal et de l'espace entre l'épaule et la poitrine.

ARSCHIN ou ARCHINE. *Voy.* ARCHINE.

ARSENAL (par corruption d'*arx navalis*, citadelle navale, parce que les premiers arsenaux furent consacrés à la marine; ou, selon d'autres, de l'arabe *darsenna*, port de guerre), bâtiment destiné à fabriquer et à conserver les machines et les maté-riaux dont on fait usage à la guerre, sur terre et sur mer. Il y a trois sortes d'arsenaux : pour l'*artillerie*, pour le *génie*, pour la *marine*. — Un *A. d'artillerie* se compose d'*ateliers* pour la fabrication ou la réparation des armes, et de *magasins*, où sont déposés et rangés avec art les armes, les bouches à feu, les projectiles, les poudres et artifices. — Un *A. du génie* contient également des *ateliers*, où l'on confectionne les outils de pionniers, les voitures, etc., et des *magasins* pour les objets confectionnés. — Les *A. maritimes*, placés sur le bord de la mer, renferment des chantiers de construction, des ateliers pour la fabrication des cordages, ancres, voiles, des magasins pour les bois et objets fabriqués. — Les principaux arsenaux militaires sont, en France, ceux de Paris et Vincennes, de Strasbourg, Metz, Lille, Besançon, Perpignan (Auxonne, Douai, Grenoble, La Fère, Rennes, Strasbourg et Toulouse, ont, en outre, des arsenaux destinés à la confection et à l'entretien du matériel de l'artillerie); en Angleterre, la Tour de Londres et l'arsenal de Woolwich, servant aussi pour la marine; en Autriche, l'arsenal de Budweiss; en Russie, ceux de Kief, Saint-Pétersbourg, Moscou; en Prusse, ceux de Berlin, Cologne, Neiss. — Les principaux arsenaux maritimes sont, en France, ceux de Brest, Toulon, Cherbourg; en Angleterre, Woolwich, Portsmouth, Plymouth, Deptford; en Italie, celui de Venise, le plus ancien de tous, construit en 1337 par André de Pisa.

ARSÉNIATES, sels formés par l'acide arsénique et une base. Plusieurs arséniates s'emploient en médecine, particulièrement l'*A. de soude* [AsO⁵,2NaO, HO + 24*aq*]; c'est un beau sel blanc, assez soluble dans l'eau, et de la forme cristalline du phosphate à même base. Dissous dans l'eau, il constitue la *solution de Pearson*, qu'on administre dans les fièvres intermittentes, dans les maladies cutanées et dans plusieurs maladies chroniques. — Les *arséniates de* chaux (*pharmacolithe* ou *arsénicite*), de cobalt (*érythrine*), de fer (*sidérétine*), et de plomb (*mimétèse*), se rencontrent tout formés dans la nature.

ARSENIC (d'*arrhénicon*, nom donné par les Grecs à l'orpiment ou sulfure d'arsenic), métal qui, à l'état de pureté, est gris d'acier, cassant, volatil, sans saveur ni odeur, d'une densité de 5,628, combustible, et qui répand par le grillage une fumée blanche d'une odeur alliacée. On donne, dans le langage vulgaire, le nom d'*arsenic* à la combinaison de ce métal avec l'oxygène, qui est la forme sous laquelle il se présente le plus souvent : c'est ce que les chimistes appellent *acide arsénieux*. *Voy.* ARSÉNIEUX.

L'arsenic se rencontre dans la nature sous différentes formes, soit à l'état métallique (*A. natif*), soit en combinaison avec le cobalt (*smaltine* ou *cobalt arsenical*), le nickel (*nickéline* ou *nickel arsenical*), le soufre (*réalgar* et *orpiment*), le soufre et le cobalt (*cobalt gris*)., le soufre et le nickel (*disomose*), le soufre et le fer (*mispikel*), etc. Il est surtout abondant, sous ces diverses formes, dans les dépôts métallifères de la Saxe, de la Bohême, de la Hongrie, du Hartz, de la Souabe.

Comme métal, l'arsenic n'a aucun usage; mais il forme de nombreuses combinaisons, remarquables par l'action énergique qu'elles exercent, aux doses les plus faibles, sur les êtres organisés. Il existe deux combinaisons de l'arsenic avec l'oxygène : l'*acide arsénieux* (AsC³), vulgairement *mort aux rats*, et l'*acide arsénique* (AsO⁵). *Voy.* ces mots.—Quelques-unes des combinaisons de l'arsenic peuvent fournir à la médecine d'utiles médicaments (*Voy.* ARSENICAUX); mais trop souvent elles servent à des usages coupables : la plupart des empoisonnements se font, en effet, avec des combinaisons arsenicales.

On reconnaît, en général, les combinaisons arsenicales à l'odeur alliacée qu'elles répandent lorsqu'on en saupoudre un charbon rouge. On peut, dans toute substance, découvrir la présence des plus petites quantités d'arsenic à l'aide de *l'appareil* dit *de Marsh*, du nom d'un chimiste anglais, qui s'en servit le premier (en 1836) : c'est un simple flacon, où l'on dégage du gaz hydrogène, au moyen de zinc et d'acide sulfurique, et où l'on introduit la substance à examiner. L'arsenic se combine, dans ces circonstances, avec le gaz hydrogène ; la combinaison, gazeuse elle-même (*hydrogène arséniqué* ou *arséniure d'hydrogène*), s'échappe par l'orifice d'un tube de verre effilé, fixé dans le bouchon qui ferme le flacon. On allume le jet de gaz, et l'on tient au-dessus de la flamme une soucoupe de porcelaine blanche ; si la matière renferme la moindre trace d'arsenic, on voit alors se déposer des taches d'arsenic métallique noires aux endroits où la porcelaine est en contact avec la flamme ; la présence de l'arsenic se reconnaît déjà à la couleur de la flamme, qui, au lieu d'être d'un jaune pâle comme avec l'hydrogène pur, est alors d'un blanc bleuâtre, et répand des fumées blanches. Ce moyen de découvrir l'arsenic s'emploie dans les opérations de médecine légale.

L'arsenic n'était pas connu des anciens ; ce que les Grecs et les Arabes nomment ainsi est l'orpiment, l'un des sulfures de ce métal. Il paraît avoir été connu de Paracelse ; mais Brandt est le premier qui, en 1733, l'ait bien étudié.

ARSENIC BLANC. *Voy.* ARSÉNIEUX (acide).

ARSENIC NATIF, arsenic métallique presque pur qu'on rencontre en masses noires, lamellaires ou bacillaires, dans beaucoup de localités, associé à l'argent sulfuré, au cobalt gris et à la nickéline. La *poudre aux mouches* du commerce, appelée aussi, mais fort improprement *mine de cobalt*, est de l'arsenic natif en poudre, dont on fait un fréquent usage dans les campagnes pour détruire les mouches. On en met un peu avec de l'eau dans une assiette ; une petite quantité du métal absorbe l'oxygène de l'air, et se transforme en acide arsénieux, qui se dissout et rend ainsi l'eau vénéneuse.

ARSENIC SULFURÉ JAUNE. *Voy.* ORPIMENT.

ARSENIC SULFURÉ ROUGE. *Voy.* RÉALGAR.

ARSENICAUX, classe de médicaments dont l'arsenic est la base et le principe actif ; ils sont d'un emploi fort dangereux. On les administre, particulièrement l'acide arsénieux, dans un grand nombre de maladies cutanées, dans les fièvres rebelles qui résistent au quinquina, dans l'hydrophobie, le rhumatisme aigu, etc. Les médecins indiens passent pour avoir les premiers administré l'acide arsénieux. L'application des poudres ou pâtes arsenicales sur les cancers ulcérés de la peau remonte à la plus haute antiquité, aussi bien que l'emploi de l'orpiment, associé à la chaux vive comme dépilatoire.

ARSÉNICITE ou PHARMACOLITHE (du grec *pharmacon*, poison, et *lithos*, pierre), chaux arséniatée naturelle, se présente en petits cristaux ou en houppes blanches cristallines, le plus souvent groupées et colorées en rose par l'arséniate de cobalt.

ARSÉNIDES, nom donné par Beudant à une famille de minéraux dont l'arsenic est le type,

ARSÉNIEUX (ACIDE), dit aussi *arsenic blanc*, *arsenic oxydé*, *mort aux rats*, combinaison de l'arsenic avec l'oxygène [AsO³], se présente en masses compactes, d'un blanc de lait ou légèrement jaunes, ordinairement opaques ; il ressemble, en poudre, à du sucre pilé ; est peu soluble dans l'eau, et n'a presque pas de saveur ; se réduit en vapeur quand on le jette sur des charbons rouges, et exhale alors une forte odeur d'ail. Sa dissolution rougit légèrement le tournesol. On obtient l'acide arsénieux comme produit secondaire dans le traitement des mines de cobalt et de nickel de la Saxe et de la Bohême, qui renferment l'arsenic à l'état d'arséniure. Dans certaines localités, notamment à Reichenstein et à Altenberg en Silésie, on le prépare comme pro-

duit principal par le grillage du mispikel (combinaison d'arsenic, de fer et de soufre). L'exploitation de la mine d'Altenberg remonte à plus de 400 ans. L'acide arsénieux est un des corps les plus vénéneux ; il développe sur les tissus animaux des taches rouges, gangréneuses, les ulcère, et finit par les détruire complètement ; les symptômes de l'empoisonnement se manifestent ordinairement un quart d'heure après l'introduction de l'acide dans l'estomac ; les victimes succombent, en proie aux douleurs les plus vives. Dioscoride fait déjà mention de l'action vénéneuse de l'arsenic blanc. C'est avec cette substance que la fameuse Tofana composait, au XVIIIᵉ siècle, le poison qu'on nommait alors *Aqua-Tofana* (*Voy.* ce mot). — Les plus petites traces d'acide arsénieux peuvent se découvrir à l'aide de *l'appareil de Marsh* (*Voy.* ARSENIC). — La magnésie calcinée et l'hydrate de peroxyde de fer sont les meilleurs antidotes de l'acide arsénieux.

On emploie l'acide arsénieux pour détruire les souris et les rats : on l'associe, dans ce cas, avec de la farine et de la graisse ; et, pour mieux allécher ces animaux, on ajoute à la pâte quelques semences de fenouil. Les naturalistes font un grand usage de l'acide arsénieux pour préserver de la putréfaction les insectes, la peau des animaux, les oiseaux empaillés et les autres objets de nature animale ; ils l'associent à une bouillie savonneuse et calcaire, appelée *savon de Bécœur*. Dans les verreries, on mêle de l'acide arsénieux à la pâte du verre pour le blanchir et le rendre plus fusible. Les teinturiers et les indienneurs s'en servent aussi, mais, le plus souvent, après l'avoir uni aux bases, et notamment à la potasse. Enfin, on emploie l'acide arsénieux en médecine : il fait la base de diverses poudres ou pâtes arsenicales usitées comme escarotiques, contre le cancer surtout ; il entre dans la composition des *pilules asiatiques*, employées dans l'Inde contre la lèpre tuberculeuse ; des *pilules de Tanjore*, préconisées pour la guérison de la morsure des animaux venimeux ; de la *poudre de Plenciz*, recommandée contre les fièvres intermittentes, etc.

ARSÉNIQUE (ACIDE), combinaison de l'arsenic avec l'oxygène [AsO⁵], d'un blanc de lait et d'une saveur très-acide : il est très-vénéneux. On l'obtient en faisant bouillir l'acide arsénieux avec de l'eau régale. L'acide arsénique a été découvert par Scheele en 1775. Il se rencontre dans la nature en combinaison avec plusieurs bases. *Voy.* ARSÉNIATES.

ARSÉNITES, sels formés d'acide arsénieux et d'une base. L'*A. de cuivre* entre dans la composition du *vert de Scheele*, employé en peinture. L'*A. de potasse* est un liquide visqueux, incristallisable, âcre et très-vénéneux. C'est le seul arsénite employé en médecine ; il fait la base de la *liqueur de Fowler*, où il est mélangé avec de l'alcoolat de mélisse. On l'emploie dans les mêmes cas que l'acide arsénieux.

ARSÉNIURES, combinaisons de l'arsenic avec un autre métal. On rencontre dans la nature plusieurs arséniures, notamment l'*A. de cobalt* (*cobaltine*) et l'*A. de nickel* (*nickéline*). — L'*A. d'hydrogène* ou *hydrogène arsénique* (AsH³) est un gaz excessivement vénéneux, qui se produit lorsque du gaz hydrogène se développe en présence d'une combinaison arsenicale, par exemple, dans l'appareil de Marsh. Il répand une odeur nauséabonde et brûle avec une flamme blanche, en répandant des vapeurs d'acide arsénieux. Le chimiste Gehlen périt en 1815 pour en avoir respiré de très-petites quantités. Ce gaz a été découvert en 1775 par Scheele.

ART (en latin *ars, artis*, du grec *arétè*, vertu, puissance). Pris dans sa plus grande extension, ce mot, qui s'oppose à *science pure*, exprime tout ensemble des procédés par lesquels l'homme parvient à produire quelque œuvre, soit dans le but d'assurer sa conservation et son bien-être physique, soit pour faire naître quelque jouissance intellectuelle ou morale; d'où la grande division des arts en *A. utiles* ou *A. mécaniques*, et *A. libéraux.*

Les *A. mécaniques*, qui réclament le travail de la main ou le secours des machines, ont pour but ou d'*exploiter* la nature, comme l'agriculture, ou de la *transformer*, ce qui donne naissance aux arts industriels et manufacturiers, qui se divisent à l'infini selon les procédés qu'ils emploient ou les besoins qu'ils tendent à satisfaire, tels que ceux de nourriture, de vêtement, d'habitation, etc. *Voy.* ci-dessous ARTS ET MÉTIERS.

Les *A. libéraux*, fruits de l'imagination, s'adressent ou à l'esprit seul, d'où les *Belles-Lettres* (*V.* BELLES-LETTRES), ou aux sens en même temps qu'à l'esprit, d'où les *Beaux-Arts* (*V.* BEAUX-ARTS). Les anciens admettaient 7 arts libéraux, *Grammaire*, *Rhétorique*, *Philosophie*, *Arithmétique*, *Géométrie*, *Astronomie*, et *Musique*, qu'ils avaient mnémonisés dans ce vers :

Lingua, Tropus, Ratio, Numerus, Tonus, Angulus, Astra.

ART SACRÉ, nom donné par les anciens, surtout dans l'école d'Alexandrie, à la chimie, dont les secrets étaient réservés aux prêtres. *Voy.* ALCHIMIE.

ARTS, se disait autrefois, dans les universités, des humanités et de la philosophie. Le *Maître ès arts* était celui qui avait pris le degré donnant le pouvoir d'enseigner. La *Faculté des arts* comprenait les régents de l'université chargés d'enseigner les humanités et la philosophie, et tous ceux qui avaient obtenu le diplôme de maître ès arts.

ARTS D'AGRÉMENT. On nomme ainsi spécialement les arts du Dessin, la Musique, la Danse, etc., considérés comme de simples amusements, comme des moyens de plaire, d'être agréable. *Voy.* chacun de ces mots.

ARTS ET MÉTIERS. Ces professions étaient, sous l'ancien régime, partagées en deux grandes classes : celles qui étaient libres et celles qui étaient en jurandes : ces dernières formaient 44 communautés d'*Arts et métiers*. Il y avait en outre 6 corps de marchands et fabricants, qui étaient : 1° les drapiers merciers; 2° les épiciers; 3° les bonnetiers, pelletiers, chapeliers; 4° les orfévres, batteurs et tireurs d'or; 5° les fabricants d'étoffes, luthiers, rubaniers; 6° les marchands de vin. — Depuis que la Révolution a supprimé les maîtrises, les anciens règlements ont disparu; les patentes ont remplacé le droit de maîtrise, en sorte que l'entrée des professions commerciales et industrielles est entièrement libre. Cependant, ces professions sont assujetties à des règlements de police extérieure et de garantie générale. La loi de de germinal an XI a posé sur cette matière des règles qui sont encore en vigueur aujourd'hui.

Les procédés particuliers employés dans les divers arts sont l'objet d'une science spéciale, d'origine toute moderne, la *Technologie*. *Voy.* ce mot.

Les arts mécaniques trouvent en France de puissants secours dans diverses institutions, notamment dans les *Écoles d'Arts et Métiers*, le *Conservatoire des Arts et Métiers* et les *Expositions de l'Industrie*. — Les *Écoles d'Arts et Métiers*, fondées en 1803 par Chaptal, sont destinées à propager les connaissances relatives à l'exercice des arts industriels. L'enseignement y est à la fois théorique et pratique. L'âge fixé pour l'admission des candidats est de 13 ans au moins et de 16 ans au plus. Il y en a 3 en France : à Angers, à Châlons-sur-Marne, à Aix. — L'*École des Arts et Manufactures*, établissement privé, fondé à Paris en 1829, est destinée à former des ingénieurs civils, des chefs d'exploitation et d'industrie. — Le *Conservatoire des Arts et Métiers*, fondé en l'an III (1795) et situé à Paris, est destiné à recevoir le modèle réduit des machines et instruments propres aux arts mécaniques, et à répandre les connaissances utiles à l'industrie (*Voy.* CONSERVATOIRE). — Les *Expositions de l'Industrie*, dont

l'idée appartient à François de Neufchâteau (1797), offrent des récompenses honorifiques et des mentions à ceux auxquels l'industrie doit quelques progrès. Elles n'ont pas tardé à être imitées par les nations étrangères et ont été le germe de l'*Exposition universelle* qui a eu lieu à Londres en 1851. *Voy.* EXPOSITION.

ARTABÉ, mesure de capacité pour les choses sèches, en usage chez les anciens Perses, équivalait à peu près au médimne des Grecs, et valait 51 lit. 78 c. de nos nouvelles mesures. L'*Artabé* des Égyptiens valait 26 chenices deux tiers (environ 25 lit.).

ARTEMISIÉES (d'*Artemisia*, armoise, genre type de cette tribu), tribu de la famille des Composées : capitules discoïdes, fleurs du disque hermaphrodites, à style bifide; fruits cylindriques, à côtes saillantes et sans aigrettes; réceptacle dépourvu de paillettes. La plupart de ces plantes sont aromatiques. — Principaux genres : *Armoise*, *Tanaisie*, *Lépidothèque*, etc.

ARTÈRES (d'*artéria*, nom de la trachée-artère chez les Grecs), vaisseaux destinés à porter le sang soit du cœur aux poumons, comme l'*A. pulmonaire*, soit du cœur à toutes les parties du corps, comme l'*A. aorte*. La 1re sort du ventricule droit du cœur et porte aux poumons du sang noir; la 2e part du ventricule gauche, et porte à tous les organes le sang devenu rouge en traversant les poumons. Chaque artère est formée de trois membranes superposées : l'une externe, *fibro-celluleuse*; l'autre moyenne, dite *tunique artérielle*, ou membrane propre des artères; la 3e, interne, qui est le prolongement de celle qui tapisse les ventricules du cœur. L'aorte s'élève d'abord au-dessus du cœur, puis passe derrière cet organe en faisant une courbure appelée *crosse de l'aorte*, et redescend sur le devant de la colonne vertébrale jusqu'au bassin, où elle se divise en deux branches appelées *iliaques primitives*, qui se rendent à chacun des deux membres inférieurs. De la crosse de l'aorte partent les *A. carotides internes* et *externes*, qui se rendent à la tête, et les *A. sous-clavières*, qui se rendent aux membres supérieurs. De la portion descendante de l'aorte partent les artères destinées aux organes contenus dans le thorax et l'abdomen. — Ce qui fait immédiatement reconnaître une artère, c'est le battement, ou pulsation, appelé *pouls* : il naît de l'impulsion vive et brusque que le cœur imprime au sang qu'il lance dans l'intérieur des artères, et de l'élasticité des parois artérielles. La plus petite ouverture pratiquée à une artère donne lieu à un jet de sang qui sort par saccades à chaque contraction du cœur; la compression de ce vaisseau ouvert, faite entre le cœur et la plaie, arrête immédiatement la sortie du sang. Le sang des artères, dit *sang artériel*, est rouge écarlate, tandis que celui des veines est plus noir. — L'inflammation des artères se nomme *artérite*. *Voy.* ce mot.

ARTÈRE (TRACHÉE-). *Voy.* TRACHÉE-ARTÈRE.

ARTÉRIOTOMIE (du grec *artéria*, artère, et *tomé*, section), opération chirurgicale qui consiste à ouvrir une artère pour en tirer du sang. Cette opération se pratique seulement sur les artères temporales superficielles et auriculaires postérieures, à cause de leur position superficielle, et parce qu'il est facile d'arrêter ensuite le sang, les os du crâne servant de points d'appui pour la compression.

ARTÉRITE, inflammation des artères. Cette phlegmasie, encore peu connue, quoique assez fréquente, est bornée ordinairement à la membrane interne ou au tissu cellulaire sous-jacent, et dépend, soit d'une lésion de l'artère, soit du voisinage d'une partie enflammée. Les symptômes de l'artérite sont : l'augmentation de la force des battements artériels, et un sentiment de chaleur et de malaise dans la partie qu'occupe l'artère enflammée.

ARTÉSIEN (PUITS). *Voy.* PUITS.

ARTHRITE (du grec *arthron*, articulation), inflammation simple des tissus fibreux et séreux des articulations, produite uniquement par une violence extérieure, telle qu'un coup, une chute, une plaie, une distension, etc. L'Arthrite (*Arthrique traumatique* de quelques auteurs) est toujours bornée à l'articulation sur laquelle la cause a directement agi; ce qui la distingue de la goutte et du rhumatisme articulaire, que quelques médecins appellent aussi *arthrites*, mais qui occupent toujours, soit à la fois, soit successivement, plusieurs articulations. On combat l'arthrite par une application de sangsues et de topiques émollients ou résolutifs.

On nomme *Arthritique* ce qui a rapport aux articulations : ainsi l'on dit : *Douleurs arthritiques, Remèdes arthritiques*, etc.

ARTHRODIE, forme grec du mot *articulation*. Voy. ARTICULATION et ARTHRODIÉES.

ARTHRODIÉES (du grec *arthródia*, articulation), groupe de la famille des Algues, de l'ordre des Phycées, renferme des végétaux qui ressemblent assez à des Polypiers pour qu'on ne puisse encore décider si un certain nombre d'entre eux ne sont pas des animaux. M. Bory-Saint-Vincent a proposé d'en former, sous le nom de *Règne psychodiaire*, un règne intermédiaire entre le règne végétal et le règne animal. Ces animaux se composent de simples filaments formés de deux tubes, l'un extérieur et transparent, l'autre intérieur, articulé et rempli d'une matière colorante, verte, pourpre ou jaunâtre. On les a partagés en quatre tribus : les *Fragillariées*, les *Oscillariées*, les *Conjuguées* et les *Zoocarpées*. Le groupe des Arthrodiées a pour type l'*Arthrodie*, substance végétale réunie en taches verdâtres qui flottent sur les eaux douces et stagnantes.

ARTHROSPORÉS, division des *Champignons*.

ARTHROSTÈME (du grec *arthron*, articulation, et *stéma*, étamine), genre de la famille des Mélastomacées, herbe ou sous-arbrisseau de l'Amérique méridionale, remarquable par l'élégance de ses fleurs; on en cultive plusieurs espèces dans nos serres.

ARTICHAUT, en latin *Cinara*, genre de la famille des Composées, tribu des Cinarées ou Cardons, plante vivace, à la racine grosse, fibreuse, aux feuilles lancéolées, à la tige droite et rameuse, surmontée d'un calice grand, évasé, formé d'écailles superposées et charnues, qui constituent une espèce de pomme; l'intérieur est garni de poils appelés *foin*. C'est cette pomme, nommée elle-même *artichaut*, que l'on mange dans l'espèce cultivée, le *Cinara scolymus*. Les variétés les plus estimées sont : 1° l'*A. vert* ou *commun*, auquel se rapportent les sous-variétés dites *A. de Laon* et *A. camus* ou *de Bretagne*; 2° l'*A. violet*, plus allongé; 3° l'*A. rouge*, plus petit que les précédents; 4° l'*A. blanc*, dont la culture est la plus délicate. — L'artichaut craint les gelées des pays septentrionaux; comme il a de grosses et longues racines, il lui faut une terre profonde et meuble. On le multiplie de graines et d'œilletons.

L'artichaut est originaire d'Éthiopie; il se servait sur les tables des Grecs et des Romains.

Quant à l'étymologie du mot, les uns la tirent des mots celtiques *art*, épine, et *chaulx*, choux; d'autres, du mot grec *artutikè*, qu'on trouve dans Trallien, et qui paraît n'être qu'un mot arabe grécisé.

On nomme vulgairement *A. d'hiver*, le topinambour; *A. des Indes*, la patate; *A. sauvage*, la joubarbe.

ARTICLE (d'*articulus*, petit membre, jointure). On appelle ainsi, en Anatomie, toute articulation mobile. On emploie plus généralement le mot générique d'articulation; cependant, en Chirurgie, on dit encore *amputation dans l'article*, pour désigner celle que l'on pratique en coupant un membre à l'endroit où il se joint au corps. — En Zoologie, on donne ce nom aux pièces mobiles des antennes, des palpes et des tarses des animaux articulés. — En Botanique, on nomme *articles* les espaces compris entre deux nœuds, dans les Prêles, les Algues, etc.

En Grammaire, on appelle *Article* une espèce de mots sur laquelle les grammairiens sont loin d'être d'accord. L'Académie se borne à dire que *c'est celle des parties du discours qui précède ordinairement le substantif*. Les anciens grammairiens, Régnier, Desmarais, Restaut, et, d'après eux, Lhomond, disent que *c'est une particule ajoutée à un nom pour en marquer le genre et le nombre*, comme s'il ne fallait pas, au contraire, connaître le genre et le nombre d'un nom avant de savoir quel article employer. Dumarsais et Condillac ont reconnu les premiers chez nous que *l'article sert à modifier les substantifs et à indiquer quelle est l'étendue de leur signification*. On complétera cette définition en ajoutant, avec M. Thurot, que *l'article sert, avant tout, à substantifier le mot qu'il précède*, c.-à-d. à faire savoir que ce mot est pris comme exprimant une substance et non une simple abstraction.—L'article n'est point une partie essentielle du discours; ce n'est qu'une espèce d'*adjectif déterminatif*. Plusieurs langues, le latin, le persan, n'ont pas d'article. Dans celles qui le possèdent, il contribue puissamment à la clarté. — On distingue deux sortes d'articles : l'*A. indéfini*, *un*, *une*, *des*, qui désigne un être en le présentant comme inconnu ou comme indéterminé; l'*A. défini*, *le*, *la*, *les*, qui désigne un être comme déjà connu, et qui, selon les circonstances, annonce qu'il doit être pris dans toute son étendue ou dans une partie déterminée de son étendue. Plusieurs grammairiens modernes suppriment l'article indéfini, prétendant qu'il n'est jamais qu'un nom de nombre.

ARTICULATION (d'*articulus*, jointure), assemblage et mode d'union de deux os, qu'ils soient ou non mobiles l'un sur l'autre. Les articulations se distinguent en mobiles (*diarthroses*), immobiles (*synarthroses*), et mixtes (*amphiarthroses*).—Sous le nom de *diarthrose*, on comprend : 1° l'*enarthrose*, articulation d'une tête saillante dans une cavité, comme la tête du fémur dans la cavité cotyloïde; 2° le *ginglyme*, qui n'a de mouvement qu'en deux sens opposés et que l'on distingue en *ginglyme latéral*, ne permettant qu'un mouvement de rotation, comme celui de l'atlas sur l'apophyse odontoïde, et *ginglyme angulaire*, ne possédant qu'un mouvement d'un seul côté, comme celui du coude; 3° l'*arthrodie*, articulation où la cavité est peu profonde, comme l'articulation temporo-maxillaire; 4° l'*articulation serrée*, à surfaces presque planes, comme celle des os du carpe.—La *synarthrose* comprend : 1° la *suture*, qui a lieu par engrenage, comme celle des os du crâne; 2° l'*harmonie*, simple juxtaposition des surfaces, comme celle des os maxillaires supérieurs; 3° la *gomphose*, ou implantation d'une éminence dans une cavité, par exemple, celle des dents dans leurs alvéoles; 4° la *schindylèse*, implantation d'une lame osseuse dans une rainure, comme celle du vomer dans la rainure sphénoïdale. — L'*amphiarthrose* a lieu par l'intermédiaire d'une substance cartilagineuse douée d'une certaine flexibilité : telle est celle des vertèbres. — En général, on nomme *symphyse* les divers moyens d'union des os. On appelle *synchondrose*, celle qui a lieu au moyen de cartilages; *syssarcose*, celle qui a lieu au moyen de muscles; *synévrose*, celle qui a lieu au moyen de membranes, et *syndesmose*, celle qui s'effectue par des ligaments. On nomme *fausse articulation* celle qui s'établit entre les deux fragments d'une fracture ou entre les parties en contact dans une luxation : dans le 1er cas, l'articulation est dite *surnuméraire*, et dans le 2e, *supplémentaire*.— Les articulations sont sujettes à une foule de maladies, telles que plaies, entorses, diastases, luxations, ankyloses, carie, rhumatisme articulaire, goutte, hydarthrose, tumeur blanche, etc. *Voy.* ces mots.

ARTICULÉS (ainsi nommés à cause des anneaux *articulés* les uns aux autres, dont leur corps est formé), le 2ᵉ des 4 embranchements des animaux, est caractérisé par son système nerveux qui se compose : 1° d'un *ganglion cervical*, situé dans la tête et que l'on a appelé *cerveau*; 2° d'un ou de plusieurs *ganglions thoraciques*, d'où partent les filets nerveux qui se rendent dans les pattes ; 3° de *ganglions abdominaux* en nombre variable ; 4° d'un *ganglion anal* ; 5° d'une *chaîne ganglionnaire* double, qui parcourt toute la longueur du corps et unit entre eux ces divers ganglions. De plus, tous les Articulés sont à sang blanc, excepté les annélides, et présentent presque tous un squelette extérieur formé par le durcissement de la peau. Chez presque tous aussi, le corps est formé d'anneaux enchâssés les uns dans les autres et plus ou moins mobiles et rétractiles. Les articulés se divisent en quatre classes : les *Insectes*, les *Crustacés*, les *Arachnides* et les *Annélides*.

ARTIFICE (d'*artificium*, invention ingénieuse), toute composition de matières aisées à enflammer, employée soit à la guerre, soit à des réjouissances. — On nomme *feux d'artifice* des feux brillants préparés avec certaines matières très-combustibles, et destinés à charmer la vue dans les fêtes publiques ou particulières. Les matières fondamentales de toutes les compositions des feux d'artifice sont les éléments de la poudre à canon, le nitre, le soufre et le charbon, que l'on mêle avec d'autres substances destinées particulièrement à donner aux feux diverses couleurs ; telles sont : la limaille de fer, de cuivre, de zinc, les résines, la poudre de lycopode, le nitrate de strontiane, le sulfure d'antimoine, etc. Les feux rouges se font généralement avec du nitrate de strontiane, les feux blancs avec du sulfure d'antimoine, les feux bleus avec de la limaille de zinc. Les *flammes de Bengale* se font avec 7 parties de nitre, 2 parties de soufre et 1 partie de sulfure d'antimoine. Les principales formes des feux d'artifice sont : les *fusées*, les *pétards*, les *soleils*, les *marrons*, les *chandelles romaines*, les *pièces montées*, etc. — On fait aussi à la guerre un grand usage des artifices, surtout des fusées, qui servent tantôt de signaux, tantôt de moyens incendiaires; on connaît surtout les *fusées à la Congrève*. *Voy.* PYROTECHNIE. La composition des feux d'artifice, connue en Chine dès la plus haute antiquité, a suivi chez les modernes la découverte de la poudre à canon. Les plus belles inventions en ce genre sont dues aux célèbres Ruggieri, père et fils, qui, depuis le commencement de ce siècle, ont exécuté à Rome, à Paris, et dans les principales capitales de l'Europe, les plus brillants feux d'artifice.

ARTIFICIER, artisan qui confectionne les pièces d'artifice, soit de réjouissance, soit de guerre, telles que fusées, pétards, etc. — A l'armée, la confection des artifices est confiée aux artilleurs. On nomme *maître artificier* le sous-officier chargé, dans chaque régiment d'artillerie, de diriger les travaux pyrotechniques; il a le grade de maréchal des logis.

ARTILLÉRIE (que les uns dérivent de l'ital. *arte di tirare*; les autres, par épigramme sans doute, d'*ars tollendi*, art de mettre à mort; mais qui vient évidemment du vieux verbe français *artiller*, employer l'*art*). Ce mot désigne à la fois les bouches à feu employées à la guerre : canons, bombes, mortiers, obusiers, etc.; l'art de les fabriquer et de les appliquer aux besoins de la guerre (*Voy.* PYROTECHNIE, BALISTIQUE) ; et le corps chargé de ce service. On distingue : *A. de terre*, *A. de mer*; *A. de siége*; *A. de campagne* (celle-ci se subdivise en *A. à pied*; *A. à cheval* ou *A. légère*; *A. de montagne*) : c'est à son artillerie de campagne, qui avait reçu de lui d'immenses développements et d'importants perfectionnements,

que Napoléon dut une grande partie de ses succès. Le corps de l'Artillerie, organisé par ordonnances des 5 août 1829 et 18 sept. 1833 et par décret du 14 févr. 1854, se compose : 1° d'un *état-major particulier*; 2° de 17 *régiments d'artillerie*, *un régiment de pontonniers*; 12 *compagnies d'ouvriers*; *une compagnie d'armuriers* (en temps de guerre seulement); 6 *escadrons du train des parcs d'artillerie*. Il y a en outre 5 *compagnies de canonniers vétérans*. — Chaque régiment d'artillerie est composé d'un état-major, de 3 batteries à cheval, 13 batteries à pied, dont 6 montées et 7 non montées (total, 16 batteries), et en temps de guerre seulement, d'un cadre de dépôt. — On distingue l'*A. à cheval*, composée de batteries à cheval, et l'*A. à pied*, composée elle-même de *batteries montées* et de *batteries non montées :* les batteries montées sont celles où les canonniers sont placés sur les coffres ou caissons; les batteries non montées (*A. à pied* proprement dite) n'ont aucune pièce avec elles, et sont destinées au service des siéges et parcs de campagne; les bouches à feu et les équipages de siége qui peuvent leur être nécessaires leur sont amenés par le train des parcs de l'artillerie. — Dans l'armée française, le nombre des bouches à feu est calculé à raison de 2 pièces par 1,000 hommes; ainsi, pour une armée de 200,000 hommes, il faut 400 bouches à feu. Les pièces attachées à chaque batterie montée sont au nombre de 6 ; un régiment a ainsi 54 pièces (canons ou obusiers). Un régiment d'Artillerie renferme, sur le pied de guerre, 2,877 hommes, dont 83 officiers; sur le pied de paix, 1,526. — L'uniforme des régiments d'Artillerie est un habit *bleu* à revers; collet, revers, passe-poils des parements et des retroussis, *bleus*; parements en pointe, retroussis, brides d'épaulettes, passe-poils du collet, des revers, *écarlates*; boutons jaunes et bombés, empreints de deux canons croisés; une grenade au-dessus et le numéro du corps au-dessous; pantalon *bleu*, avec deux bandes et passe-poils *écarlates*; shako en drap *bleu de roi*, avec galon, chevrons et ganse *écarlate*, et sur le devant duquel sont appliqués deux canons en cuivre croisés; le shako a de plus un plumet tombant, en crin, et *écarlate*. Les buffleteries sont *blanches*. Les officiers portent l'épaulette et le cordon du shako en or. L'armement des régiments d'Artillerie est le mousqueton et le sabre-poignard. — Tout ce qui intéresse le service est soumis à un *comité consultatif de l'Artillerie*, séant à Paris, composé de sept généraux de division, inspecteurs généraux de l'Artillerie, et présidé par le général de division le plus ancien de ceux qui en font partie; un officier supérieur d'artillerie en est le secrétaire. — Le corps des officiers d'artillerie eut longtemps une école spéciale. Cette école, établie d'abord à Châlons-sur-Marne, a été réunie, en 1802, à l'école du génie de Metz, sous le nom commun d'*École d'application de l'Artillerie et du Génie*. *V.* APPLICATION (École d'). Il existe en outre plusieurs écoles destinées à l'instruction spéciale des artilleurs : elles sont établies à Metz, Douai, Strasbourg, Besançon, Toulouse, Rennes, La Fère, Lyon, Bourges et Vincennes. Le nom d'*Artillerie* est antérieur dans nos armées à l'introduction des bouches à feu; il s'appliquait originairement au service des machines de guerre : on trouve dès le xɪɪᵉ siècle en France une charge de *Maître de l'Artillerie*. Le nom d'*Artillerie* fut naturellement étendu au service des bouches à feu dès qu'elles furent connues (*Voy.* CANON, POUDRE A CANON). En 1479, Louis XI créa un *Maître-général de l'Artillerie*, que François Iᵉʳ, en 1515, éleva au titre de *Grand maître de l'Artillerie*, en réunissant à cette charge celle de *Grand maître des arbalétriers*. Cette charge fut supprimée en 1755, et ses attributions réunies au ministère de la Guerre : c'est peu après, en 1758, que fut constitué le *corps* royal de l'Artillerie. — C'est à Jean Bureau, maître de l'Artillerie sous Charles VII, qu'est due l'organisation de ce service en France. Gribeauval, dans le siècle dernier, Paixhans, dans celui-ci, ont fait faire de grands progrès à cette partie de l'art militaire : le premier a donné à l'artillerie de campagne les règles qu'a suivies jusqu'à Napoléon; le deuxième a amplifié la force du canon.

Les ouvrages les plus utiles à consulter, avec ceux de ces deux auteurs, sont : le *Traité d'Artillerie théorique et pratique*, de Piobert, 1828; le *Dictionnaire d'Artillerie*, de Cotte, 1822-32; l'*Histoire de l'Artillerie*, de Brunet, 1842; le *Manuel d'Artillerie* (1836) et les *Études sur le passé et l'avenir de l'Artillerie*, du prince Louis Bonaparte, 1846 et 1851.

ARTIMON (d'*ar*, pour arrière, et *timon*), voile la plus rapprochée de l'*arrière* ou du *timon*. On nomme *mât d'artimon*, *vergue d'artimon*, le bas mât et la vergue qui supportent cette voile.

ARTISONS, ARTUSONS, insectes qui se nourrissent de matières végétales ou animales, principalement de pelleteries et de toutes sortes d'étoffes. Ces insectes appartiennent à des genres et souvent à des ordres très-différents; tels sont : l'*Anthrène*, la *Teigne*, la *Dermeste*, les *Psoques*, etc.

ARTOCARPE (du grec *artos*, pain, et *carpos*, fruit), vulgairement *Arbre à pain*, genre de la famille des Urticées, type de la tribu des Artocarpées : arbres à suc laiteux, à fleurs monoïques en chatons, tous originaires de l'Asie équatoriale, mais dont quelques-uns se trouvent en Polynésie. — L'espèce appelée *Arbre à pain (Artocarpus incisa)* est un arbre de 15 à 16 m., à cime large et touffue, qui croît naturellement aux îles de la Sonde et aux Moluques; ses fruits, qui dépassent un décimètre de diamètre, servent en effet de nourriture aux habitants; ils en préparent de plus une pâte fermentée qu'ils mangent dans la saison où l'arbre est dépourvu de fruits.—Le *Jaquier*, autre espèce de ce genre, ainsi nommé de *tjaca*, son nom malais, a les feuilles plus petites que celles de l'arbre à pain, et très-entières; ses fruits, qui atteignent près d'un mètre de longueur sur 30 à 40 centimètres de diamètre, se mangent de même. — L'*Arbre à lait* ou *Arbre à la vache (Brosimum* ou *Galactodendron utile)* fournit un suc laiteux, très-doux, dont se nourrissent les habitants de la Cordillère de Venezuela.

ARTS. *Voy.* ART et BEAUX-ARTS.

ARUM, genre type de la famille des Aroïdées à laquelle il donne son nom, est plus connu sous son nom vulgaire de GOUET. *Voy.* ce mot.

ARUNDINACÉES (du genre type *Arundo*), tribu de la famille des Graminées, renfermant les genres *Arundo* (Roseau), *Calamagrostis*, *Pentapogon*, *Ampelodesmos*, *Gynerium*, *Phragmites*.

ARUNDINAIRE (d'*arundo*, roseau), genre de la famille des Graminées, tribu des Avénacées, a pour type l'*A. macrosperme*, graminée arborescente et presque gigantesque de l'Amérique du Nord, dont les chaumes ligneux atteignent jusqu'à 12 et même 15 m.

ARUNDINE, genre de la famille des Orchidées, originaire des Indes Orientales, est une plante terrestre, non parasite, à fleurs de couleur purpurine, grandes et disposées en grappe.

ARUNDO (non latin du Roseau), genre de la famille des Graminées, ayant pour type l'*Arundo donax*, vulgairement *Canne de Provence*, originaire des parties orientales de l'Europe; remarquable par ses tiges élevées, qui atteignent quelquefois jusqu'à 5 m., ses feuilles larges lancéolées, ses épillets multiflores et son fruit glabre. L'Arundo est cultivée dans le midi de la France; sa racine est employée en médecine comme sudorifique; ses tiges servent à faire des manches de quenouilles, des échalas, des cannes, des manches de lignes.

ARUSPICES (d'*ara*, autel, et *inspicio*, observer),

ministres de la religion chez les Romains, inférieurs aux *augures*, étaient chargés de tirer des présages de l'observation des victimes. *Voy.* AUGURES.

ARYTÉNOÏDE (du grec *arytaina*, entonnoir, et *eidos*, forme), nom de deux petits cartilages situés en haut et en arrière du larynx, au-dessus du cartilage cricoïde. Ils ont la forme d'une pyramide triangulaire un peu contournée sur elle-même; ils sont unis entre eux par leur face postérieure au moyen du *muscle aryténoïdien*, les *glandes aryténoïdiennes* ont la forme d'un L, et sont logées dans le repli que forme la membrane muqueuse en se portant de l'épiglotte aux cartilages aryténoïdes; elles sont formées par une agglomération de petits grains fermes et de couleur grise rougeâtre; elles sécrètent un mucus qui enduit le larynx.

AS, chez les Romains, désignait : 1° toute unité, 2° l'unité de poids, 3° l'unité de monnaie.

1°. *As* pouvait se dire d'une unité quelconque considérée comme divisible, comme la livre, le setier, le jugerum, etc.; dans les successions, ce mot désignait l'héritage tout entier : *hæres ex asse* signifiait l'héritier de tout l'*as*. L'as, quelle que fût la nature de l'unité qu'il représentait, se divisait en 12 parties ou *onces (unciæ)*. Les fractions de l'as étaient le *deunx*, valant 11 onces; le *dextans*, 10 onces; le *dodrans*, 9; le *bes*, 8; le *septunx*, 7; le *semis* ou *semissis*, 6; le *quincunx*, 5; le *triens*, 4; le *quadrans* ou *teruncius*, 3; le *sextans*, 2; le *sexcuncia* ou *sescunx*, 1 once 1/2; et enfin l'*once*.

2°. L'*as* ou livre romaine, *libra*, unité de poids, valait de nos poids 327 grammes 187 milligr.

3°. L'*as*, monnaie, *æs*, *assipondium* ou *libella*, fut d'abord une masse de cuivre du poids d'une livre, sans effigie. Servius Tullius est le premier roi qui y ait substitué une monnaie. Les multiple de l'*as* étaient le *dupondius* (2 as), le *quatrussis* (4 as); les sous-multiples : le *semissis* (demi-as), le *triens* (tiers d'as). L'as, réduit à 2 onces en 264 avant J.-C., le fut à 1 once en 217 et enfin à une demi-once en 191. Jusqu'en 264 avant J.-C., l'as valut 8 centimes de notre monnaie. Depuis cette époque, il ne valut plus guère que 5 centimes. Cette monnaie fut remplacée par le *sesterce (Voy.* ce mot) lorsque les monnaies devinrent communes à Rome.

C'est de l'*as*, nom romain de l'unité, qu'est venu le nom donné, dans nos jeux, au point unique marqué sur une carte ou sur l'un des côtés d'un dé, ainsi qu'à la carte qui porte ce point. Elle vaut, selon les jeux, un ou onze. — Au jeu de la bouillotte, on appelle *as percé* (par corruption de l'italien *asso per se)*, l'as qui se trouve seul de sa couleur.

AS QUI COURT, jeu de cartes dans lequel l'*as*, étant la plus basse carte, est passé par celui qui l'a reçu à son voisin, qui tâche de s'en débarrasser de même en le donnant à un autre. Celui entre les mains de qui il reste perd et paye.

ASARET (du nom latin *asarum*), genre de la famille des Aristolochiées : herbes vivaces, souvent acaules, à rhizome rampant et à feuilles réniformes. Toutes possèdent un principe âcre et purgatif, l'*Asarine*, isolée par MM. Blanchet et Sell. L'*A. d'Europe*, appelé aussi *Oreillette*, *Cabaret*, *Nard sauvage*, paraît être un excellent succédané de l'ipécacuanha. Sa racine, desséchée et réduite en poudre, est un violent sternutatoire. L'*Asarum virginicum* et l'*A. arifolium* se cultivent comme plantes d'agrément. L'*A. rotundifolium* est le *Baccar*, que les anciens recherchaient pour tresser les couronnes.

ASBESTE (du grec *asbestos*, incombustible), substance minérale à fibres roides, cassantes, composée en grande partie de silicate de chaux et de magnésie, renfermant, en proportions diverses, les éléments de la trémolite, de l'actinote et souvent mélangée de serpentine et de diallage. Les dépôts de serpentine présentent souvent des fissures remplies de ces matières, tantôt à fibres roides, tantôt à fibres fines et souples comme de l'étoupe de soie. Les premières sont l'*asbeste*, et les autres l'*amiante*. Toutes deux sont célèbres pour leur incombustibilité. *V.* AMIANTE.

ASCALABOTE (d'*ascalabos*, nom grec du gecko), genre de Lézards, dont le gecko du midi de l'Europe est l'espèce la plus anciennement connue.

ASCARIDES (en grec *ascaris*), genre de vers de l'ordre des.Intestinaux cavitaires de Cuvier : corps rond, aminci aux deux extrémités; bouche garnie de trois papilles charnues, entre lesquelles sort de temps en temps un tube très-court. On trouve des espèces de ce genre dans le corps de toutes sortes d'animaux. L'espèce appelée *A. lombrical* se montre dans l'homme, dans le cheval, dans l'âne, le zèbre, le bœuf, le cochon. Ce ver est blanchâtre ; il séjourne habituellement à la surface du canal intestinal, et donne lieu souvent à des maladies graves. Il atteint près de 50 centim., et se multiplie quelquefois étrangement. L'*A. vermiculaire*, que l'on trouve souvent chez les enfants dans certaines maladies, n'a qu'un centimètre de longueur. Pour les moyens de combattre ces vers, *Voy.* VERS INTESTINAUX et VERMIFUGES.

ASCENDANT se dit, en Astronomie, de tout ce qui se meut en *montant* au-dessus de l'horizon : ainsi on nomme *astres ascendants* les astres qui montent sur l'horizon dans quelque parallèle à l'équateur ; *nœuds ascendants* d'une planète, les points où elle traverse l'écliptique, en allant du midi au nord. — Les *signes ascendants* sont ceux que parcourt le soleil quand il s'éloigne de plus en plus sur l'horizon : ce sont les trois premiers et les trois derniers du zodiaque, le *Bélier*, le *Taureau*, les *Gémeaux* ; le *Capricorne*, le *Verseau*, les *Poissons*. Les autres signes sont dits *descendants*. — En Mathématiques, on appelle *progression ascendante* celle dont les termes vont en croissant. — En Anatomie, les *vaisseaux ascendants* sont les vaisseaux qui portent le sang des parties inférieures aux parties supérieures du corps. L'*artère ascendante* est le tronc supérieur de l'aorte. On appelle *veine cave ascendante* celle qui porte le sang des parties inférieures au cœur. — En Botanique, on nomme *collet ascendant* le collet qui, en se développant, s'élève avec la plumule, et porte les cotylédons à la lumière; *étamines ascendantes*, celles qui se portent vers la partie supérieure de la fleur; *graine ascendante*, celle dont le hile, à peu près de niveau avec le placenta, est situé un peu au-dessus du point le plus bas de la graine, dans la loge du péricarpe; *lèvre ascendante*, la lèvre supérieure d'une corolle labiée, qui se relève par son extrémité; *pétales ascendants*, ceux qui se dirigent vers le sommet de la partie qui les porte; *style ascendant*, celui qui, dans une fleur irrégulière, s'écarte de l'axe pour se porter vers la partie supérieure; *tige ascendante*, celle qui se dresse vers le ciel, après avoir marché horizontalement.

ASCENDANTS. En termes de Généalogie, ce sont tous les parents qui sont au-dessus de nous, en ligne directe ou indirecte.—La plupart des obligations imposées par la loi aux ascendants et aux descendants sont réciproques : telle est celle de se fournir des aliments, tel est le droit de successibilité; mais il en est qui n'appartiennent qu'aux ascendants : tel est le droit de ceux-ci de former opposition au mariage de leurs enfants ou descendants.

ASCENSION se dit, en Astronomie, de l'arc de cercle mesuré sur l'équateur, et compris entre le point équinoxial et le point de l'équateur, qui se lève en même temps qu'une étoile ou qu'une planète. L'*ascension droite* d'un astre est l'arc de l'équateur, compté dans l'ordre des signes, depuis le commencement du Bélier jusqu'au point où il est coupé par le méridien de cet astre, ou, ce qui est la même chose, c'est l'arc équatorial compris entre le point équinoxial et le point de l'équateur qui

passe au méridien en même temps que l'astre. L'*ascension oblique* d'un astre est l'arc de l'équateur compris entre le premier point du Bélier ou le colure des équinoxes, et le point de l'équateur qui se lève en même temps que l'astre; elle est plus ou moins grande suivant la différente obliquité de la sphère, tandis que cette obliquité n'exerce aucune influence sur l'ascension droite. La différence entre ces deux ascensions se nomme la *différence ascensionnelle*. La position d'un astre est entièrement déterminée sur la voûte céleste lorsque son ascension droite est connue, ainsi que la distance où il se trouve de l'équateur au moment de son passage au méridien : l'arc du méridien qui mesure cette distance se nomme *déclinaison* de l'astre. L'ascension droite et la déclinaison sont, pour un astre, la même chose que la longitude et la latitude pour un lieu terrestre.

ASCENSION (en aérostat). *Voy.* AÉROSTAT.

ASCENSION, fête religieuse. *Voy.* le *Dict. univ. d'Hist. et de Géogr.*

ASCÈTES (en grec, *ascétès*, du verbe *askéô*, s'exercer *à la piété*), nom donné, dans les premiers temps de l'Eglise, aux solitaires qui se consacraient aux exercices de la piété, surtout à l'oraison et à la mortification. Dans la suite, on a donné ce nom à tous les religieux, cénobites ou solitaires. Les *Ascètes* s'imposaient des jeûnes extraordinaires, s'exerçaient à porter le cilice, à marcher nu-pieds, à se priver de sommeil; ils avaient de fréquentes extases. La *vie ascétique* fut surtout commune en Orient : de saints évêques, de savants docteurs, entre autres, Origène, S. Basile, l'avaient menée. S. Basile a composé des exercices spirituels pour la vie religieuse, sous le nom d'*Ascétiques*. — On appelle encore *ascétique* tout ce qui a rapport à une vie retirée et contemplative ; *ascétisme*, la disposition à se livrer exclusivement et avec exaltation à la vie ascétique : en ce sens, sainte Thérèse offre le type de l'ascétisme.

ASCIDIE (du grec *ascidion*, petite outre), dite aussi *Outre de mer*, genre de Mollusques acéphales à test gélatineux, coriace ou même encroûté de sable, que l'on a quelquefois confondu avec une coquille bivalve. Ce genre renferme des animaux marins longs de 10 à 30 centim., qui ont le manteau très-épais, en forme d'outre, fermé de toutes parts, excepté à deux orifices. Les Ascidies sont d'un roux cendré, blanc ou orangé, avec des orifices rouges; elles sont privées de la faculté de marcher ; elles se fixent aux rochers et aux autres corps. Elles lancent de l'eau par un de leurs orifices sur ce qui les inquiète. On les trouve dans toutes les mers. Quelques espèces se mangent.

ASCIDIÉES (du grec *ascidion*, petite outre), se dit, en Botanique, des feuilles terminées par une sorte de vase, comme celles du *Népenthe distillatoire*.

ASCIDIENS ou TUNICIERS LIBRES. Lamarck nomme ainsi le deuxième ordre de la classe des Mollusques Tuniciers, renfermant les Téthyes et les Thalides. — Dans la méthode de Cuvier, ce groupe répond au genre *Ascidie*. *Voy.* ce mot.

ASCIENS (de *a* priv., et *skia*, ombre), habitants du globe terrestre qui, en certains temps de l'année, n'ont point d'ombre : tels sont les habitants de la zone torride, parce que le soleil est, à certains jours, verticalement au-dessus de leurs têtes.

ASCITE (du nom grec *ascitès*, enflé, dérivé d'*ascos*, outre), hydropisie abdominale, provenant d'un amas de sérosité dans la cavité du péritoine. Elle a les mêmes causes que les autres espèces d'hydropisie, et est soumise au même traitement. Quand l'ascite est ancienne et la distension du ventre considérable, le mal est incurable.

ASCLÉPIADE (d'*Asclepias*, nom grec d'Esculape), genre type des Asclépiadées, section de la famille des Apocynées : herbes vivaces à feuilles opposées ou verticillées; calice et corolle quinquépartis et couronne staminale quinquéphylle. Plusieurs espèces se cultivent comme plantes d'agrément. L'*A. de Syrie*, indigène de l'Asie, porte les noms de *Plante à soie*, *Apocyn à ouate soyeuse*, *Coton sauvage*, parce que ses fruits, en forme de gousses allongées, sont remplis de graines surmontées d'aigrettes nombreuses d'une grande finesse, tenant à la fois de la soie et du coton. On s'en sert pour ouater les vêtements, garnir les matelas, coussins et meubles, fabriquer des couvertures. Cette plante est cultivée en grand aux États-Unis et en Silésie, où elle remplace le chanvre.

ASCLÉPIADE (VERS), vers lyrique des anciens, ainsi nommé du poëte Asclépiade, son inventeur. Il se compose de douze syllabes, que l'on peut scander de deux manières : un spondée, deux choriambes et un iambe ; ou bien, un spondée, un dactyle et une césure, puis deux dactyles. Toute la première ode d'Horace est en vers asclépiades :

Mēcē̄ | nās ătăvīs | ĕdītĕ rē | gĭbūs.

ou Mēcē̄ | nās ĕ̆d | vīs | ĕdītĕ | rēgĭbūs.

ASCLÉPIADÉES, grande section de la famille des Apocynées, renferme des plantes à suc laiteux et corrosif, frutescentes ou herbacées, garnies de feuilles simples et entières, de fleurs à un seul pétale, disposées en ombelles, et de fruits composés de deux follicules oblongs, contenant des semences garnies d'une aigrette soyeuse. M. R. Brown en a fait une famille, qu'il subdivise en six tribus : *Asclépiadées vraies*, *Céropégiées*, *Gonolobées*, *Oxypétalées*, *Périploceées* et *Sécamonées*. Les Asclépiadées vraies renferment les genres *Asclépias*, *Otaria*, *Cynanchum*, *Vincetoxicum* (Dompte-venin), etc.

ASELLE, crustacé. *Voy.* ASELLIDE.

ASELLIDES (du latin *asellus*, petit âne, sans doute parce que la forme aplatie de leur dos permet de les charger de petits fardeaux), famille de Crustacés isopodes, renfermant des animaux assez semblables aux cloportes, et nommés *aselles*. Ils ont un corps oblong, déprimé, et une queue d'un seul article fort grand et arrondi, portant deux appendices fourchus, composés d'une tige déliée, cylindrique. L'*A. vulgaire* est très-commun en France, dans les eaux douces et stagnantes. Sa couleur est cendrée ; sa longueur de 13 à 15 millim. sur une largeur de 4 à 6.

ASILE (du grec *asylon*, dérivé d'*a* priv., et de *sulaō*, piller, forcer : qui ne peut être forcé, inviolable), lieu de refuge et de sûreté pour les criminels, d'où il n'était pas permis de les arracher. Chez les anciens, les temples, les statues des dieux, les tombeaux, les autels, jouissaient du droit d'asile ; toutefois, ce droit ne fut pas toujours respecté : ainsi, les Lacédémoniens arrachèrent Pausanias du temple de Minerve. — Cette coutume passa du paganisme au christianisme. Au moyen âge, les églises, puis tout ce qui faisait partie du domaine ecclésiastique, furent des asiles ; ce droit, introduit sous Constantin, avait encore été étendu, par un décret de Théodose le Jeune, en 431, et plus tard, par le concile de Tolède. Les plus célèbres asiles, au moyen âge, furent, en France, les églises de Notre-Dame de Paris et de St-Martin de Tours ; en Angleterre, Beverley. Le droit d'asile ayant donné lieu à de graves abus par l'impunité qu'il assurait aux criminels, le pouvoir temporel travailla constamment à le restreindre : Louis XII supprima plusieurs asiles dès 1500, et François Ier, en 1539, abolit le droit d'asile en France. Cependant, jusqu'en 1789, ce droit se maintint à Paris pour la maison royale et pour l'hôtel du grand prieur de Malte (le Temple). Le droit d'asile n'existe plus aujourd'hui en Europe que pour les hôtels des ambassadeurs et autres ministres ou agents politiques à l'étranger : il s'étend à toutes les personnes attachées à leur service ; mais ce droit ne va pas jusqu'à couvrir les criminels indigènes, pour lesquels l'extradition est autorisée par les traités.

Le nom d'*asile* est consacré aujourd'hui à dénommer des établissements spéciaux de bienfaisance qui servent de retraite à des infirmes, des vieillards, notamment l'*Asile de la Providence*, à Paris, fondé en 1804 pour les vieillards ou infirmes des deux sexes par M. et Mme Micault de Vieuville. Soixante personnes y sont logées, nourries et soignées.

ASILE (SALLES D'), établissements destinés à recueillir et à mettre à l'abri de l'abandon les enfants en bas âge auxquels des parents pauvres et travaillant en journée ne sauraient donner les soins et la surveillance nécessaires : on les a nommés un moment en 1848 *Écoles maternelles*. On y reçoit les enfants de 2 à 6 ans ; on leur donne les premiers principes de l'éducation, et on leur fait faire certains exercices proportionnés à leur âge et propres à les distraire ou à les instruire. La direction de chaque asile est généralement confiée à des femmes, laïques ou religieuses, quelquefois à un ménage. — La création de ces utiles établissements appartient à une Française, Mme Pastoret, qui, émue de pitié à la vue d'enfants abandonnés, fonda en 1801, à ses frais, la première salle d'asile à Paris (rue Miromesnil). Déjà, cependant, quelque chose d'analogue avait été tenté dans les Vosges, au Ban de la Roche, par le pasteur Fr. Oberlin. Peu encouragées en France, les *salles d'asile* furent mieux accueillies à Genève, d'où elles se répandirent par toute la Suisse, puis en Angleterre ; c'est de là qu'elles nous revinrent avec quelques perfectionnements. M. Cochin établit en 1828 un asile modèle dans le 12e arrondissement de Paris (rue St-Hippolyte). Ce n'est cependant que beaucoup plus tard que les *salles d'asile* furent élevées au rang d'une institution publique : elles furent organisées par une ordonnance du 22 déc. 1837, rendue sur la proposition de M. de Salvandy, alors grand maître de l'Université. Enfin, elles ont pris place dans la loi du 15 mars 1850 (art. 57-59), qui a constitué l'enseignement à tous ses degrés. Aujourd'hui, il existe des *salles d'asile* dans presque toutes les localités de quelque importance ; des comités locaux, des inspectrices bénévoles, sont chargés de les surveiller ; en outre, une inspection générale a été créée pour donner à tous les établissements une direction commune ; des examens ont été établis pour l'admission des *directrices d'asile* ; une *École normale* a été fondée pour former des directrices ; des ouvrages de genres divers (recueils d'images, syllabaires, petites histoires, chants), dus, pour la plupart, à Mme Chevreau-Lemercier, déléguée générale pour l'inspection, ont été composés et appropriés aux besoins de la première enfance. — On peut consulter avec fruit le *Manuel des salles d'asile* de M. Cochin ; le *Guide des salles d'asile* de M. Jubé de la Perrelle ; l'*Essai sur l'inspection générale des salles d'asile* de Mme Chevreau-Lemercier ; les *Conseils* et l'*Enseignement pratique* de Mlle Marie Carpantier.

ASILIQUES (du latin *asilus*, nom du genre type), tribu d'insectes de la famille des Tanystomes, ordre des Diptères : tête déprimée, trompe peu saillante, palpes petites, face barbue, yeux distants. Les asiliques sont des insectes carnassiers et très-voraces. Ils saisissent au vol d'autres insectes, les tuent en piquant avec une des pièces, dure et aiguë, de leur suçoir, et les sucent ensuite. Les grandes espèces, comme les taons, tourmentent beaucoup les bestiaux sur la fin de l'été. Cette tribu a pour type le genre *Asile*, à lèvre supérieure tronquée obliquement, à abdomen allongé, pointu, et dont le vol rapide est accompagné d'un bourdonnement assez fort. L'*A. frelon* et l'*A. cendré* se rencontrent souvent dans les lieux secs, à terre ou sur les troncs d'arbres.

ASIMINA, ASIMINIER, genre de la famille des Anonacées, composé d'arbustes et d'arbrisseaux communs à la Louisiane, dont l'écorce et les feuilles exhalent une odeur fétide lorsqu'on les broie, et dont les fruits, nommés *asimines*, sont alimentaires, quoique peu savoureux. Plusieurs se cultivent, même en France, comme arbustes d'ornement.

ASIPHONOBRANCHES (du grec *asiphôn*, privé de siphon, et *branchia*, branchies), 2e ordre des Mollusques paracéphalophores dioïques de Blainville. Ce sont ceux qui n'ont pas au-dessus de la tête, comme les siphonobranches, un canal formé par le manteau et destiné à porter l'eau sur les branchies. Ils correspondent à peu près à la famille des Trochoïdes de l'ordre des Pectinibranches de Cuvier.

ASPARAGINE, principe chimique azoté, cristallisant en prismes droits à base rhomboïdale, incolore, sans odeur, d'une saveur fraîche, et contenant $C^8H^8N^2O^6 + aq$. Il a été découvert en 1805 dans les asperges par Vauquelin et Robiquet; on l'a rencontré depuis dans la racine de guimauve (où il a pris le nom d'*althéine*), la belladone, les betteraves, la grande consoude, etc.

ASPARAGINÉES (du latin *asparagus*, nom du genre qui en est le type), famille de plantes monocotylédones à étamines périgynes, de Jussieu, composée de plantes vivaces, herbacées ou sous-frutescentes; fleurs accompagnées de spathes, calice pétaloïde à 6 divisions, 6 étamines alternant avec ces divisions, ovaire supère à un ou plusieurs styles; fruit formant une baie ou une capsule.—Les Asparaginées de Jussieu ont été démembrées par les botanistes modernes. Plusieurs genres ont été réunis aux Asphodèles, d'autres aux Smilacées, et le reste, sous le nom d'*Asparagées*, forme actuellement une simple tribu de la famille des Liliacées. Cette tribu renferme les genres *Asparagus* (asperge), *Dracæna*, *Cordyline*, *Dianelle*, *Œdera* et *Taetsia*.

ASPARTIQUE (ACIDE), acide organique, cristallisé en feuillets blancs, et qu'on obtient par la métamorphose de l'asparagine. Il renferme $C^8H^6NO^7$,HO.

ASPECT. On nomme ainsi, en Astronomie, la situation des astres les uns par rapport aux autres. L'aspect prend le nom de *conjonction* quand l'angle de deux planètes est de 0o; il est *sextil* quand il est de 60o; *quartil*, de 90o; *trine*, de 120o; il s'appelle *opposition* quand cet angle est de 180o. Les astrologues faisaient de ces divers aspects les fondements de leurs prédictions, et distinguaient les *A. bénins* ou de bon augure, et les *A. malfaisants*.

ASPERGE (du grec *asparagos*, asperge), genre type de la famille des Asparaginées, plante vivace, feuilles en général petites et sétacées, fleurs petites et jaunâtres, calice tubuleux ou subcampaniforme, ovaire à trois loges contenant chacune deux ovules, baies globuleuses, presque sphériques. L'espèce la plus utile est l'*A. officinale*, dont les jeunes pousses, ou *turions*, sont un mets très-recherché. L'asperge aime un sol léger et substantiel. Comme la racine de l'asperge tend toujours à se rapprocher de la surface de la terre, on la plante dans des fossés séparés par des ados, et chaque année on la recouvre de terre pour qu'elle prenne du corps. A la troisième année, on commence à couper les plus grosses pousses pour les manger. Les tiges qu'on laisse monter sont hautes de 80 centim. à 1 mètre. Leurs feuilles linéaires leur donnent l'apparence des arbres verts, et leurs fleurs verdâtres font place à de petits fruits rouges de brique, un peu plus gros que la groseille. On multiplie les asperges soit par semis, soit par *griffes* ou pieds que l'on repique. Tout le monde sait que l'asperge communique aux urines une odeur fétide: quelques gouttes de térébenthine la changent promptement en odeur de violette.

En Médecine, la racine d'asperge est recommandée comme apéritive et diurétique. Les jeunes pousses exercent une action sédative sur la circulation et particulièrement sur les mouvements du cœur. On en prépare un sirop connu sous le nom de *sirop de pointes d'asperges*.

ASPÉRIFOLIÉES (d'*asper*, rude, et *folium*, feuille, à cause des aspérités dont les feuilles sont couvertes), nom sous lequel Linné désignait les plantes appelées plus tard Borraginées. Ce nom a été conservé pour un sous-ordre de cette famille, divisé en deux tribus, les *Ehrétiées* et les *Borraginées vraies*.

ASPÉRULE (en latin *asperula*, diminutif d'*asper*, rude), genre de la famille des Rubiacées, renfermant des plantes herbacées, utiles et agréables à la fois. L'*A. rubéole* donne par sa racine une couleur rouge aussi belle que celle de la garance. Elle se trouve dans les terres en friche; on la nomme *Herbe à l'esquinancie*, parce que ses infusions guérissent cette maladie. L'*A. bleue* fournit aussi une bonne couleur pour la teinture. L'*A. odorante*, dite aussi *Reine* ou *Muguet des bois*, aux fleurs blanches, répand une odeur douce et agréable; on la trouve dans les bois humides. On la prend en infusion théiforme; mêlée au vin, elle lui donne un goût agréable.

ASPHALTE (du grec *asphaltos*, bitume), dit aussi *Bitume de Judée*, *Poix minérale scoraciée*, *Karabé de Sodome* et *Baume de momie*, bitume solide, d'un noir brillant, dur et cassant comme la résine, mais insoluble dans l'alcool, et fusible à plus de 100o. Son nom lui vient du lac Asphaltite (*Mer Morte*), en Syrie, sur les eaux duquel il surnage et où on le recueille de temps immémorial. Les Egyptiens s'en servaient pour les embaumements (d'où le nom de *Baume de momie*); les Babyloniens en enduisaient les briques dont ils construisaient leurs édifices; les Romains recouvraient d'une couche légère d'asphalte les statues qu'ils voulaient préserver des injures de l'air; les modernes le font entrer dans la composition de certains vernis.

Dans le commerce, on étend le nom d'*Asphalte* à une autre espèce de bitume, le *Bitume glutineux* ou *Pétrole tenace* (*malthe* et *pissasphalte* des minéralogistes), substance molle, glutineuse, durcissant par le froid, se ramollissant par la chaleur. Cette espèce d'asphalte est très-abondante en Europe et en Asie, notamment en France, en Suisse (à Neufchâtel), en Bavière, en Hongrie, en Galicie; la France possède plusieurs localités où il découle, soit du calcaire, soit de l'argile, soit du grès, soit aussi de quelques roches volcaniques : à Gabian (Hérault), à Seyssel, près du Rhône (Ain), au Puy-de-la-Pége, près de Clermont (Puy-de-Dôme), etc. Ce bitume sert à enduire les cordages et le bois qui doivent servir dans l'eau, à goudronner les toiles, à préserver de l'humidité les plâtres et les constructions en maçonnerie; mêlé avec le sable, il acquiert une grande consistance et sert à faire des enduits pour recouvrir les terrasses, les trottoirs et même les routes; il remplace avec économie les tuiles et le zinc pour la couverture des bâtiments; enfin, il entre dans la composition des vernis noirs et même de la cire à cacheter.

ASPHODÈLE (du grec *asphodélos*, sorte de lis), genre type de la famille des Asphodélées; plante herbacée et vivace, à racine fasciculée, à tige gracieuse et élancée, donnant de belles fleurs en grappes, tantôt jaunes, tantôt blanches, à 6 étamines insérées à la base des pétales, et dont les filets dilatés forment une sorte de voûte qui recouvre l'ovaire. L'*A. jaune*, vulgairement appelée *Bâton de Jacob*, et l'*A. rameuse*, ou *Bâton royal*, à fleurs blanches marquées de lignes roussâtres, sont les espèces les plus recherchées pour l'ornement des parterres. L'asphodèle est commune en France et en Italie; ses tubercules charnus présentent aux bestiaux une nourriture saine. Le bulbe de l'Asphodèle a été employé contre la gale. — Chez les anciens, l'Asphodèle était une plante sacrée qu'on entretenait autour des tombeaux comme le mets le plus agréable aux morts. Elle était aussi, selon Théophraste, le gage des amours.

ASPHODÉLÉES, famille de plantes monocotylédones à étamines périgynes, de Jussieu, ayant pour type l'Asphodèle, est réunie aujourd'hui par la plupart des botanistes à celle des Liliacées, dont elle ne se distingue guère que par son port, sa racine fibreuse, ses feuilles linéaires et ses fleurs en grappes simples ou ramifiées. Genres principaux : *Asphodèle*, *Muscari*, *Hyacinthe*, *Scille*, *Ornithogalle*, *Ail*, *Hémérocalle*.

ASPHYXIE (en grec *asphyxia*, d'*a* privatif, et *sphyxis*, pouls : privation du pouls), état de mort apparente, provenant primitivement de la suspension des phénomènes respiratoires, et amenant par suite celle des fonctions cérébrales, de la circulation, ainsi que des autres fonctions, enfin la mort réelle. On distingue : *A. par submersion*, celle des noyés ; *A. par strangulation* ou *par suffocation* ; *A. par des gaz non respirables* (gaz azote, hydrogène, protoxyde d'azote, oxyde de carbone, air atmosphérique non renouvelé, hydrogène carboné) ; *A. par des gaz délétères* (vulgairement *plomb* des fosses d'aisances, *méphitisme*), tels que la vapeur de charbon, celle des cuves de raisin et des liquides en fermentation, les gaz des marais ou des mines de charbon de terre ; *A. par la foudre, par le froid* ; enfin, *A. des nouveau-nés*. —Dans cet état, la mort est le résultat de la non-conversion du sang veineux en sang artériel ; le premier exerçant sur les organes une action stupéfiante. Pour combattre l'asphyxie ; il faut éloigner d'abord les causes du mal ; exposer le malade à l'air libre, le dépouiller de ses vêtements ; réveiller l'action des poumons par des odeurs fortes, y insuffler de l'air ; administrer, s'il se peut, de l'eau vinaigrée, des lavements irritants, des frictions sèches ou aromatiques, des aspersions froides ; on pratiquera, selon que l'exigeront les circonstances, une saignée du bras, du pied ou de la jugulaire ; l'électricité et le galvanisme ont souvent réussi. Au reste, le succès dépend surtout de la prompte application du remède. Une *Instruction* rédigée par ordre de l'Administration, approuvée par le Conseil de salubrité le 19 juin 1835, et affichée dans chaque corps de garde, indique les secours à donner aux noyés et asphyxiés ; en outre, une boîte de secours doit être déposée dans les mêmes lieux.

ASPIC (du grec *aspis*, tiré lui-même de *spidzô*, distendre), nom qui a servi, chez les anciens, à désigner plusieurs sortes de serpents, principalement la *Vipère haje*, ou *A. de Cléopâtre*, qui possède, en effet, la faculté de distendre et de gonfler son cou. Cette espèce se trouve en Égypte. Elle tire son nom de ce que la reine Cléopâtre, craignant de servir au triomphe d'Auguste après la bataille d'Actium, s'en fit apporter une dans une corbeille de figues, et se fit piquer par elle au sein. La morsure de cette vipère, quoique promptement mortelle, passait pour ne causer aucune douleur. Galien rapporte qu'à Alexandrie, pour abréger le supplice des criminels, on les faisait piquer à la poitrine par cet aspic. Aujourd'hui les jongleurs savent, en lui pressant la nuque avec le doigt, le faire tomber dans une sorte de catalepsie qui le rend immobile et roide comme un bâton.—Les modernes ont, comme les anciens, appliqué le nom d'aspic à des espèces fort différentes : ainsi, l'on a l'*A. de Lacépède* (*Vipera ocellata*), et l'*A. de Linné* (*Coluber aspis*). Toutefois, c'est à cette dernière, qui n'est qu'une variété de la vipère commune (*Vipera berus*), que l'on conserve plus spécialement le nom d'aspic. On la connaît même sous ce nom dans les campagnes. Elle est brune ou roussâtre, et porte sur le dos une double rangée de taches noires transversales qui toutes ensemble forment une bande ployée en zigzag. On trouve cet aspic dans la forêt de Fontainebleau et même aux environs de Paris. Sa morsure passe pour plus dangereuse que celle de la vipère grise. *Voy.* VIPÈRE.

ASPIC, en Botanique, est le nom vulgaire d'une espèce de Lavande (*Lavandula spica*). — L'*huile d'Aspic* est une substance liquide, volatile, transparente, aromatique, de saveur âcre, que l'on obtient par la distillation des fleurs de cette lavande. Elle est employée en médecine et dans l'art vétérinaire ; elle sert aussi pour la préparation de certains vernis. Elle est très-inflammable et dissout très-bien la sandaraque ; ce qui permet de reconnaître la fraude, lorsque cette huile est falsifiée. Les pêcheurs en recouvrent l'appât de leurs lignes pour faire mordre le poisson.

ASPIC, dans l'Art culinaire, est le nom d'une espèce d'entrée qui se compose de filets de volaille, de gibier ou de poisson, renfermés avec des truffes, des crêtes, des œufs durs et des tranches de cornichons, dans une masse de gelée translucide, à laquelle on donne une forme élégante au moyen d'un moule.

ASPICARPA (du grec *aspis*, écusson, et *carpos*, fruit), genre de la famille des Malpighiacées, curieux en ce qu'il porte deux sortes de fleurs : les unes *normales*, disposées en ombelles, portées sur de longs pédoncules, et formées d'un calice quinquéparti, ayant 2 glandes à sa base, d'une corolle à 5 pétales, de 5 étamines, de 3 ovaires et d'un style ; les autres *anormales*, très-petites, verdâtres, presque sessiles, situées à l'aisselle des feuilles, et formées d'un calice qui est aussi quinquéparti, mais sans glandes, sans corolle, et avec 2 ovaires sans style. Le nom d'*Aspicarpa* est tiré de la forme des fruits, qui a quelque analogie avec celle d'un écusson : ce sont des carpelles indéhiscents garnis de trois crêtes, une au milieu et deux sur les côtés. Les deux espèces que l'on connaît sont deux sous-arbrisseaux du Mexique ; on les cultive dans nos serres.

ASPIDIÉES (du grec *aspis*, bouclier, et *eidos*, forme), tribu de la famille des Fougères, section des Polypodiacées, distinguée à ses groupes de capsules arrondies ou ovales, recouvertes d'un tégument réniforme et situées sur les nervures ou à leur extrémité. Cette tribu a pour type le genre *Aspidie*, où se trouve la *Fougère femelle*, commune dans tous nos bois. Elle comprend de plus les genres *Polystichum* et *Nephrodium*.

ASPIDOPHORE (du grec *aspis*, bouclier, et *phoros*, porteur), genre de la famille des Percoïdes, poisson des mers du Nord qui a les joues et tout le corps cuirassé (d'où son nom). Une petite espèce d'aspidophores s'avance jusque dans la Manche, où elle est assez abondante.

ASPIRANT DE MARINE, nom donné au commencement de la Révolution à un officier placé immédiatement au-dessous de l'enseigne ; on le nommait auparavant *garde-marine*. Le titre d'*aspirant* fut remplacé sous l'Empire par celui de *sous-lieutenant de marine*, et sous la Restauration par celui d'*élève de marine* ; il a été depuis rétabli ; on distingue des aspirants ou élèves de 1re et de 2e classe.

ASPLÉNIACÉES (d'*asplenium*, nom du genre type), tribu de la famille des Fougères, section des Polypodiacées, caractérisée par ses groupes de capsules linéaires, situées le long des nervures secondaires, et par le tégument qui les recouvre, inséré aux nervures d'un côté et libre de l'autre. Le genre *Asplénie* renferme le *Polytric* des murs humides, que l'on emploie pour remplacer le capillaire, et la *Rhizophylle* des États-Unis, dont les frondes simples et lancéolées se terminent par un appendice linéaire qui s'enfonce en terre et y prend racine. Les autres genres sont la *Scolopendre* et le *Blechne*.

ASPRE, monnaie de compte de Turquie, dont 80, 100 ou 120 font, selon les temps et les pays, 40 *paras* ou une piastre de 2 francs, la valeur de l'aspre ayant varié par suite de l'altération des monnaies. L'aspre de Turquie et de Tunis ne vaut que 2 cent. 1/2 ; l'aspre d'Alger vaut moins d'un centime.

ASPRÈDE, genre de poissons de la famille des Silures de Cuvier, se distingue par l'aplatissement de la tête, qui est énorme en proportion du corps. On le trouve surtout dans les fleuves de l'Inde.

ASSA FŒTIDA (du persan *asa*, résine, et du latin *fœtida*, fétide), gomme-résine qui découle de la plante appelée *Ferula assa fœtida*, a une saveur et une odeur fétides, analogues à celles de l'ail, dues particulièrement à une huile essentielle sulfurée. Elle croît dans la Perse et dans l'Indoustan. On l'exporte du golfe Persique à Bombay et à Calcutta, d'où on l'expédie en Europe. Elle arrive en masses irrégulières, emballées dans des nattes, en barils ou en caisses; cette dernière forme est celle qui contient la meilleure qualité. Elle s'emploie en médecine, le plus souvent sous forme de pilules ou de teinture, comme antispasmodique et comme excitant. Les Asiatiques aiment son odeur, et sa saveur et s'en servent comme assaisonnement; aussi, tandis que les Européens appellent l'assa *stercus diaboli*, ceux-là la nomment *délices des dieux*, et en assaisonnent presque tous leurs aliments.

ASSAISONNEMENTS (de *saison*, parce que autrefois on disait, en Agriculture, *assaisonner la terre* pour la préparer et la fumer selon les saisons), substances destinées à relever la saveur des aliments, et à faciliter la digestion. Les assaisonnements peuvent être empruntés aux trois règnes de la nature : au règne minéral (sel, nitre); au règne végétal (vinaigre, acide citrique, cannelle, muscade, girofle, gingembre, ail, oignon, estragon, poivre, piment, vanille, sucre, huile, champignon, truffe, etc.); plus rarement au règne animal (graisse, beurre, lait, fromage, miel, saumure, etc.). — L'usage des assaisonnements paraît indispensable à l'homme; on le trouve partout; mais l'abus peut nuire, en excitant un appétit factice et en introduisant dans l'économie des principes actifs et malfaisants.

ASSASSINAT (de l'arabe *hassas*, malfaiteur, ou de *hachichin*, surnom donné à une secte d'Ismaéliens qui s'enivraient avec le *hachich*, et qui, sur l'ordre du Vieux de la Montagne, commirent des meurtres fameux). Notre Code pénal (art. 296) qualifie *assassinat* tout meurtre commis avec préméditation ou de guet-apens. Tout individu coupable d'assassinat est puni de mort (art. 302), sauf le cas de circonstances atténuantes introduit plus tard dans la législation. La menace d'assassinat, avec ordre de remplir certaines conditions, entraîne la peine des travaux forcés à temps, si cette menace est faite par écrit; elle est punie d'un emprisonnement de 6 mois à 2 ans et d'une amende de 25 à 300 fr., si elle a été purement verbale (art. 305, 307, etc.). Les complices sont punis comme les auteurs.

ASSAUT (pour *assault*, d'*assaillir*), attaque vive et violente faite à une place assiégée, au moyen d'une brèche pratiquée par la sape ou par le canon : c'est l'acte final d'un siége. On en distingue trois sortes : l'*A. des ouvrages extérieurs*, qui se donne le plus souvent par surprise et la nuit; l'*A. du corps de la place*, qui n'a lieu qu'après que les ouvrages extérieurs ont été emportés, et qui se livre à la brèche d'un bastion; l'*A. général*, dirigé à la fois contre plusieurs bastions. Parmi les assauts célèbres, on cite, au dernier siècle, ceux de Berg-op-Zoom et de Port-Mahon; dans celui-ci, ceux de Girone, Saragosse, Constantine par les Français, de Seringapatam, de Saint-Sébastien, de Badajoz par les Anglais.

ASSAUT D'ARMES, combat simulé entre deux personnes : on se sert de fleurets mouchetés; on se couvre la figure d'un masque et la poitrine d'un plastron.

ASSEMBLÉES POLITIQUES. Ces assemblées remontent à l'origine des sociétés et se trouvent chez tous les peuples qui ont joui de quelque liberté : chez les Hébreux, chez les premiers Egyptiens, chez les Grecs, surtout à Sparte, où les affaires, examinées d'abord par le sénat, étaient ensuite soumises à l'approbation du peuple; et, à Athènes,

où, depuis Solon, tout se décidait sur la place publique; chez les Romains, où ces assemblées, tenues au *Forum*, prirent le nom de *comices*, et où elles subsistèrent jusqu'à la chute de la république; chez les Germains et les Francs, où elles sont connues sous les noms de *malls*, *champs-de-mars*, *champs-de-mai*; chez les Anglo-Saxons, qui les appelaient *wittenagemot*; dans les cantons suisses, depuis leur affranchissement, etc. On les voit abolir à mesure que la féodalité et le pouvoir absolu font des progrès. Toutefois, elles reparaissent dans les temps modernes, mais sous une nouvelle forme, plus compatible avec l'accroissement des populations, sous la forme de *colléges électoraux* et d'*assemblées représentatives :* telles sont, en Espagne, les antiques *Cortès;* en Angleterre et dans les autres gouvernements constitutionnels, les *Chambres législatives;* en France, les *États provinciaux* et les *États généraux* de France, les *Assemblées de notables*, l'*A. constituante*, l'*A. législative*, la *Convention*, les deux *Conseils* qui lui succédèrent, le *Corps législatif*, les *Chambres* de la Restauration, les nouvelles *A. constituante* et *législative* de la république de 1848 (Pour l'historique de ces diverses assemblées, *Voy.* notre *Dict. univ. d'Hist. et de Géogr.*). — On a vu reparaître en France des assemblées universelles, mais pour certains actes seulement, comme élections ou sanction de quelques grandes mesures : telles étaient les *Assemblées primaires*, créées par la constitution de 1791, et celles auxquelles furent soumises la nomination du consul à vie et celle de l'empereur; telles sont encore les *Assemblées électorales* convoquées depuis 1848, soit pour élire les représentants, soit pour nommer le président de la République.

ASSEMBLÉES DU CLERGÉ. Sous l'ancienne monarchie, il se tenait régulièrement en France des *Assemblées du clergé*, que l'on distinguait en *A. ordinaires* et *extraordinaires*. Les *A. ordinaires* étaient elles-mêmes *grandes* ou *petites*, et se tenaient alternativement de 5 en 5 ans. Les *grandes assemblées du clergé* étaient composées de quatre députés de chaque province ecclésiastique; deux étaient du premier ordre, archevêques ou évêques, et deux du second ordre, abbés ou prieurs, etc.; leur objet était de renouveler avec le roi le contrat des décimes ordinaires, et d'accorder au roi quelque secours extraordinaire. Les *petites assemblées* se composaient de deux députés seulement de chaque province, qui étaient chargés d'examiner les comptes du receveur général du clergé, et de faire un présent au roi. Dans les *A. extraordinaires*, on traitait des affaires générales de l'Église de France, et de ce qui regarde la foi, les mœurs et la discipline : on les appelait *synodes* et *conciles*.

ASSEMBLÉES DE CRÉANCIERS, réunions des créanciers d'un failli ou d'un débiteur qui se trouve dans l'embarras. Ces assemblées ont pour objet d'entendre des propositions d'arrangement et d'en délibérer; elles aboutissent ordinairement à ce qu'on appelle *concordat* ou *atermoiement*. Quoique très-fréquentes, ces réunions n'ont aucun caractère légal.

ASSEMBLÉES DE FAMILLE. *Voy.* CONSEIL DE FAMILLE.

ASSERMENTÉ se dit de tout fonctionnaire public qui a prêté serment avant d'entrer en exercice, ou de certains délégués appelés par les tribunaux, et qui prêtent serment avant de remplir leur office : on les nomme *experts assermentés*. — Pendant la Révolution, on nomma *prêtres assermentés* les prêtres qui avaient prêté serment à la Constitution civile du clergé, par opposition à ceux qui s'y étaient refusés, dits *prêtres non assermentés*.

ASSESSEUR (du latin *assessor*, qui s'assied auprès du président), magistrat adjoint à un juge principal pour l'aider dans l'exercice de ses fonctions, ou le suppléer en cas d'absence. Ce titre,

8.

emprunté aux Romains, désignait, sous l'ancienne monarchie française, ce que nous appelons aujourd'hui simples juges et conseillers. L'Assemblée constituante, par la loi du 24 août 1790, donnait au juge de paix deux *assesseurs* pour siéger et délibérer avec lui ; ces assesseurs ont été supprimés, et le titre d'assesseur a entièrement disparu de notre législation moderne. On le trouve cependant encore employé dans les colonies.

ASSIENTE (de l'espagnol *asiendo*, contrat), marché par lequel le gouvernement espagnol avait cédé à une compagnie étrangère dite *Compagnie de l'Assiente* le droit d'importer des esclaves dans les colonies espagnoles. Ce privilége avait été accordé dès le xvie siècle aux Anglais et aux Hollandais ; Philippe d'Anjou, devenu roi d'Espagne, le leur retira en 1702 pour le concéder à une société française, la *Compagnie française de Guinée;* il fut, après la paix d'Utrecht (1713), rendu aux Anglais, qui le conservèrent jusqu'en 1739, époque où la guerre éclata entre l'Espagne et l'Angleterre : depuis lors, la traite des noirs fut libre jusqu'au moment où la philanthropie s'efforça de l'abolir.

ASSIGNAT (du latin *assignatus*, assigné, affecté), papier monnaie ainsi nommé parce qu'on avait *assigné* pour son remboursement la valeur des biens nationaux. Il fut créé le 1er avril 1790, et annulé le 19 février 1796 (30 pluviôse an IV). L'Assemblée nationale, pour remédier au désordre des finances, avait autorisé, sur la proposition de Bailly, l'émission d'un papier représentatif de la valeur d'une masse énorme de *biens nationaux :* c'est ce papier qu'on nomma *assignats.* Il devait porter intérêt et être brûlé à mesure des ventes de biens nationaux. La première émission fut de 400 millions. Bientôt la disette du numéraire, effet de l'émigration et des troubles politiques qui détruisaient toute confiance, fit donner aux assignats cours forcé de monnaie : les biens nationaux ne pouvant être vendus assez promptement, les assignats eurent, dès le moment de leur émission, une valeur inférieure à celle du numéraire. Les émissions successives, et toujours plus considérables, imposées au gouvernement par les besoins de l'État, en augmentèrent de plus en plus la dépréciation. En septembre 1792, il avait été fabriqué pour 2 milliards 700 millions d'assignats ; en août 1793, la somme des émissions était de 5 milliards. L'assignat qui, au commencement de 1793, valait encore le tiers de sa valeur nominale, ne valut plus que le sixième au mois d'août de la même année. En 1796, des émissions nouvelles et exorbitantes avaient porté la somme des assignats à 45 milliards 578 millions. Ils ne conservaient plus alors qu'un demi-centième de la valeur nominale : les objets les plus vulgaires se vendaient à des prix fabuleux. Le louis de 24 livres valait alors 8,000 livres en assignats, c'est-à-dire 330 capitaux pour un. Lorsqu'enfin on brisa la *planche aux assignats*, on offrit en dédommagement aux détenteurs d'assignats des *mandats*, qui ne tardèrent pas eux-mêmes à se déprécier, et toutes les familles qui avaient eu confiance dans ce papier de la République furent ruinées.

ASSIGNATS RUSSES OU ASSIGNATIONS, papier-monnaie créé par l'impératrice Catherine, éprouva, à la suite des guerres de la Révolution et de l'Empire, une dépréciation considérable, mais fut néanmoins maintenu. L'empereur Nicolas les consolida en 1839, en fixant leur valeur sur le pied de 350 papier contre 100 argent, et prit des mesures efficaces pour les rembourser.

ASSIGNATION, acte par lequel une partie en appelle une autre devant un tribunal : on le nomme aussi *ajournement*. Les assignations doivent être données par un huissier, contenir l'objet de la demande, l'exposé des moyens sur lesquels on fonde ses prétentions, la date, les noms, prénoms, profession et domicile du demandeur, les noms et demeures de l'huissier et du défendeur, le jour pour comparaître ; elles doivent être faites à personne et à domicile, et être enregistrées dans les trois jours. On assigne d'ordinaire à huitaine ; dans les cas urgents, on peut assigner *à bref délai*. Tout ce qui concerne les assignations est prescrit dans le Code de procédure (art. 59-74).

ASSIMILATION (du latin *assimilare*, rendre semblable), fonction commune à tous les êtres organisés en vertu de laquelle ils transforment en leur propre substance les matières qu'ils puisent au dehors : c'est un des actes de la nutrition. *V.* ce mot.

ASSIMINIER. *Voy.* ASIMINA.

ASSISES (d'*asseoir*, pour : assemblées où l'on était *assis*). On nommait ainsi autrefois en France des assemblées extraordinaires qui se tenaient tous les ans à certains jours pour rendre la justice, juger les appels et surveiller les juridictions inférieures ; on y lisait aussi, en présence de tous les officiers publics, les lois et ordonnances du souverain. On distinguait les *petites assises*, dites aussi *plaids ordinaires*, où étaient jugées à de fréquents intervalles toutes sortes d'affaires, et les *grandes assises* ou *plaids extraordinaires*, assemblées solennelles qui ne siégeaient que dans des cas spéciaux, déterminés par la nature de la cause et la qualité des personnes. C'est dans une assemblée de ce dernier genre que furent lus en 1099, à Jérusalem, les lois et statuts rédigés par Godefroi de Bouillon pour le royaume de Jérusalem, nouvellement érigé (*Voy.* ASSISES DE JÉRUSALEM au *Dict. univ. d'Hist. et de Géogr.*). — Lors de la formation des parlements, les attributions de ces grandes assemblées passèrent aux nouveaux corps judiciaires : les assises ordinaires furent seules maintenues.—Aujourd'hui le nom d'*assises* ne s'applique qu'aux *cours d'assises*, tribunaux institués en France pour juger les affaires criminelles, avec le secours d'un jury. *Voy.* COUR.

ASSISES. En Architecture, on nomme ainsi chaque rangée horizontale de pierres de taille dont est composé le mur d'un édifice. Pour plus de solidité, toutes les assises doivent être d'une égale hauteur, et les pierres reposer sur la même base que celle sur laquelle elles gisaient dans la carrière.

En Géologie, on nomme *assises* les bancs de masses minérales superposées qui ont été déposées par les eaux à différentes époques, et qui sont presque toujours séparées par des lignes ou des joints parallèles de diverse nature.

ASSISTANCE PUBLIQUE (d'*ad* et *sistere*, se tenir auprès, secourir). Sous ce nom on réunit aujourd'hui tous les moyens par lesquels la société vient au secours de quelqu'un de ses membres : c'est une manière plus délicate d'exprimer ce que la religion avait appelé *charité*, et la philosophie *philanthropie, bienfaisance.* La Constitution de 1848 faisait à l'État un devoir de l'*assistance :* « La République, y est-il dit (*Préamb.*, art. VIII), doit, par une *assistance fraternelle*, assurer l'existence des citoyens nécessiteux, soit en leur procurant du travail dans les limites de ses ressources, soit en donnant, à défaut de la famille, des secours à ceux qui sont hors d'état de travailler. » A l'assistance se rapportent la *Crèche*, la *Salle d'asile*, les *Écoles gratuites*, les *Caisses d'épargne*, les *Hôpitaux, Hospices* et *Asiles* de vieillards et d'infirmes de tout genre, aveugles, sourds-muets, etc., les *Bureaux de bienfaisance;* tous établissements créés bien avant 1848, pour aider et soulager l'homme à tous les âges et dans toutes les positions ; il y a été ajouté depuis 1848 plusieurs institutions utiles : la *Caisse de retraite pour la Vieillesse* (loi du 18 juin 1850), l'organisation légale des *Sociétés de Secours mutuels* (loi du 15 juillet 1850) et de l'*Apprentissage* (22 février 1851), l'*Assistance judiciaire* (loi du 22 janvier 1851), les *Lavoirs publics* (3 février 1851), etc.

ASSOCIATION. Ce mot est le plus souvent synonyme de *société* ou même de *compagnie* : ainsi on dit association politique, religieuse, commerciale, etc. (*Voy.* SOCIÉTÉ, COMPAGNIE). — Les membres de l'*association* ou de la *société* sont dit associés.

La grande association humaine a été récemment l'objet de systèmes qui prétendaient régénérer la société tout entière : tels sont ceux de Babeuf, Saint-Simon, Robert Owen, Fourier, Cabet, Louis Blanc, systèmes connus sous les noms de *babouvisme, socialisme, coopération, communisme. Voy.* ces mots.

Certaines associations sont déclarées par la loi *illicites* : le Code pénal (art. 291) défend les *associations de plus de 20 personnes;* la loi du 10 avril 1834 et le décret du 25 mars 1852 ont réglé le droit d'association et de réunion. — Les *A. de malfaiteurs* sont punies des travaux forcés (Code pénal, art. 265).

ASSOCIATION DOUANIÈRE. *Voy.* ZOLL-VEREIN.

ASSOCIATIONS OUVRIÈRES. *Voy.* OUVRIER.

ASSOCIATIONS D'IDÉES, tendance qu'ont nos pensées à s'exciter mutuellement, en sorte qu'il suffit souvent de réveiller l'une d'entre elles pour que toutes les autres se présentent presque simultanément à l'esprit. La liaison qui s'établit entre les mots et les phrases d'un discours que nous avons appris par cœur, celle des différentes notes d'une pièce de musique dans l'esprit de celui qui l'exécute de souvenir, nous offrent des exemples familiers d'association. Cette association est toujours le résultat des rapports qui existent entre les choses et entre les idées. Les principaux de ces rapports sont ceux de ressemblance ou de contraste, de contiguïté, de simultanéité ou de succession, de tout à partie, de cause à effet, de moyen à fin, etc. Les idées s'associent par la ressemblance qui existe soit entre les formes, comme quand un portrait rappelle l'original ; soit entre les sons, comme dans l'harmonie imitative et la rime ; soit entre les pensées, comme dans les comparaisons, les allégories, etc.; par la contiguïté, d'où la mémoire locale, le plaisir que causent les lieux célèbres, etc.; par la simultanéité, comme dans les synchronismes ; par la succession, comme dans la science de l'histoire ; et par une foule d'autres rapports. Ces associations peuvent être *fortuites* et *naturelles*, ou *volontaires* et *artificielles* : elles sont volontaires lorsque, pour retenir un fait prêt à nous échapper, nous le rattachons forcément à un objet qui nous est familier. C'est là le principe de la mémoire artificielle, de la *Mnémotechnie.* Les auteurs qui se sont occupés avec le plus de succès de l'association des idées sont : Hume, Hartley, Dugald Stewart, Thomas Brown, Mackintosh.

ASSOLEMENT, art de varier les récoltes sur le même terrain, de faire succéder l'un à l'autre des végétaux différents. A cet effet, on divise le terrain d'une exploitation rurale en diverses *soles*, ou parties successivement affectées à la culture, de manière qu'au bout d'un certain nombre d'années la même plante, tour à tour reçue sur les différentes soles, revienne sur la première. — Certaines plantes, comme les pois, le trèfle, le lin, ne reviennent dans le même sol qu'après quelques années ; il y a même des plantes, comme les céréales, dont la culture continue dans le même terrain va jusqu'à épuiser le sol. On a remarqué, d'un autre côté, qu'un terrain qui se refuse à la production d'une certaine espèce de plantes ne cesse pas pour cela d'être fertile pour toutes les autres. Ces expériences réunies ont conduit à la pratique des *assolements* ou de la *rotation des récoltes*, dans laquelle on fait suivre un ordre déterminé aux végétaux qu'on veut cultiver sur le même terrain, et au moyen de laquelle on a pu renoncer au système ruineux des jachères. Il existe une foule d'assolements, suivant la nature des terrains ; le plus vanté est celui de quatre ans, dit du Norfolk, disposé dans l'ordre suivant : 1re année, racines fumées et bien labourées, navets ou pommes de terre ; 2e année, céréales d'hiver (orge, seigle ou froment) ; au printemps, dans la céréale, trèfle qu'on coupe après la moisson ; 3e année, trèfle dont on obtient deux coupes, après quoi l'on l'enterre, on laboure et l'on sème une céréale ; 4e année, céréales.

Dans un système d'assolement bien entendu, on fait alterner les plantes dans un ordre tel que la première n'enlève pas au sol les substances nécessaires à la seconde, ni celle-ci les substances indispensables à la troisième, et ainsi de suite ; de telle façon qu'à la reprise de la rotation, la première plante retrouve, ainsi que chacune des suivantes, une nouvelle affluence des substances minérales qui lui conviennent, rendues, dans l'intervalle, solubles et assimilables par l'action de l'air et des pluies.

Les Égyptiens, les Grecs et surtout les Romains, connaissaient déjà l'avantage des assolements en agriculture. Parmi les nations modernes, c'est surtout dans la Flandre française et en Belgique qu'on peut étudier les bonnes pratiques agricoles.

Le *Traité d'agriculture* de Thaer est un des ouvrages où les assolements sont le mieux étudiés. Les ouvrages de MM. Boussingault, Pictet, Yvard, Morel de Vindé, Joigneaux, sont aussi utiles à consulter.

ASSONANCE, ressemblance approximative de son dans les finales des mots : c'est une espèce de rime incomplète, comme dans *sombre, tondre; peintre, peindre; tombe, onde.* L'assonance, proscrite dans notre versification, est au contraire recherchée en Espagne, où l'on fait rimer des mots comme *legera, cubierta, meratierra.* On en trouve de fréquents exemples dans Lope de Véga et Calderon.

ASSURANCE, contrat aléatoire par lequel une personne qu'on nomme *assureur* s'engage envers une autre qu'on nomme *assuré*, moyennant un prix dit *prime d'assurance*, à couvrir de certains risques, à réparer les accidents ou pertes qu'il peut éprouver : cette convention s'établit par un écrit dit *police d'assurance.* Outre ces *A. à primes*, il existe un autre mode d'assurance, dit *A. mutuelle*, qui consiste dans une association de personnes qui conviennent de se garantir réciproquement contre certains risques. L'assurance s'applique à une foule d'objets : on s'assure contre les risques de mer, l'incendie, la grêle, le recrutement, les chances de mort, les faillites, etc.; on peut, par le même moyen, parer à toutes sortes d'éventualités, préparer une dot pour ses enfants, se créer un revenu pour sa vieillesse, etc. Il existe en France et à l'étranger une foule d'institutions formées dans ce but : les principales à Paris sont, pour les risques de mer, la *Compagnie d'assurance maritime*, fondée en 1818, la *Sécurité* (1836), l'*Union des ports*, le *Lloyd français;* — contre l'incendie, la *Société mutuelle*, qui date de 1816, le *Soleil*, le *Phénix*, la *Compagnie nationale* (ci-devant *royale*), créée en 1820, la *Providence* (1838), la *Fraternelle*, la *Salamandre;*—contre la grêle, la *Cérès*, l'*Étoile*, l'*Union générale;* — contre la mortalité, la *Compagnie nationale*, la *Compagnie d'assurances générales*, la *Concorde*, etc.

Le Code de commerce, reproduisant la plupart des dispositions des sages ordonnances de 1681 et de 1779, a réglé tout ce qui regarde les assurances (titre X et suiv.), spécialement les assurances maritimes.

L'origine des assurances est toute moderne : l'idée en paraît due aux Italiens : c'est aux risques de mer qu'ils l'appliquèrent d'abord. D'Italie les assurances passèrent bientôt aux autres peuples commerçants de l'Europe. On en trouve la trace, au moyen âge, dans les règlements des grandes villes nautiques, Oléron, Rouen, Barcelone, Anvers, Amsterdam. Ce n'est que beaucoup plus tard que les assurances furent appliquées aux propriétés terrestres : la première société d'assurances des maisons fut créée à

Londres en 1684; en France, des essais du même genre avaient été faits en 1754 et 1786; mais ce n'est que de 1816 que date vraiment chez nous l'établissement du système des assurances. — C'est aussi à l'Angleterre que sont dues les assurances sur la vie : la première société de ce genre date de 1706. Longtemps proscrites en France par d'absurdes préjugés, les assurances sur la vie, tentées sans succès en 1787, ne s'établirent qu'en 1819, époque de la fondation de la *Compagnie d'assurances générales sur la vie des hommes*.

ASTACUS, ASTAQUE, nom grec des écrevisses, a formé les mots *Astaciens* pour une division de Crustacés décapodes macroures, ayant pour type le genre *Astacus* ou *Écrevisse*; et *Astacoïdes*, genre de Décapodes, différant des écrevisses communes par ses antennes externes, dépourvues des lances mobiles, et ayant pour type l'*Astacoïde de Madagascar*.

ASTARTÉ (nom emprunté à une divinité des Syriens), belle coquille de Mollusques acéphales, qui forme un sous-genre du genre *Vénus*, mais dont l'animal est inconnu. On en trouve quelques espèces vivantes dans les mers du Nord et dans la Méditerranée, et beaucoup d'espèces fossiles dans presque tous les terrains tertiaires et secondaires.

ASTER (du grec *aster*, étoile, à cause de la disposition de ses fleurons), genre de Composées de la section des Corymbifères de Jussieu, servant aujourd'hui de type à la tribu des Astéroïdées : herbes vivaces, à rhizômes rampants, à tiges souvent rameuses, à feuilles alternes. La plupart des plantes croissent naturellement dans les pays du Nord. On en cultive une foule dans les parterres. La plus remarquable variété est la *Reine-Marguerite*. *V.* MARGUERITE.

ASTÉRIES (du grec *aster*, étoile), 1re famille de Zoophytes de la classe des Échinodermes de Cuvier, ordre des Pédicellés : corps orbiculaire, déprimé, divisé en rayons qui leur ont valu le nom d'*étoiles de mer*. Chaque rayon est muni par-dessous d'une gouttière, bordée, de chaque côté, d'épines mobiles et de trous pour le passage des pieds, qui sont rétractiles. La bouche est située au centre, point de réunion de toutes les gouttières. Les étoiles de mer habitent toutes les eaux marines. Elles vivent de Mollusques, et sont très-voraces. Elles abondent assez sur les côtes de la Manche pour qu'on les emploie à fumer les terres. Le type de cette famille est le genre *Astérie*, dont on compte plus de 60 espèces. L'*A. rouge* et l'*A. à aigrettes* sont celles qui sont les plus communes sur nos côtes.

ASTÉRINÉES, sous-tribu des Astéroïdées, de la famille des Composées, renferme les genres *Aster* (genre type), *Amellus, Felicia, Agathea, Galatella, Tripolium, Xylorrhiza, Encephalus, Olearia, Eurybia, Melanodendron, Erigeron, Rhynchospermum, Bellis, Paquerina, Xanthocoma, Gymnosperma, Lepidophyllum, Erato, Chrysopsis, Chrysocoma, Solidago, Ammodia, Eriocarpum, Linosyris, Pteronia*.

ASTÉRISME (du latin *asterimus*, dérivé du grec *aster*, étoile). Ce mot s'employait autrefois en Astronomie pour celui de constellation. — En Minéralogie, on nomme ainsi ces étoiles brillantes qu'on aperçoit dans certaines substances cristallisées quand elles réfléchissent une vive lumière, ou quand on regarde la lumière d'une bougie à travers ces substances. Une variété de saphir est connue pour son astérisme. M. Babinet a rattaché ce phénomène à celui que présentent des réseaux de lignes parallèles.

ASTÉRISQUE (du latin *asteriscus*, dimin. d'*astrum*, étoile). En termes de Typographie, c'est un petit signe en forme d'étoile (*) que l'on met dans les écrits pour marquer un renvoi. On s'en sert aussi pour indiquer une lacune ou pour faire entendre qu'un mot est tombé en désuétude.

ASTÉROIDE (du grec *aster*, astre, et *eïdos*,

forme), nom donné par les astronomes modernes aux petites planètes télescopiques (*Voy.* PLANÈTE). — On donne aussi ce nom à ces masses pierreuses qui tombent parfois sur notre globe et qui, en traversant l'atmosphère, donnent lieu à ce que le vulgaire appelle *étoiles filantes*. Ces astéroïdes s'expliquent en admettant, avec M. Arago, une zone immense de corps plus ou moins gros tournant autour du soleil, et dont la terre s'approcherait à certaines époques au point que son attraction en soustrairait un certain nombre à celle du soleil. *Voy.* AÉROLITHES.

ASTÉROIDÉES (du genre *Aster*, qui en est le type), tribu de la famille des Composées, section des Corymbifères : ovaire comprimé des deux côtés, à aigrette irrégulière, branches du style arquées en dedans, convergentes, et poilues intérieurement, à leur sommet. Elle est divisée en six sous-tribus : *Astérinées, Baccharidées, Tarchonanthées, Inulées, Buphthalmées* et *Eclyptées*.

ASTÉROMÈTRE (de *aster*, astre, et *métréo*, mesurer). On a donné ce nom à un instrument qui n'est plus d'usage aujourd'hui et que l'on employait à déterminer sans calculs l'heure du lever et du coucher des astres. Il se composait d'un parallélogramme rectangulaire, de bois, de carton ou de cuivre, surmonté d'un plateau circulaire mobile et supportant un index fixe destiné à l'orienter. — On donne encore le nom d'*astéromètre* ou d'*astromètre* à l'*héliomètre*, qui sert à mesurer les diamètres apparents des astres et les petites distances des étoiles. *Voy.* HÉLIOMÈTRE.

ASTÉROPHYLLITES (du grec *aster*, étoile, et *phyllon*, feuille), plantes fossiles dont les feuilles sont réunies en grand nombre en verticilles et disposées en étoiles. On en trouve dans les terrains houillers de toute l'Europe.

ASTHÉNIE (du grec *a* priv., et *sthénos*, force), faiblesse générale du corps, diminution de forces.

ASTHME (du grec *asthma*, essoufflement, respiration pénible), névrose de l'appareil respiratoire, caractérisée par la difficulté de respirer, revenant par accès ordinairement irréguliers, inégaux, et non accompagnés de fièvre. Les causes de cette maladie sont : la conformation vicieuse de la poitrine, un tempérament nerveux à l'excès, le froid humide, les variations brusques de la température, les peines morales vives, les excès, la pléthore, le dérangement ou la suppression du flux menstruel ou hémorroïdal, d'un exanthème, d'un exutoire, de la goutte, etc.

Cette affection est plus commune chez les hommes que chez les femmes, chez les vieillards que chez les jeunes gens; elle est ordinairement *héréditaire* et presque toujours *symptomatique*, particulièrement d'une affection organique du cœur, des poumons, ou des voies digestives.

Les accès se manifestent presque toujours le soir ou pendant la nuit; l'invasion est subite; elle débute par un sentiment de resserrement de la poitrine; le malade ne peut rester couché; il a besoin de se tenir assis, ou debout, et de respirer un air frais; il s'agite et craint d'étouffer; la respiration est précipitée, haletante, entrecoupée, bruyante; la toux est pénible ou suffocante et convulsive; la figure est altérée, pâle et fatiguée, ou au contraire gonflée et livide; enfin les accidents se calment, la toux s'humecte, l'expectoration s'établit. Cette maladie est ordinairement incurable, sans être mortelle; elle se termine quelquefois par l'*hydrothorax*.

Le premier soin doit être d'éloigner de l'asthmatique tout ce qui peut empêcher le libre accès de l'air ou gêner la respiration; on emploie la saignée générale si l'accès est long ou intense, et le sujet jeune, fort et pléthorique; puis, ventouses scarifiées sur la poitrine; révulsifs énergiques, pédiluves, manuluves irritants; sinapismes sur les extrémités et sur le thorax. On combat le mal au moyen de narcotiques et d'antispasmodiques. On a également conseillé des excitants diffusibles, tels que le café, le vin chaud, le sous-carbonate d'ammoniaque, les sudorifiques, les diurétiques, les laxatifs, les purgatifs. Les expectorants, comme l'oxymel scillitique, le kermès, sont recommandés vers la fin de l'accès. On a aussi employé l'inspiration de l'oxygène, du chlore, et des fumigations de vapeurs de plantes narcotiques, morelle, belladone et pavot. L'électricité galvanique a quelquefois modéré la violence des accès, de même que des aimants placés sur les régions antérieure et postérieure du thorax. Dans l'intervalle des accès, on insistera sur les moyens hygiéniques : air pur de la campagne, et surtout des pays tempérés ; régime doux et léger ; exercice modéré et journalier ; voyages sur mer ; habitation d'appartements ; vastes, bien aérés, à température douce et égale ; vêtements chauds, flanelle sur la peau, etc.

ASTICOTS, nom vulgaire des larves de plusieurs espèces de mouches (*Musca cæsar, M. carnaria, M. vivipara*). Ces larves, qui se développent-dans la viande, servent d'appât et sont recherchées à la fois par les pêcheurs et par ceux qui se livrent à l'engraissage de la volaille et des jeunes faisans. Les ouvriers de Montfaucon en font commerce. Pour se les procurer, ils étalent par terre des débris d'animaux, et en font une couche de 25 à 30 centim., qu'ils recouvrent de paille pour la garantir de l'action du soleil. Les mouches, attirées par l'odeur, s'y précipitent, y déposent leurs œufs, et au bout de quelques jours toute la matière n'est plus qu'une masse mouvante composée de larves.

ASTRAGALE (du grec *astragalos*, osselet, jointure). En Anatomie, c'est un os du talon à éminence convexe, qui est le plus saillant des os du tarse.

En Botanique, c'est un genre de plantes de la famille des Légumineuses, tribu des Papilionacées, aux fleurs disposées en épi, aux feuilles ailées, au fruit court et renflé, divisé en deux loges, et dont les graines simulent l'os du talon. Ce genre a plus de 150 espèces, parmi lesquelles l'*A. tragacantha*, qui produit la *gomme adragant*; et l'*A. Bœticus*, qu'on trouve en Portugal, et dont les graines passent pour être le meilleur succédané du café. L'Astragale donne son nom aux Astragalées, subdivision des Légumineuses, dont elle est le type.

En Architecture, c'est une moulure ronde qui forme la base du chapiteau et porte immédiatement sur le fût de la colonne en se joignant au filet au-dessus du congé. Quelquefois on comprend ce filet même dans ce qu'on appelle l'Astragale.

ASTRANCE, genre de la famille des Ombellifères, composé d'herbes vivaces à feuilles palmées, à ombelles multiflores, longuement pédiculées et à fleurs blanches ou roses. Ce genre a pour type l'*Astrance commune*, herbe vivace qui se trouve dans les prairies des Alpes et des Pyrénées, et qui est cultivée comme plante de parterre. *Voy.* ELLÉBORINE.

ASTRE (du grec *aster*), terme général qui s'applique aux étoiles, aux planètes et à leurs satellites, ainsi qu'aux comètes (*Voy.* ces mots). — On a longtemps attribué aux astres une influence sur les destinées des hommes : d'où l'*Astrologie* (*Voy.* ce mot). La science moderne, tout en dissipant ces préjugés, a cependant reconnu l'influence toute physique que certains astres, notamment les planètes et les comètes, peuvent avoir sur l'atmosphère terrestre et sur les êtres qui y sont plongés.

ASTRÉE (d'*aster*, étoile), sous-genre des Polypes madrépores de Cuvier, et genre des Polypes parenchymateux de Blainville : son corps cylindrique terminé supérieurement par un disque circulaire lui donne beaucoup de ressemblance avec les Actinies ; mais elle en diffère par la disposition *étoilée* des lames qui garnissent intérieurement chacune des loges du Polypier. Comme, en se reproduisant par bourgeons, ces polypes ne se séparent pas entre

eux, ils forment des masses épaisses agglomérées qui encroûtent souvent les corps marins solides. Les Astrées abondent dans les régions chaudes. On en trouve beaucoup de fossiles, principalement dans les terrains tertiaires ou jurassiques.

En Astronomie, *Astrée* était jadis le nom de la Vierge. — On a récemment donné ce nom à une planète télescopique, découverte en 1845 par M. Hencke, de Driessen. L'inclinaison de son orbite sur l'écliptique est de 5° 20' 24'' ; son excentricité est de 0,1953. Elle fait sa révolution autour du soleil en 1524 j. ; sa distance au soleil est un peu plus de 2 fois 1/2 (2,592) celle de la terre au même astre.

ASTRINGENTS (de *astringere*, resserrer), substances qui ont la propriété de crisper et de resserrer les parties avec lesquelles on les met en contact. La médecine les emploie pour arrêter les évacuations sanguines ou autres. Ce sont, en général, des acides étendus, certains sels, tels que l'alun, l'acétate de plomb ; ou, enfin, certaines substances contenant de l'acide gallique ou du tannin, comme le cachou, la noix de galle, le brou de noix, etc. — En Pharmacie, on nomme *espèces astringentes* l'écorce de grenadier et les racines de bistorte et de tormentille, mêlées en parties égales.

ASTROITES (du grec *aster*, étoile), nom employé par quelques naturalistes pour désigner des Polypiers à cellules étoilées, tels que les Astrées. Les Astroïtes sont de deux sortes : les unes renferment des animaux, et appartiennent à la famille des Madrépores ; les autres sont de véritables pétrifications ; elles sont connues sous le nom de *Stellites*.

ASTROLABE (du grec *aster*, et *lambano*, saisir, atteindre), instrument qui servait à observer les astres et à mesurer la longitude et la latitude. On distinguait : l'*A. armillaire*, qui ressemblait à notre sphère armillaire ; il était formé de quatre cercles placés l'un dans l'autre et représentant, l'un l'écliptique, l'autre le colure des solstices ; le 3e tournait autour des pôles de l'écliptique et indiquait les longitudes ; le 4e, ou l'interne, portait deux pinnules qui servaient à regarder la lune ou tout autre astre ; — l'*A. planisphère* ou *polaire*, qui figurait une projection du globe faite sur un plan parallèle à l'équateur par des lignes tracées de l'un des pôles, et où les méridiens étaient représentés par des lignes droites : c'était ainsi une sorte de mappemonde. — L'*A. de mer* est un instrument semblable aux précédents, dont on se sert pour prendre en mer la hauteur du pôle, du soleil, d'une étoile, etc. L'invention de l'astrolabe est due à Hipparque, astronome grec, qui vivait au IIe siècle avant J.-C. Ptolémée faisait un fréquent usage de cet instrument, que son peu de précision a fait abandonner.

ASTROLOGIE (d'*astron*, astre, et *logos*, discours, traité), prétendue science au moyen de laquelle on se flattait de prédire l'avenir. On doit distinguer avec soin l'*A. naturelle*, qui a pour objet de prédire le retour des astres, les éclipses, les marées, et même les changements de temps, les tempêtes, les sécheresses et les inondations, que l'on attribuait à l'influence des astres ; et l'*A. judiciaire*, par laquelle on prétendait pouvoir, au moyen de la présence des astres et de leur *aspect*, prédire les destinées des hommes et des empires. La 1re s'appuie sur les données de l'astronomie et de la météorologie ; la 2e, la seule que l'on désigne aujourd'hui sous le nom d'*astrologie*, n'est que le fruit de l'imagination ou de la fourberie ; après avoir longtemps exercé un empire absolu sur les esprits crédules, elle est enfin reléguée avec l'alchimie et la magie parmi les chimères.

Aussi ancienne que l'astronomie, l'astrologie paraît être née comme elle en Chaldée ; c'est pourquoi les anciens nommaient les astrologues *Chaldéens* ; ils les appelaient aussi *Mathématiciens*, à cause des calculs auxquels ils se livraient. De Chaldée l'astrologie passa en Égypte, puis en Grèce et en Italie ; recueillie par les Arabes, elle fut portée par eux en Espagne et dans tout l'Occident. Pendant longtemps elle fut tellement en vogue dans les États de l'Europe, que chaque prince avait un astrologue à sa cour et qu'il ne naissait pas un personnage de quelque importance sans qu'on appelât des astrologues pour tirer son horoscope. — Les abus auxquels donnèrent lieu de tout temps les prédictions des astrologues firent souvent prendre contre eux des mesures sévères : Auguste fit revivre d'anciennes lois qui les condamnaient à mort ; l'empereur Constance ordonna qu'ils fussent mis à la question et déchirés avec des ongles de fer ; Charlemagne rendit contre eux plusieurs édits ; Sixte V fulmina l'anathème ; une bulle d'Urbain VIII les menaçait du dernier supplice ; en France, Henri III (1579), Louis XIII (1628), Louis XIV (1682) les frappèrent des peines les plus sévères. Mais, d'un autre côté, des princes puissants, Tibère, Louis XI, Charles-Quint, Catherine de Médicis les protégèrent ouvertement. Malgré ces puissants appuis, l'astrologie perdit de son crédit à mesure que la science fit des progrès ; elle finit par succomber sous l'arme du ridicule. — Les plus célèbres astrologues sont : Cardan, Regiomontanus, J. Stoffler, Thomas de Pisan (père de la célèbre Catherine de Pisan), Come Ruggieri, astrologue de Catherine de Médicis, les Nostradamus, Phil. et Matthieu Laensberg ; en outre, les plus célèbres astronomes, depuis Ptolémée jusqu'à Képler, crurent à l'astrologie ; elle ne disparut qu'avec le triomphe du système de Copernic.

ASTROMÈTRE. Voy. ASTÉRONÈTRE.

ASTRONOMIE (du grec aster, astre, et nomos, loi), science des mouvements des corps célestes. Elle comporte trois grandes divisions : l'A. empirique, qui explique les phénomènes du ciel d'après l'hypothèse que la terre est au centre d'une sphère dont les astres occupent la surface ; l'A. théorique ou scientifique, qui explique les différents rapports des astres entre eux, comme leur position relative, leur éloignement, leur vitesse, et qui, par conséquent, s'applique à faire connaître la véritable forme de l'univers ; l'A. physique, dont l'objet est de déterminer les causes des mouvements célestes par les principes de la mécanique. L'application générale de la théorie aux observations, à la construction des instruments, aux calculs, constitue l'A. pratique. On désigne souvent par les noms d'Uranographie, de Cosmographie la partie purement descriptive de l'Astronomie.

On attribue aux Chaldéens les premières notions de l'astronomie, qui, dans l'origine, ne se séparait pas de l'astrologie. Leurs observations se rapportent surtout aux mouvements des constellations, ainsi qu'à la marche du soleil et aux phases de la lune. On avait remarqué que le soleil, la lune et les planètes alors connues ne s'écartaient jamais, dans leurs mouvements, d'un espace circonscrit ; cette observation donna l'idée de cette zone imaginaire qu'on a nommée Zodiaque, et de sa division en douze constellations. Les Egyptiens avaient aussi des connaissances en astronomie, ainsi que le prouve, par exemple, la disposition exacte de leurs pyramides vers les quatre points cardinaux et leurs zodiaques ; mais aucune de leurs observations ne nous a été conservée ; ils s'adonnaient, comme les Chaldéens, aux rêves de l'astrologie judiciaire. Les Chinois se vantent de posséder dans leurs annales les observations astronomiques les plus anciennes. Quoi qu'il en soit, l'histoire authentique de l'astronomie ne commence en Occident qu'en Grèce, avec Thalès et Pythagore. Le premier, 600 ans av. J.-C., enseigna la sphéricité de la terre, l'obliquité de l'écliptique, et expliqua les vraies causes des éclipses. Après Thalès, l'école ionienne vit fleurir successivement Anaximandre, Anaximène, Anaxagore, qui introduisirent l'usage du gnomon et

des cartes géographiques, et établirent en Grèce les premiers principes d'une astronomie scientifique. A peu près à la même époque, Pythagore devinait le mouvement quotidien de la terre sur son axe, et son mouvement annuel autour du soleil ; les comètes elles-mêmes furent rattachées par lui, comme les planètes, au système solaire. Environ un siècle après, on voit fleurir parmi les Grecs Méton et Euctémon, et plus tard Callippe, auxquels on doit des observations précieuses. Cette première période finit par Pythéas, de Marseille, qui observa la longueur méridienne du gnomon au solstice d'été.

A dater de la fondation de l'école d'Alexandrie, l'Astronomie prit une forme plus rigoureuse et entra dans une nouvelle ère : les observations s'exécutèrent alors à l'aide d'instruments ingénieux, propres à mesurer les angles, et furent calculées d'après les méthodes trigonométriques. Aristarque, de Samos (280 ans av. J.-C.), Hipparque (160 av. J.-C.), et Ptolémée (140 après J.-C.), sont les trois noms les plus illustres de cette école. Aristarque renouvela, quoique sans succès, les idées de Pythagore. Hipparque voulut recommencer tout ce qui avait été fait jusqu'alors, et n'admettre que des résultats fondés soit sur des observations nouvelles, soit sur une nouvelle discussion des observations précédentes : il inventa l'astrolabe, détermina la durée de l'année tropique, forma les premières tables du soleil, fixa la durée des révolutions de la lune relativement aux étoiles et à la terre, et découvrit la précession des équinoxes. A la suite d'Hipparque, on doit compter Geminus, qui a laissé un Traité d'Astronomie, et quelques observateurs. tels qu'Agrippa, Ménélaüs, Théon, Posidonius, qui reconnut les lois du phénomène du flux et du reflux ; Sosigène, que César fit venir d'Alexandrie à Rome pour réformer le calendrier. Enfin, Ptolémée coordonna et rectifia tous les travaux de ses prédécesseurs, y ajouta des découvertes nouvelles, et en forma un système complet qu'adoptèrent toutes les nations ; il admettait que la terre se trouvait placée au milieu du monde, et que les astres se mouvaient autour d'elle dans des cercles excentriques. — Les successeurs de Ptolémée se bornèrent à commenter ses ouvrages. A partir du VIIIe siècle, on voit l'Astronomie en faveur chez les Arabes. Les astronomes de Bagdad, protégés par les califes abbassides, surtout par Al-Mamoun, deuxième fils d'Haroun-al-Raschid (813), firent un grand nombre d'observations importantes, et dressèrent de nouvelles tables du soleil et de la lune plus exactes que celles de Ptolémée ; ils déterminèrent avec plus de précision qu'Hipparque la durée de l'année tropique, et mesurèrent, dans une plaine de la Mésopotamie, un degré du méridien, dans le but d'obtenir une évaluation de la grandeur de la terre.— Vers la fin du XIIIe siècle les études astronomiques commencèrent à refleurir en Europe, grâce à l'influence arabe ; le mouvement continua durant le XIVe et le XVe siècle : Jean Muller, plus connu sous le nom de Regiomontanus, et Bernard Walther se signalèrent alors par de nombreux travaux ; toutefois ces savants ne firent aucune découverte importante ; mais ils préparèrent la révolution scientifique qui s'accomplit au XVIe siècle.

C'est Copernic qui commence cette troisième période de l'histoire de l'Astronomie ; il démontra les erreurs du sytème de Ptolémée ; il rendit compte de la révolution diurne apparente du ciel par le mouvement de rotation de la terre, et expliqua la précession des équinoxes par le mouvement d'oscillation qui s'opère dans l'axe du globe ; il reconnut que les mouvements directs et rétrogrades des planètes ne sont que des apparences produites par la combinaison du mouvement de la terre autour du soleil avec le mouvement des planètes. — Malgré l'évidence des idées de Copernic, elles eurent longtemps à lutter contre les préjugés de la routine : on sait que Galiléo, qui avait embrassé ce système, fut obligé d'humilier sa raison devant un tribunal ecclésiastique, en reniant la réalité d'un mouvement qui lui était démontré. Cependant, les travaux de Tycho-Brahé et de Huyghens, les découvertes de Galilée et de Képler, mirent, dès la fin du XVIIe siècle, les opinions de Copernic à l'abri de toute discussion. Enfin, Newton, rapprochant et étendant toutes ces découvertes, trouva dans l'*attraction* et la *gravitation universelle* le principe général des mouvements célestes. Depuis, l'histoire de l'Astronomie ne présente guère que le développement de ses théories.

Indépendamment des noms illustres que nous venons de citer, l'Astronomie moderne s'honore de ceux de J. Cassini, Italien, qui vint à Paris sous Louis XIV, et enrichit la science d'un nombre considérable de découvertes; de Lacaille, Laplace, Lalande, Delambre parmi les Français; de Hévélius, Roëmer, Mayer, Bessel parmi les Allemands; de Flamsteed, Halley, Bradley, Herschell parmi les Anglais, etc. Enfin, MM. Arago, Leverrier, Encke, Graham, Vico, etc. occupent un rang élevé dans la série des célébrités contemporaines.

Parmi les ouvrages spéciaux d'Astronomie, les Traités de Lalande (1792, 3 vol. in-4); de Delambre (1814, 3 vol. in-4); de Laplace (*Mécanique céleste*); de Biot; de Herschell (traduit de l'anglais par M. Cournot, 1836); de Francœur (*Traité élémentaire d'Astronomie*, et *Astronomie pratique*), méritent une mention spéciale. Enfin, les gens du monde peuvent consulter les leçons professées à l'Observatoire par M. Arago, et recueillies par un de ses élèves.—L'histoire de l'Astronomie a eu pour interprètes: Montucla (*Histoire des Mathématiques*, 1799, 4 vol. in-4); Bailly (*Hist. de l'Astr. ancienne et moderne*, 1775, 1787, 1805, 2 vol. in-4); Delambre (*Hist. de l'Astronomie*, 1817-1821, 5 vol. in-4); Matthieu (*Hist. de l'Astronomie au* XVIIIe *siècle*, 1827, in-4).—L'Astronomie a été chantée, chez les anciens, par Aratus et Manilius, chez les modernes, par Daru.

Signes astronomiques : Signes du zodiaque : ♈, le Bélier; ♉, le Taureau; ♊, les Gémeaux; ♋, le Cancer; ♌, le Lion; ♍, la Vierge; ♎, la Balance; ♏, le Scorpion; ♐, le Sagittaire; ♑, le Capricorne; ♒, le Verseau; ♓, les Poissons. — ☉ figure le Soleil; ☿, Mercure; ♀, Vénus; ♁, la Terre; ☾, la Lune; ♂, Mars; ⚶, Vesta; ⚵, Junon; ⚳, Cérès; ⚴, Pallas; ♃, Jupiter; ♄, Saturne; ♅, Herschell ou Uranus; ⚘, Flore; ⚆, Métis; ⧗, Hébé; ⚖, Astrée; ◓, Iris; ⚕, Hygie; ♆, Neptune; — ☊, nœud ascendant; ☋, nœud descendant.

Pour les étoiles, Brayer a eu l'heureuse idée de désigner chacune des étoiles d'une même constellation par les lettres de l'alphabet grec, en attribuant les premières lettres aux étoiles les plus brillantes. Les lettres latines et les chiffres ordinaires sont employés à la suite quand le nombre des astres est trop grand.

ASTROSCOPE (du grec *aster*, astre, et *scopéô*, considérer), instrument astronomique composé de deux cônes, sur les faces desquels les étoiles et les constellations sont décrites, et qui donne le moyen de les retrouver aisément dans le ciel. Il a été inventé en 1698 par Schukhard, de Tubingue.

ASYLE. *Voy.* ASILE.

ASYMPTOTE (du grec *a* priv., *syn*, avec, et *piptô*, tomber: c'est-à-dire qui ne coïncide pas), se dit en Géométrie d'une ligne droite qui s'approche de plus en plus d'une ligne courbe, sans pouvoir la rencontrer, lors même qu'on les suppose l'une et l'autre indéfiniment prolongées (*Voy.* CONCHOÏDE).— On étend quelquefois le nom d'*asymptote* à des branches de courbes qui ne peuvent également se rencontrer, quoiqu'elles s'approchent les unes des autres à l'infini. Ainsi, les asymptotes peuvent se diviser en *droites* et *courbes*; mais, lorsqu'on ne détermine pas l'acception du mot *asymptote*, il ne s'applique qu'à une ligne droite.

ATARAXIE (du grec *a* priv., et *taraxis*, émotion). Les Stoïciens et les Pyrrhoniens appelaient ainsi ce calme d'esprit, cette inaltérable tranquillité, fruit d'une âme impassible et d'un jugement sain, qu'il faut à l'homme pour agir convenablement dans toutes les circonstances de la vie : c'était, suivant eux, le souverain bien. *Voy.* APATHIE.

ATAXIE (de *a* priv., et *taxis*, ordre), ensemble de phénomènes nerveux remarquables par l'irrégularité de la marche des maladies auxquelles ils sont liés. Ils indiquent toujours une affection cérébrale plus ou moins grave. Leurs caractères sont l'affaiblissement, la perversion des sens, un état convulsif ou au contraire une immobilité absolue de la face, des soubresauts, de l'aphonie, etc.—On nomme *fièvres ataxiques* une classe de fièvres dont le cours présente ces phénomènes.

ATÈLES (du grec *atélès*, imparfait), genre de singes américains de la tribu des Sapajous de Cuvier, caractérisés par leur queue fortement prenante, calleuse inférieurement, à son extrémité, et par leurs mains antérieures dépourvues de pouces. Les Atèles sont des animaux doux, craintifs, et lents dans leurs mouvements; leur voix est un sifflement doux et flûté. Ils habitent l'Amérique du Sud et vivent peu de temps lorsqu'on les apporte en Europe. Les plus connus sont l'*A. noir* ou *Cayou* de la Guyane; l'*A. métis* de la Colombie, ainsi appelé de sa couleur qui est celle du métis né du nègre et de l'Indien, et l'*A. pentadactyle*, qui porte aux mains une sorte de tubercule ou de verrue à la place du pouce.

ATELIERS (jadis *atteliers*, nom donné originairement aux basses-cours des fermes où l'on *attelait* les chevaux et les bœufs, et où travaillaient les bourreliers, les charrons et autres ouvriers employés aux travaux de la campagne), lieux où se réunissent les ouvriers d'une fabrique, manufacture, usine ou autre établissement industriel, pour y travailler en commun. On appelle spécialement *chantiers* les ateliers où travaillent les tailleurs de pierres, les charpentiers, les scieurs de long, les constructeurs de vaisseaux. — On appelle *Ateliers de charité* des ateliers formés temporairement dans les hivers rigoureux, dans des temps de disette ou de stagnation de commerce, pour donner du travail à ceux qui en manquent. L'ouverture en France d'ateliers d'urgence remonte assez loin : un édit de 1545 prescrit d'employer des mendiants valides aux travaux publics; des ordonnances du 13 avril 1685, 10 février 1699, 6 août 1709, règlent la police de ces ateliers. Louis XVI étendit ce mode d'assistance à tout le royaume (ord. des 11 mai 1786 ou 1788). En 1790, on ouvrit dans Paris et dans les environs de vastes ateliers publics; ces établissements devinrent l'objet spécial de la loi du 24 vendémiaire an XII. On a également recouru à ces ateliers dans les disettes de 1810 et de 1817, après la révolution de 1830, en 1837, lors de la crise industrielle qui affligea la ville de Lyon, et ils furent à ces diverses époques d'un grand secours. En 1848, on y recourut encore à Paris, où ils prirent le nom d'*Ateliers nationaux;* mais la mauvaise organisation de ces ateliers, le nombre immense d'hommes qui y accoururent, et qui s'éleva à plus de 100,000, enfin l'insubordination qui s'y introduisit bientôt, en firent un danger imminent; la dissolution de ces ateliers fut ordonnée par l'Assemblée nationale; mais cette mesure devint le prétexte de la terrible insurrection qui ensanglanta la capitale pendant les journées des 24-27 juin.

ATERMOIEMENT, *terme* ou délai de grâce accordé par le créancier au débiteur qui est dans l'impossibilité de payer à l'échéance. Il dépend de la seule volonté du créancier. Cet acte diffère du *concordat* en ce qu'il n'oblige que les créanciers qui l'ont signé; il n'est fait en général que pour empêcher la faillite.

ATEUCHUS (du gr. *ateuchès*, sans armes), genre de Coléoptères pentamères de la famille des Lamellicornes, tribu des Scarabéides coprophages. Ce sont des insectes d'assez grande taille, semblables aux scarabées, mais dépourvus de cornes (d'où leur nom), à corps ovale ou arrondi, à corselet large et bombé : ils vivent dans les excréments. L'*A. sacré*, qui est noir, habite le nord de l'Afrique; on le voit figuré sur les monuments égyptiens; l'*A. d'Égypte*, qui habite le Sennaar, est d'un beau vert cuivreux ou doré.

ATHÉISME (*d'a* priv., et *théos*, dieu), doctrine qui consiste à nier l'existence de Dieu. Il faut distinguer un *A. négatif*, celui des hommes qui, par stupidité, ne se sont pas élevés à l'idée d'un Dieu, comme quelques peuplades sauvages, ou de ceux qui, par irréflexion, vivent comme s'il n'y avait pas de Dieu, et l'*A. positif* ou *systématique*, professé par certains philosophes qui rejettent l'existence de Dieu, et qui combattent les preuves qu'on en donne, expliquant tout dans l'univers par une aveugle nécessité ou par un capricieux hasard : tels étaient chez les anciens, Leucippe, Démocrite, Épicure, Évhémère, Diagoras de Mélos, Straton de Lampsaque, Lucrèce ; chez les modernes, Diderot, d'Holbach, Naigeon, Lalande, Sylvain Maréchal, Chaumette, et de nos jours Proudhon, qui furent conduits à cette désolante doctrine par leurs systèmes de matérialisme et de fatalisme. — On confond quelquefois, et bien à tort, avec les athées les *panthéistes*, tels que Xénophane chez les anciens, Jordano Bruno, Spinoza, Scheiling chez les modernes, qui, loin de nier Dieu, absorbent tout en lui. — L'ouvrage où l'athéisme est exposé avec le plus d'audace est le *Système de la Nature*, mis par d'Holbach sous le nom de Mirabaud. Sylvain Maréchal a publié un *Dictionnaire des Athées*, où il prodigue de la manière la plus ridicule cette dénomination, l'appliquant même aux hommes les plus religieux. — L'athéisme est réfuté dans tous les *Traités de l'existence de Dieu*; il a été en outre combattu *ex professo* par le P. Lami, Buddée, Abicht, Mullor, Heidenrich, etc. — On doit à Leclerc l'*Histoire des systèmes des anciens Athées*, et à Reimann *Historia Atheismi et Atheorum falso et merito suspectorum*, 1725. *Voy.* DIEU, THÉOLOGIE.

ATHÉNÉES (*d'Athéné*, nom grec de Minerve, déesse des sciences et des arts), nom donné chez les anciens à divers édifices d'Athènes, d'Alexandrie, de Rome et de Constantinople, consacrés aux sciences et aux arts. L'un des plus célèbres est celui qui fut élevé à Rome, sous l'empereur Adrien, l'an 125 ; les auteurs venaient y lire leurs ouvrages en présence d'une assemblée nombreuse ; il servait aussi de collège, et on y faisait des leçons publiques. L'empereur Caligula en avait fait bâtir un semblable à Lyon, l'an 37 de J.-C.; il y avait institué des prix d'éloquence grecque et latine : les vaincus étaient obligés, dit-on, d'effacer leurs compositions avec une éponge ou avec la langue; sinon, ils étaient fouettés ou jetés dans le fleuve.

Dans les temps modernes, on a étendu le nom d'*Athénée* à tout lieu où s'assemblent des savants et des gens de lettres pour faire des cours de sciences et de littérature. On connaît surtout l'*A. de Paris*, fondé en 1785, connu d'abord sous les noms de Musée, puis de Lycée (rue de Valois). On y faisait des cours sur les diverses branches des lettres et des sciences : Laharpe, Marmontel, Ginguené, Lemercier, Garat, Fourcroy, Cuvier y professèrent. — L'*A. des Arts*, fondé aussi à Paris, en 1792, sous la dénomination de *Lycée des Arts*, réunit également l'élite des savants, des littérateurs et des artistes : on comptait parmi ses fondateurs Lavoisier, Lalande, Condorcet, Valmont de Bomare, Parmentier, Ber-

thollet, Darcet, Sedaine, Lesueur, Dalayrac. Ces deux établissements ont rendu de grands services, et ont subsisté jusqu'à ces derniers temps. — Le nom d'*Athénée* a été depuis appliqué, notamment en Belgique, à divers établissements d'instruction publique. — L'*Athenæum* est un des journaux littéraires les plus répandus de l'Angleterre.

ATHÉRICÈRES (du gr. *ather*, pointe, et *kéras*, corne), famille d'insectes de l'ordre des Diptères, a pour caractères une trompe ordinairement membraneuse, terminée par deux lèvres, renfermée, ainsi que les palpes, pendant le repos, dans une cavité de la tête contenant un suçoir de deux pièces le plus souvent, et des antennes toujours accompagnées d'une soie. Cette famille était divisée par Latreille en 4 tribus: *Syrphides*, *Œstrides*, *Conopsaires*, et *Muscides*.

ATHERMANE (du gr. *a* priv., et *thermos*, chaud), se dit en Physique des substances qui arrêtent la chaleur rayonnante, comme les corps opaques arrêtent la lumière, par opposition aux substances *diathermanes*. *Voy.* DIATHERMANES.

ATHLÈTES (du gr. *athléin*, combattre), ceux qui combattaient dans les jeux publics de la Grèce, et se livraient à des exercices gymnastiques. Ce nom ne s'appliquait d'abord qu'à ceux qui s'exerçaient à la lutte ou au pugilat; on l'étendit ensuite à ceux qui disputaient le prix de la course, du saut et du disque. Les exercices des athlètes furent institués pour former les jeunes gens aux travaux et aux fatigues de la guerre ; ils devinrent bientôt des spectacles publics. Pour être admis à paraître comme athlète, il fallait : 1° être Grec et homme libre; 2° être de mœurs pures et irréprochables ; 3° jurer d'observer les lois du régime athlétique, régime qui consistait dans l'usage exclusif de certains aliments et l'abstinence de plaisirs énervants. — Dans la lutte et le pugilat les couples se tiraient au sort. Le vainqueur recevait des couronnes ; celui qui avait été couronné trois fois aux jeux sacrés était exempt de charges et d'impôts. Les athlètes qui réunissaient les cinq talents de la lutte, du pugilat, de la course, du saut et du disque, avaient le nom de *pentathles* chez les Grecs, et de *quintertiones* chez les Romains.

ATLANTES (pluriel grec d'*Atlas*), figures ou demi-figures d'hommes employées en guise de colonnes ou de pilastres pour soutenir un ouvrage d'architecture, tel qu'un balcon ou autres semblables: on les appelle aussi *télamones*. Les figures de femmes s'appellent *cariatides*. *Voy.* ce mot.

ATLAS (du nom du personnage mythologique qui soutenait le monde), collection de cartes géographiques. Gérard Mercator paraît être le premier qui ait employé ce mot dans ce sens; depuis, il a été étendu à toute collection de planches de quelque nature qu'elles fussent, dessins, plans, tableaux historiques et généalogiques. Les *A. géographiques* les plus complets et les plus estimés aujourd'hui en France sont, après les travaux exécutés au nom de l'État par le corps d'état-major, ceux de Brué, revus par Picquet, de Lapie et d'Andriveau Goujon. — Parmi les collections de tableaux historiques, on connaît surtout l'*A. historique et généalogique* de Lesage (Las Cases), complété par l'*A. des littératures* de M. J. de Mancy, l'*A. historique des États européens*, de Kruse, traduit par Ansart et Lebas.

En Anatomie, on donne le nom d'*Atlas* à la première vertèbre du cou, parce qu'elle supporte la tête comme Atlas supportait le globe céleste. — On a formé de ce mot celui d'*atloïde* pour désigner tout ce qui se rattache à cette vertèbre : d'où *Atloïdemastoïdien*, *A. musculaire*, *A. occipital*, etc.

En Entomologie, on nomme *Atlas* une belle espèce de Lépidoptères nocturnes, connue des marchands sous le nom de *Phalène à miroirs*, parce qu'elle a sur le milieu de chaque aile une grande tache triangulaire encadrée de noir, sur un fond d'un rouge fauve. Elle se trouve principalement dans le midi de la Chine et aux Moluques.

ATMOMÈTRE (du gr. *atmos*, vapeur, et *métron*, mesure), instrument qui sert à calculer la quantité de liquide passé, dans un temps connu, à l'état de vapeur. On peut se servir à cet effet de toute espèce de vase divisé en parties d'égales capacités. Au bout de quelque temps, on verra le liquide baisser dans le vase, et la différence du niveau antérieur et du niveau actuel exprimera la quantité de liquide vaporisé.

ATMOSPHÈRE (du gr. *atmos*, vapeur, et *sphaira*, sphère), couche de gaz ou fluide élastique qui entoure la plupart des corps célestes; se dit en particulier de la masse d'air qui enveloppe notre globe (*Voy.* AIR). — Les observations astronomiques s'accordent à faire admettre, autour des planètes et de leurs satellites, des atmosphères semblables à l'atmosphère terrestre. Cependant la lune fait exception ; elle ne présente pas de nuages à sa surface, ni rien qui puisse indiquer la présence d'une atmosphère.

En Physique, le nom d'*atmosphère* a été étendu à toute couche de fluide qui entoure un corps isolé, composé d'une matière plus dense ou d'une autre nature. On dit, par exemple, A. d'*électricité*.

Le mot *atmosphère* s'emploie aussi comme unité de force, pour évaluer de très-grandes pressions ; cette unité est la pression atmosphérique ordinaire, agissant sur l'unité de surface, et mesurée par la colonne barométrique : elle équivaut à un poids de 1 kil. sur un centimètre carré. Les parois d'un vase qui contient de la vapeur ou du gaz à la tension de deux atmosphères, ne supportent en réalité qu'un excès de tension d'une atmosphère, puisque ce vase est pressé extérieurement par l'air ambiant. Les Anglais ne comptent ordinairement que l'excès de pression. *Voy.* PRESSION.

ATOME (du gr. *a* priv., et *temnô*, couper : insécable), particule infiniment petite de la matière, et qui résiste à toute division. Supposons qu'on divise la matière par tous les moyens possibles, mécaniques ou chimiques, on arrivera enfin à une limite devant laquelle toute division ultérieure devra s'arrêter ; la particule matérielle qui oppose cette résistance, c'est l'*atome*. — L'insuffisance de nos moyens de division nous empêche d'atteindre les véritables atomes ; nous ne pouvons séparer de la matière que des groupes d'atomes, ou, comme on dit, des *molécules*. Dans la molécule d'un corps réputé simple, les atomes sont similaires ou de même qualité ; dans les molécules d'un corps composé, les atomes sont hétérogènes ou de qualités différentes. Lorsqu'une combinaison chimique s'effectue, les molécules échangent un certain nombre de leurs atomes, lesquels se juxtaposent alors dans un ordre déterminé ; quand, par exemple, le carbone et l'oxygène se combinent, la molécule de carbone échange un certain nombre d'atomes de carbone contre un certain nombre d'atomes d'oxygène, et réciproquement. — Cette hypothèse des atomes rend parfaitement compte des proportions chimiques. On conçoit que, si la molécule de chaque corps simple se compose d'atomes ayant un poids déterminé, ce même poids doit se retrouver *n* fois dans toutes les combinaisons, *n* étant un nombre entier. L'analyse démontre que l'oxyde de carbone, par exemple, contient, sur 14 parties, 8 d'oxygène et 6 de carbone ; or, si l'on suppose que la molécule d'oxygène se compose d'atomes, pesant chacun 8 unités, et la molécule de carbone, d'atomes pesant chacun 6 unités, la molécule d'oxyde de carbone se composera de 1 atome d'oxygène et de 1 atome de carbone. L'analyse prouve de même que, dans l'acide carbonique, 16 parties (2 fois 8) d'oxygène sont unies à 6 parties de carbone ; dans la théorie atomique, la molécule de l'acide carbonique se compose donc de 2 atomes d'oxygène et de 1 atome de carbone. Dans ces exemples, atome devient synonyme de nombre proportionnel ; aussi se

sert-on fréquemment en chimie du mot *poids atomique* au lieu de nombre proportionnel ou d'équivalent (*Voy.* PROPORTIONS CHIMIQUES, ISOMÉRIE, ISOMORPHISME). — L'hypothèse des atomes se rencontre déjà dans les écrits des philosophes grecs, Démocrite, Leucippe, Épicure (*Voy.* ATOMISME) ; mais elle resta longtemps reléguée dans l'oubli, comme les sciences physiques elles-mêmes. Depuis la renaissance des sciences, elle fut remise en lumière par Gassendi, le restaurateur de la philosophie d'Épicure, et attira l'attention de Descartes, de Swedenborg, de Newton, de Leibnitz, qui identifie les atomes avec ses *monades* (*Voy.* ce mot). Mais ce fut Dalton (*New system of chemical philosophy*, 1810) qui le premier conforma l'hypothèse des atomes aux lois des proportions chimiques, et en fit ainsi un auxiliaire utile dans la démonstration des vérités de la chimie. Les idées de Dalton, adoptées par Humphry Davy et Berzélius, sont entrées dans la science ; elles forment ce qu'on nomme aujourd'hui la *théorie atomistique*. Elles ont été cependant modifiées par plusieurs savants : on doit à Ampère et à M. Gaudin des spéculations ingénieuses sur ce sujet.

ATOMISME, système de philosophie qui explique le monde par l'existence des atomes. Moschus de Sidon, qui vivait avant la guerre de Troie, fut, au dire de Posidonius, le 1er auteur de ce système ; on le trouve également dans l'Inde, où il fut professé par Kanada et Gautama ; mais il est surtout connu par la forme que lui donnèrent les Grecs. Leucippe et Démocrite expliquaient tout par le vide et par les atomes, éléments éternels, indivisibles, indestructibles, qui, animés d'un mouvement essentiel, s'agitaient librement dans le vide, et y formaient, par l'effet du pur hasard, toutes les combinaisons qu'on voit dans le monde. Épicure modifia légèrement ce système en douant les atomes d'une sorte de liberté, en leur donnant une forme courbe ou crochue et un mouvement oblique (*clinamen*), afin qu'ils pussent s'attacher les uns aux autres. Le poëte latin Lucrèce mit en beaux vers cette philosophie. Sous toutes ses formes, l'atomisme, expliquant le monde par le hasard ou la nécessité, conduisait au matérialisme et à l'athéisme. Le philosophe Gassendi ressuscita ce système au xviie siècle, mais en cherchant à le concilier avec la foi.

ATONIE (du grec *a* priv., et *tonos*, ton, ressort), faiblesse générale de tous les organes, et particulièrement des organes contractiles. L'*atonie* n'exprime qu'un relâchement des tissus ; l'*asthénie* indique l'affaiblissement de leurs fonctions. On combat l'*atonie* par les *toniques*. *Voy.* ce mot.

ATRABILE (du latin *atra*, noire, et *bilis*, bile), humeur particulière, de couleur noire, formée, selon les anciens, d'une partie limoneuse du sang ou de la bile, sécrétée par le pancréas, et qu'ils croyaient engendrer la mélancolie et les manies. Cette opinion est tout hypothétique ; mais on continue d'appeler *atrabile* la bile qui atteint une couleur très-noire dans certaines maladies. On nomme *atrabilaires* les hypocondriaques, chez lesquels on croyait l'atrabile prédominante ; par suite, on a étendu ce nom à tout homme d'un caractère chagrin et intraitable.

ATRE. *Voy.* CHEMINÉE et ENCHEVÊTRURE.

ATRIPLICÉES, ATRIPLICINÉES (d'*atriplex*, nom latin de l'Arroche, genre type), famille de plantes apétales, à étamines périgynes, renferme des herbes annuelles ou vivaces, ou des arbrisseaux, répandus sur toute la surface du globe, et principalement en dehors des tropiques. L'épinard, la bette, le quinoa, font, ainsi que l'arroche, partie de cette famille. Au nom d'*Atriplicées*, proposé par A. L. de Jussieu, quelques auteurs substituent celui de *Chénopodées* (*Voy.* ce mot). Cette famille contient 7 tribus : *Ansérinées, Spinaciées, Camphorosmées, Corispermées, Salicorniées, Suædinées* et *Salsolées*.

ATROPA, nom latin de la *Belladone*. *Voy.* ce mot.

ATROPHIE (du grec *a* priv., et *trophé*, nourriture), amaigrissement, diminution progressive dans le volume de tout le corps ou d'une de ses parties, due au manque de sucs nourriciers. C'est moins une maladie qu'un symptôme, et un symptôme fort grave. L'*A. partielle* est l'atrophie due au repos absolu d'un membre, ou à la compression qu'il a eue à supporter, ou à l'effet d'une autre maladie, telle que le rhumatisme. — On nomme *A. mésentérique* l'induration ou tuméfaction des glandes du mésentère, qu'on observe exclusivement chez les enfants depuis la 1re enfance jusque vers la 7e ou la 9e année; elle est constamment accompagnée de l'amaigrissement progressif de toutes les parties du corps. C'est ce qu'on nomme le *carreau*. *Voy.* ce mot.

ATROPINE, alcali végétal contenu dans toutes les parties de la Belladone (*Atropa*). Il se présente sous la forme d'aiguilles blanches et soyeuses, sans odeur, très-amères, peu solubles dans l'eau, très-solubles dans l'alcool. Cet alcali est extrêmement vénéneux : un millième de grain introduit dans la pupille suffit pour la dilater d'une manière persistante. Il a été extrait pour la 1re fois par MM. Geiger et Hesse. Sa composition se représente par $C^{34}H^{33}NO^6$.

ATROPOS (du nom d'une des Parques), espèce de Lépidoptères crépusculaires, tribu des Sphingides achéronties, vulgairement appelé *Papillon à tête de mort*, parce qu'il porte sur son corselet l'empreinte assez exacte de la face du squelette humain. Le *Sphynx Atropos* est en outre remarquable par sa grande taille et surtout par la faculté qu'il possède seul entre tous les insectes de faire entendre un cri lorsqu'il est inquiété ; ce cri est assez semblable à celui de la souris. Les Naturalistes sont fort divisés sur l'explication de cette faculté.

ATTACES, ATTACIDES (d'*attacus*, sorte d'insecte mentionné dans la Bible), nom donné par Linné à la 1re division de son grand genre Phalène, qui embrasse tous les Lépidoptères nocturnes. Nous citerons comme types des espèces de ce genre, soit exotiques, soit indigènes, l'*A. atlas* (*Voy.* ATLAS, fin), l'un des plus grands Lépidoptères qu'on connaisse et qui se trouve en Chine, et le Grand Paon, *Pavonia major*, commun dans les environs de Paris.

ATTACHEMENTS. Ce mot se dit, dans la Construction, des notes que les architectes ou les vérificateurs prennent sur les ouvrages de diverses espèces lorsqu'ils sont encore apparents, pour y avoir recours dans le règlement des mémoires : on dit en ce sens, *Prendre des attachements.*

ATTAQUE, action par laquelle on se présente devant l'ennemi pour engager le combat. On distingue l'*A. des lignes*, l'*A. en rase campagne*, l'*A. de place*. L'attaque d'une place se fait de quatre manières, par surprise, par blocus, par bombardement, enfin dans toutes les règles, ou siége. *Voy.* SIÉGE.

En Médecine, on nomme ainsi l'invasion subite d'une maladie périodique, telle que la goutte, le rhumatisme ; ou d'une affection sujette à des retours plus ou moins fréquents, comme l'apoplexie. — On appelle *attaques de nerfs* des spasmes et divers phénomènes nerveux que l'on observe particulièrement chez les femmes et chez les individus très-irritables.

ATTE (du grec *attó*, sauter), genre de la famille des Aranéides formé par M. Walckenaer, est principalement caractérisé par des yeux au nombre de huit, inégaux entre eux, disposés sur trois lignes; ils épient leur proie et la saisissent en *sautant* (d'où leur nom) ou en courant. Les Attes sont de petite taille, et ont souvent des couleurs vives et variées; ils sont répandus dans les diverses parties du monde. Il en existe un grand nombre d'espèces qu'on réunit en quatre divisions : *Sauteuses*, *Voltigeuses*, *Longimanes* et *Caudées*.

ATTELABE (du grec *attélabos*, nom donné par Aristote à un insecte qui ronge les fruits), genre d'insectes Coléoptères tétramères, famille des Curculionites. Leurs larves, semblables à celles des charançons, sont blanches, formées de 12 anneaux, sans pattes, munies de deux mandibules cornées qui servent à l'animal pour percer la pulpe des fruits et pour marcher en se cramponnant. Ces larves attaquent les fleurs et les feuilles aussi bien que les fruits et font de grands ravages.

ATTELLE (mot dérivé, selon Ducange, de *artula*, qui, dans la basse latinité, signifiait *copeau*), lames de bois flexibles, mais résistantes, plus ou moins longues, que l'on applique, garnies de linge, le long d'un membre fracturé, pour le maintenir dans l'immobilité et prévenir le déplacement des fragments. On a fait aussi des attelles en écorce d'arbre, en fer-blanc, en baleine, en cuivre, etc. On emploie encore, dans certains cas, des attelles faites avec un carton fort épais, que l'on mouille avant de les appliquer, et qui se moulent alors sur le membre, auquel on les fixe par un bandage roulé; on applique au même usage la *dextrine* (*Voy.* ce mot).—On donne aussi aux attelles le nom d'*éclisses*.

ATTENTAT (d'*attentare*, attaquer), entreprise criminelle contre les personnes ou contre les choses. Le Code pénal distingue : 1o *A. contre la sûreté de l'État*, ou *A. politiques* ; 2o *A. à la liberté individuelle et aux droits des citoyens* ; 3o *A. à la pudeur* et *A. aux mœurs*, et traite successivement de chacun d'eux et des peines qui y sont attachées (1o art. 76–90, 2o 114 et suiv., 3o 330 et suiv.).

ATTENTION (de *tendere ad*, tendre vers). En Psychologie, ce mot désigne et la concentration volontaire, exclusive, prolongée de l'esprit sur un objet, et la faculté qui opère cette concentration. Nos premières connaissances sont confuses, obscures, incomplètes; pour les rendre distinctes, claires et complètes, il est nécessaire de revenir volontairement sur les faits dont nous avions d'abord reçu l'impression tout passivement; il faut nous arrêter sur un objet, et le détacher de tous ceux qui l'entourent; il faut enfin retenir nos regards sur cet objet assez longtemps pour l'observer sous toutes ses faces : c'est ce que fait l'attention; elle est la condition de la connaissance distincte et de la mémoire; sans elle les impressions sont comme non avenues. Appliquée aux phénomènes de conscience, l'attention est appelée *réflexion*; appliquée à l'étude du corps, c'est l'*observation externe*. Donner son attention aux objets de la vue, c'est *regarder*, et non plus simplement *voir*; aux objets de l'ouïe, c'est *écouter*, et non plus *entendre*, etc. — Condillac ne voit dans l'attention qu'une transformation de la sensation : selon lui, c'est la sensation devenue dominante, exclusive. Laromiguière, Maine de Biran, et avec eux les meilleurs psychologistes, regardent, au contraire, l'attention comme essentiellement distincte de la sensation, la 1re étant *active*, et la 2e purement *passive*. Selon Laromiguière, l'attention est le principe de toutes les facultés de l'entendement; la comparaison n'est qu'une double attention, et le raisonnement une double comparaison.

ATTÉNUANTES (CIRCONSTANCES). *Voy.* CIRCONSTANCES.

ATTERRAGE (du latin *ad*, près, et *terra*, terre), C'est, en termes de Marine, l'arrivée en vue d'une terre, et la reconnaissance de cette terre, ordinairement faite sur les points les plus avancés et les plus remarquables des côtes. Aux approches d'une terre, on dit *être à l'atterrage*, même avant d'être à portée de l'apercevoir.

ATTERRISSEMENT (de *ad* et *terram*), se dit le plus souvent dans le même sens qu'*alluvion*. Ce mot désigne plus spécialement les dépôts de sable, de limon et de cailloux roulés, formés par les fleuves vers leur embouchure, ou par la mer sur certaines plages; de là on distingue les *A. marins* et les *A. fluviatiles. Voy.* ALLUVION et DUNES.

ATTICISME, mélange de pureté de langage, de délicatesse, de finesse de goût, qui distinguait les Athéniens.—Dans la Grammaire grecque, on nomme ainsi le dialecte particulier aux Athéniens.

ATTIQUE, ornement d'architecture qui couronne un édifice ou la partie supérieure d'une façade, et a pour objet de dissimuler le toit. Il repose immédiatement sur l'entablement. Il est orné quelquefois de petites colonnes ou de sculptures; souvent c'est un simple mur sans ornement. C'est aux Athéniens que les Romains et les modernes ont emprunté l'*attique* : de là son nom.—*Étage en attique. Voy.* ÉTAGE.—*Dialecte attique. Voy.* ATTICISME et DIALECTE.

ATTOLE, ATTOLON. Ce nom, qui a d'abord désigné spécialement les groupes d'îles qui forment l'archipel des Maldives, a depuis été étendu à toutes les réunions d'îles qui offrent les mêmes caractères : ce sont de petites îles basses, groupées sur d'étroits plateaux madréporiques, qui ceignent un bassin circulaire ou une ile-plus importante et plus élevée, et présentent des dentelures accessibles aux pirogues ou aux navires; telles sont les îles de l'archipel Paumatou ou Dangereux, de l'archipel Central ou Mulgrave.

ATTORNEY, nom donné, en Angleterre, à l'officier public qui remplit les fonctions de procureur ou d'avoué. Le procureur du roi prend le titre d'*attorney général*. Quand l'attorney est attaché à l'une des diverses cours d'équité, il prend le titre plus relevé de *sollicitor*. La classe des *attorneys* est très-nombreuse; on en compte 3,000 à Londres, et 8,000 dans les provinces.

ATTRACTION, propriété dont toutes les parties de la matière paraissent douées, et en vertu de laquelle elles tendent les unes vers les autres. On la nomme *A. universelle* ou *gravitation* lorsqu'elle agit à distance, et *A. moléculaire* lorsqu'elle agit au contact.

L'attraction universelle est le principe de presque tous les phénomènes de l'astronomie. Non-seulement les centres des corps célestes s'attirent réciproquement, mais cette action s'exerce aussi entre toutes leurs molécules. Ainsi, par exemple, la nature des orbites que décrivent respectivement la terre autour du soleil et la lune autour de la terre prouve une attraction réciproque entre les centres de ces trois grands corps; les phénomènes du flux et du reflux, de la précession des équinoxes et de la nutation de l'axe terrestre, démontrent une attraction semblable des centres du soleil et de la lune sur les molécules de la mer et sur les molécules liquides ou solides qui forment le renflement de la terre à l'équateur. Les observations ont établi une analogie parfaite entre la force appelée *pesanteur*, qui fait tomber les corps sur la terre, et les forces diverses qui produisent les mouvements célestes.

Newton, guidé par les lois de Képler (*Voy.* PLANÈTES), a démontré que *tous les corps de la nature s'attirent mutu. llement en raison directe des masses en raison inverse du carré des distances.* On a remarqué depuis que cette diminution de l'attraction en proportion des distances a lieu d'après la même loi suivant laquelle diminuent les intensités du son, de la lumière, de la chaleur, ainsi que celles des attractions ou des répulsions électriques et magnétiques. — Suivant la théorie newtonienne, l'attraction pénètre les particules les plus minimes de la matière, et l'action combinée de toutes les parties de la terre forme les attractions de la masse totale. Par la même raison qu'un corps pesant tend vers le bas en parcourant une perpendiculaire à la surface de la terre, il est attiré vers le centre d'une montagne voisine par une force plus ou moins grande, suivant la distance de cette montagne et la quantité de matière qu'elle contient. Cette opi-

nion de Newton a été pleinement confirmée par les observations sur la déviation du fil à plomb dans le voisinage des montagnes, observations faites d'abord au Pérou par Bouguer et La Condamine en 1738, et ensuite en Écosse par Maskelyne en 1774. L'expérience de Cavendish sur l'action des sphères métalliques a prouvé de la manière directe, pour les corps terrestres, la réalité d'une attraction réciproque.

Les attractions moléculaires qui s'exercent dans les corps par le contact immédiat prennent les noms de *cohésion*, d'*adhésion*, de *capillarité* ou d'*affinité* (*Voy.* ces mots), suivant les phénomènes auxquels elles donnent naissance. Il est probable que ces phénomènes ne sont que des manifestations particulières de la gravitation universelle.

Le principe de l'attraction avait été entrevu par Copernic et par Képler ; les premiers qui en adoptèrent l'idée furent : en Angleterre, Gilbert, Fr. Bacon et Hooke ; en France, Fermat et Roberval ; en Italie, Galilée et Borelli. Mais, jusqu'à Newton, ce principe avait été très-imparfaitement défini et incomplétement appliqué : c'est dans ses *Philosophiæ naturalis principia mathematica* que ce grand physicien l'a exposé avec toutes ses conséquences. La *Mécanique céleste* de Laplace peut être considérée comme le complément de ce bel ouvrage.

ATTRAHIÈRE (d'*attrahere*, attirer). On nommait ainsi, sous le régime féodal, un droit qu'avait le seigneur d'attirer à lui et de s'approprier les biens des criminels, aubains, bâtards et serfs.

ATTRAPE-MOUCHE ou GOBE-MOUCHE, nom vulgaire de plusieurs espèces de plantes qui ont la propriété de retenir ou d'emprisonner les insectes qui viennent se poser sur leurs fleurs : telles sont surtout le *Gouet gobe-mouche* et la *Dionée attrape-mouche*, dont les fleurs, grandes et garnies de poils à la gorge, se resserrent dès l'insecte qui y a pénétré, et le retiennent captif. L'apocyn du Canada, le laurier-rose et la scammonée de Montpellier, saisissent par la trompe les mouches qui viennent puiser le suc mielleux qui se trouve au fond de leurs corolles; un silène et plusieurs lychnides les retiennent par l'enduit visqueux de leurs tiges, etc.

ATTRIBUT. En Métaphysique, on nomme ainsi toute propriété permanente d'un être, découlant de sa nature même : ainsi, l'éternité, l'infinité, l'unité, la justice, la providence, la toute-puissance, etc., sont les *attributs* de Dieu.

En Grammaire, on oppose *attribut* à *sujet* : l'attribut exprime ce qu'on affirme ou qu'on nie du sujet d'une proposition. Dans cette phrase : *Dieu est bon*, le mot *bon* exprime la qualité que j'affirme de Dieu; c'est l'*attribut*. L'attribut est énoncé ou par un adjectif, ou par un participe, ou même par un substantif. Exemples : Le mérite est *modeste*; tout est *changeant*; la vertu est *estimée*; pauvreté n'est pas *vice*. Souvent l'attribut forme un seul mot avec le verbe : l'homme *pense*, pour : est *pensant*. — On distingue *A. simple*, celui qui n'exprime qu'une manière d'être du sujet : le ciel est *pur*; *A. composé*, celui qui exprime plusieurs manières d'être du sujet : Dieu est *juste* et *bon*; *A. incomplexe*, celui qui a par lui-même une signification complète, c'est-à-dire qui n'a aucune espèce de complément : Le soleil est *lumineux*; *A. complexe*, celui qui n'offre une signification complète qu'à l'aide d'un ou de plusieurs compléments : L'oisiveté est la mère de tous les vices.

ATTRIBUTS, symboles consacrés à caractériser les divinités de la Fable et les héros de l'Antiquité ou à symboliser des êtres moraux : ainsi l'aigle et la foudre étaient les attributs de Jupiter; le trident, celui de Neptune; un glaive et une balance, ceux de la Justice; le caducée, celui de Mercure; la massue, celui d'Hercule, etc. Chez les Égyptiens, la croix ansée (T surmonté d'un anneau) était le symbole de la vie divine; dans leurs sculptures antiques, chaque dieu la tient à la main. Toutes les divinités avaient aussi en main le sceptre. L'Iconologie est la connaissance des attributs par lesquels chaque être est désigné. Cette connaissance est indispensable à l'artiste pour représenter fidèlement les personnages mythologiques, et pour figurer les êtres idéaux : vertus, vices, arts, etc. *Voy.* EMBLÈMES et ICONOLOGIE.

ATTRITION (d'*atterere*, froisser), douleur d'avoir offensé Dieu causée par la honte d'avoir commis le péché, ou par la crainte d'en recevoir le châtiment; elle prépare le pécheur à recevoir la grâce de la justification par l'absolution, dans le sacrement de pénitence. Elle diffère de la *contrition*, qui est la douleur d'avoir péché, causée surtout par l'amour de Dieu; et de la *componction*, qui est la douleur profonde d'une âme désolée d'avoir offensé Dieu. Le mot d'*attrition* a été introduit dans la langue théologique au XIIIᵉ siècle; il fut adopté par le concile de Trente. Bossuet et l'assemblée du clergé de 1700 déclarent que celui qui se contente de l'*attrition* n'a pas assez de soin de son salut.

ATTROUPEMENT, assemblée illicite et tumultueuse sur la voie publique. D'après la loi du 10 avril 1831, les attroupements doivent se dissoudre à la première sommation du magistrat, revêtu de son écharpe. Si le rassemblement ne se disperse pas aussitôt, la sommation est renouvelée et précédée d'un roulement de tambour ou d'un son de trompe. Après trois sommations restées sans résultat, il peut être fait emploi de la force. Les individus arrêtés dans les attroupements sont punis d'un emprisonnement qui peut aller, selon la gravité des cas, d'un jour à deux ans, et d'une interdiction plus ou moins prolongée des droits civiques. Ces dispositions, dont la plupart se trouvaient déjà dans la loi du 3 août 1791, ont été complétées dans la loi du 7 juin 1848.

ATWOOD (MACHINE D'), machine dont on se sert pour démontrer les lois de la pesanteur. *Voy.* ce mot.

ATYPIQUES (du grec *a* priv., et *typos*, type), épithète donnée aux maladies périodiques, surtout aux fièvres intermittentes, dont les attaques ou les accès réapparaissent sans régularité.

AUBAINE (DROIT D'), droit par lequel le fisc d'un État s'attribue les biens de l'étranger (dit jadis *aubain*, d'*alibi natus*) qui meurt dans le territoire de cet État. Ce droit odieux s'exerça longtemps en France; il fut aboli par l'Assemblée constituante le 6 août 1790. La loi du 14 juillet 1819 en a effacé les dernières traces en abrogeant les art. 726 et 912 du Code civil, et en autorisant les étrangers à succéder et à disposer de la même manière que les Français.

AUBE (d'*albus*, blanc), tunique de toile blanche qui descend jusqu'aux pieds, et que le prêtre porte à l'autel sur sa soutane et par-dessous la chasuble.

En Hydraulique, on appelle *aube* les planches fixées à la circonférence des roues des moulins à eau, ou de toute autre machine que ce liquide fait mouvoir, et sur lesquelles s'exerce l'action de l'eau pour faire tourner les roues : l'*aube* plonge perpendiculairement dans l'eau. — On appelle *aubes courbes*, des aubes imaginées par M. Poncelet, qui reçoivent l'eau à leur partie inférieure; ce qui est avantageux pour les petites chutes d'eau, et beaucoup plus économique.

AUBÉPINE, AUBÉPIN (du latin *alba spina*, épine blanche), nom vulgaire du *Mespilus oxyacantha*, espèce du genre *Néflier*, de la famille des Rosacées et de la tribu des Pomacées. Quelques botanistes rangent à tort cette espèce dans les Alisiers, genre très-voisin. C'est un arbuste à fleurs blanches, quelquefois roses, disposées par bouquets ou corymbes, d'une odeur très-agréable, mais qui entêtent promptement, et auxquels succèdent de petits fruits à osselets, rouges et charnus. Ses rameaux, très-serrés et garnis d'épines, le font rechercher pour les haies

et les clôtures; et son bois, qui est très-dur, sert aux tourneurs. On fait avec ses fruits une liqueur fermentée. Depuis quelques années, on cultive dans les jardins une variété d'aubépine à fleurs doubles, originaire de Mahon. On la greffe sur l'aubépine ordinaire, sur laquelle se greffent aussi le néflier, le poirier et le coignassier. Le rossignol aime l'aubépine, et y fait souvent son nid. — A Athènes, l'aubépine était l'emblème de l'espérance. Les jeunes filles portaient des branches d'aubépine aux noces de leurs compagnes; et l'hôtel de l'hyménée était éclairé par des torches faites du bois de cet arbuste.

AUBERGINE (du latin *albus*, blanc); nom vulgaire d'une espèce de Morelle, appelée aussi *Melongène*. Cette plante, qui croît naturellement en Asie, en Afrique et en Amérique, porte des fruits blancs semblables à des œufs; quelquefois ils sont allongés, recourbés comme des concombres, et de couleur violette, jaune ou rougeâtre. Ces fruits sont un mets recherché, surtout dans le midi de la France et de toute l'Europe. *Voy.* MORELLE.

AUBERGISTE (de l'ital. *alberga*, dérivé lui-même par corruption de l'all. *hebergen*, loger). Les aubergistes sont tenus, sous peine d'amende, d'inscrire sur un registre spécial tout voyageur qui loge chez eux (art. 475 du Code pénal). Ils sont responsables des effets apportés par le voyageur (Code civ.; art. 1302 et 1952); ils ont un privilége sur ces effets pour le payement de leurs fournitures, mais leur action se prescrit par six mois (art. 2102, 2271).

AUBE-VIGNE. *Voy.* CLÉMATITE.

AUBIER (du latin *albus*, blanc; à cause de sa couleur ordinairement blanche), partie ligneuse des arbres, interposée entre le bois et la couche interne de l'écorce ou *liber*, se convertit en bois chaque année, et forme ces cercles concentriques que l'on voit sur les arbres quand on coupe leurs troncs ou leurs branches horizontalement. L'aubier nouveau succède à celui qui s'est converti en bois. L'aubier renferme de l'eau, de la résine et divers autres fluides. Il se solidifie peu à peu pendant qu'une nouvelle couche d'aubier se prépare et subit les mêmes changements. L'aubier n'a pas toujours la couleur du bois : ainsi, dans l'ébène, dont le bois est noir, l'aubier est blanc; dans le campêche, qui est rouge, l'aubier est gris jaunâtre, etc. On le distingue toujours aisément du bois proprement dit, qui est d'un ton plus foncé et plus dur. Il y a des bois tendres, tels que le saule et le peuplier, vulgairement appelés *bois blancs*, qui, à un certain âge, n'ont plus que de l'aubier : le bois se pourrit en vieillissant, l'arbre devient creux, et la vie ne se continue que par les couches externes de l'aubier et par l'écorce.

AUBIFOIN (d'*albus*, blanc, *fœnum*, foin); nom donné dans quelques pays au Bluet, notamment à une plus grande espèce qui vient sur les montagnes, et dont les fleurs sont quelquefois *blanches. Voy.* BLUET.

AUBIN, allure dans laquelle le cheval galope avec les jambes de devant et trotte ou va l'amble avec le train de derrière. On estime peu le cheval qui va l'aubin; parce que, le plus souvent, cette allure vient de la faiblesse des jambes et des reins; d'ailleurs elle ne peut durer longtemps et n'est point propre pour la voiture.

AUCUBA (nom indigène), genre de la famille des Cornées, à fleurs dioïques, à calice tronqué très-petit, à 4 dents, à 4 pétales ovales, 4 étamines, 1 style, 1 stigmate et une baie monosperme. — L'*A. du Japon* est un arbuste de 12 à 14 décim. de haut et très-rameux. On le cultive beaucoup dans nos jardins à cause du bel effet qu'il produit en hiver par ses feuilles d'un vert pâle, agréablement panachées.

AUDIENCE (d'*audire*, écouter), temps que les tribunaux consacrent à l'audition des causes qui sont portées devant eux, et lieu où se rend la justice.

Aux termes de la loi (art. 87 du Code de Procéd.), les audiences en France doivent être publiques, hors le cas de *huis-clos* (*Voy.* ce mot). — Les délits d'audience qui pourraient entraver le cours de la justice doivent être punis sur-le-champ, aux termes de la loi. — On appelle *audienciers* les huissiers chargés d'ouvrir et de fermer les portes de l'audience, d'y maintenir l'ordre et le silence, et d'exécuter tous les ordres donnés par le président. — On appelle *audiences solennelles* des audiences d'apparat dans lesquelles se plaident les causes les plus importantes, où s'entérinent ordinairement les lettres de grâce ou de commutation de peine, et où les avocats viennent prêter serment; elles ont lieu surtout lorsque, par suite des difficultés du débat et de la diversité de la jurisprudence, plusieurs sections d'un tribunal supérieur (cour d'appel ou cour de cassation) ont été réunies pour fixer l'application de la loi.

AUDITIF. *Voy.* CONDUIT AUDITIF, NERF AUDITIF.

AUDITEURS. Ce nom a été donné tantôt à des magistrats en titre, tantôt à des fonctionnaires qui font un noviciat. Il existait sous notre ancienne monarchie des *A. des comptes*, officiers chargés d'examiner les finances du roi, et analogues à nos référendaires; des *A. de régiment*, chargés d'appliquer les lois militaires.—A Rome, on nomme *A. de la rote*, les membres du célèbre tribunal de ce nom (*Voy.* ROTE); on nomme *A. de la Chambre apostolique*, des juges de la cour de Rome, dont l'autorité s'étend au spirituel sur toutes sortes de personnes, citoyens ou étrangers, prélats, princes, etc.; ils connaissent de tous les appels de l'État ecclésiastique, même de tous les contrats où l'on s'est soumis aux censures ecclésiastiques.

Le nom d'*auditeur* désigne chez nous des jeunes gens admis près du conseil d'État pour y acquérir la connaissance des affaires: d'après la loi organique du 8 mars 1849, ils sont choisis au concours, doivent avoir 21 ans au moins et 25 au plus; sont nommés pour 4 ans, et reçoivent un traitement. Ils forment la pépinière des maîtres des requêtes, des conseillers de préfectures, des sous-préfets, préfets, etc.

AUDITION. Elle résulte de ce que les vibrations des corps sonores, pénétrant dans les cavités de l'oreille, et arrivant par le conduit auditif jusqu'à la membrane du tympan, sont communiquées aux nerfs auditifs, et par ceux-ci transmises au cerveau. — Pour le mécanisme de l'audition, *Voy.* OUÏE et OREILLE.

AUFFE ou LYCÉE SPART, *Spartum lygeum*, espèce de Graminée dont les fibres filandreuses sont employées dans le Levant à faire des cordages pour les navires; on en fait aussi des nattes dont on tapisse l'intérieur des soutes; on en fait même des filets à grandes mailles. Cette plante vient d'Espagne et du nord de l'Afrique. *Voy.* SPART.

AUGITE (du gr. *augé*, éclat), nom employé dans la minéralogie allemande pour désigner une pierre précieuse translucide, tantôt verte, tantôt brune ou noire. C'est une variété du genre que Haüy a nommé *Pyroxène*. — Chez les anciens c'était le nom d'une pierre brillante, que l'on croit être la turquoise ou l'émeraude aigue-marine.

AUGMENT (du lat. *augmentum*, dérivé d'*augere*, augmenter). Dans notre ancienne jurisprudence, on nommait ainsi la portion des biens du mari que la femme survivante avait droit de prendre, comme donation à cause de noces, dans les pays de droit écrit, et comme douaire dans les pays coutumiers. Dans le Droit romain, c'était l'augmentation de dot que la femme apportait pendant le mariage.

En Grammaire, l'*augment* est un accroissement initial que subissent les verbes dans quelques langues, comme le sanscrit et le grec, pour marquer les temps passés. On distingue en grec l'*A. syllabique*, qui ajoute au mot une syllabe en plaçant un *é* au commencement lorsque le mot a pour initiale une

consonne (*tuptô*, je frappe; imparfait, *étupton*); et l'*A. temporel*, qui augmente le mot dans sa quantité, en transformant en longue sa voyelle initiale lorsque celle-ci est une brève: *agapaô*, j'aime; *égapôn*, j'aimais; *brizô*, je borne; *brizon*, je bornais.

AUGURE (en lat. *augurium*, d'*avium garritus*, selon Varron). Chez les Romains, ce mot désignait à la fois les présages que l'on tirait du vol, du chant, de l'appétit des oiseaux (ce qu'on appelait spécialement *auspices*), ou de certains phénomènes de de l'air, tels qu'éclairs, orages, foudre; et les ministres de la religion qui étaient chargés d'observer les oiseaux et l'état de l'atmosphère pour en tirer des présages. Les objets d'où se tiraient les présages étaient au nombre de douze; ils étaient consignés, ainsi que la science augurale, dans des livres dits *Livres auguraux*. Les prêtres chargés de ce soin, les *Augures*, formaient un collége qui joua un grand rôle dans l'histoire romaine: car rien d'important ne se faisait sans qu'on eût pris leur avis.

Cette superstition paraît être originaire d'Asie; on en place le berceau dans la Chaldée et la Phrygie; d'Asie elle passa aux Grecs, aux Étrusques, puis aux Romains. Les Augures furent introduits à Rome par Romulus même. Ils étaient d'abord choisis parmi les patriciens; ce ne fut que l'an 299 av. J.-C. qu'on nomma des Augures plébéiens. Leur nombre, qui n'était d'abord que de 3 ou 5, fut plus tard élevé à 9, puis à 15; sous Auguste, il devint illimité. — La foi dans les Augures fut de bonne heure ébranlée. On connaît la conduite impie de Claudius Pulcher, qui, mécontent de leurs présages, fit jeter à l'eau les poulets sacrés, disant de les faire boire puisqu'ils ne voulaient pas manger. Caton ne comprenait pas que deux augures pussent se regarder sans rire. Cicéron, bien qu'augure lui-même, écrivit un livre pour dévoiler la vanité de la science des augures.

AUGUSTALE, monnaie d'or frappée en Sicile par l'empereur Frédéric II, était ainsi nommée parce que les empereurs d'Allemagne prenaient le titre d'*Augustes* ou leur qualité d'empereurs d'Occident. Son poids était de 100 grains.

AUGUSTE, *Augusta*, *Augustea*, nom donné à quelques plantes, à cause de leur port majestueux, notamment au genre *Stiftia*, ainsi qu'à une espèce d'œillet cramoisi et blanc qui porte une grosse fleur. — On appelle *A. le grand*, *A. le triomphant*, un bel œillet piqueté, à cause de sa largeur et de la quantité de ses feuilles.

Auguste est aussi le nom d'une monnaie d'or en Saxe, ainsi appelée en l'honneur des rois du nom d'Auguste qui ont régné sur ce pays. L'*auguste* de 5 thalers vaut 20 fr. 74 c. et demi. On frappe aussi des *doubles-augustes* et des *demi-augustes*.

AUGUSTIN (SAINT-), nom d'un caractère d'imprimerie. *Voy.* SAINT-AUGUSTIN.

AUGUSTITE. *Voy.* APATITE.

AULIQUE (d'*aula*, cour). Dans l'ancien empire germanique, on nommait *Conseil aulique* un tribunal suprême, jugeant en dernier ressort et sans appel les causes attribuées à l'empereur. Ce conseil se composait dans les derniers temps d'un vice-chancelier, d'un président catholique et de 18 assesseurs, 9 catholiques et 9 protestants. Il tenait ses assemblées dans la capitale de l'empire. Le conseil aulique avait été institué en 1501, par l'empereur Maximilien. Dans l'origine, il cumulait avec ses attributions judiciaires les fonctions de conseil de régence; mais, en 1559, il fut décidé qu'il se bornerait à son caractère de cour de justice, et ne s'immiscerait plus dans l'administration des affaires publiques. Ce conseil fut supprimé en 1806, lors de la reconstitution de l'empire germanique. — Dans ces derniers temps, le titre de *Conseil aulique* est devenu un terme générique qu'on a appliqué dans les États germaniques aux principaux corps de l'ordre politique, administratif, judiciaire ou militaire. Ainsi, il y eut à Vienne un conseil aulique d'État, un conseil aulique de guerre, qui dirigea les mouvements des armées impériales dans les guerres contre la France; il y a encore aujourd'hui un conseil aulique de la police, chargé de surveiller les étrangers; une commission aulique des études, chargée des universités allemandes, etc.

AULOFFE ou OLOFFE (de *lof*, côté du navire qui est frappé par le vent), mouvement du navire vers le vent, action par laquelle le navire, tournant autour de son axe vertical, marche pour s'approcher du lit du vent : c'est l'opposé de l'arrivée.

AULNE, arbre. *Voy.* AUNE.

AUMONÉ (par corruption du grec *éléémosynè*, compassion). Ce mot, qui n'exprime aujourd'hui qu'un acte de bienfaisance volontaire exercé le plus souvent en dons d'argent, était autrefois le nom d'une peine pécuniaire infligée par le juge pour certains crimes ou certains délits; ces aumônes étaient appliquées aux hôpitaux ou au pain des prisonniers. — Par suite, on nomma ainsi toutes les donations faites aux églises par les seigneurs, et même tous les biens ecclésiastiques. On les divisait en *A. onéreuses*, espèces de bénéfices qui payaient les redevances et les charges dues au seigneur, et *A. pures* ou *franches*, exemptes de ces redevances et de ces charges. Les *A. fieffées* étaient celles qui étaient de fondation royale; le payement en était assigné sur le domaine de la couronne, pour être fait en deniers ou en nature.

AUMÔNIER, *Eleemosynarius*, officier ecclésiastique attaché à la personne des évêques, des rois et des princes pour desservir leur chapelle, exercer auprès d'eux le ministère sacré et distribuer leurs *aumônes*. On donne aussi ce nom aux prêtres attachés à un corps de militaires ou de marins, à un lycée ou collège, à un hospice ou à tout autre établissement public; tous doivent être approuvés de l'évêque diocésain. On fait remonter à l'an 742 l'institution des aumôniers de l'armée; ils n'existent plus depuis 1830. Les aumôniers de la marine ont été maintenus; leur service est réglé par les ordonnances des 29 novembre et 16 décembre 1815 et 8 janvier 1823.

On appelait *Grand aumônier de France* un officier de la couronne, ordinairement choisi parmi les ecclésiastiques d'une naissance distinguée, et qui était le 1er ecclésiastique de la maison du roi; il disposait des fonds destinés aux aumônes du roi, célébrait le service divin dans la chapelle royale, officiait en présence du roi partout où il se trouvait, et jouissait de plusieurs prérogatives, notamment de remplir, en quelque lieu que ce fût, les fonctions épiscopales, sans demander permission à l'évêque du diocèse. Il avait au-dessous de lui un 1er aumônier et 8 aumôniers ordinaires. La *Grande aumônerie* finit par former comme un clergé à part, qui prétendait se soustraire aux règles ordinaires, et qui, pour ce motif, eut de fréquents démêlés avec l'autorité diocésaine. — On fait remonter cette charge au berceau de la monarchie : appelé sous la 1re race *apocrisiaire*, sous la 2e *archichapelain*, le grand aumônier ne prit ce nom que sous la 3e race, au temps de Charles VIII. Cette charge, supprimée en 1792 avec la monarchie, fut rétablie au retour des Bourbons, et disparut définitivement en 1830.

AUMUSSE, AUMUCE (du lat. bar. *almucia*, dérivé de l'allem. *mutze*, vêtement de tête), fourrure dont les chanoines, les chapelains et les chantres se couvraient originairement la tête et le derrière du cou dans les offices de nuit, et qu'aujourd'hui ils portent ordinairement sur le bras. — L'aumusse était, dès le temps des Mérovingiens, et resta pendant près de mille ans la coiffure universelle en France. Les laïques, du IXe au XIVe siècle, portèrent des aumusses en peau; celles qui étaient en étoffe fourrée d'hermine ou de menue soie s'appelaient *chaperons*. Ce n'est que

depuis Charles V qu'on commença à abattre l'aumusse sur les épaules, et ensuite sur le bras.

AUNATRE (en latin *alnaster*, d'*alnus*, aune), genre de la famille des Bétulacées, tenant le milieu entre les Aunes et les Bouleaux. C'est un arbuste commun dans les hautes régions des Alpes. Il diffère de l'Aune par les chatons mâles qui ne sont pas en grappes, par les chatons femelles qui naissent de bourgeons foliaires, et par le nombre plus considérable d'étamines.

AUNE (du latin. *alnus*), genre d'arbres de la famille des Bétulacées, faisant partie du groupe des Amentacées : chatons mâles en grappe terminale, à écailles triflores, à périanthe régulier et rotacé, profondément quadrilobé, à 4 étamines; chatons femelles ou en grappe, courts et cylindracés, à écailles biflores; strobile ovoïde, court et obtus. Les Aunes sont des arbres ou des arbrisseaux qui habitent pour la plupart les régions extra-tropicales. On en connaît plusieurs espèces; l'espèce que l'on désigne plus particulièrement sous le nom d'*Aune* est l'*A. visqueux*, qui ne prospère bien que dans les lieux humides ou même baignés d'eau, et dont les racines longues et entrelacées sont propres à fixer le sol des rivages; son bois ne s'altère pas dans l'eau, aussi l'emploie-t-on pour faire des pilotis; il est susceptible d'un beau poli, ce qui le fait rechercher des menuisiers et des sabotiers. Le charbon qu'il fournit est un des meilleurs pour la fabrication de la poudre. Son écorce est astringente et détersive; on l'emploie au tannage et dans la teinture en noir et en brun. On se sert encore de l'aune pour faire des conduits d'eau, des échalas, etc. L'*A. grisâtre* diffère du précédent par ses feuilles, qui sont sèches et lisses, tandis que celles de l'*A. visqueux* sont gluantes et ponctuées. On le préfère pour tous les usages auxquels s'emploie ce dernier. — On appelle vulgairement *A. noir* la Bourdaine.

AUNE, ancienne mesure de longueur pour les étoffes, tirait son nom du mot latin *ulna*, bras étendu, et représentait originairement la longueur des bras ouverts. Elle variait de pays à pays; on la divisait en demi-aune, tiers, quart, huitième d'aune, etc. L'aune de Paris avait 3 pieds 7 pouces 10 lignes, et valait 1m,18844.

AUNES de Paris.	VALEUR en MÈTRES.	FRACTIONS d'aune.	VALEUR en MÈTRES.	AUNES carrées.	MÈTRES CARRÉS.
1	1,1884	1/2	0,5942	1	1,4123
2	2,3769	1/3	0,3961	2	2,8246
3	3,5653	2/3	0,7922	3	4,2369
4	4,7538	1/4	0,2971	4	5,6492
5	5,9422	3/4	0,8913	5	7,0615
6	7,1307	1/6	0,1981	6	8,4738
7	8,3191	5/6	0,9904	7	9,8861
8	9,5076	1/8	0,1485	8	11,2984
9	10,6960	3.8	0,4456	9	12,7107
10	11,8845	5/8	0,7427	10	14,1230

Pour former la transition de l'ancienne aune au mètre, on avait introduit, en 1812, une aune de 1m20, un peu plus longue que l'aune véritable.

L'aune porte dans les différents États de l'Europe les noms de *vare, verge, canne, brasse, palme, yard*; elle varie entre 0m 51, longueur de l'aune de Dalmatie, et 2m0016, longueur de l'aune de Rome.

AUNES (du latin barb. *alcunæ*), génies malfaisants qui, suivant les Allemands, habitaient les campagnes, les fontaines, etc. Leur chef était appelé le roi des Aunes.

AUNÉE (du nom de l'*aune*, arbre à l'ombre duquel cette plante croît ordinairement), *inula*, genre de la famille des Composées, à fleurs du pourtour femelles et ligulées, celles de l'intérieur régulières, tubuleuses, à 5 dents, et à anthères munies de caudicules. L'*A. hélène* (*Inula helenium*) était, suivant les Grecs, née des larmes d'Hélène. Sa racine amère et aromatique est employée comme stimulante, emménagogue et diaphorétique. Thompson en a retiré un principe immédiat appelé *Inuline* (Voy. ce mot). L'*A. odorante* s'emploie de même et est encore plus aromatique. L'*A. des prés* a été préconisée contre la dysenterie.

AURA, mot latin qui signifie souffle, vapeur subtile, a été employé par les Physiologistes pour exprimer la sensation d'une sorte de vapeur qui semble partir du tronc et des membres et s'élever vers la tête, avant l'invasion des attaques d'épilepsie et d'hystérie. On dit en ce sens l'*Aura épileptique*, l'*Aura hystérique*.

AURADE, AURADO (d'*aurum*, or), nom vulgaire du Spare doré, sur les côtes de France, principalement sur celles de la Méditerranée. Voy. SPARE.

AURANTIACÉES (du nom spécifique de l'Oranger commun, *Citrus aurantium*), famille de plantes dicotylédones polypétales, à étamines hypogynes, appelée aussi famille des *Hespéridées* (Voy. ce mot). Ses caractères sont : calice urcéolé ou campanulé à 3, 4 ou 5 dents, même nombre de pétales alternant avec les dents du calice, étamines en nombre double ou multiple des pétales, ovaire libre, style simple, et, pour fruit, baie sèche ou charnue, à écorce épaisse, renfermant un nombre variable de graines entourées d'une pulpe mucilagineuse ou enfermées dans des vésicules succulentes. Les Aurantiacées sont des arbres ou arbustes à feuilles alternes, à folioles coriaces, criblées d'utricules transparentes remplies d'huile volatile d'odeur ordinairement suave. Quoique originaires des régions tropicales, elles se trouvent aujourd'hui répandues sur toute la terre, et leur multiplication est si facile que leurs feuilles mêmes, mises en terre, y prennent racine en fort peu de temps. Le principal genre de cette famille est l'*Oranger* (*Citrus*), qui renferme le *Limonnier*, le *Citronnier* et l'*Oranger proprement dit*, tous arbres connus de tout le monde.

AURATES (d'*aurum*, or), sels formés par la combinaison d'une base salifiable avec l'oxyde aurique ou oxyde d'or jouant le rôle d'acide.

AURÉLIE (d'*aurum*, or), nom que les anciens donnaient aux nymphes des Lépidoptères, à cause de l'éclat *doré* qu'offre l'enveloppe de quelques papillons diurnes. On les appelle aujourd'hui *chrysalides*. Voy. ce mot.

AURÉOLE, cercle lumineux dont les peintres et quelquefois les sculpteurs ornent la tête des personnages d'une origine céleste. On ne donna d'abord d'auréole qu'à Jésus-Christ ; puis on l'étendit à la Vierge, aux apôtres, aux anges ; enfin, dès le vᵉ siècle, on l'accorda à tous les saints, et même aux objets symboliques du culte chrétien. Voy. NIMBE.

AUREUS (sous-entendu NUMMUS), monnaie d'or des Romains, ne fut en usage que fort tard, vers l'an 203 av. J.-C. L'*aureus* pesait d'abord un *scrupule* seulement, le 24ᵉ de l'once, et valait 20 sesterces ou 5 deniers (environ 4 fr. 9 c.). On en frappa depuis de 2, de 3 et de 4 scrupules, valant 40, 60 et 80 sesterces. Depuis César jusqu'à Constantin, l'or étant devenu plus commun, le poids de l'aureus fut porté bien au delà d'un scrupule et varia fréquemment : Constantin en fixa le poids à 4 scrupules, et le nomma *solidus aureus* ; pendant toute cette époque, il équivalait à 100 sesterces ou 25 deniers. Sous Auguste, l'*aureus* valait 20 fr. 38 c.; sous Domitien, il ne valait plus que 17 fr. 59 c.

AURICULAIRE (d'*auris*, oreille). Un *témoin auriculaire* est celui qui a entendu lui-même les choses dont il dépose.—La *confession auriculaire* est celle qui se fait en secret, à l'oreille du prêtre,

de manière que lui seul puisse l'entendre.—Le *doigt auriculaire* est le petit doigt, ainsi nommé parce qu'à cause de sa petitesse il peut facilement être introduit dans le conduit auditif externe.

En Botanique, on nomme *Auriculaires* un genre de Champignons de la section des Basidiosporés, et qui ont la forme d'une oreille. Ce genre, autrefois confondu avec les Auricules (Voy. ce mot), a été détaché des Théléphores par Bulliard. Une espèce, l'*A. mesenterica*, croît en France sur les vieux troncs.

AURICULE (diminutif d'*auris*, oreille), nom que l'on donne en Anatomie à l'oreille externe ou pavillon de l'oreille. — En Zoologie, on nomme *Auricule* : 1º les crêtes formées sur les côtés de la tête de certains oiseaux par les pennes les plus élevées, comme dans plusieurs espèces de chouettes ; 2º un genre de Mollusques gastéropodes pulmonés, dont l'ouverture est semblable à l'oreille d'un homme : les espèces de ce genre sont assez rares ; l'*A. de Midas* et l'*A. de Judas* sont les plus grandes de toutes.

En Botanique, on nomme *Auricule* (vulgairement *Oreille d'ours*) un genre de la famille des Primulacées, à calice campanulé, à colonne ventrue, et remarquable par l'élégance de ses fleurs. L'*A. commune* ou *des fleuristes*, qui orne tous les parterres, est originaire des Alpes. — On nomme encore *Auricules* les appendices en forme d'oreille qui se trouvent à la base des feuilles, comme dans la sauge, ou des pétioles, comme dans le citron, ou des stipules, comme dans les jungermanes. — Enfin, ce nom d'*Auricule* a été donné à deux espèces de Champignons appartenant l'une au genre *Pézize*, l'autre au genre *Théléphora*. Voy. ces mots.

AURIQUE. En Chimie, cette épithète exprime toute combinaison dont l'or fait la base : oxyde aurique, sels auriques.

Dans la Marine, on nomme *voile aurique* toute voile trapézoïdale, telles que celles qui se hissent dans la direction des étais ou s'enverguent sur des cornes ; on nomme les premières *voiles d'étai*, et les secondes *voiles à corne*. L'usage de ces voiles a, dans les bâtiments dits *traits-carrés*, des inconvénients qui les y ont fait abandonner. On ne les emploie guère que dans les lougres et les chasse-marées.

AUROCHS (de l'allemand *aurochs*, bœuf sauvage), espèce du genre Bœuf, appelée aussi *Urus*. L'Aurochs a le pelage composé de deux sortes de poils, les uns, fauves, doux et laineux, espèce de bourre recouvrant les parties inférieures ; les autres, ceux du dos et des régions antérieures, plus longs, bruns, durs et grossiers. Le menton est ombragé par une barbe longue et pendante, les cornes sont grosses, rondes et latérales ; le front est bombé ; enfin, cet animal a 14 paires de côtes, tandis que nos bœufs n'en ont que 13. L'aurochs est, après l'éléphant et le rhinocéros, le plus gros des quadrupèdes mammifères. Le mâle, haut de 2 m., a jusqu'à 3ᵐ33 de long. Cet animal, très-féroce à l'état de nature, est susceptible d'être réduit en domesticité lorsqu'il est pris jeune. Sa chair est un excellent manger ; sa toison et son cuir sont très-recherchés. L'aurochs était autrefois très-répandu dans les forêts de l'Europe tempérée ; il est aujourd'hui confiné dans les forêts de la Lithuanie, des monts Krapacks, et du Caucase. On l'a considéré comme la souche de nos bœufs domestiques. Voy. BŒUF.

AUROÏDES, classe de métaux renfermant l'or et l'iridium. Leurs combinaisons oxygénées n'ont pas d'acidité ni d'alcalinité à un degré marqué ; ils ne sont altérés ni par les acides seuls, ni par les sels binaires avec les acides ; ils forment des combinaisons directes avec le chlore.

AURONE, *Artemisia abrotanum*, espèce de plante du genre Armoise, que l'on cultive dans les jardins. On la nomme aussi *Aurone mâle*, *Citronelle* ou *Garde-robe*. L'Aurone est un arbuste très-ramifié,

9

dont les feuilles, pressées entre les doigts, exhalent une odeur de citron ; elle jouit des propriétés de l'armoise commune, mais à un moindre degré. Cette plante croît naturellement dans le midi de la France.
— On nomme *Aurone femelle* une plante d'un autre genre de la même famille, la *Santoline petit-cyprès*.

AURORE (*aurora*, qu'on dérive d'*aurea hora*), lumière faible qui commence à colorer l'atmosphère quand le soleil est à 18 degrés au-dessous de l'horizon, et qui continue à augmenter jusqu'au lever de cet astre. Les poëtes ont fait de l'Aurore une divinité, et lui ont créé une intéressante légende (*Voy.* le *Dict. univ. d'Hist. et de Géogr.*). Ils la représentent vêtue d'une robe de safran ou d'un jaune pâle, un flambeau à la main, sortant d'un palais de vermeil, et montant sur un quadrige attelé de chevaux blancs aux freins d'or, aux rênes de pourpre. Homère la dépeint couronnée d'un grand voile, chassant devant elle le Soleil et la Nuit, et faisant pâlir les étoiles; il lui donne des doigts et des cheveux couleur de rose, lui fait verser la rosée sur la terre, et met dans ses mains les clefs des portes de l'Orient.

AURORE BORÉALE, phénomène lumineux qui paraît quelquefois dans le ciel, la nuit et du côté du nord, ce qui le fait aussi appeler *lumière polaire*. On l'aperçoit rarement dans nos climats; mais assez fréquemment dans les pays plus voisins du pôle arctique, en Laponie, en Norvége, en Islande, en Sibérie, où il rompt la monotonie des longues nuits hyperboréennes. Il se présente sous l'aspect d'un arc enflammé, qui subsiste pendant plusieurs heures; l'espace sombre entouré par cet arc est traversé, de temps à autre, par des éclairs diffus et colorés, tandis que l'arc lui-même est continuellement agité par des traits éclatants, qui forment des raies blanchâtres analogues aux dents d'un peigne, et qui, lancés au dehors, dépassent le zénith, et vont concentrer leur lumière dans un espace presque circulaire appelé la *couronne de l'aurore boréale*. — Ce phénomène est intimement lié à la cause du magnétisme terrestre. En effet, le sommet de l'arc lumineux est toujours situé dans le plan du méridien magnétique du lieu de l'observation ; le centre de la couronne se trouve toujours sur le prolongement de la boussole d'inclinaison; enfin, dès qu'une aurore boréale est signalée, on constate, même dans les lieux très-éloignés de son apparition, des perturbations dans l'inclinaison et la déclinaison de l'aiguille aimantée. — L'aurore boréale fut pendant longtemps un sujet de terreur et de superstition. Gassendi vit le premier ce phénomène avec les yeux d'un philosophe; il l'observa plusieurs fois, notamment le 12 sept. 1621. Halley soupçonna que les aurores boréales pourraient bien être de simples phénomènes magnétiques ; aujourd'hui, la découverte de Faraday, qui fit naître de la lumière par l'action des seules forces magnétiques, a donné à ce soupçon la valeur d'une certitude expérimentale. « L'apparition de l'aurore boréale, dit M. de Humboldt, est l'acte qui met fin à un *orage magnétique*, de même que, dans les orages électriques, un phénomène de lumière, l'éclair, annonce que l'équilibre, momentanément troublé, se va rétablir enfin dans la distribution de l'électricité. » — On a aussi reconnu de semblables météores dans les régions australes : Frasier, Cook et plusieurs autres navigateurs en ont aperçu dans ces parages. *Voy.* sur les aurores boréales le *Cosmos* de M. de Humboldt (I, 214), et tous les Traités de météorologie.

AURURES, combinaisons de l'or avec un autre métal, sont attaquables par l'eau régale, et donnent ainsi une solution qui précipite en pourpre par le protochlorure d'étain. Les composés de ce genre qu'on connaisse sont : l'*A. d'argent* ou or argentifère, et l'*A. de palladium et d'argent*, appelé aussi auro-poudre.

AUSCULTATION (de *auscultare*, écouter). On désigne ainsi, dans le langage médical, une méthode de diagnostic, qui est basée sur la connaissance des bruits que l'organisme en fonction produit, tant dans l'état sain que dans l'état de maladie. Elle comprend l'étude et l'appréciation de tous les bruits qui peuvent être perçus soit à distance, soit par l'oreille immédiatement appliquée sur la région qui résonne, ou encore par l'intermédiaire d'instruments destinés à conduire le son (*stéthoscope, plessimètre*). Les praticiens préfèrent aujourd'hui, avec raison, au stéthoscope (*auscultation médiate*), l'application immédiate de l'oreille seule (*auscultation immédiate*). — L'auscultation s'applique le plus généralement au diagnostic et au traitement des maladies des poumons et du cœur. Elle a été en outre appliquée au diagnostic des fractures, de la péritonite adhésive, de la grossesse, des maladies de l'encéphale, de la caisse du tympan et des sinus frontaux. — Cette méthode de diagnostic, indiquée déjà par Hippocrate, fut mise en honneur par Laënnec, en 1816. La méthode de Laënnec, exposée par M. Andral dans le *Traité de l'Auscultation médiate* (4e édit., 1837), a été perfectionnée par M. Piorry et par MM. Barth et Roger, auxquels on doit un bon *Traité d'auscultation et de percussion*, 1841 et 1844.

AUSPICES, nom donné par les anciens, d'abord aux présages tirés du vol des oiseaux, puis aux devins qui se livraient à ce genre de divination. Dans l'origine, les fonctions d'*auspices* différaient de celles d'*augures* ; les premiers tirant leurs présages du *vol* des oiseaux, et les seconds de leur *chant*; depuis, on confondit ces deux fonctions sous le titre d'*augures*. *Voy.* ce mot.

AUSSIÈRE, cordage composé de trois ou quatre cordes ou torons tordus ensemble et dont on fait les câbles; il a une circonférence d'environ 33 centimètres. On s'en sert communément pour remuer de lourdes masses et pour changer de place les navires.

AUSTER, nom latin du vent du midi, qu'on dérive du grec *auô*, sécher. Les marins de la Méditerranée le nomment encore de nos jours *austro*.

AUSTRAL (du latin *auster*, vent du sud). On appelle ainsi tout ce qui appartient au sud : on dit l'*hémisphère austral*, le *pôle austral*, etc. Les *terres australes* (Nouvelle-Hollande, etc.) ont été découvertes en 1628, par une flotte hollandaise commandée par Charpentier. Plusieurs navigateurs ont cru à l'existence d'un *continent austral*, situé à de hautes latitudes, et faisant contre-poids aux parties boréales de l'Asie et de l'Amérique. L'existence de ce continent est encore à prouver.

AUSTRÈGUES (de l'allem. *austragen*, rapporter, décider), nom qu'on donnait dans l'ancien empire germanique à des arbitres devant lesquels les électeurs, princes, comtes, barons, prélats et nobles immédiats, avaient le droit de porter certaines causes. Il y avait trois sortes d'*austrègues* : ceux de *plein droit*, pour les princes et Etats immédiats de l'Empire, ceux qu'on nommait *par compromis*, et ceux que les empereurs accordaient à des villes impériales ou à d'autres membres du saint-empire. L'établissement des austrègues date du xiiie siècle. Ils ont été, depuis, remplacés par la diète germanique pour toutes les contestations élevées entre les membres de la Confédération ; cependant, il y a encore des cas réservés à une juridiction d'*austrègues*.

AUTEL (du lat. *altare*, qu'on dérive d'*alta ara*), construction érigée sur un lieu élevé, consacrée à la divinité, et sur laquelle les premiers hommes consommaient leurs sacrifices ou déposaient leurs offrandes. On en trouve chez tous les peuples. Dans le temple des Juifs, il y avait deux autels, l'un d'airain et servant aux holocaustes, l'autre d'or et servant à brûler des parfums. Dans les temples païens, le granit, le porphyre, les riches métaux, servaient à la construction des autels. Ils avaient la forme d'un piédestal carré, triangulaire ou même circulaire. On les ornait de sculptures, de bas-reliefs et d'inscriptions, et on les entourait d'une balustrade d'or et d'airain, dont l'enceinte formait le sanctuaire. On trouve chez les Gaulois des pierres carrées, percées d'un trou (*dolmen* et *menhir*), qui, à ce qu'on croit, leur servaient d'autels. — Chez les Chrétiens, l'autel est une espèce de table carrée, de marbre, de bois, de pierre ou de métal, élevée à hauteur d'appui, et placée dans les églises ou les chapelles de telle sorte que, autant que possible, la face du prêtre soit tournée vers l'orient. A l'endroit où le prêtre consacre le pain mystique est une pierre marquée de quatre croix, et sous laquelle sont renfermées des reliques de saints. La cérémonie de la bénédiction de cette pierre par l'évêque est la *consécration de l'autel*. Au-dessus de l'autel se trouve le tabernacle, et devant est placé une lampe qui brûle jour et nuit. Lorsqu'il y a plusieurs autels dans la même église, l'autel principal, érigé dans le chœur, est dit *maître-autel*. Il y a des *autels portatifs*, que les missionnaires portent avec eux dans leurs courses apostoliques : ce sont des pierres carrées, beaucoup plus petites et plus minces que celles des autels fixes.

En Astronomie, l'*Autel* est une constellation de l'hémisphère austral, qui a trois étoiles tertiaires, et qui est placée sous la queue du Scorpion. Les poëtes disent que c'est l'*autel* sur lequel les dieux jurèrent fidélité à Jupiter avant la guerre contre les Titans.

AUTEUR. Les *Droits des auteurs* sont réglés par les lois des 13 janv. 1791 et 19 juillet 1793, par le décret du 5 févr. 1810, et par les lois du 3 août 1844 et 8 avril 1854 : les auteurs ont droit à la propriété de leurs ouvrages pendant toute leur vie ; après eux, leur veuve exerce ce droit pendant toute sa vie, et leurs enfants pendant 30 ans. La propriété littéraire est protégée par les lois qui punissent la contrefaçon (*Voy.* PROPRIÉTÉ LITTÉRAIRE et CONTREFAÇON). On doit à M. A.-Ch. Renouard un excellent *Traité des droits d'auteur.*

On entend plus spécialement par *droits d'auteur* les allocations accordées aux auteurs d'ouvrages dramatiques, et qui leur sont payées chaque fois qu'on joue leurs pièces sur un point quelconque du territoire. A Paris, à l'Académie de musique, 500 fr., partagés entre le compositeur et le poëte, sont alloués à un grand opéra pour chacune des 40 premières représentations ; puis 100 fr. à chacune des suivantes indéfiniment ; les opéras en 2 actes ou en 1 acte sont payés 170 fr. aux 40 premières représentations, et ensuite 50 fr. Il en est de même pour les ballets en 3 et 2 actes ; ceux d'un acte n'ont que le tiers de cette somme. Au Théâtre-Français et à l'Opéra-Comique les droits sont fixés, pour les grands ouvrages, au 12ᵉ de la recette brute ; pour les autres, suivant le nombre d'actes, au 16ᵉ ou au 24ᵉ. Les théâtres des départements sont divisés en cinq classes, dont la première, qui comprend les grandes villes, paye, suivant le nombre d'actes, de 36 à 18 fr. Ces droits, dans les départements, sont perçus par des *agents dramatiques.*

AUTHENTIQUE (du grec *authentès*, qui agit de sa propre main). En Jurisprudence, on appelle *actes authentiques* les actes émanés d'officiers publics, et accompagnés de toutes les conditions exigées par la loi pour que foi y soit ajoutée. — Dans la Critique historique, on nomme *livres authentiques* ceux qui sont réellement de l'auteur auquel le titre les attribue, et du temps auquel la tradition les rapporte : on oppose, en ce sens, *authentique* au mot *apocryphe* (*Voy.* ce mot.) — Dans l'histoire du Droit romain, les *Authentiques* sont la traduction *authentique* des *Novelles* de Justinien, traduction revêtue par l'empereur Justin II de la sanction de l'autorité publique. Cette traduction a été mise au jour vers l'an 1130 par le jurisconsulte Irnérius, et revue au XIIIᵉ siècle par Accurse.

En Musique, on nomme *mode authentique* un

mode ou ton dont la dominante est la quinte de la finale. On regarde aussi comme *authentiques* tous les tons, pourvu que la modulation soit régulière, parce qu'on ne reconnaît jamais pour finale que la note qui a pour dominante la quinte à l'aigu ou la quarte au grave. L'Eglise latine a aujourd'hui 4 tons *authentiques :* le 1ᵉʳ, le 3ᵉ, le 5ᵉ et le 7ᵉ ; on les nomme ainsi parce que ce furent les 4 tons approuvés par S. Ambroise, à qui on doit le plain-chant.

AUTOBIOGRAPHIE (du grec *autos*, soi-même, *bios*, vie, et *graphô*, écrire), récit qu'un personnage fait de sa propre vie. — Ce mot, tout moderne, peut s'appliquer aux détails qu'à différentes époques quelques hommes célèbres ont donnés sur leur propre histoire, sous le nom de *Confessions*, comme saint Augustin et J.-J. Rousseau, ou sous celui de *Mémoires*, comme B. Cellini, Gœthe, Alfieri, Casanova. C'est surtout en Allemagne que les *autobiographies* sont en vogue.

AUTOCHTHONES (du gr. *autos*, même, *chthón*, terre : issu du pays même), nom que les Grecs donnaient aux peuples qui se prétendaient originaires du pays même qu'ils habitaient. Ce mot est synonyme d'*aborigène* ou d'*indigène*. Les peuples anciens, surtout les Athéniens, tenaient à honneur de passer pour *autochthones*, quoique l'histoire atteste que l'Attique avait été peuplée par des colonies égyptiennes.

AUTOCLAVE (du gr. *autos*, soi-même, et du latin *clavis*, clef), vase qui a la propriété de se fermer de lui-même par la pression de la vapeur. Cet appareil n'est autre chose qu'un perfectionnement de la *marmite de Papin* (*Voy.* ce mot). L'ouverture est ovale ; le couvercle est de même forme, mais un peu plus grand. On l'introduit dans le vase par son petit diamètre, et on le retourne pour qu'il bouche l'orifice ; la vapeur, en se dégageant, le presse contre l'ouverture, et ferme celle-ci d'autant plus hermétiquement que la température est plus élevée. Des rondelles d'alliage fusible, placées en dedans du couvercle, servent de soupape de sûreté à l'appareil, qui doit être en tôle ou en cuivre. On a introduit l'autoclave dans les ménages comme marmite économique pour soumettre à une prompte et puissante coction la viande et autres aliments, mais l'usage n'en est pas sans danger.

AUTOCRATE (en grec *autocrator*, d'*autos*, soi-même, et *cratéô*, exercer le pouvoir), souverain absolu. Ce titre, donné d'abord par les Athéniens à un général en chef investi de pouvoirs discrétionnaires et dispensé de rendre compte, fut ensuite affecté aux empereurs de Byzance ; c'est d'eux qu'il a été emprunté, comme celui de *Tzar* (César), par les empereurs de Russie qui le portent seuls aujourd'hui.

AUTOGRAPHE (du grec *autos*, soi-même, et *graphô*, écrire). Ce mot s'emploie comme adjectif : *lettre autographe*, écrite de la main de l'auteur ; et comme substantif : *un autographe* de Voltaire, de Rousseau, de Napoléon. — Le mot d'*autographe* était déjà connu des anciens : Suétone et Pline parlent de recueils d'autographes. Depuis le commencement de ce siècle, on s'est plu à recueillir de nombreux *autographes*, et ce goût est devenu chez quelques personnes une vive passion, pour la satisfaction de laquelle on n'a pas reculé devant les plus folles dépenses ; aussi la recherche des autographes est-elle devenue pour d'habiles spéculateurs une branche importante de commerce. — Les autographes ne servent pas seulement à alimenter la curiosité ; ils peuvent quelquefois aider à résoudre d'intéressants problèmes d'histoire et de critique littéraire. — Outre les riches collections qu'offrent les établissements publics, notamment la Bibliothèque nationale de Paris et les Archives, on cite celles de plusieurs amateurs : de MM. de Château-Giron, Dolomieu, Monmerqué, Guilbert de Pixérécourt, Bérard, Berthevin, Saint-Gervais, d'Aligre, Anatole de Montesquiou; surtout celles de MM. de Villenave et Feuillet de Conches. — On supplée à la possession des *autographes* par les *fac-simile*, dont il a été publié d'intéressants recueils ; le plus abondant est l'*Isographie des hommes célèbres*, publiée de 1827 à 1830, chez Treuttel et Wurtz.

AUTOGRAPHIE (*d'autographe*), application de la lithographie au moyen de laquelle on peut décalquer et transporter sur une pierre lithographique les traits de sa propre écriture ou d'un dessin fait à la plume, et les multiplier ensuite par l'impression. Il faut pour cela écrire sur du papier préparé, et se servir d'encre préparée également (*Voy.* LITHOGRAPHIE). — C'est Senefelder qui inventa ce procédé dès 1799. On s'en sert journellement pour les circulaires, les *fac-simile*, les factures, etc. On peut appliquer aussi avec succès ce procédé aux cartes de géographie, aux dessins au trait, et même aux gravures.

Il existe un autre procédé autographique qui consiste à écrire sur un papier dont le verso est enduit d'une couleur qui se déteint, dans les seuls endroits touchés par la plume ou le crayon, sur un autre papier placé au-dessous.

AUTOMATE (en gr. *automatos*, spontané, formé de *autos*, soi-même, et *maô*, s'élancer, se mouvoir), machine qui, par l'effet d'un mécanisme caché, imite les mouvements des créatures vivantes. Le pouvoir moteur de presque tous les automates est un ressort que l'on fait en acier, à cause de la force qu'il possède sous un très-faible volume. On se sert aussi, mais plus rarement, de poids, ou de sable fin tombant sur la circonférence d'une roue par laquelle le reste du mécanisme est mis en mouvement. On a construit des automates dès les temps anciens : on connaît le pigeon d'Archytas, qui volait; mais c'est aux progrès de l'horlogerie que cet art doit ses plus grandes merveilles. Vers la fin du XIII° siècle, plusieurs horloges, entre autres celles de Strasbourg, de Lubeck, de Prague et d'Olmütz faisaient déjà mouvoir des mécanismes remarquables. Deux automates du célèbre mécanicien français Vaucanson excitèrent au plus haut point l'admiration publique au siècle dernier : l'un était un joueur de flûte qui exécutait plusieurs airs, et l'autre un canard qui nageait, mangeait, digérait et offrait une imitation parfaite de l'animal. Droz, de La Chaux de Fonds, et Frédéric de Knauss, de Vienne, sont aussi connus pour leurs automates. — On cite encore : l'*androïde* d'Albert le Grand, qui ouvrait en saluant à ceux qui venaient frapper à sa porte; la mouche et l'aigle volants de Regiomontanus ; plusieurs pièces de Léonard de Vinci ; les *têtes parlantes* de l'abbé Mical; enfin, le fameux joueur d'échecs du baron de Kempelen, automate qui, en 1809, fit sa partie à Schœnbrunn avec l'empereur Napoléon. — On ne construit presque plus d'automates, parce que ces machines sont très-coûteuses, et qu'ayant bientôt satisfait la curiosité, elles cessent d'intéresser. Cependant, dans la Suisse française, plusieurs artistes continuent encore de faire de petits automates, par exemple, des serins ou d'autres petits oiseaux qu'on place dans des tabatières. — Pour plus de détails sur les automates, *Voy.* Schott, *Technica curiosa;* les Œuvres de Kircher, de Lana, de Porta, de Wilkins, de Salomon de Caus ; Borgnis, *Traité des machines imitatives*, 1820, in-4; Kempelen, *Explication du joueur d'échecs*, 1821, in-8.

AUTOMATIQUES (MOUVEMENTS), mouvements qui dépendent uniquement de l'organisation, et sur lesquels la volonté n'a aucun pouvoir ; tels sont : la respiration, la circulation du sang, le battement des veines; ou qui ont lieu sans aucun but déterminé, tels sont : les mouvements de l'enfant nouveau-né, les mouvements de certains maniaques ou délirants.

AUTOMNE (du lat. *autumnus*, dérivé de *aucto* ou *augeo*, augmenter, parce que c'est la saison de la fé-

condité de la terre), troisième saison de l'année, qui commence le jour du deuxième équinoxe, au moment où le soleil entre dans le signe de la Balance, le 23 septembre et quelquefois le 22 (*Voy.* SAISONS), qui finit le 21 ou le 22 décembre, lorsque le soleil entre dans le signe du Capricorne ; sa durée est de 89 jours 16 heures 5/10. Depuis le premier jour de l'automne, qui est celui de l'équinoxe, les jours vont en décroissant dans notre hémisphère et sont toujours plus courts que les nuits. C'est dans cette saison que les fruits mûrissent dans nos climats ; c'est aussi la plus féconde en maladies. Les pays placés près de l'équateur n'ont pas d'automne (*Voy.* SAISONS). — On représente l'Automne sous les traits d'une femme puissante; elle est couronnée de pampres, et tient d'une main une belle grappe de raisin, et a un bras chargé d'une corne d'abondance pleine de fruits de toute espèce. Quelquefois elle est représentée sous la figure de Bacchus ou d'une bacchante.

AUTONOME (du grec *autos*, soi-même, et *nomos*, loi : qui ne reçoit de loi que de soi-même).

En Morale, on nomme ainsi, depuis Kant, l'âme qui, soustraite à l'empire des passions, n'obéit qu'à la raison. L'état d'une telle âme est l'*autonomie*.

En Histoire, on nomme *autonomes* certaines villes auxquelles les Romains, après les avoir conquises, laissaient le droit de se gouverner par leurs propres lois, tout en restant vassales de la république : telles furent longtemps la plupart des villes de la Grèce et de l'Asie Mineure. Elles différaient des villes entièrement libres en ce que celles-ci ne reconnaissaient pas l'autorité du magistrat romain qui gouvernait la province dans laquelle elles étaient situées.

En Numismatique, on appelle *médailles autonomes* celles qui étaient frappées dans les villes qui avaient conservé ou obtenu le droit de battre monnaie comme preuve de leur autonomie; et par extension, toutes les monnaies que les villes ont fait frapper pour leur usage particulier, lorsque ces monnaies ne portent aucun type étranger.

AUTOPLASTIE. *Voy.* RHINOPLASTIE et PLASTIQUE.

AUTOPSIE (*d'autos*, soi-même, et *opsis*, vue), inspection faite par soi-même de l'état d'un corps. Le mot s'entend spécialement de l'*autopsie cadavérique*, ou *nécropsie*, acte par lequel on explore tous les organes après la mort, soit pour en connaître la disposition, les altérations morbides; soit, en médecine légale, pour déterminer quelle a été la cause de la mort. Dans le premier cas, on peut se borner à l'ouverture de telle ou telle cavité splanchnique, ou à l'examen spécial de telle ou telle partie ; mais, dans ce cas même, on ne peut faire l'ouverture du corps que du consentement de la famille, et après en avoir prévenu l'officier de police; en outre, il ne peut y être procédé qu'après la vérification légale du décès, et en présence de l'officier de santé chargé de constater les décès. — Dans les cas de médecine légale, l'*autopsie* ne doit être faite qu'après qu'un procès-verbal constatant *la levée* du cadavre a été adressé au procureur impérial : c'est à ce magistrat seul qu'il appartient de juger si l'autopsie est nécessaire, de désigner des hommes de l'art pour la faire, et de faire à ce sujet les réquisitions convenables.

AUTORISATION. En Droit, on nomme ainsi le consentement donné à un acte fait par une personne qui est sous notre dépendance, ou qui ne peut agir sans notre participation : il faut qu'une femme soit autorisée par son mari ou par la justice, un fils par son père, un pupille par son tuteur, un majeur par celui qu'il représente, un syndic par sa communauté, un administrateur de commune ou d'hospice par l'autorité à laquelle il est subordonné. Il faut, en outre, des autorisations spéciales pour attaquer en justice les représentants et les fonctionnaires.

AUTORITÉ se dit et du droit de commander et

de ceux qui exercent ce droit. On distingue : *A. législative, administrative, judiciaire, municipale*, etc. — En Logique, *autorité* est synonyme de crédibilité, motif de certitude : c'est en ce sens que l'on dit *A. des sens, de la conscience, de la raison, du témoignage, de l'Église*, etc. — On prend plus particulièrement ce mot dans le sens de *foi due au témoignage*, et l'on appelle *système de l'autorité* cette doctrine, enseignée par M. de Lamennais dans son *Traité de l'indifférence*, qui veut que la raison soit impuissante par elle seule, et que les jugements auxquels nous adhérons d'après nos lumières individuelles ne soient certains qu'autant qu'ils sont confirmés par la révélation divine ou par le consentement universel.

AUTORITÉ (ABUS D'). *Voy.* ABUS.

AUTOSITE (du grec *autositos*, qui se nourrit de soi-même), nom donné par Is. Geoffroy Saint-Hilaire aux monstres simples qui sont capables de vivre et de se nourrir par le jeu de leurs propres organes, et qui, par conséquent, peuvent subsister plus ou moins longtemps hors du sein de leur mère.

AUTOUR, *Astur* (du grec *astérias*, étoilé, à cause des étoiles que forment en se croisant les raies de son plumage), genre de l'ordre des Rapaces, de la famille des Diurnes et de la tribu des Faucons. Il est un peu plus grand que la Buse, à laquelle il ressemble. Il se divise en deux sous-genres, les Autours et les Éperviers, et contient beaucoup d'espèces répandues dans les deux hémisphères. L'*A. ordinaire* est brun en dessus et blanc rayé de brun en dessous. Il n'y a que la femelle qui s'appelle *autour* ; le mâle se nomme *tiercelet* ; et comme il y a d'autres oiseaux de proie dont les mâles s'appellent *tiercelets*, il faut dire *tiercelet d'autour*, pour le distinguer du faucon, du gerfaut, etc. — On employait autrefois l'autour, ainsi que l'épervier, pour la chasse aux perdrix et aux faisans. Cette chasse est appelée *autourserie* ou *chasse du bas vol*, par opposition avec la chasse *du haut vol*, qui se fait avec le faucon. L'autour, en effet, chasse en rasant la terre et non en s'élevant comme le faucon. On ne le chaperonne point. On le prend jeune pour l'habituer à partir de dessus le poing, et à revenir à la voix de son maître. On a des chiens pour faire lever le gibier : dès que l'autour le voit, il part, et, lorsqu'il l'a atteint, on le lui retire en lui présentant quelques morceaux de viande. Cet art était connu des Romains. Autrefois, en France, l'autourserie était le délassement des particuliers et des simples gentilshommes, tandis que la fauconnerie était celui des rois et des princes. Aujourd'hui encore elle est pratiquée en Allemagne, en Pologne, en Perse, pour la chasse de la perdrix, du faisan, du canard, de l'oie sauvage, du lièvre et du lapin. En Perse, on chasse même la gazelle avec l'autour, en lui apprenant à ne trouver sa nourriture que dans les yeux d'une gazelle empaillée.

AUTOURSERIE. *Voy.* AUTOUR.

AUTRUCHE (du grec *strouthos*, autruche), genre de l'ordre des Échassiers, famille des Brévipennes, caractérisé par sa taille gigantesque, ses jambes demi-nues, ses deux doigts dont l'externe est plus court que l'interne, et ses ailes rudimentaires impropres au vol. Son bec déprimé, ses grands yeux et sa petite tête, lui donnent un air stupide qui a passé en proverbe. Ses plumes fournissent un ornement fort recherché et sont un important objet de commerce. On ne connaît qu'une espèce d'autruche, l'*A. d'Afrique*, que les Grecs appelaient *Strouthocamélos* ou *Oiseau-chameau*, d'après les ressemblances qu'ils lui trouvaient avec le chameau. Cette espèce se trouve dans l'intérieur de l'Afrique et en Asie, dans l'Inde en deçà du Gange. L'autruche est le plus grand de tous les oiseaux : sa taille dépasse deux mètres, et son poids 40 kilogr. Elle est her-

bivore, mais si vorace, qu'elle avale indistinctement avec ses aliments tout ce qui se présente, comme bois, pierres, fragments de métaux, etc. C'est le seul oiseau qui urine. Sa chair, défendue par la loi aux Hébreux, était, au contraire, estimée des Romains. Plusieurs tribus d'Afrique s'en nourrissent. Ses œufs pèsent un kilogr. et demi. L'autruche les dépose sur le sable, où ils éclosent à la chaleur du soleil ; cependant elle les couve la nuit et dans les saisons froides. L'autruche ne peut voler ; mais, en revanche, sa force et sa rapidité à la course sont incroyables : les meilleurs coursiers ne peuvent l'atteindre que lorsqu'elle est fatiguée, et après 8 ou 10 heures de poursuite ; aussi s'en sert-on comme de monture. Ceux qui chassent l'autruche la tuent à coups de bâton pour éviter de gâter ses plumes. Certains peuples d'Afrique en élèvent en domesticité de nombreux troupeaux. — On donne le nom d'*A. d'Amérique* au *Nandou*, qui forme un genre distinct. *Voy.* ce mot.

AVAL (du latin *ad*, à, vers ; *vallis*, vallée : en bas). On nomme ainsi, dans la navigation des fleuves, le côté vers lequel descend la rivière ; il est l'opposé *d'amont*, qui signifie le côté d'où la rivière descend. *Naviguer en aval, aller aval*, c'est suivre le cours de l'eau. On dit par corruption : *aller à vau l'eau*, pour : se laisser entraîner par le courant. Le *pays d'aval* est celui où l'on arrive en descendant la rivière, par opposition au *pays d'amont*, vers lequel on irait en remontant la rivière. — Dans la Marine, on appelle *vent d'aval* tout vent qui souffle sur les côtes en venant du large, depuis le S.-S.-E. jusqu'au N.-N.-O., passant par l'O. ; il est l'opposé du *vent d'amont*.

Dans le Commerce, on appelle *aval* (par abréviation pour *à valoir, à valoir pour*), ou *aval de garantie*, une souscription qu'un tiers étranger au tireur appose à une lettre de change ou à un billet à ordre négociable ; il suffit pour cela de mettre au-dessous sa signature avec ces mots : *bon pour aval*. C'est un engagement solidaire. Le plus souvent on donne son aval sur le billet même ; quelquefois on le donne par acte séparé. Le donneur d'aval s'engage ainsi envers le porteur à payer le montant du billet, dans le cas où ce billet n'aurait pas été payé par celui pour qui l'aval est donné.

AVALANCHE (du latin *ad*, et *valles*, vallée), masse de neige qui roule du sommet des hautes montagnes, grossit dans sa course, et renverse tout ce qu'elle rencontre. La fonte des neiges, au printemps, est la principale cause de la formation des avalanches ; la terre s'échauffe aux rayons du soleil, et, communiquant sa chaleur à la base de la neige qui repose sur elle, en détermine la fusion, de manière que les couches supérieures s'en détachent et viennent ainsi rouler avec fracas sur le flanc des montagnes. La moindre agitation de l'air provoque souvent la chute des avalanches : c'est pour cela qu'on recommande aux voyageurs le silence dans le voisinage des masses de neige où elles ont coutume de se former. Elles causent, en roulant, un vent si violent qu'il arrive souvent que les hommes et les animaux en sont étouffés. C'est surtout en Suisse, en Suède et en Norvége que les avalanches sont communes et terribles.

AVALOIRE, partie du harnais consistant en une large bande de cuir double, assujettie par les deux bouts à deux anneaux de fer situés à l'extrémité des reculements, et soutenue par des bandes de cuir qui descendent du surdos. L'avaloire, maintenue dans une position horizontale, entoure les cuisses du cheval, et sert à faire reculer la voiture à laquelle le cheval est attaché, au moyen des bandes de côté qui tirent les chaînettes et le timon en arrière. — Les chapeliers nomment ainsi un outil moitié métal et moitié bois dont ils se servent pour *avaler* la ficelle, c'est-à-dire pour la faire descendre du haut de la forme jusqu'au bas.

AVALURE (du verbe *avaler*, aller en descendant), maladie du cheval qui consiste dans la séparation de la corne du pied et la formation d'une corne nouvelle qui naît au biseau, chasse la vieille corne, et s'*avale* en descendant sur le bord inférieur de la paroi. Ce renouvellement de la corne a toujours pour symptôme une bosse, un cercle, une dépression ou une désunion.

AVANCEMENT. L'armée et la marine sont jusqu'ici les seuls corps où les règles de l'avancement aient été posées par une loi : partout ailleurs le sort des fonctionnaires est livré à l'arbitraire et dépend soit de l'esprit de justice et des lumières de chaque ministre, soit de ses préférences personnelles. La loi qui régit l'avancement dans l'armée de terre est du 17 avril 1832; celle qui régit l'armée navale est du 20 avril de la même année.

AVANCEMENT D'HOIRIE. *Voy.* HOIRIE.

AVANIE (de l'arabe *haouan*, opprobre). Ce mot, qui, dans le langage vulgaire, signifie une insulte gratuite, un traitement humiliant fait avec l'intention de livrer au mépris celui qui en est l'objet, est proprement employé dans le Levant pour exprimer les extorsions, présents ou amendes que les pachas et les douaniers turcs arrachent aux marchands chrétiens, sous prétexte de contravention à des règlements qui le plus souvent n'ont jamais existé.

AVANT (L'). On nomme ainsi, dans la Marine, la partie antérieure d'un bâtiment, celle qui s'avance la première à la mer. C'est aussi toute la partie du vaisseau comprise entre le grand mât et la proue. On dit : les canons, le gaillard, les manœuvres, etc., d'*avant*, pour dire ceux de cette partie du vaisseau. On oppose l'*avant* à l'*arrière*, partie postérieure du navire, où se trouvent le grand mât, le gouvernail et la poupe. Les matelots se tiennent toujours sur l'*avant*; les officiers se placent sur l'*arrière*.

AVANTAGE. En Jurisprudence, on nomme ainsi la portion de bien qu'un père donne à un de ses enfants au delà de la part que la loi lui attribue. Cet avantage se prend sur la quotité disponible des biens du donateur ou testateur, non réservée par la loi au profit des ascendants ou des descendants. Le maximum des libéralités de ce genre ne peut excéder une part d'enfant (Code civil, art. 913).

AVANT-BRAS, partie du bras qui s'étend du coude jusqu'au poignet. *Voy.* BRAS.

AVANT-CORPS, ce qui fait saillie sur le nu d'un corps d'architecture. Les avant-corps ne sont quelquefois destinés qu'à la décoration; souvent aussi ils augmentent la solidité des murailles en doublant leur épaisseur. — En Serrurerie, on donne le nom d'*avant-corps* à toutes les pièces qui excèdent la surface de la pièce principale, et qui forment saillie.

AVANT-GARDE, corps de troupes détaché en avant du corps d'armée en marche pour reconnaître les débouchés et les chemins, et ouvrir les voies à l'armée. La force de l'avant-garde est d'ordinaire le cinquième de celle du total de l'armée. La distance de l'avant-garde au corps principal doit être réglée de manière à ce qu'elle puisse toujours être secourue. — Dans la Marine, l'avant-garde est celle des divisions d'une escadre ou d'une flotte qui marche la première, et forme la tête de ligne.

AVANT-LA-LETTRE (GRAVURE), belle épreuve tirée avant qu'on ait inscrit le sujet au bas de la planche.

AVANT-POSTES, postes de sûreté qui entourent un camp, un bivouac ou des cantonnements, pour qu'en cas d'attaque les troupes ne soient pas prises au dépourvu. Les avant-postes communiquent entre eux par une ligne de sentinelles ou de *vedettes*.

AVARIE, tout dommage emportant dépréciation d'une chose. Ce terme s'emploie plus particulièrement dans le commerce maritime. Le titre IX du Code de commerce est tout entier consacré aux avaries. Les indemnités auxquelles elles donnent droit varient selon qu'il s'agit d'*A. grosses* ou d'*A. simples*. Les marchandises avariées restent au compte du propriétaire lorsque l'avarie ne résulte pas des fautes du commissionnaire, voiturier, mandataire, etc. Dans le cas d'avaries causées à un navire par un accident imprévu, c'est le propriétaire du navire qui seul supporte la conséquence de ces accidents.

AVELANÈDE ou VÉLANÈDE, fruit du *Chêne Velani* (*Quercus œgylops*), qui croît dans le Levant, se compose d'une vaste cupule hémisphérique et d'un gland quelquefois beaucoup plus gros que le pouce, souvent creux et rempli d'une poussière noirâtre, produite par la décomposition de sa partie charnue. On s'en sert, comme du gallon, pour le tannage des cuirs : c'est l'objet d'un grand commerce dans tout le Levant, surtout à Smyrne. On l'appelle aussi, mais improprement, *Gallon du Levant*. — L'avelanède du Piémont est une espèce de galle grise qui se développe sur le gland du chêne, et qui le recouvre en totalité ou en partie : cette excroissance est irrégulière, d'une couleur jaunâtre ou rougeâtre et d'une saveur un peu astringente. On l'emploie aux mêmes usages que l'avelanède du Levant.

AVELINE (du latin *avellina*, noisette, dérivé d'*Avella*, auj. *Avellino*, ville du royaume de Naples), fruit de l'avelinier, variété du noisetier : c'est une espèce de grosse noisette presque ronde, dont l'amande tire sur le violet. Les avelines sont recherchées à cause de leur grosseur, de leur délicatesse et de leur précocité : elles sont plus nourrissantes que les noix, mais on les digère difficilement. Elles renferment un principe volatil et de l'huile. Elles entrent dans une infinité de préparations culinaires; les confiseurs les habillent de sucre pour en faire des dragées rondes. Elles sont fort communes en Italie; on estime surtout en France celles du pays de Foix et du Roussillon. *Voy.* NOISETIER et COUDRIER.

AVÉNACÉES, tribu de la famille des Graminées, renferme les genres *Avena* ou *Avoine* (g. type), *Aira*, *Airopsis*, *Trisetaria*, *Trisetum*, *Lagurus*, *Eriachne*, *Anisopogon*, *Danthonia*, *Triodia*, *Pentameris*.

AVÉNEMENT (d'*advenire*, arriver, parvenir). En Politique, c'est le moment où un prince prend possession de la dignité suprême. Les rois de France, lors de leur avénement, levaient autrefois sur leurs sujets, un impôt spécial : c'est ce qu'on appelait *droit de joyeux avénement*. Louis XVI, en montant sur le trône, renonça à ce droit. — En Religion, ce mot est spécialement consacré pour exprimer la venue du Sauveur. On distingue deux avénements : l'un s'est accompli quand le Verbe divin s'est incarné; l'autre ne s'accomplira que lorsque Jésus-Christ descendra visiblement du ciel, environné de toute sa gloire, et qu'il viendra juger tous les hommes. — Pendant les quatre semaines qui précèdent Noël, jour de l'avénement de Jésus-Christ, les Chrétiens se préparent à fêter dignement la venue du Sauveur : c'est cet espace de temps qu'on nomme *Avent* (d'*adventus*, arrivée). La durée de l'Avent n'a pas été la même dans tous les temps, ni pour toutes les Églises. Aujourd'hui, le 1er dimanche de l'Avent est celui qui se trouve le plus rapproché de la fin de novembre, c.-à-d. entre le 26 de ce mois et le 4 décembre exclusivement.

AVENIR (pour *à venir*). On nomme ainsi, en Procédure, un acte d'avoué à avoué. C'est une sommation par laquelle un avoué somme la partie adverse de se trouver tel jour à l'audience, pour y plaider conjointement. On dit : *donner, signifier un avenir*.

AVENT. *Voy.* AVÉNEMENT.

AVENTURE (MAL D'). *Voy.* PANARIS.

AVENTURINE, pierre artificielle parsemée de paillettes brillantes, n'est que du verre fondu où l'on a mêlé, pendant la fusion, des parcelles d'un composé métallique, tel que le fer ou le cuivre. On prétend qu'un ouvrier de Venise, ayant laissé tomber *par aventure* de la limaille dans du verre en fusion, remarqua l'heureux résultat de ce mélange; qu'il sut le reproduire à volonté, et qu'il lui donna le nom d'*aventurine*. — Ce nom a depuis été étendu à une pierre naturelle, variété de quartz grenu ou de feldspath, demi-transparente, colorée en rouge ou en jaune, offrant aussi à l'intérieur des points brillants qui ont l'apparence de paillettes d'or.

AVEU. En matière civile, l'aveu fait pleine foi contre son auteur; il ne peut être scindé, c'est-à-dire accepté pour une partie et répudié pour une autre; il est irrévocable (Code civ., 1354-56). — En matière criminelle, il n'est qu'un des moyens d'instruction, mais ne fait pas par lui seul preuve contre son auteur. Autrefois, l'aveu suffisait pour faire condamner : trop souvent pour l'obtenir de l'accusé, on ne craignait pas de recourir à la torture.

AVEU et DÉNOMBREMENT. On nommait ainsi, en Droit féodal, un acte fait par-devant notaire, scellé et signé, dans lequel le vassal *avouait* qu'il était soumis, lui et son fief, à son seigneur, et faisait le détail de toutes les redevances et de tous les droits attachés à son fief. Si le vassal ne faisait pas cette déclaration dans les quarante jours de l'acquisition du fief, le seigneur pouvait le confisquer.

AVEUGLES (du bas latin *aboculus, abocellus*, formé d'*ab* priv., et *oculus*, œil). La privation de la vue est ou native (d'où le nom d'aveugles-nés), ce qui est le cas le plus rare, ou accidentelle; elle peut, dans ce dernier cas, être l'effet de maladies très-différentes: ophthalmie, cataracte, amaurose, taie, glaucôme, dégénérescence des membranes de l'œil, etc. Le nombre des aveugles augmente dans une grande proportion à mesure que l'on approche de l'équateur, ce qui est l'effet de la trop vive réverbération de la lumière, surtout dans les pays sablonneux. — On a plusieurs fois rendu la vue à des aveugles-nés, par l'opération de la cataracte; Cheselden, chirurgien anglais, qui le premier obtint cet admirable résultat, a donné d'intéressants détails sur les progrès de la vision chez les opérés. — Les aveugles se font remarquer par l'immobilité des traits, la finesse du tact et de l'ouie, la gravité du caractère, la ténacité, la force de la raison. Plusieurs ont occupé un rang élevé dans les sciences, dans les arts et l'industrie : on cite chez les anciens, Diogène d'Alexandrie, savant universel, qui fut le maître de saint Jérôme; dans les temps modernes, Saunderson, un des grands mathématiciens de l'Angleterre.

Objets naturels de commisération, les aveugles avaient depuis longtemps trouvé asile dans des établissements publics, dont le plus ancien et le plus célèbre est celui des *Quinze-Vingts*, fondé par saint Louis; mais on ne s'était nullement occupé de les faire jouir des bienfaits de l'éducation : Valentin Haüy, frère du célèbre minéralogiste, combla cette lacune. Il eut l'heureuse idée de substituer pour les aveugles les signes en relief aux formes visibles, fit imprimer des alphabets et des ouvrages d'après ce système, et réussit ainsi facilement à leur apprendre la lecture, l'écriture, les éléments des sciences, la musique, etc. Il fonda dans ce but, dès 1783, une institution de *Jeunes Aveugles* qui, en 1791, fut érigée en établissement public; fermée pendant la Révolution, l'Institution fut rouverte en 1817; installée d'abord dans l'ancien séminaire de Saint-Firmin, rue Saint-Victor, elle fut transférée en 1838 au boulevard des Invalides. Cette maison est consacrée à l'éducation de 60 jeunes garçons et de 30 jeunes filles aveugles, entretenus gratuitement pendant 8 années aux frais de l'État. Pour y être admis, les enfants doivent être âgés de 10 ans au moins, de 14 ans au plus. Indépendamment des élèves gratuits, on admet dans l'Institution des élèves payants.

Les aveugles y apprennent, par des procédés particuliers, la lecture, l'écriture, la géographie, l'histoire, les langues, les mathématiques, la musique et divers métiers. — De nombreux établissements analogues ont été fondés sur ce modèle dans les principales villes de l'Europe, à Berlin, à Breslau, à Vienne, à Zurich, à Bruxelles, à Londres et à Édimbourg, et jusqu'en Amérique.

Les principaux ouvrages à consulter sont : *Lettre sur les Aveugles*, par Diderot; *Essai sur l'éducation des Aveugles*, par V. Haüy; *Essai sur l'instruction des Aveugles*, par le Dr Guillié; *Des Aveugles : leur état physique, moral et intellectuel*, par P.-A. Dufau, directeur de l'Institution nationale de Paris, 1837 et 1850, ouvrage couronné par l'Académie.

AVICEPTOLOGIE (du latin *avis*, oiseau, *capere*, prendre, et *logos*, discours), description des diverses chasses aux oiseaux, des procédés qu'il faut suivre, des instruments et des ruses auxquels on doit avoir recours pour prendre les oiseaux; tels sont: l'*Aviceptologie française*, par Bulliard, Paris, 1830; le *Chasseur aux filets*, par Blaze, Paris, 1839; etc.

AVICULE (d'*avicula*, petit oiseau), genre de Mollusques acéphales, appelé successivement *Hironde*, *Aronde* et *Avicule*, et dont la coquille bivalve et inéquilatérale, a quelque ressemblance avec la queue d'une hirondelle. Ces coquilles sont toutes marines; le test est mince, fragile et nacré en dedans. L'*A. margaritifère* fournit les perles fines. On trouve l'Avicule dans toutes les mers.

AVIRON (qu'on dérive du verbe *virer*), espèce de rame légère bien connue, dont on se sert pour faire marcher les bateaux sur les rivières; c'est une sorte de levier en bois dont l'extrémité aplatie se nomme *pelle*, et l'autre *le bras*. Il sert aussi à la mer pour les petites embarcations, lorsque la faiblesse du vent empêche de faire usage de la voile.

AVISO, nom donné à tout bâtiment de guerre, léger et rapide, employé pour porter des *avis*, des dépêches, etc. On emploie pour ce service des bricks, des goëlettes ou des lougres.

AVITAILLEMENT (de *victualia*). On comprend sous ce nom les provisions des navires nécessaires à la subsistance des équipages. Elles consistent principalement en légumes secs, biscuits, viandes salées, farines, riz, vermicelle, vins, eaux-de-vie; dans les voyages de long cours, on embarque de la volaille vivante, des moutons, des chèvres, pour avoir quelque temps de la viande fraîche et du lait.

Les navires français en partance sont soumis, pour l'avitaillement, à la loi du 22 août 1791. L'art. 2 porte : « Les vivres et provisions du royaume, embarqués dans les navires français, pour quelque navigation que ce soit, pourvu qu'ils soient uniquement destinés à la nourriture des équipages et passagers, jouiront, à la sortie, de l'exemption de tous droits. » — Pour les navires français qui viennent de l'étranger et qui s'y sont ravitaillés, leurs vivres et provisions sont soumis aux lois et tarifs d'entrée pour toute quantité qui excède le nécessaire.

AVIVES (d'*aqua viva*, eau vive, parce que les chevaux contractent cette maladie en buvant des eaux vives), nom donné à des glandes situées à la partie supérieure et postérieure de la ganache du cheval, dans l'intervalle qui se trouve entre la tête et le cou, au-dessous de l'oreille; et à une maladie du cheval dans laquelle les *avives* sont enflées et douloureuses : elles s'enflent quelquefois au point de gêner la respiration. Cette maladie attaque aussi les chiens.

AVOCAT (du latin *advocatus*, appelé auprès, au secours). Pour obtenir le titre d'avocat, il faut avoir reçu dans une faculté de droit le grade de licencié, qui est conféré après trois années d'études et à la suite d'examens publics. Tout licencié qui veut être admis à plaider doit d'abord se faire attacher à un tribunal, en prêtant serment de ne rien dire qui soit contraire aux lois ou à la morale publique. Le jeune avocat, avant d'être inscrit définitivement au tableau de son ordre, est soumis à un *stage* de trois ans, pendant lequel il doit suivre les audiences des tribunaux et les conférences tenues pour l'instruction des stagiaires; il a néanmoins pendant son stage le droit de plaider toutes les affaires qui lui seraient confiées. Les avocats de chaque barreau sont soumis à un conseil de discipline électif; ce conseil est présidé par le *bâtonnier*, qui est le chef de l'ordre. Il connaît des plaintes que les clients peuvent former contre les membres de l'ordre à raison de l'exercice de leur profession; il a, en outre, droit de surveillance sur tous les avocats inscrits au tableau, et principalement sur les stagiaires : c'est le conseil qui prononce sur toutes les demandes d'admission au stage et d'inscription au tableau de l'ordre. Il peut, en certains cas, prononcer des peines disciplinaires : aux termes de l'art. 18 de l'ord. du 20 nov. 1822, ces peines sont : l'avertissement, la réprimande, l'interdiction temporaire, dont la durée ne peut excéder une année, enfin, la radiation du tableau, sauf recours devant la cour d'appel. Bien qu'inscrits sur le tableau d'une seule cour, les avocats peuvent plaider par toute la France. L'avocat ne peut réclamer judiciairement ses honoraires.

Les jeunes avocats trouveront d'excellents conseils dans le *Dialogue des Avocats*, de Loysel, les *Règles pour former un avocat*, de Biarnoy de Merville, les *Lettres sur la profession d'Avocat*, de Camus, le *Manuel des jeunes Avocats*, de M. Dupin aîné, et les *Règles de la profession d'avocat* de M. Mollot.

Pour les détails historiques sur la profession d'avocat, et pour l'histoire de l'ordre, *Voy.* BARREAU.

Les *Avocats au Conseil d'État et à la Cour de cassation* sont des officiers ministériels chargés de suivre la procédure et de plaider pour les parties devant le Conseil d'État et la Cour de cassation. Ces deux offices, jadis séparés sous divers titres, ont été réunis par l'ordonnance du 10 sept. 1817, qui en même temps a réglé la discipline intérieure de ce corps. Pour remplir ces fonctions, il faut être âgé de 25 ans, avoir au moins deux années de stage comme avocat, et être agréé par le conseil particulier de l'ordre, par le ministre de la justice et la Cour de cassation. Ces offices sont transmissibles à prix d'argent : leur nombre est fixé à 60.

L'*Avocat général* est un magistrat attaché au ministère public près la cour de cassation ou près les cours d'appel, et chargé de porter la parole au nom du procureur général, et sous sa direction, pour défendre la loi et l'ordre public; il est secondé et suppléé au besoin par des substituts. Avant 1789, on donnait ce titre à ceux d'entre les officiers du parquet d'un parlement ou d'une cour souveraine qui étaient chargés de discuter à l'audience, devant les juges, les mêmes causes que discutaient les avocats du roi devant les sièges royaux. Les fonctions d'avocats généraux et de procureurs généraux ont été réunies pendant tout le temps qui s'est écoulé depuis la Révolution jusqu'à l'installation des cours royales.

AVOCATIER (d'*aouicate*, nom caraïbe de cet arbre), *Laurus persea*, arbre d'Amérique, du genre Laurier, a la hauteur du poirier, est toujours vert, et donne un fruit vulgairement appelé *poire avocat*, qui ressemble pour la forme et la grosseur à une poire de bon chrétien, mais qui renferme un noyau en forme de cœur; il a un goût très-agréable. On prépare avec ce fruit un mets estimé; on le regarde comme antidysentérique. Les feuilles de l'Avocatier entrent dans la composition de l'élixir américain dit *de Courcelles* : elles sont stomachiques, carminatives, résolutives; on les recommande dans les maladies pédiculaires, la jaunisse et la colique hystérique.

AVOCETTE, genre d'oiseaux de l'ordre des Échassiers, famille des Longirostres : pieds palmés, bec allongé, grêle et recourbé en haut, à partir de la moitié de sa longueur. Ce sont des oiseaux de rivage, voyageurs, et que l'on trouve particulièrement dans les pays froids ou tempérés, sur les côtes d'Europe et d'Amérique. Ils se nourrissent de frai de poisson, de vers et d'insectes aquatiques qu'ils trouvent dans la vase des endroits guéables. Ils courent et nagent avec vitesse et sont très-farouches. La chair des jeunes Avocettes est assez délicate. L'*A. d'Europe* se trouve sur nos côtes : elle est de la grosseur d'un pigeon; elle a le plumage mêlé de noir et de blanc, avec la tête et les tarses noirs. Cet oiseau remonte quelquefois les fleuves, ce qui explique qu'il soit très-commun dans le Poitou, où chaque année il est l'objet d'une chasse active.

AVOINE (du latin *avena*), genre de Graminées, faisant partie du groupe des Céréales, caractérisé par ses fleurs en panicules, à glume bivalve à deux ou plusieurs fleurs, et sa glumelle à deux valves pointues, dont l'extérieur porte une arête longue, roide et tordue à sa base. L'avoine paraît être indigène dans l'Europe septentrionale. On en connaît une cinquantaine d'espèces, presque toutes originaires d'Europe, et quelques-unes du cap de Bonne-Espérance. — L'*A. commune* (*Avena sativa*) est, on le sait, la nourriture par excellence du cheval; on la donne aussi aux bestiaux et aux volailles. Elle engraisse les moutons, elle augmente la production du lait des brebis-mères et double la ponte des œufs dans les volailles. Elle sert encore dans quelques pays pauvres à faire du pain; mais ce pain est lourd, peu nutritif et d'une saveur désagréable. On peut faire avec ce grain de la bière et de l'eau-de-vie. Enfin, les tiges vertes de l'avoine donnent un excellent fourrage, et les balles de la fleur servent au coucher du pauvre et des enfants en bas âge. L'Avoine se sème en septembre ou octobre dans l'ouest de la France, et partout ailleurs en février, mars ou avril.

L'Avoine commune présente plusieurs variétés : l'*A. d'hiver*, à balles rayées de brun; l'*A. de Géorgie*, à feuilles larges et à grain jaunâtre; l'*A. de Brie*, à grain noir, très-renflé, l'*A. de Hongrie*, à grains blancs et gros, mais qui a l'inconvénient de s'égrener facilement : elle fut introduite en France en 1759; l'*A. patate*, à grain blanc et court, nouvellement importée d'Angleterre et sujette au charbon. L'*A. de Zélande* (Pays-Bas) est la plus belle et la meilleure. — Parmi les autres espèces d'Avoine, nous citerons : 1° l'*A. unilatérale*, à panicules serrées, dont les épillets s'inclinent tous du même côté; on en distingue de *blanche* et de *noire*; 2° l'*A. nue*, qui doit son nom à la disposition qu'ont ses grains à sortir tout mondés de la balle par le battage; 3° l'*A. courte*, à feuilles, à barbes et à grains plus courts que les autres espèces; 4° la *Folle-avoine* (*A. fatua*), ainsi appelée à cause de sa panicule étalée, grêle et munie de longues barbes qui oscillent au moindre vent. Les trois premières de ces espèces s'emploient comme l'avoine commune. La folle-avoine, au contraire, est une des plantes les plus nuisibles aux récoltes : elle étouffe les blés par ses racines, et ses graines, mûres de bonne heure, se ressèment d'elles-mêmes au point qu'il est difficile d'en débarrasser les terres qui en sont infestées. Les Hollandais l'ont cependant mise à profit pour raffermir le sable mouvant de leurs dunes.

Indépendamment de son utilité pour la nourriture des animaux, l'Avoine sert encore aux amidonniers; on en fait aussi des gruaux.

AVOIR DU POIDS (LIVRE), *Pound*, nom que les Anglais donnent à leur livre de 16 onces, généralement usitée dans le commerce, surtout pour peser les marchandises d'un gros volume, comme le chanvre, le café, le coton; ils la nomment ainsi par opposition à la livre *troy*, qui n'en a que 12, et qui sert pour les objets précieux. La livre *avoir-du-poids* vaut 453gr.,545. Toutes les marchandises où il y a du rebut, du déchet, se vendent à l'*avoir du poids*.

AVORTEMENT (du latin *abortus*, m. sign.). L'avortement s'observe le plus fréquemment dans les trois premiers mois de la grossesse. On distingue : l'*A. ovulaire*, qui s'étend jusqu'aux 20 premiers jours de la conception ; l'*A. embryonnaire*, qui comprend jusqu'au 90e jour de la grossesse ; l'*A. fœtal*, où l'expulsion du fœtus est suivie de phénomènes semblables à ceux de l'accouchement. Morgagni a observé que le nombre des avortons femelles était plus considérable que celui des mâles ; ce que Désormeaux et Velpeau constatent également.

L'avortement est naturel, accidentel ou provoqué : *naturel*, il peut tenir ou à un état particulier des organes, ou à un état de faiblesse générale et de mauvaise santé habituelle, ou, au contraire, à une constitution pléthorique ; *accidentel*, il peut résulter d'exercices forcés, de mouvements exagérés ou violents, de la danse, de l'équitation, de chutes, de secousses subites, de coups sur l'abdomen ou sur les lombes, d'émotions vives ; *provoqué*, il peut avoir été déterminé par des violences quelconques, par l'action d'un moyen mécanique sur le fœtus ou ses enveloppes, manœuvres employées souvent dans un but criminel ; par l'abus des saignées, des bains, des purgatifs drastiques, des emménagogues, etc. La loi punit sévèrement l'avortement provoqué. « Quiconque, dit le Code pénal, art. 317, par aliments, breuvages, médicaments, violences ou par tout autre moyen, aura procuré l'avortement d'une femme enceinte, soit qu'elle y ait consenti ou non, sera puni de la reclusion. — La même peine sera prononcée contre la femme qui se sera procuré l'avortement à elle-même ou qui aura consenti à faire usage des moyens à elle indiqués ou administrés à cet effet, si l'avortement s'en est suivi. — Les médecins, chirurgiens et autres officiers de santé, ainsi que les pharmaciens, qui auront indiqué ou administré ces moyens, seront condamnés à la peine des travaux forcés à temps, dans le cas où l'avortement aurait eu lieu. » — Chez les Romains, la peine portée contre ceux qui provoquaient l'avortement était celle des travaux publics ou la relégation dans une île, avec confiscation d'une partie des biens ; la mère coupable était punie d'exil. *Voy.* ENCISE.

AVOUÉS, officiers ministériels établis près les tribunaux civils de 1re instance et près les cours d'appel, pour représenter les parties et faire les actes de procédure pendant toute la durée de l'instance. On ne peut plaider en France sans ministère d'avoué ; à défaut d'avocats, les avoués pourvus du titre de licencié peuvent plaider eux-mêmes. Le nombre de ces officiers est limité ; leurs charges sont transmissibles à prix d'argent. Pour obtenir ce titre, il faut être âgé de 25 ans au moins, présenter un certificat de capacité, délivré dans les écoles de droit après 2 années d'étude, et prêter serment ; il faut, en outre, justifier d'une cléricature de 5 années. Les avoués ne peuvent se rendre adjudicataires des biens dont ils sont chargés de poursuivre la vente. L'action des avoués pour le payement de leurs frais et salaires se prescrit par 2 ans. Les avoués de chaque cour et de chaque tribunal ont une chambre pour leur discipline intérieure.

—Les avoués se nommaient autrefois *Procureurs*. Les offices de procureurs furent supprimés par la loi du 30 mars 1791 ; mais la même loi établit près des tribunaux de district, sous le nom d'*Avoués*, des officiers ministériels chargés de représenter les parties. La loi du 3 brumaire an II supprima les avoués eux-mêmes, mais ils furent rétablis par la loi du 27 ventôse an VIII. L'organisation de ce corps a été constituée par les décrets des 6 juill. 1810 et 2 juill. 1812 ; la chambre des Avoués a été instituée par un décret du 13 frimaire an IX.

AVOUÉS DES ÉGLISES. *V.* le *Dict. univ. d'H. et de G.*

AVOYER, magistrat suisse. *Voy. Ibid.*

AVRIL (en latin, *aprilis*, *aperire*, ouvrir, parce que la terre paraît alors ouvrir son sein), quatrième mois de notre année, pendant lequel les jours s'allongent, la température s'adoucit, et la végétation commence à se développer. C'était le deuxième mois de l'année romaine, quand elle commençait en mars, avant la réforme de Numa. Le mois d'avril était chez les Romains consacré à Vénus. Le soleil parcourt pendant ce mois le signe du Taureau.

Tout le monde connaît le dicton : *Donner, faire avaler un poisson d'avril*, pour : Faire accroire à quelqu'un, le premier jour d'avril, une fausse nouvelle, ou l'engager à faire quelque démarche inutile, afin d'avoir lieu de se moquer de lui. On prétend que ce proverbe, dans lequel le mot *poisson* aurait été, par corruption, substitué à celui de *passion*, n'est qu'une allusion inconvenante à la passion de Jésus-Christ, arrivée le 3 avril, parce que ce jour-là le Sauveur fut, par dérision, renvoyé d'un tribunal à un autre.

AXE (du latin *axis*, dérivé du grec *axôn*, essieu, pivot). En Géométrie, l'*axe* est une ligne droite autour de laquelle une figure plane fait sa révolution pour produire ou engendrer un solide. Ainsi, un demi-cercle qui se meut autour de son diamètre en repos engendre une sphère dont l'axe est ce même diamètre ; si un triangle rectangle tourne autour de sa perpendiculaire en repos, il décrit un cône dont l'axe est cette perpendiculaire. Le même mot s'emploie encore plus généralement pour désigner une ligne qu'on conçoit tirée du sommet d'une figure au milieu de sa base. — On nomme *A. d'un cercle* ou *d'une sphère*, une ligne quelconque passant par le centre, et terminée à la circonférence par les deux extrémités ; — *A. d'un cône*, une ligne tirée du sommet au centre de la base ; — *A. d'un cylindre*, une ligne menée du centre d'une de ses bases au centre de l'autre base. — Dans l'ellipse et l'hyperbole, l'*A. transverse* est le diamètre passant par les deux foyers et les deux principaux sommets de la figure ; dans l'hyperbole, c'est le plus court diamètre ; dans l'ellipse, le plus long ; — l'*A. conjugué* ou *second axe* est le diamètre passant par le centre et perpendiculaire à l'axe transverse : c'est le plus court des diamètres conjugués.

En Mécanique, on nomme *axe* toute ligne autour de laquelle un corps peut tourner : *A. d'une balance*, la ligne sur laquelle la balance se meut ; *A. de rotation*, la ligne autour de laquelle un corps tourne réellement lorsqu'il est en mouvement ; *A. d'oscillation d'un pendule*, la ligne droite qui passe par le centre autour duquel un pendule fait ses vibrations.

En Minéralogie, on nomme *Axe cristallographique* une ligne droite supposée dans l'intérieur des cristaux, et autour de laquelle leurs faces sont ordonnées symétriquement. Les différents systèmes cristallins sont basés sur les dispositions que des plans, assujettis aux lois de symétrie, peuvent prendre autour de certains axes. — On nomme *A. optique d'un cristal*, *A. de double réfraction*, ou *ligne neutre*, la direction suivant laquelle la double réfraction des rayons lumineux cesse d'avoir lieu dans un cristal. Tous les cristaux dont les faces sont ordonnées autour d'une ligne unique, tels que ceux qui dérivent du rhomboèdre et du prisme à base carrée, ont aussi un seul axe optique, qui est l'axe cristallographique. Les substances qui jouissent de cette propriété sont dites *à un axe*. Les cristaux dont toutes les faces verticales ne sont pas ordonnées autour d'un axe unique, comme le prisme droit rectangulaire et les deux prismes obliques, possèdent deux axes de double réfraction ; on les appelle cristaux *à deux axes*. Les corps cristallisés, dans le système régulier, ne possèdent pas la double réfraction.

En Optique, on nomme *A. optique* ou *visuel* un rayon passant par le centre de l'œil, ou tombant perpendiculairement sur l'œil; *A. d'une lentille*, l'axe du solide dont la lentille est un segment, ou la ligne qui joint les deux sommets ou points centraux des deux surfaces opposées du verre.

En Astronomie, c'est la ligne droite, imaginaire, supposée passer à travers la terre, le soleil, les planètes, les satellites, etc., et autour de laquelle ils exécutent leurs rotations diurnes. La terre et les planètes, dans leurs mouvements de translation sur leurs orbites, se meuvent de manière que l'axe de chacun avance toujours parallèlement à lui-même, ou est toujours dirigé vers les mêmes parties du ciel. — *A. du monde*, ligne droite autour de laquelle la voûte céleste, formée par les étoiles, semble faire sa rotation. La terre est si loin des étoiles, et si petite comparativement à leur éloignement, qu'on peut la considérer comme un point mathématique, par lequel passerait l'axe du monde, et comme le centre d'une sphère à la surface de laquelle seraient placées les étoiles. — *A. de l'horizon, de l'équateur*, etc., ligne droite tirée à travers le centre de chacun de ces cercles, et perpendiculaire à leur plan.

AXILLAIRE (d'*axilla*, aisselle), se dit, en Anatomie, de tout ce qui appartient à l'aisselle ou en fait partie : telle est la *veine axillaire*. — En Botanique, on nomme *axillaires* les rameaux, feuilles, fleurs ou épines qui naissent au point où deux branches se bifurquent, et au point d'insertion d'une feuille à la tige ou au rameau qui la porte.

AXINITE (du grec *axinè*, hache), minéral remarquable par ses cristaux tranchants, en forme de *hache*, et par sa belle couleur violacée, se compose d'un silicate d'alumine et de chaux, avec de petites quantités d'acide borique et d'oxydes métalliques. Elle est commune en France : les plus beaux cristaux proviennent des montagnes de l'Oysans, dans le dép. de l'Isère. On l'emploie en bijouterie.

AXIOME (du grec *axióma*, dogme), proposition évidente par elle-même, et qui n'a pas besoin de démonstration. Ex. : Le tout est plus grand que sa partie; deux quantités égales à une troisième sont égales entre elles; tout effet a une cause, etc. Les axiomes sont le point de départ de toute démonstration. Dans les sciences qui procèdent synthétiquement, comme dans la Géométrie, on commence par poser les *axiomes*, afin de préparer la démonstration des théorèmes ou la solution des problèmes.

AXIOMÈTRE (du lat. *axis*, axe, et du grec *métron*, mesure), petite machine qui indique à première vue la direction de la barre du gouvernail dans les bâtiments où cette barre est cachée dans l'arrière et ne se meut qu'à l'aide d'une roue et de cordages. On s'en sert peu aujourd'hui.

AXIS. En Anatomie, on nomme ainsi la 2ᵉ vertèbre du cou, parce qu'elle forme une espèce de pivot (*axis*), sur lequel tournent à la fois la première vertèbre et la tête. On lui a aussi donné le nom d'*axoïde*, c'est-à-dire semblable à un axe.

En Zoologie, *Axis* est le nom d'un mammifère du genre *Cerf*. Le cerf axis, ou cerf du Gange, vit dans l'Indoustan et particulièrement dans le Bengale. Ses formes sont celles du daim, dont il a aussi la taille. Son pelage est d'un fauve assez vif, moucheté de blanc sur le flanc et le dos; le menton, la gorge, le ventre, sont blancs; la queue, longue de 30 centim., est blanche en dessous, fauve en dessus, et marquée sur les côtés d'une ligne noire. Sa course est des plus rapides. Cet animal est doux, timide et facile à apprivoiser. En Europe, il fait l'ornement de nos parcs.

AXOLOTL, nom mexicain d'un reptile, sous-genre de Salamandres, de l'ordre des Batraciens de Cuvier. Ce reptile amphibie, semblable à la salamandre, est d'une couleur grise ardoisée; il a la tête grande, déprimée, arrondie, la bouche très-fen-due, la langue courte, les dents petites et nombreuses. Les yeux, dépourvus de paupières, sont petits, et placés près de l'extrémité du museau. L'axolotl parvient à 20 ou 25 centimètres de longueur; la queue en prend à peu près la moitié. Ce reptile vit en société dans les lacs des plus hautes montagnes du Mexique. Les Mexicains le mangent.

AXONGE (du latin *axungia*, graisse, formé de *axis*, essieu, et *ungere*, oindre), graisse animale de consistance molle. On désigne plus particulièrement par ce nom la graisse de porc, qu'on nomme aussi *saindoux*. Elle se compose principalement d'un mélange de deux principes organiques, l'un liquide, l'*oléine*, et l'autre solide, la *margarine* ou *stéarine*. La consistance et la fusibilité de l'axonge varient suivant les proportions qui existent entre ces deux principes. — On extrait l'axonge de la panne de porc, en faisant fondre celle-ci, convenablement lavée, dans de l'eau bouillante, passant la graisse fondue au travers d'un tamis serré, et la coulant dans de petits vases à minces parois et à large surface, placés dans un endroit frais. On fait un grand usage de l'axonge dans la cuisine. Elle sert, en pharmacie, pour préparer les onguents; elle est la base des pommades cosmétiques. Elle sert aussi aux corroyeurs, aux hongroyeurs, pour l'éclairage, le graissage des roues, etc.

AYAPANA, *Eupatorium ayapana*, plante du genre Eupatoire, de la famille des Composées, originaire du Brésil, d'où elle a été transportée à l'île de France : arbuste dont les feuilles, étroites et lancéolées, ont une odeur aromatique et une saveur faiblement amère. On lui attribuait, au Brésil, la vertu de guérir la morsure des serpents; on l'a même longtemps vantée comme une panacée universelle. Elle n'est plus guère cultivée que pour la beauté de ses fleurs, d'un pourpre très-vif. On l'emploie en guise de thé.

AYE-AYE. *Voy.* CHÉIROMYS.

AYLANTE. *Voy.* VERNIS DE LA CHINE.

AYUNTAMIENTO (de l'espagnol *junta*, réunion, conseil). C'est, en Espagne, le corps des conseillers municipaux d'une commune, d'une cité. Il est présidé par l'alcade, et annuellement élu par le peuple. Cette institution remonte à une haute antiquité. On appelle aussi *ayuntamiento* la maison où se réunit le corps municipal.

AZALÉA (du grec *azaléos*, brûlé), genre de la famille des Rhododendrées, remarquable par la beauté et quelquefois par la bonne odeur de sa fleur. On l'a mal à propos nommé *Chèvrefeuille d'Amérique* : car ce n'est pas un Chèvrefeuille, et il habite également les régions tempérées des deux continents. Il est précieux pour l'horticulture, qui lui doit plusieurs espèces recherchées comme arbrisseaux d'ornement, par exemple, les *A. pontica, viscosa, nudiflora*, etc.

AZEDARACH (mot arabe qui veut dire *arbre vénéneux*), espèce du genre *Melia*, de la famille des Méliacées; joli arbre de 10 à 12 m., originaire de la Perse, mais venant très-bien en Italie et même dans le midi de la France. Ses fleurs, placées au bout des rameaux comme celles de l'acacia, sont d'un blanc mêlé de bleu et de violet, et répandent une odeur très-suave, surtout pendant la nuit. Elles font place à des fruits semblables à des cerises, dont les propriétés vénéneuses ont été de beaucoup exagérées. La racine de cet arbuste est employée en médecine comme anthelmintique. On le nomme aussi *Faux sycomore, Lilas des Indes, Lilas de la Chine, Arbre à chapelet, Arbre saint* : ces deux derniers noms lui viennent de l'usage que l'on fait en Italie des noyaux cannelés de ses fruits pour faire des chapelets.

AZEROLIER, espèce du genre Alizier, semblable à l'aubépine : elle en diffère cependant par son fruit, qui est plus gros, par ses feuilles plus grandes, sa tige plus haute et sans épines. Ses fleurs sont disposées en grappes; son fruit, nommé *azerole*, est rouge, acide, sucré, rafraîchissant; il sert à faire des confitures très-agréables.

AZIMUT (de l'arabe *al-sempt*, chemin, droit chemin), se dit, en Astronomie, de l'angle que fait avec le méridien un cercle vertical passant par un astre; cet angle se mesure par l'arc de l'horizon compris entre ce cercle vertical et le méridien. Il est donné par un théodolite, lorsqu'on connaît la direction de la méridienne. L'*azimut*, quand le soleil se lève ou se couche, est le complément de l'amplitude orientale ou occidentale, ou ce qui lui manque pour faire un quart de la circonférence. — Les cercles verticaux se nomment quelquefois aussi *azimuts*. — L'*A. d'un mur* est l'angle dont il décline vers l'est ou vers l'ouest. La déclinaison d'un mur vertical est l'angle qu'il forme avec le premier vertical, c'est-à-dire le plan qui passe par le zénith et les points d'est et d'ouest; cet angle est le complément de l'azimut. — L'*A. magnétique* est l'arc de l'horizon compris entre le méridien du lieu et le méridien magnétique; c'est la mesure de la déclinaison de l'aiguille aimantée. — *A. du plan de polarisation* se dit, en Optique, de l'angle que forme le plan avec le plan d'incidence ou de réflexion.

AZIMUTAL, qui représente les azimuts ou qui les mesure. *Compas azimutal*, cadran ayant son style perpendiculaire au plan de l'horizon; il sert à trouver l'amplitude d'un corps céleste.

AZOCH, AZOTH, mots barbares employés autrefois pour désigner le mercure et quelques-unes de ses combinaisons, comme le cinabre. Les alchimistes regardaient autrefois le mercure comme la matière première de tous les métaux. L'azoth de Paracelse, dont ce célèbre empirique faisait sa panacée universelle, était une composition d'or, d'argent et de mercure. Celui d'Helsingius, ou *or horizontal*, se faisait avec de l'or pur en larmes et du mercure.

AZOLLES, plantes aquatiques, rapportées d'abord à la famille des Naïadées, puis à celle des Marsiléacées. Les espèces principales sont l'*A. microphylle* ou à *petites feuilles*, du Brésil, et l'*A. pinnée*, de la Nouvelle-Hollande. On a surtout observé ces plantes sur les eaux stagnantes des terres Magellaniques, du Chili, de la Colombie, dans quelques parties des Etats-Unis, etc.

AZOTATES, combinaisons de l'acide azotique ou nitrique avec les bases salifiables. *Voy.* NITRATES.

AZOTE (du grec *a* priv., et *zôtikos*, vital), dit aussi *nitrogène*, *air phlogistiqué*, gaz incolore, inodore et insipide, formant les 79/100 de l'air atmosphérique; plus léger que l'air (sa densité est 0,971); il est irrespirable et éteint les corps en combustion. Très-différent de l'oxygène, qui se combine facilement avec la plupart des autres corps simples, l'azote ne se combine avec aucun corps par voie directe; on ne le reconnaît qu'à ses propriétés négatives. Il forme un des éléments de l'ammoniaque, de l'acide nitrique ou azotique (eau-forte), du salpêtre, et d'un grand nombre de composés organiques, tels que la fibrine du sang et de la chair musculaire, l'albumine du sang et des œufs, la gélatine, le fromage, les alcalis végétaux, l'indigo, etc. Il joue un très-grand rôle dans la nature : il établit une des principales différences entre les substances animales, où il abonde, et les substances végétales, qui, pour la plupart, n'en renferment pas. — On l'obtient par différents moyens : le plus simple consiste à brûler du phosphore sous une cloche pleine d'air, de manière à en absorber tout l'oxygène; le gaz restant consiste en azote presque pur. On peut aussi se le procurer en décomposant l'ammoniaque par le chlore, qui s'empare de l'hydrogène de cet alcali, et met l'azote en liberté. Enfin, les chimistes l'obtiennent aussi par la décomposition du nitrite d'ammoniaque.

L'azote n'est connu que depuis 1775; la découverte en est due à Priestley. Scheele était aussi parvenu, à peu près à la même époque, à le séparer de l'air.

AZOTE (OXYDES D'), combinaisons de l'azote avec l'oxygène. Il en existe cinq : deux composés indifférents, le *protoxyde* et le *deutoxyde* ou *bioxyde* *d'azote*; et trois acides : l'*acide nitreux*, l'*acide hyponitrique* et l'*acide nitrique*.

Le *protoxyde d'azote*, dit aussi *oxyde azoteux* ou *nitreux*, est un gaz incolore et inodore, d'une densité de 1,30. Il se liquéfie même par l'action d'un grand froid et d'une forte pression. Il se décompose aisément par l'action de la chaleur : quand on y plonge une allumette, présentant encore quelques points d'ignition, il la rallume entièrement, comme le ferait le gaz oxygène pur; c'est que le mélange d'azote et d'oxygène, qui résulte de la décomposition du protoxyde d'azote par le feu, renferme, sous le même volume, plus d'oxygène que l'air atmosphérique (33,33 pour 100). Le protoxyde d'azote peut être respiré impunément pendant quelque temps seulement : il finit, toutefois, par asphyxier comme l'hydrogène et l'azote, par privation d'oxygène. Suivant quelques observateurs, le protoxyde d'azote produirait, quand on le respire, une sensation délicieuse, accompagnée d'un rire insolite : ce qui l'a fait nommer *gaz hilarant*. On l'obtient en soumettant à l'action de la chaleur le nitrate d'ammoniaque. Ce sel renferme de l'azote, de l'hydrogène et de l'oxygène ($NO^5,HO+NH^3$) dans des proportions telles, que, par l'effet d'une simple transposition moléculaire, il peut en résulter de l'azote et de l'eau ($2NO+4HO$).

Le *deutoxyde d'azote*, dit aussi *oxyde azotique* ou *nitrique* (NO^2), est un gaz incolore comme le protoxyde. Il est impossible d'en apprécier l'odeur ; car il se convertit immédiatement, au contact de l'air, en vapeurs rutilantes, très-corrosives, connues sous le nom d'*acide hyponitrique*. Il se produit très-souvent dans l'action de l'acide nitrique sur les métaux : on l'obtient, entre autres, en versant de l'acide nitrique affaibli sur de la tournure de cuivre ou de fer. Il éteint les corps en combustion.

Priestley a découvert en 1776 le protoxyde d'azote; on lui doit aussi les premières notions exactes sur le deutoxyde, que Hales avait déjà obtenu avant lui. Berthollet, Dalton, Davy, Gay-Lussac, ont soumis ces deux oxydes à des analyses exactes.

Pour les combinaisons acides, *Voy.* leurs noms.

AZOTEUX (ACIDE). *Voy.* NITREUX (ACIDE). — (OXYDE). *Voy.* AZOTE (PROTOXYDE D').

AZOTH ou AZOCH. *Voy.* AZOCH.

AZOTIQUE (ACIDE). *Voy.* NITRIQUE (ACIDE). — (OXYDE). *Voy.* AZOTE (DEUTOXYDE D').

AZOTITES. *Voy.* NITRITES.

AZOTURES, combinaisons de l'azote avec un autre corps. L'azote ne s'unit directement à aucun corps ; les azotures qu'on obtient par des moyens détournés, par exemple à l'aide de l'ammoniaque, sont, en général, des combinaisons très-peu stables qui se détruisent par l'action de la chaleur, souvent même par l'effet seul du choc : telles sont les azotures connues sous les noms de *chlorure d'azote*, d'*or fulminant*, d'*argent fulminant*, etc.

AZOTURE DE CARBONE. *Voy.* CYANOGÈNE ; — D'HYDROGÈNE. *Voy.* AMMONIAQUE.

AZUR (par corruption de l'arabe *lazur*, bleu de ciel, bleu bleu clair). L'azur est une des couleurs héraldiques : cette couleur céleste est le symbole de la justice. Les armes des rois de France étaient trois fleurs de lis d'or en champ d'azur. A défaut de couleur, l'azur est marqué dans les livres de blason par des hachures, ou simples lignes qui vont horizontalement de gauche à droite, d'un côté à l'autre de l'écu.

On nomme *A. de cuivre*, un minéral nommé aujourd'hui *Azurite* (*Voy* ce mot) ; — *Bleu d'azur*, une matière colorante d'un beau bleu, employé dans les arts (*Voy.* BLEU D'AZUR) ; — *Pierre d'azur, Lapis la-*

zuli, un minéral d'un bleu d'azur, plus connu des minéralogistes sous le nom de *Lazulite*. *Voy.* ce mot.

AZURITE, dit aussi *azur de cuivre, cuivre carbonaté bleu ;* minéral d'un beau bleu, qu'on rencontre dans les gîtes métalliques, sous forme de cristaux ou à l'état terreux; il s'est trouvé, pendant un temps, en abondance à Chessy, près de Lyon, dans les grès bigarrés. Il renferme 69 0/0 d'oxyde de cuivre. Il est employé, dans quelques localités, pour la peinture. — Le même nom se donnait aussi autrefois à un minéral silicaté, plus connu aujourd'hui sous le nom de *Klaprothite*.

AZYGOS (c'est-à-dire impair, du grec *a* priv., et *zygos*, pair), veine qui va de la veine cave supérieure au-dessus du cœur, à un des points de la veine cave inférieure, à laquelle elle s'unit dans la partie inférieure de l'abdomen, soit directement, soit par l'intermédiaire d'une des veines lombaires. Cette veine a quelquefois servi à remplacer la veine cave inférieure dans des cas de ligature de cette dernière veine. — Morgagni donnait le nom d'*azygos* à la luette, qui est formée par les deux palato-staphylins, qu'il considérait comme un seul muscle.

AZYME (du gr. *a* priv., et *zymè*, levain), pain sans levain que les Juifs mangent dans le temps de la Pâque. *Voy.* le *Dict. univ. d'Hist. et de Géogr.*

B

B. Cette lettre est la 2me de presque tous les alphabets anciens et modernes ; c'est la 1re des consonnes ; les Hébreux la nommaient *beth*, les Latins *bé*, les Grecs *béta*. C'est la 1re des labiales ; on a même prétendu que sa forme était la figure de la lèvre. — Comme lettre numérale, B valait 2 chez les Hébreux et les Grecs. Chez les Latins, B désignait 300 ; B̄ valait 3,000. — Dans le Calendrier, B est la 2e des sept lettres dominicales, et désigne le lundi. — Sur les inscriptions et les médailles antiques, le B est l'abréviation de *Brutus, Balbus* et autres noms semblables; dans les Fastes, il désigne que les personnages après le nom desquels il est placé sont en fonction pour la deuxième fois (*bis*). B. F. indiquait *bonæ fortunæ* (à la bonne fortune), ou *bonum fatum* (heureux destin); B. V. *bene vixit* (il a bien vécu); B. Q. *bene quiescat* (qu'il repose en paix). Placé devant le nom des saints, il signifie *beatus* (bienheureux). — En Musique, *B-fa-si*, ou simplement B, désigne chez les Allemands et chez plusieurs autres peuples la note *si*. Dans la gamme des Anglais, *b* correspond au *ré* des Français. Pour *B mol* et *B quarre*, *Voy.* BÉMOL et BÉCARRE. — Sur les monnaies, B est la marque de Rouen; BB est celle de la monnaie de Strasbourg. — Dans la nomenclature chimique, B désigne le bore; *Ba* désigne le baryum; *Bi* le bismuth, et *Br* le brome; dans l'ancien alphabet chimique, B désignait le mercure.

BABA, sorte de gâteau dans la composition duquel on fait entrer des raisins de Corinthe, du muscat de Malaga, du cédrat, du safran, de la crème, etc. Cette pâtisserie, d'origine polonaise, a été introduite en France par le roi Stanislas. Elle est encore aujourd'hui en grande faveur.

BABEURRE (par corruption de *bas-beurre*), ou LAIT DE BEURRE, nom donné au résidu de la préparation du beurre ; ce n'est que du petit-lait tenant en suspension du caséum et une petite quantité de beurre. Cette liqueur est laxative, ce qui la fait prescrire comme remède dans certaines maladies.

BABICHON, espèce d'épagneul. *Voy.* ÉPAGNEUL.

BABIROUSSA (du malais *baby*, cochon, et *rusa*, cerf), ou COCHON-CERF, genre de mammifères voisin des sangliers, dont il se distingue surtout par le nombre et la forme des dents. Leurs canines supérieures, que les anciens avaient prises pour de véritables cornes (d'où le nom de *cochon-cerf*), percent la peau du museau et se recourbent en arrière pour s'enfoncer quelquefois dans les chairs du front, après avoir décrit un arc de plusieurs centimètres d'élévation. Le babiroussa se fait remarquer par ses formes trapues et son museau très-allongé; ses oreilles sont petites, pointues et dirigées en arrière; sa peau, dure et épaisse, forme des plis dans plusieurs endroits du corps, ce qui lui donne quelque ressemblance avec le rhinocéros; sa queue est grêle et garnie d'un bouquet de poils à son extrémité. Les babiroussas sont bons nageurs; ils habitent les forêts marécageuses des îles de l'archipel Indien. On les réduit facilement en domesticité. Leur chair est d'un bon goût.

BABLAH, nom donné dans le commerce aux gousses de l'Acacia d'Arabie. Ce fruit, de 10 à 12 centim. de long, est d'un noir grisâtre et couvert d'une poussière grise. On s'en sert dans la teinture.

BABORD (par corruption de *bas-bord*), côté gauche d'un bâtiment lorsqu'on regarde de l'arrière à l'avant : on l'oppose à *tribord*, qui est le côté droit et le côté d'honneur. Les officiers se mettent à tribord, les maîtres et les matelots à bâbord; ce n'est que par le tribord qu'on entre dans un bâtiment; le bâbord, réservé pour la manœuvre, n'est abordable que par le moyen de cordages. — On donne quelquefois le nom de bâtiment de *bâbord* ou *bas-bord* (par opposition à *haut-bord*) aux bâtiments de guerre qui n'ont qu'une batterie, ainsi qu'à la plupart des navires de commerce. — On nomme *bâbordais* les hommes de l'équipage qui sont du quart de bâbord, c'est-à-dire de service à bâbord; ce quart, qui est de 4 heures, commence à minuit, et finit à 4 heures, pour reprendre à 8 heures.

BABOUCHES (du persan *papous*, formé de *pa*, pied, et *pousche*, qui couvre), sorte de chaussure pointue, légèrement recourbée par le bout, sans quartier et sans talon, dont l'usage est fort répandu dans l'Orient. On les fait en maroquin ou en étoffe de soie, et plus ou moins chargées de broderies d'or et d'argent. On les quitte par politesse lorsqu'on entre dans un appartement.

BABOUIN, espèce de singe du genre Cynocéphale, reconnaissable à sa face couleur de chair; le dessus du son corps est jaune verdâtre, le dessous d'un jaune plus pâle; de chaque côté des mâchoires il a des favoris blanchâtres; sa queue, relevée à son origine, se replie bientôt et descend jusqu'au jarret; ses fesses sont calleuses et rouges ou de couleur tannée. Ce singe habite l'Afrique tropicale; les anciens Égyptiens, qui le connaissaient, lui rendaient une sorte de culte. Le babouin est très-méchant, et se fait remarquer par sa lubricité. Quelques naturalistes ont confondu le *babouin* avec le *papion*, ou sphinx des anciens.

BABOUVISME, doctrine de Babeuf, tendait à établir l'égalité des fortunes par la spoliation et par l'application d'une nouvelle loi agraire. Cette doctrine dangereuse amena une condamnation de son auteur, qui périt sur l'échafaud en 1797 (*Voy.* BABEUF au *Dict. univ. d'Hist. et de Géogr.*). C'est la première forme du socialisme en France. On doit à M. Ed. Fleury *Babeuf et le Socialisme en 1796*, Paris, 1851.

BAC (mot d'origine celtique), grand bateau plat principalement destiné à passer les animaux, les charrettes, etc., au moyen d'un câble tendu d'un bord du fleuve à l'autre, ou attaché au milieu du fleuve par une ancre. Les *bacs* étaient autrefois des entreprises particulières appartenant à quelque châtelain qui se chargeait de passer ses vassaux, moyennant un droit de péage qu'il haussait ou baissait à volonté. L'autorité domaniale enleva peu à peu à peu l'exploitation des bacs à la féodalité. Ils furent rendus libres en 1792; mais la loi du 6 frimaire an VII a mis l'État en possession de tous les bacs, moyennant indemnité, et en a placé le produit au rang des revenus publics : l'État les afferme.

BACCALAURÉAT (du latin *bacca*, baie, et *laurus*, laurier, parce que jadis on donnait aux bacheliers une couronne de laurier chargée de ses baies), premier degré qu'on prend dans une Faculté pour parvenir ensuite à la *licence*, puis au *doctorat*. Celui qui a obtenu ce grade est nommé *bachelier*.

Le *Baccalauréat ès lettres* est conféré par les Facultés des Lettres, conformément aux règlements des 14 juill. 1840, 26 nov. 1849, 1er avril 1851, modifiés par le décret du 10 avril 1852 et l'arrêté du 5 sept. 1852. Pour être admis à l'examen, il suffit d'être âgé de 16 ans : précédemment, il fallait produire un *certificat d'études* constatant qu'on avait suivi des cours de Rhétorique et de Philosophie dans un établissement public ou dans sa famille; cette condition a été supprimée par un décret du 16 nov. 1849. Les candidats ont à subir deux épreuves : l'une écrite, comprenant une version latine et une composition latine ou française ; l'autre orale, comprenant l'explication d'auteurs grecs, latins et français, ainsi que des questions de Logique, d'Histoire et de Géographie, d'Arithmétique, de Géométrie et de Physique; les questions sont tirées au sort d'après un programme ; les examens sont publics. Le Bac. ès lettres est exigé pour l'admission aux cours des Facultés de droit et de l'École normale et aux emplois de plusieurs administrations.—Le *Baccalauréat ès sciences* est soumis aux mêmes conditions d'âge et d'admission. Aux termes de l'arrêté du 7 sept. 1852, les candidats ont aussi à subir deux épreuves : l'une écrite, comprenant une version latine et une composition de Mathématiques ou de Physique; l'autre orale, comprenant l'explication d'auteurs latins et français, allemands ou anglais, ainsi que des questions de Logique, d'Histoire et de Géographie, de Mathématiques, de Sciences physiques et naturelles. Avant 1852, on distinguait un *B. ès sciences mathématiques* et un *B. ès sciences physiques* : le décret du 10 avril a supprimé cette distinction. Le Bac. ès sciences est exigé pour être admis dans les Écoles de médecine et de pharmacie, à l'École normale (section des sciences), aux Ecoles polytechnique, militaire et forestière. — Dans les Facultés de Droit, pour obtenir le diplôme de bachelier, il faut justifier de huit inscriptions et subir deux examens portant, l'un sur le Code civil et les Institutes de Justinien, l'autre sur le Code civil, le Code de procédure, le Code pénal et le Code d'instruction criminelle. — Dans la Faculté de Théologie, on distinguait autrefois des *B. simples* (*simplices*), des *B. faisant leur cours* (*currentes*) et des *B. formés* (*formati*): il fallait des études très-longues pour arriver à ces grades. Cette organisation a été détruite lors de l'institution universitaire des chaires de Théologie. Depuis la suppression de l'antique Sorbonne, on ne distingue plus que les bacheliers du premier ordre (ou aspirant à la licence) et les bacheliers simples ou du second ordre. Pour obtenir ce grade, il faut être âgé de 20 ans au moins, avoir fait pendant trois ans un cours de théologie dans une Faculté ou un Séminaire, répondre sur la théologie naturelle, sur les traités de la Religion et de l'Église; enfin, soutenir sur ces matières une thèse en latin.

BACCAR, *Baccaris*, plante souvent citée par les auteurs anciens; c'est l'*Asaret à feuilles rondes*, plante fort commune, que l'on recherchait autrefois pour en faire des couronnes. *Voy.* ASARET.

BACCARA, jeu de hasard dans lequel les points de 10, 20, 30 sont nommés *baccara*, d'où le nom du jeu. Il a lieu entre un banquier et des pontes, qui sont eux-mêmes divisés en deux bandes, l'une à droite, l'autre à gauche du banquier. Le nombre 9 est le plus beau point, et après lui 8, 7; les joueurs tendent à se former un jeu dans lequel se trouve un de ces nombres; aussi toutes les fois qu'un ponte n'a que 4 ou moins que 4, il doit *tirer*; dans les autres cas, il doit être *content*.

BACCHARIDÉES (de *Baccharis*, genre type), sous-tribu des Astéroïdées, de la famille des Composées, est caractérisée par ses capitules multiflores dioïques et ses corolles tubuleuses. Le *Baccharis*, genre type, se compose de plantes frutescentes, pour la plupart originaires de l'Amérique méridionale. Le *B. de Virginie* et le *B. à fleurs de laurier-rose* sont cultivées dans nos jardins.— Il ne faut pas confondre le *Baccharis* avec le *Baccar* ou *Baccaris* (*Asaret*), qui appartient à la famille des Aristolochiées.

BACHELIER, en latin *baccalaureus, baccalaureatus*. Anciennement ce mot désignait un chevalier qui n'avait pas assez de vassaux pour faire porter devant lui une bannière (et alors ce nom était synonyme de *bas-chevalier*); plus tard il fut appliqué à un étudiant en Théologie, ou encore à un chanoine de rang inférieur. Dans la suite, il prit l'acception de jeune homme en général, comme celui de *bachelette* désignait une jeune fille. — Aujourd'hui on ne l'emploie plus que pour désigner celui qui a subi dans une Faculté l'examen du *baccalauréat* (*Voy.* ce mot) et qui en a obtenu le diplôme.—Avant 1789, les communautés d'arts et métiers avaient aussi leurs bacheliers. — Les Universités étrangères, notamment en Angleterre, confèrent un titre de *bachelier* (*bachelor*) ; mais ce grade n'a rien de commun avec le nôtre; il exige une somme de connaissances beaucoup plus étendues.

BACILE (de *bacillus*, baguette), *Crithmum*, genre de la famille des Ombellifères, plante vivace, à racine charnue, fusiforme, longue et pivotante. Le *B. maritime* pousse dans les fentes des rochers et les crevasses des vieux murs (d'où son nom vulgaire de *perce-pierre* ou *passe-pierre*). Elle croît surtout sur les bords de la mer. On confit ses feuilles dans le vinaigre comme l'estragon.

BACILLAIRE (de *bacillus*, baguette), nom qu'on donne à certains cristaux en prismes allongés et arrondis, comme ceux de l'aragonite, de l'épidote, du plomb carbonaté, etc. — C'est aussi le nom d'un genre d'infusoires, animaux suivant quelques naturalistes, végétaux suivant d'autres, qui sont le type d'une famille dite des *Bacillariées*.

BACINET ou BASSINET. *Voy.* CASQUE.—Nom vulgaire de la renoncule bulbeuse. *Voy.* RENONCULE.

BACULITHE (du lat. *baculus*, bâton, et du gr. *lithos*, pierre), genre de coquilles fossiles appartenant à la classe des Céphalopodes. Ces coquilles atteignent quelquefois plus d'un mètre, mais on les trouve rarement entières. On n'en connaît que deux espèces : la *B. vertébrale* et la *B. cylindre*. Les fragments qu'on trouve de la première espèce offrent quelques ressemblances avec des vertèbres d'animaux supérieurs; c'est ce qui les a fait nommer *vertèbres fossiles* par les anciens naturalistes.

BADAMIER (par corruption de *Bois de Damier*, nom vulgaire de l'espèce type dans l'île Maurice), *Terminalia*, genre de la famille des Combrétacées, renferme des arbrisseaux et des arbres qui croissent généralement en Asie. Leur port est très-élégant; les fleurs, petites et blanchâtres, sont disposées en épis solitaires; le fruit, dit *Myrobalan*, est ovoïde, comprimé, et contient un noyau osseux. On distingue : le *B. de Malabar* (*T. catappa*), qui donne des amandes émulsives très-agréables au goût, et dont on retire par l'expression une huile excellente analogue à celle d'olive ; le *B. benjoin*, arbrisseau des Indes Orientales, qui fournit une matière résineuse, odorante, analogue au benjoin, et employée quelquefois dans les églises pour remplacer l'encens : son bois est très-estimé pour la construction, et son écorce sert à tanner le cuir et à le teindre en rouge ; le *B. vernis*, indigène à Java et sur les montagnes de l'Inde et de la Chine, qui donne, naturellement ou par incision, un suc laiteux, résineux et caustique, dont les émanations sont très-dangereuses ; c'est avec ce suc que les Chinois préparent le vernis si connu sous le nom de *laque*.

BADELAIRE (de *baudel*, vieux mot qui signifie *baudrier*), terme de Blason, désigne une épée courte, large et recourbée comme un sabre.

BADERNE, gros cordage tressé comme un lacet, dont on se sert sur les navires pour soutenir les chevaux contre le roulis. On en met aussi sous les cabestans et dans les diverses parties exposées à de grands frottements, comme garniture ou fourrure.

BADIANE ou BADIAN, *Illicium*, genre de la famille des Magnoliacées, tribu des Illiciées, renferme des arbrisseaux toujours verts et exhalant une odeur suave et aromatique. La *B. de la Chine* ou *du Japon*, dite *Anis étoilé*, à cause de la forme qu'affecte son fruit, pourrait être cultivée dans le midi de la France. Son feuillage rappelle celui du laurier ; les fleurs sont jaunes et odorantes ; les semences ont l'arome de l'anis et du fenouil : dans l'Inde et en Chine on les brûle comme parfum, on les fait entrer dans presque tous les aliments, on les mêle au thé, au café, aux liqueurs ; en Europe, elles servent à la fabrication du ratafia de Boulogne et à parfumer l'anisette. Le bois de la badiane, nommé *bois d'anis*, est propre aux ouvrages de tour et à la marqueterie. Deux autres espèces, la *B. à grandes fleurs rouges* et la *B. à petites fleurs*, connue en Europe depuis 1771, sont originaires des Florides ; elles servent aussi à préparer une liqueur excellente.

BADIGEON, espèce de peinture en détrempe dont se servent les maçons pour donner aux enduits de plâtre la couleur de la pierre, se fait avec des pierres calcaires tendres, pulvérisées et délayées dans l'eau. Souvent on ajoute au badigeon une substance qui en change la teinte, de l'ocre pour le rendre jaune, du noir de fumée pour le rendre gris ou bleu noir. — En Sculpture, *badigeon* se dit d'un mélange de plâtre et de pierre pulvérisée, mis en détrempe, dont on se sert pour remplir les trous des figures et en réparer les défauts.

BAF, nom sous lequel on désigne les jumarts, qu'on suppose provenir de l'union du taureau et de la jument. On nomme *Bifs* ceux qui proviennent de l'union du cheval ou de la vache.

BAFETAS ou BAFFETAS, grosse toile de coton blanc qui vient des Indes Orientales. Les meilleures sont celles de Surate.

BAGACES ou BAGASSES, nom qu'on donne, dans les colonies, aux tiges de cannes à sucre qu'on a passées au moulin pour en exprimer le suc. On les fait sécher et on en forme des bottes qui servent à chauffer les chaudières. On nourrit les bestiaux avec celles qui ont été réduites en trop petits fragments. — On donne aussi ce nom aux tiges de l'indigo quand on les retire de la cuve après la fermentation.

BAGADAIS, *Prionops*, genre de l'ordre des Passereaux, de la famille des Lanidées, intermédiaire entre les Pies-Grièches et les Fourmiliers ; bec droit, courbé à l'extrémité, garni à la base de plumes sétacées, rigides et dirigées en avant jusqu'à moitié de sa longueur ; yeux bordés d'un cercle de peau nue, rebordée et souvent festonnée. Ces oiseaux, particuliers à l'Afrique, sont sauvages et criards ; ils vivent dans les endroits humides, où ils cherchent dans le sol les insectes qui font leur nourriture. On

en connaît 3 espèces : le *Prionops plumatus*, ou *Bagadais Geoffroy* du Sénégal, le *P. cristatus*, de l'Abyssinie, et le *P. falacoma*, de l'Afrique centrale.

BAGASSE. *Voy.* BAGACE.

BAGASSIER, genre d'arbres encore peu connu, de la famille des Artocarpées, est fondé sur une espèce qui croît à la Guyane et porte des fruits de la grosseur d'une orange. Ce fruit est recherché des Indiens, et le tronc de l'arbre leur sert à faire des pirogues.

BAGNES (de l'italien *bagno*, bain, du nom de l'édifice de Constantinople où l'on enfermait jadis les esclaves européens du sultan après le travail, lieu qu'on nomme ainsi lui-même à cause des *bains* qui y étaient annexés), établissements créés en France après la suppression des galères, en 1748, et destinés à recevoir les *forçats* ou *galériens*, criminels condamnés aux travaux forcés, soit à perpétuité, soit à temps. Les premiers bagnes s'élevèrent à Brest et à Marseille ; on en établit ensuite à Cherbourg et à Lorient et dans plusieurs autres ports. En 1852, on n'en comptait plus que trois : à Brest, à Toulon et à Rochefort. Par une ordonnance du 20 août 1828, les bagnes de Brest et de Rochefort étaient destinés à recevoir les condamnés à plus de 10 ans de travaux forcés ; celui de Toulon, les condamnés à 10 ans et au-dessous ; celui de Lorient, les militaires condamnés aux travaux forcés pour insubordination ; mais cette distribution est abandonnée depuis 1836 : déjà même le bagne de Lorient avait été supprimé dès 1830. Le costume des forçats se compose d'un pantalon, d'une veste ou d'un gilet, d'une houppelande et d'un bonnet. Les condamnés de 5 à 10 ans ont le costume de couleur *rouge*. Ceux qui ont un plus long temps à faire se distinguent par un bonnet *vert*. Les condamnés à vie ont la houppelande rouge avec une large raie brune, couvrant les épaules et la poitrine, et le bonnet d'une couleur brun foncé. Les bagnes dépendent du ministère de la Marine ; ils sont placés sous l'autorité des préfets maritimes ; sous la surveillance des commissaires de marine et sous la garde des *gardes-chiourme*. Leur population est d'environ 7 à 8,000 condamnés. — Dans l'origine, les galériens restaient dans les bagnes enchaînés sur leurs bancs ; un très-petit nombre étaient admis aux travaux de grande fatigue des arsenaux. Sous l'administration de M. de la Reinty, ils furent tous admis à tour de rôle aux travaux extérieurs. Depuis, on n'a point cessé d'améliorer leur condition dans un but d'humanité et de moralisation : on les a classés soit d'après la durée de leur peine, soit d'après la nature de leurs crimes. Les condamnés, d'abord attachés deux à deux à la même chaîne, obtiennent par leur bonne conduite d'être découplés et de faire remplacer leur boulet par une *manille*, petit anneau de fer plus léger ; on leur permet de se livrer aux travaux de leur profession, on enseigne même une industrie à ceux qui n'en ont pas ; on les laisse travailler pour leur propre compte pendant certaines heures ; enfin, depuis 1829 le principe des salaires et des masses de réserve a été étendu à tous les bagnes. Un décret du 16 février 1852 a prononcé la suppression des bagnes, et les a remplacés par des colonies pénitentiaires. — M. B. Appert a publié : *Bagnes, prisons et criminels*, 1836, 4 vol. in-8.

BAGUE (de l'italien *bacca*, perle ronde). *V.* ANNEAU.

BAGUE (JEU DE), sorte de jeu fort ancien qui consiste à emporter en courant, au bout d'une lance ou d'un stylet, un anneau suspendu. Chez les Grecs et les Romains, et dans les carrousels du moyen âge, on courait la bague à cheval ou sur des chars ; des prix étaient décernés aux vainqueurs. De nos jours on voit encore courre la bague dans les foires et les promenades publiques, mais sur des chevaux ou des sièges de bois mus circulairement à force de bras ; ce n'est plus qu'un divertissement à l'usage des enfants.

BAGUENAUDIER, genre de la famille des Légumineuses, tribu des Papilionacées, renfermant des arbrisseaux très-agréables à la vue et qui croissent naturellement dans nos climats. Le *B. ordinaire*, très-commun en France, atteint de 3 à 4 m.; ses feuilles sont composées de 9 à 11 folioles ovales, arrondies, un peu échancrées au sommet. Les fleurs sont jaunes, disposées en épis; elles paraissent en mai et durent jusqu'à la fin de l'automne. Les fruits ou *baguenaudes* sont des gousses vésiculeuses d'un vert rougeâtre; elles sont pleines d'air et éclatent avec bruit quand on les presse entre les doigts. Cet arbrisseau est aussi connu sous le nom de *faux séné*, parce que ses fleurs et ses fruits sont, comme le séné, purgatifs, mais ce n'est que quand ils sont administrés à fortes doses. On cultive encore le *B. d'Éthiopie*, à fleurs écarlates, et le *B. d'Orient*, à fleurs rouges marquées de deux taches jaunes.

BAGUETTE DIVINATOIRE. Il a toujours été d'usage d'armer d'une *baguette* les magiciens, les sorciers, les devins de toute sorte, par souvenir sans doute de la verge miraculeuse de Moïse et d'Aaron, ou de la baguette magique de Circé ou de Médée. On désigne plus particulièrement sous le nom de *baguette divinatoire* un bâton de coudrier, de noisetier, d'aune, de hêtre, de pommier, courbe ou fourchu par un bout, au moyen duquel on prétendait découvrir les sources d'eau cachées, les mines, les trésors enfouis et même les traces des meurtriers et des voleurs. L'opérateur tenait la baguette horizontalement entre ses mains, la laissant libre de se mouvoir, et dès qu'il approchait d'un endroit où il y avait de l'eau ou du métal, elle se mettait spontanément à tourner entre ses doigts. L'art de s'en servir s'appelait *rhabdomancie*; celui qui était doué de la vertu de découvrir ainsi les sources était appelé *hydroscope*. A la fin du XVIIᵉ siècle, un paysan lyonnais, nommé J. Aymar, et plus tard un nommé Bleton, ont passé pour d'habiles rhabdomanciens, et il s'est trouvé quantité de savants pour discuter gravement sur la puissance de la *baguette divinatoire*.

BAGUETTE D'OR, nom vulgaire de la Giroflée jaune.

BAGUETTES (PASSER PAR LES), punition corporelle qu'on infligeait autrefois aux soldats pour de légères fautes de discipline; elle consistait à passer, nu jusqu'à la ceinture, entre deux haies de soldats armés de baguettes de saule ou d'osier, dont ils frappaient le patient lorsqu'il passait devant eux. Cette punition, supprimée en France en 1788, subsiste encore en Angleterre, en Allemagne, en Prusse et en Russie.

BAHUT, mot ancien qui désigne une sorte de coffre dont le couvercle, fait en voûte, est recouvert de cuir ou de cuivre, et garni de clous rangés avec soin. Cette dénomination a depuis été étendue à toutes sortes de coffres anciens, de quelque forme qu'ils soient. Quelques-uns de ces vieux meubles, sculptés avec un art aujourd'hui perdu, sont recherchés par les amateurs, qui les payent un grand prix. — En Architecture, on nomme *pierres taillées en bahut* celles qui sont arrondies par-dessus, comme le sont les couvercles de bahut : telles sont les pierres qui recouvrent le parapet de nos ponts.

BAI (de l'espagnol *bajo*), couleur brune tirant sur le rouge, se dit et du poil de certains chevaux et du cheval même qui a le poil de cette couleur. On distingue le *bai clair*, le *bai doré*, le *bai brun*, le *bai châtain*, le *bai cerise*. On appelle *bai miroité* ou *à miroir* la couleur d'un cheval dont le corps est parsemé de taches rondes d'une teinte plus claire que la teinte générale.

BAIE. En Botanique, on appelle *baies* (en latin *bacca*) tous les fruits charnus, sans loges distinctes, dont les graines (ou pepins) nagent sans ordre au milieu de la pulpe : tels sont les grains de raisins, les groseilles, etc. On étend ce nom à la fraise, à la framboise, à la mûre, formées de fruits agrégés, qui sont à proprement parler des *syncarpes*. On le

donne aussi, par extension, à des fruits dont les graines sont contenues dans les loges, tels que ceux de la belladone, de la morelle, du genévrier, etc.; on dit alors *baie monosperme* ou *polysperme*, suivant qu'elle est à une ou plusieurs graines.

En Architecture, le mot *baie*, écrit autrefois *bée*, qu'on fait dériver du vieux français *béer* (ouvrir la bouche), désigne toutes sortes d'ouvertures percées dans les murs pour y ouvrir une porte ou des fenêtres.

BAIERINE (de l'allemand *Baiern*, Bavière), nom donné à la Tantalite de Bavière. *Voy.* ce mot.

BAIL, contrat par lequel celui qui est propriétaire d'une chose, ou qui en a temporairement la disposition, la cède à un tiers pour en jouir et en recueillir les fruits pendant un temps déterminé, moyennant un prix annuel. On nomme *bailleur* celui qui cède, qui *baille*; *preneur*, celui à qui le bail est consenti. Le mot de bail s'applique aux objets les plus divers : le bail qui comprend les services personnels de l'homme s'appelle *contrat de louage*; celui qui s'applique aux bestiaux, *bail à cheptel*; celui qui s'applique au logement, *contrat de location*, *bail de maison*, *bail à loyer*; le louage des héritages ruraux, *bail à ferme* ou *de biens ruraux*.

Tout bail, quel qu'en soit l'objet, peut être fait verbalement ou par écrit; sous seing-privé ou par-devant notaire. La durée des *baux* varie au gré des parties contractantes : on les fait ordinairement de 3, 6 ou 9 ans. Si le temps que doit durer un bail n'était pas fixé par la convention, l'usage des lieux et la nature de la chose louée détermineraient la règle à suivre pour le fixer. A Paris, il y a annuellement quatre termes pour commencer et pour finir les baux et locations des appartements et des maisons. Ainsi, le bail sur la durée duquel on n'a fait aucune convention ne finit qu'au terme pour lequel l'une des parties juge à propos de donner ou de prendre congé. Si le loyer excède 1,000 fr. par an, le congé doit être signifié six mois avant l'expiration du terme auquel on doit sortir; il suffit que le congé soit signifié trois mois avant l'expiration du terme, si le loyer est au-dessous de 1,000 fr. et au-dessus de 400 fr., et six semaines avant la fin du terme si le loyer est au-dessous de 400 fr. L'obligation principale du bailleur est de délivrer au preneur la chose louée afin que celui-ci puisse en faire usage, et de lui en garantir la jouissance : quand même cette obligation ne serait pas expressément énoncée dans le bail, le bailleur n'y serait pas moins soumis. La principale obligation du preneur est l'obligation de payer au bailleur le prix convenu pour la jouissance de la chose louée; il doit, en outre, user des choses en bon père de famille, suivant la destination convenue, et faire les réparations locatives. Il peut sous-louer si cette faculté ne lui a pas été formellement interdite. Le défaut de payement des loyers suffit pour donner ouverture à la résolution du bail.

On nomme *Baux par Anticipation* ceux que l'on fait longtemps avant l'expiration du bail courant : ceux qui seraient faits plus de deux années avant l'expiration du bail courant, lorsqu'ils émanent d'un simple administrateur, sont réputés nuls si l'administrateur n'a plus ses pouvoirs au moment de l'ouverture du bail; — *B. à complant*, *à moisson* ou *à portion de fruits*, ceux par lesquels le propriétaire d'une vigne la donnait à loyer sous la condition que le preneur lui remettrait une portion des fruits; — *B. à convenant* ou *à domaine congéable*, des baux particuliers à la Bretagne, par lesquels le propriétaire d'une maison et de terres de la campagne ayant besoin d'argent, ou voulant assurer les rentes d'une terre éloignée et n'avoir pas l'embarras des réparations, donnait sa terre et sa maison à une autre personne, à la charge, pour le preneur, de payer une rente et de faire les corvées ordinaires pour en jouir à perpétuité; — *B. Emphytéotiques*, les locations faites à très-long terme, ordinairement pour 99 ans (*Voy.* EMPHYTÉOSE); — *B. judiciaires*, les baux faits, par la seule autorité de la justice, des biens saisis sur un propriétaire poursuivi par ses créanciers; — *B. à locatairie* ou *à culture perpétuelle*, des baux par lesquels le propriétaire aliénait à perpétuité la jouissance du bien qui lui appartenait, tout en se réservant la propriété foncière; — *B. à longues années*, ceux qui ont une durée de plus de neuf ans; — *B. en nourriture*, les contrats par lesquels une personne se donnait elle-même à bail pour être nourrie et entretenue et moyennant le payement annuel d'une somme arrêtée à forfait : ce contrat était surtout usité pour les mineurs et pour les vieillards qui voulaient s'assurer une existence tranquille; — *B. en payement*, ceux par lesquels un débiteur donne la chose qui lui appartient en bail à son créancier pour se libérer de sa dette : ce contrat a pris, quant aux immeubles, la dénomination d'*antichrèse* (*Voy.* ce mot); — *B. à rentes*, des contrats de vente dans lesquels le prix était représenté par une rente foncière, irrachetable; — *B. à vie*, ceux qui sont faits pour tout le temps de la vie, soit du bailleur, soit du preneur; ces baux peuvent être constitués successivement sur trois têtes.

Tout ce qui concerne les baux est réglé par le Code civil, liv. III, tit. VIII, art. 1708, 1709, etc.

BAILE. *Voy.* BAJULE.

BAILLARD ou BAILLARGE, nom donné, dans quelques localités, à l'*orge commune*, parce que, au moyen âge, le froment étant de droit réservé au seigneur, il ne restait au *baillard*, c.-à-d. au teneur du *bail*, que l'orge pour fabriquer son pain.

BAILLE, moitié de tonneau en forme de baquet, de forme régulière, plus large du fond que du haut, dont on se sert dans la marine pour divers usages, notamment pour y mettre le brai dont on enduit les fentes et les joints du navire.

BAILLEMENT (de *bâiller*, onomatopée du bruit qu'on fait en bâillant). Le bâillement paraît avoir pour effet d'introduire une plus grande quantité d'air dans les poumons, et de la proportionner à la quantité de sang qui a besoin d'être revivifiée : en effet, il a lieu toutes les fois qu'une cause quelconque tend à diminuer la quantité de l'air ou à accumuler le sang dans le cœur ou les poumons : telles sont l'envie de dormir ou le moment du réveil, la faim ou le travail pénible de la digestion, le séjour dans un air trop rare ou corrompu, la monotonie des sons, l'ennui, etc. Comme tous les actes qui dépendent du système nerveux, le bâillement peut se produire en vertu du seul instinct d'imitation : on sait que la vue d'une personne qui bâille donne envie de bâiller. Ce malaise est quelquefois le symptôme de certaines maladies, comme l'épilepsie, l'hystérie, etc. Il peut même, par sa fréquence et son opiniâtreté, constituer une maladie véritable.

BAILLÈRE, *Clibadium*, plante de la Guyane, de la famille des Composées, tribu des Sénécionidées.

BAILLI, ancien officier de justice. *Voy.* le *Dict. univ. d'Hist. et de Géogr.*

BAILLOQUES, plumes d'autruche mêlées naturellement de brun obscur et de blanc. Ces sortes de plumes sont employées par les plumassiers telles qu'elles ont été tirées de l'oiseau; cependant on les savonne pour les rendre plus vives et leur donner de l'éclat. La plume bailloque est peu estimée.

BAIN (du latin *balneum*). Employés le plus souvent pour des raisons de propreté, les bains sont, en outre, pour le médecin, un des plus puissants moyens thérapeutiques. Considérés sous le rapport médical, on les divise en bains *entiers* ou *généraux*, et bains *partiels* ou *locaux*, qui sont les *demi-bains* ou *bains de siège*, les *pédiluves, manuluves*, etc. L'eau qui sert aux bains peut être courante ou stagnante; elle est simple et naturelle, ou elle tient en dissolution des substances étrangères, mucilagineuses, aromatiques, etc. On emploie encore les bains de lait, d'huile, de vin; les bains de tripes, de gélatine; les bains de vapeur ou étuves humides, les bains de sable et même de boues, des bains de marc de raisin, et plus fréquemment aujourd'hui les *bains de mer* et ceux *d'eaux minérales* (*Voy.* ce mot). Les bains sont, suivant leur composition et leur température, relâchants, toniques, stimulants, rubéfiants, sudorifiques.

Sous le rapport de la température, on distingue les bains *froids, tempérés, chauds*. On entend par *B. froid* le bain pris à la température des rivières pendant l'été, c'est-à-dire de 12 à 18° centigr. Il est *frais*, de 18 à 25° cent. Ces bains agissent comme *toniques*, par la réaction qui en résulte. On les prend ordinairement en plein air, dans une eau courante. L'exercice de la natation concourt beaucoup à en augmenter les bons effets. Les *B. de mer*, si en vogue de nos jours, se distinguent par leur action excitante et tonique, dont l'énergie tient aux principes salins qui s'y trouvent en dissolution, ainsi qu'à la percussion produite par le choc continuel des lames, et à la plus grande densité de l'eau. Les *B. froids* sont utiles dans une foule de maladies nerveuses et inflammatoires, dans le tétanos, l'aliénation mentale; dans les brûlures, les entorses, certaines hémorragies opiniâtres; dans l'incontinence d'urine, la chorée, la chlorose, l'aménorrhée, les scrofules, etc.; mais ils sont contraires aux pléthoriques, aux personnes qui toussent, ou qui ont la diarrhée; aux anévrismatiques, aux asthmatiques, aux femmes enceintes et aux vieillards. — Le *B. chaud, tiède* ou *tempéré*, dont la température varie de 28° à 35° centigr., est celui qu'on prend surtout comme moyen d'hygiène. Il est calmant et relâchant; il augmente la transpiration, et délasse mieux que le bain froid. Il convient particulièrement aux tempéraments secs, irritables; aux vieillards, aux enfants, aux femmes. La propriété sédative des bains chauds est précieuse dans les maladies inflammatoires et douloureuses, telles que les rhumatismes, les courbatures, les convulsions, les névroses, la péritonite, l'entérite, l'iléus, à l'approche des couches, etc. — Les *B. de vapeur* agissent par le calorique combiné avec de l'eau en vapeur, chargée ou non de substances aromatiques volatiles. On n'élève guère leur température au-dessus de 50 à 75° centigrades. Ils sont recommandés dans les douleurs rhumatismales, la sciatique, les dartres et autres dermatoses chroniques, etc. Le bain de vapeur s'administre aujourd'hui au moyen d'appareils ingénieux, commodes et simples, dans lesquels on introduit soit le corps entier, excepté la tête, soit une partie du corps seulement. On le porte à domicile; on le donne partout, dans le lit même, sous les couvertures, où l'on fait pénétrer par un tube la vapeur dégagée au moyen de la lampe à alcool.

Pour les *B. d'eaux minérales*, *V.* EAUX MINÉRALES.

Les Orientaux font un usage quotidien des bains; ils leur sont prescrits par la religion (*Voy.* ABLUTIONS). Les anciens, les Romains surtout, avaient un grand nombre de bains publics et gratuits ou quasi-gratuits (le pauvre y était admis, à Rome, moyennant un *quadrans*, ou environ 2 centimes) : les empereurs en bâtirent un grand nombre pour capter la faveur populaire (*Voy.* THERMES). — Quelques peuples modernes ont aussi établi des bains publics : les Anglais nous ont précédés dans cette institution; l'Assemblée nationale l'a introduite en France par la loi du 3 février 1851.

Bains égyptiens. Ils consistent à subir graduellement tous les degrés de la chaleur jusqu'à celui de l'étuve, et à redescendre ensuite graduellement de la chaleur de l'étuve jusqu'à la température ordinaire.

Bains russes. En Russie, on les prend dans une salle où se trouve un fourneau de fonte chargé de cailloux de rivière rougis par le feu d'un fourneau. En versant de l'eau sur les cailloux, l'étuve, de sèche, devient humide. Les personnes qui fréquentent ces bains se mettent sur des banquettes ou sur des matelas de foin. Les bains russes ont été introduits récemment dans les grandes villes de l'Europe, et en particulier à Paris, où ils ont été perfectionnés : aujourd'hui, la vapeur, préparée dans des chaudières, arrive par des tuyaux dans une chambre revêtue de faïence. Après le bain, on se fait frictionner et masser ; puis on reçoit la douche froide.

Bains turcs. C'est l'étuve sèche. Les édifices destinés à ces bains chez les Turcs sont construits en pierre de taille et composés de plusieurs pièces pavées de marbre et chauffées au moyen de tuyaux qui parcourent leurs parois et portent la chaleur partout. Après avoir pris le bain, on se repose sur un lit, où l'on prend du café, des sorbets, de la limonade.

BAIN (Ordre du), ordre de chevalerie en Angleterre. *Voy.* le *Dict. univ. d'Hist. et de Géogr.*

BAIN-MARIE, *balneum Mariæ* (ainsi appelé du nom de l'inventeur), appareil employé en chimie pour chauffer d'une manière douce et uniforme, quand on craint l'action immédiate et inégale de la flamme. On emploie pour cela un vase rempli d'eau ou de tout autre liquide en ébullition, dans lequel on plonge un autre vase contenant la matière sur laquelle on veut opérer. Le bain-marie est constamment employé en cuisine ; il sert aussi à distiller les substances volatiles et aromatiques, à évaporer les extraits, etc. — Quand on remplace l'eau bouillante par le sable, il prend le même nom de *B. de sable* ; il s'appelle *B. de vapeur* lorsqu'il contient de l'eau en vapeur.

BAIONNETTE, sorte de dague ou d'épée que l'on adapte au bout du fusil, tire son nom de Bayonne, où on la fabriqua d'abord. Cet instrument est mentionné par les auteurs dès 1571 ; mais ce n'est qu'en 1640 qu'on essaya d'adapter les baïonnettes au bout des canons des mousquets. En 1670, elles remplacèrent une partie des piques des troupes françaises. On plaça d'abord la baïonnette dans le canon du mousquet ; aujourd'hui, on la fixe au bout du fusil au moyen d'une douille à ressort. Dans les compagnies de chasseurs de Vincennes, la baïonnette a été remplacée par le sabre-poignard, dont la poignée est disposée de manière à pouvoir s'adapter au canon du fusil.

BAIOQUE (de l'italien *bajocco*), monnaie de cuivre qui a cours à Rome et dans l'État ecclésiastique : c'est le *sou* italien ; il vaut à peu près 6 centimes de notre monnaie. Vingt baïoques font une *lire* ou *papeto* (1 fr. 80 c.).

BAISE-MAIN. Dans l'origine, le vassal rendait hommage à son seigneur en lui baisant la main. Plus tard, le baise-main ne fut plus qu'une partie de l'étiquette des cours. Cet usage subsiste encore en Espagne et en Russie. On nomme aussi *baise-main* l'audience que le sultan donne aux ambassadeurs, parce que ceux-ci lui baisaient jadis la main. — On appelle encore *baise-main* la cérémonie qui a lieu au moment de l'offrande : autrefois le curé donnait à baiser sa main ; il ne donne plus auj. que la patène.

BAISEMENT DES PIEDS. Ce mot se dit : 1° de la cérémonie où l'on baise les pieds ou la mule du pape ; 2° de la coutume observée dans l'Église catholique, par laquelle, le jeudi saint, l'officiant qui a célébré la messe lave et baise les pieds de treize vieillards ou de treize enfants, en commémoration du pareil acte de Jésus-Christ pendant la Cène.

BAJET, espèce d'huître, commune sur les côtes occidentales de l'Afrique, à la coquille plus épaisse que l'huître ordinaire, très-aplatie et presque ronde.

BAJOIRE. On nomme ainsi en Numismatique une pièce de monnaie ou une médaille qui a pour effigie deux têtes de profil qui paraissent appliquées l'une sur l'autre. *Voy.* MÉDAILLES.

BAJOUE, partie de la tête du cochon et de quelques autres quadrupèdes qui s'étend depuis l'œil jusqu'à la mâchoire. — Dans les Arts mécaniques, on nomme ainsi les bossages ou coussinets qui tiennent aux jumelles d'une machine, comme le tire-plomb, dont les vitriers se servent pour fondre le plomb qu'ils emploient pour les vitres.

BAJOYERS. On nomme ainsi, en Architecture les murs de revêtement d'une chambre d'écluse, dont les extrémités sont fermées par des portes ou des vannes, ainsi que les murs ou ailes des culées des ponts.

BAJULE (du latin *bajulus*, porteur, soutien), nom donné primitivement à un des magistrats les plus importants du Bas-Empire, spécialement à celui qui était chargé de l'éducation d'un prince. Ce mot désigna au moyen âge le principal ministre d'État, chargé du poids des affaires. Charlemagne donna Arnould pour bajule à son fils Louis d'Aquitaine. En Italie, *bajule* signifiait la même chose que *régent* en France et *protecteur* en Angleterre. — Il y avait dans les églises et les monastères des *bajules* préposés à diverses fonctions. — On disait aussi *baile* par corruption. C'est de ce mot qu'on dérive celui de *bailli*.

BALADINS (du latin barbare *ballare*, qu'on dérive du gr. *ballizéin*, danser), danseurs de théâtres et de carrefours, étaient déjà nombreux chez les Romains ; ils furent mis en vogue au moyen âge par les *trouvères*, qui les introduisirent à leur suite dans les châteaux pour distraire les nobles châtelains. Ils faisaient jadis partie de la confrérie des *ménestriers*, et étaient gouvernés par un chef qu'on appelait le *roi des baladins. Voy.* JONGLEURS, SALTIMBANQUES, BATELEURS.

BALÆNICEPS (mot tiré du latin qui signifie *à tête de baleine*), genre d'oiseaux de l'ordre des Échassiers, haut de plus d'un mètre, et semblable à la cigogne par la forme de ses ailes et de ses pattes, a pour caractère principal une tête énorme, munie d'un bec massif, rappelant de loin par sa grosseur la tête de la baleine. Ce genre a été formé sur un seul individu trouvé en 1850 sur les bords du Nil Blanc, par le voyageur anglais Parkyns. Cet oiseau extraordinaire a été appelé *Balæniceps rex.*

BALAIS, rubis mêlé de rouge et d'orangé. *Voy.* RUBIS et SPINELLE.

BALANCE (du latin *bilanx*, formé de *bis*, deux fois, et *lanx*, bassin), instrument qui sert à trouver le poids d'un corps. C'est un levier droit du premier genre *Voy.* LEVIER.

On distingue la *balance ordinaire* et la *romaine.*

La *B. ordinaire* se compose d'une verge d'acier trempé, appelée *fléau*, dont les deux bras sont d'égale longueur : ce fléau porte à ses extrémités deux bassins ou *plateaux* suspendus à l'aide de chaînes ou de tiges métalliques, et repose par son milieu sur un point fixe autour duquel il oscille librement. Le contact du fléau et du support a lieu sur le tranchant d'un couteau d'acier fixé au premier, et portant sur une chape ou sur un plan d'acier parfaitement poli ; la suspension des plateaux aux extrémités du fléau s'établit de la même manière. Le corps à peser, placé dans l'un des bassins, a pour poids la somme de ceux qui, placés dans l'autre bassin, lui font équilibre. Comme il est impossible d'atteindre une exactitude parfaite dans l'égalité des deux bras du fléau, il est nécessaire, dans les cas qui exigent une grande précision, d'avoir recours à la *méthode des doubles pesées*, due à Borda. On commence par *tarer* le corps à peser à l'aide de grains de plomb, de sable, etc.; on le remplace ensuite par des poids connus, de manière à faire équilibre à la tare ; ceux-ci donnent ainsi exactement le poids du corps. L'emploi de cette méthode exige que la balance soit *très-sensible*, c.-à-d. qu'elle *trébuche* sous le moindre poids excédant celui qui fait l'équilibre ; la balance remplit cette condition

10

quand le centre de gravité du fléau est placé un peu au-dessous de son point de suspension; il ne faut pas cependant que ce centre soit situé trop bas, car la balance serait alors *paresseuse*; la balance serait *folle* et l'équilibre ne pourrait exister que momentanément, si le centre de gravité se trouvait au-dessus du point de suspension. Une balance est d'autant plus sensible que les bras du fléau sont plus allongés; ils doivent être en même temps assez résistants pour ne pas plier sous la charge. — Des améliorations ingénieuses ont été apportées de nos jours aux balances ordinaires; on remarque surtout la *balance de Fortin*.

Dans la *romaine* (ainsi nommée parce qu'elle était fort usitée chez les Romains), les bras du fléau sont d'inégale longueur; le poids équilibrant, qui est constant, s'applique sur le long bras, à des distances variables du point de suspension; le corps à peser se place sur un plateau, à l'extrémité du petit bras, ou s'y attache par un crochet. Supposons que, le plateau étant vide, le fléau soit horizontal; alors un poids de 1 kil. placé sur le plus long bras et à une distance du point de suspension *égale* au bras le plus court, ferait équilibre à un corps placé sur le plateau et pesant 1 kil.; mais si l'on écarte du point de suspension le poids mobile, et qu'on le place à une distance double, triple, etc., il fera équilibre à un corps pesant 2, 3 kil., etc. Pour peser avec une romaine, il faut donc que le plus long bras soit gradué, c'est-à-dire divisé en parties égales chacune au petit bras, à partir du point de suspension de la balance; la division à laquelle le poids mobile doit être placé pour faire équilibre à un corps, indique le rapport du poids mobile avec le poids de ce corps. — On se sert quelquefois d'une *balance à levier coudé*, dans laquelle on n'emploie aussi qu'un poids unique; celui-ci demeure toujours fixé au même point du fléau; le point d'appui est également fixe, et les différences de poids sont indiquées par les variations de l'angle que fait le bras du levier coudé avec la verticale. — Outre ces deux instruments, qu'on appelle aussi *pesons*, on emploie encore des *balances à ressort* ou *pesons à ressort*, où l'on apprécie le poids des corps à la force d'un ressort de flexion ou d'un ressort à boudin. Comme la force des ressorts s'altère assez promptement, ces instruments ne sont pas susceptibles de précision.

L'usage de la balance remonte à une très-haute antiquité. Les anciens la plaçaient dans la main de Thémis ou Astrée et en faisaient le symbole de la Justice.

La *Balance*, parmi les douze signes du Zodiaque, est le signe du mois de septembre; cette constellation, opposée à celle du Bélier, a quatre étoiles disposées en quadrilatère, dont une assez belle et trois tertiaires. On croit que ce nom lui vient de ce que les jours et les nuits sont d'égale longueur lorsque le soleil entre dans cette constellation.

La *Balance hydrostatique*, imaginée par Galilée, sert à déterminer la pesanteur spécifique des liquides et des solides. C'est une balance ordinaire, dont l'un des plateaux, souvent plus petit et plus court que l'autre, porte en dessous un crochet. On pèse d'abord sur cette balance à la manière ordinaire le corps dont on veut déterminer la pesanteur spécifique; on l'attache ensuite à un fil de soie qu'on suspend au crochet de la balance, on le plonge dans l'eau et on le pèse dans cet état; il éprouve alors une perte de poids représentée par le poids du volume d'eau qu'il a déplacé. Exemple : un corps pèse dans l'air 45 gr., dans l'eau 41 gr. 82; l'eau déplacée pèse donc 3 gr. 18. D'après cela, le poids du corps est au poids de l'eau comme 45 est à 3,18, ou comme 14,15 est à 1. Le poids spécifique du corps est donc 14,15. *Voy.* ARÉOMÈTRE.

La *Balance de torsion* est un appareil inventé vers 1784, par le physicien Coulomb, pour apprécier les forces d'attraction et de répulsion des corps électriques ou aimantés. Il consiste en un fil métallique sus-

pendu verticalement à l'une de ses extrémités, et portant à l'autre un petit poids cylindrique; au-dessus se trouve une aiguille horizontale. Pour reconnaître les plus petites forces, on les fait agir à l'extrémité de l'aiguille, et l'on apprécie leur intensité par l'angle de déviation qu'elles déterminent dans sa position, et par conséquent, par la torsion du fil; de là le nom donné à l'instrument. La pointe de l'aiguille parcourt un cercle horizontal de 360 degrés, et tout l'appareil est renfermé dans une cage cylindrique en verre, qui le protège contre l'action de l'air, et dont le contour présente aussi une division en 360 degrés. *Voy.* ÉLECTROSCOPE.

Faire la balance, c'est, dans la Tenue des livres, faire une opération par laquelle le teneur de livres arrête et solde, sur le grand-livre tenu en partie double, tous les comptes des débiteurs et des créanciers d'une maison de commerce, tous ceux relatifs à ses pertes et à ses bénéfices, et en général tous ceux qui se trouvent sur ses livres, de quelque nature qu'ils soient. Cette balance a pour objet de connaître la situation des affaires d'un négociant, la totalité des dettes actives et passives, au moyen d'un inventaire général que les teneurs de livres appellent *bilan* (*V.* ce mot). Un négociant qui veut mettre de l'ordre dans ses affaires doit faire la balance générale de ses livres à une époque fixe de chaque année, pour connaître au juste sa situation : — *Faire la balance d'entrée*, c'est transporter sur de nouveaux livres tous les comptes soldés sur les anciens. Il suffit pour cela de débiter au journal le compte de *balance d'entrée* de tous les articles dont le compte de *balance de sortie* a été crédité; et, par contre, de créditer ce même compte de balance d'entrée de tous les articles dont la balance de sortie a été débitée, en servant en même temps de débiter et créditer les débiteurs et créanciers originaires.

La *Balance du commerce* est le résultat des importations et des exportations d'un pays comparées ensemble; ce résultat s'obtient par le relevé des registres des douanes, dans lesquels on trouve le détail des marchandises entrées et sorties, et qui s'évaluent ensuite en argent. — C'est seulement à partir du XVIe ou du XVIIe siècle qu'on a commencé à établir ces sortes de balances. Lorsque la valeur des exportations l'emportait sur celle des importations, on regardait ce résultat comme très-avantageux; mais les données qu'on a prétendu tirer de ces calculs pour déterminer la richesse des nations paraissent aujourd'hui fort contestables.

BALANCELLE, jolie embarcation d'origine napolitaine, pointue des deux bouts et naviguant à la voile ou à l'aviron. Les balancelles n'ont qu'un seul mât, une grande voile à antenne et une vingtaine d'avirons. Ce genre d'embarcation, autrefois très-commun dans la Méditerranée, ne se trouve plus guère que sur les côtes d'Espagne. Les Espagnols s'en servent pour le cabotage et la pêche.

BALANCEUR, espèce de Gros-bec de l'Amérique Méridionale, de la famille des Granivores. Ce nom lui vient de ce qu'il vole en se balançant.

BALANCIER (de *balance*). En Mécanique, on appelle ainsi toute partie d'une machine qui a un mouvement d'oscillation, et qui sert à ralentir ou à régulariser les mouvements des autres corps. Ainsi dans la machine à vapeur ordinaire (système de Watt), le *balancier* est une large pièce de fonte fixée par son milieu sur des appuis fixes, et communiquant par une de ses extrémités avec la tige du piston, et par l'autre avec une tige appelée *bielle*, qui sert à imprimer un mouvement de rotation continu à la manivelle du volant. — Dans une pompe, le *balancier* est une pièce de bois placée horizontalement sur un point d'appui, et qui sert de mouvement pour faire monter les tringles des corps. — Dans une pendule, c'est une tige métallique portant un disque à son extrémité inférieure, et qui sert à régler le mouvement des roues, etc.

Dans la fabrication des Monnaies, le *balancier* est une sorte de presse mise en mouvement à l'aide d'un double levier horizontal chargé de plomb à ses extrémités, et dont on se sert pour battre la monnaie. La vis de pression, qui en forme la pièce principale, est terminée inférieurement tantôt par un coin qui forme l'empreinte, tantôt par un outil à découper que l'on appelle *emporte-pièce*. Ce balancier fut inventé en 1641 par Nicolas Briot, tailleur des monnaies sous Louis XIII, et perfectionné par Droz.

En Histoire naturelle, on nomme *balanciers* de petits appendices membraneux qu'on remarque à l'origine des ailes des insectes diptères; ils sont placés au-dessous des ailerons, et se composent d'un filet plus ou moins long, terminé par un bouton arrondi, ovale, ou tronqué. On n'est pas d'accord sur l'usage de ces organes ; les uns pensent qu'ils servent à faciliter le vol des insectes qui les portent, en les maintenant en équilibre; d'autres, qu'ils font partie de l'appareil respiratoire ; quelques-uns ont prétendu, mais à tort, que ce sont eux qui produisent le bourdonnement que ces insectes font entendre en volant.

BALANÇOIRE. *Voy.* BASCULE et ESCARPOLETTE.

BALANE, *Balanus* (du grec *balanos*, gland), genre d'Articulés, de la classe des Cirrhipèdes, a pour type le *B. tintinnabulum*, appelé vulgairement *Gland de mer*, *Tulipe*, *Turban*. Il est assez semblable à un gland, d'où son nom. Il s'attache aux roches des côtes, aux pieux des digues, à la carène des vaisseaux. C'est, en Chine, un mets délicat.

BALANINE (du grec *balanos*, gland), genre de Coléoptères tétramères, de la famille des Portebecs, est surtout remarquable par sa trompe, qui surpasse la longueur de son corps. Avec elle il perce les noisettes encore vertes, et y glisse un œuf. La larve, après avoir vécu aux dépens de l'amande, perce dans la coque un trou circulaire, se glisse en terre, et s'y transforme en nymphe.

BALANITE (du grec *balanos*, gland), nom que Pline donne au *Châtaignier*. — Il désigne aussi un genre de plantes de la famille des Olacinées, fondé sur une seule espèce, le *B. égyptien (B. ægyptiaca)*, abondant en Nigritie. Il y en a au Jardin des plantes, mais ils n'y fleurissent point.

BALAUSTE (en grec, *balaustion*), fleur du Grenadier sauvage. Elle est d'un rouge vif, et a des propriétés astringentes. — Les botanistes ont donné ce nom à tous les fruits qui ont pour caractère l'adhérence au calice, comme dans le grenadier : ces fruits sont couronnés par les dents du calice; ils ont l'écorce dure, et renferment, dans un grand nombre de loges, des graines à épiderme drupacé.

BALBUZARD, dit aussi *Aigle pêcheur*, en latin *Pandion*, oiseau de proie de la famille des Falconidées, long de près de 70 centim., porte un manteau brun, et a la tête plus ou moins variée de blanc. Sa nourriture consiste en poissons, qu'il va chercher jusqu'au fond de l'eau, après avoir plané au-dessus, et s'être précipité du haut des airs, comme le fait le faucon. On le trouve sur le bord des étangs, les lacs et des rivières, dans presque tous les continents.

BALCON (de l'italien *balcone*, qu'on fait dériver soit du bas latin *palcus*, poutre, soit du grec *ballô*, lancer), saillie pratiquée sur la façade extérieure d'un bâtiment, et ordinairement portée sur des colonnes ou des consoles. Les *balcons* ne paraissent pas remonter au delà du moyen âge : c'était alors de petites tourelles placées au-dessus des portes des forteresses et d'où on lançait des traits sur l'ennemi. Les balcons sont prodigués dans les monuments d'architecture moderne, surtout en Espagne et en Italie; ils sont beaucoup plus rares dans les pays du Nord. — Dans une salle de spectacle, on appelle *balcon* certaines places réservées aux deux extrémités de la première galerie, près des loges d'avant-scène.

BALDAQUIN (de l'italien *Balduchino*, ville où l'on fabriquait des draps de diverses couleurs). On appela d'abord ainsi le dais sous lequel, dans les processions, on porte le Saint-Sacrement. Plus tard, on donna ce nom à un ouvrage d'architecture en bois, en marbre ou en bronze, élevé en forme de dôme sur des colonnes, et servant à couvrir l'autel d'une église. Le plus célèbre *baldaquin* de ce genre est le baldaquin de Saint-Pierre de Rome, construit par Le Bernin : il est en bronze, et porté sur quatre colonnes torses. On remarque aussi ceux des Invalides et du Val-de-Grâce. — On appelle encore *baldaquin* la tenture dressée, dans les églises, au-dessus de la chaire épiscopale ; celle qui couvre le trône d'un souverain, et même encore le ciel d'un lit.

BALEINE (en latin *balœna* ; du grec *phalœna*, nom commun à plusieurs espèces de Cétacés), gigantesque animal, de la classe des Mammifères, ordre des Cétacés, a pour caractères distinctifs : au lieu de dents, des *fanons* ou lames cornées, minces, fibreuses, effilées à leur bord et en forme de faux, occupant, au nombre de 8 à 900, la mâchoire supérieure seulement, l'inférieure étant nue et sans armure ; deux *évents*, ou orifices situés au sommet de la tête.

La *B. franche* ou *B. proprement dite* (*Balœna mysticetus* L.) atteint une longueur de 20 à 25 m. sur une circonférence de 10 à 13 m. à son plus grand diamètre, et pèse de 70 à 100 mille kilogr.; sa tête énorme fait à peu près le tiers de sa longueur totale, et ne se distingue du tronc que par une légère dépression ; sa gueule, transversale, large, un peu sinueuse, est située à la partie antérieure-inférieure de la tête : elle a de 2 à 3 m. de largeur sur 3 à 4 m. de hauteur intérieurement. Chaque fois que la baleine ouvre la gueule, une énorme masse d'eau s'y précipite, passe à travers les fanons comme à travers un crible en y laissant pris les poissons qu'elle contenait, et s'échappe par les évents avec une force telle, que la gerbe s'élève quelquefois à plus de 6 m. Le gosier de la baleine est fort étroit : aussi cet énorme animal ne se nourrit-il que de fucus, de plantes marines, de mollusques et de poissons de petite taille, tels que les harengs, les merlans, etc. Sa langue est épaisse, fort longue et presque entièrement formée d'un tissu graisseux. Les yeux, de la grosseur de ceux du bœuf, sont relativement très-petits; ils sont très-écartés ; on n'aperçoit pas à l'extérieur de conduit auditif. La baleine n'a que deux membres antérieurs, courts et dilatés en forme de nageoires : ils sont situés à la face antérieure de la poitrine, assez rapprochés l'un de l'autre, mais nullement préhensiles; la queue, au contraire, est agile et vigoureuse, et d'une largeur énorme dans les grands individus : c'est au moyen de cet organe qu'elle nage et se dirige. Le dos de la baleine est lisse, sans bosse ni nageoires; sa peau est une sorte de cuir mollasse et huileux, de couleur brune ou noirâtre, quelquefois marbré de blanc en dessus, et blanchâtre en dessous; sous cette peau s'étend une couche très-épaisse de tissu lardacé dont on extrait jusqu'à 60 et 80 quintaux d'une huile très-précieuse pour l'industrie. — La baleine vit toujours dans l'eau ; mais elle a souvent besoin de monter à la surface pour prendre l'air nécessaire à sa respiration. Elle nage avec assez de vitesse pour faire environ 10 kil. à l'heure ; sa queue seule lui sert de moteur pour avancer ; ses nageoires pectorales, toujours étendues, la tiennent en équilibre. Elle plonge jusqu'au fond de l'Océan avec une extrême rapidité. On ignore la durée normale de la vie de la baleine. A chaque portée elle ne produit qu'un seul *baleineau* : elle l'allaite au moyen de mamelles placées sur le devant de la poitrine ; elle ne s'en sépare que fort tard, et semble l'élever avec beaucoup de tendresse.

La baleine est un animal inoffensif et craintif ; elle est cependant très-redoutable aux matelots par le déplacement considérable qu'elle produit au milieu des vagues, soit en plongeant, soit en remontant à la surface de la mer, et par les mouvements brusques et rapides de sa queue, qui peuvent submerger les plus fortes embarcations.

L'*huile de baleine* entre dans la fabrication du gaz à éclairage, des savons noirs, du goudron et dans la préparation des cuirs. Avec les fanons, qu'on appelle aussi *baleines*, on fait des montures de parapluies, des cannes, des baguettes de fusil, des garnitures de corsets, etc. Quant à la substance qu'on appelle à tort *blanc de baleine*, on la tire d'une autre espèce de Cétacé, le *Cachalot* (*V.* ce mot). Certains peuples du Nord se nourrissent de la chair de la baleine, et se servent de ses côtes comme de bois de charpente pour la construction de leurs habitations.

On trouvait autrefois des baleines dans toutes les mers de l'Europe ; aujourd'hui, poursuivies avec acharnement par les *baleiniers*, elles se retirent dans les glaces du Nord. C'est au Groënland, au Spitzberg, dans le détroit de Davis, la baie de Baffin, etc., que se rendent, tous les ans, les bâtiments armés pour la *pêche de la baleine*. Pour s'emparer d'un ennemi si redoutable, un pêcheur expérimenté, monté sur une barque légère, s'en approche avec précaution pendant son sommeil, et lui lance un harpon près d'une nageoire pectorale. La baleine, surprise, plonge aussitôt, emportant avec elle le fer du harpon, auquel est attachée une immense corde qui suit l'animal jusqu'au fond de l'eau ; bientôt la baleine reparaît à la surface de la mer pour respirer ; on la frappe encore, et l'on répète les coups jusqu'à ce qu'elle soit affaiblie et meure. Elle est ensuite traînée aux vaisseaux ou au rivage, où on la dépèce pour mettre la graisse dans des tonneaux. Aujourd'hui, on se sert avec succès de fusées à la Congrève pour frapper de loin la baleine. — La pêche de la baleine était inconnue aux anciens. C'est vers le XIe siècle de notre ère qu'on la voit naître. Les Basques, les Bretons et les Normands la pratiquèrent d'abord sur les côtes de France et d'Espagne ; ils furent imités et bientôt surpassés par les Hollandais, les Anglais, et enfin par les Américains.

On distingue sous le nom de *Nord-Caper* ou de *Sarda* une espèce de baleine de même taille que la baleine franche, mais à museau plus effilé, à forme plus svelte et plus agile dans ses mouvements ; elle est aussi plus carnassière. On la trouve ordinairement près du cap Nord, d'où son nom. — Dans les mers du Sud, on trouve des baleines qui diffèrent de la baleine franche par une nageoire dorsale et des plis transversaux sous le col : on les désigne sous le nom générique de *Baleinoptères* ou de *Rorquals*. La pêche de ces baleines se fait au cap de Bonne-Espérance et au S. de l'Amérique ; elle est très-productive.

On trouve un grand nombre d'ossements de *Baleines fossiles*, surtout dans l'Asie Septentrionale : on appelle *B. de Lamanon* une baleine fossile décrite par le naturaliste de ce nom, et qui avait été découverte à Paris, rue Dauphine, sous le sol d'Alluvion.

BALEINE (la), grande constellation de l'hémisphère austral, située sous les Poissons et près de l'eau du Verseau. Ptolémée y comptait 21 étoiles. On en compte aujourd'hui près de 100 ; l'une d'elles est remarquable par des vicissitudes d'éclat et d'obscurité. Les poëtes disent que cette constellation est le monstre envoyé par Neptune pour dévorer Andromède, qui fut mis au ciel par Neptune même. Quelques-uns remplacent la baleine par un dragon.

BALEINOPTÈRE. *Voy.* BALEINE.

BALI-SAUR, nom indien d'une sorte de Blaireau, dont Cuvier avait fait à tort le genre *Arctonyx*. C'est un animal carnassier, de la famille des Plantigrades, qui a le port d'un ours, le museau, les yeux et la queue d'un cochon. Il grogne comme l'ours, et est omnivore. On le trouve dans l'Indoustan.

BALISE (du latin barbare *palitius*, dérivé de *palum*, pieu), sorte de bouée flottante, qui sert à indiquer aux navigateurs les écueils et les endroits dangereux. Elle est composée le plus souvent de grosses boules de liége, peinte de couleurs vives, souvent surmontée d'un pavillon pendant le jour, et d'un fanal pendant la nuit. — La balise la plus remarquable est la *Balise à la Logan* ou *Pyramide oscillante*, qui, à cause de la résistance de sa base, ne court jamais risque d'être submergée, et conserve toujours sa position verticale : elle a été inventée, au XVIe siècle, en Angleterre.

BALISIER, *Canna*, genre de la famille des Amomées, renferme des plantes exotiques herbacées, à fleurs rouges ou jaunes, disposées en épi au sommet de la tige. Les Américains du Sud et les Indiens en tirent une belle teinture pourpre. On le cultive dans nos jardins, à cause de la beauté de ses fleurs. On distingue le *B. d'Inde*, le *B. à feuilles étroites*, le *B. flasque* et le *B. glauque*.

BALISTE (en latin *balista*, du grec *balló*, lancer), machine de guerre en usage chez les anciens, servait à lancer contre l'ennemi des traits et des projectiles de toute nature, et à battre en brèche les murailles d'une ville assiégée : on lui donne aussi les noms de *catapulte*, d'*onagre*, de *scorpion*, etc.

Les naturalistes ont donné le nom de *Baliste* à un genre de poissons de la famille des Sclérodermes, dont la nageoire dorsale est armée d'un aiguillon, que l'animal relève avec vivacité quand il craint quelque danger. Ce genre renferme plusieurs espèces, toutes remarquables par l'éclat de leurs couleurs, souvent métalliques.

BALISTIQUE ou BALLISTIQUE (du grec *balló*, lancer). C'était, avant l'invention des armes à feu, l'art de diriger et de faire jouer les machines ; maintenant, elle embrasse aussi les armes pyro-balistiques de l'artillerie et de l'infanterie : elle enseigne à calculer le jet des projectiles, les lignes des trajectoires, le tir des bouches à feu, la direction des bombes, des boulets, des balles ; à en évaluer la portée en la calculant sur la distance connue du but, sur le poids de la charge de l'arme à feu, sur la proportion et la pesanteur des mobiles. Ceux auxquels la Balistique doit le plus sont : Tartaglia, Bélidor, Blondel, Martillière, Montalembert, Piobert, etc.

BALIVEAUX ou BAILLIVEAUX. On nomme ainsi des arbres de belle venue et nés de semences qu'on réserve dans la coupe des taillis pour en faire des arbres de haute futaie. Le nombre en est réglé par les ordonnances des eaux et forêts : les baliveaux conservés doivent avoir au moins 10 ans ; on ne doit pas les couper qu'ils n'en aient au moins 40. Les baliveaux ont l'avantage de fournir du bois de charpente, de mettre les jeunes plants et les pousses des taillis abattus à l'abri des ardeurs du soleil. On appelle *B. de l'âge du taillis* ceux qui sont du même âge que le taillis, et qu'on réserve hors de l'exploitation ; *B. modernes*, ceux qui ont deux ou trois ans d'aménagement ; *B. anciens* ou *Vieilles écorces*, ceux qui en ont davantage, par exemple 80 ans dans un taillis de 20 ans, 100 ans dans un taillis de 25, 120 dans un taillis de 30. L'opération par laquelle on fait choix des baliveaux s'appelle *balivage* ; elle est accompagnée du martelage.

BALLADE (du français *bal*), genre de poésie dont le caractère a souvent varié. Dans l'origine, en Italie et en France, la ballade n'était qu'une chanson naïve composée pour l'accompagnement de la danse : d'où son nom. Du temps de Marot, c'était un petit poëme qui se composait ordinairement de trois couplets de même mesure et sur les mêmes rimes, se terminant chacun par un vers qui servait de refrain; ces trois couplets étaient suivis d'un quatrième, terminé de même par le refrain et portant le nom d'*envoi*. Cette espèce de ballade a quelque analogie avec le sonnet et le madrigal. Devenue, au XVIe siècle, une espèce de jeu d'esprit où l'on s'inquiétait moins du sens que de la rime et de l'harmonie, elle fut proscrite par les grands poëtes du XVIIe siècle.

Transportée en Angleterre par les Normands, la ballade y devint, surtout chez les Écossais, le récit poétique et populaire de quelque événement fabuleux ou réel, dans le genre des romanceros espagnols; elle a conservé ce caractère dans les poésies du Nord et dans celles de l'Allemagne. De nos jours, M. V. Hugo et plusieurs autres poëtes français ont composé des ballades dans ce dernier genre.

BALLASTAGE (de l'anglais *ballast*, lest), terme employé dans les chemins de fer pour exprimer l'opération qui consiste à ensabler la voie ferrée.

BALLE (du grec *balló*). On nomme ainsi :

1o. Les projectiles en plomb qu'on lance au moyen des armes à feu portatives; on les fond dans des moules en forme de tenailles, formés de deux parties assemblées à charnière et portant chacune une cavité hémisphérique; il y en a de divers calibres : pour les fusils de munition elles ont auj. 16mill.,7 de diamètre (arrêté du 11 mars 1848); on leur donne aussi différentes formes : on en a récemment fabriqué de coniques;

2o. Ces petites pelotes, rondes et élastiques, dont on se sert pour jouer en se les renvoyant : le *jeu de balle* ne diffère du *jeu de paume* que parce qu'on emploie la main au lieu de raquette (*Voy.* PAUME) : ce jeu, qui remonte à la plus haute antiquité, est un exercice gymnastique des plus salutaires;

3o. L'enveloppe florale des Graminées, particulièrement du blé et de l'avoine : c'est une espèce de pellicule légère qui se détache pendant le battage; on la nomme aussi *glume, menue paille*; les bestiaux la mangent avec plaisir; on s'en sert aussi pour couvrir les planches de légumes qui craignent le froid, et pour garnir les coussins sur lesquels on couche les jeunes enfants;

4o. Des tampons dont les imprimeurs se servent pour étendre l'encre sur la forme : ils ont été avantageusement remplacés, vers 1820, par les rouleaux;

5o. Certaine quantité de marchandises, telles que coton, toiles, draps, enfermées dans une même enveloppe : d'où le nom de *porte-balle*.

BALLET (du mot français *bal*), danse figurée, exécutée par plusieurs personnes et mêlée de pantomime, qui représente une action tragique ou comique, ou bien une allégorie. Les ballets étaient connus des anciens. Dans les temps modernes, ils reparurent pour la première fois en Italie au XVe siècle, et furent introduits en France par Catherine de Médicis. Mazarin et surtout Louis XIV eurent beaucoup de goût pour ce genre de divertissement : ce monarque dansa longtemps dans des ballets allégoriques dits *Ballets du Roi*, et dont Molière eut quelquefois la direction. Le premier ballet-pantomime fut donné à Paris en 1671 : il était intitulé les *Fêtes de Bacchus et de l'Amour*, de Quinault et Lulli. La première danseuse marquante qui parut à l'Opéra dans un ballet fut Mlle Prévost en 1704; vinrent ensuite la Camargo, la Sallé, la Guimard; et, de nos jours, Mlles Taglioni, Essler, C. Grisi, etc. Parmi les danseurs, on cite surtout les Vestris, Dauberval, les Gardel, Milon, etc. Entre les nombreux compositeurs de ballets, il faut remarquer Gardel et surtout Noverre (1727-1807), qui porta la chorégraphie au degré de perfection qu'elle a atteint de nos jours. *Voy.* CHORÉGRAPHIE, DANSE et PANTOMIME.

BALLISTE, BALLISTIQUE. *V.* BALISTE, BALISTIQUE.

BALLON (augmentatif de *balle*), vessie gonflée d'air au moyen d'une pompe foulante et recouverte de peau, que deux ou plusieurs joueurs se renvoient comme une balle; on joue au ballon avec le poing ou avec le pied. On fait aussi des ballons en caoutchouc.

BALLON AÉROSTATIQUE. *Voy.* AÉROSTAT.

En Géographie, on nomme *ballon* le sommet arrondi de certaines montagnes. Il y a plusieurs *ballons* dans la chaîne des Vosges. On donne spécialement le nom de *B. d'Alsace* à un des monts les plus élevés de la chaîne des Vosges, près de la source de la Moselle; il a 1,403 m. au-dessus du niveau de la mer.

BALLOTE, genre de la famille des Labiées, à calice hypocratériforme, à 5 dents égales, ne renferme qu'une espèce, la *B. fétide* (*Ballota nigra*), commune dans les haies et les décombres. On l'emploie comme stimulant, en la mélangeant au Marrube; ce qui lui a valu son nom vulgaire de *Marrube noir. Voy.* MARRUBE.

BALLOTTAGE (de *ballotte*, ayant le même sens que boule). *Voy.* ÉLECTIONS et SCRUTIN.

BALSAMIER ou BAUMIER (du grec *balsamon*, baume), *Amyris*, genre de la famille des Térébinthacées, renferme plusieurs espèces d'arbrisseaux, dont les plus connus sont le *B. élémifère*, le *B. Giléad* et le *B. de la Mecque*. Le 1er, originaire du Brésil, fournit par incision la résine *élémi*; on l'appelle quelquefois *Bois de chandelles*. Le 2e produit le baume connu sous le nom de *Térébenthine de Giléad* : il tire son nom d'une ville de Judée où il fut transporté d'Abyssinie dès le XVIIIe siècle avant J.-C. Le 3e est un arbrisseau de l'Arabie, des feuilles et des rameaux duquel on retire un suc blanc et résineux formant une huile limpide employée comme cosmétique par les riches musulmanes, et qui, mêlée à d'autres drogues, forme le *Baume de la Mecque* ou *Térébenthine de Judée*. — Le genre Balsamier, aujourd'hui très-restreint, a pour type l'*Amyris balsamifera*, qui donne le *Bois de rose*. On en a retiré les *B. Giléad* et *de la Mecque* pour former le genre *Balsamodendron*, ainsi que le *B. élémifère* pour former le genre *Icica. V.* ces mots.

BALSAMIFLUÉES (du latin *balsamum*, baume, et *fluo*, couler), famille de plantes comprenant de grands arbres de l'Amérique du Nord et de l'Asie, remarquables par l'abondance du suc résineux, de la nature des *baumes*, que fournit leur écorce; on connaît aussi ce suc sous le nom de *liquidambar*.

BALSAMINE, *Impatiens*, genre de plantes de la famille des Balsaminées, renferme un assez grand nombre d'espèces qu'on trouve dans les champs et dans les jardins. La *B. des bois* (*Impatiens noli tangere*, est âcre et vénéneuse; ses feuilles et ses fleurs teignent la laine en rouge; elle est employée en médecine comme diurétique : son nom latin, qui a fait appeler tout le genre *Impatiens*, vient de ce que, lorsqu'on touche à sa tige à l'époque de la maturité, ses capsules se contractent subitement, et leurs valves se roulent en projetant leurs graines autour d'elles. La *B. des jardins* (*I. balsamina*), originaire de l'Inde, est remarquable par la couleur variée de ses fleurs; elle s'emploie comme vulnéraire : c'est de là sans doute que lui est venu son nom (de *balsamum*, baume).

BALSAMINÉES (de *Balsamine*, nom du genre type), famille de plantes dicotylédones, à corolle polypétale et à étamines hypogynes : calice à 5 folioles irrégulières, dont l'une se prolonge inférieurement en éperon, corolle à 5 pétales qui alternent avec les divisions du calice, 5 étamines soudées entre elles par leurs anthères, ovaire libre à 5 loges. Toutes les plantes de cette famille sont herbacées, à feuilles simples, sans stipules; leurs fleurs, jaunes, blanches, roses ou violacées, ont beaucoup de tendance à se panacher et à doubler par la culture.

BALSAMIQUE, qui tient de la nature des baumes (*Voy.* ce mot). — Les *pilules balsamiques* de Morton, médecin anglais du XVIIe siècle, renferment des substances balsamiques, avec de la poudre de cloporte. On les emploie contre le catarrhe chronique.

BALSAMITE, genre de plantes de la famille des Composées, à involucre imbriqué, à fleurons tubuleux, ainsi nommées à cause de leur odeur balsamique. La *B. odorante*, dite aussi *Menthe coq*, *Menthe Notre-Dame* et *Baume des jardins*, pousse naturellement dans le midi de la France, et est cultivée dans les jardins; c'est un puissant stimulant; on l'emploie comme correctif de l'opium.

BALSAMODENDRON (du grec *balsamos*, baume, et *dendron*, arbre), genre détaché du genre Amyris, de la famille des Térébinthacées : fleurs diclines, calice à 4 dents, corolle à 4 pétales, 8 étamines. Ce genre, composé d'arbres et d'arbrisseaux, renferme le *Balsamier Giléad* (*B. Gileadense*) et le *Balsamier de la Mecque* (*B. opobalsamum*), longtemps confondus avec le genre Balsamier. *Voy.* ce mot.

BALSANES, taches rondes de poils blancs que certains chevaux ont au-dessus du sabot, et qu'ils apportent en naissant. On les a longtemps regardées comme un signe de qualité.

BALTADJI, nom que portent à Constantinople des gardes du palais spécialement chargés du service du sérail ainsi que de la garde des princes et princesses du sang; ils sont au nombre de 400, sous l'autorité du *Kizlar-agasi*, chef des eunuques noirs. Leur nom veut dire *porte-hache*, et vient de ce que, quand ils accompagnent au dehors les dames du harem, ils portent une hallebarde dont le fer a la forme d'une hache.

BALUSTRADE, appui formé d'une rangée de *balustres* ou petits piliers à hauteur d'appui, et surmonté d'une tablette. Les balustrades servent à terminer une terrasse, un balcon, à former l'amortissement d'un édifice, la clôture d'un sanctuaire, d'une estrade, la rampe d'un escalier. Elles peuvent être, ainsi que la tablette qui les surmonte, en pierre, en marbre, en fer, en bronze, en bois. — On distingue dans les *balustres* dont est formée la balustrade, le chapiteau, la tige, le piédouche. On dérive le mot de *balustre*, en latin *balaustrium*, du grec *balaustion*, fleur de grenadier sauvage, à laquelle on prétend que la forme du balustre ressemble.

BAMBOCHADE, genre de tableaux représentant des scènes grotesques ou burlesques, tire son nom du peintre flamand Van Laar, surnommé le *Bamboche* (de l'italien *bamboccio*, contrefait) à cause de sa mauvaise tournure, peintre qui créa ce genre, et y excella. Les *bambochades*, à peu d'exceptions près, sont le burlesque de la peinture.

BAMBOU, *Bambuza*, genre de la famille des Graminées, composée de plantes souvent gigantesques, originaires de l'Inde et des îles de la Sonde, et remarquables par leur port, qui est celui des Palmiers. Leurs épillets sont lancéolés, comprimés, à 5 fleurs renfermant chacune 6 étamines. Ce genre a pour type l'*Arundo Bambos* ou *Bambou*, qui atteint souvent 20 m. de hauteur. Il tient à la fois du roseau et du palmier. Sa tige est droite et présente des nœuds espacés également; elle fournit un bois flexible, à la fois solide et léger; ses feuilles ressemblent à celles du roseau; ses fleurs sont des espèces d'épis ou de panicules peu colorées. Le bambou sert à une foule d'usages : les Indiens mangent ses jeunes pousses comme des asperges; de ses nœuds découle une liqueur douce, qui se concrète à l'air et peut remplacer le sucre; avec son bois, on fait aux Indes des ustensiles, des meubles, des palanquins, des bateaux et même des poutres pour la construction des maisons; c'est avec les jeunes tiges qu'on fait les cannes si estimées qui portent le nom de *bambous*, les tiges de parapluies et d'ombrelles; son écorce, taillée en lanières flexibles, est tressée en nattes et en corbeilles; macérée et réduite en pâte, elle donne le *papier de Chine*, etc.

BAN (du latin barbare *bannum*, tiré lui-même du tudesque *bann*, bannière). Ce mot signifia d'abord proclamation publique, puis proclamation publique, parce que sans doute ce genre de proclamation se faisait en déployant un étendard. Il désigne encore aujourd'hui : 1° la publication à l'église de la promesse de mariage faite entre deux personnes, ou l'affiche placée à la porte de la mairie pour le même objet; 2° la résidence assignée à un condamné libéré, mais soumis à la surveillance de la police; il a, dans ce dernier cas, la valeur de bannissement : c'est dans ce sens qu'on dit *garder son ban*, *rompre son ban*. Pour les acceptions purement historiques de ce mot, *Voy.* le *Dict. univ. d'Hist. et de Géogr.*

BANALITÉ (DROIT DE), droit qu'avait autrefois un seigneur d'assujettir ses vassaux à se servir de son moulin, de son four, de son pressoir, de sa forge, etc., lors même qu'ils auraient pu s'en passer. Ce droit inique a été aboli, et sans indemnité, par la loi du 15 mars 1790.

BANANIER, *Musa*, genre type de la famille des Musacées, renferme une douzaine d'espèces de plantes herbacées qui toutes croissent en Afrique et dans les deux Indes. Le *B. commun* (*Musa paradisiaca*) a une tige de 4 à 5 m., surmontée d'un long et large feuillage, et de trois ou quatre *régimes* renfermant chacun une cinquantaine de baies succulentes. Ces baies, appelées *bananes*, ressemblent assez à des petits concombres, et la pulpe qu'elles renferment est un aliment sain et agréable dont on fait usage dans toutes les régions intertropicales; quand on les pressure, elles rendent une liqueur qu'on nomme *vin de bananes*. Les feuilles du Bananier, longues de 2 à 3 m., sont assez larges et assez flexibles pour servir de vêtement; elles se prêtent en outre à une foule d'usages domestiques. — Le *Figuier-bananier* (*Musa sapientium*) a des fruits plus petits, mais plus nombreux, plus sucrés, et dont la saveur se rapproche de celle de nos figues, comme son nom l'indique.

BANC (du latin barbare *bancus*). Outre l'acception que tout le monde connaît, ce mot exprime : 1° des amas de sable, de vase, de rochers, de coquilles ou de coraux qui se trouvent au fond de la mer, des lacs et des rivières : on connaît surtout le *grand banc de Terre-Neuve*, bas-fond situé à 100 kil. de l'île de ce nom, et chef-lieu de pêcheries célèbres; 2° d'immenses associations de poissons qui vivent ensemble et voyagent par troupes, tels que les morues, les maquereaux, les harengs, etc.; 3° les assises des couches pierreuses qui composent l'écorce du globe.

En Chirurgie, on appelle *Banc d'Hippocrate* une machine inventée, dit-on, par Hippocrate, et qui servait à réduire les luxations et les fractures de la cuisse.

En Angleterre, le *Banc du roi*, en anglais *King's bench*, est une cour souveraine, qui connaît des crimes de haute trahison, des attentats contre le gouvernement et la sûreté publique, et, par extension, des causes civiles entre particuliers; c'est une des trois cours de haute justice de Westminster. Autrefois le roi la présidait en personne, assis sur un *banc* placé au-dessus du siége des autres juges.

Dans les églises, on appelle *banc d'œuvre*, *banc de l'œuvre* un siége affecté au maire et à ses adjoints, aux marguilliers et aux membres de la fabrique. Il est placé en face de la chaire et se compose ordinairement d'un *banc* à dos avec un prie-Dieu, le tout enfermé dans une petite clôture à hauteur d'appui, et le plus souvent travaillé avec soin. Le nom de *banc d'œuvre* est une abréviation de *banc des maîtres de l'œuvre*, *magistri dell' opera*, dénomination donnée originairement en Italie aux personnes chargées de veiller à la réparation et à l'entretien des églises, et que nous nommons *fabriciens*.

BANCO, mot italien qui veut dire banque, et qui, ajouté au nom d'une monnaie soit réelle, soit de compte, signifie que sa valeur diffère de la valeur de la monnaie courante et doit être prise sur le pied des valeurs de *banque*, tels sont le *marc banco* de Hambourg, les *florins banco* de Gènes, le *rouble pa-*

pier ou *assignat banco* de Russie. La monnaie *banco* est invariable, tandis que la monnaie courante varie sans cesse. Les nouvelles banques n'ont pas conservé cette distinction, qui cause de grands embarras, et n'est bonne qu'à fournir matière à l'agiotage. La banque d'Amsterdam l'avait adoptée, à l'exemple des anciennes banques de l'Italie : celle de Hambourg s'en sert encore ; mais cet usage a été exclu des banques de l'Angleterre, des États-Unis et de la France.

BANDAGE (du mot français *bande*, tiré lui-même de l'allemand *band*, lien), appareil plus ou moins compliqué, qui sert au pansement des maladies chirurgicales ; il se compose ordinairement de pièces de linge, telles que serviettes, bandes, bandelettes, compresses, charpie, etc., auxquelles se joignent quelquefois des corps solides, par exemple, des *attelles*, ou planchettes de bois ou de carton, de petits faisceaux de paille, des sacs ou coussins de balle d'avoine, etc. On étend aussi le nom de *bandage* à de véritable machines, comme le *garrot*, le *tourniquet*, les *bandages herniaires* ou *brayers* (*Voy.* ces mots). — On nomme *B. simples* ceux qui ne servent qu'à maintenir en place les pièces d'un pansement ; *B. contentifs*, ceux qui maintiennent une hernie ou une luxation réduite ; *B. incarnatifs* ou *unissants*, ceux qui rapprochent des surfaces divisées ; *B. divisifs*, ceux qui empêchent une réunion anormale ; *B. expulsifs*, ceux qui expriment le pus tendant à séjourner dans une plaie ; *B. compressifs*, ceux qui arrêtent une hémorragie, ou qui exercent une compression méthodique sur un membre engorgé. — L'art d'appliquer les bandages est une branche importante de la chirurgie, et l'une de celles qui laissent le plus au talent de l'opérateur ; en effet, la forme du bandage varie nécessairement suivant l'emplacement de la maladie, la disposition des parties malades, le but qu'on se propose d'atteindre ; il existe toutefois un certain nombre de bandages en quelque sorte consacrés ; on leur a donné des noms particuliers, dérivés ou de la partie sur laquelle ils sont appliqués, ou de la forme qu'ils présentent, ou du nom de leur inventeur : tels sont le *B. des pauvres* ou *de Galien*, celui *de Scultet* ou à 18 *chefs*, la *fronde*, le *B. en T*, le *B. inguinal*, le *S de chiffre*, etc.

BANDE (du bas latin *bandum*, drapeau, bannière). En termes de Blason, la *bande* est une des pièces dites *honorables*, elle traverse l'écu diagonalement, de droite à gauche : c'est le contraire de la *barre*. — En Architecture, on appelle *bandes* les principaux membres des architraves, chambranles, imposte, archivoltes, qui ont peu de hauteur et de saillie sur une grande longueur.—En termes d'Imprimerie, les *bandes* sont les pièces de fer sur lesquelles roule le train de la presse. — En Astronomie, on appelle *bandes de Saturne et de Jupiter* des espèces de zones obscures qui entourent le disque de ces deux planètes (*Voy.* SATURNE, JUPITER). — En termes de Marine, on nomme *bandes de ris* des pièces de toile cousues sur les huniers et les perroquets pour renforcer les voiles à l'endroit où passent les garcettes.

Le mot *bande* signifie aussi une troupe d'hommes réunis sous un même drapeau ou dans un même but. *Voy.* au *Dict. univ. d'Hist. et de Géogr.* les mots BANDES MILITAIRES et BANDE NOIRE.

BANDEAU. On nomme ainsi, en Architecture, une bande plate et unie, en saillie sur le nu du mur autour d'une baie de porte ou de fenêtre, destinée à tenir lieu de chambranle. — C'est aussi une planche étroite dont on surmonte les lambris de menuiserie, immédiatement au-dessous du plafond, lorsque celui-ci n'a point de corniche.

BANDIÈRE (de *bande*), espèce de bannière qu'on place au sommet des mâts d'un navire, et sur laquelle sont brodées les armes du souverain. — Dans l'Art militaire, on dit qu'une armée est rangée en *front de bandière* quand elle se trouve en ligne, avec les drapeaux et les étendards en tête des corps.

BANDIT (de l'ital. *bandito*), désignait d'abord un banni, puis un meurtrier à gages, et maintenant s'applique à tous les assassins et aux voleurs de grands chemins. Les bandits infestent plus particulièrement le royaume de Naples et la Sicile, où ils forment une espèce d'association.

BANDOLINE (de *bandeau*), solution visqueuse et aromatisée, préparée par les parfumeurs avec le mucilage des pepins de coings ou de graines de psyllium. Les dames s'en servent pour lisser les cheveux.

BANIANS (ARBRE DES), arbre de l'Inde et de la Perse, espèce de figuier, dont les branches, pendant jusqu'à terre, y prennent racine et donnent naissance à de nouveaux troncs qui produisent d'autres branches et d'autres troncs, etc., de manière à finir par former une petite forêt. Cet arbre porte un fruit de la grosseur d'une noix. Son nom lui vient de ce que les Banians, idolâtres de l'Inde, se retirent sous cet arbre et y bâtissent des pagodes et des caravansérails. Les Persans l'appellent *lul* ; nous l'appelons aussi *figuier des Banians*, *figuier de Bengale*.

BANLIEUE (des deux mots franç. *ban* et *lieue*). Dans l'ancienne jurisprudence, ce mot signifiait l'étendue d'une *lieue* à l'entour d'une ville, espace dans lequel se faisait la proclamation des *bans* ou ordonnances de l'autorité. Aujourd'hui, on n'entend plus sous ce nom que l'ensemble des bourgs et des communes qui sont dans le voisinage d'une grande ville, et qui en dépendent administrativement, bien qu'ayant leur juridiction particulière.

BANNERET (de *bannière*), nom qu'on donnait, au moyen âge, à tout chevalier qui avait droit de porter *bannière*. Ce droit appartenait à celui qui pouvait armer 50 lances et un nombre proportionné de gens de pied. Il y avait des fiefs auxquels était attaché le droit de porter bannière. Il existait une sorte de hiérarchie parmi les bannerets ; on distinguait les *barons-bannerets* ou *grands-bannerets*, les *chevaliers-bannerets* et les *écuyers-bannerets*.

BANNIÈRE (de *bande*). C'était, dans l'origine, l'étendard de tout grand feudataire ou chevalier-banneret. La bannière était de forme carrée, et se portait au bout d'une lance, fixée au-dessous du fer au moyen d'un bâton transversal. La *bannière de France* était ou bleue et parsemée de fleurs de lis d'or sans nombre, ou entièrement blanche : il ne faut pas la confondre avec l'*oriflamme* ou bannière de l'abbaye de St-Denis. Quant aux autres bannières, elles différaient suivant les armoiries ou le caprice du possesseur. — Aujourd'hui, il n'y a plus de bannières que dans les églises. On nomme ainsi l'étendard placé dans le chœur et que l'on porte dans les processions solennelles à la suite de la croix ; on y voit figurée l'image de la sainte Vierge ou celle d'un saint, patron de la paroisse. — En termes de Marine, *bannière* est synonyme de *pavillon*. *Voy.* ce mot.

BANNISSEMENT (de *ban*), peine infamante qui consiste dans l'expulsion du territoire d'un pays : il ne faut pas la confondre avec la *déportation* (*Voy.* ce mot). — Cette peine existait chez les anciens : l'*ostracisme*, le *pétalisme* étaient, chez les Grecs, des bannissements temporaires, mais sans jugement : c'étaient des mesures purement politiques, qui n'emportaient aucune idée de déshonneur. — Autrefois, en France, le bannissement était perpétuel ou temporaire ; dans le premier cas, il entraînait la confiscation des biens et la mort civile. Aujourd'hui, il entraîne toujours la dégradation civique ; il ne peut être prononcé que pour 5 ans au moins et 10 ans au plus ; toutefois le banni qui rentre sur le territoire de la France avant l'expiration de sa peine, encourt la déportation perpétuelle (Code pénal, art. 8, 28, 32, etc.). — Le bannissement ne frappe guère que les délits politiques ; et, bien qu'il soit au nombre des peines applicables par les tribunaux ordinaires, il est rarement appliqué. C'est, le plus souvent, une mesure de circonstance à laquelle les gouvernements ont recours dans l'intérêt de leur propre sûreté: ainsi on a vu successivement l'ordonnance du 24 juillet 1815 et la loi du 12 janvier 1816 bannir de France les membres de la famille de Napoléon; la loi du 10 avril 1832 bannir Charles X et sa famille; et le décret du Gouvernement provisoire du 24 février 1848 bannir la maison d'Orléans.

BANQUE (de l'italien *banco*, banc, parce que jadis ceux qui faisaient le commerce d'argent avaient leur banc particulier dans les marchés publics), commerce qui a principalement pour but de suppléer à l'insuffisance et à l'incommodité de la monnaie métallique, et qui consiste à négocier des effets, à les escompter avec des espèces, à ouvrir des crédits, à faciliter le change d'une place à l'autre au moyen de traites et lettres de change, le tout en prélevant un droit de commission. Ceux qui font ce commerce s'appellent *banquiers*. Ce genre d'industrie est tout moderne; il paraît être né au XIVe siècle de l'invention de la lettre de change.

BANQUES PUBLIQUES, établissements de crédit fondés avec l'appui et sous la surveillance des gouvernements, pour faciliter la circulation des valeurs. On en trouve aujourd'hui dans toutes les capitales.

La BANQUE DE FRANCE, siégeant à Paris, *escompte*, à un taux qui varie, *les effets* portant trois signatures de commerçants solvables. Elle *fait des avances sur dépôt* de fonds publics, d'actions et obligations de chemins de fer et autres, de lingots et de monnaies étrangères. Elle *tient une caisse de dépôts volontaires* pour toute sorte de titres, et pour lingots d'or et d'argent, monnaies, diamants, moyennant un droit de garde calculé sur la valeur estimative, à raison d'un demi-quart pour cent pour chaque six mois. Elle *se charge du recouvrement* des effets qui lui sont remis; elle *reçoit en compte courant* les sommes versées par les négociants ou établissements publics. Elle a le privilège *d'émettre des billets au porteur* payables à vue; ces billets, qui pendant longtemps ont été de 1,000 fr. et de 500 fr., admettent depuis 1848 des coupures de 200 et de 100 fr. Elle peut établir des comptoirs ou succursales dans les départements: ces succursales, dont plusieurs formaient avant 1848 des banques distinctes, étaient le 1er janvier 1852 au nombre de 28: Angers, Angoulême, Besançon, Bordeaux, Caen, Châteauroux, Clermont, Grenoble, Le Havre, Lille, Limoges, Lyon, Le Mans, Marseille, Metz, Montpellier, Mulhouse, Nantes, Nîmes, Orléans, Rennes, Reims, Rouen, Saint-Étienne, Saint-Quentin, Strasbourg, Toulouse, Valenciennes. Le nombre s'en est encore accru depuis.

Les fonds de la Banque sont déposés dans des caves où l'on ne pénètre que par un seul escalier en spirale, et dont la porte en fer est fermée à trois clefs; ces caves peuvent être inondées au premier ordre. Les espèces, contenues dans des barils, n'en sont extraites qu'avec des formalités qui rendent les soustractions impossibles.

La *Banque de France* fut instituée par les lois du 24 germinal an XI (14 avril 1803) et du 22 avril 1806. Ses statuts ont été approuvés par décret du 16 janvier 1808. Son privilège, plusieurs fois prorogé, s'étend en ce moment jusqu'en 1867. Son capital, qui originairement était de 45 millions, partagés en 45 mille *actions* de mille francs, fut élevé par la loi du 22 avril 1806 à 90 millions, puis réduit à 67,900,000 fr.; il a été porté en 1848 à 91,250,000 fr., par suite de la réunion des banques départementales. Elle possède en outre une réserve de 16,980,750 fr. La Banque, d'après ses statuts primitifs, ne pouvait émettre de billets que pour une valeur triple de son capital; mais depuis 1848, elle a été autorisée à faire des émissions beaucoup plus considérables, qui

ont été portées par une loi du 24 décembre 1849 jusqu'à 525 millions; en outre, un décret du 14 mars 1848 a donné temporairement cours forcé à ses billets, mais ce décret n'a pas tardé à être rapporté.

Une assemblée d'actionnaires, représentée par 200 d'entre eux, nomme 15 régents et 3 censeurs, qui forment 6 comités dits *des Comptoirs*, *des Billets*, *des Comptes*, *des Caisses*, *des Relations avec le Trésor et les receveurs généraux*, *des Livres et portefeuilles*. La direction supérieure est attribuée à un gouverneur et à deux sous-gouverneurs nommés par le chef de l'État; mais ils n'exercent qu'un pouvoir négatif, au moyen d'un droit de *veto*; la direction effective appartient au Conseil général de la Banque. La Banque de France distribue annuellement d'importants dividendes à ses actionnaires. Elle publie à des époques périodiques son état de situation.

Il existe en outre des banques coloniales, créées par une loi du 11 juillet 1851, et une banque de l'Algérie, créée par une loi du 4 août 1851, sur le modèle de la *Banque de France*.

Les principales banques de l'Europe, avec la Banque de France, sont: la *B. de Londres*, fondée en 1694, dont les *bank-notes* ont cours en tout lieu; les bénéfices réalisés pendant l'année 1836 par cette banque se sont élevés à 25,000 liv. st., toutes dépenses payées; on peut attribuer ce bénéfice au taux modéré de l'intérêt qu'elle prend, qui n'est que de 2 1/2 p. 100;—la *B. d'Amsterdam*, qui fut établie dès 1609, et qui, un moment suspendue à l'époque de la réunion de la Hollande à l'Empire français, a repris depuis ses opérations;—la *B. de Hambourg*, fondée en 1619, qui ne prête que sur lingots;—la *B. de Berlin*, reconstituée en 1816; elle est tout à fait dépendante du gouvernement;—la *B. de Naples*, fondée en 1808, qui jouit d'un crédit assez solide et assez étendu;—la *B. d'Autriche* ou *de Vienne*, fondée en 1816, qui prête sur dépôt d'obligations d'État, à un taux très-modique;—la *B. de Russie*, fondée par Catherine II, en 1786.—La plus ancienne des banques de l'Europe était la *B. de Venise*, fondée au XIIe siècle, supprimée en 1797.

En Amérique, on connaît surtout la *B. de Philadelphie* ou *des États-Unis*, fondée en 1791 avec privilège de l'Union pour 20 années, qui retira de la circulation tous ses billets en 1815;—la *B. de l'Amérique du Nord*, fondée en 1816. On compte, en outre, une infinité de banques dans les divers États de l'Union: il n'y en avait pas moins de 588 en 1836, plus 146 succursales. La plupart de ces établissements s'étant livrés à des spéculations aventureuses qui compromettaient la fortune publique, le président Jackson se déclara leur adversaire; il les fit supprimer en 1833; mais elles ne tardèrent pas à se reconstituer.

BANQUE DU PEUPLE ou D'ÉCHANGE. *Voy.* ÉCHANGE.

BANQUEROUTE (de l'italien *banco rotto*, banc rompu, parce que, dans l'origine, on brisait le *banc* où se tenait dans le marché le banquier insolvable). La banqueroute, qu'il ne faut pas confondre avec la simple faillite (*Voy.* ce mot), est un crime ou un délit selon les circonstances: loin d'être, comme la faillite, excusable et digne de l'indulgence des créanciers, elle mérite toute la sévérité des lois. Le livre III du Code de commerce est tout entier consacré aux faillites et aux banqueroutes. Décrété le 12 septembre 1807, ce livre a été remplacé depuis par la loi du 28 mai 1838, dont voici les principales dispositions en ce qui concerne la banqueroute.

La banqueroute est *simple* ou *frauduleuse*.

Les faits qui constituent le commerçant en état de *banqueroute simple* sont: des dépenses jugées excessives; la perte de sommes notables, soit dans des opérations de hasard, soit dans des opérations fictives de bourse; des achats de marchandises faits par le failli pour les revendre au-dessous du cours; des circulations d'effets établies ou des emprunts ruineux contractés dans l'intention d'ajourner sa faillite ; le payement d'une créance au préjudice de la masse. La banqueroute simple est un délit de la compétence des tribunaux correctionnels ; elle est punie d'un emprisonnement d'un mois au moins et de deux ans au plus (Code pénal, art. 402). Le *banqueroutier simple* peut être admis à la réhabilitation quand il a subi sa peine.— Le *banqueroutier frauduleux* est le commerçant failli qui soustrait ses livres, détourne ou dissimule une partie de son actif, et se reconnait frauduleusement débiteur de sommes qu'il ne doit pas. Les banqueroutiers frauduleux sont punis de la peine des travaux forcés à temps (Code pénal, art. 402); ils sont à jamais flétris. — En matière de banqueroute frauduleuse, la tentative est assimilée au fait lui-même, et les complices sont punis comme l'auteur principal.

BANQUIER, négociant qui, moyennant un courtage, aide et facilite les échanges d'argent ou fait des avances sur garantie (*Voy.* BANQUE). Les États, comme les particuliers, ont eu de tout temps besoin des services des banquiers : l'histoire conserve les noms de plusieurs de ceux qui sont venus au secours des gouvernements dont les finances étaient obérées, de Jacques Cœur, de Samuel Bernard, de Pâris, de Necker. De nos jours surtout, les banquiers ont acquis une importance extrême : les Rothschild, les Baring, les Hope, les Laffitte, etc., ont, par la masse des capitaux dont ils disposaient, exercé la plus grande influence sur le crédit public. — On doit à MM. Peuchet et Trémery le *Manuel du banquier*, à Kelly le *Cambiste universel* (*Voy.* ce mot), et à M. Courcelle-Seneuil un *Traité des opérations de banque*.

Dans certains jeux de hasard, on appelle *banquier* celui qui garde et fournit l'argent du jeu.

Le *banquier expéditionnaire en cour de Rome* est un officier de cette cour chargé de faire venir de la pénitencerie ou de la chancellerie du pape les bulles, les dispenses, les expéditions, etc.

BANQUISE (de *banc*), bancs flottants de glace qu'on rencontre dans les mers voisines du pôle, et qui ferment le passage aux vaisseaux, et les retiennent quelquefois captifs pendant des mois entiers.

BANVIN, droit féodal par lequel un seigneur pouvait vendre tout le vin de son cru, avant qu'aucun de ses vassaux pût mettre le sien en vente. Ce nom vient de *ban* à *vin*, publication du jour où il était permis aux particuliers de vendre leurs vins.

BAOBAB (nom indigène), *Adansonia digitata*, arbre du Sénégal, de la famille des Bombacées, subdivision des Malvacées de Jussieu, est le plus gros des végétaux connus, et le plus remarquable par sa longévité. Son tronc, dont la hauteur dépasse rarement 4 ou 5 m., acquiert quelquefois 30 m. de circonférence ; il est surmonté par un énorme faisceau de branches, atteignant chacune jusqu'à 20 et 25 m. de longueur ; les branches inférieures retombent souvent jusqu'à terre, entraînées par leur propre poids. Ses feuilles sont *digitées*, d'où lui vient son épithète caractéristique ; ses fleurs, formées d'un calice coriace cyathiforme, quinquéfide, et d'une corolle à 5 pétales ovales, renferment des étamines nombreuses, monadelphes, et un ovaire à très-long style. Son fruit, que les Européens appellent *Pain de singe* et *Calebasse*, est une grosse capsule ligneuse, ovale, longue de 30 centim. : il contient une pulpe aigre-lette, sucrée et rafraîchissante. C'est la substance charnue et friable de ce fruit que l'on apportait autrefois en Europe sous le nom de *Terre de Lemnos*, substance végétale qu'il ne faut pas confondre avec la terre sigillée bolaire qui porte le même nom. Cet arbre réussit très-bien en Amérique. Ses feuilles passent pour très-émollientes. On a signalé récemment son écorce comme possédant des propriétés fébrifuges capables de rivaliser avec le quinquina. — Adanson est un des premiers qui aient décrit ce cu-

rieux végétal ; d'où le nom latin d'*Adansonia*. Il observa au Sénégal un baobab qui, suivant ses calculs, déduits du nombre des couches qu'il attribuait au tronc, devait avoir plus de 6000 ans d'existence ; mais, depuis, ces calculs ont paru exagérés.

BAPHOMET, nom donné à des signes mystiques ou idolâtriques auxquels on accusait les Templiers de rendre un culte secret, analogue à celui des Gnostiques ou des Manichéens. Les uns dérivent ce mot du grec *baphè*, immersion, baptême, et *métis*, sagesse : baptême de sagesse, à cause des révélations qu'on faisait aux initiés ; les autres n'y voient qu'une corruption du nom de Mahomet. Le *Baphomet*, qu'on a retrouvé sur quelques monuments, était représenté sous une figure humaine ayant les attributs des deux sexes, tenant à la main la clef de la vie (en forme de croix ansée), et entourée de signes astronomiques, tels que le soleil, la lune, les étoiles, et de signes maçonniques, tels que le tablier, la chaine, le chandelier à sept branches.

BAPTÊME (du grec *baptizô*, laver), le premier des sept sacrements de l'Église, donne à l'homme le caractère de chrétien, et efface en lui la souillure du péché originel. Il consiste ordinairement, dans l'Église catholique, à verser de l'eau sur la tête de celui qui reçoit le baptême, en prononçant ces paroles sacramentelles : *Je te baptise au nom du Père, du Fils et du Saint-Esprit*. — Outre cette manière de baptiser, qu'on nomme *B. par infusion*, on distingue : le *B. par immersion*, qui consiste à plonger dans l'eau tout le corps de la personne qu'on baptise, et le *B. par aspersion*, qui consistait à jeter de l'eau sur une assemblée, comme on le fait encore dans la cérémonie de l'aspersion, au commencement de la messe ; ces deux derniers modes, usités en Orient et dans les premiers temps du christianisme, ne sont plus pratiqués aujourd'hui. Autrefois le baptême n'était conféré que dans un âge avancé et après de longues épreuves, connues sous le nom de *catéchuménat* (*Voy.* CATÉCHUMÈNE); aujourd'hui, au contraire, on baptise presque toujours les enfants peu de jours après leur naissance. — Le baptême était déjà pratiqué comme symbole de purification par S. Jean, qui, comme on sait, baptisa Jésus-Christ sur les bords du Jourdain ; mais c'est le Sauveur qui donna à cette cérémonie la force d'effacer le péché : il institua le vrai baptême-chrétien en disant à ses apôtres : « Allez enseigner toutes les nations, et baptisez-les au nom du Père, et du Fils, et du Saint-Esprit. » (S. Matth., ch. xxviii, v. 19).

Outre le *B. de l'eau*, les premiers chrétiens reconnaissaient : le *B. de la pénitence* ou *B. de désir*, qui consiste dans la contrition parfaite, jointe au désir du baptême ; que le Sauveur fonda au Calvaire en pardonnant au bon larron ; et le *B. de sang*, baptême résultant du seul fait du martyre, et que Jésus-Christ institua en mourant sur la croix.

Les Anabaptistes nient l'efficacité du baptême donné aux enfants, et *rebaptisent* ceux qui ont été baptisés avant l'âge de raison : c'est de là que vient leur nom.

On appelle *Fonts baptismaux* le réservoir qui contient l'eau du baptême, et *Baptistère* un édifice, ordinairement séparé des églises, où l'on confère le sacrement du baptême : il n'y a guère de baptistères séparés qu'en Italie.

On connaît sous le nom de *Baptême des tropiques*, une cérémonie burlesque qui a lieu au passage d'un navire sous les tropiques ou sous l'équateur, et qui consiste à inonder d'eau de mer ceux qui passent ces lignes pour la première fois. Les officiers et les passagers se rachètent du *baptême* en donnant de l'argent aux matelots.

BAQUET MAGNÉTIQUE, appareil magnétique qui consistait en une espèce de cuve fermée d'un couvercle, autour de laquelle se rangeaient les malades, et d'où s'élevaient des branches de fer poli, terminées en pointe émoussée, les unes plus courtes, les autres plus longues, servant de conducteurs au fluide magnétique. Mesmer se servait de ce baquet pour magnétiser en grand, et produisait, avec son secours, des *crises* ou convulsions, qui paraissaient être contagieuses. Le baquet fut bientôt abandonné.

BAQUOIS ou VAQUOIS, arbre exotique. *V.* PANDANUS.

BAR ou BARS, genre de poisson de la famille des Percoïdes, très-voisin des Perches d'eau douce, dont il ne se distingue que par la présence de dents sur la langue et par l'absence de denture aux sous-orbitaires, aux sous-opercules et à l'inter-opercule. Le type de ce genre est le *B. commun* (*Labrax lupus*), appelé *Perche de mer* par les riverains de la Méditerranée, et *Loup* ou *Loubine* sur les côtes de Bretagne et de Guyenne. Il est gris bleu argenté sur le dos et blanc sous le ventre; sa taille ordinaire est de 60 à 80 centim. La chair du bar est très-recherchée; quand ce poisson est de belle taille, on le sert pour grosse pièce au premier service sur les meilleures tables. Les Grecs, qui l'appelaient *Labrax*, l'estimaient beaucoup. Les anciens Romains l'appelaient *Lupus*, probablement à cause de sa voracité; ils le faisaient figurer sur leurs tables dans les grands festins. — Le *B. rayé* ou *Poisson de roche* des États-Unis a le ventre argenté. Il surpasse notre bar par sa beauté, sa taille et l'excellence de sa chair.

En Métrologie, on nomme *bar* un poids en usage sur la côte de Coromandel, équivalant à 140 kilogr. — Lorsqu'on créa le système métrique, on avait d'abord donné au poids de mille kilogr. le nom de *bar* (dérivé du grec *barus*, pesant). On a bientôt abandonné cette dénomination.

BAR, machine de transport. *Voy.* BARD.

BARAQUE (d'un mot espagnol qui veut dire *hutte de pêcheur*). Dans l'Art militaire, on appelle ainsi des espèces de cabanes construites pour les troupes en campagne. La construction en est confiée au génie. Le camp de Boulogne s'éleva en baraques de 40 hommes. On appelle *baraquement* la branche de l'art stratégique qui s'occupe de la construction des baraques et de leur distribution. En Angleterre, le baraquement forme une branche spéciale du service militaire, dirigée par le *barrakmaster-general* (assistant quartier-maître général).

BARAT, patente de drogman, délivrée par les consuls ou agents des affaires étrangères dans le Levant, à des sujets du Grand-Seigneur, pour les autoriser à servir d'interprètes auprès des ambassadeurs. Le barat soustrait le sujet ottoman à sa juridiction propre, pour le placer sous celle des Européens résidant dans l'empire de Turquie, et lui confère quelques priviléges, avec un costume particulier. Ces sortes de protections se vendent comme une marchandise. Les barats de France et d'Angleterre sont les plus estimés et aussi les plus chers.

BARATERIE (du vieux français *barat*, *barate*, tromperie). On nomme ainsi, dans le Droit maritime, toute prévarication du capitaine, maître, patron ou pilote chargé de la conduite d'un navire, telle que soustraction de marchandises, naufrage volontaire, fraude commise au détriment des armateurs, assureurs ou associés. La *baraterie* peut aussi avoir lieu de complicité entre le capitaine et l'armateur contre les assureurs. La *baraterie*, soit isolée, soit de complicité, est justiciable des tribunaux criminels, et entraîne les peines les plus graves. Le capitaine ou patron sera puni de *mort* s'il a volontairement fait périr son bâtiment; des *travaux forcés à perpétuité*, s'il l'a détourné à son profit; *à temps*, s'il a détruit tout ou partie de son chargement. Le complice est puni comme l'auteur principal. Ces peines, déjà contenues dans une ordonnance d'août 1681, ont été édictées de nouveau par le Code pénal (art. 408) et par la loi du 10 avril 1825.

BARATHRE (en grec, *barathron*), gouffre de l'Attique où l'on précipitait les criminels condamnés à mort. Il était revêtu de pierres de taille comme un puits, et ses parois étaient, ainsi que le fond, hérissées de pointes de fer, de telle sorte que le malheureux qu'on y jetait n'arrivait au fond qu'horriblement déchiré. — Par extension, on a donné le nom de *barathre* à toute espèce de gouffre et même à l'enfer, surtout dans les auteurs ecclésiastiques.

BARATTE, dite aussi *battoir*, *beurrière*, *serène*, instrument employé pour fabriquer le beurre, sert à séparer le petit lait de la partie butyrique. Il y en a de plusieurs sortes. La plus commune est une espèce de grand seau, plus étroit par le haut que par le bas; on couvre l'ouverture avec une sébile percée d'un trou au milieu, par lequel passe un long bâton, qui sert de manche au bat-beurre. La baratte de M. de Valcourt, préférable à la baratte ordinaire, est composée d'un petit baril cylindrique, traversé dans sa longueur par un axe auquel sont adaptées deux ailes, tournant au moyen d'une manivelle placée à l'une des extrémités de l'axe. — La *baratte* dite de *Billancourt* est composée d'une caisse rectangulaire ou légèrement pyramidale, percée au point le plus bas d'un trou qui se ferme au moyen d'une cheville; dans son intérieur, sont placées quatre ailes assemblées sur un arbre qui traverse l'axe de l'essieu portant la manivelle.— On connaît encore la *B. flamande*, la *B. de Clèves*, la *B. de Brabant*, en usage aussi en Hollande et dans une partie de l'Allemagne; la *B. vosgienne*, employée aussi dans les montagnes de la Franche-Comté et de la Suisse; la *B. à berceau* ou *balançoire*, qui sert dans le comté d'Aberdeen, dans le pays de Galles et en Amérique; la *B. de Bowler*, etc.; toutes ont beaucoup de rapport avec la baratte de M. de Valcourt.

BARBACANE, petit ouvrage de fortification, ayant pour objet de masquer un pont ou une porte de ville, consiste en un simple mur percé de créneaux ou de meurtrières. On donne encore ce nom à plusieurs sortes d'ouvrages avancés, destinés à couvrir les parties faibles d'une muraille, un chemin couvert, etc. — En Architecture, on appelle *barbacanes* ces ouvertures étroites et longues en hauteur qu'on pratique aux murs qui soutiennent des terres, afin de ménager une issue à l'écoulement des eaux : on dit aussi *chantepleure*.

BARBACOLE, jeu de hasard, dit aussi *Hocca* ou *Bassette*, paraît être le même que le *Pharaon*. *V.* ce mot.

BARBACOU, genre d'oiseaux de l'ordre des Grimpeurs et de la famille des Barbus. Les barbacous ont une coloration noirâtre ou ardoisée et uniforme. Ils habitent l'Amérique Méridionale. L'espèce la plus connue est le *Barbacou à face blanche*.

BARBARÉE, herbe bisannuelle de la famille des Crucifères, à feuilles lyrées et à fleurs petites, jaunes, odorantes, habite les terrains sablonneux et humides. L'espèce la plus commune est la *B. vulgaire*, dite aussi *Herbe de Ste-Barbe*, *Herbe aux charpentiers*, *Julienne jaune* et *Rondotte*. Toutes les parties de la barbarée ont une saveur piquante, analogue à celle du cresson; les jeunes feuilles se mangent en salade. La barbarée précoce se cultive sous le nom de *Roquette des jardins*.

BARBARES. Les Grecs et les Romains donnaient cette qualification à tous les peuples qui ne parlaient pas leur langue. Dans l'histoire moderne, on l'applique spécialement aux peuples asiatiques, germains, slaves ou scandinaves, qui se jetèrent sur l'empire romain et les parties de l'Europe civilisées. Les plus connus sont les Huns, les Alains et les Bulgares, de la famille asiatique; les Goths, les Visigoths, les Gépides, de la famille scythico-germanique; les Vandales, les Suèves, les Lombards, les Bourguignons, les Francs, de la famille germanique; les Saxons, les Teutons, les Cimbres et les Normands, de la famille scandinave. *Voy.* pour l'histoire de ces peuples le *Dict. univ. d'H. et de G.*

BARBE (du latin *barba*). La manière de porter la barbe a constamment varié, selon les peuples, les temps, les modes. Tantôt on la porte longue, tantôt on la rase, soit entièrement, soit en partie. Les Égyptiens passent pour être le premier peuple qui se soit rasé. Les Grecs portaient en général la barbe longue; cependant Alexandre fit raser les Macédoniens. Les Romains ne commencèrent à se raser que l'an 295 av. J.-C. Adrien rétablit la barbe; Constantin se la fit couper. Les Gaulois portaient la barbe longue; les Francs se rasaient et ne portaient que les moustaches. Rétablie par Charlemagne, la barbe fut abandonnée par Louis le Jeune; elle fut remise à la mode par François Ier: Henri IV la portait de médiocre grandeur. Les règlements militaires ont tantôt prescrit, tantôt défendu le port de la barbe dans nos armées. En dernier lieu, elle était portée exclusivement par les sapeurs: une circulaire du 21 janvier 1831 avait supprimé ce dernier asile de la barbe, mais elle n'a pas tardé à rentrer dans ses droits. — On a écrit une foule d'ouvrages sur les modifications sans nombre qu'a subies la barbe; les amateurs peuvent consulter l'*Histoire de la barbe*, par D. Calmet; la *Pogonologie* de Dulaure, 1786; l'*Histoire des révolutions de la barbe des Français depuis l'origine de la monarchie*, 1826, et l'*Histoire des moustaches et de la barbe*, 1836.

Par extension, on a appelé *barbe*: 1° chez les mammifères, les poils qui croissent au menton du bouc et de la chèvre, à la figure de certains singes et aux fanons des baleines; 2° chez les oiseaux, les faisceaux de petites plumes ou poils qui pendent à la base du bec, ainsi que les filaments qui garnissent les deux côtés d'une plume; 3° chez les insectes, les poils longs et roides qui garnissent le front de certains diptères et entourent la base de leur trompe.

En Botanique, on désigne sous ce nom les filaments des étamines des molènes, le style et le stigmate des gesses, le filet qui termine ou accompagne la balle des blés, orges et autres graminées (*Voy.* aussi ARÊTE). — On nomme vulgairement *B. de bouc* le *Salsifis sauvage*; *B. de capucin*, une variété de *Chicorée sauvage* qui, renfermée à la cave dans un tonneau rempli de terre, pousse des jets allongés et blancs qu'on mange en salade; *B. de chèvre*, la *Spirée*; *B. de Dieu*, l'*Andropogon*; *B. de Jupiter*, la *Joubarbe*; *B. de renard*, l'*Astragale adragant*, etc.

Le *cheval barbe* est un cheval de Barbarie: ces chevaux sont estimés pour leur vigueur.

BARBE (SAINTE-). *Voy.* SAINTE-BARBE.

BARBEAU, sous-genre de Cyprins, de la famille des Cyprinoïdes, caractérisé par ses barbillons et par la brièveté de ses nageoires dorsales et anales. Il porte à la mâchoire supérieure quatre barbillons, dont deux au bout et deux aux angles: c'est de là que lui vient son nom. Le type de ce sous-genre est le *B. commun*, appelé aussi *Barbot*, *Barbiau* et *Barbet*, qui vit dans les eaux douces. Sa taille est de 35 à 40 centim. Sa chair est assez estimée; mais on attribue à ses œufs des propriétés vénéneuses qui ne sont point constatées.

Barbeau est aussi le nom vulgaire du *Bluet* et de plusieurs Centaurées. Le *B. jaune* est la Centaurée odorante; le *B. musqué*, la Centaurée musquée; le *B. de montagne*, la Centaurée vivace.

BARBET (de *barbe*, à cause de son poil), espèce de chien à poils longs et frisés de couleur blanche ou noire, appartient à la race des Épagneuls; on l'appelle aussi *Caniche* et *Chien canard*. Le barbet aime beaucoup l'eau, et peut être employé pour la chasse à l'étang. Il est très-intelligent et très-attaché à son maître; mais la longueur de son poil l'expose à se crotter affreusement en marchant par les rues: c'est pour cette raison qu'on lui rase souvent le poil

des pattes et de la moitié postérieure du corps, ce qui lui donne à peu près l'apparence d'un lion à crinière. — *Barbet* est aussi le nom vulgaire de plusieurs poissons, le Barbeau, le Rouget et le Mulet.

On a donné ironiquement le nom de *Barbets* aux restes des anciens Vaudois et Albigeois, réfugiés dans les vallées du Piémont. Ils tirent ce nom, dit-on, de celui de *Barbes*, qu'ils avaient donné à leurs ministres, à cause des grandes barbes qu'ils portaient.

BARBETTE. Dans l'Artillerie, on nomme ainsi une espèce de batterie: c'est une petite élévation en terre que l'on pratique aux angles flanqués des ouvrages pour y placer des canons, qu'on tire par-dessus le parapet au lieu de tirer par les embrasures: c'est ce qu'on appelle *tirer à barbette*.

BARBICANS et BARBIONS, oiseaux. *Voy.* BARBUS.

BARBIER (de *barbe*). Chez les anciens, les barbiers portaient le nom plus général de *tonsores* (tondeurs), et entretenaient à la fois la barbe, les cheveux et les ongles. A Rome, comme à Athènes, leurs boutiques étaient le rendez-vous des oisifs et des nouvellistes. En France, les barbiers portaient jadis le nom de *mires* et remplissaient en partie les fonctions de chirurgien. Quelques-uns jouèrent un rôle très-important: Pierre La Brosse, barbier de saint Louis, devint ministre de Philippe le Hardi; Olivier le Dain, barbier de Louis XI, fut aussi son confident. Les barbiers furent érigés en corporation en 1674. On distinguait alors les *barbiers-perruquiers* et les *barbiers-chirurgiens*. Figaro est devenu le type de ces derniers; on leur a donné quelquefois le nom de *fraters*. Après 1789, les chirurgiens abandonnèrent le rasoir, et les barbiers-perruquiers échangèrent leur nom contre celui de *coiffeurs*.

BARBIER, poisson. *Voy.* ANTHIAS et SERRAN.

BARBILLONS (de *barbe*), filaments qu'on rencontre autour de la bouche de certaines espèces de poissons, et qu'on a regardés comme des organes du tact.

Ce mot désigne aussi 1° les *antennules* et les *palpes* des animaux articulés; 2° des replis de la membrane muqueuse de la bouche, situés sous la langue du cheval, de chaque côté du frein, et formant une sorte de mamelon qui sert de pavillon à l'orifice extérieur des glandes maxillaires. Les empiriques coupent sous prétexte qu'ils empêchent les chevaux de boire. — On nomme encore *barbillons* les jeunes barbeaux et une espèce de squale.

BARBOTE, nom vulgaire de la *Lotte commune* (*Gadus Lota*), poisson d'eau douce de l'ordre des Malacoptérygiens subbrachiens, famille des Gadoïdes. C'est un très-bon poisson dont on fait d'excellentes fritures (*Voy.* GADE). — En Botanique, *Barbote* est le nom vulgaire de la *Vesce*.

BARBOTINE, dite aussi *Santoline* et *Semen-contra*, poudre à vers qui paraît faite avec la graine d'une espèce d'Armoise. On la tire du Levant.

BARBUE, *Passer Rhombus*, espèce du genre Turbot: c'est un poisson de mer très-ressemblant au turbot commun; mais il est plus large et plus mince et n'a point d'aiguillons. La barbue est très-estimée, quoique sa chair soit moins ferme et moins savoureuse que celle du turbot. Son nom lui vient vraisemblablement des filets minces et libres, analogues aux *barbes* de poisson, qui dépassent les rayons extérieurs de sa nageoire dorsale, rayons qui s'étendent jusque sur la tête de l'animal, entre les yeux.

BARBUS ou BUCCOÏNÉES (de *barba*, barbe, et de *bucca*, joue, à cause de la forme de leur bec), famille d'oiseaux Grimpeurs, a pour caractère un bec conique, renflé latéralement, et garni à sa base de plusieurs faisceaux de barbes roides, dirigées en avant. Ces oiseaux habitent les contrées les plus chaudes des deux continents; leur plumage est brillant, mais ils ont l'air pesant et stupide. On distingue les *Barbus* proprement dits, qui habitent l'Asie et l'Amérique; les *Barbicans* ou *Pogonias*, qu'on trouve en Afrique; les *Barbions*, qu'on trouve en Afrique, en Asie et en Amérique; enfin les *Tamatias* et les *Barbacous*, qu'on ne trouve que dans l'Amérique méridionale.

BARCAROLLE (de *barca*, barque), c.-à-d. chanson de barque, de batelier, ainsi nommée parce qu'elle est chantée par les gondoliers de Venise, qui, s'ils n'ont pas inventé ce genre, en conservent du moins le goût et la tradition dans toute sa pureté. Ce sont ordinairement des strophes, des couplets, en dialecte vénitien, souvent des stances du Tasse, ornés d'une mélodie simple, touchante ou animée. Des compositeurs habiles les ont plus d'une fois placées avec succès dans des ouvrages dramatiques. Le mouvement à 6/8 en est léger, et rappelle assez bien le jeu de la rame qui fend les eaux.

BARD ou **BAR**, forte civière dont on se sert dans les chantiers pour porter les moellons, les pierres et autres matériaux servant à bâtir.

BARDANE, *Arctium*, genre de la famille des Composées, tribu des Cynarées. La *B. officinale* (*Arctium lappa*), genre type, croît naturellement en Europe le long des chemins et dans les terres incultes. C'est une plante à tige rameuse, de 70 centim. de hauteur, garnie de feuilles vertes en dessus, blanches et cotonneuses en dessous. Ses fleurs, purpurines ou violacées, sont contenues dans un calice formé d'écailles qui s'accrochent aux vêtements et à la toison des brebis. Sa racine s'emploie comme dépurative et sudorifique contre les maladies de la peau, d'où son nom d'*Herbe aux teigneux*. La bardane se nomme aussi *Glouteron*.

BARDEAU ou **BARDOT**, petit mulet qui provient de l'accouplement d'un cheval et d'une ânesse. Ce mot s'emploie figurativement pour désigner celui qui est un objet de mépris et de sarcasmes.

Dans la Bâtisse, on appelle *Bardeau* une sorte d'ais mince et court qui sert à soutenir les tuiles et les ardoises sur les toits, ou à porter les carreaux dans les appartements.

BARDES, poëtes et ministres du culte chez les Gaulois et les Bretons. *V. le Dict. univ. d'H. et de G.*

BARDOTTIER, *Imbricaria*, genre d'arbre de la famille des Sapotiliers, fondé sur une espèce qu'on trouve à l'île Bourbon. C'est un arbre lactescent. On le nomme aussi *bois de natte*, à cause de l'usage qu'on fait de son bois, débité par *lattes*, pour couvrir les maisons. Ses fruits sont gros et bons à manger.

BAREGE, étoffe de laine légère et non croisée, dont on fait des châles, des fichus, des écharpes, des robes de femme. Elle tire son nom de Baréges, quoique ce soit plutôt à Bagnères de Bigorre (Hautes-Pyrénées) qu'on la fabrique.

Eau de Baréges. Voy. EAUX MINÉRALES.

BARÉGINE, substance extraite des eaux de Baréges, nommée aussi *Glairine. Voy.* GLAIRINE.

BARÊME, livre contenant des calculs tout faits, est ainsi nommé de *Barrême*, qui composa le premier livre de ce genre. On a depuis publié sous le même titre une foule de livres de *Comptes faits.*

BARGE, *Limosa*, genre d'oiseaux Échassiers de la famille des Longirostres. La *B. à queue noire* ou *commune*, qui est le type de ce genre, ressemble beaucoup à la Bécasse, mais a la taille plus élancée et les pattes plus élevées. On remarque encore la *B. aboyeuse* ou *à queue rayée*, qui est d'un gris brun, à plumes bordées de blanc, et qui a le croupion blanc rayé en hiver, tandis qu'elle est presque entièrement rousse en été. Les barges habitent les marais salés et les bords de la mer; ce sont des oiseaux tristes, timides, glapissants; ils vivent en troupe et restent toujours cachés dans les roseaux.

BARGE, barque à voile carrée, usitée sur la Loire.

BARIGEL (de l'italien *barigello*), nom que porte à Rome et à Modène le capitaine des archers chargé de veiller à la sûreté et à la tranquillité publiques.

BARIGOULE, sorte de Champignon comestible,

du genre Agaric. — On donne ce nom à une manière de préparer l'artichaut; elle consiste à farcir ce légume, à le passer un instant dans un peu de beurre, et à le faire cuire doucement dans une tourtière avec quelques cuillerées de bonne huile. On sert l'artichaut ainsi préparé sur une sauce italienne.

BARIL, petit tonneau de bois destiné à contenir diverses sortes de marchandises sèches ou liquides et dont la capacité varie suivant les usages auxquels on l'emploie. En France, les ordonnances sur le barillage prescrivaient de donner aux barils la 8e partie de la capacité d'un muid ou 18 boisseaux de Paris (235 litres). Le baril de poudre contient 50 kilogr.; le baril de savon contient 126 kil.; mille harengs forment un baril.

BARILLE, nom commun à plusieurs plantes marines qui donnent la soude. Il s'applique aussi à une espèce de soude estimée que les Espagnols fabriquent, et qui est employée dans la fabrication du savon. Il s'en exportait une grande quantité pour Marseille avant qu'on eût trouvé l'art de fabriquer des soudes factices. *Voy.* SOUDE.

BARILLET (diminutif de *baril*). On appelle ainsi, en Anatomie, une cavité assez grande située derrière le tambour de l'oreille; — en Horlogerie, un tambour plus ou moins plat, qui renferme un ressort plié en spirale : il y a le barillet de la sonnerie et celui du mouvement; — en Hydraulique, un corps de bois cylindrique avec un clapet de bois placé sur le dessus, ou bien le piston d'une pompe à bras qui n'a pas de corps de pompe, mais qui joue dans un tuyau de plomb et élève l'eau par aspiration.

BARITE, **BARIUM**. *Voy.* BARYTE, BARYUM.

BARITON. *Voy.* BARYTON.

BAROMÈTRE (du grec *baros*, poids, et *métron*, mesure), instrument de physique servant à indiquer les variations qu'éprouve la pression de l'atmosphère. Il se compose d'un tube de verre long d'environ 90 centim., qui, après avoir été rempli de mercure, est renversé par son extrémité ouverte dans une cuvette également remplie de mercure; cet appareil est fixé sur une planchette divisée en centimètres de bas en haut. Il présente à sa partie supérieure un vide, que l'on appelle *chambre barométrique, vide barométrique* ou *vide de Torricelli*, dans lequel le mercure peut se mouvoir librement. Si l'on fait répondre le zéro de l'échelle au niveau du mercure de la cuvette, on voit que, malgré la communication établie entre le liquide de la cuvette et celui du tube, ce dernier s'élève à environ 760 millim. ou 28 pouces au-dessus de l'autre. Cette inégalité de niveau est due à la pression de l'air extérieur sur la surface du mercure contenu dans la cuvette; elle prouve que le poids de la colonne renfermée dans le tube fait équilibre à cette pression de l'atmosphère. Si à la place du mercure on employait de l'eau, qui est 13 fois 1/2 moins pesante que le mercure, la colonne s'élèverait à une hauteur 13 fois 1/2 plus grande, c.-à-d. à 32 pieds ou 10m,26, hauteur où elle parvient en effet dans les tuyaux de pompe.

Le baromètre sert communément à prédire la pluie et le beau temps, mais ses indications sont peu sûres. Quand la colonne est très-élevée, c'est signe de beau temps; quand elle descend, c'est signe de mauvais temps : de 766 millimètres à 773, le temps est généralement beau; à 760, il est variable; au-dessous, l'instrument annonce la pluie et le vent; à 730, point le plus bas qui ait été observé, il présage les tempêtes. Le baromètre monte dans le beau temps parce que l'air, étant alors sec et plus pesant, exerce une plus forte pression sur le mercure contenu dans la cuvette; il descend dans le mauvais temps, parce que l'air, étant alors humide et plus léger, exerce une moindre pression sur la cuvette. — Comme la colonne mercurielle se déprime à mesure qu'on s'élève dans l'atmosphère, parce qu'elle fait alors équilibre à des couches moins élevées et conséquemment moins pesantes, on tire parti de ce fait pour employer le baromètre à mesurer les hauteurs.

Galilée paraît avoir eu la première idée du baromètre; elle lui fut suggérée par un fontainier de Florence qui avait remarqué que l'eau ne pouvait s'élever dans les corps de pompe au-dessus d'une hauteur invariable (32 pieds ou 10m,26); mais ce fut Torricelli, son disciple, qui construisit le premier instrument de ce genre en 1643. Depuis, on a beaucoup perfectionné le baromètre. Toutes les formes qu'on a imaginées reviennent généralement à deux : le B. à cuvette et le B. à siphon.

Baromètre à cuvette. Dans le baromètre à cuvette ordinaire, les indications ne sont pas bien exactes, parce que le niveau du mercure dans la cuvette, qui est considéré comme fixe, s'abaisse ou s'élève suivant que le mercure monte ou descend dans le tube; on remédie en grande partie à cet inconvénient en donnant à la cuvette beaucoup plus de largeur qu'au tube. Dans le B. de Fortin, la cuvette se compose d'un fond en peau, qu'une vis fait monter ou descendre à volonté; la partie supérieure de la cuvette porte une petite pointe en ivoire, à l'aide de laquelle on obtient un niveau constant. Ce baromètre est portatif; il est enfermé dans un étui en métal, fendu sur les côtés, et qui porte des divisions; la cuvette est recouverte par une peau perméable à l'air et imperméable au mercure.

Baromètre à siphon. Dans les baromètres à cuvette, l'action capillaire du verre sur le mercure déprime la colonne dans le tube plus fortement que dans la cuvette; cette cause d'erreur n'existe pas dans le baromètre à siphon. Celui-ci est formé par un tube recourbé en U, à branches inégales, mais de même diamètre; la dépression est alors la même des deux côtés et n'a plus besoin d'être corrigée. On gradue cet instrument au moyen d'une règle mobile qui porte les divisions et qui fait mouvoir en même temps une petite tige d'ivoire qu'on amène, avant chaque observation, à affleurer la surface du mercure. Quelquefois on applique à l'instrument une règle fixe, dont le zéro est placé au-dessous ou au-dessus du point que le niveau du mercure peut atteindre dans la courte branche; on obtient la hauteur exacte en retranchant de la hauteur observée dans la longue branche, la différence de hauteur observée entre le zéro fixe sur la tige et le niveau du mercure dans la courte branche, si le zéro est situé au-dessous; on ajoute au contraire cette différence si le zéro se trouve placé au-dessous du niveau. — Le B. de Gay-Lussac est un baromètre à siphon dont les deux branches sont séparées par une portion de tube capillaire dont le diamètre est assez fin pour que l'air n'y puisse traverser le mercure et le déplacer; l'extrémité de la courte branche est entièrement fermée, et ne présente, sur le côté, qu'une petite ouverture par où l'air peut pénétrer, mais qui ne permet pas au mercure de sortir. Ce baromètre est portatif et a une graduation fixe. — Le B. de Bunten est un perfectionnement du précédent. Il est formé de deux tubes soudés dont le supérieur, terminé en pointe, s'enfonce un peu au-dessous de la soudure, de manière à laisser autour de la pointe un petit espace circulaire. De cette sorte, les bulles d'air qui restent adhérentes aux parois du tube dans le renversement de l'instrument, au lieu d'arriver par le ballottement jusque dans le vide barométrique, viennent se loger dans l'angle circulaire formé autour de la soudure, et n'abaissent pas par leur force expansive la colonne barométrique, comme dans le baromètre de Gay-Lussac.

Le Baromètre à cadran est encore un baromètre à siphon, disposé de manière à faire mouvoir une aiguille; un petit poids pèse sur la surface du mer-

cure; on y attache un fil qui s'enroule sur une poulie et qui porte un contre-poids à son extrémité; quand le mercure monte ou descend dans la courte branche, le mercure en suit le mouvement et fait marcher l'aiguille. Les frottements et les adhérences rendent la marche de cet instrument très-irrégulière et ses indications peu exactes.

Le baromètre éprouve dans un même lieu des variations plus ou moins considérables : à Paris, il n'y a presque pas de jour où il ne change de plusieurs millimètres. On distingue deux sortes de variations : les variations horaires, qui, se reproduisant très-régulièrement à des heures marquées, sont d'une grandeur constante; et les variations accidentelles, qui surviennent irrégulièrement sans qu'on en puisse prévoir ni l'époque ni l'étendue. Dans nos climats, l'heure de midi est l'heure de la journée où la hauteur du baromètre est très-sensiblement la hauteur moyenne du jour; en hiver, le maximum est à 9 heures du matin, le minimum à 3 heures de l'après-midi, et le second maximum à 9 heures du soir; en été, le maximum a lieu avant 8 heures du matin, le minimum à 4 heures de l'après-midi, et le second maximum à 11 heures du soir. La hauteur moyenne du baromètre, à Paris, est de 756 millim. On doit à M. de Humboldt, et surtout à M. Ramond, de nombreuses observations sur les variations horaires du baromètre.

BAROMÈTRE ANÉROÏDE. Voy. ANÉROÏDE.

BARON, BARONNET, titres de noblesse. Voy. le Dict. univ. d'Hist. et de Géogr.

BARRAGE (du v. barrer), obstacle que l'on oppose à un cours d'eau pour en exhausser le niveau, soit qu'on veuille le rendre plus navigable, soit qu'on ait besoin d'une chute d'eau pour le service d'une usine. Il y a des barrages fixes, construits en maçonnerie et en bois, et des barrages mobiles, formés de poutrelles ou de planches superposées horizontalement, et pouvant s'enlever à volonté. — On appelait autrefois droit de barrage un droit établi pour la réparation des ponts ou du pavé des routes, ou bien encore un droit d'entrée qu'on payait à la porte de certaines villes. Il était ainsi nommé, parce qu'aux lieux où on le percevait on plaçait une barre en travers du chemin.

BARRAS, nom donné au suc résineux qui découle du pin maritime, lorsqu'il s'est desséché sur l'arbre en masses jaunes. A l'état liquide, on le nomme galipot.

BARRÉ. Ce mot s'emploie dans un grand nombre d'acceptions; nous citerons seulement les suivantes : En Géographie, on appelle barre de sable ou simplement barre, des amas de sables, ordinairement mouvants, qui obstruent l'embouchure d'un fleuve ou l'entrée d'un port; barre d'eau une vague-élevée, transversale, que produit le choc des eaux des grands fleuves, descendant avec force contre les eaux de la mer qui remontent par l'effet de la marée. Dans le fleuve des Amazones, la barre atteint quelquefois une hauteur de 60 mètres; dans la Seine, son effet se fait ressentir jusqu'à Rouen; les riverains de la Dordogne lui donnent le nom de mascaret.

Dans la Marine, on nomme barre du gouvernail le levier fixé à la tête du gouvernail et qui sert à le manœuvrer; aujourd'hui, cette barre est en bois, et à son extrémité est attachée une corde appelée drosse, dont les bouts vont s'enrouler sur un cylindre ou roue qui aide au maniement; — barre d'arcasse, la corde du grand arc formé par les estains appuyés sur l'étambot, lequel est comme la flèche de cet arc; — barre d'hourdy, une barre parallèle et inférieure à la barre d'arcasse; au-dessous de cette barre est la barre de pont, qui est à la hauteur du pont; — barres d'écoutilles, de longues lattes en fer fixées par des pitons et des cadenas sur les couvertures formées de plusieurs planches dont on recouvre les larges ouvertures qui livrent passage des ponts supérieurs à la cale ou à l'intérieur du navire; — *barres de hune*, *barres de perroquet*, *barres de cacatois*, de petites pièces de bois placées en travers, à distances différentes, sur l'élévation de l'ensemble d'un mât, et qui supportent la base de chacun des mâts particuliers, dont chacun forme, par sa superposition, le mât proprement dit.

En termes de Blason, la *barre* est une des pièces honorables de l'écu, qui va du haut de la partie gauche au bas de la partie droite : c'est le contraire de la *bande*. On appelle *barre de bâtardise* une barre un peu plus étroite que la barre simple, et qui sert à barrer les armes des bâtards.

En Métallurgie, on donne le nom de *barre* au produit de la fonte des mines des métaux précieux, purifié, affiné et façonné en lingots; sur chaque barre on indique par quatre marques le poids, le titre, le millésime et la douane où les droits ont été acquittés.

Dans un Tribunal, on appelle la *barre* l'enceinte particulière réservée aux juges, parce qu'elle est ordinairement fermée par une barre ou barrière à hauteur d'appui : les avocats et les avoués se placent derrière la barre. On a étendu ce nom à l'enceinte des chambres législatives.

En Métrologie, on nomme *barre* une mesure pour les étoffes dont on se sert en Espagne. On distingue la barre de Valence qui contient 90 centimètres, et celle de Castille qui en contient 85.

BARREAU. Ce mot désigne et le lieu où les avocats se tiennent à l'audience pour plaider, et le corps même des avocats; il vient de la *barre* ou balustrade qui sépare le tribunal du lieu où siégent les avocats. — Le barreau a produit, à toutes les époques, des hommes célèbres, et a joué un rôle important. Chez les Grecs et les Romains, il fut la pépinière des orateurs et des hommes d'État : Aristide, Périclès, Hypéride, Lysias, Démosthène, Eschine dans Athènes; Cicéron, Hortensius, Marc-Antoine, Crassus à Rome, furent l'honneur du barreau en même temps que de la tribune. — Sous les empereurs romains, sans jouer de rôle politique, il compte encore dans ses rangs les hommes les plus distingués, Pline, Papinien, Ulpien, etc. Anéanti par l'invasion des barbares, le barreau se relève au moyen âge. Longtemps la défense est confiée aux clercs de l'Église; mais un concile leur interdit le barreau (1180). Ce n'est que sous Louis IX qu'on voit paraître en France le nom d'*avocat*; l'ordre, déjà réglementé par une ordonnance de 1274, est constitué par l'ordonnance de 1344. Tout en partageant depuis le sort des parlements, il conserve son organisation jusqu'en 1790. Il est alors supprimé, comme toutes les institutions de l'ancien régime. Pendant plusieurs années, l'exercice de la profession d'avocat fut ouvert à tout le monde : ceux qui s'y livraient prenaient le titre de *défenseurs officieux*. L'ordre des avocats ne fut rétabli qu'en 1804 (loi du 22 ventose an XII). Un décret du 14 déc. 1810 soumit le barreau à un règlement sévère : le décret du 2 juillet 1802, les ordonnances du 20 mars 1822 et 27 août 1830 complétèrent son organisation.

Le barreau français a subi de grandes vicissitudes. Dès le XIVe siècle, il comptait des hommes d'un grand savoir et d'une rare vertu, tels que Yves Hélori, qui fut canonisé, J. Faber, Pierre de Belleperche, Raoul de Presles, Regnault d'Acy, Guillaume de Dormans, Jean Desmarets, J. Juvénal des Ursins, Jean de la Rivière, Jean de Vailly, Raulin, Cousinot, etc.; mais l'éloquence de cette époque, déclamatoire, verbeuse, surchargée de digressions inutiles et de citations déplacées, était fort discréditée. Avec le XVIe siècle commence pour le barreau français une ère nouvelle : c'est alors que brillent Dumoulin, G. Coquille, Poyet, Chopin, Brisson, Bodin, Ayrault, Loyseau, Pithou, Loisel, Pasquier, Lemaistre, Ant.

Arnauld, Patru. Au XVIIIe siècle, Cochin, Gerbier, Linguet, Bergasse, Delamalle, Tronchet, Desèze, Chauveau-Lagarde, soutiennent l'honneur du barreau; ils trouvent dans les Berryer, les Hennequin, les Dupin, de dignes successeurs.

Il a été publié, sous le titre de *Barreau français*, un riche recueil des chefs-d'œuvre de l'éloquence judiciaire en France (1821-25, 16 vol. in-8). — Outre une *Histoire abrégée de l'ordre des avocats*, par Boucher d'Argis (1753), on a l'*Histoire des avocats au Parlement et au Barreau de Paris*, par M. Fournel (1813), histoire que complètent les *Souvenirs* de Berryer père (1839). On doit à M. Grellet-Dumazeau des *Recherches et Etudes sur le Barreau de Rome*, depuis son origine jusqu'à Justinien (Paris, 1851).

BARREAU AIMANTÉ. *Voy.* AIMANT.

BARRES, nom donné à l'intervalle qui, dans la mâchoire du cheval, existe entre les canines et les molaires, et sur lequel porte le mors. Chez les ruminants et les rongeurs, c'est la place vide existant entre les incisives et les molaires.

Autrefois, on désignait sous le nom de *barres* un exercice d'hommes armés et combattant ensemble, avec de courtes épées, dans un espace fermé de barrières. Par suite, on a donné ce nom à un jeu qui consiste à se former en deux camps, séparés par une *barre* tracée sur le sol, puis à venir se provoquer réciproquement et à courir les uns contre les autres, pour faire des prisonniers ou pour délivrer les prisonniers faits par le camp opposé.

BARRETTE (de l'italien *barretta*), bonnet carré de couleur noire et à trois cornes que portent les ecclésiastiques, surtout en Italie; ordinairement il se plie en s'aplatissant. — On donne plus spécialement ce nom à un petit bonnet carré de couleur rouge qui est un des insignes des cardinaux, et qu'il ne faut pas confondre avec le *berettino* ou calotte rouge. La barrette est remise aux cardinaux par un envoyé de pape, qui prend le titre d'ablégat. C'est Grégoire XIV qui introduisit l'usage de la barrette, afin de distinguer les cardinaux.—Le bonnet de docteur se nomme aussi *barrette* : il se distingue de la barrette ordinaire en ce qu'il a quatre cornes.

· BARRICADE (de *barre*), espece de retranchement fait à la hâte avec des tonneaux, des fascines, des paniers pleins de terre, des arbres, des pieux, des pavés ou tout autre obstacle, pour défendre un passage, une avenue, une porte, une brèche. On a également donné ce nom à des chaînes tendues à travers une rue pour empêcher le passage. — Ce genre de défense a joué un grand rôle à Paris dans plusieurs insurrections. Outre l'emploi qu'on en fit dans la célèbre journée du 12 mai 1588, appelée spécialement la *Journée des barricades* (*Voy.* le *Dict. univ. d'Hist. et de Géogr.*), on y recourut encore le 29 août 1648, pour forcer Anne d'Autriche à renvoyer Mazarin; le 27 juillet 1830, pour repousser les troupes de Charles X, à la suite de la promulgation des ordonnances du 25 juillet; dans les journées des 23 et 24 février 1848, pour arrêter la marche des troupes du roi Louis-Philippe; enfin, dans les fatales journées de juin 1848.

BARRIÈRES (du mot français *barre*), nom sous lequel on désigne, outre les grilles et les barrières proprement dites, les bureaux établis à l'entrée d'une ville, sur un pont, sur une route, à la frontière d'un pays ou d'une province, pour la perception d'un droit de douane, d'entrée ou d'octroi, d'un péage, d'une taxe, etc. — Paris a 56 barrières, dont les principales sont : au N., celles de l'Étoile, du Roule, de Clichy, Saint-Denis, de La Villette, de Belleville et du Trône; au S., celles de Fontainebleau ou d'Italie, Saint-Jacques, d'Enfer, du Maine, etc. — En Angleterre et en Allemagne il existe sur les routes des *barrières* où l'on perçoit sur les voitures, les chevaux et les bêtes de somme, des taxes destinées à payer les frais de construction et d'entretien des voies publiques.

Autrefois, à Paris, les sergents du Châtelet se tenaient ordinairement appuyés sur la barrière qui était au-devant du Châtelet, pour être prêts, au premier ordre du juge ou à la réquisition des parties ; dans la suite, on leur construisit en différents quartiers, des corps de garde qui conservèrent le nom de *barrières des sergents ;* c'est de là qu'a pris son nom le lieu appelé la *Barrière des sergents,* dans la rue Saint-Honoré, en face de la rue du Coq.

BARRIQUE, espèce de futaille ou de tonneau servant, comme le baril, à expédier des marchandises solides ou liquides, telles que la morue, les vins, les huiles, les eaux-de-vie et les sucres. Sa contenance varie suivant les pays : à Bordeaux, la barrique de vin contient 200 pintes de Paris ou 186 lit., 263 ; à La Rochelle, à Cognac, et dans tout le pays d'Aunis, la barrique d'eau-de-vie compte pour 27 veltes (205 lit., 45) ; à Nantes et en divers lieux de la Bretagne et de l'Anjou, elle est évaluée à 29 veltes (220 lit., 69) ; à Bordeaux, à Bayonne, et en plusieurs endroits de la Guyenne, à 32 veltes (243 lit., 84). La barrique en usage pour les vins et eaux-de-vie à Agen contient 100 pots du pays, ou 223 lit. 51 cent.

BARTAVELLE, nom vulgaire de la perdrix grecque.

BARTONIA, nom botanique de la Centaurelle.

BARYTE (du grec *barys,* pesant), dite aussi *protoxyde* de *baryum,* terre alcaline composée de baryum et d'oxygène [BaO], blanche ou grisâtre, d'une saveur caustique, sans nom de sa pesanteur (4 fois celle de l'eau). Lorsqu'on fait tomber sur de la baryte quelques gouttes d'eau, elle s'échauffe, se délite et fait entendre un bruissement semblable à celui que produirait un fer rougi : 1 partie de baryte exige 5 parties d'eau pour se dissoudre. Exposée à l'air, la baryte, comme les autres alcalis, en attire l'humidité et se carbonate. Calcinée dans le gaz oxygène, elle se convertit en *bioxyde* ou *peroxyde de baryum* [BaO²].

La baryte se rencontre fréquemment dans la nature, en combinaison avec l'acide sulfurique, à l'état de *spath pesant* ou *baryte sulfatée,* ou avec l'acide carbonique, à l'état de *baryte carbonatée* ou *withérite.* Ces deux minéraux, et surtout le premier, servent à la préparation de tous les *sels de baryte.* On obtient la baryte pure en calcinant au rouge, dans un creuset, le nitrate de baryte. M. Boussingault s'en est servi tout récemment pour obtenir l'oxygène en grand, en l'enlevant directement à l'air atmosphérique, et le rendant libre immédiatement après. M. Dubrunfaut en a tiré parti dès 1850 pour extraire des mélasses tout le sucre cristallisable qu'elles contiennent. La baryte est peu employée en médecine ; mêlée à l'huile d'olive, elle a été conseillée à l'extérieur contre les dartres. Les sels de baryte solubles sont d'un emploi fort utile dans l'analyse chimique ; ils servent particulièrement à découvrir l'acide sulfurique et les sulfates, avec lesquels ils donnent un précipité blanc, insoluble dans les acides. Ils sont fort vénéneux. — La baryte a été découverte par Scheele en 1774 dans le spath pesant ou baryte sulfatée.

BARYTE CARBONATÉE, dit aussi *withérite,* minéral composé de baryte et d'acide carbonique, découvert par le docteur Withering dans la mine de plomb de Snailbach, dans le Shropshire, en Angleterre. Il a été trouvé depuis dans plusieurs autres localités. Il est blanc, fibreux, insoluble dans l'eau, et d'une densité de 4,3. La baryte carbonatée est un poison pour les animaux : cette propriété la fait désigner, en Angleterre, sous le nom de *pierre contre les rats.*

BARYTE SULFATÉE, spath pesant ou *barytine,* minéral blanc ou jaunâtre, remarquable par sa forte pesanteur spécifique qui est de 4,5 (de là le nom de *baryte*) ; se présente en veines ou en couches dans les terrains de toutes les époques ; c'est la gangue

la plus considérable des substances métalliques. On l'emploie dans les laboratoires de chimie pour préparer les autres sels de baryte. Les céruses communes du commerce sont quelquefois sophistiquées avec la poudre de ce minéral.

BARYTON (du grec *barys,* grave, et *tonos,* ton). C'est la voix d'homme qui, pour la gravité, tient le milieu entre le ténor et la basse-taille, et qui est spéciale aux voix de basse dans leur jeunesse. On l'a aussi nommée *taille* et *concordant,* parce qu'elle servait à lier entre elles les deux autres voix. Son diapason commence au *si* bémol grave, et s'élève jusqu'au *fa,* à la 12e. On l'écrit ordinairement, dans la partition, à la clef de *fa,* 4e ligne. Le baryton est fort employé dans les opéras français, et c'est peut-être le genre de voix le plus commun en France. — On a donné le même nom à un instrument de la famille des Violons qui se montait avec sept cordes. L'usage de cet instrument est aujourd'hui abandonné.

BARYUM, corps simple métallique contenu dans la baryte, a été isolé pour la première fois par Humphry Davy, en 1808, au moyen de la pile de Volta. Il est blanc ou gris, brillant, mou, et d'une densité d'environ 4,0.

BAS. Ce vêtement, ainsi nommé parce qu'il couvre le *bas* de la jambe, était inconnu aux anciens. Les Germains et les peuples du Nord n'en portaient point non plus. Au moyen âge, on se couvrit d'abord les jambes avec du drap, de la toile ou de la peau qu'on attachait avec des cordons ou des courroies. Les premiers *bas de tricot* ne datent que du règne de François Ier. Son fils, Henri II, porta, dit-on, les premiers bas de soie qui aient été fabriqués en France. — Le *métier à bas* ou *métier à tricoter,* cette machine ingénieuse avec laquelle on fabrique non-seulement des bas, mais toute espèce de tricot, fut inventé en France, en 1650, par un compagnon serrurier des environs de Caen, qui, rebuté par les tracasseries que lui suscita le corps des marchands bonnetiers, alla porter son invention en Angleterre. Elle en fut rapportée par un Français nommé J. Hindret, qui, en 1656, établit au château de Madrid, près de Boulogne, la première manufacture de bas qu'on ait vue en France. Depuis cette époque, le métier à bas a reçu de nombreux perfectionnements.

Bas-bleu. En France et en Angleterre, on appelle ainsi (*blue stocking* en anglais) les femmes beaux esprits, ou qui visent à une réputation littéraire. Quelques-uns attribuent l'origine de cette expression à lady Montague ; d'autres la font remonter au xve siècle, parce qu'alors il existait à Venise une société littéraire dite *Società della Calza* (société du Bas), dans laquelle les femmes étaient reçues.

BASALTE (mot qu'on croit tiré de l'éthiopien), roche noire ou brune d'origine ignée, très-dure et très-tenace, sonore, d'une densité égale à 3, composée d'un mélange extrêmement intime de pyroxène et de feldspath, d'albite ou labradorite. On y trouve souvent disséminés des cristaux de péridot, de pyroxène, de mica, de zéolithes, de fer titané, etc. On rencontre le basalte en filons et en masses intercalées dans toutes sortes de roches, et surtout en grandes nappes qui recouvrent comme un manteau la surface du sol, comme dans les anciennes provinces de l'Auvergne, du Velay et du Vivarais, en plusieurs points des Iles britanniques, de l'Islande, etc. Les masses basaltiques sont souvent divisées en fragments prismatiques, placés dans une situation verticale ; cette division provient du retrait de la roche en fusion au moment du refroidissement. Les prismes basaltiques ont quelquefois une longueur considérable, et présentent les apparences les plus extraordinaires : les monuments naturels les plus célèbres en ce genre sont les colonnades de la côte d'Antrim en Irlande, le pavé basaltique ou la *Chaussée des*

Géants des environs de Bushmill dans la même localité, et surtout la *Grotte de Fingal* dans l'île de Staffa, l'une des Hébrides.

Le basalte est trop dur et trop cassant pour pouvoir être taillé; on ne peut l'employer dans les constructions que comme moellon. On en fait cependant quelquefois des pilons et des mortiers, ou même des enclumes pour les batteurs d'or.

BASANE (du bas latin *bisus*, bis, brun, noirâtre, à cause de la couleur que le tan donne à la peau), peau de mouton, bélier ou brebis, passée au tan, s'emploie à divers usages, suivant les différents apprêts qu'elle reçoit. Amincie et teinte, glacée et apprêtée comme le maroquin, dorée, marbrée ou estampée, elle sert à faire des garnitures de chapeaux, des gaines, des dessus de tables, de chaises, de banquettes, de fauteuils; c'est surtout pour une couverture de livre qu'elle est employée: ce genre de reliure est plus économique que le veau, mais moins solide. Plus forte et moins façonnée, la basane est employée par les selliers, bourreliers, coffretiers et souffletiers, aux différents travaux de leur état.

On distingue: *B. tannées* ou *de couche*, qui sont tannées de même que les peaux de veau, et dont l'emploi le plus ordinaire est de servir à faire des tapisseries de cuir doré; *B. coudrées*, qui n'ont été que rougies dans l'eau chaude avec le tan, après avoir été pelées par le moyen de la chaux; *B. chipées*, apprêtées d'une manière particulière qu'on appelle *chipage* (Voy. ce mot); *B. passées en mesquis*, dans l'apprêt desquelles les tanneurs ont employé le redou au lieu de tan; *B. aludes*, ainsi appelées parce que, dans les apprêts qu'on leur donne, on emploie de l'eau d'*alun*: c'est cette dernière espèce qui sert pour les couvertures de livres et de portefeuilles. — La France, surtout dans les départements formés des anciennes provinces du Lyonnais et du Limousin, fabrique une grande quantité de basanes; on les prépare dans les départements, et on les finit à Paris.

BAS-BORD. *Voy.* BABORD.

BASCULE, nom sous lequel on désigne tout système de corps suspendu sur un point, mobile ou non, et autour duquel ce corps oscille jusqu'à ce qu'il se trouve en équilibre. Le fléau d'une *balance* est une bascule à bras égaux. Beaucoup de machines hydrauliques très-simples sont fondées sur ce système: telles sont la *B. hydraulique*, la *B. de d'Artigues*, l'*Horloge à eau de Perrault*. Dans les horloges mécaniques, on appelle *bascule* un levier qui règle le mouvement de la sonnerie, et soulève les marteaux qui frappent l'heure. Dans les orgues, on nomme *B. du positif* ou *du petit orgue* des règles de bois, longues d'environ 2 m., qui établissent la communication entre le clavier du positif et le sommier. — Tout le monde connaît le *Jeu de la bascule*, espèce de balançoire qui consiste en une pièce de bois mise en équilibre sur un point élevé, et à chaque extrémité de laquelle peuvent se mettre des personnes pour se balancer. — En Politique, on a donné le nom de *Système de bascule* à un système par lequel le pouvoir, placé entre deux partis, se porte tantôt vers l'un, tantôt vers l'autre. Ce système n'est pas nouveau; mais le mot n'a été introduit dans le langage politique qu'à propos du ministère de M. Decazes, sous le règne de Louis XVIII.

BAS DE CASSE. On nomme ainsi, en Typographie, la partie inférieure de la casse d'imprimerie. Le bas de casse est divisé ordinairement en 54 cassetins de différentes grandeurs, contenant tous des lettres et des caractères. On appelle *lettres bas de casse* les lettres qui sont contenues dans la partie inférieure de la casse, ainsi que les lettres qui, bien que contenues dans la partie appelée *haut de casse*, sont comme celles du *bas de casse* des minuscules ou petites lettres.

BASE (de *basis*, fondement, appui). On appelle ainsi, en Arpentage, une ligne droite, mesurée sur le terrain avec la plus grande exactitude possible, et sur laquelle on construit une série de triangles pour déterminer la situation des objets; — en Astronomie, la distance mesurée sur la terre entre deux points fixes très-éloignés, dans le but de trouver l'étendue des degrés terrestres, et, par conséquent, la grandeur de la terre; — en Chimie, toute substance qui, combinée avec un acide, produit un sel; c'est ce qu'on nomme aussi *base salifiable*; les bases solubles dans l'eau sont connues sous le nom d'*alcalis* (Voy. ce mot); — en Géométrie, la partie la plus basse d'une figure, ou celle qui est opposée au sommet. Dans un *triangle*, on peut prendre indifféremment pour base un quelconque de ses côtés; dans les triangles rectangles, on prend ordinairement l'hypoténuse, et, dans les triangles isocèles, le côté inégal aux deux autres. La *B. d'un cylindre* est l'une quelconque de ses surfaces planes; la *B. d'une pyramide* est le polygone sur lequel elle est construite; la *B. d'un cône* est le cercle sur lequel il est construit; la *B. d'une section conique* est la ligne droite qui forme l'intersection du plan coupant avec la base du cône.

BASELLE, vulgairement *Épinard des Indes*, genre de plantes exotiques, de la famille des Chénopodées, est composé d'herbes annuelles, charnues, succulentes et volubiles. La *B. rouge*, originaire des Indes Orientales, et la *B. blanche*, de la Chine, sont toutes deux acclimatées en France. Leurs feuilles se mangent comme celles des épinards; leurs baies noires fournissent une couleur pourpre assez belle, mais peu solide. La *B. vésiculeuse*, originaire du Pérou, se cultive chez nous en serre chaude.

BASIGÈNE (du grec *basis*, base, et *gennaô*, engendrer), épithète donnée par Berzélius aux corps électro-négatifs qui ne neutralisent pas les métaux, mais qui au contraire produisent avec eux des composés électro-négatifs ou des acides, et les composés électro-positifs ou des *bases*, comme l'oxygène, le soufre, le sélénium, etc.

BASILAIRE (c.-à-d. qui sert de *base*), épithète donnée par quelques anatomistes au sphénoïde et au sacrum, os situés l'un à la base du crâne, l'autre à celle de la colonne vertébrale. On appelle *vertèbre basilaire* la dernière vertèbre des lombes; *apophyse basilaire*, le prolongement osseux qui forme l'angle inférieur de l'occipital; *artère* ou *tronc basilaire*, le tronc formé par la réunion des deux vertébrales, vers le bord postérieur de la protubérance du cerveau. — En Botanique, on nomme *basilaire* tout organe placé à la base d'une partie quelconque. L'embryon est *basilaire* quand il est logé tout entier dans la portion du périsperme la plus voisine du style; le style est *basilaire* quand il naît de la base de l'ovaire, etc.

BASILÉE (du grec *basileia*, reine), plante originaire du cap de Bonne-Espérance, de la famille des Asphodélées, est nommé aussi *Eucomis*. La *B. royale*, l'espèce la plus remarquable par son port, se cultive dans nos jardins comme plante d'agrément.

BASILIC. Les anciens donnaient ce nom à un animal fabuleux auquel ils attribuaient toute espèce de propriétés nuisibles: c'était un reptile à huit pattes, dont la piqûre donnait instantanément la mort, dont le regard foudroyait, à moins qu'on ne l'eût aperçu le premier; sa tête portait une couronne: d'où son nom (*basilicos*, en grec, veut dire *royal*). — Linné a donné ce nom à un lézard de la famille des Iguaniens, qui a sur la tête une sorte de capuchon en forme de couronne: cet animal, fort inoffensif, est originaire d'Amérique; il vit sur les arbres, où il saute de branche en branche pour cueillir les graines ou attraper les insectes.

BASILIC (du grec *basilicos*, royal, à cause de sa bonne odeur), *Ocymum*, genre de la fam. des Labiées, renferme un grand nombre de plantes aromatiques, originaires des pays chauds, dont plusieurs espèces sont cultivées dans nos jardins. On les recherche à cause de leur odeur agréable, qui réside surtout dans les feuilles. Le *B. commun* (*Ocymum basilicum*), originaire des Indes, a une tige droite, légèrement velue, des feuilles petites en forme de cœur, et dentelées sur les bords ; des fleurs blanches ou purpurines : son infusion est stimulante et antispasmodique. Le *B. à petites feuilles* ou *B. noir* de Ceylan, à feuilles ovales, vertes ou violettes, à fleurs charnues, petites, blanches, ne s'élève qu'à 15 ou 20 centim., et forme un petit buisson ; son odeur est très-forte. Le *B. anisé* fournit un assaisonnement très-agréable. Les basilics aiment la chaleur. Si l'on veut en jouir longtemps, il faut les tondre en boule au moment de la floraison.

BASILICON (ONGUENT), du grec *basilicos*, royal, ainsi nommé à cause de la vertu qu'on lui attribuait. On appelle ainsi, en Pharmacie, un onguent composé de cire jaune, d'huile, de cire grasse et de poix, et qu'on emploie pour exciter la suppuration. On le nomme aussi *tétrapharmacon* (à 4 drogues), à cause des 4 éléments dont il est composé.

BASILIQUE (du grec *basilicos*, royal). Ce mot, qui signifie *maison royale*, fut d'abord, dit-on, le nom de l'édifice où l'archonte-*roi* rendait la justice à Athènes ; chez les Romains il désignait des bâtiments somptueux dans lesquels les magistrats rendaient la justice à couvert ; c'étaient d'ordinaire de vastes salles rectangulaires, dont la longueur était double de la largeur ; elles étaient ornées de statues et partagées par des rangs de colonnes en plusieurs galeries ou nefs dont celle du milieu était toujours la plus large. — Dans la suite, on donna ce nom aux premières églises chrétiennes, qui, presque toutes, étaient construites sur le modèle des basiliques romaines. Elles en différent toutefois en ce que les doubles galeries latérales s'arrêtent devant le chœur, dont elles sont séparées par une ouverture transversale qui, avec la nef, figure la croix, et en ce que l'arcade ou voûte placée sur les colonnes y est substituée à l'architrave. — Parmi les anciennes basiliques chrétiennes de Rome les plus célèbres sont celles de St-Laurent, de Ste-Agnès et de St-Paul-hors-des-murs ; elles furent ensuite imitées par les somptueuses basiliques de Ste-Marie-Majeure et de St-Jean-de-Latran. — En France, on remarque la basilique de St-Germain-l'Auxerrois à Paris, celle de St-Saturnin à Toulouse, etc. Les nouvelles églises de St-Vincent-de-Paule et de Notre-Dame-de-Lorette, à Paris, offrent une imitation du type primitif de la basilique chrétienne.—Vulgairement, le mot *basilique* est étendu à toute église vaste et majestueuse.

BASILIQUE (VEINE), du grec *basilicos*, royal, à cause du rôle important que lui attribuaient les anciens anatomistes. Elle est formée de la réunion des deux veines cubitales, naît à la partie interne du pli du coude, au-devant de l'artère humérale, monte le long de la partie interne du bras, au-devant du nerf cubital, et s'enfonce dans le creux de l'aisselle, pour s'ouvrir dans la veine axillaire. C'est une des veines où se pratique la saignée du bras. — La *veine médiane basilique* est une des branches de la précédente. — Les anciens, qui croyaient que la basilique du bras droit avait rapport avec le foie, et celle du bras gauche avec la rate, nommaient ces deux veines *hépatique* et *splénique*.

BASILIQUES, collection de lois romaines traduites en grec par l'ordre de l'empereur Basile Ier. *Voy.* ce nom au *Dict. univ. d'Hist. et de Géogr.*

BASIN (du grec *bambacinos*, de coton), étoffe croisée qui est ordinairement fabriquée toute en fil de coton, tant pour la chaîne que pour la trame. Il y a des basins larges ou étroits ; fins, moyens ou gros ; brochés, cannelés, cordelés ; les uns unis avec du poil d'un côté, d'autres à petites raies imperceptibles, sans poil, et d'autres à grandes raies ou barres, aussi sans poil. — Les villes où il se fabrique des basins en réputation sont Alençon, Lyon, Paris, Rouen, Toulouse, Troyes, Saint-Quentin, Cambrai. On en tire aussi de l'étranger, surtout de Suisse, de Belgique, d'Angleterre, du Bengale et de Pondichéry : ces deux derniers sont supérieurs à tous ceux d'Europe. — Les basins rayés de Troyes sont fabriqués de fil ou de chanvre, avec coton doublé et retors pour la chaîne, et tout coton pour la trame ; le nombre des fils de chaîne est proportionné à celui des raies : ils ont de 50 à 60 centimètres de large. — Depuis le progrès des manufactures anglaises, le débit des basins français à l'étranger a beaucoup diminué.

BASIQUE, se dit en Chimie d'un sel qui renferme une quantité de base plus grande que celle qui est contenue dans le sel neutre, formé par le même acide et la même base. — On dit aussi d'un acide qu'il est *monobasique*, *bibasique* ou *tribasique*, suivant qu'il se combine, pour former un sel neutre, avec un, deux ou trois équivalents de base.

BASOCHE, ancienne association des clercs du Parlement. *Voy.* le *Dict. univ. d'Hist. et de Géogr.*

BAS-RELIEF, ouvrage de sculpture formant saillie sur un fond auquel il tient, ou sur lequel on l'a appliqué. — On distingue : le *bas-relief* proprement dit, dont les figures sont peu saillantes et comme aplaties sur le fond : tels sont les bas-reliefs de J. Goujon dans la cour du Louvre et sur la fontaine des Innocents ; le *demi-relief* ou *demi-bosse*, dont les figures sortent du fond de la moitié de leur épaisseur ; le *haut-relief*, dont les figures sont presque détachées du fond et approchent de la ronde-bosse. — Les Grecs ont excellé dans la sculpture des bas-reliefs ; ceux du Parthénon sont encore aujourd'hui les modèles de l'art. Les Romains ont également réussi dans ce genre ; on cite surtout les bas-reliefs des colonnes Trajane et Antonine, ceux de l'arc de Titus, etc. De nos jours, le célèbre Thorwaldsen a exécuté pour la villa Sommariva, sur le lac de Côme, une longue frise dont le sujet est le *Triomphe d'Alexandre*, et qui peut rivaliser avec les plus beaux bas-reliefs de l'antiquité.

BASSE. On donne ce nom à la partie la plus grave de l'harmonie. On nomme *basse fondamentale*, ou *note principale*, la note qui forme le son fondamental de chaque accord ; c'est elle qui donne le nom à un accord parfait : ainsi un accord d'*ut* est celui qui a *ut* pour basse fondamentale. On appelle *basse continue* celle qui suit la mélodie pendant toute sa durée, et *basse figurée* celle qui forme une sorte de chant opposé au chant principal, en employant les notes les plus graves des mêmes accords. — La basse est la partie la plus importante de toute combinaison harmonique : c'est sur elle que se fondent les accords et que s'appuie la mélodie ou le chant. On donne aussi le nom de *basse* ou de *basse-taille* à la voix d'homme la plus grave, qui s'étend du second *fa* grave du piano jusqu'au *ré* hors des lignes (à la clef de *fa*, 3e ligne). La voix de basse était autrefois appelée *basse-contre*, et le baryton était alors appelé *basse-taille*, aujourd'hui on désigne sous le nom de *basse-contre* une voix qui, ayant le même timbre que la basse-taille, a moins d'étendue à l'aigu et plus au grave. — Dans les concerts vocaux, on appelle *basse-chantante* la voix pour laquelle le compositeur fait un chant mélodieux, vif et léger, capable de répondre aux traits de chant des ténors ou des premières cantatrices.

On appelle quelquefois *basse* le violoncelle, parce que, dans le quatuor et dans l'orchestre, cet instrument représente toujours la partie la plus grave du chant ou de l'harmonie.

BASSE-LICE ou mieux BASSE-LISSE, espèce de tapisserie dont la chaîne est tendue horizontalement sur le métier dit la *lisse* (*Voy.* ce mot). Ce tissu peut être de laine ou de soie, souvent rehaussé d'or, et représente des sujets divers, comme figures de personnages, d'animaux, paysages et autres objets semblables. La *basse-lisse* est ainsi nommée par opposition à la *haute-lisse*, non pas à cause de la différence de l'ouvrage, qui est le même quant aux résultats, mais par rapport à la différence de la situation des métiers sur lesquels on les travaille, celui de la basse-lisse étant posé à plat et horizontal, tandis que celui de la haute-lisse est dressé perpendiculairement.

BASSET (de *bas*), espèce de chien de chasse de la race des Epagneuls, est ainsi nommé parce qu'il est bas sur jambes. Il a la tête grosse et longue, les oreilles longues, le corps allongé, le poil fauve et les pattes cambrées en dedans, quelquefois torses. Le basset est un chien courant; il s'emploie surtout dans la chasse au renard, parce que sa taille lui permet de se glisser dans les terriers de cet animal.

BASSETTE, jeu de cartes, dit aussi *Barbacolle* ou *Hocca*, et analogue au Pharaon, mais plus dangereux encore, fut autrefois en grande vogue en France. On l'attribue à un noble vénitien, qui fut puni par l'exil pour une telle invention. Il fut défendu en France sous Louis XIV (1691), et tomba bientôt dans l'oubli.

BASSIE, *Bassia* (ainsi nommée du célèbre navigateur G. Bass), genre de la famille des Sapotées, propre à l'Asie équatoriale. Ce sont des arbres lactescents, à fleurs jaunes, nutantes ou pendantes. Espèces principales : 1° la *B. longifeuille*, fréquemment cultivée au Bengale en raison de ses usages économiques; on exprime de ses graines une huile grasse, comestible, et servant à l'éclairage; les fleurs sont bonnes à manger après avoir été torréfiées; le fruit est mangé en bouillie; le suc laiteux de l'écorce est un bon remède contre les maladies de la peau; le bois est aussi dur et aussi incorruptible que le bois de *tek*, mais plus difficile à travailler ; 2° la *B. latifeuille*, qui ne le cède guère en utilité à la précédente, et qui croît dans les contrées montueuses du même pays; son bois est dur, très-tenace; ses fleurs, qui se mangent sans préparation, ont une saveur douce et vineuse, et fournissent une boisson alcoolique; les graines fournissent aussi de l'huile; 3° La *B. butyracée*, croissant au Népal, contient à l'état frais une substance analogue au beurre (*beurre de Galam*), qui, avec le temps, durcit peu à peu et devient semblable au suif. Cette substance est regardée par les Hindous comme un spécifique contre les rhumatismes.

BASSIN (du bas latin *baccinum*, dérivé lui-même du mot *vas*). En Anatomie, on appelle *bassin* cette cavité osseuse qui termine inférieurement le tronc et qui fournit un point d'appui aux os des membres inférieurs. Le bassin se compose de quatre os irréguliers, larges et aplatis : le *sacrum* et le *coccyx* en arrière, et les os *iliaques* ou *innominés* sur les côtés et en devant; ces os sont solidement réunis par un ensemble de cartilages et de ligaments. Le bassin soutient et renferme la plus grande partie des intestins, les organes génitaux internes, la vessie et le rectum. Sa position n'est point horizontale; il forme avec l'axe du corps un angle d'environ 140°. Le bassin de la femme est, en raison de sa destination, beaucoup plus large que celui de l'homme. Le bassin de l'espèce humaine diffère de celui des autres animaux vertébrés par le développement considérable des os iliaques, développement rendu nécessaire par l'attitude verticale de l'homme.

En Géographie, on appelle *bassin* l'ensemble de toutes les pentes d'un terrain traversé par le lit d'un fleuve et de toutes les vallées qui y aboutissent, ou bien encore l'ensemble de tous les versants qui circonscrivent une mer intérieure. Il y a de deux sortes de bassins, les *B. fluviatiles* et les *B. maritimes*. La distinction des bassins est une des grandes bases de l'enseignement philosophique de la géo-

graphie; c'est à Buache qu'est due l'introduction de cette méthode, qui a été popularisée par Balbi.

Dans les ports de mer, on appelle *bassins*, de vastes réservoirs ou arrière-ports : ce sont des enceintes de maçonnerie, fermées par des portes, où l'on tient les vaisseaux constamment à flot; on les remplit d'eau à volonté.

BASSINET (diminutif de *bassin*), partie de la platine d'une arme à feu et à silex dans laquelle on met l'amorce et qui est recouverte par la batterie. On nomme *B. de sûreté* un demi-cylindre creux qui, en tournant de droite à gauche, recouvre toute l'amorce et empêche ainsi qu'elle ne s'enflamme, si la détente vient à partir accidentellement. Dans les fusils à piston, il n'y a pas de bassinet. — On désigne encore sous ce nom : 1° une poche membraneuse, irrégulièrement ovale, située dans le fond de la scissure du rein, dans le sens de la longueur de cet organe, derrière la veine et l'artère rénales; — 2° une espèce de casque (*V.* CASQUE); — 3° une plante appelée aussi *Bouton d'or* ou *Renoncule bulbeuse*.

BASSON (de *basse*), jadis *fagotto*, instrument de musique à vent ou à anche, qui, parmi les instruments de cette nature, représente ce qu'est le violoncelle parmi les instruments à cordes. Son diapason, qui comprend trois octaves, s'étend du *si bémol* grave du piano au *si bémol* aigu de la clef de *sol*. Chez les Allemands et les Français, il remplit plus souvent dans l'orchestre le rôle de l'alto que celui du violoncelle; il ne tient guère que le dernier rang que dans les basses chantantes ou les rentrées de fugue, la faible intensité de sa voix le rendant peu capable de renforcer les basses ordinaires. Il figure avec plus d'avantage dans la musique d'instruments à vent, où il reprend tout à fait le rôle du violoncelle. Son caractère est tendre, mélancolique, religieux; son timbre est doux, sympathique, et son diapason très-étendu le rend fort utile dans l'instrumentation.

BASSORINE, principe gommeux composé de carbone, d'hydrogène et d'oxygène ($C^{12}H^{10}O^{10}$), insoluble dans l'eau froide, se gonflant dans l'eau chaude, et formant la partie essentielle du salep (bulbe de certaines orchidées), de la gomme de *Bassora* et de la gomme adragant. On en indique aussi la présence dans l'assa fœtida, ainsi que dans la fève Saint-Ignace. La Bassorine a été découverte par Vauquelin dans la gomme de Bassora; elle est jusqu'ici sans usage.

BASTERNE, en latin *basterna*, espèce de chariot couvert et traîné par des bœufs, en usage chez les Romains, de qui l'usage en passa aux Francs de la 1re race. C'était aussi une espèce de litière à l'usage des dames, traînée par des mules.

BASTIDE, nom donné dans l'Art militaire à de petites fortifications dont on entoure une place, soit pour l'assiéger, soit pour la défendre. — On donne aussi ce nom aux maisons de plaisance dans la Provence et particulièrement aux environs de Marseille.

BASTILLE (du verbe *bâtir*), nom donné, au moyen âge, à tout ouvrage de fortification en général, désignait spécialement au siècle dernier une célèbre forteresse située à Paris (*Voy.* le *Dict. univ. d'Hist. et de Géogr.*). — En termes de Blason, le mot *Bastille* est : 1° des pièces qui ont des créneaux renversés vers la pointe de l'écu; 2° de l'écu lui-même, lorsqu'il est garni de tours.

BASTINGAGE, filets doublés de toile peinte, établis sur le plat-bord et le long des gaillards d'un navire, de manière à y former une sorte d'encaissement long et continu, au moyen de chandeliers en fer et de filières. Ils servent à loger pendant le jour les hamacs de l'équipage. — Pendant une action, les bastingages garnis de leurs hamacs forment une espèce de parapet où se rempart qui protége contre la mousqueterie l'équipage en service sur le pont. Le bastingage remplace l'ancienne *pavesade*, qui se faisait avec les boucliers ou *pavois* rangés sur le bord du vaisseau.

BASTION (de *bâtir*), ouvrage de fortification qui fait partie de l'enceinte d'une place forte, a la forme d'un pentagone et se compose de deux *faces* formant un angle saillant sur la campagne (*angle flanqué*), de deux *flancs* qui rattachent le bastion aux courtines, et d'une *gorge* qui sépare l'extrémité des flancs, et par où l'on entre dans le bastion ; l'union des faces aux flancs forme deux angles appelés *angles d'épaule.* L'espace renfermé entre les faces et les flancs est le *terre-plein.* Il y a des bastions *réguliers* et *irréguliers*, *vides* ou *pleins*, *coupés*, c.-à-d. à angle rentrant, *détachés*, c.-à-d. isolés de l'enceinte, etc. Le bastion est formé généralement d'une masse de terre revêtue de gazon, de briques et de pierres, qui s'avance en dehors d'une ligne ou d'une place pour la fortifier. On n'a commencé à se servir de bastions qu'au commencement du XVIe siècle.

BASTONNADE (de *bâton*), punition corporelle dont l'usage est répandu chez un grand nombre de peuples et remonte à la plus haute antiquité. Elle n'avait rien de déshonorant chez les anciens, non plus que de nos jours chez les Chinois et les Musulmans. Ces derniers l'appliquent sous la plante des pieds ; tous les autres peuples l'administrent sur le dos. Chez les Russes, le *knout* a remplacé la bastonnade (*Voy.* FUSTIGATION). — Les Romains appliquaient la bastonnade à leurs soldats aussi bien qu'à leurs esclaves ; les Allemands et les Anglais ont conservé en partie cet usage (*Voy.* BAGUETTES). Cette punition est depuis longtemps rayée de nos codes.

BAS-VENTRE. *Voy.* ABDOMEN et VENTRE.

BATAILLE, action générale entre deux armées. Une action ne mérite le nom de *B. rangée* que lorsqu'un général en chef déploie en personne la totalité ou la grande majorité de ses forces, et qu'il combat avec l'armée ennemie pendant très-longtemps. On appelle *ordre de bataille* la disposition particulière que chaque général donne à son corps d'armée sur le champ de bataille. Il y a des *ordres de bataille obliques, parallèles, perpendiculaires, convexes, concaves*, etc. — On trouvera l'indication de toutes les batailles célèbres, au nom du lieu où chacune s'est livrée, dans le *Dict. univ. d'Hist. et de Géogr.*, ou, avec plus de détails, dans le *Dictionnaire des Siéges et Batailles*, de Lacroix (1771), ouvrage refondu et complété dans le *Dictionnaire historique des Batailles* (Paris, 1818).

BATAILLON, nom donné dans l'infanterie à une fraction d'un régiment qui se compose ordinairement de 7 à 800 hommes, partagés en huit compagnies, dont deux d'élite (*grenadiers* et *voltigeurs*) et six dites de *fusiliers* ou *soldats du centre.* Le nombre des bataillons de chaque régiment a fréquemment varié, ainsi que le nombre d'hommes de chaque bataillon ; aujourd'hui il y a trois bataillons par régiment. Chaque bataillon est sous les ordres d'un officier supérieur appelé *chef de bataillon* ou *commandant.* Ce grade, placé immédiatement au-dessus de celui de capitaine, a été créé en 1774 ; il a pour signes distinctifs une épaulette à graines d'épinards à gauche et une contre-épaulette à droite. Le chef de bataillon est responsable de l'instruction théorique et pratique du bataillon ; il surveille la discipline, le service, la tenue, l'entretien des effets, etc. — Dans la Garde nationale, le bataillon est une fraction de la légion ; il est également commandé par un chef de bataillon et partagé en six ou huit compagnies, mais il comprend un nombre d'hommes beaucoup plus considérable. Une légion compte ordinairement quatre bataillons.

BATARA, genre de Passereaux de la famille des Pies-grièches, répandu en Afrique et en Amérique, renferme des oiseaux insectivores qui vivent dans les broussailles. On remarque le *B. rayé de Cayenne*, long de 17 cent., le *B. maculé* et le *B. noir*.

BATARD. *Voy.* ENFANT NATUREL.

BATARDEAU, espèce de digue faite le plus souvent d'un double rang de pieux, d'ais et de terre, pour détourner un cours d'eau, ou pour enceindre une partie d'un sol submergé sur laquelle on veut travailler momentanément à l'abri du contact de l'eau ; souvent c'est une simple cloison de menues branches en forme de claie. Les *batardeaux* servent surtout à construire les fondations des quais et des ponts, ou à y faire des réparations. — Dans les Fortifications, on nomme ainsi un massif de maçonnerie qui sert à retenir l'eau d'un fossé.

BATEAU, nom donné à toute espèce de petit bâtiment de transport, principalement à ceux qui servent sur les rivières. Ils marchent tantôt avec la rame ou le croc, tantôt à la voile, tantôt à la vapeur. — On appelle *bateaux plats* des chaloupes à fond plat qui tirent fort peu d'eau et servent au transport des troupes ; — *bateaux-postes*, halés par des chevaux de poste et qui servent à transporter rapidement des voyageurs sur des rivières et des canaux ; — *bateaux sous-marins*, des appareils destinés à descendre ou naviguer sous l'eau : les premiers bateaux de ce genre ont été construits par l'Américain Bushnell, en 1787 : les *bateaux* ou *cloches à plongeur* (*V.* PLONGEUR) rentrent dans cette catégorie ; — *bateaux à vapeur*, ceux qui marchent à l'aide de la vapeur.

BATEAUX A VAPEUR OU PYROSCAPHES. Ces bateaux marchent au moyen de deux roues à aubes ou palettes placées de chaque côté du bateau et qui sont mues par une machine à vapeur (*Voy.* ce mot) ; on a quelquefois remplacé avec succès les roues par une *vis* ou *hélice* placée à l'arrière du bateau, sous la quille, et que la machine à vapeur fait tourner avec une grande rapidité.

La France et l'Amérique se disputent l'honneur de l'invention de la navigation à vapeur ; la plus grande part en appartient à la France. Dès 1695, D. Papin avait décrit un bateau recevant l'impulsion de roues mues par la vapeur ; vers la même époque, Duguet faisait des expériences pour remplacer les rames par des roues à palettes. En 1753, l'abbé Gautier, de Lunéville, indiqua de son côté, dans un mémoire lu à l'Académie de Nancy, les moyens d'arriver au même but. En 1775, Périer construisit à Paris un bateau qu'il munit d'une machine à vapeur ; le marquis de Jouffroy renouvela l'expérience en 1776 sur le Doubs et en 1780 sur la Saône. L'Américain Fulton, qui avait été témoin de ces dernières expériences, les renouvela en 1803 à Paris, et proposa à Napoléon de construire des bâtiments à vapeur pour la marine de l'État. Rebuté par un refus, il porta la nouvelle invention aux États-Unis, et construisit en 1807, à New-York, le premier bateau à vapeur qui ait fait un service régulier. L'Angleterre n'adopta qu'en 1812 ce nouveau mode de navigation ; il ne revint en France qu'en 1816, et ne fut appliqué à un service public qu'en 1819. — Répandue aujourd'hui chez tous les peuples civilisés, la navigation à vapeur a fait de prodigieux progrès et a donné aux communications une incroyable rapidité : ainsi, le passage d'Amérique en Europe peut être effectué en 10 jours. En outre, les bateaux à vapeur semblent appelés à faire une révolution dans la marine militaire.—On a dans ces dernières années tenté de combiner la voile et la vapeur ; mais le problème ne paraît pas avoir encore été résolu d'une manière entièrement satisfaisante.

BATELEUR (que l'on dérive, par transposition de lettres, du latin *balatro*, qui a la même signification ; ou du bas latin *bastum*, d'où *bastelle*, échafaud, tréteau), espèce d'histrion qui monte sur les tréteaux pour amuser la populace. Il y a eu des bateleurs à toutes les époques : dès le VIe siècle avant

J.-C., Dolon et Susarion d'Icarie, dans l'Attique, se distinguaient déjà par les farces qu'ils jouaient devant les Athéniens. Quelques bateleurs se sont fait un nom populaire : les plus célèbres que nous ayons eus en France sont : Tabarin, Turlupin, Gauthier-Garguille, Gros-Guillaume, Guillot-Gorju, Bobêche, Galimafré et Gringalet.

BATELEUR, genre de l'ordre des Oiseaux de proie, de la famille des Aigles, a pour type le *B. à courte queue*, de la taille de l'aigle Jean-le-blanc, mais beaucoup plus court; son plumage, où de larges bandes cendrées se détachent sur le noir vif des rémiges, offre les formes les plus bizarres. Cet oiseau, dont les allures et les mœurs sont singulières, est très-commun au cap de Bonne-Espérance, le long de la côte Natal.

BATIMENT. En Architecture, ce mot s'applique à tous les genres de constructions, mais plus particulièrement à celles qui servent à l'habitation. On appelle *Industries du bâtiment* toutes les industries qui concourent à la construction : maçonnerie, charpenterie, toiture, menuiserie, serrurerie, peinture, etc. — Dans la Marine, on nomme *bâtiment* toute espèce de navire, petit ou grand, depuis la barque jusqu'au vaisseau de guerre.

Un *Conseil des bâtiments civils*, établi près le ministère des Travaux publics, examine les projets et devis concernant les constructions et réparations de tous les bâtiments civils (bâtiments affectés à l'administration, aux cultes, etc.), les projets de rues et places de Paris et autres villes, et donne son avis sur les questions d'art et comptabilité soumises à son examen par les divers ministères.

BATISTE, toile de lin ou de chanvre dont le fil est très-fin et le tissu très-serré, a été ainsi nommée de *Baptiste* Chambray, qui en fabriqua pour la première fois au XIIIe siècle. On la fabrique surtout dans les départements du Nord, du Pas-de-Calais et de la Somme. On estime aussi celle de Belgique et des Indes. On appelle *B. hollandée* la batiste la plus forte, parce qu'elle ressemble à la toile de Hollande, étant, comme elle, très-serrée et très-unie ; *Toile d'ortie*, une batiste écrue, faite avec du lin grisâtre. On emploie, pour tisser la batiste, un *fil* très-blanc nommé *rame*, qu'on tire du Hainaut. Elle sert à faire des mouchoirs et du linge fin de corps. — On appelle *B. d'Écosse* une étoffe de coton dont le tissu est très-serré.

BATITURES ou BATTITURES, écailles ou parcelles qui se détachent d'un métal que l'on forge.

BATON. De toute antiquité, le bâton a été employé comme marque de dignité et de pouvoir. Chez les Romains, les consuls portaient un *B. d'ivoire* ; les préteurs, un *B. d'or* ; les augures, un bâton, dit *lituus*, recourbé en forme de crosse, comme le *B. pastoral* que portaient autrefois les évêques et les abbés (*Voy.* CROSSE). Les premiers rois de France tenaient d'une main leur sceptre et de l'autre un bâton de la hauteur d'un homme, recouvert de lames d'or. De tout temps, les généraux d'armée ont porté un bâton de commandement : on appelle aujourd'hui *B. de maréchal* un petit bâton court, revêtu de velours violet et parsemé d'étoiles d'or, que portent les maréchaux de France. — En termes de Blason, le *bâton* est une bande placée sur l'écu. On l'appelle *péri en bande* lorsque la bande va de droite à gauche, et *péri en barre* quand elle va de gauche à droite. — En Géométrie, on appelait *B. de Jacob* un instrument, aujourd'hui abandonné, qui servait à prendre les hauteurs ou les distances par le moyen des angles ; on le nommait aussi *arbalestrille* et *radiomètre*. — En Marine, on nomme *B. de vadel* ou *de guipon* un long bâton garni de bouchons d'étoupe, dont on se sert pour goudronner le navire ; *B. d'hiver*, une espèce de petit mât qu'on substitue à chacun des mâts de perroquet, dans la saison des vents. — En Musique, on nomme *B. de mesure* un petit bâton ordinairement en ébène, dont se sert quelquefois le chef d'un nombreux orchestre pour battre la mesure.

En Botanique, on nomme vulgairement *B. de Jacob*, l'Asphodèle jaune ; *B. pastoral* ou *royal*, l'Asphodèle blanc ; *B. d'or*, la Giroflée jaune à fleurs doubles ; *B. de Saint-Jean*, la Persicaire et la Giroflée à fleurs rouges. Ces plantes sont ainsi nommées à cause de la disposition de leurs fleurs, qui forment autour de la tige un épi long et cylindrique.

BATONNIER (de *bâton*). On appelle ainsi le chef de l'ordre des avocats, parce que, les avocats formant autrefois une confrérie, dite *de Saint-Nicolas*, le chef de cette confrérie portait dans les cérémonies le *bâton* du saint. Le bâtonnier est chargé de présider les conférences des avocats, et de veiller à tout ce qui regarde la discipline de l'ordre; il est assisté du *Conseil de l'ordre*. Le bâtonnier est élu pour un an, et peut être réélu.

BATRACHOMYOMACHIE (du grec *batrachos*, grenouille, *mys*, rat, et *machè*, combat), *Combat des rats et des grenouilles*, titre d'un poëme héroï-comique, de 294 vers, qu'on attribue faussement à Homère, et dont l'auteur véritable paraît être un certain Pygrès, frère d'Artémise, reine de Carie. C'est une ingénieuse parodie de l'*Iliade*, dont le mérite consiste surtout dans l'opposition d'un fond plaisant avec la forme sérieuse de l'épopée.

BATRACIENS (du grec *batrachos*, grenouille), 4e ordre de la classe des Reptiles, a pour type la Grenouille, et se compose d'animaux qui, pendant les premiers temps de leur vie, respirent par des branchies et ressemblent à des poissons, mais qui acquièrent ensuite, par une série de métamorphoses plus ou moins complètes, les caractères communs aux autres reptiles. Presque tous les Batraciens sont amphibies ; ils sont d'abord herbivores, et deviennent carnivores dans l'état parfait ; ils vivent fort longtemps, et se trouvent dans toutes les parties du monde. Aujourd'hui, d'après la méthode de MM. Duméril et Bibron, les Batraciens sont partagés en trois sous-ordres : 1o les *Péromèles*, qui établissent d'un coté le passage des Ophidiens aux Batraciens, et de l'autre aux poissons : corps cylindrique et nu, membres nuls, yeux inapparents ou absents; une seule famille, celle des Céciloïdes ; 2o les *Anoures*, dits aussi *B. nageurs* ou *sauteurs*, qui en grandissant perdent leur queue et prennent quatre pattes : corps trapu et ramassé, peau nue et molle, tête déprimée et sans cou, pattes plus ou moins longues, doigts dépourvus d'ongles ou munis d'étuis cornés; genres principaux, Grenouilles, Rainettes, Crapauds, Pipas ; dans l'état transitoire, on les nomme *Têtards*; 3o les *Urodèles*, à métamorphose moins complète, à queue ronde ou comprimée et persistante, à côtes rudimentaires, à branchies caduques ou nulles; principaux genres : Salamandres, Protées, etc.

BATTAGE (du verbe *battre*), opération d'agriculture qui a pour but de séparer les grains de leur épi et des graines de leurs enveloppes. Le blé, le seigle, les pois, les haricots, le trèfle, la luzerne, etc., se battent au fléau, ou sous les pieds des chevaux ou des bœufs : alors cette dernière opération prend le nom de *dépiquage*. Il y a aussi le *Battage au rouleau*, usité dans tout le midi, et le *B. à la machine*, imaginé depuis près d'un demi-siècle par un Écossais nommé Andrew Meike. La navette, le colza, etc., se frappent avec des baguettes ou sur les parois d'un tonneau défoncé par un bout. On égrène le maïs à la main.

BATTE, nom donné : 1o à un petit bâton rond dont on se sert pour battre le beurre ; 2o à un sabre de bois que portent les arlequins ; 3o à la partie polie et luisante d'un corps d'épée ; 4o aux plaques d'étain dont les potiers se servent pour faire des pièces de rapport.

BATTEMENT, nom qu'on donne, en Médecine, aux mouvements de contraction ou de dilatation du cœur et des artères (*Voy.* POULS), aux mouvements spasmodiques que l'on observe quelquefois dans les muscles des paupières, de la face, des organes intérieurs, etc.; enfin, aux pulsations que font éprouver certaines parties enflammées. — On désigne sous ce nom en Architecture un triangle de bois ou de fer plat qui cache la jonction de deux vantaux d'une porte, d'une croisée, etc.; — en Musique, 1° le trille, 2° l'action de battre la mesure; — en Chorégraphie, certains mouvements en l'air qui se font avec une jambe, tandis que l'autre soutient le poids du corps; — en Escrime, un coup qui consiste à frapper la lame de son épée contre celle de son adversaire, quelquefois en retirant l'épée à soi : on distingue le *B. de tierce*, le *B. de quarte*, etc.

BATTERIE (du verbe *battre*). Dans l'Artillerie, on appelle ainsi la réunion de plusieurs bouches à feu destinées à agir concurremment. On distingue : d'une part, les *B. de place* et *de siége*, les *B. de campagne*, les *B. flottantes* et les *B. de côtes*, ainsi nommées de leurs diverses destinations; de l'autre, les *B. directes*, *croisées*, *d'enfilade*, *de revers*, *de côté*, *en écharpe* ou *de bricole*, *rasantes*; les *B. par camarades*, les *B. enterrées*, *en barbette* ou *à découvert*; les *B. à ricochet*, etc., ainsi nommées selon la manière dont elles sont placées pour le combat. Les vaisseaux de guerre ont deux ou trois batteries couvertes et une batterie découverte.

On donne aussi le nom de *batterie* à une compagnie d'artillerie, et sous ce nom on comprend à la fois le personnel et le matériel; en France, chaque régiment d'artillerie comprend seize batteries, commandées chacune par un capitaine : à chacune d'elles sont attachées six bouches à feu. *Voy.* ARTILLERIE.

Ce nom désigne encore : 1° la pièce d'acier qui couvre le bassinet des fusils à silex, et contre laquelle donne la pierre que porte le chien; 2° les diverses manières de battre le tambour, comme l'*assemblée*, le *roulement*, la *diane*, la *retraite*, la *générale*, etc.

En Physique, on appelle *B. électrique*, *B. galvanique* des appareils disposés pour produire de fortes décharges électriques. *Voy.* BOUTEILLE DE LEYDE et PILE.

En Musique, on donne le nom de *batterie* à une manière de frapper l'une après l'autre les différentes notes d'un ou de plusieurs accords pour donner plus de mouvement à l'harmonie. Ces notes se répètent d'une manière régulière et symétrique, et admettent quelquefois des notes de passage qui sont en dehors de l'harmonie, mais qui n'en changent point l'effet général.

BATTEUR D'OR, artisan qui bat les lames d'or, et les réduit à coups de marteau en feuilles très-minces, destinées à la dorure. L'or qu'on emploie pour ce travail doit être parfaitement pur. Après avoir réduit le métal, par plusieurs laminages successifs, à un ruban d'un millimètre d'épaisseur, on le coupe par *quartiers* d'environ 4 cent. de long ; on forge ensuite ces quartiers d'abord à nu ; puis entre des feuilles de vélin formant un cahier appelé *moule à caucher*. Les feuilles d'or, ainsi battues et considérablement amincies, sont coupées en quatre et placées entre des feuilles de baudruche : le nouveau cahier, appelé *chaudret*, est encore battu pendant deux heures et réduit à une ténuité telle que 30 gr. d'or peuvent fournir 5,000 feuilles carrées de 9 centim. de côté, et couvrir, par conséquent, une surface de 40 m. carrés. Les rognures qui se détachent de ces feuilles servent à faire l'*or en coquille*, destiné à la peinture. On se sert des mêmes procédés pour battre l'argent et même le cuivre. Les batteurs d'or sont assujettis aux règlements de police sur la garantie des matières d'or et d'argent, et désignés parmi les patentés sous le nom de batteurs

et tireurs d'or.—L'art du batteur d'or est très-ancien; il était connu des Romains ; mais, suivant Pline, ils ne tiraient d'une once d'or que 5 à 600 feuilles de quatre doigts en carré.

BATTOLOGIE (de *Battus*, nom d'un roi de Cyrène qui était bègue, et de *logos*, discours), répétition inutile de la même chose. C'est le défaut des personnes qui ont adopté un mot qu'elles placent à tout propos, et qu'elles prononcent comme machinalement ; défaut aussi fatigant qu'il est répandu.

BATTORIE, nom qu'on donnait aux comptoirs que les villes hanséatiques avaient autrefois dans plusieurs villes d'Europe.

BATTUE, action de battre les bois et les taillis avec grand bruit, pour en faire sortir les loups, les renards et autres bêtes que l'on veut chasser. La manière de procéder aux battues pour la destruction des loups est indiquée par l'ordonnance du 20 août 1814, l'instruction du ministre de l'intérieur du 9 juillet 1818 et l'instruction de l'administration forestière du 23 mars 1821.

BATZ (d'un vieux mot allemand qui signifie *ours*, symbole du canton de Berne), petite monnaie originaire de Suisse, et aujourd'hui répandue dans toute l'Allemagne. C'est une pièce de cuivre, saucée d'argent. Elle vaut 10 rappes en Suisse et 4 kreutzers en Allemagne. Le batz valait autrefois 14 ou 15 c. de France : le système monétaire français ayant été adopté en Suisse en 1850, le *batz* a été réduit à 10 c. Les premiers batz furent frappés à Berne en 1450.

BAU, nom donné à de longues solives qui traversent un navire d'un flanc à l'autre, et servent à soutenir les tillacs et affermir le bordage. On nomme *B. de dalle* le premier bau vers l'arrière; *B. de lof*, le dernier bau sur l'avant; *maître bau*, celui qui traverse le bâtiment dans sa plus grande largeur; *faux baux*, des solives semblables aux baux ordinaires, placées à 2 m. de distance l'une de l'autre sous le premier tillac des grands vaisseaux, afin de fortifier le fond du bâtiment, et de former le faux pont.

BAUBI ou CHIEN NORMAND, variété du chien domestique, dont le corps est épais et la tête courte ; on l'emploie à la chasse du renard et du sanglier.

BAUD, race de chiens originaires de Barbarie, et qu'on appelle aussi *Chiens-cerfs* ou *Chiens muets*.

BAUDET, nom vulgaire qu'on donne à l'âne en général, ou à l'âne entier qui sert d'étalon. *Voy.* ANE.

BAUDRIER (du latin *baldullus*, corruption de *balteus*), bande de buffle, de cuir ou d'étoffe, qui se met en écharpe, et sert à porter l'épée ou le sabre. Le baudrier est d'un usage très-ancien ; au moyen âge, c'était un signe de commandement. Dans nos armées, il a été plusieurs fois abandonné et repris : supprimé par Louis XIV en 1690, remis en faveur vers la fin du siècle dernier, il a été, depuis quelques années, presque généralement remplacé par le *ceinturon*.

On nomme *Baudrier d'Orion* les 3 étoiles secondaires situées sur une même ligne au milieu du grand quadrilatère formé par la constellation d'Orion. On appelle aussi ces étoiles les 3 *Rois*, la *Ceinture*, le *Râteau*, le *Bâton de Jacob*.

On nomme vulgairement *Baudrier de Neptune* l'espèce d'Algue appelée Laminaire saccharine, à cause de sa forme et de sa longueur considérable.

BAUDROIE ou BAUDREUIL, dite aussi *Raie pêcheresse* ou *Diable de mer*, en latin, *Lophius*, genre de poissons de la famille des Acanthoptérygiens, commun dans la Méditerranée et dans l'Océan d'Europe. Ce poisson est surtout remarquable par sa forme bizarre et laide, par sa tête énorme et sa taille, qui atteint presque 2 m. Il vit habituellement sur le sable ou enfoncé dans la vase, et fait flotter au-dessus les filets longs et mobiles dont sa tête est armée, attirant ainsi les petits poissons, qui les prennent pour des vers.

BAUDRUCHE ou PEAU DIVINE, pellicule membraneuse qui tapisse le gros intestin du bœuf et du mouton : on en fait, en la dégraissant et la préparant, une espèce de parchemin fort léger que les médecins emploient pour garantir du contact de l'air les surfaces malades, et les batteurs d'or pour réduire l'or en feuilles; elle sert aussi à faire de petits aérostats. On dérive le mot *baudruche* du vieux verbe *baudroyer*, préparer des cuirs pour les ceintures et *baudriers*.

BAUFFE. Les pêcheurs nomment ainsi une grosse corde le long de laquelle sont distribuées nombre de lignes garnies d'haims ou hameçons; c'est aussi ce qu'ils appellent *maîtresse corde*. La bauffe, qu'on se contente de poser sur le bord de la mer, est enfouie dans le sable ou retenue par de grosses cablières.

BAUGE, nom donné, 1° au gîte que le sanglier se choisit dans les lieux écartés et humides, 2° au nid de l'écureuil. — Il s'applique par figure à toute habitation sale et infecte.

BAUHINIE (ainsi nommé des frères *Bauhin*, botanistes du XVIe siècle), genre de plantes de la famille des Légumineuses, renferme plusieurs espèces d'arbrisseaux élégants, propres aux régions équatoriales. La B. cotonneuse est un excellent vermifuge, et ses racines, pilées, sont employées contre les tumeurs scrofuleuses et les maladies des yeux.

BAUME (en latin, *balsamum*), exsudation végétale, résineuse, liquide ou solide, jaune ou brune, et d'une odeur agréable. Les baumes sont des mélanges de résine, d'huile essentielle et d'acide benzoïque ou cinnamique; ils découlent de l'écorce des arbres naturellement ou par des incisions; ils se colorent à l'air, et y prennent plus de consistance par la volatilisation ou la résinification d'une partie de leur huile essentielle. Les principaux baumes sont ceux du Pérou, de Tolu, le benjoin, le styrax, etc. Ils ont pour caractère commun d'être solubles dans l'éther et l'alcool, d'où l'eau les précipite, et de céder à l'eau leur acide benzoïque. — On a encore donné le nom de *baume* à des plantes aromatiques vulnéraires. Les pharmaciens l'appliquent également à des remèdes huileux ou spiritueux, ou à des onguents dans la préparation desquels entrent des baumes naturels, et qui passent pour guérir les plaies, par exemple le baume du Commandeur, le baume samaritain, le baume tranquille. Certaines *térébenthines* et certaines résines liquides reçoivent improprement le nom de *baume*, comme le B. *de Copahu*, le B. *de la Mecque* ou *de Judée*, etc. — En général, les baumes s'emploient soit comme remèdes, soit comme parfums et cosmétiques; longtemps ils servirent à l'*embaumement*.

BAUME D'ACIER ou D'AIGUILLES. On fait dissoudre à chaud de la limaille d'acier dans de l'acide nitrique; on ajoute de l'alcool rectifié et de l'huile d'olive, on chauffe et on triture avec soin. On obtient ainsi une pommade d'un rouge brun qu'on emploie en frictions contre les douleurs articulaires.

BAUME ACOUSTIQUE, médicament dont la composition varie et dans laquelle entrent plusieurs huiles, essences et teintures, comme l'huile de rue, la teinture d'assa fœtida, etc.; on l'emploie contre les surdités accidentelles et atoniques.

BAUME D'AMBRE. *Voy.* LIQUIDAMBAR et BALSAMIFLUÉES.

BAUME ANODIN DE BATES, ainsi nommé de son auteur : c'est un savon contenant du camphre et de l'opium en dissolution; on l'emploie contre les névralgies et les rhumatismes chroniques.

BAUME D'ARCÉUS, ainsi appelé d'un médecin espagnol de ce nom, sorte d'onguent mou, dont on se sert en chirurgie pour hâter la cicatrisation des ulcères, et pour s'opposer aux effets des contusions, meurtrissures, etc. C'est un mélange de suif de mouton, de graisse de porc, avec de la térébenthine et de la résine.

BAUME DU CANADA, qui découle naturellement ou par incision d'un pin originaire du Canada. C'est une espèce de térébenthine dont l'odeur est moins désagréable que celle de la térébenthine de copahu, dont elle partage les propriétés médicales.

BAUME DU CHIRON. Il consiste en un mélange d'huile d'olive, de cire jaune, de térébenthine, de camphre, de baume du Pérou noir, coloré au moyen de la racine d'orcanette. Ce baume, à la fois tonique et adoucissant, paraît tirer son nom du centaure Chiron, autrefois célèbre dans l'art de guérir.

BAUME DU COMMANDEUR DE PERMES, ou simplement DU COMMANDEUR, alcool composé, dont l'oliban, la myrrhe, le baume de Tolu et le benjoin font la base; on y joint de l'aloès, de l'angélique, du mille-pertuis. Il est stimulant; on l'emploie soit à l'intérieur, soit en frictions.

BAUME DE COPAHU, térébenthine très-fluide qui découle du *Copaïfera officinalis* : elle a une odeur forte, une saveur âcre, amère, très-désagréable. C'est un stimulant très-actif dont l'action porte surtout sur les membranes muqueuses; aussi y recourt-on avec succès contre certaines inflammations de ces membranes. On l'emploie liquide, ou solidifié à l'aide de la magnésie : on le falsifie souvent avec de la térébenthine ordinaire ou de l'huile de ricin.

BAUME DE FIORAVENTI, nom donné à divers produits obtenus en distillant plusieurs substances résineuses et balsamiques, telles que la térébenthine, la myrrhe, la résine élémi, la cannelle, le girofle, le gingembre, etc., préalablement macérées dans l'alcool. Le B. de F. *spiritueux*, qui est limpide et piquant, et qu'on emploie en frictions dans les rhumatismes chroniques, est le premier produit fourni par la distillation au bain-marie du mélange ci-dessus. Le B. de F. *huileux* s'obtient en enlevant le marc qui reste dans l'alambic, et en le distillant dans une cucurbite de fer ou de terre vernissée : il a l'aspect d'une huile citrine. Le B. *noir* n'est autre chose que l'huile noire que l'on obtient lorsqu'on élève assez la température pour charbonner les matières contenues dans la cucurbite.

BAUME DE GENEVIÈVE : c'est un composé d'huile d'olive, de cire jaune, de poudre de santal rouge, de térébenthine; auquel on ajoute une certaine proportion de camphre. Il a beaucoup d'analogie avec le baume d'Arcéus, dont il possède aussi les propriétés.

BAUME HYPNOTIQUE (du grec *hypnos*, sommeil), espèce de liniment préparé avec des sucs de plantes narcotiques, de l'opium, du safran, de l'huile de noix muscade, unis à un corps gras ou à l'onguent populéum. Il est, de même que le baume tranquille, employé en frictions comme calmant.

BAUME HYSTÉRIQUE, mélange à peu près solide d'huiles essentielles et de substances résineuses fétides, composé de bitume de Judée, aloès, galbanum, ladanum, assa fœtida, castoréum et opium; huiles volatiles de rue et de succin, huiles volatiles d'absinthe, de sabine, de pétrole, beurre de muscade. On en formait une masse demi-solide, que l'on conservait pour la faire respirer et pour en appliquer sur l'ombilic dans les accès hystériques.

BAUME DE JUDÉE OU DE LA MECQUE. *Voy.* TÉRÉBENTHINE DE JUDÉE.

BAUME DE LABORDE OU DE FOURCROY, composé de substances résineuses, telles qu'oliban, térébenthine, storax, benjoin; de plantes aromatiques, de genièvre, de thériaque; le tout infusé dans l'huile d'olive : on l'applique sur les gerçures de la peau pour calmer les douleurs et faciliter la cicatrisation.

BAUME DE LECTOURE, DE CONDOM OU DE VINCEGUÈRE, mélange d'huiles essentielles tenant en dissolution du camphre, du safran, du musc et de l'ambre gris. C'est un stimulant très-actif; il provoque les sueurs. On le prend par gouttes sur du sucre; on le porte comme aromate, ou on le brûle dans les appartements.

BAUME DE LUCATEL, mélange de cire, de vin, d'huile d'olive, de térébenthine et de baume du Pérou, coloré par le santal rouge. Il a beaucoup d'analogie avec le baume de Geneviève. Il a été recommandé dans la phthisie pulmonaire.

BAUME DE LA MECQUE. *Voy.* TÉRÉBENTHINE DE JUDÉE.

BAUME NERVAL OU NERVIN, formé de moelle de bœuf purifiée, de beurre ou huile concrète de muscade, d'huile volatile de romarin, de camphre, de baume de Tolu, d'alcool. On le regarde comme propre à fortifier les nerfs et l'on s'en sert en frictions contre les douleurs rhumatismales et les entorses.

BAUME OPODELDOCH. *Voy.* OPODELDOCH.

BAUME DU PÉROU : il est fourni par le *Myroxylon peruiferum*, arbre de la famille des Légumineuses, indigène au Pérou et au Mexique. On distingue le *baume d'incision*, le *baume en coque*, le *baume dur* ou *sec*, et le *baume de lotion*. Il entrait autrefois dans la composition des pilules de Morton, prescrites contre la phthisie pulmonaire ; il est peu employé auj.

BAUME DU SAMARITAIN, onguent que l'on prépare en faisant bouillir à petit feu parties égales d'huile et de vin : on l'emploie dans les ulcères douloureux. C'est, dit-on, celui qu'employa le Samaritain de l'Évangile.

BAUME DE SOUFRE, dissolution d'une partie de fleurs de soufre dans quatre parties d'une huile essentielle. —Le *B. de soufre anisé*, ainsi appelé parce que l'huile d'anis entre dans sa composition, a une belle couleur rouge ; on l'employait autrefois comme stimulant et carminatif. Le *B. de soufre térébenthiné*, préparé avec l'huile essentielle de térébenthine, était employé dans les maladies des reins et de la vessie.

BAUME DE TOLU : il est fourni par le *Myroxylon toluiferum*, qui vient dans les environs de Tolu, près de Carthagène (Amérique du S.). Il est solide, sec et cassant, d'une couleur fauve clair, demi-transparent ; son odeur est suave et agréable. On en fait un sirop et des tablettes fort usités contre le rhume et les catarrhes ; les parfumeurs l'emploient fréquemment.

BAUME TRANQUILLE, huile d'olive tenant en dissolution certains principes de plantes narcotiques (belladone, jusquiame, pavot, stramonium, etc.) et de plantes aromatiques (menthe, lavande, absinthe, rue, sauge, etc.), avec du mucilage. On l'emploie en frictions comme calmant.

BAUME VERT DE METZ OU DE FEUILLET, composé de plusieurs huiles fixes, tenant en dissolution du souscarbonate de cuivre, du sulfate de zinc, de la térébenthine, de l'aloès, et les huiles essentielles de genièvre et de girofle ; il est vert et caustique. On l'emploie pour hâter la cautérisation des ulcères fongueux.

BAUME DE VIE D'HOFFMANN, teinture excitante, composée d'ambre gris et d'huiles volatiles dissous dans l'alcool ; on l'emploie à l'intérieur et à l'extérieur.

BAUME, en provençal, signifie *grotte, caverne*, de là le nom de *baume* donné à plusieurs lieux, notamment à la Ste-Baume (Var), où, dit-on, sainte Madeleine vint finir sa vie.

BAUMIER. *Voy.* BALSAMIER.

BAVAROISE, boisson diversement composée, n'était, dans l'origine, autre chose que du thé et du lait chaud dans lequel on mettait au lieu de sucre du sirop de capillaire. Elle fut mise à la mode au commencement du dernier siècle par des princes de Bavière qui, se trouvant à Paris, allaient souvent prendre le thé au café Procope. — On fait également des bavaroises à l'eau simple, au café, au chocolat, etc., mais toujours en sucrant avec du sirop de capillaire. C'est une boisson agréable, qui adoucit et diminue la toux, favorise la transpiration et procure le sommeil. On la prend le plus souvent par pur agrément.

BAVE, salive écumeuse, épaisse et visqueuse qui sort involontairement de la bouche, surtout chez les enfants et les vieillards. On appelle aussi bave l'écume quelquefois liquide, sanguinolente et mêlée de mucosités, qui s'échappe de la bouche dans certaines maladies, comme dans l'épilepsie, l'hydrophobie ou rage, la salivation mercurielle, etc.

BAYADÈRES (du portugais *bailadeira*, danseuse), femmes indiennes qui cultivent le chant et la danse. *Voy.* le *Dict. univ. d'Hist. et de Géogr.*

BAYONNETTE. *Voy.* BAÏONNETTE.

BAYOQUE. *Voy.* BAÏOQUE.

BAZAR, mot persan qui équivaut à ceux de marché, de magasin. En Orient, les bazars sont des édifices publics, des dépôts de marchandises, tantôt découverts, tantôt surmontés de toits ou de coupoles, distribués en magasins et en étages où l'on vend toutes sortes de produits, et même des esclaves. Le bazar de Tauris, en Arménie, renferme 15,000 boutiques. En Europe, on a donné récemment le même nom à des monuments ayant une destination analogue.

BDELLAIRES (du grec *bdallô*, sucer), famille de vers intestinaux apodes, qui se meuvent au moyen de ventouses placées aux deux extrémités du corps, comme les sangsues.

BDELLE, *Bdella*, genre d'Acarides, à 8 pieds, qui a un suçoir avancé pour bouche, 4 yeux, des palpes allongées, les pieds postérieurs plus longs, le corps mou, rouge ; elles se tiennent sous les pierres, sous les écorces d'arbres, dans la mousse. — *Voy.* SANGSUE.

BDELLIUM (du grec *bdellion*), gomme résine provenant d'une espèce de *Balsamodendron*, qu'on trouve en Afrique, dans l'Inde et l'Arabie. Le bdellium, qui ressemble à la myrrhe, se rencontre dans le commerce en masses ou en grains arrondis, d'un rouge foncé, opaques, luisants, cassants, d'une odeur particulière, d'une saveur amère ; il répand en brûlant une odeur assez agréable, ce qui le fait prescrire en fumigations dans les affections spasmodiques, etc. Les médecins l'appliquent quelquefois à l'intérieur comme résolutif et émollient. Dioscoride et Pline en font déjà mention.

BDELLOMÈTRE (du grec *bdallô*, sucer, et *métron*, mesure), instrument destiné à remplacer les sangsues. Il se compose d'une pompe ou ventouse, armée de lancettes ou scarificateurs, et graduée afin de mesurer la quantité de sang que l'on retire de la plaie. On en doit l'invention au docteur Sarlandière (1819). Bien que cet instrument ait été souvent modifié et perfectionné, on en fait encore peu d'usage.

BÉATIFICATION (du latin *beatus*, bienheureux, et *facere*, faire), acte par lequel le pape déclare que l'âme d'une personne qui a vécu saintement jouit dans le sein de Dieu du bonheur éternel ou *béatitude*, et permet de lui rendre un culte religieux. Cet acte ne peut avoir lieu que 50 ans après la mort de la personne. La béatification ne doit pas être confondue avec la canonisation ; les honneurs qu'on rend aux béatifiés sont toujours provisoires et limités quant aux lieux et aux personnes. L'origine de la béatification remonte à Alexandre III. On doit au pape Benoît XIV un traité *De servorum Dei beatificatione.*

BÉATITUDE, en latin *beatitudo*, état des bienheureux dans la vie éternelle. — Les théologiens distinguent la *B. objective*, qui est Dieu même, et la *B. formelle*, qui consiste dans la connaissance, l'amour de Dieu et la joie de le voir et de l'aimer. Ils appellent *B. surnaturelle* la possession de la grâce et des vertus surnaturelles qui disposent le juste au bonheur éternel, et l'assemblage des biens que la nature ne peut acquérir par ses propres forces. — On nomme *B. évangéliques* les huit maximes qui servent d'exorde au discours de J.-C. sur la montagne, et qui renferment l'abrégé de sa morale (S. Matthieu, ch. 5, v. 3 et suiv.). On sait que ces maximes commencent par ces mots : « Heureux (*beati*) les pauvres d'esprit, parce que le royaume des cieux est à eux.» De là leur nom.

BEAU. Les philosophes ont disputé à perte de vue sur la nature du beau : les uns, se contentant de le définir par l'impression qu'il produit sur nous, disent que le *beau est ce qui plaît* ; les autres, prétendant découvrir l'essence même du beau, n'y voient, avec Platon, qu'un *reflet de l'idéal*, que la *splen-*

deur du vrai, qu'une réminiscence de la beauté suprême contemplée par l'âme dans une vie antérieure ; ou ils le placent, avec Aristote, dans *l'ordre et l'harmonie des parties* ; avec Leibnitz, Wolff, Baumgarten, dans la *perfection* ; avec Crousaz, dans *l'unité jointe à la variété* ; quelques-uns cherchent le caractère du beau dans la *convenance* ou l'aptitude des choses à remplir leur destination, ou même dans leur *utilité* ; la plupart, au contraire, opposent le beau à l'utile, et le disent essentiellement désintéressé. Plusieurs philosophes modernes, notamment M. Jouffroy, font consister le beau dans l'*expression*, dans la manifestation de l'invisible par le visible, des sentiments de l'âme par les formes corporelles ; mais ils ne font en cela que reculer la difficulté.

Le mot *beau* s'applique à tant de choses d'ordres essentiellement différents, qu'il semble impossible d'en donner une définition unique, qui embrasse tous les objets beaux considérés en eux-mêmes ou *objectivement* ; on distingue, en effet : *Beau physique, B. intellectuel, B. moral ; B. réel, B. idéal ; B. essentiel, B. conventionnel, B. naturel, B. imitatif ; B. simple, B. complexe*, etc.; dans le beau physique même, on distingue le *B. pittoresque* (les couleurs, les formes), le *B. musical*, etc. Cependant, si l'on se borne à considérer le beau par rapport à l'effet qu'il produit sur nous, ou *subjectivement*, on pourra dire que le beau est, non-seulement ce qui plaît, mais ce qui charme, *ce qui excite les sentiments d'amour ou d'admiration.* — Le mot *beau* paraît avoir été originairement appliqué à un seul ordre d'objets, sans doute à ceux qui charment la vue ; il aura ensuite été naturellement étendu à tout ce qui peut, comme ces objets, nous procurer un plaisir purement contemplatif. C'est ce que semble confirmer le *Dictionnaire de l'Académie* ; le beau y est défini : « Ce dont les proportions, les formes et les couleurs plaisent aux yeux et font naître l'admiration. » — L'étude du beau a, de tout temps, donné lieu à d'intéressantes recherches, et est devenue l'objet d'une science spéciale à laquelle Baumgarten a donné le nom d'*Esthétique*. Les principaux auteurs qui ont traité du *beau* sont : Platon (surtout dans le *Phèdre* et le *Banquet*), Plotin (*Ennéade* Ire, 6e liv.), le P. André (*Essai sur le Beau*), Crousaz (*Traité du Beau*), Hutcheson (*Origine des idées de beauté et de vertu*) ; Hogarth, Alison, Burke, Dugald Stewart (*Essais sur le beau et le sublime*) ; Jouffroy (*Cours d'Esthétique*) ; en Allemagne, Baumgarten, Kant, Hégel. *Voy.* ESTHÉTIQUE.

BEAUPRÉ (MÂT DE). *Voy.* MÂT.

BEAUX-ARTS. On réunit sous ce nom tous les arts qui ont pour but de charmer les sens par la culture du beau : les arts du dessin (peinture, sculpture, gravure, architecture) ; la musique, la danse. La plupart des nations civilisées, la France surtout, ont créé diverses institutions pour encourager et pour perfectionner les beaux-arts ; les principales sont : 1° l'*École des Beaux-Arts*, fondée à Paris dès 1793, établie plus tard rue des Petits-Augustins, dans le local de l'ancien musée des monuments, constituée par ordonnance du 4 août 1819 ; elle comprend l'enseignement de la peinture, de la sculpture et de l'architecture ; les cours sont terminés par des concours ; les *grands prix* sont envoyés à Rome ; — 2° le *Conservatoire de musique*, organisé en 1795, destiné à l'enseignement de la musique et des arts qui s'y rattachent (*Voy.* CONSERVATOIRE) ; — 3° l'*Académie des Beaux-Arts*, fondée en 1655 par Louis XIV sous le titre d'*Académie de Peinture et de Sculpture*, complétée en 1671 par une *Académie d'Architecture*, et comprise depuis dans l'Institut, où elle forme la 4° classe : elle compte 40 titulaires, répartis en 5 sections : peinture, sculpture, architecture, gravure, composition musicale ; — 4° diverses sociétés libres, telles que la *Société des amis des Arts*, fondée avant 1789, l'*Athénée des Beaux-Arts*, fondé en 1834, tous

deux à Paris. — On peut encore compter au nombre des plus puissants moyens d'encouragement les *Expositions annuelles des Beaux-arts* ou *Salons.* L'Académie publie un *Dict. des Beaux-Arts* (1854).

BEC, organe particulier aux oiseaux, leur tient lieu de bouche et renferme assez souvent les organes de l'odorat : c'est une substance cornée ; il se compose de deux pièces nommées *mandibules* ; il affecte des formes fort diverses. Chez certains oiseaux, cet organe ne sert pas seulement à saisir la nourriture, à la dépecer et à la concasser ; il fait aussi l'office d'une 3° patte pour s'accrocher et grimper aux branches.

Le mot *bec* s'applique également à d'autres classes d'animaux, lorsque leur bouche ressemble plus ou moins au bec de l'oiseau, par exemple aux tortues, aux têtards, aux seiches et à tous les mollusques céphalopodes. Il désigne aussi l'avance cornée de la tête du charançon et celle que fait le front de la sauterelle, de la cigale, etc. ; enfin, le suçoir qui fait le caractère de l'ordre des Hémiptères, etc.

En Anatomie, on appelle *Bec de cuiller* une petite lame fort mince qui sépare la portion osseuse de la trompe d'Eustache du canal destiné au passage du muscle interne du marteau.

Les Chirurgiens ont donné le nom de *bec* à plusieurs espèces de pinces plus ou moins longues et recourbées, dont la forme a quelque ressemblance avec le bec de certains animaux : tels sont le *B. de cane*, le *B. de corbin*, le *B. de cygne*, le *B. de grue*, etc. Il en a été de même dans les arts et dans l'industrie. — *Bec-d'âne* est le nom d'un instrument dont on se sert en Chirurgie pour l'extraction des balles.

On appelle *Bec de lièvre* une difformité résultant de la division naturelle ou accidentelle de l'une des lèvres et particulièrement de la lèvre supérieure ; le bec de lièvre nuit à la prononciation, à la respiration, à la succion, et donne lieu à un écoulement de salive qui jette les enfants dans l'épuisement ; on y remédie par une suture qui réunit les deux bords de la division.

En Botanique, on appelle *Bec de cigogne, de grue, de héron*, plusieurs espèces de *géraniums.*

Dans l'Industrie, on donne le nom de *bec* à l'orifice de diverses sortes de tuyaux, notamment de ceux qui servent à l'éclairage, soit à l'huile, soit au gaz. *Voy.* ÉCLAIRAGE.

BÉCABUNGA (de l'all. *bach-bunge*, plante d'eau), espèce de Véronique qui croît sur le bord des ruisseaux et que l'on confond quelquefois avec le cresson de fontaine ; ce qui lui a fait donner le nom de Véronique cressonnée. On l'emploie comme antiscorbutique.

BÉCARD, nom vulgaire du Saumon (*Voy.* SAUMON) ; — nom vulgaire du *Grand Harle* commun, oiseau à grand bec recourbé.

BÉCARDE, genre de l'ordre des Passereaux et de la famille des Pies-grièches, a pour type la *Pie-grièche de Cayenne*, remarquable par son bec large et bombé en dessus et en dessous.

BÉCARRE, signe musical qui a cette forme ♮, et qui, placé devant une note, indique qu'après avoir été altérée précédemment par un dièse ou un bémol, cette note doit revenir à son ton naturel. Son nom lui vient de *B carré* : le B, qui désignait le *si* dans l'ancienne notation, était appelé *B dur* ou à panse *carrée*, quand il formait la quinte supérieure du *fa*, et *B mol*, ou à panse *ronde*, quand il était baissé d'un demi-ton. Telle est à la fois l'origine des mots *bécarre* et *bémol*. Le bécarre servait ainsi à détruire l'effet d'un bémol antérieur ; lorsque par la suite on imagina le dièse, qui élevait la note d'un demi-ton, on employa également le bécarre pour la ramener au ton naturel. *Voy.* BÉMOL.

BÉCASSE (du mot *bec*, à cause de l'extrême longueur de son bec), *Scolopax*, genre d'oiseaux Échassiers, de la famille des Longirostres : bec long, droit, grêle, peu ferme renflé et crochu à la pointe ; mandibules sillonnées jusqu'à moitié de leur longueur, narines latérales, fendues en long près du bord de la mandibule et recouvertes d'une membrane; pieds et ailes médiocres, tarses totalement emplumés, queue courte. Ce genre se divise en trois sous-genres : les *Bécasses* proprement dites, les *Bécassines* et les *Bécassines chevaliers.* — La *B. ordinaire* (*Scolopax rusticola*) est longue de 34 à 36 cent.; elle a le haut de la tête, le cou, le dos, les couvertures des ailes variées de marron, noir et gris; quatre bandes transversales noires sur le cou; de chaque côté de la tête une petite bande noire qui s'étend depuis le coin de la bouche jusqu'aux yeux; le bec et les pieds sont couleur de chair, ombrés de gris. La Bécasse se trouve par toute l'Europe; elle habite, selon la saison, les bois ou les plaines marécageuses, et vit ordinairement par couples, rarement en troupe; elle se nourrit de vers et d'insectes. Cet oiseau marche mal, mais court assez vite; son vol est assez rapide, mais lourd et peu soutenu; poursuivi par le chasseur, il se tapit sous les feuilles sèches et reste souvent immobile sous l'arrêt. La Bécasse est peu intelligente; son allure gênée, sa tête comprimée, ses gros yeux et sa mauvaise vue lui donnent une physionomie stupide qui est devenue proverbiale. Sa chair est estimée lorsqu'elle est grasse et qu'elle est faisandée. — Pour les deux autres genres, *Voy.* BÉCASSINE.

BÉCASSE DE MER. *Voy.* COURLIEU et CENTRISQUE.

BÉCASSEAU, *Tringa*, genre d'oiseaux de l'ordre des Échassiers et de la famille des Longirostres. Ce sont des oiseaux de rivage, qui ont beaucoup de ressemblance avec les Bécasses. Ils habitent le bord des lacs, des marais et les côtes de la mer. Le *B. cocorli*, commun en Europe, est long de 20 cent. Au genre *Bécasseau* appartient le *Combattant*, si remarquable par son humeur belliqueuse pendant la saison des amours, et l'*Alouette de mer.Voy.* ce mot.

BÉCASSINE, oiseau de passage, est une espèce du genre *Bécasse*, et se distingue de la Bécasse proprement dite par la partie inférieure du tarse dénuée de plumes. La *B. ordinaire* est longue de 27 cent., y compris le bec qui en a 9; sa tête est divisée par deux raies longitudinales noires et trois rougeâtres; le menton est blanc, le cou varié de brun et de rougeâtre; la poitrine et l'arrière sont blancs; le dessus du corps est varié de brun, de rouge pâle et de noir. La Bécassine arrive en France au printemps et niche dans les joncs et les roseaux des marécages; en été, elle quitte nos contrées, pour revenir en automne et disparaître en hiver. Son vol est rapide et irrégulier; aussi sa chasse demande-t-elle de l'adresse. La *double B.*, très-commune en France, est plus grande d'un tiers que la précédente. La *petite B.* ou la *Sourde*, dite aussi *Bécassin* ou *Bécasson*, a 20 cent. de long. Elle n'a qu'une bande noire sur la tête; le fond du manteau a des reflets vert bronzé; un demi-collier gris occupe la nuque; ses flancs sont mouchetés de brun comme la poitrine. Elle habite les prairies marécageuses.

Les *B. chevaliers*, autre espèce du genre Bécasse, ont le doigt extérieur et celui du milieu réunis par une petite membrane; ce sont de véritables *chevaliers* (Voy. ce mot) à bec de Bécassine. A cette espèce appartient la *Bécasse ponctuée* de l'Amérique du Nord, qui se nourrit de coquilles qu'elle trouve dans les marins salins.

BEC-CROCHE, nom vulgaire du jeune *Ibis rouge.* *Voy.* IBIS.

BEC-CROISÉ, *Loxia*, genre de Passereaux conirostres, renferme des oiseaux à bec robuste, épais et comprimé, dont les mandibules sont tellement courbes que leurs pointes s'entre-croisent en sens inverse. Les narines sont petites, rondes et recouvertes de plumes dirigées en avant. Les Becs-croisés habitent le nord des deux continents. Le *B. des pins*, long de 17 cent., a le plumage verdâtre, les

ailes et la queue brunes, le bec et les pieds noirs. Cet oiseau se nourrit de graines de pins et de fruits; sa présence est un fléau pour les cultivateurs.

BEC-DUR, nom vulgaire du *Gros-bec* commun. *Voy.* GROS-BEC.

BEC-EN-CISEAUX, ou COUPEUR D'EAU, *Rhynchops*, genre d'oiseaux de l'ordre des Palmipèdes. Ils ressemblent aux Hirondelles de mer par leurs petits pieds, leurs longues ailes, leur queue fourchue, mais s'en distinguent par leur bec, dont la mandibule supérieure est d'un tiers plus petite que l'inférieure; toutes deux sont droites et comprimées. Le *B. noir* est blanc, à calotte et manteau noirs, avec une bande blanche sur l'aile, et les grandes plumes de la queue blanches en dehors; le bec et les pieds sont rouges. Ces oiseaux, dont la taille égale celle d'un pigeon, vivent en troupes nombreuses dans les mers d'Amérique.

BEC-FIGUE, nom vulgaire du *Gobe-mouche noir* et du *Gobe-mouche à collier* (Voy. GOBE-MOUCHE). — Dans le midi de la France et en Italie on donne aussi le nom de *Bec-figues* à différentes espèces d'oiseaux insectivores, Fauvettes, Becs-fins, etc., qui, en automne, se nourrissent de figues, de raisins et autres fruits, ce qui les engraisse à l'excès et donne à leur chair le goût le plus fin et le plus délicat. On leur fait alors la chasse. — *Bec-figue d'hiver*, nom vulgaire de la Linotte et du Pipi.

BEC-FIN, genre d'oiseaux de la famille des Dentirostres, renferme les sous-genres *Traquet*, *Rubiette*, *Fauvette*, *Accentor*, *Roitelet*, *Troglodyte*, *Hochequeue* et *Farlouse*, de Cuvier. Un grand nombre de zoologistes en font aujourd'hui une famille sous le nom de *Sylviadées.* Ces oiseaux ont le bec fait comme une alène et ne vivent que d'insectes, de vers ou de fruits mous; ils ne nous arrivent en France qu'au commencement du printemps.

BÉCHAMEL, sorte de sauce blanche que l'on sert le plus souvent avec le poisson, tire son nom du marquis de Béchamel, maître d'hôtel de Louis XIV.

BÊCHE, outil de jardinage, formé d'un fer large et tranchant, avec un manche de bois d'environ 1 mètre, sert à couper la terre et à la retourner. On en distingue plusieurs espèces.

On désigne sous le nom de *Bêche-Lisette* un insecte du genre Eumolpe qui fait beaucoup de tort à la vigne. On le nomme aussi *Coupe-bourgeon.*

BÉCHIQUES (du grec *béx*, *béchos*, toux). On désigne ainsi, en Médecine, les remèdes employés contre la toux, tels que les fleurs de violettes, la guimauve, le sirop de capillaire, les dattes, les jujubes, les figues et raisins secs, etc.

BEC-JAUNE ou BÉJAUNE, terme de Fauconnerie, désigne un jeune oiseau de proie qui n'est point encore formé et qui ne sait point chasser. Ce nom vient de ce que la plupart des oiseaux qui n'ont pas encore toutes leurs plumes ont le bec jaune. — Ce mot est passé dans le langage familier pour désigner un jeune homme simple et sans expérience.

BÉCUNE, poisson de mer, qu'on nomme aussi *Brochet de mer*, parce qu'il ressemble au Brochet. On le pêche sur les côtes de la Guinée et de l'Amérique, vers le mois d'octobre.

BEDAUD, BEDAUDE, nom vulgaire de plusieurs insectes dont le corps présente deux couleurs bien tranchées. Telles sont la *Cigale bedaude* de Geoffroy et la chenille de la *Vanesse gamma.* On appelle aussi *Bedaude* la *Corneille mantelée.*

BEDEAU (du latin *pedum*, baguette). On appelait ainsi, dans les universités, des employés subalternes qui, dans les cérémonies publiques, marchaient, une masse à la main, devant le recteur et les principaux membres de l'université. Aujourd'hui on emploie dans le même sens le terme d'*appariteur.*—On donnait aussi ce nom à une espèce d'officier de justice inférieure qui, anciennement, citait en jugement et qui exécutait les sentences des baillis, sénéchaux et autres juges. Les *huissiers* de nos jours les ont remplacés. — Dans les églises catholiques, on donne encore le nom de *bedeaux* à des employés subalternes laïques, qui précèdent le clergé dans les cérémonies, et maintiennent le bon ordre dans l'église pendant l'office. Ils sont vêtus de robes noires, rouges ou violettes, et ont à main une verge de baleine noire.

BÉDÉGUAR, *Spongia cynobasti*, *Fungus rosaceus*, galle ou excroissance qui se développe sur diverses espèces de rosiers, notamment sur l'églantier, et qui est produite par la piqûre d'un insecte (*Cynips rosæ*). Cette excroissance est spongieuse, remplie intérieurement de cellules dans lesquelles sont logées les larves des cynips, de la grosseur du pouce, recouverte d'une espèce de mousse, d'une couleur verte mêlée de rouge. Elle est légèrement astringente.

BÉE, terme d'Architecture. *Voy.* BAIE.

BEFFROI. Ce mot, qu'on trouve aussi écrit *berfroi*, semble venir du celtique *ber*, porter, et *effreid*, effroi. Il désignait dans l'origine une machine de guerre construite en forme de tour portée sur quatre roues et assez élevée pour dominer les remparts des villes. Elle était remplie de soldats qui, plongeant de là sur les murailles, en écartaient les assiégés en faisant pleuvoir sur eux une grêle de traits. — Dans la suite on donna ce nom à une tour ou clocher, élevé dans les villes et les forteresses, d'où l'on faisait le guet, et où il y avait une cloche pour sonner l'alarme. Lors de l'établissement des communes en France, un des premiers priviléges qu'elles réclamèrent fut celui d'avoir un *beffroi*. La possession du *droit de beffroi* devint alors pour les villes une marque de liberté et de franchise. — Aujourd'hui le mot *beffroi* ne désigne plus guère qu'une grosse cloche ou la cloche principale d'une église ou d'une tour et la charpente qui la soutient.

BEGAYEMENT (du latin barb. *bigare*, répéter, dérivé sans doute de *bis*), embarras plus ou moins grand dans la parole, hésitation, répétition saccadée, suspension pénible, et même empêchement complet de la faculté d'articuler certaines lettres. Il est beaucoup plus rare chez les femmes que chez les hommes. Le bégayement ne dépend pas toujours d'un vice de conformation de la langue; il est dû tantôt à un état de faiblesse des muscles vocaux, tantôt à un état nerveux et spasmodique. — M. Colombat, qui a fait de cette infirmité une étude particulière, admet deux espèces principales de bégayement : la 1re, paraissant avoir quelque analogie avec la *danse de Saint-Guy* ou *chorée*, a reçu le nom de *labiochoréique*; la seconde, appelée *gutturo-tétanique*, est caractérisée par une sorte de roideur tétanique de tous les muscles de la respiration, principalement de ceux du larynx et du pharynx. — Quant au traitement, tout moyen qui entrave les mouvements tumultueux des organes de la parole, qui les assujettit à une certaine régularité, peut, avec de la constance et une volonté ferme, corriger et faire cesser le bégayement. C'est d'après ce principe que, depuis le commencement de ce siècle, diverses méthodes ont été employées avec des succès variés, notamment la *méthode d'Itard*, en 1817; la *méthode de Mme Leigh*, de New-York, importée en Europe en 1825, et perfectionnée par M. Malbouche, dite *méthode américaine*. La plus récente et celle qui compte le plus de succès est la méthode de M. Colombat : le rhythme en est une des principales bases; en s'aidant de ce puissant auxiliaire, l'auteur a imaginé une espèce de gymnastique qu'il distingue en *pectorale*, *gutturale*, *linguale* et *labiale* : il en a décrit les divers mécanismes et l'application méthodique à chaque variété de bégayement, dans son *Traité complet de tous les vices de la parole*, qui a obtenu en 1833 les suffra-

ges de l'Académie de médecine et le grand prix de l'Académie des Sciences.

BÉGONE, plante exotique. *Voy.* BÉGONIACÉES.

BÉGONIACÉES (de Michel *Bégon*, botaniste français), famille de plantes dicotylédones herbacées, formée par M. Richard pour un genre singulier que l'on ne peut rapporter à aucune des familles de Jussieu, le genre *Bégone* : il se compose de plantes à fleurs irrégulières monoïques, et disposées en panicules comme dans l'oseille, dont elles ont à peu près le port et la saveur. Elles sont toutes originaires des régions intertropicales. Plusieurs se mangent dans les colonies, à l'instar de l'oseille, dont on leur donne le nom : telles sont la *Bégone brillante*, originaire des Antilles, remarquable par ses fleurs roses et ses ramifications dichotomiques; la *B. variée* de la Chine, qui se distingue par sa tige d'un rouge vif et ses grandes fleurs roses. La première de ces plantes a été employée contre le scorbut et les hémorragies.

BÈGUE. *Voy.* BÉGAYEMENT.

BÉGUM, titre d'honneur donné, dans l'Hindoustan, à l'épouse favorite de l'empereur. La bégum jouissait d'un grand crédit, faisait et défaisait les ministres : on en a vu même commander les armées.

BEHEN, nom de deux racines différentes : le *B. blanc*, d'une odeur aromatique, d'une saveur styptique, produit par la *Centaurée behen*, du mont Liban : il est très-tonique; le *B. rouge*, originaire de la Syrie, qu'on dit produit par la *Statice limonium*, et qui se trouve dans le commerce par tranches compactes d'un rouge noir : il est astringent et tonique; on l'employait autrefois contre les hémorragies et les diarrhées.

BÉJAUNE, pour BEC JAUNE. *Voy.* BEC JAUNE.

BEIGE ou BÈCHE, espèce de serge noire, grise ou mélangée, que l'on nomme aussi *Serge naturelle*, parce que la laine qui a servi à sa fabrication n'a reçu aucune teinture. *Voy.* SERGE.

BÉLEMNITES (du grec *bélemnon*, flèche), nom donné à certaines coquilles fossiles qui affectent la forme d'un doigt ou d'un fer de lance, et qu'on trouve en grandes masses formant des bancs. On croit que c'est la coquille d'un mollusque céphalopode, dont l'espèce n'existe plus, et qui était voisin des Calmars. On a publié une infinité de contes sur ces fossiles; on les a appelés *pierres de lynx*, parce que l'on prétendait que c'était de l'urine de lynx pétrifiée; quelques-uns les ont regardés comme des stalactites, ou bois pétrifié, des dents de poisson, etc.

BELETTE (par corruption du latin *melis*, belette), *Putorius mustela*, espèce du genre *Putois*, un peu plus petite que le rat, est effilée, souple, d'une jolie couleur fauve en dessus, d'un très-beau blanc en dessous. La belette a l'œil vif et fin, le museau pointu, les pattes courtes et court avec beaucoup de vitesse. Elle porte, comme le furet et le putois, une odeur extrêmement forte. Cet animal se trouve dans toute l'Europe méridionale et tempérée. Il est très-carnassier : l'été, il se nourrit de mulots, de jeunes lapereaux, d'oiseaux qu'il surprend dans leur nid, et même de crapauds et de couleuvres; l'hiver, il s'introduit dans les fermes, et fait de grands dégâts dans les colombiers et les poulaillers. La fourrure de la belette passe quelquefois dans le commerce, où elle reçoit une teinte brune foncée et se vend sous le nom de *martre lustrée* : ce n'est que celle qui vient du Nord, de Sibérie surtout, qui a de la valeur.

BELIER (du verbe *bêler*), mâle de la *brebis*, prend le nom de *mouton* quand il a subi la castration (*Voy.* MOUTON). Le bélier était chez les anciens consacré à Mercure, qui avait enseigné à tondre les brebis; on l'attribue aussi quelquefois à Cybèle. — Les anciens ont donné le nom de *Bélier* à une constellation zodiacale qui est le signe du mois d'avril, et qui coïncidait autrefois avec l'équinoxe du printemps; elle ne renferme point d'étoiles remarquables. Les Mythologues prétendent que cette constellation est le bélier qui portait la toison d'or et qui, après avoir conduit dans la Colchide Phryxus et Hellé, fut sacrifié par Phryxus, puis transporté au ciel.

BÉLIER, machine de guerre dont on se servait, avant l'invention de la poudre, pour enfoncer les portes et même les murailles des villes assiégées. Elle consistait essentiellement en une énorme poutre garnie à son extrémité d'une tête de bélier en fer ou en bronze; elle était suspendue à une forte charpente avec des chaînes et de gros câbles, et on la mettait en mouvement à force de bras. L'invention du bélier remonte à une très-haute antiquité : on paraît s'en être servi au temps de David et au siége de Troie. — La machine dont on se sert aujourd'hui pour enfoncer les pilotis porte le même nom. — Le B. hydraulique, inventé en 1797 par MM. Montgolfier, sert à élever l'eau d'une rivière à une certaine hauteur, au moyen de la force même du courant.

BELLADONE ou BELLADONNE (de l'italien bella donna, belle femme, parce que les Italiens se servaient de ses fruits pour composer une espèce de fard), en latin Atropa (d'Atropos, une des Parques, par allusion aux propriétés malfaisantes de cette plante), genre de plantes de la famille des Solanées, renfermant des arbrisseaux et des herbes, à feuilles alternes, à fleurs violacées. Plusieurs espèces de ce genre sont regardées comme vénéneuses. L'espèce la plus remarquable est la B. commune (Atropa belladonna), qui croît en France, près des lieux habités et dans les bois, et se multiplie par ses semences et ses racines; elle atteint plus d'un mètre de hauteur et forme de larges buissons d'un aspect triste; ses tiges rameuses sont ovales-aiguës, molles, pubescentes, répandant, quand on les froisse, une odeur vireuse et nauséabonde; ses fleurs, d'un rouge terne, donnent naissance à des baies d'abord vertes, puis rougeâtres, semblables à la cerise-guigne, dont le jus est un poison narcotique fort subtil : on remédie à son ingestion récente par les vomitifs et les boissons acidulées; les médecins emploient la belladone contre la toux, contre la coqueluche convulsive et contre les névralgies : cette plante a, en outre, la propriété singulière de dilater considérablement la pupille; aussi l'emploie-t-on pour faciliter l'opération de la cataracte; ses baies, cueillies avant leur maturité, fournissent aux peintres en miniature une belle couleur verte. On cite aussi la B. d'Espagne, à feuilles petites, arrondies, à fleurs jaunâtres, et la B. à fleurs de nicotiane, arbrisseau de l'Amérique du Sud, à fleurs blanchâtres, réunies en faisceau, qui ont les propriétés narcotiques de la belladone commune. — On donne encore le nom de Belladone à deux espèces d'Amaryllis, à la Mandragore et à la Morelle. Voy. ces mots.

BELLE (LA), jeu de hasard analogue au loto et au biribi, se joue avec un tableau aux numéros duquel correspondent d'autres numéros renfermés dans un sac. Le tableau est divisé en 13 colonnes portant 8 numéros chacune. Après que chaque joueur a fait son jeu, le banquier tire un numéro ; il paye ceux que ce numéro fait gagner, et garde le reste pour lui.

BELLE-DAME, nom vulgaire d'un papillon du genre Vanesse, et de deux plantes, l'Amaryllis belladone et l'Arroche.

BELLE-DE-JOUR, Convolvulus tricolor, espèce de liseron à fleurs bleues et blanches qui ne s'épanouissent que pendant le jour et se referment la nuit; on la cultive dans les jardins à cause de la beauté de ses fleurs.

BELLE-DE-NUIT, Mirabilis jalapa, nom vulgaire du Nyctage faux jalap, plante exotique dont les fleurs, rouges ou jaunes, semblables à celles du liseron, ne s'épanouissent guère qu'après le coucher du soleil. —C'est aussi le nom vulgaire de la Rousserolle ou Rossignol de rivière.

BELLE-DE-ONZE-HEURES, Ornithogallum um-

bellatum, nom vulgaire d'une espèce de plante du genre Ornithogalle, de la famille des Liliacées, dont les fleurs ne s'ouvrent que vers les onze heures du matin.

BELLE D'UN JOUR, nom vulgaire de l'Hémérocalle et de l'Asphodèle.

BELLES-LETTRES. Voy. LETTRES, LITTÉRATURE.

BELLIS (du latin bellus, joli, mignon), genre botanique qui renferme les plantes généralement connues sous le nom de Pâquerettes ou Petites marguerites. Voy. ces mots.

BELLOTE, variété du Chêne vert, à feuilles rondes, bordées de dents épineuses et d'un gris glauque en dessous, que l'on trouve sur les côtes d'Afrique, en Espagne et dans le midi de la France donne des glands allongés et assez gros qui peuvent se manger.

BELVÉDÈRE (de l'italien bellovedere, belle vue), petit pavillon qui couronne et domine les maisons de plaisance. Le plus fameux est celui du Vatican, élevé par Bramante. — On y admire l'Apollon du Belvédère, statue d'Apollon découverte à Capo d'Anzo (l'ancienne Antium) dans le XVIe siècle. Cette statue, enlevée de Rome en 1797 et apportée en France, a été rendue en 1815.

BEMBEX (mot grec qui signifie toupie), genre d'insectes Hyménoptères, nommés ainsi à cause de la forme de leur abdomen, appartient à la section des Porte-aiguillons et à la famille des Fouisseurs. Ils ont la forme et la couleur des guêpes, la bouche des abeilles et les mœurs des sphéges. On les trouve dans les lieux sablonneux et exposés au soleil. Le Bembex à bec, qui est noir avec des bandes transverses d'un jaune citron sur l'abdomen, est très-commun aux environs de Paris.

BEMBIDION, genre de Coléoptères pentamères, famille des Carabiques. Ils sont, en général, très-petits; ils vivent presque tous au bord des eaux, dans le sable, sous les débris de végétaux, et courent sur la vase, sous les pierres, sous les écorces.

BÉMOL, signe musical qui s'écrit ainsi : ♭, a pour objet, quand on le place devant une note, de l'abaisser d'un demi-ton. On peut l'employer d'une manière accidentelle; mais quand il entre dans la gamme naturelle d'un morceau de musique, on le place à la clef, et, dans ce cas, il s'applique à toutes les notes semblables du même morceau, à moins qu'elles ne soient ramenées à leur ton naturel par un bécarre. Voy. BÉCARRE.

BEN ou MORINGA, genre de plantes du groupe des Légumineuses dont quelques botanistes ont fait une famille sous le nom de Moringées. Ce genre se compose d'arbres originaires de l'Asie tropicale, et que l'on trouve maintenant en Afrique et en Amérique. Leurs feuilles sont pennées, leurs fleurs irrégulières; leur fruit est une silique uniloculaire à trois valves. L'espèce principale est le Ben oléifère ou Moringe de Ceylan, arbre de moyenne grandeur et dont l'écorce, la racine et même les feuilles ont une saveur et une odeur analogues à celles du raifort sauvage. Le bois de cet arbre, nommé bois néphrétique, s'emploie dans les néphrites calculeuses; sa racine est antispasmodique; ses semences, appelées noix de ben, contiennent une amande qui donne par l'expression une huile grasse, inodore, transparente, purgative, appelée huile de ben. Cette huile se sépare en deux parties, l'une solide et l'autre liquide, très-difficilement congelable : les parfumeurs l'emploient pour extraire les huiles essentielles des fleurs dont on ne peut rien retirer par la distillation, telles que le jasmin et la jonquille.

BÉNÉDICTION (de benedicere, bénir). L'usage d'appeler la protection divine sur ceux qu'on aime est très-ancien. De tout temps, un père a donné sa bénédiction à ses enfants, surtout au lit de la mort; un vieillard a béni des personnes d'un âge inférieur. On voit même dans l'Écriture les rois patriarches prononcer la bénédiction sur leur peuple tout entier. De bonne heure aussi, le droit de donner la bénédiction a été du ressort des ministres du culte. Moïse charge expressément de cette mission les lévites de la race d'Aaron, et leur en prescrit les termes; de nos jours encore, la bénédiction n'est prononcée dans les synagogues que par des individus regardés comme descendants d'Aaron.'— L'usage de la bénédiction s'est conservé dans les églises chrétiennes. Les prêtres catholiques bénissent soit en faisant simplement le signe de la croix, comme cela a lieu à la fin de la messe, soit d'une manière plus solennelle, en tenant à la main, pendant qu'ils font ce signe, un objet consacré, comme dans la *bénédiction du Saint-Sacrement*. Le pape, les évêques, donnent la bénédiction sur leur passage en faisant le signe de la croix : le pape donne solennellement une fois par an, à Pâques, la grande bénédiction : *orbi et urbi*. On prononce encore la bénédiction sur les choses pour les consacrer, par exemple sur l'eau bénite, le pain bénit, le cierge pascal, les autels et les ornements religieux, les églises, etc. Le pape envoie aussi en présent des objets bénits ou consacrés : telle fut, entre autres, la *rose d'or* bénite en 1366 par le pape Urbain V en faveur de la reine Jeanne de Sicile, cérémonie qui depuis s'est reproduite tous les ans et se pratique encore aujourd'hui. — On appelle *Bénédiction apostolique* le salut que donne le pape au commencement de ses bulles et de ses brefs; — *B. nuptiale*, la cérémonie religieuse observée dans toutes les communions chrétiennes, et qui consiste à bénir les nouveaux époux. En France, la bénédiction nuptiale doit être précédée du mariage civil.

BÉNÉFICE (du latin *beneficium*). En Politique, ce mot se disait particulièrement des terres conquises que les premiers rois francs distribuaient à leurs compagnons d'armes; il a désigné ensuite certaines dignités ecclésiastiques accompagnées d'un revenu qui n'en pouvait être séparé. *V.* pour l'historique de ces bénéfices le *Dict. univ. d'Hist. et de G.*

En Jurisprudence, on appelle, en général, *bénéfice* une exception favorable admise par la loi dans certains cas déterminés. Le *B. d'inventaire* est un privilége accordé à l'héritier qui craindrait de compromettre sa fortune personnelle en acceptant une succession dont il ne connaît pas les forces et les charges. Celui qui hérite ainsi n'est tenu de payer les dettes de la succession que jusqu'à concurrence des biens qu'il doit recueillir; il conserve même contre la succession le droit de réclamer le payement de ses créances. — Le *B. d'âge* est une sorte de privilége qui exempte certaines personnes des dispositions d'une loi à cause de leur âge. Ainsi l'âge de 55 ans dispense du service de la garde nationale; à 65, on peut refuser d'être tuteur; un septuagénaire peut être dispensé des fonctions de juré, et est à l'abri de la contrainte par corps, etc. Les *Lettres de bénéfice d'âge*, abolies en 1790, équivalaient à une espèce d'émancipation. — On appelle *B. de cession* la faculté accordée par la loi au débiteur malheureux, mais de bonne foi, de faire en justice abandon de ses biens à ses créanciers pour conserver la liberté de sa personne; *B. de discussion*, la faculté accordée à la caution d'obliger le créancier, au moment où il dirige des poursuites contre elle, à saisir et à faire vendre les biens du débiteur principal; *B. de division*, la faculté accordée aux diverses cautions d'un même débiteur pour une même dette, d'exiger que le créancier divise sa demande, et la réduise à la portion de chacune d'elles dans la dette.

BENGALE (FEUX DE). *Voy.* ARTIFICE et FEU.

BENGALI, nom donné à plusieurs espèces d'oiseaux Granivores, du genre *Gros-becs*, originaires du Bengale. — C'est aussi le nom d'un idiome de l'Inde, dérivé du sanscrit, et qui se parle dans le Bengale.

BÉNITE (EAU), eau consacrée par les cérémonies de l'Église, sert à bénir les fidèles et les objets du culte, à exorciser, etc. Dans les premiers temps du christianisme, il y avait à l'entrée de chaque église des réservoirs d'eau consacrée, afin que les communiants pussent se laver les mains et la bouche avant de recevoir l'hostie : de là l'usage des *bénitiers*. Toutefois, l'institution de l'eau bénite proprement dite ne remonte qu'au pape Alexandre III, au XIIe siècle. Le prêtre bénit l'eau le dimanche, avant la grand'messe; on la bénit aussi d'une manière solennelle la veille de Pâques et de la Pentecôte. Cette eau rappelle l'*eau lustrale* des anciens.

BÉNITIER. Outre son sens connu de tous, ce mot désigne aussi une coquille, la plus grande des coquilles connues, de l'ordre des Acéphales conchyfères, le *Tridacne géant*, dont le poids s'élève jusqu'à 250 kil. : les bénitiers de l'église de Saint-Sulpice, que la république de Venise donna à François Ier, sont formés de deux de ces coquilles. — On appelle *grand Bénitier* une coquille bivalve qui acquiert un très-gros volume, et qui sert quelquefois de bénitier; *petit Bénitier*, une coquille du genre Peigne.

BENJOIN, baume ou résine qui découle par incision de plusieurs arbres, notamment du *Styrax-benjoin*, arbre de la famille des Styracées, qui croît à Java, à Sumatra et dans toute la Malaisie. Il contient de la résine, de l'acide benzoïque et un peu d'huile volatile; il présente une odeur suave qui se développe surtout lorsqu'on en projette sur des charbons ardents, où il répand une fumée épaisse et blanche. On s'en sert comme d'encens dans les églises; on l'emploie aussi en fumigations contre les maladies de poitrine. En versant dans l'eau la teinture alcoolique de benjoin, on obtient un liquide laiteux, employé dans la toilette sous le nom de *lait virginal*. On extrait du benjoin l'*acide benzoïque* (*Voy.* ce mot).—On trouve dans le commerce deux variétés de benjoin : le *B. amygdaloïde*, qui est en larmes ovoïdes, blanchâtres, agglomérées dans une pâte plus brune; le *B. en sortes*, qui est moins pur et d'une couleur brune plus uniforme. On tire aussi de Santa-Fé, en Colombie, une autre espèce de benjoin de qualité inférieure. — *Voy.* aussi BADAMIER.

BENOITE (c.-à-d. *bénite*, à cause de ses propriétés médicales), *Geum*, genre de plantes herbacées de la famille des Rosacées, à fleurs droites et terminales, à feuilles radicales ternées et à tige droite. La *B. commune* (*Geum urbanum*) se plaît dans les bois et les lieux ombragés et humides; sa racine, brune-rougeâtre, d'une saveur un peu amère et aromatique, d'une odeur analogue à celle de girofle (d'où le nom de *radix caryophyllata*), passe pour vulnéraire, sudorifique, astringente; on l'emploie contre les hémorragies et les fièvres intermittentes. On l'a proposée pour remplacer le quinquina. La *B. aquatique* (*G. rivale*) a les mêmes propriétés.

BENZAMIDE, substance appartenant à la classe des *Amides* (*Voy.* ce mot); elle représente dans sa composition les éléments du benzoate d'ammoniaque, moins un atome d'eau.

BENZINE, dite aussi *Benzène*, *Benzole*, *Phène*, liquide incolore, très-mobile, réfractant fortement la lumière, d'une odeur forte et empyreumatique, composé de carbone et d'hydrogène dans les rapports de $C^{12}H^6$. Il bout à 86°, présente une densité de 0,86, et ne se dissout pas dans l'eau. On l'obtient en distillant l'acide benzoïque avec un excès de chaux caustique. Il se produit en grande quantité par la décomposition, à la chaleur rouge, des huiles grasses, résines et autres substances organiques. Il sert à enlever les taches. Découvert en 1833 par M. Mitscherlich.

BENZOATES, sels formés par l'acide benzoïque et une base. Aucun benzoate n'est employé en médecine.

BENZOILE, radical composé de carbone, d'hydrogène et d'oxygène dans les rapports de $C^{14}H^5O^3HO$, et admis par quelques chimistes dans les combinaisons qui dérivent de l'acide benzoïque et de l'essence d'amendes amères.

BENZOIQUE (ACIDE), dit aussi *fleur de benjoin*, acide organique composé de carbone, d'hydrogène et d'oxygène dans les rapports de $C^{34}H^{5}O^{3}+HO$; il est blanc, cristallisable en longues aiguilles, d'une saveur acidule et âcre, inodore à l'état de pureté, fusible à 120°, bouillant à 239°. Il est à peine soluble dans l'eau froide; il se dissout dans 12 parties d'eau bouillante. Il existe dans le benjoin, d'où on l'extrait en chauffant cette résine dans une terrine sur laquelle on a fixé un cornet de papier, de manière que l'acide benzoïque puisse s'y sublimer. Il se produit dans une foule de circonstances : par l'action de l'air sur l'essence d'amandes amères, par l'action des agents oxygénants sur l'acide cinnamique, la gélatine, le caséum, etc. Il s'emploie quelquefois en médecine, dans les affections chroniques des poumons.—L'acide benzoïque était déjà connu de quelques alchimistes : Jérôme Rosello (Alexius Pedemontanus), dans son ouvrage *de Secretis* (1557), et Libavius, dans son *Alchymia* (1595), parlent déjà du produit de la distillation du benjoin. Vigénère mentionne, dans son *Traité du feu et du sel* (1608), l'acide benzoïque obtenu par sublimation.

BER. Dans la Construction maritime, on nomme ainsi un appareil de charpente et de cordages placé sous un grand bâtiment, pour le supporter pendant qu'on le construit ou qu'on le répare, et qui glisse sur la cale lorsqu'on lance ce bâtiment à l'eau : le bâtiment se dégage de son ber lorsqu'il est à flot. En Botanique, c'est le nom vulgaire d'une espèce de Jujubier, grand arbre de l'Inde qui porte beaucoup de feuilles, de fleurs et de fruits; sa feuille ressemble à celle du pommier, d'un vert obscur par-dessus, blanchâtre par-dessous; la fleur est petite, blanche, à cinq pétales, inodore; le fruit ressemble à celui du Jujubier commun, mais il est d'un goût plus agréable.

BERBÉRIDEES (du grec *berberi*, coquillage qui ressemble au fruit de l'épine-vinette), famille de plantes dicotylédones polypétales, renfermant des herbes ou des arbrisseaux à feuilles alternes, simples ou composées, à fleurs ordinairement jaunes, en épis ou en grappes; le fruit est une baie à plusieurs graines. Le type de la famille est le genre *Berberis*, qui renferme l'*épine-vinette*. *Voy.* ce mot.

BERBÉTH (corruption du grec *barbitos*, luth), instrument de musique à 4 cordes, employé par les Arabes, qui prétendent dans ses accents trouver un antidote contre les maux de l'humanité. Les quatre cordes du *berbeth* donnent les notes *mi, si, sol, ré*. Ce sont les premières cordes de la guitare, instrument qui fut importé en Espagne par les Arabes.

BERCE, nom vulgaire de plusieurs espèces de plantes ombellifères du genre *Heracleum*. La plus connue, appelée aussi *Branche-ursine bâtarde* (H. *spondylium*), est grande, vivace et fort commune dans le nord de l'Europe; on en retire, par la fermentation, une liqueur alcoolique très-enivrante.

BERCEAU DE LA VIERGE, nom vulgaire de la *Clématite des haies*, dont on couvre les berceaux.

BERGAMOTTE (de la ville de Bergame, où, sans doute, on fit d'abord l'essence de ce nom), petite orange d'un goût exquis et d'une odeur délicieuse, fruit du *Bergamottier* (*Citrus margarita*), que l'on cultive dans le Midi de l'Europe. On double avec son écorce des bonbonnières qu'on appelle *bergamottes*, et qui exhalent une odeur suave; elle fournit aussi une essence agréable qui s'emploie en parfumerie. — Les jardiniers donnent le nom de *bergamotte* à une poire fondante et parfumée dont l'odeur se rapproche de celle de l'orange de ce nom.

BERGER (du latin *vervex*, mouton). Un bon berger doit savoir loger, nourrir, abreuver, tondre et guérir au besoin ses brebis; il doit vivre avec elles jour et nuit, être en état de reconnaître chacune et de

prévenir leurs maladies. Il doit se pourvoir de chiens attentifs, alertes, et les dresser dès le jeune âge en les menant aux champs avec des chiens tout formés. Deux bons chiens peuvent faire paître 400 moutons. — L'équipement complet du berger se compose : 1° d'une *houlette*, longue canne, portant à une extrémité une petite bêche destinée à lancer de la terre aux bêtes qui s'écartent, et à l'autre un crochet en fer pour saisir par la cuisse celles qu'il veut examiner; 2° d'un *fouet* pour corriger les chiens ou faire lever le troupeau; 3° d'une *panetière* contenant de l'ammoniaque liquide et un trocart pour la météorisation, un grattoir et une petite boîte d'onguent pour la gale, une lancette et des bandages pour les coups de sang, etc. La panetière sert encore à recueillir les agneaux qui naissent aux champs, et à les garantir du froid jusqu'à ce que l'on soit rentré à la bergerie. — On peut consulter pour plus de détails : 1° l'*Instruction pour les bergers*, de Daubenton; 2° l'article *Berger*, de Rozier, dans son *Cours complet d'Agriculture*; 3° l'article de Tessier dans le *Dictionnaire d'Agriculture*.

BERGERIE, construction rurale destinée à loger les bêtes ovines. Une bergerie doit être salubre et tempérée : on élèvera donc, au besoin, le sol des bergeries en le couvrant de sable, de gravier ou de pierres, pour éviter l'humidité; on le nivellera pour laisser aux urines un écoulement facile; on entourera le bâtiment de fossés pour arrêter les eaux du voisinage; les murs seront percés aux faces opposées pour le renouvellement de l'air; ces ouvertures seront formées de simples créneaux longs et étroits, se fermant avec une botte de paille; enfin, chaque bête devra avoir un espace au moins égal à une fois sa largeur et deux fois sa longueur. La meilleure forme à donner au bâtiment est celle d'un carré long avec des râteliers simples aux quatre murs et un râtelier double au milieu; d'autres subdivisions seront établies au moyen de claies, soit pour les béliers, soit pour les couples de béliers et de brebis, soit pour les bêtes malades; enfin, deux portes cochères seront percées en face l'une de l'autre au milieu de deux murs opposés, pour faciliter l'enlèvement du fumier. Outre les râteliers, une bergerie doit être munie d'*auges* : ces auges sont faites de planches de sapin clouées deux à deux en forme de V : le berger les place au moment de donner les rations de grain, de son, de racines coupées, etc., et les enlève après le repas. Enfin il est utile que l'on place de distance en distance, dans la bergerie, surtout pendant les saisons pluvieuses, de petits sacs remplis de sel que les moutons viennent lécher, ce qui augmente leur appétit, et, selon quelques agronomes, diminue beaucoup leur mortalité. — M. Morel de Vindé avait fait construire, dans son domaine de la Celle-Saint-Cloud, une *bergerie* que l'on a jusqu'ici considérée comme le meilleur modèle des constructions de ce genre. — L'État entretient des bergeries sur plusieurs points du territoire; les plus importantes sont celles de Rambouillet (pour les mérinos); de Montcravel (Pas-de-Calais), de Gévrolles (Côtes-d'Or).

BERGERIE, poème pastoral. *Voy.* PASTORALE (poésie).

BERGERONNETTE, dite aussi *Lavandière*, en latin *Motacilla*, petit oiseau de passage à longs pieds, à bec droit et grêle, à queue longue, est une espèce du sous-genre *Hochequeue*, du genre *Bec-fin*. Il reçoit ces divers noms parce qu'il voltige continuellement soit autour des *bergeries* et des troupeaux, soit au bord des eaux, où il se baigne, et à cause de l'habitude qu'il a de mouvoir sans cesse sa queue de haut en bas. La Bergeronnette se nourrit d'insectes; elle se trouve dans toute l'Europe, et arrive dans nos contrées au printemps. On en distingue plusieurs espèces, dont les plus communes sont la *B. grise* ou *Lavandière* proprement dite, remarquable par la longueur de sa queue; la *B. jaune*, qui resté chez nous toute l'année, et la *B. printanière*, qui est également jaune.

BÉRIBÉRI (d'un mot indien qui signifie *brebis*), maladie particulière aux habitants des Indes Orientales dans laquelle les malades marchent péniblement et accroupis, en imitant les mouvements de la brebis. Cette maladie est caractérisée par un abattement général, des lassitudes spontanées, l'engourdissement des membres, en un mot, par un trouble général de la sensibilité et de la motilité. Elle a été considérée par les uns comme une espèce de rhumatisme chronique ou de lumbago; d'autres la rapprochent de la danse de Saint-Guy, Le *béribéri*, bien qu'incurable, n'est point mortel.

BÉRICHON, BÉRICHOT OU BÉRICHET, nom vulgaire du Troglodyte ou Roitelet.

BÉRIL, pierre précieuse. *Voy.* BÉRYL.

BERLE (de *berula*, nom botanique d'une autre espèce du même genre), *Sium latifolium*, espèce du genre *Sium*, appelée aussi *Ache d'eau*, *Cresson de fontaine*, se trouve dans les lieux marécageux, et passe pour diurétique et antiscorbutique.

BERLINE (de *Berlin*, où elle a été inventée), voiture suspendue à deux fonds et à quatre roues et recouverte d'une espèce de capote qu'on peut relever ou abaisser à volonté: on s'en sert à la ville et en voyage. La première berline fut, dit-on, fabriquée à Berlin dans le XVIIe siècle, par Philippe Chiese, architecte de l'électeur de Brandebourg. — On nomme *berlingot* une berline coupée à un seul fond.

BERLINGE, grosse étoffe en fil et en laine. On en fabrique en France dans le département du Finistère.

BERLUE (de l'italien *vario lume*, lumière qui varie), aberration du sens de la vue, dans laquelle on croit voir des objets que l'on n'a pas réellement devant les yeux, tels que des points étincelants ou noirs, des insectes qui semblent voler dans l'air, des toiles d'araignées, etc. On a donné à ces phénomènes bizarres le nom d'*imaginations*. La berlue est souvent un 1er degré de l'amaurose; d'autres fois c'est un symptôme précurseur de l'apoplexie. On emploie contre cette affection les saignées, les fomentations, les topiques, les vomitifs et les purgatifs. —Du nom de cette maladie vient la locution *avoir la berlue*, pour dire: voir ce qui n'est pas, mal juger des choses.

BERME, terme de fortifications, chemin d'environ 1m,25 de large entre le pied du rempart et le fossé. — On appelle aussi *berme* le chemin qu'on laisse entre une levée et le bord d'un canal ou d'un fossé pour retenir les terres.

Les Amidonniers nomment *bermé* un tonneau où ils font fermenter le froment dont ils se servent pour fabriquer l'amidon.

BERNACHE, sous-genre des Canards de Cuvier, très-voisin des Oies, à bec court, menu, dont les bords ne laissent point paraître au dehors l'extrémité des lamelles buccales. Les espèces principales sont: 1o l'*Oie bernache* ou à *joues blanches*, qui a le dos noir et gris: une fable qui eut longtemps cours la faisait naître sur les arbres comme un fruit, ce qui la fit admettre comme gibier maigre; 2o l'*Oie d'Égypte*, dont le plumage, d'un fond gris-blanc, est agréablement varié de zigzags brun-roussâtre. Cette espèce était révérée des anciens Égyptiens à cause de son attachement pour ses petits. Elle se montre quelquefois, ainsi que la précédente, aux environs de Paris.

On nomme aussi *Bernache* un Mollusque acéphale à coquille univalve qui s'attache à la carène des navires qui ne sont pas doublés en cuivre, et y forme à la longue une croûte épaisse qui nuit à la navigation.

BERNAGE, mélange de céréales et de graines légumineuses, que l'on sème en automne pour être fauchées en printemps. On le donne aux bestiaux pour les faire passer de la nourriture sèche à la nourriture verte. Les Romains empruntèrent aux Gaulois la connaissance et l'emploi du bernage.

BERNARD-L'ERMITE, espèce de Crustacé macroure, du genre des Pagures, vit ordinairement renfermé dans des coquilles univalves. Il s'y glisse en y introduisant sa queue, qui est molle et sans écailles. Cette espèce est abondamment répandue sur toutes nos côtes de l'Ouest et de la Manche.

BERNE (de l'italien *berna*), terme de Marine. *Mettre le pavillon en berne*, c'est le hisser moins haut qu'à la hauteur ordinaire, et plié sur lui-même, de manière que les plis, retenus par des liens, ne puissent se développer au souffle du vent: le bout de la queue est seul déferlé. Le pavillon national mis en berne et appuyé d'un coup de canon est un signal de détresse adopté en mer pour demander du secours; c'est aussi un signe de deuil. Un bâtiment de commerce en partance hisse son pavillon en berne pour appeler son équipage à bord. On met aussi en berne pour demander un pilote.

BÉROÉ (nom mythologique), genre de Zoophytes de l'ordre des Acalèphes libres, famille des Méduses, composé d'animaux à corps ovale ou globuleux, garni de côtes saillantes hérissées de filaments ou de dentelles dans lesquelles on aperçoit des ramifications vasculaires et une sorte de mouvement de fluide. Ces animaux brillent d'une lumière phosphorescente verte très-intense, lorsqu'on les irrite. Ils sont composés d'une sorte de gélatine transparente, se résolvent en eau pour peu qu'on les blesse en les touchant; ils ne peuvent vivre un instant hors de l'eau, et se dissolvent dans l'alcool. On ne connaît pas leur mode de reproduction ni de nourriture.

BÉRRI, mesure itinéraire de Turquie, égale 1 kilomètre, 670 mètres.

BERTHELOTIA (de *Berthelot*, botaniste français), genre d'Astéroïdées, qui comprend deux espèces: l'une à fleurs velues, originaire du Sénégal; l'autre, à fleurs glabres, indigène dans l'Inde tropicale.

BERTHOLLETIA (de *Berthollet*, chimiste français), très-grand arbre de l'Amérique du Sud, commun dans les forêts de l'Orénoque, forme à lui seul un genre qui appartient à la famille des Myrtacées. Sa fleur est jaune, en épis, avec des étamines blanches; son fruit est comestible, et on le cultive pour cette raison à la Guyane et au Brésil.

BÉRULE (altération de *ferula*), *Sium angustifolium*, espèce du genre *Sium*, herbe vivace qui croît en Europe et dans l'Amérique septentrionale. Elle se trouve dans les fossés inondés, dans les mares et les eaux peu courantes. *Voy.* BERLE.

BÉRUS, nom scientifique de la Vipère commune.

BÉRYL (en grec *béryllos*), variété d'Émeraude qui est vert-clair, jaune ou jaunâtre. On l'appelle *Aigue-marine* quand elle a la couleur d'eau de mer; *Émeraude miellée*, quand elle a la teinte jaune du miel. On nomme *Béryl de Saxe* ou *Augustite*, une variété transparente d'Apatite (*Voy.* ce mot). Le béryl sert aux graveurs sur pierre, et entre dans la composition des mosaïques. Les bijoutiers en font divers ornements: colliers, bracelets, cachets, etc., qui sont à bon marché. — Pline avait déjà reconnu que cette pierre précieuse devait être une variété de l'émeraude. Le même auteur prétend qu'on ne rencontre le béryl que dans l'Inde; mais on en a aussi trouvé en France, à Nantes et à Limoges; en Irlande, dans la chaîne des monts Wicklows; en Écosse, au Pérou, au Brésil, etc.

BÉRYLLIUM. *Voy.* GLUCYNIUM.

BÉRYX (mot grec), genre de la famille des Percoïdes; poissons brillants d'un beau rouge relevé de teintes dorées. On en connaît deux espèces: la plus grande, le *B. décadactyle*, vient du nord de l'Atlantique intertropicale; la seconde, des mers de la Nouvelle-Guinée: elle est rouge et rayée d'or.

BERZÉLITHE (de *Berzélius*, chimiste suédois, et *lithium*), dite aussi *Pétalithe*, silicate alumineux à base de lithine, de couleur nacrée et à structure lamellaire, raie fortement le verre et étincelle par le choc du briquet. C'est dans ce minéral que Berzélius a découvert l'oxyde de lithium (1818). La berzélithe a été observée d'abord à l'île d'Uto en Suède, dans un gîte de fer magnétique. On l'a retrouvée aux États-Unis, dans un calcaire saccharoïde et des blocs erratiques.

BÈS, nom donné chez les Romains aux deux tiers de l'as ou 8 onces. Ce mot s'employait aussi pour les deux tiers d'une mesure, d'un tout quelconque.

BESAIGRE (pour *presque aigre*), maladie qui attaque le vin quand il est déposé dans une cave peu fraîche et quand il est mal soigné, soit dans la cave, soit dans le tonneau. Le vin besaigre prend une saveur qui n'est pas précisément celle du vinaigre, mais qui en approche.

BESAIGUE (du latin *bis*, deux fois; *acuta*, aiguë), arme usitée au moyen âge, sur la forme de laquelle les auteurs ne sont pas d'accord. Tantôt on s'en servait pour frapper de près, tantôt on la lançait de loin. Au siége d'Orléans, en 1428, les défenseurs de la ville se servaient de besaiguës, arme qui avait alors d'un côté une hache assez large, et de l'autre un morceau de fer très-pointu. — On donne aussi le nom de *besaiguë* à un outil de fer, taillant par les deux bouts, dont l'un est en bec d'âne, et l'autre en ciseau; il sert à dresser et à réparer le bois de charpente, à faire les tenons, mortaises, etc. — Outil de bois qui sert aux cordonniers à lisser ou polir le devant des semelles de souliers.

BESANT, BEZANT, ou BYZANT. *Byzantium*, ancienne monnaie d'or de l'empire de Byzance ou de Constantinople, se répandit en France aux XIIᵉ et XIIIᵉ siècles, et y fut connue sous le nom de *sou d'or*. On n'est pas d'accord sur sa valeur, qui d'ailleurs paraît avoir varié comme celle de toutes les monnaies. Selon Souquet (*Métrologie française*), le besant valait au XIIᵉ siècle 20 fr. 22 cent. On sait que saint Louis, fait prisonnier en Égypte, ne recouvra la liberté qu'en payant une rançon d'un million de *besants*; ce qui ferait plus de 20 millions. — Les rois de France présentaient à la messe, le jour de leur sacre, 13 besants d'or. — En termes de Blason, on appelle *Besant* une pièce d'or que les paladins mettaient sur leur écu pour faire voir qu'ils avaient fait le voyage de la Terre Sainte.

BESICLES (de *bis oculi*, doubles yeux). On en attribue vulgairement l'invention à Roger Bacon ou à Alexandre de Spina, frère dominicain, qui les aurait découvertes en 1280 ou 1311; mais on les trouve mentionnées dans un poëme grec dès 1150. Elles étaient connues de temps immémorial en Chine.

BESLÉRIE (de *Basile Besler*, botaniste allemand du XVIᵉ siècle), genre de la famille des Gesnéracées, ayant pour caractères : un calice libre, quinquéfide et coloré; une corolle hypogyne, subcampanulée et quinquéfide; 4 étamines didynames, 1 ovaire libre à ovules nombreux et à style simple; enfin, de belles fleurs jaunes ou rouges en grappes terminales. Ce sont des plantes herbacées habitant toutes les forêts de l'Amérique méridionale. La B. *incarnat*, la B. *jaune* et la B. *à grandes fleurs* sont cultivées dans nos serres comme plantes d'agrément.

BESOIN, terme de Commerce. Dans le commerce de banque, les tireurs ou endosseurs d'une lettre de change écrivent souvent au bas : *au besoin chez M...*, ce qui signifie qu'en cas de non-acceptation ou de non-payement, le porteur peut se présenter chez M..., qui payera le montant de la lettre de change.

BESTIAIRES (du latin *bestia*, bête), ceux qui, chez les anciens Romains, étaient destinés à combattre dans les cirques contre les bêtes féroces. C'étaient des prisonniers de guerre, des criminels, des esclaves coupables de fautes graves, ou des chrétiens : ces derniers étaient exposés sans armes et sans défense.

BÉSY ou BÉSIGUE, jeu de cartes, qui a beaucoup d'analogie avec la *Brisque* ou *Mariage*, se joue ordinairement à deux personnes, quelquefois à trois; on se sert d'un jeu de piquet, soit simple, et alors la partie se termine en 500 points, soit double ou triple, et, dans ce cas, elle peut être fixée à 12 ou 1,500 points. Chaque joueur reçoit d'abord huit cartes, et, après chaque levée, il en prend une au talon, jusqu'à entier épuisement. Le talent du joueur consiste surtout à former des mariages ou groupes qui donnent beaucoup de points : en effet, 4 as se comptent 100 points; 4 rois, 80, etc.; un mariage simple ou double, de 20 à 40 points; le *Bésy*, c.-à-d. l'accouplement de la dame de pique et du valet de carreau, 40 points; le double Bésy, 500, etc. De plus, l'as, le roi, la dame, le valet, valent solément 11, 10, 4, 3 et 2 points. — Le Bésy est originaire du Limousin : il a été récemment importé à Paris.

BÉTAIL (de *bestia*, bête), nom collectif des animaux domestiques d'une ferme, spécialement de ceux que l'on mène paître. On distingue le *gros bétail*, qui comprend les bêtes bovines, telles que le taureau, la vache, le buffle, le chameau, etc.; et le *menu bétail*, qui comprend les bêtes à laine, telles que le bélier, le mouton, etc., les bêtes à poil, la chèvre, le bouc, etc., et les bêtes à soie, telles que le cochon, la truie, etc. On étend quelquefois le nom de *bétail* aux espèces chevalines (cheval, âne, mulet, etc.). — Le bétail est un des éléments nécessaires de l'agriculture : outre qu'il est indispensable pour labourer la terre et en transporter les produits, le fumier qu'on fait avec ses déjections est un des moyens les plus efficaces de fertiliser le sol; en outre, le bétail peut seul donner une valeur aux herbages. L'infériorité de l'agriculture française par rapport à celle de plusieurs pays étrangers, notamment de l'Angleterre, tient surtout à ce que l'on a trop longtemps négligé en France l'élève du bétail.

BÈTE, animal privé de raison; on oppose en ce sens la *bête* à l'*homme*. Les philosophes ont beaucoup disputé sur la nature des bêtes : les uns leur accordant une âme, mais une âme fort inférieure à celle de l'homme, et purement *sensitive*; les autres leur refusant une âme, malgré toutes les analogies qui plaident en leur faveur, et les réduisant, avec Descartes, à l'état de pures *machines*. Voy. AME.

En Agronomie, on distingue *Bêtes à cornes*, B. *à laine*, B. *de somme*, B. *de trait*, B. *de labour*; tous mots qui s'expliquent d'eux-mêmes.

On appelait autrefois *Bêtes aumailles*, ou seulement *Aumailles*, les bêtes à cornes et autres animaux domestiques admis à paître dans les forêts; on dérive ce mot, par corruption, du latin *manualia* (s. ent. *pecora*), animaux apprivoisés.

On nomme vulgairement *Bêtes à Dieu*, B. *à bon Dieu*, B. *à Martin*, les Coccinelles; — B. *à feu*, les Lampyres, les Taupins, les Fulgures et les Scolopendres, qui répandent pendant la nuit un éclat phosphorescent; — B. *à la grande dent*, le Morse; — B. *de la mort*, la Chouette, l'Effraie, etc.; — B. *noire*, le Grillon domestique, la Blatte des cuisines, le Ténébrion des boulangers; — B. *puante*, la Mouffette, petit quadrupède noir dont l'urine suffoque; — B. *rouges*, les Tiques, insectes du genre Acarus, dont la morsure cause de vives démangeaisons.

BÈTE (Jeu de la), jeu de cartes, absolument le même que celui de la mouche; les termes seuls sont changés : on y dit *bête* pour *mouche* (Voy. MOUCHE). Ce jeu est passé de mode.—La *bête ombrée* (ou *hombrée*) n'est qu'un diminutif du jeu de l'*hombre*. On y joue à 2, 3, 4 ou 5 personnes, avec un jeu de piquet et avec des jetons ayant une valeur convenue pour faire l'enjeu; chaque joueur reçoit 5 cartes, distribuées par 2 et 3 ou 3 et 2; il ne faut que 3 levées pour gagner le coup. A ces jeux et à plusieurs autres, on appelle *bête* la somme que l'on dépose quand on a perdu un coup, et qui reste au jeu pour être payée à celui qui gagnera. *Mettre sa bête*, c'est déposer cette somme ; *faire la bête*, c'est perdre le coup ; *tirer la bête, gagner la bête*, c'est gagner le coup.

BÉTEL, *Chavica-Betle*, espèce du sous-genre Chavica, appartient au genre Poivrier, plante sarmenteuse des Indes Orientales, grimpante à la manière des vignes, et cultivée près de la mer : c'est une espèce de poivre. Les Indiens forment avec ses feuilles, mêlées avec de l'arec et de la chaux vive, une préparation appelée aussi *bétel*, qu'ils mâchent continuellement. Le bétel est tonique et astringent ; il stimule l'estomac et prévient la dysenterie, mais il gâte les dents et les fait tomber promptement.

BÉTILLES, mousselines ou toiles de coton blanches, qui se fabriquent aux Indes Orientales, particulièrement à Pondichéry. On distingue la *B. simple*, un peu grossière ; la *B. organdi*, qui a le grain rond et est très-fine, et la *B. tarlatane*, qui est fort claire.

BÉTOINE (du nom des *Vettones*, peuple d'Espagne qui paraît avoir le premier connu cette plante), plante vivace de la famille des Labiées, aux fleurs rouges ou blanches, aux feuilles velues et oblongues ; ses racines ont une odeur pénétrante : elles sont émétiques et purgatives ; ses feuilles sont sternutatoires, et peuvent se prendre en guise de tabac. Les anciens lui attribuaient beaucoup de vertus.

On nomme *B. d'eau* la Scrofulaire aquatique, et *B. de montagne* l'Arnica.

BÉTON (de l'anglais *bletong*, poudingue factice), mélange d'un mortier hydraulique avec des cailloux ou des pierres et des briques concassées ; il a la propriété de durcir promptement dans l'eau. On fait fréquemment usage du béton dans les ponts et chaussées et dans le génie militaire, surtout pour les constructions hydrauliques.

On donne aussi le nom de *béton* au lait trouble et épais contenu dans les mamelles au moment de l'accouchement.

BETTE (d'un mot celtique *bett*, qui signifie *rouge*), *Beta*, genre de la famille des Chénopodées, originaire du midi de l'Europe, renferme plusieurs plantes potagères fort utiles qui se cultivent en France. Les deux espèces principales sont la Betterave (Voy. ci-après), et la *B.-Poirée*. — La *B.-Poirée*, vulgairement *Poirée*, *Beta cicla*, L., est une plante potagère ; sa racine est cylindrique, ligneuse ; sa tige, droite, haute d'un mètre environ, garnie de feuilles larges et ovales ; ses fleurs, petites et blanchâtres. La bette s'applique en médecine à divers usages : la feuille, large et molle, sert à panser les vésicatoires et les cautères ; elle est émolliente et relâchante ; on peut aussi manger ces feuilles, qui sont douces et fades ; mêlées à l'oseille, elles en corrigent l'acidité. — Une variété de la bette commune fournit des feuilles remarquables par le développement que prend leur nervure moyenne, que l'on mange en guise de cardon ; on la nomme *Carde-poirée*, parce qu'elle a quelque analogie pour le goût avec les cardons d'Espagne.

BETTERAVE (de *bette* et de *rave*), *Beta vulgaris*, plante potagère du genre Bette, se distingue par sa racine charnue, pivotante comme la *rave*, et qui atteint un volume considérable. Il y en a trois variétés : 1° la *B. rouge* ou *B. champêtre*, remarquable par le volume de sa racine, par le nombre et la grandeur de ses feuilles, par sa couleur, qui varie du blanc rose au rouge cramoisi ; sa racine sort de terre de plus de la moitié de sa longueur : on la mange cuite ou confite dans le vinaigre avec de la salade ; c'est cette variété qui convient le mieux à la nourriture des bestiaux ; on lui donne quelquefois le nom de *Poirée rouge*, et à sa racine celui de *Racine de Disette* ; — 2° la *B. blanche*, ou de Silésie, à chair claire et à peau blanche, à forme assez régulièrement conique ; elle fut introduite en France en 1815 par Mathieu de Dombasle ; — 3° la *B. jaune*, ou de Castelnaudary, qui est d'une moyenne grosseur : ces deux dernières es-

pèces, la blanche surtout, servent à l'extraction du *sucre de betterave* (Voy. sucre), dont la fabrication, indiquée dès 1775, s'est introduite en France sous l'Empire, et qui a pris une si vaste extension. On en tire aussi depuis peu de l'alcool. La racine cuite peut donner un vin doux très-agréable et des confitures excellentes ; avec la pulpe on fabrique du papier. A Angers, au Mesnil-Saint-Firmin, à Oëstres, près de S.-Quentin, on fait avec sa racine torréfiée un *café de betterave*, au moins aussi bon que celui de chicorée.

La Betterave peut se cultiver dans presque tous les terrains, mais elle préfère les sols légers, meubles, profonds et riches en humus. Dans les assolements, elle remplace utilement la jachère. On fume le sol qui doit la produire avant janvier, principalement avec les *tourtes* que l'on retire du colza et autres plantes oléagineuses, ou avec les récoltes enfouies en vert : les fumiers animaux paraissent nuisibles aux betteraves que l'on destine à la fabrication du sucre. Le semis se fait à la fin d'avril et au commencement de mai ; on reproduit aussi la plante par le repiquage. L'arrachage a lieu du 15 septembre à la fin d'octobre ; c'est quelques jours auparavant que doit se faire l'enlèvement des feuilles : quelques personnes le font à tort durant la végétation ; ce qui diminue la proportion du principe sucré de la plante. La rentrée des betteraves doit avoir lieu avant la gelée. — L'insecte le plus redoutable à la betterave est la larve du hanneton, ou *ver blanc* ; le dessèchement des feuilles décèle sa présence. La betterave est, en outre, exposée à une maladie dite *Pied-chaud*, qui se développe avant que la plante ait acquis six feuilles ; cette maladie flétrit une partie de la racine et arrête la croissance de la plante ou la fait périr. Une maladie nouvelle a été observée en 1851 dans les environs de Valenciennes : elle se reconnaît à des marbrures que présentent les feuilles, et qui proviennent de l'infiltration de l'air au milieu de la sève de la plante ; la racine présente des lignes noirâtres. Cette maladie altère le goût de la betterave et en diminue de plus de moitié le rendement.

BÉTULINE (du latin *betula*, bouleau), espèce de camphre ou huile volatile solide qu'on trouve dans l'épiderme du bouleau blanc.

BÉTULINÉES ou BÉTULACÉES (du latin *betula*, bouleau), famille de plantes dicotylédonées diclines, qui forment une subdivision du grand groupe des Amentacées, et renferme les genres Aune et Bouleau. — On a trouvé en Vétéravie, à l'état fossile, des chatons dont on croit pouvoir rapporter à ces deux genres, et auxquels on a donné le nom de *Bétulites*.

BÉTYLE, *Bætylos*, pierre que Cybèle présenta enveloppée de langes, à Saturne, qui l'avala, la prenant pour Jupiter, son fils nouveau-né. Par suite, on nomma ainsi des pierres qui avaient la forme d'un coin ou d'un cône, et qui étaient révérées chez les anciens comme un symbole divin ; on les oignait d'huile, de vin, et même de sang. On leur attribuait une foule de vertus merveilleuses. On les rencontrait en grand nombre chez les Syriens, surtout sur le mont Liban, chez les Grecs et les Romains.

BEURRE (du latin *butyrum*, pris du grec *boutyron*, formé lui-même de *bous*, vache, et *tyros*, fromage), substance grasse de couleur citrine, plus légère que l'eau, très-fusible, et tenue en suspension dans le lait des animaux. Elle renferme de la margarine, de l'oléine, de la butyrine et une petite quantité de matière colorante jaune.

Pour préparer le beurre, on abandonne d'abord le lait à lui-même ; puis on enlève la crème avec un écrémoir, et l'on bat cette crème dans une *baratte* (Voy. ce mot). Les particules de beurre se réunissent alors par l'agitation, et se séparent de la partie liquide ou *lait de beurre*. Terme moyen, il faut 28 litres de lait pour obtenir 1 kilogr. de beurre ; une bonne vache donne environ 64 kil. de beurre par an.

Le beurre fin a ordinairement une teinte jaune, que l'on imite assez bien avec la fleur du souci ou le safran.

Le contact de l'air fait *rancir* promptement le beurre, surtout en été; pour obvier à cet inconvénient, qui provient des parties séreuses ou caséeuses que le beurre peut contenir, il faut faire subir au beurre des lavages réitérés. On est aussi dans l'usage de le fondre à une douce chaleur ou de le saler; il se conserve alors fort longtemps.

Par suite, on distingue: *B. frais, B. salé* et *B. fondu.*

Le *B. frais* est celui qui est nouvellement battu. Il est apporté ou *en livres* ou *en mottes*. A Paris, le beurre *en livres* vient des villages voisins, de Saint-Germain et du Gâtinais. Les beurres *en mottes* sont envoyés d'Isigny, de Gournay, de la Louppe, etc.

Le *B. salé* est du beurre que l'on a pétri avec le sel pour le conserver. Le sel blanc est moins propre que le gris pour les salaisons; il rend les beurres plus âcres. Les provinces qui fournissent le plus de beurre salé sont la Bretagne, la Normandie, la Flandre et le Boulonnais. Il en vient aussi de Hollande, d'Angleterre, d'Écosse et d'Irlande. Les beurres salés de la Bretagne, ceux de la Prévalais surtout, sont les plus estimés. Ils viennent en petits pots de grès d'environ un demi kilogr.; mais ce beurre n'est pas de garde et se graisse aisément. La basse Normandie fournit deux sortes de beurres salés: les *gros beurres* et les *B. fins* ou *B. d'herbes*; on les tire surtout d'Isigny. Les *B. fins* ou *d'herbes* (ainsi appelés parce qu'ils sont faits dans le temps que les vaches sont dans les herbages) sont envoyés dans de petits pots de grès de 250 à 500 gr. Les *gros beurres* sont apportés en pots de grès ou en tinettes de bois: les pots, nommés *tallevannes*, sont du poids de 3 à 20 kilog.; les tinettes pèsent depuis 10 jusqu'à 100 kilog.

Les *B. fondus* arrivent à Paris presque tous d'Isigny et d'autres endroits de la Normandie; ces beurres, bien fondus et bien empotés dans des pots de grès, peuvent se maintenir bons deux ans entiers. On les envoie aussi en pots ou en tinettes.

Le beurre est généralement employé comme aliment. Les médecins le prescrivent quelquefois comme pectoral et adoucissant; on l'applique, à l'extérieur, sur les ulcérations superficielles, les gerçures, les croûtes du cuir chevelu, etc.; mais s'il n'est pas très-frais, il irrite au lieu d'adoucir, et, loin de calmer les éruptions, il en fait naitre quelquefois.

On a donné le nom de *beurre* à certaines matières végétales grasses, telles que le *B. de cacao*, le *B. de muscade*, etc. (*Voy.* ci-après); et à certaines préparations culinaires dont le beurre fait la base, telles que le *B. de piment, d'ail, d'anchois, de Montpellier* (mélange de beurre, anchois, cornichons, jaunes d'œuf, épices, etc.), le *B. de homard, d'écrevisse*, etc.

Les anciens chimistes appliquaient le même nom à certains chlorures liquides ou de la consistance du beurre, comme le *B. d'antimoine, de bismuth, de zinc*, etc. *Voy.* ANTIMOINE, BISMUTH, etc.

BEURRE DE CACAO, matière grasse contenue dans les semences du *Theobroma-cacao*. On en fait des pilules et des crèmes pectorales.

BEURRE DE COCO, matière grasse, huileuse, qu'on extrait de l'amande ou semence du cocotier de l'Amérique du Sud. Il s'emploie comme aliment; on l'utilise aussi dans la fabrication des bougies et des savons.

BEURRE DE GALAM, corps gras, blanc, concret, onctueux, provenant du *Bassia butyracea* de la côte d'Afrique. Il ressemble au beurre de palme. V. BASSIE.

BEURRE DE MONTAGNE OU DE ROCHE, sorte d'alun naturel, qu'on reduit en pâte. *Voy.* ALUNITE.

BEURRE DE MUSCADE, huile concrète qu'on extrait du *Myristica aromatica*, se compose, en plus grande partie, d'un produit particulier appelé *Myristine* par les chimistes. Les médecins le prescrivent en frictions, ou associé à d'autres médicaments.

BEURRE DE PALME, dit aussi *Huile de palme*, corps

gras, solide, qu'on retire du fruit de l'*Élaïs guineensis*, qui croît dans la Guinée et la Guyane: il est couleur de chair, et a l'odeur de la violette; il renferme un acide gras particulier, l'*acide palmitique*. On l'emploie à la fabrication des bougies et des savons.

BEURRIÈRE. *Voy.* BARATTE.

BEZANT. *Voy.* BESANT.

BEZOARD (du persan *bedzahar*, contre-poison), nom donné à certaines concrétions formées dans l'estomac ou dans les intestins de quelques animaux, comme la chèvre, la gazelle, le chamois, le porc-épic, le bœuf, le cheval, le caïman, et qui étaient vantées autrefois comme des médicaments très-efficaces contre les maladies éruptives et pestilentielles, et même contre les poisons. On portait ces concrétions comme des amulettes, propres non-seulement à préserver des maladies, mais encore à écarter les maléfices: ces croyances étaient surtout populaires dans l'Orient, en Italie, en Espagne, en Portugal. De nos jours, les bézoards ne sont plus que des objets de curiosité; ils ont cependant conservé en Orient leur antique célébrité: parmi les présents envoyés à Napoléon en 1808 par le shah de Perse, il y avait trois bézoards; on n'y trouva que du bois et quelques sels.

Il y avait aussi des *Bézoards factices* composés avec des yeux d'écrevisse, des pinces de crabe, broyés et mêlés avec le musc, l'ambre gris, etc. Enfin on appelait *bézoards* toutes les substances auxquelles on crut reconnaître les vertus attribuées aux bézoards.

On trouve souvent dans l'estomac des ruminants, et notamment du bœuf, des concrétions qu'on a cru analogues aux bézoards; elles sont formées des poils que ces animaux avalent en se léchant; nos paysans nomment ces concrétions *gobes*, et attribuent leur formation à un sort jeté sur les animaux; les vétérinaires les appellent *bulithes* (de *bous*, bœuf, et *lithos*, pierre), ou *ægagropiles* (du grec *aix*, chèvre, et *pilos*, balle de laine).

BI (du latin *bis*, deux fois), syllabe dont les termes de Chimie sont souvent précédés: tels que *bi-oxyde, bi-sulfate, bi-chlorure*, etc. (*Voy.* OXYDE, SULFATE, CHLORURE, etc.). Lorsqu'elle précède le nom des sels oxygénés, elle indique que ces sels sont acides (*bi-sels*), la quantité d'acide combinée avec la base y étant double de celle qui est contenue dans les sels neutres.

BIBERON (de *bibere*, boire), petits vases de verre, de porcelaine, d'argent ou autre métal, pourvus d'un col ou d'un tube plus ou moins allongé et recourbé, avec lesquels on fait boire les enfants au berceau et les malades qu'une cause quelconque empêche de boire avec un verre ordinaire. Le plus ordinairement, c'est une fiole bouchée avec un morceau d'éponge fine recouvert d'un linge fixé autour du goulot. On substitue souvent à l'éponge et au linge, qui ont de graves inconvénients, un *bout de sein* ou mamelon artificiel fait avec de la gomme élastique (biberons de Salmer), ou avec une tétine de vache préparée (biberons de Mme Breton): ces derniers biberons consistent en un flacon de cristal percé à sa partie moyenne d'un trou capable d'admettre à sa forte épingle, et destiné à permettre l'entrée de l'air; le bouchon, également de cristal, présente une saillie en forme de scie sur laquelle est fixé le pis de vache préparé; on rend l'écoulement du lait plus ou moins facile en laissant libre ou en bouchant avec le doigt le petit trou latéral indiqué ci-dessus. — On vante aussi les *B. Darbo*, les *B. Obin*, les *B. Charrière*, ainsi nommés de leurs inventeurs, et qui ont chacun leurs avantages particuliers.

BIBION, genre d'insectes Diptères, de la famille des Némocères, à tête large et arrondie chez les mâles, plate et carrée chez les femelles. Ces insectes, connus aussi sous le nom vulgaire de *Mouches de Saint-Marc* et de *Mouches de Saint-Jean*, se rencontrent partout, et ne font aucun tort à la végétation.

BIBLE (du grec *biblion*, livre, le livre par excellence), recueil de nos Saintes-Ecritures. *Voy.* le *Dict. univ. d'Hist. et de Géogr.*

BIBLIOGRAPHIE (du grec *biblion*, livre, et *graphô*, écrire), science qui consiste à connaître les livres, tant sous le rapport de leur sujet et de leur contenu que sous celui de la forme sous laquelle ils se produisent ou de leur condition matérielle et de leur prix : de là deux sortes de bibliographies : la *B. littéraire* et la *B. matérielle*; la 1re s'adresse au savant, la 2e au libraire ou à l'amateur. Depuis que les livres se sont multipliés à l'infini et qu'il a été tant écrit sur les matières les plus diverses, le premier soin de toute personne qui étudie ou qui veut écrire doit être de s'informer des ouvrages qui existent sur chaque sujet : c'est la bibliographie qui le lui apprend ; aussi peut-on dire qu'elle est en ce sens le préliminaire de toutes les sciences, le guide de toutes les autres. On lui doit d'excellents catalogues, classés dans un ordre méthodique, conformément à la division naturelle des sciences. — Les anciens ne nous ont laissé aucun ouvrage qui appartienne à la bibliographie proprement dite. Le premier ouvrage de ce genre que nous connaissons est la *Bibliotheca mundi* de Vincent de Beauvais, contemporain de S. Louis. Longtemps négligée, la Bibliographie fut ébauchée en France par Duverdier et Lacroix du Maine, au xviᵉ siècle ; elle doit surtout aux travaux de G.-F. Debure (*Bibliographie instructive*, 1763-68) ; d'Alex. Barbier (*Nouvelle bibliothèque d'un homme de goût*, 1808-10; *Dictionnaire des anonymes et des pseudonymes*, 1806) ; de Peignot (*Manuel bibliographique*, 1800) ; de Quérard (la *France littéraire*, 1817-31, qui se continue sous le titre de *Littérature française contemporaine*) ; et surtout de Brunet, l'auteur du *Manuel du libraire*, ouvrage devenu classique. La *Bibliographie de la France*, journal de la librairie, rédigé depuis 1811 par M. Beuchot ; le *Journal général de la littérature de France* et le *Journal général de la littérature étrangère*, publiés tous deux jusqu'à ces derniers temps par la maison Treuttel et Wurtz, permettent de suivre d'année en année les progrès de la Bibliographie depuis le commencement du siècle. — Les Anglais ont aussi cultivé avec zèle la Bibliographie ; mais ils se sont plutôt attachés à la partie matérielle, recherchant par-dessus tout les livres rares et anciens : c'est là le caractère principal de leurs bibliographes, notamment de Dibdin. — Les Allemands se sont surtout distingués par la patience, l'étendue et l'exactitude de leurs recherches ; leurs plus grands bibliographes sont Ersch, qui publia, de 1793 à 1809, l'*Allgemeines repertorium der Litteratur*, et Ebert, à qui l'on doit l'*Allgemeines bibliographisches Lexicon*, 1821-30 : ce sont les ouvrages les plus complets en ce genre. *Voy.* CATALOGUE.

BIBLIOLITHE (du grec *biblion*, livre, et *lithos*, pierre). On a désigné sous ce nom certaines pierres calcaires et schisteuses qui, divisées en lames minces, présentent l'aspect des feuillets d'un livre ; elles offrent ordinairement des empreintes de végétaux.

BIBLIOMANE (de *biblion*, livre, et *mania*, folie), celui qui a la passion des livres, surtout des livres rares et curieux, et qui les recherche non pas tant pour s'instruire que pour en repaître sa vue et se féliciter de les posséder. La bibliomanie est l'aberration de la bibliophilie. Le mot *bibliomanie* est de la façon de Gui-Patin. Née en Hollande, à la fin du xviiᵉ siècle, cette passion règne surtout en Angleterre, où l'on a vu payer des prix fabuleux pour les livres qui n'avaient de valeur que par leur rareté ou leur singularité. Th. Dibdin s'est fait le guide de ces amateurs fanatiques en publiant à leur usage sa *Bibliomania* (Lond., 1811) et son *Bibliographical Decameron* (1817).

BIBLIOMAPPE, mot hybride formé du grec *biblion*, livre, et du latin *mappa*, carte, a été donné pour titre à un ouvrage géographique contenant à la fois des cartes et un texte, publié de 1824 à 1826, par MM. Bailleul et Vivien, pour l'enseignement élémentaire de la géographie et de l'histoire.

BIBLIOPHILE (du grec *biblion*, livre, et *philos*, ami), amateur de livres, celui qui aime sagement les livres, qui a du goût pour les bons ouvrages et qui sait les discerner d'avec les mauvais. Ce mot se dit par opposition à *bibliomane*. Il a été formé en France, en 1820, une *Société de bibliophiles* qui se compose de vingt-quatre membres et de cinq associés étrangers, et qui n'admet dans son sein aucune personne faisant commerce de livres. Elle réimprime des ouvrages rares, et ne les tire qu'à autant d'exemplaires qu'elle compte de membres.

BIBLIOTHÈQUES (du grec *biblion*, livre, et *thékè*, dépôt). L'usage des bibliothèques remonte aussi haut dans les temps anciens que la culture des sciences et des lettres. Tous les peuples civilisés de l'antiquité ont eu des bibliothèques soit publiques, soit privées ; les plus célèbres parmi les premières sont : la *B. d'Alexandrie*, fondée par Ptolémée Soter vers 290 av. J.-C., détruite l'an 640 de notre ère par l'ordre du calife Omar, et qui contint jusqu'à 700,000 volumes; la *B. de Pergame*, fondée par Attale Iᵉʳ ; la *B. Palatine*, construite par l'empereur Auguste, sur le mont Palatin; et la *B. Ulpienne*, formée à Rome sous Trajan (Ulpius Trajanus). — Au moyen âge, une grande partie des bibliothèques anciennes avaient disparu par l'effet de l'invasion des Barbares et de l'ignorance qui en fut la suite. Leurs débris, conservés dans les cloîtres, ne s'augmentaient que lentement par le travail des copistes ; mais, après la découverte de l'imprimerie, on vit les bibliothèques s'accroître et se multiplier de toutes parts. — De nos jours, les pays les plus riches en monuments de ce genre sont la France, l'Italie, l'Espagne, l'Angleterre et l'Allemagne.

France. Paris compte actuellement 39 bibliothèques publiques, dont 4 principales, savoir : la *B. Nationale*, dont on fait remonter l'origine à Charles V, et qui, après avoir plusieurs fois changé de local, fut définitivement établie rue Richelieu en 1721 ; sous Louis XIII, elle ne comptait encore que 16,746 volumes ; à la mort de Colbert en 1683, elle en avait déjà 50,542 ; aujourd'hui elle possède plus de 500,000 volumes imprimés, 450,000 brochures, 60,000 manuscrits, 600,000 estampes, 100,000 médailles, camées, etc. ; — la *B. de l'Arsenal* ou de *Monsieur*, à l'Arsenal, créée par le marquis d'Argenson de Paulmy et vendue en 1785 au comte d'Artois, puis accrue en 1787 de la bibliothèque du duc de La Vallière ; — la *B. Mazarine*, au palais scolaire de l'Institut, formée en 1648, pour le cardinal Mazarin, par les soins de G. Naudé, et qui devint publique en 1688 ; — la *B. Sainte-Geneviève*, fondée en 1623 par les religieux Génovéfains, récemment restaurée et établie dans un magnifique local construit place du Panthéon. — Après Paris, les villes de France qui possèdent les plus riches bibliothèques sont Lyon, Bordeaux, Rouen, Aix, Strasbourg, Montpellier, Dijon, Besançon, Troyes, etc.

Italie. Les plus célèbres bibliothèques de l'Italie sont : à Rome, la *B. du Vatican*, fondée en 1455 par le pape Nicolas V, restaurée et accrue par Sixte-Quint et Léon X; elle renferme beaucoup de manuscrits précieux ; — à Venise, la *B. de St-Marc*, fondée au xvᵉ siècle par le cardinal Bessarion ; — à Milan, la *B. Ambrosienne*, fondée par le cardinal Fréd. Borromée ; — à Florence, les *B. Médicéo-Laurentienne* et *Léopoldine*, etc.

Espagne. On cite la *B. de l'Escurial*, fondée par Charles-Quint et considérablement augmentée par Philippe II ; la *B. Royale*, à Madrid, créée en 1712; les bibliothèques d'Alcala, de Salamanque, etc.

Angleterre. Parmi les nombreuses bibliothèques de l'Angleterre, les plus grandes sont : la *B. Bod-*

léienne, à Oxford , ainsi nommée de sir Th. Bodley, ambassadeur d'Élisabeth, devenue publique en 1612 ; la *B. du British Museum*, à Londres ; celles de Cambridge, Édimbourg , Glasgow, Dublin, etc. — *Allemagne.* Nous citerons seulement : en Autriche, la *B. Impériale* de Vienne, fondée en 1480 et accrue de la bibliothèque de Mathias Corvin : elle possède plus de 300,000 volumes ; celles de Prague, de Grætz et de Presbourg ; — en Prusse, celles de Berlin et de Halle. — Viennent ensuite les bibliothèques de Munich , de Dresde, de Leipzig , de Hanovre, de Wolfenbuttel , de Stuttgard , etc.

Pour l'art de distribuer et d'administrer les bibliothèques, on pourra consulter la *Bibliothéconomie*, récemment publiée par M. L.-A. Constantin (Hesse).

BIBLIQUES (sociétés), sociétés protestantes fondées pour la propagation des livres saints parmi les classes pauvres, sont surtout répandues en'Angleterre. La plus ancienne date de 1780 ; la plus importante est la *Société biblique britannique et étrangère*, fondée en 1804. Depuis ce temps, d'autres sociétés bibliques ont été établies sur le même plan en Russie, en Allemagne, en Amérique, en France. La *Société biblique protestante de Paris* fut fondée en 1818. Ces sociétés ont répandu plus de 30 millions de bibles sur toute la surface du globe.

BICARBONATE, BICARBURE, etc. *V.* CARBONATE, etc.

BICÉPHALE (du latin *bis*, deux fois , et du grec *képhalè*, tête), monstre à deux têtes. *Voy.* MONSTRES.

BICEPS (de *bis*, deux fois, *caput*, tête), nom de deux muscles qui ont chacun deux attaches à leur partie supérieure : le *B. brachial*, situé à la partie antérieure du bras, fléchit l'avant-bras sur le bras ; le *B. crural*, situé à la partie postérieure de la cuisse, fléchit la jambe sur la cuisse, ou celle-ci sur la jambe. Il est aussi rotateur de la jambe en dehors. — On nomme *bicipital* ce qui a rapport au biceps.

BICHE, femelle du cerf. *Voy.* CERF.

BICHET, mesure de grains jadis en usage dans la Bourgogne, le Lyonnais, à Meaux , et dans quelques autres pays. Le bichet de Lyon équivalait à peu près à 40 litres ; celui de Sens , à un peu plus de 20.

BICHON ou CHIEN DE MALTE (de *barbichon*, diminutif de *barbet*), jolie espèce de chien provenant du croisement du petit barbet et de l'épagneul. Le bichon a le nez court, le poil long , blanc et très-fin. Ces petits chiens ont été longtemps à la mode, et les dames les portaient dans leur manchon.

BICORNES (du latin *bis*, deux fois, et *cornu*, corne), nom donné par Ventenat à la famille des Bruyères ou Érycinées de Jussieu , à cause des deux appendices filiformes qui surmontent les anthères.

BIDENT, *Bidens* (de *bis*, double, et *dens*, dent), genre de la famille des Composées, tribu des Sénécionées, formé de plantes annuelles, à feuilles opposées et à capitules multiflores radiés ; ses semences sont couronnées de *deux dents* ou arêtes. Ce genre a pour type le *B. à calice feuillé* (*B. tripartita*), vulgairement *Chanvre aquatique*, qui habite le bord des eaux.

BIDET, petit cheval, excellent pour la selle et le service des postes ; il est précieux pour sa vigueur, sa ténacité et sa sobriété peu communes. C'est une race particulière, que l'on élève surtout en Auvergne.

BIDON, nom d'une ancienne mesure pour les liquides, qui équivalait à 5 pintes de Paris (4 lit., 65). Il a depuis désigné une espèce de broc de bois employé dans la marine et à l'armée et dans lequel on met à boire pour 5 hommes. — On appelle *bidon d'homme de troupe*, *petit bidon*, un vase de ferblanc propre à contenir la boisson de chaque soldat.

BIEF ou BIEZ, nom donné en Hydraulique : 1° à un petit canal qui détourne un cours d'eau , ou qui le soutient à une certaine élévation pour le faire ensuite tomber sur les roues d'un moulin ; 2° à la partie horizontale d'un canal comprise entre deux écluses ou deux pertuis (*Voy.* ÉCLUSE et CANAL). On appelle *bief supérieur* ou *arrière-bief* la partie qui se trouve en amont de l'écluse ; *bief inférieur* ou *sous-bief*, celle qui se trouve en aval.

BIELLE. On nomme ainsi en Mécanique une pièce qui, dans une machine, sert à communiquer le mouvement : c'est une tige inflexible, articulée par ses extrémités à deux points, les tenant à la même distance, unissant leurs mouvements et servant ainsi à transmettre la puissance de l'un à l'autre. On en fait usage toutes les fois qu'il s'agit de transformer un mouvement de va-et-vient en un mouvement circulaire, comme dans les machines à vapeur, ou un mouvement circulaire en un mouvement de va-et-vient, comme dans les scieries. On en distingue de plusieurs sortes selon leur dimension , leur position , ou leur destination : *grande bielle*, *bielle latérale*, *bielle pendante*, *bielle en double bride*, etc. On les fait en fonte ou en fer.

BIEN. En Morale, on nomme *bien* tout ce que l'homme peut rechercher , et l'on distingue le *bien physique* ou *bien sensible*, qui comprend tout ce qui peut être utile ou agréable à l'homme, tout ce qui peut contribuer à son bonheur, et le *bien moral*; ou le *bon*, l'*honnête*, qui comprend tout ce que l'homme approuve, tout ce qui est conforme à l'ordre, au devoir. Les philosophes ont beaucoup disputé sur la nature du bien moral : les uns cherchent, avec Épicure, Hobbes, Helvétius, Bentham, à le réduire à l'utile, ou tout au moins à l'utilité générale ; les autres le considèrent comme essentiellement distinct de l'utile, et le définissent, tantôt avec Platon, Zénon, Clarke, Kant : ce qui est conforme à la pensée de Dieu, à la raison, à l'ordre, à l'essence et à la destination des choses, aux dictées de la conscience ; tantôt, avec Ad. Smith, ce qui est propre à exciter le sentiment de la sympathie, de l'approbation. Quelque différentes que paraissent ces solutions , il serait facile de montrer qu'elles se concilient au fond et s'accordent pour nous prescrire la même conduite. — La question du *souverain bien*, qui a aussi tant occupé les moralistes et les théologiens, dépend de la précédente, les uns plaçant le souverain bien dans le plaisir, dans le bonheur sensible, c.-à-d. dans la recherche de l'utile ; les autres, dans la vertu, c.-à-d. dans la pratique du bien moral : la véritable solution est encore ici dans *l'accord du bonheur et de la vertu*. — On peut consulter sur ces graves questions tous les auteurs qui ont écrit sur la morale, mais plus spécialement Platon (*République*), Cicéron (*de Finibus bonorum et malorum* et *Paradoxes*), S. Augustin (*De summo bono*), Malebranche (*Conversations chrétiennes*), Clarke (*Traité de l'existence de Dieu*), Kant (*Critique de la raison pratique*), J.-J. Rousseau (*Profession de foi du vicaire savoyard*), M. Cousin (*Cours de philosophie* de 1828, 20e leçon), M. Jouffroy (*Cours de droit naturel*), Droz (*de la Philosophie morale*).

BIENFAISANCE. Cette vertu, que la religion nomme *charité*, la philosophie *philanthropie*, et dont le nom actuel, employé pour la première fois par l'abbé de St-Pierre, ne date que du dernier siècle (1725), ne s'exerça longtemps qu'individuellement et sans règle. L'exercice public de la bienfaisance, qui avait été déjà l'objet d'une ordonnance de François Ier en 1536, d'un édit de Henri II en 1547, fut organisé sur de nouvelles bases par la loi du 7 frimaire an V, qui créa les *bureaux de bienfaisance* : les ordonnances du 31 octobre 1821 et du 6 juin 1830 ont complété cette organisation. La République de 1848 a substitué au mot de Bienfaisance publique celui d'*Assistance*, et a fait de l'assistance un devoir à l'État, dans la Constitution même (*Voy.* ASSISTANCE). On doit à M. de Gérando un excellent traité *De la Bienfaisance publique* (1839). M. Tailhand a donné l'*Histoire de la Bienfaisance publique* (1848).

Bureaux de bienfaisance. Ces établissements sont chargés de distribuer des secours à domicile; les fonctions des membres qui le composent sont gratuites; ils peuvent se faire aider par des commissaires et des dames de charité. Les caisses de ces bureaux sont alimentées, soit par les revenus de biens qui leur appartiennent, soit par les droits établis sur les spectacles, bals, concerts, soit enfin par les dons et les legs particuliers. Ces utiles établissements se sont multipliés au point que, dès 1843, on en comptait en France 7,600.

BIENHEUREUX. On nomme ainsi dans le style religieux : 1° ceux qui jouissent dans le ciel de la félicité éternelle ; 2° ceux que l'Eglise reconnaît, par un acte solennel qui précède la canonisation, comme devant être placés au nombre de ceux qui jouissent de la gloire éternelle, et qui sont jugés dignes d'une vénération particulière. *Voy.* BÉATIFICATION.

BIENS. On donne ce nom, en Droit, à tout ce que l'homme peut posséder. Le Code civil (art. 516) partage tous les biens en *Meubles* et *Immeubles*. En outre, on distinguait, au point de vue du mariage, *B. dotaux, B. paraphernaux*, etc. (*Voy.* ces mots.) — On appelle *Biens-fonds* tous les biens immeubles, tels que les fonds de terre, les vignes, les bois, les édifices, etc.; on appelle *Biens communaux* ceux à la propriété ou au produit desquels tous les habitants d'une commune ont un droit acquis. — On a appelé, depuis la Révolution, *Biens nationaux* ceux qui étaient devenus la propriété de la nation, par l'effet de la suppression des ordres religieux, de la confiscation des biens des émigrés, etc. Ces biens, que l'État mit en vente, furent longtemps frappés de défaveur. L'indemnité d'un milliard accordée en 1815 aux émigrés leur rendit leur valeur en donnant aux acheteurs toute sécurité.

BIÈRE (de l'allemand *bier*), boisson fermentée, préparée avec l'orge et le houblon ; outre les éléments fournis par ces deux substances, elle contient beaucoup d'eau, de petites quantités d'alcool, de sucre, de gomme, de gluten, de phosphate de chaux et de magnésie, tenus en dissolution dans des acides acétique et phosphorique. Elle est plus ou moins chargée d'acide carbonique libre, ce qui la fait mousser. — Il y a un très-grand nombre de variétés de bière, surtout dans les pays où, comme en Angleterre, en Hollande, en Belgique, etc., la vigne n'est pas généralement cultivée. — Les différences que présentent l'*ale*, le *porter*, le *stout*, le *faro*, le *ginger-beer*, la *bière blanche*, la *bière brune*, la *double bière*, la *petite bière*, ne proviennent que de quelques modifications dans les procédés de préparation ou dans les proportions relatives d'eau, d'orge et de houblon.

La fabrication de la bière embrasse quatre opérations : le *maltage*, le *brassage*, la *fermentation* et la *clarification*. — Le *maltage* a pour but de faire germer l'orge et par là d'y développer le sucre nécessaire à la fermentation : l'orge germée prend le nom de *malt*. Pour l'amener à cet état, on la fait ramollir et gonfler dans l'eau, puis on l'étend en couches minces, à la température de 14 à 15 degrés, sur un plancher où elle ne tarde pas à germer. Lorsque le germe a acquis à peu près la longueur du grain, on arrête la germination en exposant l'orge à une chaleur d'environ 60 à 70 degrés. Le fourneau sur lequel ce léger grillage s'exécute s'appelle *touraille* ; le *malt touraillé* s'appelle aussi *drèche*. — Après avoir réduit le malt ainsi desséché en farine grossière, on passe à l'opération du *brassage* en faisant tremper le produit pendant quelques heures dans une grande cuve, avec de l'eau chauffée à 50 ou 60 degrés; ensuite, on soutire le liquide, et on le fait chauffer dans de grandes chaudières avec du houblon. Sans le principe amer et aromatique du houblon, la bière ne pourrait pas se conserver et s'aigrirait promptement. — Lorsque le *moût de bière* ainsi obtenu est suffisamment concentré, on le fait couler, après en avoir séparé le houblon, dans des cuves très-larges et peu profondes, dites *rafraîchissoirs*, où il se refroidit

bientôt à 15 degrés ; de là il passe dans une cuve très-profonde, nommée *cuve à guilloire* ou *cuve à fermentation*. On y délaye une petite quantité de levure de bière provenant d'opérations précédentes, de manière que la fermentation spiritueuse s'y développe. Dès qu'elle est terminée, au bout de quelques jours on soutire la bière pour en séparer la levure qui s'y est formée. Enfin, on procède à la *clarification* avec de la colle blanche de Flandre ou avec de la gélatine animale. — La bière bien préparée se conserve en général d'autant plus longtemps qu'elle est plus forte. La bière ordinaire devient promptement acide, et doit être bue dans les 3 ou 4 mois qui suivent sa préparation. — La bière est une boisson nourrissante, qui excite les organes digestifs et facilite la sécrétion des urines. Prise en trop forte quantité, elle donne des vertiges, pèse à l'estomac et occasionne une ivresse prolongée et stupéfiante.

L'usage de la bière est très-ancien. Moïse trouva cette boisson en usage en Égypte. Les auteurs grecs, qui l'appelaient *vin d'orge*, en attribuent l'invention aux Égyptiens; suivant eux, ce serait à Péluse, ville située à l'embouchure du Nil, qu'on l'aurait d'abord préparée. Les Latins l'ont nommée *cervisia*, mot qu'on dérive de *Cereris vitis* (vigne de Cérès), et d'où vient *cervoise*. Les Espagnols, les Germains, les Gaulois la connaissaient de temps immémorial. *V.* BRASSERIE.

BIÈRE (de l'allemand *bahre*, civière), cercueil en bois où l'on met les morts. *Voy.* CERCUEIL.

BIÈVRE, ancien nom du Castor. *Voy.* CASTOR.

BIEZ ou **BIEF**, terme d'Hydraulique. *Voy.* BIEF.

BIGAMIE (du latin *bis*, deux fois, et du grec *gamos*, mariage), crime de celui qui contracte un second mariage avant la dissolution du premier. Chez les Romains, la peine de ce crime était laissée à l'arbitrage du juge; ordinairement le bigame était noté d'infamie. Autrefois, en France, le bigame était pendu ; on se contenta ensuite de l'envoyer aux galères ; aujourd'hui, d'après l'art. 340 du Code pénal, la bigamie est punie des travaux forcés à temps. En Suède, on inflige la peine de mort ; il en a été de même en Angleterre jusqu'à Guillaume III ; à cette peine on substitua depuis celle de la prison ; toutefois le criminel devait avoir en outre la main brûlée. Autrefois, en Suisse, lorsque deux femmes réclamaient un même mari, le corps du bigame était, dit-on, coupé par la moitié. En Orient, au contraire, la bigamie, et même la polygamie, sont permises.

BIGARADE, appelée aussi *Orange amère*, fruit du Bigaradier (*Citrus vulgaris*), à pulpe amère, d'un jaune rouge, et sur la peau de laquelle s'élèvent quelques excroissances. *Voy.* ORANGER.

BIGARREAU (du bas latin *bigarella*, fait de *bis*, deux fois, et *varellus*, diminutif de *varius*, varié), espèce de cerise rouge et blanche, et d'une chair ferme, ainsi appelée parce qu'elle est *bigarrée* de rouge et de blanc. Les bigarreaux sont fort sujets à être attaquées par les vers. — On nomme *bigarreautiers* les variétés de cerisier qui les produisent.

BIGNONIACÉES ou **BIGNONIÉES** (ainsi nommées par Tournefort en l'honneur de l'abbé J.-P. *Bignon*, son protecteur), famille de plantes dicotylédones monopétales hypogynes, de Jussieu, renferme des arbres, des arbustes élégants, et très-souvent des lianes remarquables par l'éclat de leurs fleurs. Elle a pour caractères : calice divisé, corolle presque toujours irrégulière, à 4 ou 5 lobes ; 5 étamines, dont une presque toujours stérile ; ovaire simple ; un style, stigmate simple ou bilobé. Le fruit est une capsule sèche, unie ou biloculaire, bivalve, ou une sorte de drupe sec, à une ou plusieurs loges. Cette famille renferme les genres *Bignonie, Catalpa*, etc.

BIGNONIE, *Bignonia*, genre de plantes exotiques de la famille des Bignoniacées. Ce sont des arbustes ou des arbrisseaux grimpants qui peuvent servir à la décoration des berceaux, et qui se trouvent dans les contrées équinoxiales : on en compte environ 80 espèces. On cultive chez nous : la *B. orangée*, dont les fleurs forment de petits bouquets pourpre et orangé, et le *Jasmin de Virginie* (*B. radicans*). *Voy.* JASMIN.

BIGORNE (corruption de *bicornis*, qui a deux cornes). Ce mot désigne : 1° une espèce d'enclume à 2 cornes, dont un bout finit en pointe, et qui sert à tourner les grosses pièces en rond ; 2° un coin de fer dont les calfats se servent pour couper les clous qui se trouvent dans les joints ; 3° une masse en bois avec laquelle les corroyeurs foulent les peaux mouillées. — C'est encore le nom d'un petit coquillage univalve ayant la forme d'un colimaçon, et qui s'attache aux rochers. On le nomme aussi *bigorneau*, *vigneau*, *pilau*, *hibou*, *guignette*, etc. Il est comestible.

BIGRE (en bas latin *bigrus*, corruption d'*apiger*, ou d'*apicurus*, qui réunit ou qui soigne les abeilles), Ce nom désignait autrefois un garde forestier ou un individu riverain d'une forêt auquel était commis le soin de veiller à la conservation des abeilles et de recueillir leur miel et leur cire. — Les bigres avaient le droit de couper ou d'abattre les arbres où se trouvaient les essaims, d'où, par la suite, ils s'attribuèrent le droit de prélever dans les forêts tout le bois nécessaire à leur chauffage, ce qui les fit appeler *francs-bigres*. Un édit de 1669 leur ôta ce droit.

BIJOU, BIJOUTIER (qu'on dérive de *bis*, deux fois, et *joculus*, jouet). On peut employer à la confection des bijoux toutes sortes de matières, or, argent, cuivre, fer, acier, ivoire, os, nacre, écaille, bois même ; mais c'est surtout aux ouvrages faits en métaux précieux qu'on applique le nom de *bijoux*, et l'on nomme *bijoutier* celui qui fabrique ou qui vend ces ouvrages. On distingue quatre sortes de *bijouteries* : la *B. en fin*, qui travaille l'or ; la *B. en argent* ; la *B. en faux*, qui travaille le cuivre doré, le similor, l'or de Manheim, le chrysocalque, etc. ; la *B. en acier*, introduite en France en 1740, et qui eut longtemps une vogue méritée. On peut y joindre la *B. en fonte*, récemment importée de Berlin, qui, opère par le simple moulage de la fonte de fer ; la France n'a pas tardé à égaler la Prusse dans cette fabrication.

Les bijoux en or et en argent doivent avoir un titre fixé par la loi (loi du 19 brumaire an VI), dont l'élévation varie selon la destination des objets fabriqués ; on admet 3 titres pour les bijoux d'or : 1er, 920 millièmes de fin et 80 d'alliage ; 2e, 840 de fin et 160 d'alliage ; 3e, 750 et 250. Il y a également 3 titres pour l'argent : 1er, 950 d'alliage et 50 de fin ; 2e, 800 et 200, 3e, 500 et 500. Un poinçonnage que porte chaque objet indique le titre particulier de chaque bijou. — La bijouterie de France et celle d'Angleterre sont les plus estimées ; mais la première l'emporte par le goût et l'élégance du dessin.

Le goût des bijoux a régné en tout lieu et en tout temps, surtout chez les femmes ; dans l'antiquité, il fut porté à l'excès ; au moyen âge les bijoux étaient l'attribut de la noblesse ; aujourd'hui ils sont indistinctement portés par toutes les classes de la société.

M. Julia Fontenelle a publ. un *Manuel du bijoutier*.

BIJUGUE (de *bis*, deux, et *jugum*, joug), se dit en Botanique des feuilles pennées dont le pétiole commun porte deux paires de folioles.

BILABIE (du latin *bis*, deux fois, *labium*, lèvre), se dit, en Botanique, d'un organe dont les parties distinctes ou soudées sont disposées de manière à représenter deux lèvres, l'une supérieure, et l'autre inférieure. Les familles des Labiées, des Acanthacées, offrent des exemples de calices et de corolles labiées.

BILAN (du lat. *bilanx*, balance), état ou inventaire de l'actif et du passif d'un négociant. — On dit vulgairement d'un négociant qu'*il a déposé son bilan*, pour dire qu'il se déclare en état de faillite. Dans ce cas, en effet, le failli est obligé de fournir son bilan, c.-à-d. l'état actif et passif de ses affaires ; cet inventaire doit, en outre, contenir l'énumération et l'éva-

luation de ses biens mobiliers et immobiliers, le tableau de ses profits, de ses pertes et de ses dépenses. —Tout failli qui ne pourrait fournir de bilan, faute d'avoir eu ses livres de commerce en règle, pourrait être poursuivi comme banqueroutier frauduleux (Code de Comm., art. 594).

BILATERAL (du lat. *bis*, deux fois, *latus*, *lateris*, côté). Se dit, en Botanique, des parties d'une plante disposées des deux côtés d'un organe central. Les feuilles de l'if, par exemple, sont bilatérales.

BILATÉRAL (CONTRAT), obligation qui lie les deux parties. *Voy.* CONTRAT et SYNALLAGMATIQUE.

BILBOQUET (de *bille* et *boquet*, petit morceau de bois). Le jouet de ce nom, qui est connu de tous, fut mis à la mode en France par le roi Henri III, qui l'aimait à la passion.

On appelle *bilboquet* : dans la fabrication des Monnaies, un morceau de fer en forme d'ovale très-allongé au milieu duquel est un cercle en creux de la grandeur du flan que l'on veut ajuster : au centre est un petit trou pour repousser le flan en dehors, lorsqu'il se trouve trop attaché au bilboquet ; — dans la Construction, tout petit carré de pierre qui, ayant été scié d'un plus gros, reste dans le chantier ; — dans la Typographie, certains petits ouvrages de ville, tels que billets de faire part pour un mariage, pour un baptême, pour un décès, avis au public, etc. ; — chez les Coiffeurs, un instrument dont ils se servent pour friser les cheveux destinés à faire des perruques : c'est un petit morceau de bois tourné, arrondi par les extrémités, de la grosseur du pouce, et un peu aminci au milieu : c'est sur ce milieu qu'on roule les cheveux.

BILE (du latin *bilis*), dite aussi *fiel*, en grec *cholè*, liquide sécrété par le foie, plus ou moins visqueux, d'une couleur jaune-verdâtre, d'une odeur peu prononcée, d'une saveur amère et faiblement alcaline ; jointe en toute proportion avec l'eau et l'alcool, la bile s'y mêle très-bien, et elle est précipitée de ces liquides par le sous-acétate de plomb. — Beaucoup de chimistes se sont occupés de l'analyse de la bile ; mais ce n'est que dans ces derniers temps qu'on a reconnu la composition exacte. M. Strecker, qui a publié, depuis 1847, les travaux les plus complets sur cette matière, a trouvé que la bile de bœuf, de chien et de brebis se compose essentiellement d'un mélange de deux sels de soude, dont l'un est formé par l'*acide cholique* (du grec *cholè*, bile), composé de carbone, d'hydrogène, d'azote et d'oxygène, et dont l'autre est constitué par l'*acide choléïque*, qui renferme les mêmes éléments associés à du soufre. Outre ces deux parties essentielles, la bile renferme accidentellement, et en très-petite quantité, de l'acide margarique, de la cholestérine et du sel marin. La bile de poisson contient les mêmes acides combinés avec de la potasse. Dans la bile de porc, le même chimiste a trouvé deux sels de soude formés par deux acides homologues des précédents.

On appelle *bile hépatique* celle qui vient directement du foie pour se rendre immédiatement dans le duodénum ; et *bile cystique* celle qui séjourne dans la vésicule biliaire avant de couler dans le duodénum par le canal cholédoque. C'est dans cette dernière qu'on trouve la cholestérine, qui ne se rencontre jamais dans la bile hépatique, et qui forme la base des *calculs biliaires* que l'on trouve souvent dans la vésicule, surtout chez les vieillards.

La bile sert à la digestion ; versée dans le duodénum par le canal cholédoque, elle se mêle aux aliments déjà digérés par l'estomac, et aide à leur conversion en *chyle*, qui est l'état dans lequel ils doivent être absorbés pour se mêler au sang : l'excès de ce liquide ou son absence contribue à vicier la digestion.

—Les gens du monde font jouer un grand rôle à la bile dans presque toutes les maladies ; sans repousser la part active qu'elle peut y prendre dans beaucoup de circonstances, il est encore aujourd'hui bien difficile de préciser rien de positif à cet égard; toutefois, il est certaines maladies, comme la jaunisse ou ictère, où elle joue évidemment le principal rôle.—La bile dissout la plupart des matières grasses; les dégraisseurs s'en servent même de préférence au savon pour nettoyer les étoffes de laine. On a vanté l'extrait de fiel de bœuf pour combattre certaines maladies, par exemple, les engorgements chroniques du foie et des autres viscères abdominaux, les affections vermineuses, etc.

BILIEUX. On appelle *maladies bilieuses* les affections que l'on attribue à la surabondance de la bile ou à l'altération de ses qualités; *fièvre bilieuse* l'ensemble des symptômes qui résultent de l'inflammation de la membrane muqueuse de l'estomac et du duodénum, avec exagération de la sécrétion de la bile; *tempérament bilieux*, le tempérament de l'homme chez lequel la bile prédomine : les caractères principaux de ce tempérament sont des muscles prononcés, des formes rudes, une charpente forte, le corps agile, une coloration extérieure foncée, les cheveux noirs, la physionomie hardie, les yeux étincelants, une grande facilité de conception, une imagination vive, une volonté forte, des passions ardentes, l'impatience de toute domination.

BILL, mot de la langue anglaise qui signifie, dans le langage parlementaire, un projet de loi quelconque. Chaque bill subit trois lectures et trois votes successifs, et doit avoir l'approbation des deux Chambres et la sanction du souverain; il devient alors *acte* du parlement et *statut du royaume.* — On appelle *Bill d'indemnité* une résolution par laquelle le parlement déclare qu'un acte ministériel, bien qu'irrégulier, ne donnera lieu à aucune poursuite.

BILLARD (du mot français *bille*), jeu qui se joue avec des billes d'ivoire sur une table longue de 3 à 4 m., large à peu près de moitié, garnie de rebords ou *bandes* rembourrées, couverte d'un tapis vert, et à laquelle il y a ordinairement six *blouses.*—Le jeu de billard paraît dériver du jeu de boules. Il était fort anciennement connu en Angleterre, où il a peut-être été inventé ; il a été mis à la mode en France par Louis XIV, à qui les médecins avaient recommandé cet exercice après ses repas : on prétend que Chamillard, qui faisait la partie du roi, ne dut sa fortune politique qu'à l'adresse qu'il déployait à ce jeu. — Chacun sait que, pour pousser les billes, on se sert d'une espèce de longue canne appelée *queue*, garnie à l'un de ses bouts, le plus mince, d'un morceau de cuir dit *procédé*, et à l'autre d'une plaque d'os ou d'ivoire. Les parties qu'on joue le plus ordinairement sont la *carambole*, le *doublé*, la *partie blanche*, la *partie russe*, etc. : les règles de ce jeu sont connues de tout le monde.—Un bon billard doit être parfaitement horizontal et immobile, et avoir des bandes bien élastiques.

BILLE. Outre la petite boule de pierre, de stuc ou d'agate, avec laquelle jouent les enfants, et la boule d'ivoire qui sert au billard, ce mot désigne, dans l'Industrie, un morceau de tronc d'arbre brut et destiné à être équarri, un morceau d'acier carré destiné à être travaillé, et une espèce de bateau connue aussi sous le nom de *fustereau. Voy.* FUSTEREAU.

BILLET (du latin *bulla*). Outre son acception vulgaire, ce mot a pris par extension plusieurs significations spéciales : ainsi on nomme *Billet à ordre*, un effet commercial par lequel le souscripteur s'engage à payer à échéance une certaine somme à une personne désignée ou à toute autre personne qui la représentera et à laquelle le billet aura été passé par *endossement.* Tout billet à ordre doit être daté ; il doit énoncer la somme à payer; le nom de celui à l'ordre duquel il est souscrit, l'époque à laquelle le payement doit s'effectuer, la valeur qui a été fournie en espèces, marchandises, en compte ou de toute autre manière (*Code de commerce*, art. 188). L'endosse-

ment du billet à ordre doit aussi être daté, exprimer la valeur fournie, et énoncer le nom de celui à l'ordre de qui il est passé. Si l'endossement n'est pas conforme à ces dispositions, il n'opère pas le transport; il n'est qu'une procuration (art. 137 et 138).

Le *B. de banque* est un papier de crédit qui tient lieu d'argent monnayé et qui est payable à vue; c'est une espèce d'effet au porteur qui ne diffère du précédent que parce qu'il offre la garantie d'une société autorisée par l'État, au lieu de celle d'individus isolés. Les plus grandes précautions ont été prises pour que les *B. de banque* ne pussent être contrefaits : on a fabriqué à cet effet un papier particulier, une encre indélébile ; on détache les billets d'un registre à souche, on les couvre de signes que l'on s'efforce de rendre inimitables ; en outre, la valeur du billet se lit au travers du papier. *Voy.* FILAGRAMME.

Billets de l'échiquier, effets mis en circulation par l'échiquier ou la trésorerie de l'Angleterre, portent intérêt jusqu'à leur remboursement : ils sont ordinairement de 100, 500 ou 1,000 liv. st. chacun.

BILLON (MONNAIES DE), de *vellon;* cuivre; menue monnaie, intermédiaire entre la monnaie d'argent et la monnaie de cuivre, était formée d'un bas métal, où le cuivre était uni à l'argent dans une proportion supérieure au titre légal ; c'étaient originairement des espèces d'argent, qui furent altérées par un mélange de cuivre de plus en plus considérable. Il y avait deux sortes de monnaies de billon : l'une, dite de *haut-billon*, qui comprenait les espèces depuis 10 deniers de loi jusqu'à 6 (c.-à-d. de 10 à 6 douzièmes d'argent pur); l'autre, dite de *bas-billon*, à laquelle on rapportait les espèces qui étaient au-dessous de 6 deniers de loi. —On ne servit guère de cette monnaie avant la 3e race de nos rois. Dès le Xe siècle, on rencontre quelques deniers d'argent bas; après Louis IX, on ne trouve plus que des deniers de bas billon. Les pièces de billon qui furent fabriquées sous la 3e race étaient les *blancs*, les *douzains*, les *liards*, les *hardis*, les *doubles*, les *deniers*, les *mailles* ou *oboles*, la *pougeoise*, dite aussi *pite* ou *poitevine.* Toutes ces espèces ont été successivement démonétisées. La dernière monnaie de billon qui ait été fabriquée en France était la petite pièce de 10 cent. créée sous Napoléon (loi du 15 sept. 1807), pesant 2 grammes et contenant 200 parties d'argent contre 800 de cuivre; elle a aussi été abandonnée. D'après un décret du 18 août 1810, la monnaie de billon, ainsi que la monnaie de cuivre, ne peut être employée dans les payements, si ce n'est de gré à gré, que pour l'appoint de la pièce de 5 francs. Antérieurement, on pouvait payer en billon un quarantième des sommes dues. — On étend parfois, mais improprement, le nom de billon aux monnaies de cuivre pur. On appelle aussi billon toute monnaie décriée ou défectueuse. Par suite, on a appelé *billonnage* le trafic illégal de monnaies défectueuses; ce trafic est puni comme celui de la fausse monnaie. —*Mettre une monnaie au billon*, c'est déclarer qu'elle n'a plus cours.

En Numismatique, on appelle *billon* des médailles de cuivre alliées d'une très-petite quantité d'argent; on leur donne aussi quelquefois le nom de *potin.*

En Agriculture, on nomme *billon* certains ados ou petites élévations de terre, plus ou moins larges et bombées, qu'on forme dans un terrain avec la charrue, et qui sont séparés par des raies profondes. C'est surtout dans la Brie que l'on pratique le *billonnage.* On se sert à cet effet d'une charrue à deux versoirs, de manière à rejeter la terre à droite et à gauche.

BILLONNAGE. *Voy.* BILLON.

BILOBE (de *bis*, deux fois, et *lobus*, lobe), organe dont les deux divisions sont séparées par un sinus obtus ou plus ou moins arrondi à son fond. Le mot *bilobé* s'emploie comme synonyme de *dicotylédoné.*

BILOCULAIRE (de *bis*, deux fois, et *loculus*, loge), se dit en Botanique des parties de la plante qui présentent deux loges ou deux cavités : légume biloculaire, baie biloculaire, feuilles biloculaires.

BIMANES, 1er ordre de la classe des Mammifères, ne renferme que l'homme, et est caractérisé par l'existence de *mains* aux membres thoraciques seulement. Les singes ont des mains aux quatre membres, ce qui les fait nommer *quadrumanes*.

BIMBELOTERIE (de *bimbelot*, jouet, dérivé lui-même de l'italien *bambolo*, poupée), commerce de jouets d'enfants, en bois, en os, en fer-blanc, et plus spécialement en plomb coulé dans des moules, objets avec lesquels les enfants jouent à la chapelle, aux soldats, etc. Ce genre de commerce, qui paraît si futile, produit des sommes immenses. La ville de Nuremberg avait autrefois le monopole de la fabrication et du commerce des jouets d'enfants; Manheim fournissait la petite sculpture en bois; aujourd'hui, l'industrie française rivalise en ce genre avec l'Allemagne. On estime surtout les sculptures de bois et d'os de Saint-Claude (Jura).

BINAGE, façon donnée à la terre avec un instrument appelé *binette* ou *béchot*, instrument que l'on remplace souvent, suivant le cas, par la ratissoire, la houe à la main ou la houe à cheval. L'objet du binage est de détruire les mauvaises herbes, et d'ameublir le sol pour qu'il absorbe mieux l'humidité. Il s'applique surtout aux vignes; on bine aussi les pommes de terre, les betteraves, les carottes, le colza, l'œillette, etc.; on bine rarement les céréales, à cause des frais qu'entraîne ce mode de culture. En général, il faut attendre pour le binage que la terre soit légèrement humectée et qu'elle s'émiette facilement. Dans l'Église, on nomme *binage* (du latin *binus*, double) le *double* service qu'un prêtre, à ce autorisé, fait en disant deux messes le même jour, soit dans sa propre église, soit en deux endroits différents. Il est permis de *biner* dans certains diocèses, à cause de la rareté des prêtres.

BINAIRE (du latin *bini*, deux à la fois). En Arithmétique, on appelle *système binaire* un système de numération dans lequel les chiffres suivraient, non la progression décuple, comme dans la nôtre, mais seulement la progression double, et qui n'emploierait que deux caractères, 1 et 0. Leibnitz avait inventé un système binaire qui a eu quelque temps une sorte de célébrité. On dit aussi système *dyadique*. En Chimie, on appelle *binaires* les corps composés de deux corps simples : l'eau, la plupart des acides et des oxydes sont des composés binaires. En Musique, on donne le nom de mesure *binaire* à toute mesure qui peut se partager en deux temps, par opposition avec la mesure ternaire, qui se partage en trois temps égaux. Quand la mesure est à 4 temps, elle se marque par un *C*; lorsqu'elle est à 2 temps, on emploie le ₵ traversé d'une barre, dit *C barré*. On appelle coupe *binaire*, la coupe d'un morceau en deux parties, dont la première contient ce que l'on nomme l'*exposition*, et la seconde les *développements*. Cette coupe s'applique surtout aux pièces de musique instrumentale, telles que le 1er et le 4e morceau d'une symphonie, d'un quatuor ou d'une sonate.

BINETTE, instrument aratoire. Voy. BINAGE.

BINOCLE (du latin *bis*, deux fois, et *oculus*, œil), espèce de lunettes ou de double lorgnon qu'on tient à la main, est formé de deux branches réunies dans une seule charnière, et sert à voir les objets des deux yeux en même temps. — On a aussi appliqué ce nom à des lorgnettes à double tube, appelées plus ordinairement *jumelles*, qui furent inventées dans le XVIIe siècle; c'est au père Reitha, capucin allemand, qu'appartient cette invention, qu'on trouve consignée dans un de ses ouvrages, qu'il avait intitulé *Oculus Henoc et Eliæ*.

Les Chirurgiens appellent *binocle* un bandage dit aussi *diophthalme*, qui sert à maintenir un appareil sur les deux yeux, et qui représente un ✕,

dont les croisés se trouvent en arrière sur l'occiput, et en avant sur la racine du nez et sur le front.

BINOME (du grec *bis*, deux fois, et *nomé*, part), se dit, en Algèbre, d'une quantité composée de deux parties, séparées par les signes + ou —. Ainsi $a+b$, $2a+5x$, $3b-2x$, $7x-4a^2b$, $a-\dfrac{1}{\cos b}$, etc., sont autant de binômes. — On oppose *binôme* à *monôme* et à *polynôme*. Voy. ces mots.

Le *B. de Newton* est une formule qui exprime le développement d'un binôme élevé à une puissance quelconque. La 2e puissance ou carré de $a+b$ est $a^2+2ab+b^2$; la 3e puissance ou cube est $a^3+3a^2b+3ab^2+b^3$, et ainsi de suite. Les différentes puissances du binôme $a+b$ suivent la loi assez compliquée qui a été découverte par Newton et exprimée, pour l'exposant quelconque, m, par cette formule, devenue célèbre :

$$(a+b)^m = a^m + ma^{m-1}b + \frac{m(m-1)}{1.2}a^{m-2}b^2 + \frac{m(m-1)(m-2)}{1.2.3}a^{m-3}b^3 + \text{etc.}$$

Cette expression générale a été gravée sur le tombeau de Newton, dans l'abbaye de Westminster, comme l'une de ses plus belles découvertes.

BINOT ou BINOIR (de *binage*), petite charrue destinée à enterrer la graine semée avant le dernier labour; elle est très-usitée dans le Brabant, la Belgique et la Flandre française.

BIOGRAPHIE (du grec *bios*, vie, et *graphô*, écrire), vie d'un individu, est une des branches les plus intéressantes et les plus utiles de l'histoire. On en trouve de nombreux exemples chez les anciens : Plutarque, Diogène Laërce, Cornélius Népos, Suétone, ont écrit la biographie des grands hommes, des philosophes, des généraux célèbres, des empereurs romains; à la renaissance, Pétrarque, Boccace, Brantôme, Paul Jove, etc., rédigèrent des biographies estimées; mais tous ces auteurs n'avaient donné que quelques vies isolées : ce n'est guère qu'au XVIIe siècle que naquit l'idée de faire des recueils complets de biographies. Les *Dictionnaires historiques* de Moréri et de Bayle furent les premiers essais en ce genre. L'advocat, Barral, Chaudon et Delandine, Feller, ont donné depuis des Dictionnaires historiques et biographiques de proportions et de destinations fort diverses; ces recueils ont été éclipsés par la *Biographie universelle* des frères Michaud, commencée en 1811 et dont le *Supplément* n'est pas encore achevé. — Les Anglais estiment le *Dictionnaire biographique général*, publié à Londres en 1762 et plusieurs fois réimprimé avec d'importantes additions.

BIOLOGIE (du grec *bios*, vie; *logos*, discours), partie de la Physiologie qui traite de la vie en général et des diverses formes de la vie.

BIPÈDES (du latin *bis*, deux fois, et *pes, pedis*, pied), nom donné en Histoire naturelle à tous les animaux qui n'ont que deux pieds. Tous les bimanes sont bipèdes; les oiseaux sont essentiellement bipèdes. — Cuvier a aussi donné ce nom à un genre de reptiles sauriens, de la famille des Scincoïdiens, qui ont deux petites pattes postérieures.

BIPENNE (du latin *bis*, deux fois; *penna*, plume, aile), hache à deux tranchants, en usage surtout chez les peuples de la Thrace, de la Scythie et de Germanie; c'était aussi l'arme des Amazones. La bipenne des Francs s'appelait *francisque* (Voy. ce mot).

Les botanistes donnent le nom de *bipennées* ou *bipinnées* aux feuilles composées dont le pétiole commun porte latéralement des pétioles secondaires, qui eux-mêmes portent latéralement des folioles : telles sont les feuilles de la fumeterre.

BIRÈME (du latin *bis*, deux fois, *remus*, rame), galère qui avait deux rangs de rames de chaque côté.

BIRIBI (en italien *biribisso*), jeu de hasard, analogue au loto, qui nous vient d'Italie et qui a été longtemps en vogue. Pour le jouer, il faut un grand tableau contenant 70 cases numérotées, et un sac contenant 64 petites boules creuses numérotées aussi. Il y a le banquier et les pontes. Celles-ci mettent ce qu'elles veulent sur chaque nombre ; le banquier tire une boule, et si le numéro qu'elle porte correspond à une case chargée, il paye 64 fois la mise ; mais comme la couche appartient au banquier, celui-ci a toujours un avantage de 7 sur 70. On peut jouer le biribi de plusieurs autres manières.

BISAIGUE. *Voy.* BESAIGUE.

BISAILLE (de l'adjectif *bis*, *bise*), mélange de pois gris et de vesces, dont on nourrit certains animaux, particulièrement les pigeons. — On donne aussi ce nom à la plus bise des farines, celle avec laquelle on fait le pain bis.

BISANNUEL (de *bis*, deux fois, *annus*, année), se dit d'une plante dont la vie dure 2 années, c.-à-d. qui ne fleurit, ne fructifie et ne meurt qu'au bout de 2 ans.

BISCAÏEN. Ce mot a été d'abord employé comme adjectif avec le mot *mousquet*, pour désigner un mousquet à fort calibre ou fusil de rempart, inventé ou originairement employé en Biscaye. Il a été depuis transporté à la balle du mousquet biscaïen : c'est dans ce sens seul qu'on le prend aujourd'hui. — Le biscaïen est rond et à peu près de la grosseur d'un petit œuf ; c'est le plus petit des boulets de canon ; il est ordinairement de fer fondu, et porte de 400 à 600 m. : on le fait entrer dans les charges à mitraille.

BISCHOF (mot allemand qui veut dire *évêque*, et qui n'est lui-même qu'une corruption du latin *episcopus*), boisson froide composée de vin sucré, de citron ou d'orange et de muscade, et répandue surtout en Allemagne et en Hollande. C'est un breuvage généreux et réconfortant ; il a probablement tiré son nom de sa couleur violette, qui est celle du costume des évêques. Les catholiques d'Allemagne le nomment de préférence *vin pourpré*.

BISCOTTE (du latin *bis*, deux fois, et *coctus*, cuit ; en italien *biscotto*), sorte de pâtisserie qui consiste ordinairement en tranches de pain séchées au four. Les *biscottes* de Bruxelles sont les plus recherchées. — En Provence, on appelle *biscottes* des marrons cuits dans du vin blanc et passés ensuite au four.

BISCUIT (en italien *biscotto*, du latin *bis*, deux fois, et du mot français *cuit*). On nomme ainsi : 1° une pâtisserie délicate faite avec des œufs, de la farine et du sucre, qu'on aromatise quelquefois avec de l'eau de fleur d'oranger, de l'anis, etc. On fait à Reims des biscuits secs fort estimés. Quelquefois on incorpore à la pâte du biscuit des substances médicamenteuses actives, des vermifuges, des sels mercuriels, etc., pour faire prendre plus facilement ces remèdes aux enfants et à certains malades : on connaît surtout en ce genre les *biscuits dépuratifs* du docteur Ollivier ; — 2° un pain en forme de galette auquel on a donné deux et quelquefois quatre cuissons pour le durcir, et dont on fait provision pour les voyages sur mer, ce qui le fait appeler spécialement *biscuit de mer* ; c'est la nourriture ordinaire des marins ; leur ration est de trois biscuits par jour. On en distribue aussi quelquefois aux troupes en campagne. L'usage du biscuit était connu des Romains ; il s'introduisit dans les armées romaines, comme approvisionnement de campagne, au temps des Antonins. — On appelle aussi *biscuit de mer* l'os de seiche qu'on donne aux oiseaux en cage pour aiguiser leur bec.

On nomme encore *biscuit* un ouvrage de porcelaine cuit au four, et qu'on laisse dans son blanc mat, sans peinture ni couverte ; on en fait des figurines.

BISE, nom particulier donné au vent sec et froid qui, pendant l'hiver, souffle du nord-est : les Italiens l'appellent *tramontane*. Le mot *bise* est quelquefois synonyme d'hiver, surtout en poésie.

BISEAU (du latin *bisellus*), extrémité ou bord coupé en biais, en talus ; se dit surtout du bord des glaces de miroir, de l'arrête d'un bois équarri, du dos d'un couteau, du tranchant d'un outil, etc.

On appelle *cartes biseautées* des cartes de chaque côté desquelles des joueurs de mauvaise foi ont retranché une bandelette aiguë, un triangle excessivement allongé, afin de les reconnaître au besoin, et de s'en servir pour tromper leurs adversaires.

BI-SEL se dit, en Chimie, d'un sel acide dans lequel la quantité d'acide est double de celle qui est contenue dans le sel neutre formé par le même acide et la même base. On désigne les bi-sels en faisant précéder de la syllabe *bi* le nom générique des sels ; ainsi on dit : bi-sulfate, bi-tartrate, bi-oxalate, etc.

BISERRULE (de *bis*, deux fois, *serrula*, petite scie), genre de la famille des Papilionacées, plante herbacée, annuelle, à feuilles imparipennées qui lui donnent quelque analogie avec une *double scie*, à petites fleurs bleuâtres, à gousse biloculaire, croît au midi de l'Europe et en Orient, dans les lieux pierreux.

BISET, *Columba livia*, espèce du genre Pigeon, ainsi nommée à cause de sa couleur bise, a le corps gris d'ardoise, le tour du cou vert changeant, avec une double bande noire sur l'aile, et le croupion blanc. Le biset sauvage est considéré comme la souche de la plupart des pigeons domestiques. C'est un oiseau voyageur assez rare en Europe, mais très-commun en Asie et surtout en Afrique. On l'appelle aussi *Pigeon de roche*, parce qu'il aime à faire son nid dans les trous des rochers. — On appelait autrefois *biset* une grosse étoffe commune de couleur bise.

BISHOP ou BISCHOF. *Voy.* BISCHOF.

BISMUTH (de l'allemand *wismuth*, même signification), dit aussi *Étain de glace*, métal blanc, grisâtre, lamelleux, fragile, fusible à 250°, et pesant spécifiquement 9,85. Il cristallise avec facilité en cubes ou en trémies tétraédriques, brillant des plus vives couleurs. On le rencontre particulièrement à l'état natif, uni avec le soufre ou l'arsenic, dans les mines de cobalt et d'argent de la Saxe, de la Thuringe et de la Bohème. Pour l'avoir pur, il suffit de chauffer le minerai dans des tuyaux de fonte légèrement inclinés ; à mesure que le métal fond, il se rend dans un récipient placé à l'extrémité inférieure des tuyaux. Le bismuth est un des métaux les plus fusibles, et il communique cette propriété aux métaux avec lesquels on l'allie : on en forme l'*alliage fusible de Darcet* (*Voy.* ALLIAGE). On se sert d'un alliage de 5 parties de bismuth, de 3 de plomb et de 2 d'étain, alliage qui fond à 92°, pour obtenir des clichés des gravures sur bois. Le bismuth uni à l'étain le rend plus dur. Il s'amalgame très-bien avec le mercure, et forme un alliage coulant, très-avantageux pour l'étamage des glaces. Le bismuth se combine avec l'oxygène, et forme un oxyde jaune qui avec les acides forme les *sels de bismuth*. Le seul composé de bismuth qui ait reçu quelque application est celui qu'on appelait jadis *magistère de bismuth* : c'est un sous-azotate de bismuth (*Voy.* BLANC DE FARD). — Le bismuth n'était pas inconnu aux anciens ; mais ils le confondaient avec d'autres métaux analogues, tels que le plomb et l'étain. Ce n'est qu'au XVIe siècle qu'il a été distingué et décrit par Agricola.

Le *Bismuth sulfuré* ou *Bismuthine* est un minéral composé de soufre et de bismuth ; il est gris d'acier, brillant, et se présente en cristaux aciculaires. Il en existe des variétés qui renferment, en outre, du cuivre, du plomb, et même de l'argent.

BISON (de *wisent*, nom sous lequel on désignait l'Aurochs dans la langue des Germains), *Bos americanus*, espèce de bœuf sauvage de l'Amérique septentrionale, se distingue surtout par sa longue barbe, par la bosse qui surmonte ses épaules, et sa tête couverte d'une laine épaisse. Ses cornes sont courtes, arrondies, noires et susceptibles d'un beau poli ; sa queue, peu longue, se termine par un bouquet de poils. Pendant l'hiver, le bison se tient dans les forêts; l'été, il habite les prairies. Cet animal, naturellement farouche, s'apprivoise aisément quand il est pris jeune. A l'état sauvage, on le chasse pour sa peau, qui donne un bon cuir, ainsi que pour sa langue et sa bosse, qui sont un manger délicat. Le bison habite surtout l'Amérique septentrionale; on le traque avec ardeur sur les bords du Missouri et du Mississipi. M. Lamare-Picquot a proposé, en 1849, d'introduire le bison en France, comme un animal à la fois propre au trait et à la consommation.

BISQUE (du latin *bis*, deux fois, et *cocta*, cuite), espèce de purée, autrefois fort à la mode, et qu'on servait en guise de potage au commencement du repas : on y faisait entrer des écrevisses pilées, du riz, diverses sortes de légumes, etc. Quelquefois on remplaçait les écrevisses par un hachis de poisson ou une purée de gibier. On appelait *Bisque à la reine* une bisque faite avec du blanc de poulet.

Au jeu de paume, on appelle *bisque* l'avantage qu'un joueur fait à un autre lorsqu'il lui donne quinze points dans le cours d'une partie : on dérive alors ce mot de *biscaye*, mot qui se disait autrefois dans le jeu de paume.

BISQUINS, peaux de mouton avec leur laine, préparées par les mégissiers. Les bourreliers en font des couvertures pour les colliers des chevaux de trait.

BISSEXTILE (ANNÉE), année de 366 jours où se rencontre le *bissexte*, c.-à-d. où l'on compte deux fois (*bis*) le sixième (*sextus*) jour avant les calendes de mars. *Voy.* ANNÉE.

BISTORTE (du latin *bis*, deux fois, et *tortus*, tordu), *Polygonum bistorta*, nom vulgaire d'une espèce du genre Renouée, plante de la famille des Polygonées, dont les racines sont contournées en forme d'S. En Suisse et en France, où elle se trouve dans les endroits marécageux, cette plante sert de nourriture aux bestiaux. Ses racines sont astringentes et toniques.

BISTOURI (du nom de la ville de *Pistori* ou *Pistoie*, en Italie, autrefois renommée pour sa coutellerie), petit couteau à lame fixe ou flottante, dont les chirurgiens se servent pour couper les chairs et faire des incisions. Il n'existe point de différence essentielle entre le bistouri et le scalpel. Tout ce que l'on peut dire, c'est que le bistouri est ordinairement à lame flottante, et le scalpel à lame fixe; on dit de préférence *bistouri* quand il s'agit d'opérations faites sur le vivant, et *scalpel* lorsqu'il s'agit de dissections faites sur le cadavre. — Il y a différentes sortes de bistouris, que l'on distingue, soit par le nom de leurs inventeurs : *B. de Pott*, *de Cooper*, *de Dupuytren*; soit par la forme qu'ils affectent : *B. droit, convexe, recourbé, boutonné, à la lime*; ou bien encore par le genre d'opération auquel ils sont destinés : *B. gastrique, herniaire, lithotome*, etc.

BISTRE. Ce mot, qui au propre est le nom de la suie détrempée qui se forme dans les cheminées, ou qui dégoutte des tuyaux de poêle, est devenu le nom d'une couleur d'un brun roussâtre, fabriquée avec cette suie. Le bistre n'est employé que comme couleur à l'eau. On s'en servait autrefois pour faire des dessins au lavis. On fait avec le tabac et le jus de réglisse noir une couleur à peu près semblable. Du reste, les peintres et les architectes ont remplacé le bistre par la sépia et par l'encre de Chine.

BI-SULFATE, BI-SULFITE. *V.* BI, BI-SEL, SULFATE, etc.

BITESTACÉS (de *bis*, deux fois, *testa*, coquille), Crustacés de l'ordre des Branchiopodes, dont le corps est couvert d'un double bouclier semblable à une coquille bivalve : tels sont les Cypris, les Daphnies, etc.

BITORD ou BISTORD (du latin *bis*, deux fois, et *tortus*, tordu), petit cordage composé de deux ou trois fils de caret, quelquefois de quatre, goudronnés et tortillés ensemble. On le fait avec du gros fil de caret neuf, et on le conserve en pelotes dans les corderies. A bord, le bitord est d'un usage continuel; il sert à lier, à rattacher les cordages, à garnir les manœuvres usées par le frottement, etc.

BITRICHE, *Bitrischus*, synonyme de ROITELET.

BITTE, nom donné, en Marine, à un assemblage de charpentes formé de deux montants perpendiculaires et d'un traversin qui les croise. La bitte est placée sur l'avant d'un navire, et sert à amarrer les câbles qui tiennent aux ancres jetées au fond de la mer. Les vaisseaux de ligne ont leurs *bittes* dans la batterie basse; les frégates les ont dans leur batterie; les bâtiments sans batterie, sur le pont supérieur.

BITUME (du latin *bitumen*), nom générique donné à des substances combustibles, dont l'origine et la composition n'ont pas encore été bien définies; ils sont tantôt liquides ou visqueux (naphte), tantôt solides (asphalte); leur couleur est brune ou noire; à l'état solide, ils sont friables et pulvérulents, ils s'électrisent par le frottement comme les résines, et se liquéfient par une faible chaleur; tous les bitumes brûlent avec flamme et fumée épaisse, en dégageant une odeur forte qui leur est particulière. On en distingue plusieurs variétés, dont les principales sont : l'*Asphalte* ou *Bitume de Judée*, le *Malthe* ou *Pissasphalte*, dita ussi *Bitume glutineux* (*Voy.* ASPHALTE), le *Naphte*, le *Pétrole* ou *Huile de pierre* (*Voy.* ces mots). On comprend encore sous le nom de *bitumes* le *Rétinite* ou *Rétinasphalte*, le *Succin*, etc.

BIVALVE se dit, en Conchyliologie, des coquilles composées de deux *valves*, comme celles de l'huître et autres mollusques acéphales, et, en Botanique, des capsules formées de deux parties, comme celle du lilas, les noyaux des drupes, etc.

BIVOUAC ou BIVAC (de l'allemand *beywacht*, formé lui-même de *bey*, auprès, et *wacht*, veille), établissement qu'une armée en campagne fait en plein air, le jour ou la nuit, pour prendre du repos : c'est une espèce de campement à la belle étoile. Autrefois, ce mot ne s'entendait que d'une garde extraordinaire faite la nuit en plein air par un poste, une division, quelquefois même une armée; mais ce n'était que dans les occasions périlleuses qu'on tenait une armée au bivouac. L'usage du bivouac permanent date des guerres de la Révolution; il a introduit dans les armées une rapidité de mouvement extraordinaire en les délivrant des embarras du campement et du baraquement; mais il peut compromettre la santé du soldat.

BIXA, vieux nom du Rocou, devenu le nom scientifique de cet arbuste. Le *Bixa* a donné son nom aux *Bixacées*, famille de plantes Dicotylédones polypétales hypogynes, dont il est le type. *Voy.* ROCOU.

BLACK-DROPS (*gouttes noires*), nom anglais d'un médicament très-usité en Angleterre. Il a pour base l'opium uni à l'acide acétique, et est employé comme calmant. On en donne de deux à six gouttes dans une potion. Six gouttes contiennent un grain d'opium.

BLAIREAU, *Meles*, genre de Mammifères de l'ordre des Carnassiers et de la famille des Plantigrades : corps bas sur jambes, pieds à cinq doigts, munis d'ongles robustes, propres à fouiller; queue courte et velue, poche remplie d'une humeur grasse et infecte, placée auprès de l'anus. Le *B. ordinaire* (*Meles vulgaris*) est long de 60 centim. environ, non compris la queue; il a un pelage long et bien fourni, gris-brun par-dessus, noir en dessous. Une bande longitudinale noire existe de chaque côté de la tête, passant sur l'œil et sur l'oreille. Cet animal répand une odeur très-forte; il vit solitaire et habite les bois sombres, où il se creuse un terrier tortueux et oblique. Il fait sa nourriture de tout ce qu'il peut prendre : baies, fruits charnus, et, au besoin, mulots, grenouilles, serpents, etc. Pris jeune, il s'habitue à la domesticité. On le trouve dans l'Europe et l'Amérique du Nord. La peau du blaireau fournit une fourrure grossière; les bourreliers en couvrent les colliers et harnais des attelages de rouliers; ses poils servent à faire des brosses molles et de gros pinceaux : par suite, on a spécialement appelé *blaireau* le pinceau avec lequel on se savonne la barbe. Les peaux et les poils du blaireau sont expédiés, en grande partie, de la Savoie, des départements de l'Isère et des Hautes-Alpes. Il en vient aussi du Levant. — Le *B. Taisson* (*M. Taxus*), qu'on trouve dans les mêmes lieux que le précédent, et le *B. Carcajou* (*M. Labradorica*) du Labrador, que l'on avait pris pour des espèces distinctes, ne sont que des variétés du *B. commun*.

BLAIRIE (DROIT DE), ou *Droit de vaine pâture*, droit perçu par un seigneur haut justicier, pour la permission qu'il accordait aux habitants de faire paître leurs bestiaux sur les terres après la récolte, ou dans les bois et les héritages non clos.

BLANC, couleur qui résulte de la réunion des sept couleurs dont un rayon solaire est composé (*Voy.* SPECTRE SOLAIRE); on obtient un blanc parfait en retranchant les rayons jaunes. — On donne aussi ce nom à la couleur ou matière blanche dont les peintres, les maçons, etc., se servent pour blanchir une surface quelconque. *Voy.* ci-après BLANC D'ARGENT, D'ESPAGNE, DE PLOMB, DE ZINC, etc.

En Agriculture, le *blanc* est une maladie des végétaux, caractérisée par une sorte de poussière blanche qui se manifeste surtout sur les feuilles : on distingue le *B. sec* et le *B. mielleux*, où *Lèpre* au *meunier*. Depuis peu d'années, cette maladie a envahi la vigne : on attribue le blanc de la vigne à un petit champignon, dit *Oïdium Tuckerii*, parce qu'il fut remarqué pour la 1re fois (en 1845) par un jardinier anglais nommé Tucker. On y remédie en soufflant sur la vigne, préalablement mouillée, de la fleur de soufre; on la prévient en enduisant la vigne, immédiatement après la taille, avec du chlorure de chaux.

Dans la Monnaie, on a donné, à différentes époques, le nom de *blanc* à une monnaie de billon qui était originairement en argent pur, et dont la valeur réelle a souvent varié, parce qu'on y a introduit des quantités de cuivre de plus en plus considérables. On distinguait surtout les *grands blancs* ou *gros deniers blancs*, qui valaient 10 deniers tournois, et les *petits blancs* ou *demi-blancs*, qui n'en valaient que 5. Sous Jean le Bon, le *gros blanc* ne valait pas plus de 22 c. Sous Henri II, on fit des *gros* valant 2 sols 6 deniers ou 30 deniers, et qu'on appela pour cette raison *six-blancs*. Quoique cette monnaie n'existe plus dans le commerce, on a conservé l'usage de dire *six-blancs* pour deux sous et demi.

Dans les Transactions, on nomme *blanc* l'espace laissé dans une écriture sans être rempli, et pour l'être plus tard ; de là ces expressions : *quittance en blanc*, quittance où on laisse en blanc le nom de celui qui doit payer ; *procuration en blanc*, procuration où le nom de celui qui doit en être chargé est laissé en blanc ; *signature en blanc*, dit aussi *blanc-seing* et même *blanc*, signature apposée sur un papier blanc.

En terme de Banque, *être en blanc* signifie accepter une traite sans en être couvert, ou donner un mandat avant d'en avoir reçu les fonds.

En Poésie, on désigne sous le nom de *vers blancs* des vers qui ne riment point. *Voy.* VERS.

BLANC D'ARGENT, qualité supérieure de céruse employée dans la peinture. *Voy.* CÉRUSE.

BLANC DE BALEINE ou SPERMA CETI, matière grasse, solide, d'un blanc éclatant, formée par la réunion de petites écailles luisantes, est contenue dans une huile grasse qui entoure le cerveau du cachalot et de quelques autres poissons : on ne la trouve pas dans la *baleine*, quoique, par l'erreur des premiers naturalistes, elle lui ait emprunté son nom. Le blanc de baleine fond à 44°, et se compose d'un principe particulier appelé *cétine*, qui a la propriété de se transformer par la saponification en acide palmitique. Il entre dans la fabrication des plus belles bougies; autrefois, on l'employait en médecine contre les catarrhes.

BLANC DE CÉRUSE, carbonate de plomb. *Voy.* CÉRUSE.

BLANC DE CHAMPIGNON, filets blancs, arrondis et spongieux que l'on trouve dans les vieilles couches à champignons, proviennent de la germination des séminules de ces végétaux. On s'en sert pour la reproduction artificielle du champignon de couche. Ce blanc peut se conserver dans un lieu sec plusieurs années.

BLANC D'ESPAGNE, DE DIEPPEDAL ou DE MEUDON, carbonate de chaux ou craie pulvérisée, puis réduite en pâte au moyen de l'eau. On le débite moulé sous forme de pains ovoïdes ou cylindriques. On emploie le blanc d'Espagne comme crayon pour écrire sur les tableaux noirs; il entre dans la peinture à la détrempe. On trouve cette craie en abondance en Espagne, à Dieppedal, près de Rouen; à Meudon, près de Paris, etc. — Le *B. d'albâtre* est un sulfate de chaux que l'on emploie, réduit en poudre fine, aux mêmes usages.

BLANC DE FARD, combinaison d'acide azotique et d'oxyde de bismuth (sous-azotate de bismuth), employée quelquefois par les dames pour blanchir la peau. Ce blanc a l'inconvénient de rendre la peau rugueuse, et de noircir par le contact des émanations sulfureuses. Dans l'origine, le blanc de fard, adopté par les femmes grecques, était une terre argileuse de Chio ou de Samos, mêlée à une terre calcaire et délayée dans du vinaigre.

BLANC DE HAMBOURG, DE HOLLANDE, DE VENISE, céruse ou carbonate de plomb, mélangé avec plus ou moins de sulfate de baryte; s'emploie dans la peinture.

BLANC-MANGER, aliment qu'on prescrit souvent aux estomacs délicats et aux convalescents, se compose ordinairement de gelée animale, rendue blanche et opaque par une addition de lait d'amandes; on y joint du sucre, de l'eau de fleurs d'oranger, et d'autres substances, afin d'en varier la saveur.

BLANC DE PLOMB, synonyme de carbonate de plomb.

BLANC-RHASIS, vulgairement *Blanc-raisin*, onguent de couleur blanche qui doit son nom arabe à son inventeur. Il se compose d'huile rosat, de cire, de céruse et de camphre. On l'emploie contre les brûlures et plusieurs maladies de la peau.

BLANC-SEING. *Voy.* BLANC (dans les Transactions).

BLANC DE ZINC, synonyme de carbonate de zinc. Il remplace avantageusement la céruse dans la peinture à l'huile ; il ne noircit pas par les émanations sulfureuses, et n'exerce aucun effet fâcheux sur la santé des ouvriers. L'usage commence à se répandre aujourd'hui ; un arrêté ministériel du 24 août 1849 en a prescrit l'emploi pour tous les travaux publics.

BLANCARDS, toiles blanches et légères, fabriquées de fil plat dans la Normandie. On en exportait beaucoup autrefois pour l'Amérique.

BLANCHARD, *Falco albescens*, grosse espèce d'Aigle-Autour qu'on trouve en Orient.

BLANCHARD VELOUTÉ, dit aussi *Houque laineuse*, espèce de plante du genre Houque, de la famille des Graminées; herbe vivace qui se trouve abondamment répandue dans la plupart des prairies naturelles. On en peut faire un très-bon pâturage en l'associant avec le trèfle, la minette et autres herbes. C'est elle qui fait la qualité supérieure des herbages du pays de Bray (Seine-Inférieure).

BLANCHE. On nomme ainsi, en Musique, une note dont la tête est évidée, mais qui porte une tige ( ), afin qu'elle ne soit pas confondue avec la *ronde*. La blanche vaut la moitié d'une ronde, ou deux noires, quatre croches, huit doubles croches; etc.

BLANCHIMENT, opération qui a pour but de détruire certaines matières qui colorent les étoffes ou d'autres objets. — Les tissus végétaux se blanchissent par une toute autre méthode que les étoffes de soie et de laine. La méthode ancienne, pour les toiles de *chanvre*, de *lin* et de *coton*, consiste à les exposer sur un pré, pendant un temps plus ou moins long, à l'action simultanée de l'humidité et de la lumière solaire. Le procédé nouveau, dû à Berthollet;

bien plus expéditif : on laisse tremper les toiles dans de l'eau chaude pour enlever toutes les parties solubles ; on les dégorge par un moyen mécanique quelconque ; on les fait bouillir dans une lessive de soude ; on les rince, et on les fait séjourner pendant quelques heures dans un bain de chlorure de chaux. Après le rinçage à l'eau courante, on leur donne un bain d'eau aiguisée par un peu d'acide sulfurique ; on lave, et l'on finit par un bain de savon. — On blanchit la *laine* au moyen du soufrage, c'est-à-dire en l'exposant humide à l'action du gaz acide sulfureux ; le chlore et les alcalis attaquant la laine, il est impossible de les employer pour la blanchir. — On blanchit la *soie* en la maintenant dans des dissolutions bouillantes de savon ; on y parvient aussi par le soufrage. — Pour blanchir l'*ivoire* jauni, on le brosse avec de la pierre ponce calcinée et délayée dans l'eau, puis on le renferme encore humide sous une cloche de verre qu'on expose journellement au soleil. — On blanchit la *cire* jaune en la réduisant en rubans minces qu'on expose au soleil et à la fraîcheur des nuits, sur des châssis en toile. La cire se blanchit promptement dans le gaz oxygène pur. Un procédé expéditif et peu coûteux consiste à la faire fondre, à y verser une petite quantité d'acide sulfurique, puis à y ajouter quelques fragments de salpêtre, en agitant le tout avec une spatule de bois.

BLANCHIMENT DES MÉTAUX. *Voy.* DÉROCHER.

BLANCHISSAGE DU LINGE. Il comprend huit opérations : 1° *trempage*, simple imbibition d'eau froide ; 2° *essangeage*, lavage fait aussi à l'eau froide pour enlever le plus gros de la malpropreté ; 3° *coulage* ou *lessivage*, qui consiste à faire passer à travers le linge une dissolution alcaline de soude ou de potasse, le plus souvent des cendres (*Voy.* LESSIVE) ; 4° *savonnage*, dans le but d'enlever les taches qui auraient résisté aux opérations précédentes ; 5° *rinçage*, pour enlever l'eau de savon ; 6° *égouttage* ; 7° *séchage* ; 8° *pliage* et *repassage*. — On a substitué avec succès au mode ordinaire de blanchissage, qui est fort pénible, le blanchissage à la vapeur. Cette méthode n'était d'abord applicable qu'au blanchiment du coton écru ; ce fut Chaptal qui le premier imagina qu'on pourrait s'en servir pour le blanchissage du linge. Curaudau perfectionna ce procédé, et le recommanda au public dans un *Essai sur le blanchissage à la vapeur* (Paris, 1806). Ce procédé réunit des avantages qui doivent le faire préférer : économie de temps, de savon et de combustibles, uniformité, exactitude dans le lessivage. Il a été adopté pour l'armée par décret du 10 déc. 1853. — On doit à M. René Duvoir un *Appareil de lessivage par circulation*, qui abrège le travail et ménage le linge.

BLANCHISSERIE, établissement destiné à blanchir les toiles. Pour les procédés de blanchiment, *Voy.* BLANCHIMENT. — On nomme plus spécialement *Buanderies* les établissements destinés au blanchissage du linge de corps et de ménage.

BLANQUETTE, espèce de raisin dont la feuille est recouverte d'un duvet blanc et cotonneux. En Gascogne et dans le bas Languedoc, on en fait un vin blanc, doux et spiritueux, qu'on nomme aussi *blanquette* : on estime surtout la B. *de Limoux* (Aude). — On appelle encore *blanquette* ou *blanquet* une poire d'été qui a la peau blanche. Il y en a de deux sortes, le gros et le petit blanquet : le *gros blanquet* est bon à manger au commencement de juillet, et le *petit blanquet*, vers la fin d'août.

BLAPS (du grec *blaptô*, nuire), genre d'insectes Coléoptères, de la famille des Mélasomes, se tient dans les parties obscures, sales et humides des habitations. Ces insectes sont noirs, et répandent au toucher une odeur désagréable. Ils n'ont pas d'ailes, mais ils courent avec beaucoup de vitesse. Le B. *porte-malheur* (B. *mortisaga*), qu'on trouve dans tout le nord de l'Europe, passe pour être de mauvais augure : aussi les gens superstitieux le redoutent-ils beaucoup.

BLASON, science qui s'occupe de la connaissance et de l'explication des armoiries. On fait dériver le mot *blason* de l'allemand *blasen*, sonner du cor, parce que c'est en sonnant du cor que ceux qui se présentaient aux lices des anciens tournois annonçaient leur venue. Les hérauts décrivaient ensuite à haute voix les armoiries de chacun des concurrents, ce qu'on appelait *blasonner* : c'est de cet office des *hérauts* qu'est venu le nom d'*Art héraldique*, sous lequel on désigne souvent le blason. — Les principaux éléments de la science du blason consistent dans la connaissance de l'*écu*, des *émaux*, des *pièces* et *meubles*. L'*écu*, ou champ sur lequel sont placées les armoiries, représente l'ancien bouclier ; sa forme, variable suivant les pays, est le plus souvent, en France, celle d'un rectangle posé droit, et terminé, au milieu de sa ligne inférieure, par une pointe peu saillante. On y distingue le haut ou *chef*, le milieu ou *centre*, et le bas ou *pointe* ; il se divise en quatre *partitions*, savoir : le *parti*, formé par une ligne perpendiculaire divisant l'écu ; le *coupé*, formé par une ligne horizontale ; le *tranché*, par une ligne diagonale de droite à gauche ; et le *taillé*, par une ligne diagonale de gauche à droite. — Les *émaux* sont le nom collectif donné aux métaux, couleurs ou fourrures qui colorent l'écu. Il y a deux métaux, l'*or* et l'*argent* ; cinq couleurs, l'*azur* (bleu), les *gueules* (rouge), le *sinople* (vert), le *sable* (noir) et le *pourpre* (violet) ; et deux fourrures, l'*hermine* et le *vair* (fourrure de couleur blanc et azur). — Les *pièces*, dites *pièces honorables* ou *figures héraldiques*, sont au nombre de neuf, savoir : le *chef*, la *fasce*, le *pal*, la *croix*, la *bande*, la *barre*, le *chevron*, le *sautoir* et le *pairle* (*Voy.* ces mots). Les *meubles* sont les ornements intérieurs de l'écu : il faut y distinguer les *figures naturelles*, prises des animaux, des plantes, des astres, du corps humain, etc., et les *figures artificielles*, telles que châteaux, instruments de guerre ou de métiers ; besants, tourteaux, billettes, alérions, merlettes, canettes, étoiles, croissants, croisettes, molettes d'éperons, etc. — Outre les ornements intérieurs qui meublent le champ de l'écu, il y a les ornements extérieurs qui l'entourent : tels sont les casques et couronnes, les lambrequins, les supports et tenants, les insignes et ordres de chevalerie. Pour plus de détails, on peut consulter les traités spéciaux de blason ; entre autres, celui du P. Ménestrier, revu et augmenté par M. L. Lyon, 1770, ceux de la Roque, de La Colombière, du P. de Varenne, le *Manuel du Bl.* de J. Pautet, l'*Armorial universel* de Jouffroy d'Eschavannes, 1844, le *Traité complet du Bl.* de Borel d'Hauterive, 1846, le *Dict. héraldique* de Ch. Grandmaison, 1853, etc. V. ARMOIRIES.

Les Français sont les premiers qui aient réduit le blason en art, et ce sont eux qui ont les armes les plus régulières. Les Allemands ne s'en occupèrent que bien postérieurement, et les Anglais blasonnent encore aujourd'hui en français. — Le blason ne paraît pas remonter au delà des croisades. Bien avant cette époque, il y eut des signes particuliers, des emblèmes, des ornements pris par les peuples guerriers ou les héros pour servir de signe de ralliement dans le combat ; mais il ne faut pas confondre ces signes isolés, variables, avec les signes convenus, invariables et surtout héréditaires qui constituent le blason proprement dit. Au temps des croisades, dans ces armées composées de vingt peuples divers, la nécessité de se faire reconnaître de ses soldats obligea chaque chef de revêtir des insignes particuliers. Au retour de la croisade, le guerrier eut soin de conserver ces insignes, qui rappelaient ses exploits, et les transmit à ses descendants comme un titre d'honneur. C'est sous S. Louis, à ce qu'on croit, que cette transmission reçut un caractère régulier.

BLASPHÈME (du grec *blaptô*, nuire, et *phémè*, réputation), parole impie prononcée avec l'intention d'outrager la Divinité ou la Religion. Le *blasphème* diffère du *sacrilége* en ce que le premier consiste en paroles, et le deuxième en actions. Chez les Hébreux, le blasphémateur était puni de mort et lapidé par le peuple (*Lévit.*, ch. XXIV, v. 14 et 16). En France, les ordonnances de S. Louis et de quelques autres de nos rois lui infligeaient la peine du pilori ou le condamnaient, selon les cas, à avoir la langue percée avec un fer rouge. Le pape Pie V, par décret de 1556, condamna ceux qui s'étaient rendus coupables de ce crime à une amende pour la première fois, au fouet pour la deuxième; s'ils étaient ecclésiastiques, ils étaient dégradés et envoyés aux galères. Depuis, le châtiment a été réduit à une amende honorable prononcée au pied des autels.

BLASTÈME (du grec *blastos*, germe), nom donné, dans les plantes, au corps qui porte les cotylédons, et qui comprend la radicule, la gemmule et la tigelle.

BLATTE (du grec *blaptô*, nuire), *Blatta*, genre d'insectes Orthoptères, de la famille des Coureurs, d'une grande agilité, ne se montrent que la nuit, et habitent les planchers des maisons, où ils sont un véritable fléau; ils mangent le pain, la farine, etc. Leur couleur est brune, roussâtre ou jaunâtre; ils répandent une odeur désagréable. On en distingue un grand nombre d'espèces: la *B. des cuisines* (*Blatta orientalis*), qui est d'un brun noirâtre et très-aplatie, infeste les boulangeries, les cuisines et les garde-manger de presque toute l'Europe; la *B. des Lapons*, qui est plus petite, dévore les provisions de poissons que les habitants du Nord font sécher pour leur nourriture.

BLÉ ou BLED (du saxon *blad*, grain), plante de la famille des Graminées hordéacées, à tige longue et mince, qui produit le grain dont on fait le pain. On appelle vulgairement *blé* toute espèce de céréales: *gros blés*, les froments et les seigles; *blé méteil*, le blé moitié froment, moitié seigle; *petits blés*, l'orge, l'avoine, le millet, le sarrasin. On appelle *blé* par excellence le pur *froment* (*triticum sativum*): lorsqu'on dit *blé* simplement, on entend toujours le froment. *Voy.* ce mot.

On nomme vulgairement *B. à chapeaux* une espèce de blé de Toscane, dont la paille sert à fabriquer des chapeaux estimés; *B. avrillet*, le froment que l'on sème en mars et en avril; *B. blanc*, une variété commune dans l'ancien Dauphiné, qui fournit une très-belle farine; *B. cotonneux* ou *français*, une variété que l'on cultive le haut et bas Rhin, en Italie et en Espagne.

Le *blé* est dit *broui* s'il est attaqué par la rouille; *charbonné*, s'il est noirci par la carie; *coulé*, si les grains sont petits, peu farineux; *échauffé*, si une fermentation intérieure a détruit la partie alimentaire; *mouillé*, si le grain est altéré par les pluies; *vermoulu*, s'il est gâté par la présence d'insectes.

On donne quelquefois le nom de *blé* à des plantes qui n'ont aucun rapport avec le genre Froment: ainsi on nomme *B. barbu* ou *de Guinée* le Sorgho, espèce de millet; *B. de Canarie* ou *d'oiseau*, l'Alpiste; *B. de vache*, le Mélampyre des champs, la Saponaire rouge; *B. noir*, la Renouée et le Sarrasin; *B. de Turquie, d'Inde, d'Espagne* ou *d'Italie*, le Maïs.

L'origine du blé se perd dans la nuit des temps: on ne le trouve pas aujourd'hui à l'état naturel, et l'on doit présumer qu'il n'est qu'une transformation opérée par la culture d'une espèce inférieure, comme l'épeautre ou la fétuque flottante. Un savant agronome, M. Esprit Fabre, a cru trouver la première forme du blé dans l'*Ægilops triticoïdes*. La Fable a fait honneur de l'introduction du blé tantôt à Osiris, divinité de l'Égypte, tantôt à Cérès, qui l'aurait cultivé d'abord dans les plaines d'Enna, en Sicile. Les Athéniens, les Crétois et plusieurs autres peuples se disputaient l'honneur de l'avoir cultivé les pre-

miers. Ce qui est certain, c'est que la culture du blé était en honneur en Chine bien des siècles avant nos temps historiques. *Voy.* CÉRÉALES et GRAINS.

BLECHNE, *Blechnum*, genre de plante de la famille des Fougères, à feuilles allongées, composées de folioles simples, aiguës, à une seule nervure. On trouve chez nous le *B. spicant*, qui est le type de ce genre.

BLEIME (du grec *blèma*, coup, blessure), meurtrissure ou rougeur qui survient quelquefois à la sole des talons du cheval, et qui est suivie d'abcès.

BLENDE (de l'all. *blenden*, briller), nom donné, en Minéralogie, au sulfure de zinc naturel. *V.* ZINC.

BLÉPHARITE (du grec *blépharon*, paupière), inflammation des paupières, soit qu'elle affecte le corps de la paupière, soit qu'elle s'arrête au bord ciliaire et aux follicules pileux et muqueux dont il est garni: c'est cette dernière qu'on appelle quelquefois *lippitude, psorophthalmie* ou *teigne des paupières*.

BLÉSITÉ (du latin *blœsus*, bègue), vice dans la parole, qui consiste à substituer une consonne douce à une plus dure, comme le *z* à l's, le *d* au *t*, l's au *g*, l'*i* au *j*, etc.; par exemple, à prononcer *zerbe, zeval*, au lieu de *gerbe, cheval*. Cette prononciation est familière aux enfants. Si elle persistait, il suffirait, pour la faire disparaître, d'une attention constante.

BLESSURE (du grec *plesséin*, frapper). Selon la cause qui les produit, les blessures peuvent être rapportées à deux grandes divisions: les unes sont l'effet d'agents chimiques, tels que le calorique et les caustiques; elles comprennent la *brûlure* et la *cautérisation*; les autres sont opérées par des puissances mécaniques, telles que les *percussions*, les *tractions*, les *instruments tranchants, piquants, contondants, déchirants*, et prennent les noms de *contusion, distension, luxation, fracture, plaie*, etc. — En Médecine légale, on distingue: 1° les *B. mortelles*, qu'on subdivise en *B. nécessairement mortelles* et *B. accidentellement mortelles*; 2° les *B. non mortelles*, qui sont *complétement curables* ou *incomplétement curables*.

Les peines infligées par la loi aux auteurs de blessures sont proportionnées à l'intention qu'ils ont eue et à la gravité des lésions. — L'auteur de blessures faites volontaires, et qui entraînent une maladie de plus de 20 jours, est puni de la reclusion (Code pénal, art. 309), ou au moins d'une année d'emprisonnement (loi de 1832). Si elles ont été faites avec préméditation, la peine est celle des travaux forcés à temps (art. 310). Si la maladie n'a pas été de plus de 20 jours, l'auteur de *blessures volontaires* est puni d'un emprisonnement de 6 jours à 2 ans, et d'une amende de 16 à 200 fr., ou de l'une de ces deux peines seulement; et s'il y a eu préméditation ou guet-apens, l'emprisonnement est de 2 à 5 ans, et l'amende de 50 à 500 fr. (art. 311). Si les *blessures* ont été *involontaires*, leur auteur est puni seulement d'un emprisonnement de 6 jours à 2 mois, et d'une amende de 16 à 100 fr. (art. 320). — La loi détermine, en outre, les cas où l'auteur de blessures serait puni plus rigoureusement à raison de la qualité des personnes blessées, ou des circonstances du crime ou délit; elle détermine également certains cas où les blessures sont réputées excusables (art. 321, 463). — Indépendamment des peines ci-dessus, l'auteur de blessures peut, sur la demande de la personne lésée, être condamné à des dommages-intérêts, qui varient selon la gravité et les suites des lésions, et qui sont fixés ordinairement d'après les rapports des médecins.

BLÈTE ou BLETTE (du grec *blax*, mou), *Blitum*, genre de plantes annuelles, glabres, charnues, de la famille des Chénopodées. La principale espèce est la *Blette à tête* ou *Épinard-fraise* (*B. capitatum*), ainsi appelée à cause de ses fleurs en capitules agglomérés, et à cause de ses fruits semblables à des fraises. On la cultive dans les jardins. On l'emploie aussi comme plante potagère, et, en médecine, comme émolliente.

BLEU D'AZUR, ou simplement AZUR, matière coloraute de couleur bleu de ciel, que l'on obtient par la pulvérisation du Bleu d'outremer ou Lazulite, ou que l'on forme artificiellement en faisant fondre du minerai de cobalt et du sable avec de la potasse ou de la soude; ii en résulte un verre bleu qu'on pulvérise sous des meules. On le prépare en grand dans la Saxe, la Hesse et la Silésie. — Si la poudre est grossière, on l'appelle *azur à poudrer;* si elle est très-fine, *azur d'émail.*—Les diverses qualités d'azur sont connues dans le commerce sous les noms d'*azur de premier, de second, de troisième* et de *quatrième feu :* on entend par *feu* le degré de vivacité et de finesse de l'azur. Cette couleur sert à donner une teinte azurée au linge, aux différents tissus, aux papiers, et surtout aux poteries, aux porcelaines, etc. — On faisait autrefois de l'azur factice avec de l'indigo ou du suc de violettes broyé avec de la craie; avec du sel ammoniac et de l'argent, ou encore avec du soufre, du mercure et du sel ammoniac.

BLEU DE COBALT. *Voy.* COBALT et l'art. précédent.

BLEU DE COMPOSITION, dit aussi *bleu en liqueur* ou *bleu de Saxe*, dissolution d'indigo dans l'acide sulfurique fumant : il sert dans la teinture.

BLEU DE FRANCE, synonyme de *bleu de Prusse.*

BLEU DE MONTAGNE ou *Cendres bleues*, mélange de chaux, de sulfate de chaux et de carbonate de cuivre, employé en peinture. *Voy.* CUIVRE AZURÉ.

BLEU D'OUTREMER, couleur très-belle et très-solide, préparée avec un minéral bleu appelé *lazulite outremer*, qui nous vient de Perse, de Chine et de Boukarie. On prépare aussi de l'*outremer factice* ou *bleu Guimet* (du nom d'un fabricant), dont les peintres font une grande consommation. *Voy.* OUTREMER.

BLEU DE PRUSSE ou DE BERLIN, appelé aussi *prussiate de fer, ferrocyanure de fer*, combinaison formée de cyanogène et de fer, solide, d'un bleu foncé, sans saveur ni odeur, prenant par le frottement un reflet métallique; insoluble dans l'eau, l'alcool, les acides faibles. Les caractères suivants le distinguent de l'indigo : chauffé fortement à l'air, le bleu de Prusse brûle difficilement, et laisse un résidu brun de peroxyde de fer; le chlore ne détruit pas sa couleur; l'acide sulfurique concentré le rend tout à fait blanc; les alcalis caustiques concentrés le décolorent entièrement. Le bleu de Prusse du commerce renferme toujours de l'alumine, avec laquelle on le mélange pour lui donner du corps. On obtient le bleu de Prusse en précipitant du prussiate de potasse jaune (ferrocyanure de potassium) par une dissolution faite avec du sulfate de fer et de l'alun, et en lavant le précipité avec de l'eau jusqu'à ce qu'il ait acquis une belle couleur bleue. Il s'emploie dans la fabrication des papiers peints, la peinture à l'huile, l'azurage des papiers, l'impression des indiennes et des tissus de laine et de soie. Il présente aussi de nombreuses applications dans la teinture; mais, dans ce cas, on le produit directement sur les tissus en mordançant ceux-ci dans un sel de fer, et les plongeant ensuite dans un bain de prussiate de potasse. — La découverte du bleu de Prusse fut faite par hasard, en 1710, par Diesbach, fabricant de couleurs de Berlin. Dippel fit, à cette époque, les premières recherches sur ce composé, et Woodward décrivit le premier, en 1724, le procédé de préparation, que l'on tenait secret : c'est ce procédé qui est encore suivi aujourd'hui.

BLEU DE THÉNARD. C'est du phosphate de cobalt mélangé avec de l'alumine. M. Thénard l'a proposé en remplacement de l'*outremer.*

BLEU. Dans le Blanchissage, *passer du linge au bleu*, c'est tremper du linge, après l'avoir blanchi, dans une eau imprégnée de bleu en liqueur. *Donner le bleu* à une toile, c'est la faire passer dans une eau où l'on a fait dissoudre un peu d'amidon avec de l'émail ou azur de Hollande. — Dans l'art culinaire, *mettre un poisson au bleu*, c'est le faire cuire à une sorte de court-bouillon avec des in-

grédients qui lui donnent une couleur approchant du bleu. *Voy.* COURT-BOUILLON.

BLEUS (les), nom de parti : il est opposé tantôt à *Verts*, tantôt à *Blancs*. V. le *Dict. univ. d'H. et de G.*

BLÉUET ou BLUET, *Centaurea cyanus*, plante appartenant au genre Centaurée, de la famille des Carduacées, croît naturellement dans les blés; sa fleur, d'un joli bleu, est recherchée comme ornement par les villageois; elle est, en outre, recommandée en infusion comme légèrement astringente; son eau, distillée, a été préconisée contre les ophthalmies, d'où le nom de *casse-lunettes* donné quelquefois au bleuet; on s'en sert aussi contre les érésipèles et les rougeurs de visage. On nomme aussi le bleuet *Aubifoin, Barbeau, Jacée des blés.* On a obtenu par la culture des bleuets de diverses couleurs : violets, pourprés, blancs même, mais jamais jaunes.

Le *Bleuet du Canada* est une espèce du genre Airelle; le *B. du Levant* est la Centaurée mouchetée.

BLEUET, nom vulgaire du Martin-pêcheur d'Europe. *Voy.* MARTIN-PÊCHEUR.

BLINDAGE, BLINDE (de l'allemand *blinden*, aveugler), ouvrage de fortification fait avec des branches d'arbres entrelacées et posées de travers entre deux rangées de pieux de la hauteur d'un homme, sert à cacher et à garantir du feu de l'ennemi les hommes qui s'y trouvent; on l'emploie particulièrement à la tête de la tranchée, lorsqu'elle s'étend de front vers le glacis. — On se sert aussi du blindage pour mettre à l'abri des bombes les corps de garde, les magasins militaires, et même des bâtiments. Dans ces cas, on emploie pour le former des poutres solides qu'on recouvre de fascines, de fumier, de terre, sur un mètre au moins d'épaisseur.

BLOCAGE ou BLOCAILLE (diminutif de *bloc*), menu moellon, pierrailles que l'on réunit pour remplir les vides dans un ouvrage de maçonnerie. Ce sont de petites pierres brutes, irrégulières, qu'on emploie sans aucune préparation pour la construction de certaines fondations ou dans l'eau; on les jette pêle-mêle avec le mortier; on les emploie aussi pour garnir le milieu des murs et des gros massifs.

En termes de Typographie, on appelle *blocage* une ou plusieurs lettres retournées ou renversées pour tenir provisoirement la place de celles qui devraient y être; on recourt au blocage quand les lettres manquent dans la casse ou qu'on est incertain sur un mot indéchiffrable : on appelle *bloquer*, disposer ainsi les lettres.

BLOCKHAUS (de l'all. *block*, bloc, tronc d'arbre, et *haus*, maison), redoute détachée, fortin ordinairement construit en bois, qui n'a pas d'issue apparente, et qui communique souterrainement à un ouvrage principal dont il n'est que le poste avancé. Souvent aussi le blockaus n'est qu'une palanque à ciel ouvert, à fossés, à meurtrières, quelquefois environnée d'une enceinte. Dans la guerre d'Afrique, on fait un grand usage du *blockhaus*; on en construit en machicoulis, à un étage couvert, et sans fossé.

BLOCS. En Géologie, on nomme ainsi des fragments de roche dont la grosseur est supérieure à celle de la tête, et peut même aller jusqu'à 1,000 m. cubes. Quand les fragments sont peu considérables, on les appelle *cailloux* et *rognons*. — On nomme *blocs erratiques* des blocs de toute grosseur, ayant quelquefois plus de 1,000 m. cubes, qui se trouvent répandus sur le sol, et qui n'ont souvent aucune analogie avec les espèces de roches sur lesquelles ils gisent; de sorte qu'on ne peut expliquer leur présence que par l'action de causes violentes qui les ont détachés des hautes montagnes et transportés à de grandes distances : tels sont les *blocs erratiques* du versant oriental du Jura, qui paraissent venir des Alpes, et ceux du Nord de l'Europe, qui paraissent détachés des monts Ourals.

BLOCUS (du verbe *bloquer* ou de *blockhaus*), opération militaire qui consiste à occuper les avenues d'une place, d'un port, soit pour empêcher les sorties, soit pour réduire la place et l'obtenir par famine. — Les blocus au moyen des lignes fortifiées étaient fréquents chez les anciens; ils sont devenus plus rares dans l'art militaire moderne. Cependant, on cite les blocus d'Ancône (1799), de Gênes (1800), de Pampelune (1813), qui tous ont duré près de 6 mois.

Dans le Droit maritime, les neutres ont généralement adopté le principe de ne reconnaître en état de véritable blocus que les ports que des vaisseaux de guerre surveilleraient effectivement de manière à intercepter toute communication.

On appelle *blocus continental* le système d'exclusion générale par lequel Napoléon voulait interdire à l'Angleterre tout accès sur le continent européen : il fut décrété par l'Empereur le 21 novembre 1806. On sait que l'exécution de ce système l'entraîna dans des guerres continuelles qui finirent par amener sa ruine.

BLONDE, ouvrage semblable à la dentelle pour le travail, et qui n'en diffère que par la matière : elle se fait généralement en soie blanche. Il existe aussi des *blondes noires*. — La perfection des blondes résulte de leur finesse, de la régularité de leur texture, et de la blancheur qu'on a su conserver à la soie. On les blanchit difficilement. On a donné le nom de *blonde de fil* à la *mignonnette*, sorte de dentelle faite à fond clair, et ressemblant au fond de la blonde connue sous le nom de *tulle*. Il y a aussi des *blondes de coton*. — Les villes de France où l'on fabrique des blondes de soie sont : Arras, Avesne, Bar-le-Duc, Bayeux, Caen, Clermont en Auvergne, Gisors, Lyon, Magny, Orléans, Paris, le Puy, Saint-Etienne, Tours, Vienne; les plus belles blondes se font à Chantilly. On en fabrique aussi en Suisse, à Genève, en Hollande, en Saxe, à Milan.

BLOUSE, espèce de sarrau de grosse toile, ayant à peu près la forme d'une chemise, que les charretiers, les paysans et les ouvriers portent par-dessus leurs autres vêtements. — La blouse n'est autre chose que le *sayon* des Gaulois; elle porte même encore ce nom dans le midi de la France. L'ancien sayon était de laine ou de peau; la blouse moderne est de toile, de coton ou de laine. Sous l'Empire, la blouse fut adoptée en France pour la milice citoyenne et rurale et pour les ouvriers dans les villes. C'est encore l'uniforme des gardes nationales dans beaucoup de campagnes.

On sait qu'on nomme aussi *blouse* chaque trou des coins et des côtés d'un billard : un billard à six blouses.

BLUET, plante des champs. *Voy.* BLEUET.

BLUTAGE, opération qui a pour but de nettoyer le grain et de débarrasser la farine, en la tamisant, du son ainsi que des corps étrangers introduits par la mouture. On appelle *blutoir* ou *bluteau* l'instrument employé pour ce travail; et on distingue le *bluteau à grain*, espèce de crible, et le *bluteau à farine*, tamis très-fin, formé de toiles métalliques. Le blutoir est partagé en trois ou quatre divisions, selon l'espèce de farine qu'on veut obtenir. Ordinairement on emploie des blutoirs tournants; on a depuis imaginé de rendre le blutoir fixe, et d'établir dans son intérieur et sur son axe un système de brosses tournantes, qui, passant continuellement sur les mailles du tamis, les empêchent de s'obstruer. — Le bluteau a remplacé le tamis à la main, dont on se sert encore dans beaucoup de localités, et qui lui-même a remplacé les paniers de jonc dont on se servait dans les temps anciens.

BOA (du nom que les anciens donnaient à une couleuvre qui se glissait dans les troupeaux pour y sucer, dit-on, le lait des vaches, *boes*, en grec), genre de Reptiles de l'ordre des Ophidiens, qui n'a point de crochets venimeux, mais qui est cependant redoutable par sa grande taille et sa force musculaire. On en trouve plusieurs espèces répandues en Asie, en Afrique et en Amérique; la plus célèbre est, sans contredit, le *B. constricteur*, dit aussi *B. devin*, *B. royal* ou em-

pereur, qui habite les parties humides des forêts de l'Amérique du Sud, notamment de la Guyane. Ce serpent est quelquefois long de près de 10 m. et gros comme le corps d'un homme; il est brun sur le dos, jaune sur les flancs, avec de larges taches noirâtres, et par-dessous pointillé sur un fond argenté; il a le corps couvert d'écailles en dessus, de plaques courtes et serrées sous le ventre et sous la queue; sa tête est plate et petite, relativement à la longueur du son corps, son cou grêle et son museau court et obtus; sa bouche, largement fendue, peut, au moyen d'un os mastoïde libre et ses intra-articulaire qui unissent la mâchoire inférieure au temporal, s'ouvrir et se distendre démesurément. Cette faculté, jointe à celle de sécréter une espèce de bave gluante, permet au boa d'engloutir des animaux entiers, des agoutis, des gazelles, des chèvres même. Le boa vit dans le creux des vieux arbres, où il se tient dans une immobilité complète et roulé en spirale jusqu'à ce que la faim le fasse sortir; il se glisse alors dans les roseaux, ou se suspend aux branches d'un arbre pour guetter les animaux dont il fait sa proie, se lance sur eux avec une violence extrême, les enlace de ses replis, les brise et les pétrit, pour ainsi dire, dans ses anneaux vigoureux, et les réduit ainsi en une masse informe qu'il engloutit dans son énorme gueule. Le Boa étant dépourvu d'appareil masticateur, la digestion est lente et difficile; aussi, pendant tout le temps qu'elle s'opère, est-il dans un état d'engourdissement qui permet de l'approcher sans danger : il répand alors une odeur insupportable. La chair des Boas est, dit-on, comestible; leur graisse, assez abondante, passe pour un excellent remède contre les meurtrissures. La ménagerie de Paris possède plusieurs boas, qui même ont pu s'y reproduire. — On a pensé que l'énorme serpent tué en Afrique par l'armée de Régulus aurait pu être un *boa* : ce ne peut être qu'un *Python* (*Voy.* ce mot), dont la longueur paraît avoir été exagérée par Pline.

BOCARD, machine servant à écraser, à pulvériser les substances qu'on soumet à son action, est particulièrement employée, dans les Mines, à broyer le minerai avant de le mettre au feu pour le fondre. Elle se compose de pilons armés, à leur extrémité inférieure, d'une masse de fer. On appelle l'opération *bocarder*, *bocardage*. *Voy.* MINERAI.

BŒUF (du latin *bos*, dérivé lui-même du grec *bous*), genre de « Quadrupèdes ruminants, à pieds fourchus et à cornes creuses, qui se distinguent des autres genres de cette famille, tels que les chèvres, les moutons et les antilopes, par un corps trapu, par des membres courts et robustes, par un cou garni en dessous d'une peau lâche qu'on appelle *fanon*, par des cornes qui se courbent d'abord en bas et en dehors, et dont l'axe osseux est creux intérieurement, et communique avec les sinus frontaux. » (Cuvier). Ce genre comprend un grand nombre d'espèces dont les principales, après le *Bœuf domestique*, sont : le *Buffle*, le *Bison*, l'*Aurochs*, le *Yack*, le *Zébu*, etc.

BŒUF DOMESTIQUE. Cette espèce, aujourd'hui répandue en Europe, en Asie, en Afrique et même en Amérique, offre beaucoup de variétés; son origine a été rapportée à l'*Aurochs*; mais elle est contestée. On donne au mâle le nom de *Taureau*, quand il est entier; au mâle qui a subi la castration, celui de *Bœuf* proprement dit; à la femelle, celui de *Vache*; le *Veau* est un jeune taureau, la *Génisse*, une jeune vache. Le bœuf est un animal lourd, mais robuste; il est naturellement doux, patient, et même susceptible d'attachement; mais quand il a été irrité et qu'il est furieux, il devient redoutable; jamais il ne recule devant le danger, il y donne tête baissée, et, grâce aux cornes puissantes dont sa tête est armée, il peut résister à toute espèce d'ennemi. Son cri est un mugissement grave, sourd et prolongé. Le pelage du bœuf est ordinairement rougeâtre; souvent aussi il est noir, blanc, ou mélangé de ces trois nuances ; sa taille moyenne est de 1^m,30, sa longueur de 2^m,20, son poids de 5 à 600 kilogr. ; mais ces proportions varient suivant la race, le climat, ou la qualité des pâturages. Les pays qui sont renommés pour produire les plus belles races sont : la Suisse, la Normandie, l'Angleterre et la Hollande. Les caractères généraux auxquels on peut reconnaître un bœuf de bonne qualité sont les suivants : tête courte, front large, oreilles grandes, velues et unies, yeux gros et noirs, mufle gros et camus, naseaux bien ouverts, dents blanches, lèvres noires, cornes noires, cou charnu, épaules grosses, poitrine large, fanon pendant jusqu'aux genoux, reins larges, flancs étoffés, croupe épaisse, membres gros et bien musclés, dos droit, queue pendante et bien garnie de poils, pieds fermes, jaunes et bleuâtres, cuir épais et souple, poil doux, soyeux et frisé sur le front. Quant à la couleur on n'est pas d'accord sur celle qu'il faut préférer.

— Le bœuf vit communément de 14 à 15 ans ; vers 3 ans, on le dresse au labour ou à porter le harnais ; de 5 à 10, il atteint sa plus grande force, et rend à l'homme les plus grands services ; à 12 ans, il quitte la charrue pour passer à l'engraissement, et de là à la boucherie. Après sa mort, rien n'est perdu dans ce précieux animal : sa chair fournit à l'homme le meilleur et le plus substantiel des aliments ; sa peau, tannée, corroyée, chamoisée, sert à fabriquer des chaussures, des harnais, etc. ; de sa graisse on fait du suif, de la pommade, de l'huile dite *de pied de bœuf* ; de son poil, de la bourre pour les tapissiers, les selliers, etc. ; de ses cornes, des peignes, des boutons, des tabatières ; de ses os, des ouvrages au tour, de la gélatine, du noir animal ; de ses nerfs ou tendons, des cravaches ; de ses intestins, des enveloppes pour les saucissons, de la baudruche, etc. ; le sang sert pour le raffinage du sucre et la fabrication du bleu de Prusse ; le fiel, pour le dégraissage et la peinture ; les issues, pour la colle de ménage, etc. — Dès la plus haute antiquité, l'utilité du bœuf a été reconnue : les Égyptiens l'ont consacrée en rendant un culte public au bœuf Apis. Cet animal apparaît dans toutes les cérémonies religieuses de l'Antiquité, soit comme objet d'adoration, soit comme victime immolée à la Divinité. La cérémonie du *Bœuf Gras*, qui subsiste encore parmi nous, est un reste de ces anciennes coutumes.

BŒUF A BOSSE. *Voy.* ZÉBU ; — D'AMÉRIQUE. *Voy.* BISON ; — MUSQUÉ. *Voy.* OVIBOS.

BŒUF MARIN OU DE MER, nom de l'hippopotame, du lamantin et de plusieurs phoques. *Voy.* ces mots.

BOGUE (le *bóx* ou le *boóps* d'Aristote), genre de poissons de la famille des Sparoïdes, que l'on pêche sur les côtes de la Méditerranée. Sa chair est délicate et très-recherchée par les Provençaux.

BOIARD ou BOYARD, titre que portent les grands feudataires et les nobles en Russie, en Valachie, en Transylvanie. *V.* le *Dict. univ. d'Hist. et de Géogr.*

BOIS (en latin, *lignum*). On entend vulgairement par ce nom la substance compacte et solide qui compose la racine, la tige et les branches des arbres et des arbrisseaux. Les Botanistes le donnent plus spécialement à la partie dure et fibreuse qu'on trouve immédiatement sous l'écorce. — Dans les Dicotylédons, c.-à-d. dans presque tous les arbres de nos climats, le Bois se présente sous la forme de couches concentriques de densité et d'épaisseur variables, et dont le nombre représente l'âge de la tige ; au centre se trouve le canal médullaire, d'où partent, en divergeant vers la circonférence, des lignes droites appelées rayons médullaires, qui coupent les couches concentriques et font communiquer la moelle intérieure avec le tissu cellulaire de l'écorce. Les couches intérieures, qui sont les plus anciennes, sont aussi les plus dures : elles forment le *cœur du bois* ou *bois proprement dit* ; les couches extérieures, qui sont de formation plus récente, sont plus tendres et moins

colorées : elles constituent l'*aubier*. Considéré dans ses éléments constitutifs, le bois proprement dit se compose : 1° de *tissu ligneux*, système de vaisseaux superposés les uns aux autres et tellement adhérents qu'ils semblent former des fibres continues ; 2° de *vaisseaux aériens* ; 3° d'un *tissu utriculaire*. — Dans les Monocotylédons, le Bois est sous la forme de fibres ou de faisceaux distincts et plongés au milieu d'un tissu cellulaire qui forme la masse de la tige ; ces fibres ligneuses sont d'autant plus abondantes et plus serrées les unes contre les autres qu'elles sont plus éloignées du centre de la tige : c'est le contraire dans les Dicotylédons.

Le bois est pour l'homme une matière précieuse qu'il emploie, suivant ses diverses qualités, à une infinité d'usages : les uns sont plus durs et plus denses, et ce sont d'ordinaire ceux dont la croissance est plus lente ; les autres s'altèrent plus lentement à l'air ou dans l'eau ; d'autres se distinguent par leur ténacité, leurs veines colorées, leurs propriétés tinctoriales, médicales, etc. De là plusieurs grandes classes :

1°. *Bois de chauffage.* Les essences les plus dures et les plus pesantes, telles que le chêne, le hêtre, le charme, etc., sont les meilleures ; les bois blancs, qui donnent en brûlant beaucoup de flamme, sont recherchés pour le chauffage des fours. On distingue, parmi les bois à brûler : le *B. neuf*, qui vient par bateaux ou charrois ; le *B. flotté*, qui arrive par trains et séjourne longtemps dans l'eau ; le *B. gravier* ou demi-flotté ; le *B. pelard*, chêne dont on a enlevé l'écorce pour faire du tan ; le *brigot*, composé uniquement de pieds de bouleau et de branches de vieux chêne. Au bois de chauffage se rattache le *charbon* ou bois carbonisé pour l'usage domestique. Le bois à brûler se vend soit à la mesure (jadis à la corde et à la voie, aujourd'hui au stère), soit au poids : cette 2e manière, introduite depuis peu d'années, expose moins l'acheteur à être trompé. Le commerce du bois est soumis à des règlements particuliers ; on les trouvera dans le *Manuel du marchand de bois* de Marié de Lisle.

2°. *Bois de construction.* Le chêne, l'orme, le hêtre, le charme, le châtaignier, le cèdre, le pin, le sapin et le mélèze sont les plus propres à la *grande charpente* ; le chêne et l'aune pour les ouvrages de *pilotage* ; les grands pins du Nord pour la *mâture* des vaisseaux ; le bois de ce Nord pour la *construction de la coque*.

3°. *Bois de travail.* Ce sont : pour le *charronnage*, l'orme, le frêne, l'érable, le charme, le hêtre, l'acacia ; pour la *menuiserie*, le noyer, le tilleul, le cerisier, le merisier, les bois blancs ; pour l'*ébénisterie*, l'acajou, le palissandre, le bois de rose, le bois de citron, l'ébène, et en général les bois durs, veinés, susceptibles d'un beau poli et offrant des reflets variés ; les bois à grain fin, tels que le buis, le chêne vert, le cytise, sont recherchés pour le *tour* et les *manches d'outils* ; les jeunes bois de châtaignier, de noisetier, dits *B. feuillards*, pour les *cercles* et les *lattes*.

4°. *Bois colorants* ou *de teinture.* On comprend dans cette classe tous les bois employés en *teinture*, tels que les bois du Brésil, de Campêche, le santal, le bois jaune, le sumac fustet, etc.; on peut y rattacher les bois dont l'écorce sert de *tan*, le chêne rouge, le peuplier, le bouleau.

5°. *Bois résineux*, provenant de tous les arbres qui fournissent non-seulement de la résine, comme le pin, mais aussi de la gomme, du vernis, du baume, des parfums, etc.

6°. *Bois médicinaux* ou *sudorifiques* : le gaïac, le sassafras, la squine et la salsepareille, etc.

Outre tant d'emplois variés, l'industrie moderne tire encore du bois, par la distillation, de l'acide acétique, ainsi qu'une huile propre à l'éclairage et à la peinture ; on peut même en extraire des substances alimentaires, notamment du sucre.

On a appliqué le nom de *Bois* à un grand nombre d'arbres en l'accompagnant d'une épithète empruntée soit au pays d'où ils viennent, soit à leur forme extérieure, à la qualité qu'on leur attribue, ou à l'usage qu'on en fait. Voici les principaux :

B. d'Absinthe (Voy. BOIS AMER); — *B. d'Acajou*, le Cédrel odorant et le Mahogoni, qui fournit l'acajou à meubles (*Voy.* ACAJOU); — *B. d'Aigle* ou *B. d'Aloès*, l'Aquilaire; — *B. à Aiguilles*, arbres résineux de la famille des Abiétinées, dont les feuilles, quelquefois très-longues, sont effilées comme des aiguilles; — *B. d'Amarante*, bois de marqueterie, provenant du Mahogoni des Antilles; — *B. amer*, la Cassie, le Simarouba, etc.; — *B. d'Amourette*, l'Acacia à petites feuilles et l'Acacia à feuilles de tamarinier; — *B. d'Anis*, l'Avocatier, la Badiane étoilée, le Limonellier de Madagascar, qui exhalent une odeur d'anis; — *B. d'Anisette*, le *Piper Aduncum*, espèce de poivre en arbre; — *B. bénit*, le Buis; — *B. blancs*, les arbres à bois tendre, peu coloré, comme le Tremble, le Peuplier, le Bouleau, le Saule, le Tilleul, etc.; — *B. Bouton*, le Cephalanthus; — *B. de Brésil* ou *Brésillet*, *B. de Fernambouc*, *B. d'Inde*, provenant du *Cæsalpinia echinata*, arbre du Brésil, de la famille des Légumineuses, pesant, dur, compacte et d'un rouge brunâtre : on l'emploie pour teindre en rouge pourpre; il passe aussi pour astringent; — *B. de Campêche*, provenant de l'*Hæmatoxylum campechianum*, grand arbre de la famille des Légumineuses, qui croît dans la baie de Campêche, au Mexique, et dans les Antilles : on l'apporte en grosses bûches, d'un brun noirâtre extérieurement, d'un rouge foncé à l'intérieur, d'une odeur agréable; il sert pour la teinture en noir et en violet; on l'emploie aussi en médecine comme astringent; les marchands de vin s'en servent pour sophistiquer leurs vins; — *B. de Cannelle*, le Cannellier, le Laurier blanc de l'île Maurice, etc.; — *B. Canon*, le Cecropia; — *B. de Chandelles*, le Balsamier élémifère, le Dragonier à feuilles réfléchies, et plusieurs arbres résineux qu'on nomme aussi *B. à flambeau*; — *B. de Citron*, le Citronnier, beau bois jaune, dont on fait de la marqueterie; — *B. à Coton*, le Peuplier de Virginie et les autres arbres, dont les graines sont surmontées d'une touffe de poils blancs et soyeux, analogues au coton; — *B. de Couleuvre*, l'Ophiose, le Draconte, le Nerprun ferrugineux, etc., qui passent pour spécifiques contre la morsure des serpents; — *B. de Crocodile*, la Clutie musquée, dont l'odeur ressemble à celle du crocodile; — *B. Cuir*, le Dirca; — *B. de Damier*, le Badamier; — *B. à enivrer*, le Tithymale arborescent, le Galéga soyeux, la Coque du Levant, etc.; — *B. de Fer*, bois exotiques, à fibre très-dure, qui rendent un son métallique quand on les frappe : tels que le *Sideroxylon cinereum*, le Fagarier de la Jamaïque (*Fagara pterota*), le Nagas de Ceylan (*Mesua ferrea*), etc.; ils sont noirs, bruns, ou veinés; on en fait des armes, des cannes, des ouvrages de tour, etc.; — *B. de Fièvre*, tous les Quinquinas et les Millepertuis en arbre; — *B. Gentil*, le Daphné; — *B. d'Inde* (*Voy.* BOIS DE BRÉSIL); — *B. jaune*, bois de cette couleur (le Laurier de la Jamaïque, le Bignone à ébène, le Tulipier, le Sumac fustet, etc.), qu'on emploie dans la teinture et l'ébénisterie; — *B. à Lardoire*, l'Evonymus; — *B. de Mai*, l'Aubépine commune; — *B. de Perpignan*, les rejetons du Micocoulier, dont on fait des fouets de cocher; — *B. à Poudre*, le Nerprun bourdaine, dont on se sert dans la fabrication de la poudre; — *B. Puant*, l'Anagyris et le Quassia fœtida; — *B. punais*, le Cornouiller sanguin; — *B. de Rose*, de Rhodes ou *de Chypre*, diverses espèces de Balsamier, de Sébastier, de Liserons (*Convolvulus*) des Canaries, qui exhalent une odeur de rose fort agréable et qu'on emploie en parfumerie et comme poudre sternutatoire; et plusieurs arbres exotiques des Antilles et de la Chine, dont le bois, d'un rouge noirâtre, est rayé de belles veines d'un noir brillant : on en fait des

meubles; — *B. saint*, le Gayac; — *B. de Ste-Lucie*, le Cerisier Mahaleb, bois odorant qu'on travaille au tour, particulièrement en Lorraine, au village de Ste-Lucie, d'où son nom; — *B. satiné*, provenant du *Ferolia*, arbre de Cayenne : on en connaît trois sortes, le rouge, le veiné et le paillé; c'est un des plus beaux bois de marqueterie : sa couleur, ondoyante comme le satin, change suivant le degré d'inclinaison de la surface; — *B. de Senteur*, le *Ruizia variabilis*, qui est bleu, et le *Ruizia cordata*, qui est blanc; — *B. de Spa*, bois blancs préparés à Spa, dont on fait des écrans, des coffres, des étuis, qu'on recouvre de peintures et d'un vernis gris-jaunâtre.

BOIS, en latin *silva*, réunion, dans un même espace de terrain, d'arbres et d'arbrisseaux plantés naturellement ou artificiellement. Lorsque l'étendue qu'ils occupent devient considérable, le bois prend le nom de *Forêt*. On distingue le bois *taillis*, dont les arbres n'ont pas encore 40 ans; de *demi-futaie*, de 40 à 60; de *jeune futaie*, de 60 à 100, et de *haute futaie*, qui dépassent cet âge. *Voy.* FORÊT.

En Zoologie, on donne le nom de *bois* à ces espèces de cornes rameuses qui parent la tête du cerf, du renne, du daim et de l'élan. Elles se distinguent des cornes proprement dites en ce qu'elles sont partagées en plusieurs branches, revêtues d'une écorce dans le temps de leur accroissement, solides dans toute leur épaisseur, et non semblables à une production végétale. C'est à la fois un ornement et une arme défensive. Les mâles seuls en sont pourvus, et ils le voient tomber tous les ans à l'époque du rut pour repousser au printemps suivant. Chaque année un rameau nouveau s'ajoute aux rameaux existants : en termes de Vénerie, on appelle *andouiller* chacun des rameaux. — Le bois de cerf est un objet de commerce; on le travaille comme l'os et l'ivoire; on en fait des manches de couteaux, des tuyaux de pipe, des pommes de canne, etc. Il entre aussi dans plusieurs préparations pharmaceutiques sous le nom de *corne de cerf*. *Voy.* ce mot.

BOISSEAU (de *bois*), ancienne mesure de capacité pour les choses sèches, de forme cylindrique, faite d'une éclisse ou feuille de bois courbée sur elle-même, était le 12e du setier, et se divisait en 16 litrons. Sa capacité variait selon les localités : le boisseau de Paris, qui se rapprochait le plus de celui qui avait été établi par Charlemagne pour tout son empire, contenait environ 20 livres ou 10 kil. de blé, et équivalait à 13 lit., 01. Il devait avoir, aux termes de l'ordonnance de 1670, 8 pouces 2 lignes et demi de hauteur sur 10 pouces de diamètre.

BOISSEAUX DE PARIS RÉDUITS EN LITRES.

BOISSEAUX.	LITRES.	BOISSEAUX.	LITRES.
1	13,01	7	91,06
2	26,02	8	104,07
3	39,02	9	117,07
4	52,03	10	130,08
5	65,04	11	143,09
6	78,05	12	156,10

Aujourd'hui on donne encore communément le nom de boisseau à la 8e partie d'un hectolitre; ce boisseau métrique est un vase de bois cylindrique ayant 25 centim. de haut et autant de diamètre.

BOISSELLERIE (de *boisseau*). Ce genre de commerce, qui tient à la vannerie et à la tonnellerie, comprend une foule de menus ouvrages en bois, tels que boisseaux, litres et autres mesures de capacité, seaux, soufflets, tamis, cribles, caisses de tambour, etc. — La Boissellerie se fabrique en France, dans les forêts de St-Gobain, de Coucy près de Laon, à Villers-Cotterets, à Troyes, à Calais, à Fréjus, dans les Hautes-Alpes, etc. Les mesures en bois ne doivent être faites qu'en chêne.

BOISSONS. Au point de vue de leur composition, on peut les diviser en 4 classes : *B. aqueuse*, l'eau dont les effets varient selon qu'elle est plus ou moins aérée, plus ou moins pure, ou chargée de sels calcaires, magnésiens, alumineux, ou mélangée à d'autres substances, comme le sucre, les divers mucilages ; *B. acidules*, eau acidulée par quelque acide : la limonade, l'orangeade ; l'eau vineuse ou rougie, l'oxycrat, l'eau aiguisée par une petite quantité de vinaigre, d'eau-de-vie ; l'eau tenant en dissolution une faible dose d'éther ; le lait de coco frais, les sirops étendus d'eau, le petit-lait, le soda-water, l'eau de Seltz, etc.; *B. fermentées*, provenant de matières végétales qu'on a fait fermenter ; tels sont : le vin, la bière, le cidre, le poiré, le cormé, l'hydromel, le pulque ou poulcre, le vin du palmier vinifère, la sapinette, etc.; *B. spiritueuses* ou *alcooliques*, dont l'alcool est le véhicule ; tels sont : l'alcool, l'eau-de-vie, le tafia ou rhum, le rack ou arack, le kirschwasser, le marasquin, le persicot, l'opium, etc.; *B. aromatiques*, qui se préparent par infusion, décoction ou mélange ; tels sont : le café, le thé et les diverses infusions théiformes, etc.— Au point de vue de leurs effets, on les divise en *désaltérantes*, telles sont les boissons aqueuses, acidules, alcalines ; *excitantes* et *toniques*, telles sont les boissons fermentées, alcooliques et aromatiques : on sait quels déplorables effets produit l'abus des boissons alcooliques ; c'est surtout en Angleterre qu'ils ont été portés au plus haut degré. Il s'est établi dans ce pays des *Sociétés de tempérance* pour combattre cet abus.

Les boissons fermentées ont été, dans presque tous les pays, soumises à des impôts spéciaux connus sous les noms d'*accise*, *aides*, *droits réunis*, *contributions indirectes* (*Voy.* ces mots). En France, ces boissons sont assujetties à une foule de droits divers : *droits de fabrication*, *d'entrée*, *de circulation*, *de débit*, qui ont donné lieu, de tout temps, aux plus vives réclamations. Une enquête a été faite en 1850 et 1851 par une commission de l'Assemblée nationale pour préparer la réforme de ces impôts ; le résultat n'en a pas encore été publié. M. Ch. Villedeuil a donné une *Histoire de l'impôt des boissons*, 1851, in-8.

<small>BOISSONS FALSIFIÉES. *Voy.* FALSIFICATION.</small>

BOL (du grec *bolos*, morceau ou bouchée), petite motte de terre argileuse, douce au toucher, blanche ou rouge, à laquelle les anciens attribuaient des propriétés médicamenteuses que l'expérience n'a point confirmées ; on lui donnait des formes particulières, et on lui imprimait un cachet, d'où le nom de *terre sigillée*. Tels étaient le *bol d'Arménie* et la *terre de Lemnos* (*Voy.* ce mot). — Le *B. d'Arménie* ou *B. oriental*, qu'on tirait de Perse et d'Arménie, était en masses compactes, d'un rouge vif, dû à de l'oxyde de fer : il était estimé comme astringent et hémostatique. Pline en traite sous le nom de *sinopica* (liv. XXXV, c. 6). Boërhaave administrait ces bols dans les fièvres malignes et les maladies pestilentielles.

Les Pharmaciens désignent sous le nom de *bols* des médicaments qui ne diffèrent des pilules que par leur volume plus considérable. Souvent on leur donne la forme d'une olive, pour que les malades puissent les avaler plus facilement : tel est le *bolus ad quartanam*, employé contre la fièvre quarte, et qui se compose d'un mélange de quinquina, d'émétique et de carbonate de potasse.

Les Physiologistes appellent *bol alimentaire* la masse que forment les aliments après avoir été soumis à la mastication et à l'insalivation. La langue se dirige dans toutes les parties de la bouche, rassemble les parcelles alimentaires en un seul *bol* qui est poussé dans le pharynx et l'œsophage par le mécanisme de la déglutition.

BOLAIRES (TERRES). *Voy.* BOL.

BOLERO (de *Boléro*, danseur espagnol), mot espagnol qui s'applique à des airs de chant et de danse fort répandus en Espagne. Le boléro est caractérisé par un rhythme particulier, à trois temps, et s'écrit presque toujours dans le mode mineur ; il s'accompagne volontiers de la guitare ou d'un *pizzicato*, analogue d'instruments à cordes : c'est une espèce de *séguedille* (*Voy.* ce mot).

BOLET (du grec *bolitès*, en latin *boletus*), genre de la famille des Champignons, tribu des Basidiosporés, a pour caractère un chapeau conique, lisse en dessus, sinué et rempli en dessous de tubes ou cavités plus ou moins profondes, non percé au sommet, et porté sur un pédoncule ordinairement plein et quelquefois renflé en bulbe à sa base. C'est le genre *Agaricus* des anciens, et ce nom lui est resté pour les espèces officinales. — Le genre Bolet renferme une vingtaine d'espèces, dont la plupart ne sont pas vénéneuses, et dont quelques-unes sont comestibles : on trouve ces dernières en France (surtout dans le Midi et dans l'Ouest) et en Italie ; on leur donne souvent le nom de *cepe* ou *ceps*, à cause de la forme de leur pédoncule qui est renflé comme un oignon (en latin *cœpe*). Nous citerons : 1° le *B. bronzé* ou *ceps noir*, rare aux environs de Paris : chapeau brun foncé, tubes courts et jaunâtres, pédoncule veiné ; le *B. comestible* ou *ceps ordinaire*, très-commun dans les bois : chapeau fauve, tubes longs et jaunâtres, pédoncule veiné ; le *B. orangé* ou *gyrole rouge*, d'un beau rouge orangé ; le *B. rude*, assez semblable au précédent, pédoncule mince et cylindrique, hérissé de petits points noirs ; 2° le *B. du mélèze* ou *Agaric blanc*, l'agaric des anciens, excroissance analogue aux champignons qu'on trouve sur le tronc du pin larix : on l'emploie en médecine comme émétique et comme drastique ; il entre dans la teinture d'aloès dite *élixir de longue vie* ; le *B. amadouvier*, *agaric de chêne* ou *agaric proprement dit*, qui se trouve sur le chêne, le hêtre, le tilleul, le bouleau, etc.; on en fait l'amadou (*Voy.* ce mot) ; les chirurgiens l'emploient pour arrêter les hémorragies. *Voy.* AGARIC ET CHAMPIGNONS.

BOLIDE (du grec *bolis*, *idos*, trait, projectile), sorte de météores qui tombent du sein de l'espace sur la terre avec une grande vitesse, sont plus connus sous les noms d'*aérolithes* et d'*étoiles filantes*. *V.* ces mots.

BOMBACÉES, famille de plantes Dicotylédones, détachée des Malvacées, renferme des arbres gigantesques, à feuilles le plus souvent composées ou palmées, à fleurs ordinairement régulières et réunies en grappes ou en panicules. Le calice a 5 divisions, la corolle 5 pétales, les étamines sont au nombre de 5 et l'ovaire est divisé en 5 loges. Le fruit est le plus souvent pulpeux et indéhiscent. Toutes ces plantes habitent les régions tropicales. Les principaux genres sont le genre *Fromager* (le *Bombax* des Botanistes) et le *Baobab*. *Voy.* ces mots.

BOMBARDE (de *bombe*). Originairement, ce nom, synonyme de *catapulte*, désignait de grands instruments dont on se servait pour lancer des projectiles, quel que fût d'ailleurs le système qui les mit en jeu. Plus tard, il fut spécialement appliqué à de grosses et courtes bouches à feu, à tir courbe, en fer forgé, supportées par des grues ou des charpentes, et destinées à lancer d'énormes pierres contre les remparts ou les murailles ; ces machines étaient servies par des *Bombardiers*. Il y avait aussi des bombardes allongées qu'on nommait *fauconneaux*, *dragons volants*, *scorpions*, *serpentines*. On employait surtout les bombardes comme moyens offensifs. Ces machines lourdes et colossales avaient l'inconvénient d'être fort difficiles à transporter et crevaient souvent ; on les a abandonnées et on les a remplacées par les mortiers.

Dans la Marine, on nomme *bombarde* un bâtiment à fond plat doublé en forts bordages croisés diagonalement, et destiné à recevoir un ou plusieurs mortiers pour lancer des bombes sur une place forte ou sur une flotte. Les premières bombardes, dites *galiotes à bombes*, furent construites sous Louis XIV par Bern.

Renau d'Éliçagaray ; Duquesne en fit le premier essai au bombardement d'Alger en 1682. Depuis, on a considérablement simplifié l'armement des bombardes, qui, dans l'origine, était très-difficile et très-dispendieux.

On donne quelquefois, mais par abus de mot, le nom de *bombardes* à de petits bâtiments marchands de la Méditerranée ayant un grand mât à pible qui porte des voiles carrées, et un mât d'artimon, quelquefois avec une voile latine.

On nommait aussi *bombarde* une espèce de hautbois, usité aux xvi et xvii siècles, et qui se jouait avec une anche.

BOMBARDEMENT, pluie de bombes, obus, boulets rouges et autres projectiles incendiaires. On recourt à ce moyen soit contre les places fortes, pour les détruire, soit contre des villes entières, pour en châtier les habitants ; dans le 1er cas, il est de peu d'effet, parce que la garnison évite le danger en se couvrant de *blindages* ou en se retirant dans les *casemates* ; dans le 2e cas, il est barbare parce qu'il frappe sur des non-combattants. Les principaux bombardements dont l'histoire a conservé le souvenir sont ceux d'Alger en 1682 et 1683 par Duquesne ; de Gênes, en 1684 ; de Tripoli, en 1685 ; de Barcelone, en 1691 ; de Bruxelles, en 1694 ; de Prague, en 1759 ; de Bréda, Lille, Lyon, Maestricht, Mayence, en 1793 ; de Menin, Valenciennes, Le Quesnoy, Ostende, en 1794 ; de Copenhague par les Anglais, en 1807 ; de Saragosse, en 1808 ; d'Anvers, en 1832 ; de St-Jean-d'Ulloa, en 1838 ; de Mogador, en 1844 ; de Salé, en 1851.

BOMBARDIERS. Ce mot, qui signifiait d'abord les militaires chargés de manœuvrer la *bombarde*, a désigné depuis ceux qui manœuvrent le *mortier*. Louvois créa en 1671 deux compagnies de *Bombardiers* ; leur nombre fut augmenté depuis, et ils formèrent un régiment ; ils furent réunis en 1720 à l'artillerie. Cependant, le nom est resté : dans les batteries de mortiers on distingue encore aujourd'hui les artilleurs en *bombardiers* et en *servants*.

BOMBASINE (de *bombyx*, ver à soie), nom créé récemment pour certaines étoffes nouvelles de divers tissus en soie, en coton ou même en laine, que l'on emploie pour châles, vêtements d'homme ou robes de femme. La bombasine ne diffère guère que par le nom de l'*alépine*. Ce genre de fabrication nous a été apporté de Milan.

BOMBAX, nom botanique du *Fromager. V.* ce mot.

BOMBE (onomatopée qui rappelle le bruit que la bombe fait en éclatant), globe de fer creux rempli de poudre, qu'on lance avec un mortier, et qui éclate ensuite au moyen d'une fusée. La bombe est percée d'un trou conique appelé *œil* ou *goulot* ; on y place la fusée qui est remplie d'une composition assez lente à brûler pour donner à la bombe le temps d'arriver à sa destination avant d'éclater. De chaque côté de l'œil se trouvent deux anses ou *mentonnets* qui aident à mettre la bombe en place ; à la partie opposée à l'œil, et dite *culot*, il y a une sur-épaisseur qui empêche la bombe de tomber sur la fusée. Les bombes ont 12 pouces, 10 pouces ou 8 pouces de diamètre (32, 27 ou 21 centim.), et pèsent environ 70, 50 ou 20 kil. M. Paixhans en a fait de 500 kil., qui ont servi au siège d'Anvers en 1832. On varie la charge suivant l'effet auquel on les destine ; dans tous les cas, la courbe qu'elles décrivent est une parabole. — On appelle *bombe lumineuse* un mobile inflammable rempli d'artifice qu'on lance dans le but de produire une vive lumière autour des forteresses. — On attribue l'invention de la bombe à Malatesta, prince de Rimini, mort en 1457 ; cependant, suivant quelques auteurs, les Vénitiens en auraient fait usage dès l'an 1376 au siège de Jadra. On ne voit paraître les bombes en France qu'en 1521, au siège de Mézières ; elles furent perfectionnées en 1588, pendant les guerres de Flandre.

BOMBITE (du grec *bombéïs*, bourdonnant), groupe de la famille des Mellifères, de l'ordre des Hyménoptères, a pour type le genre Bourdon. *Voy.* BOURDON et MELLIFÈRES.

BOMBYLE, *Bombylius* (du grec *bombylè*, sorte d'abeille), genre d'insectes Diptères, famille des Tanystomes, renferme une quarantaine d'espèces. Les bombyles ont le corps ramassé, large, couvert de poils denses, la tête petite, arrondie, armée d'une longue trompe et de palpes cylindriques, le corselet élevé, les pattes longues, les ailes grandes, étendues horizontalement, le vol extrêmement rapide. Ils sont plus communs et plus grands dans le Midi que dans le Nord.

BOMBYX (du grec *bombyx*, ver à soie), genre de Lépidoptères nocturnes, établi par Linné et adopté par tous les auteurs, avait pour type le ver à soie ; mais il a été tellement réduit par des retranchements successifs que les caractères qu'on lui assignait d'abord ne peuvent plus lui convenir : le *Bombyx* par excellence (celui *du mûrier* ou *ver à soie*), qui aurait dû y rester comme type, n'en fait même plus partie. Le genre Bombyx se réduit en Europe à cinq espèces : le *B. du chêne* (vulgairement *Minime à bandes*), brun avec une bande jaune, et remarquable par la finesse de son odorat ; le *B. de la ronce*, le *B. du trèfle*, le *B. du spart* et le *B. bourgne*. Toutes ces espèces paraissent en juillet, à l'exception de la 2e qui éclôt en mai. *Voy.* VER A SOIE.

BON. En Comptabilité, on appelle ainsi tout ordre, toute autorisation par écrit adressée à un caissier, à un correspondant, à un fournisseur, de payer ou de livrer pour le compte de celui qui a signé le bon et qui en avait le droit. *Voy.* BONS DU TRÉSOR.

BONACE (de l'italien *bonaccia*), calme de la mer, se dit surtout d'un temps d'arrêt dans un mauvais temps. La *bonace* est redoutée des marins comme le signe précurseur de quelque grand orage ; d'ailleurs elle retarde la marche des navires à voiles.

BONBONS. *Voy.* CONFISEUR.

BON-CHRÉTIEN, sorte de poire dont il y a deux espèces, l'une d'été, l'autre d'hiver. On cueille cette dernière en novembre, et on la conserve pour en faire des compotes. Elle a été apportée d'Italie en France, sous le règne de Louis XI, par S. François de Paule, qu'on appelait le *bon chrétien* par excellence.

BONDRÉE, *Pernis*, oiseau de proie appartenant au genre Milan, de la tribu des Faucons, distingué à ses tarses courts, robustes, réticulés, aux plumes écailleuses qui recouvrent l'espace situé entre la commissure de son bec et l'œil. On n'en trouve qu'une seule espèce en Europe : la *B. commune. (Falco apivorus)*, qui se tient ordinairement sur les arbres en plaine pour épier les mulots, grenouilles, lézards, ainsi que les abeilles et autres insectes dont elle fait sa nourriture ; cet oiseau court facilement et ne vole guère que de buisson en buisson ; son plumage est mêlé de brun et de blanc-jaunâtre ; sa longueur est de 65 centimètres environ. On n'a encore bien constaté qu'une seconde espèce de ce genre ; la *B. huppée* de Java.

BONDUC, dit aussi *Chicot du Canada*, arbre du Canada, espèce du genre Guilandine, de la famille des Papilionacées césalpinées, son tronc s'élève à 20 mètres, ses feuilles bipennées atteignent 1 mètre. Il se multiplie par graines et par racines, et réussit très-bien en Europe ; on le cultive à cause de son bois qui est propre à plusieurs arts, mais surtout à cause de son fruit qui fournit une huile inodore, inaltérable, et que l'on met à profit pour conserver l'arome des parfums.

BONGARE, *Bongarus*, genre de serpents venimeux de l'ordre des Ophidiens, qu'on a longtemps confondu avec les boas (d'où le nom de *pseudo-boas*), a pour caractères : tête courte et couverte de grandes plaques, occiput plus renflé, dos comprimé en carène ; pas de crochets mobiles, mais les premières maxillaires antérieures fort grandes et communiquant avec une glande venimeuse. On en distingue 3 espèces : le *B. à anneaux*, qui dépasse 2 m., le *B. bleu*, toutes deux communes dans le Bengale, et le *B. à demi-bandes* de l'île de Java.

BON-HENRI, *Chenopodium bonus henricus*, nom vulgaire d'une espèce du genre Anserine (en latin *chenopodium*), qui croit sur les montagnes et autour des maisons, et que l'on mange comme les épinards.

BONHEUR. Les Philosophes se sont partagés sur la définition du Bonheur, sur les moyens de l'obtenir. Les uns le placent, comme les Épicuriens, dans la jouissance de tous les plaisirs ; les autres, avec les Stoïciens, dans l'accomplissement de tous les devoirs; d'autres, avec Platon, Aristote et la plupart des moralistes, dans la conciliation de ces deux grands buts de la vie humaine, le plaisir et la vertu, dans la jouissance de tous les biens (santé, aisance, plaisirs des sens, de l'esprit et du cœur) et dans l'accomplissement de tous les devoirs. — Le Christianisme est venu compléter cette solution et lever les contradictions qu'elle présente ici-bas, où trop souvent le bonheur et la vertu sont en lutte, en faisant de cette vie un temps d'épreuve, et en plaçant le vrai bonheur dans une autre vie. — La question du bonheur, qui se confond avec celle du souverain bien, a été traitée par tous les moralistes, notamment par Aristote, dans sa *Morale*; par Cicéron, *De finibus bonorum et malorum*; par Sénèque, *De vita beata*, etc. Les meilleurs traités sur ce sujet ont été réunis dans le *Temple du Bonheur* (Bouillon, 1770, 4 vol. in-12). M. Droz a publié un *Essai sur l'Art d'être heureux*, et M. B. Delessert, le *Guide du Bonheur*.

BON-HOMME, *Verbascum thapsus*, nom vulgaire d'une espèce de plante du genre Molène, appelée aussi *Bouillon-Blanc*. *Voy.* ce mot.

BON-HOMME-MISÈRE, nom vulgaire du *Rougegorge*. *Voy.* ce mot.

BONI (génitif de *bonum*), terme employé dans les Finances pour exprimer ce qui reste en caisse après que les dépenses prescrites ont été effectuées : c'est l'opposé de *déficit*. C'est généralement par l'importance du *boni* qu'on apprécie la bonne administration des comptables.

BONIER ou **BONNIER**, mesure de terre usitée dans la Flandre française et la Belgique ; sa grandeur varie, suivant les localités, de 54 à 137 ares.

BONITE, *Boniton*, nom donné à plusieurs poissons du genre Scombre, s'applique plus communément au Thon à ventre rayé (*Scomber pelamys*), qu'on trouve surtout dans les mers intertropicales. *V.* THON.

BONNE-DAME, nom vulgaire de l'Arroche des jardins. *Voy.* ARROCHE.

BONNET. Un *bonnet carré* était, dans l'ancienne Université, la coiffure et l'insigne des docteurs en Théologie, en Droit, en Médecine, etc. ; d'où les expressions de *prendre le bonnet, recevoir le bonnet*, pour dire: recevoir le titre de docteur. —Les prêtres au chœur portent aussi le bonnet carré. *V.* BARRETTE.

On appelait autrefois *B. vert* un bonnet que les débiteurs étaient forcés de porter quand ils avaient fait cession de biens en justice ; c'est aujourd'hui la coiffure des galériens condamnés à plus de dix ans.

Pour le *B. rouge* ou *B. phrygien*, emblème révolutionnaire, *Voy.* le *Dict. univ. d'Hist. et de Géogr.*

En Zoologie, on nomme *Bonnet* le second estomac des Ruminants ; — en Ornithologie, la partie supérieure de la tête de l'oiseau ; — en Conchyliologie, c'est le nom vulgaire d'un grand nombre de coquilles, telles que le *B. chinois* (*Pétalle chinois*), le *B. de fou* (*Chama-Cor*), le *B. de Neptune* (*Pétalle équestre*), le *B. de Sologne* (*Cassis testiculus*).

En Botanique, on donne ce nom à diverses espèces d'Agarics, à une famille de Champignons, etc.

En Chirurgie, on nomme *B. d'Hippocrate* une sorte de bandage appelé aussi *capeline*. *Voy.* ce mot.

En Musique, on appelle *Bonnet chinois* ou *Chapeau chinois* une espèce de petit parasol de cuivre mince, garni de grelots et de sonnettes, dont on se

sert, en l'agitant, pour accompagner la musique militaire. En 1822, le *Bonnet chinois* avait été introduit d'abord dans la musique de l'infanterie de la garde royale; il a tout à fait disparu de la musique militaire.

BONNETERIE (de *bonnet*), industrie qui s'occupe de la confection et de la vente de tous les articles fabriqués soit avec l'aiguille à tricoter, soit au métier à bas, tels que bonnets, bas, camisoles, gilets, pantalons, gants, mitaines, filets, etc. Ces objets se faisaient autrefois à la main ; ils se font tous aujourd'hui au moyen d'un seul et même métier, le *métier à tricoter*. — La bonneterie a pris un grand développement en France : les principales fabriques sont à Paris et dans les départements de l'Aube, du Calvados, de la Somme, du Gard. L'Angleterre, l'Italie, l'Égypte, nous opposent une redoutable concurrence. On fabrique à Tunis des bonnets d'une espèce particulière, dits *casquets* ou *gasquets*. — On trouvera d'intéressants détails sur cette industrie dans le *Manuel du bonnetier* de MM. Leblanc et Préaux-Caltot.

BONNETTE, voile supplémentaire que l'on étend sur un *bout-dehors*, dans le prolongement du plan d'une voile principale, dont on augmente ainsi l'étendue. Les *bonnettes maillées* sont des bandes de toile qu'on lace avec le bord inférieur des basses voiles pour profiter du vent qui s'échappe par-dessous. Les bonnettes prennent le nom de la voile près de laquelle on les attache; on nomme *B. basses* celles qui se placent à côté des basses voiles.

Dans la Fortification, on appelle *bonnette* un ouvrage composé de deux faces qui forment un angle saillant avec parapet et palissade au devant.

BONS DU TRÉSOR, dits d'abord *Bons royaux*. Par une loi du 4 août 1831, le ministre des Finances fut autorisé à créer, pour le service de la trésorerie et pour ses négociations avec la Banque, des *bons* portant intérêt et payables à échéance fixe : ces bons font partie de la dette flottante. Limité d'abord à 140 millions, le montant des bons du Trésor a été porté en 1832 à 250 millions; le gouvernement fut même alors autorisé à faire provisoirement de nouvelles émissions quand les besoins du service l'exigeraient. Il résulta de là une augmentation exagérée des bons du Trésor, qui devinrent en 1848 une des principales causes des embarras des finances; on ne put y remédier qu'en consolidant ces bons et en les convertissant en rentes sur l'État.

BONZES, prêtres de la Chine et du Japon. *Voy.* le *Dict. univ. d'Hist. et de Géogr.*

BORACITE, dite aussi *Magnésie boratée*, minéral composé d'acide borique et de magnésie : c'est un borate naturel, qu'on rencontre en cristaux blancs cubiques dans le gypse, à Lunébourg (Brunswick), et à Segeberg(Holstein). Il est remarquable par la symétrie de ses cristaux, qui ne présentent aux angles que la moitié des facettes modifiantes. *V.* HÉMIÉDRIE.

BORATES, sels composés d'acide borique et d'une base. On reconnaît les borates à la propriété qu'ils possèdent de colorer en vert la flamme de l'alcool lorsqu'on les délaye dans ce liquide, après les avoir mélangés avec de l'acide sulfurique concentré. Il existe des *B. neutres* et des *B. acides* ou *biborates*. Le *biborate de soude* est le seul borate employé dans les arts (*Voy.* BORAX). Il se rencontre tout formé dans la nature, ainsi que le *B. de magnésie* et le *B. de chaux*. *Voy.* BORACITE et HYDROBORACITE.

BORAX (de l'arabe *baurach*), ou *Biborate de soude*, sel formé par l'acide borique et la soude (NaO, $2BO^3+10$ *aq*), incolore et inodore, d'une saveur légèrement alcaline, cristallisant en prismes hexagonaux aplatis, terminés par un pointement à trois faces. Il existe dans certains lacs de la Perse et de l'Inde, d'où il nous arrive en petits cristaux agglomérés, d'un jaune verdâtre, recouverts d'un enduit terreux et imprégnés d'une matière grasse qui leur donne un toucher onctueux : c'est le *Borax brut* ou

BORD — 196 — BORU

tinkal; on le raffine, en Europe, par des cristallisations. Le *B. artificiel,* qu'on prépare en saturant l'acide borique par le carbonate de soude, a remplacé presque partout le borax de l'Inde. —Le borax fond, au-dessus de la chaleur rouge, en un liquide limpide qui se fige par le refroidissement en un verre incolore et transparent; il a la propriété de faciliter la fusion des oxydes métalliques et de les dissoudre; il se colore diversement, suivant la nature de ces oxydes, ce qui le rend précieux dans l'analyse des minéraux. On s'en sert surtout, dans la bijouterie et l'orfévrerie, pour *décaper* les métaux destinés à être soudés ensemble; les serruriers et les chaudronniers l'utilisent pour *braser* la tôle et le fer, et les plombiers pour les soudures. On l'emploie aussi dans la préparation du strass, des émaux, et, en général, des couleurs employées sur verre ou sur porcelaine. Les médecins le prescrivent en gargarismes contre les aphtes, en collyres dans les ophthalmies, en tisanes ou en pommades contre certaines maladies de la peau, et, en particulier, contre les éruptions accompagnées de vives démangeaisons. On attribue aussi au borax la propriété de faciliter l'accouchement à la manière du seigle ergoté. — On pense que c'est le borax que Pline appelle *Chrysocolla* (soudure de l'or), à cause de la propriété qu'il lui connaissait de servir à souder l'or aux autres métaux.

BORBORYGME (du grec *borborygmos*, bruit sourd), bruit que font entendre les gaz contenus dans l'abdomen, quand ils se déplacent au milieu des liquides contenus dans le tube intestinal ; il est quelquefois le symptôme d'un embarras gastrique. Souvent, cependant, il se remarque chez quelques personnes en état de santé, surtout lorsqu'elles sont à jeun. On les appelle vulgairement *gargouillements.*

BORD, terme de Marine. Ce mot, qui proprement signifie côté ou muraille du navire, s'emploie aussi pour le bâtiment même ; il signifie encore *bordée.* Dans le premier sens, on dit : le *bord du vent,* le *long du bord, bord à bord* (côte à côte), bâtiment de *haut-bord,* de *bas-bord,* etc.; dans le deuxième, on dit : *aller à bord, venir du bord,* les *hommes du bord,* le *régime du bord;* dans le troisième sens, on dit : *courir un bord,* pour naviguer au plus près du vent pendant une longueur de temps quelconque. *Voy.* BABORD, TRIBORD, BORDÉE, etc.

BORDAGE, en termes de Marine, planches épaisses qui couvrent en dehors les côtes ou les membrures d'un navire. On les fait en chêne et en sapin. L'épaisseur du bordage est de 0ᵐ,30 à 0ᵐ,50, sa hauteur de 1 m. à 1ᵐ,50 au-dessus de la flottaison.

BORDÉE, terme de Marine, longueur de chemin parcourue par un navire sous l'allure du plus près et sans virer de bord. On court des bordées lorsqu'on est obligé de louvoyer. — On donne aussi ce nom à la décharge simultanée ou complète de tous les canons placés sur un même *bord* du bâtiment.

BORDELAGE (de *borde,* vieux mot qui signifiait *petite ferme*), tenure en roture, en usage surtout dans le Nivernais. Faute de payement de la redevance, le seigneur pouvait rentrer dans l'héritage; le tenancier ne pouvait démembrer les choses qu'il tenait en bordelage; ses collatéraux ne pouvaient lui succéder; et si le détenteur vendait l'héritage, le seigneur pouvait ou le retenir en remboursant l'acquéreur, ou prendre la moitié du prix fixé par le contrat.

BORDEREAU, état récapitulatif des espèces diverses qui composent une certaine somme, note des espèces que l'on donne en payement ou que l'on reçoit. —On appelle *B. de compte* un extrait de compte dans lequel on récapitule les sommes du débit et du crédit, afin de les balancer; — *B. de collocation,* un acte que le greffier d'un tribunal délivre à chacun des créanciers hypothécaires utilement colloqués dans un ordre, et qui indique leur tour de payement; — *B. d'inscription,* un extrait d'acte que l'on remet à un conservateur des hypothèques pour que ce dernier le copie sur ses registres; cet extrait contient la désignation des sommes dues en principal et accessoires : c'est l'inscription de ce bordereau sur les registres qui fixe la date et le rang de l'hypothèque.

BORE, corps simple, brun-verdâtre, sans saveur ni odeur, infusible, qu'on extrait du borax et de l'acide borique (*Voy.* ces mots). Il brûle au contact de l'air quand on le chauffe au-dessous du rouge, et se convertit alors en acide borique. Le bore fut isolé en 1808 par MM. Gay-Lussac et Thénard ; son existence avait été indiquée dès 1807 par Davy, en Angleterre.

BORÉAL (de *Borée,* nom du vent du Nord chez les anciens), qui est au nord, qui appartient au nord.
BORÉAL (HÉMISPHÈRE , PÔLE). *Voy.* HÉMISPHÈRE, PÔLE. — BORÉALE (AURORE). *Voy.* AURORE.

BORIQUE (ACIDE), ou *Acide boracique,* la *Sassoline* des minéralogistes, combinaison de bore et d'oxygène (BO³), blanche, solide, sans couleur ni odeur, d'une saveur acide faible, peu soluble dans l'eau froide, assez soluble dans l'eau chaude, où elle cristallise par le refroidissement en paillettes nacrées; le bore se dissout aussi dans l'alcool; cette solution brûle avec une flamme verte. Il fond par la chaleur, en un verre transparent. Il forme avec les bases les *borates.* L'acide borique existe en dissolution dans les eaux de plusieurs petits lacs, particulièrement en Toscane, dans les *lagonis* ou amas boueux de Sasso (près de Sienne), de Castel-Nuovo, de Monte-Cerbero et de Cherchiajo, qui en contiennent une grande quantité. Il suffit, pour l'en extraire, de concentrer les eaux par l'évaporation, et de purifier l'acide par des cristallisations; ce procédé est exploité sur les lieux mêmes, dans un grand nombre d'établissements. On peut aussi extraire l'acide borique du borax, en décomposant une solution de ce sel par de l'acide sulfurique concentré. — L'acide borique sert à fabriquer le borax artificiel et à vernir quelques poteries. Il entre dans la composition de quelques verres. On l'employait autrefois en médecine sous le nom de *sel sédatif.* Il fut découvert par Homberg vers 1702.

BORNE, BORNAGE. On entend par *borne* toute marque, soit naturelle, soit artificielle, indiquant la ligne de séparation de deux héritages contigus. Le Code civil (art. 646) reconnaît à tout propriétaire le droit d'obliger ses voisins au bornage de leurs propriétés contiguës; il punit le déplacement ou la suppression des bornes d'un emprisonnement d'un mois à un an et d'une amende qui ne peut être au-dessous de 50fr.

L'origine des bornes remonte au berceau de la civilisation : on l'attribue aux Égyptiens, auxquels les inondations du Nil en avaient fait une nécessité; les Grecs consacraient les bornes à Hermès; les Romains les mettaient sous la protection du dieu Terme.
B. milliaires, bornes placées de distance en distance le long des routes pour indiquer les milles, les lieues, les kilomètres, etc. Les Romains les plaçaient avec le plus grand soin sur toutes leurs routes, et on en trouve encore un grand nombre dans les pays qu'ils avaient soumis. — *B.-fontaines,* petites fontaines en forme de bornes, établies dans les grandes villes de France, et auxquelles sont adaptés des robinets qu'on ouvre à certaines heures pour tenir les rues propres.

BORRAGINÉES (du latin *borrago,* bourrache, genre type), famille de plantes Dicotylédones monopétales hypogynes, à fleurs disposées en épis unilatéraux, à feuilles alternes et souvent hérissées de poils rudes, à racine vivace. Elle comprend un grand nombre de genres, dont le plus connu est la *Bourrache.* Ces plantes, en général mucilagineuses et émollientes, sont aussi diurétiques, à cause de l'azotate de potasse qu'elles contiennent; quelques espèces fournissent à la teinture un principe colorant. Cette famille renferme les genres *Bourrache, Héliotrope, Cynoglosse, Consoude,* etc. *Voy.* ces mots.

BORURE, combinaison du bore avec un métal.

BOSPHORE (du grec *bous*, bœuf, et *poros*, passage; espace qu'un bœuf pourrait traverser à la nage), étroit espace de mer resserré entre deux terres, et par lequel deux mers communiquent. On connaît sous ce nom le *B. de Thrace* et le *B. cimmérien*, ainsi qu'un royaume qui occupait les rives de ce dernier. Pour ces noms, *V. le D. univ. d'H. et de G.*

BOSSAGE (de *bosse*). En Architecture, on nomme ainsi toute saillie laissée à la surface d'un ouvrage de pierre ou de bois, soit comme ornement, soit pour y faire quelque sculpture. *Voy.* BOSSE.

BOSSE. En Pathologie, on appelle ainsi une saillie contre nature, résultant d'une déviation de la colonne vertébrale, des côtes ou du sternum. Quand cette difformité est en arrière, elle prend le nom de *gibbosité*; quand elle est en avant, celui de *cambrure* ou *recourbement*; sur les côtés, celui d'*obstipation*. On combat ces difformités au moyen des procédés orthopédiques. *Voy.* ORTHOPÉDIE.

En Anatomie, on appelle *bosses* les éminences arrondies que l'on voit à la surface des os plats : telles sont les *Bosses frontales*, la *B. pariétale*, *occipitale*, etc.—On donne aussi ce nom aux protubérances du crâne sur lesquelles Gall a fondé son système.

En Zoologie, on nomme ainsi certaines grosseurs que quelques animaux, le dromadaire, le chameau, le zébu, le bison, ont naturellement sur le dos : ces bosses ne sont que des dépôts graisseux. Elles sont recherchées comme un excellent manger.

Dans les Arts, tout travail en relief est dit relevé en bosse : en Sculpture, on appelle *ronde-bosse* tout ouvrage de plein relief; *demi-bosse*, les bas-reliefs saillant en partie. *Dessiner d'après la bosse*, c'est dessiner d'après un buste ou une statue. Le dessin de ces figures prend le nom de *ronde-bosse*. — Dans l'Orfévrerie, on appelle *bossage* le travail en bosse.

Dans la Marine, on appelle *bosse* un cordage très-court, terminé par de forts nœuds, fixé par une de ses extrémités à une des pointes du navire, et qui sert à rejoindre une manœuvre rompue, ou à tendre un câble. On appelait autrefois *bosseman* le matelot chargé spécialement du soin des câbles, des ancres et des bouées; aujourd'hui, ce nom a disparu : c'est un sous-officier intermédiaire entre le contre-maître et le quartier-maître, qui est chargé de ce soin.

BOSSEMAN. *V.* ci-dessus BOSSE (terme de Marine).

BOSSOIRS (de *bosse*), nom donné par les Marins à deux pièces de bois qui forment saillie au-dessus de l'éperon, à l'avant du vaisseau, et qui servent à y poser l'ancre pour la tenir prête à mouiller; elles ont pour objet d'empêcher par leur saillie que l'ancre n'offense les membrures du vaisseau en tombant lorsqu'on la jette. Il y a un ou deux rouets à la tête de chaque bossoir pour aider à tirer l'ancre quand on la remonte. Un bossoir est à peu près rectangulaire; son extrémité extérieure ou sa tête est cerclée en fer.

BOSTANDJI (du turc *bostan*, melon), gardes du sérail, chargés en même temps de la surveillance ou de l'entretien des jardins.

BOSTON, sorte de jeu de cartes qui se joue à quatre personnes et avec un jeu de 52 cartes; on donne 13 cartes à chaque joueur. La manière de jouer ce jeu a changé plusieurs fois; la plus usitée aujourd'hui est le *boston de Fontainebleau*. On fait *boston* ou *chlem* quand on fait seul ou avec son partner toutes les levées : on a pour partner celui qui vous soutient. les autres coups du jeu sont : la *demande simple*, qui consiste à faire 5 levées seul ou 8 levées à deux; la *petite* et la *grande indépendance*, lorsqu'on fait seul 6 ou 8 levées; la *petite* et la *grande misère*, simple, ou sur table, qui consistent à ne faire aucune levée; le *piccolissimo*, dans lequel on ne doit faire qu'une seule levée; la *demande de 9*, 10, 11 ou 12 *levées* dans une couleur quelconque. Les couleurs se rangent sous le rapport de l'importance dans l'ordre suivant : cœur, carreau, trèfle et

pique; l'atout est toujours la couleur dans laquelle on fait la demande d'un certain nombre de levées. Un tableau indicateur règle combien chacun des coups rapporte au gagnant. — Ce jeu commença à être en usage en 1778 : il doit son nom à la ville de Boston, où fut proclamée l'indépendance américaine, et semble consacrer le souvenir de cet événement.

BOSWELLIA (de l'Anglais *Boswell*, à qui elle fut dédiée), genre de la famille des Térébinthacées, tribu des Burséracées, renferme des plantes à calice libre, à corolle pentapétale, à dix étamines, à capsule à trois côtes, à trois loges, à trois valves, qui produisent une résine balsamique. Le *Boswellia thurifera* ou *Serrata* est un arbre à fleurs petites, verdâtres, disposées en épis axillaires : il est très-commun dans la province de Bérar en Indoustan. C'est lui qui donne l'encens de l'Inde, qu'on obtient au moyen d'incisions pratiquées profondément à son tronc.

BOTAL (TROU DE). *Voy.* TROU DE BOTAL.

BOTANIQUE (du grec *botanè*, plante), science qui a pour objet la connaissance, la description et la classification des végétaux. — On peut distinguer la Botanique pure et la Botanique appliquée. A la première appartiennent : 1° l'*Organographie*, description des organes des végétaux; 2° la *Physiologie végétale*, qui cherche à déduire de l'étude des organes et de celle des milieux où les plantes se trouvent, les phénomènes et les lois de la vie végétale; 3° la *Méthodologie*, qui s'occupe de la classification et de la nomenclature des végétaux. La seconde comprend : 1° la *Botanique agricole*, ou les applications de la science botanique à la culture; 2° la *B. médicale* ou *pharmaceutique*, qui traite de l'emploi des plantes comme médicaments; 3° la *B. industrielle*, qui traite de l'emploi des végétaux pour tous les autres besoins de l'homme, et qui se subvise en *B. alimentaire*, *tinctoriale*, *industrielle*, etc. — On peut y joindre, comme accessoires, la *B. géographique*, qui traite de la distribution naturelle des plantes sur la surface du globe; la *B. oryctologique*, qui étudie la structure et l'origine des végétaux fossiles; la *B. historique*, ou histoire de la science.

Dans l'antiquité, la Botanique ne formait pas encore une science; c'était un amas confus de connaissances imparfaites, sans unité et sans lien commun. Trois noms apparaissent dans cette première période : Théophraste, élève et ami d'Aristote; Dioscoride, qui vivait sous Néron, et Pline le Naturaliste, qui mourut sous le règne de Titus. Au moyen âge, l'étude de la Botanique ne fait aucun progrès : on se bornait à des commentaires sur les livres des anciens. A la fin du XVe siècle, on commence à revenir à l'étude de la nature : Brunsfels, de Mayence, Jérôme Tragus, Léonard Fuchsius, écrivent les résultats de leurs propres observations. Au XVIe siècle, Clusius (Lécluse) décrit et figure avec précision les plantes qu'il a observées par toute l'Europe; Conrad Gesner en Suisse, Césalpin en Italie, les frères Bauhin et Magnol en France, Ray en Angleterre, s'efforcent tour à tour de jeter les bases d'une classification rationnelle et d'une nomenclature des végétaux. Au XVIIe siècle, la découverte du microscope vient ouvrir un nouveau champ à l'observation; Malpighi en 1676 et Grew en 1682 abordent presque toutes les grandes questions de la structure des végétaux; et vers le même temps, les travaux des Geoffroy, des Séb. Vaillant, des La Hire et surtout de Hales, dévoilent successivement tous les mystères de la vie végétale. — Cependant la Botanique manquait encore de ses deux principaux éléments : une classification rationnelle et une nomenclature; le XVIIIe siècle le lui donna. Tournefort le premier (1694) invente le *genre*, et crée un système régulier de classification ayant pour base l'absence ou la présence de la corolle, et puisant ses divisions dans la diversité de formes que présente cet organe. Après le Français Tournefort, le botaniste suédois Linné refond les genres et les espèces d'après les organes de la reproduction, et simplifie la nomenclature encore imparfaite; il donne à chaque genre un nom à part, désigne chaque espèce en ajoutant au nom du genre un qualificatif, et, par ce mécanisme simple et ingénieux, crée la langue botanique telle qu'elle est encore en usage aujourd'hui. — Un dernier progrès restait à accomplir. La méthode de Tournefort et le système de Linné étaient, malgré tout leur mérite, des méthodes purement *artificielles*, et ne pouvaient suffire aux progrès de la science. Bernard de Jussieu en 1759, et son neveu Ant.-Laurent de Jussieu en 1789, publient une nouvelle classification où les végétaux sont rangés en familles naturelles d'après leurs rapports les plus intimes. — Depuis lors, et à part quelques essais de classification artificielle destinés à faciliter l'étude, la méthode naturelle est seule adoptée. Cette méthode, perfectionnée par les travaux des de Candolle, des Richard, des Endlicher et de tant d'autres savants, compte pour beaucoup dans les progrès immenses que la Botanique a faits de nos jours entre les mains de MM. de Saussure, de Mirbel, Bonpland, de Humboldt, Ad. de Jussieu, Richard père et fils, Aug. de St-Hilaire, Ad. Brongniart, Decaisne, Dunal, Lemaire, Dutrochet, Martins, Treviranus, Kunth, Brown, Lindley, etc. — Parmi les abrégés classiques de Botanique, nous citerons ceux de MM. Adr. de Jussieu, Richard, Boitard, Lemaout. MM. Julia Fontenelle et Barthez, Lecoq et Juillet, M. Hœfer, etc., ont donné des *Dictionnaires de Botanique*.

Signes employés par les Botanistes :

☉, signe du Soleil, désigne les plantes annuelles; ♂, signe de Mars, les plantes bisannuelles; ♃, signe de Jupiter, les plantes qui sont vivaces; ♄, signe de Saturne, les plantes ligneuses (arbres, arbrisseaux); ♀, signe de Vénus, les individus ou fleurs femelles; ♂, signe de Mars (dont la flèche, au lieu d'être inclinée, est placée verticalement), les individus ou fleurs mâles; ⚥, signe de Mars et Vénus réunis, les individus ou fleurs hermaphrodites; 0-0, les individus ou fleurs, qui, par suite d'avortement, sont privés d'organes mâles et femelles, c.-à-d. d'étamines et de pistils; (, volubile à gauche;), volubile à droite. C'est ordinairement après le nom spécifique d'une plante que l'on place un de ces signes.

BOTANIQUES (JARDINS). *Voy.* JARDIN.

BOTTE (du celtique *bot*, pied). Les bottes étaient inconnues aux anciens, et l'usage ne s'en est introduit que dans les temps modernes. Dans l'origine, on ne s'en servait que pour monter à cheval. On distinguait alors les *Bottes molles*, dites aussi B. à la française ou à l'écuyère, dont la tige, molle et large, se terminait par une large genouillère dans laquelle le genou était engagé; les *B. de cour* ou à chaudron, dont la genouillère était évasée en forme d'entonnoir; les *B. fortes*, comme celles qui servent aux postillons; les *B. à la hussarde*, dont la tige portait des plis sur le cou-de-pied; les *B. à l'anglaise* ou à revers, etc. — Depuis qu'on porte les bottes à pied comme à cheval, on les a vues d'abord recouvrir le pantalon, puis recouvertes par lui. — Pour la fabrication des bottes, *Voy.* le *Manuel du bottier* de Morin.

Dans le Commerce, on donne généralement le nom de *botte* aux futailles qui contiennent plus d'une barrique. On dit, par exemple, botte de deux, quand elles sont de 2 barriques (fût de Bordeaux, à raison de 120 pots la barrique); bottes de 3, bottes de 4 : ces dernières sont les plus grandes dont on puisse se servir. On a employé cependant des bottes ou pièces de 5, 6, 7 ou 8 barriques dans les voyages de long cours, parce que ces grandes futailles offrent plus de facilité pour l'arrimage. *Voy.* BARRIQUES.

Une *botte de parchemin* est une quantité de 36 feuilles. Une *botte de chanvre* pèse ordinairement 100 kilogr. Une *botte de foin* pèse 10 liv. ou 5 kilogr. On

appelle *bottelage* l'opération qui consiste à lier le foin en bottes, et *botteleurs* les ouvriers qui l'exécutent.

BOUC, *Hircus*, animal à cornes, qui est le mâle de la chèvre (*Voy.* CHÈVRE), se distingue par sa longue barbe et par son odeur désagréable; cette odeur, qui est passée en proverbe, s'étend à sa chair comme à sa peau; cependant, on se sert d'outres de peau de bouc dans le midi de l'Europe, pour transporter le vin. La salacité de cet animal n'est pas moins connue : elle avait été remarquée des anciens, qui ont fait du bouc l'emblème de la lubricité. — Le bouc était en grande vénération en Égypte, surtout à Mendès. Les Égyptiens représentaient leur dieu Pan avec la face et les jambes d'un bouc : sous le symbole de cet animal, ils adoraient le principe de la fécondité de toute la nature, exprimée par le dieu Pan. — Les Juifs avaient choisi le bouc pour victime expiatoire des fautes nationales. A certains jours de l'année, le grand prêtre prenait deux boucs, en immolait un, chargeait l'autre de toutes les iniquités d'Israël et des imprécations universelles; on le chassait ensuite dans le désert, à travers les précipices : ce bouc était appelé *bouc émissaire*. Chez les Grecs, on immolait le bouc à Bacchus, comme destructeur des vignes. On le donne aussi quelquefois pour monture à Vénus. En France, on croyait autrefois que le bouc servait de monture aux sorcières lorsqu'elles se rendaient au sabbat; on croyait aussi que, dans ces réunions nocturnes, le diable se faisait adorer sous la forme d'un bouc.

BOUCAGE (du mot *bouc*, à cause de son odeur), dite aussi *Boucqueline*, *Persil de bouc*, en latin *Pimpinella*, genre de la famille des Ombellifères, comprend plusieurs espèces, parmi lesquelles on remarque : le B. *saxifrage* ou *mineur*, dont la racine, blanche, allongée, d'une odeur désagréable, d'une saveur âcre et aromatique, s'emploie en Médecine comme stimulant et diurétique; le B. *majeur*, plus grand, et qui a les mêmes propriétés que le précédent, et le *Boucage anis*, le plus connu. *Voy.* ANIS.

BOUCANAGE, opération qui consiste à faire sécher de la viande ou du poisson à la manière des sauvages, en les exposant longtemps à la fumée. Il paraît tirer son nom du mot *bouc*, parce que les bouquetins auraient été les premiers animaux préparés de cette manière. Quand les sauvages arrivent de la chasse, ils écorchent les bêtes qu'ils ont rapportées; ils les désossent, puis en coupent les chairs par aiguillettes, qu'ils assaisonnent avec du sel et quelques herbes de leur pays. Le lendemain, ils placent ces chairs découpées sur un gril de bois ou de fer, qu'ils élèvent au-dessus du feu : on y entretient beaucoup de fumée, et pour rendre cette fumée plus épaisse, on y fait brûler toutes les peaux et tous les ossements de ces animaux. Cette opération fut imitée par les premiers colons, surtout par ceux de St-Domingue, si connus sous le nom de *Boucaniers*. — On appelle *Boucan* le gril sur lequel on fume les viandes, ainsi que le lieu où s'fait l'opération.

BOUCANIERS, aventuriers de St-Domingue, adonnés à la chasse du bœuf sauvage et au boucanage, fameux plus tard par leurs pirateries. *Voy.* ci-dessus BOUCANAGE et l'art. *Boucaniers* au D. un. d'H. et de G.

BOUCAUT, mot qui signifia d'abord la contenance d'une peau de *bouc*, désigne aujourd'hui une futaille d'une grandeur moyenne, construite en bois de sapin ou autre bois léger, destinée à contenir des marchandises sèches, telles que sucre, riz, tabac, girofle, muscade, cacao, etc. La dimension est plus ou moins grande, suivant l'espèce de marchandises; le poids ordinaire est de 400 à 600 kil.

BOUCHE (du latin *bucca*), entrée du canal alimentaire, est circonscrite en haut par la voûte palatine, en avant par les lèvres, en arrière par le voile du palais et le pharynx, et sur les côtés par les joues; les parois de la bouche sont tapissées par une membrane muqueuse; on trouve à l'intérieur les dents, les gencives, la langue, les glandes salivaires, etc. La bouche renferme les organes du goût; elle sert à la respiration, à l'articulation des sons, à la succion, à la mastication, etc. — Chez les animaux, la forme de la bouche diffère à l'infini : tantôt c'est un bec, comme chez les oiseaux; tantôt, un appareil compliqué, comme chez les crustacés, ou un simple orifice circulaire à peine contractile, comme chez les polypes, ou bien encore une espèce de pompe ou de siphon; chez quelques-uns enfin, la bouche se confond avec l'anus.

En Conchyliologie, on donne le nom de *bouche* à l'ouverture des coquilles univalves par laquelle l'animal sort de son test. Joint à un terme distinctif, ce mot est aussi le nom vulgaire de certaines coquilles, telles que la *B. d'argent* et la *B. d'or*, 2 espèces de *Turbo*; la *B. double*, la *B. jaune*, etc.

En Botanique, on appelle *Bouche de lièvre* une espèce d'Agaric, le *Merulius cantarellus*.

En Musique, on donne le nom de *bouche* à l'ouverture horizontale pratiquée au bas d'un tuyau d'orgue; l'air introduit par le pied du tuyau se brise sur la lèvre de cette bouche, et produit le son. Les tuyaux à anche n'ont pas de bouche.

Autrefois en France, *la Bouche du roi* était le service alimentaire du souverain. Les principaux employés de la bouche, dits *officiers de bouche*, étaient : le grand panetier, le grand échanson, les maîtres d'hôtel, les gentilshommes de la bouche du roi, les écuyers de cuisine, les échansons, sommeliers, panetiers, etc. Le personnel s'éleva dans un temps à plusieurs centaines d'individus.

BOUCHE A FEU, nom générique donné à toutes les armes à feu trop lourdes pour être portatives, comme canons, mortiers, obusiers, pierriers, etc. Les bouches à feu se font en bronze ou en fonte de fer.

BOUCHER, BOUCHERIE (de *bouche*). On appelle *boucher* celui qui achète, abat et prépare les bestiaux pour en débiter la chair. Le lieu où ce débit s'exerce est appelé *étal* par les bouchers, et *boucherie* par les acheteurs. Les bouchers ne vendent ordinairement que du bœuf, du veau et du mouton. —La législation qui a régi le commerce de la boucherie a continuellement varié en France : avant 1789, les bouchers de Paris formaient une corporation ayant ses droits et ses privilèges. La loi du 17 mars 1791 ayant proclamé la liberté de toutes les industries, les anciens bouchers, ruinés par la concurrence, fermèrent leurs étaux, et il en résulta un grand désordre dans le commerce de la boucherie. Pour y mettre un terme, le décret du 8 vendém. an XI rétablit le syndicat de la boucherie avec le système des cautionnements; et, comme le nombre des étaux paraissait trop considérable, un autre décret (8 févr. 1811) ordonna le rachat et la suppression des étaux existants jusqu'à réduction du nombre des bouchers à 300. Cet état de choses se maintint jusqu'en 1825. A cette époque, le nombre des étaux était déjà réduit à 370, lorsqu'une ordonnance du 12 janvier de cette année proclama une seconde fois la libre concurrence. Sous ce régime, 142 nouveaux étaux s'élevèrent; mais, en 1829, en présence d'un grand nombre de faillites, une nouvelle ordonnance (18 octobre) fixa le nombre des étaux à 400, et rétablit le syndicat et les cautionnements. Le 25 mars 1830 parut une ordonnance en 301 articles qui devint le code de la boucherie parisienne. Ce code est encore en vigueur aujourd'hui (1852); mais il est fortement question de revenir au système de la liberté illimitée, on espère obtenir ainsi, dans l'intérêt des classes pauvres, une diminution considérable sur le prix de la viande.—Les bouchers de Paris ont, à Poissy, une caisse commune, connue sous le nom de *Caisse de Poissy*, qui a pour objet de faciliter leurs payements aux divers marchands de bestiaux, et de leur épargner la peine de transporter les fonds nécessaires à leurs acquisitions : l'origine de cette

caisse remonte à 1733; elle fut réorganisée en 1811 et l'administration en fut remise à la ville de Paris. —On doit à M. Bizet, conservateur des abattoirs, une *Histoire de la Boucherie en France* (Paris, 1847).

BOUCHOT, grand parc fait de pieux et de clayonnage, ouvert du côté de la côte, dont on se sert pour prendre le poisson à marée basse, et pour élever des moules et autres coquillages. Dans le Poitou, on en met quelquefois 3 au-dessus les uns des autres. Les bouchots ont été soumis, par un arrêt du Conseil du 2 mai 1739, à des règlements qui sont encore en vigueur.

BOUCHON. La plupart des bouchons de bouteille se font en liège; leur fabrication occupe un ouvrier spécial nommé *bouchonnier*. Le bouchonnier coupe le liège en bandes, puis en morceaux quadrangulaires dont chacun est destiné à faire un bouchon. A cet effet, on le travaille avec un tranchet d'acier très-dur, qui enlève les angles du liège, et lui donne une forme de cylindre légèrement conique. On distingue trois principales qualités de bouchons, suivant la qualité du liège : bouchons fins, demi-fins, et ordinaires ou communs, qui ont des prix très-différents. Pour être de bonne qualité, ils doivent être bien arrondis et en forme de cône, bien élastiques, bien unis, sans taches, secs, sonnants, et sans défauts. Pour les bouteilles de vin de Champagne, on soumet le bouchon déjà fabriqué à une très-forte pression, en le faisant passer par une filière, et on l'introduit dans la bouteille avant qu'il ait pu reprendre son volume naturel. On fabrique des bouchons à Marseille, Mézières, Paris, Montpellier, Bordeaux, Bayonne, Cette, Lyon, et aussi à Nice, Gênes, Livourne, Naples, Barcelone, etc. On en exporte une grande quantité dans le nord de l'Europe.—M. Lepage a inventé en 1851 des bouchons de bois (en buis ou en acacia), évidés en dedans, qui s'enlèvent au moyen d'une clef et sans le secours du tire-bouchon. Les bouteilles qui reçoivent ces bouchons doivent être dépolies à l'intérieur du goulot.

BOUCLE, BOUCLÉE, nom vulgaire d'un Squale et d'une Raie qui ont le corps parsemé d'aiguillons appelés *boucles*. *Voy.* SQUALE et RAIE.

BOUCLE, maladie du cochon et du bœuf : c'est une espèce de vésicule qui se développe dans l'intérieur de la bouche, et qui y porte la gangrène.

BOUCLIER (du bas latin *buccularium*, formé de *buccula*, boucle, anse du bouclier), arme défensive qui se portait au bras gauche, et qui servait à préserver le corps des coups de l'ennemi. Les premiers boucliers furent tressés avec de l'osier, ou faits de bois légers, puis de cuirs de bœuf bordés de lames de métal. Leur forme a varié suivant les temps et suivant les peuples. On retrouve l'emploi du bouclier chez presque toutes les nations anciennes et modernes, civilisées ou à demi barbares. Chez les anciens, les guerriers se plaisaient à orner leurs boucliers de figures symboliques. C'était chez eux une honte que d'abandonner son bouclier sur le champ de bataille. Les *B. votifs* étaient ceux que l'on consacrait dans le temple de quelque divinité; Appius Claudius fut à Rome le premier qui en consacra.—On conservait religieusement à Rome un *bouclier sacré*, nommé *ancile*, qu'on disait tombé du ciel (*Voy.* ANCILE au *Dict. univ. d'Hist. et de Géogr.*). — Dans les premiers temps de la monarchie des Francs, les princes ou chefs choisis par la nation étaient élevés sur un bouclier appelé *pavois*, et montrés ainsi au peuple assemblé. Au temps des croisades, cette arme défensive se couvrit d'armoiries, et prit le nom d'*écu* (*Voy.* ce mot). Plus tard, elle reçut celui de *rondache* ou *rondelle*, à cause de sa forme arrondie. Depuis l'invention des armes à feu, on a renoncé au bouclier.

En Zoologie, on nomme *Bouclier* un genre de Coléoptères de la section des Pentamères et de la famille des Clavicornes, dont les élytres arrondies, convexes et relevées sur les bords rappellent assez bien la forme d'un bouclier. La plupart sont de couleur sombre, et ne vivent que d'excréments et de corps putréfiés : tel est le *B. à corselet jaune*, que l'on voit souvent poursuivre les chenilles sur les arbres à la première apparition des feuilles.

BOUCLIER D'ORION, file de petites étoiles en ligne courbe situées entre Aldébaran et l'épaule occidentale ou étoile γ de la constellation d'Orion.

BOUDIN (du vieux mot français *boudaine*, ventre). On distingue le *boudin noir* ou *boudin* proprement dit, espèce de charcuterie, fait avec du sang de porc, de veau, ou de mouton, et assaisonné de graisse, d'épices et de sel; le *boudin blanc*, fait avec des viandes blanches (veau, volailles rôties), hachées et pilées avec de la mie de pain, du lait, des œufs et des fines herbes. Tous deux sont renfermés dans des intestins préparés pour cet usage. Le boudin noir est un aliment indigeste, et qui prend quelquefois, surtout quand il est fumé et vieux, des propriétés vénéneuses.

Dans les Arts, on appelle *boudins*, à cause de la ressemblance de forme, des spirales de fil de fer ou de laiton, de grandeur et de calibre différents, dont on utilise l'élasticité pour faire des ressorts, dits *ressorts à boudin*, qui ont une grande force.

BOUDJOU, unité monétaire des indigènes de l'Algérie, est en argent, et vaut 1 fr. 86 c. de France. On nomme cette monnaie *boudjou real* ou *royal*. Le *rebia boudjou, quart de boudjou* ou *piécette*, vaut 47 c.; le *temin boudjou*, 8e du boudjou, vaut 24 c.; le *zoudi boudjou*, ou double boudjou, vaut 3 fr. 72 c.

BOUE. La *boue des champs* n'est autre chose que la terre délayée par l'eau des pluies. — La *boue des chemins et des routes* se compose de la poudre des pierres qui sont broyées par les charrettes, et des excréments des chevaux et des bestiaux qui y passent continuellement; elle peut être à la fois un amendement, parce qu'elle contient du sable propre à diviser les terres fortes, et un engrais, parce qu'elle contient beaucoup de matières végétales animalisées. — La *boue des villes* doit être considérée comme un excellent engrais, car ce sont les matières végétales et animales qui en forment la masse. La boue de Paris a cela de particulier qu'elle contient une très-forte dose de fer, qui provient de l'usure des fers de chevaux, du cercle des roues, etc.; aussi, lorsqu'on lève les pavés, les trouve-t-on d'un noir d'encre : c'est ce qui rend cette boue si tachante. La boue des grandes villes, employée comme engrais, contribue beaucoup à la fertilité des jardins maraîchers qui les entourent.

On donne le nom de *boues minérales* aux limons que l'on trouve près de certaines sources minérales, et qui, imprégnés des mêmes sels, participent aux mêmes propriétés. On y trouve fort souvent des sulfhydrates, provenant de la réaction des matières organiques sur les sulfates existants dans l'eau minérale. La médecine fait usage de quelques-unes de ces boues, notamment de celles de St-Amand (Nord), de Bagnères-de-Luchon (Haute-Garonne), de Barbotan (Gers), etc.

BOUÉE, tout corps flottant destiné à marquer, à la surface de la mer, le lieu où a été jetée une ancre, à signaler un écueil, un danger quelconque, la direction d'un chenal ou d'une passe difficile; ou, enfin, à aider à sauver les hommes tombés à la mer : dans ce dernier cas, on l'appelle *bouée de sauvetage*; cette dernière est un grand plateau de liége qu'on jette à la mer lorsqu'un homme y est tombé et qui sert de point d'appui au naufragé en attendant les secours. Les bouées sont ou en liége, en tonnes vides, en tôle ou bien encore en fagots. Le cordage qui retient la bouée s'appelle *orin. Voy.* BALISE.

BOUFFES (de l'italien *buffa*, bouffon), nom qu'on donne aux chanteurs de l'Opéra italien. Les Bouffes vinrent jouer pour la première fois en France en 1752. En 1789, ils eurent un théâtre particulier appelé d'abord *Théâtre de Monsieur*, puis *Théâtre Fa-*

vart, et enfin *Théâtre des Italiens.* — On appelle, en Italie, *opera buffa* ou *bouffon* ce que nous nommons en France *opéra comique*, non que les sujets en soient toujours plaisants, mais parce qu'on les oppose, en Italie, aux opéras sérieux (*opera seria*), et, en France, aux grands opéras où le récitatif remplace le dialogue parlé.

BOUFFON (du latin *buffo*, histrion qui enflait ses joues pour recevoir de bruyants soufflets, et exciter ainsi l'hilarité du public), fou en titre que les rois et même les grands avaient à leur service. Il y en avait déjà chez les Grecs, qui les appelaient *môroi*, et chez les Romains, qui leur donnaient les noms de *moriones* et de *fatui*. Mais c'est au moyen âge qu'on vit le plus de fous ou de bouffons à gages. Ces hommes étaient ordinairement des nains ou des créatures disgraciées; ils s'habillaient d'une façon burlesque, adoptant à la fois les plumes, les grelots, les bijoux et les étoffes à couleurs éclatantes. Leur maître leur accordait une grande liberté, et c'était à eux à s'en servir adroitement pour faire passer sans danger des vérités quelquefois offensantes. Ce sont ces bouffons qui ont donné naissance aux Bouffes de la comédie italienne (*Voy.* ci-dessus). L'histoire a conservé les noms de Triboulet, le fou de François Ier, et de l'Angély, le fou de Louis XIV.

BOUGIE (de *Bougie*, ville d'Algérie, d'où la France tirait autrefois une grande partie de sa cire). La bougie, destinée comme la chandelle à l'éclairage, n'en diffère que par la matière : on sait qu'elle est de cire, tandis que la chandelle est faite en suif. On distingue deux sortes de bougies : la *B. filée*, dont la mèche, composée de longs fils de coton, n'est couverte que d'une couche fort mince de cire : telle est la bougie dont sont faits les *rats-de-cave*; on la fabrique au moyen d'une filière dans laquelle on fait passer l'écheveau de coton, préalablement mouillé de cire fondue; — la *B. de table*, véritable chandelle de cire, qui sert à l'éclairage : on la fabrique soit comme la chandelle, dans des moules, et elle prend alors le nom de *B. coulée* ou *moulée*; soit en versant, à l'aide d'une cuiller, sur des mèches suspendues, plusieurs couches de cire fondue, qu'on polit ensuite en les roulant, molles encore, sur une table de noyer poli ou de marbre; on nomme celles-ci *B. à la cuiller*. Les villes et lieux de France où se trouvent les principales fabriques de bougies sont : Alby, Angers, Angoulême, Batignoles, Bazas, Bernay, Brives, Dijon, Lodève, le Mans, Marseille, Montrouge, Orléans, Paris, Rennes, Rodez, Tulle. — L'usage des bougies de cire ne fut introduit en Europe qu'au VIIIe siècle par les Vénitiens, qui l'avaient emprunté de l'Orient. On les nomma d'abord *cerei*, d'où est venu le mot *cierge*. Depuis plusieurs années, on a remplacé la bougie de cire, dont le prix est fort élevé, par des *B. stéariques*, dont le prix est beaucoup plus accessible. L'acide stéarique, qui en fait la base, a été découvert dans les corps gras, en 1825, par MM. Chevreul et Gay-Lussac. — On fabrique aussi avec du *blanc de baleine* des *B. diaphanes*, remarquables à la fois par leur transparence, par leur blancheur, et par la pureté et l'éclat de la lumière qu'elles produisent. — En général, la cire éclaire bien mieux que le suif : le pouvoir éclairant de la cire étant représenté par 100, celui du blanc de baleine est de 104, celui de l'acide stéarique est de 84, tandis que celui du suif n'est que de 80. — Dans les bougies, les mèches sont tressées, ce qui épargne la peine de les moucher : en effet, à mesure que la bougie brûle, la mèche se courbe légèrement, de sorte que l'extrémité va se consumer dans le blanc de la flamme.

En Chirurgie, on nomme *bougies* des baguettes flexibles, fabriquées soit avec des bandelettes de toile roulées et empreintes de couches successives d'huile siccative, de résine ou d'emplâtres, soit avec du caoutchouc. On les emploie comme des sondes pour dilater divers canaux, tels que le rectum, l'œsophage et surtout l'urètre, ou pour y introduire des substances médicamenteuses; mais elles diffèrent des *sondes* en ce qu'elles sont pleines, tandis que les sondes sont creuses; si quelquefois les bougies sont creuses, elles ne sont pas ouvertes à leur petite extrémité. On nomme *B. médicamenteuses* celles dans la composition desquelles entrent des substances diverses, propres à agir sur les tissus; ces bougies, qui ont joui d'une grande vogue, ont été, pour la plupart, abandonnées. —L'invention de cet instrument est disputée entre Aldereto, médecin portugais, et son élève Amatus, qui le décrivit le premier en 1554. Il a été perfectionné par le médecin français Pickel.

BOUGRAINE, plante. *Voy.* BUGRANE.

BOUGRAN (jadis *boucran*, de l'espagnol *bucaran*), sorte de toile forte et gommée, dont les tailleurs se servent pour la mettre dans quelques parties d'un habit, entre la doublure et l'étoffe, afin de les tenir plus fermes. On fait du bougran en France et en Angleterre.

BOUILLEURS ou TUBES BOUILLEURS. On appelle ainsi, dans les machines à vapeur, la partie de l'appareil destinée à faire vaporiser l'eau. Ce sont tantôt deux gros tubes placés horizontalement sous la chaudière avec laquelle ils communiquent, et plongeant dans la flamme du foyer, tantôt plusieurs tubes placés debout ou couchés au milieu de l'eau de la chaudière et traversés par la fumée de manière à obtenir un contact plus étendu de la surface de l'eau avec la flamme, et, par suite, une vaporisation plus rapide.

BOUILLIE. Les médecins ne sont pas d'accord sur le jugement à porter de la bouillie, qui cependant est la nourriture principale de l'immense majorité des plus jeunes enfants. Selon ses adversaires, c'est à cet aliment que les enfants devraient leurs coliques, leurs indigestions, leurs vers, leurs obstructions, et tant d'autres maux qui les rendent tristes, empêchent leur accroissement, et font traîner à la plupart une vie languissante. Selon ses partisans, c'est une nourriture fort salutaire. Il paraît, en effet, que les inconvénients attribués à cet aliment dépendent surtout de la manière dont il est préparé ou du peu de discernement avec lequel il est donné. Il ne faut pas y recourir avant que l'enfant ait 5 ou 6 mois; il faut y employer une farine légère, comme celles de froment, de maïs, d'avoine, ou de la fécule; il faut enfin que la bouillie soit bien délayée. Il paraît que ce n'est que vers le milieu du XIᵉ siècle qu'on a généralement employé la *bouillie* pour servir d'aliment aux enfants en bas âge.

BOUILLON. Il y a deux sortes de bouillons, les bouillons alimentaires (bouillons de bœuf, de tortue, de poulet, etc.), et les bouillons médicamenteux (bouillon pectoral, aux herbes, de colimaçons, etc.). Les premiers renferment principalement de l'osmazôme et de la gélatine. — On appelle *B. d'os* un bouillon préparé suivant le procédé de M. Darcet, en traitant les os par l'acide hydrochlorique pour en dissoudre les matières terreuses, lavant ensuite la gélatine qui reste, et la faisant cuire avec très-peu de viande. Ce bouillon, qu'on avait d'abord beaucoup préconisé, a été quelque temps employé en place du bouillon ordinaire dans les grands établissements publics, et principalement dans les hôpitaux; mais depuis qu'il a été abandonné comme peu nutritif, parce qu'il manque d'osmazôme (*Voy.* GÉLATINE). — On peut réduire le bouillon à l'état solide, et former ainsi des *tablettes de bouillon*. Pour avoir ensuite du bouillon liquide, il suffit de faire dissoudre ces tablettes dans l'eau bouillante. Cette invention est d'une grande utilité dans les voyages. — Il s'est formé à Paris, sous le titre de *Compagnie hollandaise*, un établissement qui a pour objet la fabrication et le débit du bouillon; il a des dépôts dans tous les quartiers.

Dans les Salines, on appelle *bouillon* l'évaporation de l'eau salée par l'action du feu, et *sel de bouillon* le sel blanc obtenu par l'ébullition de l'eau de mer. — On appelait jadis *quart-bouillon* le sel que l'on obtenait, dans une partie de la basse Normandie, en faisant bouillir dans de l'eau le sable de la grève; il s'appelait ainsi parce que le quart du sel obtenu de cette manière devait être versé dans les greniers du roi. On nommait *pays de quart-bouillon* la partie de la Normandie où l'on extrayait cette qualité de sel.

BOUILLON BLANC, *Verbascum*, vulgairement *Bonhomme*, plante du genre Molène et de la famille des Solanées, qui croît en abondance dans les lieux incultes d'Europe; sa tige s'élève à plus d'un mètre; ses feuilles sont remarquables par leur couleur gris-bleuâtre, leur épaisseur et le duvet moelleux qui les couvre; ses fleurs sont jaunes et en épi : cette plante considérée comme adoucissante et pectorale, et est employée en infusion dans les affections catarrhales.

BOUILLOTTE, jeu de cartes qui se joue à 5 ou à 4 personnes, quelquefois même à 3. Dans le 1ᵉʳ cas, on prend 28 cartes, c.-à-d. le jeu de piquet moins les sept; dans le 2ᵉ, on ôte de plus les valets et les dix; à trois, on enlève, en outre, les dames. Chacun se *cave*, en entrant, d'une somme égale, représentée par des fiches et des jetons. Un des joueurs donne 3 cartes, une à une, à chaque joueur, et, à chaque tour, il en retourne une; il met en outre devant lui un jeton auquel il assigne une valeur, ce qui s'appelle *mettre la carre*. La 1ʳᵉ personne à la droite du donneur s'appelle *le carré* et a l'avantage de parler en dernier, avantage qui consiste à prendre pour soi le jeton de la *carre* si personne ne *voit* le jeu. La 2ᵉ personne à la droite du donneur parle la 1ʳᵉ et déclare *voir le jeu* ou *passer*; les autres joueurs *passent*, ou tiennent le nombre de fiches qui a été fait, ou même *relancent*. Quand tout le monde a parlé, on découvre le jeu, et celui qui a le plus fort point gagne le coup. Le *brelan* l'emporte sur le point, et le *brelan carré* sur le brelan simple. La bouillotte se joue avec une rapidité extrême et expose en un instant les joueurs inexpérimentés à des pertes considérables. Ce jeu ressemble beaucoup au *brelan*, et il lui a succédé. Inventé sous le Directoire, négligé sous la Restauration, il reprit faveur après 1830.

BOULANGER (de *boule*, à cause de la forme qu'on donnait primitivement au pain ?). La partie la plus importante du travail du boulanger est le *pétrissage*; qui s'exécute par le *geindre*, une espèce de gémissement que tout le monde connaît; elle comprend six opérations : la *délayure*, qui consiste à mélanger la farine et le levain avec l'eau; la *frase*, par laquelle l'ouvrier incorpore avec la masse à force de bras une seconde quantité d'eau; la *contre-frase*, par laquelle il rassemble rapidement les ratissures pour les réunir à la masse de la pâte; les *tours*, au nombre de trois, qui consistent à couper la pâte en dessous avec les mains et à la retourner ainsi par gros pâtons; le *bassinage* ou incorporation d'eau salée; enfin le *battement*, qui consiste à prendre la pâte, à l'élever et à la laisser retomber plusieurs fois dans le pétrin, pour la rendre parfaitement homogène dans tous ses points. Le pétrissage se fait ordinairement avec les mains, souvent même avec les pieds, quand on agit sur de grandes masses; aussi cette partie du travail est-elle aussi sale que rude et pénible. Pour obvier à ces inconvénients, on a eu recours au *pétrisseur mécanique*, qui exige beaucoup moins de force et de temps, qui assure une extrême propreté, et donne une pâte plus également pétrie. On estime en ce genre les inventions de M. Ferrand, de M. Fontaines, et surtout celle de MM. Mouchot frères. On a aussi tenté de faire cuire le pain dans des fours à air chaud, dits *aérothermes :* on obtient par là une cuisson égale et l'on évite que le pain soit brûlé. — La profession de boulanger était inconnue des plus anciens peuples; chaque ménage faisait son pain. A Rome, il n'y eut pas de boulangers avant l'an 580 (174 av. J.-C.). Sous Auguste, il y avait des boulangeries publiques tenues par des Grecs; ceux-ci apprirent leur art à quelques affranchis, et bientôt il se forma un corps ou collège de boulangers ayant leurs greniers particuliers. Ces usages des Romains passèrent aux Gaulois et aux Francs. Les boulangers sont mentionnés dès 630 dans une ordonnance de Dagobert. Ils commençaient à former une corporation sous Philippe-Auguste. En 1637, les boulangers se donnèrent une statuts, et se soumirent à la juridiction du grand panetier. Depuis que les jurandes et les maîtrises ont disparu, les boulangers ne sont plus soumis qu'à des mesures de police. Cette profession est, aujourd'hui, réglée par l'arrêté du 11 octobre 1801 et par les arrêtés et ordonnances qui en dérivent, notamment l'ordonnance du 31 mai 1834. Le nombre des boulangers est limité. Ils sont tenus d'avoir toujours en dépôt dans les greniers du gouvernement une certaine quantité de farine, et le prix du pain est fixé tous les quinze jours d'après les mercuriales du marché. On doit à Parmentier un *Traité de l'art du Boulanger*, et à MM. Benoît et Julia Fontenelle le *Manuel du Boulanger*.

BOULE DE NEIGE, nom vulgaire de la Viorne obier (*Viburnum opulus*), dont les fleurs, d'un blanc de neige, sont réunies en boule (*Voy.* VIORNE); et d'une espèce d'Agaric, *Agaricus sylvicola*, appelé encore *Agaric des bruyères*.

BOULES DE MARS, boules vulnéraires composées d'un mélange de tartrate acide de potasse et de fer avec de l'alcool, sont ainsi appelées du nom que les anciens chimistes donnaient au fer; on les appelle aussi *B. de Nancy*, *B. de Mollsheim*, parce qu'on en fabrique une grande quantité dans ces villes. En agitant pendant quelques instants une de ces boules dans l'eau, on en obtient un liquide d'un brun rougeâtre, astringent et résolutif, connu sous le nom d'*Eau de boule*, et que l'on emploie, en applications externes, à la suite des coups, des chutes, des entorses.

BOULEAU, *Betula*, genre type de la famille des Bétulacées, renferme une quarantaine d'espèces, répandues dans les forêts de l'Europe, de l'Asie et de l'Amérique du Nord. On remarque : dans nos contrées, le *B. blanc*, reconnaissable aux feuillets nacrés de son écorce extérieure, à ses rameaux grêles, à ses feuilles dentelées, de forme deltoïde, et un peu visqueuses; son bois, léger et flexible, d'un blanc rougeâtre, s'emploie dans le charronnage et la tonnellerie; sa combustion rapide le fait rechercher pour le chauffage des fours; ses jeunes pousses servent à faire les balais dits *balais de bouleau*, et des verges; il contient, au printemps, une séve abondante avec laquelle on prépare, dans le Nord, une liqueur fermentée;— aux États-Unis et dans le Canada, le *B.-merisier*, recherché pour la menuiserie; le *B. élevé*, dont l'écorce sert à faire du papier; le *B. élevé*, etc. —dans le nord de l'Europe et de l'Asie, le *B. nain*; qui n'atteint pas un mètre; le *B. noir*, dont l'écorce extérieure remplace aussi le papier, et dont l'écorce intérieure sert à recouvrir les cabanes des Kamtchadales et des Groënlandais, à faire des pirogues, des cordes, des filets, des vases, etc.; elle jouit aussi des propriétés du tannin, et on en tire une huile ou goudron qui donne aux cuirs de Russie leur odeur et leur qualité; enfin le *B.-aulne*, dont l'écorce astringente et amère est employée comme fébrifuge.

BOULET (de *boule*), projectile sphérique, en fonte de fer, dont on charge les canons. Il y en a de différents calibres et de diverses formes qu'on distingue par leur poids, compté en livres anciennes; il y a des boulets de 4, 6, 8, 12, 18, 24, rarement de 36 et de 48. On se sert encore de boulets creux, appelés *obus*, et qui éclatent; de boulets *rouges*, qui portent avec eux l'incendie, et de boulets *barrés* ou *ramés*, composés de deux moitiés de boulet réunies

par une barre ou une chaîne, et qui servent à couper les mâts ou les manœuvres d'un vaisseau. Depuis 1834, ces derniers boulets ne sont plus admis sur nos bâtiments. — Dans l'origine, les boulets étaient en pierre; on en fit aussi en plomb. Le premier emploi des boulets de fer paraît remonter à l'an 1400; mais ce n'est qu'à la fin du xve siècle que l'usage en devint commun. C'est au siège de Stralsund (1675) qu'eut lieu le premier emploi certain des boulets rouges : c'est à l'évêque Vangalen qu'on attribue cet affreux moyen de destruction.

Peine du boulet, peine qu'on inflige aux déserteurs. Les soldats condamnés à cette peine sont obligés de traîner un boulet de 8 attaché à une chaîne de 2m,50 de longueur. Ils sont employés à des travaux spéciaux dans les grandes places de guerre (arrêté du 9 vendémiaire an IX).

On appelle le *boulet*, chez le cheval, l'articulation du canon avec le paturon, sans doute parce que cette articulation forme, chez les chevaux fins, une éminence plus ou moins arrondie. C'est au boulet que se font les entorses et que les chevaux se coupent, c.-à-d. s'entament la peau de la jambe avec leurs fers.

BOULEVARD (de l'allemand *bollwerk*, rempart). Ce mot désignait dans l'origine des ouvrages de fortification extérieure, ordinairement en terre, et destinés à couvrir les remparts d'une place forte : c'étaient des *bastions de forteresse*. Les premiers boulevards datent du xvie siècle. Dans la suite, ce mot n'a plus désigné qu'une grande avenue d'arbres plantés autour des remparts, ou même sur les remparts; il a fini par être synonyme de promenade. Les boulevards de Paris sont les plus beaux de ce genre.

BOULIMIE (du grec *bou*, particule augmentative, ou, selon d'autres, de *bous*, bœuf; et *limos*, faim), anomalie de la digestion, qui consiste dans une faim excessive, dans un besoin de prendre une quantité d'aliments beaucoup plus grande qu'à l'ordinaire : c'est ce que l'on appelle aussi *faim canine*. Elle est l'effet, tantôt d'une affection vermineuse ou de la présence du *tænia*, tantôt d'une affection cérébrale ou hystérique, tantôt seulement du développement excessif de l'intestin.

BOULINE (en anglais *bowline*, de *bow*, arc, et *line*, corde), nom que les marins donnent à la corde qui sert à tendre, à effacer la voile et à la porter de côté pour courir dans la direction du vent. — *Courir la bouline*, c'est, en termes de Marine, subir une punition analogue à celle des *baguettes* (*Voy.* ce mot) dans l'armée de terre; seulement les baguettes sont ici remplacées par une corde tressée qu'on nomme *garcette* : le condamné ne peut être frappé que par 30 hommes au plus et pendant 3 courses. Cette peine est consacrée par la loi du 22 août 1790 et l'arrêté du 5 germ. an XII; cependant on l'inflige rarement.

BOULINGRIN (de l'anglais *bowling green*, jeu de boule vert), pièce de gazon entourée de talus en glacis semblables à ceux qui empêchent les boules de sortir dans un jeu de boules. La forme des boulingrins varie suivant le goût de l'ordonnateur. — Dans quelques localités, comme à Rouen, le mot *boulingrin* est le nom d'une promenade publique, qui, sans doute dans l'origine, servait au jeu de boule.

BOULON. On nomme ainsi, dans la Construction, une grosse cheville de fer qui a une tête à un bout, et à l'autre une ouverture où l'on passe une clavette pour l'arrêter. On se sert de boulons pour soutenir une poutre, pour arrêter une charpente. — Les *boulons d'escaliers* sont ceux qui passent à travers les limons des escaliers et vont se rendre dans les murs pour empêcher l'écartement des marches et leur séparation des murs.

BOUQUET (dérivé, comme *bosquet*, du mot *bois*). Outre son acception connue de tous, ce mot s'emploie en Botanique pour désigner un assemblage de fleurs dont les pédoncules uniflores partent tous d'un même point, comme dans la primevère officinale.

En Littérature, on appelle *bouquet à Chloris*, *B. à Iris*, ou simplement *bouquet*, une petite pièce de vers adressée à une personne le jour de sa fête, de sa naissance, etc. : c'est, le plus souvent, un madrigal ou une chanson. Le caractère de cette sorte de poésie est la délicatesse et la gaîté ; la fadeur en est l'écueil.

Les Vétérinaires nomment *bouquet* ou *noir-museau* une espèce de dartre qui affecte le museau des brebis, et qui s'étend quelquefois jusqu'aux tempes. On l'appelle aussi, suivant les pays, *bouquin*, *bique*, *barbouquet*, *faux-museau*, *charbon*, *faux-nez*, *verveine*, *poêre*, *feu sacré*, etc. On la traite par l'onguent soufré ou par l'huile de cade.

Bouquet, grosse crevette très-estimée. *V.* CREVETTE.

BOUQUETIN (*Capra Ibex*), sorte de bouc qui vit sur les sommets des plus hautes montagnes de l'Europe et de l'Asie. Ses cornes sont longues et grosses, et croissent d'un nœud chaque année ; son poil extérieur est rude et cache une toison plus fine. Cet animal peut être apprivoisé. Son sang desséché passait jadis pour avoir de grandes vertus médicales, d'où le nom de *manus Dei*, qu'on lui donnait.— Le *bouquetin* était regardé comme la souche de notre bouc domestique avant que l'ægagre nous fût connu.

BOUQUIN, vieux bouc. *Voy.* BOUC.—Ce mot s'applique aussi aux vieux livres, sans doute à cause de l'odeur qu'ils exhalent. Par suite on a nommé *bouquinistes* les libraires qui vendent de vieux livres, et les amateurs qui les recherchent : quelques hommes se sont fait une réputation en ce genre, notamment feu M. Boulard, le marquis de Méjannes, M. Pillet, M. de Corbières. *Voy.* BIBLIOPHILE.

BOURACAN (de *bure* ou *bourre*), espèce de camelot d'un grain plus gros que le camelot ordinaire. C'est une étoffe de laine non croisée qui se travaille sur le métier à deux marches, comme la toile ; la trame est un fil simple, retors et fin filé ; la chaîne, à laquelle on mêle quelquefois du chanvre, est double ou triple. Le bouracan ne se foule point ; on le fait seulement bouillir à l'eau claire à plusieurs reprises, et on la calandre ensuite avec soin. Le bouracan doit être bien uni, d'un grain rond, et si serré que l'eau ne fasse que couler dessus sans pouvoir passer à travers. On le teint, tantôt *en laine*, c.-à-d. avant que la laine soit travaillée ; tantôt *en pièce*, après que la pièce a été levée de dessus le métier. Les villes où il se fabrique le plus de bouracan sont : Valenciennes, Lille, Abbeville, Amiens, Rouen : les meilleurs sont ceux de Valenciennes. Les vêtements de bouracan étaient fort en vogue au dernier siècle : la mode en est passée.

BOURBILLON (de *bourbe*), petit corps blanchâtre, grumeleux, tenace, élastique, formé par une portion de tissu cellulaire gangrené, et qu'on rencontre dans le centre des *furoncles*. *Voy.* ce mot.

BOURDAINE ou BOURGÈNE, *Rhamnus frangula*, arbuste du genre *Nerprun*, ayant une hauteur de 3 à 4 mètres, et croissant parmi les buissons et les haies, dans les terrains humides. Ses feuilles, ovales, d'un vert pâle, sont broutées avec délices par les chevreuils et les cerfs. Cet arbre est très-commun en Europe. Son fruit est une baie successivement verte, rouge et noire ; son écorce intérieure est purgative. Le charbon de bourdaine est très-léger : c'est celui qu'on emploie de préférence à la fabrication de la poudre à canon.

BOURDON, *Bombus*, genre d'insectes hyménoptères, de la famille des Mellifères, remarquable par le bruit qu'il fait avec sa trompe, surtout quand il vole. Il a pour caractères un corps gros et velu, la lèvre inférieure presque cylindrique et formant une fausse trompe très-longue, des antennes filiformes et vibratiles, les ailes antérieures présentant une cellule radiale assez grande et quatre cellules cubitales. Les bourdons se réunissent en société comme les abeilles, mais seulement au nombre de 40 à 50,

et l'essaim se disperse vers le milieu de l'automne ; les femelles fécondées se cachent dans les fissures des murailles et les trous des arbres, et y attendent le retour de la belle saison ; quant aux mâles et aux ouvrières, ils périssent à l'époque des premiers froids. Au printemps, les femelles font une ponte d'où sort un essaim nouveau.— Les espèces les plus connues sont : le *B. terrestre*, qui fait son nid sur terre et le couvre de mousse ; le *B. des pierres*, qui fait son nid sous les pierres, et le *B. des mousses*, qui le fait dans la mousse. — On donne aussi le nom de *bourdon* au mâle de l'abeille domestique.

En Musique, on appelle *bourdon* le ton qui sert de basse continue dans certains instruments, tels que la vielle, la musette, la cornemuse, et, par suite, les tuyaux et les cordes d'instruments qui donnent ce ton ; et *faux-bourdon* une pièce dont toutes les parties se chantent note contre note.

On donne encore ce nom : à une très-grosse cloche dont le son grave se fait entendre très-loin : tout le monde connaît le bourdon de Notre-Dame de Paris ; — à une espèce de bâton, orné en haut d'une calebasse et garni en bas d'un fer pointu, que portaient les pèlerins ; — à un genre de faute de composition d'imprimerie qui consiste à passer quelques mots ou une partie de la copie.

BOURG (du latin *burgus*, employé par Végèce dans le sens de *tour*, et dérivé lui-même du grec *pyrgos*, même signification), nom vague qui désigne aujourd'hui un groupe d'habitations intermédiaire entre le village et la ville, et généralement pourvu d'un marché, paraît avoir été autrefois synonyme de commune ; c'est le sens qu'a encore en Angleterre le mot *borough*. De *bourg*, pris en ce sens, est venu *bourgeois* (*Voy.* ce mot). — En Angleterre, on appelle *bourgs-pourris*, c.-à-d. tombés en dissolution, certaines localités autrefois bien habitées, aujourd'hui presque désertes, mais qui n'en étaient pas moins restées en possession de nommer des députés au Parlement ; cet abus a cessé en 1832.

BOURGÈNE, plante. *Voy.* BOURDAINE.

BOURGEOIS, BOURGEOISIE, classe de citoyens intermédiaire entre le peuple et la noblesse, se composait, sous l'ancienne monarchie, de tous ceux qui étaient appelés à participer aux devoirs et aux charges du *bourg* dans lequel ils avaient leur domicile : on les distinguait avec soin, dans les actes officiels, des *manants* et *artisans ;* on les nommait aussi *francs-bourgeois*, par opposition aux *serfs*. En ce sens, le *bourgeois* des monarchies modernes est à peu près le *citoyen* des républiques anciennes.—Les bourgeois des grandes villes jouent un rôle important dans notre histoire, surtout depuis l'affranchissement des communes. — M. Francis Lacombe a fait l'*Histoire de la Bourgeoisie de Paris* (1851, 3 vol. in-8).

BOURGEOIS, nom d'une monnaie de billon qui eut cours en France sous Philippe-le-Bel. Le bourgeois *simple* ou *single* n'était autre que le denier parisis, et valut longtemps de 6 à 9 centimes ; le bourgeois *double* ou *fort* était un double parisis.

BOURGEON, corps qui se développe sur diverses parties des végétaux et qui par son évolution donne naissance à des pousses nouvelles. Il faut distinguer dans le bourgeon : l'*œil*, le *bouton* et le *bourgeon* proprement dit. L'*œil* est un petit corps de forme conique, composé d'écailles imbriquées, que l'on observe à l'aisselle des feuilles et à l'extrémité des rameaux dans les arbres et les arbrisseaux ; il apparaît au commencement de l'été, au moment où la végétation est le plus active. Jusqu'à la fin de l'automne, ce germe se développe, et, par sa forme, il peut déjà annoncer s'il doit donner naissance à des feuilles et à du bois, ou à des fleurs et à des fruits : il constitue alors le *bouton*. Resté stationnaire pendant l'hiver, le bouton devient *bourgeon* au printemps suivant ; il se dilate alors, et ses écailles s'écartent pour donner passage aux organes qu'elles protégeaient. Les bourgeons sont généralement recouverts à l'extérieur d'un enduit visqueux et garnis à l'intérieur d'une sorte de *bourre* qui les garantit des rigueurs de la saison froide. — Les bourgeons varient de forme et de couleur suivant la nature des arbres. Ils prennent le nom de *surgeon*, s'ils partent du bas de la tige ; de *drageon*, s'ils s'élèvent des racines ; de *faux-bourgeon*, s'ils sortent directement de l'écorce.

En Pathologie, on appelle *bourgeons charnus* (bourgeons celluleux et vasculaires) des granulations coniques et rougeâtres qui se développent à la surface des plaies suppurantes et en déterminent la cicatrisation. — On appelle vulgairement *bourgeons* les boutons tuberculeux qui viennent au visage de certaines personnes, qu'on dit être *bourgeonnées*. V. COUPEROSE.

BOURGMESTRE, nom donné dans quelques villes d'Allemagne et des Pays-Bas à un magistrat municipal. *Voy. le Dict. univ. d'Hist. et de Géogr.*

BOURNOUS. *Voy.* BURNOUS.

BOURRACHE (du latin *borrago*), genre type de la famille des Borraginées, composé de plantes herbacées, à tiges et feuilles hérissées de poils piquants, à fleurs roses, bleues ou blanches, en grappes ramifiées, comprend 6 ou 7 espèces. La B. *commune* (*Borrago officinalis*), plante annuelle indigène, a une tige cylindrique, épaisse, charnue, succulente, des feuilles ovales, sinueuses ; ses fleurs, ordinairement d'un bleu d'azur, sont en longs épis roulés au sommet des ramifications. La bourrache est employée comme sudorifique et diurétique, propriété qu'elle doit à l'azotate de potasse qu'elle contient. — On peut cultiver dans les jardins la B. *du Levant*, à fleurs d'un pourpre bleuâtre, et la B. *laxiflore*, dont les fleurs, écartées les unes des autres, sont petites et de couleur bleue ou carminée. — On donne quelquefois le nom de *Petite-Bourrache* à la Cynoglosse printanière.

BOURRE (du bas latin *burra*, bourre). On nomme ainsi : 1° un amas de poils de certains animaux, tels que bœufs, vaches, chevaux : on la détache de la peau au moyen de la chaux ; elle sert à garnir des selles, des bâts, des tabourets, etc. ; — 2° le duvet qui couvre les bourgeons lorsqu'ils commencent à pousser, notamment ceux de la vigne : les Arabes et les Indiens recueillent la bourre du palmier et en font des étoffes. — On appelle B. *de laine* ou B. *lanice* la partie la plus grossière qui provient de la laine, et qu'on retire de dessus les draps et autres étoffes de laine lorsqu'on les prépare avec le chardon ; on en garnit les matelas ; B. *de soie*, la partie la plus grossière du cocon, celle qui ne se dévide pas (*Voy.* FILOSELLE) : on en fait des étoffes, telles que celle qu'on appelle *bourre de Marseille*, étoffe moirée dont la chaîne est de soie et la trame de bourre de soie.

On nomme encore *bourre* ce qu'on met dans les armes à feu pour retenir la poudre et le plomb dont on les charge. Les bourres de fusil sont en papier, en carton, en liège, en étoupe, etc.; celles de canon en foin ou même en terre. *Voy.* CARTOUCHE ET GARGOUSSE.

BOURREAU (mot qu'on prétend dérivé du nom d'un certain *Borel*, clerc qui possédait un fief, à la charge de pendre les voleurs du canton), exécuteur des hautes œuvres, chargé de mettre à exécution les arrêts portant peine de mort ou exposition publique. Son titre officiel est, chez nous, *Exécuteur des arrêts criminels :* la désignation vulgaire de *bourreau* n'est pas reconnue par la loi. — Un décret de 1793 avait institué un exécuteur par département ; le nombre en a été diminué graduellement : une ordonn. du 7 oct. 1832 les a réduits à 43 ; ils sont nommés par le ministre de la Justice, ont un salaire fixe (8,000 fr. à Paris, 5,000 à Lyon, 4,000 à Rouen et à Bordeaux, 2,000 fr. dans les villes de moins de 20,000 âmes), et ont droit à des indemnités de déplacement. La loi leur accorde en outre un certain nombre d'*aides* pour les assister dans leurs fonctions.

Chez plusieurs peuples, l'office du bourreau était confié à de grands officiers, comme chez les Perses, ou à des prêtres, comme chez les Germains et les anciens Gaulois. A Rome, il était exercé par les licteurs, qui marchaient devant le consul. Longtemps, en Europe, le titre et l'office de bourreau furent inconnus ; les arrêts étaient exécutés soit par un habitant, le dernier arrivé dans le lieu, soit par les juges eux-mêmes. — Chez les peuples modernes, une idée de flétrissure et même d'infamie était attachée à l'office et à la personne du bourreau : dans plusieurs provinces de France, il ne lui était pas permis d'habiter dans l'enceinte des villes ; dans le temps où tout le monde portait l'épée, il ne pouvait se la permettre qu'en la fixant au côté droit ; lorsqu'il faisait ses pâques, il se tenait à genoux sous le porche des églises. Par compensation, il avait certains priviléges : il était exempt de toute imposition ; il percevait même dans plusieurs villes sur les denrées qui se vendaient au marché des droits dits droit de *havage*, de *rifterie*, etc. Toutes ces exceptions sont aujourd'hui supprimées, et le préjugé qui s'attachait à l'exercice de l'état de bourreau paraît s'être tellement effacé qu'à chaque vacance on compte un très-grand nombre de solliciteurs empressés de combler le vide. — M. Joseph de Maistre, dans ses *Soirées de Saint-Pétersbourg*, a tenté de réhabiliter le bourreau : il le présente comme la *clef de voûte de la société.*

BOURRÉE, sorte de danse fort gaie, originaire de l'Auvergne, et qu'on dansait beaucoup autrefois, même à la cour. Elle y fut introduite en 1565 par Marguerite de Valois, fille de Catherine de Médicis, et y resta à la mode jusqu'au règne de Louis XIII. L'air de cette danse est à 2 temps et d'un mouvement rapide.

BOURRELET (de *bourre*), espèce de bandeau rembourré dont on entoure la tête des enfants pour la garantir contre les coups. Au lieu de ces lourds bourrelets qui surchargeaient la tête des enfants et que l'auteur d'*Émile* a justement proscrits, on fait aujourd'hui des bourrelets en osier, en baleine, en acier, qui sont aussi légers qu'élégants.

En Botanique, on nomme *bourrelets* ces sortes de renflements que l'on remarque sur tous les végétaux ligneux. Il y en a de trois sortes : le bourrelet *naturel*, qui se forme sur les branches et les rameaux des arbres, et qui marque le point d'où doivent sortir des boutons ; le bourrelet *artificiel*, dû à la culture par marcottes et par boutures, à la greffe ou à une ligature ; le bourrelet *accidentel*, déterminé par des accidents. — En Anatomie, le *bourrelet* est une partie du *corps calleux*. V. CALLEUX (corps).

BOURRELIER (de *bourre*), artisan qui confectionne les harnais pour les bêtes de somme, tels que bâts, colliers, brides, licous, attelages de charrette et de charrue. Cette profession tient à la fois du sellier et du cordonnier. M. Lebrun a donné un *Manuel du bourrelier et du sellier.*

BOURSE (du grec *byrsa*, cuir, parce que dans l'origine les bourses étaient en cuir).

En Botanique, on appelle ainsi : 1° les capsules des anthères ; 2° les bourgeons courts et coniques des arbres fruitiers qui ne produisent que des boutons ; 3° la membrane qui renferme certains champignons avant leur entier développement.

En Anatomie, on appelle *bourses muqueuses* et *sébacées*, de petits follicules muqueux, sébacés, qu'on trouve dans l'épaisseur des membranes muqueuses et de la peau ; *bourses synoviales*, les membranes qui revêtent les articulations, ou qui se déploient autour des tendons, pour favoriser leur glissement.

Dans le Commerce, on donne le nom de *Bourse* à un édifice ou lieu public où s'assemblent, à des heures déterminées, les banquiers, les négociants, les agents de change, les courtiers, etc., pour traiter d'affaires : c'est le plus souvent un des plus beaux édifices de la ville. A Paris, on nomme *parquet* la partie de la

Bourse exclusivement réservée aux agents de change; *coulisses*, les avenues où stationnent et s'agitent des entremetteurs clandestins, qui ont pris de là le nom de *coulissiers* ou *courtiers marrons*. La Bourse est ouverte (ordonnance du 12 janvier 1831) tous les jours, excepté les jours fériés : il y a des heures distinctes pour la négociation des effets publics et pour les opérations commerciales. En ce qui concerne les effets publics, les principales opérations sont : les *marchés au comptant*; les *marchés à terme*, qui se distinguent en *ventes fermes*, où l'acheteur et le vendeur sont engagés, l'un à recevoir le titre contre payement, l'autre à le livrer au terme convenu, et *ventes à primes*, dans lesquelles l'acheteur n'est engagé que conditionnellement et peut se dédire en abandonnant une *prime* ou à-compte qu'il a dû préalablement payer; le *report*, qui consiste à acheter au comptant une certaine quantité de rentes et à les revendre à terme au même instant pour obtenir le bénéfice ou la plus-value résultant du cours plus élevé à terme; le *déport*, qui consiste, au contraire, dans la différence entre un cours plus élevé au comptant et un cours plus bas à terme. Ces trois derniers genres d'opérations constituent ce qu'on nomme *agiotage* (*Voy*. ce mot) et sont regardés comme illicites; la loi les défend en ces termes : « Les paris qui auront été faits sur la hausse et la baisse des effets publics seront punis des peines portées par l'art. 419 (c.-à-d. un emprisonnement d'un mois à un an, et une amende de 500 à 10,000 fr.); » mais l'usage, plus fort ici que la loi, les tolère.

Les bourses , telles qu'elles existent aujourd'hui, ne remontent pas au delà du XVIᵉ siècle. Les premières furent établies à Bruges, Amsterdam, Venise et Londres. En France, les premières bourses furent établies à Lyon et à Toulouse, en 1549, et à Rouen, en 1556. A Paris, le *Pont-au-Change* fut assigné dès 1304 aux réunions de négociants; mais ce n'est que bien plus tard, en 1724, que la *Bourse* fut réellement constituée.

Comme monuments publics, les plus belles Bourses sont celles d'Amsterdam , bâtie de 1608 à 1613; la Bourse de Londres (*Royal-Exchange*), construite d'abord en briques, aux frais de sir Th. Gresham, et réédifiée en 1666 avec beaucoup de magnificence; la Bourse de Saint-Pétersbourg , construite de 1804 à 1811 par l'architecte français Thomon; la Bourse de Paris, commencée en 1808 par Brongniart et achevée en 1825 par La Barre.

On peut consulter Coffinières (*De la Bourse et des Spéculations*, 1824), Mollot (*Bourse et Commerce*, 1831), Lamst (*Manuel de la Bourse*), etc.

En Turquie et dans tout le Levant, on donne le nom de *bourse* à une monnaie de compte; la *B. d'argent* vaut 500 piastres (de 150 à 165 fr.); la *B. d'or* vaut 30,000 piastres (de 9,000 à 9,900 fr.). Du reste, la valeur de la bourse varie selon les pays; elle est tout autre en Égypte qu'en Turquie.

Enfin, on donne le nom de *bourse* à une pension fondée par le gouvernement, par un département, par une ville ou par un particulier, dans un lycée ou collège, dans une école, dans un séminaire, pour l'entretien d'un élève, dit *boursier*, durant le cours de ses études. Il y a dans les lycées et les collèges des *Bourses impériales* (dites précédemment *royales* ou *nationales*), des *B. communales* et des *B. départementales*. Le décret du 7 févr. 1852 et les arrêtés des 9 févr. 1852 et 21 mai 1853, les *Boursiers impériaux* sont nommés, sur la proposition du ministre de l'Instr. publique, par l'Empereur, à raison des services de leurs parents. Les préfets confèrent, sous la confirmation du même ministre, les *bourses départementales* et *communales*, ces dernières d'après une liste dressée par les conseils municipaux. Les candidats aux différentes bourses subissent un examen préalable. Suivant la fortune des familles, il est accordé une bourse entière, trois-quarts de bourse, ou une demi-bourse.

BOUSAGE, opération qui, dans la fabrication des indiennes, succède au mordançage, et dans laquelle on se sert de la *bouse de vache*. Elle a pour but principal de fixer le mordant par la matière albumineuse que renferme la bouse de vache, et qui se combine avec ce mordant pour former une combinaison insoluble qui se précipite sur les fibres du tissu, et en même temps de saturer l'acide acétique qui reste du mordançage. On peut remplacer la bouse de vache par des phosphates et des arséniates.

BOUSE (du grec *bous*, bœuf). La bouse de vache, connue de toute antiquité comme engrais, a été depuis quelques années appliquée à la teinture des étoffes. *Voy*. BOUSAGE.

BOUSIERS (de *bouse*, excrément de la vache), *Copris*, genre d'insectes Coléoptères pentamères, de la famille des Lamellicornes et de la tribu des Coprophages, appartient au grand genre Scarabée de Linné. Ces insectes vivent dans les fumiers et les excréments des animaux, dont ils font leur nourriture. Leur taille varie considérablement; dans nos contrées ils ne dépassent guère 18 ou 20 cent.; presque tous sont d'un noir luisant; quelques espèces seulement sont brunes avec un reflet métallique. Les mâles ont la tête armée de cornes ou d'éminences qui leur donnent parfois un aspect fort bizarre. Autrefois on employait en médecine les espèces les plus grosses pour en faire l'*huile de Scarabées*. — Parmi les espèces indigènes, on remarque le *Bousier lunaire*, fort commun dans les crottins de cheval.

BOUSSOLE (du bas latin *bussola* ou *buxola*, boîte, dérivé lui-même du grec *pyxos*, buis, matière ordinaire des boîtes), instrument servant à observer la direction de la force magnétique de la terre et spécialement à indiquer le Nord. On distingue la *B. de déclinaison*, la *B. de variation* et la *B. d'inclinaison*.

La *B. de déclinaison* se compose d'une aiguille aimantée, mobile en son centre sur un pivot, et tournant horizontalement autour d'un cercle gradué. Cette aiguille, obéissant à l'influence du magnétisme terrestre, dirige constamment ses deux extrémités vers les deux pôles du globe (*Voy*. MAGNÉTISME TERRESTRE, AIGUILLE AIMANTÉE, DÉCLINAISON). La *B. marine*, dite aussi *Compas de variation* ou *Compas de mer*, n'est qu'une boussole de déclinaison suspendue de manière à se maintenir constamment dans une situation horizontale. L'aiguille en est plate, et forme à son centre de gravité un losange évidé, en forme de chape; ou bien elle est percée d'un trou rond auquel on adapte une chape d'argent. Sur cette chape est appliqué un cercle de carton, de tôle ou de cuivre très-mince, en sorte que l'aiguille, dans son mouvement, est obligée d'entraîner avec elle ce petit cercle, qui, par son poids, modère un peu la trop grande facilité qu'elle aurait à vaciller. Le petit cercle est découpé, et présente 32 points qui divisent la circonférence en autant de parties égales nommées *aires de vent* ou *rumbs*; le cercle lui-même s'appelle *rose des vents* (*Voy*. ces mots). Outre la rose des vents, ainsi fixée sur l'aiguille et qui partage ses mouvements, on place autour du bord de la boîte un cercle divisé en 360°, et concentrique avec le pivot. Ce cercle sert à faire connaître les angles formés par la direction de l'aiguille et celle du vaisseau, et donne en même temps les moyens de tenir exactement compte de la déclinaison de l'aiguille. Le système de suspension de la boussole marine se compose de plusieurs cercles mobiles qui se coupent à angles droits; ce mécanisme, appelé *suspension de Cardan*, est disposé de manière à la tenir toujours dans une position horizontale, malgré le roulis et le tangage du vaisseau. On place la boussole près du gouvernail, afin que le matelot qui tient la barre puisse l'avoir toujours sous les yeux. — La boussole de *déclinaison* est sujette à quelques erreurs que l'on corrige au moyen du *Compensateur magnétique*. *Voy*. ce mot.

La *B. de variation* est une boussole de déclinaison munie de microscopes, et construite d'une manière particulière pour indiquer avec la plus grande précision les variations diurnes de l'aiguille aimantée.

La *B. d'inclinaison* est semblable à la *B. de déclinaison*; mais, au lieu de la placer horizontalement, on renverse l'appareil de manière que le cercle et, par conséquent, l'aiguille soient dans une position verticale; le cercle tourne lui-même sur un pivot vertical qui traverse le centre d'un autre cercle horizontal: ce qui permet de placer le premier dans tous les azimuts. *Voy.* INCLINAISON.

On fabrique aujourd'hui des boussoles qui marquent en même temps la déclinaison et l'inclinaison.

La *B. d'arpentage* est une boussole d'inclinaison enfermée dans une boîte carrée sur le côté de laquelle se meut une alidade ou une lunette à deux verres convexes que l'on peut diriger sur les points qui sont hors du plan du niveau. Cette boussole, indispensable à l'arpenteur, est fort utile dans le levé des plans: par exemple, pour lever les sinuosités d'un cours d'eau, d'un sentier dans les bois, ou pour mesurer des périmètres dans les pays couverts, quand on ne peut voir l'objet auquel tous les autres se rapportent. Cet instrument ne donne, il est vrai, que des résultats approximatifs, mais qui sont bien suffisants dans la plupart des cas.

Les Chinois ont connu la boussole de temps immémorial; ils s'en servaient plus de mille ans avant J.-C. On a supposé que le Vénitien Marco Paolo nous avait apporté cette invention; mais ce voyageur ne fut de retour en Europe qu'en 1295, et dès 1180 il est parlé de la boussole (sous le nom de *Marnière* ou *Amanière*) dans des vers de Guyot de Provins; elle était aussi connue sous les noms de *Marinette*, *Magnette*; on la nommait *Calamite* dans la Méditerranée. Du reste, il paraît constant que l'usage de cet instrument ne fut un peu répandu en Europe que vers l'an 1300: c'est Flavio Gioja, d'Amalfi, qui inventa à cette époque, non la boussole elle-même, mais le moyen de disposer l'aiguille aimantée de manière à satisfaire à tous les besoins de la marine.

BOUSTROPHEDON (du grec *bous*, bœuf, et *stréphô*, tourner), sorte d'écriture commune à plusieurs peuples de l'antiquité, entre autres, aux Grecs, aux Phéniciens, aux Étrusques et aux Hébreux. Elle consistait à écrire alternativement de gauche à droite et de droite à gauche, sans que la ligne fût discontinuée, à l'imitation des sillons d'un champ. Les plus anciennes inscriptions grecques sont en boustrophédon.

BOUTARGUE, sorte de préparation culinaire faite avec les œufs et le sang du Muge, poisson de la Méditerranée: on sale ces œufs, on les broie, on les réduit en une pâtée qu'on fait sécher au soleil. A Marseille, on mange la boutargue avec de l'huile d'olive et du citron. La meilleure vient de Tunis.

BOUT-DEHORS ou BOUTE-HORS. Dans la Marine, on nomme ainsi des pièces de bois adaptées sur l'avant à chaque vergue, et qui servent à déployer et à soutenir les bonnettes. On rentre les *bout-dehors* le long de leurs vergues respectives et on les pousse dehors à volonté. Ils prennent le nom de la vergue à laquelle ils tiennent.

BOUTEILLES (du bas latin *buticula*). On les fabrique avec les matières vitrifiables les plus communes, le sable, les soudes du commerce, les cendres. Un ouvrier verrier plonge une tige creuse dans la matière en fusion; il en saisit une certaine masse, puis la souffle en la tournant sans interruption; et, quand elle est dilatée à un certain point, il la fixe dans un moule, et continue à la souffler et à la tourner jusqu'à ce qu'elle ait pris la forme qu'elle doit avoir; il la retire alors, la renverse, et, la plaçant dans une position verticale, il forme le creux, dont il rentre la convexité dans l'intérieur de la bouteille; il coupe ensuite le col, en arrondit le bord, et place le cor-

don qui doit le renforcer; enfin, il porte la bouteille au four à cuire, où elle se refroidit peu à peu. — Les bouteilles doivent présenter plus ou moins de force, suivant l'usage auquel elles sont destinées: celles dans lesquelles on met des vins mousseux, des eaux gazeuses, ont besoin de résister à une très-forte pression intérieure: la casse de ces bouteilles est dans une énorme proportion (quelquefois 50 0/0). On fabrique à Épinac (Saône-et-Loire) des bouteilles pour les vins de Champagne qui résistent à une pression intérieure de 30 atmosphères. — Une ordonnance du 8 mars 1735 avait prescrit de ne fabriquer que des bouteilles tenant pinte, mesure de Paris, et du poids de 25 onces; mais ce règlement est sage est tombé en désuétude, et les verriers fabriquent des bouteilles d'une jauge incertaine, qui varie suivant les lieux et la cupidité des marchands de vin.

BOUTEILLE DE LEYDE, dite aussi *jarre électrique*, instrument de physique qui sert à accumuler des charges électriques. Il se compose d'un flacon en verre, recouvert extérieurement d'une feuille d'étain qui monte jusqu'à quelques centim. des bords, et rempli de feuilles de clinquant, au milieu desquelles plonge une tige métallique: celle-ci traverse le goulot du flacon, se recourbe extérieurement en crochet, et se termine par un bouton. L'espace compris entre le goulot et la feuille d'étain, dite *armature extérieure*, est verni à la laque, pour empêcher toute communication entre l'intérieur et l'extérieur de la bouteille. Pour charger une bouteille de Leyde, on la tient par la panse, et l'on présente le bouton à la machine électrique: le fluide vitreux s'accumule dans la bouteille, le fluide résineux reste sur l'armature extérieure. On peut décharger la bouteille lentement ou d'une manière brusque: si on la tient d'une main par la panse, de manière à toucher l'armature extérieure, et que de l'autre main on touche le bouton, le corps est conducteur, la bouteille se décharge instantanément, et l'on reçoit une violente secousse; il y aurait du danger à s'y exposer dans le cas d'une forte charge. Pour décharger la bouteille lentement, on la pose avec précaution sur un isoloir, et l'on tire alternativement de la panse et du bouton une foule de petites étincelles.

On appelle *batteries électriques* des réunions de plusieurs bouteilles de Leyde, dont tous les intérieurs communiquent au moyen de tiges de métal, et dont tous les extérieurs sont en communication par le moyen d'une feuille métallique qui garnit tout le fond de la caisse en bois où sont placées les bouteilles; une petite chaîne assure la communication des armatures extérieures avec le sol. Les effets de ces batteries sont très-puissants: un fil de fer de plusieurs centimètres de longueur est fondu par la décharge d'une forte batterie; les corps mauvais conducteurs, comme, par exemple, les pierres, en sont percés ou brisés; il ne faut pas des batteries très-fortes pour tuer des oiseaux, des lapins, et même des animaux de plus grande taille.

La bouteille de Leyde est ainsi nommée parce que c'est à Leyde qu'on en a fait l'invention: les uns l'attribuent à Muschenbrœck, d'autres à son disciple Cuneus.

BOUTEILLER ou BOUTILLIER, officier qui a l'intendance du vin dans la maison d'un prince. — Le *grand bouteiller de France* était, dès le temps de Charlemagne, un des cinq grands officiers de la couronne: il avait droit de séance entre les princes, disputait le pas au connétable, et prétendait au droit de présider la chambre des comptes. Il fut remplacé par le *grand échanson*, qui hérita de ses fonctions, mais non pas de ses priviléges. *Voy.* ÉCHANSON.

BOUTE-SELLE, signal pour avertir les cavaliers de seller les chevaux et de monter à cheval, se donne en sonnant la trompette.

BOUTOIR (de *bout*), nom primitivement donné au museau du sanglier, et depuis étendu à tous les museaux analogues, tels que ceux du cochon, du tapir, du coatis, du balisaur, de la taupe, etc. Dans l'intérieur du museau se trouve un osselet appelé os de boutoir, qui lui donne de la solidité et le rend propre à fouiller la terre.

Les vétérinaires et les maréchaux ferrants appellent boutoir un instrument tranchant dont ils se servent pour couper la corne du pied des chevaux.

BOUTON. En Botanique, on appelle bouton : 1º le bourgeon qui commence à se former (Voy. BOUR-GEON); 2º une fleur non épanouie ; 3º le petit bulbe qui naît à l'aisselle des écailles extérieures d'un oignon ; on le nomme aussi bouton radical ou caïeu.
— C'est encore le nom vulgaire d'un grand nombre de fleurs ; ainsi, on nomme : B. d'argent l'Achillée sternutatoire, la Camomille romaine, la Renoncule aux feuilles d'aconit ; B. de bachelier, B. de la mariée, la Lychnide visqueuse ; B. de culotte, un radis blanc ; B. d'or, plusieurs Renoncules et l'Immortelle jaune ; B. noir, la Belladone commune ; B. rouge, le Gainier du Canada.

En Conchyliologie, on donne vulgairement ce nom à plusieurs espèces de coquilles, à cause de leur forme arrondie : tels sont le B. de camisole (Trochus Pharaonis), le Grand B. de la Chine ou Cardinal vert (Trochus maculatus), le B. de la Chine (Trochus niloticus), le B. de rose (Bulla amplustra), le B. terrestre (Helix rotundata), etc.

En Médecine, on donne ce nom à de petites élevures cutanées, arrondies, isolées, et, la plupart du temps, rouges, qui viennent sur la peau. On les distingue en boutons vésiculeux, qui contiennent une humeur séreuse, et en prurigineux, qui causent une démangeaison plus ou moins vive.—Le B. d'Alep est une maladie cutanée, particulière à la Syrie. Elle consiste en un tubercule plus ou moins volumineux, intéressant toute l'épaisseur du derme, et commençant par une saillie lenticulaire qui s'accroît insensiblement pendant quatre ou cinq mois. Alors surviennent des douleurs très-vives, et la suppuration commence ; l'ulcération varie d'étendue (de 2 à 10 centim.) ; enfin, arrivent la dessication et la formation d'une cicatrice indélébile. Cette maladie atteint les résidants étrangers comme les indigènes ; mais on n'en est affecté qu'une fois dans la vie.

En Chirurgie, on donne le nom de bouton à un instrument qui sert dans l'opération de la taille, et qui consiste en une tige d'acier longue de 20 centim. environ, garnie, sur sa longueur, d'une crête, et terminée, à une de ses extrémités, par un bout olivaire.

Dans l'Industrie, on appelle bouton une petite pièce, ordinairement ronde et plate, quelquefois bombée ou en boule, qui sert à retenir les parties opposées d'un vêtement. Les boutons sont en bois, en métal (or, argent, acier ou cuivre) ; en nacre, ivoire, os, corne, cuir bouilli ; en soie, en fil, en lasting, etc. La fabrication des boutons comprend un grand nombre d'opérations qui constituent l'industrie du boutonnier. Elle est considérable en Angleterre, surtout à Birmingham et à Londres. En France, Paris, Lyon, Chantilly, Méru, sont les endroits où se fabriquent le plus de boutons. C'est une des genres de fabrication admis dans les pénitenciers. — Les boutons ne sont pas d'une date fort ancienne : nos ancêtres se servaient plutôt d'agrafes, de cordons, de rubans, d'aiguillettes, de brochettes ou de grosses épingles. Les boutons furent d'abord formés d'une espèce de petite balle, revêtue de la même étoffe que les différentes parties du vêtement qu'ils étaient destinés à réunir. Dans la suite, on a trouvé cette forme ronde des boutons fort incommode par leur grosseur, et l'on a inventé la forme plate.

Chez les Chinois, le bouton est un insigne honorifique : selon qu'il est plus ou moins riche, il sert à distinguer les rangs.

BOUTS-RIMÉS, mots qui riment ensemble dans l'ordre où riment ordinairement nos vers, et que l'on choisit pour derniers mots de vers à faire sur un sujet donné. On rapporte l'origine de ce jeu d'esprit à Dulot, poëte médiocre, qui vivait au XVIIe siècle. Ce poëte s'étant plaint d'avoir perdu 300 sonnets, dont il avait par avance fait les rimes, cette manière de procéder parut si singulière qu'on imagina d'en faire l'essai par forme de passe-temps. Le Mercure galant contient un recueil assez considérable de bouts-rimés. Mme Deshoulières réussissait en ce genre ; on cite son sonnet sur l'or, fait sur bouts-rimés. En voici le début :

Ce métal précieux, cette fatale pluie,
Qui vainquit Danaé, peut vaincre l'univers.
Par lui les grands secrets sont souvent découverts,
Et l'on ne répand point de larmes qu'il n'essuie.

Aujourd'hui, ce genre d'amusement est tout à fait passé de mode.

BOUTURE, branche d'un arbre ou d'une plante vivace que l'on sépare de la tige, et que l'on plante en terre pour qu'elle prenne racine et produise un nouvel individu. La plupart des plantes grasses, telles que les peupliers, les saules, les agaves, la menthe poivrée, se reproduisent par boutures. Les boutures se font à la fin de l'hiver ou à la fin de l'automne, suivant qu'on veut planter des arbustes de pleine terre ou des arbres résineux. — On distingue : B. simple, qui se fait avec un rameau de la dernière pousse, et qui est propre à la multiplication d'une foule de plantes de serre chaude ; B. herbacée, qui se fait avec des jeunes pousses ou bourgeons de 2 à 3 centim. de longueur ; B. à bois de deux ans, qui est employée pour les arbres et arbustes au moment où ils sont en sève ; B. à talon, qui se fait avec une jeune branche de l'année précédente, qu'on a séparée de la tige avec l'empâtement qui les réunissait ; B. en plançon, qui se fait avec une forte branche de 3 à 4 mètres de haut, en forme de pieu ; B. en rameau, jeune branche ramifiée qu'on enfouit sous la terre dans toute sa longueur, à l'exception du gros bout, qui fait une saillie de 3 ou 4 centim. ; B. en ramée, grande branche munie de rameaux, et placée horizontalement en terre à 10 ou 12 centim. de profondeur, et dont les rameaux font saillie de 8 à 10 centim. ; B. avec bourrelet par étranglement, bouture d'une branche munie d'un bourrelet au-dessus duquel on a fait une incision ; B. à bourrelet par incision, que les jardiniers emploient lorsque l'espèce produit difficilement des bourrelets par étranglement, et qui consiste à enlever de la branche un anneau d'écorce au-dessus duquel le bourrelet ne tarde pas à se former.

BOUVET, outil de menuisier et de charpentier, dont on se sert pour creuser des rainures et des languettes. C'est une espèce de rabot, qui se compose d'un fût de 2 à 3 décim. de long et d'un fer. On en fabrique de plusieurs sortes : B. mâle, celui dont on fait les languettes ; B. femelle, celui dont on fait les rainures ; B. brisé, qui sert à faire des rainures à différentes distances ; B. à rainure et à languette, qui sert à faire l'assemblage des planches, etc.

BOUVIER (en grec, boôtès). Outre celui qui garde et qui soigne les bœufs, emploi assez important pour avoir fourni matière à un traité spécial, le Manuel du Bouvier (par M. Boyard), ce mot désigne une constellation de l'hémisphère boréal, voisine de la Grande-Ourse ou Chariot, qu'elle paraît diriger, comme le bouvier dirige ses bœufs. Elle se compose de 55 étoiles, dont une de première grandeur, appelée Arcturus. Selon les Mythologues, le Bouvier serait Icarius, père d'Érigone, qui fut transporté au ciel par Jupiter, à la prière de Bacchus.

En Ornithologie, c'est le nom vulgaire du Gobemouches et de la Bergeronnette ou Lavandière.

BOUVREUIL, Pyrrhula (du grec pyrrhoulas, espèce d'oiseau rougeâtre), genre d'oiseaux de l'ordre des

Passereaux, se trouve dans toute l'Europe, et habite les bois et les taillis. Il y en a plusieurs espèces; la plus connue, le *Bouvreuil commun*, a le dos cendré, le ventre d'un rouge tendre, la tête et les ailes d'un beau noir. Le bouvreuil s'apprivoise aisément, et vit en cage de 5 à 6 ans; son chant naturel est un sifflement très-pur, mais composé seulement de trois notes; formé à la serinette, il devient varié et très-agréable. On nourrit le bouvreuil avec du chènevis.

BOXE (en anglais, *box*), sorte de pugilat très-usité en Angleterre. L'art de la boxe consiste : 1º à frapper son adversaire, avec le poing, aux parties les plus sensibles du corps, au visage, au creux de l'estomac et au défaut des côtes; 2º à éviter d'être touché, soit au moyen de parades avec les bras, soit par un mouvement de retraite de la tête ou du corps. Les coups, dans ce genre de lutte, ne doivent porter qu'au-dessus de la ceinture; les plus rapides sont les coups droits. La boxe est devenue, chez les Anglais, l'art à la mode; elle y est cultivée par le grand seigneur tout aussi bien que par l'homme du peuple. Il y a des combats publics où des boxeurs fameux se battent sérieusement pour une certaine somme d'argent; des paris considérables s'engagent souvent dans ces occasions : ces luttes ont autant d'attrait aux yeux d'un Anglais que chez nous un un assaut d'armes. On peut consulter sur l'histoire de la boxe : *Boxiana, or sketches of modern and ancient pugilism*, par Pierce Egan, Londres, 1824.

BOYARD. *Voy.* BOÏARD.

BOYAU (qu'on dérive de l'italien *buoto* ou *vuoto*, vide), synonyme d'*Intestin*. *Voy.* ce mot.

Dans l'Industrie, on désigne particulièrement sous ce nom les intestins de bœuf, de mouton, de cheval, etc., avec lesquels on prépare des boyaux insufflés pour les charcutiers, de la baudruche, des cordes à raquettes, à fouets, des cordes harmoniques, etc. Les ateliers où se préparent ces articles s'appellent *boyauderies*; les ouvriers, *boyaudiers*. Ce genre d'industrie est fort malsain, à cause de l'insalubrité des matières qu'on y emploie : M. Labarraque a réussi à l'assainir par l'application de ses chlorures aux matières putréfiables. *Voy.* CHLORURES.

Dans l'Art militaire, le mot *boyau* signifie une tranchée étroite et tortueuse, dirigée vers une place assiégée. Ce sont des retranchements qui servent à lier les attaques du front de la place.

BRACELET (du latin *brachiale*, même signification), ornement d'un usage fort ancien, se porte tantôt au bras gauche, tantôt aux deux à la fois. Chez les Grecs et les Romains, les hommes l'avaient adopté aussi bien que les femmes; il en est de même aujourd'hui en Orient et chez plusieurs peuplades sauvages : les femmes turques et africaines en portent même souvent aux jambes. Chez les anciens, les bracelets étaient souvent un gage de fiançailles; les filles n'en portaient pas, qu'elles ne fussent accordées. Chez les Romains, qui le nommaient *armilla*, le bracelet était aussi la récompense de la valeur. Ils en avaient en toute sorte de métal, et leur forme la plus ordinaire était celle d'un serpent tortillé sur lui-même, ou d'un serpent tressé et terminé par deux têtes de serpent. — En France, ce n'est guère que depuis le règne de Charles VII que les femmes ont adopté l'usage des bracelets.

BRACHÉLYTRES (du grec *brachys*, court, et *élytron*, étui), famille d'insectes Coléoptères pentamères, doit son nom au peu de longueur de ses élytres, qui ne recouvrent qu'une partie de l'abdomen; le corps, au contraire, est allongé; leur bouche est armée de fortes mâchoires, et ils portent près de l'anus deux petites vésicules velues qu'ils font sortir à volonté, et d'où s'échappe une vapeur subtile très-odorante. Presque tous ont l'habitude de relever en courant leur abdomen et de le ramener plus ou moins sur leur dos. Ils sont très-voraces; la plupart vivent sur les cadavres et les fumiers, quelques-uns sur les bolets et les écorces pourries. *Voy.* STAPHYLIN.

BRACHIAL (du latin *brachium*, bras), qui tient au bras. En Anatomie, on distingue : le *muscle brachial antérieur*, ou huméro-cubital; le *muscle brachial postérieur*, ou triceps; l'*artère brachiale* ou humérale; l'*aponévrose brachiale*, le *plexus brachial*, les *nerfs brachiaux* (l'axillaire, le cutané, le musculo-cutané, le radical, le cubital et le médian), l'artère *brachio-céphalique* ou *innominée*, qui naît de la courbure de l'aorte et fournit l'artère brachiale et l'artère céphalique; les ligaments *brachio-cubital* et *brachio-radial*, etc.

BRACHINE, *Brachinus* (du grec *brachys*, court), genre d'insectes Coléoptères pentamères, de la famille des Carabiques, ainsi appelés à cause de la forme générale de leurs corps, aussi large à une extrémité qu'à l'autre, et comme tronqué. Cet insecte lance par l'anus, avec fumée et explosion, lorsqu'il est inquiété, une liqueur volatile d'un blanc jaunâtre, d'une odeur pénétrante analogue à celle de l'acide azotique, rougissant le tournesol, et produisant sur la peau des taches rouges avec sensation de brûlure. Le *B. tirailleur* (*Brachinus crepitans*) vit sous les pierres et est très-commun aux environs de Paris. Il est long de 12 à 15 millim.; le *B. caustique* se trouve dans le midi de la France.

BRACHIONIDES, famille d'animaux infusoires compris entre les polypes et les crustacés, a pour type le genre *Brachion*. Ils sont invisibles à l'œil nu; leur corps, contractile et recouvert d'un test solide, est transparent, percé postérieurement pour donner passage à une queue rétractile articulée : ils sont ovipares. Les Brachionides vivent indifféremment dans les eaux douces et dans les eaux salées.

BRACHIOPODES (du grec *brachion*, bras, et *pous*, pied), classe de Mollusques qui renferme des animaux à coquilles bivalves, munis de deux bras charnus garnis de nombreux filaments qu'ils peuvent étendre hors de la coquille ou retirer en dedans, et dont la bouche est entre les bases des bras. Les Brachiopodes se fixent aux rochers par un pédoncule fibreux ou par l'adhérence même de l'une de leurs valves; on les trouve rarement à l'état vivant, à cause des grandes profondeurs où ils vivent tous; mais on en connaît beaucoup à l'état fossile. Les genres principaux sont appelés *Lingule*, *Térébratule*, *Orbicule*, etc.

BRACHIOPTÈRES (du grec *brachion*, bras, et *ptéron*, nageoire), famille de poissons Gnathodontes hétérodermes, renfermant ceux qui ont les nageoires pectorales pédiculées.

BRACHISTOCHRONE (du grec *brachistos*, le plus court, et *chronos*, temps). On appelle ainsi en Géométrie la courbe par laquelle un corps, abandonné à l'action de la pesanteur, descend le plus vite possible; dans le vide, cette courbe serait la *cycloïde* (*Voy.* ce mot). Le problème de la brachistochrone fut proposé par Jean Bernouilli, en 1696, aux savants de l'Europe, et résolu par Leibnitz, Jacq. Bernouilli, Newton et Lhôpital.

BRACHYGRAPHIE (du grec *brachys*, court, abrégé, et *graphô*, écrire). *Voy.* STÉNOGRAPHIE.

BRACHYPTÈRES (du grec *brachys*, court, et *ptéron*, aile), famille d'oiseaux répondant à celle des Brévipennes. *Voy.* ce mot.

BRACHYURES (du grec *brachys*, court, et *oura*, queue), ordre de Crustacés décapodes, qui a pour caractères principaux : une queue (abdomen) plus courte que le tronc, sans nageoires à son extrémité, et se reployant en dessous à l'état de repos; la poitrine triangulaire chez les mâles, arrondie et bombée chez les femelles; quatre paires de doubles filets velus destinés à porter les œufs; les antennes petites, les yeux portés sur de longs pédoncules, la première paire de pattes se terminant par une serre didactyle.

Cet ordre se divise, d'après M. Milne-Edwards, en 4 grandes familles : les *Oxyrhinques*, les *Catométopes*, les *Cyclométopes* et les *Oxystomes*.

BRACONNIER (de *braque*, espèce de chien de chasse). Ce mot désignait d'abord, non celui qui chasse en fraude, mais les valets qui gouvernaient une espèce de chiens nommés *braques*, comme les *fauconniers* étaient les valets chargés de l'entretien et de de l'éducation des faucons. — Autrefois, le *braconnage* était puni, selon les cas, de l'amende, du fouet, de la flétrissure, du bannissement, des galères, de la mort même, et toute personne achetant du gibier provenant du *braconnage* était passible des mêmes peines. Aujourd'hui le *braconnage*, qui porte préjudice aux propriétaires et qui souvent expose les gardes à des dangers réels, n'est puni que comme simple délit de chasse, et est seulement justiciable des tribunaux correctionnels. Les lois qui, depuis l'abolition des privilèges de chasse, atteignent le braconnage, sont celle du 30 avril 1790 et celle du 3 mai 1844 (sur la police de la chasse).

BRACTÉATES, *Bracteatæ* (du lat. *bractea*, feuille de métal), monnaies grossières fabriquées avec des feuilles d'or et d'argent, et frappées d'un seul côté, de sorte que l'effigie est en creux d'un côté et en relief de l'autre. Les premières monnaies de ce genre étaient de fabrication byzantine ; l'usage s'en répandit en Allemagne au xe siècle, à cause de la rareté des métaux précieux et de l'ignorance où l'on était alors de l'art de la monnayage. Il en existe une collection curieuse au musée de Berlin.

BRACTÉES (du latin *bractea*), petites feuilles nommées aussi *folioles florales*, qui accompagnent les fleurs de certaines plantes ; elles sont ordinairement colorées, et le plus souvent diffèrent du reste des feuilles par la consistance, la couleur et la forme ; tantôt elles soutiennent la fleur, en ajoutant à son éclat ; tantôt elles l'enveloppent plus ou moins complètement : les plus petites s'appellent *bractéoles*. Les fleurs accompagnées de bractées ou de bractéoles sont dites *bractéolées*.

BRADYPE (du grec *bradys*, lent, et *pous*, pied), genre de mammifères de l'ordre des Édentés et de la famille des Tardigrades. A terre, ces animaux sont très-disgracieux et sont forcés de se traîner sur les coudes, à cause de l'énorme disproportion de leurs membres antérieurs. Leur marche embarrassée et lente leur a valu le nom de *Paresseux*. Mais toutes ces imperfections disparaissent dès qu'ils se trouvent sur les arbres, où ils grimpent avec la plus grande facilité. Les Paresseux habitent les forêts de l'Amérique du Sud, où ils ne se nourrissent que de feuilles et d'écorces. Le *B.* ou *Paresseux à 3 doigts*, appelé aussi *Aï* à cause de son cri, est de la taille d'un chat ; il est surtout remarquable en ce qu'il a 9 vertèbres au cou au lieu de 7. L'*Unau* ou *Paresseux à 2 doigts*, est moitié moins grand ; il est, en général, moins disgracieux que l'*Aï*.

BRAI, poix retirée du sapin et du pin. On en distingue 3 variétés : 1° le *brai liquide* ou *goudron*, que l'on retire des sapins trop vieux pour fournir la térébenthine ; 2° le *brai sec* ou *arcanson*, résine presque complètement privée d'huile essentielle, et qui n'est autre chose que le résidu de la distillation de la térébenthine ; il est employé dans la fabrication du gaz à éclairage ; il entre dans la composition du mastic de fontaine, de la cire à cacheter les bouteilles, de certains onguents et emplâtres, où il agit comme stimulant ; épuré, il prend le nom de *colophane* (*Voy.* ce mot) : le nom d'*arcanson* lui a été donné par les luthiers et les musiciens, qui en frottent les crins de leurs *archets* pour les faire mieux adhérer sur les cordes du violon et par là leur donner plus de ton ou de vigueur, et tirer un son plus net des instruments à cordes ; 3° le *brai gras* ou *pégu*, qui s'obtient par l'évaporation des goudrons de pin.

On a aussi étendu ce nom à différents goudrons épaissis qui se tirent de la houille et des bitumes. Le brai gras sert à la confection de la poix des cordonniers, des mastics bitumineux et des vernis noirs à calfater les navires, etc. — Ces brais se fabriquent en grande quantité en Suède, en Russie, etc. ; les Hollandais, les Suédois, les Hambourgeois les transportent dans les ports de France, d'Angleterre, d'Espagne, du Portugal, etc., pour le service de la marine.

BRAIES (du latin *bracca*, même signif.), se disait autrefois d'un vêtement en forme de caleçon qui couvrait le corps depuis la ceinture jusqu'aux genoux, et qui était en usage chez les Scythes, les Germains et les Gaulois. — Dans certaines parties de la Bretagne, les paysans portent encore aujourd'hui des hauts-de-chausse fort amples qu'ils nomment *bragues*. César avait donné à une partie des Gaules le nom de *Braccata*, parce que les habitants portaient des braies.

BRAME ou **BRÈME**, poisson. *Voy.* BRÈME.

BRANCHE (du latin barbare *branca*, dérivé lui-même de *brachium*). En Botanique, on désigne sous ce nom les plus grosses divisions du tronc. Les divisions des branches portent le nom de *rameaux*, celles des rameaux celui de *ramilles*. — Les jardiniers appellent *B. mères*, les principales bifurcations du tronc ; *membres*, les principales bifurcations des branches mères ; *B. à bois*, celles qui forment les extrémités de toutes les branches, et qui proviennent du développement des bourgeons de l'année ; *B. à fruit*, celles qui naissent des branches à bois de l'année précédente ; *bouquets* ou *cochonnets*, celles qui, parmi ces dernières, ne portent que des yeux à fruit ; *lambourdes*, celles sur lesquelles les boutons à fruit sont plus nombreux que les boutons à bois ; *dards*, de petites branches de 2 à 7 centim., terminées par un œil très-aigu, destiné à devenir bouton à fruit ; *brindilles*, de petites branches analogues aux lambourdes, mais plus minces et plus allongées ; *B. folles*, celles qui sont maigres et sans valeur ; *B. gourmandes*, celles qui absorbent toute la nourriture des branches voisines, et qu'on doit couper.

En Anatomie, on nomme *branches*, par analogie, les divisions des vaisseaux, des nerfs, et quelquefois des os ; par exemple, on dit les *branches du pubis*.

BRANCHE-URSINE ou BRANC-URSINE, c.-à-d. *patte d'ours*, nom vulgaire de l'*Acanthe*. *Voy.* ce mot.

BRANCHE-URSINE BATARDE. *Voy.* BERCE.

BRANCHIES (en grec *branchia*), organes respiratoires des animaux qui vivent dans l'eau et qui y puisent l'air nécessaire à l'entretien de leur vie. Chez les poissons, les branchies sont en forme de peignes, sur lesquels se ramifient les vaisseaux sanguins. Chaque arc du peigne présente une ou plusieurs veines abouchées à autant d'artérioles, et c'est au travers des parois de ces vaisseaux que l'oxygène de l'air contenu dans l'eau pénètre et produit la transformation du sang veineux en sang artériel. L'eau qui a été avalée, après s'être tamisée entre les dents du peigne, sort par des ouvertures extérieures appelées *ouïes*. Beaucoup de mollusques respirent par des branchies, tantôt renfermées dans l'intérieur du corps, tantôt extérieures et saillantes, sous forme de feuillets imbriqués, de panaches, de franges, de houppes, etc. Les crustacés et la plupart des annélides ont aussi des branchies. A l'état de têtards, les grenouilles ont des branchies en panaches attachées extérieurement aux côtés du cou.

BRANCHIOPODES (du grec *branchia*, branchies, et *pous*, pied, parce que les pieds de ces animalcules renferment les branchies, et servent ainsi à la respiration), grand groupe de Crustacés qui a pour type le *Branchipes* : ce sont des animaux microscopiques qui se trouvent en abondance dans les eaux bourbeuses, et qui nagent sur le dos en frappant l'eau avec leur queue. Ils semblent se nourrir des petits corpuscules que les courants apportent à leur bouche.

BRANCHIOSTÉGE (du grec *branchia*, branchies, et *stégô*, couvrir), membrane qui couvre et protége les branchies des poissons; elle est située entre les mâchoires et l'épaule de ces animaux, et renferme des pièces cartilagineuses ou osseuses. Ces diverses parties constituent l'*appareil branchiostége*, qui concourt aux mouvements respiratoires des poissons. Artédi donnait ce nom à un ordre de Poissons.

BRANDE (de l'allemand *brand*, incendie), sorte de bruyère, de petit arbuste, d'environ 1 mètre de haut, qui croît dans des campagnes incultes, surtout dans les landes qui s'étendent de Bordeaux à Bayonne. —Ce mot se dit aussi des lieux incultes où croissent çà et là ces sortes de petits arbustes. On chauffe le four avec des *brandes*; on s'en sert, ainsi que des *brandons*, pour fabriquer une sorte d'artifice employée dans les brûlots : à cet effet, on en fait des paquets que l'on trempe d'abord dans l'huile de térébenthine, puis dans la résine.

BRANNE, mesure de capacité. *Voy.* BRENTE.

BRANDEVIN (de l'allemand *brandtwein*), eau-de-vie brûlée, faite avec du grain. *Voy.* EAU-DE-VIE.

BRANDON (de l'allemand *brandt*, tison allumé). On appelait autrefois *dimanche des Brandons* le premier dimanche du Carême, parce que, ce jour-là, le peuple allumait des feux, dansait à l'entour, et parcourait les rues et les campagnes en portant des brandons ou des tisons allumés. Cet usage n'existe plus. On nomme encore *bra don* la paille entortillée au bout d'un bâton, qu'on plante aux extrémités d'un champ pour marquer que les fruits en ont été saisis judiciairement; de là l'expression de *saisie-brandon*, en termes de procédure.

BRANLE, sorte de danse fort en vogue en France au XVIe et au XVIIe siècle, et qui se dansait sur un mouvement très-gai et très-vif. Il y en avait de plusieurs sortes : les branles de Boulogne, du Poitou, de Bretagne, etc. Il y avait aussi le *branle des lavandières*, celui des *sabots* ou *des chevaux*, celui *de la torche*, celui *de la moutarde*, etc. Tous se fondirent dans le *branle à mener*, qui lui-même fut détrôné par le menuet. Le *cotillon*, qu'on danse encore, à la fin des bals, est une espèce de *branle*. En termes de Marine, *branle* était autrefois le nom qu'on donnait aux hamacs. Au commandement de *Branle-bas* ou *bas les branles*, chaque homme décroche son hamac, le roule et le met dans les filets de bastingage pour dégager les batteries et l'entre-pont. Au commandement de *Branle-bas général*, *Branle-bas de combat*, on dispose le bâtiment pour le combat.

BRAQUE (du celtique *bracco*, chien de chasse pour lever le gibier), espèce de chiens de chasse, ras de poil, ayant les oreilles pendantes, légers, bons quêteurs, vigoureux et assez fins de nez. Ce sont des chiens également propres à l'arrêt et à la quête, bons pour la plaine et pour les broussailles. On en faisait autrefois un grand usage; les valets chargés de les soigner s'appelaient *braconniers* (*Voy.* ce mot). La vivacité avec laquelle ces chiens se lancent à la chasse a fait donner le nom de *braque* à un homme ardent et étourdi.

BRAQUEMART (abrégé, selon les étymologistes, de *brakymachæra*, du grec *brachéia*, courte, et *machaira*, épée), arme empruntée aux Grecs, du temps des croisades, était un sabre court, droit, lourd, à deux tranchants, à simple poignée, sans garde et sans branches; il pendait le long de la cuisse gauche. Ce mot ne s'emploie plus qu'en plaisantant.

BRAS, en latin, *brachium*. On appelle ordinairement ainsi tous les membres supérieurs ou thoraciques, depuis l'épaule jusqu'à la main; mais les anatomistes n'appellent proprement *bras* que la portion qui s'étend de l'épaule au coude. Le reste prend le nom d'*avant-bras*. Le bras n'a qu'un seul os, long et cylindrique, appelé *humerus*; à l'avant-bras, on trouve deux os, le *radius*, plus externe, et le *cubitus*. En Physique, on appelle *bras de levier* la partie d'un levier comprise entre le point d'appui et le point où est appliquée la force ou la résistance.

Dans la Marine, on nomme *bras* des manœuvres fixées à chaque extrémité des vergues pour pouvoir leur imprimer un mouvement circulaire horizontal afin de les orienter au besoin et de permettre au vent de frapper les voiles de la manière la plus favorable.

BRAS SÉCULIER. On désignait ainsi, au moyen âge, la puissance temporelle ou séculière à laquelle s'adressait le juge d'église pour faire exécuter les ordonnances, ou pour faire subir à un ecclésiastique coupable de certains délits les peines que l'official ne pouvait pas lui imposer. On disait en ce sens : *Livrer un ecclésiastique au bras séculier*.

BRASQUE, mélange d'argile humide et de charbon pilé dont on enduit la surface des creusets dans lesquels on réduit des mines.

BRASSARD (de *bras*), sorte d'armure de fer ou d'acier qui couvrait le bras depuis l'épaulière jusqu'au gantelet; elle se composait de deux pièces solides en forme de tuyau, réunies soit par une *cubitière*, pièce assez compliquée, souvent armée d'une pointe aiguë, soit par de petites lames appelées *goussets*, articulées comme l'enveloppe des crustacés. Les anciens Perses se servaient de brassards ; en France, on en fit usage au moyen âge, et jusqu'au règne de Henri III. — On nomme aussi *brassard* tout ornement ou signe de reconnaissance fixé au bras.

BRASSE, ancienne mesure de longueur, représentant la longueur des deux bras étendus, est encore en usage dans la marine, surtout en parlant des diverses profondeurs de la mer et des divisions des lignes de sonde. Sa longueur est généralement de 5 pieds ou 1m,62. Un câble de chanvre de navire a généralement 120 brasses; un câble-chaîne, 180 brasses. — La brasse est aussi usitée en Angleterre, en Danemark, en Hollande, en Espagne, etc. Dans ces divers pays, elle est un peu plus grande que chez nous. — La *brasse d'aunage*, en usage dans presque toute l'Italie, varie de pays en pays : elle est environ la moitié de l'aune de Paris.

BRASSERIE (de *brasser*, dérivé lui-même de *bras*), fabrique de bière. C'est en Angleterre et en Belgique qu'on trouve les plus grandes et les plus belles brasseries : on y fabrique d'énormes quantités de bière. D'après un calcul présenté à la chambre des communes, la brasserie seule de Barclay avait livré pendant une année 258,989 barils de bière; celle de Hanbury, 168,758; les autres brasseries en proportion. On a appliqué dans ces brasseries toutes les ressources de la mécanique : dans l'une d'elles, une seule machine à vapeur, de la force de 60 chevaux, met en mouvement toutes sortes d'instruments plus ingénieux les uns que les autres; elle se fournit elle-même de charbon, et sert à vider ou à emplir les tonneaux; elle fait monter à 20 m. une colonne d'eau de 6 centim. de diamètre; elle fournit l'orge, le houblon; elle brasse, elle décante les liquides; elle transporte les cuves, les ferme, les nettoie; elle fait monter ou descendre incessamment des masses énormes de grains, de charbon de terre et de bois. La bière étant achevée, elle est aussitôt conduite dans des réservoirs par des tuyaux de fonte qui traversent les cours, les uns sous terre, les autres par-dessus les toits. — Pour les procédés de fabrication de la bière, *Voy.* l'art. BIÈRE, et le *Manuel du Brasseur* ou l'*Art de faire toutes sortes de bières* de Vergnaud.

BRASSICA, nom latin du Chou, et l'origine du nom de *Brassicées*, donné à des Crucifères dont le Chou est le type, et de celui des *Brassicaires*, Lépidoptères dont la chenille se nourrit des feuilles du chou.

BRASURE, espèce de soudure. *Voy.* SOUDURE.

BRAVO (mot italien qui signifie *hardi*, *brave*), nom qu'on donnait, en Italie, à des assassins à gage, salariés par les grands seigneurs et même les États; le *bravo* italien est aujourd'hui une espèce perdue.

En Amérique, c'est le nom qu'on donne à l'Indien qui se réfugie dans l'intérieur des terres, et n'en sort que pour piller les colons européens.

BRAVOURE (AIR DE). *Voy.* AIR.

BRAYER (de *braccæ*, braies ou caleçons), espèce de bandage herniaire, qui consiste dans une bande d'acier peu large, et recouverte de cuir, dont une extrémité se termine par une plaque de fer également recouverte de cuir et tapissée d'une substance molle : c'est ce qu'on appelle la *pelote*. Dans les cas de hernies irréductibles, on emploie une pelote creuse destinée à loger la hernie : le bandage prend alors le nom de *brayers à cuiller*. On se sert aussi de *brayers* dits *à raquettes*, dans lesquels, au lieu de pelote, il n'y a qu'un cercle d'acier, à l'intérieur duquel est cousu un morceau de toile recouvert de peau.

BRAYERE (d'Al. *Brayer*, médecin allemand qui l'a fait connaître), arbre de la famille des Rosacées et de la tribu des Spirées, originaire de l'Abyssinie. Sa décoction passe pour être souveraine contre les vers, et détruit particulièrement le ténia.

BREBIS (du latin *vervex*, d'où, par un changement de prononciation, *berbex* et *berbis*), femelle du Bélier, se distingue par l'absence de cornes ou par des cornes plus courtes, et en général par des proportions plus minces et plus faibles. La brebis peut porter à un an, mais communément ne peut l'utilise dans ce but que vers 3 ans ; sa fécondité s'étend jusqu'à 7 ou 8 ans pour nos races françaises, et jusqu'à 12 ou 15 pour les *Mérinos* ; les brebis âgées sont celles qui donnent les plus beaux agneaux. La durée de la gestation est de 5 mois. On a remarqué que la brebis a plus d'influence que le bélier sur la grandeur de la taille des agneaux ; aussi est-ce par le croisement des béliers d'une toison fine avec des brebis de haute taille que l'on forme les meilleurs troupeaux. La brebis, chez les anciens, servait d'holocauste ; on la sacrifiait principalement aux Furies. Les Égyptiens, au contraire, lui rendaient un culte. Les Romains sacrifiaient une brebis de 2 ans (*Bidens*) pour purifier les lieux frappés de la foudre.

BRÈCHE (de l'allemand *brechen*, rompre). En Minéralogie, ce mot désigne toutes les roches à structure fragmentaire, quand les grains qui les constituent sont des fragments anguleux à bords aigus de diverses couleurs, réunis par une pâte calcaire de couleur différente. On appelle *fausse brèche* le marbre veiné qui a l'apparence de la brèche.

En termes de Stratégie, c'est l'ouverture faite à coups de canon par les batteries de siége, ou par des fourneaux de mines, dans les fortifications d'une place assiégée. Une brèche est dite *praticable* quand elle entame le corps d'une place, en faisant une ouverture de 30 à 40 m. On a les batteries de brèche avec des pièces de 24, tirant à pleine charge.

BRÉCHET, nom vulgaire de l'appendice xiphoïde et du sternum, employé principalement pour exprimer la crête médiane et plus ou moins saillante que présente le sternum chez les oiseaux.

BRÈDES (du portugais *bredos*), nom collectif donné, dans toute l'Asie méridionale, aux îles Bourbon et Maurice, et dans les Antilles, à toutes les plantes herbacées ou pousses nouvelles qui se mangent en guise d'épinards. L'espèce la plus répandue est la *B.-Morelle* ou *B.-Martin*, qui se mange cuite à l'eau avec un peu de sel et de graisse, ou bien mêlée à la viande ou au poisson ; cette espèce de Brède n'est autre que notre Morelle noire (*Solanum nigrum*), que, chez nous, on regarde comme un poison.

BREDOUILLÉ (qu'on dérive, ainsi que *bredouillement*, du latin *reduplicare*, redoubler). Au jeu de trictrac, ce mot exprime qu'un joueur a pris ses points coup sur coup, et sans interruption, c.-à-d. sans en laisser prendre à son adversaire. La *grande bredouille* est le gain de 12 trous pris ainsi consécutivement.

BREF (du latin *brevis*, court), rescrit émané du pape ou du grand pénitencier sur des affaires *brèves* et succinctes, expédié sans préface ni préambule. Il est écrit sur papier, et ne porte ni la signature, ni le sceau du pape. On distingue les *B. pontificaux*, émanant directement du pape, et les *B. de la pénitencerie*. D'abord, ce ne fut que des affaires de peu d'importance, telles que des lettres du pape à un monarque, qui furent traitées dans les brefs (d'où leur nom). Plus tard, on les employa comme les bulles : c'est par un simple bref que le pape Clément XIV supprima, en 1773, l'ordre des Jésuites. *Voy.* BULLE.

Les ecclésiastiques catholiques appellent aussi *Bref* (diminutif de *breve liturgicum*) un livret écrit en abréviations qui indique les rubriques du bréviaire pour chaque jour ; c'est dans cette acception que l'on dit : *Bref à l'usage de Paris, à l'usage de Rome*.

BRÉHAIGNE, expression populaire par laquelle on désigne les femelles stériles, et plus communément la biche. Elle s'applique surtout aux femelles d'animaux que quelques accidents, comme chutes, contusions, etc., ont rendues stériles. On nomme *Carpe bréhaigne* celle qui n'a ni œufs ni laitance. — On a même employé ce mot pour la femme, dans les temps où la langue française n'était pas encore épurée.

BRELAN (du vieux mot français *berlant*, d'origine celtique, qui signifie *hasard*), jeu de hasard qui se joue à 3, à 4 ou à 5 personnes avec des cartes de piquet en donnant trois cartes à chaque joueur. Lorsqu'à ce jeu on a ses trois cartes de la même sorte, comme trois as, trois rois, on a *brelan* : c'est le coup qui a donné son nom au jeu. On a *brelan carré* quand la carte retournée et les trois cartes du joueur sont d'égal rang. Sous Louis XIV, ce jeu devint une espèce de fureur. Prohibé par la police, il a depuis reparu sous le nom de *Bouillotte* (*Voy.* ce mot). — Par extension, on appelle *brelan* un lieu où l'on donne à jouer et où l'on joue gros jeu.

BRELUCHE. Ce mot désigne certains droguets fil et laine qu'on fabriquait autrefois en Normandie ; ainsi qu'une étoffe dite aussi *tiretaine*, dont le Poitou faisait jadis un grand commerce.

BRÈME, *Brama*, poisson commun dans toutes les eaux douces de l'Europe, mais qui multiplie surtout dans les grands lacs du nord et du nord-est de ce continent. Il ressemble beaucoup à la carpe ; sa chair est blanche, ferme et de bon goût. La Brème constitue un genre de la famille des Cyprinoïdes, caractérisé par son corps comprimé et son anale très-longue. *Voy.* CYPRINS.

BRÈME DE MER. *Voy.* CANTHÈRE.

BRENTE, *Brenta*, mesure de capacité pour les liquides, employée dans quelques parties de la Suisse et de l'Italie. La brente de Fribourg vaut 39 lit.,05 ; celle de Milan, 75 lit.,55 ; celle du Piémont, 56 lit.,33.

BRÉSILLET. *Voy.* BOIS DE BRÉSIL.

BRÈVE (du latin *brevis*, court). On nomme ainsi, en Prosodie, une syllabe qui doit être prononcée rapidement ; on l'oppose à *longue* : on la marque par le signe ⌣ placé au-dessus de la voyelle ; — en Musique, une note qui passe deux fois plus vite que celle qui la précède ou qui la suit ; les Italiens appellent encore ainsi une figure de note carrée, qui vaut tantôt deux rondes, tantôt trois, suivant qu'elle est droite ou altérée ; ils nomment aussi *alla breve* une mesure à deux temps, très-rapide, dont on se sert dans les musiques *da capella* ; — dans la fabrication des Monnaies, la quantité d'espèces monnayées provenant d'une même fonte, que les ouvriers délivrent en retour des matières qui leur ont été confiées.

BRÈVE, *Pitta*, genre d'Oiseaux insectivores, de la famille des Dentirostres, appartient aux parties chaudes de l'ancien continent. Ces oiseaux, à forme lourde et massive, volent mal à cause de la brièveté de leur queue et de leurs ailes ; mais, d'après la longueur de leurs jambes et le peu de développement de leurs doigts, ils peuvent faire d'excellents coureurs.

BREVET (du latin *breve*, court, abrégé). On appelait d'abord ainsi une sorte d'expédition non scellée par laquelle, autrefois, le roi accordait quelque grâce, quelque avantage, comme une abbaye, ou quelque titre de dignité, comme un titre de duc. — On appelle encore aujourd'hui *Actes en brevet* des actes quelconques, comme une obligation, une transaction, une procuration dont le notaire ne garde pas minute, et qu'il délivre sans y mettre la formule exécutoire. — Le nom de *brevet* a depuis été étendu à tous les titres ou diplômes délivrés au nom d'un gouvernement, d'un prince souverain, etc., comme le titre d'un grade dans l'armée, le titre d'une pension, et enfin certaines déclarations qui établissent les droits des inventeurs, des importateurs; c'est ce qu'on nomme *B. d'invention, B. d'importation, B. de perfectionnement*.

BREVET D'INVENTION, titre que le gouvernement délivre à un inventeur, à l'auteur d'une nouvelle découverte, d'un nouveau procédé d'application, pour lui en assurer la propriété et l'exploitation exclusive pendant un temps déterminé. Ces brevets, d'abord régis par les lois des 7 janvier et 25 mai 1791, 20 septembre 1792, etc., le sont aujourd'hui par la loi du 5 juillet 1844. D'après cette dernière loi, il est accordé des brevets d'invention à tous ceux qui en demandent, sur simple requête et sans examen préalable, mais aussi *sans garantie du gouvernement*, et conséquemment sans aucune intention de certifier la bonté des procédés ou la primauté de la découverte : ces brevets peuvent être annulés, soit par le ministre de l'Intérieur dans le cas où il y a défaut de payement de la taxe dans les délais prescrits, ou dans le cas où la découverte n'a pas été mise en activité aux époques fixées par la loi, soit par les tribunaux, lorsque l'on conteste au breveté la réalité de la découverte. Les brevets d'invention ne sont accordés que pour cinq, dix, quinze ans, au choix de l'inventeur. Ils sont assujettis à une taxe : cette taxe est de 500 fr. pour cinq ans, 1,000 fr. pour dix ans, 1,500 fr. pour 15 ans; cette taxe doit être payée par annuités de 100 fr., sous peine de déchéance.

BREVET D'IMPORTATION. Avant la loi de 1844, il était accordé des brevets pour des découvertes importées des pays étrangers : la nouvelle législation n'a pas maintenu ces brevets; seulement les inventeurs étrangers peuvent eux-mêmes obtenir des brevets en France (art. 27); ces brevets ne sont accordés que pour les temps fixés dans chaque pays à la jouissance des inventeurs.

BREVET DE PERFECTIONNEMENT. Si quelque personne annonce un moyen de perfection pour une invention déjà brevetée, elle peut obtenir un brevet pour l'exercice dudit moyen de perfection, sans qu'il lui soit permis d'exécuter ou de faire exécuter l'invention principale, et réciproquement, sans que l'inventeur puisse faire usage par lui-même du nouveau moyen de perfection. Les brevets de perfectionnement ont été remplacés par la loi de 1844 par les *certificats d'addition* (art. 10).

Le ministère de l'Intérieur a fait exécuter en 1826 un *Catalogue des spécifications de tous les procédés pour lesquels il a été pris des brevets d'invention, de perfectionnement et d'importation, depuis le* 1er *juillet* 1791. Il a depuis publié, chaque année, le catalogue des brevets nouvellement délivrés. En outre, en exécution de l'art. 15 de la loi du 7 janvier 1791 et d'un arrêté du Directoire exécutif en date du 7 vendémiaire an VII, le Conservatoire des arts et métiers publie la description des inventions dont les brevets sont expirés. Le recueil qui contient cette publication, commencé par M. Molard aîné, ancien directeur du Conservatoire, et continué par M. Christian, porte le titre de *Description des machines et procédés spécifiés dans les brevets d'invention, de perfectionnement et d'importation, dont la durée est expirée*. — On doit à M. A. Perpigna le *Manuel des Inventeurs*, ou les *Lois sur les Brevets d'invention* (1834);

à M. A.-Ch. Renouard un *Traité des brevets d'invention*, 1825 et 1844, et à MM. Giraudeau et Gœtschy un *Traité théorique et pratique sur le même sujet*, 1837.

BRÉVIAIRE, livre qui contient les heures canoniales à l'usage des ecclésiastiques (Matines, Laudes, Prime, Tierce, Sexte, None, Vêpres et Complies), ainsi nommé parce qu'il est, pour ainsi dire, l'abrégé (*breviarium*) de tous les livres qui servent au chœur pour l'office divin. C'est pour tout ecclésiastique une obligation étroite de réciter chaque jour son bréviaire. Le bréviaire en usage aujourd'hui dans l'Église latine est le bréviaire romain, dont on fait remonter l'origine au pape Gélase Ier, en 494, mais qui a depuis subi de fréquentes modifications. Dans l'Église grecque, l'usage du bréviaire, qu'on appelle *Ordre* (*taxis*) ou *Eucologe*, est encore plus ancien : on le fait remonter à Flavien et à S. Jean Chrysostôme. — Par extension, on a donné à l'office canonial le nom de *bréviaire*.

BRÉVIPENNES (du latin *brevipenna*, à courtes plumes), famille d'oiseaux de l'ordre des Échassiers, comprend l'*Autruche*, le *Casoar*, le *Dronte*, etc. Ces oiseaux sont incapables de voler, car ils n'ont que des rudiments d'ailes; mais ils sont excellents coureurs.

BRICK (par corruption de *brig*, qui lui-même est une abréviation de *brigantine*, nom de voile), bâtiment à deux mâts (grand mât et mât de misaine), qui porte des hunes à l'extrémité des bas mâts, ce qui le distingue des goëlettes, qui n'ont que des barres. On appelle *bricks-goëlettes* des navires qui ont une hune au mât de l'avant et une barre au mât de l'arrière. Le gréement du brick ne convient guère qu'aux bâtiments marchands du port de 250 tonneaux.

BRIDE, partie du harnais qui sert à conduire un cheval ou toute autre monture; on réunit à la fois sous ce nom les rênes, la têtière et le mors avec ses accessoires; mais ce sont les rênes qu'on appelle vulgairement *bride*. On nomme *bridon* ou *filet* une bride légère dont le mors brisé n'a point de branches, et que l'on emploie quelquefois indépendamment de la bride.

En Chirurgie, on entend par *brides* de petits filaments membraneux qui se forment souvent dans le foyer des abcès ou dans les plaies profondes, et qui s'opposent à la sortie du pus ou établissent des adhérences vicieuses.

BRIGADE. Sous Louis XIV, on appelait *brigade* un nombre indéterminé de bataillons et d'escadrons réunis sous les ordres d'un officier général appelé *brigadier des armées du roi*. Ces fonctions, créées en 1667, ne constituaient pas un grade proprement dit; l'officier supérieur qui en était revêtu ne tirait son autorité que des lettres de service qu'il obtenait; il était subordonné aux maréchaux de camp et aux lieutenants généraux. — Depuis 1789, on a appelé *brigade* la moitié d'une division; elle se compose aujourd'hui de deux régiments au moins, et est commandée par un *général de brigade* ou *maréchal de camp*; sous la première République, elle comprenait six bataillons, partagés en deux *demi-brigades*. De 1815 à 1848, les généraux de brigade ont porté le nom de *maréchaux de camp*.

On nomme encore *brigade*, dans la cavalerie, une fraction de compagnie commandée par un sous-officier appelé *brigadier*, grade correspondant à celui de caporal dans l'infanterie. Il y a 6 brigades dans un escadron, et 15 ou 16 hommes dans une brigade. — Dans la gendarmerie, on appelle *brigade* un certain nombre de gendarmes à pied ou à cheval, réunis dans une localité sous les ordres d'un brigadier : les brigades de gendarmerie ont remplacé les brigades de la maréchaussée. — Dans l'administration des forêts, on forme des *brigades forestières* avec trois ou cinq gardes qui peuvent se rassembler facilement et sans s'éloigner de leurs triages; la brigade forestière se joint à la gendarmerie lorsqu'elle est requise, mais dans l'étendue de la forêt seulement. — Les douaniers sont également organisés par brigades.—Enfin, on donne le nom de *brigade de sûreté* à une troupe d'agents de la police de Paris, organisée par Vidocq en 1812.

BRIGADIER. *Voy.* BRIGADE.

BRIGANDINE. *Voy.* CUIRASSE.

BRIGANTIN, petit brick à un ou deux ponts, qui dans l'origine était surtout employé par les corsaires de Tunis et de la Barbarie. Le brigantin, qui est d'un grand usage dans la marine marchande, n'a ordinairement que deux mâts; ceux qui en ont trois diffèrent des navires ordinaires en ce qu'ils n'ont point d'artimon, et que leur grande voile, dite *brigantine*, qui a la forme d'un quadrilatère, s'envergue sur un *pic* ou sur un *gui*.

BRIGANTINE, grande voile en pointe que l'on grée sur l'arrière du grand mât dans le brick et le brigantin, et qui s'étend sur le gui, à l'extérieur de la poupe même : c'est à la corne de la brigantine que les bricks arborent leur pavillon.

BRIGOT, bois à brûler, se compose principalement de pieds de bouleau et de branches de vieux chêne.

BRILLANT, diamant taillé. *Voy.* DIAMANT.

BRINDONIER, *Brindonia* (d'un nom de botaniste), genre d'arbres de la famille des Guttifères, à forme pyramidale, à rameaux opposés, à feuilles d'un vert luisant. On retire du *Brindonier de l'Inde*, ou *Brindoyn*, un suc résineux jaune, analogue à la gomme gutte. Son fruit, rouge et épineux, réduit en gelée ou en sirop, est fort recherché dans l'Inde et employé avec succès contre les fièvres aiguës.

BRIONE, plante. *Voy.* BRYONE.

BRIOSO, CON BRIO, expressions italiennes qui signifient *avec entrainement, avec enivrement*, s'appliquent, en Musique et en Peinture, aux œuvres où l'artiste a déployé de la fougue et de l'élan.

BRIQUE (du celtique *briq*, terre cuite), pierre artificielle faite avec de l'argile. On distingue les *B. crues* et les *B. cuites*. Pour obtenir les premières, on se sert d'un mélange d'argile blanche ou rouge et de sable : on pétrit ce mélange avec de l'eau, de manière à former une pâte ductile et bien homogène ; on façonne cette pâte dans des moules, et on la fait sécher lentement. — Pour avoir des *briques cuites*, on prend les briques obtenues par le procédé précédent, on les expose dans des fours particuliers à un feu violent. Les briques cuites de meilleure qualité sont celles qui rendent un son clair lorsqu'on les frappe. On a remarqué que, plus elles sont denses, plus elles sont résistantes; aussi, dans certaines localités, comme à la briqueterie de Chaumont, comprime-t-on les briques crues sous un balancier pour leur donner cette densité. La brique est d'un excellent usage dans les maçonneries, où elle remplace avec avantage le moellon, et supplée la pierre de taille dans la construction des maisons à élever sur un emplacement resserré, ainsi que dans la construction des fours, fourneaux et cheminées; on l'emploie pour le carrelage des appartements et la couverture des habitations (*Voy.* CARREAUX et TUILES) ; on en fait des tuyaux de conduite pour les eaux, etc. — L'usage des briques crues, dont Vitruve décrit la fabrication, remonte à la plus haute antiquité. On en trouve dans la plupart des monuments grecs et romains, dans les ruines égyptiennes, ainsi que dans celles de Babylone et de Ninive. Les Romains employaient les briques cuites dans la plupart de leurs constructions. En France on emploie peu la brique, si ce n'est peut-être dans la Normandie. Tout au contraire, presque toutes les maisons sont construites en briques dans les Pays-Bas, l'Angleterre, et dans une grande partie de l'Allemagne, de la Pologne et même de la Russie. On a, depuis quelques années, inventé divers procédés pour fabriquer la brique à la mécanique : la première fabrique de ce genre fut établie en 1828 par M. Terrasson-Fougère, au Theil (Ardèche).

BRIQUET, instrument dont on se sert pour obtenir du feu. On distingue : 1° le *Briquet ordinaire*, qui se compose d'une lame d'acier, d'un fragment de silex ou pierre à *fusil*, dont les bords sont taillés en tranchant, et d'amadou (*Voy.* ce mot) : lorsqu'on passe rapidement la lame d'acier sur le silex, les aspérités de la pierre détachent de petits copeaux de métal que le frottement échauffe jusqu'à l'incandescence, et qui brûlent alors dans l'air en s'oxydant; ces étincelles enflamment l'amadou ;—2° les *Briquets chimiques*, les plus usités aujourd'hui, où l'on se sert d'allumettes phosphoriques ou d'allumettes oxygénées (*Voy.* ALLUMETTES) ;—3° le *B. pneumatique* ou *B. à air*, qui se compose d'un petit cylindre creux dans lequel joue un piston, garni à son extrémité inférieure de quelque substance inflammable, telle que l'amadou ; en poussant fortement le piston, on comprime l'air intérieur, et, par l'effet de cette compression, qui doit être rapide, l'air s'échauffe et enflamme la matière attachée au bout du piston ; — 4° le *B. à gaz hydrogène*, qui se compose d'un bocal en verre hermétiquement fermé, dans lequel un morceau de zinc est disposé de manière à dégager du gaz hydrogène par son contact avec de l'acide sulfurique étendu d'eau ; le bocal est muni d'un robinet qui, étant ouvert, donne issue au gaz et le fait jaillir sur un morceau de platine très-poreux, dit *éponge de platine*, lequel en détermine l'inflammation.

On donne aussi le nom de *briquet* à un sabre court et un peu recourbé à l'usage de l'infanterie; il a été remplacé, depuis quelques années, par le *sabre-poignard*. *Voy.* SABRE.

BRIQUETTE (diminutif de *brique*), mélange de houille, de coke avec de l'argile, ou de tourbe et de tan, disposé en forme de briques, et qui sert de combustible. On brûle les briquettes avec une grille, comme le charbon de terre. Elles fournissent un chauffage économique, mais elles donnent aussi beaucoup de cendres.

BRIS, rupture d'une porte fermée, d'une clôture, d'un scellé, etc. Ces actes de violence ou de fraude sont sévèrement punis. L'auteur d'un *bris de clôture* est passible d'un emprisonnement d'un mois à un an, et d'une amende proportionnée au dégât (art. 456 du Code pénal). Le *bris de scellés* est puni, selon les cas, de la réclusion ou des travaux forcés (art. 249, 256). — BRIS DE PRISON. *Voy.* ÉVASION.

BRIS (DROIT DE). Dans l'ancienne législation française on appelait ainsi le droit en vertu duquel le seigneur d'une terre sur la côte de laquelle un vaisseau était venu s'échouer s'en appropriait les débris. Ce droit injuste a été aboli en 1681 par Louis XIV.

BRISE. Ce mot, qui dans son acception la plus générale est synonyme de vent doux et léger, est donné spécialement par les marins à deux espèces de vents frais qui règnent sur les côtes de la zone torride ; l'une souffle le matin, et vient de la mer : elle s'appelle *brise de mer, brise du large* ; l'autre souffle à la chute du jour et part de terre : on l'appelle *brise de terre*. Les brises sont produites par les vapeurs de l'Océan, tantôt raréfiées par le soleil, tantôt condensées après sa disparition.

BRISÉES (de *briser*). On nomme ainsi, en termes de Vénerie, les branches que les chasseurs rompent aux arbres, ou qu'ils sèment dans leur chemin pour reconnaître l'endroit où est la bête et où on l'a détournée. C'est de là qu'on dit métaphoriquement : *aller, courir sur les brisées de quelqu'un*, pour entreprendre la même chose qu'un autre, *aller sur son marché*, entrer en concurrence avec lui.

BRISE-LAMES, ouvrage tout à fait isolé à la mer, consiste dans un amas de pierre ou une chaussée élevée un peu en dehors d'un port ou d'une rade, et au-dessus des eaux, pour *briser la lame* et empêcher la mer d'être poussée avec violence dans ce port ou cette rade par les vents du large, et d'y causer des dégâts ou des avaries. Il n'existe en France de *brise-lames* qu'à Cherbourg, à Cette, à Sauzon, à la Ciotat, à Bandol, à Marseille.

BRISE-PIERRE. *Voy.* LITHOTRITIE.

BRISKA, mot qui désigne en Russie et en Pologne un chariot léger, découvert et entouré d'osier, dont on fait usage comme d'un traîneau en hiver, et qui, l'été, sert de voiture en y adaptant des roues. — En France, le briska est simplement une calèche de voyage, très-légère. L'administration a récemment adopté cette forme de voiture pour les malles-postes (*malles-briska*).

BRISQUE ou MARIAGE, jeu de cartes dont le principal avantage est de réunir sous sa main un roi et une dame de même couleur. On est deux joueurs ayant chacun 5 cartes prises dans un jeu de piquet; la 11e sert d'atout, et le donneur, qui la retourne, peut la changer avec le sept d'atout, s'il l'a en main. A mesure qu'on fait une levée, on prend une carte au talon et on a droit de rejouer. Il y a dans ce jeu à peu près les mêmes *séquences* qu'au piquet. Quand, après avoir compté une tierce, une quatrième ou une quinte à la dame, on vient à lever le roi, et que la dame est encore dans le jeu, le *mariage* ou la *brisque* a lieu. L'as et le dix sont les cartes privilégiées : on les nomme *brisques*; elles l'emportent sur le roi.

BRIZE (du grec *briza*, espèce de céréale), genre de plantes de la famille des Graminées, se trouve en abondance dans les prairies naturelles de France et d'Europe; elles sont remarquables par l'élégance de leur port, leurs petits épis teints de pourpre, qui tremblent au moindre vent, et leurs fleurs pendantes d'une belle couleur jaune; elles plaisent à tous les bestiaux, seules ou mêlées aux autres plantes fourragères. Les anciens leur attribuaient des propriétés narcotiques. Parmi les espèces les plus communes, on remarque : la *B. majeure*, la plus belle de toutes; la *B. mouvette* ou *amourette* (*Voy.* ce mot); la *B. à petite panicule*, qu'on trouve partout.

BROC, vase à anse et à bec évasé, fait ordinairement de bois, garni de cercles, quelquefois en étain. On s'en sert pour tirer et transporter du vin. Le broc servait autrefois de mesure; à Paris on l'appelait la *quarte*, et ailleurs le *pot* : sa contenance est d'environ 7 à 8 de nos litres.

BROCANTEUR (de l'anglais *abroachment*, d'où l'on a fait le mot latin *abrocamentum*, qui désigne le commerce du brocanteur), trafiquant qui vend et achète les objets de hasard, friperies, habits, galons, meubles, ustensiles de toute espèce, etc. Ces marchands sont les uns ambulants, les autres sédentaires : à Paris, ils se tiennent surtout au marché du Temple et au marché aux Veaux. Ceux qui veulent se livrer à ce commerce doivent (art. 1er de l'ord. du 29 mai 1778) en faire préalablement la déclaration à la police, à peine de confiscation des marchandises. On leur délivre une plaque ou médaille numérotée qu'ils doivent porter ostensiblement (art. 2). Une ord. du 8 nov. 1780 leur enjoint d'avoir un registre coté et paraphé par la police pour y inscrire leurs achats, les noms et domiciles des vendeurs, sous peine de 100 fr. d'amende et même de prison. La plupart de ces prescriptions ont été renouvelées dans l'ord. du préfet de police du 15 juin 1831.

BROCART (de *broche* dans le sens d'aiguille à tricoter). Au moyen âge on donnait ce nom à une étoffe tissue d'or ou d'argent, ou bien d'or et d'argent à la fois, tant en chaîne qu'en trame. Depuis, on l'a étendu aux étoffes où il y avait quelques filures de soie propres à relever les fleurs d'or dont elles étaient enrichies, puis à toutes les étoffes de soie, de satin, gros de Naples, gros de Tours, taffetas ornés de fleurs ou d'arabesques brochés. Autrefois, le brocart d'or et d'argent était un des quatre draps sur lesquels les ouvriers en drap d'or qui aspiraient à la maîtrise devaient faire leur chef-d'œuvre.

BROCATELLE, dite aussi BROCARDELLE ou PETIT

BROCARD, étoffe de soie et coton fabriquée à l'instar du brocart, c.-à-d. brochée de fleurs ou de figures, mais beaucoup moins saillantes : quelquefois elle est toute de coton. Elle sert pour tapisserie, couverture, rideaux. La meilleure provenait autrefois de Venise; aujourd'hui, on en fait à Gênes et à Milan.

On donne aussi le nom de *brocatelle* à une espèce de marbre que l'on exploite surtout à Tortose en Espagne, et qui est presque entièrement composé de coquilles broyées; sa couleur générale est le rouge vineux, jaspé d'une infinité de petites taches d'un jaune isabelle, d'un gris jaunâtre ou d'un blanc cristallin. La brocatelle est employée à la décoration des édifices; les sculpteurs en fabriquent des objets de luxe, jadis fort recherchés.

BROCHANT, en termes de Blason, se dit des bandes, lions, aigles, etc., que l'on fait passer d'un bout de l'écu à l'autre, ou qui traversent sur d'autres pièces. Ainsi les armes de la maison de La Rochefoucauld, en Angoumois, sont burelées d'argent et d'azur, avec trois chevrons de gueules *brochant* sur le tout.

BROCHE. Outre l'instrument de cuisine de ce nom, connu de tout le monde, on nomme *broche*, par analogie, dans une foule d'arts et métiers, des verges en fer ou en bois, plus ou moins grosses et longues, soit employées isolément, soit adaptées à divers outils et à divers métiers, notamment les petites verges de fer qu'on adapte aux rouets des métiers à filer, et sur lesquelles le fil, le coton, la laine, se roulent à mesure qu'ils sont filés : les métiers à filer ont 100, 200, et jusqu'à 300 broches; — certaines aiguilles de fer, qui servent à tricoter des bas à la main, à faire du ruban et autres étoffes; — un petit instrument qui sert de navette dans les métiers de haute-lisse, pour la fabrication des étoffes, etc. — On appelle *drap double broche* un drap très-serré que l'on fabrique en plaçant deux fils au lieu d'un dans les intervalles des dents formant le peigne du métier.

La fabrication des broches *pour filature* est une industrie importante; on en fabrique surtout à Audincourt (Doubs), à Bitschwiller et Guebwiller (Haut-Rhin), à Lille, Maubeuge, Louvroil (Nord), à Paris, etc.

BROCHET (du latin *brochus*, qui se disait de ceux dont la bouche avance), en latin *Lucius* ou *Esox*, poisson d'eau douce, de l'ordre des Malacoptérygiens abdominaux, de la famille des Ésoces, dont il est le type, est très-commun en Europe et dans l'Amérique du Nord. Il a le corps en forme de fuseau, comprimé sur les côtés, revêtu d'écailles petites, oblongues et très-nombreuses; le museau long, saillant, déprimé, la gueule fendue jusqu'au delà des yeux, et garnie de dents très-fortes sur presque tous les points de la surface intérieure et jusque dans le gosier; sa nageoire dorsale est reculée près de la queue; il est noirâtre en dessus, blanchâtre en dessous, avec quelques points noirs; ses flancs sont gris, tachés de jaune et de rouille. Le brochet nage avec force et rapidité; ses mouvements sont brusques et saccadés; souvent il s'élance hors de l'eau pour atteindre sa proie; il a l'ouïe très-sensible. Le brochet est renommé pour sa voracité, qui l'a fait surnommer le *requin des rivières*; il avale toute espèce de poissons, même des poissons aussi gros que lui, ou qui pourraient le blesser par leurs épines en traversant son gosier; il poursuit les rats d'eau, les petits oiseaux aquatiques, et se jette même sur les animaux morts. Il se développe assez rapidement : sa longueur ordinaire est de 50 à 75 centimètres; il atteint quelquefois, surtout dans le Volga, une longueur de 2 m. et le poids de 15 à 20 kil. Il peut vivre fort longtemps. La chair de ce poisson est ferme et blanche, de digestion facile, mais un peu fade, et a quelquefois une odeur de bourbe; elle est, en outre, remplie d'arêtes. — On nomme quelquefois *Brochet de mer* l'Orphie, le Merlus, etc.

BROCHEUR (de *broche*, ici synonyme d'aiguille

et de navette). Ce mot désigne : 1° l'ouvrier qui a pour emploi de plier les diverses feuilles d'un livre, de les assembler dans leur ordre de pagination, de les coudre ensemble et de leur mettre une couverture; 2° l'ouvrier qui *broche* la soie, c.-à-d. qui est chargé de faire des façons ou dessins sur une étoffe de soie en la travaillant, de l'enrichir de fils d'or, d'argent, de clinquant, de chenille, etc.

BROCOLI (de l'italien *broccolo*, même signif.), sorte de chou originaire d'Italie, ne diffère du chou-fleur que parce que ses pédoncules sont moins épais et plus allongés. On estime surtout le *B. blanc* et le *B. violet*. Le premier, dont la saveur est plus délicate que celle du chou-fleur, s'accommode et se mange comme lui; on le sème en mai et en juin pour le récolter en hiver —Après l'asperge et l'artichaut, le *brocoli* est peut-être le meilleur légume connu; le parenchyme en est léger et la saveur exquise.

BRODEQUIN, chaussure qui nous vient des anciens, et qui, aujourd'hui, sert surtout aux femmes et aux enfants. — Le *brodequin (soccus)*, était chez les anciens l'emblème de la comédie, par opposition au *cothurne*, qui était réservé à la muse tragique.

On appelait autrefois *brodequin* une sorte de torture, employée dès le temps des Romains, qui consistait à enfermer les jambes du patient entre des ais ou petites planches de bois qu'on serrait progressivement, jusqu'à lui broyer les os.

On est fort partagé sur l'étymologie de ce mot; il paraît venir, par transposition de lettres, de l'italien *borzacchino*, dérivé lui-même de *bursa*, cuir.

BRODERIE, dessin tracé en relief sur un tissu quelconque avec un fil d'or, d'argent, de laine ou de coton. On brode *au passé, au plumetis, au point de marque, en application* ou *en guipure, à l'aiguille* ou *au crochet, à la main* et *au métier*. Ce genre de travail est généralement l'ouvrage des femmes. — L'art de broder a été connu de toute antiquité; on en trouve des traces dans la Bible; les Grecs en rapportaient l'invention à Minerve. De nos jours, la broderie n'occupe pas seulement les loisirs des femmes du monde, c'est un objet important de fabrication. La broderie *en lame*, c.-à-d. en or ou en argent, et la broderie *de soie*, se font à Lyon et à Paris; la broderie *au plumetis* se fait particulièrement à Nancy; la broderie *au crochet*, en Suisse, à Tarare, St-Quentin et Alençon. Enfin, la broderie *sur tulle*, à Lyon pour la soie, en Picardie et en Lorraine pour le coton; on estime aussi les broderies de Milan, de Venise, de Saxe, et la broderie anglaise, qui se fait sur jaconas, percale et mousseline, au *point de cordonnet*. Il vient de l'Inde et de la Chine des broderies fort riches, mais elles ont rarement la régularité et la finesse de goût de celles d'Europe. — Depuis quelques années, on a imaginé des machines au moyen desquelles on exécute avec autant de rapidité que de perfection les broderies de toute espèce. — On doit à Mme Celnart un *Traité complet de l'Art du Brodeur*, avec atlas de 40 planches.

En Musique, on appelle *broderies* ou *fioritures* les ornements, les traits qu'un chanteur ajoute à la musique écrite pour faire briller l'étendue et la flexibilité de sa voix.

BROMATES, sels formés par l'acide bromique et une base. Les bromates ressemblent, sous beaucoup de rapports, aux chlorates; ils fusent, comme eux, sur les charbons ardents, et dégagent de l'oxygène par la chaleur. On les distingue des chlorates à l'aide de l'acide sulfureux ou d'une solution de chlore : au contact de ces agents, les bromates se colorent en jaune-rougeâtre par le brome mis en liberté.

BROME (du grec *bromos*, mauvaise odeur), corps simple, liquide, d'un rouge foncé ou pourpre quand il est en couches épaisses, d'une odeur extrêmement forte, semblable à celle du chlore, d'une densité de 2,966, bout à 47°, en répandant des vapeurs d'un

jaune-rougeâtre, et se concrète à 20° au-dessous de zéro, en prenant l'aspect de la mine de plomb. Soluble dans l'alcool et l'éther, il l'est très-peu dans l'eau. Poison violent, il colore la peau en jaune, attaque vivement la plupart des matières organiques, et exerce une action corrosive sur les parties animales. On ne le rencontre jamais dans la nature à l'état de liberté; il s'y trouve toujours en combinaison avec certains métaux, particulièrement avec le sodium et le magnésium, dans l'eau de mer, et dans beaucoup d'eaux minérales, par exemple, dans celles de Bourbonne-les-Bains et de Lons-le-Saulnier; on l'a aussi trouvé en combinaison avec l'argent dans les mines du Chili. On l'obtient par le même procédé que le chlore, en traitant un bromure par un mélange d'acide sulfurique et de peroxyde de manganèse. — M. Balard découvrit le brome en 1826, en examinant les eaux-mères des salines des côtes de la Méditerranée.

BROME (du grec *bróma*, nourriture), genre de plantes de la famille des Graminées, voisin du genre *Festuca*, type d'une tribu qui prend de là le nom de *Bromées*, se trouve en abondance dans les prairies naturelles et artificielles. Les grains du *B. seglin* et du *B. droue*, mêlés à la farine de froment, donnent un pain excellent; ils servent aussi à engraisser les volailles; torréfiés, ils peuvent suppléer le café. Le *B. stérile* peut remplacer l'avoine pour les chevaux. La fane du *B. des prés*, du *B. cilié*, du *B. corniculé*, fournit un très-bon fourrage pour les bestiaux.

BROMÉLIACÉES, famille de plantes Monocotylédones, à pétales périgynes, composée de plantes vivaces ou d'arbustes rameux remarquables par leur port, et garnis de feuilles épaisses, roides et souvent épineuses. Leurs fleurs sont hermaphrodites, bractéolées; le calice est à 6 sépales, dont 3 extérieures et plus courts que les intérieures; les étamines sont au nombre de 6, et le fruit est composé de baies ou capsules à trois loges, quelquefois tellement unies, qu'elles ne forment qu'un seul fruit. Les principaux genres sont le *Bromélia* (g. type), qui renferme l'*Ananas*; le *Vellosia*, le *Pitcairnia*, le *Tillandsia*.

BROMÉLIE, *Bromelia* (de *Bromel*, botaniste suédois), genre type de famille des Broméliacées, distingué par son calice et sa corolle à 3 divisions et par ses étamines insérées sur la corolle. Ces plantes, grandes, herbacées et vivaces, paraissent originaires de l'Amérique méridionale. L'espèce type est l'*Ananas (B. ananas)*, qui, depuis près de 70 ans se cultive dans nos serres (*Voy.* ANANAS). On cultive également en serres chaudes les belles espèces dites *B. pinguin* et *B. karaïas*.

BROMHYDRATES, sels résultant de la combinaison de l'acide bromhydrique avec les bases.

BROMHYDRIQUE (ACIDE), combinaison de brome et d'hydrogène (BrH), gazeuse, incolore, d'une odeur suffocante, très-soluble dans l'eau, et rougissant fortement le tournesol. On l'obtient en traitant l'essence de térébenthine ou une autre huile essentielle par du brome; il se produit aussi lorsqu'on traite un bromure par l'acide sulfurique.

BROMIQUE (ACIDE), combinaison de brome et d'oxygène (Br O⁵,HO), liquide, incolore, sans odeur, très-acide et fort altérable; avec les bases il forme les *bromates*; on l'obtient, en combinaison avec la potasse, en même temps que le bromure de potassium, lorsqu'on dissout du brome dans la potasse.

BROMURE, combinaison du brome avec un métal. Les bromures présentent la plus grande analogie avec les chlorures; ils ont presque tous les mêmes caractères et s'obtiennent de la même manière. La solution des bromures donne, avec le nitrate d'argent, un précipité jaunâtre de bromure d'argent, un peu moins soluble dans l'ammoniaque que le chlorure d'argent. On distingue les bromures des chlorures à la coloration jaune-rougeâtre qu'y détermine l'addition d'une solution de chlore, par l'effet du brome mis en liberté. Le *B. d'argent* se rencontre dans quelques mines ; le *B. de magnésium* accompagne les chlorures et les iodures dans l'eau de la mer et dans beaucoup d'eaux minérales. Les bromures de fer et de mercure sont employés comme astringents énergiques dans l'hypertrophie du cœur et les maladies vénériennes.

BRONCHES (du grec *bronchos*, gorge ou gosier), nom qu'on donne aux deux conduits fibro-cartilagineux qui naissent de la bifurcation de la trachée-artère et qui s'introduisent chacun dans l'un des poumons, où ils se subdivisent indéfiniment. C'est par les bronches que l'air nécessaire à la respiration pénètre dans les cellules où s'accomplit l'*hématose* ou revivification du sang.

BRONCHITE (du grec *bronchos*, gorge), maladie qu'on nomme, selon ses degrés, *rhume, catarrhe pulmonaire, fièvre catarrhale, catarrhe aigu* ou *muqueux,* et, dans certaines épidémies, *grippe, influenza,* etc. Elle est caractérisée par l'inflammation de la membrane muqueuse, de la trachée et des bronches, avec sécrétion de mucosités plus ou moins épaisses et abondantes. L'impression du froid en est la cause la plus ordinaire, surtout au printemps et à l'automne ; dans la vieillesse et dans l'enfance, cette maladie est plus grave que chez l'adulte.

La *Bronchite légère* (vulgairement *rhume*) mérite à peine le nom de maladie ; la *B. intense* est accompagnée de fièvre et des autres symptômes généraux de l'inflammation ; cependant il est rare qu'elle entraîne de graves accidents, à moins qu'elle ne soit compliquée de pleurésie ou de pneumonie : l'altération de la voix, l'oppression plus ou moins forte de la poitrine, accompagnée d'une vive chaleur et d'un chatouillement douloureux qui provoque la toux, en sont les phénomènes ordinaires. La bronchite intense dure de 3 à 6 semaines; chez les vieillards, elle passe souvent à l'état chronique, et dégénère en *catarrhe.* — Le traitement de la bronchite aiguë est celui de toutes les inflammations du même genre (saignées générales ou locales, cataplasmes sur le thorax, boissons douces et sucrées, quelques narcotiques pour calmer la toux et procurer le sommeil); il faut y joindre un régime sévère et les soins hygiéniques.

BRONCHOTOMIE (du grec *bronchos*, gorge, et *tomê*, section), opération chirurgicale qui consiste à pratiquer une ouverture soit à la trachée-artère (*trachéotomie*), soit au larynx (*laryngotomie*), soit à ces deux canaux en même temps (*trachéo-laryngotomie*), pour extraire un corps étranger ou extirper une tumeur, ou seulement pour donner accès à l'air dans les poumons. — Cette opération, qui remonte à Asclépiade, et qu'on a souvent proscrite comme très-dangereuse, se pratique aujourd'hui avec un succès complet; on n'y a recours, toutefois, que lorsque c'est le seul moyen de prévenir une terminaison fatale. L'œdème de la glotte et du larynx, le croup, le gonflement considérable de la langue, sont les cas qui peuvent nécessiter la bronchotomie.

BRONZE (suivant Ménage, du latin *frontis*, qui, dans la basse latinité, avait la même signification), alliage de cuivre et d'étain ; il renferme presque toujours accessoirement plusieurs autres métaux, tels que zinc, fer et plomb. L'alliage de cuivre et d'étain, beaucoup plus dur et plus fusible que le cuivre, s'emploie pour la fabrication des canons, des cloches, des statues, des médailles, des cymbales, etc. Les proportions de l'alliage varient suivant l'usage auquel il est destiné ; en voici les principales :

	Cuivre.	Étain.	Fer.
Bronze des statues.....	90,10	9,90	—
— des médailles...de 88 à 92	de 12 à 8	—
— des canons...... de 90 à 91	de 10 à 9	—
— des cloches.....	78	22	—
— des cymbales et tamtams.....	80	20	—
Bronze des timbres de pendules......	71	27	2
— des miroirs de télescopes.......	66,7	33,3	—

On distingue aussi, dans les arts, plusieurs espèces de bronze d'après leur couleur, soit naturelle, soit factice ; tels sont : le *B. vert antique*, le *B. florentin*, le *B. artistique*, etc.

Les armes des Égyptiens et des premiers Grecs étaient en bronze ou airain ; ils fabriquaient aussi leurs outils et leurs monnaies avec ce métal. Chez les Romains, le bronze prend un caractère monumental, religieux et artistique ; c'est sur le bronze qu'on grave les lois, les traités de paix et d'alliance ; tous les instruments du culte, couteaux, haches, patères, spatules, sont en bronze ; on en couvre des monuments entiers, on en fait des bas-reliefs, des statues, des médailles, etc. Disparu avec la civilisation romaine, l'art de fondre le bronze reparaît avec la renaissance. Au xvie siècle, le Primatice et Benvenuto Cellini coulent d'un seul jet de grandes statues ; Urbain VIII fait élever en bronze le baldaquin de Saint-Pierre. En 1684, le bronze se naturalise en France ; Louvois établit les fonderies de l'Arsenal, sous la direction des frères Keller. Depuis cette époque, il est employé dans une foule de monuments publics, ainsi que dans l'artillerie. Les plus beaux ouvrages modernes en bronze sont : l'ancienne statue équestre de Louis XIV sur la place des Victoires (1692), celle de Pierre le Grand à St-Pétersbourg (1767), la colonne de la place Vendôme (1806), celle dite de Juillet sur la place de la Bastille (1839), les portes de l'église de la Madeleine (1840), la statue colossale de la Bavière à Munich (1850).

Vers la fin du règne de Louis XV, Goutherie inventa la *dorure au mat.* Cette découverte ouvrit au bronze une carrière nouvelle : on dora les pendules, les flambeaux et une foule d'ornements ; le bronze devint dès lors un objet de luxe et d'ameublement, et dans cette voie ses progrès vont toujours croissant.

L'industrie française du bronze ne rencontre aucune concurrence sérieuse dans les pays étrangers : MM. Thomire, Soyé, Galle, Jannet, Vallet, Cornier, et Vittoz, sont, parmi les nombreux fabricants, ceux qui ont le plus contribué à ses progrès.

Bronzer, c'est donner la couleur du bronze à une substance quelconque, métal, bois, argile, plâtre, etc. Les procédés employés à cet effet consistent, en général, à recouvrir l'objet qu'on veut bronzer d'un enduit préparatoire, et à appliquer sur les parties saillantes du chlorure d'antimoine, du deuto-sulfure d'étain (or mussif), ou de la limaille de bronze ou de cuivre jaune réduit en poudre impalpable (or en coquille).

BROQUART, se dit en Vénerie d'une bête fauve d'un an, et surtout du Chevreuil mâle.

BROSIME (du grec *brósimos*, comestible), arbre lactescent de la famille des Artocarpées. *V.* ARTOCARPE.

BROSSES. L'art du brossier consiste à fabriquer toutes sortes de brosses ou vergettes, de pinceaux ou de balais. — Les *brosses* proprement dites, qui servent au nettoyage des meubles et des vêtements, ainsi qu'à la toilette, peuvent être partagées en deux classes : celles qui ont le dos ou la *patte* percée à jour, et celles qui ne l'ont pas. Pour les articles de brosserie commune, les pattes sont ordinairement en hêtre ou en noyer, recouvert ou non d'un placage ; pour la brosserie fine, on emploie la corne, l'os, l'ivoire, le bois laqué et le bois de Spa. Les *poils* sont en soie de porc ou de sanglier, en crin de cheval, en poil de chèvre ou de blaireau, en chiendent et en bruyère. — Paris est un des plus grands centres de la fabrication des brosses : viennent ensuite Beauvais, Lyon, Dieppe et Méru. La brosserie anglaise est renommée pour son luxe et son élégance, pour la solidité et la finesse du crin. Depuis quelques années, de grandes fabriques de brosserie se sont élevées aussi en Prusse et en Allemagne.

Les peintres donnent spécialement le nom de *brosses* à des pinceaux consistant en un paquet de poils de porc, de sanglier ou de chien, liés avec une ficelle ou maintenus par un étui en fer-blanc, et attachés au bout d'un bâton servant de *manche*. On les emploie presque exclusivement pour la peinture à l'huile.

Les Entomologistes nomment *brosse* cette touffe de poils roides qui se trouvent sur différentes parties du corps des insectes. — On donne aussi ce nom aux poils longs et disposés en manchettes qui se trouvent aux jambes de devant de certains mammifères, et surtout des ruminants à cornes creuses.

BROU, enveloppe verte et demi-charnue qui recouvre le fruit du noyer. On a étendu ce nom à tout sarcocarpe plus ou moins verdâtre et coriace, comme celui de la noisette, des amandes, etc.—Le *brou de noix* s'emploie dans la teinture pour obtenir des couleurs fauves ou brunes dites *de racine*; les anciens l'utilisaient pour teindre les cheveux. Quand le brou a été conservé un ou deux ans dans l'eau, il acquiert plus de qualité pour la teinture. On en prépare aussi, en le faisant infuser dans l'eau-de-vie, une liqueur stomachique, dite *brou de noix*; enfin, on l'emploie, en Médecine, comme antisyphilitique et vermifuge.

On appelle encore *Brou* ou *Mal de bois* une maladie fort grave qui attaque les bestiaux, surtout les bêtes à cornes, au moment où ils commencent à *érouter* dans les bois. C'est, suivant les vétérinaires, une gastro-entérite à laquelle on remédie par les saignées, les lavements émollients et les breuvages acidules.

BROUET (du bas latin *brodium*), espèce de mélange en usage dans les repas des Grecs et des Romains. Le *brouet noir* des Spartiates, un de leurs mets les plus recherchés, était un mélange de viande et de sang assaisonné avec du sel et du vinaigre.

BROUETTE (du latin barbare *birota*, formé de *bis*, deux, *rota*, roue). C'était autrefois un petit véhicule à deux roues : c'est, aujourd'hui, un petit tombereau ou une caisse de bois montée sur un brancard, à l'extrémité de laquelle est placée une petite roue, mobile sur les deux pivots d'un essieu tournant. On attribue à Pascal l'invention de la brouette.

BROUILLARD, masse de vapeurs répandues dans la partie de l'atmosphère la plus voisine de la terre, et qui troublent la transparence de l'air. Les brouillards se forment dans l'atmosphère toutes les fois qu'il y arrive de la vapeur d'eau à une température supérieure à celle de l'air ambiant. Ainsi, lorsque la température de l'air vient à se refroidir subitement, des brouillards s'élèvent au-dessus des lacs et des rivières, parce que, la température de ces eaux étant plus élevée que celle de l'air, la vapeur qui en sort, mise en contact avec un air plus froid, se condense en partie : elle apparaît alors sous la forme d'une fumée, d'autant plus épaisse que la différence des deux températures est plus grande; c'est ce qui se passe lorsque nous voyons s'échapper de la vapeur d'un vase qui contient de l'eau chaude. De même, dans un temps de dégel, l'air étant devenu brusquement plus chaud et se trouvant en contact avec la surface plus froide de l'eau ou du sol, la vapeur d'eau qu'il contient se condense, et forme un brouillard. Les brouillards sont de la même nature que les nuages : un brouillard est un nuage dans lequel on est, et les nuages sont des brouillards dans lesquels on n'est pas. — Les brouillards sont plus fréquents dans les pays froids, bas et humides (par exemple en Hollande, en Angleterre), que dans les pays chauds, secs et élevés; dans le printemps et l'automne que dans l'été et l'hiver; le soir et le matin que dans la nuit et au milieu du jour : les variations de température, plus fréquentes dans ces diverses circonstances, expliquent facilement ces différences. Quelquefois les brouillards répandent une odeur fétide qui provient, sans doute, des fumées et des vapeurs de toute espèce qu'ils tiennent emprisonnées; parfois aussi ils semblent uniquement composés de molécules terreuses, réduites à une extrême finesse : tels sont les *brouillards secs*, qui enveloppent sans cesse les régions polaires, et ceux qui accompagnent certaines éruptions volcaniques.—Les brouillards sont, en général, nuisibles à la végétation; ils sont aussi fort malsains, surtout dans les grandes villes, où ils deviennent fort épais et vicient l'atmosphère. *Voy.* BRUME, GIVRE, NUAGES.

Dans le Commerce, on donne le nom de *brouillard* au livre sur lequel on prend note des ventes, des achats, des payements, des recettes, en un mot, de toutes les affaires, au fur et à mesure qu'on les conclut; on l'appelle aussi *brouillon* et *main courante*. Les écritures du brouillard doivent être ensuite transportées sur le journal. — C'est aussi vulgairement le nom d'un papier non collé dont on se sert, comme buvard, pour sécher l'écriture, ou que l'on emploie pour filtrer.

BROUSSIN, loupe ou excroissance de la tige ou des branches d'un arbre, déterminée souvent par une tonte ou un élagage fréquent. Le broussin de certains bois, comme l'orme, l'érable, le frêne, le buis, présente à l'intérieur des veines colorées qui le rendent précieux pour les ouvrages d'ébénisterie.

BROUSSONETIE (de *Broussonet*, naturaliste français du xviiie siècle), genre de la famille des Moréacées, établi pour un très-bel arbre, originaire de la Chine, aujourd'hui naturalisé dans nos jardins, et qui n'est autre chose que le *Mûrier à papier* de Linné : c'est un arbre lactescent, à feuilles alternes, velues en dessous, et à fleurs dioïques. L'écorce de ce mûrier, bien différent du mûrier à soie, fournit une filasse douce, fraîche et très-blanche, avec laquelle on fabrique, dans les pays où il croît, du papier et des étoffes.

BRUANTS, *Emberiza*, petits oiseaux de passage, de l'ordre des Passereaux et de la famille des Conirostres, plus connus en France sous les noms de *Verdiers* et d'*Ortolans*, ont pour caractères propres : un bec court, droit et robuste; des mandibules à bords rentrants, la supérieure plus petite que l'inférieure, et garnie intérieurement d'un petit tubercule osseux et saillant dont l'oiseau se sert pour concasser les graines. Leur plumage varie du vert olivâtre au gris brun, mêlé à du jaune et du noir. Les Bruants viennent en France avec les hirondelles, et partent avec les cailles; tout l'été, ils voltigent dans les prés, les bois et les buissons. Ils se nourrissent de graines, de baies et d'insectes, et vivent familièrement avec les moineaux et les pinsons de nos contrées. Ils donnent très-facilement dans tous les pièges qu'on tend aux petits oiseaux. Quelques espèces sont recherchées pour leur chair, qui est un des mets les plus délicats; d'autres, pour leur chant, qui est assez agréable. Les espèces les plus communes dans nos contrées sont : le *B. commun* ou *Verdier* des oiseleurs, qui est gros comme un moineau et de couleur jaune-verdâtre; le *B. proyer*, qui est d'un gris brun tacheté de brun foncé; le *B. fou*, qui est un des plus faciles à se laisser prendre; l'*Ortolan* proprement dit (*Voy.* ce nom); le *B. de roseau* et le *B. Mitylène*, qu'on trouve surtout dans le Midi.

BRUCEE, *Brucea* (ainsi nommée du voyageur écossais *Bruce*, qui rapporta cet arbrisseau d'Abyssinie), genre de la famille des Térébinthacées, renferme des arbrisseaux dont les feuilles sont, dans l'Abyssinie, employées avec succès contre la dyssenterie. La *B. ferruginée*, rapportée par Bruce, a l'aspect d'un petit noyer; ses feuilles sont ailées, pointues et bordées de quelques poils; on la cultive, chez nous, en serre chaude, où elle atteint la hauteur de 2 mètres. Son écorce passait pour être la *fausse Angusture*, qui donne la *Brucine*. *Voy.* ces mots.

BRUCHE (du grec *bruchô*, ronger), vulgairement

Cusson, genre d'insectes Coléoptères tétramères, de la famille des Rhynchophores. Ils ont le prolongement de la tête court, large et en forme de museau, avec des palpes très-visibles. Ils multiplient rapidement, et sont un véritable fléau pour l'agriculture. Leurs larves attaquent et détruisent les fèves, les pois et les lentilles. On les détruit en exposant les semences dans un four à une chaleur de 40 à 45 degrés.

BRUCINE, alcali organique, découvert en 1819 par Pelletier et Caventou dans l'écorce de Fausse Angusture, écorce qu'on croyait provenir de la *Brucée*, est aussi contenu dans la fève St-Ignace, la noix vomique, le Bois de couleuvre, etc. Il se présente en prismes droits rhomboïdaux, ou en aiguilles enchevêtrées, incolores, insolubles dans l'éther et composées de carbone, d'hydrogène, d'azote et d'oxygène dans les rapports de $C^{46}H^{26}N^2O^8 + 8aq$. Pris intérieurement, il agit d'une manière spéciale sur la moelle épinière, et peut, à haute dose, causer le tétanos et la mort. Il s'obtient dans la préparation de la strychnine, où il reste dans les eaux-mères. Il forme avec les acides des sels très-amers, également vénéneux. Il se distingue des autres alcalis organiques par sa réaction avec l'acide nitrique : à l'état concentré, cet acide colore la brucine en rouge de sang, et dégage, suivant M. Gerhardt, un gaz inflammable, ayant l'odeur de la pomme de reinette, et qui est de l'éther nitreux. On prépare avec la brucine des pilules qu'on administre dans certains cas de paralysie.

BRUGNON, *Persica lœvis*, variété de Pêche à peau rouge ou violette et lisse, à chair pleine, tenant du goût de l'abricot, mûrit plus tard que les pêches ordinaires. Le brugnon a un excellent goût lorsqu'il a mûri sur l'arbre jusqu'à ce qu'il se détache de lui-même. Le *B. violet musqué* est le plus estimé; le *B. violet tardif* et le *B. jaune* sont sujets à pourrir sur l'arbre sans mûrir. On fait avec les brugnons de bonnes compotes; on s'en sert aussi pour garnir des tartes, des flans, etc.; on les confit au sucre. à l'eau-de-vie.

BRUINE (du latin *pruina*, pluie froide), petite pluie qui résulte de la condensation des vapeurs qui composent le brouillard.

BRUIT, son confus, résultant d'un ébranlement de l'air, qui ne se répète point par vibrations. Il est le produit d'un ou de plusieurs chocs de corps non élastiques, tels que la détonation d'une arme à feu, le fracas du tonnerre, le mugissement du vent, le craquement d'une branche d'arbre, etc. Il diffère du son en ce que ses vibrations ne sont pas *isochrones* (d'égale durée), et ne se succèdent pas avec assez de rapidité pour donner à l'oreille une sensation continue. — Les divers bruits que font entendre certaines parties du corps, surtout la poitrine et le cœur, donnent au médecin de précieux indices, qui sont devenus, depuis peu d'années, l'objet d'une étude spéciale. *Voy.* AUSCULTATION.

BRULAGE, opération d'agriculture qui consiste à enlever la superficie d'un terrain tout chargé de plantes, à quelques centimètres d'épaisseur, à couper ces tranchées carrément, à en former de petits fours, et à répandre ensuite sur le sol, pour le fertiliser, cette terre réduite en cendres.

BRULEMENT DES CORPS. *Voy.* BUCHER.

BRULERIE, fabrique d'eau-de-vie et liqueurs alcooliques. Dans ce sens, il est synonyme de *distillerie* (*Voy.* ce mot). — On nomme encore *brûleries* les fabriques où l'on brûle les bois dorés et les tissus d'or et d'argent pour en retirer les matières précieuses qu'ils peuvent contenir.

BRULOT, bâtiment que l'on charge d'artifices et de matières combustibles pour incendier les vaisseaux de l'ennemi. Il est, en général, fait légèrement et de bois de rebut. Il s'accroche au bâtiment ennemi par des grappins à chaines de fer dont on le garnit à l'extrémité de ses vergues et à son beaupré. La *cale* renferme les pièces qui doivent faire explosion : on y met le feu au moyen d'une mèche appelée *saucisson*. Les brûlots sont conduits soit à la voile, soit à la remorque d'embarcations. Ces machines, qui étaient en usage chez les anciens, et que, jusqu'à la fin du siècle dernier, les armées navales traînaient à leur suite, ne sont plus usitées. On s'en servait surtout contre les navires ancrés dans un port. C'est ainsi que les Russes ont brûlé l'escadre turque dans la baie de Tchesmé (Anatolie), en 1770. — On a récemment construit des *brûlots à vapeur*, qui sont les plus puissantes des machines destructives connues : ils n'ont pas encore été mis en usage.

BRULURE. On admet, avec Dupuytren, six degrés dans la brûlure, d'après la profondeur des altérations éprouvées par les tissus : 1° inflammation superficielle de la peau sans phlyctènes; 2° inflammation avec phlyctènes; 3° désorganisation d'une partie du corps papillaire ou de la surface de la peau; 4° scarification complète du derme; 5° combustion des tissus jusqu'aux os; 6° enfin, carbonisation de tout un membre. — Les brûlures du 1er et du 2e degré sont les plus ordinaires; leur traitement consiste simplement dans l'immersion immédiate de la partie malade dans l'eau froide, ou, si cette immersion est impossible, dans une affusion continuelle d'eau froide. Tous ces remèdes que vante le vulgaire : pulpe de pommes de terre ou de carotte râpée, gelée de groseilles, etc., n'agissent pas autrement que l'eau froide, et ne sont pas toujours sous la main. S'il y a des ampoules, il faut les percer de place en place pour faire écouler la sérosité, en ayant soin de ne pas arracher l'épiderme; si cependant il était enlevé, il faudrait recouvrir la partie dénudée d'un linge fin enduit de cérat, et recouvert lui-même de compresses imbibées d'eau blanche. S'il survient des symptômes inflammatoires, un traitement antiphlogistique devient nécessaire : ce traitement consistera en saignées générales ou locales, boissons rafraîchissantes, purgatifs, etc.—Dans les brûlures des 3e, 4e et 5e degrés, s'il y a désorganisation des tissus et formation d'escarres, il faut, après avoir combattu l'inflammation, s'occuper du travail de la cicatrisation. Le pansement se composera d'abord d'applications émollientes et adoucissantes, puis de charpie enduite de cérat, ou même, s'il faut hâter la chute des escarres, d'onguents excitants; des appareils appropriés seront mis, en outre, en usage, afin de prévenir ou de corriger la difformité de certaines cicatrices; le traitement est toujours long et difficile. — Les brûlures du 6e degré nécessitent l'amputation.

BRULURE OU CHARBON DU BLÉ. On donnait autrefois ce nom à la *rouille* des céréales; on l'attribuait soit à l'action des rayons solaires concentrés par la rosée, soit au voisinage de plantes malfaisantes; mais, en réalité, cet état est dû à la présence d'un petit champignon parasite, l'*Uredo rubigo vera. Voy* ROUILLE.

BRULURE DES MOUTONS, ou *Mal de feu*, maladie des moutons, caractérisée par la chute des yeux, la soif, l'amaigrissement, etc. On y remédie par le repos, les émollients et les rafraîchissants.

BRUMAIRE, 2e mois du calendrier républicain, commençait, selon l'année, le 22 ou le 23 octobre et finissait le 20 ou le 21 novembre. Il devait son nom aux *brumes* ou brouillards qui ont ordinairement lieu à cette époque. — Pour la *Journée du 18 brumaire, Voy.* le *Dict. univ. d'Hist. et de Géogr.*

BRUME (du latin *bruma*, brouillard), vapeur qui, par un temps calme, s'élève près de l'horizon de la mer, et y obscurcit l'atmosphère. Cette brume vient de ce que l'air ne contient pas assez d'eau en vapeur, et elle n'a de commun avec le brouillard que l'apparence : elle peut avoir lieu par un temps sec et chaud. — Par extension, *brume* se dit, surtout en Marine, de toute espèce de brouillard. *Voy.* ce mot.

BRUN DE MONTAGNE. *Voy.* TERRE D'OMBRE; — B. DE PLATRE *Voy.* TALC; — B. ROUGE. *Voy.* OCRE.

BRUNELLE, genre de plantes de la famille des Labiées. La *B. commune* est astringente et vulnéraire, et s'emploie contre les maux de gorge ; la *B. à grandes fleurs* est une plante vivace, à fleurs en épi, bleues, pourpres, rosées ou blanches, qui sert à l'ornement des jardins. — Le mot *Brunelle* est aussi le nom de la *Couleuvre brune. Voy.* COULEUVRE.

BRUNFELSIE (de *Brunfels* , botaniste allemand du XVIᵉ siècle), genre de la famille des Scrofulariées, contient plusieurs plantes de l'Amérique, fort recherchées en raison de leur beau port et de leurs fleurs grandes et odorantes : ce sont des arbrisseaux à feuilles alternes, oblongues, entières. L'espèce type est la *B. violacée*, remarquable par ses grandes feuilles violacées en dessous et parcourues en dessus de grandes nervures blanches.

BRUNIA (d'un nom propre), genre type de la famille des Bruniacées, renferme des arbrisseaux du Cap, à rameaux verticillés, à feuilles petites et à fleurs paniculées. Ce genre avait été placé par Jussieu dans les Rhamnées.

BRUNIACÉES, famille de plantes dicotylédones du Cap renferme des arbres et arbrisseaux dont le port rappelle celui des Bruyères, à feuilles alternes, petites et roides; à fleurs paniculées, à calice tubuleux quinquéfide, avec autant de pétales alternes et d'étamines. Elle a pour type le genre *Brunia. V.* ce nom.

BRUNISSOIR, outil en forme d'amande plus ou moins allongée, et fixé, par un de ses bouts, à un manche de bois; on s'en sert pour *brunir* ou polir des surfaces. Il est tantôt en acier trempé , tantôt en pierre sanguine (hématite rouge) , en dents de loup, etc. , mais toujours d'une substance plus dure que celle du corps sur lequel on le fait agir. Le brunissoir n'use pas par le frottement, mais il aplatit les aspérités qui se trouvent à la surface du corps. On brunit les pièces d'argenterie , les bronzes, les bois, les porcelaines dorées ou argentées, les cuivres gravés en taille-douce, les pièces d'horlogerie , etc.

BRUNONIACÉES , famille de plantes herbacées de la Nouvelle-Hollande, présentant un calice à six divisions, une corolle monopétale hypogyne, un peu irrégulière, cinq étamines hypogynes, un ovaire libre, et ayant pour fruit un utricule membraneux caché par le calice. Le genre *Brunonie* (*Brunonia*) est le seul que renferme cette famille.

BRUNONIE (du nom d'un botaniste anglais), genre type de la famille des Brunoniacées, renferme un petit nombre de plantes , dont une est cultivée en Europe : c'est la *B. australe*, de la Nouvelle-Hollande, dont le port rappelle celui de nos Scabieuses.

BRUSQUEMBILLE (LA), jeu de cartes qui peut se jouer à deux, trois, quatre ou cinq personnes. Si le nombre des joueurs est pair, on emploie un jeu de piquet entier ; dans le cas contraire, on supprime deux sept, un rouge et un noir. Les dix et les as portent spécialement le nom de *brusquembille :* c'est de là que vient le nom du jeu. L'as est la brusquembille supérieure, surtout l'as d'atout : celui qui la place reçoit deux jetons de chaque joueur.

BRUT (du latin *brutus*, même signification). On appelle ainsi , en Histoire naturelle, les corps inorganiques, pierres, métaux, par opposition aux corps organisés (*Voy.* CORPS). — Le mot *brut* s'applique encore : 1º à tout ce qui n'est pas élaboré par l'art, comme *sucre brut*, qui n'est pas raffiné; *diamant brut*, qui n'est pas taillé, etc.; 2º à la totalité d'un produit, lorsque déduction n'est point faite des frais qu'il a fallu faire pour l'obtenir ; ou bien au poids d'une marchandise pesée avec l'emballage : le *produit brut* et le *poids brut* sont alors opposés au *produit net* et au *poids net*. La différence entre le poids brut et le poids net s'appelle *tare*.

BRUYÈRE (du grec *bryon*, mousse), *Erica*, genre type de la famille des Éricinées , renferme plus de 400 espèces , la plupart originaires de l'Afrique;

on n'en compte qu'une vingtaine propres à l'Europe, et trois ou quatre à l'Asie. Les bruyères sont presque toutes de charmants arbustes ou sous-arbrisseaux qui croissent dans les terrains incultes de nature sablonneuse; elles en augmentent progressivement l'épaisseur et la fécondité, et forment ainsi ces terreaux légers et substantiels qu'on appelle *terre de bruyère*. Les bruyères ont toutes ces caractères communs de présenter un calice et une corolle monophylles à 4 ou 5 divisions, des étamines en nombre égal ou double de ces divisions , un ovaire libre, et un fruit capsulaire et polysperme; leurs diverses espèces offrent , dans leur forme générale , dans la disposition et la couleur de leurs fleurs, des variétés infinies ; mais toutes sont remarquables par la persistance de leur verdure et la durée de leurs fleurs. Les bruyères exotiques, qui sont les plus jolies et les plus recherchées, sont aussi les plus délicates; on les multiplie de graines, de marcottes et de boutures. La bruyère est aujourd'hui fort cultivée par les jardiniers fleuristes comme fleur d'agrément ; on la recherche surtout pour les appartements. Les espèces indigènes les plus intéressantes sont : la *B. vulgaire*, qui croît si abondamment dans les landes de Bordeaux, de la Sologne et de l'ouest de la France, dans la Sarthe et sur les plateaux arides des environs de Paris , et qui répand , par l'abondance de ses fleurs, violettes, une teinte générale sur ces lieux incultes : les bestiaux la broutent quand elle est encore tendre ; les abeilles sont avides du suc de ses fleurs; on en forme une litière qui devient un engrais d'excellente qualité ; la *B. à balai*, dont on fait des balais, des brosses, etc.; dans plusieurs pays, elle remplace le bois de chauffage; ses racines, qui sont fort grosses, produisent un excellent charbon ; la *B. herbacée*, qui fleurit blanc, et prend insensiblement une teinte rose. Parmi les espèces exotiques, on remarque surtout la *B. à grandes fleurs*, apportée du Cap en 1775, haute de 1ᵐ,50, à fleurs d'un beau rouge orangé ou rouge écarlate; et la *B. en bouteille*, dont les fleurs blanchâtres, bordées de rouge, ont la forme d'une petite carafe.

BRUYÈRE DU CAP, variété de Nerprun. *Voy.* PHYLIQUE.

BRUYÈRE (COQ DE), espèce de coq sauvage. *Voy.* COQ.

BRY (du grec *bryon*, mousse), le plus nombreux et le plus remarquable des genres de la famille des Mousses, division des Acrocarpes. Les brys vivent sur la terre, où ils forment des gazons plus ou moins touffus, jamais sur les arbres. Ils donnent leur nom à la famille des *Bryacées*.

BRYONE (du grec *bryô*, pousser avec force), genre de plantes herbacées de la famille des Cucurbitacées, renferme des plantes herbacées, annuelles, poilues ou rugueuses, volubiles, à feuilles alternes , à rhizômes tubéreux et à fleurs axillaires monoïques ou dioïques. L'espèce la plus connue est la *B. dioïque* ou *commune*, dite aussi *couleuvrée*, et plus vulgairement *Vigne vierge*, plante grimpante qui croît dans les haies, les bois ou les lieux incultes. Ses fleurs sont disposées en grappes d'un blanc verdâtre ; sa racine, grosse et charnue, appelée aussi *Navet du diable*, renferme un principe âcre qui est vénéneux et purgatif. On extrait de cette plante la *bryonine*, substance roussâtre, demi-solide et très-amère, à laquelle elle doit ses propriétés actives. La Médecine emploie la bryone comme purgatif drastique et comme succédané de l'Ipécacuanha et du Jalap. L'Homœopathie surtout fait grand cas de la bryone , et l'emploie contre les maladies gastriques. Fraîche et appliquée sur la peau , cette racine agit à la manière des sinapismes. On peut la débarrasser de son principe âcre par la torréfaction et le lavage. Elle fournit, dans ce cas, une fécule analogue à celle de la pomme de terre et aussi saine qu'abondante.

BRYOPHYLLE (du grec *bryô*, germer, et *phyllon*, feuille), arbuste originaire des Moluques, et qui appartient à la famille des Joubarbes ou Crassulacées, est remarquable par sa facilité de reproduction. Si l'on pose sur le sol une de ses feuilles, on voit bientôt sortir de chacune des dentelures de petites radicelles, que surmontent immédiatement une ou plusieurs jeunes plantes. Cet arbuste a de fort belles fleurs pendantes en forme de pavillon chinois; il atteint de 6 à 7 m. de haut.

BRYOPSIS (du grec *bryon*, mousse, et *opsis*, apparence), genre de la famille des Zoospermées, composé d'algues élégantes par leur ramification et leur port. La Méditerranée en fournit un grand nombre.

BUANDERIE (de *buée*, qui signifiait *lessive*), lieu où sont établis un fourneau et des cuviers pour faire la lessive. *Voy.* LESSIVE et BLANCHISSAGE.

BUBALE (en latin, *Bubalus*), dit aussi *Bœuf d'Afrique*, *Vache-biche*, *Taureau-cerf*, etc., mammifère ruminant du genre Antilope. Il a les cornes annelées et recourbées en arrière. Il vit par petites troupes dans les déserts de l'Afrique.

BUBO, nom latin du hibou, est donné par les Ornithologistes à une division d'oiseaux de proie nocturnes, comprenant ceux qui ont une conque petite, dont le disque de plumes est moins prononcé que dans les chats-huants, et qui ont des tarses emplumés jusqu'aux ongles. C'est aussi le nom spécifique du *Grand-duc d'Europe* (*Strix Bubo*). *Voy.* DUC.

BUBON (du grec *boubôn*, aine). Ce nom a d'abord été donné exclusivement aux tumeurs des glandes inguinales; puis on l'a étendu à tous les engorgements glandulaires, à ceux des aisselles, du cou, etc., qu'on nomme aussi *adénites*. On en distingue quatre espèces: 1° le *B. sympathique* ou *d'irritation*, simple engorgement inflammatoire, déterminé par l'irritation qui, d'une partie enflammée ou ulcérée, se propage aux glandes lymphatiques les plus voisines en suivant le trajet des vaisseaux absorbants (il disparaît ordinairement avec la cause qui l'a fait naître); 2° le *B. pestilentiel*, qui se développe pendant la peste; 3° le *B. scrofuleux*, qui accompagne la maladie scrofuleuse; 4° le *B. syphilitique*, qui peut lui-même être primitif, constitutif ou constitutionnel. — Les bubons, même déjà volumineux, peuvent se *résoudre* soit spontanément, soit par le secours des antiphlogistiques, des émollients et du repos. Le plus souvent, néanmoins, on ne peut faire avorter la tumeur, et elle arrive à la *suppuration*, ce qui nécessite ordinairement l'action du bistouri. L'*induration* et la *gangrène* sont deux terminaisons plus rares, mais toujours défavorables.

BUBON, genre de plantes herbacées de la famille des Ombellifères, renferme deux espèces principales: le *Bubon* ou *Persil de Macédoine*, qui se cultive dans nos jardins; ses fleurs blanches servaient anciennement à guérir l'inflammation des aines (d'où son nom); — le *B.-Galbanum*, arbrisseau à fleurs jaunes, d'un mètre de haut environ, et qui fournit la gomme-résine appelée *galbanum*, employée en médecine comme antispasmodique.

BUCAIL, sorte de blé noir ou de sarrasin. *V.* ce mot.

BUCARDE (du grec *bous*, bœuf, et *cardion*, cœur, à cause de sa forme), genre de Mollusques acéphales, de la famille des Lamellibranches. On trouve sur les côtes de La Rochelle une espèce de Bucarde, le *Sourdon*, qui sert de nourriture aux classes pauvres. On a, par suite, appelé *Bucardite* une coquille bivalve devenue fossile. Les anciens oryctographes donnaient même ce nom à toutes les coquilles fossiles, qu'elles appartinssent ou non au genre Bucarde.

BUCCIN (de *buccina*, grande trompette de guerre usitée chez les Romains, basse de trombone en usage dans la musique militaire: le pavillon représente la bouche d'un serpent.

BUCCIN, *Buccinum*. Ce nom a été donné par les anciens naturalistes à une foule de coquilles univalves différentes, mais toutes en forme de cornet (*buccina*);

aujourd'hui, il ne désigne plus qu'un genre de l'ordre des Gastéropodes pectinibranches, renfermant plus de 200 espèces, dont une dizaine se trouvent sur nos côtes: le *Buccin ondé* surtout y est très-commun. La plupart de ces mollusques sont munis d'une glande placée entre le cœur et le rectum, qui sécrète un liquide visqueux, doué, dans quelques espèces, de la propriété de passer du jaune vert au pourpre éclatant; aussi a-t-on pensé que la pourpre des anciens était due à une espèce de ce genre. *Voy.* POURPRE.

BUCCINATEUR (MUSCLE), de *buccina*, trompette, muscle qui occupe latéralement l'espace compris entre les deux mâchoires. Quand les lèvres sont fermées, il appuie les joues contre les dents, soit pour aider à la mastication, soit pour faciliter l'émission de la voix en expulsant l'air de la bouche.

BUCCINOÏDES, deuxième famille des Gastéropodes pectinibranches, établie par Cuvier, comprend tous les mollusques qui ont une coquille à ouverture échancrée ou canaliculée, et renferme les genres *Buccin, Cône, Porcelaine, Ovule, Tarière, Volute, Cérite, Rocher, Strombe*, etc.

BUCCOIDÉES, famille d'oiseaux de l'ordre des Passereaux, formée des Barbus de Cuvier. *V.* BARBUS.

BUCENTAURE (du grec *bous*, bœuf, et *centauros*, centaure), nom par lequel on désignait, dans la Mythologie ancienne, une espèce de Centaure qui avait le corps d'un bœuf ou d'un taureau. — Ce nom fut donné au vaisseau que montait le doge de Venise le jour de l'Ascension, lorsqu'il faisait la cérémonie de son mariage avec la mer Adriatique. C'était un galion long comme une galère, sans mâts ni voiles, et portant à la poupe une figure de *Bucentaure*; sur le pont s'élevait une tente magnifiquement ornée; le doge siégeait à la poupe, et de là il jetait un anneau dans l'Adriatique, pour marquer qu'il l'épousait. Cette cérémonie singulière paraît tirer son origine d'un privilège de souveraineté sur la mer que le pape Alexandre III avait accordé aux Vénitiens en 1177.

BUCÉPHALE (de *bous*, bœuf, et *képhalè*, tête). Ce nom, connu dans l'histoire, comme celui du cheval d'Alexandre, a été appliqué par les Zoologistes à plusieurs animaux remarquables par la grosseur de leur tête ou par leur forme; tel est, parmi les insectes, le *Harpale bucéphale*.

BUCÉRUS (de *bous*, bœuf, et *kéras*, corne), oiseau du genre des Passereaux, plus connu sous le nom de *Calao*. Il tire son nom d'une protubérance en forme de corne qu'il a sur le bec: il est le type d'une famille qui reçoit de lui le nom de Bucéridées. *V.* CALAO.

BUCHE (du latin barbare *bosca*), morceau de gros bois de chauffage. La bûche doit avoir une longueur de 1m135.—On appelle *Buche de Noël* une bûche ou grosse souche de bois que dans beaucoup de familles on met au feu par derrière les autres la veille de Noël.

Buche économique, espèce de brique préparée avec de l'anthracite en poudre unie à de la houille et à un peu d'argile, qu'on place dans le fond des cheminées pour économiser le combustible: elle réfléchit la chaleur sans s'altérer sensiblement.

BUCHER, pyramide de bois sur laquelle les anciens plaçaient le corps des morts pour les brûler. Il y avait des bûchers publics élevés dans la campagne, au milieu d'une enceinte appelée *ustrinum*, et des bûchers particuliers. On les construisait avec des bois odorants et résineux, l'if, le pin, le mélèze, le frêne, le cyprès, le genévrier, etc. Le bûcher avait la forme d'un autel; il était de forme carrée, à 3 ou 4 étages, et l'on y versait du vin, du lait, du miel, des parfums, de l'encens, des aromates et de l'huile. On recueillait, après la combustion, les cendres dans une urne. — Chez les anciens, l'usage de brûler les morts était commun aux Scythes, aux Thraces, aux Grecs et aux Romains; de nos jours, il existe encore chez les Hindous. — Les bûchers ont aussi servi d'autels où l'on immolait aux dieux des victimes vivantes, et d'instruments de supplice pour les criminels : tels étaient les bûchers que les druides allumaient en l'honneur de Teutatès; tels furent, du xvie au xviiie siècle, les *auto-da-fé* de l'inquisition.

BUCOLIQUES (du grec *boucolos*, bouvier), nom générique donné aux poésies champêtres ou pastorales. *Voy.* PASTORALE et ÉCLOGUE. — On connaît plus particulièrement sous le nom de *Bucoliques* le recueil des *Églogues de Virgile*.

BUCRANE (du grec *bous*, bœuf, et *cranion*, crâne), nom qu'on donne, en Architecture, aux têtes décharnées d'animaux, et surtout de bœufs, placées comme ornements dans les métopes des temples, ou aux coins d'un autel.

BUDDLÉE, *Buddlea* (du botaniste anglais *Buddle*), genre de la famille des Scrofulariées; renferme des arbrisseaux élégants originaires d'Amérique. On cultive dans nos jardins la *Buddlée globuleuse;* son feuillage, vert-foncé en dessus, blanc en dessous, s'agite au moindre souffle du vent; ses fleurs odorantes, d'un beau jaune safrané, tranchent agréablement sur la couleur sombre de ses feuilles.

BUDGET (mot emprunté aux Anglais, et dérivé du bas latin *bulga*, sac, bourse, d'où vient aussi *bougette* en vieux français), nom donné à la fois à un aperçu des dépenses et des recettes présumées, et à l'état définitif de ces dépenses et de ces recettes quand il a été arrêté par l'autorité compétente. En France, l'État, les départements, les communes, chaque établissement public, dressent annuellement leur budget de manière qu'il puisse être examiné et voté ou approuvé avant le 1er janvier. Tout budget se divise en deux parties principales : *Dépenses* et *Recettes*. Chacune de ces deux grandes divisions se subdivise elle-même en plusieurs autres parties qui aboutissent à des chapitres.

Budget de l'État. Les dépenses y comprennent cinq subdivisions : 1o dette publique ; 2o dotations ; 3oservices généraux des ministères; 4o frais de régie, de perception des impôts et revenus publics; 5o remboursements et restitutions, non-valeurs, primes et escomptes. — Les recettes se subdivisent également en plusieurs parties : 1o contributions directes; 2o enregistrement, timbre et domaines ; 3o produits des forêts et de la pêche; 4o douanes et sels; 5o contributions indirectes; 6o produits des postes ; 7o revenus divers, tels que les taxes, remboursements, redevances, etc. — Dans les États constitutionnels, les budgets sont librement discutés et votés par le pouvoir représentatif. Des règles sévères imposent aux ministres l'obligation de ne rien dépenser au delà de leur budget; il est, en outre, défendu de modifier l'affectation des fonds, et de reporter sur un chapitre les fonds votés pour un autre : c'est ce qu'on nomme la *spécialité des chapitres.* Ces prescriptions sont résumées dans l'ordonnance du 31 mai 1838. L'institution du budget appartient à l'Angleterre, où elle paraît être contemporaine du gouvernement représentatif. En France, les premiers essais en ce genre sont dus à Necker, qui donna l'exemple par la publication de son fameux *compte rendu* (1781). Louis XVI, par une déclaration du 24 janvier 1789, promit que désormais le tableau des recettes et des dépenses serait dressé chaque année, et soumis au vote des États généraux ; mais les désordres de la Révolution empêchèrent d'exécuter régulièrement cet engagement : ce n'est que sous le Consulat, en 1802, que fut établi le premier budget de la France ; c'est aussi à cette époque que le mot *budget* s'introduisit dans notre langue financière. Toutefois, les budgets du Consulat et de l'Empire laissaient encore beaucoup à désirer ; en outre, ils étaient plutôt homologués que délibérés ; ce n'est que depuis la Restauration que les budgets ont été dressés d'une manière complète et sincère, et qu'ils ont été librement discutés. Depuis cette époque, le budget de la

France a été sans cesse croissant ; le plus souvent encore il s'est trouvé insuffisant, et il a fallu le compléter par des *crédits supplémentaires*. Le budget de 1815 portait, pour les dépenses, 791,317,660 fr.; pour les recettes, 740,030,700 fr. ; celui de 1850 s'élevait à 1,461,491,788 fr. pour les dépenses, et à 1,359,169,117 fr. pour les recettes. Depuis plusieurs années, surtout depuis la révolution de 1848, le budget de la France se solde par un déficit ; on y fait face au moyen d'emprunts ou de *bons du Trésor*.

Budgets départementaux. Les dépenses comprennent les traitements administratifs, l'entretien des maisons de détention, des dépôts de mendicité, des bâtiments de la cour d'appel, de la préfecture, des routes départementales, la gendarmerie, les enfants trouvés, la dette du département, etc. Les recettes se composent de la portion des contributions directes affectées aux dépenses départementales, et des ressources dites *extraordinaires*, provenant de location d'immeubles, du prix des péages, du prix d'expédition des actes de la préfecture, etc. La discussion et le vote des budgets départementaux appartiennent aux conseils généraux ; ils sont réglés définitivement par le chef de l'État.

Le *budget de la commune* est voté par le conseil municipal, mais il n'est définitivement réglé que lorsqu'il a été approuvé par le chef de l'État, sur le rapport du ministre de l'intérieur pour les villes et communes dont le revenu est supérieur à 100,000 fr., et par le préfet pour les communes dont le revenu est inférieur à ce.

Les budgets des établissements publics sont dressés par les chefs de ces établissements, et arrêtés par le ministre dans les attributions duquel ils se trouvent.

BUFFA (OPÉRA). *Voy.* BOUFFES et OPÉRA.

BUFFET D'ORGUE. *Voy.* ORGUE.

BUFFLE, *Bos bubalus*, espèce de bœuf à demi-sauvage qui vit dans les pays marécageux; il aime à se vautrer dans la boue, et reste plongé dans l'eau une partie du jour. Il se distingue du bœuf ordinaire par une taille plus haute, des proportions plus robustes, mais aussi plus lourdes; par un front plus étroit et plus bas, pour un mufle plus large, et surtout par ses cornes, comprimées en avant et surmontées d'une arête saillante en carène. La voix du buffle est un mugissement plus grave et plus pénétrant que celui du taureau ; la femelle porte un mois de plus que la vache, et à quatre mamelles placées sur une même ligne transversale ; son lait est moins abondant et moins savoureux que celui de la vache, mais contient plus de crème ; il fournit un beurre graisseux et qui conserve toujours un goût sauvage. On mange la chair du buffle; on prétend même que sa langue est un mets délicat. Le buffle a le poil noir, rude et peu fourni ; son cuir spongieux résiste parfaitement aux armes tranchantes : aussi sert-il à fabriquer des cuirasses, des ceinturons, des gants, et toute espèce de *bufleterie* ; ses cornes servent à faire des tabatières, des peignes, et ses poils à rembourrer les chaises, les selles, etc. On tire surtout ces matières d'Égypte et de Turquie. On en fait aussi un grand commerce sur les côtes de la Guinée et du Congo.

Le buffle est originaire de l'Inde ; on le trouve également en Afrique, en Turquie, en Transylvanie; il a été introduit en Italie au viie siècle, et il y vit aujourd'hui à l'état de domesticité, mais en conservant une partie de ses habitudes sauvages; il est plutôt farouche que méchant. On s'en sert pour le labourage, et on le conduit au moyen d'un anneau passé dans les naseaux ; le travail fini, on lui rend la liberté. On est parvenu à naturaliser le buffle en France; on en a même formé un troupeau à Rambouillet; mais il ne saurait être substitué avantageusement à notre bœuf domestique. On a essayé vainement de croiser le buffle avec le bœuf.

Parmi les variétés du buffle, on distingue : 1o le *B.*

Arni, dont on connaît deux sous-variétés : l'*Arni à cornes*, remarquable par le développement de ses cornes en forme de croissant, qui dépassent 2 m.; il a donné naissance dans l'Inde à une race de buffles domestiques, et l'*Arni Géant*, plus rare et dont on ne possède guère en Europe que les cornes; 2° le *B.-Gour*, qui vit, comme le précédent, dans les forêts humides de l'Hindoustan; 3° le *B. du Cap*, qui se trouve dans tout le midi de l'Afrique : ce dernier est terrible par sa férocité.

BUFFLETERIE. On nomme ainsi les bandes de buffle qui font partie de l'équipement d'un soldat, et qui servent à porter la giberne, le sabre, etc., ainsi que les fabriques où l'on travaille la peau de buffle : les principales, en France, sont à Corbeil, Étampes, Lille, Metz, Paris, Pont-Sainte-Maxence, Rouen.

BUFO, nom latin du Crapaud, a donné naissance à ceux de *Bufoniformes*, famille de Batraciens anoures, de *Bufonoïdes* (qui ressemble au crapaud), autre famille de Batraciens dont le Crapaud est le type; de *Bufonine*, humeur visqueuse qui suinte de la peau du crapaud, et de la plante appelée *Bufonie*. V. ci-après.

BUFONIE, genre de plantes de la famille des Caryophyllées, tribu des Alsinées, renferme deux espèces, l'une vivace, l'autre annuelle. Celle-ci se reconnaît à ses feuilles menues, à ses fleurs blanches et à ses feuilles petites, pointues et réunies deux à deux à leur base. Elle se trouve dans les terrains secs et arides des pays du midi. Linné lui a donné le nom de *Bufonie*, parce que le crapaud (*Bufo*) se plaît sous les touffes de cette plante.

BUGLE, *Ajuga*, genre de la famille des Labiées, renferme des plantes herbacées, vivaces, souvent rampantes, à calice globuleux-campanulé, à 5 dents, presque égales, et à corolle privée de lèvre supérieure. La *B. commune*, à tige carrée, à fleurs bleues, est fort commune au printemps. La *B. pyramidale*, à feuilles velues, est cultivée dans les jardins. On attribue à la Bugle de grandes vertus vulnéraires.

BUGLE ou **BUGLE-HORN**, clairon à clef, propre à jouer des fanfares, à donner des signaux, à exécuter des sonneries d'ordonnance, et à remplacer le tambour, est fort employé dans la musique militaire chez les Anglais et les Hanovriens. Il a pour inventeur un Anglais, M. Halliday.

BUGLOSSE (du grec *bous*, bœuf, et *glôssa*, langue, à cause de la forme de ses feuilles), *Anchusa*, genre de la famille des Borraginées, renferme un grand nombre de plantes potagères, à calice quinquéfide, à corolle infundibuliforme, à 5 parties, à fleurs axillaires, et dont les plus connues sont : la *B. d'Italie*, à feuilles roides et oblongues, à fleurs réunies en grappe, et qui possède les propriétés médicinales de la bourrache : en Italie, on la mange cuite; la *B. des teinturiers*, originaire d'Amérique, aujourd'hui naturalisée dans le midi de la France, et dont la racine, connue sous le nom d'*orcanette*, sert à teindre en rouge les laines et les cuirs.

BUGRANE ou **BOUGRAINE** (du grec *bous*, bœuf, et *agreuô*, prendre), *Ononis*, genre de plantes de la famille des Légumineuses, tribu des Lotées, renferme un grand nombre d'espèces, dont la plus connue est la *B. des champs*, vulgairement *Arrête-bœuf* (*Voy.* ce nom). Sa racine est apéritive; mais on n'en fait usage que pour les chevaux. La *B. élevée* et la *B. queue de renard* sont cultivées dans les jardins.

BUIS, en latin *Buxus*, genre d'arbrisseaux toujours verts, de la famille des Euphorbiacées. L'espèce la plus répandue en France est l'espèce naine, le *B. à parterres*, dont on fait des bordures recherchées pour leur solidité et la persistance de leur feuillage; mais il existe dans le midi de l'Europe, dans le Levant et dans l'Asie occidentale, une espèce de Buis, le *B. arborescent*, qui s'élève à plusieurs mètres, et forme à l'état sauvage des massifs entiers. Le bois de ce buis, et surtout celui de sa racine, qui

est veiné, est excellent pour les ouvrages de tour et de tabletterie, et pour la gravure en bois; il est dur, compacte, pesant, d'un jaune plus ou moins foncé, et susceptible de prendre un très-beau poli. On distingue dans le commerce le buis de France et celui du Levant; ce dernier nous arrive en bûches très-fortes, tandis que le buis de France ne donne guère que des tiges longues et minces; il se vend au poids. On utilise aussi les *loupes de buis*, excroissances qui viennent au pied des buis rabougris du Jura. On imite le buis avec du bois blanc frotté d'eau-forte. Les feuilles de buis exhalent une odeur assez forte; elles sont amères et sudorifiques; dans quelques endroits, on les fait entrer dans la composition de la bière; mais elles lui donnent de l'âcreté : les animaux refusent de brouter le feuillage de cet arbre. On en tire du bois une huile fétide, douée de propriétés antispasmodiques. Le buis se reproduit par graines, par marcottes et par boutures.—Chez les anciens, le buis était consacré à Cybèle. Chez nous, ce sont des branches de buis qu'on porte le jour des Rameaux.

BUISSON (de *buis*), nom collectif de tous les arbrisseaux et arbustes sauvages, très-rameux, qu'ils soient épineux ou non, pourvu qu'ils ne dépassent pas 3 m. environ. — On appelle encore ainsi : 1° les arbres qu'on rabat tous les trois ou quatre ans; 2° les arbres fruitiers presque nains et à plein vent, dont les branches sont disposées en forme d'entonnoir; 3° les petits bois qui ont de 50 à 100 ares seulement d'étendue.

BUISSON-ARDENT, dit aussi *Pyracanthe* ou *Arbre de Moïse*, espèce de Néflier dont les fruits, de la grosseur d'un pois seulement et d'une couleur rouge écarlate, forment de gros bouquets arrondis au milieu d'un feuillage vert sombre et luisant. Cet arbrisseau d'ornement ne dépasse guère 1m,50 de haut, conserve ses feuilles avec ses fruits une partie de l'hiver, et se multiplie de drageons ou de marcottes. Son nom lui vient, sans doute, de la couleur vive de son fruit, et lui aura été donné par allusion au buisson ardent dans lequel Dieu apparut à Moïse.

BUISSONNIÈRES (ÉCOLES). On nommait ainsi, au XVIe siècle, les écoles que les Luthériens de Paris tenaient à la campagne, derrière les *buissons*, de peur d'être découverts par le chantre de l'église de Paris, qui présidait aux écoles sous Henri II. Le parlement, par arrêt du 6 août 1552, défendit les écoles buissonnières. — C'est de là, sans doute, que vient la locution *faire l'école buissonnière*, qu'on emploie encore aujourd'hui en parlant des enfants qui vont se promener au lieu d'aller à l'école.

BULBE (du grec *bolbos*, bulbe), bourgeon particulier à certaines plantes monocotylédonées, et qu'on appelle aussi *Oignon*. Le bulbe se compose ordinairement d'écailles plus ou moins nombreuses, tantôt étroites et appliquées les unes sur les autres, comme les tuiles d'un toit (lis), tantôt emboîtées les unes dans les autres, et embrassant chacune toute la circonférence du bulbe (jacinthe, tulipe, ail, oignon); quelquefois c'est un gros tubercule charnu, de forme variée, environné de membranes minces et scarieuses (safran, glaïeul). Les bulbes se multiplient au moyen de bourgeons organisés comme eux, et que l'on nomme *caïeux*. Ceux-ci se forment tantôt à l'aisselle d'une des écailles extérieures du bulbe, et alors ils se développent à côté de lui; tantôt au centre même du bulbe, qu'ils remplacent. — On appelle *bulbilles* des bourgeons d'une nature particulière, tout à fait analogues aux bulbes, et qui se développent sur certaines parties des plantes bulbeuses, notamment dans le Lis bulbifère et plusieurs espèces d'Ails; ces bulbilles finissent par se détacher de la plante-mère, et prennent racine comme de vrais bulbes.

On appelle encore, mais improprement, le nom de *bulbe* à une forme particulière du pédicule des champignons, lorsque, étant renflé à sa base, il semble représenter un bulbe : les Amanites offrent ce caractère.

En Anatomie, on a donné le nom de *bulbe* à différents corps qui ont plus ou moins d'analogie avec le bulbe des végétaux : *B. d'une dent*, la papille vasculaire et nerveuse contenue dans sa cavité ; *B. d'un poil*, le follicule dans lequel sa racine est implantée ; *B. de l'œil*, le globe de l'œil même. On dit encore *B. de l'aorte*, *B. du nerf olfactif*, *B. de la veine cérébrale*, etc., pour désigner l'espèce de renflement qui est à l'origine de ces veines ou de ces nerfs.

BULBILLE. *Voy.* BULBE.

BULIME (diminutif de *bulla*, boule), genre de Gastéropodes pulmonés, à collier et sans cuirasse, muni de 4 tentacules ; coquille ovale, ouverte, à bords inégaux.

BULL, mot anglais qui signifie *taureau*, désigne, dans la langue anglaise, un discours sans suite et sans raison, une espèce de coq-à-l'âne, propre à faire rire. Les Irlandais se montrent particulièrement curieux de ce genre d'amusement : aussi les auteurs anglais mettent-ils souvent des *bulls* dans la bouche de personnages irlandais. On a publié en Angleterre des recueils de *bulls*. *Voy.* JOHN-BULL.

BULLAIRE, *Bullarium*, collection des bulles pontificales. La 1re édition du *Bullarium magnum romanum* (de Léon le Grand à Urbain VIII) parut à Rome en 1634 : elle forme 4 vol. in-fol. ; la dernière, qui va jusqu'à Clément XIII, parut à Luxembourg (Genève, 1747-58), en 11 vol. in-fol.

En Botanique, on nomme *Bullaire* un genre de Champignons parasites, de la famille des Urédinées, qui croissent sous l'épiderme des tiges mortes.

BULLE (du latin *bulla*, boule). Chez les anciens, c'était un ornement d'or, d'argent ou de plomb, en forme de boule, que les Romains avaient emprunté des Etrusques, et que portaient les enfants, les affranchis et les triomphateurs. — Chez les modernes, ce mot a été appliqué aux sceaux des papes, des empereurs et de divers princes au moyen âge, à cause de leur forme ronde et bombée ; puis aux actes mêmes scellés de ces sceaux. Le sceau des papes était un sceau de plomb, de figure ronde, portant d'un côté les têtes de saint Pierre et de saint Paul, et de l'autre le nom du pape. C'est vers le viie siècle que les bulles des papes commencèrent à être scellées en plomb.

Il a été fait, sous le titre de *Bullaires* (*V.* ce mot), des recueils des bulles des papes. — Pour les *Bulles des papes* et celles des *empereurs* qui ont quelque importance historique, *V.* le *Dict. univ. d'H. et de G.*

En Médecine, le mot *bulle* désigne un soulèvement de l'épiderme formé par l'accumulation d'un liquide séreux ou séro-purulent, dont l'apparition est précédée d'une rougeur érytémateuse plus ou moins vive, mais qui survient quelquefois presque instantanément. Le *rupia* et le *pemphigus*, ou *fièvre bulleuse*, appartiennent à ce genre de maladie.

En Histoire naturelle, ce nom a été donné à des coquilles univalves, appartenant à la division des Gastéropodes tectibranches, à certains insectes et à quelques plantes peu importantes.

BULLETIN (de *bulle*, dans le sens de *sceau*), espèce de note officielle dans laquelle on rend compte, à des intervalles plus ou moins rapprochés, de la situation d'une affaire ou de l'état d'une personne. Les plus célèbres sont les *Bulletins de la grande armée*, qui annonçaient la marche et les opérations de l'armée de Napoléon, et qui étaient souvent rédigés par lui-même : leur emphase finit par les discréditer.

BULLETIN DES LOIS, recueil officiel des lois et actes du gouvernement français, fut créé par la Convention le 14 frimaire an II (5 décembre 1795), et se continue encore aujourd'hui. Ce recueil se divise en séries correspondant aux différents gouvernements que la France a eus depuis 1795 (la Convention, le Directoire, le Consulat, l'Empire, la première Restauration, les Cent-Jours, le règne de Louis XVIII, celui de Charles X, la monarchie de

Juillet, la République). Il se publie par cahiers ou livraisons qui paraissent à des époques indéterminées ; chaque bulletin porte au bas la date de sa publication. — Depuis 1816, la promulgation des lois résulte de leur insertion au *Bulletin*, et tous les actes qu'il renferme sont exécutoires, à Paris un jour franc après leur publication, et dans les départements après l'expiration du même délai, augmenté d'autant de jours qu'il y a de fois 10 myriam. entre Paris et le chef-lieu de chaque département. — Outre la publication officielle, il paraît un *Bulletin annoté des lois*, recueil fort utile publié par M. Lepec.

On connaît sous le titre de *Bulletin universel des sciences et de l'industrie* une espèce de Revue encyclopédique créée en 1824 par M. de Férussac, et qui cessa de paraître en 1830.

BUMÉLIE (du grec *boumelia*, frêne), genre de la famille des Sapotacées, renferme des arbres ou des arbrisseaux indigènes de l'Amérique, dont quelques-uns sont cultivés dans nos jardins. — La *B. réclinée*, arbuste de 2 m. de haut, aux rameaux épineux recourbés vers la terre, sert, dans le midi de la France, à former des haies vives.

BUNIAS (du grec *bounias*, sorte de navet), ou *Orthodium*, navet sauvage qui croît ordinairement dans les blés ; est le type d'une famille de Crucifères qui prend de là le nom de Buniadées. Sa graine pilée entre dans la composition de la thériaque.

BUNION (du grec *bounion*, même signif.), genre de plantes Ombellifères, tribu des Amminées, dont l'espèce principale est le *Bunion bulbeux* ou *Noix de terre*, ainsi nommé à cause de sa racine qui est un tubercule gros comme une noix, blanc à l'intérieur, noir extérieurement ; on le mange quand il est cuit et qu'il a ainsi perdu son âcreté.

BUPHTHALME (du grec *bous*, bœuf, et *ophthalmos*, œil, à cause de quelque analogie qu'offre la couleur de leur fleur avec celle de l'œil de bœuf), genre de la famille des Composées, tribu des Astéroïdées, renferme des plantes herbacées, à feuilles alternes, à fleurs terminales à capitules radiés, à graines surmontées d'une aigrette en forme de couronne. Le *B. à feuilles de saule*, et le *B. à grandes fleurs*, dont les propriétés tiennent du chic, appartiennent au midi de la France. — Le Buphthalme donne son nom aux *Buphthalmées*, sous-tribu des Astéroïdées.

BUPLÈVRE (du grec *boupleuron*, même signif.), genre de la famille des Ombellifères, à fleurs jaunes et à feuilles simples. L'espèce la plus connue est le *B. à feuilles rondes* ou *Oreille de lièvre*, arbrisseau du midi de la France, donnant en grand nombre, de juin en août, des fleurs jaunes disposées en ombelle : on l'emploie comme astringent.

BUPRESTE (du grec *bouprestis*, enfle-bœuf), genre d'insectes Coléoptères pentamères, de la famille des Sternoxes, impropres à sauter, à pattes courtes, aux yeux ovales, renferme près de 150 espèces, toutes remarquables par leurs belles couleurs métalliques. On en trouve une trentaine dans les environs de Paris ; mais les plus brillantes appartiennent aux contrées intertropicales. — Le nom de Bupreste paraît avoir été donné à ce genre d'insectes, parce qu'on avait cru, à tort, y reconnaître le *Buprestis* des anciens, qui, suivant Pline (liv. xxx, c. 4), fait enfler, au point qu'ils en crèvent, les bestiaux qui l'avalent en paissant : ce dernier, qui a les propriétés vésicantes de la cantharide, se rapporterait plutôt au genre *Méloé*. *Voy* MÉLOÉ.

BUPRESTIDES, famille de Coléoptères, qui a pour type le *Bupreste*. *Voy* ce nom.

BURAT. Ce nom, d'abord appliqué à une étoffe de laine grossière et commune, a ensuite été donné à une petite étoffe faite de laine assez légère, mais un peu plus forte que l'étamine à voile, à laquelle on donne aussi un apprêt. *Voy.* ÉTAMINE.

BURATINE, espèce de popeline, chaîne de soie

et à trame en laine : cette étoffe se passe à la calandre. On appelle également *buratines* des soies qui viennent de Perse.

BURE (du bas latin *burrus*, roux), étoffe grossière de laine rousse, formant autrefois l'habillement des gens de la campagne et des religieux mendiants.

Ce nom s'applique encore à certains puits qui descendent dans les mines. On distingue : *B. d'épuisement*, que l'on fait pour l'établissement des pompes à épuisement; *B. d'aérage*, que l'on établit pour remonter les matières et donner de l'air.

BUREAU. Ce mot était d'abord synonyme de *bure*, comme le prouvent ces vers de Boileau :

> Damon , ce grand auteur, dont la muse fertile
> Amusa si longtemps et la cour et la ville ,
> Mais qui , n'étant vêtu que de simple *bureau* ,
> Passe l'été sans linge et l'hiver sans manteau.

Il prit ensuite la signification de table à écrire, parce que les tables de ce genre étaient autrefois couvertes de tapis de *bure* ou de *bureau*. Il s'est étendu depuis au local où se trouvent ces tables, puis à ceux mêmes qui y travaillent et à l'administration à laquelle ils appartiennent. Ainsi on appelait : *B. des aides* les lieux où se percevaient, avant 1791, les droits sur les boissons; on les a appelés plus tard *B. des droits réunis*, puis *B. des contributions indirectes;* — *B. d'adresses*, l'administration du journal la *Gazette de France*, fondée par Renaudot; — *B. des finances*, la juridiction non contentieuse des trésoriers de France, généraux des finances et grands voyers;—*B. ecclésiastique* ou *diocésain*, dit aussi *B. des décimes*, l'assemblée des ecclésiastiques chargés de faire, dans chaque diocèse, la répartition des décimes et dons gratuits que le clergé payait à l'État; — *B. de paix et de conciliation*, un tribunal créé en 1791, pour tâcher d'accorder préalablement les parties avant d'en venir au procès : il a été remplacé par le *Tribunal de paix.*

BUREAU DES LONGITUDES, établissement créé à Paris par décret du 7 messidor an III (1794), réorganisé par décret du 30 janvier 1853, se compose d'astronomes, de géographes, de mathématiciens et d'artistes. Il siége à l'Observatoire, et est chargé de la rédaction de la *Connaissance des temps*, et d'un *Annuaire* contenant de nombreux renseignements scientifiques.

BUREAUX DE BIENFAISANCE. *Voy.* BIENFAISANCE.

BUREAUX D'ESPRIT, nom donné dans les derniers siècles à diverses réunions tenues chacune par une femme bel esprit, et qui s'érigeaient en tribunal suprême de la littérature et du bon goût. Tels étaient les salons de l'hôtel Rambouillet, de madame du Maine, de Mme de Tencin, de Mmes Du Châtelet et du Boccage, du Deffand et Geoffrin, de Mme Doublet, etc.

BUREAUX ARABES, commissions d'officiers français, créées en Algérie par ordonnance du 1er février 1844, dans le but de surveiller et de civiliser les indigènes.

BUREAUCRATIE (du français *bureau*, et du grec *cratos*, force). Ce mot, qui ne s'emploie guère que par dénigrement, exprime tantôt le nombre excessif des commis de ministère, tantôt l'esprit qui règne dans les bureaux et l'influence abusive qu'on les accuse de faire de leur pouvoir. On impute aux bureaux d'opposer la routine et la force d'inaction aux améliorations les plus urgentes, de multiplier outre mesure les écritures, d'éterniser les affaires, etc. La plupart des torts qu'on attribue à la bureaucratie sont les effets inévitables de l'excès de la centralisation.

BURÈLE. On nomme ainsi, en termes de Blason, les fasces diminuées et réduites à la moitié ou au tiers, au nombre de huit ou en plus grand nombre, mais toujours en nombre pair. — L'écu divisé par *burèles* est dit *burelé* : l'écu des Lusignan, par exemple, est *burelé* d'argent et d'azur.

BURGAUDINE, nom qu'on donne à la plus belle espèce de nacre; elle est fournie par l'écaille d'un limaçon à bouche ronde, commun aux Antilles, et

nommé *burgau* : c'est le *Sabot limaçon*. *Voy.* TURBO.

BURGRAVE (de l'allemand *burg*, ville, et *graf*, comte), ancien titre de haute dignité en Allemagne. *Voy.* le *Dict. univ. d'Hist. et de Géogr.*

BURIN (de l'allemand *bohren*, creuser), instrument fort usité dans les arts pour graver sur les métaux et les autres corps durs, consiste ordinairement en un mince barreau d'acier quadrangulaire de 12 à 15 cent. de long, coupé obliquement à l'une de ses extrémités, et portant à l'autre bout un manche court et arrondi. — On a étendu le nom de *burin*, en raison d'une ressemblance de forme : 1o à un outil dont se servent les dentistes pour nettoyer les dents; 2o à une espèce de ciseau à deux biseaux, avec lequel les serruriers coupent le fer à froid; 3o à une barre de fer avec laquelle les mineurs perforent les roches qu'ils veulent faire sauter, etc.

BURLESQUE (de l'italien *burlesco*, dérivé lui-même du verbe *burlare*, se moquer), genre de poésie triviale et plaisante qu'on emploie pour jeter du ridicule sur les personnes et sur les choses. Les Italiens sont les créateurs du burlesque, dont on ne trouve point de traces chez les anciens. Berni est chez eux le maître du genre. L'auteur de l'*Énéide travestie*, Scarron, est le premier en France qui ait essayé de produire une œuvre de longue haleine dans le genre burlesque. Vint ensuite d'Assoucy, qui mit les *Métamorphoses* en même style, sous le titre d'*Ovide en belle humeur*, et qui mérita le surnom d'*empereur du burlesque*. Cette espèce de mascarade plut d'abord par sa nouveauté; mais le bon sens français, représenté par Boileau et Molière, en fit bientôt justice : aujourd'hui le burlesque est tout à fait passé de mode.—Il ne faut pas confondre la poésie burlesque avec la poésie héroï-comique; celle-ci consiste à décrire en style pompeux et héroïque des actions ou des choses petites et communes.

BURLETTA (de l'italien *burlesco*), nom que les Italiens donnent à de petits opéras-comiques dont le sujet est badin et léger.

BURNOUS, grand manteau de laine, blanc ou noir, et à capuchon, que portent les Arabes, a été adopté depuis quelques années en France, avec de légères modifications, pour la toilette d'hiver des hommes et même pour celle des dames.

BURSAIRE (du grec *bursa*, bourse), genre d'Infusoires , type de la famille des Bursariens, renferme des animaux à corps cilié, ovoïde, ou en forme de *bourse*, terminé par une bouche à laquelle aboutit une rangée de cils en spirale. Ces animaux, qui sont blancs ou verts, habitent les eaux douces stagnantes entre les herbes, et n'ont pas plus de 3 à 7 dixièmes de millimètres de longueur. — Plante de la famille des Pittosporées, caractérisée par son calice à 5 divisions et sa corolle à 5 pétales, renferme une seule espèce, la *B. épineuse* (*B. spinosa*), arbrisseau de la Nouvelle-Hollande , à rameaux épineux, à feuilles spatulées , luisantes , à fleurs blanches , en grappes paniculées. On la cultive dans nos jardins.

BURSCHENSCHAFT (de l'allemand *bursen* ou *burschen*, boursier, et *schaft*, association), association secrète établie entre les étudiants des universités de l'Allemagne. On en trouve le germe au moyen âge; mais, depuis longtemps elle avait été abandonnée ou négligée, quand elle fut revivifiée, de 1813 à 1815, au nom de la défense du pays. La grande *Burschenschaft* d'Iéna , constituée le 12 juin 1815, rallia bientôt à elle toutes les autres. Les gouvernements allemands ne tardèrent pas à s'effrayer de l'esprit d'indépendance qui régnait dans ces associations; à partir de 1818, ils en proscrivirent les membres, et la Burschenschaft disparut peu à peu.

BURSÉRACÉES (du genre type *Bursère*), famille de plantes dicotylédones polypétales périgynes, détachée des Térébinthacées, se compose d'arbres ou d'arbrisseaux des Tropiques, à calice persistant, à

3 ou 4 divisions, à pétales alternes et en nombre égal, à étamines en nombre double, plus courtes que les pétales. Tous sont remplis de sucs résineux et répandus dans le commerce sous le nom de *Baumes* ou d'*Encens*. On y distingue les genres *Bursère* (genre type), *Balsamodendron*, *Iciquier* et *Boswellia. Voy.* ces mots.

BURSÈRE (de *J. Burser*, médecin, ami de G. Bauhin), genre type de la famille des Burséracées, composé d'arbres gommifères, à feuilles alternes, à folioles membraneuses, à fleurs petites et en grappes. Ce genre renferme six espèces qui croissent aux Antilles et sont cultivées dans nos jardins.

BURTONIE (de *Burton*, botaniste), genre de la famille des Légumineuses, section des Papilionacées, formé d'arbrisseaux ou de sous-arbrisseaux originaires de la Nouvelle-Hollande, à feuilles éparses, entières, et à fleurs jaunes ou pourprées, supportées par de courts pédicelles. Ce genre se compose de quatre espèces, toutes cultivées dans nos jardins.

BUSAIGLE, variété du genre *Buse* (*Voy.* ce mot), qui a les tarses emplumés jusqu'aux doigts, comme les Aigles : on l'appelle aussi *Buse pattue*. Le Busaigle est plus petit que la Buse ; il se trouve par toute l'Europe, sur la lisière des bois qui avoisinent les eaux ; il niche sur les grands arbres.

BUSARD, *Circus*, variété du genre Buse, a pour caractères propres des tarses grêles et élevés, un demi-collier de plumes, allant du menton aux oreilles. Les Busards sont plus agiles et plus rusés que les Buses. On les trouve ordinairement dans les marais et les lieux humides, où ils saisissent leur proie et où ils construisent leur nid. L'Europe en possède trois espèces : le *B. harpaye* ou *roux*, qui se trouve en France, et surtout en Hollande ; il y habite les roseaux, où il fait sa pêche ; il chasse aussi les oiseaux de basse-cour ; le *B. bleu* ou *Oiseau Saint-Martin*, qui se trouve en France, en Angleterre, en Allemagne, ainsi que dans l'Afrique et l'Amérique, et le *B. Montagu*, qui habite l'Europe orientale.

BUSC (du latin *boscus*, bois, parce que les premiers buscs étaient de bois), espèce de lame de bois, d'ivoire, plus souvent de baleine ou d'acier, plate, étroite, et arrondie par les deux bouts, qui sert à maintenir le devant d'un corset. Les buscs contribuent pour une grande part aux inconvénients que les médecins ont signalés dans les corsets. *V.* ce mot.

BUSE, en latin *Buteo*, genre d'oiseaux de l'ordre des Rapaces, de la famille des Diurnes, caractérisé par un bec non denté courbé dès la base, des ailes longues, une queue faiblement arrondie et un espace nu entre l'œil et le bec. Ce sont des oiseaux de proie dont on n'a jamais pu tirer aucun parti pour la chasse, ce qui les faisait jadis ranger parmi les oiseaux ignobles. On distingue le genre Buse : la *Buse commune*, le *Busard*, le *Busaigle* et la *Bondrée*. L'espèce la plus connue, la *Buse commune*, se trouve en France et en Hollande : elle est grosse comme une poule, mais ses ailes sont beaucoup plus longues : aussi vole-t-elle assez bien ; son plumage est d'un brun roux mêlé de blanc ; son cri est aigre et peu prolongé ; elle habite les bois touffus, où elle reste des heures entières perchée sur une branche, attendant que quelque proie passe à sa portée. Son air stupide, qui est devenu proverbial, vient sans doute de la faiblesse de ses yeux.

Dans les Mines, on appelle *buse* un tuyau qui sert de communication entre les puits et y conduit l'air.

BUSON, *Buteogallus*, espèce de Buse, diffère de la Buse commune par un bec un peu plus long, à bords assez renflés pour simuler une dent. Elle a pour type le *B. catarthoïde*, qui habite la Guyane et le Paraguay.

BUSSEROLE, ou *Raisin d'Ours. Voy.* ARBOUSIER.

BUSTE (du latin *bustum*, tombeau, parce qu'on plaçait ordinairement sur les tombeaux des portraits en bas-relief et à mi-corps). Les Grecs n'ont commencé à exécuter des bustes en ronde-bosse que vers le temps d'Alexandre. Chez les Romains, les premiers bustes furent les *images* de leurs ancêtres, en cire coloriée, qu'ils conservaient dans l'atrium de leurs maisons ; mais c'est dans les sépultures que l'usage des bustes a été le plus commun dans l'antiquité ; on en a trouvé en bronze, en marbre, même en plâtre moulé sur nature, tantôt sous la forme de médaillon, tantôt sous celle de ronde-bosse. On doit à Belletius et à Gronovius de belles collections de bustes antiques ; l'*Iconographie ancienne* de Visconti est plus riche encore. — Le buste est une des parties les plus difficiles de l'art du statuaire. A défaut du ciseau de l'artiste, on a recours au moulage pour obtenir des bustes d'une grande fidélité ; on peut ensuite réduire les bustes ainsi obtenus, au moyen d'une ingénieuse *Machine à réduction. Voy.* SCULPTURE.

BUTOMÉES (du grec *boutomos*, butome), famille de plantes aquatiques, établie par M. Richard et fort voisine des Joncées et des Alismacées, a pour type le *Butome à ombelles* ou *Jonc fleuri*, jolie plante à fleurs roses, disposées en ombelles, suspendue à une tige de plus d'un mètre de haut, sortant d'une touffe de feuilles longues et tranchantes. Cette plante fait un très-bel effet au bord des eaux ; elle est très-commune aux environs de Paris.

BUTOR (du latin *boatus taurinus*, mugissement de taureau, à cause de son cri sourd et prolongé, semblable à un mugissement), espèce de Héron, de l'ordre des Echassiers, famille des Cultrirostres. Il a le bec long, droit, pyramidal, fort tranchant et pointu, fendu jusque sous les yeux, qui sont jaunâtres ; la tête petite et surmontée d'une aigrette qu'il relève à volonté ; le cou long et grêle, la queue très-courte, les jambes longues, nues, de couleur jaune-verdâtre, les doigts grêles, à ongles courts, légèrement palmés à leur racine ; le plumage fauve, rayé de brun sur le dos et les ailes. Le Butor n'est guère plus haut qu'un coq de basse-cour ; il a près d'un mètre de long. A l'état de repos il replie son col sur son dos, de telle sorte que son bec est dirigé en haut. Le Butor est carnassier ; il vit de grenouilles et de poissons. Cet oiseau se trouve en Europe, en Amérique et en Asie ; l'espèce la plus répandue dans nos contrées est le *B. stellaire*, dont le plumage est marqué de petites taches brunes, disposées en zig-zags et formant des lignes variées : il habite le long des rivières et fait son nid dans les roseaux.

BUTTURE, sorte de tumeur qui survient quelquefois aux articulations du dessus du pied d'un chien de chasse, par suite d'un excès de fatigue. En Vénerie, on appelle *butté* un chien affecté de cette infirmité.

BUTYRINE (du latin *butyrum*, beurre), principe gras particulier, contenu en petite quantité dans le beurre ; il donne, par la saponification, de l'acide butyrique et de la glycérine.

BUTYRIQUE (ACIDE), acide volatil du beurre, composé de carbone, d'hydrogène et d'oxygène ($C^8H^7O^3$ +HO), est huileux, incolore, d'une odeur fétide qui rappelle à la fois celle du vinaigre et celle du beurre fort. Il bout vers 164°, se dissout dans l'eau et l'alcool, présente une densité de 0,963, et désorganise la peau comme les acides les plus puissants. Il se combine avec les bases et donne des *butyrates*. Il se produit par le rancissement du beurre, par la putréfaction de la fibrine, par la fermentation de la pulpe de pommes de terre, etc. Il existe dans la tannée, dans le fromage, dans la silique du caroubier, etc. La fumée de tabac contient du butyrate d'ammoniaque. On peut l'obtenir à volonté, en grande quantité, en mettant du sucre en fermentation avec du fromage. Il a été découvert en 1819 par M. Chevreul.

BUXACÉES, BUXÉES ou BUXINÉES, tribu de la famille des Euphorbiacées, caractérisée par ses étamines insérées autour d'un rudiment de pistil et à loges bi-ovulées, a pour type le *Buis. Voy.* ce mot.

BUXBAUMIE (de *Buxbaum*, botaniste russe), genre de Mousses du Nord, qui ressemblent à un petit œuf garni de fibres, donne son nom aux Buxbaumiacées, tribu de Mousses acrocarpes. On les trouve sur les bois pourris et à la surface de la mer.

BYSSUS ou BYSSE (du grec *byssos*, fil de lin). Les anciens nommaient ainsi la matière rare et précieuse dont ils se servaient pour fabriquer des étoffes très-riches et très-recherchées pour leur tissu fin et soyeux : selon les uns, cette matière était une soie jaune, fournie par le coquillage appelé *Pinne-marine* (*V.* ce mot); selon d'autres, c'était une espèce de *coton*; enfin, on a supposé que cette matière n'était autre chose que les filaments des racines d'une plante de la famille des Cinarocéphales ou Carduacées.— Aujourd'hui on donne le nom de *Byssus* aux touffes de filaments qui sortent de la coquille de certains Mollusques lamellibranches, tels que le Jambonneau ou Pinne marine, le Tridacne, le Saxicave, etc., et avec lesquels ils s'attachent aux rochers. Les Siciliens et les Calabrais les filent et en fabriquent des bas et des gants, et même un drap soyeux d'un brun doré et à reflets verdâtres; la rareté de la matière empêche qu'elle ne soit d'un usage général.

BYSSUS, genre créé par Linné, dans lequel il rangeait toutes les plantes cryptogames, filamenteuses ou pulvérulentes, où il ne distinguait pas d'organes de reproduction. Aujourd'hui, la plupart des espèces pulvérulentes constituent le genre *Lepraria* dans la famille des Lichens. D'autres ont été rapportées aux familles des Conferves, des Arthrodiées, des Mucédinées. Quelques espèces de cette dernière ont conservé le nom de *Byssus* : ce sont des sortes de champignons qui croissent dans les lieux humides et privés de lumière.

BYSTROPOGON (du grec *bystra*, bouchon, et *pogón*, barbe), genre de plantes de la famille des Labiées, renferme des arbrisseaux et des herbes exotiques, notamment le B. *plumeux*, arbrisseau des Canaries, à fleurs bleues, et reconnaissable aux poils touffus qui garnissent l'orifice du calice (d'où le nom de *bystropogon*), et le B. *ponctué*, qui a les feuilles ponctuées, et les fleurs en têtes globuleuses.

BYTTNÉRIACÉES (du botaniste allemand *D. S. A. Büttner*), famille de plantes créée par R. Brown aux dépens des Malvacées, se compose en général d'arbustes frutiqueux, indigènes de l'Amérique tropicale et de l'Asie, couverts en grande partie de poils étoilés, et portant des feuilles simples et alternes. Les fleurs présentent un calice à 4 ou 5 divisions, des pétales en nombre égal, et des étamines monadelphes en nombre égal ou multiple. Cette famille a pour type le genre *Byttnérie*, qui renferme plusieurs espèces d'arbres et d'arbrisseaux, dont deux sont cultivées dans nos serres : la B. *à feuilles ovales* et la B. *cordée*. Elle comprend en outre le *Theobroma cacao* (Cacaoyer), la *Commersonie*, etc.

BYZANTINE (la), collection d'historiens de Byzance. *Voy.* BYZANTINE au D. univ. d'H. et de G.

BYZANTINE (ARCHITECTURE). *Voy.* ARCHITECTURE.

C

C, la 3e lettre de notre alphabet, répond au K (*kappa*) des Grecs, qui est la 10e de leur alphabet. On sait qu'en français le c se prononce tantôt comme un *k* (devant *a*, *o*, *u*, et devant une consonne), tantôt comme *s* dur (devant *e*, *i*, et quand il est écrit avec une cédille ç) : dans le premier cas, il se range parmi les gutturales; dans le deuxième, parmi les sifflantes.— Pris comme lettre numérale C valait *cent* chez les Romains; avec une barre au-dessus C̄, *cent mille*; CC, *deux cents*; CCC, *trois cents*; CD, *quatre cents*; DC, *six cents*; CIƆ, *mille*; CCIƆƆ ou ƆMC, *dix mille*; CCCIƆƆƆ, *cent mille*; CCCCIƆƆƆƆ, *un million*.—Dans les Fastes ou Calendriers, le C marquait les jours de *comices*; cette lettre était la 3e des nundinales. Aujourd'hui encore elle est la 3e des lettres dominicales. — Dans les abréviations, C signifiait *Caius*; Cn. *Cneius*; dans les cédules par lesquelles les juges prononçaient leurs jugements, C. voulait dire *condemno*, par opposition à A. qui voulait dire *absolvo* : aussi le nommait-on *littera tristis*. — Chez nous, C. abrège *Christ* dans ces formules : *av. J.-C.*, pour *avant Jésus-Christ*; *N.-S. J.-C.* pour *Notre-Seigneur Jésus-Christ*; — *Chrétien*, quand on dit *S. M. T.-C.* pour *Sa Majesté Très-Chrétienne*, le roi de France; et *Catholique*, dans cette formule *S. M. C.*, pour *Sa Majesté Catholique*, le roi d'Espagne. — Dans les Comptes, C. mis à la droite ou au-dessus d'un ou de plusieurs chiffres signifie *centime*, *centimètres*.—Dans les livres de commerce, C signifie *compte*; C/O, *compte ouvert*: C/C, *compte courant*, etc.—Sur nos Monnaies, C a été la marque de la monnaie de Saint-Lô, et postérieurement celle de Caen; CC, celle de Besançon.

En Musique, C, placé sur les lignes de la portée, indique la mesure à 4 temps; Ɔ indique la clef de *fa*; C barré, ₵, la mesure à 2 temps.

Dans les formules chimiques, C désignait autrefois le *salpêtre*, aujourd'hui il désigne le *carbone*.

CAB, sorte de cabriolet de place fort usité en Angleterre, et qu'on a introduit à Paris en 1850 : le cocher est assis sur un siége élevé derrière la capote de la voiture, et conduit à grands-guides par-dessus la tête du voyageur.

CABALE ou KABBALE (de l'hébreu *kabbalah*, réception, tradition), science occulte. Chez les Juifs, la cabale consistait en une interprétation mystérieuse de la Bible, fondée sur la tradition, ou communiquée par les anges, ou enfin déduite de quelque combinaison arbitraire des mots et des lettres : la cabale constituait une doctrine complète sur la religion, la métaphysique, la physique et la pneumatique, dont le fond était un panthéisme spiritualiste. On doit à M. Franck d'intéressantes recherches sur ce sujet (*la Kabbale*, 1843). Pour l'historique, *Voy.* le *Dict. univ. d'Hist. et de Géogr.*

Chez les partisans de la philosophie hermétique, la cabale était l'art mystérieux de connaître les propriétés les plus cachées des corps, et de découvrir la cause des phénomènes les plus extraordinaires, par l'interprétation des caractères mystiques.

On a, par suite, étendu le nom de *cabale* à toute association de personnes animées de mauvais desseins, et travaillant à les accomplir par des menées secrètes. Il s'applique surtout au théâtre, et se dit des manœuvres qu'un auteur ou un acteur emploient soit pour se faire applaudir, soit pour faire siffler un rival. Racine et Pradon furent en butte à la cabale; mais ce fut seulement au XVIIIe siècle qu'elle prit pied dans nos théâtres : un certain chevalier de La Morlière se fit alors un nom comme chef de cabale.

CABALETTE (de l'italien *cabaletta*), phrase musicale d'un mouvement accéléré, par laquelle on termine presque tous les airs, duos, trios, morceaux d'ensemble des opéras italiens, et qui se répète deux fois. On se sert de la cabalette pour indiquer la fin d'un morceau et faire applaudir le chanteur.

CABAN (du bas latin *cappanum*), vêtement à l'usage des marins, consiste en une espèce de capote à capuchon ne dépassant pas le genou, faite de laine brune et recouverte d'une toile goudronnée qui la rend imperméable. — On commence à donner le nom de caban à des espèces de vêtements d'hiver, moitié paletots, moitié manteaux, et qui ont un capuchon. Depuis quelques années, ce caban a été adopté par nos officiers et est entré dans le costume militaire.

CABARET. Avant l'établissement des cafés publics en France, les cabarets étaient fréquentés par la bonne société. Quelques cabarets de Paris ont eu une renommée presque historique. Sous Louis XIV, on se réunissait surtout à la *Pomme de pin*, sur le Pont-Neuf. Le *Caveau*, si fameux au siècle dernier, était un cabaret. Vers 1770, le *cabaretier* Ramponneau, à la Courtille, attirait tout le petit peuple de Paris. — Les cabarets de Londres, connus sous le nom de *tavernes*, ne sont pas moins célèbres. — Les cabaretiers sont assimilés par la législation aux aubergistes. On nomme encore *Cabaret* un plateau sur lequel on met des tasses, pour prendre le thé, le café, etc. En Hist. naturelle, on appelle vulgairement *Cabaret*: 1° une espèce de Linotte, la *L. sizerin* (*V.* SIZERIN), 2° une plante du genre *Asaret* (*Voy.* ce mot). — Le *C. des murailles* est la Cynoglosse printanière.

CABAS (du grec *cabos*, mesure de blé), sorte de panier d'emballage de forme ronde, fait en jonc tressé, en feuilles de palmier, ou en sparterie, et qui, dans le Midi, sert à emballer des fruits secs, tels que figues, pruneaux et raisins. — On nomme aussi *cabas* une sorte de panier plat, à anses ou manilles, fait en paille tressée ou en point de tapisserie, et dont les femmes se servent pour mettre leurs emplettes. — Autrefois, c'était le nom d'une voiture ou grand coche dont le corps était d'osier clissé.

CABESSE ou CABEÇA, nom que donnent les Portugais aux soies de première qualité, par opposition aux *soies barilles*, qui sont d'une qualité inférieure: les mots *cabeça* et *baril* veulent dire *tête* et *ventre*.

CABESTAN (de l'espagnol *cabre stante*, chèvre debout), sorte de treuil vertical ou même horizontal, ordinairement formé d'un cylindre, autour duquel s'enroule une corde, et mis en mouvement par des barres en croix qui forment levier. Le cabestan est employé principalement dans les ports et sur les vaisseaux; il sert à faire mouvoir de gros pesants, notamment pour les manœuvres de l'ancrage. — Il y avait dans les grands bâtiments deux cabestans : le *grand*, placé à l'arrière du grand mât, et le *petit*, sur le gaillard de l'avant, employé pour les travaux qui exigeaient moins de force. Le petit cabestan a été supprimé dans notre marine en 1838, et remplacé par des appareils moins embarrassants.

CABIAIS, famille de Mammifères de l'ordre des Rongeurs, a pour type le genre Cabiai, qui ne renferme qu'une espèce, le *C. Capybara* (Hydrochœrus *Capybara*), le plus grand des rongeurs connus. Il a près d'un mètre de long sur 50 cent. de haut; il a le museau épais, les jambes courtes et le poil de couleur brun-jaunâtre; on le trouve surtout dans l'Amérique du Sud, où il habite sur le bord des rivières; au moindre danger, il cherche un refuge dans l'eau, et peut y rester plongé fort longtemps. La chair du Cabiai est comestible. Pris jeune, cet animal est susceptible de s'apprivoiser. — Les autres genres de cette famille sont appelés *Cobaye*, *Mocos*, *Agouti* et *Paca*.

CABILLAUD, en hollandais *Kabel-jaauw*, nom commun à plusieurs espèces de gros poissons qui dévorent le fretin ; — nom vulgaire de la *Morue fraîche* (*Voy.* MORUE); — nom d'un ancien parti politique en Hollande. *Voy.* le *D. univ. d'H. et de G.*

CABINET (du bas latin *cavinetum*, dérivé de *cavum*, vide, chambre). Outre son acception vulgaire, ce mot s'applique à des salles ou même à des édifices entiers renfermant des collections d'antiquités, de tableaux, de médailles, de plantes, d'animaux conservés et autres objets d'histoire naturelle, ou des instruments de physique, de chimie, etc. : ces sortes de cabinets prennent souvent le nom de *Muséum* ou *Musée* et celui de *Galeries*.

En Politique, *cabinet* signifie tantôt *gouvernement*, surtout en parlant des relations internationales, et, dans ce sens, on dit le *C. des Tuileries*, le *C. de Londres* ou *de St-James*, etc.; tantôt le conseil des ministres ou le ministère. En Angleterre, on entend par *cabinet* (*cabinet's council*) un comité plus intime des ministres et des conseillers privés. Dans quelques pays, on appelle *Ministres de cabinet* ceux qui assistent aux conférences en présence du souverain. Dans le dernier siècle, on appelait *Cabinet noir* un bureau secret établi à Paris dans l'hôtel des Postes, et où se réunissaient des agents chargés par l'autorité de décacheter et de lire les lettres suspectes.

CABLE, gros cordage de chanvre composé de trois cordages moins forts, dits aussières, dont on se sert dans la Marine pour tenir les vaisseaux au mouillage, et, dans les travaux publics, pour traîner ou soulever de gros fardeaux. Il y en a de diverses grosseurs, suivant l'usage auquel ils sont destinés. Ainsi, on distingue : le *maître-câble*, celui de la première ancre que laisse tomber un navire en mouillant ; le *C. d'affourche*, étalingué (noué) à l'ancre d'affourche ; le *C. de remorque*, etc. La longueur d'un câble est de 120 brasses (200 m.), et son épaisseur ou diamètre, de 32 à 65 centim. Aujourd'hui on ne se sert plus guère, pour le mouillage des vaisseaux et les manœuvres dormantes, que de câbles en fer, dits *câbles-chaines* : ils ont été inventés en 1808 par un capitaine de vaisseau anglais nommé BROWN. Les câbles-chaines des gros vaisseaux ont jusqu'à 300 m. de long. — Les marins prennent quelquefois ce nom comme synonyme d'*encâblure*. *Voy.* ce mot.

CABOCHON (de l'italien *capocchia*, petite tête), nom donné par les joailliers à toute pierre fine, polie simplement sur sa surface, sans qu'elle ait reçu aucune figure particulière. — Genre de Mollusques de l'ordre des Gastéropodes pectinibranches, dont l'espèce la plus remarquable est le *C.-bonnet de Hongrois*, qui abonde dans la Méditerranée.

CABOSSE, nom vulgaire du fruit du CACAOYER.

CABOTAGE (de l'espagnol *capo*, cap). Ce mot signifie rigoureusement la navigation qui se fait de *cap à cap*, c.-à-d. le long des côtes, pour le transport des marchandises d'un port à un autre d'un même pays, sans toucher aucune terre étrangère, hors le cas de relâche forcée ; et, plus généralement, la navigation marchande d'un pays à un autre, mais sans quitter la même mer. D'après l'ordonnance de 1740, encore en vigueur aujourd'hui, on distingue dans notre marine le *grand cabotage*, qui se fait directement dans la Manche, entre la France, l'Angleterre et les Pays-Bas ; dans l'Océan, entre la France, l'Espagne et le Portugal ; dans la Méditerranée, entre la France, l'Espagne et l'Italie ; et le *petit cabotage*, qui se fait d'un port à l'autre de la France dans la Manche, dans l'Océan ou dans la Méditerranée. On appelle *caboteurs* les bâtiments employés à ce genre de navigation, ainsi que les hommes qui les montent. Les marins qui les commandent ne portent pas le titre de capitaine, mais celui de *maître au grand* ou *au petit cabotage*. Le commerce de cabotage est soumis en France à certaines formalités qu'on trouve résumées dans la circulaire des douanes du 20 octobre 1834. — Le nombre des bâtiments employés au cabotage est très-considérable dans les pays qui ont une grande étendue de côtes, comme en Danemark, en Suède, en Norvége, en Angleterre, en France, en Italie et ailleurs. Il y a peu de pays où le cabotage soit aussi considérable qu'en Angleterre. Le cabotage a l'avantage de former de bons marins, et de faire des transports à très-bon compte. — Dans la plupart des États maritimes, on a exclu les pavillons étrangers de toute participation au cabotage : l'Angleterre a donné la première l'exemple de cette exclusion, qui était en vigueur dès le temps d'Élisabeth.

CÂBRE (du latin *capra*, chèvre), espèce de chèvre grossière faite de deux ou trois perches jointes ensemble par le haut, au bout desquelles on met une poulie pour enlever ou pour tirer les fardeaux.

CABRETILLE, sorte de cuir très-mince. *V*. CANEPIN.

CABRI, autrefois *Cabril*, nom vulg. du *Chevreau*.

CABRIOLET (de *cabriole*), voiture légère à deux roues et à un seul cheval, dont la caisse est portée sur deux brancards, a, sans doute, été ainsi nommée à cause des bonds auxquels l'expose sa légèreté. Outre les cabriolets de maître, on distingue deux espèces de cabriolets de louage : les *C. de place*, qui stationnent sur les places publiques, à des endroits déterminés, et les *C. de régie* ou *de remise*, qui stationnent sous une remise : ces voitures, qui se sont extrêmement multipliées depuis 50 ans, sont soumises, comme toutes les voitures de louage, à des règlements sévères. — *Cabriolet anglais. V*. CAB.

CACAO (nom indigène), graine du CACAOYER.

CACAOYER ou CACAOTIER, *Theobroma Cacao*, arbre de la famille des Byttnériacées, originaire du Mexique et de quelques contrées de l'Amérique du Sud, a, par son port et son aspect, beaucoup d'analogie avec un cerisier de moyenne taille. Son bois, blanc, poreux, cassant et fort léger, est recouvert d'une écorce couleur de cannelle ; ses feuilles, d'un vert brillant, sont alternes et en fer de lance ; ses fleurs sont petites, jaunâtres, ou couleur de chair, ordinairement fasciculées, et n'ont point d'odeur ; son fruit, vulgairement appelé *cabosse*, est ovoïde, allongé, et assez semblable par la forme au concombre ; il est partagé en cinq loges, dans chacune desquelles se trouvent, au milieu d'une pulpe aigrelette, huit à dix graines ou amandes de la forme et de la grosseur d'une fève, et recouvertes d'un arille charnu : c'est le *cacao*. Fraîches, les graines de cacao sont âpres et amères. À l'époque de la récolte, on les met en tas, ou on les enterre pour qu'elles fermentent et que l'arille se sépare, puis on les fait sécher au soleil. Ainsi préparé, le cacao a une odeur et une saveur agréables. On en extrait par la pression une huile blanche et solide, connue sous le nom de *Beurre de cacao*, qui se conserve longtemps : on l'emploie en médecine comme adoucissant et comme antidote contre les poisons corrosifs, et en parfumerie comme cosmétique. Le cacao, pilé et broyé avec du sucre, donne le *chocolat* (*Voy*. ce mot). L'arille ou écorce du cacao renferme un principe astringent et aromatique dont l'eau se charge par infusion : aussi l'emploie-t-on quelquefois en guise de café. On distingue dans le commerce plusieurs sortes de cacaos : le *C. caraque*, long et un peu aplati, venant de Caracas et de Maracaïbo : c'est le plus estimé ; le *C.-berbice*, court et rond, et le *C.-Surinam*, gros et moins aplati que le premier, qui viennent tous deux de la Guyane ; le *C. des Iles*, venant des Antilles, petit et plus aplati, etc. ; on en tire aussi des îles de France et de la Réunion.

Pour bien choisir le cacao, de quelque espèce qu'il soit, il faut le prendre gros, bien nourri, ayant la peau brune et unie, contenant une amande pleine, lisse, ayant au dehors la couleur de noisette, rougeâtre au dedans, d'une saveur douce, un peu astringente et agréable. Celui qui est ridé, petit, vermoulu, brisé, et ayant une odeur de vert ou de moisi, doit être rejeté.

CACATOÈS ou CACATOIS, genre d'oiseaux Grimpeurs, de la famille des Perroquets, se font remarquer par la beauté de leur plumage et surtout par leur élégante huppe, formée de plumes longues et étroites qu'ils couchent et redressent à volonté. Le plus souvent, cette huppe est jaune, et le reste de leur plumage d'une belle couleur blanche ou d'un blanc rosé, ce qui fait donner à une espèce le nom de *Cacatoès rosalbin*. Leur bec est grand, épais et crochu : aussi sont-ils fort destructeurs ; le tour de l'œil est nu. Ce sont les plus dociles des perroquets ; cependant ils parlent peu ; leur cri est désagréable. Ils fréquentent de préférence les terrains humides, et se trouvent surtout dans les îles Moluques et à la Nouv.-Hollande.

Dans la Marine, on donne le nom de *cacatoès* aux plus petits mâts que l'on grée dans les grands bâtiments, au-dessus de ceux de perroquet ; dans les beaux temps, on établit sur les flèches de ces mâts des voiles très-légères qu'on appelle aussi *cacatoès*.

CACHALOT, *Physeter macrocephalus*, mammifère cétacé, dont les dimensions égalent celles de la baleine, mais qui en diffère en ce que sa mâchoire inférieure, étroite et allongée, est garnie, de chaque côté, d'une rangée de dents coniques ou cylindriques, tandis que la baleine n'a que des fanons. Sa mâchoire supérieure présente une série de cavités dans lesquelles se logent les dents lorsque la bouche est fermée. Sa tête, énorme et renflée en avant, forme à peu près le tiers de tout l'individu ; la boîte cérébrale, située en arrière, n'en occupe qu'une très-petite partie ; tout le reste présente une vaste cavité osseuse, divisée en deux chambres par une cloison fibro-cartilagineuse, et renfermant une espèce d'huile qui se fige par le refroidissement, et qui est connue dans le commerce sous le nom de *sperma ceti* ou de *blanc de baleine* (*Voy*. ce mot). C'est aussi dans les intestins du cachalot qu'on trouve la substance appelée *ambre gris*, et qui paraît être une sécrétion morbide, analogue aux calculs biliaires. — Les cachalots se rencontrent dans toutes les mers, mais surtout dans la partie équatoriale du grand Océan : c'est aux îles Gallapagos que se font les pêches les plus productives. Ils voyagent en troupes immenses de 2 à 300 individus ; ils sont très-voraces, et se nourrissent indifféremment de poissons, de mollusques ou de crustacés ; ils poursuivent avec acharnement les jeunes baleines, les phoques, les requins eux-mêmes ; l'homme n'est point à l'abri de leurs attaques, et la chasse de ces cétacés passe pour très-dangereuse. — Le *Physeter* des anciens paraît être le cachalot macrocéphale ; les naturalistes admettent encore plusieurs autres espèces, mais les caractères n'en sont pas bien déterminés.

CACH, CASH ou CASS, petite monnaie dont on se sert en Chine dans le commerce de détail, vaut environ 1 centime. Il en faut 1,000 pour 1 tale d'argent.

CACHECTIQUE. *Voy*. CACHEXIE.

CACHEMIRE, nom donné aux châles indiens qui nous viennent du royaume de Cachemire, et qui se fabriquent avec le duvet qu'on prend sur la poitrine de chèvres d'une race particulière au pays des Kirghiz. Ces châles sont précieux par la solidité et le moelleux du tissu, ainsi que par la richesse des couleurs et la variété des dessins, qui sont brochés dans le tissu même. Leur usage, concentré d'abord en Orient, est devenu assez commun en Europe depuis l'expédition d'Égypte, et surtout depuis la paix générale de 1814. Cependant leur prix élevé en fait toujours un objet de luxe. En effet, les châles de Cachemire valent, en général, de 2 à 3,000 fr. ; il y en a qui coûtent 5, 6, 7, 8, 10,000 fr. Il se fabrique annuellement 80,000 châles à Cachemire, et, en les comptant à un taux moyen de 3,000 fr. chacun, on devrait porter à une somme de 240 millions de francs la valeur des châles qui s'exportent tous les ans de Cachemire dans toutes les parties du monde. Dans le pays, ces châles sont en entier fabriqués à la main; on les fait par morceaux, qui sont ensuite cousus ensemble; un seul atelier peut occuper tout un atelier pendant une année, si le tissu est d'une grande finesse, et les dessins fort compliqués; tandis que d'autres ateliers peuvent en fabriquer de 6 à 8 dans le même espace de temps. Lorsque le tissu est d'une qualité supérieure, il ne s'en fabrique pas plus d'un quart de pouce (0^m,007) par jour. La ville d'Amretsyr est le grand marché des châles de Cachemire. Ces châles payent à leur entrée en France un droit de 110 fr.

Ternaux est le premier qui ait entrepris de fabriquer en France des châles faits avec la laine de Cachemire : il fit, à cet effet, venir à grands frais du Thibet même un troupeau de l'espèce de chèvres qui fournit la laine de cachemire (1818). Ces châles, parfaitement imités quant aux dessins, et beaucoup moins coûteux, sont connus sous le nom de *Cachemires français*; ils sont faits au métier ; on les distingue facilement des cachemires des Indes, surtout à l'envers. On a essayé plusieurs fois, mais vainement, d'acclimater en France les chèvres du Thibet, et nos fabricants sont encore obligés d'acheter ce duvet en Russie sur les marchés de Macarief et de Moscou. On peut consulter sur cette intéressante industrie : *Études pour servir à l'histoire des châles*, par J. Rey, fabricant de cachemires à Paris.

CACHET (du verbe *cacher*). Le *cachet* diffère du *sceau* (*Voy.* ce mot) en ce que celui-ci, en général, appartient au souverain ou aux représentants de l'autorité publique ; tandis que le cachet n'est usité que par les particuliers (*Voy.* SCEAU et SPHRAGISTIQUE). —L'usage des cachets remonte à une très-haute antiquité ; les Orientaux ont conservé le souvenir de l'anneau de Salomon, qui donnait, disent-ils, le pouvoir de lire dans l'avenir et de commander aux génies ; ce n'était qu'un cachet. On connaît le cachet de quelques hommes célèbres dans l'antiquité : Jules César avait sur son cachet une figure de Vénus ; Auguste, un sphinx : Pompée, un chien sur la proue d'un navire ; Séleucus, roi de Syrie, une ancre ; Polycrate, une lyre. Les premiers chrétiens portaient souvent sur leurs cachets le monogramme du Christ. Les familles nobles gravent leurs armes sur leur cachet : celui de François Ier était orné d'une salamandre, et celui de Louis XIV d'un soleil.

CACHEXIE (du grec *cacos*, mauvais, et *hexis*, disposition), état dans lequel toute l'habitude du corps est profondément altérée. Quelques médecins ont regardé la *cachexie* comme une maladie particulière ; mais le plus grand nombre entend par ce mot l'état de dépérissement qui survient après de longues maladies ou à la fin de certaines affections parvenues à un haut degré d'intensité, comme dans le scorbut, le cancer, etc. Cet état est caractérisé par la bouffissure et l'infiltration, un teint jaune ou plombé, effet d'un sang trop séreux, et par la langueur de toutes les fonctions.

Cachexie aqueuse, maladie des bêtes à laine, plus connue sous le nom de *pourriture* (*Voy.* ce mot).

CACHIMAN, ou CHÉRIMOLIER, nom vulgaire d'une espèce d'*Anone*, ainsi que de son fruit. *Voy.* ANONE.

CACHIRI, liqueur spiritueuse et enivrante en usage dans la Guyane et le Brésil, a la saveur du poiré ; on la retire de la racine tuberculeuse du manioc, que l'on râpe et que l'on étend d'une certaine quantité d'eau ; on fait ensuite bouillir ce mélange, puis on laisse fermenter.

CACHOU (par corruption de l'indien *catechu*, suc d'arbre), *terra japonica*, extrait fourni dans les Indes Orientales avec le bois, les feuilles et les fruits de l'*Acacia catechu*; il a une saveur astringente, suivie d'un arrière-goût sucré assez agréable. Le cachou se compose principalement d'une matière tannante particulière ; il se dissout presque complétement dans l'eau bouillante, dans l'alcool et dans le vinaigre. — On distingue dans le commerce le *cachou jaune*, en petits pains cubiques de couleur cannelle, qui vient de Batavia, et le *cachou brun*, en gros pains de 35 à 40 kil., qui vient de Calcutta. — On falsifie souvent le cachou en le mélangeant avec une terre noirâtre ou poudre de coquillage calcinée et noircie, fraude qui a pu contribuer à le faire passer pour une terre ; on découvre facilement la supercherie en

faisant fondre le tout. — On se sert du cachou depuis fort longtemps, dans les Indes, pour la teinture et le tannage des peaux ; on l'emploie depuis quelques années en Europe dans les fabriques d'indiennes et les teintureries. Il colore en brun le coton et la laine ; et, en y associant des mordants, on obtient une grande variété de teintes. — Les médecins le prescrivent comme tonique à petite dose, et comme astringent à une dose plus forte. On mêle aussi le cachou avec du sucre, de l'ambre, de la cannelle, ou avec des essences de rose ou de fleur d'oranger, pour en faire une pâte qui rend l'haleine agréable ; les fumeurs y recourent pour dissiper l'odeur que laisse le tabac.

CACHRYDE, *Cachrys* (nom d'une plante citée dans Pline), genre de la famille des Ombellifères, qu'on trouve également dans la Sibérie, dans les parties orientales et méridionales de l'Europe et sur les côtes septentrionales de l'Afrique, renferme plusieurs espèces, dont quelques-unes se cultivent dans les jardins ; telle est surtout la *Cachryde* ou *Armarinte à fruits lisses*, qu'on trouve en Provence, et qui a une tige cylindrique, rameuse, et des fleurs jaunes, en ombelles bien garnies. Les Cachrydes renferment, comme les autres ombellifères, une huile volatile et un suc gommo-résineux.

CACHUCHA, danse espagnole qui s'exécute sur un air gracieux et vif, et qui s'accompagne de gestes passionnés.

CACIQUE, titre de supériorité chez les Mexicains et les Péruviens. *Voy.* le *Dict. univ. d'H. et de G.*

CACIQUE, oiseau d'Amérique, ainsi appelé à tort par G.-R. Gray, mais dont le véritable nom, admis par tous les naturalistes, est *Cassique. Voy.* ce mot.

CACOCHYME, CACOCHYMIE (du grec *cacos*, mauvais, et *chymos*, humeur), état maladif sans caractère précis, affectant particulièrement la lymphe et le sang, et résultant, suivant les humoristes, d'une altération primitive des humeurs. Les individus cacochymes sont faibles, languissants, disposés à être atteints plus facilement que les autres de toutes les maladies ; ils ont l'esprit bizarre et l'humeur inégale.

CACODYLE (du grec *cacos*, mauvais, et *hylè*, matière, à cause de ses caractères vénéneux), nom donné par Bunsen à une substance composée de carbone, d'hydrogène et d'arsenic (C⁴H⁶As²), et qui se comporte comme un corps simple : c'est un liquide incolore très-réfrangible et inflammable, d'une odeur insupportable ; il bout à 170°, et forme, avec le soufre, le brome, le cyanogène, des composés cristallisables pour la plupart.

CACOGRAPHIE (du grec *cacos*, mauvais, et *graphè*, écriture), recueil de mots et de phrases où les règles de l'orthographe et de la grammaire ont été violées à dessein, et que le maître fait corriger par ses élèves. Cette méthode d'enseigner l'orthographe, mise à la mode en 1811 par le grammairien Le Tellier, a eu un moment de vogue ; mais elle a été justement proscrite parce qu'elle habituait l'œil de l'élève à des formes vicieuses qui se gravaient dans la mémoire et y portaient la confusion.

CACOLET, panier à dossier et garni de coussins, que l'on place sur le dos des mulets, des ânes, des chevaux et des chameaux, et dont on se sert pour voyager dans les Pyrénées, en Algérie, etc.

CACOPHONIE (du grec *cacos*, mauvais, et *phonè*, son), rencontre vicieuse de syllabes qui se heurtent ; répétition des mêmes mots, des mêmes syllabes, des mêmes consonnances, frappant désagréablement l'oreille, comme dans ce vers de Voltaire :

Non, il n'est rien que Nanine n'honore ;

ou dans cet autre vers, fait à plaisir :

Ciel ! si ceci se sait, ses soins sont sans succès·

— L'*hiatus*, ou rencontre de deux voyelles, forme aussi une espèce de cacophonie.

En Musique, on appelle cacophonie les sons que produisent les voix et les intruments discordants.

CACTÉES, dites aussi *Nopalées* ou *Opuntiacées*, famille de plantes Dicotylédonées, qui a beaucoup de rapports avec les Portulacées et les Ribésiées, comprend un grand nombre de genres, dont les plus connus sont les *Mélocactes*, les *Cierges*, les *Raquettes* ou *Nopals*, etc., que Linné avait réunis sous le seul nom générique de *Cactier* ou *Cactus*.

CACTIER ou CACTUS (du grec *cactos*, plante épineuse), nom générique donné à un grand nombre de plantes épineuses, toutes originaires de l'Amérique équatoriale, remarquables par leurs formes bizarres et la disposition singulière des corolles de leurs fleurs. Les cactiers aiment, en général, les endroits secs et chauds ; ils poussent, pour la plupart, sur les rochers et dans les terrains sablonneux ; quelques-uns sur le tronc des vieux arbres. Les uns présentent, comme le *C. nain*, le *C. monstrueux*, le *C. mamillaire*, une masse sphéroïde, plus ou moins considérable, ordinairement verte ou grisâtre, hérissée de tubercules coniques, cotonneux au sommet, et couverts de petites pointes divergentes, ou bien, comme le *Mélocacte*, une boule à côtes droites, à rosaces épineuses, surmontée d'un spadice laineux où naissent les fleurs ; ou bien encore une sphère irrégulière, formée de larges tubercules déprimés ; d'autres sont munis d'une tige anguleuse, cylindrique ou cannelée, sur laquelle de nombreuses épines semblent remplacer les feuilles ; cette tige est tantôt simple et droite, et s'élève quelquefois à une hauteur de 15 à 20 m., comme dans le *Cierge du Pérou*, tantôt garnie de rameaux composés d'articulations naissant les unes des autres, comme dans les *Raquettes*, articulations que l'on considérait autrefois comme des feuilles ; quelques-uns, comme le *Cactier de Campêche*, le *C. de Peiresc*, le *C. à cochenille*, donnent naissance à des feuilles épaisses et charnues. Les fleurs des cactiers sont également remarquables par la variété de leurs formes et de leurs couleurs, ainsi que par leur parfum ; elles produisent des baies dont quelques-unes sont bonnes à manger. Beaucoup de Cactus sont cultivés dans nos serres chaudes ; les deux espèces les plus connues, et en même temps les plus utiles, sont le *C. raquette*, et le *C. à cochenille*. — Le *C. raquette*, dit aussi *figuier d'Inde*, ou *figuier de Barbarie* (*C. opuntia*), a sa tige, qui est d'un vert de mer, garnie de rameaux composés d'articulations comprimées et aplaties, portant des épines rousses disposées par petits bouquets du centre desquels sort une fleur solitaire, inodore et jaune, faisant place, en août, à un fruit sucré, mais un peu fade, de la grosseur d'une figue, à pulpe aqueuse et rougeâtre. Cette espèce de cactus est très-commune dans l'Amérique du Centre, en Afrique et dans le midi de l'Europe. On en fait des haies impénétrables autour des habitations ; les Indiens se servent de son bois pour faire des assiettes, des ustensiles de ménage, des rames, etc. En Sicile, les gens du peuple sont très-friands de la pulpe de ce cactus. On peut encore nourrir des bestiaux avec les enveloppes du fruit et même avec les articles dépouillés de leurs épines ; ces mêmes articles servent en médecine en place de cantharides ou de sinapismes. — Le *C. à cochenille* ou *Nopal* (*C. cochenillifer*), est celui sur lequel on élève l'insecte qui donne la *cochenille* (*Voy.* ce mot) ; ses articulations sont oblongues, épaisses et presque entièrement lisses : il est originaire du Mexique. *Voy.* NOPAL, MÉLOCACTE, etc.

CACTUS ou CACTIER. *Voy.* CACTIER.

CADASTRE (du bas latin *capitastrum*, contenance), ensemble des opérations par lesquelles on recherche la contenance des biens-fonds d'un pays et les revenus qu'ils produisent, dans le but d'établir l'impôt foncier et de le répartir convenablement. — Ces opérations comprennent : 1° la *partie*

d'art, qui s'accomplit sous la direction d'un géomètre en chef, et qui a pour but la délimitation des communes, la division du territoire de la commune en sections, la triangulation, le lever du plan ; 2° l'*expertise*, qui se fait avec le concours de propriétaires désignés par le conseil municipal, et qui a pour objet la classification, le tarif des évaluations et le classement ; 3° la *répartition individuelle*, par le directeur des contributions directes, pour faire à chaque parcelle l'application du tarif des évaluations, et former la matrice cadastrale ; 4° les *mutations*, consignées par le contrôleur des contributions directes. — Charles VII conçut le premier l'idée d'un cadastre général ; Colbert tenta vainement de l'exécuter ; en 1789, les assemblées électorales demandèrent le cadastre ; l'Assemblée constituante le décréta en 1791 ; mais les opérations marchèrent d'abord lentement. En 1802, le premier consul, désirant activer ce travail, le reprit sur un plan nouveau, qui consistait à délimiter d'abord les communes, puis à faire l'arpentage et l'évaluation des revenus des propriétés d'un certain nombre de communes par sous-préfecture, lesquelles communes devaient servir de base ou de *criterium* pour l'évaluation approximative de toutes les autres. Ce plan fut bientôt abandonné, et, après divers essais, on en revint, par une loi du 15 septembre 1807, au plan de cadastre général conçu par la Constituante, mais rectifié par Delambre. Continué depuis lors sans interruption, le cadastre est arrivé à son terme en 1821. A partir du 1er janvier 1822, les opérations cadastrales n'eurent plus pour but que de rectifier les répartitions individuelles et de consigner les mutations. Cependant, depuis plusieurs années, on a reconnu l'inexactitude et l'inégalité des évaluations primitives, et l'on sent le besoin de recommencer les opérations cadastrales, ou de recourir à un autre mode pour assurer l'égalité proportionnelle de l'impôt foncier. — On peut consulter sur cette matière importante : le *Recueil méthodique des lois, décrets, règlements*, etc., *sur le Cadastre de France*, Paris, 1811, in-4, et le *Traité de la fortune publique*, de MM. Macarel et Boulatignier.

CADAVRE (du lat. *cadere*, tomber, ou, selon d'autres, de *caro data vermibus*). Dans les premières heures qui suivent la mort, l'état du cadavre est caractérisé par la roideur des membres, les saillies osseuses plus prononcées, la peau décolorée, la face et les lèvres livides, l'absence complète de la respiration, des battements du cœur, du pouls, la froideur des membres. Quelques heures après, la roideur cadavérique fait place à la mollesse et à la putréfaction.

Lorsqu'un cadavre est trouvé sur la voie publique ou partout ailleurs, il doit en être donné avis sur-le-champ au commissaire de police, au maire, ou à tout autre officier de police, qui se transportent aussitôt sur les lieux, et requièrent l'assistance d'un homme de l'art. Celui-ci n'a d'abord à faire la *levée du cadavre*, c.-à-d. à constater l'état extérieur du corps et toutes les circonstances qui peuvent avoir quelque intérêt, et à faire transporter et déposer le cadavre en lieu sûr, sous la garde de l'autorité judiciaire. — S'il s'élève un soupçon sur la nature de la mort, l'*autopsie* du cadavre peut être requise par l'officier municipal (Code civ., 81), et par le procureur de la République (Code d'instr. crim., 46). Les familles peuvent aussi réclamer l'autopsie des personnes qu'elles ont perdues. Pour les formalités à remplir dans ce cas, *Voy.* AUTOPSIE.

CADE (du grec *kados*, en latin *cadus*, vaisseau pour contenir les liquides), nom donné par les Grecs à une mesure de 10 conges (environ 32 lit.) ; quelques-uns identifient le *cade* avec le *métrète*, d'autres avec l'*amphore*. — On donne encore aujourd'hui ce nom à un baril dont on se sert dans les salines.

En Botanique, *Cade* est en Provence le nom vulgaire d'une espèce de *Genévrier*. — On nomme *huiles de Cade* deux huiles fournies l'une par le genévrier, l'autre par le bois de pin, et qui se dégagent dans l'opération pratiquée pour convertir ce bois en charbon. Les Vétérinaires font usage de cette dernière, notamment contre le *bouquet*.

CADELLE ou CHEVRETTE BRUNE, nom donné dans le midi de la France à la larve du *Trogosite mauritanique*, espèce de Coléoptères tétramères de la famille des Xylophages. Cette larve vit de la substance farineuse du blé renfermé dans les greniers.

CADENAS (du latin *catena*, chaîne, parce que, autrefois, l'anse ou l'anneau du cadenas était remplacé par une chaîne), petite serrure mobile qui sert à fermer une porte, une malle, une valise, au moyen d'un anneau passé, soit dans un autre anneau, soit dans deux pitons : la forme des cadenas varie beaucoup, ainsi que leur mode de fermeture. On fait des *Cadenas à combinaisons*, qui offrent aux voleurs des difficultés presque insurmontables.

On appelait autrefois le *Cadenas* un coffret d'or ou de vermeil, soigneusement fermé, qui contenait la cuiller, la fourchette et le couteau du roi et des princes. On l'apportait en cérémonie, et on le plaçait sous leur main quand ils avaient pris place à table. On pense que cet usage provenait de la crainte des empoisonnements, si fréquents au temps passé.

CADENCE (en italien *cadenza*, du latin *cadere*, tomber). En Musique, on nomme ainsi la terminaison ou le repos d'une phrase musicale. On donne le même nom à la résolution d'un accord dissonant sur une consonnance. La *Cadence parfaite* est celle qui se résout sur la tonique; celle qui s'arrête sur la dominante suspend seulement la phrase, et se nomme *Cadence rompue* ou *demi-cadence*. On nomme aussi *cadence* le battement qui s'exécute sur la pénultième note d'une phrase, et qui prépare la cadence harmonique; mais son véritable nom est *trille* (*Voy.* ce mot). Enfin, ce mot est vulgairement employé à la place du mot *rhythme*, pour marquer le parfait accord de la danse avec le rhythme d'une mélodie musicale. — Le mot *cadenza*, en Italie, est synonyme de *point d'orgue*.

En Littérature, on appelle *cadence* la chute agréable d'un vers nombreux et bien tourné, ou d'une période dont l'harmonie flatte l'oreille. *Cadence* est alors presque synonyme de *mesure*, comme dans ces vers de Boileau :

> Enfin Malherbe vint, et le premier, en France,
> Fit sentir dans les vers une juste *cadence*.

CADENETTE (du latin *catena*, chaîne), espèce de coiffure militaire qui s'est portée en France depuis 1767 jusqu'au commencement de ce siècle, consistait en deux nattes ou tresses de cheveux partant du milieu du crâne, et se retroussant, de chaque côté de la tête, sous le chapeau. Les grenadiers, et surtout les hussards, sont les corps qui ont conservé le plus longtemps la cadenette. Elle a été remplacée par le *catogan* et la *queue*.

CADET (du bas latin *capitetum*, diminutif de *caput*, petite tête). Dans un sens rigoureux, ce mot se dit seulement du dernier des enfants d'une famille; mais ordinairement il est synonyme de *puiné*. On sait que jusqu'à 1789, en France, les cadets des familles nobles étaient exclus du partage des biens de leur père, et se voyaient forcés de chercher fortune, les uns dans les armes, les autres dans l'Eglise. L'abolition du droit d'aînesse fit cesser en France cette iniquité, qui subsiste encore dans la plupart des États de l'Europe.

Autrefois, on appelait *Corps de cadets* un corps militaire composé de jeunes gens d'origine noble qui servaient comme volontaires, et qui passaient par tous les grades inférieurs, jusqu'à ce qu'on leur donnât les premières sous-lieutenances vacantes. Louis XIV en 1682, et Louis XV en 1726, créèrent plusieurs compagnies de cadets. En 1776, on créa un emploi de *cadet-gentilhomme* dans chaque compagnie d'infanterie et de cavalerie. Tous ces emplois disparurent en France en 1789. — La Russie, l'Autriche, la Prusse, la Bavière, ont encore des établissements de cadets où sont reçus gratuitement les fils de gentilshommes peu favorisés de la fortune.

CADI, juge musulman. *V. le D. univ. d'H. et de G.*

CADIÈRE ou CHAISE (par corruption du latin *cathedra*, même signification), nom donné sous Philippe le Bel à une monnaie d'or sur laquelle le roi était figuré assis dans une chaise ou sur son trône. C'était originairement une monnaie d'or qui valait 25 sous tournois de l'époque; mais le poids et le titre de cette monnaie ont beaucoup varié. On la nommait aussi *Gros royal*, *Royal d'or*, *Royal d'or à la chaise*, *Masse* (parce que le roi y tenait une masse).

CADIL (du latin *cadus*, tonneau), nom donné originairement à l'unité des mesures de capacité en France, dans le premier système de division, créé le 1er août 1793. C'était un *décimètre cube*.

CADIS, petite étoffe de laine croisée, à grains, tondue et apprêtée à chaud comme le drap. Autrefois très-recherchée, elle est aujourd'hui d'un moindre débit. Les principales fabriques de cadis sont à Montauban, Castres, Alby, Arles, Saint-Flour, Tarascon. La largeur ordinaire du cadis était de 60 centimètres. On nomme *C. ras* ou *C. fins* ceux dont la chaîne se fait avec de la laine d'Aragon, et que l'on teint deux fois; *C.-fleur d'Aure*, une sorte de cadis fort qui se fait dans la vallée d'Aure.

CADMIE (du latin *cadmia*, calamine). Les anciens chimistes ont donné ce nom à plusieurs substances : ils appelaient *C. fossile*, le cobalt; *C. naturelle* ou *pierre calaminoire*, l'oxyde de zinc, qui est jaune ou rougeâtre; *C. artificielle* ou *des fourneaux*, l'oxyde de zinc qui se sublime pendant la fonte de ce métal et s'applique sur les parois intérieures du fourneau, et, en général, toutes les suies métalliques qui sont produites dans les fontes.

CADMIUM (même étymologie que *cadmie*), corps simple métallique, de la couleur et de l'éclat de l'étain, d'une cassure fibreuse, cristallise aisément en octaèdres réguliers, fond au-dessous du rouge, se volatilise vers 400°, et présente une densité de 8,6. Il est malléable, ductile, et un peu moins mou que l'étain; il s'altère peu à l'air, et s'y convertit, par la calcination, en un oxyde jaune-brun. L'acide azotique et l'acide sulfurique le dissolvent à froid, ce dernier avec dégagement de gaz hydrogène. — On rencontre le cadmium dans la nature, en combinaison avec le soufre dans plusieurs variétés de calamine et de blende, notamment dans la blende de Przibram en Bohème. Il se trouve quelquefois dans le zinc du commerce, ainsi que dans les sels préparés avec ce métal. On reconnaît la présence du cadmium dans le sulfate de zinc (vitriol blanc) en ce que la solution de ce sel, rendue légèrement acide, précipite en jaune par l'hydrogène sulfuré. Le cadmium forme des sels incolores, d'une saveur astringente. — Ce corps a été découvert en 1818, à peu près en même temps, par Stromeyer et par M. Hermann, directeur de la fabrique de produits chimiques à Schœnebeck, dans la Saxe prussienne.

CADOCHE ou KADOSCH (de l'hébreu *kadash*, sacré), 30e grade de la Franc-Maçonnerie, et le plus haut dans l'échelle. *Voy.* FRANC-MAÇONNERIE.

CADRAN (du latin *quadrans*, parce que primitivement sa forme était carrée), surface ordinairement ronde sur laquelle on a gravé ou peint les divisions du temps (heures, minutes, secondes, etc.), et où elles sont indiquées soit par les aiguilles mobiles, comme dans les *horloges*, soit par l'ombre d'un style, comme dans les *Cadrans solaires* (*Voy.* ci-après). On fabrique les cadrans en or, en argent, en platine, en émail et en porcelaine,

En Horticulture, on appelle *cadran* ou *cadra-nure* une maladie qui atteint les vieux arbres, et qui se manifeste par des fentes dans le bois, dont les unes sont circulaires et les autres rayonnantes : ce qui donne au bois, quand il est coupé transversalement l'apparence d'un *cadran*.

En Conchyliologie, c'est le nom d'un genre de Mollusques gastéropodes pectinibranches à coquille orbiculaire, univalve, en cône déprimé, qui habitent les mers australes ; on en trouve une espèce, dite *C. tacheté*, dans certaines parties de la Méditerranée.

CADRAN SOLAIRE, surface sur laquelle sont tracées des lignes qui indiquent l'heure par l'ombre d'un style ou *gnomon* (*Voy.* ce mot), ou par un rayon solaire coïncidant avec ces lignes. Les lignes du cadran se nomment les *lignes horaires*. Pour construire un cadran solaire, il faut savoir tracer une *méridienne* (*Voy.* ce mot), et placer le style dans la direction de l'axe du monde, de manière qu'il soit situé dans le plan vertical qui passe par la méridienne, et qu'il fasse avec cette ligne un angle égal à la hauteur du pôle au-dessus de l'horizon, ou à la latitude du lieu (48°,50' à Paris). Supposons que l'axe du monde soit une verge métallique, et que le plan de l'équateur soit capable de retenir l'ombre de cette verge : cette ombre, par l'effet du mouvement diurne apparent du soleil, parcourra successivement le plan de l'équateur ; et si l'on imagine ce plan partagé en 24 parties égales par des droites menées du centre à la circonférence, la coïncidence de l'ombre avec chacune de ces droites indiquera une heure déterminée. Comme la terre est extrêmement petite par rapport au monde, on peut, sans erreur sensible, considérer un point quelconque de la surface de la terre comme le centre de la sphère céleste, et tout plan parallèle à l'équateur, auquel ce point appartient, peut être pris pour le plan même de l'équateur. On peut donc immédiatement obtenir un cadran solaire en établissant un style dans la direction de l'axe du monde, lui faisant traverser en un point un plan parallèle à l'équateur, décrivant de ce point une circonférence de cercle, et divisant cette circonférence en 24 parties égales par des droites menées du même point, en ayant soin qu'une de ces droites rencontre la méridienne du lieu. Cette dernière droite sera la ligne de midi, et les autres indiqueront les heures avant ou après midi, selon qu'elles seront dirigées à l'occident ou à l'orient de la méridienne. Ce genre de cadran s'appelle *Cadran équatorial;* on le construit tantôt sur un plan horizontal, tantôt sur un plan vertical ou incliné. Pour le tracer dans ces conditions, le problème consiste à trouver les intersections des plans horaires avec les surfaces données. Quelquefois l'heure est indiquée à l'aide d'une plaque située en avant du cadran, et percée d'un trou par lequel passe le rayon solaire indicateur des heures. On appelle *Gnomonique* l'art de construire des cadrans solaires. — Les cadrans solaires étaient connus de temps immémorial des Égyptiens, des Chaldéens ; ils l'étaient même des Hébreux, comme cela semble résulter d'un passage d'Isaïe (c. XXXVIII, ẏ 8), relatif au *Cadran d'Achaz*, passage dont cependant le sens a été contesté. Les Grecs durent à ces peuples la connaissance des premières notions de gnomonique. Ce ne fut que dans la première guerre punique que les Romains eurent un cadran solaire : Valerius Messala le rapporta de Sicile, et le fit placer près de la tribune aux harangues. Les cadrans solaires ont beaucoup perdu de leur importance depuis qu'on se procure à si bon compte des instruments propres à mesurer le temps.

CADRAT (de *quadratus*, carré). On nomme ainsi en Typographie de petits morceaux de fonte carrés, plus bas que les lettres et de la largeur de 3 ou 4 chiffres au moins, qui maintiennent le carac-

tère sans marquer sur le papier. On appelle *cadratins*, de petits cadrats de la largeur de deux chiffres ; *demi-cadratins*, de petits cadratins de la largeur d'un chiffre.

CADRATURE. On appelle ainsi un assemblage de pièces d'horlogerie placées entre le cadran et la platine d'une montre, et plus particulièrement celles qui composent la répétition. On fait jouer la cadrature, dans les montres à répétition, en poussant le bouton ; dans les pendules, en tirant un cordon.

CADRE (du latin *quadrum*, carré). Dans la Marine, on appelle *cadre* un hamac perfectionné, à l'usage des officiers et des passagers, qui se compose de cinq pièces de toile réunies sous la forme d'une caisse longue de près de 2 mètres sur 50 centim de large, et recevant au fond un châssis de même dimension, garni de sangles, sur lequel reposent deux petits matelas, ainsi que les autres pièces qui complètent un lit de bord. *Voy.* HAMAC.

Dans l'Art militaire, on donne ce nom au tableau de formation des divisions et des subdivisions dont un corps se compose, ainsi qu'à la réunion des officiers, sous-officiers et caporaux dont se compose une compagnie, un bataillon, un régiment. On peut diminuer l'effectif d'un régiment tout en maintenant les cadres.

En Architecture, on appelle *cadre* une bordure de pierre ou de plâtre calibrée qui renferme des ornements de sculpture.

En Anatomie, le *Cadre du tympan* est la partie de l'os temporal qui chez l'homme supporte la membrane du tympan.

CADUC (de *cadere*, tomber). En Botanique, on appelle *caduque* toute partie d'un végétal qui ne persiste pas pendant toute la durée des organes dans la composition desquels elle entre : ainsi, le calice est *caduc* dans le pavot, parce qu'il tombe avant la fleur; la corolle qui environne d'abord le fruit de la vigne est *caduque* et tombe bientôt; les stipules sont *caduques* dans plusieurs espèces de passiflores.

En Anatomie, la *membrane caduque* est la plus extérieure des enveloppes du fœtus chez les Mammifères.

En Droit, une disposition est dite *caduque* lorsqu'elle devient sans effet : ainsi, toute disposition faite en vue du mariage est caduque si le mariage ne s'ensuit pas; toute disposition testamentaire est caduque lorsque les valeurs des donations entre vifs excèdent ou égalent la quotité disponible (Code civ., art. 1039).

CADUCÉE (du latin *caduceus*, qu'on dérive lui-même, par un simple changement de lettres, du grec *kêrukion*, qui a la même signification), verge ou baguette de laurier ou d'olivier surmontée de deux serpents, dont les têtes se font face sans donner aucun signe d'inimitié, est le principal attribut de Mercure. On le trouve aussi sur les médailles dans les mains de Bacchus, d'Hercule, de Cérès, de Vénus et d'Anubis. Le caducée était un symbole de paix; les hérauts grecs le portaient dans toutes leurs négociations. Au moyen âge, le roi d'armes et les hérauts d'armes portaient dans les grandes cérémonies un caducée fait d'un bâton couvert de velours et fleurdelisé. — Enfin, le caducée est entré dans le blason; c'est un des meubles de l'écu : la *baguette* est le symbole du *pouvoir*; les serpents sont l'*hiéroglyphe* de la *prudence;* les ailes désignent l'*activité*.

CÆ.... Cherchez par *Cé* les mots commençant ainsi qui ne seraient pas ici.

CÆCUM (du latin *cæcus*, aveugle), nom qu'on donne à la première portion du *gros intestin*, parce qu'il se prolonge inférieurement sous la forme d'un cul-de-sac. La direction du *cæcum* est verticale; il vient à la suite de l'intestin grêle, et se continue avec le colon. Il est formé par une membrane séreuse appartenant au péritoine, par une membrane muqueuse et par une tunique musculeuse, composée de fibres transversales; sa surface présente des bosselures considérables et des enfoncements longitudinaux ; son volume surpasse celui du colon et du rectum. Cet intestin est surtout sujet aux squirres et aux vers. *Voy.* INTESTINS.

CÆSALPINIA, genre de plantes. *Voy.* CÉSALPINIE.

CAFÉ. Ce mot désigne à la fois le grain qui sert à faire la boisson aromatique que tout le monde connaît, cette boisson elle-même, et les établissements publics où on la prend.

Le café en grains est une espèce de fève produite par le *Caféier* (*Voy.* ce mot) ; cette fève contient de l'acide gallique et une substance particulière, appelée par les chimistes *caféine*. C'est la torréfaction qui donne au café son arome : elle y développe à la fois du tannin et une huile empyreumatique amère et aromatique à laquelle il doit ses propriétés éminemment excitantes. On a appelé *fleurs de café* les enveloppes ou coques du café : on en préparait une infusion connue sous le nom de *café à la sultane*. On distingue plusieurs espèces de café qui offrent quelques différences dans leurs principes constituants : on les désigne par le nom des pays d'où elles proviennent. Les principales sont : le *C. moka*, le plus estimé de tous, venant des environs de Moka (Yémen), en Arabie, à grain petit, généralement arrondi, de couleur jaunâtre, d'un parfum très-prononcé ; le *C. mascareigne*, que l'on tire des îles Maurice et Bourbon, à grain gros et plus allongé, d'un jaune plus pâle, ayant peu d'odeur ; le *C. des Îles* ou *des colonies* (Martinique, Guadeloupe, Guyane), dont le grain est moyen, d'une teinte verdâtre et d'une saveur herbacée. On en tire aussi de Java (qui égale presque le moka), de Sumatra, de Manille, du Brésil, d'Haïti, de la Havane, de Porto-Rico, etc. Il y a beaucoup de choix dans le café : il faut vérifier son origine, sa forme, sa couleur, et considérer sa maturité, son ancienneté, la manière dont il a été conservé. Le café qui est ridé dénote qu'il a été récolté un peu avant d'être mûr, ce qui lui ôte de son prix. On doit choisir le café dur, sec, sonore et lisse. On a remarqué que le café devenait meilleur à mesure qu'il vieillissait. Le *café mariné* n'est que du café avarié qui a été mouillé par l'eau de mer. La plus grande partie du café qui se consomme en France et en Europe vient des Antilles et du Brésil ; le vrai café moka est très-rare, et ce que l'on vend sous ce nom n'est le plus souvent que du café de Java ou de Bourbon.

Considéré comme boisson, le café n'est, comme on sait, qu'une infusion ou une décoction faite avec les grains de café torréfiés et moulus. Sa préparation exige de grands soins : les amateurs doivent porter également leur attention sur la torréfaction du grain, sur le moulinage, sur l'infusion. La torréfaction doit s'opérer dans de grands cylindres en fer battu et bien fermés, au moyen d'un bois très-sec, qui ne répande aucune odeur ; on a soin de tourner constamment le cylindre afin que toutes les graines subissent également l'action de la chaleur ; on arrête l'opération quand les graines deviennent luisantes. Le moulinage se fait le plus ordinairement dans l'intérieur de chaque ménage, au moyen de petits moulins à bras ; on préfère les *moulins à café* perfectionnés de M. Frédéric et de M. Goldenberg : la poudre obtenue doit être égale et un peu fine, afin que l'eau en enlève facilement les principes solubles. Quant à l'infusion, que l'on regarde vulgairement comme l'opération la plus importante, on a imaginé comme à l'envi, pour l'exécuter, nombre d'appareils plus ou moins ingénieux (*Voy.* CAFETIÈRE). — En même temps qu'elle flatte l'odorat et le goût par son arome suave, la liqueur fournie par le café est éminemment tonique : elle accélère la circulation du sang, favorise la digestion, active les fonctions du cerveau, dispose à la gaîté, réunissant ainsi quelques-uns des bons effets de l'alcool et de l'opium ; mais son excès surexcite le système nerveux, surtout le cerveau, et produit l'insomnie. Mêlé au lait, le café perd la plus grande partie de ses vertus toniques ; il peut même devenir un débilitant pour les personnes qui en feraient leur nourriture habituelle : Broussais le défendait en temps de choléra. Le café s'emploie quelquefois en thérapeutique : on le donne comme antidote de l'opium ; il s'oppose à la somnolence qui suit quelquefois les repas ; il est salutaire dans les migraines ; il est, au contraire, très-nuisible dans les affections du cœur. Les personnes tristes et hypocondriaques s'en trouvent bien. — Dans ces derniers temps, on l'a proposé et employé avec succès comme succédané du quinquina, dans les fièvres typhoïdes et dans les fièvres intermittentes opiniâtres, et tout récemment dans la coqueluche ; on le recommande aussi comme emménagogue, à cause de son action tonique. L'infusion de café, appliquée sur les plaies de mauvaise nature, agit comme astringent et combat la gangrène.

On raconte diversement la découverte des propriétés excitantes du café ; on en fait communément honneur à un berger d'Arabie qui aurait remarqué que ses chèvres manifestaient une vivacité extraordinaire quand elles avaient mangé des graines de caféier ; quoi qu'il en soit, les Arabes paraissent l'avoir connu les premiers. L'usage en est devenu commun dans tout l'Orient à partir du XVᵉ siècle ; mais il fallut encore deux siècles pour qu'il se répandît en Europe. On en prit pour la première fois à Venise en 1615, et à Marseille en 1654. Le voyageur Thévenot l'apporta à Paris en 1657 ; mais ce fut l'ambassadeur ottoman Soliman-Aga qui le mit tout à fait à la mode en 1669. Les médecins dénoncèrent d'abord le café comme une boisson très-dangereuse ; Mᵐᵉ de Sévigné déclara que c'était une mode qui passerait : malgré ces autorités, le café est aujourd'hui d'un usage presque général. A l'époque du blocus continental, le prix du café devint si élevé qu'on essaya de le remplacer à l'aide de végétaux indigènes, tels que la racine de chicorée sauvage, la châtaigne, la scorsonère, le gland du chêne rouvre, l'églantier, la graine de maïs, du petit houx, du pois-chiche, le seigle, etc. ; mais, à l'exception de la chicorée, qu'on mêle au café par économie, tous ces *Cafés français* ont été abandonnés. On emploie encore dans le midi de la France le café de seigle, mais comme rafraîchissant.

CAFÉS, lieux publics où l'on va prendre le café. Dès 1554 il y avait des cafés publics à Constantinople. Le premier café établi à Paris fut ouvert à la foire Saint-Germain en 1672 par l'Arménien Pascal. Peu de temps après, Grégoire d'Alep et le Florentin Procope en établirent un autre rue des Fossés-St-Germain : ce café, alors voisin de la Comédie-Française, devint bientôt le rendez-vous des auteurs et des critiques. Depuis, les cafés, dont le nombre augmentait tous les jours, firent abandonner les cabarets, et l'on vit s'ouvrir successivement une foule d'établissements de ce genre, parmi lesquels on remarquait à Paris : le *C. Manouri*, sur le quai de l'École, autre lieu de réunion pour les beaux esprits ; le *C. de la Régence*, fondé en 1718, rue Saint-Honoré (en face du Palais-Royal), si fameux par ses joueurs d'échecs ; le *C. Foy*, au Palais-Royal, qui, dès le commencement de la Révolution, devint un véritable club ; le *C. de Momus*, où se réunissaient les chansonniers, etc. Aujourd'hui, on compte à Paris et dans toutes les villes de France et d'Europe des milliers de cafés rivalisant de luxe et d'élégance : on y vend, outre le café, toute espèce de rafraîchissements, glaces, limonades, bières, liqueurs, thé, chocolat ; et souvent, pour attirer le public, on y réunit aux objets de consommation la musique, le chant, le spectacle.

CAFÉIER, CAFÉYER ou CAFIER, *Coffea Arabica*, arbrisseau toujours vert, de la famille des Rubiacées, qui atteint jusqu'à 10 m. de hauteur, et dont la cime pyramidale offre un aspect fort agréable. Ses feuilles oblongues, pointues, ondulées aux bords, sont d'un vert luisant; ses fleurs sont blanches et répandent un parfum délicieux; sa baie, d'un rouge vermeil, a la forme d'une cornouille et renferme deux graines accolées face à face et qu'on appelle communément *grains de café*. On en distingue plusieurs variétés qui donnent des produits de qualités fort différentes (*Voy.* ci-dessus CAFÉ, grain). — Le caféier paraît être originaire d'Abyssinie; il aurait été transporté, vers le milieu du xve siècle, dans les montagnes de l'Yémen, où il s'est comme naturalisé. Il fut introduit en Hollande vers la fin du xviie siècle, et de là en France, en 1714. En 1720, Declieux planta à la Martinique le premier pied de caféier, et en peu d'années la culture s'en propagea dans toutes les Antilles; il en a été de même dans les îles de l'Océan Indien. Depuis la conquête de l'Algérie, on a essayé d'y cultiver le caféier, mais il ne paraît pas qu'on ait encore obtenu des résultats importants.

CAFÉINE, THÉINE OU GUARANINE, alcali organique contenu dans les grains de café, dans le thé et dans le guarana (espèce de pâte tonique et astringente que les Guaranis du Brésil préparent avec les semences d'un arbrisseau grimpant, le *Paullinia sorbilis*, et qu'ils emploient pour combattre la dyssenterie, les rétentions d'urine et d'autres maladies). La caféine cristallise en longues aiguilles soyeuses, incolores et amères. Elle a été découverte par Runge, en 1820, et étudiée par Pelletier et Robiquet, en 1821.

CAFETIÈRE. Il y a plusieurs sortes de cafetières; les principales sont : la *C. à la De Belloy*, formée de deux vases en fer-blanc superposés et entrant l'un dans l'autre; le vase supérieur porte à son fond un filtre en fer-blanc percé d'une infinité de petits trous; il reçoit sur ce filtre le café en poudre, que l'on tasse avec un fouloir; on verse ensuite l'eau bouillante sur cette poudre à travers un grillage, et le vase inférieur reçoit le produit de la filtration; — la *C. à sifflet*, aussi en fer-blanc, dans laquelle le café se fait tout seul : dans une partie de l'appareil se met l'eau froide; une boîte percée des deux côtés contient la poudre de café; une troisième pièce reçoit le produit de l'opération; le tout est placé sur une lampe à esprit-de-vin : lorsque l'eau entre en ébullition, la vapeur, puis l'eau, pénètrent le café, et l'on obtient ainsi une infusion excellente : un petit sifflet adapté au bec de la cafetière avertit du moment où la vapeur commence à se produire. — On a récemment inventé une cafetière ingénieuse qui se compose de deux ballons de verre superposés; le ballon inférieur reçoit l'eau froide; le ballon supérieur reçoit de la poudre de café; un tube de verre, muni d'un petit filtre à sa partie moyenne, établit la communication entre les deux ballons et vient affleurer l'eau. On chauffe celle-ci avec une lampe, et dès que l'ébullition a commencé, la pression de la vapeur force l'eau bouillante à monter dans le ballon supérieur; on éteint alors la lampe, et l'on voit redescendre le café tout préparé. On préconise également la *C. Morize*, la *C. Lemare*, la *C. à filtre et pression* de MM. Grandin et Crépaux, la *C. à filtre et à vapeur* de M. Gandais, la *C. Capy*, etc. On trouvera une description détaillée des diverses sortes de cafetières dans le *Manuel du Limonadier*, 1851.

CAFTAN ou CAFETAN, espèce de robe ou de pelisse en étoffe plus ou moins riche, doublée de zibeline, de martre ou d'autres fourrures précieuses, que le Grand Seigneur et plusieurs autres souverains de l'Orient distribuent, dans les jours de solennité, à leurs principaux officiers, et même aux ambassadeurs étrangers.

CAGE (du latin *cavea*, prison). On sait que Louis XI fit construire des cages de fer dans lesquelles il tint enfermés ses ennemis, entre autres le cardinal la Baluc. Le duc d'Orléans (Louis XII) fut, dit-on, renfermé dans une de ces cages par la dame de Beaujeu. Tamerlan, après avoir vaincu Bajazet, sultan des Turcs, le fit traîner à sa suite dans une cage de fer.

CAGOTS, CAGUEUX OU CAQUEUX, race dégénérée et abâtardie, répandue dans quelques parties de la France. *Voy.* le *Dict. univ. d'Hist. et de Géogr.*

CAHIER. On appelait autrefois en France *Cahiers des États*, ou simplement *Cahiers*, les Mémoires contenant les demandes, propositions ou remontrances adressées au roi par les députés du clergé, de la noblesse et du tiers, réunis en États généraux. L'origine de ces cahiers remonte aux États de 1355; ils portaient d'abord le nom de *cédules*, et prirent celui de *Cahiers* en 1363. C'était un résumé des *C. des bailliages*, instructions écrites que chacun des trois ordres remettait à ses mandataires dans chaque bailliage, ville ou sénéchaussée, en les envoyant aux États.

On appelle *Cahier des charges* l'acte dressé en vue d'une vente ou adjudication publique, et qui contient les principales conditions que doivent accepter les adjudicataires. — Toutes les ventes judiciaires se font sur un cahier des charges dont la forme est réglée par le Code de procédure (art. 697-987), et par le Code de commerce (art. 564); pour les adjudications administratives, le cahier des charges est rédigé par l'administration elle-même.

CAIC, espèce d'embarcation. *Voy.* CAÏQUE.

CAID ou KAÏD, nom donné dans les États barbaresques à un officier public qui cumule les fonctions de juge, de commandant, de receveur des contributions, etc. La France a maintenu en Algérie l'institution des Caïds, dont ils en réservant la nomination.

CAIEU ou CAYEU, *Bulbulus*. *Voy.* BULBE.

CAILLE, *Coturnix*, oiseau de passage de la famille des Gallinacés propres et du genre Perdrix, a beaucoup d'analogie avec la perdrix par son organisation et ses habitudes, et n'en diffère que par sa taille plus petite, l'absence de sourcils rouges et de l'éperon qui orne la patte de la perdrix mâle, et aussi par son cri qui est bien connu. — Les cailles sont originaires des contrées chaudes du globe; elles arrivent en Europe au printemps et émigrent aux approches de l'hiver; mais jamais on ne les a vues arriver ni partir, ce qui a donné naissance à mille contes absurdes répandus dans le vulgaire. — La *Caille commune*, la seule espèce qui vienne en Europe, est peu sociable et vit isolée au milieu des champs; elle court avec agilité et vole rarement; elle a environ 19 cent. de long et 32 d'envergure; ses ailes sont très-courtes, ainsi que sa queue; celle-ci est courbée en dessous et fait suite à son dos, comme celle de la perdrix. Toutes les plumes de la partie supérieure de son corps ont chacune, au milieu, une ligne longitudinale jaunâtre; tout le reste du corps est varié de gris et de roux obscurs, excepté la gorge et le ventre, qui sont blanchâtres. Le mâle de la caille est polygame; les femelles pondent 15 ou 16 œufs bariolés de brun sur un fond jaune. La caille est un mets estimé; elle est généralement fort grasse au commencement de l'hiver; sa chair diffère peu de celle de la perdrix. — L'île de Caprée, à l'entrée du golfe de Naples, se couvre de cailles au mois de septembre; l'évêque de l'île, qui perçoit la dîme sur le commerce qu'on en fait, en tire, dit-on, un revenu considérable, ce qui le fait appeler *l'évêque des cailles*. — On prend ordinairement les cailles avec des appeaux; on les attire en imitant la voix de la femelle; on les chasse également au fusil. — Les cailles ont le caractère naturellement querelleur; les anciens en avaient fait un sujet d'amusement et se passionnaient pour les combats de caille tout autant que pour les combats de coqs. — On a aussi reconnu que cet oiseau dans la chaleur naturelle que dans la plupart des autres; d'où le proverbe : *chaud comme une caille.* — Outre la

Caille commune, les principales espèces sont : la C. *à ventre perlé*, la C. *australe*, la C. *à fraise*, la C. *à gorge blanche*, la C. *brune*, la C. *des bois*. — Les espèces exotiques habitent ordinairement l'Asie, les îles de la mer des Indes, de l'Océanie et de l'Afrique; on n'en connaît point en Amérique : l'oiseau qu'on appelle *Caille d'Amérique* appartient au groupe des Colins. *Voy.* COLIN.

CAILLEBOT, nom vulgaire du Viorne aubier.

CAILLEBOTTIS, nom donné, dans la Marine, à une espèce de grillage ou de treillis fait de petites lattes légères, dont on recouvre les écoutilles; il sert à donner de l'air et du jour aux entre-ponts.

CAILLE-LAIT, nom vulgaire du *Gaillet*, appelé *caille-lait* parce qu'on supposait à l'une de ses espèces, le *gaillet jaune*, la propriété de faire cailler le lait, supposition qui n'a rien de fondé. Le seul usage de cette plante est de colorer en jaune le beurre et le fromage.

CAILLETTE (de *cailler*, parce que chez les jeunes animaux on y trouve la *présure* qui sert à faire cailler le lait), nom qu'on donne au 4e estomac des animaux ruminants: il vient après le *feuillet* ou 3e estomac, et communique avec l'intestin par l'orifice pylorique. La caillette est le véritable estomac des ruminants: tant que l'animal tette encore, c'est le seul qui soit développé.

CAILLEU-TASSART, *Cathoessus, Clupe cyprinoïdes*, nom vulgaire d'un poisson des Antilles, aussi nommé *Savalle*, et dont on a fait le genre Mégalope: c'est un genre de la famille des Cyprinoïdes, très-voisin des harengs. Les cailleux-tassarts sont aussi délicats que la sardine, et sont fort recherchés.

CAILLOU (du latin *calculus*), nom vulgaire des pierres siliceuses qu'on trouve errantes à la surface de la terre; leur forme arrondie vient soit de leur mode de formation, soit d'un long frottement. — En Géologie, on nomme *cailloux roulés* les fragments arrondis de quartz, de silex, et en général de toute roche dure, qui forment ces dépôts diluviens que l'on remarque dans beaucoup de plaines, telles que celles de Boulogne et de Clichy, près Paris; de la Crau, dans les Bouches-du-Rhône, et du Nord de l'Allemagne, où ils sont accompagnés d'énormes blocs de roche entraînés des montagnes de la Suède et nommés *blocs erratiques*. Ces fragments, agglomérés à l'aide d'un ciment siliceux ou calcaire, forment les *poudingues*, et même certaines *brèches*. On appelle *galets* les cailloux roulés qu'on trouve sur les plages de la mer et dans le lit de certains fleuves, comme le Rhône et le Rhin; le *sable* et le *gravier* ne sont eux-mêmes que des cailloux roulés, réduits par le temps en fragments excessivement petits. — On donne aussi le nom de *caillou* à plusieurs fragments de roches susceptibles de poli, et employés en bijouterie; ainsi on appelle : 1° C. ou *diamant d'Alençon*, du quartz hyalin enfumé et quelquefois noir, qui occupe les cavités du granit aux environs de cette ville; 2° C. *d'Égypte*, un beau jaspe zonaire offrant des espèces d'herborisations, et qui se trouve sur les bords du Nil; 3° C. *de Médoc*, *de Bristol*, *de Cayenne* et *du Rhin*, des morceaux de quartz hyalin ou de cristal de roche roulés; 4° C. *de Rennes*, une réunion de petits fragments de quartz jaspé, tantôt rouges, tantôt jaunes, à ciment siliceux et fin.

On nomme *cailloutage* un ouvrage fait de cailloux agglomérés avec du ciment ou du plâtre. On fait des chemins en cailloutage (*Voy.* MACADAMISAGE); on construit des murs en cailloutage contenu de distance en distance par des assises de pierres; enfin on orne quelquefois les jardins avec des grottes ou autres ouvrages en cailloutage, artistement construits à l'aide de cailloux de diverses couleurs.

CAIMACAN (de l'arabe *kaïm makâm*, qui tient la place d'un autre), dignité de l'empire ottoman qui

répond, en général, à celle de *lieutenant* ou de *vicaire*. On donne spécialement ce titre à deux officiers supérieurs qui font partie du divan; l'un réside à Constantinople, dont il est comme le gouverneur, et l'autre accompagne partout le grand vizir, dont il est le lieutenant.

CAIMAN, espèce de crocodile. *Voy.* ALLIGATOR et CROCODILE.

CAIQUE ou CAÏC (de l'ital. *caïeco*, même signif.). Ce mot désignait autrefois l'esquif qui servait une galère. Aujourd'hui, on donne ce nom à de petits bâtiments en usage dans le Levant, ainsi qu'à de petites barques armées dont se servent les forbans de l'Archipel et de la mer Noire.

Le nom de *caïque* est aussi donné à des chaloupes canonnières portant un canon à l'arrière et une caronade à l'avant. On en a vu beaucoup au siége de Cadix par les Anglais, en 1797, et dans la flottille de Boulogne, en 1803.

CAISSE (du latin *capsa*, dérivé lui-même du grec *capsa*, étui, boîte, cassette). Après avoir désigné un coffre destiné à renfermer des marchandises, ou, plus spécialement, de l'argent et des valeurs, ce mot s'est dit, par extension, du lieu où est placée la *caisse*, de tout bureau où se reçoivent et s'effectuent des payements; enfin de certains établissements de finances destinés à un service public ou privé; telles sont : la C. *d'amortissement*, la C. *des dépôts et consignations*, la C. *du trésor*, la C. *d'épargne*, la C. *de retraite pour la vieillesse*, la C. *des Invalides*, la C. *hypothécaire* (*Voy.* AMORTISSEMENT, DÉPÔTS, etc.), la C. *de Poissy*, pour le commerce de la boucherie (*Voy.* BOUCHERIE), etc.

Dans la Marine, on appelle *Caisse à eau* une caisse ayant en général la forme du cube et servant à contenir l'eau douce. Autrefois on renfermait l'eau dans des barriques de bois : on n'emploie plus depuis plusieurs années que des caisses en fer battu. Ces caisses, d'un usage excessivement commode, ont été inventées en 1808 par l'Anglais Dickenson.

En Horticulture, on nomme *caisse* un coffre ouvert, de forme ordinairement carrée, et rempli de bonne terre qui sert à recevoir les arbustes ou les plantes d'orangerie, d'une certaine valeur et d'une certaine dimension; et *Caisses à semis*, des caisses plus longues que larges, destinées aux semis des plantes étrangères qui ne peuvent être faits avec succès en pleine terre, et qui ont besoin de recevoir alternativement des expositions diverses.

Dans la Musique militaire, on donne le nom de *caisse* au tambour, ainsi qu'à plusieurs instruments analogues. Ainsi on distingue : le *tambour* proprement dit, la *caisse roulante* et la *grosse caisse*. Le cylindre du tambour ou caisse ordinaire est en cuivre, celui de la caisse roulante en bois, et plus long que large; la grosse caisse est une espèce de gros tambour dont le son est plus grave et moins fort que celui des caisses de marche, et qui ne sert, ainsi que la caisse roulante, que dans la musique militaire.

Caisse ou *tambour*. Le chirurgien Fallope a appelé ainsi la cavité qui renferme les osselets de l'ouïe, parce qu'on l'a comparée à un tambour ou caisse militaire, à raison de la membrane sur laquelle viennent frapper les sons.

CAISSON (de *caisse*), nom donné, dans l'Artillerie, à un chariot fermé par un couvercle à charnières, ayant une fourragère par devant, et par derrière une auge, et qui sert à transporter les munitions de guerre. Un caisson de poudre peut contenir 750 kilogr. Il y a aussi des caissons d'ambulance, de vivres, etc.

En Architecture, on appelle *caisson* les compartiments symétriques et renfoncés qui divisent un plafond ou une voûte. On borde les caissons avec divers ornements, et on place au milieu une rosace.

CAJEPUT (HUILE DE), de *cajuputa*, nom malais

de cette substance, huile volatile extraite par la distillation des feuilles et des rameaux d'un arbuste des îles Moluques, le *Melaleuca Cajeputi*, de la famille des Myrtacées. Elle a une odeur pénétrante et vive qui rappelle celle de la térébenthine, du camphre, de la menthe poivrée et de la rose; elle est soluble dans l'alcool et l'éther sulfurique; elle est d'un vert bleuâtre, à cause du cuivre qu'elle contient, et qui provient des vases dans lesquels la plante a été distillée. L'huile de cajeput est stimulante, sudorifique et antispasmodique: on l'a employée contre le choléra et contre les fièvres intermittentes pernicieuses.

CAKILE (nom arabe), petit genre de la famille des Crucifères, renferme des plantes charnues dont l'espèce la plus commune en Europe est le *Cakile des sables*, qui abonde dans les environs de Boulogne-sur-mer, et que l'on brûle pour en retirer de la soude.

CAL (du latin *callum*, même signification), nom donné, en Pathologie, à la cicatrice d'un os fracturé. Les anciens, et parmi eux Galien, pensaient que la réunion des fractures se faisait par l'intermède d'une matière collante appelée *suc osseux* ou *lymphe coagulable*, qui s'épanchait dans les fragments, acquérait de la consistance, et servait à les réunir. La véritable nature du cal a été reconnue que de nos jours par Dupuytren. D'après ses observations, confirmées par MM. Villermé, Breschet et Miescher, il a été démontré que dans la formation du cal on observe : 1° l'épanchement d'une certaine quantité de sang et surtout d'un suc visqueux analogue à la lymphe plastique que sécrètent les lèvres d'une plaie récente ; 2° l'épaississement graduel de ces liquides ; 3° un gonflement inflammatoire qui se manifeste dans le périoste et les parties molles dont les mailles sont quelquefois envahies par l'ossification ; 4° le rétrécissement de la cavité médullaire, le ramollissement du bout des fragments, et le dépôt, dans leur intervalle et dans la cavité centrale de l'os, d'une matière plastique, semblable à celle qui s'était déposée dans les parties molles; 5° la condensation de cette matière, son organisation vasculaire, et son passage de la consistance glanduleuse à celle des tissus fibreux, cartilagineux et osseux. C'est là ce qu'on appelle le *premier cal* ou *cal provisoire*, et ce travail se termine du 40° au 60° jour. Ensuite la substance de ce cal, d'abord pleine, se creuse peu à peu au centre par résorption ; la cavité médullaire se rétablit ; le cal diminue de volume et devient plus solide ; tandis que les muscles et le tissu cellulaire reviennent à leur état primitif : le *cal définitif* est alors formé; ce second travail est ordinairement terminé après le 4° ou le 5° mois. *Voy.* FRACTURES.

CALADION (de l'égyptien *kelady*), gouet comestible), genre de la famille des Aroïdées, plante herbacée et parasite, dont on mange deux espèces, le *C. succulent* et le *C. hasté* ou *Chou caraïbe*.

CALALOU, sorte de potage en usage dans les colonies des deux Indes, qui a pour base la décoction du fruit de la *Ketmie esculenta* et d'herbes cuites, comme la *Morelle à fruit noir*, les *Amarantes verte et blanche*. On y ajoute du poivre long, du girofle, etc.

CALAMAGROSTIS (du grec *calamagrosis*, même signification), genre de la famille des Graminées et de la tribu des Arundinacées. La *C. des sables*, vulgairement *Roseau des sables*, plante vivace, à racines très-longues et traçantes, jouit de la propriété de fixer les masses de sables mouvants. Aussi les peuples du Jutland et de la Zélande la sèment-ils en lignes très-serrées, pour opposer une barrière aux sables déposés par l'Océan. Cette plante sert aussi d'engrais et de fourrage pour les bestiaux.

CALAMBOUR, variété de bois d'aloès, de couleur verdâtre et très-odorant, se tire des Indes, et sert à faire des chapelets et des ouvrages de marqueterie.

CALAME, *Calamus*. *Voy.* CALAMUS.

CALAMENT (du grec *calos*, beau, et *mintha*, menthe), *Melissa calamintha*, espèce du genre Mélisse, à fleurs pourpres, à calice bilabié et en grappes terminales, s'emploie en médecine comme stomachique.

CALAMINE ou PIERRE CALAMINAIRE, nom donné par les minéralogistes aux minerais composés de silicate ou de carbonate de zinc. *Voy.* ZINC et CADMIE.

CALAMITE (du grec *calamè*, roseau), nom donné à des végétaux fossiles qui appartiennent aux terrains houillers, et qui présentent des tiges simples, articulées, marquées de stries longitudinales et régulières, semblables à des tuyaux réunis. On peut les ranger dans la famille des *Prêles* (*Voy.* ce mot). — On donne encore le nom de *Calamite* : 1° à une sorte de marne ou d'argile blanche qui a la propriété d'attirer la salive quand on la met dans la bouche; 2° à une espèce de crapaud olivâtre, avec une ligne jaune sur le dos (*Voy.* CRAPAUD) ; 3° à la qualité la moins estimée de la résine appelée *Storax* ou *Styrax* (*V.* STYRAX) ; 4° aux pierres calaminaires.

CALAMUS, nom latin du *Roseau*. En Botanique, on a donné le nom de *C. aromaticus* à une plante aromatique du genre *Acorus* (*Voy.* ce mot), et de *C. Alexandrinus* à l'*Andropogon Nardus* (*Voy.* ANDROPOGON). — En Anatomie, on nomme *C. scriptorius* (plume à écrire) la fossette angulaire du quatrième ventricule du cerveau, parce qu'elle ressemble à une plume taillée pour écrire.

CALANDRE, *Calandra*, genre d'insectes Coléoptères tétramères, forme un des groupes principaux de la famille des Curculionites ou Charançons, et est surtout connu par les ravages que ses larves occasionnent dans les greniers où l'on conserve les récoltes. Il a pour caractères principaux : une trompe cylindrique, longue, un peu courbée; une bouche petite, munie de mandibules dentelées; de palpes coniques et presque imperceptibles ; les pattes fortes avec les jambes pointues ; l'abdomen terminé en pointe ; le corps allongé, elliptique et très-déprimé en dessus ; ces insectes ont la démarche lente. On en distingue plusieurs espèces : les unes vivant dans les graines et les semences, comme la *C. du blé* (*Curculio granarius*), malheureusement trop commune dans nos contrées, et la *C. du riz* (*Curculio oryzæ*), dont les ravages ne sont pas moins redoutables; les autres dans l'intérieur des tiges ou des racines, comme la *C. palmiste* (*Curculio palmarum*), qui vit dans la moelle du palmier, et qui a quelquefois 6 centim. de long : les indigènes de la Guyane la font griller et la mangent ; et la *C. raccourcie*, qu'on trouve en Afrique, en Sibérie, et quelquefois en Europe, dans plusieurs espèces de roseaux. On regarde celle-ci comme le type du genre. *Voy.* CHARANÇON.

CALANDRE, espèce d'alouette. *Voy.* ALOUETTE.

Dans l'Industrie, on nomme *Calandre* (du grec *culindros*, cylindre) une machine cylindrique dont on se sert pour *calandrer* les draps, les toiles et les étoffes, c'est-à-dire pour les presser et les lustrer, au moyen d'un apprêt qu'on appelle *parement*. La calandre fut introduite en France par Colbert; elle a été considérablement perfectionnée de nos jours.

CALAO, en latin, *Bucerus*, c.-à-d. *corne de bœuf*, genre de Passereaux de la famille des Syndactyles de Cuvier, se fait remarquer par un bec très-long et très-gros que surmonte une protubérance cornée qui s'accroît avec l'âge ; ils ont les pieds courts, forts, musculeux, à plante élargie, et les ailes médiocrement longues. Les Calaos sont des oiseaux tristes et taciturnes qui vivent en bandes nombreuses, et qu'on trouve aux Indes et en Afrique. Leur vol est lourd et de peu de durée. Ils se nourrissent indifféremment de vers, d'insectes, de petits quadrupèdes, de graines, de fruits, etc. Une espèce particulière aux îles Moluques ne mange que des muscades, ce qui donne à sa chair un goût très-agréable.

CALAPPE, *Calappa*, genre de Crustacés décapodes, de la famille des Brachyures, est formé aux dépens du grand genre Crabe, et a pour type le *Calappe granulé*, autrement dit *Crabe honteux* ou *Coq de mer*, qu'on appelle *Migrane* ou *Migraine* en Languedoc et en Provence : il est fort bon à manger.

CALATHE (du grec *calathos*, corbeille), genre d'insectes Coléoptères pentamères, de la famille des Carnassiers, tribu des Carabiques, a les crochets des tarses fortement dentelés en dessous. Ces insectes sont de moyenne taille, très-vifs et généralement de couleurs sombres. On les trouve communément courant à terre, ou couchés sous les pierres, les végétaux, les écorces, etc. Le *C. cistéloïde*, commun à la France et à la Perse, est le type du genre.

CALATHIDE (du grec *calathos*, corbeille). Ce mot, qui est synonyme de *capitule* et d'*involucre*, a été employé par le botaniste Henri de Cassini pour désigner l'inflorescence des Synanthérées (laitue, centaurée, chardon, etc.).—L'involucre prend le nom de *calathidiflore* lorsqu'il entoure un clinanthe chargé de fleurs sessiles ou presque sessiles.—Enfin, on nomme *calathidiphore* (du gr. *phérô*, porter) la partie, communément hérissée de poils, qui, dans les Synanthérées, porte les calathides du capitule.

CALCAIRE (du latin *calx*, chaux). En Minéralogie, on donne cette épithète à toutes les roches qui sont essentiellement composées de chaux carbonatée. Les géologues appellent *formation calcaire* l'ensemble de tous les calcaires qui se sont déposés depuis les temps historiques, et qui se déposent encore aujourd'hui dans les cavités de la terre ou au fond de certaines eaux. Les calcaires les plus importants sont: 1º les *Marbres*, qui comprennent les nombreuses variétés employées pour la statuaire, pour la décoration des édifices et pour l'ameublement : tantôt les marbres sont colorés uniformément en noir, comme ceux de Dinan, de Namur, des Hautes-Alpes; ou en rouge, comme la *griotte d'Italie*, qu'on exploite près de Narbonne; ou en jaune, comme le *jaune de Sienne*; tantôt leurs couleurs sont disposées par veines ou par taches nuancées; souvent ils sont formés de fragments de diverses teintes réunis par un ciment calcaire; on leur donne alors le nom de *brèches* ou de *brocatelles* (*Voy.* ces mots); enfin, ils sont quelquefois uniquement composés de coquilles brisées; ils portent alors le nom de *lumachelles* (de l'italien *lumacha*, limaçon); on trouve les marbres dans presque toutes les chaînes de montagnes; les plus connus et les plus employés sont ceux d'Italie, de Belgique et de France (*Voy.* MARBRE); — 2º le *C. lithographique*, qui remplit pour la lithographie le même office que les planches de cuivre employées à la gravure ordinaire; les pierres les plus recherchées par les lithographes sont celles de Pappenheim sur les bords du Danube en Bavière : on en trouve aussi en France, particulièrement à Châteauroux (Indre), à Belley (Ain), aux environs de Dijon, de Périgueux, à Montdardier près le Vigan (Gard), etc.; — 3º le *C. grossier*, vulgairement appelé *Pierre à chaux*, la *pierre à bâtir* des Parisiens; il a une texture lâche, ordinairement un grain grossier, se laisse facilement entamer par les instruments tranchants, et n'est point susceptible de recevoir le poli; — 4º la *Craie*, variété de calcaire friable et très-tendre, presque toujours blanche : c'est avec elle qu'on prépare le *blanc d'Espagne* ou *blanc de Meudon*; elle forme le sol de contrées entières, comme en Angleterre, en Champagne, en Pologne, etc. *Voy.* CHAUX, CRAIE.

CALCANÉUM (de *calx*, talon), os court, situé à la partie postérieure et inférieure du pied, et qui fait partie du tarse; c'est lui qui soutient le poids du corps dans la station et la marche; sa forme est cubique et allongée. Il est articulé en haut et un peu en devant avec l'astragale, en devant aussi avec le cuboïde; sa face postérieure donne attache au tendon d'Achille; l'inférieure présente en arrière deux petites tubérosités où s'attachent les muscles superficiels de la plante du pied. — On nomme aussi *calcanéum* l'os du jarret du cheval.

CALCÉDOINE (du nom de la ville de Chalcédoine en Bithynie, près de laquelle les premières calcédoines ont été trouvées), substance quartzeuse d'une transparence nébuleuse, d'une couleur blanche, blonde ou bleuâtre, mêlée d'une teinte laiteuse, et qui cristallise en rhomboïdes. Elle est regardée comme une variété d'*agate* (*Voy.* ce mot). On la trouve communément dans les terrains secondaires et tertiaires : le plus estimées viennent de l'Islande et des îles Féroë; on appelle *Calcédoines orientales* celles dont la pâte est très-fine et l'intérieur comme pommelé. Les calcédoines fines sont employées à faire des coupes, des tabatières, des cachets et d'autres objets de luxe.

CALCÉOLAIRE (du latin *calceolus*, petit soulier, par allusion à la forme de la corolle des fleurs), genre de la famille des Scrofulariées, tribu des Verbascées, plante annuelle, indigène du Chili et du Pérou. On en cultive dans les jardins d'Europe une vingtaine de variétés à fleurs gracieuses, nuancées de jaune, de blanc et de pourpre.

CALCÉOLE (du latin *calceolus*, petit soulier), genre de coquilles fossiles, de la famille des Térébratules, de l'ordre des Brachiopodes : ce sont des coquilles épaisses, équilatérales, très-inéquivalves, triangulaires. On en distingue trois espèces : la *C. hétéroclite*, la *C. sandalina* et la *C. élargie*, toutes trois trouvées en Allemagne.

CALCINATION (du latin *calx*, chaux), se dit, en Chimie, du traitement d'une substance quelconque par le feu. Dans la plupart des cas, ce traitement se fait au contact de l'air, et a pour effet de modifier la nature chimique de la substance qui le subit. Si cette substance est un métal, celui-ci perd son brillant, et se transforme en une poudre diversement colorée, suivant la nature du métal. Cette poudre portait autrefois le nom de *Chaux métallique* (de là le nom de *calcination*); aujourd'hui on l'appelle *oxyde*. Elle est le résultat de la combinaison de l'oxygène de l'air avec le métal. Un très-petit nombre de métaux, l'argent, l'or, le platine, etc., résistent à cette action de l'air par la calcination.

CALCITRAPPE. *V.* CHAUSSE-TRAPPE et CENTAURÉE.

CALCIUM (du latin *calx*, chaux), corps simple métallique contenu dans la chaux et les calcaires. Il a la couleur et l'éclat du plomb; il s'enflamme et s'oxyde rapidement à l'air en se recouvrant d'une couche blanche de chaux; il s'oxyde également au contact de l'eau, qu'il décompose. Le calcium a été découvert en 1807 par Seebeck, et isolé par Humphry Davy en 1808, au moyen de la pile. *Voy.* CHAUX.

CALCUL (du latin *calculus*, petit caillou, parce que les anciens se servaient de petits cailloux pour calculer), ensemble des opérations qu'il faut faire sur des nombres pour résoudre une question d'arithmétique ou d'algèbre. Le *Calcul numérique* est la même chose que l'Arithmétique. — On étend le mot *calcul* à toutes les branches de la science des nombres qui emploient des procédés particuliers pour exécuter des recherches ou des opérations mathématiques. C'est ainsi qu'on dit : *Calcul différentiel, Calcul des probabilités*, etc. *V.* DIFFÉRENTIEL, PROBABILITÉ, etc.

En Pathologie, on nomme *Calculs* les concrétions pierreuses qui se forment dans certaines parties du corps de l'homme et des animaux. On rencontre surtout les calculs dans les cavités destinées à contenir des liquides; ils sont l'effet de la stagnation forcée de ces liquides, et sont formés d'un sédiment auquel du mucus concrété sert de lien. Les *C. arthritiques* (du grec *arthron*, jointure) sont des dépôts mous et friables qui ont lieu dans les articulations des goutteux; ils se composent généralement d'urate de soude. Les *C. biliaires*, qui se déposent dans la vésicule biliaire, se composent de la matière colorante de la bile ou de cholestérine; quand ils renferment ce dernier corps, on les reconnaît à leur texture cristalline ainsi qu'à leur fusibilité. Les *C. intestinaux* se rencontrent dans les intestins de certains animaux (*Voy.* BÉZOARD). Les *C. urinaires* ou *vésicaux* se forment dans la vessie, quelquefois dans les reins, rarement dans les uretères : c'est ce qu'on appelle vulgairement la *pierre:* le plus souvent ils se composent d'acide urique ; d'autres fois ils renferment des phosphates de chaux, d'ammoniaque, de magnésie, etc.

L'explication des calculs est encore très-obscure. La formation de ces singulières altérations dépend souvent de ce que la circulation d'un fluide dans la filière qu'il est destiné à parcourir est plus ou moins gênée ou suspendue. Ainsi, l'étroitesse des canaux excréteurs, le défaut d'exercice, le séjour prolongé au lit, la rétention dans leurs réservoirs des fluides sécrétés, l'inflammation des organes sécréteurs, sont des causes fréquentes de calculs. Un régime trop animalisé, l'usage de vins trop généreux et surtout chargés de tartre, prédisposent à la formation des calculs. Souvent aussi un corps étranger quelconque, qui se sera introduit dans l'économie, ou bien un produit organique accidentel, comme un caillot ou un débris de fausse membrane, devient le noyau d'une concrétion plus ou moins volumineuse.

Le traitement à opposer aux calculs en général a pour objet d'opérer leur dissolution, de provoquer leur expulsion ou de favoriser leur extraction, et de prévenir leur retour. On a prescrit contre les calculs *arthritiques*, composés d'acide urique et d'urate de soude, les boissons alcalines qui saturent l'urate urique; on recommande aussi, comme diurétique, le vin de colchique ; — contre les calculs *biliaires*, les solutions de chlorhydrate d'ammoniaque, de soude, de potasse, d'acétate de potasse et de savon; les extraits ou les sucs de houblon, de saponaire, de fumeterre; les eaux de Vichy, de Plombières, de Balaruc, de Contrexeville, etc. ; enfin, le remède de Durande, et les purgatifs; — contre les calculs *urinaires*, divers dissolvants : si l'urine contient un excès d'acide urique, on emploie des alcalis; si, au contraire, elle est saturée de sels calcaires ou magnésiens, on prescrit les acides et surtout l'acide chlorhydrique. On a renoncé à introduire directement les dissolvants dans la vessie à l'aide d'une sonde, ainsi qu'à l'action de la pile galvanique. La *cystotomie* ou *taille*, autrefois l'unique ressource contre les calculs, est remplacée aujourd'hui le plus souvent par la *lithotritie*. *Voy.* TAILLE et LITHOTRITIE.

CALCULATEUR MÉCANIQUE, dit aussi *Machine à calculer* et *Machine arithmétique*, machine ingénieuse inventée vers 1642 par Bl. Pascal, et consistant en un système de roues et de pièces diverses au moyen desquelles des chiffres gravés effectuent, par un mouvement circulaire, les principales opérations de l'arithmétique. Cette machine, que Pascal inventa à l'âge de 16 ans, ne sert que pour les additions et les soustractions. Leibnitz l'a perfectionnée. *Voy.* ABAQUE et ARITHMOMÈTRE.

CALE (du latin *cala*, dérivé du grec *kâlon*, bois, bûche), morceau de bois ou de toute autre matière qu'on place sous un objet quelconque pour lui donner de l'assiette, le faire tenir d'aplomb.

Dans la Marine, la *cale* est la partie la plus basse de l'intérieur d'un bâtiment, c.-à-d. tout l'espace compris d'un bout à l'autre du vaisseau au-dessous du faux-pont ou du premier pont. La cale est divisée en plusieurs compartiments : la *cale à l'eau*, dite aussi *grande cale*, qui contient l'eau destinée à la consommation de l'équipage; la *cale au vin*, emplacement qu'occupe la cambuse dans les grands bâtiments de l'État; l'*archipompe*, qui entoure les tuyaux ou corps des pompes; le *puits aux boulets*, la *fosse aux câbles*, la *fosse aux lions* (corruption de *fosse aux liens*), qui contient les rechanges du

maître d'équipage; les autres compartiments portent le nom de *soute. Voy.* ce mot.

On nomme *cale de construction* un espace de terrain sur le bord de la mer ou d'un bassin, que l'on a disposé en pente pour faciliter le lancement; et qui sert de chantier pour poser la quille des bâtiments à construire ou à réparer; elle prend le nom de *cale couverte* quand elle est surmontée d'un toit.

On appelle *cale flottante* une espèce de ponton que l'on submerge en le chargeant de pierres, et sur lequel on assujettit le navire que l'on veut caréner ou radouber; après quoi, en supprimant le poids dont on l'a chargé, le ponton se démerge et le navire se trouve monté sur une cale flottante et entouré d'une grande plate-forme superficielle, qui permet aux ouvriers de procéder à sa visite et à son radoub. Les cales flottantes ont été inventées en l'an XI par l'amiral Decrès.

Les *cales de quais* sont des rampes construites en pente douce pour l'embarquement ou le débarquement des marchandises, etc.

On donne encore le nom de *cale* à une peine afflictive en usage dans la marine et qui ne peut être infligée qu'en vertu d'un jugement (décret du 22 août 1790); elle consiste à hisser le coupable jusqu'à la hauteur de la grande vergue, et à le laisser ensuite tomber de tout son poids dans la mer, où il peut être plongé jusqu'à trois fois, selon la sentence. Cette manière de donner la *cale* s'appelle *cale simple* ou *cale mouillée*. Autrefois on donnait la *cale sèche*, qui consistait à laisser tomber le patient en le retenant à quelque distance de la surface de l'eau.

CALEBASSE, nom donné : 1º aux fruits de diverses Cucurbitacées d'Afrique et d'Amérique dont les indigènes dessèchent le fruit pour en faire des ustensiles de ménage (*Voy.* COURGE);—2º au fruit d'un arbrisseau des Antilles, appelé vulgairement *Calebassier* et connu des Botanistes sous le nom de *Crescentie* (*Voy.* ce mot); — 3º au fruit du Baobab.

CALÈCHE (du polonais *koless*, petite voiture à un cheval), voiture de promenade à quatre roues, attelée ordinairement de 2, et quelquefois de 4 chevaux. Le derrière de la calèche est muni d'une capote qui s'abat ou se relève à volonté et recouvre le siége du fond; sur le devant est roulé un tablier qui, au besoin, peut garantir de la pluie la partie non couverte par la capote. Dans l'hiver, ce tablier est remplacé par un bâtis transparent qui se relie avec la capote.

CALÉFACTEUR (du latin *calor*, chaleur, et *facio*, faire), appareil économique, inventé vers 1825 par le grammairien Lemare, consiste essentiellement en un foyer entouré d'une double enveloppe métallique remplie d'eau chaude, et d'une autre en étoffe ouatée, que l'on place sur la première quand l'eau chaude y a été versée, et qui retient les rayons caloriques; on place à l'intérieur du vase qui contient les objets à cuire ou à chauffer. On s'en sert non-seulement pour la cuisson des aliments, mais encore pour conserver de l'eau chaude pour les bains et autres usages domestiques.

CALÉIDOSCOPE. *Voy.* KALÉIDOSCOPE.

CALEMBOUR ou CALEMBOURG, mot inventé vers la fin du règne de LOUIS XV, et qu'on dérive des mots italiens *calamaio burlare* (plaisanterie légère), jeu de mots fondé sur une équivoque et le plus ordinairement sur une similitude de sons, sans égard à l'orthographe. Il était fort en vogue au siècle dernier, et le marquis de Bièvre s'est fait une renommée par ses calembours; aujourd'hui généralement mal accueilli dans la bonne société, le calembour s'est réfugié dans les théâtres secondaires et dans les petits journaux satiriques. On a dit, avec trop de sévérité, que « c'est l'esprit de ceux qui n'en ont pas; » ou pourrait dire, avec plus de vérité, que le calembour, plaisant quand il n'est pas prémédité, devient insupportable chez les gens qui en font profession. — Le calembour remonte à une très-haute antiquité; les amphibologies de plusieurs oracles qui nous ont été conservées étaient de vrais calembours : Aristophane chez les Grecs, Plaute et Cicéron chez les Latins, nous en ont laissé un grand nombre dans leurs écrits; dans les temps modernes, Rabelais, Shakespeare et Molière n'ont pas dédaigné ce genre de plaisanterie; de nos jours, le célèbre peintre Carle Vernet et le romancier Balzac ont eu une grande réputation de calembouristes.

Voici comme exemples deux calembours fort connus : M. de Bièvre ayant appris que le comédien Molé, si connu par sa fatuité, était retenu au lit par une indisposition, s'écria : Quelle fatalité (quel fat alité)! Invité par le roi Louis XVI à faire un calembour sur sa personne, le même personnage lui répondit aussitôt : Ah! sire, vous n'êtes pas un sujet.

CALENDES (du grec caléin, appeler), nom que donnaient les Romains au premier jour de chaque mois, parce que ce jour-là un des pontifes appelait le peuple au Capitole pour lui annoncer les fêtes qu'il devait célébrer pendant le mois, et lui apprendre quel jour tombaient les nones et les ides (Voy. ces mots). Après les ides, les Romains comptaient les jours en les rapportant aux calendes du mois suivant; ainsi ils disaient la veille, l'avant-veille ou le 3e, le 4e jour avant les calendes, etc. (le jour même des calendes comptait pour un). Le nombre des jours ainsi comptés dépendait de la longueur du mois, et du jour où tombaient les ides; il variait de 19 à 16 (V. ci-après CALENDRIER). Les calendes étaient consacrées à Junon et considérées comme des jours de fête. Le payement des dettes était fixé aux calendes de chaque mois. — Les mois grecs n'avaient point de calendes; de là le dicton vulgaire : renvoyer aux calendes grecques, pour dire renvoyer indéfiniment.

CALENDRIER (en latin calendarium, dérivé lui-même de calendes), catalogue ou tableau écrit de tous les jours de l'année, rangés par mois, avec la division des mois en jours; on y joint le plus souvent certaines indications astronomiques, telles que les heures du lever et du coucher du soleil, l'entrée de cet astre dans chaque signe du zodiaque, le commencement des saisons, les phases de la lune, ainsi que celle des époques fixées pour les actes religieux ou civils.

Le calendrier, n'étant que le tableau de l'année, a nécessairement varié chez chaque peuple, selon les diverses formes données à l'année; ces diverses formes ont été expliquées à l'article ANNÉE. Les calendriers qu'il nous importe le plus de connaître sont :

1°. Le C. des Israélites. Leur année était lunaire; elle se composait de 354 jours répartis en 12 mois, qui avaient alternativement 29 et 30 jours, savoir : nisan ou abib, 29 jours; iar ou ziv, 30 jours; sivan ou siban, thammouz, ab, eloul ou elol, tisri ou aïthanim, marschesvan, kusleu ou kislev, thebet, schebat ou sabath, adar. Pour accorder cette année lunaire avec l'année solaire, on intercalait, sept fois en 19 ans, un mois complémentaire de 29 jours, nommé véadar ou adar 2e. Le mois de nisan commençait à l'équinoxe du printemps, et répondait partie à mars, partie à avril; la Pâque se célébrait dans ce mois, le 14 ou le 15. Outre cette année, qui était l'année sacrée, les Israélites avaient une année civile, qui commençait par le mois de tisri, à l'équinoxe d'automne. — Chaque mois se divisait en périodes de 7 jours ou semaines; le samedi était férié sous le nom de sabbat.

2°. Le C. des Grecs. Leur année était également lunaire, et se composait aussi de 12 mois alternativement de 29 et de 30 jours. Ces mois étaient : hécatombéon (qui commençait vers le milieu de juin), métagitnion, boëdromion, mémaktérion, pyanepsion, posidéon, gamélion, anthestérion, élaphébolion, munychion, thargélion et skirrophorion. Pour accorder cette année avec l'année solaire; on ajou-

tait tous les deux ans un mois supplémentaire de 30 jours, nommé posidéon 2e. L'ordre des mois fut plusieurs fois changé; on avait d'abord commencé l'année par gamélion, qui correspondait à décembre.—Le mois se partageait en 3 décades; le 1er jour du mois s'appelait néoménie ou nouvelle lune.

3°. Le C. des Romains, le C. Julien. Chez les Romains, l'année, qui n'avait eu d'abord, sous Romulus, que 10 mois (304 jours), fut portée à 12 par Numa, qui lui donna 355 jours; mais, bien qu'ainsi réglée, la longueur de l'année n'avait réellement rien de fixe, non plus que le commencement des mois et des saisons, parce que les pontifes, qui s'étaient réservé la connaissance du calendrier, le dérangeaient sans cesse, soit par ignorance, soit par négligence, ou par des motifs politiques. Après divers essais, Jules César fit enfin adopter, l'an de Rome 708 (46 ans avant J.-C.), la réforme que nous avons exposée au mot ANNÉE, et qui fixa la longueur de l'année solaire à 365 jours, auxquels on ajoutait tous les 4 ans un jour dit bissextile. Le calendrier dressé d'après cette réforme est le Calendrier Julien. Il fut adopté, non-seulement par les Romains, mais par tous les peuples modernes, et maintenu, sauf les changements apportés par le christianisme, jusqu'à la réforme de Grégoire XIII.—Après divers changements dans le nombre, le nom et la disposition des mois, l'année romaine avait été définitivement divisée en 12 mois, dont voici les noms et l'ordre : Januarius, Februarius, Martius, Aprilis, Maius, Junius, Quintilis ou Julius, Sextilis ou Augustus, September, October, November, December; les noms numéraux des 6 derniers rappellent l'époque où les Romains commençaient l'année par le mois de mars. Chaque mois était divisé en parties inégales par les Calendes, les Nones et les Ides (Voy. ces mots) : les Calendes en étaient le 1er jour; les Nones tombaient le 5 ou le 7, selon que le mois avait 30 ou 31 jours, et, dans les deux cas, précédaient de 9 jours les Ides, qui tombaient alors le 13 ou le 15; les autres jours se comptaient à reculons avant les nones, avant les ides et avant les calendes. — Le calendrier romain, appelé plus ordinairement Fastes, indiquait, outre les jours des calendes, des nones et des ides, les jours fastes, dans lesquels on pouvait rendre la justice; les jours néfastes, où les juges ne pouvaient siéger; les jours de marché (indiqués au moyen des lettres dites nundinales), les jours consacrés à chaque divinité, ou marqués par quelques événements d'un intérêt public; il contenait, en outre, diverses indications astronomiques.

4°. Le C. Grégorien. Ce calendrier, fondé sur une dernière réforme du calendrier exécutée sous Grégoire XIII, et mise en vigueur à partir de 1583, diffère du précédent en ce que l'on retrancha dix jours de l'année, qui, par suite de fractions de jours négligées à l'époque de la réforme julienne, se trouvait en retard sur le cours des astres, et que l'on convint qu'au lieu de faire invariablement chaque 4e année bissextile, on supprimerait à la fin de chaque siècle trois années bissextiles sur 400 ans. — On sait que les peuples chrétiens, tout en conservant les noms et l'ordre des mois des Romains, ont rejeté leur manière de diviser le mois et de compter les jours; qu'ils ont adopté la division israélite en semaines, et indiqué chaque jour du mois par son numéro d'ordre et par la fête ou le saint auquel il est consacré : dans ce calendrier, la fixation de la plupart des fêtes est subordonnée au jour de Pâques (Voy. ce mot). Souvent nos calendriers donnent en outre quelques indications astronomiques, ainsi que le Comput ecclésiastique, les lettres dominicales, etc. (Voy. ces mots). On trouvera toutes ces indications de la manière la plus complète dans la Connaissance des temps et dans l'Annuaire que publie chaque année le Bureau des longitudes.

5°. Le *C. grec*, le *C. russe*. Ce calendrier n'est, quant à la longueur de l'année, que l'ancien calendrier julien : les Grecs ayant refusé d'adopter la réforme de Grégoire XIII, leur calendrier a conservé tous les défauts que les autres peuples de l'Europe ont corrigés ; par suite, ce calendrier se trouve en désaccord avec celui de tous les autres peuples : il est aujourd'hui en retard de 12 jours, de sorte que ce qui est pour eux le 1er janvier est pour nous le 13 du même mois.

6°. Le *C. républicain*. Par un décret de la Convention, daté du 5 octobre 1793, l'année civile fut divisée en 12 mois de 30 jours chacun, plus 5 *jours complémentaires*, appelés *sans-culottides*, qu'on portait à six de 4 en 4 ans, et qu'on plaçait à la fin de l'année. Le commencement de l'année était fixé au 22 septembre à minuit (équinoxe d'automne). Par une mesure rétroactive, le nouveau calendrier fut supposé en vigueur à partir du 22 septembre 1792, époque de la fondation de la République. Des noms nouveaux étaient imposés aux mois et aux jours : les noms des mois étaient, pour l'automne, *Vendémiaire*, *Brumaire*, *Frimaire* ; pour l'hiver, *Nivôse*, *Pluviôse*, *Ventôse* ; pour le printemps, *Germinal*, *Floréal*, *Prairial* ; pour l'été, *Messidor*, *Thermidor*, *Fructidor*. Chaque mois se divisait en trois *décades* ou périodes de dix jours ; les noms ordinaux de ces dix jours étaient : *primidi*, *duodi*, *tridi*, *quartidi*, *quintidi*, *sextidi*, *septidi*, *octidi*, *nonidi*, *décadi*. Chaque jour du mois portait, au lieu d'un nom de saint, celui d'un produit agricole, d'un animal ou d'un instrument utile à l'agriculture. Voici les noms des jours de la 1re décade de vendémiaire, 1er mois de l'année républicaine : 1. *Raisin*, 2. *Safran*, 3. *Châtaigne*, 4. *Colchique*, 5. Cheval, 6. *Balsamine*, 7. *Carotte*, 8. *Amarante*, 9. *Panais*, 10. cuve. Ce calendrier a été maintenu officiellement pendant 13 ans ; mais il n'avait pas tardé à tomber en désuétude : il fut définitivement aboli par un décret du 22 fructidor an XIII, et l'ancien calendrier rétabli à partir du 1er janv. 1806 (11 nivôse an XIV).

Un grand nombre de lois et d'actes publics et privés étant datés d'après le calendrier républicain, il a paru utile de donner ici un tableau au moyen duquel chacun pourra établir la concordance de ce calendrier avec le calendrier grégorien.

CONCORDANCE DES CALENDRIERS GRÉGORIEN ET RÉPUBLICAIN.

MOIS RÉPUBLICAINS.	AN I (fictif). 1792-93.	AN II 1793-94.	AN III. 1794-95.	AN IV. 1795-96.	AN V. 1796-97.	AN VI. 1797-98.	AN VII. 1798-99.	AN VIII. 1799-1800.	AN IX. 1800-01.	AN X. 1801-02.	AN XI. 1802-03.	AN XII. 1803-04.	AN XIII. 1804-05.	AN XIV. 1805-06.
Vendémiaire, 1er...	22 sept.	22 s.	22 s.	22 s.	22 s.	22 s.	23 s.	23 s.	23 s.	23 s.	24 s.	23 s.	23 s.
Brumaire, 1er...	22 oct.	22 o.	22 o.	22 o.	22 o.	22 o.	23 o.	23 o.	23 o.	23 o.	24 o.	23 o.	23 o.
Frimaire, 1er...	21 nov.	21 n.	22 n.	21 n.	21 n.	21 n.	22 n.	22 n.	22 n.	22 n.	23 n.	22 n.	22 n.
Nivôse, 1er...	21 déc.	21 d.	22 d.	21 d.	21 d.	21 d.	22 d.	22 d.	22 d.	22 d.	23 d.	22 d.	22 d.
Pluviôse, 1er...	20 janv.	20 j.	21 j.	20 j.	20 j.	20 j.	21 j.	21 j.	21 j.	21 j.	21 j.	21 j.	
Ventôse, 1er...	19 févr.	19 f.	20 f.	19 f.	19 f.	19 f.	20 f.	20 f.	20 f.	20 f.	21 f.	20 f.	
Germinal, 1er...	21 mars.	21 m.	21 m.	21 m.	21 m.	21 m.	22 m.	22 m.	22 m.	22 m.	22 m.	22 m.	
Floréal, 1er...	20 avril.	20 a.	20 a.	20 a.	20 a.	20 a.	21 a.	21 a.	21 a.	21 a.	21 a.	21 a.	
Prairial, 1er...	20 mai.	20 m.	20 m.	20 m.	20 m.	20 m.	21 m.	21 m.	21 m.	21 m.	21 m.	21 m.	
Messidor, 1er...	19 juin.	19 j.	19 j.	19 j.	19 j.	19 j.	20 j.	20 j.	20 j.	20 j.	20 j.	20 j.	
Thermidor, 1er...	19 juill.	19 j.	19 j.	19 j.	19 j.	19 j.	20 j.	20 j.	20 j.	20 j.	21 j.	20 j.	
Fructidor, 1er...	18 août.	18 a.	18 a.	18 a.	18 a.	18 a.	19 a.	19 a.	19 a.	19 a.	19 a.	19 a.	
J. compléma., 1er...	17 sept.	17 s. (6).	17 s.	17 s.	17 s.	17 s. (6)	18 s.	18 s.	18 s. (6)	18 s.	18 s.		

On appelle *Calendrier perpétuel et universel* un tableau qui fournit les indications générales nécessaires pour construire à volonté un calendrier d'une année quelconque, et pour résoudre à l'instant même et sans erreur toute difficulté relative à la connaissance des temps. On trouve un *Calendrier perpétuel*, précédé d'une table calculée pour 2,200 années, dans l'*Art de vérifier les dates*, par les Bénédictins, Paris, 1785, in-8.

Sur le Calendrier en général, on peut consulter : le *Traité de la sphère et du calendrier*, par Rivard, 2e édition, revue par Lalande et Puissant, Paris, 1816, in-8 ; et la *Théorie du calendrier* de L.-B. Francœur, 1842, in-18. L'*Annuaire* de 1851 renferme une histoire abrégée du calendrier.

CALENDRIER DE FLORE, calendrier indiquant les noms des fleurs qui se développent dans chaque mois. Lamarck a composé pour le climat de Paris le calendrier de Flore suivant : *Janvier*, l'ellébore noir ; *Février*, l'aune, le saule-marceau, le noisetier, le *daphne mezereum*, le *galanthus nivalis*, etc.; *Mars*, le cornouiller mâle, l'anémone hépatique, le buis, le thuya, l'if, l'amandier, le pêcher, l'abricotier, le groseillier épineux, la giroflée jaune, la primevère, l'alaterne, etc.; *Avril*, le prunier épineux, la tulipe, la jacinthe, l'orobe printanier, la petite pervenche, le frêne commun, le charme, le bouleau, l'orme, la fritillaire impériale, les érables, les poiriers, etc.; *Mai*, les pommiers, le lilas, le marronnier, le bois de Judée, le merisier à grappes, le cerisier, le frêne à fleur, le faux ébénier, la pivoine, le muguet, la bourrache, le fraisier, le chêne, etc.; *Juin*, la sauge, le coquelicot, la ciguë, le tilleul, la vigne, les nénuphars, le lin, le seigle, l'avoine, l'orge, le froment, les digitales, les pieds d'alouette, les *hypericum*, etc.; *Juillet*, l'hysope, les menthes, l'origan, la carotte, la tanaisie, les œillets, les laitues, le houblon, le chanvre, la salicaire, la chicorée sauvage, le *bignonia catalpa*, etc.; *Août*, la scabiosa succisa, la *parnassia*, la gratiole, la balsamine des jardins, l'euphrasie jaune, plusieurs *actœa*, les *rudbeckia*, les *silphium*, les *coreopsis*, le *viburnum tinus*, etc.; *Septembre*, le *ruscus racemosus*, l'*aralia spinosa*, le lierre, le cyclamen, l'*amaryllis lutea*, le colchique, le safran; *Octobre*, l'*aster grandiflorus*, l'*helianthus tuberosus*, l'*aster miser*, l'*anthemis grandiflora*, etc.; *Novembre*, les chrysanthèmes, quelques tussilages odorants (héliotrope d'hiver) ; *Décembre*, l'ellébore noir (rose de Noël).

CALENDRIER RUSTIQUE, calendrier propre aux gens de la campagne, dans lequel on apprend les temps où il faut semer, planter, tailler la vigne, etc. Il existe plusieurs ouvrages de ce genre : le plus estimé est le *C. du bon cultivateur* de Mathieu de Dombasle. — Les amateurs de jardinage consulteront avec fruit le *C. du jardinier*, donné par M. Courtois-Gérard dans son *Manuel du jardinage*, 1844.

CALENTURE (de l'espagnol *calentura*, fièvre, dérivé lui-même du latin *calere*, avoir chaud), espèce de délire furieux auquel les navigateurs sont sujets sous la zone torride ; c'est une encéphalite ou une méningite, caractérisée particulièrement par le désir irrésistible de se jeter à la mer. Ce mal est moins fréquent aujourd'hui que les voyages sont plus rapides.

CALEPIN, registre destiné à recevoir toute espèce de notes ou de renseignements, est ainsi nommé d'Amb. Calepin, savant italien du XVe siècle, auteur d'un dictionnaire qui a été longtemps célèbre. — On nomme ainsi aujourd'hui un carnet ou agenda qu'on porte sur soi pour y inscrire ses rendez-vous d'affaires, ses échéances de payement, etc. Un avoué, un notaire, un agent de change ont toujours avec eux leur *calepin*. *Voy.* CARNET.

CALFAT (de l'arabe *kalfata*, boucher, fermer), ouvrier chargé de *calfater* ou de fermer tout accès à l'eau qui tend continuellement à pénétrer dans l'intérieur des navires en traversée. Le maître des ouvriers calfats a le titre de *maître calfat*. Le *calfatage* consiste à pousser de l'étoupe dans les coutures du vaisseau, à boucher les fentes des jointures du bordage ou des membres du vaisseau, en y chassant avec force, au moyen d'un maillet et d'un ciseau, dit *calfat*, long d'environ 20 centim., de l'étoupe provenant de vieux cordages et autres matières.

CALIBRE (du latin *equilibrare*, équilibrer, ou de l'arabe *calib*, moule), est, dans plusieurs industries, synonyme de *patron*, et désigne une mesure (tantôt une plaque de cuivre, d'acier ou de tôle, tantôt une planche de bois mince, ou même un morceau de carton), dont les ouvriers se servent pour donner aux pièces qu'ils veulent faire la même grandeur ou la même forme.

En Artillerie, ce mot désigne le diamètre de l'âme des bouches à feu en général, et plus particulièrement des mortiers, des obusiers et des pierriers, le calibre des pièces de canon étant habituellement indiqué par le poids des boulets (*Voy.* ce mot). Dans les pièces de siége, le calibre des pièces de 24 est 0m,15254; de 16,0m,13342; de 12,0m,12123; dans les pièces de campagne, le calibre des pièces de 8 est 0m,10602; de 4, 0m,08402. Il y a des mortiers du calibre de 0m,2222, 0m,2777, 0m,3333; des pierriers de 0m,4166, et des obusiers de 0m,1666 et de 0m,2222. — Pour les fusils de munition, le calibre a été, pendant longtemps, de 0m,017; depuis 1842, il a été porté à 0m,018.

CALICE (du grec *calyx*, même signification), vase consacré par l'évêque, et qui sert au sacrifice de la messe : on y verse le vin eucharistique. Les anciens calices étaient d'or, d'argent, quelquefois de cuivre, d'étain, de corne, de verre, de bois, etc.; quelques-uns étaient munis d'anses. Ils étaient très-grands, et servaient à la communion des fidèles, qui communiaient alors sous les deux espèces. Le communiant buvait le vin du calice en l'aspirant au moyen d'un chalumeau d'argent. Aujourd'hui on ne se sert guère que de calices d'or ou d'argent, dorés à l'intérieur, et l'officiant boit seul le vin du calice.

En Botanique, on donne ce nom à l'enveloppe la plus extérieure des organes de la fructification dans les fleurs qui ont un périanthe double. Tournefort et Linné nommaient aussi *calice* le périanthe simple, lorsqu'il est de couleur verte et peu apparent. Jussieu a nommé *calice* tout périanthe simple, quelles que soient sa couleur, sa consistance et sa forme. Le *C. commun* est celui qui appartient à plusieurs fleurs; le *C. propre* est celui qui n'appartient qu'à une seule. Le calice est *monosépale*, quand il n'est formé que d'une seule pièce (labiées); *polysépale*, quand il est formé d'un certain nombre de pièces séparables sans déchirure (girofiée, renoncule). On distingue, dans la plupart des calices, le *tube* ou la partie inférieure, ordinairement allongée et rétrécie; le *limbe*, ou la partie supérieure, plus ou moins étalée; et la *gorge*, qui sépare le tube du limbe.

CALICOT (de *Calicut*, ville de l'Inde, d'où nous est venu ce tissu), toile de coton, moins fine que la percale, et dont le tissu n'est point croisé, sert à faire des chemises, des draps, des rideaux, etc. Le calicot se fabrique en France depuis une quarantaine d'années; il y est à très-bon marché.

CALICULE (diminutif de *calice*). Les Botanistes nomment ainsi tantôt un calice accessoire placé en dehors du vrai calice, tantôt une rangée de petites bractées placées à la base d'un involucre.

CALIFE, c.-à-d., en arabe, *vicaire, lieutenant,* nom donné d'abord aux premiers successeurs de Mahomet, et qui, dans la suite, a été étendu à presque tous les princes souverains de l'Orient. Pour l'historique, *Voy.* le *Dict. univ. d'Hist. et de Géogr.*

CALIGE (de *calx*, talon). Les anciens Romains donnaient le nom de *caliga* à l'espèce de bottine qui faisait la chaussure de leurs soldats; les soldats de Germanicus ayant offert au jeune Caïus, fils de ce général, de petites bottines, *caligulæ,* semblables à celles qu'ils portaient, le jeune prince prit de là le nom de *Caligula,* sous lequel il est connu dans l'histoire. — Les premiers rois francs portaient des *caliges* le jour de leur sacre.

Genre de petits Crustacés parasites de la famille des Siphonostomes et de la tribu des Caligides, a pour type le *Calige* ou *Pou des poissons*, d'un blanc jaunâtre, avec quelques points d'un jaune obscur sur le test; il habite l'Océan, et se trouve principalement sur le merlan commun et sur le saumon.

CALIORNE, le plus gros et le plus fort cordage qu'on emploie dans la Marine; passe dans 2 moufles à trois poulies, et sert à guinder et à élever de gros fardeaux. On l'attache quelquefois à une poulie sous la hune de misaine, et quelquefois au grand étai au-dessus de la grande écoutille.

CALLE, *Calla* (du grec *callaïa*, barbe de coq), genre de plantes, de la famille des Aroïdées, renferme des plantes herbacées à tige rampante, à odeur fétide, dont le suc est âcre et vénéneux. La *Calle des marais*, commune dans le nord de l'Europe, a une racine épaisse et charnue qui contient une fécule abondante et nutritive.

CALLE, supplice infligé dans la Marine. *Voy.* CALE.

CALLEUX, qui offre des callosités (*Voy.* ce mot). — En Anatomie, on nomme *Corps calleux* (mésolobe, grande commissure cérébrale) une longue et large bande médullaire blanche qui réunit les deux hémisphères du cerveau. On y distingue d'avant en arrière le *genou*, inflexion antérieure de ce corps, la *partie moyenne*, le *bourrelet*, inflexion postérieure, par laquelle il s'unit aux piliers de la voûte. C'est dans le *corps calleux* que La Peyronie logeait l'âme.

CALLICHROME (du grec *callos*, beauté, et *chrôma*, couleur), *Callichroma*, genre d'insectes Coléoptères tétramères, de la famille des Longicornes, à couleurs métalliques très-brillantes, de taille souvent assez grande : plusieurs répandent une odeur musquée. Le *C. des Alpes* et le *C. musqué* des environs de Paris comptent parmi les plus beaux insectes.

CALLIDIE (du grec *callos*, beauté, et *eidos*, forme), *Callidium*, genre d'insectes Coléoptères tétramères, de la famille des Longicornes; leurs larves vivent dans le bois. Ils volent avec beaucoup de facilité, et font entendre, lorsqu'on les inquiète, un bruit particulier produit par le frottement du thorax contre la base de l'écusson. Les plus communs chez nous sont : le *C. variable* des chantiers, le *C. sanguin* des maisons, et le *C. portefaix* qu'on trouve partout.

CALLIGRAPHE, CALLIGRAPHIE (du grec *callos*, beauté, et *graphô*, écrire). *Voy.* ÉCRIVAIN et ÉCRITURE.

CALLIMORPHE (du grec *callos*, beauté, et *morphê*, forme), genre d'insectes Lépidoptères, de la famille des Nocturnes, a pour type la *C. du séneçon*, qui se trouve à Paris. Ces insectes ont le corps svelte et les ailes ornées de couleurs vives et brillantes. Quoique rangés parmi les insectes nocturnes, ils volent pendant le jour, et ont les mœurs des Bombyces.

CALLIONYME (du grec *callionymos*, dérivé de *callos*, beauté et *onoma*, nom; qui a un beau nom),

16

genre de poissons Acanthoptérygiens, a pour caractères : ouïes ouvertes par un seul trou de chaque côté de la nuque ; nageoires ventrales placées sous la gorge, écartées et plus longues que les pectorales ; tête oblongue et déprimée ; peau lisse, couleurs variées et brillantes. Le *C. lyre* est un beau poisson qu'on trouve dans la Manche et la Méditerranée : sa chair est délicate.

CALLISTÈPHE (du gr. *callos*, beauté, et *stéphos*, couronne), *Callistephus*, genre de la famille des Synanthérées, tribu des Astéroïdées, a pour type l'*Aster sinensis* (la *Reine Marguerite* de nos jardins), plante herbacée, annuelle, originaire de la Chine.

CALLITHRIC ou CALLITHRIX (du grec *callithrix*, dérivé de *callos*, beauté, et *thrix*, cheveu ; qui a une belle chevelure). Ce nom désigne : 1° un genre de plantes aquatiques de la famille des Naïadées, ainsi nommé à cause de la forme de ses longues racines vermiculaires, et de ses tiges délicates et flottantes : il a pour type le *C. printanier*, à feuilles d'un beau vert, en forme de rosette, à fleurs d'un blanc sale, qui croît dans les étangs où il est habituellement submergé, et qui peut servir à l'amendement des terres ; — 2° un arbrisseau très-rameux, de la famille des Conifères ou Pressinées, et qu'on trouve dans l'Afrique orientale et la Nouvelle-Hollande ; — 3° un genre de Mammifères de la famille des Sagouins ou Géopithèques, qui a pour type le *Saïmiri* de Buffon, dit aussi *Sapajou aurore* et *Singe écureuil*, joli petit singe de 25 à 30 centim. de long, à pelage agréablement coloré et très-intelligent : il vit en troupes dans les forêts de l'Amérique du Sud ; — 4° les Mollusques à coquille qui n'ont qu'une seule ouverture en forme de trou à la partie postérieure du manteau, comme les Moules et Modioles de Lamarck, et les Lithodomes de Cuvier.

CALLORHINQUE (du grec *callos*, beauté, et *rygkhos*, bec), poisson de mer. *Voy.* CHIMÈRE.

CALLOSITÉ (du latin *callus*, durillon). Chez l'homme, on appelle ainsi toute induration qui se forme accidentellement sur certaines parties molles, comme à la plante des pieds, par l'effet de la marche, ou à la paume des mains, par suite de travaux rudes. — Chez les animaux, on donne ce nom à certaines parties que recouvre une peau plus épaisse, souvent rugueuse, dépourvue de poils, et quelquefois colorée, comme on le remarque sur la poitrine et les genoux des chameaux, aux fesses des singes, etc.

CALMANT. Ce mot s'applique, en Médecine, à tous les médicaments adoucissants, anodins, antispasmodiques et narcotiques. *Voy.* BAUME TRANQUILLE.

CALMAR ou ENCORNET (du latin *calamaria*, encrier en forme de cornet), *Loligo*, genre de Céphalopodes cryptodibranches, famille des Décapodes, est ainsi nommé de sa forme semblable à un *cornet*, et de la liqueur noire qu'il répand à volonté. Ces animaux ont le corps allongé et la tête pourvue de 8 bras sessiles et de 2 bras tentaculaires. Ils viennent sur nos côtes pour la ponte. Ils nagent à reculons avec une extrême vitesse, et sont très-voraces. On les recherche en Chine, dans l'Inde, et même en France, comme une nourriture agréable. Les calmars, comme les seiches, ont près du cœur une vessie qui renferme une liqueur noire, espèce d'encre employée en peinture sous le nom de *sépia*. On les emploie comme appât dans la pêche de la morue.

CALOBATE (du grec *culobatès*, qui marche bien), *Calobata*, genre d'insectes Diptères de la tribu des Muscides, ainsi nommé à cause de sa marche rapide et élégante ; on le voit, en effet, courir légèrement sur les feuilles des arbrisseaux, principalement sur les plantes radiées. La *C. pétronelle*, ou *Mouche de saint Pierre*, doit son nom à la faculté qu'elle possède de marcher sur l'eau, comme le fit saint Pierre.

CALODROME (du grec *calodroméin*, courir sur des échasses), *Calodromus*, genre d'insectes Coléoptères, de la famille des Charançonites, au corps allongé, à la tête courte, au tarse extraordinairement

long, ce qui lui a fait donner son nom. Le *C. Harrisii*, type de ce genre, se trouve à Manille.

CALOMEL ou CALOMÉLAS (du grec *calos*, beau, et *mélas*, noir), nom donné par les alchimistes au *protochlorure de mercure* ou *mercure doux*, fréquemment prescrit en Médecine comme purgatif, contrestimulant, anthelmintique, et quelquefois comme antisyphilitique. C'est un sel blanc, insipide, insoluble dans l'eau, volatil sans décomposition, et cristallisable. Il noircit à la lumière. On le prépare en sublimant un mélange de deutochlorure de mercure et de mercure métallique, ou bien un mélange de sel marin et de sulfate mercureux. Les pharmaciens désignent sous le nom de *mercure doux à la vapeur* celui qu'on obtient à l'état d'extrême division au moyen de la vapeur d'eau. Les Alchimistes soumettaient le mercure à de nombreuses sublimations, croyant ainsi en augmenter l'activité comme médicament : le mercure doux ne prenait le nom de *calomel* qu'après six sublimations ; à la 9e il recevait celui de *panacée mercurielle*. — On raconte que Turquet, de Mayence, savant médecin-chimiste du XVIIe siècle, a donné à ce corps, malgré sa blancheur, le nom de calomel (beau noir), en l'honneur d'un jeune et beau nègre qui l'aidait dans ses opérations chimiques. Il est plus probable que ce nom lui vient tout simplement de ce qu'il *noircit* à la lumière.

CALOMNIE. Chez les Romains, d'après la loi *Remmia*, la lettre K était imprimée, avec un fer chaud, sur le front du calomniateur. Cette loi fut en vigueur jusqu'au règne de Constantin. De nos jours, la loi punit le calomniateur d'un emprisonnement de 6 mois à 5 ans, et d'une amende de 50 à 2,000 fr., suivant la gravité du délit (Code pén., art. 367–374). Dans les lois du 17 mai 1819 et du 22 mars 1822, le nom de *calomnie* a été remplacé par ceux de *diffamation* et d'*injure*. *Voy.* ces mots.

CALOPE (du grec *calopous*, qui a de beaux pieds), *Calopus*, genre de Coléoptères hétéromères, de la famille des Taxicornes, rapporté par Latreille aux Sténélytres : insecte d'un brun clair, velu, que l'on trouve dans les bois en Suède et aussi dans les Alpes.

CALOPHYLLE (du grec *calos*, beau, et *phyllon*, feuille), *Calophyllum*, genre de la famille des Guttifères, renferme des arbres plus ou moins élevés, à feuilles entières et opposées, et a pour type le *C. inophylle* des Indes orientales et des îles australes de l'Afrique, dont on emploie le bois, aux îles de France et de la Réunion, pour la charpente, la construction des navires et le charronnage ; son tronc laisse découler une résine verte qui, solidifiée, porte le nom de *gomme* ou *résine de tacamahaca*.

CALORICITE. *Voy.* CHALEUR ANIMALE.

CALORIFÈRE (du latin *calor*, chaleur, et *fero*, porter), nom qu'on donne à toute espèce de constructions ou d'appareils destinés à porter la chaleur dans les appartements, les serres, les séchoirs, les ateliers, etc. On distingue : 1° les *C. à air*, composés d'une chambre de chauffage et de tuyaux destinés à porter où l'on veut l'air échauffé ; — 2° les *C. à vapeur*, composés d'une chaudière pour la formation de la vapeur, et de tuyaux de conduite qui promènent la vapeur, de tuyaux de condensation, où la vapeur retourne à l'état liquide, et de tuyaux de dégorgement qui lui fournissent une issue ; — 3° les *C. à eau chaude*, composés d'une chaudière et de tuyaux dans lesquels passe constamment de l'eau bouillante, qui échauffe l'air ambiant : ces derniers peuvent être employés avec avantage dans des serres ; mais ils ne sont pas sans inconvénient dans les habitations. Les tuyaux des calorifères sont en terre, en fonte ou en cuivre ; dans les habitations, les tuyaux de fonte sont préférables aux tuyaux de cuivre, qui portent une odeur désagréable ; mais ceux-ci sont employés de préférence dans les séchoirs des fabriques, parce qu'ils conduisent mieux la chaleur et n'ont pas l'inconvénient de tacher les étoffes. Le foyer est généralement placé dans une cave; il en part des tuyaux qui se ramifient dans tout l'édifice. On fabrique aussi des calorifères mobiles et portatifs, qui ne sont guère que des poêles. — L'art de construire les calorifères n'était pas inconnu aux anciens; on trouve mentionnés chez les Romains des *caliducs* qui remplissaient le même office que nos calorifères : longtemps oublié, il a été tout récemment retrouvé en France. Cet art doit beaucoup aux travaux des frères Duvoir, de Paris.

CALORIMÈTRE, instrument propre à mesurer la chaleur. *Voy.* CALORIMÉTRIE.

CALORIMÉTRIE (du latin *calor*, chaleur, et *metrum*, mesure), ensemble des méthodes à l'aide desquelles on détermine les chaleurs spécifiques. Ces méthodes sont : 1° la *fonte de la glace*, procédé qui consiste à déterminer la quantité de glace fondue par différents corps ayant le même poids, et qui repose sur ce fait, que la glace fond à une température fixe, et que la chaleur qui lui est fournie est employée à la fondre sans l'échauffer; le *Calorimètre de glace* de Lavoisier et Laplace se compose de trois cavités concentriques, en cuivre ou en fer-blanc, excepté la cavité intérieure, qui est un grillage de fil de fer; on met dans celle-ci le corps que l'on veut examiner, les deux autres contiennent de la glace et sont inférieurement terminées chacune par un robinet; la cavité extérieure ne sert qu'à préserver la suivante de l'air ambiant : d'après la quantité d'eau fondue dans la moyenne, on connaît la quantité de calorique fournie par le corps pour ramener à l'état liquide la glace mise à zéro; — 2° la *méthode des mélanges*; elle consiste à porter le corps qu'on examine à une certaine température, à le mélanger ensuite avec de l'eau à une température donnée, et à prendre la température de ce mélange; — 3° la *méthode du refroidissement* : elle repose sur ce fait, qu'une même surface perd, dans le même temps, par le rayonnement, une même quantité de chaleur pour une température constante, de sorte que, quel que soit le corps renfermé dans une enveloppe, la chaleur émanant de la surface dans un temps donné, dépendra entièrement de cette surface, et non de la nature du corps enfermé; si l'on enferme dans une semblable enveloppe des poids égaux de deux corps contenant des quantités de chaleur différentes, la durée de leur refroidissement sera dans le rapport de ces quantités de chaleur; on déduit alors leurs chaleurs spécifiques de la durée du refroidissement.

CALORIQUE, nom de la cause inconnue qui produit sur nos organes les impressions d'où résulte la sensation de chaleur. On se le représente généralement comme un fluide extrêmement subtil, invisible, éminemment élastique, impondérable, se mouvant sous forme de rayons, à la manière de la lumière, et pénétrant tous les corps. *Voy.* CHALEUR.

CALOSOME (du grec *calos*, beau, et *soma*, corps), *Calosoma*, genre de Coléoptères pentamères de la famille des Carabiques, tribu des Simplicipèdes, renferme des insectes assez grands, très-voraces, à l'abdomen presque carré, et a pour type le *C. sycophante*, long de 12 à 15 millim., d'un noir violet; sa larve vit sur le chêne, dans le nid des chenilles processionnaires, dont elle se nourrit. Le *C. inquisiteur* vit, ainsi que le précédent, sur le chêne, et fait la chasse aux chenilles et aux insectes.

CALOTTE, diminutif de *cale*, espèce de coiffure autrefois portée par les hommes et les femmes, mais sous des formes différentes. — La plupart des peuples de l'Orient ont adopté ce genre de coiffure, et portent la calotte, tantôt seule, tantôt entourée d'un turban. — En France, sous Louis XIV, la calotte était d'un usage presque général pour tous les laïques d'une profession grave, magistrats, avocats, hommes de lettres, bourgeois. Aujourd'hui, elle n'est plus guère en usage que parmi les gens d'église; elle est noire, arrondie, assez large pour adhérer à la tête sans attaches. La calotte suit ordinairement la couleur de la soutane : les évêques la portent violette, les cardinaux rouge; celle du pape est rouge, bordée d'hermine blanche et a oreilles; les calottes des moines sont généralement de la couleur de leur froc. Le cardinal de Richelieu est le premier qui ait porté en France la calotte rouge.

En Anatomie, on appelle *Calotte du crâne* la partie supérieure de cette cavité; *C. aponévrotique*, l'aponévrose des muscles frontaux.

En Chirurgie, on nomme *calotte* un emplâtre agglutinatif dont on enduit la tête d'un teigneux, et qu'on enlève ensuite avec violence pour extirper, avec les bulbes des cheveux, le principe de la maladie.

En Architecture, on appelle *calotte* la cavité ou enfoncement, en forme de coupe ou de bonnet, qu'on a imaginé pour diminuer la hauteur d'une alcôve, d'un cabinet, d'une chapelle, par rapport à leur largeur. — En Géométrie, on nomme *Calotte sphérique* une zone à une base. *Voy.* ZONE.

CALOYER (du gr. mod. *calogéron*, bon vieillard), nom qu'on donne aux moines grecs qui suivent la règle de saint Basile. Ce nom est donné particulièrement par les Grecs aux religieux du mont Athos, qui sont vénérables par leur âge et l'austérité de leur vie. Il y a aussi des religieuses caloyères.

CALQUE. Autrefois, les graveurs calquaient à la pointe sur le papier verni; aujourd'hui, ils se servent d'un papier dit *papier glacé*, qui est fait avec de la gélatine, et d'une extrême transparence. On calque au crayon et à la plume sur le papier *végétal*, sur le papier *serpente* (*Voy.* ces mots), et même sur le papier ordinaire; mais ce dernier étant peu transparent, on est obligé de prendre le calque à la vitre. — Pour *décalquer*, c.-à-d. pour transporter le calque sur la planche, le graveur, après avoir rougi son calque avec de la sanguine, le place sur la planche vernie et noircie, puis, avec une pointe, il en repasse tous les traits; quant au calque fait au crayon ou à l'encre, on le décalque avec la presse.

CALTHA, nom latin et botanique du *Populage*.

CALUMET (du latin *calamus*, roseau), grande pipe qui est particulièrement en usage parmi les Indiens de l'Amérique du Nord; elle est soigneusement ornée de plumes de différentes couleurs, et entourée de cheveux nattés autour du tuyau. — Le calumet est, pour les Indiens, le symbole de la paix et comme le sceau de toutes les entreprises; ils l'offrent à ceux avec lesquels ils négocient. Quelquefois aussi il est un signe de guerre; mais alors il n'est plus décoré de plumes, et l'intervalle des tresses de cheveux est peint en rouge.

Les nègres désignent sous le nom de *Calumet* plusieurs des végétaux qui servent à faire des tuyaux de pipe. A Haïti, c'est une espèce de fougère du genre *Lygodium*; à Cayenne, une Euphorbiacée appelée *Mabea piriri*; aux îles Mascareignes, un *Nastus*; aux Indes, plusieurs espèces du genre *Arundo*.

CALUS. *Voy.* CAL et CALLOSITÉ.

CALVAIRE (du latin *calvus*, chauve, à cause de de l'aridité du mont *Calvaire* ou *Golgotha*), nom donné, en souvenir du mont voisin de Jérusalem sur lequel mourut Notre-Sauveur, à certains lieux où l'on a élevé des croix avec des chapelles et des stations rappelant diverses scènes de la passion. Ces calvaires sont ordinairement construits sur une éminence : tels sont ceux de Montmartre et du mont Valérien, près de Paris. Ce dernier attirait autrefois un grand concours de fidèles pendant la semaine sainte.

CALVILLE, variété de pommes. *Voy.* POMME.

CALVITIE (du latin *calvus*, chauve), nom qu'on donne à la privation permanente des cheveux; elle diffère en cela de l'*alopécie*, qui n'en est que la privation momentanée. — La calvitie est quelquefois

16.

native, mais bien rarement; elle est *accidentelle*, quand elle provient subitement à la suite d'une maladie; elle est *prématurée*, quand elle survient dans la jeunesse, et dans ce cas, elle est souvent l'effet des passions et des excès de tout genre; *naturelle*, quand elle est due aux progrès de l'âge. Malgré les promesses des charlatans, cette infirmité est généralement incurable. *Voy.* ALOPÉCIE et CHEVEUX.

CALYCANTHE (du grec *calyx*, calice, et *anthos*, fleur), *Calycanthus*, genre type de la famille des Calycanthées, renferme de jolis arbrisseaux, originaires, en grande partie, de l'Amérique du Nord. Leur périanthe est simple et coloré; leurs étamines et leurs ovaires nombreux, leurs feuilles opposées et leurs fleurs terminales et d'un pourpre noirâtre. On en distingue plusieurs espèces, dont les deux principales sont : le *C. pompadour*, ou *Arbre aux anémones* (*C. floridus*), à bois odoriférant, à fleurs d'un rouge foncé, qui répandent un parfum de pomme de reinette et d'ananas, et le *C. précoce*, originaire du Japon, et qui fleurit en hiver.

CALYCANTHÉES (de *Calycanthe*, nom du genre type), famille détachée du groupe des Rosacées, se compose d'arbrisseaux aromatiques du Japon et de l'Amérique Septentrionale, qui, transportés en Europe, font l'ornement de nos jardins.

CALYCÉRÉES, famille de plantes dicotylédonées monopétales épigynes, à anthères conjointes, séparée par R. Brown de la famille des Composées, et qui a reçu aussi de Cassini le nom de *Boopidées*. Elles ont le port des Composées et leurs fleurs réunies en capitules; mais leurs étamines sont soudées à la fois par les filets et par les anthères. Cette famille se compose des 4 genres *Calycera, Boopis, Anthæmoïdes* et *Cryptocarpha*, exclusivement propres aux parties chaudes de l'Amérique.

CALYCIFLORES (de *calyx*, calice, et *flos*, fleur), nom donné, dans la classification de M. de Candolle, à la seconde division des végétaux dicotylédonés : elle comprend ceux dont la corolle polypétale est libre ou insérée sur le calice.

CALYPTRE (du grec *culyptra*, coiffe). Les Botanistes nomment ainsi un organe qui enveloppe le pistil dans sa jeunesse, et qui, se déchirant au sommet chez les Hépatiques pour laisser passer la capsule, persiste à la base des pédoncules, tandis que, dans les Mousses, la rupture s'opérant circulairement à la base, il est soulevé et entraîné par la capsule, et la recouvre souvent jusqu'à la maturité des spores.

CALYPTRÉE (du grec *calyptra*, coiffe), genre de mollusques Gastéropodes, de l'ordre des Scutibranches, renferme de jolies petites coquilles marines univalves, conoïdes, à sommet vertical imperforé, à base orbiculaire; il a pour espèces principales la *C. scabre* (*C. equestris*), des mers de l'Inde, et la *C. tubifère*, qui présente à l'intérieur une double coquille.

CAMAIEU. Ce mot, le même que *Camée*, désignait autrefois une pierre gravée en relief (*Voy.* CAMÉE). Il signifie aujourd'hui un genre de peinture dans lequel on n'emploie qu'une seule couleur, ce qu'on appelle aussi peinture *monochrome* ou *grisaille*. La peinture en camaïeu était fort à la mode au siècle dernier, pour imiter les bas-reliefs dans les dessus de porte et les ornements. On en peut voir à Paris un très-bel emploi dans les peintures de la grande salle de la Bourse, et dans la chapelle du Calvaire, à Saint-Roch. Les *camaïeux* ne sont pas toujours en grisaille : on en fait de deux ou de trois couleurs; il y en a de bleus, de verts, de rouges. La Bibliothèque nationale possède de superbes Heures de Louis XIV, dont chaque page est entourée d'un camaïeu de couleur différente.—On donne aussi ce nom à des espèces de toiles peintes en manière de camaïeu.

CAMAIL (dérivé, selon les uns, de *camelaucius*, couverture de tête faite de camelot; selon d'autres, de *cap de mailles*, armure en mailles de fer qui, au moyen âge, couvrait la tête et les épaules des chevaliers), sorte de petit manteau ou collet que les évêques et les chanoines portent par-dessus le rochet, même en habit de ville, sur la soutane. Le camail s'étend depuis le cou jusqu'au coude; il est quelquefois garni d'un capuchon; il est toujours de la couleur de la robe ecclésiastique.—Les chanoines ne commencèrent à s'en servir que vers la fin du XVe siècle. Les simples prêtres portent aussi le camail dans certaines églises; mais alors il est entièrement noir, au lieu que celui des chanoines a toujours quelque signe distinctif, ordinairement un liséré de soie ou de velours rouge, et la doublure de cette même couleur. Quelquefois il se termine en pointe, et descend jusqu'aux talons. C'est un vêtement de chœur, qu'on ne porte pas toute l'année : à Paris, on le prend au chœur le 17 octobre. — Le camail des évêques s'appelle aussi *mosette*.

CAMARE (du grec *camara*, chambre voûtée). On nomme ainsi le fruit multiple dont l'*aconit* et le *delphinium* présentent un exemple; c'est une réunion de capsules, s'ouvrant en deux valves par leur côté interne, et contenant une ou plusieurs graines.

CAMARILLA (de l'espagnol *camarilla*, petite chambre). Dans le langage politique, ce mot désigne l'influence occulte que sont supposés exercer sur le chef de l'État les hommes attachés au service de sa personne, influence qui presque toujours arrête ou entrave la marche du gouvernement officiel. On s'est servi pour la première fois de cette expression en Espagne, en 1814, après le retour de Ferdinand VII. Depuis, elle a été adoptée par les publicistes étrangers, surtout en France.

CAMBISTE (de l'italien *cambio*, change), nom qu'on donne à ceux qui s'occupent particulièrement du négoce des lettres et billets de change, qui vont régulièrement sur la place ou à la Bourse pour s'instruire du cours de l'argent sur les différentes places, afin de pouvoir faire à propos des traites ou remises, ou des négociations d'argent, billets, lettres de change, etc. Le cambiste ne doit pas être confondu avec le *changeur*, puisqu'il ne fait pas d'opérations de change; c'est plutôt une espèce de banquier ou d'agent de change. Il existe, sous le titre de *Cambiste universel*, un ouvrage anglais fort estimé, par Kelly (traduit dès 1823, in-4). *Voy.* CHANGE.

CAMBIUM (du bas latin *cambium*, change, à cause de ses transformations), substance mucilagineuse, sans odeur ni saveur, qu'on trouve, à la fin du printemps et de l'été, entre l'aubier et l'écorce des arbres. Cette substance n'est autre chose que la sève qui vient des feuilles et des parties vertes où, par la respiration et l'exhalation, elle est devenue plus concrète et plus visqueuse, et qui, en redescendant, change d'apparence, s'épaissit peu à peu, passe à l'état globuleux, puis à l'état cellulaire, et devient enfin une nouvelle couche d'aubier. Le cambium est très-abondant dans le chêne et les autres arbres; au contraire, les plantes herbacées annuelles en contiennent fort peu.

CAMBOUIS, nom donné vulgairement au *vieux oing* dont on enduit les essieux des voitures et les axes des machines, et qui est devenu noir par le frottement des roues; il renferme beaucoup de particules métalliques. Il passe pour avoir la propriété de résoudre les hémorroïdes; on s'en sert aussi comme de lut. Les taches de cambouis ne peuvent être enlevées que par l'essence de térébenthine.

CAMBRÉSINE ou CAMBRASINE (du nom de la ville de Cambrai), toile fine et blanche qui se fabrique à Cambrai. On donne aussi ce nom à toutes les fortes étoffes de coton tissues en forme de toile, et qui ont l'apparence des toiles de Cambrai, particulièrement à plusieurs étoffes blanches que l'on tire de la Perse, de l'Égypte et de l'Anatolie.

CAMBREUR (du verbe *cambrer*, dérivé lui-même du latin *camerare*, voûter), ouvrier qui donne aux tiges de bottes la forme qu'elles doivent avoir. Pour cela, après avoir mouillé le cuir pour le rendre plus souple, il l'étend le plus possible, et le cloue par les bords sur une forme en bois disposée convenablement. Il le noircit ensuite avec une solution de couperose, et le laisse sécher dans cet état.

CAMBRURE. *Voy.* BOSSE ET LORDOSE.

CAMBUSE (du hollandais *kom-huis*, maison à l'écuelle, cuisine), endroit fermé dans l'entre-pont d'un vaisseau, où l'on serre une partie des vivres, et où se fait la distribution des provisions journalières. La cambuse servait autrefois de cuisine, et au moment du combat, elle pouvait être transformée en un poste pour les blessés.

CAME ou CHAME, *Chama* (du grec *chémè*, même signification), genre de Mollusques acéphales de l'ordre des Testacés de Cuvier et de la famille des Cardiacés, à coquille épaisse, solide, adhérente, inéquivalve, irrégulière, et habitant les mers intertropicales. L'espèce la plus curieuse est la *Came feuilletée*; sa valve supérieure est formée de lames superposées de diverses couleurs : on en fait quelquefois des camées qui imitent parfaitement les camées sur agate-onyx.

CAME, terme de Mécanique. *Voy.* CAMME.

CAMÉE, primitivement *Camaïeu* (de l'hébreu *camehuia*, onyx, ou de *kamaa*, relief), pierre fine gravée en relief, et offrant dans sa contexture plusieurs couches superposées de diverses couleurs, dont l'artiste profite pour obtenir des effets variés. On choisit ordinairement pour faire des camées la *sardonyx* ou *sardoine*, pierre silicieuse, demi-transparente et à plusieurs couches; les plus belles sardoines viennent d'Orient; mais comme elles sont très-rares, on emploie aussi, pour graver les camées fins, les agates et les sardoines d'Allemagne, dont la pâte est moins belle. La France possède la plus riche collection de camées sur sardoine qui soit en Europe. On grave aussi des camées sur certaines coquilles (*Voy.* CAME); on en fait d'artificiels avec de la faïence, de la porcelaine, des émaux, etc. — Les anciens excellaient dans l'art de graver les camées; c'étaient, chez eux, des objets de luxe et de parure; ils enrichissaient les meubles, les vases et les vêtements; les dames romaines en ornaient leurs coiffures, leurs bracelets, leurs ceintures, leurs agrafes; on en faisait aussi des cachets en relief, des bagues, etc. Aujourd'hui, ils servent encore aux mêmes usages. Les plus beaux se fabriquent à Rome.

CAMÉLÉE (du grec *Chamailéon*, nom d'une plante indéterminée), *Cneorum*, genre de la famille des Connaracées, est composé de petits arbustes toujours verts, à feuilles sessiles, à fleurs jaunes, axillaires, formées d'un calice très-petit à 3 dents, d'une corolle à 3 pétales, de 3 étamines, et d'un style à 3 stigmates. On les cultive en orangerie. Les principales espèces sont le *C. tricoccos*, qui habite les parties pierreuses du midi de la France, et le *C. pulverulentum*, qu'on trouve à Ténériffe et dont l'écorce est employée comme fébrifuge.

CAMÉLÉON, *Chamæleo* (du grec *chamai*, à terre, et *léon*, lion, c.-à-d. petit lion, à cause de la grosseur de sa tête), reptile quadrupède de l'ordre des Sauriens, assez semblable à un gros lézard : il a la peau chagrinée, le corps comprimé, denté sur le dos, la queue prenante et recourbée en dessous, la tête grosse et anguleuse, le cou goitreux, la langue presque aussi longue que le corps, et terminée par un tube gluant qui lui permet d'attraper les insectes dont il se nourrit; les pattes égales; 5 doigts à chaque patte, réunis en deux faisceaux opposés; il atteint jusqu'à 50 centim. de long. Le caméléon est un animal timide et inoffensif, qui habite les contrées les plus chaudes de l'Asie, de l'Afrique et de l'Amérique; il est peu agile, et semble concentrer toute son énergie musculaire dans sa langue, qu'il darde avec une extrême rapidité, et dont il se sert pour atteindre les insectes dont il fait sa proie;

il peut rester des mois entiers sans manger, et supporter une chaleur excessive. — On a fait sur le caméléon les contes les plus merveilleux : on a dit qu'il changeait de couleur à volonté, et qu'il pouvait emprunter celle des objets qui l'environnaient, etc. La vérité est qu'il a une couleur qui lui est propre, mais dont la nuance change sous l'effet de causes accidentelles : sa couleur ordinaire est *jaune-paille*; sur un arbre vert, il devient, par l'effet du reflet, d'un *vert tendre*; si on le prend dans la main, sa couleur se fonce et se tigre de taches d'un *brun rosâtre*; si on l'irrite, il se rambrunit encore, et devient presque *noir*; de temps à autre, suivant ses impressions, il prend une foule de nuances intermédiaires. On a donné pour causes à ces phénomènes tantôt le gonflement des poumons de l'animal par l'air, qui fait refluer plus ou moins le sang vers la peau, tantôt l'infiltration de cet air entre la peau, qui est très-lâche, et les muscles. Enfin la crainte, la maladie, etc., semblent influer sur la couleur du caméléon. — On sait que cette singulière propriété du caméléon l'a fait prendre pour emblème de l'homme versatile qui, par ambition, prend successivement toutes les couleurs.

En Astronomie, on a donné le nom de *Caméléon* à une constellation australe, qui est située sur la colure des équinoxes, en dedans du cercle polaire antarctique : elle renferme 9 étoiles.

En Chimie, on nomme *Caméléon minéral* une une combinaison d'acide manganique et de potasse (MnO^3,KO), de couleur verte, et qui a la propriété de se décomposer et de passer peu à peu par toutes les nuances de violet et de rouge quand on l'étend de beaucoup d'eau : ce sont ces transformations qui l'ont fait appeler *caméléon*. On l'obtient en chauffant au rouge parties égales de potasse et de peroxyde de manganèse. Les chimistes l'emploient comme oxydant.

CAMÉLÉOPARD. *Voy.* GIRAFE.

CAMÉLIA. *Voy.* CAMELLIA.

CAMÉLIENS, famille d'animaux Ruminants, qui a pour type le genre *Chameau*, se partage en deux groupes, les *Chameaux* proprement dits et les *Lamas*. *Voy.* CHAMEAU.

CAMÉLINE (du grec *chamai*, à terre, et *linon*, lin; petit lin), *Camelina*, genre de plantes de la famille des Crucifères, renferme des plantes herbacées, annuelles ou pérennes, qu'on trouve en Europe et dans l'Asie centrale, et dont une espèce, la *C. cultivée*, dite à tort *Camomille de Picardie*, est cultivée en grand pour ses graines, qui fournissent une huile siccative, bonne pour la peinture.

CAMELLIA (qu'on écrit vulgairement *Camelia*, du P. *Camelli*, jésuite), genre de la famille des Ternstrœmiacées, qui forme, conjointement avec les Thés, la tribu des *Camelliées*, croît naturellement au Japon et en Chine, et renferme un grand nombre d'espèces, dont la plus intéressante et la plus connue est le *Camellia proprement dit* (*C. Japonica*), dit aussi *Rose du Japon* et *Rose de Chine* : c'est un arbrisseau toujours vert, à feuilles ovales, dentées, coriaces, luisantes, et à fleurs inodores; d'une belle couleur rouge, en forme de rose, terminant des rameaux au nombre de deux à six. Introduit en Europe dès 1739, le camellia n'est devenu à la mode qu'au commencement de ce siècle; mais, depuis cette époque, les horticulteurs en ont tant multiplié les variétés, qu'on en compte aujourd'hui plus de 1,500 : une des plus jolies est le camellia double à fleurs rouges, panachées de blanc; il y a aussi des variétés fort belles à fleurs blanches et jaunes. On cultive ordinairement le camellia dans de la terre de bruyère; on le multiplie de graines, de boutures, de marcottes et surtout de greffes. Aujourd'hui, il se fait en Europe et en Amérique une telle consommation de ces belles fleurs pour les serres, les appartements et les bouquets de bal, qu'on en vend tous les ans pour des sommes considérables. — Quelques espèces de camellias se cultivent en Chine et au Japon comme plantes oléagineuses, et fournissent une huile grasse qui sert aux usages alimentaires. Quelques espèces exhalent une odeur suave : ainsi les Chinois mèlent souvent au thé, afin de le parfumer, les pétales du *Camellia sasanqua*, dit aussi *C. thé*, parce que ses fleurs ont de la ressemblance avec celles du thé.

CAMELOT (du grec *camélotè*, peau de chameau). Ce nom désignait d'abord d'une étoffe non croisée, mais forte et solide, qu'on fabriquait dans le Levant avec le poil du chameau, ou celui des chèvres du pays. Maintenant il se dit de certaines étoffes pure laine, ou mèlées de laine ou de poil de chèvre et d'un peu de soie qu'on fabrique à Amiens, à Roubaix, à Neuville près Lyon et à Bruxelles. En Italie, notamment à Vérone, Milan, Florence, Naples, on fabrique beaucoup de camelots de soie. Le *bouracan* (*Voy*. ce mot) est une espèce de camelot commun.

— Dans le Commerce, on appelle *camelotte* (de *camelot*) les objets de pacotille qu'on fabrique en masse, et qui ont plus d'apparence que de valeur réelle.

CAMERA, mot italien qui veut dire *chambre*, est employé dans les expressions *camera lucida*, *camera oscura*, etc. *Voy*. CHAMBRE.

En Italie, on appelle *Musica da camera*, ou *Musique de chambre*, des compositions familières et fugitives, destinées à être exécutées, non en public, mais en petit comité, dans la *chambre* ou l'appartement; on l'oppose à *Musique d'église*, *Musique de théâtre*. Palestrina, Monteverde, Haydn, Beethoven, etc, ont fait d'excellente musique de chambre.

CAMÉRALISTIQUE (de *camerarius*, camérier, fonctionnaire préposé à la chambre fiscale). En Allemagne, on appelle *Sciences camérales* ou *Caméralistique* l'ensemble des connaissances nécessaires pour gouverner les finances d'un État; elles embrassent aussi l'exploitation du domaine du prince et de ses droits régaliens. Il y a eu à Heidelberg une école célèbre où l'on enseignait le *droit caméral*.

CAMÉRIER (du latin *camerarius*, chambrier), nom d'une dignité ecclésiastique et d'une dignité séculière. Les *Camériers ecclésiastiques* sont des prélats de la cour de Rome attachés à la personne du pape et chargés de ses aumônes, du soin de l'argenterie, des joyaux, des reliquaires, etc. Ils portent une soutane violette, avec des manches pendantes jusqu'à terre.

Pour les *Camériers séculiers*, *Voy*. CHAMBRIER.

On appelait autrefois *Archicamérier* ou *Archichambellan* un des grands dignitaires de l'Empire d'Allemagne. L'électeur de Brandebourg était archicamérier-né de l'Empire; il portait le sceptre dans les marches impériales. L'office d'archicamérier n'était qu'un titre honorifique. *Voy*. CHAMBELLAN.

CAMÉRISIER ou CAMÉCERISIER (c.-à-d. *petit cerisier*), *Xylosteum*, genre d'arbustes de la famille des Caprifoliacées, voisins des Chèvrefeuilles, avec lesquels plusieurs botanistes les confondent encore, mais dont les rameaux ne sont pas sarmenteux; ils ont des feuilles opposées, d'un vert bleuàtre clair et d'une forme ovale; des fleurs blanches et roses, réunies deux à deux, qui donnent naissance à de petites baies accouplées, tantôt blanches, avec l'aspect de la cire, tantôt d'un rouge vif comme la groseille, ou d'un assez beau violet. Ces différentes variétés se trouvent sur les Alpes ou les Pyrénées; on cultive surtout dans les jardins le *Camérisier de Tartarie* ou *Cerisier nain*, à fleurs roses; cet arbuste fait, dans les massifs, un assez joli effet.

CAMÉRISTE (de *camera*, chambre), nom qu'on donne aux femmes de chambre des dames de qualité en Italie, en Espagne et en Portugal. — A Madrid et à Lisbonne, la *camareira mayor*, ou première cameriste, a la première charge du palais; c'est la surintendante de la maison royale; elle est chargée d'accompagner la reine.

CAMERLINGUE, nom donné, dans l'ancien Empire d'Allemagne, et encore aujourd'hui à Rome, au dignitaire chargé de l'administration des finances.

CAMION. On nomme ainsi : 1° une voiture de roulage à quatre roues très-basses et très-solides, et qui sert à transporter dans les villes les marchandises d'un grand poids ou d'un volume considérable; — 2° un petit chariot sur lequel, dans les chantiers de construction, les ouvriers traînent les pierres de taille à l'aide de bretelles; on appelle *camionneur* celui qui traîne ou conduit le camion; — 3° des épingles de la plus petite dimension; — 4° un vase de terre dans lequel les peintres en bâtiments délayent le badigeon.

CAMISADE, nom donné, en général, à toute ruse de guerre qui a pour objet de surprendre l'ennemi pendant la nuit. Les uns veulent dériver cette expression de ce que l'ennemi est alors surpris en *chemise*; les autres l'expliquent en disant qu'autrefois, pour amortir l'éclat des armures, les soldats revêtaient leur *chemise* par-dessus leurs armes. L'histoire cite plusieurs camisades importantes : la prise de Pontoise en 1419 fut une camisade; la bataille de Pavie, en 1524, commença par une camisade.

CAMISOLE (diminutif de *camisa*, chemise). Outre le vêtement du matin que tout le monde connaît, on appelle *camisole* ou *gilet de force* un vêtement qui ressemble à un gilet à manches, excepté qu'il se ferme par derrière, et que les manches, prolongées au delà des mains, sont réunies et sans ouvertures. On s'en sert pour contenir les aliénés et les malades en délire. On met aussi la camisole de force à certains condamnés pour les empêcher d'attenter à leurs jours, ou de commettre des actes de violence.

CAMME, nom que l'on donne, dans les grosses forges et dans plusieurs autres usines, à des saillies ou dents très-solides, pratiquées à la surface d'un arbre qui, tournant sur lui-même par le moyen d'une grande roue et d'une chute d'eau, fait lever des pilons ou des soufflets, auxquels sont adaptées d'autres dents que les cammes rencontrent. On le donne également à des lames de bois ou de fer saillantes, fixées aux axes tournants d'une machine à pilon. La camme agit momentanément sur un objet qu'elle entraîne ou repousse pendant une partie de sa révolution, et qu'elle abandonne ensuite, différant en cela de l'engrenage, dont l'action est continue.

CAMOMILLE (autrefois *Chamœmelum*, d'où son nom français), *Anthemis*, genre de plantes de la famille des Composées, section des Corymbifères de Jussieu, et la tribu des Sénécionidées des nouveaux botanistes, est caractérisé par son involucre hémisphérique, ses fleurs radiées à demi-fleurons femelles et fertiles, et son réceptacle convexe et garni de paillettes. Toutes les espèces de ce genre sont des plantes herbacées renfermant une huile volatile d'odeur agréable et de couleur azurée. L'espèce appelée *C. Romaine* (*Anthemis nobilis*) est une plante vivace à fleurs jaunes au centre, blanches à la circonférence et d'un usage populaire comme stomachique; sudorifique, antispasmodique, fébrifuge et emménagogue. Cette plante croît dans toutes les contrées sablonneuses de la France; mais les pharmaciens n'emploient guère que celles qui sont cultivées et dont les capitules sont plus gros, plus pleins et sont devenus tout blancs par la transformation des fleurons en demi-fleurons. On a encore la *C. Puante* ou *Maroute* (*A. cotula*), succédanée de la précédente, la *C. des Teinturiers* (*A. tinctoria*), vulgairement *Œil de bœuf*, qui donne aux laines une belle teinte jaune aurore, et le *Pyrèthre* (*A. Pyrethrum*). *V*. PYRÈTHRE.

— On donne à tort le nom de *C. ordinaire* à une espèce de *Matricaire* (*Matricaria Camomilla*) qui s'emploie comme la Camomille, et celui de *C. de Picardie* à une Crucifère, la *Caméline cultivée*. *Voy*. CAMÉLINE.

CAMOUFLET (par contraction du latin *calamo flatus*, soufflé par un chalumeau). En termes de

Fortification, *donner un camouflet*, c'est souffler de la fumée fort épaisse contre l'ennemi, dans les ouvrages souterrains, pour l'étouffer, le suffoquer ou le forcer à se retirer. Pour cela, on fait passer par un trou percé dans la terre un canon de fusil ouvert par les deux bouts, et dans l'intérieur duquel on met une composition de poudre et de soufre qu'on enflamme, et dont on souffle la fumée vers l'ennemi. De là l'expression métaphorique : *donner un camouflet*.

CAMP (du latin *campus*, champ), lieu où se place une armée pour y séjourner plus ou moins longtemps. La forme des camps varie nécessairement suivant la nature des lieux et la disposition du terrain. Cependant, chaque peuple a toujours affecté une disposition particulière. D'après la Bible, les camps hébreux étaient rectangulaires; les Grecs et les peuples de l'Orient, comme encore aujourd'hui les Arabes, préféraient la forme circulaire; les Romains, la forme carrée. Les Grecs, et surtout les Romains, sont les premiers qui aient adopté un ordre régulier dans leurs camps.

CAMPS ROMAINS. On distinguait les *C. de marche* ou *de passage*, que l'on construisait pour les besoins du moment, et les *C. à demeure* (*castra stativa*), qui se divisaient en *C. d'été* (*castra æstiva*) et *C. d'hiver* (*castra hiberna*). Ces derniers, véritables forteresses, renfermaient tous les établissements d'une ville; plusieurs villes modernes leur doivent même leur origine, et les ruines nombreuses qu'on voit encore dans plusieurs endroits de la France, et qu'on appelle communément *Camps de César*, se rattachent à ce genre de camps. Les Romains entouraient leurs camps d'un fossé (*vallum*), revêtu intérieurement d'un parapet (*agger*) fortifié d'une palissade; quatre portes répondaient aux quatre côtés du camp : la *Prétorienne*, du côté du général; la *Décumane*, du côté opposé; la *Dextre*, à droite, et la *Sinistre* à gauche. Un grand chemin de ceinture séparait les tentes de l'enceinte du camp, et deux larges voies correspondant aux quatre issues le coupaient, l'une en long et l'autre en large. Dans la partie supérieure du camp se trouvait une vaste place quadrangulaire, au centre de laquelle s'élevait la *prétoire* ou tente du général; à droite de cette tente, et dans l'enceinte même du prétoire, était l'*Augural*, où se prenaient les auspices; la moitié septentrionale servait de marché (*Forum*), on y voyait la tente du *légat* (lieutenant); dans l'autre moitié se trouvait celle du *questeur* (trésorier) de l'armée; derrière cette place, et perpendiculairement à la porte prétorienne, les tentes formaient de longues lignes (*strigæ*); chaque tente contenait dix soldats (*contubernales*) sous le commandement d'un *decanus*. Les goujats (*calones*) et les vivandiers (*lixæ*) étaient placés en dehors du camp, aux abords extérieurs (*procestria*). Les Romains doivent aux Grecs, et surtout à Pyrrhus, la belle ordonnance de leurs camps; ils ont emprunté aux Étrusques les accessoires religieux.

CAMPS MODERNES. On distingue : le *C. de rassemblement*, lieu où l'on réunit tous les corps qui doivent former une armée au commencement d'une guerre ou à l'ouverture d'une campagne; — le *C. de passage*, que l'on n'occupe qu'en passant; — le *C. stable* ou *permanent*, que l'on doit occuper pendant un temps assez long; — le *C. retranché*, qui est entouré de retranchements et de fortifications; — le *C. volant*, petite armée qui se compose surtout de cavalerie, et qui tient la campagne pour inquiéter l'ennemi, l'observer, courir sur ses ailes, lever des contributions, etc.; — le *C. de manœuvres*, que l'on établit en temps de paix dans des localités propres à cet usage, pour l'instruction des troupes, et où il se fait constamment des exercices, des revues, des simulacres de bataille. V. CASTRAMÉTATION.

CAMPAGNE. Dans l'Art militaire, on comprend ordinairement sous ce nom l'ensemble des opérations (siéges, campements, marches, combats, batailles, etc.) qui ont lieu dans le cours d'une année sous le commandement général d'un même chef, en présence de l'ennemi. — On se sert de ce mot pour exprimer les services de guerre, soit sur terre, soit sur mer. Les lois militaires qui fixent les droits des officiers ou soldats à la retraite (lois des 11 avril 1831 et 3 mai 1832) évaluent chaque campagne à un an en sus du temps de service ordinaire, en sorte que chaque année de service qui comprend une campagne compte pour deux ans. Un décret du 5 décembre 1851 compte comme campagnes les combats livrés à l'intérieur pour rétablir l'ordre. — Dans la Marine, le mot *campagne* s'applique à l'ensemble des opérations qu'exécute une escadre ou un bâtiment entre la sortie du port d'armement et la rentrée. On distingue les campagnes d'*instruction* ou d'*évolution*, d'*observation*, de *croisière*, de *découvertes*, etc.

CAMPAGNOL (de *campagne*), *Arvicola*, genre de petits Mammifères de l'ordre des Rongeurs et de la famille des Rats, vivant dans les champs et sur le bord des eaux. Il comprend plusieurs sous-genres : les *Campagnols* proprement dits, les *Ondatras* ou *Rats musqués*, les *Lemmings* et les *Otomys*. Les Campagnols proprement dits ont trois mâchelières, comme le rat, mais ils s'en distinguent par leur queue, qui est velue, leurs pieds manquent de palmures, et le pouce de devant est caché sous la peau : ils se subdivisent en une vingtaine d'espèces dont les principales sont : 1° le *Rat d'eau* (*Mus amphibius*), commun aux deux continents, un peu plus gros que le rat ordinaire, et gris brun foncé; il suit les ruisseaux pour y trouver les racines des plantes aquatiques, dont il paraît faire sa nourriture exclusive; il y creuse un boyau peu profond, parallèle au cours et muni de plusieurs issues; — 2° le *Campagnol* proprement dit ou *Rat des champs* (*Mus arvalis*), qui ne vit que dans les champs, où il cause les plus grands ravages; il n'a guère plus de 8 à 10 centim. de long; le dessus de son corps est jaune-brun, le ventre est d'un blanc sale. Cet animal habite les terrains élevés, dans lesquels il est pratique de petits terriers divisés en deux ou trois loges. La femelle fait deux portées par an, de 8 à 12 petits chacune; aussi, malgré tous les piéges qu'on leur tend, le nombre de ces animaux malfaisants est-il toujours considérable. Non-seulement le Campagnol mange le grain de semence, mais il coupe le chaume quand il est mûr, le renverse à terre et vide l'épi, soit en le mangeant sur place, soit en l'emportant dans ses magasins; — 3° le *C. économe*, célèbre par ses migrations : cet animal, qui habite le Kamtchatka, est un peu plus gros que le rat des champs; il a le dos plus foncé, et la queue presque noire en dessus, tout à fait blanche en dessous. Au printemps, cette espèce se rassemble en troupes innombrables qui se dirigent vers l'Ouest et parcourent ainsi en bon ordre une étendue de plus de 25 degrés de longitude. Au milieu de juillet, ces troupes arrivent sur les bords de l'Okhotsk, où elles restent jusqu'à l'hiver. Lorsqu'elles reviennent, en octobre, les Kamtchadales célèbrent leur retour par une fête : car ces animaux ramènent avec eux les carnassiers à fourrure dont ils sont la principale nourriture, et présagent ainsi une abondante récolte de pelleteries. Les habitations que se creusent ces Campagnols consistent en une chambre garnie de mousse et de gazon, et entourée d'une foule de galeries latérales conduisant, les unes au dehors, les autres à de vastes magasins qui contiennent leurs provisions. *Voy.* RAT.

CAMPANE (du latin *campana*, cloche), nom donné : 1° en Architecture, au corps du chapiteau corinthien et du chapiteau composite, parce que ces chapiteaux ressemblent à une cloche renversée; 2° à toute décoration, tout ornement de sculpture en manière de crépine, d'où pendent des houppes en forme de clochette, pour un dais d'autel, de trône, de chaire à prêcher, etc. — On étend ce nom à tout ouvrage de soie, d'or, d'argent filé, avec de petits ornements en forme de cloche.

CAMPANELLE (de *campanella*, clochette), nom vulgaire du *Convolvulus* des champs.

CAMPANIFORME ou CAMPANULÉ (en forme de cloche), se dit, en Botanique, des fleurs dont le calice et la corolle ont la forme d'une cloche, comme les Campanules et les Liserons. — Tournefort avait donné le nom de *Campaniformes* aux plantes de sa 1re classe, comprenant les liserons, les muguets, les mauves, etc.

CAMPANILE (de l'italien *campanile*, clocher). *Voy.* CLOCHER.

CAMPANULACÉES, grande famille de plantes Dicotylédones monopétales : calice ordinairement à cinq lobes égaux, corolle monopétale à cinq divisions, alternant avec celles du calice, et renfermant cinq étamines à filets élargis à leur base, et un ovaire soudé avec le tube du calice. Cette famille se compose de plantes lactescentes, qui sont tantôt des herbes, tantôt des arbrisseaux, à fleurs ordinairement bleues ou blanches. Les principaux genres sont : *Campanula* (genre type), *Phyteuma*, *Specularia*, *Elatine*, *Jasione*.

CAMPANULE, *Campanula*, c.-à-d. *Petite cloche*, genre type de la famille des Campanulacées, renferme des plantes herbacées, des sous-arbrisseaux et des arbustes remarquables par la forme élégante de leurs fleurs, habituellement d'un bleu foncé. Ses principales espèces sont la *C.* dite *Violette marine* (*C. medium*), à grosses fleurs blanches ou violettes; la *C. Bocconi* (ainsi nommée d'un botaniste toscan), dont on fait de jolies bordures; la *C. Raiponce* (*C. Rapunculus*), dont les racines et les jeunes pousses se mangent en salade; la *Gantelée* (*C. Trachelium*), et la *C. à feuilles de pêcher* (*C. persicifolia*), qui toutes deux se mangent aussi.

CAMPANULÉ. *Voy.* CAMPANIFORME.

CAMPÈCHE (BOIS DE), espèce de bois propre à la teinture en violet et en noir, qui croît surtout dans la baie de Campêche. *Voy.* BOIS DE CAMPÈCHE.

CAMPHOGÈNE (de *camphre*, et du grec *génos*, origine), combinaison de carbone et d'hydrogène dans les rapports de $C^{20}H^{14}$, qu'on obtient en soumettant le camphre à l'action de corps avides d'eau, tels que le chlorure de zinc ou l'acide phosphorique anhydre : c'est une huile incolore, plus légère que l'eau. Quelques chimistes le considèrent comme un radical du camphre et des corps qui en dérivent. Obtenu d'abord artificiellement par M. Dumas, il a été rencontré plus tard, tout formé, par MM. Gerhardt et Cahours, dans l'huile essentielle de cumin (*Cyminum*) : de là le nom de *cymène* qu'il porte également.

CAMPHORIQUE (ACIDE), acide composé de carbone d'hydrogène et d'oxygène ($C^{20}H^{14}O^3$, HO), qu'on obtient en faisant bouillir du camphre avec de l'acide nitrique. Il se présente en aiguilles incolores, peu soluble dans l'eau froide. Il a été découvert, en 1785, par Kosegarten; MM. Laurent et Malaguti en ont établi la composition en 1836.

CAMPHRE (de l'arabe *camphur*), espèce d'essence concrète, d'une odeur très-forte, d'une saveur amère et aromatique. Le camphre est plus léger que l'eau, entre en fusion à 175°, et bout à 204°; il est si volatil qu'il disparaît bientôt complètement quand on l'expose à l'air libre. Il brûle avec une flamme blanche. L'eau n'en dissout qu'une petite quantité; l'alcool, l'éther, les huiles grasses et les huiles essentielles le dissolvent en toutes proportions. Il se dissout aussi dans l'acide nitrique; cette dissolution portait autrefois le nom d'*huile de camphre*; à chaud, l'acide nitrique convertit le camphre en acide camphorique. Il renferme du carbone, de l'hydrogène et de l'oxygène, dans les rapports de $C^{20}H^{16}O^2$. Le *Camphre de Bornéo* présente une composition différente ($C^{20}H^{18}O^2$), et se convertit par l'acide nitrique en camphre ordinaire.

Le camphre s'extrait du *Laurus camphora* (*Voy.* CAMPHRIER), arbre considérable, très-commun en Orient. L'extraction s'en fait particulièrement au Japon, à Java, à Sumatra et à Bornéo. A cet effet, on divise en fragments le bois de l'arbre, et on le chauffe avec de l'eau dans de grandes cucurbites de fer, surmontées de chapiteaux en terre dont l'intérieur est garni de cordes de paille de riz. Le camphre, entraîné par la vapeur d'eau, se sublime et vient s'attacher à ces cordes, à l'état d'une poudre grise : on le raffine, en Europe, par une nouvelle sublimation dans des matras hémisphériques en verre. Plusieurs huiles essentielles, comme celles de lavande, de romarin, de marjolaine, et d'autres plantes de la famille des Labiées, renferment du camphre en petite quantité; quelques autres essences, comme celles de valériane, de tanaisie, de semen-contra, fournissent du camphre quand on les traite par l'acide nitrique.

Le camphre est employé dans la préparation des vernis, surtout de l'espèce recherchée sous le nom de *vieux laque*. On s'en sert aussi dans les feux d'artifice; la propriété qu'il a de brûler sur l'eau fait supposer qu'il entrait dans la composition du feu grégeois. Son odeur est mortelle pour les petits animaux, particulièrement pour les insectes et les vers: on l'emploie, par cette raison, pour conserver les collections d'histoire naturelle, les pelleteries, les étoffes de laine. On l'utilise comme antiseptique dans les embaumements; il fait partie des pastilles dont on se sert pour parfumer l'air. On en fait un fréquent usage en médecine dans les affections nerveuses comme antispasmodique; on le prescrit aussi comme stimulant diffusible, diaphorétique et antiseptique; on l'emploie en frictions contre les affections rhumatismales. Il a été surtout préconisé par M. Raspail, dont le nom est resté attaché aux cigarettes qu'il recommande comme préservatifs contre une foule de maladies. On administre le camphre à l'intérieur sous forme de poudre, de bols ou pilules, et de solutions; la dose varie de 25 à 30 centigr. jusqu'à 1 ou 2 grammes dans les 24 heures, mais il faut le fractionner avec soin : à trop forte dose, c'est un violent poison. Comme solution, on l'emploie ordinairement sous forme d'*eau camphrée*, d'*eau éthérée camphrée* ou d'*éther camphré*. Pour l'usage externe, on emploie l'*eau-de-vie camphrée*, le *vinaigre camphré*, et l'*huile* ou la *pommade camphrée*.

Le camphre était inconnu aux Grecs et aux Romains; il paraît avoir été introduit en Europe par les Arabes.

On appelle *Camphre artificiel* une substance blanche, plus légère que l'eau et d'une odeur analogue à celle du camphre, qui s'obtient en saturant de gaz chlorhydrique l'huile essentielle de térébenthine. Ce produit est sans usages.

CAMPHRÉE, *Camphorosma*, genre de la famille des Chénopodées, renferme des plantes herbacées qui croissent dans les lieux stériles et sablonneux des contrées méridionales. La *Camphrée de Montpellier*, petit arbrisseau à rameaux longs et blanchâtres, à feuilles alternes, petites, nombreuses, à fleurs verdâtres, exhale une forte odeur de *camphre*, et s'emploie contre l'asthme et l'hydropisie.

CAMPHRIER, *Laurus camphora*, genre de la famille des Laurinées, tribu des Camphorées, est originaire des contrées montueuses de l'extrême Orient. Il a le port du tilleul, l'écorce du tronc raboteuse et grisâtre, les feuilles ovales, longues, alternes, d'un beau vert luisant; les fleurs blanches, petites, en panicule; les fruits pourpres, noirâtres, à une seule graine, de la grosseur du pois chiche. On en retire le camphre. *Voy.* CAMPHRE.

CAMPYL... (du grec *campylos*, recourbé), entre dans la composition d'un grand nombre de termes de Botanique et d'Entomologie, comme *Campylan-thère*, *Campylocarpe*, *Campylodonte*, etc., et désigne partout des organes remarquables par leur courbure.

CANAL (du latin *canalis*), cours d'eau artificiel, peut être construit dans l'intérêt de la salubrité, de l'agriculture ou du commerce. De là, trois genres de canaux : les *C. de desséchement*, qui ont pour but de dessécher des marais ou des terrains inondés, et que l'on creuse dans la direction de la plus grande pente ; les *C. d'irrigation*, qui servent soit à fertiliser des terres trop desséchées, en amenant par une pente douce l'eau d'un réservoir supérieur sur le terrain qu'on veut arroser, soit à approvisionner d'eau une grande ville ; les *C. de navigation*, creusés pour le transport des denrées et des marchandises ; ces derniers se divisent en *C. de dérivation* ou *latéraux*, et *C. à écluses*. — Les *C. de dérivation* sont destinés à remplacer un cours d'eau naturel dont la navigation est imparfaite, et se construisent latéralement à ce cours d'eau, dans la vallée même qu'il parcourt. Ils empruntent leurs eaux au fleuve qu'ils remplacent ou à ses affluents, et se composent des *biefs*, canaux horizontaux réunis par des chutes ; ils n'offrent aucun courant sensible, et les bateaux peuvent les parcourir dans les deux sens avec la même facilité. — Les *C. à écluses* ont pour but de réunir deux rivières, et quelquefois même deux mers différentes par une route navigable en faisant franchir aux bateaux les hauteurs qui séparent les vallées que ces cours d'eau parcourent. Ces canaux sont alimentés par de vastes réservoirs, naturels ou artificiels, appelés *bassins de partage*, et situés au point de partage des eaux, c.-à-d. au sommet des hauteurs d'où les eaux qui proviennent de la pluie, de la fonte des neiges ou des sources naturelles, s'écoulent dans les vallées environnantes. Les *écluses* (Voy. ce mot), en se vidant et en se remplissant à volonté, forment comme les degrés d'un escalier à l'aide duquel les bateaux peuvent franchir les pentes les plus considérables. — Les canaux de dérivation sont connus dès la plus haute antiquité : l'Egypte ancienne était sillonnée de canaux dont on voit encore les ruines. De très-bonne heure, les Chinois ont su construire des canaux d'irrigation et de navigation : le plus célèbre de tous est le *C. Impérial*, qui traverse la Chine du nord au sud, et dont le développement est d'environ 1,300 kilom. Les Grecs et les Romains ne se sont point signalés par la construction des canaux : cependant ces derniers ont eu l'idée gigantesque de réunir la mer du Nord à la Méditerranée, au moyen d'un canal entre le Rhône et le Rhin. Charlemagne reprit ce projet en 794 ; mais il n'a été réalisé que de nos jours, en 1845, par la construction du *Canal Louis*, qui unit le Danube au Mein par l'Altmühl. Pendant le moyen âge, l'hydraulique resta à peu près stationnaire, et, au XVᵉ siècle, une nouvelle impulsion fut donnée à la construction des canaux. La France et l'Italie septentrionale donnèrent l'exemple ; malheureusement elles se sont laissé devancer par les nations qui vinrent après elles, et aujourd'hui les contrées les plus favorisées sous ce rapport sont l'Angleterre, les Etats-Unis et la Hollande. La création des chemins de fer a pu faire craindre que les canaux ne devinssent inutiles ; mais il est à penser que ces deux moyens de transport, loin de se nuire, s'aideront mutuellement, les railways étant plutôt faits pour transporter les voyageurs et les marchandises peu volumineuses, et les canaux pour les lourds fardeaux et les marchandises encombrantes. On peut consulter sur ce sujet : l'*Histoire de la navigation intérieure de la France*, par Dutens, 1829, in-4, et l'ouvrage de M. Collignon, *Du concours des canaux et des chemins de fer*, Paris, 1845, in-8.

Aujourd'hui, on compte en France une centaine de canaux, dont les principaux sont : au N., ceux de la Sambre, de la Somme, de Saint-Quentin, des Ardennes, de l'Oise canalisée ; près de Paris, ceux de l'Ourcq, de St-Denis et de St-Martin ; au centre, ceux de Briare et du Loing, d'Orléans, du Berri, du Nivernais, de la Saône à la Loire, dit aussi canal du Centre ou du Charollais, le canal latéral à la Loire ; à l'O., ceux de l'Ille-et-Rance, de Bretagne ou de Nantes ; au S., ceux du Midi ou du Languedoc, d'Arles à Bouc ; d'Aire à la Bassée, le canal latéral à la Garonne, ceux des Pyrénées, de Beaucaire ; à l'E., ceux de Bourgogne ou de la Saône à l'Yonne, du Rhône au Rhin, et de la Saône au Rhin ou de Monsieur. — Plusieurs compagnies importantes ont entrepris la construction et l'exploitation de ces divers canaux ; on cite, entre autres, celle des *Quatre-Canaux* (Bretagne, Nivernais, Berri, Latéral à la Loire), et celle des *Trois-Canaux* (Ardennes, Somme et Oise).

En Anatomie, on a donné le nom de *canal* à des cavités étroites, plus ou moins allongées, destinées à laisser passer certains liquides, ou à recevoir des organes divers : *C. digestif*, *C. aérien*, *C. vertébral*, *C. veineux*, *C. artériel*, *C. médullaire*, *C. thoracique*, *C. inguinal*, etc. On appelle *C. de Bichat* un repli de l'arachnoïde, au-dessous du bourrelet du corps calleux, par lequel cette membrane pénètre dans le ventricule moyen du cerveau ; *C. de Ferrein*, la gouttière triangulaire qui résulte du rapprochement des bords libres des paupières et de leur application contre le globe de l'œil ; *C. de Rivinus*, de *Stenon*, de *Wharton*, de *Wirsung*, les conduits excréteurs de la 3ᵉ glande salivaire, de la glande parotide, de la glande sous-maxillaire, du pancréas.

En Botanique, on nomme *Canal de la séve* le creux qui est au centre de la tige de certains végétaux ligneux, et qui reçoit et conduit la séve ; *C. médullaire*, l'espèce d'étui longitudinal qui occupe le centre des plantes Dicotylédonées, et dans les parois duquel est circonscrite la moelle qui, dans les végétaux monocotylédonés, forme en quelque sorte la masse de la tige.

CANALICULE (diminutif de *canal*), nom donné en Botanique à la rainure longitudinale qu'on observe sur les feuilles et les pétioles de certaines plantes.

CANARD, *Anas*, genre d'oiseaux aquatiques de l'ordre des Palmipèdes, de la famille des Lamellirostres, tribu des Anatinées, comprend, dans sa plus grande extension, les *Cygnes*, les *Oies* et les *Canards* proprement dits. Ces derniers ont pour caractères : un bec plat, aussi large à son extrémité que vers la tête ; un cou beaucoup moins long que celui des oies et des cygnes ; des jambes plus courtes et placées plus en arrière encore que celles des cygnes, ce qui rend leur marche pénible et embarrassée. Si les canards marchent mal, ils volent avec rapidité, et quelquefois extrêmement haut ; ils excellent surtout dans la natation, fendent l'eau avec grâce, et plongent avec beaucoup d'adresse. Le canard vit presque toujours sur l'eau, où il trouve sa nourriture de prédilection, et il construit son nid au milieu des joncs et des marécages. La plupart des espèces sont sujettes à une double mue qui donne à leur plumage un aspect tout nouveau. Presque toutes aussi exécutent de longs voyages ; elles passent l'hiver dans les contrées tempérées, et retournent, dès le printemps, dans les pays du Nord. — Il existe une foule d'espèces ou de variétés de ce genre, parmi lesquelles nous citerons, outre le *C. sauvage*, qui est le type du genre, et le *C. domestique*, qui en provient, le *C. musqué*, le *C. ridenne*, dit aussi *Chipeau* ou *Rousseau*, le *C. à longue queue* ou *Pilet*, le *C. siffleur*, le *C. huppé*, l'*Eider*, le *Souchet*, le *Tadorne*, le *Garrot*, le *Morillon*, la *Macreuse*, la *Sarcelle*, etc. La *Bernache* et le *Cravant*, que quelques naturalistes rangent parmi les *Canards* proprement dits, appartiennent plutôt à la famille des Ansérinées.

Le *Canard sauvage* (*Anas boschas*), espèce type,

habite le nord des deux continents, et arrive dans nos contrées vers le milieu de novembre. Le mâle a la tête et le cou d'un vert très-foncé, un collier blanc au bas du cou, et les parties supérieures rayées de brun cendré et de gris blanchâtre, la poitrine marron foncé, le bec d'un jaune verdâtre, les pieds orangés ; sa longueur est de 50 à 60 centim. Les canards sauvages volent par troupes nombreuses ; ils ont le vol très-élevé, ce qui les rend très-difficiles à tirer : aussi emploie-t-on, pour les chasser, des fusils fort longs et d'un gros calibre qui portent très-loin, et qu'on nomme *canardières* ; on leur tend aussi toutes sortes de pièges. La chair de ce gibier est très-estimée.
— Le *Canard domestique* provient du canard sauvage, croisé avec des espèces étrangères ; il a le plumage également varié, quoique nuancé de couleurs moins vives ; son bec est tantôt d'un vert olivâtre et tantôt d'un assez beau jaune aurore ; ses pattes sont toujours de cette dernière couleur. Le mâle se distingue de la femelle par quatre plumes relevées en crochet au milieu de la queue. Un seul canard mâle suffit à huit ou dix *canes* ou femelles : celles-ci pondent de 10 à 12 œufs, qu'elles couvent pendant un mois. En six mois, le *caneton* a pris tout son accroissement. La chair du canard commun est plus grasse et moins digestible que celle du canard sauvage : on estime les canards engraissés de la Normandie et du Languedoc ; on sale quelquefois la chair de ces derniers pour la conserver.
— On connaît la douceur, la finesse et l'abondance du beau duvet dont le ventre des canards est couvert ; aussi, dans beaucoup de pays, est-on dans l'usage de le leur enlever au mois d'avril et au mois de septembre : l'*édredon* est le duvet de l'espèce de canards appelée *Eider* (*Voy.* ce nom).—Le *C. musqué* (*A. moschata*) doit son nom à l'odeur qu'il répand, et qui provient d'une liqueur grasse, filtrant de glandes situées près du croupion. Sa tête est garnie de caroncules charnues d'un rouge vif ; son plumage est très-varié : tantôt il est presque tout noir, tantôt tout à fait blanc ; sa chair a une odeur désagréable qu'on atténue en lui ôtant le croupion au moment où l'on vient de le tuer. On lui donne aussi les noms de *C. de Barbarie*, de *C. de Guinée*, de *C. d'Inde*. Il est originaire de l'Amérique du Sud, et semble redouter le froid de nos climats. — *Voy.* SARCELLE, MACREUSE, etc.

CANARDIÈRE, long fusil. *Voy.* CANARD SAUVAGE.
CANARI, espèce de Serin. *Voy.* SERIN.
CANCEL (du latin *cancellus*, barreau), nom qu'on donnait autrefois à la partie du chœur d'une église qui est la plus rapprochée du grand autel, et qui est ordinairement fermée d'une balustrade. On l'appelle aujourd'hui *sanctuaire*.— Ce mot désignait aussi le lieu entouré d'une balustrade dans lequel on tenait le sceau de l'État.
CANCELLAIRE, genre de Coquilles univalves marines, de l'ordre des Gastéropodes et de la famille des Pectinibranches de Cuvier, a pour type la *C. asperelle*, ventrue, gaufrée, de couleur jaunâtre, et renferme une cinquantaine d'espèces, toutes recherchées pour leur beauté.
CANCER, nom latin du Crabe. *Voy.* CRABE.
En Astronomie, on appelle *Cancer* le 4e des douze signes du Zodiaque ; il est placé dans l'hémisphère boréal et est représenté sous la figure d'une *écrevisse* ; c'est le 21 juin que le soleil nous paraît entrer dans cette partie de l'écliptique. Le signe du Cancer donne son nom à une constellation composée de 83 étoiles fort petites, au milieu desquelles on remarque une nébuleuse qu'on nomme *la Crèche* (*præsepe*) ou *la Ruche*. Depuis près de 2,000 ans, cette constellation ne coïncide plus avec le signe.— On donne le nom de *Tropique du Cancer* au cercle parallèle à l'équateur que le soleil paraît décrire dans son mouvement diurne le jour où il entre dans

le signe du Cancer (21 juin) : ce jour est appelé *Solstice d'été*. *Voy.* TROPIQUES et SOLSTICES.

CANCER, en Médecine. On appelle ainsi une maladie chronique, et presque toujours incurable, qui désorganise tous les tissus où elle se développe, et qui se les assimile en s'étendant toujours de plus en plus. On lui a donné ce nom, soit qu'on ait comparé aux pattes d'un crabe les veines dilatées et engorgées qui s'écartent en rayonnant autour de la tumeur cancéreuse, soit parce qu'on a cru anciennement qu'un animal dévorait les parties malades. Les tumeurs cancéreuses sont formées par les deux productions anormales que Laënnec a appelées *matière squirreuse* et *matière encéphaloïde* ou *cérébriforme* (*V.* SQUIRRE et ENCÉPHALOÏDE). — Tous les tissus, excepté l'épiderme, et peut-être les cartilages articulaires, peuvent être le siège de cette dégénérescence ; mais les mamelles, l'utérus, les parties génitales, la vessie, l'estomac, sont les organes où on l'observe le plus souvent ; puis viennent la peau (surtout celle des lèvres et de la face en général), les organes internes (le foie, l'estomac, le rectum). A la peau, le cancer débute par un tubercule ou verrue ; dans les membranes muqueuses, il se développe sous la forme de *polypes* charnus ou fibreux ; celui des os constitue l'*ostéosarcôme*.
Les causes du cancer sont encore fort obscures. En général, le cancer n'apparaît que depuis l'âge de 30 à 40 ans ; les femmes y sont plus exposées que les hommes. On signale les climats chauds comme favorisant la production du cancer, mais surtout comme hâtant sa marche. Comme causes locales ou déterminantes, on cite les violences extérieures, coups ou chutes, les pressions, les irritations de toute espèce et l'inflammation chronique. On admet aussi une *diathèse cancéreuse*, c.-à-d. l'existence d'un *vice* général de l'économie, qui vient se manifester et se développer dans telle ou telle partie.— Le cancer est caractérisé en général par son développement progressif, la tendance qu'ont les glandes voisines à se tuméfier, l'incurabilité presque constante de la maladie, la propriété qu'elle a de se reproduire, et surtout par cette altération profonde de l'organisation qu'on a appelée *cachexie cancéreuse*, altération qui se manifeste par l'air de souffrance et la pâleur extrême du malade, son amaigrissement et l'état de la peau, qui est froide et sèche comme du parchemin ; ce mal n'est pas contagieux, mais il peut être héréditaire.
Le traitement est *local* ou *général*. Le traitement local comprend : la *compression*, au moyen de disques d'agaric et d'une bande de toile (ce moyen s'applique surtout au cancer du sein) ; les *antiphlogistiques*, les *topiques*, soit résolutifs (cataplasmes de farine d'orge ou de fèves délayée dans l'eau de savon ; frictions de pommade d'iodure de potassium ou d'une pommade mercurielle ; emplâtres fondants de Vigo, etc.) ; soit narcotiques (fomentations ou cataplasmes avec décoction de pavot ou de morelle, de jusquiame, de belladone, de ciguë, emplâtres opiacés, etc.) ; — la *cautérisation* : les caustiques les plus usités sont la *pâte de Rousselot* ou de *frère Côme* ; le nitrate de mercure liquide, la solution de chlorure d'or dans l'eau régale, le chlorure de zinc ; — enfin, l'*ablation* par l'instrument tranchant : c'est le seul moyen réellement efficace ; encore faut-il que la maladie soit locale, que la tumeur squirreuse soit récente, peu volumineuse, et qu'elle provienne de cause externe ; que les douleurs lancinantes soient rares ; que les glandes lymphatiques voisines ne soient nullement engorgées ; que le malade soit d'ailleurs dans de bonnes conditions de santé. Il faut avoir grand soin d'extirper le mal jusqu'à ses dernières racines, pour éviter une répullulation inévitable, et toujours plus grave que la maladie première. — Le traitement général a lieu ordinairement par la ciguë, prise à l'intérieur sous forme

d'extrait, et à l'extérieur sous forme d'emplâtre; on y joint de la tisane de squine ou de bardane et de saponaire, et un régime alimentaire sévère. On a beaucoup vanté aussi l'arséniate de soude, les mercuriaux, les sels de cuivre, l'hydrochlorate de baryte, l'iode, l'aconit, la belladone, etc., ainsi que l'usage des eaux minérales salines ou sulfureuses.

CANCHE, *Aira* (mot qui en grec signifie *ivraie*), genre de plantes de la famille des Graminées, tribu des Avénacées, épillets à 2 fleurs égales, hermaphrodites et sessiles, glumes aussi grandes que les fleurs; arête dorsale, tordue à sa base qui termine la paillette inférieure de la glume. Les Canches forment des touffes plus ou ou moins épaisses de petites herbes à feuilles étroites, à panicules étalées, communes sur tous nos chemins, dans les lieux secs et sablonneux des régions froides ou tempérées. Elles fournissent aux troupeaux un excellent pâturage; mais leur petitesse empêche qu'on en fasse des prairies artificielles.—La *Canche touffue* (*Aira cespitosa*, L.), l'espèce la plus grande et la plus belle, est remarquable par une panicule ample, longue et un peu inclinée, composée de plusieurs fleurs, d'un vert argenté luisant; les autres espèces sont petites et figurent fort bien dans les gazons.

CANCRE, *Cancer*, nom vulg. du Crabe. *V.* ce mot.

CANDELABRE (du latin *candelabrum*, dérivé lui-même de *candela*, lampe, chandelle). L'usage des candélabres est très-ancien: c'étaient d'abord un roseau, une canne, placés sur un disque et surmontés d'un corps en forme de plat. La plupart des candélabres rappellent cette origine; ils ont la forme d'une branche d'arbre ou d'un bâton; ils sont généralement en bronze, quelquefois en marbre; plusieurs atteignent de 2 à 3 m. de hauteur. Chez les anciens, ils portaient le plus souvent des lampes, et servaient à la décoration des temples, des palais et des bains publics; le musée du Vatican possède une riche collection de ces candélabres. De nos jours, ces grands candélabres ne sont plus guère usités que dans les décorations des églises et des monuments funèbres. — On appelle encore *candélabre* un grand chandelier fait à l'antique, et ordinairement à plusieurs branches, que l'on place sur les tables à manger et les cheminées des grands appartements, et qui sont destinés à recevoir plusieurs bougies.

En Architecture, on donne ce nom à un amortissement en forme de balustre, qui se place à l'entour intérieur d'un dôme, ou au-dessus du portail d'une église.

On connaît sous le nom de *Candélabre de Thuringe* un monument en pierre, haut de 10 mètres, qui fut élevé en 1811, près d'Altenbourg, par le duc de Saxe-Gotha, en mémoire de la première église allemande, fondée en cet endroit par saint Boniface.

CANDI (du latin *candidus*, blanc, ou de l'île de Candie, où il aurait été fabriqué pour la première fois). On appelle *sucre candi* le sucre cristallisé régulièrement et en grosses masses. Pour l'obtenir ainsi, on fait un sirop qu'on laisse évaporer jusqu'à ce qu'une goutte versée sur un corps froid se prenne sans s'étaler; on le verse alors dans une terrine où l'on a disposé des fils croisés en différents sens, et on le laisse refroidir lentement: les cristaux se forment autour des fils. — On trouve dans le commerce du *C. blanc* et du *C. jaune*; ce dernier est fait avec du sucre dont le sirop n'a pas été décoloré. — Le sucre candi n'a point de propriétés particulières; les confiseurs en emploient beaucoup dans la fabrication des bonbons. — On appelle *fruits candis* des fruits confits, ordinairement entiers, sur lesquels on a fait candir une couche de sucre.

CANDIDAT (de *candidus*, blanc). Les Romains nommaient ainsi ceux qui briguaient les charges, à cause de l'usage où ils étaient de revêtir un habit blanc durant les deux années destinées aux épreuves

de leur candidature. La première année (*annus professionis*), les candidats haranguaient le peuple: cela s'appelait *profiteri nomen suum*, avouer son nom, parce qu'on énumérait le mérite des ancêtres et les services qu'ils avaient rendus. Au commencement de la seconde année, les candidats priaient les magistrats d'inscrire leurs noms parmi les prétendants, et ils étaient alors admis ou non admis à solliciter les suffrages du peuple.

CANE, femelle du Canard. *Voy.* CANARD.

CANÉFICIER ou CASSIER, arbre exotique qui produit la *casse*, dite aussi *canéfice*. *Voy.* CASSE.

CANEPETIÈRE, nom vulgaire de la *Petite Outarde*, commune dans le Midi. *Voy.* OUTARDE.

CANÉPHORE (du grec *canè*, corbeille, et *phérô*, porter), nom donné dans les cérémonies religieuses des anciens aux jeunes filles qui portaient des corbeilles où étaient déposés divers objets pour les sacrifices. Les Canéphores jouaient un rôle important dans les mystères de Cérès et de Bacchus. Aujourd'hui, on donne ce nom en Architecture aux Caryatides qui représentent des femmes ou de jeunes hommes portant des corbeilles.

CANEPIN, dit aussi *Cabretille*, cuir très-mince et léger, qui se lève dessus la peau de l'agneau ou du chevreau, après qu'elle a été préparée par le mégissier. Les couteliers et les chirurgiens s'en servent pour essayer les tranchants délicats, lancettes, bistouris, etc. Les gantiers nomment le canepin *cuir de poule*, et en fabriquent des gants légers de femmes pour l'été; on s'en servait aussi autrefois pour les éventails.

CANETON, nom vulgaire du jeune Canard. Il conserve ce nom jusqu'au moment où ses ailes se croisent au-dessus de la queue. On dit alors que les canetons sont croisés, ou bons à manger.

CANETTE (de *cane*, femelle du canard). Ce mot désigne: 1° une petite Cane; 2° la Sarcelle d'hiver; 3° en termes de Blason, un oiseau représenté sans pieds; 4° une mesure de liquides usitée dans le nord de la France, principalement pour la bière.

On appelle encore *canette*, et mieux *cannette* (de *canna*, roseau): 1° un robinet de bois, de plomb ou de cuivre dont on se sert pour vider un tonneau: on dit aussi *cannelle*: 2° dans les filatures, un petit tuyau de bois ou de roseau sur lequel on met le fil ou la soie pour la trame d'une étoffe.

CANEVAS (du latin *cannabis*, chanvre), grosse toile claire, blanche ou écrue, sur laquelle on a tracé des dessins de toute espèce, et dont on se sert pour faire des ouvrages de tapisserie ou de broderie.

Au figuré, on donne ce nom à une sorte de comédie en manière d'*impromptu* autrefois en usage au théâtre italien: c'était un plan de comédie que l'on donnait aux acteurs, en leur laissant le soin de fournir d'eux-mêmes les détails du dialogue. Arlequin, Polichinelle, Pantalon, etc., formaient d'ordinaire les principaux personnages de ces sortes de pièces. — Ce terme s'emploie aussi en composition musicale.

CANGUE, supplice en usage dans plusieurs contrées de l'Asie, et notamment en Chine. C'est une espèce de carcan portatif, consistant tantôt en une grande table percée de trois trous, l'un pour passer le cou, et les autres pour passer les mains; tantôt en un triangle de bois qu'on fixe au cou du patient, et auquel une de ses mains est attachée.

CANICHE, nom vulg. du chien *Barbet*. *V.* BARBET.

CANICULE (du latin *canicula*, diminutif de *canis*, chien), en latin *Sirius, Sothis* chez les Égyptiens, la plus brillante des étoiles fixes, nommée aussi *Étoile du chien*, parce qu'elle fait partie de la constellation australe du *Grand Chien* (*Voy.* ce mot), dont elle est l'étoile α. Les anciens lui attribuaient une grande influence sur l'économie animale. — On appelle aussi *Canicule* ou *jours caniculaires* le temps durant lequel le soleil est censé se lever avec cette étoile (du 24 juillet au 26 août); par l'effet de la *précession* des équinoxes (*Voy.* ce mot), le lever héliaque de Sirius n'arrive plus aujourd'hui que quand les jours caniculaires sont passés. L'époque de la canicule est le temps le plus chaud de l'année, surtout au début; car, vers la fin, la chaleur a déjà sensiblement diminué. Les Égyptiens comptaient le commencement de leur année à partir des jours caniculaires : c'était leur année *sothiaque* ou *cynique*.

CANIF (de l'anglais *knife*, même signification). Outre l'instrument que tout le monde connaît, on a imaginé, il y a quelques années, des canifs dits *taille-plumes*, qui taillent les plumes d'un seul coup. Ce sont des espèces de tenailles, dont l'intérieur est garni de parties tranchantes ayant la forme d'une plume bien taillée. En introduisant la plume dans cet instrument, et en serrant fortement, la plume se trouve à la fois taillée et fendue. — On appelle aussi *canif* un outil avec lequel les graveurs sur bois creusent différentes parties de leurs planches.

CANIN (de *canis*, chien). On appelle *dents canines* quatre dents pointues situées entre les incisives et les molaires, une à chaque côté de la mâchoire (*Voy.* DENTS); — *faim canine*, une faim dévorante (*Voy.* CYNOREXIE et BOULIMIE); — *fosse canine*, une dépression de la face externe de l'os maxillaire supérieur, un peu au-dessus de la *dent canine*; — *muscle canin* ou *élévateur de l'angle des lèvres*, le muscle qui a son origine dans la fosse canine, et va se terminer à la commissure des lèvres; — *ris canin*, le rire sardonique, produit par la contraction du muscle canin, surtout d'un seul côté.

CANITIE (du latin *canities*, de *canus*, blanc), blancheur des poils et surtout des cheveux. On distingue la *C. native* ou *congéniale*, qui s'observe chez les Albinos (*Voy.* ce mot); la *C. sénile*, qui est due aux progrès de l'âge; la *C. accidentelle*, qui survient à la suite d'une maladie grave, ou qui se produit quelquefois presque soudainement chez les individus encore dans toute la force de l'âge. Les causes de la canitie subite sont fort peu connues. On cite quelques exemples d'individus dont les cheveux ont blanchi en quelques heures par l'effet d'une émotion violente. On a prétendu que les travaux du cabinet font blanchir les cheveux; mais cette assertion n'est pas parfaitement prouvée. Il est constant, néanmoins, que les progrès de la canitie, comme ceux de la calvitie (*Voy.* ce mot), peuvent être hâtés par les fatigues du corps et celles de l'esprit, par les excès de tout genre, les émotions fortes et les chagrins.

CANIVEAU (de *caniculus*, petit canal), nom donné, en Architecture, à toute pierre creusée dans le milieu en manière de ruisseau, pour faire écouler l'eau. On taille des pierres en caniveau pour paver une cuisine, une laiterie, un laboratoire, etc. — On donne aussi ce nom aux gros pavés qui, étant assis alternativement avec les contre-jumelles et un peu inclinés, traversent le milieu d'un ruisseau. *Voy.* PAVÉ.

CANJARE ou CANDJIAR, dit aussi *Cric*, poignard dont se servent les naturels des Indes Orientales; la lame, large de trois doigts et de la longueur de nos baïonnettes, s'emmanche, pour ainsi dire, dans la main par une poignée terminée en pointe d'écluse, et est communément empoisonnée.

CANNABINE (du latin *cannabis*, chanvre), nom donné à plusieurs espèces de Guimauves et d'Orties, ainsi qu'au Datisque (*Voy.* ce nom), à cause de leur ressemblance extérieure avec le chanvre. — C'est aussi un des noms de la *Linotte. Voy.* ce mot.

CANNABIS, nom latin du Chanvre, adopté par les Botanistes pour désigner ce genre de plante. On en a tiré celui de *Cannabinées*, famille du grand groupe des Urticées, qui a pour type le Chanvre.

CANNAMELLE (du latin *canna*, roseau, et *mel*, miel), *Saccharum*, genre de la famille des Graminées, a pour espèces principales : la *C. officinale* ou *Canne à sucre* (*Voy.* ci-après); la *C. de Ravenne*,

belle plante qui monte à 2 et 3 m., et dont les Turcs et les Arabes emploient la tige pour faire des tuyaux de pipe; la *C. cylindrique*, dont la tige s'élève de 2 à 4 m. dans les sables mouvants du midi de la France : elle sert à fixer ces sables au moyen de ses racines longues et tortueuses.

CANNE (du latin *canna*, roseau), nom vulgaire donné à toutes les plantes à tiges droites, articulées par intervalles, et qui laissent échapper de ces nœuds ou renflements des feuilles formant gaîne à leur base. Le plus souvent il signifie *Roseau*, en latin, *Calamus*.

On appelle *Canne aromatique* ou *Jonc odorant* (*Calamus aromaticus*), une espèce d'Acore (*Voy.* ce mot); *C. à écrire*, *Jonc à écrire* (*Calamus scriptorius*), un roseau très-mince dont le tube est un peu moins gros que le petit doigt, long de 16 à 18 centim., et qui se taille comme nos plumes ordinaires : la canne à écrire, très-connue des anciens, et dont on se servait pour écrire sur le *papyrus*, est encore en usage aujourd'hui dans tout l'Orient; *C. à main*, les jets droits et pliants du Rotang, dont on fait les cannes vulgairement appelées *rotins*; *C. à sucre*, une espèce du genre Cannamelle (*Voy.* ci-après); *C. bamboche*, le Bambou; *C. Congo* ou *C. d'Inde*, la racine du Balisier; *C. de Provence*, *C. Roseau*, *Roseau à quenouilles*, une plante du Midi connue des botanistes sous le nom d'*Arundo Donax. Voy.* ce nom.

Par extension, on a donné le nom de *canne* au bâton sur lequel on s'appuie en marchant. On en fait en toutes sortes de matières; les meilleurs sont en bambou et en jonc : elles sont à la fois solides et légères. On en fabrique aujourd'hui en fer creux laminé. De tout temps, la canne a été tout à la fois la marque de la vieillesse et le signe du commandement. C'est encore un objet d'ornement qu'on porte par maintien et par mode plus que par nécessité. Dans le siècle dernier, les dames portaient aussi des cannes : ces cannes étaient assez longues, mais minces et légères, et ornées d'une pomme plus ou moins précieuse. Dans les régiments, les tambours-majors ou tambours-maîtres sont armés d'une canne ornée d'une grosse pomme d'argent et d'un cordon; ils s'en servent pour commander aux tambours au moyen de signaux. — On appelle *C. à parapluie* une canne, le plus souvent en fer creux, dans l'intérieur de laquelle est renfermé un parapluie que, par un ingénieux mécanisme, on peut déplier et replier assez rapidement.

Comme armes, on distingue : la *C. à vent*, qui n'est autre que la *sarbacane* ou le *fusil à vent* (*Voy.* ces mots); la *C. à dard*, qui renferme une lame d'épée habilement dissimulée : c'est une arme prohibée. — Autrefois, on appelait *C. d'armes* un court bâton surmonté d'un fer de hallebarde, arme de demi-longueur, employée dans les tournois, dans les carrousels et dans les combats singuliers, quand les roturiers y prenaient part.

Comme instrument, on emploie la *C. gnomonique*, qui sert à indiquer l'heure en donnant les hauteurs du soleil; la *C. hydraulique*, tube cylindrique à soupape, ouvert des deux bouts, qui sert à élever l'eau.

On donne encore le nom de *canne* à une mesure de longueur dont on se sert dans beaucoup de contrées pour le mesurage. La canne varie suivant les localités; communément elle vaut 2 m. et quelques centim., et équivaut à peu près à notre toise : cependant à Malte, ainsi qu'à Gênes, elle vaut presque 3 aunes métriques; à Rome, elle ne vaut qu'une aune; à Florence, 2 aunes et demie, et se divisait en 8 *pans* ou *empans* (de 8 pouces). Il y avait aussi une canne de 1m,80, dite *de l'Ariége*, qui était fort répandue.

CANNE A SUCRE, plante vivace de la famille des Graminées, tribu des Saccharinées, genre Cannamelle, à racine genouillée et fibreuse ; à tiges lisses, luisantes, articulées, garnies de 40 à 60 nœuds plus ou moins rapprochés, hautes de 3 à 4 m., épaisses d'env. 5 centim., et remplies d'une moelle blanchâtre et succulente qui, étant exprimée, fournit la liqueur qu'on appelle *Vin de canne*, et de laquelle on extrait le sucre (*Voy.* SUCRE). De chaque nœud partent de longues feuilles embrassant la tige à leur naissance, et faisant, à leur partie supérieure, une sorte d'éventail. Le sommet de la tige, appelée *flèche*, est couvert de petites fleurs blanchâtres. La canne à sucre met cinq à six mois pour parvenir à son entier accroissement. Outre le sucre, elle donne des sirops que l'on convertit en *alcool*, en *rhum* et autres liqueurs. Elle fournit aux bestiaux un excellent fourrage. — La culture de ce végétal exige de grands soins, un excellent terrain, et une exposition convenable, à l'abri des vents terribles qui désolent les Antilles : elle est sujette à plusieurs maladies, surtout à la rouille. Les rats et les fourmis sont aussi pour elle de dangereux ennemis.

On connaît beaucoup de variétés de la canne à sucre. Celle qu'on cultive ordinairement est la *C. officinale* (*Saccharum officinarum*), qui est blanche et très-sucrée. Vient ensuite la *C. à sucre rougeâtre*, qui a les nœuds plus rapprochés, l'écorce dure et roussâtre, et dont le suc est moins abondant, mais plus doux. Une troisième variété a la tige très-mince, les cannelures vertes, et les nœuds très-éloignés ; elle donne beaucoup de sucre, et se cultive à Java. On cultive aussi la *C. violette de Taïti*, qui est la plus précoce ; elle est déjà introduite dans la plupart des possessions anglaises.

La canne à sucre est originaire de l'Inde : elle fut de là transportée en Arabie, puis en Egypte et en Syrie. Connue des Européens à l'époque des croisades, elle fut apportée au XIVᵉ siècle en Sicile et en Espagne, où on la cultiva avec succès. Introduite à Saint-Domingue en 1506 par les Espagnols, elle se répandit promptement dans les Antilles et postérieurement sur le continent de l'Amérique. Aujourd'hui, elle est surtout cultivée en Amérique, notamment aux Antilles et au Brésil. Les Chinois paraissent avoir connu la canne à sucre plus de 2,000 ans avant les Européens, et avoir su en extraire le sucre.

CANNEBERGE (de *canne* et de *berge*, rive), nom vulgaire de l'Airelle coussinette. *Voy.* AIRELLE.

CANNELLE (de l'italien *cannello*, tuyau), *Cinnamomum*, écorce intérieure des jeunes pousses et des branches du Laurier-Cannellier (*Laurus Cinnamomum* (*Voy.* ce mot). Aussitôt que cette écorce est enlevée, on la coupe en plaques carrées, et on la fait sécher au soleil : c'est alors qu'elle se colore et qu'elle se roule sur elle-même, en prenant la forme de petits tuyaux. Il y a plusieurs variétés de lauriers cannelliers, qui toutes donnent de la cannelle plus ou moins bonne ; la meilleure est celle qui croît naturellement dans une partie de l'île de Ceylan, et qui y porte le nom de *rasse coronde* ; la *C. matte* est une variété de cette espèce. Viennent ensuite celle de Cayenne, puit celle de Chine, qui est la moins estimée de toutes. La cannelle contient une abondante quantité d'huile essentielle qui la fait rechercher comme aromate et comme condiment : on l'emploie en médecine comme tonique, excitante et cordiale.

On donne aussi le nom de *Cannelle* à des écorces dont l'odeur et la saveur rappellent celle de la véritable cannelle : la *C. blanche* est l'écorce d'un arbre de la famille des Guttifères, le *Winterana C.*; la *C. de Cochinchine* ou de *Malabar* est celle du *Laurus Cassia*; la *C. giroflée*, dite aussi *Bois de crabe* et *Bois de girofle*, est celle du *Myrtus caryophyllata*.

CANNELLE, espèce de robinet. *Voy.* CANETTE.

CANNELURE (de *canna*, roseau), petite cavité en arc de cercle, taillée du haut en bas du fût d'une colonne ou de la face d'un pilastre. Ce mot se dit également des stries que l'on pratique sur tout autre objet, par exemple, sur les cylindres d'une machine. La cannelure appartient principalement à l'ordre dorique. On distingue les *C. torses*, qui tournent en forme de spirale ; les *C. à vive arête*, qui sont peu creusées ; les *C. ornées*, dont l'intérieur contient, soit d'un bout à l'autre, soit par intervalles, des feuilles qui serpentent, ou seulement des espèces de filets ou baguettes qu'on nomme *rudentures*.

En Botanique, on donne ce nom aux stries profondes qu'on remarque sur la tige de certaines plantes.

En Chirurgie, on appelle ainsi un sillon longitudinal pratiqué sur divers instruments et destiné à diriger le tranchant d'une lame.

CANNETILLE, morceau de fil d'or ou d'argent trait, fin ou faux, plus ou moins gros, qu'on a tortillé sur une longue aiguille de fer par le moyen d'un rouet, et que l'on emploie dans les broderies, les crépines et autres ouvrages semblables. La cannetille d'or et d'argent se prépare dans les ateliers de Paris ou de Lyon. Nuremberg avait autrefois le monopole de celle de cuivre ou de laiton, mais on en fabrique aujourd'hui d'excellente à Trévoux. — On appelle encore ainsi : 1º un tissu de laiton dont les modistes se servent pour soutenir la forme des chapeaux ; 2º le fil de laiton argenté et très-délié que l'on roule autour d'une corde à boyau ou de métal, pour former les grosses cordes des violons, des basses, contre-basses, etc.

CANON (du grec *kanôn*, règle). En Théologie et en Liturgie, ce mot a plusieurs acceptions fort différentes. Les *Canons de l'Église* sont les lois et les règles de la discipline ecclésiastique, les décrets et décisions des conciles en matière de dogme ou de discipline : ces canons sont les règles auxquelles les Chrétiens doivent conformer leur croyance et leur conduite. On nomme spécialement *Canons des apôtres* ou *C. apostoliques* la collection des canons ou lois ecclésiastiques que l'on attribue au pape S. Clément, disciple de S. Pierre, comme s'il eût reçu cette collection des mains du prince des apôtres ; mais il paraît que ces canons sont l'ouvrage de quelques évêques d'Orient, qui les ont rassemblés vers le milieu du IIIᵉ siècle. Le *Droit canon* ou *canonique* est la science du droit ecclésiastique fondée sur les canons des conciles, les décrétales des papes, etc. — Le *Canon de la messe* se dit des paroles secrètes et des cérémonies de la messe depuis le *Sanctus* jusqu'au *Pater*, au milieu desquelles le prêtre fait la consécration ; on en attribue la composition à S. Jérôme ou au pape S. Sévère. — Les *C. de la pénitence* ou *C. pénitentiaux* sont les règles qui prescrivent des pénitences pour les différents péchés, et qui sont tirées en partie des conciles généraux ou particuliers, en partie des rescrits des papes, et en partie des saints Pères. Les canons primitifs étaient destinés à fixer la rigueur et la durée de la pénitence publique imposée à certains grands pécheurs qui désiraient être réconciliés à l'Église.—Le *Canon des saints* est le catalogue authentique des saints reconnus comme tels dans l'Église catholique ; le *C. des livres saints* est le catalogue des livres de l'Écriture que l'Église regarde comme authentiques, par opposition aux livres appelés *apocryphes* (*Voy.* LIVRES CANONIQUES); de même que les Alexandrins appelaient *C. des auteurs classiques* la collection des auteurs grecs véritablement classiques. *Voy.* CLASSIQUES.

En Chronologie, le mot *Canon* s'emploie quelquefois pour signifier simplement des tables chronologiques, comme les tables du Nombre d'or, des Épactes, de la Pâque, etc. ; c'est dans ce sens qu'on nomme *C. pascal* une table des fêtes mobiles où l'on marque pour un cycle de 19 ans le jour auquel tombent la fête de Pâques et les autres fêtes qui en dépendent. D'autres fois le mot *Canon* s'emploie pour signifier la méthode ou la règle à suivre pour résoudre certains problèmes de chronologie.

canon, dans l'Art militaire (qu'on dérive de *canna*, canne, roseau?), bouche à feu dont tout le monde connaît la forme : la partie postérieure se nomme *culasse*, la partie antérieure *volée*, la cavité intérieure *âme*; celle-ci reçoit une certaine quantité de poudre que l'on enflamme, et qui, faisant explosion, chasse à de plus ou moins grandes distances un boulet ou de la mitraille. Les canons sont ordinairement en bronze; on en fait aussi en fonte de fer ou en fer forgé, surtout pour la marine. Le bronze des canons est un alliage de 90 de cuivre et de 10 d'étain. La pièce se coule massive ; on la fore ensuite suivant le diamètre de son *calibre*, puis on la tourne extérieurement et on perce la lumière. La solidité d'une pièce de canon est très-variable et dépend beaucoup du degré de fusibilité et de la perfection de l'alliage : quelques-uns peuvent tirer jusqu'à 5,000 coups; d'autres sont hors de service après 1,000 ou 1,200 coups. Autrefois on employait toutes sortes de calibres : 96, 48, 40, 36, etc., jusqu'à 3, 2, et même 1. Depuis 1732, on ne fait plus guère en France que des pièces de 24, de 16, de 12, de 8 et de 4. Ces deux derniers calibres sont les plus usités pour l'artillerie de campagne; sous l'Empire, on faisait souvent usage de pièces de 6. Les canons sont ordinairement montés sur des affûts de bois; depuis quelques années on a essayé de leur substituer des affûts en fer. — L'invention des canons suivit de près la découverte de la poudre ; on s'en servit pour la première fois en Europe au xive siècle, suivant les uns à la bataille de Crécy (1346), suivant d'autres, au siége d'Algésiras (1343). On a imaginé dans ces derniers temps des *canons à vapeur*; mais ces inventions, bien qu'ingénieuses, ne peuvent être appliquées à l'art militaire.

Canons de fusil. Ces canons sont en fer forgé. Pour fabriquer les canons des fusils de munition et des fusils de chasse ordinaires, on prend plusieurs morceaux de fer qu'on soude ensemble et qu'on étire ensuite sous un martinet, de manière à produire une lame, qu'on appelle *lame à canon*. On rapproche ensuite les bords de cette lame, de manière à former un tube, et quand ils sont croisés dans toute la longueur, on les soude avec le plus grand soin. On fait aussi des *canons rubannés* en soudant sur un canon fort mince un ruban de fer que l'on roule successivement tout autour et sur toute sa longueur; et des *canons tordus à l'étoc*, qui résistent mieux à l'explosion de la poudre. Le canon terminé, on le dresse en dedans au moyen du forage et quelquefois on y fait des raies et des cannelures (*C. rayés, carabinés, cannelés*) ; enfin on taraude l'extrémité inférieure du canon pour y adapter la culasse et on perce la lumière. *Voy.* FUSIL, CARABINE, etc.

En Musique, on appelle *Canon* une pièce de musique dans laquelle la mélodie qui forme le sujet s'accompagne elle-même, en imitation et à la distance d'une ou de plusieurs mesures. Ce sujet peut être repris successivement par plusieurs parties, à divers intervalles, et il doit en résulter une harmonie agréable et correcte. L'air si connu de *Frère Jacques, dormez-vous?* chanté par plusieurs personnes qui commencent à des mesures différentes, offre un exemple de canon. Il y a plusieurs sortes de canons : on en fait par mouvement direct et par mouvement contraire; il y a des canons renversés, rétrogrades, à la quarte, à la quinte, à l'octave, etc. C'est un des exercices de l'*imitation* (*Voy.* ce mot), qui conduit à ceux de la fugue. On l'emploie quelquefois dans la musique dramatique, mais plus souvent dans la musique instrumentale.

En Typographie, le *canon* est un fort caractère dont on se sert principalement pour les affiches. On distingue : le *petit canon*, de 26 à 32 points ; le *gros canon*, de 40 à 44; le *double canon*, de 48 à 56; le *triple canon*, de 72 et au delà.

Canon s'est dit longtemps de chacune des deux tiges ou tuyaux d'un pantalon, d'un caleçon; et, par suite, il s'est dit d'ornements, souvent garnis de dentelles, qu'on attachait au bas des hauts-de-chausses; ces ornements étaient fort à la mode au xviie siècle.

CANONIALES (HEURES). On appelle ainsi les petites heures de bréviaire, qui sont *Prime*, *Tierce*, *Sexte* et *None*, parce qu'autrefois l'office ecclésiastique portait le nom de *canon*.

CANONICAT, titre d'un bénéfice de chanoine (*V.* CHANOINE). Il y avait autrefois cette différence entre le *canonicat* et la *prébende*, que le canonicat était simplement un privilége qui donnait une place au chœur et au chapitre d'une église cathédrale ou collégiale, tandis que la prébende donnait à une certaine portion des revenus d'une cathédrale ou d'une collégiale.

CANONIQUE, se dit, en langage ecclésiastique, de tout ce qui est compris dans le Canon des livres saints, ou de ce qui est conforme aux Canons des conciles. — *Livres canoniques.* On distingue les *protocanoniques*, ou de 1er ordre, qui sont au nombre de 22, savoir : les 5 livres de Moïse, ou Pentateuque, 13 livres appelés prophétiques (Josué, les Juges et Ruth, 2 livres de Samuel, 2 des Rois, 2 des Paralipomènes, Esdras et Néhémie, Esther, Isaïe, Jérémie, Ezéchiel, Daniel, les Douze petits Prophètes et Job), et 4 livres de morale (les Psaumes, les Proverbes, l'Ecclésiaste et le Cantique des cantiques) ; et les *deutérocanoniques*, ou de 2e ordre, au nombre de 16, savoir : Tobie, Judith, la Sagesse, l'Ecclésiastique, les Machabées, les 4 Evangiles, les Actes des Apôtres, 14 épitres de S. Paul, 2 de S. Pierre, une de S. Jean, une de S. Jacques, une de S. Jude, et l'Apocalypse (*V.* ÉPITRES). On appelle ainsi ces derniers parce qu'ils ne font partie que du canon du concile de Trente : les protestants les regardent comme apocryphes. — *Droit canonique.* Voy. DROIT et CANON. — *Institution canonique.* Voy. INSTITUTION.

CANONISATION (du grec *kanôn*, règle, loi de l'Église), déclaration solennelle du pape par laquelle il autorise l'inscription au *Canon* (ou catalogue) *des saints* du nom d'un personnage que sa piété et ses vertus ont fait vénérer pendant sa vie. Les honneurs qu'on peut rendre aux saints canonisés sont les suivants : leur nom est inscrit dans les calendriers, les martyrologes, les litanies, etc. ; on les invoque publiquement dans les offices solennels; on consacre sous leur invocation des églises et des autels; on offre le saint sacrifice de la messe en leur nom; on célèbre leur fête à un jour déterminé; dans les images qui les représentent, leur tête est entourée de l'auréole ; enfin, leurs reliques sont exposées à la vénération des fidèles. — Le mot *canonisation* ne se trouve employé pour la première fois que dans une bulle du pape Jean XV en 993; mais la chose est beaucoup plus ancienne que le nom. Dans l'origine, les évêques pouvaient procéder à la canonisation d'un saint dans l'étendue respective de leur diocèse; depuis 1172, ce droit est réservé au pontife romain, qui l'exerce avec de grandes et utiles lenteurs, après un mûr et minutieux examen. La *Congrégation des Rits* est chargée de tout ce qui concerne la canonisation. *Voy.* BÉATIFICATION.

CANONNIÈRE, ou CHALOUPE CANONNIÈRE, embarcation pontée, peu élevée au-dessus de l'eau, allant à la voile et à l'aviron, et armée de quelques pièces de canon. Les chaloupes canonnières des Suédois et des Russes ont passé pour supérieures à celles de France; elles ont 24 avirons (*Voy.* aussi GALÈRE). — Autrefois le mot *Canonnière* s'employait en termes de Fortification comme synonyme de *meurtrière*.

CANONNIERS (de *canon*), nom donné dans l'armée aux soldats chargés du service de l'artillerie.

On les appelle aussi *artilleurs*. Les canonniers ont été enrégimentés pour la première fois en 1688. A plusieurs reprises on les a réunis avec les sapeurs du génie et les mineurs; mais, depuis 1758, la séparation entre ces deux corps a été complète (*Voy.* ARTILLERIE).—Dans les Manufactures d'armes on appelle *canonniers* les ouvriers qui forgent les canons de fusil. — Dans la Marine, on nomme *maitre canonnier* celui qui est chargé de diriger le service de l'artillerie et d'en soigner le matériel.

CANOPUS, étoile de la première grandeur, située à l'extrémité méridionale de la constellation Argo dans l'hémisphère austral. C'est une des plus brillantes étoiles du ciel. Selon la Fable, cette étoile était l'âme de Canopus, pilote ou amiral d'Osiris, qui, après sa mort, fut transporté au ciel et devint le dieu des eaux.

CANOT, petite embarcation non pontée, à rames, à voiles, ou à rames et à voiles à la fois, au service d'un bâtiment, est destinée à servir de moyen de transport ou de communication entre le rivage et les bâtiments à l'ancre. On distingue le *grand canot*, qui sert pour les transports et les opérations de quelque importance, qui ne sont pas effectuées par la chaloupe; le *petit canot*, employé aux mêmes usages, mais sur une plus petite échelle; le *canot du commandant*, affecté au service du commandant; le *canot de punition*, le *canot de sauvetage* (*Voy.* SAUVETAGE).—On nomme *canotiers* les marins désignés pour faire partie de l'équipage d'un canot.

On donne aussi le nom de *canots* à ces légers esquifs faits d'écorce ou d'un tronc d'arbre dont se servaient les sauvages de l'Amérique pour naviguer sur les rivières ou sur la mer. Les Canadiens emploient pour les construire l'écorce ou le tronc des vieux bouleaux; au Groënland, on se sert de fanons de baleine fendus et appropriés d'une manière convenable.

CANTABILE, mot italien qui signifie *chantant*, propre à être chanté. On appelle ainsi une pièce de musique d'un mouvement lent, où une mélodie simple doit se développer avec grâce, avec langueur, et se prêter aux meilleurs effets du chant. Ce sont les *adagio* ou les *andante* de la musique vocale. Le *cantabile* forme ordinairement la première partie des grands airs d'opéra. On se sert quelquefois de ce mot pour indiquer le mouvement d'un morceau de musique instrumentale et le caractère de sa mélodie.

CANTALOUP (de *Cantalupo*, petite ville du roy. de Naples où ces melons ont été cultivés pour la 1re fois), excellente espèce de melons, à côtes saillantes et rugueuses. On en connaît un grand nombre de variétés, dont les meilleurs sont : le *C. orange*, petit, rond, à côtes, fond vert clair ou brun, chair orange, un peu ferme et parfumée; il est très-hâtif; le *C. fin hâtif*, aussi précoce que le précédent, encore plus petit, à côtes très-marquées, légèrement brodées, chair rouge et fine; le *C. noir des Carmes*, rond, d'un vert noir, côtes unies et peu enfoncées, chair rouge, vineuse, fondante et parfaite; le *C. petit prescott*, un peu aplati, à fond brun foncé, portant une cocarde avec un point saillant au centre, côtes galeuses, chair rouge excellente; il est hâtif; le *C. gros prescott*, robe noire ou blanche, aplati, plus gros que le précéd.

CANTARE, mesure portugaise, moitié de l'*Almud*.

CANTATE (de *cantare*, chanter). Ce mot désigne à la fois une œuvre musicale et une composition poétique qui s'unissent le plus souvent. En Musique, la cantate se compose ordinairement d'une ou plusieurs pièces qui comprennent des récitatifs, des airs, des duos, des trios et même des chœurs; le tout accompagné du piano, d'un quatuor ou de l'orchestre; c'est, en un mot, un opéra en petit, dans lequel le compositeur peut mettre en usage toutes les ressources de l'art. On distingue deux sortes de cantates : la *C. profane*, pour les concerts ou la musique de chambre; et la *C. sacrée*, pour l'Église

(*Voy.* ORATORIO). En Littérature, la cantate, fort voisine de l'ode, est un petit poëme lyrique, propre à être mis en musique. — La cantate fut mise à la mode en Italie au XVIIe siècle, et passa en France au commencement du siècle suivant. Morin l'introduisit dans la musique et J.-B. Rousseau dans la poésie; il y excella dès le début : tout le monde sait par cœur sa *Cantate de Circé*. Peu après, l'usage de la cantate en tant que composition musicale se répandit en Angleterre et en Allemagne, et c'est dans ces deux pays qu'ont été composées les plus belles cantates (*la Création*, d'Haydn, et *l'Armide*, de Beethoven). — Aujourd'hui, la cantate a passé de mode pour les concerts, si ce n'est en Allemagne. — Dans les conservatoires, on donne souvent une cantate à mettre en musique aux jeunes gens qui concourent pour les prix de composition musicale.

CANTHARIDE (du grec *cantharos*, scarabée), genre d'insectes Coléoptères hétéromères, de la famille des Trachélides, dont le corps, oblong, brille d'une belle couleur verte à reflets dorés. Ce genre contient plusieurs espèces, dont la plus importante est la *C. vésicante* (*Meloe vesicatorius* L.), appelée vulgairement *mouche d'Espagne*; elle est très-commune en Espagne, en Italie et même en France, et vit en familles nombreuses sur le frêne, le lilas et le troène, dont elle dévore les feuilles. On les récolte en les faisant tomber sur des draps, puis on les met sur un tamis de crin qu'on expose aux vapeurs du vinaigre en ébullition ou de l'ammoniaque; on les fait ensuite sécher au soleil, ou on les conserve dans des bocaux bien bouchés. — La cantharide est à la fois un médicament énergique et un violent poison; réduite en poudre, elle entre dans la plupart des préparations vésicantes; c'est elle qui fait la base des pommades épispastiques. On l'administre à l'intérieur dans le traitement d'une foule d'affections, notamment contre l'hydrophobie, l'épilepsie, l'hydropisie et diverses maladies des voies urinaires; on en a aussi fait usage comme aphrodisiaque et pour produire l'avortement; mais c'est le plus souvent un moyen aussi infructueux que funeste. On conjure les accidents nerveux et toxiques qui peuvent résulter de l'usage des cantharides au moyen du camphre administré en frictions et en lavements, seul ou associé à l'opium. — Les cantharides doivent leurs propriétés à un principe particulier, d'une grande énergie, qu'on appelle *cantharidine*. C'est une substance blanche, en lames micacées, volatile, insoluble dans l'eau, soluble dans l'alcool chaud et les huiles grasses, et contenant du carbone, de l'hydrogène et de l'oxygène dans les rapports de $C^{10}H^6O^4$. La cantharidine a été isolée en 1810 par Robiquet.

CANTHÈRE (d'un poisson de mer appelé en grec *Cantharos*), genre de poissons Acanthoptérygiens, de la famille des Sparoïdes, caractérisés par un corps ovale, une bouche étroite, un museau à peine protractile, et par une rangée de dents en velours ou en cardes. On en connaît 12 espèces, dont 4 originaires de la Méditerranée : on en pêche sur les côtes de la Normandie, qu'on appelle vulgairement *Brêmes de mer*. La chair des canthères est assez estimée; elle est blanche et légère comme celle des bars.

CANTHUS (du grec *canthos*, même signific.), le coin, l'angle de l'œil ou la commissure des paupières. On nomme *grand canthus*, ou *canthus* proprement dit, la commissure interne des paupières, celle qui répond au nez; et *petit canthus*, la commissure externe, qui est dirigée vers la tempe. — On a encore appelé *canthus* l'angle d'une cruche ou de tout autre vase par lequel on fait couler le liquide qu'il renferme; de là le verbe *décanter*.

CANTILÈNE (de *cantus*, chant, et *lenis*, doux). Ce mot, qui est d'origine italienne, s'appliquait autrefois à la musique mondaine pour la distinguer de la musique d'église; aujourd'hui il est synonyme de chanson, romance, et se rapporte le plus ordinairement à une mélodie douce et agréable.

CANTINE (de l'italien *cantina*), nom donné dans les hospices, les places de guerre, les casernes, les prisons, à l'endroit où l'on vend aux vieillards, aux soldats et aux prisonniers, l'eau-de-vie, le tabac et toutes les marchandises dont ils ont besoin. C'est de ce mot qu'est dérivé celui de *cantinière*.

CANTIQUE (du latin *cantare*, chanter), hymne religieux que l'on chante en l'honneur de la Divinité. Les plus anciens cantiques furent composés à l'occasion de quelque événement mémorable; tels sont ceux qu'on trouve dans la Bible : dans l'Ancien Testament, le cantique que Moïse composa après le passage de la mer Rouge (*Cantemus Domino*); celui de Débora après la défaite de Sisara (*Qui sponte*); celui de Judith (*Laudate Dominum*), et celui de David à la mort de Saül (*Considera, Israel*); dans le Nouveau Testament, le cantique de Zacharie (*Benedictus Dominus*); celui de Siméon (*Nunc dimittis*), et celui de la sainte Vierge (*Magnificat*). — Ces sept cantiques sont appelés *canoniques*, et sont les seuls qu'admette l'Eglise catholique. Le *Te Deum* est d'origine moins ancienne : on l'attribue à saint Augustin ou à saint Ambroise. — Chez les Hébreux, les cantiques étaient souvent chantés avec des chœurs de musique, et accompagnés de danse. — Aujourd'hui on nomme, en général, *cantique* tout ce qui se chante à l'église et dans les processions, à l'exception des psaumes, qui conservent leur nom. — On donne spécialement le nom de *C. spirituels* à des chants en français composés sur des sujets de dévotion : tels sont les cantiques de St-Sulpice, ceux de Ste-Geneviève, etc.

Le *Cantique des cantiques* est un ouvrage qui fait partie du canon des Livres saints, et qu'on attribue à Salomon; ce n'est, suivant quelques auteurs, que l'épithalame de son mariage avec la fille du roi d'Egypte; mais, d'après la plupart des théologiens, le saint roi prophétisa sous cet emblème l'union de Jésus-Christ avec l'Eglise catholique.

CANTON (du grec *canthos*, angle, coin), dénomination géographique qui sert à désigner, dans plusieurs contrées, une certaine subdivision du territoire. En France, les *cantons* sont les subdivisions des arrondissements, et sont eux-mêmes subdivisés en communes. On compte aujourd'hui 2,971 cantons, ayant chacun leur chef-lieu. Chaque chef-lieu de canton est le siège d'une justice de paix. — En Suisse, le mot *canton* s'applique à chacun des Etats qui composent la confédération helvétique : on en compte 22. *Voy.* SUISSE au *Dict. univ. d'H. et de G.* — En termes de Blason, le *canton* est une portion carrée de l'écu qui joint un des angles, soit à droite, soit à gauche.

CANTONADE. On appelle ainsi au Théâtre les coins du fond de la scène ou l'intérieur des coulisses. *Parler à la cantonade*, c'est parler à une personne qui est censée dans la coulisse, hors de la vue des spectateurs. C'est ordinairement au moment d'une entrée que l'acteur parle à la cantonade.

CANTONNEMENT (de *canton*). Ce mot s'applique à toute circonscription territoriale considérée sous un rapport spécial. C'est en ce sens qu'on dit : *C. de pêche* et *C. de chasse*, en parlant des parties de rivières ou de forêts dépendant des domaines de l'Etat, et où il est permis de pêcher et de chasser. Pour le cantonnement dans les forêts de l'Etat, dans les bois des communes et des particuliers, *V.* les art. 63, 111, 120 du Code forestier. — On appelle *C. militaires*, les villes et les villages où les troupes sont accidentellement établies dans le cours d'une campagne.

CANTONNIER (de *canton*), nom qu'on donne en France à des ouvriers stationnés sur les routes, qu'ils doivent réparer et entretenir. Chaque cantonnier a en moyenne une longueur de 4,800 m. de

route à entretenir. Outre les soins qu'ils donnent aux routes, ils doivent aussi prêter gratuitement aide et assistance aux voituriers et voyageurs, en cas d'accident. On compte en France 12 à 13,000 cantonniers. Leur établissement définitif ne date que de 1816; avant cette époque, le système d'entretien des routes n'avait ni unité, ni régularité. Ils sont aujourd'hui régis par un règlement du 10 février 1835, modifié par un arrêté du 10 janvier 1852.

CANUT, nom par lequel on désigne vulgairement les ouvriers en soie des fabriques de Lyon.

CANZONE (mot italien qui signifie *chant* ou *chanson*), sorte de poésie lyrique inventée par les poëtes provençaux, qui l'appelaient *cansós*, apparaît dans la poésie italienne dès le XIIIe siècle. On distingue : la *C. petrarchesca* ou *toscana*, mise en honneur par Pétrarque, et qui consiste en une série de 5 à 20 stances dont les vers, au nombre de 9 à 20, sont disposés dans un ordre déterminé, et semblable en tout à celui qui a été observé dans la première stance; elle se termine par un *envoi*, formé d'un petit nombre de vers plus courts et de rimes différentes; — la *C. anacreontica* ou *Canzonetta*, destinée aux sujets gracieux et légers; elle est composée de stances plus petites et de vers plus courts que la précédente : la canzonnette était surtout en vogue au XVe siècle; — la *C. pindarica*, d'un style plus élevé et qui rappelle l'ode grecque de Pindare : elle a été introduite au XVIe siècle dans la poésie italienne par L. Alamanni et perfectionnée par Chiabrera; — la *C. a ballo* ou *ballata*, espèce de ballade qui se chantait en dansant (*Voy.* BALLADE) : l'usage en est aujourd'hui perdu.

CAOUANNE, *Testudo cephalo*, espèce de Chélonée ou Tortue de mer qu'on trouve sur les côtes de la Méditerranée et de l'Océan; sa carapace est revêtue d'une écaille divisée en compartiments; ses pieds antérieurs sont longs et étroits; sa couleur est brune ou roussâtre. La chair de la Caouanne est mauvaise et d'une odeur musquée; mais sa graisse fournit une huile estimée pour le calfatage et l'éclairage.

CAOUTCHOUC (mot indien qui signifie *suc d'arbre*), dit aussi, mais improprement, *gomme élastique*. produit de la dessiccation d'un suc laiteux qu'on extrait, par incision, de beaucoup de plantes de l'Amérique Méridionale et des Indes Orientales, notamment du *Jatropha elastica* ou *Hevea guianensis*, et d'autres grands arbres appartenant aux Artocarpées, aux Euphorbiacées, aux Asclépiadées. Cette extraction se pratique au Brésil, à la Guyane, à Java, à Singapore, à Assam, etc. On applique le suc fluide sur des moules de terre, et on le fait sécher au soleil; lorsqu'on juge suffisante l'épaisseur de la couche, on brise le moule. Ce genre de fabrication communique au caoutchouc la forme d'une poire ou d'une gourde : c'est dans cet état qu'il arrive en Europe. Depuis quelques années on en reçoit aussi en feuilles et en grandes plaques épaisses. — Le caoutchouc a une couleur ordinairement brunâtre; il est sans odeur ni saveur; sa densité varie de 0,92 à 0,94; il est inaltérable à l'air, mou, flexible, imperméable, et extrêmement élastique. Il se compose, pour la plus grande partie, de deux principes particuliers, renfermant du carbone et de l'hydrogène, et récemment isolés par M. Payen (1852) : l'un éminemment tenace et presque insoluble, élastique, dilatable; l'autre plus soluble et essentiellement adhésif. Soumis à l'action d'une douce chaleur, il se ramollit assez pour se souder avec lui-même; à une température supérieure, il entre en fusion, prend la consistance du goudron, et conserve cet état, après le refroidissement, pendant des années; une chaleur plus élevée encore le décompose, et il donne alors, à la distillation, des huiles volatiles et odorantes (*caoutchine*), qui jouissent de la propriété de le dissoudre rapidement. Mis en contact avec la flamme d'une bougie, il prend feu promptement et brûle avec rapidité. Il est insoluble dans l'eau et l'alcool; mais il se dissout dans l'éther pur, ainsi que dans les huiles essentielles, telles que la benzine, l'essence de térébenthine, le sulfure de carbone : ce dernier agent, additionné de 6 à 8 parties d'alcool, constitue le meilleur dissolvant du caoutchouc. Les acides, à la température ordinaire, ont peu d'action sur lui.

Les usages du caoutchouc sont fort nombreux : on s'en sert pour effacer le crayon et adoucir le papier, pour faire des balles élastiques, pour fabriquer des tubes destinés aux appareils de chimie, des instruments de chirurgie, tels que sondes, canules, bouts de sein, pour faire des conduits acoustiques, pour confectionner des chaussures et des étoffes imperméables. On est parvenu à le réduire en fils très-minces avec lesquels on fait des tissus élastiques pour bretelles, jarretières, corsets, etc. En associant le caoutchouc, dissous et à l'état pâteux, à l'huile de lin et à une certaine quantité de résine, on en fait un vernis pour les cuivres. On emploie beaucoup, au lieu du caoutchouc pur, le caoutchouc dit *vulcanisé*, c.-à-d. auquel on a incorporé du soufre, soit directement, soit au moyen du sulfure de carbone ou du chlorure de soufre. Le caoutchouc fondu est très-avantageux pour suifer les robinets; un bouchon de liége enduit de caoutchouc devient tout à fait imperméable. Le caoutchouc entre aussi dans la composition de la *colle navale* ou *glu marine*, employée dans les constructions maritimes et le calfatage des navires (*Voy.* GLU). On a construit à Londres des bateaux de sauvetage avec des planches faites de caoutchouc et de liége broyé.

Le caoutchouc n'est connu en Europe que depuis un siècle. Un nommé Fresneau en fit la découverte à Cayenne, et La Condamine en envoya, en 1751, la première description scientifique. L'invention des tissus imperméables en caoutchouc est due aux Indiens. Cette industrie a pris un développement remarquable depuis une vingtaine d'années, d'abord en Angleterre, puis en France, où MM. Rattier et Guibal l'ont établie sur une grande échelle.

CAP (de *caput*, tête). Outre son acception géographique, ce mot signifie dans la Marine, l'avant du bâtiment, la proue, ou plutôt la direction du navire vers un point quelconque. Ainsi, dire qu'un bâtiment a le cap au nord, c'est dire qu'il se dirige vers le nord; *mettre le cap* sur un point, c'est se diriger vers ce point; *virer cap pour cap*, c'est tourner complétement sur soi-même jusqu'à ce que la proue se dirige sur le point opposé.

Un *Cap de compas* est un trait vertical marqué en dedans de l'espèce de cuvette où est enfermée la rose des compas de route; il se trouve, avec la pivot sur lequel tourne cette rose, dans une ligne droite parallèle au grand axe du bâtiment, et détermine sur la rose l'aire de vent de la route, en même temps qu'il indique où est le cap.

CAPACITÉ (du latin *capacitas*, dérivé de *capere*, contenir), se dit, en Géométrie, du volume d'un corps. Ce mot est plus communément employé pour désigner la quantité de matière qu'un vaisseau quelconque peut contenir; on dit, par exemple, la capacité d'une bouteille, d'un tonneau, etc. C'est en ce sens qu'on appelle *mesures de capacité* celles qui déterminent la contenance d'un vase quelconque. *Voy.* MESURES.

En Chimie, on appelle *Capacité de saturation* d'un acide le rapport qui existe entre la quantité d'oxygène contenue dans cet acide et la quantité d'oxygène renfermée dans les bases qu'il sature pour former des sels neutres. On dit, par exemple, que la capacité de saturation de l'acide sulfurique est de 1/3, parce que dans tous les sulfates neutres la base ne renferme que le tiers de l'oxygène contenu dans l'acide sulfurique avec lequel elle est combinée.

En Physique, la *Capacité* d'un corps *pour le ca-*

lorique est la disposition particulière de ce corps à exiger plus ou moins de calorique pour élever sa température.

En Psychologie, on nomme *Capacité* l'aptitude de l'âme à recevoir, à éprouver, toutes les impressions que lui communiquent incessamment le monde matériel et le monde moral, et à en être diversement modifiée : c'est un état purement passif; on oppose en ce sens *capacité* à *faculté*. La *sensibilité* est une capacité, l'*attention* une faculté.

Dans l'Administration, *Capacité* s'entend de l'aptitude à remplir certaines fonctions : c'est en ce sens qu'on appelle *brevet de capacité* le diplôme d'instituteur, *certificat de capacité* le certificat délivré à un étudiant qui aspire au titre d'avoué ou de notaire.

CAPACITÉS (LES), terme nouveau employé dans la langue politique pour désigner certaines positions sociales qui rendent les personnes qui les possèdent *capables* d'exercer certains droits, notamment le droit électoral. Avant la révolution de 1848, le cens donnait seul le droit d'élire les députés, et les partisans de la réforme électorale demandaient que ce droit fût étendu à tous les citoyens qui exercent des professions libérales (avocats, médecins, magistrats, notaires, professeurs, etc.) : c'est ce qu'on appelait l'*adjonction des capacités*. L'établissement du suffrage universel a dépassé les vœux des réformistes.

CAPARAÇON (mot espagnol, augmentatif de *cape*), riche couverture d'étoffe pour le cheval, couvre le poitrail aussi bien que le dos. Les chevaliers du moyen âge déployaient un grand luxe dans le caparaçon; il était armorié, accompagné de fourrures, orné de feuillards, bordé de franges ou de crépines. On l'étendait sur les *bardes* du destrier, sur l'armure du cheval de bataille, etc.

CAPE (de *caput*, tête), vêtement de dessus, long et sans manches, avec un capuchon pour couvrir la tête : d'où son nom. La cape était jadis l'habit des seigneurs, du peuple et même des gens d'église.

Dans la Marine, on dit qu'un vaisseau *met à la cape* quand il se dispose à supporter un coup de vent. Pour cela, il faut ne conserver dehors que très-peu de voiles, et avoir la barre du gouvernail au vent. Cette expression vient de ce qu'alors le navire fait, pour ainsi dire, *tête* au vent, ou de ce qu'on ne garde que la grande voile, qu'on appelait autrefois *cape*.

CAPEL ou CAPELAN, nom vulgaire du *Lampyre* et d'une espèce de *Morue*. *Voy.* ces mots.

CAPELET, tumeur mobile, le plus souvent indolente, et de la grosseur d'une pomme d'api, qui croît sur la pointe du jarret du cheval. C'est une espèce de loupe qui se développe dans le tissu de la peau.

CAPELINE (du latin *caput*, tête), dit aussi *bandage récurrent*, espèce de bandage qui, par sa figure, ressemble à une coiffe ou bonnet. On distingue : la *C. de tête* ou *bonnet d'Hippocrate*, employée autrefois pour remédier à l'écartement des sutures; la *C. de la clavicule*, la *C.* pour l'amputation du bras dans l'article, de la cuisse, etc.

CAPENDU (de *court pendu*), pomme d'un rouge vermillon, d'une eau douce et agréable, tient à l'arbre par un pédoncule très-court : de là son nom.

CAPIDGI (c.-à-d. en turc, *gardien de la porte*), officier du sérail. *Voy.* le *Dict. univ. d'H. et de G.*

CAPILLACE (de *capillus*, cheveu), est, en Botanique, synonyme de *capillaire*. *Voy.* ci-après.

CAPILLAIRE (du latin *capillus*, cheveu), fin, délié comme un cheveu.

En Botanique, on donne le nom de *capillaires* à diverses espèces de petites fougères dont les feuillage est très-délié, et qui croissent dans les fentes des rochers, des murs de puits, etc. : telles sont le *C. commun* (*Asplenium trichomanes*), le *C. noir* (*Aspl. nigrum*), le *C. de Montpellier* (*Adiantum capillus Veneris*), et le *C. du Canada* (*Ad. pedatum*), etc. On fait un assez grand usage du *Capil-*

laire en pharmacie; on le prend en infusion, surtout le C. de Montpellier et celui du Canada; on en prépare aussi un sirop employé avec succès contre le catarrhe pulmonaire. C'est avec le sirop de capillaire qu'on sucre les *bavaroises*.

En Anatomie, les *vaisseaux capillaires* sont les dernières et les plus petites ramifications des veines et des artères.

En Physique, on appelle *phénomènes capillaires* les phénomènes d'ascension ou de dépression qu'on observe en trempant dans un liquide l'extrémité d'un tube de verre d'un diamètre très-étroit. *Voy.* CAPILLARITÉ.

CAPILLARITÉ, dite aussi *attraction capillaire*, force qui élève ou déprime les petites colonnes liquides dans l'intérieur des tubes capillaires. Lorsqu'on plonge dans l'eau l'extrémité d'un tube de l'épaisseur de quelques millimètres, on voit le niveau de l'eau, dans l'intérieur du tube, s'élever au-dessus du niveau extérieur; si l'on opère avec le mercure, le niveau intérieur s'abaisse au-dessous du niveau extérieur. En faisant l'expérience avec des tubes d'un diamètre variable, on est arrivé à cette loi, que *les longueurs des colonnes soulevées ou déprimées sont en raison inverse des diamètres des tubes*. Toutes les fois qu'il y a ascension, le sommet de la colonne liquide prend la forme d'un ménisque concave; quand il y a dépression, cette forme est celle d'un ménisque convexe. Les mêmes phénomènes d'ascension ou de dépression s'observent avec des lames, des tubes coniques, prismatiques, etc. En général, les solides et les liquides ne peuvent pas se toucher sans que la surface mobile du liquide éprouve, près du contact, une déformation plus ou moins marquée. Il y a toujours ascension d'un liquide quand il mouille la surface, et dépression quand il ne la mouille pas. — La capillarité donne aussi lieu à des attractions et à des répulsions, par l'effet des courbures des surfaces: ainsi, deux balles de liège, posées sur l'eau et mouillées par ce liquide, n'exercent aucune action l'une sur l'autre lorsqu'elles sont à une distance un peu grande; mais, dès qu'on les approche à une *distance capillaire*, c'est-à-dire à une distance assez petite pour que les deux surfaces du liquide soulevé autour d'elles se touchent ou se croisent, il y a alors une attraction très-vive. Deux balles, dont l'une se mouille, comme le verre, et dont l'autre ne se mouille pas, comme la cire, se repoussent toujours lorsqu'elles arrivent à la distance capillaire. *Voy.* aussi ADHÉRENCE, ENDOSMOSE.

Les phénomènes capillaires ont pu être observés dès les temps les plus anciens; mais ils ne sont devenus un objet d'étude pour les physiciens qu'au dernier siècle: Jurin, Clairaut, Laplace, Young, Gay-Lussac, et, en dernier lieu, Poisson, s'en sont plus particulièrement occupés, les uns pour en constater les lois, les autres pour y appliquer l'analyse mathématique.

CAPILLUS VENERIS. *Voy.* CAPILLAIRE et ADIANTE.

CAPISCOL (du latin *caput scholæ* ou *chori*, chef de l'école ou du chœur), nom qu'on donnait autrefois à un chanoine de certains chapitres, surtout dans le midi de la France; c'était, à ce qu'on croit, le préchantre (*præcantor*) ou premier des chantres. Il présidait au chœur, et veillait à ce que l'on observât les rubriques et les cérémonies.

CAPISTRUM (mot latin qui signifie licou), partie de la tête des oiseaux qui entoure la base du bec.

CAPITAINE (de l'italien *capitano*, dérivé lui-même de *caput*, tête, chef). Ce mot a eu des acceptions fort diverses : il signifia d'abord un chef d'un rang quelconque, même le chef d'une armée, d'une légion; dans le langage usuel, il est souvent encore synonyme de général, d'homme de guerre; aujourd'hui c'est proprement le titre d'un officier qui, dans l'armée de terre, commande une compagnie, et, dans l'armée de mer, un bâtiment.

Dans l'Armée de terre, outre les capitaines qui ont un commandement effectif, il existe dans chaque régiment certains officiers ayant grade de capitaine, qui n'ont pas de compagnie à commander, et qui remplissent des fonctions purement administratives : tels sont le C. *adjudant-major*, qui aide le chef de bataillon dans la surveillance du service et de la discipline; le C. *trésorier*, préposé à la comptabilité; le C. *d'habillement*, chargé de l'équipement des troupes; le C. *de recrutement*, le C. *de remonte*, qui président au recrutement et à la remonte des troupes. Il existe, en outre, en dehors des régiments, des C. *d'état-major* (*Voy.* ÉTAT-MAJOR). Les capitaines se recrutent parmi les lieutenants, d'après les règles posées dans les lois des 14 et 20 avril 1832.

— Le titre officiel de capitaine date, en France, de 1355; c'était alors un grade supérieur, correspondant à peu près à celui de colonel. Aujourd'hui encore, en Grèce, les chefs de milice prennent le nom de *capitanis*, et en Espagne il y a des C. *généraux* qui ont rang de lieutenant général, et qui gouvernent de vastes provinces nommées elles-mêmes *capitaineries générales*.

Dans la Marine, on appelle vulgairement *capitaine* le commandant d'un bâtiment de l'État ou même d'un bâtiment de commerce. D'après une ordonnance de 1681, reproduite dans notre Code de Commerce, on ne peut être reçu capitaine dans la Marine de commerce qu'après avoir servi un an au moins sur un bâtiment de l'État, et avoir satisfait à un examen théorique et pratique; une ordonnance de 1825 établit des conditions différentes pour les *capitaines au long cours* et les simples *maîtres au cabotage*. — Dans la Marine de l'État, on distingue : 1o les C. *de vaisseau*, qui ont rang de *colonel*, et qui commandent les vaisseaux de ligne et les frégates de premier rang; 2o les C. *de corvette*, qui ont rang de *chef de bataillon*, et qui commandent tous les bâtiments de guerre portant de 10 à 22 bouches à feu, les bâtiments à vapeur et tous les transports armés en guerre; ils remplissent les fonctions de seconds à bord des vaisseaux portant pavillon d'un officier général. Il a en outre existé pendant quelque temps des C. *de frégate* : ils commandaient les frégates de 2e et 3e rang, les corvettes de 24 canons et les corvettes de charge, et avaient rang de *lieutenant-colonel* : ce grade a été supprimé en 1837. Le titre de C. *de corvette* a été créé en 1831; lors de la suppression des capitaines de frégate, les capitaines de corvette ont reçu la plus grande partie des attributions de ces officiers.

On nomme C. *de pavillon* un capitaine commandant un vaisseau sur lequel est embarqué un officier général; C. *garde-côtes*, celui qui commande la milice établie pour s'opposer à la descente d'ennemis sur les côtes; C. *de port*, un officier préposé à la police maritime d'un port; C. *d'armes*, un adjudant sous-officier, pris autrefois dans les troupes de la marine, maintenant dans les équipages de ligne, qui fait à bord des vaisseaux la police sous les ordres des officiers de service; il a soin des armes et les fait tenir en bon état.

A Gènes et dans plusieurs autres républiques de l'Italie, on a donné, pendant le moyen âge, le titre de C. *du peuple* ou de C. *de la liberté* au premier magistrat de la république.

En Zoologie, on donne le nom de *Capitaine* à un oiseau du genre Gros-bec, à plusieurs espèces de poissons du genre Labre, ainsi qu'à quelques Mollusques du genre Came.

CAPITAINERIE GÉNÉRALE, circonscription territoriale en Espagne, commandée par un capitaine général. *Voy.* le *Dict. univ. d'Hist. et de Géogr.*

CAPITAL. On donne vulgairement ce nom à toute somme amassée, et plus particulièrement à celles qui, placées ou prêtées, peuvent produire *intérêt*; dans le Commerce, ce terme désigne l'avoir d'un négociant, ou le fonds que chaque associé d'une maison de commerce apporte dans la société; c'est aussi l'argent qu'un commerçant met dans son commerce particulier. Les économistes, définissant le *capital* d'une manière plus générale, étendent ce nom à tout ce qui peut servir à la production, y comprenant, avec le numéraire, placé ou non placé, les valeurs de toute espèce, mobilières ou immobilières : ainsi, une maison, un champ, une usine, des marchandises accumulées, les bestiaux, sont un capital, aussi bien que l'argent. Par suite, ils distinguent : *C. productif*, celui qui donne un revenu susceptible de s'accumuler et de former un capital à son tour; *C. improductif* ou *C. mort*, celui qu'on ne peut faire valoir, et qui ne donne aucun revenu; *C. engagé*, celui qui consiste en terres, usines, etc., et dont on ne peut disposer à son gré; *C. circulant*, celui qui est engagé dans une entreprise industrielle, et qui se renouvelle par la vente des produits.

On a, dans ces derniers temps, voulu établir un funeste antagonisme entre le *travail* et le *capital* : c'était renouveler la querelle des membres et de l'estomac, le capital ne pouvant produire si le travail ne le met en valeur; et le travail, de son côté, ne pouvant s'exercer si le capital ne lui fournit les fonds, les matériaux et les instruments nécessaires. D'ailleurs, le capital n'est jamais lui-même que le fruit du travail ou l'épargne accumulée.

CAPITALE (PEINE). *Voy.* PEINE DE MORT.

CAPITALES (LETTRES). *Voy.* LETTRES CAPITALES.

CAPITAUX *Voy.* PÉCHÉS.

CAPITAN (de *capitaine*), personnage fanfaron, grand donneur de coups d'épée en paroles, et très-humble dans le fait, qui figurait dans presque toutes nos vieilles farces avant Molière. *Voy.* MATAMORE.

CAPITAN PACHA, grand amiral ottoman. *Voy.* le *Dict. univ. d'Hist. et de Géogr.*

CAPITATION (de *caput*). On appelait ainsi, en France, une taxe par tête, ou imposition qui se levait sur chaque personne dans les besoins pressants de l'État. La capitation fut établie, sous le règne du roi Jean II, par les États généraux de 1356. Supprimée en 1698, rétablie de nouveau en 1701, elle fut supprimée définitivement à la Révolution, et remplacée par la contribution personnelle et mobilière. Elle existe encore en Angleterre, sous le nom d'*income-tax* (taxe du revenu).

Dans l'Écriture, on appelle *Capitation des Juifs* une imposition frappée par Moïse sur le peuple hébreu. Elle se prélevait à chaque dénombrement du peuple, et était d'abord d'un demi-sicle (environ 1 fr. 03 c.). Les Israélites devaient, en retour de cet impôt, être exempts de plaies.

CAPITÉ (du latin *capitatus*, en forme de tête), se dit, en Botanique, de tous les organes terminés en tête arrondie.—Linné désignait sous le nom de *Capitées* une section de la famille des Synanthérées, correspondant aux Cinarocéphales (artichauts, etc.), à cause de la forme arrondie de leurs capitules.

CAPITOULS, nom donné jusqu'en 1789 à des officiers municipaux de la ville de Toulouse, leur venait de ce qu'ils tenaient leurs réunions dans l'édifice qu'on nommait le *Capitole*.

CAPITULAIRES, recueils de lois et ordonnances de nos anciens rois. *Voy.* le *Dict. univ. d'H. et de G.*

CAPITULATION (du latin *capitulum*, chapitre, article), traité par lequel une troupe de soldats, une ville, etc., s'engage à mettre bas les armes à certaines conditions. Les *Capitulations de siége* ne doivent être conclues que dans les cas d'une pénurie de vivres ou de munitions rendant la défense impossible, ou à l'instant où l'ennemi livre un assaut de nature à mettre en péril imminent la vie des assiégés. Les conditions auxquelles il est permis aux troupes françaises de capituler ont été fixées par un décret du 24 décembre 1811. Lorsque ces conditions n'ont pas été remplies, la capitulation ou perte de

la place est déclarée déshonorante et criminelle, et elle est punie de mort. Cependant, s'il y a des circonstances atténuantes, les juges peuvent n'appliquer que la peine de la dégradation ou celle de la prison pendant un certain temps.—La demande ou la proposition d'une capitulation est annoncée par un ou plusieurs tambours qui montent sur les remparts et battent la *chamade*, pour avertir les assiégeants que le commandant a le dessein de traiter; puis on arbore le drapeau blanc, qui reste planté sur la brèche pendant tout le temps de la négociation. Les articles de la capitulation sont débattus devant le conseil de défense, et arrêtés par le gouverneur. Elle est signée par tous les membres du conseil et par les chargés de pouvoirs de l'assiégeant. — Un décret du 1er mai 1812 prononce la peine de mort contre tout commandant de troupes qui traite en rase campagne d'une capitulation dont le résultat est de faire poser les armes. — On se sert souvent du mot *Convention* pour couvrir ce que le mot *Capitulation* renferme de dur et d'humiliant; ainsi l'on dit : la *Convention du 13 mai* 1814, la *Convention du 3 juillet* 1815, pour désigner celles qui ont livré Paris aux alliés. S'il y a des capitulations déshonorantes, il y en a aussi de glorieuses, notamment celle de Barbanègre à Huningue, en 1815. Les capitulations les plus célèbres dans notre histoire sont : celles de Mantoue, en 1797; d'Ulm en 1805; de Dantzig, en 1807; de Baylen et de Cintra, en 1808; d'Alger, en 1830; d'Anvers, en 1832. Pour chacune de ces capitulations, et pour les CAPITULATIONS D'EMPIRE, *V.* le *Dict. univ. d'H. et de G.*

CAPITULE (de *capitulum*, petite tête), terme de bréviaire qui désigne un petit chapitre ou quelques versets pris de l'Écriture et relatifs à l'office du jour, que l'on récite après les psaumes et avant l'hymne.

En Botanique, on donne ce nom au mode d'inflorescence des Synanthérées, plantes dans lesquelles les fleurs sont réunies en forme de tête, au sommet d'un pédoncule commun. On distingue le *C. flosculeux*, qui se compose uniquement de fleurons à corolle régulière, comme dans l'*artichaut*; le *C. semiflosculeux*, qui ne porte que des demi-fleurons à corolle irrégulière, comme dans le *pissenlit*; le *C. radié*, qui présente des fleurons sur le centre de son disque et des demi-fleurons à sa circonférence, comme dans les *marguerites*. Les plantes dont les fleurs sont ainsi disposées sont dites *capitulées*.

CAPON. En Marine, on nomme ainsi un assemblage de cordages, de rouets et de poulies, qui sert à élever et à soutenir une ancre pendant sur le bossoir.

CAPONNIÈRE. En termes de Fortification, on appelle ainsi une tranchée au moyen de laquelle les assiégés se mettent à l'abri des coups des assiegeants dans les communications qu'ils sont obligés d'établir au travers des fossés pour aller du corps de place ou de l'ouvrage principal aux ouvrages avancés.

CAPORAL (de l'espagnol *caboral*, dérivé lui-même de *cabo*, tête, chef; ou du vieux mot *corporal*, chef de corps). Le grade de caporal est le premier grade auquel puisse parvenir un soldat; il ne s'obtient qu'après six mois de service et a pour signe distinctif un double galon de laine posé transversalement sur chaque bras au-dessus du parement. Le caporal commande une escouade de 12 à 16 hommes; ses fonctions, très-multipliées, sont comme le pivot de tout le mécanisme du service et de la discipline. Dans la cavalerie, l'artillerie et la gendarmerie, le caporal porte le nom de *brigadier*. — Le grade de caporal date de 1558; mais les attributions de ce grade ont varié : elles ont été définitivement réglées par l'ordonnance du 9 nov. 1833. Originairement le mot *caporal* signifiait chef de troupe, et même dans quelques pays, général.

CAPOTE (de *cape*). Ce mot désigne : 1° une espèce de grand pardessus d'étoffe grossière, auquel est attaché ordinairement un capuchon, et qui sert aux soldats pour monter la garde en hiver et dans les mauvais temps; 2° une redingote militaire que les soldats portent en petite tenue : aujourd'hui, dans presque tous les corps de l'armée, la tunique a remplacé à la fois la capote et l'habit; — 3° une espèce de mante que les femmes mettaient autrefois par-dessus leurs vêtements quand elles sortaient, et qui les couvrait de la tête aux pieds; — 4° un chapeau de femme.

CAPPARIDÉES (du latin *capparis*, câprier), famille de plantes Dicotylédones polypétales, à étamines hypogynes, renferme des herbes, des arbrisseaux et même des arbres, à feuilles alternes, simples ou digitées, à fruits charnus et capsulaires; la plupart sont indigènes des régions intertropicales de l'Afrique et de l'Amérique. Les Capparidées jouissent de propriétés antiscorbutiques et stimulantes; ces propriétés sont développées dans quelques espèces jusqu'au point de devenir vénéneuses. Cette famille forme deux tribus : les *Capparées*, qui ont pour type le genre *Câprier*, et les *Cléomées*, qui ont pour type le genre Cléome.

CAPRAIRE (du latin *capra*, chèvre, à cause du goût que les chèvres ont pour ces plantes), genre de la famille des Scrofulariées, renferme des arbrisseaux originaires des Antilles, des Indes et de l'Afrique. La *C. multifide*, à feuilles dentées, oblongues, à fleurs purpurines, est petite, et donne, par l'infusion de ses feuilles, une boisson théiforme qui ne le cède en rien au thé de la Chine; c'est ce qui lui fait donner le nom de *thé du Mexique*.

CAPRE, bouton floral du Câprier. *Voy.* CAPRIER.

CAPRICORNE (du latin *capra*, chèvre, et *cornu*, corne), animal fabuleux dont les anciens ont fait le 10° signe du zodiaque, placé après le *Sagittaire* et avant le *Verseau*. Lorsque le soleil entre dans ce signe, c.-à-d. le 21 décembre, il semble décrire, dans son mouvement diurne, le cercle parallèle à l'équateur qu'on appelle *Tropique du Capricorne* (*Voy.* TROPIQUES). C'est alors que les jours sont le plus courts et que l'hiver commence pour les habitants de l'hémisphère boréal. — La constellation du Capricorne est située dans l'hémisphère austral, et contient environ 31 étoiles peu remarquables; sa partie supérieure offre quelque ressemblance avec une *chèvre*. —Selon la Fable, l'animal qui lui donne son nom était un capricorne qui, dans la guerre des géants contre Jupiter, avait pris parti contre ce dernier, et avait mérité par là d'être transporté au ciel.

En Entomologie, on donne le nom de *Capricorne* (*Cerambyx*) à un genre d'insectes Coléoptères tétramères de la famille des Longicornes, remarquables par la longueur de leurs antennes, et qui vivent dans le tronc des arbres. Le *C. musqué* habite le saule et a une odeur de rose très-prononcée. *Voy.* AROMIE.

CAPRIER, *Capparis*, genre d'arbrisseaux de la famille des Capparidées, type de la tribu des Capparées, contient une trentaine d'espèces, à feuilles alternes et simples, à fleurs blanches, donnant naissance à une baie sphérique ou ovale; l'espèce la plus connue est le *C. épineux* (*C. spinosa*) qu'on cultive dans le midi de l'Europe; ses boutons floraux sont appelés *câpres*: cueillis avant leur entier développement et confits au vinaigre, ils sont employés dans les sauces blanches; son fruit, qu'il ne faut pas confondre avec la *câpre*, est une capsule verte, grosse comme une olive, pointue par les deux bouts, et qui, cueillie et confite, se mange sous le nom de *cornichon de câpres*. Toulon, Marseille et Majorque font un grand commerce de câpres.

CAPRIFICATION (du latin *caprificus*, figuier sauvage), procédé en usage chez les anciens pour hâter la maturation des figues, et qui s'est conservé dans le Levant. Il consiste à placer sur des figuiers des figues remplies d'une espèce d'insectes appelés *Cynips*, qu'on trouve surtout sur le figuier sauvage; ces insectes, se répandant sur les fruits de l'arbre, pénètrent dans l'intérieur et accélèrent ainsi la maturation. L'utilité de cette pratique est contestée; les Égyptiens prétendent obtenir le même résultat en cernant l'œil de la figue; chez nous on se contente de la piquer avec une aiguille trempée dans l'huile.

CAPRIFOLIACÉES (de *caprifolium*, chèvrefeuille), famille de plantes Dicotylédones monopétales, à étamines épigynes et à anthères distinctes, renferme des arbres et des arbrisseaux quelquefois grimpants, à feuilles opposées réunies par la base, qu'on rencontre pour la plupart dans les régions tempérées de l'hémisphère boréal. Le chèvrefeuille, l'hièble, le sureau, la cornouiller appartiennent à cette famille. Les écorces des Caprifoliacées sont presque toutes astringentes, et leurs baies presque toujours purgatives. Cette famille se divise en deux tribus : les *Lonicérées* et les *Sambucées*.

CAPRIMULGUS, nom latin de l'Engoulevent, a formé celui de *Caprimulgées*, donné à une famille d'oiseaux dont l'Engoulevent est le type.

CAPRIQUE (ACIDE), du latin *capra*, chèvre; acide gras, huileux, que M. Chevreul a extrait du beurre; il a une forte odeur de bouc, et se prend par le froid en une masse d'aiguilles. Il renferme du carbone, de l'hydrogène et de l'oxygène ($C^{20}H^{19}O^3HO$). Le fromage lui doit une partie de son odeur. Les chimistes l'obtiennent par l'action de l'acide nitrique sur les corps gras, sur la bile, l'essence de rue, etc.

CAPROIQUE (ACIDE), acide gras, huileux, qui se rencontre dans le beurre rance et le fromage avec l'acide caprique, et qui peut se produire artificiellement; il renferme $C^{12}H^{11}O^3HO$.

CAPROMYS (du grec *capra*, chèvre, et *mys*, rat), vulgairement *Houtias*, genre de Mammifères rongeurs particuliers à l'île de Cuba. Ils ont de l'analogie avec le rat par l'ensemble de leur structure, mais leur taille est plus forte et dépasse même celle du lapin. Les Capromys ont, comme les rats, une queue longue, ronde et peu velue, 5 doigts aux pieds de derrière, et 4 (avec un rudiment de pouce) aux pieds de devant; ils ont de plus 4 dents molaires à couronne plate. Ce sont des animaux grimpeurs et herbivores, qui vivent dans les bois; leur chair est assez estimée. On en connaît deux ou trois espèces qui ne diffèrent que par la longueur de la queue et la largeur de la tache blanche qu'ils ont sous la gorge: le reste de leur pelage est d'un brun noirâtre lavé de fauve.

CAPRON ou CAPERON, grosse espèce de fraise, fruit du Capronier, est peu estimée. *Voy.* FRAISIER.

CAPSICUM, nom latin du Piment. *Voy.* PIMENT.

CAPSULAIRE. En Botanique on appelle : *fructification capsulaire* la fructification propre à certains Thalassiophytes, et qui consiste dans des granulations colorées éparses dans le tissu de la plante, et qu'on regarde comme les premiers rudiments de la fructification; — *fruits capsulaires*, des fruits simples et secs qui s'ouvrent, quand ils sont mûrs, à la manière de la capsule, comme la *capsule* proprement dite, la *silique*, la *gousse*, la *follicule*, etc.

CAPSULE (du latin *capsula*, diminutif de *capsa*, boîte). On donne ce nom à différents objets qui ont plus ou moins d'analogie avec une boîte. Ainsi les Botanistes appellent *capsule* un fruit simple, sec, monosperme ou polysperme, qui s'ouvre par des trous, par des fentes, ou par la séparation, totale ou partielle, de pièces distinctes les unes des autres. En Chimie, c'est un vase arrondi en forme de calotte dont on se sert pour faire évaporer un liquide. En Anatomie, le nom de *capsule* a été donné à des parties très-différentes, dont la fonction est d'envelopper un organe. On appelle *C. articulaires* ou *fibreuses* les ligaments membraneux qui entourent certaines articulations, comme celles de l'épaule et de la hanche; *C. surrénales* ou *atrabilaires*, deux petits corps placés dans l'abdomen, au-dessus des reins, dont ils embrassent l'extrémité supérieure : ils sont de couleur brune, jaunâtre, nuancée de rouge; *C. synoviales*, des membranes qui ont une grande analogie avec les membranes séreuses existant dans toutes les articulations, et formant des poches transparentes sans ouverture, etc.

En Pharmacie, on nomme aussi *capsules* des enveloppes gommeuses, le plus souvent en forme d'olive, dans lesquelles on enferme des médicaments d'une saveur désagréable, afin d'en éviter le mauvais goût au malade.

Dans les armes à feu, la *capsule* est un petit cylindre de cuivre ouvert d'un côté, qui se place sur la cheminée d'un fusil à piston de manière à s'y emboîter parfaitement, et au fond duquel est une amorce de poudre fulminante qui éclate sous le coup sec du chien, et enflamme la poudre. *Voy.* AMORCE.

CAPTATION (du latin *captare*, capter). En Jurisprudence, on appelle ainsi toute manœuvre coupable à l'aide de laquelle un héritier ou un légataire a fait introduire dans un testament une disposition en sa faveur. Chez les Romains, la captation n'était pas une cause de nullité des testaments, si elle était dégagée de dol. En France, l'ordonnance de 1735 avait admis l'action en nullité de certains actes pour cause de manœuvres captatoires. Le Code civil, conservant l'esprit de ces dispositions, interdit aux médecins, aux ministres des cultes, de recevoir des legs ou donations des personnes auxquelles ils donnent leurs soins (art. 909). *Voy.* TESTAMENT.

CAPTIVITÉ. Les captivités les plus célèbres dans l'histoire sont celles des Israélites en Égypte sous les Pharaons, à Ninive sous Salmanasar, à Babylone sous Nabuchodonosor, auxquelles il faut joindre leurs six *servitudes* (*Voy.* ce mot); celle de Régulus chez les Carthaginois, celle de Richard Cœur-de-Lion au moyen âge, de Marie Stuart, de Bajazet au XVᵉ siècle, et, dans notre histoire, celles de saint Louis, de Jean le Bon, de François Iᵉʳ, de Louis XVI, de Napoléon. Parmi les captivités de simples particuliers, on connaît surtout celles de Fouquet et Pellisson, du Masque de fer, de Latude. *Voy.* ces noms au *Dict. univ. d'Hist. et de Géogr.*

CAPTURE (Marine). *Voy.* PRISE.

CAPUCHON ou CAPUCE (de *caput*, tête), en latin *cucullus*, vêtement dont les moines se servent pour se couvrir la tête, et qui fait partie de la robe. La forme des capuchons, qui est tantôt pointue, tantôt arrondie, a été, chez les Cordeliers, l'occasion de violentes dissensions. Les Bénédictins et les Bernardins portaient journellement un capuchon noir, et les jours de fête un capuchon blanc. Autrefois, les chanoines portaient sur la tête le capuchon de l'aumusse.

En Botanique, on donne ce nom à des pétales, et quelquefois à des sépales concaves et en forme de casque ou de capuchon, comme dans l'Ancolie. Link appelle *capuchon* (*stylotegium*) un évasement particulier des filets des étamines qui, dans les Asclépiadées, recouvrent l'ovaire comme un capuchon.

CAPUCINE, *Tropœolum*, genre de plantes dont le nom vulgaire fait allusion au prolongement en forme de *capuchon* qu'offre une des folioles du calice, est le type de la famille des Tropæolées. Il renferme une trentaine d'espèces, originaires du Mexique et du Pérou. On remarque surtout : la *grande Capucine* ou *Cresson du Pérou*, introduite en Europe en 1686, plante annuelle, aux fleurs d'un jaune plus ou moins orangé, irrégulières, grimpant le long de la tige d'un arbre ou des murs : ses fleurs, qui se succèdent tout l'été, servent à parer et à assaisonner les salades; ses jeunes fruits, confits au vinaigre, peuvent remplacer les câpres; toutes les parties de la plante.ont les propriétés du cresson, et sont antiscorbutiques; la *petite Capucine*, également cultivée comme plante potagère; la *C. mordorée*, plante d'or-

nement, remarquable par l'éclat de ses fleurs. On cultive aussi en serre une variété à fleurs doubles.

Les Arquebusiers nomment *capucine* un anneau de fer ou de cuivre qui assujettit sur son bois le canon d'un fusil de munition; il y a ordinairement deux capucines au fusil.

Dans la Marine, on nomme ainsi la courbe qui sert à lier l'éperon avec l'étrave d'un vaisseau, ainsi que les courbes en fer ou en bois qui s'ajoutent à un vaisseau qui a fatigué ou vieilli, pour lier la muraille avec les ponts.

CAPUT MORTUUM (c.-à-d. *tête morte*), mot latin dont se servaient les anciens chimistes pour désigner le résidu inutile de toute opération chimique.

CAQUE, petit baril dans lequel on enferme les harengs, après les avoir apprêtés et salés. L'art d'encaquer les harengs a été inventé en 1397 par un pêcheur hollandais nommé Beuckels, qui a fait par là la fortune des pêcheurs de son pays (*Voy.* HARENG). — On appelle encore *caque* : 1º un petit baril destiné à renfermer de la poudre à canon; 2º une espèce de tonneau dans lequel les chandeliers mettent le suif fondu qui doit servir à faire la chandelle moulée; 3º en Champagne, un quartaut de vin.

CAQUE-SANGUE (du latin *cacare*, aller à la selle, et *sanguis*, sang), nom qu'on donnait autrefois, en Médecine, à toutes les déjections sanguinolentes. Cette expression s'employait aussi comme synonyme de dyssenterie, de diarrhée sanguinolente, et désignait toutes les affections dans lesquelles les matières alvines sont accompagnées de sang.

CARABE, *Carabus* (du grec *carabos*, crabe, à cause de la forme de ses pattes), genre de Coléoptères pentamères, de la famille des Carnassiers, type de la tribu des Carabiques. Caractères : labre supérieur bilobé; dent de l'échancrure du labre inférieur, entière; point d'ailes propres au vol. Les Carabes vivent de chenilles et d'insectes, et, par conséquent, sont plus utiles que nuisibles. Plusieurs brillent des plus belles couleurs : tels sont le *C. doré* des environs de Paris, le *C. brillant* des Cévennes, le *C. rutilant* des Hautes-Pyrénées et le *C. d'Espagne*, qu'on trouve dans la Lozère. Le *C. ferrugineux* passait pour anti-odontalgique. Plusieurs autres ont passé à tort pour vésicants et épispastiques, par suite de l'erreur de Geoffroy, qui avait placé dans les Carabes les Buprestes ou Enfle-bœufs des anciens.

CARABE, nom arabe de l'ambre jaune. *Voy.* AMBRE.

CARABINE (de l'arabe *karab*, arme), arme à feu portative et courte dont l'intérieur est rayé en spirale, se charge ordinairement à balle forcée, et porte plus juste et plus loin que le fusil ordinaire. On appela primitivement *carabins* les cavaliers qui étaient armés de ce fusil (*Voy.* CARABINIERS). — La carabine ne servait originairement que comme arme de parapet. Cette arme a été considérablement perfectionnée dans ces derniers temps : on estime surtout les carabines dites *Delvigne*, du nom de leur fabricant, et inventées en 1827; plusieurs corps d'élite dans l'infanterie, notamment les chasseurs de Vincennes, sont armés de ces carabines. — On fabrique aussi des carabines de chasse, destinées à la chasse des animaux les plus redoutables : on estime en ce genre les *Carabines-Devisme*. — On nomme encore *carabine* un fusil court dont on se sert dans la cavalerie (dragons, lanciers, hussards), et qui n'a pas le canon rayé; on l'appelle plus exactement *mousqueton*.

CARABINIERS, soldats de cavalerie ou d'infanterie, qui portaient originairement une carabine.

Carabiniers à cheval. Sous Henri IV et Louis XIII, on appelait *carabins* des cavaliers armés d'une escopette ou carabine, et qu'on employait surtout comme éclaireurs; ces cavaliers ont pris depuis le nom de *carabiniers.* Les premiers régiments de ce nom datent seulement du règne de Louis XIV. Le maréchal de Luxembourg avait établi une compagnie de carabiniers dans chaque régiment de cavalerie. Avant 1789, les carabiniers à cheval formaient un corps d'élite, divisé en 2 brigades, et dont l'effectif était de 1,560 hommes en temps de guerre et de 1,300 en temps de paix. Ils rendirent les plus grands services à la bataille de Fontenoy. Aujourd'hui les carabiniers forment deux régiments d'élite compris dans la cavalerie de réserve ; ils ont pour uniforme un habit bleu céleste, à boutons blancs, un casque en cuivre avec chenille rouge, des buffleteries jaunes avec piqûre blanche, des épaulettes écarlates. Leurs armes sont la cuirasse en cuivre, le sabre à lame droite et tranchante des deux côtés et le pistolet : tout en conservant le nom de *carabiniers*, ils ne portent plus la carabine. La taille exigée est de 1ᵐ,80.

Carabiniers à pied. C'étaient des hommes d'élite, exercés conformément au genre de l'arme qu'ils portaient, et qui faisaient partie des compagnies de chasseurs des bataillons d'infanterie légère. Institués en 1788, ils furent abolis dès 1792. Dans l'infanterie légère, les compagnies d'élite prennent encore aujourd'hui le nom de *compagnies de carabiniers*.

CARABINS, ancienne troupe armée de carabines. *Voy.* CARABINE et CARABINIERS.

CARABIQUES, tribu d'insectes Coléoptères pentamères de la famille des Carnassiers, caractérisés par leurs mâchoires terminées en pointe, leur tête plus étroite que le corselet, une languette saillante et des palpes labiaux à trois articulations seulement. La plupart des carabiques répandent une odeur fétide, et lancent par la bouche ou l'anus une liqueur âcre, corrosive et quelquefois volatile ; une espèce commune dans nos campagnes lance par l'anus, quand elle est surprise, une petite fumée, ce qui l'a fait appeler *bombardier*. Les carabiques sont éminemment carnassiers, et dévorent une grande quantité d'insectes ; ils volent mal, mais ils sont très-agiles à la course ; ils ne chassent guère que la nuit, et le jour ils restent cachés sous les pierres, la mousse et l'écorce des vieux arbres. Presque toutes les espèces se trouvent dans le nord de l'Europe, de l'Asie et de l'Amérique. Les larves des carabiques ne sont pas moins carnassières que les insectes parfaits. Leur forme varie suivant les genres ; cependant elles ont, en général, le corps allongé, cylindroïde, composé de 12 anneaux, la tête munie de 2 antennes et de 6 petits yeux lisses ; la bouche armée de 2 fortes mandibules et de 2 mâchoires ; six pattes cornées aux trois premiers anneaux, etc. *Voy.* CARABE.

CARACAL, *Lynx caracal*, espèce de chat sauvage qu'on trouve en Asie et en Afrique, et que l'on regarde comme le *Lynx* des anciens. Il est fauve-isabelle en dessus, avec les oreilles noires extérieurement, et est de la taille de nos forts Barbets. *Voy.* LYNX.

CARACARA (ainsi nommé du cri qu'il fait entendre), *Polyborus*, genre d'oiseaux de proie de l'Amérique du Sud, de la famille des Vautours. Ils ont le bec droit à sa base, allongé ; les tarses nus, écussonnés ; les ongles émoussés ; les ailes longues ; ils ont le vol horizontal et plus rapide que celui des aigles et des buses, mais ils marchent plus qu'ils ne volent ; ils sont peu farouches et surtout très-criards. Ces oiseaux dévorent indifféremment les petits quadrupèdes, les oiseaux, les reptiles, les vers même et les insectes ; ils se jettent également sur les charognes les plus infectes et sur les immondices, et font une guerre acharnée aux autres oiseaux de proie. On divise ce genre en *Caracaras* proprement dits, dont la principale espèce est le *C. du Brésil* ; *Tribins*, comprenant une espèce unique, le *C. noir* ; *Rancancas*, comprenant le *Petit aigle d'Amérique* et le *Rancanca à ventre blanc*.

CARACOLE ou CARACOL (mot espagnol, dérivé lui-même de l'arabe, et qui signifie *limaçon*), se dit en Architecture de tout ce qui est fait en hélice, en spirale, notamment des escaliers en limaçon.

En termes de Manége, on appelle ainsi le mouvement circulaire ou demi-circulaire que l'on fait faire à un cheval en changeant souvent de main, et, dans la cavalerie, le mouvement de tous les cavaliers d'un même escadron, quand ils tournent en même temps par le flanc, sur la droite ou sur la gauche.

En Botanique, c'est le nom vulgaire d'un haricot d'Amérique (*Phaseolus indicus* ou *caracolla*), à fleurs contournées en spirale ; on le cultive comme plante d'ornement.

CARACTÈRES (mot grec dérivé de *charásso*, marquer, graver). Les caractères d'imprimerie sont de petits morceaux de métal, en forme de parallélipipèdes, hauts de 2 à 3 centim., dont chacun porte gravés en relief à l'une de ses extrémités, et dans un sens contraire à celui qu'offre l'impression, des lettres, des chiffres, ou toute autre figure usitée dans la typographie. La matière de ces caractères est un alliage d'antimoine et de plomb, auquel on ajoute quelquefois de l'étain et du cuivre pour en augmenter la dureté. Depuis Schœffer, qui inventa les caractères mobiles en 1450, l'art de la fonderie a fait d'immenses progrès. (*Voy.* TYPOGRAPHIE). L'Imprimerie nationale possède une collection complète des types de toutes les langues connues, depuis l'alphabet français jusqu'aux caractères *hiéroglyphiques* des Égyptiens et aux caractères *cunéiformes* des Chaldéens (*Voy.* ces mots).

Pendant longtemps, on n'a employé que deux sortes de caractères, le *romain* ou perpendiculaire, et *l'italique* ou penché de droite à gauche ; ces deux caractères furent inventés en Italie par Jenson et Alde Manuce. Le premier s'introduisit en France sous Louis XI ; le second, perfectionné par Garamond, y fut importé par Simon de Colines. Aujourd'hui, on imite en typographie tous les genres d'écriture, la *bâtarde*, la *coulée*, la *ronde*, l'*anglaise*, la *gothique*, sans parler des variétés diverses d'un même caractère qu'on appelle *compactes*, *gras*, *petit-œil*, *gros-œil*, etc. Chaque espèce de caractères est, en outre, reproduite sous toutes sortes de dimensions, qu'on désignait autrefois par des noms de convention, et qu'on distingue aujourd'hui par la *force du corps* (hauteur du caractère prise de la tête du *d*, par exemple, jusqu'au pied du *p*), mesurée à l'aide de *points* (ou *sixième* de ligne du pied de roi). Voici les noms et la valeur en points des caractères les plus usités : la *perle*, fondue sur 4 points ou 2/3 de ligne ; la *parisienne* ou *sédanoise*, sur 5 ; la *nonpareille*, 6 ; la *mignonne*, 7 ; le *petit-texte*, 7 1/2 ; la *gaillarde*, 8 ; le *petit-romain*, 9 ; la *philosophie*, 10 ; le *cicéro*, 11 et 11 1/2 ; le *saint-augustin*, 12 ou 13 ; le *gros-texte* et le *gros-romain*, 14 et 16 ; le *petit* et le *gros-parangon*, 18 et 20. Ces deux derniers, ainsi que la *palestine*, le *trismégiste*, le *petit*, *gros*, *double* et *triple-canon*, dont la force de corps est variable, ne s'emploient guère que pour les titres et les affiches. — Outre la série des lettres de l'alphabet de forme ordinaire et courante, chaque ordre de caractères a son assortiment de *capitales* grandes et petites, de signes de ponctuation, enfin d'espaces, cadrats, cadratins, etc., pour distancer les mots, et remplir les vides à la fin des alinéa.

Dans ces derniers temps, on a inventé des caractères mobiles pour l'impression des cartes de géographie. Ceux dont on se sert pour imprimer la musique ont été inventés en Italie au XVIᵉ siècle, et considérablement perfectionnés de nos jours par M. Duverger.

Quant à la fabrication des caractères, elle se fait de la manière suivante. Lorsque le graveur a terminé le poinçon où est gravé le caractère, il en tire une empreinte sur cuivre, nommée *matrice*. Le fondeur a un moule en fer, doublé en bois, ayant un espace vide de la grandeur du caractère qu'on veut mouler. La partie inférieure porte une rainure dans laquelle on place la *matrice*. Elle est appuyée contre le fond du moule par un fil de fer (dit *archet*) qui fait ressort en arc-boutant contre elle. Le fondeur prend l'alliage, le verse dans le moule, en lui donnant une légère secousse, afin de chasser l'air. On tire ensuite la lettre.

En Littérature, on désigne sous le nom de *Caractères* un genre de portraits moraux, dont Théophraste avait donné l'exemple chez les anciens, et que La Bruyère, chez nous, a porté à la perfection. Quelques auteurs modernes se sont aussi essayés dans ce genre, mais avec beaucoup moins de succès.

CARACTÉRISTIQUE, se dit dans le calcul différentiel d'une marque, ou caractère, par laquelle on désigne une certaine fonction d'une quantité : c'est ainsi que la lettre *d* est la caractéristique des quantités différentielles, ou que *dx* exprime la différentielle de *x*. La *caractéristique d'un logarithme vulgaire* est le nombre entier qui entre dans ce logarithme. Par exemple, 2 est la caractéristique de 2,02118930, logarithme de 105 ; 0 est la caractéristique de 0,6989700, logarithme de 5. La caractéristique du logarithme d'un nombre est toujours égale à la quantité de chiffres moins *un* qui composent ce nombre : ainsi la caractéristique du logarithme de 4223 est 3, celle du logarithme de 142789 est 5, etc. Dans les tables des logarithmes, on ne trouve indiquées que les parties fractionnaires des logarithmes, et les caractéristiques y sont sous-entendues.

En Grammaire, le mot *Caractéristique* exprime la principale lettre qui précède la terminaison d'un mot, celle qui se conserve dans la plupart de ses temps, de ses modes, de ses dérivés et de ses composés. Ainsi, en français, la lettre R est la lettre caractéristique du futur, comme le Σ l'est en grec.

Leibnitz avait donné à la langue universelle dont il avait conçu le projet le nom de *Caractéristique*, parce que la nature de chaque objet devait être caractérisée par la composition même du mot.

CARAGAN, espèce de Robinier. *Voy.* ROBINIER.

CARAGNE, substance gommo-résineuse que l'on attribue à un arbre de la famille des Térébinthacées, dit *Arbre de la folie*, est originaire de la Colombie. Elle nous vient en morceaux de la grosseur d'une noix, d'un vert noirâtre à l'extérieur et d'une teinte marbrée au dedans.

CARAGUATE, espèce de Tillandsie. *V.* TILLANDSIE.

CARAMBOLIER, en latin *Averrhoa* (du médecin arabe *Averrhoès*), arbre des Indes orientales, genre de la famille des Oxalidacées, et suivant d'autres des Térébinthacées ou des Rhamnées, ne renferme que deux espèces : l'une, dite *Pommier de Goa*, est un arbre de 4 à 5 m. qui produit des fruits jaunâtres, du volume d'un œuf de poule et d'une acidité agréable : on fait des cataplasmes de son écorce pilée avec le riz et le bois de santal ; on mange ses fleurs en salade ; son fruit, dit *carambole*, s'emploie contre la dyssenterie et les fièvres bilieuses ; l'autre, dite *Averrhoa bilimbi*, donne des fruits acides, que l'on confit au sucre, au vinaigre ou au sel, et que l'on mange comme les groseilles, les câpres ou les olives ; on en fait un sirop rafraîchissant.

CARAMEL (de l'arabe *cara*, noir, et de l'espagnol *melo*, miel), sucre brûlé, d'une couleur rougeâtre ou brune, et d'une saveur particulière. On l'obtient en faisant fondre du sucre avec un peu d'eau et le faisant cuire jusqu'à ce qu'il brunisse ; il faut s'arrêter avant qu'il devienne amer et y jeter un peu d'eau chaude en le retirant du feu, le faire refondre et le réduire à la consistance d'un sirop épais pour le conserver. Les confiseurs s'en servent pour couvrir et glacer des bonbons ou des fruits. On l'emploie aussi dans la cuisine pour colorer le bouillon et certains mets. Les médecins le prescrivent quelquefois comme adoucissant dans les rhumes. Le caramel chimiquement pur est insipide, et renferme les mêmes éléments que le sucre, moins une certaine quantité d'eau.

CARANX, genre de poissons Acanthoptérygiens de la famille des Scombéroïdes, à dorsales et à queue épineuses, renferme un grand nombre d'espèces répandues dans toutes les mers ; les principales sont : les *Saurels*, au corps allongé, oblong, à tête peu convexe, la ligne latérale couverte de lames hautes et armées de pointes dans toute sa longueur, et dont le type est le *Saurel* ou *Maquereau bâtard*, mauvais poisson huileux, commun sur les côtes de Picardie et de Normandie ; les *Caranx* proprement dits, dont la ligne latérale n'a de boucliers que sur la partie postérieure ; les *Carangues*, à tête haute et comprimée, à profil tranchant, etc.

CARAPACE, *Testa*, nom qu'on donne au bouclier supérieur qui recouvre le corps des Tortues : le bouclier inférieur s'appelle *plastron*. La carapace est formée d'un grand nombre de plaques osseuses unies ensemble par des sutures ; c'est une portion de leur squelette, où l'on peut aisément reconnaître les vertèbres et les côtes. Cette portion du squelette, devenue superficielle au lieu d'être logée au milieu des parties molles, n'est recouverte, ainsi que le plastron, que par la peau, ordinairement écailleuse, de l'animal. — On donne également le nom de *Carapace* à la pièce solide qui recouvre le dos et la tête des Crustacés. Beaucoup de poissons, les Silures, les Coffres, les Pégases, etc., ont aussi des Carapaces générales ou partielles. Certains Mammifères, tels que les Ratons, sont pourvus d'un appareil analogue.

CARAQUE. On nommait ainsi au XVᵉ et au XVIᵉ siècle les immenses bâtiments que les Portugais employaient à la navigation des Indes orientales et du Brésil. Les caraques portaient jusqu'à 2,000 tonneaux. Aujourd'hui ces navires sont peu en usage et, en tout cas, beaucoup moins grands.

Dans le Commerce, on nomme *Caraque* un cacao de qualité supérieure qu'on récolte sur la côte de Caracas. *Voy.* CACAO.

CARAT, nom d'une mesure conventionnelle adoptée pour les objets précieux, désigne tantôt un simple degré de pureté, tantôt un poids réel. — Quand il s'agit de l'or, on suppose, pour évaluer sa pureté, que tout objet en or, quelle que soit d'ailleurs sa masse ou sa quantité, forme un composé fictif de 24 parties ; chacune de ces parties est un *carat* ; l'or parfaitement pur est dit à 24 *carats*, celui qui renferme un vingt-quatrième d'alliage est à 23 *carats*, et ainsi de suite. Le carat pris en ce sens est ce que les orfèvres appellent *carat de fin*. Aujourd'hui le titre ne se compte plus que par millièmes : 1 carat équivaut à 42 millièmes. — Quand il s'agit de diamants, de perles et autres pierres précieuses, le carat est nu poids réel ; on l'appelle alors *carat de poids* : il pèse 4 grains ou environ 21 centigrammes (rigoureusement, 0, gr. 20,275) ; c'est ainsi que l'on dit que le diamant du Grand Mogol, par exemple, pèse 279 carats. Appliqué comme poids à l'or, le carat prend une toute autre valeur : il égale 192 grains, et se subdivise en 4,608 *primes*. — On appelle *carat de prix* la 24e partie de la valeur d'une once ou d'un marc d'or. — Enfin, on donne encore le nom de *carats* à de petits diamants qui se vendent au poids et qui ne dépassent guère le poids d'un carat.

On dérive le mot *carat* de l'arabe *kirat*, nom d'un petit poids qui est le 24e d'un denier : ce mot ne serait lui-même qu'une corruption du grec *kération*, silique, poids qui valait le tiers de l'obole ; selon d'autres, *carat* viendrait du nom d'une fève de l'*Erythrina*, arbre du pays des Changallas en Abyssinie ; cet arbre y est appelé *cuara*, ou soleil, parce que les fleurs et les fruits en sont d'un rouge de feu ; comme les semences sèches du cuara sont toujours à peu près également pesantes, les habitants du pays s'en sont servis de temps immémorial pour peser l'or. Ces fèves ont été ensuite transportées dans l'Inde, où on les a employées, dans les premiers temps, à peser les diamants.

CARATURE. On appelle ainsi un mélange d'or et d'argent, ou d'or, d'argent et de cuivre, avec lequel on fait les aiguilles d'essai pour l'or.

CARAVANE (du persan *karvan*, marchand), association que forment des marchands, des voyageurs ou des pèlerins, pour traverser avec plus de sûreté les déserts de l'Afrique et de l'Asie, surtout ceux de l'Arabie. Les fonctions de conducteur de caravane (*karavan-bachi*) sont regardées comme très-honorables. Les plus célèbres caravanes sont celles des marchands qui partent des échelles du Levant pour se rendre au Thibet et dans le pays de Cachemire; celle des pèlerins, qui part tous les ans du Caire pour aller à la Mecque, et qui se compose de 70 à 80,000 individus, avec 8 ou 9,000 chameaux et autant de chevaux; enfin celle de Constantinople qui se rend également tous les ans à la Mecque et dont le départ se fait avec une grande pompe. Les caravanes voyagent à petites journées et s'arrêtent chaque soir à une station, où se trouve généralement une fontaine et quelquefois un *caravansérai*. *Voy.* ci-après.

On a donné aussi le nom de *caravanes* aux campagnes que les chevaliers de Malte faisaient sur mer contre les Turcs et autres infidèles : de là l'expression familière, *faire ses caravanes*.

CARAVANSERAI, vulgairement *Caravansérail* (c.-à-d. *station des caravanes*), grand bâtiment public destiné dans l'Orient à servir d'hôtellerie ou de lieu de repos aux caravanes et aux marchands. C'est un édifice de forme carrée, au milieu duquel se trouve une vaste cour entourée d'arcades avec un puits ou une fontaine. Tous les voyageurs y sont reçus gratuitement, mais ils n'y trouvent d'ordinaire que l'eau et le couvert. La police des caravansérais est confiée à un officier appelé *caravanséraskier*. Quelques-uns de ces édifices, surtout à Constantinople, à Ispahan et à Agra, sont remarquables par la magnificence et la richesse de leur construction. Dans quelques villes ils servent également de marchés ou bazars. En Turquie, il n'est permis qu'à la mère et aux sœurs du sultan, aux vizirs et aux pachas qui se sont trouvés trois fois dans une bataille contre les chrétiens, de fonder des *caravansérais*.

CARAVELLE, nom donné chez les Turcs aux grands navires, et en Portugal à de petits bâtiments gréés en voiles latines, dont la marche est rapide. On nomme aussi *caravelles*, sur les côtes de France, les bâtiments qui vont à la pêche du hareng sur les bancs. Ils ont ordinairement de 25 à 30 tonneaux. Ceux qui sont plus petits s'appellent *trinquarts*.

CARBAZOTATES. *Voy.* NITROPICRATES.

CARBET, nom donné, aux Antilles, à une grande case commune des sauvages, qui est ordinairement placée au milieu de leurs habitations. Chez les anciens Caraïbes, c'était le nom du grand conseil de la nation. — On donne encore ce nom à une sorte de toiture construite provisoirement dans une anse ou une crique, pour servir d'abri aux embarcations contre le soleil et la pluie.

CARBO, nom latin du genre *Cormoran*. *V.* ce mot.

CARBONARISME, société politique et secrète. *Voy.* CARBONARI au *Dict. univ. d'Hist. et de Géogr.*

CARBONATES, sels composés d'acide carbonique et d'une base. On les reconnaît à la propriété qu'ils ont de faire effervescence quand on y verse un acide fort, tel que l'acide chlorhydrique. Les principaux sont :

1°. Le *C. d'ammoniaque*, dit aussi *Alcali volatil concret*, *Sel volatil d'Angleterre*, sel blanc, soluble dans l'eau, volatil, et de l'odeur de l'ammoniaque; il se produit, dans beaucoup de circonstances, par l'action du feu sur les matières animales azotées. Il est employé en médecine. Il existe, dans les environs de Naples, une grotte où du carbonate d'ammoniaque se dégage en abondance; on lui attribue, dans le pays, une grande vertu contre les douleurs, l'engourdissement, la paralysie des membres, etc.

2°. Le *C. de baryte*. *Voy.* BARYTE CARBONATÉE.

3°. le *C. de chaux*. *Voy.* CHAUX CARBONATÉE.

4°. Le *C. de cuivre*, appelé quelquefois *vert-de-gris*; sel bleu, insoluble dans l'eau. On le rencontre dans la nature. *Voy.* CUIVRE CARBONATÉ.

5°. Le *C. de fer*. *Voy.* FER CARBONATÉ.

6°. Le *C. de magnésie*. *Voy.* MAGNÉSIE.

7°. Le *C. de plomb*. *Voy.* CÉRUSE.

8°. Le *C. de potasse*, sel blanc, déliquescent, fort soluble, sans odeur, d'une saveur âcre et urineuse : c'est la *potasse* du commerce. *Voy.* POTASSE.

9°. Le *C. de soude*. On distingue trois sels de ce nom. Le *C. neutre* est un sel blanc, fort soluble et d'une saveur âcre et urineuse : c'est la *soude* ou *sel de soude* du commerce. *Voy.* SOUDE.

10°. Le *C. de zinc*. *Voy.* ZINC.

CARBONE (du latin *carbo*), corps simple qui constitue presque en totalité le *charbon noir*, et qui existe pur dans le *diamant*. La *plombagine*, l'*anthracite*, la *houille* ou *charbon de terre*, le *lignite*, représentent également du carbone plus ou moins impur (*Voy.* ces mots). Toutes les matières végétales et animales renferment du carbone en combinaison avec d'autres éléments, particulièrement avec l'hydrogène, l'oxygène et l'azote. Le carbone pur est sans saveur ni odeur; il est complètement fixe et infusible au feu le plus violent. Lorsqu'on le chauffe au contact de l'air, il se combine avec l'oxygène, brûle, et se convertit soit en gaz *acide carbonique*, soit en gaz *oxyde de carbone*, suivant les proportions de l'oxygène mis en présence. Lorsque le charbon brûle en grande masse dans un fourneau où la chaleur s'élève beaucoup, et où le courant d'air est trop faible relativement au volume du combustible, le résultat de la combustion consiste principalement en gaz oxyde de carbone, qui produit en brûlant une flamme bleue, visible au haut de la cheminée du fourneau. Le carbone produit avec l'hydrogène des combinaisons très-variées. *Voy.* CARBURES.

CARBONE (OXYDE DE), gaz incolore, insipide et inodore, composé de carbone et d'oxygène dans les rapports de CO; sa densité, comparée à celle de l'air, est de 0,9678. Il brûle avec une flamme bleue en se transformant en acide carbonique. On l'obtient en chauffant dans une cornue de la craie avec du charbon, ou bien en décomposant l'acide oxalique par l'acide sulfurique, et dirigeant le mélange gazeux d'acide carbonique et d'oxyde de carbone dans une lessive de potasse qui n'absorbe que l'acide carbonique. L'oxyde de carbone est un gaz délétère : respiré en certaine quantité, il provoque la perte du sentiment, le vertige, une débilité extrême, des douleurs aiguës dans les différentes parties du corps, et détermine une asphyxie complète, suivie assez promptement de la mort. — L'oxyde de carbone a été découvert par Priestley; mais ce n'est qu'en 1802 que la nature de ce gaz fut reconnue, à peu près en même temps, par Cruikshank en Écosse, et par Clément et Desormes en France.

CARBONIQUE (ACIDE), combinaison de carbone et d'oxygène dans les rapports de CO^2; gaz incolore, d'une densité de 1,5, impropre à la combustion et à la respiration des animaux, rougissant légèrement le tournesol, sans odeur et d'une saveur aigrelette. On peut le liquéfier et même le solidifier à l'aide d'une forte pression. On l'obtient en versant un acide fort sur du calcaire, du marbre ou de la craie. C'est un des corps les plus répandus dans la nature; il se produit par la combustion du charbon, du bois et de toutes les matières organiques, ainsi que par la fermentation et la putréfaction de ces substances; les animaux l'exhalent dans l'acte de la respiration. Il se trouve mêlé à l'air atmosphérique dans la proportion de quelques dix-millièmes. Il se rencontre dans diverses cavités ou grottes des pays volcaniques, par exemple, dans la célèbre *Grotte du Chien*, près de Naples; on le trouve en dissolution dans beaucoup d'eaux minérales acidules, comme celles de Seltz, de Vichy, de Spa; il se développe en abondance dans la germination des grains, de l'orge, par exemple, qui sert à la fabrication de la bière. C'est lui qui fait pétiller et mousser le vin de Champagne, la bière, le cidre, les limonades gazeuses. Il existe aussi au fond des puits, dans l'intérieur des mines, des marnières et des carrières; toutes les cavités des terrains calcaires sont remplies de gaz acide carbonique. Enfin, en combinaison avec la chaux, la magnésie et plusieurs autres oxydes, il constitue un grand nombre de minéraux, et souvent des montagnes entières; la craie, le marbre, la dolomie, la pierre à chaux, le fer spathique, etc., sont des combinaisons d'acide carbonique, ou *carbonates*. C'est cet acide qui, avec l'oxyde de carbone détermine l'asphyxie produite par la combustion du charbon ou de la braise dans les appartements fermés. On pense que c'est au moyen de vapeurs carboniques que les prêtres de l'antiquité produisaient les convulsions des pythonisses chargées de faire connaître la volonté des dieux.—Paracelse et Van Helmont s'aperçurent les premiers que, dans certaines circonstances, il s'échappe un gaz de la pierre calcaire; ils lui donnèrent les noms d'*esprit des bois*, *esprit sauvage*, *gaz sylvestre*, ou simplement de *gaz*. Frédéric Hoffmann en constata la présence dans les eaux minérales. Le chimiste écossais Black reconnut en 1755 que le gaz des calcaires est identique au gaz provenant de la combustion du bois et de la fermentation. Priestley et Bergmann en reconnurent la présence dans l'atmosphère, et lui donnèrent le nom d'*air fixe*. Lavoisier en établit la composition en 1776, et lui imposa le nom qu'il porte encore aujourd'hui. M. Faraday l'obtint le premier à l'état liquide en 1823, et M. Thilorier parvint à le solidifier en 1835.

CARBONISATION, destruction des matières organiques à l'abri de l'air, de manière qu'elles laissent pour résidu du carbone plus ou moins pur. Le charbon végétal qu'on emploie comme combustible se prépare par la carbonisation du bois. Cette opération se pratique au sein des forêts; elle consiste à former, à portée des tas de bois abattus, des pyramides de bois, en forme de cônes tronqués, au centre desquelles on ménage un espace vide pour y mettre le feu; on recouvre ces bûchers d'une couche de feuilles sèches ou de gazon, sur laquelle on applique de la terre bien battue, en laissant au bas quelques ouvertures pour faire entrer l'air; on met le feu, et quand la masse est bien embrasée, on bouche toutes les ouvertures, afin que la combustion se continue d'une manière lente, et que le bois, à l'abri des courants d'air, se convertisse peu à peu en charbon. Cette méthode de carboniser le bois est fort ancienne; Théophraste en donne une description détaillée. Les Chinois carbonisent le bois dans des fours souterrains, munis de deux ouvertures, l'une servant de cheminée et faisant fonction de machine aspirante, l'autre donnant entrée à l'air nécessaire à la combustion. L'ingénieur Lebon imagina le premier, vers 1785, de carboniser le bois en vase clos, pour obtenir à la fois du charbon, des gaz combustibles, du goudron et du vinaigre de bois. Son procédé, perfectionné depuis par Mollerat, Kurtz et Lhomond, est très-répandu aujourd'hui.

CARBONITES, synonyme d'*Oxalates*. V. OXALATES.

CARBURE, combinaison neutre du carbone avec un corps quelconque, autre que l'oxygène. Les *C. d'hydrogène* sont très-nombreux, et se présentent sous les formes les plus variées. Le caoutchouc, les essences de térébenthine, de citron, de cédrat, d'orange, de poivre, de sabine, de genièvre, de copahu, de cubèbe, le naphte, le pétrole, le gaz de l'éclairage, le gaz qui se dégage de la vase des marais et dans les mines de houille, etc., ne sont que des combinaisons

de carbone et d'hydrogène. Beaucoup d'entre elles sont isomères. On obtient, en général, des carbures d'hydrogène lorsqu'on calcine des matières organiques, telles que les résines et les huiles, à une chaleur rouge et à l'abri de l'air. Dans la nomenclature usitée en France, les noms des carbures d'hydrogène se terminent ordinairement en *ène*: ainsi, on obtient le *camphogène* ($C^{20}H^{14}$) avec le *camphre*, le *benzène* ($C^{12}H^6$) avec l'acide benzoïque, le *cumène* ($C^{18}H^{12}$) avec l'acide cuminique, le *cinnamène* ($C^{16}H^8$) avec l'acide cinnamique, etc. L'étude des carbures d'hydrogène appartient à la chimie organique. Ceux qui offrent le plus d'intérêt sont le *gaz de l'éclairage*, le *gaz oléfiant*, et le *gaz des marais*.

CARBURE DE FER OU FER CARBURÉ. *Voy.* FER.

CARCAISE, nom donné, dans les verreries, et surtout dans les manufactures de glaces et de cristaux, au fourneau dans lequel on recuit le verre pour lui donner plus d'élasticité et de solidité.

CARCAJOU, espèce de Blaireau. *Voy.* BLAIREAU.

CARCAN (du bas latin *carcanum*, collier), cercle de fer au moyen duquel on attachait à un poteau les criminels condamnés à la peine de l'exposition (*Voy.* EXPOSITION). La peine du carcan fut mise en 1719 au nombre des peines afflictives. D'après le Code pénal, cette peine devait toujours accompagner celles des travaux forcés et de la réclusion. L'emploi du carcan, qui avait déjà disparu de fait dès 1832, a été définitivement aboli avec la peine de l'exposition par un décret du 2 mars 1848.

CARCÉRULE, espèce de fruit. *Voy.* FRUIT.

CARCIN (du grec *carcinos*, crabe), genre de Crustacés décapodes, de la famille des Brachyures, caractérisé par une carapace plus large que longue, fortement dentée sur les côtés, et par son plastron sternal plus long que large et fortement rétréci en arrière. L'espèce type est le *C. Ménade* (*C. Mœnas*), qui n'est autre que le Crabe commun, si répandu sur nos côtes, où l'on le trouve entre les pierres ou dans le sable. Il sert d'appât pour la pêche lorsqu'il est à l'état mou. On en expédie beaucoup à Paris, bien que la chair en soit peu délicate.

CARCINITES (de *Carcin*, genre type), petit groupe de Crustacés décapodes, famille des Brachyures, comprend les genres *Carcin*, *Thia* et *Polydecte*.

CARCINOME (du grec *carcinos*, cancer), mot qui a été employé dans des sens divers par les pathologistes, est synonyme tantôt de cancer en général, tantôt de cancer commençant, ou même de cancer parvenu à sa dernière période; très-souvent aussi il est synonyme de *squirre*. *Voy.* CANCER et SQUIRRE.

CARDAGE. *Voy.* CARDE.

CARDAMINE, en latin *Cardamina*, genre de plantes de la famille des Crucifères et de la tribu des Arabidées, renferme des plantes herbacées, à fleurs bleues ou roses, à feuilles de forme très-variée, qu'on trouve pour la plupart dans les endroits humides, les prés, les bois, etc. L'espèce la plus intéressante est la *C. des prés* ou *Cresson élégant*, qui passe pour antiscorbutique, et qu'on mange en salade. On en cultive plusieurs variétés dans les jardins.

CARDAMOME, *Cardamomum*, espèce du genre *Amome*, qui croît aux Indes et qui a joui longtemps d'une grande réputation en médecine, à cause de ses graines aromatiques qu'on employait comme stimulants. On distinguait le *Grand*, le *Moyen* et le *Petit Cardamome*. *Voy.* AMOME.

CARDE (du latin *carduus*, chardon, parce que les dents de cet instrument sont brisées comme les épines du chardon). Ce mot désigne proprement les têtes épineuses de la *cardère à foulon* (*Voy.* ci-après), qu'on emploie pour carder la laine; il est en outre appliqué à une espèce de brosse garnie de dents de fil de fer implantées dans une lanière de cuir fort épais, dont on se sert pour séparer les brins de laine, de coton ou de toute autre substance filamenteuse, pour les disposer à la filature ou à d'autres usages. Tantôt ces cardes sont appliquées sur de petites planches en bois armées d'un manche, comme les cardes à main dont se servent les cardeurs de matelas ; tantôt, comme dans les *cardes cylindriques* dont on fait usage dans les grandes filatures, elles consistent en deux rouleaux hérissés de petites dents de fil de fer, et tournant en sens contraire. Ces machines ingénieuses ont été considérablement perfectionnées de nos jours.

En Horticulture, on appelle *carde* la côte des feuilles du *cardon* et de la *poirée :* on en fait des plats estimés, après les avoir blanchis. *V.* BETTE et CARDON.

CARDÈRE (du latin *carduus*, chardon), genre de la famille des Dipsacées, renferme de grandes herbes ayant le port des chardons, aux tiges anguleuses et hérissées d'épines, à feuilles opposées, à fleurs réunies en têtes comme les scabieuses. On en connaît quatre espèces, toutes bisannuelles, qui croissent naturellement en France : la *C. des bois*, la *C. laciniée*, la *C. bleue* et la *C. sauvage*, aux fleurs d'un bleu rougeâtre, et dont les têtes, à l'usage ou, servent à carder les laines ; la variété de cette dernière, dite *Carde à foulon* ou *Chardon bonnetier*, est celle que l'on emploie de préférence. Elle se distingue par les petits crochets qui terminent les paillettes de ses fleurs. On la cultive en grand en Normandie, en Picardie et dans le midi de la France pour les besoins des manufactures.

CARDIA (mot grec qui signifie *cœur*), désigne exclusivement aujourd'hui l'orifice supérieur de l'*estomac* (*V.* ce mot) : autrefois, il signifiait aussi le *cœur*.

CARDIALGIE, douleur d'estomac. *V.* GASTRALGIE.

CARDIAQUE, qui appartient au cœur ou à l'estomac. On appelle *artères cardiaques* ou *coronaires du cœur*, deux artères qui naissent de l'aorte immédiatement au-dessus des valvules sigmoïdes ; et *veines cardiaques* ou *coronaires du cœur*, plusieurs veines qui toutes s'ouvrent dans l'oreillette droite par un seul orifice ; — *nerfs cardiaques*, les six nerfs du cœur, dont trois de chaque côté, formés par les ganglions cervicaux correspondants ;—*plexus cardiaque*, l'entrelacement nerveux formé par les nerfs cardiaques, derrière la crosse de l'aorte, près de l'origine de cette artère ; — *orifice cardiaque*, le *cardia* (*Voy.* ce mot) ; — *fièvre cardiaque*, la gastralgie (*Voy.* ce mot). — Quelquefois on le prend pour synonyme de *cordial* ou *réconfortant. Voy.* CORDIAL.

CARDIAQUE OU AGRIPAUME, plante. *Voy.* LÉONURE.

CARDINAL, grand dignitaire de l'Église romaine. *Voy.* le *Dict. univ. d'Hist. et de Géogr.*

CARDINAL, nom vulgaire par lequel on désigne plusieurs oiseaux dont le plumage est de couleur rouge ; tels sont : le *C. d'Amérique*, ou Tangara rouge (*V.* ce mot), dit aussi *C. du Canada*, *du Mexique*, et *C. à collier* ; le *C. du Cap*, espèce de Gros-bec ; le *C. carlscronien*, espèce de Bouvreuil ; le *C. commandeur* ou Troupiale ; le *C. dominicain* et le *C. huppé*, autres espèces de Gros-becs, etc. — Le nom de *Cardinal* désigne encore un poisson du genre *Spare ;* un mollusque du genre *Cône ;* un papillon du genre *Argynne*, et un coléoptère du genre *Pyrochre.*

En Botanique, on appelle *Cardinale* une espèce du genre Lobélie, un Glaïeul, une Sauge, etc.

Les Conchyliologistes nomment *dents cardinales* les dents principales de la charnière dans les coquilles bivalves.

En Théologie, on appelle *vertus cardinales* la Prudence, la Justice, la Force et la Tempérance, parce qu'on rapporte à ces quatre chefs tous les actes de vertu.

En Astronomie, on appelle *points cardinaux* les quatre points les plus diamétralement opposés de l'horizon : le Nord et le Sud, l'Est et l'Ouest ; et *signes cardinaux du Zodiaque*, les signes dans lesquels entre le soleil au début de chaque saison : ce sont le Bélier, le Cancer, la Balance et le Capricorne.

CARDITE (de *cardia*, cœur). En Médecine, ce nom désigne l'inflammation du cœur en général. On distingue : la *cardite* proprement dite, inflammation du tissu musculaire du cœur ; la *péricardite*, inflammation du péricarde ou membrane séreuse qui enveloppe le cœur ; et l'*endocardite*, inflammation de la membrane qui revêt les cavités du cœur. Ces trois sortes d'inflammations sont quelquefois isolées ; mais le plus souvent elles naissent ensemble ou se suivent de très-près. Elles ont pour causes ordinaires l'abus des boissons spiritueuses, l'action de certains poisons, et notamment de l'arsenic, les exercices immodérés, les mêmes influences atmosphériques que la pneumonie ou la pleurésie. Leurs symptômes généraux sont les palpitations, l'oppression, la fréquence et l'irrégularité du pouls, une vive douleur précordiale, des défaillances, le sentiment d'une extrême faiblesse. On traite ces phlegmasies par des saignées générales et locales.

On donne aussi le nom de *Cardite* à un genre de Mollusques acéphales, à manteau ouvert dans toute sa longueur, portant en arrière un orifice particulier pour l'anus et un tube pour la respiration ; la coquille est très-épaisse, solide, équivalve, à sommets recourbés en avant, à charnière munie de 2 dents inégales. Ce sont des coquilles marines dont quelquesunes s'attachent par un byssus aux corps sous-marins : on en connaît beaucoup d'espèces fossiles.

CARDON, *Cinara cardunculus*, plante bisannuelle et potagère du genre Artichaut, a, comme l'artichaut, des capitules ou têtes, mais qui ne se mangent pas. Le cardon est originaire des côtes de Barbarie. Certains botanistes le considèrent comme un artichaut à l'état sauvage, et dont les capitules n'ont point été encore rendues comestibles par la culture. On en distingue trois variétés : le *C. de Tours*, armé de toutes parts d'aiguillons pointus, à côte légèrement concave, un peu rougeâtre ; le *C. d'Espagne*, qui s'élève jusqu'à 2 et même 4 m., et le *C. plein*, qui n'a point d'épines. Les cardons sont sensibles aux gelées ; on les sème par couches en janvier, et en avril on les lie et on les butte pour faire blanchir les feuilles inférieures. Ils fournissent un mets assez estimé ; on mange de préférence, comme dans le céleri, les côtes, dites *cardes*, et les racines.

CARDUACÉES (du latin *carduus*, chardon), une des trois grandes tribus de la famille des Synanthérées ou Composées de Candolle, correspond à peu près aux *Flosculeuses* de Tournefort et aux *Cinarocéphales* de Jussieu. On les a divisées en deux sections, selon que le point d'attache de la graine est par sa base (*Carduacées vraies*), ou par son côté (*Centaurées*) ; elles renferment les genres *Chardon, Artichaut* (dont le *Cardon* n'est qu'une espèce), *Centaurée*, etc.

CARÊME, temps d'abstinence et de jeûne. *Voy.* le *Dict. univ. d'Hist. et de Géogr.*

On nomme *Carême prenant* les trois jours gras qui précèdent immédiatement le mercredi des Cendres, et, par extension, une personne qui court les rues en habit de masque pendant ces mêmes jours.

CARÉNAGE. *Voy.* CARÈNE.

CARENCE (du latin *carere*, manquer). En Jurisprudence on appelle *procès-verbal de carence* un procès-verbal dressé par un huissier, et constatant qu'un débiteur n'a point, ou n'a que très-peu de meubles, et qu'il est, par conséquent, insolvable (Code de procédure, art. 224).

CARÈNE (du latin *carina*, même signif.), la superficie extérieure du fond d'un navire, partie qui est submergée lorsqu'il est chargé. — On appelle *carénage* l'opération qui consiste à réparer la *carène* d'un bâtiment : le bâtiment est dit alors en *carène*.

En Botanique, on nomme *carène* deux pétales inférieurs des fleurs papilionacées, parce que, rapprochés, et souvent même soudés par leur bord, ils offrent quelque ressemblance avec la carène d'un vaisseau.— On appelle, pour la même raison, *caréné* ce qui offre une saillie longitudinale comme la carène d'un vaisseau : par exemple, les glumes de plusieurs graminées, les valves de la cosse du pois, etc. — On donne aussi cette épithète aux oiseaux qui ont le sternum garni d'un bréchet.

CARET ou CARREC, *Testudo imbricata*, espèce de Chélonée ou Tortue de mer, de couleur brune, mêlée de taches rougeâtres et irrégulières, à museau allongé, à lames cornées : son disque est composé de 13 plaques à bords entiers; son plastron, de 12 plaques. Ce sont les plaques du disque qui fournissent la substance connue dans le commerce sous le nom d'*écaille*. Dans la Marine, on appelle *fil de caret* un gros fil fait avec des fibres du chanvre, et qui sert à fabriquer tous les cordages : le *caret* lui-même est proprement un touret ou espèce de dévidoir sur lequel on roule les premiers fils fabriqués avec le chanvre.

CAREX, nom latin du genre Laiche. *Voy.* LAICHE.

CARGAISON (du bas latin *cargare*, charger), charge marchande d'un navire de commerce, ensemble des marchandises que ce navire doit transporter : un bâtiment de guerre n'a point de cargaison, On appelle *chargement* les objets transportés par les corvettes de charge, les gabares, etc.

CARGUE, nom qu'on donne, en Marine, à toute espèce de cordage qui sert à replier les voiles contre les vergues, et quelquefois contre le mât; opération qui elle-même s'appelle *carguer*. On distingue les *cargues-points*, qui sont amarrées aux deux points ou angles du bas de la voile; les *cargues-boulines*, qui sont amarrées au milieu des côtés de la voile; les *cargues-fonds*, qui sont amarrées au milieu du bas de la voile. Les quatre voiles majeures ont généralement six cargues, savoir, deux de chacune des trois sortes de cargues.—On cargue ordinairement les voiles en les relevant; quand on les cargue en les abaissant, l'opération prend le nom de *hale-bas*.

CARI ou CARRY (du malabare *kari*, bouillie, potage), assaisonnement indien, composé de piment en poudre, d'épices, etc. On donne aussi ce nom à un mets importé de l'Inde, et qui se compose de volaille et de riz assaisonné de cari.

CARIACOU, boisson fermentée, composée de sirop de canne, de cassave et de patates : on en fait usage à Cayenne. — C'est aussi, chez Buffon, le nom indigène du chevreuil ou du cerf d'Amérique : il habite la Louisiane, la Guyane et le Brésil.

CARIAMA (par onomatopée du cri de cet oiseau), *Microdactylus*, genre d'oiseaux de l'ordre des Echassiers et de la famille des Pressirostres, est remarquable par ses tarses longs, ses doigts courts, son bec convexe et voûté, sa mandibule supérieure terminée par un crochet, sa queue assez longue, à 12 rectrices. Le *C. huppé du Brésil* ou *C. de Margrave*, la seule espèce connue, est un bel oiseau de près d'un mètre de long, d'un gris roux piqueté de brun, orné d'une huppe de plumes roides sur la tête, et très-farouche; sa voix est forte et sonore. Il vit sur la lisière des forêts, et se nourrit de reptiles et d'insectes.

CARICATURE (de l'italien *caricatura*, dérivé lui-même de *caricare*, charger). La caricature existait déjà chez les anciens : on en a trouvé des exemples dans les ruines d'Herculanum et de Pompéi; mais c'est dans les temps modernes qu'elle a pris le plus d'extension. Les querelles religieuses et politiques enfantées par la Réforme et la Ligue lui fournirent de nombreux sujets; il parut dès 1565 un recueil de 120 gravures de songes drôlatiques dont l'idée est attribuée à Rabelais, et qui sont peut-être les plus anciennes caricatures qui aient été faites chez nous; la Fronde, les règnes de Louis XIV et de Louis XV surtout, y donnèrent aussi une ample matière; mais ce n'est qu'à partir de 1789 que la caricature prit tout son essor; elle jouit pendant la période révolutionnaire d'une licence incroyable. Pendant les

dernières années de la Restauration, elle eut ses journaux spéciaux, paraissant à des époques régulières, tels que la *Silhouette* (1829-30), la *Caricature* (octobre 1830-32), enfin le *Charivari*, fondé en décembre 1832 ; ce dernier, outre la caricature politique, cultive la caricature de mœurs, et, sous ce rapport, le *Journal pour rire* lui fait une vive concurrence. Charlet, Philippon, H. Monnier, Pigal, Dévéria, Grandville, Gavarni, Daumier, Cham, Bertall, etc., sont de nos jours les principaux artistes en ce genre. Parmi les plus célèbres caricaturistes anciens ou étrangers, il faut citer surtout Callot, auteur de la *Tentation de saint Antoine*, des *Misères de la guerre* et des *Gueux contrefaits*; le Suisse Holbein, qui a fait la *Danse macabre* et une suite de caricatures pour l'*Eloge de la Folie* d'Erasme ; l'Anglais Hogarth, l'Écossais Cruikshank, l'Espagnol Goya, etc. — La gravure n'a pas seule le privilège de la caricature : tout le monde connaît les statuettes de Dantan jeune, dont la collection a reçu le nom de *Panthéon charivarique*.

CARIE (du latin *caries*, même signification), ulcération des os. On distingue la *C. sèche* ou *Nécrose* (*Voy.* ce mot) et la *C. humide* ou *Carie* proprement dite. La Carie est ordinairement précédée d'une douleur locale plus ou moins vive. L'os se gonfle, s'ulcère et donne lieu à une suppuration plus ou moins abondante, qui a son siége dans les parties organisées de l'os. La carie attaque spécialement la partie spongieuse des os. Les dents y sont fort sujettes (*Voy.* ci-après). Ses causes sont les vices scorbutique ou scrofuleux, le rhumatisme, la goutte, et les contusions sur les os. — La carie guérit quelquefois spontanément, mais le plus souvent elle exige les secours de l'art. Si elle est superficielle, il faut ouvrir le foyer de la suppuration, et essayer, s'il n'y a plus d'irritation, les bains et les douches d'eaux alcalines, ferrugineuses, sulfhydreuses, iodurées : on fait le pansement avec de la charpie imbibée d'huile essentielle de térébenthine, de myrrhe ou d'aloès ; si ces remèdes ne sont point efficaces, on emploie la cautérisation, qui transforme la carie en nécrose; si enfin la cautérisation est impossible, il ne reste plus d'autre remède que l'amputation.

Carie des dents. Outre la *C. sèche* et la *C. humide*, on distingue : *C. calcaire*, *C. carbonée* ou *noire*, *C. écorchante*, *C. perforante*, tous noms qui s'expliquent d'eux-mêmes. Dès qu'une dent est atteinte de carie, il faut se hâter d'éloigner de la cavité qui s'y forme l'air et les aliments, bien nettoyer la dent à l'intérieur, remplir ensuite la cavité de coton pour la sécher, enfin la boucher hermétiquement avec de la cire vierge ou de la gomme mastic. Si la carie est plus avancée, on y remédie soit en plombant la dent, soit en la cautérisant, soit en enlevant avec la lime les parties malades. Quand elle a fait trop de progrès, l'extraction est indispensable.

On a étendu le nom de *carie* à certaines maladies des plantes : celle des arbres pénètre jusque dans leur tronc. La carie du froment est attribuée à un végétal particulier de la famille des Urédinées.

CARILLON (du mot français *quadrille*, parce que les premiers carillons étaient exécutés à quatre cloches), collection de cloches accordées suivant une échelle chromatique de 2 à 3 octaves. On les suspend dans un clocher et le sonneur les met en mouvement au moyen d'un clavier analogue aux pédales de l'orgue, ou au moyen d'un cylindre ajusté à des rouages d'horlogerie. Le premier carillon fut fait à Alost en Flandre, en 1487 : les plus renommés ont été construits en Belgique et en Hollande. Aujourd'hui les carillons sont à peu près passés de mode.—Outre les carillons de cloches, il existe encore des *carillons mécaniques* adaptés aux horloges et qui font entendre des airs aux différentes heures. Un des plus célèbres en ce genre était celui de l'horloge de la Samaritaine, qu'on voyait au siècle dernier sur le Pont-Neuf à Paris. Ces carillons se composent de cordes métalliques mises en vibration par des marteaux qui les frappent, et qui eux-mêmes sont mus au moyen de pointes fixées à une roue, comme dans la *vielle* et les *orgues* de Barbarie.

On a donné aussi le nom de carillon à certains airs d'un mouvement fort vif et fort gai, qu'on chantait en dansant, comme le *C. de Dunkerque.*

On appelle *Carillon électrique* une série de timbres qu'on met en communication avec la machine électrique et qui résonnent par l'effet des attractions et des répulsions de petites boules en cuivre, suspendues près de ces timbres, qu'elles frappent alternativement.

En Botanique, on a nommé *Carillon* une espèce de Campanule, la *C. violette marine.*

CARINAIRE (du latin *carina,* carène), genre de mollusques Gastéropodes à coquille univalve très-mince, en cône, aplatie sur les côtés, à sommet en spirale, involutée et très-petite; à dos garni d'une carène dentée; à ouverture ovale, oblongue, rétrécie vers l'angle de la carène. Quelques espèces sont transparentes comme le cristal, et brillent des plus vives couleurs, avec des reflets opalins. Elles habitent toujours les hautes mers.

CARIOPSE (du grec *caré,* tête, et *opsis,* aspect), nom donné en Botanique à tout fruit sec, indéhiscent, monosperme, et à péricarpe tellement mince qu'on le confond avec le tégument des graines, dont on ne peut le distinguer à l'époque de la maturité. Tels sont les fruits des Graminées.

CARISEL ou CRESEAU, grosse toile claire qui sert comme de canevas pour travailler en tapisserie. Il y en a de blancs et de teints en différentes couleurs.

CARL (de *Karl* ou *Charles,* nom de prince), monnaie d'or de Bavière qui vaut 10 florins et 42 kreutzers (24 fr. 15 cent.). Il y a des *demi-carls* et des *quarts de carl.* — C'est aussi une monnaie d'or de Brunswick, qui vaut 5 thalers (18 fr. 95 cent.). Il y a des *doubles carls* et des *demi-carls.*

CARLIN (de l'italien *carlino,* dérivé lui-même de *Carlo* ou *Charles,* nom de plusieurs princes italiens), petite monnaie d'argent du royaume des Deux-Siciles, vaut 42 cent. et demi de France à Naples, et 39 cent. à Palerme et à Messine; une pièce de 12 carlins ou écu de Sicile vaut 5 fr. 10 cent.; le *ducat* de 10 carlins vaut 4 fr. 25 cent. Considéré comme monnaie de compte, le carlin est la dixième partie du ducat. — C'est encore une monnaie de billon de Rome, qui vaut 7 bayoques et demi (39 cent.). On la nomme aussi *carolino.* Il y a des *doubles carlins.* — En Sardaigne, le *carlin* est une monnaie d'or qui, depuis 1768, vaut 49 fr. 33 cent.; le *demi-carlin* vaut 24 fr. 66 cent. et demi. Auparavant il y avait des *carlins,* dits de *Victor-Amédée,* qui valaient 150 fr.

On nomme encore *carlin* une sorte de petit chien au nez écrasé et au poil ras, dont l'espèce, très-commune en France au commencement de ce siècle, a presque entièrement disparu. *Voy.* DOGUIN.

CARLINE (de *Carolus* ou *Charles,* parce que, dit-on, l'armée de Charles-Quint fut guérie de la peste en Barbarie par le secours de cette plante), genre de plantes de la famille des Synanthérées-Cinarées, renferme un grand nombre d'espèces de plantes herbacées, à tige courte, à réceptacle paléacé, qui peuvent se manger en guise d'artichaut. Elles croissent pour la plupart sur les Pyrénées et dans les montagnes de la Suisse et de l'Italie. On en trouve une espèce aux environs de Paris dans les lieux secs et pierreux : c'est la *C. vulgaire* (*C. vulgaris*), remarquable par ses fleurs en corymbe, quelquefois solitaires, à fleurons jaunes au centre et d'un pourpre violet à la circonférence; on l'emploie en médecine comme sudorifique. La *Carline* a donné son nom à la tribu des *Carlinées,* dont elle est le type.

CARLINGUE, nom donné dans la Construction maritime, à deux ou trois fortes pièces de bois de chêne, assemblées bout à bout dans le fond de cale d'un navire, et servant avec la quille à consolider la carène et à soutenir les mâts. On nomme *C. de cabestan,* celle qui est établie sur les baux du pont où est le cabestan; *C. de mât,* l'assemblage de charpente sur laquelle est contenu le pied de ce mât, comme un tenon dans une mortaise.

CARMAGNOLE, ronde républicaine en vogue depuis 1792 (*Voy.* le *Dict. univ. d'Hist. et de Géogr.*). — Ce nom a été aussi donné à une veste à petites basques qui fut mise à la mode à la même époque, et qui était portée par la classe populaire.

CARMANTINE, plante, la même que la *Justicie.*

CARMELINE, laine qu'on tire de la Vigogne.

CARMES (EAU DES), liqueur aromatique. *Voy.* EAU.

CARMIN (de l'italien *carminio,* dérivé de l'arabe *kermès*), matière colorante d'un rouge éclatant; c'est une substance solide, pulvérulente, d'un beau rouge, qu'on obtient en précipitant une décoction de cochenille avec de l'alun. C'est une couleur précieuse pour les peintres, ainsi que pour la coloration des fleurs artificielles et des bonbons. La *laque carminée* s'obtient quand on verse de l'alun dans une décoction de cochenille alcalisée. La préparation du carmin a été découverte, par hasard, à Pise, par un moine franciscain; le chimiste Homberg en fit connaître la composition en 1656. La laque carminée paraît avoir été fabriquée d'abord à Florence, au moyen du kermès; de là le nom de *laque de Florence* qu'elle a longtemps porté.

CARMINATIFS (du bas latin *carminare,* carder, nettoyer), médicaments qui ont la propriété de faire sortir les gaz développés dans le canal digestif. On les compose avec des substances toniques et aromatiques, comme la mélisse, la sauge et la plupart des labiées. Les graines d'anis, de fenouil, de coriandre et de carvi, constituent les *espèces dites carminatives.*

CARMINE, matière colorante de la cochenille et du kermès, d'un rouge vif. *Voy.* COCHENILLE.

CARNASSIERS (du latin *caro, carnis,* chair), ordre d'animaux Mammifères, qui se nourrissent pour la plupart de chair ou de matières animales, ont les molaires plus ou moins comprimées, l'estomac simple et petit, et l'intestin court. Le lion, le chien, la martre, l'ours, en sont les types principaux. Les Naturalistes ne sont point d'accord sur les limites qu'il faut donner à cet ordre. Linné y réunit les dix genres suivants : *Phoca, Canis, Felis, Viverra, Mustela, Ursus, Didelphis, Talpa, Sorex, Erinaceus.* Cuvier le divise en quatre familles : les *Chéiroptères* ou Mammifères ailés, les *Insectivores,* les *Carnivores* ou Carnassiers proprement dits, et les *Marsupiaux* (*Voy.* ces mots). D'autres Naturalistes plus modernes restreignent l'ordre des Carnassiers à la 2e et à la 3e famille de Cuvier.

On donne aussi le nom de *Carnassiers* à une famille d'insectes Coléoptères pentamères, dont la bouche est munie de six palpes, et qui se nourrissent de proie vivante. Ils se divisent en *C. terrestres,* qui comprennent les tribus des *Cicindélètes* et des *Carabiques;* et en *C. aquatiques,* qui comprennent la tribu des *Hydrocanthares.*

CARNAVAL, temps de fêtes et de divertissements qui précède le Carême. *V.* le *Dict. univ. d'H. et de G.*

CARNE, se dit proprement, en Architecture, de l'angle extérieur d'une pierre. Ce mot s'applique, par extension, à tout angle ou coin, comme la carne d'une table, d'un volet, d'une plume taillée pour écrire, etc. Dans la taille des plumes, on distingue les *grandes carnes,* qui partent du tuyau, et les *petites carnes,* qui forment le bec.

CARNELE. On nomme ainsi dans la fabrication des monnaies la bordure qui paraît autour du cordon d'une monnaie, et qui entoure la légende.

CARNET, livret ou calepin dont se servent les

banquiers, les agents de change, les courtiers, et, en général, les négociants, pour inscrire leurs opérations au moment même où ils les font.—Le *Carnet d'échéance* est un registre distribué en 12 parties, dont chacune sert à un des 12 mois de l'année, et où l'on inscrit les billets et lettres de change à recevoir et à payer, avec leurs dates, leurs échéances et les sommes qu'ils portent. A l'aide de ce carnet, le banquier ou négociant peut voir sur-le-champ les effets qu'il a à recevoir ou à payer dans chaque mois de l'année, avec les dates de leurs échéances.

CARNIFICATION (du latin *caro*, chair, et *fieri*, devenir), altération morbide qui s'opère dans certains organes, dont le tissu acquiert accidentellement une consistance analogue à celle de la chair ou du tissu musculaire. Ainsi, on nomme *carnification des poumons* l'état dans lequel une portion plus ou moins considérable du tissu pulmonaire, endurcie et compacte, se rapproche de la consistance et de la couleur du foie, ce qui a fait nommer aussi cette dégénérescence *hépatisation*.

CARNIVORES (du latin *caro*, chair, et *vorare*, dévorer), nom donné aux animaux qui se nourrissent principalement de chair. Cuvier a fait des Carnivores une famille des Carnassiers, renfermant les *Plantigrades*, les *Digitigrades* et les *Amphibies* (*Voy.* ces mots). Ils sont surtout caractérisés par des canines très-fortes, des molaires tranchantes et des incisives à chaque mâchoire. Ils sont, pour la plupart, armés de griffes puissantes. Les Carnivores comprennent tous les animaux connus vulgairement sous le nom de *bêtes féroces*.

CAROLIN (de *Carolus*, Charles), monnaie d'argent qui a cours en Suède, vaut environ 85 centimes. — C'est aussi le nom de deux monnaies d'or, l'une de Cologne, qui vaut 28 fr. 85 c., et l'autre de Wurtemberg, valant 25 fr. 35 c. — *Voy.* CARL et CARLIK.

CAROLINS (LIVRES); — CAROLINE (LOI). *Voy.* le *Dict. univ. d'Hist. et de Geogr.*

CAROLUS (du latin *Carolus*, Charles), ancienne monnaie d'or d'Angleterre, valant autrefois 13 livres 16 sous de France. — C'est aussi le nom d'une ancienne monnaie de billon de France, valant 10 deniers, qui fut frappée sous le règne de Charles VIII, et qui n'eut cours que sous son règne.

CARONADE, bouche à feu, ordinairement en fer, dont on fait surtout usage dans la marine; elle est moins lourde et moins longue que le canon. C'est une arme simple, légère, sans bourrelet, sans moulures, qui emploie peu de poudre, et qui porte jusqu'à 25 et 30 kilogr. de balles : on en fait de divers calibres (de 36, de 24, de 18 et de 12). La caronade a été inventée en 1774 à *Carron*, près de Stirling, en Écosse : d'où son nom ; elle fut employée pour la première fois par la marine anglaise en 1779.

CARONCULE (du latin *caruncula*, diminutif de *caro*, chair), petite éminence ou excroissance charnue. On appelle *C. lacrymale* un petit renflement rougeâtre, situé à l'angle interne de l'œil, et formé par un amas de follicules muqueux recouverts par un repli de la membrane clignotante ; *C. papillaires*, de petits mamelons que présente le tissu des reins, et qui versent l'urine dans les calices.

En Ornithologie, on nomme *caroncule* une excroissance charnue, molle, dénuée de plumes, qui orne le front, la gorge ou les sourcils de certains oiseaux.

En Botanique, on donne ce nom à un renflement de la surface qui, dans certaines graines, entoure le hile, comme dans le *haricot*.

CAROTIDE (du grec *caros*, assoupissement, parce que les anciens y plaçaient le siége de l'assoupissement), nom qu'on donne aux artères qui portent le sang aux diverses parties de la tête. On appelle *C. primitives*, ou proprement dites, deux artères qui remontent un peu obliquement en dehors de chaque côté du cou, et qui naissent, la *C. droite*, de l'artère innominée, la *C. gauche*, de l'aorte ; chacune d'elles se partage ensuite en *C. externe* et *C. interne*. La *C. externe* s'étend du haut du larynx jusqu'au col du condyle du maxillaire inférieur, et fournit les artères de la face et de l'extérieur du crâne ; la *C. interne* monte le long de la colonne vertébrale, et entre dans le crâne par le canal carotidien. Les blessures des carotides sont très-dangereuses : le plus souvent il en résulte une hémorragie foudroyante ; dans quelques cas seulement, on peut arrêter l'effusion du sang à l'aide de la compression ou de la ligature.

CAROTTE, *Daucus*, genre de plantes herbacées de la famille des Ombellifères, caractérisé par son fruit oblong, à 5 côtes épineuses, et par ses fleurs pilées en cœur, à 5 pétales et à 5 étamines alternes. On en connaît une quinzaine d'espèces, toutes douées de propriétés aromatiques ; mais la plus intéressante est la *C. commune* (*D. carotta*), plante bisannuelle, qui croît spontanément en France. Sa racine est pivotante, charnue, succulente, d'une couleur et d'une saveur bien connues : à l'état sauvage (*faux chervi*), elle est ligneuse, et se divise en nombreuses ramifications ; améliorée par la culture, elle devient plus grosse, et fournit un aliment agréable et salubre ; sa tige, haute de 60 centim., est velue et marquée de stries longitudinales ; ses feuilles sont profondément découpées ; ses fleurs, blanches et disposées en ombelles, comme celles du cerfeuil. On en cultive plusieurs variétés, dont les principales sont : la *C. courte hâtive*, la plus délicate et la plus sucrée de toutes ; la *C. jaune* ou *de Flandre*, qui est très-grosse ; la *C. rouge longue* ; la *C. blanche*, excellente pour la nourriture des chevaux et l'engraissement des bestiaux ; la *C. violette*, d'un goût plus fort et d'un usage moins répandu, etc. La carotte demande une terre meuble et légère, et des arrosements fréquents : on la sème au printemps et en automne. On a essayé de tirer du sucre de la racine de la carotte, mais sans grand profit ; on en extrait de l'acide pectique ; ses semences fournissent une huile volatile d'une odeur pénétrante. Tout le monde connaît l'usage alimentaire de la carotte. En Médecine, elle s'emploie comme émollient ; elle a quelque action dans les maladies du foie (contre la jaunisse) et des voies urinaires. Ses semences sont stimulantes.

CAROUBIER, *Ceratonia siliqua*, arbre toujours vert, de la famille des Légumineuses, tribu des Césalpinées, qui croît en Orient et dans le midi de l'Europe, surtout dans le voisinage de la Méditerranée. Le caroubier atteint de 8 à 10 m., et a, pour le port, quelque analogie avec le pommier. Ses feuilles, coriaces, luisantes, d'un vert bleuâtre, renferment un principe astringent, et peuvent, ainsi que l'écorce, servir à la préparation des cuirs en guise de tan ; ses fleurs, disposées en grappes latérales, sont d'un pourpre foncé ; son fruit est une gousse, longue de plus de 20 centim., qu'on appelle *caroube* ; il renferme une pulpe rougeâtre et sucrée dont on extrait une assez bonne eau-de-vie, et un sirop employé tantôt comme assaisonnement, tantôt pour faire des conserves de fruits ; en Espagne et en Italie ; on donne cette pulpe encore verte aux bêtes de somme et aux bestiaux, qu'elle engraisse rapidement ; mûre, elle sert d'aliment aux Arabes des côtes de Barbarie, malgré ses propriétés laxatives ; enfin on la fait entrer, en guise de jujube, dans beaucoup de préparations pharmaceutiques. Le bois du caroubier, connu dans le commerce sous le nom de *carouge*, est très-dur, et s'emploie en ébénisterie.

Caroubier de la Guyane ou *Courbaril*. V. ce mot.

CAROUGE, *Xanthornus* (de *xanthos*, jaune, et *ornis*, oiseau), genre de Passereaux assez semblables aux Troupiales, et appartenant à la tribu des Cassiques de Cuvier, famille des Conirostres, renferme plusieurs espèces, toutes américaines, à l'exception d'une seule qu'on trouve dans la Nouvelle-Zélande. Les carouges vivent par paires ou par petites troupes dans les taillis, les bosquets et les endroits fourrés : ils sont insectivores. Leurs nids, d'un tissu remarquable, sont ordinairement en forme de bourse ou d'écuelle, et flottent suspendus à l'extrémité d'une branche. Leur plumage est généralement d'un jaune éclatant; quelques espèces ont la tête noire.

Carouge est aussi le nom vulgaire du bois du Caroubier. *Voy.* ce mot.

CARPE, en latin *Cyprinus* (de *Cypris*, Vénus, à cause de sa fécondité), genre de poissons de la famille des Cyprinoïdes, section des Cyprins proprement dits, a la bouche petite, protractile, garnie de barbillons et dépourvue de dents, le corps couvert d'écailles imbriquées et assez grandes. La carpe est un poisson d'eau douce propre aux régions méridionales et tempérées de l'Europe; elle n'a été introduite qu'assez tard dans les régions septentrionales : Pierre Marshall la porta en Angleterre en 1504, et Pierre Oxe en Danemark en 1560. La carpe se nourrit du frai d'autres poissons, d'insectes et de débris de substances animales ou végétales. Sa fécondité est prodigieuse; elle vit aussi fort longtemps, et atteint en vieillissant des proportions considérables : on en trouve qui ont plus d'un mètre de long. Sa chair est assez estimée, mais elle a l'inconvénient d'être remplie d'arêtes. Les carpes habitent de préférence les eaux stagnantes et bourbeuses, ce qui leur donne souvent un goût de vase; on en trouve aussi dans les rivières : celles qu'on pêche dans la Seine et dans le Rhin sont recherchées. L'espèce la plus connue est la *C. commune* (*Cyp. carpio*), à corps aplati, fusiforme, de couleur vert olivâtre en dessus, jaunâtre en-dessous. On appelle *C. à miroir* ou *spéculaire* une variété de carpe à écailles excessivement grandes; *C. à cuir*, une espèce totalement dépourvue d'écailles; *C. à tête de dauphin*, certaines carpes remarquables par le développement des os du crâne; *Carrassin*, une espèce commune en Allemagne, qui n'a pas de barbillons.—On rapporte au genre Carpe un grand nombre d'espèces fort diverses dont les principales sont : la Dorade, le Goujon, le Barbeau, la Tanche, l'Ablette, etc. *Voy.* ces mots.

CARPE (du grec *carpos*, poignet), nom donné en Anatomie, à la partie du bras comprise entre l'avant-bras et la main, et qu'on nomme vulgairement *poignet*. Le carpe est formé par deux rangées de petits os courts, unis intimement entre eux, et au nombre de huit, savoir : le *scaphoïde* (en forme de nacelle), le *semi-lunaire*, le *pyramidal*, le *pisiforme* (en forme de pois), le *trapèze*, le *trapézoïde*, le *grand os*, et l'*unciforme* ou *ongle crochu*.

CARPELLE (du grec *carpos*, fruit), nom donné par M. de Candolle aux organes élémentaires, tantôt libres, tantôt adhérents ensemble, dont la réunion donne naissance au pistil et dont chacun peut être considéré comme une petite feuille pliée en dedans sur elle-même, qui renferme les germes que la fécondation doit développer.

CARPHOLOGIE (du grec *carphos*, fétu, flocon, et *légô*, ramasser), nom donné, en Pathologie, à une agitation automatique des mains, qui tantôt semblent chercher des flocons dans l'air, tantôt roulent ou palpent, de diverses manières, les draps ou les couvertures du lit dans lequel le malade est couché. Ce phénomène n'a guère lieu que dans les maladies les plus graves, et indique toujours un très-grand danger.

CARPINUS, nom botanique du genre *Charme*.

CARPO.... (du grec *carpos*, fruit), entre dans la composition d'un grand nombre de termes de Botanique, tels que *carpodonte*, *carpolépide*, *carpolithe* (fruit fossile), *carpophage*, etc., qui pour la plupart s'expliquent d'eux-mêmes.

CARPOCAPSE, *Carpocapsa* (du grec *carpos*, fruit, et *capsis*, action de dévorer), genre de Lépidoptères de la famille des Nocturnes, comprend un petit nombre d'espèces, remarquables par leurs couleurs métalliques. Leurs chenilles habitent, les unes dans

l'intérieur des fruits à pepins, les autres entre l'aubier et l'écorce des arbres fruitiers. Les premières sortent des fruits lorsqu'elles ont atteint tout leur développement. L'espèce la plus connue est la *Pyrale des pommes* (*C. pomonana*), dont la chenille vit dans les pommes et les poires, et y exerce les plus grands ravages. *Voy.* PYRALE.

CARPOLOGIE (du grec *carpos*, fruit, et *logos*, discours). Les Botanistes nomment ainsi l'étude du fruit considéré dans son ensemble et ses détails. Cette dénomination a été créée par Gærtner.

CARQUAISE. *Voy.* CARCAISE.

CARQUOIS (mot d'étymologie fort incertaine, qu'on dérive du bas latin *carcassum*, tiré lui-même, selon P. Borel, de *Carcaso*, Carcassonne, ville où on fabriquait beaucoup de carquois au moyen âge), étui destiné à contenir les flèches, et qu'on portait en bandoulière sur le dos au moyen d'une courroie ou d'un ruban. Aussi ancienne et aussi répandue que l'arc, cette partie de l'armure a été conservée par les modernes jusqu'à l'introduction des armes à feu, et remplacée par la giberne. Dans la Mythologie, le carquois était un des principaux attributs de Cupidon; il était aussi porté par Diane et Apollon.

CARRASSIN, espèce de carpe. *Voy.* CARPE.

CARRE (de *quadratus*, carré). On nomme ainsi chacune des faces ou des côtés d'une lame de fleuret, d'épée, de baïonnette. On dit aussi la *carre d'un soulier* pour le bout d'un soulier carré, la *carre d'un habit*, pour la partie du dos de l'habit comprise entre les manches, la *carre d'un chapeau* pour la partie plate qui est au haut de la forme.

Dans certains jeux, comme à la bouillotte, la *carre* est ce qu'on propose de jouer; se *contre-carrer*, c'est proposer de jouer le double de la carre.

CARRÉ ou QUARRÉ (du latin *quadratus*). En Géométrie, c'est un quadrilatère dont les quatre côtés sont égaux et dont les quatre angles sont droits. On trouve la surface d'un carré en multipliant par lui-même le nombre qui exprime la longueur de son côté.

En Algèbre et en Arithmétique, le mot *carré* se dit de la seconde puissance d'un nombre, comme on dit *racine carrée* pour *racine seconde* : 4, par exemple, est le carré de 2, c.-à-d. le produit de 2 multiplié par lui-même; 2 est par conséquent la racine carrée de 4. Voici les carrés des nombres, avec leurs racines, depuis 1 jusqu'à 10 :

Racines carrées : 1, 2, 3, 4, 5, 6, 7, 8, 9, 10.
Carrés : 1, 4, 9, 16, 25, 36, 49, 64, 81, 100.

Le carré d'un nombre entier composé de dizaines et d'unités contient trois parties, savoir : le carré des dizaines, le double des dizaines multiplié par les unités, et le carré des unités; par exemple, le carré de 64 est composé du carré de 6 dizaines (qui est 36 centaines), du double de 6 dizaines multiplié par 4 unités (qui est 48 dizaines), et du carré des unités (qui est 16 unités); la somme de ces trois produits partiels donne 4096 pour le carré de 64. On exprime, en Algèbre, le principe précédent d'une manière générale par la formule : $(a + b)^2 = a^2 + 2ab + b^2$. — Le carré d'une *fraction* s'obtient en élevant séparément le numérateur et le dénominateur au carré. — Pour obtenir le carré d'un *nombre décimal*, il suffit de former le carré du nombre entier qui résulte de la suppression de la virgule, et de séparer ensuite sur la droite de ce carré le double du nombre de décimales contenu dans le nombre proposé. Ainsi, le carré de 6,49 est 42,1201.

On appelle, en Arithmétique, *carré magique* un carré divisé en cellules dans lesquelles on dispose une suite de nombres en proportion arithmétique, de telle manière que les sommes de tous ceux qui se trouvent dans une même bande horizontale, verticale ou diagonale, soient toutes égales entre elles. Si, par exemple, on distribue dans les cases d'un carré plusieurs termes d'une progression par différence, tels que 2, 3, 4, 5, 6, 7, 8, 9, 10, comme il suit :

5	10	3
4	6	8
9	2	7

on aura $5+10+3=4+6+8=5+4+9=10+6+2=5+6+7=9+6+3$. Découvert au xive siècle par Manuel Moschopule, mathématicien grec, le carré magique a été l'objet des études de Corneille Agrippa, de Bachet de Méziriac, de Frenicle, Lahire, etc.; mais, malgré tant de recherches, cette découverte curieuse est restée sans application.

En Anatomie, on a donné le nom de *carré* à plusieurs muscles, à cause de leur figure qui se rapproche de celle du carré : tels sont le *C. de la lèvre inférieure*, ou abaisseur de cette lèvre; le *C. lombaire*, qui fait partie de la paroi postérieure de l'abdomen : le *C. crural*, le *C. du pied*, etc.

En Stratégie, le *carré* est une formation en bataille à 4 aspects ou à 4 fronts, qui a pour objet de résister sur tous les points à des charges de cavalerie. Le *bataillon carré* est un ordre auquel l'infanterie a recours lorsqu'elle est privée d'appuis. Aux angles et au centre, on place d'ordinaire des canons pour les défendre.

Dans la Marine, on appelle *carré* une chambre commune autour de laquelle sont rangées les cabines des officiers, et dont le centre, occupé par la table, sert pour les repas de l'état-major. — On nomme *Carré naval* une table carrée fixée au milieu du gaillard d'arrière d'un vaisseau, sur laquelle sont tracées des lignes se coupant à angle droit à 45°, et qui facilitent le relèvement du vaisseau par rapport aux autres bâtiments de l'escadre dont il fait partie.

Les bouchers nomment *Carré de mouton* une pièce du quartier de devant d'un mouton : c'est ce qui reste quand le collet et l'épaule en ont été séparés.

CARREAU (de *carré*), nom qu'on donne, en général, à un pavé plat de matière quelconque, taillé régulièrement en forme de carré ou à pans coupés, surtout en hexagone, et qui sert à paver les maisons, les églises, etc. Il y a des *carreaux* d'argile ou de brique, ordinairement de forme hexagonale, de pierre calcaire ou de marbre. — On appelle *carrelage* l'opération qui consiste à paver un lieu en y posant des carreaux; *carreleurs*, les ouvriers qui posent les carreaux d'argile; quant à ceux de pierre ou de marbre, ils sont posés par les marbriers.

Les carreaux d'appartement sont ordinairement colorés en rouge ou en jaune avec un mélange d'ocre et d'huile de lin ou de colle de Flandre; lorsque cette couleur est sèche, on la couvre d'un *encaustique* (*Voy.* ce mot) pour lui donner un brillant, qu'on entretient ensuite au moyen de la cire jaune et du frottage. Depuis quelques années, on a inventé des compositions (*siccatif brillant, chromodurophane*, etc.) qui conservent toujours au carreau son brillant et épargnent ainsi le pénible travail du frottage.

Par extension, on a donné le nom de *carreau* à une foule d'objets qui affectent une forme carrée; on appelle ainsi par ex. : 1° une pièce de vitre carrée dont on garnit les croisées d'une fenêtre, et *carreau électrique* un carreau de verre revêtu des deux côtés d'une feuille d'étain, et pouvant servir aux mêmes expériences que la bouteille de Leyde; — 2° une arme ancienne (*quadrellus*), espèce de gros trait à 4 *carres* ou faces qu'on n'employait qu'avec des arbalètes de grande dimension, et qu'on nommait ainsi de la forme de son fer, qui était à quatre pans et pyramidal; c'était aussi quelquefois de grosses pierres pesantes qu'on lançait à l'aide de mangonneaux; — 3° l'une des quatre couleurs dans les cartes à jouer, ainsi nommée parce qu'elle représente le fer du trait ci-dessus; elle est figurée par des petits carrés rouges placés en losange sur la carte; — 4° une sorte de fer à repasser dont se servent les tailleurs pour aplatir les coutures faites dans les étoffes épaisses, telles que celles du drap, du velours, etc. : c'est une grosse lame de fer, longue de 2 à 3 décimètres environ, au-dessus de laquelle est soudée une anse qui va d'un bout à l'autre et sert de manche; — 5° une grosse lime carrée, triangulaire ou méplate, dont les taillandiers se servent pour dégrossir le fer sortant de la forge; — 6° un coussin carré sur lequel on peut s'asseoir ou se mettre à genoux.

CARREAU, nom vulgaire de la maladie appelée *atrophie mésentérique* : il consiste dans la dégénérescence tuberculeuse des glandes mésentériques. Cette maladie, dont les causes sont, en général, les mêmes que celles des scrofules, attaque particulièrement les enfants, et se manifeste surtout chez ceux qui ont été sevrés trop tôt et nourris d'aliments indigestes. Elle est caractérisée par la dureté excessive du ventre, qui devient plus gros et qui contraste avec l'amaigrissement de la face et des membres, ainsi que par un trouble général des fonctions digestives. Le carreau peut être indolent, exister à l'état latent, et ne déterminer aucun trouble fonctionnel; ou bien s'accompagner de symptômes inflammatoires. Le diagnostic de ces deux formes très-différentes de la maladie ne se reconnaît que par le toucher des tubercules. Une fois développé, le carreau ne peut se terminer que de deux manières : ou par le ramollissement des masses tuberculeuses, ou par leur transformation en matière crétacée; dans le premier cas, la matière, ramollie, peut se faire jour dans l'intestin, et la tumeur se vider par cette voie : la guérison résulte alors de cette évacuation spontanée; quant à la transformation crétacée, c'est la terminaison la plus favorable, mais aussi la plus rare. — Le carreau s'accompagne presque constamment de maladies mortelles par elles-mêmes, telles que la péritonite chronique, avec ou sans tubercules, les ulcères intestinaux, et surtout la phthisie pulmonaire, dont il parait n'être qu'une dépendance. — On combat cette maladie, d'abord par le régime adoucissant, les cataplasmes, les bains émollients et les sangsues, puis par un régime analeptique et tonique; les amers, l'huile de foie de morue, les frictions sèches, l'insolation; les ferrugineux et les savonneux, seuls ou combinés avec les amers, sont utiles. Toutefois, dès que la tuberculisation est opérée, on peut regarder la maladie comme à peu près incurable.

CARREC, espèce de tortue. *Voy.* CARET.

CARRÉE, nom qu'on donnait autrefois, en Musique, à une figure de note de forme carrée. V. BRÈVE.

Espèce d'ardoise. *Voy.* ARDOISE.

CARRELET, nom vulg. de la *Plie franche* (*Pleuronectes platessa*), espèce du genre Plie, que l'on reconnaît à 6 ou 7 tubercules qui forment une ligne sur le côté droit de la tête, et aux taches aurores qui relèvent la couleur brune que le corps offre de ce côté. Ce poisson a la chair très-tendre et est fort estimé; il est commun sur les marchés de Paris.

Dans les Arts, on nomme *carrelet* : 1° une grosse aiguille angulaire du côté de la pointe, à l'usage des bourreliers, des selliers, des cordonniers, des emballeurs; — 2° une épée fort dangereuse, dont la lame est très-mince et à 3 carres; — 3° un outil dont les tabletiers se servent pour ouvrir les dents des peignes; — 4° une petite carde sans manche, à dents en fil de fer très-fin, et qui sert aux chapeliers; — 5° un instrument ou châssis destiné à retenir les coins du blanchet ou filtre au travers duquel les pharmaciens passent leurs préparations.

C'est encore une espèce de filet en forme de nappe carrée en usage sur les côtes et sur les rivières de France : on le retient sur le fond au moyen de deux demi-cerceaux, et d'une perche servant à le relever vivement dès qu'on aperçoit du poisson au-dessus.

CARRIÈRE (du bas latin *quadrataria*, carrée, à cause de la forme ordinaire des pierres qu'on en tire), nom sous lequel on désigne, en général, les lieux d'exploitation d'où l'on tire la pierre de taille et les autres pierres à bâtir, le marbre, le grès, le sable, l'ardoise, etc. Toutefois, on donne plus spécialement le nom de *carrière* aux gisements dont on extrait le calcaire grossier; les autres portent le nom de *marbrière*, *sablière*, *plâtrière*, *ardoisière*, etc., selon la nature des substances qu'on y exploite. Les carrières ne doivent pas être confondues avec les *mines*, d'où l'on n'extrait que des métaux ou des pierres précieuses : la loi elle-même a consacré cette distinction. Ainsi les carrières ne sont point susceptibles d'être concédées par l'Etat comme les mines; elles ne sont soumises qu'à la surveillance de la police locale; elles ne sont point sujettes à des redevances fixes et proportionnelles, etc. — Les carrières se composent ordinairement de différents lits ou couches, presque toutes horizontales. Les unes s'exploitent à *ciel ouvert*; les autres sont *souterraines*, et ne communiquent avec le jour que par des puits ou des galeries. Pour fendre et détacher les pierres, on se sert ordinairement d'un gros marteau pointu par les deux bouts, et qu'on appelle *pic*; on les fait aussi sauter à l'aide de la mine. — La France est riche en carrières de toutes sortes : on peut citer les plâtrières de Montmartre, celles de Bordeaux; les meulières et les carrières de pierre de taille de Senlis et de Saint-Leu, les carrières de grès de Fontainebleau, d'ardoises d'Angers et des Ardennes; de lave de Volvic en Auvergne; de marbre du Midi, etc. Les catacombes de Paris ne sont que d'anciennes carrières de pierre de taille. — Suivant les arrêts du Conseil des 14 mars 1741 et 5 avril 1772, et la loi du 21 avril 1810, tout propriétaire d'un fonds peut ouvrir une carrière sur son terrain, mais il ne peut fouiller sous le terrain d'autrui; on ne peut ouvrir des carrières sur les bords des grands chemins, sinon à 60 m. de distance du bord de ces chemins ou des arbres qui les bordent. Les rameaux ou rues des carrières ne peuvent être poussés jusque sous les routes et grands chemins, sous peine d'amende. — Aucune carrière ne peut être ouverte sans la permission du préfet dans les forêts du Gouvernement.

CARRIK ou CARRICK, espèce de redingote à collet ample ou à plusieurs collets, en usage en Angleterre il y a un quart de siècle, et qui aujourd'hui n'est plus porté que par les cochers. On dérive ce nom, par corruption, du nom du célèbre acteur D. Garrick, qui l'aurait mis à la mode au dernier siècle.

CARROSSE (de l'italien *carroccio*, même signif.), grande voiture à 4 ou 6 places, suspendue, couverte et fermée, à 4 roues et ordinairement traînée par deux chevaux. Les carrosses ont été inventés en Italie; le premier carrosse à coffre suspendu qu'on ait vu en France servit, en 1405, à la reine Isabeau, lors de son entrée à Paris. Sous François 1er, en 1547, on n'en comptait que trois : celui de la reine, celui de Diane de Poitiers, et celui de Jean de Laval. Aujourd'hui, ils sont en nombre infini. Cependant, ils sont encore peu répandus en Orient.

On donnait autrefois le nom de *carrosse* à la partie d'un navire qu'on nomme aujourd'hui *dunette*.

CARROUSEL, sorte de jeu équestre. *Voy.* le *Dict. univ. d'Hist. et de Géogr.*

CARTAHU ou CARTAHEU, nom qu'on donne, en Marine, à un cordage volant qui sert à monter ou à descendre un objet quelconque. Quand l'objet est lourd, on passe quelquefois le cartahu dans une poulie placée en tête du mât, pour faciliter la manœuvre.

CARTEL (de *charta*), lettre de défi par laquelle on provoque quelqu'un à un combat singulier. L'usage des cartels existait déjà chez les anciens : Plutarque rapporte qu'Antoine envoya un cartel à Auguste, qui le refusa. Mais ce fut surtout au moyen âge, à l'époque de la chevalerie, que cet usage fut le plus fréquent. — On appelle aussi *cartel* l'accord qui se fait entre deux États belligérants, pour la rançon des prisonniers de guerre.

On nomme encore ainsi une boîte de pendule en forme de cul-de-lampe, qui s'applique contre le mur. Les cartels ne sont plus guère de mode aujourd'hui.

CARTEL, sorte d'encadrement. *Voy.* CARTOUCHE.

CARTELLES (de *charta*, feuille de papier), petites planches de peu d'épaisseur. On débite par *cartelles* les bois recherchés, tels que le frêne, l'orme, l'érable noueux ou loupeux : ce sont surtout les ébénistes, les tabletiers, les armuriers qui achètent les bois ainsi débités.

CARTERON, nom donné par les tisserands à deux lames de bois plates, de quelques centimètres de large, et plus longues que la largeur de la chaîne, qui servent à tenir les fils écartés, afin de les empêcher de se mêler. — *Voy.* aussi QUARTERON.

CARTES A JOUER (du latin *charta*, papier). Pour les fabriquer, on emploie trois sortes de papier : au milieu on place le papier dit *tracé*; ce papier est recouvert, d'un côté par le papier *cartier*, tantôt blanc ou de couleur unie (bleue, jaune ou rose), tantôt *taroté*, c.-à-d. moucheté de dessins variés; et de l'autre, par le papier *pot* sur lequel sont peintes différentes figures. On appelle *têtes* les cartes où sont figurés des *Rois*, des *Dames* et des *Valets*; et *points*, celles qui ne sont marquées que de simples *Cœurs*, *Carreaux*, *Trèfles* et *Piques*, de *un* (as) à *dix*. L'impression des têtes ne peut se faire que dans les bureaux de la régie; mais l'enluminure des figures et celle des points se fait chez les cartiers : elle s'opère à l'aide de patrons découpés et avec des couleurs à la gomme. L'enluminure achevée, les cartes sont séchées avec soin et passées au savon, ce qui leur donne du brillant et la faculté de couler facilement les unes sur les autres. On les redresse ensuite en les soumettant à la presse; enfin, on les taille pour les égaliser, et on les assemble. — On distingue ordinairement les *jeux entiers*, qui sont composés de 52 cartes, et les *jeux de piquet*, de 32 : ces derniers ne renferment pas les 2, 3, 4, 5 et 6. — Paris et Nancy sont, en France, les deux endroits où l'on fabrique le plus de cartes. On en consomme annuellement à l'intérieur pour 1,500,000 fr.; la France en fournit, en outre, à l'étranger, surtout aux colonies espagnoles, américaines, portugaises et anglaises, pour une valeur d'environ 1,000,000 de fr. L'Etat perçoit sur cette branche de notre industrie de 5 à 600,000 fr. de droits, c.-à-d. de 20 à 25 p. 100 du produit. Celui qui vend des cartes sans être fabricant patenté, ou bien sans avoir été agréé et commissionné par la régie, est passible d'une amende de 1,000 à 3,000 fr., de la confiscation des objets de fraude et d'un mois d'emprisonnement. En cas de récidive, l'amende est de 3,000 fr. — Toutes les formalités auxquelles est assujettie en France la profession de *cartier* sont déterminées par la loi du 9 vendémiaire an VI, les décrets du 1er germinal an VI et du 4 prairial an XIII, la loi du 29 avril 1816 et l'ordonnance du 18 juin 1817.

En Angleterre, on se sert de deux sortes de cartes à jouer, les unes semblables aux nôtres, les autres d'un tiers plus hautes et plus larges. C'est aussi en Angleterre qu'on a inventé les cartes *à deux têtes*, dont l'usage commence à se répandre chez nous. — En Allemagne, on ajoute quelquefois aux rois, dames et valets, une quatrième figure, les *chevaliers*. — Enfin, en Espagne et en Italie, les noms des quatre couleurs: *pique*, *trèfle*, *carreau* et *cœur*, sont remplacés par les dénominations d'*épée*, *denier*, *bâton* et *coupe*. Les Italiens font aussi usage de longues cartes appelées *Tarots*. Ces cartes, inventées, dit-on, dans la province de Taro en Lombardie, et qu'il ne faut pas confondre avec les cartes dites *tarotées* (*Voy.* ci-dessus), représentent des figures bizarres, et servent en France à former le *grand jeu* des tireuses de cartes.

On attribue généralement l'invention des cartes à jouer à Jacquemin Gringonneur, peintre de la fin du xive siècle ; mais elles sont mentionnées dès 1328 par un vieux poëte français. Après avoir amusé la démence de Charles VI, elles ne tardèrent pas à devenir une récréation à la mode. Sous Charles VII elles furent perfectionnées considérablement, et les figures reçurent les différents noms qu'elles portent aujourd'hui. On prétend que *David* (roi de pique), tourmenté par un fils rebelle, est l'emblème de Charles VII, menacé par son fils (Louis XI), et qu'*Argine* (reine de trèfle), anagramme de *Regina*, désigne Marie d'Anjou, femme de ce prince; que *Pallas* (dame de pique) représente la Pucelle d'Orléans; *Rachel* (dame de carreau), Agnès Sorel; enfin, *Judith* (dame de cœur), la reine Isabeau. Les quatre valets ou *varlets* sont quatre vaillants capitaines : Ogier et Lancelot, compagnons de Charlemagne, Hector de Gallard et Lahire, généraux de Charles VII. Le reste du jeu offre également une sorte d'allégorie guerrière : le *cœur* est la bravoure, le *pique* et le *carreau*, les armes, le *trèfle*, les vivres, et l'*as*, l'argent, nerf de la guerre.

CARTES ASTRONOMIQUES OU CARTES CÉLESTES. Elles représentent les constellations et les étoiles dans la position qu'elles ont dans le ciel les unes à l'égard des autres. Une fois connue l'ascension droite et la déclinaison pour chaque étoile, on marque facilement sa place par un arc perpendiculaire à l'équateur et dirigé vers le pôle. Les cartes célestes les plus estimées sont celles de Flamsteed (*Atlas cœlestis*, Lond., 1729) et de Bode (*Représentation des astres*, en 34 planches, Berlin, 1805).

CARTES GÉOGRAPHIQUES. On appelle ainsi la représentation, sur une surface plane, de la figure du globe terrestre, soit dans son ensemble, soit dans une de ses parties. Dans le 1er cas, on distingue les *mappemondes*, qui offrent deux hémisphères terrestres projetés côte à côte sur le plan de l'un des grands cercles du globe; et les *planisphères*, qui offrent toute la surface terrestre sur une projection plate et réduite (*Voy.* PROJECTION). Dans le 2e, une carte est dite *générale*, quand elle renferme une grande étendue de pays; *particulière*, quand elle est bornée à une seule contrée; *chorographique*, quand elle offre le détail d'une province ou d'un canton; *topographique*, lorsque les accidents du terrain y sont indiqués. On appelle *Carte hydrographique* ou *marine*, celle qui, négligeant les détails terrestres, ne représente que la mer, les îles et les côtes; *orographique*, celle qui représente spécialement l'enchaînement et la disposition des reliefs montagneux. Il y a encore les cartes *physiques*, *géologiques*, *minéralogiques*, *botaniques* ou *phytographiques*, *zoologiques*, etc.; les cartes *historiques*, *politiques*, *militaires*, *administratives*, *itinéraires* ou *routières*, etc., dont les noms s'expliquent d'eux-mêmes.

On fait remonter l'invention des cartes géographiques jusqu'au Grec Anaximandre. Chez les anciens, Agathodæmon, Eratosthène, Marin de Tyr, avaient construit des cartes itinéraires, aujourd'hui perdues : quant aux cartes de Ptolémée, celles que nous possédons aujourd'hui sous son nom ont été faites aux xiiie et xive siècles d'après les ouvrages de ce géographe. La carte itinéraire de l'empire romain, dite de Peutinger, est du iiie siècle, ou peut-être postérieure. Vient ensuite la carte du monde, faite au vie siècle par le moine Cosmas Indicopleustes. Chez les Arabes, on cite surtout les cartes d'Edrisi, qui sont du xiie siècle : c'est d'après ces dernières que les cosmographes d'Orient ont dressé toutes les leurs, en se contentant d'y ajouter les nouvelles découvertes. Au xve siècle, les progrès de l'astronomie, l'invention de la boussole et la découverte de l'Amérique firent faire de nouveaux progrès à la cartographie : on construisit d'excellentes cartes nautiques, et on revint

pour les cartes terrestres au système de Ptolémée; on remarque aussi à cette époque le globe terrestre de Martin Behaim (1492). — Le xvie siècle fut signalé par les travaux d'Ortélius et de Mercator, qui firent révolution dans la science et l'affranchirent désormais du joug des anciens. Guillaume de l'Isle et d'Anville, au xviie siècle, en profitèrent pour refondre en entier le système de la géographie moderne, et pour le soumettre à une nouvelle critique. Depuis les publications de ces deux habiles géographes, les plus belles cartes connues sont celles des Français Cassini, Barbié du Bocage, Brué, Lapie, celle dite des *Chasses*; des Anglais Rennell, Dalrymple, Arrowsmith, Gardner, Owen, etc.; des Allemands Grimm, Berghaus, Reymann; de l'Italien G. Inghirami, etc. — Le plus beau monument qui existe en ce genre est la *Nouvelle Carte de France*, en 258 cartes, au 80 millième : 169 cartes avaient paru en janvier 1855. Conçu sous l'Empire dès 1808 , ce vaste projet n'a pu être mis à exécution qu'à partir de 1818, et les premières cartes n'ont paru qu'en 1833. Dirigée de 1830 à 1850 par M. le général Pelet, continuée depuis 1851 par M. le général Morin, la publication de la *Carte de France* pourra être terminée en 1864. Parmi les *Cartes marines*, on cite surtout celles de Bellin, de Mannevillette, de Beautemps-Beaupré, etc.

CARTÉSIANISME, doctrine de Descartes. *Voy.* DESCARTES au *Dict. univ. d'Hist. et de Géogr.*

CARTHAME (du grec *catharsis*. purgation, parce que la graine du carthame passe pour très-purgative), *Carthamus*, genre de la famille des Composées, tribu des Cinarées, est formé de plantes herbacées, à racines fibreuses, à tiges ramifiées, à feuilles glabres, souvent épineuses, à fleurs d'un beau rouge un peu safrané. L'espèce la plus commune et en même temps la plus utile est le *C. des teinturiers* (*C.-tinctorius*), dit aussi *faux Safran* ou *Safran d'Allemagne*. Cette plante annuelle, originaire de l'Inde, est cultivée dans le Levant, en Égypte, en Espagne, en Italie, dans le midi de la France, surtout aux environs de Lyon. Les fleurs sont la partie de cette plante dont on fait le plus d'usage : elles servent à la teinture; on les récolte lorsqu'elles commencent à se flétrir. Le carthame d'Égypte est le plus estimé pour sa matière colorante. On se sert du carthame pour teindre la soie, le coton et le lin en ponceau, cerise, rose et couleur de chair; ces couleurs sont très-brillantes, mais peu solides. Dans le Midi, les pauvres cultivateurs emploient le carthame à la place du safran pour colorer leurs mets. Il entre aussi dans la préparation du *fard* ou *rouge de toilette*, appelé quelquefois *vermillon d'Espagne*. Enfin, on a employé les graines de carthame comme purgatives.

CARTIER, fabricant de cartes à jouer. *V.* CARTES.

CARTILAGE (du latin *cartilago*), tissu particulier, d'un blanc opalin et nacré, flexible, très-élastique, d'une consistance moyenne entre celle des os et des ligaments, et sans apparence de texture ni d'organisation. On distingue : les *C. articulaires*, qui revêtent les surfaces articulaires des os, et qui amortissent par leur élasticité les efforts de pression et les chocs que peuvent éprouver les articulations; les *C. non articulaires*, qui constituent une portion ou la totalité de la charpente osseuse de certaines parties : tels sont les cartilages des côtes, du pharynx, du larynx, de la trachée-artère et des bronches, etc.; les *fibro-cartilages*, qui sont membraneux, et présentent une flexibilité plus grande que les précédents : tels sont les cartilages des paupières, des narines, de l'oreille, de l'épiglotte, etc.

Les cartilages articulaires, appelés aussi de *revêtement* ou d'*encroûtement*, sont lamelliformes dans les articulations immobiles; ils adhèrent à l'os par leurs deux faces, et au périoste par leurs bords : tels sont les cartilages intervertébraux. Dans les articulations mobiles, les cartilages, dits alors *C. diarthrodiaux*, ont la forme de lames aplaties, plus minces à la circonférence qu'au centre sur les extrémités articulaires convexes, et plus épaisses à leur bord qu'à leur centre sur les surfaces concaves. Une de leurs faces adhère intimement à l'extrémité articulaire de l'os; l'autre est libre, lisse et tapissée par la *membrane synoviale*. Les *C. non articulaires* sont tous revêtus d'une membrane fibreuse appelée *périchondre*, analogue au périoste, dont elle ne diffère qu'en ce qu'elle contient moins de vaisseaux; c'est dans elle seule que paraît résider la vitalité, dont sont privées leurs couches plus profondes; avec l'âge, ils s'ossifient plus ou moins. — Par suite du défaut de vitalité, les plaies ou simples divisions de ces parties, ainsi que leurs fractures, sont susceptibles de réunion en un temps plus ou moins long, au moyen du périchondre, qui s'enflamme et s'organise. Elles sont aussi sujettes à une *ossification* accidentelle ou morbide : cette affection s'observe assez souvent chez les vieillards ou chez de jeunes sujets atteints de maladies chroniques. L'inflammation ou un vice quelconque de l'économie peuvent modifier la vitalité des cartilages, et les rendre susceptibles, comme les os, de *carie*, notamment dans la phthisie laryngée. Les cartilages sont aussi altérés et ramollis dans les *tumeurs blanches*. Dans la goutte, ils deviennent le siège de concrétions particulières (*tophus*), formées de phosphate de chaux ou d'urate de soude, qui déforment les articulations, et empêchent leur mouvement. Les progrès de l'âge déterminent souvent l'usure des cartilages qui recouvrent les surfaces articulaires. Les *cartilaginifications accidentelles* se rencontrent plus fréquemment que les ossifications. Le tissu fibreux est particulièrement sujet à devenir cartilagineux; certaines membranes séreuses subissent aussi cette transformation : telles sont la tunique externe de la rate et du foie, la tunique vaginale, le péricarde, la plèvre et l'arachnoïde spinale.

CARTILAGINEUX, dits par Artédi *Chondroptérygiens*, grande div. des Poissons, comprend ceux dont le squelette est formé de substance cartilagineuse et demeure constamment dans cet état. L'appareil operculeux manque; le bassin est d'une seule pièce transverse, qui ne s'articule pas à l'épine, et porte de chaque côté une lame ou tige à laquelle adhèrent les rayons de la ventrale. Les raies, les squales, les lamproies, font partie des poissons cartilagineux, qui comprennent trois familles : les *Sturioniens*, les *Sélaciens*, et les *Suceurs* ou *Cyclostomes*.

CARTISANE (de *carte*), nom donné à de petits morceaux de carton fin autour desquels on a tortillé du fil, et qui font relief dans les dentelles et les broderies. *Voy.* GUIPURE.

CARTOGRAPHIE (de *carte*, et du grec *graphô*, écrire, graver), partie de la science géographique qui s'occupe de la confection des cartes, mappemondes, planisphères, etc. *V.* CARTES GÉOGRAPHIQUES.

CARTOMANCIE (du mot *carte*, et du grec *mantéia*, divination), art de tirer les cartes, et de prédire l'avenir au moyen des combinaisons qu'elles offrent. Ce genre de divination, inconnu aux anciens, est aujourd'hui des plus vulgaires et l'un de ceux qui font le plus de dupes. Il est le plus souvent exercé par des femmes : la célèbre D^{lle} Lenormand y excellait. Il est soumis à certaines règles, que l'on trouvera exposées dans l'*Encyclopédie méthodique* (au *Dictionnaire des Jeux*).

CARTON (de l'italien *cartone*, grand ou fort papier, dérivé lui-même du latin *charta*), espèce de papier plus ou moins épais, qui sert à divers usages. On distingue : le *C. de collage*, formé de plusieurs feuilles de papier collées l'une sur l'autre, et le *C. de pâte*, fabriqué avec des rognures de papier, des chiffons, de la laine, de l'étoupe, etc., broyés à l'eau et réduits en pâte. Les cartons fins sont ensuite recouverts des deux côtés de papier blanc et lissé. On

se sert du carton pour fabriquer les cartes à jouer, les couvertures des livres, des boîtes de tout genre, et toute cette foule d'ouvrages plus ou moins délicats qui constituent l'industrie du *Cartonnage*. On estime beaucoup le carton anglais. En France, on fabrique surtout le carton à Annonay, Bordeaux, Paris, Carcassonne, Dijon, au Havre, à Lille, Lyon, Marseille, Metz, Rouen, Strasbourg, Vienne, etc. — Avec la pâte du carton solidifiée à l'aide de la colle forte et recouverte d'un vernis imperméable, on fait des tabatières, des vases d'ornement, des socles de pendules, des plateaux, de la vaisselle même.

On appelle *Carton-pierre* un mélange de pâte de carton, de gélatine, de terre bolaire, de craie et d'huile de lin, qui prend, en séchant, la consistance et la dureté de la pierre : cette composition, inventée en Suède il y a plusieurs années, est aujourd'hui d'un usage excessivement répandu. J.-A. Romagnesi en a fait en France la plus heureuse application à la sculpture; on en fait des ornements pour moulures et corniches, des statuettes, des candélabres. On fabrique aussi avec cette composition des briques, des tuiles, etc.; ces dernières portent dans le commerce le nom d'*ardoises artificielles*.

En Typographie, on nomme *carton* un feuillet qu'on réimprime pour le substituer dans le livre même à celui où l'on veut faire quelques changements ou des corrections importantes.

Dans les Arts, on donne ce nom aux grands dessins faits par les peintres pour servir de modèle à leurs grands tableaux, et surtout aux peintures à fresque (*Voy.* DESSIN); ils sont faits au crayon noir rehaussé de blanc, et sont de la grandeur de la fresque. Les plus beaux cartons sont ceux de Raphaël, de Jules Romain, de Michel-Ange, de Léonard de Vinci.

CARTONNIÈRE (GUÊPE), espèce de guêpe d'Amérique qui construit son nid en forme de cône renversé, et qui le recouvre d'une croûte qui ressemble à du gros carton; quand on coupe cette croûte, on s'aperçoit qu'elle est composée d'une infinité de parcelles végétales intimement liées ensemble.

CARTOUCHE (de l'ital. *cartoccio*, rouleau, augmentatif de *carta*, papier), nom donné dans les arts du Dessin à certains ornements en forme de papier déroulé ou de toute autre figure, suivant la fantaisie de l'artiste, au milieu desquels on a ménagé un espace destiné à recevoir une inscription, une devise, des armoiries, etc. Le cartouche se place ordinairement au frontispice d'un édifice, sur un tableau, d'une gravure, d'une carte de géographie, etc. — Dans les hiéroglyphes égyptiens, on nomme *cartouche* ou *cartel* des encadrements de forme rectangulaire qui entourent ordinairement les noms des divinités, des dynasties et des rois.

Dans l'Art militaire, on nomme *cartouche* la charge de poudre et de projectiles que l'on place dans les armes à feu, avec son enveloppe. Cette enveloppe est un cylindre fait de papier pour le fusil, de parchemin, de carton, de bois, de fer-blanc, etc., pour le canon : ces dernières cartouches sont appelées *gargousses*. — Dans l'Armée, *cartouche imprimée* se dit comme synonyme de *congé*; la *cartouche blanche*, ainsi nommée de la couleur du papier, était affectée aux libérés des travaux publics; la *cartouche jaune*, espèce de congé infamant, était donnée aux hommes passés par les verges : elle a été abolie en 1790, avec les congés infamants.

CARTOUCHIÈRE. *Voy.* GIBERNE.

CARTULAIRE (en latin *chartularium*, dérivé de *charta*, charte), nom donné, au moyen âge, aux livres ou registres sur lesquels on transcrivait, soit pour suppléer aux originaux, soit pour les consulter au besoin, les contrats de vente, d'achat, d'échange, les privilèges, immunités et autres chartes des églises, des monastères, des chapitres, des seigneuries. La Bibliothèque nationale possède un grand nombre de ces cartulaires. Les plus anciens sont celui de l'abbaye de Saint-Bertin, rédigé sur la fin du Xe siècle, et celui de St Odon, mort, dit-on, en 962. Plusieurs de ces cartulaires ont été imprimés dans la collections des *Documents inédits de l'histoire de France*.

On nommait aussi *cartulaire* un officier de l'Église, dont la charge consistait, dans l'origine, à garder les chartes ou papiers qui concernaient le public. Dans la suite, ce fut un grand dignitaire de la cour papale et de celle de Constantinople.

CARUM, nom scientifique du *Carvi*.

CARUS (du grec *caros*, assoupissement profond), dernier degré du coma, est caractérisé par l'insensibilité à l'action des plus forts stimulants.

CARVI, *Carum*, genre de plantes de la famille des Ombellifères, tribu des Amminées, à racines tubéreuses et à fleurs blanches. Ce genre a pour type le *Carvi des prés* (*Carum Carvi*), plante herbacée, bisannuelle, à tige lisse et rameuse, de 65 centim. de haut, garnie de feuilles pointues et de petites fleurs d'un blanc jaunâtre; sa racine, fusiforme, allongée, de la grosseur du pouce, blanche, aromatique, analogue à celle du panais, devient comestible par la culture; ses fruits, vulgairement nommés *graines de carvi*, sont brunâtres, d'une odeur forte et aromatique; ils fournissent une huile essentielle, et entrent dans la composition de plusieurs liqueurs; ils sont stimulants et carminatifs.

CARYATIDES, figures de femmes servant en Architecture de support à une architrave qui pose sur leur tête. Pour l'origine de ce nom, *Voy.* le *Dict. univ. d'Hist. et de Géogr.*

CARYOCATACTES (du grec *karya*, noix, et *katactès*, qui brise), se dit d'oiseaux qui se nourrissent de noix, d'amandes, de cônes de pin, etc., comme le Casse-noix, *Nucifraga caryocatactes*.

CARYOPHYLLAIRE (analogue à l'œillet), ordre de Polypiers lamellifères, établi par Lamouroux pour des Polypiers pierreux et non flexibles, ayant des cellules étoilées et terminales, cylindriques, épatées; il renferme les genres *Caryophyllie*, *Fongie*, *Cyclolithe*, *Turbinolie* et *Turbinolopse*.

CARYOPHYLLEES (du latin *caryophyllus*, œillet), épithète appliquée aux fleurs qui offrent de la ressemblance avec celles de l'œillet. Elles ont une corolle régulière à cinq pétales, et dont les onglets, fort longs, sont cachés dans le calice.

On donne aussi ce nom à une famille de plantes Dicotylédonées, dont l'OEillet est le type : ce sont des plantes herbacées, à tige cylindrique, noueuse et comme articulée : feuilles opposées, fleurs formées d'un calice à 4 ou 5 folioles, d'une corolle à 4 ou 5 pétales alternes et onguiculés, d'un nombre double d'étamines et d'un ovaire surmonté de 2 à 5 stigmates; le fruit est une capsule. Cette famille n'habite que les contrées froides ou tempérées. Elle renferme deux tribus : les *Alsinées* et les *Silénées*.

Le nom latin de l'œillet, *Caryophyllus*, étant aussi chez les Latins celui du Giroflier, quelques botanistes, pour éviter toute confusion, ont donné le nom *Dianthus* à l'œillet, et, par suite, celui de *Dianthées* celui de Caryophyllées.

CARYOPHYLLIE, genre type des Polypiers caryophyllaires. Ce sont des zoophytes rayonnés, à peu près cylindriques, pourvus de tentacules courts en couronne double ou simple. Ces tentacules sont épais et perforés, portés sur des loges cylindro-coniques réunies en étoiles. Le tout forme un polypier solide, conique et fixe par la base.

CARYOPHYLLUS ou **CARYOPHYLLUM**, nom latin donné par les Botanistes à l'OEillet, était primitivement celui du Giroflier, et a été transporté à l'OEillet à cause de quelque ressemblance de l'odeur de cette fleur avec le parfum de la fleur de Giroflier.

CARYOTE, *Caryota*, nom donné par Pline et Dioscoride au *Dattier*, a été transporté par Linné à un

genre de Palmiers qui a pour caractères : spadices fasciculés, environnés à la base de plusieurs spathes imbriqués, et portant des fleurs mâles et femelles; calices à six divisions profondes, dont trois intérieures. Le fruit est une baie rouge, sphérique, uniloculaire, contenant deux graines. Les principales espèces sont le *C. urens*, palmier épineux qui est originaire de l'Inde, et le *C. horrida*, qu'on trouve dans l'Amérique du Sud.

CAS (du latin *casus*, chute, terminaison), nom donné en Grammaire aux diverses terminaisons du substantif par lesquelles certaines langues expriment les rapports de ce mot avec les autres mots de la phrase, rapports que plusieurs langues expriment par la préposition ou simplement par la place du mot. On retrouve ces mêmes inflexions dans les pronoms, qui suppléent le substantif, dans les adjectifs et les participes, qui expriment des qualités inhérentes à la substance. Le grec, le latin, le sanscrit, l'arabe ancien, l'arménien, l'allemand, le hongrois, ont des cas; l'hébreu, le syrien, le phénicien, en étaient privés; on ne les retrouve pas non plus dans l'arabe moderne, le chinois, le siamois, le cophte, ni dans la plupart des langues modernes de l'Europe (français, anglais, italien, espagnol). — Le nombre des cas varie selon les langues; le latin en a six : le *nominatif*, qui *nomme* l'être purement et simplement, et le représente comme étant ou faisant quelque chose; le *génitif* (de *gignere*, engendrer), qui est le signe de la génération et par suite de la possession; le *datif* (de *dare*, donner), qui indique l'attribution; l'*accusatif*, qui *accuse*, c.-à-d. fait connaître l'être qui reçoit l'action; l'*ablatif* (d'*ablatus*, enlevé), qui indique l'objet ou l'être dont on est privé et séparé, ou celui par qui l'action est faite; le *vocatif* (de *vocare*, appeler), par lequel on appelle, on interroge. Le grec a les mêmes cas, moins l'ablatif, qui est remplacé par le génitif ou le datif. L'arabe ancien n'a que trois cas; l'arménien en a dix. — Les langues qui ont des cas peuvent 1se permettre des inversions, et par là donner à l'expression plus de grâce et de variété; elles ont aussi l'avantage de la brièveté, débarrassées qu'elles sont du lourd attirail de nos prépositions; en compensation, les langues qui n'ont pas de cas sont plus claires et plus favorables à la déduction de la pensée, parce qu'elles suivent l'ordre logique des idées.

CAS DE CONSCIENCE. On nomme ainsi en Théologie les difficultés qui peuvent s'élever, dans la conduite, sur ce que la religion permet ou défend : le théologien résout ces cas en pesant la nature et les circonstances de l'action, et en se guidant d'après les lumières de la raison, les lois de la société, les maximes de l'Évangile et les canons de l'Église. Quelques cas ne peuvent être résolus par les simples prêtres, et sont *réservés* à l'autorité supérieure (*Voy.* ci-après CAS RÉSERVÉS). — On nomme *Casuistes* les théologiens qui s'adonnent surtout à la discussion et à la solution des cas de conscience.

CAS FORTUITS. On donne ce nom en Droit aux événements occasionnés par une force majeure, et qui ne peuvent être prévus. Un homme n'est point tenu des cas fortuits qui arrivent à une chose dont il est dépositaire (art. 1148 du Code civ.); mais il est tenu de prouver le cas fortuit qu'il allègue. Cette règle a cependant deux exceptions : la première, si la chose périt par la faute du possesseur; la seconde, si, par une clause particulière, on s'est rendu responsable des cas fortuits.

CAS IRRÉDUCTIBLE. On donne ce nom en Algèbre à celui où les trois racines d'une équation du troisième degré sont réelles et inégales.

CAS PRÉSIDIAUX ou PRÉVÔTAUX. On appelait ainsi, dans notre ancienne législation, ceux des crimes qui, présentant des caractères plus graves que les autres, paraissaient devoir être promptement punis.

et qui étaient, en conséquence, jugés par un tribunal présidial ou prévôtal, sommairement, en dernier ressort et sans appel. Les crimes commis par les vagabonds ou par les gens de guerre, les désertions, les vols de grands chemins ou avec effraction, les sacriléges, les assassinats, les séditions populaires, l'altération et la fabrication des monnaies, étaient des cas *prévôtaux* ou *présidiaux*.

CAS PRIVILÉGIÉS, causes criminelles qui sortaient du droit commun, et dont la connaissance était dévolue à des juges qui avaient le privilége de dépouiller la cause de toutes les garanties qui lui étaient assurées par la loi. Cette expression s'appliquait, en outre, spécialement aux crimes concernant l'Église, ou commis par des hommes d'église, mais dont la connaissance était dévolue aux juges séculiers, à l'exclusion des juges ecclésiastiques.

CAS RÉDHIBITOIRES, nom donné en Droit aux cas dans lesquels le vendeur ou le bailleur a livré un objet qui a certains vices, dits *rédhibitoires*, dont la découverte permet à l'acheteur ou au preneur de rompre le contrat. *Voy.* VICES RÉDHIBITOIRES.

CAS RÉSERVÉS, nom donné en Théologie aux péchés et griefs, dont le pape, l'évêque et les autres supérieurs majeurs, tels que les généraux ou provinciaux des ordres religieux, se réservent l'absolution. La violence envers les clercs, moines, évêques, cardinaux; la simonie, la falsification des lettres pontificales, la spoliation des églises, la communication d'un clerc avec un excommunié, sont des cas réservés au pape.

CAS ROYAUX, nom donné autrefois aux crimes qui portaient directement atteinte à la majesté et à l'autorité du prince, aux droits de sa couronne, à la dignité de ses officiers et à la sûreté publique. Le crime de lèse-majesté, le sacrilége, la rébellion aux ordres émanés du roi et de ses officiers, les assemblées illicites, les séditions, la fabrication et l'altération de la monnaie, le rapt et l'enlèvement d'une personne, étaient des cas royaux, dont le jugement était réservé aux baillis, sénéchaux et juges présidiaux.

CASAQUE. Ce mot désignait autrefois un manteau à longues manches, qui se mettait par-dessus l'habit, surtout pour monter à cheval; aujourd'hui il ne se dit plus que d'un surtout d'étoffe grossière. — On donnait autrefois le nom de *casaque d'armes* à un surtout que portaient les mousquetaires, les gardes du corps, les gendarmes et les cavaliers des diverses compagnies, et qui avait des marques et des broderies particulières pour distinguer les divers corps les uns des autres.

CASBAH, nom qu'on donne en Afrique aux citadelles des villes. C'est dans la *Casbah* d'Alger qu'était enfermé le riche trésor du dey, dont les Français se sont emparés en 1830.

CASCADE (de l'italien *cascare*, tomber), nom donné en général aux chutes des fleuves et des rivières, spécialement à celles qui, se précipitant d'une grande hauteur, rejaillissent de rocher en rocher. Les plus grandes chutes prennent le nom de *Cataractes* (*Voy.* ce mot). On nomme *cascatelle* une cascade peu considérable. On admire la cascade de Gavarnie, dans les Pyrénées; celles du Mont-Dore et de l'Ardèche; celles de Luléa en Suède, de Serio (bassin du Pô) en Italie. — Les cascades ont été imitées de la manière la plus heureuse dans les eaux de quelques jardins royaux, comme à Saint-Cloud, à Versailles, etc.

En Algèbre, on nomme *Méthode des Cascades*, une méthode par laquelle, dans la résolution d'une équation, on approche toujours de plus en plus de la valeur de l'inconnue, par des équations successives qui vont sans cesse en baissant d'un degré.

CASCARILLE (de l'espagnol *cascarilla*, petite écorce), écorce d'un petit arbre du genre Croton, qui croît particulièrement à Eleuthère, l'une des îles Bahama, d'où le nom de *cortex eleutheranus* donné à la cascarille. Cette écorce est en petites plaques roulées, de 2 à 3 millimètres d'épaisseur, grisâtres à l'extérieur, d'un rouge ferrugineux à l'intérieur, d'une cassure résineuse, d'une saveur amère, un peu âcre, et très-aromatique. La cascarille est tonique et astringente; elle a été employée comme fébrifuge, soit seule, soit associée au quinquina; on l'emploie aussi en parfumerie.

CASE. *Voy.* TRICTRAC ET DAMIER.

CASÉEUX (du latin *caseus*, fromage), se dit de tout ce qui provient du fromage : comme matière caséeuse, acide caséeux, etc. *Voy.* FROMAGE.

CASÉIQUE (ACIDE). On nommait ainsi un acide de couleur jaunâtre, d'une consistance sirupeuse, d'une saveur de fromage amer et acide à la fois, qu'on extrait des fromages faits. Plusieurs chimistes ont pensé que cet acide n'était autre que l'*acide lactique*. On a reconnu récemment que ce n'est qu'un composé de divers acides, tels que l'acide butyrique, l'acide valérianique, etc.

CASÉINE. *Voy.* CASÉUM.

CASEMATE (de l'espagnol *casa mata*, maison basse), souterrain voûté à l'épreuve de la bombe et percé d'embrasures et de créneaux, d'où l'on peut faire feu sur l'ennemi. Les premières casemates furent établies sous les flancs des bastions, pour y placer des canons destinés à défendre la face du bastion opposé en balayant le fond du fossé; on en pratiqua ensuite sur d'autres points, notamment aux saillies des contrescarpes. Les casemates ne servent pas seulement de batteries couvertes; en temps de siége, on y met en sûreté les malades, les blessés, et surtout les munitions; elles servent même quelquefois de caserne et aussi de prison. Leur inconvénient ordinaire, c'est le manque d'air, inconvénient qu'augmente encore la fumée de la poudre.

CASERNE (du latin *casa*, maison), bâtiment spécialement destiné au logement des troupes en garnison. Les Grecs, n'ayant pas de troupes permanentes, n'avaient pas de casernes. Chez les Romains, les casernes avaient un seul étage au-dessus du rez-de-chaussée, et il régnait sur tout le pourtour de cet étage une galerie extérieure sur laquelle ouvraient les portes des chambres occupées par les soldats. En France, on a été longtemps sans se préoccuper de la question du casernement, si importante cependant pour la santé du soldat; aussi, dans la plupart des villes, à Paris même, on trouve peu de casernes bien disposées. Les plus belles, parmi ces dernières, sont, à Paris, celles de l'École militaire, de Babylone, de la Pépinière, du quai d'Orsay, de la Nouvelle-France.

CASÉUM (mot latin qui signifie *fromage*), nom donné par les chimistes au principe immédiat qui forme en plus grande partie le caillé du lait, et dont on fait le fromage. A l'état de pureté (*caséine*), il est en grumeaux blancs, insipide, insoluble dans l'eau, soluble dans les acides et les alcalis faibles. Il est très-riche en azote, et, par conséquent, très-altérable au contact de l'air. Sa composition se rapproche beaucoup de celle de l'albumine. On trouve une substance semblable au caséum dans le sang de bœuf et de brebis, dans le sang de certains malades, et dans la graine des céréales. Le caséum est très-nutritif. Il forme avec la chaux un composé insoluble et imputrescible : on a mis cette propriété à profit pour employer le lait caillé dans la peinture en détrempe et pour préparer des mastics susceptibles de recevoir toute espèce de peinture ou d'impression.

CASIMIR (du nom de son inventeur), espèce de drap léger, dont le tissu est croisé, et qu'on a d'abord fabriqué en laine, on en fait depuis peu de temps en coton. On emploie surtout le casimir pour faire des pantalons et des gilets. Les villes de France où l'on en fabrique le plus sont Abbeville, Amiens, Elbeuf, Louviers, Reims, Sedan.

CASINO, mot italien qui désigne un lieu de réunion et de plaisir. Suivant les uns, ce mot n'est qu'un diminutif de *casa*, maison ; suivant d'autres, il vient du *monte Casino*, dans la terre de Labour, où l'on voyait jadis un couvent de Bénédictins, célèbre par sa situation délicieuse et par les plaisirs qu'y trouvaient les voyageurs et les pèlerins.

CASOAR (de *Cassuwaris*, nom malais de l'espèce type), *Casuarius*, genre d'oiseaux de l'ordre des Échassiers, famille des Brévipennes, a une grande ressemblance avec l'Autruche. Le Casoar est glouton et stupide ; sa taille est très-haute ; son corps massif est couvert de plumes lâches, noirâtres, semblables à des poils ; la tête est surmontée d'une sorte de casque osseux d'environ 8 centim. de haut, brun par devant et jaune dans tout le reste ; le devant du cou offre de chaque côté une caroncule mince, de couleur rouge. Le croupion, les plumes sont tombantes, et remplacent la queue. Les ailes sont extrêmement courtes. Le bec, les pieds et les ongles sont de couleur noire. Le genre Casoar ne renferme qu'une seule espèce, le *C. Émeu* ou *C. à Casque* (*Casuarius Emeu*), de l'Océanie.

CASQUE (du bas latin *cassicum*, dérivé de *cassis*, casque). L'usage du casque, comme armure de tête, remonte aux temps les plus reculés : on le trouve indiqué dans la Bible, décrit dans Homère et les poëmes de l'Orient, représenté sur les bas-reliefs de Memphis et de Ninive. Les casques des Assyriens et des Persans rappelaient la forme de la tiare ; ceux des Grecs et des Romains, bien connus de tous, ne diffèrent guère entre eux que par l'absence de jugulaires chez les premiers. Ce fut au moyen âge que le casque fut surtout employé ; toutefois le *C. à visière* ne date que du xive siècle. Au temps des Croisades on donnait le nom de *heaume* au casque des chevaliers ; sous Henri II il avait pris celui d'*armet* : on appelait *salades* certains casques légers et ornés d'incrustations et de ciselures. Dans l'infanterie, le casque était plus léger et moins compliqué ; il portait divers noms, suivant sa forme : on l'appelait *morion*, *bacinet* ou *cabasset*, *bourguignote*, *chapel*, *pot de fer* ou *pot en tête*, etc. Depuis le xviie siècle l'usage du casque a été beaucoup plus restreint en France ; aujourd'hui, il est presque uniquement réservé à la grosse cavalerie (cuirassiers et carabiniers), ainsi qu'aux dragons et aux gardes municipaux à cheval. Le corps des pompiers est le seul corps d'infanterie française qui le porte encore. En Allemagne, presque toute l'infanterie porte le casque.

En Botanique, on donne le nom de *Casque* : à la lèvre supérieure des corolles bilabiées, lorsqu'elle est voûtée en concave, comme dans la sauge, l'aconit, etc. ; à l'éperon des fleurs quand il affecte la forme d'un casque ; à la division supérieure et redressée du périgone des Orchidées.

En Ornithologie, on appelle ainsi un tubercule calleux recouvert d'une substance cornée qui occupe le sommet de la tête de certains oiseaux. *Voy.* CASOAR.

Quelques Entomologistes donnent le nom de *casque* à une partie de la bouche des Orthoptères.

C'est enfin le nom d'un genre de Coquilles univalves marines, détaché des Buccins, dont elles diffèrent par la forme longitudinale de leur bouche, qui est toujours étroite et dentée sur le bord gauche. Les Casques habitent les hautes mers et se cachent dans les fonds sablonneux; la plupart fournissent de la pourpre.

CASQUET, coiffure fabriquée à Tunis. *V.* GASQUET.

CASSANDRE, personnage comique emprunté à la comédie italienne, et dont le rôle était celui d'un vieillard ridicule et toujours dupé. On le met en scène avec Arlequin, qui lui joue toutes sortes de tours.

CASSATION, annulation prononcée par l'autorité supérieure et compétente, d'un arrêt ou d'un jugement rendu en dernier ressort. Le pouvoir d'annulation appartient à un tribunal spécial qui porte le nom de *Cour de cassation*. *Voy.* COUR DE CASSATION.

CASSAVE, sorte de fécule qu'on extrait de la racine du manioc, sert à faire une espèce de pain ou de galette qui forme la principale nourriture des nègres de nos colonies. Elle nous vient en Europe sous le nom de *tapioka* ou *sagou blanc*. *Voy.* MANIOC.

CASSE (du grec *cassia*), fruit du Cassier ou Canéficier (*Cassia fistula*), est employé en médecine à cause de ses propriétés laxatives. C'est surtout dans la pulpe qui remplit les loges du fruit que réside cette vertu. Ce fruit est en gousses longues, dures et cylindriques ; la pulpe, appelée *Canéfice*, est noire, de saveur douceâtre ; on la nomme *casse-mondée* quand on l'a passée avec soin au tamis de crin. Le Cassier est un genre important de la famille des Papilionacées, tribu des Césalpinées : c'est un arbre qui s'élève à 12 ou 15 m., et qui croit en Éthiopie, d'où il a été répandu en Égypte, dans l'Inde et à la Chine. Une espèce particulière, la *Casse lancéolée*, donne le *séné*, qui se fabrique avec ses feuilles desséchées. On cultive avec succès le Cassier en Italie.

On nomme vulgairement *Casse* le *Chêne rouvre ; C. aromatique* et *C. giroflée* la *Cannelle*.

En Typographie, on appelle *casse* (de *casa*, maison, case) une table coupée horizontalement en deux compartiments appelés *casseaux*. Le plus haut se nomme *haut de casse* et l'autre *bas de casse*. Chacun est divisé en compartiments nommés *cassetins*. Le haut de casse en a 98, et le bas de casse 54. Dans les premiers, on met les grandes majuscules, les petites majuscules, les lettres accentuées, les lettres liées (æ, œ), les parenthèses, les paragraphes, etc. Dans les seconds, on met les lettres minuscules, les chiffres, les signes de ponctuation, les blancs, etc.

CASSE-LUNETTES. *Voy.* BLEUET et EUPHRAISE.

CASSE-NOIX, *Nucifraga*, oiseau de la famille des Conirostres, sous-genre de Passereaux, voisin des Corbeaux : bec en cône long et effilé à la pointe, à bords tranchants, garni de plumes à sa base ; mandibule supérieure plus longue que l'autre ; narines rondes. Le *Casse-noix commun* (*N. caryocatactes*) est d'un gris fuligineux ; le bec et les pieds de couleur livide, les ailes et la queue blanches. Il se nourrit d'insectes, de fruits, de noyaux, surtout de noisettes. Il a sous la langue une poche où il met des provisions en réserve.

CASSE-PIERRE, nom vulgaire de plusieurs plantes qui croissent sur les pierres, telles que le *Saxifrage*, la *Pariétaire*, le *Bacille*. *Voy.* ces mots.

CASSE-TÊTE, arme des sauvages de l'Amérique et de l'Océanie : c'est une massue faite d'un bois très-dur ou de pierre. — Sorte de jeu composé de petits morceaux de bois ou de métal polygones, avec lesquels on forme différentes figures très-compliquées. — C'est aussi le nom de plusieurs autres jeux dont les combinaisons sont très-multipliées.

CASSETIN, terme de Typographie. *Voy.* CASSE.

CASSICAN (ainsi nommé à cause de sa ressemblance avec les Cassiques), *Barita*, genre de Passereaux, de la famille des Conirostres, voisin des Corbeaux, dont ils ont le port, la taille et la couleur. Ils ont la voix criarde, les habitudes bruyantes, et sont omnivores. Certaines espèces ont le brillant plumage des oiseaux de paradis. L'espèce la plus remarquable est le *C. réveilleur* (*B. strepera*), qui, toute la nuit, fait retentir l'air de ses cris. Il est commun dans l'île de Norfolk (Océanie).

CASSIDAIRES (du latin *cassis*, casque), tribu d'insectes Coléoptères tétramères, de la famille des Cycliques. Les Cassidaires ont les antennes droites, insérées à la partie supérieure de la tête et très-rapprochées ; les yeux entiers ; les pattes courtes, contractiles, avec des tarses déprimés. Cette tribu a pour type le genre *Casside*, vulgairement nommé *Scarabée-Tortue*. Ces insectes sont plats en dessous et convexes en dessus. L'espèce principale, la *C. verte*, commune aux environs de Paris, vit sur les artichauts, auxquels elle cause de grands dommages.

CASSIE, nom vulgaire d'une espèce de *Mimosa*. *Voy.* ce mot. — *Voy.* aussi CANNELLE.

CASSIER ou CANÉFICIER, arbre exotique. *V.* CASSE.

CASSIOPÉE, constellation de l'hémisphère boréal, située près du pôle nord, est l'une des 48 formées par Ptolémée; elle renferme 55 étoiles principales. C'est dans cette constellation qu'apparut, le 11 novembre 1572, la fameuse étoile temporaire qui, après avoir brillé quelque temps du plus vif éclat, disparut tout à coup en mars 1574. — D'après la Mythologie, Cassiopée était une reine d'Éthiopie, mère d'Andromède, qui attira sur elle la colère de Junon pour s'être crue plus belle que cette déesse, et qui vit en punition son royaume ravagé et sa fille exposée à un monstre marin. Jupiter eut pitié d'elle et la mit au nombre des constellations.

CASSIQUE, *Cassicus* (de *cassis*, casqué, à cause de la saillie osseuse qui orne le front de cet oiseau), qu'on écrit quelquefois à tort *Cacique*, genre de l'ordre des Passereaux et de la famille des Conirostres. Les espèces de ce genre les plus connues sont le *C. rouge*, le *C. yapou* et le *C. huppé*, qui appartiennent toutes trois à l'Amérique. Ces oiseaux se nourrissent de baies, de graines et d'insectes; ils suspendent leurs nids à l'extrémité des plus petites branches des arbres élevés. Ils se rassemblent en troupes nombreuses; leur cri est désagréable et peu sonore. Leur chair a une odeur musquée qui lui donne mauvais goût.

CASSIS ou GROSEILLIER NOIR, espèce de la famille des Grossulariées, et du genre Groseillier, renferme des arbrisseaux communs en France, de 1 à 2 m. de haut, à tiges droites et sans épines, à feuilles vertes, ayant 3 ou 5 divisions, et parsemées de points jaunâtres et résineux, à fleurs oblongues, d'un vert blanchâtre, portées sur un calice rougeâtre. Les fruits sont noir foncé; ils répandent, ainsi que les feuilles, une forte odeur et ont un goût piquant et poivré qui a fait donner au cassis le nom de *poivrier*. Le fruit du cassis a été jadis préconisé contre les maux d'estomac; on en fait un excellent ratafia, qui passe aussi pour stomachique. Ce ratafia est fait avec les grains du *Cassis* écrasés, et mêlés dans de l'eau-de-vie avec du sucre, un peu de cannelle et de girofle. On met le tout dans un bocal bien bouché, et au bout de 15 jours on filtre la liqueur.

CASSITÉRITE (du grec *cassitéros*, étain), nom donné par des minéralogistes à l'*étain oxydé*. *V.* ÉTAIN.

CASSOLETTE (du latin *capsula*, boîte), petite boîte faite le plus souvent en métal précieux, dans laquelle on fait brûler ou évaporer des parfums, et qui a ordinairement un couvercle percé d'ouvertures par où s'échappe la fumée ou la vapeur.

En Architecture, on donne ce nom à une espèce de vase isolé, peu élevé, mi-partie composé de membres d'architecture et de sculpture, duquel semble s'exhaler des flammes ou des parfums.

CASSONADE, sucre brut et en poudre, qu'on apporte en Europe dans des *caissons :* d'où son nom. On en distingue trois qualités, la *C. brune*, qui est la plus commune, la *C. grise* ou *sucre passé*, et la *C. blanche* ou *sucre terré*. *Voy.* SUCRE.

CASSUVIUM. *V.* ACAJOU (à pommes) et ANACARDE.

CASTAGNETTES (de *castanea*, châtaigne, à cause de leur forme), instrument de musique à percussion, composé de deux petites pièces de bois concaves, en forme de coquille, imitant assez exactement les deux valves creuses d'une châtaigne. Ces petites pièces s'attachent aux doigts au moyen de cordons. Quand on les frappe l'une contre l'autre en marquant la mesure, on fait entendre un bruit parfaitement cadencé. — Les anciens paraissent avoir connu cet instrument ou quelque chose d'analogue; il est surtout en vogue en Espagne : c'est au son des castagnettes que les Espagnols dansent le boléro, le fandango, etc.

CASTAGNOLE (nom vulgaire de l'espèce type), genre de poissons Acanthoptérygiens, de la famille des Squammipennes. Ces poissons ont les nageoires verticales, avec un petit nombre de rayons épineux, le museau très-court, le profil élevé. La *C. proprement dite* (*Crama Raii*) est un poisson blanc argenté, de 0m,85 de long, commun sur les côtes de la Méditerranée : sa chair est blanche et savoureuse.

CASTANÉES (de *castanea*, châtaigne), groupe d'Amentacées, plus connu sous le nom de *Cupulifères*.

CASTELA (de *Castel*, auteur français d'un poëme sur les plantes), genre de plantes de la famille des Rhamnées, originaires de l'Amérique méridionale. On distingue : 1° le *C. couché*, arbrisseau divisé dès la base en plusieurs rameaux flexibles, longs d'un mètre, subdivisés en un grand nombre de petites branches terminées en pointes épineuses, garnies de feuilles oblonges d'un vert luisant, à fleurs purpurines, auxquelles succèdent quatre drupes ovales, de la grosseur d'un pois ordinaire et d'un beau rouge; 2° le *C. droit*, qui s'élève à 1m50; son écorce est brune, ses feuilles lancéolées.

CASTES. Ce mot, d'origine portugaise, désigne certaines catégories formées parmi les individus d'une même nation; certaines classes de la population ayant leurs droits, leurs privilèges, leurs usages, qui se transmettent de génération en génération. Telles étaient en Égypte les castes des prêtres, des guerriers, des artisans et des cultivateurs; telles sont encore chez les Indiens les castes, toutes semblables à celles de l'Égypte, des *brahmes*, ou prêtres, des *chattryas*, ou guerriers, des *waishias*, ou agriculteurs, des *soudras*, ou artisans; il faut y joindre les *parias*, qui sont en dehors de toute caste. Avant 1789, la séparation complète qui existait en France entre la noblesse, la bourgeoisie et les paysans, formait autant de castes, sinon en droit, du moins en fait. La couleur de la peau semble avoir aussi établi, surtout dans les colonies, entre les différentes races humaines, une séparation naturelle par castes.

CASTINE (de l'allemand *kalk stein*, pierre calcaire), nom donné dans les hauts fourneaux au fondant calcaire que l'on emploie lorsque le minerai que l'on traite contient une trop forte proportion d'argile. On lui donne quelquefois le nom d'*Erbue.*

CASTOR ou BIÈVRE, *Castor*, genre de Mammifères de l'ordre des Rongeurs. Les Castors ont environ 1 m. de long sur 0m,30 de haut; leurs formes sont lourdes et ramassées; leur pelage, bien fourni, est d'un roux marron. Ils ont les doigts des pieds de derrière unis par une membrane, et une grande queue ovale, aplatie horizontalement et couverte d'écailles. Ils habitent toutes les contrées froides et tempérées de l'hémisphère septentrional, la Sibérie, l'Europe jusqu'au Rhône, l'Amérique du Nord, surtout Terre-Neuve, le Labrador, le Canada, les États-Unis. Le *C. du Canada* (*C. fiber*) est célèbre par son industrie. L'été, il habite des terriers qu'il creuse sur le bord des fleuves, et l'hiver, des huttes qu'il se construit sur le bord ou au milieu des eaux. Ces huttes ont deux étages, l'un sous l'eau, pour ses provisions, l'autre au-dessus, pour son habitation. Dans les eaux courantes, il place en avant de sa demeure des digues solidement construites. Pour cela, il coupe, il ébranche des arbres, il les roule dans le fleuve et les abandonne au courant jusqu'au lieu qu'il a choisi; là, des Castors plongent pour creuser un trou au fond du fleuve; d'autres y posent verticalement l'extrémité du pieu, qu'ils fixent avec du mortier. Deux rangées de pieux étant ainsi formées, ils les entrelacent avec des branches flexibles, et en comblent l'intervalle avec des pierres et de la terre gâchée. Ces digues ont de 3 à 4 m. de base et plus de 60 m. de longueur. Les castors vivent le plus souvent en société; les troupes de castors se composent de 2 à 300 individus. Ceux qui habitent l'Europe ne bâtissent pas, parce qu'ils sont souvent dérangés par l'homme. — Le Castor fournit au commerce le *castoréum* (*Voy.* ci-après), des *peaux* qui servent de fourrure, et un *poil* dont on fait un excellent feutre avec lequel on fabrique des chapeaux qui prennent eux-mêmes le nom de *Castors*. Les peaux de castor se distinguent dans le Commerce en *C. neuf, C. sec* et *C. gras*. Les premières sont celles des castors qui ont été tués pendant l'hiver et avant la mue : ce sont les meilleures pour faire des fourrures ; les castors *secs* sont les peaux provenant de la chasse d'été ; enfin, les castors *gras* sont des peaux que les sauvages ont portées : ces deux dernières espèces ne servent guère que pour la fabrication des chapeaux : le poil s'emploie surtout pour les chapeaux fins. Depuis l'invention des chapeaux de soie, la consommation du poil de castor a considérablement diminué. On tisse aussi le poil de castor en le mélant à de la laine de Ségovie, et on en fabrique une étoffe connue sous le nom de *castorine*.

L'*huile* dite *de Castor*, dont la médecine anglaise fait une grande consommation, n'est autre chose que l'huile de Ricin. *Voy.* ce mot.

En Astronomie, on nomme *Castor* et *Pollux* les deux belles étoiles de la constellation des Gémeaux.

CASTOR DE MER. *Voy.* LOUTRE.

CASTORÉUM (en grec *castorion*), substance animale particulière, jaune, sirupeuse et fétide à l'état frais, qui est sécrétée par des glandes placées sous la queue du *Castor*, dans une poche commune aux organes de la génération et de la défécation. On estime surtout celui qui vient de Sibérie. Le castoréum desséché est d'une odeur plus ou moins forte, pénétrante, fétide ; il renferme principalement une huile âcre et volatile, semblable à la créosote (*acide phénique* ou *hydrate de phényle* des chimistes). On emploie le castoréum en médecine comme antispasmodique ; les anciens médecins en connaissaient déjà l'efficacité pour la guérison des affections nerveuses et autres maladies des femmes, liées surtout au trouble des fonctions utérines. On l'administre en suspension dans un véhicule aqueux ou sous forme de teinture alcoolique.

CASTORINE, étoffe légère et moelleuse qu'on fabrique avec du poil de Castor mêlé de laine. Sedan est le centre principal de cette fabrication.—On a étendu le nom de Castorine à des étoffes de pure laine plus ou moins fines, faites à l'imitation de la précédente.

CASTRAMÉTATION (du latin *castra*, camp, et *metiri*, mesurer), partie de l'Art militaire qui enseigne à choisir et à disposer l'emplacement d'un camp. Le premier soin, quand il s'agit de tracer un camp, est d'établir le *front de bandière* (*Voy.* ce mot) ; on dispose ensuite les tentes ou les baraques par files perpendiculaires au front de bandière. Les tentes des officiers sont en arrière de leurs compagnies, celles des chefs de bataillon en arrière du centre de leur bataillon, celle du colonel en arrière du centre de son régiment. Plus loin sont les cuisines. Les faisceaux d'armes sont alignés en avant du front de bandière ; les drapeaux sont au centre des régiments. Le quartier général est en arrière du camp, mais aussi rapproché que possible. Les camps de l'armée française sont remarquables par la précision et la régularité de leur tracé : ils sont gardés avec une rigoureuse surveillance. *Voy.* CAMP.

CASTRAT (du latin *castrare*), chanteur en voix de contralto ou de soprano, que l'on a mutilé dès son enfance afin de lui conserver la voix aiguë et de prévenir les changements que font subir à la voix les phénomènes de la puberté. Admis d'abord dans les chants d'église, les castrats s'introduisirent bientôt au théâtre, où ils excitèrent l'enthousiasme. La vogue des castrats ne paraît dater que du XVIᵉ siècle ; ils étaient surtout communs en Italie. La voix de ces chanteurs a un timbre et un accent beaucoup plus pénétrants que celui des femmes. Jusqu'au pontificat de Clément XIV, on toléra dans les États romains l'opération de la castration ; aujourd'hui, les castrats ont presque entièrement disparu. Plusieurs ont joui d'une grande réputation, et ont ac-

quis une immense fortune, entre autres Caffarelli, Farinelli, Crescentini.

CASTRATION. La castration a pour effet chez l'homme, surtout quand elle a eu lieu dans l'enfance, d'arrêter le développement du corps, d'empêcher l'apparition de la barbe, de conserver à la voix un timbre clair et argentin. De tout temps on a pratiqué cette cruelle opération en Orient, pour fournir des gardiens aux sérails (*Voy.* EUNUQUES) ; on y a eu recours en Italie dans ces derniers siècles pour obtenir une espèce particulière de voix (*Voy.* CASTRAT). — Le crime de *castration* a été prévu par la loi : il est puni des travaux forcés à perpétuité, et même de mort, si la victime meurt dans les quarante jours (Code pénal, art. 316).

On emploie aussi la castration pour dompter des animaux indociles, pour favoriser leur engraissement ou le développement des toisons ; enfin ,pour limiter à son gré la reproduction de certaines espèces. Les animaux qu'on soumet à cette opération sont surtout les taureaux, les béliers, les chevaux, les baudets, les verrats et les coqs. Ces animaux changent alors de nom : le taureau coupé devient *bœuf*, le bélier, *mouton*, le verrat, *cochon*, le coq, *chapon* ; on distingue aussi quelquefois le cheval *coupé* par le nom d'*hongre*.

CASUARINE ou FILAO, *Casuarina*, genre de végétaux arborescents, type de la famille des Casuarinées. Ces plantes sont remarquables par leurs tiges privées de feuilles, à rameaux grêles, verticillés, comme dans nos Prêles, dont elles se rapprochent encore par leurs fleurs monoïques ou dioïques : les fleurs mâles ont une seule étamine et sont en épis, les femelles sont disposées en chatons. Les plus belles espèces sont la *C. à feuilles de prêle* ou *Filao de l'Inde*, de 10 m. de haut ; la *C. tuberculeuse* et la *C. distyle*, que l'on cultive dans les serres. Leur bois est très-dur et très-compacte. Les sauvages l'emploient à la construction de leurs pirogues et de leurs armes.

CASUARINÉES (de *Casuarine*, genre type), famille de plantes diclines, détachée des Conifères et voisine des Myricées, a pour caractères ceux du genre unique dont elle est formée. *Voy.* CASUARINE.

CASUEL (du latin *casualis*, fortuit, éventuel), se dit spécialement des rétributions ou honoraires accordés aux curés, vicaires ou desservants des paroisses pour les fonctions de leur ministère, comme baptêmes, mariages, sépultures, messes, etc. Le casuel a son origine dans les dons volontaires que les fidèles de la primitive Église offraient à leurs prêtres, et qui constituaient alors tout leur revenu. Lorsque le clergé devint propriétaire, la piété des fidèles empêcha d'abolir le casuel, et, aujourd'hui que les fonctions ecclésiastiques sont rétribuées par l'État, le casuel sert encore à suppléer à l'insuffisance de certains traitements : seulement on a exigé que les évêques ou les fabriques des paroisses fissent un tarif de ce qu'il était permis aux prêtres de recevoir pour l'administration des sacrements, et que ce tarif fût soumis à l'autorité civile ou judiciaire. Il serait bien à désirer que le casuel pût être remplacé par une augmentation du traitement fixe.

Dans l'Université, on donne ce nom à la portion du traitement des professeurs qui est en dehors du traitement fixe et qui est prélevée sur les frais d'étude : c'est ce qu'on appelle plus ordinairement l'*éventuel*.

CASUISTES, théologiens qui, soit dans la confession, soit dans leurs écrits, s'adonnent spécialement à la décision des *cas de conscience* (*Voy.* ce mot). Leur science a été nommée *Casuistique*.

CATACAUSTIQUE (du grec *cata*, contre, et *causticos*, qui brûle). *Voy.* CAUSTIQUE.

CATACHRÈSE (du grec *catachrèsis*, emploi), trope ou figure de Rhétorique par laquelle on emploie un mot à la place du mot propre, ou par laquelle on étend la signification d'un mot pour exprimer une idée qui manque de termes propres.

Telles sont ces expressions : Un cheval *ferré d'argent* ; une *feuille de papier* ; une *plume de fer*. La catachrèse est une espèce de métaphore consacrée.

CATACLYSME (du grec *cataclysmos*, inondation), nom donné à ces grandes révolutions physiques qui changent totalement la surface du globe, et qui sont ordinairement accompagnées d'inondations. C'est aux divers cataclysmes que le globe terrestre a éprouvés qu'on attribue la formation des montagnes et des vallées, ainsi que les terrains *diluviens* et ces amas de cailloux roulés, ces énormes fragments arrondis qui forment les *blocs erratiques*. Le déluge universel est le dernier cataclysme ; c'est le seul dont les hommes aient conservé le souvenir.

CATACOIS. *Voy.* CACATOÉS.

CATACOMBES, excavations souterraines servant de tombeaux. *Voy.* le *Dict. univ. d'Hist. et de Géogr.*

CATACOUSTIQUE (du grec *catacouó*, entendre), partie de la Physique qui a pour objet les sons réfléchis, les échos, etc.

CATADIOPTRIQUE, mot composé de *Catoptrique* et de *Dioptrique*, s'applique à tout ce qui appartient à la fois à ces deux parties de l'Optique, et spécialement aux instruments qui réunissent les effets combinés de la réflexion et de la réfraction.

CATADUPE (du grec *cata*, en bas, et *dupè*, chute). *Voy.* CATARACTE.

CATAFALQUE (de l'italien *catafalco*, échafaud), décoration funèbre élevée dans une église pour placer le cercueil d'un mort à qui l'on veut rendre de grands honneurs funèbres. C'est ordinairement une estrade en charpente avec des ornements d'architecture, de peinture et de sculpture, de riches tapisseries, des cierges et des faux funéraires. Dans quelques cas, le corps n'est pas présent : le catafalque prend alors le nom de *cénotaphe*. On cite le catafalque élevé à Florence pour les obsèques de Michel-Ange.

CATAIRE, c.-à-d. *Herbe aux chats*. *Voy.* NEPETA.

CATALECTES (du grec *catalecticos*, inachevé). Les Grecs nommaient *catalectes* des recueils de poésies légères ou de fragments d'ouvrages inachevés.

En Prosodie, on nommait *vers catalectiques* des vers qui se terminaient par un pied incomplet :

Mĕā | rēnī | dēt īn | dōmō | lācū | nār.

On les appelait ainsi par opposition aux vers *acatalectiques*, dont tous les pieds sont complets.

CATALEPSIE (du grec *catalepsis*, surprise, saisissement), névrose ou affection cérébrale intermittente, le plus souvent sans fièvre, caractérisée par la suspension plus ou moins complète de la sensibilité extérieure et des mouvements volontaires, et surtout par une *roideur tétanique* des muscles qui permet aux membres et même au tronc de conserver durant tout l'accès la position qu'ils avaient au moment de l'invasion ou celle qu'on leur donne ; les muscles respiratoires continuent alors à se mouvoir, mais la respiration est fort affaiblie. Comme causes *prédisposantes*, on signale l'existence d'autres maladies nerveuses, comme l'hystérie, l'épilepsie, la chorée, l'hypocondrie, etc. ; un caractère mélancolique, irritable ; les méditations profondes et soutenues ; les femmes et les enfants y sont plus prédisposés que les hommes et les vieillards. Les causes *déterminantes* sont toutes les émotions subites, violentes ou pénibles, la colère, la terreur, la contemplation, l'extase, avec laquelle la catalepsie paraît quelquefois se confondre. Les magnétiseurs assurent pouvoir produire à volonté sur certains sujets la catalepsie totale ou partielle. — L'invasion des accès est ordinairement précédée d'embarras de la tête, de douleurs dans les membres, de palpitations, de bâillements, de soupirs, de légères secousses convulsives ; mais quelquefois l'accès survient sans prodrome. Le malade est pris, ou graduellement, ou tout à coup, d'une roideur convulsive des muscles, générale ou partielle ; les traits sont immobiles ; les yeux sont ouverts, fixes et dirigés en avant ou en haut, et donnent aux cataleptiques une ressemblance frappante avec les figures en cire. La catalepsie peut aussi affecter une seule moitié du corps, quelquefois même un seul des membres. Ordinairement, le nombre, la durée et la fréquence des attaques sont indéterminés ; après quelques minutes, après plusieurs heures, ou même un certain nombre de jours, l'accès cesse, laissant des douleurs de tête, de l'agitation et une fatigue générale. Les malades semblent se réveiller, et ne conservent le plus souvent aucun souvenir de ce qui s'est passé durant et même avant l'accès. La catalepsie est rarement mortelle par elle-même ; mais cet état peut quelquefois être confondu avec la mort ; il paraît que des individus atteints de catalepsie très-intense ont été enterrés vivants. Pour faire cesser une attaque de catalepsie, on emploie les stimulations externes : on titille les narines avec les barbes d'une plume ; on y présente un flacon d'ammoniaque ; on excite la peau à l'aide de frictions rudes, et même en fustigeant les pieds et les mains. La musique, les odeurs suaves, le magnétisme animal, l'électricité, l'acupuncture, ont quelquefois été employés avec avantage. Dans l'intervalle des accès, le traitement est réglé sur les causes présumées ou connues de la maladie, sur le tempérament, les habitudes, etc. : les évacuations sanguines, les lavements purgatifs, les applications de glace sur la tête, et les bains frais, ont été employés avec succès. Pour mieux connaître ce singulier état, on pourra consulter le *Traité de la Catalepsie* du docteur Boudin, 1841, et la thèse du docteur Favrot : *De la catalepsie, de l'extase et de l'hystérie*, 1844.

CATALOGUE (du grec *catalégein*, rassembler), se dit, en général, de toute liste d'objets de même nature enregistrés par ordre, de manière à pouvoir être retrouvés au besoin ; il s'applique spécialement aux livres, ainsi qu'aux collections des musées. L'art du bibliothécaire consiste surtout à bien classer les livres et à les bien *cataloguer*. On distingue plusieurs espèces de catalogues : le *C. local*, qui indique l'emplacement des livres dans une bibliothèque ; le *C. nominal*, qui contient la liste alphabétique des ouvrages ; et le *C. réel*, où les ouvrages sont classés dans un ordre systématique. Un grand nombre de systèmes de classification ont été proposés par les bibliographes : ils sont exposés et appréciés dans le *Dictionnaire de Bibliologie* de M. Peignot, au mot *Système bibliographique*, et dans le *Cours élémentaire de Bibliographie* de M. Achard. Le plus ordinairement, les matières sont rangées dans l'ordre suivant : Théologie, Jurisprudence, Sciences et Arts, Lettres, Histoire, Géographie, Polygraphie, Collections, Bibliographie. — Il existe, tant en France qu'à l'étranger, beaucoup de catalogues imprimés des bibliothèques publiques. Les plus remarquables sont ceux de la Bibliothèque nationale de Paris, des bibliothèques de Ste-Geneviève, de l'Arsenal et de la Cour de cassation, aussi à Paris ; celui de la Bibliothèque impériale de Vienne, celui de la bibliothèque de Gœttingue, etc. Quant aux catalogues de collections particulières, les meilleurs sont dus : en France, à Gabriel Martin, à l'abbé Boudot, à Barrois et à MM. de Bure, Brunet, Renouard, Quérard, Van Praët et Barbier ; en Allemagne, à Reiman, Fabricius, Georgi, Heinsius ; en Angleterre, à Maittaire, Nicoll et Dibdin ; en Russie, à Pougens (Bibl. Boutourline) et Strœief (Bibl. Tolstoï), etc. *Voy.* BIBLIOGRAPHIE.

En Astronomie, on nomme *Catalogue d'étoiles* une table où sont indiquées les différentes positions des étoiles fixes à une époque donnée. Le plus ancien est celui que Ptolémée nous a conservé dans son *Almageste*, renfermant 1,022 étoiles. Chez les modernes, les plus célèbres sont le *C. de Flamsteed*, publié en 1725, et connu sous le nom de *C. britannique* ; celui de la Caille et celui de Mayer. Parmi les travaux les plus récents, il faut citer le *C. de Bode*, celui de *Piazzi*, publié à Palerme, et contenant 6,500 étoiles; l'*Histoire céleste* de Lalande, et enfin le grand catalogue que prépare en ce moment l'Académie de Berlin.

Catalogue des Saints, — des Livres canoniques. *Voy.* CANON et CANONIQUES (LIVRES).

CATALPA (nom de cet arbre au Japon), genre de la famille des Bignoniacées, voisin du genre Bignonia, renferme 5 ou 6 espèces, dont la plus remarquable est le *C. en arbre*, haut de 5 à 10 m., à feuilles très-grandes, très-légères, d'un beau vert satiné, et à fleurs blanches marquetées de points pourpres et de raies tracées en jaune dans l'intérieur. Son bois est veiné, poreux et brun-clair. Cet arbre, trouvé pour la première fois au Japon, et depuis dans l'Amérique du S., est acclimaté en Europe depuis le siècle dernier. Il fait un bel effet dans les grands jardins : on admire l'avenue de catalpas du Jardin des plantes de Paris.

CATALYSE (du grec *catalysis*, dissolution), nom que Berzélius a donné au phénomène qui a lieu quand un corps met en jeu, par sa seule présence et sans y participer chimiquement, certaines affinités qui, sans lui, resteraient inactives. Ainsi, certains oxydes chassent l'oxygène de l'eau oxygénée sans rien perdre ni acquérir de ce principe; ainsi, le platine très-divisé transforme l'alcool en acide acétique, par absorption de l'oxygène atmosphérique, sans subir lui-même aucun changement. D'autres chimistes donnent à ce phénomène le nom d'*effet de contact*.

CATANANCHE, nom scientifique de la *Cupidone*.

CATAPELTE (du grec *catapeltès*, catapulte), instrument de supplice dont les païens se servaient pour martyriser les chrétiens : il consistait en une espèce de pressoir où de presse composée de planches entre lesquelles on comprimait le patient.

CATAPHRACTE (du grec *cataphractos*, cuirassé). Ce mot désignait chez les anciens : 1° une armure de fer à l'usage des Grecs et des Asiatiques, qui couvrait le corps du soldat tout entier ; 2° le soldat qui portait cette armure (on disait aussi *cataphractaire*); 3° un vaisseau de guerre, long et ponté, à la différence de ceux qu'on nommait *aphractes*, qui n'avaient pas de pont.—Aujourd'hui, c'est le nom d'un genre de poissons de la famille des Siluroïdes, qu'on trouve dans les rivières de l'Inde et d'Amérique : son corps est ouvert de lames larges et dures, qui forment une sorte de cuirasse ; sa chair est estimée.

CATAPLASME (du gr. *cataplasma*, enduit), médicament extérieur, qui s'applique sous la forme d'une bouillie épaisse. On compose les cataplasmes dans des buts très-différents et avec un grand nombre de substances de qualités souvent opposées. Ainsi on distingue : les *C. émollients*, faits avec les farines de graine de lin, de seigle, d'orge, la mie de pain, la fécule, etc.; les *C. maturatifs*, préparés avec des farines résolutives (fenugrec, fève, orobe, lupin, etc.) ; les *C. actifs*, de graine de moutarde (*Voy.* SINAPISME), etc.

On a récemment donné le nom de *Cataplasme galvanique* à un appareil portatif imaginé en 1850 par le docteur Récamier : il se compose de deux ou quatre disques contenant chacun une petite pile de 16 éléments et enveloppés de plastrons en soie; il peut s'appliquer facilement sur toutes les parties du corps; on l'emploie contre les gastralgies, les névralgies, etc.

CATAPPA (TERMINALIA). *Voy.* BADAMIER.

CATAPULTE (en grec *catapeltès*, de *cata*, contre, et *pallô*, lancer), machine de guerre en usage chez les anciens, servait à lancer des pierres d'une grosseur considérable, et qui pesaient quelquefois jusqu'à 500 kilogr. : on l'employait toujours pour assiéger une ville. On attribue aux Syriens l'invention de la catapulte. *Voy.* BALISTE.

CATARACTE (du grec *catarassô*, se précipiter, tomber), nom donné, en Géographie, à de grandes chutes d'eau, remarquables à la fois par leur hauteur et leur largeur, et qui, brusquement interjetées dans le cours des fleuves, mettent un obstacle invincible à leur navigation. On connaît surtout sous ce nom les *cataractes* du Nil, qu'on appelle aussi *catadupes*, celles du Niagara (partie du fleuve St-Laurent), du Rhin à Laufen, de Staubbach en Suisse. *Voy.* CASCADE.

CATARACTE, en Médecine. On nomme ainsi une espèce de cécité survenant comme par l'effet d'un voile qui tomberait sur les yeux. Elle provient de l'opacité du cristallin ou de sa membrane, opacité qui s'oppose au passage des rayons lumineux et empêche la vision. Les causes ordinaires de cette affection sont le grand âge, l'impression prolongée d'une vive lumière, l'insolation, l'action fréquente de vapeurs irritantes, des coups sur le globe de l'œil, enfin une vive impression morale. Elle est quelquefois symptomatique d'une affection scrofuleuse ou syphilitique ; souvent aussi elle survient sans cause appréciable. Cette maladie attaque également les hommes et les femmes, rarement les adultes, plus rarement encore les enfants; cependant ceux-ci l'apportent quelquefois en naissant ; il paraît même qu'elle peut être héréditaire. D'ordinaire, la cataracte a une marche lente et progressive. Elle se borne souvent à un œil ; d'autres fois elle passe de l'un à l'autre, ou bien elle attaque les deux yeux à la fois. Son début est quelquefois précédé ou accompagné de maux de tête : le malade éprouve d'abord de la faiblesse dans la vue; il se plaint de voir des brouillards, des mouches voltigeantes, des points noirs, des toiles d'araignée, etc. Ces phénomènes augmentent progressivement et produisent une cécité partielle qui souvent reste stationnaire, mais qui, dans d'autres cas, finit par devenir complète.

Tant que l'on ignora la nature et le véritable siége du mal, on employa contre la cataracte une foule de remèdes plus ou moins insignifiants, tels que la belladone, l'opium, la ciguë, les antiphlogistiques, le séton, le moxa, la pommade ammoniacale, les purgatifs, etc. On a reconnu depuis que, quand la cataracte est complète, il n'y a d'autre remède que l'opération. Celle-ci se pratique de trois manières : par l'*abaissement*, par l'*extraction*, ou par le *broiement*. L'*abaissement* consiste à déplacer simplement le cristallin : à cet effet on introduit une aiguille à travers la sclérotique, au côté externe, derrière la pupille, et on enfonce le cristallin dans la partie inférieure du corps vitré, où il ne peut plus gêner la vision. Ce procédé s'emploie de préférence chez les individus faibles et nerveux.— L'*extraction* a pour objet d'enlever de prime abord le cristallin, à l'aide d'une incision à la cornée transparente. On la pratique avec fruit chez les hommes forts, vigoureux, lorsque l'on soupçonne la présence d'un cristallin noir, pierreux, ou contenant une parcelle métallique. — Le *broiement* consiste à diviser en tous sens la partie antérieure de la capsule du cristallin et le cristallin lui-même, soit en parvenant jusqu'à lui à travers la sclérotique, comme pour l'abaissement, soit en traversant la cornée transparente et plongeant l'instrument à travers la pupille. Dans le premier cas, c'est la *méthode de broiement* proprement dit, qui ne diffère de l'abaissement qu'en ce que l'aiguille, parvenue au cristallin, le divise *en place*, par des mouvements alternatifs en haut, en bas, en avant, en arrière, et en dissémine les parties dans le corps vitré et dans la chambre antérieure : ainsi trituré, l'absorption en a lieu plus facilement, et le malade recouvre la vue plus promptement. Dans le second cas, c'est la *kératonyxis* (de *kéras*, *kératos*, cornée, et *nysséin*, percer), qui diffère du mode opératoire précédent en ce que l'instrument est introduit à travers la cornée. Ce procédé est préférable chez les enfants et dans tous les cas de cataracte molle. Quelle que soit la méthode employée, l'opération doit être préparée par un traitement convenable et suivie de soins assidus : on place l'opéré sur un lit à tête un peu élevée, dans une chambre obscure, et on le soumet au régime le plus sévère.

La méthode d'opérer par *déplacement, abaissement* ou *dépression*, est la plus ancienne : Celse, au 1er siècle de notre ère, la connaissait et la pratiquait ; Albinus prétend qu'elle nous vient d'Égypte, où la cataracte est fort commune. Le *broiement* est aussi exposé dans un passage de Celse ; Pott, longtemps avant Scarpa, en a parlé dans ses œuvres chirurgicales, et l'a pratiqué avec succès. Daviel, en 1757, proposa le premier et exécuta avec succès l'*extraction* du cristallin.—Les auteurs principaux qui ont écrit sur la cataracte sont : Richter, Daviel, Heister, J.-L. Petit, Lafaye, Scarpa, Wenzel, Dupuytren, Roux, Samson, Caron Duvillards, etc.

CATARRHE (en grec *catarrhoos*, de *cata*, en bas, et *rhéó*, couler, parce qu'on regardait le catarrhe comme un flux d'humeurs descendant de la tête), inflammation aiguë ou chronique des membranes muqueuses, avec augmentation de la sécrétion habituelle de ces membranes, et, par extension, toute inflammation du système muqueux avec ou sans accroissement de sécrétion. On distingue les *C. pulmonaire, intestinal, vésical, guttural, nasal*, etc., inflammations qui ont reçu aujourd'hui des dénominations formées du nom particulier de la membrane affectée, auquel on ajoute la désinence *ite* (*bronchite, entérite, cystite, laryngite*, etc.). *V.* ces mots.

Les vieillards, les enfants, les femmes, et en général les sujets doués d'une constitution lymphatique, sont spécialement prédisposés aux affections catarrhales. Ces maladies sévissent surtout lors des brusques alternatives de froid et de chaud, pendant les temps froids et humides, chez les individus soumis à des causes débilitantes, telles qu'une habitation malsaine, la mauvaise nourriture, etc. ; enfin, on les voit souvent régner épidémiquement. Le début de ces affections est marqué seulement par du malaise, de l'anxiété, etc. ; puis surviennent l'enchifrènement et l'altération de l'odorat, si le catarrhe affecte les fosses nasales ; ou bien l'altération du timbre de la voix, s'il a lieu dans les organes vocaux. Si c'est dans les voies digestives, on observe le manque d'appétit, l'enduit limoneux de la langue, la pâleur et le gonflement des gencives, etc., selon l'organe affecté.

Ces maladies sont caractérisées par le peu de douleur de l'organe affecté, l'abondance des mucosités qu'il sécrète, la mollesse et la faiblesse du pouls, qui dans quelques cas peut devenir assez fréquent, et accuser une véritable fièvre, dite alors *fièvre catarrhale*. Quant au traitement, il est indiqué par l'état général du malade : suivant l'organe affecté, il consistera dans les purgatifs, les amers, les toniques, les stimulants, les sudorifiques, etc.

Dans le langage vulgaire, le mot *catarrhe* s'applique plus particulièrement à l'inflammation de la muqueuse des voies aériennes. *Voy.* BRONCHITE.

On appelle *C. suffocant* la dyspnée qui survient quelquefois tout à coup dans le cours d'un catarrhe pulmonaire, et qui peut entraîner rapidement la mort.

CATARRHINIENS (du grec *cata*, en bas, et *rhin*, narine, parce que ces animaux ont les narines ouvertes par le bas, en dessous du nez), nom donné par M. Is. Geoffroy St-Hilaire au premier groupe de la famille des Singes, renfermant ceux qui appartiennent à l'ancien continent : Orangs, Chimpanzés, Gibbons et Semnopithèques. Ils ont pour caractères : cinq dents molaires de chaque côté et à chaque mâchoire ; toujours des callosités, et souvent des abajoues ; les uns sont dépourvus de queues : les autres ont une queue plus ou moins longue.

CATARTISME (du grec *catartizéin*, réparer), nom que les médecins donnaient autrefois à la réduction d'un os luxé ; ce mot n'est plus usité.

CATASTROPHE (du grec *catastrophè*, renverse-

ment), se dit, en Littérature, du changement ou de la révolution qui arrive à la fin de l'action d'un poëme dramatique, et qui le termine. La catastrophe est *simple* ou *compliquée* : *simple*, quand elle n'amène aucun changement dans l'état des personnages, ni reconnaissance, ni dénoûment proprement dit ; *compliquée*, quand le principal personnage éprouve un changement de fortune : la *catastrophe* prend alors le nom de *péripétie*. Le mot *catastrophe* implique presque toujours l'idée d'un événement funeste : cependant, dans les comédies, la catastrophe est généralement heureuse. *Voy.* PÉRIPÉTIE et DÉNOÛMENT.

CATÉCHÈSE (du grec *catéchésis*, instruction), nom donné, dans les premiers temps de l'Église, aux explications courtes et méthodiques de la doctrine chrétienne et des mystères de la foi pour ceux qui voulaient se faire chrétiens. Les catéchèses ne se faisaient point dans l'église, mais dans le baptistère ou ailleurs. Au IIIe siècle, les *catéchètes* formaient un 5e ordre mineur dans certaines églises.

CATÉCHISME (du grec *catéchésis*, instruction), désigne à la fois les instructions que l'on donne aux enfants sur les vérités et les devoirs de la religion, et le livre qui contient ces instructions. On nomme *catéchiste* celui qui enseigne le catéchisme. Cette charge a été longtemps une des plus honorables de l'Église. Les conciles recommandent aux curés de faire, tous les dimanches, des catéchismes dans leurs paroisses. D'excellents ouvrages ont paru sur la meilleure manière d'enseigner la religion, notamment le *Bon Catéchiste* de Mgr de la Palme, évêque d'Aoste. — Quant aux livres appelés *Catéchismes*, ils varient pour chaque diocèse, et ont pour type celui du concile de Trente : les plus célèbres sont le *C. des Jésuites*, publié en 1564 par le P. Pierre Canisius, et le *C. de Meaux*, rédigé par Bossuet (1687). — Chez les protestants, chaque secte a son catéchisme. Celui des Luthériens est connu sous le nom de *C. d'Heidelberg* ; celui des Églises sociniennes polonaises porte le nom de *C. de Racovie*.

CATÉCHUMÈNE (du grec *catéchouménos*, instruit de vive voix), nom que portaient, dans les premiers siècles de l'Église, les Juifs ou les Gentils convertis que l'on instruisait pour recevoir le baptême. Les catéchumènes se divisaient en trois classes : les *écoutants*, qui ne recevaient d'instruction que sur la foi et sur les mœurs ; les *élus*, qui étaient préparés pour le baptême ; et les *compétents*, qui étaient admis à le recevoir. La durée du catéchuménat était de deux ans. Les catéchumènes ne pouvaient entendre la messe que depuis l'introït jusqu'à l'offertoire : cette partie de la messe portait le nom de *messe des catéchumènes*. La distinction des chrétiens en catéchumènes et fidèles s'effaça à mesure que le christianisme devint la religion universelle.

CATÉGORÈME (même étymologie que *catégorie*). On nommait ainsi dans la philosophie d'Aristote divers aspects sous lesquels on peut considérer un terme afin de le ranger dans telle ou telle catégorie. On reconnaissait 5 catégorèmes : le *genre*, l'*espèce*, la *différence*, le *propre* et l'*accident*. Les Scolastiques leur donnaient le nom latin de *prédicables*.

CATÉGORIE (du grec *catégoreô*, accuser, attribuer). Les philosophes ont donné le nom de *catégories* à certaines classifications abstraites dans lesquelles ils ont distribué tous les êtres, toutes les idées, d'après leur nature. Chaque école avait sa classification, qui dépendait de son système général. Les Pythagoriciens admettaient 10 catégories : 1, le *fini* et l'*infini* ; 2, le *pair* et l'*impair* ; 3, l'*unité* et la *pluralité* ; 4, le *droit* et le *gauche* ; 5, le *mâle* et la *femelle* ; 6, le *repos* et le *mouvement* ; 7, le *droit* et le *courbe* ; 8, la *lumière* et les *ténèbres* ; 9, le *bien* et le *mal* ; 10, le *carré* et les figures à côtés inégaux. Aristote en admettait également 10, mais elles diffèrent complètement des précédentes ; ce sont : 1, la substance; 2, la *quantité*; 3, la *relation*; 4, la *qualité*; 5, l'*action*; 6, la *passion*; 7, le *lieu*; 8, le *temps*; 9, la *situation*; 10, la *manière d'être*. Ces 10 catégories jouent le plus grand rôle dans la philosophie d'Aristote; elles sont à la fois pour lui des divisions logiques et des divisions métaphysiques; il en a traité dans le 1er livre de l'*Organon* intitulé *Des Catégories*, et il y a consacré plusieurs livres de sa *Métaphysique*. Pour fixer dans la mémoire ces catégories, les Scolastiques avaient composé les deux vers suivants, dont chaque mot offre l'exemple de l'une d'elles :

> 1 2 3 4 5 6
> Arbor tres servos ardore refrigerat ustos,
> 7 8 9 10
> Ruris cras stabo, sed tunicatus ero.

On retrouve dans les antiques systèmes de la philosophie indienne des catégories dont plusieurs sont identiques à celles d'Aristote. — Dans le système de Kant, les catégories sont les lois nécessaires de l'entendement, les formes sous lesquelles doivent se produire toutes les idées qui entrent dans nos jugements. Ces catégories se rangent sous quatre chefs, comprenant chacun trois modes : QUANTITÉ, *unité*, *pluralité*, *universalité*; QUALITÉ, *réalité*, *négation*, *limitation*; RELATION, *substance et accident*, *causalité et dépendance*, *communauté*; MODALITÉ, *possibilité et impossibilité*, *existence et néant*, *nécessité et contingence*. Cette liste renferme, selon Kant, tous les concepts purs ou *à priori*, au moyen desquels nous pouvons penser les objets; elle épuise, selon lui, tout le domaine de l'entendement. Les catégories de Kant n'en ont pas moins subi après lui de graves modifications; elles sont incontestablement susceptibles de simplification.

CATEL ou CATEUX, vieux mot usité dans l'ancien Droit français pour désigner une chose qui tient le milieu entre les immeubles et les meubles, et qui, étant de sa nature immeuble, est néanmoins réputée meuble et se partage de même. On distingue les *C. verts*, tels que les grains, les foins pendants par racines, etc; et les *C. secs*, tels que les bâtiments, les moulins, les granges, les étables, les puits, etc. — On appelait jadis *Droit de meilleur catel* le droit qu'avaient jadis plusieurs seigneurs des Pays-Bas de prendre, après le décès de leurs hoirs ou vassaux, le meilleur meuble qui se trouvait en la succession.

CATHARES (du grec *catharos*, pur), nom général donné à tous les hérétiques qui affectaient une plus grande pureté que les autres chrétiens. Tels étaient les Montanistes, les Manichéens, les Vaudois, et, dans les temps modernes, les Puritains.

CATHARTE (du grec *cathartès*, qui purifie, à cause des services que rendent ces oiseaux en mangeant les débris putréfiés), genre d'oiseaux formé par Illiger pour toutes les espèces de Vautours du nouveau monde qui ont la tête nue, ainsi que le haut du cou, le bec grêle, allongé, droit jusqu'au milieu et convexe en dessus, les narines longitudinales, les ongles courts et obtus. L'espèce la plus connue est l'*Urubu*. *Voy.* ce nom.

CATHARTIQUES (du grec *catharsis*, purgation), nom qu'on donne tantôt aux purgatifs en général, tantôt à ceux des purgatifs qui agissent plus vivement que les laxatifs et les minoratifs, mais moins fortement que les drastiques. On appelle *sel cathartique amer* le sulfate de magnésie; *poudre cathartique*, un mélange de poudre de jalap, de scammonée d'Alep et de tartrate acidule de potasse.

CATHEDRALE (du grec *cathédra*, chaise, siége), nom donné à l'église principale d'un diocèse, à celle où l'évêque a son siége. Cette dénomination, qui n'est en usage que dans l'église latine, ne remonte pas au delà du xe siècle; auparavant on se servait du mot *église principale*, ou simplement *église*. Les églises cathédrales jouissent en cette qualité de diverses prérogatives, et leur chapitre représente l'antique presbytère (*Voy.* ce mot). — Presque toutes les cathédrales du moyen âge sont construites en style gothique, ce qui les distingue des *basiliques* (*Voy.* ce mot), qui sont pour la plupart d'origine romaine ou construites en style roman. En France, les plus belles cathédrales gothiques sont celles de Paris (terminée en 1259), de Reims (1242), de Rouen (1128), de Chartres (1145), d'Amiens (1280), d'Orléans (1287), de Strasbourg (1315). Parmi les cathédrales riches en vitraux, on cite surtout celles de Bourges et d'Auch. La Belgique, l'Angleterre et l'Allemagne sont les contrées de l'Europe où l'on trouve encore de belles cathédrales gothiques. La Renaissance produisit le temple le plus grandiose et le plus magnifique du monde chrétien, Saint-Pierre de Rome, qui a servi de type à l'église de Saint-Paul à Londres, à celle des Invalides et au Panthéon à Paris, etc. On peut consulter sur ce sujet les ouvrages suivants : *Engravings of ancient cathedrals*, etc., *in France, Holland*, etc., Coney, Londres, 1829-31, in-fol.; *Chiese principali in Europa*, Milan, 1824, in-fol.; *Histoire pittoresque des cathédrales, églises, basiliques, temples*, etc., par une *Société d'archéologues*, Paris, 1851.

CATHÉRETIQUES (du grec *cathairô*, purifier, détruire), nom donné en Médecine aux caustiques ou escarotiques faibles, ou employés en petite quantité, de manière que leur effet se borne à produire une vive irritation ou la formation d'une escarre très-superficielle. Le nitrate d'argent ou pierre infernale est le *cathérétique* le plus actif. On emploie extérieurement les cathérétiques pour détruire les végétations charnues qui s'élèvent à la surface des plaies et des ulcères, ou les excroissances qui naissent parfois sur les membranes muqueuses.

CATHÈTE (du grec *cathetos*, perpendiculaire), nom donné en Géométrie à une droite tombant perpendiculairement sur une autre. Les cathètes d'un triangle rectangle sont les deux côtés qui comprennent l'angle droit. — En Optique, on nomme *C. d'incidence* la ligne droite menée d'un point éclairé et rayonnant perpendiculairement au plan du miroir réfléchissant; *C. de réflexion*, la perpendiculaire menée de l'œil ou d'un point quelconque d'un rayon réfléchi sur le plan de réflexion.

CATHÉTER (mot grec qui signifie *sonde*, et qui dérive lui-même de *cathiénai*, introduire), nom donné d'abord à toutes les *sondes* ou *algalies*, est aujourd'hui spécialement réservé à une sonde métallique courbe, cannelée sur sa convexité, qu'on introduit par l'urètre dans la vessie pour l'explorer avant d'y pratiquer une opération quelconque. *Voy.* l'art. suiv.

CATHÉTÉRISME, opération de chirurgie qui consiste à faire pénétrer dans la vessie par les voies naturelles un *cathéter*, soit pour explorer cet organe et y reconnaître la présence de calculs ou de tumeurs, soit pour en évacuer l'urine retenue par une cause quelconque, soit, dans la lithotomie, pour servir de conducteur à des instruments tranchants. Cette opération se fait avec des sondes métalliques, des sondes de gomme élastique, des bougies de cire, etc. Ces sondes sont tantôt droites, tantôt courbes (celles-ci sont spécialement appelées *cathéters*); de là deux espèces de cathétérisme, le *rectiligne* et le *curviligne*. Cette opération demande une main exercée et prudente. Lorsque le diamètre de l'urètre est considérablement diminué par un rétrécissement, on ne peut pénétrer qu'avec des bougies extrêmement fines; quelquefois même le passage est impossible; si la rétention d'urine est complète, il devient alors nécessaire de pratiquer le *cathétérisme forcé*, qu'on exécute ordinairement avec une sonde conique en argent.

CATHÉTOMÈTRE. *Voy.* VERTICALITÉ.

CATHOLICON ou CATHOLICUM (du grec *catholicos*, universel), nom donné jadis par les Pharmaciens à une sorte d'électuaire destiné à purger *toutes* les humeurs:

la rhubarbe et le séné en formaient la base. — Par allusion, on nomma *Catholicon d'Espagne* une satire ingénieuse contre la Ligue et contre Philippe II, roi d'Espagne, qui, sous prétexte de *sauver* la France, ne voulait que s'emparer de la couronne. Elle forme la 1re partie de la Satire Ménippée.

CATHOLIQUE (c.-à-d. en grec universel), nom sous lequel on désigne les fidèles, dans l'Église latine. *Voy.* ÉGLISE LATINE au *Dict. univ. d'Hist. et de Géogr.*

Roi catholique, titre que prend le roi d'Espagne. Le roi wisigoth Récarède est le premier roi d'Espagne qui ait reçu ce surnom. Négligé par ses successeurs, il fut repris par Ferdinand V en 1492 : en 1509 le pape Jules II le rendit héréditaire pour les rois d'Espagne.

Épîtres catholiques. Voy. ÉPÎTRES.

CATI, sorte d'apprêt ou de lustre que l'on donne aux étoffes de laine, surtout aux draps, pour les rendre plus fermes et plus brillantes. On commence par déplisser et étendre les étoffes à l'aide d'un mécanisme nommé *corroi* ou *étendoir*, composé de plusieurs rouleaux de bois sur lesquels la pièce s'enroule et se déroule : ce corroyage se fait à froid ou à chaud ; puis on procède au *catissage* proprement dit. Il se donne à la presse en plaçant chaque double du tissu entre des cartons bien lisses ; le plus souvent, pour aider l'action de la presse, on interpose des plaques de fonte plus ou moins chauffées entre les plis de l'étoffe. Après une pression de 24 heures les pièces sont *caties*. Plus le pressage est fort, plus l'apprêt glacé est beau et durable : aussi se sert-on pour cet usage de la presse hydraulique, dont l'action est très-puissante. On peut catir les soieries comme les lainages. *Voy.* DÉCATISSAGE.

CATIMARON, radeau léger et triangulaire à ses deux extrémités, formé de troncs de cocotiers croisés et liés ensemble. Il sert surtout à passer les barres et à pêcher au large. Les naturels des Grandes Indes, surtout à la côte de Coromandel, manœuvrent ces radeaux avec de larges rames appelées *payayes* et s'en servent pour naviguer le long des côtes.

CATISSAGE. *Voy.* CATI.

CATOBLEPAS (du grec *catô*, en bas, et *blépô*, regarder), sous-genre de Mammifères ruminants, détaché des Antilopes de Linné, a pour type le *Gnou* (*Voy.* ce mot), et renferme deux ou trois espèces particulières à l'Afrique méridionale.

CATODONTES (du grec *catô*, en bas, et *ôdous, odontos*, dent), nom donné par Linné aux Cétacés dont la mâchoire supérieure est garnie de dents qui se cachent dans des cavités correspondantes pratiquées à la gencive inférieure : tels sont les Cachalots.

CATOGAN, sorte de coiffure, d'origine prussienne, adoptée par l'infanterie française au XVIIIe siècle, consistait en un nœud formé d'une pelote de cheveux roulés et attachés près de la tête. Le catogan fut remplacé par la queue en 1792.

CATOPTRIQUE (du grec *catoptron*, miroir, dérivé de *cáta*, contre, et *optomai*, voir), dite quelquefois *Anacamptique*, partie de l'Optique qui traite des lois relatives à la réflexion de la lumière. Quand des rayons lumineux tombent sur une surface, une partie s'éteint, une partie s'éparpille, une partie est réfléchie régulièrement. L'inclinaison des rayons incidents a une influence marquée sur les résultats : il y a d'autant plus de rayons réfléchis que la lumière tombe sous un angle plus oblique ; les rayons qui arrivent perpendiculairement sur une surface sont réfléchis irrégulièrement et la rendent éblouissante. Toute la catoptrique se déduit des lois suivantes : 1o *Le rayon incident et le rayon réfléchi sont toujours compris dans le même plan* ; 2o *l'angle de réflexion est égal à l'angle d'incidence*. Ces deux lois ne souffrent aucune exception : elles sont vraies pour la lumière naturelle qui nous vient des astres, comme pour la lumière artificielle que nous pouvons produire par la combustion, les actions chimiques, la

phosphorescence, l'électricité, etc. Si la direction de la lumière réfléchie est déterminée avec une précision géométrique, il n'en est pas de même de son intensité ; à cet égard, on sait seulement : que la quantité de lumière régulièrement réfléchie va croissant avec l'angle d'incidence, sans toutefois être nulle quand cet angle est nul ; qu'elle dépend du milieu dans lequel la lumière se meut et de la surface sur laquelle elle tombe, et qu'elle est très-différente pour des corps de différente nature qui sont placés dans les mêmes circonstances. *Voy.* MIROIR, OPTIQUE.

CATOPTROMANCIE (du grec *catoptron*, miroir, et *mantéia*, divination), divination qui se faisait au moyen d'un miroir dans lequel on prétendait lire les événements à venir. On s'en servait, soit pour connaître et guérir les maladies, comme cela se pratiquait, au rapport de Pausanias, dans le temple de Cérès à Patras ; soit pour prévoir les événements politiques : c'est ainsi, au dire de Spartien, que Didius Julianus connut sa chute prochaine et l'avénement de Septime Sévère. Ce mode est encore employé aujourd'hui par des charlatans et des tireuses de cartes.

CAUCALIDE (du grec *Caucalis*, nom d'une plante indéterminée), genre de la famille des Ombellifères, type de la tribu des Caucalidées, est composé de plantes herbacées, annuelles, à feuilles multifides, et à fleurs blanches. On en cultive plusieurs espèces dans les jardins, principalement la *C. à grandes fleurs* (*C. grandiflora*), qui croît naturellement, en France, dans les champs de blé. Ses graines, hérissées de longues pointes, se mêlent quelquefois au blé et rendent le pain amer et malsain.

CAUCHEMAR (dérivé, selon Ménage, de *calca* ou *calcatio mala*, oppression pénible ; selon d'autres, du vieux mot *cauquemare*, sorcière), l'*Asthme nocturne* de quelques auteurs, sentiment d'un poids incommode sur la région épigastrique, avec impossibilité de se mouvoir, de parler, de respirer, qui survient pendant le sommeil et qui finit par produire le réveil en sursaut, après une anxiété extrême. Très-souvent celui qui éprouve le cauchemar croit voir un fantôme qui le poursuit ou un précipice qui s'ouvre sous ses pas ; il fait des efforts inutiles pour se soustraire au danger et se réveille tout couvert de sueur. Le cauchemar est ordinairement l'effet d'une digestion difficile, ou d'une position pénible du corps ; d'autres fois il survient à la suite d'affections morales tristes, d'une grande contention d'esprit, de toute émotion qui a exalté la sensibilité cérébrale. On attribuait autrefois ce sentiment de suffocation à des *esprits* dont on était obsédé et sur lesquels il a été fait les contes les plus ridicules : on appelait *incubes* les esprits masculins, et *succubes* les esprits féminins. Pour prévenir le cauchemar, on recommande de ne se mettre au lit que quand la digestion est bien faite ; on prescrit un exercice journalier, un air vif, etc. Si le cauchemar est le symptôme d'une affection de l'estomac, on doit recourir aux vomitifs, surtout quand il y a embarras gastrique, s'abstenir d'aliments gras, prendre des boissons aqueuses. Dans tous les cas, il faut tenir la tête et les épaules élevées durant le sommeil.

CAUDALE (de *cauda*, queue), épithète donnée à tout ce qui se rapporte à la queue, et spécialement à la nageoire qui termine la queue de presque tous les poissons : on la trouve verticale chez tous, à l'exception d'une variété du *Cyprin doré de la Chine* ; celle des cétacés est aussi horizontale. Sa forme est variable.

CAUDA LUCIDA (c.-à-d. en latin *queue brillante*), belle étoile de la 1re ou de la 2e grandeur placée à la *queue* du Lion, et marquée β dans les catalogues.

CAUDATAIRE ou PORTE QUEUE, officier qui porte la queue de la robe du pape, d'un cardinal, d'un prélat, ainsi que des rois ou reines, princes ou princesses, etc. *Voy.* QUEUE.

CAUDÉ (du latin *cauda*, queue), nom donné, en termes de Blason, aux étoiles qui ont une queue, et, en Histoire naturelle, aux parties terminées par un appendice en forme de queue.

CAUDEX (du latin *caudex*, souche, tronc d'arbre), nom donné en Botanique à toute la partie d'une plante qui n'est point ramifiée. Le *C. descendant* est le pivot central de la racine ; le *C. ascendant* est la tige ou le tronc du végétal.

CAUDIMANES (du latin *cauda*, queue, et *manus*, main), nom donné aux animaux dont la queue est flexible, musculeuse et prenante, comme les singes.

CAULESCENT ou CAULIFÈRE (du latin *caulis*, tige), épithète donnée aux plantes pourvues d'une tige, comme les arbres. Ce mot est l'opposé d'*Acaule*.

CAULICOLE (du latin *caulis*, tige, et *colo*, habiter), nom qu'on donne en Botanique aux plantes phanérogames qui, comme la Cuscute, vivent en parasites sur les tiges des autres végétaux.

En Architecture on nomme *Caulicole* ou *Tigette*, la partie du chapiteau corinthien, en forme de tige et de cornet, d'où naissent les volutes et les hélices.

CAULICULE (du latin *cauliculus*, petite tige), se dit, en Botanique, de la partie intermédiaire de l'embryon qui a germé, celle qu'on aperçoit entre les cotylédons et la racine. C'est aussi le nom de chacune des tiges qui sortent d'une même racine.

CAULINAIRE (de *caulis*, tige), nom donné en Botanique à toutes les parties de la plante qui naissent de la tige. On appelle *feuilles caulinaires* celles qui sont insérées sur la tige : il ne faut pas les confondre avec les *feuilles radicales* qui partent du collet de la racine ; *stipules caulinaires*, celles qui n'adhèrent avec les feuilles que par un point peu sensible, mais qui adhèrent à la tige d'une manière très-apparente ; *élongation caulinaire*, celle qui résulte du développement en longueur de la racine ou de la tige après leur formation.

CAURALE (par contraction de *cauda*, queue, et de *râle* ; à cause de sa ressemblance avec cet oiseau), *Eurypyga*, genre d'oiseaux de l'ordre des Échassiers, au bec un peu épais, long, droit, dur et renflé à la pointe ; aux pieds longs, grêles ; aux ailes amples. Ce genre ne renferme qu'une seule espèce, le *Caurale* de l'Amérique méridionale, connu dans le pays sous le nom de *Petit paon des roses* et d'*Oiseau du soleil*. Le caurale est de la taille d'une perdrix ; il a le cou long et mince, la queue large et étalée, et les jambes peu élevées. Son plumage est rayé de brun, de fauve, de roux et de noir.

CAURIS, *Cyprea moneta*, espèce de coquillage blanc du genre Cyprée, qu'on trouve aux îles Maldives, et qui est la monnaie la plus commune au Bengale, dans la Nigritie centrale et sur le plateau de la Sénégambie en Afrique. Dans le Bengale, 2,400 cauris équivalent à une roupie, environ 3 fr. de France. Dans la Nigritie, il ne faut que 250 cauris pour représenter la même valeur.

CAUSALITÉ, terme abstrait employé par les Métaphysiciens modernes pour exprimer le rapport de cause à effet. On entend par *principe de causalité* cet axiome, que *tout effet suppose une cause*, ou mieux, que *tout ce qui commence à exister doit avoir une cause*. Les philosophes se sont partagés sur l'origine de ce principe, les uns le regardant comme une notion innée, comme une loi nécessaire de l'esprit humain ; les autres, comme une généralisation de l'expérience. La vérité paraît être que, dès que l'observation nous a montré un effet et une cause, nous saisissons comme nécessaire le rapport qui les unit, et donnons instinctivement ce rapport une universalité qui dépasse toutes les données de l'expérience.

CAUSE, ce qui fait qu'une chose est, ce qui agit pour produire un fait nouveau : le fait produit prend le nom d'*effet*. Les Métaphysiciens ont étendu le nom de cause à tout ce qui contribue d'une manière quelconque à la production de l'effet. Aristote, et d'après lui tous les métaphysiciens, distinguent en con-

séquence : *C. efficiente*, l'agent qui produit ; *C. matérielle*, la matière employée pour produire ; *C. formelle*, la *forme* ou les caractères essentiels sous lesquels a été conçu l'objet produit, l'idée qui a présidé à la production ; *C. finale*, le but que s'est proposé l'agent, l'intention qui l'a dirigé. Ainsi, dans la production d'une statue, le statuaire serait la *C. efficiente* ; le bloc de marbre, la *C. matérielle* ; l'idéal conçu *à priori* par l'artiste, la *C. formelle* ; le motif qui l'a déterminé, la *C. finale*. On a aussi admis des *C. occasionnelles*, des *C. instrumentales*, etc. La seule cause véritable est la *C. efficiente*. Parmi les *C. efficientes* elles-mêmes, on distingue encore la *C. première*, qui produit par elle seule, et les *C. secondes*, qui ne font que transmettre une puissance ou une action reçue d'une cause supérieure ; Dieu seul est vraiment *cause première*.

On a beaucoup disputé sur l'origine de l'idée de cause : les uns, Locke à leur tête, ont prétendu l'expliquer par la seule expérience ; d'autres l'ont regardée comme une idée innée, ou comme une forme essentielle de l'entendement (Kant) ; Hume l'a niée, prétendant que ce que nous prenons pour la cause d'un fait n'est que ce qui précède constamment ce fait, et identifiant ainsi la *causalité* avec la *succession régulière*. Les métaphysiciens les plus sensés enseignent que nous puisons d'abord l'idée de *cause* dans le sentiment de notre propre action, et qu'une fois cette idée ainsi formée, nous la transportons hors de nous par une induction naturelle.

Causes finales. Quand nous voyons plusieurs parties concourir à produire constamment et régulièrement un même résultat, nous jugeons que ces parties ont été disposées avec intention comme des *moyens* pour atteindre une certaine *fin* : c'est cette fin que les philosophes appellent *Cause finale*. En même temps, nous jugeons que la fin atteinte suppose une puissance intelligente, qui a combiné avec art les moyens nécessaires. C'est ainsi qu'à la vue d'une montre, nous reconnaissons à la fois la *C. finale* ou la destination de l'instrument, qui est d'indiquer l'heure, et l'existence d'un horloger qui a dû construire l'instrument de manière à lui faire atteindre sa destination. Appliquée à la nature, cette manière d'argumenter nous révèle l'art infini qui y règne, et l'existence d'une intelligence suprême qui a tout disposé avec prévoyance pour atteindre un but, en un mot, d'une providence : c'est là ce qu'on appelle l'*argument des causes finales*. Quelques philosophes, Épicure, chez les anciens, d'Holbach et son école, chez les modernes, ont voulu contester la valeur de cet argument, attribuant au hasard ou à la nécessité ce que nous prenons pour des marques d'intention providentielle ; mais le plus grand nombre des philosophes, d'accord en cela avec le bon sens du genre humain, ont maintenu l'autorité de cet argument, qui est à la fois le plus accessible à tous et le plus propre à faire impression sur l'esprit : il est devenu, sous le titre de *Téléologie* (*Traité des fins*), une des parties les plus importantes de la Théologie naturelle. Déjà proclamée dans la Bible (*Cœli enarrant gloriam Dei*), cette preuve de l'existence de Dieu a été philosophiquement développée par Socrate (Dialogue entre Socrate et Aristodème, dans les *Memorabilia* de Xénophon) ; par Platon (*République* et *Lois*) ; par les Stoïciens, par Cicéron (*De natura Deorum*) ; et, dans les temps modernes, par Fénelon, Leibnitz, Pluche, Ch. Bonnet, Bernardin de Saint-Pierre, Sturm, Cousin Despréaux, W. Paley, et par les nombreux auteurs des traités inspirés par le comte de Bridgewater (Bell, Chalmers, Buckland), etc.

Causes occasionnelles. Dans l'histoire de la philosophie, on désigne sous ce nom un système qui consiste à expliquer l'action de l'âme sur le corps et du corps sur l'âme par l'intervention directe et incessante de Dieu, qui, à l'occasion des phénomènes de l'âme, excite dans le corps les mouvements qui y correspondent, et qui, à l'occasion des mouvements du corps, fait naître dans l'âme des idées ou des passions. En germe dans Descartes, ce système a été développé par Clauberg, Malebranche, Régis et surtout par Geulinx. Ce système est suffisamment réfuté par le sentiment que nous avons de l'influence que nous exerçons nous-mêmes sur tous nos mouvements.

Dans les Obligations, la *Cause* est ce qui détermine une partie à s'obliger. L'obligation sans cause, ou sur une fausse cause, ou sur cause illicite, ne peut avoir aucun effet. La cause est illicite quand elle est prohibée par la loi, contraire aux bonnes mœurs ou à l'ordre public (Code civil, art. 1030-33).

Au Palais, on appelle *Cause* toute affaire litigieuse soumise aux tribunaux; on distingue en conséquence : *C. civile, C. criminelle, C. principale, C. incidente, C. d'appel*, etc., tous mots qui s'expliquent d'eux-mêmes. Il a été publié divers recueils de *Causes célèbres*, dont quelques-uns ont pour but de donner un aliment à l'amour du scandale plutôt que de fournir des modèles à l'avocat : les plus complets sont : *Causes célèbres et arrêts qui les ont décidées*, de Méjan, 1808-14, 20 vol. in-8; *Répertoire des Causes célèbres*, de Saint-Edme, 1836-37, 15 vol. in-8.

CAUSTIQUE (du grec *causticos*, dérivé de *caiô*, brûler). En Chimie, on donne ce nom aux alcalis, lorsque, dégagés de toute substance étrangère, ils manifestent pleinement leur action destructive sur les matières organiques. — En Médecine, on appelle *caustique*, et quelquefois *cautère*, toute substance corrosive qui, mise en contact avec une partie animale, la désorganise et la brûle. Les caustiques les plus actifs produisent des escarres, et sont nommés *escarotiques*; ceux dont l'action est plus faible ont reçu le nom de *cathérétiques* (*Voy.* ces mots). Les caustiques les plus communément employés sont la *pierre à cautère* ou potasse caustique, le beurre d'antimoine ou chlorure d'antimoine, l'ammoniaque concentrée à l'état liquide ou incorporée dans du suif ou du beurre de cacao (*pommade ammoniacale* de Gondret), les acides minéraux, la *pierre infernale* ou nitrate d'argent fondu, le sublimé corrosif ou deutochlorure de mercure, certaines préparations arsénicales (le *caustique du Frère Côme*), un mélange de chaux vive et de potasse appelé *caustique de Vienne*, l'alun calciné, etc.

En Optique, la *Caustique* est une courbe formée par l'intersection des rayons lumineux partant d'un point rayonnant, et réfléchis ou réfractés par une autre courbe. Chaque courbe a ses deux caustiques : l'une produite par la réflexion, la *catacaustique*; l'autre, produite par la réfraction, la *diacaustique*. Ces courbes ont été reconnues par Tschirnhausen en 1682.

CAUSUS (de *caiô*, brûler), nom donné par les médecins, d'après Hippocrate, à la *fièvre ardente*. *V.* ce mot.

CAUTÈRE (du grec *caiô*, brûler), mot dont on se sert en Médecine pour désigner et la cause et l'effet :

1°. On nomme *Cautère* tout agent employé pour brûler ou désorganiser une portion des tissus organiques. On distingue les *Cautères potentiels*, substances qui désorganisent lentement les tissus en vertu de leurs propriétés chimiques : le cautère de ce genre le plus usité est la *Pierre à cautère* ou potasse caustique (*Voy.* CAUSTIQUE); les *Cautères actuels*, ainsi appelés parce qu'ils brûlent immédiatement : ce sont des instruments composés d'une tige métallique, de formes et de dimensions variables, que l'on fait rougir au feu, et qu'on applique sur la partie malade. Les principaux cautères actuels sont : le *C. en roseau* ou *cylindrique*, analogue au fer à boudiner des coiffeurs, destiné à cautériser certains trajets fistuleux, profonds, et à appliquer ce qu'on appelle un *bouton de feu*; le *C. olivaire*, terminé par un renflement en forme d'olive, employé principalement pour atteindre la cavité de la bouche, celle de cer-

tains kystes dont on veut obtenir l'oblitération; le *C. cultellaire* ou *en rondache*, dit *couteau de feu*, dont le bord libre est obtus, et qui sert à pratiquer des cautérisations linéaires sur les téguments, ou à couper le pédicule de certaines tumeurs; le *C. octogone* ou *nummulaire*, qui s'applique à plat sur la peau; le *C. réniforme* ou *en haricot*, dont on se sert pour toucher les bords de certaines fistules; le *C. conique*, etc.

2°. On appelle vulgairement *cautère, cautère fonticulaire*, un petit ulcère artificiel qu'on établit, soit en faisant à la peau une incision de plusieurs millimètres, soit en détruisant, au moyen de la *pierre à cautère* (potasse caustique), un point circonscrit de la peau. C'est un puissant révulsif auquel on a recours dans les phthisies, les catarrhes chroniques, et surtout dans les paralysies, les hémiplégies, les névralgies, etc. On entretient le cautère au moyen d'un *pois* fait avec de la *racine d'iris* ou de l'écorce de *saint-bois* ou garou. On se contente quelquefois d'appliquer un *Cautère volant* : ce qui se fait au moyen d'une pommade épispastique qui produit une légère suppuration, que l'on peut supprimer promptement. On place ordinairement les cautères à la région supérieure du bras, à la cuisse ou à la jambe.

CAUTÉRISATION, action de cautériser ou de brûler. On distingue : la *C. objective* ou à distance, qui consiste à approcher de la surface de certains ulcères ou plaies atoniques des fers incandescents, qu'on y présente pendant quelques minutes, dans le but d'échauffer, d'irriter, de ranimer la partie malade, et de la disposer à une bonne granulation : cette espèce de cautérisation est presque abandonnée aujourd'hui; la *C. transcurrente*, plus usitée en médecine vétérinaire, qui se pratique en promenant rapidement sur la peau le cautère chauffé à blanc, de manière à produire des lignes ou raies de feu, et seulement des escarres superficielles : on s'en sert notamment contre les tumeurs blanches avant la formation du pus; la *C. inhérente*, qui s'emploie dans le plus grand nombre de circonstances : elle a pour but de désorganiser les tissus par une application soutenue du métal sur la partie malade; elle est d'un très-puissant secours contre les morsures d'animaux enragés ou venimeux, contre certaines hémorragies provenant de vaisseaux que leur position ou leur petitesse ne permettent pas de saisir et de lier, et surtout contre la carie; il faut éviter toutefois de la pratiquer soit dans le voisinage des grandes articulations et des gros troncs vasculaires, sous peine de voir l'inflammation consécutive se propager à ces parties; soit sur les os du crâne, à cause des méninges et du cerveau. *Voy.* aussi MOXA.

CAUTION (du latin *cautio*, garantie). En Droit, ce mot exprime et la personne qui, répondant de l'exécution d'une promesse contractée par une autre, s'engage à satisfaire à l'obligation contractée dans le cas où celle-ci n'y satisferait pas; et les sommes ou valeurs fournies comme garanties : dans ce deuxième sens, il est souvent synonyme de cautionnement. — La caution est ou *conventionnelle*, comme en matière commerciale (*Voy.* AVAL, ENDOSSEMENT), ou *légale*, comme en matière administrative (*Voy.* CAUTIONNEMENT); ou *judiciaire* : dans ce dernier cas, elle est susceptible de la contrainte par corps. Les règles qui régissent les cautions en matière civile ou commerciale sont l'objet du titre 14 du livre III du Code civil et des art. 120, 155, 346 du Code de commerce.

CAUTION *judicatum solvi* (c.-à-d. garantie du payement des frais du jugement). Quand un étranger qui ne possède pas d'immeubles en France intente une action civile devant nos tribunaux, il est tenu de donner caution pour le payement des frais et des dommages-intérêts auxquels le procès peut donner lieu (Code civ., art. 16) : c'est ce qu'on nomme *C. judicatum solvi*. Nos traités avec quelques puissances étrangères dispensent leurs sujets de donner cette caution, mais c'est à titre de réciprocité.

CAUTIONNEMENT. On appelle ainsi et l'acte par lequel on s'oblige pour un autre, et le gage que l'on donne comme nantissement d'une promesse ou pour garantie d'une gestion. Tous les comptables, ainsi que certains officiers ministériels (avocats au conseil et à la cour de cassation, avoués, notaires, commissaires-priseurs, agents de change, greffiers, huissiers, gardes du commerce), sont tenus de verser un cautionnement dans les caisses publiques; l'importance de ce cautionnement varie selon la nature des fonctions; il produit un intérêt de 3 0/0 (loi du 4 août 1844). — Imposée dès les temps les plus anciens aux employés des fermes du roi, l'obligation du cautionnement a été appliquée par un arrêt du 17 février 1799 à toutes les parties des finances; la loi du 28 avril 1816 l'a étendue aux officiers ministériels.

CAUTIONNEMENT DES JOURNAUX. *Voy.* JOURNAUX.

CAVAGNOLE (de l'italien *cavajola*, nappe, serviette), jeu de hasard qui a été apporté de Gênes en France vers le milieu du XVIIIe siècle, et qui consiste en une espèce de loto composé de petits tableaux à cinq cases, contenant des figures et des numéros. Ce jeu a beaucoup d'analogie avec le *Biribi*. *V.* ce nom.

CAVALCADOUR. Ce mot, dérivé de l'espagnol *cavalyador*, désignait d'abord un écuyer qui enseignait à monter à cheval. Il fut ensuite donné aux écuyers qui avaient la surveillance spéciale des chevaux et de tous les équipages de l'écurie dans la maison du roi et des princes. La charge d'écuyer-cavalcadour n'existe plus depuis 1830.

CAVALERIE, ensemble de tous les corps de troupes à cheval. Dans une campagne, la cavalerie sert à éclairer la marche et les opérations d'une armée, à assurer les communications, à escorter les convois; dans une bataille, elle couvre les flancs de l'armée, cherche à déborder les ailes de l'ennemi, ou à enfoncer un point de sa ligne; elle achève la victoire en portant le désordre dans ses colonnes, le poursuit et le harcèle dans sa fuite, lui enlève ses convois ou son artillerie; dans le cas contraire, elle arrête la poursuite de l'ennemi, et permet ainsi à l'infanterie de reformer ses lignes, ou de faire sa retraite en bon ordre. Aux termes d'une ordonnance du 8 sept. 1841, la cavalerie française se compose de 61 régiments, ainsi partagés : *C. de réserve*, 10 régiments de cuirassiers, 2 de carabiniers; *C. de ligne*, 12 régiments de dragons et 8 de lanciers; *C. légère*, 13 régiments de chasseurs, 9 de hussards, 4 de chasseurs d'Afrique et 3 de spahis, auxquels il faut ajouter 5 escadrons de guides d'état-major, 4 compagnies de cavaliers vétérans et l'école de cavalerie de Saumur, ce qui donne un effectif de 50,000 chevaux environ, sans y comprendre la gendarmerie. —Parmi les autres États de l'Europe, ceux qui ont le plus de cavalerie sont : la Russie, l'Autriche, la Prusse et l'Angleterre. La cavalerie russe, sans compter les Cosaques, s'élève à 110,000 hommes, formant 65 régiments; la cavalerie autrichienne, à 47,000 hommes (37 régiments); la cavalerie prussienne, à 20,000 hommes (38 régiments); et la cavalerie anglaise, à 12,000 hommes (26 régiments). Au temps de Moïse, les Égyptiens avaient déjà une cavalerie considérable; chez les Grecs, elle ne remonte pas au delà de Lycurgue; encore ne commence-t-elle à avoir quelque importance qu'aux temps d'Épaminondas. Celle des Thessaliens était forte et nombreuse : Philippe et son fils Alexandre la perfectionnèrent, et lui durent une partie de leur succès. Pendant longtemps les Romains n'eurent point de cavalerie proprement dite; leurs *chevaliers* (*Voy.* ce mot) ne purent jamais résister avec avantage aux cavaliers gaulois, espagnols et numides, ni à la cavalerie de Pyrrhus. Dans la suite, les Romains incorporèrent dans leur armée tous les cavaliers étrangers, et l'on distingua dès lors la *C. légionnaire*, formée de citoyens romains, et les corps

auxiliaires (*alæ*), fournis par les peuples alliés. La cavalerie des Grecs et des Romains se divisait en *C. pesante*, dont les armes étaient la lance, la pique, la hache, l'épée, le javelot et la masse d'armes; et *C. légère*, qui se servait, en outre, de l'arc et de la fronde. La première était couverte de cuirasses complètes; la seconde n'avait que le casque et la petite cuirasse de cuir et de métal. Les escadrons se formaient tantôt en *carré*, tantôt en *losange*, très-souvent en forme de *triangle* ou de *coin*.

Les Barbares au IVe siècle, et, pendant le moyen âge, les Arabes, les Sarrasins, les Maures et les Tartares, eurent une nombreuse cavalerie; mais ce n'étaient, pour l'ordinaire, que des masses confuses, combattant sans ordre et sans tactique. Dans les États chrétiens de l'Occident, toute la noblesse combattait à cheval. On appelait alors *lance fournie* la réunion d'un chevalier avec son coutilier ou écuyer, son page ou varlet et quatre ou cinq hommes d'armes. Jusqu'au XIVe siècle, on ne compta guère dans l'armée française plus de 15 compagnies de cent lances chacune. Charles VII créa un corps de 7,000 cavaliers; et déjà sous François Ier, la *gendarmerie* française passait pour la meilleure cavalerie de l'Europe : elle combattait alors sur *un* seul rang. Charles-Quint forma sa cavalerie sur *huit* et même sur *dix* rangs; dans la suite, les escadrons furent réduits peu à peu à *six*, à *cinq*, à *quatre*, et enfin à *trois* rangs. Ils conservèrent cette dernière hauteur jusqu'au règne de Louis XV. Ce fut en 1755 que la cavalerie commença à se former sur *deux* rangs : c'est encore l'usage aujourd'hui. Au moyen âge, les cavaliers étaient armés de pied en cap, et les chevaux cuirassés ou bardés; les cavaliers légers n'avaient qu'une simple cuirasse ou une cotte de mailles. Les armes de main furent : la lance ou la pique, l'épée, le poignard, la masse et la hache; les armes de jet, l'arbalète, et, plus tard, l'arquebuse, l'escopette, le mousqueton et le pistolet. Sous Louis XIII, la lance fut abandonnée; sous Louis XIV, la cuirasse remplaça l'armure complète; sous Louis XV, le gilet de buffle remplaça la cuirasse; mais depuis, la cuirasse a été rétablie dans quelques corps. *Voy.* CUIRASSIERS.

CAVALERIE (ÉCOLE DE), école instituée à Saumur en 1825, et réorganisée par ordonnance du 8 novembre 1845, est destinée à perfectionner les officiers des corps de troupes à cheval, à préparer au service de la cavalerie les sous-lieutenants sortant de l'École militaire qui sont destinés à ce service, et à former des instructeurs pour les régiments; on y instruit aussi des maréchaux ferrants et des trompettes : les cours durent deux ans. Outre les élèves tirés de l'École militaire, on y admet 1 lieutenant ou sous-lieutenant par régiment de cavalerie ou d'artillerie et par escadron du train, 2 sous-officiers par régiment d'artillerie ou par escadron du train, des brigadiers ou cavaliers désignés comme les plus aptes par l'inspection générale.

CAVALIER (du bas latin *caballarius*, dérivé de *caballus*, cheval), soldat monté à cheval. *V.* CAVALERIE. En Italie, c'est un titre de noblesse ou de courtoisie analogue à celui de *chevalier* chez nous. Au jeu d'échecs, on nomme ainsi une pièce dont la marche est d'aller du blanc au noir et du noir au blanc par sauts obliques, en laissant une case entre deux. En termes de Fortification, le *cavalier* est un terre élevé provisoirement pour placer l'artillerie qui attaque ou qui défend une place (*Voy.* GABION). On distingue *C. de tranchée* et *C. de forteresse*.

On nomme *papier cavalier* un papier d'impression dont le format est intermédiaire entre le carré et le grand raisin.

CAVALOT, monnaie de cuivre qui se frappait en France sous le règne de Louis XII, était ainsi nommée parce qu'elle portait pour effigie l'image de S. Second à cheval. Elle valait 6 deniers.

C'était aussi le nom d'un fusil de rempart, en fer battu, long de 2 à 3 m., et pesant de 25 à 30 kilogr.

CAVATINE (du mot italien *cavare*, sortir, parce que c'est le premier air que chante l'acteur en sortant de la coulisse pour entrer en scène), pièce de musique de chant, sans reprise ni seconde partie, qui se place ordinairement entre des récitatifs ou avant un morceau d'un mouvement plus rapide; c'est, le plus souvent, un *cantabile*, dont le principal charme consiste dans la mélodie, et dans lequel le talent du chanteur peut briller avec avantage.

CAVE (du latin *cavea*), lieu souterrain, ordinairement voûté, destiné le plus souvent à recevoir les vins. La meilleure cave est celle qui est à peu près sèche, et dans laquelle le thermomètre se maintient toujours entre 10° et 15° centigr.; dans nos climats cette température s'obtient en creusant a une profondeur de 4 mètres. L'exposition au nord est la plus favorable. Il faut, en outre, autant que possible, que l'air pénètre par deux soupiraux opposés, de manière à former un courant.

On donne, en Anatomie, le nom de *cave* (c.-à-d. creuse), sans doute à cause de leur diamètre considérable, à deux veines qui rapportent au cœur le sang de toutes les parties du corps : l'une est la *veine cave thoracique*, dite aussi *veine supérieure* ou *descendante*, et l'autre la *veine cave abdominale*, *inférieure* ou *ascendante*.

CAVEAU (diminutif de *cave*), petite cave bien fraîche, où l'on conserve de préférence les vins en bouteille, surtout les vins fins.

On connaît sous le nom de *Caveau*, *Société du Caveau*, une société gastronomique et chantante, formée à Paris en 1729, chez le traiteur Landelle, dont l'établissement, situé au carrefour Bussy, était connu sous le nom de *Caveau*. Piron, Gallet, Collé, Crébillon fils, Saurin et Fuzelier en furent les premiers membres. Dispersés en 1749, les membres du Caveau formèrent une seconde réunion, qui dura jusqu'en 1796. Le *Caveau moderne*, réinstitué en 1806, cessa ses réunions en 1817; Laujon, puis Désaugiers, en furent les présidents; Armand Gouffé, Piis, Barré, Brazier, etc., en faisaient partie.

CAVEÇON ou CAVESSON (de l'espagnol *cabeça*, tête), espèce de bride qui se compose d'une bande de fer tournée en arc, ayant un anneau au milieu, montée d'une têtière et d'un sous-gorge que l'on attache à la bouche du cheval quand on veut le dresser.

CAVERNES ou GROTTES, nom donné, en Géologie, à de grandes cavités souterraines naturelles que l'on remarque dans certaines montagnes calcaires; on en attribue l'origine, soit à l'action érosive de torrents souterrains, soit à des courants chargées d'acide carbonique, qui seraient parvenues à dissoudre des roches calcaires, soit enfin à des soulèvements de la surface du globe. Le sol des cavernes est ordinairement composé d'une couche de cailloux roulés et d'argile plus ou moins rougeâtre. La plupart renferment des dépôts d'ossements fossiles que les eaux diluviennes y ont apportés; souvent elles sont tapissées de *stalactites* et de *stalagmites*. La France offre un assez grand nombre de cavernes : on remarque la Sainte-Baume (Var), la Grande-Baume (Doubs), la Baume-des-Fées (Hérault), la Balme (Ain), Notre-Dame de la Balme (Isère), le Trou-Granville (Dordogne); les cavernes de Solzac (Aveyron), de Saint-Marcel (Ardèche), celles de Sauges, dites *Caves à Margot* (Mayenne), le souterrain d'Albert (Somme), de la Baume de Varigoule (Vaucluse); les grottes de Royat (Puy-de-Dôme), de Sourzac (Dordogne), de Sassenage (Isère), de St-Dominique (Tarn), célèbres par les belles eaux qui en découlent; celles de Sansan (Gers), de Fouvent et d'Echenoz (Haute-Saône), riches en ossements fossiles.

En Anatomie, on appelle *Cavernes* les excavations ulcéreuses qui restent dans le poumon des phthisiques après la fonte des tubercules.

On donne le nom de *caverneux* à tout corps qui renferme de petites cavités, ou qui est d'un tissu vasculaire

spongieux. Ainsi on nomme : *sinus caverneux*, deux canaux veineux logés dans deux gouttières de la face cérébrale du sphénoïde, entre deux lames de la dure-mère; *ganglion caverneux*, un petit ganglion nerveux, d'un gris rougeâtre, situé dans le sinus caverneux, au côté externe de la carotide interne; *corps caverneux*, un tissu vasculaire spongieux qui entre dans la structure des organes érectiles.

CAVIAR, nom donné à une espèce de salaison que l'on prépare sur les bords du Volga, de l'Oka et de l'Oural, avec les œufs de l'esturgeon. Il se fait en Russie une consommation considérable de caviar frais ou *grenu*. Le caviar, desséché ou *compacte*, s'exporte dans plusieurs contrées de l'Europe, notamment en Turquie, en Allemagne et en Italie. — On donne aussi le nom de *caviar* à une préparation semblable faite avec des œufs de carpe, de brochet, etc.

CAVITÉ (du latin *cavus*, creux). En Anatomie, on appelle *cavités splanchniques* celles qui renferment les viscères; elles sont au nombre de 3 : la *C. crânienne* ou le *crâne*; la *C. thoracique* ou la *poitrine*; la *C. abdominale* ou l'*abdomen*. On appelle aussi *C. pelvienne*, le *bassin*; *C. nasales*, les *fosses nasales*; *C. gutturale*, le *pharynx*; *C. digitale du cerveau*, une cavité triangulaire dont la base est en avant, et qui se voit à la partie postérieure des ventricules latéraux du cerveau, à l'endroit où ils se recourbent pour changer de direction.

Les cavités des os se divisent en *articulaires* et en *non-articulaires*, selon qu'elles servent ou non aux articulations. Les premières prennent les noms de *cotyloïdes*, *glénoïdes* ou *alvéoles*; les autres, ceux de *fosses*, *sinus*, *rainures*, *sillons*, *trous*, *cellules*, etc.

CAYENNE. En termes de Marine, on nomme ainsi : 1° un vieux vaisseau installé en caserne flottante pour des marins qui attendent une destination; 2° un lieu de dépôt dans les ports où l'on reçoit les matelots récemment levés; 3° un lieu à terre où les matelots d'un vaisseau en état d'armement ou de désarmement viennent faire bouillir leur chaudière.

CAYES, nom qu'on donne, dans les grandes Antilles, à petits bancs formés de vase, de corail et de madrépores, et qui ressemblent à des îlots. Une ville et un port d'Haïti en ont pris leur nom.

CAYEU, petit bulbe produit par un autre bulbe déjà formé. *Voy.* BULBE.

CAYOU, espèce de singes. *Voy.* ATÈLES.

CAZELLE, sorte de bobine à l'usage des fileurs d'or, et qui porte à une de ses extrémités une gorge dont le diamètre va toujours en diminuant : elle sert à dévider le fil au fur et à mesure qu'il est tiré.

CÉANOTHE (du grec *céanóthos*), espèce de chardon), genre de plantes dicotylédones de la famille des Rhamnées, et composé de sous-arbrisseaux de l'Amérique Septentrionale, à feuilles alternes, entières, à fleurs petites, en grappes terminales ou axillaires. On cultive dans nos jardins le *Céanothe de l'Amérique Septentrionale* (C. *Americanus*).

CÉBIENS, 3e tribu de la famille des singes établie par M. Is.-G. Saint-Hilaire, renferme les singes quadrupèdes à ongles courts et à 6 molaires. Cette tribu a pour type le genre *Sajou* (en latin *Cebus*), et renferme de plus les genres *Saïmiri*, *Callitriche*, *Atèle*, *Hurleur*, *Saki*, *Lagotriche*, *Brachyure*, *Eriode* et *Nyctipithèque*.

CÉBRION (de *Cebrio*, nom mythologique d'un géant), genre d'insectes Coléoptères pentamères de la famille des Serricornes, section des Malacodermes, aux mandibules arquées et aiguës, aux antennes de onze articles, longues dans les mâles, courtes dans les femelles, à tête inclinée. Le *C. géant*, qu'on trouve en France, est long de 1 centimètre 1/2 à 2 centim.; il a la tête, les antennes et le corselet noirs, le reste du corps fauve; le mâle est ailé, la femelle est aptère. Le Cébrion donne son nom à la tribu des *Cébrionites*, dont il est le type.

CÉBUS (du grec *kébos*, singe à longue queue), nom latin du singe *Sajou*, type de la tribu des Cébiens.

CÉCILIE (de *cæcus*, aveugle), genre de reptiles de l'ordre des Ophidiens, famille des Serpents nus, voisin des Batraciens : corps allongé, cylindrique, dépourvu de pieds; peau molle couverte d'un mucus gélatineux, garnie de petites écailles minces en rangées transversales; tête déprimée, petite; museau arrondi, obtus; bouche petite, mâchoire non extensible, yeux petits; tronc grêle, de grosseur égale partout. Les Cécilies vivent dans l'eau; leur taille est de 75 à 80 centim. de long sur 2 à 3 centim. d'épaisseur; elles habitent l'Amérique Méridionale, l'Inde et l'Afrique. Ce sont des animaux inoffensifs.

CÉCITÉ (du lat. *cæcitas*, même signif.). Elle est dite *naturelle* quand elle date de la naissance; *accidentelle* quand elle résulte de blessures ou de maladies, telles que la cataracte, l'amaurose, le glaucome, les taies, les ophtha¹mies, etc. *V.* ces mots et AVEUGLES.

CÉCROPIE (d'un nom mythologique pris arbitrairement), arbre de la famille des Artocarpées, indigène aux Antilles, a une tige creuse et renflée aux articulations, ce qui lui a fait donner le nom de *Bois trompette*. Ses fleurs, de sexes séparés, sont en épis amentiformes; son fruit est un akène ovoïde, allongé, lisse, enveloppé par le calice. On cultive la C. *peltata*, des Antilles, qui s'élève à 10 m., et la C. *palmata*, du Brésil.

CÉCROPS (nom du fondateur d'Athènes, pris arbitrairement), genre de Crustacés de l'ordre des Pœcilopodes, famille des Siphonostomes, tribu des Caligides. Ce genre a quelque analogie avec les Limules, les Caliges et les Argules. Une des espèces vit sur les branchies du turbot.

CÉCUM, portion du gros intestin. *Voy.* CÆCUM.

CÉDILLE (de l'espagnol *cedilla*, même signif.), signe orthographique inventé par les Espagnols : c'est une espèce de petite virgule qu'on met sous la lettre *c* devant les voyelles *a*, *o*, *u*, pour indiquer qu'elle doit être prononcée comme un *s* dur : *Français, façon.* Auparavant on écrivait *Françzois, faczon.*

CÉDO-NULLI (c.-à-d. *je ne le cède à aucun*), belle coquille du genre *Cône*, dite aussi *Conus ammiralis*, est plus connue sous le nom d'*Amiral. Voy.* ce mot.

CÉDRAT, fruit du CÉDRATIER.

CÉDRATIER, *Citrus cedra*, C. *medica*, espèce du genre Oranger, groupe des Citronniers, renferme des arbres à feuilles ovales lancéolées, d'un vert foncé; à fleurs peu nombreuses, petites, violâtres, donnant naissance à de gros fruits lisses, d'abord rouges, puis verts, et enfin jaunes, nommés *cédrats*. Parmi les variétés de cédratiers, on distingue le *grand* et le *petit poncire*, et la *pomme du paradis*, cultivés à Florence et à Gènes. L'écorce du fruit est très-épaisse, et recouverte d'un épiderme qui renferme une huile essentielle très-odorante et fort estimée. On fait avec le cédrat des confitures assez recherchées; on le confit aussi par tranches ou même en entier. On en tire encore une excellente liqueur : pour cela, on cueille les cédrats avant leur entière maturité; on râpe la peau dans l'eau-de-vie, ou bien, on en coupe des zestes qu'on met infuser dans ce liquide.

Transporté très-anciennement de l'Asie méridionale en Syrie et en Palestine, le cédratier devint pour les Juifs un arbre sacré. Ce sont eux qui l'apportèrent en Italie, d'où il se répandit dans le reste de l'Europe.

CÈDRE, *Cedrus*, genre de la famille des Conifères, voisin des Pins et des Mélèzes, renferme des arbres célèbres par leur élévation et l'indestructibilité de leur bois, très-recherchés des temps les plus reculés pour les constructions nautiques, pour les temples et autres grands édifices, ainsi que pour les cercueils : la plupart des étuis de momies égyptiennes sont faits de cèdre. Le bois du cèdre est résineux (*Voy.* CÉDRIE), blanchâtre, et dégage une odeur agréable, surtout quand on le brûle; ses feuilles sont petites, courtes, éparses, roides et piquantes, d'un vert sombre; ses rameaux horizontaux s'éloignent du tronc de la distance de plus de 10 mèt.; les deux sexes sont séparés sur le même individu, les chatons mâles sont ovoïdes, et les chatons femelles presque cylindriques; le fruit est un cône ovale, arrondi en tous sens et dont les écailles ne font aucune saillie. — Jadis le cèdre couvrait les hautes montagnes du Liban, où il croissait spontanément; aujourd'hui, il en a disparu, et il y a été entièrement remplacé par des forêts de châtaigniers. Par compensation, cet arbre est maintenant assez répandu en Europe. Le fameux cèdre du Jardin des plantes de Paris est né en Angleterre, d'où il a été apporté en France, en 1734, par B. de Jussieu.

On a donné le nom de *Cèdre* à des arbres qui sont tout à fait étrangers au cèdre véritable; c'est ainsi qu'on nomme : C.-*acajou* la Swiéténie mahogoni; C. *blanc*, le Cyprès à feuilles de thuya; C. *de Goa* ou *de Busaco*, le Cyprès glauque; C. *d'encens* ou *d'Espagne*, le Genévrier à encens; C. *de la Jamaïque*, le Guazuma; C. *de Sibérie*, une espèce de Pin; C. *des Bermudes*, le Genévrier bermudien; C. *lycien*, le Genévrier de Phénicie; C. *rouge*, l'Iciquier, et le Genévrier de Virginie, qu'on appelle encore C. *de Virginie :* ce dernier est un arbre d'Amérique assez semblable au cèdre.

CÉDRÉLACÉES ou CÉDRÉLÉES (de *Cedrela*, genre type), famille de plantes dicotylédones polypétales hypogynes, détachée des Méliacées, dont elles diffèrent par leurs étamines quelquefois distinctes, et par leurs ovules au nombre de 4 au moins dans chaque loge. Ces plantes, toutes tropicales, sont des arbres en général très-élevés, à feuilles pennées, à bois dur, odorant et coloré, que l'on emploie dans la menuiserie. Cette famille, à laquelle on doit l'acajou, renferme les genres *Cedrela*, *Swietenia*, *Cedrus*, etc.

CÉDREL, *Cedrela* (diminutif de *cèdre*), genre type de la famille des Cédrélacées, est composé d'arbres à feuilles pennées, à panicules terminales, à calice quinquéfide, à pétales alternant avec les divisions du calice, à fruit capsulaire se séparant en 5 valves à l'époque de la maturité. A ce genre appartient le C. *odorant* (C. *odorata*), vulgairement *Acajou à planches*, dont le bois rouge, quelquefois marbré, jaune ou couleur de chair, acquiert par le poli un beau luisant. Il pourrit difficilement dans l'eau, et est inattaquable aux vers. Le tronc acquiert de telles dimensions, qu'on en a construit des canots d'une seule pièce. *Voy.* ACAJOU.

CÉDRIE (de *cèdre*), espèce de résine qui coule naturellement du cèdre, en forme de larmes. Les anciens s'en servaient pour embaumer les corps; de là le nom de *vie des morts* qu'on lui donne quelquefois. — On nomme *cédrite* une sorte de vin très-échauffant, préparé avec de la cédrie et du vin doux. Il était employé autrefois comme vermifuge.

CÉDULE (du latin *schedula*, même signific.). En Droit, ce terme signifie une obligation ou promesse de payer à une certaine époque, ou la promesse de fournir une lettre de change au porteur de la cédule. — La *cédule* diffère de la *promesse* ou *obligation*, en ce que la cédule est sous seing privé, et que le créancier sous cédule n'est que créancier chirographaire, tandis que l'obligation est passée par-devant notaire et que le créancier est hypothécaire. La prescription ne peut avoir lieu s'il y a cédule (art. 434).

On appelle *Cédule de citation* la permission que délivre le juge de paix de citer à bref délai ou d'exécuter un jugement préparatoire ou interlocutoire.

Dans l'ancien Droit français, on appelait C. *évocatoire* l'acte par lequel on demandait au conseil privé l'évocation d'un procès, sur le fondement qu'il y avait un certain nombre de juges qui se trouvaient parents ou alliés de la partie adverse.

On donne aussi le nom de *cédules* et de *contre-cédules* à beaucoup d'actes employés dans les provisions consistoriales émanées de la cour de Rome.

CEINTES (du verbe *ceindre*), se dit, en Marine, de tous les cordages, câbles, grelins, aussières, etc., qui ceignent, qui lient ou environnent un vaisseau. On dit aussi *précintes*. Voy. ce mot.

CEINTRE. Voy. CINTRE.

CEINTURE (du verbe *ceindre*), cordon ou étoffe dont on se *ceint*, c.-à-d. dont on s'entoure les reins ou la taille, peut servir d'ornement et d'attache pour les vêtement amples et flottants, d'insigne et de décoration civile ou militaire, etc.; souvent aussi la ceinture tient lieu de poche ou de bourse, ou sert à soutenir des armes, tels que poignards, pistolets, etc.

Ceinture de Vénus ou *ceste*. On nommait ainsi la ceinture que portait Vénus et à laquelle les anciens poëtes attachaient le pouvoir d'inspirer de l'amour et de charmer les cœurs; elle renfermait les grâces, les attraits, le sourire engageant, le doux parler, et rendait aimable la personne qui la portait, même aux yeux de celui qui avait cessé d'aimer. Elle est décrite par Homère, *Iliade*, chant xiv, v. 215.

Ceinture de deuil ou *ceinture funèbre*, dite aussi *litre*, large bande noire qu'aux funérailles d'un grand personnage on met autour de l'église, à une certaine hauteur, tant en dedans qu'en dehors, et sur laquelle sont placées les armoiries du défunt.

Ceinture de Hilden (*cingulum Hildani*), ceinture de cuir dont les chirurgiens se servaient autrefois pour la réduction des luxations et des fractures des membres, soit thoraciques, soit abdominaux.

On a aussi traduit par *ceinture* le mot *zona*. C'est dans ce sens qu'on dit : C. érysipélateuse, C. dartreuse. Voy. ZONA.

CEINTURON, sorte de ceinture ordinairement en cuir, à laquelle on suspend un sabre, une épée, un couteau de chasse, une giberne ou une cartouchière, etc. Dans l'armée française, le ceinturon a, depuis quelques années, remplacé presque généralement les buffleteries de soldats. Voy. BUFFLETERIE.

CÉLADON, nom d'un berger du roman de l'*Astrée* (par d'Urfé), qui, désespéré des froideurs de sa bergère, se précipita dans les eaux du Lignon, et qui, sauvé par trois nymphes, resta néanmoins insensible à leurs charmes : ce personnage est devenu le type de l'amant sentimental et langoureux. — On a donné, sans doute par allusion, le nom de *céladon* à un vert tendre, d'une teinte pâle et indécise, qui a été quelque temps à la mode.

CÉLASTRE (du grec *célastron*, arbrisseau aujourd'hui indéterminé), genre type de la famille des Célastrinées, renferme plus de 40 espèces, qui toutes sont arbustes ou arbrisseaux. On remarque le *C. bon à manger*, dont les baies sont mangées par les Arabes, et fournissent une boisson enivrante; le *C. du Canada*, appelé *Bourreau des arbres*, parce qu'il s'enroule autour d'eux, et le presse si fortement qu'il les fait périr; le *C. de Virginie*, buisson à fleurs blanches, disposées en épis terminaux, etc.

CÉLASTRINÉES (de *Célastre*, genre type), nom donné par R. Brown à une famille qu'il a séparée des Rhamnées, et qui s'en distingue par des étamines opposées aux pétales. On la partage en 2 tribus : les *Évonymées* et les *Élæodendrées*.

CÉLERI, *Apium graveolens*, variété de l'*Ache*, transformée en plante potagère par la culture, qui lui a fait perdre la saveur désagréable et l'odeur forte, qu'il a dans l'état sauvage. On distingue plusieurs variétés de céleri : le *C. creux*, ou petit céleri; le *C. turc* ou de Prusse, le *C. nain frisé*, très-tendre et cassant, le *C. plein*, rouge et rose; le *Gros violet* de Tours, plus gros que la plupart des autres; enfin le *C.-rave*, dont la racine, grosse, en forme de navet, se mange cuite : Le céleri est une plante saine, agréable, alimentaire : on mange la base des pétioles et des jeunes tiges; la racine et les graines sont employées en médecine, la première comme apéritive, les secondes comme semences chaudes. La culture du céleri a pour but de le faire blanchir depuis son collet jusqu'à la plus haute hauteur possible : c'est pour cette raison qu'on le plante dans des fossés, et qu'on l'enterre à plusieurs reprises. Le céleri sauvage n'est pas sans danger pour l'homme et pour beaucoup d'animaux.

CÉLESTINE, sulfate de strontiane. V. STRONTIANE.

CÉLIBAT (du latin *cœlebs*, même signif.). Chez la plupart des peuples de l'antiquité, les célibataires étaient notés d'infamie ou assujettis à des impôts humiliants. Auguste, effrayé des progrès de la dépopulation, rendit contre eux la loi *Papia-Poppæa*, qui ne fut abrogée que sous Constantin. Le christianisme, en honorant les vertus de la vie monastique, modifia les idées à ce sujet; et, dans les temps modernes, le principe de la liberté individuelle a empêché qu'on n'apportât aucun obstacle au célibat volontaire. Quant aux ministres des différents cultes, le célibat leur a été presque partout imposé comme une loi. Les prêtres d'Isis, chez les Égyptiens; chez les Perses, les vierges consacrées au culte du soleil; chez les Romains, les vestales, ne pouvaient se marier. Dans les premiers temps du christianisme, les prêtres pouvaient contracter mariage; mais, depuis le concile de Nicée en 325, l'opinion générale de l'Église a été pour le célibat des prêtres, le mariage étant regardé comme incompatible avec l'entière abnégation qu'exigent les fonctions du sacerdoce; les conciles de Latran et de Trente prononcèrent la nullité du mariage des ecclésiastiques. Le célibat a été depuis lors strictement observé dans l'Église latine. Les prêtres grecs, et, plus tard, les ministres de la religion réformée, ont renoncé au célibat.

CELLAIRE (de *cella*, loge), genre de Polypiers, type de la famille des Cellariées. Ce sont des animaux marins, articulés, cartilagineux, cylindriques, rameux, à cellules éparses sur leurs surfaces. Les espèces sont communes dans les mers d'Europe.

CELLARIÉES (de *Cellaire*, genre type), famille de Molluscoïdes de l'ordre des Cyathicères. Les Cellariées varient beaucoup dans leur forme; quand elles ont été desséchées, leurs couleurs sont d'un blanc jaunâtre; quelques-unes sont d'un blanc éclatant, d'un brun foncé; d'autres vertes, rouges, jaunes. Cette famille comprend les deux genres *Cellaire*, qui en est le type, et *Paludicelle*.

CELLÉPORE (de *cella*, loge, et *porus*, pore), genre de Polypiers flexibles, de la classe des Bryozoaires, type des Celléporées, a pour caractères : amas de petites cellules ou vésicules calcaires, serrées les unes contre les autres, et percées chacune d'un petit trou; polype isolé. — Les Cellépores sont peu remarquables par leurs formes et leurs couleurs. On les trouve en plaques plus ou moins étendues sur toutes les productions marines; ils adhèrent aux rochers, aux plantes, aux crustacés, aux mollusques testacés.

CELLERIER (du latin *cellarius*, dérivé lui-même de *cella*, cellier), titre d'office qu'on donne dans un monastère au religieux qui a soin des provisions, de la dépense de bouche, du temporel de la maison. Les communautés de religieuses ont des *cellerières*.

Les anciens donnaient ce nom à ceux à qui ils confiaient le soin de leurs affaires domestiques. Ce titre était alors l'équivalent de celui d'*intendant*. Sous les empereurs romains, le *cellerier* était un officier chargé de l'examen des comptes.

CELLULAIRE. Les Anatomistes nomment *tissu cellulaire* un tissu organique composé d'un assemblage de lamelles, de filaments très-fins, mous, blanchâtres, extensibles, entrecroisés en une foule de sens différents, et laissant dans leurs intervalles des espèces de *cellules* irrégulières, plus ou moins distinctes. Ce tissu entoure et pénètre tous les organes; il est surtout abondant sous la peau et entre les muscles; le tissu adipeux, ou graisse proprement dite, est contenu dans les aréoles ou interstices du tissu cellulaire.

En Botanique, on appelle *tissu cellulaire* la réunion de petites cavités ovales, oblongues ou hexagonales, qui forme la première trame du végétal; — *enveloppe cellulaire* la première peau ou couche, ordinairement verte, qu'on trouve sous l'épiderme des végétaux, et dont l'organisation a quelque rapport avec celle du tissu cellulaire des animaux; — *plante cellulaire*, une plante composée uniquement de tissu cellulaire arrondi ou allongé.

En Législation, on appelle *régime* ou *système cellulaire* le système d'après lequel les prisonniers sont renfermés isolément dans des cellules séparées; — *voiture cellulaire*, une voiture divisée en compartiments, au moyen de laquelle on transporte les prisonniers au lieu de leur détention, sans qu'ils communiquent ensemble pendant la route. Depuis 1837, cette voiture a remplacé la chaine des forçats.

CELLULE (de *cellula*, diminutif de *cella*, loge). En Physiologie, on nomme ainsi les petites cavités dont la réunion forme le *tissu cellulaire. Voy.* ce mot.

En Histoire naturelle, on appelle *cellules* de petites loges construites par certains insectes hyménoptères, tels que les abeilles et les guêpes, pour y déposer leurs provisions et y élever leurs larves. On les nomme proprement *alvéoles* (*Voy.* ce mot). — On désigne encore sous ce nom les loges dans lesquelles sont placés les Polypes à polypiers, et qui sont une partie endurcie de la substance de ces animaux. Pour les cellules des couvents et des prisons, *Voy.* COUVENT, PÉNITENCIER.

CELLULEUX (TISSU), partie spongieuse des os qui, dans son organisation, présente un amas de cellules ou de petites loges séparées par des espèces de cloisons fort minces. Cette texture se remarque surtout dans la partie moyenne et centrale des os longs.

CELLULOSE (du mot *cellule*), substance qui compose la trame du tissu solide de tous les végétaux et forme le *ligneux;* au début de son organisation, elle affecte la forme de cellules. Les fibres textiles du chanvre, du lin, du coton, sont de la cellulose presque pure; il en est de même de la moëlle de l'*Æschynomene paludosa*, communément appelée *papier de riz*, qu'on emploie pour la confection des fleurs artificielles. Le tissu ligneux du bois est composé en grande partie de cellulose qui, suivant l'âge et l'espèce de l'arbre, se trouve imprégnée de matières incrustantes, résineuses, féculentes, ou autres. La cellulose pure est blanche, diaphane; elle renferme du carbone, de l'hydrogène, et de l'oxygène dans les rapports de $C^{12}H^{10}O^{10}$; elle est insoluble dans l'eau, l'alcool, l'éther et les huiles. Les solutions alcalines faibles sont sans action sur elle. Il en est de même des acides minéraux étendus. L'acide sulfurique concentré la convertit d'abord en une matière gommeuse dite *dextrine*, et enfin en glucose. L'acide nitrique concentré s'y combine et forme un composé explosif qui a reçu le nom de *coton-poudre*. La cellulose a été analysée pour la première fois par MM. Gay-Lussac et Thénard; elle a été étudiée depuis par MM. Schleiden, Payen, et d'autres chimistes.

CELOSIE (du grec *cêlos*, brillant), *Celosia*, genre de la famille des Amarantacées, est composé de plantes exotiques, annuelles ou bisannuelles, à feuilles alternes, à fleurs hermaphrodites, tribractées, à périgone pentaphylle, et à cinq étamines réunies en forme de coupe à la base. Ce genre a pour type la *C. cristata*, belle plante veloutée, confondue longtemps avec les Amarantes, et que l'on cultive dans les jardins sous les noms d'*Amarante des jardiniers*, de *Passe-velours* ou de *Crête de coq*.

CELSIE (d'Olaüs *Celsius*, botaniste suédois), genre de plantes de la famille des Scrofulariées, tribu des Verbascées. Ses espèces, peu nombreuses, sont herbacées; elles croissent dans le Levant, les îles de l'Archipel, l'Égypte et la Barbarie. L'espèce la plus connue est la *C. du Levant*, plante annuelle de 0ᵐ,40

de haut : ses fleurs sont petites et d'un jaune pâle.

CELTIS, nom latin du MICOCOULIER.

CÉMENT, CÉMENTATION (du latin *cœmentum*, blocaille). En Chimie, on appelle *cément* toute matière dont on entoure un corps métallique pour le soumettre à la *cémentation*, c.-à-d. pour déterminer en lui, à l'aide de cette matière, certaines combinaisons ou décompositions. Les céments varient suivant le corps sur lequel on opère, et le but qu'on se propose. Ainsi, le cément est formé de charbon lorsqu'on veut faire de l'*acier* artificiel (*Voy.* ACIER). On prend un cément composé de tuiles réduites en poudre fine, de nitre, de sulfate de fer calciné au rouge et d'un peu d'eau, quand on veut séparer l'or de l'argent avec lequel il est allié, etc.

En Anatomie, on appelle *cément* une substance analogue au tissu osseux, qui recouvre la racine des dents, va en s'amincissant à mesure qu'elle se rapproche de la couronne, et forme même parfois une couche mince sur l'émail de cette dernière.

CÉMENTATION. *Voy.* CÉMENT et ACIER.

CÉNACLE (du latin *cœnaculum*, même signific.), nom des salles à manger chez les anciens. C'était d'ordinaire une espèce de terrasse placée à l'étage le plus élevé de la maison. Ce nom n'est plus guère usité qu'en parlant de la salle où le Sauveur célébra la *Cène*. La maison qui contenait cette salle, et où les apôtres reçurent le Saint-Esprit, était située à l'extrémité méridionale de Jérusalem : on construisit plus tard sur son emplacement une église, et un couvent qui fut longtemps occupé par des Franciscains.

CENDRE (du latin *cinis, cineris*, même signif.), résidu de la combustion de la plupart des substances employées comme combustibles. Les houilles, les tourbes et les végétaux sont les matières qui fournissent le plus de cendres. La cendre contient de la silice, de l'alumine, des oxydes de fer et de manganèse, des sels de chaux et de magnésie, et surtout de la potasse et de soude; ces derniers abondent principalement dans les plantes qui croissent près de la mer ou dans son sein. On se sert des cendres, surtout de celles qui proviennent des bois neufs, pour la lessive et dans les verreries; elles fournissent aussi à l'agriculture un bon amendement.

Au figuré, le mot *cendres* se dit des restes de ceux qui ne sont plus, par allusion à l'usage qu'avaient les anciens de brûler les corps des morts, et d'en conserver les cendres dans des urnes funéraires.

On appelle *C. bleue* l'oxyde de cuivre précipité de la dissolution du sulfate de ce métal par la chaux, et retenant de l'eau qui lui donne une couleur bleue : on l'emploie dans la peinture et dans la fabrication des papiers peints; — *C. gravelée*, la cendre provenant du sarment et des vrilles de la vigne; on donne aussi ce nom au produit de l'incinération du tartre brut ou lie de vin desséchée : c'est du carbonate de potasse mélangé de quelques autres sels; on l'emploie à beaucoup d'usages, et surtout à la teinture; — *C. d'orfèvre*, les cendres provenant des foyers où l'on fond l'or et l'argent, les débris de creusets, les balayures d'ateliers et tous les déchets qui renferment une quantité sensible de ces métaux, que l'on brûle pour en retirer les matières précieuses.

On nomme *Cendres volcaniques* les matières pulvérulentes que rejettent les volcans en éruption, bien que ces matières n'aient réellement aucun rapport avec les cendres : ce sont des fragments de lave réduits à la consistance de gravier par le brisement, et quelquefois entremêlés de sable. L'éjection violente de ces matières produit souvent des pluies connues sous le nom de *pluies de cendres*.

CENDRES (MERCREDI DES), jour dans lequel les fidèles se rendent à l'Église pour se faire tracer sur le front, avec des cendres, le signe de la croix.

CENDRÉE (de *cendre*). On donne ce nom : 1° à l'oxyde de plomb produit par l'action de l'air pendant la fusion de ce métal ; 2° au petit plomb dont on se sert à la chasse du menu gibier ; 3° à un mélange de pierre à chaux calcinée et de cendres de charbon de terre, qui sert de ciment pour les coupelles.

CENDRURE (de *cendre*), piqueures, petites veines, petits trous que l'on rencontre quelquefois dans l'acier, et qui constituent la plus mauvaise qualité.

CÈNE (du latin *cœna*, souper), se dit et du dernier repas que Jésus-Christ fit avec ses apôtres, et de la cérémonie religieuse qui se fait le jeudi saint en mémoire de ce repas. *Voy.* le *Dict. univ. d'H. et de G.*

CÉNOBION (du grec *coinos*, commun, et *bios*, vie), nom donné en Botanique au fruit composé de plusieurs petites loges sans valves, ni sutures, sans style et sans stigmate, comme dans les *Labiées*, les *Ochnacées*, la *Bourrache*, la *Vipérine*. Les petits péricarpes qui le composent sont appelés *érèmes*.

CÉNOBITE (du grec *coinos*, commun, et *bios*, vie), religieux qui vit en communauté. On ne le dit guère que des anciens moines qui vivaient en commun, par opposition aux *ermites* ou *anachorètes*, qui vivaient séparés les uns des autres. *V.* MOINES.

CENOMYCE (du grec *kénos*, vide, et *mycès*, champignon), *Cladonia*, plante cryptogame de la famille des Lichens. On en compte plus de 50 espèces, presque toutes croissant sur la terre ou sur les bois pourris. Ces plantes, d'une couleur jaune verdâtre, ont des folioles étalées, des tiges simples ou rameuses, cylindriques, fistuleuses, terminées par des rameaux divisés en une sorte de panicule, ou par un entonnoir. Le *C. rangiferina* est l'aliment unique des rennes pendant les longs hivers de la Laponie. Le *C. sanguinea* est employé au Brésil contre les aphthes des nouveau-nés.

CÉNOTAPHE (du grec *kénos*, vide, et *taphos*, tombeau), tombeau vide dressé à la mémoire d'une personne morte, dont on n'a pas le corps. Les cénotaphes doivent leur origine à cette croyance des anciens, que les mânes de ceux qui n'avaient point reçu les honneurs de la sépulture erraient sur les bords du Styx sans pouvoir entrer dans le séjour des morts.

CENS (du latin *census*, estimation des biens), nom donné par les Romains au dénombrement du peuple et au recensement des fortunes que les *censeurs* faisaient tous les cinq ans. Le 1er recensement eut lieu sous Servius Tullius, 6e roi de Rome. — Les Romains appelaient aussi *cens* une redevance annuelle imposée aux immeubles dans les provinces.

Le *cens* était jadis en France une rétribution perçue annuellement par un seigneur, dit alors *Seigneur censier*, sur une chose ou sur une personne.

Avant l'établissement du suffrage universel en France, on appelait *cens électoral* la quotité d'impositions nécessaire pour être électeur ou éligible : l'électeur par le cens était dit *E. censitaire*. De 1814 à 1830, le *cens électoral* était, pour les électeurs, de 500 fr.; depuis 1830, il fut abaissé à 200 fr.; le cens d'éligibilité, fixé à 1,000 fr. de contributions directes en 1814, avait été réduit en 1830 à 500 fr.

CENSEUR (en latin *censor*, de *censere*, évaluer), magistrat romain qui tenait un registre des citoyens et de leurs biens (*cens*), et qui avait en outre le droit de surveiller leurs mœurs et leur conduite. *Voy.* CENS, et le *Dict. univ. d'Hist. et de Géogr.*, au mot CENSEUR.

Dans l'ancienne Université, on appelait *censeur* un officier nommé pour examiner la capacité des récipiendaires. — Dans nos Lycées, le *censeur* (autrefois *préfet des études*) est le fonctionnaire qui est plus spécialement chargé de la surveillance des études et du maintien de la discipline. Le censeur prend rang immédiatement après le proviseur.

En Politique, on nomme *censeur* le fonctionnaire qui est préposé par le gouvernement à l'examen des livres, des journaux, des pièces de théâtre, etc., avant la publication ou la représentation. *Voy.* CENSURE.

Les *censeurs de la Banque*, au nombre de trois, sont des délégués des actionnaires de la Banque de France qui exercent au nom de ceux-ci un contrôle sur les opérations de cet établissement. *Voy.* BANQUE.

CENSIER (SEIGNEUR). *Voy.* CENS et CENSIVE.

CENSITAIRE (de *cens*), nom donné jadis à la personne qui tenait une terre ou un fonds à charge de *cens*. *Voy.* ce mot.

Électeur censitaire. Voy. CENS et ÉLECTION.

CENSIVE, nom donné à l'étendue des domaines d'un seigneur *censier*, c.-à-d. qui avait droit de lever le cens. On le donnait aussi à la redevance qui se payait annuellement au seigneur censier par les propriétaires et détenteurs d'héritages roturiers situés dans sa seigneurie.

CENSURE, dignité de censeur. *Voy.* CENSEUR.

En Politique, ce nom désigne l'examen que certains gouvernements font faire d'un livre, d'une brochure, d'un article de journal, d'une estampe, d'une pièce de théâtre, etc., avant d'en permettre la publication ou la représentation. Jusqu'en 1789, la censure n'avait jamais cessé de régner en France. De 1789 à 1792 la liberté de la presse exista presque sans entraves; comprimée pendant le règne de la Terreur, la presse retrouva quelque liberté sous le Directoire; mais, sous le Consulat et sous l'Empire, la censure fut rétablie. Pendant les Cent-Jours, l'empereur supprima la censure. Une ordonnance royale du 20 juillet 1815 proclama la liberté de la presse ; mais de nouvelles ordonnances ne tardèrent pas à apporter des restrictions à la publication des journaux et écrits périodiques. Le 16 août 1824, la censure fut rétablie ; abolie le 29 septembre de la même année, rétablie de nouveau le 24 juin 1827, elle fut de nouveau supprimée par la Charte de 1830, dont l'art. 7 portait : « La censure ne pourra être rétablie. »

CENSURE DRAMATIQUE. Établie sans contestation sous l'ancienne monarchie, la censure théâtrale fut abolie en 1791 ; un décret du 8 juin 1806 ordonna qu'aucune pièce ne serait jouée sans l'autorisation du ministre de la police. La Charte de 1830, en rétablissant la liberté de la presse, n'avait rien prononcé sur les pièces de théâtre ; une loi du 9 septembre 1835 défendit la représentation de toute pièce qui ne serait pas revêtue de l'autorisation du ministre de l'Intérieur, à Paris, ou des préfets, dans les départements ; cette loi fut abrogée par un décret du 6 mars 1848 ; mais on ne tarda pas à sentir le besoin de revenir à des mesures propres à sauvegarder l'ordre et la décence. *Voy.* THÉÂTRE.

On entend encore par *censure* une peine disciplinaire que les corps de magistrature, le Conseil de l'Instruction publique, l'ordre des avocats, les chambres des notaires et des avoués, prononcent contre ceux de leurs membres qui manquent aux devoirs de leur profession. On distingue la *C. simple* et la *C. avec réprimande*.

On appelle *censures ecclésiastiques* des peines publiques prononcées par l'Église ou par un supérieur ecclésiastique ; ces censures étaient : l'*excommunication*, la *suspense* et l'*interdit* (*Voy.* ces mots). On distinguait les censures *a jure*, portées d'un droit canonique, et les censures *ab homine*, portées par le supérieur ecclésiastique expressément contre certaines personnes. Le droit de censure appartient au pape dans toute l'Église, et aux évêques dans leurs diocèses. Les rois de France ont toujours refusé aux papes le droit d'exercer contre eux la censure.

CENT. Aux États-Unis, ce mot désigne la centième partie d'un dollar : le *cent* vaut à peu près 6 centimes de notre monnaie. — En France on donne ce nom à une grande mesure de compte adoptée pour le sel. Le *cent* de Marennes en Saintonge contient 28 muids, environ 26,880 kilogr. pesant.

CENTAINE. En termes de Filature, on nomme *centaine* le brin de coton, de soie ou de laine par lequel tous les fils d'un écheveau sont liés ensemble, et par lequel on commence à le dévider.

CENTAURE, constellation de l'hémisphère austral, qui contient 48 étoiles, est placée sous la queue de l'Hydre, au-dessus de la Voie lactée. Elle n'est pas complètement visible à Paris ; une partie reste toujours au-dessous de l'horizon.

CENTAURÉE (du *centaure* Chiron, qui en découvrit, dit-on, les propriétés), *Centaurea*, genre de plantes de la famille des Composées, tribu des Cinarées, type d'une sous-tribu dite des Centauriées. Il est formé de plantes annuelles, caractérisées par leurs capitules qui portent à la circonférence des fleurons stériles, et des akènes comprimés à hile latéral. Ce genre compte un grand nombre d'espèces. Nous citerons : la *Grande Centaurée* (*C. centaurium*), qui a une racine amère, tonique et sudorifique ; la *Jacée* (*C. jacea*), qui a aussi une racine amère et légèrement astringente, et qui entrait autrefois dans la préparation des gargarismes détersifs ; le *Bluet* ou *Barbeau* (*C. cyanus*), dont les fleurs fournissent par la distillation une eau qui entre dans les collyres résolutifs ; la *Chausse-trape* ou *Chardon étoilé* (*C. calcitrapa*), dont toutes les parties sont amères, et qui a été préconisée comme succédanée du quinquina : on administre contre les fièvres intermittentes du vin chargé des principes fébrifuges de cette plante ; sa racine passe pour diurétique ; on l'a longtemps employée contre les maladies des reins, la gravelle, la colique néphrétique ; le *Chardon bénit* (*C. benedicta*), qui a les mêmes propriétés que la chausse-trape ; la *C. behen* du mont Liban, employée comme tonique, etc. La plante qu'on appelle vulgairement *Petite Centaurée* (*Erythræa centaurium*) n'est point une centaurée ; elle appartient au genre *Érythrée*. V. ce mot.

CENTAURELLE (diminutif de *centaurium*, grande centaurée), genre de la famille des Gentianées, formé par L.-C. Richard pour 3 ou 4 espèces de plantes annuelles à feuilles opposées, très-petites, à fleurs terminales très-petites et blanches ou verdâtres : ces plantes sont originaires de l'Amérique boréale.

CENTENAIRE, nom donné à ceux qui arrivent à l'âge de cent ans ou qui le dépassent. Un de nos plus célèbres centenaires fut Fontenelle, né en 1657 et mort en 1757. Le voyageur De Lahaie atteignit sa 120e année ; il en fut de même, dit-on, du poëte persan Saadi. Le pêcheur anglais Henri Jenkins, mort le 8 déc. 1670, dans le Yorkshire, était âgé de 169 ans ; il eut deux fils, qui furent également centenaires. — En 1830, la France comptait 114 centenaires ; les départements qui en offraient le plus étaient ceux : du Gers, 11, de la Gironde, 7 ; des Landes, 6 ; de la Seine-Inférieure, 5 ; de Saône-et-Loire, 5 ; de la Loire, 5. *Voy.* LONGÉVITÉ.

CENTENIER, officier de la milice romaine qui succéda au *centurion* : il commandait à une troupe de cent hommes. Du temps de Charlemagne, les centeniers commandaient les soldats qu'enrôlait un comte. Les centeniers disparaissent sous la 3e race.

CENTÉSIMALE (DIVISION), division en cent parties ; se dit surtout de la division du cercle. Le quart de la circonférence étant pris pour unité, on a proposé de le diviser en 100 degrés, le degré en 100 minutes, la minute en 100 secondes, etc. Cette division n'a pas été généralement adoptée.

CENTI...., mot qui, joint aux noms des nouvelles mesures françaises, désigne une unité *cent fois* plus petite que l'unité génératrice. Ainsi, un *centiare*, un *centigramme*, un *centilitre*, un *centimètre*, sont la centième partie d'un are, d'un gramme, etc. *Voy.* ces mots et ARE, GRAMME, etc.

CENTIARE, centième partie de l'are, n'est autre chose que le mètre carré. Il équivaut, dans les anciennes mesures, à un carré ayant 3 pieds 11 lig., 296 de côté.

CENTIÈME DENIER, impôt que payait jadis en France l'acquéreur d'un immeuble, et qui était égal à la centième partie du prix de cet immeuble. Les biens qui venaient par succession ou par donation en ligne directe en étaient seuls exempts.

CENTIGRADE, divisé en cent degrés, se dit surtout du thermomètre. *Voy.* ce mot.

CENTIGRAMME, centième du gramme, équivaut, dans nos anciennes mesures, à un poids de 0 grain, 188.

CENTILITRE, centième du litre, équivaut à 0,01074 de l'ancienne pinte, et à 0,0123 de l'ancien litron.

CENTIME, centième partie du *franc*, d'après le système décimal adopté pour les monnaies en 1792. On frappe aujourd'hui peu de pièces d'un centime : le *sou* de cuivre, valant 5 centimes, est d'un usage beaucoup plus ordinaire ; les pièces d'argent valant moins d'un franc sont les pièces de 20 centimes (qui ont remplacé, depuis 1848, celles de 25 centimes), et celles de 50 centimes.

CENTIMES ADDITIONNELS, contributions spéciales imposées en *addition* au principal des contributions directes, et calculées sur le pied du centième de ces contributions. Les *centimes additionnels* sont destinés aux besoins de la commune, notamment à l'entretien des chemins vicinaux ; ils sont votés par le conseil municipal : le maximum est fixé à cinq centièmes.

CENTIMÈTRE, centième partie du mètre, égale 4 lignes, 443 de nos anciennes mesures. *Voy.* MÈTRE.

CENTON (du latin *cento*, habit fait de divers morceaux) ; nom donné à certains ouvrages de poésie qui sont composés de vers ou de fragments de vers dérobés de côté et d'autre, soit dans le même auteur, soit dans plusieurs, et disposés dans un nouvel ordre, de manière à offrir un sens tout différent de celui qu'ils ont dans l'original. On connaît surtout les *Centons homériques* et les *Centons virgiliens*. Parmi ces derniers, on cite plusieurs *Vies de Jésus-Christ*, composées pour la plupart au moyen âge, notamment celle de Proba Falconia. En Musique, on appelle *centon* (*centone* ou *pasticcio*) un opéra composé d'airs de plusieurs maîtres (*Voy.* PASTICHE). — Dans le plain-chant, c'est un morceau de traits recueillis et arrangés pour la mélodie qu'on a en vue.

CENTRAL, tout ce qui a rapport à un centre. En Physique, on appelle *feu central* celui que l'on suppose être placé au centre de la terre ; *forces centrales* celles qui, émanant d'un point central, déterminent un corps en mouvement à tendre vers le centre ou à s'en éloigner. *Voy.* CENTRIFUGE et CENTRIPÈTE. En Géométrie, on nomme *règle centrale* la méthode imaginée par Baker pour déterminer le centre du cercle qui doit couper une parabole donnée, dans des points dont les abscisses représentent les racines réelles du 3e ou 4e degré qu'on veut construire. En Astronomie, l'*éclipse centrale* est celle où les centres des deux astres coïncident exactement.

CENTRALISATION, concentration dans les mains d'un gouvernement unique et central de toutes les attributions de la puissance publique. Nulle part cette concentration n'est portée aussi loin qu'en France. Déjà fortement établie par l'ancienne monarchie pour l'action politique, surtout par Louis XI et Richelieu, elle a été depuis étendue, par l'Assemblée Constituante, par la Convention et surtout par l'Empire, à tous les détails de l'administration. — Les avantages de la centralisation sont un des sujets les plus controversés entre les publicistes. S'il est incontestable qu'elle donne plus d'unité et de force au gouvernement central, elle a aussi l'inconvénient d'annuler toutes les autorités locales, de multiplier au delà de toute mesure les rouages de l'administration et d'éterniser les affaires. Un décret du 25 mars 1852 a eu pour but d'en prévenir l'abus. On peut consulter M. de Cormenin (*De la Centralisation*, 1842), M. Anisson (*De la Central. et ses dangers*, 1849).

CENTRE (du grec *kentron*, point). Dans un sens général, ce mot signifie un point également éloigné des extrémités d'une ligne, d'une surface, d'un solide, tels qu'un cercle, une sphère, une section conique.

CENTRE D'ATTRACTION d'un corps, point vers lequel certains corps tendent en vertu de leur gravité, ou autour duquel une planète tourne comme autour d'un centre, y étant attirée ou poussée par la gravité.

CENTRE DE GRAVITÉ OU D'INERTIE d'un corps, point sur lequel un corps, sollicité seulement par la pesanteur, peut être maintenu en équilibre dans toutes les positions; c'est le point d'application de la résultante de toutes les attractions qu'exerce la terre sur les particules de ce corps. Pour trouver mécaniquement le centre de gravité d'un corps, il suffit de le placer dans deux positions différentes d'équilibre, à l'aide de deux forces agissant dans des directions verticales et appliquées successivement à deux points différents de ce corps; le point d'intersection de ces deux directions est le centre de gravité. Pour trouver, par exemple, le centre de gravité d'une planche, on la suspend par un point; alors le fil à plomb, suspendu du même point, passera par le centre de gravité; après avoir tracé la direction du fil sur la planche, on la suspend par un autre point, et l'on applique le fil à plomb pour trouver une autre ligne semblable; le point d'intersection de cette ligne avec la première sera le centre de gravité. Le centre de gravité chez l'homme est situé vers la partie inférieure du bassin. L'homme assis pose solidement, parce que la verticale abaissée du centre de gravité sur la base de sustentation est difficilement portée hors de cette base; quand il veut se lever, il est obligé de porter le corps en avant pour déplacer le centre de gravité et l'amener à passer par la pointe des pieds. Un homme qui porte un fardeau sur le dos se penche en avant pour ramener à sa position le centre de gravité que la charge avait porté en arrière; si le fardeau est porté dans les bras en avant, c'est en arrière que le corps doit se jeter. Un danseur de corde doit maintenir sa position de manière que le centre de gravité passe toujours par la corde au point où pose le pied.

Dans une ligne droite, le centre de gravité est au milieu de la longueur; dans un cylindre à bases parallèles, au milieu de l'axe; dans un parallélogramme, à la rencontre des diagonales; dans un cercle et dans une sphère, au centre; dans un triangle, au point d'intersection de deux lignes tirées du sommet de deux angles au milieu des côtés opposés, etc.

CENTRE DE MOUVEMENT, point autour duquel tournent plusieurs corps ou un système de corps. On nomme *Centre de mouvement circulaire* d'un corps ou d'un système de corps le point dans lequel, si toute la masse était réunie, toute force appliquée à une distance donnée de l'axe de suspension produirait dans le même temps la même vitesse angulaire que si tous les corps étaient mis en mouvement à leurs distances respectives.

On nomme encore *Centre d'oscillation* dans l'axe de suspension d'un corps ou d'un système de corps, le point sur lequel toute force appliquée, en supposant la masse du système réunie en ce point, produirait la même vitesse angulaire dans un temps donné, que si cette même force était appliquée au centre de gravité, les parties du système oscillant à leurs places respectives; — *C. de percussion*, dans un corps en mouvement, le point où le choc est le plus fort; — *C. phonique*, en Acoustique, la place où l'auditeur entend des échos polysyllabiques et articulés; — *C. de position*, en Mécanique, un point d'un corps quelconque ou d'un système de corps, choisi de manière qu'on puisse exactement estimer la situation et le mouvement du corps ou du système par la situation et le mouvement de ce point; — *C. de pression* d'un fluide contre un plan, le point que soutient une force égale et opposée à toute la pression appliquée contre lui, de sorte que le corps sur lequel s'exerce la pression demeure en équilibre.

En Anatomie, on appelle *Centre épigastrique* les ganglions et le plexus nerveux situés à l'épigastre, où semblent aboutir, comme à un centre, les impressions reçues dans diverses parties du corps; *C. nerveux*, l'endroit d'où plusieurs nerfs tirent leur origine : le cerveau, la moelle épinière, les ganglions.

En Politique, on donne le nom de *centre* à la partie d'une assemblée qui siége au milieu de la salle : c'est là que se placent ordinairement ceux dont les opinions modérées tiennent le milieu entre celles du côté droit et celles du côté gauche.

CENTRIFUGE (FORCE), force par laquelle un mobile tournant autour d'un centre s'efforce de s'éloigner de ce centre et semble le *fuir*. La force centrifuge est d'autant plus grande, que le rayon de courbure est plus petit. Si le corps qui tourne vient à s'échapper, il suivra la direction de la tangente au point où il se sera échappé : la fronde en est un exemple. C'est à cause de l'action de la force centrifuge que, dans la construction des chemins de fer, on cherche, autant que possible, à leur faire suivre la ligne droite, ou tout au moins des courbes d'un très-grand rayon. C'est la combinaison de la force centrifuge avec la force centripète qui produit l'orbite des planètes autour du soleil. On attribue encore à la force centrifuge l'aplatissement de la terre vers les pôles.

CENTRIPÈTE (FORCE), force directement contraire à la force centrifuge, par laquelle un mobile en mouvement autour d'un centre tend à s'en rapprocher et semble le chercher (*petere*). Tout corps libre qui se meut circulairement est retenu dans son orbite par une force centripète précisément égale à la force centrifuge qui le pousse à s'en écarter : c'est ce qui a lieu dans le système solaire.

CENTRISQUE (du grec *kentron*, aiguillon), genre de poissons Acanthoptérygiens, de la famille des Tubulirostres ou Bouches en flûte, a le museau très-allongé, les mâchoires sans dents, le corps très-comprimé. La seule espèce connue, le *C. scolopax*, a la forme tubuleuse, et son museau l'a fait comparer, tantôt à une bécasse, tantôt à un éléphant, tantôt à un soufflet : aussi l'appelle-t-on *Bécasse de mer*, et *Soffietta*, *Trombetta*, sur les bords de la Méditerranée.

CENTROBARIQUE (du grec *kentron*, centre, et *baros*, poids). On nomme *méthode centrobarique* un procédé imaginé pour mesurer l'aire ou le volume engendrés par la rotation d'une ligne ou d'une surface autour d'un axe immobile. Cette règle s'énonce ainsi : Toute figure formée par la révolution d'une ligne ou d'une surface autour d'un axe fixe a pour mesure le produit de la ligne ou de la surface génératrice par le chemin du centre de gravité. Le Père Guldin, jésuite du XVIIᵉ siècle, a passé pour l'inventeur de cette règle; mais on l'a retrouvée dans la préface du VIIᵉ livre des *Collections mathématiques* de Pappus d'Alexandrie.

CENTRONOTE (de *kentron*, aiguillon, et *nótos*, dos), grand genre de poissons de la famille des Scombéroïdes, comprend les *Pilotes*, les *Liches*, les *Élacates* et les *Trachinotes*. — Ce nom a été donné aussi à des espèces appartenant à des genres différents, mais toutes remarquables par leurs épines dorsales, notamment à un Epinoche (*Gasterosteus aculeatus*), que l'on appelle encore *Centronote acanthias*.

CENTROTE (du grec *kentrótos*, armé d'aiguillons), genre d'insectes Hémiptères, de la famille des Cicadaires, caractérisé par la forme allongée de la partie postérieure de leur prothorax, dont les côtés sont dilatés en forme de corne. Les Centrotes ont des aiguillons; ils sont de couleur noire, et sautent avec facilité. Le *C. cornu* des environs de Paris se trouve sur les plantes et les lieux humides.

CENT-SUISSES, troupe d'infanterie qui a été longtemps affectée à la garde des rois de France. En 1453, Charles VII avait attaché en service une troupe de soldats suisses; Louis XI choisit parmi eux une compagnie d'élite qui prit le nom de *com-*

pagnie des Cent-Suisses ordinaires du corps du roi. Confirme en 1496 par Charles VIII, ce corps privilégié subsista jusqu'à la fin du règne de Louis XVI. Il était commandé par un capitaine et deux lieutenants; leur uniforme était un habit à l'espagnole, d'abord bleu, puis rouge, et galonné d'or; dans les grandes cérémonies, ils étaient vêtus de velours. Leur arme était la hallebarde. Rétablis sous Louis XVIII en 1817 sous le nom de *Grenadiers gardes à pied du corps du roi*, ils furent de nouveau licenciés en 1830.

CENTURIE, nom donné, chez les Romains, à une compagnie de cent hommes commandée par un *centurion*, et à une ancienne division du peuple. *Voy.* le *Dict. univ. d'Hist. et de Géogr.*

Les *Centuries de Magdebourg* sont un corps d'histoire ecclésiastique écrit vers 1560 par des ministres protestants de Magdebourg. — Les *C. de Nostradamus* sont les prédictions de cet astrologue, rangées par centaines de quatrains ou de sixains.

CENTURION. *Voy.* CENTURIE.

CEP (du latin *caput*, tête), souche ou pied de vigne. *Voy.* VIGNE et CÉPAGE.

CÉPAGE (de *cep*), sarment de vigne employé comme *plant* ou *bouture*. On a reconnu de tout temps l'influence de la variété du cépage sur la qualité du vin. Cette influence est telle que plusieurs vins renommés tirent leur dénomination de celle des plants qui les ont produits : tels sont, dans le midi de la France, les vins muscats, et, dans le centre, ceux de Grenache, de Malvoisie et de Picardan. Les excellents vins blancs de Vouvray, de Saumur et d'Angers, pourraient également porter le nom de *vins de Pineau* : car ce sont des plants de vigne connus sous ce nom qui les produisent. Le choix du cépage est donc des plus importants pour le viticulteur. Le nombre des variétés de cépages cultivées en France dépasse trois cents. *Voy.* VIGNE.

CEPE ou CEPS (du latin *cœpe*, oignon), variété de Champignon, du genre Bolet. *Voy.* BOLET.

CÉPÉE (de *cep?*), touffe de plusieurs tiges qui sortent de la souche d'un arbre après que le tronc a été coupé, comme on le voit dans les saules, les châtaigniers, les frênes, etc. Ces pousses, presque toujours trop nombreuses, se nuisent réciproquement. Il faut avoir soin, à mesure que la tige-mère grandit, de retrancher celles qui deviennent nuisibles.

CÉPHAÉLIS (de *képhalè*, tête, à cause des capitules que forment leurs fleurs), genre de la famille des Rubiacées, tribu des Psychotriées, est composé de plantes herbacées ou d'arbustes qui croissent dans les parties chaudes de l'Amérique. Leurs feuilles sont opposées, leurs fleurs bractéolées, réunies en capitules terminaux ou axillaires. La corolle est infundibuliforme, à 4 ou 5 lobes et à 4 ou 5 étamines. L'espèce la plus commune et en même temps la plus utile est le *C. Ipécacuanha*, petit arbrisseau du Brésil qui fournit à la médecine une racine émétique d'un très-grand emploi (*Voy.* IPÉCACUANHA). Cette plante croît dans les lieux humides, couverts de forêts. Elle fleurit en décembre, janvier, février et mars.

CÉPHALACANTHE (du grec *képhalè*, tête, et *acantha*, épine), *Cephalacanthus*, genre de poissons Acanthoptérygiens, de la famille des Joues cuirassées : tête à forme de parallélipipède, 4 longues pointes qui s'échappent des surscapulaires et des préopercules. Ce genre ressemble beaucoup aux Dactyloptères, dont il diffère par la brièveté de ses pectorales. Il est originaire de Surinam.

CÉPHALALGIE (du grec *képhalè*, tête, et *algos*, douleur), nom sous lequel on désigne tout *mal de tête*, toute douleur qui occupe une région quelconque ou toute l'étendue de la tête ou du crâne. On distingue la *céphalée* ou céphalalgie violente et opiniâtre, quelquefois périodique; l'*hémicranie* ou *migraine* (*Voy.* MIGRAINE); le *clou hystérique* (*Voy.* CLOU), etc.

CÉPHALANTHE (du grec *képhalè*, tête, et *anthos*,

fleur), nom donné par certains botanistes à l'assemblage des fleurons qui forment les fleurs composées. Ce mot est synonyme de *calathide* et de *capitule*.

CÉPHALARTIQUES (du grec *képhalè*, tête, et *artizéin*, rendre sain), nom donné par les anciens médecins aux remèdes purgatifs qu'ils croyaient propres à débarrasser la tête des humeurs morbifiques.

CÉPHALES, mot employé pour désigner les mollusques munis d'une tête, par opposition aux *acéphales*, qui n'en ont pas.

CÉPHALIQUE (du grec *képhalè*, tête), qui a rapport à la tête. On appelle communément *Veine céphalique* une veine superficielle de la face antérieure du bras, qui est formée au pli du coude par la réunion de la médiane céphalique, de la radiale superficielle, etc.; elle monte le long du bord externe du biceps et va s'ouvrir dans la veine axillaire, près de la clavicule. C'est une des veines sur lesquelles on pratique la saignée. Les anciens lui avaient donné ce nom parce qu'ils croyaient qu'elle avait quelque rapport avec la tête et que c'était elle qu'il fallait ouvrir dans les céphalalgies. — On nomme *artère céphalique* la carotide primitive. — On désigne sous le nom de *remèdes céphaliques* les antispasmodiques employés contre les maladies nerveuses de la tête.

CÉPHALITE (du grec *képhalè*, tête), inflammation de la tête en général. *Voy.* ENCÉPHALITE.

CÉPHALOIDES ou CAPITÉES. *Voy.* CINAROCÉPHALES.

CÉPHALOPODES (du grec *képhalè*, tête, et *pous*, *podos*, pied), ordre de la classe des Mollusques, contenant des animaux chez lesquels les organes qui servent à la locomotion s'insèrent soit sur la tête, soit autour de la tête ou autour de la bouche, de manière que ces animaux se raînent le corps en haut et la tête en bas. Tous les Céphalopodes sont marins : ils sont très-voraces et se nourrissent principalement de crustacés et de poissons, dont ils s'emparent à l'aide de leurs bras souples et vigoureux, et qu'ils dévorent facilement au moyen de leurs fortes mandibules. Cette classe renferme onze familles, dont les genres principaux sont : les *Poulpes*, les *Argonautes*, les *Seiches*, les *Calmars*, les *Nautiles*, les *Ammonites*, etc. On les appelle aussi *Céphalophores*.

CÉPHALOPTÈRE (du grec *képhalè*, tête, et *ptéron*, aile; tête ailée), genre d'oiseaux de la famille des Corbeaux, renferme une seule espèce, le *C. orné* du Brésil, au plumage d'un beau bleu noir; sa tête est ornée d'un panache formant une sorte de parasol composé de plumes étroites et longues; sa queue est longue et légèrement arrondie.

Poisson de la famille des Raies, d'une taille énorme, à nageoires pectorales grandes, élargies et pointues. Le *C. Massena*, type du genre, se prend, avec les Thons, dans les madragues de la Méditerranée.

CÉPHALOTE (du grec *képhalè*, tête, à cause de la grosseur de sa tête), genre de la famille des Chéiroptères (Chauves-souris), voisin des Roussettes. — Genre de Coléoptères pentamères, de la famille des Carnassiers, tribu des Carabiques.

On donne aussi ce nom à une substance graisseuse qui existe dans la matière cérébrale. *Voy.* CERVEAU.

CÉPHÉE, constellation de l'hémisphère boréal, située entre le Dragon et Cassiopée, renferme 35 étoiles dont trois de 3e grandeur. Elle tire son nom de Céphée, roi d'Éthiopie, époux de Cassiopée et père d'Andromède, qui fut transporté au ciel après sa mort.

CEPS, genre de Champignons. *V.* BOLET COMESTIBLE.

CERA DE PALMA. *Voy.* CÉROXYLE.

CÉRAISTE (du grec *kérastès*, cornu, à cause des papilles tubéreuses qui recouvrent les graines), *Cerastium*, genre de plantes de la famille des Caryophyllées, la plupart vivaces, presque toutes d'Europe. Ce sont des plantes herbacées, ordinairement velues. Elles sont recherchées à cause de la multitude et de l'éclatante blancheur de leurs fleurs. Le *C. tomenteux* (*C. tomentosum*) a des fleurs d'un blanc pur et un feuillage argenté et cotonneux dont on tapisse les rochers dans les jardins paysagers.

CÉRAMBYCINS (du latin *cerambyx*, capricorne, nom du genre type), tribu de Coléoptères tétramères, de la famille des Longicornes. Ces insectes se reconnaissent à leur labre très-apparent, à leurs yeux toujours échancrés pour recevoir la base des antennes, qui sont ordinairement longues. Leurs cuisses sont en forme de massue et comme portées sur un pédoncule; ils ont les couleurs brillantes. Ils comprennent les genres *Capricorne* ou *Cerambyx* (type de la tribu), *Callichrome*, etc. Ils habitent les contrées chaudes et le midi de la France.

CÉRAMIAIRES (du genre type *Céramie*), tribu de plantes Cryptogames, de la famille des Algues, section des Floridées, est caractérisée par des filaments articulés qui produisent à l'extérieur des capsules parfaitement distinctes. Cette famille comprend une foule d'espèces aquatiques, très-déliées, d'un port élégant, d'une couleur agréable, soit brunâtre, soit rouge, purpurine ou verte : elles se trouvent dans la mer, les fontaines et les eaux courantes.

CÉRAMIE (du grec *kéramion*, vase en terre, à cause de la forme des capsules qui renferment les graines), genre type de la famille des Céramiaires : filaments cylindriques articulés par sections, qui sont marquées intérieurement d'une seule macule de matière colorante; capsules externes, solitaires, nues, opaques; leur couleur varie du pourpre au violet; ils ont la forme d'arbuste, et croissent dans l'Océan.

CÉRAMIQUE (ART), du grec *céramos*, terre à potier; nom donné de nos jours à l'art qui a pour objet la fabrication des poteries, faïences et porcelaines, considérée en général. Les anciens, et notamment les Étrusques, avaient porté à une grande perfection la fabrication de la poterie. Jusqu'au xive siècle les secrets de cet art furent à peu près ignorés en Europe. On s'appliqua d'abord à la fabrication du grès; l'Italie produisit ensuite ces belles faïences et ces poteries vernissées connues sous le nom de *majolica* et de *terra invetriata*. Au xvie siècle, Bernard de Palissy, en France, inventa ces *rustiques figulines* et ces belles *poteries émaillées* si recherchées aujourd'hui. C'est seulement au xviiie siècle que remonte l'invention de la terre de pipe en France anglaise et de la porcelaine européenne. Les Anglais empruntèrent cette dernière aux Chinois; mais ces produits de la Chine trouvèrent presque aussitôt en France et en Saxe une concurrence redoutable. La porcelaine de Saxe n'a plus son ancienne réputation; mais les produits de la manufacture de Sèvres ont toujours conservé leur supériorité. On estime beaucoup aussi les faïences fines et dures et les porcelaines tendres sorties des fabriques de Creil et de Monterau. M. Brongniart, a été longtemps le directeur de la manufacture de Sèvres, a publié un remarquable *Traité des Arts céramiques* (1844,2 vol. in-8); il est aussi le créateur du beau *Musée céramique* de Sèvres, dont il a publié lui-même la *Description* avec M. Riocreux (2 v. in-4 et atlas). *Voy.* POTERIE, FAÏENCE, PORCELAINE, etc.

On appelait autrefois *Céramiques* deux quartiers d'Athènes, situés l'un en dehors, l'autre dans l'enceinte de la ville, parce qu'ils occupaient l'emplacement d'anciennes fabriques de poteries. Dans le premier de ces quartiers était situé l'Académie de Platon.

CÉRAPTÈRE (du grec *kéras*, corne, et *ptéron*, aile), genre de Coléoptères tétramères, de la famille des Xylophages. Ces insectes ont la lèvre grande, les palpes très-visibles, les élytres longues et de forme parallélogrammatique, et les tarses courts. On le trouve à la Nouvelle-Hollande.

CÉRASINE (du latin *cerasus*, cerise), principe chimique qui constitue la presque totalité des gommes qui exsudent des cerisiers, des amandiers, des pruniers, etc. La cérasine se gonfle dans l'eau froide, et s'y dissout fort bien à chaud. Bouillie longtemps

avec de l'eau, elle se convertit en gomme arabique, dont elle a la composition. *Voy.* ARABINE.

CÉRASTE (du grec *kéras*, corne), *Vipera cerastes*, espèce de Vipère qui se fait remarquer par une petite corne pointue qu'elle porte sur chaque sourcil, ce qui lui a fait donner le nom de *serpent cornu*; elle est grisâtre, et se tient cachée dans le sable en Égypte, en Libye, etc. Les anciens en ont souvent parlé.

CÉRAT (du latin *cera*, cire), médicament externe qui a pour base la cire et l'huile, ce qui le distingue des *pommades* qui sont faites avec de la graisse, et des *onguents* qui contiennent des matières résineuses. Les cérats sont employés pour dessécher les plaies légères, adoucir la peau, prévenir les gerçures, etc. On distingue : 1o le *C. simple*, dit aussi *C. blanc* ou *de Galien*, composé de cire vierge et d'huile d'amandes douces; rougi avec de l'orcanette et aromatisé avec une huile essentielle ou de l'essence de roses, il donne le *C. à la rose* ou *pommade pour les lèvres*; 2o le *C. de Goulard*, ou *C. saturnin*, cérat astringent, qui doit cette propriété à l'addition d'une très-petite quantité d'eau de Goulard (sous-acétate de plomb liquide); 3o le *C. soufré*; 4o le *C. ammoniacal* ou *de Réchoux*, etc.

CÉRATINE (du grec *kéras*, corne, antenne), genre d'insectes Hyménoptères, famille des Mellifères, section des Apiaires. Ce sont de petits insectes à couleurs bronzées ou noires, offrant quelques taches blanchâtres à la partie antérieure de la tête. Ils ont de grands rapports avec les abeilles. Le type de ce genre est la *C. calleuse* qui dépose ses œufs dans les nids des Osmées, et dont les larves vivent aux dépens des provisions amassées par ces dernières.

CÉRATOCÈLE, CÉRATOGLOSSE, etc. *Voy.* KÉRATO....

CERATONIA, nom latin du *Caroubier*. V. ce mot.

CÉRATOPHYLLE (du grec *céras*, corne, et *phyllon*, feuille), *Ceratophyllum*, genre type et unique des Cératophyllées, famille de plantes dicotylédones, est composé de plantes herbacées, annuelles ou vivaces, à fleurs monoïques, à calice divisé en un grand nombre de lanières verticillées, contenant, dans les mâles, de 10 à 20 étamines sessiles, et dans les femelles, un ovaire libre à un seul ovule. Leurs feuilles sont verticillées et un peu rigides. Ces plantes croissent dans les lacs, les étangs et les rivières, et sont toujours plus ou moins submergées. Le *Ceratophyllum demersum* et le *C. submersum* se trouvent aux environs de Paris.

CÉRAUNIAS ou **CÉRAUNITE** (du grec *céraunias*, qui provient de la foudre), nom donné par les anciens à des pierres de diverses natures que l'on croyait tombées avec la foudre , d'où leur nom vulgaire de *Pierres de foudre*. Telle est surtout la *Pyrite martiale globuleuse* (sulfure de fer radié), qui a la propriété de faire feu sous le briquet.

CERBÈRE, petite constellation boréale, placée aux environs de la main d'Hercule, tire son nom du Cerbère de la Fable; elle ne renferme que 4 étoiles.

On donne ce nom, sans doute à cause de ses propriétés vénéneuses , à un genre de plantes de la famille des Apocynées, renfermant un arbre du Brésil , dont les noix servent de parure aux indigènes. — C'est aussi le nom d'une espèce de *couleuvre*.

CERCAIRE (du grec *cercos*, queue), genre d'animaux Infusoires, type de la famille des Cercariées, au corps très-petit, transparent, globuleux, muni d'une queue particulière très-simple. Une espèce habite le tartre des dents. — La famille des Cercariées comprend, selon M. Bory de St-Vincent, six genres : *Cercaire, Tripos, Zoosperme, Virguline, Turbinile, Hestrionille*.

CERCEAU (du grec *circos*, tour, cercle), lame de bois flexible pour lier plus ou moins fort et serrer les cuves, les tonneaux et les barriques. Les meilleurs cerceaux en bois sont faits de châtaignier, de frêne, de saule-marceau, de tremble, de coudrier.

On en tire une grande quantité de la Picardie et de la Champagne, particulièrement de la Ferté-sous-Jouarre. On les apporte en bottes.

On nomme encore *Cerceau* un cercle de bois léger, que les enfants font courir en le poussant à l'aide d'un petit bâton. Les anciens l'appelaient *Trochus*.

CERCIS, nom scientifique du *Gaînier*. *Voy.* ce mot.

CERCLE (du latin *circulus*), figure plane terminée par une ligne courbe dont tous les points sont à égale distance d'un point intérieur qu'on nomme *centre* : la courbe qui limite le cercle s'appelle la *circonférence*. Les droites menées du centre à divers points de la circonférence sont toutes égales, et se nomment *rayons*. Une droite menée dans le cercle, et qui se termine de part et d'autre à la circonférence, se nomme *corde*; lorsqu'une corde passe par le centre, elle prend le nom de *diamètre*. La partie de la circonférence interceptée, ou, comme on dit, sous-tendue par une corde, se nomme *arc de cercle*. Une droite qui coupe la circonférence en deux points se nomme *sécante*; une droite dont la direction coïncide avec celle de la circonférence dans un seul point de cette courbe se nomme *tangente*; une portion de cercle comprise entre deux rayons de la circonférence se nomme *secteur*. On appelle *segment* la partie d'un cercle comprise entre un arc et la corde sous-tendue.

Voici les principaux théorèmes relatifs au cercle : La perpendiculaire abaissée du centre d'un cercle sur une corde partage en deux parties égales cette corde et l'arc sous-tendu. Dans un même cercle ou dans des cercles égaux, les arcs égaux sont sous-tendus par des cordes égales, et réciproquement. Les cordes parallèles interceptent dans un cercle des arcs égaux. Lorsque deux cercles se coupent, la droite qui joint leurs points d'intersection est partagée en deux parties égales et à angles droits par celle qui joint leurs centres. Par trois points donnés qui ne sont pas en ligne droite, on peut toujours faire passer une circonférence. Un triangle quelconque peut être inscrit et circonscrit à un cercle; il en est de même d'un polygone régulier d'un nombre quelconque de côtés.

Une ligne courbe pouvant être considérée comme un assemblage de lignes droites infiniment petites, la circonférence du cercle n'est que le périmètre d'un polygone régulier d'un nombre infini de côtés, et le cercle lui-même n'est qu'un semblable polygone : de là, la mesure de la surface du cercle, qui est le produit de la circonférence par la moitié du rayon.

Archimède est le premier géomètre qui ait déterminé le rapport du diamètre à la circonférence du cercle; il y imagina les polygones inscrits et circonscrits de 96 côtés chacun, et trouva que ce rapport devait être compris entre 3,1428 et 3,1408. Le Hollandais Adrien Métius se rendit célèbre par la découverte des nombres 113 : 355, dont le mérite est d'être faciles à retenir, ce rapport étant composé des trois premiers nombres impairs 1, 3, 5, répétés chacun deux fois de suite : ce rapport revient à 3,1415929; il diffère du véritable (3,141592653, etc.) par un excès de moins de 3 millionièmes; on le désigne généralement par la lettre grecque π. Lorsque le rayon d'un cercle est connu, on en trouve la circonférence en multipliant ce rayon par 2 π, et la surface en multipliant par π le carré de ce même rayon : ce qu'on exprime par les formules $2\pi R$ et πR^2.

En Astronomie, on nomme *cercles de la sphère* des lignes imaginaires tracées sur la voûte du ciel pour représenter les mouvements des astres ou fixer la position des objets; on en distingue de *grands* et de *petits*. Les *grands cercles* divisent la sphère en deux parties égales; ce sont : l'*équateur*, l'*écliptique*, l'*horizon*, le *méridien*, le *zodiaque* et les deux *colures*; les *petits cercles* divisent la sphère inégalement : ce sont les *tropiques* et les *cercles polaires* (*Voy.* ces mots et SPHÈRE ARMILLAIRE). — On nomme : *cercle d'apparition perpétuelle* un petit cercle parallèle à l'équateur, et décrit du point le plus septentrional de l'horizon; les étoiles comprises dans ce cercle ne se couchent jamais, et sont toujours sur l'horizon; par opposition, on nomme *C. d'occultation perpétuelle* un cercle parallèle à l'équateur, décrit du point le plus méridional de l'horizon, et au-dessous duquel sont des étoiles qui ne sont jamais visibles sur l'horizon. — *C. de déclinaison*, grands cercles qui passent par les deux pôles de la sphère céleste : tels sont les méridiens. — *C. de hauteur*, petits cercles parallèles à l'horizon (*Voy.* ALMICANTARATS).—*C. diurnes*, cercles parallèles à l'équateur et supposés décrits par les étoiles et autres points du ciel dans leur rotation diurne apparente autour de la terre.— *C. de latitude, de longitude, de réflexion* (*Voy.* LATITUDE, LONGITUDE, SEXTANT). — *C. polaires*, petits cercles de la sphère décrits par les pôles de l'écliptique, tandis que la sphère entière fait sa révolution autour des pôles de l'équateur : ces cercles sont éloignés des pôles du monde de 23° 28'. — *C. verticaux*. *Voy.* AZIMUTS.

CERCLE RÉPÉTITEUR, instrument inventé par Borda, et servant à mesurer l'angle formé entre deux objets terrestres. Il est composé d'un pied surmonté d'un cercle entier de cuivre, divisé en 360 degrés, et muni de limbe et de lunettes. On mesure l'angle formé par deux objets terrestres en *répétant* successivement les observations sur toutes les parties de la circonférence du cercle. Le cercle répétiteur s'emploie également dans les opérations astronomiques et géodésiques. On s'en est servi pour mesurer l'arc du méridien, base de notre système métrique.

CERCLE MURAL. *Voy.* MURAL (CERCLE).

CERCLE VICIEUX, sophisme consistant à donner pour preuve d'une allégation une proposition que l'on prouve elle-même par la propo-ition que l'on avait démontrée avec son secours; ce qui est tourner dans un cercle sans issue. Par exemple, prouver l'immortalité de l'âme par son immatérialité, puis prouver son immatérialité par son immortalité; prouver la divinité des Écritures par l'autorité de l'Église, et prouver l'autorité de l'Église par les Écritures.

CERCLES. On nomme ainsi aujourd'hui certaines réunions d'hommes seuls, faites à l'imitation des *clubs* des Anglais, où l'on se rend habituellement pour converser et traiter d'affaires, et où l'on se cotise pour recevoir les journaux et aussi pour jouer. On trouve de ces réunions dans presque toutes les villes de France, notamment à Paris. Plusieurs ont une destination scientifique ou commerciale : tels sont le *C. Agricole*, le *C. du Commerce*, le *C. de la Librairie*, etc. Dans l'origine, le mot *Cercle* ne s'appliquait qu'aux réunions de la Cour, dans lesquelles les personnes étaient réellement rangées en *cercle* autour du prince; il s'est étendu ensuite aux réunions de la haute société, et enfin à des réunions payantes.

CERCODIENNES, famille de plantes séparée des Onagraires, dont elle diffère principalement par la pluralité des styles. La famille établie sous ce nom par Jussieu est la même que celle des *Hygrobiées* de Richard, ou des *Haloragées* de R. Brown. Elle renferme les genres *Haloragis*, *Gonatocarpe*, *Myriophyllon* et *Proserpinaca*.

CERCOPE (du grec *cercopè*, nom d'un de ces insectes), genre d'insectes Hémiptères, de la section des Homoptères, famille des Cicadaires, dont son nom à la petite tribu des *Cercopiens*. Les Cercopes ont un grand rapport avec les cigales. Ce sont des insectes à couleurs vives, ordinairement jaunes ou rouges sur un fond noir. Le *C. sanguinolent*, type du genre, est assez commun aux environs de Paris.

CERCOPITHÈQUES (du grec *cercos*, queue, et *pithécos*, singe), nom donné aux singes qui ont de longues queues, mais plus particulièrement à la *guenon*. — C'étaient aussi, chez les anciens, une espèce de singes que les Égyptiens avaient divinisés.

CERCUEIL (jadis *sarcueil*, dérivé, selon Roquefort, du grec *sarx, sarcos*, chair), coffre dans lequel on renferme les corps des morts pour les déposer, soit dans la terre, soit dans un sépulcre. Le cercueil ordinaire, ou *bière*, se compose uniquement de cinq planches de sapin; celui du riche est un coffre de chêne, d'ébène ou d'acajou, enveloppant souvent une boîte de plomb soigneusement soudée. Chez les anciens, les Égyptiens sont célèbres pour le soin qu'ils prenaient de leur sépulture; leurs cercueils étaient ordinairement en bois de sycomore ou de cèdre, et ornés de peintures hiéroglyphiques (*Voy.* MOMIES). Les Grecs et les Romains, qui brûlaient leurs morts, n'ont pas eu de cercueils. L'usage des cercueils fut renouvelé par les chrétiens. En Chine, le luxe des cercueils a été de tout temps porté au plus haut degré : le Chinois le plus pauvre consacre ses premières économies à l'achat d'un cercueil.

CÉRÉALES (de *Cérès*, déesse des moissons), nom sous lequel on réunit toutes les plantes de la famille des Graminées qui sont la base de la nourriture de l'homme et des animaux domestiques. Ce sont, en général, le *froment*, l'*épeautre*, le *seigle*, l'*orge*, l'*avoine*, le *maïs*, auxquels on joint souvent le *riz*, le *sarrasin*, le *sorgho*, l'alpiste, la fétuque flottante, la zizanie et le millet. — En France, la production des céréales augmente à mesure que les procédés de culture s'améliorent : en 1815, la récolte a donné 132 millions d'hectolitres, et en 1835, 204 millions; la région septentrionale fournit les deux tiers de cette production. Dans les départements les plus riches en céréales, tels que le Pas-de-Calais, la Somme, le Nord, etc., les agriculteurs comptent sur 10 années une de bonne récolte, 6 moyennes et 3 mauvaises. La consommation exige 60 centièmes de la récolte pour les hommes, 19 centièmes pour les animaux, 16 centièmes pour les semailles et 2 centièmes pour les boissons; ce qui fait en tout 97 centièmes, et laisse dans les années ordinaires un excédant de 3 centièmes, qui peut s'élever à 15 centièmes dans les bonnes années. La consommation par habitant est de 172 litres; cette consommation d'ailleurs est très-inégalement distribuée: elle est de 199 pour le Nord oriental, de 180 pour le Nord occidental, de 135 pour le Midi oriental, et de 164 pour le Midi occidental; sous Louis XIV, cette consommation n'était guère que de 100 litres par habitant.

Le commerce des céréales a été, à toutes les époques, réglementé par les gouvernements. Caïus Gracchus, par la loi *frumentaria* (125 avant J.-C.), donna l'exemple de distribuer presque gratuitement le blé aux citoyens pauvres; on le donnait à raison de 5/6 d'as le *modius* ou les 14 kilogr.; cet abus, ruineux pour les agriculteurs comme pour l'État, subsista jusqu'à la chute de l'empire romain. En France, l'exportation fut tantôt permise, tantôt défendue, même de province à province; en outre, le blé fut très-souvent taxé, et le *maximum* changea sans cesse. Sous Louis XV, on concéda à certaines compagnies le monopole du commerce des blés, ce qui donna lieu aux plus graves abus (*Voy.* PACTE DE FAMINE au *Dict. univ. d'Hist. et de Géogr.*). Le mal fut porté au comble pendant la Révolution : la disette, résultat d'une mauvaise législation et des désordres politiques plus encore que de l'intempérie des saisons, fut suivie du pillage, et amena, outre la défense d'exporter, des réquisitions vexatoires et une taxation ruineuse pour les producteurs : Paris fut, pendant plusieurs années, rationné par le gouvernement, qui se chargeait lui-même de la vente du blé; ce ne fut qu'en janvier 1796 que l'approvisionnement fut rendu au commerce. En 1811, Napoléon, voulant assurer la subsistance de la capitale, ordonna la création d'une réserve de farines et la construction de *greniers d'abondance*; mais cette mesure n'eut pas les bons résultats qu'il en attendait. En 1819, le gouvernement établit une *échelle mobile*

qui réglait les cas dans lesquels l'importation et l'exportation étaient permises et fixait les droits qu'auraient à payer les blés importés; cette législation subsiste encore, avec quelques modifications.

En Angleterre, la législation des céréales (*corn-laws*) n'a pas subi moins de vicissitudes : l'exportation et l'importation furent alternativement prohibées ou permises; la législation, faite principalement dans l'intérêt de l'aristocratie territoriale, finit par devenir tellement oppressive qu'il se forma contre elle une ligue redoutable; cette ligue, née à Manchester, en 1838, et habilement dirigée par le célèbre Cobden, réussit, en juin 1846, après une lutte de 8 ans, à faire rappeler, sous le ministère de Robert Peel, les lois qui restreignaient le commerce des blés.

La question des céréales a donné lieu depuis un siècle aux controverses les plus animées, les uns recommandant les mesures prohibitives, les autres préconisant le libre échange. Sur cet important sujet, on peut consulter : *De l'exportation et de l'importation des grains*, par Dupont de Nemours, 1764; *Lettres sur le commerce des blés*, par le marquis de Mirabeau, 1763; *Dialogues sur le commerce des blés*, de l'abbé Galiani, 1770; *Sur la législation et le commerce des grains*, par Necker, 1775; *Essai historique sur la législation des grains*, par Chaillou des Barres, 1820; *Cobden et la Ligue*, par Fréd. Bastiat; *Histoire du tarif des céréales*, par A. Molinari, 1847.

CÉRÉBELLITE (de *cerebellum*, cervelet), inflammation du cervelet. *Voy.* ENCÉPHALITE.

CÉRÉBRAL (du latin *cerebrum*, cerveau), tout ce qui a rapport au cerveau. On compte de chaque côté de la tête trois *artères cérébrales* : l'*antérieure*, ou artère du corps calleux; la *moyenne*, branche qui termine en devant la carotide interne; la *postérieure*, qui est fournie par l'artère vertébrale; — douze *nerfs cérébraux* ou *crâniens* : l'olfactif, l'optique, le moteur oculaire commun, le pathétique, le trijumeau, le moteur oculaire externe, le facial, l'auditif, le glossopharyngien, le pneumogastrique, le spinal et l'hypoglosse.—On compte trois *membranes cérébrales*, qui forment les *méninges*. *Voy.* ce mot.

On appelle *affections cérébrales* toutes celles qui ont ou paraissent avoir leur siège dans le cerveau : l'apoplexie, l'épilepsie, etc. Quelques médecins ont donné le nom de *fièvres cérébrales* à certaines variétés de la fièvre ataxique et de la fièvre typhoïde; mais la maladie communément appelée de ce nom est une espèce de méningite. *Voy.* MÉNINGITE.

CÉRÉBRIFORME (MATIÈRE). *Voy.* ENCÉPHALOÏDE.

CÉRÉBRITE, nom donné quelquefois à l'inflammation du cerveau. *Voy.* ENCÉPHALITE.

CÉRÉBRO-SPINAL, qui a rapport au cerveau et à la moelle épinière. On appelle *Système cérébro-spinal*, *Axe cérébro-spinal*, l'ensemble du cerveau et de la moelle épinière; *Liquide cérébro-spinal*, le liquide que renferme le sac de l'arachnoïde.

CÉRÉBROTE, une des 4 graisses particulières de la substance cérébrale. *Voy.* CERVEAU.

CÉRÉMONIAL (de *cérémonie*), ensemble des usages observés dans certaines occasions solennelles et surtout dans les cérémonies politiques et religieuses. Ces dernières comprennent tout ce qui constitue le *culte extérieur*, sacrifices, offrandes, jeux, prières publiques, consécration du mariage et des funérailles, etc. (*Voy.* CULTE et RITUEL). — Le cérémonial politique peut se diviser en cérémonial d'État et de Cour (*Voy.* COURONNEMENT, SACRE, BAISE-MAIN, etc.), et en cérémonial diplomatique ou d'États à États, comprenant aussi le cérémonial maritime; il constitue ce que l'on nomme l'*étiquette*. L'importance que l'on a attachée de tout temps à l'observation du cérémonial a donné lieu à une foule d'ouvrages sur ce sujet. Les plus utiles à consulter sont : le *Theatrum ceremoniale historico-politicum* de Kœnig (Leipzig,

1719-20, 2 vol. in-fol.); le *Cérémonial diplomatique des cours de l'Europe*, de Rousset (Amst., 1739, 3 vol. in-fol.); le *C. de France*, de Théod. et Denys Godefroy (Paris, 1649, 2 vol. in-fol.); le *C. de l'Empire français* (Paris, 1805, 1 vol. in-8), etc.

CÉRÉMONIES (dérivé, selon les uns, de *Cereris munus*, offrande faite à Cérès; selon d'autres et plus probablement de *Cære* et *munia*, pratiques de la ville de *Cære*, ville d'Étrurie à laquelle les Romains empruntèrent en partie leur culte), formes extérieures observées soit dans le culte religieux, soit dans les solennités publiques; on y suit certaines règles qui constituent le *Cérémonial. Voy.* ce mot.

Sous l'ancienne monarchie et sous l'Empire, on nommait *maîtres des cérémonies, grand maître des cérémonies*, des officiers chargés d'ordonner les cérémonies et d'y présider. On a retenu le nom de M. de Dreux-Brézé, grand maître des cérémonies de Louis XVI, et de M. de Ségur, grand maître des cérémonies de Napoléon.

On nomme encore *maître des cérémonies* ceux qui, dans les convois d'apparat, veillent à l'accomplissement de toutes les cérémonies d'usage.

CÉRÉOPSE (du grec *céros*, cire, et *opsis*, aspect), genre d'oiseaux de l'ordre des Palmipèdes, famille des Lamellirostres, voisin de celui des *Oies*. La seule espèce est le *C. cendré*, au bec fort, très-court, obtus, presque aussi élevé à sa base que long, couvert d'une cire qui s'étend à peu près jusqu'à la pointe; il a les ailes amples, la tête d'un blanc pur, et le reste du corps cendré. Il habite la Nouvelle-Hollande.

CÉRÈS (du nom de la déesse de l'agriculture), planète nouvelle, découverte par Piazzi en 1801. Elle fait sa révolution en 1681 jours, 13 h., 55 min., ou environ 4 ans et demi; l'inclinaison de son orbite sur l'écliptique est de 10° 37' 28",5; son excentricité est de 0,0785; sa distance moyenne au soleil est de 428 millions de kilomètres. Elle n'a que 100 kilom. de diamètre; son volume n'est que le quart de celui de la lune; elle a l'apparence d'une nébuleuse, environnée de brouillards. Son signe astronomique est ⚵.

CERF, *Cervus*, genre de Mammifères ruminants, de la famille des Tubicornes, est caractérisé par des protubérances frontales recouvertes de peau et appelées *bois*. Les cerfs ont 32 dents (8 incisives à la mâchoire inférieure et 24 molaires); des larmiers et un mufle dans la plupart des espèces; des oreilles médiocres et peu pointues; la queue très-courte. Le bois n'existe, à l'exception de la femelle de l'espèce *Renne*, que chez les mâles; il tombe tous les ans vers l'époque du rut, et est remplacé par un autre ordinairement plus fort. Les cerfs sont de tous les ruminants les plus élégants et les plus agiles; leurs jambes sont minces et élevées; leur corps est svelte et gracieusement arrondi; leur cou est long et arqué. On a divisé le genre Cerf en 8 sections, les *Cerfs* proprement dits, les *Élans*, les *Daims*, les *Rennes*, les *Axis*, les *Chevreuils*, les *Cervules*, les *Daguets*.

Les Cerfs proprement dits se distinguent par des bois longs et sessiles, à andouillers coniques, partant les uns de la base du bois, les autres du milieu. L'espèce la plus répandue est le *C. commun* (*C. elaphus*); son pelage est d'un brun fauve par tout le corps, excepté la croupe et la queue qui sont d'un fauve pâle. Le *C. de Corse*, plus petit et plus trapu, et le *C. des Ardennes*, plus grand et à pelage plus foncé, en sont des variétés persistantes. Le cerf vit par troupes plus ou moins nombreuses. On le trouve dans presque toute l'Europe et dans une partie de l'Asie. On appelle *jeune cerf* le cerf depuis trois ans jusqu'à huit; *C. dix-cors jeunement*, le cerf de six ans; *C. dix-cors*, celui de sept; et *vieux cerf*, celui qui atteint huit ans. La femelle du cerf s'appelle *Biche*; elle n'a pas de bois et sa couleur tire sur le bai rouge; elle porte huit mois, et donne un seul petit, qu'on nomme *faon* dans les pre-

miers mois et plus tard *daguet*. A l'époque du rut, le cerf fait entendre un cri rauque et particulier que l'on appelle *raier* ou *bramer*. La chair du cerf est très-estimée, et son bois sert à faire des manches de couteau, de serpette, des pommes de canne, des pipes, etc.; raclé et réduit en fragments minces, il fournit, au moyen de l'eau bouillante, une gélatine très-saine et très-nourrissante, appelée *gelée de corne de cerf*.

La *chasse du cerf* est devenue l'objet d'un art particulier qui a son langage propre, et qui exige un appareil presque royal. Un *veneur. détourne*, c.-à-d. fait lever l'animal avec son limier, et détermine son *pied* (son empreinte), ses *fumées* (sa fiente), son âge et son sexe. Des piqueurs animent les chiens et les aident sur le *change* ainsi que sur le *retour*, c.-à-d. qu'ils les empêchent d'être dépistés par le cerf : car cet animal ne manque pas de ruser, de mettre un autre cerf à sa place, et de repasser sur la même voie, ou bien il *perce*, c.-à-d. s'éloigne, ou se jette à l'écart et se couche sur le ventre. Lorsqu'il voit ses ruses inutiles, il s'élance à l'eau pour dérober son *sentiment* aux chiens. Les piqueurs l'y suivent et le mettent *aux abois*. C'est alors que le cerf, devenant furieux, *fait tête* aux chasseurs, défend sa vie et blesse souvent à coups d'andouillers les chiens et même les chevaux. Lorsqu'il a perdu ses forces, un des chasseurs lui coupe le jarret et, pour l'achever, lui enfonce son couteau au défaut de l'épaule. On célèbre sa mort par des fanfares (l'*hallali*), et l'on donne ses intestins aux chiens pour faire curée.

CERFEUIL (du latin *cerefolium*), *Scandix cerefolium*, plante potagère de la famille des Ombellifères. On distingue : 1° le *C. ordinaire*, plante annuelle dont les feuilles profondément découpées, comme celles du persil, mais plus grandes, ont une saveur et une odeur légèrement aromatiques; on s'en sert dans les cuisines pour les assaisonnements; les bestiaux, et surtout les lapins, en sont très-friands; la décoction de cerfeuil est résolutive, et calme les douleurs hémorroïdales; le suc exprimé de ses feuilles est diurétique; 2° le *C. musqué* ou *C. d'Espagne* (*Sc. odorata*), plante analogue à la précédente pour la forme et les propriétés, mais qui est plus grande : ses semences ont le goût et le parfum de l'anis.

CERF-VOLANT, jouet d'enfant qui consiste en un châssis léger, en forme de raquette, fait de baguettes d'osier et recouvert de papier. On *enlève* un cerf-volant en courant contre le vent, et en lâchant peu à peu la ficelle qui le retient : on a observé que le cerf-volant monte en faisant avec l'horizon un angle aigu qui ne dépasse guère 45 degrés. Pour empêcher qu'il ne donne des coups de tête en bas, on a soin de garnir son extrémité inférieure d'une *queue* faite de petits rouleaux de papier, liés de distance en distance à une longue ficelle, et qui servent de contre-poids. — Franklin a fait servir le cerf-volant à une expérience de physique fort intéressante, mais toujours dangereuse : il est parvenu à soutirer l'électricité des nuages au moyen d'un cerf-volant armé à la tête d'une pointe métallique et attaché à une corde conductrice.

CERF-VOLANT, nom vulgaire du mâle du *Lucanus cervus*, espèce d'insecte Coléoptère du genre *Lucane* (*Voy.* ce mot). On l'appelle ainsi à cause de ses cornes dentelées, assez semblables à celles du cerf.

CÉRINE, dite aussi *Acide cérotique*, acide gras contenu dans la cire d'abeilles et le liège. *Voy.* CIRE.

CERISE, fruit du cerisier. *Voy.* CERISIER.

CERISIER (de *Cérasunte*, ville de l'Asie Mineure, d'où il fut apporté à Rome par Lucullus, 68 ans av. J.-C.), genre de la famille des Rosacées, tribu des Amygdalées, à feuilles ovales, lancéolées, finement dentées sur les bords; à fleurs blanches à 5 pétales; à fruit d'un rouge plus ou moins vif, formant un drupe globuleux, ombiliqué à la base, charnu, très-glabre et dépourvu de poussière bleuâtre; à noyau lisse. Il forme quatre espèces : le *Merisier*, le *Bigar-reautier*, le *Guignier* et le *Griottier* ou *C. commun*.

Ce dernier, qui est connu à Paris sous le nom de *Cerisier* proprement dit, et dans le Midi sous celui de *Griottier*, comprend des arbres de taille peu élevée, à fleurs remarquables par leur calice ample et campanulé ; à fruits acides, portés des pédicules courts et épais. Les variétés de cette espèce sont : 1º la *Cerise de Montmorency*, à fruit globuleux, déprimé, d'un rouge pâle, et dont les pédoncules sont un peu allongés : on l'appelle aussi *C. d'Angleterre*, *Belle de Choisy*, *C. doucette*, *C. hâtive*, etc. ; 2º la *C. ambre* ou *C. à fruit blanc* ; 3º la *C. à courte queue* ou *C. de Montmorency à gros fruit* ; 4º la *C. à bouquet*, à fleurs nombreuses, ordinairement polygynes, réunies au nombre de 3, 4, ou 5, sur le même pédicule ; 5º le *Cerisier à fleurs doubles*, à fruits rares, d'un rouge pâle, très-acides ; 6º le *C. à fleurs de pêcher*, à fleurs pleines et roses ; 7º le *C. à feuilles panachées* ; 8º la *Griotte commune*, grosse *Griotte*, noire, tardive, et les sous-variétés, qu'on appelle *petite Griotte à ratafia*, *Griotte à la feuille*, *Griotte d'Espagne*, etc. ; 9º enfin la *C. guigne*, dite aussi *C. cœur* ou *Griotte guigne*, à fruit ovale, comprimé, et à chair d'un rouge foncé.

Tout le monde connaît les usages des cerises : on en fait des confitures, des liqueurs de table, telles que le ratafia, le kirsch et le marasquin, etc. Le bois du cerisier est dur et susceptible d'un beau poli.

CER. NAIN. *V.* CAMÉRISIER.—C. ODORANT. *V.* MAHALEB.

CÉRITE, minérai d'un violet brunâtre, composé de silice et d'oxyde de cérium, de didyme et de lanthane. On le rencontre dans les mines de cuivre de Nya-Bastnaès, près de Riddarhyttan en Suède. C'est une des principales mines d'où l'on tire le cérium. Genre de coquilles univalves, turriculées, à ouverture oblongue et oblique.

CÉRIUM (du nom de la déesse *Cérès*, ou plutôt du *cérite*, dans lequel il a été découvert), corps simple métallique, contenu dans quelques minéraux très-rares de Suède et de Sibérie. On le trouve particulièrement à l'état de silicate, de carbonate, de phosphate ou de fluorure, dans la *cérite*, l'*allanite*, l'*orthite*, la *gadolinite*, etc., le plus souvent accompagné de lanthane, de didyme et d'yttrium. — Le cérium a été découvert en 1803, presque en même temps, par Klaproth, Hisinger et Berzélius.

CERNE (du latin *circinus*, compas), se dit, en général, de tout rond tracé sur la terre, sur le sable, etc. — En Chirurgie, ce mot se dit du rond livide qui se forme quelquefois autour d'une plaie de mauvaise nature, ou autour des yeux, quand ils sont ce qu'on appelle *battus* : c'est de là qu'est dérivée l'expression *avoir les yeux cernés*.

En Botanique, on nomme *cernes* les cercles concentriques que l'on remarque sur la tranche d'un arbre coupé horizontalement, et qui marquent son accroissement annuel. Le nombre des cernes indique celui des années de l'arbre.

CERNEAU, nom de la noix avant sa complète maturité, désigne plus particulièrement, dans l'usage commun, l'intérieur de la noix encore verte qui, assaisonnée avec du vinaigre ou du verjus, offre un mets recherché.

On nomme *vin de cerneaux* un vin rosé qui est bon à boire dans la saison des cerneaux. Le vin d'Orléans est un vin de cerneaux.

CÉROPHORE (du grec *céras*, corne, et *phoros*, porteur), famille établie par de Blainville dans la classe des Ruminants, comprend tous ceux qui ont des cornes creuses : *Bœufs*, *Moutons*, *chèvres*, etc.

CÉROPLASTIQUE (du grec *céros*, cire, et *plastikê*, art de modeler), nom donné dans ces derniers temps à l'art d'imiter avec de la cire diversement colorée, soit les traits des personnes, soit divers objets naturels. Les anciens ont connu la céroplasti-

que ; cultivée de nouveau en Italie dans le XVIIᵉ siècle, elle a été considérablement perfectionnée de nos jours. Les figures de cire que tout le monde a vues dans le cabinet de Curtius à Paris, et que l'on montre encore dans toutes les foires, les bustes en cire que les coiffeurs, les corsetières, etc., étalent dans leurs montres, sont dus à la céroplastique ; mais c'est surtout dans la reproduction de la nature morte que les progrès de cet art ont été sérieux. On a fait par ce procédé des pièces d'anatomie pathologique fort curieuses, des fruits et des fleurs d'une vérité remarquable. Zumbo, Galli, Fontana, en Italie, Laumonier, Pinson et Dupont, en France, sont les artistes les plus distingués en ce genre. L'École de médecine de Paris contient un des plus riches cabinets de pièces anatomiques en cire.

CÉROXYLE (du grec *céros*, cire, et *xylon*, bois), le plus grand de tous les arbres de la famille des Palmiers, dont on avait fait un genre à part, mais que l'on a reconnu depuis appartenir au genre *Iriartea*, de la tribu des Arécinées. Il est commun dans les Andes du Pérou, où il atteint une hauteur de 50 à 60 mètres. Il doit son nom à la propriété qu'il possède de donner de la cire, appelée *cire de palmier* (*cera de palma*). On obtient cette cire de l'exsudation annuelle de l'arbre, et en mettant cette substance exsudée à bouillir dans de l'eau. La cire de palmier est d'un jaune blanchâtre. Elle est d'une légèreté remarquable, et sert à fabriquer des bougies qui donnent une belle lumière et peu de fumée. — Le fruit du Céroxyle est un drupe violet, sucré, très-recherché des écureuils et des oiseaux.

CERQUEMANEUR (du bas latin *circare*, tourner, et *manerium*, logement, demeure), nom qu'on donnait autrefois à un expert ou maître arpenteur juré, qu'on appelait pour planter des bornes d'héritages, ou pour les rétablir. Le cerquemaneur avait une certaine juridiction pour juger les différends.

CERTHIADÉES (du genre *Certhia*, grimpereau), famille d'oiseaux comprise dans la tribu des Cinnyridées de Lesson, répond aux Grimpereaux de Cuvier.

CERTIFICAT (du latin *certum*, certain, et *facere*, faire), nom donné, en Jurisprudence, à un acte écrit et signé qui rend témoignage de la vérité d'un fait. Il y a beaucoup de sortes de certificats : les *C. de vie*, qui ont pour objet de constater l'existence d'un rentier ou d'un pensionnaire de l'État ; les *C. d'individualité*, qui ont pour objet d'attester d'une manière authentique les noms, âge, état, qualité et demeure d'un individu et de garantir les tiers de toute usurpation de personne ; ils sont ordinairement délivrés par un notaire ; ils peuvent l'être aussi par le maire ou le juge de paix ; les *C. d'indigence*, qui attestent qu'une personne ne possède rien, et qu'elle a droit à des secours ou à des exemptions de telle ou telle nature ; les *C. de capacité*, qui se délivrent aux élèves qui, dans les écoles de Droit, ont été trouvés suffisamment instruits sur la législation et sur la procédure civile et criminelle ; les *C. d'origine*, qui font connaître l'origine d'une inscription de rente sur l'État, qui indiquent l'espèce, la quantité et la provenance des marchandises étrangères ; les *C. de propriété*, par lesquels un officier public atteste le droit de propriété d'une ou de plusieurs personnes sur le capital et les arrérages d'une rente sur l'État ; les *C. de bonne vie et mœurs*, *de résidence*, etc. : ces derniers sont délivrés par l'autorité. — Pendant la Révolution, on exigeait de chaque citoyen des *certificats de civisme*, sous peine d'être compris dans la classe des suspects. Ils furent supprimés par la loi du 18 thermidor, mais remplacés pendant quelque temps encore par les *cartes de civisme* ou *de sûreté*.

CERTIFICATEUR, nom donné, en général, à celui qui délivre un certificat. On appelle *notaires certificateurs* les notaires qui, d'après un décret du 2 août 1806, étaient choisis par le gouvernement pour faire des certificats de vie; aujourd'hui, ces certificats peuvent être délivrés par tous les notaires. Autrefois on appelait *Certificateur de caution* ou *contre-pleige* celui qui certifiait la solvabilité d'une caution; aujourd'hui la caution n'a pas besoin d'être certifiée; *C. de criées*, celui qui avait mission d'attester en justice que les criées avaient été faites dans les formes judiciaires.

CERTITUDE, assurance pleine et entière, adhésion ferme de l'esprit à la réalité d'un fait; la certitude est fondée sur l'*évidence*, et n'admet pas de degrés : on l'oppose à l'*incertitude*, au *doute*, à la *croyance*, qui sont fondés sur le plus ou moins de *probabilité*, et qui admettent des degrés en nombre infini. En considérant la certitude selon la nature des faits qui y donnent lieu, on distingue : la *C. physique*, fondée sur le témoignage des sens; la *C. métaphysique*, fondée sur l'essence des choses; la *C. mathématique*, fondée sur les rapports des nombres ou des quantités; la *C. morale*, fondée sur le témoignage de la conscience et sur les lois du cœur humain. En outre, la certitude est dite *immédiate* ou *intuitive*, si elle naît à la simple vue d'un objet; *médiate* ou *déductive*, si elle est le résultat du raisonnement, comme dans la démonstration des théorèmes de géométrie. — Les philosophes ont beaucoup disputé sur la certitude; les uns soutenant que rien ne peut être certain (ce sont les Pyrrhoniens ou Sceptiques); les autres pensant que nous ne pouvons atteindre qu'à une probabilité plus ou moins forte (tels étaient les philosophes de la Nouvelle Académie); le plus grand nombre reconnaissant que, bien que sujet à l'erreur, l'homme peut aussi saisir la vérité; les partisans de cette dernière opinion se sont attachés à poser les conditions de la certitude, et à rechercher le *criterium* de la vérité : c'est un des objets les plus importants de la Logique.

Dans les temps modernes, il s'est produit un genre de scepticisme inconnu aux anciens : Berkeley, Hume et Kant ont soutenu que nous ne pouvons savoir ce que les objets sont en eux-mêmes, mais seulement ce qu'ils sont par rapport à nous; c'est ce que Kant exprime en disant que la certitude *objective* nous est interdite, et que notre certitude est purement *subjective*.

CÉRUMEN (de *cera*, cire), humeur onctueuse, épaisse et analogue à la cire, qui s'amasse dans le conduit auditif externe. Cette humeur lubrifie ce conduit, entretient la souplesse de la membrane qui le tapisse, s'oppose à l'introduction des corpuscules qui voltigent dans l'atmosphère, et repousse, par son amertume, les insectes qui pourraient s'y loger. Elle est sécrétée par des glandes particulières, et formée d'un mucus albumineux, d'une huile épaisse semblable à la résine de la bile, d'un principe colorant, et de sels de chaux.

CÉRUSE (du latin *cerussa*, même signific.), dite aussi *blanc de plomb*, *blanc d'argent*, *sous-carbonate de plomb*, combinaison d'acide carbonique et d'oxyde de plomb (PbO,CO^2), blanche, friable, insipide et insoluble dans l'eau. Quand elle est pure, elle se dissout complétement et avec effervescence dans l'acide azotique. Les céruses se vendent dans le commerce sous forme de pains coniques de 1 à 2 kilogr.; elles sont souvent mélangées avec des substances blanches de moindre valeur, comme le sulfate de plomb, le sulfate de baryte, la craie ou le sulfate de chaux. On prépare la céruse en grand en exposant des lames de plomb à l'action des vapeurs de vinaigre; les pots qui contiennent les lames suspendues au-dessus du liquide sont enfouis pendant quelques semaines dans du fumier ou de la tannée; le plomb s'oxyde aux dépens de l'air; l'oxyde, au milieu des vapeurs de vinaigre, se change peu à peu en sous-acétate que l'acide carbonique, dégagé en abondance du fumier, finit par convertir en sous-carbonate. Ce procédé est surtout employé à Lille,

en Hollande, en Angleterre, en Allemagne; à Clichy, on fabrique la céruse en dirigeant du gaz carbonique dans une solution de sous-acétate de plomb; ce dernier procédé a été proposé en 1801 par M. Thénard. A Birmingham, on utilise pour cette fabrication l'acide carbonique provenant de la combustion du coke.

On emploie la céruse dans la peinture en bâtiment pour colorer en blanc les bois et les meubles; elle a l'inconvénient de brunir par le contact des émanations sulfureuses. On s'en sert beaucoup aussi pour étendre les autres couleurs, et leur donner du corps. On l'utilise dans les fabriques de faïence pour la préparation des vernis ou couvertes. Les peintres et les décorateurs qui manient la céruse, les ouvriers qui la préparent, sont exposés à des accidents graves, causés par l'action délétère de cette substance; cette action porte principalement sur l'appareil digestif, et occasionne de vives douleurs et des tremblements convulsifs : cette maladie est appelée *colique de plomb*, *colique des peintres* (*Voy.* ce mot). Pour la prévenir, on remplace beaucoup aujourd'hui la céruse, dans la peinture, par le blanc de zinc.

La céruse était connue des Grecs et des Romains; ils s'en servaient dans la peinture à l'huile et dans la médecine; les dames romaines l'employaient comme fard. Il paraît que ce sel fut d'abord fabriqué par les Arabes, puis à Venise, plus tard à Krems en Autriche, ensuite en Hollande et dans plusieurs parties de l'Allemagne.

CERVEAU, en latin *cerebrum*, nom vulgaire de l'*encéphale*, désigne ordinairement toute la masse contenue dans l'intérieur du crâne, et qui se compose elle-même du *cerveau proprement dit* et du *cervelet*. — Le *cerveau proprement dit* occupe toute la partie supérieure et antérieure de la cavité du crâne, s'étendant du front aux fosses occipitales supérieures, et borné en arrière par un repli de la dure-mère, qui s'appelle *tente du cervelet*. Sa forme est symétrique, régulière, ovoïde, légèrement comprimée sur les côtés et aplatie en dessous. Sa face supérieure est divisée, par une scissure profonde, en deux moitiés appelées *hémisphères cérébraux*, et présente à sa surface un grand nombre d'éminences flexueuses, arrondies, ondulées, appelées *circonvolutions cérébrales*, et séparées par des sillons sinueux qu'on nomme *anfractuosités*; sa face inférieure offre, d'avant en arrière, la commissure des nerfs optiques, le tubercule cendré, la tige et la glande pituitaires, les tubercules mamillaires, la protubérance cérébrale; et sur les côtés, trois lobes dits antérieur, moyen et postérieur; à l'intérieur, le cerveau renferme le corps calleux, le *septum-lucidum*, la voûte à trois piliers, la glande pinéale, le ventricule moyen et les ventricules latéraux. Toute la masse est contenue dans trois enveloppes membraneuses appelées *méninges*, la *pie-mère*, l'*arachnoïde*, la *dure-mère*, la plus externe des trois. On distingue dans le cerveau deux substances : la *corticale*, grisâtre, molle, spongieuse, d'où naissent les filaments nerveux; la *médullaire*, blanche, plus ferme, parsemée de rameaux vasculaires, qui constitue ces mêmes filaments. — Un habile chimiste, M. Couerbe, a trouvé dans la matière du cerveau quatre substances grasses particulières : la *cérébrote*, la *stéaroconote*, la *céphalote* et l'*éléencéphale*.

Le cerveau est, avec la moelle épinière, qui en est le prolongement, l'organe le plus important chez les animaux vertébrés; il est comme le réservoir de la sensibilité, des mouvements et de la vie; c'est le siége de l'intelligence chez les hommes et de l'instinct chez les animaux. Cet organe ne peut être blessé, comprimé ou mal conformé, sans que l'être auquel il appartient ne soit frappé de mort, de paralysie, d'idiotisme ou de quelque affection mentale. Au contraire, il a été reconnu, aussi bien pour les différentes classes d'animaux que pour les divers individus dans l'espèce humaine, que l'intelligence grandit en proportion du volume du cerveau et de son parfait développement. Cependant, toutes les parties ne sont pas également importantes dans l'appareil cérébro-spinal ; la vie paraît surtout résider dans une portion fort resserrée, située vers la nuque, au point de réunion du cervelet et de la moelle allongée : c'est ce que M..Flourens appelle le *nœud vital*. — D'après le système du docteur Gall, non-seulement le cerveau est l'organe des facultés intellectuelles, mais chacune de ses parties serait le siège d'une faculté particulière (*Voy.* PHRÉNOLOGIE). — Le cerveau est sujet à des maladies graves, qui seront décrites aux mots *Encéphalite, Fièvres cérébrales, Folie,* etc.— On doit à Gall un ouvrage célèbre intitulé *Anatomie du cerveau*. Vicq d'Azyr, Wenzel, MM. Serres, Leuret, Flourens, etc., ont fait aussi sur le cerveau des travaux importants.

CERVELAS, espèce de saucisson, composé ordinairement d'un mélange de porc frais, de veau, de lard et de beaucoup d'épices, le tout haché et renfermé dans un boyau de porc. On estime surtout le *cervelas de Milan*. On fait aussi des cervelas maigres.

CERVELET, en latin *cerebellum*, partie postérieure et inférieure de l'encéphale ; il est situé dans les fosses occipitales inférieures, immédiatement au-dessous du cerveau proprement dit, dont il est séparé par un repli de la dure-mère ; sa forme peut être comparée à deux sphéroïdes déprimés, placés sur un plan horizontal, et confondus dans une partie de leur surface. Le cervelet est plus mou et plus léger que le cerveau ; sa surface présente un assemblage de lames grises, concentriques, régulières, plus étendues en arrière, plus courtes en devant ; sa face inférieure présente au milieu un enfoncement où se loge le commencement de la moelle épinière. En avant, le cervelet offre un enfoncement qui reçoit la protubérance cérébrale ; en arrière, il en offre un autre qui comprend la faux du cervelet. Quand on coupe verticalement les lobes du cervelet, la disposition particulière des substances médullaire et corticale présente des espèces de ramifications qu'on a appelées l'*Arbre de vie*. Le poids du cervelet est environ le huitième de celui du cerveau. — On est fort incertain sur les usages du cervelet : le physiologiste Drelincourt y plaçait le siège de l'âme ; Gall et Spurzheim en font l'organe de la faculté de reproduction ou de l'amour physique ; ce qui est plus probable, c'est qu'il concourt à toutes les fonctions du cerveau ; M. Flourens a prouvé qu'il sert particulièrement à la coordination des mouvements.

CERVELLE, mot par lequel on désigne vulgairement tout l'ensemble du cerveau ou de l'encéphale.

CERVICAL (du latin *cervix*, nuque), se dit de tout ce qui appartient à la partie postérieure du col. On compte 4 *artères* et autant de *veines cervicales*, 8 paires de *nerfs cervicaux*, 7 *vertèbres cervicales* dont la 1re est appelée *atlas*, la 2e, *axis*, etc.

CERVOISE (du latin *cerevisia* ou *cervisia*, qui a la même signification, et qui dérive lui-même de *Cérès*), espèce de bière faite de blé ou d'orge macéré, puis séché, rôti et moulu, qu'on faisait tremper et cuire avec du houblon. C'était la boisson des anciens Gaulois et des peuples scandinaves. *Voy.* BIÈRE.

CERVULE (diminutif de *cerf*), division établie dans le genre Cerf, pour les espèces dont le bois est porté par un long pédicule osseux dépendant des os du front. Ce groupe comprend le *C. muntjac*, le *C. musc*, et le *C. à petit bois*.

CÉSALPINIE (de *A. Césalpin*, botaniste du xvie siècle), *Cæsalpinia*, genre de la famille des Légumineuses, type de la tribu des Césalpiniées, renferme des végétaux arborescents armés d'aiguillons, à feuilles alternes, à fleurs jaunes ou jaunâtres, en grappes terminales. Ces végétaux sont particuliers aux régions tropicales. On remarque la *C. épineuse*, qui fournit le bois de Brésil, où *Brésillet*; la *C. sappan*,

ou *Brésillet des Indes*, avec laquelle on teint en rouge le coton et la laine ; la *C. mimosoïde*, originaire du Malabar, dont les folioles sont contractiles comme celles de la sensitive.

CÉSARIENNE (OPÉRATION), *Partus cæsareus, Cæsarœa sectio*, de *cædere*, couper ; opération chirurgicale par laquelle on extrait l'enfant du sein de la mère par une incision pratiquée aux parois de l'abdomen et de l'utérus. — Il paraît que cette opération était déjà pratiquée du temps de Jules César, qui, au rapport de Pline, reçut le nom de *Cæsar* parce qu'il était né à la suite d'une semblable opération. Pendant longtemps, on ne pratiqua cette opération que sur des femmes mortes enceintes : Roussel proposa le premier, en 1581, de l'exécuter sur le vivant. Perfectionnée par Levret, Mauriceau, Lauverjat, la méthode qu'il proposa eut un plein succès. On n'y recourt toutefois que dans les cas désespérés.

CESSION DE BIENS, abandon ou délaissement qu'un débiteur malheureux est admis à faire de tous ses biens à ses créanciers, lorsqu'il se trouve hors d'état de payer ses dettes (C. civ., art. 1265). La cession des biens est volontaire ou judiciaire. Elle n'éteint point l'action des créanciers sur les biens que le failli peut acquérir par la suite ; elle n'a d'autre effet que de soustraire le débiteur à la contrainte par corps. La loi n'admet point au bénéfice de cession : 1o les stellionataires, les banqueroutiers frauduleux, les personnes condamnées pour fait d'escroquerie, ni les personnes comptables ; 2o les étrangers, les tuteurs, administrateurs ou dépositaires. Lorsque, après avoir fait cession de biens, le failli vient, par la suite, à acquitter ses dettes et à payer tous ses créanciers, il obtient un jugement de réhabilitation qui le fait rentrer dans tous ses droits civils.

CESTE (du latin *cæstus*, dérivé de *cædere*, frapper), gantelet de cuir garni de fer ou de plomb, dont les athlètes se servaient dans les combats du pugilat. Pour se garantir les tempes et les oreilles des coups du ceste, les athlètes couvraient leur tête d'une calotte nommée *amphotide*, et qui était d'airain doublé de drap. Virgile, dans l'*Énéide* (liv. v), décrit un terrible combat de ceste entre Entelle et Darès.

CESTE, *Cestus*, ceinture de Vénus. *Voy.* CEINTURE.

CESTRE (en grec *kestros*, même signif.), flèche ou petit trait que les anciens lançaient à l'aide d'une grande fronde. Le fer du cestre était long de deux palmes, et sa hampe d'une demi-coudée. Le cestre fut inventé par les Macédoniens vers l'an 170 avant J.-C.

CESTREAU (du grec *Cestron*, nom d'une plante qu'on croit être la Bétoine), *Cestrum*, genre de plantes de la famille des Solanées, indigènes des parties chaudes de l'Amérique. Les cestreaux sont des arbrisseaux à feuilles toujours vertes, et d'un joli aspect, figurant très-bien dans les jardins paysagers. Les fleurs du *C. à baies noires* (*C. nocturnum*) sont jaunes verdâtres, et rappellent par leur forme celles du jasmin. Leur odeur, fétide le jour, est délicieuse pendant la nuit. Il existe au Cap de Bonne-Espérance une espèce dont les baies sont très-vénéneuses.

CÉSURE (du latin *cæsura*, dérivé de *cædere*, couper), coupe du vers, repos suspensif qui sépare les deux parties d'un vers et qui se marque après un certain nombre de syllabes. — Dans les vers syllabiques, la place de la césure varie suivant le nombre de syllabes. Dans le vers alexandrin, elle se place après la sixième (cette loi n'est pas exactement observée par les poètes de nos jours) ; dans le vers de dix syllabes, après la quatrième, etc. Les vers qui ont moins de six syllabes n'ont pas de césure obligée.

Dans les vers métriques (grecs et latins) on entend par *césure* une syllabe longue qui finit un mot et qui commence un pied : ce repos, d'ailleurs, ne suspend aucunement le sens. Le vers hexamètre exige au moins une césure après le second pied ; le plus souvent il en a deux, l'une après le premier et l'autre après le troisième; quelquefois il en a trois, comme dans ce vers, le 1er de l'*Éneide* :

Arma vi | rumque ca | no Tro | jæ qui | primus ab | oris.

CÉTACÉS (du grec *cétos*, baleine ou tout autre gros poisson), ordre de Mammifères marins, renfermant tous les animaux qui, avec une organisation intérieure analogue à celle des Mammifères, ont la forme extérieure et les habitudes des poissons; ils ont des poumons, le sang chaud, une queue cartilagineuse horizontale, des mamelles, et ils ne peuvent rester sous l'eau plus de 12 à 25 minutes. Les cétacés parviennent, en général, à une très-grande taille, et c'est parmi eux que l'on trouve ces animaux gigantesques qui habitent les mers les plus profondes. Ils sont toujours privés d'incisives ou de canines, et même, dans quelques espèces, des trois sortes de dents. Ils sont également privés de membres postérieurs; quant aux antérieurs, ils les ont raccourcis et terminés par des mains en forme de nageoires. Leur peau est nue, et doublée à l'intérieur d'une épaisse couche de graisse. Enfin, plusieurs ont, à l'arrière-bouche, des *évents*, appareil au moyen duquel l'eau engloutie dans leur énorme bouche est rejetée avec force. On divise les Cétacés en deux sections : 1o les *C. herbivores*, caractérisés par l'absence d'évents, par leurs molaires à couronne plate et leurs nageoires antérieures, servant en même temps à la préhension; cette section renferme les *Lamantins* et les *Dugongs*; 2o les *C. souffleurs*, ayant des évents, et caractérisés de plus par l'absence de dents chez les uns, comme dans la *Baleine*, ou par la forme conique des dents chez les autres, et par la place de leurs mamelles, situées près de la queue : tels sont les *Dauphins*, les *Narvals*, les *Cachalots*. — M. Is. Geoffroy Saint-Hilaire partage les Cétacés en trois familles : Les *Delphiniens* (Marsouins, Delphinaptères, Dauphins, Narvals), les *Physétériens* (Cachalots, Physéters), et les *Baleiniens* (Baleines, Baleinoptères).

CETERACH, genre de la famille des Fougères, confondu par quelques botanistes avec le *Gymnogramma*, renferme des plantes à feuilles d'un vert foncé, épaisses, coriaces, pinnatifides, et recouvertes inférieurement d'écailles larges et nombreuses qui cachent entièrement les fructifications. On trouve ces plantes dans toute l'Europe, à la surface des rochers et des vieux murs. Les feuilles du *C. officinal* (*C. officinarum*) sont légèrement amères et mucilagineuses, et ont été préconisées en médecine.

CÉTINE (du grec *cétos*, baleine), substance grasse, solide, qui compose en grande partie le *blanc de baleine*. *Voy.* ce mot.

CÉTIOSAURE (du grec *cétos*, baleine, et *sauros*, lézard), genre de Reptiles fossiles gigantesques, dont les débris se rencontrent dans les formations oolithiques de diverses parties de l'Angleterre: on distingue le *C. long*, le *C. court*, le *C. moyen*, le *C. brachyure*.

CÉTOINE, *Cetonia*, genre d'insectes Coléoptères, famille des Lamellicornes, tribu des Scarabées mélitophiles, comprend un grand nombre d'espèces remarquables par leurs couleurs métalliques et variées, mais de forme lourde et massive. Leur vol, rapide et bruyant, s'exécute avec leurs élytres fermées. Les Cétoines aiment à se reposer sur les fleurs en ombelles, sur les Corymbifères et les Rosacées, dont elles sucent le suc, à la manière des abeilles. La *C. dorée*, commune dans nos jardins, est d'un vert émeraude qui contraste agréablement avec l'incarnat de la rose. Sa larve, qui est peu nuisible, vit au pied des vieux arbres et dans les fourmilières.

CÉTRAIRE (du latin *cetra*, bouclier, à cause de la forme scutellaire des fructifications), *Cetraria*, genre de plantes acotylédones, de la famille des Lichens, tribu des Parméliacées, à thalle membraneux ou fruticuleux, à fructifications scutellaires, fixées sur les bords du thalle. Ces plantes vivent en géné-

ral sur la terre même, entre les mousses ou sur les rochers. L'espèce type est le *Lichen d'Islande* (*C. islandica*), ainsi appelé de l'usage que les Islandais en font comme aliment. La médecine l'emploie dans les affections pulmonaires chroniques. *Voy.* LICHEN.

CÉTYLIQUE ou CÉTINIQUE (ALCOOL). *Voy.* ÉTHAL.

CEVADILLE, en latin *Sabadilla*, fruit d'une espèce de *Veratrum* qui croît au Mexique, le *V. Sabadilla*; ce sont des capsules allongées, réunies par trois dans une même fleur, minces, rougeâtres, renfermant chacune deux ou trois graines oblongues, noirâtres, anguleuses et tronquées à leur sommet. La cévadille contient de la *vératrine* (*Voy.* ce mot), à laquelle elle doit son âcreté violente; c'est un médicament dangereux, qu'on emploie à l'extérieur pour détruire la vermine, mais qui peut déterminer des accidents graves.

CEYX ou ALCYON TRIDACTYLE, genre d'oiseaux formé de quelques espèces de Martins-pêcheurs qui n'ont que trois doigts au lieu de quatre. Ce nom lui a été donné par allusion à Céyx, époux d'Alcyon, qui périt dans un naufrage, et qui, selon la Mythologie, fut changé en oiseau de mer. *Voy.* ALCYONS.

CHABAN, 3e mois de l'année des Turcs, correspond à notre mois de mai. Pendant la lune de chaban, les mosquées sont ouvertes pour la prière de nuit.

CHABLAGE. Ce mot, dérivé de *chable*, espèce de câble dont se servent les bateliers pour tirer les bateaux sur les rivières, désigne l'action de diriger les gros bateaux dans les endroits difficiles, notamment dans le passage des villes et aux abords des ponts. Le préposé à ces fonctions portait autrefois le nom de *chableur*; c'est aujourd'hui l'*inspecteur des ports*.

CHABLIS, se dit, dans le langage forestier, des arbres abattus dans les forêts par le vent, ou tombés de vieillesse, de pourriture, ou par le poids des neiges.

CHABOT, nom vulgaire d'un petit poisson du genre Cotte (*Cottus gobio*); il est remarquable en ce que, lorsqu'il est irrité, il renfle sa tête en remplissant d'air ses ouies. On distingue le *C. de rivière*, noirâtre, long de 12 à 15 centim., très-estimé pour la bonté de sa chair, et le *C. de mer* ou *Scorpion de mer*, dont la chair est peu délicate. — Le *Chabot* figure parmi les meubles d'armoiries : la maison de Chabot portait des *chabots* dans ses armes.

CHABRAQUE. *Voy.* SCHABRAQUE.

CHACAL ou JACKAL (non indigène), dit aussi *Loup doré*, espèce du sous-genre des Chiens proprement dits, paraît former le passage entre le loup et le renard. La taille du chacal est celle du renard; mais il est un peu plus haut sur jambes; sa tête ressemble à celle du loup; son museau est pointu ou grisâtre; son corps est couvert d'un pelage gris, jaune et foncé en dessus, blanchâtre en dessous; ses jambes sont d'un fauve clair; sa queue, peu fournie, ne descend qu'au talon et se rembrunit à son extrémité. Les chacals exhalent une odeur forte et désagréable; ils sont voraces, ne vivent que de petite proie ou de cadavres, et chassent par troupes; ils n'attaquent pas l'homme. Ils font entendre une espèce de hurlement lugubre. On les trouve aux Indes, dans l'Asie Mineure et en Afrique.—Le chacal était connu des anciens : Aristote le nomme *Thoes*, Pline *Thos*. Quelques naturalistes ont cru trouver dans cet animal le type de notre chien domestique; ce qui est vrai, c'est qu'il s'accouple avec le chien.

CHACONNE (en italien *ciacona*, de *cecone*, aveugle, parce qu'on prétend que cet air fut inventé par un aveugle), ancien air de danse d'une longue durée, espèce de symphonie dansante d'un mouvement lent et d'un rhythme bien marqué, qu'on écrivait ordinairement à trois temps. La chaconne servait de finale aux opéras et aux ballets. Cet air eut de la vogue au XVIe siècle; mais il passa bientôt de mode.—Sous Louis XIV, on appela *chaconne* un ruban qui servait à attacher le col de la chemise, et dont les bouts pendaient.

CHAFOUIN (probablement de *chat* et de *fouine*), ancien nom de la Fouine et du Furet. — Par suite, *Chafouin* s'est dit familièrement d'une personne petite, maigre, et qui a la mine basse et désagréable.

CHAGRIN (du turc *sagri*, croupe), espèce de cuir grenu, couvert de papilles rondes, serré, solide, dont on se sert pour couvrir des boites, des gaines, des étuis, des livres, etc. La *peau de chagrin* est proprement la peau d'une espèce de Chien de mer appelé *Roussette*, peau qui est naturellement très-rugueuse. On la fabrique artificiellement avec la peau des chevaux, des ânes, des mulets, des chameaux, surtout avec celle qui couvre la croupe de ces animaux. Pour grener le cuir, on sème dessus des graines de moutarde ou d'ansérine, et on le met sous presse. Le chagrin se tire de Constantinople, de Tunis, d'Alger, de Tripoli, de quelques endroits de la Syrie, et même de la Pologne. Le chagrin gris est le plus estimé et le meilleur de tous pour l'usage; cependant le rouge est aussi fort recherché, et se vend le plus cher. En France, on imite le chagrin avec des peaux de chèvre ou de mouton, sur lesquelles on imprime le grain au moyen d'une planche de cuivre gravée qu'on fait chauffer et passer ensuite sous une presse à rouleau.

CHAH ou **SHAH**, titre que portent les rois de Perse.

CHAINE (du latin *catena*), espèce de lien composé d'anneaux entrelacés les uns dans les autres, et faits avec du fer, de l'acier, du cuivre, de l'argent, de l'or, du bois, de l'ivoire, des cheveux, etc., selon sa destination. On nomme *Ch. catalane* une chaine composée d'anneaux ronds ou elliptiques, mis les uns dans les autres, de manière que chaque anneau en renferme 2; *Ch. en gerbe*, celle dont les maillons sont courbés en 8; *Ch. en S*, celle dont les maillons ont la forme d'un S.

Les chaines servent tantôt d'instrument de gêne ou de précaution, qu'on emploie pour les prisonniers et les malfaiteurs: en France, les galériens sont condamnés à la peine *de la chaine et du boulet*; on donnait aussi le nom de *chaine* à la troupe des condamnés qui partaient pour le bagne, parce qu'autrefois ces malheureux étaient tous attachés à une même chaine;—tantôt de parure, de décoration, de marque de dignité: telles sont, par exemple, les chaines d'or ou d'argent, quelquefois garnies de diamants ou de pierres précieuses, que fabriquent les joailliers; les chaines d'acier, si longtemps à la mode; les chaines en cheveux; la chaine de la Toison d'or, celle que porte le lord-maire à Londres, les chaines des huissiers, etc.

Dans la Marine, on se sert de chaines de fer, au lieu de câbles, pour amarrer ou faire mouiller les vaisseaux, pour barrer l'entrée des ports, etc. *Voy.* CABLE.

En Mécanique, on nomme *Ch. de Vaucanson* une chaine qui tient lieu de crémaillère, et qui sert à faire tourner, en même temps et dans le même sens, des roues dentées, des poulies, etc.

En Horlogerie, la *chaine d'une montre* est cette petite chaine d'acier qui sert à tendre le grand ressort, en se roulant sur la fusée. Avant cette invention, on employait au même usage une corde à boyau qui était sujette aux variations de la température.

On appelle *chaine d'arpenteur* une chaine de fer longue de 10 m., qui sert à mesurer le terrain dans les opérations de l'arpentage: elle est ordinairement formée de 50 tiges de fer.

Dans l'art du Tisserand, la *chaine* est l'assemblage des fils qui forment la longueur de la pièce mise sur le métier, et entre lesquels passe la trame.

En Architecture, on nomme *chaine de pierres* un pilier élevé à plomb dans un mur de maçonnerie, soit pour fortifier le mur, soit pour porter l'about d'une poutre; *chaine d'encoignure* ou *de liaison*, celle qui forme l'encoignure d'un bâtiment et sert à lier les deux côtés de l'angle formé par le mur de pignon et par le mur de face.

On nomme encore ainsi une suite de personnes disposées de manière à faire passer rapidement de main en main un fardeau, des pierres, des seaux d'eau dans un incendie, etc.; c'est ce qu'on appelle *faire la chaine*; — une figure de danse dans laquelle les danseurs se donnent la main en passant, lorsque, dans une contredanse, ils traversent pour changer de place, ou lorsqu'ils doivent tourner en rond, etc.

CHAINETTE. En Géométrie, on nomme ainsi la courbe qu'affecte un fil pesant suspendu librement par ses deux extrémités: cette courbe a des propriétés curieuses en mécanique théorique. *Voy.* FUNICULAIRE (MACHINE).

CHAIR (en latin *caro*). La *chair* proprement dite ou *chair musculaire* n'est autre chose que la partie rouge des muscles (*Voy.* MUSCLES); mais, en général, chez l'homme comme chez les animaux, on étend le nom de chair à toutes les parties molles qui entourent les os. Ainsi, ce qu'en termes de boucherie on appelle *viande*, se compose, outre la chair musculaire, de tendons, d'aponévroses, de tissu cellulaire, de graisse, le tout traversé par des vaisseaux et par des nerfs et souvent recouvert par de la peau. Le cœur, étant un organe musculaire, est essentiellement charnu; il n'en est pas de même du foie, du cerveau, etc. — Ce que les artistes entendent par *chairs* ne s'applique qu'à l'apparence extérieure du corps, à la teinte ou couleur de la peau. — On appelle *chair de poule* l'aspect que présente la peau de l'homme lorsque l'impression du froid, la terreur, ou quelque autre émotion vive, y détermine des aspérités dues à la saillie des bulbes des poils, ce qui la fait ressembler à la peau d'une poule plumée.

Dans certains fruits, on nomme *chair* le parenchyme, la partie succulente, dont le nom scientifique est *sarcocarpe*.

CHAIRE (du grec *cathédra*, siège). On nomme ainsi dans les églises une espèce de tribune élevée pour le prédicateur. Dans les premiers temps du christianisme il n'y avait que l'évêque qui prêchât, et sa *chaire*, dite *siège épiscopal*, était placée au fond de l'abside. L'accroissement des fidèles fit plus tard rapprocher la chaire du centre de la basilique; elle occupa d'abord l'*ambon* ou *jubé* (*Voy.* ce mot), puis, fut placée sur le côté de la nef, à la place où nous la voyons aujourd'hui. On a déployé un grand luxe dans l'ornementation des chaires: les unes sont en marbre et ornées de bas-reliefs, comme à Rome et dans toute l'Italie; les autres en bois sculpté: on cite en ce dernier genre celles de Saint-Étienne-du-Mont, de Saint-Germain-l'Auxerrois, à Paris; de Sainte-Gudule, à Bruxelles, etc. — On appelle *Chaire de St-Pierre* le trône du souverain pontife; *Fête de la Chaire de Saint-Pierre* la célébration de la mémoire du séjour de saint Pierre à Antioche et à Rome: elle a lieu le 18 janvier et le 22 février.

Chaire se dit aussi pour la prédication même, pour l'éloquence sacrée; on doit à l'abbé Maury un célèbre *Essai sur l'éloquence de la Chaire*.

CHAISE (par corruption du mot *chaire*). Chez les anciens Romains on appelait *Chaise curule*, un siège d'ivoire sur lequel siégeaient les principaux magistrats (*Voy.* CURULE). — A Rome on appelle *Chaise stercoraire*, une chaise de marbre qui est à gauche et en dehors de la grande porte de Saint-Jean-de-Latran, et sur laquelle, jusqu'au pontificat de Léon X, on faisait asseoir le pape nouvellement élu, pour lui rappeler les infirmités de la nature humaine.

Autrefois on appelait *Chaise à porteurs* une espèce de siège fermé et couvert dans lequel on se faisait porter par deux hommes. L'usage en fut introduit de Londres en France, en 1617, par M. de Montbrun; aujourd'hui ces chaises sont passées de mode; cependant on s'en sert encore dans les localités où les voitures sont rares. — On donnait aussi le nom de *chaise* à une sorte de voiture légère à 2 ou 4 roues, pour une ou deux personnes, traînée par un ou deux chevaux: ce nom, presque abandonné, est resté aux *chaises de poste*, établies en 1664, sous le ministère de Colbert.

Chaise longue, espèce de canapé qui n'a de dossier qu'à l'une de ses extrémités, et qui est destiné aux malades auxquels il est défendu de marcher.

On connaît sous le nom de *Chaise de Sanctorius* une espèce de balance inventée par le médecin italien Sanctorius pour connaître par le poids la quantité d'aliments qu'on a pris dans un repas, et indiquer le moment où il faut mettre des bornes à son appétit.

CHAISE, nom de monnaie. *Voy.* CADIÈRE.

CHAKÓ, coiffure militaire. *Voy.* SCHAKO.

CHALAN ou CHALAND, sorte d'allége à fond plat, à côtés droits, et dont l'avant est en saillie. On les toue, on les remorque, on les conduit à l'aviron. Quelques-uns ont un mât et portent des fardeaux considérables. On s'en sert pour transporter les marchandises du navire dans le port ou dans l'intérieur des rivières.

CHALAZE (du grec *chalaza*, grêle), petite tumeur des paupières qui ressemble à un grain de grêle. — Gærtner a donné ce nom au point qui répond, sur la tunique interne d'une graine, à l'insertion du cordon ombilical : c'est l'*ombilic interne* de quelques botanistes. — On nomme encore *chalazes* (*tractus albuminosi*) deux cordons qui maintiennent le jaune suspendu dans l'œuf d'oiseau.

CHALCIDE (du grec *chalcos*, airain), genre de reptiles de l'ordre des Sauriens, renferme des animaux à tête quadrangulaire, en forme de pyramide, revêtue de plaques polygonales, au tronc et à la queue garnis, en dessus et en dessous, d'écailles quadrangulaires, à 4 pieds, souvent rudimentaires, ou très-petits. Les Chalcides ont l'organisation ainsi que les mœurs des lézards. L'espèce type, le *Ch. de Lacépède* ou *Seps* (*Ch. flavescens*), se trouve dans le midi de l'Europe.

CHALCIDITES (du grec *chalcos*, airain, à cause de leur couleur métallique), tribu d'insectes Hyménoptères de la famille des Pupivores, renferme des insectes ornés souvent de couleurs métalliques très-brillantes, et ayant presque toujours la faculté de sauter. Leurs antennes sont coudées, et la partie au-dessus du coude est en forme de massue allongée.

Les insectes du genre type, appelé *Chalcis*, sont distingués par leur corps épais, leur tête large, et leurs ailes à une seule nervure bifurquée au milieu. L'espèce type est le *Chalcis sispes*, commun dans l'Europe méridionale.

CHALCOGRAPHIE (du gr. *chalcos*, cuivre, et *graphô*, écrire), art de graver sur cuivre. *Voy.* GRAVURE.

CHALE ou SCHALL (de l'anglais *shawl*), sorte de vêtement long ou carré, qui, en Europe, entre dans la toilette des femmes, et dont les Orientaux se servent comme de turban, de manteau, de ceinture et quelquefois même de tapis. Il se fait des châles de toutes les façons, de toutes les formes et de toutes les étoffes : imprimés, damassés, brodés, brochés, etc.; carrés, longs dits *boiteux*, en écharpe, etc.; en laine, en soie, en coton, en laine et soie, en dentelle, etc.; mais les plus beaux et les plus recherchés sont les châles dits *cachemires*, soit de l'Inde, soit de fabrication européenne. *Voy.* CACHEMIRE.

Les procédés mis en usage dans la fabrication des châles varient suivant la nature des étoffes ou la façon qu'on leur donne ; nous indiquerons seulement les principales opérations que nécessite la fabrication du cachemire français, dit *broché*, lequel, abstraction faite du cachemire de l'Inde, peut être considéré comme le type de tous les châles. Ce sont : 1° la *mise en carte*, qui consiste à peindre sur un papier réglé, en couleurs vives, mais transparentes, le sujet de la broderie; 2° le *lisage* et l'*accrochage*, opération compliquée qui a pour but de mettre la carte en contact avec le métier; 3° le *tissage*, qui se fait soit au *lancé*, soit par le *spoulinage*: dans le premier cas, pour obtenir un seul point de couleur, la navette doit faire le trajet de toute la largeur de l'étoffe; il faut ensuite couper à l'envers ce fil de trame devenu inutile, excepté pour le point que l'on veut rendre : ce qui reste est retenu à l'endroit par le liage diagonal ou fil dépendant de la chaîne; dans le second, qui se fait avec de petits fuseaux pointus analogues aux *spoulins* (*Voy.* ce mot), on enchaîne intimement ensemble les fils de trame, de manière à en faire une sorte de tricot si solide que, si l'on enlève tous ceux de la chaîne quand le travail est terminé, les fils de la trame se montrent encore inséparables, unis qu'ils sont par leurs travers : dans les deux cas, le travail se fait à l'envers; 4° le *découpage* : cette opération, qui donne au châle français le caractère qui le distingue du cachemire de l'Inde, consiste à enlever les fils devenus inutiles ; il se fait à la main sur un métier mobile ou à la mécanique. Après le découpage, le châle passe dans les mains de l'apprêteur, qui le lave, le fait sécher tendu, le presse à chaud, et le met ainsi en état d'être livré à la consommation. Paris, Lyon et Nîmes sont en France les villes où l'on fabrique le plus de châles et les plus beaux. — Pour le mode de fabrication des cachemires de l'Inde, *Voy.* CACHEMIRE.

Les châles étant un des produits de l'industrie les plus importants et les plus recherchés, sont devenus, surtout dans ces derniers temps, l'objet de tromperies de toute espèce, qui portent soit sur la matière des tissus qui y entrent, soit sur leur origine et sur le mode de fabrication ; pour déjouer la fraude, on a proposé de ne vendre de châles qu'avec la *marque de la fabrique* d'où ils sortent. Il est à désirer que cette proposition loyale soit promptement adoptée.

CHALEF (nom d'une illustre famille arabe), en latin *Elæagnus*, genre type de la famille des Élæagnées, renferme des arbres ou des arbrisseaux à feuilles alternes et blanchâtres, et à fleurs campanulées contenant de 4 à 6 étamines. La principale espèce, l'*Elæagnus angustifolia*, est connue vulgairement sous le nom d'*Olivier de Bohême*, à cause de sa ressemblance avec l'olivier. Il s'élève à 5 ou 6 m.; ses fleurs sont jaunes et d'une odeur agréable; son feuillage est argenté. Ses fruits se mangent en Orient, où cet arbre est très-répandu.

CHALET, petit bâtiment plat, fait de troncs et de branches d'arbres ou de planches et recouvert de chaume, que les Suisses construisent sur les montagnes pour leur habitation ; il se dit spécialement des cabanes où se font les fromages. Leur aspect pittoresque les a fait entrer parmi les ornements de nos parcs et de nos jardins.

CHALEUR ou CALORIQUE (du latin *calor*), agent qui est la cause des sensations de chaud ou de froid que nous éprouvons. Les principales sources de chaleur sont, avec la combustion, l'insolation, la percussion, le frottement, les décharges électriques, la compression des gaz et les combinaisons chimiques. On peut faire concourir ces différentes sources de chaleur, et obtenir ainsi les effets les plus intenses. Les sources de froid résident principalement dans les changements d'état des corps, ainsi que dans la vaporisation, la fusion, etc. (*Voy.* FROID ARTIFICIEL). Le calorique suit, dans beaucoup de cas, les mêmes lois que la lumière; c'est ce qui fait admettre par beaucoup de physiciens qu'il n'est qu'une des modifications de la substance impondérable qui remplit l'espace, et à laquelle on donne le nom d'*éther*.

La partie de la Physique qui traite de la chaleur étudie : 1° les effets physiques qu'elle produit dans les corps, tels que les *changements de volume* ou la *dilatation*, et les *changements d'état* ou le passage de l'état solide à l'état liquide et de l'état liquide à l'état de vapeur (*Voy.* DILATATION, THERMOMÈTRE, DENSITÉ, FUSION, VAPEUR, ÉBULLITION); 2° la *propagation de la chaleur* au contact ou à distance (*Voy.* CHALEUR RAYONNANTE), et la *calorimétrie* ou moyens de mesurer les quantités de chaleur nécessaires pour la production d'effets déterminés. *Voy.* CHALEUR SPÉCIFIQUE, CHALEUR LATENTE.

Les phénomènes de la chaleur sont des plus importants pour la science et l'industrie. L'action de l'homme sur la nature est fondée principalement sur l'emploi de la chaleur : la plupart des transformations physiques ou chimiques que les corps subissent sont dues à cet agent ; c'est aussi la chaleur qui fournit le plus souvent à l'industrie la force motrice nécessaire.

Les physiciens ne se sont occupés que fort tard de la théorie de la chaleur. L'invention du thermomètre et les perfectionnements apportés à cet instrument au commencement du XVIIIᵉ siècle par Réaumur, Hales, Fahrenheit, Musschenbroeck, marquent les premiers pas de la science dans cette branche de la physique. Vers la même époque, Stahl, Crawford, Wilkes et Black démontrèrent l'existence du calorique latent ; Hawkesbee reconnut les différents degrés de dilatation que la chaleur fait éprouver à l'air atmosphérique. De nos jours, les lois de la distribution du calorique et ses divers modes de transmission ont été étudiés avec soin par MM. Leslie, Nicholson, Bérard, Arago, Despretz et Pictet. Fourrier, Laplace et Poisson ont fondé la théorie mathématique de la chaleur rayonnante; on doit à M. Melloni, de Parme, à M. Forbes, d'Édimbourg, et tout récemment à MM. de la Provostaye et Desains, de nombreuses expériences sur le même sujet. Des travaux importants sur les chaleurs latentes et les chaleurs spécifiques ont été faits par MM. Delaroche et Bérard (1812), Dulong et Petit (1819 et 1828), Aug. de la Rive et Marcet (1827 et 1836), Regnault (1840), Person (1847), etc. Dalton et Gay-Lussac ont trouvé la loi de la dilatation des gaz. La chaleur dégagée par les combinaisons chimiques a été particulièrement étudiée par MM. Fabre et Silbermann. Les tensions des vapeurs sous des pressions différentes ont été déterminées par MM. OErsted et Perkins, Dulong, Arago, etc. — Un traité spécial de la *Chaleur considérée dans ses applications* a été publié par M. Péclet (1829 et 1844, 2 vol. in-4).

CHALEUR ANIMALE, CALORICITÉ ANIMALE, chaleur dégagée par les êtres vivants. La température des animaux inférieurs est presque la même que celle des milieux où ils vivent; mais les animaux supérieurs ont une température propre qui se conserve à peu près la même, quelle que soit celle des corps environnants, et qui semble se modifier presque uniquement sous l'influence des fonctions vitales. Chez beaucoup d'animaux, la chaleur est développée en quantité si minime qu'elle échappe à un examen superficiel : de là la dénomination d'*animaux à sang froid* donnée aux poissons, aux reptiles et à tous les animaux dont la température diffère peu de celle du milieu ambiant, par opposition à celle d'*animaux à sang chaud*, qui s'applique aux oiseaux et aux mammifères. Les oiseaux sont, de tous les animaux, ceux dont la température est la plus élevée ; elle varie chez eux de 40 à 44 degrés centigr. Chez l'homme, la température moyenne est de 37° centigr.; elle diminue du centre à la périphérie. On attribue généralement la chaleur animale aux phénomènes chimiques déterminés dans l'organisme par l'oxygène qui y est entraîné par la respiration et par la circulation du sang ; il est certain du moins que les parties privées de vaisseaux sanguins, comme les ongles et les poils, n'ont pas de chaleur propre. Le système nerveux paraît aussi jouer un rôle dans le développement de la chaleur animale, par l'influence qu'il exerce sur la circulation du sang. Les expériences les plus exactes sur les causes de la chaleur animale ont été faites en 1823, à peu près en même temps, par Dulong et par M. Despretz; en 1852, MM. A. Duméril, Demarquay et Lecomte ont étudié les substances médicamenteuses qui peuvent élever ou abaisser la température du corps humain.

CHALEUR LATENTE (du latin *latere*, être caché),

quantité de chaleur que les corps absorbent ou dégagent au moment où ils changent d'état, sans que leur température subisse aucune variation apparente. Si on mêle 1 kil. de glace à la température de 0°, et 1 kil. d'eau à la température de 75°, on obtient, après la fusion complète de la glace, 2 kil. d'eau à la température de 0°; ainsi la glace s'est fondue, mais elle n'a pas changé de température; l'eau chaude à 75° est restée liquide, mais elle s'est refroidie jusqu'à la température de la glace. On en tire cette conséquence que, *pour se fondre*, le kilogramme de glace absorbe tout le calorique que perd le kilogramme d'eau en descendant de 75° à 0° : la chaleur absorbée et comme disséminée dans la masse liquide résultant de cette fusion est la *chaleur latente* ou *chaleur de fusion*. L'eau, en se congelant, dégage, pendant sa solidification, toute la chaleur qu'elle avait absorbée pendant sa fusion. Le même phénomène d'absorption se produit dans le passage de l'état liquide à l'état de vapeur : le calorique absorbé alors par la vapeur s'appelle encore *Chaleur latente*, et quelquefois *Chaleur de vaporisation* ou *Chaleur d'élasticité*. Quand la vapeur revient à l'état liquide, elle dégage aussi pendant sa condensation toute la quantité de calorique qu'elle avait absorbée pour se former.

CHALEUR RAYONNANTE, chaleur qui, émanant d'un corps, passe au travers de certains autres corps, appelés *diathermanes*, comme la lumière passe au travers des corps diaphanes. Une partie de la chaleur du soleil traverse, comme la lumière, toute l'étendue de l'atmosphère sans en être absorbée ; de même, le feu du foyer nous échauffe à distance, sans que la chaleur qu'il émet soit absorbée par les couches d'air qui nous en séparent. D'après cette analogie, on dit des *rayons calorifiques*, des *rayons de chaleur*, comme on dit des rayons lumineux ou des rayons de lumière. Le *pouvoir rayonnant* ou *pouvoir émissif* existe dans tous les corps indistinctement : il se manifeste dans un morceau de glace comme dans un fer rouge. On démontre cette continuelle action du pouvoir émissif en disposant en présence l'un de l'autre, à 5 ou 6 m. de distance, deux grands miroirs sphériques ou paraboliques de cuivre poli, de manière que leurs axes soient coïncidents ; au foyer du premier miroir on met du charbon allumé, au foyer du second, un morceau d'amadou ; celui-ci s'enflamme alors comme s'il était en contact avec le feu. Pour des expériences plus délicates, on emploie le *thermoscope de Rumford*, le *thermomètre à air*, le *thermomètre différentiel de Leslie*, ou le *thermomultiplicateur* de M. Melloni (*Voy.* ces mots). Au pouvoir rayonnant on oppose le *pouvoir absorbant* qui est en action continuelle pour réparer les pertes dues au pouvoir émissif; en outre, les corps ont en général un *pouvoir réfléchissant*, par lequel ils renvoient, sans l'absorber, une portion plus ou moins grande de la chaleur rayonnante qu'ils reçoivent des surfaces environnantes. Ces différents pouvoirs varient suivant la nature des surfaces : le pouvoir absorbant est toujours en raison directe du pouvoir rayonnant ; le pouvoir réfléchissant, au contraire, est en raison inverse du pouvoir absorbant et du pouvoir rayonnant. Ainsi les corps polis, qui réfléchissent beaucoup plus que les corps non polis, s'échauffent aussi et se refroidissent beaucoup plus lentement, parce qu'ils n'absorbent et n'émettent que peu de chaleur. Les objets noirs ont aussi un pouvoir émissif beaucoup plus grand que les objets blancs, dont le pouvoir réfléchissant est plus considérable : c'est ce qui fait que l'on doit préférer les vêtements blancs dans les pays chauds et dans les pays froids; dans les premiers, ils empêchent l'introduction de la chaleur ; dans les seconds, ils en préviennent la déperdition. — La formation de la rosée est un des effets du rayonnement nocturne des corps vers les espaces célestes.

CHALEUR SPÉCIFIQUE, quantité de chaleur qu'un

corps exige pour que sa température s'élève d'un certain nombre de degrés. Pour mesurer cette quantité, on est convenu de prendre pour *unité* la quantité de chaleur qui est nécessaire pour élever de 1 degré la température de 1 kilogr. d'eau. Quand on dit, par exemple, que la chaleur spécifique du fer est de 0,11, cela signifie que, pour élever de 1 degré la température de 1 kilogr. de fer, il ne faut que 0,11 de la quantité de chaleur qui est nécessaire pour élever de 1 degré la température de 1 kilogr. d'eau. On détermine les chaleurs spécifiques par trois méthodes : celle du calorimètre, celle des mélanges et celle du refroidissement. *Voy.* CALORIMÉTRIE.

CHALON, grand filet de rivière qui se tire en remontant le cours de l'eau, au moyen de deux bateaux auxquels il est attaché. Ce filet est prohibé, comme tous les filets destinés à rebrousser l'eau.

CHALOUPE (de l'italien *scialuppa*, même signif.), la plus grande embarcation que porte un navire : c'est une embarcation forte et solide, mais non pontée, allant à l'aviron et à la voile, dont on se sert principalement dans les ports et les rades pour le transport des vivres, des munitions, des ancres, en un mot, des fardeaux de tout genre; en pleine mer, la chaloupe reste fixée sur le pont du navire. Il ne faut pas confondre les *chaloupes* avec les *canots*, dont la première condition est la légèreté et la rapidité.

Chaloupe canonnière. Voy. CANONNIÈRE.

On appelle vulgairement *Chaloupe cannelée* la coquille de l'Argonaute.

CHALUMEAU (de *calamus*, roseau). Ce mot qui, au propre, signifie tout tuyau de paille, de roseau, de métal, etc., désigne, en Musique, l'un des plus anciens instruments à vent, instrument qui était formé dans le principe d'un simple tube de roseau percé de quelques trous. Cet instrument pastoral est encore en usage dans quelques contrées méridionales, et, bien qu'il ait été perfectionné, il a un timbre nasillard peu agréable. Le chalumeau a donné naissance au hautbois. — On appelle chalumeau, dans la clarinette, la série des sons de cet instrument qui sont au-dessous du *la* entre les lignes de la clef de *sol*.

En Chimie, on nomme *chalumeau* un tube de verre ou de métal dont un bout est arqué, et dont le canal intérieur va en se rétrécissant jusqu'à ne former, à cette extrémité, qu'une ouverture aussi fine que le serait le trou fait avec une aiguille. On tient cette ouverture contre la flamme d'une lampe, dite *lampe d'émailleur*, tandis qu'on souffle par l'autre bout avec la bouche : la flamme se dévie ainsi latéralement et acquiert une chaleur d'une très-grande intensité. Cette flamme détermine la fusion d'une infinité de corps; elle oxyde ou réduit les combinaisons métalliques, effectue des vitrifications, et peut servir à toutes les opérations qui exigent une température élevée. Les orfévres, les émailleurs, les bijoutiers, les essayeurs des monnaies font un fréquent usage du chalumeau pour opérer des soudures de peu d'étendue, pour monter des diamants, faire des essais de tout genre. Les chimistes l'emploient comme moyen d'analyse : c'est le moyen le plus simple, le plus économique, et en même temps l'un des plus puissants. On obtient la température la plus élevée avec le *chalumeau à gaz oxy-hydrogène*, dans lequel on utilise la combustion d'un mélange gazeux formé de 2 parties d'hydrogène et de 1 partie d'oxygène : on fait passer ce mélange par l'ouverture d'un chalumeau et on l'enflamme. La flamme ainsi obtenue fond facilement les corps les plus réfractaires, tels que le platine, le quartz et même l'alumine. Pour prévenir les dangers d'une explosion qui pourrait avoir lieu quand la flamme se retire, on dispose dans l'intérieur des chalumeaux de ce genre une ou plusieurs toiles métalliques très-fines qui suffisent pour empêcher la flamme de pénétrer. La science doit au chalumeau un grand nombre de découvertes utiles;

il a été employé pour la première fois à l'examen des minéraux en 1738 par André de Schwab. Cronstedt, Rinmann, Gahn, Scheele et en particulier Bergmann l'ont perfectionné. Le professeur Hare de Philadelphie a le premier eu l'idée de construire un chalumeau à gaz oxygène et hydrogène. Berzélius, et plus récemment M. Plattner, ont écrit des traités spéciaux sur l'emploi du chalumeau. *Voy.* SOUFFLAGE.

CHALUT, filet en forme de chausse ou de bourse à fermoir : c'est une sorte de drague. Il sert surtout à prendre le poisson plat. On le jette au fond de la mer, puis, laissant les voiles, l'embarcation se met en route en le traînant derrière elle.

CHAMADE (du latin *clamare*, crier, appeler), batterie de caisse dont se servent les assiégeants pour avertir les assiégés qu'ils aient à se rendre, et ceux-ci, pour annoncer qu'ils veulent parlementer.

CHAMÆCERASUS, nom latin du *Camérisier*.

CHAMÆROPS (du grec *chamai*, à terre, et *rôpès*, broussailles), genre de la famille des Palmiers, est composé d'espèces de petite dimension, et a pour type le *Palmier nain* (*Ch. humilis*), le plus petit des palmiers et le seul qui croisse en Europe. Il est souvent même sans tige; ses feuilles, profondément digitées et portées sur un pédoncule épineux, font l'effet d'un large éventail, d'où le nom de *palmier éventail*. Il est très-commun en Espagne, en Italie, et surtout en Algérie, où ses racines infestent les champs.

CHAMBELLAN (de *chambre*), dit aussi *Camérier* et *Camerlingue*, officier chargé de veiller à tout ce qui regarde le service intérieur de la chambre d'un prince souverain : il porte pour marque distinctive une clef attachée ou brodée sur la poche droite de l'habit. Le titre de *Grand Chambellan* était autrefois une des grandes charges de la couronne de France; il a cessé d'exister en 1830. — Aujourd'hui il n'y a plus guère de chambellans que dans quelques cours étrangères, en Allemagne principalement. Aux termes de la bulle d'Or, l'électeur de Brandebourg était *archichambellan* de l'Empire. A Rome, le *grand chambellan* ou *cardinal camerlingue* administre les revenus du sacré collége et gouverne pendant les vacances du Saint-Siège.

CHAMBRANLE (de *chambre*), cadre de bois, de pierre ou de marbre, qui borde les portes, les fenêtres et les cheminées, est composé de deux montants verticaux et d'une traverse supérieure horizontale. Les chambranles peuvent être décorés de moulures, cannelures, sculptures, etc. On nomme *Ch. à crossettes* celui qui a des oreillons à ses encoignures; *Ch. à cru*, celui qui porte sur l'aire du pavé ou sur un appui de croisée sans plinthe.

CHAMBRE (du grec *camara*). Ce mot a été étendu au lieu où s'assemblent les législateurs, ainsi qu'à divers siéges de juridiction religieuse, civile, ou commerciale, etc.

CHAMBRE APOSTOLIQUE. On nomme ainsi à Rome un tribunal ecclésiastique qui sert en même temps de conseil des finances du pape; il est présidé par le cardinal camerlingue.

CHAMBRE ARDENTE, tribunal formé en France à certaines époques pour des cas exceptionnels. *Voy.* le *Dict univ. d'Hist. et de Géogr.*

CHAMBRES CIVILES, ancienne juridiction du Châtelet de Paris, dont le lieutenant civil était seul juge. — Aujourd'hui on donne ce nom en général aux subdivisions des divers tribunaux civils, tribunaux de première instance, cours d'appel et cour de cassation. On les oppose aux *Chambres criminelles*.

CHAMBRES DE COMMERCE, assemblées des principaux négociants d'une ville, réunis pour traiter ensemble des affaires de leur compétence, et pour fournir au gouvernement des renseignements sur l'état du commerce et sur les moyens de le rendre florissant. La conception de cette utile institution paraît appartenir à la ville de Marseille, qui possédait, dès le xive siècle, une chambre de commerce; il fut créé en 1701 des chambres de commerce dans les principales villes de France; les chambres de commerce furent supprimées en 1791, puis rétablies dans un grand nombre de villes par un arrêté du 3 nivôse an XI. Leur organisation actuelle a été réglée par un décret du 3 septembre 1851, qui les reconnaît comme établissements d'utilité publique.

CHAMBRE DES COMPTES. *Voy.* COUR DES COMPTES.

CHAMBRES CONSULTATIVES des Arts et Manufactures, chambres créées en l'an XI de la République française et reconstituées par ordonnance du 16 juin 1832, ont pour mission de faire connaître les besoins des manufactures, fabriques, etc., et les moyens d'amélioration. Elles peuvent être suppléées par les chambres de commerce.

CHAMBRE ECCLÉSIASTIQUE, tribunal où l'on connaissait des affaires qui avaient rapport aux décimes et autres impôts sur le clergé. Il y en avait 9 en France (à Paris, Rouen, Tours, Bordeaux, Pau, Toulouse, Aix, Lyon et Bourges). Ces chambres étaient ordinairement composées de l'archevêque et des autres prélats du diocèse, d'un député de chacun des diocèses du ressort, de trois conseillers-clercs au parlement et du présidial du lieu.

CHAMBRE ÉTOILÉE, haute cour de justice en Angleterre. *V.* le *Dict. univ. d'H. et de G.*, au mot CHAMBRE.

CHAMBRE IMPÉRIALE, tribunal de l'Empire, où se jugeaient les affaires des différents États d'Allemagne, et, par appel, celles des particuliers. La chambre impériale siégea d'abord à Spire, puis à Worms, à Augsbourg, etc., et fut enfin transférée à Wetzlar, où elle est restée jusqu'à l'époque où elle cessa d'exister, avec l'empire d'Allemagne (1806).

CHAMBRES LÉGISLATIVES (*des Pairs, des Députés, des Lords, des Communes,* etc.). *Voy.* le *Dict. univ. d'Hist. et de Géogr.* à chacun de ces mots et les articles PARLEMENT, SÉNAT, CORPS LÉGISLATIF.

CHAMBRE DES MISES EN ACCUSATION, DES VACATIONS, etc. *Voy.* ACCUSATION, VACATIONS, etc.

CHAMBRE CLAIRE, dite aussi *camera lucida,* appareil d'optique servant à tracer l'image exacte d'un objet ou d'un paysage. Il se compose principalement d'une lame de glace ou miroir incliné et d'un prisme triangulaire, à angle droit, dont une des faces est perpendiculaire à cette lame. Les rayons de l'objet dont on veut avoir l'image rencontrent d'abord le prisme où ils sont réfractés à leur entrée et à leur sortie, puis ils vont frapper la glace, qui les réfléchit dans une direction qui permet de recevoir l'image sur une feuille de papier où on peut la tracer au crayon. — La chambre claire a été imaginée par Wollaston, modifiée par M. Amici, professeur à Modène, et perfectionnée en dernier lieu par M. Vincent Chevalier. Elle est aujourd'hui d'une construction assez commode pour être facilement transportable. Elle offre l'avantage de pouvoir servir par tous les jours possibles; la lumière qui entre par la fenêtre d'un appartement suffit pour éclairer les objets qu'on veut dessiner.

CHAMBRE NOIRE OU OBSCURE, *camera oscura,* appareil d'optique destiné à produire sur un tableau l'image réelle d'un champ de vision plus ou moins étendu. Il se compose d'une boîte fermée qui porte en avant un tuyau mobile, dans lequel est enchâssée une lentille convergente. Les rayons partis d'un objet situé en avant de la lentille vont peindre au fond de la boîte une image renversée de cet objet. Ce fond est fait avec une glace dépolie, derrière laquelle on peut décalquer l'image. Pour plus de commodité, on met dans la boîte un miroir, sous une inclinaison de 45 degrés. Les faisceaux de lumière s'y réfléchissent alors et viennent former l'image au fond de la boîte. Celle-ci est garnie sur les côtés d'un couvercle, afin de laisser dans l'obscurité la glace qui reçoit l'image. Le tuyau est mobile, parce que l'image ne se produit pas toujours à la même place, cette place variant suivant la distance des objets; on rapproche ou l'on recule la lentille jusqu'à ce que l'image soit parfaitement nette. Une autre disposition, plus commode, consiste à mettre en dehors de la boîte un miroir et à l'ouverture une lentille; les rayons réfléchis par le miroir traversent la lentille et forment l'image sur la table même du dessinateur. La chambre noire forme une des pièces essentielles du daguerréotype — On attribue généralement l'invention de la chambre noire à Baptiste Porta, qui en a donné une description dans sa *Magia naturalis* (Anvers, 1587). Il paraît toutefois que Roger Bacon la connaissait déjà.

En Anatomie, on appelle *chambres de l'œil,* deux cavités remplies par l'humeur aqueuse et par l'humeur vitrée, et communiquant par le trou de la pupille.

CHAMBRIER, officier qui avait soin de la chambre du roi, et qui commandait aux domestiques appelés *valets de chambre.* Dans l'empire romain, le *grand chambrier* (*præpositus sacri cubiculi*) était un des principaux officiers de la cour de l'empereur. Il en a été de même en France jusqu'en 1545, époque à laquelle l'office de chambrier fut supprimé. Le *grand chambrier* avait juridiction sur tous les marchands et artisans du royaume. — Dans quelques monastères rentés et dans quelques chapitres, le chambrier était un officier claustral qui avait soin des revenus ruraux d'une abbaye. *Voy.* CAMÉRIER.

CHAMEAU, en latin *Camelus,* genre de la famille des Ruminants sans cornes, caractérisé par la lèvre supérieure fendue, le pied bifurqué, mais en dessus seulement, et par la présence de canines aux deux mâchoires. On le divise en deux sous-genres : les *Chameaux* proprement dits et les *Lamas.*

Les *Chameaux* proprement dits portent sur le dos d'énormes bosses de graisse, et les doigts de leurs pieds sont réunis en dessous par une semelle épaisse et flexible. De plus, leur panse est garnie de vastes cellules où ils peuvent conserver de l'eau pour plusieurs jours, ce qui leur permet de traverser sans boire de vastes déserts. Il en existe deux espèces : le *Ch. à deux bosses* de l'Asie (*C. bactrianus*), qui atteint 2m,30 de haut, et le *Ch. à une bosse* ou *Dromadaire* (*C. dromedarius*), qui habite l'Afrique. Ce dernier est pour l'Arabe un présent du ciel : son lait sa chair, son poil, qui se renouvelle tous les ans, fournissent à ses premiers besoins. L'Arabe instruit ses chameaux dès leur naissance : il leur plie les jambes, les charge chaque jour d'un poids plus fort; il règle leur repas, en diminuant peu à peu la quantité de nourriture. Lorsqu'ils sont assez robustes, il les exerce à la course par l'exemple des chevaux. Un chameau ainsi exercé peut faire 200 kilom. en un seul jour, ou 1,200 kilom. en huit jours sans boire ni manger. Si, dans le désert, il se trouve une mare sur son passage, il la sent de fort loin, double le pas, à boit pour le temps passé et pour autant de temps à venir. En Turquie, en Perse, en Arabie, il s'établit de nombreuses caravanes pour le transport des marchandises à dos de chameau : chaque chameau est chargé selon sa force; si on lui donne une charge trop forte, il la refuse et reste couché jusqu'à ce qu'on l'ait allégé. Les grands chameaux portent 600 kilogr., les petits 300; et comme la route est souvent de 2,500 à 3,000 kilom., on règle leur marche au pas à 40 ou 50 kilom. par jour. Chaque soir, on leur laisse paître en liberté quelques plantes sèches, telles que l'absinthe, le chardon, l'ortie, le genêt, nourriture qui leur plaît mieux que la verdure tendre. Le cheval craint, dit-on, le chameau, et ne peut même souffrir son odeur. Suivant Hérodote, Cyrus, redoutant la cavalerie des Lydiens, fit mettre en tête de son armée tous les chameaux qui portaient les vivres et les bagages; ce qui fit prendre la fuite aux chevaux de Crésus.

Pour le sous-genre *Lama, Voy.* ce nom.

On nomme *Chameau-Léopard* ou *Caméléopard* la Girafe; *Ch. du Pérou,* le Lama; *Ch. marin,* une espèce de poisson du genre Ostracion ; *Ch. de rivière*, le Pélican. — *Chameau* est aussi le nom vulgaire de la coquille appelée *Strombe Lucifer*.

Dans la Marine, on nomme *Chameau* un grand ponton qui sert à soulever un bâtiment pour le faire passer sur de petits fonds. On en emploie deux par navire, l'un à la droite, l'autre à la gauche du bâtiment.

CHAMEDRYS (du grec *chamai*, à terre, et *drys*, chêne), nom spécifique de la *Germandrée petit-chêne (Teucrium Chamædrys)*. *Voy.* GERMANDRÉE.

CHAMOIS, *Antilope rupicapra*, espèce du genre Antilope. La taille du chamois est celle d'une forte chèvre ; son pelage, assez long et bien fourni, se compose de poils soyeux et de poils laineux ; il est brun foncé en hiver, et brun fauve en été ; ses cornes, de 12 à 13 centimèt. de longueur, sont d'abord droites, puis recourbées subitement en arrière. Cet animal se tient en troupes peu nombreuses dans les hautes montagnes. On le trouve principalement dans les Alpes et dans les Pyrénées, où il reçoit le nom d'*Isar*. La chasse du chamois est fort difficile, et demande autant de hardiesse que d'agilité. La peau de chamois sert à faire des gants, des ceintures, des culottes, et même des vestes et des bas.

CHAMOISEUR, nom donné à celui qui prépare non-seulement les peaux de chamois, mais aussi d'autres peaux, telles que celles de veau, de daim, de chèvre, de mouton, etc. L'art du chamoiseur comprend une série d'opérations dont les principales sont : la mise *en chaux* ; le *pelage*, qui se fait avec une pierre à aiguiser ; l'*effleurage*, qui consiste à enlever l'épiderme ; le *confit*, bain d'eau aigrie avec du son qui prépare la peau à recevoir l'huile ; le *foulage* et l'*échauffé*, qui ont pour but de faire pénétrer l'huile dans les pores de la peau par la compression et la chaleur ; le *remaillage*, qui achève d'unir la surface de la peau ; et le *dégraissage*, qui enlève l'huile surabondante ; après quoi, il n'y a plus qu'à passer le *palisson* sur la peau pour l'empêcher de se racornir, et à la parer avec la *herse*.

CHAMP (du latin *campus*), pièce de terre labourable, qui ordinairement n'est pas fermée de murailles. — Au moyen âge, on appelait *champ clos* un lieu enfermé de barrières, dans lequel deux ou plusieurs personnes vidaient leurs différends par les armes, avec la permission du roi ou des juges. — On a donné de tout temps le nom de *champ* à de vastes espaces consacrés soit à différents exercices, comme le *Champ de Mars* des Romains, soit à des assemblées politiques, comme les *Champs de Mars*, ou *de Mai*, des Francs, soit à la promenade et à certains spectacles, comme nos *Champs-Élysées*, etc.

En Optique, on appelle *champ* de la vision, *champ* d'une lunette, l'étendue des objets que l'œil ou la lunette peut embrasser. La grandeur du champ qu'embrasse un instrument dépend de la grandeur du foyer et de l'ouverture de l'oculaire. Plus le foyer est étendu et l'ouverture grande, plus aussi le champ est considérable.

En termes de Blason, le *champ* est le fond d'un écu.

CHAMPART (du latin *campi pars*, partie du champ), droit que les seigneurs de fief avaient, en quelques lieux, de lever une certaine quantité de gerbes sur les terres qui étaient en leur censive.

CHAMPI (de *champ*; trouvé dans un champ), autrefois synonyme de bâtard. *Voy.* ENFANT NATUREL.

CHAMPIGNONS (en italien *campinione*, dérivé lui-même de *campus*, champ), en latin *Fungus*, en grec *Mykês*, famille de plantes Acotylédones (*Cryptogames* de Linné), sans feuilles, ni fleurs, ni fruits ; charnues, gélatineuses, souvent coriaces ou ligneuses ; de couleur très-variée, de texture homogène. Ils ne vivent en moyenne que de huit à dix jours. Les Champignons peuvent présenter dans leur structure huit sortes d'organes, savoir : 1° une *racine* filamenteuse ; 2° la *bourse* ou *volva*, sorte de sac qui

entoure la plante ; 3° le *pédicule* ou *stipe*, organe qui supporte le chapeau ; 4° le *tégument* ou *voile*, membrane qui, partant du sommet de la base du pédicule, enveloppe le chapeau ; 5° le *chapeau* ; 6° la *membrane séminifère*, lisse et unie, formée par une multitude de petites capsules membraneuses, dites *theca* ou *ascus* ; 7° les *capsules*, petits sacs membraneux, renfermant les sporules ; 8° les *sporules*, graines qui servent à la reproduction.

Les botanistes divisent aujourd'hui les Champignons en six sections : BASIDIOSPORÉS, à fructifications situées à la surface et dans le parenchyme même du réceptacle ; genres : *Agaricus, Amanita, Cantharellus, Boletus, Secotium, Hydnum, Clavaria, Tremella, Clathrus, Lycoperdon, Bovista, Scleroderma, Polygaster, Cyathus* ; THÉCASPORÉS, à spores renfermées dans des utricules ou *thèques : Morchella* (Morille), *Helvella, Peziza, Helotium, Hypoxylon, Tuber* (Truffe) ; CLINOSPORÉS, à spores fixées sur une lame propre, intérieure ou extérieure au réceptacle : *Conisporium, Sphacelia, Stilbospora, Uredo, Puccinia* ; CYSTOSPORÉS, à réceptacle filamenteux terminé par des capsules contenant les spores : *Mucor, Cystopora, Hydrophora, Helicostylum* ; TRICHOSPORÉS, à réceptacle simple ou rameux, recouvert de spores nues : *Ceratium, Dacrina, Fusidium, Diplosporium, Botrytis, Helminthosporium* ; ARTHROSPORÉS, à réceptacle filamenteux avec spores terminales en chapelet : *Antennaria, Monilia, Penicillium, Aspergillus, Oïdium.* — Pour les principaux de ces genres, *Voy.* leurs articles spéciaux : AGARIC, BOLET, MORILLE, TRUFFE, etc.

Presque tous les champignons contiennent du sucre, de l'osmazôme et un acide particulier, appelé *acide fungique*. Un grand nombre sont comestibles, tels que le *Ch. de couche* (*Voy.* ci-après), l'*Oronge*, le *Cèpe* et plusieurs autres espèces du genre Bolet ; beaucoup aussi sont vénéneux. Certains champignons vivent en parasites sur les plantes, et occasionnent de grands dommages : tels sont le *charbon* (*Uredo carbo*), qui attaque la glume du blé ; la *rouille* (*U. rubigo*), qui forme des taches ovales sur les feuilles et ses tiges ; la *carie* (*U. caries*), qui se développe dans l'intérieur des grains de froment ; l'*oïdium*, qui attaque la vigne ; les *moisissures*, qui attaquent les confitures, le vieux pain, le fromage, etc. ; la plupart de ces champignons sont microscopiques.

La distinction des champignons comestibles et des vénéneux exige une habitude à laquelle la meilleure description ne saurait suppléer. En général, une odeur et une saveur désagréables, une chair mollasse et spongieuse, un changement de couleur quand on les entame, l'habitation dans les lieux très-ombragés et humides, sur les bois pourris, une couleur rouge brillante, dénotent les mauvais champignons. Les bons, au contraire, sont caractérisés par une odeur de rose, d'amande amère ou de farine récente ; par une saveur de noisette ; par une organisation simple, une surface sèche et charnue, une consistance ferme, non fibreuse, une couleur franche, rosée, vineuse ou violacée, ne changeant point à l'air. Ils habitent les lieux peu couverts, les friches et les bruyères ; enfin, le temps les dessèche sans les altérer. Au reste, tous peuvent être rendus comestibles en les laissant macérer pendant un temps plus ou moins long dans le vinaigre, l'eau vinaigrée ou l'eau très-salée, qui dissout le principe délétère. Aussi, en cas d'empoisonnement, doit-on bien se garder de faire avaler au malade aucun de ces liquides, de peur de faciliter l'action du poison en le délayant ; on doit alors se hâter de recourir aux vomitifs et même aux purgatifs, si le poison a été ingéré depuis longtemps. On calme ensuite par des boissons mucilagineuses l'irritation produite par ces évacuants.

Le *Champignon de couche*, ou *Agaric comestible*, est le seul qu'il soit permis de vendre sur les marchés de Paris. On le reconnaît à sa forme arrondie en boule, à son pédicule plein, haut de 3 à 5 centimètres, à son chapeau convexe, lisse, glabre, garni en dessous de feuillets d'un rose un peu terne, et qui deviennent noirâtres en vieillissant. Sa couleur générale est d'un blanc brunâtre, et il a une odeur très-agréable. On le cultive sur des couches artificielles dans les carrières de Paris et les catacombes, et la consommation en est telle qu'il en est apporté chaque jour à la Halle 20 à 25,000 maniveaux (petits paniers). Pour cette culture, on dresse une couche de 50 à 60 centimètres d'épaisseur avec du fumier de cheval très-récent et débarrassé des pailles sèches et du foin. On la piétine et on l'arrose légèrement avec l'arrosoir à gerbe. Au bout de huit ou dix jours, la fermentation a développé des points blancs à l'intérieur et à la surface. Alors, on démonte la couche, on la mêle avec la fourche, et on la redresse à la même place, en ayant soin de la recouvrir d'une chemise de litière longue, qui maintient l'humidité et empêche le refroidissement. Huit jours après, la couche ayant acquis assez de chaleur, on la *larde*, c'est-à-dire qu'on y introduit çà et là avec la main du *blanc de champignon* (*Voy.* BLANC). On la couvre de nouveau de la chemise de paille; et dès que le blanc prospère, c.-à-d. ordinairement après 8 ou 15 jours, on l'arrose légèrement, on étend dessus une couche de terreau de quelques centimètres d'épaisseur, et l'on replace la chemise de paille. On récolte ensuite successivement les champignons bons à manger; et lorsque la couche est épuisée, ce qui arrive au bout de cinq à sept mois de production, on la démonte pour en refaire une nouvelle.

L'étude des champignons, longtemps négligée, a été cultivée avec soin depuis environ un siècle et a été récemment élevée au rang de science sous le nom de *Mycologie*. Les auteurs auxquels elle doit le plus sont Paulet, Bulliard, Persoon, Nées d'Esembech (auteur d'un *Systema mycologicum*), Luik, Fries; les docteurs Mérat, Mongeot, Montagne, enfin M. Léveillé, à qui l'on doit la classification adoptée aujourd'hui.

CHAMPION (du bas-latin *campio*, même signification, ou, selon Roquefort, du mot *champ*, et de *pion*, soldat). On nommait ainsi au moyen âge celui qui combattait en champ clos pour sa querelle ou pour la querelle d'autrui. Les vieillards, les estropiés, les ecclésiastiques, les dames, fournissaient des champions. Cet usage s'est maintenu jusqu'à la fin du XVIe siècle. — Dans les tournois, on appelait *champion des dames* un chevalier dont l'office était de prendre sous sa protection tout malencontreux chevalier qui, puni pour avoir enfreint quelqu'un des règlements de la chevalerie, venait réclamer la merci des dames. — En Angleterre, le *champion du roi* est un chevalier armé de pied en cap qui, au couronnement du roi, entre dans la salle de Westminster, jette son gantelet par terre, et propose un cartel à quiconque élèverait des doutes sur la légitimité des droits du nouveau souverain.

CHANCES. *Voy.* PROBABILITÉ.

CHANCELIER (du latin *cancellarius*), officier public dont les attributions ont souvent varié. *Voy.* au *Dict. univ. d'Hist. et de Géogr.* l'art. CHANCELIER et ci-dessous CHANCELLERIE.

Archichancelier, officier de cour, ayant le droit de signer les diplômes du souverain à la tête des grands officiers de la couronne. Dans l'ancien empire d'Allemagne, l'électeur de Mayence était *archichancelier de l'Empire* pour l'Allemagne, l'électeur de Cologne pour l'Italie, et l'électeur de Trèves pour les Gaules. — La création de l'office d'archichancelier remonte en France au IXe siècle. Sous Napoléon, l'archichancelier était, après les princes du sang, le premier dignitaire de l'État. — A Rome, on nomme *archichancelier du Saint-Siége* le grand chancelier de la cour papale.

CHANCELLERIE (de *chancelier*), nom employé ordinairement pour désigner le lieu où l'on scelle certaines lettres ou certains actes, tels que lois, ordonnances, diplômes, brevets, passe-ports, etc., dans le but de leur donner un caractère authentique. Il y avait autrefois en France plusieurs sortes de chancelleries : la plus importante était la *chancellerie de France*, qu'on appelait *grande chancellerie* pour la distinguer des petites chancelleries établies près des parlements et des présidiaux : ces dernières furent supprimées le 7 septembre 1790, et la grande le 27 novembre suivant. La Restauration rétablit le titre de grand chancelier, mais transporta la plupart de ses attributions au garde des sceaux. — Il existe encore en France la *grande chancellerie de la Légion d'honneur;* il y avait sous l'Empire la *grande chancellerie de l'Université.*

Il y a des *chancelleries* dans toutes les ambassades et dans tous les consulats. A Rome, on appelle *chancellerie* le bureau où s'expédient les bulles, les brefs ou autres actes du gouvernement pontifical.

CHANCRE (de *cancer*, écrevisse, soit à cause de la forme des chancres, soit parce qu'on attribuait cette affection à la présence d'un animal qui dévorait les parties malades), nom donné, en Médecine, à de petits ulcères cancéreux qui ont de la tendance à s'étendre et à ronger les parties environnantes, particulièrement à ceux qui proviennent d'une cause vénérienne, aux aphthes malins des enfants, ainsi qu'à certains ulcères qui attaquent les chevaux et le gros bétail : ces derniers prennent différents noms, suivant la place où ils s'établissent; ils attaquent de préférence la langue (*chancre volant*), les fosses nasales (*morve*), les pieds (*fourchet, piétin, crapaud*).

On appelle aussi *chancre* une maladie des arbres qui détruit l'écorce, et réduit le bois en pourriture : on en arrête les progrès en enlevant la partie malade, et en recouvrant la place avec de la vase.

CHANDELIER, ustensile dont tout le monde connaît l'usage. On l'a perfectionné en y adaptant une spirale ou ressort qui pousse la chandelle vers le haut à mesure qu'elle se consume, et un verre de quinquet qui augmente la clarté de la flamme et l'empêche de vaciller. — Dans la Marine, on donne ce nom à des supports verticaux auxquels on attache des cordages.

CHANDELLE (du latin *candela*, flambeau de cire ou de suif). La matière des chandelles était autrefois le suif et la résine; aujourd'hui c'est un mélange égal de suif de bœuf et de suif de mouton, auquel on ajoute quelquefois de la fécule de marrons d'Inde ou de la cire, qui lui donne plus de consistance. Pour les durcir, on emploie l'alun et l'acide azotique; on les blanchit à l'air ou avec du chlore. Les mèches sont en coton filé et tordu, quelquefois mêlé de fil de lin, et trempé dans le vinaigre chaud, ou dans une solution d'acétate de cuivre ou de camphre, ou encore dans l'huile de pétrole. On distingue les *Ch. moulées*, faites dans des moules de verre ou de métal, et les *Ch. plongées* ou *à la baguette*, que l'on fabrique en plongeant à plusieurs reprises dans du suif fondu des baguettes de noisetier garnies de plusieurs mèches. — Les Grecs et les Romains n'ont point connu l'usage des chandelles proprement dites. On ne s'en sert en France que depuis le XIVe siècle. Aujourd'hui, malgré l'extension qu'a prise le commerce de la bougie, on en fait encore une consommation considérable. — On doit à M. Lenormand le *Manuel du Chandelier.*

CHANFREIN (du bas-latin *camus*, licou, et *frænum*, frein), nom donné autrefois à la partie de l'armure qui couvrait le devant de la tête d'un cheval. Le chanfrein était ordinairement en fer poli ou en cuir, et souvent armé d'une pointe de fer très-allongée. — Maintenant, par extension, on appelle ainsi la partie de la tête du cheval qui est entre les sourcils, depuis les oreilles jusqu'aux naseaux. — On nomme aussi *chanfrein* ou *lice* une marque blanche longitudinale que certains chevaux portent à la partie antérieure de la tête.

En Architecture, on donne ce nom à la petite surface que l'on forme en abattant l'arête d'une pierre ou d'une pièce de bois; et, en Horlogerie, au petit creux en cône pratiqué dans une pièce de métal.

CHANGE (du bas latin *cambium*, même signif.), se dit, dans le Commerce, de toute négociation par laquelle une personne, moyennant un prix convenu, cède à une autre personne les fonds dont elle dispose dans un endroit autre que celui où se fait l'opération; ce qui se fait le plus souvent au moyen de la *lettre de change. Voy.* LETTRE DE CHANGE.

On appelle *Commerce de change* celui qui comprend toutes les négociations relatives à la vente ou à l'échange des matières d'or ou d'argent, soit monnayées, soit en lingots, ainsi que de tous les papiers représentant une valeur métallique. On distingue le *Change intérieur*, qui se fait sur des places du même pays par un échange d'effets, moyen plus commode et moins embarrassant que la remise des espèces; et le *Change étranger* ou *extérieur*, qui se fait sur les places des pays étrangers. — On entend par *Cours du change* la différence qui existe entre la valeur nominale d'un papier et celle pour laquelle ce papier est reçu dans le commerce. Lorsque le *change* se fait d'une ville à l'autre, somme égale pour somme égale, on dit qu'il est *au pair*. Le *change* est *au-dessus du pair* sur une place, lorsqu'on y donne une somme plus grande que celle qu'on fait toucher dans une autre place. Quand on donne une moindre somme pour une plus grande, il est *au-dessous du pair*.

Toutes ces matières sont traitées complètement dans le *Cours des Changes des principales places de commerce, précédé de la Théorie du Change*, de M. A. Pérey, et dans le *Cumbiste universel* de Kelly (en anglais, traduit en français, Paris, 1823).

CHANGE (AGENTS DE). *Voy.* AGENTS.

CHANGEUR (de *change*), commerçant qui fait métier de changer des pièces de monnaie françaises ou étrangères contre d'autres pièces, des billets de banque contre du numéraire, ou réciproquement du numéraire contre des billets de banque, ou enfin des matières précieuses contre du numéraire. — Chez les Romains, les changeurs étaient à la fois changeurs, banquiers et notaires; c'était par leur ministère que se faisaient les changes, les dépôts, les achats, les ventes, les prêts. — Avant 1789, les changeurs devaient être autorisés par le roi et leur nombre était limité; ils envoyaient à la Monnaie les monnaies altérées ou décriées, les monnaies étrangères, les matières d'or et d'argent, et ils les échangeaient contre de la monnaie ayant cours. Ils étaient chargés de surveiller l'état des monnaies mises en circulation. — On a aussi donné le nom de *changeurs* à certains employés de l'hôtel de la Monnaie, et notamment au caissier. Jusqu'en 1543, époque où François Ier créa seize recettes générales, le trésorier du domaine s'est appelé *changeur du Trésor*.

CHANOINE, *Canonicus* (du grec *canón*, règle), se disait dans l'origine de tout clerc soumis à la *règle* particulière d'un chapitre ou d'une collégiale; il se dit aujourd'hui de celui qui possède un canonicat dans une église cathédrale ou collégiale et qui fait partie du chapitre. *Voy.* CANONICAT, CHAPITRE, et le *Dict. univ. d'Hist. et de Géogr.*, au mot CHANOINES.

CHANOINESSE. Il y avait autrefois en France des chanoinesses réunies en collèges, comme les chanoines, et assujetties à une règle commune, notamment à Maubeuge, à Remiremont; on en trouve encore beaucoup aujourd'hui, surtout en Allemagne; mais elles vivent dans le monde et ne sont astreintes qu'à des devoirs faciles à remplir.

CHANSON (du latin *cantio*, même signification). Sous le rapport littéraire, la *chanson* embrasse les genres les plus divers : elle peut être patriotique, politique, guerrière, philosophique, satirique, érotique ou grivoise, sentimentale, bachique, etc.; mais il ne faut pas la confondre avec l'*ode*, ni avec la *cantate*, dont elle peut cependant se rapprocher beaucoup. — Ce genre de poésie a existé de tout temps et chez tous les peuples. Suivant Hérodote, les Égyptiens avaient leurs chansons, qu'il nomme *maneros*. Les Grecs avaient leurs chansons patriotiques ou religieuses, dites *nomoi* (le *Chant d'Harmodius*, par exemple), leurs chansons de table ou *scolies*, etc. Il en était de même chez les Romains. Tous les peuples de l'antiquité, ainsi que les Barbares du moyen âge, avaient des chansons guerrières : on connaît en ce genre le *péan* des Grecs et les *chants de Tyrtée*; on a conservé la *Chanson de Roland*, dont les Français chantaient encore des fragments au XIVe siècle en marchant au combat (publiée à Paris, par M. Génin, 1851, in-8).

Ce fut au temps des trouvères et des troubadours que parurent les premières chansons en langue française et en langue romane. Ce furent d'abord des *lais*, espèce d'élégies amoureuses; puis des *noëls*, des *rondes*, des *romances*, et enfin des *vaudevilles*, dans lesquels la chanson commença à prendre un caractère historique et satirique. Le temps de la Ligue et celui de la Fronde furent féconds en chansons de ce genre. On peut consulter avec intérêt la collection manuscrite, en 60 vol., de M. de Maurepas, conservée à la Bibliothèque nationale de Paris. — Sous le règne de Louis XIV parurent les *Ponts-Neufs*, types de la chanson populaire ou des rues. Sous Louis XV, Dufrény, Panard et Collé furent les restaurateurs de la chanson érotique et bachique; ils eurent pour continuateurs les chansonniers du *Caveau ancien* et du *Caveau moderne* (*Voy.* CAVEAU), et parmi ceux-ci, Piis, Désaugiers, Armand Gouffé, etc. Béranger éleva la chanson en un genre dont il est resté le modèle. — Parmi les nombreuses chansons patriotiques que la Révolution fit éclore, deux surtout (*la Marseillaise* et *le Chant du Départ*) ont acquis une célébrité européenne, et resteront sans doute dans la mémoire de la postérité. — Les autres nations de l'Europe ont, comme la France, leurs *chants populaires*, qui reflètent les mœurs, les coutumes et la pensée dominante de l'époque : il faut citer en ce genre les *sagas* de la Norvège, les *ballades* de l'Écosse et de l'Angleterre, ainsi que le *Rule Britannia* et le *God save the king*; les *lieder* de l'Allemagne; les *mazurques* de la Pologne; les *ranz* de la Suisse; les *canzoni* et les *saltarelle* de l'Italie; les *boleros*, les *fandangos* et les *seguidillas* de l'Espagne, etc. — Il existe de nombreux recueils de chansons, parmi lesquels on distingue : l'*Anthologie* de Monnet, l'*Anacréon français*, et le *Recueil de chansons choisies*, publiée à Paris en 1783. M. Dumersan a publié, en 1845, un recueil des *Chansons nationales de la France*, avec une *Histoire de la Chanson*.

CHANT (du latin *cantus*, même signif.). Le chant, *naturel* lorsqu'il est l'expression involontaire et spontanée d'un sentiment, devient un *art* lorsqu'il est réglé par des principes, lorsque ses formes et ses combinaisons tendent à produire des effets prémédités.

Sous le rapport purement musical, le mot *chant* s'entend d'une suite de sons disposés d'une manière agréable pour l'oreille; que ces sons soient rendus par la voix ou par un instrument : il est alors synonyme du mot *mélodie* : en ce sens, on oppose le *chant* à l'*accompagnement*. Le chant le plus heureux deviendrait monotone, s'il n'était assujetti au rhythme et à la modulation. Le rhythme établit une symétrie relative dans la durée des notes, et la modulation répand de la variété dans la gamme qui sert de base au chant. *Voy.* RHYTHME et MODULATION.

L'origine de l'art du chant se perd dans la nuit des temps. Cultivé par les Égyptiens, et après eux par les Grecs et les Romains, il a été surtout conservé, pendant le moyen âge, par l'Église chrétienne. Dans les temps modernes, le chant a fait les progrès les plus remarquables, surtout en Italie, en Allemagne et en France. Les Italiens se sont toujours distingués par la beauté et la sonorité de leur voix, ainsi que par la souplesse de leur gosier ; les Allemands, supérieurs aux précédents par la science musicale, se font remarquer par le sentiment profond et l'énergie de leur exécution : ils brillent surtout dans le chant en chœur. Le mérite des chanteurs français est la vérité de l'expression ; ils excellent surtout dans le chant dramatique. —On distinguait en Italie au XVIIIe siècle cinq grandes écoles de chant, d'où sont sortis les maîtres qui ont eux-mêmes fondé les plus célèbres écoles de l'Europe : ce sont l'*E. romaine*, l'*É. vénitienne*, l'*É. de Florence*, l'*É. lombarde* et l'*É. napolitaine*.—Le Conservatoire de musique de Paris publia en l'an XII (1804) une *Méthode de chant*, qui est restée classique ; elle a été perfectionnée par Choron, Dupré, Mme Damoreau, etc., à qui l'on doit aussi des méthodes de chant.

CHANT D'ÉGLISE. Le chant sacré des premiers chrétiens n'était qu'une psalmodie, dépourvue de mesure et de rhythme, comme le *plain-chant* (*Voy.* ce mot), qui en est sorti. On distinguait : la *monodie* (chant d'une personne seule), l'*antiphonie* (chant alterné entre deux personnes), et le *choral* (chanté par tous les assistants). — Au IVe siècle, l'évêque de Milan, saint Ambroise, introduisit le chant appelé de son nom *ambrosien*, qui se compose de quatre tons empruntés à l'ancienne musique grecque (le *dorien*, le *phrygien*, l'*éolien* et le *mixolydien*) et connus sous le nom de *tons authentiques*. Au commencement du VIIe siècle, le pape Grégoire le Grand modifia le chant ambrosien : il y ajouta quatre tons nouveaux dits *plagaux*, et composa un *Antiphonaire* qui devait à jamais servir de type à tous les chants d'Église. Le chant ainsi organisé prit le nom de *chant grégorien* ou *romain*. Il s'exécutait d'abord à l'unisson ; mais au XIe siècle on commença à l'accompagner par une sorte d'harmonie grossière appelée *déchant* ou *discant* (*Voy.* ce mot). Les progrès du contre-point, aux XIVe et XVe siècles, firent naître les motets, les messes en musique et autres compositions qui constituent la *musique d'Église* (*Voy.* ce mot). — Les chants religieux des protestants sont ordinairement des *chorals* (*choral gesænge*), chantés à l'unisson par des masses de voix considérables : Choron en a publié un *Recueil* intéressant (Paris, 1824, gr. in-8).

CHANT ROYAL, sorte de poésie à refrain, longtemps en vogue en France, était une espèce de ballade composée de 5 strophes, chacune de 11 vers, et ayant toutes les mêmes rimes : le dernier vers du premier couplet sert de refrain pour les suivants, qui doivent finir de la même manière. L'envoi est une sorte d'explication de l'allégorie ; il commence ordinairement par un de ces mots : *Sire, Roi, Prince*, et c'est de là, dit-on, qu'est venu le nom de la pièce entière. Le sujet des chants royaux est ordinairement emprunté de la Fable ou de quelque trait historique, d'où l'on tire une moralité. Parmi les plus beaux exemples de ce genre de poésie, on cite l'*Antée*, qui remporta le prix aux jeux Floraux. On en trouve aussi de belles imitations dans les poésies dites de Clotilde de Surville.

CHANTE-PLEURE (de *chanter* et de *pleurer*, sans doute à cause du bruit que fait l'eau en sortant par les fentes ou trous de la chante-pleure). On appelle ainsi des fentes pratiquées d'espace en espace dans les murs d'un enclos, pour permettre aux eaux de s'écouler : on dit aussi *barbacane*. — C'est encore un petit cuvier dont les tonneliers se servent comme d'entonnoir ; il est échancré au bord supérieur pour faciliter le versement du liquide ; le fond est percé d'un trou garni d'une douille, qu'on entre dans la bonde du tonneau à remplir. — Dans le nord de la France, *chante-pleure* est synonyme de *robinet*.

CHANTERELLE (diminutif de *chant*), la corde la plus mince du violon, du violoncelle et de la guitare, et par conséquent celle qui produit les sons les plus aigus. On l'a ainsi nommée parce que c'est sur cette corde que l'on exécute le *chant* principal d'un morceau de musique. C'est à Naples que l'on fabrique les meilleures chanterelles.

CHANTERELLE, *Cantharellus* (diminutif du mot grec *cantharos*, coupe), genre de Champignons, section des Basidiosporés, ayant un chapeau bien distinct, charnu ou membraneux, qui a la forme d'une ombelle ou d'un cône renversé et tronqué au sommet. La *Ch. comestible* (*C. cibarius*) est de couleur jaune doré ; sa chair, un peu moins jaune que ne le sont le pédicule, le dessus et le dessous du chapeau, est très-saine ; crue, elle a le goût un peu poivré.

CHANTEUR, artiste qui se livre à l'art du chant (*Voy.* CHANT).—En parlant d'une femme, on dit *cantatrice*. — Dans les églises, ceux qui chantent l'office au lutrin portent le nom de *chantres*.

Dans les temps modernes, les chanteurs, qui le plus souvent étaient poëtes en même temps, ont joué un grand rôle, sous les noms de *Bardes* en Gaule, de *Minnesænger* et de *Meistersænger* en Allemagne, de *Troubadours* et de *Trouvères* en France (*Voy.* ces mots). — L'art du chant a été porté dans les deux derniers siècles à une grande perfection, et a fait à la fois la réputation et la fortune des chanteurs qui y ont excellé, tels que Caffarelli, Farinelli, Crescentini, et, de nos jours, Garat, Martin, Nourrit, Dupré, Ponchard, Tamburini, Lablache ; Mmes Catalani, Malibran, Schrœter-Devrient, Mainvielle-Fodor, Sontag, Cinti-Damoreau, Grisi, etc. *Voy.* CHANT.

CHANTEURS, nom donné en Ornithologie aux oiseaux qui se font remarquer par l'étendue de leur voix et l'agrément de leur chant. La plupart de ces oiseaux appartiennent à l'ordre des Passereaux ou à celui des Grimpeurs. Le Coq est le seul chanteur que l'on trouve dans l'ordre des Gallinacés.

CHANTIER (du bas latin *canterium*, angle, coin de terre), espace ou terrain sur lequel on empile les bois de chauffage, de charpente, de charronnage, de construction, etc. — Le plus souvent, ce mot est employé comme synonyme d'*atelier* ; dans l'industrie du bâtiment, il désigne l'endroit où l'on dépose le bois et la pierre pour les tailler et les mettre en œuvre.

Dans la Marine, on nomme *Chantier de construction* l'endroit où l'on pose la quille du vaisseau qu'on veut construire et les tins ou billots qui la soutiennent ; ces tins s'appellent aussi eux-mêmes *chantiers*. On appelle *Ch. plein* ou *faux chantier* la plate-forme en bois installée au fond d'un bassin de radoub.

Dans les corderies, on appelle *Ch. de commettage*, *Ch. à commettre*, deux grosses pièces de bois dressées perpendiculairement à 2 mètres de distance l'une de l'autre, et qui servent à la confection des gros câbles.

CHANTRE (du latin *cantare*, chanter), chanteurs appointés pour chanter l'office à l'église. Ils peuvent être clercs ou séculiers ; mais, dans les deux cas, ils portent la chape pendant l'office. —M. l'abbé Gomant a publié en 1851 un *Manuel du Chantre*.

Autrefois on appelait *grand chantre* ou *préchantre* (*præcentor, primicerius*) le maître du chœur : c'était un office ou bénéfice, et l'une des premières dignités d'un chapitre. Le préchantre de la cathédrale de Paris était le second dignitaire du chapitre ; il avait juridiction sur les maîtres et maîtresses d'école et de pension, et sur les répétiteurs de l'Université.

CHANVRE, *Cannabis*, genre type de la petite famille des Cannabinées, se distingue à ses fleurs dioïques, verdâtres ; à ses tiges herbacées, hautes, plus grandes dans les individus femelles que dans les mâles, contrairement au préjugé des campagnes, où l'on appelle *Chanvre mâle* l'individu femelle, et réciproquement. Les fleurs mâles sont en grappe, les fleurs femelles en épi ; le fruit est une cariopse à test verdâtre. L'unique espèce qui forme ce genre est le

Chanvre cultivé (*C. sativa*), qui chez nous atteint 1ᵐ,50, et qui dans le Piémont s'élève à 3 et même 4 mètres. Les tiges, livrées au *rouissage*, séchées au soleil et soumises aux diverses opérations dites *teillage*, *broyage*, *ribage*, *serançage*, donnent par leur écorce le chanvre ou la filasse employée à faire de la toile et des cordages; ces tiges privées de leur écorce servent à faire des allumettes, ou fournissent un charbon léger, employé à la fabrication de la poudre. Les graines, petites et ovoïdes, portent le nom de *chènevis*, et servent à la nourriture des oiseaux domestiques. Elles fournissent, de plus, une huile excellente pour la peinture et l'éclairage, et qu'on peut même employer pour la table. Les feuilles du chanvre exhalent une forte odeur. Dans tout l'Orient, on les fume mêlées au tabac pour se procurer une sorte d'ivresse, souvent dangereuse : c'est du chanvre qu'on extrait le *Haschih*. *Voy.* ce nom.

On nomme *Ch. aquatique* le Bident tripartite; *Ch. du Canada*, l'Apocynum cannabinum; *Ch. des Américains*, l'Agave américaine; *Ch. du Japon*, la Spirée du Japon; *Ch. de Crète*, le Datisca cannabina.

CHAODINÉES (de *Chaos*, genre type), famille de plantes Cryptogames, détachées des Algues par Bory de Saint-Vincent, a pour type le genre Chaos.

CHAOS, état de désordre et de confusion universelle, que presque tous les systèmes de cosmogonie placent au début du monde. *Voy.* cosmogonie.

chaos, genre type de la famille des Chaodinées, est composé de végétaux amorphes, consistant en une couche muqueuse, le plus souvent sans filaments ni membranes, et remplie de corpuscules épars, de nombre et de formes très-variés. Nous citerons parmi les espèces le *Chaos primordial*, qui n'est autre chose que cette espèce d'enduit muqueux qu'on trouve à la surface des corps imprégnés d'humidité.

CHAPE (en bas latin *capa*, dérivé de *caput*, tête), vêtement d'église, en forme de manteau, qui s'agrafe par devant et tombe jusqu'aux talons, et que portent l'évêque, le prêtre officiant, les chantres, etc., durant le service divin, avait jadis un *capuchon*; d'où son nom. Les chapes sont ordinairement en étoffes précieuses, rehaussées de broderies et de franges d'or, d'argent ou de soie.

On appelle aussi *chape* : 1° un habit que portent le pape et les cardinaux, et qui a un capuce doublé d'hermine; la chape du pape est rouge, celle des cardinaux est rouge ou violette; — 2° un grand manteau de drap ou de serge que les chanoines portaient au chœur pendant l'hiver, et qui était de la même couleur que le camail. — La *chape de saint Martin* était l'insigne principal de nos armées sous la première race; c'était un étendard, suivant les uns; suivant d'autres, c'était un oratoire placé sur une espèce de char, et renfermant les reliques de saint Martin.

Dans les Arts, le mot *chape* a un grand nombre d'acceptions, et désigne, en général, certaines choses qui s'appliquent sur d'autres pour les couvrir, les recevoir ou les envelopper; ainsi, en Mécanique, on appelle *chape* : 1° un trou percé dans le bois, dans le fer, etc., et destiné à recevoir les extrémités de l'essieu d'une poulie, d'une balance, d'un tour; 2° des bandes de fer recourbées en demi-cercle, entre lesquelles sont suspendues et tournent des poulies sur un pivot qui les traverse et leur sert d'axe.

CHAPEAU, autrefois *Chapel* (du latin *caput*, tête), coiffure d'homme dont la forme a souvent varié, et qui est ordinairement faite de feutre, de castor, de peluche de soie, de cuir, de carton, de paille, etc. (*V.* CHAPELLERIE). — Avant le règne de Charles VI, les chapeaux étaient inconnus en France; il n'y avait que des bonnets, des aumusses, des chaperons, des mortiers : on commença de son temps à porter des chapeaux à la campagne. Sous Charles VII, on n'en faisait usage qu'au temps des pluies. Sous Louis XI, on s'en servit en tout temps. Mais ce ne fut que sous François Iᵉʳ que l'usage commença à en devenir général. Pendant longtemps il fut défendu aux prêtres de s'en servir.

Les premiers chapeaux eurent la forme plate et les bords assez larges; on les ornait de plumes. Sous Henri IV, la forme s'exhaussa, et l'on retroussa un des bords; plus tard, on en retroussa deux, et enfin tout le tour du chapeau; plus tard, la forme s'aplatit de nouveau. Sous Louis XIV et sous Louis XV, l'habitude de porter perruque rendit le chapeau presque inutile : on le portait plus souvent sous le bras que sur la tête. Le chapeau, rond au xviiᵉ siècle, devint tricorne à la fin du xviiiᵉ; aujourd'hui, il est plus ou moins cylindrique. — Les chapeaux de femme sont en soie, en gaze ou en paille, ornés de rubans et de fleurs, et de forme trop variable pour qu'on puisse en donner une idée exacte. *Voy.* coiffure.

Pris absolument, le mot *chapeau* désigne la coiffure distinctive des cardinaux depuis 1245 : c'est un chapeau rouge à forme plate et à bords très-larges, orné de ganses rouges qui retombent sur la poitrine.

CHAPELAIN, *Capellanus* (de *cupella*, chapelle), nom donné au bénéficier titulaire ou au desservant d'une chapelle. Le plus souvent, *chapelain* est synonyme d'*aumônier* (*Voy.* ce mot). Les rois de France avaient huit chapelains, qui desservaient leur oratoire par quartiers; le chef portait le nom d'*archichapelain*.

Dans l'ordre de Malte, les *chapelains* étaient des clercs conventuels qui formaient le second rang de cet ordre, les chevaliers tenant le premier, et les servants d'armes le troisième.

CHAPELET (du bas latin *capellus*, couronne de fleurs), réunion de plusieurs grains enfilés qui servent à compter le nombre des *Pater* et des *Ave* qu'on récite en l'honneur de Jésus ou de la vierge Marie. Un chapelet ordinaire se compose de cinq *Pater* et de cinq dizaines d'*Ave*, qu'on récite, les premiers sur cinq gros grains, les seconds sur cinquante petits. Trois chapelets ordinaires forment un *rosaire*. L'usage de réciter le chapelet paraît avoir été institué au temps des croisades : on l'attribue à Pierre l'Ermite; d'autres en font honneur à sainte Gertrude. — Les Turcs et les Indiens ont aussi leurs chapelets.

En Architecture, on appelle *chapelet* une baguette ornée de petits grains.

En Mécanique, on nomme *chapelet hydraulique* une machine qui sert à élever l'eau d'un puits ou d'une rivière à des hauteurs indéterminées. Elle se compose de disques ou de godets en cuir, attachés de suite à une chaîne sans fin, et qu'on fait circuler à l'aide d'un tambour dans un tuyau vertical ou incliné, dont le bas plonge dans l'eau : en passant successivement dans ce tuyau, ces disques élèvent l'eau à la manière d'un piston, et, avant de redescendre, ils la versent dans un réservoir placé à la hauteur voulue.

CHAPELLE (du latin *capella*, qu'on fait dériver du grec *capéleia*, tente, ou encore du mot *chape*), oratoire avec un seul autel, ordinairement destiné au service d'une maison particulière, et où l'on ne peut dire la messe qu'avec la permission de l'évêque diocésain. Autrefois, il existait des *chapelles* qui avaient été érigées en bénéfices simples. On appelait *Saintes Chapelles* des collégiales fondées par nos rois : la plus remarquable est la Sainte Chapelle située à Paris et attenante au Palais-de-Justice; elle fut construite en 1245 par Pierre de Montreuil sur l'ordre de saint Louis. Elle vient d'être restaurée tout récemment. — On appelle aussi *chapelle* chacune des enceintes ménagées dans une église pour y renfermer un autel sous l'invocation particulière de la Vierge ou de quelqu'un des saints. — Il y a encore des chapelles sépulcrales, expiatoires, etc.

On donne aussi le nom de *chapelle* à la réunion des musiciens qui exécutent de la musique dans une église ou dans la chapelle d'un prince. Le chef de ces musiciens prend le titre de *maître de chapelle*. — On doit à M. Castil-Blaze un intéressant ouvrage sur la *Chapelle-musique des rois de France*, Paris, 1832, in-12.

CHAPELLERIE, CHAPELIER. Cette industrie considérable se subdivise en autant de branches qu'il y a de matières différentes employées à la fabrication des chapeaux. Les *chapeaux feutrés* résultent de l'entrelacement des poils de certains animaux (castor, loutre, chameau, lièvre, lapin, cachemire, vigogne, etc.), qu'on soumet au foulage après les avoir tortillés (*Voy.* FEUTRAGE) : après quoi on les dresse sur une forme, on les teint, on les lustre, et on les livre au détaillant, qui leur donne la façon à la mode, les borde et les garnit de leur coiffe et de leur cuir. L'emploi du mercure pour rendre les poils dociles au feutrage expose les ouvriers chapeliers à de graves maladies. La poussière noire occasionnée par le battage après la teinture, la buée et l'odeur désagréable qui résultent des opérations du feutrage, ont fait ranger les fabriques de chapeaux parmi les établissements dangereux et insalubres. A Paris, ils sont soumis, en outre, aux prescriptions de l'ordonnance de police du 12 juillet 1818. — Les *chapeaux de soie*, en usage depuis une vingtaine d'années, sont formés d'une carcasse en carton, en cuir, en sparterie ou en feutre très-mince, qu'on enduit d'un vernis imperméable et qu'on recouvre ensuite d'une calotte de peluche de soie, formée d'une bande dont les extrémités sont coupées en spirales pour que leur couture, faite en dedans, ainsi que celle du fond qui les ferme, ne puissent s'apercevoir sur le côté extérieur du chapeau. — Les *chapeaux de paille*, destinés surtout aux femmes, sont faits avec de la paille d'ivraie, de seigle, de blé et de riz convenablement préparée ; une espèce de froment rouge très-commun en Toscane est la variété de paille que l'on préfère ; on en blanchit les tiges au les soufrant. On distingue les *Ch. de paille d'Italie*, les *Ch. de paille suisse* et les *Ch. de paille cousue*. Les premiers sont faits avec des tresses composées de treize brins de paille, qu'on coud ensemble ; cette couture n'est qu'un simple remmaillage qui place les tresses les unes à côté des autres, en faisant légèrement sortir une petite côte. Dans les seconds, les nattes n'ont que onze brins, et leur couture n'est faite que de deux en deux mailles et de manière à ne pas laisser apercevoir de côte. Le tressage des troisièmes, dont les nattes n'ont que sept à neuf brins, diffère totalement des précédents : on n'y emploie que des pailles fendues en deux ou en quatre, de sorte que le brillant et le mat de la paille apparaissent tour à tour. L'Italie a la supériorité sous le rapport de la beauté de la paille et de la confection des tresses ; mais Paris excelle dans l'apprêt et la façon des chapeaux. — On a fait aussi des chapeaux en osier et même en bois (saule, tilleul, peuplier, etc.). MM. Cluz, F. et Julia de Fontenelle ont publié le *Manuel du fabricant de chapeaux*.

CHAPELURE (de *chape*, manteau), croûte de pain râpée ou pulvérisée, quelquefois unie à de fines herbes, du sel et des épices, dont on couvre certaines viandes, comme les côtelettes, les jambons, ou que l'on met dans une sauce pour l'épaissir.

CHAPERON (de *chape*, tiré du latin *caput*, tête), sorte de capuchon ou de vêtement de tête qui était la coiffure ordinaire des deux sexes au moyen âge : il avait un bourrelet sur le haut et une queue par derrière. Les chaperons des princes, des nobles et de leurs dames, étaient en tissu fin, en soie, etc., et chargés de broderies ou même de pierreries. Les femmes des principaux magistrats les portaient en velours, les autres bourgeoises en drap. Les hommes cessèrent de porter le chaperon sous Charles VII ; les femmes ne le quittèrent que plus tard.

On appelait aussi *chaperon* une espèce de coiffe dont on couvrait les yeux des oiseaux de fauconnerie. Le *Ch. de rust* était destiné aux oiseaux non dressés.

En Histoire naturelle, on a donné ce nom à la partie du corps des insectes qui est immédiatement au-dessus de la bouche, et à laquelle est attachée la lèvre supérieure, parce qu'elle abrite la bouche.

En termes d'Artillerie, c'est un petit toit que l'on met sur la lumière du canon. — En termes d'Horlogerie, c'est une plaque ronde qui se monte sur l'extrémité du pivot d'une roue.

Dans l'Architecture, on appelle *chaperon* la partie supérieure d'un mur de clôture, formant le plus souvent une couverture en dos d'âne pour rejeter l'eau. La forme du chaperon fournit une présomption sur la propriété d'un mur : le mur est présumé mitoyen si le chaperon règne des deux côtés ; non mitoyen, s'il n'existe que d'un seul côté : on considère alors comme seul propriétaire celui sur le terrain duquel le chaperon verse les eaux (Code civil, art. 654).

CHAPITEAU (du latin *caput*, tête), désigne, en Architecture, le haut de la colonne qui pose sur le fût. On en distingue quatre espèces principales : le *Ch. toscan*, dont le tailloir est carré et sans moulure ; le *Ch. dorique*, dont le tailloir est couronné d'un talon ; le *Ch. ionique*, qui est garni d'oves et de volutes ; et le *Ch. corinthien*, qui est orné de deux rangs de feuilles d'acanthe et de petites volutes. Les autres chapiteaux les plus usités sont : le *Ch. composite*, qui a les feuilles d'acanthe du corinthien et les volutes de l'ionique ; le *Ch. attique*, qui a des feuilles de refend dans le gorgerin ; le *Ch. gothique*, compilation de toutes les formes de chapiteaux antiques et de celles que l'imagination des artistes du moyen âge a pu inventer. — Dans un sens plus général, on appelle *chapiteau de niche, de balustre, de lanterne*, etc., la partie supérieure d'une niche, d'un balustre, etc. — On appelle aussi *chapiteau* la partie d'un alambic dans laquelle s'opère la condensation des vapeurs qui s'élèvent de la cucurbite.

CHAPITRE, corps des chanoines d'une église cathédrale ou collégiale, formant un conseil délibérant. *Voy.* CHANOINES au *Dict. univ. d'Hist. et de Géogr.*

CHAPON, jeune coq auquel on a fait subir l'opération de la castration, afin de donner plus de délicatesse à sa chair. Les chapons les plus estimés sont ceux du Mans et du pays de Caux. On les engraisse en leur donnant une espèce de bouillie faite avec les grains les plus nutritifs, et en leur faisant avaler des boulettes de pâte, ou même en leur enfonçant ces boulettes dans le gosier. On donne quelquefois le nom d'*étourdeau* aux jeunes chapons. Dans beaucoup d'endroits, on se sert des chapons pour élever les poussins. Pour cela, on choisit le chapon le plus vigoureux, on lui arrache les plumes sous le ventre, et on frotte la peau avec des orties ; on le met ensuite sous une cage avec deux ou trois poulets assez grands, qui, lui passant sous le ventre, adoucissent l'âpreté de ses piqûres et l'engagent, par ce soulagement, à les adopter.

CHAR (du latin *currus* ou *carrus*, même signif.), voiture à deux roues dont se servaient les anciens dans les combats, les jeux, les triomphes. Ils étaient ordinairement traînés par deux ou plusieurs chevaux attelés de front à un timon et guidés par un homme debout sur le devant du char. Les chars des dames romaines s'appelaient *basternes* ou *carpenta* quand ils étaient couverts. On donnait aux chars les noms de *bigæ*, *trigæ*, *quadrigæ*, suivant qu'ils étaient attelés de deux, de trois, de quatre chevaux. Il y avait encore des chars à six chevaux de front qu'on appelait *sejugæ*, ou à sept qu'on nommait *septijugæ*. Virgile attribue l'invention des chars à Erichthonius, roi d'Athènes ; d'autres la rapportent à Triptolème ou à Trochilus, ou même à Pallas ou à Neptune.

CHARA ou CHARAGNE, plante cryptogame, type de la famille des *Characées* formée par Richard, est appelée aussi *Lustre d'eau*. Jussieu en avait fait un genre de sa famille des Naïades ; Endlicher le place aujourd'hui parmi les Algues. Les Charas croissent dans les eaux stagnantes; leur odeur est fétide; leurs tiges rameuses, faibles, flottantes, cassantes, sont tantôt hérissées de pointes, tantôt lisses à leur surface. On y observe un mouvement circulatoire fort singulier.

CHARACINS, nom commun à tous les poissons de la famille des Salmones qui n'ont pas plus de 4 ou 5 rayons aux ouïes. Ce groupe renferme les *Curimates*, les *Serrasalmes*, les *Raïis*, les *Hydrocins*, les *Citharines*, les *Piabuques*, les *Tétragonoptères*, les *Anostomes*, les *Serpes*.

CHARADE, espèce d'énigme dans laquelle on divise un mot en autant de parties qu'il a de syllabes, de manière que chaque syllabe donne un mot à sens complet. On définit successivement chaque partie, puis le *tout* ou l'*entier*, et l'on propose de deviner quel est ce *tout* ou le mot que forment les parties. La charade est ordinairement en vers. En voici deux exemples:

> Posterior summam promit, gustalque priorem;
> Aure bibis summam; sumitur ore prior.

> Mon premier est, lecteur, une simple voyelle;
> Mon second sert d'appui pour l'objet qui chancelle.
> Pour la chasse mon tout, pire que les filets,
> Est une arme fatale aux hôtes des forêts.

Les mots de ces deux charades sont, en latin *melos* (*mel-os*), et en français *épieu* (*é-pieu*).

La charade diffère du *logogriphe* en ce que celui-ci fait subir au mot qu'il donne à deviner une décomposition complète. — La vogue de la charade date de la fin du dernier siècle; elle semble être une suite du *calembourg*; ce n'est qu'en 1762 qu'on commença à mettre des charades dans le *Mercure de France*. Le nom même de *Charade* ne paraît au *Dictionnaire de l'Académie* que dans l'édition de l'an VI (1799).

On appelle *Charade en action* une espèce de divertissement où plusieurs personnes donnent à deviner à d'autres chaque partie d'un mot, puis le mot entier, en exécutant des scènes de pantomine qui expriment la signification de chaque partie, puis du tout.

CHARADRIADES (de *Charadrius*, nom latin du Pluvier), famille d'oiseaux formée par Lesson dans l'ordre des Échassiers, a pour type le genre *Pluvier*. Elle renferme de plus les genres *Vanneau*, *Huîtrier* et *Glaréole*.

CHARAGNE, nom vulgaire du CHARA.

CHARANÇON (du grec *charassô*, creuser), *Curculio*, grand genre de Coléoptères tétramères, famille des Rhynchophores, type de la tribu des Charançonites. Son principal caractère est d'avoir la tête terminée par une trompe qui porte les antennes. Ce genre renferme: 1° les *Charançons proprement dits*, qui attaquent toute sorte de fruits; 2° les *Bruches* qui attaquent les pois et les lentilles; 3° les *Attelabes* qui rongent les parties tendres des végétaux et dont la larve, appelée *Lisette*, roule et détruit les feuilles de la vigne; 4° les *Lixes*, dont la larve vit dans les tiges du *Phellandrium* et cause, dit-on, la paraplégie des chevaux; 5° les *Rhynchènes*, qui s'introduisent dans la noisette et les fruits à noyau et en mangent l'amande; 6° les *Anthonomes* qui vivent sur les fleurs, principalement sur celles du pommier; 7° enfin, les *Calandres* qui font de grands dégâts dans les magasins à blé. Le nombre et la petitesse de la plupart de ces insectes rendent tous les moyens impuissants pour les détruire. Pour le Charançon du blé, on est dans l'usage de lui en abandonner un tas auquel on ne touche pas, et de remuer souvent celui que l'on veut conserver. On a également essayé pour le même objet l'emploi de l'ammoniaque liquide. M. Barruel a proposé tout récemment, comme moyen infaillible, de faire séjourner les grains pendant deux jours dans des vases contenant du gaz oxyde de carbone.

CHARANÇONITES, tribu d'insectes de l'ordre des Coléoptères, section des Tétramères, famille des Rhynchophores de Latreille, a pour caractères: le dessous des tarses muni d'un duvet court, formant des pelotes dans presque tous; le pénultième article

trilobé; les antennes de onze articles, coudées, terminées en massue. Ces insectes composent la famille des *Curculionides*, de Schœnherr, ainsi appelée du genre *Curculio* (Charançon), qui en est le type.

CHARAXE (nom d'un Lapithe, pris arbitrairement), *Charaxus*, Lépidoptère diurne, un des plus beaux de l'Europe, de la tribu des Nymphalides: ailes inférieures terminées par deux prolongements en forme de queue; chenilles dont la tête est surmontée de quatre cornes, et dont l'abdomen finit en queue de poisson. Le *Ch. jasius* se trouve dans le midi de la France; sa chenille vit sur l'arbousier.

CHARBON (du latin *carbo*), produit de l'action du feu, que l'on obtient en brûlant à l'abri du contact de l'air le bois et d'autres matières organiques (*Voy.* CARBONISATION). On distingue le *Ch. végétal* et le *Ch. animal*, qui ont à peu près les mêmes propriétés.

Outre son emploi comme combustible, le charbon a des applications nombreuses en raison de la propriété qu'il possède d'absorber les gaz et de s'emparer des matières colorantes. On l'utilise pour purifier les mines, les puits et autres excavations souterraines, de certains gaz irrespirables, notamment de l'acide carbonique. On l'emploie comme désinfectant pour les liquides, pour l'eau notamment (*Voy.* FILTRAGE), et pour les matières organiques qui répandent une mauvaise odeur: le poisson, le gibier ou les morceaux de viande qui commencent à se putréfier, se désinfectent entièrement quand on les entoure de charbon en fragments ou de braise. Les médecins tirent aussi parti de la propriété désinfectante du charbon, soit dans le traitement des ulcères, des plaies gangréneuses, soit pour faire disparaître la fétidité de l'haleine, pour retarder la carie des dents, etc.; aussi la poudre de charbon est-elle un des meilleurs dentifrices. Le charbon s'empare avec rapidité des couleurs de presque tous les liquides végétaux et animaux: les sucs des plantes, les décoctions des substances tinctoriales, les vins rouges, les vinaigres, les sirops bruns, agités pendant quelques instants avec de la poudre de charbon, ou filtrés sur une couche de cette poudre, deviennent aussi clairs et aussi incolores que l'eau. Le charbon d'os possède surtout à un haut degré cette propriété décolorante (*Voy.* CHARBON ANIMAL). — Ces propriétés du charbon ont été signalées en 1790 par Lowitz, marin et chimiste russe. Le pharmacien Figuier, de Montpellier, reconnut, en 1810, la supériorité du charbon d'os comme moyen décolorant. Le charbon est inaltérable dans la terre humide; c'est sur cette propriété que repose l'usage de charbonner, en l'exposant au feu, la surface des pièces de bois, des pieux, des pilotis qui doivent séjourner dans la terre ou dans l'eau. Les anciens connaissaient l'incorruptibilité du charbon: en retirant, dans ces derniers temps, les pilotis de l'antique temple de Diane, à Éphèse, on a reconnu qu'ils avaient été carbonisés avant d'être enfoncés en terre.

CHARBON ANIMAL. On en a deux variétés dans le commerce: le *noir animal* ou *charbon d'os*, et le *noir d'ivoire*. Le premier est préparé avec ce qu'on se procure dans les grandes villes, où la consommation de la viande est considérable; le second s'obtient avec les rognures d'ivoire mises au rebut par les tabletiers; on l'imite avec des os de pieds de mouton bien nettoyés. On carbonise ces matières dans des marmites en fonte bien closes. Le charbon d'os renferme toujours une certaine quantité d'azote. On se sert particulièrement du noir animal dans les raffineries, pour décolorer le sucre; l'usage en a été introduit depuis 1813 par MM. Derosne, Payen et Pluvinet. Une grande partie du noir animal consommé en France et dans nos colonies se fabrique dans le département de la Seine.

CHARBON VÉGÉTAL, charbon ordinaire, provenant de la carbonisation du bois (*Voy.* CARBONISATION). Ce charbon se fait avec toute espèce de bois: on préfère toutefois les charbons de bois durs, si ce n'est dans certaines industries, notamment pour la fabrication de la poudre (*Voy.* BOURDAINE, CHANVRE). Le charbon qui n'est pas assez consumé est lourd, de couleur brune et renferme beaucoup de *fumerons*; celui qui est de bonne qualité est léger, cassant, sonore, sans écorce et rondin. La plus grande partie des charbons consommés à Paris y sont amenés par eau et sont connus dans le commerce sous le nom de charbons de l'Yonne, de la Marne, de la Loire, etc. L'ordonnance royale du 5 juillet 1834 et l'ordonnance de police du 15 décembre de la même année règlent la vente du charbon de bois.

CHARBON DE TERRE. *Voy.* HOUILLE.

CHARBON (en Médecine), *Anthrax malin* ou *pestilentiel*, tumeur dure et circonscrite, extrêmement douloureuse, avec tension et chaleur brûlante dans le tissu cellulaire sous-cutané; et rougeur livide de la peau, au centre de laquelle il s'élève bientôt une ou plusieurs ampoules, dites phlyctènes, qui crèvent et se convertissent en une escarre ou croûte noirâtre gangréneuse; d'où le nom de *charbon*. Il peut se développer dans les diverses parties du corps, et chez tous les individus; cependant on l'observe plus fréquemment vers les lèvres ou les joues, spécialement chez les enfants. Le mal s'étend rapidement et amène une mort prompte, si l'on ne se hâte d'en arrêter les progrès. Le charbon est le plus souvent contracté par contagion: aussi l'observe-t-on particulièrement sur les individus qui ont touché sans précaution des animaux atteints de maladies charbonneuses, chez les bouchers, les équarrisseurs, les tanneurs, les laveurs de laine, etc. Le charbon peut résulter aussi d'une alimentation malsaine ou insuffisante, de l'habitation dans les lieux bas, humides, mal aérés. Dès que le caractère de la tumeur est reconnu, il faut inciser les escarres, enlever les parties frappées de gangrène, et cautériser profondément la plaie. On applique ensuite des antiseptiques (quinquina, chlorures désinfectants, etc.). Ce traitement doit être secondé par un traitement interne qui varie selon la gravité des phénomènes inflammatoires.

Le charbon est assez commun chez les animaux domestiques, et il présente chez eux le même caractère que chez l'homme; il est le plus souvent épizootique.

CHARBON, maladie des grains. *Voy.* NIELLE.

CHARBONNAGE. *Voy.* HOUILLÈRE.

CHARCUTIER (des mots *chair* et *cuite*), nom donné à celui qui prépare et qui vend la chair de porc et de sanglier, et, en général, toute chair cuite ou hachée dans la préparation de laquelle il entre du porc. Cette profession comprend l'art d'abattre, de saler et de fumer le porc, d'en faire des jambons, des boudins, des saucisses, des cervelas, des andouilles et autres préparations fort variées. Avant tout, le charcutier doit choisir avec soin les porcs destinés à faire de la charcuterie, et s'assurer surtout s'ils ne sont points atteints de la *ladrerie*, maladie qui rend leur chair indigeste et malsaine; elle se reconnaît à des taches blanches et roses répandues par tout le corps et surtout sous la langue et autour des yeux. — Il y avait beaucoup de charcutiers chez les Romains: on les appelait *salsamentarii* et *botularii*, vendeurs de porc salé et de boudins. En France, les bouchers firent longtemps le commerce de la viande de porc; on vit ensuite s'établir des *Saucisseurs* et des *Charcutiers*. On leur donna des statuts sous Louis XI et on les soumit à des inspections sévères. Aujourd'hui ils sont régis par l'ordonnance de police du 29 décembre 1835. On compte à Paris plus de 350 charcutiers, dont quelques-uns font un commerce considérable. En Angleterre, le commerce de la charcuterie se confond avec celui de l'épicerie.

CHARDON, *Carduus*, genre de la famille des Composées, tribu des Cinarées, renferme des plantes herbacées, à capitules épineux, portés sur des rameaux monocéphales. L'espèce la plus commune est le *Ch.-Marie*, dit aussi *Ch. argenté, de Notre-Dame, lacté* et *taché*: elle est remarquable par la grandeur, la beauté de ses feuilles chargées d'épines, et par l'éclat de ses fleurs purpurines. Les cultivateurs la coupent lorsqu'elle est à moitié fleurie, pour la piler et la donner aux bestiaux, ou pour la brûler, afin d'en chauffer les fours, ou d'en retirer la potasse. — Quant au chardon dont on se sert pour carder les draps et qu'on nomme *Ch. à foulon* et *Ch. bonnetier*, *Voy.* CARDÈRE.

On appelle vulgairement *Ch. acanthe* le Pédane; *Ch. aux ânes*, l'Onoporde; *Ch. bénit*, la Centaurée chausse-trape, l'Argémone et le Carthame laineux; *Ch. des prés*, la Cnique; *Ch. doré*, la Centaurée solsticiale; *Ch. étoilé*, la Chausse-trape étoilée; *Ch. hémorroïdal*, la Sarrète des champs; *Ch. roland* ou mieux *roulant*, le Panicaut champêtre.

CHARDONNERET, *Fringilla carduelis*, espèce du genre Moineau, ainsi nommée parce qu'elle se nourrit des graines de chardon. Le mâle et la femelle présentent deux colorations fort différentes: le premier, toujours mieux paré, a le dos brun, les ailes noires et jaunes, le tour du bec rouge, et le ventre blanc; il est plus vif et a le chant plus agréable; la femelle, dont les couleurs sont plus sombres, est triste et sans ramage. Le chardonneret est recherché pour la gentillesse de son chant. Il construit son nid sur les arbres les plus élevés, et se tient dans les bois et les parcs. Croisé avec le serin, il donne naissance à des *mulets* stériles qui ont perdu une partie de la riche parure de l'oiseau franc.

On nomme *Chardonneret du Canada* (*Fringilla tristis*) une espèce de linotte de la Louisiane.

CHARDONNET, nom donné aux pierres des bajoyers des écluses qui portent la feuillure dans laquelle tournent les poteaux tourillons.

CHARDONNETTE ou CARDONNETTE (de *cardon*), espèce d'artichaut sauvage dont la fleur sert à faire cailler le lait. On en cultive dans les jardins une variété connue sous le nom de *Cardon d'Espagne*.

CHARGE. En Administration et en Droit, on appelle *Charges publiques*: 1° les divers impôts qui pèsent sur la généralité des citoyens; 2° les obligations que la police peut imposer aux habitants des villes, comme le balayage des rues, l'arrosage, etc.; 3° le service de la garde nationale, les fonctions de juré, la tutelle des mineurs et des interdits, etc.; — *Charges particulières*, les charges *réelles*, qui affectent la chose, comme les servitudes foncières et les hypothèques, et les charges *personnelles*, qui affectent la personne, comme les charges du mariage, celles qui sont imposées par le donateur au donataire, par le testateur à l'héritier, etc.

On donne aussi le nom de *Charges* à certains offices qu'on ne peut remplir qu'en donnant des garanties pécuniaires; telles sont celles de notaire, d'avoué, d'huissier, d'agent de change, etc. (*Voy.* ces mots). Ces *Charges* sont conférées par l'État, mais n'en peuvent pas moins se transmettre.

En Droit criminel, on entend par *charges* les indices et les preuves qui s'élèvent contre un accusé.

Dans l'Art militaire, ce mot se prend dans diverses acceptions. Il signifie: tantôt le choc de deux troupes, comme les *Ch. de cavalerie*, qui se font de quatre manières: en ligne parallèle et en ligne oblique, contre la cavalerie; en échelons et en colonne, contre l'infanterie; — tantôt la quantité de poudre que l'on met dans une bouche à feu pour lancer des projectiles: la charge du fusil a été fixée à 12 grammes et demi; celle du pistolet, à 8 grammes un tiers; la charge d'un canon est, en général, le tiers du poids du boulet; celle des obusiers et des mortiers est proportionnelle à la distance que l'on veut atteindre. — On appelle encore *charge*, l'action de charger une arme à feu: on distingue la *Ch. en douze temps*, la *Ch. précipitée* et la *Ch. à volonté*; — enfin, une batterie de caisse ou une sonnerie de clairon qui s'exécutent au moment où les troupes vont charger.

En Marine, on appelle *ligne de charge* ou *de flottaison*, celle du niveau de l'eau sur la carène.

Dans les Beaux-Arts, le mot *charge* est souvent synonyme de *caricature*.

CHARGÉ D'AFFAIRES, nom donné, en Diplomatie, à celui qui, à défaut d'ambassadeur ou de ministre plénipotentiaire, est chargé de veiller aux intérêts de son gouvernement dans une cour étrangère. Parmi les chargés d'affaires, les uns ont une mission permanente, les autres sont *chargés par intérim*.

CHARGEMENT (POLICE DE). *Voy.* CONNAISSEMENT.

CHARIOT, voiture à quatre roues, destinée à transporter, par terre et au moyen d'animaux attelés, toutes sortes de fardeaux. A la guerre, les anciens se servaient de *chariots armés de faux* pour rompre les rangs de l'ennemi : on attribue l'invention de ces chariots à Cyrus.—On a imaginé des *chariots à voiles* qui marchaient à l'aide du vent ; mais ces essais ingénieux n'ont jamais eu d'application utile. —Les *chariots à vapeur* ont reçu le nom de wagons.

CHARIOT (LE GRAND et LE PETIT), nom de deux constellations boréales. *Voy.* OURSE.

CHARITÉ, *Caritas*, l'une des trois vertus théologales, consiste à aimer Dieu par-dessus toutes choses et notre prochain comme nous-mêmes pour l'amour de Dieu. Cette vertu, toute chrétienne, a de tout temps inspiré, outre une foule d'actes particuliers qui se cachent le plus souvent, un grand nombre d'institutions publiques. Parmi celles qui existent aujourd'hui en France, on distingue les Frères de la Charité, les Sœurs de la Charité (*Voy.* leur notice au *Dict. univ. d'Hist. et de Géogr.*), l'Institution de la jeunesse délaissée, l'Institution de Saint-Louis, la Société pour le placement en apprentissage de jeunes orphelins, la Société des amis de l'enfance, la Société de patronage pour les jeunes détenus, la Société d'adoption pour les enfants trouvés, l'OEuvre du Bon-Pasteur, l'Asile de la Providence, la Société de charité maternelle, l'Association des mères de famille, la Société de Saint-François-Régis, l'Asile-École Fénelon, la Société des crèches, etc.

CHARITÉ (BUREAUX DE). *Voy* ASSISTANCE PUBLIQUE et BIENFAISANCE.

CHARME, *Carpinus*, genre de la famille des Cupulifères, est composé d'arbres à feuilles alternes et ovales, et à fleurs en chatons, se développant en même temps que les feuilles. L'espèce la plus connue est le *Charme commun* (*C. betulus*), arbre indigène, le plus répandu dans nos forêts, reconnaissable à son tronc rarement droit et bien arrondi, revêtu d'une écorce unie, blanchâtre, marbrée, surchargée de lichens, portant une tête ordinairement très-grosse, très-touffue. Lorsqu'on en fait des palissades en l'empêchant de croître, le plant prend le nom de *charmille*. Le bois du charme est dur, compacte et blanc ; il est recherché pour les manches d'outils, les ouvrages du tourneur, du charpentier, du menuisier. On l'emploie pour vis de pressoir, maillets, roues de moulin. C'est aussi un des meilleurs bois de chauffage.

CHARME (de *carmen*, sortilége). *Voy.* ENCHANTEMENT.

CHARMILLE, palissade de charme. *Voy.* CHARME.

CHARNIER (en latin *carnarium*), endroit couvert ou galerie qui entourait autrefois les églises paroissiales, où l'on réunissait les ossements des morts. Ils ont disparu pour la plupart. Ceux qui subsistent encore ont été convertis en salles de catéchisme, en chapelles ou en sacristies.—On appelait *Charnier des Innocents* une galerie voûtée, construite autour de la clôture du cimetière des Innocents à Paris, et qui servait de sépulture privilégiée : cette galerie infecte, située dans un des quartiers les plus populeux, fut détruite en 1786. *Voy.* aussi OSSUAIRE.

CHARNIÈRE (du latin *cardo, cardinis*, gond). En Conchyliologie, on appelle ainsi la partie où sont at-

tachées ensemble les deux valves d'une coquille, et sur laquelle se font leurs mouvements. La charnière est *dentée* ou *édentée*, suivant qu'il y a présence ou absence de dents. Les intervalles creux qui séparent les dents de la charnière ont reçu le nom de *fossette* ou de *gouttière*.

CHARPENTE (du latin *carpentum*, char), assemblage de pièces de bois servant à la construction d'un édifice. Les bois les plus propres à la charpente sont le chêne, le sapin, le châtaignier, le hêtre, le platane, le pin, l'aune, le peuplier, l'acacia, le mélèze, l'orme, etc.; on les nomme *bois de charpente* ou *de construction*. Ces bois ont une section rectangulaire, ou en carré long, dans le bois doivent être placés horizontalement ; carrée, quand ils doivent être employés debout : ils peuvent être *de brin*, c.-à-d. équarris à la cognée, ou *de sciage*. Les assemblages se divisent en deux classes : ceux *à tenon et à mortaise*, et ceux *à entaille*. Ces assemblages servent à former des *pans de bois*, des *planchers*, des *escaliers*, des *combles*, des *échafaudages*, des *cintres*, etc. *Voy.* ces mots.

CHARPENTE OSSEUSE. *Voy.* SQUELETTE.

CHARPENTIER (de *charpente*), artisan qui travaille en charpente. Le *charpentier* doit joindre l'adresse à la force, et posséder quelques notions de dessin linéaire, de géométrie et de mécanique pratiques. Ses outils principaux sont : la *bisaiguë*, la *cognée*, l'*herminette*, l'*ébauchoir*, la *tarière*, la *scie*, le *compas*, la *fausse équerre*, la *règle en bois* ou *jauge*, la *rainette*, etc. Il se sert aussi de diverses machines, telles que la *chèvre*, le *cabestan*, le *verrin*, etc. *Voy.* ces mots.

Au moyen âge, on appelait *charpentiers* tous les ouvriers qui travaillaient le bois, tels que les charpentiers, les menuisiers, les tourneurs, les charrons, etc. On distinguait alors : les *Ch. de la grande cognée* ou charpentiers proprement dits, et les *Ch. de la petite cognée* ou menuisiers. — Avant 1789, les charpentiers formaient une corporation qui avait ses statuts, rédigés dès 1454 ; une ordonnance de 1649 avait fixé les conditions à remplir par les aspirants à la maîtrise. Les charpentiers forment encore plusieurs associations de *Compagnons* ; ces associations, créées originairement dans un but de fraternité, ne se sont le plus souvent révélées au public que par des coalitions ruineuses pour l'industrie ou par des combats acharnés (*Voy.* COMPAGNONNAGE). — Kafft a écrit un traité sur l'*Art de la charpente*. MM. Hanus et Biston ont donné le *Manuel du Charpentier*.

Dans la Marine, on nomme *Charpentier de vaisseau*, *C. de navire*, celui qui travaille à la construction et à la réparation des vaisseaux et autres bâtiments.

CHARPIE (du lat. *carptum*, sous-ent. *linteum*: linge découpé, effilé), nom donné aux filaments qu'on obtient en effilant du linge à demi usé qu'on a d'abord coupé par petits morceaux, ou bien en le ratissant avec le tranchant d'un couteau. La première s'appelle *Ch. brute*, la seconde *Ch. râpée*. Avec la charpie brute on fait des plumasseaux, des mèches, des tampons, des pelotes dont on se sert pour panser les plaies, les ulcères, les fistules, etc. La charpie râpée est moins absorbante et plus irritante que la précédente. On emploie de préférence la toile pour faire de la charpie ; on peut aussi prendre du coton ; il faut dans tous les cas que le linge soit blanc de lessive, et qu'il ne soit ni empesé ni coloré en bleu par l'indigo. On remplace très-bien la charpie avec du chanvre en étoupes, blanchi au chlore et cardé. Les Anglais se servent d'une espèce de peluche de lin, lisse et gommée d'un côté et cotonneuse de l'autre ; mais elle n'est pas assez perméable.

CHARRÉE, cendre qui a servi à faire la lessive. On l'utilise dans l'Agriculture comme amendement : elle échauffe doucement la terre, et fait mourir les mauvaises herbes.

CHARRON, ouvrier qui construit toute espèce de

charrettes, fourgons, tombereaux, haquets, traîneaux, le train des carrosses, des cabriolets, etc. La fabrication des *roues* (*Voy.* ce mot) est la partie la plus importante et en même temps la plus difficile de l'art du charronnage. Les bois les plus propres à cette industrie sont l'orme, le frêne, le charme, l'érable, le chêne. On les emploie, ou *en grume*, c.-à-d. avec leur écorce et sans être équarris ni débités avec la scie, ou bien *sciés*, c.-à-d. réduits à des épaisseurs convenables. — Les charrons avaient été constitués en communauté par Louis XII; leurs statuts sont de 1498; Louis XIV leur donna de nouveaux règlements en 1668. — M. Lebrun a donné le *Manuel du Charron et du Carrossier.*

CHARRUE (du latin *carruca*, même signification), machine destinée à labourer la terre. Les parties principales d'une charrue sont : le *soc*, fer de lance ou triangle qui soulève la terre; le *coutre*, pointe aiguë qui la tranche; le *sep*, solide pièce de bois doublée de fer et garnie d'un talon, qui pèse sur le fond du sillon; le *versoir*, en fonte, qui fait retomber la bande de terre soulevée par le soc; l'*âge*, dit aussi *haye* ou *flèche*, auquel s'adapte par un bout le *manche* de la charrue, et par l'autre l'*avanttrain* et l'*attelage*. On se sert, pour traîner la charrue, de bœufs ou de chevaux.—L'origine de la charrue est fort ancienne. Ce ne fut à l'origine qu'un simple *pic*, ou un soc grossier, qu'un seul homme pouvait manœuvrer. Celle des Romains n'était d'abord qu'un crochet à deux branches dont une branche entrait dans la terre et l'autre servait à le traîner; ils y ajoutèrent successivement des *oreilles* ou versoirs, des coutres et enfin des roues. Les Gaulois inventèrent l'avant-train. Longtemps la routine s'opposa aux améliorations imaginées par les inventeurs : cependant, dans ces derniers temps, plusieurs perfectionnements sont entrés dans la pratique. La plupart des charrues dont on se sert aujourd'hui peuvent se réduire à quatre, types de toutes les autres : 1° la *charrue à avant-train*, à un seul versoir en fonte; 2° la *brandisoire* ou *Ch. sans avant-train*; 3° la *Ch. tourne-oreille*, dite *de France*, avec ou sans versoir; 4° la *Ch. à buter*, à deux versoirs mobiles et opposés, avec ou sans train. Les charrues les plus estimées sont : la charrue belge perfectionnée par Mathieu de Dombasle, celle dite *de Brabant*, celle de Rosé et celle de Graugé. — On appelle *araires* des charrues très-simples et très-légères, avec ou sans versoir, dont on se sert dans le Midi.

On a aussi donné le nom de *charrue* à des instruments aratoires qui font l'office de scarificateurs et d'extirpateurs : au tranche-gazon, à la houe et au sarcloir à cheval. On se sert de la *Ch. à dérayer* pour agrandir les rigoles d'écoulement entre les billons, de la *Ch.-taupe*, pour faire des saignées temporaires de desséchement qui ne laissent point de trace.

CHARTE ou **CHARTRE** (du latin *charta*, papier), terme générique employé pour désigner un ancien titre, quelle que soit sa nature. On appelait *Ch. de mundeburde* (de l'allemand *munde*, bouche, et *bürde*, charge; engagement verbal), une charte de protection accordée par le roi à des corporations ou à des particuliers; *Ch. apenne*, une charte délivrée par un magistrat pour constater qu'une maison avait perdu tous ses titres de propriété; *Ch. andelane* (de l'allem. *an die hand*, dans la main), un acte de donation remis par le donateur dans la main du donataire; *Ch. prestaire*, l'acte par lequel une église ou un monastère accordait à un particulier l'usufruit de quelques terres à certaines conditions; *Ch. précaire*, l'acte par lequel on demandait ou on acceptait cet usufruit; *Ch. paricles*, les actes écrits en autant de doubles qu'il y avait de parties; *Ch. bénéficiaire*, l'acte d'une donation faite par les empereurs ou par les rois francs des deux premières races aux guerriers, aux nobles, et dans la suite aux ecclésiastiques même, à condi

tion de vasselage ou de service militaire; *Ch. de commune*, les lettres par lesquelles le roi ou quelque autre seigneur, avec la permission du roi, érigeait les habitants d'une ville ou d'un bourg en corps et communauté après l'affranchissement. Il y avait encore des *Ch. de vente, de soumission, de caution, de garantie, d'héritage*, etc. *Voy.* DIPLOMES.

Au moyen âge, on nommait *Ch.-partie* (*Charta partita*, papier divisé) un acte que l'on délivrait en le séparant d'un registre à souche, ou que l'on déchirait en deux pour en donner une *partie* à chacun des contractants. — Aujourd'hui, dans le Commerce maritime, on nomme ainsi le contrat passé entre l'armateur ou le capitaine d'un navire et un commerçant qui fait l'affrétement, c'est-à-dire qui le loue en entier ou en partie pour transporter une cargaison ou une certaine quantité de marchandises d'un port ou d'un pays à un autre désignés dans cet acte (Code de commerce, art. 226, 273). Les chartes-parties doivent être rédigées par écrit, faites doubles ou triples, et signées par les parties; dans l'origine, on donnait seulement la moitié de l'acte à chacun des contractants.

CHARTE CONSTITUTIONNELLE, CHARTE NORMANDE, GRANDE CHARTE. *Voy.* les articles CHARTE et CONSTITUTION au *Dict. univ. d'Hist. et de Géogr.*

On appelait autrefois *Chartrier* le lieu où étaient déposées les chartes d'une même maison, et *Cartulaire* un recueil de chartes. *Voy.* CARTULAIRE.

L'*École des Chartes*, créée en 1821 et annexée aux *Archives du royaume*, reçoit un petit nombre d'élèves qui étudient les anciens manuscrits, et qui, après un cours de trois ans, obtiennent le brevet d'archivistes paléographes. C'est une pépinière d'excellents employés pour les archives et les bibliothèques publiques. Depuis l'ordonnance constitutive du 22 février 1821, cet établissement a été modifié par les ordonn. du 11 nov. 1829, du 5 janv. et du 31 déc. 1846.

CHARTRE, nom vulgaire de la maladie appelée *carreau* ou *atrophie mésentérique*.—Ce mot est synonyme aussi d'*étisie*, de *consomption*. *V.* ces mots.

CHARTRE PRIVÉE (on dérive *chartre*, par corruption, du lat. *carcer*, prison). Ce mot désignait autrefois tout lieu autre que la prison publique, où une personne était retenue sans l'autorité de la justice. — Dans le Droit romain, quiconque détenait une personne en chartre privée encourait la peine de mort (loi I, § 1. Cod., *de privatis carceribus*). Une ordonnance de 1670 défendait aux prévôts de faire *chartre privée* dans leurs maisons ou ailleurs. Ce mot n'est plus usité aujourd'hui; mais le fait est prévu par le Code d'Instr. crim. (art. 615) et le Code pénal (art. 341).

CHAS, le trou d'une aiguille. *Voy.* AIGUILLE.

CHASSE (du latin *captare*, prendre, selon Ménage; de *quassare*, agiter, secouer, selon Roquefort; ou, suivant Nodier, du vieux français *sacher*, dérivé de *sagittare*, percer de flèches). On distingue ordinairement la *grande chasse*, qui comprend le cerf, le daim, le chevreuil, le chamois, le bouquetin, le sanglier, l'ours, le loup, le renard; et la *petite chasse*, qui comprend le lièvre, le lapin, le coq de bruyère, le faisan, l'outarde, le héron, la perdrix, la caille, la bécasse, le canard, la sarcelle, etc. — En outre, en considérant les divers procédés employés pour chasser, on distingue : la *Ch. à courre*, qui consiste à faire pousser une seule bête par une meute de chiens, suivie de veneurs à cheval, jusqu'à ce que la bête soit forcée; la *Ch. à tir*, qui consiste à tirer le gibier, soit en le faisant chercher ou lever par des *chiens courants* ou des *chiens d'arrêt*, soit en le faisant traquer ou en l'attendant à l'*affût*; la *Ch. aux filets* et *aux piéges*, qui est très-variée et très-destructive, mais qui, du reste, est prohibée par la loi; enfin la *Ch. à l'oiseau*. *Voy.* FAUCONNERIE.

La chasse a été de tout temps un des exercices favoris aussi bien de l'homme civilisé que du sau rage. Sans rappeler Nemrod, *le fort chasseur devant le Seigneur*, on voit la chasse en honneur chez les peuples les plus anciens. Les Grecs et les Romains rendaient un culte à Diane comme déesse de la chasse. Ces deux peuples furent des chasseurs intrépides ; ils chassaient de préférence la bête fauve ; ils la poussaient à grand renfort de chiens vers des filets tendus de distance en distance, et la tuaient, de loin avec le javelot, de près avec l'épieu ; quant au menu gibier, ils le prenaient au piége. Les rois de Perse possédaient des parcs immenses peuplés de bêtes fauves, et réservés pour eux seuls. Chez les Gaulois et les Germains la chasse était un apprentissage de la guerre. Au moyen âge, la chasse devint la principale occupation de la noblesse : la science de la vénerie et celle de la fauconnerie étaient obligatoires pour tout gentilhomme. Nos anciens rois et, à leur exemple, les grands feudataires entretinrent d'immenses équipages de chasse. En même temps, les ordonnances les plus arbitraires réservaient à la noblesse le privilége exclusif de la chasse, et la pénalité la plus sévère frappait les délits les plus légers. Ces abus disparurent avec l'ancien régime : une loi du 4 août 1789 reconnaît à tous les propriétaires le droit de détruire le gibier sur leurs terres ; et depuis, les lois sur la chasse, en confirmant ce droit, n'ont tendu qu'à réprimer les abus qui pouvaient en résulter : c'est ainsi qu'on a fixé le temps de la chasse de manière à ne pas nuire à l'agriculture et à ne pas empêcher toute reproduction des animaux ; en même temps, on a exigé des chasseurs certaines garanties (*V.* PORT D'ARMES, PERMIS DE CHASSE). — La dernière loi sur la police de la chasse a été rendue le 3 mai 1844 ; une ordonnance du 5 mai 1845 a réglé les détails.

On a beaucoup écrit sur la chasse. Chez les anciens, Xénophon, Arrien, Oppien, ont laissé des traités sur ce sujet. Dans les temps modernes, il faut citer les ouvrages de Gaston Phébus (*les Déduits de la Chasse*, Paris, in-fol. goth.) ; de J. du Fouilloux (*la Vénerie*, Poitiers, 1561, in-fol.) ; de Fr. de Saint-Aulaire, sieur de la Renaudie (*la Fauconnerie*, Paris, 1617, in-4) ; le *Dictionnaire des Chasses*, de Baudrillard, revu par M. de Quingery, 1834, in-4 ; le *Traité général des chasses à courre, à tir et aux piéges*, de Jourdain, 1822-23, 4 vol. in-8 ; la *Chasse au fusil*, de Magné de Mapolles, 1836, in-8 ; et les divers ouvrages de MM. Elz. Blaze et d'Houdetot, ainsi que les recueils périodiques (le *Journal des chasseurs*, la *Revue forestière*, l'*Almanach des chasseurs*, etc.). Il a été publié en 1851 une *Collection de toutes les chasses*, in-8.

En Musique, on donne le nom de *Chasse* : 1° à certains airs de cor ou d'autres instruments, dont la mesure, le rhythme, le mouvement, rappellent les airs que ces mêmes instruments donnent à la chasse ; 2° aux symphonies et aux ouvertures dont les divers motifs sont des airs de chasse, et dont les effets tendent à imiter l'action d'une chasse, telles que l'ouverture du *Jeune Henri*, de Méhul.

CHÂSSE (du latin *capsa*, caisse), sorte de coffre plus ou moins riche, et le plus souvent de forme gothique, dans lequel on conserve les reliques des saints. Les châsses les plus célèbres en France étaient celle de S. Martin, qu'on portait souvent en tête des armées ; les deux châsses de Ste Geneviève, la première, œuvre de S. Éloi ; la seconde, faite en 1242, par ordre de S. Louis ; la châsse ou *fierte* de S. Romain à Rouen, etc. Les églises où l'on conservait le plus de châsses étaient : la cathédrale de Cologne, la Sainte-Chapelle de Paris, Saint-Victor de Marseille, Saint-Laurent de l'Escurial, etc.

Les orfévres appellent *châsse* la partie de la boucle où est le bouton, et les lunettiers, le métal ou la corne qui contient les verres des lunettes et où se place le nez.

En Mécanique, on appelle *châsse* l'espace libre qu'il faut accorder à une machine ou à quelqu'une de ses parties pour en augmenter ou en faciliter l'ac-

tion. — Dans une balance suspendue, c'est la partie perpendiculaire au fléau, celle par laquelle ou soutient la balance quand on veut s'en servir.

Châsse se dit aussi de ce qui sert à tenir certains objets *enchâssés* ; ainsi, en Chirurgie, on nomme *châsse* (châsse d'un bistouri, par exemple) une sorte de manche, qui peut être fixe comme celui d'un rasoir, ou composé de deux lames mobiles de corne, d'écaille ou d'ivoire, et réunies seulement l'une à l'autre vers la partie qui tient à la lame de l'instrument.

CHASSELAS, variété de raisin qui se cultive en treilles dans les jardins. C'est un bon raisin de table, d'un jaune doré, belle grappe, grain gros et rond, peu serré, fondant, doux et sucré. Le plus estimé est le *chasselas de Fontainebleau*, que l'on cultive principalement dans le village de *Thomery*, situé près de cette ville ; ce raisin n'a qu'un pepin ; il doit surtout sa supériorité aux soins dont il est l'objet.

CHASSE-MARÉE, nom donné : 1° aux voituriers qui apportent dans les villes le poisson pêché sur les côtes ; 2° à un petit bâtiment à deux mâts, d'une forme avantageuse pour la marche, qui fait le commerce de petit cabotage et transporte de port en port la marée et autres denrées. — Il y a de grands chasse-marées qui font le voyage des Antilles ; ils ont trois mâts et plus de voiles que le chasse-marée ordinaire.

CHASSEURS, nom de divers corps de troupes légères. Les uns sont à cheval, les autres à pied.

Chasseurs à cheval. Il y a en France 13 régiments de chasseurs ; leurs armes sont le mousqueton, les pistolets et le sabre demi-courbe ; leur uniforme est vert ; le shako garance avec un plumet de crin noir ; les boutons, la buffleterie et les aiguillettes sont blancs ; les officiers portent l'épaulette d'argent. — Outre ces 13 régiments, il y a 4 régiments de *Chasseurs d'Afrique*, également à cheval, destinés spécialement au service de l'Algérie. Leur uniforme est une capote bleu-céleste, à la polonaise, à basques tombantes en forme de jupon, et boutonnant droit sur la poitrine au moyen de neuf boutons sphériques ; leur coiffure est un czapska garance.

Chasseurs à pied. Sous l'Empire, il y avait un corps de *Chasseurs à pied* formant 16 bataillons, chacun de 4 compagnies, et qui faisaient le service de tirailleurs. — On donne aujourd'hui le nom de *Chasseurs* aux soldats des compagnies du centre de l'infanterie légère. Avant 1848, il y avait aussi des compagnies de *Chasseurs* dans chaque bataillon de la garde nationale. — On appelle auj. *Chasseurs à pied* des soldats d'infanterie légère, armés de carabines, et remarquables par la justesse de leur tir, la rapidité de leur marche et la précision de leurs mouvements. Les premiers bataillons de ce beau corps ont été organisés à Vincennes en 1836, par le duc d'Orléans ; on en compte aujourd'hui 20 bataillons. Leur uniforme est une tunique bleu-de-roi, avec un pantalon gris de fer ; shako en drap bleu, épaulettes vertes. Ces chasseurs ont rendu de grands services à l'armée en Afrique et au siége de Rome.

CHASSIE, humeur onctueuse et jaunâtre sécrétée par des follicules situés sur le bord de chaque paupière, et connus sous le nom de glandes de Meïbomius. L'écoulement abondant de la chassie constitue une maladie connue sous le nom de *lippitude*. On y remédie par des lotions et des collyres astringents.

CHASSIS (de *châsse*, enveloppe), assemblage de fer ou de bois, ordinairement carré, destiné à environner un corps et à le contenir. Tels sont : dans les théâtres, les *châssis* qui soutiennent les décorations ; — en Architecture, les *châssis* de fenêtre ; — en Typographie, les *châssis* qui contiennent l'ensemble des caractères dont se compose une feuille d'impression ; — en Monnayage, les *châssis* qui servent à couler les lames d'or ou d'argent et dans lesquels on découpe les flancs ; — en Horticulture, les *châssis de couches*, cadres de bois revêtus de vitres, qui servent à couvrir les plantes dont on veut hâter la végétation ou qu'on veut préserver du froid, etc.

CHASUBLE (du latin *casula*, diminutif de *casa*, loge, et qui a la même signification), ornement d'église que le prêtre met par-dessus son aube pour dire la messe. Les chasubles des anciens étaient rondes et fermées de tous côtés, excepté à l'endroit où l'on passait la tête. Dans la suite, on les fit moins longues; ensuite on les échancra de plus en plus sur les côtés pour laisser les bras libres, et maintenant elles ne forment plus qu'une bande longue et large par devant et par derrière.—Dans l'Eglise grecque, la chasuble de l'évêque est parsemée de quantité de croix, au lieu que celle des prêtres n'a, comme dans l'Église latine, qu'une grande croix.

CHASUBLERIE. On comprend sous cette dénomination un grand nombre d'articles qui appartiennent au service, soit de l'église, soit des prêtres; tels que chapes, chasubles, ornements d'autel, surplis, soutanes, aubes, robes, crosses, ciboires, croix, encensoirs, ostensoirs, flambeaux, patènes, etc., ainsi que plusieurs riches étoffes de soie, de brocarts, de broderies et de plaqués, dont la plus grande partie se fabrique à Lyon, à Paris, et une petite partie à Tours.

CHAT (du latin *catus*, fin), *Felis*. Pris dans la plus vaste acception que lui donnent les Zoologistes, ce mot désigne un grand genre de l'ordre des Carnassiers, famille des Digitigrades, caractérisé par ses pieds antérieurs, qui chez la plupart ont cinq griffes ou doigts armés d'ongles rétractiles au moyen desquels l'animal s'attache à sa proie et aux corps le long desquels il veut grimper. La langue, mince et rude, est couverte, à sa surface supérieure, de papilles cornées dont la pointe est dirigée en arrière; les oreilles sont courtes, en cornet triangulaire et dressé; la queue longue et mobile; la tête arrondie, le museau court; les yeux sont chez les uns diurnes (à pupille ronde), voyant bien le jour, chez les autres nocturnes (à pupille verticale) voyant la nuit comme le jour; le pelage, riche et composé de poils de couleur généralement fauve. Le genre *Chat* se divise en trois sous-genres: les *Chats proprement dits*, à ongles rétractiles, les *Lynx*, qui ont en outre les oreilles surmontées d'un long pinceau de poils; et les *Guépards*, à ongles non rétractiles.

Les *Chats proprement dits* comprennent le Lion, le *Tigre*, le *Jaguar*, le *Couguar*, la *Panthère*, le *Léopard* et le *Chat ordinaire*; ce dernier vit à l'état sauvage dans les forêts de l'Europe; il est gris-brun, avec des ondes transversales plus foncées. C'est de cette espèce que l'on fait descendre le *Chat domestique*, qui se trouve aujourd'hui sur presque toute la terre habitée, et dont le pelage varie par le croisement des races.

Le *Chat domestique* présente une foule de variétés parmi lesquelles on distingue: le *Ch. tigré*, qui ne diffère du chat sauvage que parce qu'il est plus gros et qu'il a le nez, les lèvres et le dessous des pattes noirs: on le considère comme le meilleur pour faire la chasse aux rats; puis, parmi les variétés à poil ras: le *Ch. variable*, tacheté de blanc; le *Ch. des Chartreux*, gris d'ardoise; le *Ch. tout noir*, le *Ch. tout blanc*, le *Ch. roux*, le *Ch. d'Espagne*, tricolore, c'est-à-dire varié de blanc, de noir et de roux; enfin le *Ch. angora*, qui se fait remarquer par la longueur, la souplesse et la finesse de son poil, et dont la couleur, primitivement blanche, varie par la domesticité, comme celle des chats à poil ras.—Tout le monde connaît les mœurs et les habitudes du chat domestique, son excessive irritabilité nerveuse et son adresse pour détruire les souris et les rats. Beaucoup de personnes, les femmes surtout, prennent cet animal en grande affection; mais elles sont mal payées de retour: le chat s'attache à la maison, et le chien à son maître. —Les Egyptiens adoraient le chat comme un dieu; les Suisses l'ont choisi comme le symbole de la liberté.

CHAT MARIN. *V.* ANARRHIQUE.—CH.-TIGRE. *V.* SERVAL.

CHATAIGNE, *Castanea,* fruit du châtaignier, con-

tient généralement 2 ou 3 nucules ou amandes; le chimiste y trouve beaucoup d'amidon, un peu de matière sucrée et une très-petite quantité de gluten. La châtaigne est un aliment sain, assez abondant en matière nutritive, mais de digestion assez difficile, parce qu'elle contient trop peu de gluten. Cependant, elle compose en grande partie la nourriture des paysans des Cévennes, du Limousin, de la Corse, etc.—On dessèche les châtaignes au four, et dans cet état de siccité on les nomme *castagnons*. Elles gardent alors leur suc, et peuvent être conservées très-longtemps. Pour les manger, on les ramollit dans l'eau et on en fait de la *polenta*; ou bien on les convertit en farine sous la meule, et on en fait du pain, des gâteaux, etc. Les volailles engraissées avec des châtaignes acquièrent un goût excellent. Les *marrons* ne sont que de grosses châtaignes; ils nous viennent des environs de Lyon, de Saint-Tropez et du Luc (Var), et surtout de la Sardaigne, qui en fait un grand commerce.

On nomme encore *Châtaigne d'eau* le fruit de la Macre; *Ch. du Brésil*, celui de la Bertholétie; *Ch. de cheval*, celui du Marronnier d'Inde; *Ch. de Malabar*, celui du Jacquier; *Ch. de mer*, l'Oursin; *Ch. de terre*, la racine du *Bunium bulbocastaneum.*

CHATAIGNIER, *Castanea,* genre de la famille des Cupulifères, renferme des arbres indigènes aux climats tempérés de l'Europe, tous d'un port élégant, à feuilles alternes d'un très-beau vert, ovales, pointues, dentées et garnies d'un double rang de nervures; à fleurs monoïques qui paraissent en même temps que les feuilles, à étamines au nombre de 8 à 15, et à ovaire infère. Le fruit est une capsule coriace, hérissée, contenant 1, 2 ou 3 nucules (*Voy.* CHATAIGNE). L'espèce la plus importante est le *Ch. proprement dit* (C. *vesca*), commun dans les forêts de l'Europe, et qui acquiert parfois une grosseur prodigieuse. Le châtaignier dit *du mont Etna* abrita sous ses branches, pendant un orage, Jeanne d'Aragon et toute sa suite, ce qui lui valut le nom de *Ch. aux cent chevaux*. En France, l'Auvergne, le Vivarais, les Cévennes, le Périgord et surtout le Limousin, offrent de vastes forêts de châtaigniers. Cet arbre pousse lentement; il ne commence guère à porter des fruits qu'à trente ans. Son bois est excellent pour faire des charpentes légères, des futailles et des cercles; il n'est pas d'un bon chauffage.

Châtaigner nain ou *de Virginie. Voy.* CHINCAPIN.

CHATEAU, anciennement CHATEL et CASTEL (du latin *castellum*). Ce mot, dans son acception primitive, désignait une maison forte, environnée de fossés et de gros murs, et garnie de tours ou de bastions, qui servait, soit à défendre une ville, comme le château de Vincennes, le château de Dieppe, etc., soit d'habitation seigneuriale. Lorsque la féodalité eut entraîné dans sa chute les châteaux forts du moyen âge, les demeures seigneuriales qui les remplacèrent conservèrent le nom de *châteaux*; depuis, on étendit ce nom à toute maison de plaisance construite sur un plan un peu vaste. —On le donne aussi à certaines résidences royales, comme le château des Tuileries, le château de Saint-Cloud, le château de Windsor, etc.

Dans la Marine, on emploie *château* comme synonyme de *gaillard*, pour désigner les deux parties élevées qui forment les extrémités d'un navire.

On nomme *Château d'eau* une machine plus ou moins compliquée, qui sert à élever des eaux, pour les distribuer ensuite dans un parc ou dans une ville.

CHATELAIN (en latin *castellanus*), seigneur qui avait droit d'avoir maison forte ou *châtellenie*, et haute justice annexée à sa seigneurie. — On appelait aussi *châtelains* les juges qui rendaient la justice dans l'étendue d'une châtellenie. Il y avait deux sortes de juges châtelains: les *Ch. royaux*, qui étaient ceux des terres du domaine du roi; et les *Ch. seigneuriaux*, qui étaient ceux des terres appartenant à des seigneurs. — Dans la hiérarchie de la noblesse, le châtelain venait immédiatement après le baron.

CHATELET, ancienne juridiction et prison de Paris. *Voy* le *Dict. univ. d'Hist. et de Géogr.*

CHATELLENIE. *Voy.* CHATELAIN.

CHAT-HUANT (de *chat*, à cause de quelque ressemblance de sa tête avec celle du chat, et du verbe *huer*, à cause de son cri), *Syrnium*, sous-genre des Chouettes, de l'ordre des Rapaces et de la famille des Nocturnes, se distingue au disque complet formé par les plumes autour de ses yeux; sa tête est grosse et se rattache immédiatement au corps; son chant est une espèce de cri triste et monotone. L'espèce appelée *Chat-huant hulotte* ou *Chouette des bois* (*S. aluco*), habite les grandes forêts de l'Europe; elle est grise, piquetée ou rayée de blanc et de brun; elle se nourrit de rats, de taupes, de mulots, de grenouilles, etc.

CHATIÈRE, nom donné, en Hydraulique, à une espèce de pierrée souterraine qui donne issue aux eaux d'un bassin; c'est un conduit en pente de 30 centim. de largeur, aboutissant à un *puisard*, où les eaux se perdent. On la nomme ainsi par allusion aux trous carrés qu'on pratique en bas des greniers pour laisser aux chats la facilité d'y entrer.

CHATOIEMENT, reflets variés produits par divers objets, tels que certaines pierres, certaines étoffes, lorsque l'angle sous lequel on les regarde vient à changer. On les appelle ainsi à cause de leur analogie avec l'éclat changeant dont brille l'œil de certains chats dans l'obscurité. — Le chatoiement offre au minéralogiste le moyen de caractériser certaines pierres, notamment celle qui tire de cette propriété le nom d'*Œil de chat. Voy.* ce mot.

CHATON, *amentum*, nom donné, en Botanique, à un assemblage de fleurs unisexuées, composées d'une écaille qui leur tient lieu de périanthe, et insérées sur un axe ou pédoncule commun simple, articulé à sa base, et se détachant en entier après la la floraison : telles sont les fleurs *mâles* du noyer et du noisetier, les fleurs *mâles* et les fleurs *femelles* du saule. Le chaton diffère de l'*épi*, dont les fleurs sont hermaphrodites et l'axe permanent; il diffère du spadice par l'absence de la spathe. La disposition des fleurs en chaton (*amentum*) est le caractère distinctif de la famille des *Amentacées*, qui tire de là son nom.

En Bijouterie, on nomme ainsi la partie de la monture d'une bague dans laquelle on doit enchâsser un diamant ou toute autre pierre précieuse. Les bords du chaton sont *sertis*, c.-à-d. rivés sur la pierre.

CHATOUILLEMENT. La paume des mains, la plante des pieds, la lèvre supérieure, les orifices du nez et de l'oreille, la région des côtes, etc., sont les régions les plus irritables par le chatouillement. Le chatouillement prolongé peut occasionner la mort, en provoquant une contraction permanente des muscles de la poitrine, d'où résulte une asphyxie mortelle. On a tenté d'employer le chatouillement comme moyen curatif chez les enfants d'un naturel indolent, d'une constitution lymphatique, et comme moyen perturbateur dans l'épilepsie.

CHATTE. On nomme ainsi dans la Marine : 1° un grappin sans oreilles qu'on installe sous le beaupré pour soulever un des câbles qui tiennent un bâtiment affourché, ou pour draguer des corps qui seraient tombés à la mer; — 2° une espèce de chasse-marée à fond plat, destiné principalement à la pêche, et qui diffère du chasse-marée ordinaire en ce qu'il peut monter son gouvernail indifféremment à l'avant et à l'arrière. Ce genre d'embarcation est propre au Croisic et à l'île de Noirmoutiers.

CHAUDE. Les verriers appellent ainsi le degré de cuisson qu'ils donnent à la matière propre à faire le verre. — Les forgerons entendent par *donner une chaude*, soit l'action de faire chauffer le fer suffisamment pour qu'il puisse être forgé, soit l'action de le forger. Ils appellent *Ch. grasse* celle où le fer

est porté au rouge blanc, et *Ch. suante* celle où il est presque en fusion.

CHAUDIÈRE A VAPEUR, chaudière dans laquelle on produit la vapeur qui met en mouvement les machines : elle est ordinairement en tôle. La forme des chaudières à vapeur est très-variée; celle des machines fixes est généralement formée d'un long cylindre terminé par deux calottes hémisphériques, et communiquant, par deux ou trois larges tubulures, avec deux appendices ou *bouilleurs*, également cylindriques, qui reposent sur les briques du fourneau (*Voy.* BOUILLEURS). L'eau remplit complétement les bouilleurs, et son niveau doit être maintenu vers le milieu de la hauteur de la chaudière. L'espace au-dessus du niveau de l'eau, qui est occupé par la vapeur, s'appelle la *chambre à vapeur*. On appelle *surface de chauffe* d'une chaudière l'étendue de la surface qui se trouve en contact avec le combustible placé sur la grille. Plusieurs causes peuvent déterminer l'explosion des chaudières à vapeur : l'abaissement du niveau de l'eau au-dessous de la ligne de chauffage, la formation d'incrustations pierreuses dues aux matières salines tenues en dissolution par l'eau, la mauvaise circulation de ce liquide, et, en général, la production subite d'un excès de vapeur par l'effet d'une surchauffe. On prévient l'abaissement du niveau principalement à l'aide des *flotteurs* (*Voy.* ce mot). Les *manomètres* (*Voy.* ce mot) fixés aux chaudières indiquent la tension de la vapeur; les *soupapes de sûreté* (*Voy.* ce mot) fournissent la même indication, et ont en outre l'avantage de se soulever quand la tension arrive à une certaine limite, et de donner issue à tout l'excédant de vapeur. Enfin, on évite les incrustations de la chaudière soit en l'alimentant avec de l'eau distillée, qu'on recueille dans des condenseurs particuliers annexés aux machines, de manière que la même eau sert toujours; soit en jetant dans la chaudière des rognures de pommes de terre ou de l'argile fine, qui empêchent l'agrégation des dépôts et permettent de débarrasser aisément la chaudière.

Chaudière tubulaire. Voy. TUBULAIRE.

CHAUDRONNIER (de *chaudron*). On distingue : 1° les *Ch. grossiers* ou *Ch. prop. dits*, qui fabriquent la grosse chaudronnerie, les chaudrons, les marmites et autres ustensiles de ménage, soit en cuivre rouge, soit en cuivre jaune ou laiton, qu'on comprend sous le nom commun de *batterie de cuisine* ou de *dinanderie*; 2° les *Ch. planeurs*, qui dressent, planent, polissent, et enfin brunissent les planches de cuivre rouge destinées à la gravure; 3° les *Ch. fabricants d'instruments de musique*, qui préparent le métal dont on confectionne les cors, les trombones, les cornets à piston, les cymbales, etc., et lui donnent ensuite la forme de ces instruments. On appelle *Ch. au sifflet* ceux qui courent les provinces et les grandes villes, achetant et revendant le vieux cuivre : la plupart viennent d'Auvergne. — Les lieux où la chaudronnerie a le plus d'activité en France sont : Agen, Angoulême, Annonay, Briançon, Clermont (Puy-de-Dôme), Paris, Rouen, Saint-Flour, Marseille. On cite aussi la chaudronnerie d'Aix-la-Chapelle, ainsi que celles de Suède et d'Angleterre.

CHAUFFAGE. Le *chauffage* a été considérablement perfectionné de nos jours. On se chauffe ordinairement avec le *bois*, la *houille*, ou la *tourbe* (*Voy.* COMBUSTIBLES), qu'on fait brûler dans des *cheminées*, des *poêles* ou des *calorifères. Voy.* ces mots.

CHAUFFEURS, nom donné plus ordinairement aux ouvriers employés au chauffage d'une machine à vapeur et à tous les travaux concernant la machine; cette pénible profession exige, avec une constitution vigoureuse et beaucoup d'adresse, des connaissances toutes spéciales; les chauffeurs sont placés sous la direction de mécaniciens. — Dans la Marine de l'Etat, les chauffeurs sont organisés en compagnies, commandées chacune par un lieutenant de vaisseau;

ils ont été classés en ajusteurs, forgerons et chaudronniers. Ils sont régis par les ordonnances du 24 mai 1840 et 25 novembre 1845.

A la fin du XVIIIe siècle et au commencement du XIXe, on donna le nom de *chauffeurs* à une bande de brigands qui exercèrent d'affreux ravages en France, principalement dans les départements de l'Ouest et du Midi. *Voy.* le *Dict. univ. d'Hist. et de Géogr.*

CHAUFOURNIER (de *four à chaux*), artisan qui s'occupe de la fabrication de la chaux. *Voy.* CHAUX.

CHAULAGE (de *chaux*), opération qui consiste à passer le grain à la chaux avant de le semer. Tantôt on emploie de la chaux éteinte, tantôt on y mêle du sel, du salpêtre, des cendres, ou du jus de fumier. Le chaulage fait gonfler le grain et en active la germination ; en même temps, il le prémunit contre la carie, et le rend moins susceptible d'être dévoré par les insectes et les autres animaux nuisibles.

CHAULIODE, (du grec *chauliodous*, à dents saillantes), poisson de la famille des Ésoces, voisin des Brochets, est caractérisé par la longueur des dents de la mâchoire supérieure, qui croisent les branches de l'inférieure quand la gueule est fermée ; ils sont de petite taille. On les trouve dans la Méditerranée.

Insecte exotique de la famille des Planipennes, à mandibules courtes et dentées, à antennes pectinées et à longues ailes ; il habite la Pensylvanie.

Lépidoptère de la famille des Nocturnes : palpes courtes ; ailes antérieures garnies de deux dents à leur bord interne. Sa chenille vit sur les mousses et les plantes basses.

CHAUME (du latin *culmus*), nom sous lequel on désigne la tige des Graminées : c'est une tige cylindrique, simple ou rarement ramifiée, le plus souvent fistuleuse, offrant de distance en distance des nœuds d'où partent des feuilles alternes et engainantes. Dans une grande partie de la France, les paysans pauvres couvrent encore leurs cabanes avec du chaume. Cette couverture est peu dispendieuse ; mais elle est sujette à l'incendie : aussi l'autorité a-t-elle le droit de l'interdire dans les villes.

Dans les Vosges, on appelle *chaumes* les hautes montagnes dont on a abattu tous les arbres et dont les sommités offrent des pâturages où l'on conduit les bestiaux. On monte dans les chaumes en mai ou juin, et on en redescend vers le mois d'octobre.

CHAUSSE. On appelle ainsi : une pièce d'étoffe de soie ornée de fourrure que les membres de l'Université portent sur l'épaule gauche dans les cérémonies publiques ; elle est garnie d'un, de deux ou de trois rangs de fourrure, selon que celui qui la porte est bachelier, licencié ou docteur ; — une sorte d'ornement qui forme le sommet d'un colback et qui retombe sur le côté ; — un sac de feutre ou de laine, de forme conique, dont les pharmaciens se servent pour filtrer certaines liqueurs trop denses pour passer au filtre de papier : on l'appelle aussi *manche d'Hippocrate*. — Autrefois, le mot *chausses* se disait pour culotte, caleçon et toute partie du vêtement des hommes qui couvre le corps depuis la ceinture jusqu'aux genoux. On nommait *Chausses de page* ou *trousses* des chausses courtes et plissées que portaient les pages ; *Ch. à tuyaux d'orgue*, des chausses qui étaient si amples que les plis qu'elles faisaient naturellement imitaient les tuyaux d'orgue.

CHAUSSÉE (du latin barbare *calceata*, même signification), levée de terre qu'on fait au bord d'une rivière, d'un étang, au milieu d'un marécage, pour retenir l'eau ou pour servir de chemin de passage ; se dit particulièrement soit de la partie bombée d'une rue ou d'un grand chemin qui est entre deux revers ou deux ruisseaux, ou entre deux bordures de pierres, soit des routes anciennes construites en France par les Romains : on appelle quelques-unes de ces dernières *Ch. de Brunehaut*, parce que cette reine répara, dit-on, les voies romaines du nord de la France.

CHAUSSÉES (ADMINISTRATION DES PONTS ET). *Voy.* PONTS ET CHAUSSÉES.

CHAUSSE-TRAPE (de *calx*, talon, et *trabs*, poutre), nom donné à une petite machine de guerre, composée d'une pièce de fer à quatre ou plusieurs pointes fortes et aiguës, et disposées de telle sorte que, de quelque côté que la pièce soit jetée, il se trouve toujours une de ces pointes en haut. On jette des chausse-trapes dans les gués, dans les avenues d'un camp, devant un ouvrage fortifié ou dans une embuscade, pour enferrer les hommes et les chevaux. — Par suite, on a donné ce nom à différentes sortes de pièges dont on se sert pour prendre les bêtes puantes.

CHAUSSE-TRAPE, *Centaurea calcitrapa*, espèce du genre Centaurée, famille des Composées, que l'on reconnaît aux épines qui terminent les folioles des involucres, et qui sont disposées à peu près comme les pointes des chausse-trapes dont on se sert à la guerre. Cette espèce, appelée aussi *Chardon étoilé*, a la tige rameuse, étalée, les feuilles pinnatifides, linéaires, dentées ; les fleurs axillaires et terminales, de couleur pourpre : c'est une plante très-commune dans les lieux incultes et sur le bord des chemins. Ses feuilles, infusées dans du vin blanc, ont souvent bien réussi dans les fièvres intermittentes.

CHAUSSURE (du latin *calceus*), partie de l'habillement dont la forme, ainsi que la matière, a considérablement varié. On se sert aujourd'hui de *sandales*, de *chaussons*, de *pantoufles*, de *mules*, de *babouches*, de *sabots*, de *souliers*, de *socques*, de *brodequins*, de *bottines*, de *bottes*, etc. (*Voy.* ces mots). Ces différentes sortes de chaussures sont en cuir, en bois ou en écorce de bois, en jonc, en étoffes de soie, de lin ou de coton, et quelquefois même en cuivre ou en fer, etc. Chez les anciens, les chaussures n'étaient pas moins variées : chez les Grecs, les hommes se servaient de sandales, les femmes de persiques, les soldats de cnémides et de crépides, les paysans de garbatines, les acteurs tragiques de cothurnes, les acteurs comiques d'embates ou brodequins, etc. ; chez les Romains, les deux principales chaussures étaient le *calceus* (bottine) et la *solea* (sandale); les soldats portaient des *caliges*, et les pauvres des sabots (*soleæ ligneæ*).

CHAUVES-SOURIS, nom vulgaire des Chéiroptères, ordre de Mammifères carnassiers, pourvus d'ailes et doués de la faculté de se mouvoir dans l'air à la manière des oiseaux ; leurs ailes, qui ne sont qu'une transformation de la main, sont formées par un vaste repli de la peau des flancs, repli qui unit leurs membres antérieurs, et qui est soutenu par un allongement énorme des quatre os métacarpiens ; le pouce seul a conservé sa forme ordinaire, il est resté libre avec sa phalange. A part cette disposition, le corps de l'animal se lie d'une manière étroite à celui des Quadrumanes. Les chauves-souris ont les trois sortes de dents, et sont les unes frugivores, les autres insectivores ; ce que l'on reconnaît aisément à la forme de leurs dents. La membrane qui forme leurs ailes est le siège d'un tact exquis, capable de les avertir, comme la vue, de l'approche d'un obstacle. Leurs mamelles sont placées sur la poitrine, comme chez les Quadrumanes. Les chauves-souris ont des abajoues et de longues oreilles. Elles marchent à terre avec la plus grande difficulté. Toutes sont nocturnes et vivent dans les carrières, les greniers, les cavernes, où elles se tiennent suspendues la tête en bas, et accrochées par leurs ongles de derrière pour se donner plus de facilité à reprendre leur vol. La portée des femelles est de deux petits. — Les chauves-souris ont été de tout temps un objet de dégoût et d'horreur. Moïse les mettait au nombre des animaux impurs ; les Grecs les avaient prises pour modèles de leurs harpies. Plus tard même, on chargea Satan de grandes ailes de chauve-souris. La détermination de la place de ces animaux dans la classification a fait longtemps le supplice des naturalistes. Aristote les appelait des oiseaux à ailes de peau; Pline les définit des oiseaux à mamelles, engendrant leurs petits vivants. Scaliger les signale comme des oiseaux couverts de poils au lieu de plumes, manquant de bec et portant des dents. Linné, au contraire, les plaça dans ses *Primates*, et alla jusqu'à les appeler *Anthropomorphæ*, c.-à-d. des êtres à figure humaine. Aujourd'hui, les chauves-souris sont désignées sous le nom de *Chéiroptères* (c.-à-d. *mains ailées*); elles forment 4 familles : les *Galéopithéciens*, les *Ptéropiens* ou *Roussettes*, les *Vespertiliens* et les *Vampiriens*. C'est aux Vespertiliens qu'appartiennent toutes les chauves-souris de nos pays. Parmi ces dernières, les espèces les plus vulgairement connues sont : l'*Oreillard*, le *Fer à cheval*, la *Noctule*, la *Sérotine*, etc.

CHAUVINISME, mot créé récemment pour exprimer le fanatisme napoléonien, et par suite tout fanatisme politique. Le type de ce caractère est, dit-on, un nommé *Chauvin*, ancien grenadier de la garde impériale, qui, rentré dans la vie privée après le licenciement de l'armée de la Loire en 1815, se fit remarquer, comme la plupart de ses compagnons d'armes, par une admiration sans bornes pour tout ce qui avait appartenu à Napoléon. Cette ferveur innocente a été habilement mise en scène par M. Scribe dans le *Soldat laboureur*, dont le principal personnage se nomme *Chauvin*; ce type du vieux soldat de l'Empire a aussi exercé le spirituel crayon de Charlet.

CHAUX (du latin *calx*), *oxyde de calcium*, alcali minéral composé de calcium et d'oxygène (CaO), blanc, soluble dans beaucoup d'eau, attirant promptement l'humidité et l'acide carbonique de l'air. On obtient la chaux en chauffant au rouge les calcaires, mêmes les coquilles et les madrépores vivants; dans les arts, on emploie particulièrement à cet usage le calcaire grossier ou *pierre à chaux*. Cette opération s'exécute dans les *fours à chaux*, qui sont ou des trous de forme ovoïde, creusés dans les flancs d'une colline, ou des chambres construites en briques; elle a pour effet d'expulser du calcaire, à l'aide du feu, l'acide carbonique uni à la chaux. Le produit de cette calcination s'appelle *Chaux vive* ou *caustique;* ce produit a une si grande affinité pour l'eau, qu'il l'absorbe avec rapidité, en s'échauffant considérablement; il se fendille alors, augmente beaucoup de volume (*foisonne*), et finit par se réduire en une poudre blanche et légère, qui est une combinaison chimique de chaux et d'eau, appelée *Ch. éteinte*. Délayée dans beaucoup d'eau, la chaux donne ce qu'on nomme le *lait de chaux*. La nature des calcaires soumis à la calcination influe sur les propriétés de la chaux caustique qu'on en obtient; on distingue, sous ce rapport, les *Ch. grasses*, les *Ch. maigres* et les *Ch. hydrauliques*. On nomme *Ch. grasse* celle qui provient de la calcination complète de la craie, du marbre et des calcaires les plus purs; elle est ordinairement très-blanche et foisonne beaucoup par l'effet de l'extinction; elle donne d'excellents mortiers. Les *Ch. maigres* proviennent des pierres calcaires qui renferment des proportions assez fortes de carbonates de magnésie et de fer; elles sont grises, augmentent moins de volume par l'extinction, et donnent avec l'eau une pâte courte et peu liante; les mortiers dans lesquels on les fait entrer n'ont que peu de ténacité. Les *Ch. hydrauliques* forment avec l'eau une pâte courte qui, à l'air, ne prend qu'une médiocre consistance, mais qui durcit considérablement sous l'eau; ces chaux sont précieuses pour les constructions hydrauliques; elles doivent leurs propriétés à une certaine quantité d'argile qu'elles renferment. Les meilleures chaux hydrauliques proviennent des calcaires argileux de Nîmes, de Metz, de Lezoux (Puy-de-Dôme), de Sénonches (Eure-et-Loir). On prépare aussi des chaux hydrauliques artificielles en ajoutant aux chaux ordinaires de l'argile en certaines proportions; on emploie dans les constructions de Paris la chaux hydraulique faite avec un mélange de 4 parties de craie de Meudon et de 1 partie d'argile de Passy, mis en pâte et façonné en briques. Les différentes variétés de chaux s'emploient à la préparation des ciments, mortiers et bétons; on en consomme aussi de grandes quantités dans les ateliers de teinture et d'indienne, les usines à gaz, les tanneries. — Les agriculteurs s'en servent pour chauler les grains. Les anciens connaissaient les chaux hydrauliques. On doit particulièrement à MM. Vicat et Berthier l'étude de ces matériaux au point de vue chimique : c'est M. Vicat qui a enseigné à fabriquer la chaux artificielle (1846).

CHAUX CARBONATÉE, combinaison de chaux et d'acide carbonique (CaO, CO^2). Elle se rencontre dans la nature sous les formes les plus variées, telles que le marbre, la craie, les pierres à chaux (*Voy.* CALCAIRE); elle forme des montagnes entières et même des chaînes de montagnes, comme les Pyrénées, le Jura, les Vosges, les Apennins, une grande partie des Alpes; elle existe dans un grand nombre de végétaux, et constitue presque entièrement la coquille des œufs des oiseaux, les écailles de l'huître et la croûte terreuse des autres mollusques, les madrépores, les coraux et autres polypiers, etc. On la rencontre aussi sous forme cristallisée, comme *aragonite* en prismes droits à base rhombe, et comme *spath d'Islande* en cristaux très-variés dérivant d'un rhomboèdre, et doués de la double réfraction. Beaucoup de sources et de fontaines renferment du carbonate de chaux tenu en dissolution à la faveur d'un excès d'acide carbonique; il y en a qui en sont tellement saturées qu'elles le laissent déposer dès qu'elles sont en contact avec l'air; elles donnent ainsi lieu à des amas de calcaire plus ou moins considérables, qu'on désigne sous les noms de *tuf* et de *travertin*. Lorsque l'eau de ces sources coule sur du bois, des coquilles, des végétaux, elle les recouvre d'une incrustation terreuse qui se moule parfaitement sur eux, tout en conservant leurs formes, de manière à leur donner l'apparence de la pierre : c'est ce qui arrive à la fontaine de St-Alyre près Clermont-Ferrand, aux sources de Saint-Nectaire dans le Puy-de-Dôme, etc. On tire parti de cette propriété pour imiter des pétrifications et pour mouler des bas-reliefs. Souvent les tuyaux qui conduisent les eaux s'engorgent très-promptement par l'effet du dépôt de semblables tufs calcaires; on peut aisément les nettoyer en y faisant couler de l'acide chlorhydrique affaibli. Lorsque des eaux saturées de chaux carbonatée s'infiltrent dans les fissures des pierres situées à la voûte des cavités souterraines, et viennent suinter au travers, elles produisent par l'évaporation les concrétions appelées *stalactites* et *stalagmites* (*V.* ces mots). Lorsque ces concrétions sont en grandes masses, elles constituent ce qu'on nomme dans les arts l'*albâtre calcaire*, d'un blanc laiteux ou jaune de miel.

CHAUX CHLORURÉE. *Voy.* CHLORURE et HYPOCHLORITE.
CHAUX FLUATÉE. *Voy.* FLUORURE DE CALCIUM.
CHAUX SULFATÉE, combinaison de chaux et d'acide sulfurique, connue sous les noms de *gypse*, de *sélénite* et de *plâtre*. Elle est très-commune dans la nature, et s'y présente soit en cristaux prismatiques ressemblant à des fers de lance (*pierre à Jésus*, mi*roir d'âne*), soit en masses laminaires, fibreuses, grenues, compactes ou terreuses. Elle forme des bancs plus ou moins épais dans les parties supérieures des terrains de sédiment; elle constitue souvent aussi des collines peu étendues, arrondies, comme les buttes de Montmartre, de Pantin, de Ménilmontant aux environs de Paris. Les variétés compactes forment la *pierre à plâtre* des Parisiens; les variétés à tissu laminaire et saccharoïde constituent l'*albâtre gypseux*, ce bel albâtre tout blanc avec lequel on fait des objets d'ornement. Sous ces diverses formes, le sulfate de chaux est un hydrate $(CaO, SO^3 + 2\,aq)$. Il

perd par la cuisson son eau de cristallisation, et l'absorbe de nouveau en s'échappant, quand on le gâche avec de l'eau ; il se prend alors, au bout de quelques instants, en une masse ferme qui devient fort dure et résistante. Cette propriété le fait aussi employer pour le moulage ; les graveurs s'en servent pour prendre des empreintes de médailles, les imprimeurs pour clicher ; les stucateurs en font du marbre factice. Malgré sa faible solubilité, le sulfate de chaux se trouve en dissolution dans la plupart des eaux qui coulent à la surface de la terre ; les eaux de puits des terrains calcaires en sont, pour ainsi dire, saturées. Ces sortes d'eaux sont appelées *eaux dures* ou *crues*, parce qu'elles sont de difficile digestion, qu'elles ne dissolvent pas le savon, qu'elles sont impropres à la cuisson des légumes, et qu'elles laissent une croûte épaisse sur les parois des vases dans lesquels on les évapore. Elles occasionnent d'abondants dépôts dans les chaudières à vapeur. On peut rendre ces eaux propres aux besoins domestiques en précipitant le sulfate de chaux, quelque temps avant d'en faire usage, par un peu de carbonate de soude.

CHAVARIA ou CHAIA (nom indigène), *Palamedea chavaria*, espèce d'oiseau du genre Kamichi, type de la famille des Palamédidées, ordre des Échassiers, qu'on rencontre au Paraguay et au Brésil. Le Chavaria n'a pas de corne sur le sommet de la tête. Son occiput est orné d'un cercle de plumes susceptibles de se relever. Son plumage est d'un plombé noirâtre, avec plusieurs taches blanches. C'est un oiseau massif, qui a le cou long et la tête petite. Il se défend à l'aide des éperons dont ses ailes sont armées.

CHAYE (de *chah*?), la plus petite monnaie de Perse en argent : elle vaut de 22 à 23 centimes.

CHÉBEK, bâtiment étroit, à trois mâts, terminé en pointe aux deux extrémités, qui va à voiles et à rames, est en usage dans la Méditerranée, surtout sur les côtes du Levant. Autrefois on l'armait en guerre pour faire la chasse aux corsaires.

CHEF (du latin *caput*) est synonyme de tête ; mais il a vieilli dans cette acception.

En Droit, *chef* se prend pour tête quand on dit que l'on hérite *du chef* de quelqu'un. — Il est quelquefois l'équivalent d'article, chapitre ou rubrique : une accusation peut comprendre plusieurs *chefs*; on est coupable *au premier chef*, etc.

Combiné avec d'autres mots, le mot *chef* prend une foule d'acceptions, dont la plupart s'expliquent d'elles-mêmes : tels sont dans l'armée les grades de *Chef de bataillon*, *d'escadron*, *d'état-major* ; dans la Marine, ceux de *Ch. d'escadre* (aujourd'hui contre-amiral) ; de *Ch. de division*, grade intermédiaire entre celui de capitaine de vaisseau et de contre-amiral et analogue à celui de commodore : ce grade, supprimé à la Révolution, a été rétabli dans notre marine, par un décret d'octobre 1851 ; de *Ch. de timonnerie*, *de hune*, etc. (*Voy.* ces mots) ; — dans les ministères, les fonctions de *Chef de division*, de *Chef de bureau*, etc. ; — dans l'Enseignement, le titre de *Chef d'institution* (*Voy.* INSTITUTION), etc.

En termes de Blason, on appelle *chef* une pièce honorable qui est au haut de l'écu, et qui en occupe le tiers ou les deux septièmes. On distingue : le *Ch. abaissé*, placé sous un autre chef ; le *Ch. bandé*, divisé en six parties par cinq lignes diagonales ; le *Ch. chargé*, sur lequel on voit un ou plusieurs meubles ; le *Ch. cousu*, qui se rencontre métal sur métal, ou couleur sur couleur, ce qui est contraire à la règle ; le *Ch. denté*, dont le bord inférieur est coupé par des dents comme celles d'une scie ; le *Ch. échiqueté*, divisé en deux ou trois rangs de carreaux ; le *Ch. émanché* ou *emmanché*, celui qui dans sa partie inférieure a de grandes dents en pointes qui entrent les unes dans les autres, et dont la partie inférieure se termine en plusieurs angles très-aigus ; le *Ch. engrêlé*, qui a en haut et en bas de petites

dents fines dont les cavités sont arrondies ; le *Ch. losangé*, divisé en losanges ; le *Ch. retrait*, qui n'a en hauteur que la moitié de sa proportion ordinaire ; le *Ch. soutenu*, abaissé sous un autre, qui n'a que la moitié de sa proportion ordinaire, et qui est coupé par une espèce de second chef appelé *divisé*, par lequel il semble soutenu ; le *Ch. surmonté*, qui en a un autre au-dessus de lui.

Chef-lieu. C'était, en matière bénéficiale, le principal lieu ou manoir d'un bénéfice qui avait d'autres bénéfices ou annexes dans sa dépendance. — Aujourd'hui c'est la principale ville d'un département, d'un arrondissement, d'un canton, etc. *Voy.* ces mots.

Chef d'ordre, nom donné aux abbayes ou maisons religieuses qui ont été le berceau d'un ordre, ou de qui dépendent toutes les autres maisons de cet ordre. C'est dans ces maisons que se tiennent les chapitres généraux. Les abbés titulaires de ces abbayes prennent aussi le titre de *chefs d'ordre*.

Chef-d'œuvre, œuvre capitale sous le rapport du mérite et de la perfection. — Autrefois on nommait ainsi un ouvrage difficile que devait confectionner tout artisan aspirant à la maîtrise, afin de faire preuve de capacité dans son métier. Quelques branches d'industrie, les charpentiers par exemple, ont encore conservé l'usage de faire des *chefs-d'œuvre*.

CHEFFERIE, circonscription dans laquelle un officier du génie exerce, à titre de *chef*, les fonctions de détail dont il est chargé. Le commandement des chefferies est confié à des lieutenants-colonels, à des chefs de bataillon, même à des capitaines, sous les ordres d'un colonel.

CHEIK, mot arabe qui veut dire *ancien*, *vieillard*, désigne chez les Arabes les chefs de tribu et quelquefois les savants, les desservants des mosquées et les gens de loi. C'est le nom qu'on donnait spécialement au chef des Ismaéliens ou Assassins, connu dans notre histoire sous le nom de *Vieux de la montagne*. *Voy.* ASSASSINS au *Dict. univ. d'H. et de G.*

CHÉILANTHE (du grec *cheïlos*, lèvre, et *anthos*, fleur ; qui a des fleurs labiées), genre de la famille des Fougères qui renferme environ 30 espèces. Le *Ch. odoriférant*, seul, croît dans le midi de l'Europe.

CHÉIRANTHE (du grec *cheïr*, main, et *anthos*, fleur), synonyme de *Giroflée*, a donné son nom à la famille des *Chéiranthées*. — On donne le nom de *Ch. maritime* à la Julienne de Mahon.

CHEIROGALE (du grec *cheïr*, main, et *galè*, chat). *Cheïrogaleus*, Quadrumane de Madagascar, famille des Lémuriens, voisin des Galagos, et des Tarsiers. Son nom vient de sa ressemblance avec le Chat, dont il diffère cependant par l'absence de moustaches et par des tarses allongés comme chez les Makis.

CHÉIROMYS (du grec *cheïr*, main, et *mys*, rat), genre de Mammifères placé par Cuvier dans l'ordre des Rongeurs, famille des Écureuils, et par d'autres, dans l'ordre des Quadrumanes. Ce genre ne renferme qu'une seule espèce, l'Aye-aye (*Ch. madagascariensis*), animal nocturne très-bizarre, qui, par sa queue et ses dents, ressemble aux écureuils, tandis que ses membres postérieurs ont, comme ceux des Quadrumanes, leur pouce opposable aux autres doigts, qui sont très-allongés et très-grêles. L'Aye-aye a la tête grosse, arrondie ; les oreilles droites, nues et transparentes ; le pelage formé de deux sortes de poils, les uns longs et soyeux quoique rudes, les autres courts et laineux. Cet animal se nourrit d'insectes. Il habite surtout l'île de Madagascar.

CHÉIROPTÈRES (du grec *cheïr*, main, et *ptéron*, aile ; c.-à-d. *mains devenues ailes*, *mains ailées*), nom scientifique des Mammifères carnassiers, plus connus sous le nom de *Chauves-souris*. *Voy.* ce mot.

CHÉLIDOINE, *Chelidonium* (du grec *chélidôn*, hirondelle, parce que les anciens croyaient, dit-on, que l'hirondelle, avec le suc de cette plante, guérissait les maladies des yeux de ses petits ; ou parce qu'elle fleurit au retour des hirondelles), genre de la famille des Papavéracées : plantes vivaces qui, lorsqu'on blesse une de leurs parties, laissent couler un suc jaune très-âcre et corrosif ; elles exhalent une odeur fétide lorsqu'on les froisse, et sont rejetées par les bestiaux. Ce genre a pour type la *Grande chélidoine* (*Ch. majus*), vulgairement appelée *Grande éclaire*, parce que le peuple emploie, quoique bien à tort, son suc contre les ophthalmies. On distingue la Chélidoine à ses fleurs jaunes, disposées en ombelles terminales ; on la trouve partout à l'ombre des vieux murs. Elle est émétique et fortement purgative, et s'emploie avec succès, en décoction, contre les affections de la peau, les scrofules, les dartres, la jaunisse, etc. On nomme aussi *Chélidoines* ou *pierres d'hirondelle*, de petits cailloux presque lenticulaires, très-polis, de nature siliceuse, appartenant aux agates. On les trouve dans le lit de certains torrents, et surtout dans les grottes de Sassenage, près de Grenoble. On a cru longtemps qu'ils venaient des nids d'hirondelles : c'. st ce qui leur a fait donner leur nom.

CHÉLIDONS ou **CHÉLIDONES** (du grec *chélidôn*, hirondelle), famille d'oiseaux renfermant les genres *Hirondelle*, *Martinet*, *Engoulevent*, répond aux Fissirostres de Cuvier. *Voy.* FISSIROSTRES.

CHÉLINGUE, embarcation en usage sur la côte de Coromandel. Elle a beaucoup de creux et un très-petit tillac ; elle est pointue par les deux bouts et marche à l'aviron.

CHÉLONE (du grec *chélônè*, tortue), ou *Galane*, genre de la famille des Scrofulariées, tribu des Digitalées, est composée de plantes herbacées vivaces, à feuilles opposées, à fleurs disposées en épis terminaux, et dont la lèvre supérieure rappelle la forme d'une tortue. Toutes les espèces appartiennent à l'Amérique du Nord. La *Ch. glabre*, à fleurs blanches, la *Ch. oblique*, à fleurs pourpres, et la *Grande chélone* (*Ch. major*), à grosses fleurs d'un rose violacé, en épi court, sont cultivées dans les jardins.

CHÉLONÉES (du grec *chélônè*, tortue), 4e famille de l'ordre des Chéloniens, renferme les tortues appelées aussi *Thalassites* ou *Tortues de mer*. Ces tortues ont une carapace cordiforme, évasée et arrondie en avant, terminée en pointe et dentelée en arrière ; peu marbrée à son centre. Leurs pieds sont aplatis, étalés en nageoires ; la tête est couverte de plaques ; la bouche, fortement comprimée sur les côtés, est bordée par une lame cornée, tranchante comme le bec des perroquets. Les chélonées parviennent à une taille assez considérable. On en a vu de 2 à 3 mèt. de long et du poids de 350 à 400 kilogr. Ces tortues vivent habituellement en troupes, dans la mer, près des côtes. Elles ne viennent à terre que pour déposer leurs œufs dans des trous au milieu du sable.

CHÉLONIENS (de *chélônè*, tortue), 1er ordre de la classe des Reptiles, comprend tous les genres de Tortues. Ce sont des animaux à corps court, globuleux, revêtus d'une enveloppe plus ou moins solide connue sous le nom de *carapace*, au dedans ou au-dessous de laquelle la tête et les extrémités peuvent être rétractées en tout ou en partie. Leur tête est en forme de pyramide obtuse ; leur museau plus ou moins arrondi. La queue est ronde, conique, plus ou moins courte. En général, les Chéloniens sont muets, et ne donnent guère qu'un léger sifflement. Les mâles sont plus petits que les femelles. Ils se divisent, d'après la nature de leurs pieds et de leurs habitudes, en quatre familles : les *Chersites* ou Tortues de terre, les *Élodites* ou T. de marais, les *Potamides* ou T. de fleuves, et les *Chélonées* ou T. de mer.

CHEMIN (de l'italien *camino*, même signification), nom donné, en général, aux voies de communication par terre. En France, on distingue : 1° les *grands chemins*, subdivisés en *routes nationales* et *routes départementales* (*Voy.* ROUTES) ; les *chemins vicinaux* ou *secondaires*, et les *chemins de fer*.

Chemins vicinaux, chemins qui servent à unir entre elles les diverses communes d'un département ; on les appelle encore *Ch. communaux*, pour les distinguer des *Ch. ruraux*, qui ne servent qu'à l'exploitation des terres. Ces chemins doivent, avant tout, être déclarés tels par un arrêté préfectoral ; ils sont la propriété des communes ; tous les habitants sont obligés de contribuer à leur entretien, soit par des contributions pécuniaires, soit par des prestations en nature. La répartition des charges auxquelles ils donnent lieu est réglée par les conseils municipaux ; toutefois, ceux de ces chemins qui, en raison de leur importance, ont été déclarés *Ch. de grande communication*, sont, pour tout ce qui regarde leur construction, leur largeur, leur direction, leur entretien, administrés par les préfets, et ils peuvent recevoir des subventions sur les fonds départementaux. — Jusqu'en 1789, les chemins vicinaux avaient été complétement négligés ; mais depuis cette époque, des lois nombreuses ont peu à peu amélioré leur condition ; celles qui régissent aujourd'hui toute la matière sont les lois des 28 juillet 1824 et 21 mai 1836.

Chemins de fer, dits *Railways* par les Anglais, chemins dont la voie est formée par deux barres de fer parallèles (*rails*), sur lesquelles roulent des chariots dits *wagons*, dont les roues s'emboîtent dans les rails, et qui, le plus souvent, sont entraînés, à l'aide de la vapeur, par une machine dite *locomotive*.

Pour établir un chemin de fer, on commence par faire les travaux de terrassement et d'art nécessaires pour former la chaussée qui doit supporter la voie, tels que nivellements, ponts, ponceaux, viaducs, etc. ; puis on pose la voie ; ce nouveau travail comprend : 1° le *ballast* ou ensablement, qui a pour but d'égaliser le terrain, de permettre aux eaux pluviales de s'écouler, et de donner à la voie plus de douceur par l'élasticité de la matière sur laquelle elle repose ; — 2° la pose des *traverses*, pièces de bois légèrement carbonisées qu'on place sur le sable en travers de la voie, et sur lesquelles reposent les *coussinets* qui portent les rails ; — 3° la pose des *coussinets*, pièces en fonte composées d'une semelle qui s'applique sur la traverse, et de deux saillies formant mâchoires entre lesquelles le rail est maintenu au moyen de chevilles ; — 4° la pose des *rails*, barres de fer malléable qui sont en saillie sur la voie, et s'emboîtent dans les roues des chariots au moyen de rainures pratiquées dans ces roues ; les rails sont écartés l'un de l'autre par une largeur de 1m,44, fixée par les règlements. — Le matériel d'exploitation se compose des *locomotives* (*Voy.* ce mot) et des *wagons*, dont les uns servent au transport des marchandises, et les autres au transport des voyageurs : ces derniers sont distingués, selon le plus ou moins de commodités qu'ils offrent, en wagons de 1re, de 2e et de 3e classe.

Les voies ferrées facilitent immensément le tirage des véhicules, en diminuant le principal obstacle qui s'oppose à leur marche, c'est-à-dire le *frottement* (le rapport de l'effort de traction au poids traîné n'est que 1/200e) ; par suite, elles procurent une vitesse prodigieuse, qui est ordinairement de 40 kilomètres par heure et qui pourrait aller facilement à 100 kilom. ; mais la construction de ces voies exige des frais énormes ; en outre, ce mode de transport rencontre, plus qu'aucun autre, de grands obstacles dans les montées ou rampes et dans les courbes. On surmonte le premier de ces obstacles en augmentant l'adhésion et en employant une plus grande force de vapeur ; on peut obvier au second au moyen de *trains articulés*, qui permettent aux wagons de se déplacer et de se plier ainsi aux courbures du chemin.

L'invention des chemins de fer appartient à l'Angleterre ; mais on n'arriva que graduellement au mode adopté aujourd'hui. — Dès le XVIIe siècle, en 1649, dit-on, on imagina, pour soulager les animaux de trait dans les lieux où l'on exploite les mines de charbon de terre, de placer sur les ornières ordinaires des madriers ou bandes de bois parallèles; puis, afin de diminuer l'usure du bois, on l'arma de métal: on eut, plus tard, l'idée de remplacer les ornières ordinaires qui, étant creuses, se remplissaient rapidement de boue et de pierres, par des barres saillantes et dans lesquelles s'enchâsseraient les roues. En 1767, on commença à employer la fonte seule à la place du bois plaqué de métal; en 1805, on remplaça les barres en fonte, qui étaient trop cassantes, par des barres en fer; en 1806, l'ingénieur Thevithick tenta de remplacer les chevaux de trait par la vapeur : c'est sur le *railway* de Merthyr-Tidvill, dans le pays de Galles, qu'eut lieu ce premier essai. Après divers tâtonnements pour appliquer la vapeur au nouveau mode de traction, Robert Stephenson parvint, en 1829, à construire une machine qui, à la suite d'un brillant concours, fut reconnue la plus propre à remplir toutes les conditions du problème : c'est la *locomotive* telle qu'elle est encore employée aujourd'hui ; on la vit, dès 1830, fonctionner sur le chemin de Liverpool à Manchester. — Les perfectionnements introduits depuis dans les chemins de fer ont eu surtout pour but de surmonter les obstacles propres à ce mode de transport : c'est à un Français, M. Arnoux, qu'est due l'invention des *trains articulés*, destinés à parcourir les lignes courbes; pour les montées, outre les moyens déjà indiqués, on a imaginé de remplacer la vapeur par le vide (*Voy.* ci-après CHEMIN DE FER ATMOSPHÉRIQUE). M. Andrand a proposé, sous le nom de *Chemin éolique*, un système qui tendrait à supprimer la locomotive, et à la remplacer par l'action de l'air comprimé; ce qui donnerait la possibilité de gravir les pentes et de tourner les courbes à petits rayons.

À l'exemple de l'Angleterre, tous les pays du monde civilisé ont créé, comme à l'envi, des chemins de fer : les Etats-Unis, la Belgique, la Prusse, se signalèrent surtout dans la nouvelle carrière; la France ne suivit l'impulsion qu'assez tard : ses premiers essais datent de 1823. L'exécution des chemins de fer rencontra chez nous des obstacles de toute espèce, provenant, les uns de la divergence des opinions sur le meilleur système de construction; les autres, de la lutte qui s'établit, pour la construction et la propriété des chemins, entre le Gouvernement et l'industrie privée. Après de longues contestations et plusieurs essais malheureux, il fut enfin rendu, le 11 juin 1842, une loi qui avait pour but de concilier tous les intérêts : l'État devait exécuter les travaux d'art, les terrassements et les stations, et les compagnies étaient chargées de la pose des rails et de l'acquisition du matériel. — Une loi du 15 juillet 1845 vint régler la police des chemins de fer ; elle fut complétée par celle du 15 avril 1850, concernant le service de contrôle et de surveillance.

Les chemins de fer couvrent aujourd'hui l'Europe et l'Amérique du Nord d'un immense réseau, et le nombre s'en augmente tous les jours; dans l'impossibilité de les énumérer tous, nous nous bornerons à citer ceux de la France. — Les lignes aujourd'hui exploitées en France sont, dans l'ordre de leur concession, celles de Saint-Étienne à la Loire et à Lyon (1823) ; d'Andrézieux à Roanne (1829) ; les chemins du Gard (1835) ; ceux de Paris à St-Germain (1835) ; de Versailles [rive droite] (1836) ; de Mulhouse à Thann, de Versailles [rive gauche], de Montpellier à Cette, de Bordeaux à la Teste (1837) ; de Strasbourg à Bâle (1838) ; de Paris à Orléans, de Paris à Rouen (1840) ; de Lille à la Belgique (1841) ; de Montpellier à Nimes, de Rouen au Havre (1842) ; de Marseille à Avignon (1843) ; d'Orléans à Bordeaux, les chemins du Centre, d'Amiens à Boulogne, de Montereau à Troyes, de Paris à Sceaux, le chemin atmosphérique de Saint-Germain (1844); le chemin du Nord, ceux de Tours à Nantes, de Paris à Strasbourg, de Paris à Lyon,

de Creil à Saint-Quentin, de Rouen à Dieppe (1845); de Lyon à Avignon, de Dijon à Mulhouse, de Bordeaux à Cette et à Bayonne; le chemin de l'Ouest (1846); le chemin de ceinture autour de Paris (1852). — *N. B.* Plusieurs des chemins votés ou concédés avant 1848, n'ayant pu être exécutés, ont été l'objet de nouvelles concessions, notamment celui de l'Ouest, celui de Paris à Lyon, en 1851, ceux de Lyon à Avignon, de Dijon à Besançon, de Dôle à Salins, etc. (1852).

Chemin de fer atmosphérique, chemin dans lequel le convoi est mis en mouvement au moyen du vide atmosphérique, et non plus par la vapeur; on y recourt pour franchir des rampes fortement inclinées. Au milieu de la voie ordinaire se trouve un tuyau en fonte, alésé à l'intérieur, dans lequel se meut un piston fortement attaché au premier wagon du convoi; à l'aide d'une puissante machine pneumatique, on fait le vide dans le tuyau : le piston se meut alors, en vertu de la différence de pression atmosphérique exercée sur ses deux faces, et entraine avec lui tout le convoi.—La première idée d'un chemin de fer atmosphérique fut conçue dès 1824, par un Anglais nommé Vallance; mais elle ne fut mise à exécution que beaucoup plus tard, par MM. Clegg et Samuda, qui établirent en 1842 un chemin de cette espèce en Irlande, entre Kingstown et Dalkey. Il en fut aussi construit en Angleterre, sur les lignes de Croydon et de South-Devon.—Il a été fait en France une heureuse application de ce système sur le chemin de fer de Paris à Saint-Germain, par M. l'ingénieur Flachat. Concédé en 1844, ouvert en 1847, ce chemin fonctionne encore aujourd'hui, tandis que les tentatives faites en Angleterre ont été abandonnées.

Il a été publié une foule d'ouvrages sur les chemins de fer, les uns ayant pour but de faire connaître cette nouvelle industrie, les autres de discuter les divers systèmes de construction ou d'apprécier les effets qu'ils doivent produire. Il suffira de citer: l'*Encyclopédie des chemins de fer* (en forme de Dictionnaire), de M. Tourneux (1844) ; le *Livre des Chemins de fer*, de M. Legoyt (1845) ; la *Législation des chemins de fer*, de M. Nogent de Saint-Laurent (1841) ; la *Législation et la Jurisprudence des Chemins de fer*, de MM. Rebel et Jost (1847). En outre, les chemins de fer ont leur *Annuaire officiel*, par M. Petit de Coupray (publié par Chaix), leur *Journal*, leurs *Annales* et leurs *Atlas*.

CHEMIN DE HALAGE, chemin tracé sur les bords des rivières ou des canaux pour le passage des hommes ou des chevaux qui *halent* ou tirent les bateaux. — Aux termes d'une ordonnance de 1669 et de l'arrêt du conseil du 24 juin 1777, confirmé par le Code civil (art. 526 et 650), les propriétaires riverains doivent abandonner le long des voies navigables une largeur de 7 m. 79 c. pour le service de halage ; toutefois, le terrain frappé de cette servitude ne cesse pas d'être leur propriété.

CHEMIN COUVERT, chemin régnant sur le bord extérieur des fossés d'une place, entre la crête du glacis et le bord de la contrescarpe, et garni d'une banquette et d'un parapet pour recevoir les soldats et les mettre à couvert du feu des assiégeants. On y ménage, de distance en distance, des espaces appelés *places d'armes*, pouvant recevoir un corps de troupes plus ou moins considérable : l'invention du chemin couvert date du XVIᵉ siècle.

CHEMIN DE RONDE, espace ménagé entre le rempart et la muraille de la place, qui sert de passage aux officiers qui font la ronde ; on donne aussi, dans des villes qui ne sont pas places de guerre, le nom de *Ch. de ronde* à un chemin qui suit le mur d'enceinte.

CHEMIN DE SAINT-JACQUES, nom vulgaire de la voie lactée. *Voy.* VOIE LACTÉE.

CHEMINÉE (du grec *caminos*, four). On distingue dans une cheminée : le *foyer*, le *conduit* et le *tuyau extérieur*. Le *foyer* ou *âtre* est ordinairement en briques, garni au fond d'une plaque en fonte, et recouvert, dans les cuisines, les laboratoires et les ateliers, d'une hotte en plâtre, et dans nos appartements d'un manteau en marbre ou en pierre, plus ou moins orné; il est quelquefois fermé d'un tablier en tôle ou *rideau*, espèce de registre qu'on baisse ou qu'on lève à volonté pour augmenter ou diminuer le tirage de la cheminée; des règlements sévères prescrivent d'isoler l'*âtre* de tout corps combustible. Le *conduit* se construit en plâtre, en briques ou en poterie, quelquefois en fonte. Le *tuyau extérieur* ou *corps de cheminée*, qui domine le toit, est couvert d'une *mitre* ou surmonté d'un tuyau en tôle, de forme cylindrique ou conique, surmonté lui-même d'un chapiteau ou d'une espèce de girouette afin de placer toujours sous le vent l'ouverture par laquelle s'échappe la fumée. On remédie à la fumée, soit en rétrécissant l'ouverture et le conduit de la cheminée, soit à l'aide de *ventouses* qui amènent l'air du dehors sur le devant du foyer.—On pense que les anciens ignoraient l'usage des cheminées, telles du moins que nous les construisons. On s'en sert encore fort peu dans le Midi, où l'on se chauffe à l'aide de brasiers (*braseros*), ou réchauds pleins de braise ardente. Les premières cheminées furent construites en Angleterre; elles datent du XIIIe siècle; dans plusieurs contrées du Nord où le froid est intense, elles ont été remplacées par les *poêles* (*Voy.* ce mot). Dans nos contrées, au contraire, elles sont d'un usage à peu près général : aussi les inventeurs modernes se sont-ils évertués à les perfectionner de mille manières. Tout le monde connaît la *Ch. à la prussienne*, cheminée de tôle fort petite, qui s'introduit dans une plus grande.

CHEMINEMENT, ensemble des travaux exécutés en avant d'une place assiégée pour s'en rendre maître. *Voy.* TRANCHÉE, SAPE, MINE.

CHEMISE (du bas latin *camisia*, qu'on fait dériver de *cama*, lit). Les premières chemises qu'on porta furent en serge. Au XVe siècle, la femme de Charles VII avait seule deux chemises de toile. Pendant longtemps on n'a porté que des chemises de toile blanche ou écrue, et ce sont encore les plus belles. Aujourd'hui on en fait aussi en coton (calicot, madapolam, etc.), soit unies, soit imprimées : ces dernières sont dites *Ch. de couleur*. La confection des chemises a pris un grand développement depuis peu d'années; elle est l'objet de l'industrie du *Chemisier*.

La chemise qui servait au sacre des rois de France était en soie, ouverte et garnie de cordons aux endroits où le prince devait recevoir l'onction.

On appelait *Ch. ardente* une chemise frottée de soufre que l'on faisait revêtir à ceux qui étaient condamnés à être brûlés vifs; les meurtriers portaient une *Ch. rouge* en allant au supplice; les criminels condamnés à faire amende honorable la prononçaient nue, en chemise.—On donnait le nom de *Ch. de mailles* à une *cotte de mailles* très-mince qu'on portait sous le pourpoint, comme arme défensive.

Les Artificiers appellent *Chemise soufrée, Chemise à feu*, une composition incendiaire qui entre dans l'armement des brûlots : c'est une toile imprégnée d'huile et pénétrée de matières inflammables, destinée à être attachée extérieurement à un bâtiment ennemi; on l'attache la nuit et on y met le feu.

CHENAL (du latin *canalis*, canal), courant d'eau en forme de canal, bordé des deux côtés de terres coupées en talus, quelquefois revêtu de murs, par lequel les navires peuvent passer, et qui sert à les faire entrer dans un port. — On donne ce nom à la partie la plus profonde et la plus navigable du lit d'une rivière, partie qui est généralement indiquée par des signes extérieurs.—C'est aussi un petit canal pratiqué le long d'un toit pour l'écoulement des eaux de pluie. Dans ce sens *chéneau* est plus usité.

CHÊNE, en latin *Quercus*, genre d'arbres de la famille des Cupulifères, à fleurs monoïques, les mâles en chaton, les femelles sessiles sur des axes communs situés à l'aisselle des feuilles; périgone calicinal à 6 ou 8 divisions inégales, contenant, dans les mâles, de 6 à 10 étamines, dans les femelles, un ovaire infère à 3 ou 4 loges. Le fruit, ou *gland*, est une amande monosperme ovale, coriace, enfermée dans une cupule ligneuse. Les feuilles sont dentées, découpées et sinuées, molles et pubescentes au printemps, glabres et coriaces en automne. — Les chênes atteignent 45 ou 50 m.; leur accroissement est très-lent; la durée de leur vie est communément de 120 à 150 ans, mais elle dépasse quelquefois 5 siècles. On les trouve dans tout l'hémisphère septentrional, et ils semblent étrangers à l'hémisphère austral. Les espèces de ce genre dominent dans nos forêts. On les reproduit par semis ou par plants, les uns arrachés dans les chênaies, les autres élevés en pépinières.

Le bois de chêne est un des plus durs et, pour cela, un des plus employés dans la menuiserie, l'ébénisterie, le charronnage et la sculpture; c'est aussi un des meilleurs bois de chauffage. Son écorce, réduite en poudre grossière, constitue le *tan* employé au tannage des cuirs, et qui sert ensuite à la préparation des *mottes à brûler*; c'est aussi un excellent succédané du quinquina. Plusieurs espèces portent des fruits doux, qui, en Grèce, en Asie Mineure, en Espagne et en Afrique, se mangent comme nos châtaignes. Les glands de la plupart des nôtres ont une saveur âcre, qui ne les rend propres qu'à la nourriture des porcs et des autres animaux domestiques. On parvient cependant à les dépouiller de cette âcreté en les laissant macérer dans une solution alcaline, telle que celle de sous-carbonate de soude.

Parmi les espèces utiles, on distingue : le *Chêne pédonculé* (*Q. pedunculata*), appelé aussi *Ch. commun* ou *à grappes*, le plus gigantesque de nos forêts, atteignant la taille de 50 m.; le *Ch. rouvre* (*Q. robur*), dit aussi *Ch. à glands sessiles*, l'un des plus beaux arbres forestiers; le *Tauzin* (*Q. tauza*) ou *Ch. angoumois*, de 20 à 25 m.; le *Ch. cerris* (*Q. cerris*), dont les glands restent deux ans sur l'arbre, ainsi que ceux du précédent; le *Ch. yeuse* (*Q. ilex*), à feuilles persistantes, improprement appelé quelquefois *Chêne vert*; le *Ch. vert proprement dit* (*Q. virens*), chêne à feuilles persistantes, et dont on compte plus de cent variétés; le *Ch. liège* (*Q. suber*), arbre du midi de l'Europe, dont l'écorce produit le *liège*; le *Ch. quercitron* (*Q. tinctoria*), grand et bel arbre de l'Amérique du Nord, dont l'écorce s'emploie à teindre en *jaune citron* les cuirs, les laines, la soie et le bois; le *Ch. à kermès* (*Q. coccifera*), chêne nain de nos provinces méridionales que l'on a considéré comme une variété de l'Yeuse, et sur lequel vit l'insecte appelé *Kermès*, dont on faisait un grand commerce avant l'introduction de la cochenille du Mexique; le *Ch. à la galle* (*Q. infectoria*), qui donne la *noix de galle*, produite sur ses feuilles par la piqûre d'un cynips; le *Ch. velani* (*Q. ægilops*) et les larges cupules, appelées *avélanèdes*, sont employées en Orient comme la noix de galle; le *Ch bellote* ou *castillan*, à fruits doux appelés *bellotas*, que les Espagnols mangent crus, bouillis ou grillés. On a encore le *Ch. blanc* (*Q. alba*), le *Ch. rouge* (*Q. ruber*), le *Ch. à gros fruits* (*Q. macrocarpa*), le *Ch. écarlate* (*Q. coccinea*), le *Ch. des montagnes* (*Q. montana*), espèces d'Amérique, à feuilles caduques, dont la culture est aussi facile que celle de notre chêne commun.

Rien de plus varié, comme on le voit par l'énumération qui précède, que les usages du chêne : aussi cet arbre a-t-il été partout, à cause des services qu'il rend à l'homme, l'objet d'une grande vénération. Les Grecs l'avaient dédié à Jupiter; ils avaient spécialement consacré à ce Dieu la forêt de chênes de Dodone. Les Romains faisaient d'une couronne de chêne la récompense des vertus civiques. Les druides allaient chaque année, le sixième jour de la lune de décembre, à la recherche du *gui* du chêne, et ils le détachaient avec une serpe d'or.

CHÈNEVIS (du grec *cannabis*, chanvre), graine de chanvre, nourriture de quelques oiseaux. *V.* CHANVRE.

CHÈNEVOTTE, nom donné à la partie ligneuse du chanvre, après que le rouissage et le teillage en ont séparé la filasse. On emploie les chènevottes, dans les campagnes, à chauffer le four ou à faire des allumettes, quelquefois à la fabrication du papier.

CHÉNICE (du grec *chœnix*), mesure de capacité pour les choses sèches en usage chez les Grecs ; elle valait 2 xestes ou 4 cotyles (1 lit., 08 environ).

CHENILLE, *Eruca*, nom que l'on donne aux larves des Lépidoptères, c.-à-d. au premier état de ces insectes depuis leur sortie de l'œuf jusqu'à leur transformation en chrysalide. Le corps des chenilles est allongé, cylindrique, composé de 12 anneaux, non compris la tête. Sur les trois premiers de ces anneaux se trouvent 6 pattes articulées qui servent à la progression, et qui représentent celles que devra avoir plus tard l'insecte parfait ; sur les autres anneaux existe un nombre variable d'appendices courts non articulés, appelés *fausses pattes*, qui les aident beaucoup à la marche, mais qu'elles perdent en passant à l'état d'insecte parfait ; sur les flancs sont de petits trous appelés *stigmates*, qui sont leurs organes respiratoires. Plusieurs chenilles offrent d'autres appendices remarquables dont on ignore l'usage : par exemple, la chenille du sphinx porte sur le dernier anneau de son corps une petite corne dure dont il ne reste pas trace sur le papillon ; celle du grand paon de nuit présente de grandes aigrettes de poils noirs entre lesquelles brille une multitude d'étoiles bleues. Toutes les chenilles ont les mâchoires cornées et dentelées ; elles sont très-voraces et attaquent toute espèce de végétation : aussi des règlements de police ont-ils prescrit de les détruire (*Voy.* ÉCHENILLAGE). Elles changent 3 et 4 fois de peau avant de se transformer en chrysalides. Chaque *mue* a lieu par le dos, qui se fend : c'est par là que l'animal se dégage en abandonnant jusqu'à ses poils. La mue est une époque critique pour ces animaux, qui éprouvent chaque fois un jour ou deux de malaise : les vers à soie restent alors immobiles et sans manger, et cet accident est connu dans les magnaneries sous le nom de *sommeil*. Arrivées à toute leur croissance, les chenilles cessent de manger, se retirent dans des creux de murs, dans la terre ou sous les écorces, et filent une coque où elles se convertissent en *chrysalides* (*Voy.* ce mot).—On distingue généralement les diverses espèces de chenilles par le nom du papillon auquel elles donnent naissance ou de la plante sur laquelle elles vivent, quelquefois par leur structure ou leurs mœurs particulières. Parmi les innombrables espèces, nous citerons comme remarquables la chenille des *Tortrix*, qui marchent à reculons avec une très-grande agilité ; celles de la *Noctua-Catocala*, qui sautent en courbant leur corps en arc et le débandant comme un ressort, et toutes celles que l'on a appelées *Chenilles rases*, *Ch. à livrée*, *Ch. épineuses*, *Chevelues*, *Ch. à brosse*, *Ch. à mamelons*, *Ch. géomètres* ou *arpenteuses*, *processionnaires*, *rouleuses*, *plieuses de feuilles*, etc.

On a donné le nom de *chenille* : 1° à un ouvrage de passementerie de soie, en forme de cordon tors, présentant de tous côtés des poils assez semblables à ceux de la chenille, et dont on se sert dans la broderie, ou pour orner des boîtes, des pelottes, des globes de pendules, pour faire des parures, etc. ; 2° à une crinière à poil court, comme celle qui recouvre le casque des cuirassiers et des sapeurs-pompiers.

CHENILLETTE, nom vulg. du genre *Scorpiurus*, petite plante de la famille des Papilionacées, ainsi appelé de ses gousses, qui ont la forme d'une chenille.

CHÉNOPODÉES (de *chenopodium*, genre type), nom donné par Ventenat à la famille de plantes qu'A. de Jussieu nomme ATRIPLICÉES. *Voy.* ce mot.

CHÉNOPODIUM (du grec *chênopous*, ansérine ou patte d'oie, dérivé lui-même de *chén*, oie, et *pous*, *podos*, pied, à cause de la forme palmée que présentent les feuilles), nom latin du genre ANSÉRINE.

CHEPTEL (BAIL A), mot que l'on prononce *chetel*. On nomme ainsi un bail de bestiaux dont le profit doit être partagé en parts plus ou moins égales entre le propriétaire ou bailleur et le preneur, qui s'oblige à les garder, à les nourrir et à les soigner.—On distingue le *Ch. simple* ou *ordinaire*, dans lequel la tonte et le *croit* seulement se divisent par moitié entre le bailleur et le preneur ; quant au laitage, au fumier, au travail des animaux, ils appartiennent en entier au preneur, et la perte doit toujours être supportée en commun ; le *Ch. à moitié*, société dans laquelle chacun des contractants fournit la moitié des bestiaux, à condition que le profit qui en naîtra sera partagé également entre les parties ; le *Ch. donné au colon partiaire*, cheptel simple dans lequel les rapports qui lient le bailleur et le preneur font admettre certaines modifications, notamment cette condition que, si le bétail périt en entier sans la faute du colon, la perte est pour le bailleur, etc. Tout ce qui concerne les *baux à cheptel* est réglé par le Code civil, art. 1711, 1804-1831. — Le mot *cheptel* dérive, selon les uns, du celtique *chatal*, *chetal*, bétail ; selon les autres, de *capitale*, dérivé de *caput*, tête de bétail.

CHÉRAMÉLIER, plante. *Voy.* CICCA.

CHÉRIF (c.-à-d. *noble*), titre que prennent ceux qui se prétendent issus de Mahomet, et les souverains de la Mecque, du Maroc, etc. *Voy.* le *Dict. univ. d'H. et de G.*

CHÉRIMOLIER, *Cherimolia*, plante. *Voy.* ANONE.

CHERSITE (de *khersos*, terre ferme). *Voy.* TORTUE.

CHERSONÈSE (du grec *khersos*, de terre ferme, et *nêsos*, île), nom donné par les Grecs à toute presqu'île, a été conservé spécialement par les Géographes modernes dans ces dénominations : *Chersonèse de Thrace*, *Ch. Taurique*, *Ch. Cimbrique*. *Voy.* ces mots au *Dict. univ. d'Hist. et de Géogr.*

CHÉRUBINS (de l'hébreu *chérub*, pluriel *chérubim*, même signification), esprits célestes qui tiennent le second rang de la première hiérarchie des Anges. — On nommait aussi *chérubins* les deux figures placées aux extrémités du propitiatoire des Juifs. On n'est pas d'accord sur l'objet que représentaient ces figures ; la plupart croient que c'était la tête d'un bœuf ; d'autres, un mélange de la forme humaine, de celle de l'aigle, du bœuf et du lion. — En Peinture et en Sculpture, on donne le nom de *chérubins* à ces têtes d'enfants ailées qui représentent des anges.

On a donné en Suède le nom d'*Ordre des Chérubins* à un ordre militaire, qui est plus connu sous celui d'*Ordre des Séraphins*.

CHERVI, nom vulgaire du *Sium sisarum*, appelé vulgairement aussi *Chirouis* et *Girole*, plante indigène et vivace de la famille des Ombellifères. Cette plante se multiplie par ses semences, qui sont légèrement aromatiques. On la recherchait autrefois pour ses propriétés médicales ; elle n'est cultivée de nos jours que comme plante potagère : on mange ses racines comme celles du salsifis.

On appelle *Faux chervi* la carotte sauvage.

CHÉTODONS (du grec *chaitè*, crin, et *odous*, *odontos*, dent), genre de poissons Acanthoptérygiens de la famille des Squammipennes, renferme des espèces aux dents plus ou moins déliées et semblables à des crins mobiles et élastiques, au museau un peu avancé, portant une ouverture très-étroite à leur bouche, de petites écailles sur leurs nageoires dorsales et anales ; le corps et la queue fortement aplatis latéralement. Les Chétodons sont comestibles. Ils aiment à suivre les corps flottants et les vaisseaux, et ils reflètent, en se jouant à la surface de l'eau, les couleurs métalliques les plus brillantes.

CHÉTOPODES (du grec *chaitè*, crin, et *pous*, *podos*, pied), classe d'Annélides munis d'appendices ou poils non articulés, ressemblant à de la soie, au moyen desquels ils se meuvent. C'est une des classes de la famille des Annélides créée par Blainville. Cette classe répond aux trois ordres de Cuvier : *Dorsibranches, Abranches sétigères* et *Tubicoles. Voy.* ces mots.

CHEVAL, *Equus,* genre de Mammifères de l'ordre des Pachydermes, composé à lui seul la famille des Solipèdes, qui se distingue par la présence d'un seul doigt et d'un seul sabot à chaque pied. Les chevaux sont herbivores. Leur vue est bonne, perçante, et peut même s'exercer pendant la nuit ; les yeux sont à fleur de tête. Les oreilles sont généralement grandes, mobiles et disposées en forme de cornets. Les narines sont largement ouvertes. Les dents sont au nombre de 42 : 6 incisives, 2 canines et 14 molaires en haut ; 6 incisives, 2 canines et 12 molaires à la mâchoire inférieure. Entre les incisives et les molaires se trouve un espace vide appelé *barre,* dans lequel se place le mors. — Les espèces du genre Cheval paraissent être toutes originaires du grand plateau central de l'Asie et de l'Afrique orientale et méridionale. Deux seulement, le *Cheval* prop. dit et l'*Ane,* ont été réduites à l'état de domesticité. Les autres sont le *Dzigguetaï* ou *Hémione,* le *Couagga,* le *Dauw* et le *Zèbre.*

Le Cheval domestique, *Equus caballus,* est originaire de la Tartarie, mais aujourd'hui il est acclimaté partout. Bien qu'il fût inconnu en Amérique avant la découverte de cette contrée, on l'y rencontre maintenant en troupes de plus de dix mille individus : ceux-ci proviennent de chevaux espagnols échappés à leurs maîtres depuis la découverte du nouveau monde. La taille moyenne du cheval est de 1m,50 ; la durée de sa vie est de 30 ans. La nourriture qu'il préfère se compose de foin, d'avoine et de paille hachée ; viennent ensuite la luzerne, le sainfoin, le trèfle, et les pailles de froment, d'avoine et d'orge. L'éducation du *poulain* exige des soins particuliers. On le nourrit d'une sorte de bouillie faite de farines d'orge, d'avoine et de froment, délayées dans de l'eau tiède. De trois à trois ans et demi on commence à le dresser : on lui met d'abord une selle légère, on lui laisse deux ou trois heures par jour. On l'accoutume de même à recevoir un bridon dans la bouche, à se laisser ferrer, à trotter seul. A quatre ans, on le monte, on l'attelle avec un cheval fait ; on l'exerce à reculer, à obéir au mors et à l'éperon. On ne le met au grain et à la paille que lorsqu'il est parfaitement dressé. Le cheval a quatre allures : le *pas,* le *trot,* l'*amble* et le *galop* (*Voy.* ces mots). — On reconnaît l'âge d'un cheval à ses dents : à six mois, les incisives sont sorties ; à deux ans et demi, les antérieures se creusent d'une fossette au milieu de la partie supérieure ; à trois ans et demi, les dents mitoyennes se creusent, et les canines inférieures sortent ; à quatre ans et demi, paraissent les canines supérieures. Jusqu'à huit ans, l'âge se reconnaît à la profondeur des fossettes, ainsi qu'à la longueur et à la couleur des incisives et des canines. A partir de cette époque, on dit que le cheval ne *marque* plus, quoique cependant des signes moins certains, tirés de la forme et de la couleur des dents, fassent encore connaître approximativement son âge. Les canines manquent dans les *juments.*

En tête des principales races de chevaux se place le *Cheval arabe,* reconnaissable à son chanfrein concave, à sa tête carrée et à son encolure de cerf. On en distingue deux variétés : les *kochlani,* pur sang, et dont la généalogie est authentiquement constatée ; et les *kadischi,* qui proviennent de croisements inconnus. Les *Chevaux barbes,* ou de la Barbarie, ont l'encolure plus belle, mais sont moins rapides : ils sont recherchés pour le manége. Les *Ch. turcs* se rapprochent du cheval arabe, duquel ils descendent ; ils sont seulement plus longs et ont les reins plus élevés. Les *Ch. espagnols* ont le chanfrein busqué et la tête un peu grosse ; ce qui fait dire qu'ils

sont *chargés de ganache :* ils sont bons pour le manége et la cavalerie. Les *Ch. allemands* ont l'haleine courte ; ils sont néanmoins estimés pour la selle et le carrosse. Les *Ch. suisses* sont ramassés, vigoureux et sobres : ce sont de bons chevaux de trait. Les *Ch. danois* sont hauts et bien faits : ils s'emploient, comme les chevaux allemands, pour la selle et le carrosse. Les *Ch. anglais,* si renommés pour leur vitesse, proviennent du croisement de la race arabe avec la race anglaise pure, qui est d'origine normande ; ils ont peu de grâce, et leur trot dur a nécessité la manière ridicule de monter dite *à l'anglaise.* Les *races françaises* avaient une grande réputation bien avant la conquête de César : la *race normande* se distingue par ses chevaux de trait et de manége ; la *race limousine* et la *race navarrine,* par leurs chevaux de selle ; la *franc-comtoise,* par ses chevaux de trait ; l'*auvergnate,* par ses bidets ; et la *race du Poitou,* par ses mulets.

Tout le monde connaît les services que nous rend le cheval ; ces services ne le mettent cependant pas toujours à l'abri de la brutalité de ceux qui le conduisent, et la loi a été obligée d'intervenir en France pour réprimer les mauvais traitements que cet animal a trop souvent à subir (loi du 2 juillet 1850).

Le cheval est encore utile après sa mort : ses crins servent à faire des tissus ; son poil, de la bourre ; sa peau, des chaussures ; sa chair, des engrais ; ses intestins, de la colle forte ; ses os, du noir animal, etc.

Cet animal belliqueux était chez les anciens consacré à Mars, dieu des combats, et sa vue était un présage de guerre. Les Perses, les Athéniens, etc., l'immolaient au Soleil et à Neptune. Suivant les poëtes, le char du Soleil est traîné par quatre chevaux : Eoüs, Pyroïs, Ethon et Phlégon. La Fable donne pour monture aux poëtes un cheval ailé appelé *Pégase.* Les chevaux paissants désignaient la paix et la liberté, ou simplement un pays abondant en pâturages. Le cheval a été aussi regardé comme le symbole de l'empire : d'où l'usage chez les Arabes d'amener un cheval de soumission à ceux dont ils reconnaissent l'autorité. *Voy.* HARAS, ÉQUITATION, HIPPIATRIQUE.

CHEVAL MARIN. *Voy.* MORSE et HIPPOCAMPE.

CHEVAL DE FRISE. En termes de Fortification, on appelle ainsi une sorte de retranchement portatif consistant en une grosse pièce de bois hérissée de pointes de tous côtés. Il est ainsi nommé, dit-on, parce qu'il a été employé pour la première fois dans la *Frise,* au siège de Groningue, en 1594.

CHEVAL-VAPEUR. C'est, en Mécanique, l'unité employée pour évaluer la force des machines à vapeur. On entend par *force d'un cheval-vapeur* une force capable d'élever par seconde un poids de 75 kilogr. à la hauteur d'un mètre. Ainsi une machine à vapeur de 10, de 20 chevaux, etc., c'est une machine à vapeur capable d'élever à un mètre par seconde un poids de 750 kilogr., de 1,500 kilogr., etc.

CHEVALERIE, association militaire et religieuse du moyen âge. *Voy.* CHEVALIER.

CHEVALET (de *cheval*), en latin *equuleus,* instrument de torture en usage chez les anciens et qui consistait, tantôt en un cheval de bois dont le dos formait un angle très-aigu sur lequel on plaçait le patient avec des poids aux pieds, tantôt en une table de bois percée de trous, par lesquels on faisait passer des cordes attachées par un bout aux membres du patient et s'enroulant par l'autre sur un tourniquet qui servait à les tendre. — Aujourd'hui, on donne le nom de *chevalet :* 1o à la pièce de bois mince qui sert à tenir élevées les cordes d'un violon, d'une basse, d'une guitare, etc. ; on fabrique beaucoup de ces chevalets à Mirecourt (Vosges) : ils sont en bois d'érable ; 2o au bâtis en bois sur lequel les peintres appuient les tableaux auxquels ils travaillent : les *tableaux de chevalet* sont des tableaux de moyenne dimension qui sont travaillés et finis avec soin ; 3o aux pièces de bois assemblées en travers sur d'autres à-plomb pour soutenir les solives d'un plancher; 4° et, en général, à tous les instruments dont on se sert dans divers métiers pour tenir l'ouvrage élevé ou abaissé, afin de travailler plus commodément.

CHEVALIER, CHEVALERIE. 1° Chez les Romains, ces mots désignaient un des trois ordres des citoyens, intermédiaire entre les patriciens et les plébéiens. 2° Au moyen âge, le titre de *chevalier* pouvait être conféré, avec certaines formalités, à toute personne noble de nom et d'armes : c'est ce qu'on appelait *armer chevalier*. 3° Le titre de *chevalier* est le premier degré de la noblesse. 4° Il désigne les membres de certains ordres, soit religieux et militaires (comme ceux des Templiers, des Porte-glaive, de Saint-Jean de Jérusalem, de Malte), soit purement honorifiques (comme les ordres de Saint-Louis, du Saint-Esprit, de Saint-Michel, de la Légion d'honneur en France; de la Jarretière, du Bain, en Angleterre; de la Toison-d'Or, de Saint-Ferdinand, de Charles III, en Espagne; de l'Aigle noir et de l'Aigle rouge, en Prusse; de Saint-Wladimir, d'Alexandre, en Russie, etc.). Pour plus de détails sur la chevalerie chez les Romains et au moyen âge, *Voy.* le *Dict. univ. d'Hist. et de Géogr.*—Pour les divers ordres modernes de chevalerie, *Voy.* dans le même ouvrage le nom de chacun d'eux; l'*Histoire générale des ordres de chevalerie* de Saint-Allais, 1811; la *Collection historique des ordres de chevalerie* de Perrot, 1836; le *Précis historique des ordres de chevalerie* de Jacq. Bresson, 1844, et le *Dict. historique des ordres de chevalerie*, de H. Gourdon de Genouillac, 1853.

On nommait autrefois *Chevaliers ès lois* le chancelier et le premier président du parlement de Paris; — *Ch. de justice*, celui qui était obligé de faire les preuves de noblesse exigées dans l'ordre de Malte; — *Ch. du guet*, le commandant des archers du guet (*Voy.* GUET); — *Ch. de l'arquebuse*, celui qui était reçu dans les compagnies de chevaliers qui s'amusaient au jeu de l'arquebuse. — On a appelé *Ch. du poignard* des jeunes gens nobles qui, en 1791, s'étaient voués à la défense du roi Louis XVI.

CHEVALIER, *Totanus*, genre d'oiseaux de l'ordre des Échassiers et de la famille des Longirostres, au bec un peu grêle, presque rond, aux ailes médiocres. Les Chevaliers voyagent par petites troupes, et se nourrissent d'insectes, de vers, etc. Ils fréquentent le bord des fleuves et les prairies inondées. Le plus remarquables sont le *Ch. gambette* (*T. calidris*), aux pieds rouges et au plumage brun; le *Ch. aboyeur*, etc.

CHEVALIER, *Eques*, genre de poissons osseux de l'ordre des Acanthoptérygiens, famille des Sciénoïdes, originaires de l'Amérique, très-voisins des Tambours: leur corps comprimé, allongé, élevé aux épaules, finit en pointe vers la queue. On en connaît deux espèces : le *Ch. gentilhomme* (*E. Americanus*) et la *Maman baleine* (*E. punctatus*), des Antilles.

CHEVALIÈRE. Jadis les femmes pouvaient être membres de certains ordres : il y avait des *Chevalières* de Saint-Georges, chanoinesses de Nivelle, des *Chevalières* de Malte, de Saint-Jacques de l'Épée (en Espagne et en Portugal).

En Bijouterie, on appelle *Bague à la chevalière*, un anneau large et épais, orné d'un chaton de même métal que l'anneau, et que l'on porte au doigt.

CHEVAUCHEMENT (de *chevaucher*), nom donné, en Chirurgie, au déplacement des fragments d'une fracture, dans lequel, au lieu d'être bout à bout, les deux pièces se croisent et sont placées à côté l'une de l'autre et parallèlement.

CHEVAU-LÉGERS, compagnie d'élite organisée pour la 1re fois par Louis XII dès 1498. Henri IV, avant d'être roi de France, amena de Navarre en 1570 une compagnie de 200 chevau-légers, qu'il érigea en compagnie de la garde du roi en 1599; elle avait le roi même pour capitaine, et ne paraissait sous les armes que dans les cérémonies d'apparat. L'étendard des chevau-légers était brodé d'or et d'argent aux armes de la compagnie (un foudre avec cette devise : *Sensère gigantes*); vingt années de service dans ce corps donnaient droit à des lettres de noblesse viagère. Cette compagnie fut supprimée sous Louis XVI en 1787. — Sous l'Empire, il y eut quelques instants six régiments de chevau-légers, armés de lances; ils prirent bientôt le nom de lanciers.—Quelques princes de la Confédération germanique entretiennent encore des régiments de chevau-légers.

CHÉVÉCHE, *Noctua nyctichea*, sous-genre des Chouettes proprement dites, est caractérisé par un disque périophthalmique incomplet et par l'absence de crêtes auriculaires. L'espèce la plus remarquable du genre est le *Harfang*, au corps blanchâtre, avec des taches brunes éparses, et au bec noir; il est long de 75 centimètres, et se nourrit de lièvres, de rats, de souris et de lapins. La *Chevêche à pieds emplumés* est un oiseau indigène du nord de l'Europe, au dos brun semé de gouttes blanches.

CHEVECIER ou CHEFCIER, dignitaire des églises et des monastères, préposé à cette partie de l'église où est le *chevet*. Cette dignité a été confondue à tort avec celle de *primicier*.

CHEVELÉ (de *cheveu*), se dit, en Blason, d'une tête dont les cheveux sont d'un autre émail, d'une autre couleur que la tête.

CHEVELU (de *cheveu*), nom donné aux radicelles ou racines fines et déliées qui terminent les ramifications des racines principales d'un végétal quelconque. Ce sont des espèces de suçoirs microscopiques à l'aide desquels le végétal aspire la nourriture qui lui est propre. Le chevelu se multiplie dans les veines de bonne terre, et devient plus maigre et plus rare quand les racines sont forcées de traverser des veines stériles. — En Anatomie, on appelle *cuir chevelu* la peau du crâne que recouvrent les cheveux.

CHEVELURE. Rien n'a été plus soumis aux caprices de la mode que la chevelure. Les Hébreux portaient les cheveux dans toute leur longueur; les prêtres seuls se les faisaient couper. Les Grecs les portaient aussi fort longs les partageant sur le front, et ils les frisaient de manière à en former un toupet. Les premiers Romains portèrent les cheveux longs jusqu'à l'an 454 de Rome (300 av. J.-C.); depuis ils les portèrent courts, et une chevelure longue devint la marque de mœurs efféminées. Chez les Gaulois, au contraire, et chez les Francs, la longue chevelure était une marque d'honneur et de noblesse : on sait que les Mérovingiens sont vulgairement appelés les *rois chevelus*. Plusieurs peuples barbares de la Germanie réunissaient leurs cheveux en un gros faisceau lié derrière la tête. Chez la plupart des peuples anciens, une tête rase était un signe d'esclavage, et encore aujourd'hui plusieurs ordres monastiques portent les cheveux ras en signe d'humilité. Les Mahométans et les Arabes se rasent complétement la tête : il en est de même des Chinois; mais ceux-ci gardent au sommet une houppe, quelquefois très-longue. En France, on porta les cheveux longs jusqu'à François Ier, qui, pour cacher une cicatrice qu'il avait au visage, amena la mode de porter la barbe longue et les cheveux courts. Louis XIII changea cette mode, et c'est ce qui amena l'usage des perruques, qui acquirent sous Louis XIV une dimension extraordinaire. Sous Louis XV, on commença à porter la poudre et la queue, dont l'usage se maintint en France jusqu'à la fin du XVIIIe siècle. Vint alors la chevelure à la Titus et les différentes sortes de coiffures que nous voyons aujourd'hui.

Chevelure se dit aussi de la vapeur lumineuse qui entoure certaines comètes. *Voy.* COMÈTE.

Chevelure de Bérénice, constellation de l'hémisphère boréal, située près de la queue du Lion, et composée de 40 étoiles, est ainsi nommée de Bérénice, femme du roi d'Égypte Ptolémée III Évergète.

Cette princesse avait consacré sa chevelure à Vénus : la chevelure ayant disparu du temple, les courtisans prétendirent qu'elle avait été portée au ciel par Jupiter. Callimaque a fait un petit poëme sur la *Chevelure de Bérénice*.

CHEVET (de *chef*, tête, partie principale), la partie la plus reculée de l'intérieur de l'église, au delà du maître-autel. Ordinairement elle est circulaire, et plus élevée que le reste. Sur les bords du Rhin on trouve des églises ayant deux chevets opposés l'un à l'autre, par exemple, les cathédrales de Worms, Spire, etc.

CHEVÊTRE ou CHEVESTRE (du latin *capistrum*, licou). Ce mot était autrefois synonyme de *corde* ou *câble*. On appelait *droit de chevestrage* un droit qui se percevait sur les bateaux amenés dans Paris et attachés au quai par la *chevestre*. — Aujourd'hui, en Chirurgie, on nomme *chevêtre* un bandage qu'on applique autour de la tête lors de la fracture ou de la luxation de la mâchoire inférieure.

On nomme encore *chevêtre* : 1° une pièce de bois dans laquelle les charpentiers emboîtent les soliveaux d'un plancher; 2° une barre de fer qui sert à soutenir les solives coupées à l'endroit de la cheminée pour faire place au foyer ou donner passage au tuyau.

CHEVEUX (du latin *capillus*). Les cheveux se composent de deux parties essentielles : le *bulbe* ou racine, recevant sa nourriture d'une glande située dans le derme; et la *tige* ou cheveu proprement dit : ce dernier est lui-même formé de deux cônes superposés, l'un intérieur, qui reçoit des nerfs et des vaisseaux sanguins, et contient une vraie moelle à laquelle le cheveu doit sa couleur; l'autre extérieur, tubuleux, transparent et analogue à la substance de la corne des animaux. On y trouve, par l'analyse, du fer, du soufre, de la chaux, de la silice, et une huile dont la couleur varie avec celle des cheveux. La forme, la couleur, le nombre des cheveux, varient suivant le sexe, les pays, les climats, les races. Ils sont plus longs chez la femme que chez l'homme. Ils sont fins et soyeux chez les blancs, laineux et crépus chez les nègres : ils sont extrêmement sensibles aux variations atmosphériques; l'humidité les allonge, et la sécheresse les contracte : aussi s'en sert-on dans la construction des hygromètres (*Voy.* HYGROMÈTRE). Dans leur couleur, ils présentent les nuances suivantes : *noir*, *brun*, *châtain foncé*, *châtain clair*, *blond* et *roux*; ils deviennent *blancs* ou tombent par le progrès de l'âge ou par suite de maladie (*Voy.* ALBINISME, CANITIE, CALVITIE, ALOPÉCIE). Un *Traité des maladies du cuir chevelu*, suivi de *Conseils hygiéniques sur les soins à donner à la chevelure*, a été publié en 1850 par le Dr A. Cazenave.

En Botanique, on a donné le nom de *Cheveu* à des végétaux de diverses sortes affectant la forme capillaire. Ainsi l'on nomme : *Cheveu du diable* la Cuscute; *Ch. d'évêque*, la Raiponce; *Ch. de mer*, le Fucus filum et l'Ulve comprimée; *Ch. du roi*, la Tillandsie usnéoïde; *Ch. de Vénus*, l'Adiante de Montpellier ou la Nigelle de Damas; *Ch. de la Vierge*, plusieurs espèces de Byssus; *Ch. de paysans*, la Chicorée sauvage étiolée ou Barbe de capucin.

CHEVILLE (de *clavicula*, diminutif de *clavus*, clou), nom donné, en général, à tout morceau de bois ou de fer arrondi qui sert à arrêter les assemblages de charpenterie ou de menuiserie. — Dans l'Art du luthier, les *chevilles* servent à donner aux cordes des instruments la tension convenable. Dans les pianos, les chevilles sont des cylindres d'acier à surface rugueuse et carrés par un bout. Celles des violons, altos, violoncelles, guitares, etc., ont la tête plate et ovale, et sont en bois d'ébène ou de palissandre. — Les carrossiers appellent *cheville ouvrière* une grosse cheville de fer qui joint le devant d'un carrosse avec la flèche ou les brancards.

En Anatomie, on appelle *cheville du pied* la saillie formée par la réunion des deux malléoles ou parois latérales de la boîte articulaire du pied de l'homme et des animaux vertébrés pourvus de jambes.

En termes de Boucherie, on nomme *commerce à la cheville* la revente par quartiers, dans les abattoirs, de la viande abattue. Lorsque les bestiaux sont abattus, on les suspend à de fortes *chevilles* pour les dépecer; c'est alors que des bouchers dont le débit est peu important viennent acheter par moitié ou par quartier de bœuf ce qui leur est nécessaire pour garnir leurs boutiques.

Au figuré et en parlant de vers, on appelle *cheville* toute expression qui ne sert de rien à la pensée et qui n'est mise que pour la mesure ou pour la rime.

En termes de Blason, *chevillé* se dit d'un cerf qui porte des ramures à la sommité de son bois, en forme de couronne.

CHÈVRE, *Capra*. Ce mot, qui dans l'usage vulgaire ne désigne que la femelle du Bouc, est étendu par les Naturalistes à tout un genre de Mammifères. Ce genre, qui appartient à l'ordre des Ruminants et à la famille des Tubicornes, est caractérisé par ses cornes dirigées en haut et en arrière, comprimées transversalement; par ses oreilles droites, sa langue douce, son corps assez svelte, ses jambes robustes, ses mamelles au nombre de deux, et sa queue courte. Le pelage est composé de deux sortes de poils : les uns, extérieurs, longs, droits et roides, servent à faire des étoffes grossières; les autres, cachés sous les premiers, sont laineux, d'une mollesse extrême, et servent à la fabrication des plus fins tissus. Le menton est la plus souvent garni d'une barbe.

L'espèce principale est l'*Ægagre* ou *Chèvre sauvage*, que l'on considère comme la souche de nos chèvres domestiques. Sa tête est noire en avant, rousse sur les côtés; sa barbe, brune; son corps, gris roussâtre avec une ligne dorsale noire, ainsi que la queue. Les chèvres sauvages vivent en troupes sur les montagnes escarpées de la Perse. Nos variétés domestiques sont : la *Ch. commune*, connue de tous, et la *Ch. sans cornes*, dont le lait est plus doux, surtout celui des blanches, qui a moins d'odeur et que l'on préfère pour l'allaitement des enfants. La chèvre est plus robuste et plus forte que la brebis; elle exige beaucoup moins de soins; elle aime à paître dans les lieux escarpés et montueux, et se contente de la nourriture la plus frugale. La chèvre porte 5 mois; elle fournit deux fois plus de lait que la brebis, et donne d'excellents fromages. Son petit se nomme *Chevreau* (*Voy.* ci-après); le mâle, appelé *Bouc* (*Voy.* ce mot), est plus grand, plus fort, plus trapu, et répand une odeur fort désagréable, surtout en été.

On remarque encore la *Ch. de Juida* en Afrique, la *Ch. de l'Oural*, la *Ch. de Cachemire*, qui fournit le tissu moelleux des châles de même nom; enfin la *Ch. Angora*, dont les poils blancs, longs et soyeux servent, dans le Levant, à faire des étoffes superbes.

La chèvre, chez les Grecs, était consacrée à Jupiter, en mémoire de la chèvre Amalthée qui avait nourri le dieu. Elle était fort révérée à Mendès, en Égypte; on croyait que Pan, la grande divinité de cette ville, s'était caché sous la figure de cet animal.

CHÈVRE, machine destinée à élever des fardeaux considérables, et qui sert principalement dans les grandes constructions, pour porter aux étages supérieurs les pierres, les matériaux, etc. C'est ordinairement un triangle formé de deux longues pièces de bois ou *bras*, assemblées avec une troisième qui est plus courte. Au sommet, on dispose une *poulie* ou une *moufle*; un des bouts de la corde, qui passe sur cette poulie, va s'attacher au fardeau qu'on veut enlever; l'autre s'enroule sur le cylindre d'un treuil horizontal qu'on nomme *moulinet*, qui peut tourner à l'aide de leviers ou par une roue à chevilles. — Les carrossiers et les charrons se servent pour soulever les voitures d'un levier coudé qu'on appelle aussi *chèvre*.

En Astronomie, on appelle *Chèvre* une étoile brillante de première grandeur, qui est située sur l'épaule gauche du *Cocher* : c'est, suivant la Fable, la chèvre Amalthée, nourrice de Jupiter.

CHEVREAU, le petit de la chèvre. On le nomme aussi *Cabri*. Sa peau, tannée et chamoisée, sert à faire des gants excellents et des souliers de femme. — Les anciens sacrifiaient le chevreau au dieu Faune et aux autres dieux champêtres.

En Astronomie, les *Chevreaux* sont trois étoiles de la constellation du Cocher qui forment un petit triangle isocèle étroit, placé tout près de la Chèvre.

CHÈVREFEUILLE (ainsi appelé parce que la chèvre aime à brouter les feuilles de cette plante), nommé par les Botanistes *Lonicera* (de A. *Lonicer*, botaniste allemand), genre type de la famille des Caprifoliacées, renferme des arbrisseaux grimpants sarmenteux, à feuilles simples et opposées, qui se font surtout remarquer par l'odeur suave de leurs fleurs. — Parmi les espèces principales, on remarque : le *Ch. des jardins* (*Lonicera caprifolium*), qui fait, au printemps, l'ornement de nos bosquets : ses rameaux, longs et flexibles, se soumettent à toutes les formes qu'on veut leur donner : on s'en sert pour masquer la nudité des murs, garnir les treillages, couvrir les berceaux, etc.; sa tige, quoique sarmenteuse et grimpante, devient, par la culture, un petit arbrisseau de caisse ou de parterre, à tige droite et nue, terminée par une tête sphérique; ses feuilles sont opposées, sessiles, ovales, d'un vert glauque en dessous, les deux ou trois dernières paires étant réunies chacune par leur base; ses fleurs sont rouges ou blanchâtres, ramassées en un bouquet terminal, composé d'un ou deux verticilles feuillés; — le *Ch. des bois* (L. *periclymenum*), qui ressemble beaucoup au précédent : ses fleurs, d'un blanc jaunâtre, un peu rougeâtres en dehors, sont réunies en têtes terminales; elles répandent une odeur agréable et paraissent au commencement de l'été; cette espèce est commune dans les bois et les haies; sa racine fournit une couleur bleu de ciel, et ses jeunes rameaux peuvent aussi être employés pour la teinture; on fabrique avec ses tiges et ses branches des dents pour les herses, des peignes pour les tisserands, des tuyaux de pipe à fumer; — le *Ch. des buissons* (*Xylosteum*), à fleurs d'un blanc pâle, qui s'emploie aux mêmes usages que le précédent; — le *Ch. des Alpes* (L. *Alpina*), qui se distingue par ses grandes feuilles ovales et par ses fleurs jaunâtres, purpurines en dedans, géminées à l'extrémité d'un long pédoncule; — le *Ch. des Pyrénées* (L. *Pyrenaica*), à feuilles oblongues, presque sessiles, d'un vert glauque, à fleurs blanches, géminées sur chaque pédoncule; — le *Ch. de Tartarie* (L. *Tartarica*), charmant arbrisseau très-rameux, en buissons touffus, dont le feuillage vert tendre est couvert, au printemps, de fleurs roses; ses rameaux, pendant l'hiver, sont d'une blancheur remarquable : c'est, de toutes les espèces cultivées dans les bosquets, celle qui y produit le plus bel effet.

CHÈVREFEUILLE D'AMÉRIQUE. Voy. AZALÉA.

CHEVRETTE. Voy. CADELLE, CRANGON et CHEVREUIL.

CHEVREUIL (du latin *capreolus*, diminutif de *caper*, bouc), *Cervus capreolus*, espèce du genre Cerf, renferme des animaux aux bois sessiles, ramifiés. Toutes les variétés de chevreuils ont une ligne blanche bordée de noir, qui coupe obliquement le bout de leur museau. Le Chevreuil est plus petit que le cerf et le daim, dont il offre à peu près les formes générales; son pelage est fauve ou gris-brun, ses fesses blanches; ses bois, assez petits, sont rameux et rugueux. Les chasseurs donnent au mâle le nom de *broquart*. La femelle, appelée *chevrette*, n'a pas de bois. Ce joli animal est assez commun dans la plupart des parcs de l'Europe. Le chevreuil est un des gibiers les plus estimés des gourmets.

CHEVRON (de *chèvre*, à cause de la ressemblance qu'il y a entre le faîte d'un toit et l'échine de la chèvre), pièce de bois de charpente, équarrie, de 10 à 15 centimèt. environ d'épaisseur, qui porte les tuiles ou ardoises d'un bâtiment. Les chevrons sont situés en pente, et leur ensemble forme un plan incliné.

En termes de Blason, on nomme *chevron* la réunion de deux bandes plates, dont la pointe est tournée vers le haut de l'écu, et qui forment une espèce de compas à demi ouvert. On distingue : *Ch. brisé*, celui dont la pointe est fendue, en sorte que les bandes ne se touchent que par un de leurs angles; *Ch. abaissé*, celui dont la tête ou la pointe se termine au centre de l'écu; *Ch. alaisé*, dans lequel les extrémités des branches ne touchent point les bords de l'écu; *Ch. chargé d'un autre*, composé de deux émaux; *Ch. couché*, dont la pointe est tournée vers un flanc de l'écu; *Ch. écimé*, celui dont la pointe est coupée; *Ch. failli* ou *rompu*, qui a une branche séparée en deux; *Ch. ondé*, qui a les branches en onde; *Ch. parti*, dont les branches sont de deux émaux différents; *Ch. ployé*, dont les branches ont leur superficie creusée en portion de cercle; *Ch. renversé*, celui qui a sa pointe ou au bas ou au cœur de l'écu, et ses branches vers les angles du chef.

Dans l'Armée, on appelle *chevrons* des galons en laine écarlate, quelquefois en or ou en argent, en forme de chevrons de charpente, que les soldats et les sous-officiers portent sur le haut de la manche gauche de leur habit après un certain nombre d'années de service : un chevron indique 10 années de service; deux, 15; trois, 20, etc. — Dans certains corps, on nomme *chevrons de livrée*, des chevrons d'habillement au nombre de sept, placés par étages le long du quartier extérieur de chaque manche d'habit des tambours, cornets et caporaux tambours.

CHEVROTAIN, *Moschus*, genre de Mammifères de la famille des Ruminants sans cornes. Ils sont caractérisés par la présence de 34 dents, dont 2 canines très-longues et 12 molaires à la mâchoire supérieure, et 8 incisives et 12 molaires à l'inférieure; ils sont herbivores. Leurs pieds offrent deux sabots; leurs poils sont courts, durs et cassants; ils n'ont que deux mamelles. Ces animaux sont très-remarquables par leur élégance et leur légèreté. Ils habitent surtout l'Inde. Le genre Chevrotain se divise en deux sous-genres : les *Ch. proprement dits* et les *Muscs* ou *Porte-musc*, qui fournissent cette substance odorante, si recherchée en médecine et en parfumerie sous le nom de *musc* (*Voy.* ce mot).—Parmi les Chevrotains proprement dits, nous citerons le *Ch. pygmée*, qu'on trouve en Asie et en Afrique, et dont la grosseur ne dépasse pas celle du lièvre, et le *Kranchil* ou *Kanchil*, qui habite les forêts de Sumatra. Ce dernier est un petit animal de la taille du précédent, et très-rusé : pour se dérober aux chiens, lorsqu'ils le serrent de près, il s'élance aux branches des arbres, s'y accroche par ses longues canines, et y reste suspendu jusqu'à ce que la meute soit passée.

CHEVROTEMENT, battement ou vibration de la voix qui a quelque charme quand on n'en fait pas abus, mais qui a l'inconvénient de s'exagérer avec l'âge. — En Musique on donne ce nom à une manière vicieuse d'exécuter le trille sans marquer l'articulation des notes, ce qui le fait ressembler au bêlement des chèvres.

CHEVROTINE (de *chevreuil*), gros plomb dont on se sert pour tirer le chevreuil et autres bêtes fauves; on en compte 166 au demi-kilogramme.

CHIAOUX (par corruption du turc *tchaouch*), espèce d'huissier chez les Turcs. Le *chiaoux-bachi* est chargé, en l'absence du grand vizir, de présider le tribunal suprême et de rendre la justice au peuple. Il sert aussi d'introducteur près des ambassadeurs.

CHIBOUQUE, pipe à long tuyau dont on se sert en Orient.

CHICA, boisson spiritueuse faite dans le Pérou

avec la farine de maïs séchée au soleil, et mise à fermenter avec de l'eau. Sa saveur est celle d'un mauvais cidre.

CHICHE (POIS), du latin *cicer*. *Voy.* POIS.

CHICON, nom vulgaire de la Laitue romaine.

CHICORACEES, tribu de la famille des Composées, dont le type est le genre Chicorée. Les fleurs qu'elles portent sont jaunes pour la plupart. Les tiges contiennent un suc laiteux qui leur est propre. Cette tribu renferme les *Semi-flosculeuses* de Tournefort; elle comprend les genres *Chicorée*, *Laitue*, *Salsifis*, *Scorsonère*, *Pisse-en-lit*, *Laiteron*, etc.

CHICORÉE, en latin *Cicoreum*, genre de la famille des Composées, tribu des Chicoracées, renferme un assez grand nombre de variétés qui, toutes, peuvent se rapporter à deux espèces principales : la *Ch. sauvage* (*C. intybus*) et la *Ch. endive* (*C. endivia*). La première, que l'on appelle communément *Petite chicorée*, est une plante vivace, dont la racine, grosse, pivotante, fusiforme, s'emploie, torréfiée, en guise de café, sous le nom de *café de chicorée*; ses feuilles vertes se mangent en salade : parmi ses variétés principales, on remarque la *Ch. panachée*, à feuilles striées de rose et de rouge; la *Ch. à larges feuilles*; la grande *Ch. à fourrage*, qui fournit une excellente nourriture pour les bestiaux; la *Ch. amère*, dont la décoction est employée en Médecine comme tonique et apéritive. Quand on fait pousser la chicorée dans des caves de température moyenne et privées de toute lumière, ses feuilles s'étiolent et blanchissent : c'est ce qu'on vend comme salade sous le nom de *Barbe de capucin*. — La *Ch. endive*, originaire du Japon et de la Chine, renferme aussi plusieurs variétés toutes remarquables par les découpures de leurs feuilles déliées et crépues, et qui se mangent crues, en salade, ou cuites. On remarque surtout la *Ch. de Meaux*, la *Ch. toujours blanche*, la *Ch. fine d'Italie*, la *Ch. célestine*, la *Ch. de la régence*. — La *Scarole* ou *Escarolle* (*Voy.* ce mot) est regardée comme une variété de chicorée originaire de Hollande.

CHICOT, nom donné, en Sylviculture, à ce qui reste hors de terre d'un arbre qui a été cassé par le vent ou coupé. — Par extension, on appelle *chicot* un morceau de dent rompue qui reste dans la gencive.

CHICOT, genre de plantes de la famille des Papilionacées, est composé de deux espèces d'arbres, dont l'une, le *Ch. du Canada*, fait partie des Bonducs (*Voy.* BONDUC); et l'autre, le *Ch. d'Arabie*, dit aussi *Hyperanthère*, est cultivée dans les jardins à cause de la beauté de son feuillage.

CHICOTIN (qu'on dérive, par corruption, de *sucotrin*, espèce de suc d'aloès), suc excessivement amer qu'on extrait de la coloquinte, et dont les nourrices se servent pour sevrer les enfants. — On l'administre en Médecine sous la forme de dragées.

CHIEN, *Canis*. Les Zoologistes étendent ce nom à un grand genre de l'ordre des Carnassiers et de la famille des Digitigrades, caractérisé par la présence de 5 doigts aux pieds de devant, et 4 seulement à ceux de derrière; les ongles ne sont point rétractiles, et la langue est douce. Les animaux compris dans ce genre ont presque tous l'odorat très-fin, la vue susceptible de s'exercer même pendant la nuit, l'ouïe délicate. Le pelage est composé de poils soyeux et de poils laineux. Le genre Chien se divise en 3 sousgenres : les *Ch. proprement dits*, à pupilles diurnes; les *Renards*, à pupilles nocturnes; les *Hyénoïdes*, à 4 doigts à tous les pieds. Les Chiens proprement dits comprennent eux-mêmes le *Ch. domestique* et les *Ch. sauvages*, tels que le Loup, le Culpeu, le Chacal, etc.

Le *Chien domestique* ne se retrouve plus à l'état sauvage. Dès les premiers temps, il a été instruit par l'homme, et sa fidélité est devenue proverbiale. Le chien *aboie*. Les pores de sa peau sont si serrés qu'il ne sue jamais et qu'il peut se jeter à l'eau quand il est très-échauffé, sans en être incommodé. Il laisse pendre sa langue pour se rafraîchir et lappe en buvant, ce qui permet à l'eau de s'échauffer suffisamment avant d'arriver dans son estomac.

On distingue 4 espèces de Chiens domestiques :

1°. Les MATINS, ordinairement grands, à museau long et à oreilles courtes. Les principaux sont le *Mâtin ordinaire*, presque toujours jaune fauve, à nez noir et à queue relevée; le *Danois*, blanc moucheté, peu intelligent et peu attaché; le *Lévrier*, gris de souris, de taille svelte, employé à la chasse du lièvre, qu'il ne chasse qu'à vue, à cause de son peu d'odorat, mais qu'il atteint à la course; le *Ch. de berger*, noirâtre, à oreilles courtes, à queue pendante, d'un admirable instinct pour la garde des troupeaux; le *Ch. des Alpes*, né de l'union du chien de berger avec une femelle du mâtin, et que les moines du Mont-Saint-Bernard dressent à appeler par ses aboiements et à secourir les voyageurs égarés dans les neiges;

2°. Les ÉPAGNEULS, moins grands que les mâtins, à oreilles longues, larges et pendantes. On y distingue : le *Ch.-loup*, blanc jaunâtre, à oreilles droites et à queue relevée, excellent gardien; l'*Épagneul français*, blanc et brun-marron, à poils longs et soyeux, excellent pour la chasse en plaine et le marais; le *Basset*, à jambes grosses et courtes, à corps très-long, bon pour la chasse du lapin, mais peu attaché; le *Caniche* ou *Barbet*, noir ou blanc, à poil frisé et laineux, le plus fidèle et le plus intelligent de tous les chiens; le *Ch. de Terre-Neuve*, à pelage soyeux, long, onduleux, blanc avec des taches noires et une queue en panache : ses doigts un peu palmés lui permettent de nager facilement; aussi le dresse-t-on à retirer de l'eau les personnes en danger de se noyer. Aux épagneuls appartiennent encore le *Ch. courant*, blanc, mêlé de noir ou de fauve, à oreilles longues, larges et pendantes, excellent pour la chasse, mais peu attaché à son maître; le *Ch. d'arrêt*, blanc avec des taches brun-marron, à museau plus épais, à oreilles moins pendantes, intelligent, très-attaché et bon pour la chasse de plaine; enfin, le *Braque*, à nez fendu : c'est une variété du précédent, mais il est moins bon chasseur;

3°. Les DOGUES, à tête ronde, à museau court, à oreilles courtes, à front saillant, et très-robustes. Nous citerons : le *Grand dogue*, à museau noir et court, à lèvres noires, grandes, épaisses et pendantes : il est propre au combat; le *Bouledogue*, plus petit que le précédent, à queue en cercle, à nez relevé, à poil jaunâtre, peu attaché, peu intelligent, propre aux combats comme le précédent, mais plus féroce encore; enfin le *Doguin* et le *Carlin*, qui ne diffèrent guère des deux précédents que par leur petite taille;

4°. Les ROQUETS, de taille petite, à front bombé et à museau court et pointu. Le *Roquet ordinaire* est hargneux, criard, mais très-attaché. Le *Ch. turc* est remarquable par sa peau presque entièrement nue, noire, couleur de chair ou à taches brunes. Christophe Colomb le trouva en Amérique à l'époque de sa découverte, en 1492.

On nomme *Chien de rue*, un chien qui ne peut se rapporter à aucune des 4 races précédentes, et qui résulte du croisement fortuit de plusieurs espèces. Sa couleur est très-variable. Il en est de même de sa forme et de son intelligence.

Chez les anciens le chien était consacré à Mercure; ils immolaient cet animal à Hécate et à Mars. Les Égyptiens l'avaient en grande vénération, et leur dieu Anubis était adoré sous la forme du chien : on le représentait avec une tête de chien et un corps d'homme.

On nomme *Chien d'eau* le Cabiai; *Ch. de mer* ou *Ch. marin*, le Phoque, le Requin et l'espèce de Squale appelée Roussette; *Ch.-rat*, la Mangouste; *Ch. des bois*, le Raton; *Ch. volant*, l'espèce de Chauve-souris appelée Roussette.

CHIEN. Trois constellations portent ce nom. La 1re, le *Grand Chien*, contient 31 étoiles, au nombre desquelles on remarque *Sirius* ou la Canicule, la plus brillante de toutes les étoiles de première grandeur. La 2e, le *Petit Chien*, contient 14 étoiles, dont une de première grandeur, nommée *Procyon*. La 3e, celle des *Chiens de chasse*, contient 25 étoiles.

L'Arquebusier donne le nom de *chien* à la pièce de la platine avec laquelle on arme le fusil.

CHIENDENT (ainsi nommé parce que les *chiens* recherchent cette plante pour se purger), *Triticum repens*, nom vulgaire d'une espèce de Graminées dont la tige s'élève à 1 mètre ou 1m,30, et porte des feuilles longues et étroites. La racine du chiendent sert, avec celle de la réglisse, à faire la tisane émolliente et diurétique qu'on administre au début de toutes les maladies. Desséchée et taillée, elle sert encore à faire des vergettes ou brosses grossières.

On nomme *Chiendent aquatique* la Fétuque flottante; *Ch. à brossettes*, le Dactyle pelotonné; *Ch. fossile*, l'Amiante; *Ch. marin*, le Varech; *Ch. queue de renard*, le Vulpin; *Ch. ruban*, le Roseau panaché.

CHIFFONNIERS (de *chiffons*). Ceux qu'on voit parcourir les rues y recueillent non-seulement les vieux chiffons, mais les vieux papiers, le carton, le cuir, les os, la ferraille, les cadavres d'animaux, les cendres, en un mot tous les objets jetés comme inutiles; puis ils vendent leur récolte quotidienne à des chiffonniers en gros, qui alimentent un grand nombre de fabriques importantes: ceux-ci, après avoir trié tous les objets ramassés, revendent les papiers, les cartons et les chiffons aux fabricants de papier et de carton; les os, le cuir et les substances animales aux fabricants de colle forte, de noir animal, etc. Quelques-uns de ces chiffonniers en gros font à Paris un commerce considérable. — Les dépôts des chiffonniers répandent une odeur nauséabonde et malsaine, qu'il serait facile de faire disparaître en lavant les chiffons avant de les emmagasiner, et en renfermant les os et autres débris organiques dans des tonneaux bien clos.

CHIFFRES. Le mot *chiffre*, dérivé du bas latin *cyphra*, formé lui-même de l'arabe *sifr*, ne désignait d'abord que le *zéro*; dans la suite on l'a appliqué aux dix caractères employés pour exprimer les premiers nombres et qui sont communément appelés *chiffres arabes*. Par extension, on a donné le nom de chiffres aux lettres de l'alphabet employées comme caractères numériques, ainsi que cela a lieu chez les Grecs et chez les Romains.

Les Grecs avaient plusieurs manières d'exprimer les nombres par les caractères de leur alphabet. Le plus souvent ils divisaient leurs 24 lettres en 3 séries: la 1re, composée des 8 premières lettres, exprimait les unités (moins le 6); la 2e, les 8 premières dizaines; la 3e, les 8 premières centaines; les nombres 6, 90 et 900 étaient représentés par des caractères particuliers, savoir 6 par le *stigma* (ϛ), 90 par le *coppa* (ϟ) et 900 par le *sampi* (ϡ). Voici la série entière de leurs chiffres : 1, α'; 2, β'; 3, γ'; 4, δ'; 5, ε'; 6, ϛ'; 7, ζ'; 8, η'; 9, θ'; 10, ι'; 20, κ'; 30, λ'; 40, μ'; 50, ν'; 60, ξ'; 70, ο'; 80, π'; 90, ϟ ou ϙ; 100, ρ'; 200, σ'; 300, τ'; 400, υ'; 500, φ'; 600, χ'; 700, ψ'; 800, ω'; 900, ϡ. Pour les *mille* on recommençait les trois séries, mais en plaçant un accent au dessous et à gauche : ͵α (1,000), ͵β (2,000), etc. Dans les anciennes inscriptions grecques, on trouve une autre manière de chiffrer analogue à celle des Romains : 1 est représenté par I; 5 par Π (*penté*, cinq); 10 par Δ (*déca*, dix); 100 par H (*hécaton*, cent); 1,000 par X (*chilioi*, mille), etc.

Les Romains exprimaient tous leurs nombres avec les lettres I (un), V (cinq), X (dix), L (cinquante), C (cent), D (cinq cents), M ou CIƆ (mille). Les lettres placées à la droite des signes V, X, L, C, etc., en augmentaient la valeur d'autant; ces mêmes lettres, placées à la gauche, en diminuaient la valeur: ainsi VI, XI, LX, valaient 6, 11, 60; IV, IX, XL, valaient 4, 9, 40.

Les chiffres dits arabes sont originaires de l'Inde; les Arabes les empruntèrent aux Indiens; ils ne furent introduits en Europe qu'au XIIIe siècle : en Angleterre d'abord, puis en Italie; l'Allemagne ne reçut au XIVe siècle, la France, à la fin du XVe; mais leur figure ne devint uniforme qu'à partir de 1534. Les Russes ne les emploient que depuis Pierre le Grand.

En Musique, on appelle *chiffres* les signes numériques placés au-dessus des notes de la basse pour indiquer les accords qu'elles doivent porter. L'accord parfait majeur se chiffre par un 3, un 5 et un 8, selon qu'il se termine à la tierce, à la quinte ou à l'octave. Il y a des accords qui ont un double chiffre, comme l'accord de sixte et quarte ($\frac{6}{4}$), celui de sixte et quinte ($\frac{6}{5}$), etc. — En 1742, J.-J. Rousseau proposa à l'Académie des Sciences une méthode de notation musicale consistant à exprimer les notes de la gamme par les chiffres 1, 2, 3, 4, 5, 6, 7, avec l'aide du point, des dièses et des bémols. Cette méthode, malgré ses avantages réels, n'a pu réussir à être adoptée.

Dans la Diplomatie, les correspondances secrètes sont le plus souvent écrites en *chiffres*, c'est-à-dire en caractères numéraux ou autres, auxquels on a donné une signification arbitraire. La *clef du chiffre* est l'alphabet dont on est convenu, et qui sert soit à chiffrer, soit à déchiffrer les dépêches secrètes. Un *Ch. à simple clef* est celui dans lequel on se sert toujours d'une même figure pour écrire une même lettre; un *Ch. à double clef*, celui où l'on change d'alphabet à chaque mot. Malgré les précautions dont s'entoure la diplomatie, on peut le plus souvent *déchiffrer* ses correspondances au moyen du calcul des combinaisons. *Voy.* CRYPTOGRAPHIE.

CHIGOMIER, plante. *Voy.* COMBRET.

CHILIADE (du grec *chilias*, millier), nom donné, en Arithmétique, à l'assemblage de plusieurs choses semblables qu'on compte par mille; par exemple, dans les tables de logarithmes, on nomme *première chiliade* les logarithmes des mille premiers nombres naturels. — On donne aussi ce nom à des recueils en vers, divisés par portions de mille vers : telles sont chez les Grecs les *Chiliades de Tzétzès*.

CHILIARQUE (du grec *chiliarchos*, même signification), officier de l'ancienne milice grecque, qui commandait à un corps de mille hommes. Il y avait seize chiliarchies dans la phalange macédonienne. — C'était aussi le nom par lequel les Grecs désignaient les *tribuns militaires* des Romains.

CHILOGNATHES (du grec *cheilos*, lèvre, et *gnathos*, mâchoire, à cause de leurs mandibules cornées), 1er ordre de la classe des Myriapodes, renferme des insectes au corps cylindrique, muni d'un grand nombre de pieds disposés par paires sur chaque anneau, aux antennes de sept articles. Les Chilognathes vivent des débris des végétaux : on les trouve souvent sous des débris, ainsi que sous les écorces des arbres. On les divise en trois familles : les *Pollixènites*, les *Glomérites* et les *Iulites*.

CHILOPODES (du grec *cheilos*, lèvre, et *pous*, *podos*, pied), 2e ordre de la classe des Myriapodes, renferme des insectes au corps allongé et déprimé, à la bouche armée de deux pieds-mâchoires, percés en dessous pour laisser écouler une liqueur vénéneuse. La morsure de quelques espèces d'une grande taille peut être dangereuse. Les Chilopodes sont carnassiers, évitent la lumière et vivent sous les pierres, les écorces d'arbres et les fumiers. Ils forment deux familles : les *Scutigérites* et les *Scolopendrites*.

CHIMÈRE (du grec *chimaira*, monstre fabuleux, composé de parties empruntées à divers animaux). Les Naturalistes ont donné ce nom à un genre de poissons de l'ordre des Chondroptérygiens et de la famille des Sturioniens, remarquables par la forme monstrueuse de leur tête. La *Ch. arctique* vit au milieu de l'Océan septentrional, et se nourrit de crabes, de mollusques, etc. Elle est longue de 1m environ, et sa couleur est jaunâtre avec des taches noires. On l'a surnommée le *roi des harengs*, parce qu'elle poursuit les bandes innombrables de ces poissons; on la nomme aussi *Chat de mer*. La *Ch. antarctique*, appelée aussi *Poisson-coq*, *Poisson-éléphant* et *Callorhynque*, a le museau terminé par un lambeau charnu et conique, qui lui a valu son nom.

CHIMIATRIE (des mots *chimie* et *iatréia*, cure), ou *Chimisme*, système médical accrédité surtout en Allemagne, pendant le moyen âge, par Paracelse, Van Helmont, François De le Boë (dit Sylvius), etc., qui prétendaient expliquer tous les phénomènes de l'économie animale par les principes de la chimie et traiter toutes les maladies par des procédés chimiques.

CHIMIE (mot qu'on a voulu dériver de *Chemia* ou *Chamia*, pays de Cham [l'ancienne Égypte], parce qu'on attribue aux Égyptiens l'invention de la chimie; mais qui vient bien plus probablement du grec *chyméia*, mixtion, combinaison), science qui s'occupe des différents modes d'action que les corps exercent entre eux, et des lois d'après lesquelles ils se transforment les uns dans les autres. Elle détruit ou *analyse* les corps pour en isoler les différents éléments, et elle les reproduit par *synthèse*, c.-à-d. qu'elle combine de nouveau entre eux les éléments dont ils se composent. La plupart des sciences et des industries, la Médecine, l'Hygiène, la Métallurgie, l'Agriculture, empruntent des enseignements à la Chimie et réclament son secours : de là la distinction de la *Ch. théorique* et de la *Ch. appliquée*. La première se subdivise en *Ch. minérale*, qui s'occupe plus particulièrement des corps et des combinaisons de la nature morte; et en *Ch. organique*, qui a pour objet l'étude des lois d'après lesquelles se tranforment les substances produites par la végétation et par l'économie animale; la seconde se subdivise en *Ch. industrielle*, *Ch. médicale*, *Ch. agricole*, etc. — Par *Chimie pratique* on entend l'ensemble des opérations manuelles ou mécaniques qu'il faut exécuter pour effectuer les analyses ou les synthèses enseignées par la chimie théorique.

La Chimie est une science toute moderne; mais il n'en est pas qui ait fait des progrès aussi rapides dans un temps aussi court; car elle ne s'est constituée que depuis la fin du xviie siècle. Parmi les peuples de l'antiquité, les Égyptiens paraissent avoir eu le plus de connaissances chimiques : l'*Art sacré*, pratiqué dans leurs temples, semble en avoir été la première source. Ils savaient préparer le sel ammoniac, la soude, le verre, le savon, le vinaigre et différents médicaments. Les Chinois aussi possédaient de bonne heure l'art de fabriquer le salpêtre, la porcelaine, le vert-de-gris, la poudre à canon, l'alun et différentes matières colorantes. Les Grecs se livrèrent à des spéculations philosophiques sur la nature de la matière; ils adoptèrent l'existence de quatre éléments : le feu, l'air, l'eau et la terre; mais ils ne firent point d'expériences. Ce furent surtout les Arabes qui, à partir du xie siècle, donnèrent une certaine impulsion à la Chimie pratique; leurs recherches avaient principalement pour objet la préparation des médicaments et la transmutation des métaux communs en métaux précieux : avec les Arabes commence pour la science cette période connue sous le nom d'*Alchimie* (*Voy.* ce mot), comprenant tout le moyen âge jusqu'aux temps modernes. Geber, chimiste arabe du viiie siècle, connaissait déjà l'eau-forte, l'eau régale, la solution d'or, la pierre infernale, le sublimé corrosif, l'oxyde rouge de mercure, etc. Les croisades contribuèrent beaucoup à répandre en Europe les connaissances des Arabes. — Parmi les alchimistes célèbres dont le nom nous est resté, il faut citer : au xiiie siècle, Arnold de Villanova; au xive, Raimond Lulle; au xve, Basile Valentin, à qui l'on doit la découverte de beaucoup de préparations antimoniales, ainsi que de l'ammoniaque; au xvie, Paracelse, qui, le premier, enseigna publiquement la chimie; au xviie, Libavius. et Van Helmont, qui sut distin-

guer plusieurs gaz. Vers la fin du xviie siècle, Becher et, un peu plus tard, Stahl firent les premières tentatives pour imprimer aux recherches chimiques une direction scientifique. Stahl réunit en un seul corps de doctrine, connu sous le nom de *système phlogistique*, les nombreux faits alors connus, et imagina une théorie de la combustion : cette théorie, quoique erronée, eut une heureuse influence sur les progrès de la science, et prépara les grandes découvertes du xviiie siècle. — Geoffroy l'aîné publia en 1718 les premières *Tables d'affinité*; Boerhaave fit connaître en 1732 de nombreuses expériences sur les phénomènes de lumière et de chaleur; Hales, en 1724, et Black, en 1756, firent les premiers travaux sur les gaz (*Chimie pneumatique*); Marggraff distingua, en 1759, la magnésie et l'alumine, et enseigna l'extraction du sucre contenu dans les plantes indigènes; Schéele surtout fit, de 1773 à 1786, de nombreuses découvertes, notamment celles du chlore, de l'acide prussique, de l'acide fluorhydrique, de l'acide arsénique, de la baryte et d'un grand nombre d'acides organiques. Priestley découvrit, vers la même époque, l'oxygène, le protoxyde d'azote, le gaz chlorhydrique, etc.; Cavendish fit connaître l'hydrogène, reconnut la formation de l'acide carbonique par la combustion du charbon, et enseigna la composition de l'eau et de l'acide nitrique; enfin, Lavoisier opéra dans la science une révolution complète par ses recherches sur la combustion (1770 à 1793); il démontra l'erreur de la doctrine de Stahl, et introduisit dans les expériences de chimie une précision et une rigueur jusqu'alors inconnues. C'est aussi de la même époque que datent l'introduction de la première nomenclature chimique, par Guyton-Morveau, et la découverte, par l'Allemand Richter, des proportions chimiques, devenues, depuis, la base de toutes les théories chimiques. Les travaux de Berthollet, Fourcroy, Vauquelin, Klaproth, la décomposition des métaux alcalins opérée à l'aide de la pile par Humphry Davy, les nombreuses recherches de MM. Gay-Lussac, Thénard et Chevreul, la théorie anatomique de Dalton, les analyses multipliées de Berzélius, de H. Rose et de beaucoup d'autres chimistes, la théorie de l'isomorphisme de M. Mitscherlich, ont ouvert à la science une ère toute nouvelle et l'ont établie sur des bases désormais inébranlables. La Chimie organique a pris un essor extraordinaire dans ces dernières années, grâce aux travaux de MM. Liebig, Dumas, Laurent, Gerhardt, Malaguti, Cahours, etc. Enfin, il a été fait la plus heureuse application de la chimie à la médecine légale et à la toxicologie, notamment par M. Orfila.—Parmi les traités de chimie les plus répandus aujourd'hui, il faut citer ceux de M. Thénard (1813-16, 3 vol. in-8, 6e édit., 1836, 5 v.), et de Berzélius (10 v., trad. par Esslinger et Hœfer, complété par M. Gerhardt, 1854), M. Dumas a publié une *Chimie appliquée aux arts* (8 vol. 1818-46); M. Payen, un *Précis de Chimie industrielle* (2 vol. in-8, 2e éd., 1851); MM. Pelouze et Frémy, un *Cours de Chimie générale* (3 vol. in-8, 1850). Un Traité spécial sur la *Chimie organique* a été écrit par M. Liebig (3 vol., 1840-44), et trad. en français par Gerhardt, à qui l'on doit aussi un *Précis de Chimie organique* (2 vol. 1844-45). Les étudiants liront avec profit le *Cours de Chimie* de M. Regnault, en 3 parties (1847-49), et les *Éléments de Chimie* de M. Orfila (8e édit., 1851).—Cadet-Gassicourt en 1803, Klaproth et Wolff en 1811, MM. Robiquet, Chevalier et Lamy, en 1852, ont donné des *Dictionnaires de chimie* qui représentent l'état de la science à chacune de ces époques. M. Hœfer a écrit l'*Histoire de la Chimie* (2 vol. in-8, 1843). Les travaux les plus récents sont consignés dans les *Annales de Physique et de Chimie*, le *Journal de Chimie médicale*, l'*Annuaire de Chimie* de MM. Millon et Niklès, etc.

Pour les *Abréviations chimiques*, V. ÉQUIVALENTS.

CHIMOINE, espèce de stuc ou de ciment, formé de chaux faite avec des coquilles calcinées, et qui, par sa blancheur et le poli qu'on peut lui donner, imite très-bien le marbre.

CHIMPANZÉ (nom indigène), dit aussi *Troglodyte* et *Homme des bois*, genre de Singe voisin du genre Orang, et propre à l'Afrique. Le *Ch. noir* (*Tr. niger*), qui est la seule espèce connue, est fort semblable à l'homme : il a la taille de l'adulte (environ 1ᵐ,75) ; la face nue, le museau court, le front arrondi, l'oreille externe très-grande, mais de forme humaine ; les mains munies d'ongles plats ; les fesses sont peu calleuses et ont peu de poils ; point de queue ni d'ajaboués ; le nez est camus et les yeux petits. Les chimpanzés marchent et grimpent avec facilité ; ils s'apprivoisent aisément, comme l'orang-outang, et peuvent se plier comme lui à tout le travail d'un domestique : on en a vu qu'on avait habitués à se tenir à table, à servir, à saluer, à reconduire des visiteurs, etc. Notre climat est fatal aux chimpanzés ; aussi ne les conserve-t-on que fort peu de temps dans les Ménageries.

CHINAGE ou CHINURE. L'art de *chiner* les étoffes, qui nous a été apporté de la Chine, consiste à représenter dans un tissu un dessin quelconque, en le formant ; non par un arrangement particulier des fils de la chaîne entre eux, ni avec ceux de la trame, comme dans les étoffes brochées, mais en donnant aux fils de la chaîne des couleurs différentes, et en disposant ces couleurs sur ces fils de manière qu'après que l'étoffe a été travaillée, elles y représentent un dessin. On portait autrefois beaucoup de *bas chinés*, soit en soie, soit en coton.

CHINCAPIN ou *Châtaignier nain de Virginie* (*Castanea pumila*), espèce de Châtaignier qui croît abondamment dans l'Amérique du Nord, où il s'élève de 3 à 4 mètres. Son fruit est une amande enfermée dans une capsule épineuse ; il a la saveur de la châtaigne et le volume de la noisette. — C'est aussi le nom d'une espèce de grand hêtre d'Amérique.

CHINCHILLA, genre de Mammifères de l'ordre des Rongeurs, type de la petite tribu des *Chinchilliens* ou *Chinchillides*, laquelle renferme en outre les genres *Viscache* ou *Lagostome* et *Lagotis*. Les Chinchillas habitent par familles les montagnes du Chili, dans lesquelles ils se pratiquent des terriers nombreux et très-profonds. Le *Ch. lanigera*, seule espèce bien connue, est de la taille de l'écureuil avec des moustaches et une queue en balai ; son pelage est d'un beau gris ondulé de blanc à la face supérieure du corps, et très-clair en dessous. Sa peau fournit une élégante fourrure ; elle est, à Valparaiso et à Santiago, l'objet d'un grand commerce.

CHINT, toiles de coton des Indes Orientales, propres à être imprimées. On distingue les *Ch. séronges*, dont les pièces n'ont que 7ᵐ,20 de long sur 0ᵐ,90 de large ; les *Ch. mammodés*, qui ont 8ᵐ,40 sur 0ᵐ,60 ; les *Ch. broad* (larges), qui ont la même longueur sur 0ᵐ,90 de large ; les *Ch. surat*, qui ont 8ᵐ,60 sur 0ᵐ,90.

CHIONANTHE, *Chionanthus* (du grec *chiôn*, neige, et *anthos*, fleur), genre de la famille des Oléacées, tribu des Oléinées, se compose d'arbres ou d'arbrisseaux à feuilles opposées, à fleurs en panicules et d'un blanc de neige ; tous sont originaires des contrées chaudes de l'Asie et de l'Amérique. Le *Ch. de Virginie*, vulgairement *Arbre de neige*, se fait remarquer par l'immense quantité de belles fleurs blanches qui ornent sa cime ; ces fleurs, longues de 2 à 3 centim., et exhalant une odeur agréable, sont en panicules portées sur les rameaux de l'année précédente. L'écorce du Chionanthe est très-amère et s'emploie contre les fièvres intermittentes.

CHIOURME (du latin *turma*, foule, multitude, dont les Italiens ont fait *ciurma*), se disait autrefois de tous les forçats et autres qui ramaient sur une galère. Il se dit aujourd'hui de tous les forçats réunis dans un bagne. *Voy.* BAGNE.

CHIPAGE, opération de tannage employée dans la préparation des basanes et des cuirs de veaux dits d'alun, à l'usage des relieurs. Elle consiste à faire macérer les peaux dans une dissolution de tan, qu'on nomme *auvergne* ; mais, au lieu de les étendre dans la fosse, on les coud, on les remplit de tan et d'eau, et on les met dans des fosses pleines d'une solution de tan qu'on appelle *jusée*.

CHIQUE, espèce du genre Puce, appelée aussi *Tique*, *Puce pénétrante*, ou *Ton*, est propre à l'Amérique Méridionale. Elle s'introduit sous la peau des talons et sous les ongles des pieds, et y acquiert bientôt le volume d'un pois par le gonflement d'un sac membraneux qu'elle a sous le ventre, et qui renferme ses œufs. Il peut en résulter des ulcères dangereux, si l'on n'en fait de suite l'extraction.

CHIRAGRE (du grec *chéir*, main ; *agra*, prise), nom donné à la goutte fixée aux mains. *Voy.* GOUTTE.

CHIROGRAPHAIRE (du grec *chéir*, main, et *graphô*, écrire), se dit, en Jurisprudence, des dettes et des créances contractées en vertu d'un acte sous seing privé, et qui, dès lors, ne peuvent emporter hypothèque, à la différence des dettes et créances fondées sur des actes notariés ou reconnus en justice.

En Diplomatique, ce mot s'applique en général à tout acte revêtu de la signature autographe d'un roi ou d'un prince particulier. — On appelle *Chirographes* ou *Chartes chirographaires* certaines chartes au haut ou sur le côté desquelles se trouvent des caractères coupés par le milieu. Pour dresser ces actes, on les écrivait en double sur une même feuille de parchemin, de manière qu'en coupant la feuille par le milieu, chacun des contractants eût un original de la pièce. A l'endroit où la feuille était coupée, il y avait, comme aujourd'hui aux talons de souche, des vignettes ou des lettres majuscules qui se trouvaient partagées en deux. Les chirographes s'appellent aussi *chartes parties*, *chartes endentées*.

CHIROMANCIE (du grec *chéir*, main, et *mantéia*, divination), art prétendu de deviner les destinées de quelqu'un d'après l'inspection des linéaments qui se trouvent dans la paume de la main. Les chiromanciens appellent *lignes de vie* ces lignes que la contraction des muscles dessine dans le creux de la main ; chacune d'elles a son nom et son influence propre ; une des plus favorables est la *ceinture de Vénus*, qui commence entre la deuxième et le troisième doigt, et qui s'étend jusqu'au petit, en formant une courbe. Des auteurs graves, Artémidore, Fludd, Taisnerus, Cureau de la Chambre, le jésuite Del Rio ont écrit sur cet art trompeur. Aujourd'hui, la chiromancie est devenue le domaine des Bohémiens et des charlatans. La célèbre tireuse de cartes, Mˡˡᵉ Lenormand, a eu une égale renommée comme chiromancienne.

CHIRONECTE (du grec *chéir*, main, et *nectès*, nageur), *Chironectes*, genre de Mammifères de l'ordre des Marsupiaux et de la famille des Sarigues, est caractérisé par la présence de membranes interdigitales aux pieds de derrière ; la queue est cylindrique, écailleuse, longue et prenante ; le museau est pointu, et les oreilles nues et arrondies. Il habite la Guyane, surtout sur le bord de l'Oyapok. L'espèce unique de ce genre est le *Ch. Oyapok*, long de 75 centim. Il se tient toujours sur le bord des eaux, et nage avec facilité.

Genre de poissons Acanthoptérygiens, de la famille des poissons à pectorales pédiculées, voisin du genre Baudroie. Ce sont de petits poissons à corps comprimé, qu'on trouve dans les mers des contrées chaudes de l'Amérique et des Indes. Ces animaux peuvent se gonfler en avalant de l'air : alors leurs pectorales et leurs ventrales leur donnent, en se redressant, l'air d'avoir quatre pieds, et leur permettent même, dit-on, de poursuivre leur proie hors de l'eau sur les plantes marines.

CHIRONIE (du centaure *Chiron*), *Chironia*, genre

de plantes de la famille des Gentianées, type de la tribu des *Chironiées*, est composé de plantes herbacées ou suffrutiqueuses, à feuilles opposées, lancéolées; à fleurs en panicule, à calice lacinié à 5 divisions, à corolle hypogyne également à 5 divisions, à 5 étamines insérées à la gorge de la corolle. Toutes appartiennent à l'Afrique Australe. Leur port gracieux et la beauté de leurs fleurs les font rechercher pour les serres, principalement la *Ch. decussata*, à fleurs d'un rose pourpre, et la *Ch. jasminoïdes*, à fleurs roses.

Genre de Mollusques établi pour une petite coquille bivalve, voisine des Érycines, et rapportée pour la première fois des mers de Californie un capitaine du nom de Chiron, auquel elle a été dédiée.

CHIRONOMIE (du grec *chéir*, main, et *nomos*, règle), nom donné à cette partie de la mimique qui enseigne à mouvoir les mains d'après les règles de l'art. On voit dans Quintilien (*Inst. Orat.*, XI, 3) quelle importance les anciens rhéteurs attachaient à ce genre de gestes. On peut aussi consulter sur ce sujet l'ouvrage de Gilb. Austin (*Chironomia, or a treatise on rhetorical delivery*, Londres, 1816).

CHIROPLASTE (du grec *chéir*, main, et *plastès*, qui façonne), machine qui s'adapte au clavier des pianos, et qui a pour objet de placer la main des élèves et de guider le mouvement des doigts. Elle a été inventée par M. Logier, de Dublin.

CHIROTE (du grec *cheïrotès*, qui a des mains), *Chirotès*, genre de Reptiles de l'ordre des Ophidiens et de la famille des Doubles marcheurs, au corps cylindrique, de même volume que la tête, qui est ovoïde, terminée par un museau arrondi; la queue est courte, conique, obtuse, à écailles quadrilatères, juxtaposées en anneaux, égales sur tout le corps; la bouche est petite, non dilatable. Les Chirotes se rapprochent beaucoup des amphisbènes par leur structure intérieure. Le *Ch. canaliculatus*, unique espèce de ce genre, est long de 30 à 35 centim., et se trouve au Mexique.

CHIRURGIE (du grec *chéir*, main, et *ergon*, travail), partie de l'art de guérir qui s'occupe des maladies externes, de leur traitement, et particulièrement des *procédés manuels* qui servent à leur guérison. Le but de la chirurgie est de diviser les parties réunies contre nature; de réunir celles qui se trouvent divisées; de retrancher ce qui est devenu nuisible ou incommode à l'économie; d'extraire les corps étrangers ou les parties du corps devenues étrangères; enfin de ramener dans leur position normale les parties du corps accidentellement déplacées. On obtient ces résultats, soit par le repos et une position convenable, soit au moyen d'appareils ou bandages plus ou moins compliqués; d'autres fois, on est forcé de recourir à des instruments, ce qui constitue la *Médecine opératoire*. — La Chirurgie ne forme point une science qui puisse être séparée de la Médecine, et qui ait un domaine à part : elle n'est qu'un moyen de la médecine, le plus puissant, à la vérité, et le plus efficace. Longtemps les mêmes hommes cultivèrent le champ entier de la médecine, comme nous l'attestent les ouvrages des anciens et les travaux de beaucoup de nos grands maîtres modernes; seulement, tous les médecins ne peuvent point se livrer à la pratique des grandes opérations : le *médecin opérant* a besoin de réunir plusieurs qualités indispensables, toujours refusées au plus grand nombre, et dont les unes sont un don de la nature, tandis que les autres résultent d'un fréquent exercice; de là la distinction du médecin et du chirurgien. Néanmoins l'un et l'autre doivent posséder la connaissance complète de tout ce qui constitue l'art de guérir. Aussi, lors de la création des nouvelles *Écoles de médecine* en 1795, et quelques années plus tard, lors de la loi de ventôse an XI, qui réorganisa l'étude de la médecine, on sentit la nécessité de confondre l'enseignement de ces deux branches

d'une même science, et l'on créa la *Faculté de médecine*, où les matières de la chirurgie et de la médecine furent non-seulement confondues, mais encore obligatoires pour les aspirants au titre de *docteur*.

L'origine de la chirurgie se perd dans la nuit des temps; on sait seulement qu'elle a été exercée dans toutes les sociétés primitives par les hommes les plus instruits, surtout par les prêtres : c'est ce qui eut lieu en Égypte, en Chaldée, chez les Juifs, dans tout l'Orient, et en Grèce même, où longtemps la chirurgie fut le partage des prêtres d'Esculape. Hippocrate donne dans ses écrits d'excellents préceptes pour quelques grandes opérations; cependant il faut arriver à l'école d'Alexandrie pour trouver la véritable origine de la chirurgie comme science. Hérophile, le premier, obtint de Ptolémée la permission de disséquer des corps humains. De cette époque seulement datent les progrès que fit la chirurgie, sous l'influence des travaux d'Ammonius, d'Érasistrate, de Mégès et d'Asclépiade. Ce dernier apporta à Rome la science chirurgicale 100 ans avant J.-C. Depuis l'ère chrétienne jusqu'à Paul d'Égine, il s'écoule une période de 636 ans, pendant laquelle on voit seulement apparaître Celse, qui donna le premier des descriptions exactes de la cataracte, de la hernie, de la taille par le petit appareil, etc. Galien, qui vint ensuite, s'occupa peu de chirurgie. Après la décadence de l'empire romain, les sciences se réfugièrent chez les Arabes, où brillèrent en Chirurgie comme en Médecine Averrhoès et Albucasis. — Longtemps, dans l'Europe chrétienne, la chirurgie ne fut pratiquée que par le clergé; mais, en 1163, le concile de Tours en interdit l'exercice aux ecclésiastiques. La chirurgie se trouva livrée pour quelque temps à l'ignorance et au charlatanisme : on vit naître les *renoueurs*, les *rebouteurs*, la corporation des *chirurgiens-barbiers*. Cependant, à cette époque de décadence, Guy de Chauliac rédigea le premier un traité complet de chirurgie qui réunit tout ce qui était parvenu jusqu'à lui des connaissances des Grecs, des Romains, des Arabes (XIVe siècle). Plus tard vinrent Béranger, Fallope, Eustache, Vigo; enfin parut, au XVIe siècle, Ambroise Paré, qui fut le véritable créateur de la chirurgie moderne. Sur ses traces marchèrent bientôt Fabrice d'Aquapendente, William Harvey, qui découvrit la circulation du sang, Fabrice de Hilden, Ruysch, Franco, Méry, etc. Toutefois, la chirurgie restait encore subordonnée à la suprématie des médecins, qui dirigeaient les opérations; et il fallut tout l'ascendant que prirent, au commencement du XVIIIe siècle, Chirac, Maréchal, Lapeyronie, Lamartinière, successivement chirurgiens du roi, pour lui rendre sa place et sa dignité. L'*Académie royale de Chirurgie* fut fondée en 1731, et la pratique de la chirurgie prit alors un essor des plus brillants. A cette époque se rapportent les grands noms de J.-L. Petit, Ledran, Garengeot, Lafaye, Verdier, Foubert, Lecat, Fabre, Puzos, Bordenave, Sabatier, Lamotte, Goulard, Pouteau, et du frère Côme en France; à l'étranger, ceux de Cheselden, Douglas, des deux Monro, de Cowper, Pott, Smellie, des deux Hunter, en Angleterre; en Italie, de Moscati, Bertrandi, Molinelli; en Hollande, d'Albinus, Deventer, Camper; en Allemagne, de Rœderer, Callisen, Theden, Richter et Heister. Vint ensuite Desault, qui le premier institua dans son école l'étude de la *clinique chirurgicale*. Sur ses traces marchèrent Boyer, Pelletan, Dubois, et plus tard Dupuytren; puis Roux, Marjolin, Lisfranc, J. Cloquet, Velpeau, Blandin, Gerdy, Delpech, Bretonneau, Richerand, Percy, Larrey, Sanson, Amussat, Jobert, Malgaigne, Laugier, etc.; et à l'étranger, Scarpa, sir A. Cooper, les frères Bell, Mayor, Maunoir, Dieffenbach, Græfe, etc.

Les ouvrages les plus remarquables publiés sur la chirurgie sont, avec les *Mémoires* de l'académie royale de Chirurgie : les *Œuvres chirurgicales* de

Desault et Chopart, la *Médecine opératoire* de Sabatier, la *Nosographie chirurgicale* de Richerand, le *Traité des maladies chirurgicales* de Boyer ; les traités plus récents de Velpeau, de Malgaigne, etc. ; les *Cliniques chirurgicales* de Dupuytren, de Larrey, de Lisfranc ; les ouvrages classiques de Roche et Sanson, de Vidal de Cassis, de Nélaton, etc. ; le *Compendium de chirurgie* de Bérard et Denonvilliers ; le *Traité pratique* de Gerdy (1851), etc. On doit à Dujardin et Périlhe une *Histoire de la Chirurgie* (1780), et à Richerand l'*Histoire des progrès récents de la Chirurgie* (1825).

CHIRURGIE MILITAIRE. La *Chirurgie militaire* ne diffère de la chirurgie ordinaire qu'en ce qu'elle s'exerce le plus souvent au milieu des camps ou des batailles. Jusqu'au décret du 23 mars 1852, qui a réorganisé le service de santé, il y a eu dans chaque régiment un *chirurgien-major*, avec deux *aides-majors* et des *sous-aides* attachés à chaque bataillon. — Sur les vaisseaux de premier rang, il y a un *chirurgien-major*, deux *chirurgiens en second*, trois *aides-pharmaciens* et plusieurs *élèves*.

Les Grecs n'avaient pas de chirurgie militaire ; leurs chirurgiens étaient belligérants eux-mêmes. Les Romains avaient un chirurgien par légion : ils les appelaient *medici vulnerarii* ; leurs services leur valurent sous Auguste le droit de cité dans Rome, la faveur de porter l'anneau des chevaliers, l'exemption de toutes taxes et charges publiques.

La chirurgie militaire, si bien organisée dans les armées françaises, est une institution toute moderne. Il n'y avait pas de médecine vulnéraire proprement dite en Europe à l'époque de François Ier, ni sous aucun roi de la branche de Valois. Ce ne fut que sous Henri IV qu'elle prit naissance, et qu'on établit les premiers hôpitaux militaires. L'invention de la poudre à canon, en occasionnant plus fréquemment des blessures meurtrières, en fit sentir la nécessité. Le grand Ambroise Paré en devint le créateur, avec ses élèves et successeurs Pibray et Quesnay. Sous Louis XIII et Louis XIV, on établit un grand nombre d'hôpitaux militaires et d'ambulances, rendus indispensables par les longues guerres. L'éclat qu'obtint alors la chirurgie militaire française n'a cessé de s'accroître : ce service reçut ses derniers perfectionnements sous le règne de Napoléon. Il compte avec orgueil parmi ses célébrités Ledran, J.-L. Petit, Louis, Garengeot, Lafaye, Lapeyronie, Sabatier, Saucerotte, Percy, Larrey, Baudens, Bégin, etc. : c'est à Larrey qu'on doit la création des *ambulances volantes*.

CHIRURGIEN-MAJOR, CHIRURGIEN DE VAISSEAU. *Voy.* CHIRURGIE MILITAIRE.

CHLAMYDE (du grec *chlamys*, même signification), vêtement des anciens, commun aux Grecs et aux Romains, et consistant dans une sorte de manteau tout ouvert, de forme ordinairement ronde ou ovale, quelquefois carrée, retroussé sur l'épaule droite, où il s'attachait avec une agrafe. Les Grecs portaient la *chlamyde* en temps de paix comme en temps de guerre ; mais les Romains ne s'en servaient qu'en campagne. Ces derniers la portaient plus courte. On distinguait : le *paludamentum*, à l'usage des empereurs, des généraux et des officiers supérieurs : il était de pourpre ou d'une étoffe légère et précieuse ; le *sagum*, d'une étoffe plus grossière : c'était la chlamyde des soldats et du peuple ; la *chlæna*, chlamyde d'hiver, et qui était ordinairement fourrée à poil. — Les femmes grecques et romaines portaient aussi des chlamydes, mais plus légères et plus courtes que celles des hommes : on leur donnait quelquefois le nom de *chlanidion*.

CHLAMYDOSAURE (du grec *chlamys*, manteau, et *sauros*, lézard), *Chlamydosaurus*, genre de Reptiles de l'ordre des Sauriens, voisin des Dragons et des Sitanes, doit son nom à l'existence d'une sorte de collerette membraneuse, située sur les côtés du cou et formée par deux lambeaux semi-circulaires, revêtus d'écailles petites, uniformes et carénées comme celles du reste du corps. Le chlamydosaure vit d'insectes. On le trouve à la Nouvelle-Hollande.

CHLÉNACÉES (du grec *chlæna*, manteau, à cause de l'involucre qui entoure les fleurs), famille de plantes dicotylédones polypétales hypogynes, formée par Aubert du Petit-Thouars, et offrant de l'analogie avec les *Ébénacées* de Jussieu et les *Styracinées* de Richard. Les Chlénacées renferment des arbres et des arbrisseaux à feuilles alternes, coriaces, à fleurs hermaphrodites, régulières, et d'une beauté remarquable. Elles forment les genres *Sarcolæna*, *Leptolæna*, *Schizolæna* et *Rhodolæna*.

CHLORATES, sels formés par l'acide chlorique et une base. Le *chlorate de potasse* ($ClO^5 + KO$) est le plus remarquable d'entre les chlorates ; il se présente en lames ou en paillettes incolores, très-brillantes, d'une saveur fraîche et un peu acerbe. On l'obtient en faisant passer un courant de chlore dans une solution concentrée de potasse ; il se produit ainsi du chlorure de potassium très-soluble et du chlorate de potasse moins soluble qu'on sépare aisément par la cristallisation. Le chlorate de potasse se décompose facilement par la chaleur ; aussi s'en sert-on souvent pour l'extraction de l'oxygène. Quand on le projette sur des charbons ardents, il produit, comme le salpêtre, une vive déflagration. Mêlé avec des corps combustibles (soufre, charbon, phosphore , métaux pulvérisés, résines, etc.), il donne lieu à des poudres qui s'embrasent et détonent avec la plus grande facilité, soit par la chaleur, soit par une percussion plus ou moins forte. Mêlé avec de la résine, du soufre ou de la sciure de bois, il s'enflamme subitement par le contact de l'acide sulfurique : cette inflammation, dont on a tiré parti pour la confection des *briquets* dits *oxygénés*, provient de ce que, quand on plonge l'allumette dans le flacon contenant l'acide sulfurique, cet acide s'empare de la potasse, et met à nu l'acide chlorique, qui cède aussitôt son oxygène à la matière combustible. Depuis 1835, on a remplacé ces briquets par des allumettes faites également avec du chlorate, mais qui s'enflamment par le simple frottement ; la fabrication de ces allumettes consomme une énorme quantité de chlorate de potasse (*Voy.* ALLUMETTES). — Le chlorate de potasse a été découvert en 1786 par Berthollet, qui l'appela *muriate suroxygéné de potasse*.

CHLORE (du grec *chlôros*, jaune verdâtre), corps simple, gazeux à la température ordinaire, d'une couleur jaune-verdâtre, d'une odeur particulière, forte et désagréable, d'une densité de 2,45 ; il se liquéfie par une forte pression, et est très-soluble dans l'eau. Une bougie plongée dans le gaz s'y éteint rapidement : la flamme, avant de disparaître, pâlit d'abord, puis prend une couleur verte à sa base et rougeâtre à son extrémité supérieure. Il exerce une action violente sur l'économie animale, excite la toux et une sorte de strangulation qui avec le temps finirait par donner la mort. On combat son effet par des fumigations de gaz ammoniac, ou en avalant un morceau de sucre trempé dans de l'esprit-de-vin.

Le chlore ne se rencontre dans la nature qu'en combinaison avec des métaux, particulièrement avec le sodium dans le *sel marin* ou *sel de cuisine*, avec le potassium , le magnésium , l'argent , le mercure et le cuivre. Les volcans exhalent aussi des vapeurs formées de la combinaison du chlore avec l'hydrogène. — On obtient le chlore en chauffant du peroxyde de manganèse avec de l'acide chlorhydrique ; il se produit, par cette réaction, de l'eau, du chlorure de manganèse et du chlore gazeux.

Le chlore forme avec l'oxygène cinq combinaisons, toutes acides : l'*acide hypochloreux* (ClO), l'*acide chloreux* (ClO^3), l'*acide hypochlorique* (ClO^4), l'*acide chlorique* (ClO^5), et l'*acide perchlorique* (ClO^7).

L'hydrogène est l'élément pour lequel le chlore manifeste le plus d'affinité : lorsqu'on expose aux rayons solaires le mélange des deux gaz, ils se combinent instantanément avec une forte explosion ; le produit est l'*acide chlorhydrique*. Le chlore forme avec les métaux un grand nombre de *chlorures*. *V*. ci-après.

Gazeux ou dissous dans l'eau, le chlore, à cause de son affinité pour l'hydrogène, détruit les matières colorantes végétales et animales ; cette propriété est utilisée dans l'industrie pour le blanchiment des tissus. Le chlore détruit aussi subitement les matières odorantes, les germes putrides, les miasmes délétères répandus dans l'atmosphère. Pratiquées dans des lieux qui ne peuvent être évacués, les fumigations de chlore gazeux ont l'inconvénient d'irriter les organes et de fortement incommoder : Labarraque, en 1822, les a remplacées avec avantage par des aspersions de liquides qu'on appelle vulgairement *chlorures*, mais qui sont des mélanges de chlorures et d'*hypochlorites*. *Voy.* ce mot.

Le chlore fut découvert en 1774 par Scheele, qui le nomma d'abord *acide muriatique déphlogistiqué* ; plus tard, Lavoisier et Berthollet, l'envisageant comme de l'acide muriatique surchargé d'oxygène, l'appelèrent *acide muriatique oxygéné*. A partir de 1811, il fut constaté en France par MM. Gay-Lussac et Thénard, et par Humphry Davy en Angleterre, que ce corps est un élément. Berthollet utilisa le premier en 1785 l'action du chlore sur les matières colorantes en l'appliquant au blanchiment des tissus. Le professeur Hallé de la Faculté de médecine de Paris signala, vers la même époque, les propriétés antiseptiques du chlore, et en 1791 Fourcroy le recommanda comme propre à désinfecter les cimetières, les salles de dissection, les étables dans les cas d'épizootie ; à détruire les effluves infectes, les virus contagieux, etc. Guyton-Morveau popularisa l'emploi du chlore comme désinfectant par l'invention d'un petit appareil portatif, propre à faire les fumigations.

CHLOREUX (ACIDE), combinaison de chlore et d'oxygène (ClO³) contenue dans les *chlorites*.

CHLORHYDRATE, synon. de *chlorure*. *V.* ce mot.

CHLORHYDRIQUE (ACIDE), dit aussi *acide hydrochlorique* ou *muriatique*, dit autrefois *esprit de sel fumant*, combinaison de chlore et d'hydrogène (ClH), est gazeuse, incolore, irrespirable, d'une odeur suffocante et d'une saveur très-acide. Cet acide éteint les corps en combustion ; il a la plus grande affinité pour l'eau : lorsqu'on débouche sous ce liquide un flacon rempli de ce gaz bien pur, l'eau s'élance dans le vase avec tant de rapidité, que l'œil ne peut la suivre. L'acide chlorhydrique du commerce est une dissolution de ce gaz dans l'eau, plus ou moins colorée en jaune par des matières étrangères, et répandant des fumées à l'air. — On obtient le gaz chlorhydrique en mettant du sel marin ou chlorure de sodium en contact avec de l'acide sulfurique ; il se produit ainsi du sulfate de soude et de l'acide chlorhydrique. — Cet acide se dégage incessamment des volcans, notamment du Vésuve, et se condense avec les vapeurs aqueuses, en formant des ruisseaux ou des sources acides, quelquefois assez abondantes. On le trouve encore dans quelques eaux thermales de l'Amérique du Sud et dans les eaux du Rio-Vinagre, où il est mêlé à l'acide sulfurique.

L'acide chlorhydrique a de nombreux usages dans les arts. Il sert à la fabrication du chlore et des hypochlorites, de l'eau régale, du gaz acide carbonique, enfin du sel d'étain et de la composition d'étain employés dans les ateliers de teinture et d'indiennes. Baumé a conseillé l'usage pour le blanchiment de la soie destinée à la confection des blondes et des gazes. Les chimistes l'emploient fréquemment dans les laboratoires ; étendu d'eau, il est appliqué en médecine comme antiseptique et diurétique.

L'acide chlorhydrique était connu des alchimistes sous le nom d'*esprit-de-sel*. Vers la fin du XVIIᵉ siècle, Glauber en simplifia la préparation en traitant dans un appareil distillatoire le sel marin par l'huile de vitriol. En 1772, Priestley recueillit le premier sur le mercure l'acide gazeux, et en étudia les propriétés ; MM. Gay-Lussac et Thénard, ainsi que Humphry Davy, établirent les premiers la véritable composition de l'acide chlorhydrique.

CHLORIDE, combinaison du chlore avec un métal ayant la propriété de se combiner avec d'autres chlorures métalliques pour former des sels : le bichlorure de platine, par exemple, se combine avec le chlorure de potassium ; Berzélius désigne le premier chlorure comme un acide, et le distingue de l'autre par le nom de *chloride*. Aujourd'hui, on donne plus communément ce nom à celles des combinaisons du chlore avec les corps non métalliques qui donnent des acides au contact de l'eau ; le chloride phosphoreux, par exemple, donne, par l'eau, de l'acide phosphoreux et de l'acide chlorhydrique ; le chloride phosphorique donne de l'acide phosphorique et de l'acide chlorhydrique.

CHLORIDE, *Chlorida* (du grec *chlóros*, vert), genre de Coléoptères tétramères, famille des Longicornes, tribu des Cérambycins, est caractérisé par son présternum simple, sa tête horizontale, ses antennes pubescentes, et par les deux épines qui terminent l'extrémité de chaque élytre. L'espèce type est la *Chlorida costata* du Brésil, qui se tient sur les feuilles ou le tronc des arbres, et fait entendre un son aigu, qu'elle produit avec son corselet.

CHLORIDÉES (de *Chloris*, genre type), tribu des Graminées. *Voy.* CHLORIS.

CHLORION (de *chlóros*, vert), genre d'insectes Hyménoptères, famille des Fouisseurs, renferme des insectes à tête grande, aplatie, large ; aux mandibules développées et tranchantes. Leur couleur est d'un vert émeraude doré ou un peu violet. Leur piqûre est venimeuse. Les Chlorions sont remarquables par l'adresse avec laquelle ils tuent les ravets, qui servent de nourriture à leurs larves.

CHLORIQUE (ACIDE), combinaison de chlore et d'oxygène (ClO⁵) contenue dans les *chlorates*. A l'état de liberté, cet acide forme un liquide très-altérable.

CHLORIS (du grec *chlóros*, vert), genre de la famille des Graminées, type de la tribu des Chloridées, composé de plantes d'un port élégant, à chaume simple ou rameux, à feuilles planes, à épis digités et à épillets sessiles. Ces plantes se trouvent dans l'Amérique du Sud, aux Etats-Unis, au Cap de Bonne-Espérance et aux Indes orientales.

CHLORITES, sels formés par l'acide chloreux et une base. On obtient les chlorites, en même temps que les chlorates, en faisant passer la vapeur de l'acide hypochlorique dans un alcali. Les chlorites sont colorés en jaune, et présentent peu de stabilité.

CHLOROFORME (par contraction des mots *chlore* et *formique*, faisant allusion à l'une des transformations de ce corps), dit aussi *perchlorure de formyle*, composé organique renfermant du carbone, de l'hydrogène et du chlore (C⁴HCl³), est incolore, huileux, d'une odeur éthérée et d'une saveur douceâtre. Sa densité est de 1,48 ; il tombe donc au fond de l'acide sulfurique concentré ; ce caractère permet d'apprécier la pureté du chloroforme. Il bout à 61° ; il ne s'enflamme que difficilement, mais il brûle avec une flamme bordée de vert quand on enflamme une mèche de coton qui en a été imprégnée. En contact avec une solution alcoolique de potasse, il se convertit en acide chlorhydrique et en acide formique ; de là le nom de *chloroforme*. On l'obtient en distillant l'esprit-de-vin avec le chlorure de chaux. On emploie beaucoup aujourd'hui le chloroforme en chirurgie pour ses propriétés anesthésiques : quelques gouttes de ce composé, versées dans le creux d'une éponge ou sur un mouchoir de poche,

22.

déterminent souvent, au bout de quinze ou vingt inspirations, une insensibilité complète. L'inhalation du chloroforme est beaucoup moins désagréable que celle de l'éther, mais elle n'est pas non plus sans danger : il faut avoir soin de ne pas intercepter le passage de l'air, et tenir autant que possible le patient couché. — Le chloroforme a été découvert en 1831 par M. Soubeiran ; M. Dumas en a le premier établi la composition, en 1834 ; mais c'est le docteur Simpson d'Édimbourg qui, en 1847, l'a proposé pour remplacer l'éther. Depuis, on en a fait plusieurs applications thérapeutiques. *Voy.* ÉTHÉRISATION.

CHLOROMÉTRIE (de *chlore*, et du grec *métron*, mesure), méthode d'essai des chlorures décolorants au moyen d'un instrument appelé *chloromètre*, qui indique combien de chlore ils renferment. Cet instrument consiste en une burette graduée dans laquelle on verse une solution d'indigo dissous dans 9 parties d'acide sulfurique, dite *liqueur d'épreuve;* lorsqu'on veut essayer du chlorure de chaux, on délaye 5 grammes de ce sel dans un demi-litre d'eau, et l'on essaye combien ce liquide décolore de divisions de la liqueur d'épreuve : chaque degré de la burette indique 10 litres de chlore par kilogramme de chlorure. Le chlorure de chaux pur renferme 101 litres de chlore par kilogramme ; mais jamais celui du commerce n'atteint ce degré de saturation. Les blanchisseurs emploient ce genre d'essai. Il a été proposé en 1794 par Descroizilles, et perfectionné en 1824 par M. Gay-Lussac. — Comme la liqueur d'épreuve faite avec l'indigo peut s'altérer, et qu'il est assez difficile de saisir avec précision le moment où l'action décolorante du chlore est complète, Gay-Lussac a proposé, en 1835, d'employer une solution de 4 gr., 42 d'acide arsénieux dans 32 grammes d'acide chlorhydrique, étendue d'une quantité d'eau suffisante pour que le tout fasse un litre de liquide, et légèrement colorée en bleu par quelques gouttes d'indigo ; l'acide arsénieux passe à l'état d'acide arsénique en présence de l'eau et du chlore, et au moment où l'action est complète, la teinte bleue du liquide disparait. Le nouveau mode d'essai est préférable.

CHLOROPHYLLE (du grec *chlóros*, vert, et *phyllon*, feuille), dite aussi *Chromule* (du grec *chróma*, couleur), et *Fécule verte*, matière qui colore en vert les différents organes des plantes, et dont les caractères se rapprochent de ceux de la cire.

CHLOROSE (du grec *chlóros*, verdâtre), vulgairement *Pâles couleurs*, maladie caractérisée par la décoloration, la pâleur excessive de la peau, surtout de celle de la face, la flaccidité des chairs, un état de faiblesse habituelle et de langueur générale, la dépravation des fonctions digestives, la petitesse et la fréquence du pouls, les palpitations, la gêne de la respiration, les lassitudes spontanées, la tristesse, etc. On a émis les opinions les plus diverses sur la nature de cette maladie : elle paraît tenir principalement à un affaiblissement des qualités stimulantes du sang, état connu sous le nom d'*anémie (Voy.* ce mot). La chlorose se manifeste surtout chez les jeunes filles à l'époque de la puberté ; il y a aussi quelques exemples d'hommes chlorotiques. Un tempérament lymphatique, une constitution faible, un genre de vie sédentaire, l'habitation dans les grandes villes ; le sommeil trop prolongé ou les veilles immodérées ; l'influence du froid humide ; des aliments peu nourrissants ou indigestes ; l'abus des boissons aqueuses, des bains tièdes, prédisposent à cette maladie. On peut ajouter à ces causes l'ennui, le chagrin, surtout l'amour contrarié ; la nostalgie, l'aménorrhée, la ménorrhagie et la dysménorrhée, l'abus de certains plaisirs ; en un mot, toutes les causes débilitantes. Un des symptômes les plus remarquables de la chlorose, c'est la vibration sonore que rendent sous le *stéthoscope* les artères carotides et sous-clavières, et qu'on appelle *bruit caro-*

tidien, bruit de soufflet, de ronflement, de diable, etc. Ce bruit se perçoit facilement en appliquant l'oreille à la base du cou, au-dessus de la clavicule ; il est continu et non intermittent. La durée de la chlorose est très-variable : dans les cas les moins graves, on la voit céder en vingt ou trente jours ; il n'en est pas de même lorsqu'elle est ancienne, et surtout compliquée d'autres affections. La première indication à remplir est de rendre au sang ses propriétés et de combattre l'affaiblissement général. On y parvient à l'aide de médicaments toniques variés, parmi lesquels le plus efficace est le *fer*, que l'on emploie à l'état élémentaire, à l'état de sel (sous-carbonate, et lactate), seul ou associé à d'autres substances toniques ou excitantes, notamment à l'iode ; on y joint utilement les eaux ferrugineuses de Spa, de Passy, de Vichy, de Plombières. Sous le rapport de l'hygiène, il faut aux malades des habitations saines, aérées et bien éclairées, des vêtements chauds et légers, une alimentation tonique ; on recommande la gymnastique, la danse, l'équitation, la promenade, les voyages, la natation dans l'eau froide, surtout dans l'eau de mer.

CHLOROXYCARBONIQUE ou OXYCHLOROCARBONIQUE (GAZ), dit aussi *phosgène*, combinaison de chlore et d'oxyde de carbone (CO Cl), correspondant à l'acide carbonique (CO²), qu'on obtient en exposant des volumes égaux de ces gaz à l'action directe des rayons solaires. On le prépare en faisant passer de l'oxyde de carbone dans le perchlorure d'antimoine. C'est un gaz d'une odeur suffocante, que le contact de l'eau décompose en acide carbonique et acide chlorhydrique. On en doit la découverte à J. Davy.

CHLORURE, se dit de toute combinaison du chlore avec un autre corps, et en particulier des sels formés par le chlore et un métal. Le même nom se donne aussi, mais improprement, à des combinaisons décolorantes et désinfectantes formées par un acide oxygéné du chlore, et popularisées par Labarraque : tels sont les *chlorures de chaux, de soude, de potasse*, qui ne sont que des *hypochlorites* (Voy. ce mot). On se sert des dénominations de *protochlorure, deutochlorure*, etc., pour désigner les chlorures dont la composition correspond aux *protoxydes* et aux *deutoxydes* formés par les mêmes métaux. On obtient les chlorures métalliques soit en combinant directement le chlore avec les métaux, soit en dissolvant les oxydes ou les carbonates dans l'acide chlorhydrique. La plupart des chlorures sont solides et cristallisables. Il existe aussi des chlorures naturellement liquides et fumant à l'air. A part le chlorure d'argent, le protochlorure de cuivre et le protochlorure de mercure, tous les chlorures sont solubles dans l'eau ; aussi on reconnaît aisément un chlorure en ajoutant à sa solution une goutte de nitrate d'argent, qui forme alors un précipité caillebotté de chlorure d'argent, insoluble dans les acides, très-soluble dans l'ammoniaque. Sauf les chlorures d'or et de platine, tous les chlorures résistent au feu sans se décomposer.

Chlorure d'antimoine, dit aussi *protochlorure d'antimoine* ou *beurre d'antimoine* (Sb Cl³), substance blanche, demi-transparente, d'un éclat gras et comme onctueux. C'est un caustique très-violent, dont les médecins se servent souvent pour cautériser certaines plaies, surtout celles qui sont produites par la morsure des animaux enragés ou venimeux. Dans les arts, il est employé pour bronzer les métaux, notamment le fer ; les armuriers en font fréquemment usage pour donner aux canons de fusil la teinte du bronze. — L'eau ne dissout le chlorure d'antimoine qu'avec le concours d'un acide ; seule, elle le convertit en un précipité blanc, granulé, ressemblant au lait caillé, qui constitue l'*oxychlorure d'antimoine*, nommé jadis *mercure de vie* et *poudre d'Algarot. Voy.* ce mot.

Chlorure d'argent (Ag Cl), précipité blanc, caillebotté, qui se colore promptement à la lumière ; insoluble dans l'eau et les acides, il se dissout aisément dans l'ammoniaque. Après avoir été fondu, il est mou, flexible et assez semblable à la corne ; de là le nom de *lune cornée* ou *d'argent corné* que lui donnaient les anciens chimistes : il se trouve dans la nature. *Voy.* ARGENT CHLORURÉ.

Chlorure d'azote ou *ammoniaque trichlorée* (N Cl³), liquide jaune qui détone d'une manière épouvantable par la chaleur ou par le choc; il se produit quand on fait passer du chlore dans du sel ammoniac. Il a été découvert en 1811 par Dulong, qui a été blessé deux fois en l'étudiant.

Chlorure de baryum (Ba Cl), sel blanc cristallisé, très-âcre et vénéneux, qu'on emploie dans les laboratoires pour découvrir l'acide sulfurique.

Chlorure de calcium (Ca Cl), sel blanc, amer, déliquescent, extrêmement soluble dans l'eau ; il existe tout formé dans les eaux de la mer et de plusieurs fontaines. On l'obtient en dissolvant la chaux dans l'acide chlorhydrique et calcinant le produit. Les chimistes s'en servent fréquemment pour dessécher les gaz, les éthers et les matières huileuses ; les médecins le prescrivent contre les maladies scrofuleuses ; on le fait aussi entrer dans la composition de certaines eaux minérales artificielles. Il ne faut pas le confondre avec le chlorure de chaux, qui n'est qu'un *hypochlorite*. *Voy.* ce mot.

Chlorure de carbone. On connaît plusieurs combinaisons organiques qui portent le nom de *chlorure de carbone;* elles ne se comportent pas comme les chlorures métalliques, et s'obtiennent lorsqu'on décompose par un grand excès de chlore, sous l'influence des rayons solaires, certains composés organiques, tels que l'éther chlorhydrique, le gaz hydrogène bicarboné, etc. On a employé, dans ces derniers temps, le *perchlorure de carbone* (C⁴Cl⁶) pour combattre le choléra : c'est un composé incolore, cristallisé, insoluble dans l'eau, d'une odeur aromatique et camphrée.

Chlorure de chaux. Voy. HYPOCHLORITE DE CHAUX.

Chlorure de cuivre (Cu Cl), sel cristallisé en petites aiguilles vertes, très-solubles dans l'eau et l'alcool : on l'obtient en faisant dissoudre l'oxyde de cuivre dans l'acide chlorhydrique; associé au sel ammoniac, il a été conseillé contre l'épilepsie, et surtout pour le pansement des ulcères vénériens.

Chlorure d'étain. On connaît deux chlorures d'étain: le *protochlorure* ou *sel d'étain* (Sn Cl), qui se présente en petites aiguilles blanches et brillantes, d'une saveur fort désagréable; on l'obtient en dissolvant l'étain dans l'acide chlorhydrique : il s'emploie dans la teinture, comme rongeant, sur les fonds obtenus avec les sels de fer ou de manganèse, et comme mordant, notamment pour les couleurs violacées, dont il rehausse beaucoup l'éclat ;— le *deutochlorure* ou *bichlorure,* appelé aussi *chloride stannique* (Sn Cl²), connu des alchimistes sous le nom de *liqueur fumante de Libavius,* du nom de celui par qui il a été découvert. Il constitue un liquide jaune qui répand à l'air d'abondantes vapeurs blanches; on l'obtient en traitant l'étain par le chlore gazeux, ou le protochlorure d'étain par l'eau régale. La dissolution du deutochlorure dans ce dernier agent est connue sous le nom d'*oxymuriate d'étain* ou de *mordant d'étain;* elle s'emploie pour la teinture des laines en écarlate, et la teinture du coton en rouge et en jaune.

Chlorure de fer. Il existe deux chlorures de fer. Le *protochlorure* ou *chlorure ferreux* (Fe Cl) est un sel blanc, d'une saveur styptique; il s'obtient en dissolvant la limaille de fer dans l'acide chlorhydrique ; il entre dans la composition de quelques eaux minérales artificielles.—Le *perchlorure* ou *sesquichlorure,* dit aussi *chlorure ferrique, fer muriaté, chlorhydrate de peroxyde de fer* (Fe² Cl³) est de couleur brune et très-déliquescent; il fait partie de plusieurs préparations pharmaceutiques.

Chlorure de mercure. On connaît deux chlorures de mercure : le *protochlorure* ou *chlorure mercureux* (Hg² Cl), appelé aussi *calomel* ou *mercure doux* (*Voy.* CALOMEL) ; le *deutochlorure* ou *bichlorure de mercure, chlorure mercurique* (Hg Cl), appelé aussi *sublimé corrosif* (*Voy.* SUBLIMÉ). Berthollet est le premier qui ait établi les différences qui existent entre les deux chlorures de mercure.

Chlorure d'or, dissolution de l'or dans l'eau régale, d'un rouge foncé à l'état concentré, et jaune à l'état de dilution, donne, par l'évaporation, de beaux cristaux jaunes, déliquescents, composés de *chlorure d'or* et d'*acide chlorhydrique.* On emploie ce sel en médecine contre les maladies scrofuleuses et vénériennes. Le *chlorure double d'or et de sodium* sert aux mêmes usages.

Chlorure de phosphore. Il en existe deux : le *protochlorure* ou *chloride phosphoreux* (PCl³) et le *perchlorure* ou *chloride phosphorique* (PCl⁵). Le premier, découvert par MM. Gay-Lussac et Thénard, en 1808, est un liquide incolore ; le second est un corps solide répandant à l'air d'abondantes fumées qui affectent vivement les yeux et la poitrine. On les obtient en faisant passer du chlore sur du phosphore.

Chlorure de platine, dit aussi *bichlorure,* sel qu'on obtient en dissolvant le platine dans l'eau régale ; la dissolution est d'un rouge foncé et donne des cristaux par la concentration. On emploie ce sel dans les fabriques de porcelaine pour recouvrir certains vases auxquels on veut donner un lustre métallique intermédiaire entre le blanc d'argent et le gris d'acier. Klaproth proposa en 1793 ce moyen d'orner la porcelaine. La solution du chlorure de platine produit, avec le sel ammoniac, un précipité jaune qui, à la calcination, donne l'*éponge de platine,* destinée aux briquets à gaz hydrogène. Elle sert aux chimistes pour distinguer les sels de soude des sels de potasse; car elle ne précipite que ces derniers.

Ch. de potasse. Voy. HYPOCHLORITE DE POTASSE.

Ch. de sodium ou *Sel marin. Voy.* SEL MARIN.

Ch. de soude. Voy. HYPOCHLORITE DE SOUDE.

Chlorure de zinc, sel blanc très-soluble dans l'eau, déliquescent, caustique, entrant en fusion un peu au-dessous de 100 degrés, et se volatilisant à la chaleur rouge. On le prépare en faisant dissoudre du zinc dans de l'acide chlorhydrique. Il a été employé en médecine, à l'intérieur, à petites doses, comme antispasmodique; on s'en sert encore comme caustique. Le docteur Campoin l'a mis en vogue dans ces derniers temps pour le traitement des cancers.

CHOC, rencontre brusque de deux corps qui se heurtent. On distingue le *choc droit,* lorsque le point de contact des corps se trouve sur la droite qu'on suppose menée par leurs centres de gravité, et le *choc oblique* qui se fait de toute autre manière. Au moment du choc, la vitesse se partage entre les deux corps dans un rapport qui dépend de leurs masses. Lorsque les corps sont dépourvus d'élasticité, il y a perte de *force vive :* ils restent en contact, ou se meuvent ensemble avec une vitesse moyenne. S'ils étaient parfaitement durs, la déperdition des forces vives, ou la différence entre ces forces avant et après le *choc,* se trouverait égale à la somme des forces vives qu'auraient les masses animées des vitesses perdues ou gagnées; mais, comme les corps ne jouissent que d'une élasticité toujours imparfaite, une partie de leur *force vive* est perdue dans le choc : aussi, dans l'exécution des machines, évite-t-on le plus possible les percussions, qui diminuent et détruisent la puissance motrice.

On appelle *choc en retour* un phénomène électrique qui consiste en ce qu'un homme ou un animal placé sous un nuage orageux peut être frappé de la foudre au moment où elle éclate à une assez grande distance de lui. Il est tué par le choc du fluide électrique qui avait été amassé sur sa tête par l'électricité contraire du nuage, et qui, aussitôt que la foudre vient à tomber, est refoulé rapidement dans le sol. *Voy.* TONNERRE.

CHOCOLAT (dérivé, par corruption, du mexicain *quachahuatl* ou *chocolatle*, formé des mots *choco*, bruit, et *latle*, eau, parce que les Mexicains le préparaient en le faisant mousser dans l'eau chaude), préparation alimentaire, aussi salutaire qu'agréable, et qui se compose de cacao torréfié et de sucre, broyés ensemble par des procédés manuels ou mécaniques; souvent on l'aromatise avec de la vanille, ou de la cannelle. Le chocolat est très-nourrissant, et de facile digestion quand il est bien préparé; il fortifie l'estomac, et répare promptement les forces épuisées: aussi le recommande-t-on aux personnes d'une constitution faible ou fatiguée. On mange le chocolat soit cru, en tablettes, en bâtons, en pastilles, soit délayé dans de l'eau ou du lait chaud; combiné avec les œufs et le lait, il sert à faire des crèmes excellentes.—En Espagne, on sucre peu le chocolat, mais on l'aromatise fortement; en Italie, on torréfie beaucoup le cacao, ce qui le rend plus léger et plus digestible. On falsifie le plus souvent le chocolat en y ajoutant de fortes quantités de farine ou de fécule, qui le font épaissir en cuisant. Le bon chocolat a une cassure unie, d'aspect légèrement cristallin; le mauvais a une cassure inégale, graveleuse, poreuse, de couleur blanchâtre; il épaissit beaucoup. On appelle *chocolat de santé* celui qui est composé exclusivement de sucre et de cacao: contrairement à l'opinion commune, il est moins digestible que les autres, parce qu'il ne renferme aucun condiment. On prépare aussi des chocolats médicamenteux par l'addition de certaines substances appropriées aux médications que l'on veut produire: on y incorpore du salep, de l'arrow-root, de la gelée de lichen, de l'osmazôme, du fer ou quelqu'un de ses composés, etc. Longtemps on fabriqua le chocolat en broyant l'amande dans un mortier ou sur une pierre lisse avec un rouleau; aujourd'hui on y emploie de belles et puissantes machines, mues le plus souvent par la vapeur: on remarque entre autres les *machines à broyer* inventées par MM. Poincelet, Legrand, Auger, Hermann; la *machine à mélanger et presser le chocolat* de M. Devinck, etc.—On prépare le chocolat pour le repas au moyen de cafetières faites exprès et dites *chocolatières* (*Voy.* ce mot).

Lorsque les Espagnols découvrirent le Mexique (1520), le chocolat faisait une grande partie de la nourriture des indigènes. Importé en Europe, il se répandit bientôt dans tout le Midi; son usage ne devint commun en France que sous la régence d'Anne d'Autriche.

CHOCOLATIÈRE (de *chocolat*), espèce de cafetière cylindrique ou légèrement conique dans laquelle on prépare le chocolat que l'on veut prendre liquide; le couvercle de la chocolatière est percé d'un trou au milieu pour donner passage au manche d'un instrument dit *moussoir*, qui sert à l'agiter circulairement en le faisant rouler entre les mains.

CHOENIX, mesure grecque. *Voy.* CHÉNICE.

CHOÉPHORES (du grec *choé*, libation, et *phéró*, porter). On nommait ainsi chez les Grecs ceux qui portaient les offrandes destinées aux morts. C'est le titre d'une tragédie d'Eschyle où l'on voit, dès l'entrée en scène, un chœur d'esclaves troyennes déposer des offrandes sur le tombeau d'Agamemnon.

CHOEUR (du grec *chorus*, même signification), partie de la nef d'une église destinée à recevoir le clergé pendant l'office divin. On distingue le *chœur ordinaire*, situé en avant de l'autel, et le *chœur à la romaine*, qui est placé derrière. Le chœur des églises n'a été séparé de la nef que sous le règne de Constantin. Au XIIᵉ siècle, on commença à le fermer de murailles.—Dans les monastères de femmes, on appelle *chœur* une salle attachée au corps de l'église, dont elle est séparée par une grille, et d'où les religieuses peuvent voir et entendre ce qui se fait à l'autel. — On nomme encore ainsi, dans les paroisses, un certain nombre de prêtres, ordi-

nairement de douze, qui disent la messe au chœur; et, dans les chapitres, les chanoines et les dignitaires. — On donne le nom d'*enfants de chœur* à des enfants revêtus d'habits ecclésiastiques qui chantent au chœur ou répondent au célébrant, qui portent l'encens, et tout ce qui est nécessaire au service divin; et celui de *religieuses de chœur* ou *dames de chœur* à des religieuses qui ne sont encore que sœurs converses.

Chœur signifie aussi un ordre ou rang de quelques-unes des hiérarchies célestes: il y a neuf chœurs d'anges formant trois hiérarchies.

CHOEUR. En Musique, ce mot désigne un morceau de musique vocale à plusieurs parties dont chacune est chantée par une réunion de voix plus ou moins nombreuses. Il y a des chœurs pour voix seules (*Voy.* ORPHÉONISTES), et des chœurs avec accompagnement, soit de quelques instruments, soit de tout un orchestre. Ordinairement, les chœurs sont à quatre parties (*soprano*, *contralto*, *ténor* et *basse*); quelquefois ils le sont à cinq, à trois, à deux; parfois même, l'unisson attaqué par un grand nombre de voix constitue le chœur. C'est surtout dans la musique d'église et dans les opéras qu'on chante des chœurs. On étend le nom de *chœur* à la réunion des musiciens qui chantent les chœurs: on appelle ceux-ci *choristes*.

Dans la poésie dramatique des Grecs et des Romains, le chœur était un personnage qui prenait part à l'action, et même au dialogue, par la bouche du *coryphée* (*Voy.* ce mot). Il était ordinairement divisé en deux parties qui se répondaient alternativement; il se tenait à l'orchestre, partie antérieure du théâtre plus basse que la scène. On trouve des chœurs dans quelques tragédies modernes imitées des anciens: les plus célèbres sont les chœurs d'*Esther* et d'*Athalie*.

CHOIN, nom vulgaire du genre *Schœnus* (*Voy.* ce mot). —En Minéralogie, on nomme *pierre de choin* un marbre coquillier de couleur ardoise, employé à Lyon comme pierre de construction.

CHOLÉDOQUE (CANAL), du grec *cholé*, bile, et *dochos*, qui reçoit: conduit long d'environ 8 centim., formé par la réunion des conduits hépatique et cystique. Il est situé au devant de la veine-porte, et au-dessous de l'artère hépatique, entre les deux feuillets de l'épiploon gastro-hépatique; il va s'ouvrir dans le duodénum, vers la partie postérieure de sa seconde courbure, et y verse la bile.

CHOLÉRA ou CHOLÉRA-MORBUS (du grec *choléra*, maladie bilieuse, et du latin *morbus*, maladie), maladie aiguë des voies digestives, dont les symptômes les plus apparents sont des vomissements nombreux, des déjections alvines fréquentes et d'un caractère tout particulier, la diminution ou la suppression des urines, des spasmes et des crampes très-douloureuses dans tous les membres, etc. On distingue le *choléra épidémique*, qui exerce ses ravages sur des populations entières, et le *choléra sporadique*, qui frappe seulement certains individus isolés.

Le CHOLÉRA ÉPIDÉMIQUE, qu'on appelle aussi *Ch. asiatique*, parce qu'il est originaire de l'Asie, éclate souvent subitement, surtout pendant la nuit; souvent aussi il est précédé d'une période d'incubation de 2 à 8 jours; de là, la distinction d'un *Ch. léger* ou *Cholérine*, lorsque les symptômes disparaissent pendant la période d'incubation, et d'un *Ch. grave*, dit aussi *Ch. algide*, *asphyxique*, *cyanique*, qui tantôt succède à la *Cholérine*, tantôt est foudroyant.

Le *Choléra léger* ou *Cholérine* consiste surtout dans un trouble des voies digestives, caractérisé par la diarrhée, avec sentiment de malaise général et tendance aux sueurs froides, par un abattement insolite des forces physiques et morales, l'insomnie, l'anxiété épigastrique, la faiblesse du pouls; puis par les nausées et quelquefois des vomissements, des urines épaisses, rares et rouges, des déjections alvines fréquentes, jaunâtres ou sanguinolentes, presque toujours mêlées de mucosités blanchâtres.—Ordinairement on arrête ces symptômes au moyen de la diète et de lavements amidonnés et laudanisés, auxquels on joint pour boisson de l'eau de riz édulcorée avec un sirop astringent, et, si ces moyens sont insuffisants, à l'aide d'un vomitif léger (ipécacuanha) ou d'un purgatif salin. Si, malgré ce traitement, les symptômes s'aggravent, le vrai choléra ne tarde point à se déclarer.

Le *Choléra grave* offre deux périodes bien distinctes : la *période algide* ou *de cyanose*, et la *période fébrile* ou *de réaction*. La 1re se manifeste dès le début par des vomissements abondants et des évacuations avines aqueuses, blanchâtres, semblables à une eau de riz mêlée de flocons albumineux; l'urine est supprimée; un cercle violacé et brunâtre entoure les orbites; il existe un désordre tout particulier dans le regard; le pouls se ralentit et devient bientôt insensible; les artères sont vides de sang, l'oppression est extrême; les membres sont tourmentés de crampes violentes : la peau, complètement froide, prend une teinte livide et *bleuâtre* (en grec, *cyanos*, d'où le nom de *cyanose*); il semble que la vie soit éteinte à la surface, et le malade ressemble à un *cadavre vivant*; il est dévoré d'une soif ardente, et cependant sa langue est froide et son haleine glacée; jusqu'à la fin il conserve toute son intelligence. Si l'on ne peut arrêter les progrès du mal, la mort arrive quelquefois au bout de quelques heures, terme moyen en 20 heures. Dans le cas contraire, à la période algide succède la période de réaction. Cette 2e période s'annonce par une amélioration sensible, un rétablissement progressif de toutes les fonctions organiques; et la guérison s'achève, à moins qu'une rechute ne vienne l'entraver : une trop forte réaction, sous forme typhoïde ou comateuse, peut alors enlever le malade en 8 ou 10 jours.

Le traitement du choléra grave a été jusqu'ici plutôt empirique que rationnel. Dans la 1re période, on réchauffe le malade par des applications externes de corps chauds (linge, laine, briques, sable, etc.) sur le ventre et même sur la tête; on ranime la circulation du sang et la respiration au moyen de sinapismes et de frictions sèches ou alcooliques et ammoniacales; on calme les douleurs abdominales, soit par l'application de sangsues ou de ventouses à l'épigastre, soit à l'aide de cataplasmes chauds laudanisés; on modère les selles par des lavements émollients, amidonnés et opiacés, ou faits avec une décoction de ratanhia; on modère les vomissements en faisant prendre fréquemment des petits fragments de glace ou de l'eau de Seltz; on apaise les crampes par des frictions faites avec de l'huile d'amandes douces et du laudanum, avec du camphre, le chloroforme, etc.; on a proposé encore des ligatures appliquées sur les muscles. Dès que la réaction s'établit, il faut la maintenir dans de justes bornes, la provoquer par de légers excitants ou la modérer par des antiphlogistiques; empêcher surtout les congestions sanguines vers les grands centres organiques; enfin, surveiller attentivement le régime.

On a préconisé contre le choléra une foule de moyens et de méthodes absolues qui ne peuvent être signalés que pour mémoire : tels sont le traitement par l'eau chaude (12 à 15 verres à boire en deux heures); celui par l'eau froide (affusion); la transfusion du sang (Dieffenbach); l'injection dans les veines d'infusions salines, de gaz hilarant ou protoxyde d'azote; les inspirations de chlore, d'oxygène; les frictions mercurielles, la galvano-puncture, l'administration du charbon végétal, de l'huile de cajeput, de la vératrine, de la magnésie, du bismuth; l'emploi des excitants, aromatiques et sudorifiques, tels que le camphre, l'éther, l'ammoniaque, le punch, le vin chaud; l'application d'armures métalliques, etc. Les méthodes les plus simples, les plus rationnelles et les moins excentriques paraissent avoir le mieux réussi.

Les opinions les plus diverses ont été émises sur la nature du choléra, sur le siége organique de cette maladie et sur sa cause première. Pendant fort longtemps il a été considéré comme une sorte d'empoisonnement résultant d'une modification survenue dans les qualités de la bile. Depuis Galien, tous les médecins humoristes ont successivement reproduit cette opinion. Willis, le premier, place le choléra sous la dépendance d'une altération du fluide nerveux; Cullen le range parmi les névroses; Pinel, Broussais, Boisseau, Roche, etc., le classent parmi les phlegmasies de la membrane muqueuse digestive. Pour les médecins modernes, cette maladie n'est autre chose qu'une *névralgie gastro-intestinale* compliquée d'un flux actif à la surface de la membrane muqueuse, et doit être classée avec la gastralgie, l'entéralgie et le vomissement nerveux. M. Rochoux attribue les symptômes du choléra à une altération primitive du sang produite par un agent délétère qui paraît agir spécialement sur les nerfs de la circulation et de la respiration, et sur la muqueuse digestive : autrement dit, c'est une névrose des organes placés sous l'influence du *nerf grand-sympathique*; ce que prouvent la cyanose, le refroidissement, les vomissements, la diarrhée, les crampes, la suppression des urines, etc. — Quant à la cause première, le choléra est, suivant les uns, le résultat d'une altération primitive de l'air; suivant les autres, l'effet de la présence d'animalcules vénéneux répandus dans l'atmosphère; quelques-uns l'attribuent à une influence électrique ou magnétique, à des changements survenus dans le cours des astres, etc. Le principe du choléra épidémique paraît évidemment résider dans l'air et avoir l'atmosphère pour véhicule : toutefois l'analyse de l'air recueilli dans 20 endroits de Paris, pendant que le fléau sévissait avec le plus de rigueur, n'a rien démontré d'extraordinaire dans la composition de l'atmosphère. — On s'accorde assez généralement aujourd'hui à repousser l'idée de la contagion du choléra dans le sens rigoureux du mot; cependant, plusieurs faits tendent à faire croire qu'il peut prendre dans certains cas un caractère contagieux. On reconnaît généralement comme causes prédisposantes la misère et les privations qu'elle entraîne, l'insalubrité des habitations, surtout l'humidité, les alternatives de chaud et de froid, l'intempérance et les excès de tout genre.

Le CHOLÉRA SPORADIQUE, moins grave que le précédent, est celui dont l'existence paraît être la plus ancienne; il frappe brusquement, en toute saison mais surtout pendant les chaleurs de l'été, sans causes prédisposantes bien déterminées : les excès de table, une mauvaise digestion ou l'usage d'aliments de mauvaise qualité suffisent pour le provoquer. Il débute par des crampes douloureuses dans l'abdomen; viennent ensuite des vomissements répétés d'aliments à demi digérés et de matière verte, puis d'une substance plus foncée, verdâtre, brune ou noirâtre; des déjections alvines fréquentes et de même nature; une douleur vive, déchirante et brûlante dans tout le canal intestinal, avec refroidissement et contractions spasmodiques des membres, et des défaillances; il atteint souvent en quelques heures son maximum d'intensité : rarement il se prolonge au delà de 48 heures. — Pendant les premières heures, pour calmer la soif ardente du malade et adoucir les contractions de l'estomac, on emploie soit une boisson légère et mucilagineuse par quart de verre (Celse, Sydenham), soit l'eau de gomme ou de groseilles à très-petites doses (Pinel, Récamier); d'autres médecins défendent toute boisson, et y substituent quelques cuillerées de limonade ou seulement quelques tranches d'orange, ainsi qu'un peu d'eau de laitue et de sirop diacode; on recommande aussi les cataplasmes sur le ventre et les lavements émollients et narcotiques. Si les progrès du mal augmentent, on a recours au laudanum liquide ou à l'extrait gommeux d'opium et aux rubéfiants : un large vésicatoire sur l'épigastre a souvent réussi (Fouquier, Orfila). On combat les vomissements au moyen de la glace, du camphre, du musc, du colombo, de l'éther, etc.

Le choléra paraît avoir été connu dès la plus haute antiquité; son nom est grec; il est mentionné par Galien et par Celse. Il a été désigné à diverses époques sous un foule de noms divers. Depuis longtemps répandu en Europe sous la forme sporadique, il s'y est montré à plusieurs reprises sous la forme épidémique. La terrible *peste noire* qui emporta près de la moitié de la population de l'Europe au xive siècle, le *trousse-galant*, l'épidémie observée par Sydenham en 1669 et 1676, semblent avoir eu beaucoup d'analogie avec le choléra de nos jours. Ce dernier, parti en 1817 des bords du Gange, où ce mal est permanent, ravagea d'abord les îles de la Sonde et de la mer des Indes, puis l'Arabie, la Perse, la Syrie et l'Égypte, pénétra ensuite en Russie et en Pologne, et envahit enfin l'occident de l'Europe et même l'Amérique vers 1830; la France et l'Angleterre en ont été infestées à deux reprises, en 1832 et 1849.

CHOLÉRINE. *Voy.* CHOLÉRA LÉGER.

CHOLESTÉRINE (du grec *cholè*, bile, et *stéréos*, solide), matière grasse, solide, blanche et cristalline, qui compose souvent les concrétions biliaires. On en rencontre aussi en très-petite quantité dans la bile. La cholestérine, traitée par l'acide azotique, se convertit en un acide dit *cholestérique*, qui est solide, jaune orangé, fusible à 58°, peu soluble dans l'eau, mais soluble dans l'alcool bouillant.

CHOLIAMBE (du grec *choleuô*, boiter), espèce de vers ïambique dont le dernier pied est un spondée au lieu d'être un ïambe; ce qui le fait, pour ainsi dire, clocher. Exemple :

Fŭlsē | rĕ quŏn | dăm căn | dĭdĭ | tībī | sōlēs.

CHONDROPTÉRYGIENS (du grec *chondros*, cartilage, et *ptéryx*, nageoire), nom donné par Artédi aux poissons dits aujourd'hui *Cartilagineux*.

CHOPE (de l'allemand *schœppen*), sorte de gobelet fort évasé, en forme de cône tronqué renversé, dont on se sert pour boire la bière, et dont l'usage a été récemment introduit de Belgique en France. Sa contenance est celle de la chopine.

CHOPINE (du bas latin *copa*, coupe, ou de l'allem. *schœppen*), anc. mesure de liquides en France, contenait la moitié d'une pinte, un peu moins de 5 décilitres.

CHOQUARD, *Pyrrhocorax* (c.-à-d. *corbeau roux*, à cause de la couleur de ses pattes), genre d'oiseaux de l'ordre des Passereaux et de la famille des Conirostres, renferme plusieurs espèces, entre autres le *Choucas des Alpes* et le *Coracias huppé* ou *sonneur* (le *Crave* de Cuvier). Leur bec est médiocre, plus ou moins arqué, échancré à sa pointe ou non ; les pieds forts, robustes; les tarses plus longs que le doigt de milieu, les ailes grandes et pointues, la queue légèrement arrondie. Ils ont le plumage noir avec des reflets d'un pourpre changeant au vert. Les Choquards ont les mœurs des corbeaux; ils sont très-sauvages, et habitent les plus hautes vallées des Alpes et des Pyrénées : ils nichent dans les fentes des rochers; l'hiver, ils descendent dans les plaines, et se répandent dans les contrées voisines.

CHOQUE, outil dont le chapelier se sert pour donner au feutre la forme de chapeau. Le choque est en cuivre jaune, presque carré, ayant l'un des côtés un peu contourné en rond, afin de mieux embrasser la forme du chapeau, et l'autre roulé à jour pour servir de poignée.

CHORAL (CHANT). *Voy.* CHANT (d'église).

CHORÉE (du grec *choréia*, danse), dite aussi *danse de Saint-Guy* ou *de Saint-Wit*, *scélotyrbe*, *choréomanie*, etc., maladie caractérisée par des mouvements involontaires et désordonnés d'un certain nombre de muscles, principalement des muscles des membres. Cette maladie attaque de préférence les enfants, les femmes, ceux qui ont un tempérament nerveux ou qui habitent un climat froid et humide. Elle peut être héréditaire. Ses causes les plus fréquentes sont : la peur, la jalousie, la colère, et toutes les émotions vives, l'onanisme, un accroissement trop rapide, les vers intestinaux, la menstruation difficile, une chute sur la tête, une surexcitation cérébrale.

La maladie peut n'occuper qu'un seul côté du corps (*hémichorée*); elle peut être bornée à la face, au cou, à l'un des membres, ou à un très-petit nombre de muscles, tels que ceux des yeux, de la bouche, d'un doigt. Lorsqu'elle est générale, tous les mouvements sont désordonnés; le malade ne peut tenir en place; il a peine à saisir le corps; sa marche est capricieuse, accompagnée de mouvements saccadés et irréguliers : c'est ce qui a fait donner à cette affection le nom de *chorée* ou danse. Les choréiques n'accusent pas de fatigue dans les membres, malgré les mouvements continuels qu'ils se donnent ; en revanche, leur sensibilité est singulièrement exaltée : ils s'irritent ou pleurent sans motifs; plusieurs donnent des marques d'idiotisme. Certains médecins regardent cette maladie comme dépendant d'une lésion du cervelet; d'autres l'attribuent à une lésion des fonctions du tube intestinal, laquelle réagit sur le système musculaire. La chorée dure ordinairement de six semaines à trois mois ; mais si elle passe à l'état chronique, elle peut durer des années. Il n'est pas rare de la voir récidiver. — Quant au traitement, on a vanté les émissions sanguines, générales et locales, mais surtout les purgatifs, tels que le calomel et le jalap; les toniques, comme le quinquina et les ferrugineux; les antispasmodiques, surtout lorsqu'on les unit à d'autres médicaments, tels que valériane, assa fœtida, musc, camphre, belladone, morphine, etc. On a également recours aux bains froids, par immersion ou par surprise, aux bains sulfureux, à l'électricité et aux exercices gymnastiques.

CHORÉE (en grec *choréios*), nom donné quelquefois chez les Grecs et les Romains au *trochée*. *Voy.* ce mot.

CHORÉGE (du grec *choros*, chœur, et *agó*, conduire). On nommait ainsi, chez les Athéniens, le citoyen qui était chargé, dans les fêtes où l'on donnait des jeux scéniques, de fournir le chœur : il devait l'instruire, le diriger, le costumer, et même le nourrir à ses frais. Les fonctions de chorége entraînaient à des frais considérables, mais elles ouvraient à celui qui les acceptait l'accès des premières magistratures.

CHORÉGRAPHIE (du grec *choros*, danse, et *graphó*, écrire, tracer), art de composer les ballets et d'écrire la danse à l'aide de différents signes, comme on écrit la musique à l'aide de figures ou de caractères désignés par la dénomination des notes. Jehan Tabourot, chanoine de Langres, est le premier qui ait écrit sur la *chorégraphie*: il publia en 1588, sous le pseudonyme de Thoinot Arbeau (anagramme de son nom), une *Orchésographie*, où il essayait de tracer, à l'aide des notes de la musique, les divers pas des danses. En 1701, Feuillet, maître de danse à Paris, fit paraître *la Chorégraphie ou l'Art d'écrire la danse par caractères, figures et signes démonstratifs*; sa méthode, perfectionnée par Dupré et Noverre, est encore en usage aujourd'hui. Pour les principaux chorégraphes, *Voy.* BALLET et DANSE.

CHORÉVÊQUE (du grec *chóra*, pays, campagne, et *d'évêque*), clerc qui exerçait la plupart des fonctions épiscopales dans les villages où il était envoyé par les évêques. On fait remonter l'origine de cette dignité au temps des apôtres. L'usage s'en perdit vers le xie siècle. Aux chorévêques succédèrent les archidiacres chez les Latins, et les exarques chez les Grecs. — A Trèves, la dignité de *chorévêque* était attribuée à quatre chanoines. A Cologne, ce nom est encore donné au premier chantre; mais, dans ce cas, *chorévêque* signifie *évêque du chœur*.

CHORIAMBE, mètre de la poésie grecque et latine, qui se composait d'un *chorée* ou *trochée* ($\smile\smile$) et d'un *iambe* ($\smile\smile$); d'où son nom. On appelait *vers choriambiques* ceux où dominait le choriambe :

Pāstŏr | quŭm trăhĕrĕt | pĕr frĕtă nă | vĭbŭs.

CHORION (du grec *chorion*, enveloppe), nom donné, en Anatomie, à l'enveloppe extérieure de l'œuf des mammifères. — On donne aussi le nom de *chorion* à la partie la plus épaisse de la peau.

CHORISTE, qui chante dans les *chœurs*. *V*. CHŒUR.

CHORIZONTE (du grec *chórizó*, séparer), critiques grecs qui firent des poëmes d'Homère l'objet de leurs recherches, et en retranchèrent plusieurs passages qui leur semblaient interpolés. *Voy*. DIASCÉVASTES.

CHOROGRAPHIE (du grec *chóra*, contrée, et *graphó*, décrire), partie de la science géographique qui a pour objet de décrire l'ensemble d'une contrée, d'en indiquer les lieux remarquables, et, en général, tout ce qui peut en donner une idée précise. Elle diffère de la Topographie en ce qu'elle néglige tous les détails purement topographiques, tels que chemins, cours d'eau, accidents de terrain, etc.

CHOROÏDE (du grec *chorion*, chorion, et *éidos*, ressemblance), membrane très-mince qui tapisse la partie postérieure de l'œil, offre en arrière une ouverture pour le passage du nerf optique, et se termine en avant vers la grande circonférence de l'iris, où elle se continue avec le cercle et les procès ciliaires. Ses deux surfaces sont tapissées d'un enduit brunâtre foncé, dit *enduit choroïdien*. La choroïde paraît composée de ramifications artérielles et veineuses, unies par un tissu cellulaire très-fin. On lui attribue pour fonction d'absorber les rayons lumineux qui ne servent pas à la vision.

On appelle *toile choroïdienne* un prolongement membraneux de la pie-mère, qui tapisse la face inférieure de la voûte à trois piliers, et qui se trouve tendu au-dessus du ventricule moyen du cerveau; *veines choroïdiennes* ou *de Galien*, les veines qui rampent dans la toile choroïdienne; *glande choroïdienne*, un corps d'une nature particulière qui, chez les poissons, sépare l'une de l'autre la membrane ruyschienne et la choroïdienne.

CHOU, en latin *Brassica*, genre de la famille des Crucifères et de la tribu des Brassicées, a pour caractères essentiels : un calice à sépales dressés, une silique presque cylindrique, grêle, à valves nerveuses; des graines unisériées, à cotylédons conduplliqués. Ce genre renferme, outre le *Chou* proprement dit, le *Colza*, la *Rave*, le *Navet*, la *Navette*.

Le *Chou* proprement dit (*Brassica oleracea*, L.) est une plante herbacée et bisannuelle, demi-ligneuse, portant en son sommet des feuilles charnues, vertes, et des fleurs nombreuses, d'un jaune pâle, disposées en panicules. On peut en distinguer plusieurs races, qui semblent être toutes issues du Chou sauvage (*Br. sylvestris*), qu'on trouve sur toutes les côtes maritimes de l'Europe : 1o le *Ch. vert*, appelé ainsi à cause de la couleur vert-glauque de son feuillage; il ne pomme jamais : ce qui le fait appeler par les botanistes *Br. acephala* (chou sans tête); on le nomme *Ch. frisé*, quand ses feuilles à lobes nombreux sont déchiquetées en lanières; sur les marchés, le chou vert est souvent appelé *Ch. de Beauvais*, et le chou frisé *Ch. d'Écosse*; — 2o le *Ch. cabu* (*Br. capitata*) ou *Ch. pommé*, qui a les feuilles entières, concaves, se recouvrant les unes les autres, de manière à former des pommes ou têtes : on en distingue deux variétés principales, celle à fleurs jaunes et celle à fleurs blanches, dite *Ch. de Milan*; trois autres variétés dignes d'être notées sont : le *Ch. quintal*, cultivé surtout en Allemagne, avec lequel on fait la *choucroute* (*Voy*. ce mot); le *Ch. rouge* ou *Ch. roquette* (*Br. eruca*), que l'on mange en salade ou confit, et dont on tire un sirop que la médecine emploie contre les inflammations chroniques du poumon; et le *Ch. à jets*, dit aussi

Ch. de Bruxelles, *Ch. à mille têtes*, *Ch. à petites pommes*, poussant à l'aisselle de ses feuilles des jets couronnés par de petites têtes de la grosseur d'une noix : c'est un mets délicat; — 3o le *Ch.-fleur* (*Br. botrytis*), qui offre une masse charnue, mamelonnée ou grenue, blanche, que l'on mange (*V*. CHOU-FLEUR); — 4o le *Ch.-brocoli*, variété mitoyenne entre le chou-fleur et le chou vert, très-estimée. *Voy*. BROCOLI.

On nomme *Chou bâtard*, l'Arabette tourrette; *Ch. caraïbe*, le Gouet, la Bride, le Caladion; *Ch. de chien*, la Mercuriale des bois; *Ch. de Chine*, la Brède; *Ch. gras*, la Patience; *Ch. marin*, le Crambé; *Ch. de mer*, un Liseron; *Ch. oléifère*, le Colza; *Ch. palmiste*, le gros bourgeon qui termine la tige du Palmier; *Ch. poivré*, le Genêt.

CHOUCAS, nom vulgaire de plusieurs espèces de Corbeaux et de Passereaux, est donné principalement aux deux variétés de Corbeaux suivantes : le *Ch. des Alpes* (*Voy*. CHOQUARD), et le *Ch. de clocher* ou *Corneille d'église* (*Corvus monedula*), dit aussi *Corneillon*, répandu dans toute l'Europe et la Sibérie : il habite les clochers, les vieux bâtiments, les troncs d'arbres creux, et a, comme la pie, l'habitude de dérober tous les objets brillants qui sont à sa portée.

CHOUCROUTE (de l'allemand *sauerkraut*, chou aigri), aliment d'un usage presque général dans le Nord, se prépare avec le *chou quintal*, espèce de chou cabu dont le poids s'élève quelquefois jusqu'à 40 kilogr. On le coupe en rubans menus et fins qu'on mêle à du sel et à des graines de carvi ou de genièvre; on le laisse fermenter dans l'eau végétale que fournit le chou, puis on a soin de remplacer cette eau par une saumure faite à froid. Ainsi préparée et tenue dans un lieu frais, la choucroute se conserve fort longtemps, et garde toujours sa saveur acidulée. L'emploi de cet aliment à bord des vaisseaux qui font de longs voyages contribue puissamment à tenir les équipages en santé, et à les garantir du scorbut.

CHOUETTES, *Strix*, genre de l'ordre des Rapaces, famille des Nocturnes à tête grosse, avec des yeux très-grands, à pupilles énormes, dirigés en avant et plus ou moins complètement entourés par un cercle de plumes effilées; l'appareil du vol n'a pas une grande force. Les bois sont la demeure ordinaire des Chouettes, et elles passent la journée entière sur les branches des arbres les plus touffus, dans des buissons épais ou des vieux troncs. Elles se nourrissent de petits oiseaux, de taupes, de mulots, d'insectes, etc. Le genre *Chouette* renferme plusieurs sous-genres, tels que la *Chouette* proprement dite, le *Duc*, le *Chat-huant*, l'*Effraie* (*Voy*. ces mots). Le sous-genre Chouette proprement dit (*Surnia*) renferme la *Ch. commune* (*Strix ulula*), qui a le plumage varié de noir et de blanc, et la queue d'un roux foncé. Ces oiseaux poussent souvent pendant la nuit des cris plaintifs que le peuple considère comme de mauvais présages. Ils rendent cependant de grands services à l'agriculture par l'immense quantité de rats, de mulots, d'insectes et de reptiles qu'ils détruisent. Les chouettes sortent de leur retraite au crépuscule, et surprennent les petits oiseaux endormis; mais si, en plein jour, elles sont forcées de quitter leur réduit, elles errent en aveugles, poussant des cris de détresse, et sont à leur tour poursuivies par les petits oiseaux jusqu'à ce qu'elles aient trouvé un refuge.— Les anciens avaient consacré la chouette à Minerve, comme symbole de la sagesse et de la prudence. On trouve l'image de cet oiseau sur les monnaies athéniennes, et sur celles de beaucoup de villes de l'Italie ancienne et de l'Asie. La divinité égyptienne nommée Neith était représentée sous la forme d'une chouette.

CHOU-FLEUR, *Brassica botrytis*, race de choux qui sans doute dérive du chou vert. Les choux-fleurs ont une organisation singulière : les pédoncules des grappes de leurs fleurs sont rapprochés de leur base et serrés les uns contre les autres ; avant la floraison, ces pédoncules se déforment, se soudent ensemble et deviennent charnus ; ils ne se composent plus alors, pour la plupart, que de fleurs avortées. Le Chou-fleur a été apporté en France des pays orientaux au commencement du XVIIe siècle. Les trois principales variétés sont : le *Chou-fleur tendre*, le *demi-dur* et le *dur*. La culture du chou-fleur exige de grands soins. On sait que c'est un excellent légume quand il a été bien débarrassé par la cuisson de son âcreté.

CHRÉMATISTIQUE (du grec *chrémata*, les biens), science des richesses, ou art d'acquérir des biens et de les conserver. Ce mot, employé par Aristote, a été adopté par quelques économistes modernes.

CHRÈME (SAINT-), du grec *chrisma*, onction, huile sacrée servant aux onctions qu'on fait dans certaines cérémonies de l'Eglise. Il y a deux sortes de chrêmes : l'un, qui se fait avec de l'huile d'olive et du baume, sert aux sacrements du baptême, de la confirmation, de l'ordre, et au sacre des rois ; l'autre, qui est d'huile seule, sert à l'extrême-onction. C'est l'évêque qui consacre solennellement le saint-chrème, le jeudi saint.

CHRESTOMATHIE (du grec *chrèstos*, bon, agréable, et *mathéin*, apprendre), choix de poètes ou de prosateurs, surtout d'auteurs grecs, ou de morceaux de leurs ouvrages, réunis en corps et coordonnés de manière à offrir aux commençants des difficultés progressives, et à les initier par degrés à la connaissance des langues.—C'était aussi le titre d'un ouvrage de Proclus, cité par Photius, où il énumérait les noms de tous les poètes cycliques et la patrie de chacun d'eux.

CHRÉTIEN, celui qui fait profession de croire en Jésus-Christ. *Voy.* le *Dict. univ. d'Hist. et de Géogr.* aux mots CHRÉTIEN et CHRISTIANISME.

Roi très-chrétien, titre qu'ont porté les rois de France depuis Childebert, vers 530, devint une expression de formule dans les bulles adressées aux rois de France à partir du pontificat de Paul II, en 1469.

CHRÉTIEN (BON), variété de poire. *Voy.* BON CHRÉTIEN.

CHRIE (du grec *chréia*, même signification). Chez les anciens, ce mot désignait un genre de composition apophthegmatique ou sentencieuse, dans lequel s'exercèrent les philosophes grecs, notamment après Aristippe. — Dans les écoles du moyen âge et dans l'ancienne Université, on désignait sous ce nom une sorte d'amplification d'un mot ou d'un fait mémorable qu'on donnait à faire aux élèves de rhétorique.

CHRISMAL (de *chrème*), vase dans lequel les anciens moines portaient sur eux de l'huile bénite pour en oindre les malades.

CHRISME, nom donné dans les anciens manuscrits au monogramme de Jésus-Christ. Il est formé d'un P (le *ρ* des Grecs) avec un X ou croix de Saint-André dessous. On écrit aussi XPS, XPI, (χρς, χρι), etc., par abréviation pour *Christus*, *Christi*.

CHROMAMÈTRE (du grec *chróma*, note noire, et *métron*, mesure), instrument inventé en 1827 par M. Roller, et destiné à faciliter l'accord du piano à ceux qui n'ont pas l'habitude d'accorder. Il se compose d'un petit corps sonore, avec un long manche divisé par demi-tons, et monté d'une corde sur laquelle on fait glisser une pièce de bois ou d'ivoire nommée *capo-tasto* ; c'est une sorte de sillet mobile qui varie les intonations selon les divisions du manche auquel il correspond. Une touche de clavier fait mouvoir un marteau qui agit sur sa corde et la fait résonner.

CHROMATES, sels composés d'acide chromique et d'une base. Les chromates sont remarquables par leur belle couleur jaune ou rouge ; on les emploie dans la teinture et dans la peinture.

Le *Chr. de potasse* sert à préparer tous les autres chromates. Il existe dans le commerce deux chromates de potasse : l'un, d'un beau jaune citrin, légèrement amer, constitue le *sel neutre* ($CrO^3 + KO$), et présente une réaction alcaline ; l'autre, le *sel acide* ou *bichromate de potasse* ($2CrO^3 + KO$), forme de larges tables d'un beau rouge orangé, et se produit quand on ajoute de l'acide nitrique à la solution du sel neutre. On obtient celui-ci en calcinant le fer chromé avec du nitre, épuisant la masse avec de l'eau et faisant cristalliser. Toutes les matières susceptibles d'absorber de l'oxygène, comme l'acide sulfureux, l'acide sulfhydrique, des matières colorantes végétales, jouissent de la propriété de ramener l'acide chromique de ces deux chromates à l'état d'oxyde vert de chrome. On fait une grande consommation de ces sels pour obtenir, sur soie et sur coton, les jaunes dits *jaunes aladins*, pour donner de la stabilité et des nuances nouvelles aux matières colorantes végétales. La fabrication de ces chromates expose les ouvriers à certaines maladies ; elle exerce surtout une influence malfaisante sur la muqueuse du nez. Le tabac à priser serait, dit-on, un excellent antidote.

Le *Chr. de plomb* est un précipité jaune qu'on obtient en mélangeant l'un ou l'autre des chromates de potasse avec une solution d'acétate de plomb : c'est une des couleurs minérales les plus éclatantes ; les carrossiers l'emploient pour peindre en jaune les caisses des voitures ; on s'en sert aussi pour colorier les papiers de tenture, les différents tissus, les faïences et les autres poteries. On le vend, dans le commerce, en morceaux cubiques, sous le nom de *jaune de chrome*, et en trochisques, sous celui de *jaune de Cologne*. Sous cette dernière forme, il est mélangé de sulfate de plomb et de sulfate de chaux. La *pâte orange*, employée dans la peinture à l'huile et dans la fabrication des toiles et des papiers peints est un *chromate de plomb basique*, d'une belle couleur rouge, qu'on prépare en précipitant le chromate de potasse neutre avec de l'acétate de plomb basique.

CHROMATIQUE (du gr. *chróma*, couleur, nuance), science des couleurs. *Voy.* COULEURS.

Ce mot désignait chez les anciens l'un des trois genres de leur musique, celui qui divisait chaque ton en trois, savoir : deux demi-tons et une tierce mineure. On l'appelait ainsi, dit-on, parce qu'il tenait le milieu entre les deux autres, comme les couleurs entre le noir et le blanc, ou parce que les Grecs notaient ce genre avec des caractères colorés. — Aujourd'hui on donne le nom de *chromatique* à une série ou succession de sons procédant par demi-tons, soit en montant, soit en descendant : c'est ainsi qu'on dit une *gamme chromatique*. — On désigne aussi par ce mot des morceaux renfermant beaucoup de modulations : telles sont les *Fantaisies chromatiques* de Séb. Bach.

CHROME (du grec *chróma*, couleur), corps simple métallique, dont les combinaisons sont remarquables par leur belle coloration. Il est de la couleur de l'étain, très-cassant, très-peu fusible, et d'une densité de 5,9. Il se rencontre dans la nature, en combinaison avec le fer et l'oxygène, à l'état de *fer chromé*, et en combinaison avec le plomb et l'oxygène, sous forme de *plomb chromaté* ou crocoïde. On le trouve aussi, en petite quantité, dans quelques aérolithes, dans la serpentine, l'émeraude, l'olivine, le grenat-pyrope, etc.—Il forme avec l'oxygène deux bases salifiables, le *protoxyde* (CrO) et le *sesquioxyde* (Cr^2O^3), un *peroxyde* (CrO^2), et un acide, l'*acide chromique* (CrO^3). Les sels de protoxyde sont rouges ; ceux de sesquioxyde sont verts, bleus ou violets. Ces derniers sont les plus communs. — Le chrome a été découvert en 1797 par Vauquelin.

CHROMIDES. Beudant a donné ce nom à une famille de minéraux colorés (de le chrome pour type).

CHROMIQUE (ACIDE), combinaison formée de chrome et d'oxygène (CrO^3). On l'obtient en belles aiguilles d'un beau rouge rubis, en ajoutant de l'acide sulfurique concentré à une solution de bichromate de potasse. Il est très-soluble dans l'eau, colore la peau en brun, et détruit un grand nombre de substances organiques. Il se convertit promptement en oxyde de chrome vert par l'action de la chaleur ; il éprouve la même transformation au contact des substances organiques. Avec les bases, il forme les *chromates*.

CHROMIS (du grec *chrómis*, poisson que l'on croit être notre Ombrine), genre de poissons Acanthoptérygiens, famille des Labroïdes, caractérisé par la présence de deux petits cæcums au pylore, par ses dents en velours et par une ligne latérale interrompue. Le *Chromis vulgaire* ou *Castagneau*, petit poisson de la Méditerranée, est le type du genre.

CHROMO-DURO-PHANE (du grec *chróma*, couleur, du latin *durus*, dur, et du grec *phainó*, paraître, briller), vernis brillant et durable, nouvellement inventé pour mettre les appartements en couleur.

CHROMOLITHOGHAPHIE. *Voy.* LITHOCHROMIE.

CHROMULE. *Voy.* CHLOROPHYLLE.

CHRONIQUE (du gr. *chronos*, temps), nom donné aux histoires générales ou particulières dans lesquelles les faits sont classés dans leur simple ordre de succession, et ordinairement sans réflexion aucune ; il se donne plus particulièrement aux vieilles narrations du passé, surtout du moyen âge. Telles sont les *grandes Chroniques de France* ou *Chroniques de St-Denis*, écrites dans l'abbaye de Saint-Denis et traduites du latin en français par Guillaume de Nangis ; la *Chr. du religieux de St-Denis*, récemment publiée par MM. Bellaguet et Magin. *V.* au *Dict. univ. d'Hist. et de Géogr.* l'art. SAINT-DENIS (CHRONIQUE DE).—On étend le nom de *Chroniques* aux récits historiques de Villehardouin, de Flodoard, de Froissart, de Monstrelet, etc.

Il a été formé de nombreux recueils de *Chroniques* : les principaux sont ceux de Grævius, de Muratori, pour l'Italie; de Leibnitz, de Meibomius, de Bernard Pez, de G.-H. Pertz, pour l'Allemagne; et pour la France, ceux de Duchesne, de D. Bouquet et autres Bénédictins (*Recueil des Historiens de France*), de Buchon (*Collection des Chroniques nationales*).

On connaît sous le nom de *Chronique scandaleuse*, une histoire de Louis XI, depuis 1460 jusqu'en 1483, attribuée à Jean de Troyes, greffier de l'hôtel de ville de Paris.— On entend ordinairement par ce nom un recueil d'anecdotes galantes.

En Médecine, on appelle *maladies chroniques*, par opposition à *maladies aiguës*, toutes les affections dont la durée est prolongée. Cette expression implique l'idée d'une maladie dépourvue de phénomènes violents et qui parcourt lentement ses périodes.

CHRONOGRAMME (du grec *chronos*, temps, et *gramma*, lettres), sorte d'anagramme dans laquelle les lettres *numérales*, c.-à-d. celles qui, chez les Romains, tenaient lieu de nombres, étant additionnées ensemble, donnent le millésime ou la date d'un événement mémorable : tel est ce distique de Godard sur la naissance de Louis XIV, qui eut lieu en 1638, le jour où la constellation de l'Aigle se trouvait en conjonction avec le Cœur du Lion :

eXorIens DeLphIn aqVILa CorDIsqVe LeonIs
CongressV gaLLos spe LætItIIaqVe refeCIt.

Les lettres capitales additionnées ensemble comme chiffres font justement 1638.

CHRONOLOGIE (du grec *chronos*, temps, et *logos*, discours), science qui a pour objet de faire connaître les divisions du temps chez les différents peuples et de classer dans leurs rapports de succession ou de simultanéité tous les faits passés. De là, deux parties : l'une théorique, dite *Chronologie mathématique* ou *astronomique*, qui traite des divisions du temps fournies par la nature, comme les révolutions de la lune, les solstices, les équinoxes, les éclipses, etc.; l'autre pratique, dite *Chronologie historique*, qui distribue les événements dans le temps et marque leur époque. Les époques elles-mêmes se distinguent en *époques civiles*, partant d'un fait qui a exercé une grande influence sur un peuple et après l'accomplissement duquel on date les années, comme la Création du monde, la 1re Olympiade, la fondation de Rome, la naissance de J.-C., la fuite de Mahomet, etc. : c'est ce qu'on appelle *ère* ; et *époques* ou *périodes historiques*, choisies plus ou moins arbitrairement par les historiens. — Dans l'antiquité il y eut presque autant de chronologies particulières que de peuples d'origines différentes, et c'est une des grandes difficultés de la science d'établir la concordance entre les diverses chronologies (*Voy.* ÈRE et CALENDRIER). La réforme du calendrier par Jules César amena une supputation uniforme du temps, qui se répandit dans tout l'empire romain, puis, avec la religion chrétienne, par toute la terre. Aujourd'hui, chez tous les peuples chrétiens de l'Europe, l'ère et la division de l'année sont les mêmes; seulement les chrétiens grecs d'Europe et d'Orient se servent encore du calendrier Julien non corrigé. Les Mahométans ont des années lunaires qu'ils datent de l'hégire. A ces systèmes divers, il faut encore ajouter ceux des Juifs modernes, des Hindous et des Chinois. — Malgré les travaux des plus habiles chronologistes, il règne beaucoup d'incertitude sur la date précise des événements qui se rapportent aux premiers temps historiques. Plus de cent quarante opinions ont été émises sur la seule date de la création du monde ; les certitudes chronologiques de l'Égypte ne remontent pas au delà de la 16e dynastie. Chez les Grecs, on ne peut rien affirmer de certain au delà du xe siècle avant J.-C., et ainsi de la plupart des autres peuples, la Chine exceptée.

La chronologie est une science toute moderne : ceux qui l'ont le plus avancée sont Scaliger, le P. Labbe, Ussérius, le P. Pétau, Newton, Fréret, Longlet-Dufresnoy, Desvignoles, Ideler, Daunou. Parmi les ouvrages de chronologie les plus importants, il faut citer l'*Art de vérifier les dates* des Bénédictins dernière édit., 1783-87, 3 v. in-fol.), continué par le marquis Fortia d'Urban ; les *Tables chronologiques* de J. Blair ; les *Tablettes chronologiques* de Lenglet-Dufresnoy (1778, 2 vol. in-8) ; le *Système chronologique* de Newton, avec les observations de Fréret ; le *Manuel de chronologie mathématique et technique* de Louis Ideler (Berlin, 1825, 2 vol. in-8) ; et parmi les abrégés, le *Résumé de Chronol.* de Champollion-Figeac, 1830, et la *Chronol. univ.* de M. Ch. Dreyss, 1853.

CHRONOMÈTRE (du grec *chronos*, temps, et *métron*, mesure), dit aussi *garde-temps* et *montre marine*, montre ou horloge mesurant les plus petites fractions de temps avec une parfaite exactitude. On construit aujourd'hui des chronomètres qui permettent d'apprécier exactement un dixième de seconde. Les chronomètres servent en mer pour trouver la longitude ; on les emploie aussi dans les recherches de physique pour évaluer le temps avec précision. On est parvenu à corriger dans les chronomètres les effets de la dilatation, à rendre parfait l'isochronisme du spiral régulateur, à régulariser le mouvement des engrenages, et à rendre presque nul le frottement de toutes les pièces; mais il n'a pas encore été possible de détruire les effets des forces magnétiques ou électriques auxquelles les pièces métalliques dont se compose l'instrument sont successivement exposées dans les différentes parties du globe qu'elles traversent. Les montres marines ont été particulièrement perfectionnées en Angleterre par Harrison, Kendal et Graham, et en France par Berthoud, Leroy et Bréguet.

CHRYSALIDE (du grec *chrysos*, or, à cause de l'éclat métallique dont brillent quelques chrysalides), que l'on donne à la *nymphe* des insectes Lépidoptères, c.-à-d. à la première métamorphose que subit la chenille de ces insectes avant de devenir papillon. Dans cet état, l'insecte est comme emmailloté dans une enveloppe qui le cache entièrement ou qui en dessine les contours; il ne prend aucune nourriture, et reste dans l'immobilité la plus complète. Certaines chrysalides (celles des mouches, par exemple) ont la forme d'une petite graine ovoïde : on les appelle vulgairement *fèves;* celles des papillons diurnes sont plus ou moins anguleuses, tandis que celles des papillons nocturnes et crépusculaires sont toujours arrondies et cylindrico-coniques. La couleur des chrysalides diurnes est généralement brillante et métallique, ce qui leur a valu le nom d'*Aurélies;* les autres sont ordinairement brunes ou noires. Certaines chrysalides sont enveloppées dans une coque de soie plus ou moins fine (vers à soie); d'autres sont nues et suspendues par leur extrémité inférieure à un tissu de soie (papillons diurnes); quelques-unes sont enfoncées dans la terre (sphinx); d'autres enfin attaquent la fourrure et les étoffes de laine, et se font, aux dépens des poils et de la laine, un petit étui dans lequel s'accomplit la métamorphose. Ces insectes restent à l'état de chrysalide plus ou moins longtemps, suivant les saisons ou les espèces. Le moment de l'éclosion arrivé, le papillon s'échappe par une fente qui se fait au dos.

CHRYSANTHÈME (du grec *chrysos,* or, et *anthémon,* fleur), *Chrysanthemum,* genre de la famille des Composées, intermédiaire entre le genre Leucanthème et le genre Pyrèthre, comprend des herbes ou des arbrisseaux originaires de l'Europe et de l'Afrique, dont les fruits sont à trois côtes ou à trois ailes. Les plantes cultivées dans nos jardins sous le nom de *Chrysanthèmes* appartiennent au genre Pyrèthre. On donne souvent le nom de *Chrysanthème des Indes* à l'*Anthémis à grandes fleurs,* belle plante vivace, originaire de la Chine, à tiges nombreuses, droites et garnies de feuilles découpées, d'un vert clair; à fleurs aussi très-nombreuses, radiées, et ressemblant assez, sauf la couleur, aux Reines-Marguerites. Il y a des Chrysanthèmes blancs, roses, violets, pourprés, jaunes, bruns, etc. Souvent les fleurons s'allongent et présentent une fleur globuleuse en forme de houppe; quelquefois ils se roulent en tubes, comme la Reine-Marguerite-anémone.

CHRYSARGYRE (du grec *chrysos,* or, et *argyrion,* argent), impôt qui, dans l'empire grec, se payait tous les 4 ans, et était supporté par les marchands et les gens de mauvaise vie; il se payait en or et en argent. Établi par Constantin, il fut aboli par Anastase.

CHRYSIDES (du grec *chrysos,* or), tribu d'insectes Hyménoptères, famille des Pupivores, renferme des insectes de petite taille, dont le corps a partout la même largeur. Ils ont la tête inclinée, les antennes de 12 articles, coudées et filiformes, le thorax cylindrique, l'abdomen ovalaire; leurs téguments brillent de tout l'éclat de l'or et des pierreries. Les chrysides pondent leurs œufs dans le nid de quelque autre Hyménoptère qu'ils dévorent ensuite. Le type de cette tribu est le genre *Chrysis,* dont la principale espèce, la *Chr. ignita,* est commune en Europe.

CHRYSOBALANUS (du grec *chrysos,* or, et *balanos,* gland ou fruit analogue), nom latin du genre *Icaquier,* ainsi nommé à cause de la couleur du fruit.

CHRYSOCALQUE (du grec *chrysos,* or, et *calchos,* airain), qu'on écrit aussi *chrysocal* et *chrysocale,* alliage de cuivre et de zinc qui offre plus ou moins l'apparence de l'or. On le nomme aussi *similor,* or *de Manheim, alliage du prince Robert, cuivre jaune* ou *laiton. Voy.* CUIVRE JAUNE.

CHRYSOCHLORE (du grec *chrysos,* or, et *chlóros,* verdâtre), *Chrysochloris,* genre de Mammifères de l'ordre des Carnassiers et de la famille des Insectivores, renferme des animaux assez semblables aux taupes, ayant le museau court, large et relevé; les pieds de devant courts, robustes, propres à fouiller la terre, et munis de trois ongles seulement. Ces animaux sont remarquables par les reflets irisés et chatoyants de leur robe. Une des plus belles espèces est le *Chr. du Cap,* au poil brun, à reflets vert-métallique.

CHRYSOCOLLE (du grec *chrysos,* or, et *colla,* colle), nom donné par les anciens à une substance verte dont ils se servaient pour souder l'or et les autres métaux, et qui paraît être un silicate de cuivre. On a aussi donné ce nom au Borax, qui sert au même usage.

CHRYSOLITHE (du grec *chrysos,* or, et *lithos,* pierre), nom donné par les anciens lapidaires à diverses substances minérales, notamment à la *cymophane,* au *péridot,* à l'*apatite,* etc., à cause de leur teinte dorée. — La chrysolithe était la dixième des pierres précieuses dont était orné le *Rational* du grand prêtre des Hébreux; elle portait gravé le nom de Zabulon. Elle était transparente, de couleur d'or, et mêlée de vert jetant un beau feu.

CHRYSOMÈLE (du grec *chrysos,* or, et *mélon,* pomme), *Chrysomela,* genre d'insectes Coléoptères tétramères, famille des Cycliques, type de la tribu des Chrysoméliens : tête engagée dans le prothorax, palpes à quatre articles, dont le dernier est plus court et glandiforme, antennes de onze articles, élytres globuleuses et enveloppant complétement le corps. Les Chrysomèles brillent des couleurs les plus vives; elles se nourrissent de feuilles, et vivent en société. En général, elles fuient la lumière du jour. — La Chrysomèle passe pour odontalgique. Dans le commerce, on falsifie les Cantharides en y mêlant des Chrysomèles, qui ont quelque ressemblance avec elles.

CHRYSOPHRYS, nom scientifique de la DAURADE.

CHRYSOPRASE (du grec *chrysos,* or, et *prasos,* vert), variété d'agate vert-pomme qui doit sa couleur à l'oxyde de nickel. — La *Chrysoprase d'Orient* est une variété de topaze qui est d'un jaune verdâtre.

CHULARIOSE (du grec *khulos,* suc). *Voy.* SUCRE.

CHUTE, effet de la pesanteur sur les corps abandonnés à eux-mêmes. *Voy.* PESANTEUR.

En Géographie physique, *chute* est synonyme de *cataracte* et *de cascade. Voy.* ces mots.

En Horlogerie, on appelle *chute* l'espace parcouru par la roue de rencontre, et le petit coup qui résulte du choc d'une dent avec l'entre-palette. Dans un échappement bien fait, il faut que la chute soit égale sur chaque palette.

En Médecine, on entend par *chute de la luette, du rectum,* etc., le relâchement de ces divers organes.

CHYLE (du grec *chylos,* suc, humeur), fluide qui forme le sang; il est séparé des aliments pendant l'acte de la digestion; puis les vaisseaux dits *chylifères* le pompent à la surface de l'intestin grêle, et le portent dans le sang (*Voy.* CHYLIFICATION). C'est un liquide blanc, opaque, ayant à peu près l'aspect du lait, une saveur salée et alcaline, et une odeur particulière; il est d'abord peu coagulable, mais il le devient davantage dans les ganglions mésentériques, où il prend une teinte rosée; enfin, dans le canal thoracique, et près d'arriver dans la masse du sang, il est manifestement coagulable, et ses particules ne diffèrent de celles du sang que par une couleur moins foncée. Abandonné à lui-même, il se partage, comme le sang, en sérum albumineux et en caillot; mais il contient de plus une matière grasse particulière.

CHYLIFÈRES (VAISSEAUX), dits aussi *veines lactées,* vaisseaux lymphatiques des intestins qui s'emparent du *chyle* et le conduisent au canal thoracique. Ils sont très-nombreux dans l'intestin grêle, et rares dans le gros intestin. A la sortie du premier, ils sont logés dans l'épaisseur du mésentère; ils aboutissent d'abord aux ganglions mésentériques, puis vont se terminer par plusieurs troncs dans la partie lombaire du canal thoracique, près de l'ouverture aortique du diaphragme, à l'endroit où se trouve le réservoir de Pecquet. Ces vaisseaux ont été observés pour la première fois en 1621 par Aselli; mais cet anatomiste n'en devina pas les fonctions.

CHYLIFICATION. Ce mot désigne :1° l'élaboration qu'éprouve le chyme dans l'intestin grêle sous l'influence de la bile et du suc pancréatique, élaboration qui le rend apte à fournir le *chyle;* 2° l'action absorbante que les vaisseaux chylifères exercent sur le chyme à la surface des intestins, et qui a pour résultat la formation et la circulation du chyle. L'absorption du chyle commence à la fin du duodénum, continue dans le jéjunum, et cesse à la fin de l'iléon. D'après Magendie, la quantité de chyle versée dans la circulation est au moins de 190 grammes par heure pendant les deux ou trois heures que dure la chylification; mais, hors le temps de la digestion, il n'y a que très-peu de chyle, et, après vingt-quatre heures d'abstinence, les vaisseaux chylifères ne contiennent plus que de la lymphe.

CHYME (du grec *chymos*, suc), sorte de bouillie plus ou moins homogène, semi-liquide, de couleur grisâtre ou brunâtre, d'une saveur douceâtre ou acide, d'une odeur fade et nauséabonde, que forme la masse alimentaire après avoir subi dans l'estomac un premier degré d'élaboration, qu'on appelle *chymification*. Le chyme se rencontre dans l'estomac, le duodénum et le commencement du jéjunum. A mesure qu'il continue son trajet dans l'intestin grêle, il se dépouille, par suite de l'absorption intestinale, des principes propres à la formation du *chyle*; et, arrivé, dans le gros intestin, il se change de plus en plus en une masse excrémentitielle qui, à l'extrémité des voies digestives, constitue les *matières stercorales*.

CIBLE (de l'allem. *scheibel*, diminutif de *scheibe*, disque, but), espèce de but sur lequel l'infanterie et surtout les tirailleurs s'exercent au tir du fusil ou de la carabine. C'est ordinairement un cadre ou châssis assujetti avec des pieux, et portant une toile ou un carton blanc où sont grossièrement figurés des soldats ou d'autres marques pour servir de but. Les premiers tirs à la cible ne paraissent pas remonter au delà du XVᵉ siècle : ils furent établis en 1429. De nos jours, on y exerce fréquemment les soldats. Une décision de 1825 accorde des prix en argent aux plus habiles tireurs.

CIBOIRE, en latin *ciborium* (de *cibus*, aliment; ou du grec *kiborion*, espèce de courge dont on faisait des vases à boire), vase destiné à la conservation des hosties consacrées. Le saint ciboire doit être d'or ou d'argent doré à l'intérieur : il est bénit, mais non consacré. L'Église ordonne de changer les hosties et de purifier le ciboire au moins tous les quinze jours. — Autrefois on appelait aussi *ciboire* un petit dais élevé au-dessus du maître-autel : quelquefois on suspendait sous ce dais une colombe d'or ou d'argent représentant le Saint-Esprit, et dans l'intérieur de laquelle on conservait l'eucharistie pour les malades.

CIBOULE (*Allium fistulosum*) est originaire CIBOULE et CIBOULETTE (du latin *cipula*, diminutif de *cœpa*, oignon). On appelle ainsi deux petites espèces d'ail que l'on cultive pour le service des cuisines. La Ciboule (*Allium fistulosum*) est originaire des montagnes froides de l'Europe et de l'Asie. Ses bulbes allongées forment une touffe d'où s'élance une tige terminée par une tête conique semblable à celle de l'ail commun, dont elle a l'odeur, mais moins forte. Elle se sème dans une terre légère, et en deux saisons : soit en février et mars, et alors on la repique à distance en avril et mai, soit vers la mi-juillet, pour être replantée en avril et mai suivants. On en connaît trois variétés : la *C. ordinaire*, la *C. hâtive* et la *C. blanche*.—La Ciboulette ou Civette (*Allium schœnoprasum*) a les feuilles beaucoup plus minces que celles de la ciboule; elle se multiplie par les caïeux, que l'on sépare tous les trois ans; ses fleurs violettes forment une petite boule d'un assez joli effet. Elle croît spontanément dans les prairies des Alpes et dans le Midi de la France. On la nomme aussi *Appétit*, parce qu'elle est pour l'estomac un stimulant actif.

CICADAIRES (du latin *cicada*, cigale, qui en est le type), famille d'insectes Hémiptères, section des Homoptères : ils sont caractérisés par des antennes toujours terminées par une soie, des ailes entièrement diaphanes, et disposées en toit pendant le repos. Tous ces insectes vivent sur les végétaux, qu'ils per-

cent avec leur trompe; la plupart sont propres aux pays chauds. — A cette famille appartiennent les genres *Cigale* (genre type), *Fulgore*, *Tettigomètre*, *Membrace*, *Centrote*, *Cercope*, etc.

CICATRICE (du latin *cicatrix*, même signification), tissu fibro-celluleux qui réunit les solutions de continuité des corps vivants. La *cicatrisation* est la série d'opérations par lesquelles la nature accomplit cette réunion. Lorsque les chairs sont seulement divisées et qu'il n'y a point d'inflammation, le recollement s'opère rapidement à l'aide de la lymphe coagulable qui se répand dans l'interstice et se solidifie en adhérant des deux côtés. Mais lorsqu'il y a eu perte de substance, la plaie s'enflamme, puis suppure; si elle est de quelque étendue, on la voit se couvrir de granulations coniques et rouges, dites *bourgeons charnus*; bientôt apparaît une membrane rouge et mince qui s'étend de proche en proche, et qui, prenant chaque jour plus de consistance, finit par fermer totalement la plaie. La cicatrice, une fois formée, reste quelque temps rouge, molle et susceptible de se rompre; sa sensibilité est extrême et l'épiderme qui la couvre se renouvelle plus fréquemment que dans les autres parties. Dans la suite, elle prend une teinte plus blanche que le reste de la peau, dont elle diffère d'ailleurs par l'absence de follicules sébacés, de bulbes pileuses et de transpiration. *Voy.* CAL.

CICCA, genre de la famille des Euphorbiacées, est composé d'arbres ou d'arbrisseaux à feuilles alternes, petites; à fleurs fasciculées, monoïques ou dioïques; à calice quadriparti, renfermant dans les mâles 4 étamines et dans les femelles un ovaire à 4 loges devenant un fruit charnu. La plupart des espèces croissent dans l'Asie tropicale. Le *C. disticha*, vulgairement *Chéramélier* ou *Chérambolier*, est cultivé dans l'Inde et aux Antilles : son fruit, dit *Cerise des Iles* et *Cerise de l'Inde*, offre aux habitants une nourriture saine et agréable. Le bois renferme un suc blanc, âcre et purgatif, et les feuilles sont employées en décoction comme sudorifiques.

CICER, CICÉROLE, plante. *Voy.* POIS CHICHE.

CICÉRO, caractère typographique, entre la *philosophie* et le *saint-augustin*, dont la force est de *onze points* (une ligne cinq sixièmes). Il est ainsi nommé parce que ce fut avec ce caractère que les premiers imprimeurs qui arrivèrent à Rome (en 1467) imprimèrent les *Épîtres familières de Cicéron* en latin.

CICÉRONE (de *Cicéron*, comme qui dirait *savant*), nom donné en Italie aux individus qui, moyennant salaire, font métier de montrer aux étrangers les curiosités des villes. Les *Ciceroni*, pour la plupart très-importuns, sont bien souvent le fléau des voyageurs.

CICINDÈLE (du latin *cicindela*, mouche luisante), genre d'insectes Coléoptères pentamères, de la famille des Carnassiers : tête saillante, mandibules très-développées, fortement dentées intérieurement, susceptibles d'un très-grand écartement quand l'insecte veut s'en servir; yeux très-gros. Ces insectes habitent ordinairement les endroits sablonneux, vivent de chasse, et volent avec rapidité. Ils donnent leur nom à la tribu des Cicindélètes, qui, avec le genre *Cicindèle* qui en est le type, comprend les genres *Manticore*, *Thérate* et *Colliure*.

CICUTAIRE (de *cicuta*, ciguë), *Cicutaria*, genre de la famille des Ombellifères, tribu des Amminées, renferme des plantes vénéneuses, au nombre desquelles est la *C. aquatique* (*Ciguë vireuse* de Linné), commune dans les contrées marécageuses du nord de la France et de l'Allemagne. Sa tige, rameuse et haute de 1 m. environ, est garnie de feuilles amples, découpées en folioles dentées; les fleurs sont blanches; la racine, charnue, creuse et coupée de diaphragmes, répand un suc jaunâtre, qui est vénéneux comme tout le reste de la plante. On la regarde comme un poison plus actif encore que la *grande ciguë*. *Voy.* CIGUE.

CICUTINE (de *cicuta*, ciguë), alcaloïde particulier

dont on a reconnu la présence dans la grande ciguë : c'est la même substance que la *Conine. Voy.* ce mot.

CIDRE, autrefois *Sidre* (du latin *sicera*, tiré lui-même de l'hébreu *sichar*, liqueur fermentée), boisson faite avec le jus de pommes, et dont l'usage remplace le vin dans quelques contrées, surtout dans le nord-ouest de la France. Pour le fabriquer, on expose d'abord quelques jours les pommes au soleil dans un lieu sec; on les pile ensuite dans un moulin à meules verticales, tournant dans une auge circulaire; quand elles sont à demi écrasées, on les brasse avec un cinquième de leur poids d'eau de bonne qualité; puis on les met dans une cuve où on les laisse fermenter; le cidre est parfait quand il est limpide, d'une belle couleur d'ambre, sans acidité ni fadeur. Le cidre tourne facilement à l'aigre, et il faut le boire aussitôt qu'il est tiré. Pour l'empêcher de perdre sa douceur et le faire mousser, on jette dans le tonneau qui doit le contenir du moût de raisin réduit en sirop avec du miel; on verse le cidre par-dessus et on roule en tous sens. Quand on veut conserver du cidre mousseux, on le tire après cinq ou six jours et on le met dans des bouteilles de grès ou dans des barils cerclés en fer. Quelques fabricants clarifient le cidre à l'aide de l'acétate de plomb; mais, à la suite de cette opération, une partie du sel de plomb reste dans le cidre, ce qui occasionne souvent des coliques saturnines: pour prévenir ces accidents, il a été défendu en 1852 d'employer ce mode de clarification. —Le meilleur cidre s'est fabriqué de tout temps en Normandie, notamment dans les vallées de Bray et d'Auge : on cite surtout le cidre de Montigny, de Préaux, de Quièvreville, de Houppeville, etc.; on fabrique un cidre très-spiritueux dans l'île de Guernesey. —On appelle *petit cidre* ou *boisson*, un cidre étendu d'eau, qui ne peut pas se conserver; *poiré*, un cidre fait avec du jus de poires. On imite le cidre avec les fruits du cormier, avec un mélange de verjus, de vinaigre framboisé, d'eau, de sucre et de fleurs de sureau et de violette.

CIEL (en latin *cœlum*, du grec *coïlos*, creux, concave), partie supérieure du monde qui nous environne de toutes parts, et à laquelle les astres nous paraissent attachés. Les anciens attribuaient au ciel de la solidité et en faisaient une voûte de cristal; on sait aujourd'hui que ce n'est que l'espace vide, et qu'il doit sa couleur azurée à la masse d'air qui entoure notre globe. Les Grecs avaient divinisé le Ciel sous le nom d'Uranus : c'était le plus ancien de leurs dieux. Dans le langage des Théologiens, le *ciel* est le séjour du bonheur éternel : nous concevons ce lieu comme placé au delà de l'espace immense que nous voyons au-dessus de nous. Les Musulmans admettent jusqu'à 9 cieux, dans chacun desquels s'augmente la félicité qui attend les croyants. *V.* PARADIS et EMPYRÉE.

CIERGE (du latin *cereus*, dérivé de *cera*, cire), longue chandelle de cire, légèrement conique, que l'on allume durant les cérémonies religieuses. —L'usage des cierges provient de la nécessité où furent les premiers chrétiens de se servir de flambeaux pour célébrer les saints mystères dans l'obscurité des catacombes. Il est possible, en outre, qu'on y ait attaché de bonne heure des idées mystiques; peut-être enfin les cierges rappellent-ils les lampes qui brûlaient en plein jour dans le temple de Jérusalem. —On appelle *cierge pascal* un cierge de grande dimension que l'on bénit dans chaque paroisse pour la fête de Pâques : cette bénédiction se fait à l'office du samedi saint avant la messe; le diacre attache au cierge cinq grains d'encens qui rappellent les cinq fêtes mobiles de l'année des chrétiens; on l'allume avec le feu nouveau qui se fait le samedi saint dans les églises. On fait remonter l'origine de cet usage au concile de Nicée, en 325.

On a donné le nom de *Cierge* à des végétaux dont la tige est excessivement allongée, tels que le *C. amer* ou *laiteux* (Euphorbia canariensis et Euphorbia

antiquorum); le *C. maudit* (Verbascum nigrum); le *C. de Notre-Dame* (Verbascum thapsus); le *C. du Pérou*, espèce de Cactus. *Voy.* CACTÉES.

CIGALE, *Cicada*, genre d'insectes Hémiptères, de la section des Homoptères, type de la famille des Cicadaires, a pour caractères essentiels des antennes très-courtes, à 6 articles; la tête courte, large et comme tronquée antérieurement, avec 3 petits yeux lisses sur le sommet; des ailes gazées, à nervures saillantes, disposées en toit et dépassant le corps; son abdomen, renflé et conique, est muni à sa base, mais chez les mâles seulement, d'un organe propre à produire ce son monotone qu'on appelle improprement le *chant de la cigale:* ce sont deux membranes élastiques, situées dans le premier anneau de l'abdomen et munies de parties coriaces dont le frottement produit un effet analogue à celui de la roue qui fait vibrer la corde dans une vielle. Les cigales sont plus communes et plus grandes dans les pays chauds que dans les nôtres. Elles vivent de préférence dans les forêts et se nourrissent de la séve des arbres qu'elles percent de leur trompe. Le type du genre est la *C. plébéienne (C. plebeia)*, qu'on trouve dans le midi de l'Europe. Elle est d'un brun noirâtre ou jaunâtre, et longue de 4 centim. : c'est la seule qu'on trouve dans le midi de la France; on la rencontre quelquefois jusqu'à Fontainebleau. — La cigale était consacrée à Apollon; elle n'en était pas moins aussi le symbole des mauvais poëtes.

CIGARE (de l'espagnol *cigarro*), petit cylindre formé d'une feuille de tabac à fumer roulée sur elle-même ou de brins de tabac enveloppés dans une feuille. On fume le cigare soit en le mettant immédiatement en contact avec la bouche, soit à l'aide de *porte-cigares* en paille, en os, en ivoire, en ambre, etc. En France, la régie offre aux consommateurs un choix de cigares infiniment varié, depuis le *panatelas de la Havane*, qui est le plus estimé, jusqu'au *cuartas de Manille*, qui est le moins bon. *Voy.* TABAC.

On a donné le nom de *cigarettes* (en espagnol *cigaritos*) à petits cigares que le consommateur fait lui-même avec du tabac découpé et roulé dans un petit morceau de papier ou de paille de maïs. —On fait aussi des *cigarettes* de camphre et autres préparations.

CIGOGNE, *Ciconia*, genre d'oiseaux de l'ordre des Échassiers et de la famille des Cultrirostres, voisin du Héron et de la Grue, renferme les genres *Cigogne* proprement dit, *Jabiru, Ombrette, Tantale* et *Spatule*. — Les Cigognes proprement dites ont le bec long, conique, pointu et fendu en avant des yeux, le cou et les pieds très-longs, 4 doigts, dont 3 extérieurs réunis par une membrane. On distingue les vraies *cigognes*, qui ont la tête emplumée, et les *marabous*, qui ne l'ont pas et qui ont le bec très-gros. La cigogne a des mouvements lents et mesurés; elle n'a d'autre cri que le clapotement qui résulte du choc de ses mandibules l'une contre l'autre: elle ne le fait guère entendre que quand elle est effrayée. Cet oiseau vit le long des rivières et dans les marais, où il se nourrit principalement de reptiles, d'oiseaux, de poissons, etc. Il établit son nid sur des arbres élevés ou sur le haut des maisons. Quoique les cigognes aient des ailes de médiocre étendue, elles peuvent franchir d'un essor soutenu d'immenses espaces. Tous les ans, à la fin de l'été, elles quittent les contrées du Nord pour aller s'abattre en Afrique, particulièrement sur les bords du Nil. Les cigognes sont d'un naturel très-doux et se familiarisent aisément avec l'aspect de l'homme; elles sont aussi remarquables par le vif attachement qu'elles témoignent pour leurs petits. Ces qualités et la guerre de destruction qu'elles font aux reptiles et autres animaux malfaisants avaient fait de la cigogne l'objet d'un culte religieux chez les anciens : les Grecs l'avaient consacrée à Junon; les Romains en avaient fait l'emblème de la piété filiale; en beaucoup d'endroits, surtout en Égypte et même en Hollande, leur vie est protégée par des lois ou des coutumes locales.

La *C. blanche* (*C. alba*), type des Cigognes proprement dites, est haute de 1 mètre à 1ᵐ,20 ; elle a les pennes des ailes noires, le bec et les pieds rouges.

CIGUE (du latin *cicuta*), *Conium* de Linné, genre de la famille des Ombellifères, tribu des Smyrnées, est caractérisé par ses fleurs blanches, ses fruits globuleux, relevés de côtes crénelées en forme de petits tubercules, renfermés dans un involucre de plusieurs folioles linéaires, étalées en tous sens. Il renferme des plantes herbacées, annuelles, bisannuelles ou vivaces, dont la principale espèce est la *Grande Ciguë* ou Ciguë proprement dite (*Conium maculatum*), aux feuilles grandes, d'un vert très-foncé et un peu luisantes, célèbre chez les anciens comme plante vénéneuse, dont on extrayait, à Athènes, le poison destiné à certains condamnés : Socrate et Phocion burent la ciguë.

Deux plantes, appartenant à des genres tout différents du précédent portent aussi vulgairement le nom de Ciguë, à cause de leurs propriétés vénéneuses ; ce sont : la *Petite Ciguë*, ou *Ciguë des jardins*, qui n'est qu'une Æthuse (*Æthusa cynapium*), et qui se confond facilement avec le Persil (*Voy.* ÆTHUSE) ; la *Ciguë vireuse* ou *Cicutaire*. *Voy.* ce mot.

La *Grande Ciguë* est un poison des plus actifs : sa vertu est d'autant plus grande qu'elle croît dans un climat plus chaud : on en combat les mauvais effets à l'aide de purgatifs et d'acides végétaux (vinaigre, suc de citron, etc.). Elle doit ses propriétés à un alcaloïde particulier appelé *cicutine* ou *conine* (*Voy.* CONINE) ; on l'emploie en médecine comme narcotique, particulièrement contre le cancer, les scrofules, la goutte, etc. : on l'administre, soit à l'intérieur, sous forme d'extrait, soit à l'extérieur, sous forme de cataplasme et d'emplâtre. La *Petite Ciguë* ou *C. des jardins* jouit des mêmes propriétés médicales ; elle est même plus active et son emploi est dangereux. La *Ciguë vireuse* ou *Cicutaire aquatique* est la plus vénéneuse des trois ; on l'a cependant préconisée contre la phthisie pulmonaire.

CILS, plantes, poils qui bordent les paupières de tous les Mammifères : ils s'opposent à l'introduction dans le globe de l'œil des corpuscules qui voltigent dans l'atmosphère et servent en même temps à écarter les rayons lumineux qui affecteraient trop vivement l'œil. — Chez l'homme, ces poils sont durs, roides, de la couleur des cheveux et des sourcils, et disposés sur deux ou trois rangs. Ils sont plus nombreux, plus longs et plus forts à la paupière supérieure qu'à l'inférieure. Ceux de la paupière supérieure sont dirigés en haut, et ceux de la paupière inférieure en bas. On appelle *procès ciliaires* les replis de la membrane choroïde. Ils sont placés les uns à côté des autres, en rayonnant, et sont logés dans des renfoncements spéciaux de la partie antérieure du corps vitré. Leur réunion forme le *corps ciliaire*, anneau qui entoure le cristallin en manière de couronne placée derrière l'iris.

Les paupières de plusieurs espèces d'oiseaux sont également garnies de cils. Dans les insectes, ce nom sert à désigner les poils roides qui se remarquent sur les bords de certains organes. — Dans les animaux rayonnés, on nomme *cils* les appendices qui rappellent la forme des poils des paupières, et qui sont situés sur certains organes de ces animaux.

En Botanique, on appelle *cils* les poils fins, d'une certaine longueur, qui naissent aux bords d'une partie quelconque d'une plante, et qui sont rangés sur une seule ligne. Le péristome de quelques mousses, les feuilles de la joubarbe des toits, les stipules de la persicaire, les anthères de la lavande, les pétales de la capucine, etc., sont garnis de cils.

CILICE (de *Cilicie*, pays où c'était le vêtement ordinaire, ou d'un mot hébreu qui veut dire *sac*), large ceinture ou sarreau d'étoffe grossière, ordinairement en poil de chèvre, en crin de cheval, ou fait de tout autre poil rude et piquant, que l'on porte sur la peau par mortification. Le cilice était fort en usage chez les Hébreux, qui le portaient, en se couvrant de cendres, dans les temps de deuil et de disgrâce.

CILIÉ. On a donné le nom de *Ciliés* à diverses sections de Zoophytes dont le principal caractère est d'avoir le corps pourvu d'appendices locomoteurs latéraux en forme de *cils* : plusieurs espèces de Polypes, d'Acalèphes, d'Infusoires sont dans ce cas.

CIMAISE (du grec *kymation*, vague, ligne onduleuse), sorte de moulure en doucine qui termine la corniche d'un bâtiment. Son profil se compose de deux arcs de cercle présentant la figure de la lettre S. — Les menuisiers appellent ainsi une pièce de bois ornée de moulures qui sert de couronnement aux lambris d'appui.

CIMBEX (du grec *cimbéx*, sorte de guêpe), genre d'insectes Hyménoptères, de la famille des Porte-scie, tribu des Tenthrédines. Ils ont environ 2 centim. de long ; leur tête est bombée en dessus, très-plate en dessous ; les yeux ovales, convexes ; les mandibules très-tranchantes, les pattes antérieures courtes, et les postérieures très-développées. Le type du genre est le *C. jaune*, qu'on trouve en France.

CIME, sommet. Les Botanistes donnent ce nom aux assemblages de fleurs dont les pédoncules communs, nés d'un même point de la tige, se subdivisent ensuite irrégulièrement et se terminent tous à peu près à la même hauteur : ces fleurs sont dites disposées en *cime*.

CIMENT (en latin, *cæmentum*), espèce de mortier qu'on compose avec de la brique concassée et de la chaux, et qui sert dans les constructions. — Le *ciment romain* est un produit de la calcination de certains calcaires argileux ; c'est une espèce de béton et une excellente chaux hydraulique. Après avoir été gâché en une pâte un peu consistante, il acquiert en un quart d'heure, tant sous l'eau que dans l'air, une grande solidité, qui s'accroît promptement avec le temps, en sorte qu'au bout de quelques jours il prend la dureté des meilleures pierres calcaires. Découverte pour la première fois en Angleterre, la pierre à ciment a été trouvée en France, d'abord à Boulogne-sur-mer, puis à Pouilly en Bourgogne, etc. Le *C. hydraulique de Moleine*, découvert en 1831 par M. Morot, est analogue au ciment romain. — Le *Ciment dit Américain*, ou de *Parker*, peut remplacer la pierre à bâtir ; il acquiert en peu de temps la dureté du granit, et est susceptible d'un beau poli.

CIMETERRE (du persan *chimchir*, suivant Gébelin), arme en usage chez les Orientaux. c'est un sabre pesant, dont la poignée est en forme de manche ; à lame convexe, courte, à contre-pointe, s'élargissant vers la pointe et s'échancrant à son extrémité en portion de cercle prise sur la convexité. Les Romains l'appelaient *acinaces*.

CIMETIÈRE (en grec *coimêtèrion*, dortoir, lieu de repos, du verbe *coimaô*, dormir). L'usage des cimetières n'est pas très-ancien. Chez les Romains, les tombeaux furent indifféremment placés, tantôt dans les campagnes, et particulièrement sur le bord des chemins, tantôt dans un jardin qui avait appartenu au défunt, ou qui était acheté à cet effet. Les hommes de la lie du peuple et les esclaves étaient jetés dans des espèces de voiries (*puticuli* ou *culinæ*). Les premiers chrétiens enterraient leurs morts dans les catacombes ; dans la suite, l'usage s'établit de placer des cimetières auprès des églises, et insensiblement on accorda à quelques personnes le privilège d'être inhumées dans l'intérieur même de l'église. Cet usage, devenu général dans toute la chrétienté, a disparu depuis près d'un siècle à Paris et dans toutes les villes de France par des raisons de salubrité ; mais on le retrouve encore dans plusieurs pays étrangers. — On compte trois grands cimetières aux portes de Paris : le cimetière de l'Est ou du *Père La Chaise*, celui du

Nord ou *de Montmartre*, et celui du Sud ou du *Mont-Parnasse*. Ceux de *Sainte-Catherine* et de *Clamart* sont fermés; celui de *Vaugirard* ne reçoit plus que les restes des suppliciés. A l'étranger, on cite l'ancien *Campo santo* de Pise, les cimetières de Naples, de Salzbourg en Autriche, de Saint-Alexandre-Nefski à Saint-Pétersbourg, de Notre-Dame du Don à Moscou. *Voy.* CATACOMBES, CRYPTE, NÉCROPOLE, etc.

CIMEX, nom latin de la *Punaise*, a formé les mots : *Cimicides* et *Cimiciens*, famille d'insectes dont la *Punaise* est le type; *Cimifuge*, épithète donnée à une espèce d'*Actée* propre à chasser les punaises (*Voy.* ACTÉE); *Cimicaire*, plante de la famille des Renonculacées, tribu des Pœoniées, qui croît en Sibérie, et dont l'odeur chasse aussi les punaises.

CIMIER (du latin *cima*, cime), ornement qui forme la partie supérieure d'un casque. Le cimier est ordinairement surmonté d'une aigrette ou d'une touffe de plumes ou de crin. — En termes de Blason, on nomme ainsi tout objet posé sur le casque qui surmonte l'écu des armoiries : c'était autrefois la plus grande marque de noblesse; on ne le portait qu'après avoir figuré dans les tournois. — En Vénerie, ce mot s'entend de la pièce de chair qui se lève le long du dos et des reins du cerf, du daim, du chevreuil, etc. Dans la curée, cette partie se donnait au maître de la chasse.

CIMOLÉE (TERRE), terre argileuse, de couleur grise, qui se tirait d'une des îles de la mer de Crète nommée *Cimolis :* elle passait pour astringente et résolutive. — On nomme encore ainsi l'oxyde de fer qui se ramasse autour de la roue sur laquelle les couteliers aiguisent les instruments de fer ou d'acier. On l'appelle aussi *boue de coutelier*.

CINABRE (en grec *cinnabari*), combinaison de soufre avec le mercure (HgS), se rencontre en masses lamelleuses ou fibreuses d'un rouge vermillon, dans les mines d'Almaden en Espagne, à Idria en Carinthie, etc.; sa pesanteur spécifique est de 8,1. On l'exploite pour en extraire le mercure. On l'obtient aussi artificiellement en chauffant du soufre avec du mercure en vases clos et soumettant ce produit à la sublimation. C'est en broyant le cinabre artificiel sous des meules avec de l'eau qu'on obtient le *vermillon* (*Voy.* ce mot). Les Hollandais ont eu pendant longtemps le monopole de la fabrication du cinabre artificiel; mais on le prépare aujourd'hui à Paris en grande quantité. Albert le Grand fit le premier connaître, au XIIIe siècle, la composition du cinabre.

CINARÉES, une des huit tribus de la famille des Composées ou Synanthérées, est caractérisée par ses fleurs en capitule, et par un anneau, une collerette ou un renflement à la partie supérieure de chaque style. Cette tribu a pour type le genre Artichaut (*Cinara*).

CINAROCÉPHALES (de *cinara*, artichaut, et *képhalè*, tête), groupe de la famille des Composées, tribu des Cinarées, renferme des plantes à têtes d'artichaut; il correspond aux *Flosculeuses* de Tournefort et aux *Carduacées* de R. Brown. *Voy.* CARDUACÉES.

CINCHONINE (de *Cinchona*, nom latin du genre Quinquina), alcali végétal, cristallise en prismes quadrilatères, incolores, amers, insolubles dans l'eau froide, très-solubles dans l'alcool; il accompagne la quinine dans les quinquinas (écorces des *Cinchona*). Il se distingue de la quinine en ce qu'il est insoluble dans l'éther et renferme moins d'oxygène. Il forme des sels extrêmement amers, et renferme $C^{38}H^{22}N^2O^2$. Pelletier et Caventou l'ont isolé en 1820.

CINCLE, *Cinclus*, genre d'oiseaux de l'ordre des Passereaux et de la famille des Turdinées ou Merles, dont il se distingue par son bec comprimé, droit, à mandibules également hautes. L'espèce type est le *Merle d'eau* (*Cinclus sturnus*), appelé aussi *Aguassière à gorge blanche*, qui est de la grosseur d'un étourneau, d'un brun noirâtre en dessus, ondé de gris en dessous. Il vit d'insectes aquatiques, et se tient habituellement dans les marais. On le trouve dans les pays montagneux : les Pyrénées, les Alpes, etc. — A ce genre appartient le *Cinclosome*, ou *Pigeon de terre*, très-commun à la Nouv.-Hollande.

CINÉMATIQUE (du grec *cinéma*, mouvement), science qui étudie les mouvements en eux-mêmes, tels que nous les observons dans les corps qui nous environnent, et spécialement dans les machines. La *cinématique* est la première partie de la mécanique élémentaire. M. Laboulaye a publié en 1849 le premier traité qui ait paru sous le titre de *Cinématique*.

CINÉRAIRE, *Cineraria* (de *cinis, cineris*, cendre, parce que le dessous des feuilles de cette plante est grisâtre), genre de la famille des Composées, tribu des Sénécionidées, renferme un assez grand nombre d'espèces, presque toutes herbacées. L'espèce type est la *C. maritima*, très-abondante sur les rochers de la Méditerranée : on la reconnaît à son aspect blanchâtre et cendré, à ses fleurs jaunes, apparentes.

CINGLE et ZINGEL, poisson. *Voy.* APRON.

CINNAMIQUE (ACIDE), acide organique cristallisé, incolore, peu soluble dans l'eau froide, est composé de carbone, d'hydrogène et d'oxygène, dans les rapports de $C^{18}H^7O^3$,HO. Il se produit par l'action de l'air et des autres agents oxygénants sur l'essence de cannelle (*Laurus cinnamomum*); on l'extrait aussi des baumes de Tolu et du Pérou. Il a été découvert en 1834 par MM. Dumas et Péligot.

CINNAMOME, *Cinnamomum*, nom donné par les anciens à une substance aromatique produite par un arbrisseau qui croissait dans le pays des Troglodytes, voisin de l'Éthiopie, sur les bords de la mer Rouge, et que l'on croit être la cannelle; quelques auteurs disent que c'était la myrrhe. On en extrayait une huile essentielle qui servait de parfum. —Chez les Botanistes, le mot *Cinnamomum* désigne un genre des Laurinées, *Laurus cinnamomum*, qui fournit la cannelle.

CINNYRIDÉES, famille d'oiseaux établie par Lesson, comprend les deux familles des *Certhiadés* et des *Philédons*, et répond aux Grimpereaux de Cuvier.

CINTRE (du latin *cinctura*, ceinture, ou du grec *centron*, centre), figure courbe, arcade ou voûte, en pierre ou en bois, dont les pièces s'appuient les unes sur les autres, et, par leur poussée mutuelle ou chedanque vers leur centre, contribuent à la solidité. On nomme *clef* la pièce qui ferme le cintre en haut, et qui par son poids presse les pièces voisines et les maintient à leur place; sa forme est celle d'un coin. Une voûte en demi-cercle parfait s'appelle *plein cintre*.—On donne encore le nom de *cintre* : 1° à l'appareil de charpente sur lequel on bâtit les voûtes; 2° à la partie du plafond d'une salle de spectacle qui règne au-dessus du théâtre, et où l'on place les diverses machines, telles que les treuils qui servent aux enlèvements, les gloires, les nuages, les bandes d'air, etc.; le dernier rang des loges, celui qui est immédiatement sous le plafond, s'appelle *loges du cintre*.

CIPAYE (du persan *sepahi*, soldat), nom donné, dans l'Inde, à tous les indigènes qui servent dans les troupes européennes. L'armée anglaise compte plus de 250,000 cipayes dans ses rangs.

CIPOLIN (du latin *cœpula*, oignon, à cause de sa structure foliacée), espèce de marbre feuilleté, blanc-grisâtre, veiné de gris, de vert et quelquefois de bleu, propre à la décoration intérieure des édifices publics. Le marbre cipolin est d'une grande beauté en colonnes et en plaques, et reçoit un beau poli. Les anciens l'ont employé fréquemment : ils le nommaient *lapis Phrygius*. Ils s'en servaient aussi comme pierre à aiguiser, comme on fait encore à Jersey. Ce marbre se trouve près de Barèges, à Sainte-Marie-aux-Mines, en Corse, etc.

CIPPE (du latin *cippus*, même signification). On nommait ainsi chez les anciens un fût de colonne sans base ni chapiteau, ou une pierre quadrangulaire que l'on plaçait, soit sur les routes pour indiquer les distances, soit aux angles des champs pour en fixer les limites, ou enfin sur les sépultures : on a conservé beaucoup de *cippes funéraires* ornés d'inscriptions.

CIRAGE (de *cire*), nom donné à plusieurs compositions dans lesquelles on faisait autrefois entrer de la *cire*, et qui sont employées pour noircir la chaussure et les harnais, et les faire reluire en leur donnant une sorte de vernis. La composition dont on fait usage aujourd'hui, et qu'on nomme *cirage anglais*, parce qu'elle était originairement préparée à Londres, est un mélange de noir d'ivoire broyé à l'eau, d'acides sulfurique et chlorhydrique, de mélasse, de gomme et d'un peu d'huile : on fait reluire ce cirage en le brossant. Depuis quelques années, le cirage anglais a été remplacé avantageusement par le *vernis* (Voy. VERNIS), qui s'applique au pinceau et dont le noir est très-brillant. — L'espèce de cirage qui sert à donner du brillant aux ouvrages de menuiserie, aux sculptures en bois, aux parquets et aux carrelages d'appartements, etc., est plus connu sous le nom d'*encaustique*. Voy. ce mot.

CIRCAÈTE (du grec *circos*, busard, et *aétos*, aigle), *Circaetus*, genre de l'ordre des Rapaces et du groupe des Aigles. Ces oiseaux tiennent le milieu entre les Aigles pêcheurs, les Buses et les Balbuzards, et se rapprochent beaucoup des Harpies. On en trouve en France, au Sénégal, au Paraguay et au Cap.

CIRCASSIENNE, étoffe dont le tissu est croisé, chaîne coton rempli, et qui est teinte en laine. Cet article, qu'on fabrique surtout à Reims, a été quelques années en faveur ; la consommation en a diminué considérablement.

CIRCÉE (de *Circé*, nom mythologique), *Circæa*, petit genre de la famille des Onagraires, renferme des plantes herbacées communes dans les forêts et les lieux ombragés, montueux, où ces plantes fleurissent au milieu de l'été. La *C. pubescente*, dite vulgairement *Herbe à la magicienne*, *Herbe aux sorciers*, parce qu'autrefois on lui attribuait des propriétés merveilleuses, a la tige droite, haute d'env. 0m,40, garnie de feuilles opposées, aiguës ; des fleurs blanches ou rougeâtres, disposées en longues grappes terminales.

CIRCINE (en latin *circinatus*, roulé en forme de crosse), se dit, en Botanique, des feuilles qui se roulent sur elles-mêmes de haut en bas. Les fougères et plusieurs genres de la famille des Droséracées ont leurs feuilles *circinées*.

CIRCINES (du latin *circus*, busard), sous-famille établie dans la famille des Falconidés, a pour type le genre Busard. Voy. ce mot.

CIRCONCISION (du latin *circum*, autour, et *cœdere*, couper). Les Juifs pratiquaient cette opération sur les enfants mâles et les adultes qui embrassaient leur religion. La circoncision était à la fois pour eux une sorte de baptême et un caractère distinctif. On faisait cette cérémonie le huitième jour de la naissance. Jésus-Christ fut soumis lui-même à la circoncision, et la religion chrétienne fête, le premier jour de l'année, cette circonstance de sa vie. La circoncision remonte à Abraham, à qui Dieu la prescrivit comme le sceau de l'alliance qu'il voulait faire avec ce patriarche. Cette pratique fut abandonnée par Jésus-Christ et ses disciples ; mais elle fut conservée par les Juifs, qui la pratiquent encore. Elle était en usage, de temps immémorial, en Égypte et en Éthiopie ; quelques-uns ont même prétendu, sur l'autorité d'Hérodote, que les Juifs l'avaient emprunté aux Égyptiens. Elle subsiste encore chez les Musulmans : la plupart la pratiquent à 7 ans ; les Persans, de 13 à 14 ans. Chez ces peuples, la circoncision paraît être autant une précaution d'hygiène qu'une cérémonie essentiellement religieuse.

La fête de la Circoncision de Notre-Seigneur n'a été établie régulièrement par l'Église qu'au IVe siècle ; ce n'est guère qu'au XVe qu'elle a été introduite en France : elle n'est plus obligatoire depuis le Concordat de 1801.

CIRCONFÉRENCE (du latin *circum*, autour, et *fero*, porter). Voy. CERCLE et ELLIPSE.

CIRCONFLEXE (du latin *circumflectere*, courber en arc ou en cercle). Voy. ACCENT.

CIRCONLOCUTION. Voy. PÉRIPHRASE.

CIRCONSCRIT. En Géométrie, on appelle *polygone circonscrit à un cercle*, celui dont les côtés sont des tangentes au cercle ; *cercle circonscrit à un polygone*, celui dont la circonférence passe par tous les sommets des angles du polygone ; *hyperbole circonscrite*, une courbe hyperbolique du troisième degré, qui coupe ses asymptotes, et dont les branches renferment au dedans d'elles les parties coupées de ces asymptotes. — En Médecine, une *tumeur circonscrite* est celle dont les limites sont bien prononcées.

CIRCONSTANCES. La législation française distingue des *circonstances aggravantes* et des *circonstances atténuantes*.

Les *C. aggravantes* sont, comme le mot le dit, celles qui rendent le crime ou le délit plus grave, et qui, par conséquent, entraînent une pénalité plus forte : ainsi, par exemple, si le vol a été commis la *nuit*, s'il a été commis par *deux ou plusieurs personnes*, s'il a été commis à l'aide d'*effraction extérieure*, ou d'escalade, ou de fausses clefs, etc. ; si les coupables, ou l'un d'eux, étaient *porteurs d'armes*, s'il y a eu *menace d'en faire usage*, ou s'il y a eu *violence* ; si le vol a été commis *sur un chemin public*, si le voleur est un *domestique* ou un *homme de service à gages*, etc., ce sont là autant de circonstances qui motivent une aggravation de peine (art. 381 et suiv. du Code pénal). — S'il résulte des débats une ou plusieurs *circonstances aggravantes* non mentionnées dans l'acte d'accusation, le président doit poser la question suivante : *L'accusé a-t-il commis le crime avec telle ou telle circonstance ?* (art. 338 du Code d'Instr. crim.).

Les *C. atténuantes* ont pour effet de diminuer la criminalité et d'abaisser la peine. Ces circonstances ne sont pas énumérées par la loi, elles sont laissées à l'appréciation du jury. — En toute matière criminelle, même en cas de récidive, le président, après avoir posé les questions résultant de l'acte d'accusation et des débats, doit avertir le jury, à peine de nullité, que s'il pense, à la majorité, qu'il existe, en faveur d'un ou plusieurs accusés reconnus coupables, des *circonstances atténuantes*, il devra en faire la déclaration en ces termes : *Oui, à la majorité, il existe des circonstances atténuantes en faveur de tel accusé* (art. 341 du Code d'Instr. crim.).

Les modifications apportées à la pénalité dans les différents ordres de crimes ou délits par l'admission de circonstances atténuantes ont été introduites dans l'article 463 du Code pénal. Avant 1832, la loi n'admettait de circonstances atténuantes qu'en matière correctionnelle et de police (ancien art. 463 du Code pénal) ; la loi du 28 avril 1832, provoquée depuis longtemps par des jurisconsultes philanthropes, les a étendues au criminel. — Introduite pour mieux assurer la répression des crimes et délits, en fournissant un moyen de proportionner la peine à la culpabilité, la déclaration de circonstances atténuantes n'a pas tardé à donner lieu aux plus graves abus : entre les mains de jurés faibles, elle n'a été que trop souvent un mensonge officieux qui a affaibli la répression en soustrayant à un juste châtiment des hommes coupables des crimes les plus révoltants.

CIRCONVALLATION (du latin *circum*, autour, et *vallum*, retranchement). On appelle *ligne de circonvallation* une ceinture défensive dans l'intérieur de laquelle campe une armée de siége. Elle est formée d'une suite continue ou discontinue d'ouvrages de fortification passagère. L'objet de la ligne de *circonvallation* est d'arrêter les secours qu'on tenterait d'introduire dans la place, et d'opposer un obstacle matériel aux coups de main de l'armée de secours.

CIRCONVOLUTION (du latin *circum*, autour, et *volvere*, tourner). En Anatomie, on appelle *circonvolutions intestinales*, les contours que décrivent les intestins en se repliant sur eux-mêmes, et qui remplissent la plus grande partie de l'abdomen, adhérant d'une manière fort lâche au bord antérieur du mésentère, *circonvolutions cérébrales*, les saillies onduleuses qui se remarquent sur toute l'étendue du cerveau et du cervelet, et qui sont composées d'une couche de matière corticale, doublée par une lame de substance médullaire. — On a cherché dans le le nombre et la disposition des circonvolutions du cerveau l'explication des différences d'intelligence; en opposition à cette opinion, M. C. Dareste a cru tout récemment (1852) reconnaître que « le plus ou moins de circonvolutions n'est point en rapport avec le développement des facultés intellectuelles, mais qu'il suit uniquement le développement de la taille.»

CIRCULAIRES (NOMBRES), nom donné, en Arithmétique, aux nombres dont toutes les puissances se terminent par le chiffre qui les exprime; ainsi 5 et 6 sont des nombres circulaires, parce que toutes leurs puissances, 25, 125, 625, etc., 36, 216, 1296, etc., se terminent par ces nombres mêmes.

CIRCULATION (du latin *circulus*, cercle), fonction de la vie organique qui consiste dans le mouvement successif, et pour ainsi dire *circulaire*, du sang, qui est poussé dans les artères par le cœur, puis rapporté par les veines à cet organe, pour en repartir de nouveau. Le sang des veines, versé dans l'oreillette droite du cœur par les veines caves supérieure et inférieure, passe dans le ventricule droit correspondant; de là, il va aux poumons par les artères pulmonaires, et s'y purifie en recevant l'influence vivifiante de l'air atmosphérique. Il revient ensuite à l'oreillette gauche par les veines pulmonaires, puis il passe dans le ventricule gauche, et de là dans l'aorte, gros tronc artériel, qui par les artères le distribue à toutes les parties du corps.

La circulation est dite *complète* quand tout le sang des veines est envoyé aux poumons et transformé en sang artériel avant d'arriver à l'oreillette gauche, comme cela a lieu dans les mammifères et les oiseaux; elle est *incomplète* lorsqu'une partie seulement du sang impur est envoyée aux poumons, comme cela a lieu dans les reptiles. Dans le premier cas, elle est aussi dite *double*, parce que le sang veineux parcourt deux cercles avant de revenir à son point de départ : l'un, de l'oreillette droite à l'oreillette gauche en passant par les poumons; l'autre, de l'oreillette gauche à l'oreillette droite après avoir parcouru tout le corps. Le premier cercle est appelé la *petite circulation* ou *C. pulmonaire*, et le second la *grande circulation*.

La découverte de la *circulation* du sang est due à Harvey, célèbre médecin anglais : elle date de 1619, mais ne fut rendue publique qu'en 1628.

Dans les plantes, la *Circulation* est le transport dans toutes les parties du végétal des sucs nutritifs puisés soit dans la terre, soit dans l'air, par l'absorption. Ces sucs nutritifs, qui constituent la *sève ascendante*, s'élèvent dans la plante par les vaisseaux du corps ligneux, arrivent aux feuilles, où ils subissent le contact de l'air, et forment le *cambium* ou *sève descendante*, qui redescend, partie vers les divers organes auxquels il fournit les substances nécessaires à leur développement, partie dans les glandes, où il se transforme en divers liquides d'une nature particulière, tels que lait, manne, gomme, résine, etc.

En Économie politique, la *Circulation* est le déplacement successif de toutes les choses utiles qui s'opère dans les sociétés; mouvement continuel qui fait passer alternativement d'une main dans une autre les immeubles, la monnaie, les matières premières, les blés et autres céréales, les objets manufacturés, etc. La prospérité des nations dépend en grande partie de l'activité de la circulation. Quant aux circonstances qui accélèrent la circulation, ce sont, outre la confiance et la sécurité, la facilité et la promptitude des communications, un bon système d'établissements destinés à faciliter les échanges, tels que banques, bourses, entrepôts, marchés, bazars, etc.

CIRCUMNAVIGATION (de *circum*, autour, et naviguer), voyage autour du monde. *Voy.* VOYAGES.

CIRCUMPOLAIRES, nom donné, en Astronomie, aux étoiles situées près du pôle boréal, et qui tournent autour sans jamais s'abaisser au-dessous de notre horizon. Plus le pôle est élevé au-dessus de l'horizon d'un lieu, et plus le nombre des étoiles circumpolaires est grand pour ce lieu.

CIRCUS, nom latin du BUSARD.

CIRE (du latin *cera*), matière grasse, dure et cassante, sécrétée par les abeilles et par quelques insectes de la même famille, se forme sous les anneaux de l'abdomen. Elle n'est pas simplement récoltée par ces insectes sur les fleurs, comme on l'a cru pendant longtemps; car, si l'on nourrit les abeilles exclusivement avec du miel ou du sucre, elles fournissent autant de cire que lorsqu'elles ont leur entière liberté. Pour obtenir la *cire brute*, dite aussi *cire vierge* ou *cire jaune*, on exprime les rayons pour en séparer le miel; on fait fondre la cire dans l'eau bouillante, et on la coule dans des vases en terre ou en bois. La cire doit son odeur et sa couleur jaune à certaines matières étrangères qui s'enlèvent par le *blanchiment* (*Voy.* ce mot); elle fond à 64 degrés. La cire blanchie n'a ni odeur ni saveur, et présente une densité de 0,966; elle est complètement insoluble dans l'eau, mais elle se dissout en toutes proportions dans les huiles et les graisses, ainsi que dans les essences et dans l'éther ordinaire. Elle renferme deux principes chimiques qu'on parvient à séparer par l'alcool : l'un, appelé autrefois *cérine*, soluble dans ce liquide, constitue un acide organique qu'on nomme *acide cérotique* ($C^{54}H^{53}O^3$,HO); l'autre, insoluble dans l'alcool, porte le nom de *myricine* ou de *mélissine*, et renferme une espèce d'éther formé par un autre acide organique et un alcool particulier. On emploie principalement la cire pour l'éclairage (*Voy.* BOUGIE); les qualités plus grossières servent pour frotter les appartements; les pharmaciens font usage de la cire pour préparer les emplâtres, les onguents, le cérat et les onguents; les modeleurs l'emploient pour façonner des fleurs, des fruits, des animaux; on l'utilise aussi pour préparer des pièces artificielles d'anatomie (*Voy.* CÉROPLASTIE). Les cires les plus estimées viennent de Bretagne, de Bourgogne, de Hambourg, de Russie, d'Amérique, du Sénégal, d'Algérie. — Huber de Genève a publié en 1792 les premières expériences sur la production de la cire par les abeilles; M. Gundlach en a confirmé les résultats en 1842. Un chimiste anglais, M. Brodie, a fait en 1848 les analyses les plus exactes de cette matière.

CIRE A CACHETER, OU CIRE D'ESPAGNE, mélange de substances résineuses qu'on façonne en bâtons, et qui sert à cacheter les lettres. La cire fine rouge se prépare avec quatre parties de résine laque, deux parties de térébenthine de Venise, et deux à trois parties de vermillon. On en fait aussi de la noire, de la verte, de la jaune, etc. Les cires communes se font avec de la colophane, du blanc d'Espagne bien desséché et du vermillon ou du minium. Autrefois, toute la cire à cacheter nous venait de l'Inde par l'Espagne. — On appelle *cire à sceller* la matière plastique dont on se sert pour recevoir à froid l'empreinte d'un cachet, et qu'on emploie surtout dans l'apposition des scellés. On la prépare en fondant ensemble de la cire blanche, de la térébenthine de Venise, et du vermillon ou du vert, du jaune, etc.

CIRE VÉGÉTALE, matière semblable à la cire d'abeilles et très-répandue dans les végétaux. Elle constitue en grande partie la matière qui colore en vert les différents organes des plantes (*chlorophylle*); elle existe dans le pollen ou poussière séminale des fleurs, dans les chatons du bouleau, de l'aune, du peuplier, du frêne; elle recouvre l'enveloppe des prunes et d'un grand nombre d'autres fruits; elle est en dissolution dans le suc laiteux de l'*Arbre à la vache*. On l'observe à la surface du *Cérozyle* ou *Palmier à cire* des Andes du Pérou, de la canne à sucre violette des colonies; elle entoure les giraumons récoltés sous les tropiques, les baies des *Myristica* de la province de Para et de la Guyane, d'une espèce de *Rhus* de la Chine et du Japon et de tous les *Myrica*, arbrisseaux de la Louisiane et des régions tempérées de l'Amérique et des Indes, etc. (*Voy.* CIRIER). On emploie les cires végétales pour l'éclairage.

CIRIER, celui qui fabrique des cierges et des bougies. *Voy.* BOUGIE et CIERGES.

CIRIER OU ARBRE A CIRE, nom vulgaire du *Myrica cerifera*, arbre du genre Myrica, type de la famille des Myricacées, détachée des Amentacées: racines rameuses, pivotantes et roussâtres; écorce grise, mince; rameaux cylindriques, portant des feuilles vertes, alternes, lancéolées, roides, pointues; petites baies charnues, globuleuses, produisant une matière odorante, luisante, friable, fort analogue à la cire des abeilles, que l'on obtient en faisant bouillir dans l'eau les graines du fruit. Le Cirier croît naturellement en Amérique, et réussit en Europe. On a essayé avec succès d'acclimater en Algérie l'espèce dite *C. de Cayenne* ou *Guingamadou*. —On donne aussi les noms de *Cirier* et d'*Arbre à cire*: 1° à plusieurs espèces du genre *Myrica*; 2° au *Palmier des Andes* (*Ceroxylon andicola*); 3° au *Rhus succedaneum*, au *Ligustrum glabrum*, et à l'*Hibiscus syriacus*, sur lesquels les Chinois élèvent un insecte qui y dépose une cire blanche.

CIRON (du grec *kéirô*, couper, ronger), nom donné vulgairement à une infinité de petits animaux appartenant à plusieurs genres de la tribu des Acarides. Ces animalcules, le plus souvent microscopiques, sont répandus en grande abondance sur la viande desséchée, le vieux fromage, la farine; d'autres, sous les feuilles ou l'écorce des arbres; il en est même qui vivent en parasites dans l'intérieur ou sur le corps des animaux: les plus remarquables parmi ces derniers sont les *Acarus* et les *Pous* (*Voy.* ces mots). On nomme *mite* le ciron du fromage.

CIRQUE (du latin *circus*, tour, circuit), lieu destiné chez les Romains à la célébration des jeux publics, comme le *stade* chez les Grecs, était clos par un mur, appelé *spina*, construit au milieu de l'arène dans le sens de sa longueur, et surmonté de statues, d'autels et d'obélisques. Le cirque, plus long que large, était arrondi aux extrémités; il était entouré de murailles, et fermé à l'un de ses bouts par les loges des animaux féroces destinés aux combats, et par des barrières d'où partaient ceux qui faisaient des courses de chevaux ou de chars. — Le premier cirque fut établi dans Rome par Tarquin l'Ancien, dans la vallée entre le mont Aventin et le mont Palatin. Ce cirque avait environ 145 mèt. de longueur; dans la suite, il fut plusieurs fois agrandi par les empereurs; il était environné à l'extérieur de colonnades et de galeries qui formaient des promenades très-fréquentées, où s'établissaient aussi des boutiques. Outre ce cirque, appelé *le Grand Cirque*, Rome en avait huit autres fort remarquables. Les jeux du cirque (*circenses*) étaient célébrés avec une grande pompe. Ils commençaient par une cavalcade en l'honneur du soleil. Les courses en char, à cheval et à pied venaient ensuite. Les combats de gladiateurs leur succédaient.

On appelait *factions du cirque*, les différentes troupes de conducteurs de chars qui se disputaient la victoire dans le cirque; il y en avait 4 principales, qui se distinguaient par les couleurs verte, bleue, rouge et blanche; Domitien y ajouta la C. pourpre et la C. dorée.

Aujourd'hui, le mot *cirque* s'applique à des enceintes circulaires et couvertes, destinées aux spectacles donnés par des écuyers. Tels sont, à Paris, le *Cirque olympique*, établi d'abord rue Saint-Honoré (salle Valentino), transporté en 1817 sur le boulevard du Temple, et le *C. d'été*, construit en 1835, aux Champs-Elysées; à Londres, le *C. royal*, etc. *Voy.* ARÈNES.

CIRRE, ou, par une orthographe vicieuse, CIRRHE (du latin *cirrus*, boucle de cheveux). Ce mot se dit: en Botanique, des appendices filamenteux, simples ou rameux, souvent roulés en spirale, au moyen desquels beaucoup de plantes grimpantes s'attachent au corps qui les avoisinent: on les appelle aussi *vrilles* ou *mains;*—en Zoologie, de certaines plumes d'oiseaux manquant de barbules; des tentacules labiaux ou barbillons d'un grand nombre de poissons; de la partie des appendices qui, chez les Annélides, remplit la fonction tactile, et qui, se développant seule aux anneaux céphaliques, constitue comme les antennes de ces animaux; enfin, de petites lanières placées en nombre variable sur le manteau des mollusques.

CIRRHÉE, *Cirrhœa*, genre de la famille des Orchidées, est composé de plantes épiphytes de l'Inde ou de l'Amérique tropicale, à feuilles plissées, à fleurs en grappes radicales, qui se font remarquer par leur ampleur et leur beauté, et qui exhalent une odeur suave. On les cultive dans les jardins.

CIRRHIPEDES ou CIRRHOPODES (du latin *cirrus* ou *cirrhus*, cirrhe, vrille, et de *pes*, *pedis*, pied, ou du grec *pous*, *podos*, pied), classe d'animaux articulés formant le passage naturel entre les Crustacés et les Annélides, comprend ceux dont le corps mou est pourvu d'appendices fort longs, cornés, appelés *cirrhes*. La classe des Cirrhipèdes forme deux familles: les *Anatifes* et les *Balanes*. *Voy.* ces mots.

CIRRHOBRANCHES (du latin *cirrhus*, cirrhe, et du grec *branchia*, branchie), famille de Mollusques établie par Blainville pour le seul genre *Dentale*.

CIRRHODERMAIRES (du latin *cirrhus*, cirrhe, et du grec *derma*, peau), nom donné par Blainville aux *Échinodermes*, à cause des cirrhes ou suçoirs épars sur tout leur corps.

CIRSE ou CIRSION, *Cirsium*, genre de Composées, tribu des Cinarées, renferme des plantes qu'on a confondues avec les Chardons, mais qui en diffèrent par leur aigrette plumeuse. Ce sont des herbes épineuses, à fleurs purpurines ou jaunes, qui habitent les lieux incultes. Le réceptacle des Cirses se mange dans quelques contrées comme celui de l'artichaut. L'espèce la plus commune est le *Chardon hémorroïdal* (*Cirsium arvense*), dont la tige et les feuilles sont souvent couvertes de tubercules produits par des piqûres d'insectes: on a recommandé fort arbitrairement ces tubercules contre les hémorroïdes.

CIS (en grec *kis*, petit ver qui ronge le blé ou le bois), genre d'Insectes tétramères, famille des Xylophages: ce sont des animaux très-petits, que l'on rencontre, principalement au printemps, en Afrique, en Amérique et même aux environs de Paris. Ils vivent dans les agarics et les bolets desséchés.

CISAILLES. *Voy.* CISEAU.

CISEAU, CISEAUX (du latin *cœdere*, au supin *cœsum*, couper?). Un *ciseau* est une lame d'acier trempé, aiguisée en biseau à l'une de ses extrémités, et le plus souvent fixée par l'autre à un manche de bois. Le ciseau, avec l'aide du maillet, sert à diviser et à entailler le bois, la pierre, le marbre et même les métaux. Le sculpteur se sert du *ciseau*; le ciseleur se sert du *ciselet*, petit ciseau de fer délié et long à peu près comme le doigt. — Tout le monde connaît la forme des *ciseaux* en usage dans l'économie domestique. Les ciseaux des chirurgiens ont des formes diverses suivant la nature des opérations; ainsi les lames sont tantôt droites, tantôt coudées, ou courbes, soit sur le tranchant, soit sur le plat, comme dans les *ciseaux à cuiller* qui servent à l'extirpation de l'œil. — On nomme *cisailles* de gros et forts ciseaux à longues branches avec lesquels on coupe à froid toutes sortes de métaux. On s'en sert dans les grandes forges, pour couper les barres de fer ; on s'en sert également dans les lamineries, les ateliers de chaudronnerie, de poêlerie, de ferblanterie, etc., pour couper et tailler les tôles. Il y a des cisailles de plus de 3 mètres de long, qui sont mises en jeu à l'aide de la vapeur. On se sert aussi, pour découper les lames de métal, de *cisailles circulaires*, formées de deux rondelles d'acier à axes parallèles, et disposées de telle sorte que leurs bords, taillés en biseau et bien aiguisés, se rencontrent, se croisent et tournent en sens opposés au moyen d'engrenages. — On appelle *cisoires* de gros ciseaux dont le manche est attaché et monté sur un pied.

CISELET. *Voy.* CISEAU.

CISELEUR (de *ciseau*). L'art du *ciseleur* consiste généralement à enrichir des pièces métalliques, ouvragées ou non, de quelque dessin, sculpture ou bas-relief. On distingue les *Ciseleurs réparateurs*, qui achèvent les pièces moulées en métal, telles que bronzes, pendules, etc., dont le dessin n'a pu sortir du moule parfaitement marqué ou suffisamment terminé ; et les *Ciseleurs* proprement dits, qui façonnent eux-mêmes les pièces de métal, telles que tabatières, pommes de canne, étuis, coupes, etc., et qui exécutent des sujets en relief et en demi-relief. Pour cela, le ciseleur commence par dessiner sur le métal passé au feu les sujets qu'il veut représenter ; puis, à l'aide du marteau, il *emboutit* (ou rend convexes) les parties qui doivent être saillantes ; après quoi la pièce est recuite et *passée au ciment* ; alors, à l'aide de marteaux et de ciselets, le ciseleur enfonce à petits coups les parties qui doivent être creuses ; enfin, avec la lime et le brunissoir, il fait disparaître les aspérités et polit les surfaces. — L'art de ciseler est connu dès les temps les plus anciens : presque tous les sculpteurs grecs et romains étaient en même temps ciseleurs ; on vantait surtout en ce genre l'habileté de Scopas ; mais c'est depuis la Renaissance que la ciselure a fait les plus grands progrès. On cite parmi les ciseleurs du XVIe siècle le fameux Benvenuto Cellini, Balin, Th. Germain et J. Goujon ; et de nos jours, Thomire, Galle, Soyer, Fauconneau, Fannière, Ravrio, Feuchère, Kirstein, etc.

CISOIRES. *Voy.* CISEAUX.

CISSAMPELOS (nom grec d'une sorte de liseron), genre de la famille des Ménispermées, renferme des arbrisseaux sarmenteux propres aux contrées équinoxiales, à feuilles simples, pétiolées ; à fleurs disposées en groupes axillaires. Le suc du *C. pareira* est employé au Brésil contre la morsure des serpents. Sa racine, dite *pareira brava*, jouit de propriétés toniques et diurétiques.

CISSE (du grec *cissos*, lierre), *Cissus*, genre de la famille des Vitacées, est composé d'arbrisseaux sarmenteux grimpants, à feuilles alternes, à fleurs verdâtres, et qui croissent partout. On les cultive dans les jardins à cause de leur belle verdure et de l'effet pittoresque qu'ils produisent sur les murs. Plusieurs contiennent dans leur intérieur une quantité d'eau suffisante pour désaltérer, d'où leur nom vulgaire de *Liane aux voyageurs*. La principale espèce est le *Cisse à cinq feuilles*, vulgairement *Vigne vierge*, originaire de l'Amérique septentrionale, et qui s'est depuis longtemps acclimaté chez nous : ses feuilles sont à 5 folioles ovales, d'un beau vert luisant, qui devient rouge en automne ; ses rameaux sont pourvus de vrilles.

CISSOIDE (du grec *cissos*, lierre, et *eidos*, forme), courbe qui, en s'approchant de son asymptote, représente à peu près une feuille de lierre. Cette courbe a été inventée par le géomètre grec Dioclès, pour résoudre le problème de la construction de deux moyennes proportionnelles entre deux lignes données.

CISTE (du grec *cistè*, corbeille), *Cistus*, genre type de la famille des Cistinées, renferme des arbustes ou sous-arbrisseaux, propres au midi de l'Europe, à feuilles simples et opposées, à fleurs pédonculées, axillaires, assez grandes, jaunes, roses ou blanches, et disposées tantôt en épis ou en grappes terminales, tantôt solitaires. Une espèce très-commune dans les îles de l'Archipel, le *C. creticus* ou *ladaniferus*, produit la gomme odorante connue en médecine sous le nom de *ladanum*.

Le *Ciste mystique* était chez les Grecs une corbeille qu'on portait en pompe dans les mystères de Cérès, de Cybèle et de Bacchus : les jeunes filles qui le portaient étaient appelées *Cistophores*.

CISTINÉES ou CISTACÉES, petite famille de plantes dicotylédonées polypétales hypogynes, composée d'arbrisseaux, de sous-arbrisseaux et d'herbes à feuilles le plus souvent opposées, à fleurs en épi ou en corymbe ombellé, quelquefois solitaires ; à semences fines, assez nombreuses, et contenues dans une, trois, cinq ou dix loges. Elle renferme les genres *Ciste* et *Hélianthème*.

CISTOPHORES (du grec *cistè*, corbeille, et *phéró*, porter), antiques monnaies d'argent de l'Asie Mineure, frappées à Éphèse, Pergame, Sardes, Tralles, Apamée et Laodicée, ont pour type d'un côté un *ciste* dont le couvercle à demi levé laisse sortir un serpent, et autour une couronne de lierre ; le revers offre un carquois autour duquel s'enlacent deux serpents. Elles sont relatives aux mystères d'Éleusis et de Bacchus. — Jeunes filles qui portaient le *ciste*. *Voy.* CISTE.

CISTRE (corruption du grec *cithara*, harpe), instrument à cordes des anciens, encore usité en Italie, a presque la figure du luth, mais un manche plus long, et divisé en dix-huit touches.

CISTUDE (de *cista*, boîte, et *testudo*, tortue), *Cistudo*, genre de reptiles de l'ordre des Chéloniens et de la famille des Émydes. La Cistude européenne, à laquelle on a donné les différents noms de *Tortue bourbeuse*, *Tortue jaune*, etc., vit dans les eaux tranquilles ou courantes, nage avec beaucoup de facilité, et vient quelquefois à terre.

CISTULE (diminutif de *ciste*), nom donné par quelques Botanistes au conceptacle qui, dans les lichens, contient les corps reproducteurs, lorsqu'il est globuleux et clos dans sa jeunesse, et qu'il s'ouvre dans sa maturité : tel est celui des *Sphærophores*.

CITADELLE (de l'italien *cittadella*, diminutif de *città*, ville), forteresse élevée soit dans l'intérieur, soit à l'extérieur d'une ville de guerre, et disposée de manière à commander la place et la campagne. On construit ordinairement les citadelles sur l'enceinte même de la ville, de manière qu'une partie en soit enclavée dans la ville, et l'autre saillante sur la campagne. Une citadelle est le plus souvent pentagonale, régulière et à deux issues. — Les citadelles ont existé de toute antiquité. L'*Acropole* à Athènes, le *Capitole* à Rome, *Ilion* à Troie, étaient des citadelles.

CITATION se dit, en Jurisprudence, de l'acte par lequel on somme quelqu'un de comparaître devant un juge de paix. On distingue la *citation de l'assignation* ou *ajournement*, mots qui s'appliquent lorsqu'on appelle quelqu'un devant un tribunal de 1re instance. Toute citation est signifiée par un huissier, et doit, pour être valable, remplir les mêmes conditions que l'*assignation*. *Voy.* ce mot.

CITÉ (du latin *civitas*). La *cité* est l'ensemble des individus qui habitent dans une même enceinte, étant soumis aux mêmes lois et jouissant des mêmes droits : on oppose *cité* à *ville*, qui n'exprime que l'assemblage des édifices dans lesquels les citoyens résident. Le *droit de cité* est la jouissance de tous les droits de citoyen (*Voy.* ce mot). — Dans l'ancien empire romain, le mot *cité* désignait surtout les municipes ou villes principales des provinces qui avaient une curie, un forum, etc. — Dans certaines grandes villes, comme Paris, Londres, etc., le mot *cité* désigne la plus ancienne partie de la ville, celle où se trouve l'église cathédrale ou principale. — Dans le langage de l'Écriture, ces mots : la *cité céleste*, la *cité de Dieu*, sont pris ordinairement pour le ciel considéré comme séjour des bienheureux. S. Augustin a donné le nom de *Cité de Dieu* au plus remarquable de ses ouvrages, dans lequel il oppose les vertus de la nouvelle société chrétienne aux vices des sociétés antiques. — On appelle souvent Jérusalem la *Cité sainte*, parce qu'elle a été le berceau du Christianisme.

CITERNE, lieu souterrain et voûté, construit pour servir de réservoir aux eaux pluviales ou autres. Les citernes sont ordinairement divisées en deux portions : le *citerneau*, petite chambre où les eaux sont reçues à leur arrivée, et où elles déposent ce qu'elles ont d'impur, et la *citerne* proprement dite, où les eaux, préalablement filtrées, restent en dépôt pour l'usage. Plusieurs pays trop secs ou trop marécageux, tels que la Syrie et la Hollande, ne sont habitables qu'à la faveur de l'eau fournie par les citernes. L'eau des citernes est la plus salubre quand la citerne est bien construite. L'usage des citernes était fort répandu dans l'antiquité. Carthage possédait d'admirables citernes, dont on voit encore les restes aux environs de Tunis. On admire à Constantinople une citerne qui passe pour la plus belle du monde ; les voûtes portent sur deux rangées de 212 piliers chacune.

CITHARE (du grec *cithara*), instrument de musique des anciens, inventé, selon la Fable, par Mercure et modifié par Apollon. C'était un instrument assez semblable à notre guitare, formant un ovale qui allait en diminuant par une de ses parties : il se terminait en un manche droit, surmonté lui-même d'un chevillier recourbé en dedans et légèrement incliné sur un côté. A droite et à gauche se trouvaient les chevilles destinées à tendre les cordes. *Voy.* LYRE.

CITOYEN, nom donné à l'habitant d'une *cité*, au membre actif d'une société libre, à tout individu qui participe au pouvoir souverain par son suffrage, ou qui jouit de certains droits refusés à l'étranger.

Dans l'ancienne Rome, le titre de *citoyen romain*, qui d'abord n'appartenait qu'à ceux qui étaient nés à Rome, fut étendu à tout individu né en Italie ou ailleurs, qui avait acquis le droit de cité romaine.

Dans les monarchies modernes, le mot *citoyen* est le plus souvent remplacé par celui de *bourgeois*. La dénomination de *Citoyen* a été maintenue pour les républiques et pour les monarchies constitutionnelles. En 1792, les mots *Citoyen*, *Citoyenne*, furent substitués à *Monsieur*, *Madame*. Cet usage se maintint jusqu'au 18 brumaire, et se perdit à l'époque de l'Empire. On tenta vainement de le rétablir en 1848.

CITRATES, sels formés par la combinaison de l'acide citrique avec une base. Les principaux sont le *C. de chaux*, d'où l'on extrait l'acide citrique, et le *C. de magnésie* : ce dernier a été proposé en 1847 par M. Rogé Delabarre, pharmacien d'Anézy-le-Château (Aisne), pour la préparation d'une eau purgative sans amertume. Ce médicament ressemble par sa saveur à une véritable limonade ; il purge aussi bien que l'eau de Sedlitz ordinaire.

CITRIDIQUE (ACIDE). *Voy.* ACONITIQUE.

CITRIQUE (ACIDE), acide organique contenu dans les citrons, les oranges, les framboises, les groseilles, les baies d'airelle, et beaucoup d'autres sucs végétaux acides ; il y est souvent accompagné d'acide malique. Il se rencontre dans le commerce sous la forme de prismes obliques à quatre pans, terminés par des sommets dièdres et renfermant du carbone, de l'hydrogène et de l'oxygène dans les rapports de $C^{12}H^5O^{11}, 3HO + 2aq$; ces cristaux renferment 9 pour 100 d'eau de cristallisation, qui disparaît par la dessiccation au bain-marie. La saveur de cette substance est fortement acide quand elle est concentrée,

et très-agréable quand elle est étendue. L'acide citrique se combine avec les bases pour former les *citrates*. Quand on le chauffe à 120°, il finit par se convertir en *acide aconitique* ou *citridique*, en perdant les éléments de l'eau. On l'extrait habituellement du jus de citron ; on sature ce jus avec de la craie ; il se forme ainsi du citrate de chaux insoluble qu'on décompose ensuite par de l'acide sulfurique : 100 kilogr. de jus de citron fournissent environ 5 kilogr. et demi d'acide cristallisé. On prépare le jus de citron en grand dans les pays chauds, notamment en Sicile, aux environs de Messine. — L'acide citrique est employé par les teinturiers pour obtenir le rouge de carthame, et pour préparer une dissolution d'étain qui produit, avec la cochenille, de plus beaux écarlates que le sel d'étain ordinaire. Les indienneurs l'utilisent comme rongeant. On s'en sert encore pour enlever les taches de rouille et les taches alcalines sur l'écarlate, pour préparer une dissolution de fer, avec laquelle les relieurs donnent à la surface de la peau une apparence marbrée, etc. Les médecins le prescrivent très-souvent sous forme de limonade ; il faut 2 gr. d'acide cristallisé pour aciduler agréablement un litre d'eau. On prépare la *limonade sèche* avec un mélange intime de 500 gr. de sucre et de 16 gr. d'acide qu'on aromatise avec quelques gouttes d'essence de citron. — Scheele isola l'acide citrique en 1784, et apprit à le distinguer de l'acide tartrique, avec lequel il l'avait été jusqu'alors confondu. *Voy.* CITRON.

CITRON, fruit du *Citronnier*. Il est de forme ovoïde, d'un rouge brun en naissant, et d'une belle couleur de jaune clair à l'état de maturité. Il offre une double écorce : l'une extérieure, le *zeste*, raboteuse, mince, remplie d'une huile essentielle très-aromatique ; l'autre intérieure, le *ziste*, blanche, épaisse, tendre, charnue, contre laquelle s'appuie la pulpe acide et juteuse, ainsi que les neuf à dix loges où sont renfermées les graines. L'écorce de citron confite au sucre se vend sous le nom de *zeste d'Italie*. Le jus de citron remplace souvent l'acide citrique dans ses différents emplois : il est d'un usage journalier comme assaisonnement ; sa saveur est plus agréable que celle du vinaigre. Étendu avec de l'eau et édulcoré avec du sucre ou du sirop, ce jus constitue la *limonade*. Les marins emploient le jus de citron comme préservatif contre le scorbut. Les anciens le regardaient comme un puissant antidote.

CITRONELLE (de *citron*), nom donné vulgairement à plusieurs plantes qui répandent une odeur de citron quand on froisse leurs feuilles : telles sont l'*Aurone mâle*, la *Mélisse officinale*, le *Séringat odorant*, la *Verveine à trois feuilles*, etc.

CITRONNIER, *Citrus*, espèce du genre Oranger, famille des Aurantiacées, renferme des arbres hauts de 4 à 5 m., à tige grisâtre, à tête arrondie, aux feuilles petites, ovales-oblongues, pointues, d'un vert clair, persistantes, à fleurs blanches en dedans, violettes au dehors, répandant une faible odeur. On distingue le *Citronnier* proprement dit, qui produit le Citron, le *C. cédratier* (*Citrus medica*) et le *C. limonnier* (*C. limonium*). — Le Citronnier, originaire de l'Inde, a été transporté en Europe au temps des croisades. *Voy.* CÉDRATIER et LIMONNIER.

CITROUILLE, nom donné vulgairement à toutes les espèces du genre *Courge*, doit être réservé à une seule espèce de la section *Pepon*, le *Giraumon* (*Cucurbita oblonga*). Elle a le fruit très-gros ; la couleur et la forme de sa coque varient singulièrement. La citrouille a la chair assez fine, mais fort aqueuse ; cependant elle est excellente à manger quand elle est bien préparée.

CITULE, genre de poissons de la famille des Scombéroïdes, renferme cinq espèces, dont la plus intéressante est la *belle Citule* ou *belle Carangue*, de couleur argentée, aux nageoires jaunes. Ce poisson a la forme du maquereau, ce qui le fait appeler *Maquereau bâtard*. Il est très-commun en Égypte, où on le mange, quoiqu'il soit peu délicat, et quelquefois même vénéneux.

CIVADIÈRE, voile carrée qu'on suspend sous le mât de beaupré. La vergue de civadière sert à retenir les haubans des bouts-dehors de beaupré.

CIVE, nom donné à tort à la *Ciboule* et à la *Ciboulette*, désigne un oignon petit et dégénéré, qui, selon l'expression des agriculteurs, *ne tourne pas*. La cive a, du reste, toutes les propriétés de l'oignon, et on s'en sert comme de la ciboule. Elle a donné son nom au *civet*, ragoût fait ordinairement de chair de lièvre et où elle entre comme assaisonnement.

CIVETTE (mot arabe qui veut dire *parfum*), *Viverra*, genre de Mammifères de l'ordre des Carnassiers et de la famille des Digitigrades, renferme de petits quadrupèdes fort agiles, de la taille du renard, à la tête longue, au museau pointu, au nez terminé par un mufle assez large, ayant les narines grandes et percées sur ses côtés, la langue à papilles cornées, et une cavité plus ou moins profonde placée au-dessous de l'anus, et s'ouvrant à l'extérieur. Cette cavité, au fond de laquelle aboutissent deux poches glanduleuses, contient une matière grasse, analogue au musc, de la consistance de la pommade, de couleur d'abord blanche, qui devient brune en vieillissant, d'une odeur forte et quelquefois fétide, et d'une saveur âcre et brûlante : cette matière, nommée aussi *civette*, est très-employée en parfumerie : à petite dose et associée à d'autres substances, elle donne une odeur qui plaît à beaucoup de personnes; on s'en sert pour aromatiser des tabacs de choix. On s'en servait autrefois en médecine comme stimulant et antispasmodique. On trouve des Civettes en Asie et en Afrique, principalement en Abyssinie, en Guinée et au Congo. — On extrait la civette du corps de l'animal vivant en introduisant avec précaution une petite cuiller dans la poche qui la contient. La civette d'Amsterdam est préférée à celle qui nous vient du Levant ou des Indes; celle de Guinée serait la meilleure si on ne la falsifiait pas avec du storax et autres matières odorantes. La civette qu'on expédie de l'Asie est extraite du *Zibet*, animal qui ressemble à la civette, mais qui en diffère par quelques caractères particuliers.

Le genre Civette se divise en deux sous-genres : la *Civette proprement dite* et la *Genette*. Le premier sous-genre renferme la *Civette d'Afrique* ou *Chat musqué*, qui est élevée en domesticité chez les Éthiopiens, pour lesquels elle est une source de richesse : elle a 65 centimètres de long, sans compter la queue, qui est de 43 centim.; son pelage gris-brun, rayé et moucheté d'un brun noir, est assez fourni.

CIVETTE, plante. *Voy.* CIVE et CIBOULETTE.

CIVIL (de *civis*, citoyen), qui appartient au citoyen; c'est en ce sens que l'on dit : *droits civils, état civil, mort civile*, etc. (*Voy.* le nom qui précède *civil*). — En Jurisprudence, on oppose *civil* à *criminel*. *Civil* se dit aussi par opposition à *militaire*, à ecclésiastique. —*Civil* (*Code*). *Voy.* CODE CIVIL.

CIVILISATION, développement progressif des facultés de l'homme en société, dans le but d'améliorer sa condition physique et morale : on l'oppose à *barbarie*. On doit à M. Guizot l'*Histoire de la civilisation en Europe*, 1828, et l'*Histoire de la civilisation en France*, 1839.

CIVIQUE (de *civis*, citoyen). Ce mot s'emploie surtout dans le sens politique (*droits civiques, serment civique*); il est souvent synonyme de patriotique : c'est ainsi que l'on dit *couronne civique, chants civiques*. *Voy.* le nom qui précède *civique*.

CIVISME (du latin *civis*, citoyen), réunion des qualités qui font le bon citoyen. Ce mot est entré dans la langue révolutionnaire sous la Terreur, à l'époque où fut portée la loi des suspects : c'est alors que furent imaginés les *certificats de civisme*, qui donnèrent lieu aux plus graves abus : ils furent abolis après le 18 thermidor (an III).

CLABAUD, terme de Vénerie, se dit d'un chien de chasse qui a les oreilles pendantes, et qui crie mal à propos, c'est-à-dire qui aboie sans être sur les voies de la bête : c'est de là que vient l'expression familière de *clabauder* pour dire : déclamer à tort.

CLADION (du grec *clados*, rameau), plante herbacée de la famille des Cypéracées, à feuilles très-longues, dentées en scie; analogue aux *Schœnus* par son port. Le *C. mariscus* est le type du genre. On trouve cette herbe dans toutes les parties du monde.

CLADOBATE (du grec *clados*, branche, et *baïnô*, marcher), nom donné à des Mammifères du genre *Tupaïa* qui vivent sur les arbres.

CLADONIA, nom latin du *Cénomyce*. *Voy.* ce mot.

CLAIE (du grec *cleïô*, fermer), ouvrage d'osier qui sert à divers usages, notamment à passer de la terre ou du sable, à faire égoutter le fromage, etc. — Autrefois, le corps des suppliciés était traîné publiquement sur une *claie* que le bourreau faisait tirer par un cheval. — On donne le nom de *clayonnage* à toute disposition formée avec des claies. En Agriculture, on soutient les terrains meubles et peu consistants avec un clayonnage formé de gaulettes liées entre elles par des brins de bouleau ou d'osier.

Les Orfèvres appellent *claie* une espèce de faux plancher mobile à claire voie, qui se pose sous leur établi, et dans les creux duquel tombent la limaille et les paillettes d'or et d'argent qui se détachent des ouvrages; on les en retire avec soin.

CLAIRCE (de *clarus*, clair, limpide), nom donné dans les Raffineries au sirop de sucre brut, traité par le charbon animal ou par tout autre agent propre à décolorer, et clarifié avec du sang et des œufs. —On appelle *clairçage* l'opération qui consiste à épurer le sucre brut au moyen de la *clairce*. *Voy.* SUCRE.

CLAIRET, vin léger et qui est un peu clair. — Les Anglais appellent *Clairet* (*Clarel*) le vin de Bordeaux.

CLAIRETTE, nom d'une variété de Raisin, remarquable par sa transparence; — un des noms vulgaires de la Mâche cultivée; —maladie des vers à soie dans laquelle ils deviennent presque transparents.

CLAIR-OBSCUR. On appelle ainsi, en Peinture, l'imitation de l'effet que produit la lumière en éclairant les surfaces qu'elle frappe, et en laissant dans l'ombre celles qu'elle ne frappe pas. Rembrandt a tout sacrifié dans ses tableaux à la magie du clair-obscur; le Corrège, Titien, Van-Dyck, et chez nous Granet, offrent d'excellents modèles en ce genre. On peut étudier dans les écrits de Daudré-Bardon, de Reynolds et dans le *Traité de peinture* de M. de Montabert (Paris, 1829), la théorie du clair-obscur.

CLAIRON (du latin *clarus*, clair), instrument de musique militaire, à clefs, ressemble à la trompette, mais le tube moins gros; il sonne l'octave aiguë de la trompette ordinaire. Il n'est employé aujourd'hui en France que dans l'infanterie et dans la marine militaire. Le clairon (*lituus*) était connu des anciens; il fut longtemps en usage chez les Maures, qui le transmirent aux Portugais. —On donne aussi ce nom à un jeu d'anche en étain qu'on emploie dans les orgues, et qui sonne l'octave aiguë du jeu de même espèce appelé *trompette*, et la partie aiguë de la clarinette.

CLAIRONES (du latin *clerus*, sorte de ver qui, suivant Pline, engendre la corruption dans les ruches), tribu de Coléoptères pentamères, de la famille des Serricornes, renferme des insectes au corps cylindrique, à la tête et au corselet plus étroits que l'abdomen, aux antennes toujours plus grosses à l'extrémité, et disposées soit en massue, soit en scie. On trouve ces insectes sur les fleurs, ou sur le tronc des arbres. Leurs larves sont toutes carnassières. Cette tribu a pour type le genre *Clairon*, dont on connaît beaucoup d'espèces. Le *Cl. des Abeilles* dépose sa larve dans les ruches, où il fait beaucoup de dommage en dévorant les larves des abeilles. Cette espèce se trouve aux environs de Paris.

CLAMEUR (du latin *clamor*, grand cri). Ce mot, dans l'ancien Droit coutumier, était synonyme de demande ou citation par-devant le juge. — Dans la coutume de Normandie, on distinguait plusieurs espèces de clameurs : la plus connue de toutes est celle qu'on appelait *Clameur de haro*, en vertu de laquelle on pouvait, sans mandat préalable et sans ministère de sergent ou d'huissier, amener devant le juge la personne dont on avait à se plaindre. On prétend que le mot *haro* est une corruption des mots *à Rou* ou *à Rollon*, et qu'il exprimait un appel à la justice de ce chef normand, qui fut le 1er duc de Normandie.

CLAN, mot écossais qui signifie *famille*, désignait autrefois les tribus de montagnards de l'Écosse.

CLANDESTINE (de *clandestinus*, caché), genre de la famille des Orobanchées, renferme des plantes herbacées, vivant en parasites sur les racines des arbres et autres végétaux qui habitent les lieux couverts et humides. La *Cl. à fleurs d'oîtes* (*C. panduliflora*), à laquelle on attribue des vertus emménagogues, est une belle plante à tige squammeuse, cachée sous terre, et à grandes fleurs pourpres violacées et disposées en épis. Elle se développe surtout sur les racines du peuplier.

CLAPET, espèce de petite soupape qui se lève et se baisse pour boucher et déboucher alternativement dans une pompe le tuyau qui sert de passage à l'eau. Le clapet est formé d'un cuir garni sur ses faces opposées de deux rondelles ou platines de métal, qui lui servent de doublure ; ces trois épaisseurs sont fortement serrées l'une sur l'autre par des vis. Le clapet porte d'un côté une queue par laquelle il est attaché au piston ou au diaphragme qui ferme le tuyau de la pompe. La pression de l'eau le force de découvrir l'orifice du piston quand on l'enfonce, et cette même pression, quand on le relève, le force de le fermer. Dans les instruments à vent, le *clapet* est une petite soupape garnie de cuir qui se lève et se baisse par le moyen d'une simple charnière.

CLAPIER, cage de bois dans laquelle on élève les lapins domestiques, qu'on appelle pour cette raison *lapins de clapier*. — On donne aussi ce nom aux trous que l'on creuse dans les garennes pour servir de retraite aux lapins. — En Chirurgie, on nomme *clapiers* des sinus qu'offrent certaines fistules.

CLAQUE, double soulier dans lequel on fait entrer le vrai soulier, et qui tient le pied à l'abri de l'humidité ; — chapeau rond ou à trois cornes, pouvant s'aplatir de manière à être porté aisément sous le bras, et qui sert surtout dans les salons.

CLAQUE-BOIS, instrument de percussion et à touches, composé de dix-sept bâtons de bois dur et sonore, qui vont en diminuant de longueur, et qui ont chacun un degré diatonique. On les fait résonner en frappant dessus avec un marteau ou des baguettes.

CLARIFICATION, opération qui consiste à rendre clair un liquide dont la transparence est troublée par des substances solides et très-divisées qu'il tient en suspension. On clarifie l'eau, les vins, la bière, les liqueurs, les sirops, le vinaigre, etc. Il y a deux méthodes de clarification : l'une s'accomplit par des moyens purement mécaniques, comme le simple repos, la décantation, la despumation, la colature et la filtration (*Voy.* ces mots) ; l'autre s'effectue par des procédés chimiques : ainsi on clarifie le plus souvent les liquides, comme le vin, le sirop de sucre, avec des substances coagulables, telles que le blanc d'œuf, la gélatine, la colle de poisson, le sang de bœuf, le lait même ; ces substances, en se précipitant au fond du vase, entraînent avec elles toutes les matières étrangères.

CLARINETTE (du latin *clarus*, clair, aigu), instrument à vent et à anche, qui se compose d'un tube creux de la longueur du hautbois, mais d'un diamètre un peu plus fort, et qui est ordinairement percé de 13 trous, dont 6 pour les doigts et 7 pour les clefs. Ce tube, appelé *perce*, est terminé d'un côté par un *bec*, qui reçoit l'anche, et de l'autre par une partie évasée en cône, qui s'appelle *patte* ou *pavillon*. La clarinette possède près de quatre octaves, à partir du *mi*, au-dessous du plus grave des sons du violon : les sons qui s'étendent de ce *mi* jusqu'au *si bémol* à la douzième prennent le nom de *chalumeau* ; du *si naturel* jusqu'à l'*ut dièse* au-dessus, formant une octave et un ton, ce sont ceux du *clairon* ou de la *clarinette* ; du *ré* de la deuxième octave jusqu'au *contre-ut*, le son est dit *aigu*. Le doigté de la clarinette est très-difficile et très-compliqué. — La clarinette a été inventée en 1690 à Nuremberg par J.-Chr. Denner ; elle a été perfectionnée par Ivan Müller. Gluck est le premier qui l'ait introduite dans la musique dramatique ; aujourd'hui elle est d'un usage universel, et la plupart des morceaux d'orchestre en *mi bémol* et en *si bémol* font entendre des solos de clarinette. Cet instrument a été introduit dans la musique militaire sous Louis XV ; il y joue le rôle du violon dans l'orchestre.

CLASSE (du latin *classis*, réunion d'hommes, de vaisseaux, etc.). Ce mot, qui, dans l'usage vulgaire, peut s'appliquer à toute espèce de collection, est spécialement consacré dans les divisions adoptées en Histoire naturelle pour exprimer une subdivision d'un des grands règnes de la Nature ou d'un de leurs embranchements ; c'est ainsi, par exemple, que dans le système zoologique de Cuvier, l'embranchement des Vertébrés comprend 4 classes : les *Mammifères*, les *Oiseaux*, les *Reptiles* et les *Poissons*, etc. Pour les noms des classes de chacun des Règnes de la nature, *Voy.* ANIMAUX, MINÉRAUX, VÉGÉTAUX.

CLASSIFICATION, distribution régulière de toutes les parties d'un vaste ensemble, réunies par leurs ressemblances et séparées par leurs différences. Dans l'étude de la nature, on distingue des classifications *naturelles*, dites *Méthodes*, qui sont fondées sur le plus grand nombre possible de caractères communs, et des classifications *artificielles*, dites *Systèmes*, fondées exclusivement sur la considération d'un seul organe : dans ces dernières, les êtres les plus différents par leur essence peuvent se trouver réunis dans un même groupe, comme le seraient, par ex., l'homme, le singe, l'oiseau, par le caractère commun de *bipèdes*. Les divisions botaniques de Jussieu offrent l'exemple d'une *classification naturelle* ; celles de Linné, d'une *classification artificielle*. — Quel que soit le mode de classification adopté, il existe des termes consacrés pour désigner les divers groupes, selon leur plus ou moins d'étendue. L'ensemble de tous les groupes appartenant à l'une des trois grandes branches de l'Histoire naturelle porte le nom de *Règne* ; chaque règne se subdivise en *Embranchements* ; chaque embranchement en *Classes*, et successivement, les classes en *Ordres*, en *Familles*, en *Tribus*, en *Genres*, en *Espèces*, enfin, en *Variétés*, lesquelles ne comprennent plus que des *Individus*. On peut, du reste, étendre ou abréger la classification selon le besoin, en introduisant des subdivisions entre les divers degrés de cette espèce d'échelle, ou en en supprimant quelque échelon.

CLASSIQUE. A l'époque de la renaissance des lettres, au XVe siècle, on donna le nom de *classiques* aux auteurs anciens, grecs et romains, qui étaient regardés comme des modèles et qui étaient spécialement étudiés dans les *classes* ou les écoles : tels sont Homère, Sophocle, Euripide, Platon, Aristote, chez les Grecs ; Cicéron, Virgile, Tite-Live, Tacite, chez les Romains. Dans la suite, le nom de *classiques* fut étendu à tous les auteurs, modernes aussi bien qu'anciens, qui, par la perfection de leurs écrits, pouvaient servir de modèles. — De nos jours, on oppose le *genre classique*, c'est-à-dire les écrivains imitateurs de la belle antiquité et du siècle de Louis XIV, au *genre romantique*, qui prétend s'affranchir du joug de l'antiquité et des règles établies : les coryphées du romantisme sont trop connus pour qu'il soit utile de les citer.

Le *Canon des auteurs classiques* est une liste des écrivains grecs les plus remarquables, dressée vers 200 ans avant J.-C. par Aristophane de Byzance et par Aristarque. Voici ce canon : *poëtes épiques*, Homère, Hésiode, Pisandre, Panyasis, Antimaque ; *poëtes ïambiques*, Archiloque, Simonide, Hipponax ; *poëtes lyriques*, Alcman, Alcée, Sapho, Stésichore, Pindare, Bacchylide, Ibycus, Anacréon, Simonide ; *poëtes élégiaques*, Callimaque, Mimnerme, Philétas, Callinus ; *poëtes tragiques*, Eschyle, Sophocle, Euripide, Ion, Achæus, Agathon ; *poëtes comiques*, Epicharme, Cratinus, Eupolis, Aristophane, Phérécrate, Platon, Antiphane, Alexis, Ménandre, Philippide, Diphile, Philémon, Apollodore ; *historiens*, Hérodote, Thucydide, Xénophon, Théopompe, Ephore, Philiste, Aximène, Callisthène ; *orateurs*, Antiphon, Andocide, Lysias, Isocrate, Isée, Eschine, Lycurgue, Démosthène, Hypéride, Dinarque ; *philosophes*, Platon, Xénophon, Eschine, Aristote, Théophraste.

CLASTIQUE (ANATOMIE). *Voy.* ANATOMIE.

CLATHRE (de *clathrus*, grillage), espèce de Champignons, type de la famille des *Clathroïdées*. Le *Clathre rouge*, qu'on trouve dans le midi de la France, est remarquable par la tête en forme de *grillage*, d'un beau rouge de corail, qu'il présente en sortant de son *volva*. Ce champignon est délétère.

CLATHROÏDÉES, tribu de Champignons, section des Basidiosporés, renferme des champignons à sporules (graines) : ces sporules sont tantôt réunies en une membrane épaisse, gélatineuse, étendue à la surface d'une partie du champignon, tantôt renfermées dans son intérieur. Cette tribu comprend les genres *Clathrus* (genre type), *Phallus*, *Battarea*.

CLAUDÉE (de *Claude* Lamouroux, père du naturaliste de ce nom, à qui elle fut dédiée), plante marine de la Nouvelle-Hollande, de la famille des Floridées, dont la forme, la couleur et l'organisation sont des plus singulières ; elle est haute d'un à deux décimètres, et à des tubercules en forme de silique allongée, attachés aux nervures par les deux extrémités. Elle fut trouvée par le naturaliste Péron.

CLAUDICATION (du latin *claudicare*, boiter). Elle peut être l'effet soit du raccourcissement ou de l'allongement d'un des membres inférieurs, soit de l'ankylose de quelqu'une de leurs articulations, de la paralysie de leurs muscles, ou simplement des douleurs qui ont leur siége dans l'un de ces membres et qui en gênent les mouvements. — Les Vétérinaires emploient de préférence le mot *boiterie*.

CLAUSE (du latin *claudere*, terminer), disposition particulière qui fait partie d'un traité, d'un contrat ou de tout acte public ou particulier. En Droit, toute clause est valable, pourvu qu'elle n'ait rien de contraire aux lois, aux bonnes mœurs, à la sûreté publique, et qu'elle ne soit pas impossible. On appelle *Clause comminatoire* une clause stipulant une certaine peine contre ceux qui contreviendront aux dispositions convenues ; *Cl. dérogatoire*, une clause d'un testament dans laquelle on déclare que si certaine phrase qui se trouvait dans un premier testament ne se trouve pas dans un autre fait plus tard, ce dernier ne sera pas valide ; *Cl. pénale*, celle par laquelle une personne, pour assurer l'exécution d'une convention, s'impose une peine en cas d'inexécution ; *Cl. résolutoire*, celle qui par son accomplissement opère la révocation de l'obligation, et remet les choses au même état que si l'obligation n'avait pas existé.

CLAUSTRAL (du latin *claustrum*, cloître). On appelait *prieur claustral* le supérieur régulier qui gouvernait le monastère, à la différence du *prieur commendataire* qui percevait seulement une partie des fruits et n'avait point de juridiction sur les religieux. — Les *offices claustraux* étaient certaines charges auxquelles les abbés avaient droit de nommer.

CLAVAIRE (de *clava*, massue), *Clavaria*, genre de Champignons, type de la famille des Clavariées, section des Basidiosporés, est caractérisé par un chapeau charnu, simple, en forme de massue ou à rameaux dressés, sans pédicule distinct ; la membrane séminifère est lisse, couvrant toute sa surface, mais ne présentant de capsules que vers la partie supérieure. La *Cl. cendrée*, la *Cl. coralloïde* et la *Cl. fauve* de couleur jaune, sont bonnes à manger. — La famille des Clavariées comprend les genres *Clavaire* (genre type), *Pistillaire*, *Crinule*, *Typhule*, etc.

CLAVEAU (du latin *clavus*, clou), pierre taillée en forme de coin qui entre dans la construction des voûtes plates ou carrées, comme sont celles des portes, des fenêtres, etc. On distingue les *claveaux simples*, dont les joints sont formés par une surface droite, et les *claveaux à crossettes*, dont les joints sont fermés par des surfaces brisées qui forment un redan qu'on nomme *crossette*, lequel sert à donner plus d'appui aux claveaux, et à se raccorder avec les assises horizontales des pieds droits.

CLAVEAU, maladie des bêtes à laine. *Voy.* CLAVELÉE.

CLAVECIN (par abréviation de *clavicymbalum*, même signif.), ancien instrument de musique formé d'une caisse de bois contenant un ou plusieurs claviers, et dont les cordes sont métalliques, doubles ou triples. Le piano moderne n'est autre chose que le clavecin perfectionné ; tandis que dans le piano, les touches du clavier frappent les cordes à l'aide de petits marteaux, dans le clavecin, l'extrémité postérieure du clavier porte une lame de bois nommée *sautereau*, laquelle est armée d'une petite pointe de plume de corbeau qui pince les cordes. — Le clavecin n'était pas connu avant le xve siècle ; il paraît avoir été inventé en Italie. On le modifia d'abord pour lui donner, comme à l'orgue, des timbres et des jeux différents ; puis on en perfectionna le mécanisme, et il arriva successivement à l'état actuel du piano.

On appela au dernier siècle *Clavecin oculaire* une espèce de clavecin inventé par le P. Castel, et dans lequel les sept couleurs primitives répondaient aux sept tons de la musique. L'*ut* répondait au bleu, l'*ut dièse* au céladon, le *ré* au vert gai, le *ré dièse* au vert olive, le *mi* au jaune, le *fa* à l'aurore, le *fa dièse* à l'orangé, le *sol* au rouge, le *sol dièse* au cramoisi, le *la* au violet, le *la dièse* au violet bleu, le *si* au bleu d'iris. L'octave suivante recommençait de même ; seulement les couleurs étaient plus foncées ou plus claires. L'inventeur prétendait, au moyen de cet instrument, charmer l'œil, comme le clavecin charme l'oreille ; mais après de longs essais, il ne put réussir.

Vers la même époque, l'abbé Poncelet imagina un *Clavecin des saveurs*, instrument singulier, semblable, pour la forme, à un buffet d'orgues portatif. L'action de deux soufflets formait un courant d'air continu porté par un conducteur dans une rangée de tuyaux ; vis-à-vis de ces tuyaux était disposé un pareil nombre de fioles remplies de liqueurs qui représentaient les saveurs primitives ; puis on appliquait la langue sur l'orifice de chaque tuyau ; mais après de longs essais, l'auteur s'aperçut qu'elles répondaient aux tons de la musique : l'*acide* à l'*ut*, le *fade* au *ré*, le *doux* au *mi*, l'*amer* au *fa*, l'*aigre-doux* au *sol*, l'*austère* au *la*, le *piquant* au *si*.

CLAVEL ou CLAVELADE, noms vulgaires de la Raie bouclée (*Raia clavata*). *Voy.* RAIE.

CLAVELÉE ou CLAVEAU (du latin *clavus*, clou), dite aussi *Clavin*, *Picotte*, *Rougeole*, etc., maladie éruptive et contagieuse, propre aux bêtes à laine, et qui a beaucoup d'analogie avec la petite vérole. La Clavelée est caractérisée par des *clous* ou boutons qui se montrent aux *ars* (plis formés à la réunion de la poitrine et des membres antérieurs), à la surface interne des avant-bras et des cuisses, autour de la bouche et des yeux. La marche, les complications et la terminaison de la maladie sont les mêmes que celles de la variole de l'homme ; comme celle-ci, elle ne sévit qu'une seule fois sur le même individu. On a essayé inutilement de la vaccine pour préserver les moutons de la clavelée ; mais la *clavelisation* ou inoculation du virus contenu dans les pustules des moutons claveleux a eu des résultats plus heureux.

CLAVETTE (diminutif de *clavus*, clou), espèce de clou plat, en bois ou en fer, qu'on passe dans l'ouverture faite au bout d'une cheville, d'un boulon, etc. Il y a des clavettes fermant à ressort, c'est-à-dire que, lorsqu'on les a fait entrer dans les mortaises des boulons, les deux bouts s'écartent d'eux-mêmes pour l'empêcher de sortir. — On emploie les clavettes au lieu d'écrous pour tous les ouvrages de bois ou de fer qui sont susceptibles d'être démontés.

CLAVICORDE, espèce de clavecin carré dont la touche est armée d'une baguette ou lame de cuivre pour faire résonner les cordes. Le son qu'on en tire a un timbre argentin, mais très-faible. Le clavicorde a été en usage en France jusqu'au xviie siècle ; en Allemagne, on s'en est servi plus longtemps ; perfectionné par d'habiles facteurs, il se soutient encore dans quelques contrées du nord de ce pays.

CLAVICORNES (de *clava*, massue), famille d'insectes de l'ordre des Coléoptères pentamères, a pour caractères : des élytres ne recouvrant souvent pas entièrement l'abdomen, quatre palpes, les antennes en massue à leur extrémité. Elle se divise en dix tribus : *Palpeurs, Histéroïdes, Silphales, Nitiduaires, Scaphidies, Engidies, Dermestiens, Byrrhiens, Acanthopodes* et *Leptodactyles*.

CLAVICULE (du latin *clavicula*, diminutif de *clavis*, clef), os pair qui sert d'arc-boutant à l'épaule, est ainsi appelé parce qu'on l'a comparé à la clef d'une voûte, ou parce que sa forme est la même que celle des verrous des anciens. La clavicule est légèrement contournée en S et placée transversalement à la partie supérieure du thorax ; elle s'articule d'un côté avec le sternum, de l'autre avec l'apophyse acromion de l'omoplate. Moins courbée et plus longue dans la femme que chez l'homme, la clavicule est de forme prismatique, triangulaire d'un côté, large et aplatie de l'autre. Elle est composée d'une couche épaisse de tissu compacte à l'extérieur, et d'un tissu spongieux à aréoles vastes dans l'intérieur. La luxation et la fracture de la clavicule sont des accidents graves et assez fréquents. — La présence ou l'absence de la clavicule a servi de caractère à Cuvier pour partager les Rongeurs en deux sections, les *Claviculés* et les *Acléidiens* (c'est-à-dire sans clavicule, de *a* privatif, et *cléis*, clef, olavicule).

CLAVICYLINDRE, instrument de musique inventé en 1793 par le physicien Chladni, consiste en une espèce de clavecin, renfermant dans l'intérieur de sa caisse un cylindre en verre qu'on fait tourner au moyen d'une manivelle à pédales, et contre la surface duquel on fait frotter, en abaissant les touches, des tiges de fer qui produisent le son. Le timbre de cet instrument a beaucoup d'analogie avec celui de l'harmonica : ce qui le distingue, c'est la propriété qu'il a de donner des sons filés qu'on peut nuancer à volonté par la pression de la touche.

CLAVIER (en latin *claviarium*, dérivé de *clavis*, clef, parce que dans l'orgue les touches servent comme de *clefs* pour ouvrir ou fermer le passage au vent), assemblage des touches de l'orgue, du clavecin, du piano, de la vielle et autres instruments de ce genre. Ces touches servent d'autant de leviers dont l'autre extrémité va attaquer les cordes qu'on veut faire résonner. Les claviers des pianos d'aujourd'hui ont six octaves ou six octaves et demie. Chaque octave est formée de douze touches, dont sept d'ivoire et cinq d'ébène ; celles d'ivoire rendent les notes de l'échelle diatonique naturelle ; celles d'ébène, les dièses et les bémols. — On donne également le nom de *clavier* à la portée générale ou somme des sons de

tout le système qui résulte de la position relative des trois clefs ; c'est en ce sens qu'on dit : cette voix parcourt tout le clavier. — La première idée du clavier, due à l'invention de l'orgue, est ancienne ; mais l'application du clavier aux instruments à cordes appartient à la musique moderne.

CLAVIGÈRE (de *clava*, massue, et *gero*, porter, à cause de la forme des antennes), genre de Coléoptères, de la famille des Psélaphiens, ayant à peine 2 millim. et demi de long. Le Clavigère vit, comme la Cétoine, au milieu des fourmis, qui, loin de le chasser, prennent soin de le nourrir. La raison de cette sympathie est que les Clavigères laissent transsuder une liqueur dont les fourmis sont très-friandes. Cet insecte se trouve en Suède, en Allemagne, en Belgique, et en France, même aux environs de Paris.

CLAVI-LYRE, instrument de musique qui consiste en une harpe à cordes verticales résonnant au moyen d'un clavier, a été inventé vers 1820 à Londres par l'artiste Batteman. M. Dietz le père avait inventé en 1812, à Paris, un instrument de même genre qu'il avait appelé *clavi-harpe*.

CLAVIPALPES (de *clava*, massue, et *palpus*, palpe), tribu d'insectes Coléoptères tétramères, renferme des insectes aux antennes terminées par une massue, aux mâchoires armées intérieurement d'une dent cornée ; leur corps est arrondi, bosselé ; leurs mandibules dentées indiquent des animaux rongeurs. Le type de cette tribu est le genre *Érotyle*.

CLAYMORE, épée écossaise à lame longue et large. — C'était aussi le nom du cri de guerre des Écossais.

CLAYONNAGE. *Voy.* CLAIE.

CLÉ ou CLEF (du latin *clavis*, dérivé du grec *cléis*, même signif.). Dans la clef, instrument de serrurerie, on distingue, outre l'*anneau* et la *tige*, le *panneton*, qui est fendu ou percé de différentes manières, suivant la confection de la serrure et des gardes qui y sont placées intérieurement. On nomme *clef forée* celle dont la tige est creuse, et *clef bénarde* celle qui est pleine et terminée par un bouton. — Les Grecs attribuaient l'invention des clefs à un certain Théodore de Samos ; cependant elles étaient connues des Hébreux et des Égyptiens. Certaines clefs fort anciennes ne sont autre chose qu'une vis dont le pas s'adaptait à un écrou qui servait de verrou. Les clefs des Romains étaient en airain. En France, les clefs furent très-grossières pendant tout le moyen âge ; à partir du xve siècle, on s'occupa surtout de travailler la tige et l'anneau : ce n'est que dans ces derniers temps que les Fichet, les Lepaul, etc., ont apporté au panneton ces perfectionnements qui ont fait de la clef un instrument aussi sûr que commode. — Les clefs ont été de tout temps un symbole de la puissance et de la prédominance. La clef était l'attribut spécial d'Isis et d'Osiris : elle avait la forme d'une croix ansée (d'un T surmonté d'un O). La clef est aussi un symbole chrétien : on sait qu'on représente S. Pierre tenant les clefs du Paradis.

En Architecture, on appelle *clef de voûte* la pierre de milieu qui ferme la voûte, et qui supporte l'action de toutes les pierres qui la recouvrent : on nomme *Clef à crossette* celle qui a la forme d'un T ; *Cl. pendante*, celle qui est chargée d'un ornement descendant plus bas que les voussoirs qui forment le sommet de la voûte ; *Cl. en bossage* ou en *pointe de diamant*, celle qui a de la saillie.

En Chirurgie, on nomme *Clef de Garengeot* l'instrument dont se servent les dentistes pour faire l'extraction des dents : il doit son nom à son inventeur, célèbre chirurgien du dernier siècle. Cet instrument a depuis éprouvé plusieurs modifications, et l'on distingue aujourd'hui : la *Cl. à pompe*, la *Cl. à pivot* et la *Cl. à noix*. — La *Clef de trépan* est un petit instrument d'acier dont on se sert pour démonter la pyramide du trépan, et la séparer de la couronne.

En Musique, on nomme *clefs* certains signes ou caractères qui se mettent au commencement d'une portée, sur une des cinq lignes, pour indiquer le nom de la note qui se place sur cette ligne, et, par suite, le nom des autres notes. Il y a trois clefs dans la musique : la clef d'*ut*, la clef de *sol*, qui est celle du ténor, la clef de *fa*, pour les basses. Ces trois clefs en forment sept, si l'on considère la ligne sur laquelle on les place; ce sont : la clef d'*ut*, qui peut se placer sur la première, la seconde, la troisième et la quatrième ligne; la clef de *sol*, placée sur la quatrième ligne; la clef de *fa*, sur la troisième et la quatrième ligne. — La clef indique le degré d'élévation de la gamme moyenne, suivant les voix ou les instruments pour lesquels le morceau est écrit. En substituant une clef à une autre, un morceau de musique écrit pour une voix ou pour un instrument donné peut être exécuté par une voix différente ou par un instrument d'un autre diapason, et se trouve ainsi *transposé* dans la partie moyenne qui convient le mieux à chaque instrument ou à chaque voix.

On donne aussi le nom de *clefs* à de petites soupapes métalliques qu'on adapte aux instruments à vent, et qui sont destinées à fermer ou à ouvrir les trous auxquels les doigts ne sauraient atteindre. — Les *touches* des orgues portaient autrefois le nom de *clefs*.

Dans les Arts mécaniques, on appelle *clef* en général ce qui sert à fermer et à ouvrir, à tendre et à détendre, à serrer ou à desserrer certains assemblages. Ainsi on nomme *Cl. d'épinette, de clavecin, de piano, de harpe*, l'outil de fer qui sert à tourner les chevilles de ces instruments, pour en tendre ou en relâcher les cordes; *Cl. de pistolet, de carabine, d'arquebuse à rouet*, l'instrument avec lequel on bandait autrefois ces armes; *Cl. de pendule, de montre, de lampe*, l'instrument dont on se sert pour monter une pendule, une montre, une lampe; *Cl. de voiture*, l'instrument qui sert à monter et à démonter les écrous et les crics qui tiennent les soupentes tendues; *Cl. anglaise*, une sorte de marteau composé de deux pièces appelées *mâchoires*, dont l'une se meut par une vis, et qui sert à serrer et à desserrer, etc., etc.

CLÉCHÉ (de *claie*), se dit, en Blason, d'une pièce percée à jour de manière à laisser voir le champ.

CLÉMATIDÉES, petite tribu de la famille des Renonculacées, renferme les genres *Clématite* (genre type), *Atragène* et *Viorne*.

CLÉMATITE (du grec *clématis*, plante sarmenteuse), genre de la famille des Renonculacées, type de la tribu des Clématidées, renferme des herbes vivaces ou des arbustes sarmenteux, dont on se sert pour garnir les berceaux ou les murs des jardins. On en connaît un grand nombre d'espèces parmi lesquelles : la *Cl. commune* ou *des haies*, dite aussi *Aubevigne* (*Cl. vitalba*), à fleurs petites, blanches, odorantes, et disposées en sorte de panicule; ses feuilles vertes, écrasées et appliquées sur la peau, sont vésicantes et caustiques : les mendiants y avaient jadis recours pour s'excorier les jambes et les bras, et attirer ainsi la commisération, d'où lui est venu le nom d'*Herbe aux gueux*; ses tiges sont employées à faire des paniers, des corbeilles et autres ouvrages de vannerie; la *Cl. crépue* (*Cl. crispa*), à fleurs grandes et bordées d'une membrane veloutée et ondulante; la *Cl. de Mahon* (*Cl. balearica*) et la *Cl. odorante* (*Cl. flammula*), toutes trois recherchées pour garnir les treillages; la *Cl. à tiges droites* (*Cl. recta*) et la *Cl. à feuilles entières* (*Cl. viorne*), à fleurs pourpres ou violettes, qui font un bel effet dans les parterres.

L'*Aristoloche clématite*, employée comme apéritive, est une plante de la famille des Aristolochiées qu'il ne faut pas confondre avec la Clématite commune.

CLÉODORE (nom arbitrairement emprunté à la mythologie), *Cleodora*, genre de Mollusques ptéropodes, privés de tête, mais pourvus de deux ailes membraneuses entre lesquelles se trouve la bouche, et renfermés dans une coquille conique, mince et diaphane. Ces animaux, très-nombreux sous la zone torride, se réunissent tous les soirs par milliers sur la surface des mers, après le coucher du soleil, et disparaissent dès l'aube du jour.

CLÉOGÈNE (nom arbitrairement emprunté à la mythologie), Lépidoptère de la famille des Nocturnes, pourvu de quatre ailes qui, en dessus comme en dessous, sont d'une seule couleur, tantôt claire, tantôt foncée. Le type de ce genre est la *Cl. tinctoria*, d'un jaune d'ocre, qui vole en juillet dans les Alpes.

CLÉOGONE (nom arbitraire), Coléoptère tétramère de la famille des Curculionides, à antennes insérées à l'extrémité de la trompe, et pourvu d'un écusson apparent. L'espèce type est le *Rhynchœnus rubetra* ou *Rh. gagates*, fort commun à Cayenne.

CLÉOME (du grec *cléomè*, nom d'une plante aujourd'hui indéterminée), genre de la famille des Capparidées, est composé de plantes annuelles ou suffrutiqueuses, à feuilles simples ou composées, remarquables par la beauté de leurs fleurs blanches, roses, verdâtres, jaunes ou violettes, à calice quadriparti, à 4 pétales, à 4 ou 6 étamines, et à style nul ou très-court; le fruit est une capsule. La Cléome est le type d'une petite tribu qui prend d'elle le nom de *Cléomées*. On cultive dans les jardins les Cléomes dites *pentaphylla, pungens, pubescens, speciosissima, dendroïdes*, etc.

CLEPSYDRE (du grec *cleptô*, cacher, et *hydôr*, eau), horloge usitée chez les anciens, et qui mesurait le temps par la chute d'une certaine quantité d'eau. La clepsydre simple consistait en un vase transparent, percé d'un petit trou à sa partie inférieure et plein d'eau; le liquide, en s'écoulant, indiquait la mesure du temps sur les parois du vase, au moyen d'une échelle de division. Plus tard, on substitua un cadran à cette échelle : l'eau, en baissant, faisait descendre un flotteur qui, lui-même, entraînait un fil enroulé sur l'axe de l'aiguille du cadran. Dans les clepsydres composées, d'une invention encore plus récente, l'eau tombait goutte à goutte d'un réservoir supérieur sur une roue à palettes, qui mettait en mouvement d'autres roues dentées, en communication avec des aiguilles. On étend quelquefois le nom de *clepsydres* aux horloges de sable.— Les clepsydres furent, dit-on, inventées en Égypte sous les Ptolémées; c'est à Ctésibius qu'on doit la clepsydre à roue. Elles étaient répandues au commencement de notre ère dans toutes les contrées de l'Europe où la civilisation de la Grèce et de Rome avait pénétré. César en trouva dans les Gaules et jusque dans la Grande-Bretagne. Charlemagne, au IXe siècle, reçut en présent du calife Haroun-al-Raschid une clepsydre magnifique. L'invention des horloges mécaniques a fait renoncer aux clepsydres.

CLERC (du latin *clericus*, dérivé lui-même du grec *klèros*, héritage, partage; parce que dans la Bible la tribu de Lévi, consacrée au sacerdoce, est appelée le partage du Seigneur), nom donné à tous les ecclésiastiques en général, depuis le simple tonsuré jusqu'au prélat. Au moyen âge, le mot *clerc* était synonyme de *lettré* ou *savant*, parce qu'à cette époque il n'y avait que les ecclésiastiques qui possédassent quelque instruction. — On appelait *Clercs acéphales* (c.-à-d. sans chef) les clercs qui ne voulaient pas vivre en commun avec l'évêque, à la différence des *Cl. chanoines*, qui vivaient ainsi; *Cl. de la vie commune*, une congrégation de chanoines réguliers, nommés aussi *Frères de la vie commune*, que Gérard Groot, de Deventer, rassembla dans sa maison vers la fin du XIVe siècle; ces clercs se répandirent dans la suite en Frise, Westphalie, Gueldre, Brabant et Flandre; *Cl. réguliers*, des prêtres vivant en communauté, et formant diverses congrégations : les *Théatins*, institués en 1524, furent les premiers clercs réguliers; après eux vinrent les *Barnabites* ou *Cl. réguliers de Saint-Paul*, les *Jésuites* ou *Cl. réguliers de la compagnie de Jésus*, etc

Dans les parlements, on appelait *conseiller clerc*, un conseiller pourvu d'une charge ecclésiastique.

Dans l'origine, on appelait les notaires *Clercs du roi*. Ils furent créés sous Philippe le Bel, en 1309. On appelle aujourd'hui *Cl. de notaire*, *d'avoué*, etc., ceux qui font les études de ces officiers publics un travail journalier et qui se forment ainsi à la même profession. Par la loi du 25 ventôse an II, les aspirants au notariat doivent faire un stage de six ans comme clercs de notaire. Le stage des avoués est de cinq ans. Le premier clerc d'une étude prend le nom de *maître clerc* ou de *principal clerc*.

On appelait autrefois *Cl. ribauds* ou *Gouliards*, du nom d'un parasite bien connu, des bouffons qui se donnaient la tonsure ecclésiastique. Plusieurs conciles firent des statuts contre ces clercs : il leur fut défendu en 1231 de porter la tonsure.

CLERGÉ, nom donné à l'ensemble des *clercs* ou au corps des ecclésiastiques. Le clergé de l'Église catholique se divise en *Cl. régulier*, qui comprend tous les clercs astreints à une *règle* monastique, et en *Cl. séculier*, qui vit dans le monde (*in sæculo*). —Pendant la Révolution on appelait *Clergé constitutionnel* ou *assermenté*, les ecclésiastiques qui, en 1792, adoptèrent la constitution civile du clergé.

Le clergé de l'Église grecque se compose des *despoten* (maîtres), des *hagioi* (saints), des *protopapas* (archiprêtres), des *papas* (prêtres), des *diakonen* (diacres), etc. — Dans l'Église arménienne, l'ordre des simples prêtres comprend la corporation des *vartabieds* ou docteurs, qui se divisent en deux classes : celle des *majeurs* et celle des *mineurs*. Le chef de la religion est le patriarche ou *catholicos*.—Les Eglises réformées, à l'exception de l'Église anglicane, n'ont pas conservé la hiérarchie cléricale.

CLERGIE (BÉNÉFICE DE), du mot *clerc* pris dans le sens de lettré. On appelait ainsi un privilége établi autrefois en faveur de quiconque avait reçu les premiers éléments des lettres. Par le seul fait qu'il savait lire, un criminel condamné à mort ne pouvait être exécuté. Aujourd'hui, le bénéfice de clergie existe encore en Angleterre pour certains cas.

CLICHAGE, procédé de stéréotypage qui consiste à prendre l'empreinte d'une page d'impression, préalablement composée en caractères mobiles, en appliquant cette page sur une couche de plâtre fin et humide ou sur une pâte de carton, puis à couler du métal fondu dans le moule ainsi obtenu ; le métal, en se solidifiant, donne une planche appelée *cliché*, avec laquelle on peut tirer un nombre indéfini d'exemplaires, et seulement à mesure des besoins. *Voy.* STÉRÉOTYPIE.

Les graveurs en médailles ont recours au clichage pour faire épreuve de leurs ouvrages : pour cela, ils appliquent le coin sur de l'étain en fusion.

CLIENT, en latin *cliens* (de *colere*, honorer). Chez les Romains tous les citoyens étaient partagés en *patrons* ou protecteurs, et en *clients* ou patronés. Dans l'origine, les patrons formaient la classe des patriciens, et les clients celle des plébéiens. Les clients devaient le respect à leurs patrons, et ceux-ci aide et protection à leurs clients. Le client devait contribuer à doter les filles du patron, à le racheter, lui ou ses enfants, lorsqu'il était fait prisonnier, payer les dépens de ses procès, soutenir sa candidature aux charges publiques. Si le client mourait sans testament, le patron héritait de ses biens. Celui-ci lui donnait des repas, lui faisait des distributions, soit de vivres (*sportules*), soit d'argent, etc. — Aujourd'hui on appelle *client*, celui qui charge un avocat, un avoué, un notaire, de la défense ou de la conservation de ses droits et de ses intérêts, celui qui confie à un médecin le soin de sa santé, etc.

CLIGNOTANTE (MEMBRANE), membrane demi-transparente qui, chez les oiseaux, se trouve placée verticalement entre le globe de l'œil et les paupières, et que l'animal amène à volonté au-devant de l'œil

pour le garantir de l'action d'une lumière trop vive. C'est une véritable troisième paupière. On en trouve un rudiment chez les quadrupèdes.

CLIMACTERIS (du grec *climacter*, échelon, degré, à cause de l'habitude de grimper de ces oiseaux), nom latin du genre *Echelet*. *Voy.* ce mot.

CLIMAT (du grec *climax*, échelle, degré, division). Les anciens géographes divisaient la surface du globe, depuis le pôle jusqu'à l'équateur, en *trente* zones parallèles , qu'ils appelaient *Climats*; ils calculaient cette division d'après la longueur des jours comparée à celle des nuits, au solstice d'été. De l'équateur au cercle polaire, ils comptaient 24 *climats*, dits *de demi-heure*, parce que chacun de ces climats, au solstice d'été, a le jour d'une demi-heure plus long que le climat qui le précède; du cercle polaire au pôle on comptait 6 *climats*, dits *de mois*, parce que, pour chacun d'eux, la durée du jour est d'un mois de plus que dans le climat précédent.

Aujourd'hui on n'applique guère le nom de climat qu'à une division fondée sur l'état thermométrique des diverses contrées. On divise , en général, la surface du globe en climats *chauds*, *tempérés*, et *froids* (*Voy.* ZONES). Les premiers sont compris entre les deux tropiques, les seconds entre les tropiques et les cercles polaires, les troisièmes s'étendent des cercles polaires jusqu'aux pôles; mais il est impossible, à cause de la forme des continents, de la direction des montagnes, de la nature du sol et des cultures, de déterminer exactement les climats par des lignes purement géographiques ; les lignes dites *isothermes*, ou offrant une égale température moyenne par année, subissent des inflexions plus ou moins considérables, et ne sont parallèles que dans le voisinage de la zone torride; l'étude de ces lignes, fondée par Al. de Humboldt, forme la science appelée *Climatologie* (*Voy.* le *Cosmos* d'Al. de Humboldt, trad. par Faye, Paris, 1846, in-8).— Personne n'ignore quelle influence le climat exerce sur la végétation, sur les races animales, sur le tempérament des individus, et même sur les mœurs et le caractère des habitants. On peut lire à ce sujet : *De l'influence des climats sur l'homme*, d'E. Foissac, Paris, 1837, in-8.

CLIMATÉRIQUES (ANNÉES), du grec *climax*, échelon, c.-à-d. divisées par étages ; nom donné par les anciens à certaines périodes de la vie qu'on regardait comme critiques. Ce sont les années dont le chiffre est un multiple de sept, suivant les uns, ou de neuf, suivant les autres. La 63e année était appelée la *grande climatérique*, parce que 63 est le multiple de 7 par 9. On a été jusqu'à penser que les années climatériques pouvaient apporter quelque changement, non-seulement à la santé du corps, mais à la fortune, à la position sociale, etc. La science moderne a fait justice de ces rêveries, fondées pour la plupart sur la théorie des nombres de Pythagore; cependant on conserve le nom de *climatériques*, ou plutôt de *critiques*, à certaines époques de la vie (comme celle de la puberté, de l'âge critique chez la femme), où surviennent de grands changements dans la constitution.

CLIMAX (du grec *climax*, degré), figure de Rhétorique indiquant que le discours s'élève ou descend comme par degrés : on l'appelle plutôt *gradation*.

Dans la Musique ancienne , on appelait *climax* : 1° un trait où deux parties vont à la tierce, en montant et en descendant diatoniquement; 2° un trait de chant qui est répété plusieurs fois de suite, et toujours un ton plus haut.

CLINANTHE (du grec *cliné*, lit, et *anthos*, fleur), nom donné , en Botanique , à l'extrémité élargie d'un pédoncule qui porte plusieurs fleurs , comme dans les Composées et les Dipsacées. Après la floraison , le clinanthe est creusé de petites fossettes ou couvert de poils , de soies ou de paillettes.

CLINIQUE (du grec *cliné*, lit), enseignement pratique de la médecine , fait au lit même des malades. Dans l'enfance de la médecine, la clinique était l'unique moyen d'étude des médecins ; Hippocrate s'en servit avec un grand succès. Mais la clinique moderne ne remonte qu'au XIVe siècle, à l'époque de l'établissement des hôpitaux ; Van Swieten fonda à Vienne la première clinique véritable ; Desbois de Rochefort dota la France de cet utile enseignement, qui plus tard fut considérablement perfectionné par Corvisart, Pinel et surtout par Desault. Aujourd'hui on compte à Paris huit cliniques, dont quatre médicales, trois chirurgicales, et une d'accouchement. — On donne aussi le nom de *Clinique* aux ouvrages où sont consignées les leçons des professeurs de clinique. Pour les principaux ouvrages de ce genre, *Voy.* les articles MÉDECINE et CHIRURGIE.

CLINQUANT (de l'allem. *klingen*, résonner, ou, par onomatopée, à cause du petit *cliquetis* que font entendre les feuilles de clinquant quand on les froisse), petite lame d'or ou d'argent très-mince, ou de cuivre doré ou argenté, qu'on met dans les broderies, les galons et les rubans pour leur donner plus d'éclat. Ces feuilles ont quelquefois une de leurs surfaces teinte d'une couleur rouge, bleue ou verte, etc., recouverte d'un vernis. — Le clinquant ayant plus d'éclat que de valeur, on le prend au figuré pour les choses qui n'ont que l'apparence.

CLIO, planète télescopique. *Voy.* VICTORIA.

CLIQUET, petit levier dont on se sert pour empêcher qu'une roue qui tourne dans un sens puisse se mouvoir dans un sens contraire ; l'appareil prend alors le nom d'*encliquetage*. Le cliquet s'applique surtout aux *roues à rochet*, c.-à-d. à dents obliques : on en fait un fréquent usage en mécanique, notamment en horlogerie et dans les moulins.

CLISSE, petite claie d'osier, de jonc, qui sert à faire égoutter les fromages. *Voy.* ÉCLISSE.

CLITORE, *Clitoria*, genre de la famille des Papilionacées, tribu des Phaséolées, est composé de plantes grimpantes à feuilles composées de folioles articulées, munies de 2 stipules à leur base et à fleurs axillaires. Ces plantes, d'un aspect agréable, croissent pour la plupart au Brésil et aux Antilles. La *Clitore de Ternate* se cultive en serre chaude.

CLIVAGE (de l'allemand *klœben*, fendre), division régulière que présentent les minéraux et d'autres corps cristallisés lorsqu'on vient à les briser : chaque fragment présente alors un petit polyèdre, et la poussière même de ces corps, considérée au microscope, est un assemblage de petits solides régulièrement terminés. Lorsqu'on donne, par exemple, un coup de marteau sur du spath d'Islande, tous les fragments sont autant de rhomboèdres. La pierre à plâtre ou chaux sulfatée se clive si facilement qu'on peut enlever sans choc des lames avec un couteau. Les clivages sont soumis à des lois particulières comme les cristaux eux-mêmes : le sens des clivages est constant pour chaque substance, de sorte que, pour un même minéral, le polyèdre produit par la cassure présente toujours les mêmes angles. L'observation des clivages est très-utile au minéralogiste pour distinguer les différents corps qui appartiennent au même système cristallin. Bergmann et Haüy (1781) ont les premiers reconnu les clivages dans les minéraux. *Voy.* CRISTALLOGRAPHIE.

CLOAQUE, aqueduc voûté et souterrain pour l'écoulement des eaux pluviales et des immondices. Il est synonyme d'*égout*. — On connaît sous le nom de *Cloaca maxima* les égouts commencés à Rome par Tarquin l'Ancien et achevés par Tarquin le Superbe. Ils étaient fort larges, et furent si solidement construits que pendant 700 ans ils n'eurent pas besoin de réparation : on voit encore des vestiges.

En Histoire naturelle, on nomme *Cloaque*, chez les oiseaux et les reptiles, une cavité ou réceptacle commun formé par l'extrémité du tube intestinal, recevant à l'intérieur les orifices des voies urinaires,

et génératrices et celui du rectum, et ayant une seule issue au dehors. On l'appelle aussi *vestibule commun*.

CLOCHE (en allemand *glocke*, en anglais *clock*). Les cloches sont ordinairement en bronze (environ 78 de cuivre et 22 d'étain) ; le *battant* est en fer. La région la plus épaisse d'une cloche est celle où frappe le battant ; la partie supérieure ou *cerveau* porte intérieurement un anneau auquel est suspendu le battant ; plus bas sont attachées les *anses* qui permettent de manier les cloches. On donne le nom de *carillon* à une réunion de cloches à timbres variés, et celui de *bourdon* à de grosses cloches dont le son grave et puissant se répand au loin. Les cloches les plus remarquables sous le rapport de la grosseur sont celles de Moscou (66,000 kilogr.), de Péking (60,000 kilogr.), de Saint-Étienne à Vienne en Autriche, de Notre-Dame à Paris, de Saint-Jacques de Compostelle en Espagne ; celle de George d'Amboise à Notre-Dame de Rouen, qui pesait 18,000 kilogr. et qui a été fondue pendant la Révolution, mais remplacée depuis.

On a exprimé assez heureusement les divers usages attribués aux cloches dans les deux vers suivants :

Laudo Deum verum, plebem voco, congrego clerum,
Defunctos ploro, fugo fulmina, festa decoro.

Les cloches étaient connues des Hébreux, des Égyptiens et des Romains ; mais l'emploi des cloches dans les églises pour annoncer les heures des offices ne remonte pas au delà du VIe ou du VIIe siècle : on répète généralement que c'est S. Paulin, évêque de Nole, qui les introduisit le premier dans son église ; cependant on ne trouve pas de trace mentionnée avant Bède, qui vivait à la fin du VIIe siècle. La coutume de bénir ; ou, selon l'expression vulgaire, de *baptiser* les cloches, fut établie sous le pape Jean XIII. Pour avoir exorcisé et béni le sel et l'eau, l'évêque lave avec l'aspersoir le dedans et le dehors de la cloche, et fait en dehors sept onctions en forme de croix avec l'huile des infirmes, et quatre en dedans avec le saint chrême ; puis il nomme le saint sous l'invocation duquel la cloche est bénite. On parfume ensuite le dedans de la cloche, on chante l'évangile, et le célébrant termine la cérémonie en faisant sur elle le signe de la croix. — On a deux *Traités des cloches*, l'un par Gilb. Grimaud, l'autre par l'abbé Thiers (Paris, 1721), ainsi qu'un ouvrage latin de Jér. Maggius, *De Tintinnabulis* (1664).

Les jardiniers donnent le nom de *Cloche* à un vase de verre ou de terre, en forme de cloche, que l'on met sur les fleurs et sur les plantes délicates ou hâtives, pour les garantir du froid ou pour en accélérer la végétation. — Dans les laboratoires, on nomme ainsi un cylindre dont la partie supérieure est bombée, et qui sert de récipient.

Cloche se prend dans le langage populaire comme synonyme d'*ampoule* ou de *phlyctène*, pour désigner une tumeur formée par l'épiderme soulevé, et remplie de sérosité. — C'est aussi un des noms vulgaires de la cachexie aqueuse des bêtes à laine.

On appelle *Cloche à plongeur* une machine en bois ou en fonte, ayant ordinairement la forme d'une pyramide tronquée et qui sert à descendre des hommes au fond de l'eau soit pour y exécuter des travaux de tout genre, soit pour y recueillir des objets submergés. L'air contenu dans la cloche empêche l'eau d'y pénétrer, et un système de tuyaux qui communiquent avec l'extérieur permet de renouveler l'air à mesure qu'il se corrompt. On attribue l'invention de la cloche à plongeur à un Américain nommé Will. Phillips ; depuis quelques années on commence à en faire un usage fréquent en Angleterre et en France. On se sert surtout dans la marine d'une cloche dite *Cloche à carène*, due à M. Touboulic, et destinée à visiter les carènes des bâtiments à flot.

CLOCHER, construction qu'on élève au-dessus d'une église pour y suspendre les cloches, est le plus souvent en forme de tour carrée, ronde ou polygonale, et surmontée d'un toit aigu et d'une flèche : quelquefois les clochers sont indépendants de l'église et construits à côté, comme dans le Midi de la France et en Italie ; on leur donne alors en Italie le nom de *Campanile* (de *campana*, cloche). — Les clochers les plus élevés sont, en France, celui de Strasbourg (140 m.) ; en Autriche, celui de Saint-Etienne à Vienne (138 m.) ; à Hambourg, celui de Saint-Michel (130 m.) ; celui de l'église d'Anvers (120 m.).

CLOCHETTE (diminutif de *cloche*), nom vulgaire de plusieurs plantes, telles que les Liserons, les Campanules, les Muguets, les Convolvulus, etc., dont les corolles imitent la forme d'une cloche.

CLOISON (du latin *claudere*, fermer). En Botanique, on appelle ainsi la membrane plus ou moins épaisse qui divise l'intérieur des fruits, et qui forme des loges dans lesquelles les graines sont renfermées. On appelle *Cl. vraies*, celles qui sont formées par l'endocarpe ; *Cl. fausses*, celles qui sont formées par les bords rentrants des valves du péricarpe.

En Anatomie, ce mot se dit d'une membrane qui sépare deux cavités l'une de l'autre, ou qui divise une cavité principale : telles sont la cloison des fosses nasales, celle des ventricules du cœur, celle du palais, du gosier, etc.

CLOITRE (du latin *claustrum*, même signification), partie d'un monastère, en forme de galerie, autour de laquelle sont les cellules et dont le milieu est occupé par un préau ou par un jardin. — Par extension, le mot *Cloître* s'emploie comme synonyme de *Monastère*, et aussi pour désigner l'enceinte de bâtiments où logeaient autrefois les chanoines des églises cathédrales ou collégiales.

CLONIQUES (du grec *clonos*, agitation), nom donné aux spasmes ou convulsions dans lesquelles les parties sont agitées de mouvements tumultueux et de secousses plus ou moins fortes. *Voy.* CONVULSIONS.

CLOPORTE (par corruption de *clou à porte*, nom vulgaire de cet animal, ou, selon Roquefort, de *clausporcus*, pour *clausi porcæ*, *clusiles porcæ*), en latin *Oniscus*, *Porcellio*, genre de l'ordre des Crustacés isopodes, famille des Cloportides, renferme de petits animaux ovales, que tout le monde connaît : ils fuient la lumière, recherchent les endroits humides et marchent lentement ; on les trouve surtout sous les pierres et les vieilles poutres. Ils se nourrissent de matières végétales et animales en état de décomposition. On leur attribuait autrefois des propriétés médicales : réduits en poudre, on les recommandait comme fondant et diurétique. L'espèce dite *Armadille*, dont on a fait un genre à part (*Voy.* ce mot), est le *Cl. préparé* des pharmaciens. Le type du genre est le *Cl. des murs* (*Oniscus murarius*), commun dans nos caves.

CLOPORTIDES, famille de Crustacés isopodes, de la section des Édriophthalmes, renferme des animaux à deux antennes apparentes, au corps ovale, plat en dessous, convexe en dessus, susceptible de contraction ; ils sont composés d'une tête et de treize anneaux, les sept premiers portant chacun une paire de pattes simples et terminées par un onglet, les six derniers formant une espèce de queue. Les principaux genres de cette famille sont les *Cloportes*, les *Porcellions*, les *Armadilles*, etc.

CLOSERIE (de *clos*), petite exploitation rurale close, dont le tenant ne possède pas de bœufs de labour.

CLOTHO (du nom de l'une des trois Parques), genre d'Arachnides pulmonaires, de la famille des Aranéides ou fileuses, section des Tubitèles, renferme des individus au corselet orbiculaire, déprimé ou à peine convexe, aux pattes de longueur moyenne, à l'abdomen ovale. Ils ont un appareil qui leur est propre, situé entre les filières, et consistant en un pinceau de poils implanté sur deux lignes opposées, de manière à former deux espèces de valves pectiniformes, qui s'ouvrent et se ferment à la volonté de l'animal.

Ce genre a pour type la *Clotho de Durand*, du midi de la France, remarquable par son industrie.

CLOTURE (de *clore*), obligation des religieux et des religieuses de ne point sortir de leurs monastères, et de n'y introduire personne qu'à certaines conditions. En France, le roi et la reine pouvaient seuls entrer dans les monastères cloîtrés sans la permission des supérieurs ecclésiastiques. Depuis le Concordat, le maire de l'arrondissement a le droit de visiter en tout temps les couvents. — Autrefois, les religieuses faisaient vœu de clôture perpétuelle ; aujourd'hui les vœux perpétuels ne sont plus reconnus par la loi.

CLOTURE (BRIS DE). *Voy.* BRIS.

CLOU (du latin *clavus*, même signification). Les diverses espèces de clous sont en nombre infini : *Cl. commun*, ou *au poids*. *Cl. à maçon*, *Cl. à bardeau*, *Cl. à crochet*, *Cl. d'épingle*, pointe ou *Cl. sans tête*, *Cl. à souliers*, *Cl. à river*, *Cl. à cheval*, etc. Sous le rapport de la fabrication, on distingue : 1° les *Cl. forgés*, dont on façonne la tige au feu de forge, qu'on assortit ensuite, au moyen d'un calibre ou mandrin appelé *cloutière*, et dont la tête est ensuite rabattue au marteau ; 2° les *Cl. découpés*, qu'on découpe dans de la tôle avec des machines plus ou moins ingénieuses et qu'ensuite on façonne à froid ; 3° les *Cl. fondus*, qu'on coule dans des moules et qui sont ensuite polis et étamés avant d'être livrés au commerce. La fabrication des clous est une industrie considérable en Angleterre. On en fabrique aussi beaucoup en France, notamment à Clairvault et à Morez (Jura), à Guebwiller (Haut-Rhin), à L'Aigle (Orne), etc.

Dans les premiers temps de Rome, on enfonçait tous les ans un clou nouveau dans le temple de la déesse Norcia pour marquer le nombre des années. — Dans les grandes calamités, on nommait un dictateur pour ficher solennellement le *Clou sacré* dans la muraille du temple de Jupiter, au Capitole ; le peuple croyait que, ce clou enfoncé, la colère des dieux était apaisée et que le fléau cessait aussitôt.

En Médecine, on donne vulgairement le nom de *clou* au *furoncle* (*Voy.* ce mot). — On appelle *Cl. hystérique* une douleur vive, bornée à un point très-circonscrit de la tête et qui affecte particulièrement les femmes hystériques ; *Cl. de l'œil*, le staphylôme (*Voy.* ce mot). — Les vétérinaires appellent *Cl. de rue* le genre d'abcès, souvent fort dangereux, qui survient chez les chevaux et les gros bestiaux lorsqu'un clou ou tout autre corps étranger s'est introduit dans la sole de corne ou dans la sole charnue.

En Botanique, on appelle *clous* les boutons non développés des fleurs de certaines plantes : ainsi les *Cl. de girofle* (*caryophylli*) sont les boutons du giroflier cueillis avant le développement des fleurs.

Clous fumants, espèce de pastilles auxquelles on met le feu, et qui, en brûlant, exhalent un parfum agréable. On les fait avec un mélange de benjoin, de baume de Tolu, de santal citrin, de charbon et de salpêtre, unis au moyen de mucilage de gomme.

CLOVISSE, coquillage. *Voy.* VÉNUS CROISÉE.

CLOWN, mot anglais qui signifie *paysan*, *rustaud*, sert à désigner un personnage grotesque de la farce anglaise, qui s'est introduit sur quelques-uns de nos théâtres. Le talent des clowns consiste surtout à exécuter des exercices d'équilibre, de souplesse et d'agilité, jeux dans lesquels plusieurs déploient une habileté et une dextérité vraiment remarquables.

CLUB, mot anglais dont l'origine est incertaine et dans lequel quelques étymologistes n'ont vu qu'une corruption de notre mot *globe*, désigne en Angleterre une société de personnes qui se réunissent à des jours fixes, soit pour boire ou manger en commun, soit pour lire des feuilles publiques ou pour s'entretenir d'affaires politiques ou privées, de sciences, etc. Il y a des clubs pour toutes les classes et pour tous les goûts, pour les lords, pour les artisans, pour les ecclésiastiques, pour les militaires (*united service club*), pour les voyageurs, les amateurs de chevaux (*jockey-club*), etc. Le premier établissement des clubs date du xviie siècle : Addison, dans le *Spectateur*, a donné une description intéressante des *clubs* de son temps. D'Angleterre, l'usage des clubs passa dans beaucoup d'autres pays ; ils devinrent surtout fort nombreux aux États-Unis. — En France, on a organisé depuis la fin du dernier siècle des réunions analogues aux clubs de l'Angleterre ; mais on donne plutôt le nom de *cercles* aux réunions non politiques, et l'on réserve spécialement le nom de *clubs* aux sociétés politiques. Le premier club de ce genre fut établi à Paris en 1782 ; vinrent ensuite le club *des Américains*, 1785, et bientôt après le club *des Arcades* et celui *des Étrangers*. Fermés par la police en 1787, les clubs reparurent en 1789 et le nombre en fut considérable pendant la Révolution. Les plus connus sont : le *Cl. breton*, fondé à Versailles par les députés de la Bretagne, et qui, transporté à Paris, devint le fameux *Cl. des Jacobins* ; le *Cl. des Feuillants*, opposé au précédent ; le *Cl. des Impartiaux* ou *Cl. monarchique* ; le *Cl. des Cordeliers*, fondé par Danton et Camille Desmoulins ; le *Cl. du Panthéon*, celui *de Clichy*, etc. Les clubs disparurent avec le Directoire, et ils ne se sont rouverts en France qu'en 1848, après la révolution de Février. Leur nombre fut alors considérable, mais ils n'atteignirent point à l'importance de ceux de la première révolution ; cependant, ils ne tardèrent pas à faire beaucoup de mal ; dès le mois d'août de la même année, il devint nécessaire d'en réprimer les abus, et ils furent bientôt après complétement prohibés (lois du 22 juin 1849 et du 6 juin 1850). M. Alph. Lucas a publié *Les Clubs et les Clubistes*, 1851, in-8.

CLUPES ou **clupée** (du latin *clupea*, nom que Pline donne à un poisson de ce genre), famille de poissons de l'ordre des Malacoptérygiens abdominaux, intermédiaire entre les Salmones et les Ésoces, est caractérisée par l'absence de nageoire adipeuse, par un corps écailleux, une mâchoire supérieure formée au milieu par les intermaxillaires, une seule dorsale, un ventre caréné et dentelé. Cette famille importante comprend les *Clupes* proprement dits (Hareng, Sardine, Alose, Anchois), et les genres *Chirocentre*, *Élope*, *Erythrin*, *Amie*, *Vastré*, *Lépisostée* et *Bichir*.

CLUSIACÉES (du genre *Clusia* qui en est le type), nom que quelques botanistes donnent à la famille plus anciennement et plus généralement connue sous le nom de *Guttifères* (*Voy.* ce mot). Elle contient, entre autres tribus, celle des *Clusiées*, aux anthères allongées, aux fruits multiloculaires, à loges polyspermes, tribu qui elle-même renferme les genres *Clusia*, *Arrudea*, *Verticillaria*, etc.

CLUSIE ou **clusier** (de Ch. Lécluse, botaniste du xvie siècle), *Clusia*, genre type de la famille des Clusiacées, et de la tribu des Clusiées, se compose d'arbres exotiques élégants, dont les fleurs sécrètent une sorte de résine. L'espèce la plus intéressante est la *Cl. rosea*, remarquable par ses grandes et belles fleurs roses. Cette plante vit en parasite sur le tronc et les branches des arbres des contrées intertropicales sur lesquels elle s'appuie, et émet des rameaux qui descendent jusqu'à terre et y prennent racine. On la cultive en France dans les serres chaudes ; elle y a fleuri pour la première fois en 1840.

CLUTIE (de *Cluyt*, botaniste hollandais), *Clutia*, genre de plantes de la famille des Euphorbiacées, est composé d'arbres ou d'arbrisseaux à feuilles alternes, à fleurs axillaires et dioïques. Les principales espèces sont la *Cl. musquée* (*Cl. elateria*), vulgairement *Bois de crocodile* ; la *Cl. des montagnes* ; la *Cl. épineuse* et la *Cl. grimpante*.

CLYPEASTRE (de *clypeus*, bouclier, et *aster*, astre), Zoophyte de la classe des Échinodermes, famille des Oursins, à corps régulier, ovale, à épines très-petites ; pourvu d'une bouche inférieure et centrale, d'un anus latéral, et de 5 ambulacres dont la disposition rappelle les pétales d'une fleur.

Insecte Coléoptère tétramère de la famille des Clavipalpes, tribu des Globulites : corps clypéiforme, tête cachée sous le corselet, antennes à 9 articles. Le *Cl. piceus* et le *Cl. pubescens* se trouvent aux environs de Paris, sur les bois non pourris.

CLYSOIR (du grec *klyzô*, laver), instrument destiné, comme la seringue, à faire des injections dans les gros intestins. C'est un tube ou tuyau flexible et imperméable, de la longueur d'un mètre environ, évasé en entonnoir par le bout supérieur et terminé de l'autre par une canule. Le liquide qu'on verse dans l'entonnoir, poussé par son propre poids, s'insinue facilement dans les intestins en vertu de la loi physique des niveaux. — Dans le *Clysoir-irrigateur* de Charrière, le liquide est poussé par un ressort à boudin analogue à celui de la lampe-modérateur : l'appareil une fois monté, il suffit d'ouvrir un robinet pour qu'il fonctionne tout seul. Ce dernier instrument est d'invention fort récente.

CLYSOPOMPE (du grec *klyzô*, laver, et de *pompe*), appareil d'invention récente, destiné, comme la seringue et le clysoir, à l'injection des liquides dans l'intérieur du corps, se compose d'un petit corps de pompe, ordinairement en étain, adapté à un vase qui contient le liquide, et dans lequel plonge un tube en caoutchouc terminé par une canule. Il suffit pour mettre l'appareil en fonction de plonger l'extrémité inférieure de la pompe dans le liquide à injecter et de faire manœuvrer celle-ci comme de coutume. On peut ainsi, à volonté, obtenir un jet continu ou modérer l'écoulement du liquide.

CLYSSE ou **clyssus** (du grec *clyzô*, laver), nom sous lequel les chimistes désignaient jadis un mélange de divers produits tirés de la même substance : tel était le composé de l'eau distillée d'absinthe, de l'esprit et de l'huile de cette même plante. — On nommait encore ainsi les médicaments obtenus en faisant détoner le nitre avec différentes substances, et en concentrant les vapeurs qui s'exhalaient : on leur attribuait des propriétés héroïques. Le *Cl. d'antimoine* ou *de soufre* était le produit de la détonation du nitre par l'antimoine ou le soufre. Le *Cl. de nitre* était le produit de la détonation du nitre par le charbon.

CLYSTÈRE (du grec *clystèrion*, dérivé de *klyzô*, laver). On dit de préférence *lavement*. *Voy.* ce mot.

CNÉMIDE (du grec *cnémis*, brodequin), genre de Coléoptères pentamères de la famille des Lamellicornes, à chaperon bifide et à antennes de huit articles. Le *Cn. pictus* se trouve au Brésil, le *Cn. retusus* à Cayenne, et le *Cn. Francilloni* aux États-Unis.

CNÉMIDIE (du grec *cnémis*, brodequin), genre de la famille des Orchidées, tribu des Néottiées, est composé de plantes herbacées, à tiges et rameaux diphylles, à feuilles larges et engaînantes, à fleurs en grappes. Ce genre renferme quelques espèces indigènes du Brésil et de l'Inde.

CNEORUM, nom latin de la **camélée**.

CNIQUE, *Cnicus* (du grec *cnécos*, jaune), genre de la famille des Composées, tribu des Cinarées, renferme une espèce connue sous le nom de *Chardon bénit* (*Cn. benedictus*). Elle a la tige droite, laineuse, haute de 40 centim. et garnie de feuilles oblongues et un peu épineuses. Ses fleurs sont jaunes, et très-amères. On les emploie en médecine comme sudorifiques, toniques, apéritives.

COADJUTEUR (du latin *cum*, avec, et *adjutor*, qui aide), celui qui est adjoint à un prélat, archevêque, évêque ou abbé, pour l'aider dans ses fonctions, et qui est ordinairement destiné à lui succéder. Le coadjuteur jouit des mêmes prérogatives que le titulaire. Au moyen âge, l'abus des coadjutoreries fut extrême ; le concile de Trente y mit un terme.

COAGULATION (du latin *cum* et *agere*, pousser

ensemble, rassembler), épaississement d'un liquide qui tend à se solidifier, mais qui reste à l'état mou. La coagulation peut être totale ou partielle. se faire lentement ou d'une manière instantanée. Plusieurs substances animales et végétales peuvent être coagulées par la chaleur : telles sont la lymphe, le sang, le blanc d'œuf, et toutes celles qui contiennent de l'albumine; d'autres exigent la présence d'un acide ou d'un autre corps étranger : tels sont le lait, la bière, etc. En Pharmacie, la *coagulation* est un des procédés employés pour clarifier les liquides.

COAGULUM, mot latin qui signifie *présure*, substance qui a la propriété de faire cailler le lait, s'emploie en français pour désigner la partie *caillée* d'un fluide susceptible de se coaguler, le *caillot*.

COALITION (du latin *coalescere*, se réunir). On nomme ainsi toute réunion de personnes qui se concertent pour nuire, et spécialement, dans l'Histoire, la ligue de plusieurs États réunis pour faire la guerre à un seul, telles que celles que formèrent les principaux États de l'Europe contre la République française (coalition de Pilnitz, 27 août 1791) et contre l'Empire (1813, 1814 et 1815); — dans la Politique, le rapprochement d'hommes qui, tout en appartenant à des partis différents, se concertent pour renverser un ministère : le gouvernement parlementaire offre, en Angleterre et en France, de nombreux exemples de ligues de ce genre, qui le plus souvent ont abouti à des ministères hétérogènes, dits *ministères de coalition;* — dans l'Industrie, l'association formée par des hommes d'une même profession, maîtres ou ouvriers, dans le but d'imposer certaines conditions de travail ou de salaire : ces dernières coalitions sont sévèrement punies par notre Code pénal (art. 414, 415).

COAPTATION (du latin *cum* et *aptare*, ajuster, accommoder), opération chirurgicale qui a pour but d'adapter l'une à l'autre les extrémités d'un os fracturé, ou de remettre à sa place un os luxé. Ordinairement la coaptation se pratique à l'aide des doigts; quelquefois, au moyen de certains leviers.

COASSEMENT (du grec *coax*, onomatopée), cri particulier de quelques-uns des Batraciens, comme la Grenouille, le Crapaud, etc. C'est un bruit aigre, râlé, saccadé et monotone. Il paraît dû au renflement des sons dans des sortes de sacs gutturaux qui saillissent quelquefois sur les côtés du cou; car ces animaux le font entendre sans ouvrir la bouche.

COATI, *Nasua*, genre de Mammifères carnassiers, tribu des Plantigrades, groupe des Subursus, renferme des animaux de la taille du chat domestique, qui ont beaucoup de ressemblance avec les Ratons, mais qui en diffèrent par la longueur de leur nez, espèce de boutoir, qui dépasse de plus de 3 centim. la mâchoire supérieure; il est très-mobile et leur sert à fouir. Les Coatis ont le corps allongé, la tête effilée, la queue très-longue, poilue et ordinairement redressée, le pelage soyeux et très-épais, excepté sur la tête; leurs pattes sont terminées par cinq doigts armés d'ongles robustes. Ces animaux vivent en petites troupes dans les forêts de l'Amérique du Sud. Ils grimpent avec facilité sur les arbres et ont l'odorat excessivement développé. Ils se nourrissent de vers, d'insectes, de petits mammifères, d'oiseaux, d'œufs, etc. Ils sont de mœurs douces, et s'apprivoisent très-facilement. Leur voix est un petit grognement assez doux quand ils sont contents; dans la colère, c'est un cri fort aigre. On en connaît deux espèces : le *C. brun*, brun ou fauve en dessus, jaunâtre en dessous; et le *C. roux*, d'un roux vif et brillant. Ces deux espèces ont l'une pour l'autre une antipathie singulière.

COBALT (de l'allemand *kobalt*), corps simple métallique, d'un gris rougeâtre, plus fusible que le fer, moins fusible que l'or, peu ductile, magnétique, d'un poids spécifique de 8,6. Il se trouve dans la nature presque toujours combiné avec le soufre et avec l'arsenic, particulièrement dans le *cobalt arsenical* ou *smaltine*, et le *cobalt gris* ou *cobaltine*. Seul, il est sans usage; mais quelques-unes de ses combinaisons, notamment l'oxyde et l'arséniate, s'emploient pour colorer en bleu les porcelaines, le verre, et pour faire le bleu d'azur et le bleu de Thénard (*Voy.* BLEU). —Le cobalt forme avec l'oxygène un *protoxyde* (CoO) qui se combine avec les acides pour former des sels, et un *peroxyde* (Co²O³) qui ne s'y combine pas. Les sels de cobalt sont remarquables par leur couleur rouge, bleue ou violette; les plus importants sont le *nitrate*, le *phosphate* et l'*arséniate*.

Le cobalt, ou du moins son oxyde, paraît avoir été connu depuis la plus haute antiquité : car les verres et les émaux bleus des anciens Égyptiens contiennent du cobalt. On a commencé vers le XVᵉ siècle à employer la mine de cobalt grillée pour colorer le verre en bleu et pour la peinture sur porcelaine. Brandt paraît avoir le premier extrait de cette mine, en 1733, le cobalt métallique. Bergmann, Vauquelin, Proust, M. Berthier, M. Liebig, et plus récemment, en 1835, M. Winkelblech, ont publié les travaux les plus estimés sur les combinaisons de ce métal.

COBALT ARSENICAL OU SMALTINE, en allemand *Speisskobalt*, le plus abondant des minerais de cobalt, gris ou d'un blanc d'étain, ayant l'éclat métallique, d'une densité de 6,4, et ordinairement cristallisé en cubes. Il renferme de l'arsenic et du cobalt (CoAs²). On le trouve en filons dans les terrains anciens et de transition, à Allemont en Dauphiné, à Sainte-Marie-aux-Mines en Alsace, et à Juset près de Bagnères-de-Luchon. On l'exploite à Schneeberg en Saxe, à Joachimsthal en Bohême, à Riegelsdorf dans la Hesse, etc.

COBALT GRIS OU COBALTINE, minerai blanc, ordinairement rougeâtre, d'un grand éclat, et cristallisé en cube passant au dodécaèdre pentagonal. Il se compose de soufre, d'arsenic et de cobalt (SAsCo). On le rencontre particulièrement en Suède et en Norwége.

COBAYE, *Cobaya*, genre de Mammifères rongeurs, de la famille des Cabiais, renferme plusieurs espèces dont les deux principales sont : 1º l'*Apéréa*, type sauvage du *Cochon d'Inde* (*Voy.* ce mot), petit animal gris roussâtre ou noir en dessus, blanchâtre en dessous, à queue rudimentaire, et dont les doigts ne sont point réunis par une membrane; ongles courts, robustes, en forme de petits sabots; 2º le *Cobaye austral*, d'un tiers plus petit que l'Apéréa. Les cobayes se nourrissent de fruits, de graines et de jeunes pousses. Ils vivent dans les plaines de l'Amérique méridionale par petites familles, et se creusent des terriers dans lesquels ils se retirent pendant le jour.

COBÉA (de *Cobo*, naturaliste espagnol), genre de la famille des Bignoniacées, dont on ne connaît qu'une seule espèce, le *C. grimpant* (*C. scandens*) : c'est un arbrisseau dont la tige grimpante et flexible acquiert en quelques mois une longueur de plus de 15 m. Son feuillage est d'un vert sombre; ses fleurs nombreuses ont la forme de clochettes cylindriques, d'un violet pourpre, velues intérieurement et offrant une découpure sur les bords. Cette plante, originaire du Mexique, se cultive avec succès dans les jardins et sur les croisées; on l'emploie pour garnir les terrasses, les berceaux et les tonnelles, pour former des cordons et des guirlandes gracieuses; elle grimpe le long des murs et autour des cordes comme les capucines et les chèvrefeuilles. Dans nos climats, elle ne peut résister aux froids de l'hiver.

COBITIS, nom latin du genre LOCHE.

COCA, *Erythroxylum peruvianum*, espèce du genre Erythroxyle, renferme des arbustes à tige forte, couverte d'une écorce blanchâtre; aux branches droites, rougeâtres, garnies de feuilles elliptiques, entières, d'un vert lustré; à fleurs petites, solitaires ou réunies en faisceaux, et de couleur jaune et blanche, donnant naissance à un drupe sec, rouge, oblong, monosperme. Le Coca croît dans les vallées humides des Andes : c'était autrefois la plante sacrée des Péruviens, qui la brûlaient sur les autels du Soleil ; aujourd'hui les Boliviens mâchent ses feuilles roulées en boule avec un peu de terre calcaire, ou avec des semences de *quinoa*, espèce d'*ansérine*.

COCAGNE (étymologie incertaine), nom que les fabricants de pastel donnent aux pains coniques qu'ils forment avec la feuille du pastel après qu'elle a été écrasée sous la meule. *Voy.* PASTEL.

On entend par *Pays de Cocagne* une contrée fabuleuse où l'on a tout à souhait et en abondance. Cette fiction a donné naissance à l'usage des *mâts de cocagne* dans les fêtes populaires.

COCARDE (par corruption de *coquarde*, touffe de plumes de *coq*), ornement aux couleurs de la nation, que les militaires portent fixé à leur coiffure. La cocarde est aussi portée sur les chapeaux de livrée. Dans les temps de trouble et de révolution, beaucoup de citoyens portent une cocarde, afin d'indiquer par ce signe le parti auquel ils appartiennent. Autrefois la cocarde était une touffe, une bouffette ou nœud de rubans qui s'attachait au bouton ou à la ganse du chapeau ; aujourd'hui, c'est un tissu de soie ou de laine, ordinairement rond et plissé du centre à la circonférence : on en fait aussi en papier, en cuir, en fer-blanc peint, etc. — L'usage de la cocarde ne remonte pas au delà du XVIIᵉ siècle ; il est devenu général depuis la guerre de 1701. Dans la guerre de 1756, la cocarde française était *blanche* et *verte* ; en 1789, elle devint *bleue* et *rouge*, couleurs de la ville de Paris ; la couleur *blanche*, qui était celle des Bourbons, y fut ajoutée le 17 juillet de la même année, lorsque Louis XVI adopta la nouvelle cocarde à l'hôtel de ville. Depuis lors, la *cocarde tricolore* a été le signe de la nation française, excepté sous la Restauration, époque pendant laquelle on reprit la *cocarde blanche*. *Voy.* COULEURS.

COCCINELLE (du grec *coccinos*, écarlate, à cause de sa couleur), genre de Coléoptères de la famille des Aphidiphages, renferme des insectes de forme ronde, convexes en dessus, et d'une taille fort petite : on les appelle communément *Bêtes à bon Dieu*, *Vaches à bon Dieu*, *Tortues*, *Scarabées hémisphériques*, etc. Elles sont en général rouges, quelquefois jaunes ou noires, avec des points disséminés. Quand on les inquiète, elles font sortir par l'extrémité de leurs cuisses une liqueur nauséabonde. Elles se nourrissent de pucerons, dont elles font une grande destruction.

COCCULE (du latin *coccum*, graine), *Cocculus*, genre de la famille des Ménispermées, renferme des arbrisseaux volubiles, à feuilles alternes, cordiformes ; à fleurs dioïques, quelquefois monoïques, mais peu apparentes. Ce genre compte un grand nombre d'espèces, dont une, le *C. suberosus*, fournit la Coque du Levant ; et une autre, le *C. palmatus*, donne le *Colombo*. *Voy.* ces mots.

COCCUS, nom scientifique du genre COCHENILLE.

COCCYX (du grec *coccyx*, nom du coucou, parce qu'on a cru voir quelque ressemblance entre l'os de ce nom et le bec de cet oiseau), petit os symétrique, triangulaire, situé à la partie inférieure et postérieure du bassin, au-dessous du sacrum, et qui termine la colonne vertébrale chez l'homme et chez les animaux qui n'ont point de queue. Il se compose de quatre ou cinq pièces analogues aux vertèbres et que quelques auteurs ont regardées comme autant d'os séparés. Le coccyx soutient et protège la partie inférieure du rectum, et donne attache aux ligaments sacro-sciatiques, aux muscles grands fessiers, ischio-coccygiens, au releveur et au sphincter de l'anus.

COCHE (de l'italien *coccio*, char, carrosse), sorte de chariot couvert, rarement suspendu, dans lequel on voyageait autrefois. Les coches étaient encore en usage au siècle dernier. — On appelle *coche d'eau*, ou simplement *coche*, un grand bateau couvert, destiné à transporter d'une ville à l'autre les voyageurs et les marchandises. Les coches ont été sur beaucoup de points remplacés par les bateaux à vapeur.

On appelle aussi *coche* la *truie*, femelle du cochon.

COCHÉES (PILULES). *Voy.* PILULES.

COCHENILLE (du grec *coccinos*, de couleur écarlate), *Coccus*, genre d'insectes Hémiptères de la famille des Gallinsectes, qui fournit à la teinture une belle couleur rouge. Cet insecte a un corps épais, mou et privé d'ailes ; des antennes à 9 articles et des tarses d'un seul article. Il perce l'épiderme de la plante qu'il s'est choisie pour demeure, et en tire sa nourriture. La femelle, à l'époque de ses métamorphoses, se fixe à une branche et y reste attachée jusqu'à sa mort ; sa peau sécrète une matière cotonneuse qui lui forme une enveloppe autour du corps, et dans laquelle elle dépose ses œufs ; puis, elle meurt, et il ne reste plus d'elle qu'une membrane desséchée qui recouvre les œufs et les protége. Quant au mâle, il jouit pendant toute sa vie de la propriété de se mouvoir.

On distingue : 1° la *C. proprement dite*, 2° la *C. du chêne*, communément *Kermès* ou *Graine d'écarlate*, 3° la *C.* ou *Kermès de Pologne*, 4° la *C. laque*.

1°. La *Cochenille* proprement dite (*Coccus cacti*), est la plus importante : elle vit et se propage sur différents cactiers, notamment sur le nopal et la raquette. Elle est originaire du Mexique, et a été connue en Europe vers 1523. Les Mexicains font autour de leurs habitations des plantations de cactiers, appelés *nopaleries*, et y déposent les femelles de la cochenille ; celles-ci y pondent leurs œufs, et produisent des milliers de petits insectes qui s'attachent sur la plante, et y subissent toutes leurs métamorphoses. On les enlève en les raclant avec un couteau émoussé, ou on les plonge dans l'eau bouillante pour les faire périr, et on les dessèche au soleil ou dans des fours ; ils prennent alors l'apparence d'un petit grain noir. — L'exploitation de la cochenille a été récemment introduite aux Canaries, en Espagne et dans le nord de l'Afrique ; elle a parfaitement réussi en Algérie. La cochenille domestique, dite *C. fine*, ou *mestèque*, est préférée à la cochenille sauvage ou *sylvestre*, à cause de sa plus grande richesse en principe colorant. La cochenille se rencontre dans le commerce sous la forme de petits grains irréguliers, noirâtres ou d'un rouge brun ; si on fait macérer cette matière dans de l'eau tiède pendant quelques heures, elle lui communique une teinte rouge, se gonfle et montre alors distinctement la structure de l'insecte, couvert d'anneaux, et muni de pattes et d'un suçoir. — Selon MM. Pelletier et Caventou, la cochenille renferme une matière colorante rouge, la *carmine* (*Voy.* CARMIN), une matière azotée particulière, une matière grasse, des sels de potasse et des sels de chaux. On emploie la cochenille pour colorer la laine et la soie en cramoisi et en écarlate ; elle donne des couleurs plus belles que solides, car l'eau les tache, et les alcalis les rendent violettes. On prépare aussi, au moyen d'une dissolution ammoniacale de cochenille, des violets, des mauves et des couleurs analogues pour l'impression des laines. La cochenille sert encore à colorer les liqueurs, les opiats et les poudres dentifrices, et à faire de l'encre rouge.

2°. Le *Kermès* (*C. ilicis*) est plus gros que la cochenille des cactiers ; il se trouve sur le chêne vert dans le midi de la France et de l'Europe. Il donne une couleur rouge moins belle, mais plus solide. Les Orientaux l'emploient pour teindre leurs calottes, et lui attribuent des vertus médicales. En Italie, on teint avec le suc récent du kermès une espèce d'élixir ou liqueur de table dite *Alkermès*. *Voy.* ce nom.

3°. La *Cochenille* ou *Kermès de Pologne* (*C. Polonicus*), se développe sur les racines des scléranthes de la Pologne et de l'Ukraine, et a les mêmes propriétés tinctoriales que la précédente ; mais elle est inférieure à celle des cactiers. En Pologne, on la fait bouillir avec de la bière aigrie, et on teint dans cette décoction la laine alunée. Les Turcs, les Arméniens, les Cosaques teignent avec ce kermès les maroquins, le drap, la soie, la crinière et la queue des chevaux. Les femmes turques s'en teignent les ongles.

4°. La *C. laque* (*C. lacca*) se nourrit sur les figuiers, les jujubiers et autres arbres des Indes Orientales. La *résine* ou *gomme-laque* du commerce découle des piqûres qu'elle fait aux plus jeunes branches. *V.* LAQUE.

COCHER (le), en latin *Auriga*, en grec *Héniochos*, constellation de l'hémisphère boréal, est composée de 69 étoiles, dont la plus brillante est la *Chèvre*. Le Cocher a la forme d'un pentagone régulier ; il est situé entre *Persée* et les *Gémeaux*, au-dessus du *Taureau*. Le Cocher est, selon les uns, Hippolyte, selon les autres Myrtile ou OEnomaüs, transporté au ciel.

COCHEVIS, nom vulgaire de l'Alouette huppée.

COCHLÉARIA (de *cochlear*, cuiller, à cause de la forme de ses feuilles), genre de la famille des Crucifères, tribu des Pleurorhizées, renferme des plantes herbacées ou vivaces, souvent glabres ou charnues, quelquefois couvertes de duvet ou de poils épars, à feuilles de forme variable, mais généralement en forme de cuiller, à fleurs blanches ou lilas, en grappes terminales portées par des pédicelles filiformes. On en distingue vingt-sept espèces, parmi lesquelles : le *C. officinal*, vulgairement *Herbe aux cuillers*, à feuilles lisses et luisantes et un peu concaves : c'est un puissant stimulant et un des meilleurs antiscorbutiques ; on en mâche les feuilles, qui sont très-amères ; on les mange aussi en guise de cresson ; et le *C. de Bretagne* (*C. armoracia*), vulgairement *Cran* ou *Cranson*, qui est la base du *sirop antiscorbutique*, de l'*esprit de cochléaria*, etc. *Voy.* ARMORACIA.

COCHON, *Sus*. Les Zoologistes étendent ce nom à un vaste genre de Mammifères, de l'ordre des Pachydermes, dont M. Is. Geoffroy a fait une famille sous le nom de *Suilliens*. Il est caractérisé par des dents canines fortes, sortant de la bouche et se recourbant en dehors vers le haut, quelquefois très-longues, dépourvues de racines proprement dites, et croissant pendant toute la vie de l'animal. Il se divise en deux groupes : le 1er renferme ceux qui ont trois doigts aux pieds postérieurs et quatre aux pieds antérieurs : le *Pécari*, le *Chœropotame* et l'*Anthracotherium* ; le 2e, ceux qui ont les quatre pieds à quatre doigts : le *Babiroussa*, le *Phacochœre* et le *Cochon* proprement dit.

Les *Cochons proprement dits* ont le corps couvert de poils roides ou *soies*, six incisives, deux canines et quatorze molaires à chaque mâchoire ; un *groin*, sur lequel sont percées les narines ; les yeux petits, à pupille ronde ; les oreilles assez développées et pointues ; une queue courte et tortillée. Ces animaux aiment les pays marécageux, et leur plaisir est de se vautrer dans la fange. Ils forment 5 espèces : 1° le *Sanglier d'Europe*, souche du *Cochon domestique* ou *Porc* ; 2° le *Bêne* ou *S. des Papous* ; 3° le *S. à masque* ; 4° le *Cochon à tubercules* ; 5° le *C. à bandes blanches*.

Cochon domestique. Le porc mâle s'appelle *verrat*, sa femelle *truie*, leurs petits *pourceaux* (cochons *de lait* ou *cochonnet* tant qu'ils tètent) ; lorsqu'il est coupé, le porc prend le nom de *cochon*. Les porcs aiment les glands, les faînes et tous les fruits sauvages. Ils ont l'odorat très-fin, et fouillent la terre avec leur boutoir pour y chercher les larves d'insectes et les racines, principalement celles de la gesse et de la carotte, les tubercules de la truffe et la grosse souche des fougères, dont ils sont très-avides. Le porc est très-vorace : il mange tout ce qu'on lui offre et se nourrit de résidus de toute espèce ; on l'a vu souvent dévorer ses petits et même des enfants en bas âge. Il peut vivre jusqu'à vingt ans. La truie fait chaque année deux portées de douze à quinze petits chacune.

La viande de porc fournit un aliment substantiel et savoureux, mais de digestion difficile ; sous les climats chauds, elle peut devenir malsaine : elle était interdite aux Juifs. On la mange fraîche, salée ou fumée (*Voy.* CHARCUTERIE). Un porc pèse ordinairement de 80

à 90 kilogr. ; quelques-uns atteignent jusqu'à 200 et 250 kilogr. La couleur du porc varie selon les régions. La couleur noire appartient particulièrement au Midi, la blanche au Nord ; au Centre, la couleur participe de ces deux extrêmes. Partout, les cochons à soie rousse passent pour être les meilleurs. En France, on distingue plusieurs variétés : celle *à grandes oreilles*, qui n'est ni robuste ni féconde, et qui ne donne qu'une chair grossière et fibreuse ; la race *de la vallée d'Auge*, à tête petite et pointue, aux oreilles étroites, au corps long et épais, au poil blanc, et qui s'engraisse facilement ; le cochon blanc *du Poitou*, qui a la tête longue et grosse, les oreilles larges et pendantes, le corps allongé, le poil rude, les pattes larges et fortes ; le *C. du Périgord*, qui a le poil noir et rude, le corps large et très-ramassé ; cette race est surtout productive quand elle est croisée avec celle du Poitou. L'Angleterre possède une race de porcs particulière, courte sur jambes, s'engraissant facilement et donnant de bons produits. Les *Cochons de lait* offrent un mets délicat : les Anglais surtout en sont très-friands. — Les soies du cochon servent à faire des brosses ; la peau peut se tanner.

On appelle *Cochon de blé*, ou *petit Cochon*, l'Hamster ; *C.-cerf*, le Babiroussa ; *C. de terre*. l'Oryctérope ; *C. d'Inde*, ou *C. de Barbarie*, une espèce du genre Cobaye, l'*Apéréa* : le *Cochon d'Inde* est un petit animal de 25 à 30 centim., qui vit au Brésil et à la Guyane à l'état sauvage, et que l'on a réduit à l'état de domesticité ; son pelage est ordinairement teint des trois couleurs noire, blanche et rousse, disposées par larges plaques et sans symétrie : son nom lui vient de son grognement, semblable à celui du cochon de lait ; il vit d'herbes, de fruits, de son et de pain. La femelle porte jusqu'à douze petits. Malgré l'odeur infecte que répand son urine, quelques personnes se plaisent à élever cet animal : au Brésil et au Paraguay, sa chair est estimée.

COCHONNET, sorte de jeu de boules qui se joue en plein champ avec des boules de moyenne grosseur, et une petite boule qu'on nomme *but* ou *cochonnet*. Chaque joueur a deux boules : le premier à jouer lance le but à une certaine distance, et chaque joueur lance successivement ses deux boules en s'appliquant à les placer le plus près possible du but. Le grand coup à ce jeu consiste à écarter la boule de son adversaire en la frappant directement avec la sienne, sans que celle-ci ait touché le sol.

COCO, fruit du Cocotier. *Voy.* ce mot.

COCON ou COQUE (du latin *concha*, conque, coquille), nom donné à l'enveloppe soyeuse que se filent un grand nombre de chenilles pour s'y transformer en chrysalides : tel est le cocon du *ver à soie*. — Les autres chenilles filent un cocon plus ou moins serré, selon que les espèces doivent rester au jour, se cacher sous la feuille ou s'enterrer. Les Coléoptères forment le plus souvent leur coque avec des matériaux étrangers qu'ils réunissent au moyen d'un gluten particulier. Certains Hyménoptères filent des coques complètes très-serrées ; les autres bouchent seulement l'entrée de la cellule où ils ont été nourris.

COCORLI, division du genre Bécasse, établie par Cuvier pour un petit Échassier qui diffère peu des Alouettes de mer. *Voy.* BÉCASSEAUX.

COCOTIER, *Cocos*, genre de la famille des Palmiers, renferme des arbres d'une taille gigantesque, originaires de l'Inde, et répandus aujourd'hui dans l'Afrique, les Antilles, l'Amérique méridionale et l'Océanie. L'espèce la plus remarquable est le *C. commun* (*Cocos nucifera*), dont le tronc grêle atteint de 20 à 25 m. ; il est couronné par un magnifique faisceau de feuilles d'un beau vert, courbées en tous sens, au centre desquelles se trouve un bourgeon terminal analogue au chou du palmier : ces feuilles, larges d'un mètre, longues de 5 à 6, sont formées d'une double rangée de folioles, et sortent, les unes après les autres, du milieu de celles qui sont déjà développées. Les fleurs naissent en panicules, de l'aisselle des feuilles inférieures, et sont disposées d'une manière particulière sur un organe appelé *spadix*, entouré lui-même, avant la floraison, d'une enveloppe membraneuse ou *spathe*, qui s'ouvre par le côté. Elles donnent naissance à des fruits verts à trois côtes, de la grosseur de la tête, et offrant, sous un brou filandreux très-épais, un noyau monosperme, d'un tissu ligneux extrêmement dur, bien que peu épais, de forme oblongue un peu pointue, et percé d'un trou à son extrémité. Ce noyau, dit *noix de coco* ou simplement *coco*, renferme une pulpe très-blanche, d'un goût suave, assez semblable à une crème épaisse, et contenant une liqueur rafraîchissante de couleur laiteuse et un peu sucrée. En mûrissant, la pulpe du coco se change d'abord en une amande blanche et succulente, qui rappelle le goût de la noisette, puis elle finit, quand le fruit est vieux, par devenir coriace et filandreuse. — On mange les noix de coco soit à moitié mûres, quand elles sont à l'état de crème, soit à l'état d'amande : on fait avec ces amandes des émulsions rafraîchissantes, et on en extrait une huile assez bonne. Les coques servent à faire des vases de toutes sortes et ces petits ouvrages ciselés connus sous le nom de *cocos*. Avec la filasse du brou on fabrique des cordages, et on calfeutre les navires. On fait avec les feuilles des paniers, des nattes et des tapis ; le bois est assez solide pour entrer dans les constructions ; la sève, obtenue par incision, fermente rapidement et donne, au bout de quelques heures, une liqueur agréable appelée *vin de cocotier :* on en extrait aussi par la distillation une eau-de-vie très-forte, connue dans l'Inde sous le nom d'*arack de Paria*. Le bourgeon terminal est fort tendre et se mange.

COCRÈTE, nom vulgaire du *Rhinanthus*.

COCTION (*coctio*, de *coquere*, cuire). Ce mot, presque synonyme de *cuisson*, s'applique plus spécialement aux matières qu'on soumet au feu comme objet d'expérience. — Il a été aussi employé par les Physiologistes dans le sens de *digestion*, parce que les anciens comparaient cette fonction à la cuisson des aliments. Ils se sont encore servis du mot *coction* pour désigner le moment de la maladie qui précède le déclin des accidents, parce qu'ils supposaient que toute maladie était due à une humeur viciée, qui d'abord se trouvait dans un état de *crudité*, et qui devait être changée par l'action de la chaleur en une matière susceptible d'être assimilée à la substance propre du corps, ou du moins en une matière moins nuisible et susceptible d'être évacuée.

CODA, c.-à-d. *queue;* mot italien qui s'emploie en Musique, surtout dans les finales et les *scherzo*, pour désigner un certain nombre de mesures qu'on ajoute à un morceau, afin de le terminer plus complètement ou d'une manière plus brillante.

CODE (du latin *codex*, qu'on dérive lui-même de *caudex*, tronc d'arbre, parce que les anciens écrivaient leurs lois sur des tables de bois), nom donné, en Jurisprudence, à tout recueil de lois, rescrits, constitutions, etc., émanant de l'autorité souveraine.

Les codes les plus célèbres du droit romain sont : 1° les *C. Grégorien* et *Hermogénien*, publiés par les jurisconsultes Gregorius et Hermogenianus, et qui contiennent les constitutions des empereurs depuis Adrien jusqu'à Constantin ; 2° le *C. Théodosien*, publié en 428, sur l'ordre de l'empereur Théodose II, et dont l'usage se répandit en France, où il fut en vigueur jusqu'au VIe siècle ; 3° le *C. Justinien*, rédigé sous la direction du célèbre jurisconsulte Tribonien et publié sous le règne de l'empereur Justinien, une première fois en 529 et une seconde, après révision, en 534. — On a donné le nom de *Code des antiques* à un recueil qui comprend les lois des Wisigoths, un édit de Théodoric, roi des Ostrogoths, la loi des Bourguignons ou Gombette, et les lois des Francs, ou loi salique et loi ripuaire.

Avant 1789, la législation civile en France n'offrait aucune homogénéité ; dans certaines provinces, au midi surtout, on suivait le *droit écrit* ou *droit romain* ; dans les autres, le *droit coutumier*, complétés tous deux par les *ordonnances royales*.—On appelait *Code Michault* un recueil d'ordonnances publié sous Louis XIII, en 1629, par le garde des sceaux Michel de Marillac ; *C. Louis*, un recueil contenant onze ordonnances du roi Louis XIV ; *C. noir*, un édit de Louis XIV (mars 1685) concernant la police des colonies d'Amérique et réglant les conditions de l'esclavage des nègres : ce code, aboli par une loi du 16 pluviôse an II, mais remis en vigueur le 30 floréal an X, a été définitivement rapporté en 1833.

Aujourd'hui, en France, nous avons 8 codes princip. : 1° le *Code civil*, ou *C. Napoléon*, qui règle tout ce qui a rapport aux droits civils, à la personne et à la propriété des citoyens (promulgué du 15 mars 1803 au 17 sept. 1804) ; 2° le *C. de commerce*, relatif à toutes les transactions commerciales ; 3° le *C. de procédure civile*, indiquant les règles qui doivent être suivies dans les instructions devant les tribunaux civils ; 4° le *C. d'instruction criminelle*, qui règle le mode légal d'instruction dans les délits et les crimes ; 5° le *C. pénal*, qui détermine la nature des délits et des crimes et leur punition ; 6° le *C. rural*, qui renferme la législation relative à l'agriculture et aux travaux agricoles ; 7° le *C. forestier*, qui régit tout ce qui a rapport à l'administration des forêts ; et 8° le *C. de la pêche fluviale*, qui règle tout ce qui a rapport aux fleuves, aux rivières, etc.; ces divers codes sont dus, à l'exception des deux derniers, à Napoléon : ils ont été préparés principalement par les jurisconsultes Portalis, Tronchet, de Maleville, Bigot de Préameneu, Henrion de Pansey, Merlin, Treilhard, Berlier, etc., discutés par le Conseil d'État et le Corps législatif, et promulgués successivement depuis le 5 mars 1803 jusqu'en 1810. — On peut y joindre le *C. politique*, contenant les diverses constitutions et chartes qui ont régi la France, avec les lois organiques qui s'y rattachent ; le *C. militaire*, le *C. maritime*, le *C. de l'enregistrement*, etc.—Les éditions les plus correctes de tous ces codes sont, outre les éditions officielles, les *Codes français*, par Bourguignon, 1838 ; les *Codes de la législation française*, de N. Bacqua ; les mêmes, annotés, par J.-A. Rogron, par Teulet, etc.

CODÉINE, alcali organique contenu dans l'opium. On l'obtient comme produit accessoire dans la préparation de la morphine : elle reste dans les eaux mères. La codéine cristallise dans l'eau en octaèdres renfermant du carbone, de l'hydrogène, de l'azote et de l'oxygène dans les rapports de $C^{36}H^{21}NO^6+2aq$. Elle est fort soluble dans l'alcool, ainsi que dans l'éther ; mais elle ne se dissout pas dans les alcalis aqueux, ce qui la distingue de la morphine. Elle a été découverte par Robiquet en 1832, et plus particulièrement étudiée par le chimiste anglais Anderson (1850).

CODEX, mot latin qui est synonyme de *formulaire, antidotaire, dispensaire, pharmacopée*, s'emploie en Pharmacie pour désigner un recueil de recettes ou de formules pour la préparation des médicaments. On appelle *Codex parisiensis*, ou simplement *Codex*, le recueil des formules adoptées par la Faculté de Paris. *Voy.* PHARMACOPÉE.

CODICILLE (du latin *codicillus*, diminutif de *codex*). On donnait jadis ce nom à tout acte de dernière volonté qui ne contenait que des legs ou autres dispositions, sans institution d'héritier ; et l'on appelle encore ainsi, dans le langage ordinaire, tout acte postérieur à un testament et qui a pour but d'y ajouter ou d'y changer quelque chose. La législation actuelle n'admet point le mot *codicille ;* tout acte de dernière volonté est nommé *testament*. — Dans le Droit romain, il n'est point fait mention des codicilles avant le règne d'Auguste ; ils furent d'abord établis pour des substitutions ou des fidéicommis, et ce ne fut que beaucoup plus tard qu'on permit de faire des legs dans les codicilles.

COEFFICIENT (du latin *cum*, avec, et *efficere*, faire), se dit en algèbre d'une quantité par laquelle une autre quantité se multiplie. Ainsi, dans 5*a*, *Ax*, (*m* + *n*) *x*², etc., 5 est le coefficient de *a*, *A* celui de *x*, et *m* + *n* celui de *x*². Lorsqu'une lettre n'est précédée d'aucun nombre, elle est toujours censée avoir 1 pour coefficient.

On appelle *Méthode des coefficients indéterminés*, la méthode de démonstration qui consiste à supposer une équation avec des coefficients indéterminés dont on fixe ensuite la valeur par la comparaison de ses termes avec ceux d'une autre équation qui lui doit être égale; elle s'emploie dans les parties les plus élevées de l'algèbre. Elle a été appliquée pour la première fois par Descartes.

COEMPTION (du latin *cum*, avec, *emptio*, achat), l'une des trois formes de mariage usitée chez les Romains: les deux personnes qui voulaient s'unir, après s'être mutuellement demandé le mariage, se donnaient aussitôt l'une à l'autre une pièce de monnaie, comme pour se payer réciproquement. *Voy.* MARIAGE.

COEUR, en latin *cor*, organe musculaire, agent principal de la circulation du sang. Il est creux et de forme ovoïde; son volume, un peu plus considérable chez l'homme que chez la femme, équivaut à peu près à celui du poing chez l'adulte; il est situé au milieu de la poitrine, la pointe dirigée à gauche, en bas et en avant. Une membrane séreuse, dite *péricarde*, l'enveloppe extérieurement; il est séparé intérieurement en deux moitiés à peu près semblables, adossées l'une à l'autre, et partagées chacune en deux cavités: l'une supérieure, appelée *oreillette*, qui prend les noms d'*or. droite* ou d'*or. gauche* suivant le côté; l'autre inférieure appelée *ventricule*, dit également, selon le côté, *v. droit* ou *v. gauche*. L'oreillette droite et le ventricule droit constituent ce que l'on appelle le *cœur pulmonaire*, et l'oreillette et le ventricule gauche forment le *cœur aortique*. Chaque oreillette communique avec le ventricule du même côté par un orifice muni d'une valvule ou soupape, appelée *triglochine* ou *tricuspide* à droite, et *mitrale* ou *bicuspide* à gauche; elle est disposée de telle sorte qu'elle permet au sang de passer de l'oreillette dans le ventricule, mais qu'elle s'oppose, en se fermant, au reflux de ce liquide du ventricule dans l'oreillette. Le sang veineux, qui arrive de toutes les parties du corps par la veine cave, pénètre dans l'oreillette droite; de là, dans le ventricule droit, qui, par sa contraction, l'envoie aux poumons; des poumons, ce fluide, transformé en sang artériel, est apporté dans l'oreillette gauche, puis le ventricule gauche, et enfin, par la contraction de ce ventricule, il est poussé dans l'aorte, qui le reporte à toutes les parties du corps. *Voy.* CIRCULATION. — Chez le fœtus, les deux oreillettes sont confondues en une seule dans les premiers temps de la conception, et quand se forme la cloison qui doit les séparer, il reste encore une ouverture de communication à laquelle on a donné le nom de *trou ovale* ou *trou de Botal. Voy.* TROU DE BOTAL.

La propriété la plus remarquable du cœur est celle de se contracter et de se dilater alternativement; pendant que les deux oreillettes se resserrent, les deux ventricules se dilatent, et *vice versâ*. La contraction des ventricules porte le nom de *systole*, et leur dilatation celui de *diastole*. Pendant chaque systole, les parois des ventricules se durcissent; le cœur se raccourcit, se recourbe un peu en avant, et va frapper de sa pointe la partie antérieure de la poitrine vers la 6ᵉ ou 7ᵉ côte gauche. Dans l'état de santé, le cœur bat, en général, environ 75 fois par minute; le pouls est un peu plus accéléré pendant l'enfance; il se ralentit, au contraire, dans la vieillesse. Dans l'état de fièvre, l'accélération s'élève

depuis 90 jusqu'à 120 et 150 pulsations par minute. — Les maladies du cœur sont nombreuses et graves. On peut les classer sous cinq chefs principaux: 1° *affections traumatiques*, c.-à-d. provenant de blessures, de ruptures; 2° *affections pyrétiques*, ou avec fièvre, telles que cardite, endocardite; 3° *affections apyrétiques*, ou sans fièvre: hypertrophie, atrophie, anévrismes; 4° *affections chroniques* ou permanentes: altérations, insuffisance des valvules, ossifications, ramollissement, abcès, cancer, polypes, kystes, etc.; 5° *névroses*: spasmes, palpitations, syncopes, battements irréguliers, cardialgie, etc. *Voy.* ces mots.

Le cœur à quatre cavités, tel qu'il vient d'être décrit, appartient aux *Mammifères* et aux *Oiseaux*. Dans les *Reptiles*, le cœur n'a que trois cavités: les deux oreillettes et un seul ventricule où se trouvent mélangés le sang pur et le sang impur; ainsi, tandis que, par la contraction du ventricule, une portion de ce mélange va aux poumons, l'autre partie va aux organes par les artères, et la circulation est *incomplète* (*Voy.* CIRCULATION). Ajoutons que dans ces animaux il part du cœur deux aortes au lieu d'une, qui se réunissent après un court trajet. — Dans les *Poissons*, le cœur n'a que deux cavités: une oreillette et un ventricule, et ne reçoit que du sang veineux, c.-à-d. que le cœur est pulmonaire. Le sang qui en part va à l'appareil respiratoire ou aux branchies, et de là dans les vaisseaux artériels de toutes les parties du corps. — Dans les *Mollusques*, le cœur est aortique, c.-à-d. qu'il se trouve sur le trajet du sang qui va des branchies aux diverses parties du corps. Il est formé d'un seul ventricule et d'une ou de deux oreillettes. Le sang va de toutes les parties du corps aux branchies, de là aux oreillettes, puis au ventricule, et enfin aux artères, qui le reportent à toutes les parties du corps. — Les *Crustacés* ont un cœur formé d'un seul ventricule; du reste, la circulation s'effectue comme dans les mollusques, sauf que les veines sont partout remplacées par des cavités irrégulières qui, au voisinage des branchies, forment des espèces de réservoirs appelés *sinus veineux*. — Les *Insectes* n'ont ni veines ni artères; ils ont pour cœur un *vaisseau dorsal* placé sur la ligne médiane, au-dessus du tube digestif, et en communication avec des interstices situés entre les organes et qui contiennent le fluide nourricier de ces animaux. — Les *Annélides* n'ont pas de cœur proprement dit; mais ils ont un appareil vasculaire complet, et le fluide nourricier est mis en mouvement par les contractions des principaux vaisseaux. — On trouve enfin chez divers *Zoophytes* une espèce de circulation due au mouvement de la grande cavité simple ou ramifiée qui leur sert d'estomac et qui contient en même temps le fluide nourricier de ces animaux.

Vulgairement on donne le nom de *cœur* aux coquilles du genre Bucarde, à cause de leur forme.

En Botanique, on appelle *Cœur de saint Thomas*, le fruit d'une espèce d'Acacia des Indes; *C. de bœuf*, le fruit de l'Anone glabre.

En Astronomie, le *Cœur du Scorpion*, et les deux *Cœurs du Lion* sont 3 étoiles de la première grandeur situées dans les deux constellations du Scorpion et du Lion; le *C. de l'Hydre* est une étoile de la deuxième grandeur dans la constellation de l'Hydre.

COFFRE, *Ostracion*, genre de poissons de l'ordre des Plectognathes et de la famille des Sclérodermes, renferme plusieurs espèces qu'on trouve dans les mers intertropicales. Les Coffres sont ainsi nommés parce que leur enveloppe est formée de compartiments osseux et réguliers soudés en une espèce de couvercle inflexible qui leur revêt la tête et le corps, en sorte qu'ils n'ont de mobile que la queue, les nageoires, la bouche et une petite lèvre qui garnit le bord de leurs ouïes. L'espèce la plus connue, le *C. triangulaire*, est à enveloppe triangulaire, sans épines, d'un brun rougeâtre, et long de 40 à 50 centim.

COGNASSIER, *Cydonia*, genre de la famille des Rosacées, tribu des Pomacées, renferme des arbrisseaux peu élevés, à feuilles simples, alternes, ovales et cotonneuses en dessous, à fleurs ordinairement grandes, de couleur rouge-vif ou blanc-rosé, à fruits pyriformes appelés *coings* (en lat. *cotonea mala*). Le *C. commun* (*Pyrus Cydonia*), originaire de l'Asie Mineure, est aujourd'hui naturalisé en Europe; on en cultive 3 variétés: la *Maliforme*, la *Pyriforme* et le *Coing de Portugal*. Son fruit, qui ressemble à une grosse poire jaune à côtes longitudinales et velues, est très-parfumé, mais d'un goût trop acerbe pour être mangé cru; il sert à faire d'excellentes compotes et des confitures fort estimées, connues sous le nom de *cotignac*. En Médecine, le *sirop de coings* s'emploie contre les diarrhées rebelles. Les pepins contiennent en grande quantité un mucilage dont on fait des collyres adoucissants et que les parfumeurs font entrer dans la composition de la bandoline. Le cognassier se multiplie de semences, ainsi que de marcottes et de boutures; il se prête aisément à la greffe des poiriers et des pommiers. — On remarque encore le *C. de la Chine*, arbrisseau d'ornement, à fleurs d'un beau rouge; ainsi que le *C. du Japon*, dont on cultive deux variétés, l'une à fleurs blanches lavées de rose, et l'autre à feuilles panachées.

COGNAT (du latin *cognatus*, de *cum*, avec, et *natus*, né). Dans la législation romaine on appelait, en général, *cognats* tous ceux qui descendent d'une souche commune (*quasi ex uno nati*), et *cognation*, le lien de parenté qui les unit. Opposé au mot d'*Agnat*, le mot *Cognat* désignait plus spécialement les parents qui tiennent l'un à l'autre par un ou plusieurs ascendants du sexe féminin, sans unité de famille; tandis que les Agnats sont ceux qui tiennent l'un à l'autre par des personnes du sexe masculin, et forment une même famille. *Voy.* AGNATS.

COHÉSION (du latin *cohærere*, être attaché à), se dit en Physique de la force qui unit entre elles les molécules matérielles, et qui les tient comme enchaînées les unes aux autres. La dureté, la ténacité, la ductilité, la malléabilité, sont autant de propriétés qui dépendent de l'état de cohésion des corps. La cohésion s'exerce entre molécules de même nature, simples ou composées: elle est opposée à l'*affinité*, qui s'exerce entre molécules de nature hétérogène.

COHOBATION (de l'arabe *cohob*, *cohoph*, distillation double), opération chimique qui consiste à remettre plusieurs fois de suite le produit d'une distillation dans le vase distillatoire. Les alchimistes avaient souvent recours à cette opération; on l'emploie encore dans les pharmacies, afin de charger les produits distillés de plus de principes volatils.

COHORTE (en latin *cohors*), corps d'infanterie romaine, ordinairement composé de 600 hommes, formait la 10ᵉ partie de la légion. La cohorte se divisait en trois *manipules* ou compagnies. On distinguait: 1º les *C. légionnaires*, composées de soldats romains (*Voy.* LÉGION); 2º les *C. alliées*, troupes auxiliaires d'infanterie fournies par les peuples alliés; 3º les *C. prétoriennes*, chargées spécialement de garder la personne du général ou de l'empereur; 4º les *C. urbaines*, chargées de veiller à la sûreté de Rome. Lors de la formation de la *Légion d'honneur*, cet ordre fut primitivement partagé en 16 cohortes. — Cette dénomination fut aussi employée lors de la réorganisation des gardes nationales sous l'Empire et au commencement de la Restauration.

COIFFE. En Anatomie, on nomme ainsi une portion des enveloppes du fœtus qui se trouve recouvrir quelquefois la tête de l'enfant dans l'accouchement ordinaire. Il peut résulter de la présence de ces coiffes des accidents graves; néanmoins, un préjugé vulgaire regarde cette disposition exceptionnelle comme d'un heureux augure; de là l'expression *être né coiffé*. En Botanique, on nomme *coiffe* (*calyptra*) une enveloppe membraneuse qui recouvre l'urne ou cupule des mousses, et qui se rompt circulairement par son milieu à l'époque de la maturité.

COIFFURE. Rien n'a plus varié que la coiffure. Les Grecs et les Romains gardaient le plus souvent la tête nue; néanmoins, ils avaient des coiffures fort diverses: c'étaient, pour les hommes, chez les Grecs le *pilos*, le *piliscos*, le *pétasos*; chez les Romains le *pileus*, signe extérieur de l'homme libre. Les femmes grecques portaient surtout: la *calyptra*, sorte de réseau sous lequel on réunissait les cheveux; le *nembé*, croissant qui servait à diminuer la largeur du front; l'*anadème*, le *strophe*, le *corymbium*, etc., qui n'étaient autre chose que des bandeaux diversement disposés. Les Assyriens et les Perses portaient la *mitre*; les Phrygiens, et aujourd'hui les Tartares, le *bonnet*; les Musulmans portent le *turban*. — Dans l'Occident, la coiffure des hommes fut, au moyen âge, le *bonnet* ou le *chaperon*, et, dans les temps modernes, le *chapeau*, qui fut successivement rond, carré, triangulaire, cylindrique, etc.; celle des femmes ne varia pas moins: le moyen âge vit l'*escoffion*, le *hennin*, les *bonnets* de tout genre. Du XVᵉ au XIXᵉ siècles, se succédèrent les *féronnières*, les *fontanges*, la *poudre*, etc. — La coiffure militaire a suivi les variations de la mode; en outre, elle varie encore suivant les armes. Les principales sont: le *casque*, le *shako*, le *colback*, le *bonnet à poil*, le *czaspka*, et, en négligé, le *képi* et le *bonnet de police*. Au dernier siècle, la *cadenette*, le *catogan*, la *queue*, étaient en usage dans nos armées; depuis le Consulat, les soldats portent les cheveux à la *Titus*, c'est-à-dire coupés très-courts. *Voy.* PERRUQUIER-COIFFEUR.

COIGNASSIER. *Voy.* COGNASSIER.

COIN (du grec *conos*, cône), en latin *cuneus*, pièce de fer, de bois, ou de toute autre matière dure, terminée en angle aigu à l'une de ses extrémités, qu'on insère par le tranchant dans une fente pratiquée au milieu du corps que l'on veut diviser, et qu'on fait pénétrer dans la fente en frappant avec un maillet sur l'extrémité opposée, appelée *tête du coin*. Le coin est surtout employé par les bûcherons et les scieurs de bois.

On appelle encore *Coin*, et souvent aussi *poinçon*, *matrice* ou *carré*, une pièce d'acier gravée en creux et fortement trempée, dont on se sert pour frapper l'empreinte des monnaies et des médailles. Pour frapper, on emploie 2 coins: l'un, placé au-dessus, adhérant à la vis du balancier et portant un côté de la pièce; l'autre, au-dessous, placé sur une rotule en acier et donnant l'empreinte opposée. La légende, le cordon, etc., s'impriment avec des coins particuliers.

On nomme aussi *Coins* les dents incisives *latérales* des chevaux, celles qui sont les plus rapprochées des crochets. Il y en a deux à chaque mâchoire.

COING, fruit du Cognassier. *Voy.* COGNASSIER.

COIX, en latin *Coix*, dit aussi *Larmille*, genre de la famille des Graminées, tribu des Phalaridées, renferme des plantes annuelles, originaires des Indes, à tige ferme, élevée, à feuilles larges, à fruits gros comme des pois et renfermant une fécule amylacée bonne à manger. Ces fruits, dont l'écorce est dure, luisante et d'un assez beau gris de perle, servent aussi à faire des chapelets et des colliers. L'espèce la plus connue est le *Coix lacryma*, vulgairement *Larme de Job* ou *Larmille des Indes*.

COKE (du mot anglais *coak*, dérivé du latin *coctus*, cuit), charbon qui forme le résidu de la houille calcinée en vase clos. Cette calcination enlève à la houille toutes les parties bitumineuses et sulfureuses, et la rend applicable dans beaucoup d'industries où ces substances seraient incommodes ou nuisibles. Le coke est en masses poreuses, plus ou moins boursouflées; il est grisâtre ou noir, avec un reflet métallique. Il est assez difficile à allumer et brûle presque sans flamme; les morceaux incandescents s'éteignent dès qu'on les retire du foyer. Pour qu'il se consume, il faut l'employer en grandes masses, ou bien activer sa combustion par un bon courant d'air; quelques personnes le mêlent avec du bois. Aucun combustible ne produit une température aussi élevée que le coke. On l'emploie avec succès dans le traitement du fer et la fusion des métaux; la préférence qu'on lui accorde quelquefois sur la houille pour le chauffage domestique vient de ce qu'il ne répand en brûlant ni fumée ni odeur. Le coke pèse moins que la houille, mais plus que le charbon de bois; l'hectolitre de coke pèse de 40 à 45 kilogr. Les Anglais sont les premiers qui imaginèrent, sous le règne d'Élisabeth, de carboniser la houille, et d'employer le coke dans la fabrication du fer. L'usage du coke ne s'introduisit en France que vers 1772.

COL (du latin *collum*), partie du corps située entre la tête et les épaules. *Voy.* cou.

Les Anatomistes donnent le nom de *col* à certaines parties qui sont plus minces ou plus étroites que le reste de l'organe dont elles dépendent : tels sont le *C. du fémur*, partie rétrécie et allongée, unie à angle obtus au corps du fémur, et qui soutient la tête de cet os; le *C. de l'humérus, du radius, de l'omoplate*, etc. ; le *C. de la vessie*, etc.

En Géographie, *Col* se dit d'un passage fort étroit entre deux montagnes : c'est proprement une échancrure arrondie que la faîte ou la crête d'un rameau de montagne présente à la naissance d'une vallée.

COLATURE (du latin *colare*, faire couler, passer), opération pharmaceutique, analogue à la *filtration*, consiste à verser un liquide sur un tissu de toile ou de laine peu serré, plutôt pour en séparer le marc que pour obtenir une transparence parfaite. — On donne aussi ce nom au liquide filtré lui-même.

COLBACH, qu'on écrit aussi *colback* ou *kolbak* (par corruption du turc *kalpack*), bonnet à poil en forme de cône tronqué, en usage dans quelques corps de cavalerie légère (chasseurs, hussards) et pour les tambours-majors de l'infanterie. La partie supérieure se termine par une espèce de poche conique de drap de couleur, à laquelle est attaché un gland; le tout pend sur le côté du colbach. Le *colbach* n'est connu dans l'armée française que depuis l'usage qu'en ont fait les chasseurs à cheval de la garde consulaire, qui en avaient trouvé le modèle en Égypte.

COLCHICACÉES (de *Colchique*), famille de plantes monocotylédones, à étamines périgynes, renferme des plantes herbacées aux racines fibreuses ou bulbifères, à tige simple et rameuse, à feuilles alternes, engainantes par la base; à fleurs terminales, au calice coloré, à six divisions égales, profondes. Les Colchicacées sont généralement vénéneuses, et doivent leur action délétère à la *vératrine* qu'elles renferment. On les divise en deux tribus : les *Vératrées* et les *Colchicées* : le *Colchique* est le type de ces dernières.

COLCHIQUE (du grec *cholcicon*, dérivé du nom de la *Colchide*, d'où on la croit originaire), genre type de la famille des Colchicacées, renferme des plantes à racine bulbeuse, dont les fleurs, d'un rose purpurin, ont le calice terminé inférieurement par un tube très-long et très-grêle, et qui, avant de s'épanouir, sont enveloppées dans des gaines ou spathes membraneuses. L'espèce la plus connue est le *C. d'automne*, dit *Tue-chien*, parce qu'il empoisonne les chiens, et *Safran bâtard* ou *S. des prés*, commun dans les prés humides, et qui fleurit en septembre et octobre; ses fleurs ont à peu près la forme et la couleur de celles du safran; elles s'épanouissent longtemps avant les feuilles, et leur tube, haut de 20 centimètres environ, sort immédiatement du bulbe charnu. Le bulbe renferme une substance compacte d'une odeur désagréable, d'une saveur âcre et nauséabonde, et qui est formée d'amidon et de vératrine. Pris sans précaution, le colchique est un violent drastique; mais, employé à petites doses et avec ménagement, c'est un excellent diurétique

et un remède énergique contre l'hydropisie, la goutte et les rhumatismes. Les bestiaux refusent de brouter le colchique dans les prés; ils peuvent cependant le manger impunément quand il est desséché et mêlé dans le foin avec d'autres herbes.—On cultive comme plantes d'ornement plusieurs variétés de colchique : la plus remarquable est le *C. panaché du Caucase*, à fleurs régulièrement marquées de rose et de pourpre, en forme d'échiquier.

COLCOTHAR, nom arbitrairement donné par Basile Valentin au peroxyde de fer rouge qu'on obtient par la calcination du vitriol vert ou sulfate de fer. On l'appelle encore *rouge d'Angleterre* ou *de Prusse*. On l'emploie dans la peinture et pour le polissage des glaces. Porphyrisé avec de l'émeri et incorporé dans le suif, le colcothar constitue la pâte dont on se sert généralement pour affiler les rasoirs.

COLÉOPTÈRES (du grec *coléos*, gaîne, étui, et *ptéron*, aile), premier ordre des Insectes, est caractérisé par quatre ailes dont les supérieures, dites *élytres*, et plus ou moins dures ou coriaces, servent d'étuis aux inférieures, qui sont membraneuses et qui, à l'état de repos, sont pliées en travers sous les premières. Ces insectes ont tous la tête immédiatement unie au corselet, des antennes de forme variable, mais le plus souvent de onze articles, des yeux assez grands; leur bouche se compose d'un *labre*, de deux *mandibules* cornées et de deux *mâchoires*, d'une ou deux *palpes*; le *corselet* est formé du *prothorax*, en arrière duquel se trouve une petite pièce triangulaire appelée *écusson*. Du second segment naissent les élytres. Le nombre des articles des tarses varie de trois à cinq. De là, la division des Coléoptères en quatre sections : les *Pentamères*, qui ont cinq articles à tous les tarses (Hanneton, Carabe); les *Hétéromères*, qui en ont cinq aux quatre tarses antérieurs et quatre aux deux derniers (Blaps); les *Tétramères*, qui ont quatre articles à tous les tarses (Charançon); et les *Trimères*, qui n'en ont que trois (Coccinelle). M. Duméril et quelques autres entomologistes avaient de plus établi un ordre de *Dimères*, qui comprenait les Psélaphiens; mais un examen plus attentif a fait reconnaître que ces insectes ont 3 articles à tous les tarses, et rentrent dans les *Trimères*. On doit à MM. Dejean, Bois-Duval, Aubé, Lacordaire (de Liége), les plus importants travaux sur les Coléoptères.

COLÉORHIZE (du grec *coléos*, fourreau, et *rhiza*, racine), espèce d'étui ou de fourreau qui, dans l'embryon de tous les végétaux monocotylédones, recouvre et enveloppe la radicule, et qui fait partie du corps cotylédonaire; dans les Dicotylédones, la radicule n'a pas d'enveloppe. De là, la division des végétaux, proposée par Ch.-L. Richard, en *Endorhizes* ou Monocotylédonés, et *Exorhizes* ou Dicotylédonés.

COLIBRI (nom caraïbe de ces oiseaux), *Trochilus*, genre de l'ordre des Passereaux, famille des Ténuirostres, est caractérisé par un bec arqué (qui les distingue des *Oiseaux-mouches*, dont le bec est droit), et plus long que la tête; par des pieds impropres à la marche, à trois doigts devant et un derrière; par une langue extensible, cylindrique, bifide à l'extrémité; par des ailes étroites et très-allongées. Ces oiseaux sont tous remarquables par la petitesse de leur taille et l'éclat métallique de leurs couleurs, dont les reflets imitent la pourpre, l'or, le rubis, la topaze, etc. Les colibris se nourrissent de petits insectes et du suc qu'ils pompent dans les nectaires des fleurs au moyen de leur langue effilée, en et voltigeant autour d'elles comme le papillon sphinx. Parmi les espèces de ce genre, on distingue surtout le *C. topaze* (*Tr. Pella*), type du genre, qui est le plus beau de tous, et dont la queue est terminée par deux brins; et le *C. grenat* (*Tr. auratus*), à queue rectiligne.

COLIMAÇON, nom vulgaire des Hélices terrestres. *Voy.* HÉLICES et LIMAÇON.

COLIN, *Ortyx*, petite section du genre Perdrix,

renferme des oiseaux qui ont le bec court et arrondi, les tarses sans éperons et la queue très-courte. Ils sont un peu plus grands que les Cailles, dont ils ont d'ailleurs les mœurs, et qu'ils remplacent sur les tables des Américains par la délicatesse de leur chair. Parmi les principales espèces on remarque le *C. Sonnini*, de l'Amérique Méridionale, qui a la tête surmontée d'une huppe jaune, et le plumage mêlé de fauve et de roux; et le *C. de la Californie*, qui a le plumage gris brun, cendré en dessus.

COLIN-MAILLARD. Ce jeu doit son nom à un guerrier fameux du pays de Liège, appelé *Jean Colin*, et surnommé *Maillard* à cause du maillet qui était son arme de prédilection. Ce guerrier, qui vivait à la fin du xᵉ siècle, ayant eu les yeux crevés dans une bataille qu'il livrait au comte de Louvain, continua néanmoins de combattre, guidé par ses écuyers : de là le jeu de *Colin-Maillard*.

COLIQUE (du grec *cólicos*, qui appartient au gros intestin ou *côlon*), nom donné à toute affection de la cavité abdominale, dont le caractère est une douleur vive, exacerbante et mobile. Les coliques ne sont que les symptômes de divers états morbides des viscères abdominaux : par suite, elles sont appelées, selon l'organe affecté, *stomacales, bilieuses, dysentériques, hémorroïdales, hépatiques*, etc. — On considère comme des affections particulières les *C. métalliques*, les *C. végétales* et les *C. nerveuses*.

La *Colique métallique* ou *saturnine*, *C. de plomb* ou *des peintres*, est une névralgie des organes digestifs et urinaires causée par l'absorption du plomb. Les plombiers, les potiers d'étain, les peintres, les céruseurs et broyeurs de couleurs, y sont principalement exposés. Elle est aussi quelquefois due à la sophistication des vins par la litharge, à l'usage de l'eau de pluie qui a séjourné dans des citernes doublées de plomb. On l'a vue occasionnée par des bonbons colorés en jaune, vert, bleu, rouge, au moyen de préparations saturnines. Enfin, l'acétate de plomb, pris comme médicament, a produit plus d'une fois tous les accidents de cette colique. Cette névralgie est caractérisée par des douleurs abdominales exacerbantes, par des nausées et des vomissements de matières vertes ou jaunes, une constipation opiniâtre, la rétraction et la dureté du ventre, des hoquets, la dysurie, l'ictère, l'altération de la voix, l'anxiété, des mouvements convulsifs, etc. Sa durée est courte; parfois elle laisse après elle la paralysie, la roideur des membres, ou des tremblements, et l'amaurose. Les récidives sont fréquentes et exposent à la chronicité. — L'expérience a consacré l'efficacité d'un traitement empirique connu sous le nom de *traitement de la Charité*, association bizarre de vomitifs, de purgatifs, d'opiacés et de sudorifiques, administré, d'après des formules, à des doses et à des jours marqués d'avance : ce traitement dure six à sept jours; on en trouve la description dans tous les formulaires de médecine. La *limonade sulfurique*, conseillée par le Dʳ Gendrin, a pour but de transformer les préparations saturnines en sulfate de plomb insoluble, et guérit en trois ou quatre jours. L'*alun*, ou *traitement de l'hôpital Saint-Antoine*, à la dose de 4 à 12 grammes par jour dans une potion gommeuse, guérit constamment en 6 ou 7 jours, et ordinairement sans récidive. On a guéri quelques coliques saturnines peu intenses avec les seuls purgatifs, l'huile de ricin, et l'eau de Sedlitz. On a vanté comme le meilleur remède l'*huile du croton tiglium*. — Beaucoup d'ouvriers se bornent à suspendre leurs travaux, à prendre du lait, quelques boissons laxatives, des bains, des lavements laudanisés, et voient les accidents se dissiper. — Le cuivre et ses préparations peuvent occasionner une colique qui ne diffère de la précédente que par la diarrhée qui l'accompagne; il y a, en outre, douleur abdominale continue, augmentant par la pression, et développement du ventre, qui est souple et brûlant. — On prescrit les boissons mucilagineuses, les cataplasmes, bains et lavements; et, si les symptômes sont intenses, les saignées et les narcotiques.

Les *Coliques* dites *végétales*, décrites sous les noms de *colique de Madrid, de Poitou, de Normandie, de Cayenne*, etc., sont le plus souvent épidémiques. La *C. de Madrid* est due à l'action brusque de l'air froid et humide pendant les promenades nocturnes au Prado et le long du canal, surtout à la fin de l'été et pendant l'automne, époque où l'on fait en Espagne un usage immodéré des glaces, des fruits et des légumes; il faut joindre à ces causes l'usage d'eaux souvent altérées pendant les violentes chaleurs. Les mêmes causes s'appliquent aux *coliques de Poitou*, etc., qui, en outre, paraîtraient surtout occasionnées par les cidres lithargiés, les bières falsifiées, les vins nouveaux, les fruits crus, et peut-être aussi par quelque disposition particulière de l'air.—Ces diverses coliques présentent de grandes analogies avec les coliques de plomb; leur traitement est le même.

Quant aux *Coliques nerveuses*, nous renvoyons aux mots *Gastralgie*, pour la colique d'estomac; *Entérite*, pour les coliques inflammatoire, bilieuse, venteuse, stercorale; *Iléus*, pour la colique de miséréré, etc.

COLIS, terme de Commerce et de Messagerie, s'emploie pour désigner les marchandises en expédition, de quelque façon qu'elles soient expédiées et de quelque nature qu'elles soient. Chaque balle, caisse, malle ou paquet, est ce qu'on appelle un *colis*.

COLISÉE (de l'italien *colosseo*, colosse), immense amphithéâtre de Rome, ainsi nommé à cause de sa grandeur colossale, et qui servait aux combats des gladiateurs et des bêtes féroces (*Voy.* COLOSSÉE au *Dict. univ. d'Hist. et de Géogr.*). — Paris a eu aussi son *Colisée*, monument gigantesque et ridicule, élevé, sous le règne de Louis XV, à l'extrémité des Champs-Élysées, près de la rue actuelle du Colisée. C'était un lieu de fêtes et de plaisirs; on y donnait des bals, des concerts, des spectacles, etc. Il fut ouvert en 1771 et démoli en 1784.

COLITE, inflammation de l'intestin colon. *Voy.* DIARRHÉE, DYSSENTÉRIE et ENTÉRITE.

COLLAGE (de *colle*). Outre l'action de coller le papier de tenture dans les appartements, ce mot exprime : 1° la dernière opération que l'on faisait subir autrefois au papier, après la fabrication, pour l'empêcher de boire, et qui consistait à l'imprégner de colle de peau : aujourd'hui, le collage se fait au moment même de la fabrication du papier, au moyen de fécule qu'on mêle à froid avec la pâte et qui, par la chaleur, se transforme en une sorte d'empois;— 2° l'opération que l'on fait subir aux vins et aux liqueurs pour leur conserver ou leur rendre leur limpidité : cette clarification se fait soit avec des blancs d'œuf, soit avec de la gélatine ou de la colle de poisson, délayés et battus dans de l'eau : la colle de poisson est préférable pour le collage des vins blancs.

COLLATÉRAUX (du latin *cum*, avec, et *latus*, côté), nom donné, en Jurisprudence, aux parents qui ne descendent pas les uns des autres, mais seulement d'une souche commune; qui ne sont pas en ligne directe. Ainsi, les frères et les sœurs, les cousins et les cousines, sont collatéraux entre eux; les oncles et les tantes le sont aussi à l'égard de leurs neveux et nièces. On nomme *ligne collatérale* la ligne que forment les collatéraux; *succession collatérale*, celle à laquelle un collatéral est appelé. *Voy.* SUCCESSION.

En Cosmographie, on appelle *points collatéraux* ceux qui sont au milieu des deux points cardinaux : le nord-est, le nord-ouest, le sud-est et le sud-ouest.

COLLATEUR (du latin *collator*, même signification), nom qu'on donnait autrefois à celui qui avait le droit de conférer un bénéfice. On distinguait les collateurs *généraux*, c.-à-d. le pape, les évêques et les souverains, qui pouvaient conférer toutes sortes de bénéfices; et les collateurs *particuliers*, qui ne pouvaient conférer que les bénéfices dont ils étaient fondateurs, ou dont la disposition leur appartenait par concession ou autrement.

COLLATION (du latin *collatio*, dérivé lui-même de *conferre*, comparer). On appelle *collation* l'action de comparer la copie écrite ou imprimée d'un manuscrit avec le texte original, pour s'assurer de leur parfaite ressemblance; *collation de pièces*, la comparaison de copies d'actes avec leurs originaux pour s'assurer de la conformité exacte et littérale des unes avec les autres. La collation de pièces est judiciaire ou extrajudiciaire; elle se fait ordinairement par le notaire dépositaire de l'acte, ou par un juge commis par le tribunal. — On *collationne un livre* en examinant les folio un à un pour s'assurer qu'il est complet et que les feuilles se suivent régulièrement; on *collationne une épreuve* d'imprimerie, en vérifiant si toutes les corrections indiquées sur une épreuve précédente ont été exécutées par le compositeur.

On nomme encore *collation* un léger repas que l'on fait dans l'après-diner ou le soir. Dans l'origine, ce nom ne s'appliquait qu'au léger repas que font les catholiques le soir d'un jour de jeûne : ce repas était ainsi nommé parce que, dans les monastères, on lisait pendant ce repas les conférences ou *collations* des saints Pères.

COLLE (en gr. *colla*). La colle ordinaire a pour base l'amidon ou la gélatine. Les colleurs ou afficheurs, les cartonniers, les relieurs, les tisserands font un grand usage de la *colle de pâte* ou *d'amidon*, qui se fait avec de la farine délayée dans de l'eau et épaissie par la cuisson; les menuisiers, les ébénistes, les emballeurs emploient la colle de gélatine ou *colle-forte*: celle-ci se fabrique en faisant bouillir dans une chaudière les rognures de peaux des tanneurs, les nerfs et les pieds de bœuf, et en général les débris de matières animales. Les colles fortes les plus employées sont celles de Flandre, de Paris et de Givet.

La *colle de poisson*, dite aussi *ichthyocolle* (du gr. *ichthys*, poisson), est de la gélatine presque pure; elle a un goût fade. Elle est faite de la membrane interne de la vessie natatoire de plusieurs espèces d'esturgeons, très-communes dans le Volga et les autres fleuves qui se jettent dans la mer Noire et la mer Caspienne. Pour s'en servir, il suffit de la faire tremper pendant quelque temps dans l'eau chaude pour qu'elle se dissolve presque entièrement. La colle de poisson s'emploie pour donner du lustre et de la consistance aux étoffes de soie, aux rubans, aux gazes; pour préparer les fleurs artificielles, pour encoller le *taffetas* dit *d'Angleterre*, pour contrefaire les perles fines, pour recoller la porcelaine et le verre; pour faire prendre les gelées, les crèmes, les bavaroises, etc.; pour clarifier la bière, le vin et autres liqueurs (*Voy.* COLLAGE). On fait des lanternes avec des toiles métalliques trempées dans une solution de cette colle.

La *colle à bouche*, presque transparente et de couleur jaune rougeâtre, se prépare avec de la colle de Flandre à laquelle on ajoute du sucre, et qu'on aromatise avec quelques gouttes d'essence de citron. On s'en sert pour coller des parties dont l'étendue n'est pas considérable, et on l'humecte avec la salive.

COLLECTE (du latin *colligere*, recueillir, rassembler). Ce mot était autrefois synonyme de perception d'impôt en général; toutefois il se disait plus particulièrement de l'impôt sur le sel, de la taille et de tous les autres impôts de communauté. On appelait *collecteurs* les officiers publics chargés du recouvrement de ces impôts. On appelait aussi *collecteurs des amendes* ou *sergents collecteurs*, les officiers chargés de faire payer les amendes prononcées par jugement. — Aujourd'hui, le mot *Collecte* signifie une quête faite pour une œuvre de bienfaisance ou pour un objet d'intérêt commun.

En Liturgie, le mot *Collecte* s'applique à un grand nombre d'oraisons qu'on dit pendant la messe, et particulièrement à l'oraison que le célébrant récite après le *Gloria in Excelsis* et avant l'Épître : on appelle ainsi ces oraisons soit parce que le prêtre y recueille les vœux et les prières de tous les assistants, soit parce qu'elles se composent souvent de plusieurs passages de l'Écriture fondus ensemble.

COLLECTEUR. *Voy.* COLLECTE.

COLLECTIF (du latin *colligere*, rassembler, réunir), se dit en Grammaire des noms communs qui, bien qu'au singulier, expriment une réunion, un assemblage de personnes ou d'objets de la même espèce, tels que: *armée, forêt, nombre, foule, peuple*; etc. Les collectifs sont *généraux* quand ils représentent une collection entière (*la foule* des hommes), et *partitifs* lorsqu'ils représentent une collection partielle (*une foule* d'hommes, *la plupart* des hommes). Dans certaines langues, le verbe qui suit un nom collectif peut être mis au pluriel, comme en latin : *turba ruit* ou *ruunt*, c.-à-d. la foule se précipite.

COLLECTION (du latin *collectio*, fait de *colligere*, rassembler, réunir). Ce mot, qui exprime tout recueil de choses de même espèce ou qui ont plus ou moins de rapport entre elles, s'applique plus particulièrement, dans l'usage vulgaire, aux collections de livres : on connaît surtout les collections d'auteurs latins dites *Ad usum Delphini*, *Variorum*; celle des Elzévirs, des Barbou, de Maittaire, de Brindley, de Baskerville, de Deux-Ponts; les *Classiques latins* de Lemaire, les belles collections d'auteurs grecs et de *Classiques français* de Didot, la collection des *Documents inédits sur l'histoire de France*, etc. *Voy.* GALERIE, MUSÉE, HERBIER, etc.

COLLÉGE (du latin *colligere*, rassembler). Chez les Romains, le mot *collége* (*collegium*) servait à désigner une compagnie, une corporation, comme le *C. des pontifes*, celui *des augures*, *des féciaux*, *des marchands*, *des forgerons*, etc. — En France, il y avait autrefois le *C. des secrétaires du roi*, le *C. des avocats*, des *C. électoraux*. — Dans divers pays, les différentes branches d'administration ont formé autant de colléges, qui ne sont que des conseils; dans l'ancien Empire d'Allemagne, on distinguait : le *C. des électeurs*, celui *des princes* et celui *des villes libres* ou *impériales*.

Dans l'Église, il y avait autrefois des *C. de chanoines* et *de chapelains*. On appelle encore *Sacré Collége* le corps des cardinaux de l'Église catholique : le sacré collége forme le conseil du pape, et participe non-seulement au gouvernement général de l'Église, mais aussi à l'administration civile des États Romains. Il se partage en plusieurs conseils ou *congrégations*, ayant toutes des attributions particulières. L'évêque d'Ostie est de droit doyen du sacré collége.

En France, on appelle le plus ordinairement *Colléges* des établissements d'instruction publique où l'on enseigne les langues, les lettres et les sciences. Avant 1848, on distinguait les *C. royaux* et les *C. communaux*. Les premiers, qui originairement avaient été créés sous le nom de *Lycées*, ont repris ce titre aujourd'hui : ils sont entretenus aux frais de l'État et administrés par un *proviseur*, ayant sous lui un *censeur des études*, un *économe*, des *professeurs* choisis parmi les *agrégés*, et des *maîtres d'étude*. Les seconds sont entretenus en tout ou en partie par les communes et sont administrés par un *principal*; les professeurs ont le titre de *régent*. On appelle *C. particuliers* ou *de plein exercice*, des maisons particulières d'éducation qui, en raison de leur importance, ont obtenu de l'État les privilèges accordés aux lycées et aux colléges communaux : ces établissements ne peuvent recevoir d'externes dans les villes où il existe des colléges : tels sont à Paris les *C. Rollin* et *Stanislas*, constitués en 1821.

Collége de France, établissement d'enseignement supérieur, fondé à Paris en 1530, par le roi François Ier, et où se font des cours publics de langues et de littérature et de morale, d'histoire, de sciences mathématiques et physiques, de droit et d'économie politiques. Les titulaires sont nommés par l'empereur, sur la présentation du ministre de l'Instr. publiq.

Collège militaire (de la Flèche), dit aussi *Prytanée*. *Voy.* MILITAIRES (ÉCOLES).

COLLÉGIALES (ÉGLISES). On appelle ainsi des églises desservies par un chapitre de chanoines, mais sans siége épiscopal. Les unes sont de fondation royale, telles que les *Saintes-Chapelles;* les autres de fondation ecclésiastique, ou sont d'anciens monastères dont on a sécularisé les moines pour en former des chanoines. Il n'y a plus en France qu'une collégiale, c'est celle de *Saint-Denis*, près Paris.

COLLET (du latin *collum*, cou), partie du vêtement qui entoure le cou et retombe sur les épaules : ce mot désignait plus particulièrement un ornement en toile fine que les hommes, aussi bien que les femmes, portaient autrefois autour du cou; on l'appelait aussi *rabat*, nom sous lequel il est resté dans le costume des gens de robe et des ecclésiastiques. — Dans le langage familier, on disait aussi, surtout au dernier siècle, le *petit collet*, pour désigner l'habit ecclésiastique, et par suite les abbés qui le portaient.

En Botanique, le *collet* est la partie du végétal qui unit la tige à la racine, et qui est le point intermédiaire entre ces deux organes : Lamark l'appelle *nœud vital*. — Dans les Champignons, c'est l'espèce de couronne que l'on voit à la partie supérieure du pédicule et qui est un reste du volva : on dit aussi *collier*.

En Anatomie, on nomme *collet des dents* la partie de ces organes intermédiaire entre la couronne et la racine. — En terme de Boucherie, on appelle *collet de mouton, de veau*, etc., la partie inférieure du cou de ces animaux qui reste après qu'on en a ôté le bout le plus proche de la tête.

On nomme encore *collet* une sorte de lacs à prendre le gibier : c'est un nœud coulant en fil de laiton.

COLLIER. Outre l'ornement de cou que portent les femmes, on nomme ainsi : 1° dans certains ordres, une chaîne d'or que portent les chevaliers dans les jours de cérémonie, et à laquelle est suspendu le signe de l'ordre; l'ordre du Saint-Esprit et celui de Saint-Michel avaient des colliers de ce genre; il en est de même aujourd'hui de l'ordre de l'Annonciade en Sardaigne et de l'ordre de la Toison d'or en Espagne;

2°. En Botanique, une membrane circulaire que l'on trouve sur certains champignons (*Voy.* COLLET) ;

3°. En Pathologie, une éruption dartreuse qui fait le tour du cou comme un collier.

COLLIMATION (du latin *collimo*, viser, mirer). La *ligne de collimation* est la ligne optique qu'on suppose passer par les deux pinnules d'un graphomètre lorsqu'on vise un objet. Dans une lunette, c'est l'axe optique ou la ligne qui passe par le centre des verres.

COLLIQUATION (du latin *colliquescere*, se fondre), nom donné en Pathologie à la dissolution des parties solides du corps humain, accompagnée d'excrétions abondantes, soit par la transpiration , soit par les voies abdominales. Telles sont les *sueurs colliquatives* des phthisiques et les *dévoiements colliquatifs* qu'on observe dans les fièvres adynamiques.

COLLOCATION. Ce terme indique l'ordre, le rang dans lequel chaque créancier doit être payé.

Les collocations les plus usitées sont celles qui se poursuivent et se font après les ventes d'immeubles par expropriation forcée. *Voy.* ORDRE et CRÉANCIERS.

COLLODION (de *coller*), mélange agglutinant obtenu à l'aide du coton-poudre, macéré dans l'éther. Pour l'obtenir, on mêle une partie de salpêtre en poudre avec trois parties d'acide sulfurique concentré, et l'on maintient le coton dans ce mélange pendant une ou deux heures; on lave le produit, et après

l'avoir fait sécher, on le dissout dans l'éther; exposé à l'air, ce mélange se prend rapidement en une masse solide d'une extrême ténacité. Les chirurgiens font un fréquent usage du collodion, notamment dans le cas de fracture : c'est M. Maynard de Boston qui, le premier, a proposé, en 1847, d'employer le collodion en guise de bandage. Cette substance rend aussi les tissus imperméables; enfin, elle est d'un grand usage pour préparer les planches photographiques.

COLLOQUE (du latin *colloqui*, converser), conférence tenue entre deux ou plusieurs personnes, notamment pour discuter une question religieuse, comme le *Colloque de Poissy* (pour les principaux colloques de ce genre, *Voy.* le *Dict. univ. d'Hist. et de Géogr.*).—On donne aussi le nom de *Colloques* à certains ouvrages en forme de dialogues : tels sont les *C. d'Erasme*, les *C. de Vivès*, etc.

COLLURIONS (du grec *collurion*, oiseau de proie), famille établie par Vieillot dans son ordre des Oiseaux sylvains, répond à celle des Lanidées ou *Pies-Grièches*. *Voy.* ce mot.

COLLUSION (du latin *colludere*, jouer ensemble, se concerter). C'est une intelligence secrète entre deux ou plusieurs personnes au préjudice d'un tiers. Cette fraude, lorsqu'elle est prouvée, est une cause de nullité des actes dans lesquels on l'a pratiquée.

COLLUTOIRE (du latin *collutorium*, dérivé de *colluo*, laver), médicament qui diffère du *gargarisme* en ce qu'il est employé pour agir seulement sur les gencives et les parois internes des joues.

COLLYRE (en grec *collyrion*, dérivé de *collyris*, pâte visqueuse), préparation médicamenteuse qu'on emploie extérieurement pour la guérison des maladies d'yeux. Ce sont tantôt des poudres qu'on souffle dans l'œil, tantôt des onguents ou des décoctions dont on enduit les paupières, tantôt des vapeurs ou des gaz à l'action desquels on expose les yeux. Leur composition varie selon la nature du mal qu'il s'agit de combattre; les plus usités sont ceux dits *d'Ammon, de Boerhaave, de Fernandez, de Hufeland , de Lanfranc, de Saint-Jenneron*, etc.; ils ne sont pour la plupart que des solutions astringentes dont l'extrait de saturne, le sulfate de zinc, le mercure doux, uni à l'eau de rose ou de plantain, forment la base.

COLMATAGE (de l'italien *colmare*, combler), opération agricole qui consiste à exhausser un basfond habituellement immergé, au moyen de terres enlevées à des lieux plus élevés, et que l'on fait charrier et déposer par les eaux elles-mêmes. Les terres ainsi déposées sont appelées *colmates*. En même temps qu'elles fertilisent le terrain qui les reçoit, ces terres assainissent les marais pestilentiels en les rendant propres à la culture. Deux ou trois années suffisent pour former un colmate. On voit beaucoup de colmates en Toscane; la France renferme un grand nombre de localités où il serait utile d'en établir.

COLOBE, *Colobus*, genre de Singes de l'ancien continent, voisin des Semnopithèques , est caractérisé par sa face nue, son museau court, ses mains antérieures dépourvues de pouce et comme *mutilées* (en gr. *colobos*), et sa queue très-longue et floconneuse à l'extrémité. On trouve en Guinée le *C. à camail* (*C. polycomos*), appelé par Buffon *Guenon à camail.*

COLOBE (du grec *colobos*, tronqué), tunique que les prêtres portaient dans les premiers siècles de l'Église. Elle était d'abord sans manches, mais elle en reçut plus tard et se transforma en dalmatique. *V.* ce mot.

COLOCASIE, *Colocasia* , genre de la famille des Aroïdées , détaché du genre Gouet , renferme des plantes herbacées , hautes d'un mètre environ, et surtout remarquables par leur racine charnue, blanche, arrondie , farineuse , qui fournit un aliment estimé en Asie, en Afrique et en Amérique. Les anciens Égyptiens en cultivaient beaucoup. Dans l'Inde et à la Chine, la Colocasie fait la principale nourriture du peuple. On y mange également ses feuilles radicales cuites et crues. La racine est âcre lorsqu'elle est crue, mais la cuisson l'adoucit.

COLOMBAGE, terme de charpentier, désigne un rang de solives posées à plomb dans une cloison faite de charpente ou dans un pan de bois.

COLOMBAIRE (en latin *columbarium*), sorte de caveau funéraire dans lequel les Romains déposaient les urnes renfermant les cendres des morts. Il était ainsi nommé parce que les niches où l'on rangeait les urnes par étages le faisaient ressembler à un colombier.

COLOMBAR, *Vinago*, genre d'oiseaux de l'ordre des Gallinacés et de la famille des Pigeons, est caractérisé par un bec gros, comprimé latéralement, et par des pieds larges et des tarses courts. Toutes les espèces, telles que le *C. joujou*, le *C. aromatique*, le *C. à front nu*, etc., ne se trouvent que dans les contrées les plus chaudes de l'ancien continent.

COLOMBE, *Columba*, genre d'oiseaux de l'ordre des Gallinacés et de la famille des Pigeons, renferme des espèces à bec grêle et flexible, et à pieds courts. On les appelle aussi *Pigeons proprement dits;* plusieurs naturalistes en ont fait une famille sous le nom de *Colombinées*. Le genre Colombe renferme 4 espèces. 1º le *Ramier* (*C. Palumbus*), à plumage cendré avec des reflets bleus : c'est le plus grand de tous : il est répandu dans toute l'Europe et surtout en Suède ; 2º le *Colombin* ou *petit Ramier* (*C. Œnas*), qui se distingue du précédent par sa taille plus petite, et par l'absence de taches blanches sur les côtés du cou et sur les ailes : il habite les forêts de l'Europe, et en hiver, le nord de l'Afrique ; 3º le *Biset* (*C. Livia*), qui a tout le plumage d'un bleu cendré, et le croupion d'un blanc pur : le Biset est généralement considéré comme la souche de nos pigeons domestiques ; 4º la *Tourterelle* (*C. Turtur*), appelée vulgairement *Tourterelle des bois*, distinguée à son plumage d'un cendré vineux, et au croissant de plumes noires qu'elle porte sur les côtés du cou : elle habite l'Europe, principalement le Midi, et plus rarement l'Asie et l'Afrique. — La Colombe est le symbole de l'innocence, de la simplicité, de la candeur, de la douceur et de la fidélité. Les Syriens l'adoraient; elle était l'oiseau favori de Vénus. Quand une femme juive allait au temple après ses couches, elle devait offrir au Seigneur un agneau et une colombe.

On représente le Saint-Esprit sous la forme d'une *colombe* : d'où le nom de *colombe* donné autrefois, chez les Grecs et les Latins, à un vase de métal en forme de colombe, où on renfermait l'Eucharistie. Il était suspendu au-dessus de l'autel.

COLOMBIER (de *colombe*), construction spéciale, en forme de tour ronde ou carrée, destinée à loger des pigeons. On appelle *colombier de pied* un colombier isolé et tout en maçonnerie; on l'oppose au *volet* ou *fuie*, construit sur un pilier de bois. Dans l'intérieur sont disposées, autour des murs, des trous dits *boulins* ou *bougeottes*, où les pigeons font leur nid. Pour mettre le colombier à l'abri des animaux malfaisants, on a soin d'établir au pourtour une corniche saillante dont le dessous est évidé profondément en forme de gorge; on n'y monte en outre qu'avec une échelle. Il est aussi important qu'un colombier soit parfaitement aéré. — Avant 1789, il n'y avait que les seigneurs hauts-justiciers et les seigneurs de fiefs avec censive et terre en domaine jusqu'à 50 arpents qui pussent avoir des *colombiers de pied*. Les autres ne pouvaient avoir des *volets* qu'avec 50 arpents de terre labourable situés autour de leur maison. En Normandie, le droit de colombier était attaché au plein fief de haubert; il n'était pas permis de bâtir un colombier sur une roture.

COLOMBI-GALLINE, *Lophyrus*, genre d'oiseaux de l'ordre des Gallinacés et de la famille des Pigeons ; ce sont ceux qui se rapprochent le plus des Gallinacés propres par leur organisation et leurs

mœurs. Leur bec est médiocre, gibbeux vers le bout; leur mandibule supérieure est sillonnée sur les côtés ; leurs tarses sont très-élevés. On ne les trouve que dans les pays chauds. L'espèce type est le *Goura couronné* (*L. coronatus*), qui est d'un bleu d'ardoise mêlé sur les ailes de marron pourpré. Une huppe verticale formée de longues plumes effilées orne sa tête; sa taille est celle d'un dindon. On le trouve aux Moluques et dans l'Inde, où on l'élève dans les basses-cours.

COLOMBINE, nom donné à la fiente des pigeons, et, par extension, à celle des autres oiseaux domestiques. C'est un des plus puissants engrais animaux. On l'emploie surtout dans les terres fortes et froides et pour la culture de la vigne.

Principe organique cristallisable qui constitue la partie active de la racine de Colombo (*Cocculus palmatus*). Il a été découvert en 1830 par M. Wittstock. D'après les analyses de MM. Liebig et Boedeker, il renferme du carbone, de l'hydrogène et de l'oxygène dans les rapports de $C^{42}H^{22}O^{14}$.

Colombine est aussi le nom d'un des types les plus connus de la comédie italienne. Colombine, fille de Cassandre ou de Pantalon, est la maîtresse ou l'épouse d'Arlequin, et joue le rôle de soubrette.

· COLOMBIUM ou COLUMBIUM (de *Colombie*, nom d'une partie de l'Amérique), nom donné à un métal découvert en 1801 par Hatchett, dans un minéral venant d'Amérique. Trouvé peu de temps après, par Ekeberg, dans des minéraux de Suède, il lui parut être différent de ceux qui étaient connus jusqu'alors, et reçut le nom de *Tantale*. Pendant plusieurs années on le regarda comme différent du tantale ; mais Wollaston en prouva l'identité en 1809.

COLOMBO (RACINE DE), ainsi nommée de *Colombo*, ville de l'île de Ceylan, aux environs de laquelle on trouve cette substance. Cette racine aromatique et très-amère d'une plante de la famille des Ménispermées, le *Cocculus palmatus*, a longtemps joui d'une grande célébrité comme tonique et astringente. On l'emploie encore en médecine comme stomachique et dans les diarrhées. Ses propriétés paraissent dues à un principe qui a de l'analogie avec la *Ménispermine*, et qu'on nomme *Colombine*. Voy. ci-dessus.

COLON (en latin *colonus*, de *colere*, cultiver). Chez les Romains on appelait *colons*, *coloni*, une classe d'hommes qui cultivaient la terre pour autrui et en partageaient le produit avec le propriétaire. La condition du colon était assez misérable; quoique regardé comme un homme libre, il était attaché à la glèbe sans pouvoir en être séparé ni par sa propre volonté ni par celle du maître. On distinguait les colons *de naissance*, c.-à-d. nés d'un père colon ; les colons *par prescription*, c.-à-d. qui avaient vécu plus de 30 ans comme colons sur la terre d'autrui ; et les colons *par convention* ou volontaires. — Aujourd'hui on appelle *colon partiaire* un fermier qui prend une terre à bail sous la condition d'en partager les fruits avec le propriétaire. — Pour les *Colons*, habitants d'une colonie, *Voy.* COLONIE.

COLON (en grec *kôlon*), seconde partie du gros intestin qui s'étend du cæcum au rectum. On y distingue : 1º le *C. lombaire droit*, ou portion ascendante, qui est placé dans la région lombaire droite, et s'étend depuis le cæcum jusqu'au bord des fausses côtes correspondantes; 2º le *C. transverse* ou *arc du colon*, dirigé transversalement d'un côté à l'autre de l'abdomen, dans sa partie supérieure et antérieure; le *C. lombaire gauche*, ou portion descendante, situé dans le flanc gauche ; 4º enfin, le *C. iliaque* ou l'*S du colon*, portion contournée en forme d'*S*, qui est logée dans la fosse iliaque gauche, et qui va se terminer à la partie supérieure du rectum. C'est le colon qui est ordinairement le siége des douleurs qu'on a appelées de là *coliques*.

COLONEL (de *colonne*), officier supérieur qui commande un régiment d'infanterie ou de cavalerie. Il existe aussi des colonels de l'artillerie et du génie et des colonels d'état-major. Les colonels peuvent commander les places fortes, et remplir les fonctions de chef d'état-major des divisions de l'armée et des divisions territoriales. Le colonel est responsable de la police, de la discipline, de la tenue et de l'instruction de son régiment; il en dirige l'administration, assisté du conseil d'administration; il a le droit de nommer aux grades de caporal et de sous-officier, et prononce l'admission des sous-officiers, caporaux et soldats dans les compagnies d'élite. Le signe distinctif de ce grade consiste en deux épaulettes à graines d'épinard, or ou argent. — Le grade de colonel fut créé sous Louis XII. On disait d'abord capitaine-colonel; sous François Ier, on dit simplement colonel. De 1793 à 1807, les colonels eurent le titre de chefs de demi-brigade. — On appelle lieutenant-colonel un officier supérieur qui vient immédiatement après le colonel, et le remplace en cas d'absence.

Le titre de colonel général était autrefois un des grands offices de la couronne. Sous François Ier, Henri II, et jusqu'à Louis XIV, la charge de colonel général de l'infanterie était la première dignité militaire, après le grade de maréchal. Louis XIV la supprima; Louis XVIII en rétablit le nom, mais en le gardant pour lui seul, et jusqu'en 1830 le roi a porté le nom de colonel général de l'infanterie. Il y avait aussi autrefois un colonel général des cuirassiers, des dragons, des hussards, etc.

Autrefois la première compagnie d'un régiment prenait le nom de compagnie-colonelle, parce qu'elle n'avait pas d'autre capitaine que le colonel lui-même.

COLONIES (du latin colere, cultiver), établissements fondés dans des localités plus ou moins éloignées de la métropole, et placés sous sa dépendance, soit pour ouvrir un débouché au trop-plein des populations, soit pour devenir un poste militaire ou un lieu de déportation, soit enfin dans un but commercial. Chez les anciens, ce furent les Égyptiens, les Phéniciens, et, après eux, les Grecs et les Romains, qui fondèrent les colonies les plus importantes. Les Romains possédèrent plusieurs sortes de colonies : les C. dites romaines, dont les colons étaient citoyens romains et avaient droit de suffrage, sans avoir part néanmoins aux charges et aux honneurs de la république; les C. latines, dont les colons n'avaient droit de suffrage qu'autant que le magistrat le permettait, et qui n'étaient reçus citoyens romains qu'après avoir exercé quelque magistrature dans une ville latine; les C. italiques, dont les priviléges étaient encore plus restreints, et les C. militaires, composées de soldats vétérans auxquels on donnait des terres comme récompenses de leurs services. — Les colonies modernes ne remontent guère au delà de la découverte de l'Amérique. Les Espagnols et les Portugais fondèrent les premières, et couvrirent les deux Indes de leurs établissements commerciaux. Les Hollandais vinrent ensuite et succédèrent à leur puissance. Aujourd'hui, l'Angleterre domine sur toutes les mers et ses colonies sont répandues sur tous les points importants des deux continents. Quant à la France, ses colonies ont été florissantes aux XVIIe et XVIIIe siècles dans les deux Indes; mais elles n'ont plus aujourd'hui, à l'exception de l'Algérie, qu'une importance fort secondaire : elles se bornent à la Martinique, à la Guadeloupe, à la Guyane, à l'Ile Bourbon, au Sénégal, avec quelques dépendances et quelques comptoirs dans l'Inde; l'affranchissement brusque des esclaves en 1793 et en 1848 les a presque complétement ruinées. —Jusqu'à l'émancipation des noirs en 1793, nos colonies d'Amérique avaient été régies par un code spécial, qu'on appelait le Code noir.

On peut consulter sur les colonies : De veterum coloniarum jure ejusque causis, de Heyne, Gœtt., 1766; De l'état et du sort des colonies des anciens peuples, de Sainte-Croix, Paris, 1779; Histoire de l'établissement des colonies grecques, de Raoul-Rochette, Paris, 4 vol. in-8; Histoire des établissements européens dans les deux Indes, de l'abbé Raynal, 1780, continuée jusqu'en 1821 par J. Peuchet; Du passé, du présent et de l'avenir des colonies, par de Pradt, 1802; Mémoires et correspondances officielles sur l'administration des colonies, par Malouet, 1805; Essai sur les colonies européennes, par Tournachon, 1833, et les Annales maritimes et coloniales publiées à partir de 1819.

Colonies agricoles. On a donné ce nom à des colonies fondées dans le but de défricher les terrains incultes et stériles, et de fournir du travail et un asile aux indigents. Telle fut la colonie fondée en 1750 au Ban de la Roche, dans les Vosges, par Stouber, la colonie de la Caroline, fondée en 1768 dans la Sierra-Morena, par Olavidès, et qui compte aujourd'hui plus de soixante villages; les établissements agricoles de Frederick's-oord et d'Ommerschans en Hollande (1818-21); ceux de Vortel et de Merxplas-Ryckeversel en Belgique (1822); les colonies agricoles de l'Algérie, celles d'Oswald (Bas-Rhin), de Petit-Bourg (Seine-et-Oise), etc. (ces deux dernières ont été créées récemment pour l'éducation des enfants pauvres); telles sont encore les diverses colonies fondées en Algérie après la révolution de 1848. D'autres colonies agricoles ont pour but de moraliser les jeunes détenus et les libérés: telles sont les colonies de Mettray (Indre-et-Loire), de St-Ilan (Côtes-du-Nord). MM. de Lurieu et H. Romand ont publié, en 1851, sous le titre d'Études sur les colonies agricoles, d'utiles renseignements sur ces divers établissements.

Colonies pénales ou pénitentiaires. Les premières colonies pénales furent établies en Afrique sous le nom de presidios par les Portugais et les Espagnols. Viennent ensuite les colonies pénales de la Sibérie, et celles que l'Angleterre avait établies d'abord dans l'Amérique du Nord et qu'elle transporta ensuite en Australie, dans la Nouvelle-Galles du Sud. Les établissements fondés à Lambessa, en Algérie, pour les transportés de juin 1848, et dans la Guyane en 1852, après les événements du 2 décembre 1851, pour y placer les déportés et les forçats, sont, avec ceux de Noukahiva et de Balade, nos seules colonies pénales.

Colonies militaires. On donne ce nom, en Russie, à des établissements de soldats cultivateurs et mariés, qui ont été formés de 1818 à 1825 sur divers points des frontières de l'empire russe. La population y a conservé son organisation militaire et se divise en une partie mobile qui est toujours disponible, et une partie immobile qui ne quitte pas ses foyers. De nos jours, le général Bugeaud a tenté l'établissement d'une colonie militaire de spahis à Misserghin dans la province d'Oran.

COLONNADE (de colonne), disposition architecturale offrant une réunion de colonnes placées symétriquement en galerie ou en circuit, et servant de décoration ou de promenade. Les plus célèbres colonnades sont celles du Louvre et celle de Saint-Pierre de Rome. La première, construite par Claude Perrault, a 175 m. de long, et est divisée en deux parties par l'avant-corps du milieu. Chaque partie se compose de colonnes corinthiennes cannelées et accouplées. La seconde, œuvre du cavalier Bernin, se compose de deux portiques demi-circulaires qui embrassent la place de Saint-Pierre, et sont soutenus chacun par cent quarante-quatre colonnes doriques et par un grand nombre de pilastres de plus de 13 m. de haut. Cette colonnade magnifique forme trois allées; celle du milieu est assez large pour que deux voitures y puissent passer.

COLONNE, pilier circulaire en bois, en pierre, en marbre, en granit, en bronze, etc., destiné à soutenir ou à orner une portion de bâtiment. Toute colonne se compose de trois parties: la base, sur laquelle repose le reste de la construction ; le *fût*, ou colonne proprement dite, placé immédiatement au-dessus de la base ; et le *chapiteau*, qui le surmonte. Sous le rapport de la construction, on distingue : la *C. d'assemblage*, formée de membrures de bois assemblées, collées et chevillées sur des plateaux de madriers circulaires, puis façonnée au tour ; la *C. incrustée*, faite de tranches minces de marbre mastiquées sur un noyau de marbre ou de brique ; la *C. jumelée* ou *gemellée*, dont le fût est formé de trois morceaux de pierre posés en délit et liés ensemble par des crampons ; la *C. de maçonnerie*, faite de moellons ou de briques, et recouverte ou non de plâtre ou de stuc ; la *C. par tambours*, dont le fût est composé d'assises moins hautes que le diamètre de la colonne ; et la *C. par tronçons*, composée, au contraire, de morceaux plus hauts que larges ; — sous le rapport de la forme, la *C. en balustre*, qui a la forme d'un pilier de balustre ; la *C. bandée*, qui a des anneaux de distance en distance ; la *C. cannelée* ou *striée*, dont le fût est orné de cannelures ; la *C. torse*, dont le fût est contourné en spirale ; la *C. en faisceau*, qui semble être la réunion de plusieurs colonnettes ; la *C. fuselée*, qui ressemble à un fuseau ; la *C. gothique*, pilier rond sans proportions déterminées ; les *C. feuillées, rustiques, rudentées, serpentines*, etc., dont le fût est orné de feuillages, de guirlandes, de rudentures, de serpents entortillés, etc.

On appelle colonnes *mémoriales* et *triomphales* de hautes colonnes isolées qu'on élève en mémoire de quelque événement remarquable ou en l'honneur d'un personnage illustre. Les plus célèbres en ce genre sont : chez les anciens, la *C. Trajane* et la *C. Antonine* à Rome, la *C. d'Arcadius* à Constantinople et la *C. de Pompée* en Égypte, toutes quatre en marbre ; chez les modernes, la *C. de la place Vendôme* (1806-10) et la *C. de Juillet* (1832) à Paris, toutes deux en bronze ; la colonne élevée à Boulogne-sur-Mer, en souvenir du camp de Boulogne ; à Londres, la colonne en pierres, dite le *Monument*, en souvenir de l'incendie de 1666 ; à Saint-Pétersbourg, la *colonne Alexandrine*, en granit, élevée à la mémoire de l'empereur Alexandre ; à Venise, la colonne qui supporte le lion de saint Marc, etc. Les *colonnes funéraires* sont plus connues sous le nom de *Cippes. Voy.* ce mot.

On appelle *colonnes milliaires* les colonnes ou bornes que les Romains plaçaient sur les routes de mille en mille pas. *Voy.* BORNES MILLIAIRES.

En Anatomie, on appelle *colonne vertébrale*, et vulgairement *épine dorsale*, la tige osseuse formée par vingt-quatre os nommés *vertèbres*, et qui s'étend de la nuque au sacrum. *Voy.* RACHIS et VERTÈBRES.

Dans l'Art militaire, on nomme *colonne* toute disposition de troupes dont l'étendue est beaucoup plus considérable en profondeur qu'en largeur.

COLOPHANE (en grec *colophônia*, du nom de *Colophon*, ville d'Ionie d'où cette substance fut d'abord apportée), dite aussi *arcanson* ou *brai sec*, résine contenue dans la térébenthine, et qu'on obtient pour résidu en distillant la térébenthine dans de grands alambics de cuivre pour la priver d'huile essentielle. Cette opération s'exécute à Bordeaux, à Mont-de-Marsan (Landes), à Mirecourt (Vosges), etc. On emploie la colophane pour faire la poix jaune, pour faire les vernis communs, et pour frotter les archets des violons, afin de les empêcher de glisser sur les cordes.

COLOQUINELLE, ou *Fausse Coloquinte*, variété de Courge de la section *Pepon. Voy.* COURGE.

COLOQUINTE, nom donné à une espèce de concombre, le *Concombre amer* (*Cucumis colocynthis*), ainsi qu'à son fruit. La plante croît naturellement dans l'Afrique septentrionale et dans le Levant ; elle a les tiges grêles, anguleuses, hérissées de poils et couchées ; les feuilles découpées, velues et blanchâtres en dessous ; les fleurs grandes et jau-

nâtres. Le fruit est globuleux, d'abord verdâtre, puis jaune, à écorce mince et dure ; sa pulpe blanche, spongieuse, est d'une excessive amertume et extrêmement purgative. On emploie la pulpe sèche, à petites doses, contre l'apoplexie, l'hydropisie, la colique des peintres. Le commerce la tire du Levant ou de l'Espagne ; la meilleure vient d'Alep.

COLORIAGE. *Voy.* ENLUMINURE.

COLOSSE (du grec *colossos*, même signification), statue ou monument quelconque d'une grandeur extraordinaire. La plupart des constructions des Égyptiens et des Assyriens peuvent être rangées parmi les colosses, et notamment les sphinx, la statue sonore de Memnon, les statues royales du temple de Thèbes, ainsi que celles qui ornaient les pilastres d'un temple ninivite et qu'on a récemment transportées à Paris. Tel était, chez les Grecs, le fameux *colosse de Rhodes* haut de 70 coudées (environ 33 m.). Les Romains eurent aussi du goût pour les colosses : témoin la statue de Néron et celle de Commode, hautes de plus de 100 pieds romains (33 m.), et dont la première donna son nom au vaste cirque appelé *Colossée* ou *Colisée*. — Chez les modernes, il y a peu de monuments qui méritent le nom de *colosses :* on peut citer cependant la *statue de saint Charles Borromée* près de Milan, l'*Hercule*, ou *saint Christophe de la Wilhelmshœhe* près de Cassel, le monument en fonte du *Kreutzberg* près de Berlin, et la *statue colossale de la Bavière*, tout récemment élevée près de Munich.

COLOSTRE, *Colostrum*, nom donné au premier lait qui se produit après l'accouchement. Il est doux, légèrement sucré, très-séreux, et paraît doué de propriétés purgatives qui le rendent propre à faire évacuer le méconium de l'enfant nouveau-né.

COLPORTEUR (du latin *comportare*, porter avec soi), marchand ambulant. Le colporteur doit être pourvu d'une patente, et se conformer aux règlements de police (loi du 2 mars 1791, art. 7). Le colportage des imprimés avait donné lieu, après 1848, aux plus graves abus, qu'il a fallu réprimer par une législation sévère : la loi du 27 juillet 1849 y a pourvu.

COLUMBAR, genre d'oiseaux. *Voy.* COLOMBAR.

COLUMELLAIRES, famille de mollusques Gastéropodes, ordre des Pectinibranches, institué par Lamarck pour cinq genres de coquilles : les *Colombelles*, les *Mitres*, les *Volutes*, les *Marginelles* et les *Volvaires*. Ils n'ont point de canal à la base de l'ouverture, mais une échancrure subdorsale plus ou moins distincte, et des plis à la columelle.

COLUMELLE (du latin *columella*, diminutif de *columna*, colonne), nom donné : 1° en Botanique, à l'axe vertical de quelques fruits, qui persiste après la chute de leurs autres parties, comme dans le Géranium, et au petit axe filiforme que l'on observe au centre de l'urne des mousses ; — 2° en Conchyliologie, à l'espèce de petite colonne qui forme l'axe de toutes les coquilles spirales.

COLURES (en grec *kolouroi*), nom donné à deux grands cercles de la sphère terrestre, perpendiculaires à l'équateur, qu'on suppose s'entrecouper à angles droits aux pôles du monde, et passer, l'un, par les points équinoxiaux, d'où le nom de *colure des équinoxes* ; et l'autre, par les points solsticiaux, d'où celui de *colure des solstices*. Les deux colures divisent le zodiaque et l'équateur en quatre parties égales. — Le nom que leur ont donné les Grecs veut dire *qui a la queue coupée*, et semble venir de ce qu'ils s'entrecoupent à leurs *extrémités* boréale et australe.

COLZA (du flamand *kolzaad*, graine de chou), *Brassica oleracea*, plante oléagineuse du genre Chou, dont la culture a pris depuis quelques années une extension considérable. C'est une espèce de chou vert ou rougeâtre, fort branchu, ne portant que de petites feuilles clairsemées au milieu de sa tige et qu'on ne mange point. On forme avec le colza des prairies momentanées, et on en tire un fourrage d'hiver qui convient surtout aux bêtes à cornes; mais on le cultive principalement pour l'huile que l'on tire de sa graine. L'huile de colza peut s'employer comme huile comestible; on s'en sert surtout pour l'éclairage, ainsi que pour préparer les cuirs et les laines. Le marc se donne aux bestiaux. La récolte du colza se fait en juin. On distingue deux variétés de colza : l'une hâtive, dite *C. de Mars*, à fleurs blanches, qui se sème au printemps, et mûrit dans le même été; l'autre, tardive, appelée *C. d'hiver*, à fleurs jaunes, qui se mettent terre à la mi-juin, et occupe le sol d'un été à l'autre.

COMA (en grec *côma*, qui a le même sens), assoupissement plus ou moins profond dans lequel tombent quelquefois les malades, et qui est ordinairement le symptôme d'une congestion sanguine ou d'un épanchement dans l'intérieur du crâne. On en distingue deux variétés : le *coma vigil*, appelé aussi *subdelirium*, dans lequel le malade a le délire, parle seul et change fréquemment de position, et le *coma somnolentum*, qui consiste en un sommeil excessif d'où il est très-difficile de tirer le malade, et dans lequel il retombe après avoir à peine ouvert les yeux.

COMANDRE (du grec *comè*, chevelure, et *aner*, *andros*, mâle, étamine), *Comandra*, genre de la famille des Santalacées, est formé d'une seule espèce, le *Thesium umbellatum*, originaire de l'Amérique du Nord. C'est une plante herbacée, vivace, à feuilles alternes, veinées, à fleurs terminales blanches et hermaphrodites. On la cultive dans les jardins.

COMARET (du grec *comaron*, fruit de l'arbousier), *Comarum*, genre de plantes de la famille des Rosacées, tribu des Dryadées, ne renferme qu'une espèce, le *Comarum palustre*, qui croît dans les marécages de l'Europe centrale : c'est une plante herbacée, vivace, à feuilles alternes, composées, imparipennées, et à fleurs pourprées au sommet de la tige et des rameaux. On la cultive dans les jardins.

COMBAT DE COQS, DE TAUREAUX, etc. *V.* COQ, etc.

COMBAT JUDICIAIRE. *Voy.* JUGEMENT DE DIEU (au *Dict. univ. d'Hist. et de Géogr.*).

COMBAT SINGULIER. *Voy.* DUEL.

COMBATIVITÉ, mot barbare par lequel les Phrénologistes désignent le penchant à combattre, et l'organe qui trahit ce penchant. *Voy.* PHRÉNOLOGIE.

COMBATTANT, *Machetes*, genre d'oiseaux de l'ordre des Échassiers, famille des Longirostres. On n'en connaît qu'une espèce, le *M. Tringa pugnax*, ou Paon de mer, qui est un peu plus petit que la Bécassine. Les Combattants sont remarquables par leurs habitudes belliqueuses, surtout à l'époque des amours, ainsi que par les changements qu'ils éprouvent dans leur coloration aux différentes saisons de l'année : ainsi, leur plumage est tantôt blanc ou gris, tantôt roux ou noir, avec des reflets violets. Leur cou et leur poitrine sont garnis de longues plumes qui forment une sorte de bouclier, et qu'ils hérissent au moment de l'attaque. Ces oiseaux nichent sur nos côtes; ils sont communs en Picardie. En Angleterre et en Hollande, leur chair est très-estimée; on les engraisse pour la table.

COMBINAISON (du latin *cum*, avec, et *binare*, accoupler), se dit de la réunion de plusieurs choses en divers groupes, composés d'un nombre quelconque de ces choses. Par exemple, les cinq lettres *a, b, c, d, e*, étant données, les groupes *ab, bc, cd, de, ac*, etc., formés par la réunion de ces lettres deux à deux, ou les groupes *abc, abd, cbd*, formés par la réunion de ces mêmes lettres trois à trois, et ainsi de suite, sont les combinaisons des cinq lettres *a, b, c, d, e*. Pour trouver combien de combinaisons peut donner un nombre quelconque *m* de choses groupées deux à deux, trois à trois, ou, en général, d'une manière quelconque *n* à *n*, on multiplie ce nombre par lui-même diminué d'une unité, puis ce produit par le même nombre diminué de deux unités, puis diminué de trois unités, et enfin, diminué du nombre,

plus un, des unités représentant la quantité des choses qu'on veut avoir dans chaque groupe; ensuite on divise le produit total par 2 fois, 3 fois, 4 fois le nombre qui exprime cette quantité. Cette opération s'exprime en algèbre par la formule suivante :

$$C_{(n, m)} = \frac{m(m-1)(m-2)\ldots(m-n+1)}{2.3.4.5\ldots n}$$

S'il s'agit, par exemple, de trouver le nombre des combinaisons qu'on peut obtenir avec 8 lettres groupées 4 à 4, on fait *m* égal à 8 et *n* égal à 4; et comme le dernier facteur du numérateur devient *m* moins *n* plus 1, c.-à-d. 8 moins 4 plus 1, ou 5, on a :

$$C_{(4, 8)} = \frac{8.7.6.5}{2.3.4} = 70 \text{ combinaisons avec } 8 \text{ lettres } 4 \text{ à } 4.$$

Le calcul des combinaisons, peu connu des anciens, a acquis de l'importance par les travaux de Pascal, Huyghens, Leibnitz, Bernouilli, Laplace, Poisson. On s'en sert particulièrement pour calculer les chances dans les jeux de hasard, les loteries, pour trouver la clef des lettres écrites en chiffres, et dans plusieurs autres applications du calcul des probabilités.

En Chimie, on appelle *combinaison* l'union de deux ou de plusieurs corps, simples ou composés, qui a pour résultat la formation d'un nouveau corps. Toute combinaison chimique se distingue d'un simple mélange en ce qu'elle possède d'autres propriétés que chacune de ses parties constituantes. Le soufre, par exemple, est un corps jaune; le mercure est un métal blanc et liquide; le résultat de la combinaison du soufre et du mercure, le cinabre, est une poudre rouge et cristalline qui a des propriétés entièrement distinctes de celles de ses deux éléments. Tous les corps se combinent dans des proportions fixes et invariables. *Voy.* PROPORTIONS CHIMIQUES.

COMBLE (du latin *culmen*, même signification), ensemble de pièces en bois ou en fer qui soutiennent la couverture d'un édifice. Le comble se compose ordinairement de pièces séparées, dites *fermes*, que réunissent des pièces longitudinales dites *pannes*. On distingue les *C. simples*, qui n'ont guère qu'une pente ou un égout, et qu'on nomme *appentis*; les *C. à deux égouts*, les *C. pyramidaux, coniques, en berceau, sphériques, sphéroïdes*, et les *C. à la Mansard* : ces derniers présentent en profil la forme d'un trapèze isocèle surmonté d'un triangle, ce qui permet d'y pratiquer des pièces habitables dites *mansardes*. En Italie, les combles sont peu rapides et presque plats. Dans les pays humides, au contraire, et où il tombe beaucoup d'eau, la pente est rapide. En France, la hauteur du comble est d'ordinaire le tiers ou la moitié de la base.

COMBRET (de *combretum*, nom qu'on trouve dans Pline, donné à une plante analogue), genre de plantes exotiques, type des Combrétacées, dont une seule espèce est cultivée dans les serres en Europe : c'est le *C. écarlate* ou *Chigomier*, connue aussi sous le nom d'*Aigrette de Madagascar*, aux fleurs petites, écarlates, nombreuses et disposées en grappes; aux fruits capsulaires, oblongs, renfermant une graine unique; aux feuilles opposées, ovales, oblongues, un peu coriaces, entières et d'un beau vert.

COMBRÉTACÉES, famille de plantes dicotylédones, détachée des Onagraires par R. Brown. Elle renferme des arbres et des arbrisseaux à feuilles entières et à fleurs en épis, en grappes ou en capitules. Le genre type est le *Combret*.

COMBURANTS (du latin *comburo*, brûler), donné, en Chimie, aux corps qui donnent lieu au phénomène de la combustion. L'oxygène a été regardé d'abord comme le seul comburant. On a depuis découvert que d'autres corps simples tels que le chlore, l'iode et le fluor, jouissent aussi d'une véritable faculté *comburante*. Cette action *comburante*, exercée par ces corps simples sur les autres corps de la nature, n'est autre chose qu'une combinaison de ces corps, pendant laquelle il y a dégagement de chaleur et de lumière.

COMBUSTIBLE, nom donné, en Chimie, à tout corps susceptible de s'unir chimiquement avec l'oxygène, et, dans l'économie domestique, aux substances dont on se sert communément pour produire de la chaleur : ces dernières substances sont le *bois*, le *charbon*, la *tourbe*, la *houille*, le *coke*, etc. Parmi ces combustibles, il en est qui donnent une grande flamme, tels que les bois en général, et, en particulier, les bois blancs, les charbons de terre flambants, etc. ; d'autres brûlent sans flamme, tels que le coke, le charbon de bois, le charbon de tourbe et certains charbons de terre. *Voy.* BOIS, CHARBON, HOUILLE, etc.

COMBUSTION (du latin *comburere*, brûler), action de brûler. Ce mot s'applique en Chimie, d'une manière générale, à la combinaison d'un corps avec l'oxygène. Il peut cependant y avoir combustion sans la présence de l'oxygène : le fer, par exemple, brûle dans la vapeur de soufre fortement échauffée et s'y combine ; l'antimoine brûle à la température ordinaire dans le chlore gazeux et s'y combine, etc. La première théorie sur la combustion a été émise au commencement du XVIIIᵉ siècle par le chimiste allemand Stahl, qui croyait qu'elle était l'effet du dégagement du *phlogistique* (*Voy.* ce mot) ; Lavoisier démontra que les combustions ordinaires sont l'effet de la combinaison de l'oxygène avec les corps.

Combustion spontanée. On nomme ainsi, en Médecine, la destruction rapide du corps humain par l'effet d'un feu dont la nature et l'origine sont encore inconnues, mais que l'on croit dépendre d'un état particulier de l'organisme. Cet accident, assez rare, a été surtout observé chez des individus d'un âge avancé, d'un grand embonpoint, et dont les tissus étaient, pour ainsi dire, imprégnés d'alcool par un long abus des liqueurs spiritueuses. Le corps brûle avec une flamme bleuâtre, que l'eau active souvent au lieu de l'éteindre, et ne laisse qu'un résidu de cendres.

COMÉDIE (du grec *cômè*, village, et *aeidô*, chanter, parce que les premiers acteurs allaient réciter leurs pièces de village en village), poëme dramatique, dans lequel on représente une action de la vie commune, et qui peint d'une manière plaisante les mœurs, les défauts ou les ridicules des hommes.

La Comédie, chez les Grecs, eut trois époques distinctes : la *C. ancienne*, qui remonte à la 82ᵉ olympiade et qui censurait les vices en nommant et représentant les individus : Aristophane en offre le type ; la *C. moyenne*, où le poëte ne se permettait que des allusions à des personnages connus, et dans laquelle brillèrent Antiphane et Alexis ; enfin, la *C. nouvelle*, qui se bornait à critiquer les défauts de l'humanité : Ménandre excella dans cette dernière. On peut encore ranger parmi les comédies grecques les *satires* (*Voy.* ce mot) que les poëtes dramatiques donnaient à la suite de leurs trilogies pour récréer les esprits : tel est le *Cyclope* d'Euripide. — La comédie romaine ne fut qu'une imitation de la comédie grecque ; elle fut peu cultivée ; on n'a conservé en ce genre que les ouvrages de Plaute et de Térence. Chez les Romains, on distinguait trois espèces de comédies, qu'on appelait : *prætextatæ*, *trabeatæ* et *tunicatæ*, selon que les personnages de ces pièces étaient tirés d'une classe de la société plus ou moins élevée. Il y avait aussi les *mimes* et les *atellanes*, qui n'étaient que des espèces de farces.

Autrefois, en France, on appelait *comédie* toute représentation théâtrale : c'est pour cela que la salle du Théâtre-Français a longtemps porté le nom de *Comédie française*. On distingue aujourd'hui dans la comédie proprement dite trois genres principaux : la *C. de caractère* ou *de mœurs*, qui a pour objet de peindre un caractère particulier ou les caractères généraux d'une classe, d'une nation, telle que *l'Avare*, de Molière, *l'École des Vieillards*, de C. De-

lavigne ; la *C. d'intrigue*, où les personnages sont placés dans des situations embarrassantes et comiques, telles que les *Fourberies de Scapin*, de Molière, *le Mariage de Figaro*, de Beaumarchais ; et la *C. mixte*, qui est à la fois comédie d'intrigue et de caractère. — On appelle *C. larmoyante*, *tragédie bourgeoise* ou *drame*, celle qui renferme beaucoup de situations pathétiques ou attendrissantes, comme *l'École des Mères*, *l'Honnête criminel*, etc. ; *C. historique*, celle dont le sujet est puisé dans l'histoire, comme *le Verre d'eau*, de Scribe ; *C. héroïque*, celle où les personnages sont pris dans un ordre supérieur, où l'on met en scène des rois et des princes : Corneille fit usage le premier de cette dénomination pour *Don Sanche d'Aragon*, représenté en 1650 ; le *Don Garcie de Navarre* de Molière est aussi une comédie héroïque ; *C. pastorale*, celle dont l'action se passe entre des bergers, comme dans le *Mélicerte* de Molière ; *C. ballet*, une comédie mêlée de ballets, comme les *Fâcheux* de Molière (la première de ce genre qui ait été donnée sur notre théâtre), les *Amants magnifiques*, etc. ; *C. épisodique* ou *C. à tiroir*, celle dont les scènes n'ont aucune liaison nécessaire entre elles, comme les *Fâcheux* de Molière, *le Mercure galant* de Boursault, etc.

Parmi les auteurs qui se sont distingués dans la comédie moderne, on doit citer : en France, après Molière et Regnard, Destouches, Le Sage, Gresset, Dancourt, Marivaux, Beaumarchais, Collin d'Harleville, Picard, Andrieux, Delavigne, Scribe, Bayard ; en Italie, Machiavel, Goldoni ; en Espagne, Caldéron, Lope de Vega, Moratin ; en Angleterre, Congreve, Steele, Farquhar, Fletcher et Beaumont, etc.

COMÉDIE FRANÇAISE (Théâtre). *Voy.* THÉATRE-FRANÇAIS. — COMÉDIE ITALIENNE. *Voy.* BOUFFES.

COMÉDIENS. *Voy.* ACTEURS et COMÉDIE.

COMESTIBLE (du latin *comedere*, manger). Employé comme adjectif, ce mot exprime les substances que l'homme peut manger, par opposition à celles qui ne peuvent servir d'aliments : c'est ainsi qu'on distingue les champignons en *comestibles* et *non comestibles*. — Employé comme substantif, il s'entend surtout de certains mets de prix, soit frais, soit cuits ; on y comprend aussi les conserves alimentaires, les denrées coloniales et exotiques, les vins fins, etc. Les comestibles, ainsi entendus, sont devenus depuis quelques années l'objet d'un commerce important, à la tête duquel se sont placées à Paris les maisons Chevet, Corcelet, Potel, etc. — D'après l'art. 475 du Code pénal, ceux qui exposent en vente des comestibles gâtés, corrompus ou nuisibles, sont passibles d'une amende de 6 fr. à 10 fr. En cas de récidive, la peine de l'emprisonnement pendant cinq jours au plus doit être prononcée (art. 478).

COMÈTES (en grec *cométès*, dérivé de *cômè*, chevelure), astres semblables aux planètes, qui ne sont visibles pour la terre que dans une partie de leur cours, et qui se meuvent, en décrivant une vaste parabole, dans des orbites très-excentriques dont le soleil occupe le foyer. Les comètes apparaissent tantôt comme des masses compactes, tantôt comme de simples vapeurs lumineuses, n'offrant aucun caractère de solidité. On y distingue ordinairement la *tête*, masse de lumière large et éclatante, mais terminée d'une manière confuse ; le *noyau*, partie beaucoup plus brillante et plus nettement découpée, située au centre de la tête ; la *queue* ou *chevelure*, traînée lumineuse plus ou moins large et diffuse, qui part de la tête dans une direction opposée au soleil, et qui se subdivise quelquefois en plusieurs bandes. Cette queue a souvent de grandes dimensions ; on en a observé auxquelles on attribue plus de 80 millions de kilomètres. Malgré les nombreux travaux des astronomes et des physiciens, la science n'est pas encore parvenue à expliquer ce singulier phénomène. — La détermination de l'orbite des comètes est fort difficile, à cause de leur mouvement irrégulier : elles vont tantôt de l'orient à l'occident, tantôt de l'occident à l'orient; les unes se dirigent du midi au nord, les autres du nord au midi, et le plan de leur orbite fait les angles les plus divers avec le plan de l'écliptique; quelquefois aussi on voit les comètes demeurer stationnaires un jour, et le lendemain s'avancer de 40 à 45 degrés, puis rétrograder subitement.

Il y a plusieurs comètes dont la marche peut être aujourd'hui calculée à l'avance avec quelque approximation; ces comètes périodiques sont : 1° la *C. de Halley*, la même qui, en 1456, causa en Europe la plus vive consternation par l'immense queue qu'elle développait sur l'horizon : Halley en calcula l'orbite en 1682; elle a de nouveau reparu en 1835; la durée de sa révolution est de 75 à 76 ans; son excentricité énorme, qui est de 0,967, lui permet de s'éloigner du soleil deux fois plus qu'Uranus et de s'en rapprocher plus près que Vénus; 2° la *C. d'Encke*, nommée aussi *C. à courte période*, parce que la durée de sa révolution n'est que de 3 ans 1/2 ou de 1207 jours; M. Encke, directeur de l'observatoire de Berlin, en a le premier calculé les retours en 1819; elle avait déjà été vue en 1782, 1786, 1795 et 1805; 3° la *C. de Biela*, vue en 1763, 1772, 1795, 1805, 1826, 1832, et qui fait sa révolution en 6 ans 3/4; M. Biela, astronome de Johannisberg, en a le premier démontré la périodicité; 4° la *C. de Faye*, découverte en 1843 par M. Faye, astronome de Paris, qui en a calculé l'orbite; sa révolution s'opère en 7 ans 1/2 environ; dans sa plus courte distance, cette comète est encore plus éloignée que Mars, et sa distance maximum est à peu près la distance de Jupiter; 5° la *C. de Vico*, vue en 1844 par Vico, directeur de l'Observatoire de Rome; elle fait sa révolution en 5 ans 1/2.

On attribuait jadis aux comètes une influence funeste; la science a dissipé ces terreurs, et l'abondance de l'année 1811 a même été cause qu'on s'est félicité de la présence de la comète qui, pendant cette année, avait si longtemps charmé les yeux. — On supposait autrefois que les comètes étaient de simples météores engendrés dans notre atmosphère; Tycho-Brahé combattit le premier cette erreur en observant la comète de 1585, et fit revivre une ancienne idée de Sénèque, qui avait rangé les comètes au nombre des planètes de notre système solaire. Képler entreprit de calculer l'orbite d'une comète, mais il put reconnaître seulement que cet orbite n'est pas circulaire. Hévélius reconnut que les comètes décrivent une parabole; enfin, Newton compléta cette théorie en démontrant que les comètes sont attirées par le soleil en vertu des mêmes lois que les planètes. Il existe sur les comètes des traités spéciaux de Vigenère, 1578, de Képler, 1619, d'Hévélius, de Pingré (*Cométographie*, 1783). Bayle publia en 1681 les *Pensées sur la comète*, pour combattre le préjugé relatif à cet astre, et dissiper les terreurs qu'inspirait la comète qui parut à cette époque.

COMICES (*comitia*, de *cum*, ensemble, et *ire*, aller), assemblées du peuple romain pour l'élection des magistrats : elles avaient lieu tantôt par curies, tantôt par centuries ou par tribus (*Voy.* le *Dict. univ. d'Hist. et de Géogr.*). — En France, sous la première République, et en 1851, pour la réélection du Président de la République, on a aussi donné le nom de *Comices* aux assemblées électorales du peuple français, réunies en vertu du suffrage universel.

Depuis 1820, on appelle *comices agricoles*, des réunions formées par les propriétaires et fermiers d'un département ou d'un arrondissement, dans le but d'améliorer les procédés agricoles et les races les plus utiles d'animaux domestiques. On y décerne des prix au cultivateur qui a obtenu le plus de succès dans un genre quelconque de culture, à celui qui présente les troupeaux les mieux tenus, etc.

COMITÉ (de l'anglais *committee*, commission), réunion de délégués formée pour préparer les projets de lois ou examiner une question, une affaire, et en faire le rapport. Ce mot est à peu près synonyme de *commission*; cependant il implique quelque chose de plus durable; en effet, les comités sont d'ordinaire permanents, tandis que les commissions sont purement temporaires. L'Assemblée constituante se divisa en comités dès sa formation : le plus célèbre de ces comités est celui *de la Constitution*, créé par décret du 6 juillet 1789. L'Assemblée législative établit d'abord sept comités; leur nombre s'éleva ultérieurement à vingt-trois. Sous la Convention, ce nombre changea : le plus célèbre de tous les comités formés alors est le *Comité de salut public* (*Voy.* ce mot au *Dict. univ. d'Hist. et de Géogr.*). — Chaque administration, chaque grande branche du service peut avoir ses comités : c'est ainsi qu'au ministère de la Guerre, il y a des *C. consultatifs* pour l'infanterie, pour l'artillerie, pour la cavalerie, pour les fortifications, pour l'Algérie; que près le ministère de l'Instruction publique, il y a des *C. historiques* pour la langue et de la littérature française; *des chroniques, chartes et inscriptions*; *des sciences, des monuments et des arts;* ces comités ont des membres correspondants dans les départements. — Pour la direction et la surveillance de l'instruction primaire, la loi du 28 juin 1833 avait créé des *Comités communaux*, des *C. d'arrondissement*, et à Paris un *C. central*, remplissant les fonctions de comité d'arrondissement; ces comités ont été remplacés dans la loi du 15 mars 1850 (art. 42-44) par les réunions de délégués, qui ont à peu près les mêmes attributions.

COMMA (du grec *comma*, qui a la même signification, et qui dérive lui-même de *coptô*, couper), terme d'Orthographe et de Typographie, désigne tantôt la virgule, tantôt les deux points (‘).

En Musique, on appelle *comma* l'intervalle, presque inappréciable à l'oreille, qui existe entre une note diésée, *ut* dièse, par exemple, et la note suivante bémolisée, *ré* bémol. Cet intervalle se calcule parfaitement en acoustique; il est même sensible sur le violon et le violoncelle; mais il est nécessairement négligé sur le piano et sur tous les instruments à clavier. Le *C. syntonique*, qui existe entre le ton majeur, représenté par la proportion 9 : 8, et le ton mineur, qui s'exprime par 9 : 10, se représente par la proportion 81 : 80. C'est la 9ᵉ partie d'un ton. Le *C. diatonique*, ou *C. de Pythagore*, est la différence qui existe dans l'octave juste, représentée par 1 : 2, et le dernier terme de douze quintes successives, différence exprimée par les nombres 531441 : 534288.

COMMAND (du latin *mandatum*, mandat), se dit, en Jurisprudence, de la personne que l'avoué ou tout autre mandataire qui se porte acquéreur d'un bien s'est réservé de nommer ultérieurement, et pour laquelle il déclare avoir acquis. On entend par *Déclaration de command* celle qui est faite par un individu qui déclare qu'il n'a pas acheté pour lui-même, mais bien pour une personne qu'il se réserve de désigner. L'origine de cette locution provient de ce que celui qui contracte ne fait, en ce cas, qu'exécuter le *commandement* ou l'ordre d'autrui.

COMMANDANT, nom donné, dans l'armée française, à tout officier qui a un commandement quelconque; il se dit plus particulièrement des chefs de bataillon et d'escadron, ainsi que des officiers supérieurs qui commandent dans une place de guerre.

En Marine, ce titre est donné à presque tous les officiers supérieurs. On appelle *commandant de marine* l'officier qui commande dans un port militaire. — Titre honorifique. *Voy.* COMMANDEUR.

COMMANDEMENT. On donne le nom de *Commandements de Dieu* aux dix préceptes contenus dans le *Décalogue*, et celui de *Commandements de l'Église* aux six préceptes que l'Église y a ajoutés. Ces comandements ont été consignés et comme mnémo-isés dans des vers fort anciens :

Commandements de Dieu.

n seul Dieu tu adoreras	Luxurieux point ne seras
t aimeras parfaitement.	De corps ni de consentement.
ien en vain tu ne jureras,	Le bien d'autrui tu ne prendras
i autre chose pareillement.	Ni retiendras à ton escient.
es dimanches tu garderas	Faux témoignage ne diras,
u servant Dieu dévotement.	Ni mentiras aucunement.
es père et mère honoreras	L'œuvre de chair ne désireras
fin de vivre longuement.	Qu'en mariage seulement.
lomicide point ne seras	Biens d'autrui ne convoiteras
e fait ni volontairement.	Pour les avoir injustement.

Commandements de l'Église.

es fêtes tu sanctifieras	Au moins à Pâques humble-
uite sont de commandement.	[ment.
es dimanches la messe oui-	Quatre-temps, Vigiles, jeûne-
t les fêtes pareillement. [ras,	[ras,
ous tes péchés confesseras,	Et le Carême entièrement.
A tout le moins une fois l'an.	Vendredi chair ne mangeras,
Ton Créateur tu recevras	Ni le samedi mêmement.

En termes de Pratique, un **commandement** est un acte ou exploit par lequel un huissier, en vertu d'un jugement ou d'un titre exécutoire, commande, au nom de la justice, de satisfaire aux obligations ou engagements énoncés dans le titre. Les actes d'exécution doivent être précédés d'un commande-ment, à moins qu'il ne s'agisse de saisie-gagerie, ou d'une saisie sur un débiteur forain (Code de Proc., art. 819 et 822). Le commandement non suivi d'exé-cution n'a de valeur que pendant 3 mois.

Autrefois, les secrétaires d'État portaient le titre de *secrétaires des commandements* ; sous la royauté, ce titre était aussi donné aux secrétaires des princes et princesses de la famille royale.

COMMANDEUR, nom donné aux chevaliers de quelques ordres, tels que ceux, de Malte, de Saint-Jacques, de Saint-Lazare, de Calatrava, a été trans-porté dans la Légion d'honneur, et a remplacé de-puis 1816 le titre de *Commandant*, qui avait été adopté originairement : c'est le grade immédiatement au-dessus de celui d'officier. *Voy.* COMMANDEUR au *Dict. univ. d'Hist. et de Géogr.*

COMMANDEUR, oiseau. *Voy.* TROUPIALE.

COMMANDEUR (BAUME DE). *Voy.* BAUME.

COMMANDITE, espèce de société commerciale dans laquelle une partie de ceux qui la composent se bornent à verser les fonds convenus, sans prendre aucune part à la gestion. Les membres de ces so-ciétés sont appelés *commanditaires*. Le Comman-ditaire n'est engagé solidairement que jusqu'à con-currence des sommes qu'il a versées ou qu'il s'est engagé à verser. Il n'assume aucune responsabilité, lors même qu'il consent à faire partie d'un conseil de surveillance, pourvu qu'il se borne au contrôle des livres, à la vérification des faits et des écritures.

COMMÉLINÉES (du genre type *Commelina*, dé-dié au botaniste Commelin), famille de plantes mo-nocotylédonées, renferme des espèces vivaces ou annuelles, à racine fibreuse ou formée de tubercules charnus ; à feuilles alternes, engaînantes à leur base. Le genre *Commeline* a des fleurs d'un bleu agréa-ble ; ses feuilles sont ovales, lancéolées ou cordifor-mes. Les plantes de ce genre sont très-nombreuses entre les tropiques. Leurs sucs et leurs rhizômes sont alimentaires.

COMMÉMORAISON et COMMÉMORATION (du latin *commemorare*, rappeler), mention que l'Église fait d'un saint ou d'une sainte le jour où l'on célèbre une autre fête : on dit aussi *mémoire*. — On appelle *Commémoration des morts* : 1º la mention que le prêtre fait des trépassés, à l'endroit du canon de la messe appelé *memento* ; 2º la fête que l'Église célè-bre, le 2 novembre, en l'honneur des morts : on dit aussi simplement *le jour des Morts*.

COMMÉMORATIFS (du latin *commemorare*, rap-peler), se dit, en Médecine, des signes qui rappel-lent une affection, une maladie, une circonstance quelconque, antérieure à la maladie actuelle, et pro-pres à éclairer sa nature.

COMMENDE (du latin *commendare*, confier), dé-pôt d'un bénéfice, prieuré ou abbaye, entre les mains d'un séculier qui, ne pouvant le posséder d'après les lois canoniques, se contentait d'en administrer les revenus, sauf à rendre compte des fruits au ti-tulaire. On appelait *commendataire* celui qui était pourvu d'une commende. — L'*abbé commendataire*, opposé à l'*abbé régulier*, était un clerc séculier pourvu par le pape d'une abbaye, avec permission d'en percevoir les fruits pendant sa vie.

On distinguait : les *Commendes libres*, lorsqu'un bénéfice donné en commende pouvait passer d'un bé-néficier à un autre sans nouvelle dispense du pape ; et les *C. décrétées*, qui devaient retourner en règle par la démission, résignation ou décès du titulaire. On fait remonter l'origine des commendes au pape Léon IV ; mais l'usage paraît en être plus ancien.

COMMENSURABLE (du latin *cum*, avec, et *men-sura*, mesure), se dit, en Mathématiques, des quan-tités qui peuvent être mesurées par une mesure commune. Deux lignes sont dites *commensurables* lorsqu'il existe une troisième ligne qui peut les me-surer toutes deux exactement. Tous les nombres en-tiers sont *commensurables*, parce qu'ils peuvent être mesurés par l'unité ; il en est de même des nombres fractionnaires, comparés soit entre eux, soit avec les nombres entiers ; car on peut toujours trouver une unité fractionnaire qui les mesure.

COMMENTAIRE (du latin *commentarius*, même signification), éclaircissements, remarques sur un texte pour en faciliter l'intelligence. On distingue des *C. critiques*, ou mieux *philologiques*, qui portent sur la vraie manière de lire un auteur ; des *C. exé-gétiques*, destinés à expliquer le texte ; des *C. litté-raires*, qui en font apprécier les beautés ou les défauts. L'école d'Alexandrie a donné naissance aux premiers commentateurs : parmi eux, on remarque surtout Zénodote, Aristarque, et, plus tard, Didyme d'A-lexandrie, qui tous trois exercèrent leur critique sur les poëmes d'Homère. Chez les Latins, Donat et Servius se sont illustrés par leurs commentaires sur Térence et sur Virgile. Avant le XVIe siècle, on ne peut guère citer qu'Eustathe, Chrysoloras, Lascaris, Gémistus Pléthon et Marc Musurus. Du XVIe au XVIIIe siècle, les classiques grecs et latins exercent une foule d'habiles commentateurs : en France, les Estienne, Casaubon, Saumaise ; en Hollande, les Burmann, les Heinsius, Gronovius, Hemsterhuys, Wyttenbach ; en Angleterre, Bentley, Toup, Porson, etc. De nos jours, ces critiques ont eu pour successeurs non moins distingués les Heyne, Brunck, Bœckh, Jacobs, Coray, Boissonade, Hase, etc. Mais, à côté de ces commentateurs judicieux, on peut citer nombre de savants, surtout en Allemagne, qui ont poussé l'abus du commentaire jusqu'au pédantisme. — Les clas-siques modernes ont eu jusqu'ici peu de commenta-teurs célèbres : nous devons toutefois mentionner le *Commentaire sur Corneille*, de Voltaire ; les *C. sur Molière*, de Bret ; les *C. sur La Fontaine*, de Cham-fort et de Walckenaër. — Les livres saints ont égale-ment donné lieu à un grand nombre de commentai-res : cette branche prend les noms d'*Exégèse* et d'*Herméneutique. Voy.* ces mots.

On a aussi donné le nom de *Commentaires* à cer-tains mémoires historiques, écrits par ceux qui ont eu la plus grande part aux événements qui y sont rapportés : tels sont les *Commentaires de César*, les *Commentaires de Montluc*, etc.

COMMERÇANT. La loi qualifie de *commerçants* tous ceux qui exercent des actes de commerce et qui en font leur profession habituelle (Code de comm., art. 1). Les principales obligations imposées aux commerçants sont la contribution des patentes, la tenue de livres réguliers, celle de la correspondance, les inventaires annuels, la publication de leurs conventions matrimoniales. Comme, à raison des obligations particulières qui sont imposées aux commerçants, les tribunaux ont souvent à décider si un homme est commerçant ou non, la loi a déterminé avec soin les actes qui doivent être réputé actes de commerce (Code de comm., art. 632).

COMMERCE. On distingue : *C. intérieur, C. extérieur, C. d'importation, C. d'exportation*, etc., toutes expressions qui s'expliquent d'elles-mêmes.

Tyr et plus tard Carthage paraissent être les premières villes qui aient été en possession du monopole commercial. Rome hérita de la puissance commerciale de Carthage; mais Marseille rivalisa bientôt avec elle. Sous les empereurs, Alexandrie devint l'entrepôt des marchandises de l'Asie et de l'Afrique. Au commencement du xie siècle, les ville de l'Italie, surtout Venise et Gènes, virent passer entre leurs mains presque tout le commerce de l'Europe. Sur les débris de la puissance commerciale de Venise et de Gènes s'élevèrent, au xve siècle, celle du Portugal; au xvie siècle, celle de l'Espagne dans l'Amérique; au commencement du xviie, celle de la Hollande dans les îles de la Sonde. Sous Louis XIV, Louis XV et Louis XVI, le commerce de la France fut un des plus étendus et des plus florissants; mais il rencontra partout la redoutable concurrence de l'Angleterre, dont la politique envahissante substitue partout ses comptoirs à ceux des autres nations. Depuis quelques années, les États-Unis disputent avec avantage à l'Angleterre la supériorité dans le commerce maritime.

Le commerce a été, en France, l'objet de l'attention du Gouvernement. Une législation spéciale, le *Code de commerce* (décrété en 1807, considérablement modifié par les lois des 19 mars 1817, 31 mars 1833, 3 mars 1840) a été faite pour lui; une administration particulière, tantôt séparée du ministère de l'Intérieur (en 1812 et en 1830), tantôt réunie à ce département (1814 et 1852), a été instituée pour veiller à ses intérêts; des tribunaux spéciaux, les *Tribunaux de commerce*, élus par les commerçants eux-mêmes, lui ont été accordés (*Voy.* TRIBUNAL); des *Bourses* et des *Chambres de commerce* ont été créées dans les principales villes; enfin, un *Conseil général du commerce et des manufactures* a été institué pour faire connaître au Gouvernement ses besoins, et proposer les mesures nécessaires. En outre, il s'est élevé, pour préparer la jeunesse au haut négoce, de grands établissements, à la tête desquels on doit placer l'*École supérieure du commerce*, fondée en 1820 par Chaptal, Laffitte, Ternaux et Cas. Périer; des cours préparatoires aux professions commerciales et industrielles ont été créés dans les collèges de l'État sous les noms d'*Enseignement commercial*, d'*Enseignement spécial*; enfin, une foule d'ouvrages ont été publiés, soit pour guider celui qui étudie, soit pour éclairer le commerçant : il suffira de citer le *Cours complet d'études commerciales* d'Edm. Desgranges, le *Dictionnaire du commerce et des manufactures*, le *Dictionnaire du commerce et des marchandises* (1841 et 1852); le *Tableau général du Commerce de la France*, et les *Annales du Commerce extérieur*, publiées périodiquement par le Gouvernement. On doit à M. Depping une *Histoire du Commerce* (1830).

COMMETTAGE, opération de corderie par laquelle on réunit un nombre plus ou moins grand de fils de caret pour en former des cordes de diverses grosseurs. En commettant les fils de caret, on a le *bitord*; en commettant le *bitord*, on a le *toron*; et en continuant ainsi, le *grelin*, le *câbleau* et le *câble*.

COMMETTANT. *Voy.* COMMISSION (commerce).

COMMINATOIRE (de *minari*, menacer). *Voy.* MENACE, CLAUSE COMMINATOIRE, etc.

COMMIS (du latin *commissus*, de *committere*, confier), se dit de tout employé, qu'il appartienne à un établissement privé ou à une administration publique. — Dans le Commerce, les commis prennent le nom de *C. marchands, C. voyageurs*. — Dans l'Administration, on distingue des commis de diverses classes : *premier Commis, C. expéditionnaire, C. d'ordre* (chargé d'enregistrer les actes à l'arrivée et au départ), etc. — On nomme *C. greffier* celui qui supplée le greffier en chef auprès des tribunaux; *C. de barrière* ou *C. aux barrières*, un employé de l'octroi qui se tient aux barrières d'une ville pour percevoir les droits, empêcher la fraude, etc.

Autrefois, en France, on appelait *C. aux aides* ou *C. des fermes*, les employés préposés par les fermiers des impôts à la perception des droits sur diverses marchandises. Par extension, le mot *commis* s'employait aussi absolument comme synonyme de *financier*; c'est en ce sens que Boileau a dit :

Un commis engraissé des malheurs de la France.

COMMISE. Dans la Jurisprudence féodale, ce mot exprimait la confiscation d'un fief en faveur du seigneur. Un fief tombait *en commise* par le forfait ou la violence du vassal envers le seigneur, par le désaveu, c'est-à-dire le refus que faisait le vassal de tenir un fief mouvant du seigneur.

COMMISSAIRE (du latin *committere*, commettre), nom donné à certains fonctionnaires de l'ordre administratif, civil ou judiciaire, chargés par le Gouvernement, un tribunal, etc., de remplir des fonctions soit temporaires, soit permanentes. On le donne également à tout membre d'une commission.

Sous la première république, on appelait *Commissaires de la Convention* les représentants envoyés en mission dans les départements et aux armées pour y faire exécuter les décrets du Gouvernement. De même, en 1848, le Gouvernement provisoire avait nommé une foule de *commissaires* et de *sous-commissaires*, armés de pouvoirs illimités et chargés de remplir les fonctions de préfets et de sous-préfets. Dans les tribunaux, il est nommé des *juges-commissaires* pour faire une enquête, pour vérifier certains actes, pour procéder à un interrogatoire sur faits et articles, pour surveiller les opérations d'une faillite, etc.

Dans les conseils de guerre, on nomme *Commissaire du Gouvernement* un officier chargé de représenter le Gouvernement, et de remplir, de concert avec le rapporteur, une partie des fonctions exercées dans les tribunaux civils par le procureur de la République ou par ses substituts. Il requiert les peines portées par le Code pénal, veille à l'exécution des lois, et se pourvoit contre leur infraction. — On nomme aussi *C. du Gouvernement* les orateurs choisis par le chef de l'État pour soutenir une loi devant les chambres ou devant le corps législatif; et les délégués du Gouvernement auprès des chemins de fer, des tontines, et de certaines compagnies commerciales.

Commissaires des guerres. Avant 1789, on nommait ainsi des officiers chargés de surveiller tout ce dont se compose le matériel de la guerre, tel que la solde, les vivres, les hôpitaux, transports, arsenaux et marchés. En 1800, ces fonctions furent partagées entre deux corps d'officiers, dont les uns conservèrent le nom de *C. des guerres*; les autres prirent celui d'*inspecteurs aux revues*. Ils ont été remplacés en 1817 par les intendants militaires.

Commissaires de marine, officiers de l'administration maritime chargés des approvisionnements navals, des revues des employés au service, du payement des soldes et tous les détails de comptabilité. Ils se divisent en *C. généraux*, ayant rang de contre-amiral; en *C. principaux*, simples *Commissaires et sous-commissaires*, qui sont eux-mêmes *de première* ou *de seconde classe*, assimilés aux capitaines et aux lieutenants de vaisseau, etc.

Commissaire de police, officier public subordonné au préfet de police. Il remplit des fonctions à la fois administratives et judiciaires : il veille au maintien de l'ordre public, protège la sûreté individuelle et publique, recherche les contraventions de police et en poursuit la punition, reçoit les rapports et les plaintes sur les crimes et délits qui se commettent dans l'étendue de son ressort, et en dresse procès-verbal, etc. Les commissaires portent une écharpe dans l'exercice de leurs fonctions; leur bureau est indiqué par une lanterne. — Avant 1789, une partie de ces fonctions étaient remplies par des officiers de robe longue, appelés *commissaires enquêteurs et examinateurs*. Le commissariat, tel qu'il existe aujourd'hui, a été constitué par les lois du 29 sept. 1791 et du 28 pluv. an VIII, et par le décret du 17 janv. 1853.

Commissaire priseur, officier public nommé par le gouvernement, auquel la loi attribue le droit exclusif de faire la prisée des meubles et la vente publique aux enchères de tous les objets mobiliers, etc. Il portait autrefois le nom d'*huissier priseur*.

COMMISSION (du latin *committere*, envoyer, commettre), nom donné, dans l'ancien Droit français, à une juridiction exceptionnelle attribuée, dans certains cas, à des personnes n'ayant pas le caractère de juges, ou n'étant pas les juges naturels des parties : telles furent les *commissions* qui, à diverses époques, jugèrent Enguerrand de Marigny, Jacques Cœur, Semblançay, de Thou et Cinq-Mars, Fouquet, etc; la *Chambre ardente*, qui jugea la Brinvilliers et ses complices; les *Commissions militaires* et les *Cours prévôtales*, chargées de connaître de certains complots contre l'État. Les *commissaires* qui formaient ces tribunaux étaient nommés par le roi, et choisis indistinctement dans toutes les classes de citoyens; ils devaient, dans leurs procédures, se conformer aux lois du royaume; mais leurs jugements étaient sans appel. De tout temps, l'opinion publique s'est élevée contre ces tribunaux d'exception : ils ont disparu avec la Restauration.

On nomme *commission rogatoire* celle qu'un tribunal adresse à un autre tribunal, pour l'inviter à faire dans l'étendue de son ressort quelque acte de procédure ou d'instruction qu'il ne peut faire lui-même.

Outre les commissions judiciaires, il y a encore des commissions administratives, législatives, scientifiques, etc. Quelques-unes sont permanentes, telles que la *C. des monnaies et médailles*, établie à Paris; la *C. d'instruction publique*, la *C. des travaux publics*, créées en 1816; la *C. d'initiative parlementaire*, prise dans le sein de l'Assemblée nationale, etc.; le plus souvent elles n'ont qu'une existence passagère, comme la cause qui les a fait établir : la *C.* dite *des Onze* est celle qui fut chargée par la Convention de rédiger le projet de constitution de l'an III.

Dans le Commerce, on entend par *commission* la charge ou l'ordre que l'on donne à quelqu'un d'acheter ou de vendre : tout ce qui concerne la commission est réglé par le Code civil (liv. III, tit. XIII). On donne le nom de *commettant* au négociant qui donne une commission à l'un de ses correspondants, et celui de *commissionnaire* à celui qui fait spécialement la commission. Le commissionnaire est l'intermédiaire obligé entre le fabricant et le commerce de détail; il perçoit tant pour cent.

COMMISSIONNAIRE. *V.* COMMISSION (commerce).

COMMISSURE (de *committere*, mettre ensemble, réunir), nom donné en Anatomie : 1° au point où deux parties se réunissent : c'est dans ce sens qu'on dit les *C. des lèvres*, les *C. des paupières*, en parlant des angles de ces parties; 2° aux organes à l'aide desquels deux parties se trouvent unies : ainsi les *C. du cerveau* sont de petits faisceaux médullaires,

situés transversalement, l'un en avant et l'autre en arrière du ventricule moyen du cerveau.

COMMODAT (du latin *commodare*, prêter), prêt à usage, consiste à donner gratuitement une chose, meuble ou immeuble, pour un certain temps, à condition que, ce temps expiré, l'emprunteur rendra la même chose en nature, et non pas une chose semblable. Ce qui concerne ce genre de prêt est réglé par le Code civil, art. 1874 et suiv.

COMMODORE, titre qui, dans les marines anglaise, hollandaise et américaine, est donné temporairement au capitaine de vaisseau commandant une division de bâtiments de guerre. Chez les Anglais, le commodore prend rang après le contre-amiral. Ce grade répond à celui de nos *chefs de division*.

COMMUNAUTÉ. D'après le Code civil (liv. III, tit. v, art. 1393, 1399 et suiv.), le *régime de la communauté* forme le droit commun de la France entre les époux, relativement à leurs biens; mais ils ont la faculté d'y déroger ou de le modifier par leurs conventions matrimoniales. Ainsi , la communauté de biens entre époux peut être ou *légale*, en l'absence de conventions matrimoniales; ou *conventionnelle*, lorsqu'il existe un contrat déterminant les effets qu'il est dans la volonté des époux de lui faire produire. On doit à Pothier un savant *Traité de la communauté.* — Quant à la communauté de biens entre tous les citoyens, *Voy.* SOCIALISME.

COMMUNAUTÉS RELIGIEUSES, associations de personnes vivant sous une même règle religieuse, telles que couvents, monastères d'hommes et de femmes, chapitres de chanoines et de chanoinesses, confréries de toute espèce, séminaires, établissements hospitaliers, etc. On nomme spécialement ainsi certaines associations particulières, comme la communauté des prêtres de Saint-Sulpice, la communauté des sœurs de Sainte-Marthe, celle des Béguines de Flandre, etc.

COMMUNAUX (BIENS), biens que possèdent par indivis les habitants d'une ville, d'un bourg, d'un village, tels que terres, prés, pâturages, etc. Il ne faut pas confondre les *communaux* avec les droits d'*usage et de parcours*. *Voy.* ces mots.

COMMUNE. Dans la division administrative de la France, on appelle *commune* une division du territoire administrée par un maire : c'est la subdivision du *canton* (*Voy.* ce mot). Le nombre des communes varie constamment par l'effet de réunions ou de séparations; il y a encore plus de 37,000.—Aux termes de la loi du 10 vendémiaire an IV, les communes, à l'exception de celle où siége le gouvernement, sont responsables des dégâts commis sur leur territoire. — On trouve dans le *Dictionnaire gén. d'Administration* un traité complet sur les communes.

Autrefois, on appelait ainsi le corps des bourgeois d'une ville, ou des habitants d'un bourg ou d'un village. — Pour l'histoire des *communes* au moyen âge, et pour la *Commune de Paris* pendant la Révolution (1789-1794), *Voy.* le *Dict. univ. d'H. et de G.*

COMMUNES (CHAMBRE DES), une des deux chambres du parlement anglais. *Voy.* CHAMBRE et PARLEMENT.

COMMUNICATION, figure de pensée par laquelle on s'identifie avec d'autres personnes, comme quand un avocat dit de lui-même ce qui n'appartient qu'à son client. C'est ce que fait l'Intimé dans les *Plaideurs*, en plaidant pour le chien :

De vol, de brigandage, on *nous* déclare auteurs;
On *nous* traîne, on *nous* livre à *nos* accusateurs, etc.

COMMUNION. Ce mot exprime, en général, l'union de plusieurs personnes dans une même foi : c'est dans ce sens qu'on dit : les diverses communions chrétiennes, la communion de l'Église romaine, la communion de l'Église grecque. — La *communion des fidèles* est la réunion des Chrétiens dans la même croyance, dans la croyance des mêmes dogmes ou de mêmes articles de foi, sous un même chef, qui est le pape. — Dans le Symbole des apôtres, on entend par *communion des saints* les relations qui existent entre l'Église triomphante, l'Église militante et l'Église souffrante, c.-à-d. entre les bienheureux qui sont dans le ciel, les fidèles qui composent ici-bas la véritable Église, et les âmes du Purgatoire.

Par le mot de *sainte communion* on désigne l'acte principal du sacrement de l'Eucharistie, c'est-à-dire la réception du corps de N.-S. Jésus-Christ. On distingue la *C. ecclésiastique*, qui se fait sous les espèces du pain et du vin; et la *C. laïque*, qui se fait sous les espèces du pain seulement, au moyen de l'hostie consacrée. On distingue encore la *première communion*, la *communion pascale*, etc. *Voy.* EUCHARISTIE.

COMMUNISME, doctrine sociale qui consiste à mettre tous les biens en commun. Elle n'est qu'une des formes du *Socialisme. Voy.* ce mot.

COMPAGNIE (de *compagnon*). Outre son acception ordinaire, ce mot désigne : 1° toute réunion de religieux, de magistrats, de savants, de gens de lettres, formant un corps, comme la Compagnie de Jésus, le Parlement, l'Académie française, etc.; 2° toute association formée par des négociants, des capitalistes, des gens d'affaires, etc., pour entreprendre de grandes opérations de commerce, d'industrie, de finances ou de travaux publics. On distingue les *C. privilégiées*, comme les compagnies formées à diverses époques en France, en Angleterre et en Hollande, pour exploiter le commerce des deux Indes, les diverses compagnies qui ont entrepris la construction et l'exploitation des chemins de fer, des canaux, etc.; et des *C. particulières*, telles que les compagnies d'assurance contre l'incendie, contre les risques de la mer, sur la vie, etc., etc. *Voy.* SOCIÉTÉS.

Dans l'Armée, on nomme *compagnie* une subdivision du *bataillon* commandée par un capitaine, ayant sous les ordres des lieutenants, des sous-lieutenants et des sous-officiers. La compagnie d'infanterie est en France de 80 hommes sur le pied de paix, et de 120 sur le pied de guerre. — Autrefois, on appelait *C. franche* une compagnie qui n'était incorporée dans aucun régiment; *C. d'ordonnance*, des compagnies de cavalerie qui ne faisaient point partie de l'armée; *C. des gardes*, les quatre compagnies des gardes du corps attachées à la personne du roi; *Grandes compagnies*, les compagnies d'aventuriers qui désolèrent la France au XIVe siècle. Pour ces dernières, *Voy.* le *Dict. univ. d'Hist. et de Géogr.*

COMPAGNIE (RÈGLE DE). *Voy.* SOCIÉTÉ (RÈGLE DE).

COMPAGNONNAGE. Sous l'empire des maîtrises et des jurandes, on appelait ainsi le second degré du noviciat par lequel il fallait passer pour arriver à la *maîtrise*. On était admis au grade de *compagnon* après cinq années d'apprentissage, et ce n'était qu'après cinq ans de compagnonnage qu'on était reçu à produire un *chef-d'œuvre* (*Voy.* ce mot).

Aujourd'hui on entend par *compagnonnage* l'association des ouvriers dans une même profession pour s'entr'aider, se secourir et se procurer de l'ouvrage : c'est une espèce de franc-maçonnerie, qui a ses secrets, ses épreuves et ses signes de reconnaissance. C'est surtout dans l'industrie du bâtiment que le compagnonnage s'est le mieux conservé. Il existe dans chaque ville de France une *mère des ouvriers*, chez qui les *compagnons* en voyage trouvent logement, nourriture à bas prix et même à crédit, et l'indication des maisons où ils pourront avoir du travail.

On a prétendu faire remonter le compagnonnage, comme la franc-maçonnerie, à la construction du temple de Salomon; il est plus vraisemblable qu'il ne date que du moyen âge; il paraît être né, à cette époque de désordre et de difficiles communications, du besoin de s'entr'aider et de se défendre contre les entreprises des seigneurs : on le fait sortir, vers le XIIe siècle, de la franc-maçonnerie. Il fut d'abord

protégé par les Templiers. Les compagnons forment trois grandes associations qui se donnent les noms d'*Enfants de Salomon*, d'*Enfants de maître Jacques*, d'*Enfants du père Soubise*. Les premiers se subdivisent en *Gavots* et en *Loups* ou *C. étrangers*. Les seconds se divisent en *Loups-garous* et *Dévorants*. Les principaux métiers ainsi associés sont les tailleurs de pierre, les charpentiers, les menuisiers, les serruriers, les boulangers, les cordonniers. Tous ces ordres de compagnons sont soumis à certaines règles, qu'ils appellent *devoir*; mais les *Enfants de maître Jacques* et ceux du *père Soubise* prennent seuls le nom de *Compagnons du Devoir*. Ces associations, au lieu de s'unir et de s'entr'aider, sont rivales et hostiles : trop souvent elles se sont livré des combats acharnés. On doit à M. Agricol Perdiguier un ouvrage curieux sur le *Compagnonnage*.

COMPARAISON. En Psychologie, on nomme ainsi l'opération qui consiste à rapprocher deux idées pour découvrir leurs rapports; c'est une double attention. Le fruit de la comparaison est un *jugement*. — En Littérature, la comparaison est une figure de rhétorique qui rapproche de la chose dont on parle une autre chose qui lui ressemble, et qui sert à la faire mieux comprendre ou seulement à l'embellir; c'est le plus riche des ornements du style : c'est ainsi que Milton compare Satan déchu au soleil caché par une éclipse. La métaphore n'est qu'une comparaison abrégée. — En Grammaire, on appelle *degrés de comparaison* dans les adjectifs, le *positif*, qui exprime la qualité considérée en elle-même; le *comparatif*, qui exprime le plus ou le moins; le *superlatif*, qui exprime la qualité portée au plus haut degré.

COMPARATIF. *Voy.* COMPARAISON (DEGRÉS DE).

COMPARUTION (MANDAT DE). *Voy.* MANDAT.

COMPAS (du bas latin *compassus*, formé de *cum*, avec, ensemble, et *passus*, pas, marche), instrument composé de deux branches ou jambes s'ouvrant à charnière, dont on se sert pour décrire des cercles, mesurer des lignes, etc. L'invention du compas ordinaire remonte aux temps fabuleux de l'antiquité; les poètes grecs l'attribuent à Talaüs, neveu de Dédale. Dans les temps modernes, on a varié la construction et la forme des compas, de manière à satisfaire à tous les besoins des arts graphiques. — Le *C. d'arpenteur* est employé pour accomplir sur le terrain les opérations que le compas ordinaire réalise sur le papier. Il est en bois; sa dimension est d'environ 2 mètres; il est muni d'un appareil qui maintient les branches écartées à la distance voulue. — Le *C. d'épaisseur* se compose de deux branches en forme d'S, assemblées à leur milieu par un clou rivé des deux côtés; elles se meuvent autour de cet axe comme une paire de ciseaux. On saisit un corps avec deux des pointes recourbées; les deux autres pointes indiquent par leur écartement l'épaisseur de ce corps. — Le *C. à trois branches* sert à prendre trois points à la fois, et à transporter les triangles d'un dessin sur un autre. — Le *C. de réduction* s'emploie pour réduire des dimensions d'un plan dans un rapport donné: il est à coulisse et offre, lorsqu'il est ouvert, la forme d'un X; sa construction est fondée sur ce principe, que les triangles semblables ont leurs côtés homologues proportionnels. — Le *C. de proportion* sert à résoudre différents problèmes de géométrie : il se compose de deux règles de cuivre fixées l'une à l'autre par leurs extrémités, et portant des divisions. — Le *C. à verge* est employé pour mesurer de grands intervalles et décrire de grands arcs de cercle; il est formé par une longue règle portant, à l'un de ses bouts, une boîte qui est assujettie avec des vis et armée d'une pointe sèche, tandis qu'une autre boîte, qui présente à volonté une pointe, un crayon ou un tire-ligne, glisse le long de la règle, où elle est retenue par une vis de pression.

On a donné le nom de *Géométrie du compas*

une branche de la géométrie qui a pour but de rendre la solution graphique des problèmes indépendante de l'imperfection des instruments. L'usage de la règle y est proscrit, et les lignes droites sont indiquées seulement par les points qui les terminent. Le géomètre italien Mascheroni a publié une *Géométrie du compas*, traduite par M. Carette, 1828.

Dans la Marine, *Compas* se prend pour *Boussole*.

COMPELLATIF (de *compellare*, interpeller). On nomme ainsi, dans certaines grammaires, le mot de la phrase qui sert à appeler la personne à laquelle on s'adresse. Dans les langues qui ont des cas, on met ce mot au *vocatif*.

COMPENDIUM (mot latin qui veut dire *abrégé*), s'applique surtout aux abrégés d'ouvrages de science. La Philosophie, la Médecine, la Chirurgie, ont donné naissance à de nombreux *compendium*.

COMPENSATEUR, mécanisme destiné à corriger les effets des variations de l'atmosphère sur la marche des horloges et pendules. Il est composé d'un châssis formé en partie par des barres d'acier et en partie par des barres de cuivre, de manière qu'à mesure que la chaleur tend à allonger et à affaiblir la spirale de l'horloge, la même chaleur, agissant sur ce mécanisme, rend la spirale plus courte et lui restitue l'élasticité qu'elle a perdue, en sorte que l'horloge demeure sensiblement réglée. *Voy.* PENDULE.

COMPENSATEUR MAGNÉTIQUE, appareil destiné à faire connaître les déviations qu'éprouve la boussole par l'action du fer qui entre dans la construction des vaisseaux. Il se compose d'une tige en cuivre rouge, portant à son extrémité deux plaques de fer séparées par une feuille de carton, et fixées elles-mêmes sur une espèce de cage en bois qui peut faire une révolution complète autour de la verticale du pivot de l'aiguille de la boussole. L'emploi de cet appareil, d'un usage encore très-récent, est très-délicat. C'est surtout au professeur Barlow de Woolwich qu'on doit les connaissances qu'on possède aujourd'hui sur les moyens de corriger les déviations éprouvées par la boussole dans les bâtiments, et sur l'emploi du compensateur magnétique.

COMPENSATION. En Droit, c'est une espèce de libération réciproque entre des individus qui sont en même temps créanciers et débiteurs l'un de l'autre : chacun retient, en payement de la somme qui lui est due, celle qu'il doit à l'autre. Il faut pour cela que les dettes resp. ctives soient personnelles aux deux parties, et qu'elles soient liquides et exigibles (Code civil, art. 1291).

COMPENSATIONS (SYSTÈME DES), système que professa M. Azaïs au commencement de ce siècle : il admettait un équilibre parfait dans toutes les parties de l'univers par voie de compensations exactes. L'auteur n'appliqua d'abord ce système, plus ingénieux que solide, qu'aux destinées humaines, prétendant que tout s'y balance et se compense d'une manière juste et exacte ; puis, il l'étendit au monde entier.

COMPÈRE-LORIOT, nom vulgaire de l'orgelet, bouton qui survient aux paupières. *Voy.* ORGELET.

COMPÉTENCE (de *competere*, convenir, appartenir), droit qu'a une certaine autorité de connaître d'une affaire, de statuer ou de prononcer dans les limites de ses attributions. Les juges de paix étendent leur compétence sur toutes les demandes qui ne s'élèvent pas au-dessus de 1,500 fr., et prononcent en dernier ressort si la demande ne dépasse pas 100 fr. Les tribunaux civils de première instance et de commerce prononcent en dernier ressort sur toute demande qui ne dépasse pas 1,500 fr. et à charge d'appel sur toutes les autres (loi de 1838). Les règles de la compétence sont fixées, en matière civile, par le Code de procédure, et, en matière criminelle, par le Code d'instruction criminelle.

COMPLAINTE, chanson populaire sur un sujet tragique ou pieux, dont la versification négligée rappelle celle de nos premiers trouvères. Quelques-unes de ces complaintes ont acquis une sorte de célébrité : telles sont la *Complainte du Juif-Errant*, celle de *Geneviève de Brabant*, la *C. sur la Passion*. Aujourd'hui, on n'en fait plus guère que sur les grands procès criminels, tels que ceux de Fualdès, de Papavoine.

En Droit, on nomme *complainte* une action possessoire dans laquelle il s'agit de se faire maintenir en possession d'un immeuble, lorsqu'on y est troublé. Les actions possessoires ne sont recevables qu'autant qu'elles ont été formées *dans l'année* du trouble par ceux qui, *depuis une année* au moins, étaient en possession paisible (Code de Procéd., art. 23).

COMPLANT (de *cum*, ensemble, et *plant*), lieu planté d'arbres. — *Bail à complant. Voy.* BAIL.

COMPLÉMENT. En Arithmétique, on appelle *complément d'un nombre* le nombre qu'il faut ajouter à un autre pour égaler l'unité de l'ordre immédiatement supérieur : ainsi, 426 est le complément de 574, parce que la différence entre 574 et 1000 est 426. — En Géométrie, le *complément d'un angle* est l'angle qu'il faut ajouter à un angle aigu pour avoir un angle droit ; le *complément d'un arc* est l'arc qui, étant ajouté à cet arc, forme avec lui un angle de 90 degrés. — En Astronomie, le *complément d'un astre* est la distance de cet astre jusqu'au zénith.

En Grammaire, on appelle *compléments* les mots qui servent à compléter le sens d'une préposition, d'un verbe, etc., et en général à déterminer la signification des mots auxquels on les joint. *Voy.* RÉGIME.

COMPLEXE (NOMBRE). *Voy.* NOMBRE COMPLEXE.

COMPLEXUS, nom donné par les Anatomistes à deux muscles dont les fibres charnues sont entrecroisées de fibres aponévrotiques et tendineuses : le *grand complexus* (ou trachélo-occipital), qui s'attache d'une part aux apophyses transverses des vertèbres cervicales et de l'autre au-dessous de la ligne courbe supérieure de l'occipital ; et le *petit complexus* (trachélo-mastoïdien), qui s'étend de ces mêmes apophyses à la surface mastoïdienne du temporal.

COMPLICE, COMPLICITÉ. Les complices d'un crime ou d'un délit sont punis de la même peine que les auteurs mêmes de ce crime ou de ce délit, sauf les cas où la loi en aurait disposé autrement (Code pénal, art. 59). Le Code détermine, en outre les caractères de la complicité (art. 60, 61, 62).

COMPLIES (du latin *complere*, achever), huitième et dernière partie de l'office canonial dans l'Eglise latine, se dit le soir après Vêpres, et se compose du *Confíteor*, d'une leçon, de trois psaumes, d'une antienne, d'une hymne, d'un capitule, d'un répons bref, du cantique de Siméon (*Nunc dimittis*), d'une oraison, etc. — Chez les Grecs, les Vêpres terminent l'office du jour, et il ne se dit point de Complies.

COMPONÉ se dit, en termes de Blason, des bordures, bandes, sautoirs, etc., qui sont composés de pièces carrées d'émaux alternés. — On nomme *compon* chacune des parties égales, carrées et alternatives, qui forment le blason componé.

COMPONIUM, c.-à-d. *machine à composition*, instrument de musique inventé vers 1820 par Winckler, mécanicien hollandais, est composé d'un orgue à cylindre, dont le mécanisme est resté un secret. Un thème quelconque étant pointé sur le cylindre, cet instrument, livré à lui-même, en reproduit les notes avec toutes les variations possibles.

COMPOSÉ. En Chimie, on nomme *composés* les corps qui renferment au moins deux sortes de matières, mais qui peuvent en contenir 3, 4, 5, etc.; de là leurs dénominations de corps *binaires*, *ternaires*, *quaternaires*, etc. — En Botanique, on nomme *fleur composée*, celle qui est formée par la réunion de plusieurs petites fleurs portées sur un réceptacle commun, comme la reine-marguerite, le dahlia, le chardon, la camomille : ces fleurs forment la grande famille des *Composées* (*Voy.* ci-après) ; *feuille com-*

posée, celle qui est formée de la réunion de petites feuilles articulées sur un pétiole commun.

Pour ces expressions : *Nombre composé, Raison composée, Pendule composé, Voy.* NOMBRE, etc.

COMPOSÉES, famille de plantes monopétales à insertion épigyne : fleurs réunies en capitules dans un calice ou un involucre commun, et formant une ou plusieurs rangées imbriquées autour du réceptacle. Parmi ces fleurs, les unes régulières, appelées *fleurons*, ont le limbe partagé en cinq dents ; les autres irrégulières, et appelées *demi-fleurons*, ont le limbe déjeté en dehors en une languette à cinq dents ; Tournefort, pour cette raison, avait divisé la famille des Composées en *Flosculeuses*, ne contenant que des fleurons, *Semi-flosculeuses*, ne contenant que des demi-fleurons, et *Radiées*, contenant des fleurons au centre et des demi-fleurons à la circonférence. Linné, remarquant que dans toutes les espèces, les anthères sont soudées latéralement en un tube dépassant la gorge de la corolle, avait désigné les Composées sous le nom de *Synanthérées*. Vaillant n'a fait que changer les dénominations de Tournefort en celles de *Chicoracées* (semi-flosculeuses), *Cinarocéphales* (flosculeuses), et *Corymbifères* (radiées) ; ces dénominations avaient été adoptées par A. L. de Jussieu, et avec lui par tous les botanistes. Depuis, les divisions ont été multipliées, et aujourd'hui la famille des Composées compte huit tribus : *Vernoniacées, Eupatoriacées, Astéroïdées, Sénécionidées, Cinarées, Mutisiacées, Nassauviacées, Chicoracées. Voy.* ces mots.

COMPOSITE (ORDRE), du latin *compositus*, composé, l'un des cinq ordres d'architecture, est ainsi nommé parce qu'il est composé du corinthien et de l'ionique. — On désigne aussi sous le nom de *composite*, tout ordre qui est composé de plusieurs ordres, soit dorique, soit corinthien ou ionique.

COMPOSITEUR. On nomme ainsi : 1° celui qui compose en musique (*Voy.* COMPOSITION) ; 2° l'ouvrier typographe qui *compose*, c.-à-d. qui prend un à un les divers caractères dans les cassetins placés devant lui et les range sur le *composteur*.

COMPOSITION. En Musique, c'est l'art d'inventer des chants et de les accompagner par l'harmonie. La composition, comme la poésie, se fonde avant tout sur l'invention ; elle s'appuie en outre sur des procédés que l'on nomme règles, et qui sont puisés dans le goût et dans l'exemple des grands maîtres. Les diverses branches de la composition comprennent l'étude de la mélodie, de l'harmonie, du contrepoint, de la fugue, la connaissance des effets de voix et des instruments, l'application de toutes ces choses aux divers emplois de la musique. On doit à Reicha un *Cours complet de composition musicale*, 1818-33.

Dans les Arts du dessin, on entend par *composition* l'invention ou le choix du sujet, sa mise en scène et son expression pittoresque.

Dans l'ancien Droit barbare, on appelait *composition (wehrgeld)* une indemnité pécuniaire que l'auteur d'une offense ou attentat devait payer à la personne offensée, ou, en cas de mort, à sa famille. Le meurtre d'un Franc était payé 200 *sous* d'or ; le meurtre d'un Romain possesseur, 100 *sous* ; celui d'un Franc vassal du roi, 600 ; celui d'un Romain convive du roi, 300, etc.

On appelle encore *composition* tout accommodement par lequel l'une des deux parties ou toutes deux ensemble cèdent quelque chose de leurs prétentions : les arbitres chargés d'amener de tels accommodements sont dits *arbitres compositeurs*.

COMPOST (du latin *compositus*, déposé ensemble), mélange de substances diverses, telles que détritus de végétaux, débris d'animaux, eaux de cuisine et d'écurie, curures de mares et d'étangs, marnes, craies, etc., qu'on laisse en tas subir quelque fermentation et qu'ensuite on répand sur la terre comme engrais. Les fumiers forment la base des meilleurs composts.

COMPOSTEUR (du latin *componere*, mettre ensemble), petite règle de métal composée de deux parties assemblées en équerre, sur laquelle l'ouvrier typographe range les lettres dont il forme les lignes. Cet instrument, long de 20 à 25 centim., a un bout terminé par un talon fixe, tandis que sur sa longueur il en existe un autre mobile, qu'on fixe au moyen d'une vis, selon la justification de l'ouvrage.

Dans les Manufactures de soie, c'est une petite baguette de bois sur laquelle on passe les portées de la chaîne d'une étoffe de soie pour la plier.

COMPOTE (du latin *compositus*, composé, à cause des divers ingrédients qui y entrent), espèce de confitures de fruits cuits avec de l'eau ou du vin et du sucre, de la cannelle, etc., et qui, n'étant point destinées à être gardées, sont moins cuites et plus liquides que les confitures ordinaires. Les fruits mis en compote deviennent moins acides et plus digestifs.

COMPRÉHENSION. En Logique, on entend par *compréhension* d'une idée générale, l'ensemble des propriétés communes à tous les individus que représente cette idée ; on l'oppose à l'*extension*, qui est le nombre des êtres auxquels appartiennent les mêmes propriétés. *Voy.* IDÉE GÉNÉRALE.

COMPRESSE (du latin *comprimere*, comprimer), pièce de linge de toile ou de coton, de longueur et de forme différentes, qu'on emploie dans le pansement des plaies : elles sont dites, selon leur forme, *longuettes, carrées, circulaires*, etc. Elles sont dites *fenêtrées* quand elles sont percées d'ouvertures plus ou moins grandes ; *découpées*, quand leurs bords sont plus ou moins profondément divisés ; en *croix de Malte*, quand, étant carrées, elles sont fendues également aux quatre angles, etc.

COMPRESSEUR, instrument destiné à comprimer des nerfs, des vaisseaux, ou un canal quelconque, dans le but d'amortir la sensibilité des parties sur lesquelles le chirurgien opère, ou d'empêcher une hémorragie. On connaît surtout le *C. de Dupuytren*, destiné à la compression des artères.

COMPRESSIBILITÉ, propriété que possèdent les corps de se réduire à un moindre volume apparent, lorsqu'on les presse de toutes parts ; elle est une conséquence de la porosité, les corps ne diminuant de volume que parce que leurs particules peuvent se rapprocher les unes des autres. Les tissus très-poreux sont en même temps très-compressibles ; l'éponge peut être réduite au tiers, au quart, et même au dixième de son volume apparent. Le papier, les étoffes, le bois et tous les tissus qui se laissent pénétrer par les fluides, peuvent pareillement diminuer de volume, et perdre par la compression les fluides qu'ils contiennent. Une foule de procédés des arts ne sont que des applications de ce principe (*Voy.* COMPRESSION). Les liquides sont, en général, beaucoup moins compressibles que les solides. L'air et les gaz sont, de tous les corps, ceux qui se compriment le plus facilement, et qui peuvent être réduits à un moindre volume. D'après la *loi de Mariotte*, les volumes des gaz comprimés sont en raison inverse des poids comprimants.

COMPRESSION. Dans les Arts, la compression a donné lieu à l'invention d'une foule de machines utiles ou curieuses : on peut ranger dans cette catégorie les presses de tout genre, les balanciers pour frapper la monnaie, la pompe de compression (*Voy.* POMPE), la fontaine de Héron (*Voy.* FONTAINE), les fusils à vent, le briquet à air, etc.

En Médecine, on se sert de la compression contre les anévrismes des artères, les varices, les hernies, les ulcères calleux, certaines tumeurs, les engorgements divers, les luxations, etc. Elle s'exerce au moyen de *compresseurs*, de bandes, de bandages, de bas élastiques, de tampons, de tourniquets, etc.

COMPROMIS, convention synallagmatique par laquelle deux ou plusieurs personnes conviennent de remettre le jugement de leurs différends à des arbitres qu'elles autorisent à prononcer avec ou sans appel. Le Code de procédure civile (art. 1003 et suiv.) trace les règles qui concernent le compromis.

COMPTABILITÉ (de *compte*), ensemble des comptes et des livres d'une administration publique ou privée. — Dans le Commerce, *comptabilité* est synonyme de *Tenue de livres* (*Voy.* ce mot). Par *Comptabilité publique*, on entend l'ensemble des règles qui gouvernent le maniement des deniers publics et des matières appartenant à l'État, qui établissent les obligations et la responsabilité des *comptables*. Les dispositions qui régissent la comptabilité publique ont été réunies, et pour ainsi dire codifiées, dans l'ordonnance du 31 mai 1838.

COMPTABLE. Ce mot s'applique à toute personne qui est assujettie à rendre compte des affaires qu'elle a gérées. — En Droit, sont comptables le curateur à une succession vacante (Code civ., art. 813), l'exécuteur testamentaire (art. 1031), l'héritier bénéficiaire (art. 803), le tuteur (art. 469), le mandataire (art. 1993), le mari, s'il a joui des biens paraphernaux, malgré l'opposition constatée de la femme (art. 1579). En Administration, on appelle *Comptables* tous ceux qui sont chargés de la manutention des deniers de l'État, des communes, des hospices, des établissements publics. Ces comptables sont astreints à un cautionnement; leurs biens sont frappés d'une hypothèque légale (Code civ., art. 2121). — Pour les règles auxquelles ils sont assujettis, V. COMPTABILITÉ.

COMPTANT. *Payer comptant*, c'est payer au moment même de la livraison des marchandises. Toutefois lorsque, dans les transactions, on stipule la clause de *comptant*, cela ne signifie pas toujours que l'argent soit compté à la livraison : l'usage, à Paris, dans le commerce de demi-gros, est de ne payer que 4, 5 ou 6 semaines après la livraison.—Quand on stipule la condition *C. à livrer ou sur balle*, cela veut dire qu'on exige qu'aussitôt que la marchandise a été agréée et pesée, le montant en soit acquitté sur-le-champ par l'acheteur, même avant qu'elle soit enlevée : c'est ce qu'on appelle aussi *comptant compté*.

COMPTE (du latin *computus*, fait de *computare*, supputer). Dans le Commerce, on appelle : *C. courant*, tout crédit ouvert par un banquier à un particulier, pour un temps illimité et pour toutes les affaires courantes; on dit aussi de négociants qu'ils sont en *comptes courants* lorsqu'ils se sont ouvert un crédit réciproque pour toutes leurs affaires courantes; *C. de bilan*, celui qui ne s'ouvre au grand-livre que pour la clôture des livres; *C. de capital*, celui qui évalue tout ce que possède un négociant, tant en meubles qu'en immeubles, déchargé de toutes dettes et hypothèques; *C. de clerc à maitre*, celui où le comptable porte rigoureusement en recette et en dépense tout ce qu'il a pu faire de bénéfice, de frais ou de pertes dans sa commission : *Débet de compte*, l'excédant de la recette sur la dépense. — Dans la Comptabilité publique, on distingue : *C. de gestion*, celui qui est rendu par le comptable, et où il est justifié de la régularité des recettes et des dépenses; *C. d'administration*, celui qui est rendu par un administrateur, dans un but moral plutôt que financier, afin de faire ressortir la bonne administration; *C. de matières*, qui repose sur les inventaires, sur les procès-verbaux d'entrée et de sortie des matières, sur le visa d'agents spéciaux pour lesdites entrées et sorties, etc.; *C. de deniers*, où il est rendu compte de l'emploi des fonds.

COMPTE (MONNAIE DE). *Voy.* MONNAIE.

COMPTES (COUR DES). *Voy.* COUR DES COMPTES.

COMPTE-FILS, instrument qui sert à apprécier le degré de finesse d'une étoffe, en permettant de compter le nombre de fils qui entrent dans la trame ou la chaîne, dans un carré de grandeur déterminée. C'est une loupe soutenue sur deux montants de cuivre, à une distance convenable d'un disque percé d'un trou carré à travers lequel on regarde l'étoffe.

COMPTE-PAS, instrument dit aussi *pédomètre* et *hodomètre*, destiné à indiquer par approximation la longueur d'une route par le nombre de pas qu'on fait en la parcourant. Le *compte-pas* de Bréguet a la forme d'une montre : il porte un cadran divisé en 100 parties désignant chacune un double pas; au centre de ce cadran est un disque mobile, divisé aussi en 100, dont chaque unité indique 100 doubles pas. Une seule aiguille marque les unités sur le cadran extérieur et les centaines sur le disque mobile : cet effet est produit par deux roues et un pignon.

COMPTEUR, se dit en général d'un instrument qui sert à compter le nombre des révolutions d'un axe tournant ou des oscillations d'un pendule, accomplies dans un temps donné. Il se compose ordinairement d'une série de rouages analogues à ceux des montres, faisant mouvoir des aiguilles sur des cadrans gradués. — Le *compteur de gaz* qu'on emploie pour mesurer la dépense du gaz employé à l'éclairage est une espèce de roue à augets, plongée jusqu'à l'axe dans un cylindre fermé, en tôle; un tuyau amène le gaz dans un auget : celui-ci s'élevant et sortant complétement de l'eau, le gaz qu'il renferme se répand dans la partie supérieure du cylindre, et s'échappe par un autre tube disposé à cet effet; à peine le premier auget a-t-il vidé son contenu, qu'un second auget s'emplit de la même manière pour se vider à son tour, et ainsi de suite; ces entrées et ces sorties alternatives du gaz impriment à la roue un mouvement de rotation; un système de rouages note le nombre des tours qu'elle fait dans un temps donné, d'où il est ensuite aisé de déduire, à l'aide de la capacité connue des augets, le volume du gaz qui a traversé le compteur.

COMPTOIRS (de *compter*), établissements commerciaux d'une nation à l'étranger. Dans ce sens, ce mot est synonyme de *factorerie* (*Voy.* ce mot). —Succursales de la Banque de France dans les principales villes des départements. V. BANQUE DE FRANCE.

COMPTOIR NATIONAL D'ESCOMPTE. On nomme ainsi des espèces de banques nationales et temporaires, qui furent fondées en France à la suite des révolutions de juillet et de février, par une loi du 17 octobre 1830 et par un décret du 7 mars 1848, pour venir au secours du commerce en détresse, en escomptant les valeurs que les banquiers ne pouvaient plus escompter. Ces établissements rendirent d'éminents services.

COMPULSOIRE (de *compulser*), faire une recherche dans un registre). C'est ainsi qu'on nomme en Procédure la voie prise dans le cours d'une instance pour se faire délivrer expédition ou extrait d'un acte dans lequel on n'a pas été partie. La demande à fin de compulsoire est formée par requête d'avoué à avoué : elle est portée à l'audience sur simple acte, et jugée sommairement sans aucune procédure (Code de proc., art. 847). Le jugement est exécutoire, nonobstant appel ou opposition (art. 848).

COMPUT (du latin *computus*, calcul), ensemble des calculs qui ont pour but de régler les époques des fêtes mobiles. Le comput ecclésiastique a pour bases : le *Nombre d'or*, l'*Épacte*, le *Cycle solaire*, l'*Indiction romaine* et la *Lettre dominicale. Voy.* ces mots.

COMTE (du latin *comes*, compagnon), titre nobiliaire, qui se place entre celui de baron et celui de duc ou de marquis. La couronne de *comte* est un cercle d'or, à pointes surmontées de perles. *Voy.* le *Dict. univ. d'Hist. et de Géogr.*

CONCAVE (de *cavus*, creux), se dit de toute surface dont le milieu est déprimé. *Voy.* VERRES, MIROIRS.

CONCENTRÉ (du latin *cum*, ensemble, et *centrum*, centre), se dit, en Chimie, de tout corps en dissolution dont on a rapproché les molécules, en diminuant, par l'action de la chaleur ou autrement, la proportion du liquide qui les tient dissoutes. On *concentre*, par exemple, un acide en faisant évaporer une partie de l'eau qui le tient en dissolution.

En Médecine, le pouls est dit *concentré* lorsque l'artère est peu développée sous le doigt qui la presse.

CONCENTRIQUE, qui a le même centre. En Géométrie, deux cercles ou deux courbes quelconques qui ont un même centre se nomment *concentriques*.

CONCEPT (en latin *conceptum*, de *concipere*, concevoir). Ce mot, qui, dans l'ancienne langue de la scolastique, était synonyme d'*idée*, de *notion*, a été spécialement affecté par Kant et ses disciples à toute idée qui est générale sans être absolue. Ils distinguent des *C. purs*, qui n'empruntent rien de l'expérience externe, comme la notion de *cause*; des *C. empiriques*, dérivés de l'expérience, *douleur, plaisir*; des *C. mixtes*, où entrent à la fois des données de l'expérience et des données de l'entendement pur.

CONCEPTACLE (de *concipere*, contenir). En Botanique, ce mot désigne ordinairement les cavités qui contiennent les corpuscules reproducteurs des plantes cryptogames. — Il se prend aussi pour *follicule*.

CONCEPTION. En Psychologie, ce mot exprime l'opération la plus simple de l'esprit, celle qui consiste purement à saisir ou à se représenter les choses, sans affirmation ni négation : on l'oppose à *jugement*. Le même mot s'applique au résultat de cette opération, à l'*idée* que la conception fait entrer dans l'esprit. — En Physiologie, la *conception* est pour une femme le fait de devenir enceinte. Les chrétiens fêtent, le 8 décembre, la *Conception* de la Vierge, c.-à-d. le moment où la Vierge a été conçue dans le sein de sa mère; cette conception est dite *immaculée*, parce que, par une exception toute spéciale, la Vierge fut conçue exempte du péché originel : un ordre religieux en l'honneur de la Conception de la Vierge a été fondé en Espagne en 1484 par Béatrix de Silva, parente d'Isabelle de Castille.

CONCEPTUALISME, doctrine fondée par Abailard, au commencement du XIIe siècle, dans le but de concilier le Réalisme et le Nominalisme, consiste à dire que, bien que les Universaux n'aient pas, comme le voulaient les Réalistes, une existence absolue et indépendante, ils ne sont cependant pas de purs mots, comme le voulaient les Nominalistes; mais qu'à chaque nom d'une idée générale peut correspondre une *conception*, représentation vague de la chose, qui n'a d'existence que dans notre esprit.

CONCERT (du latin *concentus*, même signification). On distingue : les *C. à grand orchestre et avec chœurs*; les *C. de salon*, dans lesquels le piano, accompagné ou non d'autres instruments, tient lieu d'orchestre; les *Festivals*, où des masses considérables d'artistes se réunissent pour exécuter les chefs-d'œuvre des grands maîtres; les *C. purement vocaux*, comme ceux de l'*Orphéon*, etc.

On donna d'abord des concerts d'instruments d'une seule espèce, violons, flûtes, hautbois, etc.; ce n'est qu'à la fin du XVIIe siècle que l'on imagina de faire jouer ensemble des instruments d'espèces différentes. Les premiers concerts publics furent établis en France en 1725 par Philidor. On les appelait *concerts spirituels*, parce qu'on n'y exécutait que de la musique sacrée. Depuis, le nombre des concerts publics s'est considérablement accru. — Parmi les plus célèbres associations musicales qui ont donné ou qui donnent des concerts à Paris, on peut citer : le *Concert de l'hôtel Soubise* (1770-79), la *Loge Olympique* (1780-89), le *C. de la rue de Cléry* (1789), le *C. Feydeau* (1794), la *Société des concerts du Conservatoire* (1801-14, et de 1828 jusqu'à présent), la meilleure de toutes; le *C. du Vauxhall* (1815-29), l'*Athénée musical* (1829 et ann. suiv.), les *Enfants d'Apollon* (de 1741 jusqu'aujourd'hui), la *Société des concerts de musique vocale, religieuse*, etc. (1843 et suiv.), la *Société philharmonique*, etc.

CONCERTANT. On appelle *morceau concertant* une composition musicale destinée à faire briller alternativement les instruments ou les voix; *style concertant* ou *concerté*, un genre de musique d'église, moins sévère que le style *a capella*, accompagné par l'orchestre, et qui se rapproche beaucoup du style dramatique. — On appelle encore *concertants* les artistes qui se font entendre dans les concerts.

CONCERTO, mot italien qui s'applique à une pièce de musique composée spécialement pour faire briller l'habileté d'un instrumentiste. Le *concerto* proprement dit se compose de trois ou quatre morceaux de mouvements divers. Ceux de Mozart, de Viotti, de Kreutzer, de Romberg, en sont d'excellents modèles. Le *concertino* ne comprend guère qu'un seul morceau, divisé en deux parties, dont la dernière est d'un mouvement plus animé.

Le *concerto grosso* était, au commencement du XVIIIe siècle, une sorte de symphonie avec des parties principales de violon ou d'autres instruments. Ceux de Corelli, de Geminiani et autres, ont donné naissance aux concertos et aux symphonies modernes.

CONCESSION. En Administration, on nomme ainsi ce qui est accordé à un particulier ou à une société, à titre gratuit ou onéreux, par l'État, par un établissement public ou une commune : par exemple, l'exploitation d'une mine, d'un canal, d'un chemin de fer, une prise d'eau dans une rivière, l'établissement d'un péage, etc. Ces concessions ne se font le plus souvent qu'avec concurrence. Celui qui obtient la concession est dit *concessionnaire*.

CONCETTI (pluriel du mot italien *concetto*, qui a la même signification), bon mot, pensée ingénieuse, délicate ou brillante, où il y a plus d'affectation et de faux brillant que de naturel et de solidité : tel est ce vers de Virgile, « *Nec* CAPTI *potuere* CAPI, » en parlant des Troyens, et cet autre, que Racine met dans la bouche de Pyrrhus :

> Brûlé de plus de *feux* que je n'en allumai.

Les Italiens ont surtout recherché ce genre d'esprit, et chez eux le mot *concetti* n'est pas pris, comme chez nous, en mauvaise part.

CONCHIFÈRES (du latin *concha*, coquille, et de *fero*, porter), nom donné par Lamarck à une classe de Mollusques qui correspond aux *Acéphales* de Cuvier.

CONCHOÏDE (du grec *conché*, conque), courbe inventée par le géomètre grec Nicomède pour résoudre les problèmes de la duplication du cube et de la trisection de l'angle. Cette courbe, indéfiniment prolongée, se rapproche de plus en plus d'une ligne droite, mais sans jamais la rencontrer. V. ASYMPTOTE.

CONCHOLÉPAS (du grec *concha*, coquille, et *lépas*, patelle), genre de Mollusques gastéropodes de l'ordre des Scutibranches, ne renferme qu'une seule espèce : elle est remarquable par l'ouverture très-ample de sa coquille univalve, et par les deux petites dents qu'elle porte à la base de son bord droit. Cette coquille est fort prisée par les amateurs.

CONCHYLIOLOGIE (du grec *conchylia*, coquille, et *logos*, discours), partie de la Zoologie qui s'occupe de l'étude des Mollusques à test ou Coquillages. C'est depuis les travaux de Lamarck, de Blainville et de Cuvier, qu'on est parvenu à établir une méthode naturelle de classification en Conchyliologie (*Voy.* MOLLUSQUES). On doit à M. le Dr Chenu la *Description de toutes les coquilles connues*, avec figures, in-f°, 1842 et ann. suiv.

CONCILE (du latin *concilium*, même signification), assemblée d'évêques de l'Église catholique légalement convoqués pour délibérer et décider sur des questions de doctrine et de discipline. Pour leur énumération, *Voy.* le *Dict. univ. d'Hist. et de Géogr.*

CONCILIABULE (diminutif de *concile*), assemblée convoquée hors du sein de l'Église, par des hérétiques ou des schismatiques, dans un but d'opposition. On connaît surtout le *conciliabule du Chêne*, qui déposa saint Jean Chrysostôme, et qui fut ainsi nommé, parce qu'il se réunit dans un quartier de la ville de Chalcédoine, dit le *quartier du Chêne*; et celui qu'on a nommé le *Brigandage d'Éphèse*, qui condamna le concile de Chalcédoine, anathématisa le pape saint Léon, et maltraita ses légats.

Aujourd'hui, ce mot se dit de toute réunion secrète de gens à qui l'on suppose des desseins coupables.

Chez les Romains, on appelait *conciliabule* le lieu où les préteurs, les propréteurs, les proconsuls, tenaient leurs assemblées pour rendre la justice. On donna le même nom aux marchés tenus par ordre de ces mêmes magistrats en certaines occasions.

CONCILIATION. En Droit, on appelle ainsi l'accord que le juge de paix cherche à établir entre deux personnes qui ont un différend. Au début de tout procès civil, à l'exception de certains cas prévus dans l'article 49 du Code de procédure civile, la loi exige un essai de conciliation. Le défaut de cette formalité suffirait pour faire rejeter l'instance.

CONCLAVE (du latin *conclave*, chambre; formé lui-même de *conclavatus*, enfermé sous clef), le lieu où s'assemblent les cardinaux pour élire un pape, et le collège même des cardinaux ainsi assemblés. *Voy.* le *Dict. univ. d'Hist. et de Géogr.*

CONCLAVISTE, ecclésiastique qui s'enferme dans le conclave avec un cardinal pour le servir. Les conclavistes ont plusieurs privilèges : ils obtiennent gratis, après le conclave, les bulles dont ils peuvent avoir besoin; ils ont le droit de bourgeoisie dans la ville de l'État ecclésiastique qu'ils veulent choisir, etc.

CONCLUSION. Dans la Pratique, on appelle *conclusions* le résumé des demandes qu'une partie forme contre la partie adverse et qu'elle se propose de justifier. On distingue les *C. au fond*, qui sont relatives à la contestation en elle-même, comme dans le cas où l'on demande qu'une obligation soit annulée comme étant le fruit de l'erreur; les *C. exceptionnelles*, par lesquelles, sans examiner si la prétention de son adversaire est bien fondée, le défendeur demande une mesure préjudicielle, par exemple, la nullité de l'exploit introductif d'instance ou le renvoi des parties devant un autre tribunal; les *C. principales*, celles que prend d'abord une partie, et qu'elle demande qu'on lui adjuge par préférence; les *C. subsidiaires*, que prend une partie pour le cas où le juge refuserait de lui accorder ses conclusions principales.

Conclusion, en Logique. *Voy.* SYLLOGISME.

CONCOMBRE, *Cucumis*, genre de la famille des Cucurbitacées, renferme un grand nombre d'espèces, toutes annuelles, herbacées, à tiges rampantes ou grimpantes. Elles sont originaires des régions chaudes de l'ancien continent. On distingue les *Concombres proprement dits*, les *Melons* et les *Dudaïms*. Parmi les premiers, on remarque surtout le *C. commun*, plante potagère à tiges longues, rameuses, rudes au toucher; à fleurs jaunes; à fruits allongés, presque cylindriques, faiblement recourbés en arc, de couleur blanche, verdâtre ou jaune. Ils sont aqueux, d'un goût légèrement prononcé, se mangent cuits, ou crus et confits dans le vinaigre; c'est un mets froid, rafraîchissant, mais difficile à digérer. On s'en sert aussi pour fabriquer la *pommade de concombre*, cosmétique employé pour adoucir la peau et l'empêcher de se gercer.—Les autres variétés les plus connues sont le *C. hâtif* de Hollande, le *C. jaune* et le *C. vert* long; le *C. petit-vert*, appelé *Cornichon*, et que l'on confit au vinaigre; le *C. de Russie*, qui est presque rond, et qui vient par bouquets; le *C. arada*, qui n'est pas plus gros qu'une noix; le *C. serpent*, originaire de l'Inde, et qui doit son nom à sa forme allongée et à ses contours; le *C. amer* ou *Coloquinte* (*Voy.* ce mot).—On a étendu le nom de *Concombre* à diverses espèces de Courges et à plusieurs plantes du genre *Giclet. Voy.* ces mots.

CONCORDANCE. En Grammaire, on appelle ainsi l'accord des mots les uns avec les autres sous le rapport du genre, du nombre, de la personne (*Voy.* ACCORD). La *syntaxe de concordance* est la partie de la syntaxe qui traite de l'accord des mots; on l'oppose à la *syntaxe de dépendance*.

On appelle *Concordances de la Bible* des dictionnaires ou index qui renferment, par ordre alphabétique, tous les mots de la Bible, avec l'indication du livre et du chapitre, et la citation textuelle du passage où ils se trouvent. L'idée en est due à Hugues de Saint-Cher, premier cardinal de l'ordre de Saint-Dominique, mort en 1262 : il fit exécuter le premier ouvrage de ce genre par cinq cents moines de son abbaye. Les *Concordances* les plus estimées sont celles de Lucas de Bruges (Cologne, 1684, in-8), d'Er. Schmidt, de G. de Zamora, etc. M. Dutripon a publié en 1838 une nouvelle Concordance de la Bible (grand in-4 de 1,500 pages, à 3 col.).

CONCORDANT, nom donné, dans la Musique vocale, à celle des parties qui tient le milieu entre la taille et la basse, et qu'on appelle aussi *ténor*;—en Poésie, à des vers qui ont plusieurs mots communs, et qui cependant présentent un sens opposé; exemple :

Et $\left\{ \begin{matrix} \text{canis} \\ \text{lupus} \end{matrix} \right\}$ in silva $\left\{ \begin{matrix} \text{venatur} \\ \text{nutritur} \end{matrix} \right\}$ et omnia $\left\{ \begin{matrix} \text{servat.} \\ \text{vastat.} \end{matrix} \right\}$

Aujourd'hui, on ne trouve plus guère de vers concordants que dans les scènes d'opéra, où plusieurs personnages chantent ensemble; exemple :

Je m'abandonne à $\left\{ \begin{matrix} \text{mon ardeur.} \\ \text{ma fureur.} \end{matrix} \right.$

CONCORDAT (de *concorde*), accord fait entre le pape et un souverain concernant les affaires religieuses. *Voy.* le *Dict. univ. d'Hist. et de Géogr.*

Sous l'ancien régime, on appelait aussi *Concordat* une sorte de traité par lequel des officiers au service, afin de se procurer de l'avancement, assuraient une prime à celui qui, pourvu d'un grade supérieur, voulait quitter le service. Les concordats furent prohibés dès qu'on s'occupa de réprimer la vénalité des emplois.

Aujourd'hui, dans le Commerce, on nomme *Concordat* l'arrangement qu'un débiteur hors d'état de remplir ses obligations fait avec la masse de ses créanciers, et qui a pour objet de lui permettre de reprendre le cours de ses affaires. Tout traité par lequel les créanciers, abandonnant leurs droits antérieurs, consentent novation avec le failli, constitue un concordat. Il y a aussi des *Concordats à l'amiable*. Le Code de comm. traite du concordat aux art. 517-525.

CONCOURS (du latin *concursus*, même signif.). Pendant longtemps, le mode de concours a été adopté en France pour la nomination aux chaires des Facultés de Droit et de Médecine, pour les titres d'agrégés près les Facultés des Lettres et des Sciences, ainsi que pour ceux d'agrégés dans l'Instruction secondaire. Le décret du 9 mars 1852 a remplacé le concours pour les chaires des Facultés par la nomination directe. — A l'Académie française et dans les quatre classes de l'Institut, chaque année on ouvre des concours pour des prix de poésie et d'éloquence. Il y a aussi, à l'école des Beaux-Arts, un concours entre les élèves de peinture, de sculpture, d'architecture, de gravure et de musique, pour le grand prix de Rome.

On appelle *Concours général* la lutte académique qui a lieu, chaque année, entre l'élite des élèves des lycées de Paris et de celui de Versailles, depuis les classes de rhétorique, de philosophie, de mathématiques, jusqu'à celle de troisième. Chaque lycée envoie 10 élèves par classe (12 quand il y a deux divisions). La distribution des prix a lieu vers la mi-août, dans la grande salle de la Sorbonne, sous la présidence du ministre et en présence du Conseil de l'instruction publique. — Le concours général a été fondé en 1746 par un legs de Legendre, chanoine honoraire de la métropole, pour les classes de rhétorique, de seconde et de troisième. Le concours fut successivement étendu à d'autres classes, en 1749 par le père Coffin, et en 1750 par le chanoine Collot. Interrompu en 1793, il fut rétabli en 1801, et s'ouvrit entre les écoles centrales; depuis 1805, il a lieu annuellement entre les lycées de Paris; en 1819, le collège de Versailles fut admis à concourir; Stanislas et Sainte-Barbe (Rollin) obtinrent la même faveur en 1822. La liste des lauréats est imprimée chaque année. M. Jarry de Mancy a publié, sous le titre de *Livre d'honneur*, un relevé des sujets nommés au Concours jusqu'en 1846. La plupart des compositions couronnées au *Concours général* ont été recueillies par les librairies classiques.

CONCRET (du latin *concretus*, mêlé, composé). En Philosophie, ce mot désigne un être, une idée envisagés avec tous leurs éléments réunis, substance et qualités; on l'oppose au mot *abstrait* (*Voy.* ABSTRACTION). — En Arithmétique, les nombres *concrets*, qu'on oppose aussi aux nombres *abstraits*, sont ceux qui sont accompagnés de la désignation de la qualité de leurs unités, tels que 20 hommes, 40 chevaux, etc. — En Chimie, on appelle *substances concrètes* celles qui ont une consistance plus ou moins solide, par opposition à celles de même nature qui sont fluides : ainsi, le camphre est une *huile volatile concrète*.

CONCRÉTION (du latin *concretio*, action de s'épaissir). En Géologie, on appelle ainsi des substances minérales qui se présentent sous forme de mamelons irréguliers, accolés les uns aux autres. Les stalactites, les stalagmites, l'albâtre oriental, certains dépôts formés par les eaux, quelques sables durcis et consolidés, peuvent être considérés comme de véritables *concrétions*; enfin, les petites masses globuleuses et calcaires que l'on nomme *dragées de Tivoli* sont aussi des concrétions. — En Pathologie, *concrétion* est synonyme de *calcul* (*Voy.* ce mot). On donne le nom de *concrétions osseuses* ou *tophacées* aux ossifications accidentelles qui se forment à l'intérieur de quelques organes, notamment du foie.

CONCURRENCE. Ce mot est spécialement appliqué par les Économistes à la rivalité dans l'industrie et le commerce. On s'est partagé sur les avantages et les inconvénients de cette espèce de concurrence : pour les uns elle est une conséquence nécessaire et légitime de la liberté, la condition de tout progrès, le moyen le plus sûr de mettre un juste prix aux marchandises; les autres n'y voient qu'une lutte déplorable qui entraîne la ruine de la plupart de ceux qui s'y livrent; ils y trouvent la source de toutes les tromperies des commerçants, de toutes les falsifications de l'industrie. On a essayé de remédier aux inconvénients de la concurrence, soit en limitant le nombre des fabricants, comme cela avait lieu avant 1789 (*Voy.* JURANDES ET MAÎTRISES), soit en fixant un *minimum* pour les marchandises, soit, enfin, en mettant entre les mains du gouvernement la direction de toute l'industrie (*Voy.* SOCIALISME); mais tous ces moyens oppresseurs ont été justement repoussés. C'est encore aujourd'hui, pour l'économiste et pour le législateur, le plus grand et le plus intéressant des problèmes de régler la concurrence sans nuire à la liberté légitime et aux vrais progrès de l'industrie.

CONCUSSION (du latin *concussio*, extorsion, concussion), exaction ou malversation commise par un fonctionnaire dans l'administration ou la manutention des deniers publics. Ce crime était fort commun à Rome, ce qui fit appeler cette ville, par Jugurtha, *ville vénale* : il y avait pourtant dans cette ville un tribunal permanent pour juger les faits de concussion.

En France, sous l'ancienne monarchie, les concussionnaires étaient punis très-sévèrement, même du dernier supplice; en outre, leurs biens étaient confisqués. — D'après l'article 174 du Code pénal : « Tous fonctionnaires, commis ou préposés, tous percepteurs des droits, taxes, contributions, deniers,

revenus publics, qui se seront rendus coupables de concussion, seront punis, savoir : les fonctionnaires ou les officiers publics, de la peine de la réclusion, et leurs commis ou préposés d'un emprisonnement de deux ans au moins et de cinq ans au plus. Les coupables seront, de plus, condamnés à une amende dont le *maximum* sera le quart des restitutions et des dommages-intérêts, et le *minimum* le douzième. »

CONDAMNATION. On appelle *C. contradictoire* celle qui est prononcée après que les parties ont été entendues dans leurs moyens de défense; *C. par défaut*, celle qui est prononcée contre une partie qui ne s'est pas présentée; en matière criminelle, elle prend le nom de *C. par contumace*. On nomme *C. solidaire* celle qui s'exécute solidairement contre plusieurs condamnés; *C. par corps*, celle qui entraîne l'emprisonnement de la personne condamnée. — Sous le rapport des peines infligées, on distingue les *C. au grand criminel*, qui sont la réclusion, les travaux forcés, le bannissement, la confiscation, la dégradation civique, la déportation, l'exposition, la mort civile, la surveillance de la haute police et la peine de mort; les *C. en police correctionnelle*, qui sont l'amende, la confiscation, l'interdiction des droits civils ou civiques, l'emprisonnement, la surveillance de la police; les *C. en simple police*, l'amende, la confiscation et un court emprisonnement.

CONDENSATEUR ÉLECTRIQUE, appareil dans lequel on accumule de l'électricité dissimulée. Il est composé essentiellement de deux lames conductrices, séparées par une lame non conductrice. Le condensateur le plus usité est un électroscope à feuilles d'or, sur lequel on adapte deux plateaux métalliques, minces et bien dressés : le plateau supérieur est mobile, et s'enlève par un manche isolant; le plateau inférieur est fixé à la garniture de la cloche de l'électroscope; les deux plateaux sont enduits, à leur face de contact, d'un vernis de gomme laque. On emploie ce condensateur pour accumuler et faire ainsi connaître des sources d'électricité de très-faible tension : à cet effet, on met le plateau supérieur en communication avec cette source; puis on touche avec le doigt la partie métallique de l'autre plateau; l'électricité se *condense* ainsi dans le plateau supérieur, agit par influence sur l'autre plateau, chasse l'électricité de même nom à travers le corps de l'opérateur, et attire le fluide de nom contraire dans les parties les plus rapprochées du plateau inférieur; quand on enlève le plateau supérieur, le fluide de l'autre plateau, devenu libre, se répand dans toutes les parties inférieures de l'appareil, et produit dans les feuilles d'or de l'électroscope un écartement proportionnel à son énergie. C'est à Volta que l'on doit l'invention de ce condensateur.

CONDENSATION (de *condenser*), rapprochement des molécules d'un corps, diminution de volume et augmentation de densité qu'un corps acquiert par l'accroissement de la pression ou l'abaissement de la température. Ces deux causes réunies ont donné le moyen de condenser tous les gaz, excepté l'oxygène, l'hydrogène et l'azote (*Voy.* GAZ). — La rosée, le givre, la pluie, les brouillards, les nuages, la neige, sont des phénomènes dus à la condensation des vapeurs de l'atmosphère. *Voy.* CONGÉLATION.

CONDIMENT, syn. d'*assaisonnement. Voy.* ce mot.

CONDITION. En Droit, on nomme ainsi tout événement futur et incertain duquel on fait dépendre une disposition ou une obligation : l'obligation est dite alors *conditionnelle* (Code civ., art. 1168). On distingue : *C. de droit* ou *légale*, celle que la loi impose et qui est toujours suppléée, quand même elle ne serait pas exprimée dans l'acte; *C. de fait*, celle qui a pour objet des faits exprimés dans l'acte; *C. expresse*, celle qui est exprimée dans l'acte ou dans la loi; *C. tacite*, celle qui n'est point exprimée dans l'acte, mais qui résulte de la nature du contrat ou de la loi; *C. impossible*, celle qui est contraire aux lois de la nature physique; *C. potestative*, qui dépend uniquement du pouvoir de l'une ou de l'autre des parties; *C. résolutoire*, de l'existence de laquelle on fait dépendre la résolution d'un engagement; *C. suspensive*, événement futur à l'existence duquel on subordonne l'accomplissement d'une convention (art. 1170-71, etc.).

CONDITION DES SOIES. On appelle ainsi, dans le commerce des soies, un établissement public administré par les chambres de commerce, et dans lequel, au moyen d'une étuve disposée à cet effet, toutes les soies sont ramenées à un degré fixe et commun de siccité. Les soies se vendant au poids, et ce poids variant considérablement, suivant le degré d'humidité de la soie, la déclaration de leur état ou *condition* est une garantie nécessaire pour la sincérité des transactions entre le vendeur et l'acheteur. Les premières conditions ont été établies à Turin vers 1750. En France aujourd'hui, il en existe à Paris, à Lyon, Avignon, St-Étienne, Nîmes, Privas, Aubenas, Tournon, Cavaillon, etc.; la condition de Lyon a été établie par un décret du 23 germinal an XIII. Le droit exclusif de fonder ces établissements et de les administrer a été concédé aux Chambres de commerce par ordonnance de 1832 et décret de 1851.

CONDITIONNEL (dans les verbes). *Voy.* MODE.

CONDOR, *Sarcoramphus gryphus*, espèce d'oiseau de proie du genre Sarcoramphe et de la famille des Vautours, est appelé aussi *Vautour des Andes*. Le mâle a sur la tête une crête cartilagineuse, garnie de petites papilles mamelonnées, de couleur rouge violet ou violet presque noir. L'arrière de la tête et le cou, le dessous de la gorge, ainsi que le sabot, sont nus comme chez les Vautours, et de la couleur de la tête. Tout le plumage du corps, ainsi que la queue et une partie des ailes, sont d'un noir grisâtre; le reste est blanc. Les ailes du Condor ont jusqu'à 2 m. et demi d'envergure, et son corps a plus d'un mètre de long. Le condor est un des plus grands oiseaux de proie et celui dont le vol est le plus élevé. Il habite les plus hauts pics de la chaîne des Andes, près de la limite des neiges, et ne descend guère dans les vallées que pour y chercher sa proie. Il n'a pas d'autre aire que la surface nue des rochers.

CONDOTTIERI (du latin *conductus*, loué), nom sous lequel étaient connus, en Italie, les capitaines d'aventuriers qui, pendant le moyen âge, se mettaient à la solde des différents princes de cette contrée.

CONDUCTEUR. Dans l'administration des Ponts et chaussées, on appelle *conducteurs* des agents placés directement sous les ordres des ingénieurs et au-dessus des piqueurs, pour la surveillance des travaux des routes, des ponts, des canaux, etc. Pendant longtemps, ces fonctionnaires ont été exclus des rangs des ingénieurs; une loi du 30 nov. 1850 leur a conféré le droit d'entrer dans ce corps, en satisfaisant à certaines conditions d'aptitude. Tout ce qui les concerne est réglé par le décret du 13 oct. 1851, portant organisation du corps des Ponts et chaussées.

En Physique, *conducteur* se dit de tout corps qui transmet la chaleur ou le fluide électrique :

Conducteurs calorifiques. La *conductibilité* des corps pour la chaleur est plus ou moins rapide, suivant leur nature. On nomme *bons conducteurs* les corps qui se laissent pénétrer facilement par la chaleur, et qui prennent rapidement la température qu'ils doivent avoir : tels sont, en général, les métaux; *mauvais conducteurs*, ceux qui se laissent pénétrer moins facilement, et qui sont plus lents à se mettre en équilibre de température dans toutes leurs parties : l'eau, le verre, le soufre, le charbon, les pierres de différentes espèces, toutes les substances végétales et animales sont, en général, de mauvais conducteurs; les liquides et les gaz sont les plus mauvais conducteurs qu'on connaisse.

Conducteurs électriques. Il existe, comme pour la chaleur, de *bons* et de *mauvais conducteurs* du fluide électrique. Le sol est un assez bon conducteur. L'eau et la vapeur d'eau sont de bons conducteurs; il en est de même du corps humain : quand un homme est debout sur un mauvais conducteur, comme un gâteau de résine, il s'électrise dans toute son étendue; quand il touche au sol, il perd son électricité et la lui transmet. Les métaux sont les meilleurs conducteurs qu'on connaisse. L'air sec est un corps non conducteur; mais, dans l'air humide, l'électricité se dissipe promptement; le verre, le soufre, la résine, la soie, la gomme laque, sont de mauvais conducteurs. Les plus mauvais conducteurs deviennent assez bons lorsqu'on les humecte de quelque vapeur aqueuse : c'est pourquoi il faut chauffer les corps pour les sécher avant de les soumettre au frottement qui doit les électriser. Les corps mauvais conducteurs sont aussi appelés *corps isolants*, parce que les corps électrisés qui reposent sur eux sont véritablement isolés du sol, et conservent longtemps l'électricité qu'ils possèdent. — Les *conducteurs d'une pile* sont les deux fils métalliques qui puisent l'électricité aux deux pôles.

CONDUCTIBILITÉ, se dit, en Physique, de la propriété que possèdent les corps de transmettre la chaleur ou le fluide électrique. *Voy.* CONDUCTEUR.

CONDUIT. En Anatomie, ce mot est synonyme de *canal*; on connaît surtout les *C. auditifs*, qu'on distingue en *C. auditif externe* ou *articulaire*, commençant au fond de la conque de l'oreille, et aboutissant à la caisse du tympan, et *C. auditif interne* ou *labyrinthique*, creusé dans l'épaisseur du rocher; les *C. nourriciers*, qui transmettent dans l'intérieur des os les vaisseaux destinés à leur nutrition, etc.

CONDUPLIQUE (du latin *cum*, ensemble, et *duplicatus*, doublé), épithète donnée, en Botanique, aux feuilles qui, dans le bourgeon, sont pliées en double dans le sens de leur longueur, comme celles du tilleul, du rosier, du cerisier, etc. Les cotylédons sont dits *condupliqués* quand ils offrent la même disposition.

CONDYLE (en grec *condylos*, jointure, articulation), ancienne mesure linéaire de l'Asie et de l'Égypte, valant un peu plus de deux centimètres. — En Anatomie, on nomme ainsi les éminences des articulations qui sont arrondies dans un sens et aplaties dans l'autre, telles que celles de l'extrémité inférieure du fémur, de la mâchoire, etc.

CONDYLOME (du grec *condylos*, jointure), excroissance de chair molle, indolente, résultant de la végétation morbide du tissu cellulaire cutané, et qui se développe en diverses parties du corps.

CONDYLOPES (du grec *condylos*, articulation, et de *pous*, pied; c.-à-d. pieds à jointures), nom donné par Latreille à une division des Articulés comprenant les Crustacés, les Arachnides et les Insectes; animaux qui ont les pieds composés de plusieurs articles.

CONDYLURE (du grec *condylos*, articulation, et *oura*, queue), *Condylurus*, genre de Carnassiers insectivores, de la tribu des Talpiens de Blainville, a pour caractères : le corps trapu, le museau très-prolongé, garni de crêtes membraneuses disposées en étoile autour des narines; point d'oreilles externes; les yeux extrêmement petits; les pieds antérieurs courts, larges et robustes, à 5 doigts munis d'ongles, et propres à fouir, de même que ceux des taupes; les pieds postérieurs grêles, à 5 doigts; la queue de longueur médiocre. Ces animaux sont à peu près de la taille des taupes; ils en ont les formes et les habitudes. On les trouve dans l'Amérique du Nord.

CONE (de grec *cónos*), solide dont la base est un cercle et qui se termine par le haut en une pointe qu'on appelle *sommet*. On peut considérer le cône comme une pyramide dont la base serait un polygone régulier d'un nombre infini de côtés. La ligne droite menée du sommet d'un cône au centre de sa base se nomme l'*axe*; la *hauteur* d'un cône est la perpendiculaire abaissée de son sommet sur le plan de sa base; on nomme *côté* du cône toute droite menée sur la surface convexe du sommet à la base. Le cône est *droit* lorsque l'axe est perpendiculaire à sa base; il est *oblique*, lorsque l'axe est incliné; dans le premier cas, il est engendré par la révolution d'un triangle rectangle autour d'un des côtés de l'angle droit. On nomme *C. tronqué* une portion de cône dont on a retranché la partie supérieure, en le coupant par un plan parallèle à la base.—La surface convexe du cône droit est égale à la moitié du produit de la circonférence de sa base par le côté du cône. La surface convexe du cône tronqué est égale au produit de son côté par la demi-somme des circonférences des deux bases. Le volume du cône est égal au produit de sa base par le tiers de sa hauteur. Tout cône est le tiers d'un cylindre de même base et de même hauteur. — On nomme *C. semblables*, ceux dont les axes sont entre eux comme les diamètres de leurs bases; les volumes de deux cônes semblables sont dans le même rapport que les cubes de leurs hauteurs, ou que les cubes des diamètres de leurs bases.

CÔNE, *Conus*, genre de Mollusques gastéropodes, de l'ordre des Pectinibranches, famille des Buccinoïdes, est caractérisé par une coquille dont la spire, tout à fait plate ou peu saillante, forme la base d'un véritable cône dont la pointe est à l'extrémité opposée; l'ouverture étroite, rectiligne ou à peu près, s'étend d'un bout à l'autre, sans renflements ni plis. Tous les Cônes sont recouverts d'un épiderme membraneux, qui, lorsqu'il est desséché, s'enlève par couches longitudinales. On en connaît près de 200 espèces, habitant toutes les mers : le *C. drap d'or*, d'un beau jaune doré, avec des lignes ondulées de brun et de taches blanches triangulaires; le *C. amiral* ou *C. cedo-nulli*, l'*Ecorce de citron*, l'*Ecorce d'orange*, etc.

En Botanique, on appelle *cônes*, à cause de leur forme conique, les chatons qui supportent les fleurs femelles des végétaux *conifères*. Ces cônes, que l'on a aussi nommés *strobiles*, sont composés d'écailles persistantes, ordinairement disposées en cône. C'est à l'aisselle de ces écailles que sont les fleurs et plus tard les fruits. Telle est la *pigne* ou pomme de pin.

CONFARRÉATION (de *cum*, avec, et *far*, blé ou farine), une des trois formes de mariage usitées chez les Romains, était ainsi nommée parce qu'elle consistait dans l'offrande d'un gâteau de froment apporté par la nouvelle épouse. *Voy.* MARIAGE.

CONFECTION (du latin *cum*, ensemble, et *facere*, faire). Dans l'Industrie, ce mot s'applique particulièrement à la fabrication en grand de certains objets (*Voy.* CONFECTIONNEUR). — En Pharmacie, il est synonyme d'*électuaire* et d'*opiat* : il ne s'applique guère qu'à des électuaires très-composés et inusités aujourd'hui.

CONFECTIONNEUR, industriel qui fait l'entreprise des divers ouvrages de couture (lingerie, vêtements, etc.) ou d'objets de fourniment, nécessaires pour les troupes, les hôpitaux, les fabricants en gros.

CONFÉDÉRATION (du latin *cum*, ensemble, et *fœdus*, traité, alliance), réunion de plusieurs États souverains liés entre eux par un pacte commun pour toutes les mesures d'intérêt général, mais conservant du reste leur indépendance propre pour tout ce qui regarde leur gouvernement intérieur : tels sont, en Europe, la *Confédération germanique*, la *C. helvétique*; en Amérique, les *Etats-Unis*, etc. (*Voy.* le *Dict. univ. d'Hist. et de Géogr.*)

Ce mot se disait autrefois en Pologne des associations que faisaient les nobles et les grands, sans l'aveu du roi, et souvent contre ses vues, pour maintenir la constitution de la république : la *Confédération de Bar* est célèbre dans l'histoire de Pologne.

CONFÉRENCE. On nomme ainsi toute réunion politique, religieuse ou scientifique, destinée à termi-

ner une affaire en litige ou à discuter une question. Telles sont les *Conférences diplomatiques* entre les ministres plénipotentiaires, pour préparer un traité de paix, d'alliance ou de commerce; les *Conférences religieuses* qui ont lieu entre les ministres de diverses religions pour amener un rapprochement (comme le *Colloque de Poissy*), ou entre les ministres d'un même culte pour traiter de questions religieuses, notamment les *Confér. cantonales*, établies depuis plusieurs siècles en divers diocèses de France; telles sont encore dans les diverses Facultés les réunions entre docteurs ou étudiants, comme autrefois, dans la Faculté de théologie, les *C. de la Sorbonne* et celles *de Saint-Sulpice*, et aujourd'hui, au Palais, la *C. des avocats*, réunion des avocats stagiaires, sous la présidence du bâtonnier de l'ordre, pour s'exercer aux luttes du barreau.—Les professeurs qui font des cours à l'École normale portent le nom de *Maîtres de conférences*. — On donne aussi le nom de *Conférences* à une explication du dogme catholique faite en chaire par un prédicateur, telles que celles de l'abbé Frayssinous à Saint-Sulpice au commencement de ce siècle; et de nos jours, celles des PP. Lacordaire et Ravignan à Notre-Dame.

Dans certains cours, notamment en Allemagne, on nomme *Conférences*, une sorte de conseil privé où se traitent les affaires politiques les plus importantes : les membres de ce conseil sont appelés *Ministres des conférences*.

En Théologie et en Droit, on appelle *Conférences* ou *Collations* certains ouvrages dans lesquels on a rapproché différents textes sur les mêmes sujets.

CONFERVES ou CONFERVÉES (de *conferruminare*, souder, parce que, au dire de Pline, on attribuait aux conferves la propriété de souder les os fracturés), tribu de la famille des Algues, section des Zoospermées, est caractérisée par des filaments tubuleux, cylindriques, vitrés, simples ou rameux, articulés; la fructification consiste en des gemmes intérieures, tout à fait nues, non capsulaires. Les Conferves habitent les eaux douces ou salées, la surface des bois pourris et des murs humides. La sécheresse les détruit. Le genre *Conferve*, type de la tribu des Confervées, ne compte pas moins de 150 espèces. Quelques-unes, telles que la *Conferva rivularis*, multiplient de telle sorte qu'elles remplissent rapidement les ruisseaux. Un autre genre, le *Batrachosperme*, vulgairement *Frai de grenouille*, renferme des plantes gélatineuses, dont la surface est tellement onctueuse et glissante, que ces plantes, lorsqu'on veut les saisir, échappent des mains, comme le frai des Grenouilles.

CONFESSEUR (de *confiteri*, avouer). On nommait ainsi dans la primitive Église le chrétien qui professait publiquement sa foi, et qui était disposé à souffrir et à mourir pour elle; on confond souvent *confesseur* et *martyr*, quoique l'on pût cependant confesser sa foi sans subir le martyre.—Aujourd'hui, ce mot désigne les prêtres qui ont le pouvoir d'entendre la confession et de donner l'absolution.

CONFESSION. La confession a été instituée par Jésus-Christ, qui donna en ces mots à ses disciples le pouvoir de remettre les péchés : « Les péchés seront remis à ceux à qui vous les remettrez. » Ev. selon S. Jean, ch. 20, ⴕ 22. Le concile de Latran, tenu en 1215, fait aux fidèles une obligation de se confesser au moins une fois l'an. Les lois canoniques commandent aux prêtres le secret de la confession sous peine d'une pénitence perpétuelle. La loi du secret ne lie pas seulement le confesseur par rapport aux vivants, mais aussi à l'égard des morts. Les Calvinistes et la plupart des sectes réformées rejettent la confession. — Autrefois on prescrivait dans certains cas la confession publique : Nectaire, évêque de Constantinople, donna l'exemple de l'abolir, au IVe siècle. — Après la révocation de l'édit de Nantes, on exigea des nouveaux convertis des *billets de confession* sous peine des galères perpétuelles et de la confiscation des biens. Aujourd'hui les billets-de confession ne sont exigés que pour le mariage religieux.

Confession veut dire aussi profession de foi : on connaît surtout la C. *d'Augsbourg*, que firent les Protestants dans la diète d'Augsbourg en 1530, et la *C. d'Emden*, faite en 1562 par les Belges réformés.

CONFIRMATION (du latin *confirmare*, fortifier), l'un des sept sacrements de l'Eglise, est comme le complément et la perfection du baptême, et produit la grâce habituelle, dont les dons du Saint-Esprit sont la suite : ce sacrement ne peut être conféré qu'une fois. Il faut pour le recevoir être en état de grâce. L'évêque seul a droit de confirmer : pour administrer ce sacrement, il impose les mains et récite en même temps une invocation au Saint-Esprit; il trempe ensuite le pouce de la main droite dans le saint chrême et en fait un signe de croix sur le front du confirmé, en disant : *Je vous marque du signe de la croix et je vous confirme du chrême du salut*, puis il lui donne un léger soufflet sur la joue, en disant : *La paix soit avec vous*. Souvent le confirmé reçoit un nouveau nom à la confirmation. Pendant longtemps, et aujourd'hui encore en Orient, la confirmation se conférait immédiatement après le baptême. — Dans les communions évangéliques, la confirmation n'est que le renouvellement des vœux du baptême et n'est pas envisagée comme un sacrement.

En Rhétorique, la *confirmation* est la partie du discours où l'orateur expose ses preuves. Il y a deux choses à considérer dans la confirmation : le *choix des preuves*, qui consiste à écarter les preuves faibles, fausses ou contradictoires pour ne conserver que celles qui sont puissantes et solides, et l'*arrangement des preuves*, qui dépend toujours de la nature de la cause ou des circonstances du moment. Les rhéteurs ont appelé *ordre homérique* une disposition des preuves telle, qu'on met au commencement et à la fin les moyens les plus concluants, en glissant au milieu ceux dont on se défie; ils la nomment ainsi sans doute parce que Nestor, dans l'*Iliade* (IV, 297), range ses soldats en bataille d'après un système analogue.

CONFISCATION, action d'adjuger des biens au *fisc* pour cause de crime, de contravention ou de délit. Chez les Romains, la confiscation, inusitée dans les premiers temps de la république, devint d'une application générale à partir de Sylla; elle dégénéra, sous les empereurs, en un instrument de pillage et de tyrannie. Tibère acquit une immense fortune par les confiscations, et après lui Caligula et Néron firent périr les hommes les plus vertueux pour s'emparer de leurs biens. Au moyen âge, la confiscation était reçue chez presque toutes les nations de l'Europe. La confiscation *générale* pour crime, en usage dans l'ancienne monarchie française, fut abolie en 1790; rétablie en 1792 et abolie par le Code pénal de 1810 pour les crimes d'attentat à la sûreté de l'État et de fausse monnaie, elle a été abolie par la Charte de 1814. Néanmoins, il existe encore une confiscation *spéciale*, pour cause de contravention en matière d'impôt ou de police : elle porte alors sur le corps du délit, ou sur les choses qui étaient destinées à commettre le délit (Code pénal, art. 11, 470, 477, 481).

CONFISEUR (de *confire*), celui qui fabrique et qui vend des *confitures*, des conserves, des dragées et toute espèce de sucreries. On distingue les *Confitures liquides*, ou fruits confits dans un sirop liquide, telles que confitures de groseilles, de cerises, de pommes, de coing, etc.; les *C. sèches*, qui comprennent les fruits entiers confits au sucre, les marmelades, pâtes à demi solides faites avec les pulpes de fruits succulents, les gelées, les pâtes de fruits, tels que abricots, pommes, coings, etc. — Les confiseurs colorent leurs sucreries en *rouge*, avec le

carmin, la cochenille, la laque carminée, et celle du Brésil; en *bleu*, avec le bleu de Prusse et l'indigo; en *jaune*, avec le quercitron, le safran, le fustet, les graines d'Avignon et de Perse, Le choix des matières colorantes a une grande importance ; celles qui sont empruntées au règne minéral offrent de graves inconvénients ; aussi plusieurs sont-elles sévèrement interdites. On trouve un *Manuel du Limonadier et du Confiseur* dans la collection Roret.

CONFITURES. Voy. CONFISEUR.

CONFLIT (du latin *conflictus*, lutte). Il y a *conflit*, soit lorsque deux autorités s'attribuent la connaissance d'une même affaire, soit lorsque, au contraire, deux autorités se déclarent également incompétentes pour connaître d'une affaire : dans le premier cas, le conflit est *positif*; dans le second, *négatif*. — Le conflit, soit positif, soit négatif, prend le nom de *conflit de juridiction* quand la difficulté naît des prétentions ou du refus d'autorités de même ordre, soit judiciaire, soit administratif; on l'appelle *conflit d'attribution* si la difficulté s'élève entre deux autorités d'ordres différents, par exemple de l'ordre administratif ou de l'ordre judiciaire. — Les *conflits de juridiction* sont jugés par l'autorité immédiatement supérieure aux autorités entre lesquelles a lieu la contestation : ainsi, les conflits entre deux tribunaux de 1re instance sont portés devant la cour d'appel ; ceux qui s'élèveraient entre deux cours d'appel, devant la cour de cassation. — Les conflits d'attribution sont le plus souvent jugés par le conseil d'État. Tout ce qui regarde les conflits avait été réglé par une ordonnance du 1er juin 1828. La Constitution de 1848 créa (art. 89) un tribunal mixte composé de membres de la cour de cassation et de conseillers d'Etat pour juger des conflits d'attribution. Cette institution n'a pas été conservée par la Constitution de janvier 1852.

CONFLUENT (du latin *cum*, ensemble, et *fluere*, couler). En Anatomie, on nomme *confluent des sinus de la dure-mère*, ou *pressoir d'Hérophile*, une cavité lisse, polie, irrégulière, située au-devant de la protubérance occipitale interne, et formée par la réunion des trois grands replis de la dure-mère.

En Médecine, on nomme *variole confluente* celle dont les pustules sont si abondantes qu'elles se confondent : on l'oppose à *variole discrète*.

En Botanique, les anthères sont *confluentes* quand les deux lobes paraissent n'en former qu'un seul ; les cotylédons sont *confluents* lorsque, étant sessiles, ils se confondent par leur base.

CONFRÉRIE, société de personnes pieuses et libres, établie dans quelques églises pour se livrer en commun à des exercices de piété, comme pour honorer particulièrement un mystère ou un saint; il y a des confréries de dévotion (*C. du St-Sacrement, de la Ste-Vierge, de la Croix*), des confréries de charité, de pénitents, etc. Plusieurs sont établies par des bulles de papes qui leur accordent des indulgences. — On appelle *archiconfrérie* certaines confréries, établies pour la plupart à Rome, auxquelles d'autres confréries se sont affiliées : telles sont la *C. du Gonfalon* (pour la rédemption des captifs), celles du *Saint-Crucifix, des Agonisants*. — En 1836, il a été établi à Paris, à Notre-Dame-des-Victoires, une *archiconfrérie*, sous le titre de *C. du Très-saint et immaculé Cœur de Marie*.

Confrérie de la Passion, association célèbre formée originairement de pèlerins, qui représentaient le mystère de la Passion; elle se transforma bientôt en une troupe de comédiens : patentée par Charles VI, elle fut interdite en 1541 par le parlement, à cause des abus auxquels elle avait donné lieu.

CONFRONTATION (du latin *cum*, avec, et *frons*, front), formalité de Procédure criminelle par laquelle on met le témoin en présence de l'accusé, pour qu'il ait à déclarer s'il le reconnaît. Outre cette confrontation, qu'on appelle *réelle*, on employait autrefois la *C. littérale* ou *figurative*, dans laquelle on se bornait à lire devant l'accusé la déposition du témoin absent ou décédé, pour figurer la confrontation. Le Code d'Instruction criminelle (articles 317-19) règle la manière dont la confrontation doit se faire.

CONFUSION. D'après l'article 1300 du Code civil, lorsque les qualités de créancier et de débiteur se réunissent dans la même personne, il se fait une confusion de droits qui éteint la créance. Ainsi, par exemple, je suis débiteur ou créancier de Paul, je deviens son héritier : il y a *confusion*, et, par conséquent, extinction de mon obligation.

CONGE, *Congium*, mesure de capacité pour les liquides dont se servaient les Romains et les Juifs : elle valait 3 litres, 2 décilit. — C'est, aujourd'hui, le nom d'un vase de bois ou de métal dont on se sert dans les mines pour mesurer le minerai.

CONGÉ (du latin barbare *congeare*, congédier, renvoyer). Dans le Service militaire, on nomme ainsi soit des permissions d'absence temporaire (*C. de semestre, de convalescence*, etc.), soit des autorisations définitives de départ (*C. de libération, C. de réforme*, etc.). — Dans l'Instruction publique, un *congé* est la permission accordée aux écoliers d'interrompre leurs études : dans les établissements de l'État, le nombre des congés est fixé par les règlements; les chefs de ces établissements ne peuvent en accorder d'eux-mêmes. — En matière de Contributions indirectes, on nomme *congé* la permission que donne la régie de transporter du vin, de la bière, du cidre ou toute autre liqueur, d'un lieu dans un autre. — En termes de Marine, ce mot se dit de l'espèce de passe-port que le patron d'un vaisseau est obligé de prendre quand il veut sortir du port et mettre en mer, sous peine d'être réputé corsaire.

En matière de Louage, on appelle *congé* la déclaration que l'une des parties fait à l'autre qu'elle entend mettre fin, pour une époque déterminée, à la jouissance antérieurement convenue. Elle peut être écrite ou verbale; si le congé n'est pas accepté, il faut recourir au ministère d'un huissier.

En Architecture, on nomme *congé* une espèce de moulure employée dans les meubles et les bâtiments, et qui joint le fût de la colonne à ses deux ceintures.

CONGÉ-DÉFAUT. *Voy.* DÉFAUT.

CONGÉABLE (de *congé*), se disait autrefois, en Jurisprudence, d'un domaine dans lequel le seigneur pouvait toujours rentrer, et d'où il pouvait *congédier* celui qui l'occupait. Il se dit encore aujourd'hui d'un domaine affermé pour un temps indéfini, mais dont le propriétaire peut toujours reprendre la jouissance en remboursant les dépenses faites pour l'améliorer.

CONGÉLATION (du latin *gelare*, geler), passage d'un corps de l'état liquide à l'état solide, par l'effet de la soustraction d'une partie du calorique latent. L'eau commence à se congeler à la température de zéro du thermomètre centigr. Le mercure se congèle à — 40 degrés centigr. Les liquides alcooliques se congèlent plus difficilement (*Voy.* GLACE et RÉFRIGÉRANTS).

On nomme aussi *congélation* les phénomènes morbides déterminés par l'application du froid aux surfaces vivantes. Lorsque le froid agit à la fois sur toutes les parties du corps, il en résulte un engourdissement qui ressemble au sommeil, et qui est bientôt suivi de l'apoplexie ou de l'asphyxie. Lorsque le froid agit seulement sur certaines parties, notamment sur les extrémités, telles que le nez, les pieds, les mains, les oreilles, ces parties deviennent d'abord rouges ou bleues, puis marbrées de taches livides, sèches, dures et semblables à la corne. Ces congélations partielles se guérissent ordinairement au moyen de frictions avec de la neige ou de la glace pilée. Si l'on approchait du feu les parties gelées, on s'exposerait à les faire tomber en gangrène.

CONGÉNÈRE (du latin *cum*, avec, ensemble, et *genus*, genre), qui est de même genre ou de même espèce. En Anatomie, on appelle *muscles congénères* ceux qui concourent à produire le même effet; on les nomme ainsi par opposition aux *muscles antagonistes*, qui agissent en sens contraire.

CONGÉNIAL ou CONGÉNITAL (du latin *cum*, avec, et *genitus*, engendré). On appelle *maladies* ou *affections congéniales* celles qui dépendent de l'organisation primitive de l'individu, et qui existent en principe au moment de sa naissance.

CONGESTION (du latin *congerere*, amasser, accumuler). On appelle ainsi tout afflux du sang dans les vaisseaux d'un organe, d'ailleurs sain, par suite de l'exagération de la force impulsive du centre circulatoire. Le cerveau, le poumon, la rate, le foie, sont les organes qui éprouvent le plus souvent les effets de la congestion. Le remède principal de la congestion est la saignée. *Voy.* APOPLEXIE et ABCÈS.

CONGIAIRE (de *conge*), gratification faite par les empereurs au peuple romain. Elle consistait, dans l'origine, en un *conge* de vin ou d'huile, et elle conserva le même nom dans la suite, quoiqu'on donnât beaucoup plus d'un conge, et souvent même de l'argent au lieu de dons en nature.

CONGLOBÉ (du latin *cum*, ensemble, et *globus*, globe), qui est assemblé en rond. En Anatomie, on a appelé *glandes conglobées* les glandes ou ganglions lymphatiques, à cause de leur forme. — En Botanique, on appelle *feuilles* ou *fleurs conglobées* les feuilles ou fleurs assemblées en boule. Ce mot est quelquefois synonyme de *Composées*.

CONGLOMÉRATS (de *conglomeratus*, réuni en peloton), nom donné, en Géologie et en Minéralogie, à différentes espèces de roches composées de fragments qui se trouvent liés entre eux par un ciment plus ou moins dur, plus ou moins grossier. *Voy.* ROCHES et GRÈS.

CONGRE, *Conger*, poisson du genre Murène et de la famille des Anguilliformes, a pour caractères : ouïes ouvertes de chaque côté sous la nageoire pectorale, mâchoire supérieure plus longue que l'inférieure, corps arrondi. Le *C. commun*, ou *Anguille de mer* (*Murœna Conger*), long de 1 à 3 m. et très-vorace, est très-commun sur nos marchés : sa chair, blanche et fade, est peu estimée. *Voy.* ANGUILLE.

CONGRÉGATION (de *congregare*, assembler), nom donné en général à toute association religieuse, se dit proprement de certains corps composés d'ecclésiastiques qui n'ont point fait de vœux, et qui tiennent le milieu entre les séculiers et les religieux : tels étaient les Oratoriens, les Doctrinaires, les ordres de Saint-Lazare, de Saint-Vannes, de Saint-Maur, les Joséphites, les Eudistes. — Les congrégations ne peuvent s'établir en France qu'avec l'autorisation de l'État, qui vise et approuve leurs statuts. Ces établissements sont régis par les décrets des 18 févr. 1809, 26 déc. 1810, par les lois des 2 janv. 1817, 24 mai 1825, et par le décret du 3 janv. 1852.

A Rome, on donne le nom de *Congrégations* à des commissions permanentes composées de cardinaux et de prélats : telles sont la *C. du Saint-Office* ou *du Dogme*, instituée par Paul III pour connaître des hérésies; la *C. de l'Index*, chargée d'examiner les livres sous le rapport de la foi et de les permettre ou de les défendre; la *C. des Rites*, qui s'occupe de tout ce qui regarde le culte; celle de la *Propagande*, etc.

CONGRÈS (du latin *congressus*, réunion, assemblage), réunion des diplomates de plusieurs États pour concilier les prétentions opposées de diverses puissances. Pour l'énumération des plus célèbres de ces congrès, *Voy.* le *Dict. univ. d'Hist. et de Géogr.*

Congrès scientifique, réunion libre de savants qui s'assemblent à certaines époques et dans des localités déterminées à l'avance, pour conférer sur l'état et les progrès des sciences, et se communiquer leurs travaux. La Suisse et l'Allemagne ont donné le premier exemple des réunions de ce genre. En France, le premier congrès fut celui de Caen, fondé en 1834 par M. de Caumont; il fut suivi de ceux de Poitiers, de Douai, de Blois, de Metz, de Clermont, du Mans, de Besançon, de Lyon, de Strasbourg, d'Angers, de Nîmes, de Reims, de Marseille, etc.

Outre les congrès scientifiques, on a vu naître successivement en France le *C. archéologique pour la conservation des monuments* (1834), le *C. central d'agriculture* (1844), le *C. des vignerons et des producteurs de cidre* (1842), le *C. historique européen* (1845), le *C. de la Paix* (1848), etc.

CONGRUENCE (du latin *congruus*, qui s'accorde), relation de deux nombres inégaux, dont la différence est multiple d'un nombre entier. Les nombres comparés se nomment *congrus*, et le nombre entier qui divise exactement leur différence s'appelle le *module*. Ainsi, 11 et 21 sont congrus par rapport au module 5, parce que la différence 21 moins 11, ou 10, est un multiple de 5; ils sont, au contraire, *incongrus* par rapport à un autre module, par ex. 7. Chacun des nombres comparés prend le nom de *résidu* par rapport à l'autre, lorsque ces nombres sont congrus, et de *non-résidu* dans le cas contraire : par exemple, 11 est résidu de 21 par rapport au module 5, et il est non-résidu par rapport au module 7. Le signe de la congruence se compose de trois traits horizontaux ≡; ainsi A ≡ B signifie que A est congruent avec B. On doit à M. Gauss l'introduction, fort récente, dans la science des nombres de l'idée des congruences.

CONGRUISME (de *congruere*, s'accorder, coïncider), système sur l'efficacité de la grâce imaginé par Suarez, Vasquez et quelques autres pour rectifier celui de Molina, fut conçu dans le but de faire *accorder* la liberté de l'homme et la volonté de Dieu; accord qu'ils nommaient *congruité.*

CONICINE, dite aussi *conéine* ou *cicutine*, alcali organique auquel la Ciguë (*Conium maculatum*) doit ses propriétés vénéneuses. Il est huileux et renferme du carbone, de l'hydrogène et de l'azote dans les rapports de $C^{16}H^{15}N$. Il a été découvert par Gieseke en 1826; Geiger l'obtint en 1831 pour la première fois à l'état de pureté. M. Ortigosa en fit la première analyse exacte en 1842.

CONIFÈRES (du latin *conus*, cône, et *fero*, porter), famille de plantes Dicotylédonées, à fleurs diclines, dépourvues de périanthes. Les fleurs mâles sont ordinairement en chaton; les fleurs femelles, solitaires, réunies en globule ou disposées en cône; les tiges sont ligneuses; le fruit, disposé en cône dans la plupart des genres; les feuilles, en général persistantes et linéaires. La famille des Conifères est une des plus importantes et des plus utiles de notre hémisphère : elle se compose en grande partie d'arbres verts et résineux, formant d'immenses forêts dans les contrées du Nord de l'Europe et de l'Amérique, ainsi que sur les hautes montagnes; tels sont: le pin, le sapin, le cèdre, le genévrier, le cyprès, le thuya, l'if, etc. Quelques espèces, comme le mélèze, le cyprès chauve et le ginkho perdent les feuilles pendant la saison froide. — Cette famille se subdivise en 3 tribus : les *Taxinées*, les *Cupressinées* et les *Abiétinées. Voy.* ces mots.

CONIQUE, qui a rapport au cône, qui est en forme de cône. — Les *sections coniques* sont des lignes courbes que donnent les sections d'un cône sur un plan. Il y en a de quatre espèces : le cercle, l'ellipse, la parabole et l'hyperbole.

CONIROSTRES (de *conus*, cône, et *rostrum*, bec), famille d'oiseaux de l'ordre des Passereaux, créée par Cuvier pour tous les oiseaux qui ont le bec conique et sans échancrure. Elle renferme les *Alouettes*, les *Mésanges*, les *Moineaux* ou *Fringilles*, les *Étourneaux*, les *Pique-bœuf*, les *Sittelles*, les *Corbeaux*, les *Paradisiers* et les *Rolliers*.

CONIUM, nom latin de la Ciguë. *Voy.* ce mot.

CONIVALVES (de *conus*, cône, et *valvæ*, valves), nom sous lequel Cuvier avait désigné les coquilles en cône élargi (Patelles, Cabochons, Fissurelles), rangées aujourd'hui parmi les *Scutibranches.*

CONJOINT (du latin *conjunctus*, même signification), nom donné, en Botanique, aux organes de même nature qui sont soudés ensemble. On nomme *feuilles conjointes*, les feuilles opposées ou verticillées qui sont soudées entre elles par leur partie inférieure, comme dans le chardon et le chèvrefeuille. Il y a, dans le houblon, des *stipules conjointes*; dans la vigne, des *pétales conjoints*, et dans les synanthérées et les malvacées, des *étamines conjointes.*

En Arithmétique, on nomme *règle conjointe*, une opération qui a pour but de déterminer le rapport de deux nombres, dont les rapports avec d'autres nombres sont connus. On veut savoir, par exemple, combien 50 mètres valent d'yards (mesure anglaise), sachant que 13 décimètres valent 4 pieds français, et que 27 yards valent 76 de ces pieds. D'après la règle conjointe, on dispose ces données sur deux séries verticales, en équations successives, en appelant x l'inconnue, de cette manière :

$$x \quad \text{yards} = 50 \text{ mètres.}$$
$$1,3 \text{ mètres} = 4 \text{ pieds.}$$
$$76 \quad \text{pieds} = 27 \text{ yards.}$$

Évidemment, le produit des 3 premiers termes est égal au produit des 3 termes de droite. Donc on a : $x \times 1,3 \times 76 = 50 \times 4 \times 27$ ou $x \times 98,8 = 5400$; donc en divisant les deux côtés par 98,8, il vient $x = 54,66$; c.-à-d. que 50 m. valent 54,66 yards ou sensiblement 54 2/3 yards. — Les opérations de la règle conjointe, connues dans le commerce sous le nom d'*arbitrage* (*Voy.* ce mot), sont d'un emploi fréquent toutes les fois qu'on veut convertir les unes dans les autres, des monnaies ou des mesures d'après des rapports donnés.

CONJONCTIF (de *conjungere*, unir). *Pronom conjonctif. Voy.* PRONOM. — *Locution conjonctive. Voy.* CONJONCTION. — *Mode conjonctif. Voy.* SUBJONCTIF.

CONJONCTION (du latin *conjungere*, unir). En Grammaire, c'est une partie du discours dont la fonction est d'établir un rapport entre deux jugements énoncés, entre deux propositions. On distingue : *C. copulatives*, qui servent à rassembler deux noms ou deux verbes sous une même affirmation ou sous une même négation : *et, aussi, ni*, etc.; *C. alternatives*, qui marquent une alternative ou qui établissent une distinction : *ou, soit, soit que*; *C. adversatives*, qui lient deux propositions en marquant opposition dans la seconde à l'égard de la première : *mais, cependant, bien que; C. restrictives*, qui restreignent, de quelque manière que ce soit, une idée ou une proposition : *sinon, quoique, à moins que; C. conditionnelles*, qui lient deux propositions par une supposition ou marquent une condition : *si, pourvu que*, etc. Toutes peuvent être ramenées à deux classes, les *C. copulatives* ou *coordinatives*, établissant entre les propositions un simple rapport de coexistence, et les *C. subjonctives*, marquant une subordination de l'une à l'autre. — Les conjonctions sont, en outre, *simples* ou *composées* : *simples*, quand elles sont exprimées en un seul mot : *et, que, si; composées*, quand elles sont formées de plusieurs mots : *pourvu que, attendu que*, etc.

En Astronomie, on appelle *conjonction*, la rencontre de deux astres au même point du zodiaque, sur la ligne qui *joint* l'un à l'autre et à celui de la terre. La conjonction est dite *vraie*, lorsque les deux astres ont une même latitude et une même longitude; *apparente*, lorsqu'à la même longitude ils diffèrent par la latitude. On divise aussi les conjonctions en *héliocentriques* (du grec *hélios*, soleil, et *centron*, centre), ou conjonctions qu'on observerait si l'on était dans le soleil, et en *géocentriques* (du gr.

gè, terre), ou conjonctions vues de la terre. Les conjonctions géocentriques des planètes sont *inférieures* ou *supérieures*, selon que les planètes sont entre la terre et le soleil, ou que le soleil est entre la terre et les planètes. Les *grandes conjonctions* sont celles où plusieurs planètes sont vues, sinon au même point du zodiaque, du moins très-près l'une de l'autre. La lune se trouve tous les mois en conjonction avec le soleil : c'est ce qu'on nomme la *nouvelle lune*. Lorsque la conjonction est parfaite, c.-à-d. lorsqu'elle a lieu dans les nœuds de l'écliptique, ou très-près de ces nœuds, il y a éclipse de soleil, parce que la terre, la lune et le soleil se trouvent alors sur une même ligne droite ; par la même raison il y a éclipse de lune, lorsque la conjonction se trouve près de nœuds, au moment de l'opposition, c.-à-d. au temps de la pleine lune. Les conjonctions et les oppositions de la lune portent le nom de *syzygies*. — Les conjonctions jouaient un grand rôle dans les horoscopes, d'après lesquels les astrologues prétendaient découvrir l'avenir.

CONJONCTIVE, membrane muqueuse ainsi appelée parce qu'elle joint le globe de l'œil aux paupières, en tapissant d'une part la surface interne de ces voiles membraneux, et de l'autre le globe de l'œil jusqu'à la circonférence de la cornée transparente. La conjonctive se continue avec la membrane pituitaire par les points lacrymaux.

CONJUGAISON (du latin *cum*, avec, et *jugum*, joug), nom donné, en Grammaire, à l'ensemble des formes que le verbe peut revêtir dans une langue ; ces formes sont au nombre de 4 : le *mode*, le *temps*, le *nombre*, la *personne*. Voy. ces mots et VERBE.

En Anatomie, on appelle *Conjugaison des nerfs*, la conjonction de certaines paires des nerfs ; *Trous de conjugaison*, des ouvertures situées sur les côtés de la colonne vertébrale, qui donnent passage aux nerfs de la moelle épinière et à certains vaisseaux.

CONJUGUÉ (du latin *conjugatus*, réuni, accompli), nom donné, en Botanique : 1° aux feuilles composées dont les folioles sont disposées par paires des deux côtés du pétiole, comme dans le sainfoin ; la feuille conjuguée est dite *unijuguée*, *bijuguée*, *trijuguée*, *multijuguée*, etc., selon qu'elle offre une, deux, trois ou un plus grand nombre de paires au pétiole ; 2° à une tribu d'Algues d'eau douce, appelées aussi *Zygnémées* ou *Synsporées*, remarquable par l'accouplement qui s'opère entre les articles de deux de leurs filaments rapprochés parallèlement, et qui, au point de leur réunion, forment une spore.

En Géométrie, on appelle *Diamètres conjugués* deux diamètres d'une courbe, quand l'un est toujours parallèle aux cordes que l'autre divise en deux parties égales ; *Hyperbole conjuguée*, l'hyperbole décrite dans l'angle vide des asymptotes d'une autre hyperbole, et ayant les mêmes asymptotes que cette dernière ; *Ovale conjugué*, un ovale complètement séparé et isolé des branches d'une seconde courbe principale, située dans le même plan, et donnée dans la même équation ; *Axe conjugué*, le petit axe ou le plus petit des deux diamètres de l'ellipse.

Foyers conjugués, terme de physique. Voy. FOYER.

Pierres conjuguées, pierres gravées où les têtes sont représentées sur le même profil.

CONJURATION (de *cum*, ensemble, et *juro*, jurer ; s'engager par serment), complot formé entre plusieurs personnes dans le but d'opérer une révolution dans l'État. La *conjuration* ne diffère que par une faible nuance de la *conspiration* : la 1re paraît plutôt s'attaquer aux choses, et la 2° aux personnes. Pour les conjurations célèbres, Voy. CONSPIRATION.

Conjuration se dit aussi des paroles, des cérémonies par lesquelles de soi-disant magiciens prétendent, en vertu d'un pacte fait avec le diable, *conjurer* les démons, la peste, l'orage, évoquer les mauvais esprits ; ils se servent à cet effet d'une baguette,

tracent des cercles autour des objets sur lesquels ils veulent opérer, se servent de mots et de caractères cabalistiques, etc. — *Conjuration* se dit aussi pour *exorcisme*. Voy. ce mot.

CONNAISSANCE, vue de l'esprit. Voy. IDÉE.

CONNAISSANCE DES TEMPS, ouvrage sous forme de calendrier astronomique, à l'usage des astronomes, marins, ingénieurs, etc., contient les positions du soleil, de la lune, des planètes, ainsi que des principales étoiles à certaines époques périodiques, et qui dispense de faire le calcul des formules exprimant le mouvement des astres. — Cet ouvrage a été publié pour la première fois en 1679, par l'astronome Picard, et continué par lui jusqu'en 1685, et ensuite par Lefebvre (1685-1702), Lieutaud (1729), Godin (1734), Maraldi (1759), Lalande (1775), Jeaurat (1787), Méchain (1794). — Depuis 1795, la rédaction en a été confiée au Bureau des Longitudes, qui le publie chaque année pour 2 ou 3 ans d'avance.

CONNAISSEMENT (de *connaître*), déclaration contenant un état des marchandises chargées sur un navire, le nom de ceux à qui elles appartiennent, l'indication des lieux où on les porte, et le prix du fret : c'est la *lettre de voiture* maritime. Tous les connaissements doivent être signés par le capitaine et par le chargeur. Le connaissement fait foi entre toutes les parties intéressées au chargement, ainsi qu'entre elles et les assureurs (Code de Comm., II, VII, art. 281-85). — Dans la Méditerranée on dit plutôt *police de chargement*.

CONNARACÉES, famille de plantes dicotylédones polypétales, détachée de celle des Térébinthacées. Ce sont des arbres ou des arbrisseaux exotiques, à feuilles alternes, composées d'une ou de plusieurs paires de folioles, coriaces, avec impaire, et à fleurs en grappes ou en panicules. Le calice est quinquéparti, la corolle est à 5 pétales, les étamines sont en nombre double et le pistil à 5 ovaires. Toutes les plantes de cette famille appartiennent à l'Amérique intertropicale. Le genre *Connare (Connarus*), qui en est le type, a des fleurs blanches, nombreuses, en panicules axillaires.

CONNÉ, *connatus*, se dit en Botanique des feuilles opposées, soudées par leur base ; en sorte qu'elles paraissent n'en former qu'une seule à travers laquelle passe la tige : telles sont les feuilles terminales du Chèvrefeuille, celles de la Cardère, etc.

CONNECTIF (du latin *connectere*, nouer ensemble), organe charnu, plus ou moins visible, qui réunit les deux loges des anthères de certaines plantes. Tantôt le *connectif* n'est apparent qu'au dos de l'anthère, comme dans le lis ; tantôt il l'est sur les deux faces ; tantôt il est tellement développé qu'on ne le reconnaît que par analogie, comme dans la sauge.

CONNÉTABLE, titre d'une grande dignité aujourd'hui abolie : c'était, en France, le commandant en chef de toutes les armées du royaume. Pour l'histoire de cette dignité, Voy. le *Dict. univ. d'H. et de G.*

CONNÉTABLIE (de *connétable*). Ce mot désignait autrefois : 1° la juridiction du connétable et des maréchaux de France sur les gens de guerre et sur ce qui regardait la guerre, tant au civil qu'au criminel ; 2° la juridiction des maréchaux de France, pour les affaires qui regardaient le point d'honneur. La connétablie se tenait ordinairement chez le doyen des maréchaux de France, comme représentant le connétable.

CONNEXITÉ, liaison existant entre deux ou plusieurs affaires qui demandent à être décidées par un seul et même jugement. Ainsi une demande principale et une demande accessoire doivent être réputées connexes. Si une contestation est *connexe* à une cause déjà pendante devant un autre tribunal, le renvoi peut être demandé et ordonné (art. 171 du Code de Procédure).

CONNIVENT (du latin *connivere*, clignoter, fermer à demi), se dit, en Botanique, de certains organes des plantes (feuilles, calices ou corolles) dont les divisions sont rapprochées ou tendent manifestement à se rapprocher. — En Anatomie, on nomme *valvules conniventes* des replis circulaires très-multipliés qu'on observe dans le canal intestinal, depuis l'orifice du pylore jusqu'à son extrémité, et qu'on croit destinés, non-seulement à ralentir le cours de la masse chymeuse, mais aussi à l'imprégner des fluides biliaire et pancréatique, et à augmenter la surface absorbante et exhalante.

CONOCARPE (du grec *cônos*, cône, et *carpos*, fruit), qui a les fruits coniques, comme les capsules du Verbasque dit *Conocarpe.*—Ce caractère a donné son nom à un genre de la famille des Combrétacées, dont plusieurs espèces sont cultivées en Europe.

CONOCLINE (du grec *cônos*, cône, et *cliné*, lit), *Conoclinium*, genre de la famille des Composées, tribu des Eupatoriées, est composé d'herbes et de sous-arbrisseaux de l'Amérique boréale et tropicale, à feuilles opposées, et à fleurs bleues ou pourpres en capitules. Le type de ce genre est l'*Eupatorium cœlestinum*, jolie plante recherchée dans nos jardins pour ses belles fleurs d'un bleu azuré.

CONOIDE (du grec *cônos*, cône, et *eidos*, forme), solide formé par la révolution d'une section conique autour de son axe. Le *conoïde parabolique* ou *paraboloïde* résulte de la révolution de la parabole; le *conoïde elliptique*, *sphéroïde* ou *ellipsoïde*, de celle de l'ellipse; le *conoïde hyperbolique* ou *hyperboloïde*, de celle de l'hyperbole.

Les Anatomistes donnent quelquefois aux dents canines le nom de *dents conoïdes*.

CONOPS, genre d'insectes Diptères, famille des Athéricères : tête très-volumineuse par rapport au corps; yeux ovalaires; trompe deux fois plus longue que la tête; abdomen long, très-rétréci à la base; pattes de grandeur moyenne et robustes. Les Conops ont le vol vif et rapide : ils vivent sur les fleurs des prairies. L'espèce type est le *Conops à grosse tête* (*C. macrocephala*), dont la forme et la taille sont à peu près celles d'une guêpe.— Le Conops donne son nom à la tribu des *Conopsaires*, qui a pour caractère essentiel une trompe saillante en forme de siphon, tantôt cylindrique, tantôt conique. Outre le genre type, elle comprend les genres *Systrope*, *Zodion*, *Myope*, *Stomoxe* et *Bucente*.

CONQUE (du grec *conchè*, coquille), nom sous lequel les anciens désignaient la plupart des coquilles bivalves. Aujourd'hui on nomme *C. de Vénus mâle*, le Venus verrucosa; *C. de Vénus orientale*, le V. disera; *C. de Vénus épineuse*, le V. Dione; *C. de Vénus en pointe*, le Cardium pectinatum; *C. tuilée*, le Cardium isocardia; *C. exotique*, le Cardium certatum; enfin, *C. de Neptune* ou *C. de Tritons*, quelques coquilles univalves. — Lamarck a créé, sous le nom de *Conques*, une famille de coquilles bivalves régulières qu'il partage en deux groupes : les *C. fluviatiles*, comprenant les genres Cyclade, Cyrène et Galatée; et les *C. marines*, comprenant les genres Cyprine, Cythérée, Vénus et Vénéricarde.

Les Anatomistes nomment *conque* la cavité de l'oreille au fond de laquelle se trouve l'orifice externe du conduit auditif.

CONQUE est aussi le nom d'une ancienne mesure grecque pour les liquides, équivalant à 2 centilitres un quart; — et d'une mesure pour le sel et les grains, en usage à Bayonne, et pesant 83 kilogr et demi.

CONQUÊTS (en latin *conquisita*, acquis ensemble), se dit, en Droit, de toute acquisition faite en commun des deniers de la communauté conjugale.

CONSANGUIN (du latin *cum*, ensemble, et *sanguis*, sang), se dit des enfants nés d'un même père, mais non d'une même mère, par opposition aux enfants *utérins*, qui sont nés d'une même mère et non pas d'un même père; et aux *germains*, qui sont nés de père et de mère communs.

CONSCIENCE (de *cum*, avec, et *scire*, savoir). En Psychologie, ce mot signifie :

1°. La faculté par laquelle tout homme sent à chaque instant tout ce qui se passe en lui, prenant à la fois connaissance de son être et des phénomènes de sensibilité ou d'activité qui se succèdent pendant toute la vie : on l'appelle aussi *sens intime;*

2°. La faculté par laquelle l'homme, se jugeant lui-même, apprécie le bien et le mal qu'il fait, discerne le juste et l'injuste. Les philosophes se sont partagés sur la nature de cette faculté, les uns la rapportant à la sensibilité, les autres à la raison. Elle est un composé des deux : car, tandis que la raison saisit le caractère essentiel de l'action et la qualifie bonne ou mauvaise, la sensibilité s'émeut, et se réjouit du bien accompli, comme elle souffre du mal.

CONSCRIPTION. *Voy.* RECRUTEMENT.

CONSCRIPTS (PÈRES), nom des sénateurs chez les Romains. *Voy.* SÉNATEUR.

CONSÉCRATION (du latin *sacrare*, rendre sacré), cérémonie par laquelle on destine certaines choses ou certaines personnes au culte ou au service de Dieu. C'est en ce sens qu'on dit la consécration d'un autel, d'un calice, d'une église (*Voy.* SACRE, ORDINATION, DÉDICACE). — Pris dans un sens plus étroit, ce mot se dit de l'action par laquelle le prêtre qui célèbre le sacrifice de la messe change le pain et le vin au corps et au sang de Notre-Seigneur Jésus-Christ, et de la partie de la messe qui commence par ces paroles : *Qui pridie quam pateretur*, et continue jusqu'à la prière : *Unde et memores*.

CONSÉCUTIF (de *consequi*, suivre). On appelle *phénomènes* ou *accidents consécutifs* certains effets d'une maladie qui se développent après sa cessation, sans paraître avoir de rapports directs avec elle.

CONSEIL. Ce mot a des acceptions fort différentes selon qu'il est employé dans l'ordre judiciaire, dans l'ordre administratif, ou dans l'ordre politique.

I. Dans l'*ordre judiciaire*, *Conseil* est le plus souvent synonyme d'*avocat :* tout accusé traduit en cour d'assises doit avoir un *conseil* ; s'il n'a pas lui-même fait de choix, il lui est nommé un *conseil d'office*.

Le *Conseil judiciaire* est un conseil nommé par la justice au prodigue : celui qui en est pourvu ne peut, sans l'assistance de ce conseil, plaider, transiger, emprunter, recevoir ou donner décharge, aliéner ni grever ses biens d'hypothèques (Code civil, art. 513 et 514). Ce conseil remplit auprès du prodigue l'office d'un *véritable curateur*.

Le *Conseil de famille* est une assemblée de parents, convoquée et présidée par le juge de paix, pour délibérer sur ce qui concerne les intérêts d'un mineur, ou pour donner son avis sur l'état d'une personne dont l'interdiction est demandée. V. TUTELLE.

Le *Conseil de discipline* est un tribunal chargé d'appliquer aux infractions au service commises dans la garde nationale les peines disciplinaires établies par la loi (*Voy.* GARDE NATIONALE). —On a donné le même nom à une espèce de tribunal institué dans divers corps, comme dans l'ordre des avocats, le corps des notaires, des avoués, pour y maintenir la discipline et la dignité des membres du corps.

Les *Conseils de guerre* sont les tribunaux institués pour juger les crimes et délits militaires. Ils ont été créés par la loi du 13 brumaire an V (1797), complétée par la loi du 4 fructidor an V, et par le décret du 3 mai 1848. Chaque conseil de guerre est composé de sept membres : un colonel, qui remplit les fonctions de président, un chef de bataillon ou d'escadron, deux capitaines, un lieutenant, un sous-lieutenant et un sous-officier. Un capitaine fait les fonctions de rapporteur; un autre capitaine remplit celles de commissaire du gouvernement. Lorsqu'il s'agit de juger un général, le conseil est composé d'un général ayant commandé en chef, de trois généraux de division et de trois généraux de brigade, d'un commissaire du gouvernement et d'un rapporteur, qui doit être intendant militaire (loi du 4 fructidor an V). — Il y a, par chaque division militaire, deux conseils de guerre, qui sont composés de la même manière : quand le 1er a jugé, le condamné ou le commssssaire du gouvernement peut en appeler ; et si le conseil de révision casse le jugement, l'affaire est portée devant le 2e, qui juge en dernier ressort, à moins que le conseil de révision n'infirme encore ce nouveau jugement pour vice de forme. Dans ce cas, le ministre de la Guerre saisit un conseil de guerre d'une autre division militaire:—Quand l'*état de siége* a été déclaré, tous les crimes commis dans les lieux mis en état de siége sont déférés aux conseils de guerre.—Il y a aussi des *conseils de guerre maritimes* : cé sont des assemblées d'officiers de marine qui se forment chaque fois qu'il se présente à juger un délit commis sur un bâtiment de l'État, et dont la peine excède celle de la cale ou de la bouline. Ils ont été créés en 1806.

On a encore appelé *conseils de guerre* des assemblées que tiennent les officiers généraux d'une armée, ou les officiers principaux d'un détachement, d'une place de guerre, pour délibérer sur le-parti qu'on doit prendre en certaines conjonctures difficiles.

Conseils de révision. Les jugements rendus par les conseils de guerre peuvent être déférés au conseil de révision, soit sur la demande des parties, soit sur la demande du commissaire du gouvernement. Le conseil de révision est composé de cinq membres : un officier général, un colonel, un chef de bataillon ou d'escadron, deux capitaines, et d'un greffier qui est toujours au choix du président (loi du 18 vendémiaire an VI). Il prononce, à la majorité des voix, l'annulation des jugements, en cas de défaut de forme, d'excès de pouvoir, ou d'incompétence ; mais il ne peut connaître du fond de l'affaire ; s'il annule le jugement, il renvoie le fond du procès à celui des deux conseils de guerre qui n'a point connu de l'affaire.

On donne aussi le nom de *conseils de révision* aux conseils chargés, lors du recrutement de l'Armée ou de la Garde nationale, de statuer sur l'aptitude des sujets présentés. Aux termes de la loi du 21 mars 1832, le conseil de révision se compose, pour l'Armée, du préfet, président, d'un conseiller de préfecture, d'un membre du conseil général du département et du conseil d'arrondissement, d'un officier général. Ceux qui croient avoir des motifs d'exemption se présentent devant ce comité, qui les fait visiter par des officiers de santé, et prononce, sur l'avis de ces derniers, l'admission au service ou la réforme.

II. Dans l'*ordre administratif*, il y a une foule de conseils, dont les uns participent à l'administration, comme les *C. municipaux*, les *C. d'arrondissement*, les *C. généraux de département*, le *C. d'État* ; dont les autres sont purement consultatifs.

Conseil académique, conseil établi auprès du recteur dans chaque académie, exerce des fonctions à la fois administratives et judiciaires ; le recteur en est le président. Créé en 1808 avec l'Université, il a été réorganisé par la loi du 15 mars 1850.

Conseil d'administration. Ce nom, qui peut avoir une foule d'autres significations, se donne plus particulièrement à la réunion des officiers qui, dans un corps d'armée, se réunissent en conseil pour autoriser certaines dépenses et arrêter les comptes du corps. Le conseil d'un régiment, présidé par le colonel, se compose de deux officiers supérieurs, deux capitaines, un lieutenant et un sous-officier ; celui d'un bataillon est présidé par le chef de bataillon et composé de deux capitaines, d'un lieutenant et d'un sous-officier ; celui d'une compagnie, du capitaine, d'un lieutenant et d'un sous-officier. Les membres du conseil d'administration sont choisis par leurs pairs au scrutin, et nommés pour un an.

Conseil d'arrondissement, conseil placé dans chaque arrondissement près du sous-préfet, fait la répartition, entre les communes de l'arrondissement, des contributions directes, foncière et mobilière, donne son avis motivé sur les demandes en décharge formées par les communes, et exprime son opinion sur l'état et les besoins de l'arrondissement. Il se rassemble chaque année à une époque fixée par le gouvernement, et la durée de sa session ne peut excéder quinze jours. Chaque conseil d'arrondissement est composé d'autant de membres que l'arrondissement a de cantons. Ils sont élus pour six ans, et renouvelés par moitié tous les trois ans (loi du 22 juin 1833).

Conseil des bâtiments civils, conseil établi près du ministre des Travaux publics, à Paris, examine les projets et devis concernant les constructions et réparations de tous les bâtiments civils du royaume, les projets des alignements des rues et places de Paris et des autres villes, et donne son avis sur les questions d'art soumises à son examen par le ministre.

Conseil colonial, conseil institué en 1833 dans chacune des quatre principales colonies françaises (Martinique, Guadeloupe, Guyane et Bourbon), et composé de propriétaires de la colonie. Ses membres sont élus pour cinq ans par les colléges électoraux. Les conseils coloniaux ont chaque année une session ordinaire. Ils discutent et votent le budget intérieur de la colonie, déterminent l'assiette et la répartition des contributions directes, donnent leur avis sur toutes les dépenses à la charge de l'État, et règlent certaines matières. Ils peuvent être discuss par les gouverneurs.—Il existe, en outre, un *Conseil des délégués des colonies*, siégeant à Paris. Ces délégués sont au nombre de sept, savoir deux pour chacune des colonies de la Martinique, de la Guadeloupe et de l'île Bourbon, et un pour la Guyane. Ils sont chargés de donner au gouvernement les renseignements relatifs aux intérêts généraux des colonies, et de suivre auprès de lui l'effet des délibérations et des vœux des conseils coloniaux. Ils sont nommés par les conseils coloniaux pour cinq ans. Ils reçoivent un traitement payé par la colonie qu'ils représentent.

Conseil d'État, réunion de magistrats choisis par le chef de l'État pour préparer les lois, rédiger les décrets et règlements d'administration, pour donner leur avis sur tout ce qui intéresse l'administration générale du pays, et pour juger les affaires contentieuses dont les lois réservent la connaissance à l'administration générale. Le Conseil d'État se compose de conseillers, de maîtres des requêtes et d'auditeurs, en service ordinaire ou extraordinaire. Le service ordinaire est celui des conseillers d'État, des maîtres des requêtes et des auditeurs employés aux travaux intérieurs et habituels du conseil ; le service extraordinaire est celui des conseillers d'État et des maîtres des requêtes exerçant, hors du conseil, des fonctions publiques. Les membres du Conseil d'État sont nommés par le chef de l'État, et peuvent être révoqués par lui ; ils sont répartis en six sections, savoir : section de législation, justice et affaires étrangères ; section du contentieux ; section de l'intérieur, de l'instruction publique et des cultes ; section des travaux publics, de l'agriculture et du commerce ; section de la guerre et de la marine ; section des finances. Le Conseil d'État est présidé par un président nommé par l'Empereur et ayant rang de ministre ; il peut être présidé par l'Empereur. Les avocats au Cons. d'État et à la Cour de cassation peuvent seuls plaider devant ce conseil dans les affaires contentieuses dont il connaît. — Le Conseil d'État a existé sous différents noms sous l'ancienne monarchie. Supprimé en 1789, il fut rétabli, ou plutôt créé à nouveau, par la constitution de l'an VIII (1799). Il a reçu depuis d'importantes modifications, notamment en 1814 (ordonnance du 29 juin) et en 1815 (ordonnance du 27 août). Réorganisé par la loi du 19 juillet 1845, il profondément modifié dans ses attributions par la constitution de 1848 et par la loi organique du 8 mars 1849, il a été ramené par la constitution du 14 janv. et le décret du 25 janv. 1852 à son institution primitive. M. Regnault, bibliothécaire du Conseil, a donné en 1852 une *Histoire du conseil d'État*.

Conseil général d'agriculture, conseil créé en 1819 et réorganisé par un décret du 27 mars 1852. Il est composé de 100 membres, dont 86 choisis annuellement par le ministre de l'Intérieur et de l'Agriculture dans les Chambres d'agriculture et 14 en dehors; le ministre le préside. Les fonctions des membres de ce conseil sont gratuites. Ce conseil tient une session annuelle qui ne peut durer plus d'un mois. Il délibère et émet des vœux sur les propositions de ses membres, et donne son avis sur toutes les questions que lui soumet le ministre.

Conseil général du commerce, conseil composé de membres élus par les Chambres de commerce, et pris, soit dans leur sein, soit dans leur circonscription; ses membres sont nommés pour trois ans, leurs fonctions sont gratuites. Chaque chambre nomme un membre, à l'exception de celles de Paris, qui en nomme huit, et de Lyon, Marseille, Bordeaux, Nantes, Rouen et du Havre, qui en nomment chacune deux. Ce conseil tient une session annuelle; des convocations extraordinaires peuvent, en outre, être ordonnées. Il délibère sur les propositions faites par les membres du conseil. — Il existe, en outre, près le ministère de l'intérieur, un *Conseil supérieur du commerce*, appelé à donner son avis sur les projets de lois et ordonnances concernant le régime des douanes en ce qui intéresse le commerce; sur les projets de traités de commerce et de navigation; sur la législation commerciale des colonies; sur le système des encouragements des grandes pêches maritimes; sur les vœux des conseils généraux du commerce, des manufactures et du conseil d'agriculture, et sur toutes les questions que le ministre juge à propos de lui soumettre. Il a été, ainsi que le précédent, organisé par une loi du 29 avril 1831.

Conseil général de département, conseil établi dans chaque département, et qui s'assemble chaque année à une époque fixée par le gouvernement. La durée de la session ne peut excéder quinze jours. Le nombre des membres du conseil est égal à celui des cantons du département, sans toutefois excéder le nombre de trente. Les membres des conseils généraux sont élus pour neuf ans, et sont renouvelés par tiers tous les trois ans. Les conseils généraux font la répartition des contributions directes entre les arrondissements; ils statuent sur les demandes en réduction faites par les conseils d'arrondissement et les communes; ils déterminent le nombre des centimes additionnels dont l'imposition est demandée pour les dépenses des départements; ils reçoivent et vérifient le compte annuel que le préfet doit rendre des dépenses départementales; ils expriment leur opinion sur l'état et les besoins des départements.

Conseil général des manufactures, conseil qui a, dans sa sphère, les mêmes attributions et les mêmes règlements que le conseil général du commerce. Il est composé de vingt membres nommés pour trois ans par vingt des chambres consultatives des arts et manufactures, et de quarante membres nommés par le ministre de l'Agriculture et du Commerce; en outre, douze membres du conseil général du commerce ont entrée à ce conseil.

Conseil général des mines, conseil composé de six inspecteurs généraux, dont trois de première classe et trois de seconde, et d'un ingénieur en chef, secrétaire. Il examine tout ce qui a rapport à l'exploitation et au classement des mines en France.

Conseil général des ponts et chaussées, conseil auquel sont soumises toutes les affaires relatives aux travaux des ponts et chaussées. Les inspecteurs généraux en sont membres permanents; les inspecteurs divisionnaires y viennent à tour de rôle, au nombre de six; l'inspecteur divisionnaire attaché à la marine en est aussi membre. Ce conseil se divise en deux sections, les *routes et ponts*, et la *navigation*.

Conseil municipal, conseil chargé, dans chaque commune, de surveiller l'administration des biens communaux et de prendre toutes les mesures propres à assurer la prospérité de la commune. Les conseillers municipaux sont élus pour six ans, par l'assemblée des électeurs communaux. Il y a 10 conseillers dans les communes de 500 habitants et au-dessous, 12 dans celles de 500 à 1,500, 16 dans celles de 1,500 à 2,500, 21 dans celles de 2,500 à 3,500, 23 dans celles de 3,500 à 10,000, 27 dans celles de 10,000 à 30,000, et 36 dans celles de 30,000 et au-dessus. Les conseils municipaux sont renouvelés par moitié tous les trois ans, et se réunissent quatre fois par an, en février, mai, août et novembre. Chaque session peut durer dix jours. Le maire est président. Dans les communes où il y a plus de trois adjoints, le conseil s'augmente d'un nombre de membres égal à celui des adjoints au-dessus de trois; dans celles où il a été nommé un ou plusieurs adjoints supplémentaires, le conseil s'augmente d'un nombre égal à celui de ces adjoints. A Paris, le conseil municipal est soumis à un régime particulier. — Les conseils municipaux ont été organisés par les lois du 21 mars 1831 et 22 juillet 1837.

Conseil de préfecture, sorte de tribunal institué pour la justice administrative, est présidé par le préfet lorsqu'il y assiste. Le Conseil de préfecture prononce sur les demandes des particuliers tendant à obtenir la décharge ou la réduction de leur cote de contributions directes; sur les difficultés entre les entrepreneurs de travaux publics et l'administration: en un mot, sur toutes les affaires contentieuses qui sont de la compétence de l'autorité administrative. Il ne juge qu'en 1re instance et sauf le recours au Conseil d'État. Les conseillers de préfecture sont nommés par le chef de l'État et sont révocables.

Conseil des prud'hommes. Voy. PRUD'HOMMES.

Conseil de recensement, conseil chargé de former les rôles de la garde nationale. *Voy.* RECENSEMENT.

Conseil de salubrité, conseil établi à Paris, près la préfecture de police, est chargé de tout ce qui intéresse l'hygiène publique: il a dans ses attributions l'examen sanitaire des halles et marchés, cimetières, tueries et voiries, des chantiers d'équarrissage et autres établissements insalubres; les amphithéâtres de dissection, les vidanges, les bains publics, la visite des prisons, les secours à donner aux noyés et asphyxiés, les épidémies, la statistique médicale et les tableaux de mortalité, les recherches pour assainir les lieux publics et perfectionner les procédés des professions qui peuvent compromettre la salubrité. Ce conseil tient séance tous les quinze jours à la préfecture de police. Créé en 1802, ce conseil a été réorganisé par un arrêté du 24 décembre 1832.

Conseil de santé des armées. Ce conseil délibère sur le service des hôpitaux et la médecine militaire, et propose à l'avancement les officiers de santé. Il se compose de médecins inspecteurs, désignés chaque année par le ministre. Supprimé en l'an IX, il fut rétabli en 1816. Il a été réorganisé par le décret du 23 mars 1852, mais avec une influence très-limitée sur le personnel du service de santé.

Il existe, en outre, près le ministère de l'Intérieur, un *Conseil supérieur de santé*, chargé de veiller à ce qui intéresse la santé générale du pays.

Conseil supérieur du commerce. Voy. ci-dessus CONSEIL DU COMMERCE.

Conseil supérieur de l'Instruction publique. Voy. INSTRUCTION PUBLIQUE.

III. Dans l'ordre politique, le nom de *Conseil* a été donné spécialement aux deux assemblées législatives instituées par la Constitution de l'an III sous les noms de *C. des Anciens* et de *C. des Cinq-Cents*, ainsi qu'aux assemblées nationales qui régissent la Suisse, au *C. Aulique* institué en Autriche, et jadis au *C. des Dix* de Venise. *Voy.* ces noms au *Dict. univ. d'Hist. et de Géogr.*

CONSEILLER. Ce mot, applicable à tout membre d'un conseil quelconque, est plus particulièrement donné, dans l'usage, aux membres des hautes cours de justice, telles que la cour de cassation, la cour des comptes et les cours d'appel.

Il y avait autrefois des *Conseillers clercs*, ou ecclésiastiques : ils furent créés en 1573 par Charles IX, et remplissaient dans les parlements, les présidiaux, etc., des charges spéciales à eux réservées. Parmi les conseillers clercs, il s'en trouvait qu'on appelait *conseillers clercs nés*, parce qu'ils faisaient partie, soit du parlement, soit de tout autre juridiction, par le seul fait de leur dignité : tels étaient l'évêque de Paris et l'abbé de Cluny.

Conseillers d'épée ou *Conseillers de robe courte.* On nommait ainsi, sous l'ancienne monarchie, ceux des conseillers qui avaient le droit de siéger l'épée au côté. C'était le privilége des princes du sang, des ducs et pairs, des gouverneurs de province, des baillis et des sénéchaux.

Conseillers d'État. Voy. CONSEIL D'ÉTAT.

Conseiller maître, Conseiller référendaire à la Cour des Comptes. Voy. COUR DES COMPTES.

CONSENTEMENT. Le consentement est la condition essentielle de toute convention. Le consentement n'est pas valable s'il n'a été donné que par erreur ou s'il a été extorqué par la violence ou surpris par le dol (Code civ., art. 1109). Le consentement est *exprès* lorsqu'il est manifesté de vive voix ou par écrit; *tacite* lorsqu'il est manifesté par des actions, des faits qui indiquent suffisamment qu'on adhère à la proposition qui est faite; quelquefois même le silence suffit, d'après l'adage : Qui ne dit rien consent. — Le consentement est indispensable pour la validité du mariage : « Il n'y a pas de mariage lorsqu'il n'y a pas de consentement.» Code civ., art. 146.

CONSÉQUENT. *Voy.* ANTÉCÉDENT et PROPORTION.

CONSERVATEUR, titre donné, en France, à plusieurs fonctionnaires préposés à la garde et à la surveillance d'un dépôt, tel que bibliothèque, musée, cabinet de médailles, d'histoire naturelle, etc.

On nomme *Conservateurs des hypothèques* les fonctionnaires chargés de tenir les registres où s'inscrivent les priviléges et les hypothèques, et d'y opérer la transcription de tous les actes de ventes d'immeubles : il y en a un dans chaque arrondissement; — *C. des eaux et forêts*, les agents supérieurs de l'administration générale des forêts de l'État.

CONSERVATOIRE, établissement destiné à conserver et à propager les connaissances acquises, notamment en Musique et dans les Arts et métiers.

Les *Conservatoires de musique* ont pris naissance en Italie : le premier fut fondé à Naples en 1537; celui de Paris ne remonte qu'à 1784. Ce fut d'abord une école spéciale de chant; on y ajouta en 1786 des classes de déclamation. Fermé en 1789, il fut rouvert en 1793, sous le nom d'*Institut national de musique*; réorganisé en 1795, par un décret du 12 thermidor, il reprit le titre de *Conservatoire de musique*. Sous l'habile direction de Sarrette (1788-1814), et sous celle de Cherubini (1822-42), le Conservatoire a éminemment contribué aux progrès de l'art musical et de la déclamation en France. Plus de 500 élèves suivent annuellement ses cours, et ses méthodes sont devenues classiques dans toute l'Europe. Les plus grands noms parmi les compositeurs, les instrumentistes ou les artistes dramatiques contemporains, appartiennent au Conservatoire. Depuis 1828, une association musicale, composée de musiciens formés dans l'établissement et connue sous

le nom de *Société des Concerts*, y donne, chaque année, de grands concerts publics. Toulouse, Marseille, Metz, Dijon, ont depuis quelques années des écoles de musique qui sont des succursales du Conservatoire de Paris. — Vienne, Prague, Berlin, Londres, Bruxelles ont aussi des Conservatoires de musique.

Le *Conservatoire des Arts et Métiers* de Paris situé dans les bâtiments de l'abbaye St-Martin, doit son origine à Vaucanson; il s'est formé par la réunion successive de différentes collections de machines, de modèles, d'instruments et d'appareils de tout genre. Son existence officielle date de 1794; son musée et sa bibliothèque sont ouverts au public le jeudi et le dimanche. Le nombre des cours a souvent changé; d'après le programme de 1852, on y fait des cours de géométrie, de mécanique, de physique et de chimie appliquées, d'arts céramiques, d'agriculture, d'économie et de législation industrielles; ces cours sont particulièrement destinés aux ouvriers.

CONSERVE. On donne ce nom : 1° à une espèce de confitures sèches faites de substances végétales et de sucre : on fait des conserves de citron, de framboises, même de roses, de violettes, de fleurs d'oranger, etc.; 2° à toute espèce de mets, gibier, volaille, poissons, légumes, fruits, œufs, laitage même, cuits et conservés avec soin dans des boîtes de fer-blanc soudées ou dans de grosses bouteilles soigneusement privées d'air et bouchées hermétiquement. Ces préparations peuvent se conserver ainsi plusieurs années, et, lorsqu'on les chauffe au bain-marie, elles ont presque autant de saveur que si elles étaient fraîches. MM. Appert et Masson ont surtout perfectionné cette industrie. Les conserves sont d'une grande utilité pour la marine et pour le service de nos tables pendant l'hiver.

Dans la Marine, on nomme *conserve*, un bâtiment qui fait route avec un autre, pour le secourir ou pour en être secouru au besoin : c'est ce qu'on appelle *naviguer de conserve* ou *de compagnie*.

CONSERVES, espèce de lunettes. *Voy.* LUNETTES.

CONSIGNATION (du latin *consignare*, cacheter, sceller). On désigne spécialement par ce mot les dépôts ordonnés par justice ou effectués volontairement dans une caisse publique pour opérer une libération sujette à contestation (Code civ., art. 1257). Ces dépôts se font, à Paris, à la *Caisse des Dépôts et Consignations* (*Voy.* DÉPÔT), dans les départements, entre les mains du receveur général. — Avant la création de la caisse des dépôts, les sommes étaient déposées entre les mains de *Receveurs de consignations*, offices créés à cet effet en 1578.

Dans le Commerce, mettre des marchandises *en consignation*, c'est en opérer le dépôt dans une maison de commission pour en effectuer plus facilement la vente, ou pour obtenir des avances d'argent. Toutes les marchandises qui composent la cargaison d'un navire sont *consignées* sur le bâtiment, et dans ce cas la principale conséquence de la *consignation* est d'affecter les marchandises, non-seulement au payement du fret, mais aussi à tous les risques maritimes.

CONSIGNE (du latin *cum*, avec, et *signum*, signe; signe ou venu), ordre, instruction que l'on donne à une sentinelle, au chef d'un poste, etc. — On donne aussi ce nom à une punition militaire qui consiste dans la défense de sortir soit de la chambre, soit de la caserne, soit de la ville. Dans certaines circonstances, la consigne à la caserne n'est qu'une mesure d'ordre et de sûreté, ou bien une précaution pour le cas où il y aurait une prise d'armes inopinée.

Dans les villes de guerre, on nomme *portier-consigne* l'homme placé aux portes pour tenir registre exact de tous les étrangers qui entrent dans la ville.

Dans la Marine, on nomme aussi, à bord des bâtiments de guerre, le lieu où l'on conserve pour le service une lampe allumée dans un fanal.

CONSISTOIRE (du latin *consistorium*, même signification), nom donné autrefois au conseil intime et secret des empereurs romains , et aujourd'hui au collège des cardinaux , c.-à-d., au conseil du pape. On distingue : le *C. public,* qui s'assemble dans la grand'salle du palais de Saint-Pierre, et où le pape préside en habits pontificaux sur un trône et entouré de toute sa cour : on y traite des causes judiciaires, de la canonisation des saints , etc.; le *C. secret,* qui se tient dans la *chambre* dite *du Papegai* ; il n'y a que les cardinaux qui y soient admis : on y propose les évêques et les cardinaux.

Dans la religion protestante, on nomme ainsi en France les assemblées instituées par la loi pour régler les affaires, la police et la discipline des diverses Eglises. Les consistoires se composent du pasteur ou des pasteurs attachés à l'église consistoriale, et de notables laïques. Ils peuvent destituer les pasteurs et remplir les places vacantes. Dans l'Eglise calviniste, cinq églises consistoriales forment l'arrondissement d'un *synode.* Dans la communion luthérienne, cinq églises consistoriales forment une *inspection.* Il y a, en outre, dans l'Eglise luthérienne, un *consistoire général,* résidant à Strasbourg, ayant l'administration supérieure de toutes les églises consistoriales et de toutes les inspections. Un *Conseil central* des deux églises , résidant à Paris, a été créé par décret du 26 mars 1852.

Il existe aussi en France des *Consistoires israélites.* Institués le 15 mars 1808, ils ont été réorganisés par une ordonnance du 5 mai 1844 : on distingue le *C. central,* siégeant à Paris, et des *C. départementaux.*

CONSOLE (du latin *consolidare,* consolider). On nomme ainsi , en Architecture , une pièce saillante et ornée , ordinairement en forme d'S , qui sert à soutenir une corniche, un balcon, etc.— On a étendu ce nom à une espèce de meuble , en forme de console, qui sert à orner les entre-deux de croisées , et sur lequel on pose des bronzes, des vases, etc. — On nomme aussi *console* la partie supérieure de la harpe, qui contient la portion la plus compliquée du mécanisme des pédales, et à laquelle tiennent les chevilles qui servent à attacher les cordes.

CONSOLIDATION , opération financière par laquelle on assigne un fonds pour assurer le payement d'une dette publique. On appelle spécialement *Consolidés,* des fonds anglais ainsi garantis, et *Tiers consolidé* les fonds français réduits au *tiers* pendant la Révolution , mais *consolidés* par leur inscription au grand-livre. *Voy.* RENTES et TIERS CONSOLIDÉ.

CONSOMMATION. En Economie politique, on oppose la *C. des richesses* à la *production,* et l'on appelle ainsi tout emploi qui peut être fait des produits. On distingue : *C. productive,* celle qui ne détruit une valeur que pour la remplacer par une autre, comme dans la fabrique ; et *C. improductive,* celle qui détruit la valeur consommée sans remplacement. Autant les Economistes encouragent la première, autant ils condamnent la seconde ; ils flétrissent sous le nom d'*oisifs* les consommateurs improductifs.

CONSOMMÉ, bouillon succulent , contenant une plus grande proportion de substances animales que le bouillon ordinaire, et susceptible de se prendre en gelée par le refroidissement.

CONSOMPTION (du latin *consumere,* consumer), diminution lente et progressive des forces et du volume de toutes les parties molles du corps, qui conduit au marasme. Ce phénomène appartient à toutes les maladies organiques, et particulièrement à la phthisie, dont il est un des principaux symptômes; il peut aussi être déterminé par un vice de la nutrition, indépendant de toute lésion physique.

Fièvre de consomption. Voy. HECTIQUE (FIÈVRE).

CONSONNANCE (du latin *cum,* ensemble, et *sonare,* sonner), nom donné, en Musique, à la réunion simultanée de deux sons qui forment un accord, et dont l'effet est agréable à l'oreille. On appelle *intervalles consonnants* ceux qui sont com-

posés de sons formant des consonnances. Ces intervalles sont la *tierce,* la *quarte,* la *quinte,* la *sixte* et l'*octave.* On appelle *Consonnances parfaites* celles qui cessent d'être des consonnances si on les altère : ce sont la *quarte,* la *quinte* et l'*octave*; et *C. imparfaites,* celles qui peuvent être majeures ou mineures sans cesser d'être des consonnances ' ce sont la *tierce* et la *sixte.*

CONSONNE (du latin *cum,* avec, et *sonus,* son), lettre de l'alphabet qui n'a point de *son* par elle-même, et qui ne peut se prononcer qu'étant jointe aux voyelles : les consonnes figurent les articulations. Le nombre des consonnes varie selon les langues: il y en a en français dix-neuf : *b, c, d, f, g, h, j, k, l, m, n, p, q, r, s, t, v, x, z.* On appelle *labiales* les consonnes à la formation desquelles les lèvres ont la plus grande part (*b, p, m, v, f*) ; *dentales,* celles à la formation desquelles les dents contribuent particulièrement *d, t, th* anglais) ; *palatales,* celles qui résultent d'un mouvement de la langue contre le palais (*g, c* dur, écrit aussi *k, q*); *linguales* et *liquides,* celles où la langue joue le principal rôle (*l, ll, r*) ; *sifflantes,* celles dont le son s'exécute vers la pointe de la langue, appuyée contre les lèvres (*s* et *c* doux, *z, j, ch*); *nasales,* celles qui se prononcent un peu du nez (*n, gn*); *gutturales,* celles qui sont prononcées avec une aspiration forte et par un mouvement du fond de la gorge (*h* aspiré et le *ch* des Arabes). Quelques grammairiens classent à part, sous le nom de *chuintantes,* celles qui font entendre un sifflement assez semblable au cri d'une chouette : tels sont *j, ch.* En outre, toutes les consonnes peuvent être classées en *fortes* et en *faibles* ou *ténues,* selon que l'on fait en les prononçant un effort plus ou moins grand : *p, t, k. f, s, ch,* sont des consonnes *fortes* ; les consonnes *faibles* qui leur correspondent sont *b, d, g, v, z, j* ; souvent, pendant l'enfance surtout, on substitue dans la prononciation les faibles aux fortes. *Voy.* l'article consacré à chaque consonne.

CONSORTS (du latin *cum,* avec, et *sors,* sort), terme de Pratique, se dit, dans une affaire civile, de tous ceux qui ont intérêt avec quelqu'un dans un procès, et peuvent être condamnés solidairement avec lui.

CONSOUDE (en latin *Consolida,* de *consolidare,* souder, parce qu'on attribuait à cette plante la propriété de réunir les vaisseaux rompus), *Symphytum,* genre de la famille des Borraginées , à fleurs terminales et axillaires, en panicules corymbiformes, et à feuilles hérissées de poils roides et épais. On trouve cette plante dans toute l'Europe , au bord des fossés, dans les lieux aquatiques. On cultive dans les jardins de botanique la *C. d'Orient,* la *C. de Russie,* et surtout la *C. officinale,* vulgairement *Grande Consoude,* plante herbacée s'élevant à 50 ou 60 centim., très-branchue, velue et succulente ; ses feuilles sont ovales, rudes au toucher ; la couleur des fleurs varie du rouge purpurin au blanc sale. Sa racine, charnue et noirâtre, a une saveur douce, et passe pour astringente; on l'emploie surtout contre la diarrhée.

CONSPIRATIONS et CONJURATIONS. Les plus fameuses conspirations connues dans l'histoire sont : dans l'histoire ancienne, celle qui renversa Smerdis le Mage, chez les Perses (522) ; celle d'Harmodius et d'Aristogiton contre les Pisistratides (509) ; celle qui, la même année, chassa les Tarquins de Rome ; la conjuration de Catilina, celle de Brutus contre César, et celle de Cinna contre Auguste, etc.—Dans les temps modernes , les Vêpres siciliennes (1282) ; la conspiration de B. Tiepolo à Venise (1310) ; celle de Rienzi à Rome (1347) ; celle des Pazzi à Florence contre les Médicis (1478) ; celle de Fiesque à Gênes contre André Doria (1547) ; la conjuration d'Amboise (1560) ; la conspiration *des Poudres* en Angleterre (1605) ; la conjuration dite *de Venise* (1618), ourdie par Bedmar ; celle de Pinto en Portugal (1640) ; celle de Cellamare contre le régent (1718) ; celles dont furent victimes en Russie Pierre III (1762) et Paul 1 (1801); celles de Babeuf (1797), de Mallet (1812), etc. *Voy.* ces noms au *Dict. univ. d'Hist. et de Géogr.*

CONSTABLE (formé de *comes stabuli*, comme notre mot *connétable*), titre donné, en Angleterre, aux officiers de police. Ils furent institués sous le règne d'Édouard Ier; ils ont pour insigne une *masse*, petit bâton surmonté d'une couronne.

CONSTANTE, nom qu'on donne, en Algèbre, à toute quantité qui ne varie pas, par rapport à d'autres quantités qui varient et qu'on nomme *variables*.

CONSTELLATION (du latin *cum*, ensemble, et *stella*, étoile), assemblage d'étoiles dans lesquelles on a cru trouver des figures d'hommes, d'animaux ou de certains objets, et qu'on distingue par des noms particuliers. On désigne les différentes étoiles d'une même constellation par les lettres de l'alphabet grec, en attribuant les premières lettres aux étoiles les plus brillantes; les lettres latines et les chiffres ordinaires sont employés à la suite, quand le nombre des astres dépasse le nombre des lettres de l'alphabet grec. — Les écrivains les plus anciens dont les ouvrages nous sont parvenus connaissaient la division du ciel en constellations : on en trouve plusieurs mentionnées dans la Bible, dans Hésiode et dans Homère. Aratus de Tarse, poëte astronome qui vivait 277 ans avant l'ère vulgaire, nous a laissé un traité de toutes les constellations connues de son temps; les astronomes s'en servirent jusqu'à Ptolémée. Ce dernier traça dans la partie du ciel connue de son temps 48 constellations : 12 formaient le zodiaque; 21 étaient disposées dans la partie nord, et 15 dans la partie sud. Hévélius ajouta 12 constellations à celles des anciens, Halley 8, Bayer 12, La Caille 16, et plusieurs autres astronomes 12; ce qui porte le nombre total des constellations admises à 108. — Voici, d'après Delambre, le tableau des constellations anciennes et modernes :

CONSTELLATIONS DE PTOLÉMÉE.

Constellations boréales.

1. La Petite-Ourse.	12. Le Cocher.
2. La Grande-Ourse.	13. Ophiuchus ou le Serpentaire.
3. Le Dragon.	
4. Céphée.	14. Le Serpent.
5. Le Bouvier.	15. La Flèche.
6. La Couronne boréale.	16. L'Aigle et Antinoüs.
7. Hercule.	17. Le Dauphin.
8. La Lyre.	18. Le Petit-Cheval.
9. La Poule ou le Cygne.	19. Le cheval Pégase.
10. Cassiopée.	20. Andromède.
11. Persée.	21. Le Triangle.

Constellations dans le zodiaque.

22. Le Bélier.	28. La Balance.
23. Le Taureau.	29. Le Scorpion.
24. Les Gémeaux.	30. Le Sagittaire.
25. Le Cancer.	31. Le Capricorne.
26. Le Lion.	32. Le Verseau.
27. La Vierge.	33. Les Poissons.

Constellations australes.

34. La Baleine.	42. La Coupe.
35. Orion.	43. Le Corbeau.
36. Le Fleuve (l'Éridan).	44. Le Centaure.
37. Le Lièvre.	45. La Bête (le Loup)
38. Le Chien.	46. L'Autel.
39. Procyon.	47. La Couronne australe.
40. Argo.	
41. L'Hydre.	48. Le Poisson austral.

CONSTELLATIONS MODERNES.

1°. *Constellations ajoutées par Hévélius.*

1. Antinoüs.	4. La Girafe.
2. Le mont Ménale.	5. Cerbère.
3. Les Levriers, Astérion et Chara.	6. La Chevelure de Bérénice.

7. Le Lézard.	10. Le Sextant d'Uranie.
8. Le Lynx.	11. Le Petit-Triangle.
9. L'Écu de Sobieski.	12. Le Petit-Lion.

2°. *Constellations ajoutées par Halley dans la partie australe.*

1. La Colombe.	5. Le Paon.
2. Le Chêne de Charl. II.	6. L'Oiseau indien.
3. La Grue.	7. La Mouche.
4. Le Phénix.	8. Le Caméléon.

3°. *Constellations australes de Bayer.*

1. L'Indien.	7. Le Paon.
2. La Grue.	8. Le Toucan.
3. Le Phénix.	9. L'Hydre mâle.
4. L'Abeille.	10. La Dorade.
5. Le Triangle austral.	11. Le Poisson volant.
6. L'Oiseau de Paradis.	12. Le Caméléon.

4°. *Constellations australes de La Caille.*

1. L'Atelier du sculpteur.	8. La Machine pneumatique.
2. Le Fourneau chimique.	9. L'Octant.
3. L'Horloge astronomique.	10. L'Équerre et la Règle.
4. Le Réticule rhomboïde.	12. Le Télescope.
	13. Le Microscope.
5. Le Burin du graveur.	14. La Montagne de la Fable.
6. Le Chevalet du peintre.	15. Le grand et le petit Nuage.
7. La Boussole.	16. La Croix.

Les autres constellations modernes sont :

Le Renne.	bourg.
Le Solitaire.	Le Télescope de Herschel.
Le Messier.	Le Globe aérostatique.
Le Faucon de Poniatowski.	Le Quart de cercle mural.
	Le Chat.
Les Honneurs de Frédéric.	Le Loch.
Le Sceptre de Brande-	La Harpe de George.

Les constellations font l'objet de plusieurs atlas, dont le plus complet et le plus détaillé est celui que Bode a publié à Berlin. *Voy.* CARTES ASTRONOMIQUES.

CONSTELLÉ (du latin *cum*, avec, et *stella*, étoile). On appelait autrefois *anneaux constellés* des anneaux qui avaient été fabriqués sous l'influence supposée de certaines constellations. Les astrologues leur attribuaient des vertus merveilleuses.

CONSTIPATION (du latin *constipare*, resserrer). Cette indisposition, qui provient tantôt d'un défaut de sécrétion muqueuse ou biliaire, tantôt d'une trop grande activité du système absorbant, tantôt enfin de l'insuffisance de l'influence nerveuse, est quelquefois le symptôme d'une maladie; mais, le plus souvent, c'est un simple dérangement dans l'état normal. La vie sédentaire, les occupations intellectuelles, les affections morales, le temps froid et sec, l'occasionnent souvent. Elle cède ordinairement aux boissons rafraîchissantes, aux bains tièdes et aux lavements simples; quelquefois on est obligé d'avoir recours aux lavements purgatifs. Les personnes sujettes à la constipation doivent s'astreindre au régime végétal, et s'abstenir de tout excitant.

CONSTITUANTE (ASSEMBLÉE). *Voy.* ASSEMBLÉE.

CONSTITUT et PRÉCAIRE. On appelait ainsi, dans l'ancien Droit, la clause par laquelle celui qui vendait ou donnait une chose dont il se réservait la jouissance déclarait ne posséder cette chose qu'au nom du nouveau propriétaire, ne s'en *constituant* lui-même que possesseur *précaire*.

CONSTITUTION. En Politique, c'est la loi fondamentale d'un État, celle qui détermine la forme du gouvernement, et qui règle les droits des citoyens; c'est ce qu'on a appelé aussi *Charte*. La France, avant 1789, avait une sorte de constitution dans un gouvernement qui était consacré par plusieurs siècles d'existence; mais elle n'a eu de constitution écrite qu'en 1791. Depuis, elle n'en a que trop fréquemment changé. Pour les diverses constitutions de la France et de l'Angleterre, *Voy.* au *Dict. univ. d'H. et de G.* les mots CONSTITUTION et CHARTE. — Il a été publié une *Collection des Constitutions de l'Europe et de l'Amérique*, par MM. Guadet, Duvergier et Dufau, 1823-25, 6 v. in-8. *V.* DROIT CONSTITUTIONNEL.

On donne aussi le nom de *Constitution* : 1° aux lois et décrets rendus par les Empereurs romains et grecs; — 2° à certaines décisions des Papes en matière de foi et de discipline, rendues soit sous forme de brefs, soit sous forme de bulles (comme la *Constitution Unigenitus* contre les jansénistes, 1713). — *Constitutions apostoliques. V.* CANONS APOSTOLIQUES.

En termes de Droit, on appelle *constitution de dot* un acte ou une clause d'un acte qui établit ce que les futurs époux apportent en dot; *C. de procureur*, l'acte ou la clause d'un exploit par lequel on déclare que tel procureur occupera; *C. de rente*, l'établissement d'une rente qui provient de libéralités ou de l'intérêt d'argent placé.

CONSTITUTIONNEL (DROIT). *Voy.* DROIT.

CONSTRICTEUR (du latin *consiringere*, serrer ensemble), nom donné, en Anatomie, aux muscles dont la fonction est de resserrer en agissant circulairement. Toutes les ouvertures ont leurs muscles constricteurs destinés à en rétrécir l'entrée (*V.* SPHINCTER). — Les *muscles constricteurs du pharynx* sont les plans musculeux qui concourent à former les parois du pharynx. — On appelle *constricteur de l'œsophage* un faisceau de fibres charnues et circulaires qui se trouve à la partie supérieure de l'œsophage.

CONSTRICTEUR (BOA). *Voy.* BOA.

CONSTRUCTION. On entend par ce mot l'art de choisir les matériaux, et celui d'assembler et de disposer les diverses parties d'un édifice, d'un navire, d'une machine. Il se dit surtout de la *construction navale. Voy.* ARCHITECTE, INGÉNIEUR.

On appelle *construction géométrique* l'opération graphique dont le but est d'aider à la démonstration d'une proposition ou à la solution d'un problème.

La *construction grammaticale* est l'arrangement des mots dans le discours suivant les règles et l'usage de la langue dans laquelle on écrit ou l'on parle. On distingue : *C. simple* ou *naturelle*, *C. figurée*, et *C. usuelle*. La première énonce les mots successivement selon l'ordre logique, présentant d'abord le sujet et tout ce qui s'y rapporte, puis le verbe et l'attribut avec tout ce qui en dépend; la deuxième est celle où l'ordre logique est modifié selon les besoins de la passion, de l'imagination ou de l'harmonie : elle admet de nombreuses *inversions*; la troisième est composée des deux précédentes : elle n'est ni toute simple ni toute figurée. — *Faire la construction d'une phrase*, c'est disposer suivant l'ordre direct les mots d'une phrase qui renferme une inversion.

CONSUBSTANTIALITÉ, identité de substance et d'essence. L'Église adopta dans le premier concile de Nicée le terme de *consubstantiel* pour désigner l'égalité parfaite en toutes choses du Fils de Dieu avec son Père, et son identité de substance avec lui : ce mot est la traduction du grec *homousios*, dont s'est servi le concile de Nicée dans son symbole pour décider contre les Ariens la divinité du Verbe.

CONSUBSTANTIATION, terme par lequel les Luthériens expriment leur croyance sur la présence réelle de Jésus-Christ dans l'Eucharistie. Ils prétendent qu'après la consécration, le corps et le sang de Jésus-Christ sont réellement présents avec la substance du pain, et sans que celle-ci soit détruite; c'est ce que l'on nomme encore *impanation*.

CONSUL (du latin *consulere*, veiller, pourvoir), nom donné originairement aux magistrats souverains de la république romaine, a été adopté en France par la constitution de l'an VIII pour désigner les premiers magistrats de la République française (de 1799 à 1804). *Voy.* le *Dict. univ. d'Hist. et de Géogr.*

On appelle aujourd'hui *consul*, un fonctionnaire établi dans un port étranger pour y exercer une certaine juridiction sur les négociants et les marins de la nation qu'il représente, et pour y défendre leurs intérêts; il fait aussi les actes de l'état civil. Les consuls jouissent de tous les privilèges et immunités que les règles du droit public assurent aux ambassadeurs. On distingue des *consuls généraux*, des *consuls de 1re classe* et de *2e classe*. Ils sont nommés par le chef de l'Etat sur la proposition du ministre des affaires étrangères (ord. du 20 août 1833). Il est défendu aux consuls de faire aucun commerce, soit directement, soit indirectement, sous peine de révocation.—L'institution des consuls paraît être d'origine italienne et remonter au XIIe siècle : le commerce considérable que les républiques de Venise, de Gênes, de Pise, etc., faisaient alors dans le Levant nécessita la création de ces officiers publics, et les avantages que les commerçants en retirèrent rendirent bientôt cet usage général : au XVIe siècle, on trouve des consuls dans toute l'Europe. On peut consulter sur les droits et les devoirs des agents : l'*Essai sur les consuls* de Steck, Berlin, 1790; le *Manuel des agents consulaires*, par M. Moreuil, 1850, et le *Guide pratique des consulats*, par MM. A. de Clercq et C. de Vallat, 1851.

Autrefois, en France, on donnait, dans certaines provinces, le nom de *consuls* à des officiers municipaux remplissant les fonctions d'échevin. On appelait *juges consuls* des juges pris parmi les marchands et les négociants pour connaître sommairement de certaines affaires urgentes en matière de commerce. Aujourd'hui encore on appelle *justice consulaire* la justice rendue par les tribunaux de commerce.

CONSULAIRE (de *consul*). A Rome, on appelait *personnage consulaire* tout citoyen qui avait été consul. Les consulaires jouissaient de certains privilèges particuliers.—*Justice consulaire. Voy.* CONSUL.

CONSULTATION. En Jurisprudence, on nomme ainsi l'avis verbal ou écrit donné par un jurisconsulte sur une question qui lui est soumise. Les transactions dans les intérêts des mineurs, les requêtes civiles, etc., ne sont admises en justice qu'après consultation de trois avocats désignés par le ministère public. Les communes, les hôpitaux, les établissements publics de charité et de bienfaisance, ont aussi besoin de cette formalité pour être autorisés à plaider. Les consultations signées par des avocats doivent être sur papier timbré.—Les juges, les procureurs et les substituts, n'ont pas le droit de donner des consultations.

Le nom de *consultation* est aussi donné aux avis de médecins, surtout à ceux qui émanent de médecins appelés dans des cas graves pour assister le médecin ordinaire ou pour contrôler le traitement ordonné; les médecins ainsi appelés en consultation sont dits médecins *consultants*. — La plupart des avocats et des médecins donnent des consultations gratuites aux indigents; beaucoup de médecins ont à cet effet des heures de consultations publiques.

CONSULTE (en italien *consulta*), nom donné, en Italie et en Espagne, à divers conseils et cours de justice. Il y a à Rome une *consulte sacrée*, composée de Cardinaux et de Théologiens. Dans la République cisalpine, il y avait une *consulta* dont les membres remplissaient les fonctions de conseillers d'Etat.

CONTAGION (du latin *cum*, avec, *tangere*, toucher), mode de propagation des maladies par l'effet du contact médiat ou immédiat d'un produit morbide. La *contagion* diffère de l'*infection* en ce que dans celle-ci le mode de propagation s'effectue par des *miasmes*; la contagion se transmet par *virus*. Ces virus peuvent être communiqués par *inoculation* ou *insertion* (variole, vaccine, rage); par *contact* et *frottement* (gale, syphilis); par l'intermédiaire de substances diverses transportées de l'individu malade à l'individu sa'n (variole, rougeole, etc.); par l'*intermédiaire de l'air* (rougeole, scarlatine, coqueluche, etc.). Les voies par lesquelles les virus répandus dans l'atmosphère pénètrent dans l'économie sont : l'absorption *cutanée*, l'absorption *gastro-intestinale*, et surtout l'absorption *pulmonaire*. Une fois introduits dans l'économie, les virus peuvent agir subitement; mais, le plus souvent, ils restent pendant un temps variable à l'état latent; ainsi, le virus de la rage peut n'agir qu'au bout d'un an; pour la vaccine, la période d'incubation est de trois à quatre jours; pour la variole, de six à vingt, etc. Certaines substances se chargent difficilement des principes contagieux (pierres, métaux, bois); d'autres offrent une propriété contraire (étoffes de laine, de coton, fourrures, etc.); les insectes qui voltigent dans l'air, les personnes qui visitent les malades, peuvent encore devenir des agents de transmission. L'air atmosphérique sert souvent de véhicule aux principes contagieux. — Plusieurs circonstances favorisent ou empêchent l'action des virus : la chaleur du corps humain, la température atmosphérique qui s'en rapproche, l'humidité, sont éminemment favorables à la contagion; au contraire, une température trop basse ou trop élevée s'oppose, en général, à la propagation des maladies contagieuses.

On distingue les maladies *contagieuses proprement dites : la rage*, la morve, le *charbon*, la *syphilis*, la *variole*, la *rougeole*, la *scarlatine*, la *coqueluche*, la *gale*, etc.; et des maladies *accidentellement contagieuses*. où le virus ne se forme que dans certaines circonstances, telles que l'*affection typhoïde*, la *peste*, la *fièvre jaune*, la *dyssenterie*, l'*angine gangréneuse*, le *muguet malin*, la *suette*, le *choléra*, certaines *ophthalmies*, etc. Il est enfin quelques maladies qu'on a faussement consid'rées comme contagieuses, comme la *phthisie pulmonaire*, les *fièvres intermittentes*, le *cancer*, le *scorbut*, les *scrofules*.

Les mesures préservatrices consistent : 1º à empêcher le principe contagieux de prendre naissance, en détruisant ou éloignant le foyer d'infection, notamment pour le typhus, la peste, la fièvre jaune, la dyssenterie, etc.; 2º à le détruire lorsqu'il s'est manifesté, en abattant les animaux affectés de la rage, du charbon, de la morve, etc.; en brûlant les vêtements de laine, de soie, les fourrures, et tous les objets infectés, ou en les purifiant par des lavages à l'eau de chaux, par l'exposition à l'air, par la ventilation, par des fumigations, etc.; 3º à placer les sujets dans des conditions qui les garantissent de son influence : cette dernière indication comprend l'isolement, les cordons sanitaires, les lazarets et les quarantaines.

Depuis le commencement de ce siècle, les médecins se sont divisés, sur la question de la contagion, en *contagionistes* et *non contagionistes*. A la tête des premiers se place Pariset; à la tête des seconds, le Dr Chervin. Cette question, soulevée d'abord au sujet de la fièvre jaune et du typhus, s'est renouvelée dans ces derniers temps à l'occasion du choléra. L'expérience et l'observation semblent dans le plus grand nombre des cas favorables à l'opinion des non contagionistes. Aussi a-t-on pu, depuis plusieurs années, adoucir sans inconvénient la rigueur des mesures préservatives, qui étaient si nuisibles au commerce et aux relations internationales. C'est surtout aux efforts de la *Conférence sanitaire internationale* réunie à Paris en 1851-52 qu'on doit cet heureux résultat.

CONTE, récit fabuleux ou merveilleux, en prose ou en vers. Ce genre de littérature, aussi ancien que le monde, parait avoir eu son berceau en Asie; aujourd'hui il est répandu par tout l'univers. On connaît divers genres de contes. Les plus fameux sont : les *Contes orientaux* (arabes, persans, indiens, turcs, etc.), tels que *les Mille et une Nuits*, contes arabes; *les Mille et un Jours*, contes persans composés par le derviche Moclès; le *Gulistan* et le *Baharistan*, de Saadi; l'*Histoire de la sultane de Perse et des quarante vizirs*, contes turcs composés par Zadé, précepteur d'Amurat II; les *Contes indiens*, de Bidpaï et de Lokman, etc. ; — les *Contes des fées*, tels que *le Chaperon rouge, le Petit Poucet, Cendrillon, Peau d'Ane, la Barbe Bleue*, etc., de Ch. Perrault; — les *Contes chevaleresques*, tels que l'*Amadis des Gaules* et la plupart des romans de nos vieux trouvères; — les *Contes-nouvelles*, parmi lesquels on peut mettre ceux de Boccace, connus sous le nom de *Décaméron*; ceux de la reine de Navarre, Marguerite de Valois, connus sous celui d'*Heptaméron*, etc.; — les *Contes fantastiques*, dont l'Allemagne a fourni le plus grand nombre, notamment les *contes* d'Hoffmann; — les *C. philosophiques*, comme ceux de Chaucer, de Voltaire, de Gresset, d'Andrieux, de Daru, etc.; — les *Contes moraux*, ou peintures des mœurs du temps, tels que ceux de Marmontel; — les contes destinés à l'instruction et à l'amusement de la jeunesse, tels que ceux de Campe, de Weisse, de Berquin, de Bouilly, du chanoine Schmidt, de Mmes de Genlis, Leprince de Beaumont, Guizot, de Renneville, Edgeworth, etc.

CONTEMPLATION. On la définit en Théologie : « une vue de Dieu ou des choses divines, simple, libre, pénétrante, certaine, qui procède de l'amour et qui tend à l'amour. » Elle est, selon Fénelon, l'*exercice du pur amour*. Dans cet état, l'âme est entièrement passive par rapport à Dieu. Plusieurs ordres religieux sont livrés à la *vie* purement *contemplative*; Ste Thérèse, Ste Catherine de Sienne, Marie Alacoque, Mme de Chantal, Mme Guyon, ont offert des modèles en ce genre. La contemplation conduit facilement à l'extase et au *Quiétisme*.

CONTENTIEUX (du latin *contendere*, prétendre, disputer) se dit, en style administratif, de tout ce qui est susceptible d'être mis en discussion devant des juges. Les tribunaux connaissent du contentieux judiciaire; la juridiction administrative (le Conseil d'État et les Conseils de préfecture) connaît du contentieux administratif. — Dans chaque administration publique, il y a un *bureau de contentieux*, où se traitent toutes les affaires qui sont susceptibles d'être portées soit devant les tribunaux civils, soit devant les tribunaux administratifs.

CONTINENT (du latin *continens*, qui se tient sans interruption). Les Géographes appellent *continent* une vaste étendue de pays sans solution de continuité et que la mer entoure de tous côtés. Autrefois on ne reconnaissait que deux continents, l'*ancien* et le *nouveau*; aujourd'hui, l'Australie est considérée comme un troisième continent.

CONTINGENT (de *contingere*, arriver accidentellement). En Métaphysique, on appelle ainsi ce qui peut être ou n'être pas; en ce sens, on oppose *contingent* à *nécessaire*. Les *vérités contingentes*, les *propositions contingentes*, sont celles qui se rapportent à des faits contingents. — On appelle *futur contingent*, ce qui est dans l'ordre des choses possibles, ce qui pourra se réaliser dans l'avenir, sans qu'il y ait ni nécessité, ni certitude à cet égard.

En Administration, ce mot exprime spécialement la part mise à la charge de chaque circonscription territoriale dans la répartition annuelle, soit des contributions directes, soit du recrutement; dans ce dernier cas, on dit : *Contingent militaire*. — En France, le pouvoir législatif vote annuellement, sur la proposition du ministre de la Guerre, le nombre d'hommes à appeler sous les drapeaux; la répartition s'en fait ensuite entre les départements, les arrondissements et les cantons, proportionnellement à la population. — Dans la Confédération suisse et la Confédération germanique, la loi a réglé le contingent que chaque État de la Confédération doit fournir pour former l'armée fédérale.

CONTINU (du latin *continuus*, même signification). En Mathématiques, on appelle ainsi toute quantité susceptible de varier en passant successivement par tous les états de grandeur intermédiaires. — Pour les *Fractions continues*, les *Proportions continues*, *Voy.* FRACTION et PROPORTION.

CONTO, terme de *compte* en Portugal, exprime une somme de 1,000 reis, équivalant à 601 fr. 71 c.

CONTONDANT (du latin *contundere*, broyer, écraser). On appelle *corps contondants* tous les corps ou instruments ronds, obtus et non tranchants, qui meurtrissent et déchirent les parties sans les couper ni les piquer, un bâton, par exemple : ces corps produisent des *contusions* et des plaies *contuses*.

CONTORNIATES (de l'italien *contorno*, contour). On nomme ainsi , en Numismatique , les médailles de cuivre terminées dans leur circonférence par un cercle d'une ou deux lignes de largeur, continu avec le métal, quoiqu'il semble en être détaché par une rainure assez profonde qui règne à l'extrémité du champ, de l'un et de l'autre côté de la médaille. Eckhel, dans sa *Doctrina nummorum* (t. VII, p. 277), a traité complétement des Contorniates.

CONTRACTILITÉ (du latin *contrahere*, resserrer), faculté que possèdent certaines parties de l'économie animale et végétale de se raccourcir en revenant sur elles-mêmes. Les végétaux et ceux des animaux dont l'organisation est le plus simple (mollusques, vers, etc.) présentent cette faculté dans tout leur corps ; mais, dans les animaux où l'organisation est plus compliquée, elle devient l'attribution spéciale d'organes particuliers appelés *muscles :* ceux-ci doivent leur contractilité aux filaments nerveux qui s'y distribuent par diverses ramifications. Bichat a divisé la contractilité en *volontaire* ou *animale*, dépendant immédiatement de l'action du cerveau, comme dans les muscles de la locomotion : l'exaltation de cette faculté produit les spasmes et les convulsions ; son absence, la paralysie ; et en *involontaire* ou *organique*, indépendante de cette action, comme dans les muscles des viscères de la digestion.

CONTRACTION, phénomène physiologique qui est le résultat de la *contractilité*. *Voy.* ci-dessus.

En Grammaire, la *contraction* est la réduction de deux syllabes en une seule, comme dans les mots *août, paon, faon*, qu'on prononce *oût, pan, fan*. Le mot *du* est aussi une contraction pour *de le; au*, pour *à le; aux*, pour *à les*. Dans toutes les langues il y a beaucoup de mots formés par contraction. La langue grecque offre de fréquents exemples de contraction, notamment dans les noms et les verbes : la contraction y est soumise à des règles qu'enseignent toutes les grammaires. Il y a deux sortes de contractions, la *synérèse* et la *crase*. *Voy.* ces mots.

CONTRACTURE, maladie qui consiste dans la rigidité permanente et l'atrophie progressive des muscles fléchisseurs, qui s'opposent aux mouvements d'extension au delà d'un certain degré. Elle est commune chez les individus atteints d'affections du cerveau ou de la moelle épinière; elle survient à la suite de rhumatismes, de névralgies, de convulsions. Dans cet état maladif, les fibres des muscles deviennent tendineuses et forment des espèces de cordes dures qui se dessinent sous la peau. On combat la contracture par les bains tièdes, les bains de vapeur, et par l'extension mécanique des membres.

CONTRADICTION. Les Jurisconsultes appellent ainsi, en matière de prescription, une dénégation formelle, un refus positif, un désaveu du droit contre lequel on prescrit. La contradiction intervertit le titre de la possession, et rend prescriptible ce qui ne l'était pas, en vertu de l'art. 2238 du Code civil.

En Métaphysique, les *Contradictions* entre propositions également vraisemblables prennent le nom d'*Antinomies* (*Voy.* ce mot). — On appelle *Principe de contradiction*, le principe de notre raison par le-

quel nous jugeons faux ce qui implique à la fois affirmation et négation; il s'exprime ainsi : Une même chose ne peut être et n'être pas à la fois. Leibnitz a fait le plus grand usage du principe de contradiction.

CONTRADICTOIRE (CONDAMNATION, JUGEMENT). *Voy.* CONDAMNATION et JUGEMENT.

CONTRAINTE. C'est, en matière fiscale, un mandement décerné contre un redevable des deniers publics pour le mettre en demeure de payer, et, à défaut de payement, donner ouverture aux poursuites.

CONTRAINTE PAR CORPS. On nomme ainsi et le droit qu'a un créancier de faire une exécution sur la personne de son débiteur, et l'exécution elle-même : cette exécution s'accomplit par une arrestation et un emprisonnement. — La contrainte par corps peut être ordonnée : en *matière civile*, pour stellionat, pour dépôt nécessaire; en cas de réintégrande, pour le délaissement d'un fonds dont le propriétaire a été dépouillé par voies de fait, pour la restitution des fruits qui en ont été perçus pendant l'indue possession, et pour le payement des dommages-intérêts adjugés au propriétaire ; pour répétition des deniers ou des titres déposés entre les mains des personnes publiques établies à cet effet (C. civ., art. 2059, et suiv.); — en *matière commerciale*, pour tous les actes de commerce, même quand ils sont faits par des non-commerçants, et contre toute personne condamnée pour dette commerciale montant à 200 fr. au moins; — en *matière criminelle et correctionnelle*, pour toutes les condamnations pécuniaires; — en *matière administrative*, contre tout comptable de deniers publics ou d'effets mobiliers publics, contre les débiteurs de droits de douane, octrois et autres contributions indirectes, qui ont obtenu un crédit. — La contrainte par corps peut, en outre, être prononcée *contre les étrangers* dans tous les cas précédents, et pour toute créance s'élevant à 150 fr. au moins. — Elle ne peut être prononcée, en matière de commerce, contre les débiteurs qui ont commencé leur 70e année. L'emprisonnement pour dette commerciale cesse de plein droit *après un an*, lorsque le montant de la condamnation principale ne s'élève pas à 500 fr.; après *deux ans*, lorsqu'il ne s'élève pas à 1,000 fr.; après *trois ans*, lorsqu'il ne s'élève pas à 3,000 fr.; après *quatre ans*, lorsqu'il ne s'élève pas à 5,000 fr.; après *cinq ans*, lorsqu'il est de 5,000 fr. et au-dessus.

La loi romaine accordait anciennement aux créanciers un droit de vie et de mort sur leurs débiteurs. La loi *Petilia Papiria* réduisit les droits des créanciers sur la personne de leurs débiteurs à la simple contrainte par corps. En France, la contrainte par corps remonte aux temps les plus reculés; elle s'exerça d'abord avec une extrême rigueur. Cette rigueur fut adoucie par une ordonnance de Philippe le Bel, du 23 mars 1302. De nouvelles ordonnances rendues en 1539, en 1566, en 1657, en 1673, aggravèrent ou améliorèrent alternativement la condition des débiteurs. La Convention abolit complétement la contrainte par corps le 9 mars 1793 ; mais, sur les nombreuses réclamations du commerce, elle fut rétablie en principe par la loi du 24 ventôse an V; elle fut consacrée par le Code civil et le Code pénal. La loi du 17 avril 1832 modifia quelques dispositions du Code à cet égard et les compléta. Suspendue en 1848 par le Gouvernement provisoire dès son établissement (9 mars), la contrainte par corps fut rétablie par la loi du 13 déc. 1848, qui remit en vigueur la législation antérieure, avec quelques adoucissements.

CONTRALTO, mot italien qui sert à désigner la plus grave des voix de femme, intermédiaire entre le *soprano* ou voix aiguë de femme, et le *ténor* ou voix aiguë d'homme. Le Contralto ne s'élève guère au-dessus du *mi*, et il est d'autant plus précieux qu'il peut descendre plus bas. Il y a peu de femmes qui aient la voix de contralto. En Italie, on obtenait artificiellement ces voix chez les hommes. *V.* CASTRAT.

CONTRAPUNTISTE, musicien habile dans le contre-point. *Voy.* CONTRE-POINT.

CONTRAT (en latin *contractus*, formé de *cum* et *trahere*, tirer ensemble). D'après l'article 1101 du Code civil, «le contrat est une convention par laquelle une ou plusieurs personnes s'obligent, envers une ou plusieurs autres, à donner, à faire ou à ne pas faire quelque chose.» Dans l'usage, ce mot se dit spécialement de l'acte même ou de la pièce écrite qui forme la preuve littérale de l'engagement contracté. Le contrat est *synallagmatique* ou *bilatéral* lorsque les contractants s'obligent réciproquement les uns envers les autres. Il est *unilatéral* lorsqu'une ou plusieurs personnes sont obligées envers une ou plusieurs autres, sans que, de la part de ces dernières, il y ait d'engagement. Il est *commutatif* lorsque chacune des parties s'engage à donner ou à faire une chose qui est regardée comme l'équivalent de ce qu'on lui donne ou de ce qu'on fait pour elle. Lorsque l'équivalent consiste dans la chance de gain ou de perte pour chacune des parties d'après un événement incertain, le contrat est dit *aléatoire* (d'*alea*, coup de dé) : le pari, la rente viagère, l'assurance, sont des contrats aléatoires (art. 1101-4). — On divise les contrats en *nommés* et en *innommés*. Les premiers sont ceux qui ont un caractère spécial et déterminé, tels que les contrats de *mariage*, d'*union*, de *vente*, de *louage*, le contrat à *la grosse* (*Voy.* ces noms) ; les seconds sont ceux qui ne sont pas assez usuels pour avoir reçu une dénomination particulière. Le titre III du 3e livre du Code civil est tout entier consacré aux contrats et aux obligations conventionnelles. — On distingue encore : *C. de bienfaisance*, dans lequel l'une des parties procure à l'autre un avantage purement gratuit ; *C. à titre onéreux*, celui qui assujettit chacune des parties à donner ou à faire quelque chose.

On a nommé *Contrat social* une convention expresse ou tacite par laquelle sont réglés les droits et les devoirs respectifs d'un peuple et de son gouvernement : pendant longtemps, un contrat social parut une pure utopie ; les *chartes* et les *constitutions* librement débattues chez plusieurs nations modernes (Angleterre, États-Unis, France, Belgique, etc.), ont réalisé cette utopie. On connaît spécialement, sous le titre de *Contrat social*, un ouvrage célèbre de J.-J. Rousseau, où il imaginait un contrat qui aurait été fait à l'origine des sociétés. ce livre fut, à la fin du dernier siècle, comme l'Évangile de certains publicistes.

CONTRAVENTION (de *contrevenir*, s'opposer). Ce mot, qui, dans l'usage vulgaire, peut s'appliquer à toute infraction à une loi, à un règlement ou même à une simple convention, exprime, en Droit, le fait qui, tout en pouvant n'être pas blâmable en lui-même, devient répréhensible et punissable à cause des prohibitions de la loi. Le Code pénal (art. 1) définit la *contravention* « toute infraction que les lois punissent des peines de police, » et il oppose la *contravention* au *délit*, puni de peines correctionnelles, et au *crime*, puni de peines afflictives ou infamantes. — L'article 137 du Code d'instruction criminelle considère comme contraventions de simple police les faits qui ne peuvent donner lieu qu'à une amende de 15 fr. au plus, ou à cinq jours d'emprisonnement. La connaissance en est attribuée au juge de paix et au maire (art. 138-178).

CONTRA-YERVA, mot espagnol qui signifie *herbe-contre*, c.-à-d. *contre-poison*, désigne la racine de plusieurs espèces du genre Dorsténie employées comme antidotes. *Voy.* DORSTÉNIE.

CONTRE-AMIRAL, officier de la marine militaire qui vient immédiatement après le vice-amiral, et qui a le troisième grade parmi les officiers généraux ; il a rang de général de brigade. Le contre-amiral s'appelait autrefois *chef d'escadre*. Les contre-amiraux commandent les divisions des armées navales et les escadres. Ils remplissent les fonctions de chefs d'état-major auprès des amiraux, celles de préfets maritimes, d'inspecteurs-généraux, de majors-généraux de la marine, de gouverneurs des colonies, etc. Le navire monté par un contre-amiral porte au mât d'artimon le pavillon tricolore de figure carrée.

CONTREBANDE (de *contrá*, et du bas latin *bandum*, ban, édit). Ce mot, qui, dans son acception la plus étendue, se dit de tout commerce qui se fait contre les lois fiscales d'un État, et qui est alors synonyme de *fraude*, se dit plus particulièrement des contraventions aux lois de *douanes*, qui empêchent soit par une prohibition absolue, soit par des droits élevés, l'entrée des marchandises étrangères dans un pays. Souvent la contrebande s'exerce avec les circonstances aggravantes d'attroupement et de port d'armes. Les faits de contrebande sont déférés, selon leur gravité, aux juges de paix, aux tribunaux correctionnels, et, dans les cas de rébellion avec attroupement et port d'armes, aux cours d'assises. Les peines sont : 1° la confiscation des marchandises et des moyens de transport ; 2° une amende solidaire de 1,000 fr. si l'objet de la confiscation n'excède pas cette somme, ou du double de la valeur des objets confisqués si cette valeur excède 1,000 fr. ; 3° un emprisonnement qui ne peut être moindre de six mois, ni excéder trois ans. En cas de crimes soumis aux cours d'assises, la réclusion et les travaux forcés à perpétuité peuvent être prononcés. M. Égron a publié un *Recueil de tous les moyens de contrebande déjoués par l'administration des douanes*, 1816 ; M. Villermé fils, *les Douanes et la Contrebande*, 1851.

CONTRE-BANDÉ, terme de Blason, se dit d'un écu également divisé en deux émaux dans le sens de la bande, et taillé de manière que les parties de bandes qui se répondent soient d'émaux différents.

CONTRE-BARRÉ, terme de Blason, se dit d'un écu tranché dont les portions de barres qui se répondent sont d'émaux différents.

CONTRE-BASSE. C'est le plus grand instrument de la famille des Violons. Il résonne à l'octave grave du violoncelle. La contre-basse est souvent à trois cordes ; mais l'usage tend à prévaloir d'en mettre quatre. C'est un instrument très-précieux dans l'orchestre, mais peu propre au solo et à la musique de chambre. Son usage ne paraît pas remonter au delà de l'année 1700.

CONTRE-BASSON, instrument à vent qui donne l'octave basse du basson.

CONTREDANSE (du mot anglais *country-dance*, danse de campagne), sorte de danse à huit, à douze, à seize personnes ou plus, dans laquelle les danseurs sont divisés par couples, placés en face les uns des autres, et exécutent des pas, qui sont aussitôt après répétés par leurs vis-à-vis : c'est ce que l'on nomme aujourd'hui *quadrille*. Les airs de musique destinés à ce genre de danse sont d'un mouvement plus ou moins animé, à deux temps, ou à six-huit, et la mélodie doit en être coupée de huit en huit mesures, avec reprises et retour au sujet.

CONTREDITS. On nomme ainsi, en style de Pratique, les écritures fournies par une partie contre les pièces produites par l'autre partie dans les affaires qui s'instruisent par écrit.

CONTRE-ÉPREUVE. Dans les arts du Dessin, on appelle ainsi une estampe ou dessin qu'on tire sur une estampe fraîchement imprimée ou sur un dessin au crayon, et qui reproduit les mêmes traits, mais à rebours, le côté droit paraissant à gauche.

CONTREFAÇON. Ce mot se dit de l'imitation frauduleuse des œuvres d'autrui, et de l'œuvre même produite par cette industrie spoliatrice. Il s'applique le plus souvent aux atteintes portées à la propriété littéraire. D'après l'art. 425 du Code pénal, toute reproduction d'écrits, de composition musicale, de dessin, de peinture ou de toute autre œuvre imprimée ou gravée, au mépris des droits et règlements relatifs à la propriété des auteurs, est une contrefaçon. Le débit d'ouvrages contrefaits, l'introduction sur le territoire français d'ouvrages qui, après avoir été imprimés en France, ont été contrefaits à l'étranger, sont des délits de la même espèce (Code pén., art. 425).

La peine contre le contrefacteur ou contre l'introducteur est une amende de 100 à 2,000 fr. ; et contre le débitant, une amende de 25 à 500 fr. La confiscation de l'édition contrefaite est en outre prononcée. Les planches, moules, ou matrices des objets contrefaits sont aussi confisqués. — Tout directeur, tout entrepreneur de spectacle, toute association d'artistes qui fait représenter sur son théâtre des ouvrages dramatiques au mépris des lois et règlements relatifs à la propriété des auteurs, est puni d'une amende de 50 à 500 fr., et de la confiscation des recettes. — Le produit des confiscations est remis au propriétaire pour l'indemniser d'autant (C. p., a. 426-29).

La contrefaçon à l'étranger ne peut être atteinte que par des traités de commerce : plusieurs traités de ce genre ont été récemment conclus avec l'Angleterre, les États-Unis, la Sardaigne, l'Espagne, le Portugal, la Toscane, et la plupart des États allemands ; enfin, la Belgique, où s'exerçait surtout ce genre de piraterie, y a renoncé par une convention signée le 22 août 1852 et ratifiée en 1854. Déjà le gouvernement français avait, par un décret du 28 mars 1852, donné l'exemple d'interdire sur son territoire toute contrefaçon d'ouvrages étrangers.

On peut consulter cet intéressant sujet le *Traité des droits d'auteur* de M. Renouard, le *Traité de la contrefaçon* de M. Blanc, et l'ouvrage de M. Villefort sur les *Traités relatifs à la contrefaçon littéraire* (1852). *Voy.* PROPRIÉTÉ LITTÉRAIRE.

La contrefaçon en matière d'industrie est atteinte par des lois spéciales ; mais il faut que le plaignant ait préalablement constaté son droit, soit par la prise d'un brevet d'invention, soit, pour les dessins sur étoffes, par le dépôt aux archives des prud'hommes, soit enfin par l'adoption d'une marque de fabrique. — La contrefaçon des sceaux de l'État, des billets de banque, des effets publics, des poinçons et des timbres, est punie des travaux forcés à temps ou à perpétuité (Code pénal, art. 139 et suiv.). *Voy.* FAUSSAIRE.

CONTREFORTS ou ÉPERONS, espèce de grands piliers butants, carrés ou triangulaires, qu'on érige soit dans les murs de quais, de remparts, de digues, destinés à résister à la poussée des terres et au poids de l'eau, soit dans ceux qui supportent des voûtes ou des poids considérables. Il ne faut pas confondre les *contre-forts* avec les *arcs-boutants* (*Voy.* ce mot). — On appelle encore ainsi, en Géographie, les monticules moins élevés, qui ont l'air de soutenir le pied des pics des chaînes de montagnes.

CONTRE-GARDE, autrefois *Couvre-face*, nom donné, en Fortification, à un ouvrage construit audevant d'un bastion, d'une demi-lune, etc., et destiné à couvrir les faces de l'ouvrage qu'il défend contre les batteries de brèche, dans le but de forcer l'assiégeant à s'emparer d'abord de cet ouvrage par les moyens qu'il aurait employés pour ouvrir le corps de place, et prolonger ainsi la durée du siége.

CONTRE-LETTRE, acte, ordinairement secret, destiné à détruire ou à modifier un autre acte en tout ou en partie. Cet acte ne peut avoir d'effet qu'entre les parties contractantes ; il n'en a aucun contre les tiers (Code Nap., art. 1321). Les contre-lettres qui ont pour effet de modifier les conventions entre époux, avant la célébration du mariage, doivent être faites par acte notarié. Le Code Nap. permet de les opposer à des tiers, si elles ont été rédigées à la suite de la minute du contrat.

CONTRE-MAITRE. Dans les ateliers, on donne ce nom à un ouvrier en chef chargé de diriger et de surveiller le travail des autres ouvriers. — Dans la Marine militaire, on nomme ainsi un officier de manœuvre qui est sous les ordres du maître d'équipage et qui le remplace au besoin. Le contre-maître est chargé de l'inspection de la cale et des ouvriers qui y travaillent.

CONTRE-MARCHE, se dit, en général, de la marche d'une armée en sens contraire ou opposé à celui dans lequel elle paraissait vouloir aller, afin de tromper l'ennemi. — En termes de Manœuvres, la contre-marche est l'évolution par laquelle une colonne fait volte-face ; elle s'exécute circulairement par une marche de front. — On appelle aussi *contre-marche* l'évolution d'une armée de vaisseaux en ligne, exécutant une même manœuvre dans les eaux les uns des autres.

Les Charpentiers donnent ce nom à la hauteur de chaque marche d'un escalier, et les tisserands à un levier posé entre les marches d'un métier à tisser.

CONTRE-MINE, ouvrage souterrain que l'on fait pour éventer la mine de l'ennemi. *Voy.* MINE.

CONTRE-PARTIE, nom donné, en Musique, aux parties diamétralement opposées : ainsi, la basse est la contre-partie du dessus.

CONTRE-POINT. Ce mot a pour origine l'usage où l'on était jadis de se servir de *points* au lieu de notes pour écrire la musique, et signifie proprement l'opposition des notes les unes aux autres, comme cela a lieu dans l'harmonie ; mais le contre-point s'entend plus précisément de certaines combinaisons musicales, telles que l'*imitation mélodique* et le *renversement de l'harmonie*. Le contre-point est à l'harmonie ce que l'art de développer ses idées est à la grammaire et à la syntaxe. L'harmonie apprend à écrire correctement la langue musicale ; le contre-point enseigne à traiter simultanément toutes les parties harmoniques, à les enchaîner, à poursuivre la pensée musicale, et à l'enrichir d'une multitude de ressources. On appelle *C. simple* l'harmonie en accords plaqués et en notes de valeurs égales, par opposition avec le *C. fleuri*, où les valeurs des notes varient entre les parties. Dans le *C. double*, l'harmonie est *renversée*, c'est-à-dire qu'elle passe du dessus à la basse, et réciproquement. Le contre-point devient *triple* ou *quadruple* quand on l'écrit à trois ou quatre parties, en harmonie renversée ; enfin, on distingue encore le *C. fugué*, et le *C. libre* et le *C. rigoureux*. Le premier emploie les imitations qui caractérisent la fugue ; le second admet une foule de licences, tandis que le dernier est assujetti aux règles les plus sévères du genre.

On attribue l'invention du *contre-point* à Gui d'Arezzo, au commencement du XIe siècle ; mais cet art s'est développé par degrés dans les siècles suivants, au point qu'il représente aujourd'hui ce que la composition musicale a de plus difficile et de plus compliqué. Les compositeurs les plus habiles dans l'art du contre-point sont désignés sous le nom de *contrapuntistes*. On cite parmi eux les savants musiciens du XVIIe et du XVIIIe siècle, J.-Séb. et Emmanuel Bach, Hændel, Joseph et Michel Haydn, Mozart, et plus près de nous, Beethoven et Cherubini. On doit à ce dernier un *Cours de Contre-point*, Paris, 1836.

CONTREPOINTE. En termes d'Armurier, on nomme *contrepointe de lame*, ou *faux tranchant*, la partie tranchante du dos de la lame d'un sabre, celle qui est la plus voisine de la pointe, et qui, en s'amincissant, forme un double taillant : l'espèce d'échancrure pratiquée aux cimeterres est en *contrepointe*. — En termes d'Escrime, la *contrepointe* diffère de l'*espadon* en ce qu'elle a des parades moins larges, et se combine de *coups de taille* et d'*estoc*. Cette manière de combattre est souvent mortelle.

CONTRE-POISON. *Voy.* ANTIDOTE et POISON.

CONTRESCARPE, bord extérieur du fossé d'une place forte ou d'un ouvrage détaché ; celui qui regarde la face ou l'escarpe. *Voy.* ESCARPE.

CONTRE-SCEL, contre-seing. On appelle *contre-scel* un petit sceau qui s'appose sur le tiret de parchemin dont on se sert pour attacher des lettres scellées en chancellerie, à l'effet d'assurer l'authenticité de l'acte. Le contre-scel n'a été adopté que vers le viiie siècle ; on croit que Philippe-Auguste est le premier roi qui en ait fait usage.—Le *contre-seing*, ou signature de celui qui contre-signe, s'emploie dans le même but que le contre-scel. Son usage, considéré comme nécessaire, ne remonte pas au delà du xve siècle. Les rois, étonnés de la facilité avec laquelle leur signature était surprise, décidèrent qu'aucun acte émané d'eux ne serait valable qu'autant qu'il porterait le contre-seing de l'un des officiers attachés à leur personne. Cette règle est devenue depuis la base de notre système constitutionnel : aucun acte émané du pouvoir n'est considéré comme valable s'il ne porte le contre-seing d'un ministre responsable.

CONTRE-STIMULANTS. *Voy.* stimulants.

CONTREVALLATION (ligne de), suite d'ouvrages de fortification opposée à la ligne de *circonvallation. Voy.* ce mot.

CONTRIBUTION. En matière d'Impôt, c'est ce que chacun donne pour sa part des charges publiques. On distingue : les *C. directes*, directement établies sur les biens et sur les personnes, telles que la *C. foncière*, perçue sur les propriétés, la *C. personnelle et mobilière*, sur les personnes et les habitations; la *C. des portes et fenêtres*, la *C. des patentes*, les *C. sur les mines*, etc. ; — les *C. indirectes*, établies sur les transactions, sur les objets de commerce et de consommation, ou sur certaines choses dont le besoin est éventuel : tels sont les droits d'enregistrement, de timbre, d'octroi, de douanes, de péage, etc., l'impôt sur les sels, sur la fabrication des cartes à jouer, la vente des tabacs et de la poudre, etc. Les contributions indirectes ont remplacé les *droits réunis* (*Voy.* ce mot). La perception de ces contributions est confiée à une administration qui, depuis le décret du 27 décembre 1851, porte le titre de *Direction générale des douanes et des contributions indirectes. Voy.* impôts et perception.

En Droit, on entend par *contribution*, ou *contribution de deniers*, la répartition ou partage proportionnel du prix des biens d'une personne entre tous ses créanciers, lorsque ces biens ne suffisent pas au payement intégral de toutes les créances.

CONTRITION (en latin *contritio*, de *conterere*, broyer, briser). C'est, d'après la définition du concile de Trente, une détestation du péché commis, avec un ferme propos de ne plus pécher à l'avenir. On distingue la *contrition parfaite*, qui a pour motif l'amour de Dieu, de la *contrition imparfaite*, ou *attrition*, qui est conçue par la considération de la laideur du péché, ou par la crainte des peines de l'enfer.

CONTRÔLE (de *contre*, *rôle*). Avant 1789, on appelait *contrôle* la formalité à laquelle étaient soumis les actes et les contrats, et qui consistait dans leur reproduction par extraits dans des registres publics, à l'effet d'en assurer l'existence et la date positive, C'est ce qu'on appelle aujourd'hui *enregistrement*.

Aujourd'hui, on entend par *contrôle* :

1o. L'état nominatif des personnes qui appartiennent à un corps, soit de l'armée proprement dite, soit de la garde nationale ;

2o. La surveillance qu'exercent, dans les différents services publics, sur les opérations des agents inférieurs, des fonctionnaires appelés *contrôleurs* : toutes les branches des contributions, directes ou indirectes, ont leurs contrôleurs particuliers;

3o. Une direction spéciale du ministère des Finances, dite *Contrôle central du trésor public*, qui embrasse la vérification des recettes et dépenses journalières de la caisse du trésor, le visa des récépissés et valeurs émises, le contrôle et visa des certificats d'inscription de rente sur le grand-livre, etc.

4o. Diverses marques ou poinçons qui doivent être appliqués sur les matières d'or et d'argent, avant qu'elles soient mises en vente. On distingue trois espèces de contrôle : celui du fabricant, celui du *titre* (*Voy.* ce mot); et celui du bureau de garantie. Tout objet non contrôlé est confisqué, et entraîne une amende de 200 à 1,000 fr. Les marques du contrôle de l'État sont changées tous les ans. La contrefaçon du poinçon de l'État est punie des travaux forcés à temps (Code pénal, art. 140). Le droit de contrôle, dit droit d'*essai* ou de *touchau*, est d'un franc par hectogramme d'argent et de 20 fr. par hectogr. d'or.

CONTRÔLEUR GÉNÉRAL. On donnait autrefois le nom de *contrôleur général des finances* à l'un des premiers officiers de l'État, chargé de contrôler et d'enregistrer tous les actes qui avaient rapport aux finances du roi. D'abord soumis au *surintendant général des finances*, il devint, après la suppression de cette charge (1661), le chef du service des finances, c'est-à-dire un véritable Ministre des finances.

CONTROVERSE (de *contra*, contre, et *versare*, tourner, agiter), dispute sur un sujet quelconque, principalement sur des questions philosophiques ou religieuses. La controverse a été de tout temps cultivée avec ardeur, et a été de bonne heure réduite en art : la *Sophistique* des Protagoras, des Gorgias, des Hippias; la *Dialectique* des Platoniciens; l'*Art éristique* d'Euclide et des Mégariens; l'*Argumentation* des Scolastiques, n'étaient que des formes diverses de la controverse.

Dans les temps modernes, le nom de *Controverse* a été réservé aux disputes élevées entre les catholiques et les sectes dissidentes sur des points de foi ; c'est en ce sens que l'on dit : *étudier la Controverse*, pour étudier les matières controversées. Bellarmin, Du Perron, le cardinal de Lorraine, Bossuet, Arnault, Nicole, Pellisson, Papin parmi les catholiques; Théodore de Bèze, Bayle, Jurieu, Chillingworth parmi les protestants, se sont fait un nom comme controversistes. — La controverse exerce et éclaire l'intelligence; mais, en présentant sans cesse le pour et le contre, elle expose au scepticisme les esprits indécis.

CONTUMACE (du latin *contumax*, opiniâtre, réfractaire), se dit et du refus de comparaître en justice, et de l'accusé qui fait ce refus. Ce mot n'est d'usage qu'au grand criminel. Tout accusé est tenu de se présenter dans le délai de dix jours; sans quoi ses biens sont mis en séquestre, et, après l'instruction de l'affaire, la cour prononce sans l'assistance du jury. Les condamnations par contumace n'emportent la mort civile qu'après les cinq années qui suivent l'exécution du jugement par effigie. Les condamnations par contumace cessent de produire leur effet du moment où le condamné se présente.

CONTUSION (du latin *contundere*, écraser, meurtrir), lésion causée dans les tissus vivants par le choc violent des corps, sans destruction de la peau. Quand la contusion est légère et n'affecte que des parties superficielles, la peau devient brunâtre ou violette par suite de l'extravasion du sang; si le coup est plus violent, les muscles, les vaisseaux, les nerfs, peuvent être déchirés, les os même être fracturés. Dans ce dernier cas, l'amputation est quelquefois nécessaire. Le plus souvent il suffit d'appliquer aux contusions légères des compresses ou des affusions d'eau froide, d'eau végéto-minérale, d'eau vinaigrée à laquelle on ajoute du sel, etc. L'eau-de-vie camphrée et les eaux spiritueuses dites *vulnéraires* sont aussi très-efficaces. Les sangsues et les ventouses scarifiées conviennent dans les contusions profondes des membres ou dans les parois des cavités splanchniques. S'il se manifeste dans la partie contuse de la tension, de la douleur ou de la chaleur, on remplace les réfrigérants et les résolutifs par les topiques émollients.

CONVALLAIRE, *Convallaria* (de *vallis*, vallon), ou *Lys des vallées*, genre de plantes de la famille des Smilacinées, à fleurs en forme de cloche et dont le fruit est une baie globuleuse à trois loges. Il ne renferme qu'une seule espèce, la *Convallaire de Mai*, plus connue sous le nom de *Muguet*. *Voy.* ce mot.

CONVENTION. En Droit, les conventions légalement formées tiennent lieu de loi à ceux qui les ont faites; elles ne peuvent être révoquées que de leur consentement mutuel ou pour les causes que la loi autorise (Code Nap., art. 1134). — Les conventions écrites prennent les noms de *contrats* et d'*obligations*.

En Politique, on donne le nom de *convention* à tout pacte ou traité conclu entre plusieurs puissances pour l'exécution en commun d'un même plan de conduite. — Il s'emploie aussi quelquefois comme synonyme de *capitulation*. *Voy.* ce mot.

En Histoire, le nom de *Convention* a été donné à diverses assemblées nationales formées dans le but de rédiger ou de modifier la constitution d'un pays : on connaît surtout sous ce nom le parlement anglais de 1688 et l'assemblée qui gouverna la France de 1792 à 1795. *Voy.* le *Dict. univ. d'H. et de G.*

CONVERGENT (du latin *cum*, ensemble, et *vergere*, pencher vers), se dit, en Géométrie, des lignes droites qui se dirigent vers un même point; des courbes hyperboliques du troisième ordre, dont les branches tendent l'une vers l'autre en se dirigeant vers le même côté : on l'oppose à *divergent*. — En Mathématiques, on appelle *séries convergentes* des séries telles que, si on prend un nombre suffisamment grand de termes, l'erreur que l'on fait en négligeant le reste des termes peut être rendue aussi petite que l'on voudra. — En Physique, on nomme *rayons convergents* ceux qui, en passant d'un milieu dans un autre d'une densité différente, se rapprochent et tendent à se réunir en un point. Les verres convexes rendent *convergents* les rayons qui les traversent.

CONVERS (FRÈRE), CONVERSE (SOEUR), de *conversus*, converti, ou récemment admis. On nomme ainsi dans les couvents les frères et les sœurs employés aux œuvres serviles. C'est généralement le premier degré par lequel on passe. C'est S. Jean Gualbert, abbé de Vallombreuse, qui, le premier, établit les frères convers, dans le XIᵉ siècle.

CONVERSION (du latin *convertere*, tourner, changer). En Religion, ce mot signifie changement de croyance. — L'Église célèbre, le 25 janvier, la mémoire de la *conversion de S. Paul*.

En Arithmétique, on appelle *conversion* d'un nombre une nouvelle manière de l'exprimer; *proportion par conversion de raison*, la comparaison de l'antécédent avec la différence de l'antécédent et du conséquent dans deux raisons égales. — En Algèbre, la *conversion des équations* est l'opération par laquelle une quantité inconnue étant sous la forme de fraction, on réduit le tout à un même dénominateur, pour ne conserver ensuite que les numérateurs dans l'équation. — En Astronomie, le mot *conversion* se disait autrefois de toute révolution céleste.

Dans l'Art militaire, la *conversion* est un mouvement par lequel le front d'une troupe change de direction en tournant ou pivotant sur son extrémité de droite ou sur celle de gauche.

Conversion des propositions. On nomme ainsi, en Logique, ce qui a lieu lorsqu'on change le sujet en attribut et l'attribut en sujet, sans que la proposition cesse d'être vraie, comme quand, par exemple, on change la proposition : *Quelques hommes sont justes*, en celle-ci : *Quelques justes sont hommes*. Les propositions universelles négatives et les propositions particulières peuvent se *convertir* sans aucun changement; mais les universelles affirmatives ne peuvent se convertir qu'en ajoutant une marque de particularité à l'attribut devenu sujet.

Conversion des rentes. *Voy.* RENTES.

CONVEXE (du latin *convexus*, même signif.), se dit, par opposition à *concave*, de toute surface bom-

bée sphériquement. *Voy.* VERRES, LENTILLE, MIROIR.

CONVICT (c.-à-d. *convaincu*), nom donné par les Anglais aux criminels déportés. *Voy.* DÉPORTATION.

CONVOI (du latin *convehere*, porter, voiturer). On appelle ainsi : dans l'Art militaire, soit une réunion de transports conduisant d'un point à un autre des malades et des blessés, ou bien des munitions de guerre ou de bouche, des bagages, des effets d'armement et d'habillement, etc.; soit des colonnes de prisonniers de guerre, escortées par une troupe de soldats; — dans la Marine, une réunion plus ou moins considérable de bâtiments de commerce naviguant, pendant la guerre, sous l'escorte de vaisseaux de l'État; — sur les Chemins de fer, une suite de wagons traînés par la même locomotive.

Convoi funèbre. *Voy.* FUNÉRAILLES.

CONVOLUTÉ (du latin *convolutus*, roulé). En Botanique, on appelle *feuille convolutée*, celle qui est roulée sur elle-même ou autour d'un autre corps, de manière à former un cornet. Une *feuille convolutive* est celle qui est roulée sur elle-même, de sorte que l'un de ses bords représente un axe autour duquel le reste du limbe décrit une spirale.

CONVOLVULACÉES (du genre type *Convolvulus*, Liseron), famille de végétaux dicotylédonés monopétales hypogynes, renferme des plantes herbacées ou frutescentes, à tiges généralement volubiles ou grimpantes, à feuilles alternes, à fleurs soutenues par des pédoncules uniflores ou multiflores, et souvent très-grandes; les graines sont, en général, dures, à surface chagrinée et hérissée de poils; le fruit est une capsule, avec une ou deux graines. Cette famille importante se divise en 2 tribus : les *Convolvulacées* proprement dites et les *Cuscutées*; la 1ʳᵉ renferme les genres *Convolvulus* ou *Liseron* (genre type), *Quamoclit*, *Wilsonie*, etc.; la 2ᵉ renferme les genres *Cuscute*, *Liserolle*, etc. La plupart des Convolvulacées habitent les régions intertropicales; cependant on en trouve encore beaucoup dans nos climats tempérés. Quelques-unes de ces dernières, notamment la *Belle de jour*, donnent des fleurs éphémères remarquables par l'éclat des couleurs de leur corolles. Plusieurs plantes fort connues, soit médicinales (le *Jalap*, la *Scammonée*), soit alimentaires (la *Patate*), appartiennent aussi à cette famille.

CONVOLVULUS (de *convolvere*, rouler), nom botanique du *Liseron*, tiré de la disposition qu'a cette plante à s'enrouler autour des corps voisins.

CONVULSION (du latin *convellere*, secouer, ébranler), mouvement brusque, irrégulier, involontaire des muscles. On distingue des *convulsions toniques* (du grec *tonos*, tension), caractérisées par la tension et la roideur des muscles, et des *convulsions cloniques* (de *clonos*, agitation), caractérisées par des secousses et des soubresauts provenant de la contraction et du relâchement alternatifs des muscles; dans l'un comme dans l'autre cas, bien que ce soient les muscles qui paraissent seuls en exercice, le siège du mal est dans un désordre du système nerveux. Aux *C. toniques* se rapporte le tétanos, la catalepsie; aux *C. cloniques*, l'éclampsie, la chorée, l'épilepsie, l'hystérie, l'asthme, les palpitations, etc. Les convulsions proviennent soit de causes pathologiques, telles que les différentes maladies du système cérébro-spinal (méningite, encéphalite), les vers intestinaux, l'inflammation aiguë du tube digestif, les blessures ou fractures, l'action de certains poisons, la rage; soit de causes physiologiques, telles que la dentition, la grossesse, l'accouchement, l'excès des travaux intellectuels, les veilles trop répétées, une excitation trop vive des sens, une impression brusque et imprévue, les passions exaltées, surtout le fanatisme religieux. On peut être prédisposé aux convulsions par l'hérédité, par les émotions morales qu'a pu éprouver la mère pendant la grossesse. Les enfants et les femmes y sont plus sujets que les hommes. La marche des convulsions est très-variable; elles peuvent être intermittentes, continues ou périodiques; le plus souvent elles durent peu d'instants et cessent spontanément.

Le traitement varie selon les circonstances. S'il y a des signes de pléthore, on a recours aux émissions sanguines; si, au contraire, la peau est pâle, si le pouls est faible et lent, ou serré et dur, on insistera sur les révulsifs, tels que sinapismes, vésicatoires, frictions stimulantes, etc.; on emploiera les bains salins et les lavements de même nature; on y joindra l'emploi des antispasmodiques, tels que les infusions de tilleul, de feuilles d'oranger, le camphre, le musc, le castoréum, l'éther, le quinquina et les opiacés, mais à très-petite dose. Les bains tièdes sont aussi fort avantageux. On a encore tenté l'emploi de l'électricité, l'insufflation pulmonaire, la compression des artères carotides. On vante les affusions froides ou les applications de glace sur la tête.

Convulsions de Saint-Médard. On appelait ainsi, au dernier siècle (1727), des phénomènes singuliers qu'offraient des Jansénistes exaltés en priant sur le tombeau du diacre Pâris, martyr de leur secte, enterré au cimetière de Saint-Médard : ils éprouvaient des convulsions ou des extases, pendant lesquelles ils paraissaient insensibles aux coups les plus violents. *Voy.* convulsionnaires au *Dict. univ. d'H. et de G.*

CONYZE (du grec *conyza*, nom de plusieurs plantes chez les anciens), *Conyza*, genre de la famille des Composées, tribu des Astéroïdées, renferme un grand nombre de plantes herbacées ou frutescentes presque toutes particulières aux contrées chaudes, à fleurs en corymbe ou en panicule terminale. On cultive dans nos jardins la *C. de Virginie* ou *Seneçon en arbre*, arbrisseau de 2 à 3ᵐ, à feuilles persistantes, ponctuées de blanc, à fleurs petites et blanchâtres, environnées d'écailles pourprées. On trouve en France; la *C. raboteuse*, à qui son odeur pénétrante, fatale pour les insectes, a valu le nom d'*Herbe aux mouches*. Elle habite les bois et les haies, et a une tige droite haute de 0ᵐ,75 à 1ᵐ, des feuilles sessiles et des fleurs jaune-pâle.

COOLIS ou COULIS, Indiens qui s'engagent pour être transportés dans les diverses colonies européennes à l'effet d'y travailler librement, moyennant salaire convenu et à la condition d'être ramenés dans leur pays après un temps déterminé. On a eu recours à ces engagements depuis l'abolition de l'esclavage, pour rétablir la culture dans les colonies.

COORDONNÉES, nom donné, en Géométrie, à deux lignes droites considérées dans leur disposition relative, et servant à déterminer la direction d'une courbe. On détermine cette direction en rapportant chaque point de la courbe à deux droites perpendiculaires l'une sur l'autre, et dites, l'une *axe des abscisses*, et l'autre *axe des ordonnées*.

COPAHU (RÉSINE OU BAUME DE), substance résineuse extraite du Copaïer. *V.* COPAÏER et BAUME DE COPAHU.

COPAIER, *Copaifera*, genre de la famille des Légumineuses, section des Césalpiniées, tribu des Cassiées, est composé d'arbres assez élevés, indigènes de l'Amérique méridionale. L'espèce la plus connue est celle qui donne le copahu, le *Copaier officinal* (*C. officinalis*), arbre touffu, à feuilles composées de 5 à 8 folioles, entières, un peu luisantes, ponctuées; à fleurs petites, blanchâtres, en grappes rameuses, axillaires, et dont le fruit orbiculaire, bivalve, comprimé, contient 1 ou 2 graines. On en tire la résine de copahu au moyen d'incisions faites à l'écorce pendant les grandes chaleurs.

COPAL (nom mexicain), espèce de gomme formée d'une matière résineuse solide, cassante, transparente, d'un blanc jaunâtre plus ou moins foncé, peu soluble dans l'alcool, l'éther et les huiles essentielles. Elle s'obtient par des incisions faites au *Sumac copal* (*Rhus copallinum*), arbre de la famille des Anacardiacées, au *Courbaril* et autres arbres résineux. Cette résine nous vient de l'île de Ceylan et du Brésil; mais on préfère celle de l'Inde. Elle entre dans la composition des meilleurs vernis à l'huile, à l'éther et à l'alcool, et est des plus solides. Étendue sur du bois, du papier, du métal, etc., elle reste parfaitement transparente et forme un vernis appelé *Vernis copal, vernis à la copale* ou *Vernis Martin*, du nom du tabletier Martin, son inventeur.

COPEAU (du grec *copéion*, morceau). — On appelle *Vin de copeaux*, du vin nouveau que l'on fait passer sur des copeaux, ou dans lequel on a fait tremper des copeaux : ce qui a pour effet de l'éclaircir et de le mettre plus promptement en état d'être bu.

COPEC, monnaie russe. *Voy.* KOPEK.

COPPA, signe numéral des Grecs. *Voy.* KOPPA.

COPRIS, nom latin du *Bousier*. *Voy.* ce mot.

COPROLITHES (du grec *copros*, excrément, et *lithos*, pierre), concrétions qu'on rencontre quelquefois en quantité considérable dans le terrain houiller et dans le lias, et qu'on considère comme les excréments pétrifiés de certains poissons et d'autres animaux antédiluviens. On les emploie comme engrais. M. Buckland a attiré, dès 1829, l'attention des savants sur ces pétrifications, d'où il a tiré de curieuses inductions sur l'organisation des animaux d'où elles provenaient.

COPROPHAGES (du grec *copros*, excrément, et *phagô*, manger), genre d'insectes Coléoptères tétramères de la tribu des Scarabéides, famille des Lamellicornes; contient tous les scarabées qui, comme le nom l'indique, vivent des excréments des animaux.

COPTOGRAPHIE (du grec *coptô*, couper, et *graphô*, écrire), art de découper des morceaux de carton de manière que leur ombre, projetée sur une muraille, y dessine des figures.

COPULATIVE (CONJONCTION). *Voy.* CONJONCTION.

COPULE (du latin *copula*, lien), se dit, en Logique et en Grammaire, du mot qui lie le sujet d'une proposition avec l'attribut. Le verbe *être*, exprimé ou sous-entendu, est la copule de toutes les propositions.

COQ (du grec *kokkyzô*, qui exprime le chant du coq?), *Gallus*, genre de l'ordre des Gallinacés et de la famille de Faisans, a pour caractères : un bec allongé, médiocre, moins haut que large, la tête surmontée d'une crête charnue chez les mâles; la gorge souvent garnie de deux barbillons charnus et pendants; les ailes courtes, larges. Ordinairement on réserve aux mâles le nom de *coqs*; les femelles portent le nom de *poules*. Le mâle se distingue de la femelle par un plumage plus brillant; il a les caroncules de la tête et de la gorge plus prononcées; sa taille est plus grande; ses tarses plus robustes et armés à leur base, un peu au-dessus du pouce, d'un ergot ou éperon. — Les oiseaux qui composent le genre Coq sont lourds et pesants, et volent avec difficulté; ils sont omnivores, mais ils préfèrent les graines. Selon plusieurs naturalistes, l'espèce qui a donné naissance à la plupart de nos races domestiques est le *Coq bankiva*, qui vit sauvage dans l'île de Java : le mâle de cette espèce a la crête dentelée, une collerette orangée et dorée autour du cou, et le corps noir en dessous; la femelle est d'un roux brun vermiculé en dessus, et roux clair avec des flammes blanchâtres en dessous. On met au même rang le *Coq de Sonnerat*, dont le mâle est gris avec une crête dentelée, et dont la femelle est rousse.

Le *Coq domestique* est une espèce du genre Coq réduite à l'état de domesticité. Un bon coq doit être de taille moyenne; il a le plumage brillant et varié; la tête haute, garnie d'une large crête et de barbes bien pendantes, d'un beau rouge vif; la queue de deux rangs, recourbée en faucille et bien relevée; l'œil étincelant, le bec fort et crochu, la poitrine large, le corps gros et carré, les jambes et les pieds jaunes, armés d'ongles courts et forts. Il peut suffire à douze femelles. La chair du coq est sèche et fort peu estimée ; la crête seule est recherchée des gourmets. Toutefois la castration donne à la chair du jeune coq un goût succulent : l'animal prend alors le nom de *chapon*. On trouve quelquefois dans les poulaillers de petits œufs jaunes que l'on appelle *œufs de coq*, et qui contiennent, selon le vulgaire, un serpent : ce sont des œufs provenant d'une jeune poule ou d'une poule épuisée ; ce qu'on prend pour un serpent, ce sont les cordons que ces œufs ont conservés. L'ardeur martiale du Coq est aussi connue que son affection pour ses poules. Dès la plus haute antiquité les hommes ont fait servir cet animal à leur amusement. Les Grecs et les Romains avaient fait une science de la manière d'armer les coqs et de les exciter au combat. Aujourd'hui même, la Chine, l'Inde, l'Angleterre et l'Amérique ont conservé ce goût. On arme les ergots des coqs de lames et de pointes tranchantes et aiguës. Ces combats donnent presque toujours lieu à des paris exorbitants.

Les Hébreux regardaient le Coq comme un animal impur ; les Grecs l'avaient consacré à Mars, à Bellone et à Mercure ; il était chez eux le symbole de la vigilance, de l'activité et de l'ardeur guerrière. Ils l'immolaient à Esculape quand ils guérissaient d'une maladie. — Les Gaulois représentaient le Coq dans leurs enseignes ; mais c'est seulement en 1789 que le Coq parut pour la première fois sur une médaille comme emblème de la France : toutefois il avait été déjà employé en plusieurs circonstances, mais seulement comme *armes parlantes* (*Gallus*, Gaulois, et *Gallus*, Coq) ; en 1789 on le choisit autant comme emblème de Mars que comme symbole des Français. En 1830, il remplaça la fleur de lis comme emblème national ; en 1852 il a été lui-même remplacé par l'Aigle de l'Empire.

On a donné le nom de *Coq de Bruyère* et de *Coq de Bouleau* au Tétras ; — de *C. d'Inde*, au Dindon ; — de *C. d'Été*, à la Huppe ; — de *C. de Roche*, au Rupicole ; — de *C. de Marais*, à la Gélinotte ; — de *C. Indien*, au Hocco ; — de *C. de Mer*, au Calappe.

Les Horlogers donnent le nom de *Coq* à l'espèce de pont qui couvre et sert à maintenir le pivot du balancier. C'est une pièce ordinairement taillée en cercle léger et évidé, et fixée par des vis à la platine d'une montre ; elle est percée au centre d'un trou pour y recevoir le bout du pivot, et ce trou est recouvert par une petite plaque d'acier, appelée *petit coq* ou *coqueret*. arrêtée au coq par une ou plusieurs vis, et sur laquelle porte l'extrémité du pivot quand l'axe du balancier est vertical.

coq (du latin *coquus*, cuisinier). Les marins, surtout sur les bâtiments de guerre, appellent *Coq* ou *Maître coq*, le matelot chargé de la cuisine de l'équipage. — Ils nomment *Coq-souris* une voile ou pannette en deux parties, qui se lace entre le hunier et la vergue de fortune d'un sloop, d'une galiote, etc., pour remplir le vide et les échancrures du hunier.

COQUE (du latin *concha*). C'est proprement l'écale ou coquille de l'œuf (*Voy.* œuf). — En Botanique, on nomme ainsi les parties de certains fruits composés d'un péricarpe qui se séparant en un nombre déterminé de loges, qui se détachent les unes des autres par la scission de leur cloison en deux lames ; ces loges individuellement prises sont les *coques :* tels sont les fruits du pavot, du buis, des euphorbes. — On emploie encore le mot *coque* comme synonyme de *cocon*. *Voy.* ce mot.

coque du levant, fruit du *Menispermum cocculus* ou *Bois à enivrer,* espèce du genre Cocculus, de la famille des Ménispermées : c'est un drupe oblong, réniforme, légèrement comprimé et monosperme. Elle a la propriété d'endormir et même de faire mourir les poissons qui en mangent : aussi les pêcheurs s'en servent-ils pour composer une espèce de pâtée avec de la mie de pain : c'est ce qu'ils appellent *tirer* la coque. Cette action blâmable est défendue et sévèrement punie par les règlements sur la pêche. Les propriétés vénéneuses de la Coque du Levant sont dues à un principe alcalin et cristallisable, découvert par Boullay, et qu'il a appelé *picrotoxine*.

COQUELICOT, *Papaver Rhœas*, nom vulgaire d'une espèce du genre Pavot. C'est une plante bien connue, à fleurs d'un rouge éclatant, et qui, desséchées, sont employées comme sudorifiques dans les rhumes chroniques. On en fait un sirop qui a été autrefois préconisé comme incisif et expectorant. Le coquelicot abonde dans les champs de blé et dans tous les terrains fraîchement remués, où il fleurit de bonne heure en été. On le cultive dans les jardins, où il produit un bel effet par ses fleurs simples, doubles, diversement colorées ou panachées.

COQUELOURDE, nom vulgaire donné à un *Narcisse*, à l'*Anémone pulsatille* et à une *Agrostemme*.

COQUELUCHE (ainsi nommée sans doute de ce que, pendant les quintes, la respiration, devenue sonore, imite le chant du *coq*), dite aussi *catarrhe convulsif*, affection caractérisée par une toux violente et convulsive, revenant par quintes à des intervalles plus ou moins longs, et consistant en plusieurs expirations courtes et saccadées, suivies d'une inspiration longue, pénible et sonore. Elle attaque presque exclusivement les enfants, surtout les filles, entre la première et la deuxième dentition, et les sujets lymphatiques et nerveux. Elle sévit particulièrement au printemps et en automne, surtout dans les années froides et humides. La coqueluche est souvent épidémique et toujours contagieuse ; ordinairement elle n'attaque qu'une seule fois dans la vie. — Inconnue des anciens, elle a été confondue jusqu'au xviiie siècle avec les autres affections catarrhales, tandis que c'est évidemment une névrose de la respiration, avec irritation ou même phlegmasie de la muqueuse des bronches. Elle précède ou complique souvent la rougeole. Les quintes, plus violentes et plus fréquentes la nuit, sont accompagnées d'agitation, de douleurs déchirantes dans la poitrine, avec suffocation imminente ; l'accès finit par un vomissement glaireux, après lequel l'enfant reprend immédiatement sa gaîté et ses jeux.

La coqueluche est une maladie peu dangereuse, à moins qu'elle ne se prolonge indéfiniment : sa durée peut être de 6 semaines à 5 ou 6 mois. On la combat au début, par des boissons chaudes et mucilagineuses, des juleps ou des loochs gommeux, avec du sirop diacode ; puis par des pédiluves ou mieux des cataplasmes sinapisés aux extrémités, par de légers vomitifs ainsi que par des purgatifs ; quelquefois on est forcé de recourir aux révulsifs énergiques, tels que les vésicatoires, et les frictions avec la pommade stibiée. Dans les cas d'épidémie, le changement d'air est souvent d'une grande utilité.

COQUEMAR (en latin *cucuma*), sorte de bouilloire en cuivre ou en argent à large ventre, rétrécie au col et un peu évasée à l'ouverture, avec un bec pour diriger le liquide. Le tout est surmonté d'un couvercle à charnière, et armé d'une anse en métal entourée d'osier. Les coquemars sont appelés aussi *cafetières du Levant*, parce que les premières qui parurent en France furent apportées du Levant.

COQUERET, nom vulgaire de la plante dite *Alkékenge* (en latin *Physalis*). *Voy.* ALKÉKENGE.

COQUILLAGES, dénomination générale sous laquelle on comprend tous les animaux testacés. *Voy.* COQUILLE et CONCHYLIOLOGIE.

COQUILLE, *Cochlea*, test ou corps testacé calcaire, développé soit en dehors, dans l'épaisseur de la peau d'un mollusque, ou seulement certaines parties de son corps, et destiné à protéger tout l'animal, ou seulement certaines parties de son corps, contre les chocs extérieurs. La limace grise des caves, par exemple, porte sa coquille dans l'intérieur de la tête ; elle a la forme d'un ongle, et couvre le cœur et le cerveau de ces animaux. On distingue ordinairement les coquilles par le nombre de pièces dont elles sont composées, et on les nomme *univalves* quand elles n'offrent qu'une seule pièce (limaçon); *bivalves*, quand elles sont composées de deux pièces qui s'ouvrent à charnières comme une tabatière (huîtres); *multivalves* enfin, quand ces pièces sont au nombre de plus de deux (gland de mer). D'après leur habitation, les coquilles sont distinguées en *terrestres*, *fluviatiles* et *marines*. Sous le rapport de la fixité, elles sont *libres* ou *adhérentes*. Sous le rapport de la forme, elles sont *symétriques*, *équivalves*, *inéquivalves*, *régulières*, etc.— Les coquilles étant calcaires pour la plupart, elles servent dans beaucoup de pays à fabriquer de la chaux; on en fait aussi, surtout chez les sauvages, des ornements de toilette; on les recueille comme objets de curiosité; certaines coquilles, appelées *cauris*, sont employées dans l'Inde et l'Afrique comme pièces de monnaie. C'est de coquilles des genres *Perne*, *Murette* et *Pintadine*, qu'on retire la nacre et les perles. Quelques-unes atteignent des proportions considérables : telles sont celles qui servent de bénitiers (*V.* BÉNITIER). — Il existe beaucoup de *Coquilles fossiles*; on nomme *Coquillers* les terrains qui en contiennent. — L'étude des Coquilles est devenue une science spéciale sous le nom de *Conchyliologie*. *Voy.* ce mot.

On appelle *C. des peintres* l'Unio pictorum; *C. de Pharaon*, le Monodonte ou Bouton de camisole; *C. de Saint-Jacques*, toutes les coquilles du genre *Peigne*, parce qu'autrefois les pèlerins qui se rendaient à St-Jacques de Compostelle portaient attachées à leur manteau les valves de quelques espèces de Peigne communes dans la Méditerranée et l'Océan.

Dans les Arts, le mot *coquille* prend une foule d'acceptions diverses. On appelle : *papier coquille* une qualité de papier à écrire qui dans le filigrane porte pour marque une coquille; — *or en coquille*, une pâte faite de miel et de feuilles d'or réduites en poudre dont on se sert pour dorer; elle se vend dans des *coquilles*. — Les lapidaires nomment *coquille* un outil de cuivre en forme de dé à coudre qui sert pour mettre les diamants en soudure. — Le fourbisseur donne ce nom à cette partie de la poignée d'une épée qui a la forme d'une double coquille, et sert à protéger le poignet. — Le fondeur appelle *coquille à boulet* les moules en fer forgé ou fonte de fer dont il se sert pour faire le boulet, par le moyen de la réunion des deux coquilles. — Le sculpteur appelle *coquille* un petit ornement taillé sur le contour d'un quart de rond. — Le maçon nomme *coquille d'escalier* le dessous des marches qui tournent en limaçon, et dont l'ensemble présente la forme d'une coquille. — En Typographie, on nomme *coquille* une lettre déplacée de son cassetin, et employée pour une autre dans la composition.

COR (de *cornu*, corne), petite tumeur dure et circonscrite qui se développe sur les doigts du pied; elle est ordinairement produite par la compression qu'exercent les chaussures trop étroites ou trop dures. Elle se compose d'une portion superficielle, sèche, en tête de clou, formée de plusieurs couches d'épidermes superposées; et d'une autre portion plus étroite, plus profonde, demi-transparente, s'enfonçant à travers le derme jusqu'aux tendons, jusqu'aux ligaments et même jusqu'au périoste. Cette portion paraît organisée, car on y a découvert des vaisseaux à l'aide du microscope; c'est ce qui distingue le *cor* du simple *durillon*. Les cors se gonflent dans les temps humides, et pressent les parties sous-jacentes, ce qui occasionne de vives douleurs. Les pédicures extirpent les cors en cernant avec une aiguille courbe, à pointe mousse, le tubercule calleux; les emplâtres de toute espèce, la baudruche, les feuilles de joubarbe et d'éclaire sont inefficaces; l'emploi des caustiques est quelquefois dangereux.

COR (du latin *cornu*, même signification), instrument de musique à vent et à embouchure. C'est un tube de cuivre composé de plusieurs bouts, contourné en spirale, et dont le diamètre va toujours croissant jusqu'à s'évaser en un large *pavillon*, où l'on insère la main pour modifier les sons. Les tons que l'on obtient par ce moyen sont moins éclatants que les tons naturels de l'instrument, et se nomment *tons bouchés* : l'embouchure a la forme d'un petit entonnoir. Plus on lâche les lèvres, plus le son est grave; plus on les serre en les pressant contre les dents, et plus le son est aigu. La musique de cor se note au clef de *sol* et quelquefois sur la clef de *fa*, quatrième ligne, pour certaines notes graves. Les parties de cor sont presque toujours écrites dans le ton d'*ut majeur*, certains solos exceptés; mais, pour jouer dans des tons différents, on a des tubes de rechange qui sont dans ces divers tons. Le son naturel le plus grave d'un cor en *ut* est le *sol* que rendrait, à vide, la première corde filée d'un violoncelle; il produit ensuite quatre octaves en montant vers l'aigu. — Le *Cor de chasse*, qu'on nomme aussi *trompe*, ne diffère du cor simple que parce qu'il est plus grand, qu'il est tout d'une pièce, et n'a pas de *corps de rechange*. On le joue sans mettre la main dans le pavillon.—L'usage de cet instrument paraît être fort ancien, et il est impossible de préciser l'époque à laquelle il a été inventé.

COR ANGLAIS, instrument à vent et à anche, de la famille des hautbois, a la forme du hautbois, mais dans des proportions plus fortes; il est un peu recourbé, et son pavillon se termine en boule, au lieu d'être évasé comme celui du hautbois. Il sonne une quinte au-dessous de celui-ci, et tient par conséquent, parmi les hautbois, la même place que l'alto ou viole parmi les violons. Son diapason est de deux octaves, qui commencent au troisième *fa* grave du piano. La musique destinée au cor anglais se note sur la clef d'*ut*, seconde ligne. Les Italiens l'appellent *voix humaine* (*voce umana*).

COR DE BASSET (en allemand *basset-horn*), instrument de musique à vent, à bec et à anche, du genre de la clarinette, et qui est à celle-ci ce que le cor anglais est au hautbois, c'est-à-dire qu'il en sonne la quinte au-dessous. Son diapason comprend quatre octaves, qui commencent au second *ut* grave du piano. La musique destinée au cor de basset se transpose à la quinte ou à la quarte. Cet instrument n'est guère en usage qu'en Allemagne.

COR ou CORNET A PISTONS, instrument du genre de la trompette. Au moyen de plusieurs pistons, que l'exécutant presse tour à tour, la colonne d'air renfermée dans l'instrument est raccourcie de manière à produire le plus grand nombre des tons et demi-tons que le cor ordinaire refuse. Le cor à pistons conserve les bonnes notes du cor ordinaire, rend l'éclat aux sourdes et remplit toutes les lacunes. Cet instrument a été inventé en 1820 par le musicien allemand Stœzel; il a eu pendant quelque temps une très-grande vogue, et il est encore d'un usage très-fréquent dans les concerts et la musique militaire.

COR RUSSE, instrument à vent en cuivre, qui se joue avec une embouchure, et qui est de forme conique. Le tube ne fournit qu'un seul son. Pour avoir quelques octaves de tous les demi-tons, il faut avoir autant de tubes qu'on veut employer de sons, et en proportionner la longueur au degré de grave ou d'aigu qu'on veut obtenir. On arrive à des effets surprenants par la réunion de vingt, trente et quarante de ces cors : le son en peut être entendu à plus de 6 kilom. Le cor russe a été inventé au dernier siècle par le bohémien J.-A. Maresch.

CORACIAS, oiseau. *Voy.* CHOQUART et ROLLIER.

CORAIL (du grec *corallion*), genre de Polypes corticaux, ne présente qu'une seule espèce connue, le *C. rouge*, que l'on trouve dans la Méditerranée, près des côtes (surtout à La Calle, en Algérie) et dans quelques parties de l'Océan. Ce sont des animaux microscopiques, blancs, mous et presque diaphanes. Leur bouche, qui leur sert aussi d'anus, est entourée de huit tentacules coniques, légèrement comprimés et ciliés sur les bords. Ils vivent captifs et en grand nombre sur un polypier fixé au fond de la mer, et couvert de petites loges où est enfermé leur abdomen, c.-à-d. la partie de leur corps qui contient les organes destinés aux fonctions vitales. Ce polypier, appelé lui-même Corail, présente la forme d'un petit arbrisseau sans feuilles, mais très-branchu, de 50 à 60 centim. de longueur sur une épaisseur de 3 à 4 centim. Il est couvert d'une écorce gélatino-calcaire qui, à l'état frais, s'enlève aisément, et il est enveloppé d'une membrane vasculaire qui lie les uns aux autres tous les individus d'un même pied, et fait que la nourriture de l'un profite à tous les autres. L'axe central est d'un rouge vif, et la dureté du marbre. C'est cette matière que l'on emploie à faire des bijoux, des colliers, etc. ; elle fait un article de commerce important sur les côtes de la Sicile, de la Grèce et de la Barbarie. Souvent de hardis plongeurs vont les arracher ou les couper à la main au fond de la mer ; mais le plus ordinairement on les recueille en promenant au fond de l'eau, au moyen d'une corde, une sorte de filet appelé *salabre*, que l'on maintient ouvert par une croix de bois, et qui est retenu au fond par une grosse pierre ou un boulet. — Le corail a été préconisé comme tonique et absorbant ; mais l'analyse a démontré qu'il ne contient que du carbonate de chaux uni à un peu de gélatine. On ne l'emploie plus que dans les poudres et les opiats dentifrices. — On fabrique un *corail artificiel* : c'est une pâte qui a pour base ordinaire la poudre de marbre cristallin, cimentée avec de l'ichthyocolle, ou quelquefois avec une huile très-siccative, et que l'on teint au moyen du vermillon de Chine, mêlé à une très-petite quantité de minium. Le corail artificiel est bien inférieur au corail naturel sous le rapport du poli, de l'éclat, et surtout de la durée.

CORALINE ou CORALLINE (du grec *corallion*, corail), genre d'Algues, type de la tribu des Corallinées, section des Floridées. Lamarck et Cuvier l'avaient rangée parmi les Polypes à polypiers ; mais les récents travaux de MM. Schweger, Link, Kützing et Decaisne, ont démontré qu'elle appartient au règne végétal. La coraline croît sur touffes sur les rochers du bord de la mer. Sa couleur varie du vert au rouge plus ou moins foncé. L'espèce la plus remarquable est la *C. officinale*, qui a longtemps été employée comme vermifuge, mais à laquelle on préfère aujourd'hui la *Mousse de Corse.*

CORAL-RAG, nom anglais du *Calcaire à polypiers.* Il est blanchâtre, à texture grossière, presque entièrement composé de madrépores branchus.

CORAN, livre sacré des Musulmans. *Voy.* ce mot au *Dict. univ. d'Hist. et de Géogr.*

CORAX, nom grec du *Corbeau*, a donné naissance aux mots *Coracias, Coratines, Coracinés, Coracininées*, subdivisions de la famille des Corvidés.

CORBE, mesure de capacité employée en Italie pour les matières sèches et liquides. La corbe de blé de Bologne contient 78,64 lit. ; la corbe de vin, 78,59.

CORBEAU, en latin *Corvus*, genre de Passereaux conirostres de la famille des Corvidés, renferme un grand nombre d'espèces, parmi lesquelles on distingue : les *Corbeaux* proprement dits, les *Corneilles*, les *Freux* et les *Choucas.*

Les *Corbeaux proprement dits* ont pour caractères : un bec droit, conique, très-fort, et dont la base est garnie de plumes roides dirigées en avant, et une queue ronde ou carrée. Leur taille est celle d'une poule ; leur plumage est généralement noir. Ils ont l'appétit vorace, et se nourrissent volontiers de charognes : aussi répandent-ils une odeur fétide.

Leur vue et leur odorat sont perçants, ce qui empêche les chasseurs de les approcher facilement. Ils marchent posément, d'un air grave, mais sautent quand ils veulent hâter leur marche et prendre leur essor ; leur vol est élevé et soutenu. Leur intelligence paraît assez développée ; on peut les apprivoiser, et les rendre même d'une très-grande familiarité ; mais leur caractère est turbulent, querelleur et défiant. Ils ont un cri rauque et discordant, connu sous le nom de *croassement ;* cependant ils apprennent assez facilement à parler. Partout, les corbeaux sont sédentaires ; ils nichent sur les arbres les plus élevés, sur les rochers escarpés, ou bien dans les châteaux en ruines. Pendant l'hiver et à l'époque des semailles, ils se répandent par troupes dans les campagnes, où leur présence ne paraît pas causer de dommages bien considérables. On leur attribue une fort longue vie. On prétend que le vol du corbeau, plus ou moins élevé, inquiet, incertain et accompagné de croassements, annonce le mauvais temps. Les anciens avaient consacré le corbeau à Apollon, parce qu'ils lui attribuaient la faculté de prédire ; ils regardaient son chant comme de mauvais augure. Chez les Juifs, cet oiseau était déclaré impur.

On appelle *C. aquatique* l'Ibis acalor ; *C. blanc*, le Vautour papa ; *C. cornu*, le Calao ; *C. de mer*, le grand Cormoran ; *C. de nuit*, l'Engoulevent, etc.

Les Romains appelaient *corbeau* une sorte de croc en métal qui leur servait de grappin d'abordage, et qui avait été inventé par le consul Duillius dans la première guerre punique. — On donne aujourd'hui ce nom : en Architecture, à un ouvrage en saillie, à une grosse console qui a plus de saillie que de hauteur, et qui sert souvent à porter des bouts de poutre ou des naissances de voûte (*Voy.* ENCORBELLEMENT) ; — au morceau de fer qui sert à porter les sablières d'un plancher. — C'est aussi le nom d'une machine qui sert à soulever des fardeaux.

CORBEILLE D'OR , nom vulgaire de l'*Alysse jaune* (*Alysson saxatile*). *Voy.* ALYSSE.

CORBILLARD. *Voy.* POMPES FUNÈBRES.

CORBIN était autrefois synonyme de *Corbeau*. — Par suite, on a dit : *Bec de corbin*, pour instrument recourbé ; *nez en bec de corbin*, pour *nez croclu.*

CORBIVAU, *Corvus albicollis*, espèce du genre Corbeau, dont on a fait un sous-genre, sous le nom de *Corvultur :* il doit ce dernier nom à son bec comprimé, élevé, et à dos tranchant.

CORBULÉES (du genre *Corbule*, qui en est le type), famille de Mollusques établie par Lamarck, renferme des espèces à coquille inéquivalve, à ligament intérieur, et fait partie des Conchifères ténuipèdes. Elle ne comprend que les deux genres *Corbule* et *Pandore*, de l'ordre des Acéphales ostracés de Cuvier. Le genre Corbule renferme de petites coquilles marines, rares et recherchées à l'état vivant. On les trouve aux environs de Paris à l'état fossile.

CORCELET. *Voy.* CORSELET.

CORCHORE (du grec *chorchoros*, plante aujourd'hui incertaine), *Corchorus*, genre de la famille des Tiliacées, renferme des herbes, des sous-arbrisseaux et des arbrisseaux, à feuilles alternes, denticulées ; à stipules latérales géminées ; à jolies fleurs jaunes , portées sur des pédoncules très-courts. Le *C. du Japon* (*C. Japonicus*), à fleurs doubles , est cultivé dans les jardins, où il est plus connu sous le nom de *Corète du Japon* ; on en tapisse les murs.

CORDACE (en grec *cordaké*), danse gaie, vive et licencieuse, en usage chez les anciens Grecs et dans l'Asie-Mineure, avait le caractère de nos passepieds : elle entrait souvent dans les divertissements des comédies antiques.

CORDAGE (de *corde*), nom générique de toutes les cordes qui servent au gréement et à la manœuvre des navires, au jeu des machines, à l'élévation et à la traction des fardeaux, etc. Le chanvre est la matière le plus communément employée pour la fabrication des cordages ; on en fait aussi en fils de coton pour l'usage des mécaniques, comme étant plus élastiques et moins sensibles à l'humidité de l'air ; en écorce de tilleul, pour les cordes de puits ; en fils métalliques, etc. La fabrication des cordages comprend deux opérations distinctes : le *filage*, ou fabrication du *fil de caret*, élément de toute corderie, et le *commettage*, qui consiste à réunir et à tordre ensemble un certain nombre de fils de caret pour en composer les cordages de toute grosseur, depuis le *bitord* jusqu'au *câble* (*Voy.* ces mots). Depuis quelque temps, on se sert des mines de cordages *plats*, qui n'ont point l'inconvénient de s'enrouler, et de faire tourbillonner sur eux-mêmes les tonneaux dans lesquels les mineurs descendent et remontent. On distingue dans la marine deux sortes de cordages, les cordages ordinaires ou *blancs*, et les cordages *noirs*, qui sont *goudronnés*. On *tanne* aussi les cordages pour leur donner plus de force.

CORDE (du grec *chordè*, qui a signifié originairement *intestin*, ensuite *corde* d'instrument de musique), tortis fait ordinairement de chanvre et quelquefois de coton, de laine, de crin, et d'autres matières pliantes et flexibles. Il y a des cordes de toute espèce et de toute grosseur, selon l'usage auquel on les destine. La plus grosse s'appelle *câble*, la plus petite *ficelle*; celles qui servent dans la marine prennent le nom de *cordages. Voy.* CORDAGE et CORDIER.

On appelle *C. à boyaux* celles qu'on fabrique avec des intestins d'animaux. On se sert de ces cordes dans plusieurs arts pour établir diverses communications de mouvement et dans les instruments de musique ; on donne le nom de *cordes de nerfs* à des cordes faites de tendons, de ligaments battus, filés et tordus. — Dans les instruments de musique, on distingue en outre : les *C. à boyaux*, qu'on attaque par le frottement ; les *C. métalliques*, qu'on frappe, et les *C. de soie*, que l'on pince. On appelle *cordes filées* celles qui sont revêtues d'un fil de laiton blanchi qui les entoure d'un bout à l'autre ; elles rendent les sons graves. Dans le violon, le violoncelle, l'alto et la contre-basse, les cordes filées sont en boyau ; tandis que dans la guitare elles sont en soie. — Les cordes des clavecins et des pianos sont métalliques, les unes en fil d'acier de deux ou trois degrés de finesse pour les sons aigus ; les autres, pour les sons moyens, sont en fil de laiton de deux grosseurs ; et enfin les sons graves sont rendus par des fils de laiton *filés*, c'est-à-dire revêtus d'un fil de laiton plus fin qui les entoure en spirale.

Dans les Arts mécaniques, on appelle *corde sans fin* la corde qui entoure la roue des tours, des rouets à filer, etc. Elle sert à communiquer à une roue que l'on veut faire tourner le mouvement de rotation déjà imprimé à une autre roue.

Les artificiers appellent *corde à feu* une mèche de corde formant une grosse étoupille, avec la composition qui leur sert pour les étoiles et à laquelle ils forment des dessins divers. — Les drapiers appellent *corde* les fils dont le drap est tissu. Dans les fabriques de soie, on appelle *C. de semple* une corde de fil à trois bouts ; *C. de rame*, une corde plus grosse que celle du semple, et où l'arcade est attachée ; *C. de volets*, la corde qui tend la chaîne ; *C. encordée*, une grosse corde qui roule double sur l'ensuple de derrière, et qui sert à tenir un bois garni de crochets qui arrêtent le composteur. — Les marins donnent le nom de *cordes de défense* à un paquet de grosses cordes ou de bouts de vieux câbles qu'on fait pendre le long des bordages des chaloupes ou des bateaux pour rompre le choc, et empêcher les avaries dans la rencontre avec d'autres bâtiments.

En Géométrie, on appelle *corde* toute ligne droite qui joint les extrémités d'un arc de cercle.

En Anatomie, on appelle *corde du tambour* ou *du tympan* un filet nerveux qui s'introduit dans la caisse du tympan ; *C. vocales*, les cordons tendineux qui forment les bords des lèvres de la glotte.

On appelait autrefois *corde* une certaine quantité de bois à brûler, qu'on mesurait avec une corde : elle équivaut à deux voies ou à quatre stères.

CORDEAU (diminutif de *corde*), petite corde dont les fils sont fins et serrés, qu'on nomme aussi *fouet*. — Il se dit plus ordinairement de la petite corde attachée à deux piquets, ou tenue tendue par les mains, dont se servent les ingénieurs, les maçons, les jardiniers, pour tracer des lignes droites ou pour aligner leurs ouvrages.

CORDELIÈRE. On appelle ainsi, en termes de Blason, un filet plein de nœuds que les veuves ou les filles mettaient en guise de cordon pour entourer l'écu de leurs armes. L'exemple en fut donné par la reine Anne de Bretagne, qui avait entouré son écu d'une cordelière en l'honneur des cordes dont Jésus-Christ avait été lié en sa passion. C'est aujourd'hui le nom d'une espèce de ceinture lâche en gros cordon de soie que portent beaucoup de femmes.

En Architecture, on appelle *cordelière* une baguette sculptée en forme de corde.

CORDELINE, petite tringle de fer avec laquelle l'ouvrier verrier prend dans le four le verre liquide nécessaire pour faire le cordon du goulot d'une bouteille. — C'est aussi le nom du fil de soie ou de fleuret servant de lisière aux étoffes de soie.

CORDIA, nom latin du *Sébestier. Voy.* ce mot.

CORDIAL (du latin *cor*, cœur). On donne le nom de *cordiaux* aux médicaments qui ont la propriété d'augmenter promptement la chaleur générale du corps et l'action du *cœur* et de l'estomac. Ce sont des excitants et des stimulants diffusibles, tels que les alcoolats aromatiques, les vins généreux, la cannelle, le girofle, la vanille, etc., et les composés auxquels ces produits peuvent donner naissance.

CORDIER, ouvrier qui fabrique la corde. Ses instruments sont, pour le fileur, un *rouet* à plusieurs broches ; un *touret*, espèce de dévidoir ; et des *râteliers*, placés de distance en distance pour soutenir le fil à mesure qu'il se forme : l'ouvrier, muni d'un *peignon* de chanvre attaché à sa ceinture, marche à reculons en lâchant peu à peu une certaine quantité de brins de chanvre qui se tortillent et se forment en fil par le mouvement continuel du rouet et du touret. Pour le *commettage*, on dispose sur des supports isolés et mobiles les tourets chargés de fils de caret, et tous ces fils viennent se réunir sur un *chariot* disposé de telle sorte qu'en roulant il dévide les tourets et tord les fils en même temps. — On appelle *corderie* l'atelier où l'on fabrique les cordes. La plupart sont en plein vent, dans une allée d'arbres ; dans les ports de mer, on a construit pour cet usage des hangars d'une immense longueur ; Cherbourg, Brest et Toulon possèdent de magnifiques *corderies*. — M. Boitard a donné le *Manuel du Cordier*.

CORDIÉRITE. *Voy.* SAPHIR D'EAU.

CORDIFORME, se dit, en Botanique, des feuilles ou des pétales qui ont la forme d'un *cœur*.

CORDON (de *corde*). On donne ce nom : dans les ateliers de corderie, à une petite corde destinée à faire partie d'une autre ; — chez les passementiers, à une petite tresse ou tissu de fil, de soie ou de coton, mêlé quelquefois de fils d'or ou d'argent ; — chez les architectes, les sculpteurs, les serruriers, les fondeurs, etc., à un petit ornement en relief, circulaire et arrondi, qui règne autour d'une pièce.

Autrefois, en France, on appelait *cordons bleus* les chevaliers de l'ordre du Saint-Esprit, et *cordons rouges*, ceux qui portaient la grand'croix de Saint-Louis, à cause de la couleur de leur ruban. — Aujourd'hui, on appelle *grand cordon* le large ruban rouge que portent les grand-croix de la Légion d'honneur.

On appelait *cordon de S. François* le cordon garni de nœuds que portaient les divers ordres monastiques qui reconnaissaient S. François pour leur fondateur : les Cordeliers, les Capucins, les Minimes, les Récollets, le portaient blanc; les Pénitents et les Picpus le portaient noir.

En termes de Blason, on appelle *cordon* un ornement qui accompagne les armoiries des prélats. Le cordon descend des deux côtés du chapeau, et se termine par un nombre de houppes proportionné à la dignité. Le cordon d'un cardinal est de gueules terminé de chaque côté par douze houppes de même couleur; celui d'un archevêque est de sinople, et n'a que neuf houppes, etc.

Dans l'art du Monnayeur, on appelle ainsi ce qui forme la circonférence des monnaies. Le cordon, destiné à faire reconnaître si les pièces d'or et d'argent sont rognées, était autrefois en creux. Il est aujourd'hui en relief.

En Anatomie, on nomme *cordon ombilical* le faisceau vasculaire qui s'étend du placenta jusqu'à l'ombilic du fœtus, et porte à celui-ci les matériaux de sa nutrition. Sa surface est noueuse et bosselée; il est formé par les vaisseaux omphalo-mésentériques, par les artères et la veine ombilicales. — En Botanique, on donne ce nom à la partie qui unit la graine à la plante mère, et qui est adhérente au placenta. M. Richard le nomme *podosperme.* — Le *cordon pistillaire* est un ensemble de filets ou de vaisseaux disposés en faisceaux, simples ou ramifiés, situés dans les parois de l'ovaire, et qui se rendent des ovules au stigmate au travers du *pistil.* On croit qu'ils sont les conducteurs de la matière fécondante.

On appelle *cordon sanitaire* une ligne militaire établie pour empêcher la propagation de la peste ou de quelque mal épidémique.

CORDONNET, petit cordon ou tresse de fil, de soie, d'or ou d'argent, que fabriquent les passementiers et qu'emploient les boutonniers, les frangiers, les brodeurs, les marchandes de modes, etc. Ils le font servir à l'enjolivement de tous leurs ouvrages. Dans la broderie des étoffes au métier, on applique le cordonnet; dans la broderie de la mousseline à l'aiguille, on l'imite par un gros fil plat fixé sur les contours du dessin, sur lequel on repasse en travers et à points serrés avec du fil plus fin.

CORDONNIER, autrefois *Cordouannier* (de *Cordoue,* ville d'Espagne, renommée pour la préparation de ses peaux de chèvre tannées), artisan qui confectionne les souliers, bottes et autres chaussures. Sous l'empire des maîtrises, on distinguait trois classes de cordonniers : les *C. bottiers,* les *C. pour hommes* et les *C. pour femmes;* aujourd'hui, les deux premières classes n'en font plus qu'une seule. — Les semelles des chaussures se font ordinairement avec du cuir de bœuf ou de vache; l'empeigne, qui couvre le dessus du pied, et les quartiers, qui emboîtent le talon, sont en cuir de veau, de chèvre, de mouton, en cuir verni, en maroquin; et quelquefois, dans les chaussures de femme, en coutil, en lasting, en soie, etc. Pour faire le soulier, le cordonnier assemble d'abord les quartiers avec l'empeigne, et celle-ci avec la trépointe, lanière de cuir qui fait le tour du soulier le long de la première semelle, et qui finit, de chaque côté, où le talon commence. Il coud ensuite la première semelle avec la trépointe et l'empeigne, puis la seconde semelle. Il ne reste plus alors qu'à parer les semelles, à les noircir et à les polir, et à border le soulier. Toutes ces coutures sont faites avec du fil de Bretagne ciré, et armé à chaque bout d'une soie de sanglier qui sert d'aiguille. *Voy.* BOTTIER et CHAUSSURES.

CORDYLE (du grec *cordylè,* massue), genre de reptiles Sauriens, a pour caractères : tête pyramidale, quadrangulaire, terminée par un museau obtus; yeux munis de deux paupières; langue molle,

fongueuse, épaisse, peu extensible; dents nombreuses, coniques, simples; la tête est munie de grandes plaques polygonales; le corps couvert d'écailles carrées; la queue revêtue de grandes écailles en anneaux. Il y a un grand nombre d'espèces de Cordyles, toutes originaires du Cap de Bonne-Espérance.

CORÉOPSIS (du grec *coris,* punaise, et *opsis,* aspect; de la forme aplatie de la graine), genre de Composées-Hélianthées, renferme des plantes herbacées, rarement frutescentes, à branches et à feuilles opposées, le plus souvent partagées en un grand nombre de segments filiformes, à fleurs terminales étoilées, d'un brun velouté au centre, d'un jaune vif sur les bords. Ces jolies plantes, originaires des montagnes de la Virginie et de la Caroline, sont cultivées dans les jardins d'agrément. Tous les terrains leur conviennent; mais elles craignent l'ombre.

CORÈTE DU JAPON, nom vulgaire d'une espèce du genre *Corchore. Voy.* ce mot.

CORIANDRE (du grec *coris,* punaise, à cause de son odeur), genre de la famille des Ombellifères, renferme plusieurs espèces, et notamment la *C. cultivée,* originaire de l'Italie et naturalisée en France. Ses fleurs sont d'un blanc rosé, et plus grandes à la circonférence de l'ombelle qu'au centre; sa tige un peu rameuse et couverte de feuilles à segments très-étroits. La plante sur pied exhale l'odeur de la punaise; mais ses fruits desséchés ont une odeur agréable; elle entre dans la préparation des liqueurs : elle est stomachique et carminative.

CORIARIA. *Voy.* SUMAC. — CORICUS. *Voy.* SUBLET.

CORINDON (du mot *corund,* nom que lui donnent les Indiens), dit aussi *Spath adamantin,* minéral vitreux ou pierreux, extrêmement dur, cristallisant en rhomboïdes, est composé d'alumine presque pure. Les variétés jaune (*Topaze orientale*), bleue (*Saphir*), rouge (*Rubis oriental*), et violette (*Améthyste orientale*), sont recherchées pour la joaillerie; la variété verte, fort rare lorsqu'elle est d'une belle teinte, s'emploie aussi sous le nom d'*Emeraude orientale.* Les variétés grossières du corindon sont réduites en poudre, et servent, sous le nom d'*émeri,* à tailler et à polir les corps durs. Quelquefois on remarque sur le plan perpendiculaire à l'axe du cristal une étoile blanchâtre à six rayons qui tombent sur le milieu de chacun des côtés du prisme hexagone : c'est ce que les lapidaires appellent *astérie.* Le corindon se trouve disséminé, particulièrement dans les granits; il se rencontre surtout dans le Malabar, le Thibet et la Chine, d'où il nous arrive en pierres toutes taillées. Il existe aussi dans les dolomies du Saint-Gothard et dans le ruisseau d'Expailly, près du Puy-en-Velay, où il provient des dépôts volcaniques de la contrée.

CORINTHIEN. *Voy.* ORDRE et CHAPITEAU.

CORIOPE, nom vulgaire du coréopsis.

CORIS (du nom grec d'une plante aujourd'hui inconnue), genre de la famille des Primulacées, tribu des Lysimachiées. L'espèce unique est la *C. de Montpellier* (*C. monspeliaca*), petite plante à fleurs rouges, en bouquet, cultivée dans quelques jardins.

CORIS, coquille qui sert de monnaie. *Voy.* CAURIS.

CORIZE (du grec *coris,* punaise), *Corizus,* insecte hémiptère de la famille des Hydrocorises, à corps court, à tête peu avancée et à antennes courtes. Ces insectes vivent habituellement dans l'eau, et n'en sortent guère que le soir pour voler d'un étang à l'autre. L'espèce type est le *C. de la jusquiame,* qu'on rencontre quelquefois aux environs de Paris.

CORLIEU. *Voy.* COURLIEU.

CORME ou SORBE, fruit du Sorbier. *Voy.* SORBIER.

CORME, espèce de cidre assez agréable que l'on prépare avec le jus des *cormes.*

CORMIER, nom vulgaire du Sorbier domestique et de quelques espèces d'Aliziers. *Voy.* SORBIER.

CORMORAN (abréviation de l'italien *corvo ma-*

rino, corbeau marin), *Carbo*, genre d'oiseaux aquatiques de l'ordre des Palmipèdes, famille des Totipalmes, et voisin des Pélicans. Ces oiseaux ont tous les doigts réunis par une seule membrane, le bec plus long que la tête, robuste, mince, droit, a mandibule supérieure recourbée en onglet à sa pointe; la face garnie d'une peau nue qui s'étend jusque sous la gorge; les ailes allongées, pointues; la queue allongée, arrondie. Leur plumage est d'un brun foncé en dessus, verdâtre en dessous; les pattes et les pieds sont noirs. Les Cormorans sont d'un naturel triste et tranquille; ils se tiennent par troupes sur les rochers qui bordent les côtes de la mer et les rives des fleuves. Ils permettent qu'on les approche de très-près, et se laissent souvent prendre avec une stupidité qui leur a valu les noms de *Nigauds*. On les apprivoise facilement : en Chine, on les dresse à la pêche en leur faisant dégorger le poisson qu'ils ont pris en plongeant. Il y a plusieurs espèces de Cormorans, la plupart étrangères; la principale est le *Grand Cormoran* (*C. cormoranus*), qui est assez commun en France et en Angleterre : il est rare dans le Midi. Sa chair est de mauvais goût. Le *C. nigaud* (*C. graculus*) a la chair plus supportable. On le trouve en Afrique, au Brésil et dans les régions polaires.

CORNAC (de l'hébreu *keren*, puissance, et *naag*, conduire?), conducteur d'un éléphant. V. ÉLÉPHANT.

CORNAGE, bruit que certains chevaux font en respirant, et que l'on a comparé à celui que produit une *corne* dans laquelle on souffle : c'est un symptôme de diverses affections de l'appareil respiratoire. Quelquefois le cornage tient simplement à un corps étranger qui gêne mécaniquement la respiration, ou même à un vice de conformation.

CORNALINE (du grec *corallion*, corail, à cause de sa couleur, ou de *carneolus*, couleur de chair), variété d'agate chalcédoine, de couleur rouge, variant du rouge de sang foncé au rouge de chair tendre nuancé de jaunâtre. Elle est ordinairement demi-diaphane. Lorsque les cornalines sont d'une belle couleur foncée uniforme, elles sont fort recherchées pour les bijoux. La cornaline reçoit un poli très-vif; c'est la pierre la plus employée pour graver les cachets et pour faire les intailles ou gravures en creux. On en tire une grande quantité du Brésil. Les anciens nous ont laissé un grand nombre de cornalines gravées : on ignore d'où ils tiraient ces pierres.

CORNARD, cheval atteint du *cornage*. *Voy.* ce mot.

CORNARET (ainsi nommé de la capsule *cornue* qui succède au fruit), *Martynia*, genre de la famille des Pédalinées, renferme des plantes herbacées ou sous-frutescentes d'Afrique ou d'Amérique. Le *C. à deux étamines* (*M. diandra*) est une plante annuelle, originaire du Mexique, dont la tige herbacée monte à 60 centim., jette beaucoup de rameaux, abondamment chargés de poils blancs et visqueux; les feuilles sont opposées, verdâtres, dentées et velues; les fleurs sont d'un rouge clair, tachées de pourpre foncé en dedans et blanches en dehors. Le *C. spathacé* (*M. spathacea*) a une racine blanche, cylindrique, grosse, charnue, d'une saveur douce. On la dépouille de son écorce, on la met à cuire avec la viande de bœuf, ou bien on la confit au sucre.

CORNE (du latin *cornu*, même signification). La corne est une substance compacte, transparente, assez molle, et cependant tenace, filamenteuse ou laminaire, de couleur blanchâtre ou noirâtre, qui revêt extérieurement certaines parties du corps de plusieurs animaux; ce n'est autre chose qu'un mucus albumineux, sécrété par les organes du derme ou par le derme lui-même. Elle forme la matière principale des ongles, des poils, des écailles, des cornes, des sabots, de l'épiderme, etc., en un mot de tout le *tissu corné*. La corne est d'un grand usage dans les arts : elle prend les formes les plus variées entre les mains des tourneurs, des tabletiers et des fabricants de pei-

gnes. Les cornes qu'ils emploient le plus communément sont celles de bœuf, de buffle, de chèvre et de bélier. Pour les mettre en œuvre, on les fait d'abord macérer, puis bouillir dans l'eau pour les ramollir; il faut ensuite les scier, les aplatir et les réduire en feuilles minces et transparentes; enfin, à l'aide de sels et d'oxydes métalliques, on les teint de diverses manières, on leur donne même l'apparence de l'écaille; on utilise jusqu'aux rognures, que l'on fond pour faire des boutons, des tabatières, des cadres de miniatures, des poires à poudre, etc.

CORNE, fruit du Cornouiller. *Voy.* ce mot.

CORNE D'ABONDANCE, ou *C. d'Amalthée*, corne qu'on représente pleine de toutes sortes de fruits et de fleurs, et que la Fable suppose avoir été arrachée ou de la tête d'Achéloüs, lorsque, transformé en taureau, il fut vaincu par Hercule, ou provenir de la chèvre Amalthée, qui avait nourri Jupiter. La corne d'abondance est l'attribut des divinités bienfaisantes; c'est le symbole du commerce et de l'agriculture.

CORNE DE CERF, nom donné à plusieurs préparations pharmaceutiques fort en vogue autrefois, et qui avaient pour base la corne ou bois de cerf. On distinguait la *corne de cerf calcinée*, ou phosphate de chaux en poudre, obtenue en calcinant jusqu'au blanc le résidu de la cristallisation de la corne de cerf; l'*esprit de corne de cerf*, liquide jaunâtre, d'une odeur forte et désagréable, qui reste dans le ballon après cette distillation, et qui se compose en grande partie de sous-carbonate d'ammoniaque, etc. La corne de cerf calcinée entre dans la décoction blanche de Sydenham; râpée, elle sert à préparer, avec l'eau bouillante, une boisson gélatineuse adoucissante.

En Botanique, on appelle vulgairement *Corne de cerf* une espèce du genre Plantain, le *Plantago coronopus*, dont les feuilles se bifurquent comme le bois du cerf, et que l'on mange en salade.

CORNES. Ces appendices, qui croissent particulièrement sur la tête des Ruminants, ne sont le plus souvent qu'un prolongement de l'os frontal. Les cornes sont toujours, excepté chez le Renne, l'apanage du mâle, et comme un signe de puissance et de force. Chez certains animaux, comme le Cerf, le Daim, l'Élan, les cornes sont caduques et de substance tout à fait osseuse; on les appelle *bois* (*Voy.* ce mot). Chez les autres Ruminants, la Girafe exceptée, le prolongement osseux est recouvert d'un tissu corné; on les appelle *cornes à étui* ou *cornes proprement dites*. Ces dernières ne tombent jamais et s'accroissent pendant toute la vie de l'animal. La plupart sont creuses; quelquefois au contraire, comme chez les Antilopes et les Gazelles, elles sont pleines. Les cornes de la Girafe au lieu d'un étui corné sont revêtues d'une peau velue. La corne que le Rhinocéros porte sur le nez n'est qu'un amas de poils agglutinés et durcis par le temps.

En Anatomie, on appelle *cornes* diverses parties plus ou moins saillantes à la surface des organes dont elles dépendent : telles sont les *cornes* de l'os hyoïde, les *grandes* et *petites cornes* du cartilage thyroïde, les *cornes* du sacrum, du coccyx, etc.

CORNES D'AMMON, nom vulgaire des AMMONITES.

CORNÉ, qui est de la nature de la corne ou qui en a l'apparence : *tissu corné*. — Les anciens appelaient *argent corné* ou *lune cornée* le chlorure d'argent, à cause de son aspect semblable à celui de la corne.

CORNÉE (de *corne*, à cause de sa ressemblance avec la corne transparente), une des tuniques de l'œil. C'est une membrane transparente, de forme circulaire, convexe en avant et concave en arrière, et qui est enchâssée dans l'ouverture de la sclérotique. Sa face antérieure est recouverte par une lame très-mince appartenant à la conjonctive; la postérieure est tapissée par la membrane de l'humeur aqueuse. On lui a donné aussi le nom de *C. transparente*, pour la distinguer de la *sclérotique*, que l'on a appelée *C. opaque*. La cornée réfracte les rayons lumineux en les rapprochant du centre du faisceau, et augmente ainsi l'intensité de la lumière. Chez les myopes, sa convexité est plus saillante; chez les presbytes, au contraire, elle est plus aplatie.

CORNÉENNE. Les Géologues nomment ainsi une pâte sensiblement homogène, dans laquelle on ne découvre à l'œil nu aucune agrégation distincte de minéraux différents, et qui est presque toujours la base de diverses roches mélangées. On la regarde cependant comme un mélange d'amphibole et d'argile.

CORNÉES ou CORNACÉES (de *Cornus*, Cornouiller, genre type), famille de plantes dicotylédones polypétales épigynes, détachée des Caprifoliacées, renferme des arbres, des arbrisseaux et des herbes vivaces, à feuilles simples et opposées, à fleurs en têtes ou en ombelles, munies d'un calice à 4 dents et d'une corolle à 4 pétales. Les étamines sont au nombre de 4, et le fruit est un drupe à noyau osseux, à 2 ou 3 loges. Les principaux genres sont le *Cornouiller* et l'*Aucuba*.

CORNEILLE, *Cornix*, une des principales divisions du genre Corbeau, renferme plusieurs espèces, presque toutes étrangères à nos climats. La plus connue est la *C. vulgaire* (*Corvus corone*), dite aussi *Corbine*, *Cravant*, et très-souvent *Corbeau*. Elle ne diffère du Corbeau ordinaire que par sa taille, qui est plus petite. Elle est d'un noir à reflets violets, avec le bec et les pieds d'un noir mat. Elle se tient l'été dans les forêts, et niche sur les arbres; elle se nourrit de fruits, surtout de noix, de petits oiseaux, d'œufs d'insectes et aussi de charognes. La chair des Corneilles est dure, noire et fétide. Chez les anciens, cet oiseau était, comme le corbeau, le symbole d'Apollon, dieu des devins; son chant était, chez les Romains, d'un mauvais présage pour celui qui commençait une entreprise.— La *C. mantelée* (*C. cornix*), vulgairement *Meunière*, *Religieuse* ou *Jacobine*, habite surtout les contrées du Nord : elle niche sur les pins et les sapins, et ne vient chez nous que l'hiver. Elle est d'un gris cendré sur tout le corps, excepté la tête, la gorge et la queue qui sont d'un beau noir.— *Corneille d'église*. *Voy.* CHOUCAS.

CORNEMUSE (du latin *cornu*, corne, et *musa*, air, chanson), instrument à vent, aujourd'hui abandonné, consistait en une espèce de hautbois rustique dépourvu d'anche, et composé d'un tube de roseau creux, d'une boîte cylindrique dans laquelle jouait une espèce de corps de pompe dont les mouvements modifiaient la colonne d'air, et d'un autre tube, percé de huit trous pour diversifier les intonations. — Ce que l'on appelle le plus souvent aujourd'hui *cornemuse* est une vraie *musette*. *Voy.* ce mot.

CORNES. *Voy.* ce mot à la suite de CORNE.

CORNET (diminutif de *cor*), instrument de musique à vent dont les anciens se servaient à la guerre et qui a souvent remplacé le tambour pour guider la marche des soldats (*Voy.* VOLTIGEURS et CLAIRON). Les postillons se servent encore du cornet en Allemagne. La musique moderne fait un grand usage du *cornet à pistons* (*Voy.* COR). — On appelle *cornet à bouquin* une longue trompette faite en écorce d'arbre, dont on se sert dans les montagnes pour rappeler les troupeaux. — *Cornet* est aussi le nom d'un jeu d'orgue composé de quatre tuyaux qui résonnent à la fois sur chaque touche, et qui sont accordés à l'octave, à la double quinte et à la triple tierce.

En Botanique, les *cornets* sont des appendices variés, creux et évasés, que l'on remarque dans certaines fleurs irrégulières, comme celles des Asclépiades. On désigne encore par ce mot les pétales des Ancolies et des Hellébores.

On nomme *cornet acoustique* un instrument en forme de conque, à l'usage des personnes qui ont l'ouïe dure. La petite ouverture étant placée dans l'oreille, les rayons sonores qui ont pénétré par l'ouverture opposée, laquelle est toujours beaucoup plus large, vont frapper les parois du cornet; ils y sont réfléchis, et, après une ou plusieurs réflexions, ils arrivent à l'autre ouverture avec d'autant plus d'intensité qu'ils sont plus nombreux et qu'ils ont subi moins de réflexions. La forme la plus propre à augmenter l'intensité du son est celle d'une paraboloïde dont le foyer est à petite ouverture, parce que tous les rayons qui, ayant une direction parallèle à l'axe, vont frapper la surface, sont réfléchis au foyer, et arrivent ainsi, après une seule réflexion, à l'ouverture du cornet.

Les tabletiers nomment *cornet* une espèce de gobelet légèrement conique, en corne, en ivoire ou en cuir, dont on fait usage pour agiter les dés quand on joue au trictrac ou à tout autre jeu. — Les papetiers appellent *grand* et *petit cornet* deux sortes de papier mince et lisse qu'on emploie comme papier à lettres, et qui ne diffèrent entre eux que par le format.

CORNETTE (de *corne*). Autrefois, ce mot désignait en général toute coiffure de tête, et s'employait comme synonyme de *chaperon*. Il désigne encore aujourd'hui la coiffure des sœurs de Charité et une sorte de coiffe de nuit que les dames ne portent guère que dans le déshabillé du matin.

Il se disait aussi particulièrement : 1° d'une longue et large bande de taffetas que les conseillers au parlement portaient autrefois au cou comme marque d'honneur, et que François Ier accorda aux professeurs du Collège de France; 2° du chaperon que les docteurs et les avocats portaient sur la tête, et que dans la suite on mit autour du cou, et enfin sur l'épaule : on l'appelle aujourd'hui *chausse*. Ce nom de cornette lui était venu de ce qu'après avoir fait plusieurs tours, ses deux extrémités se réunissaient sur le haut de la tête en forme de petites cornes.

Dans la Marine, le mot *cornette* désignait autrefois le pavillon pointu que le chef d'escadre portait au mât d'artimon quand il commandait. Aujourd'hui la cornette est plus longue qu'un pavillon et fendue de la moitié de sa longueur comme le guidon, mais envergée; elle se hisse à la tête d'un mât, en travers comme une flamme; ses pointes déployées au vent forment deux cornes. C'est la marque distinctive de l'officier supérieur commandant une division d'au moins trois bâtiments de l'État. — Dans l'armée de terre, chaque compagnie de cavalerie avait jadis un étendard à couleurs, nommé *cornette*, aux couleurs du capitaine. La dénomination en passa à l'officier qui le portait, et à la compagnie.—La *cornette royale* était blanche. On ne la déployait à l'armée que quand le roi y était. L'usage de la cornette royale se perdit sous Louis XIII.

CORNICHE (du grec *corónis*, faîte, sommet), partie de l'architecture, composée de plusieurs moulures en saillie et placées les unes au-dessus des autres, de manière que les plus hautes sont les plus avancées. La corniche sert de couronnement à toute sorte d'ouvrages, principalement dans les divers ordres d'architecture, où elle est placée sur la frise de l'entablement. Dans l'ordre toscan, le profil de la corniche ne présente que des lignes droites ou courbes; dans l'ordre ionique, la corniche est composée de *denticules*; dans l'ordre dorique, elle est soutenue par des membres saillants nommés *mutules*, également espacés entre eux; dans l'ordre corinthien, elle se fait remarquer par ses *modillons*, qui sont de petites consoles, tantôt découpées en pans, tantôt contournées en S. — Les menuisiers et les ébénistes se servent de cet ornement dans les lambris d'appartement, les dessus de portes, les armoires, les meubles de toute sorte, etc.

CORNICHON (de *corne*, à cause de sa forme), *Cucumis sativus*, espèce du genre Concombre, originaire de l'Asie, et depuis longtemps transporté dans le potager. Il y donne un fruit petit, vert, allongé, ordinairement un peu courbé, et connu lui-même sous le nom de *Cornichon*. Ce fruit a produit successivement par la culture plusieurs espèces de Concombres. La variété le plus communément employée est le *Petit vert* (*Voy.* CONCOMBRE). Pour préparer les cornichons confits, on emploie du vinaigre blanc, qu'on fait bouillir à 80° et qu'on verse ensuite sur les cornichons disposés convenablement dans un vase avec du sel, du poivre et des feuilles de laurier. Il est nécessaire de se servir de vases de verre ou de porcelaine pour que les cornichons ne deviennent point dangereux.

CORNOUILLER, *Cornus*, genre de la famille des Caprifoliacées, tribu des Cornées, renferme des plantes ligneuses ou herbacées, indigènes de l'Europe et de l'Amérique du Nord. Le *C. mâle* ou *commun* (*C. mascula*), vulgairement *Cornier*, est un arbrisseau de 3 à 4 m., à feuilles opposées, ovales, entières ; à fleurs jaunes, auxquelles succèdent des fruits petits, oblongs, de couleur rouge, mûrs en septembre, et que l'on appelle *cornes*, *cornioles* et *cornouilles*. Ces fruits se mangent crus ou en confiture ; ils sont employés en médecine comme astringents et fébrifuges ; dans le Nord, ils remplacent les olives. Le bois est très-dur et susceptible d'un beau poli ; l'aubier est rougeâtre, et le cœur brun : on fait avec le tronc des alluchons, des barreaux d'échelles, des cerceaux, des échalas, d'excellent charbon, etc. Le *C. sanguin* (*C. sanguinea*), appelé aussi *Bois punais*, est un arbrisseau à rameaux longs et droits, avec écorce lisse, d'un rouge brun, à fleurs blanches et à baies noires ; ses feuilles exhalent une mauvaise odeur, ce qui lui a valu son surnom. On retire de ses baies amères une huile bonne à brûler. Ses jeunes branches, flexibles et filandreuses, peuvent s'employer en guise d'osier. Le Cornouiller se plaît dans les lieux frais et ombragés.

CORNUE (du latin *cornu*, corne, à cause de sa forme), vase à col allongé et recourbé, servant aux chimistes, comme l'alambic, pour faire les distillations. On y distingue la panse, la voûte et le col. Les cornues sont quelquefois *tubulées*, c.-à-d. qu'elles portent à la voûte une ouverture destinée à recevoir un simple bouchon de liège ou un bouchon en verre ou en métal. Les cornues sont faites en verre, en terre, en porcelaine, en fonte, en plomb ou en platine, suivant les substances qu'on y veut distiller. Quand on se sert d'une cornue comme vase distillatoire, on y joint presque toujours un *récipient*, destiné à recevoir le produit ; ce récipient y est souvent fixé par l'intermédiaire d'une *allonge* qui sert à l'éloigner du feu.

COROLLAIRE (du latin *corollarium*, même signification), conséquence qui découle d'une proposition déjà démontrée, et dont la déduction n'exige pas une démonstration spéciale. Ainsi, après avoir démontré que deux angles adjacents valent deux droits, on en déduit, comme *corollaire*, que les angles formés du même côté d'une droite valent aussi deux droits.

En Botanique, on appelle *Fleurs corollaires* des fleurs doubles, dont le nombre de pétales est dû à la multiplication des pétales de la corolle.

COROLLE (du latin *corolla*, diminutif de *corona*, couronne), la partie la plus voyante de la fleur : ce nom est donné par Linné à tout périanthe coloré, et par la plupart des botanistes à l'enveloppe interne d'un périanthe double. Suivant M. Richard, la *corolle* est un organe floral laminé ou tubulé, simple ou multiple, qui, placé en dedans du calice, naît immédiatement en dehors du point ou de la ligne d'insertion des étamines, ou bien les porte attachées par leur base à sa paroi interne. On appelle *pétales* les divisions de la corolle, lorsqu'elles sont distinctes et séparées ; et la corolle est dite *monopétale* ou *polypétale*, suivant qu'elle est indivise ou divisée en plusieurs pétales. On distingue encore la corolle en *infère* ou *hypogyne*, et en *supère* ou *épigyne*, selon qu'elle a son origine au-dessous et au-dessus de l'ovaire. La corolle garantit les organes de la fructification des affections auxquelles ils peu-

vent être sujets dans leur première période, et elle tombe dès que la fécondation est commencée. C'est la partie de la plante qui brille le plus par ses couleurs et d'où s'exhale principalement l'odeur.

CORONAL, nom donné autrefois à l'os du front, parce que c'est sur lui que repose en partie la couronne des rois (*Voy.* FRONTAL). Dans le 1er âge, l'os coronal se compose de deux pièces, réunies plus tard par une suture, connue sous le nom de *suture coronale*.

CORONER (du grec *coroné*, couronne), officier de justice anglais, chargé de faire au nom de la couronne, et avec l'assistance du jury, des informations sur les causes de toute espèce de mort violente.

CORONILLE (diminutif de *corona*, couronne, à cause de la disposition de ses fleurs), genre de la famille des Légumineuses, section des Papilionacées, tribu des Hédysarées, est composée de plantes herbacées, à fleurs le plus souvent jaunes, quelquefois roses, blanches, pourpres ou violacées, toutes disposées en ombelles plus ou moins lâches. Une des espèces, la *C. bigarrée*, passe pour être vénéneuse.

CORONOPUS, nom grec d'une espèce de PLANTAIN.

COROSSOLIER, nom vulgaire de l'*Anona muricata*, espèce d'*Anone*, qu'on nomme aussi *Asiminier* : le fruit est le *corossol*. *Voy.* ANONE et ASIMINA.

CORPORAL (du latin *corpus*, corps), linge sacré que le prêtre étend sur l'autel en disant la messe, pour y placer le calice contenant le *corps* de Notre-Seigneur ; d'où son nom. Le corporal doit être de toile de lin très-blanche, point trop claire, sans aucun ornement, si ce n'est au bord. Il représente le linge dans lequel le corps de Jésus-Christ fut enveloppé après sa mort. Il est aussi, par sa blancheur, le symbole de la pureté nécessaire au célébrant et à ceux qui communient.

CORPORATION (du latin *corpus*, corps), réunion en un corps des individus qui exercent la même profession, le même métier, ou qui sont astreints au même devoir. Les corporations d'arts et de métiers sont très-anciennes ; elles existaient déjà chez les Romains ; au moyen âge, elles se reformèrent, d'abord en Italie, puis en Allemagne et en France. Avant 1789, il y avait à Paris 6 corporations de marchands et 44 communautés d'artisans qui étaient en possession du commerce et de l'industrie de cette grande ville, et chacune de ces corporations était organisée en corps qui avaient leurs officiers, leurs assemblées, leurs statuts (*V.* ARTS ET MÉTIERS). Turgot avait obtenu, en mars 1776, un édit qui émancipait l'industrie ; mais cet édit fut rapporté dès le mois d'août de la même année. Les corporations ne furent supprimées que par la loi du 17 mars 1791. — Les corporations religieuses sont plus connues sous les noms de *Confréries* et de *Congrégations*. *V.* ces mots.

On doit à M. Ch. Ouin-Lacroix l'*Histoire des anciennes Corporations d'Arts et Métiers et des Confréries religieuses de France*. Paris, 1852, in-8.

CORPS (du latin *corpus*). En Physique, on distingue ordinairement les corps, en *corps solides*, *corps liquides* et *corps gazeux*, selon que, dans la nature, ils affectent plus particulièrement l'état solide, l'état liquide, ou l'état gazeux ; mais la plupart des corps peuvent passer par ces trois états.

En Chimie, on appelle *corps simples* les corps qui ont toutes leurs parties homogènes, comme l'oxygène, le chlore, l'argent : on leur donne aussi le nom d'*éléments* ; *corps composés*, ceux qu'on peut réduire en des substances douées de propriétés différentes, comme l'eau, la potasse, le sel marin, etc.

En Histoire naturelle, les corps sont partagés en *Minéraux*, *Végétaux* et *Animaux* : on donne aux premiers le nom de *corps bruts* ou *inorganiques*, et l'on réunit les deux autres sous le nom de *corps organisés*.

En parlant de l'homme et des animaux, on appelle plus particulièrement *corps* ce que les Anatomistes appellent *tronc*. — En Anatomie, on donne le nom de *corps* à la partie principale de chaque os et de chaque muscle : le *corps du sphénoïde*, le *corps du fémur*. — On donne aussi ce nom à une infinité d'organes qui n'ont pas de forme particulière, comme le *corps calleux*, le *corps caverneux*, le *corps réticulaire*, le *corps vitré*, etc. *Voy.* CALLEUX, etc.

En Politique, le mot *corps* désigne figurément une compagnie, un certain nombre de personnes qui suivent la même carrière ou remplissent les mêmes fonctions ; c'est en ce sens qu'on dit les *grands corps de l'État*, les *corps constitués*, le *corps municipal*, le *corps diplomatique*.

Dans l'Armée, ce mot exprime l'ensemble de ceux qui appartiennent à une arme spéciale : *corps d'état-major*, *corps de l'artillerie*, *corps du génie*, etc. *Corps francs*, petits corps de troupes légères, levés pour la guerre seulement, et dont l'entretien n'est pas à la charge du gouvernement.

Corps législatif, assemblée établie par la Constitution de l'an VIII, et rétablie en 1852. *Voy.* CORPS LÉGISLATIF au *Dict. univ. d'Hist. et de Géogr.*

Corps d'une lettre. On nomme ainsi, en Typographie, la dimension de la pièce qui supporte l'œil de la lettre, et qui se mesure par points typographiques du côté du cran. *Voy.* POINT TYPOGRAPHIQUE.

Corps mort. Les Marins appellent ainsi tout objet établi sur le rivage, ou sur le fond d'une rade, pour l'amarrage des navires ; c'est ordinairement une très-grosse ancre borgne avec un câble, dont le bout est porté par un bateau ou par tout autre corps flottant.

CORPUSCULES. *Voy.* ATOMES, INFUSOIRES.

Philosophie corpusculaire. Voy. ATOMISME.

CORRECTION. En Droit, ce mot s'applique spécialement : 1° à la punition que le père de famille peut infliger à ses enfants en les faisant détenir dans une maison publique ; 2° à celle que le juge peut prononcer contre le mineur de seize ans, excusé comme ayant agi sans discernement.

Correction paternelle. Si l'enfant est âgé de moins de seize ans, le père peut le faire détenir pendant un mois ; le président du tribunal d'arrondissement, sur la simple demande du père, délivre l'ordre d'arrestation. Depuis l'âge de seize ans jusqu'à la majorité, le père peut requérir la détention de son enfant pendant six mois. Il n'y a, dans aucun cas, ni écriture ni formalité judiciaire ; le père est seulement tenu de payer les frais et de fournir les aliments. Le père est toujours maître d'abréger la détention (Code civ., art. 375-382).

Correction judiciaire. L'accusé qui a moins de seize ans est acquitté s'il est déclaré qu'il a agi sans discernement ; mais les juges peuvent ordonner qu'il sera conduit dans une *maison de correction* pendant un nombre d'années qui ne peut excéder l'époque où il aura accompli sa vingtième année (Code pénal, art. 66). S'il est décidé qu'il a agi avec *discernement*, le temps de l'emprisonnement dans une maison de correction peut être beaucoup plus considérable (art. 67).

Il a été construit à Paris (rue de la Roquette) une maison spéciale pour les enfants auxquels la peine de la correction est infligée : on a lui récemment donné le nom de *Maison d'éducation correctionnelle*.

CORRÉGIDOR, mot espagnol qui signifie *correcteur*. C'est, en Espagne et en Portugal, le titre que porte le premier magistrat, le premier officier de justice d'une ville ou d'une province où ne réside pas un gouverneur. Il est supérieur à l'alcade.

CORROI. *Voy.* CORROYEUR et CATISSAGE.

CORROSIF (du latin *corrodere*, ronger). On appelle *substances corrosives*, celles qui, mises en contact avec les parties vivantes, les altèrent et les désorganisent peu à peu : tels sont les acides minéraux, les alcalis caustiques, le deutochlorure de mercure (*sublimé corrosif*), etc. Les corrosifs sont moins énergiques que les caustiques proprement dits.

CORROYEUR (du latin *corium*, cuir), ouvrier qui travaille le cuir déjà tanné et lui donne le brillant, le lustre et la souplesse nécessaires. Il y parvient en le trempant, le refoulant, le passant à l'huile, le mettant au suif, le teignant, le lissant, etc. Tout cuir tanné qui n'est pas cuir fort, ni destiné à faire des semelles, doit être soumis au corroi. Le corroyage se réduit à quatre opérations principales : 1° *défoncer les cuirs*, c.-à-d. les ramollir avec de l'eau, les fouler ensuite avec le talon de gros souliers dits *souliers de boutique*, ou avec une espèce de masse en bois appelée *bigorne*, enfin égaliser leur surface ; 2° *tirer à la paumelle*, c.-à-d. passer avec force sur la peau la *paumelle*, instrument en bois dur, couvert de cannelures, pour former le grain de la peau ; 3° *étirer les cuirs*, c.-à-d. rendre au moyen de l'*étire*, espèce de plaque en fer ou en cuivre, la peau d'une épaisseur plus uniforme ; 4° *parer à la lunette*, c.-à-d. étendre la peau sur le paroir et en enlever, avec un couteau circulaire appelé *lunette*, la partie charnue et grossière.

CORRUPTION, désorganisation. *V.* PUTRÉFACTION.

En Droit, tout fonctionnaire de l'ordre administratif ou judiciaire qui agrée des offres ou promesses, ou reçoit des dons ou présents pour faire un acte de son emploi, ou pour s'abstenir d'un acte qu'il devrait faire, est coupable de *corruption* et puni de l'emprisonnement, de la dégradation civique et d'une amende double de la valeur des choses promises ou reçues. Si la corruption a pour objet un fait criminel, la punition peut être plus grave. Le *corrupteur* est passible des mêmes peines ; cependant si la tentative de corruption n'a point été suivie d'effet, il est simplement puni de 3 à 6 mois de prison et de 100 à 200 fr. d'amende (Code pénal, art. 177).

CORS, branches fourchues qui naissent de la perche du bois des Cerfs. *Voy.* CERF.

CORSAC, *Canis corsac*, espèce du genre Chien, appelé aussi *Adive* et *Chien du Bengale*, ne dépasse guère la grandeur d'un chat. C'est un joli animal, d'un gris fauve en dessus, blanc-jaunâtre en dessous, et à longue queue. Il habite l'Asie, et était de mode à Paris comme chien de salon, au XVIe siècle.

CORSAIRE (de l'italien *corsa*, course), nom donné aux bâtiments armés en *course* pendant la guerre, et aux capitaines de ces bâtiments. — Chez toutes les nations, l'existence des corsaires a été reconnue comme légitime. En temps de guerre, le gouvernement donne aux particuliers des *lettres de marque* ou permission de faire main-basse sur les navires de la nation ennemie. Jean Bart, Duguay-Trouin, Du Casse, sous Louis XIV, et sous l'Empire, Surcouf, se sont fait une grande réputation comme corsaires. L'arrêté du 2 prairial an XI (22 mai 1803) renferme tout ce qui concerne la course maritime en France ; on peut consulter aussi les arrêtés antérieurs du 6 germ. an VIII (27 mai 1800) et du 9 ventôse an IX (28 févr. 1801), ainsi que l'ordonnance royale du 29 octobre 1833.

Corsaire se prend pour *pirate* quand on parle des anciens pirates barbaresques. *Voy.* PIRATE.

CORSELET. On appelait autrefois *corselet* ou *corcelet* la partie principale de la cuirasse, celle qui couvre la poitrine, l'estomac et le ventre.

Les Entomologistes donnent ce nom à la partie du corps des insectes située entre la tête et le ventre, qui a pour caractères de ne jamais supporter d'ailes et de donner insertion à la première partie des pattes.

CORSET. On fait ordinairement les corsets en coutil fort, en toile, quelquefois en soie ; ils sont garnis de baleines de place en place et munis par devant d'une lame d'acier ou de plaque verticalement et qu'on nomme *busc*. — Autrefois, en France, les femmes portaient des *corps* roides et durs qui ne dessinaient nullement la taille ; ces corps furent remplacés pendant la Révolution par les *corsets à la paresseuse*, sans baleines, serrant modérément et s'attachant par quelques lacets placés de distance en distance vers le dos. Depuis, les femmes en sont revenues aux tailles fines ; trop souvent elles serrent le corset au point de comprimer la poitrine et l'estomac et de compromettre leur santé.—On confectionne des *corsets orthopédiques* qui ont pour objet de corriger ou de prévenir les déviations de la taille.

On donne aussi le nom de *corsets* à des espèces de bandages qui embrassent la plus grande partie du tronc. Tel est le *corset de Brasdor*, pour la fracture ou la luxation de la clavicule.

CORTES (de l'espagnol *corte*, cour), nom donné, en Espagne et en Portugal, aux assemblées nationales. *Voy.* le *Dict. univ. d'Hist. et de Géogr.*

CORTICAL (du latin *cortex*, écorce). En Anatomie, on appelle *substance corticale*, la substance grise qui forme la partie extérieure, et comme l'écorce, du cerveau et des reins.

En Botanique, on nomme *couches corticales*, les couches concentriques qu'on observe dans l'écorce de certaines plantes ligneuses ; *plantes corticales*, les plantes qui naissent et végètent sur l'écorce des arbres, comme les mousses, les lichens, etc.

CORTICIFÈRES (de *cortex*, écorce, et *fero*, porter), dénomination donnée par Lamouroux à une section de Polypiers composés de deux substances : une extérieure ou écorce ; l'autre centrale, nommée axe, et qui supporte la première. Cette section comprend : les *Spongiées*, les *Gorgoniées* et les *Isidées*.

CORTINE (du latin *cortina*, tapis, rideau), nom donné par les anciens : 1º à une peau de serpent dont était couvert le trépied sur lequel la pythonisse rendait ses oracles ; 2º au trépied lui-même.

CORTIQUEUX (de *cortex*, écorce), épithète qui désigne des fruits durs et coriaces extérieurement, et charnus ou pulpeux intérieurement, comme le citron.

CORVÉE (mot dérivé, selon les uns, de *corps*, et de *vée*, qui signifiait en vieux gaulois *peine, travail* ; selon les autres, du bas latin *corvada*, formé de *curvatus*, parce qu'on travaille à la terre le corps courbé), travail et service gratuit et forcé, qui, sous le régime féodal, était dû au seigneur par le paysan ou le tenancier, soit qu'on fournissait soit en journées de corps, soit en journées de chevaux, de bœufs, etc. Les corvées consistaient le plus ordinairement à faucher ou à faner les foins du seigneur, à scier ses blés, labourer ses terres, curer les fossés du château, réparer les chemins. On distinguait les *C. réelles*, dues par les possesseurs de fonds pour la cession de ces fonds ; et les *C. personnelles*, dues par tous ceux qui habitaient l'étendue d'une seigneurie. Longtemps les habitants des terres féodales furent *corvéables et taillables à merci*. Peu à peu il fut apporté des restrictions à cet état intolérable. Louis XVI, sur la proposition de Turgot, abolit la plus grande partie des corvées par une déclaration du 27 juin 1787. L'Assemblée constituante (18 mars 1790) et la Convention (17 juillet 1792) effacèrent les dernières traces de cette institution, devenue odieuse. Aujourd'hui, la loi ne connaît d'autres corvées que celles infligées aux soldats par le décret du 29 octobre 1790, concernant la discipline militaire : ce sont les *corvées de la chambre, du quartier, de la place.*— Cependant on donne encore dans l'usage le nom de *corvée* à la part que doivent prendre aux travaux de réparation entrepris par la commune les habitants qui ne peuvent s'acquitter en argent : cette nouvelle espèce de corvée est la *prestation en nature.*

CORVETTE (du latin *corbita*, bâtiment de transport), petit bâtiment de guerre qui prend rang entre la frégate et le brick. On distingue la *corvette de guerre*, à la fois solide et légère, à batterie couverte et portant de 20 à 30 bouches à feu ; la *corvette-aviso*, excessivement rapide, instrument de communication entre le chef d'escadre et les divisions placées sous ses ordres : elle à batterie découverte et peu éle-

vée sur l'eau ; la *corvette de charge*, bâtiment de transport de 800 tonneaux, à batterie couverte et à trois mâts verticaux : elle est plus légère que les flûtes et les gabarres. — Les *capitaines de corvette* ont rang de chef de bataillon.

CORVIDES, tribu d'oiseaux de l'ordre des Passereaux et de la famille des Conirostres, remarquables par leur bec fort, leurs narines couvertes de poils et de plumes décomposées, et par leur grande taille. Cette tribu renferme les genres *Corbeau, Pie, Geai, Casse-noix, Choquard, Témia* et *Glaucope*.

CORYMBE (du grec *corymbos*, bouquet de fleurs), se dit, en Botanique, d'un groupe de fleurs dont les pédoncules, partant de différents points de la tige, arrivent tous à une même hauteur : telles sont les fleurs de la plupart des Composées et du Sorbier.

CORYMBIFÈRES, nom donné par Vaillant aux plantes de la famille des *Radiées* de Tournefort. Aujourd'hui elles font partie de la famille des *Composées* (*Voy.* ce mot), dont elles constituent à peu près la tribu des *Astéroïdées*. Ce sont des plantes dont les fleurs sont généralement disposées en corymbe.

CORYPHE, *Corypha* (du grec *coryphê*, sommet), genre de la famille des Palmiers, tribu des Coryphinées, a pour type le *Coryphe parasol* ou *Talipot de Ceylan* (*C. umbraculifera*), à tige parfaitement cylindrique, haute de 20 ou 25 m. et couronnée d'un faisceau de 8 à 10 feuilles qui s'étalent en vaste parasol. Les fleurs en panicules nombreuses tombent en épis renversés. Les baies sont sphériques, grosses comme une pomme de reinette, lisses, vertes et succulentes ; elles renferment un noyau dont l'amande offre une chair ferme. On trouve ce végétal dans les Indes orientales. Les Indiens font avec ses feuilles des tentes, des parapluies et des couvertures de toits ; les Malais y gravent leurs lettres avec un stylet de fer. Les noyaux des fruits, tournés, polis et peints en rouge, servent à faire des colliers, et le suc des spathes fournit un vomitif très-violent.

CORYPHÉE (du grec *coryphê*, tête, sommet), nom donné, chez les Grecs, au chef du chœur dans les tragédies. Le coryphée, qu'il ne faut pas confondre avec le *chorége*, placé au milieu du chœur et dans une situation élevée pour être facilement vu et entendu, entonnait le chant d'une voix forte, et marquait la mesure ; c'était avec le pied que le coryphée donnait le signal.—De nos jours, on nomme aussi *coryphée* le chef du chœur dans les opéras.

CORYPHÈNE (du grec *coryphaina*, espèce de poisson de mer), genre de poissons de la famille des Scombéroïdes, commun dans l'Atlantique et la Méditerranée, remarquables par leur éclat et par les changements de couleur qu'ils subissent après leur mort, ainsi que par l'avidité avec laquelle ils saisissent tout ce qu'on leur jette. Leur chair est peu estimée.

CORYZA, mot conservé en français, désigne l'inflammation catarrhale de la membrane pituitaire ou muqueuse des fosses nasales, connue vulgairement sous le nom de *Rhume de cerveau*. Le Coryza a le plus souvent pour causes la suppression subite de la transpiration cutanée, et par suite l'augmentation de la transpiration interne ; d'où naît l'inflammation. L'impression du froid, particulièrement à la tête et aux pieds, l'occasionne le plus souvent. Quelquefois il accompagne ou précède les épidémies catarrhales appelées *grippe* ou *influenza*, ainsi que la coqueluche, la rougeole, la variole et la scarlatine. Les enfants, les femmes, les sujets lymphatiques, y paraissent plus spécialement disposés. Sa durée ordinaire est de 6 à 8 jours ; le plus souvent il cède de lui-même et n'exige que de la chaleur ; la récidive en est fréquente chez certaines personnes.

COSÉCANTE, cosinus. On appelle ainsi, en Géométrie, la sécante et le sinus du complément d'un arc ou d'un angle. *Voy.* SÉCANTE et SINUS.

COSMÉTIQUE (du grec *cosmos*, ornement). Ce

mot désigne à la fois les diverses préparations destinées à conserver ou à accroître la beauté, et l'art qui enseigne à conserver la beauté et à faire disparaître ou diminuer les défauts du corps, art sur lequel Criton, d'Athènes, et la reine Cléopâtre, avaient, dit-on, écrit des traités. — Parmi les cosmétiques, les uns servent à embellir la peau, à lui donner de la souplesse et du brillant : tels sont les savons parfumés, les lotions émulsives, les eaux distillées de roses, de plantain, etc., les vinaigres aromatiques, les pommades de concombre, de cacao, d'amandes douces, de baume de la Mecque, etc.; les autres ont pour but de faire disparaître les traces de l'âge, et de simuler les couleurs de la jeunesse (*Voy.* FARD); leur emploi est souvent dangereux. On range encore parmi les cosmétiques les pommades et les huiles pour les cheveux, ainsi que les préparations qui servent à les teindre.

COSMIQUE (du grec *cosmos*, monde). On appelle, en Astronomie, *lever* et *coucher cosmique* d'une étoile ceux qui s'effectuent quand l'étoile se trouve à l'horizon en même temps que le soleil. — L'expression *matière cosmique* est une désignation vague imaginée par les astronomes pour expliquer les nébuleuses.

COSMOGONIE (du grec *cosmos*, univers, et *gonos*, naissance, formation), nom donné aux différentes doctrines qui ont pour but d'expliquer la formation du monde. Il y a des *C. religieuses*, comme la *Genèse*, des *C. fabuleuses*, comme la *Théogonie* d'Hésiode, les *Védas* indiens, les *Eddas* scandinaves, etc.; et des *C. philosophiques*, comme celles des philosophes indiens et chinois, de Platon, de Sanchoniathon, celle de Buffon, etc. Toutes placent le chaos au début du monde, et expliquent comment ce chaos a été débrouillé. *Voy.* CRÉATION.

COSMOGRAPHIE et COSMOLOGIE (du grec *cosmos*, univers, et de *graphô*, écrire, ou *lego*, lire). La *Cosmographie* est la simple description de l'univers visible; elle s'occupe de la terre considérée comme planète, et dans ses rapports avec les autres astres. La *Cosmologie* est la science par laquelle l'univers est gouverné. La cosmographie, qui est enseignée dans les collèges, a été exposée dans de nombreux ouvrages classiques, parmi lesquels on remarque les *Leçons de cosmographie* de M. Faye, les *Éléments de cosmographie* de M. de Sainte-Preuve, le *Traité élémentaire de cosmographie* de M. B. Amiot. — M. de Humboldt a traité la cosmologie d'une manière supérieure dans son *Cosmos*.

COSMORAMA (du grec *cosmos*, monde, et *orama*, vue, c.-à-d. représentation de l'univers), espèce de Diorama, établi à Paris en 1808 par l'abbé Gazzera, savant piémontais, dans le but de former une riche collection de tableaux représentant les sites et les monuments les plus remarquables de toutes les parties de l'univers. Le Cosmorama a été fermé en 1832; il était alors composé de 260 tableaux.

COSSE, enveloppe de légumes. *Voy.* SILIQUE.

COSSE, en latin *Cossis* ou *Cossus*, genre d'insectes de l'ordre des Lépidoptères nocturnes, dont les chenilles vivent dans le tronc des arbres, et causent souvent des dégâts assez grands. Le *C. gâte-bois* (*C. ligniperda*), le plus commun et le plus dangereux, a les ailes d'un gris foncé; sa longueur est d'environ 40 millim.; sa chenille, longue de 31 millim., est luisante, rougeâtre, et exhale une odeur désagréable; elle se tient à la base des arbres, surtout du chêne, de l'orme, du saule, du peuplier, en ronge l'aubier, et parvient ainsi à faire mourir l'arbre entier. Elle pénètre aussi jusqu'au cœur du bois en faisant des trous tortueux assez grands pour y introduire le petit doigt. On ne peut guère combattre ce fléau qu'en faisant la chasse à l'insecte quand il est à l'état de papillon.

COSSIQUE (RÈGLE), nom sous lequel les premiers auteurs italiens désignèrent l'algèbre lors de son introduction en Europe. Cette dénomination vient du mot de *cosá* (la *chose*), nom qu'ils donnaient à l'*inconnue* des problèmes.

COSSON. *Voy.* CUSSON. — COSSUS. *Voy.* COSSE.

COSTUME. La connaissance du costume propre à chaque époque et à chaque pays a une importance incontestable pour les arts et même pour l'histoire; aussi a-t-elle été l'objet de nombreux travaux. Parmi les traités ou recueils ayant trait à ce sujet, nous citerons les *Recherches sur les costumes*, de Maillot, Paris, 1804, 3 vol. in-4; les *Costumes des* XIIIe, XIVe et XVe siècles, de Bonnard, Paris, 1828, 2 vol. in-4; la *Collection de costumes, armes et meubles* de Viel-Castel, Paris, 1828-33, 3 vol. in-4; les *Costumes français* de Mussard, Paris, 1836-39, 4 vol. gr. in-8; l'*Hist. complète des costumes de l'Europe*, par P. Lacroix et Ferd. Séré; les *Costumes histor. de la France*, par Ch. de Lamotte, 10 vol. gr. in-8, 1852-54.

Costume se dit encore : 1° de l'habillement et des insignes qui distinguent les personnes constituées en dignité ou chargées de fonctions publiques : le costume des principaux corps constitués en France avait été réglé au début de l'Empire; ces costumes ont été rétablis avec de légères modifications en 1852; 2° des habits dont on se sert au théâtre pour représenter les personnages historiques, ou, dans les bals dits *costumés*, pour se déguiser. Avant le dernier siècle, les comédiens français n'avaient point de *costumes*; il manqua à Molière, à Corneille et à Racine, d'avoir des habits analogues aux temps et aux caractères de leurs personnages. Cette réforme, entreprise par Le Kain, sous l'inspiration de Voltaire, n'a été véritablement accomplie que par Talma en 1791. Aujourd'hui, les comédiens français ont poussé à une rare perfection l'exactitude du costume.

COTANGENTE, tangente du complément d'un arc. *Voy.* TANGENTE.

COTE (du latin *quotus*, combien), part que l'on fait à chacun des associés dans le résultat d'un compte, soit en gain, soit en perte. Quand il s'élève des contestations sur un compte, on les termine souvent par une *cote mal taillée*, espèce de composition ou de transaction qui arrête le compte en gros sans entrer dans les discussions de ce qui peut rigoureusement appartenir à chacun. — Par extension, on appelle *cote* la part que chacun doit payer dans les contributions publiques. — La *cote de la rente* est l'indication du taux de la *rente*.

Les Praticiens appellent *cote* une marque numérale ou alphabétique dont on se sert pour classer les pièces d'un procès, d'un inventaire, etc.; ainsi on dit : Cette pièce est sous la cote A; cet écrit est sous la cote B; la cote 3, la cote 4, etc.

CÔTE (du latin *costa*, même signification), nom donné, en Anatomie, aux arcs osseux qui partent des vertèbres, et dont l'assemblage forme les parties latérales de la poitrine. Les côtes sont, chez l'homme, au nombre de 24, 12 de chaque côté. Les 7 supérieures sont appelées *vraies côtes*; on les appelle aussi *côtes sternales*, parce qu'elles s'attachent au sternum au moyen d'un cartilage de prolongement; 3 des 5 suivantes sont dites *fausses côtes* ou *côtes asternales* : elles s'attachent au cartilage de la côte précédente; les 2 dernières restent libres à leur extrémité antérieure et ne sont retenues que par des membranes; on les nomme *côtes flottantes*. — Dans le cheval, les côtes sont au nombre de 36, 18 de chaque côté. Les Ruminants en ont 13 de chaque côté. Chez les grenouilles, les requins, les raies, les côtes manquent complétement.

En Botanique, on nomme *côte* la nervure médiane d'une feuille simple ou le pétiole commun d'une feuille composée.

COTÉ (de *côté*), nom vague par lequel on désigne la partie d'un animal qui s'étend à droite et à gauche, entre le ventre et le dos, depuis les épaules ou les ailes jusqu'aux jambes de derrière ou au dedans des cuisses; et, en parlant du corps de l'homme, depuis les aisselles jusqu'aux hanches.

En Géométrie, le *côté* d'une figure est une ligne droite qui fait partie de son périmètre ou contour.

Dans une Église, on appelle *bas-côtés* les ailes basses qui bordent la nef, et où se trouvent les chapelles latérales. On appelle *çôté de l'Épître* le côté droit de l'autel, et *côté de l'Évangile* le côté gauche.

Dans le langage politique, les expressions de *côté droit* et *côté gauche* servent à désigner deux sections d'une assemblée politique, séparées l'une de l'autre par le bureau du président. En France, le *côté droit* a été toujours occupé par les membres qui défendaient le principe du pouvoir; le *côté gauche*, par l'opposition.

COTHURNE (du grec *cothornos*, cothurne), espèce de chaussure dont se servaient les acteurs tragiques chez les Grecs, pour paraître plus grands et mieux représenter les héros dont ils jouaient les rôles. On oppose le *cothurne* tragique au *brodequin* comique. C'était aussi la chaussure des rois, des grands, des gens riches et opulents, etc. Le cothurne avait une semelle très-haute et laissait le dessus du pied à découvert. On attachait à la semelle des ligatures qui passaient entre l'orteil et les autres doigts et qui se divisaient en deux bandes autour de la jambe, en forme de réseaux couleur de pourpre, quelquefois dorés et surmontés d'un croissant d'ivoire ou d'argent.

COTIER (PILOTE). *Voy.* PILOTE.

COTIGNAC (de *Cotignac*, département du Var, où on le prépare, ou de *cotoneum malum*, coing), sorte de marmelade ou de gelée faite avec des coings. On donne aussi ce nom à une sorte de conserve préparée avec le suc de coing, le vin blanc et du sucre pur. On l'emploie en médecine comme astringente. — Il y a encore une autre espèce de cotignac qui se fait avec du moût de raisin et des poires de certeau.

COTILLON (diminutif de *cotte*). Le nom de cette espèce de jupe a été étendu à diverses sortes de danse. Autrefois, on appelait ainsi une sorte de *branle* qui se dansait à quatre ou à huit personnes : on dansait ce branle aux chansons. Aujourd'hui, c'est le nom d'une danse assez compliquée où la valse domine, et qui sert de final aux bals.

COTINGA (nom indigène), *Ampelis*, genre d'oiseaux de l'ordre des Passereaux et de la famille des Dentirostres. Plusieurs naturalistes en ont fait une famille sous le nom d'*Ampélidés*. Les C. ont la taille du merle ; ils ont le bec large, légèrement arqué, échancré à la pointe, qui est comprimée ; leurs ailes sont longues ; leur queue est médiocre, élargie, et leurs tarses sont courts et faibles. Plusieurs de ces oiseaux sont parés des plus riches couleurs ; leur chant n'est qu'un cri enroué ou un sifflement monotone. Le plus connu est le C. *bleu*, du plus bel outremer, avec la poitrine violette, traversée d'un ruban bleu, et marquée de quelques taches aurores. On lui donne encore le nom de *Cordon bleu*. Le C. *Pompadour* est carmin foncé avec les ailes blanches. Les cotingas vivent d'insectes et de fruits sucrés, surtout de raisins. Ces oiseaux sont propres à l'Amérique méridionale.

COTON, duvet floconneux, long, fin et soyeux, de couleur blanche, jaunâtre ou rougeâtre, qui enveloppe les graines du *Cotonnier*. Ce duvet se recueille vers la fin de septembre ou le commencement d'octobre, époque à laquelle les gousses qui le renferment, étant parvenues à leur maturité, s'entr'ouvrent pour le laisser échapper. Après avoir retiré le coton de son enveloppe, on l'expose au soleil pour le sécher ; après quoi, on le sépare de la graine en le faisant passer entre deux rouleaux de bois disposés horizontalement l'un au-dessus de l'autre et assez rapprochés pour que le coton seul puisse passer. On distingue les cotons en *longue soie* et *courte soie*. Parmi les premiers, les plus estimés sont ceux de Géorgie, de Bourbon, d'Égypte et de Cayenne ; le co-

ton de Géorgie est le plus fin de tous et le plus doux ; il est un peu jaunâtre, ce qui lui a valu le nom de *beurre terne*; celui de Bourbon est le plus uni et le plus égal des cotons ; celui d'Égypte, dit *jumel*, est fin et nerveux ; celui de Cayenne est fort et régulier. Parmi les seconds, on préfère ceux de la Louisiane, de l'Alabama, de la Caroline, et le coton Mobile. Chaque espèce de coton se divise en trois qualités : la première ou *fleur de marchandise* est la plus longue, la plus belle et la plus propre : on la réserve pour la chaîne. La deuxième ou *quali.é marchande* est ordinairement employée pour la trame. La troisième ou *qualité inférieure* sert aussi pour la trame, mais pour des étoffes plus grossières.

On exporte le *coton en laine* dans d'énormes balles, qui peuvent contenir de 250 à 300 kilogr. environ. On estime la production générale du coton à 350 millions de kilogr. environ, quantité qui s'accroît chaque année ; cette masse énorme de coton alimente un nombre infini de *filatures* en Europe (surtout en Angleterre et en France), aux États-Unis et en Chine. Au sortir de la balle où il a été renfermé après la récolte, le coton est livré au *batteur-éplucheur*, qui le nettoie, et au *batteur-étaleur*, qui l'étend ; puis il est porté sous la *carde*, qui l'étire et le laisse échapper en une espèce de ruban léger et sans fin ; ce ruban, doublé, puis étiré de nouveau par le *drawing-trame*, est formé par le *rota-frotteur* ou *banc à lanternes* en une mèche grossière, que la *mule-jenny* ou *banc à broches* transforme en un fil délicat ; le *dévidoir* s'en empare alors, pour le céder à l'*ourdisseur*; il est enfin reçu par le *métier à tisser*, qui le croise, le bat et en fait un des nombreux tissus répandus dans le commerce.

Le coton est, avec la soie, le lin et la laine, la matière la plus nécessaire aux hommes pour les vêtements. On en fait, sous le nom de *cotonnades*, des toiles qui sont excellentes pour la santé, parce qu'elles s'imprègnent de la transpiration, sans causer aucun refroidissement ; elles conviennent surtout dans les climats septentrionaux. Outre le linge de corps, le coton fournit encore un excellent linge de table et d'office ; on l'applique également à tous les articles de bonneterie ; on en fait aussi des tissus, que l'on varie à l'infini, en combinant le coton avec la laine, la soie, le lin et le chanvre ; on en fait des velours, des couvertures de lit, etc. La bourre de coton sert encore à rembourrer les matelas, coussins et autres sièges ; sous le nom de *ouate*, elle remplace les fourrures, sert à garnir les douillettes, etc. Le coton cardé est employé avec succès dans le traitement des brûlures. Enfin, la chimie a recemment tiré du coton une poudre fulminante. *Voy.* COTON-POUDRE.

L'usage des étoffes de coton est fort ancien. Au temps d'Hérodote, tous les Indiens portaient déjà des vêtements de coton. Dans le 1er siècle avant J.-C., il y avait en Égypte et en Arabie des fabriques de tissus de coton ; cependant les Grecs et les Romains ne paraissent pas avoir jamais fait beaucoup usage de ces sortes d'étoffes. Les Chinois ne commencèrent à cultiver le cotonnier qu'après la conquête des Tartares, c.-à-d. au XIIIe siècle ; vers la même époque, les étoffes de coton étaient déjà l'objet d'un commerce important dans la Crimée et dans la Russie du nord, où on les apportait du Turkestan. Dès le Xe siècle, les Arabes avaient naturalisé le cotonnier en Espagne, et, au XIVe, les cotonnades de Grenade surpassaient en réputation celles de l'Orient. En Italie, les fabriques de coton datent du commencement du XIVe siècle : Venise et Milan virent s'élever les premières. Deux siècles après, Anvers importait encore de ces deux villes des étoffes de coton, des futaines et des basins, tandis qu'à la même époque Bruges et Gand en fabriquaient une grande quantité. Ce n'est qu'au commencement du XVIIe siècle qu'on trouve quelque trace de fabrication de fils et de tissus de coton en France et en Angleterre, ainsi qu'aux États-Unis : en 1771 seulement, R. Arkwright établit dans le village de Cromford (Derby) les premiers moulins à eau pour la filature du coton. Aujourd'hui, l'Angleterre exporte pour plus de 600 millions de cotons manufacturés, la France pour 60 millions environ. Les États-Unis vendent à l'Europe pour plus de 300 millions de cotons en laine.

Les Botanistes donnent le nom de coton (tomentum) au duvet long, entre-croisé et crépu, qui recouvre la surface de quelques parties de certains végétaux, notamment l'intérieur des bourgeons.

COTONNADE. Pris dans toute son étendue, ce mot comprend tous les tissus de coton, quelle que soit leur finesse ou leur mode de fabrication; mais, dans le Commerce, il désigne plus spécialement les tissus fabriqués avec du coton teint après avoir été filé, et livrés à la consommation à leur sortie des mains du tisserand, sans avoir besoin de subir d'autres préparations. On comprend encore sous ce nom quelques espèces de tissus de coton dont la chaine est en fil de lin, et la trame en fil de coton écru, blanchi ou teint en diverses nuances, tels que l'article connu sous le nom de fil et coton, les retors, les siamoises, les flammées, etc. On donne aux cotonnades différents noms qui rappellent soit les pays d'où elles tirent leur origine, soit les noms des étoffes qu'on a voulu imiter : de là les noms de percale, jaconas, calicot, madapolam, madras (tirés de l'Inde), de nankins (de Chine), de guingans (de la ville de Guingamp en France), etc. Dans le commerce, plusieurs espèces de cotonnades sont connues sous le nom de rouenneries, parce que Rouen en est le principal marché. On en fabrique aussi de fort estimées en Alsace, surtout à Mulhouse, qui a la réputation pour l'impression sur ces sortes de toiles (Voy. INDIENNES). Saint-Quentin, Bar-le-Duc, Saint-Étienne, Roubaix, Nantes, Roanne, sont, après Rouen et Mulhouse, les villes de France où il se fabrique le plus de cotonnades. La plus grande partie des étoffes de ce genre qui se fabriquent en France se consomme à l'intérieur.

COTONEUM MALUM, nom latin du COING.

COTONNIER (mot dérivé, suivant les uns, de cotoneum malum, fruit du Cognassier, arbre dont les feuilles et les fruits sont couverts d'un duvet cotonneux; suivant les autres, de l'arabe goutn, qui a une signification analogue), Gossypium, genre de Malvacées, tribu des Hibiscées, comprend des arbres, des arbrisseaux et des herbes vivaces, quelquefois annuelles, formant une dizaine d'espèces toutes originaires des régions équatoriales. Le Cotonnier ressemble beaucoup à une grande mauve. La fleur, à double calice et à cinq pétales, rappelle un peu celle du lis; sa couleur varie du blanc au jaune et au rougeâtre; à la fleur succède des espèces de coques qui s'ouvrent quand elles sont mûres, et qui renferment des graines enveloppées dans un flocon de duvet très-fin, qui est le coton; les feuilles sont découpées comme celles de la vigne.

Le Cotonnier est cultivé non-seulement dans les contrées intertropicales, mais partout où l'on puisse croître est assez chaud pour que l'oranger y puisse croître en plein air. Sur le littoral de la Méditerranée on cultive surtout le C. herbacé ou de Malte (G. herbaceum); aux Antilles, on préfère le C. velu (G. hirsutum) et le C. de la Barbade (G. Barbadense). Dans l'Inde et la Chine, on estime le plus le C. nankin (G. religiosum), dont le coton jaunâtre sert à tisser l'étoffe connue sous le nom de nankin, et le C. arborescent (G. arboreum).

COTON-POUDRE ou FULMI-COTON, substance explosive qu'on obtient par l'action de l'acide nitrique sur le coton, le papier, le chanvre, et, en général, sur la fibre ligneuse. Elle est légèrement jaunâtre et se distingue à peine par l'aspect du coton ordi-

naire; elle fait explosion, comme la poudre à canon, par le contact d'une étincelle, et même par le seul choc. Il suffit, pour la préparer, de maintenir pendant 15 à 20 minutes du coton dans un mélange d'acide nitrique et d'acide sulfurique concentrés; on lave ensuite le produit à grande eau et on le dessèche : cette dernière opération exige beaucoup de précautions quand on opère sur de grandes masses. Le coton-poudre renferme du carbone, de l'hydrogène et de l'oxygène, dans les mêmes rapports que la fibre ligneuse, mais associés aux éléments de l'acide nitrique, auxquels il doit, comme la poudre à canon, ses propriétés explosives. On a proposé de le substituer à la poudre à canon pour les armes à feu et les mines; mais, outre qu'il revient six fois plus cher, il a l'inconvénient de détériorer les armes s'il n'est pas bien préparé, de les remplir toujours d'humidité, et de produire sur elles des effets brisants. Les expériences qu'on a faites dans les mines et les carrières pour faire éclater les roches ont montré que la force explosive du coton-poudre est environ quatre fois plus grande que celle des poudres de mine. Quelques chasseurs ont aussi constaté qu'il écarte moins les charges à petit plomb que la poudre à canon. On emploie en Chirurgie, sous le nom de collodion, du coton-poudre dissous dans l'éther.

Les Chimistes connaissaient depuis longtemps un grand nombre de substances explosives produites par l'action de l'acide nitrique sur les substances organiques; mais c'est M. Schoenbein, professeur de chimie à Bâle, qui prépara le premier, en 1846, une semblable substance avec le coton.

COTRE, espèce de vaisseau. Voy. CUTTER.

COTRET (de Villers-Cotterets?). Voy. FAGOT.

COTTABE, jeu fort aimé des Grecs et qu'ils avaient emprunté des Siciliens : ils s'y livraient dans les festins. Sur un long bâton fixé en terre, on en plaçait un autre en équilibre; on accrochait aux extrémités de ce dernier deux plateaux de balance; on mettait sous ces plateaux deux seaux, et dans ces seaux, deux petites figurines de bronze ou deux pyramides, appelées manès. Les joueurs, après avoir vidé en partie leurs coupes, tâchaient de jeter le reste du vin dans un des plateaux, de manière qu'en penchant il frappât la tête de la figure de bronze qui était dessous. Si le coup s'entendait, le joueur avait gagné.

COTTAGE, nom donné en Angleterre aux fermes élégantes qui appartiennent à des villageois aisés.

COTTE (de l'allemand kutte, même signification). Au moyen âge, on appelait cotte de mailles un vêtement de guerre, consistant en une sorte de chemise faite de petits anneaux de fer. Il ne faut pas le confondre avec le haubert, dont le tissu était plus fin et qui couvrait aussi les bras et les jambes; les chevaliers seuls avaient le droit de vestir le haubert. La cotte de mailles portait différents noms et s'appelait gollette, jaque, jaquette, brugne, jaseran. — On appelait cotte d'armes une espèce de dalmatique ou de casaque fort riche, dont les chevaliers et les nobles avaient coutume de couvrir leur armure pour la préserver de l'ardeur du soleil et comme ornement. L'usage s'en maintint jusqu'à Henri IV; depuis, ce vêtement fut encore conservé comme partie du costume des hérauts d'armes.

On appelait cotte morte les habits, l'argent, les meubles, en un mot, toute la dépouille d'un religieux après sa mort. L'abbé s'emparait ordinairement de la cotte morte des moines de son abbaye.

COTTE-CHABOT, espèce de poisson. Voy. CHABOT.

COTUTEUR. Voy. TUTEUR.

COTYLE (du grec cotylè, cavité, écuelle), mesure des Grecs pour les liquides. Elle valait 0 lit. 26.— En Anatomie, on appelle cotyle la cavité d'un os qui reçoit la tête d'un autre os. La cavité cotyloïde est la partie de l'os iliaque qui s'articule avec le fémur.

COTYLÉDON (du grec cotylédon, coupe, écuelle),

partie de la graine, consistant en un ou plusieurs lobes charnus qui enveloppent la radicule et la gemmule : avec ces deux organes et avec l'endosperme lorsqu'il existe, les cotylédons constituent l'embryon. Ils sont, pour ainsi dire, les mamelles qui nourrissent la plante naissante ; ils lui donnent leur substance mucilagineuse et sucrée, tant qu'elle ne peut encore s'alimenter dans le sol. A mesure que la plante grandit, les cotylédons diminuent d'épaisseur, se dessèchent et meurent ; tantôt ils restent sous la terre, après la germination de la graine : on les appelle alors *hypogés*; tantôt ils s'élèvent à la surface avec la tigelle, et forment les premières feuilles qu'on nomme *feuilles séminales :* on les appelle alors *épigés.* — On nomme *corps cotylédonaire*, la masse plus ou moins charnue qui dans certaines plantes est formée par la soudure des cotylédons : c'est ce qui a lieu dans le marron d'Inde.

Certains végétaux n'ont pas de cotylédons : tels sont les Champignons ; d'autres en ont un seul comme le Lis ; d'autres enfin en ont deux (le Rosier), ou un plus grand nombre (Palmiers). L'absence, la présence et le nombre des cotylédons ont une corrélation si remarquable avec les caractères offerts par toutes les autres parties de la plante, que L. de Jussieu, et, après lui, la plupart des botanistes, ont fondé sur cette considération la division du Règne végétal en trois embranchements : *Acotylédonés*, ou plantes privées de cotylédons ; *Monocotylédonés*, plantes à un seul cotylédon, et *Dicotylédonés*, plantes à 2 ou plus de 2 cotylédons (*Voy.* ces mots). La première division répond aux *Cryptogames* de Linné; les deux dernières, à ses *Phanérogames.*

COTYLÉDONE, se dit, en Botanique, d'un végétal pourvu de cotylédons ; il s'emploie comme synonyme de *phanérogame. Voy.* COTYLÉDON.

COTYLOÏDE (CAVITÉ). *Voy.* COTYLE.

COU ou COL (du latin *collum*), partie du corps qui unit le tronc à la tête. Outre les *vertèbres cervicales*, qui en forment la charpente osseuse et qui sont au nombre de 7, il existe, à la partie antérieure et supérieure du cou, l'*os hyoïde*, au-dessous duquel le *cartilage thyroïde* fait une saillie plus ou moins prononcée; entre cette saillie et le bord du sternum, se trouvent le *cartilage cricoïde* et la *trachée artère*. La face postérieure du cou prend le nom de *nuque* (cervix). En outre, 75 muscles, sans compter ceux qui lui sont communs avec la partie postérieure du tronc, entrent dans la composition du cou, et concourent aux divers mouvements de la tête ainsi qu'aux fonctions de la respiration, de la déglutition, de la voix, etc. — Dans les Mammifères comme dans l'homme, le cou a 7 vertèbres cervicales, excepté dans l'Aï qui en a 9, et dans le Lamantin qui en a 6. Dans les Oiseaux, le nombre des vertèbres varie de 9 (Moineau) à 23 (Cygne).

On nomme vulgairement *Cou coupé*, le Gros-bec fascié, *C. jaune*, la *Curruca pensilis*, espèce de Fauvette, *C. rouge*, le Rouge-gorge, *C. tors*, le Torcol.

COUA, oiseau. *Voy.* COULICOU.

COUAGGA, *Equus couagga*, espèce du genre Cheval, un peu moins grande que le Zèbre, mais ressemblant davantage pour la forme au cheval. Le poil du Couagga est brun-foncé sur le cou et les épaules, et brun-clair sur le dos, les flancs et la croupe, qui commence à prendre une teinte rougeâtre. Les parties supérieures sont rayées en travers de bandes blanchâtres; les inférieures sont d'un beau blanc, ainsi que le jarret et la queue, qui est terminée par une touffe de poils allongés. Le Couagga vit en troupes nombreuses dans l'Afrique méridionale.

COUCAL (mot composé de *coucou* et d'*alouette*), *Centropus*, genre d'oiseaux de l'ordre des Grimpeurs et de la famille des Coucous de Cuvier, renferme des espèces qui ont l'ongle du pouce long et semblable à celui des alouettes. On en connaît 10 ou 12, qui habitent toutes les contrées les plus chaudes de l'Asie, de l'Afrique et de la Malaisie. — La mieux connue est le *Houhou* (*C. Ægyptius*), qui s'approche le plus des habitations et dont le nom imite le cri.

COUCHANT, point du ciel où le soleil semble se coucher. Il est à la droite de celui qui regarde le midi, et à la gauche de celui qui regarde le nord. On l'appelle encore *ouest* et *occident*. Comme le lieu du couchant change tous les jours, par suite du mouvement annuel de la terre, on a pris pour point fixe du couchant celui où le soleil se couche aux équinoxes, et qui partage en deux parties le demi-cercle de l'horizon qui est entre le midi et le nord. La distance entre ce point, qu'on appelle *couchant vrai*, et le coucher effectif, porte le nom d'*amplitude*.

COUCHER d'un astre, moment où un astre se cache en descendant au-dessous de l'horizon. Le coucher d'un astre est dit *acronyque* (du grec *acros*, extrême, et *nyx*, nuit) quand il s'effectue en même temps que celui du soleil, à la fin de la nuit; *cosmique* (du grec *cosmos*, monde ou ciel), quand il a lieu dans l'instant où le soleil se lève; et *héliaque* (du grec *hélios*, soleil), quand il entre dans les rayons du soleil et cesse d'être visible. Les mêmes épithètes s'appliquent au *lever* des astres.

COUCHES (de *couche*, lit). En Géologie, on appelle *couches* les différents lits superposés dont se compose un terrain : ce sont des dépôts présentant deux faces parallèles et s'étendant indéfiniment, tant qu'ils ne sont point bornés par l'escarpement des montagnes. *Voy.* STRATIFICATIONS.

En Botanique, on appelle *couches corticales* l'ensemble de lames fibreuses appliquées les unes sur les autres qui constitue l'écorce; *couches ligneuses*, les cercles qui, dans le bois, s'emboîtent les uns dans les autres, et dont le nombre indique assez exactement l'âge d'un arbre.

En Horticulture, on appelle *couches* un amas de fumier disposé convenablement pour hâter l'accroissement et la maturité des plantes ou des légumes. On distingue : les *C. chaudes*, celles qui se font avec du fumier de cheval ou de brebis nouvellement tiré de l'écurie ou de la bergerie; les *C. tièdes* ou *tempérées*, celles qu'on forme avec du fumier de cheval et de vache mélangé de feuilles, de marc de raisin, de tan, etc.; les *C. sourdes*, celles qui sont au-dessous du niveau du sol; les *C. encaissées*, celles qui sont dressées dans des encaissements de bois.

COUCOU, en latin *Cucullus* (par onomatopée du cri de cet oiseau), genre de l'ordre des Grimpeurs, type de la famille des Cuculés, renferme des oiseaux de petite taille (25 à 30 centim.), à bec presque aussi long que la tête, très-fendu, comprimé; à langue vermiforme, susceptible de s'allonger à volonté; à tarses courts; à queue longue, et dont la couleur varie du blanc jaunâtre au verdâtre avec des taches olivâtres ou cendrées. Ce sont des oiseaux voyageurs qui passent l'été en Europe et l'hiver en Afrique ou en Asie. Ils se tiennent sur la lisière des bois, et se nourrissent uniquement d'insectes et de chenilles. Le Coucou ne fait pas de nid, et dépose ses œufs dans le nid des autres oiseaux. Aussi est-il devenu le symbole de l'infidélité conjugale.

On connaît un très-grand nombre d'espèces de coucous; les deux plus intéressantes sont : le *C. gris* ou *commun*, qui nous arrive par troupes au mois d'avril, et s'accouple presque aussitôt : c'est alors qu'il fait entendre le cri si connu auquel il doit son nom; et le *C. indicateur*, particulier à l'Afrique, et qui se nourrit presque exclusivement d'abeilles : il est ainsi nommé parce que son cri sert à guider les indigènes quand ils vont à la recherche des essaims. Chez les anciens, le coucou était consacré à Jupiter : selon la Fable, le dieu prit un jour la forme de cet oiseau pour faire une surprise à Junon.

COUDE, *cubitus*, angle saillant formé par l'apophyse olécrane à la partie postérieure de l'articulation du bras avec l'avant-bras.

COU-DE-PIED, saillie que présente la face supérieure du pied près de son articulation avec la jambe. Les individus dont les pieds sont plats, et dont le cou-de-pied est peu saillant, sont peu propres à des marches prolongées : c'est un motif d'exemption admis par la loi pour le service militaire. — L'Académie écrit *cou-de-pied*, sans doute parce que cette partie du corps joint le pied à la jambe, comme le *cou* joint la tête au tronc; d'autres écrivent *coude-pied*, à cause d'une prétendue analogie avec la *coude*.

COUDÉE (de coude), mesure de longueur, fort en usage chez les anciens, et surtout chez les Hébreux. La coudée naturelle est la distance du coude à l'extrémité du doigt du milieu. La coudée se divise en 2 *empans*, chaque empan en 3 *palmes*, et chaque palme en 4 *doigts*; 4 coudées font une *brasse*. La coudée a souvent varié de longueur. Voici le tableau comparatif des principales coudées antiques :

	Millim.
Coudée naturelle égyptienne	450
Coudée royale égyptienne	525
Coudée grecque ou olympique	462
Coudée romaine	442
Coudée ordinaire philétérienne	540
Coudée royale philétérienne	720
Coudée ordinaire des Arabes	480

COUDRIER ou NOISETIER, *Corylus*, genre de la grande famille des Amentacées, division des Cupulifères, renferme plusieurs espèces d'arbrisseaux à feuilles alternes, à fleurs monoïques : les fleurs mâles et les fleurs femelles n'ont aucune ressemblance; les premières sont des chatons cylindriques, pendant de la partie supérieure des jeunes rameaux; les secondes sont contenues dans des bourgeons écailleux qui naissent à la place des anciennes feuilles, et qui donnent naissance à des bouquets de noisettes de deux à huit fruits. L'espèce la plus connue est le *C. commun*, ou *Noisetier avelinier* (*Corylus avellana*), commun dans les haies et les taillis, et qui atteint de 6 à 7 m.; ses branches, droites et rameuses, offrent de petites taches jaunâtres; ses feuilles sont ovales, dentées, d'un beau vert en dessus et légèrement veloutées en dessous. Son fruit, la *noisette*, offre trois variétés principales : les noisettes ovales et blanches, les noisettes ovales blanches et rosées en dessus, les noisettes rondes ou avelines. Le coudrier croît presque partout; il se multiplie de graines, et surtout de drageons. Tout le monde connaît la saveur agréable de la noisette; les confiseurs en font des dragées fines, on en retire par la pression une huile analogue à celle de l'amande douce. Le bois porte plus spécialement le nom de *Coudrier* : on fait avec ce bois des fourches, des cercles de barils, des bâtons de lignes, du charbon que les peintres emploient pour faire des esquisses. On s'en sert pour mouler à *la baguette* la chandelle commune. La baguette de Moïse et celle qu'on donne à Mercure étaient, dit-on, de bois de coudrier; c'est avec du coudrier que les chercheurs de sources font leurs *baguettes divinatoires*. Cet arbre est le symbole de la réconciliation.

COUENNE (du bas latin *cutenna*, corruption de *cutis*). Dans le langage usuel, ce mot désigne le derme ou la peau de certains animaux, tels que les cochons, les pachydermes en général, et les cétacés, dont le tissu renferme naturellement une grande quantité de graisse. — En Pathologie, on donne le nom de *couenne* à certaines taches congéniales ou altérations du tissu cutané dans lesquelles la peau est dure, saillante, brunâtre et couverte de poils différents de ceux des autres parties. Ces formations anormales, connues aussi en pathologie sous les noms d'*envies*, de *nævi materni*, ont été attribuées par le vulgaire à l'influence de l'imagination de la mère sur l'organisation du fœtus.

COUFIQUES (CARACTÈRES), anciens caractères arabes. *Voy.* KOUFA au *Dict. univ. d'Hist. et de Géogr.*

COUGOURDE et COUGOURDETTE. *Voy.* COURGE.

COUGUAR, dit aussi *Lion des Péruviens*, *Tigre rouge*, etc., en lat. *Felis puma*, espèce du sous-genre des Chats proprement dits, est caractérisée par un pelage d'un fauve agréable et uniforme, sans aucune tache; des oreilles noires; une queue noire à son extrémité seulement. Les jeunes couguars ont dans le premier âge, comme les lionceaux, une *livrée*, c.-à-d. un pelage laineux parcouru de petites raies brunes transversales. Cet animal habite l'Amérique. D'un naturel féroce, il a la cruauté du tigre sans en avoir le courage. Il attaque de préférence les moutons, les chèvres et les génisses; mais il fuit l'homme.

COULE, se dit, en Musique, du passage d'une note à une autre, qui se fait en liant les notes par le même coup de gosier, de langue, d'archet, etc. Dans l'écriture musicale, le coulé se marque par un trait placé au-dessus des notes.

COULÉE, nom donné, en Géologie, à un terrain sans stratification, ayant pour forme extérieure celle que doit revêtir une matière pâteuse qui sort par une ouverture déterminée, et qui, en se répandant sur des surfaces diversement configurées, y prend un aspect et des formes différentes, comme un torrent qui se serait solidifié d'une manière subite. En Calligraphie, on appelle *coulée*, *écriture coulée*, une écriture penchée dont toutes les lettres se tiennent et dont tous les jambages sont droits.

COULEQUIN, nom vulgaire de la CÉCROPIE.

COULEUR (du latin *color*), impression que font sur l'œil les rayons de la lumière réfléchis par la surface des corps. Parmi les corps, les uns réfléchissent tous les rayons lumineux : ceux-là paraissent *blancs*; les autres les absorbent ou les anéantissent tous : ce sont les corps *noirs*; d'autres, enfin, absorbent une partie des rayons et réfléchissent le reste; ceux-ci reçoivent différents noms suivant la couleur qu'ils réfléchissent : ainsi, telle fleur est rouge, bleue ou jaune, parce qu'elle réfléchit les rayons rouge, bleu ou jaune, tandis qu'elle absorbe tous les autres. — On appelle *couleurs primitives* les sept couleurs du spectre solaire : *violet*, *indigo*, *bleu*, *vert*, *jaune*, *orangé*, *rouge*; on les nomme aussi *couleurs simples*, parce qu'on ne peut par aucune opération en faire sortir des nuances différentes. Toutes les couleurs simples prises ensemble reproduisent la lumière blanche; pour en altérer la blancheur, il suffit de supprimer l'une des couleurs simples : ainsi, en supprimant le rouge dans le spectre, et en composant entre elles toutes les couleurs restantes, on obtient une teinte bleuâtre; cette teinte, mêlée au rouge, reproduit le blanc. On dit que deux couleurs sont *complémentaires* l'une de l'autre toutes les fois qu'elles donnent du blanc par leur mélange. On appelle *couleurs composées* celles qui sont produites par le mélange de deux ou trois rayons. On peut, en mêlant et en graduant les couleurs primitives, obtenir une foule de nuances : M. Chevreul a formé en 1851 un *cercle chromatique* qui en contient soixante-douze. Quant aux *couleurs changeantes* ou *irisées*, elles doivent cette propriété à la manière dont les surfaces reçoivent les rayons lumineux; car elles changent ou varient de reflet avec la position de l'objet, et, par conséquent, avec l'angle suivant lequel ces rayons viennent à les frapper : certains papillons, les colibris, la gorge des pigeons, les taffetas glacés, plusieurs substances métalliques, présentent ce phénomène.

En Peinture, on donne le nom de *couleurs* aux substances colorantes, simples ou mélangées, dont on se sert pour colorier les objets. Les peintres emploient cinq couleurs *fondamentales*, avec lesquelles ils forment toutes les autres, ainsi que leurs diverses nuances : ce sont le blanc, le jaune, le rouge, le bleu et le noir. Les *blancs* se font avec la céruse ou blanc de plomb, l'oxyde de zinc, le blanc d'Espagne, les diverses craies; les *jaunes*, avec les ocres, la gomme gutte, le jaune de Naples, de chrome, etc.; les *rouges*, avec le carmin, le cinabre, les laques rouges, etc.; les *bleus*, avec l'outremer, le bleu de Prusse, le bleu de cobalt, les cendres bleues, etc.; le *noir*, avec le noir d'ivoire, d'os, de charbon, de fumée, etc. Avec ces couleurs on parvient à faire les *orangés*, les *violets*, les *verts* et les *bruns*. On tire aussi directement ces derniers de diverses substances naturelles ou de produits chimiques. Toutes ces couleurs sont d'abord broyées à l'eau sur une table carrée appelée *porphyre* et formée d'une pierre très-dure, avec une pierre de même nature, appelée *molette;* puis on les met en petits tas appelés *trochisques*, et on les laisse sécher. On les broie ensuite à l'huile avec une lame de couteau mince et flexible, et, après cette opération, on les met dans de petits morceaux de vessie de cochon, dont on forme des *nouets* de la grosseur d'un œuf de pigeon; ou bien on les pétrit avec un liquide agglutinant et on en forme des *pains*. — Les peintres en bâtiments donnent le nom de *couleurs rompues* à celles qui sont produites par un mélange de plusieurs matières; celui de *couleurs transparentes*, à celles que l'on emploie en *glacis*, c.-à-d. que l'on passe légèrement par-dessus d'autres, et qui laissent apercevoir le fond. Un *Manuel du fabricant de couleurs* a été publié dans la collection Roret par MM. Riffault, Vergnaud et Toussaint. — Quant aux *couleurs tinctoriales*, Voy. TEINTURE.

Couleurs nationales, couleurs adoptées par chaque nation comme marques distinctives, et reproduites ordinairement sur les pavillons, les drapeaux et les cocardes. On sait que les couleurs nationales de France, après avoir plusieurs fois varié, sont aujourd'hui le *bleu*, le *blanc* et le *rouge* (*Voy.* COCARDE). Celles de l'Autriche et de l'Espagne sont le *rouge* et le *blanc*, de l'Angleterre, le *rouge* et le *bleu*; de la Hollande, le *rouge*, le *blanc* et le *bleu*; de la Prusse, des Deux-Siciles et du Portugal, le *blanc* liséré de *rouge*; de la Bavière, le *blanc* liséré de *bleu*; de Suède, le *bleu* liséré de *jaune*; du Danemark et de la Suisse, le *rouge*; de la Russie, le *jaune*. V. DRAPEAU et PAVILLON.

Couleurs théologales. Les offices se font régulièrement avec cinq couleurs : le blanc, le rouge, le vert, le violet et le noir. Le *blanc* sert pour les mystères de Notre-Seigneur, excepté le vendredi saint; pour les fêtes de la sainte Vierge, pour celles des anges, des confesseurs, des vierges et de tous les saints et saintes qui n'ont pas souffert le martyre; le *rouge*, pour les solennités du Saint-Esprit, pour les martyrs et les apôtres, excepté S. Jean; le *vert* est la couleur propre du temps depuis la Pentecôte jusqu'à l'Avent et de l'Épiphanie jusqu'à la Septuagésime; le *violet* sert pendant l'Avent et le Carême, aux Quatre-Temps, aux Vigiles, aux Rogations; le *noir* est pour les morts.

COULEUVRE (du latin *coluber*), reptile de l'ordre des Ophidiens : ce sont des serpents non venimeux, à tête aplatie, ovale, couverte de larges écailles; à mâchoires dilatables, dardant avec vivacité une langue noire et fourchue, mais sans venin ni consistance; à dents petites, nombreuses, aiguës, rétroverses, mais ne faisant point de morsure dangereuse; leur corps, cylindrique et allongé, est suivi d'une queue longue et grêle, arrondie à l'extrémité; il est couvert en dessus d'écailles en losange imbriquées, en dessous de grandes plaques, entières sous le ventre, rangées par paires à partir de la queue; leur taille varie de quelques centimètres à près de 2 mèt. Plusieurs espèces se font remarquer par la vivacité de leurs couleurs. Les couleuvres vivent très-longtemps, et changent de peau tous les ans; elles s'accouplent au printemps et sont ovipares: leur voix est un sifflement sourd. Leur nourriture se compose de grenouilles, de cra-

pauds, d'insectes, de vers, de poissons, même de petits oiseaux, etc.; elles avalent leur proie toute vivante; mais il est faux qu'elles sucent le pis des vaches et des brebis, comme le croit le vulgaire. On trouve des couleuvres dans les deux continents; elles vivent isolées sous les bois couverts, dans les prairies humides, et au bord des ruisseaux; quelques espèces nagent avec rapidité. En hiver, elles s'enfoncent sous terre, ou se blottissent de compagnie dans des tas de pierres et y restent engourdies jusqu'au printemps. Ces reptiles répandent une odeur infecte, souvent alliacée; cependant leur chair ne partage pas cette odeur : aussi dans beaucoup de pays on les mange sans dégoût sous le nom d'*anguilles de haies*. Ils paraissent susceptibles d'être apprivoisés, et quelques personnes se sont plu à en élever. —On connaît un très-grand nombre d'espèces de couleuvres; les naturalistes les ont partagées en trois groupes : les *C. terrestres*, les *C. d'arbres* et les *C. d'eau douce*. Parmi les espèces répandues en France, on remarque la *C. commune*, ou *Verte-jaune*, qui se trouve dans l'Ouest et le Midi et dans la forêt de Fontainebleau : c'est une des plus jolies espèces; sa taille peut dépasser un mètre; la *C. à collier*, dite *Serpent d'eau*, de couleur gris d'ardoise, avec une bande blanche ou jaunâtre bordée de noir sur le cou, commune sur le bord des eaux douces, où elle va quelquefois chercher sa proie; la *C. lisse*, d'un gris roussâtre, luisant en dessus, noirâtre et marbrée en dessous : elle a quelque ressemblance avec la Vipère.

COULEVRINE ou COULEUVRINE (de *couleuvre*, à cause de la dimension allongée de cette arme), pièce de canon plus longue que le canon ordinaire, et qui porte plus loin. L'invention des couleuvrines remonte, dit-on, au XIVe siècle. On en cite quelques-unes de remarquables : la *C. de Nancy*, qui avait 7 m. de long, le *pistolet de poche de la reine Élisabeth*, etc.; les Turcs ont encore en batterie des couleuvrines de fer pour la défense de la passe des Dardanelles; la grande *Couleuvrine de Saint-Pierre*, au château Saint-Ange, à Rome, sert à annoncer l'élection des papes. Aujourd'hui on ne fond plus de couleuvrines.

COULICOU ou COUA, *Coccyzus*, genre d'oiseaux de l'ordre des des Grimpeurs, famille des Coucous, renferme des oiseaux à ailes courtes, ayant les cinq premières rémiges étagées. Les Coulicous nichent dans les arbres et couvent eux-mêmes leurs œufs. Leur nom est une imitation de leur chant. L'espèce appelée *Mangeur d'escargots*, de Madagascar, paraît se nourrir exclusivement de ces Mollusques, dont il brise la coquille sur les pierres avec beaucoup d'adresse.

COULIS (de *couler*), nom qu'on donne au jus ou suc qu'on exprime des viandes, des poissons ou des légumes au moyen d'une extrême cuisson. Ce suc, passé au tamis et assaisonné avec des condiments de toute espèce, peut se conserver longtemps dans des bouteilles bien bouchées. Les coulis sont excellents pour relever le goût des aliments fades, et pour en favoriser la digestion et l'assimilation; mais employés seuls ce seraient des stimulants trop énergiques.

COULIS ou COOLIES, Indiens engagés. *Voy.* COOLIS.

COULISSE (de *couler*). Ce mot, qui signifie proprement une rainure longitudinale par laquelle on fait glisser un châssis, une fenêtre, une porte de bois, etc., s'entend, au Théâtre, des châssis mobiles qui forment les décorations latérales de la scène, et, par extension, de toute la partie du théâtre qui est en dehors de la scène et où se tiennent les acteurs.

A la Bourse, on appelle *coulisse* un lieu situé hors du parquet des agents de change et où il se fait des affaires sur les effets publics, avant et après l'heure des négociations régulières; on nomme *coulissiers* ceux qui se livrent à ce genre de commerce : ce sont des espèces de courtiers marrons.

COUMARINE, substance organique composée de carbone, d'hydrogène et d'oxygène, dans les rapports de $C^{18}H^6O^4$; incolore, cristallisable, d'une odeur aromatique fort agréable et d'une saveur brûlante. Elle est contenue dans les fèves Tonka, fruit du Coumarou, dans les fleurs de mélilot, etc.

COUMAROU, *Coumarouna* ou *Dipteryx*, genre de la famille des Légumineuses, section des Papilionacées, tribu des Albergiées, renferme des arbres propres à l'Amérique tropicale, à feuilles alternes, composées, à fleurs paniculées, à tige élevée, rameuse, et à légume drupacé. Le *C. odorant*, à fleurs pourpres, porte une gousse oblongue, cotonneuse, renfermant une seule graine qui a la forme d'une amande : c'est la *fève Tonka*, aromate dont on se sert pour parfumer le tabac à priser. Le bois du Coumarou est très-dur. Cet arbre a été importé de la Guyane en France en 1793; on le cultive dans les serres.

COUNIER ou COUMA, arbre lactescent de la Guyane, genre de la famille des Apocynées. Ses rameaux sont triangulaires et glabres; ses fleurs roses, de grandeur médiocre, sont disposées au sommet des rameaux; le fruit est une espèce de baie arrondie, un peu déprimée, renfermant de 3 à 5 graines : ce fruit, dont la pulpe est d'abord âcre, puis douce et comestible, se vend à Cayenne sous le nom de *Poire de couma*. De son écorce, qui est couleur de rouille, découle un suc laiteux, qui se fige et se convertit en une résine assez semblable à l'ambre gris.

COUP (du latin barbare *colpus*, corruption de *colaphus*, soufflet), lésion faite sur le corps de l'homme ou des animaux. *Voy.* BLESSURES, CONTUSIONS, etc.

Coup de sang, congestion momentanée du sang vers la tête, qui s'annonce par les mêmes symptômes que l'apoplexie, tels que des étourdissements, une légère perte de connaissance, une lésion plus ou moins profonde des sens, mais qui est promptement suivie du retour à l'état normal, et ne produit point de paralysie durable. *Voy.* APOPLEXIE.

Coup de soleil, effet produit, sur une partie quelconque du corps, par l'action d'un soleil ardent : l'effet du coup de soleil, lorsqu'il porte seulement sur un membre ou sur une partie du tronc, est une espèce d'érysipèle; mais quand il frappe sur la tête, il peut en résulter une affection cérébrale intense.

Coup d'État, mesure extraordinaire et inattendue, presque toujours violente, à laquelle un gouvernement a recours lorsque la tranquillité de l'État lui paraît compromise et que les moyens légaux sont insuffisants. La révolution du 18 *brumaire* et celle du 2 *décembre* 1851 sont les coups d'État les plus hardis et les plus heureux des temps modernes. Par ses ordonnances du 25 juillet 1830, Charles X tenta un coup d'État qui entraîna sa ruine.

COUPE (de *couper*). En termes d'Eaux et Forêts, on donne le nom de *coupe* à l'opération d'abattre les bois. Il y a diverses manières de procéder à cette opération, selon que l'on veut avoir des bois taillis ou de hautes futaies. Dans le premier cas, les coupes ont lieu tous les 10 ou 20 ans; dans l'autre, elles sont beaucoup plus rares. Elles sont dites *périodiques* quand elles s'opèrent sur des souches aptes à repousser; *définitives*, quand elles s'appliquent à des arbres qui ne peuvent plus repousser : les arbres résineux, par exemple. Tantôt elles se font *en plein* ou *à blanc estoc*, sans rien laisser sur le sol; tantôt elles sont *partielles*, et se font soit en *furetant* ou en *jardinant*, c'est-à-dire en ôtant les arbres qui nuisent à leurs voisins, ou qui sont arrivés à leur complet développement, soit en réservant seulement des *baliveaux* (*Voy.* ce mot), soit par bandes, soit enfin au moyen de *coupes sombres*, qui diminuent seulement l'épaisseur de la futaie, pour favoriser la croissance des jeunes arbres, et de *coupes claires*, qui permettent aux arbres déjà forts de se développer plus facilement, etc. Aux termes d'une ordonnance de 1669, encore en vigueur, les arbres ne doivent être coupés qu'en automne et en hiver; la coupe doit être faite seulement avec la cognée, et au rez de terre, attendu que la repousse est plus vigoureuse.

En Architecture, on appelle *coupe* la projection verticale d'un édifice qu'on suppose coupé de manière à faire voir le profil des murailles et autres épaisseurs. — Pour la *Coupe des pierres*, V. STÉRÉOTOMIE.

En Musique, on nomme *coupe* la disposition des diverses parties dont se compose une pièce de musique. Elle varie suivant l'objet et l'étendue d'une composition; cependant, il existe deux formes générales auxquelles toutes les autres se rapportent : ce sont les *coupes binaire* et *ternaire*, qui divisent la composition en deux ou en trois parties; dans ce dernier cas, la troisième partie est une reproduction de la première. — Les morceaux de théâtre ont des coupes très-variées, qui dépendent des exigences du poëme et des situations dramatiques. Il n'en est pas de même dans la musique instrumentale; la grande coupe binaire s'y applique surtout dans les morceaux de longue haleine : symphonie, quatuors, sonates. La 1re partie contient l'exposition, et la 2e les développements ainsi que le retour au sujet primitif. — La coupe ternaire s'emploie dans les pièces de moindre dimension, comme *andantes*, *menuets* et *rondeaux*.

COUPÉ. En termes de Blason, on appelle *Écu coupé* un écu divisé par une ligne horizontale en deux parties égales, l'une supérieure et l'autre inférieure. — On dit qu'un *chevron*, une *bande*, une *barre*, etc., sont *coupés*, lorsqu'ils ne touchent point les bords de l'écu et semblent en avoir été séparés.

On appelle *Coupé* une voiture de ville dont la caisse n'a qu'un fond. Il y a des grands coupés de luxe fort élevés et à deux chevaux, et de petits coupés fort bas, le plus souvent à un seul cheval.

COUPELLATION, opération qui a pour but de séparer, dans des vases poreux appelés *coupelles*, les métaux étrangers qui peuvent être contenus dans l'or ou l'argent. Cette purification s'effectue en ajoutant à l'or et à l'argent une certaine quantité de plomb, et en soumettant à la calcination l'alliage qui en résulte, de telle sorte que, l'or et l'argent exceptés, tous les autres métaux soient convertis en oxydes, et par cela même éliminés. On distingue la coupellation qui se pratique en grand, dans les ateliers de métallurgie, et celle qui se se fait que sur de très-petites quantités, par les essayeurs des matières d'or et d'argent. Le premier mode s'applique aux *plombs d'œuvre*, ou plombs argentifères : on l'exécute dans des fourneaux à réverbère, dont la base est creusée et représente une espèce de coupe; celle-ci est recouverte d'une couche assez épaisse et bien battue de cendres lessivées, sur laquelle sont disposés les saumons de plomb; on fait fondre le métal et l'on y dirige de l'air afin que le plomb s'oxyde tandis que l'argent conserve son état métallique; quand l'oxyde de plomb est en pleine fusion, on le fait écouler par une ouverture latérale, et l'argent seul reste sur la coupelle sous la forme d'un culot brillant. Le deuxième mode repose sur la propriété que présentent les coupelles en phosphate de chaux de laisser écouler les oxydes fondus, comme un tamis très-fin, et d'être imperméables aux métaux, de sorte que ceux-ci restent à leur surface intérieure, tandis que les premiers passent à travers leurs parois; on ajoute à l'alliage qu'on veut titrer une certaine quantité de plomb pur, pour que l'oxyde de plomb qui se forme pendant la calcination puisse dissoudre l'oxyde de cuivre et l'entraîner avec lui à travers les pores de la coupelle. Ce mode d'analyse ne donne pas des résultats absolus; aussi lui a-t-on généralement substitué l'*essai par voie humide* (*Voy.* ESSAI). Les alliages d'or s'analysent aussi par la coupellation; mais, comme on ne peut pas débarrasser l'or de tout le cuivre, il faut y ajouter une certaine quantité d'argent et soumettre ce nouvel alliage à la coupellation (*Voy.* INQUARTATION et DÉPART). — La coupellation était connue des Égyptiens et des Hébreux; elle a été vaguement indiquée par Diodore de Sicile, Pline, Strabon. Au ixe siècle, l'Arabe Geber la décrivit pour la première fois d'une manière complète.

COUPELLE (diminutif de *coupe*), vase poreux servant à la *coupellation*. *Voy.* ce mot.

COUPE-RACINES, instrument propre à diviser les racines alimentaires (carottes, navets, pommes de terre, etc.) pour la nourriture des bestiaux. Il en a été construit plusieurs sur des modèles divers : tous se composent essentiellement d'une *trémie*, destinée à recevoir les racines, et de *couteaux*, qui sont mis en mouvement soit par la main, soit par une manivelle ou par un plus puissant moteur. M. Masson, jardinier, a perfectionné cet instrument, et l'a appliqué depuis 1847 à hacher, à l'aide de la mécanique, les légumes potagers, qu'il a réussi à conserver indéfiniment après les avoir desséchés.

COUPEROSE (du latin *cupri ros*, rosée ou eau de cuivre), ancien terme de chimie qui désigne le sulfate de cuivre (*C. bleue*), le sulfate de fer (*C. verte*), et le sulfate de zinc (*C. blanche*). V. SULFATE.

En Pathologie, on appelle *Couperose*, *Goutte rose*, une inflammation chronique des follicules cutanés, que caractérisent des taches rouges, rugueuses, irrégulières, qui surviennent à la peau du visage et qui ont toujours une marche chronique. Cette éruption se montre particulièrement dans l'âge mûr, chez les individus pléthoriques, sujets à des hémorragies, chez les femmes parvenues au temps critique, chez les individus adonnés à la bonne chère et aux liqueurs spiritueuses. On la combat par un régime doux et des boissons rafraîchissantes, laxatives, diurétiques; quelquefois elle exige la saignée.

COUPOLE (du grec *cupellon*, coupe), voûte sphérique, en forme de coupe renversée, qui surmonte un édifice circulaire. La coupole diffère du dôme en ce que celui-ci désigne surtout la partie extérieure, tandis que la coupole indique plutôt l'intérieur. Les coupoles les plus élevées sont celles du Panthéon de Rome, construite avant J.-C., et qui a plus de 45 m., celle de Saint-Pierre de Rome, construite en 1580 par la Bramante, Michel-Ange et Vignole, et dont la hauteur est de 43 mètres, celle de Sainte-Geneviève, à Paris.

COUPON, partie retranchée ou *coupée* d'un tout. On appelle ainsi ce qui reste d'une pièce de drap, d'étoffe ou de toile lorsqu'on a coupé sur cette pièce une certaine quantité de mètres. — En termes de Finances, on appelle *coupon* chacune des portions d'un titre au porteur, rente ou action, dont la valeur est divisée entre deux ou plusieurs personnes; ainsi qu'une espèce de bordereau imprimé faisant partie du titre même, et portant l'indication des intérêts à toucher; on en *coupe* une partie à chaque échéance.

COUPURE, petite plaie faite avec un corps tranchant, couteau, canif, rasoir ou verre cassé. Ces sortes de lésions guérissent aisément : il suffit de laver la plaie avec de l'eau fraîche et d'en maintenir les bords rapprochés à l'aide d'un morceau de taffetas anglais ou de petites bandes de diachylon.

COUR, en latin *curia*. Ce nom fut donné primitivement chez les Romains au lieu où s'assemblait chaque *curie* du peuple; il fut ensuite appliqué à la salle où se réunissait le sénat, et enfin au siège d'une assemblée quelconque. Chez nous, ce mot, outre son sens vulgaire, exprime tantôt le lieu où réside un souverain, tantôt un tribunal supérieur, sans doute parce qu'on rendait la justice au nom du souverain.

Dans la 1re acception, la *cour* s'entend de toute la famille du roi, de ses officiers, de son conseil. Au moyen âge, on appelait *cours plénières* des assemblées solennelles que les grands princes tenaient le jour de quelque fête notable, ou lorsqu'ils voulaient donner quelque tournoi magnifique. Dans l'origine, on avait appelé ainsi les assemblées nationales, plus connues sous les noms de *Champs de Mai* et de *Champs de Mars*. V. ce mot au *Dict. un. d'H. et de G.*

Dans sa 2e acception, le nom de *Cour* a été donné à des juridictions fort diverses, dont plusieurs n'existent plus. Voici les principales :

Cour des Aides. On nommait ainsi, sous l'ancienne monarchie française, une cour souveraine à laquelle ressortissaient les tribunaux d'*élections*, tribunaux institués pour connaître en première instance de toutes les difficultés relatives aux impôts dits *aides* (*Voy.* ce mot). Elle jugeait en dernier ressort tous les procès civils et criminels qui avaient rapport à cette matière.

Cour d'Amour. On nommait ainsi, en France, au moyen âge, une espèce de tribunal composé de dames nobles, dont la juridiction, reconnue seulement par la courtoisie et l'opinion, s'étendait sur toutes les questions de galanterie. Les cours d'amour existèrent depuis le xiie siècle jusqu'à la fin du xive. André le Chapelain, dans un livre intitulé : *De arte amatoria et reprobatione amoris*, rapporte en entier les règles du code suivi par les cours d'*amour*. Ces cours tenaient leurs sessions en Provence : à Signes, Pierrefeu, Romanin et Avignon.

Cours d'Appel, dites, selon les temps, *Cours impériales*, *C. royales*, tribunaux qui forment le deuxième degré de juridiction en France, institués pour statuer sur les appels des jugements des tribunaux de 1re instance et de commerce. Chaque cour d'appel a une ou plusieurs chambres civiles : une chambre de mises en accusation et une chambre d'appels de police correctionnelle, et se compose d'un *premier président*, d'autant de *présidents* que de chambres, enfin de *conseillers*. Le ministère public est exercé près de chaque cour par un procureur général, des avocats généraux et des substituts. — Il y a en France 27 cours d'appel : à Paris, Agen, Aix, Amiens, Angers, Bastia, Besançon, Bordeaux, Bourges, Caen, Colmar, Dijon, Douai, Grenoble, Limoges, Lyon, Metz, Montpellier, Nancy, Nîmes, Orléans, Pau, Poitiers, Rennes, Riom, Rouen et Toulouse. La cour d'appel de Paris, organisée par le décret du 20 avril 1810, complétée par le décret du 8 mars 1852, compte 4 chambres civiles, outre la chambre d'accusation et la chambre d'appels de police correctionnelle.

Cours d'Assises, juridiction chargée de l'administration de la justice criminelle. Les cours d'assises ne forment pas un tribunal à part; elles sont temporaires, n'existent qu'à partir du jour fixé pour leur ouverture, et cessent d'exister aussitôt qu'elles ont prononcé sur toutes les affaires qui leur sont soumises. Leur compétence comprend tous les crimes contre la chose publique ou contre les particuliers. Il y a une cour d'assises par département; elle se tient ordinairement au chef-lieu. Chaque cour d'assises est composée de trois juges : un président, choisi parmi les conseillers de la cour d'appel, et deux assesseurs. Lorsque l'accusé est présent, la cour d'assises ne peut prononcer sans le concours du jury, qui seul juge le fait. Les magistrats n'ont qu'à appliquer la loi (Code d'instr. crim., art. 251 et suiv.).

Cour de Cassation, tribunal suprême chargé de maintenir l'uniformité de jurisprudence, prononce sur les demandes en cassation contre les arrêts et jugements en dernier ressort rendus par les cours et les tribunaux; elle a droit de censure et de discipline sur les cours d'appel et les cours criminelles. La cour de cassation ne connaît du fond des affaires; elle juge seulement de la forme. La cour de cassation siège à Paris. Elle se divise en trois chambres, chacune de quinze conseillers et un président; elle a en outre un premier président. La 1re chambre, *chambre des requêtes*, statue sur l'admission ou le rejet des requêtes en cassation ou en prise à partie, et sur les demandes soit en règlement de juges, soit en renvoi d'un tribunal à un autre pour cause de suspicion légitime, soit en annulation des actes par lesquels les cours et tribunaux ont excédé leurs pouvoirs. La 2e chambre, *chambre de cassation civile*, prononce définitivement sur les demandes en cassation et en prise à partie, et sur les matières d'expropriation pour cause d'utilité publique. La 3e chambre, *chambre de cassation criminelle*, prononce sur les demandes en cassation en matière criminelle, correctionnelle, de police et de gardes nationales. Il y a près de la cour un procureur général, six avocats généraux, un greffier en chef, et quatre commis-greffiers. Le délai pour se pourvoir en cassation, en matière civile, est de trois mois à dater du jour de la signification du jugement (de six mois pour ceux qui habitent en Corse ou hors de France, d'un an pour les colons d'Amérique, de Sénégal, de Guyane); en matière criminelle, correctionnelle ou de police, le condamné n'a que trois jours. La partie civile qui se pourvoit en cassation doit fournir une expédition authentique de l'arrêt dont elle appelle, et consigner une amende de 150 fr., qui se réduit à 75 fr. si l'arrêt a été rendu par contumace ou par défaut. Les condamnés en *matière criminelle* sont dispensés de l'amende, ainsi que les agents des administrations publiques et les indigents. — Sous l'ancienne monarchie, les demandes en cassation étaient portées devant des juridictions multipliées. Ces diverses juridictions ont été remplacées en 1790 par un tribunal unique, nommé d'abord *Tribunal de cassation*, qui, depuis 1804, a reçu le titre de *Cour de cassation*.

Cour des Comptes, juridiction supérieure instituée pour examiner et juger les comptes des recettes et dépenses publiques, qui lui sont présentés chaque année par tous les comptables des deniers publics. Elle statue en outre sur les pourvois présentés contre les règlements de compte arrêtés par les conseils de préfecture, et prononce contre les comptables en retard les peines édictées par la loi. Les arrêts de la cour des comptes peuvent être cassés par le conseil d'État pour violation des formes et de la loi. En cas de cassation d'un arrêt, l'affaire est renvoyée devant l'une des chambres qui n'en a pas connu. La cour des comptes se divise en trois chambres. Elle a un *premier président*, trois *présidents de chambre*; dix-huit *conseillers maîtres*, qui jugent les comptes; quatre-vingts *conseillers référendaires*, chargés de la vérification des comptes, mais sans voix délibérative; ceux-ci sont divisés en deux classes, savoir: dix-huit de première classe et soixante-deux de deuxième; un *procureur général*, chargé de remplir auprès de la cour les fonctions du ministère public, et un *greffier en chef*. Les présidents et conseillers sont nommés par le chef de l'État et inamovibles. La cour des comptes prend rang immédiatement après la cour de cassation, et jouit des mêmes prérogatives. — La cour des comptes était, avant la Révolution, connue sous le nom de *Chambre des comptes*. Elle fut remplacée en 1791 par des *Commissions de comptabilité*, et ne fut instituée telle qu'elle existe aujourd'hui que par la loi du 16 septembre 1807. Son organisation, respectée jusqu'en 1848, eut à subir alors (décret du 2 mai) des modifications incompatibles avec le bien du service. L'ancien état de choses a été rétabli par un décret du 15 janvier 1852.

Cours Martiales. On nommait ainsi des tribunaux militaires institués par décret du 22 septembre 1790, pour prononcer sur les crimes et délits militaires: ces cours étaient composées d'un grand juge, de deux assesseurs, d'un commissaire auditeur et d'un greffier, qui étaient assistés d'un jury d'accusation et d'un jury de jugement. Elles étaient au nombre de 23. Supprimées par la loi du 16 avril 1793, elles ont été remplacées par les *Conseils de guerre. Voy.* ce mot.

Cour des Pairs, nom que prenait l'ancienne *Chambre des Pairs* quand elle siégeait comme tribunal: elle connaissait des crimes de haute trahison et des attentats contre la sûreté de l'État (art. 28 de la Charte).

Cour des Poisons, nom donné à la chambre royale établie à l'Arsenal par lettres patentes du 7 avril 1679, pour reconnaître et juger les accusés prévenus de poison, maléfices, impiétés, sacriléges, profanations et fausse monnaie. Cette commission extraordinaire se composait de 8 conseillers d'État, 6 maîtres des requêtes: elle jugea la fameuse empoisonneuse la Voisin. Cette cour fut supprimée avant 1690.

Cours Prévotales. V. PRÉVÔT et PRÉVOTALES (COURS).

Cour Royale. Voy. COUR D'APPEL.

COURAI ou COUROI, composition de suif, de soufre, de résine, qu'on applique très-chaude sur la carène des bâtiments destinés aux voyages de long cours, pour garantir le bois de la piqûre des vers.

COURANTE, air de danse à trois temps et à deux reprises, d'un mouvement fort grave, plus vif cependant que le menuet. La danse à laquelle il s'appliquait est passée de mode en France ainsi que le morceau de musique qui s'y rapportait.

COURANTS ÉLECTRIQUES, se dit, en Physique, des mouvements de l'électricité produits par la recomposition des deux fluides contraires à travers le corps. On développe surtout les courants électriques au moyen de la *pile*; on suppose que lorsqu'à l'aide d'un fil métallique on établit la communication entre les deux pôles de la pile, le fluide positif parcourt la pile ainsi que le fil conducteur, dans un sens, et le fluide négatif dans un autre. Si l'on ne fait qu'approcher l'un de l'autre les fils de métal qui vont puiser l'électricité aux deux pôles, on voit se produire une succession d'étincelles électriques. Si la communication est non interrompue entre les deux pôles et si le fil conducteur est d'un diamètre pas un peu fort, il ne se manifeste aucun phénomène apparent; on dit alors que *le fil est traversé par un courant*. Ces courants ne produisent des phénomènes sensibles que s'ils sont assez énergiques pour échauffer le conducteur; mais ils sont toujours décelés par l'action qu'ils exercent sur l'aiguille aimantée (*Voy.* ÉLECTRO-MAGNÉTISME). — De même que les courants agissent sur la direction de l'aiguille aimantée, les aimants à leur tour peuvent influencer la direction des courants eux-mêmes. Ampère a aussi reconnu que les courants agissent les uns sur les autres, et il a constaté que deux courants parallèles s'attirent quand ils marchent dans le même sens, et qu'ils se repoussent quand ils marchent en sens contraire, etc. — Toutes les causes qui développent de l'électricité sont aussi capables de produire des courants. Le frottement, la pression, le clivage ne produisent que des courants très-faibles, comparés à ceux que donnent les piles voltaïques. L'action de la chaleur détermine dans les corps bons conducteurs, et particulièrement dans les métaux, des courants énergiques appelés *C. thermo-électriques* (*V.* THERMO-MAGNÉTISME). Enfin, les phénomènes chimiques de combinaison et de décomposition développent toujours des courants électriques (*Voy* ÉLECTRO-CHIMIE). — Un courant qui traverse un fil conducteur peut faire naître un courant dans un fil voisin; ce nouveau courant prend le nom de *C. par induction*; il se manifeste au moment où le courant électrique commence à traverser le fil voisin, et au moment où il cesse: le courant qui commence fait naître un courant par induction dans le même sens; le courant qui finit fait naître un courant par induction en sens contraire. M. Faraday a découvert en 1831 les phénomènes d'induction.

COURANTS MARINS, endroits de la mer où l'eau a un mouvement propre, soit dans toute sa profondeur, soit à une certaine profondeur seulement. Quelques-uns de ces courants ont une immense étendue: tel est celui qui porte les eaux de l'Océan entre les tropiques d'Orient en Occident, dans une direction contraire à celle de la rotation du globe, celui qui porte les eaux des mers du Nord vers l'équateur, le *Gulf stream*, qui traverse une partie de l'Atlantique, etc. On attribue ces courants à l'action des vents, à celle des marées, à celle du soleil qui échauffe inégalement les eaux, à la rotation de la terre, etc.

COURATARI, *Courataria*, genre de la famille des Myrtacées, tribu des Lécythidées, renferme de grands arbres indigènes à la Guyane et au Brésil. Le *C. de la Guyane*, appelé aussi *Maou* et *Balatas blanc*, est un arbre de haute taille, à branches étalées, et dont le bois, blanc à la circonférence, rouge au centre, est d'excellente qualité pour les constructions. Son écorce fournit une couleur de cannelle solide. Ses fleurs sont grandes, d'un blanc agréablement lavé de pourpre, disposées en épis. Son fruit est une capsule sèche, coriace, oblongue, presque en cloche, et légèrement triangulaire.

COURBARIL, *Hymenea*, genre de la famille des Légumineuses, section des Papilionacées, tribu des Césalpiniées, est formé d'une seule espèce, le *C. de Cayenne*, ou *Caroubier de la Guyane*, arbre résineux dont le tronc fournit la *résine animé occidentale*, employée dans quelques préparations pharmaceutiques. Les gousses du Courbaril renferment une pulpe farineuse d'une odeur aromatique et de la saveur du pain d'épice. Son bois, d'un beau rouge et susceptible d'un poli parfait, est très-recherché des ébénistes; on l'emploie aussi dans la construction.

COURBATON. On appelle ainsi, dans la Marine, une pièce de bois *courbée* presque à angle droit, dont l'usage est de joindre les membres des côtés d'un vaisseau à ceux du dedans.

COURBATURE (du latin *curvatura*, de *curbare*, courber), indisposition caractérisée par une sensation de brisement ou de contusion des membres, et une extrême lassitude. Lorsqu'elle vient à la suite de travaux pénibles, le repos absolu et les bains la dissipent promptement. Dans le cas contraire, c'est le symptôme de quelque affection plus ou moins grave.

Les Vétérinaires appellent *courbatu* un cheval qui n'a pas le mouvement des jambes bien libre, pour avoir éprouvé un excès de fatigue. Quand on vend un cheval, on doit le garantir de pousse, morve et *courbature*.

COURBE (du latin *curvus*), ligne dont les parties successives, infiniment petites, ont des directions différentes. On distingue deux ordres de courbes: elles sont à *simple* (cercle) ou à *double courbure* (spirale), suivant qu'elles se trouvent ou qu'elles ne se trouvent pas tout entières dans un plan. Les *C.* à simple courbure, ou *courbes planes*, se divisent ordinairement en deux classes: les *C. algébriques* ou *géométriques*, et les *C. transcendantes* ou *mécaniques*. Les 1res sont celles pour lesquelles la relation entre l'*abscisse* et l'*ordonnée* (*Voy.* ces mots) est représentée par des quantités algébriques ordinaires; les 2es sont celles dont les équations renferment des quantités transcendantes. Le cercle, l'ellipse, l'hyperbole et la parabole portent le nom de *courbes du premier ordre* ou de *sections coniques*. Descartes est le premier qui ait déterminé les courbes par des équations.

Les Vétérinaires appellent *courbe* une tumeur osseuse, oblongue, située en bas ou au dedans du jarret des animaux domestiques, et qui gêne le mouvement de l'articulation. Cette tumeur est ordinairement produite par un effort, une chute ou un exercice trop grand: elle nécessite presque toujours l'application du feu.

COURBET (de *courbe*), instrument de jardinage: c'est une grande serpe avec laquelle on coupe les taillis ou l'on abat les jeunes arbres.

COUREUR (de *courir*). Les coureurs étaient fort en usage dans l'antiquité et dans les pays où les chevaux étaient rares: ils faisaient l'office de *courriers* (*Voy.* ce mot). Chez les modernes, les coureurs n'ont plus été employés qu'à des usages serviles: on

appelait ainsi, avant 1789, des domestiques tou chamarrés d'or, de plumes et de rubans et armés de longues cannes, que les seigneurs faisaient tenir derrière leurs carrosses et employaient à porter leurs messages. Les coureurs précédaient quelquefois aussi les voitures pour les annoncer de loin. — On a cru que les meilleurs coureurs étaient *dératés*, c.-à-d. privés de rate; ce qui n'a pu avoir lieu que bien rarement, si cela a jamais eu lieu. *Voy.* RATE.

En Ornithologie, on nomme *Coureurs* les oiseaux qui courent, tels que les autruches, les casoars, les secrétaires, les outardes, etc. — M. Blainville a donné le même nom à une famille de l'ordre des Rongeurs, correspondant aux *Cabiais*. V. ce mot.

COURE-VITE, *Cursorius*, genre d'oiseaux de l'ordre des Échassiers et de la famille des Pressirostres, a pour caractères: un bec grêle, conique et arqué; des ailes courtes et des jambes hautes, terminées par 3 doigts courts, non palmés et sans pouce. Son nom lui vient de l'extrême rapidité de sa course, qui lui permet d'éviter facilement le chasseur. Ce genre a pour type le *C. Isabelle*, qui se tient dans les lieux secs, sablonneux et éloignés des eaux. Il appartient à l'Afrique Septentrionale et à l'Europe.

COURGE, *Cucurbita*, genre type de la famille des Cucurbitacées, renferme des plantes herbacées annuelles, à tiges fistuleuses, rampantes ou grimpantes; à feuilles couvertes de poils courts et roides; à fleurs jaunes ou blanches, en entonnoir plus ou moins évasé; à fruit très-volumineux et de forme variable: elles ne diffèrent des concombres que par leurs semences, qui sont entourées d'un bourrelet très-sensible quand elles sont entières, et qui sont échancrées en cœur quand elles sont avortées ou desséchées. Les Courges, originaires des contrées chaudes du globe, sont aujourd'hui répandues partout: on les cultive en grand dans beaucoup de parties de la France. Leurs fruits sont généralement bons à manger; on tire des semences une huile verdâtre d'assez bon goût qui peut servir à l'éclairage. La pulpe peut servir aussi à engraisser les bestiaux. — Le genre *Courge* se divise ordinairement en plusieurs sections: 1o les *Pepons*, qui comprennent: la *C. orangine* ou *Coloquinelle*, dite aussi *Fausse Orange*, *Fausse Coloquinle*, fruit d'agrément, ayant la forme et la couleur d'une orange, mais qui ne se mange pas; la *Cougourdette* ou *Fausse Poire*, dont on fait des vases agréables; la *C. de Barbarie*, au fruit allongé en forme de concombre, de couleur verte mêlée de jaune, et qui est bon à manger frit avant sa maturité; le *Turbanet* ou *Bonnet turc*, en forme de turban, également comestible; le *Giraumon* ou *Citrouille* (*Voy.* ce mot); le *Patisson*, dit aussi *Bonnet d'électeur* ou *B. de prêtre* et *Artichaut de Jérusalem*, qui se conserve en hiver et dont la saveur est délicieuse; 2o le *Potiron* (*Voy.* ce mot); 3o la *Melonnée*, dont le fruit, aplati, sphérique ou ovale, quelquefois cylindrique, en forme de massue ou de pilon, de couleur jaune et rouge orangé, est recherché pour sa saveur délicate: on le cultive dans le midi de la France, l'Italie et les Antilles; 4o la *Pastèque* (*Voy.* ce mot), dite aussi *Melon d'eau*; 5o la *Calebasse*, ou *Courge* proprement dite, dont les fruits, à coque dure et crustacée, affectent les formes les plus variables, et qui, vidés et desséchés, servent de gourde (*Voy.* ce mot). Cette dernière espèce comprend trois variétés: la *Cougourde*, ou gourde des soldats et des pèlerins; la *Gourde*, presque pas étranglée ni allongée; et la *Trompette*, ou courge longue et en massue.

COURLAN, *Aramus*, genre d'oiseaux de l'ordre des Échassiers et de la famille des Grues, a un long bec renflé à la pointe, des jambes demi-nues et des doigts entièrement divisés. Il ne renferme qu'une espèce, le *C. courliri*, qui habite la Guyane: il est long de 75 centim., a le dos brun pourpré, le ventre brun, tacheté de blanc, et le bec jaune.

COURLIEU ou CORLIS, *Numenius*, genre d'oiseaux de l'ordre des Échassiers et de la famille des Longirostres, se nourrit de vers et d'insectes, et se tient dans les marais comme les Ibis, auxquels il ressemble beaucoup. Ce sont des oiseaux voyageurs qui vivent en troupes nombreuses, et ne se séparent qu'au moment de la pariade. Ils ont le bec arqué, assez grêle, rond sur toute sa longueur; la tête et le cou entièrement garnis de plumes. — Le *C. d'Europe* a la taille d'une poule; son plumage est brun, chaque plume étant flammée de blanchâtre; son croupion est blanc, et sa queue rayée de blanc et de brun. Il niche dans les herbes qui croissent au milieu des dunes. On l'appelle aussi *Bécasse de mer.*

COURLIRI. *Voy.* COURLAN.

COUROI, sorte d'enduit. *Voy.* COURAI.

COUROL (de *Coucou* et de *Rolle*, noms de deux oiseaux), dit aussi *Vouroudriou* (nom indigène), en latin *Leptosomus*, genre d'oiseaux de l'ordre des Grimpeurs et de la famille des Coucous, a le bec pointu, gros, robuste, à mandibule supérieure crochue et échancrée vers le bout; les ailes pointues; la queue grande. Les Courols sont frugivores et nichent dans les forêts. Ce genre ne se compose que de deux espèces : le *C. vert* et le *C. cromb*, que Buffon avait confondus sous le nom de *Grand Coucou de Madagascar.*

COURONNE (du latin *corona*, et du grec *corônè*). Les premières couronnes furent consacrées aux divinités; elles étaient composées des plantes qui faisaient partie de leurs attributs : celle de Jupiter était de chêne, et quelquefois de laurier; celle de Junon, de feuilles de coing; celle de Bacchus, de pampre et de raisin, de branches de lierre chargées de fleurs et de fruits; celle d'Apollon, de roseaux ou de laurier; celle de Vénus, de roses et de myrte; celle de Minerve, d'olivier; celle de Flore, de fleurs diverses; celle de Cérès, d'épis; celle de Pluton, de cyprès; celle de Pan, de pin; celle d'Hercule, de peuplier, etc. Les prêtres et les sacrificateurs portaient pendant les sacrifices des couronnes d'or, de branches d'olivier ou de laurier. Les magistrats, dans les jours de cérémonies, portaient des couronnes d'olivier ou de myrte; les ambassadeurs, de verveine ou d'olivier.—Dans les festins, on composait les couronnes de fleurs, d'herbes et de branches de roses, de lierre, d'if, de quintefeuille. Les conviés portaient trois couronnes : l'une qu'ils plaçaient d'abord sur le haut de la tête, l'autre dont ils se ceignaient le front, et la troisième qu'ils se mettaient autour du cou. — Les Romains avaient des *couronnes militaires* pour récompenser la valeur : on les appelait, selon la nature de l'exploit à récompenser, *vallaires, murales, navales* ou *rostrales, obsidionales*, etc.; et des *couronnes civiques*, qu'on décernait à celui qui avait sauvé la vie à un citoyen : ces dernières étaient en chêne.

Les empereurs romains portèrent, à l'imitation de Jules César, la couronne *triomphale*, qui était de laurier. Après leur apothéose, on leur donnait la couronne *radiée*, ou composée de rayons. A dater de Constantin, la couronne fut remplacée par le diadème. — La couronne impériale de Charlemagne était fermée en haut comme un bonnet, et semblable à celle des empereurs d'Orient. Au moyen âge, les empereurs d'Allemagne recevaient trois couronnes : celle de Germanie, qui était d'argent et qui se prenait à Aix-la-Chapelle; celle de Lombardie, dite *couronne de fer*, qui consistait en une bande d'or, en forme de diadème antique, et qui était garnie intérieurement d'une bande de fer, provenant, croyait-on, d'un clou de la Passion : on la conservait à Monza; celle impériale, qu'ils recevaient à Rome, et qui était surmontée d'une mitre semblable à celle des évêques, mais plus petite, plus large et moins pointue : son ouverture était au front. Napoléon réprit la couronne de fer lorsqu'il se fit couronner roi d'Italie en 1805, et institua à cette occasion l'ordre de la *Couronne de fer*.

Les rois de France de la 1re race portèrent quatre sortes de couronnes : la première était un diadème de perles fait en forme de bandeau, avec des bandelettes qui pendaient derrière la tête; la deuxième était la même que celle que portaient les empereurs; la troisième avait la forme d'un *mortier*; la quatrième enfin était en forme de chapeau pyramidal, finissant en une pointe surmontée d'une grosse perle. — Les rois de la 2e race avaient la tête ceinte d'un double rang de perles ou d'une couronne de laurier. — Ceux de la 3e ne portèrent qu'une seule espèce de couronne, composée d'un cercle d'or enrichi de pierreries et rehaussé de fleurs de lis. C'est depuis François Ier que la couronne fermée paraît avoir été définitivement adoptée. — Les couronnes des autres rois de l'Europe sont analogues à celles des rois de France. Le pape porte une *tiare* (*Voy.* ce mot) ornée de trois couronnes.

Les princes souverains, rois ou empereurs, portent seuls la couronne *fermée;* les autres portent la couronne *ouverte.*—La noblesse porte sur ses armoiries des couronnes dites de *casques* ou d'*écussons.* On distingue : la *C. ducale*, toute de fleurons à fleurs d'ache ou de persil; la *C. de marquis*, qui est de fleurons et de perles alternativement; la *C. de comte*, de pointes surmontées de perles; la *C. de vicomte*, de neuf perles entassées de trois en trois; la *C. de baron*, simple cercle orné d'une torsade en perles.

On a donné le nom de *couronnes* à beaucoup de monnaies qui portaient pour effigie une couronne sur une de leurs faces, notamment à celle qui eut cours en France sous Philippe de Valois : la couronne valait alors 40 sols de l'époque, environ 20 fr. 25 cent. En Angleterre, la *couronne* (*crown*) est encore aujourd'hui une monnaie courante. *Voy.* CROWN.

En Astronomie, on appelle *Couronne australe* une constellation de 12 petites étoiles, placée au-dessous du Sagittaire; *C. boréale*, une constellation de 33 étoiles située à l'est du Bouvier, et dont la plus belle a reçu le nom de *Margarita Coronæ.* Suivant la Fable, cette constellation serait la couronne donnée à Ariane par Bacchus et transportée au ciel. — On appelle aussi *couronne* un anneau lumineux que l'on observe quelquefois autour du soleil et de la lune.

Dans la Marine, on appelle *couronne* un fort cercle en fonte, d'une structure ingénieuse, qu'on fixe à la partie inférieure du cabestan et qui sert à faire plus facilement rentrer à bord le câble-chaîne; cet instrument est dû à M. Barbotin, capitaine de vaisseau.

En Anatomie, on appelle *couronne des dents* la partie des dents qui se trouve hors des gencives, et qui est revêtue d'émail; *C. radiante*, l'épanouissement des fibres médullaires des pédoncules cérébraux dans les lobes des hémisphères du cerveau.

Les Vétérinaires donnent le nom de *couronne* à la partie du pied du cheval qui correspond à la deuxième phalange des orteils de l'homme; elle est située entre le paturon et le pied, à l'endroit où le poil joint et couvre le haut du sabot, et est formée d'un seul os, dit *os de la couronne*, ou *du second phalangien.* —On dit d'un cheval qu'il est *couronné* quand il a au genou une place circulaire dépouillée de poils; ce qui suppose qu'il s'est blessé en tombant.

En Botanique, on donne le nom de *couronne :* 1o à l'ensemble des fleurettes disposées en rayons allongés, aplatis, divergents, qui ornent le disque des fleurs radiées; 2o à l'espèce d'appendice qui surmonte la gorge de la corolle ou du périanthe; 3o au débris du calice qui demeure adhérent à la graine des scabieuses, des camomilles, etc., aux fruits du lierre, du poirier, du grenadier, etc.; 4o aux feuilles disposées en rosette au sommet d'une tige ou de ses divisions; 5o à une sorte de *greffe* (*Voy.* ce mot); 6o à une maladie des arbres, dite aussi *couronnement*

28

(*Voy.* ce mot).—On nomme vulgairement *C. d'A-riane* une espèce d'Apocyn; *C. de moine*, le Pissen-lit; *C. de terre*, le Lierre terrestre; *C. des frères*, le Chardon Eriophore; *C. du soleil*, le Tournesol annuel; *C. impériale*, la Fritillaire; *C. royale*, le Mélilot.

Couronne (*papier*), sorte de papier qui sert prin-cipalement aux impressions de bureau, et dont la marque intérieure est une couronne. *Voy.* PAPIER.

COURONNEMENT. On appelle ainsi, en Architec-ture, tout ornement, tel que corniche, entablement, statue, etc., qui termine en dessus un édifice, un dôme, un mur, une colonne, la poupe d'un vaisseau, la partie supérieure d'un meuble, d'un vase, etc.; — en Agriculture, une maladie d'un arbre dont les canaux oblitérés ne permettent plus à la sève de monter jusqu'au sommet, et qui par suite se dessèche et meurt (*V.* DÉCURTATION).—Pour la cérémonie dans laquelle on couronne un souverain, *Voy.* SACRE.

COURRIER (de *courir*), nom donné à celui qui porte des dépêches en courant soit à pied, soit à cheval ou en voiture. L'usage des courriers publics est fort ancien. Les rois de Perse employaient à cet usage des coureurs à pied qui faisaient 80 à 100 kilom. par jour, et se relayaient de distance en distance. Chez les Grecs, il y avait aussi des courriers à pied, nommés *hémérodromoi* (qui court tout le jour), qui faisaient jusqu'à 140 kilom. en un jour. Chez les Romains, on nommait les coureurs *viatores*. — L'institution des courriers en France date de celle des postes par Louis XI; mais l'établissement des courriers tels qu'ils sont aujourd'hui ne date que de 1630.

On appelle *courriers de la malle* ceux qui font le service ordinaire de la poste aux lettres.

Dans l'Église, on nommait *courrier* un officier considérable attaché au service d'un prélat séculier. Il faisait exécuter les ordres de l'évêque, et était son lieutenant pour le temporel.—Les *courriers* ou *cur-seurs apostoliques* sont les messagers de la cour de Rome. Leur office est de convoquer les cardinaux, d'af-ficher les décrets du pape aux portes de Saint-Jean de Latran, de Saint-Pierre, au palais de l'inquisi-tion et de la chancellerie apostolique, et au champ de Flore. Leur habit de cérémonie est violet; quand ils sont en mission, ils portent une verge noire; dans les solennités où le pape se trouve, ils ont en main une masse d'argent et entourent la litière.

Plusieurs journaux portent le nom de *Courrier* : tels sont, en Angleterre, *the Courier*, grand journal quotidien et ministériel; en France, le *Courrier français*, fondé en 1820, et qui a compté parmi ses rédacteurs Kératry, B. Constant, J.-P.-P. Pagès (de l'Ariége), Bavoux, Aug. Thierry; le *Courrier des spectacles*, le *Courrier des dames*, etc.

COURS. On comprend sous la dénomination de *Cours d'eau* les rivières navigables ou flottables, et les petits cours d'eau qui ne sont ni navigables, ni flot-tables. Les premiers appartiennent à l'État, les se-conds restent dans le domaine de tous. La police des cours d'eau a donné lieu à une législation fort éten-due, dont les principes avaient été posés dans l'or-donn. d'août 1669 sur les eaux et forêts.

En Italie, et aujourd'hui en France, on appelle *Cours* (*Corso*) la rue principale d'une ville ou l'ave-nue plantée d'arbres qui sert pour les courses de chevaux et aussi comme lieu de promenade.

En termes de Commerce, on appelle *cours de change* ou *cours de place* le taux du cours que les banquiers prennent pour droit de change, à raison de tant pour cent, pour faire tenir de l'argent d'un lieu dans un autre; *Cours de la rente*, le taux au-quel la rente est cotée quotidiennement à la Bourse.

Les Architectes appellent *Cours d'assise* un rang continu de pierres de même hauteur, dans toute la longueur d'une façade, et qui n'est interrompu par aucune ouverture; *Cours de plinthe*, la continuité d'une plinthe de pierre ou de plâtre dans les murs

de face, pour marquer la continuation des étages.

On appelle *Voyage de long cours* les voyages qui se font par la mer pour le commerce, et dont le terme est fort éloigné, tels que ceux des Indes, des colonies, etc.

COURSE (du latin *cursus*), genre de locomotion qui consiste à se porter en avant par une suite de sauts plus ou moins rapides. La *course* diffère de la *marche* en ce que le moment pendant lequel les deux jambes posent sur le sol, dans la marche, est rem-placé, dans la course, par un moment durant lequel aucune des deux jambes ne touche la terre. On distingue, chez l'homme : la *C. en fauchant*, dans laquelle on lance en avant les membres inférieurs en rasant à peine le sol; la *C. en sautillant*, qui a lieu par pe-tits sauts sur la pointe des pieds, et dans laquelle les pas ne sont pas plus grands que dans la marche ordinaire, mais sont plus rapides dans un temps donné; la *C. en sautant*, qui n'est qu'une succession de bonds et de sauts. La course est un exercice ex-cellent pour les personnes robustes et qui ont la poitrine forte; elle est nuisible à ceux qui ont des affections de la poitrine ou du cœur.

Chez les anciens, la *course à pied* était un des exer-cices auxquels se livraient les athlètes. On distin-guait la *course du stade*, qui consistait à parcourir l'étendue d'un stade; la *course du diaule*, où l'on parcourait deux fois la longueur du stade; la *course du dolique*, dans laquelle on parcourait douze sta-des sans s'arrêter. Chez les Modernes, ce genre d'exercice est moins usité : il est cependant encore en honneur dans nos départements de la Bretagne. — Outre la course à pied, les anciens avaient la *course des chars* et les *courses de chevaux*. Les chars avaient la forme d'une coquille montée sur deux roues, avec un timon fort court, auquel on attelait deux, trois ou quatre chevaux de front. A l'extré-mité du stade était une colonne qui servait de borne, et autour de laquelle il fallait faire tourner douze fois le char. Quant aux courses de chevaux, elles se faisaient sans selle et sans étriers, dans des hippo-dromes longs de quatre stades.

Chez les Modernes, les Anglais sont les premiers qui aient remis en honneur les courses de chevaux, mais dans le but d'améliorer la race chevaline, plutôt que de déployer le talent des lutteurs. L'éducation des chevaux de course et celle des *jockeys* est devenue un art aussi difficile que coûteux. Les courses les plus célèbres de l'Angleterre sont celles de New-Market, Epsom, Saint-Alban, Ascot, Chester, etc. Depuis 1814, le goût des courses de chevaux s'est répandu dans toute l'Europe. L'Autriche, la Prusse, le Hanovre, le Mecklembourg, comptent aujourd'hui de nombreux hippodromes. — Napoléon introduisit et organisa les courses de chevaux en France en 1807. Aujourd'hui, outre celles que le gouvernement prend sous sa protection et où il décerne des prix, il existe des courses particulières aux frais des villes ou par souscription volontaire : les lieux où se font les principales sont Paris, Chantilly, Versailles, le Pin (Orne), Nancy, St-Brieuc, Caen, Nantes, An-gers, Limoges, Aurillac, Bordeaux, Tarbes.

On appelle *Course au clocher* (*Steeple-chase*) une course qui consiste à parcourir en ligne droite un vaste espace dans la campagne choisi à l'avance, et à se diriger; en franchissant les fossés et les obstacles de tout genre qui s'opposent au passage des chevaux, vers un clocher ou tout autre point qui sert de but. Des accidents fort graves sont trop sou-vent le résultat de ces sortes de courses.

En Marine, on appelle *course* la campagne et la route d'un *corsaire*; on dit en ce sens : *armer en course*.

COURTAGE. *Voy.* COURTIER.

COURT-BOUILLON, manière d'apprêter le poisson, qui consiste à le faire cuire dans de l'eau avec du vin blanc ou quelquefois du vinaigre, avec du beurre, du thym, du laurier, des épices, pour être servi sec, et mangé à l'huile et au vinaigre. On appelle *Court-bouillon blanc* une espèce de saumure faite avec de l'eau, du sel et du lait ; *Court-bouillon bleu*, une sauce qui consiste à employer du vin rouge bouillant dans lequel on commence par immerger les poissons, afin qu'ils y prennent une couleur bleuâtre.

COURTIER (de *cours*, ou du latin *cursitare*, courir çà et là), sorte de négociateur qui s'entremet pour la vente et l'achat des marchandises, moyennant un droit fixe ou variable qu'on appelle *courtage*. Le courtier doit connaître toutes les variations de prix ou ce qu'on nomme le *cours* des marchandises, des effets de commerce, du change, etc. ; il en donne connaissance aux parties intéressées, indique les lieux et les personnes qui ont des fonds à livrer ou à recevoir en pays étrangers ; en un mot, l'office du courtier est de servir d'agent intermédiaire pour les parties contractantes. On distingue quatre sortes de courtiers : 1° les *C. de marchandises* ; 2° les *C. d'assurance* ; 3° les *C. interprètes et conducteurs de navires dans les ports de mer*, et 4° les *C. de transport par terre et par eau*. Autrefois le commerce de courtage était libre ; aujourd'hui le nombre des courtiers est limité, et ils sont nommés par le gouvernement. On appelle *courtiers marrons* ceux que le gouvernement ne reconnaît pas. Le Code de Commerce traite aux art. 78 et suiv. de tout ce qui concerne le courtage et les courtiers.

COURTILIÈRE (du vieux mot *courtil*, jardin potager, parce que cet insecte habite de préférence les potagers), *Gryllotalpa*, genre d'insectes Orthoptères, de la famille des Grilliens, est appelé vulgairement *Taupe-Grillon*, à cause de sa double ressemblance avec ces deux animaux. Il a six pattes : celles de devant, larges, aplaties comme celles de la taupe, dentées et tranchantes en dedans, lui servent comme de mains pour fouir la terre et couper les racines ; son corps, gros comme le doigt, assez allongé, et de couleur brune, a une forme bizarre, à cause du développement du thorax qui emboîte la tête comme une carapace ; ses ailes, assez longues, sont repliées en filets et dépassent les élytres. La *C. commune* fait de très-grands ravages dans les jardins : elle se creuse sous terre différentes galeries qui aboutissent toutes à son terrier. On a cru longtemps que cet insecte était herbivore ; mais il se contente de couper, sans les manger, les racines qui lui font obstacle, et ne se nourrit que de proies vivantes. Le mâle se fait entendre de la femelle par un petit bruissement analogue à celui du grillon : celle-ci, aussitôt après l'accouplement, se creuse un nid et y pond près de 200 œufs ; les petits éclosent au bout d'un mois et subissent diverses transformations avant de passer à l'état d'insecte parfait. Pour détruire les courtilières, on fait en terre des trous carrés, remplis de fumier de vache, où elles ne tardent pas à accourir, et on les y prend par centaines ; ou bien on enterre des pots ventrus vernissés à l'intérieur, où elles tombent sans pouvoir en sortir ; ou bien encore on suit les galeries de l'animal qui conduisent au trou principal, et l'on y verse un demi-verre d'eau mélangée de quelques gouttes d'huile.

COURTINE (du latin *cortina*, rideau), partie d'un front de fortification qui réunit les deux bastions tracés aux extrémités de cette ligne et ferme l'entre-deux comme un rideau. C'est dans le milieu de la courtine qu'on place les portes et les ponts dormants qui communiquent de la ville à la campagne.

COUSCOUS ou couscoussou, sorte de pudding fait de farine grossière de blé ou de millet, et arrosé de bouillon ou mêlé avec de la viande en hachis, est fort en usage parmi les indigènes de l'Algérie, de la Gambie et d'une grande partie de l'intérieur de l'Afrique.

COUSIN, *consobrinus*, mot qui s'applique à divers degrés de parenté en ligne collatérale, et qui désigne tous les membres d'une même famille qui sont issus de frères et de sœurs. Dans la première génération, les cousins s'appellent *cousins germains*; dans la seconde, *cousins issus de germains*; dans la troisième et la quatrième, *cousins au troisième et au quatrième degré*. Toutefois ces nombres n'expriment pas le degré réel de parenté, puisque les cousins germains ne sont parents entre eux qu'au quatrième degré (*V.* PARENTÉ) : pour savoir le vrai degré de parenté existant entre deux cousins, connaissant leur degré de cousinage, on double ce nombre et on y ajoute 2. Le mariage entre les cousins et les cousines germaines est autorisé par la loi civile. Autrefois il était également permis par l'Église ; aujourd'hui il est défendu jusqu'au 4ᵉ degré inclusivement, à moins de dispense.

En France, le roi traitait de *cousin* non-seulement les princes de son sang, mais encore les souverains étrangers, les cardinaux, les pairs, les ducs, les maréchaux de France, les grands d'Espagne, et quelques seigneurs du royaume. François Iᵉʳ est le premier qui ait donné ce titre aux grands dignitaires de la couronne. Henri II en décora les maréchaux et les ducs et pairs.

COUSIN, en latin *Culex, culicis*, genre d'insectes Diptères, de la famille des Culicides, division des Némocères, est surtout connu par le mal que fait éprouver sa piqûre. Il a pour caractères : deux antennes, poilues chez la femelle, plumeuses et en forme de panache chez le mâle ; de longues ailes membraneuses couchées horizontalement ; une trompe ou suçoir corné, garni de deux palpes articulées et velues et de cinq aiguillons très-acérés qui laissent distiller dans la peau qu'ils percent une espèce de venin ; enfin des pattes très-longues supportant un corps filiforme à peine long d'un centimètre. La femelle pond au bord des eaux dormantes ou sur quelque corps flottant ; ses œufs éclosent au bout de deux jours, et il en sort une larve qui change de peau plusieurs fois ; à la dernière mue, l'insecte revêt une forme toute nouvelle, devient une nymphe, qui bientôt se métamorphose en insecte parfait. Les cousins fournissent jusqu'à sept générations dans la même année, et chaque femelle pond jusqu'à 300 œufs à la fois. Heureusement les hirondelles et les poissons en détruisent un très-grand nombre. La piqûre du cousin est suivie de tuméfactions inflammatoires qui causent de très-vives démangeaisons. On calme la douleur avec des lotions d'eau vinaigrée ou salée, d'eau de guimauve, ou bien d'un mélange d'huile d'amandes douces et d'ammoniaque liquide : il faut surtout éviter de se gratter. C'est dans les pays chauds et humides que les cousins sont le plus nombreux, et c'est surtout pendant la nuit qu'ils sont le plus incommodes : ce qui force à entourer les lits avec des *cousinières*.

En France, on ne connaît que deux espèces de Cousins, le *C. commun* et le *C. annelé*, ainsi nommé parce que son corps et ses pattes sont couverts d'anneaux blancs. — Dans plusieurs pays on donne aux Cousins le nom de *Moustiques* et de *Maringouins*.

COUSOIR, nom de plusieurs instruments qui servent à coudre. Le cousoir du relieur est une machine dressée sur une table, au devant de laquelle est une mortaise pour y passer les ficelles auxquelles on doit coudre les livres. Le cousoir du gantier, inventé en Angleterre, ressemble à un étau en fer dont la partie supérieure de chaque mâchoire, qui est en laiton, est garnie d'une espèce de peigne de même métal ; les dents de ce peigne ont au plus 2 millim. de long, et conservent entre elles une égalité parfaite, ce qui permet d'exécuter avec célérité et régularité les coutures délicates de ces sortes d'ouvrages.

COUSSINET (diminutif de *coussin*). Les Chirurgiens font un grand usage de coussinets, petits sacs remplis d'étoupe ou de balles d'avoine, pour le pansement des fractures. — Les Vétérinaires appellent *coussinet oculaire* l'amas de tissu cellulaire graisseux qui entoure la face postérieure de l'œil du cheval, et se trouve contenu dans la gaîne fibreuse de cet organe; et *coussinet plantaire*, la partie du dessous du pied qui compose la fourchette molle ou de chair. — Dans les machines, on appelle *coussinets* les demi-cylindres, en métal, en bois ou en pierre plus ou moins dure, entre lesquels sont maintenus et tournent les tourillons d'un axe de mécanique. — En Architecture, on nomme *coussinet* le premier voussoir d'une voûte, dont le lit de dessous, placé sur l'imposte, est de niveau, mais dont le lit de dessus est en pente pour mieux recevoir le voussoir suivant.

COUTEAU (du latin *cultellus*). Outre les *Couteaux* de poche, de table, de cuisine, etc., que tout le monde connaît (*V.* COUTELIER), on emploie dans certaines professions des couteaux qui reçoivent des dénominations particulières : les Chirurgiens se servent du *C. courbe* et du *C. droit* pour les amputations, du *C. lenticulaire* pour l'opération du trépan, du *C. à crochet* pour les accouchements laborieux, etc. — Le Chapelier a deux sortes de couteaux : le *grand*, qui ressemble au tranchet du cordonnier, et sert à arracher les jarres qu'il rejette; le *petit*, qui ressemble à une serpette, dont le tranchant est sur la partie convexe, et sert à raser les peaux pour en conserver les poils qu'il destine à la fabrication des chapeaux. — Le Doreur et l'Argenteur se servent du *C. à hacher* pour tailler les pièces, afin que l'argent et l'or y prennent plus aisément; ce couteau est à lame courte et un peu large. — On nomme *C. à pied*, un outil plat et tranchant, en forme de segment de cercle et garni d'un manche, dont se servent les ouvriers qui travaillent le cuir ou les peaux; *C. à rogner*, un outil à l'usage des relieurs, composé d'un talon en fer et d'une lame d'acier soudée au talon, qui a un trou carré taillé en chanfrein pour recevoir la tête du boulon à vis qui doit le fixer sur le châssis qui le supporte; la lame est à deux tranchants, pointue et en langue de serpent.

On nomme aussi *Couteau* l'arête du prisme triangulaire sur laquelle repose le fléau d'une balance.

Couteau de Saint-Jacques, nom vulgaire d'un coquillage long et plat comme un couteau, qui est une espèce de Solen, le *Solen cultellus*.

COUTELIER, artisan qui fabrique et vend des couteaux et toutes sortes d'instruments tranchants et délicats, tels que rasoirs, canifs, ciseaux, et tous les instruments de chirurgie. Le coutelier doit être à la fois forgeron, serrurier et mécanicien; il doit savoir tremper l'acier, braser et manipuler les métaux précieux, travailler toutes les matières dont il orne les manches de ses instruments. Pour les grosses pièces ou les couteaux communs, le coutelier emploie des *étoffes* qu'il fabrique lui-même, ou qu'il achète toutes fabriquées dans les usines où l'on prépare l'acier. Pour toutes les pièces délicates, il emploie l'acier. Pour polir ses ouvrages, il se sert de différentes substances qui doivent être en poudre impalpable, et qu'il appelle *potées*. Pour faire les manches de ses instruments, le coutelier emploie la corne de bœuf, de mouton, de bélier, de bouc, d'élan et de cerf; l'ébène, le bois rose, le palissandre, le noyer, le buis, l'olivier, le cerisier, la baleine, l'écaille, l'os, la nacre, etc. En France, on estime surtout les coutelleries de Langres, de Châtellerault, de Saint-Étienne, de Paris, de Nogent, de Thiers, etc. La coutellerie anglaise de Birmingham passe pour être la meilleure. On cite également la coutellerie de Liége, de Namur, et celle de Bruxelles. M. Landrin a donné le *Manuel du coutelier*.

COUTIL (du latin *culcita*, matelas), grosse toile croisée, fort serrée et lissée, quelquefois toute en fil, mais plus communément aujourd'hui en fil et coton. On l'emploie ordinairement pour la confection des lits de plumes, des traversins, des oreillers, des tentes, des guêtres, etc. On fait aussi des coutils de fil d'un tissu très-fin pour pantalons d'été. Autrefois, les plus beaux coutils se fabriquaient à Bruxelles; aujourd'hui, grâce aux efforts des Buzot-Dubourg, des Gaultier, des Visser, des Thirouin, les manufactures de France rivalisent et surpassent même les produits étrangers. Lille, Roubaix, Mulhouse, Troyes, Rouen, Coutances, Verneuil, Condé-sur-Noireau, Nérac, Agen, etc., sont les villes où il se fabrique le plus de coutils.

COUTRE (du latin *culter*, même signification), une des principales pièces de la charrue, consiste en une lame d'acier trempé, placée verticalement et qui détache à gauche la portion de terre que la charrue doit renverser. Dans la charrue dite *de Brie*, le coutre ne change jamais de position; dans les charrues tourne-oreilles, dites *de France*, le coutre change de direction en même temps que l'oreille et se place tantôt à droite, tantôt à gauche. *Voy.* CHARRUE.

COUTUME, DROIT COUTUMIER. On appelle ainsi, en Jurisprudence, le droit particulier d'un pays, droit fondé d'abord sur l'usage, qui lui a donné force de loi, et rédigé ensuite par écrit. On nomme *Pays coutumier*, ou *Pays de coutume*, le pays qui se régit par une coutume, à la différence du *Pays de droit écrit*, qui se régit par le droit romain. L'origine des coutumes ne date guère que de l'affranchissement des communes : la plupart ne furent que les chartes accordées par les seigneurs. — On donne aux coutumes qui régissaient à la fois plusieurs lieux le nom de *coutumes générales*, et à celles qui régissaient un seul lieu celui de *coutumes locales*. — En France, la Guienne, la Gascogne, le Roussillon, le comté de Foix, le Languedoc, le Quercy, la Provence, le Dauphiné, le Lyonnais, le Forez, le Beaujolais, la Franche-Comté et une partie de l'Auvergne, étaient des *pays de droit écrit*; toutes les autres provinces, Normandie, Bretagne, etc., étaient régies par des coutumes. On distinguait 50 coutumes générales et 225 coutumes locales. Le nombre des coutumes de toute la France, y compris celles des villes, s'élevait à 490. Cette diversité de législation, qui donnait lieu aux difficultés les plus graves, a disparu en 1789; toutes les coutumes ont été remplacées par nos codes.

Le nom de *Coutumier* se donne encore aux recueils qui contiennent la coutume d'une ville, d'un pays, d'une province, etc. Le *Coutumier général* de Bourdot de Richebourg (Paris, 1724, 4 v. in-f.) renferme presque toutes les coutumes de France.

COUTURE. L'art de la couture comprend la *couture du linge* et la *couture des robes*. Dans l'une comme dans l'autre partie, on distingue plusieurs sortes de *points* : p. *de devant*, p. *d'ourlet* ou *de côté*, dit aussi *couture à l'anglaise*, point arrière, p. *de surget*, p. *de boutonnière* (*Voy.* POINT). Pour la couture proprement dite, la *couturière* doit savoir tailler le linge, les chemises, les camisoles, les robes, etc. Les *couturières en robes* de France, surtout celles de Paris, ont la réputation d'être les plus habiles et d'avoir le plus de goût; aussi leur adresse-t-on des commandes de tous les points du globe.

COUTURIER. Jusqu'au XVIe siècle, les tailleurs s'appelaient *couturiers*. — En Anatomie, on appelle *muscle couturier*, ou *ilio-prétibial*, un muscle situé à la partie antérieure de la cuisse, qui s'étend obliquement de l'épine iliaque antérieure et supérieure à la partie supérieure et interne du tibia. Ce muscle sert à plier la jambe, en la dirigeant en dedans. Il fléchit la cuisse sur le bassin, et réciproquement. Ce sont les deux muscles couturiers qui, en se contractant lorsqu'on est assis, font croiser les jambes, et leur donnent la position que prennent ordinairement les tailleurs : d'où le nom qu'on leur a donné.

COUTURIÈRE, ouvrière en couture (*Voy.* COUTURE). — Nom vulg. d'une espèce du genre Fauvette, la *Sylvia sutoria*, et de plusieurs insectes, notamment d'un *Attelabe* qui attaque la vigne. — *V.* COURTILIÈRE.

COUVAIN (de *couver*), nom donné soit aux jeunes larves que nourrissent les abeilles, soit à celles qui sont à l'état de nymphes : c'est dans la partie basse des rayons que se trouve le couvain. On étend ce nom au rayon de cire qui contient les œufs et les larves.

COUVÉE. On nomme ainsi tous les œufs qu'une poule ou tout autre oiseau couve en même temps, et les petits qui en proviennent. On appelle *couvaison* l'époque à laquelle la volaille couve, et *couvoir* ou *couveuse*, un appareil pour l'incubation artificielle.

COUVENT (de *conventus*, réunion). *V.* MONASTÈRE.

COUVERT. Ce mot, qui au propre embrasse tout ce dont on *couvre* la table, nappe, serviettes, assiettes, couteaux, cuillers, etc., désigne plus particulièrement, dans l'usage, la cuiller et la fourchette. Le plus ordinairement les couverts se font en argent; on en fabrique aussi en vermeil, en plaqué, en étain, en fer battu, même en corne et en buis. On a en outre inventé depuis quelques années pour cet usage, divers alliages métalliques qui simulent l'argent, tels que le *maillechort*, l'*alfénide*, etc.

COUVERTE (de *couvrir*), enduit ou vernis formé de substances facilement vitrescibles, telles que le sable siliceux, les oxydes de plomb, d'étain, de cuivre, etc., dont on se sert pour recouvrir les poteries, afin de les rendre imperméables, et d'empêcher les corps gras et chauds de les pénétrer. *Voy.* VERNIS.

COUVERTURE (de *couvrir*). Dans la Construction, on nomme ainsi un assemblage d'ardoises ou de tuiles, de feuilles de plomb, de cuivre, de tôle ou de zinc, qui recouvre la charpente d'un toit. Depuis quelques années, on essaye de faire des couvertures en plaques de fonte de même forme à peu près que les tuiles; on fait aussi des couvertures en dalles et en bitume. Les couvertures en bardeaux, en chaume, en jonc et en roseau, sont encore en usage à la campagne, mais sont fort sujettes à l'incendie.

Les *couvertures de lit* sont en laine ou en coton. Les *couvertures de laine* sont ourdies et tissées comme le drap, ordinairement blanches, et terminées, vers les deux bouts, par de grandes raies de couleur, soit bleues, soit rouges, et enfin par quelques centim. de blanc. Elles se terminent, du côté des barres, par les bouts de la chaîne, qui sont entrelacés et forment des espèces de franges. Les meilleures ont été pendant longtemps fabriquées à Montpellier. Les *couvertures de coton* se fabriquent de la même manière que celles de laine : le tissu en est croisé; on tire le poil à la corde, mais on ne le foule pas. — A Lisieux, on fabrique des *couvertures en poil de vache*, dites *thibaudes*, qui servent pour l'emballage et pour doubler les tapis.

À la Bourse, on appelle *couverture* la garantie que le vendeur donne d'une partie de rentes ou d'autres effets vendus, à livrer à une époque convenue. Elle est destinée à *couvrir* la différence qui peut résulter, à l'époque où la livraison doit avoir lieu, entre le prix stipulé dans le marché et le cours actuel de l'objet à livrer : la couverture, qui n'est qu'un *nantissement*, sert à solder cette différence.

COUVRE-FEU, signal de retraite et de repos qu'on donnait autrefois, sur les huit heures du soir, par le son d'une cloche ou d'un beffroi. Après le couvre-feu, il n'était plus permis de sortir des maisons ni de tenir du feu allumé. Cet usage, très-ancien en France, fut introduit en Angleterre par Guillaume le Conquérant. — Aujourd'hui, dans les villes de guerre, on appelle encore *couvre-feu* le signal de la retraite et de la fermeture des portes.

COUVREUR (de *couvrir*), ouvrier dont le métier est de couvrir les bâtiments avec des tuiles ou des ardoises. Ses outils sont : l'*enclume*, sur laquelle il taille l'ardoise; le *marteau*, pour la tailler et la clouer; l'*essette*, petite hache qui sert à dresser les chevrons à couper et à clouer les lattes; le *martelet*, pour tailler la tuile; le *tire-clou*, etc.

COVADO, mesure de longueur employée en Portugal pour les étoffes, équivaut à 0m,65.

COW-POX (de l'anglais *cow*, vache, et *pox*, variole; variole de la vache), nom donné par les Anglais à une éruption qui se développe sur le pis des vaches, et qui contient le virus dit *vaccin*. *V.* VACCIN.

COXAL (os), de *coxa*, hanche. *Voy.* ILIAQUE (os).

COXALGIE (du grec *coxa*, hanche, et *algos*, douleur), luxation spontanée de la hanche. *V.* LUXATION.

COYAUX, petits bouts de bois qu'on place sur le bord de la couverture d'un toit pour former l'avance de l'égout, et qui portent d'un côté sur le bas des chevrons, et de l'autre sur la saillie de l'entablement.

COYER. En termes de Charpenterie, c'est une pièce de bois qu'on place horizontalement sous l'arêtier d'un comble, et qui fait fonction d'entrait.

CRABE (du grec *carabos*, espèce de poulpe), en latin *Cancer*, genre de Crustacés de l'ordre des Décapodes, famille des Brachyures, a le corps couvert d'une cuirasse calcaire articulée, plus large que longue, et dont le bord antérieur présente tantôt des dents en scie, tantôt de larges crénelures; les yeux rapprochés et portés chacun sur un pédoncule; les pattes antérieures sont très-fortes, et terminées par des pinces, quelquefois très-grosses; la queue est cachée et comme appliquée sous le ventre. Ces animaux habitent le bord de la mer; ils ont un aspect désagréable et des mouvements bizarres : ils marchent ordinairement de côté. Les Crabes, très-communs sur les côtes de l'Océan, sont carnassiers et se nourrissent d'animaux marins, morts ou vivants. Ils sont craintifs, et se retirent dans les fentes des roches ou s'enfouissent dans le sable de la mer. Le genre Crabe renfermait autrefois beaucoup d'espèces; mais il a été très-restreint. Le *C. très-entier* (*C. integerrimus*) est aujourd'hui le type du genre. Le *C. commun* (*C. mœnas*) et le *Tourteau* ou *Poupart* (*Platycarcinus pagurus*), qui naguère en faisaient partie, sont aujourd'hui rapportés, le premier au genre Carcin, le second au genre Platycarcin. Le *Crabe appelant* a reçu le nom de *Gélasime* (*Voy.* ces mots). — On désigne vulgairement certaines espèces de Crabes sous le nom de *Cancres*, telles que le *Cancre chevalier* (*Ocypoda hippeus*), le *C. migrane* (*Calappa granulata*), le *C. peint de rivière* (*Gecarcinus ruricola*), etc. — La chair des crabes se mange comme celle des homards; elle n'est pas de facile digestion. La marche lente et l'aspect repoussant de ces animaux a fait du nom de *cancre*, qui est synonyme de *crabe*, un terme de mépris.

On connaît aussi sous le nom de *Crabes* de petits crustacés qui se rencontrent en certains temps de l'année, de juin à septembre, dans les moules, et qui rendent malades les personnes qui en mangent. Ces crustacés appartiennent au genre des Pinnothères.

On nomme *Bois de Crabe*, ou de *Girofle*, une espèce de Cannelle qui est l'écorce du *Myrtus caryophyllata*.

CRABIER, *Didelphis cancrivora*, espèce de Mammifère du genre Sarigue ou Didelphe, appelé aussi le *Puant de Cayenne*. Le Crabier est de la taille d'un chat; son pelage est d'un jaunâtre terne, mêlé de brunâtre et traversé de soies brunes. Il vit sur les rivages limoneux, et se nourrit de petits animaux, principalement de crabes. On le trouve à la Guyane.

CRABIER DE MAHON, *Ardea comata*, espèce d'oiseau du genre Héron, qui se trouve principalement dans le Midi. Le Crabier a le dos brun-roussâtre et les ailes blanches ainsi que le ventre.

CRABRON (de *crabro*, nom du *frelon* chez les Latins), genre d'insectes Hyménoptères, famille des Fouisseurs, type d'une tribu dite des *Crabronites* : tête forte, antennes en massue, labre peu apparent, abdomen étroit à sa base. Ces insectes creusent des trous soit dans le sable, soit dans le bois. Ils sont vifs et fort agiles, surtout pendant la chaleur. Ils ressemblent aux guêpes par leur couleur mêlée de jaune et de noir, et vivent du suc des fleurs. On trouve en Europe le *Cr. à grosse tête* (*Cr. cepha-*

lotes), qui nourrit, dit-on, ses larves de pucerons.

CRACHAT (de *cracher*), matière évacuée par la bouche après les efforts de l'expectoration. Les *crachats* sont le produit d'une sécrétion surabondante qui a son siége dans les cryptes muqueux des bronches, de la trachée, du larynx, du pharynx, et de l'isthme du gosier. Cette sécrétion n'est pas incompatible avec l'état de santé; mais, dans l'ordre naturel, la mucosité qui forme ordinairement les crachats ne doit être produite que dans la proportion nécessaire pour lubrifier le pharynx et les voies aériennes. *Voy.* EXPECTORATION et SALIVE.

Crachat de coucou ou *de grenouille*, petites masses écumeuses qu'on voit au printemps sur les feuilles des végétaux, sont produites par les larves des Cercopes.

Crachat, insigne honorifique. *Voy.* PLAQUE.

CRACHEMENT DE SANG. Il peut provenir, soit des fosses nasales et de la gorge, soit des bronches et des poumons; dans le 1ᵉʳ cas, il n'a aucune gravité; dans le 2ᵉ, le sang est plus abondant et le mal plus grave: il prend alors le nom d'*hémoptysie*. V. ce mot.

CRAIE (en latin *creta*, nom de l'île de Crète, où la craie se trouve en abondance), espèce de *calcaire* tendre. *Voy.* CALCAIRE et CHAUX CARBONATÉE.

On appelle *Craie de Briançon* une espèce de talc blanc et nacré dont les tailleurs font usage pour tracer leurs coupes sur le drap, sans le tacher.

Les anciens chimistes employaient souvent le mot *craie* pour désigner un carbonate: ainsi ils appelaient *craie de plomb* le carbonate de plomb.

CRAMBE, *Crambus*, genre d'insectes Lépidoptères, famille des Nocturnes, dont les palpes forment une sorte de bec plus ou moins allongé comme dans les Pyralites. Ils ont les ailes longues et étroites, de sorte que l'insecte paraît avoir une forme allongée approchant de celle d'un cylindre; les insectes qui composent cette tribu se trouvent assez abondamment dans les pâturages. Ce genre est le type d'une tribu qui prend de la nom de *Crambite*.

CRAMBÉ (du grec *crambè*, même signification), dit aussi *Chou marin*, genre de plantes herbacées ou semi-ligneuses, de la famille des Crucifères, tribu des Raphanées, a la tige droite et rameuse, les feuilles plus ou moins découpées, les fleurs blanches, nombreuses, disposées en panicule terminale; la gousse est globuleuse, coriace, à une seule loge; la graine sphérique, noirâtre. Le *Cr. maritime* croît sur les bords sablonneux de la Méditerranée. On le cultive comme plante potagère, et l'on fait blanchir les rejetons à la manière des cardons et du céleri. On l'accommode de la même manière que le chou-fleur.

CRAMOISI (de l'italien *cremesino*, dérivé lui-même de *kermès*, espèce de cochenille), nom d'un beau rouge violet, soigneusement distingué par les teinturiers, et qui est considéré comme nuance principale. On donne cette belle couleur avec divers bois, avec la cochenille, etc., suivant le genre de teinture.

CRAMPE, contraction involontaire, spasmodique et douloureuse de certains muscles, particulièrement de ceux de la cuisse, de la jambe, de la main et du cou. Les crampes de la jambe surviennent surtout la nuit; on y est aussi fort exposé en nageant. Elles cessent presque instantanément dès qu'on appuie fortement le pied sur le sol. Quand la crampe se prolonge, on peut la faire cesser par des frictions faites à rebrousse-poil avec une brosse. La crampe résulte ordinairement d'une fausse position ou de la compression directe d'un muscle ou d'un nerf; mais souvent aussi elle tient à une surexcitation du cerveau et des nerfs, ou bien à certaines maladies, comme la colique de plomb et le choléra-morbus. — On appelle *crampe d'estomac* une douleur vive qui a son siége dans les parois de ce viscère, et qui paraît due à la contraction spasmodique de sa tunique musculaire; — *Cr. de poitrine*, une constriction douloureuse du thorax, que l'on appelle aussi *angine de poitrine*.

CRAMPON. Les serruriers appellent ainsi un morceau de fer plat coudé à double équerre, qui sert à recevoir le verrou d'une targette, ainsi qu'à lier deux pierres ensemble. — En Botanique, on donne ce nom à tout appendice de la tige qui sert à l'accrocher aux corps voisins, sans être roulé en spirale comme la *vrille*. La tige du lierre est pourvue de crampons.

CRAN. En Mécanique, c'est une entaille qui se fait dans un corps pour y faire entrer un autre corps et l'arrêter. — En termes d'Imprimerie, c'est un petit vide demi-circulaire, pratiqué au pied de la lettre par le fondeur pour indiquer au compositeur le sens dans lequel il doit la placer.

CRAN ou CRANSON, nom vulgaire du *Cochlearia armoracia*. *Voy.* ARMORACIA.

CRANCELIN, nom donné, en termes de Blason, à une portion de couronne à fleurons, posée en bande à travers un écu, du chef à la pointe.

CRANE (en grec *cranion*), boîte osseuse du cerveau: c'est un assemblage d'os aplatis, articulés entre eux au moyen de sutures. Ces os sont: en avant, le *frontal* ou *coronal*; en arrière, l'*occipital*; sur les côtés et en haut, les deux *pariétaux*; sur les côtés et en bas, les deux *temporaux*; inférieurement et au centre, le *sphénoïde*, au devant duquel est l'*ethmoïde*. La partie inférieure du crâne s'articule avec les os de la face et de la colonne vertébrale. Sa région antérieure se nomme *sinciput*; la postérieure, *occiput*; la supérieure, *voûte*, *vertex*; les latérales sont les *tempes*, l'inférieure est la *base* du crâne. Le crâne étant l'enveloppe du cerveau, la conformation du cerveau influe nécessairement sur sa forme extérieure. L'étude des protubérances du crâne et des dispositions que trahissent ces protubérances fait le fondement d'une science nouvelle créée par le célèbre Dr Gall, sous les noms de *Craniologie*, de *Cranioscopie*, et qu'on nomme de préférence aujourd'hui *Phrénologie*.

CRANEQUIN (de l'allemand *kranich*, grue, machine), instrument de fer en forme de pied de biche, composé d'une crémaillère s'engrenant avec une roue dentée, mise en mouvement à l'aide d'une manivelle; il servait à attirer la corde et à bander l'arc des arbalètes. Les arbalétriers du moyen âge portaient cet instrument à leur ceinture, d'où le nom de *Cranequiniers* qu'on leur donnait.

CRANGON, dit aussi *Crevette de mer*, genre de Crustacés décapodes, famille des Macroures, à test très-déprimé, incolore ou tirant sur le vert, marqué souvent d'une infinité de points ou de lignes noires. Ce genre a pour type le *Cr. vulgaire* de la Méditerranée. On le sert sur nos tables; mais sa chair n'est pas aussi délicate que celle des crevettes, avec lesquelles on le confond quelquefois.

CRANIOLOGIE (du grec *cranion*, crâne, et *logos*, discours), nom donné à l'étude des saillies ou bosses que présente le crâne, et des indices qu'on peut en tirer relativement aux penchants des individus. —Ce nom, créé pour le système du Dr Gall, a été remplacé depuis par celui de *Phrénologie*. *Voy.* ce mot.

CRANIOSCOPIE (du grec *cranion*, crâne, et *scopein*, examiner). Ce mot a le même sens que ceux de *Craniologie* et de *Phrénologie*. *Voy.* PHRÉNOLOGIE.

CRANSON, nom vulg. du *Cochlearia armoracia*.

CRAPAUD (qu'on dérive du latin *crepare*, craquer et crever, soit à cause du cri que le crapaud fait entendre, soit parce qu'on prétend qu'ils s'enfle jusqu'à crever), *Bufo*, genre de reptiles amphibies, de l'ordre des Batraciens et de la famille des Anoures, qu'on a souvent confondu avec la Grenouille, a pour caractères distinctifs: une forme trapue et ramassée, un corps globuleux et couvert de verrues, d'où suinte une humeur visqueuse, la *bufonine*; deux grosses glandes placées sous le cou; des membres postérieurs de la longueur du corps seulement; des doigts courts, plats et inégaux; point de dents: ce dernier caractère distingue le crapaud de la grenouille, dont la mâchoire supérieure est armée de dents. L'aspect difforme de cet animal immonde, la bave qu'il épanche quand il est irrité, la faculté qu'il possède de se gonfler en accumulant l'air dans ses poumons vésiculeux, en ont fait de tout temps un objet de répugnance et d'horreur : on doit dire cependant que sa bave, non plus que son urine, n'est point venimeuse. Le crapaud se nourrit de vermisseaux, de chenilles et d'insectes ; il se tient dans les lieux sombres et humides, dans les trous des vieux murs, sous les pierres et même dans la terre, d'où les pluies d'orage en font quelquefois sortir une quantité innombrable : ce qui a fait croire à des *pluies de crapauds*. Le crapaud n'approche guère de l'eau qu'au moment de la ponte : la femelle dépose ses œufs dans l'eau, et le mâle les féconde à la manière des poissons. Ses petits se développent sous la forme de têtards, et vivent primitivement dans l'eau. On prétend que les crapauds vivent très-longtemps, et qu'ils deviennent en vieillissant d'une grosseur énorme. Ils ont la vie peu active et peuvent rester fort longtemps immobiles et sans manger ; dans cet état, ils consomment fort peu d'air : on prétend qu'on en a trouvé enfermés dans des pierres calcaires depuis un temps inconnu. La voix du crapaud est un cri monotone, plaintif et flûté, qui, dans quelques espèces, rappelle celui des oiseaux de nuit. On a fait sur le crapaud les contes les plus absurdes ; on lui a attribué des vertus extraordinaires contre plusieurs maladies, et on l'a fait entrer dans une foule de philtres et de spécifiques. — On connaît un grand nombre d'espèces de crapauds, parmi lesquelles on distingue : le *Cr. commun*, gris-verdâtre ou brun-roussâtre, de 6 à 12 centim. ; le *Cr. des joncs*, ou *Calamite*, olivâtre, avec une ligne jaune sur le dos, de 5 à 8 centim. : il monte sur les arbres et les vieux murs ; le *Cr. accoucheur*, gris d'ardoise sur le dos et blanchâtre en dessous : il doit son nom aux soins qu'il donne à sa femelle pendant la ponte (*V.* ACCOUCHEUR) ; le *Cr. épineux*, dont les verrues se terminent par une petite épine cornée ; le *Cr. sonneur* ou *pluvial*, gris foncé en dessus, bleu et jaune en dessous : il se trouve dans les eaux dormantes et on le rencontre sur les chemins après les pluies d'orage ; son cri monotone rappelle le tintement d'une clochette. — On donne le nom de *Crapaud volant* à l'Engoulevent, celui de *Crapaud ailé* au mollusque appelé *Strombus latissimus*, celui de *Crapaud de mer* à plusieurs poissons. *Voy.* SCORPÈNE et SYNANCÉE. — Dans l'Artillerie, on nommait *crapaud* un affût de mortier, inventé en 1765. Il est plat et sans roues, quelquefois de bois, plus souvent de fer coulé, ou du même métal que la bouche à feu. Il n'a pas de recul comme l'affût du canon.

Crapaud (le), maladie du cheval. *Voy.* FIC.

CRAPAUDINE (de *crapaud*). On donne ce nom : 1° à une espèce de pierre précieuse, ronde ou ovale, de couleur grisâtre, qu'on croyait autrefois se trouver dans la tête d'un crapaud, et qui n'est qu'une couronne de dent molaire de Spare pétrifiée : les joailliers en font des bagues, des colliers ; on appelle *œil de serpent* celles qui présentent des cercles concentriques de diverses nuances ; — 2° à une plante de la famille des Labiées, dite aussi *Sidérite des Canaries* ; — 3° à un poisson de mer plus connu sous les noms de *Loup marin* et d'*Anarrhique* ; — 4° à une crevasse qui se forme aux pieds du cheval par suite des atteintes qu'il se donne sur la couronne avec ses fers ; — 5° à un mal de pied des bêtes à laine et des bêtes à cornes, plus connu sous le nom de *piétin* ; — 6° dans les Arts mécaniques, à une boîte de métal qui reçoit le pivot d'un arbre vertical ; au morceau de fer ou de cuivre creux dans lequel entre le gond d'une porte ; à la plaque de plomb ou de tôle, ou à la toile métallique percée

de trous qui se met à l'entrée d'un tuyau de bassin ou de réservoir, sans doute afin d'empêcher les *crapauds* d'y entrer. — Enfin, comme les crapauds marchent en écartant les cuisses, on dit, dans l'art culinaire : *mettre des pigeons à la crapaudine*, pour dire qu'après les avoir éventrés et farcis, on les fait rôtir ou cuire les cuisses écartées.

CRAQUELINS, nom que les pêcheurs donnent aux Crustacés qui viennent de subir leur mue, et qui sont encore mous : ils s'en servent pour appât. — On donne aussi ce nom : 1° au hareng saur nouveau ; 2° à un gâteau, qu'on fait surtout à Lyon, et qui *craque* sous la dent.

CRASE (du grec *crasis*, mélange), se dit, en termes de Grammaire, de l'union de deux voyelles ou de deux syllabes qui se confondent tellement qu'il en résulte une seule syllabe, comme, en français, *paon, faon, Caen*, qui se prononcent *pan, fan, Can* ; et, en latin, *mi* pour *mihi*, *sis*, pour *si vis*, etc.

CRASSANE ou CRESANE. *Voy.* POIRE.

CRASSULACÉES ou CRASSULÉES (de *Crassula*, genre type), famille de plantes Dicotylédonées polypétales, la même que celle des *Joubarbes* de Jussieu et des *Sempervivées* d'autres auteurs, a pour caractères : pétales et étamines insérés au calice, tiges et feuilles épaisses, charnues et succulentes, offrant plusieurs modes d'inflorescence. Cette famille renferme les genres *Crassule, Joubarbe, Orpin*.

CRASSULE, *Crassula* (dimin. de *crassus*, épais, gras), genre type de la famille des Crassulacées, originaire des régions équatoriales, renferme des plantes herbacées et des arbustes vulgairement appelés *plantes grasses*, à cause de l'épaisseur de leurs feuilles et de leurs tiges. Un très-petit nombre se trouve en Europe et en France. La *Cr. éclatante* est un arbuste d'un mètre et demi, dont la tige se divise en rameaux rougeâtres, garnis de feuilles ovales, opposées en croix ; ses fleurs, disposées en une sorte d'ombelle, joignent à une couleur rouge magnifique un parfum très-agréable ; la *Cr. rougeâtre* à la tige basse, un peu velue, divisée à son sommet en trois ou quatre rameaux, avec des feuilles éparses, oblongues, et des fleurs sessiles, d'une couleur blanche, traversée par une ligne purpurine.

CRATÆGUS, nom latin de l'ALIZIER.

CRATÈRE (du grec *cratèr*, coupe). *Voy.* VOLCAN.

CRATEVIER (ainsi nommé par Linné en l'honneur de *Cratevas*, ancien botaniste grec), *Crateva*, genre de la famille des Capparidées, appartenant aux climats les plus chauds du globe, renferme des arbres et des arbrisseaux à feuilles composées de trois folioles, à baies globuleuses ou ovoïdes, portées sur une longue queue, à écorce mince. On en connaît douze espèces, dont les plus remarquables sont : le *Cratevier religieux* (*C. religiosa*), bel arbre à bois dur, à rameaux très-nombreux, à feuilles lancéolées, vénéré des Hindous à cause des propriétés médicales que les Brahmes attribuent à son fruit pulpeux, qu'ils recommandent contre les maladies de vessie ; — le *Cr. tapier* (*C. tapia*), arbre du Brésil et des Antilles, dont les baies sont comestibles, et servent à la préparation d'une sorte de vin.

CRAVACHE (par corruption de *cravate* ou *croate*, parce que les Croates s'en servaient), espèce de fouet en forme de badine dont on se sert pour monter à cheval. Son diamètre va toujours en décroissant de la pomme, qui est souvent plombée, jusqu'à l'autre bout, qui est garni d'une mèche. L'intérieur est, dans les meilleures, formé d'une baleine, et dans les autres, de petit rotin ou de bois pliant et élastique. L'extérieur offre une tresse de bon fil, gros et tordu, ou de fines cordes à boyau, nattées sur la pièce même.

CRAVANT, *Anas bernicla*, nom vulgaire d'une espèce du genre Oie. *Voy.* OIE.

CRAVATE, ornement de cou, dont la forme et l'étoffe varient suivant les caprices de la mode. L'usage, ainsi que le nom, en ont été empruntés aux cavaliers *cravates* (ou *croates*), qui la mirent en vogue. — On appelle *cravate de drapeau* un morceau d'étoffe de soie long et étroit, garni à ses deux extrémités de franges en or ou en argent, et attaché en forme de rosette au haut des drapeaux et des étendards. Louvois distribua en 1668 les premières cravates au corps d'infanterie.

On donne vulgairement le nom de *Cravate* à divers oiseaux remarquables par la couleur de leur cou, tels que le Tyran, dit *Cravate blanche;* le Philédon, ou *Cr. frisé;* l'Alouette du Cap, ou *Cr. jaune;* le Trochilus nigricollis, ou *Cr. noire.*

CRAVATES (par corruption de *Croates*), nom que l'on donnait, avant la Révolution, à certains régiments de cavalerie légère formés à l'imitation des cavaliers croates, qui passaient pour les meilleurs soldats de cavalerie légère : ils étaient composés en grande partie d'Allemands. On les plaçait en éclaireurs sur les flancs de l'armée. Formée sous Louis XIV, cette milice fut abolie en 1748. — On donne aussi ce nom à des chevaux vigoureux tirés de Croatie.

CRAVE ou CORACIAS, *Fregilus,* nom donné par Cuvier à un oiseau du genre Corbeau. *Voy.* CHOQUARD.

CRAX, nom scientifique du genre *Hocco.* V. ce mot.

CRAYONS (de *craie,* parce que les premiers crayons ont été faits de cette substance), nom générique donné à plusieurs substances terreuses ou métalliques dont on se sert pour tracer des lignes et pour dessiner. Les crayons le plus communément employés aujourd'hui sont les crayons de *plombagine,* substance métallique de couleur grise, improprement appelée *mine de plomb,* et qui n'est autre chose qu'un carbure de fer fort tendre et facile à tailler. Pour les fabriquer on se contentait autrefois de scier directement la plombagine en petits parallélipipèdes qu'on incrustait ensuite dans des enveloppes de bois de cèdre ou autre; en 1795, furent inventés les *crayons Conté,* ainsi appelés du nom de leur inventeur, et qui se composent de plombagine réduite en poudre, puis chauffée au rouge dans un creuset, et mêlée dans diverses proportions avec de l'argile. Depuis quelques années, on se sert aussi de petits bouts cylindriques de plombagine que l'on place dans des porte-crayons métalliques. — Les *crayons noirs* pour dessiner sont fabriqués de même avec une pâte argileuse très-fine, colorée avec du noir de fumée et cuite plus ou moins; ils sont ensuite moulés, les uns en prismes, les autres en cylindres. On fait des crayons noirs grossiers, pour les charpentiers ou les tailleurs de pierres, qui sont simplement taillés dans une variété de schiste appelée *ampélite;* on emploie aussi pour cet usage des schistes argileux, grisâtres ou bleuâtres; ces crayons viennent du Maine, de la Bretagne et de la Normandie. On fabrique en outre, avec un mélange de savon, de cire et de suif coloré avec de la fumée, des crayons noirs dits *lithographiques,* pour dessiner sur pierre. — Les crayons pour le *pastel* sont composés comme ceux de Conté : on appelle *crayons de mine colorée* des crayons renfermés dans des étuis de bois comme ceux de plombagine, dont la base est l'argile d'Arcueil colorée avec du bleu de Prusse, du blanc de plomb, du vermillon, de l'orpiment, etc. On fait aussi des crayons de pastel avec de la craie diversement colorée : les *crayons blancs* sont de la craie purifiée par des lavages, broyée en pâte fine et débitée en baguettes; les *crayons rouges,* vulgairement *sanguines,* sont faits avec de la sanguine (fer oxydé, hématite) pulvérisée, dont on fait une pâte à l'aide de colle de poisson et de gomme arabique. — On nomme *crayons d'ardoise* ou *crayons gris* des crayons destinés à écrire ou à dessiner sur l'ardoise : le plus souvent ce ne sont que des fragments d'ardoise un peu plus tendre.

CRÉANCIER. On appelle ainsi celui à qui il est dû de l'argent. On distingue les *Cr. chirographaires* ou *ordinaires,* porteurs d'un titre chirographaire, c.-à-d. *souscrit* par le débiteur, mais n'emportant ni privilége, ni hypothèque : quand il n'y a pas de quoi les payer tous, ils reçoivent au marc le franc; les *Cr. privilégiés,* qui, à raison de la nature particulière de leur créance, ont le privilége d'être payés par préférence avant tous les autres (leurs droits sont réglés par les art. 2103 et suiv. du Code civ.); et les *Cr. hypothécaires,* qui, à raison d'un droit d'hypothèque dont ils sont investis, ont le privilége d'être payés sur le prix des biens du débiteur : lorsqu'il y a plusieurs créanciers ayant des droits sur le même gage, on établit entre eux pour leur tour de payement un *ordre,* d'après la date de leur inscription.

CRÉATINE (du grec *créas,* chair), substance organique, incolore et nacrée, découverte par M. Chevreul dans le liquide dont la chair musculaire est imprégnée et qu'on retrouve dans le sang et dans le bouillon. On la rencontre aussi dans l'urine. Elle renferme, d'après l'analyse de M. Liebig, du carbone, de l'hydrogène, de l'azote et de l'oxygène dans les rapports de $C^8H^9N^3O^4 + 2\,aq.$ Les alcalis la convertissent en urée.

CRÉATION, acte par lequel Dieu a tiré tous les êtres du néant. L'idée de création, ainsi comprise, était inconnue aux païens, qui posaient en principe :

Ex nihilo nihil; in nihilum nil posse reverti,

Parmi eux, les uns, comme Xénophane, Parménide, Melissus, prétendaient que le monde est éternel, même dans sa forme; les autres, comme Leucippe, Démocrite, Épicure, enseignaient qu'il est le résultat de la rencontre fortuite des atomes; d'autres, comme les brahmes de l'Inde et les Néoplatociens, qu'il n'est qu'une émanation de la substance divine; les plus sages, comme Anaxagore, Socrate, Platon, admettaient que le monde, bien qu'éternel dans sa matière, avait eu besoin pour arriver à sa forme actuelle d'un ordonnateur suprême, que Platon appelait le *Démiurge.* Parmi les modernes, quelques-uns, comme Spinoza, Schelling, et tous les Panthéistes, n'admettent d'autre existence que celle de Dieu, de l'absolu, et sont par là conduits, comme Xénophane, à nier la création.

Le dogme de la création repose sur le texte de la Genèse; on y lit dès le début : « Au commencement, Dieu créa le ciel et la terre.... » Dieu dit : « Que la lumière soit », et la lumière fut. » La Genèse nous enseigne en outre que la création a été effectuée en six jours, et trace l'ordre dans lequel ont été créés les êtres divers. La Géologie est venue jeter un nouveau jour sur ce sujet en faisant connaître les diverses révolutions du globe. — On a de Mosheim une dissertation *De creatione ex nihilo;* M. l'abbé Waterkein a publié un savant livre intitulé : *La science et la foi sur l'œuvre de la création,* Liége, 1845.

L'époque de la création a donné lieu chez les chronologistes aux opinions les plus diverses. Desvignoles a recueilli plus de 200 calculs différents sur cette époque, tous fondés sur l'Écriture : selon une chronologie longtemps adoptée, d'après le calcul d'Ussérius, la création aurait eu lieu 4000 ans avant J.-C.; les auteurs de l'*Art de vérifier les dates* la placent à l'an 4963, et cette opinion est suivie dans nos livres classiques. L'Église grecque compte 5508 ans avant J.-C.; les Juifs n'en comptent que 3483.

CRÉCELLE (du grec CRESSELOS, bruit désagréable, ou du lat. *crepitaculum,* hochet, grelot), moulinet de bois dont on tire un son aigre et bruyant en l'agitant fortement avec la main, et dont on se sert au lieu de cloche le jeudi et le vendredi de la semaine sainte. Les baladins, dans les foires, et quelques marchands ambulants en font usage. Au moyen âge, les lépreux étaient obligés, pour avertir les passants de leur approche, d'agiter une crécelle qu'on appelait *tartavelle* ou *tartarelle*.

CRÉCERELLE, *Falco tinnunculus*, espèce d'oiseau du genre Faucon, appelé vulgairement *Émouchet* et *Épervier des alouettes*, de la grosseur d'un pigeon, a les ailes longues, la tête et la queue de couleur cendrée, le dos roux, et le ventre d'un blanc légèrement roussâtre, avec des taches oblongues brunes. Il est très-commun en France. Il se tient dans les crevasses des vieilles murailles, et se nourrit de souris, mulots, petits oiseaux, insectes, etc.

CRÉCERELLETTE, *Falco tinnunculoides*, espèce du genre Faucon, diffère de la Crécerelle ou Émouchet par ses ailes atteignant l'extrémité de la queue, et par ses ongles, qui sont de couleur blanche, tandis que l'Émouchet les a noirs. Elle est commune en Espagne, en Italie et en Allemagne.

CRÈCHE, en italien *greppia* (du celtique *krippe*, peigne, puis râtelier?), mangeoire à l'usage des bestiaux. On appelle la *sainte Crèche*, ou absolument *la Crèche*, celle où l'enfant Jésus fut mis au moment de sa naissance dans l'étable de Bethléem.

Dans ces dernières années, on a donné le nom de *Crèches* à des salles destinées à recueillir les enfants encore à la mamelle, auxquels leurs propres mères viennent donner le sein à certaines heures de la journée. Cette institution charitable, dont la première pensée appartient à Mme de Pastoret, a été mise à exécution par M. Marbeau : la 1re crèche fut ouverte à Paris le 14 nov. 1844 ; en moins de 6 ans, Paris en put compter près de 25, et l'institution se répandit promptement dans les départements. L'Autriche et l'Angleterre n'ont pas tardé à suivre l'exemple de la France. Cependant, quelques personnes contestent encore l'utilité de cette fondation.

CRÉDENCE (du latin *credere*, confier), nom donné dans nos Églises à la petite table ou support de marbre et de métal fixé au mur près de l'autel, où l'on dépose les burettes qui servent à la messe ou à quelque cérémonie ecclésiastique. — Ce mot se disait autrefois de l'endroit où l'on tient les provisions de bouche dans certains établissements publics, tels que couvents, séminaires, colléges, etc. On appelait *crédencier* celui qui était chargé du soin de la *crédence* et de la distribution des provisions de bouche.

CRÉDIT (du latin *creditum*, participe neutre de *credere*, confier). C'est la faculté que l'on possède de trouver des prêteurs, faculté qui est proportionnée à la confiance que l'on inspire. Le crédit est dit *privé*, si l'emprunteur est un particulier ; *public*, si c'est l'État qui emprunte.

Le *Crédit public*, ou la confiance inspirée par l'État, a donné naissance à de nombreux emprunts qui constituent la *Dette publique* (*Voy.* ce mot). On consultera utilement sur ce sujet les livres intitulés : *Du crédit public et de son histoire*, par Marie Augier, 1842 ; *Histoire philosophique du crédit*, par V. Avril, 1849.

Le *Cr. privé* donne lieu journellement à une foule de transactions, dont les unes sont purement *commerciales*, lorsque le prêt est fait sur simple signature, comme dans les *billets à ordre*, les *lettres de change*, etc. ; et dont les autres sont garanties par des immeubles donnés en nantissement : le crédit est dit alors *crédit foncier*, *crédit hypothécaire*.

Le *Cr. foncier*, longtemps entravé en France par les difficultés qu'offraient aux particuliers les prêts hypothécaires, a pris son essor depuis la publication du décret du 28 févr. 1852, qui a autorisé la formation de sociétés de crédit foncier. Ces fonds ont pour objet de fournir aux propriétaires d'immeubles qui voudront emprunter sur hypothèque, la possibilité de se libérer au moyen d'annuités à long terme ; elles ont le droit d'émettre des obligations ou *lettres de gage*. Pour faciliter leurs opérations, l'État et les départements peuvent acquérir une certaine quantité de ces lettres de gage. — Des sociétés

analogues existaient depuis longtemps en Allemagne et en Pologne, et nos économistes en avaient fait apprécier tous les avantages ; mais c'est surtout aux efforts persévérants de MM. Royer et Josseau qu'on doit leur introduction dans notre législation. Le 1er a publié en 1846 : *Des institutions de crédit foncier en Allemagne et en Belgique* ; le 2e, en 1854 : *Traité du crédit foncier*, 1 vol. in-8.

Crédit mobilier. Voy. MOBILIER (CRÉDIT).

Dans la Tenue des livres, il y a, pour tout compte courant, le *crédit* qui énonce les sommes ou valeurs reçues par l'un des correspondants pour le compte de l'autre : on l'inscrit sur le feuillet à droite ou *recto* du grand-livre ; on l'oppose au *débit*, qui énonce les valeurs ou sommes payées à valoir sur le crédit, et qu'on inscrit à gauche. — On appelle *Cr. ouvert* l'autorisation donnée par un individu à un autre individu de disposer sur lui jusqu'à concurrence de telle somme, et pendant un temps déterminé.

Dans la langue parlementaire, on appelle *Cr. extraordinaires*, les fonds demandés par un ministre comme nécessaires pour faire face à une dépense qui n'a pas été prévue ; *Cr. supplémentaires*, les fonds demandés comme supplément à un crédit qui n'a pas été assez largement doté lors du vote du budget.

CREDO, nom souslequel on désigne vulgairement le *Symbole des Apôtres*, parce qu'il commence par ce mot latin *credo*, je crois. *Voy.* SYMBOLE.

CRÉMAILLÈRE (du grec *crémaô*, suspendre), ustensile de ménage, ordinairement en fer, qu'on scelle au fond des cheminées de cuisine, et qui, muni de crans obliques, recourbé en crochet à son extrémité inférieure, sert à accrocher à diverses hauteurs au-dessus du feu les chaudrons dans lesquels on veut faire cuire ou chauffer quelque chose. — Par extension, dans les Arts, on a donné le nom de *crémaillère* à toute pièce garnie de crans dont la forme rappelle celle de la *crémaillère*. En Mécanique, on appelle ainsi toute barre dentée, ondée ou crénelée sur sa longueur, destinée à se mouvoir par l'engrenage d'un pignon ou d'une roue dentée, de manière qu'elle transforme un mouvement de rotation en mouvement rectiligne ou de translation.

Dans l'Art militaire on appelle *ouvrage à crémaillère* une ligne défensive de circonvallation tracée en forme de dents de scie, et propre à donner des feux obliques et des feux croisés.

CRÉMANT (de *crème*), épithète distinctive qu'on applique, en OEnologie, à une espèce de vin de Champagne qui se couvre d'une mousse blanche, légère et peu abondante, fort estimée des amateurs.

CRÈME, couche jaune et onctueuse qui se forme à la surface du lait, par le repos dans un lieu frais et tranquille ; cette couche augmente graduellement par le séjour du lait à l'air, et finit par devenir si épaisse qu'on peut renverser le vase qui la contient sans qu'il s'en écoule rien. Au bout de quelques jours, elle perd sa saveur douce et onctueuse, et acquiert celle d'un fromage gras ; c'est ainsi qu'on obtient ce qu'on appelle les *fromages à la crème*. — La crème est d'autant plus abondante dans le lait qu'il est de meilleure qualité ; on a cherché les moyens de déterminer la quantité de crème que contient le lait. On y est parvenu au moyen d'une éprouvette graduée nommée *Crémomètre*, due à M. Quevenne. On a remarqué que, par un temps d'orage, la crème se sépare du lait en moins de douze heures. Soumise à l'agitation dans une baratte ou dans un autre vase approprié, la crème perd de son onctuosité, et le *beurre* qu'elle renferme se sépare sous forme de grumeaux qui peu à peu s'agglomèrent.

On fait avec du lait et des jaunes d'œufs un mets délicat que l'on sert en entremets et qu'on nomme *crème* : il y a des *crèmes au café*, *au chocolat*, *au caramel*, etc. — La *crème fouettée* est de la bonne crème de lait qu'on fait élever en mousse en la fouettant avec de petits osiers. On y fait entrer du sucre en poudre, de la gomme adragant, de l'eau de fleurs d'oranger, de la vanille, etc.; on la colore quelquefois.

On donne encore le nom de *crème* à diverses substances qui ont quelque ressemblance avec la crème : ainsi, on appelle *Cr. de riz*, une sorte de bouillie rafraîchissante faite avec de la farine de riz; — *Cr. de chaux*, la pellicule blanche de carbonate de chaux qui se forme sur l'eau de chaux au contact de l'air; — *Cr. de tartre*, le bitartrate de potasse, etc.

CRÉMENT (de *crementum*, accroissement, augmentation du nombre des syllabes qui a lieu dans les mots latins quand on forme les cas d'un nom ou les temps d'un verbe : le crément tombe sur les syllabes qui sont placées entre le radical et la désinence : ainsi, *hominis*, génitif d'*homo*, a un crément, *mi*, *hominibus* en a deux, *mi* et *ni*; *legeram*, plus-que-parfait de *lego*, a un crément, *ge*; *legeramus* en a deux, *ge* et *ra*.

CRÉMOMÈTRE. *Voy.* CRÈME.

CREMONE, espèce d'*espagnolette. Voy.* ce mot.

CRÉNEAUX (de *cran*), nom donné, au moyen âge, à la maçonnerie dentelée qui couronnait les murailles des châteaux forts. Quelquefois on tendait d'un créneau à l'autre une sorte de clayonnage appelé *hourdis*, qui protégeait l'archer combattant sur l'embrasure ou *archière*. On appelait *châteaux crénelés* ceux dont les défenses s'entrecoupaient de créneaux. — Les créneaux ont été considérés jusqu'à la Révolution comme un droit nobiliaire; ils se trouvent au nombre des *meubles* de blason.

CRÉNELÉ se dit, en Botanique, des organes planes des végétaux chez lesquels le bord offre des lobes très-courts, arrondis, et séparés par des sinus très-aigus et peu profonds.

CRÉNEQUIN. *Voy.* CRANEQUIN.

CRÉNILABRE (de *crena*, fente, et *labrum*, lèvre), *Crenilabrus*, genre de poissons Acanthoptérygiens de la famille des Labroïdes, est caractérisé par son préopercule denté, ses lèvres épaisses et charnues, et ses mâchoires armées de dents coniques et sur un seul rang. Le *Cr. Paon* (*Cr. Pavo*), poisson de la Méditerranée, doit son nom à ses brillantes couleurs.

CRÉOLE (qu'on dérive de l'espagnol *criollos*, nom que les premiers Nègres exportés d'Afrique donnaient à leurs enfants nés dans le nouveau monde). Cette dénomination, appliquée d'abord aux habitants des possessions espagnoles et portugaises nés en Amérique de parents blancs, a été depuis étendue à tous les habitants issus aux colonies de parents européens. Les créoles sont, en général, bien développés, d'une taille mince, d'une constitution plutôt maigre que grasse, plutôt délicate que robuste, d'un caractère vif, fier et impérieux; leur teint est souvent livide et plombé; cette pâleur est attribuée à l'action augmentée de l'appareil biliaire et à la diminution du sang. Leurs passions sont ardentes à l'excès. Cependant les femmes créoles sont, en apparence, faibles et indolentes. Les créoles espagnols, comme aujourd'hui encore les hommes de couleur, étaient autrefois traités avec mépris par les Espagnols venus d'Europe. Ce n'est qu'en 1776 qu'une ordonnance de Charles III les rendit aptes à remplir les fonctions civiles, ecclésiastiques et militaires.

CRÉOPHAGES (du grec *créophagos*, mangeur de chair), famille des Coléoptères de M. Duméril, répondant à celle des *Carabiques. Voy.* ce mot.

CRÉOSOTE (du grec *créas*, chair, et *sozô*, conserver), huile très-caustique contenue dans la fumée et dans les produits de la distillation sèche des matières végétales, comme le vinaigre de bois et le goudron. Elle a la propriété de préserver de la putréfaction la chair et d'autres matières animales; c'est à elle que la fumée doit ses propriétés antiseptiques. On l'emploie contre les maux de dents et pour arrêter les hémorragies. On s'en sert aussi avec succès pour la guérison des ulcères. Elle a été découverte par Reichenbach en 1833.

CRÊPE (du latin *crispus*, frisé, ondé), étoffe de soie crue ou de laine fine, claire, légère et non croisée, qui se fabrique, comme la gaze et les autres étoffes non croisées, sur le métier à deux marches. Il y a des *crêpes crêpés* et des *crêpes lissés*, des *crêpes simples* et des *crêpes doubles*, selon que la chaîne est plus ou moins tordue. On crêpe en trempant dans l'eau l'étoffe au sortir du métier, et en la frottant avec un morceau de cire préparée. On la blanchit ou on la teint ensuite sur le cric, à froid; puis on lui donne l'eau gommée. La plus grande partie des crêpes se font à Lyon et à Avignon. — Pris absolument, *crêpe* se dit du morceau de crêpe noir que l'on porte en signe de deuil, et qui se met au chapeau; les militaires portent le crêpe au bras. — On donne aussi le nom de *crêpe* à une pâte grasse, plus délayée que celle des beignets, et qu'on fait cuire en l'étendant sur la poêle.

CRÉPI (du latin *crispus*, crêpu, à cause de l'inégalité du crépi), couche de mortier ou de plâtre qu'on jette sur un mur avec la truelle ou avec un balai. Le crépi diffère de l'enduit proprement dit en ce qu'il n'est pas lissé comme ce dernier avec la truelle, et reste raboteux; il porte aussi le nom de *gobetis*.

CRÉPIDE (du latin *crepida*), espèce de chaussure antique qui était ferrée et qui ne couvrait pas tout le pied. Chez les Grecs, c'était celle des philosophes, et chez les Romains celle du peuple. On connaît le proverbe : *Ne sutor supra crepidam*; le cordonnier ne doit juger que de la chaussure : chacun son métier.

CRÉPIDE, *Crepis*, genre de plantes de la famille des Composées, tribu des Chicoracées, renferme un grand nombre d'espèces, qu'on trouve communément autour des habitations dans tous les pays tempérés. La *Cr. rouge* ou *Barkausie* (*Cr. fœtida*) est une plante originaire d'Italie, et qui, froissée ou simplement remuée, répand une odeur désagréable. Sa fleur est d'un rose foncé, large d'environ 4 centimètres. Ses feuilles sont longues, fortement échancrées et armées de pointes. On a encore la *Cr. des toits*, la *Cr. bisannuelle*, la *Cr. des Alpes*, etc.

CRÉPINE, ouvrage de passementerie en or, argent ou soie, à jour par le haut et pendant en grands filets ou franges par en bas. — Les bouchers appellent ainsi la toile de graisse qui couvre la panse de l'agneau ou du veau et qu'on étend sur les rognons.

CRÉPINS (de S. *Crépin*, patron des cordonniers), toutes les fournitures à l'usage des cordonniers.

CRÉPITATION (du latin *crepitare*, craquer), bruit d'une flamme qui pétille ou du sel projeté sur le feu. —En Chirurgie, on exprime par *crépitation* le bruit que produisent les parties d'un os fracturé, lorsque l'on imprime quelque mouvement au membre. — La crépitation est encore le bruit produit par l'air ou tout autre gaz dans les cellules pulmonaires : cette crépitation se remarque dans la pneumonie au premier degré et dans l'œdème du poumon.

CRÉPON (de *crêpe*), étoffe de laine ou de soie non croisée, à chaîne torse et trame simple, frisée comme le crêpe, mais beaucoup plus épaisse, et qui se fabrique de la même manière. Elle se tisse ordinairement en blanc, et se teint ensuite en différentes couleurs, surtout en noir. Il sert principalement pour faire les soutanes des ecclésiastiques et les robes du palais. On en fabrique à Naples et en Suisse : le *crépon* de Zurich est le plus estimé.

CREPS, dit aussi *Craps* ou *Krabs*, jeu de dés qui se joue à deux ou à plusieurs personnes, avec trois dés et un cornet. Pour savoir qui aura le dé, l'un des joueurs met les dés dans un cornet et les lance : s'il amène un nombre pair, il garde le cornet et *sert*; s'il amène un nombre impair, il *livre* le cornet au second joueur. Celui qui a le dé annonce alors le point sur lequel il veut que roule tout le jeu : c'est ce qui s'appelle *donner la chance*; elle ne se donne que depuis 5 jusqu'à 9. Si du premier coup il amène le point de chance, il ramasse l'enjeu ; s'il amène quelque autre point, celui-ci devient l'opposé du point de chance, et dans les coups suivants le point de chance est au bénéfice des adversaires, qui ont contre eux le point amené en opposition au point de chance. En outre, il y a des coups dont l'apparition est toujours fatale à celui qui tient le cornet : tels sont les points 2, 3, 11 et 12. Ce jeu nous vient de l'Angleterre ; il varie suivant les lieux ou le caprice des joueurs. Il ne se joue guère que dans les maisons de jeu, et est rangé parmi les jeux prohibés.

CRÉPUSCULAIRE (CERCLE), se dit, en Astronomie, d'un petit cercle abaissé au-dessous de l'horizon de 18 degrés sexagésimaux, et qui lui est parallèle : c'est le cercle limite des crépuscules.

CRÉPUSCULAIRES (de *crépuscule*, parce que d'ordinaire ces insectes ne sortent que le soir), famille d'insectes Lépidoptères, reconnaissables à leurs antennes fusiformes, à la grosseur de leur corps relativement aux ailes, à leurs 6 pattes, propres à la marche, et à des ailes qui sont en toit dans le repos, et sont retenues par un crin fixé aux ailes inférieures et entrant dans une coulisse des supérieures. Toutes leurs chenilles ont 16 pattes, et leurs chrysalides sont toujours mutiques et conico-cylindriques. Les Crépusculaires se divisent en *Sphingides*, *Sésiéides* et *Zygénides*.

CRÉPUSCULE (du latin *crepusculum*, qui dérive de *creperus*, incertain ; sous-entendu *lux*, lumière), lumière qui se répand dans l'atmosphère quelque temps avant le lever et après le coucher du soleil. Dans le 1er cas, il reçoit le nom particulier d'*aurore* ; dans le 2e, il conserve celui de *crépuscule*. Ce phénomène a lieu lorsque le soleil est abaissé au-dessous de l'horizon d'environ 18 degrés : ses rayons frappent alors la partie supérieure de l'atmosphère qui nous les renvoie. Le crépuscule dure plus longtemps dans les solstices que dans les équinoxes. Dans les pays circumpolaires, il dure toute la nuit.

CRÉQUIER, espèce de prunier sauvage. — En termes de Blason, c'est un arbre nain et sauvage en forme de chandelier à sept branches. La maison de *Créqui* portait un *créquier* de gueules en champ d'or.

CRESANE ou CRASSANE, sorte de poire fondante d'un excellent goût. *Voy.* POIRE.

CRESCENDO, mot italien qui signifie *en croissant*, et qui exprime que la force du son doit être augmentée graduellement. C'est un des effets les plus heureux et les plus employés de la musique. Il s'applique à la voix comme aux instruments, aux plus simples traits de mélodie comme aux effets les plus éclatants des chœurs et des orchestres. Les symphonies et les ouvertures d'opéras se terminent presque toujours par un *crescendo*.

CRESCENTIE (du nom de *Crescenti*, agronome italien), dite aussi *Calebassier*, genre de plantes placé par Jussieu dans la famille des Solanées, mais devant appartenir, suivant d'autres, à la famille des Bignoniacées, se compose d'arbrisseaux indigènes de l'Amérique équatoriale, dont les fleurs sont généralement grandes, la baie très-grosse, à une loge, à écorce dure ; la pulpe est succulente et aigrelette. La *Crescentie à longues feuilles* est un arbre au tronc tortueux, à l'écorce ridée, au bois blanc et coriace. Les fleurs qui pendent aux rameaux sont solitaires, d'un blanc pâle et d'une odeur désagréable. La pulpe du fruit préparée est recommandée aux personnes affectées de maladies de poitrine. Mangée dans son état naturel, elle est regardée comme un excellent vulnéraire. Avec la coque de son fruit, les nègres fabriquent de jolis vases et des ustensiles de ménage, qu'ils gravent et qu'ils peignent avec plus ou moins de goût : ces vases sont assez durs et assez imperméables pour contenir du vin et des liqueurs. La *Cr. à larges feuilles* a des fleurs petites, d'un

jaune foncé, et donne un fruit rond ou ovale de la grosseur d'un citron, qu'on nomme *cohyne*.

CRESSELLE. *Voy.* CRÉCELLE.

CRESSERELLE, CRESSERELETTE, espèces d'oiseaux. *Voy.* CRÉCERELLE, CRÉCERELLETTE.

CRESSON (en allemand *kresse*), nom donné à diverses plantes appartenant presque toutes à la famille des Crucifères, et remarquables par leurs propriétés diurétiques, antiscorbutiques et dépuratives. Le vrai cresson est le *Cr. de fontaine (Sisymbrium nasturtium)*, plante vivace du genre *Sisymbrium*, qui croît naturellement au bord des eaux courantes. Sa fleur blanche a la forme d'une croix latine ; son feuillage, d'un vert foncé, a une saveur aromatique et piquante : on le mange en salade ; en médecine, il entre dans la composition du *jus d'herbes*. Il paraît devoir ses propriétés dépuratives à une certaine proportion d'iode.

Plusieurs plantes connues sous le nom de *Cresson* appartiennent à des genres différents : tels sont 1º le *Cr. alénois (Lepidium sativum)*, dit aussi par corruption *Cr. à la noix*, plante annuelle du genre *Lépidier*, qui pousse très-rapidement et dont les jeunes feuilles, à raison de leur saveur piquante, s'emploient fréquemment pour l'assaisonnement des salades : il est originaire de Perse, et se cultive dans les jardins ; son nom vient probablement de la forme de ses feuilles pinnatifides, déchiquetées en forme d'*alènes* ; 2º le *Cr. des prés (Cardamine pratensis)*, dit aussi *Cr. élégant*, qui s'emploie aux mêmes usages (*Voy.* CARDAMINE); 3º le *Cr. de roche* ou Saxifrage dorée ; 4º le *Cr. de terre* ou Érysimum précoce ; 5º le *Cr. du Pérou* ou Grande Capucine, etc.

On appelle *cressonnière* un lieu baigné d'eau où l'on fait croître du cresson. Les premières cressonnières artificielles ont été faites en Allemagne ; l'usage en a été introduit en France en 1810.

CRÉTACÉ (TERRAIN), de *creta*, craie, terrain qui se divise en plusieurs étages, et qui comprend les différentes variétés de craie, et, en outre, les marnes, les argiles, les sables et les autres calcaires. C'est dans la partie inférieure du terrain crétacé que se trouvent les sources qui alimentent les puits artésiens. Les montagnes formées par ce terrain sont toujours arrondies et terminées par des plateaux plus ou moins vastes.

CRÊTE (du latin *crista*, même signif.). Ce mot désigne proprement la caroncule rouge et charnue qui s'élève sur la tête de quelques oiseaux, surtout du coq, et qui est plus ou moins considérable, suivant la race ou les individus ; les poules ont aussi une crête, mais en général plus petite que celle du coq. Les espèces qui ont une huppe ont la crête beaucoup plus petite, et quelquefois même n'en ont pas.

En Botanique, on appelle *Crête de coq* une belle variété d'Amarante (*Voy.* AMARANTE) et plusieurs plantes de la famille des Personnées. *Voy.* RHINANTHE.

En Géologie, on donne le nom de *crête* à la partie la plus élevée du sommet d'une montagne. La crête est en général très-marquée dans les montagnes à couches inclinées.

CRETELLE DES PRÉS, *Cynosurus cristatus*, espèce de Graminée commune dans les prés, appartient au genre *Cynosurus*. *Voy.* ce mot.

CRÉTINS. On appelle ainsi des individus de l'espèce humaine disgraciés de la nature, et de l'idiotisme le plus complet : ils sont généralement de petite taille, de complexion scrofuleuse, ont la tête petite, aplatie aux régions temporales, le nez épaté, la mâchoire béante et laissant écouler la salive, la langue épaisse et pendante, les yeux rouges et chassieux, les paupières très-grosses, les chairs flasques, la peau flétrie, ridée, jaunâtre ou pâle ; les sens, excepté la vue, très-obtus, un goitre plus ou moins volumineux, et les organes de la génération très-développés. Les crétins sont indolents, apathiques, d'une malpropreté dégoûtante, lascifs ; mais tous ne présentent pas à un égal degré cet état de dégradation physique et morale. On trouve beaucoup de crétins dans les vallées basses, profondes et étroites du Valais, dans la vallée d'Aoste, la Maurienne, dans une partie du Tyrol, de l'Auvergne et des Pyrénées. Les races affectées de cette infirmité sont connues dans quelques localités sous les noms de *Cagots*, de *Caqueux*, etc. Le crétinisme, qui est souvent héréditaire, paraît tenir particulièrement à l'habitation dans les vallées profondes et humides. On l'a aussi attribué à la crudité des eaux, à la prédominance dans le sol de la *craie*, de la magnésie, à l'absence de l'iode soit dans l'eau, soit dans l'atmosphère ; mais les causes n'en sont pas encore bien connues. Quant au nom de *crétins*, les uns le dérivent de *chrétien*, parce que dans les temps reculés on vénérait ces infortunés comme des *saints* ; les autres, de *creta*, craie, parce qu'on attribuait leur mal à l'influence des eaux crétacées ; d'autres le font venir de *crête*, parce qu'ils habitent près de la *crête* des montagnes.

CRÉTIQUE (VERS). *Voy.* AMPHIMACRE.

CRETONNE (de *Creton*, fabricant normand qui fit le premier cette toile, il y a environ deux siècles), sorte de toile blanche très-forte qui se fabrique dans les environs de Lisieux, est faite en entier avec du fil de lin, sur une chaîne de fils de chanvre. Il y a des cretonnes de toutes les qualités, fines, moyennes et grosses. On s'en sert pour le linge de corps, surtout pour les chemises.

CRETONS, résidu des pellicules qui contenaient le suif avant qu'on l'eût fondu ; on en fait des pains pour les chiens de basse-cour et les chiens de chasse. Les corroyeurs et les hongroyeurs s'en servent pour adoucir leurs cuirs. On appelle *cretonniers* ceux qui achètent les résidus de suif pour en tirer le creton.

CREUSET (dérivé de *creux*), vase généralement fait de terre réfractaire (silicate d'alumine, de chaux et de fer), quelquefois en porcelaine, en platine, en plombagine ou en fonte, qu'on emploie dans les laboratoires de chimie et dans plusieurs arts industriels pour fondre ou calciner certaines substances. Il a ordinairement la forme d'un cône tronqué, fermé à son sommet, arrondi ou triangulaire et ouvert à sa base. Les meilleurs creusets en terre viennent d'Allemagne, et sont connus sous le nom de *creusets de Hesse* : ils résistent à des températures d'autant plus élevées qu'ils contiennent moins de chaux et d'oxyde de fer. Le chimiste allemand Glauber recommanda un des premiers l'usage des creusets de Hesse. On distingue trois espèces de creusets : 1° les *Cr. poreux*, qui sont les plus réfractaires ; les *Cr. désoxydants*, propres à la réduction des oxydes métalliques ; les *Cr. compactes*, qui sont fort sujets à se fendre. *Voy.* COUPELLE.

CREVETTE (d'*écrevisse*), *Gammarus*, genre de petits Crustacés, section des Cystibranches, appelés aussi *Chevrettes* et *Salicoques*, et assez semblables à de petites écrevisses. Les Crevettes ont pour caractères : un corps allongé, la tête petite et arrondie, des antennes à trois articles, situées au devant de la tête, entre les yeux de médiocre grandeur, quatorze pieds, dont les quatre antérieurs sont terminés par une main large, comprimée, pourvue d'un fort crochet, susceptible de mouvement ; les suivants finissant insensiblement en un doigt simple et légèrement courbé dans quelques-uns ; l'abdomen est pourvu de longs filets, très-mobiles, placés de chaque côté du dessous de la queue, qui est terminée par trois paires d'appendices allongés. Ces crustacés sont très-communs sur le bord de la mer et même dans les eaux douces courantes ; ils sont très-agiles et très-voraces : ils se nourrissent d'insectes, de végétaux, de poissons et de débris d'animaux. Les espèces les plus connues sont : la *Cr. marine*, qu'on pêche en abondance sur les côtes de Normandie et d'Angleterre, et qu'on sert sur nos tables comme un mets délicat (*Voy.* CRANGON) : on donne le nom de *Bou-*

quet aux plus belles crevettes ; la *Cr. locuste*, plus rare en France qu'en Angleterre, et qui est phosphorescente ; la *Cr. des ruisseaux*, ou *Squille aquatique*, qu'on trouve dans les sources aux environs de Paris : elle est petite, et nage toujours sur le flanc.

La Crevette donne son nom à la famille des *Crevettines*, qui est partagée par M. Milne-Edwards en deux tribus : les *Crevettines sauteuses*, comprenant les *Crevettes*, les *Talitres*, les *Orchesties* ; et les *Cr. marcheuses*, dont les genres principaux sont les *Corophies*, les *Atyles* et les *Podocères*.

CRI. On appelle *Cri d'armes* la devise que les seigneurs féodaux faisaient graver ou peindre sur leurs armes, et qui, sur le champ de bataille, servait de mot de ralliement. Celui des anciens rois de France était *Montjoie et St-Denis* ; celui des premiers ducs de Bourgogne, *Chastillon au noble duc* ; celui de la maison de Savoie, quelquefois *Savoie*, quelquefois *Saint-Maurice*, et souvent *Bonnes-Nouvelles* ; les ducs de Bretagne criaient : *Saint-Malo au riche duc* ; ceux d'Auvergne, *Clermont au Dauphin d'Auvergne* ; ceux de Brabant, *Louvain au riche duc* ; les seigneurs de Coucy, *Coucy à la merveille* ; les comtes de Flandre, *Flandres au lion* ; les rois de Navarre, *Bigorre, Bigorre*, comme issus des anciens comtes de ce nom, etc. Tous les gentilshommes n'avaient pas le droit du cri d'armes ; c'était un privilège qui n'appartenait qu'aux chevaliers bannerets.

Il ne faut pas confondre le *cri d'armes* avec le *cri de guerre*, qui a été employé de tout temps, et qui le plus souvent, surtout chez les anciens, n'était qu'une clameur confuse. C'était aussi quelquefois une phrase courte ou un mot expressif, ou bien le nom d'un saint ou celui du chef. Le cri de guerre n'existe plus aujourd'hui chez les peuples civilisés ; le cri d'armes s'est conservé dans les armoiries.

CRIS SÉDITIEUX. L'article 8 de la loi du 25 mars 1822 punit d'un emprisonnement de six jours à deux ans et d'une amende de 16 fr. à 4,000 fr. tous cris séditieux publiquement proférés.

CRIBLÉ, machine destinée à nettoyer les grains des ordures avec lesquelles ils sont mêlés, se compose d'un cercle en bois nommé *cerche*, de 10 centim. de large environ, et d'une peau de porc, d'âne, de cheval ou de mouton, préparée par le parcheminier, et tendue sur le cerche : cette peau est percée de trous faits à l'emporte-pièce. Il y a des cribles de plusieurs dimensions ; les petits se tiennent des deux mains, comme les tamis du droguiste ; les grands se suspendent au plancher par trois cordons.

On appelle encore *Crible* une planche percée de trous, destinée à maintenir les tuyaux dont les embouchures sont placées dans le sommier de l'orgue.

On appelle *Crible d'Ératosthène* une méthode inventée par ce mathématicien pour déterminer les nombres premiers. Elle consiste à exclure de la suite des nombres naturels : 1, 2, 3, 4, etc., tous ceux qui ont des diviseurs ; les nombres restants sont alors nécessairement des nombres premiers.

CRIC (par onomatopée), machine destinée à soulever des fardeaux, se compose généralement d'une barre de fer formant crémaillère et dans laquelle s'engrène un pignon que l'on fait tourner sur son axe au moyen d'une manivelle. On met au cric un cliquet qui, entrant dans une des dents du pignon, l'empêche de tourner lorsque la machine, ayant produit son effort, la poignée agirait pour redescendre. — On appelle *Cr. à noix* un appareil dont se servent les emballeurs, les voituriers, les rouliers, pour serrer les ballots, malles, paquets et colis, de façon à résister aux secousses et aux cahots de la voiture ; *Cr. à vis*, un instrument servant aux mêmes usages, qui se compose de deux crochets à écrous, tenant les deux bouts d'une chaîne et qu'on rapproche au moyen d'une barre de fer ronde travaillée en vis.

CRICOÏDE (du grec *cricos*, anneau, et *eidos*,

forme), un des cartilages du larynx, représente une espèce d'anneau qui occupe la partie inférieure de cet organe, et qui a plus de hauteur en arrière qu'en avant. Sa surface intérieure est tapissée par la membrane muqueuse du larynx.

CRI-CRI, nom vulgaire du *Grillon*. *Voy.* ce mot.

CRIÉE, vente publique de biens, meubles ou immeubles, faite aux enchères (*Voy.* ENCHÈRE). — On appelle au Palais *audience des criées*, celle qui est consacrée à l'adjudication des immeubles, tant sur expropriation forcée que sur vente volontaire.

CRIEURS PUBLICS. D'après les lois du 10 juillet 1830 et du 16 fév. 1834, nul ne peut exercer même temporairement la profession de crieur sur la voie publique, sans autorisation préalable de l'autorité municipale. Cette autorisation peut être retirée. Toute contravention est punie d'un emprisonnement de six jours à deux mois pour la première fois, et de deux mois à un an en cas de récidive.

CRIME (du latin *crimen*), toute violation grave de la loi morale, religieuse ou civile. En Droit, on qualifie *crime* tout attentat dirigé contre les personnes, les biens ou la sûreté publique, toute infraction que la loi punit d'une peine afflictive ou infamante (Code pén., art. 1); on oppose le *crime* au *délit* et à la simple *contravention* qui tombent sous la juridiction des tribunaux correctionnels. Le crime peut entraîner la peine de mort réelle ou civile, les travaux forcés à temps ou à perpétuité, la déportation, la réclusion, la dégradation.

CRIN (du latin *crinis*, cheveu), poil rude, long et flexible, d'une substance analogue à celle de la corne et des ongles, qui forme la crinière du cheval, et qui se trouve à la queue de cet animal et de quelques autres quadrupèdes (âne, mulet, yack, etc.). On en fait un grand usage dans les arts et dans l'industrie. Dans le commerce, on distingue le *crin plat*, qui est droit et tel qu'on le prend sur l'animal, et le *crin crépi*, qui a été d'abord filé et tordu comme une corde, et qu'on a fait ensuite bouillir pour le friser. Ce dernier sert à garnir les matelas, à rembourrer les fauteuils, les coussins, les selles, etc. Le crin plat sert aux luthiers pour garnir les archets, aux boutonniers pour couvrir les boutons; on en fait aussi des étoffes dites *crinolines*, qui servent à couvrir les meubles, à faire des cols, des sacs, à garnir des jupes, etc. : la chaîne de ces étoffes est en fil et la trame en crin. La France, la Russie et l'Amérique sont les contrées d'où l'on tire le plus de crins.

On a donné le nom de *crin végétal* aux fibres préparées de l'*agave*, de la *zostère*, de la *caragate*, à certaines préparations de sparterie, etc., à l'aide desquelles on a cherché à remplacer le crin animal, dont le prix est assez élevé.

CRINIÈRE. Cet ornement, qui chez le cheval couvre la partie supérieure du cou, entoure la tête entière dans le lion. Chez ce dernier, elle est seulement l'apanage du mâle.

CRINOÏDES (du grec *crinon*, lis, et *eidos*, forme, à cause de leur ressemblance avec cette fleur), nom donné par Muller à la grande famille des *Encrines*, zoophytes radiaires de la classe des Échinodermes.

CRINOLE, *Crinum*, genre de la famille des Amaryllidées, renferme des plantes indigènes à l'Inde, au Cap de Bonne-Espérance et à l'Amérique du Nord. Elles se distinguent par un bulbe plus ou moins gros, des feuilles amples et d'un beau vert, une hampe droite, haute, terminée à son sommet par de grandes fleurs d'un blanc éclatant, disposées en ombelle. Le fruit est une capsule triloculaire, à graines grosses, arrondies, bulbiformes. L'espèce la plus connue est le *Cr. d'Asie*, à fleurs blanches; son bulbe est employé comme émétique et guérit les blessures faites avec des armes empoisonnées.

CRINOLINE, étoffe en crin. *Voy.* CRIN.

CRINON, *Crino*, genre de Vers entozoaires, au

corps allongé, cylindrique, grêle, aminci aux extrémités, et dont la tête est garnie de deux tubercules latéraux. Le *Cr. tronqué* se rencontre dans les intestins du cheval et souvent dans les parois de ses grosses artères. On le trouve aussi dans le chien.

CRINUM, nom latin du genre *Crinole*.

CRIOCÈRE (du grec *crios*, bélier, et *céras*, corne), genre de Coléoptères nuisibles à l'agriculture, est plus connu sous le nom de *Lema*. *Voy.* ce mot.

CRIQUE, petite baie qui forme un port naturel où les petits bâtiments peuvent se mettre à l'abri. Dans l'Art militaire, on donne ce nom à des fossés que l'on creuse en différents sens dans les environs des places fortes, pour couper le terrain de façon que l'ennemi ne puisse y conduire des tranchées.

CRIQUET, *Acridium*, genre d'insectes Orthoptères, famille des Acridiens de Latreille (Sauteurs de Cuvier) : tête ovale, emboîtée à sa partie postérieure dans le corselet; yeux ovalaires, saillants; antennes cylindriques, filiformes; mandibules garnies d'un grand nombre de dents aiguës, propres à couper et à broyer; ailes très-développées et dépassant souvent l'abdomen. Les Criquets sont agiles : ils marchent mal, mais sautent avec beaucoup de facilité. Ils font de grands dégâts dans les campagnes. Ils voyagent de pays en pays, ce qui leur a valu le nom de *Sauterelles de passage*. On remarque surtout l'espèce appelée *Cr. voyageur* (*A. migratorium*), au corps verdâtre, aux ailes grisâtres, tachetées de brun, aux jambes roses; ses ailes étendues ont plus de 1 décimètre d'envergure. Dans plusieurs contrées du Levant on grille le Criquet, on le sale et on le mange.

CRISE (du grec *crisis*, jugement, décision). En Médecine, on nomme ainsi un changement, le plus souvent favorable, qui survient dans le cours d'une maladie, et qui s'annonce par quelques phénomènes particuliers, comme une excrétion abondante, une hémorragie considérable, des sueurs, un dépôt dans les urines, etc. On explique les crises par le retour des fonctions au rhythme normal : c'est un effet de la diminution de l'état morbide qui avait enrayé le mouvement vital dans certains organes, particulièrement dans les organes sécréteurs.

Mesmer donnait le nom de *crises* aux phénomènes nerveux qui se développaient dans les personnes qu'il soumettait au traitement magnétique.

CRISPATION (du latin *crispare*, rider, froisser), contraction faible et involontaire des muscles.

CRISPIN, nom d'un valet de comédie, est devenu un type : c'est le comédien Poisson qui introduisit les Crispins sur la scène. — On donne aussi ce nom à un manteau court, à l'espagnole, fait à l'imitation de celui que portent ordinairement les Crispins.

CRISTAL (du grec *crystallos*, glace). On nomme ainsi, en Minéralogie, tout corps ayant une forme régulière et terminé par des faces planes, ordonnées symétriquement autour de certaines lignes idéales, appelées *axes*, qu'on peut concevoir dans l'intérieur des cristaux. Lorsqu'un corps cristallise dans les mêmes circonstances, il prend toujours la même forme cristalline; si, au contraire, les circonstances varient, on obtient des cristaux différents : l'alun cristallise dans l'eau en octaèdres réguliers; cristallisé dans un liquide alcalin, il se présente en cubes. Toutefois, ces formes différentes ont entre elles des relations déterminées : *elles appartiennent au même système d'axes*, c.-à-d. que si les faces de l'octaèdre sont symétriquement placées autour de trois axes qui se coupent en un point à angle droit, les faces du cube présentent une disposition également symétrique autour de ces mêmes axes. En général, lorsqu'un cristal éprouve une modification sur une partie quelconque, sur une arête ou sur un angle, la même modification se reproduit sur toutes les parties semblables. — Les nombreuses formes qu'un corps affecte peuvent toutes se ramener à une seule *forme primitive*, dont les arêtes et les angles se modifient, suivant les circonstances, d'après cette loi de symétrie : ainsi, le carbonate de chaux se rencontre dans la nature sous des formes excessivement variées, mais qui toutes dérivent du rhomboèdre ; ces formes dérivées sont dites *formes secondaires*.

On appelle *système cristallin*, l'ensemble des lois d'après lesquelles les formes secondaires dérivent de la forme primitive. On choisit la forme primitive parmi les types les plus simples, ordinairement parmi les formes parallélipipédiques ou prismes à 4 faces : tels sont le cube, le prisme droit à base carrée ou à base rectangulaire, le rhomboèdre, le prisme oblique à base rhombe ou à base de parallélogramme obliquangle. V. CRISTALLISATION et CRISTALLOGRAPHIE.

CRISTAL, espèce de verre remarquable par sa beauté et sa transparence. On distingue : 1° le *cristal ordinaire*, verre à base de plomb, qui se fait avec du sable blanc, de la potasse et du minium ; il se reconnaît à sa grande pesanteur spécifique qui varie de 2, 9 à 3, 3 ; 2° le *cristal de Bohême*, verre à base de potasse et de chaux, moins dense (2,6), mais bien plus dur que le cristal ordinaire ; on le fabrique avec du sable très-blanc, de la potasse et de la chaux fort pures, etc. On colore les cristaux en *bleu* avec l'oxyde de cobalt, en *vert* avec le verdet du commerce, en *rouge* avec le précipité d'or, dit pourpre de Cassius.— La fabrication du cristal ordinaire est originaire d'Angleterre. Les cristaux de Bohême se fabriquent surtout en Bohême et aux environs de Venise ; on en fabrique aussi en France, notamment à Baccarat et à la Plaine de Walsh (Meurthe), à Saint-Louis et à Muntzahl (Moselle), à Bercy, à Clichy et à Grenelle (Seine) ; en Belgique, à Voneiche, etc. On doit à MM. Guinand fils et Bontemps, directeurs de la cristallerie de Choisy-le-Roy, d'importants perfectionnements dans la fabrication des cristaux, ainsi que des autres espèces de verre, comme le crown-glass et le flint-glass, qu'on emploie pour les instruments d'optique.

L'art de tailler les cristaux a été importé de Bohême en France vers 1740 par un certain Bucher. Ce travail comprend : l'*ébauchage*, qui se fait à la meule de fer, au moyen de sable fin, pur et mouillé ; le *premier adouci*, qui se fait à la meule fine ; le *second adouci*, à la meule de bois, avec la poudre de pierre-ponce mouillée ; enfin le *poli*, à la meule de liége, avec de la potée d'étain sec.

Cristal de roche. On appelle vulgairement ainsi le quartz pur et cristallisé. *Voy.* QUARTZ.

CRISTALLERIE, fabrique de cristaux. V. CRISTAL.

CRISTALLIN (de *cristal*, à cause de la transparence), espèce de lentille transparente située dans le globe de l'œil, derrière la pupille, et qui est destinée à recevoir le cône de lumière émané d'un point lumineux pour en réfracter les rayons et les rassembler ainsi sur la rétine. Le cristallin n'a guère plus de 4 millim. et demi d'épaisseur sur 9 de diamètre ; sa face antérieure est un peu plus aplatie que sa face postérieure. Transparent chez l'adulte, il jaunit et durcit avec l'âge. Il est enveloppé d'une membrane séreuse dite *capsule du cristallin*, dont il n'est séparé que par un fluide peu abondant appelé *humeur de Morgagni* ; il est suspendu dans un liquide limpide qu'on appelle *humeur vitrée*. L'opacité du cristallin et de sa membrane empêche les rayons lumineux d'arriver à la rétine et produit ainsi la maladie connue sous le nom de *Cataracte*.

CRISTALLIN (SYSTÈME). *Voy.* CRISTAL.

CRISTALLINE, base salifiable oléagineuse découverte par Runge dans l'huile empyreumatique d'indigo, a été ainsi nommée parce qu'elle forme, avec les acides, des sels susceptibles de cristalliser. Elle est plus connue sous le nom d'*Aniline. Voy.* ce mot.

CRISTALLISATION, formation de cristaux. La cristallisation a lieu par la *voie humide* ou par la *voie sèche*, c.-à-d. *par dissolution* ou *par fusion*.

Si l'on dissout un sel dans l'eau, et qu'on enlève ensuite une certaine quantité de ce liquide par l'évaporation, le sel, au moment de se séparer, prend souvent la forme cristalline. Si l'on fait fondre un métal, le bismuth par exemple, et qu'on le laisse ensuite refroidir lentement en décantant la partie encore liquide dès que le reste s'est concrété, on obtient de beaux cristaux de ce métal. La cristallisation est, en général, d'autant plus parfaite, qu'elle est plus lente. — Les cristaux qui se déposent au sein de l'eau en retiennent souvent en combinaison une certaine quantité ; la proportion de cette *eau de cristallisation* est toujours la même pour le même sel à la même température. C'est à sa présence que les sels doivent la propriété de *s'effleurir* au contact de l'air sec, comme cela a lieu, par exemple, pour la soude ou le sel de Glauber : ces sels perdent alors leur transparence et se réduisent en poussière par l'effet de la perte de leur eau de cristallisation. Celle-ci leur communique aussi la propriété de se liquéfier par une légère chaleur ; cette *fusion aqueuse* fait vaporiser leur eau de cristallisation, et ce n'est qu'après être devenus *anhydres* qu'ils peuvent de nouveau se fondre par l'action du feu ; alors ils éprouvent ce qu'on appelle la *fusion ignée*. Les sels desséchés, et susceptibles de se combiner avec l'eau, développent toujours de la chaleur au contact de ce liquide, parce qu'ils reprennent alors l'eau de cristallisation qu'on leur avait fait perdre ; on observe ce phénomène en gâchant avec de l'eau le plâtre cuit. Outre l'eau de cristallisation, les sels en contiennent souvent une certaine quantité simplement engagée entre les molécules des cristaux ; ils doivent à cette eau, dite *eau d'interposition*, la propriété d'humecter le papier dans lequel on les comprime, ainsi que celle de se fendiller avec bruit et de sauter en éclats quand on les expose brusquement à une forte chaleur : le sel de cuisine offre ce phénomène de *décrépitation*.

CRISTALLOGRAPHIE (du grec *crystallos*, et de *graphô*, écrire), science qui a pour objet l'étude des cristaux et des relations de forme qui existent entre eux. Ces relations se déterminent par les mesures des angles des cristaux à l'aide du *goniomètre* (*Voy.* ce mot), et par des calculs trigonométriques basés sur ces mesures. La cristallographie sert aux chimistes et aux minéralogistes pour distinguer les corps.

Les anciens naturalistes connaissaient des cristaux, particulièrement le *cristal de roche* ; mais ils les regardaient comme des jeux de la nature, et ignoraient les lois qui en régissent la forme. Linné paraît avoir le premier compris l'importance de l'étude des cristaux pour la connaissance des minéraux, et il peut être considéré comme le fondateur de la cristallographie. Romé de Lisle publia, en 1772, le premier traité de cristallographie, et fit les premières recherches scientifiques sur cette matière ; mais il ne vit dans les cristaux que des corps isolés. Ce fut Haüy qui, quelque temps après, eut la gloire de découvrir la *loi de symétrie* à laquelle sont subordonnées toutes les formes cristallines : il avait reconnu à Paris, en 1781, presque en même temps que Bergmann à Berlin, qu'un certain nombre de minéraux ont la propriété de se casser suivant des lames dont le sens est constant pour chaque substance (*Voy.* CLIVAGE), et cette découverte est devenue la première base de la minéralogie géométrique. Haüy fit de la cristallographie une science rigoureuse. M. Weiss y introduisit plus tard quelques considérations nouvelles, et entre autres l'*hémiédrie*. Plus récemment encore, M. Mitscherlich formula sa belle théorie de l'*isomorphisme*. M. G. Delafosse a, dans un savant mémoire lu à l'Institut en 1851, établi les rapports qui existent entre la composition atomique et les formes cristallines. La science doit aussi beaucoup aux travaux de MM. Ebelmen et Becquerel.

Les meilleurs traités de Cristallographie sont ceux

de Haüy (1809 et 1822), de M. Miller, traduit de l'anglais par M. de Senarmont, et de M. Dufrénoy, dans le 1er volume de sa *Minéralogie* (Paris, 1844). Les commençants peuvent consulter le petit *Précis* de M. Laurent (1847, in-12).

CRITÉRIUM (du grec *critérion*, ce qui sert à juger). On nomme ainsi le caractère qui forme comme la pierre de touche de la vérité, qui permet à l'esprit de distinguer le vrai du faux et d'obtenir ainsi la certitude. Parmi les philosophes, les uns ont placé le *critérium* de la vérité dans le *témoignage des sens*, comme les Épicuriens et les Sensualistes; les autres, dans le témoignage des hommes ou *l'accord universel*, comme M. de Lamennais; le plus grand nombre le place, avec Descartes, dans *l'évidence*, qui est en effet impliquée dans tous nos moyens de connaître. Les Pyrrhoniens, niant l'existence de la vérité, refusent à l'homme tout moyen de la connaître, et, par conséquent, n'admettent aucun *critérium*.

CRITHME (en grec *créthmon*, même signification), plante. *Voy.* BACILE.

CRITICISME (du grec *krinô*, juger), nom par lequel on désigne le système de Kant, qui prétend soumettre à la *critique* de la raison toutes les notions qui sont dans l'entendement humain. *Voy.* KANT au *Dict. univ. d'Hist. et de Géogr.*

CRITIQUE (en grec *kritikè*, formé de *krinô*, juger), art de juger. On distingue: la *Cr. littéraire*, qui apprécie les productions de l'esprit: Aristarque, Quintilien, Bayle, Le Batteux, La Harpe, Fréron, Clément, Geoffroy, Sam. Johnson, Jean-Paul, les Schlegel, etc., y ont excellé, et de nos jours M. Villemain l'a portée à la plus grande hauteur; — la *Cr. esthétique*, qui s'applique aux œuvres d'art et sur laquelle ont écrit Diderot, Winckelmann, etc.; — la *Cr. historique*, qui détermine le degré de confiance que doit inspirer l'histoire ou que mérite chaque historien: Fréret, Volney, Lévesque, Niebuhr, Daunou, s'y sont exercés; — la *Cr. philosophique*, qui scrute les fondements de nos connaissances: elle fut surtout cultivée chez les anciens par les Académiciens et les Sceptiques, chez les modernes par Hume et par Kant; — la *Cr. philologique*, qui s'occupe de l'examen et de la restitution des textes, et dans laquelle ont brillé Casaubon, Bentley, Hermann, Heyne, Jacobs, Boissonade, etc. *Voy.* COMMENTAIRE.

En Médecine, on appelle *jours critiques* ceux où apparaissent de préférence les *crises*, phénomènes qui accompagnent ou qui précèdent la terminaison de certaines maladies. D'après Hippocrate et Galien, le 7e jour est le jour critique par excellence: presque toutes les crises qui ont lieu ce jour-là sont favorables. Ensuite viennent, dans l'ordre de leur efficacité, le 14e, le 9e, le 11e, le 20e ou le 21e, le 17e, le 5e, le 4e, le 3e, le 18e, le 27e ou le 28e. Le 6e jour était surnommé par Galien le *tyran*, parce que les crises qui s'y opèrent sont le plus ordinairement funestes. Après ce jour, les plus défavorables sont le 8e, le 10e, le 12e, le 16e, le 19e.

On appelle *âge critique* l'époque de la vie où les femmes cessent de pouvoir être mères: l'épithète de *critique* a été donnée à cet âge à cause des maladies plus ou moins graves qui y sont fréquentes.

CROASSEMENT (par onomatopée), cri particulier aux oiseaux du genre Corbeau. Il ne faut pas le confondre avec le *coassement* des grenouilles.

CROATES, troupe de cavalerie. *Vcy.* CRAVATES.

CROCHE, anciennement *coma*, *diesis*, *fuse* ou *crochet*, note de musique en forme de crochet, qui se figure ainsi (♪), et qui représente la durée d'un son égal à la 8e partie d'une ronde, à la 4e d'une blanche, et à la 2e d'une noire. Une double croche (♬) est la moitié de la croche, une triple croche (♬) en est le tiers, une quadruple croche (♬) en est le quart. La durée de la croche est purement relative et dépend de la lenteur ou de la rapidité du mouvement.

CROCHET (diminutif de *croc*). Un grand nombre d'industriels, les fabricants de bas au métier, les blanchisseurs de toiles, les chandeliers, les mégissiers, les passementiers, les menuisiers, les charpentiers, etc., se servent de crochets faits, pour chacun d'eux, de différentes manières. — On donne le nom de *crochet* à l'instrument avec lequel les serruriers font jouer le pêne d'une serrure quand ils n'en ont pas la clef, instrument dont les voleurs savent trop bien faire usage pour *crocheter* les serrures.

Broder au crochet, c'est broder avec un petit instrument en acier, de la grosseur d'une forte aiguille à coudre, dont une des extrémités, qui est pointue, porte un crochet: ce crochet a la forme d'une flèche dont un côté serait enlevé.

En Hippiatrie, on appelle *crochets* les dents qui sont placées entre les incisives et les molaires; elles sont au nombre de quatre, deux à chaque mâchoire. Les crochets existent très-rarement chez les femelles.

CROCODILE (du grec *crocodeilos*), grande famille de Reptiles de l'ordre des Sauriens, assez semblables aux lézards par leurs traits généraux, mais qui, vivant habituellement dans l'eau, ont les pieds de derrière palmés et la queue aplatie et propre à la natation. Ils ont la tête allongée, en forme de pyramide déprimée; le museau raboteux et inégal; le cou assez marqué; la gueule fendue bien au delà des oreilles; la mâchoire inférieure seule mobile; les dents conformées et disposées de telle sorte qu'ils peuvent déchirer leur proie, mais non la mâcher; les yeux rapprochés l'un de l'autre, placés en avant du crâne et munis d'une membrane clignotante; cinq doigts aux pieds antérieurs, armés de griffes crochues, quatre aux pieds de derrière. Leur corps est recouvert de plaques osseuses, pyramidales, juxtaposées en quinconces, revêtues d'un épiderme écailleux assez épais, et formant par leur réunion une espèce de cuirasse à l'épreuve de la balle; sur le dos, ces plaques se relèvent en arêtes longitudinales plus ou moins saillantes, et la queue est armée de deux crêtes dentées en scie qui se réunissent en une seule à son extrémité. La peau est d'un vert olivâtre en dessus, entrecoupé de bandes plus foncées, et d'une couleur jaunâtre par-dessous. Les crocodiles habitent les parties les plus chaudes de l'ancien et du nouveau continent; ils vivent dans les grands fleuves, dans les grands lacs, et quelquefois sur le bord de la mer. Ils sont ovipares: on présume qu'ils vivent très-longtemps, parce que leur accroissement est très-lent; au sortir de l'œuf, ils n'ont que 20 centimètres, mais quelques individus atteignent un développement de plus de 10 mètres. Ces animaux sont essentiellement carnassiers et très-voraces; ils détruisent beaucoup de poissons et s'attaquent même à l'homme.

Cuvier a divisé les Crocodiles en trois genres: les *Champsès* ou *Crocodiles proprement dits*, les *Alligators* ou *Caïmans*, et les *Gavials* ou *Longirostres*.

Les *Crocodiles proprement dits* ont la tête oblongue et deux fois plus longue que large; ils atteignent les plus grandes dimensions. Ils habitent principalement les régions supérieures du Nil, dans les roseaux duquel ils se tiennent en embuscade pour saisir leur proie. Ces crocodiles nagent avec rapidité; mais ils ont peine à se tourner quand ils marchent; ils répandent une forte odeur de musc. Ils font entendre un cri qui ressemble au vagissement d'un enfant. Ils ont la vue très-perçante. La femelle pond, deux à trois fois par an, une vingtaine d'œufs qu'elle enfonce dans le sable, où la chaleur du soleil les fait éclore; mais les ichneumons en détruisent heureusement un grand nombre. Les anciens ont fait au sujet du crocodile les contes les plus merveilleux. Les Égyptiens, surtout les habitants de Thèbes et du lac Mœris, l'adoraient comme un dieu; deux villes avaient pris en son honneur le nom de *Crocodilopolis*. Aujourd'hui, on lui fait en Égypte une guerre acharnée, et il n'est plus qu'un objet de curiosité; sa chair est peu estimée à cause de son odeur; on n'a plus de confiance dans les remèdes que l'ancienne médecine lui empruntait, et c'est à peine si ses dents servent à faire des culots de pipe. — Outre le *Crocodile d'Egypte*, on connaît le *Cr. de Siam*, le *Cr. à deux arêtes*, le *Cr. à museau effilé*, le *Cr. cuirassé*, etc., qui sont particuliers à l'Afrique et à l'Asie Méridionale.

CROCONIQUE (ACIDE), du grec *crocos*, safran, acide organique jaune, cristallisable, renferme du carbone, de l'oxygène et de l'hydrogène (C⁵O⁴,HO). Il donne des sels de la couleur du safran. Il se produit accidentellement dans la préparation du potassium, quand on calcine un mélange de charbon et de carbonate de potasse. Il a été découvert par M. Léopold Gmelin.

CROCUS, nom latin du *Safran*, genre de plantes bulbeuses de la famille des Iridées. *Voy.* SAFRAN.

Les anciens chimistes nommaient *Crocus metallorum* (*Safran métallique*) le protoxyde d'antimoine sulfuré, employé comme purgatif par les vétérinaires.

CROISADES (de *croix*, *croisé*), expéditions guerrières entreprises pour délivrer les lieux saints du joug des Infidèles; ceux qui y participaient portaient une *croix* sur leurs habits et sur leurs étendards : ce qui leur fit donner le nom de *Croisés*. Pour l'historique des *Croisades*, *Voy.* ce mot au *Dict. univ. d'Hist. et de Géogr.*

CROISÉ (de *croix*), se dit en Botanique d'une partie d'un végétal dont les divisions, au nombre de quatre, sont étalées en croix, comme les feuilles de la Véronique et les fleurs d'un grand nombre de plantes.

On appelle *tissus croisés* ceux qui se fabriquent à quatre marches, en sorte que les fils y sont beaucoup plus serrés que dans les étoffes qui ne se font qu'à deux marches. On distingue, parmi les tissus de soie, les *serges* et les *ras* de Saint-Maur; parmi les tissus de laine, les *ras*, les *ratines* et les *serges*; et parmi les tissus de coton et fil, les *basins* et les *futaines*.

CROISÉE. Ce mot désignait, au moyen âge, le montant et la traverse de pierre ou de bois en forme de *croix* qui se remarquait dans l'ouverture des fenêtres. Aujourd'hui, il est devenu synonyme de *fenêtres*; mais il désigne surtout le châssis en menuiserie garni de vitres qui la ferme. On distingue les *Cr. à coulisse*, presque abandonnées aujourd'hui; et les *Cr. à deux ventaux*, à grands ou à petits carreaux, carrées, cintrées, en ogive, etc.

CROISETTE, nom vulgaire de la *Crucianelle*.

CROISIÈRE, parage où s'établit un bâtiment croiseur, courant dans tous les sens, soit pour surveiller l'ennemi, soit pour atteindre au passage les bâtiments qu'il veut capturer, ou pour éclairer la route des bâtiments de commerce qu'il veut défendre contre les corsaires. — On appelle aussi *croisière* l'action de *croiser*, et même les bâtiments *croiseurs*.

CROISILLONS, pièces de bois ou de fer disposées en croix, en travers d'une baie ou d'un châssis de croisée, pour recevoir les vitres ou les vitraux.

CROISSANT (du latin *crescens*, même signification), nom donné à la figure qu'offre la lune, soit lorsqu'elle est nouvelle, soit lorsqu'elle est en *décours*. Elle ne montre alors qu'une petite partie de sa surface, recourbée et terminée par deux pointes ou *cornes* (*Voy.* LUNE).—Les anciens ornaient d'un croissant le front de Diane ou Phœbé, déesse de la lune; les dames romaines en décoraient aussi leur coiffure. Le croissant était l'emblème de Byzance; c'est encore aujourd'hui celui de l'empire ottoman.

On appelle aussi *croissant* une espèce de faucille en forme d'arc et placée au bout d'un long manche, dont on se sert pour tailler les parties les plus élevées des arbres.

Les Vétérinaires donnent ce nom à une tumeur de la sole qu'on observe souvent chez les chevaux affectés de fourbure.

CROIT, c.-à-d. accroissement, produit, augmentation d'un troupeau par la naissance des petits. — On appelle *bail à croît* un bail de bétail fait à charge d'en partager le produit ou l'augmentation. On le nomme aussi, mais abusivement, *bail à cheptel*.

CROIX (du latin *crux*, même signification), instrument de supplice usité chez les anciens, et sur lequel on attachait les malfaiteurs pour les y faire mourir, était composé de deux pièces de bois se coupant à angles droits. A Rome, la croix était le supplice des voleurs, des esclaves et des déserteurs. — C'est sur la *croix* que le divin Sauveur a voulu mourir pour notre rédemption. Constantin, après avoir embrassé la foi, défendit, par respect pour Jésus-Christ, d'infliger à l'avenir aux criminels le supplice de la croix. — On donne le nom de *mystère de la croix* à la mort soufferte par J.-C. sur la croix, et celui de *vraie croix* au bois sacré sur lequel s'est opéré ce mystère. Retrouvé par sainte Hélène, mère de Constantin, ce bois a été depuis conservé religieusement et distribué par parcelles à toutes les nations de la terre. L'Église fête le 3 mai l'*Invention de la sainte Croix* par sainte Hélène, et le 14 septembre, l'*Exaltation de la sainte Croix*, en mémoire de ce qu'Héraclius rapporta sur le Calvaire en 642 la vraie croix que Chosroès, roi des Perses, avait enlevée 14 ans auparavant.

Sous le rapport de la forme, on distingue différentes sortes de croix : la *Cr. latine*, †, dont la branche horizontale est plus petite que la tige verticale, et est placée au tiers de la hauteur : c'est la plus connue; la *Cr. grecque*, +, dont les quatre bras sont égaux et se coupent à angles droits; la *Cr. de Malte* ou *de Jérusalem*, ✚, à branches égales, comme la croix grecque, mais dont les branches sont pattées et échancrées; la *Cr. de Saint-André*, en forme d'X; la *Cr. de Lorraine*, ╪, à deux traverses.

Dans le Blason, la *croix* figure au premier rang parmi les pièces honorables. On y distingue, outre les croix précédentes, les croix dites *potencée*, *pattée*, *ancrée*, *anilée*, *cantonnée*, *dentelée*, *crénelée*, *fleur-de-lisée*, etc. On donne également le nom de *croix* à la réunion du *pal* et de la *fasce*.

On nomme aussi *croix* la décoration, ordinairement en forme de croix ou d'étoile, qui distingue les membres de divers ordres : on la porte soit au cou, soit sur l'habit, attachée avec un ruban, soit en écharpe. Dans plusieurs ordres, comme dans la Légion d'honneur, les plus hauts dignitaires portent le nom de *grand-croix*. — La *Croix pectorale* est celle que les évêques portent sur la poitrine, comme marque de leur dignité.

Autrefois, dans les monnaies, on nommait *croix* un des côtés de la pièce (celui où est aujourd'hui la *figure* ou *face*), parce que jadis on y figurait une croix; l'autre côté était appelé *pile*. *Voy.* ce mot.

En Botanique, on appelle *Croix de Jérusalem*, de *Malte* ou *de Chevalier*, le *Lychnis Chalcedonica* (V. LYCHNIDE); *Croix ou Lys de Saint-Jacques* ou *de Calatrava*, une belle espèce d'*Amaryllis* (A. *formosissima*); *Cr. de Lorraine*, un *Cactus* épineux.

En Astronomie, on nomme *Croix du Sud*, une constellation australe qui contient 17 étoiles. C'est par le moyen de 4 des étoiles de cette constellation que les navigateurs trouvent le pôle sud.

CROMLECH, monument druidique formé de plusieurs grosses pierres rangées en cercle autour d'une pierre plus élevée qui est posée debout. On suppose qu'ils servaient à des réunions religieuses.

CROMORNE (de l'allem. *krump-horn*, cor tordu), instrument à vent assez employé aux XVᵉ et XVIᵉ siècles, mais dont l'usage est abandonné depuis longtemps : il était fermé par le bas, et le son ne sortait que par deux trous. — On donne aujourd'hui le même nom à un jeu d'orgue composé de tuyaux cylindriques à anches. Il a quelque rapport pour le son avec celui du violoncelle.

CRONE, espèce de grue qui sert dans les ports de mer pour charger et décharger les navires.

CROQUIS. *Voy.* ESQUISSE.

CROSSE (de *croc*, ou de *crux*), bâton pastoral des évêques et autres prélats : c'est le symbole de la correction épiscopale. Dans l'origine, la crosse était un simple bâton sur lequel s'appuyait l'évêque à cause de son grand âge; dans la suite, ce bâton s'allongea et se courba par le haut en forme de houlette. Pendant longtemps la crosse a été de bois; aujourd'hui elle est d'argent ou d'or.

Les Anatomistes donnent ce nom aux courbures artérielles en forme de crosse : telle est la *Cr. de l'aorte.*

CROSSETTE. On nomme ainsi, en Agriculture, toute branche de vigne, de figuier, de saule, etc., en forme de petite *crosse*, à laquelle on laisse, en la taillant, un peu de bois de l'année précédente, pour faire des boutures. — En Architecture, c'est la partie d'un voussoir qui est prolongée horizontalement au delà du joint de la voûte, ou la partie des lits de pierres taillée perpendiculairement au couronnement.

CROTALAIRE (de *crotale*, serpent à sonnettes), *Crotalaria*, genre de plantes de la famille des Légumineuses, section des Papilionacées, tribu des Lotées. Ce sont des plantes herbacées ou ligneuses, habitant les régions voisines des tropiques. On en cultive quelques espèces en France. La *Cr. pourpre*, originaire du Cap de Bonne-Espérance, a été apportée en Europe en 1792 : ses feuilles sont d'un beau vert; ses fleurs pourprées, grandes, en grappes; ses fruits sont des légumes ovales, d'un vert foncé, renflés; ils renferment plusieurs graines brunes, réniformes, qui, par l'agitation, produisent un bruit que l'on a comparé à celui du *Crotale* ou Serpent à sonnettes.

CROTALE, *Crotalon*, instrument de percussion des anciens, était composé de deux pièces de fer ou de bronze ressemblant assez à deux écuelles, fort épaisses et peu concaves. On en jouait de la même manière que des cymbales. Les Corybantes, les Bacchantes en faisaient usage. — Nom scientifique du *Serpent à sonnettes*, qui fait entendre un bruit analogue à celui du *Crotale* des anciens. *Voy.* ce mot.

CROTON, genre de la famille des Euphorbiacées, renferme des arbrisseaux, des sous-arbrisseaux et des herbes à fleurs unisexuées, monoïques ou dioïques : les fleurs mâles ont 5 pétales; les fleurs femelles n'en ont pas; les feuilles sont couvertes tantôt d'écailles argentées ou dorées, tantôt de poils en étoiles. Toutes les espèces appartiennent aux régions équatoriales. Le *Cr. porte-laque (Cr. lacciferum)* est un arbre de Ceylan, qui distille une laque très-belle, avec laquelle les habitants vernissent de petits meubles. Le *Cr. sebiferum*, ou *Arbre à suif*, fournit aux Chinois la matière de leurs chandelles; on obtient cette substance par l'ébullition de ses graines dans l'eau. Le *Cr. porte-encens (Cr. balsamiferum)* laisse suinter autour de son écorce une matière semblable à de l'encens. Le *Cr. sanguifluum* fournit une espèce de *sang-dragon*. Le *Cr. tinctorium*, ou *Tournesol des teinturiers*, donne la matière colorante nommée *tournesol*. Le *Cr. tiglium*, et surtout ses graines, connues sous les noms de *Pignon d'Inde* (*Iatropha Curcas*), de *graines des Moluques* ou de *Tilly*, sont imprégnés d'une matière oléagineuse très-âcre; cette plante fournit le *Bois des Moluques*, employé comme émétique et purgatif, et l'*huile de croton*, purgatif très-fort à faible dose : cette propriété est due à un principe de nature résineuse qu'on a proposé de nommer *tigline* ou *crotonine*. L'écorce du croton est un succédané du quinquina.

CROUP (de l'écossais *crowp*), dit aussi *angine trachéale* ou *membraneuse*, variété de laryngite aiguë, commune chez les enfants, est caractérisée par la production assez rapide de fausses membranes dans les voies aériennes. Le croup s'observe surtout pendant l'hiver et au commencement du printemps, dans les lieux bas, humides et froids, dans les cités populeuses et les quartiers malsains. Il affecte surtout les garçons de deux à huit ans, et d'un tempérament sanguin-nerveux. Il peut être *sporadique, épidémique* et *endémique*; il peut devenir *contagieux*. Tantôt la maladie débute par un mal de gorge avec gonflement et sensibilité des glandes sous-maxillaires; tantôt elle éclate subitement : l'enfant se sent réveillé la nuit par un accès de toux violent avec suffocation : cette *toux*, dite *croupale*, est rauque et bruyante; elle fait entendre un son particulier que l'on a comparé à la voix d'un jeune coq; la face est rouge et gonflée, le pouls fréquent; la tête se renverse en arrière par l'effet de la suffocation; la toux et le vomissement expulsent des mucosités épaisses, filantes, mêlées de lambeaux membraneux; la respiration devient convulsive, sifflante, suffocante; enfin, si l'on ne peut arrêter les progrès du mal, il y a suppression de l'expectoration, aphonie complète, pouls rapide et très-petit, sueur froide, refroidissement et lividité des extrémités, abattement comateux, mort par asphyxie. La durée ordinaire du croup est de 4 à 5 jours. Il est le plus souvent mortel; on l'a vu emporter le malade en moins de 12 heures. — L'autopsie fait ordinairement reconnaître une fausse membrane grisâtre, plus ou moins étendue, qui tapisse la membrane muqueuse des voies respiratoires, dont elle n'est qu'une sécrétion anormale, et qui intercepte le passage de l'air.

Le croup exige un traitement très-actif : on a d'abord recours à l'application des sangsues au cou, et même à la saignée du bras; on administre ensuite un vomitif à haute dose afin de faciliter le décollement et l'expulsion des fausses membranes. On y joint les laxatifs, tel que le calomel, des frictions mercurielles sur les côtés du cou, sous les aisselles; des boissons adoucissantes, pectorales; des lavements émollients, et, contrairement au préjugé vulgaire, des bains chauds prolongés pour calmer les accidents spasmodiques. On trouve d'utiles auxiliaires, comme dérivatifs, dans les sinapismes appliqués sur les membres inférieurs, dans les vésicatoires volants posés à la nuque ou entre les épaules; des frictions sur ces régions avec la pommade ammoniacale, la pommade stibiée, l'huile de croton. M. Guersant a conseillé d'agir en outre sur la fausse membrane elle-même, en portant jusque sur la glotte une petite éponge imbibée d'une solution concentrée de nitrate d'argent et d'un mélange de miel rosat et d'acide chlorhydrique. M. Bretonneau, de Tours, pratique des insufflations avec la poudre d'alun calciné; comme dernière ressource, il a conseillé et pratiqué avec succès la *trachéotomie*.

Le croup ayant enlevé en 1807 le jeune Louis Bonaparte, fils du roi de Hollande, Napoléon proposa un prix de 12,000 fr. au meilleur ouvrage qui serait publié sur ce sujet : le prix fut remporté par Royer-Collard. M. Double, en 1812, M. Bretonneau, en 1826, ont publié des *Traités* estimés *sur le Croup.*

CROUPE, partie du cheval, qui s'étend depuis la région lombaire jusqu'à l'origine de la queue; elle est formée par les trois muscles fessiers. On nomme *croupe avalée* celle qui tombe trop tôt; *croupe croupée*, celle qui, regardée de profil, est étroite et peu arrondie; *croupe tranchante*, celle d'un cheval qui a les cuisses par trop aplaties.

CROUPIER (qui monte en *croupe* avec quelqu'un, c.-à-d. associé), nom donné, dans les maisons de jeu, aux individus qui assistent le banquier, l'avertissent des cartes qui passent, qui payent les joueurs, et retirent avec un râteau ce que ceux-ci ont perdu.

Il y a aussi à la Bourse des *croupiers*, agents subalternes au service des agents de change.

CROUPIÈRE (de *croupe*), lenge de cuir rembour-

29

rée et attachée à la selle ou au bât, que l'on pose sous la queue d'un cheval, d'un mulet, etc. Cette partie du harnais a pour effet d'empêcher que le cheval, en marchant, ne fasse trop remonter la selle ou le harnais, ce qui gênerait le mouvement des épaules.

Dans la Marine, on appelle *croupière*, un grelin attaché d'un bout au câble de l'ancre et passant par un des sabords de l'arrière, afin de tenir le vaisseau arrêté par son arrière et de l'empêcher de se tourmenter.

CROUPION, extrémité postérieure du tronc chez les oiseaux, correspond aux dernières vertèbres sacrées et à celles du coccyx, dont la dernière, assez semblable à un soc de charrue, supporte les plumes de la queue. La pointe charnue du croupion renferme des glandes sécrétant une humeur grasse, avec laquelle les oiseaux lustrent leur plumage pour l'empêcher de se laisser pénétrer par l'humidité.

CROUTE (du latin *crusta*, enveloppe extérieure). En Médecine, on appelle vulgairement *croûtes*, de petites plaques formées sur la peau ou à l'origine des membranes muqueuses par une humeur purulente desséchée et solidifiée, telles que les *Cr. varioleuses*, les *Cr. vaccinales*, les *Cr. dartreuses*, etc. On nomme *Cr. de lait*, une éruption exanthématique qui occupe particulièrement le cuir chevelu et le visage, chez les enfants à la mamelle.

CROWN c.-à-d. *couronne*, monnaie d'argent usitée en Angleterre, vaut 5 schellings. Le *crown ancien* vaut 6 fr. 18 cent. de notre monnaie; le *crown nouveau* (depuis 1818) vaut 5 fr. 80 cent. 72 centièmes; le *demi-crown* vaut 2 fr. 90 cent. 36 centièmes.

CROWN-GLASS, mot anglais qui signifie *verre à couronne*, verre supérieur; se dit d'un verre de très-belle qualité, composé d'un silicate à base de potasse de soude et de chaux, et qu'on emploie particulièrement pour la fabrication des lunettes achromatiques. M. Bontemps, de Choisy-le-Roi, à qui l'on doit des perfectionnements dans la préparation de ce verre, emploie les matériaux suivants : 120 kilogr. de sable blanc, 35 kilogr. de carbonate de potasse, 20 kilogr. de carbonate de soude, 15 kilogr. de craie, et 1 kilogr. d'acide arsénieux. *Voy.* CRISTAL.

CRUCIAL (du latin *crux*, croix), qui a la forme d'une croix. On nomme *incision cruciale* une incision en forme de croix, qu'on pratique avec le bistouri.

CRUCIANELLE, vulgairement *Croisette*, genre de la famille des Rubiacées, tribu des Galliées, renferme des plantes herbacées, annuelles ou vivaces, à tiges anguleuses, à feuilles étroites, à fleurs en croix, petites et à épis simples, rarement en corymbe. Les Crucianelles croissent en Europe, dans le voisinage de la Méditerranée. La France en possède 4 espèces : les *Cr. maritima, monspeliaca, angustifolia* et *latifolia*; elles ne sont d'aucun emploi.

CRUCIFÈRES (de *crux*, croix, et *fero*, porter, à cause de la disposition de leurs pétales), famille de plantes Dicotylédonées, à fleurs polypétales et à étamines hypogynes. Elle forme la 5e classe de Tournefort sous le nom de *Cruciformes*, et la 15e classe de la *Tétradynamie* de Linné. La corolle des fleurs a 4 pétales en croix; 6 étamines, dont 4 plus grandes que les deux autres. Cette famille renferme des plantes herbacées, à racine perpendiculaire, tantôt grêle, tantôt épaisse et charnue, à feuilles alternes, à fleurs disposées en grappes simples, les unes opposées aux feuilles, les autres terminales. Le fruit est tantôt allongé, comprimé, cylindrique ou quadrangulaire (*silique*), tantôt moins long que large et globuleux ou comprimé (*silicule*). Toutes ces plantes renferment dans leurs diverses parties une huile volatile âcre, irritante, et ont des propriétés antiscorbutiques; en outre, plusieurs renferment des fluides mucilagineux et sucrés, que la culture rend assez abondants pour que ces plantes deviennent alimentaires. La famille des Crucifères se divise en 21 tribus comprenant plus de cent genres, la plupart croissant en Europe; les principales tribus sont : les *Arabidées*, les *Alyssinées*, les *Thlaspidées*, les *Sisymbriées*, les *Camélinées*, les *Lépidinées*, les *Isatidées*, les *Brassicées*, les *Raphanées*, et les *Héliophilées*. C'est à cette famille qu'appartiennent le *cresson*, la *moutarde*, le *chou*, le *navet*, le *radis*, le *colza*, la *navette*, la *giroflée*, etc.

CRUCIFIEMENT, mise en croix. Ce mot rappelle tout spécialement le principal et dernier épisode de la Passion de Jésus-Christ. Le *Crucifiement* a exercé le génie d'un grand nombre d'artistes et a inspiré à la peinture plusieurs de ses chefs-d'œuvre : on cite surtout les tableaux de Mantegna, de Raphaël, de Rubens, de Van Dyck, du Poussin, de Vouet, de P. Guérin.

CRUCIFIX, croix à laquelle est attachée la figure ou l'image de Jésus-Christ. Ce n'est que depuis le VIIe siècle que cette effigie est universellement adoptée comme symbole du chrétien : ce fut le 6e concile œcuménique, tenu à Constantinople, qui ordonna de représenter Jésus sous la figure humaine et attaché à la croix. Le plus ordinairement, la croix des crucifix est en bois et le corps en bronze; on en fait aussi en ivoire, en argent, en or ou en toute autre matière. On met des crucifix dans les églises, à l'entrée du chœur et sur les autels où l'on dit la messe; on en place aussi dans les oratoires, les salles d'étude, les tribunaux. Les religieuses et beaucoup de fidèles en portent sur la poitrine.

CRUCIFORME, se dit, en Botanique, de la disposition en forme de croix de la corolle lorsqu'elle a quatre pétales opposés deux à deux par leur base. Tournefort avait créé une famille de *Cruciformes* qui correspond à la famille des *Crucifères*. V: ce mot.

CRUOR (c.-à-d. *sang*). Ce mot latin francisé a été employé par les médecins, pour désigner tantôt le sang extravasé à la suite d'une contusion, d'une chute, d'une blessure, tantôt la matière colorante du sang, tantôt le caillot lui-même.

CRUPINE, *Crupina*, genre de la famille des Composées, tribu des Centauriées, dans lequel la graine est attachée immédiatement par sa base, et l'aigrette se compose d'un rang extérieur d'écailles imbriquées, minces et plumeuses, et d'écailles intérieures plus courtes et tronquées. La Crupine se trouve dans le midi de la France. Ses fleurs sont purpurines. Elle est cultivée dans les jardins.

CRURAL (de *crus*, jambe), nom donné, en Anatomie, aux parties qui appartiennent à la cuisse. On appelle *arcade crurale* ou *inguinale* (vulgairement *ligament de Fallope* ou *de Poupart*) un repli très-fort et très-résistant, formé par le bord inférieur de l'aponévrose du muscle grand oblique de l'abdomen; — *canal crural* ou *fémoral*, un canal aponévrotique qui se prolonge sur les vaisseaux iliaques à la partie antérieure et interne de la cuisse; — *artère crurale*, une artère qui fait suite à l'iliaque externe et qui se termine inférieurement à l'artère poplitée; — *nerf crural*, un nerf fourni par le plexus lombaire, et qui se divise à la cuisse en rameaux *cutanés* (qui se distribuent aux téguments de la partie antérieure et interne de la cuisse) et en rameaux *musculaires*.

CRUSTACÉ (du latin *crusta*, croûte, enveloppe), nom donné aux corps organisés couverts de croûte. En Botanique, ce mot désigne les parties qui sont dures, fermes et fragiles, ou les plantes étendues sur les corps en forme de croûte mince. Schultz a nommé *crustacés* les lichens affectant la forme de croûte.

CRUSTACÉS, classe d'animaux articulés, invertébrés, à pieds articulés, et respirant par des branchies; ils sont couverts d'une croûte calcaire qui leur a fait donner leur nom. Ils ont le sang blanc. Leur circulation est double : le sang, en sortant de l'organe respiratoire, se rend dans un grand vaisseau vertical qui le distribue à tout le corps, d'où il revient à un cœur formé d'un seul ventricule situé dans le dos; de là le cœur le renvoie aux branchies. Ils ont des pattes articulées, au nombre de cinq ou sept paires.

L'épiderme durci qui forme leur squelette extérieur se renouvelle à certaines époques pendant tout le temps de leur croissance. Ils ont des yeux multiples, formés d'un grand nombre de petites facettes hexagonales ou carrées. Leur bouche est armée de plusieurs mâchoires, souvent au nombre de six paires. Les crustacés sont très-carnassiers. Ils habitent toutes les mers, les creux des rochers, les eaux douces, les arbres, ou sont parasites. Leur chair est peu nutritive et difficile à digérer. Les Crustacés sont ovipares ou ovovivipares. — On divise les Crustacés en deux sous-classes : les *Malacostracés* et les *Entomostracés* : la première comprend cinq ordres : *Décapodes*, *Stomapodes*, *Amphipodes*, *Lœmodipodes* et *Isopodes*; la deuxième comprend les *Branchiopodes* et les *Pœcilopodes*. C'est à cette classe d'animaux qu'appartiennent les *Écrevisses*, les *Homards*, les *Crabes*, les *Crevettes*, les *Cloportes*, etc. Les *Crustacés* fossiles se nomment *Crustacites*. On doit à MM. Bosc et Desmarets et à M. Milne-Edwards des ouvrages classiques sur les Crustacés.

CRUSTODERMES, nom donné par M. de Blainville aux poissons Branchiostéges, à cause de l'enveloppe dure qui les recouvre.

CRUZADE (du portugais *cruz*, croix), monnaie du Portugal. L'ancienne *cruzade d'or* de 480 reis valait 3 fr. 30 cent.; la *cruzade neuve d'argent*, de 480 reis aussi, vaut 2 fr. 90 cent.

CRYPTE (du grec *kryptos*, caché), nom donné, dans les premiers siècles du christianisme, aux lieux cachés et souterrains où se retiraient les chrétiens pour célébrer leurs mystères (*V.* CATACOMBES). — On donne aussi ce nom aux chapelles et aux églises souterraines placées dans quelques-unes de nos églises.

En Géologie, on nomme *cryptes* des galeries souterraines plus ou moins étendues, qui paraissent, pour la plupart, avoir été creusées par des hommes.

En Anatomie, on nomme *cryptes* ou *follicules* des petits corps arrondis ou lenticulaires, creux, situés dans l'épaisseur de la peau ou des membranes muqueuses, et versant habituellement à leur surface des liquides de diverse nature qu'ils sécrètent, et qui s'échappent de leur cavité par une ouverture étroite. Ces liquides entretiennent la souplesse, l'humidité de la peau, et la préservent de l'action irritante des corps avec lesquels elle doit se trouver en contact.

CRYPTES, genre d'insectes Hyménoptères de la famille des Pupivores, tribu des Ichneumonides. Ces insectes, très-petits, vivent, pour la plupart, à l'état de larve dans les œufs des autres insectes, ou dans le corps des pucerons. Les larves du *Cr. globuleux* forment une agglomération de coques attachées aux graminées, qui atteignent jusqu'à 3 centimètres.

CRYPTOBRANCHE (du grec *kryptô*, cacher, et *brachia*, branchies), nom donné par M. de Blainville à un ordre de poissons osseux *à branchies sans opercules*, mais pourvus d'une membrane branchiostége; il comprend les genres *Styléphore* et *Mormyre*.

CRYPTOGAMES (du grec *kryptos*, caché, et *gamos*, mariage), nom donné par Linné aux plantes qui ont les organes sexuels peu apparents ou cachés, non distincts pour les deux sexes, ou du moins dans lesquels la forme des organes diffère beaucoup des étamines et des pistils des autres plantes. Jussieu les a désignées sous le nom d'*Acotylédones*, Richard sous celui d'*Inembryonées*, Necker sous celui d'*Agames*.

CRYPTOGAMIE, 24e classe du système sexuel de Linné, renferme les plantes *cryptogames*.

CRYPTOGRAPHIE (du grec *kryptos*, caché, et *graphô*, écrire), art de correspondre secrètement au moyen de chiffres, de lettres ou de signes convenus entre les parties intéressées. On y emploie des chiffres *à simple clef* ou *à double clef* (*Voy.* CHIFFRE), des *nulles*, c.-à-d. des syllabes ou des phrases insignifiantes, entremêlées aux caractères significatifs, et quelquefois une *grille* : c'est un carton bizarrement découpé à jour, qui, posé sur la missive au juste point, ne laisse apparents que les caractères nécessaires, et masque tous ceux de pur remplissage qui ont été ajoutés par l'expéditeur après qu'il a écrit, au moyen d'une même grille, les caractères essentiels. On a beaucoup de traités de Cryptographie, notamment la *Polygraphie* et la *Stéganographie* de l'abbé Trithème, Cologne, 1635; le *Traité des chiffres* de Blaise de Vigenère, 1586, in-4; *De occultis litterarum notis* de J.-B. Porta (Strasbourg, 1626), contenant 180 manières de cacher sa pensée dans l'écriture; la *Cryptographie* de J.-R. du Carlet, 1644, in-12; l'*Interprétation des chiffres* du P. Nicéron, 1641, in-8.

CRYPTONYME (du grec *kryptos*, caché, et *onoma*, nom), auteur qui cache son nom. Ce mot s'applique également aux *Anonymes* et aux *Pseudonymes*.

CRYPTOPODES (du grec *kryptos*, caché, et *pous*, *podos*, pied), tribu de Crustacés établie par Latreille dans l'ordre des Décapodes, famille des Bachyures, renferme les genres *Calappe* et *Œthre*. Ils ont un test demi-circulaire, en voûte, avec les angles postérieurs dilatés de chaque côté et recouvrant les quatre dernières paires de pieds dans leur contraction.

CRYSTAL, CRYSTALLIN, etc. *V.* CRISTAL, CRISTALLIN.

CTENES (du grec *kténos*, peigne), *Ctenus*, genre d'Arachnides pulmonaires de la famille des Fileuses, tribu des Citigrades. Il se compose de grandes espèces d'aranéides répandues en Europe, en Asie et en Afrique. Ce genre a pour type le *Ct. bordé* du Cap de Bonne-Espérance. On en trouve aux environs de Paris.

CUBAGE ou CUBATURE DES SOLIDES, opération qui consiste à évaluer en mètres cubes, décimètres cubes, centimètres cubes, etc., le volume d'un corps, la capacité d'un vase ou l'étendue d'un espace quelconque. Le procédé général consiste à ramener le volume ou la portion d'espace qu'il s'agit de cuber à l'une des formes géométriques que l'on sait cuber exactement. Les principales sont le *parallélipipède*, qui a pour mesure le produit de ses trois dimensions; le *prisme*, qui a pour mesure le produit de sa base par sa hauteur; la *pyramide*, qui a pour mesure le produit de sa base par le tiers de sa hauteur; le *cylindre*, qui a pour mesure le cercle qui lui sert de base multiplié par sa hauteur; le *cône*, qui a pour mesure le cercle qui lui sert de base multiplié par le tiers de sa hauteur; la *sphère*, qui a pour mesure sa surface multipliée par le tiers du rayon, ou bien encore le cube du rayon multiplié par les 4/3 de 22/7, rapport de la circonférence au diamètre. Dans le cubage des bois de chauffage, le mètre cube, qui sert d'unité, porte le nom de *stère*; ses multiples sont le *décastère* et l'*hectostère*.

Pour le cubage des tonneaux, *Voy.* JAUGEAGE.

CUBE (du grec *cubos*, dé à jouer), corps solide, régulier, terminé par six faces carrées, égales entre elles, et dont tous les angles sont droits; on le nomme aussi *hexaèdre*. — La forme cubique se rencontre fréquemment dans les cristaux : elle est généralement considérée comme la forme primitive des cristaux appartenant au premier système cristallin.

Le problème de la *duplication du cube*, c'est-à-dire de la construction d'un cube double en volume d'un cube donné, est célèbre dans l'histoire de la science. On s'en occupa surtout beaucoup au temps de Platon. La tradition rapporte qu'une peste ravageant l'Attique, l'oracle de Délos, consulté sur les moyens d'apaiser les dieux, répondit : *Doublez l'autel.* On supposa que l'autel désigné par l'oracle était celui d'Apollon à Athènes, dont la forme était exactement cubique. On construisit donc un nouvel autel, en doublant les côtés de l'ancien; mais on obtint ainsi un cube non pas double, mais octuple. Le fléau ne cessa pas, et l'oracle, consulté de nouveau, répondit qu'on avait mal interprété sa réponse. On soupçonna dès lors qu'il s'agissait de la duplication géométrique de l'autel, et tous les géomètres de la Grèce furent appelés à trouver la solution du problème, mais ce fut sans succès. Il est reconnu aujourd'hui qu'il en est de ce problème comme de ceux de la quadrature du cercle et de la trisection de l'angle, qu'il est impossible de réaliser par la règle et le compas. Ce problème intéresse néanmoins l'histoire de la science par les découvertes auxquelles il a donné lieu, telles que celle de certaines courbes, de la conchoïde, de la quadratrice, etc.

En Arithmétique et en Algèbre, *cube* se dit d'un nombre formé par l'élévation d'un autre nombre à la troisième puissance : ainsi, par exemple, 27 est le cube de 3, c'est-à-dire qu'il est égal à $3 \times 3 \times 3$. On appelle *racine cubique* le nombre qui a été ainsi multiplié ; ici, par exemple, c'est le nombre 3.

Voici les cubes des nombres de 1 à 10 :

Racines cub.	1,	2,	3,	4,	5,	6,	7,	8,	9,	10
Cubes.	1,	8,	27,	64,	125,	216,	343,	512,	729,	1000

Le cube d'un nombre entier, composé de dizaines et d'unités, contient quatre parties, savoir : le cube des dizaines, le produit de trois fois le carré des dizaines par les unités, le produit de trois fois les dizaines par le carré des unités, et le cube des unités. On exprime ce principe en algèbre par la formule $(a+b)^3 = (a^3 + 3a^2b + 3ab^2 + b^3)$. Ainsi, 262144, cube de 64, est composé de 216000, cube des 6 dizaines ; de 3 fois 3600, carré des 6 dizaines multiplié par les 4 unités, ou 43200 ; de 3 fois les 6 dizaines multipliées par 16, carré des 4 unités, ou 2880, et enfin de 64, cube des 4 unités. Le cube d'une *fraction* s'obtient en élevant séparément au cube le numérateur et le dénominateur. Pour obtenir le cube d'un *nombre décimal*, il suffit de former le cube du nombre entier qui résulte de la suppression de la virgule, et de séparer ensuite, sur la droite du cube, 3 fois autant de décimales qu'il y en a dans le nombre proposé.

CUBÈBE, fruit d'une espèce de Poivrier (*Piper cubeba*), qui croît dans les Indes Orientales. Il est plus gros que le poivre ordinaire, brun à l'extérieur, blanchâtre et huileux à l'intérieur, d'une odeur aromatique particulière, d'une saveur chaude, âcre et piquante. Le cubèbe jouit de propriétés excitantes assez marquées ; il agit puissamment sur les membranes muqueuses, particulièrement sur l'appareil génito-urinaire. On l'emploie avec succès dans le traitement de plusieurs maladies. Vauquelin en a extrait une huile volatile presque concrète, de la gomme, quelques sels, une matière extractive et une résine analogue à celle du copahu.

CUBIQUE, qui est de la nature du cube. On dit *puissance cubique* et *racine cubique*, dans le même sens que troisième puissance, racine troisième (*Voy.* PUISSANCE et RACINE). Une *équation cubique* est une équation du troisième degré.

CUBISTIQUE, danse antique. *Voy.* CYBISTIQUE.

CUBITAL (du latin *cubitus*), qui a rapport au coude, à l'os *cubitus* ou à la partie interne de l'avant-bras où se trouve cet os. Il y a une *artère cubitale*, un *nerf cubital*, deux *muscles cubitaux*, plusieurs *veines cubitales*, etc.—L'os cubital, os du carpe, est plus connu sous le nom de *pyramidal*.

CUBITUS, mot latin qui signifie *coude*, est, depuis Celse, employé en Anatomie pour désigner celui des deux os de l'avant-bras dont une extrémité forme, dans la flexion, la saillie que nous appelons *coude*. Le *cubitus* occupe la partie interne de l'avant-bras ; il s'articule avec la tête du *radius*.

CUBOÏDE, qui a la forme d'un cube, nom donné, en Anatomie, à un os court et cubique, situé à l'os court et cubique, situé à la partie antérieure et supérieure du tarse, s'articulant en arrière avec le calcanéum, par devant avec les 4e et 5e os du métatarse, et en dedans avec le 3e os cunéiforme, quelquefois aussi avec le scaphoïde. Sa face supérieure est aplatie, et répond

au dos du pied ; l'inférieure est creusée d'une coulisse oblique pour recevoir le tendon du muscle long péronier latéral.

CUCIFÈRE (de *cuci*, nom donné par les anciens au fruit de cet arbre), *Hyphæne thebaica*, le *Doum* des Arabes, espèce d'arbre de la famille des Palmiers, dont on a fait le genre Hyphæne, voisin du genre Chamœrops, s'élève à une hauteur de 10 m. sur 1 m. de circonférence. Ses feuilles, groupées en faisceaux, sont palmées, longues de plus de 2 m. et composées de plusieurs folioles. Ses fleurs, dioïques et disposées en grappes, donnent naissance à une drupe sec, à tissu fibreux et à noyau osseux : ce fruit, appelé par les anciens *cuci* ou *kouki*, n'est d'aucun usage. Le bois de ce palmier, plus dur que celui du dattier, est employé à faire des planches. — Le Cucifère, dont la description avait été donnée par Théophraste, a été longtemps inconnu des modernes, et n'a été retrouvé que par les savants de l'expédition d'Égypte.

CUCUBALUS (pour *Cacobalus*, de *kakos*, mauvais, et *balos*, jet), genre de plantes de la famille des Caryophyllées, séparé du genre Silène, dont il ne diffère que par la gorge nue de sa corolle. Le *C. baccifère*, dit aussi *C. behen*, vulgairement *Carnillet*, est une plante herbacée, remarquable par ses hautes tiges à rameaux étalés, ses feuilles opposées, ses fleurs solaires blanchâtres, et surtout par son fruit qui est une capsule nue, globuleuse, en forme de baie et noirâtre. Cette plante croît dans les vignes et les taillis ; on la trouve par toute la France.

CUCUJE (de l'espagnol *cucujo*, insecte lumineux), genre de Coléoptères, de la famille des Xylophages, a pour type le *C. déprimé* qui se trouve en Suède et en Allemagne, et dont la tête, le prothorax et les élytres sont d'un brun rouge et le reste noir. Les autres espèces se trouvent surtout en Amérique. Ces insectes phosphorescents servent de parure aux dames du Pérou. On prétend qu'ils jettent assez de lumière pour permettre de lire les plus petits caractères.

CUCULÉS, CUCULIDES (du latin *cuculus*, Coucou), famille d'oiseaux grimpeurs, a pour type le Coucou.

CUCULLE (du latin *cucullus*, capuchon). Ce mot, qui désigne proprement une espèce d'habit religieux couvrant à la fois le corps et la tête, comme le froc des chartreux, a été donné à plusieurs genres d'insectes et de mollusques peu importants qui présentent une forme analogue au vêtement de ce nom.

CUCULLIFORME, qui a la forme d'un capuchon (*cucullus*) ou d'un cornet. Les Botanistes appliquent cette épithète aux diverses parties des plantes, telles que feuilles, spathes, pétales, etc., qui sont roulées en cornet ou en forme de capuchon. — On donne aussi ce nom au prothorax des insectes, quand il est élevé en forme de voûte et qu'il reçoit la tête.

CUCUMIS, nom latin du genre CONCOMBRE.

CUCURBITACÉES (du latin *cucurbita*, courge), famille de Dicotylédonées polypétales, renferme des plantes herbacées, en général annuelles, à tiges volubles ou rampantes, à feuilles souvent rudes ou couvertes de points calleux, et munies de vrilles simples ou rameuses ; à fleurs monoïques ou dioïques, qui ont un calice adhérent à l'ovaire, 5 étamines à anthères flexueuses, un ovaire uniloculaire, à placentaires pariétaux, 3 à 5 styles plus ou moins soudés ; les fruits, de forme variable et d'une grosseur souvent considérable, renferment une pulpe plus ou moins charnue ou succulente. Les *melons*, les *courges*, les *citrouilles*, les *concombres*, les *pastèques*, les *coloquintes* sont les principaux genres de cette famille : la plupart sont comestibles ; quelques-uns cependant contiennent un suc amer et nauséabond qui, pris à forte dose, est un violent drastique et peut même devenir un poison mortel. Les graines que fournissent les Cucurbitacées sont rangées parmi les *semences froides*.

CUCURBITE (de *cucurbita*, courge, à cause de sa

forme), partie de l'alambic dans laquelle on met les matières à distiller. *Voy.* ALAMBIC.

CUFFAT, sorte de tonne qui sert, dans les puits des mines, à transporter à la fois le minerai et les mineurs.

CUFIQUES, nom donné à d'anciens caractères arabes. *Voy.* KOUFA au *Dict. univ. d'Hist. et de Géogr.*

CUILLER ou CUILLÈRE (du latin *cochlear*). Outre l'ustensile de table de ce nom, dont l'usage ne remonte pas au delà du XIVᵉ siècle, on nomme ainsi divers ustensiles en forme de cuiller dont se servent les artisans, tels que les fondeurs, les scieurs de long, les saboliers, etc., pour les usages particuliers de leur art, ainsi que divers instruments de chirurgie, comme le *couteau en cuiller* de Fabrice de Hilden pour l'extirpation de l'œil, les *ciseaux à cuillers* de Louis, les *cuillers* du forceps.

On donne vulgairement le nom de *cuillers* à plusieurs coquillages appartenant au genre Cérite.

Herbe à cuillers. *Voy.* COCHLEARIA.

CUILLERON ou CUEILLERON (de *cuiller*), petite lame simple ou double, de forme demi-circulaire, imitant une coquille d'huître, qui existe à la base de l'aile de la plupart des Diptères, et qui aide au vol chez ces insectes. — Les Botanistes donnent aussi ce nom aux pétales ou à toute autre partie d'une fleur ou d'une plante qui a la forme d'une cuiller.

CUEILLETTE (de *cueillir*), récolte des fruits. On cueille au moment de leur complète maturité les fruits qui doivent être mangés aussitôt; pour ceux qui doivent être conservés, on les cueille dès qu'ils cessent de croître. Il faut choisir pour faire la cueillette un temps sec, un ciel sans nuage, et attendre que la chaleur du jour ait dissipé l'humidité du matin. Dans quelques pays on se sert communément, pour la *cueillette* des fruits, d'un crochet en fer emmanché d'une perche plus ou moins longue.

On appelle *droit de cueillette*, le droit qu'ont tous les hommes, dans l'état de nature, de participer à la jouissance des fruits de la terre.

CUIR (du latin *corium*), nom qu'on donne soit à la peau épaisse et presque dépourvue de poils qui recouvre certains mammifères, comme l'éléphant, le rhinocéros, l'hippopotame, soit aux peaux de bœufs, veaux, vaches, buffles, etc., privées de leur poil par le tannage et ayant subi diverses préparations pour être employées dans la sellerie, la cordonnerie et autres industries. La France ne produit point assez de cuirs pour sa consommation; elle est obligée d'en tirer de l'étranger. Les pays qui lui en fournissent le plus sont la Colombie, la Havane, Buénos-Ayres, le Cap-Vert, la Barbarie, le Sénégal, la Russie, l'Irlande, etc. Tous ces cuirs sont expédiés secs et en poils. Autrefois les cuirs anglais étaient les plus estimés; aujourd'hui les cuirs français leur font concurrence. Paris est le plus grand centre des industries qui se rattachent à la fabrication des cuirs (tanneries, corroieries, mégisseries, maroquinage, etc.).

Depuis le commencement de ce siècle, le commerce des cuirs s'est enrichi d'une nouvelle branche d'industrie, les *cuirs vernis*; les premiers se firent remarquer à l'exposition de l'an X (1802); aujourd'hui l'usage en est généralement répandu.

On appelle *Cuir de Bohême* ou *de Hongrie*, un cuir très-fort dans la préparation duquel on fait entrer du suif et de l'alun; *C. de Russie*, la peau de phoque tannée, ainsi qu'un cuir odorant préparé en Russie avec du bois de santal et corroyé avec une huile empyreumatique que fournit l'épiderme du bouleau: ce cuir, qui a une odeur toute particulière, passe pour être inattaquable aux vers et ne craint point l'humidité. On s'en sert pour la reliure des livres et pour les portefeuilles. Aujourd'hui on l'imite parfaitement en France et en Angleterre.

En Anatomie, on appelé *Cuir chevelu* la portion de la tête qui est couverte par les cheveux: le tissu en est plus doux, plus serré et plus compacte.

Le *Cuir à rasoir* est une bande de cuir préparée à l'huile et collée sur du bois; on l'enduit d'une pommade dure, mêlée de potée d'émeri, d'étain, d'acier, ou de rouge d'Angleterre, de poudre d'ardoise. On s'en sert pour aiguiser le fil des rasoirs.

CUIRASSE (de l'italien *corazza*, dérivé lui-même du latin *corium*, cuir), arme défensive d'un usage fort ancien. Il en est souvent question dans la Bible; les Perses s'en servaient, ainsi que les Grecs et les Romains. Selon Varron, les Gaulois seraient les premiers qui auraient porté des cuirasses en fer: avant eux, elles étaient en cuir, en feutre, en toile de lin, en lames ou en écailles d'airain ou de corne, etc. Abandonnée vers 380 par les Romains et les Byzantins, la cuirasse fut reprise par les Francs au commencement du IXᵉ siècle. Au XIᵉ, elle fit place à la cotte de mailles, qui elle-même fut remplacée au moyen âge par une cuirasse bien différente de la cuirasse antique: depuis le XIVᵉ siècle, en effet, la *cuirasse* fut un véritable corset en métal battu, formé de deux plaques distinctes, appelées l'une *plastron*, *pectoral*, *mammelière*; l'autre *dossière*, *huméral* ou *musquin*, et s'ajustant ensemble au moyen d'épaulières et de courroies latérales. Outre la cuirasse proprement dite, qui était portée par les hommes d'armes, il y avait le *hallecret*, cuirasse légère à l'usage des archers à pied, le *corcelet*, porté par les piquiers, etc. Les meilleures cuirasses étaient alors fabriquées à Milan. Alternativement prise et quittée dans nos armées, la cuirasse avait été abandonnée en 1775. Elle reparut pendant les guerres de la Révolution; elle est encore portée aujourd'hui par les *Cuirassiers* et les *Carabiniers*. *Voy.* ces mots.

En Histoire naturelle, on appelle cuirasses: 1° les plaques anguleuses et dures qui, dans certains poissons, comme les Loricaires, couvrent tout ou partie du corps; 2° l'enveloppe qui couvre le corps de certains infusoires.

CUIRASSIERS (de *cuirasse*), cavaliers armés d'une cuirasse, et qui, dans l'armée française, forment, avec les carabiniers, la grosse cavalerie ou cavalerie de réserve. Au moyen âge, tous les gens d'armes portaient la cuirasse, mais les premiers régiments de cuirassiers proprement dits furent formés en France en 1666. Supprimés 6 ans après, à l'exception d'un seul, ils n'ont été réorganisés tels qu'ils sont aujourd'hui qu'en 1808. On compte à présent 10 régiments de cuirassiers; leur uniforme est une cuirasse en *acier*, un casque à la romaine en *acier*, la crinière en *chenille noire*, le plumet droit en plumes de coq, *écarlate*, un habit *bleu* à boutons *blancs*, des épaulettes *écarlates*, le pantalon *garance* et la buffleterie *blanche*. Les six premiers régiments ont le collet, les parements, les retroussis et les passe-poils des devants de couleur distinctive (*écarlate*, *cramoisi*, *aurore*, *rose*, *jonquille* et *garance*), et le reste *bleu*. Les quatre derniers ont les parements, les passe-poils du collet, des devants, des retroussis, de la couleur distinctive des quatre premiers régiments; la patte du parement, les brides d'épaulettes et le passe-poil de parement, *bleu*.

CUISINE. *Voy.* CULINAIRE (ART).

CUISSARD, nom donné au moyen âge à la partie de l'armure qui couvrait la cuisse et qui formait le prolongement antérieur de la cuirasse. Les cuissards étaient formés de bandes de fer mobiles appelées *tassettes*, articulées comme l'enveloppe des crustacés, et appliquées sur une épaisse peau de buffle; ils ne couvraient ordinairement que le devant de la cuisse et venaient se joindre en bas à la genouillère. Les cuissards ont remplacé les chausses de mailles vers le commencement du XIIIᵉ siècle, et leur usage a cessé en France vers le règne de Henri III. Les Suisses en portaient encore au XVIIᵉ siècle.

CUISSART, instrument destiné à remplacer le membre inférieur après l'amputation. Il reçoit le moignon dans un cône creux, que l'on bourre pour rendre la pression moins douloureuse ; le sommet du cône se termine par un support en fer ou en bois destiné à poser sur le sol par son extrémité.

CUISSE (du latin *coxa*). La cuisse n'a qu'un seul os, le *fémur;* on y compte 21 muscles : 3 dans la région fessière (*grand*, *moyen* et *petit fessier*); 6 dans la région pelvi-trochantérienne (*obturateurs interne* et *externe*, *pyramidal*, *jumeaux supérieur* et *inférieur*, *carré crural*); 3 dans la région crurale antérieure (*couturier*, *droit antérieur*, *triceps crural*); 3 dans la crurale postérieure (*demi-aponévrotique*, *demi-tendineux*, *biceps crural*); 5 dans la crurale interne (*pectiné*, *droit interne*, *grand*, *moyen* et *petit adducteur*) ; 1 dans l'externe (*tenseur de l'aponévrose crurale*). — Chez les ruminants et les solipèdes, la partie qu'on nomme vulgairement *cuisse* est, à proprement parler, la jambe, l'os de la cuisse étant enveloppé dans la peau de l'abdomen et peu distinct en dehors de la hanche ; dans les animaux articulés, les insectes, les arachnides, les crustacés, on nomme cuisse l'article qui suit la hanche.

Cuisses du cerveau. Voy. MOELLE ALLONGÉE.

CUISSE-MADAME, nom vulgaire d'une poire longue et fondante qui est très-estimée.

CUITE. On nomme ainsi, dans les Arts céramiques, l'action de faire cuire de la porcelaine, de la faïence, des tuiles, des briques. *Voy.* ces mots.

CUIVRE (du latin *cuprum*, fait du grec *Cypros*, nom de l'île de Chypre, d'où l'on tirait autrefois le cuivre), corps simple métallique d'une belle couleur rouge ; il a une saveur sensible, et, lorsqu'il est frotté, il communique aux doigts une odeur désagréable et nauséabonde. Sa densité est d'environ 8,9. Il est plus fusible que l'or et moins que l'argent. C'est un des métaux les plus sonores, les plus ductiles et les plus malléables. Il se recouvre à l'air d'une légère couche verte, connue sous le nom de *vert-de-gris*, et composée de sous-carbonate de cuivre hydraté. Le contact avec des aliments acides ou gras le transforme aussi plus ou moins rapidement en un produit analogue. Lorsque le cuivre est en contact avec la flamme, il s'oxyde et lui communique une teinte verte.

Le cuivre se présente dans la nature sous les formes les plus variées, et constitue une vingtaine d'espèces minérales. Il est, après l'or, le métal qu'on rencontre le plus souvent à l'état natif : il est alors rouge, en masses dendritiques ou en cristaux. Le minerai de cuivre le plus abondant est le *cuivre pyriteux*, ou combinaison de cuivre, de soufre et de fer ; viennent ensuite le *cuivre carbonaté*, le protoxyde de cuivre ou *cuivre oxydulé*, le *cuivre arséniaté* et *phosphaté*, et le sulfure de cuivre plus ou moins argentifère appelé *cuivre gris*. Les pays les plus riches en mines de cuivre sont l'Angleterre, notamment le comté de Cornouailles; la Suède, l'Autriche, la Saxe, la Hongrie, la Transylvanie, en Europe; le Mexique, le Chili, le Brésil, dans le nouveau monde ; la Perse, le Japon, la Chine, la Sibérie, en Asie. En France, on ne connaît guère que les mines de Baigorry dans les Pyrénées, de Chessy et Saint-Bel près de Lyon, de Poullaouen et de Huelgoat, en Bretagne ; l'Algérie offre aussi quelques mines de cuivre. Nos usines de France ne produisent qu'environ 250,000 kilogr. sur les 6,000,000 de kilogr. auxquels s'élève notre consommation.

Le traitement des minerais de cuivre est long et dispendieux : on exploite presque toujours les sulfures, notamment le cuivre pyriteux, qu'on soumet à des grillages multipliés dans des fours à réverbère et à des fontes fréquentes, jusqu'à ce que le métal soit entièrement séparé du soufre. Le cuivre ainsi obtenu est en plaques rondes et couvertes d'aspérités ; il porte, dans le commerce, le nom de *cuivre rosette*.

Le cuivre est, après le fer, le métal le plus employé dans les arts : pur et sans mélange, il sert à fabriquer des vases et des ustensiles de ménage, des alambics, des chaudières, des feuilles pour la coque des vaisseaux ; il est la base de la monnaie de billon, et entre pour un dixième dans les monnaies d'or et d'argent. Uni à d'autres métaux, il forme le *bronze*, le *laiton* ou *cuivre jaune*, le *similor*, le *maillechort*, et beaucoup d'autres alliages utiles. Enfin, la plupart de ses combinaisons chimiques ont de fréquentes applications.

Le cuivre forme deux combinaisons avec l'oxygène, le *protoxyde* (Cu^2O) et le *deutoxyde* (CuO). Ce dernier oxyde fournit tous les sels de cuivre employés dans les arts, et qui tous sont caractérisés par une couleur bleue ou verte. Ils sont extrêmement vénéneux : l'*acétate*, le *carbonate*, le *nitrate* et le *sulfate* sont les sels de cuivre les plus importants.

Le cuivre a été connu et mis en œuvre dès l'antiquité la plus reculée. D'après la tradition des Égyptiens, l'art de fabriquer le cuivre avait été trouvé du temps d'Osiris, dans la Thébaïde : il servit d'abord à faire des armes et des instruments aratoires. Selon les traditions grecques, Cadmus porta en Grèce la connaissance de ce métal et l'art de le travailler.

CUIVRE ARSÉNIATÉ. Il existe dans la nature de nombreuses combinaisons du cuivre avec l'acide arsénique : telles sont l'*olivénite*, l'*érinite*, la *liroconite*, l'*aphanèse* et l'*euchroïte* des minéralogistes.

CUIVRE AZURÉ, dit aussi *Cuivre carbonaté bleu*, *Bleu de Montagne* ou *Azurite*, minéral composé d'acide carbonique, d'oxyde de cuivre et d'eau ($4 CO^2$, $3 CuO + aq.$). *Voy.* AZURITE. — Les *pierres d'Arménie*, si célèbres chez les anciens, qui leur attribuent une foule de propriétés médicamenteuses, entre autres, celle de guérir la mélancolie, ne sont que des pierres siliceuses ou calcaires pénétrées de cuivre azuré.

CUIVRE BLANC, nom donné à plusieurs alliages de cuivre, d'arsenic et d'étain, dont on se sert pour faire des miroirs de télescopes, des échelles de graduation pour thermomètres, cadrans, etc. — Le cuivre blanc des Chinois a presque l'éclat de l'argent ; il se compose, dit-on, de cuivre, de nickel, de zinc et de fer.

CUIVRE CARBONATÉ. On en trouve de deux sortes dans la nature. La première est un sous-carbonate de cuivre bibasique : elle est de même nature que le *vert-de-gris*, carbonate de cuivre que l'on obtient dans les laboratoires en versant un carbonate alcalin neutre dans un sel de cuivre soluble; on l'appelle vulgairement *Cuivre azuré* (*Voy.* ce mot). La seconde est le carbonate de cuivre basique, qu'on ne peut obtenir artificiellement, mais que la nature nous offre dans le *Cuivre carbonaté vert* ou *Malachite*, minéral vert, composé d'acide carbonique, d'oxyde de cuivre et d'eau ($2 CO^2$, $2 CuO + aq.$), très-recherché dans la bijouterie et pour la décoration, à cause de ses belles nuances et du beau poli qu'il peut acquérir. On en fait des socles, des vases, des chambranles de cheminée, des tabatières, etc. On rencontre en Sibérie les plus belles malachites.

CUIVRE GRIS, minéral composé de soufre, de cuivre, d'antimoine et de plomb, quelquefois aussi d'argent. Il en existe plusieurs espèces que les minéralogistes distinguent par les noms de *bournonite*, de *polybasite*, de *panabase*, etc.

CUIVRE JAUNE, ou *Laiton*, alliage de cuivre et de zinc, en proportions très-variées, avec lequel on fabrique une foule d'ustensiles de ménage, un grand nombre d'instruments de musique, les cordes de piano, les devantures de magasin, les épingles, les boutons, les faux bijoux, etc. Le laiton proprement dit se compose, terme moyen, de 65 parties de cuivre et de 35 de zinc. Le *chrysocalque*, qui sert surtout à la fabrication des faux bijoux, renferme 90 de cuivre et 10 de zinc ; les autres espèces de cuivre jaune, qui portent les noms d'*or de Manheim*, de *Similor*, de *Tombac*, etc., ont une composition plus ou moins semblable. La couleur de tous ces alliages varie suivant les proportions relatives des deux métaux. La fabrication du laiton s'exécute principalement à Liége, à Namur; et en France, à L'Aigle, à Imphy (Nièvre), à Rouen et à Romilly. La moitié au moins du cuivre jaune livré au commerce est employée à la confection du fil de laiton et des épingles.

CUIVRE OXYDULÉ, minéral composé d'oxygène et de cuivre (Cu^2O), d'une belle couleur rouge cochenille. On le rencontre en filaments soyeux ou en cristaux.

CUIVRE PANACHÉ, minéral brun avec des reflets rouges et bleus, est composé de cuivre, de fer et de soufre (FeS, $2Cu^2S$); il est important comme minerai.

CUIVRE PHOSPHATÉ. Il existe dans la nature plusieurs combinaisons du cuivre avec l'acide phosphorique : telles sont la *libéthénite*, la *phosphorochalcite*, la *trombolithe*, etc. des minéralogistes.

CUIVRE PYRITEUX, le plus important des minerais de cuivre, composé de soufre, de cuivre et de fer (FeS + CuS). Il est d'un jaune de laiton foncé, quelquefois en cristaux appartenant au prisme droit à base carrée, le plus fréquemment en masses amorphes, à cassure conchoïde; sa densité est de 4,169. Les mines du Cornouailles et de l'île d'Anglesea, celles de Fahlun en Suède, sont exploitées sur du cuivre pyriteux.

CUIVROT, outil à l'usage des horlogers, en cuivre ou en acier, leur sert à tourner. On distingue : le *C. ordinaire*, petite poulie en cuivre, percée, au centre, d'un trou dans lequel l'horloger introduit la pièce qu'il veut tourner; le *C. à vis*, ordinairement en acier, et formé de deux pièces réunies par deux vis; le *C. à verge*, aussi en acier, en deux pièces réunies par deux vis : du côté opposé aux vis, on ménage une partie saillante et cylindrique appelée *verge*.

CULASSE, la partie de derrière d'un tube d'arme à feu, canon, fusil ou pistolet, celle par laquelle est close l'extrémité du tube : c'est toujours la partie la plus épaisse. Dans le canon, elle est opposée à la *volée*, et comprend la lumière et le bouton.

CUL-BLANC, nom vulgaire de plusieurs oiseaux, tels que l'*Edolius leucophœus*, l'*Astur leucorrhœus*, le *Motteux* (*Motacilla œnanthe*), la *Bécassine* et le *Bouvreuil*. — On nomme *Cul-blanc de rivière* une espèce du genre Chevalier, le *Totanus ochropus*.

CUL-DE-JATTE, nom qu'on donne familièrement à une personne estropiée qui ne peut faire usage ni de ses jambes ni de ses cuisses pour marcher, et qui est forcée de se traîner dans une espèce de *jatte*.

CUL-DE-LAMPE. En Architecture, on donne ce nom à un ornement de lambris ou de voûte qui est fait comme le dessous d'une lampe d'église. — En Typographie, c'est un ornement qui se termine ordinairement en pointe, et qui se met à la fin d'un livre, d'un chapitre, pour remplir le blanc de la page.

CUL-DE-POULE, nom que donnent les vétérinaires : 1° aux ulcères dont les bords sont saillants et recourbés en dehors, comme dans le farcin; 2° à l'éminence que la graisse forme quelquefois près de la queue du cheval lorsqu'il est trop gras.

CULÉE, nom donné à chacun des deux massifs de pierres ou de briques qui soutient la voûte des dernières arches d'un pont et toute leur poussée. Les culées sont elles-mêmes appliquées au sol des deux rives, et sont contrebutées par la poussée des terres; leur épaisseur est fort variable et dépend du besoin.

CULEUS (mot latin qui signifie *sac*, *outre*), grande mesure pour les liquides, en usage chez les Romains, valait 20 amphores, environ 517 de nos litres.

CULEX, nom latin de l'insecte connu sous le nom de *Cousin*: d'où le nom de la famille des *Culicides*.

CULICIDES, tribu de la fam. des Némocères, subdiv. de l'ordre des Diptères, a pour type le g. *Culex*, et pour caractères une trompe longue et menue, un suçoir de six soies et des palpes droites. Elle renferme les genres : *Culex*, *Anophèle*, *Mégarhine* et *Ædès*.

CULINAIRE (ART), de *culina*. cuisine. Cet art,

qu'il ne faut pas confondre avec la *Gastronomie* (*Voy.* ce mot), s'occupe de tout ce qui a rapport à la préparation des aliments. La *cuisine* ne commence guère à devenir un art chez les Grecs qu'au siècle de Périclès; chez les Romains, elle est cultivée dès le temps de Sylla, et domine dans les deux premiers siècles de l'empire. Chez ces peuples, elle fut plutôt splendide et recherchée que succulente et délicate : on vit apparaître sur les tables romaines les mets les plus bizarres et les plus monstrueux, depuis les cervelles de rossignols et les langues de phénicoptères jusqu'à des sangliers rôtis tout entiers. Anéanti avec la civilisation romaine, l'art culinaire reparaît avec éclat aux IXe et Xe siècles, surtout en Italie. Les siècles suivants introduisirent parmi les assaisonnements les épices de l'Inde, inconnues des anciens. Au XVIIIe siècle, la supériorité passe à la France : les cuisiniers des grandes maisons, telles que celles d'Orléans, de Conti, de Soubise, inaugurèrent ce qu'on appelle la *petite cuisine*, florissante aujourd'hui. Les progrès de l'art, ralentis à l'époque de la Terreur, se ranimèrent à partir du Directoire : Laguipierre, Boucher, Robert, Lasnes eurent la plus grande part à cette renaissance de l'art culinaire. Carême le porta à sa perfection : c'est dans ses écrits (l'*Art de la cuisine*, le *Cuisinier parisien*, le *Maître d'hôtel français*, le *Pâtissier royal*) qu'il faut l'étudier; c'est à son école que se sont formés les Delaunay, les Borel, les Véry, etc. — Les livres les plus usuels sont : la *Cuisinière bourgeoise*, la *Cuisinière de la ville et de la campagne*, le *Dictionnaire général de la Cuisine française*.

CULMINATION (du latin *culmen*, faîte), nom qu'on donne, en Astronomie, au passage d'un astre à son *point culminant*, c'est-à-dire le plus élevé.

CULOT. On appelle ainsi, en Chimie : 1° le métal, or ou argent, qui s'est séparé des scories et qui reste au fond du creuset après la fusion d'un mélange métallique; 2° le petit plateau cylindrique de terre cuite sur lequel on pose le creuset dans le fourneau pour le garantir de l'action trop vive du feu; — en Architecture, un ornement de sculpture employé surtout dans l'ordre corinthien, et d'où sortent les volutes, hélices ou rinceaux de feuillage; la partie la plus basse d'une lampe d'église, d'un bénitier et d'autres vaisseaux; — en Artifice, la base mobile d'une fusée, sur laquelle on appuie la cartouche pour la charger.

CULOTTE. C'est proprement la partie du vêtement des hommes qui couvre depuis la ceinture jusqu'aux genoux. La culotte était en usage chez les anciens Gaulois, qui l'appelaient *brœck*, d'où les Romains ont fait *bracca*, et nous *braies*; c'est elle qui a valu à la Gaule propre le nom de *Gallia braccata*. Jusqu'au XVIe siècle, les bas furent attachés aux braies. Sous Charles IX, les culottes, qu'on appelait alors *hauts-de-chausses*, étaient extrêmement bouffantes et ornées de bandes ou taillades. Du temps de Henri IV, elles se couvrirent d'une multitude de rubans et d'aiguillettes; après lui, elles commencèrent à redevenir plus étroites; flottantes sous Louis XIII et sous Louis XIV, elles furent depuis serrées par des jarretières, qu'on porta d'abord au-dessus, puis au-dessous du genou. La culotte a disparu au commencement de ce siècle : elle est remplacée par le *pantalon*.

Dans la Boucherie, on appelle *Culotte de bœuf* un morceau fort estimé pour la cuisine : c'est la partie supérieure de la fesse, celle qui est la plus charnue.

La *Culotte de chien* est une espèce d'Oranger; la *C. de Suisse*, la Grenadille bleue et une variété de Poire assez estimée; la *C. de velours*, une variété de Coq.

CULPEU (nom indigène), *Canis culpeus*, espèce de chien sauvage commune au Chili. Le Culpeu est analogue au renard : il en a la taille; il a le pelage gris-roussâtre et les jambes fauves. Il vit dans les bois, où il se creuse des terriers comme le renard. Il aboie comme le chien, et se nourrit de lapins et de petits animaux, qu'il ne peut saisir qu'à force de ruse et de patience ; car il est peu agile.

CULTE, honneur qu'on rend à Dieu ou à des êtres regardés comme saints. Il y a autant de cultes que de religions (*Voy.* RELIGION). Dans toute religion, on distingue le *culte intérieur*, qui consiste dans l'adoration, la contemplation, les pieux élans de l'âme vers Dieu ; le *culte extérieur*, qui consiste dans la récitation des prières et l'accomplissement des cérémonies imposées par la religion ; le *culte privé*, que chacun rend à Dieu dans son particulier ; le *culte public*, rendu dans les temples et les églises. Un culte public est nécessaire pour l'édification des fidèles ; il accroît dans chacun, par une sorte d'influence mutuelle, la force du sentiment religieux. — Dans l'Eglise catholique, on définit le culte l'ensemble des lois, commandements et cérémonies par lesquels on rend hommage au vrai Dieu ou à d'autres êtres, par rapport à lui. On y distingue le *culte de lâtrie*, qui n'est dû qu'à Dieu ; le *culte de dulie*, que l'on rend aux saints ; le *culte d'hyperdulie*, que l'on rend à la sainte Vierge. On doit à M. l'abbé Baffroy un excellent ouvrage sur le *Culte catholique*.

La *liberté des cultes*, qui aux XVIe et XVIIe siècles fut l'objet de luttes aussi longues que sanglantes, est aujourd'hui admise dans presque toute l'Europe. En France, l'État reconnaît et protège également tous les cultes : les ministres du culte catholique, du culte réformé et du culte israélite, sont salariés par le trésor public ; des églises et des temples séparés sont affectés à l'exercice de chacun de ces cultes. Le culte musulman jouit des mêmes avantages en Algérie.—Les rapports de l'Eglise et de l'État en ce qui concerne le culte public ont été réglés en France par le Concordat de 1801. Une administration spéciale, qui tantôt a eu une existence à part, tantôt a été réunie au ministère de la Justice ou de l'Instruction publique, est chargée de toutes les affaires temporelles des divers cultes. Le ministère des Cultes fut créé sous l'Empire, en 1804, et confié à Portalis.

CULTELLATION (du latin *cultellare*, niveler, aplanir), nom sous lequel les arpenteurs désignent la mesure d'un terrain rapportée au plan de l'horizon, par opposition à la méthode de *développement* qui tient compte des pentes, des plans inclinés. La méthode de la cultellation est la meilleure pour reproduire fidèlement sur le papier le plan d'un terrain.

CULTIVATEUR. Outre qu'il désigne l'agriculteur qui se livre aux divers genres de culture (*Voy.* CULTURE), ce nom a été appliqué à plusieurs instruments dont on se sert pour cultiver la terre pendant la végétation des plantes. Ces instruments ont en général pour objet le buttage, le binage ou le sarclage : tels sont le *buttoir*, le *binoir*, la *houe à cheval*, la *ratissoire à cheval*, l'*extirpateur*, le *scarificateur* et la *herse brisoire*.

CULTRIROSTRES (du latin *cultrum*, couteau, et *rostrum*, bec), famille d'oiseaux de l'ordre des Échassiers, à bec gros, long et fort, le plus souvent tranchant et pointu, forme trois grandes tribus : les *Grues*, les *Hérons* et les *Cigognes*. *Voy.* ces mots.

CULTURE (du latin *colere*, cultiver), ensemble des travaux qui ont pour objet de faire produire au sol les végétaux qui servent à nos besoins. On distingue : 1° la *grande culture*, qui s'exécute sur de grandes étendues de terrain à l'aide de machines mues par des animaux ; 2° la *petite culture*, qui est pratiquée à bras par l'homme lui-même, comme dans les jardins ; 3° la *moyenne culture*, qui s'exécute alternativement par le travail de l'homme seul et par l'emploi des machines. La grande culture constitue proprement l'agriculture. La petite culture est appelée communément horticulture, jardinage ; la moyenne culture peut comprendre, outre la culture des céréales, l'horticulture, la silviculture, l'arboriculture, la viticulture, et même l'éducation des abeilles et des vers

à soie. — On nomme *culture forcée* celle qui a pour objet de contraindre les végétaux à fleurs et les plantes alimentaires à donner leurs produits en quelque sorte artificiellement, et avant l'époque marquée par la nature ; cette partie a été récemment l'objet de grands perfectionnements. *Voy.* AGRICULTURE.

CUMIN, *Cuminum*, genre de la famille des Ombellifères, ne renferme qu'une seule espèce, le *Cumin officinal* (*C. cyminum*), petite plante herbacée annuelle, analogue au fenouil, à tige très-rameuse, à feuilles découpées en lanières filiformes ; ses fleurs sont blanches ou purpurines ; ses graines verdâtres ont une odeur forte, mais agréable, une saveur aromatique et piquante ; elles ont reçu, avec l'anis et le carvi, le nom de *semences chaudes*. Les anciens se servaient du cumin en guise d'épices ; les Orientaux en mettent encore dans tous leurs ragoûts. En Allemagne et en Hollande, on en fait entrer dans le pain et dans le fromage. On en mêle quelquefois à l'avoine pour ragoûter les chevaux.

On appelle vulgairement *Cumin des prés*, le Carvi ; *C. noir*, la Nigelle cultivée ; *C. indien*, une espèce de Myrte, etc.

CUMÈNE, principe extrait de l'essence de cumin. *Voy.* CAMPHOGÈNE.

CUMINIQUE (ACIDE), acide organique cristallisé, incolore, peu soluble dans l'eau, volatil sans décomposition, et composé de carbone, d'hydrogène et d'oxygène dans les rapports de $C^{20}H^{11}O^3$, HO. Il se produit par l'action de l'air et des autres agents oxygénants sur l'essence de cumin. Il a été découvert en 1840 par MM. Gerhardt et Cahours.

CUMUL, réunion en une même personne de deux ou plusieurs fonctions publiques salariées. Le cumul, qui a souvent été porté jusqu'à un abus excessif, a donné lieu en France aux plus vives discussions ; diverses dispositions législatives ont été adoptées pour y mettre un terme. D'après les dernières mesures adoptées, les professeurs, les gens de lettres, les savants et les artistes peuvent seuls cumuler deux traitements : le montant des traitements cumulés peut s'élever à 20,000 fr. (décret du 9 mars 1852). Il n'est permis en aucun cas de cumuler un traitement d'activité avec une pension de retraite de l'État.

CUNÉIFORME (du latin *cuneus*, coin), qui a la forme d'un coin. En Botanique, on appelle ainsi toutes les parties des végétaux, telles que feuilles, pétales, filets, etc., qui s'élargissent en forme de coin de la base au sommet. — En Anatomie, on désigne sous ce nom : 1° l'os sphénoïde, 2° l'os pyramidal du carpe, 3° l'apophyse basilaire de l'os occipital, 4° trois des os de la seconde rangée du tarse, dits le *grand*, le *moyen* et le *petit cunéiforme*.

On donne aussi ce nom à une écriture des anciens Chaldéens, dans laquelle les lettres avaient la forme de *coins* disposés de diverses manières. La lecture de ces caractères, malgré les travaux remarquables de Grotefend, de Heeren et de M. Eug. Burnouf, est encore fort imparfaite.

CUNÉIROSTRES (du latin *cuneus*, coin, et *rostrum*, bec), famille de Passereaux, qui comprend des oiseaux dont le bec est en forme de coin, comme les Coucous, les Pies, les Torcols, etc.

CUNETTE (en ital. *cunetta*, dimin. de *cuniculus*, conduit souterrain), canal large de 6 à 7 m., profond d'environ 2 m., et plein de 1 à 2 m. d'eau, que l'on pratique dans le fond d'un fossé de fortification, afin de rendre plus difficile à l'ennemi le passage de ce fossé.

CUPIDONE (de *Cupidon*, dieu de l'amour, parce qu'on employait cette plante dans la composition des philtres), *Catananche* en grec et en latin, genre de la famille des Chicoracées, renferme plusieurs espèces originaires du midi de l'Europe, notamment la *C. bleue*, vulgairement Gomme bleue et Chicorée bâtarde, remarquable par ses grandes fleurs bleues, semblables à celles de la Chicorée, et par sa tige grêle, haute de 65 centimètres, divisée à son sommet en plusieurs petites branches, et couverte de feuilles longues, étroites, velues. On la cultive dans les jardins. Ses fleurs se conservent longtemps détachées du pied, et sont appelées pour cela *Fleurs immortelles*. La *C. jaune*, ou *Pied-de-lion*, a deux ou trois tiges hautes d'un demi-mètre, et couronnées par une simple tête de petites fleurs jaunes.

CUPRESSINÉES (du latin *cupressus*, cyprès), tribu de la famille des Conifères, dont quelques Botanistes ont fait une famille distincte. *Voy.* CYPRÈS.

CUPRESSUS, nom latin du genre CYPRÈS.

CUPRIDES (du latin *cuprum*, cuivre), famille de minéraux qui renferme le cuivre et ses composés.

CUPULE (du latin *cupula*, diminutif de *cupa*, coupe), nom donné, en Botanique : 1° à un assemblage de bractées écailleuses ou foliacées, unies par leur base et formant une espèce de coupe ou godet qui enveloppe la fleur et persiste autour du fruit, en l'entourant tout entier (noisettes) ou en partie (glands) ; 2° à l'enveloppe la plus extérieure de l'ovaire dans les Cycadées et les Conifères ; 3° à la partie creusée des Champignons de la tribu des Pézizées. — On appelle *poils à cupule* ceux qui sont terminés par une glande concave (pois chiches); *cupulés*, les fleurs et les fruits munis d'une cupule.

CUPULIFÈRES , une des grandes divisions du groupe des Amentacées , ainsi nommée de la cupule qui porte le fruit, renferme des arbres et des arbrisseaux communs dans nos forêts, tels que le Chêne, le Châtaignier, le Hêtre, le Charme, le Coudrier, etc.

CURAÇAO ou CURAÇO, liqueur de dessert faite avec l'écorce des oranges séchées ou avec une petite espèce de ce fruit, amère et âcre, qui tombe avant sa maturité. On l'appelle ainsi de l'île de Curaçao (Antilles), où croît cette espèce d'oranges.

CURAGE, opération qui a pour objet de débarrasser un bassin, un port, un puits, etc., de la vase et des débris qui s'amassent au fond et en exhaussent le sol. Le curage des puits se fait à main d'homme. Pour le curage des ports, des bassins, des rivières, on se sert du *cure-môle* et de la *marie-salope*. Le *cure-môle* (ou *cure-molle*) est un bateau ponté sur lequel est établi un appareil, le plus souvent à vapeur, propre à faire agir de vastes cuillers qui servent à nettoyer le fond de la mer dans un port ; ces cuillers ont une trappe en dessous, qui s'ouvre lorsqu'elles sont hors de l'eau pour qu'elles se vident. La *marie-salope* est une barque à un mât, contenant deux puits en forme de pyramide quadrangulaire tronquée, qui sont destinés à recevoir les matières enlevées par la *drague* et le *cure-môle :* ces puits sont fermés par en bas avec une trappe ou soupape, qui sert, lorsqu'on l'ouvre, à décharger, au large, les vases ou immondices qui y ont été versées. — Les matières qui proviennent du curage des étangs, des fossés, etc., et que l'on nomme *curures*, offrent un engrais très-riche.

CURARE, poison végétal très-actif, dont les Indiens de l'Amérique du Sud se servent pour empoisonner leur flèches, est dû à une ou deux espèces de liane du genre *Strychnos*, qui croissent sur les bords de l'Orénoque, du Rio-Negro et du fleuve des Amazones. Mis en contact avec le tissu sous-cutané ou injecté dans les vaisseaux sanguins d'un animal, le curare tue presque instantanément, et sans souffrance apparente. Le curare peut néanmoins être avalé sans danger ; car il paraît qu'il n'exerce aucune action délétère sur le tube digestif ainsi que sur les autres muqueuses , excepté celles des voies aériennes. — Pour extraire ce poison, les Indiens pilent l'écorce de la liane, en l'arrosant d'eau ; ils obtiennent ainsi un liquide jaunâtre qui, étant concentré , prend l'aspect d'une résine noirâtre; on pense qu'ils y ajoutent du venin de serpents très-dangereux. On a extrait du curare un alcaloïde, la *curarine*, auquel on attribue ses propriétés vénéneuses.

CURATELLE , charge de CURATEUR.

CURATEUR (en lat. *curator*, de *curare*, soigner). Ce nom a été donné, chez les anciens et chez les modernes, à des fonctions fort diverses.

A Rome, on appelait *curateurs* divers officiers publics : *C. du calendrier*, le trésorier ou receveur des deniers de la ville ; il était ainsi nommé parce qu'il percevait le jour des *calendes*, ou le 1er du mois, les intérêts des fonds de la cité; *C. datif*, une espèce de tuteur nommé ou donné par le juge; *C. légitime*, le plus proche parent qu'on chargeait de la tutelle, à défaut de père ou de frère, dans le cas de minorité avec démence; *C. de la maison de l'Empereur*, celui qui avait soin du revenu du souverain et de sa dépense; *C. des ouvrages publics*, celui qui en avait l'intendance : il était garant des défauts de ces ouvrages pendant 15 ans; *C. de la République*, celui qui avait soin des travaux publics : il devait veiller à ce que les maisons en ruine fussent réparées.

Chez nous, le *curateur* est celui qui est commis par la loi pour avoir soin des biens et des intérêts d'autrui. Les fonctions de curateur se confondent souvent avec celles du *tuteur*. Il y a lieu de nommer un curateur en cas de minorité , d'interdiction , de succession vacante, de biens vacants, de bénéfice d'inventaire, d'absence , de banqueroute, de faillite ou de cession des biens, de grossesse posthume, de condamnation à une peine afflictive, etc.

On nomme : *Curateur au mineur émancipé*, celui qui est nommé par un conseil de famille pour assister le mineur lors de la reddition du compte de sa tutelle, lorsqu'il reçoit un capital mobilier ou qu'il en fait emploi, et quand il soutient un procès relatif à des droits immobiliers; *C. aux biens de l'absent*, le curateur nommé par le tribunal du domicile d'une personne présumée absente et qui n'a point de mandataire fondé pour administrer tout ou partie des biens de l'absent; *C. dans le cas de grossesse* ou *curateur au ventre*, le curateur nommé par le conseil de famille pour empêcher une supposition de part, lorsque le mari meurt, laissant sa femme enceinte; *C. à une succession vacante*, celui qui est nommé par le tribunal de première instance dans l'arrondissement duquel une succession est ouverte, lorsque, après l'expiration des délais, il ne se présente personne pour réclamer cette succession et qu'il n'y a point d'héritier reconnu.

CURCAS, espèce du genre *Iatropha* ou *Médicinier*. *Voy.* MÉDICINIER.

CURCULIONITES (de *curculio*, charançon), famille de Coléoptères qui a pour type le Charançon, est aussi nommée *Charançonites*. *Voy.* ce mot.

CURCUMA (de l'arabe *curkum*), genre de la tribu des Zingibéracées, famille des Amomées, renferme des plantes herbacées, vivaces, appartenant à l'Asie, à l'Afrique et à l'Amérique, à feuilles ovales ou arrondies, à fleurs jaunes, et douées pour la plupart d'un principe aromatique et colorant. L'espèce la plus utile est le *C. longa*, qui croît aux Indes et au Cap, et dont la racine, dite aussi *Terra merita, Safran des Indes*, est employée dans la teinture, pour sa matière colorante (*curcumine*). On s'en sert pour teindre en jaune les papiers, les bois, les cuirs, les vernis , les pâtisseries , le beurre , le fromage , les huiles , les pommades , et comme couleur de fond pour les dorures. Les Indiens l'emploient pour se teindre la peau. La couleur du curcuma a peu de solidité ; la soie et la laine la prennent mieux que le coton et le lin. La teinture de curcuma étant très-sensible à l'action des alcalis, les chimistes en colorent des bandes de papier qui servent comme réactif pour découvrir les alcalis; ceux-ci font passer au brun la couleur jaune du curcuma.

CURÉ. Dans la législation française, on distingue les *cures* proprement dites, desservies par un prêtre appelé *curé*, institué à vie, et les *succursales*, administrées par un *desservant* qui est révocable. Il y a au moins une cure (ou *paroisse*) par justice de paix, c.-à-d. par canton. On distingue des *cures de première classe*, qui ne peuvent être érigées que dans les communes ayant plus de 5,000 habitants et une justice de paix, ou dans les chefs-lieux de préfecture, et des *cures de seconde classe*, dans les communes qui ont au moins 1,500 habitants : cette distinction n'établit de différence que dans le traitement des titulaires. Les communes moins considérables ne peuvent avoir que des *succursales*.

CURE (du latin *cura*, soin, parce que le curé prend soin des âmes de ses paroissiens), en latin *parochus*, au moyen âge *plebanus*, dans quelques pays *recteur* ou *pasteur*, prêtre qui est pourvu d'une cure ou paroisse. Les *curés* proprement dits sont nommés par l'évêque, sauf l'approbation du Gouvernement, et sont à vie. Pour être curé dans un chef-lieu de département ou d'arrondissement, il faut être licencié en théologie, ou avoir exercé pendant 15 ans les fonctions de curé de canton ou de desservant ; le grade de bachelier ou un exercice de 10 ans suffisent pour les curés de canton. Les *desservants* peuvent être changés de résidence ou révoqués par l'évêque. Les curés reçoivent de l'État un traitement de 1500 ou de 1200 fr. selon qu'ils sont de 1re ou de 2e classe ; en outre, ils peuvent recevoir des fidèles les oblations qui sont autorisées par les règlements. Les communes leur doivent un presbytère. Ils administrent les revenus de la paroisse, avec le concours de la fabrique. Avant la Révolution, les curés vivaient du produit des dîmes ecclésiastiques ; ils étaient chargés de l'état civil ; aujourd'hui leur ministère est purement spirituel. — On n'est point d'accord sur l'origine des curés. Selon les uns, ils sont d'institution divine : ils auraient été établis par Jésus-Christ même dans la personne des 72 disciples, auxquels ils ont succédé ; selon les autres, ils sont d'institution ecclésiastique : ils ont été établis pour soulager les évêques.

On appelait *Curé décimateur* celui qui jouissait en tout ou en partie des dîmes de sa cure ; *Curé à portion congrue*, celui qui recevait du décimateur une faible rétribution, appelée *portion congrue*.

CURE-MOLE ou CURE-MOLLE. *Voy.* CURAGE.

CURE-OREILLE, insecte. *Voy.* FORFICULE.

CURETTE, instrument de chirurgie qui sert à extraire des corps étrangers, et particulièrement de petits calculs de la vessie, après qu'on a fait à ce viscère une incision suffisante. Il est composé d'un manche et d'une tige d'acier terminée par une espèce de cuiller fort allongée, plus large à son milieu qu'aux extrémités, à bords mousses et polis.

CURIE, *Curia*, division du peuple romain, était une fraction de la tribu présidée par un magistrat appelé *curion*. Romulus avait établi 30 curies. Dans les réunions du peuple par curies, on votait à la majorité des voix individuelles, par opposition aux assemblées par centuries, où l'on votait par centuries, ce qui était à l'avantage de la noblesse. *V.* CENTURIE.

CURRUCA, un des noms scientific. de la FAUVETTE.

CURSEUR (du latin *cursor*, coureur). On appelle ainsi en Mathématiques une petite lame, règle ou pointe, qui glisse à volonté dans une coulisse pratiquée au milieu d'une règle ou d'un compas.

En Astronomie, c'est le fil qui traverse le champ d'un micromètre et qui sert à mesurer le diamètre apparent d'un astre.

Curseurs ou *Courriers apostoliques*. *V.* COURRIERS.

CURSORIPÈDES (du latin *cursor*, et de *pes*, pied), oiseaux qui, comme l'autruche, ont des pattes propres à la course : ces oiseaux ont trois doigts par devant et n'en ont point par derrière.

CURULE (CHAISE), *sella curulis*, siége d'honneur chez les Romains : c'était un siége d'ivoire pliant et sans dossier, plus élevé que les siéges ordinaires, sur lequel s'asseyaient dans l'origine les rois, et dans

la suite les premiers magistrats, dictateurs, consuls, préteurs, censeurs, grands édiles ; ce siége les suivait à l'armée ; on le plaçait sur les *chars de triomphe* : c'est sans doute de là que lui vint le nom de *curule* (*curulis*), dérivé de *currus*, char.

CURURES. *Voy.* CURAGE.

CURVI.... Beaucoup de mots, en Botanique comme en Zoologie, commencent ainsi et indiquent que la partie de l'animal ou du végétal qui complète le mot est *courbe* : ainsi on dit, en Zoologie, *curvicaude*, *curvipède*, *curvirostre*, qui a la queue, les dents, les pieds, le bec recourbés ; en Botanique, *curvicaule*, *curviflore*, *curvinerve*, etc., qui a la tige, les fleurs, les nervures des feuilles, etc., recourbées.

CURVILIGNE, nom donné, en Géométrie, à des aires et à des figures formées par des lignes courbes, comme le cercle, l'ellipse, le triangle sphérique, etc.— *Angle curviligne*, angle formé par des lignes courbes.

CUSCUTE, *Cuscuta*, genre de plantes de la famille des Convolvulacées, renferme une quarantaine d'espèces, les unes ligneuses, les autres herbacées, en général cosmopolites, pour ainsi dire sans feuilles, à tiges longues, filiformes et grêles, qui s'accrochent aux végétaux, les enlacent de mille replis et finissent par les étouffer. Ces plantes parasites se multiplient et s'étendent très-rapidement : c'est un véritable fléau pour les cultivateurs. Un grand nombre d'espèces se trouvent dans l'Amérique du Nord ; parmi celles qui croissent en France, on remarque la *C. européenne* (*C. europœa*), à fleurs rougeâtres, commune dans les bois, les haies et les prairies, surtout dans les champs de luzerne ; la *C. épithym* (*C. epithymum*), à fleurs blanches, qui vit aux dépens du thym, du serpolet, des bruyères, etc. ; la *C. à fleurs serrées*, ou *Angourie*, qui s'attache au lin, etc.—On détruit la Cuscute en couvrant le terrain infecté de colombine ou de suie.

CUSPARÉ (nom indigène), *Cusparia*, genre d'arbres de la famille des Rutacées, est composé d'une seule espèce, le *C. fébrifuge* (*C. febrifuga*), originaire de l'Amérique méridionale. Ses rameaux sont couverts de petites taches blanchâtres ; ses feuilles parsemées de très-petits points demi-transparents ; ses fleurs sont blanches et solitaires sur une grappe axillaire. Son écorce est très-vantée comme succédanée du quinquina ; elle est d'un brun fauve, recouverte par un épiderme blanchâtre ; on la prescrit contre les fièvres intermittentes et la fièvre jaune ; on la connaît dans le commerce sous le nom d'*Angusture*. *Voy.* ce mot.

CUSPIDÉ (du latin *cuspis*, pointe), se dit, en Botanique, des parties terminées par une pointe roide, aiguë, allongée, comme les feuilles de l'*agave*.

CUSSON, ou *Charançon du blé*. *Voy.* BRUCHE.

CUSTODE (du latin *custodia*, garde, étui). Ce mot désigne tantôt le saint ciboire où l'on garde les hosties consacrées, tantôt les rideaux qui, dans quelques églises, ornent les côtés du maître-autel. Autrefois, ce mot servait aussi à désigner les rideaux des lits des particuliers.

Dans la Sellerie, la *custode* est le chaperon ou le cuir qui couvre le fourreau des pistolets, ou bien encore la partie garnie de crin qui est à chaque côté du fond d'un carrosse, où l'on peut s'appuyer.

Dans certains ordres religieux, tels que les Capucins, les Cordeliers, les Récollets, etc., on appelle *custode* (du latin *custos*, gardien) un supérieur de couvent qui administrait autrefois les subdivisions des provinces, appelées *custodies*. — C'était encore un titre de dignité dans quelques églises.

Le président de l'académie des Arcades à Rome porte le titre de *Custode*.

CUTANÉ (du latin *cutis*, peau), qui appartient à la peau, ou qui concerne la peau : *Nerfs cutanés*, nom donné à deux branches du plexus brachial ; — *Glandes cutanées*, petits grains dont la surface interne de la peau est parsemée ; — *Maladies cutanées*, les maladies de la peau, etc.

CUTICULE (dimin. de *cutis*, peau), un des noms de l'épiderme. *Voy.* ÉPIDERME.

CUTTER ou COTRE (de l'anglais *cutter*, coupeur), petit bâtiment léger et rapide, à un seul mât planté en avant du centre de longueur du navire, et penché en arrière. Ses voiles principales sont coupées en oreilles ; il porte aussi des voiles carrées, comme huniers et perroquets. Les cutters de guerre servent de croiseurs et de gardes-côtes : ils peuvent porter sept ou huit caronades. La plupart des *yachts* ou navires de plaisance des Anglais sont des cutters.

CUVE (du latin *cupa*), grand vaisseau garni d'un seul fond et ordinairement en bois, qui sert à recevoir la vendange, à fouler le raisin et à le faire fermenter. On se sert aussi de cuves pour faire de la bière : dans plusieurs brasseries d'Angleterre on emploie des cuves en fonte de fer d'une dimension considérable. Les teinturiers, les raffineurs, etc., se servent aussi de cuves de différentes formes.

On appelle *cuve pneumatique* un réservoir rempli d'eau ou de mercure, à travers lequel on fait passer les gaz pour les recueillir avec une éprouvette.

CYAME, *Cyamus* (du grec *cyamos*, fève), vulg. *Pou de baleine*. genre de Crustacés isopodes ou læmodipodes, de la section des Cystibranches, à corps large, orbiculaire, solide et coriace ; à tête petite et allongée ; ayant quatre antennes, des yeux lisses, cinq paires de pieds à crochets, courts et robustes. Ces animaux vivent en parasites sur le corps de la baleine.

CYANATES, sels formés par l'acide cyanique et une base. Le plus important est le *Cyanate de potasse* qui se produit par la calcination, à l'air libre, du cyanure de potassium.

CYANEE (du grec *cyanos*, bleu), *Cyanea*, genre de Zoophytes acalèphes de la famille des Méduses, à corps orbiculaire et transparent, qui vivent dans les mers tempérées et surtout dans les mers d'Europe. On remarque la *C. de Lamarck*, qui est d'un beau bleu : on la rencontre sur les côtes de la Manche ; et la *C. de la Méditerranée*, d'une belle couleur de vermillon. — En Botanique, on a nommé *Cyanée* la première section du genre *Nymphæa*. — En Minéralogie, *Cyanée* est synonyme de *Lazulite*.

CYANHYDRIQUE (ACIDE), dit aussi *Acide prussique*, Ac. *hydrocyanique*, acide organique composé de carbone, d'azote et d'hydrogène dans les rapports de C²NH, est le plus vénéneux des corps de la chimie. Il est liquide, incolore, transparent, et d'une odeur qui est la même que celle des amandes amères ou des fleurs de pêcher, mais si forte qu'elle en est insupportable et qu'elle détermine aussitôt des maux de tête et des vertiges. Il est tellement volatil qu'il entre en pleine ébullition à 26 degrés, et que, si l'on en laisse tomber une goutte sur le papier, celle-ci se congèle par l'effet du froid qu'elle produit en se vaporisant en partie. Il s'altère très-facilement, et se convertit peu à peu en une masse noire et charbonneuse. Il prend naissance dans une foule de réactions chimiques. L'eau distillée de laurier-cerise, l'huile essentielle d'amandes amères, toutes les amandes des fruits à noyau, les pepins de pommes et de poires contiennent des quantités d'acide cyanhydrique plus ou moins fortes. On le prépare en distillant avec de l'acide sulfurique le sel jaune, connu dans le commerce sous le nom de *ferrocyanure de potassium* ou *lessive de sang*. Aucun corps n'exerce sur l'économie animale une action aussi redoutable que l'acide cyanhydrique à l'état concentré : l'odeur seule de cet acide suffit pour tuer un oiseau ; une seule goutte, portée dans la gueule du chien les plus vigoureux, le fait tomber roide mort ; la même quantité, appliquée sur l'œil de l'animal ou injectée dans la veine du cou, le tue aussi à l'instant même ; cet agent produit sur l'homme les mêmes effets que sur les animaux. Le chlore détruit promptement l'acide cyanhydrique, et peut s'employer comme contre-

poison si on l'administre assez promptement. — L'acide cyanhydrique étendu d'eau est employé en médecine pour calmer l'irritabilité de certains organes ; on l'a conseillé contre la phthisie pulmonaire commençante et surtout contre les affections nerveuses. — Cet acide a été isolé en 1780 par Scheele, qui l'a extrait du bleu de Prusse : de là le nom d'*Acide prussique*. Ce chimiste, qui est mort subitement dans le cours de ses recherches, passe pour en avoir été la première victime. Scharinger, chimiste de Vienne, est mort aussi pour en avoir laissé tomber sur son bras nu. Il paraît que les prêtres de l'Egypte connaissaient déjà l'acide cyanhydrique, et l'employaient pour faire périr les initiés qui avaient trahi les secrets de l'art sacré ; les *eaux amères* que, d'après la coutume juive et égyptienne, le prêtre faisait boire à la femme accusée d'adultère, et qui tuaient promptement sans laisser sur le cadavre aucune trace de lésion, paraissent également avoir été des préparations d'acide cyanhydrique.

CYANHYDRATE, synonyme de CYANURE.

CYANIQUE (ACIDE), acide organique composé de carbone, d'azote, d'oxygène et d'hydrogène, dans les rapports de C²NO, HO ; on l'obtient en décomposant les cyanates par les acides minéraux. C'est un liquide très-acide qui s'altère promptement en se transformant en acide carbonique et en ammoniaque. Il a été découvert en 1822 par M. Woehler.

CYANITES, nom improprement donné par quelques chimistes aux Cyanates. *Voy.* CYANATES.

CYANOFERRURE. *V.* CYANURE et BLEU DE PRUSSE.

CYANOGÈNE (du grec *cyanos*, bleu, et *génos*, génération), corps composé de carbone et d'azote (C²N), est le radical de l'acide cyanhydrique, des cyanures et du bleu de Prusse. C'est un gaz incolore, qui brûle avec une belle flamme pourpre, et dont l'odeur rappelle celle de l'acide cyanhydrique. Il n'existe pas dans la nature à l'état de liberté. Il est remarquable en ce qu'il se comporte, sous beaucoup de rapports, comme un corps simple, comme le chlore, par exemple : il se combine, en effet, avec l'hydrogène, l'oxygène, les métaux, en produisant des composés qui ont la plus grande analogie avec ceux du chlore. Combiné aux métaux, il forme les *cyanures*. On obtient le gaz cyanogène en soumettant le cyanure d'argent ou de mercure à l'action de la chaleur. Le cyanogène a été découvert par M. Gay-Lussac en 1814.

CYANOMÈTRE (de *cyanos*, bleu, et *métron*, mesure), polariscope inventé par M. Arago pour déterminer l'intensité de la couleur bleue du ciel : c'est un carton sur lequel on a tracé un cercle dont une zone d'une certaine largeur est divisée en 40 parties. Chaque division porte une teinte bleue qui va toujours en augmentant d'intensité, depuis le blanc qui est au n° 1 jusqu'au n° 40, qui approche du noir.

CYANOSE ou CYANOPATHIE, dit aussi *Ictère bleu*, *Maladie bleue*, etc., état de maladie dans lequel toute la surface du corps est colorée en bleu. Elle est toujours symptomatique, et dépend ordinairement de la communication directe des cavités droites du cœur avec les cavités gauches, d'où résulte le mélange du sang artériel et du sang veineux ; ou d'une lésion considérable des poumons, et généralement de tous les obstacles qui gênent ou suspendent l'oxygénation du sang. Elle se termine ordinairement par la mort. — La cyanose est aussi un des caractères principaux du choléra-morbus.

CYANURES, sels formés par le cyanogène et un métal. Les cyanures sont analogues aux chlorures et aux bromures ; ils se produisent toutes les fois qu'on calcine avec de la potasse du sang, de la corne, de la chair, ou une autre matière organique azotée. Lorsqu'on les traite par l'acide sulfurique, ils dégagent de l'acide cyanhydrique. — Le *C. de potassium*, dit aussi *cyanhydrate*, *hydrocyanate* ou *prussiate de potasse*, est un sel blanc, inodore, cristallisé en cuhes, très-soluble dans l'eau, d'une saveur âcre, alcaline et amère; il exerce sur l'économie animale une action très-énergique. On l'emploie en médecine dans les mêmes cas que l'acide cyanhydrique. On s'en sert aussi dans l'analyse chimique et dans la dorure galvanique. — Le *C. de zinc* est un sel blanc, insipide, insoluble dans l'eau; on l'emploie dans le traitement des maladies vermineuses des enfants et contre les crampes d'estomac.

Les cyanures se combinent entre eux, et forment des *cyanures doubles*. Parmi ces combinaisons, le *C. de fer et de potassium*, plus connu sous les noms de *prussiate ferrugineux, prussiate jaune, ferrocyanure de potassium, hydroferrocyanate de potassium*, se rencontre dans le commerce en beaux cristaux jaunes, d'une saveur amère et désagréable; on l'emploie pour faire le *bleu de Prusse* (V. ce mot). On obtient ce cyanure double en calcinant du sang ou d'autres matières animales avec du fer et de la potasse, lessivant le produit et faisant cristalliser: de là son nom vulgaire de *lessive de sang*. Il sert aux chimistes pour préparer les autres cyanures, les cyanates, l'acide cyanhydrique, etc. Il est remarquable en ce que le fer n'y est pas accusé par les réactifs ordinaires de ce métal.—Le *prussiate rouge* est un autre cyanure double du même genre, composé de cyanogène, de fer et de potassium, dans des proportions différentes de celles du prussiate jaune; les chimistes s'en servent comme réactif. On l'emploie dans l'impression des indiennes pour décolorer l'indigo.— Le *C. double de potassium et d'argent* est employé dans l'argenture électro-chimique. M. H. Bouilhet a récemment démontré (1852) qu'il offrait le meilleur moyen d'argenter et a donné l'explication de son mode d'action.

CYANURIQUE (ACIDE), acide organique cristallisé qui a la même composition que l'acide cyanique, mais dont l'équivalent chimique est différent (C⁶N³O³, 3HO). On l'obtient par l'action du chlore sur l'urée. Il forme avec les bases les *cyanurates*.

CYATHE (du grec *cyathos*, coupe), petit vase dont se servaient les anciens pour puiser le vin dans le *crater* et pour le verser ensuite dans les coupes. — C'était aussi une mesure de capacité qui était, chez les Grecs, le 6e du cotyle, et chez les Romains le quart du tiers: elle valait 0 lit., 04 1/2.

CYATHE, *Cyatnea*, genre de Fougères arborescentes, type de la tribu des Cyathéacées, à tiges droites, qui croissent dans les régions tropicales des deux continents. Les espèces les plus remarquables sont les *C. glauca* et *excelsa* de l'île Bourbon; la première atteint une hauteur de 12 à 15 mètres.

CYATHIFORME (du latin *cyathus*, coupe, et de *forma*, forme), nom donné, en Botanique, aux parties des végétaux qui ont la forme d'une coupe, d'un gobelet, comme les lichens, les champignons.

CYBISTIQUE (du grec *cybistaó*, faire la culbute), une des 3 sortes de danse des Grecs, était accompagnée de culbutes, de tours de force, de souplesse. V. DANSE.

CYCADÉES, famille de plantes monocotylédones, voisines des Palmiers et des Fougères arborescentes par le port de ses plantes, et des Conifères par leur organisation intérieure, a pour type le genre *Cycas*.

CYCAS (du grec *cycas*, palmier d'Éthiopie), genre type de la famille des Cycadées, se distingue à ses fleurs mâles, disposées en un chaton dont les écailles sont garnies de nombreuses anthères globuleuses; à ses fleurs femelles en massue, et à son fruit monakène. Les espèces les plus remarquables sont le *C. circinalis*, originaire de la Chine et des îles Moluques, qui a l'aspect du palmier: il porte des feuilles pennées de plus d'un mètre de long, qui sortent du bourgeon enroulées en crosse, et qui sont groupées au sommet de la tige; et le *C. revoluta* du Japon, dont les longues feuilles restent roulées à leur sommet en forme de crosse. Ces deux espèces contiennent une moelle farineuse fournissant une espèce de *Sagou*, avec la-

quelle les Japonais font du pain. Leur stipe fournit, en outre, une espèce de gomme, et leurs fruits sont comestibles. — Il existe beaucoup de plantes analogues aux Cycas parmi les plantes fossiles des terrains secondaires.

CYCLADE (du grec *cyclas*, disposé en rond), *Cyclas*, genre de mollusques Acéphales testacés, de la famille des Cardiacés, est caractérisé par une coquille ovale, bombée, transverse, équivalve. Les Cyclades sont petites, diaphanes et recouvertes d'un épiderme vert ou brun. Leur longueur varie de 5 à 20 millim. Quand l'animal est dans la coquille, deux tubes ou siphons font saillie d'un côté, et de l'autre sort un pied mince, allongé et linguiforme. Les Cyclades habitent les eaux douces des deux continents.

CYCLAMEN (du grec *cyclos*, cercle), vulgairement *Pain de pourceau*, genre de plantes herbacées, de la famille des Primulacées, à feuilles radicales, entières, à fleurs pendantes, blanches ou purpurines. L'espèce la plus commune a une racine de forme orbiculaire, tubéreuse, brune en dehors, blanche en dedans: les pourceaux en sont très-friands. On la trouve dans les lieux ombragés, les haies, les fossés, etc. La racine du *cyclamen d'Europe* est vermifuge et très-purgative: elle faisait autrefois la base de l'onguent nommé *arthanita*; on en tire un principe immédiat nommé *arthanitine*. Les amateurs cultivent plusieurs espèces de *Cyclamens*, à cause de l'élégance de leurs fleurs.

CYCLE (du grec *cyclos*, cercle). On appelle ainsi diverses périodes d'un certain nombre d'années, destinées pour la plupart à faire concorder des années différentes. Chez les anciens, les cycles principaux étaient la *diétéride* ou période de deux ans, qui formait 730 jours; l'*octaétéride* ou période de 8 ans, qui formait 2,922 jours; le cycle de *Calippe*, de 76 ans, formé de 27,759 jours; le cycle d'*Hipparque*, de 304 ans, formé de 111,035 jours; le *C. lunaire* et le *C. solaire*, les plus importants de tous, et dont on fait encore usage aujourd'hui dans nos calendriers.

Le *C. lunaire*, ou *ennéadécaéteris*, est une période de 19 années lunaires comprenant 235 lunaisons, à l'expiration desquelles les nouvelles et les pleines lunes arrivent aux mêmes époques, parce que le soleil et la lune sont de nouveau, par rapport à la terre, dans les mêmes points du ciel que 19 ans auparavant. Ce cycle est dû à l'astronome Méton, qui le fit connaître l'an 433 av. J.-C.; il fut accueilli par les Grecs avec enthousiasme, et on l'inscrivit dans les temples en lettres d'or: d'où lui est venue la dénomination de *nombre d'or*. Le cycle lunaire actuel (en 1854) a commencé le 1er janvier 1843 et finira au 1er janv. 1862. — Le *C. solaire*, qui a commencé 9 ans avant notre ère, est une période de 28 années, au bout desquelles l'année recommence par les mêmes jours. On détermine les jours de la semaine à l'aide des sept premières lettres de l'alphabet, que l'on place vis-à-vis des jours du mois, et que l'on nomme *lettres dominicales*. A l'expiration du cycle solaire, les lettres dominicales reviennent à leur première place et dans le même ordre qu'auparavant. — Le cycle lunaire et le cycle solaire combinés forment la période *Dionysienne*, ou *Victorienne*, dite aussi *Cycle pascal*: c'est un cycle de 532 années attribué à Denys le Petit et à Victorius, et à la fin duquel la fête de Pâques revient au même dimanche. Ce cycle ramène les nouvelles lunes aux mêmes jours de l'année julienne. On ne s'en sert plus depuis Grégoire XIII.

On appelle *Cycle caniculaire* ou *sothiaque* une période égyptienne de 1460 ans, au bout de laquelle le commencement de l'année vague ou religieuse coïncidait avec celui de l'année civile ou solaire. Cette coïncidence avait lieu au lever héliaque de l'étoile de Sothis (Sirius): d'où le nom de cycle.

CYCLIQUES (POÈTES), anciens poètes grecs qui ont embrassé tout un *cycle*, historique ou fabuleux. *Voy.* CYCLIQUES au *Dict. univ. d'Hist. et de Géogr.*

CYCLOBRANCHES (du grec *cyclos*, cercle, et de *branchia*, branchies), Mollusques qui ont les branchies rassemblées symétriquement autour de l'anus.

CYCLOIDE (du grec *cyclos*, cercle), dite aussi *Trochoïde* ou *Roulette*, courbe engendrée par un point fixe d'un cercle roulant sur une droite. Chaque point d'une roue en mouvement décrit une cycloïde. Galilée signala le premier cette courbe en 1615. En 1634, Roberval détermina son aire; en 1644, il trouva le volume des solides engendrés par la révolution de la cycloïde autour de sa base et de son axe. En 1658, Pascal proposa une série d'autres problèmes relatifs à cette courbe.

CYCLOPÉENNES (constructions), constructions anciennes que la Fable attribuait aux Cyclopes, et qui paraissent être l'œuvre des Pélasges. Elles se font remarquer par les énormes dimensions des pierres, taillées en polyèdres réguliers, et par l'absence totale de ciment. Ces monuments, dont il subsiste encore des vestiges dans l'Argolide, à Corinthe, en Sardaigne, etc., datent d'env. 200 ans av. la prise de Troie. Ed. Dodwell en a donné une description; Petit Radel a formé une collection de modèles de constructions cyclopéennes, que l'on conserve à la Biblioth. Mazarine.

CYCLOPES (du grec *cyclops*, œil rond), genre de petits Crustacés, de l'ordre des Branchiopodes et de la famille des Monocles, est caractérisé par un œil unique, un test univalve, un corps allongé, terminé en queue, de consistance gélatineuse; par 2 à 4 antennes et 6 à 10 pattes soyeuses. Les Cyclopes habitent les eaux douces et stagnantes, nagent sur le dos avec vivacité, et en arrière aussi bien qu'en avant. Ils se nourrissent de matières animales et végétales. Les femelles sont d'une fécondité prodigieuse.

CYCLOPTÈRE (du grec *cyclos*, cercle, et *ptéron*, nageoire), *Cyclopterus*, genre de poissons de l'ordre des Branchiostèges, caractérisé par la forme de leurs ventrales, dont les rayons, suspendus autour du bassin et réunis par une seule membrane, forment un disque ovale et concave dont le poisson se sert comme d'un suçoir pour se fixer aux rochers. Les Cycloptères ont la bouche large, garnie de dents pointues, les opercules petits, la peau visqueuse et sans écailles, mais couverte de petits grains durs. Parmi les espèces on distingue le *C. lump* et le *C. liparis*, qui habitent sur nos côtes.

CYCLOSTOME (du grec *cyclos*, cercle, et *stoma*, bouche). Ce mot désigne : 1° une famille de poissons Chondroptérygiens, au corps long et arrondi, dénué d'écailles, et qui paraît tronqué en avant à cause de leur bouche circulaire, ayant pour support un anneau membraneux ou cartilagineux : cette famille comprend les *Lamproies*, les *Gastérobranches*, les *Ammocœtes*, etc. ; —2° un genre de Mollusques terrestres, de la famille des Colimacés : leur coquille est de forme variable, à tours de spire arrondis; l'ouverture en est ronde, régulière; le péristome, continu. Ces Cyclostomes sont privés de nacre intérieure, d'épines et d'écailles. On en trouve plusieurs à l'état fossile, dans les terrains tertiaires.

CYCLOTOME (du grec *cyclos*, cercle, et *tomè*, section), instrument de Chirurgie qui sert à pratiquer l'opération de la cataracte par extraction. Il se compose d'un cercle d'argent et d'une lame tranchante qui agit au moyen d'un ressort. A l'aide de cet instrument, on peut à la fois fixer le globe de l'œil et inciser la cornée.

CYDONIA, nom latin du cognassier.

CYGNE, *Cygnus*, genre d'oiseaux aquatiques, de l'ordre des Palmipèdes et de la famille des Anatidées, se distingue des autres oiseaux de la même famille par ses tarses courts, son col allongé, son bec plus long que large, et surtout par la grâce et l'élégance de ses contours et de ses mouvements. On en compte 5 ou 6 espèces, communes à tous les continents, mais habitant surtout les contrées septentrionales.

La plus connue est le *C. domestique*, ou *C. à bec rouge* (*Anas olor*), dont le plumage est d'une blancheur passée en proverbe. C'est le plus grand des oiseaux nageurs : il peut avoir 1m50 du bout du bec à l'extrémité de la queue; son bec est rouge dans toute sa longueur, excepté à l'extrémité de la mandibule supérieure, qui est noire, ainsi que l'excroissance charnue qui s'élève vers la base de cette même partie du bec; on remarque aussi de chaque côté des joues une place dépourvue de plumes, qui est noire et triangulaire. Ses jambes, ses pattes, ses ongles sont d'un gris foncé. Les jeunes cygnes naissent couverts d'un duvet gris, dont ils se dépouillent à leur première mue, pour revêtir le plumage blanc. La femelle construit son nid avec des herbes sèches, et y pond six ou sept œufs très-gros et parfaitement blancs. Le cygne est robuste et courageux; son bec et ses ailes sont des armes puissantes dont il se sert vigoureusement pour repousser les attaques des plus gros oiseaux de proie et même des chiens. Comme les oies et les canards, le cygne marche mal : aussi quitte-t-il rarement les eaux; mais il nage avec grâce et majesté, et fait le plus bel ornement des pièces d'eau dans nos parcs et nos jardins ; il vole rarement, mais son vol est rapide et très-élevé. Il se nourrit de plantes aquatiques, d'insectes, de grenouilles et de vers. On a exagéré la durée de son existence, mais, en réalité, elle est fort longue. Les anciens prétendaient que le cygne près de mourir faisait entendre un chant mélodieux; cependant il ne produit jamais qu'un sifflement sourd et strident, qui est loin d'être agréable. La chair du cygne est noire, dure, coriace et de mauvais goût; son duvet est très-recherché : on en fait des fourrures blanches fort élégantes.

Le *C. sauvage*, qui est la souche du Cygne domestique, est moins gros que lui; son bec est plutôt jaune que rouge, et la tache de ses joues est jaune, au lieu d'être noire. Il habite les régions du Nord et ne descend dans nos contrées que dans les hivers très-rigoureux. Son cri est moins désagréable que celui du cygne domestique, ce qui lui a fait donner par quelques naturalistes le nom de *C. musicus*.

Le *C. noir* (*C. atratus*) est une espèce toute particulière à l'Australie; elle est encore fort peu répandue en Europe.

Le Cygne était consacré à Vénus; le char de la déesse était traîné par des cygnes; cet oiseau était aussi dédié à Apollon, sans doute à cause de la fable répandue sur la mélodie de son chant. Jupiter prit la forme d'un cygne pour tromper Léda.

CYGNE A CAPUCHON. *Voy.* DRONTE.

CYGNE, constellation de l'hémisphère boréal, qui renferme 81 étoiles, est située dans la Voie Lactée, entre Céphée, la Lyre et le Renard.

CYLINDRE (du gr. *cylindros*, dérivé de *cylindô*, rouler), solide terminé par trois surfaces, dont une est convexe et circulaire, et les deux autres planes et parallèles entre elles. On nomme *cylindre droit*, celui dans lequel la droite qui joint les centres des deux cercles est perpendiculaire aux plans de ces cercles; dans tous les autres cas, le cylindre est dit *oblique*. — On peut concevoir la génération du cylindre droit en le considérant comme produit par la révolution d'un rectangle autour d'un de ses côtés; dans ce mouvement, les côtés perpendiculaires au côté immobile décrivent deux cercles, et le côté immobile une surface convexe. Le côté immobile prend le nom d'*axe* du cylindre, et les deux cercles en sont les *bases*. On nomme *hauteur* du cylindre la perpendiculaire abaissée de l'un des points d'une de ses bases sur le plan de l'autre base; dans le cylindre droit la hauteur est égale à l'axe. Un cylindre, droit ou oblique, peut être considéré comme un prisme dont les bases sont des polygones d'un nombre infini de côtés. La surface convexe d'un cylindre droit est égale au produit de la circonférence de sa base par l'axe du cylindre ou par sa hauteur. Le volume du cylindre droit ou oblique est égal au produit de sa base par sa hauteur. Deux cylindres sont entre eux dans le rapport des produits de leurs bases par leurs hauteurs. On nomme *cylindres semblables* ceux dans lesquels des axes ont le même rapport que les diamètres des bases. — Toute section faite par un plan parallèlement à la base d'un cylindre est un *cercle* égal à la base. Toute section faite par un plan parallèle à l'axe est un *parallélogramme*. Les sections formées dans le cylindre droit par des plans inclinés à l'axe sont des *ellipses*.

Les cylindres sont de la plus grande utilité dans les Arts mécaniques : on s'en sert pour aplatir uniformément les feuilles ou plaques de tôle, de plomb et de cuivre; pour fouler et lustrer les étoffes, etc.

En Agriculture, on appelle *Cylindre* un gros rouleau de pierre ou de bois dont se servent les laboureurs pour écraser les mottes d'une terre labourée, et les jardiniers pour aplanir les allées d'un jardin.

En Histoire naturelle, on nomme ainsi des Mollusques dont la forme est cylindrique.

Cylindre noté, cylindre de bois qui sert, dans les serinettes et l'orgue de Barbarie, à lever les soupapes des tuyaux qui doivent émettre les sons. Le mécanisme des cylindres notés se retrouve dans la musique des pendules, des tabatières, etc.

CYLINDROÏDE, nom donné, en Géométrie, à un solide qui ressemble au cylindre, mais dont les bases sont des ellipses au lieu d'être des cercles.

En Anatomie, on appelle *protubérances cylindroïdes*, les corps cylindriques et contournés sur eux-mêmes qui sont placés à la partie postérieure des ventricules latéraux du cerveau.

CYMAISE (du latin *cymatium*). *Voy.* CIMAISE.

CYMBALES (du grec *cymbalos*, même signific.), instrument de percussion, composé de deux disques métalliques égaux, de 30 centim. environ de diamètre et fort minces, ayant chacun à leur centre une petite cavité, percée de façon à recevoir une double courroie, dans laquelle on passe la main pour frapper les disques l'un contre l'autre. Cet instrument s'emploie concurremment avec la grosse caisse, le triangle, le chapeau chinois, le tambour et les castagnettes, pour marquer les temps forts de la mesure dans les marches militaires, les ouvertures, les finales d'opéra, etc. Les meilleures cymbales viennent d'Orient : on les nomme *cymbales turques*; celles qu'on fabrique en France sont d'une sonorité moins pure. — Les cymbales antiques consistaient en deux moitiés d'une petite sphère creuse de métal, pourvues d'un manche, et que l'exécutant frappait de côté : on s'en servait surtout dans les cérémonies religieuses. *Voy.* CROTALE.

On appelle encore *Cymbale* un jeu d'orgue aigu, qui se compose de trois à sept tuyaux à bouche, en étain, sur chaque note. On les accorde à la tierce, à la quinte, à l'octave.

CYME, terme de Botanique. *Voy.* CIME.

CYMÈNE ou **CUMÈNE**. *Voy.* CAMPHOGÈNE.

CYMINDIS (nom d'oiseau, en grec), genre d'oiseaux de l'ordre des Rapaces et de la famille des Faucons, est caractérisé par un bec très-crochu, étroit et assez allongé, et par des ailes obtuses. On n'en connaît que 2 espèces, qui se trouvent à la Guyane et au Brésil : le *C. bec-en-croc* (*C. uncinatus*), et le *C. à manteau noir* (*C. Guianensis*).

CYMODOCÉE (nom arbitraire), Crustacé décapode, a les dernières pattes relevées obliquement sur les côtés de l'abdomen. La *C. poilue* (*C. pilosa*), qu'on trouve dans la Méditerranée, est le type de ce genre.

CYMOPHANE (du grec *cyma*, flot, et *phanos*, lumière), substance minérale de l'ordre des Alumnates, composée de silice, d'alumine, de glucine, etc.; elle est vitreuse, d'un jaune verdâtre chatoyant. La Cymophane se trouve en Amérique : elle est employée dans la joaillerie sous le nom de *Chrysolithe* et de *Topaze orientale*.

CYNANCHE (du grec *cyón*, chien, et *agchein*, étrangler, à cause de ses propriétés vomitives), *Cynanchum*, genre de la famille des Asclépiadées, renferme des plantes herbacées des bords de la Méditerranée, à tiges volubiles, remplies d'un suc laiteux; à feuilles opposées, en cœur; à ombelles interpétiolaires. Tous les Cynanches sont purgatifs, et quelques-uns sont de violents poisons : l'espèce la plus remarquable est le *C. de Montpellier*, à racines rampantes, à fleurs blanches, en étoile; on extrait de sa racine un suc drastique dont on se sert comme de la *Scammonée*. La racine du *C. vomitif* fournit l'Ipécacuanha du commerce.

CYNANCIE (de *cyón*, chien, et *agchein*, étrangler), espèce d'angine dans laquelle les malades tirent la langue à peu près comme font les chiens haletants.

CYNANTHROPIE (du grec *cyón*, chien, et *anthropos*, homme), variété de la mélancolie dans laquelle le malade croit être changé en chien, et imite la voix et les habitudes de cet animal.

CYNARÉES, CYNAROCÉPHALES. *Voy.* CINARÉES, etc.

CYNÉGÉTIQUE (c.-à-d. qui concerne la chasse, du grec *cynégéó*, chasser avec un chien). Les Grecs appelaient ainsi l'art de la chasse, et, en particulier, l'art de la chasse au chien. Oppien a laissé sous ce titre un poème estimé.

CYNIPS, genre d'insectes Hyménoptères térébrants, de la famille des Pupivores, tribu des Gallicoles, a pour caractères : des antennes filiformes, des cuisses non renflées, le ventre pédiculé, comprimé, la tête étroite, et le thorax bombé. Ces insectes, à l'aide d'une tarière effilée, percent l'écorce et les feuilles des arbres pour y déposer leurs œufs. La présence de ces œufs produit les excroissances connues sous le nom de *galles* ou *bédégars* (*Voy.* ces mots), au milieu desquelles la larve, sortie de l'œuf, se nourrit et se transforme jusqu'à ce qu'elle soit insecte parfait. Les Cynips se trouvent particulièrement sur les chênes, les rosiers sauvages, les figuiers, etc. Les espèces les plus remarquables sont : le *C. tinctoria*, qui vient sur une espèce de chêne du Levant, et dont la galle s'emploie dans la fabrication de l'encre à écrire; et le *C. du figuier*, dont on se sert en Orient pour féconder les figuiers, et pour hâter la maturation des figues. *Voy.* CAPRIFICATION.

CYNIQUES (du grec *kyón, kynos*, chien), philosophes grecs dont Diogène était le chef, affectant de mépriser les bienséances sociales. *Voy.* CYNIQUES au *Dict. univ. d'Hist. et de Géogr.*

CYNOCÉPHALE, *Cynocephalus* (du grec *kyón*, chien, et *céphalè*, tête), genre de Singes de l'ancien continent, munis d'abajoues et de callosités, à museau allongé, tronqué à l'extrémité; les crêtes sourcilières sont très-développées et s'élèvent au-dessus des yeux, en sorte que le front est entièrement effacé, ce qui donne à la tête de ces animaux une certaine ressemblance avec celle du chien. On les trouve dans les parties chaudes de l'Afrique. Ils sont brutaux et féroces, doués d'une force et d'une agilité qui les rend dangereux, même pour les hommes. Les plus remarquables sont le *Mandrill*, à face bleue, avec un nez rouge et une longue barbe jaune; le *Baboin* jaune, verdâtre et à face noire; le *Tartarin*, qui a la face couleur de chair et la tête ornée d'une longue crinière; et les *Papions*, singes de petite taille répandus en Afrique et en Arabie. On trouve fréquemment des Cynocéphales représentés dans les sculptures des Égyptiens.

CYNODON (du grec *kyón*, chien, et *odous*, dent), genre de Graminées établi pour une petite plante vivace, le *Cynodon dactylon*, vulg. *Dent-de-chien*.

CYNOGLOSSE, *Cynoglossum* (du grec *kyón, kynos*, chien, et *glôssa*, langue), vulgairement *Langue-de-chien*, genre de la famille des Borraginées (Aspérifoliées, L.), renferme des plantes herbacées à tiges rameuses et garnies de fleurs de couleur rouge vineuse. Le type du genre est la *C. officinale*, plante d'un vert pâle un peu argenté; ses feuilles sont couvertes d'un duvet très-fin et ont la forme d'une *langue*; ses fleurs, d'un assez beau rouge, sont disposées en épis. Elle croît naturellement dans le midi de la France, au bord des sentiers et sur les berges des rivières. Ses feuilles, cuites dans l'eau et appliquées extérieurement, passent pour émollientes, anodines et narcotiques. On en fait un extrait qui entre dans la composition des pilules de cynoglosse. On connaît encore la *C. argentée*, la *C. printanière* ou *Cabaret des murailles*, la *C. à feuilles de lin*, etc.

CYNOPITHÈQUES (du grec *kyôn*, *kynos*, chien, et *pithex*, singe), sorte de singes à courte queue, intermédiaires entre les Cynocéphales et les Magots, a pour type le *Cynocéphale macaque*, ou *Singe noir* de l'île Célèbes. Ils donnent leur nom à une tribu de la grande famille des singes, les *Cynopithéciens*, qui appartient exclusivement à l'ancien monde.

CYNOREXIE (du grec *kyôn*, *kynos*, chien, et *orexis*, appétit), dite aussi *faim canine*, maladie nerveuse de l'estomac, caractérisée par une faim excessive et par le vomissement de tous les aliments peu après leur ingestion. *Voy.* aussi BOULIMIE.

CYNORRHODON, ou *Rose de chien*. V. ÉGLANTIER.

CYNOSURE (du grec *kyôn*, chien, et *oura*, queue), nom sous lequel on désignait anciennement la Petite Ourse. —C'est aussi le nom d'un genre de Graminées à feuilles planes, à panicules serrées et spiciformes, composées de fleurs hermaphrodites mêlées d'épillets stériles. Ce genre a pour type la *Cretelle des prés*, commune dans nos prairies.

CYPÉRACÉES ou CYPÉROÏDES (du grec *cypeiros*, souchet), famille de plantes Monocotylédonées, voisine des Graminées et des Joncées, renferme un grand nombre de végétaux herbacés qui croissent en général dans les lieux humides. Leur racine, annuelle ou vivace, fibreuse, présente des tubercules charnus remplis d'une substance blanchâtre et amylacée; la tige est un chaume anguleux ou cylindrique à nœuds rares, ordinairement simple; à feuilles caulinaires ou radicales; les fleurs forment des épis ovoïdes, globuleux ou cylindriques. Cette famille renferme une dizaine de tribus dont les principales sont les *Caricées* (ayant pour type le *Carex*, Laiche) et les *Cypérées* (du latin *Cyperus*, Souchet): c'est à cette dernière tribu qu'appartient le *papyrus*.

CYPERUS, nom latin du genre *Souchet*.

CYPHOSE (du grec *kyphos*, courbe). V. GIBBOSITÉ.

CYPREA, nom latin des *Porcelaines*. *Voy.* ce mot.

CYPRES, *Cupressus*, genre de la famille des Conifères, qui a donné son nom à la tribu des Cupressinées, a pour type le *C. fastigié* ou *pyramidal*, originaire du Levant et très-répandu dans le midi de l'Europe. C'est un arbre résineux, de haute taille et de forme pyramidale, à racines nombreuses et déliées, au tronc élevé, dont les rameaux, pressés contre la tige, portent un feuillage d'un vert foncé, composé de petites folioles imbriquées les unes sur les autres; ses fleurs sont formées de plusieurs écailles arrondies qui, en s'agglomérant, forment un fruit conoïde de la grosseur d'une noix, mûrissant en hiver et s'ouvrant par segments pour laisser échapper la graine. Le Cyprès, par sa couleur sombre, répand autour de lui un certain air de tristesse: aussi est-il l'arbre des tombeaux; les anciens l'avaient consacré à Pluton. Dans le Midi, on fait avec le cyprès des haies très-serrées et très-hautes pour servir d'abri aux jardins et à certaines cultures. On prétend que cet arbre purifie l'air. Son bois, fort et incorruptible, est susceptible de recevoir un beau poli. Sa durée est, dit-on, sept fois plus grande que celle du chêne. La résine qui en découle est utile contre les blessures récentes, et donne une belle couleur. —Le *C. horizontal* ou *étalé*, dit aussi *Arbre de Montpellier*, n'est qu'une variété

du précédent; son bois est excellent pour la charpente. On remarque encore le *C. pendant* ou *glauque*, le *C. faux-thuya* ou *Cèdre blanc* du Canada, et le *C. chauve* ou *de la Louisiane*, qu'on range aujourd'hui dans le genre Taxodium.

Petit cyprès. Voy. SANTOLINE.

CYPRIN (du grec *cyprinos*, poisson), *Cyprinus*, genre type de la famille des Cyprinoïdes, renferme des poissons d'eau douce, à corps écailleux, à bouche petite et sans dents, à lèvres protractiles ou allongeables, et n'ayant qu'une nageoire dorsale. Ces poissons sont peu carnassiers: ils vivent surtout d'herbes, de graines et de limon. A ce genre appartiennent les *Cyprins* proprement dits, les *Carpes*, *Tanches*, *Barbeaux*, *Goujons*, *Brèmes*, *Ables*, etc.

CYPRINE, *Cyprina*, genre de mollusques Gastéropodes de l'ordre des Scutibranches, est caractérisé par une coquille bivalve, oblongue, cordiforme, présentant trois dents sur la charnière et une dent latérale écartée de la charnière. La *C. islandica* est la seule espèce vivante de ce genre. On en trouve de fossiles dans les terrains tertiaires.

CYPRINOÏDES, famille de poissons Malacoptérygiens abdominaux, a pour type le genre *Cyprin*, dont les caractères sont ceux de la famille même.

CYPRIPÈDE, *Cypripedium* (du grec *Cypris*, Vénus, et *pédion*, lien), genre de la famille des Orchidées, renferme des plantes herbacées à racines fibreuses, à tiges foliacées, à fleurs grandes, remarquables par leur forme bizarre et leur odeur suave. Elles croissent dans les parties froides et tempérées de l'hémisphère boréal, surtout en Amérique. Plusieurs espèces sont recherchées à cause de leurs fleurs. Le type du genre est le *C. sabot de Vénus* ou *de la Vierge*, qui croît dans les Alpes.

CYPSÈLE (du grec *kypsélion*, petite corbeille), synonyme d'*Akène* chez quelques botanistes. V. ce mot.

CYRÉNAÏQUES, philosophes anciens ainsi nommés d'Aristippe de Cyrène, leur chef, soutenaient que l'homme ne doit rechercher que le plaisir.

CYRILLIQUE (ALPHABET), alphabet servien inventé, dit-on, au XIᵉ siècle par S. Cyrille, l'apôtre de la Servie, qui le premier traduisit la liturgie grecque et la Bible dans la langue des Vendes. L'alphabet cyrillique dérive de l'alphabet grec; il est en usage, pour l'idiome liturgique, en Russie, en Servie et en Bulgarie.

CYRTANDRE (du grec *kyrtos*, courbé, et *aner*, *andros*, mâle, étamine), genre de la famille des Acanthacées: plante herbacée ou sous-frutescente à feuilles simples, opposées; à fleurs en capitules, blanches ou jaunâtres. On en a fait une famille sous le nom de *Cyrtandracées*. L'espèce type est le *Cyrtandre à bouquets*, à feuilles d'un beau vert et à fleurs blanches. Elle est originaire de l'Inde ou de Java.

CYSTE (du grec *kystis*, vessie), mot qui entre dans la composition de plusieurs noms avec la signification de *vessie* ou *poche*. Voy. aussi KYSTE.

CYSTIBRANCHES (du grec *kystis*, vessie, et *branchia*, branchies), famille de Crustacés isopodes, comprend ceux qu'on présume avoir des branchies dans les cavités vésiculaires: tels sont les *Cyames*. Ces Crustacés sont tous marins, et habitent sur des plantes ou des animaux. Quelques naturalistes en font un ordre sous le nom de *Læmodipodes*.

CYSTICERQUES (du grec *kystis*, vessie, et *kerkos*, queue), vers intestinaux qui ont le corps presque cylindrique, terminé par une vessie pleine de sérosité limpide, et dont la tête, garnie de quatre suçoirs, est armée d'une trompe obtuse couronnée par des crochets. Les Cysticerques sont presque toujours contenus dans des kystes membraneux. C'est à une espèce de ce genre qu'est due la ladrerie des porcs. Quelques espèces se trouvent dans le tissu du corps humain.

CYSTINE ou OXYDE CYSTIQUE (du grec *kystis*, vessie), substance organique jaune et cristalline qu'on trouve dans la vessie, et qui constitue quelquefois les calculs urinaires chez l'homme. Elle renferme du carbone, de l'hydrogène, de l'azote, de l'oxygène et du soufre. Elle a été découverte par Wollaston.

CYSTIQUE (du grec *kystis*, vessie), qui appartient à une vésicule, et spécialement à la vésicule biliaire. On nomme *bile cystique* celle qui est contenue dans cette vésicule ; — *artère cystique*, l'artère provenant de la branche droite du tronc hépatique, et se divisant en deux rameaux qui se distribuent à la vésicule biliaire ; — *conduit cystique*, un canal placé dans l'épaisseur du petit épiploon, et s'étendant du col de la vésicule biliaire au canal hépatique ; ce canal livre passage à la bile lorsqu'elle reflue dans la vésicule ou s'écoule dans le duodénum ; — *calculs cystiques*, ceux qui se forment dans la vésicule biliaire.

CYSTIRRHÉE (du grec *kystis*, vessie, et *rhéō*, couler), dite aussi *catarrhe vésical*, *flux muqueux de la vessie*, écoulement muqueux qui suit souvent le catarrhe aigu de la vessie ou *cystite* (*V.* ci-après). Cette maladie se montre particulièrement dans les saisons froides et humides, et attaque surtout les vieillards et les gens sédentaires.

CYSTITE (du grec *kystis*, vessie), inflammation aiguë ou chronique des membranes de la vessie. On distingue la *C. superficielle* (*C. catarrhale*, *C. érysipélateuse*, *catarrhe aigu*), c.-à-d. bornée à la membrane interne de la vessie : sa durée est de vingt à quarante jours ; rarement elle est mortelle ; — la *C. profonde* ou *phlegmoneuse*, c.-à-d. étendue à toutes les membranes de la vessie et à la portion du péritoine qui recouvre ce viscère. Cette dernière est le plus souvent dangereuse.

CYSTOTOMIE (du grec *kystis*, vessie, et *tomè*, section), incision de la vessie. Autrefois, on nommait ainsi l'incision faite à la vessie dans l'intention d'évacuer l'urine, et on avait réservé le nom de *taille* à l'opération pratiquée pour extraire les calculs urinaires. Aujourd'hui, ces deux mots sont synonymes.

CYTINELLE, *Cytinus* (du grec *kytinos*, fleur de grenadier, à cause de la couleur rouge de ses feuilles et de ses fleurs), genre type de la famille des Cytinées, détachée des Aristolochiées, est composé de plantes herbacées à tige simple, couverte d'écailles imbriquées ; à fleurs monoïques, sessiles et axillaires. La seule espèce connue est l'*Hypociste parasite* (*C. hypocistis*), petite plante charnue croissant sur les racines des diverses espèces de Cistes, d'où son nom. Elle est haute de 4 à 5 centim., et est surtout remarquable par la couleur rouge de ses écailles et des petites fleurs qui terminent sa tige. On la trouve dans les contrées méridionales de l'Europe. Ses baies renferment un suc acide, astringent et tonique.

CYTISE, *Cytisus*, genre de la famille des Légumineuses, section des Papilionacées, renferme des arbustes et des arbrisseaux dont le port se rapproche de celui des Genêts, mais qui ne sont pas épineux ; ils ont les feuilles ternées, accompagnées de stipules très-petites ; les fleurs jaunes ou pourpres, disposées en grappes ou en épis. On en compte une trentaine d'espèces, originaires des contrées montueuses de l'Europe et de l'Asie méridionale, et cultivées, pour la plupart, dans nos jardins. Le type du genre est le *C. des Alpes*, ou *Faux Ébénier* (*C. Laburnum*), originaire des Alpes et du Jura. C'est un arbrisseau à feuillage épais et d'un vert foncé, sur lequel se détachent agréablement de longues et nombreuses grappes de fleurs jaunes semblables à celles de l'Acacia ; dans certains pays, il atteint 4 et 5 m. de haut. Son bois, très-dur, veiné de vert, est susceptible de prendre un beau poli : les anciens en faisaient des arcs ; aujourd'hui, il est employé par les tourneurs. Ses graines, noires et lenticulaires, sont vomitives et purgatives. On le multiplie de graines et de drageons. Les chèvres et autres bestiaux se plaisent à brouter les jeunes pousses et les feuilles du Cytise.

CZAR ou TSAR (du latin *Cæsar*), qu'on prononce *tchar*, un des titres que porte l'empereur de Russie.

D

D, consonne dentale, 4ᵉ lettre de l'alphabet français, correspond au Δ des Grecs ; elle a le son du T affaibli et se confond ou s'échange fréquemment avec cette lettre. — Dans les nombres, D valait 500 chez les Romains, Ð, 5,000 ; chez les Grecs, δ′ valait 4 ; δ̄′ valait 4,000. — Dans le Calendrier romain, D était la 4ᵉ des lettres nundinales ; il est encore dans notre calendrier la 4ᵉ des lettres dominicales. — Considéré comme abréviation des prénoms romains, D désignait *Decius* ou *Decimus* ; Dr. *Drusus*. Devant les noms d'empereurs et de saints, D signifiait *Divus*, *Dionysius* (Denis), etc. Sur les pierres tumulaires, D. M. signifie *Diis Manibus*, aux Dieux Mânes ; sur les frontons des temples et des églises, D. O. M., *Deo Optimo Maximo*, au Dieu très-bon, très-grand. — Dans l'ancien alphabet chimique, D indiquait le sulfate de fer. — Sur nos monnaies, D indique la fabrique de Lyon. — D est encore l'abréviation de *don*, titre donné aux seigneurs espagnols, et de *dom*, titre particulier aux anciens bénédictins.

DA CAPO (et par abréviation D. C.), expression italienne qui signifie *depuis la tête*, et qui se met quelquefois à la fin d'un morceau de musique pour indiquer qu'il faut le reprendre depuis le commencement jusqu'au signe de terminaison.

DACNIS, nom donné par Cuvier au *Pitpit*, genre de Passereaux conirostres. *Voy.* PITPIT.

DACTYLE (du grec *dactylos*, doigt), sorte de pied de la poésie grecque et latine, composé d'une longue suivie de deux brèves : *cārmĭnă* ; ce pied est ainsi nommé par allusion au doigt, qui a trois phalanges, dont la première est plus longue que les deux autres. Le dactyle entre dans la composition des hexamètres, pentamètres, etc. *Voy.* ces noms.

Les Grecs appelaient encore *dactyle* : 1° une mesure linéaire, longue à peu près d'un travers de doigt : c'était la 16ᵉ partie du pied grec (0ᵐ,02 environ) ; 2° une sorte de danse qu'exécutaient les athlètes ; 3° des prêtres du mont Ida, qui étaient, comme les *doigts*, au nombre de cinq ; on leur attribue l'invention du pied qui porte le même nom.

En Botanique, on nomme *Dactyle* un genre de la famille des Graminées, composé de plantes vivaces, nombreuses et multiflores. Le *Dactyle pelotonné*, vulgairement *Chiendent à brossettes*, se trouve en abondance dans les prés et le long des chemins ; il donne un mauvais foin, et ne s'emploie guère qu'à former des gazons dans les jardins.

Les Conchyliologistes donnaient autrefois le nom de *Dactyles* à plusieurs coquilles affectant plus ou moins la forme d'un doigt. Aujourd'hui, on désigne ainsi la *Modiole lithophage*, espèce de mollusque de la famille des Mytilacés, et la *Pholade dactyle*, autre mollusque de la famille des Enfermés.

DACTYLIOTHÈQUE (du grec *dactylios*, anneau, et *thékè*, cassette), collection d'anneaux ou de pierres gravées. Chez les Romains, Scaurus, gendre de Sylla, paraît avoir formé la première collection de ce genre. Chez les modernes, Laurent de Médicis eut le premier cabinet de pierres gravées. On cite surtout les collections des cabinets de Paris, de Vienne et de Berlin. *Voy.* GLYPTIQUE.

DACTYLOGRAPHE (du grec *dactylos*, doigt, et *graphô*, écrire), instrument à clavier inventé en 1818, et destiné à transmettre, au moyen du toucher, les signes de la parole. Il se compose de 25 touches, correspondant chacune aux 25 lettres de l'alphabet. Au moyen d'un mouvement imprimé à la touche, telle ou telle lettre peut se faire sentir sous la main de la personne avec laquelle on communique. Le dactylographe offre un moyen de correspondance entre les sourds-muets et les aveugles.

DACTYLOLOGIE (du grec *dactylos*, doigt, et *logos*, discours), art de parler avec les doigts, employé par les sourds-muets. *Voy.* SOURDS-MUETS.

DACTYLOPTÈRE (de *dactylos*, doigt, et *ptéron*, aile), dit aussi *Poisson volant, Hirondelle de mer*, genre de poissons Acanthoptérygiens, de la famille des Joues cuirassées. Ils sont revêtus d'écailles dures, ont le museau court et sans proéminence, la bouche située en dessous; leurs nageoires pectorales se divisent en deux parties, l'une antérieure, de longueur médiocre, une postérieure presque aussi longue que le corps : lorsque celle-ci s'étend, elle figure une sorte d'aile au moyen de laquelle le poisson peut s'élever dans l'air, pour échapper à la poursuite des autres poissons. Dans les temps calmes, on voit les Dactyloptères voler par troupes au-dessus de la mer : ils peuvent parcourir ainsi un espace de 30 à 40 mètres. Ces poissons sont communs dans la Méditerranée; leur chair est comestible.

DÆDALEA (du grec *daidalea*, enjolivée), genre de Champignons de la tribu des Basidiosporés. Une espèce de ce genre pousse sur les vieux troncs des saules et a une odeur d'anis très-prononcée. On le réduit en poudre, et on en prépare un électuaire qu'on emploie dans la phthisie pulmonaire.

DAGUE (du celtique *dag*), gros poignard fort en usage au moyen âge, et dont la pointe très-dure et très-acérée pouvait percer les cottes de mailles et pénétrer dans le défaut de la cuirasse. Au XVe siècle on appelait *dague à rouelles*, de longs poignards espagnols garnis d'une forte garde en forme de petite roue.

Les Relieurs appellent *dague* une lame de sabre emmanchée à ses deux bouts d'une poignée de bois, et dont ils se servent pour ratisser et nettoyer les peaux qui doivent recouvrir les livres.

En termes de Vénerie, on nomme *dague* le premier bois qui pousse à la tête du cerf vers sa seconde année : d'où le nom de *daguet*, donné au jeune cerf qui n'a pas trois ans.

DAGUERRÉOTYPE (du nom de l'inventeur *Daguerre*), appareil à l'aide duquel on fixe les images de la chambre obscure. Il se compose d'une chambre obscure, disposée de manière à recevoir les images sur une plaque de métal préparée à cet effet. Cette plaque est du cuivre argenté, recouvert d'une couche très-légère d'iodure ou de bromure d'argent qu'on obtient en l'exposant, dans une boîte, à l'évaporation spontanée de quelques parcelles d'iode ou de brome. Ainsi préparée et placée dans la chambre obscure, cette plaque est, en quelques secondes, impressionnée par les rayons qui émanent des objets disposés devant l'objectif, et leur image s'y reproduit. La production de l'image daguerrienne n'exige pas une très-vive lumière; elle s'effectue également bien, mais moins rapidement, par un temps couvert. On a observé qu'en blanchissant l'intérieur de la pièce où l'on opère, l'image se formait plus vite avec une lumière moins forte, et que l'imprégnation était plus uniforme. — Quand on retire la plaque de la chambre obscure, elle ne présente encore aucun trait; mais si on l'expose ensuite, dans une seconde boîte, à l'action des vapeurs du mercure, on voit ces vapeurs s'attacher en abondance aux parties de la surface qui ont été frappées par une vive lumière, à l'exclusion de celles qui sont restés dans l'ombre, et se précipiter en quantité variable sur les espaces occupés par les demi-teintes. Pour fixer définitivement l'image, on plonge la plaque dans une solution d'hyposulfite de soude, et on la lave ensuite avec de l'eau distillée. On a cherché à expliquer la fixation de l'image en admettant que, dans les parties de la plaque iodurée ou bromurée qui ont été frappées par certains rayons, l'iode ou le brome étaient volatilisés et le métal mis à nu; que ces parties, exposées ensuite à la vapeur mercurielle, se combinaient plus ou moins avec le mercure, et produisaient ainsi un amalgame blanc et mat; enfin, que le lavage à l'hyposulfite enlevait les autres parties iodurées ou bromurées qui n'avaient pas subi cette décomposition par la lumière : mais cette théorie ne rend pas encore un compte suffisant de tous les phénomènes. — Depuis quelque temps on a réussi à substituer du papier sensible aux plaques métalliques. Les épreuves ainsi obtenues échappent à l'inconvénient du miroitage qu'offrent toujours les plaques métalliques. — Les images daguerriennes ne reproduisent pas les couleurs des objets; quelques personnes y suppléent en coloriant sur la plaque l'image obtenue; mais à moins d'être appliqué par une main très-exercée, ce coloriage risque de défigurer l'image. — On sait tout le parti qu'on a tiré du daguerréotype : il sert surtout à obtenir des portraits, des paysages, des copies de tableaux, etc.

Les premières tentatives pour fixer les images de la chambre obscure ont été faites dès 1813 par M. Niepce, propriétaire aux environs de Châlon-sur-Saône; il se livra pendant de longues années à des investigations sur ce sujet, et trouva, en 1827, un procédé qu'il appela *héliographie*, pour la copie des gravures. Il s'associa en 1829 avec M. Daguerre pour le perfectionnement de ce procédé : après 12 ans de recherches persévérantes, M. Daguerre imagina enfin le procédé qui sert encore aujourd'hui. De nombreux perfectionnements ont été introduits depuis dans l'art du daguerréotype, particulièrement par MM. Fizeau, Chevalier, Lerebours, Gaudin, Foucault, etc. On peut consulter à ce sujet les *Nouvelles instructions sur l'usage du Daguerréotype*, par Ch. Chevalier (1841); les *Derniers perfectionnements apportés au daguerréotype* par Gaudin et N. P. Lerebours (1842); le *Traité pratique de Photographie sur papier, sur plaque et sur verre*, par Aubrée (1851). *Voy.* PHOTOGRAPHIE.

DAGUET, jeune cerf. *Voy.* DAGUE. — On désigne aussi sous ce nom une section de Cerfs à bois ronds, composée d'espèces originaires de Cayenne, dont le bois ne dépasse jamais l'état rudimentaire de celui des autres espèces. Leur tête est plus pointue que celle des autres cerfs. Il en existe deux espèces : le *Cerf nemorivage*, à poils bruns grisâtres, ayant un peu de blanchâtre vers la pointe, et le *Cerf roux*, dont le pelage est d'un roux vif en dessus, blanchâtre sous le ventre et à la croupe.

DAHLIA (de *Dahl*, botaniste suédois), genre de plantes exotiques de la famille des Composées, tribu des Astéroïdées, cultivé dans nos jardins pour la beauté de sa fleur. Le Dahlia se distingue à son capitule multiflore, à ses demi-fleurons femelles ou neutres, à ses fleurons unisexuels, tubuleux et à cinq dents; à son involucre double, à son réceptacle plan, à ses akènes ovales et sans aigrettes; ses tiges, suffrutiqueuses et vivaces dans son pays natal, sont herbacées et annuelles chez nous; ses feuilles sont opposées; ses rameaux, nombreux, nus au sommet, ordinairement monocéphales. Ce genre renferme aujourd'hui sept ou huit espèces distinctes, auxquelles la culture a fait produire plus de deux mille variétés : il est un des plus beaux ornements de nos jardins, tant par la grandeur de ses fleurs que par la délicatesse et l'infinie diversité des couleurs qu'elles peuvent revêtir. L'espèce la plus répandue est le *D. variable*, à racine fasciculée et tuberculeuse, dont la tige herbacée et cylindrique dépasse 2 mètres. On a obtenu des variétés à fleurs doubles dans lesquelles les fleurons tubuleux et jaunes du dahlia sauvage se sont transformés en demi-fleurons colorés de nuances vives et veloutées. — Le dahlia se multiplie aisément par semis, par bouture, par greffe ou par la séparation des tubercules : ce dernier moyen est le plus simple et le plus usité. A la fin de mars, on place les tubercules sur une couche, le long d'un mur exposé au midi, et on les recouvre d'un peu de terreau légèrement humecté. Au bout de quinze jours, on voit sortir un certain nombre de pousses, que l'on sépare et que l'on transplante dès qu'elles ont atteint de 6 à 12 centim. Après la floraison, on laisse mûrir les tubercules jusqu'au mois de novembre, et, à cette époque, on profite d'un beau jour pour les enlever de terre, on les nettoie bien, et on les place à l'abri du froid et de l'humidité jusqu'au printemps suivant. Au Mexique, les tubercules du dahlia se mangent cuits sous la cendre ; chez nous, leur saveur est fade et même désagréable : on peut toutefois s'en servir pour engraisser la volaille ; les feuilles sont aimées de tous les bestiaux. M. Payen a extrait du tubercule une substance blanche appelée *Dahline*, assez semblable à l'*Inuline* (*Voy.* ce mot), et qui convient dans les maladies de langueur.

Le Dahlia a été importé du Mexique à Madrid en 1790 par V. Cervantes ; il a été introduit en France en 1802, et est aujourd'hui répandu partout.

DAIM, *Cervus dama*, espèce du genre Cerf, à andouillers supérieurs aplatis et palmés, et dont la taille est intermédiaire entre celle du chevreuil et celle du cerf. Le Daim ressemble beaucoup à ce dernier par son port, par sa légèreté et par la couleur de son poil, qui est d'un jaune rougeâtre ; il est timide et rapide à la course. La femelle, appelée *Daine*, n'a pas de bois. Le daim se plaît dans les climats tempérés ; il vit dans les bois et sur les collines ; il est commun dans toute l'Europe, mais surtout en Angleterre, où il fait l'ornement des parcs. On le chasse principalement pour sa peau, dont on fabrique des gants excellents ; on en employait autrefois de grandes quantités pour faire les culottes des cavaliers.

DAIS (de l'allemand *decken*, couvrir, selon Cazeneuve). On nomme ainsi tout ouvrage de bois, de tenture, etc., fait dans la forme des anciens ciels de lit, et que l'on met à quelque hauteur au-dessus d'un maître-autel, d'une chaire à prêcher, d'un trône ou de la place où siègent, dans les occasions solennelles, certains personnages éminents, roi, prince, seigneur, prélat. — On appelle spécialement *dais* le poêle garni de velours ou de soie, surmonté de panaches et soutenu par deux ou quatre petites colonnes, sous lequel on porte le Saint-Sacrement dans les processions. *Voy.* BALDAQUIN.

DAIS, genre de la famille des Thymélées, renferme des arbrisseaux exotiques, originaires des contrées les plus chaudes de l'Afrique et de l'Asie. L'espèce la plus connue en Europe est le *Daïs à feuilles de fustet*, bel arbrisseau à rameaux d'un vert tendre, à feuilles ovoïdes, opposées ; à fleurs ramassées en faisceaux ombelliforme. On le cultive dans les jardins.

DALBERGE ou DALBERGIE (de *Dalberg*, botaniste suédois), genre de la famille des Légumineuses, section des Papilionacées, comprend des arbrisseaux à fleurs axillaires, disposées en grappe ou en épis : ils sont tous originaires des régions tropicales ; ils ne sont cultivés chez nous que comme plantes d'agrément. Une espèce, la *D. à gousse ovale*, a le bois rouge ; sa racine laisse couler, par incision, un suc résineux qui est la *gomme laque* du commerce. Cette plante croît à Surinam, dans les lieux humides.

DALÉCHAMPIE (de *Daléchamp*, botaniste français, à qui cette plante fut dédiée par Plumier), genre d'Euphorbiacées, originaire de l'Amérique intertropicale, renferme des arbrisseaux à tige grimpante ; à feuilles alternes, munies de stipules ; à fleurs en ombelle, séparées pour chaque sexe. On cultive la *D. velue*, dont les rameaux se terminent par un paquet de fleurs renfermées entre 2 grandes bractées.

DALÉE (de *Th. Dale*, botaniste anglais), *Dalea*, genre de la famille des Légumineuses, section des Papilionacées, tribu des Lotées, renferme des herbes et des arbrisseaux à feuilles imparipennées, ponctuées en dessus, et à fleurs bleues, violacées ou jaunâtres. Cette plante est originaire de l'Amérique du Nord. On la cultive dans nos jardins comme plante d'ornement.

DALÈME (de l'inventeur français *A. Dalème*), sorte de poêle composé de plusieurs tuyaux de fer emboîtés l'un dans l'autre, et qui est destiné à empêcher la fumée de se répandre dans les appartements en la forçant de descendre dans le brasier, où elle se convertit en flamme.

DALLE, pierre calcaire, coupée en tablettes de peu d'épaisseur, et qui sert à paver des péristyles, des trottoirs, des rues même, ou l'intérieur des églises, des salles, des balcons, etc. ; à couvrir des terrasses et des toits. On emploie aussi à cet usage le granit, la lave, le marbre, la pierre de liais, etc. Souvent on se sert de dalles en marqueterie, c.-à-d. de couleurs différentes mélangées ensemble, comme le marbre noir et la pierre de liais. Les dalles doivent reposer sur un terrain battu et solide, et être jointes entre elles par un ciment imperméable pour éviter les infiltrations. On donne à l'aire formée de dalles le nom de *dallage*.

On appelle encore *dalles* des tranches ou rouelles coupées en travers ou perpendiculairement sur un gros poisson cylindrique, comme le saumon.

DALMATIQUE (ainsi nommée des *Dalmates*, de qui les Romains empruntèrent ce vêtement), espèce de tunique à longues manches, ordinairement blanche et bordée de pourpre, était primitivement un habit pour les laïques. Les empereurs et les rois la revêtaient à leur sacre et dans certaines cérémonies. L'usage de ce vêtement fut introduit dans l'Église romaine par le pape S. Sylvestre, au vie siècle. Les diacres seuls le portèrent d'abord ; puis, vers le ixe siècle, tous les évêques et quelques prêtres. Aujourd'hui il est réservé aux sous-diacres, aux diacres et aux évêques, quand ils sont à l'autel. La dalmatique de l'évêque est en soie, sans broderies, sans dorures, et recouverte de la chasuble pontificale. Celle des sous-diacres et des diacres est enrichie d'ornements, de galons d'argent ou d'or, et de gros glands pareils qui sont attachés aux épaules. — La forme de la dalmatique se retrouve encore dans les vêtements de plusieurs nations, entre autres, des Arabes.

DALOT, pièce de bois placée aux côtés d'un vaisseau, et dans la longueur de laquelle on fait une ouverture de quelques centimètres pour l'écoulement des eaux de pluie ou des vagues qui tombent sur le pont. On nomme aussi *dalots* les ouvertures destinées à donner passage aux pompes.

DAM. *Voy.* DAMNATION.

DAMAN (par corruption de l'arabe *ghannem* ou *ghanam*, même significat.), *Hyrax*, genre de Mammifères à fourrure épaisse et de petite taille, placé par Cuvier dans la famille des Pachydermes proprement dits. Les Damans vivent en Afrique et en Asie ; ils sont de la taille des marmottes. Ils se nourrissent de fruits et d'herbages, se tiennent sur les montagnes, et peuvent s'apprivoiser facilement. On se nourrit de leur chair, et leur fourrure est précieuse. On en compte quatre espèces : le *D. du Cap*, le *D. du Dongola*, le *D. de Syrie* et le *D. d'Abyssinie*. Cet animal n'a été connu des naturalistes que fort tard : le premier daman fut apporté en Europe en 1760.

DAMAS, étoffe de soie ornée de dessins plus ou moins riches, formés en même temps que le tissu, et ainsi appelée de la ville de *Damas* en Syrie, d'où on la tirait : on en fabrique partout aujourd'hui, et notamment en France (à Lyon et à Nîmes). — On a étendu le nom de *damas* à toutes les étoffes de laine, de fil ou de coton dont le tissu imite celui des damas de soie. — On donne particulièrement le nom de *damassé* au linge de table dont le tissu représente des fleurs ou autres dessins. La fabrication du linge damassé est originaire de Flandre, et remonte au xve siècle. Aujourd'hui, elle est surtout répandue en Angleterre, en Saxe, en Hollande et en France (Aisne, Nord, Doubs et Basses-Pyrénées).

On donne aussi le nom de *damas* à des lames de sabre dont le plat présente des dessins moirés très-variés, tels que des veines noires, argentines, blanches, rubannées, parallèles ou croisées, etc., et que l'on a longtemps tirées du Levant, surtout de Damas. Ces lames sont en acier fondu et d'une trempe supérieure. M. Clouet, en 1804, a trouvé le moyen d'imiter parfaitement le damas, et depuis, ses procédés ont été encore perfectionnés par MM. Degrand, Gurgey et Couleaux. *V.* ACIER et DAMASQUINEUR.

Prunes de Damas. Voy. PRUNES.

DAMASONE (d'une plante aquatique appelée par les Grecs *damasônion*), *Damasonium*, genre de la famille des Alismacées, tribu des Alismées, renferme des plantes aquatiques, annuelles ou vivaces, à feuilles cordiformes, nageant à la surface de l'eau ou submergées; à fleurs hermaphrodites en verticilles, et sans tige. On les trouve dans les marais et sur le bord des étangs. On en cultive plusieurs dans les jardins.

DAMASQUINEUR, ouvrier qui incruste sur le fer ou l'acier préparé des ornements en or ou en argent. Le damasquineur commence par faire bleuir la lame sur le feu; il grave ensuite au burin le sujet qu'il veut figurer; puis il incruste dans le trait un fil métallique qu'il achève de refouler à l'aide d'un mattoir; et quand le dessin a fait corps avec le métal, il passe sur le tout une lime douce pour polir la lame. — L'art de damasquiner a été importé du Levant en France sous le règne de Henri IV. Aujourd'hui ses produits ne sont plus guère recherchés que par les Orientaux.

DAMASSE (LINGE et ACIER). *Voy.* DAMAS.

DAME (par contraction du latin *domina*, maîtresse). Dans l'origine, on n'appelait *dame* que la femme noble possédant, de son chef ou de celui de son mari, une seigneurie, et ayant droit, autorité et commandement sur des vassaux. On attachait alors une grande idée de respect au titre de *dame* : les reines elles-mêmes s'honoraient de le porter. Au temps de la chevalerie, tout chevalier choisissait une *dame*, à qui il consacrait ses soins et rapportait ses exploits, et dont il portait les couleurs. Dans la suite, ce titre ne fut plus qu'une distinction honorifique réservée aux femmes nobles; il devint enfin un titre banal donné à toute femme mariée. — Les filles du roi de France prenaient, dès leur naissance, le nom de *Dames de France* (*Voy.* MADAME). Le roi pouvait donner un *brevet de dame* à toute fille noble qui lui était présentée. On donnait en outre le nom de *dame* aux femmes non mariées renfermées dans certaines abbayes, ainsi qu'aux chanoinesses : ce titre est encore aujourd'hui porté en France par les dignitaires de la maison de la Légion d'honneur.

Dame est aussi un titre d'office : on appelle *dame d'honneur* la première dame de la maison et de la suite des reines et des princesses de sang royal; *dame d'atours*, celle qui est chargée spécialement de la toilette; et en général, *dames du palais*, toutes les dames qui composent la cour de la reine et des princesses. L'origine des dames du palais remonte à François Ier; mais ce ne fut qu'en 1673, sous Anne d'Autriche, qu'elles prirent ce nom.

Dans nos jeux de cartes, on donne le nom de *dames* à quatre cartes sur chacune desquelles est peinte la figure d'une femme : ce sont les dames de *cœur*, de *pique*, de *carreau* et de *trèfle*. On donne aussi ce nom à la seconde pièce du jeu d'échecs.

Jeu de dames. On distingue le jeu *à la française*, dans lequel chaque joueur a douze dames ou pions, et le jeu *à la polonaise*, où chaque joueur en a vingt : ce dernier est le plus usité aujourd'hui. Le jeu de dames se joue sur une petite table carrée appelée *damier*, divisée, selon l'espèce du jeu, en 64 ou en 100 cases, alternativement noires et blanches. Les pions de chaque joueur sont de couleur différente; ils se groupent en face l'un de l'autre de chaque côté du damier, marchent l'un contre l'autre en suivant les lignes obliques du damier, et enlèvent l'adversaire dès qu'il laisse un vide derrière lui. Lorsqu'un pion, traversant sans accident tout le jeu, atteint l'une des dernières cases qui lui sont opposées, on dit qu'il est *allé à dame*, et on le double. On ignore l'origine du jeu de dames; mais on le suppose fort ancien. Quant à son nom, on le fait dériver de l'allemand *damm*, qui signifie *rempart*; suivant d'autres, il vient de ce qu'on nomme *dames* les pions qui servent à ce jeu.

Les ingénieurs appellent *dames* (de *damm*, rempart) : 1° des digues, des chaussées, qu'on ménage par intervalles, pour empêcher l'eau de remplir un canal que l'on creuse et de gagner les ouvriers; 2° de petits cônes en terre que l'on pratique de distance en distance dans les tranchées pour indiquer la hauteur des terres qu'on a fouillées.

Dans les Fonderies de fer, on donne ce nom à une pièce haute de 30 centimèt. avec laquelle on ferme la porte du creuset, à la réserve d'un espace de 15 à 20 centimèt. appelé *coulée*, par où passe la fonte.

Dans la Marine, on nomme *dames* : 1° deux chevilles de fer plantées sur l'arrière d'une embarcation, de chaque côté d'un grelin pour le fixer; 2° les doubles tolets servant à retenir les avirons sans estropes.

Dans l'Art militaire, on appelle *dame de mine* une masse de terre restée debout, quand plusieurs fourneaux peu distants ont sauté du même coup; *dame de fortification*, une petite tour à centre plein, en maçonnerie, qui surmonte le milieu du batardeau d'un fossé inondé, afin que la crête du batardeau ne puisse servir de pont pour traverser le fossé.

Les Botanistes appellent *Dame-d'onze-heures* l'Ornithogalle, parce que ses fleurs s'épanouissent à cette heure de la journée.

On appelle *dame jeanne* une grosse bouteille ronde de verre ou de grès qu'on garnit ordinairement de paille ou d'osier, et qui sert à contenir des acides ou d'autres liquides.

DAMIER, jeu. *Voy.* DAMES (Jeu de).

En Zoologie et en Botanique, on a donné ce nom à divers animaux ou plantes dont le système de coloration rappelle les cases d'un damier, notamment à un oiseau du genre Pétrel qui habite le Cap de Bonne-Espérance; à plusieurs papillons de jour du genre Argynne; à un mollusque du genre Cône; à une plante de la famille des Liliacées qu'on appelle aussi *Fritillaire*, etc.

DAMMARA (nom indigène), genre de la famille des Abiétinées, renferme de beaux arbres à feuilles alternes et coriaces, à fleurs dioïques, les mâles en chatons extra-axillaires, et à graines ailées. On les trouve dans l'Asie tropicale et la Nouvelle-Zélande. On cultive dans les jardins le *D. orientalis*, originaire d'Amboine. Cette espèce fournit un excellent bois pour la marine, et une résine dite *dammarin*.

DAMNATION (du latin *damnare*, condamner, ou de *dam*, punition des damnés). D'après l'Église, la damnation consiste dans la peine du *dam*, ou privation de Dieu, considéré comme souverain bien, et dans celle du feu qui brûlera les réprouvés sans jamais les consumer. La damnation n'aura pas de fin ; c'est ainsi que l'a définie formellement le concile de Florence en 1439. *Voy.* ENFER.

DAMOISEL ou DAMOISEAU (diminutif de *dam*, corruption de *dominus*, seigneur). Ce nom désignait autrefois les fils de chevaliers, de barons, et, en général, les jeunes gentilshommes qui n'étaient pas encore chevaliers. On le donnait aussi aux fils des rois et des grands qui n'étaient pas encore en état de porter les armes. Dans les vieux auteurs il est souvent confondu avec celui de *page* ou de *varlet*. Le damoisel accompagnait le châtelain et la châtelaine à la chasse, à la promenade, en voyage; il les servait à table et faisait leurs messages. — Aujourd'hui le mot *damoiseau* ne s'emploie guère qu'en mauvaise part.

On a appelé longtemps *damoiselles* les filles de qualité, c.-à-d. les filles des *dames* : on dit aujourd'hui *demoiselles*. *Voy.* ce mot.

DAMPIERA (de *W. Dampier*, navigateur anglais), genre de la famille des Goodéniacées, formé par Brown, est originaire de la Nouvelle-Hollande, et se compose de sous-arbrisseaux ou d'herbes vivaces, couvertes de poils, à feuilles alternes et coriaces, à fleurs bilabiées, bleues ou pourpres, extrêmement velues. Quelques espèces ont été introduites dans nos jardins.

DANAIDE (nom mythol.), *Danais*, sous-genre d'insectes Lépidoptères, de la famille des Diurnes. Ce sont des papillons dont la tête et le corps sont noirs avec des points blancs, les ailes fauves bordées de noir et ayant plusieurs points blancs. On les trouve au Sénégal, en Égypte et dans l'Asie méridionale. Le plus connu est la *D. chrysippe* (*D. chrysippus*), qu'on a trouvée en Grèce et dans le royaume de Naples.

On appelle aussi *Danaïde* un genre de plantes de la famille des Rubiacées, à tiges grimpantes, à fleurs rouges, répandant une odeur agréable. Ces plantes sont originaires des îles de France et de Bourbon.

En Mécanique, on appelle *Danaïde* une espèce de roue hydraulique qui sert à convertir le mouvement rectiligne d'un courant d'eau en un mouvement de rotation continue. Elle fut inventée au dernier siècle par le marquis Manoury d'Hectot.

DANOIS (CHIEN), race de chiens originaire du Danemark. *Voy.* CHIEN.

DANSE (de l'allemand *tanz*). La danse est en usage chez tous les peuples de la terre, même les plus sauvages. Son origine paraît avoir eu presque toujours un caractère religieux. On voit dans la Bible les Hébreux, conduits par Moïse, célébrer par des danses le passage de la mer Rouge, et David danser devant l'arche. Les Égyptiens, les Pélasges, les Grecs, les premiers Romains avaient leurs *danses sacrées*.

Les diverses espèces de danses, sacrées ou profanes, en usage chez les Grecs, se rangeaient sous trois classes principales : l'*orchestique*, danse noble et régulière, sans gestes exagérés ; la *sphéristique*, qui consistait en bonds plutôt qu'en pas, et imitait les mouvements d'une balle (*sphæra*) lancée et renvoyée par des joueurs; la *cybistique*, qui ressemblait à des tours de force plutôt qu'à une danse véritable. Parmi les danses sacrées, les plus célèbres sont celles des *corybantes* et des *dactyles idéens*, la *dyonisiaque*, la *callinique*, l'*hormus*, etc.; parmi les danses armées, la *pyrrhique* ou *énoplienne*, la *gymnopédique*, le *xiphisme* : parmi les danses joyeuses ou lascives, la *cordace*, la *sicinnis*, les *anagogies*, et toute espèce de danses mimées. — Chez les Romains, on cite la danse religieuse et militaire des *Saliens*, la farouche *bellicrepa*, les danses voluptueuses et mimées des *ludions* étrusques et des *histrions*, la *pyladeios* ou l'*italique*, celles de la *grue* et de l'*outre*, dite *ascoliasmos*.

Au moyen âge, la France eut ses danses rustiques, la plupart d'origine romaine : telles que les *branles*, les *bourrées*, les *caroles* (qui ont donné naissance aux

carillons), la *danse des brandons*, etc. Vinrent ensuite le *menuet*, la *gavotte*, les *voltes*, les *cotillons*; puis les danses italiennes, la *gigue*, la *pavane* (padouane), la *cabriole*, les *quadrilles* (squadra) ; les danses espagnoles, la *sarabande*, le *fandango*, le *boléro*; enfin s'introduisirent la *contredanse* anglaise, la *valse* allemande, etc.— Aujourd'hui, de toutes les danses importées en France au XVIIe siècle, la *contredanse* seule nous est restée. Le *menuet* a disparu avec le XVIIIe siècle et la *gavotte* avec l'Empire. La contredanse elle-même passe de mode : le *galop*, la *polka* hongroise, la *mazourka* et la *redowa* polonaises, la *schottisch*, danses toutes récentes, ont la vogue.

On peut consulter : Meursius, *Orchestra, sive de saltationibus veterum*, Leyde, 1618 ; Cahuzac, *Traité de la danse*, La Haye, 1754, 3 vol. in-12; A. Baron, *Lettres sur la danse ancienne, moderne, religieuse, civile et théâtrale*, 1824, in-8, etc.; et le poème de *la Danse* de Berchoux, 1806. — *Voy.* BALLET, CHORÉGRAPHIE, DANSEUR.

DANSE DES MORTS, nom donné au moyen âge à divers tableaux représentant une ronde infernale ou un grand bal auquel préside la Mort, et où assistent des hommes de tous les âges et de toutes les conditions; le plus célèbre tableau de ce genre est dû à Hans Holbein ; il se trouvait au cloître des Dominicains à Bâle. Une description de la *Danse des morts*, composée au XVe siècle, a été retrouvée en 1811 par M. Champollion, et publiée avec explications par M. H. Fortoul, Paris, 1842. *Voy.* MACABRE (Danse) au *Dict. univ. d'Hist. et de Géogr.*

DANSE DE SAINT-GUY, maladie. *Voy.* CHORÉE.

DANSEUR, artiste qui se livre à l'exercice de la danse théâtrale (*Voy.* BALLET). Chez les anciens, les danseurs remplissaient aussi le rôle de pantomimes (*Voy.* ce mot). En France, les plus fameux danseurs de l'Opéra depuis le XVIIe siècle sont Pécourt, Vestris, Duport, Petipa; la Camargo, la Sallé, Mlle Taglioni, les Dlles Essler, Fanny Cerrito, etc.

DANSEUR DE CORDE. *Voy.* ACROBATE et FUNAMBULE.

DAPHNÉ (du grec *daphné*, laurier), *Daphne*, genre de la famille des Thymélées, renferme des arbustes élégants, voisins des Lauriers, à feuilles éparses ou rarement opposées, à fleurs roses, blanches ou violacées et exhalant une odeur suave. Cet arbuste se trouve dans toutes les parties du monde. Vauquelin a extrait du daphné un principe actif et vénéneux appelé *daphnine*. L'écorce du *D. mezereum* ou *Bois gentil* fournit à la médecine le *garou* ou *sainbois*, journellement employé comme épispastique.

DAPHNIE (du grec *daphné*, laurier), *Daphnia*, genre de Crustacés entomostracés, de l'ordre des Brachiopodes, famille des Monocles, tribu des Lophyropes, a pour caractères un test bivalve, une tête apparente avec deux antennes, de 8 à 10 pattes, un seul œil et une queue. Ce sont des animaux parasites : on les appelle aussi *poux aquatiques*, *puces d'eau*, etc.

DAPHNOIDÉES ou DAPHNACÉES. *Voy.* THYMÉLÉES.

DARD (dérivé, selon Roquefort, du grec *ardis*, pointe de javelot). Comme arme, *dard* se prend tantôt pour *javelot*, tantôt pour *flèche*. *Voy.* ces mots.

On donne quelquefois ce nom, en Botanique, aux poils piquants de l'ortie ; et, en Zoologie, à l'extrémité de la queue des scorpions, ainsi qu'à la pièce principale de l'aiguillon des Hyménoptères.

En Architecture, on appelle *dard* la partie du divise les oves que l'on sculpte sur les quarts de rond et qui est taillée en forme de flèche.

DARIQUE, monnaie d'or des anciens Perses, frappée originairement au type de *Darius* le Mède, d'où son nom, valait 20 drachmes (environ 18 fr. 55 c.). Les dariques sont aujourd'hui très-rares; elles se reconnaissent à un archer agenouillé et décochant une flèche.

DARSE (de l'italien *darsina*, même signification), se dit, soit d'une baie naturelle, soit de la partie intérieure d'un port qui se ferme à l'aide d'une chaîne, et où l'on met à l'abri de petits bâtiments. Ce mot n'est guère usité que sur les côtes de la Méditerranée.

DARTRE (du grec *darsis*, excoriation), en latin *herpes*, maladie cutanée, essentiellement chronique, caractérisée par une éruption prurigineuse de petits boutons ou de pustules, réunis en plaques plus ou moins larges, communément arrondies, laissant exsuder un fluide séreux qui, en se desséchant, forme des croûtes, des écailles ou des ulcérations, suivant le degré, l'étendue et le siége de l'irritation qui les produit. Les dartres ont une grande tendance à changer de siége, à disparaître et à se reproduire. Leur développement peut être favorisé par une disposition héréditaire, par le tempérament lymphatico-sanguin, par la constitution scrofuleuse, l'habitation dans les climats chauds, les professions sédentaires, l'application des irritants sur la peau, l'usage d'aliments âcres et indigestes, la suppression de la transpiration, d'une évacuation ou d'un exanthème habituel. On ne sait pas bien encore si les dartres sont contagieuses ou non. Quant à leur cause première, on l'a cherchée dans un vice interne, dans une disposition morbide particulière que produirait l'altération du sang et des divers fluides de l'économie.

Les principales espèces de dartres sont :

1°. La D. *furfuracée*, *sèche*, *bénigne*, *farineuse*, la plus fréquente et la plus mobile, qui consiste en légères exfoliations ressemblant aux pellicules du son ; elle occupe ordinairement les sourcils, le cuir chevelu, la face, les aines ; elle affecte surtout les enfants ; s'accompagne de démangeaisons très-incommodes, et peut se changer en dartre squammeuse ; elle commence par une rougeur très-vive, puis l'épiderme s'exfolie en une espèce de farine, ou d'écailles de son : on distingue là D. *furfuracée volante*, remarquable par l'abondance des écailles, et la D. *arrondie*, qui siége plus particulièrement autour des articulations, sous forme de plaques écailleuses circulaires ;

2°. La D. *crustacée*, dans laquelle la dessiccation du liquide sécrété donne lieu à la formation de croûtes dures et peu épaisses, qui se détachent au bout d'un certain temps, et sont bientôt remplacées par d'autres ; sa durée est très-longue ; elle s'ulcère fréquemment : on distingue dans cette espèce la D. *crustacée flavescente*, qui consiste en croûtes jaunes semblables au miel desséché, et qui occupe le milieu des joues ; la D. *crustacée stalactiforme*, en croûtes pendantes comme des stalactites, et occupant les ailes du nez ; et la D. *crustacée musciforme*, en croûtes d'un gris verdâtre, analogues à la mousse des toits, entourées d'une aréole rouge, et laissant voir au-dessous d'elles, lorsqu'on les détache, un bourgeon charnu proéminent et granulé ;

3°. La D. *pustuleuse*, une des plus fréquentes, qui consiste dans des boutons éminents dont le sommet blanchit ; elle a son siége au visage, à la poitrine, aux épaules, etc. ; la chute des croûtes formées par le pus desséché laisse des taches rougeâtres. Ses variétés sont : la D. *mentagre* ou *sycosis*, qui occupe le menton ; la D. *couperose* ou *acné*, fréquente sur le nez, les joues, le front, spécialement chez les buveurs et chez les femmes qui usent de certains cosmétiques : ce sont des pustules isolées, peu étendues, environnées d'une aréole rosée dont la peau conserve des traces d'injection ; la D. *pustuleuse miliaire*, qui occupe le front, chez les adultes, sous la forme de très-petits boutons blanchâtres et luisants comme des grains de millet ; la D. *disséminée*, occupant surtout la poitrine, les épaules et le visage, sous forme de gros boutons rougeâtres, coniques, semblables à de petits furoncles ;

4°. La D. *rongeante*, qui affecte le visage, et qui est caractérisée par la dureté et l'ulcération de la peau : elle fournit un pus âcre et fétide, avec prurit insupportable ; l'ulcère rongeant s'étend successivement au tissu cellulaire, aux cartilages et aux os, et amène quelquefois la fièvre, le dépérissement et la mort ;

5°. La D. *Squammeuse*, dite aussi D. *vive*, *Lichen agrius*, qui se manifeste à l'origine des membranes muqueuses, par une tache rouge sur laquelle se forme une multitude de petites pustules d'où suinte une matière âcre et ichoreuse ; l'épiderme se détache en écailles larges, humides, qui sont bientôt remplacées par d'autres.

Le traitement des dartres consiste dans l'emploi de bains tièdes prolongés, de topiques émollients et narcotiques, de préparations sulfureuses à l'intérieur et à l'extérieur, notamment des eaux de Barèges, d'Enghien, d'Uriage (Isère). On y joint les purgatifs doux, répétés. On a préconisé contre les dartres une foule de substances végétales, comme la bardane, la fumeterre, la patience, la chicorée, le houblon, la douce-amère, etc. ; le sirop antiscorbutique, le vin de gentiane ou de quinquina. De nos jours, beaucoup de praticiens n'hésitent pas à cautériser de prime abord la dartre avec le crayon ou la solution d'azotate d'argent. On emploie aussi l'application d'un large vésicatoire volant sur la dartre. On doit dans tous les cas prescrire un régime doux, l'usage des viandes blanches, des légumes frais, du laitage, des fruits mûrs, des boissons amères, l'abstinence des salaisons et des liqueurs spiritueuses, et les soins de propreté. *Voy.* DERMATOSE.

DASYMÈTRE (du grec *dasys*, épais, et *métron*, mesure), instrument inventé en 1780 par M. de Fouchy pour mesurer les variations de densité des diverses couches atmosphériques. Il consiste en un ballon de verre fermé, plongé dans une masse d'air d'une densité connue, et équilibré par une balance au moyen d'un poids qui varie suivant la densité des couches sur lesquelles on opère.

DASYPE (du grec *dasys*, épais, et *pous*, pied), nom scientifique du *Tatou*. *Voy.* ce mot.

DASYPODE (du grec *dasys*, épais, velu, et *pous*, *podos*, pied), *Dasypus*, genre d'insectes Hyménoptères, de la famille des Mellifères et de la tribu des Andrenètes : ils ont la tête en triangle allongé ; les yeux très-oblongs, écartés ; les ailes petites ; le corselet carré. Ils sont couverts de poils très-épais, surtout aux jambes et aux tarses postérieurs. Les Dasypodes creusent des trous en terre, et y déposent le pollen qu'ils ont recueilli sur les fleurs. Ces insectes sont nombreux à la fin de l'été et pendant l'automne. Le D. *hirtipes* (à pieds velus), est le type du genre.

DASYPOGON (du grec *dasys*, épais, et *pogon*, barbe), genre d'insectes Diptères de la tribu des Asiliques, famille des Tanystomes, est caractérisé par une trompe renflée au milieu, par des antennes de trois articles et très-longues, par une tête plate, un corselet arrondi et un abdomen déprimé. Ces insectes se trouvent surtout dans le midi de la France.

On nomme aussi *Dasypogon* un genre de Joncacées, établi pour le D. *bromeliifolius*, sous-arbrisseau de la Nouvelle-Hollande, à feuilles graminiformes, couvertes de poils rudes.

DASYURE (du grec *dasys*, épais, et *oura*, queue), *Dasyurus*, genre de Mammifères de l'ordre des Marsupiaux, propre à la Nouvelle-Hollande. Les Dasyures ont le museau allongé, garni de fortes moustaches, et terminé par un large mufle dans lequel sont percées les narines ; ils ont cinq doigts antérieurement et quatre postérieurement, tous munis d'ongles fouisseurs ; le pelage doux, épais, la queue touffue, et la taille petite. Ces animaux ressemblent aux fouines, et en ont les habitudes. Ils ne sortent que la nuit. Le D. *courte-queue*, de la Nouvelle-Galles du Sud, cause de grands dégâts dans les poulaillers.

DATAIRE. On appelle ainsi l'officier le plus considérable de la chancellerie romaine, celui par les mains duquel passent tous les bénéfices vacants, et auquel il faut s'adresser pour l'expédition des bulles et des dispenses. Quand cet officier est un cardinal, il prend le nom de *prodataire*. Le dataire a sous ses ordres un *sous-dataire* et un grand nombre d'employés. — On appelle *daterie* l'office du dataire et le lieu où s'exercent ses fonctions.

DATE, indication de l'époque où un événement est arrivé, où l'on a un acte a été fait, une lettre écrite. Ce mot vient du latin *datum*, donné, parce qu'autrefois on mettait au bas d'un édit, d'un diplôme, d'une lettre, cette formule : *datum tali loco* ou *tali die*, donné en tel lieu ou tel jour.

Indépendamment de l'incertitude qui règne sur l'époque à laquelle beaucoup d'événements se sont accomplis, les différences qu'offrent les ères et les calendriers des différents peuples, les changements qui ont eu lieu fréquemment chez un même peuple dans la forme de l'année, dans l'époque où elle a commencé, font qu'il est souvent difficile de bien connaître la véritable époque d'un événement, lors même que la date en est donnée. On trouve dans l'*Art de vérifier les dates* des Bénédictins des tables qui permettront de lever toutes ces difficultés.

En Droit, la date est nécessaire pour la validité des actes : l'omission de la date dans un acte passé devant notaire le rend nul comme acte authentique.

Date certaine. Les actes sous seing privé n'ont de date contre les tiers que du jour où ils ont été enregistrés, du jour de la mort de celui ou de l'un de ceux qui les ont souscrits, ou du jour où leur substance est constatée dans des actes dressés par des officiers publics, tels que procès-verbaux de scellé ou d'inventaire (Code civil, art. 1328).

DATIF. *Voy.* CAS.

DATISQUE, *Datisca*; genre type de la famille des Datiscées, renferme un petit nombre de plantes, annuelles ou vivaces, originaires de l'Asie. Le *D. chanvre*, ou *Cannabine de Crète*, est une plante vivace à feuilles composées, ailées; à fleurs petites, jaunâtres, disposées en grappes. La décoction de ses feuilles donne une belle couleur jaune employée en teinture.

DATTE, fruit du *Dattier. Voy.* ci-après.

DATTIER (du grec *dactylos*, doigt, à cause des feuilles palmées de cet arbre), *Phœnix*, genre de plantes monocotylédones, type de la famille des Palmiers, renferme des arbres élevés, à tige renflée au milieu, à feuilles embrassantes, pennées, laissant d'épaisses écailles sur le stipe après leur chute, et se transformant quelquefois en épines vers leur base. Les fleurs sont dioïques, à spadice rameux, enveloppées d'une spathe avant leur épanouissement. Le calice est cupuliforme et à trois dents, la corolle à trois pétales; les fleurs mâles présentent six et quelquefois trois ou neuf étamines; les fleurs femelles ont trois ovaires à stigmate sessile. Un seul de ces ovaires se développe et donne naissance à un drupe appelé *Datte*, à chair ferme et sucrée, à noyau oblong et très-dur.

L'espèce la plus intéressante est le *D. cultivé* ou *D. commun* (*Ph. dactylifera*), qu'on trouve dans toute l'Afrique septentrionale et en Arabie, et qu'on est parvenu à acclimater aussi dans le midi de l'Europe. Sa tige s'élève à 20 m., et produit à un mètre de hauteur de nombreuses racines, grosses comme le doigt, qui la fixent solidement au sol. Les feuilles, nombreuses et longues de 3 à 4 m., forment un panache élégant au sommet de la tige. De l'aisselle des feuilles sortent les *régimes*, spadices ou grappes de fleurs jaunâtres, mâles sur certains pieds, femelles sur d'autres. On a constaté que les fleurs mâles fécondent les fleurs femelles à plusieurs kilomètres de distance. En Afrique et dans tout l'Orient, on cultive en grand les dattiers femelles, et, à l'époque de la floraison, on secoue sur leur cime ou l'on y attache des régimes de dattiers mâles qui les fécondent. On connaissait déjà du temps d'Hérodote cette manière de les rendre plus productifs. On sait aussi que, dans leurs guerres, les tribus arabes abattent les dattiers mâles de leurs ennemis pour les affamer.

La datte est pour toute la Barbarie un objet de commerce considérable. Chaque pied en fournit en moyenne 50 kilogr.; on les cueille un peu avant la maturité, et on les passe au four, ou on les sèche au soleil sur des nattes. C'est un aliment agréable, et en même temps une substance stomachique et adoucissante. Les feuilles du dattier servent à faire des paniers, des cordages. On fait le *vin de palme* en faisant fermenter la sève des espèces dont le fruit n'est pas comestible, par exemple, celle du *Phœnix sylvestris*; ce vin offre une liqueur alcoolique précieuse dans ces contrées trop chaudes pour la vigne. Les dattes fermentées donnent aussi une liqueur spiritueuse dont on fait de l'eau-de-vie. Le noyau, pilé et ramolli dans l'eau bouillante, peut être donné en nourriture aux chevaux et aux chèvres. Le bois, enfin, sert aux constructions. Les meilleures dattes viennent de Tunis et d'Alger; il en arrive aussi de Smyrne et d'Alexandrie en grande quantité : on doit les choisir nouvelles, grosses, charnues, pleines, fermes, se séparant facilement du noyau, d'une saveur douce, sucrée. Marseille est le grand entrepôt des dattes pour toute l'Europe.

Outre le *Dattier commun*, décrit ci-dessus, on remarque encore le *D. arqué* (*Ph. declinata*), du Cap de Bonne-Espérance, à fruits très-petits, et le *D. nain* (*Ph. pusilla*), cultivé aux Indes orientales.

DATURA (corruption d'un mot arabe), genre de la famille des Solanées, renferme des herbes annuelles ou vivaces, et des arbrisseaux à feuilles simples, à fleurs très-grandes, de forme tubulée ou en cloche allongée, le plus souvent d'odeur vireuse : quelques-unes dissimulent leurs propriétés nuisibles par une odeur très-suave. Ces plantes, qui nous viennent de l'Amérique tropicale et de l'Asie, sont aujourd'hui acclimatées partout. L'espèce la plus connue est le *D. stramoine* (*D. stramonium*), ou *Pomme épineuse*, qui, en Asie, se trouve dans les lieux incultes, les endroits sablonneux, les amas de décombres, etc.; ses fruits sont hérissés de pointes aiguës; ses fleurs sont blanches ou d'un violet clair. Brandes avait extrait de ses graines un alcali végétal, la *Daturine*; mais il a été reconnu que cette substance n'est que de la potasse mêlée à une matière narcotique. On prépare avec ces graines des potions calmantes d'une grande énergie, mais dont l'usage n'est pas sans danger. Le *D. arborea* et le *D. suaveolens*, importés du Pérou et du Chili, sont cultivés dans les jardins. Ce sont des espèces arborescentes dont les fleurs exhalent une odeur délicieuse; mais qu'il serait dangereux d'aspirer longtemps.

DAUBE, mode de cuisson des viandes qui consiste à les enfermer, avec les assaisonnements convenables, dans un vase soigneusement fermé, et à les soumettre à l'action prolongée d'une chaleur douce. La daube convient surtout aux chairs d'animaux déjà vieux qu'on veut attendrir; les substances qu'on soumet le plus ordinairement à ce mode de cuisson sont la noix de bœuf, le filet d'aloyau, le gigot de mouton, la longe de veau, le carré de porc frais, les oies, les dindes et les chapons. On fait venir *daube* de *dauber*, battre, parce que la viande doit être préalablement *battue*.

DAUBENTONIA (de *Daubenton*, naturaliste français, auquel il fut dédié par De Candolle), genre de la famille des Légumineuses, section des Papilionacées, est composé d'arbrisseaux inermes, à feuilles imparipennées, à belles fleurs pourpres en racèmes axillaires, et à étamines diadelphes. Deux espèces de l'Amérique tropicale sont cultivées dans les jardins : le *D. punicea* de la Plata, à grandes fleurs d'un rouge cramoisi; et le *D. tripetiana*, qui paraît n'être qu'une variété du précédent.

DAUCUS, nom latin du genre CAROTTE.

DAUPHIN, *Delphinus*, genre de Cétacés, type de la famille des Delphiniens, est caractérisé par les dents nombreuses qui garnissent ses mâchoires. Leurs évents ont une ouverture unique sur le sommet de la tête. Les Dauphins ont le corps allongé, la peau nue, dépourvue de poils et reposant sur une couche de graisse huileuse. Ils sont vivipares, et leur chair est dure et indigeste. On trouve ces animaux dans toutes les mers ; quelques espèces même sont fluviatiles. Le *D. vulgaire* est long de près de 2 m. Il suit les navires, semble lutter de vitesse avec eux, et étonne les passagers par la variété, l'agilité et la singularité de ses mouvements. Les anciens ont raconté beaucoup de fables sur cet animal : on a prétendu qu'ils recueillaient les naufragés et qu'ils étaient sensibles à la musique : c'est à l'un d'eux, selon la Fable, que le musicien Arion dut son salut.

Les Astronomes donnent ce nom à une constellation boréale, voisine de l'équateur, et qui renferme 18 étoiles : selon la Fable, cette constellation est le Dauphin qui sauva Arion et qui fut transporté au ciel.

L'aîné des enfants des rois de France, héritier présomptif de la couronne, prenait autrefois le titre de *Dauphin*, et portait un dauphin dans ses armes. *Voy.* DAUPHIN au *Dict. univ. d'Hist et de Géogr.* — Si c'était une fille, elle recevait le nom de *dauphine*, quoique ne devant pas succéder.

DAUPHINE, nom vulgaire d'une variété de Laitue cultivée et d'une sorte de grosse Prune de couleur verte, tachetée de gris et de rouge. — *Voy.* DAUPHIN.

DAUPHINELLE, *Delphinium*, genre de la famille des Renonculacées, tribu des Elléborées, comprend des plantes herbacées, annuelles ou vivaces, à tige dressée, simple ou rameuse, à feuilles alternes, à fleurs bleues, blanches ou roses, et disposées en épis ou panicules terminales. Le *Pied d'alouette* (*D. Ajacis*), dont on fait des touffes ou des bordures, n'est qu'une Dauphinelle : il a fourni des variétés de toutes sortes, à fleurs simples ou doubles, bleues, blanches, roses, violettes, etc., et en longs épis.

Dauphinelle Staphysaigre. Voy. STAPHYSAIGRE.

DAUPHINULE, *Delphinula*, genre de mollusques Gastéropodes à coquille épaisse, nacrée, hérissée d'épines ou de tubercules. On les trouve aujourd'hui dans les mers de l'Inde. Elles existent aussi, à l'état fossile, dans les terrains tertiaires.

DAURADE (du latin *aurata*, dorée), *Chrysophrys*, genre de poissons Acanthoptérygiens de la famille des Sparoïdes, est très-commun dans la Méditerranée ; il passe dans les étangs voisins de la mer, s'y engraisse, et devient d'un goût fort délicat. La Daurade a le dos gris ou argenté, à reflets verdâtres, le ventre brillant d'un bel éclat argenté, et une vingtaine de bandelettes longitudinales dorées, donnant à tout le corps un reflet jaune doré qui lui a valu son nom. — On ne doit pas confondre ce sparoïde avec le scombéroïde appelé *Dorade. Voy.* ce mot.

DAUW, *Equus montanus*, espèce du genre Cheval, tenant le milieu entre le Zèbre et le Couagga. Il est de la taille de l'âne ; son pelage est ras, blanc jaunâtre, avec des bandes noires et fauves. Sa crinière est roide ; ses fesses sont blanches. Le Dauw habite le Cap de Bonne-Espérance.

DAVIER (dérivé, par corruption, selon M. Clavier, de *clavus*, clef, mais plus probablement du nom de l'inventeur), instrument de chirurgie servant à saisir une dent pour l'extraire. Le davier se compose de pinces très-fortes, droites ou recourbées, à serres courtes et garnies de dentelures, à branches solides et allongées. Les Dentistes en font usage pour extraire les dents qui n'ont qu'une racine. Les daviers présentent l'avantage de ne pas prendre de point d'appui sur les dents voisines ni sur l'os maxillaire : on saisit la dent d'avant en arrière, le plus près possible de la racine, et on la tire dans le sens de son axe, en l'ébranlant et facilitant sa sortie par de légers mouvements de rotation. On distingue des daviers droits et des daviers courbes.

On appelle encore *davier* : 1° l'outil dont se servent les tonneliers pour faire entrer les cercles d'un tonneau ; 2° la barre de fer à l'aide de laquelle on transporte sur l'enclume la pièce de fer qu'on veut forger ; 3° une petite patte insérée entre les deux couplets de la presse typographique pour maintenir, au moyen d'une vis, le petit tympan dans l'enchâssure du grand, etc.

DAVIESIE, *Daviesia* (du naturaliste anglais *Hugh Davies*), genre de la famille des Légumineuses, section des Papilionacées, est formé d'arbustes originaires de la Nouvelle-Hollande, dont les rameaux sont garnis de feuilles alternes et de fleurs jaunâtres disposées en grappes ou en ombelles. Ce sont, en général, de jolies plantes : une vingtaine d'espèces environ sont cultivées dans les jardins.

DÉ. Ce mot exprime deux choses qui n'ont rien de commun : 1° le *dé à coudre* (anciennement *deil*, *didal*, par corruption du latin *digitale*, qui s'adapte au *doigt*), que tous les ouvriers qui se servent de l'aiguille adaptent au doigt du milieu pour le protéger lorsqu'il pousse l'aiguille ; 2° le *dé à jouer*, (en latin *tessera*, *talus*), petit cube d'os, d'ivoire ou de bois, qui a six faces carrées et égales, renfermant les nombres depuis 1 jusqu'à 6. On joue aux dés en lançant avec la main ou avec un cornet deux ou trois dés sur une table : celui qui a le plus de points est vainqueur. Il y a mille manières de jouer aux dés : les parties les plus connues, après la partie simple, sont le *passe-dix*, la *rafle*, le *creps*, etc. (*Voy.* ces mots). — Le jeu de dés est très-ancien : il était en usage chez les Grecs et les Romains. On croit qu'il fut introduit en France sous Philippe Auguste.

On appelle aussi *dé* le tronc en forme de dé d'un piédestal ou la partie qui est entre sa plinthe et sa corniche ; il se dit aussi des pierres que l'on met sous des poteaux de bois, pour les élever de terre, afin de les empêcher de pourrir ; des prismes quadrangulaires de pierre, qui servent à porter des vases, etc.

DÉALBATION (du latin *albus*, blanc), opération qui consiste à blanchir certaines substances par l'action du feu, se dit surtout en parlant des corps préparés pour les besoins de l'anatomie. — Le mot *déalbation* est aussi quelquefois synonyme d'*étiolement*.

DÉBARCADÈRE (du franç. *débarquer*) : 1° sorte de cale ou jetée en pierres brutes, ou bout de pont avancé du rivage sur la mer ou sur un fleuve, pour faciliter le débarquement des voyageurs ou le déchargement des marchandises ; 2° station d'arrivée d'un chemin de fer, lieu où s'opère le déchargement des wagons. — Ce mot a pour corrélatif *embarcadère*.

DÉBARDEUR (de *bard*, civière dont on se sert pour porter les pierres et autres matériaux), ouvrier qui attend sur le port l'arrivage des bateaux chargés, pour mettre les marchandises à terre, pour dépecer les trains de bois, etc. Les débardeurs formaient autrefois une corporation sous la juridiction du prévôt des marchands ; ils sont encore organisés en compagnie ayant ses syndics, et ont seuls le droit de décharger les bateaux sur les bords de la Seine à Paris.

DÉBET (du latin *debet*, il doit). En termes de Commerce, ce mot désigne ce qui reste dû après l'arrêté du compte : c'est le reliquat à solder après la balance faite entre l'actif et le passif. Les comptables des deniers publics sont constitués en *débet*, lorsque, après la vérification de leurs comptes, ils sont déclarés reliquataires.

DÉBILITANTS (du latin *debilitare*, affaiblir), moyens employés en médecine pour diminuer directement ou indirectement l'énergie surexcitée des organes, particulièrement celle des muscles : comme la diète et les antiphlogistiques (saignée, boissons délayantes, émollientes, narcotiques, bains tièdes, etc.).

DÉBIT (de *debitum*, participe du verbe latin *debere*, devoir). Dans la Tenue des livres, ce mot exprime ce dont on est débiteur dans un compte courant : le compte du *débit* est tenu sur la page à gauche du grand-livre d'un négociant ; on y porte les articles fournis ou les sommes payées à quelqu'un. On oppose le *Débit* à l'*Avoir* ou au *Crédit*, compte tenu sur la page de droite, où l'on porte tout ce que l'on a reçu au bénéfice de quelqu'un ou en balance de son compte.

On entend par *débit oratoire*, la prononciation à haute voix d'un discours : le débit composé, avec le geste, ce que les anciens appelaient l'*action. V.* ce mot.

DÉBITEUR. Ce mot est corrélatif de *préteur*, de *créancier;* on peut donc classer les débiteurs comme les créanciers. Les obligations du débiteur varient selon la nature de la *créance* et de la *dette. Voy.* ces mots.

Le débiteur en retard doit les intérêts à partir de la mise en demeure; de plus, il s'expose à la saisie de tous ses biens, mobiliers ou immobiliers. En matière commerciale, la loi autorise en outre la contrainte par corps (*Voy.* ce mot). Toutefois, aucun acte ne peut être exercé, ni en matière civile, ni en matière commerciale par le créancier contre le débiteur, s'il n'a préalablement obtenu un jugement.

DÉBOISEMENT. *Voy.* DÉFRICHEMENT.

DÉBOITEMENT. *Voy.* LUXATION.

DÉBOUQUEMENT (du latin *bucca*, bouche), nom donné, dans les Antilles, à tout canal, détroit ou passage resserré entre plusieurs îles au milieu desquelles un navire est obligé de passer.

DEBOUT. En termes de Marine, on dit qu'un vaisseau est *debout* au vent, au courant, à la lame, lorsqu'il présente son avant au vent, au courant, à la lame : quand c'est au vent, on dit qu'il a *vent debout*.

En termes de Blason, *debout* se dit des animaux qu'on représente dressés sur leurs pieds de derrière.

A la Chasse, *mettre une bête debout*, c'est la lancer.

DÉBOUTÉ (c.-à-d. *bouté* ou *mis dehors*), terme de Pratique, exprime le rejet d'une demande faite en justice. On appelle *Débouté d'opposition* le jugement ou l'arrêt qui rejette l'opposition formée contre un jugement ou contre un arrêt rendu par défaut.

DÉBRIDEMENT, opération chirurgicale qui consiste à enlever les *brides* ou filaments dont la présence dans un abcès ou dans une plaie mettrait obstacle à la libre sortie du pus. On a recours au débridement particulièrement pour les plaies d'armes à feu, les hernies, les panaris, etc.

DÉCA, mot grec qui signifie *dix*, désigne, dans le système des nouvelles mesures, une quantité dix fois plus grande que l'unité génératrice. Ainsi on dit : *décagramme, décamètre, décastère, décalitre*, pour dix grammes, dix mètres, etc.

DÉCACHORDE (du grec *déca*, dix, et *chordè*, corde), instrument de musique en usage chez les anciens : c'était une espèce de harpe de forme triangulaire et montée de dix cordes.

DÉCADE (c.-à-d. *dizaine*). La *décade* jouait un grand rôle dans le système de Pythagore ; c'était le nombre le plus parfait, parce qu'il était la somme de la *monade*, de la *dyade*, de la *triade* et de la *tétrade*, c.-à-d. des nombres 1, 2, 3 et 4. — Ce mot désignait encore une des trois divisions du mois des Athéniens (*Voy.* ANNÉE et MOIS).—Dans le calendrier républicain de 1793, les mois furent aussi divisés en trois décades ; chaque décade renfermait dix jours, nommés *primidi, duodi, tridi, quartidi, quintidi, sextidi, septidi, octidi, nonidi* et *decadi*.

On s'est encore servi de ce mot pour désigner dans certains ouvrages de longue haleine la réunion de *dix livres* ou de *dix chapitres* : telles sont, chez les Romains, les *Décades* de Tite-Live. — Il fut publié à la fin du XVIII° siècle, sous le titre de *Décade philosophique*, un recueil sérieux qui tirait son nom de ce qu'il paraissait tous les *dix* jours.

DÉCADI. *Voy.* DÉCADE.

DÉCAFIDE (de *déca*, dix, et *findere*, fendre), se dit, en Botanique, d'un calice ou d'une corolle d'une seule pièce, mais dont le limbe est partagé en dix découpures ; par exemple, le calice du fraisier.

DÉCAGONE (du grec *déca*, dix, et *gonia*, angle), figure plane à dix angles ou à dix côtés.

En Zoologie, ce terme s'applique à tout ce qui présente 10 angles, comme le test de l'Oursin.

Ouvrage de fortification composé de 10 bastions.

DÉCAGRAMME, c.-à-d. *dix grammes*, poids équivalant à 2 gros 44 grains, 41 centièmes, poids de marc.

DÉCAGYNIE (du grec *déca*, dix, et *gyné*, femme), nom donné par Linné aux ordres des premières classes de son système qui ont des fleurs *à dix pistils*, c.-à-d. dont l'organe femelle est en nombre décuple. Ces fleurs sont dites *décagynes*.

DÉCALITRE, c.-à-d. *dix litres*. Le décalitre a remplacé le boisseau de Paris pour les matières sèches. Pour les liquides, il répond à la velte : sa contenance est de 10 décimètres cubes (environ 10 pintes).

DÉCALOGUE (du grec *déca*, dix, et *logos*, parole), code sacré qui renferme les dix commandements que Dieu donna à Moïse sur le mont Sinaï. Ces dix commandements étaient gravés sur deux tables de pierre : la première en contenait *trois*, les seuls qui regardent les devoirs de l'homme envers Dieu ; la seconde contenait les *sept* autres, qui regardent les devoirs de l'homme envers son prochain. *Voy.* COMMANDEMENTS DE DIEU.

DÉCAMÈTRE, c.-à-d. *dix mètres. Voy.* MÈTRE.

DÉCAN (en latin *decanus*, du grec *déca*, dix). On nommait ainsi, chez les Romains, un bas officier qui commandait une escouade de *dix* hommes. — Dans la suite, ce nom a été appliqué, par la cour de Byzance et dans l'Église, à un grand nombre de fonctionnaires civils ou religieux, choisis le plus souvent parmi les plus anciens, et ayant ordinairement *dix* personnes sous leurs ordres. — De *décan* on a fait *décanat*, qui exprime la qualité et la fonction de *doyen* d'une compagnie. *Voy.* DOYEN.

En Astronomie, on appelait *décan* l'arc du zodiaque comprenant *dix* degrés ou un tiers de signe.

DÉCANAT. *Voy.* DÉCAN et DOYEN.

DECANDRIE (du grec *déca*, dix, et *anér, andros*, mâle), nom donné par Linné à la 10e classe de son système de Botanique, comprenant les plantes dont la fleur a *dix étamines* ou *dix organes mâles :* telles sont les fleurs de la rue, de l'œillet, etc. Cette classe se subdivise en cinq ordres, appelés, d'après le nombre des pistils, *monogynie, digynie, trigynie, pentagynie, décagynie. Voy.* ces mots.

DÉCANTATION (du latin *de*, hors de, et *canthus*, goulot), opération qui a pour objet la séparation d'un liquide d'avec les matières solides déposées. Pour décanter, on verse doucement en inclinant peu à peu le vase où la liqueur est contenue ; mais il est préférable de se servir d'une pipette.

DÉCAPAGE (du privat. *de*, et de *cape*, manteau), opération chimique par laquelle on enlève à la surface des métaux destinés à être soudés ou étamés l'oxyde dont cette surface est recouverte, par exemple, le vert-de-gris, la rouille, etc. Les bijoutiers décapent les objets d'orfèvrerie en les saupoudrant avec du borax qui, en fondant, dissout tous les oxydes métalliques ; les serruriers et les chaudronniers se servent aussi de borax pour *braser* ou souder la tôle et le fer. On décape le cuivre avant de l'étamer, en le chauffant avec du sel ammoniac. Le décapage du fer s'obtient en le trempant dans une solution d'acide chlorhydrique. Le chlorure double de zinc et d'ammoniaque possède aussi à un haut degré la propriété de décaper le cuivre et le fer.

DÉCAPITATION (du privat. *de*, et de *caput*, tête). Autrefois, en France, comme encore dans beaucoup de pays, on ne décapitait que les nobles, et la décapitation se faisait avec la hache. Aujourd'hui, la décapitation est le supplice de tous les criminels condamnés à mort quand ils ne sont pas militaires, et l'on se sert de la guillotine. Les condamnés militaires sont passés par les armes.

DÉCAPODES (du grec *déca*, dix, et *pous, podos*, pied), ordre d'animaux Articulés de la classe des

Crustacés et de la section des Malacostracés, est caractérisé par une tête intimement unie au thorax, et recouverte par un test ou carapace. Les Décapodes ont les branchies situées sur les côtés du test, les yeux portés sur un pédicule mobile, et le dessus du corps recouvert d'un test très-dur. Ils vivent, pour la plupart, dans l'eau ; ils sont voraces et carnassiers. Leurs membres repoussent quand on les a coupés. Cet ordre important se divise en deux familles, les *Brachyures* et les *Macroures*; il renferme les Homards, les Langoustes, les Crabes, les Écrevisses, etc.

DÉCASTÈRE, dix stères. *Voy.* STÈRE.

DÉCATISSAGE, opération qui a pour objet d'enlever le *cati* ou apprêt aux étoffes de laine, de fil ou de coton. Après avoir mouillé légèrement l'étoffe qu'on veut décatir, on l'expose à la vapeur de l'eau bouillante, et quand elle est parfaitement imbibée, on la brosse avec soin, puis on l'étire. Les étoffes qui ne sont point décaties sont plus fermes et plus lustrées; mais l'eau et la pluie y font des taches. Les étoffes de soie ne se décatissent point.

Décatir des écheveaux, c'est en détacher les brins collés ensemble par l'humidité.

DÉCEMBRE (du latin *decem*, dix), dernier mois de notre année. C'était le 10e de l'année romaine sous Romulus : d'où le nom latin de *december* ; sous Numa, il devint le 12e, mais sans changer de nom. Ce mois n'est le dernier de notre année que depuis Charles IX, en 1564 (*Voy.* ANNÉE). Chez les anciens, Décembre était consacré à Vesta. C'est dans ce mois qu'on célébrait les Saturnales.

DÉCEMVIRS (du latin *decem*, dix, et *vir*, homme), nom donné en général, à Rome, à tous les corps de magistrats qui se composaient de *dix membres*, et spécialement aux dix magistrats créés l'an 451 avant J.-C., pour rédiger un code et diriger les affaires de la république. Pour leur histoire, *Voy.* DÉCEMVIRS au *Dict. univ. d'Hist. et de Géogr.*

DÉCENNALES (FÊTES). *Voy.* FÊTES.

DÉCENNAUX (PRIX). *Voy.* PRIX.

DÉCÈS (du latin *decessus*, départ). En France, lorsqu'une personne vient de *décéder*, déclaration doit en être faite à l'officier de l'état civil, qui doit constater ou faire constater la mort. L'*acte de décès* est ensuite dressé par le même officier sur la déclaration de deux témoins : il contient les prénoms, nom, âge, profession et domicile de la personne décédée, des parents, des témoins, etc. — Si le décès a lieu dans les hôpitaux, sur mer, à l'étranger, à l'armée, etc., il est constaté sur les registres particuliers des administrations civiles ou militaires, des consuls, etc.; une expédition de l'acte est envoyée par les personnes que l'État charge de ce soin à l'officier de l'état civil du dernier domicile du décédé, et celui-ci est tenu de l'inscrire sur ses registres (Code civil, art. 77-98).

DÉCHANT ou DISCANT (*discantus*, chant double), sorte de contrepoint à deux parties en usage dans l'ancienne musique, et qui a donné naissance à l'harmonie. Il fut d'abord appliqué, vers le XIIIe siècle, au chant grégorien.

DÉCHARGE. En Jurisprudence, on appelle ainsi : 1° l'acte par lequel on reconnaît qu'une personne a remis les sommes, effets mobiliers ou pièces qu'elle avait reçus en dépôt; 2° celui par lequel on obtient libération d'une obligation quelconque. Ce mot est très-souvent synonyme de *quittance.*—En Droit criminel, on appelle *témoins à décharge* ceux qui viennent déposer en faveur d'un accusé.

Les Charpentiers appellent *décharge* une pièce de bois posée obliquement dans une cloison ou dans un cintre, et portant sur la sablière pour soulager le point d'appui. On place toujours une décharge au-dessus des portes et des fenêtres pour empêcher l'affaissement du mur.

En Physique, on appelle *décharge électrique* l'explosion produite par la combinaison des deux électricités, positive et négative. *Voy.* BATTERIE, BOUTEILLE DE LEYDE, etc.

DÉCHAUSSEMENT, état des plantes dans lequel une partie des racines est mise à nu par l'enlèvement ou le tassement des terres : c'est ordinairement le résultat de circonstances accidentelles, surtout de gelées suivies de prompts dégels; quelquefois c'est une façon que l'on donne, notamment à la vigne et aux arbres fruitiers, pour hâter la maturation.

Le *déchaussement des dents* est la dénudation des racines produite par le décollement des gencives. Il peut avoir lieu à la suite de certaines maladies ou de l'emploi de dentifrices nuisibles; quelquefois le dentiste lui-même, pour extraire plus facilement une dent, sépare, à l'aide de l'instrument appelé *déchaussoir*, les gencives qui adhèrent au collet de cette dent.

DÉCHÉANCE (de *dé*, privatif, et du verbe *choir*). C'est, en Jurisprudence, la perte légale d'un droit ou d'une faculté, faute d'en avoir usé dans les délais déterminés par la loi, et selon les formes et conditions prescrites. Le Code de procédure civile renferme tous les cas de déchéance (art. 1129); on peut aussi consulter le Code de commerce (art. 168-170). En Politique, c'est la perte du trône. *V.* DÉPOSITION.

DÉCHIFFRER. C'est, dans la Diplomatie, découvrir la clef d'une correspondance secrète écrite en *chiffres* (*Voy.* CRYPTOGRAPHIE). — Dans la Musique, c'est lire l'écriture musicale; c'est aussi traduire sur le clavier ou sur la *portée* musicale l'harmonie indiquée au-dessus d'un chant à l'aide des chiffres.

DÉCI (abréviation du latin *decimus*, dixième), particule qui, dans le système des nouvelles mesures, désigne une unité dix fois plus petite que l'unité génératrice. Ainsi, les mots *déciare, décigramme, décilitre, décimètre*, signifient un *dixième* d'are, de gramme, de litre, de mètre.

DÉCIARE, le dixième de l'are, vaut 10 m. carrés ou environ 2 toises carrées. *Voy.* ARE.

DÉCIDU (du latin *deciduus*, qui va tomber), se dit en Botanique des organes des plantes qui ne tombent qu'après leur entier développement et après avoir accompli les fonctions qui leur sont dévolues, comme les calices et les corolles, qui ne se détachent qu'après la fécondation, et les feuilles dont la chute a lieu en automne seulement ou avant la nouvelle pousse. Ce terme est opposé à *caduc*, qu'on applique aux organes qui tombent aussitôt après l'épanouissement des fleurs, et à *persistant*, qui se dit des parties qui restent toujours fixées sur la plante.

DÉCIGRAMME, le dixième du gramme, équivaut à 1 gros 884 millièmes. *Voy.* GRAMME.

DÉCIL ou DEXTIL, terme dont se servaient les Astrologues pour exprimer l'aspect ou position de deux planètes éloignées l'une de l'autre de 36 degrés ou de la *dixième* partie du zodiaque.

DÉCILITRE, la dixième partie du litre; sa contenance est env. celle d'un gobelet ordinaire. *V.* LITRE.

DÉCIMAL (SYSTÈME), système de numération qui a pour base le nombre *dix*. Ce système, qui est presque universellement répandu, parce qu'il est le plus naturel, reposant sur le nombre des doigts, paraît avoir été inventé par les Indiens, auxquels il a été emprunté par les Arabes et les Phéniciens, qui l'ont communiqué aux Grecs et aux Romains. Il était connu des Chinois dès les temps les plus reculés. En France, le système décimal a été appliqué depuis 1792 aux poids et mesures ainsi qu'au système monétaire. *Voy.* MESURES, MÈTRE, MÉTRIQUE (SYSTÈME).

DÉCIMALE ou FRACTION DÉCIMALE, fraction qui a pour dénominateur dix ou une puissance entière de dix, comme $\frac{5}{10}$, $\frac{8}{100}$, $\frac{25}{1000}$, etc. On exprime les fractions décimales comme des nombres entiers, à l'aide du système de numération ordinaire, où chaque chiffre a une valeur dix fois plus petite lorsqu'il est placé à la droite d'un autre : ainsi, les chiffres placés à la droite du chiffre des unités valent, le premier, des dixièmes d'unité, ou des *dixièmes*, le second, des dixièmes de dixièmes, ou des *centièmes*; le troisième, des dixièmes de centièmes, ou des *millièmes*, etc. Pour distinguer les entiers des fractions, dans un nombre exprimé en fractions décimales, on place une *virgule* à la droite du chiffre des unités. Le nombre fractionnaire 654783 cent-millièmes, par exemple, s'écrit : 6,54783; la fraction 54 dix-millièmes : 0,0054.

— Cette manière d'écrire les fractions décimales a été imaginée par le géomètre anglais Oughtred (vers 1628) : elle facilite extrêmement les calculs, et permet d'exécuter sur ces fractions les différentes opérations de l'arithmétique comme sur des nombres entiers.

Une fraction décimale est dite *périodique* lorsqu'elle est composée de groupes de chiffres qui se reproduisent continuellement dans le même ordre; ces groupes forment la *période*; les chiffres qui précèdent la première période forment la *partie non périodique*; et les chiffres décimaux placés entre la virgule et la première période composent la *partie décimale non périodique*. Lorsque la période commence immédiatement après la virgule, la fraction décimale est dite *périodique simple*, comme 4,272727, etc., dont la période est 27. On l'appelle *périodique mixte* quand la période ne commence qu'après un certain nombre de chiffres décimaux, comme dans 4,456272727, etc.

Pour transformer une fraction ordinaire en fraction décimale, il suffit de diviser le numérateur par le dénominateur : on a soin d'ajouter toujours des zéros au dividende, jusqu'à ce qu'on ait pour reste 0, ou un nombre déjà trouvé. Dans le premier cas, le quotient offre une fraction décimale correspondant exactement à la fraction ordinaire; dans le second cas, on a une fraction périodique. Ainsi : $\frac{3}{4}$, réduit en fraction décimale, donne exactement 0,75; au contraire, $\frac{5}{7}$ donne la fraction périodique 0,714285714285, etc.

DÉCIMATEUR, nom donné autrefois dans l'Église à celui qui avait le droit de percevoir la dîme. On distinguait les *D. ecclésiastiques* et les *D. laïques*; les *D. privilégiés*, comme les évêques, les abbés, les chapitres, les monastères ou communautés religieuses, qui percevaient les grosses dîmes, et les *petits D.*, ayant droit seulement aux menues dîmes, novales, dîmes vertes, etc. Le décimateur était obligé d'entretenir le chœur et le cancel ou sanctuaire de l'Église, de fournir les objets nécessaires au culte, livres, ornements, etc., enfin de payer aux desservants le traitement appelé *portion congrue*.

DÉCIMATION, mode de châtiment militaire en usage chez les Romains et qui s'infligeait aux troupes coupables de lâcheté, de désertion, ou de révolte. On mettait dans un casque les noms des soldats qui avaient forfait au devoir, et tous ceux dont le nom sortait au dixième tour périssaient sous la hache ou sous les verges. Souvent on ne frappait que le vingtième, ou même le centième. La décimation, introduite à Rome dans les premiers temps de la République (par App. Claudius, selon Tite-Live), subsista jusqu'à l'empereur Théodose. Charlemagne y eut recours plusieurs fois. Cette peine a été rarement employée chez les modernes. On en cite deux exemples dans le XVIIe siècle : pendant la guerre de Trente ans, en 1642, l'archiduc Léopold fit décimer un régiment de la garde impériale; en 1675, le maréchal de Créqui fit décimer la garnison de Trèves qui s'était soulevée. Une loi du 21 brumaire an V abolit cette peine pour les troupes françaises; elle existe encore en Espagne, où elle a été mise à exécution par Mina, sous l'Empire, et par Espartero, en 1838.

DÉCIME (du latin *decimus*, dixième), pièce de monnaie de France, faite de cuivre ou de billon, vaut le 10e partie d'un franc ou *dix centimes*. C'est en 1793 que furent frappés les premiers décimes; ils remplacèrent les pièces de deux sous tournois dont la valeur est, à très-peu de chose près, la même.

On a donné aussi ce nom, dont le mot *dîme* est l'abrégé, à diverses sortes d'impositions, établies tant au moyen âge que dans les temps modernes.

1°. Les *décimes* proprement dites étaient des sommes perçues autrefois sur le clergé, au profit soit du roi, soit du pape. La première *décime* fut accordée à Charles Martel pour la défense du pape contre les Lombards. Depuis, les rois de France en levèrent très-souvent; mais la perception des décimes ne devint régulière et annuelle qu'à dater de François Ier. Après l'assemblée de Poissy en 1561, ces décimes s'appelèrent *D. du contrat*, *D. anciennes* ou *D. ordinaires*, pour les distinguer des *D. extraordinaires* que le clergé payait à des époques moins régulières. Ces décimes se levaient dans tous les diocèses du royaume, excepté dans les évêchés de Metz, Toul et Verdun, dans l'Artois, la Flandre, la Franche-Comté, l'Alsace et le Roussillon.

2°. Le *décime sur les spectacles*, ou *Droit des pauvres*, est une subvention d'un décime par franc qu'on prélève en faveur des indigents, sur le prix de chaque billet d'entrée, dans toutes les salles où se donnent des pièces, bals, concerts, etc. : cette imposition date de 1796.

3°. *D. de guerre*, surtaxe établie par la loi du 6 prairial an VII (25 mai 1799), à titre de subvention extraordinaire de guerre. Cette surtaxe d'un décime par franc en sus des droits d'enregistrement, de timbre, hypothèque, droits de greffe, de douane, etc., ne devait d'abord être perçue que pendant l'an VII; elle a été successivement continuée jusqu'aujourd'hui.

DÉCIMÈTRE, dixième de mètre, équivaut à 3 pouces, 8 lig., 344 millièmes des anciennes mesures.

DÉCISION (du latin *decisio*, action de trancher). Dans l'ancienne Jurisprudence ce mot exprimait une résolution prise sur une question controversée, ou un jugement rendu soit par des arbitres, soit par des juges proprement dits. On cite en ce genre : les *Cinquante décisions* de Justinien, par lesquelles il prononce sur des questions à l'égard desquelles les jurisconsultes étaient partagés : on les a incorporées au premier Code de Justinien, sous le titre de *Repetitæ prælectiones*; les *Décisions* du tribunal de la Rote, imprimées en 1515 sous le titre de *Decisiones Rotæ novæ et antiquæ*; un recueil de lois saxonnes, intitulé : *Decisiones electorales Saxonicæ*, etc.

DÉCISOIRE (SERMENT). *Voy.* SERMENT.

DÉCISTÈRE, dixième de stère, équivaut à 3 pieds cubes, c.-à-d. à une solive de charpente. *Voy.* STÈRE.

DÉCLAMATION (en lat. *declamatio*, de *clamare*, parler à haute voix). Les anciens donnaient ce nom aux exercices oratoires dans les écoles de rhéteurs. On distinguait : les *thèses*, où l'on traitait des questions générales et abstraites, et les *hypothèses*, dont le sujet se rapportait à des faits historiques ou imaginaires; ces dernières s'appelaient *conseils* ou *opinions* (*suasoria*) quand il s'agissait de délibérations politiques ou privées, et *causes* ou *controverses*, quand il s'agissait d'affaires judiciaires. Ce genre d'éloquence naquit en Grèce au temps d'Alexandre; il se répandit à Rome au premier siècle avant notre ère et y fleurit surtout sous les empereurs. Sénèque le père nous a laissé un *Recueil de déclamations* qui peut donner une idée de ce genre d'éloquence.

De nos jours, le mot *déclamation*, pris dans un sens technique, signifie l'art de débiter sur la scène la versification tragique, avec l'action mimique qui en est le complément indispensable. Pendant longtemps la déclamation théâtrale a été en France toute de convention : pour donner au vers plus d'énergie et de majesté, les acteurs avaient substitué au parler naturel une espèce de cantilène aussi monotone qu'emphatique. Baron, Lekain et Larive apportèrent d'utiles réformes dans la déclamation théâtrale; mais il était réservé à Talma de ramener cet art aux vrais principes, et de revenir au langage naturel. La déclamation est, comme la musique, l'objet d'un enseignement au *Conservatoire*, dit pour cela *C. de Musique et de Déclamation* : on y enseigne, en deux cours séparés, la *D. spéciale* ou oratoire, et la *D. lyrique*.

DÉCLARATION. En Droit criminel, on appelle ainsi : 1° le témoignage porté, soit devant l'officier de police, soit devant le juge d'instruction; 2° la formule que le chef du jury emploie pour faire connaître le verdict rendu au sujet d'un accusé.

En Droit civil, on nomme *D. d'absence*, le jugement qui se rend cinq ans après qu'un individu a disparu de son domicile, pour constater la disparition de cet individu; *D. de command*, l'acte par lequel on avoue ou un particulier déclare que le bien acquis en son nom appartient à une autre personne de qui il a reçu mandat. *Voy.* COMMAND.

En Droit commercial, on nomme *D. de faillite*, la déclaration qu'un commerçant fait au greffe du tribunal de commerce lorsqu'il dépose son bilan.

En Droit administratif, la *D. de naissance*, ou de *décès*, est celle que l'on est tenu de faire à l'officier municipal, dans les délais prescrits, d'une naissance ou d'un décès; la *D. de douanes*, celle qu'il faut faire aux bureaux des douanes ou de l'octroi pour obtenir la libre circulation des marchandises.

Dans l'ancien Droit français, on appelait *D. du roi*, un acte de la puissance souveraine qui interprétait, réformait, ou maintenait une loi : *D. seigneuriale*, tout acte recognitif exigible de la part d'un seigneur; *D. sèche*, la simple reconnaissance qu'un immeuble était assis dans la justice de tel seigneur.

En Politique, on nomme *D. de guerre*, un manifeste diplomatique, accompagné du rappel des ambassadeurs, par lequel deux puissances souveraines se dénoncent l'état de guerre. Chez les Romains, cette déclaration se faisait par le ministère des *féciaux*, qui jetaient une javeline sur le territoire de l'ennemi en lui déclarant à haute voix la guerre. Au moyen âge, un héraut, dépêché au chef ennemi, jetait à ses pieds un gantelet en signe de défi.

DECLIC ou DÉCLICQ (de *clic*, mot imitatif du bruit que fait une arme qui se détend), échappement d'un cliquet, d'un ressort. On appelle *Armes de déclic* les armes à détente : l'arquebuse, le fusil, le pistolet, etc. — On nomme spécialement *déclic* une sorte de mouton d'une très-grande pesanteur, qu'on élève, au moyen d'une machine, entre plusieurs pièces de bois, pour le faire retomber ensuite de tout son poids sur des pieux qu'on veut enfoncer.

DÉCLINAISON (du latin *declinatio*, même signification). Dans les langues qui ont des cas, comme le sanscrit, le grec, le latin, l'allemand, etc., décliner c'est faire passer par tous leurs cas les substantifs et adjectifs dont la terminaison peut varier. On appelle aussi *déclinaison* le tableau de ces terminaisons.

En Physique, on appelle *D. magnétique*, ou *D. de l'aiguille aimantée*, l'angle que l'aiguille d'une boussole horizontale fait avec la méridienne. La déclinaison est *orientale* quand le pôle austral de l'aiguille passe à l'est de la méridienne, et *occidentale* quand il passe à l'ouest. Il y a des lieux sur la terre où l'aiguille se dirige exactement suivant la méridienne : pour ces lieux, la déclinaison est nulle; il existe, d'un pôle à l'autre, au moins deux lignes sans déclinaison : ces lignes traversent les mers et les continents, dans des directions tout à fait sinueuses et irrégulières. La déclinaison d'un lieu varie d'ailleurs avec le temps; en France, par exemple, l'aiguille déclinait d'abord vers l'est d'environ 12°, ensuite elle se rapprocha du pôle, et, en 1664, la déclinaison était nulle; depuis cette époque, elle a marché vers l'ouest et elle est parvenue à environ 22°. Indépendamment de ce mouvement, la boussole est assujettie, dans sa déclinaison, à des *variations diurnes* qui paraissent être occasionnées par l'action magnétique des astres

sur l'aiguille. Vers 8 heures du matin elle se met en mouvement; son action devient plus sensible entre midi et 3 heures; le soir elle est stationnaire, et pendant la nuit elle revient au point d'où elle était partie; la moyenne de l'écartement est d'environ 10'.

Christophe Colomb est le premier qui ait reconnu le phénomène de la déclinaison (1492); Cabot, de Venise, l'observa également vers l'an 1500. Les premières tables de déclinaison furent dressées en 1599 par les navigateurs hollandais, d'après les ordres du prince de Nassau; enfin, le changement de la déclinaison dans le même lieu fut découvert en 1622 par Gunter, professeur au collège de Gresham. Les variations diurnes furent observées pour la première fois par Graham, à la fin de 1722. *Voy.* BOUSSOLE.

En Astronomie, la *déclinaison* d'un astre est la distance de cet astre à l'équateur céleste, mesurée sur l'arc du grand cercle qui passe par l'astre et par les pôles de la sphère. Elle est, par rapport aux corps célestes, ce que la *latitude* est par rapport aux lieux terrestres. La déclinaison est *boréale* ou *australe*, suivant que l'astre se trouve dans l'hémisphère boréal ou dans l'hémisphère austral. Les *cercles de déclinaison* sont tous les grands cercles de la sphère qui peuvent passer par les pôles du monde, et sur lesquels la déclinaison est mesurée. Les *parallèles de déclinaison* sont des petits cercles de la sphère, parallèles à l'équateur. La *parallaxe de déclinaison* est l'arc du cercle de déclinaison qui mesure la quantité dont la déclinaison d'un astre est augmentée ou diminuée par la *parallaxe de hauteur. V.* ce mot.

DÉCLINANT (du verbe français *décliner*). On nomme : 1° *cadran déclinant*, celui dont la section avec l'horizon fait un angle avec le premier vertical; en général, ces sortes de cadrans ne regardent pas directement quelqu'un des points cardinaux; 2° *plan déclinant*, tout plan, vertical ou non, qui fait angle avec le premier vertical ou le premier méridien.

DÉCLINATEUR (du français *décliner*), instrument en forme de cercle mobile à l'aide duquel on détermine la déclinaison ou l'inclinaison des plans sur lesquels on veut tracer des cadrans solaires. Le déclinateur ne porte pas un limbe divisé en degrés; il n'indique que les points nord et sud.

DÉCLINATOIRE (du franç. *décliner*), instrument de physique en forme de boussole, qui donne avec précision la déclinaison de l'aiguille aimantée et dont on se sert dans le lever des plans pour orienter une planchette : on dit aussi *déclinateur. V.* ce mot.

En Jurisprudence, on nomme ainsi l'acte par lequel un défenseur appelé devant une juridiction se refuse à comparaître devant elle, parce qu'il *décline* ou conteste sa compétence.

DÉCLINÉ, se dit en Botanique des étamines et du style quand ils se portent vers la partie inférieure de la fleur, comme dans la Capucine et le Marronnier d'Inde. On l'oppose à *ascendant*.

DÉCOCTION (du latin *decoquere*, faire bouillir), opération pharmaceutique qui consiste à faire bouillir dans un liquide des substances médicamenteuses dont on veut extraire les principes solubles. On donne aussi le nom de *décoction* au produit de cette opération. — On connaît sous le nom de *D. blanche de Sydenham*, une boisson adoucissante qu'on emploie contre la dyssenterie et la diarrhée, et qui se prépare avec de la mie de pain, de la gomme arabique, de la corne de cerf calcinée, du sirop de guimauve et de l'eau de fleurs d'oranger.

DÉCOLLATION (de *de* privat., et *collum*, cou). Ce mot, qui est synonyme de *décapitation*, désigne particulièrement l'action de couper le cou avec un instrument tranchant, comme le glaive ou la hache. Il ne s'emploie plus guère que pour désigner le supplice de S. Jean-Baptiste. *Voy.* DÉCAPITATION.

DÉCOLORATION. On nomme ainsi, dans les Arts, l'opération qui a pour objet d'enlever la couleur aux substances végétales et animales. Pour les liquides, cette opération s'effectue en général par deux procédés : 1º par le *charbon animal* (*Voy.* CHARBON); — 2º par le *chlore*, qui, en raison de son affinité extrême pour l'hydrogène, décompose la couleur organique en lui laissant une teinte légèrement jaunâtre qu'on peut enlever par la potasse (*V.* CHLOROMÉTRIE). Le premier procédé s'emploie lorsqu'il s'agit du sucre dans les raffineries, des sirops chez les confiseurs, etc.; le second, lorsque l'on ne craint pas d'altérer la saveur et les propriétés de la substance. Le soufre, l'arsenic et plusieurs autres corps possèdent également des propriétés décolorantes —Pour la décoloration des solides, *V.* BLANCHIMENT, DÉCREUSAGE.

DÉCOLORIMÈTRE, instrument imaginé par M. Payen et qui permet d'évaluer le plus ou moins de propriété décolorante des divers charbons. Il consiste en un tube terminé par deux plans de verre, et dans lequel on introduit des quantités déterminées de charbon et de caramel. La teinte produite, mise en regard d'une autre quantité de caramel décoloré et pris pour point de comparaison, donne approximativement l'intensité décolorante du charbon d'épreuve.

DÉCOMPOSÉ, se dit, en Botanique, et des tiges qui se divisent et se subdivisent à la base en une foule de ramifications, comme l'ajonc, et des feuilles dont le pétiole est divisé en pétioles secondaires, ou qui sont découpées d'une manière diffuse et irrégulière, comme celles de la sensitive.

DÉCOMPOSITION. En Chimie, on appelle ainsi la séparation des éléments simples et constituants d'un corps. Le feu, l'électricité, les acides, les alcalis, etc., décomposent la plupart des corps composés. Un grand nombre de composés, particulièrement dans le règne organique, se décomposent spontanément quand on les abandonne à eux-mêmes sous l'action de l'air. La décomposition des corps se confond avec l'analyse chimique. *V.* ANALYSE.

En Physique, la *décomposition des forces* est la substitution des forces qui composent une force unique, appelée *résultante*, à cette force.

DÉCONFITURE (de l'italien *sconfitta*, défaite). C'est l'état d'un débiteur non commerçant qui se trouve insolvable : la déconfiture est, pour celui qui n'est pas commerçant, ce qu'est la faillite pour le commerçant. Mais les règles concernant les faillis ne s'appliquent pas aux *déconfits :* ils restent dans le droit commun, et les créanciers ne peuvent agir contre eux que par les voies ordinaires. — En cas d'association, la société finit par la déconfiture de l'un des membres (Code civil, art. 1865).

DÉCOR. *Voy.* DÉCORATEUR.

DÉCORATEUR, nom donné en général à tous les architectes, peintres, sculpteurs, tapissiers, ornemanistes, etc., qui se chargent de la direction et de la confection des *décors* pour les théâtres, les fêtes et cérémonies publiques, les pompes funèbres, etc.; de l'ameublement et de l'ornementation d'une salle de bal, d'un appartement, etc. — L'usage des décorations théâtrales était connu des anciens. Perdu au moyen âge, cet art fut restauré au XVe siècle par l'italien Balth. Peruzzi. Après lui, se distinguèrent en ce genre Bibiena, J. Parigi, Bérain, Servandoni, et plus récemment Cicéri, Bouton et Daguerre, Séchan, Philastre et Cambon, etc. Les architectes et les peintres les plus distingués, les David et les Visconti, n'ont point dédaigné de concourir par leur talent à la décoration de nos fêtes nationales.

DÉCORATION, nom donné en général aux châssis, toiles de fond, ornements de tout genre qui servent de décors au théâtre. La peinture de ces objets constitue un art particulier. *Voy.* DÉCORATEUR.

On entend encore par *décorations* les insignes qu'on porte comme récompense ou distinction, soit dans l'ordre civil, soit dans l'ordre militaire, tels que croix et rubans, colliers, médailles, armes ou vêtements d'honneur (*Voy.* ORDRES et les noms de chaque décoration).

L'art. 259 du Code pénal punit d'un emprisonnement de 6 mois à 2 ans toute personne qui a publiquement porté une décoration qui ne lui appartient pas.

DÉCORTICATION (de *de*, privatif, et *cortex*, écorce), séparation naturelle ou artificielle de l'écorce des arbres, ou de la première enveloppe d'un fruit, d'une semence ou d'une racine. Quelques arbres, comme le chêne-liège, le platane et la vigne, se dépouillent tous les ans de leur écorce. On écorce certains arbres pour rendre leur bois plus dur, plus dense et moins cassant, et, par conséquent, plus propre au travail de la menuiserie.

On a inventé plusieurs machines ingénieuses pour décortiquer les noix, les amandes, les châtaignes, les fèves, les pois secs, etc. La décortication des légumes est devenue depuis peu d'années une industrie importante. On remarque surtout la *machine à décortiquer* de M. David de Lyon (1844) : elle consiste essentiellement en deux meules en grès qui ne sont pas assez rapprochées pour broyer les légumes.

DÉCOURS (en latin *decursus*), se dit, en Astronomie, de la diminution successive dans la grandeur apparente de la lune, qui a lieu depuis la pleine lune jusqu'à la nouvelle lune : c'est l'opposé du *croissant*.

DÉCOUVERTES. *Voy.* INVENTIONS.

DÉCRÉPITATION (du latin *crepitare*, pétiller), se dit, en Chimie, des sels cristallisés qui éclatent et pétillent quand on les chauffe, par suite de l'expulsion brusque de l'humidité interposée dans les cristaux : tel est, par exemple, le sel marin. Dans les sels qui ne contiennent pas d'eau, comme le sulfate de potasse, elle est l'effet de la séparation instantanée des molécules par le calorique.

DÉCRESCENDO (mot italien qui signifie *en décroissant*), s'emploie en Musique, par opposition à *crescendo*, pour indiquer la diminution progressive de l'intensité des sons : on dit encore dans le même sens : *diminuendo*, *smorzando*, *calando*.

DÉCRET (en latin, *decretum*, du verbe *decernere*, décider). Ce mot, dont le sens a varié, s'appliquait, chez les Romains, aux actes du sénat relatifs aux affaires générales de la république. En France, ce nom a été donné aux actes des assemblées législatives jusqu'à la Convention inclusivement. Il fut ensuite remplacé par celui de *lois;* on continua cependant sous l'Empire à appeler *décrets* les règlements généraux ou particuliers émanés de l'empereur, soit pour l'exécution des lois (et alors *décret* est synonyme d'*ordonnance*), soit pour tenir lieu de loi. Après le 2 décembre 1851, les actes législatifs du chef de l'État reprirent le nom de *décrets*.

Décrets judiciaires. Avant la loi du 11 brumaire an III, on appelait ainsi l'ordonnance d'un juge destinée à purger les immeubles des hypothèques, droits réels ou servitudes qui les grevaient, ou à les faire vendre judiciairement : ces *décrets* étaient volontaires ou forcés. — En Droit criminel, on appelait *décret* la contrainte décernée contre un accusé; c'est en ce sens que l'on dit : *décrété de prise de corps*.

Décrets des conciles, nom donné en général aux décisions prises par les conciles, et en particulier à celles qui sont relatives à la discipline ecclésiastique, le mot *canon* s'appliquant de préférence à ce qui regarde le dogme et la foi.— On appelle *Décret de Gratien* la 1re partie du Droit canon : c'est un recueil des canons des conciles, des décrétales, etc., formé par Gratien, religieux de l'ordre de St-Benoît à Bologne, en 1151, et approuvé par Eugène III.

DÉCRÉTALES, recueil des lettres écrites par les papes en réponse aux questions qui leur étaient adressées sur le dogme et la discipline. *Voy.* DÉCRÉTALES au *Dict. univ. d'Hist. et de Géogr.*

DÉCREUSAGE ou DÉCRUSEMENT (de la particule privative *de*, et du latin *crusta*, croûte, enduit), préparation que les teinturiers font subir à la soie pour lui enlever la matière gommeuse ou gélatineuse qui en enveloppe les fibres. Cette préparation consiste à faire tremper la soie dans deux ou trois bains successifs contenant des quantités décroissantes de savon bleu ou de carbonate de soude, à la laver, et à la blanchir ensuite par le gaz sulfureux.

DÉCUBITUS (mot latin francisé), position du corps lorsqu'il est couché. Le décubitus offre aux médecins des indications précieuses pour la mesure des forces d'un malade et pour certaines lésions organiques.

DÉCUMAIRE (du latin *decuma* pour *decima*, dixième, à cause du nombre des divisions du périanthe), *Decumaria*, genre de la famille des Philadelphacées, renferme quelques arbrisseaux sarmenteux à feuilles opposées, glabres, et à petites fleurs blanches, odorantes, disposées en corymbes, qui sont cultivés dans nos jardins. Ces plantes sont originaires du nord de l'Amérique.

DÉCURIE, division civile et militaire chez les Romains, était le dixième d'une *centurie*. Celui qui commandait une *décurie* était appelé *décurion*.

DÉCURRENT (du latin *decurrere*, courir, s'étendre), se dit, en Botanique, d'un pédoncule qui se prolonge sur la tige et y forme une saillie sensible, et d'une feuille dont l'extrémité inférieure se prolonge sur la tige ou sur les rameaux.

DÉCURTATION (du latin *decurtare*, raccourcir), maladie des arbres, appelée aussi *couronnement*, qui en attaque le sommet : elle fait périr particulièrement les chênes. La privation de la séve, l'absence des feuilles, la stérilité du sol, l'ardeur du soleil ou une grande gelée, en sont les causes ordinaires.

DÉCUSSATION (du latin *decussare*, croiser), disposition de plusieurs corps en forme d'X ou de sautoir. En Optique, le *point de décussation* est celui où plusieurs rayons se coupent, tel que le foyer d'un miroir, d'une lentille. — En Anatomie, on donne surtout ce nom à l'entrecroisement des nerfs optiques.

DÉCUSSIS (du latin *decem*, dix, et *as*, *assis*, as), monnaie romaine dont la valeur a varié de 10 à 16 as. Elle était marquée du chiffre X.

DÉDICACE (du latin *dedicare*, dédier). On appelait ainsi chez les anciens la consécration d'un temple, d'une statue, d'un monument public ou privé à une divinité, à un héros, un conquérant, un grand écrivain, etc. On gravait sur le frontispice du monument le nom du dieu ou de l'homme à qui il était dédié et le nom de celui qui le dédiait.

On entend aujourd'hui par *dédicace* la cérémonie religieuse par laquelle un évêque consacre au culte divin une église ou une chapelle. Chaque église fait tous les ans mémoire de sa dédicace : toutefois la dédicace générale de toutes les églises se célèbre l'avant-dernier dimanche après la Pentecôte.

DÉDIT. On nomme ainsi et la révocation d'une parole donnée et l'indemnité stipulée dans une convention en cas d'inexécution d'une promesse : c'est ordinairement une somme d'argent convenue, que paye celui qui se rétracte sa parole.

DÉDUCTION (du latin *deducere*, tirer de, extraire), procédé de raisonnement par lequel on tire d'une vérité ou d'une supposition tout ce qui y est rigoureusement renfermé; on l'oppose à l'*induction*, par laquelle l'esprit, s'élevant du particulier au général, va au delà des données rigoureuses de l'expérience. Les sciences mathématiques et métaphysiques sont fondées sur la *déduction*; les sciences physiques sur l'induction. *V.* RAISONNEMENT et SYLLOGISME.

DÉESSES. Les Païens en comptaient autant ou même plus que de dieux. Ils distinguaient les *grandes déesses* : Junon, Vesta, Cérès, Minerve, Diane, Vénus, et les *déesses inférieures*, qui étaient ou des mortelles divinisées, ou les nymphes des eaux et des bois, ou des divinités allégoriques, comme l'Aurore, les Muses, les Furies, les Parques.

DÉFAUT. En Droit civil, c'est le jugement qu'obtient un demandeur contre une personne qui, régulièrement assignée, ne comparaît pas, ou qui, étant présente, ne pose pas de conclusions. Le jugement par défaut est prononcé à l'audience sur le simple appel de la cause (Code de proc., art. 150); il est susceptible d'opposition dans des délais que la loi a fixés (*Voy.* OPPOSITION et DÉLAI). — Si c'est le demandeur qui *fait défaut*, le juge donne au défendeur *congé-défaut* de la demande. — Si de plusieurs parties assignées, l'une *fait défaut*, et l'autre se présente, le profit du défaut est *joint*, et le jugement de jonction est signifié à la partie défaillante avec assignation nouvelle à jour fixe : cette sentence s'appelle jugement de *défaut-profit-joint*. — En Cour d'assises, le jugement rendu par défaut contre un coupable qui n'a pu être arrêté ou qui s'est évadé prend le nom d'arrêt *par contumace. Voy.* ce mot.

DÉFÉCATION (de *de*, privat., et *fœx, fœcis*, lie). En Chimie et en Pharmacie, c'est l'opération au moyen de laquelle on débarrasse un liquide des substances plus ou moins insolubles qui le troublent. La défécation s'opère par un commencement de fermentation, par le simple repos, le lavage, la décantation, la filtration, l'expression et la despumation.

En Physiologie, c'est l'acte par lequel le résidu des aliments, amassé dans le rectum, est rejeté hors de l'économie : elle comprend la série d'opérations vitales qui ont pour but de séparer des substances capables de nourrir le corps celles qui ne sont pas susceptibles d'assimilation, et d'en procurer la sortie par l'extrémité inférieure du canal intestinal. *V.* DIGESTION.

DÉFECTIF ou DÉFECTUEUX, se dit, en Grammaire, des verbes qui n'ont pas tous leurs modes ou tous leurs temps; — en Minéralogie, des cristaux dans lesquels 4 angles solides du cube primitif manquent et sont remplacés par autant de facettes, tandis que les 4 angles opposés restent intacts, comme dans la magnésie boratée. *Voy.* DÉFICIENT.

DÉFEND, bois dont l'entrée est interdite aux bestiaux, parce qu'il est encore trop jeune et ne pourrait se *défendre* de la dent des animaux.

DÉFENDEUR. En termes de Procédure, on appelle ainsi celui ou celle contre qui une action est intentée et qu'on appelle en justice pour qu'il ait à se défendre; on l'oppose à *demandeur*. Devant les cours d'appel on désigne les défendeurs sous le nom d'*intimés*.

DÉFENSES. En Histoire naturelle, ce mot désigne l'ensemble des moyens à l'aide desquels les êtres organisés repoussent tout ce qui peut leur nuire. Il désigne plus spécialement les dents saillantes de certains animaux, tels que l'éléphant, le sanglier, le morse. Il se dit par extension de l'aiguillon de l'abeille, du test de la tortue et des mollusques, etc.

DÉFENSEUR, synonyme d'*avocat*. — Pendant la Révolution le nom d'avocat a été remplacé par celui de *défenseur officieux*. Le nom de *défenseur* est encore employé dans les colonies.

DÉFÉRENT (du latin *deferre*, porter, soutenir), nom donné par les anciens astronomes à un cercle excentrique imaginaire qui leur servait à expliquer l'excentricité, le périgée et l'apogée des planètes. Ils supposaient que les planètes opéraient leur mouvement propre suivant un cercle non concentrique à la terre, et qui, passant par le centre de chacune d'elles, semblait la soutenir dans son orbite. Képler a remplacé les *cercles déférents* des anciens par des ellipses dont le soleil occupe le foyer.

DÉFERLER (de l'anglais *to furl*, même signific.), se dit, en Marine : 1° de l'action de déplier une voile qui était ferlée (*Voy.* FERLER); 2° de la mer qui, rencontrant un écueil ou un obstacle quelconque, se brise avec bruit et s'étend en nappe blanchissante d'écume.

DÉFET (de *defectus*, défaut), feuilles imparfaites, superflues ou dépareillées d'un ouvrage, dont on ne peut former un exemplaire complet, mais que l'on conserve pour en tirer de quoi remplacer au besoin les feuilles tachées ou perdues.

DÉFI. *Voy.* CARTEL.

DÉFICIENT (du latin *deficere*, manquer). En Arithmétique, on appelle *déficient* tout nombre dont les parties aliquotes jointes ensemble font une somme moindre que le nombre lui-même : 10 est un nombre déficient, parce que ses parties aliquotes 1, 2, 5, ne font que 8. — En Géométrie, on appelle *hyperbole déficiente* une courbe hyperbolique du 3e degré qui n'a qu'une seule asymptote rectiligne.

DÉFICIT (mot latin qui veut dire : *il manque*), se dit particulièrement en parlant des dépenses annuelles de l'État ou d'un comptable, lorsque les recettes ne font pas face aux dépenses : il exprime ce qui *manque* pour égaler la recette à la dépense.

Le déficit dans les finances a toujours été une des principales causes de révolution : en 1789, les finances offraient un déficit de 659 millions.

DÉFINITION (de *définir*, limiter), proposition destinée à faire connaître la nature d'une chose ou le sens d'un mot : dans le 1er cas, elle est dite *définition de choses*; dans le 2e, *définition de mots*. Pour être *bonne*, il faut qu'une définition soit : 1o *claire*, et pour cela, qu'elle n'emploie que des mots parfaitement connus et déjà expliqués ; 2o *courte* et *précise* : autrement elle embarrasse l'esprit au lieu de l'aider ; 3o *universelle* et *propre*, c.-à-d. qu'elle convienne à tout le défini et seulement au défini, *toti* et *soli definito*; 4o *réciproque*, c.-à-d. que l'on puisse, sans changer le sens, mettre l'attribut à la place du sujet ; par exemple : *Dieu est le créateur de l'univers ; le créateur de l'univers, c'est Dieu.* Le plus souvent on définit par *le genre prochain et la différence spécifique* (*per genus proximum et differentiam propriam*), c.-à-d. en indiquant le genre immédiatement supérieur dans lequel est contenue l'espèce qu'on définit, et le caractère propre qui distingue cette espèce de toutes les autres ; exemple : *l'homme est un animal* (genre) *raisonnable* (différence spécifique) ; mais on peut aussi définir par la génération des idées, par la composition des choses, par leur usage, etc. ; ex. : *l'idée est un sentiment distingué; l'air est un composé d'oxygène et d'azote; une horloge est un instrument qui sert à marquer l'heure.* On consultera avec profit sur la définition la *Logique de Port-Royal* et les *Leçons* de Laromiguière.

DÉFLAGRATION (du latin *deflagratio*, même signification), nom donné, en Chimie, à la combustion rapide accompagnée d'une flamme vive, d'une grande chaleur, d'un bruit plus ou moins fort, mais souvent répété. Le phosphore, les chlorates, les nitrates, la poudre à canon et la poudre fulminante, brûlent avec déflagration.

DÉFONCEMENT, opération d'agriculture qui consiste à creuser le sol à un mètre au plus de profondeur, soit pour y mettre du fumier ou de la terre nouvelle, soit uniquement pour le mêler et le retourner. On défonce avec la bêche et avant l'hiver.

DÉFRICHEMENT, opération d'agriculture par laquelle on convertit un terrain inculte, ou marécageux, ou chargé de bois, de broussailles, etc., en terres labourables, en vignes, prairies, etc. Le défrichement a lieu ordinairement au printemps : il se fait à la main ou à la charrue, et comprend un grand nombre d'opérations (*Voy.* FRICHE, DESSÈCHEMENT, ÉCOBUAGE, etc.). — Dans le langage forestier, ce mot s'entend spécialement de la conversion d'une forêt en pâturage ou en terre de labour. Le défrichement, assujetti par une ordonnance de 1669 à l'autorisation de l'État, avait été rendu complètement libre par la loi du 29 septembre 1791. Il en résulta bientôt des effets désastreux, la dénudation du sol, la formation de torrents, la dévastation des vallées. Les lois du 9 floréal an XI (1803) et du 31 juillet 1827 (art. 219) arrêtèrent le mal en replaçant les défrichements sous la surveillance de l'autorité.

DEFTERDAR, mot persan qui signifie *teneur de registre*, désigne, en Perse et en Turquie, les receveurs des impôts. Le *defterdar effendi* répond à peu près à notre ministre des Finances.

DÉGAGEMENT. *Voy.* MONT-DE-PIÉTÉ.

DÉGÉNÉRATION, DÉGÉNÉRESCENCE, se disent, en Pathologie, de toute altération d'où résulte la transformation du tissu d'un organe en matière essentiellement morbide : telle est, par exemple, la dégénération cancéreuse. *Voy.* CANCER.

DÉGLUTITION (du latin *deglutire*, avaler), fonction physiologique qui consiste à faire passer les aliments de la bouche dans l'estomac. Dans ce passage, le bol alimentaire soulève la *luette*, pénètre dans l'*isthme du gosier*, ouverture qui occupe le fond de la bouche, descend dans le *pharynx* ou *arrière-bouche*, abaisse l'épiglotte, et tombe dans le conduit de l'œsophage, d'où il pénètre dans l'estomac par une ouverture appelée *cardia*.

DÉGRADATION, privation forcée, le plus souvent infamante, d'un grade, d'une dignité. À Rome, on dégradait les vestales en leur arrachant les bandelettes sacrées et le costume de prêtresse ; la dégradation des prêtres s'appelait *exauguration*. On dégradait quelquefois des corps entiers, et le plus souvent avec un appareil ignominieux. — Au moyen âge, on dégradait le chevalier félon : le coupable était placé sur un échafaud ; on brisait son blason et ses insignes; on lui arrachait son armure; un héraut le proclamait traître, vilain et déloyal; enfin, on le couvrait d'un drap noir, et on disait sur lui l'office des morts. — Aujourd'hui, on distingue la *dégradation civique* et la *dégradation militaire*.

La *dégradation civique* est une peine infamante qui consiste : 1o dans l'exclusion des condamnés de toutes fonctions, emplois ou offices publics; 2o dans la privation du droit de vote, d'éligibilité, et de tous les droits civiques et politiques; 3o dans l'incapacité d'être juré, expert ou témoin; 4o dans l'incapacité de faire partie d'aucun conseil de famille, et d'être tuteur ou curateur, si ce n'est de ses propres enfants, et sur l'avis conforme de la famille; 5o dans la privation du droit de port d'armes, du droit de faire partie de l'armée ou de la garde nationale, de tenir école ou d'enseigner (Code pénal, art. 34).

La *dégradation militaire* est tantôt une peine purement disciplinaire qui se prononce dans l'intérieur du corps et seulement contre les sous-officiers et soldats, et tantôt une peine infamante, prononcée par les conseils de guerre : toute condamnation d'un militaire aux travaux forcés emporte dégradation. Cette dernière peine est infligée au coupable en face de la troupe : celui qui en est flétri est incapable de reprendre du service.

Dégradation de la Légion d'honneur. Les procureurs généraux près les cours d'appel et les rapporteurs auprès des conseils de guerre ne peuvent faire exécuter aucune peine infamante contre un membre de la Légion d'honneur qu'il n'ait été préalablement dégradé. Le président prononce, après la lecture du jugement, la formule suivante : « Vous avez manqué à l'honneur; je déclare, au nom de la Légion, que vous avez cessé d'en être membre. » Arrêté du 24 ventôse an XII, art. 5 et 6.

DÉGRAISSAGE, opération qui consiste à enlever toute espèce de tache sur une étoffe quelconque sans en altérer le blanc ou la teinture. Le *dégraisseur* nettoie, blanchit, reteint et met à neuf les étoffes salies ou altérées par l'usage; il a besoin, pour exercer son art, de connaissances chimiques : en effet, les moyens d'enlever les taches varient suivant les agents qui les ont produites. — On fait disparaître, sur les étoffes non teintes, les taches de tabac, d'herbes, de bière, de cidre, de poiré, de framboises, de fraises, de cerises, de groseilles, à l'aide d'un simple lavage à l'eau et au savon. — Les taches récentes produites par des acides minéraux s'enlèvent avec de l'ammoniaque étendue d'eau. — Pour enlever les taches de liqueurs, on imbibe la tache avec de l'eau pure, et l'on frotte légèrement avec soin ; si la tache et si la couleur de l'étoffe le permettent, on a recours à l'acide chlorhydrique ou citrique, et à l'alcali volatil pour neutraliser; sur les tissus blancs, ces mêmes taches disparaissent à l'aide de l'eau de savon et du gaz acide sulfureux. — Le café et le chocolat préparés au lait forment des taches très-apparentes, mais plus faciles à enlever que lorsqu'ils sont préparés à l'eau. Le lavage à l'eau d'abord, et ensuite au savon, suffit pour les détruire; mais si l'on craint d'affecter les couleurs, on se sert du jaune d'œuf délayé dans un peu d'eau chaude. — Lorsque les taches d'encre sont récentes, il suffit de les laver à l'eau et de les savonner, afin de séparer les substances végétales de l'encre; on enlève ensuite l'oxyde de fer qui forme l'empreinte de l'encre avec de l'acide sulfurique ou chlorhydrique très-étendu ; sur les étoffes blanches de lin et de coton, l'acide oxalique et le sel d'oseille, mêlé avec du sel d'étain, produisent de très-bons effets. — On fait disparaître sur les étoffes non colorées les taches de rouille au moyen de l'acide oxalique ou de la crème de tartre. —Pour enlever les taches de cambouis, d'huile ou de graisse, de vernis, de peinture, de goudron, on les imbibe avec de l'essence de térébenthine, en frottant légèrement avec une éponge; ensuite on mouille de nouveau avec l'essence, et on couvre les parties tachées avec de la cendre tamisée ou de la terre de pipe en poudre; après un quart d'heure, on enlève la terre absorbante, et l'on brosse bien la place. L'alcool rectifié et l'éther produisent le même effet que l'essence de térébenthine; on peut encore employer l'essence de lavande ou de citron, l'eau de Cologne, l'eau-de-vie forte, etc. Les dégraisseurs emploient aussi le fiel de bœuf pour enlever sur les étoffes de laine les taches de graisse peu résistantes. — Les taches de boue que l'eau n'enlèverait pas suffisamment disparaissent très-bien si on frotte l'étoffe avec un jaune d'œuf, et que l'on rince ensuite; si la tache résistait néanmoins, il faudrait employer la crème de tartre réduite en poudre, et la laisser agir pendant quelque temps, après l'avoir humectée d'eau.

Les anciens pratiquaient le dégraissage, ainsi que le démontrent plusieurs passages de Pline et de Dioscoride; mais il a surtout fait des progrès rapides dans les temps modernes, grâce aux découvertes de la chimie.

DÉGRAISSEUR. *Voy.* DÉGRAISSAGE.

DÉGRAS (de *de*, particule explétive, et *gras*), mélange d'huile de poisson et d'acide azotique, dont se servent les chamoiseurs pour passer les peaux en chamois, et les corroyeurs pour passer les cuirs en blanc, et les rendre souples et imperméables.

DEGRÉ (du latin *gradus*). En Géométrie, c'est la 360e partie de la circonférence d'un cercle, suivant la division sexagésimale. Le degré (°) se subdivise en 60 parties ou *minutes* ('), la minute en 60 *secondes* ("), la seconde en 60 *tierces* ('''), etc. Toute circonférence de cercle étant supposée divisée en degrés, on désigne la grandeur d'un angle par le nombre de degrés et de subdivisions de degrés que renferme l'arc qui lui sert de mesure. Ainsi, un angle de 30 degrés est un angle qui, placé au centre d'un cercle, intercepte entre ses côtés un arc de 30 degrés.

Le même mot s'emploie aussi en Astronomie et en Géographie : on y divise également les cercles de la sphère en 360 degrés ; on distingue des *degrés de latitude*, parallèles à l'équateur, et des *degrés de longitude*, parallèles au méridien (*Voy.* LATITUDE et LONGITUDE). Les degrés terrestres ont en moyenne 11 myriamètres, 1,094 m. (25 lieues de 4,444 m., ou 28 lieues 1/2 de 3,898 m.)

En Arithmétique, c'est la puissance à laquelle une quantité se trouve élevée dans un produit quelconque. On représente le degré d'une quantité par un *exposant* (*Voy.* ce mot).—En Algèbre, on nomme *degré d'une équation* le nombre qui exprime la plus haute puissance de l'inconnu que cette équation renferme : ainsi on distingue des équations du 1er, du 2e, du 3e degré, etc. *Voy.* ÉQUATION.

En Physique, on appelle *degrés* les divisions des thermomètres, des baromètres, des aréomètres, etc.

En Médecine, Galien et son école se servaient du mot *degré* pour faire connaître les qualités des médicaments. Ils admettaient des médicaments froids, chauds, humides et secs, et quatre degrés différents dans chacune de ces qualités.

Dans les Universités, on nomme *degrés* les titres de bachelier, licencié et docteur, que les étudiants obtiennent successivement dans les diverses Facultés après les temps d'étude et les examens prescrits.

En Musique, le mot *degré* indique la position relative des notes écrites sur les lignes de la portée ou dans leurs intervalles. Il ne faut pas confondre le *degré* avec le *ton*; car le même ton peut être indiqué par deux notes placées sur des degrés différents ; exemple : *fa* dièse et *sol* bémol, *ut* bémol et *si* naturel. Dans la gamme normale, *ut* est le premier degré, *ré* est le second, *mi* le troisième, et ainsi de suite. Les degrés *conjoints* ou diatoniques se suivent dans l'ordre ordinaire de la gamme montante ou descendante. Les degrés *disjoints* sont placés à de plus grands intervalles, comme la tierce, la quinte, etc.

Pour les divers *degrés de juridiction, de noblesse, de parenté*, etc., *Voy.* JURIDICTION, NOBLESSE, PARENTÉ.

Pour les *degrés de comparaison, Voy.* COMPARAISON.

DÉGUERPISSEMENT (de la préposition *de*, hors, et du vieux français *guerpir*, dérivé de l'allemand *werfen*, jeter, faire sortir), sortie forcée. Celui qui s'est mis indûment en possession du fonds d'autrui, ou qui ne peut payer le prix d'un immeuble qu'il occupe, est condamné au *déguerpissement*. Le détenteur d'un immeuble grevé d'une charge foncière peut en *déguerpir* ou en abandonner la possession pour se soustraire aux charges qui pèsent sur lui. D'après une ordonnance de Charles VI, on voit que ce déguerpissement était usité en 1441.

DÉGUISEMENT. *Voy.* MASCARADE.

DÉGUSTATION (du latin *gustus*, goût). Dans le Commerce des comestibles, surtout dans celui des boissons, on a recours à des dégustateurs assermentés pour constater la qualité des marchandises. On nomme *piqueurs-gourmets* ceux qui sont chargés de déguster les vins et les eaux-de-vie. Ils formaient autrefois une confrérie qui avait ses statuts; aujourd'hui, ils ont à Paris un syndicat.—L'art. 1587 du Code civil porte qu'il n'y a point de vente de ces liquides tant que l'acheteur ne les a pas goûtés.

DÉHISCENCE (du latin *dehiscere*, s'entr'ouvrir), se dit, en Botanique, de l'action par laquelle les valves distinctes qui ferment un organe quelconque (anthère, péricarpe, etc.) se séparent régulièrement à l'époque de la maturité.

DÉICIDE (du latin *Deus*, Dieu, et *cœdere*, faire mourir), se dit proprement des Juifs, qui ont mis à mort Jésus-Christ, fils de Dieu et Dieu lui-même, et, par extension, de tout chrétien qui profane les sacrements de l'Eglise, surtout la sainte Eucharistie.

DÉIFICATION. *Voy.* APOTHÉOSE.

DÉISME (de *Deus*, Dieu). Ce mot, qui devrait exprimer seulement la croyance en Dieu, a pris dans l'usage une tout autre signification : il désigne le système de ceux qui, rejetant toute révélation, croient seulement à l'existence de Dieu, joignant, tout au plus, à cette croyance la religion naturelle. On distingue le *Déisme* du *Théisme*; le premier est l'opposé de la religion révélée, le deuxième de l'athéisme. — On trouve le germe du pur déisme en France, dès le xvii siècle, notamment dans Bayle; mais c'est surtout en Angleterre, dans les écrits de Bolingbroke, Collins, Tindall, Toland, Shaftesbury, Woolston, Priestley, qu'il se produisit ouvertement; il y fut professé par tous ceux qui s'intitulaient les *libres penseurs*. Voltaire, J.-J. Rousseau et leurs nombreux disciples l'ont répandu en France au dernier siècle.

DÉJEUNER. *Voy.* REPAS.

DÉLAI (du latin *dilatio*), temps fixé par la loi ou par le juge, ou convenu entre les parties, pour donner ou faire quelque chose. Les délais fixés par la loi varient beaucoup : ainsi, le délai d'ajournement est de trois jours en conciliation; devant les tribunaux civils, il est ordinairement fixé à huitaine; dans les cas urgents, le président peut abréger ce temps et permettre d'assigner à *bref délai*. Le délai pour interjeter appel des jugements des tribunaux civils ou pour se pourvoir en cassation en matière civile est de trois mois; en matière criminelle et correctionnelle, le délai accordé pour se pourvoir est de trois jours francs.—Quant aux délais accordés par le juge, ils sont déterminés par le jugement. — Tout délai est augmenté d'un jour, à raison de trois myriamètres de distance. *Voy.* DISTANCES LÉGALES.

Dans le calcul des délais, on ne comprend jamais le jour où commence le délai (*à quo*); mais on y fait entrer celui de l'échéance (*ad quem*), excepté toutefois pour les délais d'ajournement.

On appelle *délai de repentir* l'intervalle de temps laissé entre la disparition d'un militaire et le terme de rigueur fixé pour son retour, ou entre la transgression d'un congé limité et le terme où commence la désertion. Après six mois de service, le délai, au camp ou dans une place de guerre, pendant la paix, est fixé à trois fois 24 heures, et, dans tout autre lieu, à 8 jours; en temps de guerre, il est fixé à 24 heures à l'armée, et à 48 heures dans tout autre lieu.

DÉLAISSEMENT. En matière d'Assurance maritime, c'est l'acte par lequel l'assuré fait à l'assureur abandon des effets qui ont fait l'objet de l'assurance, avec sommation de payer le montant de la somme assurée. Le Code de commerce énumère les cas où le délaissement est autorisé, tels que prise, naufrage, innavigabilité par fortune de mer, arrêt de puissance étrangère, perte des effets assurés, etc. (art. 369, 394).

Le *délaissement par hypothèque* est l'abandon d'un immeuble fait par celui qui en est le propriétaire pour éviter les poursuites d'un créancier qui a hypothèque sur cet immeuble (C. civ., art. 2168-79).

DÉLATION, DÉLATEUR. Le *délateur* est celui qui, dans un but intéressé, découvre un crime, vrai ou faux, et en poursuit le châtiment. — A Rome, la délation commença à se signaler à l'époque de Marius et de Sylla; mais elle fut surtout encouragée par les empereurs. Ils en firent un instrument de tyrannie, et récompensèrent les délateurs en leur abandonnant une partie des biens de leurs victimes. — Dans le langage vulgaire, on confond ordinairement les mots *délation* et *dénonciation*. Il est cependant des cas où la loi fait un devoir de la *dénonciation* (*Voy.* ce mot); la délation est toujours infâme.

DÉLAYANTS (de *diluere*, dissoudre), médicaments auxquels on attribue la propriété d'augmenter la liquidité du sang et des humeurs, en accroissant leur volume aux dépens de leur masse : telles sont toutes les boissons aqueuses prises en abondance.

DELEATUR (mot latin qui signifie *qu'il soit détruit*), s'emploie, en Typographie, pour indiquer qu'il faut supprimer une lettre, un mot, une phrase, dans une épreuve, et se marque ainsi ℥.

DÉLÉGATION. On nomme ainsi, en Jurisprudence, la convention par laquelle un débiteur donne à son créancier un autre débiteur qui s'oblige à payer la dette; ou simplement l'acte par lequel on autorise une personne à recevoir d'une autre une certaine somme (*Voy.* Code civil, art. 1275 et 1276).

On nomme aussi *délégation* la commission donnée dans certains cas par un fonctionnaire public à un autre fonctionnaire pour le remplacer dans ses fonctions: ainsi, un adjoint au maire peut remplir les fonctions d'officier de l'état civil par délégation du maire. En Italie, on appelle *délégations* les juridictions administrées par un délégat. *Voy.* LÉGATIONS.

DELESSERIA (du baron B. *Delessert*), genre de plantes Cryptogames de la famille des Algues, section des Floridées, renferme une douzaine d'espèces à fronde cylindrique, à rameaux d'un beau rouge et à nervure médiane. Elles habitent les lieux submergés par les marées. On les rencontre dans les mers polaires et sur les côtes d'Écosse, où on les mange.

DÉLÉTÈRE (du grec *délétérios*, pernicieux), se dit de tout ce qui attaque la santé ou la vie, particulièrement des substances vénéneuses.

DÉLIBÉRATIF (GENRE). *Voy.* ÉLOQUENCE, GENRE.

DÉLIBÉRÉ, terme en usage dans les tribunaux, signifie que les juges, au lieu de statuer séance tenante après les plaidoiries, se retirent dans la chambre du conseil pour y discuter l'affaire et recueillir les avis. Le Code de procédure fixe les cas où les affaires peuvent être *mises en délibéré* et trace les formalités à remplir alors (art. 93, 115).

DÉLIMÉES. tribu de Dilléniacées. *Voy.* ce mot.

DÉLINÉATION (du latin *linea*, ligne). En Géométrie, ce mot désigne le *tracé* des lignes, droites ou courbes, nécessaires au *tracé des plans* et la projection des corps solides qu'on veut représenter sous plusieurs points de vue, sur des surfaces planes.

DÉLIQUESCENCE (du latin *liquescere*, devenir liquide), phénomène offert par certains corps solides qui, exposés à l'air humide, absorbent assez de vapeur aqueuse pour s'y dissoudre, après l'avoir ramenée à l'état liquide. Tous les sels solubles sont déliquescents. La chimie a mis cette propriété à profit pour dessécher une foule de substances, notamment l'air et le gaz, en leur soutirant leur humidité au moyen de corps déliquescents; on se sert à cet effet de chlorure de calcium.

DELIQUIUM, état d'un corps solide qui est devenu liquide en absorbant l'humidité de l'air.

DÉLIRE, *delirium* (dérivé, selon Gébelin, de la prép. lat. *de*, hors de, et *lira*, sillon tracé en ligne droite, d'où *delirare*, sortir du sillon, extravaguer; et selon d'autres, du grec *lérein*, déraisonner), également dérangement d'esprit, désordre des facultés intellectuelles par suite d'une altération du cerveau. Le délire peut être aigu ou chronique; dans le 1er cas, c'est le *délire* proprement dit; dans le 2e, c'est la *folie*.—Le délire peut être occasionné par toute excitation forte du système nerveux, comme aussi par défaut de stimulation : ainsi, d'un côté, les passions excessives, les contentions d'esprit, l'insolation, les chutes et coups sur la tête, la douleur physique, etc., et, par contre, la diète, l'anémie et les épuisements de tout genre. Les causes spécifiques les plus constantes sont les spiritueux, les narcotiques et narcotico-âcres, les venins ou virus septiques. Presque toujours, le délire n'est qu'un symptôme : il accompagne ou sert à caractériser un grand nombre de maladies graves, telles que les divers genres d'aliénation mentale, la méningite, les fièvres typhoïdes, ataxiques, etc. Il présente des formes nombreuses et variées; ainsi, il peut être gai ou triste, bruyant et turbulent, ou silencieux et tranquille, doux ou terrible. — Le délire n'étant le plus souvent qu'un symptôme, son traitement consiste dans celui de la maladie qu'il accompagne.

On connaît sous le nom de *Delirium tremens* (*œnomanie, dipsomanie, folie des ivrognes*), un état de délire, d'agitation, de tremblement des muscles, particulier aux gens adonnés à l'ivrognerie. Il paraît avoir beaucoup d'analogie avec le *délire nerveux*, qui s'observe particulièrement chez les sujets très-nerveux, pusillanimes, chez les blessés, les vpérés, etc. On combat ce mal par l'opium, dont on augmente progressivement la dose.

DÉLIT (du latin *delictum*). Dans le Droit français, le *délit* est une infraction intermédiaire entre le crime et la contravention, et passible de peines correctionnelles, telles que l'emprisonnement à temps, l'interdiction à temps de certains droits civiques, et l'amende. Les délits sont tous jugés par les tribunaux de police correctionnelle; avant le décret du 19 février 1852, les délits de presse étaient, par exception, soumis à la juridiction du jury.

On appelle *flagrant délit*, l'état dans lequel se trouve un coupable surpris sur le fait; *quasi-délit*, le dommage involontaire qu'on cause à autrui par négligence ou par imprudence, et dont l'auteur est tenu à réparation (Code civil, art. 1382-86).

Le *corps du délit* est ce qui constate le délit ou le crime, comme un cadavre en matière d'homicide, un meuble brisé en matière de vol.

DÉLITESCENCE (du latin *delitescere*, disparaître, se cacher), se dit, en Médecine, de la disparition subite d'une tumeur, d'une maladie éruptive, sans qu'il en résulte aucun accident, ni que la maladie se reproduise dans quelque autre partie du corps : ce qui distingue la *délitescence* de la *métastase*.

En Chimie, on donne ce nom au phénomène en vertu duquel un corps cristallisé perd son eau de cristallisation et se détache en menues parcelles, ou par lequel un corps solide se désagrége et tombe en poudre en absorbant de l'eau.

DÉLIVRANCE. C'est proprement l'expulsion des annexes du fœtus, c'est-à-dire de tous les organes temporaires qui lui avaient été indispensables pendant le cours de la vie intra-utérine. La délivrance s'accomplit de la même manière et par les mêmes moyens que l'expulsion du fœtus; c'est le complément de l'accouchement. — Quelquefois, mais à tort, on emploie le mot *délivrance* comme synonyme d'*accouchement. Voy.* ACCOUCHEMENT.

DÉLIVRE, nom vulgaire de l'arrière-faix ou *placenta. Voy.* PLACENTA.

DELPHINAPTÈRE (du grec *delphin*, dauphin, a priv., et *ptéron*, nageoire), *Delphinapterus*, genre de Mammifères, de l'ordre des Cétacés, est caractérisé par l'absence complète de nageoire dorsale, et a le museau séparé du crâne par un sillon profond. La seule espèce connue est le *D. de Péron* (*D. Peronii*), long de 2 mètr. et marqué d'une grande tache d'un bleu noir, en forme de camail, sur la tête, le dos et les flancs. Le reste du corps est d'un blanc argenté. Cet animal habite les mers antarctiques.

DELPHINE, alcali organique, contenu dans les graines de la Dauphinelle Staphysaigre (*Delphinium Staphysagria*). Il est résineux, d'une saveur âcre, ne se volatilise pas sans décomposition. Il a été obtenu par Brandes en 1819.

DELPHINIENS, famille de Mammifères que M. Geoffroy Saint-Hilaire a établie dans l'ordre des Cétacés. Elle comprend sept genres : *Dauphin, Delphinaptère, Delphinorhynque, Hétérodon, Inie, Marsouin* et *Narval.*

DELPHINIUM, nom scientifique de Pied-d'Alouette ou Dauphinelle. *Voy.* DAUPHINELLE.

DELPHINORHYNQUE (du grec *delphin*, dauphin, et *rhynchos*, bec, museau), genre de Cétacés de la famille des Delphiniens, est caractérisé par un museau long et étroit en forme de bec, et par une tête bombée et des mâchoires quelquefois armées de dents longues et crochues. La principale espèce est le *D. couronné* (*D. coronatus*), qui a 30 dents coniques et très-aiguës à la mâchoire supérieure et 48 à l'inférieure. Il atteint 12 mètr. de longueur et 3m,30 de circonférence. On le trouve dans la mer Glaciale, principalement aux environs du Spitzberg.

DELPHINUS, nom latin du genre DAUPHIN.

DELTOIDE (de la lettre gr. *delta*, et de *eidos*,

forme), nom donné, en Anatomie, à un muscle triangulaire, ou en forme de delta (Δ), qui est attaché supérieurement à la partie externe du bord antérieur de la clavicule, et vient se fixer à la partie moyenne et externe de l'humérus : il élève le bras ou abaisse l'épaule, suivant le sens dans lequel il agit;— en Botanique, aux feuilles qui sont épaisses, à trois faces, amincies aux deux bouts, et dont la coupe transversale ressemble à un delta; — en Entomologie, à une tribu de la famille des Lépidoptères nocturnes dont les ailes forment, avec le corselet, sur les côtés duquel elles s'élèvent, une sorte de *delta*.

DÉLUGE (en latin *diluvium*, de *diluo*, laver, noyer). Ce mot, qui s'applique à toute inondation extraordinaire, désigne proprement l'inondation qui, selon la Bible et la tradition de tous les peuples, a couvert la totalité de la surface terrestre, et fait périr tout le genre humain, à l'exception d'une seule famille. *Voy.* DÉLUGE au *Dict. univ. d'Hist. et de G.*

La science géologique, confirmant la tradition universelle du déluge, a mis hors de doute que le globe a subi plusieurs grands cataclysmes, et que pendant les périodes primitives, le niveau des océans a dépassé la hauteur des montagnes secondaires. Partout, en effet, on retrouve les sédiments des eaux. Les terrains formés par ces sédiments ont reçu le nom de *terrains diluviens. Voy.* DILUVIUM.

DÉMAGOGIE (du grec *démos*, peuple, *agó*, conduire). Ce mot, qui, dans son acception primitive, signifiait l'art de gouverner le peuple, ne se prend plus qu'en mauvaise part pour désigner le funeste talent de soulever les passions populaires. Les Cléon et les Hyperbolus à Athènes, les Apuléius Saturninus, les Gracques et les Marius, à Rome; les Marat, les Couthon, les Saint-Just, les Robespierre, les Babeuf, en France, ont été flétris dans l'histoire du nom de *démagogues.*

DÉMANCHEMENT, nom donné, en Musique, à l'action de changer la position naturelle ou les premières positions de la main sur le manche du violon, de l'alto, du violoncelle, etc., pour varier l'intensité des sons ou pour faciliter l'exécution d'un passage.

DEMANDE. En Jurisprudence, ce mot s'emploie généralement comme synonyme d'*action;* mais il se dit spécialement de l'acte par lequel le demandeur pose ses *conclusions. Voy.* ce mot.

On appelle *demandeur*, celui qui intente l'action, par opposition au *défendeur*, qui y résiste.

DÉMANGEAISON, léger prurit. *Voy.* PRURIT.

DÉMARRAGE (de la préposition *de*, et *amarre*), action de retirer les amarres d'un bâtiment, pour déplacer ce bâtiment, pour l'appareiller ou le réamarrer ailleurs. Le démarrage est souvent dû à la force du vent ou à l'état de la mer, qui fait rompre les amarres et fait chasser le navire sur ses ancres.

DÉMÉNAGEMENT. Aucun déménagement ne peut avoir lieu sans que le locataire se soit acquitté envers le propriétaire ou envers celui dont il tient la location. A défaut de payement, le propriétaire peut retenir les meubles; mais il doit se pourvoir en justice pour obtenir l'autorisation de les vendre. Toutefois, il ne peut saisir les objets les plus nécessaires, tels que le coucher, les vêtements et les outils indispensables à la profession du saisi.

DÉMENCE (de la partic. priv. *de*, et de *mens*, raison), sorte d'aliénation mentale qui consiste dans l'oblitération plus ou moins complète des facultés intellectuelles et l'incohérence des idées et des actions; elle diffère de l'idiotie en ce qu'elle est accidentelle, tandis que l'idiotie est ordinairement congéniale. Elle s'observe surtout chez les vieillards, et prend alors le nom de *D. sénile;* elle succède aussi quelquefois à la manie ou à la monomanie. Ses causes ordinaires sont les affections cérébrales, l'apoplexie, l'épilepsie, les excès de tout genre et les habitudes solitaires; elle est presque toujours incurable.

31

DÉMÉRITE. *Voy.* MÉRITE.

DEMEURE (du latin *demorari*, même signification). En Droit, ce mot est synonyme de *retardement* et s'entend du temps qui court au delà du terme auquel on devait satisfaire à une obligation. Dans ce sens, on dit : *constituer quelqu'un en demeure*, pour constater son retard et le sommer de donner satisfaction. Le débiteur est *mis en demeure* de satisfaire à son obligation, après qu'elle est échue, ou par une sommation ou autre acte équivalent, ou par l'effet de la loi ou de la convention (Code civil, art. 1139 et 1146). — On dit qu'*Il y a péril en la demeure* lorsque le moindre retard peut causer du préjudice. Cette locution de palais a passé dans le langage usuel, et se dit à propos de toute affaire pressée, de toute circonstance urgente, où il n'y a pas un instant à perdre.

DEMI-BEC, *Hemiramphus*, sous-genre de Brochets, famille des Esoces, renferme des poissons des mers tropicales, caractérisés par leur mâchoire inférieure qui se prolonge sans dents au delà de la supérieure, en forme de demi-bec. Leur chair, quoique huileuse, est assez agréable.

DEMI-BRIGADE, nom donné de 1793 à 1805 aux régiments français d'infanterie et d'artillerie. *Voy.* BRIGADE.

DEMI-COURONNE. *Voy.* COURONNE et CROWN.

DEMI-FLEURON, se dit en Botanique de la disposition des fleurs des Composées dans laquelle le limbe de la corolle se termine par une lame unilatérale et dentée. Tournefort appelait *Demi-flosculeuses* les plantes dont la corolle offre des demi-fleurons.

DEMI-LUNE, ouvrage de fortification qui présente vers la campagne un angle flanqué, saillant, formé de deux faces et surmonté d'une guérite. Cet angle, rectiligne dans l'origine, a été depuis arrondi. L'invention des demi-lunes, qu'on appelait autrefois *ravelins*, est attribuée aux Hollandais. Vauban et Cormontaigne les ont perfectionnées.

DEMI-MÉTAUX, nom donné par les anciens chimistes aux métaux cassants, et qui n'ont pas les propriétés regardées alors comme essentielles, la conductibilité, la malléabilité, etc. Tels sont l'arsenic, l'antimoine, le bismuth, le cobalt, le manganèse, le mercure, le nickel, le tungstène, le molybdène.

DEMI-PALME, se dit, en Histoire naturelle, des pieds des oiseaux lorsque la membrane qui les unit entre eux ne s'étend que jusqu'à la seconde phalange.

DEMI-PAUSE, DEMI-SOUPIR, signes de notation musicale. *Voy.* SILENCE, SOUPIR.

DEMI-TEINTE, se dit, en Peinture, d'un ton de couleur moyenne entre la lumière et l'ombre. — En Gravure, il indique le passage des clairs aux ombres.

DEMI-TON, un des degrés de l'échelle musicale, est le plus petit des intervalles appréciables à l'oreille qui soit employé dans la musique. On nomme *demi-ton majeur* la différence de la tierce majeure à la quarte; *demi-ton mineur*, la différence de la tierce mineure à la tierce majeure.

DEMIURGE (du grec *démiourgos*, artisan), nom que les Platoniciens donnaient au créateur du monde. Suivant quelques sectes, le Démiurge est un intermédiaire entre l'Être suprême et la créature.

DÉMOCRATIE (du grec *démos*, peuple, et *cratos*, puissance), forme de gouvernement dans laquelle le peuple possède la souveraineté : on l'oppose à la *monarchie* et à l'*aristocratie*. Le gouvernement démocratique implique l'égalité civile et politique, et l'absence de tout privilège; le nombre seul y fait loi. Toute démocratie est essentiellement républicaine. Dans les républiques peu nombreuses de l'antiquité, comme Athènes et Rome, le peuple pouvait prendre une part directe à la décision des affaires; dans les pays si peuplés des temps modernes, il ne peut guère exercer sa souveraineté que par les suffrages donnés dans les élections. Les Pays-Bas, au XVIe siècle, la

Suisse, les États-Unis d'Amérique, la France, sous la 1re République et depuis 1848, offrent des exemples de *démocraties*. On peut consulter : *De la Démocratie nouvelle*, par Ed. Alletz, et *De la Démocratie en Amérique*, par M. Al. de Tocqueville, 1838–40.

DEMOISELLE, plus anciennement *Damoiselle* (diminutif de *dame*), se disait autrefois d'une fille née de parents nobles. Au XIIe siècle, la qualification de *demoiselle* était propre aux femmes d'écuyers; celles de chevaliers portaient le titre de *dames*. Jusqu'au XVIIe, les femmes nobles portèrent seules le titre de *dames;* les femmes de la bourgeoisie portaient alors le nom de *demoiselles. Voy.* MADEMOISELLE.

En Histoire naturelle, on donne vulgairement le nom de *Demoiselles* aux insectes du genre *Libellule;* à plusieurs poissons, tels que le Marteau, la Donzelle; à divers oiseaux, tels que la Mésange à longue queue, le Troupiale doré, etc. — La *Demoiselle de Numidie* une espèce du genre Grue, au cou noir, au corps gris bleuâtre, avec deux faisceaux blanchâtres sur les côtés du cou; on la trouve en Afrique.

Le mot *demoiselle* a encore un grand nombre d'acceptions bien connues dans les arts. Pour l'instrument de ce nom employé par les paveurs, *Voy.* HIE.

DÉMON (en grec *daimôn*). Ce mot, qui, chez nous, ne se prend qu'en mauvaise part, signifiait, chez les anciens, *Génie*, être invisible qui présidait aux actes des hommes, les conseillait, et veillait sur eux. Les démons étaient supérieurs à l'homme, et participaient de la nature divine. — Le *Démon de Socrate* est célèbre : ce philosophe soutenait qu'un génie particulier le détournait du vice, lui donnait, par une espèce de seconde vue, la connaissance de faits éloignés, et l'avertissait quand ses amis formaient des entreprises inconsidérées. On peut lire sur ce sujet les *Dialogues* de Platon, surtout le *Théagès*.

Les Chrétiens appellent *démons* des anges qui furent infidèles à Dieu et se perdirent par leur orgueil et leur ambition. Ils furent précipités dans l'enfer : Satan est leur chef. L'occupation continuelle des démons est, d'après les théologiens, de causer la mort, les guerres, les infirmités, la stérilité, les orages et tous les maux; mais surtout de tenter les hommes. Ce pouvoir doit durer jusqu'à la fin du monde.

Chaque nation a eu ses démons : la plupart sont plus connus sous le nom de *Génies. Voy.* ce mot.

DÉMONOMANIE, monomanie dans laquelle le malade croit être possédé du démon. Cette monomanie est due à l'altération ou à l'exaltation des organes du cerveau. L'âge du plus grand nombre de ces possédés est de trente à cinquante ans. Les femmes sont plus sujettes à la démonomanie que les hommes. — J. Bodin a publié, sous le titre de *Démonomanie*, un livre curieux où il traite des démons et des sorciers.

DÉMONSTRATIF (GENRE). *V.* ÉLOQUENCE et GENRE.

DÉMONSTRATION. Ce mot s'emploie surtout dans les Sciences pour exprimer l'ensemble des raisonnements par lesquels on établit d'une manière péremptoire la vérité d'un fait, d'une proposition. On distingue : *Démonstration à priori*, qui se tire d'une chose préexistante à celle qu'on veut prouver, ou de l'essence même de la chose (comme la démonstration de l'existence de Dieu par l'idée même que nous en avons); *D. à posteriori*, que l'on tire d'une chose postérieure à celle qu'il s'agit de prouver, des effets de la chose à démontrer (comme la démonstration d'un Dieu par l'ordre de l'univers); *D. synthétique*, qui part d'axiomes ou de vérités générales déjà démontrées, pour en déduire quelque vérité particulière, comme dans le syllogisme; *D. analytique*, méthode de raisonnement qui tantôt ramène une proposition à ses éléments pour la faire dépendre d'une autre proposition déjà démontrée ou évidente par elle-même, tantôt fait regarder comme vraie la chose en question, et tire de cette hypothèse des conséquences successives, jusqu'à ce qu'on soit arrivé à un résultat évidemment vrai ou évidemment faux ; c'est ce qu'on fait en algèbre.

DENDRELLE (du grec *dendron*, arbre), genre d'Infusoires au corps conique, s'ouvrant antérieurement en un orifice dépourvu de cirrhes et terminé postérieurement par un pédicule ramifié. Les Dendrelles vivent en parasites sur les Conferves, les Cératophylles et autres plantes aquatiques.

DENDRITE (du grec *dendron*, arbre). Tantôt ce mot est synonyme d'*Arborisation* (*Voy.* ce mot) ; tantôt il désigne les arbres fossiles. — On donne l'épithète de *Dendritique* à tout ce qui a la forme d'arbre ou d'arbuste, ou qui offre des arborisations.

DENDROLITHE (du grec *dendron*, arbre, et *lithos*, pierre), arbre fossile. *Voy.* FOSSILE.

DENDROLOGIE (du grec *dendron*, arbre, et *logos*, discours), partie de l'Histoire naturelle qui s'occupe de la science des arbres.

DENDROPHAGE (du grec *dendron*, arbre, et *phagô*, manger), nom donné aux insectes qui habitent dans l'écorce et le tissu des arbres, et qui se nourrissent de la matière du bois.

DENDROPHIDE (du grec *dendron*, arbre, et *ophis*, couleuvre), *Dendrophis*, genre de reptiles Ophidiens de la famille des Couleuvres, se distingue des Couleuvres proprement dites par un corps légèrement comprimé, des écailles lisses, fort allongées, inclinées en arrière, offrant sur le dos des chevrons composés d'écailles quadrilatérales et étroites. Les Dendrophides ont le museau arrondi, les yeux grands, à fleur de tête, la pupille circulaire, la tête revêtue de grandes plaques. Ces serpents ont souvent plus d'un mètre. On les trouve en Asie et en Afrique, où ils habitent sur les *arbres* : d'où leur nom.

DÉNI DE JUSTICE, refus fait par le juge de rendre la justice. — D'après la loi française, il y a déni de justice même lorsqu'un juge, sous prétexte du silence, de l'obscurité ou de l'insuffisance de la loi, refuse de rendre la justice ; et, dans ce cas, il est puni d'une amende de 200 à 500 fr. et de l'interdiction de l'exercice des fonctions publiques depuis 5 jusqu'à 20 ans (Code pénal, art. 185).

DENIER (du latin *denarius*, dixième), petite pièce de monnaie dont la valeur a varié suivant les lieux et les temps. Chez les Romains, c'était une pièce d'argent, marquée d'un X, qui valut 10 as, puis 16 : il y eut 84 deniers à la livre jusqu'à Auguste, et 96 postérieurement. Le denier valut d'abord 82 cent., puis 72.

Introduit par les Romains dans les Gaules, le denier contint 21 grains d'argent sous les rois de la première race, et même de 28 à 30 grains sous les premiers rois de la deuxième race ; mais peu à peu, il diminua de valeur par une addition de cuivre de plus en plus forte, et finit par perdre toute valeur, même comme monnaie de cuivre.

Les premiers deniers de cuivre pur furent frappés sous Philippe Ier : ils valaient la 12e partie d'un sou du temps. On appelait *D. tournois* ceux qui étaient frappés par l'archevêque de Tours ; et *D. parisis*, ceux qui étaient frappés à Paris par l'ordre du roi : ces derniers valaient un quart de plus. Il y avait encore les *D. toulousains* ou *tolza*, les *D. viennois*, les *D. toulois*, etc. ; les *D. de gros*, monnaie de compte qui valait la moitié d'un sou ; les *D. de poids de marc*, tiers du gros ou 24e de l'once, etc.

On trouve souvent aussi le nom de *denier* appliqué à une monnaie d'or sous les rois de la troisième race. Il est alors synonyme de *florin*. *Voy.* ce mot.

Le mot *denier* s'employait encore : pour exprimer le taux de l'intérêt de l'argent par le rapprochement du nombre de deniers qu'il faudrait donner en capital pour obtenir un denier de bénéfice à titre d'intérêt : ainsi, prêter *au denier vingt*, c'était recevoir un denier d'intérêt pour 20 deniers de capital prêtés ; prêter *au denier dix*, *au denier huit*, c'était recevoir un denier pour 10, pour 8 deniers

prêtés ; le *denier vingt* représente cinq pour cent : c'est le seul taux légal ; — pour désigner certaines sommes prélevées comme taxes, impôts, droits de tout genre, telles que le *centième denier*, les *deniers d'octroi*, les *deniers royaux*, le *denier de César* (contribution qui obligeait chaque chef de famille à payer au roi trois deniers par an) ; le *denier de Saint-Pierre*, ou *Romescot* (imposition établie pour la première fois en Angleterre en 740, pour être remise au pape comme offrande ou comme redevance, et depuis introduite en France, en Allemagne, etc.).

En termes de Monnayage, on nomme *denier de poids*, ou simplement *denier*, 24 grains ou la 785e partie du kilogr. ; *denier de fin* ou *de loi*, le degré de pureté de l'argent, ou, plus exactement, chacune des parties de fin contenue dans une quantité d'argent quelconque qu'on suppose alors divisée en 12 parties égales.

Dans les Comptes, le *fort denier* est la fraction qu'on ne peut payer effectivement qu'avec une pièce de monnaie plus forte, et qui profite à celui qui reçoit : ainsi 99 centimes ne peuvent se payer qu'avec 1 fr. ; le centime d'excédant forme ici le *fort denier*.

Autrefois, on appelait *denier à Dieu* une légère contribution qui se payait sur tous les marchés ou engagements, pour être employée à quelque acte pieux et surtout au soulagement des pauvres. Plus tard, on préleva une partie de cette taxe pour les réparations des ponts et des chaussées. — Aujourd'hui, on entend par *denier à Dieu* la pièce d'argent qu'il est d'usage de donner au concierge d'une maison lorsqu'on loue, ainsi qu'au domestique qu'on veut arrêter : cette pièce d'argent tient lieu de contrat entre les parties, et, passé le délai de vingt-quatre heures, l'engagement dont il est le signe est considéré comme définitif. La quotité du *denier à Dieu* varie selon l'importance des locations.

DÉNIZATION (LETTRES DE). On appelle ainsi en Angleterre des lettres royales en vertu desquelles un *denizen*, ou étranger, qui a formé le dessein de résider en Angleterre, obtient le premier degré de naturalisation. Ces lettres lui donnent le droit de recueillir des héritages et d'acquérir des propriétés : elles permettent à un ecclésiastique étranger de posséder des bénéfices en Angleterre. La dénization ne fait pas perdre la qualité de Français.

DÉNOMBREMENT, recensement de la population d'un pays. Chez les anciens, les Égyptiens et les Hébreux avaient l'habitude de faire de fréquents dénombrements : on cite surtout chez ces derniers le dénombrement de Moïse avant la sortie d'Égypte, et celui de David. A Rome, le dénombrement, *cens* ou *lustre* (*lustrum*), fut institué par Servius Tullius ; il avait lieu tous les cinq ans. — Chez les peuples modernes, la dénomination de *recensement* est plus usitée.

DÉNOMBREMENT (en Droit féodal). *Voy.* AVEU.

DÉNOMINATEUR, se dit, en Arithmétique et en Algèbre, de celui des deux nombres d'une fraction qui indique en combien de parties l'unité est divisée, qui *dénomme* l'espèce de ces parties ; on l'écrit au-dessous de l'autre nombre, dit *numérateur* en l'en séparant par un trait. Dans $\frac{3}{4}$, par exemple, 4 est le dénominateur de la fraction. — Dans les fractions décimales, le dénominateur n'est jamais exprimé en chiffres : c'est toujours le nombre décimal du rang immédiatement supérieur au dernier chiffre énoncé.

La *réduction des fractions au même dénominateur* s'effectue, pour deux fractions, en multipliant les deux termes de chacune d'elles par le dénominateur de l'autre, et, pour plusieurs fractions, en multipliant les deux termes de chaque fraction par le produit des dénominateurs de toutes les autres.

DÉNONCIATION, nom donné, en Droit criminel, à la révélation qu'on fait spontanément à la justice d'un crime ou d'un délit, dans un but d'intérêt public ; il faut bien se garder de confondre *dénonciation* et *délation* (*Voy.* ce mot). D'après la loi, quiconque a été témoin d'un attentat contre la sûreté publique, contre la vie ou la propriété d'un individu, est tenu d'en donner avis sur-le-champ au procureur de la République ou à ses auxiliaires, tels que juges de paix, commissaires de police, officiers de gendarmerie, etc. (Code d'Instr., art. 30). — Dans le cas de *dénonciation calomnieuse* faite par écrit, l'accusé acquitté peut obtenir des dommages contre ses dénonciateurs (Code pénal, art. 373).

On distingue la *D. civique* ou *officieuse*, faite par tout citoyen désintéressé; la *D. officielle* ou *salariée*, qui appartient aux officiers de police.

En Procédure civile, la *dénonciation* est la signification faite à quelqu'un de certaines procédures dans lesquelles il n'est pas partie.

DÉNOUMENT, se dit, en Littérature, du point où aboutit et se résout une intrigue épique ou dramatique. La cessation de la colère d'Achille fait le dénoûment de l'*Iliade*; la mort de Turnus, celui de l'*Énéide*; la mort de Pompée, celui de la *Pharsale*. Au théâtre, le dénoûment doit être amené avec plus d'art, car c'est de lui surtout que dépend le succès d'une pièce. Il sera d'autant plus intéressant, qu'il démêlera le nœud de l'action d'une manière plus imprévue : tel est le dénoûment de *Rodogune*. De tous les moyens d'amener le dénoûment, le plus favorable est la *reconnaissance*; malheureusement, l'abus qu'on en a fait l'a rendu trop commun. Il faut aussi citer le *merveilleux* (*Deus ex machinâ*), dont les anciens faisaient un fréquent usage, et que Corneille et Racine ont employé fort habilement dans *Polyeucte* et dans *Athalie*.

DENRÉE (du vieux mot *denerée* ou *denierée*, c.-à-d. chose acquise moyennant *denier* ou argent), nom donné à toutes les productions de la terre et en général aux marchandises qui entrent dans la consommation.

On entend par *Denrées coloniales* le café, le sucre de canne, le cacao, le poivre, le gingembre, les confitures des îles, la mélasse, le coton, l'indigo, le roucou et la casse, et autres productions qui proviennent exclusivement des colonies.

DENSITÉ (du latin *densus*, dense), ou *Pesanteur spécifique*, se dit, en Physique, du rapport de la masse d'un corps à son volume. C'est la quantité plus ou moins grande de matière pesante que les corps contiennent sous un même volume. On rapporte les densités des corps à un terme de comparaison convenu, qui est l'*eau* pour les solides et les liquides, et l'*air* pour les gaz et les vapeurs.

La densité des liquides et des solides se détermine à l'aide du *flacon bouché*, des *aréomètres*, ou de la *balance hydrostatique*. Le premier procédé est le plus simple : on prend un flacon bouché à l'émeri; on le pèse d'abord vide, puis on le remplit d'eau, et on le pèse de nouveau; enfin, on le remplit avec le liquide dont on veut connaître la densité, et on le pèse encore une fois. Si, par ex., le flacon pèse, vide, 56,916 gr., et, plein d'eau, 84,66 gr., le poids de l'eau sera de 27,744 gr.; si, rempli d'acide sulfurique, il pèse 107,142 gr., cela fera, pour le poids de l'acide sulfurique, gr. 50,226. La proportion 27,744 : 50,226 :: 1 : *x* donnera la densité de l'acide sulfurique, ou 1,81. — Pour prendre la densité d'un corps solide au moyen du même flacon, on se base sur ce principe d'Archimède, qu'un corps plongé dans un liquide perd de son poids égal à celui du volume du liquide déplacé : on prend le poids du corps dans l'air et le poids du flacon plein d'eau; introduisant alors le corps dans le flacon, on pèse de nouveau. On trouve ainsi que le nouveau poids est moindre que les poids réunis du flacon, de l'eau et du corps; la différence est le poids du volume d'eau déplacé. Si, par exemple, on trouve que le corps pèse 12,25 et l'eau sortie 1,68, la densité du corps sera égale à 12,25 :

1,68, ou 7,29. — Pour prendre la densité des gaz, on pèse successivement un ballon vide, puis plein d'air, et enfin plein de gaz. Il faut tenir compte, dans cette opération, de la température du gaz et de sa force élastique, à moins d'opérer assez rapidement pour que la température et la force élastique soient les mêmes que celles de l'air. Quand on connaît la densité d'un gaz par rapport à l'air, il est aisé de savoir ce qu'elle est par rapport à l'eau : il suffit de diviser par 773 le nombre qui représente la densité.

Pour les deux autres moyens de mesurer la densité, *Voy.* ARÉOMÈTRE et BALANCE HYDROSTATIQUE.

Les corps les plus denses sont le platine, l'or, le mercure; les huiles sont moins denses que l'eau. Les gaz sont les corps les plus légers; le gaz hydrogène est le corps le plus léger qu'on connaisse.

DENT (en latin *dens*). Dans l'homme et les Mammifères, les dents garnissent le bord antérieur de chaque mâchoire. Chaque dent se compose d'une *couronne* qui fait saillie en dehors, d'une *racine* implantée dans une cavité appelée *alvéole*, et d'un *collet* ou *col*, qui sépare la racine de la couronne. Quant à la matière elle-même de la dent, on y distingue : 1° une partie intérieure (*pulpe* ou *noyau*), molle, gélatineuse, pourvue de vaisseaux et de nerfs, qui est l'organe sécréteur de la dent et le siège des douleurs si vives qu'on y éprouve; 2° une partie intermédiaire, dite *ivoire*, dont la texture est très-dense, sans aréoles ni cellules : elle présente une disposition lamelleuse et une cavité qu'occupe le centre de la couronne, et qui va en se rétrécissant jusqu'au sommet ouvert de la racine; l'analyse chimique montre cette partie composée de phosphate et de fluate de chaux, de carbonate de magnésie, de soude et de chlorure de sodium; indépendamment des cartilages et des vaisseaux; 3° l'*émail*, qui recouvre l'ivoire, de consistance cartilagineuse, d'un blanc mat; il est peu adhérent à l'ivoire tant que la dent n'a point percé la gencive; il acquiert, au contraire, une très-grande dureté et adhère intimement à l'ivoire dès qu'il a éprouvé l'action de l'air et de la salive.

Dans les Mammifères, les dents sont de trois sortes : sur le devant, les *incisives*, qui servent à couper; sur les côtés, les *canines* ou *laniaires*, qui percent et déchirent les aliments; au fond de la bouche, les *molaires*, qui servent à les broyer. Dans les *herbivores*, les molaires ont la couronne large et aplatie; dans les *frugivores*, la couronne est couverte de tubercules mousses, arrondis; dans les *carnivores*, elle présente des tubercules tranchants; dans les *insectivores*, enfin, elle est hérissée de pointes coniques s'emboîtant les unes dans les autres. — Le nombre des dents varie comme leur forme et fournit au zoologiste des caractères distinctifs; certains animaux n'en ont pas : tels sont les fourmiliers, les pangolins, les échidnés (qui ont reçu de là le nom d'*édentés*); les baleines, les oiseaux, les tortues et quelques poissons; d'autres n'ont que des *molaires*, comme les tatous; d'autres des *incisives* et des *molaires* seulement, comme les rongeurs; d'autres enfin ont, comme l'homme, les trois sortes de dents : tels sont les singes, les carnassiers, les ruminants sans cornes et les pachydermes. — La place des dents varie aussi quelquefois : par exemple, dans les Crustacés, les Articulés, les Mollusques, elles sont souvent placées dans l'estomac ou dans l'intérieur des voies digestives.

Le nombre des dents dans l'homme est de 32, savoir : 8 incisives sur le devant, dont 4 à chaque mâchoire; 4 canines, une à chaque coin (celles de la mâchoire supérieure prennent le nom d'*œillères*, ou *dents de l'œil*); 8 fausses molaires, dites aussi petites molaires, dont 2 à chacun des côtés des mâchoires, et 12 molaires, dont 3 à chaque extrémité des mâchoires : les 4 dernières molaires, qui ne viennent que très-tard, sont appelées *dents de sagesse*.

Par opposition, on appelle *dents de lait* les premières dents des enfants, qui, vers l'âge de 7 ans, commencent à faire place aux dents permanentes.—Pour le développement des dents, *Voy.* DENTITION.

Dents barrées, molaires dont les racines sont tortues ou croisées, de sorte qu'on ne peut les arracher sans fracturer l'arcade alvéolaire.

Maux de dents. Voy. ODONTALGIE et CARIE.

En Ornithologie, on nomme *dents* les saillies ou dentelures dont est pourvu le bec de plusieurs oiseaux.

En Botanique, on donne ce nom aux petites divisions du bord des calices d'une seule pièce; aux pièces dans lesquelles un péricarpe valvaire se divise à l'époque de la maturité; aux parties saillantes du bord de certaines feuilles, etc.

On nomme vulgairement *Dent de chien* ou *Cynodon*, l'Érythrone; *D. de lion*, le Taraxacum ou Pissenlit.

DENT DE LOUP, nom donné aux canines du loup ou du chien dont se servent les brunisseurs, les bijoutiers, les relieurs, etc., pour polir leurs ouvrages. On les assujettit au bout d'un manche.

DENT DE NARVAL. *Voy.* NARVAL.

DENTAIRE (de *dent*), *Dentaria*, genre de la famille des Crucifères, renferme des plantes à racines tubéreuses, dentées par des écailles. Ce sont des herbes à feuilles alternes, à fleurs en corymbes ou en grappes terminales, blanches ou violacées. On les trouve dans l'Amérique du Nord, l'Asie septentrionale et les Alpes. Elles sont carminatives et vulnéraires.

DENTALE (de *dent*), *Dentalium*, genre de Mollusques scutibranches, placé autrefois parmi les Annélides, et dont la coquille est un cône allongé, arqué, ouvert aux deux bouts, univalve. Cet animal porte en avant un tube membraneux renfermant un opercule charnu et conique; sur la base du pied est une tête petite et aplatie, et sur la nuque, des branchies. Les Dentales se rencontrent sur les côtes des mers des pays chauds, et vivent enfouis dans la vase.

DENTALES (CONSONNES), consonnes qu'on ne peut prononcer sans que la langue presse les dents : telles sont D et T.

DENTE (de *dent*), nom donné, en Zoologie et en Botanique, aux parties des plantes et aux organes des animaux dont les bords sont garnis de pointes saillantes comme des dents.—Poisson. *Voy.* DENTEX.

DENTELAIRE (l'espèce type était employée contre les maux de dents), *Plumbago*, genre de la famille des Plombaginées, est composé de plantes herbacées ou ligneuses, à feuilles embrassant la tige, à fleurs en épis terminaux, de couleur rose, blanche ou bleue. L'espèce la plus connue est la *D. d'Europe* (Pl. *europœa*), qui croît dans le Midi de la France. C'est une plante d'environ 65 cent., à tige droite, cannelée et rameuse; aux feuilles ovales, ondulées, velues; aux fleurs en corymbes. Cette plante est très-âcre, et sa racine est employée comme détersive et émétique. On l'emploie aussi contre la gale et les maux de dents. Le nom latin *Plumbago* est la traduction du grec *Molybdœna*, plante que l'on a supposée appartenir au genre *Dentelaire*.

DENTELLE, tissu léger et à jour, orné de fleurs ou dessins, et à bords *dentelés*, que l'on fait à la main et au fuseau, avec du fil de lin, de la soie, ou des fils d'or, d'argent, etc. La dentelle en fil de lin est la *dentelle* proprement dite : c'est la plus belle et la plus chère; on y emploie un très-beau fil qui coûte, selon sa finesse et sa perfection, de 100 à 3,000 fr. le demi-kilogr. La dentelle en fil de soie se fait avec de la soie de qualité inférieure et s'appelle *blonde* (*Voy.* ce mot); les *dentelles noires* sont en fil de soie noir. La dentelle en fil d'or et d'argent sert pour les ornements d'église et les décorations : c'est la moins estimée. — Le *métier à dentelle* n'est autre chose qu'un coussin formé d'une planchette rembourrée, qui se place sur les genoux de l'ouvrière : on *pique* avec des épingles un dessin tracé sur vélin et qui re-

présente la dentelle, puis, en revêtant les contours des épingles avec des fils de diverses espèces que l'ouvrière tient au moyen de nombreux fuseaux, on reproduit le dessin, et la dentelle se fait à mesure, tout autour.

Les diverses espèces de dentelles se distinguent soit par la nature du travail qu'elles exigent, comme le *réseau*, la *bride*, les *grandes* et les *petites fleurs*, soit par les localités d'où elles viennent. Les plus belles se fabriquent à Bruxelles; viennent ensuite les points de Malines et de Valenciennes, le point d'Alençon, le point d'Angleterre, celui de Venise, les blondes et dentelles noires de Chantilly, etc.

On ne sait guère à quelle époque ni dans quels lieux on a fabriqué pour la première fois de la dentelle; mais c'est de Belgique que cet art nous est venu. Avant le XVIIe siècle on ne confectionnait encore que des dentelles grossières et qui ne servaient qu'à orner les vêtements d'église. En 1666, Colbert fonda à Alençon, sous la direction de la dame Gilbert, la première manufacture de dentelles dites *point d'Alençon* : c'est cet établissement qui a donné naissance aux nombreuses fabriques qui se sont depuis élevées sur divers points du territoire. Aujourd'hui cette industrie s'est beaucoup perfectionnée en France, notamment en Normandie et en Picardie. — On a essayé plusieurs fois de faire de la dentelle à la mécanique; mais ces essais n'ont pas encore pu faire abandonner le métier à la main.

On appelle *Application, Application sur dentelle*, des fleurs ou autres ornements que l'on *applique* sur la dentelle, en les y cousant habilement après les avoir brodés à part.

DENTELLE DE MER, nom vulgaire de plusieurs espèces de coquilles appartenant aux genres *Millépore*, *Eschare* et *Flustre*.

DENTELLE DE VÉNUS, nom vulgaire de la Coquille dite *Anadyomena flabellata*.

DENTEX ou DENTÉ, genre de poissons Acanthoptérygiens, de la famille des Sparoïdes, est caractérisé par des dents coniques, un corps comprimé, une tête grande, des pectorales longues et pointues, et par les rayons de leur dorsale cachés entre les écailles du dos. Ces poissons vivent en troupes dans toutes les mers. Le *D. vulgaire* est argenté et bleuâtre sur le dos. Il atteint 1 mètre de long, et est assez recherché pour sa chair. Sur les bords de la Méditerranée, on en fait des salaisons.

DENTICULÉ, se dit, en Botanique, des parties des plantes qui sont garnies sur leurs bords de dents très-petites, comme les feuilles de la laitue.

DENTIER, série de dents artificielles montées sur une seule pièce. On distingue des *dentiers simples*, disposés de manière à représenter exactement une des arcades dentaires; des *dentiers doubles*, assemblage de deux arcades dentaires, l'une supérieure, l'autre inférieure, unies ensemble à leurs extrémités au moyen de ressorts, et s'adaptant aux arcades alvéolaires complétement dépourvues de dents. On les nomme aussi *râteliers*.

DENTIFRICE (du latin *dens*, dent, et *fricare*, frotter), nom donné aux diverses préparations dont on se sert pour nettoyer les dents et faire disparaître le *tartre* qui se dépose à leur surface. Il faut se mettre en garde contre les poudres calcaires (corail, os de seiche, etc.), qui ont pour effet de rayer et même d'user l'émail des dents, et contre les substances acides, dont l'action est encore plus pernicieuse. Un des meilleurs dentifrices, et en même temps un des plus simples, est la poudre composée de parties égales de charbon porphyrisé, de quinquina et de crème de tartre.

DENTIROSTRES (du latin *dens*, dent, et *rostrum*, bec), famille de l'ordre des Passereaux, comprend ceux qui ont le bec échancré au bout ou dentelé dans toute sa longueur. Tels sont : les *Pies-grièches*, les *Gobe-mouches*, les *Merles*, les *Grives*, les *Fourmiliers*, les *Martins*, les *Choquards*, les *Loriots*, les

Becs-fins, les *Fauvettes*, les *Roitelets*, les *Bergeronnettes*, etc. La plupart sont insectivores.

DENTISTE. Pour exercer convenablement cet art, il faut joindre à des études d'anatomie et de chirurgie une grande dextérité de la main, et même, aujourd'hui, une certaine pratique de la mécanique. Outre les conseils hygiéniques qu'ils ont à donner pour la conservation des dents, et les prescriptions thérapeutiques ayant pour objet le traitement des maladies dont les dents peuvent être le siége, les dentistes ont à pratiquer plusieurs opérations, dont les principales sont le *limage*, la *cautérisation*, le *plombage*, l'*extraction* ou arrachement, enfin le remplacement de la dent ou *prothèse*. Cette dernière partie de l'art a fait de grands progrès, surtout depuis 1814. Pendant longtemps, on ne sut remplacer les dents qui manquaient que par des dents d'individus morts ou par des dents extraites d'individus vivants et transplantées immédiatement; mais on a presque partout renoncé à ces moyens cruels ou dégoûtants pour adopter l'usage des dents artificielles. L'on fabrique aujourd'hui des dents artificielles incorruptibles, composées de pâte et d'émail à porcelaine mélangés avec divers oxydes métalliques; ces dents, montées et soudées sur des plaques de platine, sont d'une durée indéfinie. On fabrique aussi avec des fragments de dents d'hippopotame des dents inaltérables et qui imitent parfaitement la couleur de la dent humaine. Le plus souvent, on assujettit les fausses dents au moyen de crochets, de ligatures, de ressorts, de pivots enfoncés dans la racine des dents; mais ces divers moyens ont l'inconvénient d'être ou peu solides, ou douloureux, ou du moins gênants : une invention récente, celle des dents *à succion*, dites *osanores*, qui s'enlèvent et se replacent à volonté, obvie à la plupart de ces défauts (*Voy.* OSANORES). Parmi les nombreux auteurs qui ont écrit sur l'art du dentiste, il suffira de citer : Jourdain (*Éléments d'odontalgie*, 1756; *Formation des dents*, 1766; *Maladies de la bouche*, 1778); Fauchard (*le Chirurgien dentiste*, 1786); Botot (*Soins nécessaires pour la propreté de la bouche*, 1786); Dubois de Chemant (*Dents et râteliers artificiels*, 1789); Delabarre (*Histoire des dents*, 1806); Duval (*Recherches historiques sur l'art du dentiste*, 1808); J. Lemaire (*Traité sur les dents*, 1822); Marmoul (*l'Odontechnie*, poëme en 4 chants, 1825); Désirabode (*l'Art du dentiste*, 1845).

DENTITION. On nomme ainsi l'ensemble des phénomènes qui ont lieu pendant les diverses périodes de la formation des dents. Les dents se forment dans de très-petites vésicules membraneuses, qu'on nomme *follicules*, arrondies, fermées de toutes parts et qui adhèrent beaucoup aux gencives. Il s'élève du fond de ces follicules un petit corps rougeâtre et mou, nommé *germe* ou *pulpe dentaire*. La dent distend son follicule et la gencive, perce cette dernière et se montre à nu sur le rebord alvéolaire. Cette *première dentition* ou éruption des *dents de lait* (dents primitives, dents temporaires ou de remplacement), commence vers l'âge de six mois, et se termine à 3 ans environ. La chute des dents de lait arrive vers l'âge de 7 ans, et annonce la *seconde dentition* (dents permanentes), qui a lieu dans le même ordre et de la même manière que la précédente, et qui est complète de 18 à 25 ans. Plus tard encore surviennent les *dents de sagesse*, qui garnissent le fond de la bouche. Il est quelques enfants qui naissent avec 1 ou 2 incisives, témoin Louis XIV; chez d'autres, l'apparition des premières dents est retardée jusqu'au commencement de la deuxième année et plus. —La dentition est, pour certains enfants, une cause de maladies ou d'accidents qui peuvent devenir très-graves. Souvent, outre la fièvre et ces rougeurs au visage qu'on nomme vulgairement *feux de dents*, les digestions se troublent, le lait est vomi; il se déclare une diarrhée séreuse, jaunâtre ou verdâtre, enfin des convulsions. Pour prévenir ces accidents et accélérer la sortie de la dent, on a proposé l'*incision de la gencive*, opération qu'il ne faut pas faire prématurément et sans urgence absolue. Le plus souvent, on se contente de faire mâcher à l'enfant une racine de guimauve ou de réglisse, etc.; il faut éviter de leur mettre alors entre les dents un corps trop dur, comme de l'os ou de l'ivoire. — Les accidents qui peuvent compliquer la seconde dentition sont loin d'être aussi graves que les précédents.

DÉONTOLOGIE (de *déon*, devoir, et *logos*, discours, traité). On peut désigner sous ce nom cette partie de la philosophie qui traite des devoirs; elle se confond avec la morale (*Voy.* MORALE, DEVOIR). — On connaît sous ce titre un traité célèbre de Bentham, qui est comme le fondement de toute sa doctrine et la clef de ses ouvrages de législation civile et pénale (trad. par Benj. Laroche, Paris, 1833).

DÉPART (du latin *partiri*, partager), opération à l'aide de laquelle l'essayeur sépare l'argent de l'or qui compose le bouton obtenu par la coupellation (*Voy.* ce mot). On aplatit d'abord le bouton sous le marteau et au laminoir, puis on le roule la lame ainsi obtenue en un cornet, qu'on traite par l'acide nitrique. Cet acide ne dissout que l'argent, et le cornet d'or, lavé avec de l'eau distillée, peut ensuite être pesé. Aujourd'hui on substitue à l'acide nitrique l'acide sulfurique bouillant.

DÉPARTEMENT (du latin *partiri*, partager), nom donné aux divisions territoriales de la France (*Voy.* l'art. FRANCE au *Dict. univ. d'Hist. et de Géogr.*), et aux attributions des divers ministres. *Voy.* MINISTÈRE.

Dans la Marine militaire, on donne le nom de *départements maritimes* aux cinq grands ports de Lorient, Brest, Toulon, Cherbourg et Rochefort.

DÉPENS. On nomme ainsi tous les frais que peut entraîner un procès. D'après le Code de procédure (art. 130), toute partie qui succombe en justice est condamnée aux dépens. Néanmoins le tribunal peut compenser les dépens, en tout ou en partie, si les parties succombent respectivement sur quelques points (art. 131). Il y a *compensation de dépens* lorsque chacune des parties doit supporter ceux qu'elle a faits. Le tribunal peut ordonner qu'il sera fait *masse des dépens*, pour être supportés par *moitié*, par *tiers*, etc., par telle ou telle partie. *V.* FRAIS.

DÉPHLOGISTIQUE (du grec *phlogistos*, brûlé), nom donné par les anciens chimistes aux *corps brûlés*, parce qu'ils pensaient que la combustion consistait à séparer le *phlogistique* des corps qui brûlaient. Le gaz oxygène s'appelait, d'après ce système, *air déphlogistiqué*. *Voy.* PHLOGISTIQUE.

DÉPILATION (de la part. priv. *de*, et du latin *pilus*, poil), opération qui a pour but de faire tomber les poils qui couvrent certaines parties du corps. La dépilation détruit le bulbe du poil de manière à empêcher son développement ultérieur : elle diffère en cela de l'*épilation* qui se borne à arracher les poils. Parmi les nombreuses préparations dépilatoires, on connaît surtout le *rusma* des Orientaux, qui a pour base la chaux vive et le sulfure d'arsenic. — La dépilation était en usage chez les Égyptiens, les Perses, les Grecs et les Romains; elle l'est encore chez les Arabes, les Turcs et les Chinois. En Europe, elle n'est guère pratiquée que dans certaines communautés religieuses ou dans un but de coquetterie.

DÉPIQUAGE (de *de* privat., et du mot *épi*), opération d'agriculture. *Voy.* BATTAGE.

DÉPOLARISATION. *Voy.* POLARISATION.

DÉPOLISSAGE. Le dépolissage des vitres et des glaces se fait avec de l'émeri très-fin délayé dans de l'eau, que l'on promène sur la surface à dépolir, à l'aide d'un morceau de liége plat, jusqu'à ce que la surface soit unie et ne présente aucun trait.

DÉPONENT (du latin *deponens*, qui dépose),

terme de Grammaire latine, se dit de certains verbes qui se conjuguent passivement et ont cependant la signification active, comme *miror*, j'admire. On suppose que ces verbes ont *déposé* la forme active, qu'ils avaient d'abord, pour revêtir la forme passive.

DÉPORT, nom donné, en Jurisprudence, à l'acte par lequel un juge déclare qu'il doit s'abstenir de prendre connaissance d'une affaire parce qu'il y a cause de récusation ou de refus en sa personne.

Dans l'ancienne Législation française, c'était le droit qu'avaient les évêques ou les seigneurs de prendre la première année du revenu des églises paroissiales après la mort du desservant, ou d'un fief après la mort du possesseur.

Déport, terme de Bourse. *Voy.* REPORT.

DÉPORTATION, peine afflictive et infamante, consiste dans le transport du condamné en un pays éloigné et hors du territoire continental de la France: elle peut être *temporaire* ou *perpétuelle;* dans ce dernier cas, elle entraîne la mort civile; néanmoins, le Gouvernement peut accorder au déporté l'exercice de tout ou partie des droits civils (loi du 28 avril 1832). La déportation a été surtout employée jusqu'à présent à punir certains délits politiques; elle remplaçait presque toujours la peine de mort encourue pour crimes contre la sûreté de l'État. Depuis 1852, on a substitué la déportation dans des colonies pénitentiaires à la peine des travaux forcés, afin d'arriver à la suppression des bagnes.

Introduite dans notre législation criminelle le 25 septembre 1791, la déportation a été conservée dans le Code pénal qui nous régit aujourd'hui; mais, pendant longtemps, la loi n'ayant pas déterminé un lieu de déportation, elle était remplacée par la détention perpétuelle dans une prison du territoire. La loi du 8 juin 1850 et les décrets du 8 décembre 1851 et du 16 février 1852 ont comblé cette lacune en désignant les îles Marquises (vallée de Waithau), la Guyane et le territoire de Lambessa en Algérie, comme lieux de déportation. — Il ne faut pas confondre la *déportation* avec la *transportation*, mesure politique et toute exceptionnelle. *Voy.* ce mot.

La déportation était usitée chez les Romains: c'était le bannissement perpétuel dans un lieu déterminé. Elle est depuis longtemps en usage chez les Anglais: dès 1619, ils déportaient les *convicts* en Amérique; depuis l'émancipation des États-Unis, ils se dirigèrent sur Botany-Bay (Nouvelle-Galles du Sud) et plus tard sur la terre de Diémen. En Russie, elle a été généralement substituée à la peine de mort: les condamnés la subissent en Sibérie. La Hollande a longtemps déporté ses criminels dans ses possessions d'Asie; l'Espagne les envoie dans les *présides* d'Afrique, ou aux Philippines (à Mindanao), etc.; le Portugal, à Mozambique.

DÉPOSITION, acte par lequel on retire à un homme sa dignité, se dit surtout en parlant des souverains et des papes. Les plus célèbres dépositions sont celles de Childéric III, déposé par Pépin en 752; de Louis le Débonnaire, deux fois déposé par ses fils, 823 et 833; de Charles le Gros, solennellement déposé dans la diète de Mayence (888); de l'empereur Frédéric II, déposé à Lyon par Innocent IV (1245); d'Adolphe de Nassau, en 1298; du pape Jean XXII, privé de la tiare par l'empereur Louis de Bavière en 1328; de Benoît XIII et Grégoire XII, déposés par les cardinaux au concile de Pise (1408); celle de Jacques II, déposé par les États d'Angleterre en 1688. A cette liste, on peut ajouter les noms des princes contre lesquels la *déchéance* a été prononcée dans les temps les plus rapprochés de nous, comme Louis XVI, Napoléon, Murat, Charles X, Louis-Philippe. Pour tous ces noms, *Voy.* le *Dict. univ. d'Hist. et de Geogr.*

En Droit ecclésiastique, la *déposition* est une peine canonique par laquelle le supérieur dépouille

pour toujours un ecclésiastique de son bénéfice et des fonctions qui y sont attachées, sans, néanmoins, toucher au caractère de l'ordre.

Déposition de témoins. Les dépositions faites devant le juge d'instruction doivent être consignées sur procès-verbal: il en est donné lecture aux témoins, et ils peuvent y faire tels changements et additions que bon leur semble. Le procès-verbal doit être signé par le témoin, le juge et le greffier.

DÉPOT (du latin *depositum*, même signification). D'après le Code civil (art. 1915-20), on distingue deux sortes de dépôts: 1° le *dépôt* proprement dit, contrat par lequel une personne donne une chose mobilière à garder à une autre personne, qui s'oblige à la rendre à la volonté du déposant: il est *volontaire*, quand le choix du dépositaire dépend de la seule volonté du déposant; *nécessaire*, quand il est forcé par un événement fortuit, comme un incendie, une ruine, un naufrage, etc.; 2° le *séquestre*, ou dépôt d'une chose contestée entre les mains d'une tierce personne, chargée de la garder et de la remettre, après la contestation terminée, au véritable possesseur: il est *conventionnel*, quand il est fait du consentement des parties, sans décision préalable de la justice; *judiciaire*, quand il a lieu par l'effet d'une décision de la justice: dans ce dernier cas, il se fait le plus souvent à la *Caisse des Dépôts et Consignations. Voy.* ci-après.

En Chimie, on donne le nom de *dépôt* aux matières solides qui se précipitent au fond d'un vase contenant une dissolution. — En Géologie, on donne le même nom aux grandes masses de matières minérales qui paraissent, en effet, s'être *déposées* lentement dans un liquide. On distingue des dépôts granitiques, calcaires, etc., selon la nature de la matière prédominante. Ces dépôts affectent plusieurs formes et se présentent en couches, bancs, amas, filons, etc.

En Pathologie, le mot *dépôt* est synonyme d'*abcès* ou de *tumeur;* cependant il ne s'applique guère qu'aux abcès formés par des matières sorties de leurs voies naturelles, et infiltrées dans le tissu cellulaire ou épanchées dans une cavité (tels que les *dépôts sanguins, stercoraux, urinaires,* etc.); ou aux abcès formés *par congestion* ou *par métastase.*

Dans l'Armée, on nomme *dépôt* le lieu où restent les soldats qui ne peuvent suivre le corps dont ils font partie, et où s'exercent les recrues du corps.

Le *Dépôt de la guerre* est le lieu où l'on conserve les documents du ministère de la Guerre, ainsi qu'un grand nombre de cartes, dessins, mémoires, etc., à son usage. Ce dépôt, créé en 1688, plusieurs fois modifié depuis, a reçu une dernière organisation par la loi du 19 sept. 1850; un grand nombre d'ingénieurs, de dessinateurs, de géographes, de graveurs, d'écrivains et de traducteurs y sont attachés: entre autres grands travaux, on lui doit la belle *Carte topographique de la France* (*Voy.* CARTE). — La Marine possède un établissement semblable, sous le titre de *Dépôt général des Cartes et Plans,* qui est sous la direction d'un vice-amiral. Sa fondation remonte à 1720.

On appelle *Dépôt de la préfecture de police* les salles qui font partie de l'hôtel de la Préfecture de police à Paris, où l'on dépose provisoirement les personnes arrêtées par les rondes et les patrouilles: le séjour des inculpés y est de peu de durée; — *Dépôt de mendicité,* un établissement public dans lequel on détient et on nourrit les pauvres qui n'ont ni la force de travailler, ni asile, ni ressources.

Caisse des Dépôts et Consignations, caisse publique établie à Paris, spécialement destinée à recevoir et à administrer les fonds provenant de consignations judiciaires, de cautionnements, ainsi que les sommes volontaires, des caisses d'épargne, ainsi que les sommes affectées aux dépenses de la Légion d'honneur et à quelques autres services. Elle paye, à raison de 3 0/0, l'intérêt de toute somme consignée judiciairement, ou déposée par les établissements publics ; à raison de 2 0/0, l'intérêt des sommes librement déposées par les particuliers. Elle emploie les fonds qui lui sont confiés en rentes sur l'État, en comptes courants avec le Trésor ou avec les receveurs généraux, en prêts aux départements et établissements publics, ou en avances pour les travaux publics.

L'origine de cette institution remonte à 1578, époque à laquelle des receveurs des dépôts et consignations furent créés dans tout le royaume. Ces offices ayant été supprimés à la Révolution, par une loi du 23 septembre 1793, à la caisse de la Trésorerie pour Paris, et aux caisses de districts pour les départements ; une loi du 8 pluviôse an XIII (1805) réunit ce service à la Caisse d'amortissement. Enfin, une loi du 28 avril 1816, séparant ces deux établissements, créa une *Caisse spéciale des Dépôts et Consignations ;* toutefois, la nouvelle caisse, tout en ayant ses comptes distincts de ceux de la Caisse d'amortissement, conserva la même administration. *Voy.* CONSIGNATION.

DÉPRESSION (du latin *deprimere,* enfoncer). En Physique, on entend par *dépression* le phénomène par lequel un liquide placé dans un tube qu'il ne mouille pas, par exemple, le mercure dans un tube de verre, se tient au-dessous du niveau du fluide ambiant : ce phénomène est dû à l'action capillaire (*Voy.* CAPILLARITÉ). — En Mathématiques, on appelle *dépression* l'abaissement de l'horizon visuel au-dessous de l'horizon de la mer, par rapport à un observateur élevé au-dessus de son niveau, c.-à-d. l'excès de l'horizon rationnel sur l'horizon sensible. On a construit une *table de dépression* pour faciliter les calculs des hauteurs. — Dans la Marine, on emploie pour apprécier la dépression un petit appareil, nommé *Dépressiomètre,* que l'on visse sur l'alidade de la lunette d'un cercle à réflexion, et à l'aide duquel on peut mesurer l'arc du grand cercle passant par le zénith, qui se termine à deux points opposés de l'horizon.

DÉPURATIFS (du latin *depurare,* purifier), médicaments qui ont la propriété d'enlever à la masse des humeurs les principes qui en altèrent la pureté, et de les porter au dehors par quelques-uns des émonctoires naturels : tels sont les amers, les diurétiques, les diaphorétiques, etc. *Voy.* ces mots.

DÉPUTÉ (du latin *deputare,* envoyer en mission). Ce mot, qui, dans la langue vulgaire, se dit de toute personne chargée d'une mission, a été, dès les temps les plus anciens de notre histoire, appliqué aux représentants de la nation élus par leurs concitoyens pour siéger dans les assemblées publiques, telles que *Champs de Mars, Champs de Mai, États généraux, Assemblées de notables,* etc.; c'est aussi celui que prirent en 1789 et en 1791 les membres de l'*Assemblée constituante* et de l'*Assemblée législative.* Remplacé, sous la Convention, pendant les Cent-Jours et de 1848 à 1852, par celui de *représentant du peuple,* le titre de député fut repris, sous le Directoire et sous l'Empire, par les membres du *Corps législatif;* sous les Bourbons, par les membres de la Chambre élective, qui reçut de là le nom de *Chambre des Députés,* et reparut de nouveau en 1852, avec le rétablissement du *Corps législatif.*

Les conditions d'âge et de cens exigées pour être député ont fréquemment varié avec nos constitutions.

DÉRAPER, se dit d'une ancre qui quitte prise sur le fond et laisse dériver le vaisseau.

DÉRIVATIFS (de *derivare,* détourner un cours d'eau), nom donné aux remèdes qui attirent une irritation dans un lieu différent de celui où elle paraissait s'être fixée d'abord : tels sont les sinapismes, les vésicatoires, les purgatifs, les vomitifs. *Voy.* RÉVULSIF.

DÉRIVATION, en Médecine. *Voy.* DÉRIVATIFS.

Canal de dérivation. Voy. CANAL.

Calcul des dérivations, calcul où l'on considère les quantités comme dérivant les unes des autres, de manière que les coëfficients différentiels successifs offrent l'exemple de quantités qui s'engendrent les unes les autres par un procédé uniforme d'opérations. Ce nom a été proposé par le mathématicien Arbogast, à qui l'on doit un grand ouvrage sur le *Calcul des dérivations,* Strasbourg, 1800.

DÉRIVE, déviation, altération dans la direction de la route d'un bâtiment, produite par une impulsion latérale du vent. On dit qu'un navire *dérive,* ou *va à la dérive,* lorsqu'étant sous l'allure du plus-près, la direction de sa route est altérée d'une quantité quelconque par l'effet de l'impulsion d'un vent latéral. On le dit également d'un bâtiment qui se laisse aller au courant d'un fleuve ou de la marée. — On a imaginé, sous le nom de *Dérivomètres,* divers instruments pour mesurer la dérive des navires : celui de M. Clément consiste en une lame en cuivre placée sous le navire et tenant par le haut à une tige de même métal surmontée d'une aiguille : par l'effet même de l'impulsion que reçoit la lame de cuivre pendant que le bâtiment dérive, l'aiguille vient marquer sur un cadran la quantité de la déviation.

DÉRIVOIR (du verbe *river*), instrument à l'usage des Horlogers, sert à enlever les pignons de dessus les roues sans les gâter. C'est un poinçon percé d'un trou capable de recevoir librement la tige du pignon, et dont la partie inférieure est tournée en cône.

DERMA (mot grec qui veut dire *peau*), entre dans la composition d'un grand nombre de termes d'Anatomie, de Zoologie, etc., comme *Dermatologie, Dermatose, Dermeste,* etc. *Voy.* ci-après.

DERMANYSSE (du grec *derma,* peau, et *nyssô,* piquer), *Dermanyssus,* genre d'Arachnides de la famille des Holètres, tribu des Acarides, à corps mou, à mandibules perforantes. Les Dermanysses vivent, quelques-uns du suc des plantes, et la plupart, du sang des oiseaux et des Mammifères. Le *D. des oiseaux* s'attaque surtout aux oiseaux en cage : la nuit, il leur suce le sang, ce qui lui donne une couleur rouge, purpurine ou brune. Une autre espèce vit aux dépens des serpents, surtout des Pythons et des Boas.

DERMATOCHÉLYS (du grec *derma,* peau, et *chélys,* tortue), genre de Chélonées sous lequel M. de Blainville réunit les grandes Tortues marines à peau nue. La principale espèce de ce genre est la *Tortue Luth (Testudo coriacea,* L.), qui atteint près de 2 m. de long, et que l'on trouve dans l'Atlantique et même dans la Méditerranée. Sa chair est estimée.

DERMATOLOGIE, partie de l'Anatomie et de la Médecine qui traite de la peau (*derme*) et de ses maladies.

DERMATOSE (du grec *derma, dermatos,* peau), nom générique de toutes les maladies de la peau (*Voy.* PEAU). On a d'Alibert une célèbre *Monographie des Dermatoses* (1832 et 1835). M. P. Baumès a publié en 1842 une *Nouvelle Dermatologie.*

DERME (en grec *derma,* peau), ou *Chorion,* la plus profonde et la plus épaisse des couches qui constituent l'appareil tégumentaire chez les hommes et les animaux (*Voy.* PEAU). Le derme présente l'aspect d'une membrane blanchâtre, souple, mais résistante: on y distingue un grand nombre de fibres lamelleuses entre-croisées. Sa face externe, recouverte par le corps muqueux réticulaire, qui l'est lui-même par l'épiderme, est parsemée d'une foule de petites saillies rougeâtres, dites *papilles,* qui sont les organes de la sensibilité et servent en même temps à l'exhalation et à l'absorption cutanée; sa face interne est unie aux parties voisines par une couche de tissu cellulaire. C'est le derme de certains animaux qui, préparé par le tannage, constitue le *cuir.*

DERMESTES (du grec *derma,* peau, et *esthô,* manger), genre d'insectes Coléoptères pentamères, de la famille des Clavicornes : mandibules courtes, antennes en massue, corps ovalaire, tête petite et inclinée. Leurs larves se trouvent dans les pelleteries et dans toutes les matières animales qu'on conserve à l'état sec. Elles causent de grands dégâts dans les collections d'Anatomie et d'Histoire naturelle.

DERMODONTE (du grec *derma*, peau, et *odous, odontos,* dent), nom donné aux poissons qui n'ont pas les dents implantées dans les os maxillaires, mais seulement adhérentes à la peau ou au derme, pour les distinguer des poissons dont les dents sont plus ou moins implantées dans les os des mâchoires.

DERMOPTÈRES (du grec *derma*, peau, et *ptéron*, aile), famille de poissons osseux formée par Duméril, aux dépens des Saumons de Cuvier, et comprenant les poissons qui ont la nageoire dorsale dépourvue de rayons, et simplement formée par la peau, comme les Saumons, les Truites, etc.
Ce nom se donne aussi aux Mammifères qui, comme l'Écureuil volant, voltigent au moyen d'une membrane qui s'étend des bras aux jambes.

DÉROCHER, se dit de l'opération qu'on fait subir aux métaux, et particulièrement à l'or, à l'argent et au cuivre, pour nettoyer et affiner leur surface. On se sert ordinairement, pour cet effet, d'un bain d'eauforte ou d'eau seconde dans lequel on laisse le métal jusqu'à ce qu'il soit entièrement décrassé. On donne souvent le nom de *blanchiment* à cette opération, surtout quand elle s'applique à l'argenterie.

DÉROGATION (du latin *de* privatif, et *rogatio*, présentation d'un projet de loi). Il y a *dérogation* à une loi lorsqu'elle est implicitement modifiée par une autre ou lorsqu'une partie seulement de cette loi est abrogée; il y a *abrogation* quand elle est formellement et entièrement supprimée. — On entend encore par dérogation toute convention contraire à une disposition de loi. « On ne peut déroger par des conventions particulières aux lois qui intéressent l'ordre public et les bonnes mœurs. » Code civil, art. 6.

DÉROGATOIRE (CLAUSE). *Voy.* CLAUSE.

DERVICHE, mot arabe qui signifie *pauvre*, est le nom qu'on donne aux religieux musulmans ou indiens qui vivent en communauté dans des monastères.

DÉSAVEU, se dit, en Jurisprudence, de l'acte par lequel on refuse à quelqu'un une certaine qualité ou par lequel on déclare que celui qui a agi en notre nom n'en avait pas le pouvoir. Le Code de procédure trace les formalités à remplir dans ce cas (art. 352 et suiv.). — On appelle *D. de paternité*, le refus que le mari fait de reconnaître un enfant dont sa femme est accouchée.
Dans l'ancien Droit féodal, on nommait *désaveu* le refus d'un vassal de faire hommage à son seigneur, en lui déniant la mouvance de son fief.

DESCENDANTS, nom donné, en Jurisprudence et en termes de Généalogie, à ceux qui descendent en ligne directe d'une souche commune. Tels sont, par rapport aux aïeux, leurs fils et petits-enfants.—Le législateur, dans l'intérêt de la morale, a prohibé le mariage entre tous les ascendants, descendants et alliés dans la même ligne (Code civil, art. 161).—Les descendants doivent des aliments à leurs ascendants qui sont dans le besoin, et réciproquement (art. 205).
En Astronomie, on nomme *signes descendants* ceux dans lesquels le soleil paraît descendre vers le pôle abaissé, c.-à-d. du 4e au 9e signe (de l'Écrevisse au Sagittaire) pour notre hémisphère boréal.

DESCENSION. On appelle *Descension d'un astre* la distance qui se trouve entre le point équinoxial et le point de l'équateur qui descend sous l'horizon en même temps que l'astre. La descension est dite *droite* ou *oblique*, selon qu'on la rapporte à la sphère droite ou à la sphère oblique.

DESCENTE. En Médecine, c'est le nom vulgaire des *hernies* : il se dit particulièrement des hernies abdominales, formées par la sortie de quelqu'un des viscères contenus dans l'abdomen. *Voy.* HERNIES.
Dans l'Art militaire, on entend par *descente*, une opération militaire qui consiste à débarquer une armée ou un corps d'invasion sur la côte d'un pays

ennemi : telles furent autrefois la descente des Arabes et des Maures en Espagne (710 et 1086); celles des Normands en Neustrie (IXe siècle), de Guillaume le Conquérant dans la Grande-Bretagne (1066), et, de nos jours, la descente des Français en Égypte (1798), en Morée (1828) et en Algérie (1830), etc. — On étend aussi ce nom aux invasions que firent en Italie les Gaulois, les Goths, les Lombards, etc., invasions dans lesquelles ces divers peuples, après avoir franchi les Alpes, *descendirent* dans les plaines de la Lombardie.

Descente sur les lieux. On nomme ainsi, en Droit, le transport du juge sur les lieux afin d'y vérifier l'objet d'un litige. Cette opération se fait tantôt par le juge seul, tantôt par le juge accompagné d'experts (Code de procédure, art. 295 et suivants).

Ligne de la plus courte descente. Voy. BRACHISTOCHRONE et CYCLOÏDE.

DESCRIPTIVE (ANATOMIE, GÉOMÉTRIE, POÉSIE). *Voy.* ANATOMIE, etc.

DÉSERT (en latin *desertum*, de *deserere*, abandonner), vaste espace inhabité et souvent inhabitable. Ordinairement ce sont de grands plateaux ou de vastes plaines, d'un sol sablonneux, pierreux ou salin. La végétation y est nulle ou très-faible et ne produit que quelques buissons ou quelques plantes herbacées qui ne peuvent résister aux ardeurs du soleil; cependant on trouve dans quelques-uns d'agréables *oasis*. On rencontre dans plusieurs des peuples sans demeures fixes, pasteurs ou chasseurs. Les deux plus vastes déserts sont celui de *Kobi* en Asie, et celui de *Sahara* en Afrique. Les déserts de l'Arabie, ceux qui séparent ce pays de la Palestine et où les Hébreux errèrent pendant 40 ans sous la conduite de Moïse, ne sont pas moins célèbres. On doit encore remarquer les déserts d'Adjmir, d'Angad, de Kharizim, de Kirman, de Libye, de Mekran, de Syrie (*Voy.* ces noms au *Dict. univ. d'Hist. et de Géogr.*). — On étend quelquefois le nom de *désert* aux *steppes*, aux *landes*, aux *savanes*, aux *pampas*. *V.* ces mots.

DÉSERTION (du latin *deserere*, abandonner). La loi considère comme *déserteur* le soldat qui, sans permission, quitte son corps, abandonne son poste, ou passe à l'ennemi ; et le marin qui s'absente du bord sans autorisation, et n'y rentre pas avant l'expiration du troisième jour. De tout temps, la désertion a été frappée des peines les plus sévères : les Romains la punissaient du supplice de la croix. En France, la loi punit de mort la désertion à l'ennemi, ainsi que la désertion à l'intérieur avec armes et bagages. Dans tous les autres cas, la désertion est punie des travaux forcés ou du boulet, outre une amende : la durée de la peine varie de 3 à 10 ans (Loi du 21 brumaire an V ; arrêté du 19 brumaire an XII).

DÉSHÉRENCE (de la préposition privative *de*, et *hæres*, héritier), manque constaté d'héritiers légitimes ou autres. A Rome, l'argent résultant de la vente des successions en déshérence se versait dans le trésor public. Au moyen âge, ces successions appartenaient au roi ou aux seigneurs hauts justiciers; aujourd'hui elles sont dévolues par la loi au domaine public (Code civil, art. 539, 723, 768) : l'administration des domaines fait apposer les scellés et rédiger l'inventaire des biens dans les formes prescrites pour l'acceptation des successions sous bénéfice d'inventaire; elle demande ensuite l'envoi en possession au tribunal de première instance, qui statue sur la demande après trois publications faites de 3 mois en 3 mois, et après avoir entendu le procureur de la République.—Les biens acquis après sa condamnation par un condamné mort civilement appartiennent à l'État par droit de déshérence (Code civil, art. 33).

DÉSINENCE. *Voy.* TERMINAISON.

DÉSINFECTION, action d'enlever à l'air, à un appartement, aux vêtements, aux divers tissus organiques, ou à un corps quelconque, les miasmes méphitiques ou dangereux dont ils peuvent être infectés. Les moyens de désinfection le plus généralement employés sont : les ventilations, les fumigations, et l'emploi du chlore et des chlorures ou hypochlorites. La pratique de la chimie enseigne dans certains cas particuliers des procédés de désinfection adaptés aux besoins du moment : ainsi, le sulfate de zinc et le charbon neutralisent les émanations des fosses d'aisance ; l'alun détruit l'odeur ammoniacale de l'urine ; une dissolution de potasse absorbe le gaz acide carbonique, etc. ; l'hypochlorite de chaux dissipe parfaitement l'odeur des matières animales putréfiées et s'emploie avec succès dans les salles de dissection, les boyauderies, etc. L'application du chlore à la désinfection a été conseillée d'abord par Guyton de Morveau, et perfectionnée depuis par Labarraque. *Voy.* CHLORE et VIDANGES.

DÉSIR, *desiderium*, mouvement spontané de l'âme qui aspire à la possession d'un bien. Ce mouvement suppose que l'homme a déjà fait l'expérience du plaisir et de la douleur, du bien et du mal ; il naît de lui-même à la suite de cette expérience. Porté à son plus haut degré, le *désir* prend le nom de *passion*. Il y a autant de sortes de désirs qu'il y a de biens pour l'homme : la plupart des psychologistes les divisent, avec Dugald Stewart, en cinq classes : *appétits*, désirs sensuels, besoins physiques (faim, soif, appétit du sexe, etc.) ; *désirs* proprement dits, aspirant à des biens plus relevés (désir de connaissance, de société, d'estime, de pouvoir, de supériorité) ; *affections* (affections bienveillantes ou malveillantes, sympathie, antipathie, sentiments de famille, sentiments patriotiques, etc.) ; *amour de soi* ; *amour du bien*, c'est-à-dire morale. Il faut y joindre l'*amour du beau* ou faculté esthétique. — Les philosophes se sont partagés sur la nature du désir : les uns le rapportant à la sensibilité ; les autres, à l'activité. Ce phénomène est sur la limite de ces deux facultés, tenant à la sensibilité en ce que, comme elle, il est involontaire ; à l'activité en ce qu'il pousse à l'action : il est comme l'anneau qui unit ces deux parties de notre nature. On ne pourrait sans un grave danger pour la morale confondre le désir avec l'activité proprement dite ou la volonté : la volonté, supérieure au désir, choisit entre les désirs et leur résiste lors même qu'elle ne peut les étouffer. Les Mystiques appellent *désir* la tendance vers le monde supérieur ; c'est en ce sens que Saint-Martin a intitulé un de ses ouvrages : l'*Homme de désir*.

DÉSISTEMENT, se dit, en Jurisprudence, de toute déclaration portant abandon formel ou renonciation d'un droit, d'une demande ou d'une prétention. Elle ne peut être faite dans le cours d'une instance judiciaire qu'après que l'assignation a été remise. Le désistement d'une demande peut être fait et accepté par de simples actes signés des parties ou de leurs mandataires. Il a pour effet de remettre les choses dans le même état où elles étaient avant la demande. Le désistement est révocable tant qu'il n'a pas été accepté, ou, s'il est accepté, après le délai déterminé par celui qui s'est désisté.

DESMAN, *Mygale*, genre de Mammifères carnassiers, de la famille des Insectivores, voisin des Musaraignes, se distingue à sa tête conique, terminée par un museau avancé en forme de petite trompe aplatie, mobile ; à sa queue longue et comprimée, et à ses pattes garnies de 5 doigts palmés en arrière. Son pelage varie du brun clair au brun foncé ; en dessous il est blanchâtre. Les Desmans sont des animaux aquatiques : ils se pratiquent des galeries souterraines au bord des étangs, ils nagent avec facilité, et se nourrissent d'insectes aquatiques. On n'en connaît que deux espèces : le *D. de Russie*, ou *Rat musqué de Sibérie*, qui répand une odeur très-forte de musc, et dont la taille est le double de celle du Rat d'eau ; et le *D. des Pyrénées*, qui est plus petit.

DESMANTHE (du grec *desmos*, lien, et *anthos*, fleur), *Desmantha*, genre de plantes Légumineuses, section des Mimosées, renferme des plantes herbacées de l'Amérique méridionale et de l'Inde, sans épines, rameuses, étalées, dressées ou nageant à la surface des eaux ; à feuilles alternes, à fleurs en épis axillaires, blanches et petites, à gousses bivalves, renfermant plusieurs graines.

DESMIDIE (du grec *desmos*, lien, et *eidos*, forme), *Desmidia*, genre d'Algues microscopiques, section des Synsporées, type de la tribu des Desmidiées, est composé de petits filaments prismatiques verts, roides, tordus et entourés de mucus. L'espèce type est le *D. Swartzii* qu'on trouve dans nos étangs. Ces plantes se multiplient par simple déduplication, ou par la séparation de deux jeunes corpuscules qui entrent dans leur composition.

DÉSOPILANTS (du latin *de* privatif, et *oppilare*, fermer, boucher), ou DÉSOBSTRUANTS, noms donnés en Médecine aux agents propres à guérir les obstructions. *Voy.* OBSTRUCTION et APÉRITIF.

DÉSOXYDATION ou DÉSOXYGÉNATION, opération chimique qui a pour but d'enlever à un corps l'oxygène avec lequel il était combiné, et de ramener ce corps à son état primitif. L'action de la lumière ou de la chaleur produit quelquefois cet effet (oxydes d'or et de mercure) ; on emploie le charbon pour désoxyder les oxydes de cuivre, zinc, fer, étain, etc.

DESPOTE (du grec *despotès*, maître, seigneur). Ce mot, dont la signification a souvent varié, était, chez les anciens Grecs, synonyme de *roi*, mais impliquait néanmoins l'idée d'un pouvoir supérieur, tel que celui du *grand roi* (roi de Perse). Dans le Bas-Empire, les *despotes* furent de hauts dignitaires chargés du gouvernement de certaines provinces : c'étaient ordinairement des princes du sang impérial. Tels furent au XIIe siècle les despotes de Morée, de Servie, de Valachie, d'Albanie. Le gouvernement d'un despote s'appelait *Despotat*. Aujourd'hui, le mot *despote* est synonyme de tyran. Le *despotisme* est une forme particulière de gouvernement ; c'est l'abus du pouvoir souverain, quel que soit celui qui possède ce pouvoir, roi, peuple ou assemblée politique. Le despotisme d'un seul a surtout dominé en Asie. Mirabeau a laissé un célèbre *Essai sur le Despotisme*, 1792.

DESPOTISME. *Voy.* DESPOTE.

DESPUMATION (du latin *de*, préposition privative, et *spuma*, écume), opération par laquelle on enlève l'écume et les impuretés que la coction a fait monter à la surface d'un liquide en ébullition.

DÉSQUAMATION (du latin *de*, particule privative, et *squama*, écaille), exfoliation de l'épiderme sous forme d'écailles plus ou moins grandes. C'est la terminaison de certaines maladies éruptives, comme la rougeole, la scarlatine, l'érysipèle, et l'un des caractères de quelques affections chroniques de la peau, comme la teigne, la dartre squammeuse, etc. — On appelle aussi *désquamation* l'opération par laquelle on enlève les squames ou tuniques qui recouvrent certaines racines bulbeuses.

DESSALAISON. *Voy.* EAU DE MER.

DESSÉCHEMENT, opération qui a pour objet d'assainir et d'utiliser certains espaces couverts d'eau, comme étangs, marais, terrains marécageux, qui ont le double inconvénient de rester stériles et souvent d'être nuisibles par leurs émanations. Il existe en France plus de 6 millions d'hectares de terre dans cet état. Les procédés de dessèchement varient suivant la nature du terrain et suivant l'origine des eaux. Si elles proviennent des pluies ou de la fonte des neiges, on leur donne écoulement par des *rigoles* ou fossés à découvert, et mieux, par des *coulisses* ou rigoles souterraines (*Voy.* DRAINAGE). Si elles proviennent d'eaux accumulées dans des réservoirs souterrains où la terre glaise empêche l'infiltration, et d'où elles débordent par l'effet de leur trop grande accumulation, il suffit de percer quelques trous de sonde au travers des glaises. Si les eaux proviennent de l'infériorité du niveau des terres par rapport à celles qui les entourent, on perce au centre un *puisard* dans lequel on fait jouer la sonde jusqu'à ce qu'elle ait atteint un terrain perméable ou de nature à absorber les eaux; on établit ensuite des fossés ou des *coulisses* qui facilitent l'écoulement des eaux vers ce puisard. Si les marais à dessécher sont au-dessous de tous les cours d'eau voisins, il ne reste plus qu'à recourir aux méthodes d'épuisement par les machines, telles que machines à vapeur, moulins à vent, vis d'Archimède, etc. : c'est ce qu'on fait aujourd'hui pour la mer de Harlem.— Dans certains cas, le desséchement peut s'opérer par le simple *remblaiement*, par des *colmates*, ou par des *canaux de dérivation. Voy.* ces mots.

Ce fut Henri IV qui s'occupa le premier du desséchement des marais : il obligea les propriétaires à céder leurs marais à l'État sur une estimation amiable ou par experts (1607). Les réclamations des propriétaires firent perdre tout le fruit qu'on pouvait attendre de ces dispositions et amenèrent l'édit de 1764, qui exempta pendant 20 ans de toutes tailles, impositions et dîmes ceux qui consentiraient à faire des desséchements. Cet édit étant également resté sans succès, l'Assemblée constituante, par la loi du 5 janvier 1791, confia ce desséchement à l'État, à défaut des propriétaires, et à la charge de les indemniser. Cette loi n'ayant elle-même produit que des résultats insignifiants, Napoléon, par la loi du 16 septembre 1807, encore en vigueur, attribua au gouvernement le droit exclusif d'opérer les desséchements ou de conférer ce droit à des concessionnaires.

DESSERVANT. *Voy.* CURÉ.

DESSICCATIFS, remèdes qui dessèchent les plaies, en empêchant la sécrétion du pus, ou en l'absorbant à mesure qu'il se montre : on emploie la poudre de lycopode, la charpie sèche, quand il suffit d'absorber le pus; la charpie imprégnée d'une liqueur styptique, la poudre de tan, quand il faut des astringents.

DESSICCATION, opération dont le but est d'enlever aux corps l'humidité superflue qu'ils renferment. On dessèche les plantes pour faire les herbiers en les pressant et enlevant les parties aqueuses qu'elles renferment. Pour les matières végétales succulentes, destinées à être employées en Pharmacie ou à être conservées, on les soumet à une température de 30 à 35 degrés. D'autres fois on expose les substances que l'on veut dessécher à un courant d'air sec qui s'empare de l'humidité. On dessèche l'air et les gaz en les mettant en contact avec du chlorure de calcium ou de la potasse caustique. *Voy.* SICCATIF.

DESSIN (du latin *designare*, tracer). Cet art, qui a précédé la peinture, la sculpture et l'architecture, leur sert à tous de fondement : c'est ce qui leur a fait donner le nom commun d'*Arts du dessin*.

Pour les procédés employés dans le dessin, on distingue : le *D. au crayon*, fait avec de la sanguine, de la pierre noire d'Italie, de la mine de plomb, des crayons noirs artificiels, etc.; le *D. à la plume*; le *D. à l'estompe*; le *D. lithographique*, exécuté sur pierre et dont on peut multiplier les épreuves; le *D. au pastel*, exécuté avec des crayons diversement colorés.

Sous le rapport de l'exécution, on distingue : les *esquisses* ou *croquis*, premier jet de l'imagination; les *D. arrêtés*, où l'artiste a retouché, rectifié et soigné dans toutes ses parties un premier travail; les *études*, fragments dessinés d'après nature, pour les faire entrer dans une composition; les *académies*, figures entières, faites d'après le modèle vivant ou d'après la bosse; les *cartons*, dessins faits sur papier fort, dans la dimension des figures que l'on veut peindre, et pour lesquels ils servent de modèle; les

D. au trait, simple tracé des contours, sans ombres; les *D. ombrés*, où les ombres sont exprimées à l'aide du crayon par des hachures (*D. hachés*), par des points (*D. grainés*), ou par des teintes plus ou moins foncées, à l'aide de l'estompe ou du pinceau (*D. estompés* ou *lavés*); le *D. linéaire* et *artistique*, qui représente avec un simple trait les objets de la nature ou les produits des arts : il se divise en *D. linéaire à vue*, qui s'exécute au crayon ou à la plume, sans le secours des instruments mathématiques; et *D. linéaire graphique*, qui s'exécute avec la règle, le compas, le rapporteur et autres instruments; il exige des connaissances en géométrie : aussi l'appelle-t-on souvent *D. géométrique*.

On a inventé un grand nombre d'instruments plus ou moins ingénieux pour reproduire un tracé exact des objets et remplacer le dessin à la main : tels sont le *panotrace*, le *pantographe*, le *diagraphe*, etc. (*Voy.* ces mots). La *chambre obscure*, la *chambre claire*, le *daguerréotype* peuvent aussi être rangés parmi les instruments de ce genre.

Les Grecs faisaient honneur de l'invention du dessin à Dibutade, jeune fille de Sicyone, qui, pour conserver l'image de son amant, traça sur un mur les contours du profil qu'y projetait son ombre (*Voy.* SILHOUETTE). L'histoire du dessin se confond avec celle de la peinture, dont il est la partie fondamentale (*Voy.* PEINTURE). Il suffira de dire ici que parmi les écoles de peinture, celles qui ont acquis le plus de célébrité pour le dessin sont l'école de Raphaël ou école romaine, et après elle l'école française du temps de l'Empire, dont David est le chef.

Des systèmes fort différents se sont produits sur l'enseignement du dessin : les uns le bornent à la copie de dessins donnés pour modèles; les autres veulent que l'on débute par la représentation des objets réels. Parmi les ouvrages élémentaires sur le dessin, on remarque : *la Science du dessin*, par L. Vallée, 1838, 2e édit.; *Perspective linéaire simplifiée*, par Mme Adèle Le Breton, 1828; les *Cours de D. linéaire* de Bouillon, de Lamotte; les méthodes classiques de M. Dupuis, de M. Thénot, etc. On peut en outre consulter le *Parallèle des diverses méthodes de dessin*, de Ch. Normand, 1833, et le savant *Rapport* de M. F. Ravaisson *sur l'enseignement du dessin*, 1853.

Législation. Aucuns dessins, gravures, estampes, emblèmes, ne peuvent être publiés sans l'autorisation du ministre de l'intérieur à Paris et des préfets dans les départements.—En cas de contravention, les dessins, etc., pourront être confisqués, et le publicateur sera condamné par les tribunaux correctionnels à un emprisonnement d'un mois à un an et à une amende de 100 fr. à 1,000 fr., sans préjudice des poursuites auxquelles pourraient donner lieu lesdits objets (Loi du 9 septembre 1835, art. 20).

DESSINATEUR. Ce nom, qui en général convient à tout artiste qui se livre à l'art du dessin, s'applique spécialement aux artistes qu'emploient les architectes pour mettre leurs plans au net et en faire des copies ou des extraits, et à ceux qui, dans les fabriques et manufactures d'objets où le dessin entre pour quelque chose, sont chargés de fournir les dessins, les patrons, les modèles dont ces établissements ont besoin : il y a des *Dessinateurs en bijouterie, en broderie, en tapisserie; des D. de dentelle, des D. pour châles, pour tapis, pour éventails, pour papiers peints; des D. sur étoffes, des D. de jardins*. La France excelle par son goût en ce genre, et ses modèles de dessins sont partout recherchés.

DESSUS, nom qu'on donne en Musique aux parties les plus aiguës en général, et spécialement à la plus aiguë des parties vocales; le dessus est chanté par les femmes, par les enfants, et par les *sopranos* italiens. Lorsqu'il y a deux parties aiguës dans la musique, on les divise en *premier* et en *second dessus*.

DESTIN (du latin *destinatum*, fixé), enchaînement nécessaire des événements, dont les Païens avaient fait une divinité supérieure à tous leurs autres dieux. L'idée d'un destin irrésistible contre lequel l'homme lutte en vain domine dans toute la tragédie grecque. — *Voy.* FATALISME.

DESTRIER (du latin *dextra*; main droite), vieux mot qui désignait un cheval de main ou de bataille. Ce nom vient probablement de l'usage qu'avaient les chevaliers de se faire suivre au combat de chevaux de rechange, que leurs écuyers menaient *à dextre*, c'est-à-dire à la main.

DÉTACHÉ, en italien *staccato*, se dit en Musique d'un mode d'exécution des instruments ou de la voix, dans lequel on sépare les sons par une émission brève et non prolongée : c'est l'opposé du *lié*.

DÉTAIL. Dans les Arts, ce mot désigne les objets qui peuvent être supprimés sans nuire à l'ensemble : tels sont dans un tableau les ornements, draperies, vases, plantes, animaux, etc.; dans un portrait, les rides, les poils, etc. — En Architecture, ce mot s'applique à des objets accessoires, tels que les rosaces, les modillons, les feuilles d'acanthe, etc.

Détail estimatif: c'est la partie d'un projet de construction qui renferme l'évaluation des dépenses. Le *sous-détail* est cette évaluation encore plus détaillée.

DÉTENTE (du verbe *détendre*), nom que les horlogers donnent à un levier qui fait détendre ou partir la sonnerie d'une pendule. On nomme *détentillon* une petite détente levée par la roue des minutes.

Les Arquebusiers nomment *détente* une petite bascule ou petit levier qui, pressé avec le doigt, fait tomber le *chien*, dans les armes à feu.

DÉTENTION (du verbe *détenir*), peine afflictive et infamante, qui consiste dans l'emprisonnement sur le territoire continental de la France pendant un laps de temps qui peut varier de 5 à 20 ans, suivant la gravité des cas (Code pén., art. 20), et qui entraîne la dégradation civique et l'interdiction du condamné. — Jusqu'à l'époque où la déportation a pu être effectuée, la détention perpétuelle dans une forteresse l'a remplacée (art. 17).

Les *Maisons de détention* sont situées à Paris, Beaulieu, Cadillac, Clairvaux, Clermont (Oise), Embrun, Ensisheim, Eysses, Fontevrault, Gaillon, Haguenau, Limoges, Loos, Melun, Montpellier, Mont-Saint-Michel, Nîmes, Poissy, Rennes et Riom.

On nomme encore *détention :* 1º l'état d'un individu privé de sa liberté avec ou sans l'autorité de la justice; dans ce dernier cas, la détention est *illégale;* la détention *préventive* est celle que subit un accusé avant son jugement : elle ne compte pas pour l'expiation de la peine; — 2º l'état d'une chose dont on a la possession actuelle; le possesseur prend alors le nom de *détenteur :* on nomme détenteur d'un héritage celui qui en a la possession réelle et actuelle à titre de propriété, d'usufruit ou autrement.

DÉTENUS, terme générique servant à exprimer tous ceux qui sont enfermés pour crime, délit, contravention, ou même pour dettes. — De sages règlements avaient assujetti les criminels détenus à des travaux réguliers : un décret du 24 mars 1848 suspendit ces travaux; ils furent en partie rétablis par une loi du 9 janvier 1850, et complètement réorganisés par le décret du 25 février 1852. — Les coupables condamnés à la détention sont pendant toute leur vie sous la surveillance de la police.

Il a été formé en plusieurs lieux, notamment à Cîteaux et à Clairvaux, des colonies agricoles pour les *jeunes détenus* (c.-à-d. condamnés avant 16 ans).

DÉTERGENTS. *Voy.* DÉTERSIFS.

DÉTERMINATIFS (ADJECTIFS). *Voy.* ADJECTIFS.

DÉTERMINISME, système philosophique qui explique par l'enchaînement des causes et des effets tout ce qui se passe dans le monde, admettant ainsi que tout y est *déterminé* à l'avance : ce n'est qu'un autre nom du *fatalisme*. *Voy.* ce mot.

DÉTERSIFS ou DÉTERGENTS (du latin *detergere*, nettoyer), nom donné aux médicaments propres à nettoyer les plaies et les ulcères. Ce sont, en général, des topiques stimulants, qui raviront les surfaces suppurantes, favorisent la séparation des matières qui les recouvrent, et activent ainsi la cicatrisation.

DÉTONATION (en latin *detonatio*), bruit plus ou moins violent dû à l'ébranlement subit de l'air par la formation ou le dégagement instantané d'un volume considérable de gaz. Tel est le bruit produit par l'explosion de la poudre à canon.

DÉTONNER. C'est sortir de l'intonation, soit qu'on attaque une note trop haut ou trop bas, soit qu'on s'écarte de la modulation, même en chantant juste.

DÉTREMPE (du verbe *tremper*), nom donné par les peintres aux couleurs délayées avec de l'eau et de la colle, de la gomme, ou du blanc d'œuf, sans graisse, ni huile, ni résine. On connaît trois sortes de détrempes : la *D. commune*, ci-dessus décrite, la *D. au vernis* et le *Blanc des carmes*, ou chaux détrempée dans l'eau et ensuite colorée. On emploie principalement la détrempe pour couvrir les plafonds, les boiseries, les lambris, ou pour peindre les décorations de théâtre. — Avant l'invention de la peinture à l'huile, les peintres de tableaux ne connaissaient guère d'autre procédé que celui de la *détrempe*. On en fait encore usage pour la miniature et d'autres petits ouvrages sur papier et sur vélin.

DÉTRESSE (du latin *districtio*, grande peine d'esprit). Dans la Marine, on appelle *Signal de détresse* celui qu'emploie un vaisseau pour annoncer qu'il est en danger et qu'il a besoin de secours. Ce signal consiste généralement en un pavillon placé en berne à la poupe et appuyé de coups de canon.

DÉTRICHAGE, première façon que l'on fait subir aux laines avant de les peigner, consiste à séparer en trois ou quatre qualités les différentes parties de laines et à les mettre dans des cases ou par tas à terre.

DÉTRITOIR (du latin *detritus*, part. du v. *deterere*, broyer), moulin à meules de pierres verticales tournant très-lentement dans une auge circulaire en pierre, et au moyen duquel on écrase les olives avant d'en exprimer l'huile.

DÉTRITUS (du verbe *deterere*, broyer), mot latin francisé, désigne le résidu d'une substance ou d'un corps quelconque organisé. En Géologie, il se dit particulièrement des débris divers résultant de la détérioration des roches et des végétaux répandus sur la surface du globe : ces débris forment les *terrains détritiques*. On distingue, dans les terrains détritiques, la *terre végétale*, dont le *terreau* forme une partie essentielle; la *terre aride* ou impropre à la végétation, les *éboulis* ou fragments disposés en talus. Les dépôts tourbeux, le limon, les cailloux, le sable, sont encore des dépôts détritiques.

En Pathologie, on nomme *détritus* le résidu inorganique qui remplace le tissu des parties dégénérescentes. La présence des détritus dans les matières évacuées est un signe important pour le diagnostic de la dégénérescence de quelques viscères.

DÉTROIT (du latin *districtus*, resserré). Cette dénomination, qui, en Géographie, désigne tout canal naturel par lequel deux mers ou deux parties de mer communiquent entre elles, a été donnée par les Anatomistes à deux rétrécissements que présente la cavité du bassin : le *détroit supérieur* ou *abdominal*, formé par la marge du bassin et qui sépare le grand bassin du petit; le *détroit inférieur* ou *périnéal*, qui est l'ouverture inférieure du petit bassin.

DETTE (qu'on écrivait jadis *debte*, du latin *debitum*), tout engagement pris par un débiteur à l'égard d'un créancier. On appelle *Dettes passives* ce que l'on doit : ce sont les dettes proprement dites; *D. actives*, ce que l'on vous doit, les créances à recouvrer; *D. mobilière*, celle qui a pour objet quelque chose de mobilier; *D. immobilière*, celle qui porte sur un immeuble; *D. personnelle*, celle à laquelle se joint une action contre la personne du débiteur; *D. réelle*, celle qui n'est fondée que sur un fait de possession, et qui peut être libérée par le délaissement; *D. chirographaire*, celle qui résulte d'une obligation ordinaire; *D. privilégiée*, celle qui doit être payée avant toute autre; *D. hypothécaire*, celle qui a pour garantie des immeubles hypothéqués; *D. liquide*, celle dont l'objet est une chose déterminée; *D. commerciale* ou *consulaire*, celle qui se rapporte à un fait de commerce, par opposition à la *D. civile*; *D. d'honneur*, celle qui ne repose sur aucun titre et n'a d'autre garantie que *l'honneur* du débiteur : cette espèce de dette ne peut donner lieu à aucune action en justice; toutefois le créancier a la ressource de déférer le *serment décisoire*; *D. de jeu*, celle qui est contractée·au jeu : cette espèce de dette ne peut, non plus, donner lieu à une action judiciaire, à moins qu'il ne s'agisse de jeux qui tiennent à l'adresse et à l'exercice du corps.—Les héritiers sont chargés des dettes de leurs testateurs; les dettes de la communauté sont pour moitié à la charge de chacun des époux (Code civ., art. 724, 1482, etc.).

Pour les dettes qui reposent sur des titres, le créancier peut, selon les cas, saisir et faire vendre les effets mobiliers appartenant à son débiteur, mettre opposition·au payement des sommes qui lui seraient dues, ou poursuivre l'expropriation de ses biens immobiliers (Code de proc., art. 557).—Dans les cas où la loi autorise la *contrainte par corps* (Voy. ce mot), on a recours à l'incarcération du débiteur comme moyen d'arriver au payement; les prisons où l'on retient les débiteurs se nomment aussi *dettes*. A Paris, les détenus pour dettes étaient, avant 1789, enfermés au For-l'Évêque. Lorsque le couvent de Sainte-Pélagie devint une prison, une partie séparée de ce couvent, dite dès lors bâtiment de *la Dette*, leur en fut réservée. Sainte-Pélagie ayant été depuis exclusivement destinée aux détenus politiques, les prisonniers pour dettes allèrent occuper une prison construite exprès pour eux; elle est située rue de Clichy.

DETTE PUBLIQUE. On appelle ainsi les sommes que doivent les gouvernements, par suite des emprunts qu'ils ont contractés pour se créer des ressources promptes; les intérêts en sont acquittés sur des fonds spéciaux votés chaque année, avec le budget. La dette publique de l'Angleterre s'élève à plus de 20 milliards; celle de la France à 5 milliards. Ces deux dettes sont les plus fortes de l'Europe. La dette de la France se compose de sommes empruntées à différentes époques et inscrites au *Grand-livre de la dette publique* (Voy. ce mot); l'intérêt stipulé a varié selon l'état du crédit public à chaque époque : il a été de 5, de 4 1/2, de 4 et de 3 0/0. *Voy.* RENTES SUR L'ÉTAT.

La *dette flottante* est la partie de la dette publique qui n'est pas consolidée, et qui se compose d'engagements à terme, de créances non réglées entièrement, etc.; elle est ainsi·nommée parce qu'elle varie sans cesse et est susceptible de diminution et d'augmentation. En France, elle est réglée par le Trésor, en effets dits *bons du Trésor*, remboursables sur des rentrées·prochaines. En Angleterre, ces bons s'appellent *billets de l'Échiquier*. La dette flottante de la France résulte, en grande partie, de fonds dont le dépôt est obligatoire (Voy. DÉPÔTS ET CONSIGNATIONS), et des versements des Caisses d'épargne; au 1er janvier 1852, elle était de 593,275,900 fr.

DEUIL (du latin *dolere*, s'affliger). La manière de manifester la douleur que fait éprouver la perte d'une personne aimée varie suivant les temps et les lieux. Les Israélites, à la mort de leurs parents ou amis, déchiraient leurs habits, se couvraient la tête de cendre et de poussière, allaient nu-pieds et couverts d'un cilice, couchaient sur la terre, se frappaient la poitrine, s'arrachaient la barbe et les che-

veux. La durée du deuil variait de 7 à 70 jours. — Les Égyptiens se livraient aux mêmes pratiques, et, en outre, se rasaient les sourcils. — Chez les Grecs, les hommes laissaient croître leurs cheveux, les femmes les rasaient. — Le deuil durait dix mois chez les Romains; il consistait à s'abstenir des fêtes et des jeux, à porter des vêtements noirs, la barbe inculte, etc. — Les Gaulois n'avaient pas de vêtements de deuil; ils se rasaient le tour de la tête.—Au moyen âge, on portait, en signe de deuil, le chaperon rabattu sur le dos et sans fourrure. Dans les grands deuils, on portait pendant trois mois des habits de laine, noirs dans la première moitié, blancs dans l'autre.

Aujourd'hui, la durée des deuils est, en France, pour la perte d'un mari, un an et six semaines; pour celle d'un père ou d'une mère, six mois; autant pour une épouse; pour un aïeul, quatre mois et demi; frère ou sœur, deux mois; oncle et tante, trois semaines; cousin, quinze jours. En Corée et en Chine, le deuil d'un père dure trois ans. La durée des *deuils de cour* est réglée par le souverain; le grand deuil est de 2 à 6 mois, le petit deuil de 3 à 21 jours.

La couleur du deuil, dans toute l'Europe et en Amérique, est aujourd'hui le *noir*; après les premiers temps, on y substitue graduellement des couleurs plus claires; ce qui constitue le *demi-deuil*. La couleur du deuil de cour était, autrefois, le violet pour le roi, et le blanc pour la reine. On prit le noir à la mort de Charles VIII; cette couleur a été depuis adoptée universellement. En Turquie, le deuil est bleu ou violet; en Égypte, jaune; en Éthiopie, gris; en Chine et au Japon, blanc.

DEUIL, nom donné à plusieurs insectes Lépidoptères du genre *Satyre*.

DEUTÉRONOME (du grec *deutéros nomos*, seconde ou nouvelle loi), le 5e et dernier des livres écrits par Moïse. *Voy.* PENTATEUQUE.

DEUTO (du grec *deutéros*, deuxième), particule qui, dans les termes chimiques, indique une seconde proportion d'un corps : *deutosulfate, deutochlorure, deutonitrate*, etc., désignent un *sulfate, chlorure, nitrate*, etc., correspondant au deutoxyde d'un métal.

DEUTOXYDE (du grec *deutéros*, second), ou *bioxyde*, se dit, en général, d'un oxyde qui est placé après l'oxyde le moins oxygéné ou *protoxyde*, dans l'ordre des proportions d'oxygène. On désigne quelquefois les deutoxydes en terminant par *ique* le nom du métal qu'ils contiennent : ainsi, *oxyde mercurique* est synonyme de deutoxyde de mercure.

DÉVELOPPÉE. On nomme ainsi en Géométrie une courbe dont le développement décrit une autre courbe appelée *développante*. Cette courbe est le lieu de tous les points de rencontre des normales infiniment voisines menées à une courbe donnée. Les développées et les développantes ont été découvertes par Huyghens. C'est sur l'excentricité continue des *développées* qu'est fondée la difficulté du tracé rigoureux de quelques figures de géométrie, notamment de la volute, dont tous les points sont centres de cercles de rayons inégaux.

DÉVELOPPEMENT. C'est, en Géométrie, l'action par laquelle on développe une courbe pour lui faire décrire une développante (Voy. DÉVELOPPÉE). — C'est aussi la réunion sur un plan de plusieurs figures planes dont l'ensemble forme la surface d'un solide.

En Algèbre, c'est la formation d'une série qui représente une quantité algébrique.

En Médecine, on entend par *développement du pouls* une augmentation survenue dans sa force et sa grandeur; par *développement d'une tumeur* ou de toute autre affection, l'accroissement d'un mal existant ou son apparition extérieure.

DÉVIATION (du latin *via*, route, direction). En Astronomie, on appelle ainsi la quantité dont une lunette méridienne ou un quart de cercle mural s'écartent du véritable plan du méridien. On trouve cette déviation en comparant le passage du soleil, observé dans la lunette, avec le passage au méridien.

En Physique, la *déviation des corps* est la quantité dont un corps, tombant librement à la surface de la terre, s'écarte de la perpendiculaire menée de son point de départ à cette surface : cette déviation est due au mouvement de la terre. La grandeur de la déviation se calcule d'après la hauteur de la chute du corps, en mesurant l'angle de rotation de la terre pendant le temps de la chute.

En Pathologie, on donne le nom de *déviation* à la direction vicieuse que prennent certains liquides organiques, tels que les urines, les matières fécales, la bile, etc., qui passent dans les vaisseaux qui ne leur sont pas destinés. Quelquefois ce mot s'applique à la direction vicieuse de la colonne vertébrale (*V.* GIBBOSITÉ), du nez et de sa cloison, à la torsion de la bouche, à la saillie des dents en avant, etc.

DÉVIDOIR, nom commun à l'instrument dont se sert la fileuse pour mettre en écheveau le fil qui se trouve sur son fuseau, et à ceux avec lesquels on met en pelotons les écheveaux de fil, de coton, de soie, etc. On distingue : le *dévidoir à la main*, bâton cylindrique tournant sur lui-même, et dont les bras ou traverses, figurant une double croix, sont percés, à leurs extrémités, de trous où l'on place de petites baguettes sur lesquelles s'applique alternativement le fil qu'on dévide avec la main ; le *tour d'Espagne*, l'*escaladou*, le *rouet*, etc. *Voy.* ces mots.

DEVIN, DEVINERESSE. *Voy.* DIVINATION.

DEVIN, grand serpent. *Voy.* BOA.

DEVIN, insecte orthoptère. *Voy.* MANTE.

DEVIS, mémoire de prévision fait par un architecte, un ingénieur, un entrepreneur quelconque, et renfermant le détail des travaux à faire et du prix qu'ils doivent coûter. On distingue : le *devis estimatif*, état des dépenses arrêtées de manière à ne pouvoir dépasser les prévisions ordinaires de l'expérience ; le *devis approximatif*, dont les prévisions s'approchent de la réalité ; le *devis descriptif*, indication des ouvrages relatifs au projet dont on s'occupe. En Droit, un devis prend le nom de *devis et marché* et a le caractère d'un contrat synallagmatique, lorsque son exécution est donnée en entreprise, et qu'il contient les obligations respectives de celui qui fait faire le travail et de celui qui l'entreprend.

DEVISE (de *devis*, propos), parole caractéristique exprimée en peu de mots et le plus souvent accompagnée d'une figure symbolique. Cette figure forme le *corps* de la devise ; les paroles ou la légende en sont l'*âme*. Les anciens connaissaient les devises. Au moyen âge, l'usage des tournois et des carrousels les fit revivre et les multiplia. La plupart des rois de France ont eu leur devise particulière : Louis XII, une tête de Méduse, avec ces mots : *Vincit quem respicit hostem* (elle vainc l'ennemi qu'elle regarde), ou bien un porc-épic, avec ces mots : *Cominus et eminus* (de près et de loin) ; François Ier, une salamandre dans le feu, avec les mots : *Nutrior et extinguo* (j'y vis et je l'éteins) ; Henri IV un Hercule, avec ces mots : *Invia virtuti nulla est via* (aucune route n'est inaccessible à la valeur) ; Louis XIV avait pris pour devise le soleil, avec ces mots : *Nec pluribus impar* (je pourrais au besoin éclairer plus d'un monde). Les ducs de Savoie avaient pour devise : *F. E. R. T.*, ou *Fortitudo ejus Rhodum tenuit* (son courage conserva Rhodes) ; la Sicile, une hermine et les mots : *Malo mori quam fœdari* (mieux vaut la mort que la souillure). La plupart des anciens ordres de chevalerie ont une devise ; on connaît celle de l'ordre de la Jarretière, en Angleterre : *Honni soit qui mal y pense*; et celle de la Légion d'honneur : *Honneur et patrie*.

DÉVOIEMENT. *Voy.* DIARRHÉE.

DEVOIR (qu'on écrivait jadis *debvoir*, du latin *debere*), ce à quoi on est obligé par la morale, par la religion, par la loi, par un engagement ou par la bienséance ; ce mot s'oppose à *droit*. Tout devoir suppose intelligence et liberté : intelligence pour connaître et comprendre la règle ; liberté pour l'accomplir. On distingue des D. *positifs*, qui prescrivent ce qu'il faut faire, des D. *négatifs*, ce qu'il faut éviter ; des D. *parfaits*, ceux qui sont bien déterminés et dont on peut exiger l'accomplissement ; des D. *imparfaits*, qui restent indéterminés, et qui, bien qu'obligatoires pour la conscience, ne peuvent entraîner la coërcition.

La science des devoirs constitue toute la Morale ; on la divise généralement, comme la Morale elle-même, en 3 classes : D. *envers Dieu*, D. *envers soi-même*, D. *envers ses semblables*. Les D. *envers Dieu* constituent la morale religieuse ; les D. *envers soi-même* constituent la morale individuelle : ils sont relatifs à l'intelligence, à l'activité, à la sensibilité et au corps ; les D. *envers ses semblables* constituent la morale sociale : ils dirigent l'homme soit dans la société civile, soit dans la famille. On peut y joindre une 4e classe, celles des D. *envers la nature*, qui règlent l'action humaine relativement aux êtres animés et inanimés qui nous entourent, et sur lesquels nous avons pouvoir et action. Pour l'exposition de ces divers devoirs, *Voy.* les traités de Morale.

On a sous le titre de *Traité des devoirs* (*De Officiis*) 2 ouvr. céléb., l'un de Cicéron, l'autre de S. Ambroise. Silvio Pellico a donné : *Des Devoirs* (1834), M. Mousnier: *Dev. et Droits* (1852), M. J. Simon: *le Dev.* (1853).

Devoir des compagnons ouvriers. V. COMPAGNONNAGE.

DÉVOLUTION. En Droit, on nomme *dévolus* les biens qui, dans une succession, passent d'une personne à une autre, et spécialement ceux qui sont attribués à l'une des deux lignes de la famille d'un défunt, quand l'autre branche a cessé d'exister : «La *dévolution* d'une ligne à l'autre n'a lieu que lorsqu'il ne se trouve aucun ascendant ni collatéral de l'une des deux lignes (Code civil, art. 733).» — La dévolution en matière de succession donnait lieu autrefois en France à de nombreuses contestations, mais ces questions n'ont plus d'intérêt depuis l'abolition du droit coutumier, des priviléges de la noblesse et du droit d'aînesse.

Dans les Pays-Bas et en Alsace, le *droit de dévolution* consistait en ce que tous les immeubles apportés par les conjoints en mariage, ou qu'ils acquéraient postérieurement, par succession ou autrement, appartenaient en propriété aux enfants nés de ce mariage, à l'exclusion des enfants nés d'un mariage subséquent ; s'il n'y avait pas d'enfants vivants, le survivant des époux succédait en pleine propriété à tous les biens. C'est en s'appuyant sur ce droit que Louis XIV, époux de Marie-Thérèse, prétendit à la possession des Pays-Bas espagnols, ce qui donna lieu à la *Guerre dite de dévolution. Voy.* DÉVOLUTION au *Dict. univ. d'Hist. et de Géogr.*

En Matière bénéficiale, la *dévolution* était le droit qu'avait tout supérieur immédiat de conférer un bénéfice rempli de fait, mais vacant de droit, à raison de la nullité de la collation précédente, ou par défaut des qualités requises dans le collataire, ou à raison de quelque incapacité. Les collateurs étaient alors, selon les cas, le pape ou l'évêque.

DÉVORANTS (LES). *Voy.* COMPAGNONNAGE.

DEXTRE (du latin *dextera*, droite), nom donné, en termes de Blason, au côté droit de l'écu.

DEXTRINE (du latin *dexter*, droit, parce qu'elle fait dévier *à droite* le plan de polarisation), substance semblable à la gomme arabique, qui se produit par l'action des acides et du diastase sur l'amidon. On l'obtient aussi par la torréfaction légère de l'amidon ; il s'en développe spontanément dans les graines des céréales pendant la germination. La dextrine est blanche, insipide, sans odeur, et transparente quand elle est sous forme de plaques minces. Elle a la même composition que l'amidon pur. L'eau la dissout en grande quantité et devient alors mucilagineuse. La formation de la dextrine précède toujours celle du sucre dans l'action des acides et de la diastase sur la fécule. C'est à sa présence que la bière doit sa consistance visqueuse. On se sert de la dextrine dans différentes préparations alimentaires·, notamment pour édulcorer et gommer les tisanes, pour fabriquer des pains de luxe dits *pains de dextrine*. On l'emploie en chirurgie pour faire des bandages. Sa qualité hygrométrique la rend propre à fabriquer des feutres et des rouleaux d'imprimerie, à tenir humide le parou des tisserands, etc.; aussi trouve-t-elle de nombreuses applications dans les apprêts, encollages, impression des couleurs, etc. Les fabricants d'indienne emploient, sous le nom de *léiocomme* (du grec *léios*, lisse, et *commi*, gomme), une dextrine faite par une légère torréfaction de l'amidon. La dextrine a été obtenue en 1833 par M. Dubrunfaut, et étudiée aussitôt par MM. Payen et Persoz.

DEXTROCHÈRE (du latin *dextra*, droite, et du grec *chéir*, main), bracelet d'or que les Romains portaient au poignet droit. — En termes de Blason, on nomme ainsi une main gantée et armée d'une épée, qui faisait partie des armoiries du connétable ou du doyen des maréchaux.

DEXTROVOLUBILES, tiges qui s'enroulent en spirale autour des corps voisins, et dont la spirale va de droite à gauche (haricot, liseron, etc.).

DEY, titre que portaient les pachas de la régence d'Alger avant la conquête des Français. *Voy.* DEY au *Dict. univ. d'Hist. et de Géogr.*

DIABASE, espèce de roche. *Voy.* DIORITE.

DIABÈTE (du grec *diabainô*, passer à travers), maladie caractérisée par une excrétion excessivement abondante d'urine plus ou moins chargée d'une matière cristallisable, fermentescible et le plus souvent sucrée, avec sécheresse de la peau, soif très-vive, appétit dévorant, abattement des forces et des facultés morales, amaigrissement et dépérissement progressif. Cette maladie affecte de préférence les individus faibles, lymphatiques, de 35 à 45 ans. Une alimentation de mauvaise qualité ou exclusivement végétale, les évacuations excessives, l'intempérance, les veilles prolongées, les affections tristes, le séjour dans des contrées froides et brumeuses, la suppression brusque de la transpiration, en favorisent le développement. La quantité d'urine excrétée dépasse de beaucoup celle des boissons. Quand l'urine est sucrée, la maladie est appelée *D. sucré.* Quelquefois elle est sans saveur, on nomme alors la maladie *D. insipide.* On connaît en outre un *D. avec excès d'urée*, et un *D. avec matières grasses*, dit *D. laiteux* ou *chyleux.* Le diabète est une affection chronique fort grave, qui résiste souvent à tous les moyens de traitement, et ne se termine qu'après plusieurs mois et même plusieurs années. Dans le *D. sucré*, l'urine ne contenant plus d'acide urique et d'urée, en même temps que le sucre y surabonde, il convient de mettre le malade à l'usage d'aliments azotés, de le nourrir presque exclusivement de viande, de bouillon, de lui faire boire de bon vin, de proscrire toute matière sucrée et féculente, telles que le sucre, le pain, les pommes de terre. On a conseillé en outre les médicaments diaphorétiques, l'usage des vêtements de flanelle, les frictions sur les lombes, les bains chauds à 30 degrés, les voyages dans les pays chauds, l'application de vésicatoires sur les reins; l'emploi des astringents, tels que l'alun, le cachou, les acides sulfurique et nitrique, les toniques, notamment diverses préparations de quinquina et de fer. On a vanté comme une sorte de spécifique les eaux minérales de Bristol, bues sur les lieux. On peut y substituer l'eau de chaux coupée avec moitié lait, la gomme arabique dissoute dans le lait. L'opium à haute dose a souvent réussi. On a encore préconisé le chlorure de sodium, le carbonate de soude et la magnésie calcinée; les bains de vapeur, les bains sulfureux.

Les causes du diabète ne sont pas encore bien connues: pendant longtemps on l'a attribué à une surexcitation des reins. M. Cl. Bernard a récemment établi un rapport entre les fonctions du foie, qui, même dans l'état normal, sécrète et élabore une certaine proportion de sucre, et celles du poumon, qui consomme par l'acte de la respiration le sucre ainsi produit: lorsqu'un état maladif vient surexciter l'activité du foie ou déprimer celle du poumon, la production du sucre devient plus considérable, et, ne pouvant plus être consommée par le travail de la respiration, cette substance apparaît dans les urines: il est d'ailleurs d'observation que le diabète se complique souvent de phthisie pulmonaire.

DIABLE (du grec *diabolos*, calomniateur), l'esprit du mal. *Voy.* DÉMON.

A la cour de Rome, on appelle *Avocat du diable*, celui qui, dans la procédure qui précède les canonisations, est chargé de contester les mérites du candidat.

Le nom de *Diable* a été donné, à cause de leur laideur, à beaucoup d'animaux de tout genre. Ainsi on nomme *D. des bois* plusieurs espèces de singes; *D. de Java* ou *de Tavayen*, le Pangolin; *petits Diables* ou *Diablotins*, des oiseaux marins d'Amérique, du genre Pétrel; *D. enrhumé*, un oiseau des Antilles, du genre Tangara; *D. des savanes*, l'Ani; *D. des bois*, un petit lézard de Surinam, nommé aussi Gecko; *D. de mer*, une espèce de Foulque et plusieurs espèces de poissons, telles que les grandes Raies, les Scorpènes, la Baudroie commune, etc. Aux colonies, on nomme *Diable* un Charançon, qui fait un grand tort aux plantations; *grand Diable*, un insecte hémiptère du genre Lèdre; *demi-Diable* et *grand Diable*, des insectes du genre Membrace.

Dans les Arts, le mot *Diable* désigne plusieurs sortes d'instruments : 1° une machine armée de dents, dont on se sert pour ouvrir la laine, le coton, le crin, etc.; 2° un chariot formé d'un fort châssis de bois monté sur des roues très-basses et qui sert à transporter de gros fardeaux à de faibles distances : ce chariot s'incline à volonté pour faire, au besoin, office de levier; son nom lui vient du grand bruit qu'il fait en roulant sur le pavé.

On nomme encore *Diable*, un jouet d'enfant importé de Chine et perfectionné en France, qui consiste en deux sphéroïdes creux taillés dans le même morceau de bois et percés chacun d'un trou dans un sens opposé : on le fait rouler librement, et avec une intensité toujours croissante, sur une corde faiblement tendue, et dont chaque extrémité est attachée à un bâtonnet; ce mouvement établit dans les deux sphéroïdes un courant d'air rapide qui se traduit par un fort ronflement semblable à celui de la toupie d'Allemagne : c'est ce bruit qui lui a valu son nom.

DIABLES CARTÉSIENS. *Voy.* LUDIONS.

DIABLON, on appelle ainsi quelquefois la petite voile placée dans les grands bâtiments au-dessus du diablotin, et qui se hisse sur le mât de perruche; on la nomme aussi *voile d'étai de perruche.*

DIABLOTIN, nom vulg. d'un *Pétrel* d'Amérique. Voile d'étai du perroquet de fougue; elle est trapézoïdale. Son point d'amure est placé à la jonction du grand mât et de la voile d'étai d'artimon.

DIABOTANUM (du grec *dia*, avec, et *botanon*, plante), onguent formé de plusieurs plantes, comme bardane, joubarbe, ciguë, valériane, angélique, etc., était autrefois employé comme fondant et résolutif.

DIACAUSTIQUE (du grec *dia*, à travers, et *caustikos*, qui brûle), nom donné : 1° aux courbes caustiques produites par la réfraction, par opposition aux *catacaustiques* (*Voy.* ce mot); 2° aux corps caustiques produits par la réfraction, comme les lentilles biconvexes dont on se sert quelquefois pour cautériser en concentrant les rayons du soleil sur un seul point.

DIACHYLON ou DIACHYLUM (du grec *dia*, par le moyen de, et *chylos*, suc), sorte d'emplâtre agglutinatif, que l'on emploie aussi comme fondant et résolutif. On distingue le *D. simple*, fait avec une décoction de racine de glaïeul, de l'huile de mucilage et de la litharge préparée ; et le *D. composé* ou *gommé*, fait avec du diachylon simple auquel on ajoute de la cire jaune, de la térébenthine, de la gomme ammoniaque, etc.

DIACODE (du grec *dia*, avec, et *codia*, tête de pavot). On appelle *Sirop diacode* un sirop calmant, qui a pour base la tête de pavot, ou l'extrait d'opium : on le prescrit fréquemment contre la toux d'irritation et les excitations nerveuses.

DIACONAT, le 2e des ordres sacrés dans l'Église catholique. *Voy.* DIACRE.

DIACONESSE (de *diacre*), nom donné, dans les premiers temps de l'Église chrétienne, à des femmes qui remplissaient des fonctions analogues à celles de *diacre* : elles étaient attachées au service du culte pour les cérémonies qui regardaient particulièrement les personnes de leur sexe. C'étaient ordinairement des vierges, ou des veuves qui ne devaient plus se remarier. Les diaconesses faisaient partie du clergé ; mais leur ordination n'était point sacramentelle. Elles ont disparu dans les XIIe et XIIIe siècles.

DIACONIE (de *diacre*), nom donné autrefois aux hospices établis auprès des monastères pour assister les pauvres et les infirmes, parce qu'ils étaient administrés par un *diacre*. On compte encore à Rome 14 diaconies, une pour chacun des 14 quartiers de cette ville : les pauvres y viennent recevoir les aumônes comme dans nos bureaux de bienfaisance.

DIACOPE (du grec *diacopè*, incision), genre de poissons Acanthoptérygiens de la famille des Percoïdes, est caractérisé par une échancrure au bord du préopercule. Plusieurs espèces se font remarquer par leur beauté et leur bon goût. La *D. seba* ressemble à peu près au Spare ; mais elle est moins longue et plus haute. On la recherche comme aliment.

DIACOUSTIQUE (du grec *dia*, à travers, et *acouô*, entendre), partie de l'Acoustique qui a pour objet la réfraction des sons et l'étude des propriétés qu'ils acquièrent en traversant divers milieux.

DIACRE (du grec *diaconos*, serviteur), ministre ecclésiastique, destiné à servir à l'autel le prêtre ou l'évêque. Dans l'origine, les diacres étaient chargés de distribuer les aumônes, de préparer les agapes, de donner l'eucharistie aux communiants, de la porter aux absents ; plus tard, leurs fonctions se bornèrent à présenter à l'autel le pain et le vin sacrés, avec les offrandes des fidèles. Les diacres peuvent baptiser et prêcher, mais avec une permission spéciale. Le diaconat est le dernier grade avant d'arriver au sacerdoce ; celui qui reçoit ce titre est définitivement engagé dans les ordres et ne peut se marier. L'âge fixé pour le diaconat a varié : il fallait d'abord avoir 30 ans, puis 25, pour y être admis ; aujourd'hui, on peut le recevoir à 23 ans. — A défaut d'ecclésiastiques, les fonctions de diacre sont souvent remplies dans les églises par quelqu'un des fidèles, qu'on appelle aussi *diacre*, mais improprement.

L'institution des diacres remonte aux apôtres, qui choisirent sept serviteurs (*diaconoi*) pour les aider dans leurs fonctions. L'Église de Rome élut d'abord un diacre, puis sept, puis enfin quatorze, un pour chacun des quartiers de la ville : ce nombre est encore aujourd'hui celui des *cardinaux-diacres* qui font partie du sacré collège. On donne quelquefois le nom d'*archidiacre* au plus ancien des diacres.

DIADELPHE (du grec *dis*, deux fois, et *adelphos*, frère), se dit, en Botanique, des plantes ou des fleurs dont les étamines sont réunies par leurs filaments en deux ou plusieurs corps ou faisceaux distincts : l'acacia, le pois, et le plus grand nombre de plantes à fleurs papilionacées ont leurs étamines diadelphes.

DIADELPHIE (de *diadelphe*), 17e classe du système de Linné, comprend tous les végétaux dont les étamines sont *diadelphes*. Elle se divise en 4 ordres, la *D. pentandrie* ou à 2 faisceaux de 5 étamines (liseron); la *D. hexandrie*, de 6 étamines (fumeterre); la *D. octandrie*, de 8 étamines (polygales); la *D. décandrie*, de 10 étamines (légumineuses).

DIADÈME (du grec *diadéô*, lier autour), bandeau de laine, de fil ou de soie, blanc et uni, plus tard chargé de broderies, d'or, de diamants, de perles, de pierreries, dont les rois se ceignaient le front chez les anciens. En Grèce, le diadème était fort étroit dans l'origine ; Alexandre adopta le premier le large diadème des rois de Perse, dont les extrémités retombaient sur les épaules. Les rois de Rome portaient le diadème ; les consuls n'en firent point usage ; les empereurs le reprirent à partir d'Aurélien. Les rois barbares imitèrent les empereurs ; mais leurs diadèmes étaient ordinairement de métal et se confondaient avec les couronnes. Clovis portait un diadème radié, ou couronne non fermée ; il en fut ainsi jusqu'à François Ier, qui prit une couronne fermée. *Voy.* COURONNE.

En Histoire naturelle, le nom de *Diadème* a été donné : 1o au *Tangara diademata* ; 2o à un genre de Lépidoptères diurnes qui a pour type la *Nymphale boline* de Cayenne ; 3o à un poisson du genre *Holocentre* ; 4o à un Mollusque dit aussi *Coronule*.

DIAGNOSTIC (du grec *diagnosis*, discernement), partie de la Médecine qui a pour objet la distinction des maladies, la connaissance des signes qui sont propres à chacune d'elles. Dans un sens plus restreint, c'est l'opinion que se forme un médecin sur la nature d'une maladie considérée individuellement. — On appelle *signes diagnostiques* ceux qui donnent le tableau de la maladie, et font en même temps connaître l'état actuel du malade. On les distingue en *signes caractéristiques*, qui sont inséparables de la maladie ; *signes communs*, qui se rencontrent dans plusieurs maladies ; *signes accidentels*, phénomènes qui quelquefois surviennent et d'autres fois n'arrivent pas dans une maladie.

DIAGOMÈTRE (du grec *diagó*, traverser, et *métron*, mesure), sorte d'électroscope, inventé par M. Rousseau, et propre à mesurer les électricités les plus faibles. Il se compose d'une pile sèche et à très-faible tension, qui agit sur une aiguille aimantée, libre sur son pivot. En passant à travers différents corps que l'on interpose dans le circuit, l'aiguille se meut plus ou moins, suivant que la substance interposée est plus ou moins conductrice. Cet instrument peut servir à mesurer exactement la pureté de l'huile : car on a observé qu'à travers l'huile d'olive pure, l'électricité agissait 675 fois moins sur l'aiguille qu'en traversant les autres huiles fixes.

DIAGONALE (du grec *dia*, à travers, et *gônia*, angle), droite menée du sommet de l'angle d'un parallélogramme au sommet de l'angle opposé. C'est, dans les figures planes, la ligne qui joint deux angles non situés sur le même côté d'une figure rectiligne ; dans les polyèdres, c'est la ligne qui joint deux angles dont les sommets ne sont pas situés dans le même plan. Dans tout polygone, le nombre de diagonales qu'on peut tirer d'un même angle à tous les autres est égal à celui des côtés du polygone moins trois : ainsi on ne peut tirer de diagonale dans un triangle ; une diagonale est possible dans une figure de quatre côtés ; deux dans celles qui en ont cinq, etc.

DIAGRAMME (du grec *diagramma*, dessin, de *diagraphô*, décrire), nom donné par les Grecs à toute construction géométrique servant à démontrer une proposition. — On nommait ainsi, dans la musique des Grecs, l'étendue de tous les sons : c'est ce que l'on appelle aujourd'hui *gamme*, *clavier*, *échelle*.

DIAGRAMME, *Diagramma*, genre de poissons Acanthoptérygiens, de la famille des Sciénoïdes, n'a pas d'écailles sur le devant du museau, tandis que tout le reste de la tête en est couvert. Ces poissons paraissent argentés, avec des lignes de reflets le long de chaque rangée longitudinale d'écailles. Ils sont très-voraces. On trouve dans l'Atlantique le *D. à front cave* (*D. cavifrons*), dont la chair est estimée.

DIAGRAPHE (du grec *diagraphô*, tracer des lignes), instrument servant à donner en petit l'image d'un objet plus grand, et à tracer d'un mouvement continu, et sans la connaissance du dessin, l'image de toutes sortes de lignes droites ou courbes. Il se compose, 1° d'une lunette étroite et mobile à l'aide de laquelle l'œil suit les divers points les contours qu'on veut reproduire, 2° d'un curseur adapté à la lunette, et muni d'un crayon qui retrace sur le papier les lignes analogues à celles que parcourt le rayon visuel : c'est, en quelque sorte, la *perspective mécanique*. On peut à volonté, par ce procédé, obtenir la même image dans des proportions différentes. L'invention du diagraphe est due à M. Gayard, qui la fit connaître en 1831, et qui en a fait une belle application aux tableaux des galeries de Versailles.

DIAGREDE (par corruption de *dacrydion*, nom de la Scammonée chez les Grecs), nom donné jadis au suc de Scammonée préparé avec du jus de coing. *Voy.* SCAMMONÉE.

DIALECTES (du grec *dialectos*, même signif.), formes particulières que présente une même langue dans des régions diverses. Le *dialecte* diffère du *patois* en ce que ce dernier est une corruption de la langue mère, tandis que le dialecte est un idiome spécial, qui a ses règles et sa littérature.

Le mot *dialecte* s'applique surtout à la langue des anciens Grecs, dans laquelle on comptait quatre dialectes : l'*ionien*, l'*attique*, le *dorien* et l'*éolien*. L'ionien est le plus ancien : Homère, Hésiode, Anacréon, Hérodote et Hippocrate s'en sont servis ; les Ioniens aimaient le concours des voyelles, les sons doux et mouillés ; ils rejetaient toute contraction. L'*attique*, au contraire, affectionne les contractions, emploie fréquemment la lettre ξ, les deux ττ (au lieu des deux σσ), etc. : Thucydide, Xénophon, Platon, Isocrate, Démosthène, en prose ; Eschyle, Sophocle, Euripide, Aristophane, en vers, en sont les modèles les plus purs. Le *dorien* était parlé dans le Péloponèse, la Sicile et la Grande-Grèce ; Théocrite en offre le modèle : son caractère principal était de faire dominer l'*α*. La langue latine semble s'être formée principalement de ce dialecte. L'*éolien* ressemble beaucoup au dorien ; il fut d'abord parlé en Béotie, et se répandit ensuite dans les Sporades et sur les côtes de l'Asie-Mineure ; il change l'esprit rude en F, qu'on nomme, à cause de cela, *digamma éolique :* Alcée et Sapho écrivaient dans ce dialecte.

Toutes les langues modernes ont aussi leurs dialectes ; la langue française en compte deux principaux : le *français* proprement dit et le *provençal :* l'Allemagne a le *platt-deutsch* et le *hoch-deutsch ;* l'Angleterre, l'*anglais* proprement dit et l'*écossais*, etc.

DIALECTIQUE (du grec *dialégô*, discourir, discuter). Ce mot, que l'on prend souvent pour synonyme de *Logique*, exprime proprement l'*art de discuter*, l'application des règles du raisonnement à la discussion, art qui n'est qu'une partie de la Logique. On attribue l'invention de cet art à Zénon d'Élée ; les Sophistes s'en emparèrent ; mais ils le discréditèrent en s'en servant pour tout contester, pour soutenir sur toute question le pour et le contre ; Socrate et Platon le réhabilitèrent : chez eux, la dialectique était l'art d'interroger, l'art d'amener l'interlocuteur à reconnaître la vérité et à s'élever graduellement à la vraie science. Les *Dialogues* de Platon offrent le plus beau modèle en ce genre. Aristote réduisit la dialectique en une science dans ses *Topiques* et dans son traité de la *Réfutation des Sophistes*. Dans les temps modernes, la dialectique a été

remplacée, chez les Scolastiques, par l'*argumentation ;* chez les Théologiens, par la *controverse*.

Dans la phraséologie de Kant, *dialectique* est synonyme de purement probable : c'est en ce sens qu'il oppose les *arguments dialectiques*, qui ne reposent que sur des faits contingents, aux *arguments apodictiques*, qui reposent sur des vérités nécessaires et produisent une certitude absolue.

DIALLAGE (du grec *diallagé*, différence, à cause de la variété de ses couleurs), silicate à base de magnésie et d'oxyde de fer, assez commun dans la composition des roches ignées. Ses couleurs varient du vert au brun, et sa forme est, en général, le prisme rhomboïdal oblique. La diallage est rayée par l'acier ; elle raye à peine le verre et fond au chalumeau en un verre blanchâtre. Elle offre plusieurs variétés utiles aux lapidaires : la *smaragdite*, d'un beau vert ; la *bronzite*, d'un brun jaunâtre, et le *schillerspath*, de couleur jaune d'or. On les trouve disséminées dans les dépôts de serpentine.

DIALLÈLE (du grec *diallélos*, réciproque), nom donné par les Grecs au cercle vicieux. *Voy.* ce mot.

DIALOGUE (du grec *dialogos*, conversation). Considéré comme forme littéraire, le dialogue peut s'appliquer à tous les genres de composition. Outre les œuvres dramatiques, qui sont nécessairement sous cette forme, et la poésie pastorale, qui l'affecte particulièrement, la philosophie, la morale, l'éloquence, les sciences mêmes, se sont servies du dialogue pour couvrir par la forme d'une conversation particulière ce que l'enseignement pouvait avoir d'aride. On cite surtout en ce genre, chez les anciens, les *Dialogues* de Platon, plusieurs écrits philosophiques de Cicéron (*Tusculanes*, *Académiques*. *de l'Orateur*) ; le *Dialogue des orateurs*, de Tacite ou de Quintilien ; les *Dialogues des morts*, de Lucien ; chez les modernes, les *D. sur l'éloquence* et les *D. des morts*, de Fénelon ; les *D. des morts* et la *Pluralité des mondes*, de Fontenelle ; le *D. de Sylla et d'Eucrate*, de Montesquieu ; les *Entretiens* du P. Malebranche, ceux du P. Bouhours, de Mably, etc.

DIAMAGNÉTIQUE (de *dia*, à travers, etc.), corps qui se laisse facilement traverser par le magnétisme.

DIAMANT (du grec *adamas*, indomptable, à cause de sa dureté et de son incombustibilité supposée), corps vitreux, transparent, doué d'un éclat très-vif, est formé par du carbone cristallisé. C'est le plus dur des corps connus ; sa densité est de 3,5. Il n'est ni volatil, ni fusible ; aucun liquide ne le dissout. Il résiste parfaitement au feu le plus violent quand on le chauffe à l'abri de l'air ; mais il brûle très-facilement dans le gaz oxygène, et se transforme alors en acide carbonique. Il est ordinairement sans couleur ; mais, quelquefois, il prend des teintes bleues, jaunes, roses ou brunes. On le trouve soit en grains irrégulièrement arrondis, soit en cristaux ayant la forme du cube, de l'octaèdre régulier ou du dodécaèdre rhomboïdal, dans les terrains de transport ou dans les sables, au Brésil, aux Indes Orientales, et dans les montagnes de l'Oural (gouvernement de Perm) : les mines de Golconde et de Visapour sont connues depuis les temps les plus reculés ; celles du Brésil, qui existent principalement dans la province de Minas-Geraes, ont été découvertes au commencement du XVIII° siècle ; celles de l'Oural n'ont été découvertes que depuis peu d'années (1831). — On lave les sables diamantifères pour entraîner la plus grande partie des matières terreuses ; le résidu est ensuite étendu sur une aire bien battue, et on y fait la recherche des diamants, sous la surveillance d'inspecteurs.

Le pouvoir réfringent et le pouvoir dispersif considérables que présente le diamant, et d'où naît l'éclat de ses feux, l'ont rendu un des corps les plus précieux employés en joaillerie ; en raison de sa grande dureté, il sert aussi à former des pivots pour les pièces délicates d'horlogerie, à polir les pierres fines et à couper le verre. Les vitriers emploient principalement le diamant cristallisé à arêtes courbes, dit *diamant de nature*.

La taille augmente considérablement l'éclat du diamant. Elle s'exécute au moyen d'une plate-forme horizontale en acier très-doux, qu'on recouvre de poudre de diamant, dite *égrisée*, délayée dans de l'huile : on appuie le diamant contre la plate-forme pendant qu'elle tourne rapidement. Il y a deux espèces de taille : la *taille en rose*, qui ne s'emploie que pour les diamants de peu d'épaisseur, et la *taille en brillant*, qui est plus recherchée. La taille en rose présente, à son sommet, une pyramide à facettes triangulaires, et une large base plate destinée à être cachée dans la monture. Les diamants taillés en brillant ont, à la partie supérieure, une face assez large, ou *table*, entourée de facettes triangulaires, nommées *dentelles*, et de facettes en losange; la partie inférieure se termine par une sorte de pyramide garnie aussi de facettes ou *pavillons*, destinée à réfléchir la lumière qui a traversé la pierre, et cette pyramide est tronquée par une autre petite table ou *culasse*. Les brillants sont toujours montés à jour.

La grosseur des diamants est ordinairement peu considérable; presque toujours ils ne dépassent pas le poids d'un carat (centigr. 20,27); ceux qui pèsent plusieurs carats s'appellent *diamants parangons*. Les plus gros diamants connus sont : celui du radjah de Matan, dans l'île de Bornéo, qui pèse, brut, 367 carats (plus de 75 grammes); celui de l'empereur du Mogol, dit le *Koh-i-Noor* (mont de lumière), qui pèse 279 carats; celui de l'empereur de Russie, qui est de la grosseur d'un œuf de pigeon, et qui pèse 193 carats; il provient de Nadir-chah. On cite encore parmi les plus gros diamants celui de l'empereur du Brésil, et un diamant brut possédé par le Nizam et récemment offert en payement aux Anglais (1851), qui pèse, dit-on, 400 carats. Le plus beau diamant qu'on ait trouvé jusqu'ici, en raison de sa forme et de sa limpidité, est celui qui est connu, parmi les bijoux de la couronne de France, sous le nom de *Régent*; il fut acheté, pendant la minorité de Louis XV, par le duc d'Orléans, alors régent, d'un Anglais nommé Pitt, qui l'avait rapporté de l'Inde; il pèse 136 carats 3/4. On remarque encore le *Sancy*, ainsi nommé d'un ministre d'Henri IV, qui en fut possesseur; il fait, aujourd'hui, partie des diamants de la couronne.

Les anciens ignoraient l'art de tailler le diamant. Ce fut un jeune noble de Bruges, nommé Louis de Berquem, qui, ayant remarqué par hasard, en 1476, que deux diamants frottés l'un contre l'autre s'usaient mutuellement, eut l'idée de tirer parti de cette observation pour tailler le diamant. Le premier diamant taillé fut porté par Charles le Téméraire; il est aujourd'hui possédé par l'Espagne.

Les premières expériences sur la combustibilité du diamant furent faites par deux académiciens de Florence, Averani et Targioni, en 1694; ils effectuèrent la combustion en plaçant le diamant au foyer d'un miroir ardent. Longtemps après, François-Etienne de Lorraine, devenu depuis grand-duc de Toscane, et enfin empereur sous le nom de François Ier, fit, à Vienne, une nouvelle série de recherches sur ce corps, dont il opéra également la combustion complète à l'aide de fourneaux ordinaires. De 1766 à 1772, ces expériences furent répétées de toutes les manières en France par d'Arcet père, Rouelle, Macquer, Lavoisier et plusieurs autres savants. Lavoisier s'assura que le diamant donne de l'acide carbonique comme le charbon de bois, et qu'il est, par conséquent, formé de carbone. Bien avant qu'on songeât à soumettre le diamant à l'épreuve du feu, Newton, se fondant sur certaines considérations optiques, avait émis l'opinion qu'il devait être combustible.

On appelle *diamants d'Alençon* des cristaux de quartz hyalin d'une grande limpidité, que l'on trouve dans les sables granitiques d'Alençon, et qui ont la forme de pyramides à deux faces.

DIAMÈTRE (du grec *dia*, à travers, et *métron*, mesure), droite qui jouit de la propriété de couper par moitié un système de cordes parallèles qui traversent une courbe dans une direction déterminée. Le *diamètre d'un cercle* est la droite qui passe par le centre de ce cercle et qui se termine, de part et d'autre, à sa circonférence. Le rapport du diamètre à la circonférence est incommensurable; cependant on peut en approcher de très-près par le calcul : Archimède avait trouvé 7/22, Adrien Métius 113/355; d'après les calculs les plus exacts, le diamètre est 1/3,1413926, un peu plus du tiers de la circonférence. Le *D. d'une section conique* est une droite qui coupe toutes les ordonnées en deux parties égales; lorsque le diamètre est perpendiculaire aux ordonnées, il prend le nom d'*axe* (*Voy.* ELLIPSE, HYPERBOLE, PARABOLE).—Le *D. d'une sphère* est la même chose que le diamètre du demi-cercle dont la révolution a engendré la sphère; on le nomme aussi l'*axe* de la sphère.

En Astronomie, on appelle *D. apparent* d'une planète l'angle sous lequel elle apparaît à l'observateur, en menant des rayons visuels de l'œil à deux points opposés du disque de cette planète; on l'évalue en minutes et en secondes. Le *D. réel* d'une planète est sa véritable grandeur mesurée à l'aide d'une grandeur connue, telle que le mètre, ou comparée avec le diamètre de la terre.

DIANDRE (du grec *dis*, deux, et *aner, andros*, mâle), se dit en Botanique de tous les végétaux dont la corolle ne renferme que deux étamines.

DIANDRIE, 2e classe des végétaux dans le système de Linné, renferme les plantes qui ont deux étamines libres : tels sont le jasmin, la véronique, la sauge. Elle est divisée en trois ordres : la *D. monogynie*, à un seul pistil; la *D. digynie*, à deux pistils; la *D. trigynie*, à trois pistils.

DIANE (du bas latin *dianœa*, grand bruit de chasse), batterie de caisse qui s'exécute au point du jour, et qui est le signe du réveil dans le service des garnisons sur terre et des garnisons de bord. On ne rend point d'honneurs militaires avant la diane. En mer et dans les ports, la diane est accompagnée d'un coup de canon. Elle s'appelle *fanfare* ou *réveil-matin* dans la cavalerie.

Arbre de Diane, arborisation métallique. *V.* ARBRE.

DIANELLE, *Dianella*, genre de la famille des Asparaginées, renferme des plantes vivaces, herbacées et rameuses, à fleurs disposées en panicules lâches terminales, avec des feuilles semblables à celle des Iris. On cultive : la *D. bleue* (D. *cœrulea*), ou *Reine des bois*, originaire de la Nouvelle-Hollande, et importée en France en 1815 et 1816; sa tige, haute de 16 centim., est tortueuse, garnie de feuilles glabres, vertes et dentelées; ses fleurs sont d'un beau bleu d'azur; la *D. jaune* (D. *nemorosa*), originaire de l'Inde.

DIANTHÉES (de *dianthus*, nom latin de l'œillet), sous-famille de plantes, qui a pour type le *Dianthus* ou Œillet. *Voy.* ŒILLET et CARYOPHYLLÉES.

DIANTHUS (du grec *anthos*, fleur, et *Dios*, de Jupiter; à cause de la suavité de son odeur), nom scientifique de l'ŒILLET.

DIAPALME (de *palme*, parce qu'on y faisait entrer autrefois une décoction de feuilles de palmier), sorte d'emplâtre détersif et résolutif, composé de litharge, de sulfate de zinc, d'huile d'olive et de cire vierge. On en fait une espèce de cérat, et on l'emploie comme astringent et résolutif.

DIAPASON (du grec *dia*, avec, par, et *pas*, tout). C'était, chez les Grecs, le nom de l'*octave*. — On donne aujourd'hui ce nom à l'étendue d'une voix ou d'un instrument, c.-à-d. à la série des notes qu'une voix ou un instrument peut faire entendre. Chaque voix, chaque instrument, a son diapason particulier.

On appelle encore *diapason* un petit instrument

composé d'une tige d'acier à deux branches, courbée en forme d'U, longue de huit ou neuf centimètres, plus rapprochée en haut qu'en bas, et disposée de manière à faire résonner constamment et sans la moindre altération le ton de *la*, lorsqu'on le frappe contre un corps dur et qu'on le pose sur un corps sonore. C'est sur ce régulateur que l'on accorde tous les instruments.

DIAPÉDÈSE (du grec *diapédaô*, traverser), hémorragie cutanée, transsudation ou exhalation de sang, sous forme de rosée, à la surface de la peau ou de toute autre membrane. C'est, dit-on, la maladie dont mourut le roi Charles IX.

DIAPÈRE (du grec *diapeiró*, transpercer), *Diaperis*, genre de Coléoptères hétéromères, famille des Taxicornes : antennes composées d'articles en forme de disques enfilés par leur centre; corps ovoïde et bombé; tête courte et triangulaire; écusson très-petit; pattes de largeur moyenne. Ces insectes vivent dans l'intérieur des champignons.

DIAPHANÉITÉ (du grec *dia*, à travers, et *phaino*, briller), ou *transparence*, propriété qu'ont certains corps, tels que l'air, l'eau, le verre, le diamant, le talc, le cristal, etc., de laisser passer librement les rayons lumineux à travers leur masse, phénomène que les savants attribuent au résultat de la rectitude des pores à travers lesquels le fluide lumineux se crée un libre passage. Les corps diaphanes sont opposés aux corps *opaques*, à travers lesquels la lumière ne pénètre pas; ils diffèrent des corps *translucides*, comme l'agate, en ce que ceux-ci ne transmettent à travers leur masse qu'une lumière diffuse.

DIAPHORÈSE (du grec *diaphoreô*, répandre), surexcitation de la peau qui a pour effet de déterminer des sueurs plus ou moins abondantes : c'est un état moyen entre la simple transpiration et la sueur.

DIAPHORÉTIQUE (même étymologie). On donne ce nom à des sudorifiques de peu d'énergie ou administrés à faible dose. *Voy* SUDORIFIQUE.

DIAPHRAGME (du grec *dia*, à travers, et *phragma*, cloison), muscle impair, membraneux, mince, aplati, très-large, obliquement situé entre le thorax et l'abdomen, qu'il sépare l'un de l'autre, comme une cloison. Le centre de ce muscle est occupé par une large aponévrose, à laquelle on a donné le nom de *centre phrénique*, et qui reçoit les fibres nées de la circonférence du thorax, et dont la réunion forme les *piliers* du diaphragme. Ce muscle présente deux ouvertures : l'une en avant, appelée *ouverture œsophagienne*, est traversée par l'œsophage; l'autre, en arrière, dite *ouverture aortique*, donne passage à l'aorte, au canal thoracique et à la veine azygos. Le diaphragme maintient les viscères renfermés dans la poitrine et l'abdomen. Lorsqu'il se contracte, ses fibres, de courbes qu'elles étaient, deviennent droites; alors il s'abaisse et la poitrine est agrandie pour recevoir l'air : c'est ce qui le fait nommer *muscle inspirateur;* lorsqu'il se relâche, il est repoussé vers la poitrine par les viscères abdominaux. Le diaphragme joue un rôle essentiel dans le soupir, le bâillement, l'anhélation, la toux, l'éternûment, le rire, le sanglot, le hoquet, le vomissement, les actes de flairer, crier, chanter, etc. Cet organe existe chez les oiseaux comme chez les mammifères.

On nomme encore *Diaphragme :* 1° en Optique, un anneau qu'on place au foyer commun de deux verres d'une lentille, pour intercepter les rayons trop éloignés de l'axe et qui pourraient rendre les images confuses sur les bords; — 2° en Botanique, toute lame qui partage le fruit capsulaire en plusieurs loges ou parties; — 3° en Mécanique, un disque plus ou moins mince qui interrompt la communication dans le canal d'un tube cylindrique, tel qu'un tuyau de pompe, de lunette, etc. Les soupapes des pompes sont portées par des diaphragmes percés.

DIAPRÉE, espèce de prune. *Voy.* PRUNE.

DIAPRUN (de *diaprée*, espèce de *prune*), électuaire laxatif et purgatif dont le principal ingrédient est la pulpe de pruneaux. On distingue le *D. simple*, composé de polypode, de fleurs de violette, de semences d'épine-vinette et de réglisse, de roses de Provins, bouillis avec des pruneaux et du sucre; et le *D. résolutif*, qui résulte du mélange du diaprun simple avec de la scammonée en poudre.

DIARRHÉE (du grec *diarrhéô*, couler de toutes parts), vulgairement *dévoiement, cours de ventre.* On confond généralement sous le nom de *diarrhée* des affections diverses qui n'ont de commun que la fréquence et la liquidité des déjections alvines. La diarrhée n'est le plus souvent qu'un symptôme de l'entérite ou d'un accroissement anormal de la sensibilité de la membrane muqueuse intestinale. On la combat par les mêmes moyens. Cette affection peut être produite par l'usage d'aliments indigestes, de remèdes purgatifs, par l'impression du froid, etc. L'enfance, la faiblesse de la constitution, le tempérament lymphatique, paraissent y prédisposer. Sa durée est de 4 à 7 jours, et sa terminaison favorable.

DIASCÉVASTE (du grec *diascévazô*, arranger), nom donné à ceux qui, avant les grammairiens de l'école d'Alexandrie, s'occupèrent de retoucher, d'arranger et même de continuer les poésies d'Homère et des poëtes cycliques.

DIASCORDIUM (du grec *dia*, avec, et du latin *scordium*, sorte de plante), électuaire dont les feuilles de scordium sont la base, et dans lequel on fait entrer des roses rouges, de la bistorte, de la gentiane, de la cannelle, du galbanum, du gingembre et de l'extrait d'opium. Cet électuaire, d'une odeur et d'une saveur désagréables, est employé comme astringent et sédatif, surtout contre les diarrhées abondantes, soit en boisson, soit dans du pain azyme.

DIASPORE (du grec *diasporos*, dispersé), minéral composé d'alumine et d'eau, avec quelques traces d'oxyde de fer. Il se présente ordinairement en lames jaunâtres ou brunâtres, un peu fibreuses, à la cassure quelquefois vitreuse. Exposé au feu, il se *dissipe* en une multitude de parcelles : d'où son nom. Le Diaspore se trouve dans les terrains granitiques.

DIASTASE (du grec *diastasis*, séparation, disjonction). Les Chirurgiens appellent ainsi la séparation de deux os qui étaient contigus, comme le cubitus et le radius, le tibia et le péroné. — Les anciens désignaient par ce mot le gonflement des veines variqueuses, et le temps où il s'opère quelque changement dans les maladies.

En Chimie, on nomme *Diastase* une substance azotée neutre, découverte en 1833 par MM. Payen et Persoz : elle est contenue, selon eux, dans toutes les céréales germées, et a la propriété de transformer rapidement la fécule en dextrine et en sucre, et de la *séparer* ainsi des substances insolubles avec lesquelles elle serait mêlée. On peut l'extraire de l'orge germée à l'aide de l'eau; elle est blanche, non cristalline, très-soluble dans l'eau, insoluble dans l'alcool concentré. On n'en connaît pas la composition. On attribue à la diastase la transformation qu'éprouve la fécule dans les céréales à l'époque de la germination.

DIASTOLE (du grec *diastolé*, dilatation), mouvement par lequel le cœur et les artères se dilatent pour livrer passage au sang. *Diastole* est opposé à *Systole*, qui indique le resserrement de ces organes.

DIATESSARON (du grec *dia*, par le moyen de, et *tessara*, quatre), électuaire composé essentiellement de quatre médicaments : racines de gentiane et d'aristoloche ronde, baies de laurier et myrrhe. Ce médicament, qu'on appelait aussi *thériaque diatessaron*, était recommandé contre les piqûres et morsures d'animaux venimeux.

DIATHERMANE (du grec *dia*, à travers, et *thermos*, chaud), se dit en Physique, par opposition aux substances *athermanes*, des substances qui livrent passage à la chaleur rayonnante, comme les substances diaphanes livrent passage à la lumière. Le sel gemme, la chaux fluatée, le spath d'Islande et le cristal de roche sont des substances diathermanes, tandis que l'alun, l'eau pure et surtout les métaux opaques sont des substances *athermanes*.

DIATHÈSE (du grec *diathèsis*, disposition), état de l'économie animale en vertu duquel on est disposé à contracter une espèce déterminée de maladie, qui se reproduit dans diverses parties du corps sous des formes semblables ou variées. — Dans le système italien du *contro-stimulus*, le mot *diathèse* signifie une condition maladive, un excès de stimulus, ou de contro-stimulus, qui survit à la cause qui l'a produite.

DIATOME (du grec *dia*, en travers, et *tomè*, coupe), genre d'Algues composé de segments ou de lames formant d'abord un petit filament simple et très-comprimé, et qui, ensuite, en se disjoignant dans leur longueur, présentent la figure d'un zigzag. Les Diatomes forment sur les plantes aquatiques des fontaines ou de la mer un duvet roussâtre, de couleur ferrugineuse, qui devient verdâtre par la dessiccation. Le *D. floconneux* est l'espèce la plus commune dans nos eaux douces. — Le *Diatome* est le type d'une tribu d'Algues qui a pris de là le nom de *Diatomées*. Toutes les Diatomées se multiplient par simple déduplication.

DIATONIQUE (du grec *dia*, par, et *tonos*, ton). On appelle ainsi, en Musique, le mouvement ou la gamme qui procède par tons et demi-tons alternatifs, par opposition au mouvement ou à la gamme *chromatique*, qui ne procède que par demi-tons.

DIATRIBE (du grec *diatribè*, frottement, examen). Ce mot, qui, dans son acception primitive, se donnait aux entretiens philosophiques, à l'examen sérieux d'un ouvrage d'esprit, a été plus tard spécialement appliqué à toute critique amère et violente.

DIAULE (du grec *dis*, deux, et *aulos*, flûte ou carrière), double flûte en usage chez les anciens. *V.* FLUTE.

Mesure de longueur, valant 2 stades (370 mètres). C'est l'espace que parcouraient ordinairement les coureurs à pied dans les jeux publics de la Grèce.

DICÉE (nom d'un oiseau cité par Élien), *Dicæum*, genre de Passereaux, de la famille des Ténuirostres, au bec court, denticulé à la pointe, élargi à sa base et un peu arqué; aux narines petites et arrondies; aux ailes obtuses. Les espèces connues sont toutes des îles de l'archipel du S. E. de l'Asie et de l'Océanie. Leur taille est petite, et leur plumage teint, pour la plupart, du rouge le plus vif. Le *D. noir* habite la Nouvelle-Guinée; sa longueur est de 1 décimètre.

DICÉRATE (du grec *dis*, deux, et *céras*, corne), *Diceras*, genre de Mollusques acéphales, de la famille des Cardiacés, est composé de grandes coquilles bivalves irrégulières, et à sommets coniques contournés de manière à simuler une paire de cornes. Ces coquilles diffèrent surtout des Cames par la largeur et la puissance de leur charnière. On ne les rencontre qu'à l'état fossile. La *D. ariétine* (*D. arietina*) est commune à Saint-Michel (Meuse), et au mont Salève près de Genève.

DICHOBUNE (du grec *dicha*, séparément, et *bounos*, colline, à cause des tubercules distincts qu'offrent leurs molaires), sous-genre d'Anoplothériums, de la classe des Mammifères, ordre des Pachydermes, connu seulement à l'état fossile, et dont la découverte est due aux recherches de Cuvier. Il renferme plusieurs espèces, toutes de petite taille. Ces espèces sont le *D. lièvre*, dont les formes et la dimension rappellent celles du lièvre; le *D. rongeur*, gros comme un cochon d'Inde, et le *D. oblique*, de la même dimension, et remarquable par l'obliquité des branches de sa mâchoire inférieure.

DICHORISANDRE (du grec *dichoria*, en deux groupes, et *aner*, *andros*, étamine), genre de la famille des Commélinées, originaire du Brésil. Ce sont des plantes herbacées, à feuilles lancéolées, et à fleurs en grappes terminales. On en connaît une espèce cultivée, fleurissant en France depuis 1829 : c'est la *D. à fleurs en thyrse*. Sa tige part d'un tubercule charnu, et monte à un mètre au plus; elle est cylindrique, d'un vert foncé. De chaque articulation sort une gaine tachée de brun pourpre; au sommet de la tige s'élève une panicule florifère, inodore, chargée de ramifications cylindriques, courtes, et portant à leurs extrémités trois à cinq fleurs d'un bleu lilas à l'extérieur, blanches à l'intérieur, et vertes à l'extrémité de chaque pétale.

DICHOTOME (du grec *dicha*, en deux parties, et *tomè*, division), se dit, en Botanique, des parties qui se divisent et se subdivisent en deux : on nomme *tige dichotome*, celle qui, d'abord simple, se bifurque en 2 branches, dont chacune se subdivise encore en 2 branches, jusqu'au sommet. La tige du gui, de l'œillet, les pédoncules du fusain, etc., sont *dichotomes*.

En Astronomie, ce mot désigne l'état de la lune lorsque la moitié de cet astre est seule visible.

En Logique, on appelle *division dichotomique*, *classification dichotomique*, celles qui procèdent en divisant et subdivisant toujours de deux en deux. — La *Flore française* de Lamarck offre un modèle de méthode dichotomique appliquée à la Botanique.

DICHROA (du grec *dis*, deux fois, et *chróa*, couleur), genre de la famille des Rosacées, renferme un arbrisseau de la Cochinchine, la *D. fébrifuge*, dont les feuilles et les racines sont employées par les naturels comme un bon fébrifuge. Elles sont émétiques et purgatives. Les fleurs de cette plante sont blanches en dehors, bleues en dedans : ce qui a valu au genre le nom qu'il porte.

DICHROÏSME (du grec *dis*, deux, double, et *chróa*, couleur), propriété optique des minéraux à double réfraction, qui consiste en ce que, si l'on regarde au travers parallèlement aux axes, ces minéraux présentent une certaine couleur; et si l'on regarde au travers dans un autre sens, ils présentent une autre couleur : la *cordiérite*, par exemple, ou *fahlunite*, est dans un sens du plus beau bleu de saphir, et dans un autre sens, d'un blanc jaunâtre tirant sur le brun; ce qui lui a fait donner le nom de *dichroïte*. — On nomme *unichroïtes* les substances qui ne produisent pas de double réfraction; *trichroïtes* celles qui, comme la topaze, présentent 3 couleurs différentes; *polychroïtes*, celles qui en présentent davantage.

DICLINE (du grec *dis*, deux, et *cliné*, lit), nom donné aux plantes dont les organes sexuels, mâles et femelles, ne sont pas réunis dans chaque corolle ou dans chaque fleur, mais sont distincts sur des fleurs différentes. Ces fleurs, dites *unisexuées*, sont appelées *monoïques* lorsqu'elles habitent sur la même plante (*monœcie* de Linné), et *dioïques* lorsque les organes mâles existent sur un pied, et les organes femelles sur un autre (*diœcie*). L'Épinard, par exemple, est monoïque, tandis que le Chanvre est dioïque. Dans la *Méthode naturelle des plantes*, les plantes diclines forment la 15e et dernière classe, qui renferme les Euphorbiacées, les Cucurbitacées, les Urticées, les Amentacées et les Conifères.

DICORDE, instrument des anciens, surtout des Égyptiens, était monté de deux cordes, et avait la forme d'un luth aplati avec un long manche.

DICOTYLÉDONÉES (du grec *dis*, deux, et *cotylédon*, cotylédon), 3e grande division des végétaux dans la classification de Jussieu, comprend tous ceux dont la semence est à 2 lobes, dits cotylédons ou feuilles séminales, qui se montrent ordinairement à la surface du sol au moment de la germination. C'est la division la plus nombreuse; elle renferme à elle seule les quatre cinquièmes des plantes connues. On les a appelées aussi *Exogènes* (*Voy.* ce mot). En général, les plantes dicotylédonées se distinguent à leur radicule rameuse, à leur tronc formé de couches concentriques, à leurs feuilles à nervures ramifiées, et aux divisions de leurs fleurs ordinairement au nombre de cinq ou multiples de cinq. On les a divisées en trois classes : 1° les *Apétales,* subdivisées en *épistaminie* (étamines épigynes), *péristaminie* (périgynes), *hypostaminie* (hypogynes); 2° les *Monopétales,* subdivisées en *hypocorollie* (à corolle hypogyne), *péricorollie* (périgynes), et *épicorollie* (épigynes), *synanthérie* (anthères réunies), *chorisanthérie* (anthères distinctes); 3° les *Polypétales,* subdivisées en *épipétalie* (étamines épigynes), *hypopétalie* (hypogynes), et *péripétalie* (périgynes).

DICRANE (du grec *dicranos,* fourchu), *Dicranum,* genre de Mousses acrocarpes, type de la tribu des Dicranées. On la trouve ordinairement, sous forme de gazon, sur la terre et sur les rochers.

DICROTE (du grec *dis,* deux fois, et *crotos,* battement), nom donné au pouls qui, à certaines pulsations, semble battre deux fois, tel que le marteau qui frappe l'enclume, rebondit et achève son coup. On nomme aussi ce pouls *rebondissant.* On le regarde comme un signe d'hémorragie nasale ou gutturale.

DICTAME ou DICTAMNE, *Dictamus* et *Dictamnus.* Les anciens donnaient le nom de *Dictame* à une plante célèbre, commune en Crète, du genre Origan, de la famille des Labiées, à tige vivace, rameuse, cotonneuse, s'élevant à 0^{m}50, à feuilles orbiculaires, épaissés, blanchâtres et opposées; à fleurs disposées en panicules quadrangulaires, blanches ou purpurines. Son odeur est suave et aromatique, sa saveur amère, âcre ou piquante. Ses sommités fleuries passaient pour avoir des propriétés merveilleuses : on les regardait surtout comme efficaces contre la morsure des animaux venimeux. Les biches blessées par les traits des chasseurs se guérissaient, disait-on, en mangeant des feuilles de dictame. Le meilleur se recueillait sur le mont Ida : on en trouve aujourd'hui dans le midi de l'Europe et de la France.

Les Botanistes modernes nomment *Dictamne,* un genre de la famille des Diosmées, renfermant de belles plantes vivaces, à odeur forte, à feuilles alternes, à fleurs blanches ou pourprées, réunies en grappes terminales. L'espèce la plus remarquable est le *Dictamnus albus,* plus connu sous le nom de *Fraxinelle. Voy.* ce mot.

DICTATEUR, magistrat suprême que l'on élisait temporairement à Rome dans les moments difficiles et qui était investi de pouvoirs illimités. *Voy.* ce mot au *Dict. univ. d'Hist. et de Géogr.*

DICTIONNAIRE (du latin *dictum,* parole), recueil de mots ou de noms rangés par ordre alphabétique. Le *dictionnaire* ne doit pas être confondu avec le *vocabulaire,* simple nomenclature de mots, sans explication raisonnée; avec le *lexique,* recueil de mots de langues étrangères, surtout du grec ou de l'hébreu; avec le *glossaire,* recueil et commentaire de mots vieillis et de locutions abandonnées.

Dictionnaires de mots. Les plus anciens ouvrages de ce genre sont le traité de Varron, *De differentia verborum,* espèce de dictionnaire de synonymes; celui de Verrius Flaccus, *De significatione verborum,* abrégé plus tard par P. Festus; l'*Onomasticon* de Pollux, composé vers l'an 180 de J.-C.; le *Dictionnaire grec* d'Hesychius, vers 600. Au moyen âge, on ne cite guère que l'*Elementarium rudimentum* de Papias (1053), et des lexiques français sans importance. En 1502 parut le *Dictionnaire polyglotte* d'Ambr. Calepin, plusieurs fois refondu et augmenté depuis. Vinrent ensuite les *Thesaurus linguæ latinæ* de R. Estienne (1531), le *Lexicon totius latinitatis* de J. Facciolato (1720), refondu par Forcellini (1771), et refait depuis par Scheller et par Freund; et les *Dictionnaires* classiques de Boudot, de Noël, de Wailly, Daveluy et Quicherat.—En grec, nous citerons, entre autres, le grand *Thesaurus linguæ græcæ*

de Henri Estienne (1572), réédité par MM. Didot (1840-48), et les lexiques abrégés de Schrevelius, de Hederich, de Schneider, de MM. Planche, Vendel-Heyl, Alexandre. — Un des plus anciens dictionnaires français est celui de J. Nicot (1572), après lequel il faut citer le *Lexique* de R. Cotgrave (Londres, 1632) et les *Origines* ou *Étymologies françaises* de P. de Cazeneuve (1652). En 1694 parut le premier *Dictionnaire de l'Académie,* seul code de notre langue, dont la dernière édition a paru en 1835. On remarque aussi en ce genre les travaux de Richelet, de Furetière, de Panckoucke, de Boiste, de Gattel, de Laveaux, de Nodier, etc.—A l'étranger, on cite surtout : en Allemagne, le *Dictionnaire grammatical et critique* d'Adelung (1786); en Angleterre, le *Dictionnaire de la langue anglaise* de Johnson (1775), les *D. angl.-fr.* de Boyer, de Chambaud, de Spiers, etc.; en Italie, le *Dictionn. des académiciens della Crusca* (1612), cent fois réédité et complété; les *Dictionnaires* classiques d'Alberti, d'Alberi, de Ronna, etc.; en Espagne, le grand *Dictionnaire de l'Académie* de Madrid, etc.

Dictionnaires de noms propres. Ces dictionnaires, dont le nombre s'est prodigieusement accru depuis 60 ans, n'étaient pas non plus inconnus aux anciens : témoin le *Dictionnaire biographique* de Suidas et le *Dictionnaire géographique* d'Etienne de Byzance. Au XVIe siècle, Charles Estienne donna un *Dictionarium historico-geographico-poeticum* (1560); mais c'est surtout à partir du XVIIe siècle qu'on vit apparaître les plus importants ouvrages de ce genre : nous citerons seulement le *Dictionnaire historique et géographique* de Moréri (1673, dernière édit., 1759, 10 vol. in-fol.), le *Dictionnaire historique et critique* de Bayle (1697), le *Dictionnaire géographique* de La Martinière (1726), le *Vosgien,* le *Dictionnaire historique* de Chaudon et Delandine (1766 et 1810), ceux de Barral, de Ladvocat, de Mesnard et Desenne; la *Biographie universelle* des frères Michaud (1811-1852); la *Nouvelle Biographie* de MM. Didot (1852 et ann. suiv.); le *Dictionnaire universel d'Hist. et de Géogr.,* qui résume les précédents, etc.

Les *Dictionnaires de choses* sont pour la plupart connus sous le nom d'*Encyclopédies,* quand ils embrassent les différentes branches des connaissances humaines. *Voy.* ENCYCLOPÉDIE.—Pour les dictionnaires spéciaux de chaque science ou de chaque art, on les trouvera au titre de la matière dont ils traitent.

DICTYOTE (du grec *dictyon,* réseau), genre d'Algues marines, section des Phycoïdées, type de la tribu des Dictyotées, est caractérisé par ses feuilles réticulées, vertes, sans nervures, et ses capsules en petites masses éparses. La substance qui forme ces Algues consiste en un réseau irrégulier très-fin, invisible à l'œil nu, et soutenu par un réseau plus apparent.

DIDACTIQUE (du grec *didaskô,* enseigner), se dit de tout ouvrage, soit en prose, soit en vers, qui a pour objet d'instruire, d'enseigner les principes d'une science, les règles et les préceptes d'un art. Les écrits d'Aristote sur la Logique, sur la Poétique et sur la Rhétorique, les livres de Cicéron sur l'Art de l'orateur, les *Institutions oratoires* de Quintilien, le *Traité des études* de Rollin, le *Cours de Belles-Lettres* de Blair, le *Cours analytique de littérature* de Lemercier, sont d'excellents ouvrages didactiques.

La dénomination de *didactique* s'applique particulièrement à un genre de poésie dont le principal but est d'instruire. Les *Géorgiques* de Virgile, l'*Art poétique* de Boileau, plusieurs des poëmes de Delille appartiennent à ce genre de poésie.

DIDACTYLES (du grec *dis,* deux fois, et *dactylos,* doigt), se dit, en Zoologie : 1° des animaux qui ont deux doigts à chaque pied, comme l'unau, parmi les mammifères; l'autruche, parmi les oiseaux; — 2° des parties divisées en deux autres, comme les mâchoires de certaines araignées. Klein avait donné le nom de *Didactyles* à une classe dans laquelle il avait réuni les chameaux et des paresseux à deux doigts.

DIDASCALIES (du grec *didascalia*, enseignement), nom donné par les Grecs aux représentations théâtrales, aux écrits qui avaient pour objet la scène, aux pièces dramatiques, à l'art du théâtre en général, etc., parce que le poëte se chargeait lui-même du soin de faire apprendre (*didaskein*) sa pièce aux artistes que le chorège mettait à sa disposition.

DIDELPHES (du grec *dis*, double, et *delphys*, utérus), famille de Mammifères établie par Blainville, et qui comprend tous les animaux à double gestation, l'une utérine et l'autre mammaire. Ce groupe répond à l'ordre des Marsupiaux de Cuvier. *Voy.* MARSUPIAUX et SARIGUE.

DIDISQUE (du grec *dis*, deux fois, et *discos*, disque), *Didiscus*, genre de la famille des Ombellifères, renferme des plantes herbacées, à feuilles lobées, à lobes incisés, à fleurs en ombelles, bleues ou blanches. Le *D. bleu*, apporté récemment de la Nouvelle-Hollande, commence à être cultivé dans les jardins. Ses fleurs sont d'un beau bleu d'azur.

DIDRACHME, poids et monnaie des Grecs, valant deux drachmes. *Voy.* DRACHMES.

DIDYME (du grec *didymos*, double, jumeau), épithète appliquée en Botanique aux organes composés de deux parties arrondies et réunies par un point à leur sommet. Les anthères de l'épinard, de l'euphorbe, sont didymes.

Métal peu connu, qui accompagne presque toujours le cérium. Il a été découvert en 1842 par M. Mosander.

DIDYNAMIE (du grec *dis*, deux, et *dynamis*, puissance), 14e classe du système de Linné, est caractérisée par quatre étamines, dont deux sont plus grandes que les deux autres. Elle se divise en deux ordres, la *gymnospermie* et l'*angiospermie*.

DIÈDRE (ANGLE) (du grec *dis*, deux, et *édra*, base), angle formé par deux plans qui se coupent : on l'appelle aussi *angle plan*.

DIÉRÈSE (du grec *diairesis*, division). On nomme ainsi en Grammaire la division d'une diphthongue en deux syllabes, comme *aulaï* pour *aulæ* : on l'oppose à *Synérèse*.

En Chirurgie, la *diérèse* est une opération qui consiste dans la séparation des parties réunies contre l'ordre naturel, ou de celles dont la division ou la dilatation sont nécessaires pour le rétablissement de la santé. La diérèse a lieu par incision, par ponction, par divulsion, par cautérisation, etc. On appelle *Diérétiques* tous les agents mécaniques ou chimiques propres à opérer la division d'un tissu.

DIÈSE (du grec *diésis*, action de faire passer au delà), signe musical qui s'écrit ainsi ♯, et qui, placé à la gauche d'une note, indique qu'elle doit être élevée d'un demi-ton, sans changer de nom ni de degré. Les dièses placés à la clef marquent les modifications que doit subir l'ordre des demi-tons dans la gamme et déterminent ainsi le ton dans lequel tout le morceau est écrit. Ainsi, dans la gamme de *sol*, pour qu'il y ait cinq tons et deux demi-tons comme dans la gamme en *ut* majeur, il faut mettre un dièse. Les dièses se placent de quinte en quinte en montant. Le *double dièse* élève d'un demi-ton la note déjà diésée.

Dans la musique des anciens, le mot *diésis* était le nom d'un petit intervalle que nous appelons *comma*. Cet intervalle résultait de la différence de deux sons approximatifs, comme *ré* bémol et *ut* dièse : ses proportions se déterminent par 128 : 125. On distinguait le *diésis enharmonique mineur*, qui haussait la note d'un quart de ton ; le *chromatique*, qui l'élevait d'un demi-ton mineur ; et l'*enharmonique majeur*, qui l'élevait de trois quarts de ton.

DIÈTE (du grec *diaita*, même signific.). Dans son acception la plus générale, la diète est l'emploi raisonné et méthodique de toutes les choses essentielles à la vie, soit en santé, soit en maladie ; elle comprend tout ce qui a rapport à l'air, aux aliments, à l'exercice et au repos, au sommeil et à la veille, etc. Dans une acception plus restreinte, c'est la partie de la thérapeutique qui s'occupe de la nourriture des malades exclusivement. — Le plus souvent, le mot *diète* est employé comme synonyme d'*abstinence*, et signifie alors privation d'aliments imposée à un malade. — Souvent aussi on désigne par le mot *diète* l'usage habituel de certaines substances alimentaires : on dit, par exemple, la *diète lactée* ; ce mot est alors synonyme de *régime*.

La nature elle-même indique la *diète* ou l'abstinence dans les *maladies aiguës*, qui s'accompagnent toujours de la perte de l'appétit. Dans beaucoup de cas, la diète seule peut amener la résolution de la maladie. — La diète doit être fort sévère au début des maladies fébriles, et pendant leur développement. On peut commencer à permettre des aliments aux malades quand la fièvre a cessé et que la faim reparaît : on débute par des bouillons, auxquels plus tard on incorpore des fécules ; puis, on arrive aux panades, au régime lacté, aux poissons, aux légumes farineux ; puis aux viandes blanches et autres plus nutritives : ces aliments doivent être préparés simplement et sans épices. On permet en même temps une petite quantité de vin vieux, coupé avec autant d'eau ordinaire, et souvent avec un peu d'eau de Seltz. — Dans les *maladies chroniques*, on a recours à la diète lactée, au régime féculent, aux viandes blanches, aux légumes, etc.

DIÈTE, assemblée politique. *Voy.* ce mot au *Dict. univ. d'Hist. et de Géogr.*

DIÉTÉRIDE (du grec *diétéris*, année double), nom que les Athéniens donnaient à un cycle formé par la réunion de deux années lunaires, à la seconde desquelles ils ajoutaient un mois de 22 jours, nommé *deuxième posidéon*, pour faire concorder l'année lunaire avec l'année solaire.

DIÉTÉTIQUE (de *diète*), partie de la médecine qui donne les règles à suivre sur la diète ou régime à suivre pour conserver ou rétablir la santé. *Voy.* DIÈTE et HYGIÈNE.

DIÉTINE (diminutif de *diète*), assemblée de la noblesse polonaise des palatinats, des provinces et des districts, qui avait le privilège de nommer et d'envoyer des nonces à la diète de la nation.

DIEU, l'Être suprême, créateur et conservateur de l'univers. La science s'accorde avec la religion pour le définir : « un esprit éternel, immuable et infini, qui est présent partout, qui peut tout, qui voit tout, qui a créé toutes choses et qui les gouverne toutes. » La science de Dieu est la *Théologie*, qu'on appelle *Théologie naturelle* quand on la considère au point de vue purement philosophique, et *Théodicée*, quand on étudie les rapports de Dieu avec le monde moral. Elle comprend deux questions principales : celle des preuves de l'existence de Dieu, et celle de ses attributs.

Les preuves de l'existence de Dieu ont été partagées en trois classes : *Pr. physiques*, *Pr. métaphysiques* et *Pr. morales*. Les *Pr. physiques* se tirent : soit du mouvement de la matière, qui ne peut s'expliquer que par l'impulsion d'une cause première ; soit de l'harmonie du monde, qui, dans l'ensemble comme dans les parties, atteste un dessein profond et proclame un ordonnateur suprême : cette démonstration par l'harmonie de la nature est ce qu'on nomme aussi l'*argument des causes finales*. Les *Pr. métaphysiques* se fondent sur certaines idées nécessaires qui sont du domaine de la métaphysique, comme celle de l'existence par soi, de la perfection : tel est l'argument présenté par Descartes dans le *Discours de la méthode* et dans les *Méditations*, et qui consiste à soutenir que, l'homme ayant l'idée du parfait et n'ayant pu la puiser ni dans la connaissance de son être, qui n'est pas parfait, ni dans celle du monde, qui ne l'est pas davantage, il faut nécessairement que cette idée ait été mise en lui par l'être parfait ; d'où il suit que cet être, ou Dieu, existe. La *Pr. morale* repose sur le consentement de l'humanité, qui a partout et toujours adoré un être supérieur, comme le témoignent les religions, les langues, les littératures, les codes et les arts. — On a aussi divisé les preuves de l'existence de Dieu en preuves *à priori*, et preuves *à posteriori :* celles-là, indépendantes des données de l'expérience, celles-ci, qui en dépendent ; les premières se confondent avec les preuves métaphysiques, les secondes avec les preuves physiques et la preuve morale. Kant distingue : 1° une *Pr. ontologique :* c'est la preuve métaphysique sous un autre nom ; 2° une *Pr. cosmologique*, qui de l'existence contingente du monde conclut celle d'un être nécessaire ; 3° une *Pr. physico-théologique* ou *téléologique :* c'est l'argument des causes finales.

Les attributs de Dieu ont été classés en *métaphysiques, intellectuels* et *moraux : métaphysiques*, tels que l'unité, l'infinité, l'éternité ; *intellectuels*, tels que l'intelligence, l'omniscience, la prescience ; *moraux*, tels que la puissance, la liberté, la sagesse, la bonté, la providence. On les démontre, comme l'existence de Dieu, par des arguments *à priori*, tirés de l'essence de Dieu, et par des arguments *à posteriori*, tirés de la contemplation de l'univers. C'est dans les traités spéciaux qu'il faut chercher ces démonstrations.

Quoique naturelle à notre esprit, au point que Descartes l'a supposée innée, l'idée de Dieu s'est ressentie des divers degrés de barbarie et de civilisation que l'espèce humaine a traversés. Dans les temps anciens, elle avait été étendue à une multitude d'êtres ou d'objets auxquels on attribuait une puissance divine : de là le *polythéisme*, appelé aussi *idolâtrie*, à cause du culte rendu aux idoles ; et le *fétichisme*, qui règne encore aujourd'hui chez les nègres. Au sein de ces croyances grossières, l'*anthropomorphisme*, qui fait la divinité à l'image de l'homme, fut un premier progrès. Pour rendre compte du bien et du mal dans le monde, on imagina un bon et un mauvais principe : de là le *magisme* et le *manichéisme*. La philosophie grecque était arrivée de bonne heure à la notion d'un Dieu unique, ou *monothéisme*. Ce dogme a fait, dès les temps les plus reculés, le fond de la religion juive ; mais c'est surtout le christianisme, et avec lui la philosophie moderne, qui a épuré l'idée de Dieu. Les anciens admettaient la coéternité de la matière et de Dieu ; les modernes conçoivent Dieu, non pas seulement comme ordonnateur du monde, mais comme créateur. Par une rare exception, qui tient à un entraînement de système ou à un coupable jeu d'esprit, certains hommes ont nié Dieu : ce sont les *athées* (*Voy.* ATHÉISME) ; d'autres ont prétendu que Dieu est tout, c.-à-d. qu'il constitue, par le développement infini de son essence, toutes les parties du monde, lesquelles n'auraient de vie en lui et par lui : ce sont les *panthéistes* (*Voy.* ce mot) ; ou bien encore ils ont dit que tout est Dieu, c.-à-d. que Dieu, au lieu d'exister à part, ne serait que l'ensemble de la nature, qu'on se figurerait douée d'une vie divine : c'est le *naturalisme*. Entre ces deux excès, de nier Dieu ou de l'identifier au tout, il y a le *théisme*, affirmation de l'existence de Dieu, qu'on est convenu de distinguer du *déisme*, en attachant à ce dernier mot l'idée de la négation de toute religion révélée. *Voy.* DÉISME.

Il a été composé d'innombrables traités sur l'existence et les attributs de Dieu. On ne peut ici que rappeler les ouvrages classiques de Cicéron (*De natura deorum*), de Descartes (*Méditations*), de Fénelon (*Traité de l'existence et des attributs de Dieu*), de Bossuet (*De la connaissance de Dieu et de soi-même*),

de Leibnitz (*Essais de Théodicée*), de Clarke (*Traité de l'existence de Dieu*), de Ch. Bonnet (*Contemplation de la nature*), de W. Paley (*Théologie naturelle*). On doit à M. Bouchitté une *Histoire des preuves de l'existence de Dieu. Voy.* THÉOLOGIE.

DIEUX. Les païens adoraient une foule de dieux : Hésiode en porte le nombre à plus de trente mille. Tous les objets qui inspiraient la reconnaissance ou la crainte, tous ceux qui pouvaient être utiles ou nuisibles à l'homme, furent l'objet d'un culte : c'est ainsi que les Grecs adoraient le soleil sous le nom d'Apollon ; la lune, sous celui de Diane ; les eaux, les arbres des forêts, sous ceux des Naïades, d'Hamadryades. Chaque peuple, selon ses besoins et l'état de ses connaissances, se créa des dieux dont les formes et les attributs varièrent à l'infini, ainsi que les fonctions. Ces dieux étaient sujets à toutes sortes de passions, à l'amour, à la haine, à la colère, à l'envie, etc. On les apaisait par de l'encens et par des sacrifices, quelquefois sanglants. On adora d'abord les astres ; ensuite les plantes et les animaux furent l'objet du culte des hommes. Souvent même on plaça au rang des dieux les rois, les empereurs, les hommes qui avaient rendu des services à l'humanité. Plus tard, on adora les vices et les vertus, ainsi qu'une foule d'abstractions sous forme de divinités allégoriques. On finit par adorer des dieux inconnus.

Les Romains avaient deux sortes de dieux : les *grands dieux* (*dii majorum gentium*), et les *dieux subalternes* (*dii minorum gentium*). Les premiers étaient au nombre de douze : six du sexe masculin (Jupiter, Neptune, Mars, Mercure, Vulcain, Apollon), et six du sexe féminin (Vesta, Junon, Cérès, Diane, Vénus, Minerve) ; ils rangeaient parmi les seconds tous les autres dieux adorés sur la terre. Il y avait aussi les *dii selecti :* c'étaient Janus, Saturne, la Lune, Pluton et Bacchus ; les *dieux topiques* ou locaux, dont le culte était renfermé dans une ville ou une contrée ; les *dieux privés*, qui veillaient sur la maison, sur la famille ou sur l'individu (les Lares, les Pénates, le Génie). *Voy.* au *Dict. univ. d'Hist. et de Géogr.* le nom de chaque dieu.

DIFFAMATION (de *dis*, part. priv., et du latin *fama*, réputation), se dit, en Jurisprudence, de toute allégation ou imputation d'un fait de nature à porter atteinte à l'honneur ou à la considération d'autrui, que le fait soit vrai ou faux. Autrefois les diffamateurs étaient punis de mort, des galères ou du bannissement. D'après les lois du 17 mai 1819 et du 25 mars 1822, qui rejettent la distinction précédemment établie entre le *diffamateur* et le *calomniateur*, la diffamation commise par des discours, des cris, des dessins, des écrits ou des placards exposés en public, est punie d'un emprisonnement qui peut varier, suivant les cas, de 5 jours à 2 ans, et d'une amende de 50 à 3,000 fr. *Voy.* INJURE PUBLIQUE.

DIFFÉRENCE. En Logique, c'est la qualité essentielle qui distingue entre elles les espèces d'un même genre : c'est en ajoutant la différence au nom du genre que l'on définit. *Voy.* DÉFINITION.

En Mathématiques, on nomme *différence* l'excès de grandeur d'une quantité sur une autre, c.-à-d. ce qui reste lorsqu'on a retranché une quantité d'une autre quantité. On appelle encore ainsi les quantités infiniment petites. — Le *calcul des différences* a pour objet les lois de l'augmentation ou de la diminution de grandeur qu'éprouve une fonction quelconque de quantités variables lorsqu'on augmente ou qu'on diminue ces grandeurs variables. L'étude des quantités finies ou réelles qui servent d'accroissement aux quantités variables se nomme *calcul des différences finies*. L'étude des quantités infiniment petites qui servent d'accroissement aux quantités variables est le *calcul différentiel. Voy.* ci-après.

En Marine, on nomme spécialement *différence* l'excédant du tirant d'eau de l'arrière d'un bâtiment sur celui de l'avant. Un bâtiment léger et désarmé a une plus grande *différence* que ceux qui sont chargés.

— On mesure cette différence au moyen d'un instrument appelé *Différenciomètre*, et formé de deux tubes en cuivre ou en plomb : l'eau de la mer s'y introduit par un conduit en plomb placé en serpenteau ; un flotteur s'élève dans le tube, au niveau de la flottaison du bâtiment, et marque le tirant d'eau sur une règle divisée. Deux robinets placés au haut du tube servent à vider l'eau après l'opération et à empêcher le mouvement du flotteur quand la mer est grosse.

DIFFÉRENTIEL. En Mathématiques, on nomme *quantités différentielles* les accroissements infiniment petits que subit une variable que l'on fait passer successivement par divers états de grandeur. Ce nom de *différentielle* vient de ce qu'elle est en général la différence infiniment petite de deux quantités finies dont l'une surpasse l'autre d'une quantité infiniment petite.

On nomme *Calcul différentiel* la partie de l'analyse infinitésimale qui a pour objet de rechercher les *différentielles* des grandeurs variables, et de trouver les rapports de ces grandeurs au moyen de ceux que les artifices du calcul amènent entre leurs différentielles. *Voy.* INFINITÉSIMAL (CALCUL).

DIFFLUGIE (du latin *diffluere*, se répandre), genre d'Infusoires de la famille des Rhizopodes, est caractérisé par un test imitant celui des Mollusques et par des bras d'un blanc de lait. L'espèce type, la *D. protéiforme*, se rencontre dans les eaux peuplées de plantes, et doit son nom à la propriété qu'elle a de pouvoir rentrer à la fois tous ses bras dans son test, ou d'en faire sortir un ou plusieurs à volonté.

DIFFORMITÉ (de *dis*, part. priv., et de *forme*), vice de la conformation extérieure du corps. Tels sont le bec de lièvre, l'acéphalie, la distorsion des membres, la déviation de la colonne vertébrale, les monstruosités de tout genre, etc. Les difformités sont congéniales ou accidentelles. L'ensemble des moyens propres à les guérir, ou du moins à les atténuer, porte le nom d'*Orthopédie. Voy.* ce mot.

DIFFRACTION (du latin *diffringere*, séparer en rompant), déviation qu'éprouve la lumière en rasant les bords d'un corps opaque : les rayons s'infléchissent dans ces circonstances, et il en résulte non-seulement une plus grande ombre, mais celle-ci est encore bordée de différentes couleurs. Le P. Grimaldi écrivit le premier sur la diffraction (*Physicomathesis de lumine, coloribus et iride*, Bologne, 1665) ; Young et Fresnel en ont étudié les lois.

DIFFUS, se dit, en Botanique, des branches, des rameaux et des feuilles qui sont lâches et étalés, ainsi que d'une panicule dans laquelle les pédoncules des fleurs sont écartées : la tige de la fumeterre est diffuse.

Lumière diffuse. Voy. LUMIÈRE.

DIFFUSIBLES (de *diffundere*, disperser), substances et médicaments volatils, tels que l'alcool, l'éther sulfurique, les huiles volatiles, qui se répandent facilement par tout le corps. Tous les diffusibles sont odorants, inflammables et sujets à s'évaporer. Etendus d'eau et pris à dose modérée, comme dans le thé et le café, ils procurent une vive excitation : ils ne diffèrent des excitants que par la promptitude de leur action ; à forte dose, ils irritent et déterminent les symptômes de l'ivresse ou de l'empoisonnement.

DIGAMMA, signe d'aspiration que les Éoliens plaçaient en tête des mots commençant par une voyelle, ou entre deux voyelles dans le corps du mot. Il a été ainsi appelé parce qu'il avait la forme de deux *gamma* superposés, ou d'un F. Les Latins le traduisent ordinairement par un F ou par un V (ainsi αιFων devient en latin, *œVum ; ωFον, oVum*). Avant Homère et Hésiode, l'usage du *digamma* était commun à tous les dialectes ; depuis, il fut remplacé par les signes d'aspiration appelés *esprits*.

DIGASTRIQUE (du grec *dis*, deux, et *gaster*,

ventre), nom donné aux muscles qui ont deux portions charnues réunies et serrées par un tendon intermédiaire, au-dessus et au-dessous duquel elles se renflent. On donne plus particulièrement ce nom à un muscle en forme d'arc, situé obliquement à la partie supérieure et latérale du cou, et qui a pour fonction d'abaisser la mâchoire inférieure et d'élever l'os hyoïde.

DIGESTE (du latin *digerere*, arranger, ordonner), réunion en un seul corps, faite en 533 par ordre de Justinien, des décisions diverses données jusqu'à lui par les jurisconsultes romains. Le Digeste, composé de 50 livres, forme la première partie du droit romain, et a été traduit en grec, du temps même de Justinien, sous le titre de *Pandectes.* — Dans les anciens livres de Jurisprudence, on trouve le Digeste désigné par la formule abréviative D. ou par *ff.*, formule corrompue de celle qui était usitée en grec, et qui consistait dans la première lettre du mot Pandectes, Π.

DIGESTEUR. *Voy.* MARMITE DE PAPIN.

DIGESTIF. En Pharmacie, un *digestif* est une espèce d'onguent composé de jaunes d'œufs, d'huile de millepertuis et de térébenthine. On y ajoute quelquefois de l'onguent basilicum, de la teinture d'aloès. On l'emploie pour favoriser la suppuration des plaies.

DIGESTIF (APPAREIL), l'ensemble des organes qui concourent à la digestion, soit d'une manière immédiate, soit en fournissant des matériaux pour l'élaboration des aliments. Chez l'homme, cet appareil comprend la bouche, le pharynx, l'œsophage, l'estomac, l'intestin grêle (*duodénum, jéjunum, iléum*), le gros intestin (*cœcum, colon ascendant, descendant* et *transverse*) ; et divers corps glanduleux (les glandes salivaires, les amygdales, le pancréas, le foie). *Voy.* DIGESTION.

DIGESTION (du latin *digerere*, diviser, dissoudre), fonction en vertu de laquelle les substances alimentaires, introduites dans le corps des animaux, y subissent une élaboration qui les partage en deux portions, de destinations essentiellement différentes : l'une servant à la réparation du corps, l'autre destinée à être rejetée au dehors. Chez l'homme, après le travail préliminaire de la *mastication*, les aliments sont transmis par la *déglutition* à l'œsophage, qui les conduit dans l'estomac, où ils pénètrent par un orifice dit *cardia*. Là, le bol alimentaire est dissous par le suc gastrique ; il subit en même temps de douces pressions de la part des parois membraneuses et contractiles de l'estomac ; soumis à l'influence de la chaleur et de l'humidité, il se trouve, au bout de 4 ou 5 heures, converti en une pulpe grisâtre et homogène qu'on appelle *le chyme.* Celui-ci passe, par petites portions, à travers une ouverture qu'on appelle *le pylore*, dans le premier intestin ou *duodénum*, où sa présence produit une excitation qui détermine un afflux de bile et de fluide pancréatique, dont le contact lui fait subir une *seconde digestion.* Ainsi élaborée par ces fluides, la masse chymeuse est poussée dans l'intestin grêle, où les vaisseaux *chylifères* ou *absorbants* en extraient les éléments nutritifs, qui, sous le nom de *chyle*, sont portés dans le torrent de la circulation. A mesure qu'il fournit à l'absorption, le chyme prend une couleur plus foncée et une consistance plus grande ; modifié encore par les mucosités intestinales, il arrive au gros intestin, où il se durcit et se colore de plus en plus, et acquiert une fétidité qu'il n'avait pas jusqu'alors ; enfin, parvenu au rectum, il est rejeté au dehors sous le nom de *fèces* ou d'*excréments.*

La digestion ne présente pas de différences essentielles chez les Mammifères monogastriques ; mais, *dans les Ruminants*, la digestion stomacale est beaucoup plus compliquée. Les herbes dont ils se nourrissent sont avalées sans avoir été suffisamment mâchées, et parviennent en cet état dans la *panse* ou *herbier* ; elles y séjournent avant de passer dans le *bonnet*, où elles se pelotonnent pour remonter dans l'œsophage, dont les contractions antipéristaltiques les ramènent à la bouche. Après avoir été soumis à la *rumination*, les aliments, avalés de nouveau, sont conduits par une gouttière, située intérieurement vers l'extrémité inférieure de l'œsophage, dans le troisième estomac, ou *feuillet ;* parvenus enfin dans la *caillette*, ils s'y convertissent en chyme.

Chez les oiseaux, le principal estomac est le *gésier*, qui est en même temps, chez les granivores, un appareil masticateur doué d'une force immense ; mais l'œsophage présente, en outre, supérieurement, chez un grand nombre, une poche membraneuse appelée *jabot*, et inférieurement, une dilatation appelée *ventricule succenturié*, qui est très-spacieuse chez les oiseaux qui manquent de jabot. Les graines, avalées dures et entières, séjournent et se ramollissent dans le *jabot*, continuent de se pénétrer d'humidité dans le *ventricule succenturié*, sont triturées dans le *gésier*, et arrivent dans le *duodénum*, où elles sont transformées en chyme par l'action de la bile et celle du fluide pancréatique.

La durée de la digestion stomacale chez l'homme est très-variable : terme moyen, elle est de trois à quatre heures. La nature et la quantité des substances ingérées, les diverses conditions de santé ou de maladie, l'âge, les émotions morales, etc., ont, du reste, beaucoup d'influence sur cet espace de temps. Tout ce qui tend à appeler les forces de la vie sur d'autres organes que l'estomac, un bain, une saignée, le travail de tête, l'équitation, une marche forcée, etc., peut nuire à la digestion, ou même la suspendre instantanément. Les substances stimulantes, telles que le café, les liqueurs, le thé, etc., favorisent la digestion en excitant la sécrétion d'une plus grande quantité de suc gastrique. Chez beaucoup de personnes on observe pendant le travail digestif quelques frissons et une légère accélération du pouls. — La digestion est très-active pendant l'enfance et chez l'adulte ; l'appétit à cet âge est vif, impérieux ; les repas doivent être alors plus fréquents. Dans l'âge viril, les digestions sont plus longues, l'intervalle entre les selles est plus éloigné : deux repas suffisent communément. Enfin, les vieillards digèrent plus difficilement ; ils se contentent quelquefois d'un seul repas.

En Chimie, on nomme *digestion* l'opération qui consiste à faire dissoudre une substance solide dans l'eau, l'alcool, etc., à une température plus élevée que celle de l'atmosphère ; ce qui la distingue de la *macération*.

DIGITAL, adjectif employé pour désigner les organes ou parties d'organes qui ont quelque rapport avec un *doigt :* ainsi, on nomme *impressions digitales* de légères dépressions qu'on observe à la face interne des os du crâne, et qui correspondent aux circonvolutions du cerveau ; *artères, veines digitales, nerfs digitaux*, les artères, les veines et les nerfs qui se distribuent aux doigts.

DIGITALE (de *digitus*, doigt, à cause de la forme des fleurs qui ressemblent à un doigt de gant), *Digitalis*, genre de la famille des Scrofulariées, est formé de plantes herbacées ou sous-frutescentes, dont les feuilles sont alternes et les fleurs disposées en grappe terminale. La *D. pourprée*, appelée aussi *Gantelée, Gant de Notre-Dame, Doigt de la Vierge*, a les feuilles ovales, lancéolées et dentées ; la tige droite, cylindrique, velue, d'un vert rougeâtre ; les fleurs grandes et belles, purpurines, tigrées et remplies de poils longs. Ses feuilles sont fortement diurétiques : aussi l'emploie-t-on beaucoup dans les hydropisies. La digitale diminue le nombre des battements du cœur, ce qui la rend d'un usage habituel dans les affections du cœur à l'état chronique. On l'administre à petites doses, en décoction, en teinture alcoolique ou en sirop. A haute dose, elle serait un poison narcotique violent. Elle doit ses propriétés à un principe actif, la *digitaline*, récemment découvert par MM. Homolle et Quévenne.

DIGITÉ, se dit, en Botanique, des parties d'un végétal qui présentent des divisions en forme de doigt. Ainsi l'on dit *feuille digitée, épi digité*, etc.

DIGITI-PENNEE, se dit des feuilles dont le pétiole commun est terminé par des pétioles secondaires, sur les côtés desquels sont fixées les folioles. Ces pétioles secondaires sont au nombre de 2 dans les mimosas, de 4 dans la sensitive, etc. ; de là les noms de *bidigiti-pennées, quadridigiti-pennées*, etc.

DIGITIGRADES (de *digitus*, doigt, et *gradior*, marcher), 2e tribu de la famille des Carnivores, ordre des Carnassiers, ainsi appelés parce qu'ils marchent en appuyant sur le sol l'extrémité de leurs doigts, sans jamais faire toucher la face plantaire Cette tribu se compose des genres *Marte, Chien, Civette, Hyène* et *Chat*.

DIGNITAIRES (de *dignité*), nom donné aux personnes qui jouissent d'une prééminence d'honneur ou de pouvoir, soit dans l'État (comme connétable, maréchal, chancelier, grand chambellan), soit dans l'Église (comme cardinal, doyen, grand chantre, archidiacre). — Sous Napoléon, on appela *grands dignitaires de la couronne* le grand électeur, le grand amiral, le grand connétable, l'archichancelier, l'architrésorier. — On nomme *dames dignitaires* les dames de la maison de Saint-Denis, placées immédiatement sous les ordres de la surintendante.

DIGON. Les Pêcheurs nomment ainsi un morceau de fer barbelé ou terminé par un demi-dard qu'on ajuste au bout d'une perche, pour piquer et prendre le poisson plat entre les rochers, à la basse mer.

DIGUE (du flamand *diik*, même signification), nom commun à toute construction formée de pierres, de terre, de charpente, de pieux et de fascines, et destinée à s'opposer à l'effort des eaux. Les *jetées* qui défendent l'entrée des ports, les *chaussées* qui ferment les étangs, les *levées* qui empêchent les débordements d'une rivière, les *épis* qui servent à en régler le cours, les *barrages*, etc., sont autant d'espèces de digues (*Voy.* ces mots). La coupe d'une digue à la forme d'un trapèze ; la base se nomme *pied* ou *empatement*. Elle est plus large que le sommet, appelé *couronne ;* les côtés sont les *flancs*. La couronne doit s'élever d'un mètre environ au-dessus des hautes eaux. — Les anciens ont été très-habiles dans la construction des digues. De nos jours on cite surtout celles de la Hollande et de la Lombardie.

DIGYNIE (du grec *dis*, deux, et *gyné*, femme), 2e ordre des 13 premières classes du système de Linné, est caractérisé par deux pistils, ou deux styles, ou deux ovaires, ou même deux stigmates sessiles : tels sont les ombellifères, les œillets, etc.

DILATABILITÉ, disposition à augmenter de volume par l'influence de la chaleur. *Voy.* DILATATION.

DILATATEUR, nom donné, en Anatomie, aux muscles qui servent à dilater certaines parties : tels sont les muscles inspirateurs, qui dilatent la cavité de la poitrine. — En Chirurgie, on nomme *Dilatateurs* les instruments ou les corps dont on se sert pour dilater une plaie, des canaux naturels ou artificiels, etc. Tels sont les tentes, les éponges préparées, les mèches, les bougies élastiques, les sétons, les fils de plomb, des pois secs, la racine de gentiane, etc.

DILATATION (du latin *dilatatio*), se dit, en Physique, de l'augmentation de volume que les corps éprouvent par la chaleur ; c'est l'opposé de la *contraction*. On appelle *D. linéaire*, l'augmentation de volume dans le sens de la longueur, et *D. cubique*, l'augmentation de volume en tous sens.

La *D. des solides* est, en général, proportionnelle à la température entre 0 et 100 degrés ; au-delà de cette limite, elle n'est plus régulière. La connaissance de la dilatation des métaux joue un rôle important dans beaucoup d'industries. Le pendule qui sert à régler les horloges n'a des oscillations régulières que si les effets de la dilatation s'y trouvent compensés

(*Voy.* PENDULE COMPENSATEUR). Bréguet a basé sur la dilatation des métaux la construction d'un thermomètre qui porte son nom. — La *D. des liquides* est plus grande que celle des solides ; chaque liquide se dilate d'une quantité différente, et l'on remarque que cette dilatation est, en général, inégale pour chaque degré du thermomètre ; elle est plus grande à mesure que les liquides se rapprochent davantage de leur point d'ébullition. De tous les liquides, le mercure est celui dont la dilatation est la plus uniforme : de 0° à 100, il se dilate de 1/55,5, de 100° à 200° de 1/54,25, de 200° à 300° de 1/53 : c'est ce qui a fait choisir le mercure pour la construction des thermomètres. L'eau présente, dans sa dilatation, cette circonstance remarquable, qu'elle a son maximum de densité ou son moindre volume à $+ 4^\circ$ du thermomètre centigrade, et qu'elle se dilate au-dessus et au-dessous de cette température ; son volume est à peu près le même à 0° et à $+ 8^\circ$. — La *D. des gaz* est encore plus grande que celle des liquides, mais elle est plus régulière : tous les gaz se dilatent à peu près également, et leur dilatation est pour chaque degré du thermomètre de 0,00367 de leur volume à zéro. Ce nombre s'appelle le *coefficient de dilatation des gaz*. La loi de dilatation des gaz est utilisée par les chimistes et les physiciens pour ramener un volume de gaz donné à une certaine température, à ce qu'il serait à une température différente ; elle leur a aussi permis de construire le *thermomètre à air*, qui sert à reconnaître les températures élevées. Laplace et Lavoisier, Petit et Dulong, Hallstroem, Dalton, Rudberg, MM. Gay-Lussac, Regnault, Magnus, Pierre, sont ceux à qui sont dues les recherches les plus importantes sur la dilatation des corps.

DILATOIRE (du latin *dilatus*, part. de *differre*, remettre). On nomme ainsi, en Jurisprudence, tout ce qui peut entraîner un délai. *V.* DÉLAI ET EXCEPTION.

DILECTION (du latin *dilectio*, amour, charité), terme dont le pape se sert dans les rescrits apostoliques qu'il adresse aux fidèles : *A tous les fidèles chrétiens, salut et dilection dans Notre-Seigneur.*

DILEMME (du grec *dis*, deux fois, et *lambanô*, prendre ; prendre des deux côtés), argument composé de deux ou plusieurs propositions différentes qui conduisent à la même conclusion ; il présente une alternative qui ne laisse pas de milieu ; on en donne le choix à l'adversaire, de telle sorte que, quoi qu'il accorde, sa défaite soit assurée. Les anciens logiciens l'appelaient *argument cornu*, parce que ses deux propositions sont comme deux cornes qui frappent à droite et à gauche. Sous sa forme rigoureuse, le dilemme s'exprime par une disjonctive suivie de deux propositions conditionnelles ; mais il est rare qu'il se produise avec cet appareil pédantesque. Racine a enfermé tout un dilemme dans ce vers que Pyrrhus au désespoir adresse à Andromaque :

Je meurs si je vous perds, mais je meurs si j'attends.

DILETTANTE, mot italien qui signifie *amateur*, a été adopté en France pour désigner les amateurs passionnés de la musique, et spécialement de la musique italienne. Le *dilettantisme* apparut en France en 1752, lors de la première querelle qui s'éleva à propos des musiques française et italienne.

DILIGENCE, voiture publique ainsi nommée à cause de la célérité de sa marche. *Voy.* MESSAGERIES.

En termes de Pratique, *diligence* est synonyme de soin donné à une poursuite. *Faire ses diligences* contre quelqu'un, c'est se mettre en règle pour le poursuivre. *Poursuivre à la diligence de quelqu'un*, c'est poursuivre à sa requête.

DILLENIACÉES (du genre type *Dillenia*), famille de plantes dicotylédones polypétales hypogynes, a été formée aux dépens des Magnoliacées et des Rosacées. Elle se divise en deux tribus : les *Dilléniées* et les *Délimées* ou *Délimacées*. Dans la

1re, les anthères sont très-allongées et les filets non élargis ; dans la 2e, les anthères sont arrondies et les filaments des étamines sont dilatés à leur sommet.

DILLÉNIE (de *J.-J. Dillen*, botaniste allemand du XVIIIe siècle), *Dillenia*, genre type de la famille des Dilléniacées, tribu des Dilléniées, renferme de beaux arbres des régions tropicales, à feuilles alternes, à fleurs blanches ou jaunes et à fruit comestible. Le type de ce genre est la *D. élégante*, grand et bel arbre à rameaux étalés, chargés de feuilles très-grandes, d'un vert foncé, dentées en scie, et de fleurs grandes, blanches et solitaires. Le fruit est une baie sphérique d'une saveur très-acide. Les Javanais le font confire, et en retirent un sirop très-agréable.

DILUTION (du latin *diluo*, délayer), action d'étendre d'eau une dissolution, une liqueur : c'est le procédé qu'on emploie ordinairement pour séparer les parties les plus ténues, qui, après l'agitation, restent les dernières en suspension et sont enlevées par la décantation. — Les médecins homœopathes font un grand usage des dilutions, afin de réduire à des quantités infiniment petites les substances très-actives qu'ils emploient.

DILUVIUM, nom donné par quelques géologues aux matières déposées par les eaux sur les plaines, les plateaux et les flancs des vallées, et dont ils attribuent les dépôts au Déluge. L'observation démontre en effet que ces amas sont dus à des catastrophes violentes de diverses époques ou à l'écoulement régulier des eaux. On doit distinguer les produits des grandes inondations passagères et les produits en couches à peu près régulières des cours d'eau anciens : aux premiers on donne le nom de *dépôts diluviens* ; aux seconds celui de *dépôts alluviens*. — D'autres géologues établissent une *époque diluvienne* et un *terrain diluvien*, qu'ils placent avant l'époque actuelle, après les dépôts tertiaires. Ils y font entrer les dépôts des cavernes, tels que ossements fossiles, amas de coquilles marines, etc. Cette dernière division est généralement adoptée sous le nom de *terrains diluviens* ou *quaternaires*.

DIMANCHE (de *dies magna*, grand jour, ou de *dies dominica*, jour du Seigneur, jour du Soleil), jour consacré au repos et au service de Dieu. Suivant les uns, c'est le premier de la semaine ; suivant d'autres, c'est le septième. Quoi qu'il en soit, ce jour est sanctifié en mémoire de ce que Dieu, après avoir créé le monde en six jours, se reposa le septième. Les Chrétiens ont substitué la célébration du dimanche à celle du samedi, ou jour du sabbat des Juifs, pour honorer le souvenir de la résurrection de Notre-Seigneur et de la descente du Saint-Esprit sur les apôtres, qui eurent lieu ce jour-là, et aussi pour se distinguer de ceux qui suivent l'ancienne loi.

La stricte observation du dimanche fut ordonnée pour la première fois, en 321, par Constantin. Maintenue de tout temps par les prescriptions de l'Eglise dans tous les pays chrétiens, observée avec la plus grande rigueur même dans les pays réformés, elle a été confirmée par nos lois civiles, notamment par une loi de 1802 (18 germinal an X) et une autre de 1814 (18 novembre), qui ne sont point abrogées. Elle se justifie par l'intérêt réel et bien entendu des classes laborieuses et par de puissantes considérations politiques, aussi bien que par les obligations religieuses.

On appelle *dimanche gras* le dimanche qui précède immédiatement le mercredi des Cendres ; *dimanche des brandons*, le 1er dimanche du carême.

DIME, autrefois *disme* ou *dixme* (du latin *decima*, dixième), prélèvement d'un 10e sur les produits agricoles et industriels, au profit du clergé régulier et séculier, ou des seigneurs. La dîme fut d'abord volontaire, et devint ensuite obligatoire.

Les dîmes se distinguaient, suivant leur destination, en *D. ecclésiastiques*, qui se percevaient par les ecclésiastiques, à cause de leur ministère spirituel, et sans aucune charge de fief; et en *D. profanes*, *temporelles* ou *inféodées*, qui étaient possédées par des laïques à titre de fief. Elles étaient, les unes, *ordinaires*, ou annuelles; les autres, *extraordinaires*; on les nommait alors *décimes. Voy.* ce mot.

Les dîmes ordinaires se divisaient elles-mêmes en *D. réelles*, qui se percevaient sur les fruits de la terre; *D. personnelles*, qui se percevaient sur le travail et l'industrie des personnes; et *D. mixtes*, qui provenaient à la fois des produits de la nature et de ceux de l'industrie, comme les *D. de charnage*, perçues sur la chair des bestiaux. Les dîmes réelles se subdivisaient en *D. grosses*, perçues sur les objets de grande culture, le blé, le vin, l'huile, etc.; et *D. menues* ou *vertes*, perçues sur les produits des potagers. On appelait encore *D. de suite* ou de *séquelle* celle qu'un curé percevait sur le terrain d'une autre paroisse, lorsqu'il était cultivé par un de ses paroissiens.

L'origine des dîmes est fort ancienne : on la fait remonter jusqu'aux premiers temps du judaïsme. Abraham s'engagea à donner spontanément au grand prêtre Melchisédech la *dîme* de tout le butin qu'il avait fait sur les quatre rois qu'il venait de vaincre; Jacob promit à Dieu la *dîme* de tous les biens qu'il pourrait acquérir dans la Mésopotamie. Moïse établit comme impôt plusieurs espèces de dîmes, destinées aux Lévites et aux prêtres. Chez les Grecs, on offrait souvent aux dieux la dîme des dépouilles de l'ennemi. L'usage des dîmes chez les Chrétiens ne date guère que du v⁰ siècle. — Quelques dîmes extraordinaires furent prélevées à la fois dans plusieurs pays : telle fut la *dime saladine*, établie en France et en Angleterre pour subvenir aux frais de la croisade contre Saladin. La révolution de 1789 abolit, en France, toute espèce de dîmes. — En Angleterre et en Irlande, les dîmes constituent encore le salaire du clergé anglican : leur établissement est attribué à Offa (790) ou à Éthelwof (855). Dans l'origine, elles étaient exigibles en nature; aujourd'hui, leur valeur est fixée au moyen d'une estimation (*composition*) et payée en argent.

DIMENSION (du latin *dimetiri*, mesurer), étendue d'un corps susceptible d'être mesuré. Il y a trois dimensions : la *longueur*, la *largeur* et la *profondeur* ou *épaisseur*. — En Algèbre, ce mot désigne le *degré* d'une puissance ou d'une équation : ainsi l'inconnue *x* est dite avoir une, deux, trois, etc., dimensions, selon qu'elle est élevée à la première, deuxième, troisième, etc., puissance. En général, une quantité a autant de dimensions qu'il entre de facteurs dans sa composition.

DIMÉRÈDES (du grec *dis*, deux, et *méros*, partie), famille de poissons établie par M. Duméril, aux dépens des Percoïdes et des Sciénoïdes de Cuvier, et dont le caractère principal consiste dans l'isolement de plusieurs rayons des nageoires pectorales.

DIMÈRES (du grec *dis*, deux, et *méros*, partie), nom donné aux Coléoptères chez lesquels on n'avait aperçu d'abord que deux articles à tous les tarses. Ces insectes formaient une section à part, qui ne contenait qu'une petite famille, celle des *Psélaphiens*. On a reconnu que cette section devait être réunie à celle des Trimères. *Voy.* COLÉOPTÈRES.

DIMINUÉ, nom donné, en Musique, à tout intervalle mineur dont on retranche un demi-ton par un dièse à la note inférieure, ou par un bémol à la supérieure. C'est une altération momentanée d'un intervalle naturel. *Voy.* INTERVALLE.

DIMINUENDO, mot italien qui signifie *en diminuant*, et qui s'emploie pour indiquer une diminution graduée du son : on marque le *diminuendo* par le signe >. On l'oppose au *crescendo*.

DIMINUTIF, mot qui exprime une chose comme petite. On l'oppose à *augmentatif*. Les diminutifs sont dérivés d'autres mots dont ils restreignent l'idée, dont ils atténuent l'énergie par l'addition d'une

certaine forme terminative : *fillette*, *globule*, *maisonnette*, etc., sont des expressions diminutives. Les diminutifs représentent l'objet tantôt comme digne de tendresse, d'amour, de compassion, comme *agnelet* pour petit agneau; tantôt comme digne de mépris, comme *prestolet* pour prêtre sans mérite; dans ce dernier cas, on les nomme *péjoratifs*. Nos anciens poètes faisaient un grand usage des diminutifs, ce qui donne beaucoup de grâce à leurs poésies.

DIMINUTION, figure de Rhétorique. *V.* LITOTE.

DIMISSOIRES (LETTRES), du latin *dimittere*, laisser aller; lettres par lesquelles un évêque consent à ce qu'un de ses diocésains reçoive les ordres des mains d'un autre évêque.

DIMORPHE (du grec *dis*, deux, *morphê*, forme), qui est susceptible de deux formes différentes; se dit surtout en Minéralogie. *Voy.* DIMORPHISME.

DIMORPHISME ou DIMORPHIE (du grec *dis*, deux, et *morphê*, forme), propriété que possèdent certains corps de cristalliser sous deux formes *incompatibles*, c.-à-d. qui n'appartiennent pas au même système cristallin ou qui dérivent de deux formes primitives différentes. La chaux carbonatée, par exemple, est un corps dimorphe : on la rencontre en cristaux qui dérivent d'un rhomboèdre (*spath d'Islande*), et en cristaux qui se ramènent à un prisme droit à base rhombe (*aragonite*). Le carbone cristallise aussi sous deux formes incompatibles : le diamant, qui appartient au système régulier, et le graphite, au système rhomboédrique. Le soufre, l'acide arsénieux, le salpêtre, l'acide titanique, l'oxyde d'antimoine, etc., sont également dimorphes. M. Pasteur a reconnu, en 1848, que les formes dimorphes d'un corps sont ordinairement des *formes-limites*, c.-à-d. très-rapprochées l'une de l'autre par les angles et les dimensions.

DIMYAIRES (du grec *dis*, deux, et *myon*, muscle), nom donné par Lamarck à une section de Mollusques conchifères qui ont leur coquille bivalve fermée par deux muscles.

DINANDERIE (de *Dinant*, ville de Belgique, où l'on fabriquait au moyen âge beaucoup de chaudronnerie), se dit de tous les ustensiles que l'on fabrique en cuivre jaune et surtout de la batterie de cuisine. *Voy.* CHAUDRONNIER.

DINAR, petite monnaie de compte en Perse, n'est que la dix-millième partie du toman, qui lui-même vaut environ 30 fr.

DINDON ou COQ D'INDE (du nom de sa patrie, les Indes Occidentales), *Meleagris*, genre de l'ordre des Gallinacés, est caractérisé par une caroncule érectile située à la base du bec et par les papilles épaisses et rougeâtres qui lui garnissent la tête et le cou. La tête du dindon est ronde, petite; le cou allongé, présentant à sa base et sur le devant un long bouquet de poils; le bec court, les ailes amples, concaves, les jambes emplumées; la queue arrondie et susceptible, dans le mâle, de s'étaler en roue, comme chez le paon. Le dindon a une taille massive et sans grâce, une démarche lente, un cri désagréable, et un air de prétention, qui font de cet animal le type de la sottise. La femelle diffère du mâle principalement par sa taille, qui est plus petite d'un quart, et par l'absence d'éperons et de caroncule.

On ne connaît que deux espèces de Dindon : le *D. sauvage*, duquel provient le *D. domestique*, et qui a fourni les variétés noire, blanche, grise, rousse, etc., de nos basses-cours; et le *D. ocellé*, nouvellement apporté du Mexique, et qui le dispute au paon par l'éclat de ses couleurs et par les ocelles bleus, entourés d'or et de rubis, qui ornent sa queue.

Les dindons sauvages ont le vol rapide et soutenu. Ils se réunissent quelquefois pour émigrer dans une contrée plus fertile : alors ils voyagent à pied, à moins qu'il ne s'agisse d'éviter un danger ou de traverser une rivière. Vers la mi-février, ils se réunissent pour la pariade. Quelques feuilles sèches amassées sous un buisson composent le nid de la femelle; elle y dépose ses œufs, qui sont d'un blanc sale et tachetés de points rouges. Quelquefois plusieurs femelles s'associent pour couver en commun et élever leurs petits : ceux-ci, dès le lendemain de leur naissance, quittent le nid pour n'y plus rentrer; 15 jours après, ils sont en état de voler et de chercher eux-mêmes leur nourriture, qui se compose de maïs, de baies, d'herbes, de larves, de têtards, de grenouilles ou de lézards. Le dindon sauvage est originaire d'Amérique, où il habite principalement les contrées incultes des États de l'Ohio, du Kentucky, de l'Illinois et de l'Indiana. Depuis la découverte de l'Amérique, il a été élevé partout en domesticité. Le premier que l'on vit en France y fut apporté, dit-on, par les Jésuites, et figura, en 1570, aux noces de Charles IX. La femelle du dindon domestique, la Dinde ou *Poule d'Inde*, pond de 15 à 20 œufs; ils sont moins bons que ceux de la poule, mais on les préfère pour la pâtisserie : elle couve de 30 à 32 jours. Les *Dindonneaux* éclos exigent de grands soins pendant les deux premiers mois. A 4 ou 5 mois, on les engraisse pour la table : 15 jours suffisent pour les femelles et un mois pour les mâles. Ils pèsent alors de 5 à 9 kilogr., et ont la chair délicate, fine et de bon goût. Les dindes truffées du Périgord sont surtout recherchées.

DINER (du grec *deipnô*, même signification), le principal repas de la journée. Les Grecs le prenaient le plus souvent vers le soir : chez les riches, le premier service se composait d'œufs et de volailles bouillies ; le second, de gibier, de poisson et de rôti ; le troisième, de fruits. A Rome, le dîner (*cœna*) se servait de la 9ᵉ à la 10ᵉ heure (de 3 à 4) : au premier service (*gustatus*), on apportait des œufs, des laitues et des hors-d'œuvre de tout genre ; au second (*mensa prima*), les ragoûts, et surtout le veau rôti ; au troisième, ou dessert (*mensa secunda*), les confitures, les pâtisseries, les fruits, etc. Quelquefois le repas comprenait jusqu'à *six* services. — En France, l'heure du dîner a souvent varié : sous Charles V, on le faisait dès 9 heures du matin : ce n'était alors qu'un simple déjeuner ; sous Louis XII, on commença à dîner à midi. Jusqu'au XVIIIᵉ siècle, on conserva l'habitude de servir le dîner au sortir de la messe, c.-à-d. entre onze heures et midi; sous Louis XV le dîner fut retardé et devint le repas principal : on le servit alors à 2 heures d'après-midi ; enfin, aujourd'hui, l'heure dînatoire varie de 6 à 7.

DINOSAURIENS (du gr. *deinos*, énorme, et *sauros*, lézard), Reptiles fossiles de taille gigantesque, forment les genr. *Megalosaurus*, *Hylæosaurus* et *Iguanodon*.

DINOTHÉRIUM (du grec *deinos*, terrible, et de *thérion*, animal), genre de Mammifères fossiles de l'ordre des Pachydermes, a été fondé par Cuvier sur une espèce appelée *Tapir gigantesque*, qui surpassait en grandeur et en force les plus grands éléphants. Ce mammifère avait une trompe, et de sa mâchoire inférieure, qui était recourbée en bas, partaient deux défenses dont les pointes étaient dirigées vers la terre. On distingue le *D. giganteum*, le plus grand de tous, et le *D. Cuvieri*, d'un tiers plus petit.

DIOCÈSE (du grec *dioikésis*, administration), nom donné autrefois dans l'Empire romain aux subdivisions des préfectures, et aujourd'hui dans l'Église à l'étendue d'une juridiction épiscopale. *Voy.* DIOCÈSE au *Dict. univ. d'Hist. et de Géogr.*

DIOCLÉE (*Dioclea*), genre de la famille des Papilionacées, tribu des Phaséolées, est composé de belles plantes volubiles à feuilles pinnées trifoliées, à foliole impaire distante ; à fleurs bleues, violettes ou blanchâtres, en racèmes axillaires. Ces plantes croissent en Amérique, sous les Tropiques. On cultive dans les jardins la *D. glycinoïde*, à fleurs superbes, d'un rouge très-vif.

DIODON (du grec *dis*, deux, et *odous, odontos*, dent), genre de poissons Plectognathes, de la famille des Gymnodontes, distingués par leur corps oblong et presque rond, et les piquants dont ils sont armés. Ils jouissent de plus de la propriété de se gonfler d'air, comme des ballons, et de s'abandonner ainsi au gré des flots; ce qui leur a valu les noms vulgaires d'*Orbes épineux* et de *Poissons-boules*. Leur chair est mauvaise et même venimeuse. On les rencontre au Brésil, dans la mer Rouge, aux Antilles, etc. Le *D. atinga*, qui est l'espèce la plus commune, a près de 40 centimètres de diamètre.

DIOECIE (du grec *dis*, deux, et *oikia*, maison), 22ᵉ classe du système de Linné, comprend les végétaux nommés *dioïques*, c.-à-d. à fleurs unisexuées portées sur des pieds distincts, les fleurs mâles sur certains pieds et les femelles sur d'autres : tels sont le dattier, le chanvre, le saule, etc. La Diœcie se divise en 15 ordres, d'après le nombre, la réunion et le mode d'insertion des étamines.

DIOIQUE, se dit d'une plante dont les sexes sont séparés et portés sur des pieds distincts. V. DIOECIE.

DIOMÉDÉE, *Diomedea*, nom d'oiseau, employé par quelques naturalistes comme synonyme d'*Albatros*, de *Pic*, de *Sphénisque*. *Voy.* ces mots.

DIONÉE (du grec *Dioné*, Vénus, à cause de la forme des feuilles, qui est celle du coquillage appelé Vénus), *Dionea*, genre de plantes de la famille des Droséracées. La *D. gobe-mouche* (*D. muscipula*), la seule espèce de ce genre, découverte dans la Caroline et importée en France en 1768, est une petite plante à tige nue, cylindrique, glabre, terminée par un corymbe de belles fleurs blanches. Ses feuilles épaisses, petites, radicales, garnies de cils et de glandes rougeâtres, se font remarquer par l'irritabilité singulière de leurs parties : lorsqu'un insecte vient se reposer sur leur surface supérieure ou insinue sa trompe entre les pointes qui entourent les glandes d'où s'échappe une liqueur assez abondante, les deux lobes se rapprochent aussitôt, croisent leurs cils et s'unissent fortement jusqu'à ce que l'insecte soit mort ou ne cesse de s'agiter.

DIOPTRIQUE (du grec *dia*, à travers, et *optomai*, voir), partie de l'optique qui s'occupe des lois de la réfraction de la lumière. *Voy.* OPTIQUE et RÉFRACTION.

DIORAMA. Ce mot, qui, dans l'intention des inventeurs, signifie *vue de jour* (du latin *dies*, jour, et du grec *orama*, vue), désigne une sorte de spectacle qui consiste en tableaux ou vues peints sur toiles transparentes, d'une assez grande dimension, tendues sur un plan droit vertical, éloignées du spectateur de 15 à 20 mètr., isolées en même temps de tout objet pouvant servir de terme de comparaison, et dont les bords ne peuvent être aperçus. L'intérêt du diorama consiste dans l'illusion d'optique produite par le jeu de la lumière, naturelle ou artificielle, qui reproduit à volonté la clarté du jour, l'obscurité de la nuit, l'éclat du soleil, le clair de la lune, le reflet des flambeaux, des effets de neige, etc. Pour obtenir des effets divers on éclaire le tableau tantôt par devant, tantôt par derrière, et on modifie la teinte et l'intensité de la lumière à l'aide de verres diversement colorés. Le *Diorama*, perfectionnement du *panorama*, a été inventé en 1822 par MM. Daguerre et Bouton.

DIORITE (du grec *dioraô*, distinguer), roche noire ou verte, dont les caractères sont bien tranchés, est composée d'albite et d'amphibole. Elle est d'origine ignée, et se rencontre en buttes isolées ou en plateaux plus ou moins étendus, où l'on remarque souvent les mêmes accidents que dans les basaltes.

DIORTHOSE (du grec *diorthôsis*, rectification), réduction d'un membre fracturé ou luxé.

DIOSCORÉES (de *Dioscorea*, genre type), famille de plantes détachée par Brown des Asparaginées de Jussieu, comprend plusieurs genres de plantes herbacées à ovaire infère, à fleurs dioïques et à fruit capsulaire. Le genre *Dioscorée*, type de cette famille, renferme plusieurs espèces de plantes vivaces, à rhizôme volumineux, souvent féculent, et pouvant alors remplacer la pomme de terre. Les plus remarquables sous ce rapport sont : la *D. ailée*, plus connue sous le nom d'*Igname* (*Voy.* ce mot), la *D. du Japon*, la *D. cultivée*, et la *D. à racine blanche*.

DIOSMA (du grec *dios*, divin, et *osmé*, odeur), genre type de la tribu des Diosmées, est formé d'arbustes élégants, au feuillage toujours vert et aux fleurs blanches ou rosées, solitaires ou en corymbes, exhalant une odeur suave. Les feuilles sont petites, simples, chargées de points glanduleux.

Cette plante est originaire du Cap de Bonne-Espérance ; on en connaît 80 espèces, la plupart cultivées dans nos jardins. — Avec les feuilles de la *D. crenata* et de la *D. serratifolia*, les Hottentots font une espèce de pommade, dont ils s'oignent le corps.

DIOSMÉES (de *Diosma*, genre type), tribu de la famille des Rutacées, renferme tous les genres qui ont les pétales libres ou distincts à leur base, égaux entre eux, et constituant une corolle régulière ; leurs graines sont munies d'un endosperme. Elle renferme le *Diosma* (genre type) et le *Dictame*.

DIOSPYROS (du grec *Dios pyros*, blé de Jupiter), nom scientifique du *Plaqueminier*, a formé celui de *Diospyrées*, qu'on donne quelquefois aux Ébénacées.

DIOTA (du grec *dis*, double, et *ous*, *ôtos*, oreille ; vase à deux oreilles), mesure de liquides chez les Grecs, valait la moitié du *métrétès*, ou 19 litres.

DIPHTHÉRITE (du grec *diphthéra*, membrane), nom donné par quelques médecins à une maladie caractérisée par la formation de fausses membranes. Elle affecte de préférence le pharynx et les canaux aériens, et constitue le *croup membraneux* et l'*angine couenneuse*. *Voy.* CROUP et ANGINE.

DIPHTHONGUE (du grec *dis*, deux fois, et *phtheggomai*, sonner). C'est proprement une syllabe composée de deux sons différents et simultanés, comme *ui*, dans *lui* ; *oi*, dans *loi* ; *ieu*, dans *lieu* ; *ien*, dans *bien*, etc. ; mais on appelle aussi *diphthongue* la réunion de deux ou plusieurs voyelles qui ne forment qu'un son unique ou simple, comme *au*, *eau*, *eu*, *œu*, *ou*, etc. De là, la distinction des *D. auriculaires* ou proprement dites, et des *D. oculaires*, qui offrent deux voyelles aux yeux, quoique ne faisant entendre qu'un son à l'oreille.

DIPHYE (du grec *diphyès*, double), *Diphyes*, genre de Mollusques marins de l'ordre des Tuniciers. Ce sont des animaux microscopiques d'une grande transparence, souvent phosphorescents, et qui se trouvent en abondance dans les mers des pays chauds. Presque toutes les espèces ont le corps composé de deux parties subcartilagineuses, placées l'une à la suite de l'autre, et comme emboîtées. La partie antérieure renferme une ou deux cavités, et présente à sa base un appendice cirrhique garni de suçoirs. La partie postérieure ne présente qu'une seule cavité, et se détache facilement de la première.

DIPHYLLE, se dit, en Botanique, des parties composées de deux feuilles (*phyllon* en grec) ou folioles.

DIPLANTIDIENNE (du grec *diploos*, double, *anti*, opposé, et *eidos*, image), sorte de lunette ou longue-vue à deux objectifs, proposée par M. Jeaurat, et dans laquelle on voit deux images du même objet, l'une droite, l'autre renversée.

DIPLOÉ (féminin de l'adjectif grec *diploos*, double), tissu celluleux qu'on remarque entre les deux tables des os plats, et particulièrement de ceux du crâne. Les aréoles du *diploé* sont tapissées par une membrane molle, rougeâtre, ténue, et parsemée de radicules vasculaires.

DIPLOMATIE (de *diplôme*). C'est la science des relations extérieures des peuples et des gouvernements, et, dans un sens plus restreint, l'art des négociations. La diplomatie a pour objet la sûreté, la dignité respective des peuples, et son but doit être le maintien de la paix et de la bonne harmonie entre les puissances. Elle s'appuie sur le droit international ou droit des gens, qui forme la loi commune des peuples civilisés, soit en paix, soit en guerre.

Dans l'origine, tous les agents diplomatiques portaient le titre d'*ambassadeurs* ; plus tard, l'usage les a partagés en un grand nombre de classes, aujourd'hui réduites à quatre, les *ambassadeurs*, les *ministres plénipotentiaires*, les *ministres résidents* et les *chargés d'affaires*. — On appelle Corps diplomatique la réunion des agents diplomatiques qui résident auprès d'une puissance.

Les questions de préséance entre les représentants des diverses puissances étaient autrefois l'occasion de nombreuses querelles : le congrès de Vienne (1815) y a mis fin en réglant que, dans chaque résidence, les agents diplomatiques d'une même classe prendraient rang entre eux par ancienneté ; les nonces du Saint-Siège sont seuls exceptés de cette règle : ils passent avant tous les autres.

On a beaucoup écrit sur la science diplomatique : parmi les meilleurs ouvrages, il faut remarquer l'*Ambassadeur*, de Wicquefort, 1681 ; le *Traité complet de Diplomatie*, par le comte de Garden, Paris, 1833, 3 vol. in-8 ; le *Manuel diplomatique* de Martens, Paris, 1832, 2 vol. in-8 ; les *Observations sur le Guide diplomatique*, de Pinheiro Ferreira, Paris, 1833 ; le *Système de Diplomatie* de Winter, etc. — Koch, Schœll, et, plus récemment, M. de Garden, ont fait l'histoire de la Diplomatie en écrivant l'*Histoire des traités de paix*. On doit à M. Bignon une intéressante *Histoire de la Diplomatie française de 1792 à 1815*, Paris, 1827-38, 10 vol. in-8. *Voy.* AMBASSADEUR.

DIPLOMATIQUE (de *diplôme*), science qui enseigne à déchiffrer les chartes, les diplômes, les titres anciens, à les comprendre, et surtout à en reconnaître l'authenticité ou la fausseté, l'intégrité ou l'altération ; elle est utile à l'homme d'État, au jurisconsulte, à l'historien, à tous ceux qui, pour des intérêts publics ou particuliers, ou pour leur seule instruction, sont appelés à faire usage de ces documents. Elle est l'objet d'un enseignement spécial à l'Ecole des chartes. Les principes de cette science ont été posés, dans la première moitié du XVIIᵉ siècle, par les savants Bénédictins et notamment par le P. Mabillon, dans son traité *De re diplomatica*. *V.* CHARTE, DIPLÔME ET PALÉOGRAPHIE.

DIPLOMATIQUE (CORPS). *Voy.* DIPLOMATIE.

DIPLOME (du grec *diploma*, dérivé de *diploos*, double, parce que ces actes étaient habituellement pliés en deux comme les feuilles d'un livre, ou parce qu'ils étaient faits *en double*), nom générique par lequel on désigne les titres, lettres patentes, privilèges, donations, bulles pontificales, actes royaux ou impériaux, chartes de toute espèce, dont la date est antérieure au XIVᵉ siècle. Le plus ancien acte en forme de diplôme que l'on connaisse est un congé donné par l'empereur Galba à des soldats vétérans ; le plus ancien diplôme qui nous soit resté des rois mérovingiens est celui que Childebert Iᵉʳ donna, en 558, en faveur de l'abbaye de Saint-Germain-des-Prés. Il existe un grand nombre de recueils de diplômes, parmi lesquels on estime surtout les collections de Moreau et de Bréquigny, et particulièrement le *Recueil des diplômes, textes, etc., des rois de France de la 2ᵉ et de la 3ᵉ race*, qui s'imprime en ce moment aux frais de l'Etat par les soins de l'Académie des Inscriptions et Belles-Lettres.

On donne aussi le nom de *diplôme* au titre délivré par un corps, une Faculté, une société littéraire, etc., à celui qu'elle s'agrège, pour constater la dignité ou le degré conférés au récipiendaire. Il y a des diplômes de bachelier, de licencié, de docteur, etc. Ces diplômes sont le plus souvent imprimés sur peau de vélin, et munis du sceau académique ou universitaire, etc. *Voy.* GRADES.

DIPLOPIE (du grec *diploos*, double, et *ôps*, œil), lésion du sens de la vue dans laquelle deux sensations distinctes sont produites par un même objet, qui, par conséquent, semble double. Ce trouble de la vision résulte d'un dérangement dans le parallélisme des deux axes visuels, par suite duquel les images ne se peignent plus sur les deux points correspondants de chaque rétine.

DIPLOPTÈRES (du grec *diploos*, double, et *ptéron*, aile), famille d'insectes Hyménoptères, section des Porte-aiguillons, renferme tous les genres qui ont les ailes supérieures doublées dans leur longueur. Cette famille se divise en deux tribus : les *Masarides* et les *Guépiaires*.

DIPLOSTOME (du grec *diploos*, double, et *stoma*, bouche), nom que Rafinesque-Schmaltz, célèbre naturaliste, a donné aux Mammifères rongeurs nommés *Saccomys* par G. Cuvier. *Voy.* SACCOMYS.

DIPODES (du grec *dis*, et *pous*, *podos*, pied), nom donné par M. de Blainville à un groupe de poissons écailleux qui n'ont que des nageoires ventrales ou pectorales, et qui font partie de ses Squammipennes. — Ce nom s'applique aussi aux reptiles Sauriens, qui n'ont que les deux membres postérieurs.

DIPSACÉES (du genre type *Dipsacus*, Cardère), famille de plantes dicotylédones monopétales, à étamines libres, renferme des herbes annuelles ou vivaces, à feuilles opposées, simples ou divisées. Les têtes des fleurs sont environnées d'un involucre polyphylle; un réceptacle plus ou moins saillant porte les fleurs à corolle tubuleuse quadri ou quinquéfide, à 4 ou 5 étamines, et entre lesquelles naissent des écailles ou des soies. Les *Scabieuses*, les *Cardères*, etc., appartiennent à cette famille.

DIPSACUS, nom latin du genre CARDÈRE.

DIPSAS (du grec *dipsa*, soif), nom donné par les anciens à une sorte de serpent dont la morsure faisait mourir au milieu des angoisses d'une fièvre ardente et d'une soif inextinguible. — Aujourd'hui, on appelle ainsi une espèce de couleuvre de l'Inde et de l'Amérique, remarquable par la petitesse de ses dents, par son corps allongé et comprimé sur les côtés, et par ses écailles longues et lisses. Cette espèce, dit-on, poursuit sa proie jusque sur les arbres.

DIPSOMANIE (du grec *dipsa*, soif, et *mania*, manie), nom donné quelquefois au *delirium tremens*, dit aussi *folie des ivrognes*. *Voy.* DÉLIRE.

DIPTÈRES (du grec *dis*, deux, et *ptéron*, aile), ordre nombreux d'insectes comprenant les *Mouches* proprement dites, les *Cousins*, les *Taons*, etc., est caractérisé par l'existence de deux ailes membraneuses, ou plus ou moins diaphanes, presque toujours accompagnées de petits appendices écailleux appelés *balanciers*, *ailerons* ou *cuillerons*, et leur servant, dit-on, à régulariser leur vol. Les Diptères sont, en général, de petite taille; ils subissent des métamorphoses complètes : leurs femelles sont ovipares; elles déposent leurs œufs sous l'eau, dans les liquides corrompus ou les substances en putréfaction, et quelquefois sous la peau de certains animaux. Plusieurs Diptères se nourrissent du suc des plantes; d'autres, plus incommodes, sucent le sang des animaux; un grand nombre dévorent les substances en décomposition. — Cet ordre comprend six familles : les *Némocères*, les *Tanystomes*, les *Tabaniens*, les *Notacanthes*, les *Athéricères* et les *Pupipares*. Il a été l'objet des travaux spéciaux de M. Macquart.

DIPTERYX (du grec *dis*, double, et *ptéryx*, aile), plante de la famille des Papilionacées. *V.* COUMAROU.

DIPTYQUES (du grec *diptychos*, plié en deux), registres publics formés de deux tablettes qui se repliaient l'une sur l'autre. On distingue des *D. profanes* et des *D. sacrés*. A la première classe appartenaient les registres sur lesquels on inscrivait à Rome les noms des consuls et des magistrats, et qui étaient formés de plusieurs tablettes qu'on repliait les unes sur les autres. La deuxième comprend les registres employés chez les premiers chrétiens, et qui ressemblaient pour la forme aux tables de loi avec lesquelles est représenté Moïse. D'un côté on écrivait les noms des vivants, des papes, des évêques, des hommes distingués par leurs vertus ou leurs bienfaits envers l'Eglise; de l'autre, les noms des morts célèbres, des martyrs, des hommes pieux. Les diacres lisaient ces noms pendant la messe et après l'oblation. Aujourd'hui encore, dans le rit latin, on trouve quelque chose de semblable : à la messe, on prie une fois pour les vivants et une fois pour les morts; on invoque plusieurs saints; on prie pour le pape, pour l'évêque du lieu, pour le souverain. Salig a écrit un traité *de Diptycis*, Halle, 1731, et Seb. Doni a donné : *Des Diptyques anciens, sacrés et profanes* (en italien), Lucques, 1753. On appelle encore *diptyques* les tableaux ou bas-reliefs recouverts par deux volets qui sont peints aussi.

DIRCA, *Bois cuir*, arbre du Canada. *V.* THYMÉLÉES.

DIRECTEUR, celui qui est chargé du soin de diriger une société, une compagnie, un grand service ou une branche importante de l'administration, laquelle prend alors le titre de *direction*, etc. On donne aussi ce titre au président de certaines sociétés savantes, et notamment de l'Académie française. On l'a également donné à chacun des cinq membres du Directoire exécutif. *Voy.* DIRECTOIRE.

DIRECTION, nom donné, dans plusieurs ministères, à certaines divisions administratives dont le nombre et le titre ont varié. Ainsi, au ministère de la Marine, il y a une *D. du personnel*, une *D. des ports*, une *D. des colonies*; — au ministère de la Guerre, quatre grandes directions : une du *personnel* et des *opérations militaires*, une de *l'administration*, une des *fonds et de la comptabilité*, une du *dépôt de la guerre*. Le ministère des Finances comprend la *D. générale de l'enregistrement*, les *D. des contributions directes*, *des contributions indirectes*, *du mouvement général des fonds*, *de la dette inscrite*, *du contentieux*, *de la comptabilité générale*, etc. Il y a de plus, dans chaque département, un directeur de l'enregistrement et des domaines, un directeur des contributions directes, et un directeur des contributions indirectes. Au ministère de l'Intérieur il y a une *D. des beaux-arts*, etc.

En Mécanique, on nomme *direction* la droite suivant laquelle un corps se meut. La *ligne de direction* est celle qui passe par le centre de gravité d'un corps et le centre de la terre. L'*angle de direction* est compris entre les directions de deux puissances conspirantes en même point. On appelle *Biens en direction* ceux dont l'administration est confiée à des syndics nommés par une assemblée de créanciers.

DIRECTOIRE, gouvernement établi en France par la Constitution de l'an III (1795), et qui fut renversé le 18 brumaire (1798). *Voy.* DIRECTOIRE au *Dict. univ. d'Hist. et de Géogr.*

DIRECTRICE (sous-entendu *ligne*). En Géométrie, c'est une droite le long de laquelle on fait couler une autre ligne ou une surface pour décrire une figure plane ou solide.

DIRIMANT (du latin *dirimens*, qui rompt). *Voy.* EMPÊCHEMENT.

DISCANT, chant d'église. *Voy.* DÉCHANT.

DISCERNEMENT. En Droit, c'est la faculté d'apprécier la valeur des actes que l'on accomplit. Celui qui commet un crime ne peut être puni s'il a agi sans discernement. Lorsque l'accusé a moins de 16 ans, et qu'il a agi sans discernement, il est acquitté, et, selon les cas, remis à ses parents, ou conduit dans une maison de correction. Lorsque l'accusé, âgé de moins de 16 ans, a agi avec discernement, les peines sont ainsi modifiées : s'il a encouru la peine de mort, les travaux forcés à perpétuité ; s'il a mérité la déportation, il est condamné à 10 ou 20 ans d'emprisonnement ; s'il a mérité la détention ou les travaux forcés, il est renfermé dans une maison de correction ; il est mis sous la surveillance de la haute police pendant 5 ou 10 ans. Si le mineur de 16 ans n'a commis qu'un simple délit, il est condamné à la moitié de la peine à laquelle il aurait pu être condamné s'il avait eu 16 ans (Code pénal, art. 66–69).

DISCHIDIE (du grec *dischidès*, qui se partage en deux), *Dischidia*, genre de la famille des Asclépiadées, est composé d'herbes vivaces, vivant en parasites sur les arbres. On cultive dans les serres la *D. du Bengale* (*D. Bengalensis*), plante parasite à feuilles charnues, à fleurs petites et disposées en ombelles. Dans la Nouvelle-Hollande et les Indes, son suc laiteux est appliqué sur les piqûres des animaux venimeux. On mange aussi cette plante.

DISCIPLES, nom donné spécialement dans l'Évangile aux *soixante-douze* personnes que J.-C. choisit, outre les douze apôtres, pour aller prêcher la parole de Dieu (Ev. S. Luc, x, 1).

DISCIPLINE (du latin *disciplina*), ensemble des lois ou règlements qui régissent certains corps, comme l'Église, l'armée, la magistrature, les écoles, etc.

Discipline ecclésiastique. Elle repose sur les épîtres de S. Paul, sur les constitutions apostoliques, sur les règles établies par les conciles et les décrétales des papes. Tout ce qui est de pure *discipline* n'est pas de *foi* et peut varier selon les temps et les lieux. Outre les règles de discipline communes à tous les fidèles, il y a des règles spéciales pour le clergé séculier et pour les ordres religieux : elles constituent la *D. cléricale* et la *D. monastique.*

Discipline militaire. Elle repose tout entière sur le respect et l'obéissance absolue de l'inférieur envers ses chefs. La plus ancienne ordonnance qui en traite remonte à 1550 ; celle du 2 novembre 1833 règle encore aujourd'hui toutes les questions qui ont rapport à la discipline. Dans l'Armée française, les châtiments corporels ont été complètement abolis depuis 1788 ; les *punitions disciplinaires* infligées aux soldats sont : les arrêts, les corvées, l'exercice redoublé, et, si les moyens ordinaires ne suffisent pas, l'envoi dans les *Compagnies de discipline.* Ces compagnies, organisées en 1802 par Bonaparte, ont été portées à huit depuis 1830 ; leur séjour ordinaire est en Afrique ; cette punition est infligée par un *Conseil de discipline.* Les délits graves et les crimes sont jugés par un *Conseil de guerre* (*Voy.* CONSEIL).

Discipline judiciaire. Elle s'exerce sur les magistrats, les avocats et les officiers ministériels, tels que les avoués, les agréés, les commissaires-priseurs, les huissiers, etc. Elle a pour but le maintien de l'honneur et de la considération nécessaires aux institutions judiciaires. Les peines de discipline sont : l'avertissement, la censure simple, la censure avec réprimande, la suspension provisoire ; pour les avocats, la suspension, la radiation du tableau ; pour les officiers ministériels, la destitution. Ces différentes peines sont appliquées, pour les magistrats, par le garde des sceaux, par la cour de cassation et les cours d'appel ; pour les avocats, par le conseil de l'ordre ; et pour les autres corps, par les conseils ou chambres de discipline librement formés dans leur sein.

On nomme aussi *discipline* une sorte de châtiment ou de flagellation volontaire, en usage dans beaucoup de monastères, et qui consiste à se faire frapper ou à se frapper soi-même d'un fouet composé de cordes à nœuds ou de lanières de cuir, et qu'on nomme également *discipline.* Cet usage, introduit dit-on, par S. Dominique l'Encuirassé et S. Pierre Damien, remonte au xie siècle ; il a donné lieu à des abus que l'Église eut beaucoup de peine à réprimer. *Voy.* FLAGELLANTS au *Dict. univ. d'Hist. et de Géogr.*

DISCOBOLES (du grec *discos*, disque, et *ballô*, lancer), famille de poissons Malacoptérygiens-Subbrachiens, à nageoires ventrales réunies à la base par une membrane en forme de *disque.* Ces poissons se tiennent fixés aux rochers, sous les saillies desquels ils se couchent au moyen de leurs nageoires ventrales. Tout leur corps est couvert d'une matière visqueuse. Les discoboles comprennent trois genres : les *Porte-Écuelle*, les *Cycloptères* et les *Echénéis.*

DISCOIDE (du grec *discos*, disque, et *eidos*, forme), se dit, en Botanique, de tout organe orbiculaire très-déprimé, ayant les bords légèrement saillants et en forme de disque.

DISCOURS. *Voy.* LANGAGE, HARANGUE et ÉLOQUENCE.

DISCRASE. *Voy.* ARGENT ANTIMONIAL.

DISCRET (du latin *discretus*, séparé, de *discerno*). En Mathématiques, on appelle *quantité discrète* une quantité composée de plusieurs parties séparées les unes des autres, comme les nombres ; *proportion discrète*, celle où le rapport de deux quantités est le même que celui de deux autres quantités, quoiqu'il n'y ait pas le même rapport entre les quatre membres.

En Médecine, ce mot se dit de certains exanthèmes dont les taches ou pustules sont séparées les unes des autres. Il se dit particulièrement de la variole ordinaire, par opposition à la *variole confluente. Voy.* CONFLUENT.

Dans plusieurs ordres monastiques, on donnait ce nom aux religieux ou aux religieuses *choisis* pour former le conseil du supérieur ou de la supérieure, ainsi qu'à ceux qu'on envoyait au chapitre provincial pour représenter le couvent. Les assemblées où se réunissaient les *pères discrets* et les *mères discrètes* s'appelaient *discrétoires.*

DISCRÉTIONNAIRE (de *discrétion*). En Droit, on appelle *pouvoir discrétionnaire* la faculté laissée à un juge, et particulièrement au président d'une cour d'assises, d'agir en certains cas selon sa volonté particulière. — On a aussi appliqué ce mot à l'autorité dictatoriale attribuée en temps de révolution à certains agents du pouvoir exécutif.

DISCRIMEN (mot latin qui signifie *séparation, division*), se dit, en Chirurgie, d'un bandage usité pour la saignée de la veine frontale : il est ainsi nommé parce qu'en passant le long de la suture sagittale, il divise la tête en deux parties égales.

DISCUSSIFS (du latin *discutere*, dissoudre), médicaments que l'on applique à l'extérieur dans le but de dissiper un engorgement. Ce sont en général des agents excitants sous forme de cataplasmes, de lotions, etc.

DISCUSSION (BÉNÉFICE DE). *Voy.* BÉNÉFICE.

DISÉPALE, se dit, en Botanique, des parties formées de deux sépales ou de deux folioles calicinales, comme les calices de la balsamine, de la fumeterre, etc.

DISETTE. *Voy.* FAMINE.

DISETTE (RACINE DE). *Voy.* BETTERAVE.

DISJOINT, nom donné, en Musique, aux intervalles dont les sons sont séparés l'un de l'autre par une grande distance. Tels sont les intervalles de la tierce, de la quarte, de la quinte, etc. On oppose le *degré disjoint* au *degré conjoint*, ou intervalle de seconde. *Voy.* DEGRÉ.

DISJONCTIF. En Grammaire, on appelle *Conjonction disjonctive* toute conjonction qui, tout en unissant les expressions, sépare les idées, comme *ou, soit, ni.* On a proposé de les appeler *C. alternatives, partitives* ou *distributives.* — En Logique, on appelle *Propositions disjonctives* celles qui, par leur opposition, s'excluent l'une l'autre.

DISJONCTION. On appelle ainsi en Droit la séparation de causes précédemment jointes, ou de plusieurs chefs de conclusions contenus dans la même demande. *Voy.* JONCTION.

DISLOCATION. *Voy.* LUXATION.

DISOMOSE ou NICKEL GRIS. *Voy.* NICKEL.

DISPACHE, terme de Droit maritime, par lequel

on désigne, en matière d'assurance, une espèce de discussion et d'arbitrage entre les assureurs et les assurés. Les arbitres, en ces matières, prennent le nom de *Dispacheurs*.

DISPENSAIRE (de *dispenser*, distribuer), ouvrage dans lequel sont consignées la description des médicaments simples ou composés qui doivent se trouver dans l'officine d'un pharmacien, et les formules des préparations officinales. On dit également *Codex*, *Formulaire*, *Pharmacopée*, etc.

On appelle aussi *Dispensaires*, des établissements de bienfaisance créés par souscription, pour donner gratuitement des soins et des médicaments aux malades indigents qui peuvent être traités dans leur domicile. Il existe à Paris et dans toutes les grandes villes des *dispensaires* de ce genre.

DISPENSE (de *dispenser*, exempter), exemption d'une règle ordinaire par laquelle on permet, dans certaines circonstances, ce qui est généralement défendu. Le pape a le droit de dispenser, pour motifs graves, de ce qui est défendu par les canons : ainsi il faut une dispense du pape pour les mariages entre cousins et parents à un degré rapproché, pour recevoir la prêtrise et les autres ordres sacrés avant l'âge prescrit, etc. — L'homme avant 18 ans, la femme avant 15 ans, l'oncle et la nièce, la tante et le neveu, les beaux-frères et belles-sœurs ne peuvent contracter mariage sans une dispense de l'autorité civile. Deux juges qui sont parents à un degré très-rapproché ne peuvent être membres d'une même cour ou d'un même tribunal sans une dispense pareille. — On appelait autrefois *D. de bâtardise*, l'acte donné par le pape et par le roi, et qui, en conférant au bâtard le titre d'enfant légitime, le rendait propre à entrer dans les ordres ou à posséder un bénéfice.

DISPERME (du grec *dis*, deux, et *sperma*, graine), nom donné, en Botanique, aux fruits, aux loges et aux ovaires qui renferment deux graines. Telles sont les baies de l'épine-vinette, le pois-chiche, etc.

DISPERSION (du latin *dispergere*, répandre), dilatation et coloration qu'éprouvent les faisceaux de lumière en traversant un milieu réfringent, de manière à produire le *spectre* (*Voy.* ce mot). Toutes les substances n'ont pas le même *pouvoir dispersif* : le flint-glass, par exemple, donne un spectre bien plus allongé que le crown-glass ; le pouvoir dispersif de l'eau est très-faible. La dispersion est dans un rapport intime avec les grandeurs des indices de réfraction correspondant à chaque couleur ; on la mesure en prenant la différence de ces indices pour le violet et le rouge. Une substance est d'autant plus dispersive que pour elle cette différence est plus grande. La dispersion de la lumière est un des plus grands obstacles qu'on ait eus à surmonter dans la construction des lunettes ; elle cause ce défaut de netteté (dit *aberration de réfrangibilité*) que présentent les images formées par les lentilles ordinaires, et qu'on est obligé de corriger par l'emploi des verres achromatiques. *Voy.* ACHROMATISME.

DISPONIBILITÉ, se dit, en général, de l'état de tout fonctionnaire qui, ayant cessé de remplir des fonctions actives, attend un autre emploi.

Dans l'Administration militaire, on appelle ainsi, depuis l'ordonnance royale du 19 mars 1823, la situation d'un officier qui se trouve momentanément sans emploi : il ne reçoit que demi-solde. L'officier en disponibilité est considéré comme en activité de service et toujours à la disposition du ministre de la Guerre.

En Jurisprudence, on nomme *quotité* ou *portion disponible*, la portion de biens dont il est permis à une personne ayant des héritiers de disposer par donation ou par testament. Le reste de ses biens, dite *réserve légale*, ne peut être mis en disposition.

DISPOSITIF. En Jurisprudence, c'est le prononcé d'un jugement ou d'un arrêt, dégagé de toute la procédure et des motifs qui l'ont fait rendre. Il est signé par le président et par le greffier. — On donne aussi ce nom au projet de jugement que les parties forment entre elles et présentent au tribunal pour être mis sur la feuille.

DISPOSITION. En Droit, on appelle ainsi toute attribution de biens, soit à titre gratuit, soit à titre onéreux. On distingue : *D. entre-vifs*, par laquelle on se dépouille irrévocablement de ses biens en faveur d'un tiers : c'est proprement la *donation* (*Voy.* ce mot) ; *D. testamentaire*, qui est toujours révocable (*Voy.* TESTAMENT) ; *D. à cause de mort*, acte par lequel le disposant se dépouille de ses biens, mais avec faculté de les reprendre s'il guérit ; *D. libre*, acte fait par quelqu'un de sa bonne volonté, sans aucune force ni contrainte ; *D. onéreuse*, acte ou contrat qui transmet à quelqu'un une chose à titre onéreux.

Par *dispositions* d'une loi, on entend ce qu'elle ordonne, ou ce qu'elle défend ; par *dispositions* d'un jugement, les décisions qu'il renferme.

En Rhétorique, la *Disposition* c'est la distribution, dans l'ordre le plus convenable, des diverses parties du discours, exorde, proposition, division, narration, confirmation, réfutation, péroraison. Le plus souvent ces parties se succèdent dans l'ordre même qui vient d'être indiqué ; cependant, la disposition peut varier suivant les besoins du discours.

DISQUE (du grec *discos*, palet), sorte de palet rond, en fer, en cuivre, en plomb ou en bois, d'une dimension et d'une pesanteur au delà de l'ordinaire, que, dans les jeux de l'ancienne Grèce, lançaient certains athlètes, appelés de là *discoboles*. Le vainqueur était celui qui lançait ce disque le plus loin. Le diamètre du disque était de 33 centim. environ.

En Astronomie, on nomme *disque* le corps apparent d'un astre. La largeur du disque du soleil et de la lune se divise en douze parties nommées *doigts*.

En Botanique, c'est : 1º la partie de la surface d'une feuille comprise entre ses bords ; 2º la partie centrale d'une ombelle ; 3º la portion élargie du pédoncule qui supporte les fleurons d'une Synanthérée ; 4º enfin, c'est, d'après Richard, un corps charnu, de nature glanduleuse, qui, dans beaucoup de plantes, est situé sur le réceptacle, tantôt au-dessous de l'ovaire (*D. hypogyne*), tantôt autour (*D. périgyne*), tantôt au-dessus (*D. épigyne*). On le nomme *podogyne* lorsqu'il sert de support à l'ovaire ; *pleurogyne*, s'il la presse latéralement ; *épipode*, s'il est formé d'un ou de plusieurs tubercules libres ; *périphore*, s'il porte les étamines et les pétales attachés à sa surface externe.

DISSECTION (du latin *dis*, particule disjonctive, et *secare*, couper), opération qui consiste à diviser méthodiquement et à mettre à découvert les différentes parties du corps, pour en étudier la disposition et la structure. La dissection comprend la préparation des os (*ostéotomie*), celle des ligaments (*syndesmotomie*), celle des muscles (*myotomie*), celle des viscères (*splanchnotomie*), celle des vaisseaux (*angéiotomie*), qui se subdivise en dissection des artères, des veines et des vaisseaux lymphatiques ; enfin celle des nerfs (*névrotomie*). On appelle *autopsie* la dissection qui a pour but de rechercher les causes et le siége de l'affection à laquelle un individu a succombé, ou de constater certains crimes ou délits, tels que coups, blessures, empoisonnement, etc. Les instruments dont on fait usage pour disséquer sont des scalpels et des bistouris, des ciseaux, des marteaux, des pinces, des tenailles, etc. — La dissection peut s'appliquer aussi aux végétaux.

DISSÉMINATION, acte par lequel les graines, détachées de la plante à l'époque de la maturité, s'éparpillent plus ou moins loin pour vivre de leur vie propre. La dissémination est favorisée : 1º par le poids de la graine, qui augmente à mesure que son support s'atrophie ; 2º par l'agitation de l'air ou la pluie; 3° par les animaux qui, comme les oiseaux, transportent les graines avec leurs pattes ou leur bec, ou bien s'en nourrissent, et rendent à la terre, avec leurs excréments, celles qui ont résisté à la digestion.

DISSIDENTS (du latin *dissideo*, s'asseoir à part, être d'avis opposés), se dit des personnes dont les croyances sont différentes de celles que professe l'Église nationale d'un pays. Ce mot s'applique particulièrement aux diverses sectes religieuses qui diffèrent de l'Église anglicane, soit sur des points de doctrine, soit sur des détails de discipline ou de forme extérieure. On les appelle aussi *Non-conformistes*. *Voy.* ce mot au *Dict. univ. d'Hist. et de Géogr.*

DISSOLUTION, opération par laquelle un corps liquide communique cet état à un autre corps, quel qu'il soit. On a proposé de réserver le mot *dissolution* pour désigner le cas où le corps dissous et le corps dissolvant changent de nature (ce qui a lieu dans l'action des acides sur les métaux), et d'appeler *solution* ce qui se passe lorsque ces deux corps ne changent pas de nature, par exemple, lorsqu'on met du sucre ou du sel dans l'eau.

En Jurisprudence, la *dissolution* est l'anéantissement d'un contrat. Les communautés, et notamment le mariage, se dissolvent par la mort naturelle ou civile, par la séparation de corps ou de biens.

DISSOLVANTS, nom donné aux corps qui ont la propriété de transformer les solides en liquides, et de détruire l'agrégation moléculaire : tels sont l'eau, l'alcool, l'éther, le vinaigre et les acides en général. Les anciens chimistes croyaient à l'existence d'un dissolvant général : Paracelse le nommait *alcahest*. — En Médecine, on nomme *dissolvants* les médicaments qui ont la propriété de dissoudre les engorgements, les concrétions maladives, etc.

DISSONANCE (du grec *dis*, deux fois, et *sonare*, résonner), nom donné, en Musique, à la réunion de deux sons qui frappent désagréablement l'oreille, et qui cependant sont quelquefois employés en composition pour servir de passage à une *consonnance*. Les dissonances sont la seconde, la septième, la neuvième, etc. On appelle *accords dissonants* ceux qui sont formés d'*intervalles dissonants*.

En Grammaire, on appelle *dissonance* la réunion de plusieurs syllabes dures ou qui sonnent mal à l'oreille, comme dans ce vers de Lemierre, où il est parlé de la lanterne magique :

Opéras à roulette et qu'on porte à dos d'homme.

Cependant il est des cas où la dissonance, employée avec art, produit le plus bel effet.

DISSYLLABE, mot de deux syllabes. *V.* SYLLABE.

DISTANCE. En Géométrie, c'est le plus court chemin d'un point à un autre : ainsi, la distance d'un point à un autre se mesure par la ligne droite; celle d'un point à une ligne ou à une surface, par la perpendiculaire menée de ce point à cette ligne ou surface. En Géographie, l'intervalle se mesure le plus souvent d'après la longueur des routes tracées. — On mesure les distances accessibles par le moyen de la chaîne et du mètre (*Voy.* ARPENTAGE). Quand les distances sont inaccessibles, on forme des triangles au moyen desquels on peut les calculer. *Voy.* TRIGONOMÉTRIE.

En Astronomie, on appelle *D. moyennes* des planètes, les moyennes entre leur plus grande et leur plus petite distance du soleil; *D. réelles*, les distances de ces corps mesurées à l'aide de mesures terrestres; *D. proportionnelles*, les distances des planètes au soleil comparées avec celle de la Terre, prise pour unité. La distance des étoiles fixes, soit à la terre, soit au soleil, n'a pu encore être mesurée qu'approximativement. La *D. apparente* de deux astres est l'angle formé par les rayons visuels qui vont de notre œil à chacun d'eux, mesuré par l'arc du grand cercle compris entre eux sur la sphère céleste. La *D. accourcie* d'une planète est sa distance entre le soleil et la projection de la planète sur le plan de l'écliptique.

DISTANCES LÉGALES. Pour l'exécution des lois, ordonnances, jugements, etc., la loi accorde un délai d'un jour pour chaque 10 myriamètres de distance. Un arrêté du 25 thermidor an XI (1803) a fixé la *distance légale* de chacun des chefs-lieux de département à Paris. Nous en donnons le tableau, dans l'ordre alphabétique des villes, avec les modifications qui y ont été apportées ultérieurement :

	m.	k.		m.	k.
Agen	71	4	Lille	23	6
Ajaccio	145	5	Limoges	38	0
Albi	65	7	Lons-le-Saulnier	41	1
Alençon	19	1	Lyon	46	6
Amiens	12	8	Mâcon	39	9
Angers	30	0	Marseille	81	3
Angoulême	45	4	Melun	4	6
Arras	19	3	Mende	56	6
Auch	74	3	Metz	30	8
Aurillac	53	9	Mézières	23	4
Auxerre	16	8	Montauban	63	3
Avignon	70	7	Montbrison	44	3
Bar-le-Duc	25	1	Mont-de-Marsan	70	2
Beauvais	8	8	Montpellier	75	2
Besançon	39	6	Moulins	28	9
Blois	18	1	Nancy	33	4
Bordeaux	57	3	Nantes	38	9
Bourg	43	2	Nevers	23	6
Bourges	23	3	Nîmes	70	2
Caen	26	3	Niort	41	6
Cahors	55	8	Orléans	12	3
Carcassonne	76	5	Paris	»	»
Chalons	16	4	Pau	78	1
Chartres	9	2	Périgueux	47	2
Chateauroux	25	9	Perpignan	88	8
Chaumont	24	7	Poitiers	34	3
Clermont	38	4	Privas	60	6
Colmar	48	1	Quimper	62	3
Digne	75	5	Rennes	34	6
Dijon	30	5	Rodez	69	2
Draguignan	89	0	Rouen	13	7
Épinal	38	1	Saint-Brieuc	44	6
Evreux	10	4	Saint-Lô	32	6
Foix	75	2	Strasbourg	46	4
Fontenay (Vendée)	44	7	Tarbes	81	5
Gap	66	5	Toulouse	66	9
Grenoble	56	8	Tours	24	2
Guéret	42	8	Troyes	15	9
Laon	12	7	Tulle	46	1
La Rochelle	46	0	Valence	56	0
Laval	28	1	Vannes	50	0
Le Mans	21	1	Versailles	2	1
Le Puy	50	5	Vesoul	35	4

DISTHÈNE (du grec *dis*, deux, et *sthénos*, force, à cause de sa double vertu électrique), silicate d'alumine allié à un centième environ d'oxyde de fer; on le nomme aussi *Cyanite* ou *Schorl bleu*. C'est un minéral d'un bleu très-clair, cristallisé en lames quadrangulaires allongées. Il raye le verre; il est infusible au chalumeau et pèse 3,517. Par le frottement, il s'électrise tantôt vitreusement, tantôt résineusement. On l'emploie comme support dans les essais au chalumeau. On le trouve en Bretagne, au Saint-Gothard, en Saxe, aux États-Unis, etc.

DISTILLATEUR. *Voy.* DISTILLATION et LIQUORISTE.

DISTILLATION (du latin *distillatio*, formé de la particule *di*, qui marque la division, et de *stilla*, goutte qui tombe), opération par laquelle on réduit les liquides en vapeur, à l'aide de la chaleur, pour les faire retomber ensuite à l'état liquide par le refroidissement. Elle a principalement pour but de séparer les liquides d'avec les corps fixes, ou de séparer des corps d'une volatilité différente. On opère la distillation dans des vases d'une forme particulière (*Voy.* ALAMBIC et CORNUE). — Les chimistes donnent le nom de *distillation sèche* à l'opération qui consiste à décomposer par la chaleur des substances végétales ou animales non volatiles, de manière à les transformer en de nouveaux corps. — On attribue aux Arabes l'invention de la distillation; il paraît toutefois que les anciens la pratiquaient déjà.

On donne le nom de *Distilleries* ou de *Brûleries* aux ateliers de distillation où se fabriquent l'eau-de-vie, le genièvre, le rhum et autres liqueurs spiritueuses. Les *Distillateurs* sont soumis à des réglements sévères dans l'intérêt de la sûreté publique. La loi du 5 ventôse an XII règle tout ce qui concerne leurs établissements.

DISTIQUE (du grec *dis*, deux, et *stichos*, vers), se dit en Poésie de la réunion de deux vers formant un sens complet. En latin, le distique se compose essentiellement d'un hexamètre et d'un pentamètre. Ovide, Properce et Tibulle, et tous les élégiaques, ont écrit un grand nombre de distiques. On employait aussi ce rhythme dans les inscriptions et les épitaphes. Tel est ce distique bien connu, sur Virgile :

Mantua me genuit, Calabri rapuere, tenet nunc
Parthenope; cecini pascua, rura, duces.

En Botanique, *distique* se dit des parties rangées en deux séries opposées. Tels sont les rameaux de l'orme, les feuilles du micocoulier, etc.

DISTOME (de *dis*, deux, et *stoma*, bouche; qui a deux bouches ou suçoirs), dit aussi *Fasciole*, genre d'Entozoaires, de la classe des Helminthes, de l'ordre des Trématodes, se trouve dans le foie et la vésicule biliaire des Mammifères, et même de l'homme. Ce genre a pour type la *Douve. Voy.* ce mot.

DISTORSION (du latin *distorquere*, tordre), déplacement d'une partie ou d'un membre. — Ce mot exprime spécialement un état convulsif des muscles de l'œil, qui entraînent cet organe vers l'un des points de l'orbite, et le font paraître renversé.

DISTRACTION. En Jurisprudence on appelle *Demande en distraction* celle qui a pour objet de revendiquer un objet qui a été mal à propos compris dans une saisie immobilière; *Distraction de dépens*, le jugement par lequel on sépare la condamnation aux dépens des autres condamnations prononcées en faveur de la partie, en sorte que son avoué acquière la faculté de poursuivre, à son profit, l'exécution de la première de ces condamnations.

DISTRIBUTION. En Typographie, on appelle ainsi la répartition, dans leurs cassetins, des lettres d'une forme qu'on vient de tirer.

DISTRICT (du latin *districtus*, resserré), étendue territoriale formant le ressort d'une juridiction judiciaire ou administrative. Un juge ne peut exercer ses fonctions hors de son district. Le 22 décembre 1789, les départements français furent divisés en *districts*, qui eux-mêmes étaient subdivisés en *cantons*. Leur administration ou *directoire* se composait de quatre membres. Les districts furent remplacés par les *arrondissements* le 28 pluviôse an VIII (1800). — En 1789, Paris fut divisé en soixante *districts*; mais l'année suivante cette division fit place à quarante-huit *sections*. — Les États-Unis de l'Amérique sont aussi divisés en districts.

DISTYLE, se dit, en Botanique, des fleurs qui ont deux styles, telles que l'œillet, la saponaire, etc.

DITHYRAMBE (du grec *dithyrambos*, surnom donné à Bacchus à cause de sa double naissance, et formé de *dis*, deux, et *thyra*, porte, entrée), sorte de poésie lyrique originairement consacrée à Bacchus, et qui avait pour caractères un enthousiasme élevé jusqu'à l'exaltation, la licence des expressions, le désordre des idées et de la versification : c'était le chant de l'ivresse et le délire de l'orgie. On attribue l'invention du dithyrambe antique à Arion de Méthymne, à Lassos d'Hermione ou à un poëte thébain dont le nom est inconnu. — Les modernes ont conservé la forme dithyrambique en l'appliquant à toutes sortes de sujets : Delille, A. Chénier, etc., ont fait de beaux dithyrambes à l'immortalité, à la liberté, à la gloire, etc.

DITO ou DITTO (de *dictum*, dit), expression italienne adoptée par le commerce pour désigner que la marchandise dont on parle est de la même espèce que celle qui vient d'être nommée.

DIURÉTIQUES (du grec *diouréô*, uriner), boissons médicamenteuses qui ont la propriété d'augmenter la sécrétion de l'urine. Tels sont le nitre ou azotate de potasse, les préparations scillitiques, la digitale, la pariétaire, etc. Les racines d'asperge, de chiendent, de fraisier, de guimauve et de réglisse sont appelées en Pharmacie *espèces diurétiques*. Les mucilagineux agissent aussi comme *diurétiques*, lorsque la sécrétion urinaire a été diminuée par une cause irritante locale ou générale.

DIURNAL (du latin *diurnus*, journalier), livre d'église des catholiques romains, qui renferme l'office divin que l'on récite de jour, c.-à-d. les petites heures, vêpres et complies. — *Voy.* JOURNAL.

DIURNE (du latin *diurnus*, qui dure un jour). En Astronomie, on appelle *mouvement diurne de la terre* la rotation de notre planète sur son axe, qui s'opère d'occident en orient en 24 heures; *mouvement diurne des astres*, le mouvement apparent des astres d'orient en occident, dû à la rotation de notre globe, et s'effectuant aussi en 24 heures; *cercle diurne*, le cercle immobile parallèle à l'équateur dans lequel une étoile ou un point quelconque de la sphère est supposé se mouvoir par sa révolution diurne; *arc diurne*, le nombre de degrés qu'un astre décrit entre son lever et son coucher.

En Botanique, les plantes *diurnes* sont celles qui s'épanouissent pendant le jour et qui se ferment la nuit, telles que la Belle-de-jour.

En Histoire naturelle, on donne le nom de *Diurnes* : 1° aux oiseaux de proie qui forment la première famille de l'ordre des Rapaces (Faucons, Vautours, etc.), parce qu'ils chassent pendant le jour; 2° à la 1re famille de l'ordre des Lépidoptères, qui ne volent qu'au grand jour : ces papillons ont pour caractères des ailes toujours libres, élevées perpendiculairement lorsque l'insecte est dans le repos; des antennes grossissant insensiblement de la base à la pointe; leurs chenilles ont seize pattes. Les Diurnes se divisent en deux tribus : les *Papillonides* et les *Hespérides*.

Œil diurne (ne voyant que le jour). *Voy.* OEIL.

DIVAN (en turc *diaouan*). Ce mot désigne, en Orient, les assemblées dans lesquelles les souverains et leurs ministres tiennent conseil et donnent audience, et les tribunaux où les juges rendent la justice. — Ce nom a été donné aussi à la salle où se tiennent les assemblées et où se reçoivent les visites de cérémonie, ainsi qu'aux membres du divan et de tout tribunal en général. Il s'applique spécialement, en langage diplomatique, au ministère de la Porte ottomane, et au lieu où se tient le conseil.

Les Arabes appellent aussi *divans* des recueils en vers ou en prose rassemblés après la mort d'un auteur, et dans lesquels les pièces sont rangées par ordre alphabétique : tel est le *divan de Saadi*, le *divan de Hafiz*, etc.

En Europe, on nomme *divan* une espèce de canapé à coussins et sans dossier, par analogie avec les sièges sur lesquels s'asseyent les Turcs.

DIVANY ou DIWANY, sorte d'écriture arabe commune aux Turcs et aux Persans, et usitée pour les lettres missives, les firmans et les affaires des bureaux publics. — Le *diwany-neskhessy* est employé pour copier les poëmes, les pièces fugitives, etc.

DIVARIQUÉ (du latin *divaricare*, écarter les jambes), se dit, en Botanique, des plantes dont les rameaux, en grandissant, s'écartent en divers sens et forment des angles ouverts.

DIVELLENT (du latin *divellere*, arracher, séparer). En Chimie, on nomme *affinité divellente* celle qui, pour réunir deux éléments, les sépare d'autres éléments avec lesquels chacun des deux premiers était combiné de son côté : ce qui se passe lorsque deux sels se décomposent mutuellement.

DIVERGENT (du latin *dis*, part. séparative, et *vergere*, tourner). On nomme ainsi, par opposition à *convergent*, les lignes qui, partant d'un point commun, s'écartent ensuite de plus en plus. Ainsi les deux côtés d'un angle sont *divergents*.

En Botanique, on nomme *divergents* les rameaux qui s'écartent en partant d'un centre commun.

En Algèbre, une *série divergente* est celle dont les termes croissent continuellement.

En Optique, on nomme *divergents* des rayons lumineux qui partent de chaque point d'un objet visible, et qui, en arrivant à l'œil, forment une pyramide dont la base est appuyée sur l'œil, et dont le sommet se trouve au point de l'objet d'où ils partent. Tous les *verres concaves* sont *divergents*.

DIVERSIFLORE, nom donné : 1o aux fleurs des Ombellifères, quand celles du centre de l'ombelle sont régulières et celles de la circonférence irrégulières ; 2o aux fleurs des Composées, quand celles du centre diffèrent de celles du pourtour.

DIVERTISSEMENT, nom donné d'abord aux *intermèdes* de musique ou de danse intercalés dans une pièce de théâtre, a été spécialement appliqué, dans le xviiie siècle, à de petits poëmes mis en musique pour les théâtres de société : on cite le *Divertissement de Sceaux* de Dancourt, mis en musique par Gilliers, pour la duchesse du Maine, en 1705, et le *Divertissement* composé par Sainte-Foix en 1747, à propos du mariage du Dauphin.

On a aussi entendu par *divertissement* un morceau de musique d'un genre facile et léger, composé pour un ou plusieurs instruments : tels sont les *Divertissements* de Stiebelt, de Viotti, etc.

DIVERTISSEMENT (en Droit). *Voy.* RECÈLEMENT.

DIVIDENDE, celui des facteurs d'une division qui doit être divisé. *Voy.* DIVISION. — Dans les sociétés commerciales, on entend par dividende la part de bénéfice qui revient à chaque actionnaire en proportion de la mise de fonds qu'il a apportée.

DIVINATION (de *divin*, parce qu'on supposait les devins inspirés du ciel), art prétendu de connaître et de prédire l'avenir. Cet art a régné, sous des noms divers, chez tous les peuples et dans tous les temps. Il fut surtout en honneur chez les Chaldéens, chez les Grecs, chez les Etrusques et les Romains, et pendant tout le moyen âge ; il donna naissance, chez les anciens, aux pythonisses et autres oracles, aux aruspices, aux augures, aux astrologues (*mathematici*) ; dans le moyen âge, aux magiciens, aux nécromanciens, aux sorciers ; il est encore exploité de nos jours par les tireuses de cartes et par de prétendues somnambules. Il a reçu, selon les divers objets d'où se tiraient les pronostics, une foule de noms divers, dont les plus connus sont : l'art des *Aruspices* et des *Augures*, dans lequel la divination se faisait par l'inspection des entrailles ou le vol des oiseaux ; l'*Astrologie judiciaire*, par l'observation des astres ou de l'état du ciel ; la *Cartomancie*, par les cartes ; la *Chiromancie*, par l'inspection des mains ; la *Nécromancie*, par l'évocation des morts ; l'*Onéirocritie*, par les songes ; la *Rhabdomancie*, par l'emploi de baguettes dites *divinatoires. Voy.* ces mots.

Encouragée chez les anciens, passée même dans les institutions, surtout en Grèce et à Rome, où rien ne se faisait sans consulter les oracles ou sans prendre les auspices, la divination, qui n'est plus regardée aujourd'hui que comme une supercherie et un moyen d'escroquerie, est punie par nos lois : d'après les articles 479, 488 et 481 du Code pénal, ceux qui font métier de deviner et pronostiquer, ou d'expliquer les songes, sont passibles d'une amende de 11 à 15 fr. ; le juge peut même prononcer contre eux la peine de l'emprisonnement, mais pendant cinq jours au plus. Si le devin emploie des manœuvres frauduleuses, et se fait ainsi remettre des fonds par ses dupes, il y a escroquerie, et l'article 405 du Code pénal peut être appliqué.

DIVINITÉ. *Voy.* DIEU, DIEUX et DÉESSES.

DIVISEUR, nombre par lequel, dans une division, on en divise un autre, qui prend alors le nom de *dividende*. — On appelle *commun diviseur* une quantité qui divise exactement deux ou plusieurs autres quantités : par exemple, 4 est commun diviseur de 8 et de 24 ; 5 est commun diviseur de 25 et de 30, etc., parce que 8 et 24 sont exactement divisibles par 4, ainsi que 25 et 30 par 5. Deux nombres admettent autant de diviseurs communs qu'ils ont de facteurs communs : ainsi, 210 étant formé par le produit de 2, 3, 5, 7, et 330 par celui des nombres 2, 3, 5, 11 ; 210 et 330 auront pour diviseurs communs non-seulement 2, 3 et 5, mais encore tous les nombres qu'on peut former par les produits de ces derniers, savoir, 6, 10, 15, 30.—*Le plus grand commun diviseur* est le plus grand des nombres qui en divisent exactement plusieurs autres : c'est ici, par exemple, le diviseur 30, formé par le produit de tous les facteurs premiers communs aux deux nombres 210 et 330. Pour trouver le plus grand commun diviseur de deux nombres, on divise le plus grand des nombres proposés par le plus petit, puis, s'il y a un reste, le plus petit par le reste de la première division, le reste de la première division par celui de la seconde, et ainsi de suite jusqu'à ce qu'on trouve zéro pour reste ou que la division se fasse exactement ; le dernier diviseur sera le plus grand commun diviseur cherché. La connaissance du plus grand commun diviseur de deux nombres est particulièrement utile lorsqu'il s'agit de réduire les fractions, c.-à-d. de les exprimer par de moindres nombres. Si l'on avait, par exemple, la fraction 210/330, en divisant successivement ses deux termes par 2, 3, 5, 6, 10, 15, 30, on aurait une suite de fractions 105/165, 70/110, 42/66, 35/55, 21/33, 14/22, 7/11, toutes égales entre elles et égales, en même temps, à la fraction 210/330. La fraction 7/11, qui résulte de la division des deux termes de 210/330 par 30, leur plus grand commun diviseur, est celle *réduite à sa plus simple expression :* car elle est irréductible, 7 et 11 n'ayant aucun facteur commun. *Voy.* DIVISION.

DIVISIBILITÉ, propriété que possède la matière de pouvoir être divisée en particules plus ou moins petites. Les Métaphysiciens ont beaucoup discuté pour et contre la divisibilité à l'infini : la raison la repousse. Les Physiciens admettent généralement que la matière n'est pas divisible à l'infini, et que, passé une certaine limite, la divisibilité s'arrête : la particule matérielle qui échappe à toute division porte le nom d'*atome. Voy.* ce mot.

En Arithmétique, la connaissance de la *divisibilité* des nombres sert souvent à simplifier les calculs. Est divisible par 2 tout nombre pair ; par 5, tout nombre dont le chiffre des unités est 0 ou 5 ; par 3, tout nombre dont la somme en chiffres est un multiple de 3 ; par 9, tout nombre dont la somme des chiffres est divisible par 9 ; par 11, tout nombre dont la somme des chiffres des rangs impairs est égale à la somme des chiffres des rangs pairs, ou n'en diffère que d'un multiple de 11.

DIVISIF, nom donné, en Chirurgie, à un bandage qui tient certaines parties écartées les unes des autres, afin d'obtenir des cicatrices larges, et de prévenir les adhérences vicieuses.

DIVISION. Dans sa plus grande généralité, c'est une

opération par laquelle, étant donnés un produit de deux facteurs et l'un de ces facteurs, on a pour objet de trouver l'autre facteur. Pour les entiers, cette opération revient à chercher combien de fois un nombre appelé *diviseur* est contenu dans un autre nombre nommé *dividende*; le nombre fourni par cette opération s'appelle *quotient*. Pour diviser un nombre entier par un autre, on commence par écrire le diviseur à la droite du dividende, en les séparant par un trait; on prend ensuite sur la gauche du dividende autant de chiffres qu'il est nécessaire pour contenir le diviseur, et l'on cherche combien cette partie du dividende contient de fois le diviseur; on écrit le quotient sous le diviseur, puis on multiplie tous les chiffres du diviseur par ce quotient, et on soustrait du dividende partiel le produit obtenu; à côté du reste obtenu, on abaisse le chiffre suivant du dividende général, ce qui donne un second dividende partiel. On opère sur ce second dividende partiel comme sur le premier, et l'on continue l'opération jusqu'à ce qu'on ait abaissé tous les chiffres du dividende. Soit, par exemple, 8988 à diviser par 59 :

```
8988 | 59
 308 | ---
 138 | 152
 ---
  20
```

Dans cet exemple, le dividende n'est pas exactement divisible par le diviseur; il y a un reste, 20.

Pour faire la *preuve* de la division, on multiplie par le diviseur le quotient trouvé : si l'opération est exacte, on obtient pour produit le dividende ; s'il y a un reste, il faut ajouter ce reste au produit pour obtenir le dividende.

Pour diviser une *fraction* par une autre fraction, on multiplie terme à terme la fraction dividende par la fraction diviseur renversée : pour diviser, par exemple, 3/4 par 5/7, on multiplie 3/4 par 7/5 ; le quotient est 21/20 ou 1 1/20. S'agit-il de fractions *décimales*, on égalise par des zéros le nombre des décimales dans le dividende et dans le diviseur, on retranche la virgule de part et d'autre, et l'on opère comme si les nombres proposés étaient des entiers. Par exemple, pour diviser 1593,63 par 4,3256, on écrira :

```
1593,6300 | 4,3256
```

et l'on fera la division après avoir retranché la virgule.

On appelle *division harmonique* l'opération qui consiste à diviser le double du produit des extrêmes par leur somme, dans une proportion harmonique, parce que cette opération renferme le principe de l'échelle diatonique de la musique. On l'énonce, en algèbre, la division harmonique par la formule :

$$b = \frac{2ac}{a+c}.$$

En Logique, la division est la distribution d'un tout en ses parties. On distingue deux sortes de divisions : la division d'un tout réel en ses parties intégrantes, que l'on nomme *partition*; la division d'un genre en ses espèces, ou *classification*. Toute division doit être : 1° *entière* ou *adéquate*, c.-à-d. complète, de manière que la somme des parties reproduise le tout ; 2° *opposée*, c.-à-d. bien tranchée : il faut que chaque membre de la division se distingue de tous les autres, sans rentrer dans aucun d'eux ; 3° *immédiate* et *graduée*, c.-à-d. qu'il faut passer par degrés des parties principales aux parties secondaires, d'après leur importance ou leur génération.

En Botanique, *division* désigne l'état d'une partie qui est d'une seule pièce, mais plus ou moins fendue. On nomme *bifide*, *trifide*, *quinquéfide*, ou *bipartie*, *tripartie*, la division en 2, 3 ou 5 parties.

Dans les ministères et dans les administrations publiques, le mot *division* s'applique à un certain nombre de bureaux placés sous la direction d'un commis principal, nommé *chef de division*.

Dans la Marine, trois bâtiments de guerre au moins, réunis sous un chef, forment une *division*. Trois divisions forment une *escadre*. Les *divisions* sont commandées par des contre-amiraux ou par les plus anciens capitaines de vaisseau de l'armée.

Dans l'Armée de terre, on donne le même nom aux parties d'une armée entière placées en divers points du royaume ou du territoire ennemi. Une division comprend au moins deux brigades. Chaque division active est commandée par un général de division.—Les troupes placées dans l'intérieur de la France ont donné lieu à la formation des divisions territoriales, commandées aussi par un général de division. Le nombre des *divisions militaires* a plusieurs fois changé : on en compte aujourd'hui 21, qui se composent d'autant de subdivisions qu'elles renferment de départements. *Voy.* le *Dict. univ. d'H. et de G.* au mot FRANCE.

La Marine a cinq *divisions maritimes :* Cherbourg, Brest, Lorient, Rochefort et Toulon.

DIVORCE (en latin *divortium*, de *diverto*, jadis *divorto*, se séparer), dissolution du mariage opérée sur la demande de l'un des époux ou sur celle de tous deux (*consentement mutuel*), pour les causes et dans les formes déterminées par la loi. Chez tous les peuples anciens, le divorce était permis ; il l'est encore aujourd'hui chez les Musulmans. Les Pères de l'Église se partagèrent au sujet du divorce. L'Église grecque l'admit, sur l'autorité de S. Épiphane. S. Augustin fit prévaloir l'indissolubilité du mariage dans l'Église latine ; cependant, la raison politique l'a fait quelquefois autoriser. Les protestants reconnaissent le droit de cette dissolution du mariage. La loi du 20 septembre 1792 permit le divorce en France ; il fut maintenu par le Code civil (art. 229-31) ; mais la loi du 8 mai 1816 l'abolit ; on y substitua la *séparation de corps*. On a tenté en vain en 1830 et en 1848 de le faire rétablir. M. André Nougarède a écrit l'*Histoire des lois sur le mariage et le divorce*, Paris, 1803 et 1816.

DIX (du latin *decem*). Ce nombre, qui rappelle le nombre des doigts, forme la base du système décimal, adopté presque universellement. Les Arabes le chiffrent par 10 ; les Romains le représentaient par X (deux V opposés l'un à l'autre) ; les Pythagoriciens attribuaient une grande importance au nombre *dix*, en grec *décade*. *Voy.* DÉCADE.

DIXIÈME (LA), se dit, en Musique, de tout intervalle compris entre dix notes. C'est l'octave de la tierce.

DIZAINE. *Voy.* DIX et DÉCADE.

DIZENIER ou mieux DIZAINIER (de *dix*). Les rois francs donnèrent ce titre aux possesseurs des terres conquises, des villes, des bourgs et des villages. Ils étaient chargés d'y maintenir la justice. — A partir du X° siècle, le nom de *dizenier* désigna une espèce d'officiers civils attachés à l'exercice de la police. A Paris, les dizeniers remplissaient les fonctions d'officiers municipaux; seize de ces officiers étaient placés dans chaque quartier de cette ville. Il y avait des *dizeniers* de ce genre chez les anciens Juifs.

DJERID (de l'arabe *djirid*, palmier, dattier), nom donné par les Orientaux à une branche de palmier sèche, dépouillée de ses feuilles, d'environ 1 m. de long sur 15 centim. de circonférence. On s'en sert pour un exercice fort en usage dans la Turquie et l'Egypte, et nommé aussi *djérid*. Ce jeu, qui se fait toujours à cheval, consiste à jeter le bâton fort loin, à le poursuivre au galop et à le rattraper avant qu'il soit tombé à terre, ou à se lancer le djérid les uns contre les autres, et à tâcher de le parer. Les Orientaux se servent à la guerre d'un *djérid* ou dard, qui est ferré.

DO, syllabe qu'on substitue quelquefois, dans la solmisation, à celle d'*ut*. Cette substitution était déjà en usage en Italie au XVII° siècle.

DOCIMASIE (du grec *docimazô*, éprouver), art de faire des essais, de déterminer la nature et les proportions des métaux utiles contenus dans les mélanges naturels et artificiels, afin d'évaluer les produits qu'on peut espérer tirer de leur exploitation en grand. La docimasie, qui n'est qu'une application de l'analyse chimique, s'opère, tantôt par la *voie sèche*, c.-à-d. par le feu et à l'aide quelquefois de fondants et de moyens désoxydants, tantôt par la *voie humide*, c.-à-d. en dissolvant les métaux et en les précipitant ensuite au moyen de certains réactifs, etc.

En Médecine légale, on appelle *docimasie pulmonaire* l'ensemble des épreuves auxquelles on soumet les poumons d'un fœtus, dans le but de constater s'il a respiré, et, par conséquent, s'il est sorti vivant du sein de sa mère, ou s'il était mort avant l'accouchement. Pour cela, on met les poumons et le cœur du fœtus dans un vase rempli d'eau pure : si l'enfant est mort-né, ces organes tombent au fond de l'eau; s'il a respiré, ils surnagent à cause de l'air qu'ils renferment et qui les rend plus légers.

DOCK (de l'allemand *decken*, couvrir, garantir), mot anglais qui signifiait autrefois *bassin à flot et à niveau fixe*, désigne aujourd'hui un ensemble de bassins bordés de magasins, dans lesquels les marchandises sont emmagasinées à mesure qu'elles débarquent, et qui servent d'entrepôts aux marchandises débarquées. L'Angleterre possède en ce genre des établissements magnifiques : c'est à Liverpool que les premiers *docks* furent exécutés, en 1708. On admire surtout les docks de Londres (*London-dock*, ouvert en 1805; *West-India-dock, East-India-dock, St-Katherine's-dock*, 1828, *Commercial docks*); puis ceux de Liverpool, Hull, Bristol, Leith, etc. Quoique possédant de magnifiques bassins à flot, la France a peu de véritables docks. — On donne aussi ce nom à des entrepôts établis près des chemins de fer.

DOCTEUR (du latin *doctor*, dérivé de *docere*, enseigner), celui qui est promu au plus haut degré dans une Faculté. Avant 1789, il n'y avait que trois sortes de docteurs : en *Théologie*, en *Droit* et en *Médecine*. On y a ajouté depuis les docteurs ès *Lettres*, les docteurs ès *Sciences* (*mathématiques* ou *physiques*). — Dans l'usage vulgaire, le mot *docteur* désigne spécialement un médecin.

Les docteurs portaient autrefois la robe noire et un *bonnet carré*. *Voy.* BONNET.

Le grade de *D.* en *Théologie* date du XIIe siècle : pour l'obtenir, il fallait être prêtre : les *D. en Sorbonne* jouissaient d'une grande considération. On appelait *D. ubiquiste* tout docteur en théologie qui n'appartenait pas aux maisons de Sorbonne, de Navarre ou des Cholets; *D. gérant*, celui qui remplissait activement une chaire. Aujourd'hui, pour obtenir ce grade, il faut être licencié en théologie, subir un examen sur toutes les matières de l'enseignement théologique, soutenir une thèse générale qui doit comprendre la théologie dogmatique, l'histoire et la discipline ecclésiastiques, l'Écriture sainte et le droit ecclésiastique.

Le grade de *D.* en *Droit* date aussi du XIIe siècle. Il y avait autrefois des *D. en droit civil*, en *droit canon* et in *utroque jure*. Aujourd'hui, ces distinctions ne sont plus en usage. Pour obtenir le titre de *D. en Droit*, il faut être licencié, suivre pendant une année des cours spéciaux et soutenir deux thèses, l'une sur le droit français, l'autre sur le droit romain.

Pour le grade de *D. en Médecine*, il faut avoir pris 16 inscriptions dans une Faculté et présenter une thèse. On distingue le *D. en Médecine* proprement dits et des *D. en Chirurgie*.

Pour obtenir le grade de *D. ès Lettres* ou ès *Sciences*, il faut d'abord posséder celui de licencié; il faut en outre soutenir deux thèses dans la Faculté des lettres (l'une en français, l'autre en latin), et une seule thèse dans la Faculté des sciences.

On a donné le nom de *Docteurs de l'Église* aux Pères dont les doctrines et les opinions sont suivies et autorisées par l'Église. L'Église grecque en reconnaît quatre : S. Athanase, S. Basile, S. Grégoire de Nazianze et S. Jean Chrysostôme; l'Église latine en reconnaît également quatre : S. Augustin, S. Jérôme, S. Ambroise, S. Grégoire le Grand. On peut joindre à ces noms, dans les temps plus modernes : S. Anselme, S. Bernard, S. Bonaventure, S. Thomas d'Aquin, S. Vincent de Lérins et Bossuet.

DOCTRINE (en latin *doctrina*, de *docere*, enseigner), ensemble des opinions adoptées par une école, ou des dogmes professés dans une religion.

On connaît sous les noms de *Pères de la Doctrine chrétienne* ou de *Doctrinaires*, et de *Frères de la Doctrine chrétienne*, deux congrégations célèbres. *Voy.* DOCTRINE au *Dict. univ. d'Hist. et de Géogr.*

DODÉCAÈDRE (du grec *dôdéca*, douze, et *édra*, base), un des cinq solides réguliers. Il est terminé par 12 pentagones réguliers égaux. *Voy.* POLYÈDRE.

DODÉCAGONE (du grec *dôdéca*, douze, et *gonia*, angle), polygone qui a douze angles et douze côtés. Lorsque les angles et les côtés sont égaux entre eux, le dodécagone est régulier. Il peut alors être inscrit ou circonscrit au cercle : la somme de ses angles intérieurs égale vingt angles droits. — En termes de Fortifications, on nomme ainsi une place entourée de douze bastions.

DODÉCAGYNIE (du grec *dôdéca*, douze, et *gynè*, femme), 7e ordre de la 11e classe du système de Linné, renferme les plantes qui ont 12 pistils, 12 styles ou stigmates sessiles.

DODÉCANDRIE (du grec *dôdéca*, douze, et *anér, andros*, homme, mâle), 11e classe du système de Linné, comprend les végétaux qui ont depuis 12 jusqu'à 20 étamines libres et distinctes entre elles. Cette classe se divise en 7 ordres, d'après le nombre des pistils, savoir : *D. monogynie*, à un seul pistil ; *digynie*, à deux pistils; *trigynie*, à trois ; *tétragynie*, à quatre; *pentagynie*, à cinq ; *hexagynie*, à six; *dodécagynie*, à douze. Ces deux dernières portent souvent le nom de *polygynie*.

DODÉCATHÉON (du grec *dôdéca*, douze, et *théoi*, dieux), par allusion au nombre des fleurs disposées en ombelle au sommet de la tige), genre de la famille des Primulacées, est composé de plantes herbacées, à feuilles radicales, à fleurs roses ou blanches, munies d'un calice persistant à 5 divisions, d'une corolle à 5 divisions réfléchies et de 5 étamines. On en connaît trois ou quatre espèces cultivées dans les jardins pour la beauté de leurs fleurs. La principale est le *D. Meadia*, jolie plante à racine vivace, haute de 30 à 35 centim., et remarquable par ses douze petites fleurs d'un rose pourpre. Cette plante, originaire de l'Amérique septentrionale, a été introduite en Europe en 1704.

DODINAGE, mouvement lent et mesuré qu'on imprime dans le sens de la longueur à la chausse d'un bluttoir pour séparer les gruaux du gros son. — C'est aussi par le dodinage qu'on polit les clous à tapissier : à cet effet, on les place dans un sac de peau ou de toile bien serrée, avec de l'émeri ou toute autre matière mordante.

DODONÉE (de *Rambert Dodoens*, médecin belge du XVIe siècle), *Dodonæa*, genre de la famille des Sapindacées, renferme des arbustes élégants, originaires des régions équatoriales, aux feuilles simples, odorantes, visqueuses, d'un vert agréable ; aux fleurs à pétales et en grappes. Le fruit est une capsule triloculaire et ailée. De ce fruit et des feuilles exsude une résine exhalant une odeur de pomme de reinette si prononcée qu'on a nommé une espèce de ce genre *Bois de reinette*. Les graines de la *D. visqueuse*, qui croît dans presque toutes les contrées intertropicales, sont comestibles; ses feuilles s'emploient en fomentations. La *D. de Thunberg*, du Cap de Bonne-Espérance, est légèrement purgative et fébrifuge.

DOGE (du latin *dux*, chef); titre que portait à Venise et à Gênes le premier magistrat de la république. *Voy.* DOGE au *Dict. univ. d'Hist. et de Géogr.*

DOGMATIQUES (du grec *dogma*, opinion arrêtée), se dit de toutes les sectes de Philosophes qui enseignent certains dogmes, admettant que l'homme peut trouver la vérité; par opposition aux *Sceptiques*, qui doutent de tout. — Ce nom a été spécialement donné à une secte de Médecins qui appliquait à l'expérience les règles de la logique pour se conduire dans le traitement des maladies. Ils cherchaient à pénétrer l'essence même des maladies et leurs causes occultes. Ils étaient opposés aux Empiriques purs.

DOGME (de *dogma*, opinion arrêtée), proposition fondamentale enseignée en religion ou en philosophie : ainsi l'immatérialité de l'âme est un dogme de la philosophie, etc. Toutes les religions ont leurs dogmes; les dogmes fondamentaux de la religion catholique sont : l'Unité et la Trinité de Dieu, le mystère de l'Incarnation et la Résurrection de J.-C.

DOGRE (du hollandais *dogger*), petit bâtiment ponté qui fait ordinairement la pêche du hareng et du maquereau dans les mers du Nord et dans la Manche. Il a un grand mât au milieu, portant deux voiles carrées, et un autre à l'arrière, plus petit, gréé d'une voile carrée et d'une petite brigantine. Il a un vivier dans le fond pour conserver le poisson.

DOGUE, une des quatre espèces du sous-genre des Chiens proprement dits. *Voy.* CHIEN.

DOGUIN ou CARLIN, variété de l'espèce Dogue, à peu près disparue aujourd'hui, ne diffère du dogue proprement dit que par sa taille, qui est plus petite (environ 80 centim.); par ses lèvres, plus minces et plus courtes; son museau, moins large et moins retroussé, et par sa queue, tortillée en spirale; son pelage est ras, de couleur fauve. Il est peu intelligent, mais courageux et attaché à son maître.

DOIGT (du latin *digitus*). Le premier des doigts de la main se nomme le *pouce*, le second l'*index*, le troisième le *medius* ou doigt du milieu, le quatrième le *doigt annulaire*, et le cinquième le *doigt auriculaire* ou *petit doigt*. Chacun d'eux, excepté le pouce, est formé de trois os, qui sont, en partant de la naissance du doigt, la *phalange*, la *phalangine* et la *phalangette* : le pouce n'en a que deux, la phalange et la phalangette. Les *doigts* du pied se nomment *orteils*. Les doigts de la main sont mus par 27 muscles (9 fléchisseurs, 5 extenseurs, 5 adducteurs, 6 abducteurs et 2 opposants), tandis qu'il n'y en a que 16 pour les doigts des pieds. Les papilles nerveuses sont surtout nombreuses à la pulpe des doigts, à laquelle elles donnent une sensibilité exquise.

Le nombre des doigts, chez les animaux, varie : dans les Mammifères, de 1 à 5; dans les oiseaux, de 2 à 4; dans les reptiles, de 1 à 6; le nombre des phalanges est également variable. Leur usage varie aussi selon qu'ils sont munis d'ongles plats comme ceux de l'homme (singe), d'ongles crochus (carnassiers), ou d'un sabot (cheval); chez d'autres animaux, les doigts sont réunis par des palmures (oies, canards, castors, loutres, baleines, etc.), ou par des membranes (chauves-souris), qui les rendent propres à la natation ou au vol.

Le *doigt* était, chez les Romains, une mesure de longueur qui représentait le travers du doigt : elle était le 16e du pied romain, et valait 0m,018.

En Astronomie, on appelle *doigt* la douzième partie du diamètre apparent du soleil ou de la lune. Cette mesure sert à évaluer la grandeur des éclipses.

DOIGTÉ ou DOIGTER, art de diriger les doigts sur les instruments de musique par de certaines règles qui ont pour but de faciliter l'égalité et la rapidité de l'exécution. Il se dit surtout en parlant du piano.

DOIGTIER, espèce de fourreau en forme de doigt de gant dont on revêt un doigt malade; — dé de cuivre ouvert des deux bouts, avec une arête en

saillie dans toute sa longueur, que les passementiers mettent à l'index de la main droite pour frapper la trame chaque fois qu'ils l'ont passée dans la tête de la frange.

DOL (du latin *dolus*, tromperie), nom donné, en Jurisprudence, à toute manœuvre frauduleuse employée dans l'intention de tromper. On distingue le *dol principal*, celui *qui détermine le contrat* : il entraîne la nullité du contrat ainsi obtenu; et le *dol incident* ou *accidentel*, qui ne porte que sur un accessoire du contrat, et qui entraîne seulement des dommages-intérêts. « Il n'y a point de consentement valable si le consentement a été obtenu par dol. » Code civil, 1109.

DOLABELLE (du latin *dolabella*, petite doloire), *Dolabella*, genre de Gastéropodes de l'ordre des Tectibranches et de la famille des Pleurobranches, renferme des mollusques gros, mollasses, limaciformes, au corps rétréci en avant et très-large en arrière, où il est toujours tronqué par un disque oblique. La coquille est calcaire et triangulaire. Les Dolabelles habitent l'Inde et l'Océanie. Elles répandent une liqueur pourprée, abondante, au moyen de laquelle elles se dérobent aux attaques de leurs ennemis; elles marchent, mais ne peuvent nager : elles vivent sur les côtes ou dans le fond des eaux, cachées dans le sable. Les naturels s'en nourrissent.

DOLABRE. *Voy.* DOLOIRE.

DOLABRIFORME (de *dolabra*, doloire, et *forma*, forme), nom donné en Botanique, aux feuilles charnues et presque cylindriques à la base, plates au sommet, ayant deux bords, l'un épais et rectiligne, et l'autre circulaire et tranchant.

DOLÉANCES (du latin *dolere*, se plaindre). On nommait ainsi, sous l'ancienne monarchie française, les suppliques ou représentations contenues dans les cahiers des États généraux ou provinciaux, pour demander le redressement de quelque grief, la diminution ou la suppression d'un impôt, etc. Ce mot s'appliquait spécialement aux cahiers du tiers état : le clergé faisait des *remontrances* et la noblesse des *plaintes*. Les premiers cahiers de doléances ne remontent qu'au xve siècle, aux États de 1483. L'usage en a cessé depuis 1789.

DOLÉRITE (du grec *doléros*, trompeur, à cause de sa ressemblance trompeuse avec quelques variétés de diorite), roche volcanique composée de pyroxène, de feldspath lamellaire et de sous-titanate de fer, et dont les parties accessoires sont le mica et l'amphigène; elle est d'un gris noirâtre et de texture granitoïde. On distingue la D. *porphyroïde*, où le pyroxène domine; la D. *granitoïde*, dans laquelle il y a égales proportions d'éléments; la D. *amygdalaire*, mêlée d'agates, de calcaires, etc.; la D. *néphélinique*, où l'on trouve de la néphéline. On trouve la dolérite en Provence, en Auvergne, etc. Elle constitue pour la plus grande partie les basaltes et les porphyres à base noire (mélaphyres).

DOLIC ou DOLIQUE (du grec *dolichos*, allongé), genre de la famille des Légumineuses, section des Papilionacées-Phaséolées, originaire de l'Inde et de l'Amérique du Sud, renferme des plantes alimentaires, à gousses *très-longues*; à tiges volubiles, grimpantes, droites ou couchées. Ces plantes ressemblent aux haricots, et s'acclimatent en France. On les cultive dans les jardins où leurs fleurs blanches, pourpres ou violacées servent d'ornement aux berceaux. Le D. *d'Égypte* produit des graines très-nourrissantes; le D. *de la Chine* produit des semences blanches et bonnes à manger. Le D. *cattang* est l'aliment le plus en usage dans les Indes orientales après le riz. La racine du D. *bulbeux* des Indes orientales a la saveur des navets. Le D. *ligneux* de l'Inde donne des gousses qu'on mange encore vertes.

DOLICHOPODES (du grec *dolichos*, long, et *pous, podos*, pied), tribu d'insectes Diptères de la famille des Tanystomes : antennes terminées par un style ; trompe courte , le deuxième article des palpes déprimé ; abdomen allongé et comprimé sur les côtés; ailes couchées sur le corps dans le repos. Ces insectes sont surtout remarquables par la longueur de leurs pieds : d'où leur nom. Ils vivent sur les feuilles des végétaux, où ils étalent leurs brillantes couleurs depuis le mois de mai jusqu'en octobre.

DOLIMAN, vêtement turc, en forme de veste, de robe ou de soutane, qui descend jusqu'aux pieds, se boutonne sur la poitrine, et dont les manches sont étroites et serrées ; il se porte sur la chemise et le pantalon ; il est serré autour des reins par une ceinture en soie ou un châle de cachemire, dont les deux bouts noués pendent par devant. C'est du *doliman* turc qu'a été pris notre *dolman*.

DOLIQUE (du grec *dolichos*, long), mesure de longueur chez les Grecs, valait 12 stades (2,220 m.). On nommait *dolichodromes* les coureurs qui parcouraient un dolique en allant et en revenant dans un temps donné. — Plaute. *Voy.* DOLIC.

DOLLAR (corruption de l'allemand *thaler*, en bas allemand *dahler*), monnaie d'argent des Etats-Unis d'Amérique, vaut 5 fr. 42 cent.; le *demi-dollar* d'argent vaut 2 fr. 71 cent.; le quart vaut 1 fr. 35 cent.; 10 dollars forment un *double-aigle* d'or, valant 55 fr. 21 cent.; l'*aigle* de 5 dollars est en or, et vaut 27 fr. 61 cent.—Depuis quelques années, on fait en or de simples dollars ainsi que de doubles dollars.

DOLMAN, sorte de veste à brandebourgs que portent les hussards lorsqu'ils sont en grand costume, et qu'ils placent sur l'épaule gauche. Les Hongrois qui avaient emprunté cet habillement au *doliman* des Turcs, l'importèrent en France sous Louis XIV : il avait dans l'origine la forme d'une pelisse.

DOLMEN, monument druidique ou celtique, formé d'une grande pierre plate posée sur deux pierres dressées perpendiculairement. On présume que les dolmens marquaient le lieu où se trouvent des tombeaux de guerriers gaulois, ou servaient d'autels pour certains sacrifices. On en rencontre encore un grand nombre, surtout dans l'Ouest de la France.

DOLOIRE (du latin *dolabra*, même signification), instrument de tonnelier à lame très-large, sert à dégrossir les douves et à amincir les bouts des cerceaux. La doloire est garnie d'un manche de bois fort pesant.—La *Dolabre antique* était un outil en forme de pioche, dont les soldats romains se servaient pour saper le pied des murs des villes assiégées.—Dans le moyen âge, c'était une espèce de hache ou arme pourfendante. Elle entre dans les armoiries des blasons. En Chirurgie, on appelle *bandage en doloire*, un bandage roulé, dans lequel les circonvolutions vont en biaisant, de manière que chaque tour recouvre les deux tiers de celui qui est au-dessous.

DOLOMIE (du nom du naturaliste *Dolomieu*, qui, le premier, en a fait connaître la composition), roche composée de carbonate de chaux et de magnésie, offrant généralement un aspect cristallin et une texture lamellaire ou grenue. Elle raye le calcaire, et fait une effervescence lente dans les acides. Sa densité est d'environ 2, 8. Les dolomies se rencontrent dans presque tous les terrains, en masses non stratifiées, en bancs puissants, en couches, et même quelquefois en filons. Cette diversité de gisements a occasionné de nombreuses discussions entre les géologues sur l'origine des dolomies. M. de Buch et M. Élie de Beaumont se sont spécialement occupés de la formation de ces roches.

DOM (du latin *dominus*, sieur ou seigneur), titre qu'on donna d'abord au pape seul, puis aux évêques, aux abbés, et enfin aux simples religieux dans quelques ordres, notamment chez les Bénédictins.

DOMAINE (du latin *dominus*, maître , propriétaire). Ce mot est employé comme synonyme de propriété, et s'applique tantôt au droit de propriété lui-même : on dit ainsi : *avoir le domaine d'une chose ;* tantôt à la chose possédée : ainsi, *un domaine féodal*.

Comme droit de propriété, il y a 2 sortes de domaines, le D. *direct*, le D. *utile :* une personne a le *domaine direct* d'un immeuble, lorsqu'elle en est propriétaire; elle en a le *domaine utile*, lorsqu'elle en jouit moyennant une certaine redevance.

Pris pour la chose elle-même dont on a la propriété, ce mot a différents sens, selon qu'il s'agit des particuliers, de l'État ou d'un souverain. Quand il s'agit de particuliers, *domaine* s'entend de toute propriété foncière composée de terres arables, de bois ou de bâtiments : le domaine est dit *congéable* si le colon ou preneur à bail peut être congédié à volonté et sans aucun terme fixé ; ce qui avait lieu jadis en Bretagne.—S'il s'agit de l'État ou d'un souverain, on distingue : D. *public*, D. *de la couronne*, D. *engagés*, D. *extraordinaire*, D. *privé*.

On entend par D. *public*, les choses dont le public a la jouissance et qui sont inaliénables de leur nature, comme les rivières flottables ou navigables; par D. *de la couronne* les biens appartenant à l'État et dont les revenus étaient sous la monarchie à la disposition du roi; ils sont aujourd'hui à la disposition du Gouvernement; par D. *engagés* les biens aliénés et dont l'État pouvait reprendre possession soit en vertu des contrats, soit, pour les apanages, en vertu de la loi de l'inaliénabilité du domaine de l'État; par D. *extraordinaire*, les propriétés provenant des conquêtes faites sous l'Empire, et acquises avec des fonds pris sur l'ennemi ; elles étaient principalement destinées à récompenser les militaires; par D. *privé* les biens que, sous la monarchie, le roi pouvait acquérir par donation, succession ou autrement , et dont il pouvait disposer jusqu'à son décès.

Pris seul , le mot *domaine* s'entend de tous les biens et revenus appartenant à l'État (les contributions et les impôts exceptés), et dont le produit est à la disposition des assemblées législatives; par opposition aux biens compris dans la liste civile, dont le produit était à la disposition du roi seul.

Longtemps le domaine fut laissé à la libre disposition du roi. Le principe de l'inaliénabilité du domaine de l'État fut proclamé pour la première fois d'une manière positive par une ordonnance du 3 mars 1356, rendue par le Dauphin Charles. Alternativement violé ou confirmé sous plusieurs règnes, il ne fut irrévocablement établi qu'en 1566, grâce aux efforts du chancelier de L'Hôpital. Plusieurs édits , dont le plus explicite est celui d'avril 1667, ordonnèrent la réunion des domaines précédemment aliénés; ceux qui étaient encore engagés au moment de la Révolution furent définitivement restitués à l'État par les lois des 1er décembre 1790 et 3 septembre 1792.

Le D. *extraordinaire*, qui avait été créé en 1805, fut réuni en 1818 au domaine de l'État.

DOMAINES (ADMINISTRATION DES), branche de l'administration de l'Enregistrement et des Domaines qui a pour objet principal de percevoir les revenus provenant des immeubles, forêts, fleuves et rivières appartenant à l'État , de procéder à la vente des choses de l'État , de prendre possession des successions en déshérence, de faire rentrer les amendes. Dans l'administration, la partie de l'Enregistrement et celle des Domaines sont réunies le plus souvent.

Les biens domaniaux appartenant au roi, qui sous l'ancienne monarchie représentait l'État, faisaient autrefois pour la plupart l'objet de baux à ferme : une régie générale des domaines fut établie en 1774 pour les administrer. Cette administration fut supprimée par la loi du 18 février 1791, et ses attributions furent réunies à celle de l'Enregistrement, récemment créée. La nouvelle administration fut constituée par les lois du 27 mai et 12 septembre 1791, qui sert encore aujourd'hui à régler ses attributions.

Les principaux ouvrages à consulter sont le *Réper-*

ioire du *Domaniste* de Désormeaux, le *Traité du D. public* de Proudhon, le *Dict. des Domaines* de Bosquet, et les ouvrages qui embrassent à la fois l'Enregistrement et les Domaines. *Voy.* ENREGISTREMENT.

DOMBEYA (de Jos. *Dombey*, botaniste voyageur du XVIIIe siècle), genre de la famille des Byttnériacées, se compose d'arbres et d'arbrisseaux des tropiques, pubescents, à feuilles alternes, à fleurs de 5 pétales, disposées en corymbes, et renfermant de 15 à 20 étamines. Le *D. de la Reine*, à fleurs blanches, roses au centre, se cultive en serre chaude.

DÔME (du latin *domus*, maison), se disait autrefois de toutes les églises cathédrales; on leur donne encore en Italie le nom de *duomo :* c'est en ce sens qu'on dit le *dôme de Milan* (*il duomo di Milano*).

En Architecture, c'est une espèce de *comble*, en forme de sphéroïde, dont on recouvre une église ou tout autre édifice : il est généralement le corrélatif de *coupole*. On le construit en charpente, et on le recouvre en ardoises ou en plomb : on le surmonte quelquefois d'une *lanterne*, surmontée elle-même d'une flèche ou d'une croix. Les dômes recouvrent ordinairement des tours circulaires. On cite en ce genre les dômes des Invalides, de Sainte-Geneviève, du Val-de-Grâce, de l'Institut, etc., à Paris ; les dômes du Panthéon et de Saint-Pierre à Rome ; celui de Saint-Paul à Londres, et celui de Sainte-Sophie à Constantinople *Voy.* COUPOLE.

DOMESTIQUE (du latin *domus*, maison). Ce mot, qui aujourd'hui ne s'applique qu'aux serviteurs, aux gens à gages, se donnait dans l'origine à toute personne vivant *dans la maison*, en qualité de commensal. — A la cour de Byzance, on appelait *grand domestique*, un des premiers dignitaires de l'État : ce n'était d'abord que le chef des gardes du corps de l'empereur ; mais dans la suite cette charge prit une extension considérable et répondit à celle de connétable en Occident. Chez les premiers rois francs et chez les empereurs d'Allemagne, la domesticité devint un des priviléges de la noblesse : de là, les titres de grand chambellan, de grand échanson, de grand écuyer, de grand veneur, etc. Abolie en France avec la royauté, la domesticité de cour, fut rétablie en 1804 par l'Empereur ; et aujourd'hui, dans presque toutes les cours de l'Europe, les plus grands noms de la noblesse font partie de la *maison du roi*. Les princes et les seigneurs ont eu comme les rois leurs domestiques nobles : jusqu'au XVIIIe siècle, tout seigneur un peu puissant avait pour pages des fils de noble famille qui portaient sa livrée. En Pologne, la petite noblesse vivait à l'état de domesticité dans les palais des riches familles.

Quant à la domesticité proprement dite, c'est une institution toute moderne, qui a remplacé l'esclavage antique et la servitude du moyen âge. Chacun sait qu'elle consiste dans un contrat librement formé entre le maître et le serviteur, que ce contrat peut être rompu dès que les parties contractantes ont à le regretter ; qu'il est d'usage de donner le *denier à dieu* au domestique qu'on arrête, de se prévenir réciproquement huit jours d'avance. En cas de contestation, le maître est cru sur son affirmation pour la quotité des gages (Code civil, art. 1781). Les domestiques ont privilége sur les meubles de leurs maîtres pour les salaires de l'année échue (art. 2101). Les maîtres sont responsables des dommages causés par leurs domestiques dans les fonctions auxquelles ils les ont employés (art. 1384). Les vols commis par les domestiques leurs maîtres sont punis de la réclusion (C. pénal, 408). — Un décret du 1er août 1853 a soumis les domestiques à l'obligation du *livret*.

On doit à l'abbé Grégoire un curieux traité sur la *Domesticité chez les peuples anciens et modernes*. On trouvera dans le *Guide du domestique* (2e édit. 1852) tout ce qui concerne cette classe de la société ainsi que des instructions sur tous les genres de service.

DOMESTIQUES (ANIMAUX), animaux que l'homme a soumis à son pouvoir et dont il se sert, soit comme bêtes de somme ou moyens de transport, tels que le cheval, l'âne, le mulet, le bœuf, le chameau, l'éléphant, le lama, le renne, etc.; soit en guise de serviteur, comme le chien de garde ou le chien de chasse; soit pour son agrément, comme certaines espèces de chiens et de chats. On l'étend à tous ceux qu'il élève pour fournir à son alimentation ou à son habillement, comme la vache, le mouton, la chèvre, le cochon, le lapin, la volaille, les abeilles. La domestication a pour effet d'adoucir les mœurs des animaux farouches ou féroces ; elle augmente leur embonpoint, modifie la couleur de leur pelage ou de leur plumage ; mais, en général, elle les fait dégénérer.

DOMICILE (du latin *domus*), lieu où l'on fait sa résidence ordinaire. On distingue le *D. civil* et le *D. politique :* le *D. civil*, ou lieu de la demeure ordinaire fixe et permanente, comprend le *D. réel*, où l'on réside de fait, où l'on a son principal établissement (Code civil, art. 102) ; le *D. élu*, domicile fictif que l'on indique, le plus souvent chez son avoué ou son notaire, pour l'exécution de certains actes judiciaires ; le *D. politique* est celui où l'on exerce ses droits de citoyen ; il se confond d'ordinaire avec le domicile civil : les difficultés qu'offrait autrefois la fixation du domicile politique ont disparu pour la plupart depuis l'établissement du suffrage universel.

La femme mariée n'a d'autre domicile que celui de son mari ; le mineur que celui de son tuteur ; le domestique que celui de son maître (art. 108, 109).

DOMINANTE, dite au moyen âge *quinta toni*, nom donné à la note placée une quinte juste au-dessus de la tonique : ainsi, dans le ton d'*ut*, *sol* est la *dominante*. C'est Rameau qui a donné à cette note le nom de *dominante*, parce qu'elle détermine le ton et qu'elle se trouve dans la plupart des accords naturels. — Dans le plain-chant, la *dominante* est la note que l'on fait entendre le plus souvent.

DOMINATIONS, anges du premier ordre de la seconde hiérarchie : on leur attribue une autorité assez grande sur les anges des ordres inférieurs.

DOMINICALE (LETTRE), lettre de l'alphabet qui sert à marquer dans le calendrier les dimanches pendant tout le cours de l'année : on emploie à cet effet les sept premières lettres, de A à G. La lettre A indiqua d'abord le premier jour du mois de janvier, B le second, G le septième, etc. Si elle tombe sur un dimanche, tous les jours où se trouve un A sont des dimanches. Il en est de même des autres lettres, qui deviennent successivement dominicales. Dans les années bissextiles, il y a deux lettres dominicales, dont l'une sert depuis le 1er janvier jusqu'au 1er mars, et l'autre depuis cette époque jusqu'à la fin de l'année. La lettre dominicale change chaque année, en suivant un ordre rétrograde, c.-à-d. que si G par exemple est la lettre dominicale d'une année, F sera celle de la suivante. A chaque cycle de 28 ans, les lettres dominicales se représentent dans le même ordre. Il suffit donc de connaître la lettre dominicale d'une année, pour trouver facilement celle d'une année quelconque, et par conséquent pour fixer toutes les fêtes de cette année.

DOMINICALE (ORAISON), le *Pater. Voy.* ORAISON.

DOMINO. Ce nom, qu'on donnait autrefois, par allusion sans doute à quelque passage de la liturgie, au *camail* dont les prêtres se couvrent la tête et les épaules pendant l'hiver, ne désigne aujourd'hui qu'un habit de déguisement pour les bals masqués, formé d'une grande *robe fermée* par devant, et surmonté d'un capuchon qui couvre toute la tête à l'exception de la figure, et descend sur la poitrine et les épaules. Les *dominos* sont ordinairement en satin ou taffetas ; on en fait de toute couleur, mais surtout de noirs. Dans le principe, le domino était porté par les hommes comme par les femmes; aujourd'hui il est réservé à ces dernières.

Le *Jeu de dominos* est un jeu fort ancien, qui paraît avoir été en usage chez les Hébreux, les Grecs et les Chinois. Chacun sait que l'on se sert pour y jouer de 28 petits morceaux d'os ou d'ivoire, de forme rectangulaire ou en carré long, blancs d'un côté et noirs de l'autre; ce qui leur donne quelque ressemblance avec les anciennes robes des moines appelées *dominos*. M. E. Briffault a donné un traité spécial du *Jeu de Dominos*, Paris, 1843, in-8.

On appelle encore *Domino* une sorte de papier peint et imprimé de diverses couleurs, dont on se sert pour différents jeux, tels que jeu de dame, jeu de l'oie, jeu de loto; les traits, les dessins et les personnages ou paysages y sont imprimés avec des planches de bois grossièrement faites, puis les couleurs sont mises dessus avec un patron, comme on le pratique pour les cartes à jouer. La fabrication de ce genre de papier est l'objet d'une industrie particulière qu'on nomme *dominoterie :* il s'en fabrique beaucoup à Rouen; on l'emploie dans la campagne pour les coffres ou coffrets en carton ou en cuir, auxquels il sert d'ornement à l'intérieur.

DOMITE, dite aussi *Trachyte terreux,* roche volcanique composée d'argile endurcie, renfermant du pyroxène, du mica, de l'amphibole, du titane, etc. Sa texture est terreuse et sa structure grenue. On distingue le *D. blanchâtre,* le *D. jaunâtre,* le *D. grisâtre* et le *D. rougeâtre.* C'est de cette roche que se compose toute la masse du *Puy-de-Dôme* (d'où son nom). On la trouve aussi en Allemagne et en Amérique. Les Romains en faisaient des sarcophages où les cadavres se conservaient bien.

DOMMAGE (du latin *damnum*). Le père, la mère, le tuteur, le maître, le commettant, etc., sont responsables du dommage causé par leurs enfants mineurs, leurs pupilles, leurs domestiques, leurs préposés, etc. (Code civil, art 1384). Les propriétaires d'animaux sont responsables des dommages qu'ils commettent ou qu'ils causent. Les hôteliers sont responsables du dommage des effets des voyageurs (1953). On nomme *dommages-intérêts,* l'indemnité due à raison du *dommage* qu'on a causé. L'appréciation du dommage et des dommages-intérêts est laissée à l'arbitrage du juge, à moins que des contractants n'en aient fait à l'avance l'évaluation, prévoyant, par exemple, le cas où la convention serait inexécutée.— Les dommages-intérêts peuvent, même en matière civile, donner droit à la contrainte par corps lorsqu'ils s'élèvent à plus de 300 fr. (Code de proc., art. 126).

DOMPTE-VENIN, *Asclepias vincetoxicum,* espèce de plante du genre *Asclépiade,* se distingue par une tige simple, haute de 60 centimètres, par ses feuilles opposées et par ses fleurs blanchâtres disposées en panicules. Cette plante, commune dans nos bois, a été ainsi appelée parce qu'on la croyait propre à détruire le venin des serpents et le virus de la rage. C'est, au contraire, une plante nuisible. Ses racines tuberculeuses sont un violent poison.

DON (du latin *donum*), se dit, en Droit, de toute libéralité à titre gratuit. Dans son acception la plus générale, il comprend la *donation* proprement dite et les dons faits par *testament (Voy.* DONATION et TESTAMENT). — On nomme spécialement *Don manuel,* celui qui est fait par la simple *tradition,* c.-à-d. qui est remis de la main à la main. — Les communes et les établissements publics ne peuvent accepter de dons et de legs qu'avec l'autorisation de l'administration.

Dans la coutume de Normandie, on appelait *Don mobile* une stipulation en vertu de laquelle la femme faisait présent d'une partie de sa dot à son mari par son contrat de mariage. Ce don pouvait s'étendre à tous les meubles et même au tiers des immeubles.

Don gratuit. On appelait ainsi autrefois en France plusieurs sortes d'impôts, notamment une subvention, la plus souvent annuelle, que certains pays d'états payaient au roi; et le présent que le clergé, en vertu du Contrat de Poissy (1561), faisait au roi tous les cinq ans, outre les décimes, et qui se levait sur tous les bénéfices (*Voy.* DÉCIMES et IMPÔT). — Ces contributions, d'abord volontaires, ne tardèrent pas à devenir obligatoires. La Révolution de 1789 a fait disparaître le nom et la chose.

Les Théologiens appellent *Dons du Saint-Esprit,* les biens spirituels que Dieu accorde aux âmes pour les porter à la perfection; il y a sept dons du Saint-Esprit : le don de sagesse, d'intelligence, de science, de conseil, de piété, de force et de crainte de Dieu.

DON (de *dominus*) est, en Espagne et en Portugal, un titre honorifique autrefois réservé au roi, aux nobles et aux prélats, et qui se donne indifféremment aujourd'hui à toutes les personnes qui se distinguent par leur position et leurs manières. *Voy.* DOM.

DONACE (du grec *donax*, roseau), *Donax,* genre de Mollusques acéphales, de la famille des Cardiacés, à coquille aplatie, courte, tronquée en arrière et arrondie en avant : leurs tentacules sont divisés en arbuscules. Ces animaux vivent sur les rivages, enfoncés perpendiculairement dans le sable. Sur les côtes de la Manche et de la Méditerranée, ils servent à la nourriture du peuple.

DONACIE (du grec *donax,* roseau), *Donacia,* genre de Coléoptères tétramères, de la famille des Eupodes, à couleurs métalliques brillantes, argentés en dessous, et à antennes longues et grêles. Ces insectes vivent sur les roseaux et autres plantes aquatiques. La *D. à grosses cuisses* (*D. crassipes*) est commune dans les environs de Paris.

DONARIUM (du nom d'un dieu scandinave), nouveau métal signalé en 1851 par M. Bergemann, dans certains minéraux contenus dans les siénites zirconifères de Norwége. Il paraît, d'après de récentes expériences, que le *Donarium* n'est autre chose que le *Thorium*, déjà connu antérieurement.

DONATION (du latin *donare,* gratifier), libéralité qu'une personne, appelée *donateur,* fait volontairement à une autre personne appelée *donataire.* On distingue la *D. entre-vifs* et la *D. à cause de mort.*

La *D. entre-vifs* est un acte par lequel le donateur se dépouille *actuellement* de la chose donnée, en faveur du donataire qui l'accepte (Code civ., art. 894). Elle est *irrévocable,* à moins que le donateur n'ait stipulé le *droit de retour* (951). Pour faire une donation, il faut être majeur et sain d'esprit; pour la recevoir, il suffit de n'être dans aucune des catégories que la loi déclare incapables à cet égard (médecins et ministres des cultes, ayant assisté le malade dans sa dernière maladie). L'acte de donation doit être fait devant notaire, et être accepté en termes exprès (art. 931-32). Il peut entrer dans le contrat de mariage (art. 1086) : il est dit alors *institution contractuelle.* —Bien qu'irrévocable de sa nature, la donation peut être révoquée pour inexécution des conditions sous lesquelles elle a été faite, pour ingratitude du donataire envers le donateur, et dans le cas de survenance d'enfants au donataire; les donations faites entre époux pendant le mariage peuvent également être révoquées. Le Code civil (liv. III, tit. II, art. 893-1100) contient toutes les règles relatives aux donations. On peut consulter aussi les traités spéciaux de Ricard, Furgole, Pothier et de M. Grenier, et les ouvrages de MM. Merlin, Toullier, Troplong.

La *D. à cause de mort* est celle qui est faite par un malade dans la prévision de sa mort; elle est purement conditionnelle. Il ne faut pas la confondre avec le legs, sorte de donation faite par testament. *Voy.* LEGS et TESTAMENT.

DONAX (mot grec qui signifie *roseau*), nom spécifique du *Roseau,* désigne une espèce du genre Arundo, de la famille des Graminées. *Voy.* ARUNDO.

DONILLAGE, terme employé pour désigner une mauvaise fabrication des étoffes de laine, provenant de ce que le tisserand n'a pas employé des trames de même qualité dans toute la longueur de la pièce, ce qui rend la pièce d'inégale largeur.

DONJON (suivant Ducange et Gébelin, du celtique *dun*, colline, hauteur; suivant Roquefort, du bas latin *domnio*, corruption de *dominicum*, habitation du seigneur; suivant d'autres, du latin *domus juncta*), nom donné, au moyen âge, à la partie la plus haute et la mieux fortifiée d'un château fort. C'était ordinairement une tour, de forme ronde ou polygonale, disposée de manière à être encore défendue quand tout le reste était occupé par l'ennemi. C'était la dernière retraite des assiégés; on y conservait le trésor et les archives. Le plus célèbre donjon qui subsiste encore est celui de Vincennes, près Paris, commencé en 1333 par Philippe de Valois et achevé en 1370 par Charles V, qui y fit longtemps sa résidence et y mourut. Il devint par la suite une prison d'État. — On a donné par extension le nom de *donjon* à une petite tourelle élevée sur la plate-forme d'une tour et servant de guérite aux sentinelles, ainsi qu'à un petit belvédère élevé au-dessus du toit de l'habitation pour jouir d'une vue plus étendue.

DONNÉE, terme général par lequel on désigne, en Mathématiques, toute grandeur qu'on suppose connue: les *données* d'un problème sont les quantités connues au moyen desquelles on construit les quantités inconnues.

DONZELLE (de l'italien *donzella*, demoiselle), *Ophidium*, genre de poissons Malacoptérygiens apodes, de la famille des Anguilliformes, tribu des Anguilles, auxquelles ils ressemblent par la forme de leur corps et la disposition des nageoires anale et dorsale, qui se joignent à la nageoire caudale pour terminer le corps en pointe. Ces poissons sont de couleur brune liserée de noir. Leur chair est délicate. La *D. commune*, qui se trouve dans la Méditerranée, est couleur de chair, avec la dorsale et l'anale liserées de noir. Elle atteint 25 centimètres.

DOPPIA, monnaie d'or d'Italie. *Voy.* DOUBLE.

DORADE ou CYPRIN DORÉ, *Doras*, espèce du genre Cyprin, qui ressemble à la Carpe par les dentelures de ses épines anale et dorsale. D'abord noirâtre, elle prend par degrés un beau rouge doré; il y en a aussi d'argentées. Ce poisson, dont la longueur varie de 15 à 40 centim., a été importé de Chine en Europe par les Hollandais au XVIIᵉ siècle, et s'est naturalisé dans nos climats. On élève les Dorades dans les bassins ou même dans des bocaux de verre, et on les nourrit d'insectes, de mie de pain, de jaunes d'œufs durcis, etc. *Dorade* est aussi le nom vulgaire du *Coryphène*, poisson aux plus vives couleurs. *Voy.* ce mot.

DORADE, *Xiphias*, constellation de l'hémisphère austral, située entre *l'Éridan* et *le Navire*; sa plus belle étoile est de 3ᵉ grandeur.

DORADILLE, nom vulgaire du genre *Asplénie*. *Voy.* ASPLÉNIACÉES. — C'est aussi le nom vulgaire de l'*Asplenium ceterach*, dont on a fait un genre sous le nom de *Ceterach*. *Voy.* ce nom.

DORÉE, poisson scombéroïde. *Voy.* ZÉE.

DOREMA (du grec *dôrêma*, présent, à cause des propriétés bienfaisantes de cette plante), genre de la famille des Ombellifères, est composé d'herbes annuelles d'un vert glauque, ayant le port des Opoponax, et sécrétant une gomme-résine ammoniacale. L'unique espèce de ce genre, le *D. armeniacum*, originaire de la Perse, est une plante à fleurs sessiles entourées de duvet, et qui passe pour fournir la *gomme* dite *ammoniaque:* ce nom d'*ammoniaque* paraît être une corruption du mot *armeniacum*. C'est un puissant antispasmodique.

DOREUR. *Voy.* DORURE.

DORIEN ou DORIQUE. *Voy.* DIALECTE, MODE, ORDRE.

DORIS (nom mythologique pris arbitrairement),

genre de mollusques Gastéropodes, famille des Nudibranches. Les Doris ont le corps ovale et déprimé. Leur dos est couvert de divers tubercules, et renferme trois tentacules. La bouche possède une petite trompe. Ces animaux sont hermaphrodites et vivent dans toutes les contrées du globe, parés de belles couleurs, mais cachés sous les pierres, dans la vase ou entre les racines des plantes marines.

DORMANT, se dit, en Menuiserie et Serrurerie, de tout ouvrage qui n'est point mobile, par opposition à des parties attenantes et de même nature en apparence, qui sont mobiles: tels sont le châssis fixe et immobile dans lequel vient s'emboîter le châssis mobile d'une croisée; le panneau de fer formé d'enroulements, rinceaux, etc., qu'on place au-dessus d'une porte pour donner du jour, etc.

On appelle encore: en Construction, *pont dormant*, celui qui ne se lève point, par opposition au *pont-levis*; — en Marine, *manœuvres dormantes*, les manœuvres d'un navire qui ne sont jamais dérangées, telles que les haubans; — en termes de Pêcheur, *lignes dormantes*, celles qu'on laisse tendues au bord de l'eau, et qu'on visite de temps en temps pour voir si le poisson y a mordu.

DORONIC (altération d'un nom arabe), *Doronicum*, genre de plantes de la famille des Composées, tribu des Sénécionidées, renferme des plantes herbacées aux fleurs radiées, grandes, d'un beau jaune, s'épanouissant en avril. Ces plantes habitent les Alpes, la France et les Pyrénées. Le *D. à feuilles en cœur*, ou *Mort aux panthères*, a les mêmes propriétés que l'arnica; il passait autrefois pour une panacée universelle. Sa tige monte à 2 m.; elle est garnie de feuilles en cœur, d'un vert jaune, douces au toucher. Les fleurs sont grandes et solitaires.

DORSAL (de *dorsum*, dos). Le *muscle grand dorsal* est un muscle aplati, large, quadrilatère, placé sur la région postérieure, latérale et inférieure du tronc. Il s'attache aux vertèbres dorsales, à celles des lombes, aux côtes abdominales, et se termine à l'humérus. Ce muscle porte le bras en arrière en l'abaissant, et tire en arrière et en bas le moignon de l'épaule. Le *muscle long dorsal* est situé à la partie postérieure du corps, et remplit les cavités ou gouttières vertébrales. Il maintient la colonne vertébrale dans sa rectitude, peut la redresser et même la renverser en arrière.

DORSALE, nageoire située sur le *dos* des poissons. Elle est simple dans les anguilles, nulle dans les gymnotes, double dans les saumons, triple dans les morues, etc. Elle règne le long du dos dans les coryphènes, est échancrée dans les perches, n'occupe que le milieu du dos dans la carpe.

DORSIBRANCHES (de *dorsum*, dos, et *branchia*, branchie), 2ᵉ ordre de la classe des Annélides, renferme les *Alciopes*, les *Amphinomes*, les *Aphrodites*, les *Arénicoles*, les *Eunices*, les *Lombrinères*, les *Néréides*, etc. Ce sont des animaux marins portant sur la partie moyenne du corps ou sur les côtés des branchies en forme de tubercules dans lesquels les vaisseaux se ramifient.

DORSTÉNIE (de *Dorsten*, botaniste du XVIᵉ siècle), *Dorstenia*, genre de la famille des Morées, renferme des plantes acaules, à feuilles radicales luisantes, originaires de l'Amérique tropicale. L'espèce la plus connue est la *D. à feuilles en cœur* (*D. contrayerva*), dont la racine a été vantée pour le traitement des fièvres adynamiques. Cette racine, d'un rouge brun à l'extérieur, blanche à l'intérieur, a, dans l'état de siccité, une saveur très-aromatique, un peu astringente, et une odeur approchant de celle du figuier. Elle est fébrifuge et antiseptique.

DORTHÉSIE (de l'abbé *d'Orthès*), genre de Gallinsectes, donne une matière colorante et de la cire.

DORURE, opération par laquelle on recouvre d'une couche d'or plus ou moins épaisse la surface des objets auxquels on veut donner l'éclat ou l'inaltérabilité de ce métal. On dore les métaux et leurs alliages, le bois, la porcelaine, le carton, le plâtre, le marbre, le verre, et beaucoup d'autres matières.

La *D. des métaux* s'exécute par plusieurs procédés.

1°. Le plus ancien est la *D. au mercure*, déjà décrite par Pline, et qui consiste à déposer sur le métal à dorer un amalgame d'or et de mercure, et à volatiliser ensuite le mercure par la chaleur. Ce procédé se complique de plusieurs opérations délicates, si la pièce doit être en partie *brunie*, en partie mise *au mat*. On couvre alors les parties destinées à être brunies d'un mélange (dit *épargne*) formé de blanc d'Espagne, de cassonade et de gomme délayés dans de l'eau; après avoir fait sécher la pièce et l'avoir chauffée, on la plonge dans un bain acidulé, et on la lave; on frotte ensuite, au moyen d'un brunissoir et avec de la sanguine ou hématite, les parties destinées à être brunies. Quant au mat, on l'obtient en chauffant la pièce jusqu'à ce que l'épargne prenne une teinte brune; on la couvre alors de sel marin mélangé avec du nitre et de l'alun; on la chauffe de nouveau jusqu'à ce que la couche saline entre en fusion; puis on la plonge subitement dans l'eau froide; ce qui fait tomber la couche saline et l'épargne, et il ne reste plus qu'à laver légèrement la pièce et à la faire sécher. Avec de légères modifications, on obtient les autres dorures dites *or moulu*, *or rouge*, etc.—La dorure au mercure expose les ouvriers à l'action délétère des vapeurs mercurielles, et ils en contractent souvent de graves maladies, comme la salivation, le tremblement nerveux, la paralysie. Aussi la remplace-t-on aujourd'hui par des procédés où l'on utilise le jeu des affinités chimiques et la force développée par un courant galvanique.

2°. La *D. au feu avec de l'or en feuilles* s'applique au fer et au cuivre : sur le métal raclé, poli et suffisamment chauffé, on applique une ou plusieurs couches d'or, qu'on *ravale* ensuite avec le brunissoir; on termine en soumettant la pièce à un feu doux.

3°. La *D. au froid et au pouce* se fait en frottant la pièce avec de l'or en poudre, au moyen d'un bouchon ou même du pouce, jusqu'à ce que la couche ait l'épaisseur convenable; puis avec de l'eau de savon on opère le bruni.

4°. Dans la *D. par immersion* ou *au trempé*, introduite dans l'industrie en 1836 par M. Elkington, on plonge le métal à dorer dans un bain composé d'une dissolution bouillante de chlorure d'or dans un bicarbonate alcalin. Ce procédé est fort rapide, économique et applicable aux objets les plus délicats.

5°. La *D. galvanique*, tentée pour la 1re fois par M. de La Rive et exécutée avec succès en 1840 par M. de Ruolz, a pris un essor considérable dans ces dernières années; le procédé par lequel on l'exécute s'emploie également avec avantage pour déposer l'argent, le platine, ou un métal quelconque, sur tout autre métal. On maintient les objets à dorer dans un bain composé généralement de cyanure de potassium et de cyanure d'or ou d'un autre sel d'or, le tout dissous dans l'eau et maintenu à une température constante de 18 à 20°; le temps de l'immersion varie avec l'épaisseur de la couche d'or qu'on veut déposer sur les objets. Le bain est contenu dans une grande cuve en bois; dans ce bain plongent les objets à dorer, attachés à des fils de laiton doré qui sont en communication avec les deux pôles d'une même série de piles galvaniques. L'emploi de ce procédé est surtout avantageux pour l'*argenture*. *Voy.* ce mot.

La *dorure sur bois* s'opère à l'huile ou en détrempe. Les mêmes procédés s'emploient aussi pour la pierre, les ornements en pâtes de toute nature, le plâtre, le stuc, etc. Pour dorer, par exemple, les statues, grilles, balcons, etc., on recouvre ces objets d'une couche de céruse à l'huile de lin; on y applique un *mordant* composé d'*or couleur* (résidu de toutes

les couleurs que le peintre rassemble dans le vase où il nettoie ses pinceaux) et d'huile cuite; puis, quand le mordant est presque sec, on y applique l'or en couches très-minces, à l'aide d'un pinceau plat en poil de blaireau légèrement suiffé, et enfin on applique sur l'or un vernis léger à l'esprit.

La *dorure des livres* se fait en passant sur la tranche des livres mis en presse une couche légère de blanc d'œuf battu, puis une seconde de la même substance, à laquelle on ajoute un peu de bol d'Arménie et de sucre candi en poudre; on égalise bien cette couche lorsqu'elle est sèche, puis on la mouille légèrement, et on y applique l'or en feuilles, qu'on brunit ensuite à la dent-de-loup. Pour imprimer des lettres d'or sur la couverture des livres reliés, on prépare la place à imprimer de la même manière, et l'on y pose la feuille d'or, qu'on y fixe à l'aide de fers chauds gravés en relief; on enlève l'or excédant en frottant avec du coton.

On fait la *dorure sur porcelaine* en y appliquant, avec un pinceau ou à l'aide de planches d'acier, de l'or en poudre ou un sel d'or, mis en pâte avec de l'huile de lin, de l'essence de térébenthine, etc. Après la cuisson de la porcelaine, l'or en est mat, et a besoin d'être soumis au brunissage.

DORYPHORE (du grec *dory*. lance, et *phéró*, porter), milice ancienne armée de lances. Les doryphores formaient la garde particulière des souverains. Il y avait en Perse un corps de 15,000 doryphores qui jouissaient de très-grands priviléges.

Coléoptère, dont la poitrine est armée d'une longue *pointe* dirigée en avant comme une lance. Sa tête est large, les yeux obliques et oblongs, les antennes dilatées, le corselet transversal, l'écusson très-petit, le corps arrondi. Cet insecte habite l'Amérique Méridionale.

DOS (du latin *dorsum*), partie postérieure du tronc, depuis la dernière vertèbre cervicale jusqu'à la dernière lombaire. — On donne aussi ce nom à la partie supérieure du nez, de la main, du pied, etc.

Dos d'âne. On nomme ainsi, en Architecture, une surface composée de deux plans ou de deux courbes inclinés l'un sur l'autre par leur sommet, qui affecte ainsi la forme du *dos de l'âne :* tels sont un comble à deux égouts et les faîtières dont on couvre son sommet, le chaperon à deux égouts d'un mur, etc.

DOSAGE, en Chimie. *Voy.* ANALYSE (quantitative).

DOSE (en grec *dosis*, de *didómi*, donner), quantité d'un médicament qui doit être administrée en une seule fois à un malade, et que l'on exprime par le poids ou la mesure. On donne aussi ce nom à la quantité précise de chacun des ingrédients qui doivent entrer dans un médicament composé. Les doses doivent être proportionnées à l'âge, au sexe, au tempérament du malade. L'art de doser est une des parties les plus difficiles de la pratique de la médecine et de la pharmacie. On trouve les doses ordinaires indiquées dans les pharmacopées.

DOSSERET, nom donné, en Architecture, à un petit avant-corps en forme de pilastre ou seulement de mur, servant de pied-droit à un arc doubleau, ou de jambage à une porte, à une fenêtre; et, dans les Arts mécaniques, 1° à une petite pièce de fer que l'on adapte au dos d'une scie pour la rendre plus solide; 2° à deux plaques de fer réunies qui renferment et soutiennent une lime fort mince.

DOSSIER. En Pratique, on appelle ainsi une liasse ou assemblage de pièces ou titres concernant une même affaire, et réunies sous une même enveloppe ou chemise, portant sur le *dos* ou sur le plat une cote ou étiquette. Autrefois, les dossiers d'affaires s'appelaient *sacs*. — Dans les ministères, on appelle aussi *dossier* toutes les pièces qui concernent une administration, une commune, un individu, etc., et qui sont réunies dans une chemise sur laquelle se trouve le nom de cette administration, de cette commune, de cet individu, etc., de manière qu'on puisse y recourir aussitôt qu'on a besoin de renseignements.

En Architecture, on nomme *dossier* un petit mur élevé au-dessus d'un comble ou d'un mur de pignon pour servir d'empatement à une souche de cheminée.

DOSSIÈRE (de *dos*), bande de cuir fort large et fort épaisse qu'on met sur la selle du cheval de limon, et qui sert à soutenir les brancards toujours à la même hauteur. — On appelle aussi *dossière* la partie postérieure d'une cuirasse.

DOT (du latin *dos*, *dotis*, de *do*, donner), ce qu'une femme apporte en mariage à son époux pour soutenir les charges du ménage (Code civ.; art. 1540). On appelle *régime dotal* celui sous lequel, en se mariant, les époux conservent la propriété respective de tous leurs biens : on l'oppose au *régime de la communauté* (Voy. COMMUNAUTÉ). Sous le régime dotal, la dot est inaliénable, sauf certains cas prévus par la loi ou déterminés dans le contrat de mariage. Toutefois, durant le mariage, l'administration et la jouissance des biens dotaux appartiennent au mari ; seulement, si la dot était mise en péril par la gestion de celui-ci, la femme pourrait demander la séparation de biens. Dans ce cas, et aussi après la dissolution du mariage, le mari doit faire restitution de la dot (Code civil, art. 1438-40 et 1530-73). Le régime dotal était en vigueur chez les Romains.

Chez presque tous les peuples anciens, les Juifs, les Grecs, les Francs, etc., c'était le mari qui constituait une *dot* à sa femme. Justinien et Charlemagne ordonnèrent aux parents de doter leurs filles. Aujourd'hui, la loi ne fait pas aux père et mère une obligation de doter leurs enfants.

On appelle encore *dot* ou *dotation religieuse* l'argent qu'une religieuse donne en entrant dans un couvent, et qui est supposé employé à sa nourriture et à son entretien. Ces dotations sont permises pourvu qu'elles soient libres ou volontaires.

DOTATION (de *dot*), nom donné à l'ensemble des revenus assignés à un établissement d'utilité publique, une église, un hôpital, un corps, une compagnie, etc., pour supporter les charges qu'impose sa destination ; dans les États monarchiques, à la masse mobilière et immobilière des biens qui composent la *liste civile* : c'est ce qu'on nomme *dotation de la couronne*. Le douaire attribué à la reine survivante, en cas de décès du roi, et les pensions annuelles accordées soit à l'héritier de la couronne, soit aux fils puînés du roi, prennent aussi le nom de *dotations*. — Dans un sens analogue, on a dit *D. de la Chambre des pairs* ou *du Sénat*, *D. de la Chambre des députés* ou *du Corps législatif*, *D. de la Légion d'honneur*, *de l'Université*, pour désigner les sommes allouées chaque année dans le budget de l'État pour subvenir aux dépenses faites pour le personnel et le matériel de ces divers corps.

Sous l'Empire, le mot *dotation* désignait l'ensemble des biens de l'ancien *domaine extraordinaire* avec lesquels on récompensait les services civils et militaires : l'institution en remonte à l'année 1805. Napoléon forma ce domaine de biens réservés dans les pays conquis avec la portion des contributions extraordinaires qui n'avait pas été employée aux dépenses de la guerre. La Constitution du 14 janvier 1852 a, dans son art. 22, reconstitué en faveur des nouveaux sénateurs des dotations analogues aux dotations impériales : ces dotations, qui depuis ont été fixées à 30,000 fr. de revenu annuel, sont incessibles et insaisissables ; elles ne sont pas soumises aux lois du cumul, à moins qu'il n'en soit autrement ordonné.

DOTHIENENTÉRITE (du grec *dothièn*, bouton, et *entéron*, intestin), nom donné par quelques médecins au *typhus* et à la *fièvre typhoïde*.

DOUAIRE (du bas latin *dotarium*). C'était, dans l'ancienne législation française, la portion de biens que le mari donnait à sa femme, pour en jouir en cas de survivance. On appelait *douairière* la veuve qui jouissait d'un douaire. On distinguait : le *D. préfix* ou *conventionnel*, qui dépendait de la volonté des parties ; et le *D. coutumier*, établi et ordonné par la coutume, et consistant communément dans l'usufruit de la moitié des héritages possédés par le mari au jour de l'union, et de ceux qui lui étaient échus en ligne directe. Le douaire coutumier a cessé d'exister par la promulgation de la loi du 17 nivôse an II. On appelait *demi-douaire* la pension alimentaire accordée en certains cas à la femme pour lui tenir lieu de douaire, lorsque le mari était encore vivant. La donation entre époux a remplacé l'ancien douaire. — Sous la monarchie constitutionnelle, il pouvait être voté un douaire au profit des princesses restées veuves : c'est ainsi qu'une loi d'avril 1837 a fixé le douaire de la duchesse d'Orléans.

DOUANE (de l'italien *dogana*, droit établi à Venise au nom du *doge* pour créer des ressources au trésor public), administration chargée de percevoir les droits imposés, à la frontière, sur l'entrée et la sortie des marchandises, et de veiller à ce que les importations et les exportations prohibées n'aient pas lieu. Il se dit également de l'édifice où est établie cette administration ou quelqu'un de ses bureaux, et du lieu où l'on porte les marchandises pour acquitter les droits.

En France, une *Direction générale*, qui, depuis le décret du 27 décembre 1851, porte le titre de *Direction générale des Douanes et des Contributions indirectes*, et dont le siège est à Paris, préside à l'exécution des règlements de douane. L'administration des Douanes proprement dites ne comprend pas moins de vingt mille employés (inspecteurs, contrôleurs, simples commis ou *douaniers*) ; ils sont soumis au régime militaire, et portent un uniforme spécial et des armes. — On appelle *lignes de douanes* les circonscriptions établies aux frontières et administrées par un directeur de second ordre, qui a sous lui des agents chargés de visiter les transports, de vérifier les marchandises, et d'exercer une active surveillance à l'égard des fraudeurs et contrebandiers qui sillonnent nuitamment les frontières de terre et les côtes.

En même temps qu'elles procurent au trésor public des sommes importantes, les douanes servent à protéger l'industrie intérieure contre la concurrence étrangère. Du reste, les économistes se sont partagés sur la réalité des avantages qu'elles procurent au commerce : les partisans du *système prohibitif* les regardent comme indispensables au développement de l'industrie nationale ; les partisans du *libre échange* les déclarent à la fois contraires aux intérêts du consommateur et nuisibles aux progrès de l'industrie et du commerce.

L'origine des douanes remonte au moyen âge, à l'époque de la grande puissance commerciale de Venise. C'est Colbert qui le premier établit en France ce qu'on appelle les *Barrières de Douanes* : faisant du numéraire la mesure véritable de la richesse, il voulut que la France exportât le plus et importât le moins possible : dans ce but, il publia (de 1664 à 1667) des tarifs en vertu desquels toutes les marchandises fabriquées à l'étranger furent interdites ; c'est le *système protecteur*. Ce système, modifié en 1791, rétabli en quelque sorte par Napoléon sous le nom de *Blocus continental* (21 novembre 1806), est encore aujourd'hui en vigueur ; toutefois, depuis quelques années, le principe de la *liberté commerciale* a fait de sensibles progrès, surtout en Angleterre. En Allemagne, les barrières intérieures ont été enlevées, et il a été formé, sous les noms de *Zollverein* et de *Steuerverein*, des associations entre les douanes de la plupart des pays allemands.

Depuis le tarif de 1791, les lois qui ont le plus modifié la législation des douanes sont celles du 28 avril 1816, du 27 juillet 1822, du 17 mai 1826, des 3 et 5 juillet 1836 et le décret du 21 mars 1852.

On peut consulter sur ce sujet important le *Code des Douanes* de Dujardin-Sailly, 1810 et 1823, et celui de M. Bourgat, 1848 ; le *Répertoire général des Douanes* de M. de Beilac, 1850 ; le *Tarif chronologique des Douanes* de Dujardin-Sailly, 1806 et 1850 ; les *Dictionnaires des Douanes* de Magnien-Grandprez, 1806, et de Marie Dumesnil, 1830 ; l'*Abolition du système prohibitif des Douanes*, par M. Jouyne, 1850.

DOUAR ou DOUARE, espèce de village mobile que se construisent en Afrique les Arabes pasteurs, est formé par la réunion de tentes disposées en cercle ; pendant la nuit, le milieu sert de parc pour les troupeaux.

DOUBLAGE (de *doubler*), second bordage ou revêtement en planches ou en feuilles de cuivre, de zinc ou de fer galvanisé, qu'on met à la carène des vaisseaux destinés à des voyages de long cours, pour les préserver de la piqûre des vers et de tous les accidents qui attaqueraient les bordages. Le *doublage* en planches de sapin, le seul usité autrefois, est presque abandonné aujourd'hui ; le doublage en feuilles de cuivre rouge est reconnu le plus durable, le plus propre à la marche du navire, par la facilité avec laquelle l'eau glisse sur sa surface polie ; il est aussi le moins attaquable aux chocs qui risqueraient de le crever, et aux coquillages ou herbes marines qui tentent de s'y fixer. *Voy.* aussi MAILLETAGE.

DOUBLE, ancienne monnaie de France faite de cuivre ou de billon, valait 2 deniers ou un *double denier*. Philippe le Bel passe pour être le premier qui ait fait fabriquer cette sorte de monnaie, en 1295.

Plusieurs pièces étrangères en or portent ce nom : le *double auguste* de Saxe vaut 41 fr. 49 cent.; le *double aigle* des États-Unis vaut 55 fr. 21 cent. ou 10 dollars ; la *double roupie* de Perse vaut 4 fr. 90 cent.; la *double neuve pistole* de Sardaigne vaut 30 fr.; la *doppia* (*double*) de Gènes vaut 2 pistoles d'or ; la *dobra* portugaise vaut 11 fr. 70 cent. *Voy.* DOUBLON.

En Botanique, on dit que le calice d'une plante est *double* lorsqu'il est entouré d'une sorte d'involucre, comme dans la Bruyère. Une *fleur double* est celle qui renferme plusieurs corolles les unes dans les autres, ou dont les pétales sont beaucoup plus nombreux que dans l'état naturel. Le *périanthe double* est celui qui est composé d'un calice et d'une corolle.

DOUBLE, DOUBLE TIERCE, DOUBLE QUARTE (FIÈVRE), sortes de fièvres intermittentes. *Voy.* FIÈVRE.

DOUBLE, en Orfévrerie. *Voy.* PLAQUÉ.

Au jeu de Billard, on appelle *doublé* un coup par lequel on fait toucher une bille contre une des bandes pour la faire revenir dans la blouse opposée.

DOUBLE-MAIN, mécanisme que l'on adapte aux orgues à un seul clavier, au moyen duquel, en baissant une touche, on fait baisser en même temps celle de l'octave en dessus. Les *doubles-mains* sont à la disposition de l'organiste au moyen d'un registre ; il s'en sert au besoin pour renforcer les effets.

DOUBLET, nom donné par les Lapidaires à une pierre incolore, telle qu'un cristal de quartz ou de topaze, que l'on a doublée en dessous avec du verre coloré, de manière à imiter une pierre de couleur.

Au jeu de Trictrac, on nomme *doublet* le coup où chacun des deux dés amène le même point.

Pour le *doublet* au jeu de Billard, *Voy.* DOUBLÉ.

DOUBLEUR, instrument qui sert à faire connaître l'état électrique d'un volume d'air donné, et par suite, son plus ou moins de pureté. On a reconnu, en effet, que l'électricité d'un air vicié est négative, et qu'elle devient positive à mesure que la pureté de l'air augmente. Cet instrument a été inventé en Angleterre.

DOUBLIS. Dans la Construction, on nomme ainsi un rang de tuiles qu'on accroche au cours des lattes, c.-à-d. au madrier refendu diagonalement d'une arête à l'autre, qui sert à former les égouts pendants.

DOUBLON (de *double*), monnaie d'or d'Espagne dont la valeur a souvent varié. Les premiers furent frappés en 1497, et, jusqu'en 1796, ils ont valu 21 fr.

64 cent. Aujourd'hui, on en distingue de plusieurs espèces : le *doublon de 8 écus* ou *once* ou *quadruple*, dont la valeur a varié, et qui vaut aujourd'hui 85 fr. 42 cent.; le *doublon de 4 écus* ou *demiquadruple*, celui de *deux écus* ou *pistole*, valant 21 fr. 60 cent., la *demi-pistole* ou *écu d'or*, valant 10 fr. 80 cent. —Il y a aussi des *doublons de 50 pistoles*, monnaie de compte valant 100 écus d'or.

DOUC, *Semnopithecus nemœus*, joli singe de la Cochinchine, espèce du genre Semnopithèque, est remarquable par sa taille, qui dépasse 1 mètre, et son pelage gris tiqueté de noir sur le corps, le dessus de la tête et les bras, roux vif sur les jambes, et blanc à la gorge, aux fesses, à la queue et à l'avant-bras.

DOUCE-AMÈRE, *Solanum Dulcamara*, espèce du genre Morelle, dont les tiges sarmenteuses s'élèvent en s'attachant aux corps environnants, ce qui l'a fait appeler le *Bourreau des arbres*. Toutes les parties de la plante mises dans la bouche présentent une saveur *amère* avec un arrière-goût *sucré* : de là son nom. On l'emploie en médecine contre les dartres, la goutte et le rhumatisme chronique.

DOUCET, nom vulgaire du poisson dit aussi *Callionyme-lyre*. *Voy.* CALLIONYME.

DOUCETTE, nom vulgaire de la Mâche commune.

DOUCHE (du latin *duco*, conduire, diriger), colonne de liquide, de vapeur d'eau, ou de gaz, d'une hauteur et d'un diamètre déterminés, qu'on dirige avec une certaine force sur une partie quelconque du corps, le plus souvent sur la tête. — On distingue les *D. ascendantes*, les *D. descendantes* et les *D. latérales*, suivant que le jet est dirigé de bas en haut, de haut en bas, ou à peu près horizontalement.

Les *D. liquides* sont *chaudes* ou *froides*. Les premières s'administrent de la manière suivante : le liquide est contenu dans un réservoir élevé de 2 à 5 mètres, de la partie inférieure duquel part un tuyau en cuir muni d'un robinet qui s'ouvre et se ferme à volonté. On tient le tuyau à la main, et on dirige ainsi à son gré un jet continu sur telle ou telle partie du corps du malade. Quelquefois, on divise le jet en forme de pluie, au moyen d'un ajutage en pomme d'arrosoir. La durée de la douche est ordinairement de 15 à 20 minutes. Le nombre des douches pour un traitement varie de 12 à 30. Les douches chaudes sont employées avec succès pour combattre certaines affections chroniques des articulations, les rhumatismes chroniques, les fausses ankyloses, quelques espèces de paralysies, etc. — Les douches d'eau froide, dont on se sert surtout dans le traitement des aliénés, s'administrent à peu près de la même manière : on dirige le jet sur la tête du malade, placé dans une baignoire pleine d'eau tiède ; on lui donne encore des douches par surprise, en laissant tomber brusquement sur sa tête, et d'une hauteur de 4 m. environ, une certaine masse d'eau froide. Les bons effets de ces douches, que les aliénés craignent beaucoup, sont attribués à l'ébranlement particulier qu'elles produisent dans le système nerveux, et à l'action perturbatrice qu'elles exercent sur le cerveau.

Les *D. de vapeur* s'administrent aussi au moyen d'un tuyau flexible qui part d'un réservoir où l'eau est en ébullition. La vapeur s'échappe avec force par l'extrémité du tuyau, et vient frapper la partie malade. Ces douches sont employées avec succès contre les engorgements chroniques des articulations et les douleurs rhumatismales ou goutteuses. On peut construire économiquement un appareil de douches de vapeur en adaptant un simple entonnoir en fer-blanc à un vase métallique renfermant une certaine quantité d'eau que l'on maintient à l'état d'ébullition, au moyen d'un réchaud ou d'une lampe à esprit-de-vin.

Les *D. d'air* ont été employées dans les maladies de l'oreille pour dégager la trompe d'Eustache. Le docteur Deleau jeune, qui le premier a fait usage de ce moyen, lui doit plusieurs guérisons remarquables.

DOUCI ou DOUCIN, opération par laquelle on prépare les glaces à recevoir le poli. Le corps qui a été *douci* est dans un état intermédiaire entre le corps *brut* et le corps *poli*. *Voy.* GLACES.

DOUCIN, espèce de sauvageon de Pommier, faible et petit, qu'on multiplie par marcotte pour y greffer des pommiers qu'on veut conserver à basses tiges. Il rapporte des fruits dès la 2e ou 3e année. On en fait un fréquent usage dans les jardins.

DOUCINE, sorte de moulure à deux mouvements contraires, celui du haut étant concave, et l'autre convexe, qui termine ordinairement les corniches. On les nomme aussi *cimaise* et *gueule droite* (*Voy.* CIMAISE). — C'est aussi le nom du rabot qui sert aux menuisiers à faire des moulures.

DOUELLE (du latin *dolium*, tonneau), terme d'Architecture, désigne la partie courbe d'une voûte ou la partie cintrée d'un voussoir. Le côté convexe se nomme *douelle intérieure*, et le côté concave *douelle extérieure.*—*Douelle* ou *Douvelle.* V. DOUVE.

DOUILLE, partie creuse et ordinairement cylindrique d'un instrument quelconque, pique, baïonnette, bêche, etc., qui est destinée à recevoir un manche. — Les distillateurs nomment ainsi un petit tuyau soudé sur le côté des appareils de distillation, et qui leur permet d'introduire un liquide sans enlever le couvercle des alambics, etc.

DOULEUR (du latin *dolor*), toute impression pénible reçue par une partie vivante et transmise au cerveau. — On appelle *D. tensive* celle qui est accompagnée d'un sentiment de distension dans la partie souffrante : telle est celle que causent les inflammations des membranes muqueuses, l'éruption de la variole, la formation d'un abcès; *D. gravative*, celle où l'on éprouve un sentiment de pesanteur : elle est souvent occasionnée par l'épanchement d'un liquide dans une cavité ou par le poids d'un organe engorgé; *D. lancinante* ou *pulsative*, un élancement qui correspond à la pulsation des artères : elle a principalement lieu dans les parties où se distribuent beaucoup de nerfs : telle est la céphalalgie (mal de tête), qu'on éprouve dans la plupart des maladies aiguës; *D. brûlante*, un sentiment de violente chaleur qui accompagne la pustule maligne, le charbon, les bubons de la peste, etc.; *D. prurigineuse*, celle qui naît d'une érosion; si cette sensation n'est que légère, elle se nomme *démangeaison* : telle est celle qui accompagne les taches de rougeole et les échauboulures; si elle est très-forte, c'est une douleur *âcre* et *mordicante*, comme celle des dartres vives; *D. pongitive*, celle qu'on ressent quand la partie semble percée par une pointe, comme dans la pleurésie. — On a aussi donné à la douleur des dénominations relatives à la partie qui en est le siège : on l'appelle *odontalgie* lorsqu'elle affecte les dents; *otalgie*, lorsqu'elle a son siége dans l'oreille; la douleur de tête est la *céphalalgie*, quand elle est aiguë; *céphalée*, lorsqu'elle est chronique; *hémicrânie* ou *migraine*, quand elle n'occupe qu'un côté de la tête; la douleur de l'estomac est dite *cardialgie* et *gastrodynie*; celle des intestins, *colique*, etc. La douleur n'étant qu'un symptôme, son traitement dépend des maladies où on l'observe. Nous dirons seulement ici que l'opium est le souverain remède des douleurs; viennent ensuite les plantes narcotiques et vireuses, les éthers, le camphre, etc. La découverte des moyens anesthésiques (éther, chloroforme, etc.) a fourni de puissants moyens d'anéantir la douleur dans les opérations. Dans le langage ordinaire, on donne spécialement le nom de *douleurs* aux névralgies, aux rhumatismes, etc., qui font si cruellement souffrir.

DOUM, nom arabe de l'espèce de Palmier qui constitue le genre *Cucifère. Voy.* ce mot.

DOURO, monnaie espagnole. *Voy.* PIASTRE FORTE.

DOUTE (jadis *doubte*, du latin *dubitatio*), état de l'esprit qui hésite entre l'affirmation et la négation; on l'oppose à *certitude*. Le doute, fondé sur le plus ou moins de *probabilité* des faits, admet, comme la probabilité, une foule de degrés.

On distingue le *Doute effectif*, doute sérieux et permanent qui, lorsqu'il est érigé en doctrine, prend le nom de *Scepticisme* (*Voy.* ce mot); et le *Doute philosophique* ou *méthodique*, disposition de l'esprit par laquelle il ne reçoit pour vrai que ce qui est évidemment prouvé. Ce doute a été érigé en méthode par Descartes : ce n'est qu'un doute provisoire qui consiste à rejeter toutes les idées qu'on a reçues, jusqu'à ce qu'on ait trouvé une vérité incontestable (*inconcussum quid*) qui résiste à tous les efforts du doute.

DOUVE, *Fasciola hepatica*, espèce de ver intestinal du genre Distome ou Fasciole, de l'ordre des Trématodes, dont le corps est mou, aplati ou cylindrique, de couleur variée. Ce ver présente deux suçoirs. Il est propre aux voies biliaires et a été observé chez le bœuf et le mouton. Chez l'homme, il a été trouvé dans le parenchyme du foie.

On nomme aussi *Douves* deux espèces de Renoncules vénéneuses, et qui croissent dans les marais.

DOUVE, dite aussi *Douelle* ou *Douvelle*, petite planche qui forme le corps des ouvrages de tonnellerie.

DOUZIÈME (LA), se dit, en Musique, de l'octave de la quinte, ou intervalle de 11 degrés conjoints. Telle est la distance de *ut* à *sol* de l'octave supérieure.

DOXOLOGIE (du grec *doxa*, gloire, et *logos*, discours; prière pour célébrer la gloire de Dieu) : c'est le *Gloria Patri*, que l'on récite à la fin de chaque psaume. Les Grecs admettent en outre une grande doxologie, qui est notre *Gloria in excelsis*.

DOYEN, anciennement *Décan*, puis *Déan* (du latin *decanus*). Ce mot, qui dans l'usage vulgaire signifie *le plus âgé*, était le nom donné par les Romains au commandant de *dix* soldats, et dans l'ancienne Église grecque à un officier laïque sans caractère sacerdotal, ordinairement chargé de la décoration et du cérémonial des églises (*Voy.* DÉCAN).—Dans les monastères, le *doyen* était un supérieur établi par l'abbé, et qui régissait dix moines; dans les diocèses, on appelait *doyens ruraux*, des dignitaires ecclésiastiques chargés d'inspecter les curés de campagne et de leur porter les mandements de l'évêque. Dans les églises cathédrales, le *doyen* est le premier dignitaire et le président-né du chapitre. Ceux qui n'avaient pas charge d'âmes pouvaient être nommés *doyens* à 22 ans; dans le cas contraire, à 24 ans.

Dans certaines universités et dans les Facultés de médecine, on donne le titre de *doyen* à l'administrateur de la Faculté. Le doyen, choisi toujours parmi les professeurs, reçoit ce titre, sans qu'il soit le plus âgé ni le plus ancien reçu de ses collègues.

On appelle *D. d'âge*, celui qui est le plus âgé de sa compagnie; *D. d'ancienneté*, celui qui est le plus ancien, dans l'ordre de réception.

DOYENNE, dignité de doyen dans les églises cathédrales et collégiales. On donnait également ce nom à la demeure du doyen. — Les *doyennés* étaient aussi des subdivisions des archidiaconats de certains diocèses. *Voy.* DÉCAN.

On nomme *Poire de Doyenné* une espèce de poire fondante dite aussi *Poire de Saint-Michel*, *Poire de neige*, etc.

DRACÆNA, nom latin du genre *Dragonnier*; on en a formé le mot de *Dracénacées*, pour désigner une petite famille dont le Dragonnier est le type.

DRACHME ou DRAGME (du grec *drachmè*, même signif.), unité de poids et de monnaie des Grecs, valait six oboles et était la centième partie de la *mine*. Comme poids, la drachme pesait 4 gram., 363; comme monnaie, elle valait de 92 à 93 cent. : c'était une monnaie d'argent. Il y avait des *drachmes simples*, des *didrachmes* ou *Dr. doubles*, et des *tétradrachmes* ou *Dr. quadruples*. On trouve le mot *drachme* employé par les écrivains juifs, mais par abus de mots : cette monnaie n'était pas propre aux Juifs.—En Allemagne, on appelle *drachme* une subdivision de la livre-poids : la livre vaut 128 drachmes.

DRACIQUE ou DRACONIQUE (Acide). *V.* ANISIQUE.

DRACOCÉPHALE (du grec *dracón*, dragon, et *képhalé*, tête), *Dracocephalum*, genre de la famille des Labiées, renferme des plantes à feuilles opposées, entières, à fleurs bleues ou violacées, séparées ou réunies en épis. Dans ces fleurs, l'orifice de la corolle offre une certaine ressemblance avec la tête du saurien appelé *dragon* : d'où leur nom. Le *Dr. moldavique* ou *Mélisse de Moldavie* est usité en médecine. L'infusion théiforme de ses feuilles est recommandée dans les maladies de langueur et les affections spasmodiques. On fait un ratafia avec ses fleurs.

DRACONTE (du grec *dracontium*, petit dragon, à cause de la tige grimpante et couverte d'écailles de l'espèce type), *Dracontium*, genre de la famille des Aroïdées, renferme des plantes herbacées et exotiques, à feuilles simples, à fleurs sans corolle, à fruit en baie ronde, polysperme. Les indigènes de l'Amérique portent sur eux un fragment du *Dr. à feuilles percées* (*Dr. polyphyllum*) ou *Bois de couleuvre*, ainsi appelé de sa tige chagrinée, qui ressemble à un serpent, et qui jouit, chez ces peuples, de la réputation de préserver de la morsure de ces animaux. Le *Dr. épineux* de Ceylan a des racines d'où on retire une fécule alimentaire très-utile. Le *Dr. pinnatifide* de Cayenne et du Japon a des racines âcres, purgatives, emménagogues.

DRACOSAURUS (du grec *dracón*, dragon, et *sauros*, lézard), genre de Reptiles marins fossiles, à tête petite et à pattes palmées, dont on trouve des débris dans le trias. Ce reptile offre un mélange des caractères de la Tortue et du Crocodile. Sa taille est moindre que celle de nos Crocodiles actuels.

DRACUNCULUS, genre de *Gouet. Voy.* GOUET.

DRAGAGE (de *drague*), opération analogue à celle du curage, mais appliquée à des matières plus consistantes, telles que le sable, le gravier, la glaise et les rochers friables. On opère le dragage, soit à la main, avec la *drague*, soit avec des machines dites *machines à draguer*, mues par des hommes, par des chevaux ou par la vapeur. On cite entre autres la machine dite *de Venisc*, espèce de levier très-puissant dont on trouve la description dans le *Traité des machines* de M. Hachette ; l'appareil de l'ingénieur Bowel, consistant en un tablier vertical disposé à l'avant d'un bateau, de manière à former un obstacle partiel, ce qui augmente la force du courant et entraîne nécessairement le gravier ; le *bateau dragueur*, mû par la vapeur, et qui est armé d'une chaîne à godets, dont la succession rapide enlève des masses de sable considérables, etc. Le dragage ne doit être exercé sur les côtes qu'avec précaution, parce qu'il y détruit les bancs d'huitres.

DRAGÉE (du grec *tragema*, friandise qu'on servait au dessert ?), sorte de petite confiture sèche, faite d'amandes, de menus fruits, graines, petits morceaux d'écorce ou de racine odoriférantes, etc., qu'on recouvre d'une pâte sucrée de sucre cristallisé. Les dragées se font à deux cuissons différentes de sucre, l'une au *lissé*, l'autre au *perlé*; on en fait de toutes les couleurs. On estime surtout les dragées de Verdun. — Autrefois on servait les dragées après le repas dans des tasses d'or ou d'argent ciselé, dites *drageoirs.* Aujourd'hui on n'en sert plus guère qu'à l'occasion des baptêmes, ou dans les festins d'accordailles, où elles ont remplacé les noix des anciens.—Il y a plusieurs sortes de médicaments qui s'administrent sous forme de dragées, tels que les *vermifuges*.

On appelle encore *dragée* ou *cendrée*, du menu plomb pour tirer aux oiseaux.

On nomme *Dr. de Tivoli*, des globules calcaires, à couches concentriques, dont la forme, la couleur, la structure et le mode de formation rappellent parfaitement les dragées des confiseurs, et qui sont produits par des sources incrustantes, comme à Tivoli.

Dragée, espèce de fourrage. *Voy.* FOURRAGE.

DRAGEOIR, espèce de tasse large et plate, d'or ou d'argent, et montée sur un pied, qui servait autrefois pour offrir des dragées au dessert. Il y avait aussi des drageoirs en forme de boîte qu'on portait sur soi, comme une tabatière.

DRAGEONS (du latin *tradux*, sarment), bourgeons ou jeunes tiges qui s'élèvent des racines des grands arbres, et qui percent la terre. Ils servent comme moyen de multiplication. On les sépare de la plante lorsqu'ils ont acquis assez de force, et on les transplante pour former de nouveaux pieds. Les arbres nés de drageons ne pivotent jamais, et donnent plus promptement du fruit que ceux qui proviennent de semences. On appelle *drageonner* l'opération qui consiste à couper la racine qui porte le drageon et à la planter avec ce rejeton.—On nomme aussi *drageons* les jets qui partent de la tige de certaines mousses et s'étendent à la surface du sol.

DRAGME. *Voy.* DRACHME.

DRAGON, en grec *dracón* (du verbe *derkó*, voir, à cause de sa vue perçante), animal fabuleux, créé par l'imagination des anciens, et qu'on représente généralement avec une taille monstrueuse, des yeux terribles et menaçants, une gueule vomissant des flammes, ayant la tête d'un lion, le corps d'une chèvre, la queue d'un serpent, souvent ailé et tout couvert d'écailles. Tels étaient les dragons qui gardaient la Toison d'or, le jardin des Hespérides, la fontaine de Castalie, etc. ; telle était encore la Chimère. Le dragon fut dans tout l'Orient l'objet d'un culte ; le christianisme l'a consacré dans ses légendes, où il sert à figurer le triomphe du bien sur le mal, de la lumière sur les ténèbres : c'est ainsi qu'on représente l'archange saint Michel terrassant le *dragon infernal*, ennemi du genre humain ; la Vierge, mère du Rédempteur, écrasant du pied la tête du dragon par qui le mal est venu sur la terre. Le moyen âge a souvent reproduit l'image du dragon dans ses féeries et sur ses monuments. La chevalerie en avait fait l'emblème des actions éclatantes et le sculptait dans son blason.

Aujourd'hui, le *Dragon* est pour les naturalistes un reptile inoffensif, de l'ordre des Sauriens, famille des Iguaniens. On en connaît 5 ou 6 espèces, originaires de l'Inde. Ces animaux ont la taille de nos lézards verts ; ils se nourrissent d'insectes, et en font provision dans une espèce de poche ou de goitre, d'où ils les retirent à volonté pour les manger à leur aise. Destinés à vivre sur les arbres, ils ont la peau de leurs flancs étendue de manière à former une sorte de parachute appelé *patagium* (frange), que soutiennent les côtes asternales : d'où le nom de *Dragon volant* qu'on leur donne souvent.

Dragon de mer, nom vulgaire de la *Vive. V.* ce mot.

En Astronomie, on nomme *Dragon* (en latin *Anguis*) une constellation de l'hémisphère boréal, dont les étoiles sont disséminées entre la petite Ourse, Céphée, le Cygne et Hercule. La *Tête* et la *Queue du dragon* sont les deux points opposés où l'écliptique est coupée par l'orbite de la lune.

DRAGON, cavalier. *Voy.* DRAGONS.

DRAGONNE, *Dracæna*, genre de Reptiles de la famille des Lacertiens, ne renferme qu'une espèce, voisine des Crocodiles, et originaire de l'Amérique méridionale. Elle sert de nourriture en Guyane.

Ornement en forme de cordon, qui se met à la poignée d'un sabre ou d'une épée, afin de le tenir suspendu quand on ne le tient plus à la main ; tire son nom des dragons, qui le portèrent les premiers.

DRAGONNEAU, ou VER DE MÉDINE, *Filaria Medinensis*, espèce d'helminthe du genre Filaire, parasite de l'espèce humaine. Il est cylindrique, filiforme, dé grosseur à peu près uniforme, variant de celle d'un fil assez ténu jusqu'à celle d'une ficelle, d'une longueur qui peut varier de quelques centimètres à plusieurs mètres. Son siége le plus ordinaire est le tissu cellulaire sous-tégumentaire des jambes et des cuisses. Le Dragonneau paraît être originaire de l'Afrique ou de l'Arabie : on ne le trouve que dans ces contrées, et c'est aux sources où l'on va se désaltérer qu'on en prend le germe. Les dragonneaux occasionnent des tumeurs dangereuses et quelquefois des démangeaisons insupportables. Ils sont vivipares, et le corps des femelles contient un grand nombre de petits; aussi leur rupture dans la plaie est-elle un accident grave. Pour les extraire, on saisit l'une des extrémités de l'animal que l'on enroule à un axe auquel on fait faire chaque jour un certain nombre de rotations.

On a aussi donné ce nom à un ver du genre *Gordius*, mince, arrondi et long de 15 à 20 centimètres, que l'on trouve dans les eaux douces. Il est ovipare.

DRAGONNIER, *Dracæna*, genre de la famille des Asparaginées, renferme des plantes arborescentes, à stipe simple ou ramifié, quelquefois d'une grosseur énorme; à fleurs blanches, jaunâtres ou violacées, formant une grappe de près de 1 mètre de longueur. Le *Dr. pourpre*, originaire de la Chine; le *Dr. odorant*, à odeur très-suave; le *Dr. du Brésil*; enfin le *Dr. commun* ou *gigantesque*, sont des espèces cultivées dans nos serres : le dernier fournit le *sang-dragon* du commerce, employé en médecine comme astringent. Le *Dr. à feuilles pendantes* (*Dr. reflexa*) nous vient de l'Inde : il découle de son stipe un suc gommeux qui est inflammable lorsqu'il est sec : ce qui a valu à la plante le nom de *Bois-Chandelle*.

DRAGONS, milice française, faisant partie de la grosse cavalerie de ligne, est composée de soldats coiffés d'un casque en cuivre, à crinière flottante, et armés d'une latte ou sabre droit et d'un petit fusil de munition avec lequel ils'manœuvrent quelquefois à pied comme l'infanterie. Les dragons furent institués en 1550, sous le règne de Henri II, par le maréchal de Brissac. Ils ne se composaient d'abord que de quelques compagnies d'arquebusiers accoutumés à combattre à pied comme à cheval, et destinés à harceler l'ennemi, à se répandre en tirailleurs sur les ailes de l'armée, à escorter les bagages aux passages des rivières et des défilés. Leur mobilité, leur force et leur audace leur valurent bientôt le surnom de *dragons*. Ils formaient un corps spécial qui subit de nombreuses modifications, mais qui jouit toujours d'une haute réputation de valeur. En 1789, on comptait en France 18 régiments de dragons; sous la République, le Consulat et l'Empire, il y en eut de 24 à 31; depuis la Restauration jusqu'à nos jours, 8, 10 et 12 : ce dernier chiffre est encore le chiffre actuel. Leur uniforme est un habit vert à parements orange, jonquille, garance, selon les régiments.

DRAGUE (de l'anglais *drag*, traîner), instrument qui sert à tirer des rivières ou des ports les terres friables, les sables, les graviers, la glaise, ainsi que la vase et les immondices. La drague est une sorte de pelle recourbée, formée d'une espèce de poche ou auget quadrangulaire en forte tôle, dont la face antérieure est enlevée, et la face postérieure armée d'une douille qui reçoit un manche en bois fort long; la direction de ce manche forme avec le fond de la drague un angle assez aigu, de manière que l'ouvrier, placé dans un bateau et la tirant à lui, puisse facilement la faire entrer dans le sol et la ramener chargée. *Voy.* DRAGAGE.

On donne aussi ce nom à un grand filet armé d'un appareil en fer propre à racler le fond de la mer, et dont on se sert dans la pêche aux huîtres et dans celle des moules ou des poissons plats.

Les Agriculteurs nomment *Drague à claie*, un instrument propre à approfondir les labours sans ramener à la surface la terre du fond.

DRAGUEUR (BATEAU). *Voy.* DRAGAGE.

DRAILLE, cordage qui passe au-dessus des capelages des mâts, et qui est tendu dans la direction des étais. C'est sur des drailles ou sur des étais qui en tiennent lieu qu'on hisse les principaux focs et les moyennes voiles d'étai.

DRAINAGE (de l'anglais *to drain*, épuiser, sécher), dessèchement d'un sol humide au moyen de conduits souterrains. Ces conduits furent d'abord des fossés remplis de pierres et recouverts de terre. Les pierres furent ensuite remplacées par les tuiles courbes, puis par des tubes en terre cuite : ces tubes ont de 3 à 4 décimètres de longueur sur 4 centimètres de diamètre, et sont juxtaposés de manière à permettre à l'eau de s'introduire par les joints dans l'intérieur des tuyaux, et d'y prendre son cours jusqu'à la décharge qui lui est ménagée. Ces tubes, assez récemment inventés en Angleterre, sont actuellement en usage en France et réussissent parfaitement. Sur certains terrains, le drainage double la récolte; il ameublit le sol, rend les terres argileuses plus faciles à labourer et permet de cultiver les prés. MM. Hervé-Mangon, Barral, Leclerc ont écrit *sur le Drainage*.

DRAISIENNE (du baron *de Drais*, son inventeur), petite voiture mécanique à trois roues, deux derrière et une devant, qu'un seul homme, placé à califourchon sur une espèce de siége, fait marcher et tourner à volonté. La roue de devant est munie d'un manche qu'il suffit d'obliquer à droite ou à gauche pour se diriger. En appuyant alternativement les deux pieds sur deux palettes qui communiquent avec les roues de derrière, on pousse la machine en avant.

DRAMATIQUE (ART, GENRE). *V.* THÉÂTRE, GENRE.

DRAMATURGE (du grec *dramatourgéô*, faire des drames), auteur de drames. *Voy.* DRAME.

DRAME (du grec *drama*, action). Dans son acception la plus large, le mot *drame* s'applique à tout poëme composé pour le théâtre, et représentant une action tragique ou comique; dans l'acception moderne et restreinte, il signifie une action théâtrale d'un genre mixte, intermédiaire entre la tragédie ou la comédie, sérieuse par le fond, souvent familière ou comique par la forme. Le drame admet tous les genres de personnages et tous les tons, exprime toutes les sortes de sentiments; il peut être traité en vers comme en prose. Le drame moderne, qu'on a aussi nommé par dérision *comédie larmoyante*, ne date que du XVIIIe siècle : il eut pour créateur La Chaussée. Après lui, il fut cultivé et mis en vogue par Diderot, Arnaud-Baculard, Beaumarchais, Mercier. *Mélanide, le Père de famille, le comte de Comminges, la Mère coupable* furent les premiers modèles du genre. Aujourd'hui le drame s'est emparé presque exclusivement de la scène française. *Voy.* MÉLODRAME.

Drame lyrique, pièce de théâtre mêlée de chant ou uniformément mise en musique. *Voy.* OPÉRA.

DRAP (en italien *drappo*, étoffe, du latin barbare *drappus ou trappus*, que quelques-uns dérivent du grec *raptô*, coudre, tisser), nom générique de toutes les étoffes dont la chaîne et la trame sont en laine, et dont le tissu est couvert d'un duvet plus ou moins fin. On distingue les *Dr. unis* ou *lisses* et les *Dr. croisés*, comme le casimir, la castorine, etc. Ce qui fait la qualité du drap, c'est la solidité, l'élasticité, la finesse de la laine, la régularité du tissu, et la beauté, la solidité et l'égalité de la couleur.

La fabrication du drap comprend une série d'opérations très-compliquées. Après le lavage, le triage et le dégraissage des laines, on procède, à l'aide de mécaniques, au *cardage*, qui a pour but de disposer les filaments de la façon la plus utile à la confection du drap; puis au *filage* et au *tissage*. Au sortir du métier, le drap est visité, et ses imperfections réparées par les *nopeuses* ou *épinceuses; il* passe alors au *foulage*, qui, en le feutrant, fait un véritable drap de ce qui n'était encore qu'une toile de laine; puis, au *lainage* ou *lanage*, qui a pour objet de recouvrir sa surface d'un duvet court et très-serré; il reçoit enfin divers apprêts, tels que le *tondage*, le *couchage des poils*, le *ramage*, l'*époutissage*, etc. (*V.* ces mots). Quant à la *teinture*, les draps la reçoivent soit en laine, c.-à-d. avant la filature, soit en fil, soit en pièces. La teinture en laine est la plus parfaite, mais la plus coûteuse; la teinture en pièces est la moins bonne.

L'usage du drap était connu des anciens; les Romains le nommaient *pannus;* mais il paraît qu'ils se servaient plutôt de tissus de laine que de drap proprement dit. On pense aussi qu'ils ignoraient l'art de tondre le drap. Aujourd'hui, l'usage de ce tissu est universellement répandu: les propriétés qu'il possède de ne pas être conducteur de la chaleur, d'être perméable à l'air, de ne pas froisser la peau, de recevoir toutes sortes de couleurs, etc., l'ont fait adopter chez toutes les nations civilisées. L'Angleterre, la Hollande, la Flandre, la Silésie, nous ont devancés dans la fabrication des draps; mais les progrès rapides qu'ont faits nos manufactures, surtout depuis l'année 1785, nous ont mis d'abord au niveau des autres pays, et ensuite nous les ont fait dépasser. Les localités les plus importantes, en France, pour la fabrication du drap, sont: au nord, Beauvais, Mouy et Sedan (draps noirs); à l'ouest, Vire, Louviers (draps fins), les Andelys, Elbeuf; au centre, Châteauroux et Romorantin; à l'est, Nancy, Bühl et Bischwiller; au midi, Vienne, Lodève, Bédarieux, Castres, Mazamet, Montauban, Limoux, Carcassonne et Chalabre : c'est dans ces dernières villes que se fabriquent les draps communs pour la troupe et l'exportation. La valeur des draps fabriqués annuellement en France s'élève à 250 millions.

On donne quelquefois le nom de *drap* à des étoffes dont le tissu est d'or, d'argent, de soie, etc. On nomme aussi *draps* ces grandes pièces de toile ou de coton qui recouvrent les lits et dans lesquelles on se couche.

DRAP MARIN, couche épidermoïque qui recouvre la surface extérieure de plusieurs coquilles marines bivalves, notamment dans le genre *Cône.*

DRAPEAU (dérivé, comme le mot *drap*, de l'italien *drappo*, étoffe). Ce mot, pris dans le sens d'enseigne militaire, n'a été introduit dans notre langue qu'au XVIe siècle, pendant les guerres d'Italie. Aujourd'hui, dans son acception la plus large, il se dit de toute pièce d'étoffe attachée à une hampe, de manière qu'elle puisse se déployer et flotter en l'air, soit pour donner un signal (comme quand on arbore un *drapeau blanc* pour annoncer qu'on veut capituler), soit pour indiquer un point de ralliement, ou pour faire reconnaître la nation qu'il arbore, etc.

Dans un sens plus restreint, il signifie l'enseigne d'un régiment d'infanterie; on l'oppose alors à *étendard*, nom réservé aux enseignes de la cavalerie. Dans la marine, le drapeau prend le nom de *pavillon*.

Dans l'Industrie, le mot *drapeau* désigne: 1° les petits morceaux de drap entre lesquels les batteurs d'or font passer l'or battu; 2° les débris de vieille toile et de chiffons que les chiffonniers ramassent, et dont on se sert pour la fabrication du papier.

Drapeau national. Tous les peuples ont eu, de tout temps, des drapeaux ou enseignes, avec des emblèmes particuliers; mais jusqu'à la fin du dernier siècle, chaque nation avait un très-grand nombre de drapeaux divers. Aujourd'hui, chaque État a adopté un drapeau qui lui est propre, et qui porte les couleurs nationales. En France, avant 1789, on ne peut guère donner le nom de drapeau national qu'à l'*oriflamme* et aux étendards royaux, dont la couleur a été tantôt bleue, tantôt rouge et tantôt blanche. A partir de Louis XIV, la couleur blanche sembla se substituer, dans les enseignes militaires,

aux couleurs variées : c'était celle du drapeau de la *colonnelle*, ou première compagnie de chaque régiment. En 1789, pour marquer la bonne intelligence entre le roi et la ville de Paris, on réunit à la couleur blanche, qui était celle du roi, les couleurs rouge et bleue, qui étaient celles de la ville de Paris. Sous la République (décret du 27 pluviôse an II) et sous l'Empire, le *drapeau tricolore* fut déclaré drapeau national. Devenu blanc à la Restauration, le drapeau français reprit les trois couleurs en 1830. Sous Napoléon, il était surmonté d'une aigle ; sous Louis-Philippe, il le fut du coq gaulois. L'aigle a reparu en 1852. Rey a fait l'*Hist. du Drapeau*, 1837.

Drapeau rouge. En vertu d'un décret de l'Assemblée constituante, ce drapeau devait être déployé chaque fois que l'on proclamait la loi martiale, et que l'on se préparait à disperser un rassemblement par la force des armes: La Fayette déploya le *drapeau rouge* au Champ-de-Mars le 17 juillet 1791. — Depuis, le *drapeau rouge* devint le symbole de l'insurrection et du terrorisme : en 1848, les anarchistes voulurent le faire revivre et l'imposer comme drapeau national ; la courageuse résistance de M. de Lamartine fit échouer cette tentative.

Serment du drapeau. Chez les Romains, ce serment se prêtait en présence des augures. Les nations chrétiennes firent bénir, au moyen âge, leurs drapeaux par les évêques, en présence de toute l'armée. Aujourd'hui, dans les circonstances ordinaires, les drapeaux sont bénits dans l'église métropolitaine du lieu où le régiment tient garnison. Après la bénédiction, le drapeau est porté devant le front du corps auquel il est destiné ; alors le général, avec l'intendant militaire, en fait la remise solennelle, et fait prêter aux troupes le serment de le défendre. Dans certaines circonstances, la remise des drapeaux et la prestation du serment prennent le caractère d'une fête nationale : telles ont été celles qui eurent lieu à Boulogne en 1804, à Paris en 1830, en 1848, et au 10 mai 1852.

DRAPERIE. Sous la dénomination générale de *draperie* ou d'*étoffes drapées* ou *lainées*, on comprend tous les draps unis ou croisés, les casimirs, les cuirs de laine, les satins de laine, les laines douces, les flanelles, les molletons, et, en général, les étoffes à chaîne et trame de laine dont le tissu est recouvert d'un duvet. — Le mot *draperie* désigne aussi le commerce des draps. *Voy.* DRAP.

Dans les Beaux-Arts, il désigne les étoffes que l'artiste représente dans ses compositions, et qui servent soit à l'habillement, soit à l'ornement des figures. Les figures du Parthénon, chez les anciens, et les tableaux de Raphaël, chez les modernes, offrent les meilleurs modèles de l'art de jeter les draperies.

DRASSE (du grec *drassô*, saisir), *Drassus*, genre d'Arachnides de l'ordre des Pulmonaires, famille des Aranéides : mâchoires arquées au côté extérieur, lèvre allongée et ovale, 8 yeux, jambes et tarses armés de piquants. Les Drasses se trouvent sous les pierres, dans les fentes des murs, à l'intérieur des feuilles, et s'y fabriquent des cellules d'une soie très-blanche. Le *Dr. brillant* (*Dr. fulgens*), qu'on trouve aux environs de Paris, se fabrique un nid à double issue et à plusieurs compartiments.

DRASTIQUES (du grec *drasticos*, actif, énergique ; dérivé de *draô*, agir), nom donné aux purgatifs énergiques, tels que le jalap, la bryone, la soldanelle, le nerprun, la coloquinte, l'élatérium, la gratiole, l'ellébore, la scammonée, la gomme-gutte, l'euphorbe, divers sels métalliques, etc.

DRAVE (qu'on croit dérivé du nom de la *Drave*, rivière d'Autriche), *Draba*, dit aussi *Érophile*, genre de la famille des Crucifères, renferme des plantes vivaces ou annuelles, couvertes de poils mous et veloutés, assemblées en touffes tantôt courtes et serrées, tantôt allongées et solitaires. Leur aspect est élégant et gracieux. La plupart sont alpines et se trouvent dans les contrées tempérées et septentrionales de l'Europe. On cultive dans les jardins la *Dr. printanière* (*Dr. verna*), à petites fleurs blanches, et la *Dr. des Pyrénées* (*Dr. Pyrenaica*), à feuilles épaisses et à fleurs blanches variées de pourpre.

DRAWBACK (de l'anglais *draw*, tirer, et *back*, arrière), espèce de prime accordée à l'exportation de produits nationaux fabriqués avec des matières venues de l'étranger, consiste dans la restitution des droits de douanes qui ont été perçus à l'entrée. Les sucres raffinés, les cotons filés, les tissus de coton, les soufres raffinés, les meubles en acajou, les feuilles de placage, etc., jouissent du *drawback*.

DRÈCHE, orge fermentée dont on a arrêté la germination au moyen de la chaleur, et que l'on emploie pour la préparation de la bière (*Voy.* BIÈRE). On en fait aussi usage comme antiscorbutique. Le marc de la drèche peut servir d'engrais aux terres; on l'emploie aussi pour engraisser les bœufs, les vaches, les porcs et les chevaux.

DREMOTHERIUM (du grec *drémô*, courir, et *thérion*, animal; nom donné par coureur) , nom donné par M. Geoffroy Saint-Hilaire à un genre de Mammifères fossiles dont on a trouvé des débris dans le département de l'Allier. C'est un ruminant très-voisin des Chevrotains et taillé comme eux pour la *course*, mais dépourvu de bois et n'ayant point comme eux de longues dents canines à la mâchoire supérieure.

DRESSOIR, ancien meuble, était un buffet sans portes, à plusieurs rangs ou gradins, où l'on étageait la vaisselle et les objets dont on se sert pour la table. Ce meuble ornait jadis les salons, et les dames y plaçaient leurs joyaux d'or ou d'argent. Les comtesses et grandes dames avaient des dressoirs à trois gradins; les femmes de chevaliers, à deux gradins; les autres, sans gradins. Aujourd'hui, ce meuble ne se trouve plus guère que dans les campagnes; nous l'avons remplacé par les *étagères*.

DRIFF, dite aussi *Pierre de Butler*, préparation alchimique, de composition variable, à laquelle on attribuait des vertus merveilleuses, par exemple, celle de détruire l'effet des venins; elle était composée, le plus ordinairement, d'*usnée* (espèce de lichen), de sel marin, de vitriol et de colle de poisson.

DRILL, *Cynocephalus leucophœa*, singe du genre Cynocéphale, qui se distingue du *Mandrill* (*C. maimon*) par sa face entièrement noire, sans aucune apparence de bleu, et ses parties inférieures, qui sont d'une nuance plus foncée.

DRILLE, espèce de porte-foret dont se servent les sculpteurs, les horlogers et les orfévres, pour percer la pierre, le bois et les métaux.

On donnait autrefois ce nom (de l'a. l. *trill*, serviteur) à des soldats qui mendiaient l'épée au côté, et faisaient partie de la société des *gueux* ou *bélîtres*.

DRIMYDE (du grec *drimys*, âcre), *Drimys*, genre de la famille des Magnoliacées, renferme des arbres ou arbrisseaux à feuillage toujours vert, à écorce verte et aromatique, à feuilles ovales, pétiolées, oblongues, à fleurs pédonculées. Ces plantes habitent l'Amérique. L'espèce la plus connue est la *Dr. de Winter*, arbre de moyenne taille qui fournit à la médecine une écorce aromatique de saveur âcre, dite *écorce de Winter* ou *sans pareille*: cette écorce fut employée pour la première fois en 1577 par Winter, qui, par son moyen, guérit du scorbut tout un équipage. On la prescrit en général comme tonique, stimulante, stomachique et sudorifique.

DRIMYRRHIZEES (du grec *drimys*, âcre, et *rhiza*, racine), nom donné par Ventenat à la famille des Amomées, à laquelle il donnait pour type le genre *Drimyde*, placé aujourd'hui dans les Magnoliacées. *Voy.* AMOMÉES et ZINGIBÉRACÉES.

DRISSE, cordage qui sert à hisser une voile, une vergue, une flamme, un pavillon. Chaque drisse porte le nom de sa voile ou de sa vergue.

DROGMAN (de l'italien *dragomano*, corruption de l'arabe *terdjouman*, dont nous avons fait aussi *truchement*), nom qu'on donne, à Constantinople et dans tout le Levant, à certains fonctionnaires chargés de servir d'interprètes entre les Turcs et les étrangers, dans les procès, les audiences; les cérémonies publiques, et de traduire les pièces diplomatiques, les actes officiels. Le Grand-Seigneur et tous les ambassadeurs étrangers ont leurs drogmans particuliers. L'office de premier drogman de la Porte est un poste considérable. — Il y a cette différence entre un *drogman* et un *truchement* que ce dernier est un simple interprète sans caractère officiel. Les drogmans sont généralement tirés de l'*École dite de jeunes de langues*, annexée au lycée Louis-le-Grand.

DROGUE, nom donné, en général, à certaines matières premières employées en Médecine, en Teinture et en Économie domestique: ces matières sont ou des substances végétales (quinquina, salsepareille, épices, gomme, etc.), des produits animaux (musc, ambre gris, castoréum, etc.), des minéraux, ou bien des objets manufacturés, tels que les produits chimiques. M. Guibourt a écrit l'*Histoire naturelle des drogues simples*, 1832 et 1849.

Le commerce des drogues, ou *droguerie*, est fait en gros par les *droguistes*, et en détail par les pharmaciens, les épiciers, les marchands de couleurs et de vernis. Les principaux entrepôts de drogueries sont: en France, Marseille et Paris; et à l'étranger, Londres, Anvers, Livourne, Gênes, Hambourg, Trieste, Constantinople, Smyrne et Alexandrie.

On appelle encore *drogue* un jeu de cartes en usage parmi les soldats et les matelots, dans lequel le perdant se met sur le nez un morceau de bois fourchu qu'on appelle la *drogue*, et qu'il garde jusqu'à ce qu'il ait gagné à son tour.

DROGUET, espèce d'étoffe de laine dont la trame est ordinairement de fil et de coton. Les meilleurs droguets et les plus en vogue sont ceux de Chaumont (Haute-Marne) et de Langres. — On a fabriqué des étoffes d'or et d'argent figurées et des étoffes en fil seul qui portaient aussi le nom de *droguet*.

DROIT (du latin *directum*, *rectum*, droit, conforme à la règle). En Morale et en Jurisprudence, le *droit* est la faculté de faire un acte, de jouir d'une chose, d'en disposer, ou d'exiger quelque chose d'une autre personne: à l'idée de *droit* correspond celle de *devoir*, c.-à-d. l'obligation pour les autres de respecter le droit. — On donne également le nom de *droit* à l'ensemble des lois d'où les droits dérivent, ainsi qu'à la science qui s'y applique.

Les droits résultent soit de la nature des êtres sociaux et des rapports qui existent nécessairement entre eux, soit de lois écrites ou de conventions particulières: les premiers sont des *droits naturels*, les seconds *droits positifs*. Ceux-ci sont eux-mêmes ou des *droits civils*, nés des rapports que les membres d'une même société peuvent avoir entre eux comme personnes privées, ou des *droits politiques*, nés des rapports que les citoyens ont avec la puissance publique. En outre, les droits sont *parfaits* ou *imparfaits*: *parfaits*, quand on peut en exiger le respect par la contrainte; *imparfaits*, quand on ne le peut.

La science du Droit suit les mêmes divisions que les droits eux-mêmes. Ainsi, on y distingue le *Droit naturel* et le *Dr. positif*. Le premier traite soit des rapports des individus entre eux, et il constitue alors le *Droit naturel* proprement dit; soit des rapports des nations entre elles, et il prend le titre de *Droit des gens*, ou *Dr. international*. Le *Droit positif* comprend le *Dr. divin*, qui se fonde sur l'Écriture sainte et se confond avec les préceptes de la religion; et le *Dr. humain*, ou *Droit* proprement dit, qui se subdivise en une foule de branches. On y distingue, selon les objets, le *Droit public*, comprenant le *Dr. politique*, le *Dr. constitutionnel*, le *Dr. ad-*

ministratif; le *Droit privé,* comprenant le *Dr. civil,* le *Dr. criminel,* le *Dr. canonique,* le *Dr. commercial,* le *Dr. maritime,* le *Dr. militaire,* etc.; — selon la forme, le *Dr. écrit,* le *Dr. coutumier;* — selon le pays, le *Dr. romain,* le *Dr. français,* le *Dr. étranger;* — selon la différence des temps, le *Dr. ancien,* le *Dr. féodal* ou du moyen âge, le *Dr. moderne,* etc. *Voy.* ci-après les articles consacrés aux principales branches du Droit. Pour l'histoire générale du Droit, *Voy.* LÉGISLATION.

DROIT (ÉCOLES DE). Longtemps on n'apprit le Droit que par la lecture et la pratique. La plus ancienne école publique de Droit paraît être celle de Béryte en Phénicie, florissante au commencement du IIIe siècle avant J.-C. Sous Théodose le Jeune, en 425, une école fut établie à Constantinople; vers la même époque, il en fut fondé une à Rome : ces écoles furent réorganisées par Justinien ; elles disparurent avec l'invasion des Barbares. Vers le milieu du XIIe siècle , fut fondée la célèbre école de Bologne : on y enseigna le *Digeste,* nouvellement retrouvé. Dès l'an 1066, Montpellier avait une école de Droit; celle de Paris ne date que du siècle suivant : longtemps il ne fut permis d'y enseigner que le Droit canon. Philippe le Bel créa une école de Droit civil à Orléans en 1312. Réorganisé en 1679 , l'enseignement du Droit possédait 19 écoles en 1789 : elles furent supprimées en 1792 comme tous les établissements d'instruction publique. La loi du 25 octobre 1795 avait créé une chaire de législation dans chaque École centrale; mais les écoles de Droit ne furent réellement rétablies que par la loi du 22 ventôse an XII; elles ont été organisées par le décret du 17 mars 1808. On compte aujourd'hui en France 9 écoles de Droit : à Paris, Dijon, Grenoble, Aix, Toulouse, Poitiers, Rennes, Caen et Strasbourg. On enseigne dans toutes le *Code civil,* le *Droit romain,* le *Dr. criminel,* le *Dr. commercial,* le *Dr. administratif;* la Faculté de Paris possède en outre des chaires d'*Introduction générale à l'étude du Droit,* de *Législation criminelle et de Procédure civile et criminelle,* de *Législation pénale comparée,* de *Droit des gens,* de *Pandectes, d'Histoire du Droit.*

DROIT ADMINISTRATIF , branche de la science du Droit qui renferme l'ensemble des règles par lesquelles sont régis les rapports réciproques de l'administration et des administrés. C'est une partie du Droit public, *Voy.* ADMINISTRATION.

DROIT CANON OU CANONIQUE (du grec *canôn,* règle), science qui a pour objet les règles de la foi et de la discipline de l'Eglise; elle repose sur les Livres saints, sur les *Canons apostoliques,* les décisions des conciles, les constitutions des papes, les écrits des saints Pères. Plusieurs collections des documents qui servent de base au Droit canon ont paru en grec et en latin : telles sont celles de Gratien (1150) , de S. Raimond de Pennafort, connue sous le titre de *Décrétales* (1230) , de Boniface VIII, de Clément V, de Jean XXII (1317) , etc. Tous les éléments du *Droit canonique* ont été réunis dans le *Magnum bullarium* (*Romæ,* 1739-57 , 20 vol. in-fol.). — On distingue quelquefois du *Droit canonique* proprement dit le *Droit ecclésiastique,* qui se compose des règles de l'Eglise qui ne sont pas fondées principalement sur les canons. — Parmi les plus célèbres canonistes, on cite Covarruvias, Cabassut, Fagnan, le P. Thomassin, Van Espen , Fleury , Gibert , d'Héricourt , Durand de Maillane. On estime les *Institutes du Droit canonique* de J.-P. Lancelot, traduites du latin par Durand de Maillane (1770). Ce dernier a donné une *Histoire* et un *Dictionnaire du Droit canonique* (1776).

DROIT CIVIL. C'est l'ensemble des lois qui sont destinées à régler les matières civiles. Il comprend : 1° tout ce qui touche aux personnes, c.-à-d. à la jouissance des droits civils et à la privation de ces droits, aux actes de l'état civil, au domicile, au ma-

riage, à la séparation de corps, à la paternité, à la filiation, à la tutelle ; 2° tout ce qui touche aux biens : à la propriété, à l'usufruit, aux servitudes, aux successions, aux donations, testaments, contrats et obligations de toutes espèces, hypothèques, etc. Le *Droit civil* est propre au peuple pour lequel il est fait; il varie selon la nature du gouvernement.

Les Romains furent les vrais créateurs du Droit civil (*Voy.* DROIT ROMAIN). Dans les premiers temps, la France fut simultanément régie par le Droit romain et par les lois des Barbares qui avaient envahi la Gaule (loi salique, lois des Ripuaires, des Bourguignons, des Visigoths, des Normands). Les Capitulaires, sous la 1re et la 2e race, les ordonnances et édits des rois sous la 3e, vinrent se joindre à ces bases du Droit. En outre, la nation s'étant formée d'Etats originairement indépendants dont chacun avait ses lois, la législation variait sur beaucoup de points de province en province : chacune avait s.s *Coutumes* particulières (*Voy.* COUTUMES). L'Assemblée constituante entreprit de donner au pays une législation uniforme; mais cette grande œuvre ne put être exécutée que par Napoléon, qui attacha son nom au Code civil, à la rédaction duquel il avait présidé : le *Code Napoléon* parut par parties du 15 mars 1803 au 17 septembre 1804.

Longtemps avant la rédaction du Code Napoléon, de grands jurisconsultes, Domat (*Lois civiles dans leur ordre naturel*) , Pothier (*Traités des Obligations, des Ventes,* etc.), avaient posé les bases de la science. — Parmi les traités de *Droit civil* français qui ont paru depuis la publication des Codes, on estime ceux de Delvincourt, de Toullier, de M. Duranton , de M. Troplong. MM. Ducauroy , Bonnier et Roustain ont publié un *Commentaire théorique et pratique sur le Code civil.* — Au *Droit civil* et au *Code civil* se rattache le *Code de procédure civile,* sur lequel MM. Pigeau, Carré, Berriat-St-Prix, Boncenne, Boitard, Ed. Bonnier, ont donné les travaux les plus estimés. — *Voy.* DROIT FRANÇAIS.

DROIT COMMERCIAL, ensemble des lois qui règlent les intérêts réciproques des citoyens relativement aux opérations commerciales. Tyr, Rhodes, Athènes, dans l'antiquité ; Amalfi, Trani, Pise, Marseille, Oléron, Amsterdam et plusieurs autres villes de Hollande , au moyen âge, eurent des lois commerciales qui contribuèrent puissamment à leur prospérité. S. Louis, le chancelier de L'Hôpital (édits de 1560 et 1563) , Louis XIV (ordonnances de 1673 et 1681), avaient déjà donné au commerce d'utiles institutions : le Code de commerce, promulgué en 1808, les a coordonnées et complétées. On doit à M. Pardessus un *Cours de Droit commercial* qui fait autorité , et à M. Bravard un *Manuel* très-utile pour les études élémentaires.

DROIT CONSTITUTIONNEL. C'est celui qui, dans chaque État, règle l'exercice des pouvoirs de la souveraineté, en s'appuyant sur des titres écrits. Au moyen âge, ce droit se résumait dans les chartes, privilèges et concessions accordés par les rois et les seigneurs aux villes libres et aux communes ou municipalités. Aujourd'hui, il est fondé sur les diverses constitutions, octroyées par les souverains, ou librement votées par les Assemblées nationales. Les actes fondamentaux qui régissent le droit constitutionnel sont, pour la Grande-Bretagne, la *Grande charte* (1215), le *Bill des droits* (1688) , et le *Bill de réforme* (1832) ; pour les Etats-Unis , la *Constitution* votée par le Congrès en 1787; pour la France, les diverses constitutions qui se sont succédé depuis 1791 jusqu'à celle du 14 janvier 1852 (*Voy.* CONSTITUTION) ; pour l'Allemagne, le *Pacte fédéral* de 1815 ; pour la Suisse, le *Pacte fédéral* de 1815 ; pour la Suède, la *Constitution* de 1809; pour le Portugal , celle de 1826; pour la Belgique, celle de 1831 ; pour l'Espagne , la Constitution des cortès , de 1812 à 1821 , et l'*Estatuto real,* de 1833 à 1837, etc.

Le *Droit constitutionnel* ne devint que fort tard l'objet d'un enseignement public : en 1835, une chaire de Droit constitutionnel fut créée à l'École de Droit de Paris : Rossi l'occupa le premier. Cette chaire a été supprimée en 1852. Le cours qu'y professa Rossi a paru en 1835 et 1836. Déjà, précédemment, M. Ortolan avait publié un *Cours de Droit politique et constitutionnel*, 1832 et années suiv.

DROIT COUTUMIER, partie de la législation qui se rapporte aux *Coutumes* ou usages locaux passés en force de loi : il se composait de l'ensemble de toutes les règles suivies dans chaque localité. Au moyen âge, chaque pays avait son droit particulier ou *coutumier*. *Voy.* COUTUMES.

DROIT CRIMINEL, partie de la Jurisprudence qui définit les infractions contre la paix et la tranquillité du pays et des habitants, et qui prescrit les peines attachées à ces infractions. En France, le Droit criminel se compose du Code pénal, du Code d'instruction criminelle et des lois particulières sur la presse, les forêts, les douanes, sur l'armée, etc.

Dans les premiers temps, la législation pénale était en grande partie dans la loi du talion, consacrée par Moïse lui-même. Chez les Barbares, la peine du talion est le plus souvent remplacée par la *composition*, faculté de racheter à prix d'argent la vengeance de l'offensé. Charlemagne, dans les *Capitulaires*, S. Louis dans ses *Établissements*, tentèrent de réglementer le Droit criminel; mais la barbarie, la confusion et l'arbitraire y régnèrent encore plusieurs siècles. En 1539, une ordonnance due au chancelier Poyet ouvrit pour le Droit criminel une ère nouvelle, en le soumettant à des règles fixes; malheureusement elle y introduisit en même temps le système déplorable de la procédure secrète; Louis XIV fit d'utiles réformes en 1670; mais cette partie de la législation laissait encore beaucoup à désirer en France comme dans toute l'Europe : les vices en furent signalés avec force par Beccaria, Filangieri, Feuerbach et par les philosophes du dernier siècle. L'Assemblée constituante rédigea en 1791 un Code pénal, ainsi qu'une loi de procédure criminelle; ce travail fut complété par le Code pénal publié en l'an IV. En 1810, parut un nouveau *Code pénal*, qu'avait précédé dès 1808 un Code d'instruction criminelle : ce Code aggrava en plusieurs points les peines prononcées par les lois précédentes; les prescriptions les plus rigoureuses ont été adoucies par diverses mesures successives, surtout en 1832, époque où le Droit pénal fut révisé tout entier. — Les principaux ouvrages classiques sur le Droit criminel sont ceux de MM. Carnot, Berriat St-Prix, Legraverend, Rauter, Ortolan, Chauveau, Faustin Hélie, etc. On doit à M. Chabrol-Chaméane un *Dictionnaire général des lois pénales*, 1842-43, et à M. Ach. Morin un *Répertoire général du Droit criminel*, 1851.

DROIT DIPLOMATIQUE. C'est l'ensemble de tous les rapports qui peuvent s'établir entre les diverses nations par suite de contrats formels; il repose sur les stipulations faites de peuple à peuple, soit pour garantir les intérêts généraux, soit même pour garantir les intérêts particuliers. *Voy.* DIPLOMATIE et DROIT DES GENS.

DROIT DIVIN, droit qui dérive de la volonté formelle de Dieu. Il repose sur les lois divines consignées dans les Livres saints. Ce droit a donné lieu à de vives contestations quand on a voulu l'étendre au delà de la sphère de la religion proprement dite, et le faire intervenir, par exemple, dans la politique, en donnant la parole divine pour fondement aux droits de certains prétendants. *V.* THÉOCRATIE et LÉGITIMITÉ.

DROIT ÉCRIT. Cette dénomination, corrélative de *Droit coutumier* ou *non écrit*, est consacrée pour désigner le droit romain, parce que ce droit était établi sur des textes, tandis que le *Droit coutumier* reposait sur de simples usages, et n'était pas écrit

ou ne le fut que très-tard. La France se divisait jadis en *pays de droit écrit* et *pays de droit coutumier*.

DROIT FÉODAL, branche de la jurisprudence du moyen âge, dont l'objet était de régler les relations des seigneurs entre eux ou avec leurs vassaux. Ce droit repose tout entier sur la connaissance du système féodal, modifié selon les localités par les *Coutumes* ou les chartes spéciales. Les ouvrages classiques sur cette matière sont le *Traité des fiefs*, de Dumoulin; le *Traité des matières féodales*, de Guyot; la *Théorie des matières féodales*, de Fr. Hervé.

DROIT FRANÇAIS. On peut nommer ainsi l'ensemble des lois et des constitutions diverses qui ont régi la France : il embrasse toutes les branches du droit et toutes les époques. On étudiera l'ancien droit français dans les *Coutumiers* et les *Recueils des lois françaises*, édits, ordonnances, etc. (le plus complet est dû à M. Isambert, 29 vol. in-8, 1822-33); et le nouveau droit, dans le texte des *Codes* et dans les commentaires qui en ont été donnés, dans le *Bulletin des Lois*, et dans les divers recueils d'actes législatifs ou judiciaires, notamment le *Répertoire universel de Jurisprudence* de Merlin, 1827 et années suivantes : M. Galisset a donné un *Corps de Droit français* (1827-46). En outre, on consultera utilement, pour l'ancien droit, le *Dictionnaire de Droit et de Pratique* de Ferrière, 1771 et 1787; pour le droit nouveau, le *Dictionnaire général de législation* de M. Dalloz, 1835-41, ainsi que les dictionnaires abrégés de MM. Bousquet, Chabrol-Chaméane, Crivelli, Teulet. On doit à M. La Ferrière une *Histoire du Droit français*, Paris, 1839-1854.

DROIT DES GENS, en latin *Jus gentium*, dit aussi *Droit international*, ensemble des lois qui régissent les nations dans leurs rapports entre elles. Ce n'est qu'une application du *droit naturel* : car les nations peuvent être considérées les unes vis-à-vis des autres comme des personnes morales ayant des droits analogues à ceux des individus eux-mêmes. Ces droits sont absolus ou conditionnels : *absolus*, lorsque les nations les tiennent uniquement de la nature et de leur propre existence; *conditionnels*, quand ils résultent de conventions faites; ils constituent alors le *droit diplomatique*. Lors même qu'il n'a pas été l'objet de conventions spéciales, le droit des gens est observé, en guerre comme en paix, chez toutes les nations civilisées. — La science du *Droit des gens* a été constituée par les travaux de Grotius (*De jure belli et pacis*, *Mare liberum*), de Pufendorf (*De jure naturæ et gentium*), après lesquels on cite avec éloge ceux de Vattel, Martens, Kluber, Rayneval, etc.

DROIT INTERNATIONAL. Bentham a proposé de nommer ainsi la science à laquelle on donnait précédemment le nom équivoque de *Droit des gens*; cette dénomination a été adoptée par plusieurs publicistes.

DROIT MARITIME, collection de lois, règlements et usages suivis pour la navigation, le commerce sur mer et la relation des puissances maritimes en paix ou en guerre. Ce droit rentre dans le *Droit des gens*, s'il s'agit des rapports des nations qui se rencontrent sur l'Océan, et dans le *Droit commercial*, s'il s'agit des règlements qui concernent le commerce maritime. — On doit à M. Pardessus une précieuse *Collection des lois maritimes*, 1828-39, 5 vol. in-4, et au capitaine Ortolan la *Diplomatie de la Mer*, 1846.

DROIT MILITAIRE, ensemble des règles qui établissent les devoirs de l'homme de guerre et punissent toute infraction à ces devoirs. La nécessité de maintenir la discipline dans l'armée a forcé, de tout temps, à rendre très-sévère la législation militaire. — La première ordonnance relative aux délits militaires en France date de 1550; elle fut rédigée par Coligny. Les lois qui constituent aujourd'hui notre droit militaire sont celles des 13 brumaire et 4 fructidor an V, et du 18 vendémiaire an VI. M. Broutta a donné un *Cours de droit militaire* (1837);

M. J.-B. Perrier, le *Guide des juges militaires* (1830); M. L.-J.-G. de Chénier, le *Manuel des Conseils de guerre*, 1831, et le *Guide des Tribunaux militaires*, 1838. M. H. Berriat (de 1812 à 1817) et M. Durat-Lasalle (depuis 1842) ont publié le recueil des lois et décrets en vigueur sur cette matière.

DROIT NATUREL. Ce mot exprime et les droits imprescriptibles que l'homme tient de sa nature même, comme le droit à l'existence, à la liberté, à la conservation de sa propriété; et la science qui traite de ces droits ainsi que des devoirs qui en dérivent. Les *droits naturels* sont invariables, indépendants des temps et des lieux, antérieurs à toute convention sociale; par suite, la science du *droit naturel* est indépendante du droit positif, antérieure à toute rédaction des Codes; elle sert de base à toutes les branches du droit écrit. Cependant quelques philosophes et quelques jurisconsultes, les Sophistes chez les Grecs, Hobbes, Bentham chez les modernes, ont contesté l'existence de droits absolus dérivés de la nature, et ont prétendu que l'homme n'a de droits que ceux qu'il tient de la loi; ils ont, par conséquent, rejeté comme chimérique la science du *droit naturel*. Un pareil paradoxe ne peut s'expliquer que par un malentendu sur le sens des mots ou par le désir excessif de prévenir les contestations auxquelles pourrait donner lieu l'allégation de droits qui n'auraient pas été définis par la loi. — Le *Droit naturel* a été, comme le *Droit des gens*, constitué par les écrits de Grotius, de Pufendorf, et développé par les travaux de Barbeyrac, de Burlamaqui, de Cumberland. M. Jouffroy a laissé un *Cours de Droit naturel*, qui malheureusement n'a pas été achevé.

DROIT PÉNAL. *Voy.* DROIT CRIMINEL.

DROIT POLITIQUE, partie de la jurisprudence qui règle les conditions de toute association d'hommes réunis en peuple, et qui fait connaître les principes qui ont présidé à la constitution de chaque nation, ainsi que les droits et les devoirs qui en dérivent. Ce droit est, aujourd'hui, généralement confondu avec le *droit constitutionnel* (*Voy.* ce mot et l'article POLITIQUE), quoique ce dernier n'en soit qu'une branche.

DROIT PUBLIC. On nomme ainsi, par opposition à *Droit privé*, la partie de la science du droit qui traite des rapports entre les citoyens et les autorités d'un même pays, entre les gouvernés et les gouvernants, ou même des rapports entre un État et un autre État. Quand on lui donne toute cette extension, on le divise en *Dr. public interne* et *Dr. public externe*, qui se confond avec le *Dr. international*. — Le *Dr. public interne*, ou *Dr. public* proprement dit, se subdivise lui-même en *Dr. politique* ou *constitutionnel* et *Dr. administratif* (*Voy.* ces mots). On appelle *publicistes* ceux qui s'occupent spécialement des matières de Droit public. On estime, sur ce sujet, les *Maximes de droit public* de Mey, revues par Maultrot (1775).

DROIT ROMAIN. On peut désigner sous ce nom soit l'ensemble de toutes les lois qui ont régi le peuple romain aux diverses époques de son histoire, soit cette partie de la législation romaine qui, depuis Justinien, a fait l'objet d'un enseignement spécial. Dans le 1er sens, le droit romain comprendrait les lois attribuées à Numa et formant le *Code papirien*, les lois des *Douze-Tables*, rédigées par les décemvirs, les *Édits des préteurs*, l'*Édit perpétuel* d'Adrien, les *Codes* d'Hermogène et de Grégorien, le *Code théodosien*, aussi bien que les travaux faits postérieurement par ordre de Justinien et par Basile Ier (*Basiliques*). Dans le 2e sens, il s'applique spécialement à l'ensemble des travaux législatifs dus à Justinien, savoir : le *Code*, recueil des édits et des constitutions des empereurs, rédigé de 528 à 534 par Tribonien, questeur du palais; le *Digeste*, recueil des décisions des jurisconsultes antérieurs, publié en 533;

les *Novelles*, constitutions publiées postérieurement (de 536 à 559); les *Institutes*, traité élémentaire destiné à l'enseignement. Tous ces ouvrages nous sont parvenus; on les réunit ordinairement sous le titre commun de *Corpus juris romani*. On y joint aujourd'hui les *Institutes* de Gaïus, retrouvés en 1816, et des fragments de plusieurs autres auteurs.

Le Droit romain, œuvre des plus grands jurisconsultes, notamment de Papinien, d'Ulpien, jouit depuis des siècles d'une juste réputation : il est le premier monument de la science du droit; il sert de base à la plupart des législations modernes, et a eu cours en France jusqu'en 1789, et même jusqu'à la promulgation du Code Napoléon. Ce droit fut, dès le temps de Justinien, l'objet d'un enseignement public; négligé en Occident après l'invasion des Barbares, il fut remis en honneur au xIIe siècle, après que le *Corpus juris* eut été retrouvé ou plutôt remis en lumière : Irnerius, Accurse, Barthole, sont ceux qui contribuèrent le plus à cette restauration. Transportée en France, l'étude du *droit romain* y devint bientôt florissante : Cujas l'enseigna avec le plus grand éclat. On professe encore aujourd'hui le droit romain dans toutes les écoles de droit; cette étude a pris surtout un grand développement en Allemagne.

Outre Barthole et Cujas, on cite parmi les interprètes les plus estimés du droit romain Heineccius, J. Godefroy, Pothier, Doneau (Donellus). Les livres classiques les plus suivis sont ceux de M. Ducaurroy (*Institutes expliqués*, 1822), de M. Ortolan (*Explication historique des Institutes de Justinien*, 1839), souvent réimprimés.

L'histoire du droit romain a été l'objet de travaux importants, parmi lesquels on remarque, en Allemagne, ceux de Hugo et de Savigny; en France, ceux de MM. Berriat S.-Prix, Ch. Giraud et La Ferrière.

DROIT, en Géométrie, s'oppose à *courbe*, et exprime ce qui suit toujours la même direction, n'inclinant d'aucun côté : la *ligne droite* est celle dont toutes les parties infiniment petites ont une seule et même direction : elle est le plus court chemin d'un point à un autre; l'*angle droit* est celui qui est formé par une ligne perpendiculaire sur une autre, et qui n'incline d'aucun côté; le *cône droit* est le solide formé par la révolution d'un triangle rectangle autour d'un de ses côtés; le *sinus droit* est la moitié d'un arc double de celui qui mesure un angle; on l'oppose au *sinus verse*; la *sphère droite* est celle où l'équateur coupe l'horizon à angles droits.

DROIT, se dit substantivement en Anatomie de certains muscles, par opposition à ceux qui sont obliques : tels sont le *Dr. abdominal*, situé à la partie externe de l'abdomen, et séparé de celui du côté opposé par la ligne blanche; il fléchit l'un sur l'autre le bassin et la poitrine; le *Dr. antérieur de la cuisse*, qui s'étend de l'épine iliaque antérieure inférieure et de la cavité cotyloïde à la rotule, et fléchit la cuisse sur le bassin, ou étend la jambe sur la cuisse; le *Dr. interne de la cuisse*, qui va de la branche descendante du pubis à la partie supérieure, interne et antérieure du tibia : il agit comme fléchisseur de la jambe et adducteur de la cuisse; le *Dr. interne de l'œil*, qui va de la petite aile du sphénoïde à la partie interne du pourtour de la sclérotique; le *Dr. externe de l'œil*, de la petite aile du sphénoïde à la partie externe du pourtour de la sclérotique; le *Dr. inférieur de l'œil*, de la petite aile du sphénoïde au pourtour inférieur de la sclérotique; le *Dr. supérieur de l'œil*, de la partie supérieure et externe de la gaîne du nerf optique à la partie supérieure du pourtour de la sclérotique; c'est le plus petit des quatre muscles droits de l'œil; le *Dr. antérieur, postérieur, latéral, de la tête*, dont les noms indiquent assez la position.

DROITS. En Finances, on nomme ainsi certaines taxes imposées sur diverses espèces de marchandises, et perçues soit à l'entrée ou à la sortie des frontières (*douanes*), ou des villes (*octrois*), soit au moment de la consommation (tabac, sel), soit enfin au moment où s'accomplissent certains actes (enregistrement, mutations, successions, etc.). Ces droits sont ordinairement désignés par le nom même de la matière imposée (*Voy.* ce nom). L'administration chargée de les percevoir, nommée jadis *Aides et Gabelles*, puis, sous l'Empire, *Droits réunis*, est aujourd'hui l'administration des *Contributions indirectes*.

On nomma *Droits réunis*, sous le Consulat et l'Empire, divers *droits indirects* imposés sur les vins, les cidres, la bière, les cartes, le tabac, les liqueurs spiritueuses, la poudre de chasse et le sel; droits que la Révolution avait imprudemment supprimés, et qui, lors de son rétablissement, furent *réunis* sous une même administration. Le gouvernement de la Restauration avait annoncé en 1814 la suppression des droits réunis; mais il reconnut aussitôt la nécessité de les maintenir, et il changea seulement le nom : les *Droits réunis* devinrent les *Contributions indirectes*.

DROITS CIVILS, droits dont la loi civile garantit la jouissance : tels sont ceux d'aller et de venir, de posséder, de disposer de ses biens, de succéder, d'établir domicile, de constituer une famille civile par le mariage, d'être tuteur, curateur, etc. Le Code civil détermine ces droits et les conditions requises pour en jouir (art. 7-33). Tout Français jouit des droits civils; l'exercice en est indépendant de la qualité de citoyen. L'étranger qui a établi son domicile en France y jouit des droits civils concédés par les traités aux Français domiciliés dans son pays. On perd en tout ou en partie les droits civils en perdant la qualité de Français (Code civil, art. 17-21), ou quand on a subi certaines condamnations (Code pénal, art. 28, 42, 43).

DROITS CIVIQUES, droits que la loi politique du pays peut seule concéder, régler et autoriser. Les principaux sont : les droits de cité et de bourgeoisie; le droit de voter, soit dans les élections générales, soit dans les élections municipales; le droit de prononcer sur les affaires criminelles comme juré; de faire partie de l'armée active et de la garde nationale, d'arriver aux charges publiques, etc. La perte de la qualité de Français ou l'effet d'un jugement peuvent priver de l'exercice des droits civiques. *Voy.* ci-dessus DROITS CIVILS et l'article DÉGRADATION.

DROITS DE L'HOMME. Ce sont les droits naturels ou ceux qui en dérivent et que l'homme ne peut abdiquer en entrant en société. — On connaît sous le nom de *Déclaration des droits de l'homme et du citoyen*, une célèbre déclaration que l'Assemblée constituante rédigea en 1789, à l'imitation de celle qu'avaient proclamée en 1776 les États-Unis d'Amérique, et qui fut mise en tête de la Constitution de 1791 : cette déclaration forme 17 articles. — Depuis, la Convention, le Directoire et le Gouvernement de 1848 ont placé en tête de leurs Constitutions des déclarations analogues.

DROITS ROYAUX OU RÉGALIENS. Sous l'ancien régime, on appelait ainsi les droits attachés à la souveraineté, comme de faire les lois, de rendre la justice, de faire la paix ou la guerre, de battre monnaie, d'établir des impôts, de donner des lettres de grâce, d'anoblir, etc. *Voy.* RÉGALE.

DROMADAIRE (du grec *dromas*, fait pour la course), *Camelus Dromedarius*, espèce du genre Chameau. Il diffère du Chameau proprement dit par son museau moins renflé, le sommet de sa tête moins élevé, son cou plus court, et surtout parce qu'il porte une seule bosse. Son poil est doux, laineux, d'un gris presque blanc ou roussâtre. Le dromadaire est très-commun dans l'Arabie, l'Égypte, la Barbarie, le Sénégal, l'Asie et la Grèce. *Voy.* CHAMEAU.

DROME (du grec *dromas*, coureur), *Dromas*, genre d'oiseaux de l'ordre des Échassiers, famille des Cultrirostres, est formé d'une seule espèce, le *Dr. ardéole* (*D. ardeola*), qui habite le littoral de la Mer Rouge, de Madagascar et du Bengale. C'est un oiseau semblable au Héron, à tête blanche, à manteau noir, à queue grise, et ayant le bec et les pieds noirs et le reste du corps blanc. Il se nourrit de poisson.

DROMIE (du grec *dromeus*, coureur), *Dromia*, genre de Crustacés décapodes, type de la tribu des Dromiens : pieds, au nombre de 14, propres à la course et à la préhension, dont les 4 derniers sont insérés sur les côtés du dos et terminés par un double crochet; test ovoïde, court et presque globuleux, bombé, laineux ou très-velu. La *Dr. commune* se trouve dans l'Océan et la Méditerranée. On la rencontre ordinairement recouverte d'une valve de coquilles qu'elle tient avec ses pieds de derrière et dont elle semble se servir comme de bouclier.

DRONGO (nom indigène), *Edolius*, genre de Passereaux dentirostres, tribu des Gobe-mouches, vivant en grande partie dans l'Inde. Ces oiseaux, dont les teintes sont noires et la queue fourchue, ont le bec denté, les narines cachées par de longues soies, et les tarses très-robustes, mais courts. Leur nourriture se compose principalement d'insectes, et plusieurs ont un ramage semblable à celui du rossignol. Les espèces nommées *Drongear* (*E. musicus*) et le *Drongo à moustaches* (*E. mystaceus*) ont un chant analogue à celui du merle, mais aigre et discordant.

DRONTE, *Didus*, oiseau très-commun jusqu'au xviie siècle dans les îles de France et de Bourbon, et dont la race paraît être aujourd'hui détruite. Cet oiseau, appelé aussi *Dodo* et *Cygne à capuchon*, est gros comme une oie, massif, impropre au vol, et porte sur la tête une sorte de capuchon : on ne sait au juste à quel genre le rapporter. Cuvier en a fait un Gallinacé, d'autres une Autruche, M. de Blainville un Vautour, etc.

DROSCHKI, cabriolet de place en Russie : c'est une espèce de banc en forme de bât d'âne, monté sur quatre petites roues et garni d'un dossier. On le conduit à grandes guides.

DROSÉRACÉES, famille de plantes dicotylédonées polypétales, ayant pour type la Drosère, renferme des herbes annuelles ou vivaces, à feuilles pétiolées, alternes, souvent garnies de poils glanduleux, roulées en crosse dans leur jeune âge comme les fougères. Leurs fleurs sont petites, blanches, roses ou pourpres, ordinairement en grappes. L'élégance de leur port et de leurs formes les fait rechercher dans les jardins.

DROSÈRE (du grec *droséros*, couvert de rosée), *Drosera*, *Ros solis*, genre type des Droséracées, renferme de petites herbes élégantes, humides ou spongieuses, et croissant dans les marais. Elles ont des fleurs blanches en épis et des feuilles alternes, quelquefois radicales et couvertes de poils glanduleux. Ces poils ont la même propriété que ceux qui couvrent les feuilles de la Dionée. On trouve en France la *Dr. à feuilles rondes* (*Dr. rotundifolia*), la *Dr. à longues feuilles* (*Dr. longifolia*) et la *Dr. anglaise* (*Dr. anglica*).

DROSOPHILE (du grec *drosos*, liqueur, et *philéo*, aimer), *Drosophila*, genre de Diptères de la famille des Athéricères, tribu des Muscides, se compose d'insectes au thorax élevé et dont le corps est d'une couleur testacée. Ils recherchent les liquides et les substances fermentés. Leurs larves sont blanches, et ont la bouche armée de deux mandibules cornées. La *Dr. des celliers* ou *des caves* (*Dr. cellaris*) et la *Dr. des fenêtres* (*Dr. fenestrarum*) sont très-communes en France.

DROSSE, cordage tourné sur le cylindre de la roue du gouvernail pour le faire mouvoir et pour le maintenir dans la direction voulue. — On donnait autrefois ce nom aux cordages qui servent à borner le recul des canons.

DROSSER, en termes de Marine, se dit d'un bâtiment qui, sous voile et à la mer, cède à un mouvement immaîtrisable du vent, des vagues et des courants, qui pousse sa masse dans une direction autre que celle indiquée par son allure. *Voy.* DÉRIVE.

DROUSSETTE, grande carde à grosses dents qui, dans la fabrication du drap, commence à préparer le cardage, en brisant la laine et lui donnant la première façon.

DRUIDES, ministres de la religion chez les Gaulois. *Voy.* le *Dict. univ. d'Hist. et de Géogr.*

DRUPACÉES, tribu de la famille des Rosacées, renferme les genres qui portent des *drupes* tels que l'Abricotier, l'Amandier, le Cerisier, le Prunier.

DRUPE (du grec *druppa*, olive mûre), fruit simple, charnu ou pulpeux, presque toujours succulent, et renfermant un seul noyau. Il est pulpeux dans le Prunier, charnu dans l'Abricotier, sec, cassant et coriace dans l'Amandier et le Noyer.

DRUSE (de l'allemand *druse*, glande), incrustation formée à la surface ou dans la cavité intérieure d'un minéral, par des cristaux d'une autre nature, comme ceux qui tapissent l'intérieur des géodes.

DRYADE (du grec *Dryas*, Dryade), genre type de la tribu des Dryadées, renferme des sous-arbrisseaux à feuilles simples, ovées; à fleurs blanches, assez grandes, qui croissent sur les montagnes septentrionales de l'Europe, de l'Asie et de l'Amérique. Plusieurs espèces sont cultivées dans les jardins.

DRYADÉES (de *Dryade*, nom du genre type), tribu de la famille des Rosacées, est caractérisée par son fruit formé de la réunion de plusieurs akènes sur un réceptacle saillant au centre de la fleur. Cette tribu renferme les genres *Dryade, Aigremoine, Alchemille, Fraisier, Potentille* et *Sanguisorbe.*

DRYMOPHILE (du grec *drymos*, forêt, et *philos*, ami), *Drymophilus*, genre de Passereaux dentirostres, voisins des Gobe-mouches, renferme plusieurs espèces qu'on trouve en Afrique, en Asie et en Amérique. Le *Dr. voilé* (*Dr. velatus*), type du genre, se distingue par une bande noire qui recouvre son front, sa gorge et ses joues. Son corps est d'un bleu d'ardoise, et d'un roux cannelle sur le devant du cou et de la poitrine. Cet oiseau habite les îles de la Sonde.

DRYMYRRHIZEES. *Voy.* DRIMYRRHIZÉES.

DUALISME (du latin *dualis*, de deux), se dit de tout système philosophique ou cosmogonique qui admet deux principes, comme la matière et l'esprit, le corps et l'âme, Dieu et le monde, le principe du bien et le principe du mal, soit qu'il accorde à chacun de ces principes l'égalité et la coéternité, soit qu'il les suppose en lutte perpétuelle l'un avec l'autre. *Voy.* SPIRITUALISME, PANTHÉISME, MANICHÉISME.

DUALISTIQUE (THÉORIE). *Voy.* ÉLECTRO-CHIMIE.

DUC (du latin *dux*, général), titre nobiliaire qui se place entre celui de prince et celui de comte (*Voy.* le *Dict. univ. d'Hist. et de Géogr.*). Le fils aîné d'un duc prend le titre de marquis. — La couronne ducale est un cercle d'or surmonté de fleurons.

DUC, *Bubo*, sous-genre de Chouettes, de l'ordre des Rapaces, et de la famille des Nocturnes. Ces oiseaux ont autour des yeux un disque de plumes incomplet, susceptible de se redresser; les ouvertures auriculaires sont grandes, le bec est courbé dès sa base. On en connaît trois espèces, que l'on trouve en Europe, en Asie et en Amérique : le *Grand-duc* (*Strix bubo*), dont le corps est plus grand que celui de la Buse; le *Moyen-duc*, ou Hibou commun (*Strix otus*), et le *Petit-duc* (*Strix scops*). Le Grand-duc est fauve et tacheté de raies brunes. Il vit solitaire ou par paires dans les forêts de l'Europe et de l'Afrique. On le trouve en France, principalement dans les montagnes de Chaume, près Saint-Béat (Haute-Garonne). Il se nourrit de mulots, de souris, d'oiseaux et de reptiles.

DUCAT (d'un *duc* ou exarque de Ravenne au VIᵉ siècle, nommé Longin, qui fit frapper les premières pièces de ce nom), monnaie réelle et de compte,

originaire d'Italie, et dont les diverses espèces, très-multipliées, sont depuis longtemps en circulation dans une grande partie de l'Europe, surtout aujourd'hui en Allemagne. Le *ducat réel* est généralement en or; sa valeur varie selon les pays de 9 à 12 fr. Le ducat de Prusse vaut 11 fr. 77 c.; celui de Saxe, d'Autriche, de Hanovre, de Francfort et de Hambourg, 11 fr. 86 c.; celui de Hollande, 11 fr. 95 c.; celui de Lubeck, 12 fr.; celui de Pologne de Hongrie, 11 fr. 90 c.; celui de Danemark, 9 fr. 47 c.; celui de Suède, 11 fr. 70 c., etc. — Sous Charles VI, on donnait en France le nom de *ducat aux fleurs de lis* à une espèce de florin qui valait 20 sols de l'époque, et de notre monnaie, 12 fr. 50 c.

Il y a aussi des ducats d'argent. Le ducat d'argent du duché de Parme vaut 5 fr. 18 c.; celui de Naples, 4 fr. 26 c.; celui de Palerme, 3 fr. 25 c.; celui de Venise, 3 fr. 23 c.; celui de Dalmatie, 3 fr. 85 c. Le ducat d'argent prend quelquefois le nom de *ducaton* : le ducaton de Venise vaut 5 fr. 91 c.

En Russie, on a frappé des ducats de platine.

En Espagne, il y avait autrefois des ducats qui n'étaient que des monnaies de compte : on y distinguait le ducat d'argent (*de plata*), valant 4 fr. 20 c., et le ducat de cuivre (*de vellon*), valant 2 fr. 40 c.

DUCATON. *Voy.* DUCAT.

DUCHÉ. *Voy.* DUC.

DUCROIRE (corruption de *avoir du croire*, avoir confiance), nom donné, en termes de Commerce, à une prime accordée au commissionnaire qui répond des débiteurs auxquels il vend la marchandise qui lui est confiée en commission. Le *ducroire* ne modifie les obligations du commissionnaire que sous le rapport du placement garanti des marchandises. — Ce mot se dit aussi du commissionnaire et du commettant lui-même. On est dit *ducroire*, quand on confie une marchandise, ou quand on se charge de la vendre, moyennant garantie.

DUCTILITÉ (du latin *ducere*, conduire), propriété qu'ont certains corps de pouvoir être réduits en fils plus ou moins minces, de s'aplatir sous le marteau, et de s'étendre lorsqu'on les soumet au laminoir. L'or est le plus ductile de tous les métaux ; les autres métaux malléables sont aussi ductiles; mais les plus malléables ne sont pas toujours les plus ductiles : ainsi, le plomb est extrêmement malléable, mais il s'en faut de beaucoup qu'il soit aussi ductile que le fer et le platine. Voici l'ordre de la ductilité absolue des principaux métaux : or, platine, argent, fer, étain, cuivre, plomb, zinc, nickel.

DUDAÏM (mot hébreu), espèce du genre Concombre, appelée aussi *Concombre chaté*, à cause de ses fruits hérissés de poils blancs : feuilles inférieures arrondies et supérieures, anguleuses et dentées ; fleurs jaunes; fruits fusiformes, verts et jaunes, à chair très-odorante, mais insipide. On a cru reconnaître dans le *D. cultivé* le fameux *Dudaïm* des Hébreux, végétal que la Bible cite comme favorisant la conception ; d'autres prétendent que c'est la mandragore, la violette, la truffe, le salep.

DUÈGNE (de l'espag. *dueña*, abrégé de *domina*), mot qui désigne une gouvernante à qui est confiée la surveillance des femmes du logis, ou une femme de charge qui a soin de la dépense et du gouvernement intérieur d'une maison. Dans les grandes familles d'Espagne, la duègne, placée près d'une jeune épouse ou d'une jeune femme, exerce sur elle l'autorité d'une mère, réglant ses devoirs, dirigeant ses actions, en les mesurant aux règles de la bienséance et de l'honnêteté. A la cour, il y a des *duègnes d'honneur* ou dames du palais chargées d'accompagner la reine, et formant sa société obligée. En France, le mot *duègne* se prend en mauvaise part.

DUEL (en latin *duellum*, combat à deux). Les Moralistes ont justement condamné le duel : il viole la première loi des sociétés civilisées, qui est de ne pas se faire justice à soi-même ; il implique à la fois le suicide et l'homicide, et porte la désolation dans les familles ; il fait dépendre l'*honneur* et le bon droit du hasard d'un coup d'épée, favorisant surtout les duellistes de profession ; enfin, il naît le plus souvent des causes les plus frivoles. On connaît les belles pages de J.-J. Rousseau à ce sujet dans la *Nouvelle Héloïse*. Cependant cet usage barbare s'est toujours soutenu, parce qu'il est des offenses que la loi est impuissante à venger.

Le duel, tel que nous le connaissons, paraît avoir été inconnu aux anciens : leurs combats singuliers, comme celui de David et de Goliath, d'Achille et d'Hector, de Turnus et d'Énée, des Horaces et des Curiaces, de Manlius et du géant gaulois, avaient pour but de décider la victoire entre deux peuples ou de soutenir l'honneur d'une nation, et non de vider une querelle entre particuliers. Les Francs et es barbares du Nord introduisirent cet usage dans l'univers, et le destinèrent à venger l'honneur outragé et les querelles privées. La loi bourguignonne ou loi Gombette l'ordonnait comme épreuve juridique : l'accusateur et l'accusé combattaient ensemble, après avoir juré sur le crucifix que leur droit était bon ; le vaincu était pendu ou décapité ; la bonne cause était du côté du vainqueur. Lorsque les parties étaient des moines, des femmes, etc., ils désignaient des *champions*. — Interdits par S. Louis, qui y substitua la preuve par témoins, et anathématisés par les papes, les *duels judiciaires* ou *jugements de Dieu* ne se maintinrent pas moins pendant longtemps en France : ils ne disparurent qu'au XVIᵉ siècle, sous Henri II. Mais le duel d'honneur s'est perpétué jusqu'à nous. Il a lieu à l'épée, au sabre, au pistolet, le plus souvent devant des témoins, et d'après des règles qui font partie du code de l'honneur. Portée au plus haut degré sous les derniers Valois, surtout à la cour, la fureur du duel fut réprimée, mais sans succès, par des édits sévères de Henri IV, de Louis XIII : sous ce dernier, un Montmorency (Boutteville) fut mis à mort pour avoir enfreint la défense du roi (1627). Louis XIV, par une ordonnance de 1679, condamna à mort ceux qui se seraient rendus sur le terrain, quelle que fût l'issue du duel, et institua, sous le titre de *tribunal du point d'honneur*, une cour composée des maréchaux de France, et chargée de juger les questions d'honneur. Le Code pénal ne traite pas expressément du duel ; mais, dans la pensée du législateur, le chapitre des crimes et délits contre les personnes (ch. I du titre II du livre III) devait y être appliqué ; d'après la jurisprudence récemment établie à la cour de cassation par M. Dupin, et conforme aux vues du législateur, l'auteur d'un homicide commis, de blessures faites ou de coups portés en *duel*, doit être poursuivi comme prévenu des crimes ou délits punis par les art. 302, 309, 310 et 311 de ce Code. — Les témoins d'un duel doivent être poursuivis comme complices de l'auteur principal. — Lorsqu'un meurtre a été commis en duel, la famille de celui qui succombe peut exercer une action en dommages et intérêts. La jurisprudence est moins sévère quand il s'agit de duel entre militaires.

Savaron, Basnage, J.-J. Rousseau, et de nos jours MM. A. Nougarède, Cauchy (1851), etc., ont écrit *sur le Duel* ; M. Fougeroux a donné l'*Hist. des Duels* (1835).

DUEL, en Grammaire. Outre le singulier et le pluriel, certaines langues ont dans leurs déclinaisons et leurs conjugaisons un troisième nombre qui sert à désigner deux personnes, deux choses : telles sont les langues grecque, sanscrite, hébraïque, lapponne, polonaise, etc. En hébreu, le duel existe dans les substantifs et les verbes, et s'emploie presque toujours pour les choses qui sont naturellement doubles, comme les pieds, les mains, les oreilles, etc.

DUGONG, *Halicore*, genre de l'ordre des Cétacés

et de la famille des Herbivores de Cuvier, est caractérisé par une queue échancrée en forme de croissant, des nageoires pectorales sans ongles, des dents à couronne plate, et deux incisives d'un décimètre et demi de longueur qui descendent de la mâchoire supérieure en forme de défenses. On n'en connaît qu'une espèce, le *D. des Indes* (*H. indicus*), de 3 à 4 mètres de long, et qui a le museau terminé par une sorte de groin couvert par de petites épines cornées. Les Malais mangent sa chair.

DUIT (du latin *ductus*), chaussée faite de pieux et de cailloux, sur le bord d'une rivière, quelquefois en travers du cours de l'eau. On en construit surtout dans les lieux où les flots se jettent à l'époque de la marée.

DUITE, nom donné par les Tisserands au fil que la navette *conduit* depuis une lisière jusqu'à l'autre, dans le tissage d'une étoffe. — Les Rubaniers appellent ainsi la portion de la chaîne qui lève ou baisse à chaque mouvement de marche.

DULCIFICATION et **ÉDULCORATION** (du latin *dulcis*, doux), action de rendre doux des corps naturellement âcres et amers. On dulcifie un certain nombre de liquides âcres ou les mêlant avec d'autres moins caustiques, ou en faisant dissoudre dans ces liquides du sucre, du miel, des sirops ; on dulcifie les acides minéraux au moyen de l'alcool.

DULIE (du grec *doulos*, serviteur), sorte de culte et d'hommage religieux que les Catholiques rendent aux anges et aux saints. *Voy.* CULTE.

DUMICOLES (du latin *dumus*, buisson, et *colere*, habiter), groupe de Lépidoptères diurnes, du genre Satyre, a été ainsi nommé parce que toutes ses espèces se reposent de préférence sur les buissons. Le *Satyrus arcanius* est le type de ce groupe.

DUNES (du flamand *dune*, dérivé du vieux gaulois *dun*, lieu élevé), monticules de sable que les vents produisent sur les bords de la mer, et dans lesquels on observe une disposition analogue à celle des groupes de collines. Ils sont composés de sables fins et mouvants, plus ou moins siliceux. La direction générale d'une masse de dunes est celle du vent dominant dans la contrée. En Gascogne, les dunes s'étendent jusqu'à 8 kilomètres dans les terres. En Angleterre, dans le Norfolk et le Suffolk, les dunes ont couvert plusieurs villages dont on voit encore les clochers. Dans plusieurs localités, on est parvenu à arrêter la marche des dunes en y faisant des plantations, notamment de pins, comme dans les Landes. — Les dunes entre Dunkerque et Nieuport sont célèbres par la bataille dite *des Dunes*, gagnée par Turenne. *Voy.* le *Dict. univ. d'H. et de G.*

DUNETTE (de *dune*, élévation), pont léger que l'on construit sur de grands bâtiments, au-dessus du gaillard d'arrière, depuis le couronnement jusque sur l'avant du mât d'artimon, pour servir de logement ; la dunette est haute de près de 2 mètres et forme au-dessus du pont une élévation, d'où son nom. Le dessous est divisé et emménagé en chambres pour le capitaine et les premiers officiers. Autrefois la dunette était beaucoup plus élevée et quelquefois à deux ou trois étages (*Voy.* CHATEAU D'ARRIÈRE). Souvent, au lieu d'une seconde dunette, on établissait à l'arrière du plancher de la première plusieurs chambrettes dont l'ensemble s'appelait *teugue*, ou bien plusieurs cabanes ou *carrosses*, adossées les unes aux autres sur le milieu de la dunette.

DUO (du latin *duo*, deux), morceau de musique fait pour être chanté par deux voix, ou exécuté par deux instruments. Le duo instrumental est toujours pour deux instruments seuls. Le duo vocal est accompagné le plus souvent par un orchestre, un piano, etc. Les Italiens le nomment *duetto*.

DUODÉCIMAL (SYSTÈME), du latin *duodecimus*, douzième : système de numération arithmétique, dont la base est le nombre 12. Il exige deux caractères de plus que le système vulgaire pour représenter les nombres 10 et 11 : on emploie à cet effet les lettres grecques α, β. Pour écrire dans le système duodécimal un nombre du système décimal, on le divise par 12; le reste de la division représente les unités de 1er ordre ; on fait subir au quotient la même opération pour avoir les unités de 2e ordre, et ainsi de suite jusqu'à ce qu'on ait obtenu un quotient moindre que 12. Ainsi, le nombre 6546 sera représenté dans le système duodécimal par les chiffres 3956.

Quoique ce système ait plus d'avantages que celui qui a été adopté, parce que 12 a plus de diviseurs que 10, on lui préfère cependant le système décimal, qui a pour base le nombre 10, égal à celui des doigts.

DUODÉNUM (du latin *duodeni*, douze), première partie de l'intestin grêle, ainsi appelée parce que sa longueur est d'environ *douze* travers de doigt. Cet intestin occupe la partie profonde de l'abdomen ; il suit immédiatement l'estomac et communique avec lui par le pylore ; son extrémité inférieure se continue avec le *jejunum*. A l'intérieur, il présente une grande quantité de replis circulaires, appelés *valvules conniventes*, qui ont pour fonction de retenir les substances alimentaires pour leur donner le temps de s'imprégner de la bile et du suc pancréatique. Les conduits cholédoque et pancréatique s'ouvrent dans le duodénum. C'est dans cet intestin que commence la séparation des substances nutritives et excrémentitielles. — On appelle *duodénite* l'inflammation du duodénum ; elle est caractérisée par une douleur sourde et profonde dans l'épigastre. Il est rare que cette phlegmasie existe isolément ; elle accompagne pour l'ordinaire la gastrite ou l'entérite, et se traite par les mêmes moyens.

DUODI, 2e jour de la décade. *Voy.* DÉCADE.

DUPLICATA (du latin *duplicare*, doubler), double d'une dépêche, d'un brevet, d'un acte, d'un écrit quelconque. On délivre un duplicata d'un acte, soit pour mieux assurer la preuve de certains faits, soit pour suppléer à l'original égaré ou détruit. L'usage des duplicata est très-fréquent dans les rapports d'un gouvernement avec les colonies lointaines et ses agents diplomatiques.

DUPLICATION DU CUBE. *Voy.* CUBE.

DURBEC, *Corythus*, genre de Passereaux conirostres, établi aux dépens du genre Bouvreuil : bec très-fort et bombé, recourbé supérieurement comme celui des perroquets ; narines arrondies et cachées par de petites plumes ; langue épaisse et émoussée à sa pointe. Le *D. ordinaire* (*C. enucleator*) atteint deux décimètres de longueur. Il a la tête, le croupion, la queue, la gorge, le cou, la poitrine et le dos d'un brun mêlé de gris et de rose. Sa voix est assez agréable. On le trouve en Europe, en Asie et en Amérique.

DURE-MÈRE, la plus extérieure des trois membranes qui enveloppent l'encéphale. Elle est appelée *dure*, parce qu'elle est plus ferme que les deux autres membranes du cerveau, et *mère*, parce qu'on a prétendu que toutes les membranes du corps n'en étaient que le prolongement. *V.* CERVEAU et MÉNINGES.

DURETÉ, propriété qu'ont les corps de résister à l'action qui tend à les diviser. On ne connaît pas de moyen pour mesurer d'une manière absolue la dureté des corps. Pour apprécier le degré de dureté, on compare les corps entre eux en essayant de les rayer les uns par les autres. C'est ainsi qu'on dit que le diamant raye le quartz, que le quartz raye le feldspath, etc. On a établi une espèce d'échelle de dureté entre les minéraux ; elle comprend les 10 minéraux suivants, commençant par les plus tendres et finissant par les plus durs : 1o le talc lamelleux ; 2o la chaux sulfatée cristallisée ; 3o le spath d'Islande ; 4o la chaux fluatée ; 5o la chaux phosphatée ; 6o le feldspath lamelleux ; 7o le quartz hyalin ; 8o la topaze ; 9o le corindon hyalin ; 10o le diamant.

DURILLON, petite tumeur dure résultant de l'é-

paississement de la peau et causée par des frottements réitérés. On les observe surtout aux mains chez les ouvriers et aux pieds chez les personnes qui marchent beaucoup. *V.* CALLOSITÉ, COR, VERRUE, etc.

On nomme encore ainsi des plaques dures, élevées, qui se forment chez les bêtes de charge ou de trait dans les parties soumises au frottement exercé par le collier, la selle, le bât, etc.

DUSODYLE. *Voy.* DYSODYLE.

DUUMVIRS (du latin *duo*, deux ; *vir*, homme), titre donné, chez les Romains, à divers magistrats qui exerçaient à deux certaines fonctions. Les uns avaient dans leurs attributions la justice suprême : on les nommait *D. capitaux* (*Duumviri capitales perduellionis*); d'autres étaient chargés, dans les provinces, de l'administration municipale; d'autres avaient le département de la marine, l'intendance des temples, le soin des sacrifices : les *D. des sacrifices* (*D. sacrorum*) avaient été créés par Tarquin l'Ancien pour faire les sacrifices et pour la garde des livres sacrés; on ne pouvait, sans eux, consulter les livres sibyllins. Ils subsistèrent jusqu'à l'an de Rome 388 (415 av. J.-C.). — Dans certaines circonstances graves, on créait des duumvirs temporaires, chargés de connaître des crimes de lèse-majesté et de lèse-nation.

DUVET (du bas latin *tufetum*, dérivé de *tufa*, herbe marécageuse, à panicules velues, avec laquelle les anciens garnissaient leurs matelas), menue plume qui couvre le corps d'un grand nombre d'oiseaux, notamment des oiseaux de nuit et des Palmipèdes. Le duvet se compose de plumes fines et déliées placées au-dessous des plumes ordinaires ; la tige en est faible et garnie de barbes allongées, plus ou moins crépues et non attachées ensemble. Chez les Palmipèdes, il est enduit d'une matière huileuse qui empêche l'eau d'y pénétrer. Le duvet, à la fois chaud et léger, est recherché pour la confection des couchettes, des oreillers, etc. ; le plus estimé est l'*édredon* que fournit une espèce de canard appelée *eider* (*Voy.* ce mot); viennent ensuite, sous le rapport de la qualité, le duvet du cygne et celui de l'oie. Les jeunes quadrupèdes ont aussi une espèce de duvet en naissant; quelques espèces en conservent toujours sous les poils plus rudes. *Voy.* CHÈVRE et CACHEMIRE.

Les Botanistes appellent *duvet* une sorte de coton plus ou moins épais qui recouvre les feuilles, les fruits ou les tiges de certaines plantes. Le dessous des écailles qui recouvrent les boutons des arbres est aussi garni de duvet.

DYKE ou DIKE (mot anglais qui veut dire *digue*), nom donné, en Minéralogie, à la masse de filons et de roches aplatie en forme de muraille, qui remplit l'intervalle entre les deux parois d'une fracture, et qui, se prolongeant presque toujours en ligne verticale, interrompt ainsi la continuité des couches de part et d'autre. Ces dykes sont formés par des matières d'origine ignée ou analogues aux roches volcaniques, telles que les porphyres, les basaltes, etc.

DYNAMIE (du grec *dynamis*, puissance, mâle), mot fréquemment employé en Botanique, avec les mots *di*, *tri*, *tétra*, etc., pour exprimer le nombre et la disposition des étamines de certaines plantes. Linné a formé ses 14e et 15e classes, la *Didynamie* et la *Tétradynamie*.

En Mécanique, c'est la force capable d'élever en un temps donné un kilogramme à un mètre de hauteur. On l'appelle aussi *unité dynamique*. Cette unité sert à mesurer l'effet utile d'une machine, la puissance d'un moteur, etc.

DYNAMIQUE (du grec *dynamis*, puissance), partie de la Mécanique qui s'occupe des corps solides en mouvement ; elle a pour objet de trouver, à un instant donné, leur position, leur vitesse, les forces qu'ils peuvent communiquer par le choc, etc. On doit à D'Alembert un *Traité de Dynamique* encore estimé. *Voy.* MÉCANIQUE.

DYNAMISME (du grec *dynamis*, force), système qui explique tous les phénomènes de la nature par l'action de *forces*, qui tantôt concourent, tantôt se combattent. Leibnitz et Kant ont professé ce système, bien que sous des noms différents.

DYNAMOMÈTRE (du grec *dynamis*, puissance, et *métron*, mesure), instrument qui sert à évaluer en kilogrammes l'effort dont un moteur est capable. On a beaucoup varié la construction des dynamomètres. Le plus simple se compose d'un cadran et d'une aiguille qui reçoit le mouvement de deux poulies; à l'une des poulies s'applique la puissance de traction ou de pression qu'il s'agit de mesurer. Les divisions du cadran indiquent le nombre de kilogrammes auquel correspond l'effort exercé. Le *D. à ressort* de Régnier consiste en un ressort d'acier qui a la forme d'un ovale; les deux arcs se rapprochent plus ou moins, selon qu'ils sont plus ou moins fortement tirés dans le sens du grand axe ou comprimés dans le sens du petit axe; un de ces axes est armé d'un cadran divisé, avec une aiguille mobile à son centre et commandée par une combinaison de leviers dépendants de l'autre arc. Cette aiguille parcourt les divisions du cadran, dont les chiffres indiquent en kilogrammes les tensions des ressorts, c'est-à-dire les efforts de traction ou de compression du moteur qui les produit. MM. Poncelet et Morin ont tout récemment perfectionné la construction du dynamomètre à ressorts. On voit à Paris, dans beaucoup d'endroits publics, des dynamomètres pour mesurer la force musculaire de l'homme.

DYNASTE (du grec *dynastès*, homme puissant). Ce mot, qui, chez les anciens, était à peu près synonyme de *despote* ou roi, désignait, au moyen âge, tout baron de l'Empire jouissant sur son territoire des droits de souveraineté et ayant siége et voix à la diète; et, en général, tout prince et roi.

DYNASTIE (du grec *dynastéia*, autorité, puissance), suite de souverains issus du même sang. On connaît surtout : chez les anciens, les dynasties des premiers rois égyptiens; en Grèce, les Inachides, les Danaïdes, les Héraclides, les Pélopides, les Proclides et les Eurypontides; les Lagides et les Séleucides après Alexandre; en Orient, les Arsacides et les Sassanides; et, depuis Mahomet, les Ommiades, les Abbassides, les Fatimites, etc.; en France, les Mérovingiens, les Carlovingiens et les Capétiens; en Angleterre, les dynasties de Normandie, des Plantagenets, des Tudors, des Stuarts et de Hanovre; en Allemagne, celles de Saxe, de Franconie, des Hohenstaufen ou de Souabe, de Luxembourg, de Bavière, d'Autriche; en Pologne, celle des Jagellons; en Russie, de Rurik et de Romanov; en Suède, de Waldemar et de Wasa; en Portugal, d'Avis et de Bragance; en Espagne, de Transtamare, de Bourbon, etc. *Voy.* ces noms au *Dict. u iv. d'H. et de G.*

DYSODIE (du grec *dys*, mal, et *ozô*, sentir), fétidité des matières exhalées ou sécrétées par la bouche, les fosses nasales, l'estomac, les aisselles, les aines, etc.

DYSODYLE (du grec *dysôdès*, puant), appelé aussi *Stercus diaboli*, terre bitumineuse, de composition encore mal connue, se présentant en masses feuilletées très-élastiques, d'un gris verdâtre ou d'un jaune sale, et qui exhalent en brûlant une odeur très-fétide de bitume et d'ail. Cette substance, que l'on peut employer comme combustible, se trouve à Méliti, en Sicile, mêlée aux marnes schisteuses. Plongés dans l'eau, les feuillets se séparent, deviennent translucides et flexibles.

DYSPEPSIE (du grec *dys*, difficilement, et *pepsis*, coction), difficulté de digérer, ou digestion dépravée.

DYSPNÉE (du grec *dys*, difficilement, et *pnéô*, respirer), difficulté de respirer : elle accompagne toutes les maladies du thorax. *Voy.* ASTHME.

DYSSENTERIE, et mieux DYSENTERIE (du grec *dys*, mal, péniblement, et *entéron*, intestin), phlegmasie intestinale caractérisée par la fréquence et la difficulté des selles, et par l'excrétion de matières muqueuses, glaireuses et sanguinolentes, avec coliques, tranchées vives et ténesme. La dyssenterie règne surtout dans les saisons chaudes et humides et lors des changements brusques de l'atmosphère. Elle attaque principalement les indigents, exposés aux privations de toute espèce, habitant des lieux bas où l'air n'est pas suffisamment renouvelé. Elle est commune parmi les grandes agglomérations d'hommes et notamment de malades, dans les prisons, les vaisseaux, les hôpitaux, ainsi que dans tous les lieux étroits et d'où s'évaporent des émanations de matières végétales ou animales putréfiées. A ces causes, il faut ajouter l'exposition du corps au froid humide, le sommeil en plein air pendant la nuit, l'usage d'aliments indigestes ou malsains, de fruits verts; l'abus des purgatifs drastiques; puis enfin la colère, la nostalgie, l'hypochondrie, le scorbut, les vers intestinaux, etc. Cette phlegmasie peut régner *sporadiquement* et *épidémiquement;* elle peut aussi, dans certaines circonstances, devenir *contagieuse.* Elle est *aiguë* ou *chronique;* quand elle est aiguë, elle se termine ordinairement au bout de 15 ou 25 jours *par résolution,* souvent *par la mort,* surtout lorsqu'elle se complique avec la gastro-entérite. Cette maladie réclame un traitement antiphlogistique très-actif : repos, diète, boissons gommeuses et mucilagineuses, cataplasmes émollients, demi-lavements albumineux, amidonnés et opiacés, sangsues, bains tièdes prolongés. Les narcotiques et surtout l'opium agissent aussi avec une rare efficacité; mais il ne faut y recourir qu'après les saignées générales ou locales.

DYSURIE (du grec *dys*, difficilement, et *ouron*, urine), difficulté d'uriner. *Voy.* RÉTENTION.

DYTIQUE (en grec *dytikos*, qui aime à se plonger, du verbe *dyô*, plonger), genre de Coléoptères pentamères, famille des Hydrocanthares : antennes filiformes de 11 articles diminuant graduellement jusqu'à leur extrémité; bouche munie de 6 palpes; corps bombé en dessus; grande taille, forme ovalaire, tête large, transverse; yeux globuleux. Les élytres de la femelle sont sillonnées, et celles du mâle sont lisses. Ces insectes vivent dans les eaux; ils sont très-féroces et se nourrissent d'autres insectes. Les Dytiques habitent l'Europe. L'espèce type est le *D. très-large,* que l'on trouve en France : il est plus gros qu'un hanneton.

On donne aussi le nom de *Dytiques* à tous les oiseaux plongeurs, tels que les Plongeons, les Pingouins, les Guillemots, les Manchots, etc.

DZIGGUETAI, espèce de Cheval. *Voy.* HÉMIONE.

E

E, cinquième lettre de notre alphabet et la deuxième des voyelles. L'Académie ne reconnaît que trois espèces d'*e* : l'*e* muet, l'*é* fermé et l'*è* ouvert; en admettant cette division, il faut distinguer deux *e* ouverts, l'*è* peu ouvert, marqué d'un accent grave, comme dans *succès,* et l'*ê* très-ouvert, marqué d'un accent circonflexe, comme dans *tempête.*

Dans les abréviations, E s'emploie pour *Excel-*

lence et *Éminence;* dans les noms propres, pour *Étienne, Eugène, Ernest, Émile,* etc.; en Géographie, pour *Est;* en Logique, E désignait la négative universelle (*Voy.* A).—C'est la 5ᵉ des sept lettres dominicales. — C'était autrefois la marque de la monnaie fabriquée à Tours. —Chez les Grecs, ε', employé comme lettre numérale, valait 5; ,ε, 5,000.

EAU, en latin *aqua,* liquide transparent, sans couleur sous un petit volume, variant du bleu foncé au vert d'herbe et à l'olivâtre quand il est en grande masse, sans odeur et en général d'une saveur peu appréciable, a été longtemps considéré comme un corps simple, mais se compose en réalité de deux volumes d'hydrogène et d'un volume d'oxygène condensés en deux, et sous le rapport du poids de 11,11 d'hydrogène et de 88,89 d'oxygène (HO). C'est le plus abondant de tous les corps qui se trouvent à la surface du globe. L'eau se rencontre dans la nature sous forme solide, liquide et gazeuse : à l'état solide, dans la glace, la neige, la grèle; à l'état liquide, dans les mers, les fleuves, les ruisseaux, les lacs; à l'état de gaz ou de vapeur, dans l'atmosphère, où elle se condense, par l'effet des changements de température ou de pression, sous forme de pluie, de brouillard, de rosée, de neige, de givre, etc.—L'eau naturelle n'est jamais pure ; l'*eau douce* des rivières, des lacs et des fontaines contient toujours en dissolution un certain nombre de sels ou d'autres corps, dont on peut la débarrasser par la vaporisation : elle prend alors le nom d'*eau distillée.* L'eau de *pluie* ou *du ciel* est à peu près aussi pure que l'eau distillée. L'*eau de mer* contient près de 4 pour 100 de son poids de différents sels (*Voy.* ci-après); quant aux autres eaux naturelles, si elles renferment assez de substances étrangères pour posséder des propriétés particulières, on leur donne le nom d'*eaux minérales;* et si elles sont naturellement chaudes, on les nomme *eaux thermales. Voy.* ces mots ci-après.

A la température de 4°,1 au-dessus de 0° du thermomètre centigrade, l'eau distillée pèse 1 kilogramme par décimètre cube ou litre, ou 1 gramme par centimètre cube; la densité de l'eau à cette température est prise comme unité par les physiciens pour y rapporter les densités des autres corps. L'eau augmente de volume au-dessus et au-dessous de cette température; ainsi la glace est moins dense que l'eau et surnage. A 100° centigrades et sous la pression barométrique ordinaire, l'eau se réduit brusquement en vapeur et donne naissance à l'ébullition. — Dans toutes les eaux naturelles, il existe toujours une certaine quantité d'air, indispensable à l'existence des êtres organisés qui y vivent; cet air est généralement plus oxygéné que celui de l'atmosphère.—Outre son importance comme boisson et comme agent physiologique dans la nature vivante, l'eau a de nombreuses applications dans l'économie domestique et dans les arts : à l'état solide, comme agent frigorifique; à l'état liquide, comme véhicule ou solvant pour toute espèce de corps; à l'état de vapeur, comme moteur. Quant à l'eau employée comme moyen thérapeutique, *Voy.* HYDROTHÉRAPIE.

On reconnaît, en général, qu'une eau est potable quand elle dissout facilement le savon et qu'elle cuit bien les légumes ; les eaux dites *dures* ou *crues* sont impropres à ces usages par la forte quantité de sulfate de chaux qu'elles contiennent en dissolution. Les eaux chimiquement pures ne sont cependant pas les plus agréables à boire; elles ont toujours plus de goût quand elles renferment un peu de sels, et surtout de l'air. Lorsque l'eau est bourbeuse ou altérée par la présence de matières organiques en décomposition qui lui communiquent une saveur désagréable, on peut la rendre potable en la faisant passer à travers un filtre de charbon.

Les anciens considéraient l'eau comme un des quatre éléments ; cette opinion s'est maintenue jusque vers la fin du siècle dernier, où Cavendish et Lavoisier (1783) démontrèrent que l'eau est composée d'oxygène et d'hydrogène.

EAU AFRICAINE, dite aussi *Eau de Perse, Eau d'Égypte, Eau de Chine, Eau grecque:* c'est une solution de nitrate d'argent qui est employée par les coiffeurs pour noircir les cheveux rouges ou blancs. Elle peut les détruire et attaquer même le tissu cutané.

EAU D'ARQUEBUSADE. *Voy.* ARQUEBUSADE.

EAU BÉNITE. *Voy.* BÉNITE.

EAU BLANCHE, dite aussi *Eau de Goulard,* solution de sous-acétate de plomb (extrait de Saturne), employée par les chirurgiens en compresses et en lotions.

EAU DE BONFERME, dite aussi *Eau d'Armagnac, Essence* ou *Teinture céphalique,* eau vulnéraire, composée de muscade, girofle, cannelle, fleurs de grenadier distillées avec de l'alcool. On l'emploie dans les chutes sur le crâne, les douleurs de tête, etc.

EAU DE BOTOT, infusion alcoolique d'anis, de girofle et de cannelle, qu'on aromatise avec la teinture d'ambre, et qu'on emploie comme collutoire. Elle doit son nom à Botot, dentiste du dernier siècle.

EAU DE BOULE, solution aqueuse de prototartrate de potasse et de fer. *Voy.* BOULES DE MARS.

EAU DE BOUQUET, eau employée à la toilette : c'est une essence formée de miel, girofle, acore aromatique, lavande, souchet long, jasmin, iris de Florence et nérolí, distillés avec de l'alcool.

EAU DES CARMES. *Voy.* EAU DE MÉLISSE.

EAU CÉLESTE, solution de sulfate ou de nitrate de cuivre, mélangée d'un excès d'ammoniaque ; sa couleur est *bleu de ciel.* Les pharmaciens en décorent la devanture de leurs officines.

EAU DE COLOGNE, célèbre eau de toilette, qui a fait au commencement de ce siècle la renommée et la fortune de Jean-Marie Farina, distillateur à Cologne. On l'appelle aussi *Alcoolat de citrons composé.* Il existe un grand nombre de recettes pour la fabrication de cette eau. La formule de Farina est très-composée. En voici deux dont l'application est plus simple et plus facile : 1° alcool à 32°, 2 litres ; néroli, essence de cédrat, de citron, d'orange, de bergamotte, de romarin, 24 gouttes de chacune ; semences de petit cardamome, 8 grammes ; on distille le tout au bain-marie pour retirer les trois quarts de l'alcool ; — 2° alcool à 32°, un litre ; essence de citron et de bergamotte, 8 gr. de chacune ; de cédrat, 4 gr.; de lavande, 2 gr.; de fleur d'oranger, 10 gouttes ; teinture d'ambre, 10 gouttes ; de musc, 2 gr.; de benjoin, 12 gr.; essence de roses, 2 gouttes ; mêlez le tout sans distiller, agitez et filtrez.

EAU DE CRISTALLISATION, eau qui entre dans la composition des sels et d'autres corps, et qui n'est pas nécessaire à leur existence. La plupart des corps perdent leur eau de cristallisation par la chaleur, et beaucoup déjà à 100°.

EAU DE CUIVRE, nom donné, dans le Commerce, à une dissolution d'acide oxalique ou de sel d'oseille, qu'on emploie pour nettoyer les objets en cuivre.

EAU DISTILLÉE, se dit non-seulement de l'eau purifiée par la distillation, mais encore de l'eau distillée sur certaines plantes contenant des substances aromatiques ou d'autres principes actifs, qu'on emploie en médecine ou en parfumerie. *Voy.* ESSENCES.

EAU D'ÉGYPTE. *Voy.* EAU AFRICAINE.

EAU ÉTHÉRÉE CAMPHRÉE. Elle se prépare en dissolvant 1 partie de camphre dans 3 d'éther sulfurique, et mêlant le tout à 56 parties d'eau.

EAU-FORTE, acide nitrique étendu, c'est-à-dire affaibli par un mélange d'eau pure; elle est généralement à 26°. Elle sert aux graveurs en taille-douce pour faire mordre leurs planches, qui sont ordinairement en cuivre ; aux bijoutiers, pour connaître le titre d'une pièce d'or ou d'un bijou par l'essai de la pierre de touche, etc.

EAU DE GOUDRON, formée d'une partie de goudron

du nord et de 20 parties d'eau, est jaune, odorante, un peu acide. Elle est dépurative et diaphorétique ; on l'emploie dans les maladies cutanées, le scorbut, les affections de poitrine, les catarrhes.

EAU DE GOULARD. *Voy.* EAU BLANCHE.

EAU GRECQUE. *Voy.* EAU AFRICAINE.

EAU HÉMOSTATIQUE, eau propre à arrêter l'écoulement du sang. On connaît surtout en ce genre l'eau de M. Brocchieri ; on la prend, selon les cas, à l'extérieur ou à l'intérieur. *Voy.* HÉMOSTATIQUES.

EAU DE JAVELLE, combinaison chimique de chlore et de potasse (hypochlorite de potasse) qu'on emploie dans les ménages pour blanchir et détacher le linge. Elle paraît avoir été préparée pour la première fois à Javelle, petit village près de Paris.

EAU DE LUCE (du nom d'un pharmacien de Lille), préparation médicinale, excitante et sudorifique, qu'on fait avec de l'huile de succin, du baume de la Mecque, et de l'esprit-de-vin ; elle a une apparence laiteuse et une odeur forte. On en fait aspirer par le nez dans les évanouissements, ou bien on en fait boire quelques gouttes dans de l'eau sucrée.

EAU LUSTRALE, nom donné chez les anciens à une eau sacrée dans laquelle on avait éteint un tison ardent tiré du feu du sacrifice. On plaçait cette eau dans un vase à la porte des temples, et ceux qui y entraient s'en aspergeaient. On plaçait encore de l'eau lustrale dans la maison des morts.

EAU DE MARS. *Voy.* EAU DE BOULE.

EAU DE MÉLISSE DES CARMES, mélange de 8 parties d'alcool de mélisse, d'une partie d'alcool de romarin, de thym, de cannelle, de 2 parties d'alcool de muscade, d'une partie d'alcool d'anis vert, de marjolaine, d'hyssope, de sauge, d'angélique, de girofle, de 4 parties d'alcool d'écorce de citron, et de 2 parties d'alcool de coriandre. Ce médicament, dont les Carmes seuls possédaient autrefois la recette, est réputé stomachique et vulnéraire. On le prescrit surtout contre les maux de nerfs.

EAU DE MER. Elle a une saveur salée, un peu amère et nauséabonde, et souvent, sur les côtes, une odeur désagréable ; elle possède, en outre, une certaine viscosité ; elle tient en dissolution divers sels (chlorures et sulfates à base de soude, potasse, magnésie, chaux, avec de très-petites quantités de bromures) dont les proportions varient de trois à quatre pour cent du poids de l'eau : le *sel marin*, ou chlorure de sodium, en fait la plus grande partie. Dans l'ouest et le midi de la France, on profite de la chaleur du climat pour en isoler ce sel par l'évaporation spontanée de l'eau dans des réservoirs, dits *marais salants*, creusés sur la plage. La densité de l'eau de mer est à peu près de 1,025 à 1,030 ; près des côtes, elle est ordinairement un peu plus dense et plus chargée de sels qu'au large. L'eau de mer est impropre à la boisson et aux autres usages de la vie ; elle ne peut ni cuire les légumes et les viandes, ni dissoudre le savon, qu'elle décompose ; aussi embarque-t-on toujours de l'eau douce à bord des bâtiments. Aujourd'hui, on rend l'eau de mer potable en la distillant dans des appareils particuliers ; l'eau ainsi distillée étant assez fade, on l'abandonne au contact de l'air pendant 15 ou 20 jours, ce qui lui donne un goût semblable à celui de l'eau de rivière. Le physicien Porta employa le premier, au XVIe siècle, la distillation pour rendre l'eau de mer potable. Depuis le commencement de notre siècle, Rochon, de Kéraudren, et plus récemment MM. Wells, Davies et Rocher (de Nantes), ont successivement perfectionné les appareils distillatoires destinés à la marine : aussi peut-on maintenant se pourvoir amplement d'eau dans les voyages de long cours.

EAU MEXICAINE. *Voy.* EAU AFRICAINE.

EAU OXYGÉNÉE, dite aussi *peroxyde* ou *bioxyde d'hydrogène*, combinaison d'eau et d'oxygène (HO²) : c'est un liquide incolore, et sans odeur. Elle se détruit promptement au contact d'un grand nombre de corps, en dégageant de l'oxygène et en passant à l'état d'eau. Elle attaque et détruit les matières organiques. On l'obtient en dissolvant le peroxyde de baryum dans l'acide chlorhydrique. Elle peut servir à restaurer les anciens dessins et même les tableaux à l'huile ; on a aussi proposé de l'employer en médecine comme irritant. Cette eau a été découverte en 1818 par M. Thénard.

EAU RÉGALE, mélange d'acide nitrique et d'acide chlorhydrique, qui a la propriété de dissoudre l'or, qu'on appelait jadis le *roi des métaux*. Souvent, on emploie pour ce mélange, en place de l'acide chlorhydrique, du sel marin ou du sel ammoniac qui agissent de la même manière. L'eau régale est un précieux dissolvant pour les chimistes : l'or, le platine, et le palladium, qui résistent à l'action des autres acides, sont bientôt dissous par elle ; on l'emploie dans les ateliers de teinture et dans les manufactures de porcelaine pour faire les compositions d'étain ou pour dissoudre l'or. Tous les métaux qu'elle dissout sont transformés par elle en chlorures. L'Arabe Geber est le premier qui ait fait mention de l'eau régale ; il la préparait en ajoutant à de l'eau-forte un quart de sel ammoniac.

EAU DE LA REINE DE HONGRIE, alcoolat de romarin, s'emploie souvent comme eau de toilette.

EAU SECONDE, se dit de deux substances différentes : pour les orfèvres et quelques autres artistes, c'est de l'acide nitrique affaibli et comme descendu à un *second* degré ; pour les peintres, c'est une lessive caustique de potasse ou de soude, connue encore sous le nom de *Lessive des savonniers*, qu'on emploie principalement pour nettoyer les peintures à l'huile.

EAU SÉDATIVE. *Voy.* SÉDATIFS.

EAU-DE-VIE, liqueur spiritueuse obtenue en distillant le vin, le cidre, le sucre de canne ou de betterave, les grains, la pomme de terre, etc. Tous les vins ne sont pas également propres à fournir de bonnes eaux-de-vie ; les vins vieux en donnent d'une qualité supérieure à celle qu'on obtient des vins nouveaux. Les vins sucrés en fournissent d'excellentes ; les vins tournés ne produisent que des eaux-de-vie de très-mauvaise qualité ; les vins blancs sont généralement préférables aux vins rouges ; les vins qui n'ont pas cuvé sur la pellicule et sur la rafle contiennent beaucoup moins de ces principes huileux qui leur communiquent un certain goût désagréable. Les vins qui ont un goût de terroir le communiquent à l'eau-de-vie qu'on en retire : c'est ainsi que les vins de Saint-Pierre en Vivarais donnent une eau-de-vie à odeur de violette ; qu'on retrouve le goût de pierre à fusil des vins de Côte-Rôtie, celui d'ardoise des vins de la Moselle, celui de succin des vins du Holstein, dans leurs eaux-de-vie respectives. La bonne eau-de-vie ne doit avoir rien de dur, ni aucun goût de terroir, de brûlé ou de fût ; elle doit être claire, brillante et blanche, si elle est nouvelle ; un peu ambrée et jaune, si elle est très-vieille. Pour imiter cette couleur, que prennent avec le temps les vieilles eaux-de-vie, et qu'elles doivent à leur séjour dans le fût, on sophistique les produits nouveaux avec du caramel.

Suivant les pays et la nature des liqueurs fermentées, on donne des noms différents au produit spiritueux de la distillation : l'*eau-de-vie de grains* se fabrique, en France et dans l'Europe septentrionale, avec la bière et la graine des céréales fermentées, le *genièvre* se fait de même, avec addition de baies de genièvre pendant la fermentation ; le *whiskey* vient d'Écosse et d'Irlande, et se fabrique avec l'orge, le seigle, les pommes de terre ou les prunelles sauvages ; le *kirsch* se prépare, en Allemagne, en Suisse et dans les Vosges, avec des cerises écrasées et fermentées avec leur noyau ; le *rhum* se fabrique aux Antilles avec le sirop de la canne à sucre, etc.

Les eaux-de-vie de marc de raisin, de grains et de

pommes de terre sont beaucoup moins agréables que les eaux-de-vie de vin, parce qu'elles renferment des huiles essentielles, âcres et très-fortes, dont il est très-difficile de les débarrasser. Très-souvent les débitants fabriquent eux-mêmes leurs eaux-de-vie en coupant le trois-six avec de l'eau, colorant ce mélange avec du caramel, du suc de réglisse ou du cachou, et l'aromatisant de diverses manières. Mais ces mélanges n'ont jamais la saveur agréable des eaux-de-vie naturelles.

Les eaux-de-vie les plus estimées sont celles de *Montpellier*, de Cette, de Bordeaux, de La Rochelle, de *Cognac*, de Charente, de l'île de Ré, d'Angoulême, de Niort, de Saumur, de Châtellerault, d'Orléans, de Blois, de Tours, d'Angers, de Nantes. L'eau-de-vie d'Andaye (Basses-Pyrénées) est renommée par sa douceur et son arome anisé.

EAU VULNÉRAIRE. *Voy.* VULNÉRAIRE.

EAUX. I. En Hydraulique, on distingue : d'une part, les *eaux naturelles*, qui sortent d'elles-mêmes de la terre et forment les divers cours d'eau, et les *eaux artificielles*, qui sont élevées au moyen de machines, soit pour remplir un réservoir et fournir à la consommation, soit pour récréer la vue sous forme de jets d'eau, de gerbes, etc., comme les eaux de Versailles, de Saint-Cloud ; d'autre part, les *eaux jaillissantes*, celles qui jaillissent d'elles-mêmes en sortant du sein de la terre, les *eaux plates*, celles qui fournissent les canaux, les étangs, etc., les *eaux courantes*, celles qui ont cours, telles que les rivières, etc., les *eaux vives*, celles qui coulent d'une source abondante.

II. Sous le rapport du Domaine, on distingue les eaux dépendant du domaine public, et celles qui appartiennent aux particuliers. Les premières sont celles à l'égard desquelles il ne peut exister aucune distinction de propriété, et qui dès lors restent en jouissance commune, comme les fleuves, les rivières navigables et flottables, le littoral de la mer. Nul ne peut détourner l'eau des fleuves et des rivières navigables, ou en affaiblir le cours par des tranchées, fossés ou canaux, sans une autorisation du Gouvernement ; mais il est loisible à chacun d'y puiser de l'eau, et de s'approprier l'eau ainsi mise à part. Quant aux petites rivières qui ne sont ni navigables ni flottables, elles sont, selon les uns, dans le domaine public ; elles appartiennent, selon les autres, aux personnes dont elles bordent les propriétés. L'opinion la plus commune est que les riverains de chaque côté sont propriétaires du lit de la rivière jusqu'à une ligne que l'on tire au milieu de ce lit. Ils peuvent user de l'eau de ces rivières dans le parcours de leur héritage, à la charge de la rendre à son cours ordinaire. Les ruisseaux appartiennent de droit aux propriétaires des héritages sur lesquels ils coulent ; et par conséquent ceux-ci ont le droit de s'en servir pour l'irrigation de leurs fonds. La propriété du sol emportant celle du dessus et du dessous, celui dans l'héritage duquel jaillit une source est propriétaire de cette source comme de l'héritage même, et peut s'en servir comme bon lui semble ; mais si la source fournit aux habitants d'une commune, d'un village ou d'un hameau, l'eau qui leur est nécessaire, le propriétaire ne peut en changer le cours. Les eaux minérales appartiennent à ceux qui les découvrent ; cependant elles ne peuvent être exploitées sans une autorisation du Gouvernement. Les petits lacs, les étangs appartiennent aux propriétaires des terres sur lesquelles ils se trouvent.

Eaux et forêts, expression collective par laquelle on désignait avant 1789 une juridiction chargée d'exercer la police sur les bois, la chasse, la pêche, et de statuer, tant au civil qu'au criminel, sur les contestations relatives aux eaux et forêts. Cette juridiction était connue autrefois sous le nom de *grueries*. Louis XIV compléta cette juridiction par une ordonnance de 1669. Cette législation a été remplacée par deux codes, le *Code forestier* et le *Code de la pêche fluviale*. L'administration des Eaux et forêts n'a plus aujourd'hui qu'un droit de surveillance et de police ; les questions de propriété sont dévolues aux tribunaux civils, et la répression des délits ou contraventions appartient aux tribunaux correctionnels ou de simple police.

III. En Physiologie, on appelle vulgairement *eaux* le liquide amniotique qui entoure le fœtus.

Eaux aux jambes. Les Vétérinaires appellent ainsi une maladie cutanée du cheval qui a son siége au pied et à la partie inférieure de la jambe, et dont le symptôme caractéristique est le suintement, à travers les pores de la peau, d'une humeur séreuse, âcre et fétide, semblable à de la sanie. La cause la plus ordinaire de cette maladie est l'humidité et la malpropreté des écuries. Elle se manifeste plus souvent aux pieds de derrière qu'à ceux de devant. Quand les *eaux* sont nouvelles, la maladie cède à l'emploi des émollients dans le principe, puis aux lotions de vin chaud ; quand elle est devenue chronique, il faut recourir aux applications toniques et astringentes. Les *eaux aux jambes* ont été considérées comme la source du *cow-pox* ou *vaccin :* cette maladie des vaches viendrait de ce que ceux qui soignent à la fois des chevaux et des vaches auraient touché le pis avec des mains tachées de pus provenant des *eaux aux jambes*.

EAUX MÈRES. Ce sont les eaux qui restent après qu'un sel s'est cristallisé, et qui sont tellement saturées qu'il leur est impossible de laisser cristalliser les sels, souvent déliquescents, qu'elles tiennent en dissolution ; elles sont ordinairement colorées : telles sont les eaux mères des salpêtres ; afin d'en tirer parti, on les mêle avec des lessives moins chargées.

EAUX MINÉRALES, eaux chargées de principes étrangers, et employées le plus souvent en médecine sous forme de boissons, de bains et de douches. Lorsqu'elles ont une température plus élevée que celle des sources ordinaires, elles prennent le nom d'*eaux thermales* (*Voy.* ci-après). Les substances que les eaux minérales tiennent en dissolution sont des gaz (acide carbonique, azote, acide sulfhydrique), des sels (carbonate de chaux, sulfate de chaux, sulfate de magnésie, chlorure de sodium, sulfate de fer), des matières organiques de nature variable. Ces substances proviennent des roches que les eaux rencontrent dans leur trajet souterrain. On a constaté, dans ces derniers temps, qu'un grand nombre de sources minérales renferment des quantités minimes d'arsenic, auxquelles elles doivent en partie leurs propriétés thérapeutiques. Il sort des eaux minérales de toutes les espèces de terrains. On classe ordinairement les eaux minérales d'après la nature des principes auxquels elles doivent leurs propriétés actives.

Les *eaux salines* sont caractérisées par l'abondance des sels qu'elles contiennent ou par la seule présence des matières salines sans acide carbonique libre : telles sont les eaux d'Aix en Provence, de Balaruc (Hérault), de Bagnères de Bigorre (Hautes-Pyrénées), de Luxeuil (Haute-Saône), de Plombières (Vosges), de Louëche en Suisse, de Sedlitz et de Seidschutz en Bohème, d'Epsom en Angleterre, etc.

Les *eaux gazeuses acidules* ont une saveur aigrelette, et contiennent, outre des matières salines de nature variable, de l'acide carbonique libre qui s'en dégage par bulles en les rendant pétillantes : les principales eaux de cette espèce sont celles de Bade (grand-duché de Bade), d'Ems, de Seltz et de Wiesbaden (duché de Nassau), de Carlsbad (Bohème), de Néris et de Vichy (Allier), etc.

Les *eaux ferrugineuses* ou *martiales* sont remarquables par leur goût d'encre, qu'elles doivent à une assez grande quantité de fer : telles sont les sources de Passy, de Bussang, de Contrexeville, de Saint-Dié (Vosges), du Mont-Dore (Puy-de-Dôme), de

Forges (Seine-Inférieure), de Pyrmont en Westphalie, de Spa en Belgique, de Tœplitz en Bohême, etc.

Les *eaux sulfureuses* se distinguent par l'odeur d'œufs pourris, qu'elles doivent à de l'acide sulfhydrique libre ou à des sulfhydrates, comme les eaux de Baréges (Hautes-Pyrénées), de Bagnères-de-Luchon (Haute-Garonne), d'Eaux-Bonnes (Basses-Pyrénées), d'Enghien (Seine-et-Oise), d'Uriage (Isère), de Gex (Ain), d'Aix-la-Chapelle (province rhénane), de Schinznach en Suisse, etc.

On peut faire usage en tout temps des eaux minérales naturelles transportées loin de la source; mais ce n'est que dans la belle saison que les malades peuvent en recueillir tout le bénéfice désirable, en allant les prendre sur les lieux. C'est ordinairement du mois de mai au mois d'octobre qu'on s'y rend, un peu plus tôt ou un peu plus tard, suivant la nature du climat des pays où elles sont situées. On partage presque toujours le temps des eaux en plusieurs époques de quinze à vingt jours, auxquelles on donne le nom de *saison*.

On imite artificiellement la plupart des eaux minérales, particulièrement les eaux acidules gazeuses, et l'on est même arrivé, à l'aide de machines, à exercer une assez forte pression pour charger les produits d'une quantité d'acide carbonique bien supérieure à celle que renferment les eaux naturelles: telles sont l'eau de Seltz, qu'on administre avec avantage contre les gastrites chroniques et les vomissements nerveux; l'eau de Sedlitz, qui sert comme purgatif, etc.

L'action des eaux minérales sur l'organisme a été reconnue dès les temps antiques; bien des sources en vogue aujourd'hui étaient déjà connues par les Romains. Vitruve explique très-bien leur mode de formation. Beaucoup de chimistes se sont occupés de leur analyse dans les temps modernes. On trouve dans le *Compte rendu des travaux des ingénieurs des mines* (Paris, 1841, in-4) le tableau complet des eaux minérales de France analysées, le nombre des sources, leur température et la quantité d'eau qu'elles débitent. On doit au Dr Constantin James le *Guide des eaux minérales de la France et de l'étranger*, ainsi qu'un traité *Des eaux minérales naturelles transportées et de leur emploi*.

EAUX THERMALES (du grec *thermos*, chaud), eaux minérales qui viennent sourdre à la surface de la terre avec une température plus élevée que celle des sources ordinaires. Les eaux thermales sont très-communes dans les pays volcaniques, comme en Auvergne, dans le Vivarais, sur les bords du Rhin, dans les environs de Naples, etc. Leur température varie beaucoup; elle est si élevée dans les eaux thermales d'Islande, qu'elles dissolvent la silice. A Digne, en Provence, et à Chaudes-Aigues, en Auvergne, on peut y faire cuire un œuf; dans cette dernière ville, les habitants emploient l'eau thermale à chauffer leurs maisons. Les eaux thermales jouissent toutes de propriétés médicales particulières. Leur haute température tient à la grande profondeur d'où elles proviennent.

ÉBAUCHE. *Voy.* ESQUISSE.

ÉBÉNACÉES (du grec *ébénos*, ébène), famille de plantes Dicotylédones monopétales hypogynes, à calice persistant offrant de 3 à 6 divisions, à étamines en nombre double ou quadruple, à fleurs axillaires, à feuilles alternes, et ayant pour fruit une baie ovoïde et polysperme. Le type de cette famille est le genre *Plaqueminier*, dont plusieurs espèces fournissent le bois d'*Ébène*. *Voy.* ce mot.

ÉBÈNE (du grec *ébénos*, même signification), bois excessivement dur et pesant, propre à recevoir le plus beau poli; il y en a de trois couleurs différentes: le noir, le rouge et le vert. L'ébène de l'*Ébénier* (*Voy.* ci-après): les îles de Madagascar et de Saint-Maurice en fournissent le plus abondamment; on l'emploie à des ouvrages de marqueterie, de ta-

bletterie, à des instruments et meubles de toute espèce. On en fait actuellement beaucoup moins d'usage qu'autrefois, parce qu'on l'a remplacé par d'autres bois, et qu'en outre on est parvenu à l'imiter parfaitement en teignant en noir des bois durs, tels que le cerisier et le merisier. Les ébènes colorés proviennent de plantes très-diverses, telles que le Cytise des Alpes, le Bignone, etc. L'ébène rouge, ou *grenadille*, est employé par les tabletiers; l'ébène vert, ou *bois d'évilasse*, s'emploie en marqueterie et en teinture.

ÉBÉNIER, *Diospyros ebenum*, nom vulgaire d'une espèce du genre *Plaqueminier* (*Voy.* ce mot), qui donne l'ébène noir. — On nomme *Faux-Ébénier*, le Cytise sauvage des Alpes; *É. de montagne*, la Bauhinie acuminée; *É. d'Orient*, la Mimosa sebbeek; *É. épineux*, une esp. de Palmier. — L'*É. fossile*, commun dans les mines de lignite, paraît constituer le *jais*.

ÉBÉNISTERIE (d'*ébène*), branche de la menuiserie qui comprend la fabrication de toute espèce de meubles en bois précieux, soit massifs, soit plaqués, ainsi que de tout autre ouvrage de rapport ou de marqueterie. Les bois le plus communément employés en ébénisterie sont: parmi les bois indigènes, le noyer, le frêne, l'orme, l'amandier, le bois de Sainte-Lucie, etc.; parmi les bois exotiques, l'acajou, le palissandre, le bois de rose, le citron, le gaïac, le santal, le vernis de la Chine, les ébènes. On ne fait plus guère aujourd'hui de meubles en bois massif; on construit un *bâtis* ou *charpente* en chêne ou en sapin, qu'on revêt ensuite de plaques de bois précieux. Ce procédé, qui date de la fin du XVIIe siècle, a le double avantage de ménager des bois rares et de les faire valoir par la symétrie ou l'opposition des pièces rapportées. L'opération du *placage* est la partie la plus importante et la plus difficile de l'ébénisterie: elle demande beaucoup de goût et de dextérité. Quand le meuble est plaqué, il ne reste plus qu'à le polir et à le couvrir d'une couche de vernis. Quelquefois on y fait des incrustations en écaille, ivoire, cuivre, etc. (*Voy.* MARQUETERIE), ou on y applique en relief des ornements de bronze ou de cuivre doré. Quant au sciage du bois en lames minces, il se faisait autrefois à la main; on emploie aujourd'hui de grandes scies circulaires mues par la vapeur. *V.* SCIERIE MÉCANIQUE.

Les *ébénistes* firent d'abord partie de la corporation des maîtres menuisiers et s'appelèrent *menuisiers de placage* ou *de marqueterie*; plus tard, en 1776, on réunit en un seul corps les *maîtres ébénistes*, les tourneurs et les layetiers. — L'art de l'ébénisterie était connu des anciens. Chez les modernes, ses produits ne commencèrent à être remarquables qu'à l'époque de la Renaissance. Au XVe siècle, Jean de Vérone avait trouvé le secret de teindre les bois de diverses couleurs. Après lui, Philippe Brunelleschi et Benoît de Majano furent de véritables artistes. En France, on cite, au XVIIe et au XVIIIe siècle, les noms de Jean-Marie de Blois et surtout de Boule, et de nos jours, ceux de Kolping, Verner, etc. C'est à Paris, dans le faubourg St-Antoine surtout, qu'on fabrique la plus belle ébénisterie.

ÉBÉNOXYLE (du grec *ébénos*, ébène, et *xylon*, bois), *Ebenoxylon*, genre de la famille des Ébénacées, est fondé sur une espèce de la Cochinchine, l'*É. vrai*, qui a passé longtemps pour produire le vrai bois d'Ébène. Son écorce est noirâtre, son aubier blanc, et le cœur du bois d'un très-beau noir.

ÉBLOUISSEMENT, trouble momentané de la vue, et causé tantôt par l'impression subite d'une trop vive lumière, tantôt par quelque cause interne, telle qu'une congestion cérébrale, etc.

ÉBORGNAGE, opération d'Horticulture qui consiste à supprimer le bourgeon ou *œil* après la chute des feuilles, et avant que la sève se mette en mouvement: il ne faut pas confondre cette opération avec l'*ébourgeonnement*. *Voy.* ce mot.

ÉBOTTER, terme de Jardinage. Lorsqu'un arbre est en danger de périr, on l'*ébotte*, c.-à-d. on en ôte toutes les petites branches et on n'y laisse que les plus grosses, taillées fort court.

ÉBOURGEONNEMENT, opération d'Horticulture par laquelle on retranche d'un arbre les bourgeons superflus, afin de donner aux branches principales plus de vigueur, et d'obtenir de meilleurs fruits en dirigeant la séve convenablement. L'*ébourgeonnement* s'exécute au printemps sur le bourgeon poussant, contrairement à l'*éborgnage*, qui a lieu pendant la morte-saison.

ÉBROUEMENT, sorte d'éternûment qui a lieu chez les animaux domestiques et qui est produit par une irritation de la membrane muqueuse des fosses nasales. Il consiste en une expiration forte et sonore, mais volontaire et sans caractère convulsif, accompagnée d'une vive secousse de la tête.

ÉBULLITION (de *bulle*), phénomène qui se produit ordinairement dans le passage d'un corps liquide à l'état gazeux : il est caractérisé par un bruissement plus ou moins prononcé et par des bouillons plus ou moins forts, résultant de la formation et du déplacement continuel de petites bulles gazeuses que la chaleur dilate et fait monter à la surface du liquide. L'ébullition a lieu à différentes températures pour les différents corps; et pour le même corps elle est subordonnée à la pression de l'atmosphère, à la hauteur du liquide et à sa densité. Elle se produit plus vite dans le vide qu'à l'air libre, dans des vases de métal bons conducteurs du calorique, que dans des vases de terre ou de verre, etc. Pour l'eau, dans les conditions ordinaires, elle a lieu à 100 degrés du thermomètre centigrade.

En Médecine, on nomme *ébullition* toute espèce d'éruption passagère qui survient à la peau sans mouvement fébrile ou avec une fièvre de courte durée.

ÉBUR, nom latin de l'Ivoire : d'où les mots *éburné*, *éburnin*, c.-à-d. qui prend la consistance de l'ivoire, qui ressemble à de l'ivoire; *éburnification*, transformation que subissent les cartilages et qui leur donne la couleur et la consistance de l'ivoire.

ÉCAILLES (de l'italien *squaglia*, dérivé, selon Roquefort, de *squamula*, diminutif de *squama*), plaques osseuses ou cornées qui recouvrent la peau de la plupart des poissons, et celle des sauriens, des ophidiens et des tortues. On en trouve aussi sur les pieds des oiseaux, sur les ailes des manchots et des sphénisques, sur la queue des rats et des castors, sur quelques édentés, sur les ailes des Lépidoptères, sur plusieurs Charançons, sur les Lépismes, etc. En général, ces écailles sont formées d'albumine, de phosphate de chaux et de soude, d'oxyde de fer et d'un corps huileux.

On emploie dans les arts l'écaille de Tortue. La plus belle se tire de l'espèce appelée *Caret*. On trouve dans le commerce quatre sortes d'écailles : la 1re, et la plus estimée, est celle qui se pêche dans les mers de la Chine, et principalement sur les côtes de Manille; la 2e vient des Seychelles; la 3e, dite d'Égypte, est expédiée de Bombay par la voie d'Alexandrie : elle est en feuilles généralement plus petites, plus minces, plus terreuses, et souvent sujettes à se dédoubler; la 4e, qui vient d'Amérique, est en grandes feuilles, d'une couleur plus rougeâtre au fond que les précédentes et à grandes jaspures. Pour façonner l'écaille, on la ramollit dans l'eau chaude, et on la met aussitôt dans un moule où on la comprime à l'aide d'une presse de fer. L'ouvrier polit ensuite l'écaille façonnée. — Ce que l'on nomme *écaille fondue* provient des rognures de l'écaille naturelle que l'on a ramollies dans l'eau bouillante et soumises ensuite à la presse.

En Botanique, on appelle *écaille* toute lame mince, sèche et coriace, qui recouvre quelque partie de la plante, comme celles qui forment le calice de plu-

sieurs Composées, ou celles qui forment la balle et la glume des Graminées, etc.

ÉCANG, instrument en forme de palette employé par le cordier pour faire tomber la paille du lin, du chanvre, et autres plantes textiles.

ÉCARLATE (de l'italien *scarlatto*, que Gébelin dérive de *caro*, chair), couleur rouge fort vive, qu'on obtient ordinairement en traitant la cochenille par la crème de tartre et le chlorure d'étain. Pendant longtemps, l'écarlate ne fut préparée qu'en Hollande. Ce fut par les soins de Colbert que le procédé de cette teinture fut introduit et appliqué en France, aux Gobelins, où il fut perfectionné. Pour teindre le drap en écarlate, on commence par lui donner une teinte de jaune avec le fustet, le quercitron ou le curcuma; on le plonge ensuite dans l'écarlate, on l'y laisse bouillir pendant une heure; puis on le lave à l'eau de rivière, et on le fait sécher. —Au moyen âge, le mot *écarlate* désignait moins une couleur quelconque que la perfection même de la teinture. Il y avait de l'écarlate verte, bleue, noire, etc.

On donnait le nom d'*écarlate de graine* au kermès, insecte dont on tire en effet une belle couleur rouge et qu'on prenait pour une galle du chêne, par opposition à la *graine d'écarlate* ou cochenille, qu'on prenait aussi pour une production végétale.

Écarlate, nom d'une couleuvre de la Caroline. — C'est aussi le nom de deux espèces de Champignons d'Italie, du genre Agaric.

ÉCARRISSAGE. *Voy.* ÉQUARRISSAGE.

ÉCART, nom donné, en Hippiatrie, à la distension forcée des muscles et des ligaments du bras du cheval, qui résulte d'un effort violent exercé sur la région supérieure de ce membre, et tendant à l'écarter de la poitrine. Quand cette lésion est légère, on la nomme *faux écart*; quand elle est considérable, on l'appelle *entr'ouverture*. La saignée, les topiques résolutifs et le repos en sont les remèdes ordinaires.

En Marine, on nomme *écart* le moyen de réunion des bouts de deux pièces de bois employées dans la construction d'un bâtiment.

Dans le Blason, on nomme *écart* chaque quartier d'un écu divisé en quatre. Les armes principales de la maison se mettent au 1er et au 4e écart. On place au 2e et au 3e écart les armes des alliances ou de la ligne maternelle. *Voy.* ÉCARTÈLEMENT.

ÉCARTÉ, jeu de cartes qui se joue à deux avec un jeu de 32 cartes. Chaque joueur prend 5 cartes; la onzième est retournée et se nomme *atout*, ainsi que toutes les cartes de la même couleur. Si l'on se trouve avoir mauvais jeu, on *écarte* tout ou partie de ses cartes, c.-à-d. qu'on les jette pour en reprendre d'autres sur les cartes restées *au talon*, après la distribution. Celui qui tire le roi d'*atout*, ou qui l'a dans son jeu, marque un point; celui qui fait le plus de levées en marque aussi un; si on les fait toutes, ce qu'on nomme la *vole*, on en marque deux. Le partenaire qui arrive le plus tôt à 5 points gagne la partie. Le plus souvent, ce jeu donne lieu à des paris, qui sont quelquefois considérables.

ÉCARTÈLEMENT (d'*écarter*), supplice qui consiste à être tiré à quatre chevaux jusqu'à ce que le corps soit en lambeaux. Les Romains et les Francs connaissaient ce supplice. On écartelait aussi en attachant les jambes du patient à deux branches d'arbres courbées forcément vers le sol, et qui, en se redressant, déchiraient le corps en lambeaux. L'écartèlement était autrefois le supplice des traitres et des criminels de lèse-majesté au premier chef. Metius Suffetius chez les anciens; Poltrot de Méré, assassin du duc de Guise; Châtel et Ravaillac, assassins de Henri IV; Damiens, qui frappa Louis XV, périrent ainsi.

En termes de Blason, l'*écartèlement* est le partage de l'écu en quatre parties, dites *écarts*. On distingue l'*É. en croix*, quand les deux lignes qui traversent l'écu se coupent à angles droits; et l'*É. en sautoir*, quand ces lignes sont diagonales. Un écu est *contre-écartelé* quand un de ses quartiers est lui-même écartelé.

ÉCATISSAGE. *Voy.* CATI.

ECBALIUM (du grec *ecballô*, lancer dehors), genre de la famille des Cucurbitacées, a été établi pour une espèce du genre Momordica, le *M. elaterium*, qui croît sur le bord des chemins et dans les lieux incultes du midi de la France. C'est une plante annuelle à feuilles alternes, à fleurs jaunes, monoïques : les fleurs mâles en cimes multiflores, les femelles solitaires sur un pédicule particulier et dans la même aisselle que les fleurs mâles. Le fruit est ovoïde, allongé, couvert de points rudes; si on le touche à l'époque de la maturité, il s'ouvre avec élasticité, et lance ses graines à une assez grande distance. On retire de ces graines un suc âcre et très-purgatif qui doit ses propriétés à un principe cristallisable appelé *élatine* ou *élatérine*. *Voy.* ELATERIUM.

ECCE HOMO (*voilà l'homme*), mots latins que Pilate prononça devant les Juifs lorsqu'après avoir fait flageller Jésus, il le leur présenta couronné d'épines. Ces mots ont été empruntés par les arts pour désigner une statue ou un tableau qui représente Jésus-Christ dans cette situation. Les plus remarquables de ces ouvrages ont été peints ou gravés par Cigoli, le Titien, le Corrége, l'Albane, le Guide, Albert Durer, Rembrandt, Van Dyck, Poussin, etc.

ECCHYMOSE (du grec *ex*, hors de, et *chymos*, suc), tache livide de la peau produite par l'extravasation du sang dans le tissu cellulaire. Elles sont ordinairement le résultat d'une contusion, d'une contraction violente d'un muscle, ou de toute autre cause apte à produire la rupture des vaisseaux capillaires sanguins. Les ecchymoses, d'abord rouges ou noirâtres, prennent successivement une couleur violette, verdâtre, jaunâtre, citrine, et puis la tache disparaît complétement : c'est un effet de l'absorption graduelle du liquide épanché. Les ecchymoses légères se guérissent sans traitement; quand elles sont graves, on emploie les applications résolutives, et quelquefois la saignée locale ou générale.

ECCLÉSIASTE (du grec *ecclésiastès*, prédicateur), titre d'un des livres de l'Ancien Testament, que les uns attribuent à Salomon, les autres à l'un des ministres de Zorobabel ou d'Ézéchias. L'auteur y prêche à tous les hommes les devoirs de la vie, la crainte de Dieu et l'observance de sa loi.

ECCLÉSIASTIQUE (du grec *ecclésia*, église), qui appartient à l'Église; nom donné en général à tous les membres du clergé. *Voy.* CLERGÉ, PRÈTRE, etc.

ECCLÉSIASTIQUE (du grec *ecclésia*, assemblée, parce qu'on avait coutume de lire autrefois ce livre dans les assemblées des fidèles), le 26e livre de l'Ancien Testament et le 5e des Livres sapientiaux. Il est divisé en trois parties : 1o éloge et origine de la sagesse; 2o avantages que procure la sagesse, et préceptes; 3o éloge de Dieu et de ses œuvres, exemples de vertus, etc. On ignore quel en est l'auteur.

ECCRÉMOCARPE (du grec *eccrémès*, suspendu, et *carpos*, fruit), *Eccremocarpus*, genre type de la famille des Eccrémocarpées, récemment détachée des Bignoniacées. Ce genre renferme des arbrisseaux grimpants du Pérou, à feuilles opposées, tripinnées, terminées par un cirrhe en spirale, et à fleurs grandes, pendantes, disposées en racines. L'*E. scaber* est une belle espèce, cultivée dans nos jardins.

ÉCHAFAUD, anciennement *Chaffaut* (qu'on dérive de l'italien *catafalco*), nom donné en général à toute construction élevée momentanément, en forme de plancher ou de plate-forme, et destinée à soutenir un certain nombre de personnes, soit pour les mettre plus en vue, soit pour qu'elles puissent travailler à une certaine hauteur au-dessus du sol. Dans un sens plus restreint, l'*échafaud* est la plate-forme sur laquelle on expose ou l'on supplicie les criminels.

En Architecture, on distingue les *É. ordinaires*, composés de longues perches verticales dites *échasses*, et de traverses liées ensemble avec des cordes et recouvertes de planchers volants; les *É. d'assemblage*, formés de madriers entés les uns dans les autres, reliés par des moises ou des croix de St-André, et solidement boulonnés; les *É. volants*, suspendus en l'air à l'aide de cordes : l'appareil de M. Journet est un échafaud volant, qui remplace avantageusement la corde à nœuds : c'est un plancher en bois, large d'un mètre et garni d'une balustrade, qui glisse le long d'une coulisse verticale et dont le mouvement horizontal s'opère à l'aide d'un chariot sur une traverse fixée à l'édifice; les *É. mobiles*, qui peuvent se transporter d'un point à un autre : tels sont ces échafauds en forme de pyramide tronquée, montés sur des roues ou roulant sur des galets, qui servent dans les vastes édifices pour atteindre à de grandes hauteurs.

ÉCHALAS (de l'italien *scalaccia*, formé de *scala*, échelle), perche mince, ou bâton fiché en terre pour servir d'appui aux ceps de vigne, aux jeunes tiges, aux arbustes. Pour en augmenter la durée, on doit en carboniser la pointe avant de la mettre en terre. On distingue trois sortes d'échalas : les premiers, de 3 m. environ de hauteur, servent à soutenir les hautains suivant la coutume des environs de Pau; les seconds, hauts de 2 m., supportent les ceps élevés d'environ 1 m., comme à Côte-Rôtie et dans le Bordelais; les troisièmes, hauts d'un mètre seulement, sont employés en Champagne et dans les environs de Paris. Les premiers et les seconds restent à demeure en terre; les troisièmes sont enlevés chaque année, et replantés après la taille. Les meilleurs échalas sont ceux que l'on tire du tronc de chêne. Les pins, les jeunes sapins, les peupliers blancs ou noirs, les mûriers, les châtaigniers, etc., fournissent des échalas de seconde qualité.

ÉCHALOTE, *Allium ascalonicum*, espèce d'Ail qui a une saveur moins forte que l'ail ordinaire : on en fait un grand usage dans les cuisines. L'échalote est originaire d'Ascalon en Palestine; on l'a importée en Europe, où on la multiplie par le moyen de ses caïeux. Elle est cultivée en grand dans le bas Poitou et à Oléron : on la plante en février et en mars.

ÉCHANGE (jadis *exchange*). C'est, aux termes du Code civil, un contrat par lequel les parties se donnent respectivement une chose pour une autre. L'échange s'opère par le seul consentement, de la même manière que la vente (art. 1702, 1703). — L'échange a été la première opération du commerce : aujourd'hui même c'est par échange que se font les transactions avec les peuples qui sont encore au berceau de la société, telles que les populations nègres en Afrique et les indigènes de l'Amérique et de l'Océanie. L'incommodité de ce mode de commerce a fait de bonne heure recourir à un intermédiaire qui fût facilement échangeable contre toute espèce de marchandise, à la monnaie. Cependant on n'a pas craint, dans ces derniers temps, de vouloir ramener les hommes à l'enfance du commerce : tel était le but de la *Société coopérative* de R. Owen et de la *Banque du peuple* proposée par M. P. Proudhon en 1849.

La liberté des échanges entre les différentes nations a donné lieu, entre les Économistes, aux plus vives discussions : les uns voulant une liberté absolue et proclamant cette maxime d'Ad. Smith, *Laissez faire, laissez passer;* les autres soutenant les prohibitions, les restrictions et les droits de douane, comme indispensables pour protéger l'industrie naissante. L'Angleterre est, depuis peu d'années, entrée dans la voie du libre échange : les ministres Huskisson et R. Peel ont donné l'exemple de réformer la législation à cet égard. M. Michel Chevalier, partisan déclaré du libre échange, a publié en 1852 un *Examen du système protecteur*. *Voy.* DOUANES.

ÉCHANSON (de l'allemand *schenken*, verser à boire), officier chargé de verser à boire au roi et aux princes. Cette charge a existé de toute antiquité. On voit dans la Bible que les Pharaons d'Égypte avaient leurs échansons; dans la Mythologie grecque, le jeune Ganymède est l'échanson du roi des Dieux. À la cour des rois de France, l'office de *grand échanson* remonte jusqu'à Charlemagne. Ce dignitaire tenait rang parmi les grands officiers de la couronne et signait toutes les lettres, patentes et ordonnances royales; dans la suite il n'exerça plus ses fonctions que dans les grandes cérémonies, aux sacres, aux mariages, etc. Il ne faut pas confondre l'office de *grand échanson* avec celui de *grand bouteiller*, qui exista du XIVᵉ au XVIᵉ siècle. Ce dernier surveillait tout ce qui avait rapport à la boisson du roi.

ÉCHANTILLON (du grec *canthos*, coin de l'œil, selon Roquefort), petite portion prise sur un objet de commerce pour en faire apprécier la qualité et la valeur. Les douanes admettent comme échantillons les coupons d'étoffe de moins de 40 centimètres pour vêtements et de 240 cent. pour meubles; les gants et bas de soie dépareillés, les objets non entiers ou non finis, etc.—En Architecture, on nomme *échantillons* des matériaux qui ont une longueur et une largeur déterminées par les règlements, et qui servent de modèles, afin que le constructeur soit assuré de les trouver toujours les mêmes, quelque part qu'il veuille s'en pourvoir : des *briques d'échantillon*, des *tuiles d'échantillon*, sont des briques, des tuiles façonnées conformément au modèle.

ÉCHAPPÉE. En Peinture, c'est le passage de la lumière pénétrant entre deux corps très-rapprochés pour aller éclairer d'autres objets qui sans cela seraient dans l'obscurité.

ÉCHAPPEMENT, mécanisme par lequel la dernière roue d'une machine, d'une horloge, transmet au balancier ou au pendule l'action du poids ou du ressort, de manière à entretenir les oscillations du pendule ou du balancier, qui, sans cela, cesseraient tôt ou tard, par suite des résistances dues au frottement sur les pivots ou à l'ébranlement de l'air; il sert aussi à arrêter le mouvement du rouage pendant que le balancier achève une oscillation. Dans l'*É. à recul*, le mouvement de la roue n'a pas lieu constamment dans le même sens, mais elle avance et recule par petits intervalles successifs, de manière cependant qu'il échappe une dent à chaque oscillation du balancier : à cette classe appartient l'*É.* dit *à roue de rencontre*, presque exclusivement usité pour les montres communes. — Dans l'*É. à repos*, la dernière roue passe, avec tout le reste des rouages, par une série de repos et de mouvements alternatifs, comme dans les montres plates (*É. à cylindre*), dans les horloges et les pendules (*É. à ancre*), et dans les chronomètres (*É. libres*).

ÉCHARDE (du latin *carduus*, chardon, épine), nom donné vulgairement aux petits corps aigus (épines ou éclats de bois) qui s'introduisent accidentellement dans l'épaisseur de la peau, et dont la présence excite toujours une vive irritation et amène quelquefois des accidents graves. *Voy.* PANARIS.

ÉCHARPE (du latin *ex carpo*, couper, detacher de), longue bande d'étoffe en laine, en soie ou en dentelle, brodée d'or et d'argent, que les chevaliers portaient autrefois en ceinturon ou en bandoulière. L'écharpe de chaque chevalier avait ordinairement la couleur préférée par la dame de ses pensées. L'écharpe servait encore, par sa forme et par sa couleur, à distinguer les divers ordres de chevalerie et les partis politiques. Aux croisades, l'écharpe des soldats était blanche. Cette couleur fut aussi celle des Armagnacs et des Huguenots. Le rouge était celle de Henri III et de Charles IX ; le vert, celle de Mazarin ; l'isabelle, celle des Condé. L'usage des écharpes cessa avec la chevalerie. — En France, l'*écharpe tricolore* sert aujourd'hui d'insigne aux magistrats municipaux, aux commissaires de police, etc. Les commandants de place, les maréchaux, les officiers généraux, ont une écharpe en or ou en argent qu'on appelle plutôt *ceinture*. — On donne aussi le nom d'*écharpe* à la cravate du drapeau.

Les dames appellent *Écharpe* une sorte de châle léger, peu large et très-long, qu'elles drapent sur leurs épaules de diverses manières : cette mode paraît avoir été empruntée aux femmes de l'Orient.

Dans la Construction, on appelle ainsi : 1º une pièce de bois au bout de laquelle est attachée une poulie, et qui fait à peu près l'office d'une chèvre : on s'en sert pour élever des fardeaux peu considérables; 2º le cordage dont les maçons se servent pour monter et conduire un corps qu'on veut élever.

ÉCHASSE (de l'italien *scalaccia*, dérivé du latin *scala*, échelle). On appelle *échasses* deux perches ou deux bâtons à chacun desquels est adapté un *fourchon*, espèce d'étrier, placé à une certaine hauteur, et où l'on pose le pied. Elles sont serrées aux jambes au-dessous du genou par des courroies. On se sert des échasses soit pour marcher dans les marais, dans les sables, comme font les pâtres des Landes et du bas Poitou, soit pour paraître plus grand et divertir la foule, comme font les bateleurs. On croit que les anciens connaissaient les échasses.

On donne encore ce nom : à une règle de bois large et mince dont les ouvriers se servent pour mesurer les hauteurs des pierres; aux perches entées les unes sur les autres, qui servent à construire les échafauds.

ÉCHASSE, *Himantopus*, genre d'oiseaux de l'ordre des Échassiers et de la famille des Longirostres, à bec droit, cylindrique, deux fois aussi long que la tête; à tarses très-élevés, grêles et sans pouce. Ces oiseaux, par la faiblesse de leurs tarses, ne sont propres à marcher que dans la vase; ils chancellent sur la terre ferme. Ils vivent de grenouilles et d'insectes aquatiques. La plupart sont de l'Amérique du Sud; une seule espèce, l'*É. à manteau noir* (*H. melanopterus*), vit en Europe, dans les marais salants de la Hongrie. Son plumage est noir et blanc; sa taille est de 40 centimètres.

ÉCHASSIERS, *Grallatores*, 5ᵉ ordre de la classe des Oiseaux, renferme ceux qui ont les jambes longues, dégarnies de plumes, et un genre de vie le plus souvent aquatique. Tous ont une queue courte et volent en étendant leurs jambes en arrière, comme pour servir de contre-poids à leur long cou. Leur nourriture habituelle se compose de poissons, de reptiles, de mollusques, de vers ou d'insectes. Bien que vivant sur le bord de la mer ou des rivières, la plupart ne nagent ni ne plongent; ils ne vont que dans les endroits guéables. Chez tous, la voix est aigre et désagréable. La plupart sont migrateurs. La famille des Échassiers se divise en 6 tribus : *Brevipennes*, *Cultrirostres*, *Longirostres*, *Macrodactyles*, *Pressirostres* et *Vaginales*.

ÉCHAUBOULURE (du latin *calda*, chaude, et *bulla*, bulle), nom vulgaire des petites élevures rouges qui viennent quelquefois sur la peau pendant les chaleurs de l'été, et causent une vive démangeaison.

ÉCHAUFFANTS, nom donné à toutes les substances, alimentaires ou autres, qui excitent l'action organique des divers systèmes de l'économie, accélèrent la circulation, et accroissent par conséquent la chaleur animale. Tels sont le vin, les liqueurs, le café, le thé, et surtout le poivre, l'ail, les viandes fortement salées, le poisson salé et fumé, etc.

ÉCHAUFFEMENT, augmentation de chaleur dans l'économie animale, caractérisée par un sentiment d'ardeur, une disposition à la sueur, une soif ardente, des urines fréquentes, rouges, fétides, la constipation, des ébullitions et des démangeaisons par tout le corps, un teint animé, un sommeil agité, l'insomnie, etc. Un régime doux, des boissons rafraîchissantes et laxatives et quelquefois la saignée font disparaître ces symptômes. — Dans le langage ordinaire, on emploie souvent ce mot comme synonyme de *constipation*.

ÉCHÉANCE (du verbe *échoir*), instant précis auquel une obligation doit être remplie. Si un terme a été convenu, le prêteur ne peut réclamer la chose prêtée avant l'échéance ; s'il n'a pas été fixé de terme, le juge fixe ce terme suivant les cas (Code civil, art. 1899-1900). La loi a fixé pour les *lettres de change* les termes d'échéance suivants : la lettre *à vue* est payable à sa présentation ; la lettre *après délai*, à l'échéance fixée par la date de l'acceptation, ou du *protét* pour faute d'acceptation; la lettre *à usance* est à 30 jours; celle *payable en foire* est échue la veille du jour de la clôture de la foire (Code de Commerce, art. 129-161). *Voy.* TERME.

ÉCHECS (du persan *schah*, roi). Le jeu d'échecs se joue à deux personnes, sur un échiquier de 64 cases alternativement blanches et noires, et avec 32 pièces (16 pour chaque joueur), dont moitié d'une couleur et moitié d'une autre. Ces pièces sont : le *roi*, la *dame*, 2 *tours*, 2 *cavaliers*, 2 *fous* et 8 *pions*. Les 2 tours occupent les cases extrêmes de la première ligne de l'échiquier ; les cavaliers se placent chacun près d'une tour; les fous, près des cavaliers; le roi et la dame, entre les deux fous ; les 8 pions, sur les 8 cases de la deuxième ligne de l'échiquier, et devant les pièces précédentes. — Chaque pièce a sa marche propre : les tours marchent rectangulairement ; les fous, diagonalement; la dame, à la fois rectangulairement et diagonalement. Ces trois pièces avancent et rétrogradent aussi loin que le permet l'échiquier. Le roi peut aller de sa case à toutes les cases contiguës. Le cavalier peut sauter à l'une des deuxièmes cases de couleur opposée qui entourent celle qu'il occupe. Les pions marchent droit devant eux, sans jamais reculer : au départ, ils peuvent franchir deux cases; après ce coup, ils n'avancent plus que case par case. — Toutes les pièces, le roi excepté, peuvent se prendre réciproquement. La pièce qui prend se substitue à la place de la pièce prise. En général, les pièces prennent dans le même sens qu'elles marchent; mais les pions qui marchent droit devant eux prennent diagonalement comme les fous. — Le but du jeu est de faire le roi *mat*, c.-à-d. de le réduire à l'impossibilité d'échapper. Le premier des deux joueurs qui fait *mat* gagne la partie. — Il y a des parties qui se prolongent des années, et qui se poursuivent par correspondance.

Les combinaisons relatives à l'emploi le plus rapide et le plus efficace des pièces constituent une véritable science, ayant sa langue, ses méthodes, ses écoles, son histoire, sa littérature et ses journaux. L'école française, dont le chef est Philidor, subordonne toutes les pièces aux pions ; l'école italienne subordonne les pions aux autres pièces ; l'école allemande ou école mixte n'a point de préférence exclusive pour les pièces ou pour les pions.

Voici les noms des principaux théoriciens: Damiano, Portugais , 1512; Ruy-Lopez de Segura, 1561 ; Gioachino Gréco, dit le Calabrois, 1619 ; au dernier siècle , en France, Stamma et Philidor; en Italie, Ercole del Rio, Lolli, Cozio, Ponziani; de nos jours, en Angleterre, Lewis , Walker, Staunton; en Russie, Pétroff, Jœnisch ; en Allemagne, Bilguer, Heydebrand de la Lasa ; en France, Mouret, Alexandre, Labourdonnais, Kieseritzky.

La bibliographie des échecs est considérable. On en trouve le catalogue dans la *Litteratur des Schachspiels* de M. Anton Schmid, Wien, 1840, in-8. — L'ouvrage le plus méthodique et le plus complet est le *Manuel* de Bilguer, *Handbuch des Schachspiels*, Berlin, 1843, in-8, qui a servi de modèle à l'*Art de jouer aux échecs* par Walker, traduit de l'anglais, Paris, 1851. On doit encore mentionner le *Traité* de Lewis, trapar Witcomb , 1846 ; le *Traité élémentaire* de Basterot; l'*Encycl. des échecs* et la *Coll. des Problèmes* par

Alexandre, Paris, 1837 et 1846. — En 1836, Labourdonnais fonda le premier journal d'échecs; *le Palamède*, paraissant aujourd'hui sous le titre de *la Régence*. L'Angleterre, l'Allemagne, l'Espagne, les États-Unis d'Amérique, les Indes Orientales ont un assez grand nombre de semblables journaux.

Le jeu des échecs paraît être l'image de la guerre. On a voulu en faire honneur à Palamède, qui l'aurait inventé au siége de Troie. On pense généralement qu'il fut inventé dans l'Inde vers la vi^e siècle de notre ère, qu'il se répandit rapidement dans la Chine et la Perse, et s'introduisit en Europe pendant les Croisades. Dans l'Inde, ce jeu s'appelle *Tschaturangâ*, c.-à-d. les *4 parties d'une armée* ; les pièces sont en effet : 8 fantassins, 2 chariots, 2 cavaliers, 2 éléphants, et pour les commander, le généralissime ou le roi.

ÉCHELET, *Climacteris*, genre de Passereaux ténuirostres, renferme des oiseaux à bec court, comprimé; aux tarses robustes; ayant le doigt du milieu et le pouce très-longs, les ongles très-grands et très-crochus. On en connaît deux espèces, indigènes toutes deux de l'Océanie : le *Picumne* (*Cl. picumnus*), et le *Cl. scandens*, de couleur brune mêlée de jaune.

ÉCHELETTE, oiseau grimpeur. *Voy.* TICHODROME.

ÉCHELLE, anciennement *échale* (du latin *scala*, même signification), machine connue de tous, dont on se sert pour monter et pour descendre. On appelle *É. doubles* celles qui sont formées de deux échelles semblables, inclinées et jointes par le haut au moyen d'une tige ou de deux fortes charnières en fer : on les nomme, selon leur usage, *É. de peintre*, *de jardinier*, etc. Les *É. de corde* sont de gros câbles garnis de nœuds, en usage chez les plombiers, les charpentiers, les couvreurs, les marins, etc.; on fait aussi de véritables échelles en corde pouvant s'attacher avec des crochets de fer à l'endroit où l'on veut monter. On nomme *É. à incendie* des échelles qui s'élèvent, au moyen de ressorts, à une certaine hauteur, et servent de moyen de sauvetage dans les incendies. — On nomme *É. demeunier* une espèce d'escalier à jour où les échelons sont formés de planches.

En Géométrie, on nomme *échelle* une ligne qui est divisée en plusieurs parties égales destinées à servir de commune mesure aux parties d'une surface ou d'un solide : telles sont les échelles des ponts, des baromètres, des thermomètres, etc. Les plans et les cartes géographiques offrent toujours une échelle représentant un certain nombre d'unités métriques, à l'aide desquelles on peut estimer les distances et les mesurer avec un compas.

On appelle *Échelle arithmétique* la progression géométrique par laquelle se règle la valeur relative des chiffres simples dans un système quelconque de numération ; — *É. logarithmique*, une ligne droite divisée en parties inégales, qui représente les logarithmes des nombres ou ceux des sinus et des tangentes. Elle a été imaginée par Gunter.

On nomme *Échelle de pente* une branche de la Géométrie descriptive qui s'occupe de déterminer la position dans l'espace des surfaces connues seulement par des conditions exprimées par l'analyse. — *É. de front* se dit, en Perspective, d'une droite parallèle à la ligne horizontale, et divisée en parties égales qui représentent des mètres ou subdivisions du mètre; l'*É. fuyante* est la droite verticale divisée en parties inégales qui représentent le mètre ou ses subdivisions.

En Musique, on nomme *échelle* la succession des notes de la gamme écrite, parce qu'elles semblent rangées sur les lignes de la portée comme sur des échelons. Les Grecs lui donnaient le nom de *diagramme*, parce qu'ils représentaient les sons par les lettres de l'alphabet (*grammata*); seulement, leur échelle n'était composée que de quatre sons, qui formaient un *tétracorde*. On applique aux échelles musicales comme aux gammes les dénominations d'*É. diatonique*, *chromatique*. *Voy.* GAMME.

Pour les *Échelles du Levant*, ports de la Méditerranée orientale, *Voy.* le *Dict. univ. d'Hist. et de G.*

ÉCHÈNE ou ÉCHÈNÉIDE (du grec *échein*, retenir), *Echeneis*, genre de poissons Malacoptérygiens subbrachiens, famille des Discoboles, reconnaissables à leur tête supportant un disque aplati, composé de lames dentelées ou épineuses, par lesquelles ces poissons se fixent aux rochers et aux vaisseaux. On en connaît quatre espèces : le *Rémora*, type du genre, long de 3 décim. : il est noirâtre, visqueux et mou; les anciens lui attribuaient des propriétés merveilleuses, par exemple, celle de pouvoir arrêter subitement la marche d'un vaisseau; l'*É. naucrate*, distingué par les plaques placées sur son corps; l'*É. royé* et l'*É. ostéochir*.

ÉCHENEAU ou ÉCHENO (de *chenal* ou *cheneau*, rigole), bassin de terre que les fondeurs placent audessus du moule dans lequel on verse le métal en fusion, et d'où ce dernier se communique aux jets, qui le distribuent dans toute la figure.

ÉCHENILLAGE, opération qui consiste à ôter les chenilles des arbres et à détruire leurs nids. Elle se fait à la fin de l'hiver et avant l'éclosion des œufs, que l'on voit suspendus aux branches par milliers. Une loi du 26 ventôse an IV (art. 1er) et le Code pénal (art. 471) obligent les propriétaires, les fermiers, à échaniller les arbres des grandes routes, des jardins, des vergers, des haies, à peine d'une amende de 1 à 5 fr. On nomme *échenilloir* un instrument en forme de ciseaux qui sert à écheniller les arbres : il est placé au bout d'un long manche de manière à atteindre facilement les branches élevées, et se manœuvre à l'aide d'une ficelle; la partie coupée est reçue dans une espèce de filet inférieur.

ÉCHENILLEUR, *Ceblepeyris*, genre de Passereaux dentirostres, caractérisé par un bec gros, échancré à sa pointe, élargi à sa base et un peu bombé; des pieds faibles et courts, des ailes médiocres, une queue large, à rectrices roides, souvent terminées en pointes très-aiguës. La taille de ces oiseaux est de 20 à 25 centim. Ils vivent en troupes sur les arbres, dont ils mangent les chenilles. Leur couleur est noire ou d'un gris bleu mêlé de blanc, de rouge et de vert.

ÉCHEVEAU (du bas latin *scapulus*, dérivé de *scapus*, rouleau), assemblage de fils de chanvre, de lin, de coton, de soie, de laine, etc., pliés et tournés les uns sur les autres au moyen du *dévidoir*. La longueur du fil est la même pour tous les écheveaux : ils ne varient entre eux que par le poids. On désigne par des numéros combien il faut d'écheveaux pour une livre poids ou un demi-kilogr. On appelle *échevette* un diminutif de l'écheveau. L'échevette de coton a 100 m. de long; dix échevettes forment un écheveau (ordonnance du 26 mai 1819).

ÉCHEVIN (du bas latin *scabinus*), magistrat municipal chargé, avant 1789, de rendre la justice dans les villes. *Voy.* le *Dict. univ. d'Hist. et de Géogr.*

ÉCHIDNA, ÉCHIS, nom grec de la Vipère.—Les anciens donnaient le nom d'*Échidna* à un monstre ayant la moitié du corps d'une nymphe et l'autre d'un serpent affreux, qui eut de Typhon l'hydre de Lerne, Cerbère, la Chimère, le Sphinx et autres monstres.

ÉCHIDNÉ (du grec *échinodès*, analogue au hérisson), genre de l'ordre des Édentés, famille des Monotrèmes : museau allongé en bec et dépourvu de dents; bouche petite, entourée de lèvres cornées; langue filiforme, fort longue; corps ramassé, couvert de piquants; pieds à cinq doigts, robustes et armés d'ongles fouisseurs. L'*É. hystrix*, type de ce genre, est plus grand que le hérisson; il vit dans des terriers, et se nourrit d'insectes et de fourmis. On ne le trouve qu'à la Nouvelle-Hollande.

ÉCHIFFE, mur qui sert à supporter l'extrémité des marches d'un escalier, et qui en soutient toute la charpente. Il se dit aussi de la charpente même,

qui comprend les limons, les patins, les rampes.

ÉCHIMYS (du grec *échinos*, hérisson, et *mys*, rat), genre de l'ordre des Rongeurs et de la famille des Fouisseurs, dont le corps est couvert d'un mélange de poils et de piquants aplatis, et dont la queue est longue et recouverte à la fois de poils et d'écailles. Ces animaux vivent de fruits et de racines; leur poil est brun marron ou roussâtre. L'*É. setosus*, type de ce genre, habite le Brésil : il est brun roussâtre, et a une taille de 2 décim.; l'*É. cristatus* est le *Rat à queue dorée* de Buffon; l'*É. spinosus* est le *Rat épineux* d'Azzara.

ÉCHINE (du grec *échinos*, épine), nom donné vulgairement à la *colonne vertébrale*, parce que la partie postérieure est hérissée d'éminences osseuses plus ou moins aiguës, nommées *apophyses épineuses*.

En Architecture, l'*échine* désigne la moulure principale du chapiteau dorique.

ÉCHINIDES (du grec *échinos*, hérisson, et *eidos*, forme), 1er ordre de la classe des Échinodermes, renferme des animaux marins à corps ovale ou circulaire, à test calcaire, formé de plaques polygonales et couvert d'épines; la bouche est percée dans une échancrure inférieure, et l'anus distinct. Le genre type est le genre *Oursin* (*Echinus*). *Voy.* OURSIN.

ÉCHINOCACTE, synonyme de *Cactus épineux*, subdivision de la famille des CACTÉES.

ÉCHINOCOQUE (du grec *échinos*, épine, et *coccos*, noyau), *Echinococcus*, genre de Vers intestinaux de l'ordre des Cystiques ou Vésiculaires, renferme de très-petits animaux à corps court, terminé en avant par une tête armée de quatre suçoirs et entourée de crochets, qui sont comme autant d'*épines*. Ils vivent enfermés dans un kyste rempli d'eau et peuvent se trouver chez un grand nombre d'animaux (bœuf, mouton, singe, etc.), et dans tous les organes. L'*É. de l'homme* a été observé dans le foie, le poumon, les reins, la rate, l'œil, le cerveau, etc., et par masses de 30 à 40 individus. La poche qui les renferme a communément la grosseur d'un pois, souvent d'un œuf; quelquefois elle se développe au point d'occuper un volume de plusieurs litres. En Médecine, on désigne ces animaux sous le nom d'*Hydatides*.

ÉCHINODERMES, ÉCHINODERMAIRES (du grec *échinos*, hérisson, et *derma*, peau), 1re classe des animaux Rayonnés, distinguée par des suçoirs épars sur tout le corps, ou disposés en séries longitudinales. Ces animaux habitent les mers des contrées chaudes. Leur peau est couverte de petits organes appelés *cirrhes*, qui leur servent en même temps à respirer, à marcher et à se fixer aux corps. L'organe digestif consiste en un canal à deux orifices, bouche et anus, ou même à un seul orifice. Les Échinodermes jouissent de la propriété de reproduire certaines de leurs parties quand on les coupe. Cette classe se divise en trois ordres : les *Échinides* ou *Oursins*, les *Holoturides*, à corps allongé et à suçoirs nombreux, et les *Stellérides* ou *Astéries*.

ÉCHINOPHORE (du grec *échinos*, épine, et *phoros*, porteur), *Echinophora*, genre de la famille des Ombellifères, dont le fruit et les feuilles sont hérissés d'épines, se compose de deux espèces de plantes particulières aux bords de la Méditerranée. Le type du genre est l'*É. épineuse* à tige forte, haute de 30 centim., cannelée, à feuilles découpées en segments aigus, étroits et semblables à des épines.

ÉCHINOPSIDÉES (du grec *échinos*, épine, et *opsis*, apparence), sous-tribu des Cynarées, famille des Composées, renferme les genres qui ont leurs fleurons accompagnés chacun d'un involucre particulier, et réunis en capitule avec ou sans involucre commun. — Le genre type est l'*Echinops*, plante herbacée de l'hémisphère boréal, à fleurs en capitules, tantôt bleues, tantôt blanches. Plusieurs espèces d'Échinops sont cultivées dans les jardins.

ÉCHINORHYNQUE (du grec *échinos*, hérisson, et

rhynchos, bec), *Echinorhynchus*, genre de Vers intestinaux de l'ordre des Acanthocéphales, cylindroïdes, allongés, quelquefois ridés, sans nerfs, distingués par une *trompe* ou prolongement antérieur, rétractile, garni de crochets, et qui leur sert à se fixer aux membranes sur lesquelles ils se trouvent, ainsi qu'à se mouvoir. On trouve les Échinorhynques dans le corps des cochons, des baleines, des hérons, des cygnes, des grenouilles, etc. L'*É. géant* (*E. gigas*), qui habite les intestins du cochon, est le type du genre.

ÉCHINUS, nom latin du *Hérisson* et de l'*Oursin*.

ÉCHIQUIER, tablette pour jouer aux *échecs*. C'est une surface carrée, divisée en 64 *cases*, ou petits carrés égaux, alternativement blanches et noires : c'est là l'échiquier ordinaire pour 2 joueurs. Il existe aussi des échiquiers pour 3, 4, 5, 6 et 8 joueurs, de formes et de dimensions très-variées. On attribue à Tamerlan l'invention d'un échiquier circulaire.

On donnait aussi ce nom : 1° aux casiers dont se servaient les banquiers au moyen âge, et qui étaient destinés à faciliter le classement des diverses monnaies fort nombreuses à cette époque ; 2° au casier ou tableau dressé en Angleterre, aussitôt après la conquête de ce pays par les Normands, pour représenter le partage du territoire entre les conquérants et pour faciliter la répartition de l'impôt dû par chacune des parties prenantes : de là la *Cour de l'échiquier*, juridiction anglo-normande, analogue à notre cour des comptes. On distingue aujourd'hui en Angleterre le *Grand échiquier*, cour de justice où l'on juge les causes qui concernent le trésor et les revenus, et le *Petit échiquier*, ou *Trésorerie* : c'est ce dernier qui met en circulation les *billets* dits de *l'échiquier*, analogues à nos *bons du trésor*.

En termes de Blason, on nomme *échiquier* un écu divisé régulièrement en plusieurs carrés, dont les uns sont de métal et les autres de couleur.

Dans l'Art militaire, l'*Ordre en échiquier* ou *en quinconce* est le nom d'un ordre de bataille en forme de damier, connu des anciens, comprenant plusieurs carrés ou plusieurs subdivisions, espacés de manière à offrir autant de vide que de plein. On a prétendu que l'ordre en échiquier aurait été inventé, ainsi que les échecs, par Palamède au siége de Troie. L'échiquier était la base de la tactique des manipules des légions romaines. Il en était de même dans l'ancienne tactique française. Bonaparte jugeait cet ordre propre surtout au mode d'action de l'avant-garde d'une armée, et aux passages de rivière en retraite ; Frédéric II employait fréquemment ce genre de manœuvre. — En Marine, on nomme ainsi un ordre de marche des armées navales, qui consiste à faire courir les vaisseaux de manière que leurs lignes se croisent comme celles d'un échiquier.

ÉCHITE, en grec *Echítès*, genre de la famille des Apocynées, se compose d'arbustes volubiles, à feuilles opposées, entières, munies à leur base de poils. Les fleurs sont grandes, de couleur blanche, rose, jaune ou pourpre, en ombelles ou en grappes. Le fruit est un double follicule, allongé, très-grêle, quelquefois filiforme ; les graines ont une sorte d'aigrette à l'extrémité inférieure. L'espèce type est l'*É. à deux fleurs*, arbuste sarmenteux de l'Amérique Méridionale, remarquable par ses feuilles coriaces et opposées et ses grandes fleurs, au nombre de deux ou trois sur chaque pédoncule.

ÉCHIUM, nom latin du genre *Vipérine*.

ÉCHIURE (du grec *échis*, vipère, et *oura*, queue), *Echiurus*, genre d'Annélides de l'ordre des Chétopodes, type de la famille des Échiurides de M. de Blainville, placé à tort par Cuvier parmi les Échinodermes sans pieds. Ce genre est formé de vers marins à corps ovale, avec une sorte en forme de cuiller, et deux crochets à la partie antérieure du corps. Le type du genre est l'*É. vulgaire* ou *Thalassème*, ver commun sur nos côtes, et dont les pêcheurs

se servent comme d'appât. — Outre l'Échiure, la famille des *Echiurides* renferme le genre *Sternaspis*.

ÉCHO (du grec *écho*, son), réflexion du son par un corps dur, en vertu de laquelle le son se répète à l'oreille après avoir déjà été entendu ; cette réflexion s'accomplit toujours suivant cette loi que l'angle de réflexion est égal à l'angle d'incidence. Si la surface réfléchissante est placée à environ 170 mètres de celui qui parle, le temps qui s'écoule entre le premier son et l'écho est d'une seconde, parce que le son parcourt environ 340 mètres par seconde : ainsi l'écho répétera toutes les syllabes qui auront été prononcées dans le temps d'une seconde, de telle manière que lorsque celui qui parle aura cessé de parler, la première parole reviendra après une seconde, c.-à-d. à l'instant où la dernière sera prononcée. A la distance de 340 mètres, un écho peut répéter sept ou huit syllabes. Si la surface réfléchissante se trouve trop proche, l'écho ne répétera qu'une syllabe. Comme un son réfléchi peut se réfléchir de nouveau en rencontrant un second obstacle dans sa direction, il existe des *échos doubles*, *triples*, *quadruples*, etc. Ces échos, qu'on nomme en général *échos multiples*, se produisent ordinairement dans les lieux où se trouvent des murs parallèles et très-éloignés. On nomme *centre phonétique* (du grec *phôné*, voix) le point où le son est produit, et *centre phonocamptique* (du grec *camptô*, réfléchir) le point où il est réfléchi. On cite parmi les échos célèbres celui de Woodstock (Oxfordshire), qui répète le son 20 fois, et celui du château de Simonetta, près de Milan, qui le répète 40 fois. — Outre les échos naturels, il en existe d'artificiels que les Architectes produisent en donnant aux voûtes certaines formes déterminées.

En Musique, on appelle *écho* un membre de phrase mélodique, répété en diminuant le son, pour imiter l'effet d'un écho lointain. On donne encore ce nom à un jeu d'orgue ou à un petit orgue séparé de l'instrument principal, destiné aux effets du même genre.

Les anciens avaient fait de l'Echo une nymphe, fille de l'Air et de la Terre, amante de Narcisse :

> L'Echo n'est plus un son qui dans l'air retentisse.
> C'est une nymphe en pleurs qui se plaint de Narcisse.

En Poésie, on a nommé *écho*, *vers en écho*, un genre de versification où la dernière syllabe du vers est répétée en forme d'écho, comme dans ces vers d'une chanson contre les financiers du siècle dernier :

> Et l'on voit des commis
> Mis
> Comme des princes,
> Qui souvent sont venus
> Nus
> De leurs provinces.

ÉCHOMÈTRE (du grec *écho*, son, et *métron*, mesure), espèce de règle ou d'échelle divisée, dont on se sert pour mesurer la durée des sons, et pour trouver leurs intervalles et leurs rapports.

On appelait autrefois *échométrie* l'art de construire des bâtiments et surtout des voûtes pour propager et multiplier les sons.

ÉCHOPPE. Outre les petites boutiques en appentis adossées contre les murs, ce mot désigne, chez les Graveurs, des burins pour effacer, qui, au lieu d'être pointus, ont la face plate ou arrondie.

ÉCHOUAGE, LIEU D'ÉCHOUAGE, lieu où un bâtiment peut, sans danger, s'échouer volontairement, comme un rivage ou une plage unie. Les navires de commerce, qui sont généralement arrondis, et qui par conséquent inclinent peu, ne fatiguent point dans l'échouage. Le contraire a lieu pour les bâtiments portant des canons, à moins que ce ne soit sur des vases molles.

On donne aussi le nom d'*échouage* à tout lieu propre à mettre un bâtiment à sec pour le caréner.

ÉCIMAGE, sorte de labour qui consiste à ne labourer que la moitié du champ, c.-à-d. à laisser sans labour alternativement autant de largeur de terre qu'on en retourne, et à recouvrir chacune de ces largeurs avec la terre retirée du sillon voisin.

ECKLONIE (du nom d'un botaniste), genre d'Algues de la section des Phycoïdées, tribu des Laminariées, remarquable par son stipe fistuleux, renflé au sommet en une sorte de massue qui lui a valu le nom de *Trompette marine.* Les feuilles qui surmontent cette massue sont d'un noir de sang coagulé. L'*E. buccinalis,* seule espèce du genre, se trouve principalement sur les côtes du Cap de Bonne-Espérance.

ÉCLAIR, étincelle vive et subite qui sillonne l'air pendant les temps d'orage, et précède presque toujours le bruit du tonnerre. Elle est produite, ainsi que le tonnerre, par la rupture de l'équilibre électrique des nuages et la combinaison instantanée de leurs électricités contraires. Comme la lumière se meut plus vite que le son, on aperçoit l'éclair longtemps avant d'entendre le tonnerre. Sachant que le son parcourt 340 m. par seconde, on peut, par l'intervalle du temps qui s'écoule entre l'éclair et le roulement du tonnerre, juger à peu près de la distance où la foudre a éclaté : on n'a qu'à compter cet intervalle sur une pendule à secondes ou par le battement du pouls, et prendre autant de fois 340 m. qu'il y a de secondes écoulées entre le bruit et l'éclair.

Les *éclairs de chaleur* que l'on voit pendant l'été sont dus à une sorte de phosphorescence produite par des nuages isolés, fortement chargés d'électricité : ils ne sont point suivis de tonnerre.

ÉCLAIRAGE. Dans l'origine, l'homme n'eut pour s'éclairer que de simples éclats de bois enflammés, des débris de plantes sèches, ou les branches des arbres résineux, dont il formait des *torches.* L'*huile* et la *cire* furent appliquées de bonne heure à l'éclairage : les Hébreux, les Égyptiens, les peuples de l'Inde et de la Haute-Asie connurent dès la plus haute antiquité l'usage des *lampes.* Les *chandelles de suif,* inventées en Angleterre au XIVᵉ siècle seulement, ne s'introduisirent en France que sous Charles V ; elles ont tout récemment reçu de notables perfectionnements. L'éclairage des villes se fait à l'huile et au gaz. Le premier établissement des lanternes en France ne date que du XVIIᵉ siècle (1667) ; l'invention des *réverbères,* ou lanternes à réflecteur, eut lieu vers le milieu du siècle suivant. L'*éclairage au gaz,* inventé en 1811 par le Français Lebon, fut appliqué pour la première fois par les Anglais à l'éclairage des rues ; il ne commença à être employé à Paris que sous l'administration de M. Chabrol de Volvic, vers 1825 ; aujourd'hui il est en usage dans presque toutes les grandes villes de l'Europe. On a aussi essayé de faire des *lampes à gaz* (*Voy.* HYDROGÈNE LIQUIDE). On obtient un fort bel éclairage (dit *E. sidéral, E. Drummond*) en projetant un mélange d'oxygène et d'hydrogène sur certains corps incandescents. Tout récemment, on a tenté d'appliquer à l'éclairage la *lumière électrique* ; mais jusqu'ici les essais n'ont point parfaitement réussi. *V.* LAMPE, etc.

ÉCLAIRE. On donne ce nom à deux plantes : la *Grande éclaire,* la même que la Grande chélidoine ; la *Petite éclaire,* ou Renoncule ficaire. *Voy.* ces mots.

ECLAIREUR. On nomme ainsi, dans la Tactique militaire, les voltigeurs qu'on envoie à la découverte, et qui sont chargés de donner des renseignements sur la marche ou la position des corps ennemis. L'office d'éclaireur était autrefois rempli par des soldats appelés *stradiots, carabins, avant-coureurs, batteurs d'estrade,* etc.

En Marine, on donne ce nom à tout bâtiment détaché pour éclairer la marche d'une armée navale.

ÉCLAMPSIE (du grec *eclampsis,* éclat, lueur passagère), affection convulsive aiguë, avec perte ou torpeur des sens, qui attaque les nouveau-nés, les jeunes enfants lors de la dentition, et quelquefois les femmes pendant le travail de l'accouchement.

ÉCLANCHE, cuisse ou épaule de mouton séparée du corps de l'animal et destinée à la table.

ÉCLECTISME (en grec *eclectismos, d'eclégó,* choisir), choix éclairé que l'on fait dans des idées déjà connues pour en former un corps de science. On l'oppose à *Syncrétisme,* mélange indigeste de matières hétérogènes. L'éclectisme a été, à diverses époques, employé comme méthode par des philosophes, des médecins, des théologiens, qui faisaient profession de prendre dans ceux qui les avaient devancés ce qu'il y avait de plus raisonnable, ce qui leur paraissait toucher de plus près à la vérité. Le nom d'*Éclectiques* a été plus spécialement appliqué, dans les temps anciens, aux philosophes de l'école d'Alexandrie, qui avaient pour but principal de fondre l'aristotélisme et quelques maximes orientales dans le platonisme : tels que Potamon, Ammonius Saccas, Plotin, Porphyre ; et à une secte de médecins qui, repoussant les exagérations des dogmatiques et des empiriques, admettait ce qu'il y avait de mieux fondé dans les diverses opinions médicales.

De nos jours, l'*éclectisme* philosophique a été remis en honneur par M. V. Cousin, qui, après avoir reconnu les erreurs des doctrines excessives, sensualisme, idéalisme, scepticisme, mysticisme, a fortement démontré que, dans les systèmes les plus erronés, il y avait toujours une part de vérité, et que la seule mission possible aujourd'hui pour la philosophie est d'extraire cette vérité, et de concilier ainsi tous les systèmes. M. Jouffroy, M. Damiron, et la plupart des philosophes contemporains l'ont suivi dans cette voie.

ÉCLÉGME (du grec *ecleichó,* lécher), nom donné autrefois à des médicaments mucilagineux et sucrés, de consistance sirupeuse, que l'on employait contre la pharyngite, et dont on enduisait des bâtons de réglisse ou autres racines pour qu'ils fussent sucés lentement, et qu'ils restassent ainsi longtemps en contact avec les parties malades. On les a depuis remplacés par des *loochs. Voy.* ce mot.

ÉCLIPSE (du grec *ecleipsis,* défection, disparition), privation momentanée de lumière d'un astre par l'effet de l'interposition d'un corps opaque entre cet astre et l'œil de l'observateur. Les éclipses sont divisées en *lunaires* et *solaires.* Il y a aussi les éclipses des *satellites* ou planètes secondaires, et celles des étoiles : ces dernières se nomment plus particulièrement *occultations.* Les *passages* des planètes inférieures sur le disque du soleil produisent aussi des espèces d'éclipses de soleil.

Les *éclipses lunaires* ont lieu lorsque, la terre se trouvant interposée entre le soleil et la lune, celle-ci traverse le cône d'ombre que la terre projette au loin derrière elle. Pour que ce phénomène se produise, il faut qu'au moment de l'opposition ou de la pleine lune, cet astre se trouve dans le plan de l'écliptique, ou très-près de ce plan, c.-à-d. dans les nœuds ou aux environs. Si l'orbite de la lune était parallèle à l'écliptique, il y aurait éclipse complète toutes les fois que la lune est pleine ; mais l'orbite lunaire étant inclinée d'un peu plus de 5 degrés sur le plan de l'écliptique, la lune se trouve tantôt élevée au-dessus, tantôt abaissée au-dessous de ce plan. Il peut donc arriver, lorsqu'elle est pleine, qu'elle passe tout à fait en dehors de l'ombre de la terre, ou qu'elle l'effleure seulement par son bord (ce qu'on appelle *appulse*), ou enfin qu'il y ait *éclipse partielle,* c.-à-d. qu'elle entre en partie dans cette ombre. L'éclipse est dite *totale* quand la lune, au moment de l'opposition, se trouve dans le nœud même, et qu'elle plonge ainsi tout entière dans l'ombre ; on l'appelle *centrale* quand le centre de la lune coïncide avec l'axe du cône de l'ombre. Le disque de la lune, en s'éclipsant, perd successivement la lumière des diverses parties du disque solaire ; sa clarté diminue ainsi par degrés, et elle ne s'éteint qu'au moment où le disque est complétement enfoncé dans l'ombre terrestre : on donne le nom de *pénombre* à la demi-lumière qu'on observe pendant cette diminution graduelle. Les éclipses de lune sont plus rares que celles de soleil : souvent une année se passe sans éclipse de lune : telles sont les années 1763, 1767, 1788, 1799. Quand une éclipse de lune a lieu, elle est visible pour tout l'hémisphère terrestre tourné vers la lune.

Les *éclipses solaires* se produisent par l'interposition de la lune entre le soleil et la terre, quand la lune est nouvelle, c.-à-d. qu'elle est en conjonction avec le soleil. Quoique la lune soit incomparablement plus petite que le soleil, cependant sa distance à la terre est assez courte pour que son diamètre apparent soit presque égal à celui du soleil, et pour qu'il le surpasse même quelquefois ; lorsque la lune, dans ses conjonctions, est assez près de ses nœuds pour qu'elle se trouve presque dans le plan de l'écliptique, le cône d'ombre qu'elle projette atteint la terre, la touche d'abord en un point, la traverse ensuite, et la quitte enfin en un autre point après un certain temps ; les lieux de la terre compris dans la zone traversée par l'ombre lunaire voient ainsi successivement le soleil s'éclipser.

Les éclipses solaires sont *partielles* lorsque la lune cache seulement une partie du disque solaire ; elles sont *totales* lorsque le disque entier est caché. Une éclipse de soleil peut être partielle pour un lieu, et en même temps totale pour un autre. On nomme *éclipses centrales* celles où l'observateur se trouve placé au centre de l'ombre sur la ligne droite qui joint les centres du soleil et de la lune ; ces éclipses sont *totales* ou *annulaires*, selon que l'ombre lunaire atteint ou n'atteint pas toute la surface terrestre : dans les dernières, le disque du soleil déborde de toutes parts celui de la lune, et apparaît comme un anneau lumineux. Il y a *appulse* quand les disques de la lune et du soleil ne font que se toucher dans leur passage. Les éclipses de soleil sont plus fréquentes que celles de lune ; mais elles ne sont visibles que d'un petit nombre de lieux terrestres, tandis que les éclipses de lune sont visibles pour tout un hémisphère à la fois, ce qui rend le spectacle de celles-ci plus fréquent pour chaque contrée. Parmi les éclipses solaires les plus remarquables qu'on ait vues en France, il faut citer l'éclipse annulaire qui, en 1764, fut visible en plusieurs lieux, notamment à Calais et à Rennes : cette éclipse dura 5 h. 29′ 30″. En 1847, le 9 octobre, pareille éclipse a été observée à Paris. Les plus importantes éclipses de soleil, visibles à Paris, qui se produiront encore dans le XIXᵉ siècle, auront lieu le 15 mars 1858, le 18 juillet 1860, et le 22 décembre 1870.

On évalue ordinairement la grandeur des éclipses partielles en prenant pour mesure de la partie éclipsée des douzièmes du diamètre de l'astre éclipsé, douzièmes auxquels on donne le nom de *doigts* et qu'on subdivise en 60 minutes.

Toutes les éclipses lunaires et solaires reparaissent dans le même ordre après un intervalle de 18 ans et 11 jours environ (dit *cycle de Méton* ou *Nombre d'or*), ce qui permet de prédire leur retour. On possède des moyens plus exacts de prédire les éclipses en calculant, au moyen des *épactes astronomiques*, les époques des conjonctions moyennes ou des nouvelles lunes, ainsi que celles des oppositions ou des pleines lunes, en déterminant pour ces instants la distance du soleil au nœud de la lune, et cherchant si cette distance tombe dans les limites où il peut y avoir éclipse.

Ce phénomène a été pendant bien longtemps l'objet de la frayeur des hommes ; on le regardait dans l'antiquité comme un signe de la colère céleste et comme une alarmante déviation des lois éternelles de la nature. Les animaux eux-mêmes paraissent en être troublés.

Les plus anciennes observations d'éclipses sont dues aux Chinois : on en trouve une mentionnée dans leur histoire à l'année 2155 avant Jésus-Christ. Les Chaldéens avaient, dès 721 et 720 avant Jésus-Christ, fait des observations sur les éclipses, dont Ptolémée se servit dans ses calculs. Chez les Grecs, on attribue à Thalès la prédiction d'une éclipse vers 640 avant J.-C. Anaxagore avait écrit un livre sur les éclipses, et il assignait, dit-on, la vraie cause de ce phénomène : il expia dans les fers le tort qu'avait osé combattre sur ce point les préjugés de son temps. Cependant, avant Hipparque et Ptolémée, les astronomes n'étaient guère en état de prédire les éclipses. Après la destruction de l'école d'Alexandrie et durant le moyen âge, on ne trouve en Occident quelques observations d'éclipses de soleil et de lune que dans les annales du règne de Louis le Débonnaire, écrites par un moine anonyme : encore sont-elles fort incomplètes. Depuis l'invention du télescope, la théorie des éclipses, perfectionnée par Kepler, s'est considérablement agrandie, et ce genre de phénomène est devenu, entre les mains des astronomes, une source de découvertes intéressantes et d'applications utiles. Ainsi les éclipses ont appris à l'Astronome que la lune est un corps opaque, et que la forme de la terre est sphérique. Dans la Géographie et la Navigation, on s'en sert pour déterminer la longitude des lieux terrestres. On en a fait aussi un heureux usage en Chronologie pour fixer avec précision la date des événements passés.

ÉCLIPTIQUE (d'*éclipse*, parce que les éclipses n'ont lieu que quand la lune rencontre l'écliptique), courbe elliptique que le soleil paraît décrire en une année et que la terre décrit réellement dans cet espace de temps. Dans la sphère armillaire, d'après le système de Ptolémée, cette orbite solaire est représentée par un grand cercle. Elle est inclinée obliquement par rapport à l'équateur, qu'elle coupe en deux points diamétralement opposés, qu'on nomme les *points équinoxiaux*, parce qu'à l'époque des passages du soleil par l'équateur, la nuit est sensiblement égale au jour ; on nomme *points solsticiaux* les deux points de l'écliptique les plus éloignés de l'équateur. On désigne par le nom d'*obliquité de l'écliptique* l'angle qu'elle fait avec l'équateur ; cet angle, qui est variable, par suite de l'action des planètes sur la terre, particulièrement de Vénus et de Jupiter, est aujourd'hui d'environ 23° 27′ 50″. Selon Delambre, il diminue d'environ 48″ par siècle. D'après Lagrange, cette diminution d'obliquité de l'écliptique ne peut dépasser une certaine période, à la fin de laquelle elle doit se changer en augmentation ; Laplace donne pour limite à ces variations une grandeur de 2° 42′. On nomme *axe de l'écliptique* une droite perpendiculaire au plan de l'écliptique et passant par son centre. Les deux points où cette droite perce la sphère céleste s'appellent les *pôles de l'écliptique*. Le pôle boréal de l'écliptique, le seul qu'on puisse voir de la France, est dans la constellation du *Dragon*.

Plutarque fait honneur à Pythagore de la découverte de l'obliquité de l'écliptique, quoiqu'il paraisse avouer que Thalès en avait déjà la connaissance (*De placitis philosophorum*, lib. II, cap. 12). Pline attribue la même découverte à Anaximandre (*Hist. Nat.*, liv. II, ch. 8). Diverses mesures de l'obliquité de l'écliptique ont été faites par les anciens, notamment par Hipparque, et plus tard par les astronomes arabes, sous le calife Al-Mamoun (831 après J.-C.) : ils la fixèrent à 23° 35′.

ÉCLISSE, petite plaque de bois mince ou de carton que l'on emploie à divers usages : on nomme spécialement ainsi celles que l'on applique le long d'un membre fracturé pour contenir les os dans une situation fixe. *Voy.* ATTELLE.

Les Luthiers nomment *éclisses* les côtés des violons, des altos, des basses, etc. : ce sont des planches minces et courbées qui forment l'épaisseur de ces instruments, et sur lesquelles reposent la table et le fond de ces instruments.

ÉCLOGUE. *Voy.* ÉGLOGUE.

ÉCLUSE (du latin *e* ou *ex*, hors de, et *clausus*, fermé), clôture faite sur une rivière, sur un canal, pour retenir ou lâcher les eaux. On étend ce nom à un bassin construit entre deux *biez* ou parties de canal de niveaux différents, que ce bassin est destiné à faire communiquer : l'intérieur d'une écluse de ce genre s'appelle le *sas*; les murs en sont les *bajoyers*; elle est fermée à ses deux extrémités par des portes qu'on peut lever ou baisser à volonté ou que l'on ouvre latéralement à l'aide d'une mécanique. L'eau passe d'abord au moyen de soupapes du biez supérieur dans le bassin, jusqu'à ce que celui-ci soit au même niveau. On ouvre ensuite les soupapes des portes situées à l'autre extrémité pour ramener le niveau du bassin au niveau du biez inférieur.

L'invention des écluses ne remonte pas au delà du XIe siècle : elle est due à deux mécaniciens de Viterbe en Italie, dont le nom est resté inconnu. Les écluses ont reçu dans ces derniers temps de grands perfectionnements. *Voy.* CANAL.

ÉCOBUAGE, opération d'Agriculture qui consiste à écroûter avec l'*écobue*, espèce de pioche recourbée en forme de houe, la couche superficielle d'un terrain, à soumettre à l'action du feu la partie ainsi enlevée avec les végétaux qui les couvrent, et à répandre sur le sol les produits de la combustion. L'écobuage est une opération de défrichement qu'on pratique surtout pour la mise en culture des fonds marécageux et tourbeux, des landes incultes, des terres de bois, enfin de tous les sols qui sont acides et qui contiennent une forte proportion de débris végétaux.

ÉCOINÇON ou **ÉCOINSON.** On appelle ainsi : 1° une pièce de maçonnerie ou de menuiserie qui dissimule les angles que forment les parois d'une chambre; 2° la pierre qui fait l'encoignure d'une porte ou d'une fenêtre; 3° un meuble triangulaire qu'on place dans les angles d'un appartement.

ÉCOLÂTRE (d'*école*), ecclésiastique qui dirigeait l'école ordinairement attachée à la cathédrale, et qui plus tard fut chargé d'exercer une surveillance sur les maîtres d'école du diocèse : on l'appelait aussi *scolastique*, *capiscol*, etc. L'écolâtre jouissait du titre de chanoine et d'une prébende, avec droit d'institution et de juridiction.

ÉCOLE (du latin *schola* ou du grec *scholé*, étude). Dès la plus haute antiquité, il y eut des *écoles publiques* chez les peuples civilisés, chez les Perses, dans la Grèce, en Italie. Celles d'Athènes étaient célèbres : on y apprenait à lire et à écrire aux enfants, puis on leur enseignait la grammaire, la poésie et la *musique*, qui comprenait les divers arts; Homère y était particulièrement lu. Selon Plutarque, il y avait des écoles à Gabies, en Étrurie, même avant Romulus. Des rhéteurs grecs fondèrent à Rome des écoles de rhétorique, de grammaire, et de philosophie. Les Romains, à leur tour, établirent des *écoles municipales* en Espagne, dans la Gaule, en Germanie et dans la Grande-Bretagne. Ces écoles avaient disparu vers la fin du Ve siècle; mais le christianisme les remplaça aussitôt par les écoles dites *épiscopales*, parce que chaque siège épiscopal avait la sienne, et par les *écoles monastiques*, formées dans les cloîtres. A la fin du VIIIe siècle, Charlemagne releva l'éclat des anciennes écoles et en créa de nouvelles; il en institua une, entre autres, dans son propre palais, qui, pour ce motif, fut appelée *école palatine*. Aux XIe et XIIe siècles, ces écoles, fort multipliées, firent place aux *classes* et aux *colléges*, et le nom d'*école* ne fut plus guère donné qu'à des établissements d'instruction spéciale.

On donne aussi le nom d'*école* à une secte philosophique ou à la doctrine de quelque maître célèbre, ainsi qu'à une classe d'artistes, de peintres surtout, qui reconnaissent un même maître, ou qui ont suivi les mêmes règles de goût.

Les principales écoles de philosophie sont : chez les anciens, les écoles *ionienne*, *italique* ou *pythagoricienne*, *éléatique*, *atomistique*, *sophistique* (550–440 avant J.-C.); les écoles *cynique*, *cyrénaïque*, *mégarique*, *platonicienne* ou *académicienne*, *péripatéticienne*, *stoïque*, *épicurienne* et *sceptique* (324-215 av. J.-C.); l'école d'*Alexandrie*, *néoplatonicienne* ou *éclectique*; les écoles *chrétiennes* et les écoles *juive*, *gnostique*, etc.; au moyen âge, les *Scolastiques*; dans les temps modernes, les écoles de *Bacon*, de *Descartes*, de *Leibnitz*, de *Kant*, des *Écossais*, le nouvel *Éclectisme*. *Voy.* chacun de ces noms au *Dict. univ. d'Hist. et de Géogr.*

Parmi les écoles de peinture, on distingue les écoles *romaine*, *florentine*, *allemande*, *vénitienne*, *lombarde*, *flamande*, *hollandaise*, *française*, *mantouane*, de *Modène*, de *Ferrare*, de *Parme*, de *Crémone*, de *Bologne*, *génoise*, *napolitaine* et *espagnole*. *Voy.* PEINTURE.

ÉCOLES CENTRALES, écoles instituées par la Convention nationale, le 2 février 1795, embrassaient à la fois l'enseignement des sciences, des lettres et des arts. Il devait y avoir une école centrale par 300,000 habitants. Ces écoles, conçues sur un plan beaucoup trop large, furent ramenées à de plus justes proportions en 1796; cependant, elles eurent de la peine à s'établir : plusieurs furent transformées en lycées dès 1802, et toutes cessèrent entièrement d'exister en 1808, lors de la création de l'Université impériale. — Pour l'*École centrale des Arts et Manufactures*, *Voy.* ARTS.

ÉCOLES CHRÉTIENNES, écoles élémentaires instituées au commencement du XVIIe siècle par Lasalle pour l'éducation des enfants pauvres, et dirigées par les membres d'une congrégation appelés *Frères de la Doctrine chrétienne*. — Il y a en Italie des écoles analogues, dites *écoles pies*. — Depuis plusieurs années on a annexé aux écoles chrétiennes des *écoles d'adultes* pour les ouvriers.

ÉCOLES PRIMAIRES, écoles destinées à donner aux enfants l'instruction élémentaire : on les appelle ainsi par opposition aux *E. secondaires*. Les enfants y apprennent la lecture, l'écriture, les éléments de la langue française, du calcul, et dans quelques-unes les éléments de la géographie et de l'histoire, l'arpentage, le chant, la gymnastique, etc. Ces écoles se divisent en *écoles publiques* ou *communales*, où l'instruction est gratuite, et en *écoles privées*, ou payantes. Les écoles communales sont dirigées les unes par des instituteurs laïques, les autres par des instituteurs ecclésiastiques ou appartenant à diverses congrégations, surtout à celle des *Frères des écoles chrétiennes*. On y emploie pour l'enseignement tantôt le mode *individuel*, tantôt le mode *simultané*, tantôt le mode *mutuel* (*Voy.* ENSEIGNEMENT). — Les écoles sont soumises, sous le rapport religieux, à l'inspection de l'évêque ou de ses délégués, des pasteurs ou des rabbins, etc.; pour la surveillance administrative, aux recteurs, aux préfets, sous-préfets et maires. Les instituteurs reçoivent de la commune un logement et un traitement, en partie fixe, en partie éventuel. — Outre ces écoles purement élémentaires, il y a des *écoles primaires*, dites *supérieures*, où l'on enseigne les éléments de la géométrie, le dessin linéaire et l'arpentage, des notions des sciences physiques et d'histoire naturelle, le chant, les éléments de l'histoire et de la géographie de la France.

ÉCOLES RÉGIMENTAIRES, écoles créées en 1818 dans les régiments : on y enseigne aux jeunes soldats et aux enfants de troupe la lecture, l'écriture, le calcul.

ÉCOLES SECONDAIRES, écoles, créées en 1802, dans lesquelles on enseigne les langues latine et française, les éléments de la géographie, de l'histoire et des mathématiques. Sous le titre d'*écoles secondaires* on comprend les *lycées*, les *colléges communaux*, les petits séminaires (*E. secondaires ecclésiastiques*); les *écoles particulières*, *institutions* et *pensions*.

Pour les diverses écoles spéciales, telles que l'*École des Beaux-Arts*, l'*École de Droit*, l'*École normale*, etc., *Voy.* le nom qui en détermine la spécialité.

ÉCONOME (du grec *œconomos*, intendant). Autrefois on appelait ainsi celui qui avait soin de l'administration des revenus d'un bénéfice ecclésiastique ou d'un évêché pendant la vacance : ces économes étaient nommés par l'évêque dans chaque diocèse. En Occident, on les nommait *archidiacres*. Plus tard, leurs soins furent bornés à l'administration des revenus de l'évêque pendant la vacance du siége épiscopal. En France, le roi nommait les économes. Ils furent supprimés à la révolution. — Les *économes spirituels* étaient des ecclésiastiques préposés pour régir les églises des personnes nommées aux bénéfices consistoriaux et non pourvues par la cour de Rome.

On nomme aujourd'hui *économe* la personne qui est chargée de l'administration financière d'une maison, d'un établissement public ou même privé, d'un lycée, d'un séminaire, d'un hospice. Les économes versent un cautionnement et sont soumis à toutes les règles de comptabilité.

ÉCONOME (RAT), espèce de *Campagnol. Voy.* ce mot.

ÉCONOMIE (du grec *œconomia*, direction de la maison). On distingue l'*É. domestique*, art d'administrer les affaires privées, de gouverner une maison, une propriété, et l'*É. politique* ou *sociale*, science qui traite de la richesse publique et de l'art de l'administrer : elle enseigne comment les richesses *se forment, se distribuent* et *se consomment*.

L'*É. domestique* était déjà l'objet d'une étude particulière chez les anciens : c'est à elle que se rapportent l'*Economique* de Xénophon et d'Aristote ; on la trouvera traitée dans les divers livres connus sous les titres de *Manuel d'Économie domestique*, *la Maitresse de maison*, *la Parfaite ménagère*, et dans le *Dictionnaire économique* de Chomel, 1767.

L'*É. politique* est d'origine toute récente : elle ne date guère que du XVIᵉ siècle ; le germe s'en trouve dans les *Économies royales* de Sully ; le plus ancien livre qui en traite *ex professo* est l'*Économie politique* de Monchrestien de Watteville (Rouen, 1615). Colbert, Vauban, Boisguillebert, Law, Dutot, Melon, que l'on réunit sous le nom d'*économistes financiers*, forment une première époque, dans laquelle on s'attache surtout aux questions commerciales et financières, aux moyens d'augmenter dans un pays la somme du *numéraire*. Quesnay et ses disciples, Turgot, Condillac, Raynal, Condorcet, le marquis de Mirabeau, Dupont de Nemours, forment une seconde époque, dans laquelle la prééminence est donnée à la *terre*; l'agriculture est considérée par eux comme la source de toute richesse : on les connaît sous le nom de *Physiocrates* (*Voy.* ce mot), et leur système est dit *système agricole*. Adam Smith, conciliant ces systèmes exclusifs, établit, dans ses célèbres *Recherches sur la nature et les causes de la richesse des nations* (1776), que le *travail*, quelles que soient ses applications, agriculture, commerce ou industrie, est la véritable source de toute richesse; toutefois il a le tort de n'envisager comme productif que le travail manuel. Après lui, Malthus, J.-B. Say, Ricardo, Mac-Culloch, Storch, Sismondi, Rossi, Dutens, MM. Blanqui, Jos. Garnier, Bastiat, Michel Chevalier, Léon Faucher, réforment ses opinions sur plusieurs points, les complètent et les étendent. Grâce aux travaux de tant d'hommes éminents, l'économie politique a pris de nos jours une importance de plus en plus grande : deux chaires publiques ont été érigées pour l'enseigner (au Collège de France et au Conservatoire des arts et métiers) ; il a été formé des sociétés d'économie politique, des congrès d'économie politique ; enfin, cette science, outre le grand nombre d'écrits qu'elle a inspirés, a son *Journal* spécial et son *Annuaire*. Toutefois, elle est loin d'être fixée, et les économistes sont encore

divisés sur les points les plus importants, notamment sur la liberté des échanges et sur le rôle que doivent jouer les capitaux.

Parmi les ouvrages classiques, il suffira de citer, outre l'ouvrage de Smith déjà mentionné, le *Traité d'Économie* de J.-B. Say (1803, souvent réimprimé) et son *Cours complet* (1825-30), les *Nouveaux principes d'Economie politique* de Sismondi (1819), le *Précis élémentaire d'Economie politique* (1806) et le *Cours d'Économie industrielle* (1837-39) d'Ad. Blanqui, le *Cours d'Économie politique* de Rossi (1840-51), le *Traité d'Economie sociale* de M. Ott (1852). M. Blanqui (1837) et M. Villeneuve-Bargemont (1842) ont donné l'*Histoire de l'Economie politique*. Enfin, un *Dictionnaire d'Economie politique* a paru en 1852-53 sous la direction de M. Coquelin.

Economie rurale. Ce nom, fréquemment employé aujourd'hui, se confond la plupart du temps avec l'agronomie : c'est la science de l'agriculture considérée sous le point de vue purement théorique ; elle comprend l'étude de l'agriculture proprement dite, de l'éducation des bestiaux et autres animaux utiles, des arts économiques et industriels nécessaires au cultivateur, de l'architecture rurale, du commerce des produits de la terre. Elle doit surtout, en France, aux travaux de Tessier, Yvart, Thouin, Bosc, Vilmorin, Morel-Vindé, Dombasle. *Voy.* AGRICULTURE.

L'*Économie animale* est l'ensemble des lois qui régissent les animaux. On a aussi employé le mot *économie* pour indiquer l'ensemble des parties qui constituent l'homme ou les animaux.

ÉCONOMISTES, dénomination générale qui s'applique à tous les écrivains qui se sont occupés d'économie politique. On donne spécialement ce nom aux écrivains français du dernier siècle connus aussi sous le nom de *Physiocrates. Voy.* ce mot.

ÉCOPE, pelle creuse en bois, servant à puiser de l'eau à une petite profondeur pour la rejeter ensuite. Les mariniers s'en servent pour vider l'eau qui s'infiltre dans leurs bateaux ; les terrassiers l'emploient aussi dans les épuisements : ils la suspendent alors à une espèce de trépied formé de trois perches réunies par le sommet.

ÉCOPERCHE, nom donné dans les chantiers de construction à toute pièce de bois portant une poulie à son extrémité, et qui sert à élever des matériaux.

ÉCORCE, en latin *cortex*, enveloppe extérieure des plantes. Dans les Dicotylédones, elle est formée de quatre couches superposées qui, de l'extérieur à l'intérieur, sont l'*épiderme*, l'*enveloppe herbacée*, les *couches corticales* et le *liber* (*Voy.* ces mots). D'après M. Mohl, l'enveloppe herbacée peut être partagée elle-même en deux couches distinctes : l'une externe, appelée *couche subéreuse*, parce que c'est celle qui, par son développement dans le *Quercus suber*, constitue le liége ; l'autre, interne, appelée *couche herbacée*, formée d'utricules remplies de granulations vertes. Cette structure est la même dans les plantes herbacées que dans les arbres ; seulement dans les premières l'enveloppe herbacée et les couches corticales se confondent quelquefois au point de rendre très-difficile leur séparation. Les plantes Monocotylédones ont aussi une écorce, mais formée de trois parties seulement : l'*épiderme*, la *couche herbacée* à granulations vertes, et le *liber*.

ÉCORCE D'ANGUSTURE. *Voy.* ANGUSTURE.

ÉCORCE DE CITRON, ÉCORCE D'ORANGE, noms vulgaires de deux belles espèces de *Cône. Voy.* ce mot.

ÉCORCE ÉLEUTHÉRIENNE. *Voy.* CASCARILLE.

ÉCORCE DU PÉROU ou DES JÉSUITES. *Voy.* QUINQUINA.

ÉCORCE DE WINTER, dite aussi *E. sans pareille*, écorce de la plante appelée *Drimyde* (*Voy.* ce mot) : elle est épaisse, sèche, d'un jaune rouge, d'une odeur semblable à celle du girofle, d'une saveur piquante et brûlante. C'est un puissant antiscorbutique.

ÉCORCEMENT. On enlève l'écorce aux arbres,

soit pour leur donner plus de poids et de dureté, d'après les expériences de Buffon; soit pour utiliser cette écorce dans l'industrie et les tanneries. Dans le 1er cas, on ne doit choisir que de grands arbres; dans le 2e, ceux de 15 à 20 ans conviennent mieux.

ÉCORCHÉ, nom donné aux modèles en plâtre et aux dessins de figures dépouillées de la peau, et dont les muscles sont vus à découvert. L'étude de l'écorché est une des plus importantes pour les peintres et les sculpteurs. On cite surtout en ce genre les dessins gravés de Tortebat, de Salvage, de Gerdy, les plâtres de Houdon, le Mercure de Jean de Bologne et l'Hercule de Lelli.

ÉCORCHURE. Voy. EXCORIATION.

ÉCOUANE, dite aussi Écouenne et Écoine, lime plate qui ne diffère des autres limes que par la taille, et qui est formée de larges sillons parallèles entre eux et perpendiculaires à la longueur de la lime.

ÉCOUFLE, nom vulgaire du Milan, qui fait son vol sans bruit et entrecoupe l'air presque sans battre l'aile. — Ce nom a été donné par analogie au cerf-volant que les enfants élèvent dans l'air.

ÉCOULEMENT (de couler). En Physique, on entend par écoulement des liquides, le volume de liquide qui s'échappe par un orifice, et dont le mouvement n'est déterminé que par le poids du liquide. Cet écoulement a d'autant plus de vitesse et dépense d'autant plus de fluide que les orifices sont plus grands et que la hauteur verticale du fluide au-dessus de l'orifice est plus considérable. La vitesse du fluide à la sortie de l'orifice égale à celle qu'acquerrait un corps pesant tombant librement dans le vide, depuis la surface supérieure jusqu'au niveau de l'orifice. On peut modifier la dépense de liquide à l'aide d'ajutages divers. Voy. AJUTAGE et POUCE D'EAU.

ÉCOUTES, cordages fixés aux coins inférieurs des voiles et qui servent à les border pour qu'elles reçoivent bien le vent dans la direction que le vaisseau doit suivre. Les écoutes des différentes voiles se distinguent entre elles par les noms des voiles auxquelles elles appartiennent. On nomme écoutes de revers celles des basses voiles qui se trouvent au vent, c'est-à-dire du côté d'où vient le vent, et qui sont par conséquent larguées. Les fausses écoutes sont des cordages volants que l'on ajoute, dans les grands vents, aux écoutes pour les renforcer.

ÉCOUTILLES, ouvertures carrées, pratiquées au milieu du pont d'un bâtiment pour descendre dans l'intérieur et faciliter les chargements et les déchargements. Dans les trois-mâts, on distingue : la grande écoutille, entre le grand mât et le mât de misaine; l'É. de devant, en avant du mât de misaine; et l'É. de derrière, entre le grand mât et l'artimon. Les écoutilles sont entourées d'un cadre nommé surban et fermées par des panneaux. — Entre les ponts, on perce quelquefois de petites ouvertures nommées écoutillons.

ÉCOUVILLON, vieux linge attaché à un long bâton, avec lequel les boulangers nettoient leur four. Les Artilleurs donnent ce nom à un bâton garni à l'une des extrémités d'une brosse cylindrique pour nettoyer les canons, et à l'autre d'un gros bouton en bois appelé refouloir, pour les bourrer.

ECPHRACTIQUE (du grec ecphrassô, déboucher). Ce mot s'emploie pour apéritif. Voy. APÉRITIF.

ÉCRAN (de cran?), petit meuble d'appartement dont on se sert pour se garantir de l'ardeur du feu. Il est très-variable de forme et d'ornement. On distingue : l'É. à pied, formé d'un petit cadre, couvert d'un taffetas, le plus souvent vert, glissant dans une coulisse et soutenu par une crémaillère à la hauteur qu'on désire; et l'É. à main, ordinairement en carton, avec une queue en bois tourné, peint ou verni. On donne aussi le nom d'écran : 1o à une toile blanche tendue sur un châssis, dont les dessinateurs et les graveurs se servent pour amortir l'éclat du jour; 2o en Optique, à tout tableau blanc sur lequel on fait projeter l'image d'un objet; 3o à un cercle de bois couvert d'une toile dont les verriers s'entourent la tête pour garantir leurs yeux de l'action du feu.

ÉCREVISSE (du grec carabis, langouste?), Astacus, genre de Crustacés décapodes, de la famille des Macroures. Les écrevisses ont les 6 pattes antérieures terminées chacune par une pince à deux doigts; les deux premières pattes, très-grosses et très-fortes : ces pattes ainsi que les antennes ont la propriété de repousser si elles sont coupées ou arrachées; la carapace est allongée, demi-cylindrique; l'abdomen ou queue a 6 anneaux très-convexes, et est terminé par des écailles qui peuvent s'écarter en forme d'éventail. Le corps est d'un brun verdâtre et devient rouge par la cuisson; on en a trouvé dans le département de l'Eure qui étaient naturellement rouges; il en existe également de couleur bleu-clair. L'écrevisse habite les eaux douces, cachée sous les pierres, et change de test chaque année; chez les écrevisses prêtes à muer, on trouve sur les côtés de l'estomac deux concrétions pierreuses nommées yeux d'écrevisses, qui étaient employées autrefois en médecine comme fondant. L'écrevisse marche à reculons. Cet animal est très-vorace : il se nourrit de petits poissons, de larves d'insectes, de chairs corrompues. Il fournit un aliment très-nourrissant; on sert les écrevisses en buissons sur les meilleures tables.

On prend les écrevisses avec des pêchettes : ce sont de petits cercles de 3 à 4 décimètres de diamètre, garnis d'un petit filet maintenu au fond de l'eau par un morceau de plomb; chaque pêchette est attachée comme un plateau de balance au bout d'une petite perche, et est amorcée avec une grenouille écorchée ou un morceau de viande; on en place ainsi un grand nombre que l'on visite de temps à autre. On en prend aussi beaucoup à la main, en fouillant avec la main les trous où elles se cachent, ou au moyen d'un fagot de menu bois dans lequel on met de la viande, et que l'on retire lorsque les écrevisses y ont pénétré.

ÉCREVISSE (SIGNE DE L'). Voy. CANCER.

ÉCRIN (du latin scrinium, coffret), petit coffret destiné à renfermer des pierreries et des bijoux. Ce mot ne s'est pas toujours employé dans un sens aussi restreint. Au moyen âge, écrin était synonyme de coffre, de caisse, de carton, de layette, etc.

ÉCRITURE (du latin scriptura, de scribere, écrire), art de représenter la pensée par des caractères de convention. On distingue l'É. idéographique, exprimant les idées elles-mêmes, et l'É. phonétique, représentant les sons dont les mots se composent. A la première appartiennent les hiéroglyphes égyptiens, les caractères des Chinois, et généralement tous les signes symboliques, comme les dessins des anciens Mexicains ou Aztèques, les quipos ou nœuds de laine des Péruviens, les clous plantés par les anciens Romains dans le temple de Minerve, etc. Les caractères alphabétiques constituent la seconde, dont l'usage est à peu près universel aujourd'hui : un petit nombre de signes y suffit pour exprimer les diverses articulations de la voix. L'écriture cunéiforme paraît tenir des deux précédentes. Voy. ALPHABET et CARACTÈRES.

Presque tous les langues de l'Orient ont leurs caractères particuliers. En Europe, on distingue l'écriture grecque, l'écriture latine, commune aux Français, aux Anglais, aux Italiens, aux Espagnols, etc., et l'écriture allemande, l'écriture russe, etc. En Europe, l'écriture va de gauche à droite; en Orient, elle va de droite à gauche; dans les premiers temps de la Grèce, on trouve des exemples d'une écriture dite boustrophédon, qui va alternativement de droite à gauche et de gauche à droite. Chez quelques peuples, elle est perpendiculaire (Mexicains), ou oblique (Chinois, Japonais).

On a beaucoup disputé sur l'origine de l'écriture.

L'écriture idéographique ou hiéroglyphique paraît n'avoir été dans le principe que la peinture abrégée des objets, peinture qui finit par dégénérer en signes purement conventionnels (*Voy.* HIÉROGLYPHES). Quant à l'écriture alphabétique, plusieurs savants, entre autres le président De Brosses, Champollion, etc., s'accordent à penser qu'elle dérive de l'écriture hiéroglyphique : les caractères de l'alphabet auraient d'abord représenté la forme que prend l'organe de la parole en articulant les sons, comme on le voit dans le B, qui est l'image des lèvres, dans l'O, qui représente la bouche arrondie; ou ils ne seraient que des signes hiéroglyphiques employés alternativement comme signes idéographiques et comme signes phonétiques. De l'Égypte, où ils paraissent avoir été inventés, les caractères de l'alphabet seraient passés en Phénicie, et de là en Grèce (*Voy.* ALPHABET). On doit à J. Klaproth des recherches sur l'*Origine des diverses écritures de l'ancien monde;* Paris, 1832.

En Calligraphie, on distingue différentes sortes d'écritures, selon la forme donnée aux lettres : les principales formes d'écritures cursives usitées en France sont la *ronde*, dont la pente est à gauche et les traits assez grands; la *bâtarde*, qui est presque droite; la *gothique*, qui approche de la forme carrée; la *coulée*, l'*expédiée*, inclinées et liées; enfin l'*anglaise*, dont la pente à droite est très-inclinée et les traits fort déliés : cette dernière tend à se substituer à toutes les autres. On trouvera des exemples des diverses écritures dans le recueil intitulé : *Écritures anciennes et modernes*, par J. Midolle, Strasbourg, 1840. — *Voy.* ÉCRIVAIN et PALÉOGRAPHIE.

Écriture abrégée. Voy. STÉNOGRAPHIE.

Écriture secrète. Voy. CRYPTOGRAPHIE.

ÉCRITURE SAINTE. *Voy.* BIBLE.

ÉCRITURES, terme de Commerce qui désigne les livres et registres d'un négociant. Pour faire foi de la vérité des opérations, les écritures doivent être tenues au courant, jour par jour. Le Code de commerce déclare banqueroutier frauduleux tout commerçant failli qui aura supposé des dettes passives et collusoires en faisant des *écritures* simulées.—On appelle *É. de banque*, les billets que les commerçants, banquiers, etc., qui ont des comptes en banque, se donnent réciproquement pour opérer des transferts.— En termes de Marine, on appelle ainsi les papiers, registres, passe-ports, etc., qui se trouvent dans un navire, et qui peuvent donner des éclaircissements sur les qualités des passagers et les marchandises qui composent la cargaison. — En termes de Pratique, les *écritures* sont les procédures faites pour l'instruction d'une cause. On distingue les *É. authentiques*, qui émanent d'un fonctionnaire public, et les *É. privées*, qui émanent des simples particuliers.

ÉCRIVAIN (d'*écrire*). On nomme *expert écrivain* un maître d'écriture assermenté près d'un tribunal.

Avant l'invention de l'imprimerie, les écrivains ou copistes, appelés *calligraphi* chez les Grecs, *librarii* chez les Romains, jouaient un rôle fort important. Ils avaient porté leur art à un degré extraordinaire; au moyen âge, plusieurs exécutent des chefs-d'œuvre qui leur font prendre rang parmi les artistes célèbres : on cite à cette époque, en Italie, Gerolano Roco, à Venise; Augustin, à Sienne; Créci, à Milan; le Curion, à Rome; dans les Pays-Bas, A-Kempis; et plus tard, en France, Nic. Flamel, Lucas, Josserand, Beauchesne, Legangneur, à qui l'on doit la *Calligraphie* et la *Technographie de l'Écriture française* (1599); sous Louis XIV, on cite Jarry, etc. Quoique bien déchue de son importance, la calligraphie compte encore de nos jours des maîtres habiles, les Saint-Omer, les Werdet, les Favarger, etc.

Les écrivains formaient jadis en France une corporation qui jusqu'au XVIᵉ siècle fut réunie à celle des libraires. En 1570, ils furent reconstitués sous le titre de *Maîtres-experts-jurés*, et obtinrent plusieurs privilèges; en 1779, il leur fut donné de nouveaux règlements, par lesquels ils furent régis jusqu'en 1793.

Écrivain est le nom vulgaire d'une espèce de poisson du genre Perche. *Voy.* PERCHE.

ÉCROU (du latin *scrobs, scrobis,* trou, fosse). En Technologie, on nomme ainsi une pièce de fer, de bois ou de toute autre matière, percée en spirale. L'écrou peut être une pièce particulière, le plus souvent de petite dimension, ou bien il peut être creusé dans une pièce de bois ou de fer, mobile ou fixe : en tout cas, il s'adapte à une *vis* dont il est le moule exact, et qu'il retient fortement, de manière à l'empêcher de sortir. *Voy.* VIS.

On donne aussi le nom d'*écrou* (que les uns dérivent alors du précédent, par métaphore, et que les autres font venir du latin *scriptura*, écriture, dont on aurait fait successivement *escrie, escroue, écroue*), au procès-verbal indiquant le jour où une personne a été mise en prison, la cause pour laquelle elle a été arrêtée, et par l'ordre de qui l'arrestation a été faite. L'absence d'une seule de ces formalités entraîne la nullité de l'emprisonnement. Il y a un *registre d'écrou* dans toutes les maisons de détention.

Autrefois le mot *écrou* ou *écroue* avait plusieurs autres acceptions : tantôt il s'employait dans le sens de décharge; tantôt il désignait les rôles que les receveurs des amendes donnaient aux sergents pour forcer les contribuables à payer, ou les rôles ou états de la dépense journalière de la maison du roi.

ÉCROUELLES (du latin *scrophulæ*, dérivé de *scropha*, truie, animal sujet à cette maladie), maladie chronique du système lymphatique : elle se manifeste par la dégénérescence tuberculeuse des glandes superficielles, spécialement des glandes du cou. On les nomme vulgairement *humeurs froides*. Les médecins modernes donnent aux écrouelles le nom de *scrofules*. La superstition a attribué à plusieurs rois de France, à Robert, à S. Louis, la vertu de guérir les *écrouelles*. *Voy.* SCROFULES.

ÉCROUISSEMENT (de *crudus*, dur), propriété qu'ont certains métaux, l'or, le fer, le cuivre, le platine, l'argent, etc., de devenir plus durs, plus denses, plus élastiques, lorsqu'ils sont battus à froid. On écrouit non-seulement à l'aide du marteau et du balancier, mais aussi par le laminoir et la filière. L'écrouissage s'applique surtout aux métaux qui ne sont pas susceptibles de se durcir par la trempe. Dans l'horlogerie, toutes les pièces de laiton sont durcies de cette manière.

ÉCRU (de *crudus*, non cuit, non préparé), nom donné au fil, à la soie, à la laine, etc., qui, n'ayant pas subi le décreusage, et n'ayant pas été lavés à l'eau bouillante, ont conservé leur couleur naturelle.

ECSARCOME (du grec *ex*, hors de, et *sarx*, chair), nom donné aux végétations charnues ou tumeurs fongueuses qui se développent dans certaines maladies.

ECTHYMA (du grec *ekthyô*, faire éruption), phlegmasie des follicules sébacés, caractérisée par des pustules larges, arrondies, ordinairement discrètes, à base dure et enflammée, auxquelles succède une croûte plus ou moins épaisse, qui laisse après elle une empreinte rouge plus ou moins persistante, et plus rarement une véritable cicatrice. On distingue l'*E. aigu* et l'*E. chronique*.

ECTOCARPE (du grec *ektos*, en dehors, et *carpos*, fruit), genre de Phycoïdées. Ce sont des algues cloisonnées, analogues aux Conferves, mais qui en diffèrent parce qu'elles ont leur fruit en dehors des filaments.

ECTOSPERME (du gr. *ektos*, en dehors, et *sperma*, graine), *Ectosperma*, genre d'Algues de la tribu des Vauchériées, section des Phycoïdées, consiste en des filaments simples ou rameux, tubuleux, transparents, remplis d'une matière verte. Leurs fruits sont des capsules *extérieures*, en tube, ovales ou arrondies, et remplies de corpuscules graniformes. Les Ectospermes sont rudes au toucher, disposès en gazons, en touffes arrondies ou en nappes au fond des bassins d'eau vive. De Candolle a changé le nom de ce genre en celui de *Vauchérie*, du nom du botaniste Vaucher, qui les a le plus étudiées.

ECTROPION (du grec *ectrépô*, renverser), dit aussi *Eraillement des paupières*, renversement des paupières en dehors, de sorte qu'elles ne peuvent plus recouvrir complétement le globe de l'œil. L'ectropion, qui s'observe le plus communément à la paupière inférieure, est produit par la rétraction de la peau après la guérison d'un ulcère, d'une plaie, d'une brûlure à la paupière, etc. ; ou bien il dépend du gonflement ou du relâchement de la membrane conjonctive. Le plus souvent cette difformité est incurable.

ECTROTIQUE (du grec *ectitroskô*, blesser, faire avorter), synonyme d'*abortif*. On a donné le nom de *méthode ectrotique* à l'emploi de la cautérisation pour faire avorter les pustules varioliques, le zona et l'érésipèle. Cette méthode consiste à traverser le sommet des pustules et les épointer avec une épingle d'or ou d'argent chargée de pierre infernale, ou bien à cautériser les pustules en masse avec un petit pinceau trempé dans une solution d'azotate d'argent. Cette méthode, qu'on a beaucoup vantée, paraît n'avoir que des effets peu certains, si ce n'est dans l'ophthalmie qui complique la variole.

ÉCU (du latin *scutum*), nom donné, surtout à partir du XIIIe siècle, à un bouclier oblong ou quadrangulaire, large du haut, quelquefois échancré dans cette partie et se terminant par une pointe, qui était à l'usage des chevaliers et des hommes d'armes : ils le portaient au cou ou à l'arçon de la selle, et, au moment du combat, ils le suspendaient au bras gauche. L'écu était fait ordinairement en bois couvert de cuir et garni d'un bord en métal, quelquefois seulement en cuir bouilli ; les aspirants à la chevalerie le portaient uni jusqu'à ce qu'ils eussent gagné par quelque haut fait le droit d'y faire peindre des emblèmes propres à les rappeler ; celui des chevaliers était orné de figures héraldiques et souvent d'emblèmes et de devises amoureuses. L'usage de l'écu s'est conservé jusqu'au temps de François Ier, où il a été remplacé par la *rondelle* ou *rondache*. En termes de Blason, l'*écu* est la figure d'une sorte de bouclier, sur le champ duquel on dessine les armoiries.

ÉCU, pièce de monnaie, d'or ou d'argent, ainsi nommée parce qu'elle était chargée de l'écu de France, c.-à-d. des armoiries de nos rois. La valeur et le poids de l'écu ont changé selon les temps.

En France, il y a eu des *É. à la couronne d'or, au soleil, au porc-épic, à la salamandre, à la croisette* ; des *É. heaume* (c.-à-d. *casque*), etc. Les premiers écus d'or furent frappés sous Philippe le Hardi : ils valaient alors 14 fr. 22 c. de notre monnaie ; sous Charles VI, leur valeur légale était encore de 11 fr. 93 c. ; sous Louis XIV, en 1655, ils ne valaient plus que 6 livres de l'époque. On en taillait d'abord 54 au marc ; mais, à partir du XVIe siècle, on en tailla 70 et même 72. Il y avait des *demi-écus*, en or, des *quarts d'écu*, en argent.

On a appelé *écus blancs* des pièces d'argent de 60 sols de l'époque, frappées sous Louis XIII en 1641, et valant 6 fr. 23 c. ; mais on donne plus communément le nom d'*écu* aux pièces d'argent de 3 et de 6 livres, qui furent frappées sous Louis XV en 1726, et qui ont été remplacées par nos pièces de 5 francs ; ils ne valaient plus au moment de leur démonétisation, que 2 fr. 75 c. et 5 fr. 80 c.—Dans le langage ordinaire, on a conservé toutefois l'habitude de dire *cent écus, mille écus*, pour 300 ou 3,000 fr.

A l'étranger, diverses monnaies réelles ont également reçu le nom d'*écu*. On peut les ranger sous trois types principaux : l'*écu d'Italie* (scudo), l'*écu d'Espagne* (escudo), et l'*écu d'Allemagne* (thaler

ou rixdale). Voici la valeur des principaux écus actuellement en circulation à l'étranger :

		fr.	c.
États de l'Église.	Écu de 10 paoli (arg.)..	5	38,50
États sardes.	Écu de Sardaigne depuis 1768 (arg.).............	4	70
—	Écu de Piémont de 6 liv. depuis 1755 (arg.)......	7	07
Sicile.	Écu de 12 tarins (arg.)........	5	10
Venise.	Écu à la croix (arg.)...........	6	70
Espagne.	Écu ou demi-pistole (or).....	10	18,87
Autriche.	Écu ou rixdaler de convention depuis 1753 (arg.)..........	5	19,50
Prusse.	Écu ou thaler de 1767 à 1807 (arg.)................	3	71
Suisse.	Écu de Bâle de 30 batz (arg)..	4	56
—	Écu de Zurich de 1781 (arg.)..	4	70
—	Écu de 40 batz de Bâle et Soleure depuis 1796 (arg.)....	5	90

ÉCU DE SOBIESKI, nom donné par Hévélius à une constellation de 16 étoiles situées dans l'hémisphère austral , au-dessous de l'*Aigle*, entre l'*Antinoüs* et le *Serpentaire*.

ÉCUANTEUR, creux que présente le dehors d'une roue de voiture ; inclinaison des raies sur le moyeu d'une roue. *Voy.* ROUE.

ÉCUBIER, trou rond percé à l'avant d'un bâtiment pour y faire passer les câbles. Il y en a deux à chaque bord de l'étrave, en dessous de la poulaine.

ÉCUEIL (du latin *scopulus*, même signification), rocher sous-marin dont le sommet s'élève à fleur d'eau ou du moins assez haut pour faire courir des dangers aux navires. On leur donne aussi les noms de *récifs, hauts-fonds, brisants, battures*, etc. Tous les écueils connus sont indiqués sur les cartes marines par des groupes d'astérisques.

ÉCUELLE (du latin *scutella*, même signification). Ce mot, qui au propre exprime un vase un peu creux, suffisant pour recevoir la portion d'une personne, a souvent désigné, dans l'ancien droit coutumier, une espèce de taxe pour les pauvres, ainsi que certaines redevances féodales. — On l'employait aussi parfois pour désigner une mesure. *Voy.* COTYLE.

Disque formé par la jonction des deux nageoires ventrales qu'on observe dans quelques poissons.

ÉCUELLE D'EAU, nom vulgaire d'un *Hydrocotyle*.

ÉCUME (du latin *spuma*), mousse blanche et légère provenant des bulles d'air introduites par l'agitation dans les liquides (écume de la mer), ou de la coagulation de l'albumine, comme cela a lieu dans la clarification des sirops, ou de la séparation des scories dans les métaux en fusion, etc. Par suite, on a donné le nom d'écume à la salive mousseuse du cheval, des chiens enragés, etc.

Les anciens chimistes nommaient *écume empoisonnée des deux dragons* le chlorure d'antimoine.

Écumes printanières. Voy. CRACHAT (DE COUCOU).

ÉCUME DE MER, la *Magnésite* des minéralogistes, substance blanche, opaque, tendre, infusible, d'une texture compacte et d'une densité de 1,4. Elle se compose d'une combinaison de silice et de magnésie, avec une petite quantité d'eau. Elle ne provient pas de la mer, comme le dit son nom, mais elle se rencontre en amas très-étendus dans les terrains de transition inférieurs de la Turquie et de l'Espagne, entre autres à Vallalecas, près de Madrid. On en trouve aussi à Coulommiers et à Chenevières, près de Paris, dans les marnes supérieures du calcaire de la Brie. On en fait des pipes très-estimées des fumeurs.

Écume de mer est aussi le nom d'un composé de plantes marines et de polypiers que les vagues jettent sur le rivage : on s'en sert pour engraisser les terres. — On donne encore ce nom à une espèce de polypier du genre *Alcyon*.

ÉCUME DE TERRE, substance calcaire, d'un blanc jaunâtre ou verdâtre, lamelleuse, à lames minces, flexibles et nacrées, qui se rencontre en Thuringe et en Misnie, dans les fissures des montagnes calcaires.

ÉCUMEUR (d'*écume*), nom que l'on donnait autrefois aux hommes qui exerçaient la piraterie et aux bâtiments qu'ils montaient. *Voy.* PIRATE.

ÉCUREUIL (du grec *skiouros*, écureuil), *Sciurus*, genre de Rongeurs claviculés, type de la petite famille des Sciuriens. Ce sont de petits animaux de forme gracieuse, à taille légère, à queue longue, touffue, disposée en panache et relevée sur le dos ; aux oreilles petites, droites et terminées par des pinceaux de poils soyeux. Les écureuils se dressent pour manger et se servent fort adroitement de leurs pattes de devant pour porter leurs aliments à leur bouche : celle-ci est armée de deux incisives aiguës à chaque mâchoire. Notre *É. commun* a le dos roux et le ventre blanc. Dans le Nord, cette couleur se change, pendant l'hiver, en un beau cendré bleuâtre qui constitue le *petit-gris* des fourreurs. — L'écureuil est remarquable par son agilité. Dans l'état de liberté, il amasse pour l'hiver des provisions de noisettes, de glands, d'amandes, etc., et il a l'instinct de les répartir en plusieurs cachettes, comme le creux d'un arbre, d'un rocher, qu'il sait parfaitement retrouver, même sous la neige. Il s'apprivoise aisément et vit volontiers en cage ; il porte une odeur fade et musquée peu agréable ; néanmoins sa chair est assez bonne ; on le mange communément en Suisse.

L'*É. volant* ou *Polatouche*, animal nocturne qu'on trouve en Russie et au Canada, possède une sorte de parachute formé entre ses jambes par un repli de la peau. Il peut, comme le Phalanger volant, faire de grands sauts en allant d'arbre en arbre, et même se soutenir quelques instants dans l'air.

ÉCURIE (du latin *equus*, cheval). Une bonne écurie doit être située dans un lieu sec, jouissant d'un air libre, exposée au levant, facilement aérée pour l'été et à l'abri des vents d'hiver. Le jour doit venir d'en haut et frapper sur la croupe des chevaux, jamais sur les yeux. On doit y entretenir une grande propreté, enlever souvent le fumier et ménager un facile écoulement aux urines. Une écurie est dite *simple* quand il n'y a qu'un rang de chevaux, *double* quand il y en a deux ; dans ce cas, le mieux est de disposer les deux rangs de chevaux tête à tête, mais tout à fait séparés. On donne aux chevaux leur nourriture sur le *râtelier*, espèce d'échelle horizontale placée un peu au-dessus de la tête qui reçoit le foin et la paille, et dans la *mangeoire*, espèce d'auge un peu évasée où l'on dépose le son, l'avoine, etc. On sépare les chevaux les uns des autres, dans les écuries ordinaires, à l'aide d'une pièce de bois suspendue horizontalement par deux cordes ; dans les écuries bien tenues, par une cloison en planches plus élevée du côté de la tête que vers la croupe : l'espace compris entre les deux cloisons prend le nom de *box*. La place nécessaire à un cheval est, en longueur, de 4 m. à 4ᵐ,50 ; en largeur, de 1ᵐ,30 à 1ᵐ,50 ; en hauteur, de 3 ou 4 m. — On appelle *É. flottantes* des bâtiments de transport pour la cavalerie.

Autrefois, on donnait le nom d'*écuries du roi* à tout le personnel attaché à la direction et aux soins des chevaux du roi.

ÉCUSSON (diminutif d'*écu*). Au moyen âge, ce mot désignait une sorte d'écu pointu par le bas et particulier à la petite noblesse. — En termes de Blason, l'*écusson* est un petit *écu* qui, comme pièce accessoire, en vient charger un plus grand. Placé au milieu du champ de l'écu, il s'appelle *É. en abime*.

On donnait aussi le nom d'*écusson* aux panonceaux sur lesquels les nobles faisaient peindre leurs armoiries pour les appendre aux piliers des églises, dans les fêtes solennelles.

En Zoologie, on nomme *écusson* : 1° une petite pièce triangulaire située à la partie dorsale du corselet des insectes, en arrière du protothorax et au côté interne de la naissance des élytres ; 2° une pièce calcaire située sur le dos de la coquille de certains mollusques, et ordinairement séparée par une ligne plus ou moins tranchée ; 3° diverses pièces cornées existant sur les pieds ou aux tarses de certains oiseaux.

En Horticulture, un *écusson* est une petite plaque d'écorce, munie d'un bourgeon, que l'on enlève à un individu pour l'introduire sous l'écorce d'une autre plante préalablement incisée en T. C'est ce que l'on appelle la *greffe en écusson*. *Voy.* GREFFE.

En Médecine, on appelle *écusson* un morceau de peau recouvert d'une substance médicamenteuse, et que l'on applique sur les téguments.

ÉCUYER (d'*equus*, cheval). On nomme ainsi celui qui dresse les chevaux au manège, et qui enseigne l'équitation (*Voy.* ÉQUITATION). — Au temps de la chevalerie, le titre d'*écuyer* acquit une grande importance : il précédait immédiatement celui de chevalier. Dans la suite, il servit à désigner plusieurs des principaux officiers de la maison du roi (*Voy.* le *Dict. univ. d'H. et de G.*) ; aujourd'hui, en Angleterre surtout, ce n'est plus qu'un titre de courtoisie.

On donne aussi le nom d'*écuyers* aux rejetons qui poussent au pied d'un cep de vigne, et aux jeunes cerfs qui suivent de vieux cerfs.

ECZÉMA (du grec *eczéo*, faire effervescence), affection cutanée caractérisée par de petites vésicules très-rapprochées les unes des autres, dont l'éruption est annoncée par un sentiment de fourmillement et de cuisson à la peau, et qui se terminent par la résorption du fluide qu'elles contiennent, ou par des excoriations superficielles accompagnées d'une exhalaison séreuse, à laquelle succède la desquamation de l'épiderme. L'eczéma peut être *aigu* ou *chronique*. Dans les deux cas, on distingue l'*E. simple*, variété très-bénigne, l'*E. rouge*, et l'*E. impétigineux* (d'*impetigo*, dartre) : ce dernier est caractérisé par la purulence des vésicules ; selon Rayer, la teinte muqueuse est un eczéma impétigineux du cuir chevelu. L'*eczéma de la face*, décrit souvent chez les enfants sous le nom de *croûtes laiteuses*, accompagne ordinairement celui du cuir chevelu, ainsi que l'*eczéma des oreilles* : ce sont souvent des éruptions salutaires auxquelles il ne faut opposer que des soins hygiéniques.

ÉDENTÉS (c.-à-d. *privés de certaines dents*), 6ᵉ ordre des Mammifères, caractérisé par l'absence presque constante d'incisives, par des dents uniradiculées, et par des doigts que terminent des ongles puissants et fouisseurs. Ils forment trois familles : les *Édentés propres*, les *Tardigrades* et les *Monotrèmes*. Plusieurs Zoologistes font de ces derniers un ordre à part, à la suite des Cétacés. — Les *Édentés propres* n'ont jamais de canines, mais quelquefois des incisives et des molaires ; le plus souvent, leur peau est recouverte d'écailles imbriquées. L'ordre des Édentés comprend les *Tatous*, les *Fourmiliers* et les *Pangolins*.

ÉDILES, magistrats romains créés dans l'origine pour la surveillance et l'entretien des *édifices* publics, mais dont les fonctions acquièrent plus tard une très-haute importance. *Voy.* ÉDILES au *Dict. univ. d'Hist. et de Géogr.*

ÉDINITE (d'*Edin*, nom poétique d'Édimbourg), substance minérale que l'on a trouvée dans les basaltes des environs d'Édimbourg. C'est un silicate de chaux et de soude, avec des traces d'oxyde d'étain, d'oxyde d'alumine et de carbonate de magnésie.

ÉDIT (du latin *edictum*, d'*edicere*, statuer, ordonner). Chez les Romains, ce mot signifiait la citation qui appelait les citoyens devant la justice, et les règlements faits par certains magistrats, tels que les édiles et les préteurs, pour être observés pendant le temps de leur magistrature. Sous les empereurs, on donna le nom d'*édit* aux lois et constitutions faites par ces princes : on connaît surtout l'*Édit perpétuel* d'Adrien. Au moyen âge et jusqu'en 1789, on appela ainsi en France les ordonnances rendues par le roi pour prescrire ou défendre quelque chose. Les édits étaient signés par le roi, visés par le chancelier, scellés du grand sceau de cire verte sur des lacs de soie verte et rouge : ils étaient, en outre, vérifiés et enregistrés par les parlements (*Voy.* ENREGISTREMENT).—Pour la liste des principaux édits, anciens ou modernes, *Voy.* le *D. univ. d'H. et de G.*

EDITEUR (du latin *edere*, publier). On entend par ce mot : 1° l'homme de lettres ou le savant qui revoit et publie les ouvrages d'un autre, ou même qui revise les siens propres ; 2° le libraire qui publie à ses frais l'ouvrage d'un auteur. Dans la première classe, on peut ranger la plupart des commentateurs et philologues, tant anciens que modernes, depuis Aristarque et Démétrius de Phalère jusqu'à nos jours. Parmi les seconds, qu'on appelle aussi *Libraires-éditeurs*, il faut citer les Alde, les Estienne, les Elzevir, les Barbou, les Didot, les Panckoucke, Crapelet, Bodoni, Baskerville, Brockhaus, etc. — Dans la presse périodique, on appelle *Éditeur responsable* celui qui, à défaut de l'auteur, doit répondre, tant devant l'autorité qu'envers les particuliers, de ce qui s'imprime dans son journal. Cette obligation a été créée par la loi du 10 juin 1819. C'est au règne de Henri II que remonte l'obligation pour l'auteur d'un livre d'offrir à l'autorité la garantie d'un éditeur responsable. *Voy.* PRESSE (liberté de la).

ÉDREDON, duvet léger qui couvre l'estomac de l'*Eider* (*Voy.* ce mot).—On donne le même nom à un sac de soie ou de toile rempli de ce duvet, et qui sert de couvre-pied.

EDUCATION (du latin *educare*, élever). C'est l'art de développer les facultés physiques, intellectuelles et morales d'un enfant : d'où la triple division en *É. physique*, *É. intellectuelle* ou *Instruction*, et *É. morale*. L'éducation fait l'objet d'une science, à laquelle on a donné, surtout en Allemagne, le nom de *Pédagogie* (*Voy.* ce mot). Parmi les ouvrages consacrés à ce sujet important, on estime les traités de Plutarque, d'Æneas Silvius, de Sadolet, celui de Locke (*De l'Éducation des enfants*), l'*Éducation des filles* de Fénelon, les *Lettres sur l'Éducation*, de Mme de Genlis, de Mme Guizot ; l'*Éducation progressive* de Mme Necker de Saussure, les écrits de Pestalozzi, de Fellenberg, de Niemeyer, du P. Girard, et le traité *De l'Éducation* de Mgr F. Dupanloup, 1850 et 1852. L'*Émile* de J.-J. Rousseau, bien qu'offrant d'excellentes vues, est plutôt le roman que le code de l'éducation. Dans la pratique, on se servira utilement de l'*Éducation maternelle* de Mme Tastu pour les premières leçons, et du *Cours complet d'éducation pour les filles*, publié chez M. Hachette.

ÉDULCORATION (du latin *edulcorare*, adoucir), se dit, en Chimie, de l'opération qui consiste à ajouter une certaine quantité de sucre, de miel ou de sirop, à une substance insipide ou dont on veut adoucir ou du moins masquer la saveur désagréable.

EFFANAGE (de *fanes*), opération d'Agriculture qui consiste à couper la sommité des feuilles des plantes graminées (blé, seigle, maïs, etc.), pour empêcher la sève de s'élever trop rapidement. On fait l'*effanage* avant que les épis soient montés. Les *effanures* peuvent servir à nourrir les bestiaux.

EFFECTIF (du latin *efficere*, produire). Dans l'Art militaire, on appelle *effectif* le chiffre qui représente l'état et le nombre des troupes d'une nation. En termes de Comptabilité militaire, l'*effectif* est un relevé des contrôles annuels. C'est aussi un nombre relevé chaque jour et indiqué dans les feuilles d'appel, qui désigne l'état de la milice. On appelle *deniers effectifs* les espèces, par opposition aux valeurs fictives, ou au papier.

EFFENDI, titre de dignité chez les Ottomans. *Voy.* le *Dict. univ. d'Hist. et de Géogr.*

EFFERVESCENCE (du latin *effervescere*, bouillonner), bouillonnement produit par le dégagement rapide d'un fluide aériforme, traversant un liquide sous forme de bulles qui viennent crever à la surface. L'*effervescence* peut être produite par des gaz qui sont tout formés dans les liquides et qui s'y trouvent dans des quantités plus ou moins grandes, comme dans la bière, le vin de Champagne, les eaux gazeuses, etc., ou bien être le résultat du dégagement d'un gaz formé à l'instant même par une décomposition : c'est ce qui arrive lorsqu'on verse un acide sur un carbonate ou un chlorhydrate, lorsqu'on décompose l'acide azotique à l'aide du cuivre ou du fer, etc. L'effervescence est souvent accompagnée d'une émission de calorique assez prononcée.

EFFET (du latin *effectum*, d'*efficere*, produire), le fait produit par une cause. *Voy.* CAUSE.

En Droit, on nomme *effets civils* les conséquences que la loi attache à tous les actes qu'elle autorise ou à tous les faits qu'elle reconnaît comme capables de constituer une obligation.

Ce mot est aussi synonyme de *valeur* : les *effets de mobilier, de succession*, sont tout ce qui compose un mobilier, une succession. Dans un sens plus général, le mot *effet* comprend tout titre de créance, et devient alors synonyme de *billet*. Les *effets de commerce* sont toutes valeurs susceptibles d'être mises en circulation dans le commerce : tels sont le *billet à ordre*, la *lettre de change*, les *coupons d'emprunts* et d'*actions*, les *mandats*, etc. (*Voy.* ces mots). — On nomme *effets publics* tous les titres que l'administration publique met en circulation par suite d'emprunts contractés. *Voy.* FONDS PUBLICS.

EFFEUILLAGE ou EFFEUILLAISON, action d'enlever les feuilles d'une plante. On y a recours pour favoriser la maturation des fruits en les exposant au soleil, et diminuer la force de la végétation dans les plantes trop vigoureuses. Cette opération est souvent dangereuse pour la santé des arbres. On ne doit effeuiller la vigne et les arbres que quelques jours avant la récolte des fruits.

EFFIGIE (du latin *effigies*, image, représentation), figure, représentation qu'on fait d'une personne, soit qu'on veuille l'honorer, soit qu'on veuille la flétrir par des marques de mépris.

Les monnaies sont ordinairement frappées à l'effigie du souverain. *Voy.* MONNAIE et MÉDAILLE.

On exécute *en effigie* le condamné par contumace. Cette exécution consiste aujourd'hui à faire afficher par l'exécuteur des hautes œuvres, à un poteau dressé sur une place publique, l'extrait du jugement de condamnation (Code d'instruction criminelle, 472). Autrefois, c'était l'effigie même du condamné que l'on exécutait ; c'est en ce sens qu'on dit : Il fut pendu *en effigie* ; il eut la tête tranchée *en effigie*. L'exécution *par effigie* en matière criminelle n'était pas en usage chez les Romains ; elle nous vient des Grecs, chez lesquels on faisait le procès aux absents.

EFFLORESCENCE (du latin *ex*, hors de, et *florere*, fleurir), conversion d'une substance solide, surtout d'un sel, en une matière pulvérulente, par son exposition à l'air libre, soit qu'elle attire l'humidité atmosphérique et se convertisse en un hydrate pulvérulent, soit qu'elle perde une portion de son eau de cristallisation, ou enfin qu'elle se combine à la fois avec l'eau et avec l'oxygène de l'air. Les efflorescences blanches et d'une finesse extrême qu'on remarque souvent sur les parois des caves humides sont des cristaux de sous-carbonate de soude ou de salpêtre.—Les anciens chimistes appelaient *efflorescence des pyrites* le sel formé par la combustion lente d'un sulfure au contact de l'air humide, et qui se présente sous la forme de petites aiguilles blanchâtres ou verdâtres.

EFFLUVES (du latin *effluere*, s'écouler), fluides impondérables, imperceptibles, qui se dégagent du tous les corps, surtout des substances animales ou végétales, dans l'état sain, dans le travail de la décomposition, ou dans l'état de putréfaction. On leur donne le nom d'*émanations* lorsqu'elles se produisent sans décomposition apparente du corps d'où elles sortent; d'*exhalaisons*, si elles deviennent sensibles à la vue par une sorte de vapeur; de *miasmes*, si elles exercent une action dangereuse sur l'économie animale. Chaque espèce, chaque individu, a ses effluves, caractérisées par une odeur particulière, souvent insensible à l'odorat de l'homme, mais appréciable par les sens des animaux, du chien surtout. Les effluves jouent un grand rôle dans les épidémies. C'est aussi par l'action d'effluves insensibles au commun des hommes qu'on a cherché à expliquer les phénomènes merveilleux du magnétisme animal.

EFFORT. En Physiologie, on nomme ainsi toute contraction musculaire, plus ou moins forte, qui a pour objet soit de résister à une puissance extérieure, soit d'accomplir une fonction naturelle devenue accidentellement laborieuse. — En Mécanique, c'est la force avec laquelle un corps en mouvement tend à produire un effet; la mesure de tout effort est la quantité de mouvement qu'il produit, le résultat de l'obstacle qu'il a surmonté ou tendu à surmonter.

En Médecine, *effort* est synonyme de *hernie* (V. ce mot). — Vulgairement on nomme *effort* une douleur vive survenue dans le corps d'un muscle ou vers les points d'attache, à l'occasion d'une violente contraction de ses fibres. On donne particulièrement ce nom à la douleur qu'on éprouve dans la région lombaire si l'on vient à soulever un fardeau trop pesant.

EFFRACTION (du latin *effringere*, briser). Le Code pénal (art. 393) qualifie de ce nom tout forcement, rupture, dégradation, démolition, enlèvement de murs, toits, planchers, portes, fenêtres, serrures, etc., servant à fermer le passage, et de toute espèce de clôture, quelle qu'elle soit. L'effraction est *extérieure* ou *intérieure*. L'effraction extérieure est celle à l'aide de laquelle on s'introduit dans les maisons, cours, basses-cours, enclos ou dépendances, etc.; l'effraction intérieure est celle qui est faite aux portes ou clôtures du dedans, aux armoires et autres meubles fermés. L'effraction, jointe au vol, devient une circonstance aggravante : elle était autrefois punie de mort; aujourd'hui elle emporte contre le coupable la peine des travaux forcés à perpétuité ou à temps. Dans les autres cas, elle est punie comme simple *bris de clôture*.

EFFRAIE (ainsi appelée de l'*effroi* qu'inspire son cri dans les campagnes), *Strix*, sous-genre des Chouettes, de l'ordre des Rapaces et de la famille des Nocturnes, est caractérisé par son bec crochu, son dos nuancé de fauve et de cendré ou de brun, moucheté de points blancs et noirs; son ventre brun ou fauve. L'*Effraie commune* (*Strix flammea*) est un peu plus grosse que le pigeon. Elle est très-répandue en France, et vit dans les tours et les clochers. Elle se nourrit de chauves-souris, de rats, de musaraignes et d'insectes. On la nomme aussi *Fresaie* ou *Chouette des clochers*. Son cri est un son aigu, entrecoupé de bruissements réitérés. Cette voix plaintive a, dans le silence de la nuit, quelque chose de sinistre : aussi a-t-elle été regardée de tout temps comme un présage de mort.

EFFRITEMENT, nom donné, en Agriculture, à l'épuisement et à l'appauvrissement du sol produit par des lavages répétés qui lui enlèvent les principes propres à la végétation, par la culture trop prolongée des mêmes plantes ou des plantes de même nature, ou par des labours trop fréquents.

Les Salpêtriers emploient ce mot pour désigner l'état d'une terre lessivée jusqu'à la perte de toutes ses parties solubles, ce qui lui donne l'apparence d'une masse sans cohésion.

EGAGROPILE, espèce de *Bézoard. Voy.* ce mot.

ÉGAUX ou ÉGALITAIRES, nom donné, à la fin de la Révolution française, à une secte de Niveleurs qui avait Babeuf pour chef.

ÉGÉRIE, planète télescopique découverte le 2 novembre 1850 par M. de Gasparis, astronome napolitain. Elle a l'apparence d'une étoile de 9e ou 10e grandeur. Son inclinaison sur l'écliptique est de 16°.

ÉGILOPS. *Voy.* ÆGILOPS.

ÉGLANTIER, jadis *Aiglantier* (dérivé, selon Roquefort, du grec *acantha*, épine), *Rosa eglantiera*, espèce du genre *Rosier*, appelée aussi *Rosier sauvage*, et vulgairement *Rose de chien*, arbrisseau à fortes épines, à feuilles alternes, composées de sept folioles ovales et dentelées, à fleurs blanches ou d'un rose pâle; à fruit charnu, en forme d'olive, d'un rouge éclatant, hérissé de poils à l'intérieur; et dont tout le monde connaît le nom vulgaire. L'églantier pousse dans les haies, les forêts, sur le bord des chemins. On fait avec ses fruits confits dans l'eau-de-vie une liqueur agréable, un médicament, et la conserve de *cynorrhodon*, employée comme tonique et astringente contre la diarrhée chronique.

ÉGLANTINE, fleur de l'*Églantier*, n'est qu'une rose simple. Elle fait partie des fleurs décernées aux poëtes chaque année aux *Jeux floraux* de Toulouse: c'est le prix réservé au discours. Fabre, dit d'*Églantine*, avait reçu ce surnom parce qu'il avait remporté aux Jeux Floraux le prix de l'églantine.

ÉGLISE (du grec *ecclésia*, assemblée). Ce mot, qui, chez les Grecs, se disait de toute assemblée, a été spécialement appliqué depuis la naissance du Christianisme à la société des fidèles. Il se dit aussi de l'édifice où les fidèles se réunissent pour le culte.

Appliqué aux fidèles, le mot *église*, quand il est seul, ne s'entend que de l'église *catholique*, c.-à-d. *universelle*: on distingue l'*E. militante*, ensemble des fidèles qui sont sur la terre; l'*E. triomphante*, composée des âmes placées dans le ciel; et l'*E. souffrante*, composée de celles qui sont dans le purgatoire.

Depuis la naissance des diverses sectes, on distingue : dans l'*E. catholique*, l'*E. latine* ou *romaine*, qui a pour chef le pape; l'*E. grecque*, qui admet les mêmes dogmes fondamentaux, mais sans reconnaître l'autorité du pape; et, en dehors de l'Église catholique, les nombreuses communions issues de la Réforme, l'*E. luthérienne*, l'*E. calviniste*, l'*E. anglicane*, l'*E. évangélique*, l'*E. méthodiste*, etc. Toutes sont réunies, ainsi que l'Église catholique, sous le nom d'*E. chrétienne. Voy.* les articles CHRÉTIEN et CHRISTIANISME au *Dict. univ. d'H. et de G.*

Quand il s'agit de l'édifice, le mot *église* est aussi spécialement donné aux monuments où se réunissent les Catholiques ; le mot *temple* s'applique de préférence aux édifices consacrés au culte réformé. Les parties essentielles de toute église sont : le *porche*, où se trouvent placées les portes; les *bas-côtés*, galeries qui entourent la nef et facilitent l'accès dans toutes les parties de l'église; la *nef*, où se rassemble le peuple; le *chœur* ou le *sanctuaire*, où sont réunis les prêtres, et qui est quelquefois séparé de la nef par l'*ambon* ou *jubé*, espèce d'arcade placée au travers de la nef ; les *chapelles*, prises sur les bas-côtés, et qui sont spécialement consacrées à la Vierge ou à un saint. Le *maître-autel* est placé au fond du chœur et tourné le plus souvent vers l'Orient (cependant la basilique de Saint-Pierre à Rome a le maître-autel au couchant) ; la *chaire* est dans la nef. On nomme *sacristie* le lieu où s'habillent les prêtres; *baptistère*, ou *fonts baptismaux*, le lieu où l'on baptise. En outre, presque toutes les églises ont un *clocher*, qui, lorsqu'il est séparé de l'édifice, prend le nom de *campanille*. — Les églises sont faites en *croix grecque* ou en *croix latine*. Dans le premier cas, le plan forme une croix à quatre parties égales; dans le second cas, une partie est plus allongée que les trois autres. L'É. *en rotonde* est celle dont le plan est circulaire; l'É. *simple* est celle qui n'a qu'une seule nef sans aucun accompagnement. On nomme *É. pontificale*, celle de Saint-Pierre à Rome; *métropolitaine*, celle où réside un archevêque; *cathédrale*, celle où réside un évêque; *collégiale*, celle qui est desservie par des chanoines; *paroissiale*, celle qui est desservie par un curé; *conventuelle*, celle qui appartient à un couvent. *Voy.* CATHÉDRALE, BASILIQUE, etc.

ÉGLOGUE (du grec *ecloghé*, choix). Ce mot, employé d'abord pour désigner les dix pièces de poésie de Virgile connues sous le nom de *Bucoliques*, a désigné depuis un petit poëme pastoral composé sur les événements de la vie champêtre. Il se confond souvent avec l'*Idylle :* toutefois les Grammairiens établissent une distinction entre ces deux poëmes, et appellent *idylle* un tableau de la vie champêtre, et *églogue*, un dialogue entre des bergers. *Voy.* BUCOLIQUES et PASTORAL (GENRE).

ÉGOPHONIE (du grec *aix, aigos*, chèvre, et *phônè*, voix). Laënnec a désigné sous ce nom le mode de résonnance de la voix que fait entendre à travers le stéthoscope un individu qui a dans l'une des plèvres un épanchement d'une médiocre abondance. La voix paraît alors plus aiguë, plus aigre que la voix naturelle du malade, et tremblotante comme celle d'une chèvre. L'égophonie est l'effet de la résonnance naturelle de la voix dans les rameaux bronchiques, transmise à travers la couche mince et tremblante du liquide épanché. Elle dénote que l'épanchement est peu considérable.

ÉGOPODE (du grec *aix, aigos*, chèvre, et *pous, podos*, pied); *Ægopodium*, genre d'Ombellifères, tribu des Amminées, est formé de plantes herbacées, à feuilles divisées en lanières, à fleurs blanches, à fruit ovoïde, ayant pour type l'É. *des goutteux*, commun dans les haies et les prairies de toute la France. On l'employait autrefois contre la goutte.

ÉGOUT (d'*égoutter*, formé lui-même de *goutte*), canal souterrain destiné à recevoir et à emporter les eaux ménagères, les ordures et les eaux pluviales. Il est ordinairement construit en meulières hourdées avec mortier hydraulique, et se compose d'un radier ou lit portant sur une forme en béton, et fermé par une voûte en plein cintre qui porte sur deux petits murs latéraux. De distance en distance sont des *regards* pour la chute des eaux et des immondices, ainsi que pour le service du curage. La construction, l'entretien et l'assainissement des égouts sont de la plus haute importance pour la salubrité des grandes villes. Les Romains avaient construit des travaux remarquables en ce genre (*Voy.* CLOAQUE). En France, on a beaucoup perfectionné dans ces derniers temps la construction des égouts, notamment à Paris en construisant le long de la Seine des canaux latéraux qui reçoivent les eaux sales sans les mêler avec les eaux du fleuve. Avant le décret du 26 mars 1852, la disposition des égouts de Paris ne leur permettait de recevoir les eaux ménagères qu'après que ces eaux avaient parcouru à découvert les ruisseaux des rues : ce décret ordonne (art. 6) qu'il y ait, ce qui existe depuis longtemps à Londres, un *égout* principal au milieu de chaque rue, dans lequel les eaux pluviales et ménagères iront se rendre directement en sortant des maisons, et par un conduit sous la chaussée. M. Parent-Duchatelet a publié en 1824 un *Essai sur les cloaques et égouts de la ville de Paris*.

En Architecture, on donne le nom d'*égout* aux dernières tuiles ou ardoises qui sont au bas d'un comble, et rejettent les eaux pluviales en avant du mur.

ÉGRAIN, jeune poirier ou jeune pommier provenant des *graines* de fruits cueillis dans les forêts ou de fruits employés à faire du cidre, et qu'on réserve dans les pépinières, à raison de la beauté de sa tige, pour être greffé en fente à l'âge de trois ou quatre ans.

ÉGRAPPOIR (de *grappe*), instrument dont se servent les vignerons pour détacher de leurs grappes les grains du raisin : c'est un petit râteau muni de dents longues et serrées. On se sert aussi, pour le même usage, d'un grillage en fil de fer, à mailles assez larges et reposant sur une claie à laquelle on donne un mouvement transversal; les grains qui passent à travers les mailles sont saisis et arrachés par les barres de la claie et tombent dans la cuve.

ÉGREFIN, poisson. *Voy.* ÆGLEFIN.

ÉGRISAGE (de *grès*), opération qui consiste à user un corps par le frottement. Les marbriers donnent ce nom à l'opération qui précède le polissage du marbre, et qui consiste à faire disparaître, avec un morceau de *grès* ou avec du grès pilé et de l'eau, les traces que le ciseau et la scie ont laissées sur la surface du marbre. Les lapidaires appellent ainsi l'action de tailler les diamants, soit en les frottant l'un contre l'autre, soit en les usant avec l'*égrisée* ou poudre de diamant. *Voy.* DIAMANT.

ÉGRISÉE. *Voy.* ÉGRISAGE.

ÉGRUGEOIR (du latin *ex*, de, et *grumus*, grumeau). Outre l'ustensile de cuisine qui sert à réduire le sel en poudre et qui est composé d'un petit mortier et d'un pilon, on nomme ainsi un instrument en bois dur et en forme de molette à broyer les couleurs, qui sert à *égruger* ou à réduire en poudre très-fine la poudre à fusil ordinaire; ainsi qu'une sorte de râteau de bois à l'aide duquel on peigne le chanvre pour en détacher le chènevis.

ÉGYPTIAC, préparation pharmaceutique qu'on suppose originaire d'*Egypte*, est une sorte d'oxymel composé de miel, de vinaigre fort, et de vert-de-gris. On s'en servait autrefois pour déterger les ulcères, ronger les chairs baveuses, etc. Ce médicament est employé surtout par les vétérinaires: on l'applique à l'extérieur; il agit comme excitant et styptique.

EIDER, *Anas spectabilis*, espèce d'oiseau du genre Canard, est caractérisé par le bec allongé, qui à sa base est échancré par un angle que forment les plumes du front. Le mâle est blanchâtre, à ventre et à queue noirs. La femelle est grise, émaillée de brun. Cette espèce est remarquable par le duvet soyeux et élastique qu'elle porte sous le ventre et dont le luxe a tiré parti. Elle habite les mers glaciales, et vit de poissons, de coquillages, de plantes marines et d'insectes; elle niche sur des terres baignées par la mer, construit son nid de fucus, et le recouvre de son duvet qu'elle s'arrache de dessous le ventre; chaque nid en contient deux hectogrammes. La femelle dépose dans ce nid 5 ou 6 œufs, qu'elle renouvelle plusieurs fois lorsqu'on les lui enlève. A chaque fois, elle s'arrache, ainsi que le mâle, une nouvelle quantité de duvet pour la couvrir. Ce duvet est l'*édredon*, si recherché pour faire les coussins et les couvre-pieds les plus chauds et les plus moelleux. Les habitants des côtes d'Islande et de Norvège vont, au péril de leur vie, recueillir ce précieux produit dans les fentes des rochers.

ÉLABORATION (de *laborare*, travailler), action vitale par laquelle les êtres organisés impriment aux substances venant du dehors, et même aux matériaux puisés dans leur intérieur, des modifications qui les rendent capables de servir aux usages que la nature leur a assignés. Les aliments sont *élaborés* dans l'estomac avant d'être convertis en chyme; le chyme est *élaboré* dans les intestins avant la séparation du chyle, etc. Ce mot s'applique également, dans les végétaux, aux transformations qu'y subit la sève.

ÉLÆAGNÉES ou ÉLÉAGNÉES (du grec *elaia*, olivier, et *agnos*, arbrisseau que l'on croit être le Gattilier), famille de plantes Dicotylédones apétales périgynes, à fleurs tantôt diclines, tantôt hermaphrodites. Cette famille renferme des arbustes à rameaux épineux, à feuilles simples, à fleurs petites, solitaires, placées à l'aisselle des feuilles, et à fruit en forme de noix monosperme. Toutes les parties de ces plantes sont couvertes d'écailles sèches et blanchâtres. Le *Chalef* et l'*Argousier* sont les principaux genres de cette famille. *Voy.* ces mots.

ELÆAGNUS, nom latin du *Chalef. Voy.* ce mot.

ELÆOCARPÉES (du grec *elaia*, olivier, et *carpos*, fruit), famille de plantes Dicotylédones polypétales détachée des Tiliacées, a pour caractères des fleurs hermaphrodites, un calice de 4 ou 5 pétales découpés à leur sommet, 15 à 25 étamines, un fruit en forme de baie ou de capsule. Le type de cette famille est l'*Elæocarpe*, grand arbre des Indes Orientales, dont on mange les fruits confits. Plusieurs espèces sont cultivées dans nos serres.

ELÆOCOCCA. *Voy.* ÉLÉOCOCCA.

ELAGAGE, opération d'Horticulture qui consiste à retrancher d'un arbre les branches superflues et nuisibles soit à son développement, soit à la nourriture des branches fécondes. On élague aussi les arbres des allées de jardins, pour donner aux promenades plus d'agrément et se ménager des points de vue, ou élever la tige des autres. En général, on ne doit couper que les branches inférieures, et quand il s'agit de grosses branches, on ne doit pas les couper immédiatement près de la tige principale, ce qui pourrait amener le dessèchement du tronc; mais on doit laisser un tronçon de 2 à 3 décimètr., que l'on rase près de la tige 1 ou 2 ans après. L'élagage ne doit se faire que dans la jeunesse de l'arbre. Cette opération s'exécute le plus souvent avec le *croissant*; elle a lieu vers l'automne ou à la fin de l'été; on couvre les plaies de terre mouillée et de bouse de vache. — On nomme *taille au crochet* l'élagage des jeunes arbres après leur transplantation : il consiste à couper tout près du tronc les branches le moins avantageusement placées, ou qui menacent d'attirer à elles une trop grande partie de la sève. On appelle *ébarbage* l'élagage des petites branches et du chevelu des plantes que l'on met en terre; et *tonte*, celui des haies et des charmilles.

ÉLAÏDINE (du grec *élaïs*, olivier), substance grasse solide en laquelle se convertit la partie liquide de l'huile d'olives et d'autres huiles grasses, lorsqu'on la met en contact avec le nitrate acide de mercure ou l'acide hyponitrique, dans le but d'en essayer la qualité. L'élaïdine fournit l'acide élaïdique, acide gras solide qu'on obtient en décomposant par un acide minéral le savon d'élaïdine. Cet acide présente la même composition que l'acide oléique, dont il ne constitue qu'une variété. Il a été étudié par MM. Boudet, Meyer et Laurent.

ÉLAINE. *Voy.* OLÉINE.

ÉLAIS (du grec *élaïa*, olivier), genre de grands arbres de la famille des Palmiers qui couvrent toute la côte équinoxale et occidentale de l'Afrique : ils habitent particulièrement la Guinée et quelques contrées de l'Amérique. L'*É. de Guinée* ou *Avoira* a une tige élevée, hérissée d'épines aiguës et saillantes, et terminée par des touffes de feuilles ailées qui ont jusqu'à 5 mètres de long. Son fruit, dit *maba*, est ovale, d'un jaune doré. On retire de l'amande une huile nommée *huile de palme*, insipide, d'odeur agréable, employée comme substance médicale et alimentaire, et dans la fabrication de certains savons. Le fruit d'une autre espèce, l'*E. butyracea*, fournit le *beurre de Galam*, employé aussi comme adoucissant et alimentaire.

ELAN, *Alce*, genre de Mammifères, de l'ordre des Ruminants et de la famille des Plénicornes, voisin du genre Cerf, est caractérisé par des bois courts, terminés par forte empaumure. L'Élan est de la taille du cheval : il habite les contrées marécageuses et les forêts des deux continents. Son pelage est d'un brun fauve, plus ou moins sombre. Il vit en troupes, et se nourrit de feuillage. Son naturel est doux et timide; cependant il est doué d'une

grande force. Cet animal est sujet à l'épilepsie. La chair de l'Élan est agréable et nourrissante. Sa peau sert pour la buffleterie, et son bois s'emploie aux mêmes usages que celui du cerf.

ÉLAPHRE (du grec *élaphros*, agile), *Elaphrus*, genre de Coléoptères pentamères de la famille des Carabiques, tribu des Simplicipèdes, renferme de petits insectes assez semblables aux Cicindèles, et qui se trouvent sur les bords des étangs, soit sous les herbes, soit dans les fissures de la vase. Le type du genre est l'*E. uliginosus*, commun en France.

ÉLAPHUS, nom latin du Cerf d'Europe.

ÉLAPS (du nom donné par les Grecs à un serpent non venimeux que l'on a cru retrouver dans la *couleuvre à quatre raies*), genre d'Ophidiens de la famille des vrais Serpents et de la section des Venimeux, à crochets venimeux, rétractiles, à mâchoire peu dilatable : tête elliptique, couverte en dessus de grandes plaques polygones; corps revêtu d'écailles oblongues, égales, lisses; queue courte, un peu obtuse. Le type de ce genre est l'*E. corail*, anelé de blanc, de noir et de rouge, et qui habite les régions méridionales des deux continents.

ÉLASTICITÉ (du grec *élastès*, qui repousse), propriété qu'ont les corps de revenir à leur volume ou à leur forme primitive après avoir été comprimés. Les gaz possèdent cette propriété au plus haut degré, ce qui les fait appeler *fluides élastiques*. L'élasticité n'est pas aussi marquée dans les liquides et dans les corps solides. Parmi les produits végétaux, le caoutchouc est surtout remarquable par sa grande élasticité. Parmi les métaux, l'acier jouit de la plus grande élasticité : on en fait les meilleurs ressorts (*Voy.* ce mot). L'élasticité se manifeste toujours à la suite d'un dérangement des molécules, soit qu'il se fasse par *pression* ou par *flexion*, soit qu'il ait lieu par *torsion* ou par *traction*. Si les billes d'ivoire, de métal, de bois, etc., rebondissent après avoir heurté un corps résistant, c'est qu'elles s'aplatissent d'abord plus ou moins par le choc, et reprennent immédiatement leur forme primitive. Les effets physiques de l'élasticité ont été particulièrement étudiés dans les liquides et les solides par OErsted, Colladon, Sturm et Savart.

ÉLASTIQUE (du grec *élastès*, qui repousse), se dit de tout corps à la fois flexible et susceptible de reprendre sa première forme : on donne spécialement aux gaz le nom de *fluides élastiques*. — Ce mot s'emploie quelquefois substantivement pour *gomme élastique* (*Voy.* CAOUTCHOUC), et pour désigner certains ressorts en métal, comme ceux qu'on emploie pour les bretelles, pour les sièges.

En Botanique, on nomme *arille élastique* celle qui s'étend à mesure que la graine qu'elle renferme prend un plus grand volume, et qui, lorsqu'elle vient à se déchirer, se retire sur elle-même par un mouvement subit; *filet d'étamine élastique*, celui qui est susceptible de se redresser avec force au moment de l'épanouissement, comme un ressort qu'on lâche tout à coup; *pollen élastique*, celui qui offre une masse susceptible de s'allonger quand on l'étire, et qui reprend sa forme dès qu'on l'abandonne à lui-même.

En Anatomie, on nomme ainsi des parties destinées à se prêter aux mouvements qui les allongent et à produire par rétraction d'autres mouvements en sens opposé : tels sont les *tissus musculaires* ou *contractiles*, qui se contractent sous l'influence de l'action nerveuse, et les *tissus jaunes rétractiles*, qui, après avoir été allongés, opèrent une rétraction produite par l'élasticité de la substance de leurs fibres.

ÉLATE, synonyme de *Phœnix. Voy.* DATTIER.

ÉLATER (mot grec signifiant *qui repousse, élastique*), nom latin du *Taupin*, ou *Scarabée à ressort*, type de la tribu des Élatérides.

ÉLATÉRIDES (du genre type *Elater*), tribu d'insectes Coléoptères pentamères, de la famille des

Serricornes, renferme des espèces remarquables par une partie cornée et pointue qui se trouve sous leur corselet, et qui, en s'enfonçant et se retirant subitement dans une cavité correspondante, permet à l'insecte, placé d'abord sur le dos, de sauter perpendiculairement à une hauteur souvent égale à 12 fois la longueur de son corps.

ÉLATÉRIE (du grec *élater*, élastique), nom donné par Richard à une espèce de capsule se composant de plusieurs coques qui se séparent naturellement à l'époque de la maturité, et s'ouvrent avec élasticité : tel est le fruit des Euphorbes.

ÉLATÉRINE, principe trouvé par Martius en traitant l'*élatérium* par l'alcool. C'est une substance blanche, cristalline, très-amère, insoluble dans l'eau et les alcalis, et peu soluble dans les acides; mais elle se dissout à chaud dans l'alcool, l'éther et les huiles. C'est un vomitif très-énergique.

ÉLATÉRITE (de son analogie avec la substance appelée *élatérium*), espèce de Bitume appelée aussi *Bitume élastique*, *Dapèche*, et *Caoutchouc minéral*, paraît-être un mélange de carbure d'hydrogène avec un principe oxygéné. C'est une substance brune, tirant sur le noir ou le vert foncé, molle et élastique; fusible, à une faible température, en une matière visqueuse. On la trouve disséminée dans les filons de plomb en France et en Angleterre.

ÉLATÉRIUM (du grec *élatérion*, qui chasse, purgatif), nom donné à l'extrait de *Concombre sauvage* (*Momordica elaterium*). Évaporé jusqu'à siccité, c'est un purgatif très-énergique. On lui a attribué des vertus très-grandes, surtout contre les maladies des yeux, la goutte et l'hydropisie. Ce suc est de deux sortes, l'un blanc, l'autre noir : le premier s'obtient des fruits scarifiés avant la maturité et séchés au soleil; le second est l'extrait obtenu de la pulpe exprimée. L'Élatérium doit ses propriétés à un principe immédiat appelé *Élatérine* (*Voy.* ce mot). — Ce suc était connu des anciens.

ÉLATÉROMÈTRE (du grec *élater*, qui repousse, élastique, et *métréô*, mesurer), espèce de manomètre ou de baromètre à siphon que l'on adapte aux cylindres des machines à vapeur ou aux récipients des machines à condensation, pour connaître approximativement l'élasticité de la vapeur des cylindres ou de l'air des récipients.

ÉLATINE (du grec *élaté*, pin, à cause de la forme des feuilles), genre de la famille des Caryophyllées, qu'on en a récemment séparé pour en faire le type d'une nouvelle famille, celle des *Élatinées*. Ce genre se compose de petites plantes annuelles à calice tri ou quadriparti, à corolle de 3 ou 4 pétales, contenant 6 ou 8 étamines et un ovaire à 4 loges. L'É. *poivre d'eau* (*E. hydropiper*), type du genre, est une plante à fleurs blanches, qui croît dans les mares et les fossés aux environs de Paris.

ÉLÉAGNÉES. *Voy.* ELÆAGNÉES.

ÉLECTEUR, toute personne qui a le droit de concourir à une élection. *Voy.* ÉLECTION.

Pour les *Électeurs de l'Empire germanique*, *Voy.* le *Dict. univ. d'Hist. et de Géogr.*

ÉLECTION (du latin *eligere*, choisir), choix fait par la voie des suffrages. L'élection peut s'appliquer à tout, à la nomination de mandataires privés, de membres d'une société savante ou commerciale, comme à celle de personnages investis d'un caractère public : dans ce dernier cas, les élections sont dites *parlementaires*, *départementales*, *municipales*, selon qu'il s'agit d'élire des députés, des membres d'un conseil général de département ou d'un conseil municipal. L'élection est *directe*, lorsqu'elle confère immédiatement les fonctions auxquelles il s'agit de pourvoir; *indirecte*, ou *à deux degrés*, lorsqu'elle désigne soit d'autres électeurs qui doivent eux-mêmes faire le choix, soit des candidats parmi lesquels un autre pouvoir doit nommer. Quant à ses

formes, l'élection peut être *publique*, *secrète*, *au scrutin*, *à la majorité absolue* ou *relative*, c.-à-d. *à la pluralité des suffrages*, etc.; dans le cas d'égalité de voix, ou quand aucun candidat n'a obtenu la majorité voulue, on recourt au *ballottage*. Enfin, l'*élection* peut être restreinte, réservée à certaines catégories de citoyens, ou être faite par le *suffrage universel*. — On appelle *gouvernement électif*, par opposition au *gouvernement héréditaire*, celui où le chef de l'État est nommé par voie d'élection.

L'élection est l'âme des États républicains : tout se faisait par élection à Athènes, à Rome; les rois de Rome étaient électifs dès l'origine; il en fut de même des premiers rois francs, que les guerriers élevaient sur le pavois. Dans les pays monarchiques même, l'élection a encore une grande place, surtout dans les gouvernements représentatifs.

Avant 1789, l'élection n'avait guère lieu en France que pour les corps municipaux, pour la répartition de certains impôts (*Voy.* ci-après PAYS D'ÉLECTION), pour les états de quelques provinces, et, à de longs intervalles, pour les États généraux du royaume. Directe pour le clergé et la noblesse, elle était le plus souvent à deux degrés pour le tiers état. L'Assemblée constituante adopta en 1790 l'élection à deux degrés, et imposa comme conditions électorales, pour les électeurs du premier degré qui composaient les *assemblées primaires*, l'âge de 25 ans et une contribution foncière de trois journées de travail; pour le deuxième degré, un revenu évalué à 150 ou à 200 journées de travail, suivant les localités. La constitution de 1793 abolit le *cens électoral*, et rétablit le suffrage à la fois *universel* et *direct*; celle de 1795 rétablit le cens, mais en admettant comme suffisante une taxe foncière ou personnelle quelconque; elle revint aussi au mode indirect, ou à deux degrés, qui subsista, avec diverses modifications, jusqu'à la Restauration. La loi du 5 février 1817 établit pour l'élection le suffrage direct : tous les Français âgés de 30 ans et payant 300 fr. de contributions directes furent électeurs et répartis dans 86 *colléges électoraux*. La loi du 29 juin 1820, dite *du double vote*, modifia cette répartition, et distingua les *grands colléges*, assemblés au chef-lieu de chaque département, composés d'électeurs payant 500 fr. de contributions, et les *petits colléges* ou colléges d'arrondissement, dont le cens resta fixé à 300 fr. La monarchie de juillet 1830 supprima les deux degrés et abaissa le cens à 200 fr.; en outre, il suffit pour être électeur d'être âgé de 25 ans, de jouir de ses droits civils, et d'avoir son domicile politique dans l'arrondissement : les électeurs furent répartis en autant de *colléges électoraux* qu'il y avait d'arrondissements, nommant chacun un député. La révolution de 1848 supprima toute espèce de cens électoral et établit le *suffrage universel* et *direct* : tout Français âgé de 21 ans, et jouissant de ses droits civils et politiques, devint électeur. La loi du 31 mai 1849 avait imposé une condition de 3 ans de domicile : le *décret organique* du 2 février 1852 a réduit à 6 mois la durée du domicile nécessaire pour être inscrit sur les listes électorales.

Élection, *Pays d'élection*. Autrefois on appelait ainsi en France une circonscription territoriale qui comprenait un certain nombre de paroisses soumises pour les impôts à un même tribunal, composé de membres élus par les habitants, et dit, pour cette raison, *tribunal d'élection* : la mission de ces tribunaux était de répartir les impôts entre les habitants de la circonscription. On comptait 181 *élections*; elles ne devaient avoir chacune que 5 à 6 lieues d'étendue; plusieurs élections formaient une *généralité*. Dans les *pays d'état*, il n'y avait pas d'*élections*.

ÉLECTIVE (AFFINITÉ). *Voy.* AFFINITÉ.

ÉLECTRICITÉ (du grec *électron*, ambre jaune, parce que c'est dans cette substance qu'on découvrit d'abord les phénomènes électriques), agent inconnu, cause des phénomènes d'attraction et de répulsion que présentent certaines substances, comme le verre, la soie, la résine, lorsque, après les avoir frottées, on les approche de corps légers, par exemple, de feuilles d'or ou de clinquant, de balles de sureau, de sciure de bois ou de barbes de plume. On appelle *idio-électriques* les corps qui, comme la gomme laque, le verre, l'ambre, le diamant, deviennent électriques par le frottement; et *anélectriques*, ceux dans lesquels le frottement ne développe pas d'électricité, comme les métaux. Les corps *anélectriques* prennent aussi le nom de *conducteurs*, parce qu'ils transmettent instantanément l'électricité d'un corps à un autre, et les corps *idio-électriques* sont dits *non-conducteurs* ou *mauvais conducteurs*, parce qu'ils gardent l'électricité. On reconnaît à l'aide des *Électroscopes* les corps qui deviennent électriques par le frottement. On développe l'électricité en grand au moyen de la *Machine électrique. Voy.* ce mot.

Pour expliquer les phénomènes d'électricité, on admet l'existence de *deux fluides*, qui, combinés entre eux par leur attraction mutuelle, ou neutralisés l'un par l'autre, constituent l'état naturel du corps; on appelle ces deux fluides, l'un *É. vitrée* et l'autre *É. résineuse*, parce qu'on développe l'un en frottant un bâton de verre, l'autre en frottant un morceau de résine. Dans l'hypothèse d'un fluide unique, on nomme l'électricité vitrée *É. positive*, et l'électricité résineuse *É. négative*. Lorsque les deux électricités viennent à être séparées par une cause quelconque, le corps dans lequel cette décomposition a lieu est un corps électrisé; il est *électrisé positivement* si c'est le fluide positif qui domine, et *négativement* si c'est le fluide négatif. On démontre l'existence de ces deux électricités au moyen de balles de sureau suspendues à un fil de soie. Si l'on approche d'une balle ainsi suspendue un bâton de verre électrisé, elle en est attirée et vient s'y coller, mais bientôt elle en est repoussée; si l'on fait l'expérience avec deux balles de sureau dont l'une est électrisée par un bâton de verre et repoussée par lui, l'autre électrisée par un bâton de résine et repoussée par cette substance, on remarque que le verre attire fortement la balle électrisée par la résine, et réciproquement que la résine attire vivement la balle électrisée par le verre. On exprime ce fait d'une manière générale en disant que *les électricités de nom contraire s'attirent*, et que *les électricités de même nom se repoussent*.

L'électricité se communique *au contact* et à *distance*. Au contact, les corps mauvais conducteurs ne prennent ou ne perdent de l'électricité que dans l'étendue des surfaces touchées, tandis que les bons conducteurs la prennent ou la perdent dans toute l'étendue de leur surface. L'électricité qui se communique à distance se répand aussi sur les corps à raison de leur conductibilité, et, à son passage, elle présente le phénomène de l'*étincelle électrique*. Plus la surface du conducteur est large, plus la communication est facile; et l'étincelle part quelquefois à 20, 30, 40, et même 50 centim. de distance; sa lumière est éblouissante, et le bruit qu'elle occasionne ressemble à celui d'un coup de fouet. Cette étincelle enflamme, comme le feu, les liqueurs spiritueuses, et peut fondre les métaux; elle détermine la combinaison de beaucoup de gaz entre eux, et effectue la décomposition de la plupart des corps.

Un corps électrisé décompose à distance les électricités naturelles de tous les corps conducteurs. Ceux-ci s'électrisent alors, comme on dit, *par influence*. Les corps électrisés par influence reviennent à leur état primitif dès que l'influence cesse; on peut en général détruire celle-ci soit graduellement, en tirant des corps électrisés de petites étincelles au moyen d'un conducteur isolé, ou en augmentant la distance du corps qui exerce l'influence; soit subitement, en tirant

du corps électrisé une étincelle totale qui le décharge complètement lorsqu'il est lui-même conducteur.

L'électricité des corps disparaît avec le temps: elle se dissipe dans l'air, où s'écoule dans le sol. La perte par l'air est due en grande partie à la vapeur d'eau que renferme l'atmosphère. Les pointes des corps conducteurs sont particulièrement favorables à l'écoulement de l'électricité; il en est de même des arêtes et des angles: c'est pourquoi il faut éviter toutes les formes anguleuses dans les appareils destinés à conserver l'électricité.

On appelle *É. dissimulée* l'électricité qu'on observe dans deux disques conducteurs, séparés par une lame non conductrice de verre ou de résine. Pour l'obtenir, on charge directement un des disques; l'autre disque se charge alors par influence, et, s'il communique avec le sol, il garde l'électricité contraire à celle disposée sur le premier disque; si ensuite on isole le système, les deux électricités s'attirent sans pouvoir se confondre, au travers de la lame non conductrice, et en pressent les deux faces opposées par l'effort qu'elles font pour se joindre. Si on touche l'un ou l'autre disque séparément, il ne s'écoule rien dans le sol: c'est ce qui fait dire que l'électricité y est *dissimulée*; mais si on les touche simultanément, les deux électricités se combinent, et l'appareil se décharge en produisant une vive étincelle. Les appareils dans lesquels on accumule ainsi de l'électricité dissimulée sont le *Condensateur* et la *Bouteille de Leyde*.

La décomposition du fluide électrique a lieu dans les corps par le frottement, le contact, les actions chimiques, ainsi que par les changements de température. On appelle *phénomènes galvaniques* les phénomènes qui en développent de l'électricité par le contact (*Voy.* GALVANISME); *phénomènes thermo-électriques*, ceux qui en développent par l'effet de certaines actions calorifiques (*Voy.* THERMO-ÉLECTRICITÉ); *électricité atmosphérique*, celle qui se dégage dans l'air, et dont se chargent les nuages: c'est cette électricité qui donne lieu à la *foudre* et aux *éclairs. Voy.* ces mots et PARATONNERRE.

Les opinions les plus diverses ont été émises sur la nature de l'électricité et sur la cause de l'étincelle électrique. Les uns, adoptant l'opinion de Dufay et Symmer, expliquent les phénomènes électriques par deux fluides distincts; les autres admettent avec Franklin un seul fluide, qui serait tantôt en excès ou en plus (*électricité positive*), tantôt en défaut ou en moins (*électricité négative*). Selon l'abbé Nollet, le fluide électrique, plus subtil que l'air, ne serait qu'une modification particulière du calorique et de la lumière. Suivant une hypothèse récente, développée par Davy, OErsted et Berzélius, les atomes de la matière pondérable doivent être regardés comme les éléments entre lesquels s'accomplissent toutes les décompositions et toutes les recompositions électriques. *Voy.* ÉLECTRO-CHIMIE.

L'électricité n'a pas encore reçu toutes les applications utiles qu'on est en droit d'attendre de cet agent merveilleux. On l'utilise depuis ces dernières années dans la dorure et l'argenture, la galvanoplastie, la télégraphie électrique, l'extraction des métaux de leurs minerais, etc.; on a essayé aussi de l'appliquer à l'éclairage. Les chimistes s'en servent pour la décomposition de la plupart des corps (*Voy.* GALVANISME et PILE). Les médecins l'emploient comme agent thérapeutique dans la paralysie, la gastrite chronique, les névralgies, dans l'empoisonnement par les narcotiques, etc. *Voy.* aussi ÉLECTRO-PUNCTURE, CATAPLASME GALVANIQUE.

Les Grecs savaient que l'ambre, qu'ils appelaient *électron*, acquiert par le frottement la propriété d'attirer des corps légers; mais ils ne poussèrent pas plus loin leurs investigations. Vers le milieu du XVIIe siècle, le Dr Wall observa le premier l'étincelle électrique, produite par le doigt à l'approche de l'ambre jaune vivement frotté, et y trouva certains rapports avec la foudre. Ce fait devint le premier anneau d'une longue série de travaux entrepris depuis par Dufay, l'abbé Nollet, Gray, Reichmann, etc., sur la cause et les lois de ce phénomène. Ils eurent d'abord principalement pour but de constater l'existence de l'électricité atmosphérique, et conduisirent Franklin à la découverte du paratonnerre. En 1746, Cuneus découvrit la bouteille de Leyde; il répéta ses expériences avec Musschenbroeck. Quelques années après, l'existence du fluide galvanique, indiquée en 1767 par Sulzer et en 1786 par Cotugno, fut confirmée par Galvani, qui crut y voir un fluide particulier propre aux animaux (*électricité animale*); mais Volta, professeur de Pavie, renversa bientôt la théorie de Galvani en rétablissant l'identité du galvanisme avec le fluide électrique. A peu près à la même époque, Wilkes découvrit l'électrophore, Bergmann constata la nature électrique de la tourmaline, Henley inventa l'électromètre, et Volta construisit la pile. La découverte de ce dernier instrument a puissamment contribué depuis aux progrès de la science de l'électricité. En 1819, M. OErsted reconnut que le courant qui se dégage de la pile exerce une action sur l'aiguille aimantée, et posa ainsi les fondements de la théorie de l'*électro-magnétisme*; Ampère constata à son tour que les courants électriques agissent les uns sur les autres comme des aimants; qu'ils s'attirent ou se repoussent suivant qu'ils ont lieu dans le même sens ou en sens opposé. Seebeck découvrit qu'on peut établir un courant électrique dans les métaux par la seule action de la chaleur. On doit en outre des travaux importants sur l'électricité à MM. Ohm, Jacobi, De La Rive, Becquerel, Pouillet, Peltier, Faraday, Grove, etc.

M. Becquerel a publié sur l'électricité un ouvrage spécial qui résume tous les travaux antérieurs, le *Traité expérimental de l'Electricité et du Magnétisme* (6 vol. in-8, 1834-40). M. De la Rive a consigné dans les *Archives de l'Electricité*, ainsi que dans son *Traité d'Électricité théorique et appliquée* (1854), toutes les nouv. découvertes faites dans cette science.

ÉLECTRO-AIMANT, fer doux transformé en aimant au moyen d'un courant électrique (*Voy.* ÉLECTRO-MAGNÉTISME). On peut donner aux électro-aimants une grande puissance au moyen de piles énergiques: comme ils ne tirent leur force que de la présence du courant, ils peuvent se faire et se défaire en un instant, puisqu'il suffit pour cela de faire passer le courant et de l'interrompre. On emploie les électro-aimants pour construire les télégraphes électriques. On a aussi, dans ces derniers temps, proposé de transformer en électro-aimants les roues des locomotives des chemins de fer, afin de leur donner plus d'adhérence sur les rails, et d'accroître ainsi la puissance de la machine.

ÉLECTRO-CHIMIE, partie de la physique qui considère les phénomènes de combinaison et de décomposition déterminés par la *pile* électrique (*Voy.* ce mot). Pour qu'un corps soit décomposé par le courant électrique, il faut qu'il soit conducteur. La décomposition de l'eau au moyen de la pile, observée pour la première fois en 1800 par Carlisle et Nicholson, est devenue le point de départ d'un grand nombre de travaux importants sur les phénomènes électro-chimiques. On doit surtout à MM. Faraday, Becquerel, De la Rive, etc., les connaissances qu'on possède aujourd'hui à cet égard. Berzélius a fondé sur ces phénomènes sa *théorie électro-chimique* ou *dualistique*, d'après laquelle tous les corps se composent de deux parties, d'une partie électro-positive et d'une partie électro-négative, qui se combinent entre elles en vertu de leur état électrique différent, et qui se rendent chacune à son pôle respectif lorsqu'on décompose les corps par la pile. Cette théorie,

qui ne peut se vérifier expérimentalement que sur un très-petit nombre de combinaisons appartenant à la même catégorie, a été étendue par hypothèse à tous les composés de la chimie, et forme la base du système actuellement adopté par la plupart des savants. On a reconnu, toutefois, qu'elle est en contradiction avec un grand nombre de phénomènes, et qu'elle est inapplicable à la plupart des combinaisons de la chimie organique.

L'industrie tire parti des phénomènes électro-chimiques pour la dorure, l'argenture, le platinage, la galvanoplastie, et en général pour recouvrir des métaux ou d'autres corps d'une couche uniforme d'un métal quelconque. *Voy.* DORURE et GALVANOPLASTIE.

ÉLECTRODE (du grec *électron*, et de *odos*, chemin), nom sous lequel on désigne, en électro-chimie, les corps conducteurs mis en communication, d'une part, avec la pile, et, de l'autre, avec un milieu sur lequel le courant exerce une action chimique. L'électrode est dit *positif* ou *anode*, et *négatif* ou *cathode*, suivant qu'il est en communication avec le pôle positif ou avec le pôle négatif de la pile. Les électrodes sont, en général, faits en platine.

ÉLECTRO-DYNAMIQUE, partie de la science de l'électricité qui considère l'action des courants sur les courants, des aimants sur les courants, des courants sur les aimants et les courants par influence. L'origine de cette science remonte à 1820. Elle doit ses plus brillantes découvertes à M. Ampère. *Voy.* COURANTS ÉLECTRIQUES et ÉLECTRO-MAGNÉTISME.

ÉLECTROLYTE (du grec *électron*, et *lyô*, délier), se dit, en Électro-chimie, de tout corps décomposable par le courant électrique. Les phénomènes *électrolytiques* sont ceux qui se présentent dans la décomposition des corps par un semblable courant. Les mots *Electrolyse*, *Electrolysation*, sont synonymes de décomposition par la pile.

ÉLECTRO-MAGNÉTISME, partie de la Physique qui s'occupe des relations qui existent entre l'électricité et le magnétisme. Lorsqu'un fil conducteur est traversé par le courant de la pile, et qu'on approche de ce fil une aiguille aimantée librement suspendue, elle dévie de sa position, se met en croix avec le courant, et fait une foule d'oscillations sans être, en général, ni attirée ni repoussée. La force qui s'exerce ainsi entre le courant de la pile et le magnétisme de l'aiguille est ce qu'on appelle la *force électro-magnétique*; l'intensité de cette force diminue à mesure que la distance augmente entre le courant et l'aiguille; elle se manifeste dans tous les sens et au travers de toutes les substances, à l'exception des substances magnétiques. Le courant électrique n'agit pas seulement sur le magnétisme libre; il est capable d'aimanter avec autant de puissance que les plus forts aimants: si on plonge dans de la limaille de fer une portion du fil qui joint les deux pôles de la pile, on voit la limaille s'enrouler autour du fil et y rester adhérente tant que passe le courant, puis se détacher aussitôt que le circuit est rompu: c'est à M. Arago qu'est due cette dernière découverte. On a tiré parti de ce phénomène pour construire des *électro-aimants* (*Voy.* ce mot). On a aussi reconnu que, de même que les courants électriques agissent sur les aimants, les aimants sont, à leur tour, capables de diriger les courants et de les mouvoir de diverses manières (*Voy.* COURANTS ÉLECTRIQUES). OErsted découvrit en 1819 le fait de l'action des courants électriques sur les aimants; ce fait est devenu la base de la science de l'électro-magnétisme, créée par M. Ampère, et dont les progrès ont été hâtés par les travaux de MM. Biot et Savart, Arago, Savary, Wollaston, Seebeck, Faraday, De la Rive, etc.

ÉLECTROMÈTRE (du grec *électron*, et *métron*, mesure), instrument destiné à donner la mesure exacte de l'intensité du fluide électrique dont un corps est chargé; il fut inventé par Henley. Tous les électromètres sont fondés sur le principe général que les corps chargés d'une même espèce d'électricité se repoussent. L'*É. à cadran* de Henley se compose d'une tige conductrice à laquelle est fixé un demi-cercle d'ivoire sur lequel sont tracées des divisions. Au centre de ce cercle est une petite aiguille d'ivoire terminée par une balle de sureau, et qui indique l'énergie de l'électricité par le nombre des divisions qu'elle parcourt. Cet électromètre est souvent adapté à la boule du conducteur de la machine électrique. L'*É. de Volta* consiste en deux pailles suspendues à une tige de cuivre par deux petits anneaux métalliques, et terminées chacune par une boule de sureau, très-légère; dans l'*É. de Bennet*, ce sont deux feuilles d'or au lieu de pailles; dans l'*É. de Carvallo*, ce sont deux fils métalliques très-fins.

ÉLECTROPHORE (du grec *electron*, et *phéró*, porter), appareil à l'aide duquel on développe de l'électricité. Il se compose d'un gâteau de résine coulé dans un moule de bois, et d'un plateau de cuivre ou de bois revêtu d'étain, auquel est adapté un manche en verre. Pour l'électriser, on bat la surface de la résine avec une peau de chat; on pose sur le gâteau de résine le plateau par son manche isolant, et, avec le doigt, on en tire une étincelle, afin d'éloigner l'électricité résineuse, qui s'écoule dans le sol. Le plateau se charge ainsi fortement d'électricité vitrée. L'électrophore a été imaginé par Wilkes.

ÉLECTROPUNCTURE (du grec *electron* et du latin *pungere*, piquer), moyen thérapeutique proposé par Sarlandière, et consistant en une combinaison de l'électricité et de l'acupuncture. Après avoir placé le malade sur un isoloir, on fait pénétrer dans la partie souffrante une aiguille que l'on fait ensuite communiquer avec le conducteur d'une machine électrique au moyen d'un fil métallique. La secousse qui résulte de cette communication est dirigée par la pointe de l'aiguille sur toutes les radicules des nerfs, et produit des effets avantageux dans certaines affections rhumatismales et nerveuses.

ÉLECTROSCOPE (du grec *électron*, et *scopéó*, observer), appareil de physique à l'aide duquel on reconnaît si un corps devient électrique par le frottement. Le plus simple est le *pendule électrique*, qui se compose d'une petite balle de sureau suspendue à l'extrémité d'un fil de soie ou d'un fil de métal très-fin. Lorsqu'on veut éprouver un corps, on l'approche de la balle, et s'il ne peut pas l'attirer à lui d'une quantité sensible, on est assuré qu'il n'a point d'électricité, ou plutôt qu'il n'en possède qu'une très-faible charge. L'*aiguille électrique* est un autre électroscope un peu plus sensible que le pendule: elle se compose d'un fil de cuivre terminé par deux boules métalliques creuses; au milieu de la longueur du fil est une chape en acier ou en agate qu'on pose sur un pivot. Une très-faible action suffit pour mettre l'aiguille en mouvement. L'*É. de Coulomb*, dit *Balance de Coulomb*, est l'appareil le plus délicat pour mesurer l'intensité des forces électriques: on le construit avec un fil de cocon fixé à un treuil, avec une aiguille de gomme laque et un petit cercle de clinquant; une cage de verre préserve l'aiguille des agitations de l'air; elle porte une circonférence divisée et un couvercle percé d'une ouverture par où l'on fait descendre lentement les corps électrisés qui doivent attirer l'extrémité de l'aiguille pour la faire tourner. — On a construit encore d'autres électroscopes en se fondant sur les phénomènes de l'électricité par influence; ils se composent tous d'un vase de verre, d'un conducteur fixe et d'un conducteur mobile. *Voy.* CONDENSATEUR.

ÉLECTROTYPIE (d'*électron*, et de *typos*, caractère), art qui consiste à recouvrir d'une couche d'or, d'argent, de cuivre ou d'un métal quelconque, par voie électro-chimique, les clichés, planches gravées, et, en général, les objets qui sont destinés à transporter leurs empreintes sur d'autres corps par la pression. *Voy.* GALVANOPLASTIE.

ÉLECTRUM, mot qui désignait, chez les anciens, l'*ambre jaune* ou *succin*. — Ce nom a été appliqué à l'alliage particulier d'or et d'argent que les bijoutiers nomment aujourd'hui *or vert*. Sa couleur est d'un vert d'eau agréable: fondu, il est jaune pâle.

ÉLECTUAIRES (du latin *electuarium*, dérivé d'*eligere*, choisir), médicaments de consistance molle, composés d'un choix de plusieurs substances, poudres ou pulpes diverses, liées avec un sirop, du vin, etc. Ils sont peu en usage aujourd'hui, et on le remplace généralement par la substance qui y prédomine. *Voy.* OPIATS.

ÉLÉDONE (du grec *éledoné*, espèce de polype), *Eledona*, genre de Mollusques céphalopodes de la famille des Cryptodibranches, assez semblables aux poulpes et n'ayant qu'une seule rangée de ventouses sur chacun de leurs bras. Une espèce, l'*É. musquée*, exhale une odeur de musc.

ÉLÉGIE (du grec *é légéin*, dire hélas!), POÉSIE ÉLÉGIAQUE, genre de poésie ordinairement consacré au deuil et à la tristesse; quelquefois aussi elle peint les joies et surtout les tourments de l'amour. On connaît les vers de Boileau (*Art poét.*, II, 39):

> La plaintive *élégie*, en longs habits de deuil,
> Sait, les cheveux épars, gémir sur un cercueil :
> Elle peint des amants la joie et la tristesse;
> Flatte, menace, irrite, apaise une maîtresse.

Les anciens donnaient le nom d'*élégie* à tous les poëmes écrits en *vers élégiaques*, c'est-à-dire en vers hexamètres et pentamètres se succédant alternativement (*Voy.* DISTIQUES), quelle que fût d'ailleurs la nature du sujet. — Les poëtes grecs Simonide et Callinus furent, dit-on, les premiers qui cultivèrent l'élégie; après eux, on cite, chez les Grecs, Tyrtée, Mimnerme et Callimaque; chez les Romains, Tibulle, Properce, Ovide; parmi les modernes, le Camoens, Saa de Miranda, Garcilasso de la Vega, Lopez de Vega, chez les Portugais et les Espagnols; Pétrarque, Alamanni, chez les Italiens; Young, Gray, chez les Anglais; Malherbe, Gilbert, Parny, Millevoye, André Chénier, Soumet, Lamartine, Mme Tastu, chez les Français. On peut encore rapporter à ce genre les *Messéniennes* de C. Delavigne.

ÉLÉMENT (du latin *elementum*, même signification). En Chimie, ce mot s'applique aux corps simples ou indécomposables. Voici les éléments admis dans l'état actuel de la science, rangés par ordre alphabétique: aluminium, antimoine, argent, arsenic, azote, baryum, bismuth, bore, brome, cadmium, carbone, cérium, chlore, chrome, cobalt, cuivre, didyme, étain, fer, fluor, glucinium ou béryllium, hydrogène, iode, iridium, lanthane, lithium, magnésium, manganèse, mercure, molybdène, nickel, or, osmium, oxygène, palladium, phosphore, platine, plomb, potassium, rhodium, sélénium, silicium, sodium, soufre, strontium, tantale ou columbium, tellure, thorium, titane, tungstène, uranium, vanadium, yttrium, zinc, zirconium. A ces 56 éléments il faut encore en joindre 6, découverts seulement dans ces dernières années, et dont la nature particulière est moins bien établie; ces éléments s'appellent: erbium, niobium, norium, pélopium, ruthénium, terbium. — Les anciens Chimistes, jusqu'à Stahl, au commencement du XVIIIe siècle, admettaient, avec Aristote, l'existence de quatre éléments: le feu, l'air, l'eau, la terre. Sauf le feu, qu'on a reconnu n'être qu'un simple phénomène accompagnant certaines actions chimiques, ces éléments ont été décomposés par la chimie moderne.

En Astronomie, *Élément* se dit des nombres qui expriment soit les mouvements des corps célestes, soit les relations de distance et de grandeur qu'ils ont entre eux. — En Physique, on donne ce nom aux couples de zinc et de cuivre dont on se sert pour construire les piles voltaïques. *Voy.* PILE.

ÉLÉMI ou GOMME ÉLÉMI, résine dont on distingue deux espèces. L'une, qu'on nomme. É *oriental* ou É. *vrai*, est fournie par l'*Amyris zeilonica*, de la famille des Térébinthacées : elle nous vient de Ceylan et d'Éthiopie, en forme de gâteaux arrondis, jaunâtres ou d'un blanc vert, solides à l'extérieur, mous et gluants à l'intérieur, d'une odeur de fenouil; les Indiens en font de la chandelle. L'autre, nommée E. *bâtard*, *occidental* ou d'*Amérique*, provient de l'*Amyris elemifera* ou *Balsamier* : elle nous vient du Brésil sous forme de masses consistantes, d'un jaune blanchâtre, parsemées de points rouges ou bruns. L'élémi se ramollit à la chaleur. Il entre dans la composition de plusieurs onguents et vernis.

ÉLÉOCOCCA, *Elæococca* (du grec *elaion*, huile, et *coccos*, graine), genre de la famille des Euphorbiacées, originaire des contrées orientales de l'Asie. Il renferme des arbres à feuilles alternes, munies de deux glandes à leur base, à fleurs jaunâtres en panicules terminales. Les fruits ont une chair fibreuse, et renferment de grosses graines, d'où l'on extrait une huile abondante. On en connaît deux espèces : l'*Arbre à l'huile* (E. *dryandra*), particulier à l'Inde et au Japon, et l'*Arbre au vernis* (E. *vernicia*), originaire de la Chine et de la Cochinchine.

ÉLÉPHANT (du grec *éléphas*), genre de Mammifères de l'ordre des Pachydermes et de la famille des Proboscidiens. Sa peau est très-épaisse, dure, calleuse, et peu garnie de poils; elle est noire, mais peut s'altérer par l'âge jusqu'à devenir blanche. L'éléphant a les yeux très-petits, les oreilles très-grandes, l'ouïe très-délicate. Il n'a pas d'incisives; les deux canines de la mâchoire supérieure constituent ces longues *défenses* qui lui servent à arracher les racines et à se défendre, et qui, sous le nom d'*ivoire* (Voy. ce mot), reçoivent tant d'applications dans l'industrie. La *trompe*, qui est un prolongement du nez, est longue et couverte de dépressions annulaires; elle prend naissance à la partie antérieure du frontal, s'unit, dès sa racine, à la lèvre supérieure; à l'intérieur, elle est creusée d'un double canal correspondant aux deux narines; son extrémité inférieure présente un bord circulaire ayant en avant un prolongement semblable à un véritable doigt : cette trompe lui sert à saisir les objets, à soulever des fardeaux, à terrasser ses ennemis, etc. Les pieds sont ongulés, et le *sabot* est formé d'une peau calleuse qui ne laisse voir que les ongles. Enfin, les mamelles sont pectorales. On distingue deux espèces d'éléphants : l'É. *des Indes,* qui a deux molaires de chaque côté à chacune des mâchoires, 5 ongles aux pieds de devant et 4 à ceux de derrière; il est doux, à moins qu'on ne l'irrite, fort intelligent, et d'une force telle qu'il fait aisément 80 kilomèt. par jour, chargé d'un poids de 1,000 kilogr.; et l'É. *d'Afrique,* qui n'a qu'une molaire de chaque côté et 3 sabots seulement à chacun des pieds de derrière ; ce dernier a les oreilles plus larges, la peau plus brune et les défenses plus longues que le précédent, quoiqu'il soit moins grand; il est aussi plus farouche et plus difficile à apprivoiser.

Les éléphants sauvages vivent ordinairement dans les forêts et les lieux marécageux des contrées les plus chaudes de l'Asie et de l'Afrique. Ils se tiennent par troupes nombreuses, conduites par un vieux mâle. Ils vivent de graines, d'herbes, de feuillage et de racines; ils ramassent leur nourriture et la portent à leur bouche avec leur trompe, qu'ils manient avec une dextérité prodigieuse; ils prennent leur boisson avec le même organe. L'éléphant peut être réduit en domesticité; mais, dans cet état, il ne multiplie pas. Cet animal est fort docile : il obéit aveuglément à son cornac; il paraît être sensible à la musique.

Les anciens se servaient d'éléphants dans leurs combats. Les Asiatiques les emploient encore à la guerre, en même temps qu'ils s'en servent comme de bêtes de somme. Souvent, ces animaux ont décidé du sort des batailles (M. le colonel Armandi a écrit l'*Histoire militaire des éléphants*, 1843).

Les rois de Siam ont un *éléphant blanc* qu'ils logent dans un palais magnifique, gardé par 100 officiers. On ne le sert qu'en vaisselle d'or, on ne le promène que sous un dais magnifiquement décoré. La raison de cet appareil est la croyance où sont les Siamois que l'âme du philosophe Kekia, auquel ils attribuent la première idée de la *métempsycose,* est passée dans le corps d'un éléphant blanc. — Il existe en Danemark un *Ordre de l'Éléphant,* dont on fait remonter l'origine aux Croisades (1189).

Pour la *chasse de l'éléphant,* on forme dans la forêt une vaste enceinte de pieux qui se ferme par une trappe. On y conduit un éléphant apprivoisé que l'on fait crier; quelques éléphants arrivent, pénètrent dans la palissade, et la trappe se ferme. On en prend quelquefois aussi au moyen de grandes fosses couvertes établies sur leur passage.

L'ivoire est le principal produit de la dépouille des éléphants; quant à la peau, qui est fort épaisse et à l'épreuve du sabre quand elle est sèche, les naturels en font d'excellents boucliers; ils font aussi grand cas de la queue, surtout du bouquet de poils qui la termine, la considérant comme un talisman. On a trouvé dans le nord des deux continents des *éléphants fossiles* de 5 à 6 m. de haut : ces éléphants portaient une longue crinière de poils roides. Le *grand Mastodonte* est une espèce voisine de l'éléphant qu'on a trouvée dans l'Amérique du Nord, et qui ne lui cède ni pour la taille ni pour la longueur des défenses. On nomme *éléphants marins* deux espèces d'amphibies à museau ridé; l'une appartient au genre Morse, l'autre au genre Phoque. Voy. ces mots.

ÉLÉPHANTIASIS (du grec *éléphas,* éléphant), maladie de la peau qui se présente sous deux formes : l'É. *des Arabes,* ainsi nommée parce qu'elle a été décrite par le médecin arabe Rhasès, et l'É. *des Grecs,* décrite par le médecin grec Arétée.

L'É. *des Arabes,* appelée aussi *Maladie glandulaire des Barbades,* a pour caractère essentiel une intumescence plus ou moins volumineuse et dure de la peau et des tissus cellulaires adipeux sous-jacents, résultant d'inflammations partielles et réitérées du derme et des vaisseaux et ganglions lymphatiques. Elle attaque particulièrement les membres inférieurs, qui prennent des dimensions et une configuration analogues aux jambes d'*éléphant*; d'où son nom. Cette maladie est plus fréquente dans l'âge adulte; elle attaque également les hommes et les femmes, ne paraît pas héréditaire et n'est pas contagieuse. Elle est endémique en Égypte, aux Barbades, aux Indes, au Japon, etc., où sa fréquence paraîtrait dépendre de l'usage immodéré des poissons pêchés dans les marécages, de l'eau croupie qui est souvent la seule boisson des habitants, et de leur exposition aux brusques alternatives de température.

L'É. *des Grecs,* dite aussi *Lèpre tuberculeuse,* *Léontine, Léontiasis,* et qu'on croit être la *Lèpre* des anciens, est caractérisée à l'extérieur par des tubercules peu saillants, irréguliers, assez mous, rougeâtres ou livides à leur début, présentant plus tard une teinte fauve ou bronzée, ordinairement indolents, susceptibles de se terminer par résolution ou par ulcération, apparaissant le plus fréquemment à la face et surtout sur le nez et les oreilles, devenus le siége d'un gonflement considérable et hideux. Cette maladie est spéciale aux régions équatoriales; très-rare dans nos contrées tempérées, on l'a cependant vue régner endémiquement en Provence, en Espagne et en Portugal. Elle n'est pas contagieuse, mais elle peut être héréditaire. Les causes ordinaires de cette espèce d'Éléphantiasis sont à peu près les mêmes que celles de l'É. *des Arabes* : voisinage des marais, habitation dans des lieux humides, usage de poissons gâtés, de viandes salées, surtout de porc; il faut y joindre les grandes fatigues, l'abus des boissons alcooliques, les affections morales, etc.

On a combattu l'Éléphantiasis par une foule de moyens, notamment, à l'intérieur, par les sudorifiques, les toniques, les amers, les préparations arsénicales ; à l'extérieur, par la cautérisation des tubercules lorsqu'ils sont peu nombreux ; par les bains tièdes émollients, les douches sulfureuses ou de vapeur, les frictions ammoniacales ou iodurées. Les médecins hindous vantent comme spécifique l'*Asclepias gigantea*.

ÉLÉUSINE (d'un surnom de Cérès adorée à Éleusis), genre de la famille des Graminées, tribu des Chloridées : épis terminaux à épillets unilatéraux, sans bractées ou écailles ; fruit globuleux enveloppé dans les écailles florales. L'*É. coracan* est une graminée de l'Inde, haute de 1 m. à 1ᵐ,20 ; son chaume est droit, articulé, garni de feuilles grandes, roides, pileuses. Les graines servent de nourriture aux pauvres, et remplacent le riz dans les années de disette.

ÉLEUTHÉRATES (du grec *éleuthéros*, libre), nom donné par Fabricius aux insectes appelés aujourd'hui *Coléoptères*. Les caractères qu'il leur assigne sont des mâchoires *libres*, nues, portant des palpes.

ÉLEUTHÉRODACTYLES (du grec *éleuthéros*, libre, et *dactylos*, doigt), ordre de la classe des Didelphes ou Marsupiaux de Cuvier, formé de ceux de ces animaux qui ont leurs doigts libres à leurs pieds. Les espèces de cet ordre offrent deux modifications importantes : ou bien le pouce est nul, ou bien il est parfaitement formé, dépourvu d'ongle, et semble constituer une main. De là deux familles. La 1ʳᵉ, celle des *Dasyures*, renferme les Dasyures proprement dits, les Thylacines, les Phascogales ; la 2ᵉ, celle des *Pédimanes*, renferme les genres Chironecte, aux pieds postérieurs palmés, et Didelphe ou Sarigue, aux pieds postérieurs non palmés.

ÉLEUTHÉROGYNE (du grec *éleuthéros*, libre, et *gyné*, femme), se dit en Botanique des fleurs dont l'ovaire est libre et n'adhère point au calice.

ÉLEUTHÉROPODES (du grec *éleuthéros*, libre, et *pous, podos*, pied), famille de Poissons osseux, dont le corps est arrondi, et dont les nageoires ventrales sont séparées. Cette famille, fondée par M. Duméril, renferme les *Échénéis* et les *Gobiomores*.

ÉLÉVATEURS (MUSCLES), muscles destinés à élever certaines parties : il y a l'*É. de l'œil, de la paupière, de la lèvre*, etc.

ÉLÉVATION. En Astronomie, on appelle *élévation d'un astre au-dessus de l'horizon*, l'arc de cercle vertical compris entre cet astre et l'horizon ; *élévation de l'équateur*, l'arc du méridien compris entre l'horizon du lieu et le point où le méridien est coupé par l'équateur ; *élévation du pôle*, l'arc du méridien compris entre le pôle élevé et l'horizon : cette élévation est égale à la latitude du lieu ; *angle d'élévation*, l'angle formé par une ligne quelconque de direction et la section horizontale du plan mené par cette ligne perpendiculairement à l'horizon.

En Liturgie, on appelle *élévation* cette partie de la messe ou le prêtre élève successivement la sainte hostie et le calice, après la consécration, pour faire adorer au peuple le corps de Jésus-Christ. Cette cérémonie ne date que du XIᵉ siècle : elle fut introduite dans l'Église latine, après l'hérésie de Bérenger, comme une profession plus éclatante du dogme de la doctrine réelle qu'il avait attaquée.

ÉLÈVE. Ce mot, qui pris dans sa plus grande extension se dit de tous ceux qui se forment à un art, qui apprennent une science, s'applique plus spécialement aux jeunes gens qui appartiennent aux écoles spéciales. *Voy.* les noms de ces écoles.

Élève de marine, précédemment *aspirant*, grade placé au-dessous de celui d'enseigne de vaisseau. Il y a deux classes d'élèves : aux termes de la loi du 20 avril 1832, nul ne peut être élève de 2ᵉ classe s'il n'a passé par l'École navale ; nul ne peut être élève de 1ʳᵉ classe s'il n'a servi deux ans à bord des bâtiments de l'État comme élève de 2ᵉ classe, ou s'il n'a passé deux années à l'École polytechnique, et s'il n'a satisfait en outre à un examen sur la navigation.

En Horticulture, ce mot désigne les jeunes plants. Dans l'Industrie agricole, l'*élève de chevaux*, ou *l'élève chevaline*, est une expression, créée depuis quelques années, qui comprend la production et la croissance des chevaux, c'est-à-dire la monte, la conception, la gestation de la jument, la mise bas, et la croissance du poulain.

ÉLEVURES (d'*élever*), nom générique sous lequel on désigne tous les exanthèmes dans lesquels il y a tuméfaction du tissu de la peau.

ÉLIMINATION (du latin *e*, préposition qui marque l'exclusion, et *limen*, seuil), opération d'algèbre par laquelle on fait disparaître une des inconnues engagées dans des équations, de manière à avoir une équation de moins ; en réitérant le même calcul, on peut chasser une seconde inconnue et obtenir une autre équation de moins, puis une troisième, et ainsi de suite jusqu'à ce qu'il ne reste plus qu'une seule équation. Soient les deux équations : $ax + by = c$, et $a'x + b'y = c'$, où x et y sont les deux inconnues ; on commence par chercher la valeur de x dans les deux équations, ce qui donne $\left(x = \dfrac{c - by}{a}\right)$ et $\left(x = \dfrac{c' - b'y}{a'}\right)$; ces deux valeurs de x devant être identiques, on en conclut $\dfrac{c - by}{a} = \dfrac{c' - b'y}{a'}$, équation qui ne contient plus que la seule inconnue y, et qu'on nomme *équation finale*. En résolvant l'équation finale, on obtient la valeur de y, et il suffit ensuite de substituer cette valeur dans l'une ou l'autre des deux équations proposées pour obtenir une équation ne contenant plus que l'inconnue x. — Outre ce procédé d'élimination, dit *par comparaison*, on se sert encore de plusieurs procédés dits *par substitution*, *par réduction*, etc., que donnent les traités spéciaux. Les plus habiles mathématiciens, Euler, Cramer, Vandermonde, Laplace, Bezout, se sont occupés de la théorie des éliminations.

ÉLINGUE, en anglais *sling*. On nomme ainsi, dans la Marine, des cordages de diverses grosseurs, qui servent à élever toutes sortes de fardeaux pour charger ou pour décharger un navire.

ÉLISION (du latin *elidere*, étouffer), suppression totale d'une voyelle à la fin d'un mot devant une autre voyelle initiale et devant une *h* muette. Le signe de l'élision dans l'écriture est l'*apostrophe* (*Voy.* ce mot). Dans la prononciation française il se fait beaucoup d'élisions qui ne s'indiquent pas dans l'écriture, comme *aimable enfant, homme illustre*, etc. L'usage a fait aussi adopter certaines élisions, même devant une consonne : *grand'mère*, la *grand'salle* ; dans ce cas, l'élision prend le nom d'*apocope*. Les Latins, dans leurs vers, élidaient non-seulement les voyelles et les diphthongues, mais aussi la consonne *m* lorsque le mot suivant commençait par une voyelle ou une diphthongue. Exemple :

Monstr' hor | rend' in | form' in | gens, etc.

pour : *monstrum horrendum, informe, ingens*, etc. — Dans notre langue, nous n'avons guère d'autre élision que celle de l'*e* muet devant une voyelle, de l'*a* dans l'article *la* devant une voyelle, de l'*i* dans *si* devant un mot commençant par un *i*.

ÉLIXIR (de l'arabe *aalaksir*, essence, extrait d'une substance), terme emprunté aux anciennes pharmacopées, et qui signifie *substance extraite par l'alcool* ; il est synonyme d'*alcoolé*. Quelques élixirs ont acquis une grande célébrité : tels sont l'*élixir de Garus* et l'*élixir de longue vie*. L'*É. de Garus* est une teinture ou alcoolat composé de safran, cannelle, muscade, girofle, aloès, myrrhe ; on y ajoute du sirop de capillaire; et l'on colore avec du caramel dissous dans l'eau de fleurs d'oranger : c'est une liqueur de table. L'É. *de longue vie* se compose de poudre d'agaric blanc, gentiane, rhubarbe, safran et zédoaire, qu'on fait digérer pendant huit jours dans de l'alcool à 56° centigrades, et auxquels on ajoute de l'aloès surcotrine et du sucre pulvérisé. Cet élixir est employé comme stomachique et légèrement purgatif. On le prend à jeun le matin ou un quart d'heure avant le dîner.

ELLAGIQUE (ACIDE), acide qui, sous l'apparence d'une poudre grise, accompagne le dépôt d'acide gallique qui se forme dans l'infusion de noix de galle exposée à l'air. Il forme, avec les bases, des sels dits *ellagates*. M. Braconnot, qui en a fait une étude particulière en 1818, lui a donné le nom d'*ellag-ite*, en renversant le mot *galle*.

ELLÉBORE, *Helleborus* (du grec *helleboros*, nom de l'*H. orientalis*), genre de la famille des Renonculacées, renferme des plantes originaires de l'ancien continent, herbacées, vivaces, à tiges rameuses, à fleurs d'un vert blanchâtre. Ces plantes sont un violent purgatif, et peuvent devenir très-malfaisantes. Elles jouissaient, chez les anciens, d'une grande réputation pour leurs vertus héroïques, et surtout pour la guérison de la folie : cette propriété était devenue proverbiale. On distinguait deux espèces d'ellébore : 1° l'*E. blanc*, qui croissait en Étolie, dans les Gaules et près des rivages de la mer Noire, et que l'on a cru retrouver dans le *Verâtre* : et l'*É. noir*, qui croissait sur l'Hélicon, dans l'Eubée, la Béotie, mais surtout à Anticyre; on croit que c'est notre *E. oriental*. — Chez nous, l'espèce type du genre est l'*E. noir* (*Helleborus niger*), à fleurs d'un blanc rose, et que l'on emploie en médecine, comme drastique, dans les hydropisies, les paralysies et la chorée. — On nomme *E. blanc* le *Vera rum album*, de la famille des Colchicacées.

ELLÉBORÉES, tribu de la famille des Renonculacées. Elle renferme les genres *Helleborus* (genre type), *Caltha* (Populage), *Nigella* (Nielle), *Aquilegia* (Aurolie), *Delphinium* (Dauphinelle) et *Aconitum*.

ELLÉBORINE, nom donné, chez les anciens, à l'*Astrance à feuilles étroites*, plante de la famille des Ombellifères, qui fleurit en mai et en juin dans le Midi, et dont ils ajoutaient la graine à l'ellébore qu'ils voulaient adoucir. — Les modernes nomment ainsi l'*Epipactis palustris*, belle plante de la famille des Orchidées. *Voy.* EPIPACTIDE.

ELLIPSE (du grec *elleipsis*, défaut, omission). En Grammaire, c'est une figure de construction qui consiste à omettre dans une phrase un ou plusieurs mots, afin d'ajouter à la concision sans nuire à la clarté. — Il y a deux sortes d'ellipses : les unes, qui consistent à ne pas répéter un ou plusieurs mots déjà exprimés : *Dieu est bon et l'homme méchant* (on supprime le second *est*); les autres, où les mots sous-entendus ne sont pas exactement les mêmes que ceux qui sont exprimés : *Voulez-vous quelque chose?—Rien*. Le poëtes ont fait quelquefois de cette figure un bel emploi. Tout le monde admire la hardiesse de cette ellipse de Racine (*Andromaque*, IV, sc. 5) :

Je t'aimais inconstant, qu'aurais-je fait fidèle?

En Géométrie, on nomme *ellipse* la courbe engendrée par un plan qui coupe obliquement un cône droit de manière à ne pouvoir rencontrer la base du cône que prolongée hors de ce solide : c'est une des *sections coniques* (*Voy.* ce mot). — L'ellipse est la courbe que décrivent toutes les planètes.

On nomme *grand axe* de l'ellipse la section du plan générateur par un autre plan mené par l'axe du cône et perpendiculaire à sa base; et *petit axe*, la droite menée perpendiculairement au grand axe par son milieu. Le point de rencontre des deux axes s'appelle le *centre* de la courbe. On rapporte ordi-

nairement l'ellipse à des coordonnées rectangulaires, en prenant le grand axe pour axe des abscisses, et le petit axe pour axe des ordonnées. Dans cette courbe, le carré de l'ordonnée est toujours *plus petit* que le rectangle formé entre les deux parties correspondantes du grand axe : de là le nom d'*ellipse*. On nomme *diamètre* de l'ellipse toute droite qui, passant au centre, se termine de part et d'autre à son périmètre. — On appelle *foyers* de l'ellipse les points d'intersection du grand axe par deux arcs de cercle décrits de l'extrémité du petit axe, avec un rayon égal à la moitié du grand axe. La distance du centre aux foyers se nomme l'*excentricité*. Toutes les droites menées des foyers à la courbe prennent le nom de *rayons vecteurs*. — Pour tracer par un mouvement continu une ellipse dont les foyers sont donnés, on y fixe, au moyen d'une épingle, les extrémités d'un fil dont la longueur soit égale au grand axe, et l'on fait ensuite glisser le long du fil un crayon qui le tienne toujours tendu. La courbe sera tracée lorsque le crayon aura fait deux demi-révolutions, l'une au-dessus, l'autre au-dessous du grand axe. — On nomme *paramètre* de l'ellipse la double ordonnée qui passe par un des foyers : c'est une troisième proportionnelle aux deux axes.

ELLIPSOÏDE, solide formé par la révolution d'une demi-ellipse autour de son axe.

ELMIS (du grec *helmins*, ver), genre de Coléoptères pentamères, famille des Clavicornes, est caractérisé par des antennes longues et de onze articles. Ce sont de très-petits insectes, vivant toujours sous l'eau, accrochés en dessous des pierres répandues au fond des ruisseaux d'eau vive. On trouve aux environs de Paris l'*E. canaliculé*.

ÉLOCUTION (du latin *eloqui*, parler, s'énoncer), énonciation de la pensée par la parole. On donne aussi ce nom à la partie de la Rhétorique qui contient les règles du style. *Voy.* STYLE.

ÉLODICON ou EOLODICON (d'*Éole* et du grec *ôdé*, chant), instrument à touches et à vent inventé par M. Eschenbach et fabriqué par M. Voigt, facteur d'instruments à Schweinfurt. C'est une espèce d'orgue expressif dans lequel les tuyaux sont remplacés par des plaques de métal fixées d'un seul côté, et mises en vibration par un soufflet.

ÉLODITES, synonyme d'EMYDIENS. *Voy.* ce mot.

ÉLOGE (du latin *elogium*, dérivé du grec *eu légein*, dire du bien, louer), discours fait à la louange de quelqu'un. Considéré comme genre, l'éloge comprend plusieurs espèces : 1° l'*éloge historique*, comme la *Vie d'Agricola*, par Tacite; 2° l'*Éloge académique*, comme l'*Éloge de Marc Aurèle*, par Thomas, ou les éloges que les récipiendaires font de leurs prédécesseurs à l'Académie française, dans leur discours de réception ; les *Notices biographiques* écrites par les secrétaires perpétuels en l'honneur des membres de la Compagnie; 3° les *Panégyriques des saints*, comme l'*Éloge de saint Louis*, par l'abbé Maury; 4° l'*Oraison funèbre*, comme celles de Bossuet, de Fléchier, de Massillon, de Bourdaloue, etc. Thomas a écrit un *Essai sur les Éloges* qui est très-estimé. On accuse l'Éloge d'être un genre faux; il est peu encouragé aujourd'hui.

ÉLONGATION, se dit, en Astronomie, de l'éloignement apparent ou distance angulaire d'une planète au soleil ; c'est l'angle formé entre les deux rayons visuels menés de l'œil à la planète et au soleil. L'élongation de Mercure ne dépasse pas 29°, celle de Vénus 47° 48'. Quant aux autres planètes, leur élongation peut aller à 180°.

En Pathologie, c'est une luxation incomplète : les ligaments de l'articulation sont distendus et le membre allongé, sans que le déboîtement soit complet.

ÉLOPE (du grec *ellops*, nom d'un poisson inconnu), genre de poissons de la famille des Clupes, et voisins des harengs. Ils sont remarquables par les reflets argentés de leurs écailles. Leur chair est alimentaire et donne de bon bouillon.

ÉLOQUENCE (du latin *eloqui*, parler, s'énoncer), talent de bien dire, faculté d'agir par la parole sur les hommes assemblés. Il ne faut pas confondre l'*éloquence*, qui est le talent de persuader, avec la *rhétorique*, qui est un art destiné à développer ce talent, ni avec l'*élocution*, qui est simplement l'expression de la pensée par la parole.

Considérée dans ses diverses applications, l'éloquence se distingue en *É. judiciaire*, ou du barreau; *É. politique*, ou de la tribune; *É. religieuse*, ou de la chaire; *É. académique*, ou des assemblées littéraires. Considérée dans son but, l'éloquence, suivant la division des anciens rhéteurs, comprend trois genres distincts : le *genre délibératif*, qui conseille ou dissuade; le *genre judiciaire*, qui défend ou accuse; et le *genre démonstratif*, qui loue ou blâme. *Voy.* GENRES, ORATEUR et RHÉTORIQUE.

ÉLUS. Ce mot s'entend communément des saints ou de ceux qui sont destinés à jouir du bonheur éternel. — Dans les premiers siècles de l'Église, on le donnait aussi aux catéchumènes suffisamment instruits pour recevoir le baptême.

Avant 1789, on appelait *Élus*, dans l'administration financière de la France, les magistrats d'une *élection*, parce que, originairement, ils étaient élus par leurs concitoyens pour faire la répartition des impôts et juger les contestations auxquelles le retard des contribuables ou la fraude pouvaient donner lieu. Cette charge, qui date du XIIIᵉ siècle, disparut sous la République. *Voy.* ÉLECTION (PAYS D').

ÉLYME (d'*Elymos*, nom grec du *Panicum*), *Elymus*, genre de Graminées de la tribu des Hordéacées. La seule de ces plantes qui ait de l'emploi est l'*É. des sables* (*E. arenarius*), qui croît, en Europe, sur les côtes sablonneuses; c'est une plante de près de 1 m. de haut, dont les racines fortes, rampantes et nombreuses, sont propres à donner de la fixité et de la consistance aux sables mouvants.

ÉLYSÉE. *Voy.* PARADIS.

ÉLYTRES (du grec *élytron*, étui), enveloppes dures et coriaces qui, dans les Coléoptères et les Orthoptères, recouvrent et protègent les ailes inférieures : elles sont membraneuses et plissées en travers chez les premiers et en long chez les seconds. Pendant le vol, les élytres restent immobiles.

En Botanique, on nomme ainsi les conceptacles communs, qui, dans les plantes agames en général, renferment les conceptacles particuliers des séminules.

ÉMACIATION ou AMAIGRISSEMENT. *Voy.* MAIGREUR.

ÉMAIL (de l'italien *smalto*, qu'on dérive du latin *maltha*, espèce de ciment), espèce de vernis, vitreux, n'est qu'un verre opaque ou transparent, incolore ou coloré, qu'on applique par la fusion sur les diverses poteries, la faïence et les métaux, principalement sur l'or, l'argent et le cuivre. Les émaux se composent principalement de silice, d'oxyde de plomb et d'oxyde d'étain; c'est avec l'oxyde d'étain qu'on leur donne l'aspect blanc de lait opaque qui les distingue surtout de la faïence. La coloration des émaux se fait au moyen des mêmes substances qui servent pour les autres verres colorés; la dose en est seulement plus forte en général. Les émaux des orfévres peuvent, sous le rapport du travail, se ranger en quatre classes : *É. en taille d'épargne* (*Voy.* ce mot); *É. cloisonnés; É. de basse taille*, *É. mixtes*, qui participent de plusieurs procédés.

L'art de l'émailleur ne paraît pas avoir été de beaucoup postérieur à la découverte du verre; les anciens le pratiquaient avec un grand succès. Dans les hypogées de la ville de Thèbes, on a trouvé des poteries émaillées de diverses couleurs. On voit encore aujourd'hui dans plusieurs villes de l'Égypte des édifices construits en briques émaillées recueillies dans les ruines des villes anciennes. Cependant

ce n'est guère qu'au IIIᵉ siècle de notre ère qu'on voit apparaître l'émail sur métal : on en fait honneur aux Gaulois. L'art de l'émailleur fit de grands progrès au moyen âge, particulièrement en Italie, à Faenza et à Castel-Durante. Au milieu du XVIᵉ siècle, Bernard de Palissy éleva cet art à un haut degré de perfection. Jean Toutin, orfévre de Châteaudun, en 1630, se rendit célèbre par ses bijoux émaillés. Le cᵗᵉ de Laborde a donné la *Notice des Émaux du Louvre*, 1853.

Dans le Blason, *émail* est synonyme de couleur. on compte *cinq émaux*, le rouge, le bleu, le vert, le violet et le noir. *Voy.* BLASON.

ÉMAILLEUR (d'*émail*), artiste qui travaille les émaux, qui en couvre et en orne certains métaux, tels que l'or et le cuivre, ou qui fait à la lampe avec le verre et les émaux divers sortes d'ouvrages curieux. On étend ce nom aux orfévres et aux joailliers qui montent les pierres précieuses, aux lapidaires qui les contrefont, aux artistes qui peignent sur émail, aux marchands verriers, couvreurs de flacons et bouteilles d'osier, aux faïenciers, enfin aux patenôtriers et boutonniers en émail et en verre.

La *lampe d'émailleur* est une lampe plate à grosse mèche, reposant sur une table de bois, et à laquelle est adapté un soufflet ordinaire que l'on fait mouvoir à l'aide du pied : le vent arrive par un conduit de fer-blanc à un bec métallique dont l'extrémité est voisine de la mèche. Cette disposition permet de diriger la flamme avec force sur les objets que l'on veut fondre ou travailler. La lampe d'émailleur sert surtout à ramollir le verre, et, sous ce rapport, elle est d'un grand usage dans les laboratoires de chimie. Autrefois on l'alimentait avec de l'huile, ce qui produisait beaucoup de fumée et une odeur désagréable. M. Gay-Lussac y a substitué l'alcool.

ÉMANATION (du latin *emanare*, découler), action par laquelle les substances volatiles se détachent, en s'évaporant, des corps auxquels elles adhèrent (*Voy.* EFFLUVES). Les animaux laissent échapper de leur corps des émanations particulières et odorantes, à l'aide desquelles on peut suivre leurs traces.

Newton avait pensé que les corps lumineux lançaient de leur surface des particules impondérables sous forme de rayons. Ce système, appelé système de l'*émanation* ou de l'*émission*, a été remplacé par celui des *ondulations*. *Voy.* ce mot.

On appelle encore *système de l'émanation*; un système religieux ou philosophique d'après lequel tous les êtres dont se compose l'univers, esprits ou corps, sortent éternellement, par voie d'écoulement, du sein de la substance divine, comme la lumière émane du soleil, sans l'épuiser ni même la diminuer, et pour y rentrer bientôt et s'y confondre. Ce système, qui est une des formes du panthéisme, se retrouve à la fois dans l'antique religion de l'Inde, dans la doctrine de Zoroastre et dans la Kabbale. On trouve aussi l'émanation dans le Gnosticisme; elle est la base de la doctrine des Néoplatoniciens, qui l'ont alliée aux idées de Platon et de Pythagore.

ÉMANCIPATION (du latin *e*, hors de, et *mancipium*, esclavage, servitude), acte qui affranchit un mineur de la puissance paternelle et lui confère le droit de se gouverner lui-même et d'administrer ses biens. L'émancipation est *tacite* ou *expresse*. Elle est *tacite* dans le mariage par le fait duquel le mineur se trouve émancipé de droit; elle est *expresse* quand elle a lieu par la volonté des parents : dans ce cas, elle est permise à 15 ans révolus, si l'enfant a son père ou sa mère, et à 18 ans seulement s'il est orphelin. Pour émanciper un mineur, le père ou la mère et le tuteur, sur l'avis conforme du conseil de famille, comparaissent devant le juge de paix assisté de son greffier, et font leur déclaration, qui est constatée dans un procès-verbal (Code civil, art. 476 et suiv.). Le mineur émancipé est pourvu d'un *curateur*, sans l'assistance duquel il ne peut faire aucun acte important. Dans certains cas, l'émancipation peut être révoquée (art. 482–485).

Chez les Romains, l'émancipation était un acte qui conférait à un esclave ou à un enfant le droit d'homme libre ; quand il s'agit d'un esclave, on dit plutôt *affranchissement* (*Voy.* ce mot). — Lorsqu'un père voulait émanciper son fils, il le vendait trois fois en présence de sept témoins, et l'acquéreur affranchissait chaque fois l'enfant, qui était alors émancipé. Plus tard, les empereurs simplifièrent la forme de cet acte. — Au moyen âge, l'émancipation était l'acte par lequel le seigneur concédait à son vassal la liberté, les prérogatives et les franchises dont jouissaient les hommes libres. Il l'affranchissait des droits auxquels il était assujetti par sa naissance. — Dans l'Histoire, on a donné le nom d'*émancipation* à l'époque où les villes et les communes s'affranchirent de la domination des seigneurs.

ÉMARGINÉ (du latin *margo*, bord, marge), se dit, en Botanique et en Zoologie, des organes qui présentent à leur sommet une échancrure arrondie et peu profonde.

ÉMARGINULE, *Emarginula*, genre de mollusques Gastéropodes, de l'ordre des Scutibranches : corps ovale, conique, pourvu d'un large pied occupant tout l'abdomen et débordé par le manteau, qui a une fente antérieure correspondant à celle de la coquille ; tête pourvue de deux tentacules coniques, oculés à leur base extrême ; branchies parfaitement symétriques ; coquille recouvrante, conique, à ouverture ovale ou circulaire, symétrique, fendue à son bord antérieur. Plusieurs espèces fossiles se trouvent dans les terrains tertiaires.

EMBALLEUR. *Voy.* LAYETIER.

EMBARCADÈRE (*d'embarquer*), corrélatif de *débarcadère*. *Voy.* ce mot.

EMBARCATION (de *barque*), se dit de tout bateau à rames, ou n'allant à la voile qu'accidentellement. Les embarcations du bord sont : la chaloupe, le grand canot, le petit canot, le canot de l'état-major, le canot et la yole du commandant. Chaque embarcation a son équipage, son gréement et son armement.

EMBARDÉE, mouvement de rotation alternatif de gauche à droite et de droite à gauche, que le vent ou un courant considérable imprime à l'avant d'un navire. *Voy.* ABATTÉE et AULOFFE.

EMBARGO (mot emprunté de l'espagnol), défense qu'un souverain fait aux bâtiments qui se trouvent dans les ports de sa domination de prendre la mer. Cette défense peut s'adresser aux sujets tout comme aux étrangers. Une puissance met l'*embargo* soit dans la vue d'employer les navires à son service, soit pour empêcher des communications avec l'ennemi. Quelquefois l'embargo se fait en pleine mer. Cette mesure n'est pas hostile ; elle diffère de celle par laquelle un souverain, déclarant la guerre à un autre, frapperait d'arrêt ou de séquestre les navires appartenant aux sujets de son ennemi. — L'emploi officiel du mot *embargo* date, en France, de l'année 1718.

EMBARRAS GASTRIQUE, trouble de la digestion avec nausées, vomissement, et souvent coliques et diarrhée. On distingue l'*E. stomacal* et l'*E. intestinal*. Le premier a pour caractères : une céphalalgie plus ou moins violente, la perte de l'appétit, l'amertume de la bouche, l'enduit jaunâtre ou blanchâtre de la langue, les nausées, la sensibilité de l'épigastre ; le second, des lassitudes spontanées, des éructations, des flatuosités, des borborygmes, la tension de l'abdomen, des douleurs vagues dans les cuisses et les jambes, et surtout aux genoux. Souvent l'embarras gastrique accompagne et complique des affections plus graves. Quand il est seul, quelques jours d'un régime végétal et l'usage d'une boisson acidulée suffisent ordinairement pour le dissiper ; s'il persiste, il faut recourir aux vomitifs ou aux purgatifs.

EMBARRURE (de *barre*), excoriation, déchirure qui se fait à la face interne d'un des membres postérieurs du cheval, lorsque cet animal, après avoir passé l'une de ses jambes par-dessus la barre de séparation dans les écuries, se blesse en se débattant.

EMBASE (du grec *embasis*, base), se dit en général de toute partie sur laquelle une autre vient s'appuyer. Les horlogers donnent ce nom au renflement ménagé sur l'arbre d'une roue pour recevoir cette roue et lui servir de soutien ; les taillandiers, à la partie renflée d'une lame, au ressaut de leur enclume ; les menuisiers, à une partie de leur ouvrage qui repose sur une autre pièce. — En termes d'Artillerie, c'est un renfort de métal aux tourillons des bouches à feu, pour empêcher le ploiement de ces tourillons et le vacillement entre les flasques de l'affût.

EMBATTAGE, application des bandes de fer sur une roue. On nomme *embattoir* une fosse longue et étroite, ordinairement pleine d'eau, dans laquelle les taillandiers et les maréchaux ferrants placent debout les roues de voitures qu'ils veulent ferrer. A mesure qu'ils placent une bande, ils font tourner la roue, afin de refroidir la bande dans l'eau.

EMBAUCHAGE (de *bauche*, vieux mot qui signifie boutique), action d'engager un ouvrier pour travailler dans une boutique ou un atelier. — L'*embauchage militaire* est l'action de provoquer un soldat à la désertion. Ce crime est puni, par la loi du 4 nivose an IV, des mêmes peines que les crimes de conspiration et de trahison. Les tribunaux militaires ont été longtemps investis de la connaissance de tous les cas d'embauchage ; mais depuis 1831, plusieurs arrêts de la Cour de cassation ont décidé que l'embauchage commis par des individus non militaires tombait sous la juridiction des tribunaux ordinaires.

EMBAUMEMENT (de *baume*, à cause des substances odorantes employées autrefois pour la conservation des cadavres). La coutume d'embaumer les cadavres pour les préserver de la décomposition putride paraît avoir existé chez presque tous les peuples de l'antiquité, à l'exception des Grecs et des Romains, qui brûlaient leurs morts. Les Égyptiens surtout avaient poussé l'art d'embaumer à un haut degré de perfection, comme le prouvent les *momies*, dont un grand nombre subsistent encore. Chez eux, le système employé se réduisait à trois opérations : 1° vider les cavités par l'extraction des viscères ou par leur dissolution, à l'aide d'une liqueur caustique ; 2° enlever la graisse et les parties muqueuses par l'action prolongée du natron (azotate de soude) ; 3° dessécher les corps à l'air ou dans une étuve, après les avoir bien lavés ; on fermait ensuite tout accès à l'air et à l'humidité par l'application d'un vernis et de bandages enduits de gomme. La température élevée et toujours constante des catacombes a dû en outre contribuer pour beaucoup à l'admirable conservation des momies égyptiennes.

L'usage des embaumements fut longtemps négligé parmi les nations modernes ; mais depuis le XVIIe siècle il a repris faveur. Les méthodes les plus diverses ont été proposées et pratiquées à cet effet ; mais toutes celles qui sont pratiquées aujourd'hui ont cela de commun d'injecter par les artères du cou un liquide doué de propriétés antiputrides. Parmi les procédés les plus répandus, nous citerons :

1° Le *procédé Gannal*. La substance que ce chimiste a définitivement adoptée (1833), après plusieurs autres essais, est le sulfate simple d'alumine, qu'il fait dissoudre dans l'eau, dans les proportions d'un kilogr. de ce sel pour 500 grammes d'eau. On met à nu la carotide ; puis, avec la pointe du scalpel, on fait à cette artère une légère incision par laquelle on injecte une quantité suffisante de la solution alumineuse ; l'injection terminée, on ferme la plaie par un point de suture. Ainsi préparé, le cadavre n'est plus susceptible d'éprouver la fermentation putride au contact de l'air; il s'y dessèche, au contraire, plus ou moins rapidement, suivant l'intensité du courant d'air et suivant la saison. Pour assurer la conservation indéfinie des corps, il faut néanmoins éviter de les déposer dans un lieu humide, et les enfermer dans des caisses convenables, garnies de coton imbibé d'huiles essentielles aromatiques.

2°. Le *procédé du Dr Tronchina*, de Naples, qui date de 1835. Il consiste dans l'injection par l'artère carotide gauche, au moyen d'une seringue, d'une solution d'un kilogr. d'arsenic coloré avec un peu de minium ou de cinabre dans 10 kilogr. d'esprit-de-vin; s'il y a des signes d'un commencement de putréfaction des intestins, il faut, à l'aide d'un trois-quarts, introduire le même liquide dans la cavité abdominale : par ce procédé, un cadavre peut être maintenu pendant plus de deux mois sans odeur ni altération; ensuite il se dessèche, durcit, prend une couleur obscure, et se maintient dans cet état pendant de longues années. Toutefois, les inconvénients graves qui résultent de l'emploi des préparations arsenicales l'ont fait prohiber en France.

Les autres substances le plus communément employées aujourd'hui pour l'embaumement des corps sont le sublimé ou deutochlorure de mercure (procédé ordinaire), le persulfate de fer (procédé Braconnot), le deutochlorhydrate d'étain (procédé Tauflieb), l'acide pyroligneux ou vinaigre de bois, enfin le chlorure de zinc et le sulfite de soude : ce dernier procédé, mis en pratique depuis 1846 par M. Suquet, est appliqué avec le plus grand succès à la conservation des sujets soumis à la dissection.

Quand on voudra conserver le cœur à part, on devra d'abord en remplir les cavités de coton ou d'étoupe; le tout sera ensuite plongé dans une solution alcoolique de sublimé pendant cinq à six jours. Après ce temps, on retirera le cœur, qui sera essuyé et recouvert d'une couche de vernis rouge; on le laissera se dessécher à l'air pendant quelques jours avant de l'enfermer dans une capsule de plomb ou d'argent.

On doit à M. Gannal, outre plusieurs écrits sur l'art d'embaumer, une *Histoire des embaumements et de la préparation des pièces d'anatomie*, 1837 et 1841.

EMBELLE, partie du navire comprise entre les deux gaillards. *Voy.* GAILLARD.

EMBELLIE, désigne, en Marine, le changement favorable et passager du temps ou de l'état de l'atmosphère. Ce nom se donne aussi à l'intervalle qui sépare des lames d'eau qui se succèdent.

EMBERIZA, nom scientifique du *Bruant. V.* ce mot.

EMBERIZOIDES, genre d'oiseaux voisin du Bruant (*Emberiza*), dont il ne se distingue guère que par sa queue étagée, et par quelques caractères du bec et des ailes. Il comprend deux espèces, originaires de l'Amérique : l'*É. longibande*, d'un brun cendré, olivâtre, long de 20 centim.; l'*Oreillon mélanotis*, ou *Chipiu oreillon blanc*, qui doit son premier nom à une tache noire qu'il porte sur l'oreille, et le second à un filet blanc qui surmonte la tache noire. Il est long de 15 centimètres, et vit dans les champs et les herbes hautes du Brésil et du Paraguay. — M. Lesson donne ce nom à une famille de l'ordre des Passereaux, qui comprend le Bruant, le Commandeur et le Tardivole.

EMBLAVURES (du bas latin *bladum*, blé), nom donné aux terres ensemencées en blé.

EMBLÈME (du grec *emblèma*, dérivé d'*emballô*, insérer). Ce nom était originairement appliqué par les Grecs et les Romains aux ouvrages de marqueterie, à tous les ornements des vases et des habits, aux pavés en mosaïque, à tous les ouvrages en relief, etc. : on les appelait aussi *tessella*, *segmenta*, *crustæ*. — Il signifie aujourd'hui une image ou un tableau qui, par la représentation de quelque objet connu, conduit à la connaissance d'une autre chose ou d'une moralité. Le coq est l'emblème de la vigilance; un

serpent qui se mord la queue est celui de l'éternité; un sablier allé, une horloge, sont l'emblème du temps; la faux, l'emblème de la mort; un calice avec une hostie est l'emblème de la foi catholique, etc. L'emblème diffère de la devise en ce qu'il exprime par la représentation des objets ce que la devise fait comprendre par les mots. — Les emblèmes étaient connus de la plus haute antiquité. Les douze pierres que le grand prêtre juif portait sur sa poitrine, les hiéroglyphes égyptiens étaient des emblèmes. Il existe un curieux poëme latin d'Alciat sur les emblèmes, *Emblematum libellus*, souvent réimprimé et tradui. en vers français, et plusieurs recueils d'*Emblèmes*, entre autres celui de Verrien, 1696.

EMBOITEMENT (de *boite*). Dans l'Art militaire, on nommait *emboîtement de rangs* une espèce d'entrelacement des soldats qu'on faisait tirer à la fois, sur quatre et même cinq rangs, de façon que les armes des derniers rangs ne pussent pas nuire aux premiers. — *Emboîter le pas*, c'est marcher les uns derrière les autres, en se rapprochant tellement que le pied de chaque homme vienne se poser à la place où était celui de l'homme qui le précède.

EMBOLISMIQUE (MOIS), du grec *embolismos*, intercalaire : 13° mois que les Grecs ajoutaient à la 3°, à la 5° et à la 8° année de chaque octaétéride pour faire concorder les années lunaires avec les années solaires. *Voy.* ANNÉE.

EMBONPOINT (du français *en bon point*), état du corps de l'homme ou des animaux dans lequel la quantité de graisse est proportionnée au volume et à la stature. L'embonpoint est commun dans l'enfance, et se perd à l'âge de puberté, pour revenir, chez quelques personnes, à l'âge mûr. Les constitutions lymphatiques et sanguines y prédisposent. Le sexe féminin y est plus sujet que le masculin. Certaines professions, telles que celles de boucher et de charcutier, semblent favoriser l'embonpoint, sans doute à cause des miasmes nutritifs qu'absorbent constamment ceux qui les professent. L'embonpoint excessif est une sorte de maladie, et prend le nom d'*obésité* : on le combat par l'exercice et une diète sévère.

EMBOSSAGE (de *bosser*, attacher, parce qu'on attache sur le câble de l'ancre une amarre auxiliaire pour faire tourner le navire). *Embosser* un bâtiment, c'est l'amarrer à l'ancre de manière qu'il puisse *éviter* ou changer de direction à volonté, et présenter le côté vers un point voulu : on embosse un bâtiment de guerre, une division, une escadre, une armée navale, qui veut présenter le travers, c.-à-d. le flanc, pour battre un fort, se défendre contre d'autres vaisseaux, ou protéger l'entrée d'un passage ou d'un mouillage quelconque. — On appelle *embossure* le point de l'amarrage fait sur un câble mouillé, et le grelin ou l'aussière employée à embosser un bâtiment de guerre.

EMBOUCHOIR (de *bouche*), celle des pièces d'un fusil de munition qui embrasse l'extrémité du bois et du canon. Sur le devant sont deux bandes, dont l'une, la bande inférieure, porte un petit guidon, ou *point de mire*, qui sert à viser; sur le derrière, est un entonnoir donnant passage à la baguette du fusil.

EMBOUCHURE (de *bouche*). En Géographie, c'est l'endroit où un fleuve se jette dans la mer.

En Musique, l'*embouchure* est cette partie des instruments à vent que l'on met contre les lèvres ou dans la bouche pour en tirer des sons. Chaque instrument à vent a son embouchure particulière : celles de la trompette, du cor, du trombone, du serpent, ont la forme d'un petit entonnoir dans des proportions différentes. Celle de la flûte n'est qu'un trou ovale, percé latéralement dans l'instrument même; celle du flageolet est un bec; celle de la clarinette est un bec qui porte une anche; le hautbois, le cor anglais, le basson ont pour embouchure une anche composée de deux languettes de roseau fort minces.

—On appelle aussi *embouchure* la manière propre à chaque artiste de jouer des instruments à vent : c'est en ce sens qu'on dit de l'artiste qu'il a une *bonne embouchure*. C'est de la manière de gouverner l'embouchure que dépend la qualité du son.

EMBRANCHEMENT (de *branche*), nom donné en général dans les Sciences naturelles à de grandes divisions, subdivisées elles-mêmes en divisions de moindre importance. *Voy.* classification.

EMBRASURE, élargissement intérieur qu'on pratique dans l'épaisseur du mur d'une fenêtre pour laisser le jeu nécessaire à l'ouverture des panneaux et faciliter la diffusion de la lumière qui vient du dehors. C'est surtout dans les étroites meurtrières qui servaient de fenêtres aux châteaux du moyen âge que l'embrasure est considérable.

Dans les Fortifications, on appelle ainsi une ouverture pratiquée dans les batteries pour le service des bouches à feu. Étroite à son entrée, elle s'élargit vers le dehors de la place, afin qu'on puisse tirer sur plusieurs lignes divergentes. Les embrasures sont séparées par les *merlons*. On appelle leur appui *genouillères*, leurs parois intérieures *joues*, et *directrice* la ligne imaginaire qui les partage en deux parties égales.

EMBREVEMENT, terme de Charpentier, désigne une entaille faite dans une pièce de bois qui sert de support à une autre. Les menuisiers nomment ainsi tout assemblage où deux pièces portent des languettes et des rainures qui s'ajustent l'une dans l'autre.

EMBROCATION (du grec *embrochè*, lotion, arrosement), action de verser lentement et par arrosement, à l'aide d'un linge ou d'une éponge humides, un liquide quelconque sur une partie malade. On appelle aussi *embrocations* les liquides mêmes, et surtout les liquides huileux, dont on se sert à cet effet.

EMBRYOLOGIE (du grec *embryon*, embryon, et *logos*, discours, ou *généa*, génération), sciences qui traitent de l'embryon, de sa formation et de son développement (*Voy.* embryon). On distingue l'*Embryologie animale* et l'*E. végétale*. L'une et l'autre comprennent : 1° l'étude de l'œuf, ou *Ovologie*; 2° l'étude du germe, ou *Embryologie proprement dite*; 3° l'étude de sa forme finale ou de son passage à l'état parfait : c'est la *Téléiologie*, ou *Morphologie*. L'Embryologie propre se partage elle-même en deux branches : l'*Embryotomie* et l'*Embryogénie.* — Cette science, encore récente, est en France l'objet d'un enseignement spécial : une chaire d'*Embryogénie comparée* a été créée il y a quelques années au collège de France, et confiée à M. le Dr Coste. On doit à ce savant un *Cours d'Embryogénie comparée*, 1837 et ann. suiv.

EMBRYON (du grec *en*, dans, et *bryô*, germer), première ébauche d'un corps organisé, animal ou végétal, contenu soit dans l'œuf, soit dans la graine. Dans l'œuf, on nomme spécialement ainsi le germe depuis l'instant de sa fécondation jusqu'à celui où, les organes devenant distincts, il passe à l'état de *fœtus*. Dans la graine, c'est tout ce qui est enveloppé par l'épisperme et par le périsperme, lorsqu'il existe; l'embryon se compose de quatre parties : le *corps cotylédonaire*, la *gemmule*, la *radicule* et la *tigelle*.

Dans l'espèce humaine, l'embryon se montre d'abord qu'un corps arrondi et privé de membres, blanc, muqueux, semblable à un ver, long de 4 à 5 millimètres, dans lequel on ne distingue ni le cœur, ni le cerveau, ni les os, ni les muscles. Celui de 30 à 40 jours a la grosseur d'une grande fourmi, est long de 12 à 14 millim., et pèse 1 gramme; la tête est alors reconnaissable : on ne voit que quelques vestiges des membres. De 40 à 50 jours l'embryon a la grosseur d'une abeille. L'embryon du 2e mois est de 3 centimètres; la tête en occupe presque la moitié; le cou ne se distingue pas, la face est à peine visible. L'embryon prend le nom de *fœtus* au 4e mois de la

grossesse (*Voy.* fœtus).—Pour les poulets, on commence à voir l'embryon après la 18e heure de l'incubation ; à la 30e, on voit les yeux du poulet et les formes de son corps; au 5e jour, on voit les membres exécuter des mouvements. Au 27e, le sang se met en circulation, et le poulet est presque formé entièrement. Les autres animaux présentent dans leurs embryons des accroissements à peu près semblables.

L'embryon végétal ne se distingue, dans l'ovule fécondé, qu'au bout de 30 à 40 jours; le plus souvent, son apparence est d'abord celle d'une petite vésicule environnée d'une masse de tissu cellulaire, ou *endosperme*, destinée à la nourrir, et qui disparaît à l'époque de la maturité de la graine. Il forme la totalité de l'amande lorsqu'il n'y a point d'endosperme, comme on le voit dans le haricot. Quand l'endosperme est placé dans la graine, autour de l'embryon, celui-ci est alors dit *intraire* (comme dans le froment); lorsque l'endosperme est à côté de l'embryon, celui-ci se nomme *extraire* (tilleul). On distingue dans l'embryon une extrémité supérieure ou cotylédonaire et une extrémité inférieure ou radiculaire. Quand la base de l'embryon correspond à la base de la graine marquée par le hile, on l'appelle dressé ou *homotrope* (légumineuses) ; si sa base correspond au sommet de la graine, il est renversé ou *antitrope*(éphémère) ; si sa base ne correspond à aucune de ces parties, il est *hétérotrope* (primulacées) ; si ses extrémités se rapprochent et touchent au même point de la graine, il est recourbé ou *amphitrope* (crucifères). Le corps cotylédonaire est à l'extrémité supérieure de l'embryon; quand il est simple, l'embryon est dit *monocotylédoné*; quand il est composé de deux parties, on l'appelle *dicotylédoné*.

EMBRYOTOMIE (du grec *embryon*, embryon, et *tomè*, section), anatomie de l'embryon. — On nomme aussi *embryotomie* l'opération qui consiste à extraire par parties le fœtus du sein de la mère, lorsque la conformation du bassin s'oppose à sa sortie.

EMBU, accident qui arrive dans la peinture à l'huile, lorsque l'impression mise sur la toile n'est pas assez ancienne, ou lorsqu'on repasse sur des parties déjà chargées de couleurs qui ne sont pas entièrement sèches. L'huile de la couleur superposée s'imbibe dans la couleur de dessous, et la couleur nouvelle devient terne. On remédie à l'*embu* en mouillant tout le tableau ou en le couvrant de vernis.

ÉMERAUDE (du grec *smaragdos*), pierre précieuse d'une belle couleur verte, est composée de silice, d'alumine et de glucine, et se trouve généralement disséminée dans l'espèce de granit appelée *pegmatite*. Les plus belles émeraudes viennent du Pérou et du Brésil ; les anciens les tiraient surtout du mont Zabarah, situé dans la Haute-Egypte, près de la mer Rouge; ces mines, qui étaient exploitées dès le temps de Sésostris, ont été remises en valeur par Méhémet-Ali, pacha d'Égypte, et offrent encore de grandes richesses. L'espèce qu'on y trouve est un peu chatoyante.

On taille l'émeraude en tables carrées, simplement biseautées sur les bords ; on la monte à jour quand sa teinte est franche, et sur paillon quand elle est faible en couleur ou que l'on veut assortir toutes les pierres d'une parure complète. On imite parfaitement l'émeraude avec du verre coloré par l'oxyde de chrome. Les variétés d'émeraudes qui sont bleuâtres prennent le nom d'*aigues-marines*, celles qui sont vert jaunâtre, celui de *béryl*. L'émeraude dite *orientale* est une variété de *corindon*.

ÉMERGENT (du latin *mergere*, plonger), se dit, en Physique et en Astronomie, d'un rayon ou d'un astre qui sort d'un milieu où il avait traversé (*Voy.* réfraction et émersion). — En Minéralogie, il se dit d'un cristal composé de six prismes rhomboïdes, dont cinq tendent à produire un prisme unique, et le sixième semble sortir de cet assemblage en faisant des angles rentrants avec les deux prismes adjacents.

Les Chronologistes donnent non à l'époque où ils commencent à compter le temps. Chez les chrétiens, l'année de la naissance de Jésus-Christ est l'*an émergent*, parce qu'ils commencent à compter depuis cette année.

ÉMÉRI ou ÉMERIL (du grec *smyris*, même signification), variété de corindon mélangé d'oxyde de fer qu'on emploie dans les arts, à cause de sa dureté, pour polir les glaces, les cristaux, les marbres, les métaux et les aciers. On réduit, à cet effet, l'émeri en poudre fine, sous des meules d'acier, et l'on délaye ensuite cette poudre dans de l'eau qu'on décante à plusieurs reprises, afin d'avoir des dépôts de plus en plus fins. Dans les flacons qu'on appelle *bouchés à l'émeri*, on a usé le bouchon dans le col même du vase, à l'aide de cette substance ; aussi ces flacons ferment-ils hermétiquement. L'émeri se trouve en grains irréguliers dans les roches anciennes de l'île de Naxos, au cap Émeri. Le commerce en apporte aussi beaucoup des Indes orientales.

La *potée d'émeri* est la matière sèche qui tombe en boue de la meule des lapidaires, et qui contient de la poudre d'émeri impure.

ÉMÉRILLON (de la particule *e*, et du mot *merle*, parce qu'il chasse le merle), *Falco œsalon*, espèce d'oiseaux du genre Faucon, propre aux régions septentrionales et tempérées de l'Europe. C'est le plus petit oiseau de proie de notre continent. Sa couleur, brune en dessus et blanchâtre en dessous, est variée, dans cette partie, de taches rembrunies et allongées ; le bec est bleuâtre, les pieds jaunes. Sa longueur est de 30 à 33 centim. Les Émérillons sont les oiseaux de chasse les plus familiers et les plus dociles. Les vieux se nomment *rochiers*.

En termes d'Artillerie, on appelle *émérillon* une ancienne pièce de canon qui avait près de 2 m. de long, et recevait un boulet d'environ un demi-kilog.

En termes de Marine, c'est un croc tournant sur un bout de chaîne, et qui sert à prendre des requins. Dans les Corderies, c'est un petit crochet qui sert à accrocher le fil.

ÉMÉRITE (du latin *emeritus*, sous-entendu *stipendia*, qui a mérité la solde de retraite), nom donné par les anciens aux soldats qui avaient fait leur temps de service, et, par conséquent, *mérité* le repos. De nos jours, on ne se sert de ce mot que pour désigner un professeur qui a exercé un certain nombre d'années dans une université. Dans celle de Paris, il suffisait autrefois de vingt ans d'exercice. Aujourd'hui, l'*éméritat* ne s'obtient qu'après trente ans de service. Au bout de ce temps, la pension de retraite est égale aux trois cinquièmes du traitement fixe dont a joui le professeur pendant les trois dernières années de son activité ; elle s'augmente d'un vingtième du traitement pour chaque année de service au delà de trente ans, mais ne peut jamais dépasser le traitement fixe. Le maximum ne peut excéder 5,000 fr.; le minimum est de 500 fr.

ÉMERSION (du latin *emergere*, sortir), se dit, en Astronomie, de la réapparition d'un astre éclipsé. On se sert encore quelquefois de ce terme lorsqu'un astre que la lumière du soleil empêchait d'apercevoir commence à devenir visible. — Dans les éclipses de lune, on nomme *minute* ou *scrupule d'émersion* l'arc que le centre de la lune décrit depuis le moment où elle commence à sortir de l'ombre de la terre jusqu'à la fin de l'éclipse.

ÉMÉTINE, alcali organique contenu dans plusieurs variétés d'ipécacuanha. Il est pulvérulent, blanc, sans odeur et presque sans saveur. Il agit comme vomitif à la dose de 1/16 de grain. Il a été isolé, en 1817, par Pelletier et Caventou.

ÉMÉTIQUE (du grec *émétikos*, vomitif), nom donné, en général, à toutes les substances propres à déter-

miner le vomissement, et particulièrement au *tartrate de potasse et d'antimoine*, vulgairement *tartre stibié*. C'est un sel formé d'acide tartrique, de potasse et d'oxyde d'antimoine ($C^8H^4O^{10}$, KO Sb^2O^3+2aq) : il est cristallisable, peu soluble dans l'eau froide, d'une saveur caustique et nauséabonde. On le prépare en faisant bouillir la crème de tartre avec l'oxyde d'antimoine. L'émétique est un médicament énergique d'un emploi fréquent : on l'administre comme vomitif à la dose de 2 à 3 grains (10 à 12 centigr.), et même moins : on le prend dissous en deux ou trois verres d'eau ; on seconde son action en buvant beaucoup d'eau tiède. On le donne aussi comme purgatif *en lavage*, c.-à-d. fort étendu d'eau. Pris à la dose de 20 ou 30 grains (100 à 150 centigr.) par jour, l'émétique ne provoque pas le vomissement comme quand on le prend en quantité plus faible, mais il détermine des sueurs abondantes et favorise ainsi l'absorption. Appliqué sur la peau, il y excite une forte irritation en y faisant naître des pustules. Mêlé avec dix fois son poids de graisse, il forme la *pommade stibiée*, employée à combattre certaines maladies, et entre autres la phthisie pulmonaire, en détournant le cours des humeurs de l'organe attaqué. Le vin *émétique* n'est autre chose que du vin de Malaga contenant du tartre stibié. — On emploie quelquefois l'émétique comme mordant dans les ateliers d'indienne. Calciné à la chaleur blanche, il donne un alliage de potassium et d'antimoine mêlé de charbon, qui s'enflamme au contact de quelques gouttes d'eau et produit une détonation semblable à celle d'une forte arme à feu. — On attribue généralement la découverte de l'émétique à Adrien de Mynsicht, vers 1631 ; mais Basile Valentin, Libavius et Angélus Sala en avaient déjà fait mention. L'émétique, exalté d'abord par les alchimistes, condamné, puis réhabilité par arrêt du parlement, était encore peu usité en médecine, lorsqu'en 1658, un médecin d'Abbeville, nommé Dusausoi, l'administra, contre l'avis du premier médecin Vallot, à Louis XIV, qui était tombé dangereusement malade à Calais. Ce vomitif, qu'on appelait alors le *dernier remède*, opéra la guérison du roi. Ce succès commença la vogue de l'émétique : il fut autorisé en 1666 par la Fac. de Paris. Il n'en a pas moins été proscrit de nos jours par l'école physiologiq.

ÉMÉTO-CATHARTIQUE (du grec *émétos*, vomissement, et *kathairein*, purger), médicament qui excite le vomissement et les selles. C'est, le plus souvent, un mélange de 15 centigrammes d'émétique avec 12 grammes de sulfate de soude ou de magnésie, dissous dans 300 ou 350 grammes d'eau, à prendre en trois verres, à un quart d'heure d'intervalle.

ÉMEU, sorte d'oiseau. *Voy.* CASOAR.

ÉMEUTE (d'*emotus*, agité, soulevé), mouvement tumultueux et insurrectionnel. Les émeutes, qui, depuis soixante ans, ont mis si souvent la France en péril, sont atteintes par les lois des 10 avril et 3 août 1791, qui défendent les *attroupements* (*V.* ce mot), et par les lois plus sévères des 24 mai 1834 et 7 juin 1848, qui punissent des peines les plus graves les chefs de complots, les faiseurs de barricades, les détenteurs ou distributeurs d'armes prohibées, ainsi que ceux qui envahissent les maisons, pillent les boutiques d'armuriers, etc.

ÉMIGRATION. Les émigrations de peuples, dont l'histoire offre tant d'exemples à toutes les époques, ont eu pour causes soit la difficulté de se procurer sur le sol de la patrie la subsistance nécessaire, soit les révolutions politiques ou religieuses, les guerres, l'amour des conquêtes ou des aventures : c'est à de telles émigrations que les colonies anciennes et modernes ont dû leur naissance (*V.* COLONIES) ; les mêmes causes expliquent les invasions de Barbares qui, au moyen âge, transportèrent les peuples de l'Asie vers l'Europe, et ceux du Nord vers le Midi (*Voy.* BARᴘᴀʀᴇꜱ). Aujourd'hui encore on voit une foule d'habitants de l'Europe émigrer en Amérique, dans l'Australie, en Algérie, etc., pour y chercher des moyens d'existence que leur pays leur refuse : c'est l'Irlande qui fournit le plus d'émigrants de ce genre.

Dans l'Histoire de France, on appelle plus spécialement *émigration* celle qui eut lieu pendant la Révolution : à cette époque, la plupart des familles nobles et des membres du clergé, à l'exemple des principaux membres de la famille royale, quittèrent la France pour aller à l'étranger chercher un refuge ou provoquer la guerre : un grand nombre s'établirent à Coblentz, où ils formèrent une petite armée. Les lois les plus sévères furent alors rendues contre les *émigrés;* leurs biens furent confisqués, et un bannissement perpétuel fut prononcé contre eux. Cet état de choses ne cessa que sous le Consulat (1801) : la plupart des proscrits obtinrent alors de se faire rayer de la liste des émigrés. En 1814, Louis XVIII rendit aux émigrés ceux de leurs biens qui n'avaient pas été vendus; enfin, une loi célèbre, du 27 avril 1825, distribua un milliard, à titre d'indemnité, à ceux qui n'avaient pu recouvrer leurs biens. L'*Histoire de l'émigration* a été écrite par Montrol (1825), et par A. de Saint-Gervais (1828).

ÉMIGRETTE, jeu d'enfant qui consiste en un disque de bois, d'ivoire ou d'écaille, creusé dans son pourtour à une certaine profondeur, et traversé par un cordon qu'une légère secousse fait enrouler autour de la rainure, de sorte que le disque remonte le long de la corde.

ÉMINE, mesure des anciens. *Voy.* ʜᴇ̀ᴍɪɴᴇ.

ÉMINENCE (du latin *eminere,* s'élever). On nomme ainsi, en Anatomie, certaines saillies que présentent les organes dans l'état de santé ou de maladie. Les éminences des os sont appelées *apophyses.* Les *É. portes* sont deux mamelons très-saillants qui appartiennent au foie.

Éminence est aussi un titre d'honneur que l'on donnait autrefois aux empereurs et aux rois; ce titre a été réservé par une bulle d'Urbain VIII (1630) aux cardinaux, aux trois électeurs ecclésiastiques de l'Empire et au grand maître de l'ordre de Malte.

ÉMIR (mot arabe qui signifie *commandant*), titre honorifique très-commun en Orient. *Voy.* ce mot au *Dict. univ. d'Hist. et de Géogr.*

ÉMISSAIRE (ʙᴏᴜᴄ). *Voy.* ʙᴏᴜᴄ.

ÉMISSION, ᴇ́ᴍɪꜱꜱɪꜰ (ᴘᴏᴜᴠᴏɪʀ). *V.* ᴄʜᴀʟᴇᴜʀ, ʟᴜᴍɪᴇ̀ʀᴇ.

EMMÉNAGEMENTS ou ᴀᴍᴇ́ɴᴀɢᴇᴍᴇɴᴛꜱ, distributions de l'espace compris, dans l'intérieur des navires, en cales, entre-ponts, batteries, dunettes, chambres, soutes, magasins, etc. Les anciens vaisseaux se divisaient en trois étages séparés par trois corridors : l'étage du bas renfermait les provisions, celui du milieu les appartements, celui du haut les soldats et les armes. Sur les côtés étaient la cuisine, les salles à manger, les écuries, etc. Nos frégates ont aussi trois étages : la *cale,* le *faux pont,* où sont les logements des officiers et des maîtres et les hamacs des matelots; le troisième étage supporte les canons. Une ordonnance du 20 décembre 1838 a prescrit des distributions uniformes pour la marine de l'État.

EMMÉNAGOGUES (du grec *emmena,* menstrues, et *agein,* pousser), agents thérapeutiques destinés à rétablir chez les femmes le cours mensuel du sang. Ils sont pris, suivant les cas, dans la classe des relâchants, ou dans celle des excitants et des toniques; c'est particulièrement dans cette dernière classe de médicaments, et parmi les plus actifs, que doivent être rangées les plantes réputées *emménagogues,* telles que la rue, la sabine, l'armoise, le safran.

ÉMOLLIENTS (du latin *emollire,* amollir), substances médicamenteuses qui relâchent, détendent et ramollissent les parties enflammées ou trop tendues. Les émollients s'emploient à l'intérieur et à l'extérieur. Les boissons délayantes et mucilagineu-

ses, l'eau de gomme, le bouillon de veau, la décoction de graine de lin, celle de guimauve, etc., agissent comme *émollients;* les huiles grasses fraîches, les cataplasmes de mie de pain, de riz, de feuilles de mauve, les fruits sucrés, etc., sont aussi des *émollients.*

ÉMONCTOIRE (du latin *emungere,* moucher, nettoyer), tout organe destiné à donner une issue aux excrétions soit naturelles, soit artificielles, à l'aide desquelles l'économie rejette hors d'elle toutes les matières qui lui sont hétérogènes. Les *reins* et la *vessie* sont les émonctoires de l'urine; les *narines,* ceux des matières amassées dans les fosses nasales, etc.

ÉMONDAGE (d'*émonder*), opération qui consiste à couper annuellement toutes les menues branches inutiles, ainsi que les branches mortes, la mousse, les lichens, etc. Cette opération se fait au mois d'août sur les arbres des forêts. Pour les arbres isolés, l'émondage se fait, depuis 6 ans jusqu'à 15, en leur laissant autant de hauteur de tête que de tronc. Au delà de cet âge, on peut les émonder jusqu'aux deux tiers de leur hauteur totale, pour que l'abondance de la sève ne tourmente point la tige. De 15 à 40 ans, on continue l'émondage tous les 4, 5, 6 ou 7 ans. En même temps qu'elle donne de la vigueur aux arbres, cette coupe procure un produit périodique de branchages propres à faire des boutures ou des clôtures et des bourrées pour le chauffage.

ÉMOU, en latin *Dromaius,* oiseau de la Nouvelle-Hollande, ainsi nommé à cause de sa ressemblance avec l'*Émeu* ou Casoar à casque, appartient à l'ordre des Échassiers et à la famille des Brevipennes. Il a le bec de couleur noire, droit, à bords très-déprimés; la tête simple, sans casque et emplumée; les jambes charnues jusqu'au talon, les pieds bruns, les ongles presque égaux. Sa taille atteint près de 2 m. Ses plumes sont soyeuses et recourbées à leur extrémité, grises, blanches et brunes. Sa chair approche pour le goût de celle du bœuf.

ÉMOUCHET, nom donné par les Oiseleurs au mâle de l'Épervier commun et à tous les oiseaux de proie qui ne dépassent pas la taille de l'épervier. On le donne aussi à la Cresserelle femelle.

EMPAILLEMENT, art de préserver de la destruction divers animaux, en ménageant leurs formes. On y parvient en enlevant les parties internes, qu'on remplace par de la paille, du foin ou du coton, et en imprégnant la peau de substances qui la garantissent de la putréfaction et des attaques des insectes. Cet art se nomme aussi *Taxidermie.*

On appelle encore *empaillement* l'action de garnir de paille certains arbres fruitiers ou certaines plantes délicates, pour les garantir de la gelée.

EMPALEMENT. *Voy.* ᴘᴀʟ.

EMPAN ou ᴘᴀɴ (de la préposition *en,* et de *palme* ou *paume,* creux de la main), sorte de mesure usitée autrefois en France et nommée par les Grecs *spithamè* : c'est l'espace compris entre l'extrémité du pouce et celle du petit doigt dans leur plus grand écart. Cette mesure est encore en usage en Languedoc. L'*empan de Toulouse* valait 8 pouces, et était le 8e de la *canne;* il vaut, en mesures nouvelles, 0ᵐ,2245.

ᴇᴍᴘᴀɴ, sorte de greffe. *Voy.* ɢʀᴇꜰꜰᴇ.

EMPANNONS, petits chevrons de longueurs différentes qui garnissent l'espace triangulaire de la croupe d'un comble, et qui, au lieu de porter sur le faîte, s'assemblent à tenons et mortaises dans l'*arêtier. Voy.* ce mot.

EMPATEMENT. C'est, dans la Construction, une saillie ou plus grande épaisseur de bâtisse qu'on laisse sur les deux faces d'un mur dans ses fondations, pour en augmenter la solidité. Cette saillie est plus ou moins forte, selon le plus ou moins d'épaisseur et de poids des constructions surélevées.

Empatement se dit aussi des pièces de bois qui servent de base et de support à une grue.

EMPAUMURE (de *paume*), terme de Vénerie,

désigne le haut de la tête des Mammifères du genre Cerf, Renne, Élan, etc., formé de plusieurs andouillers ou bois divergents. — *Empaumer la voie*, se dit des chiens qui, rencontrant la piste, la suivent vivement et annoncent cette découverte par leurs aboiements.

EMPÊCHEMENT. Ce nom se donne en Droit aux obstacles que met la loi civile ou canonique à l'exécution de certains mariages.

On distingue, en Droit canonique, les *E. prohibitifs*, qui rendent le mariage illicite sans le rendre nul, et les *E. dirimants*, qui le rendent nul. Les *E. prohibitifs* sont : l'omission de la publication des bans, la célébration du mariage dans le temps prohibé par l'Église (depuis l'Avent jusqu'à l'Épiphanie, et du mercredi des Cendres au dimanche de l'octave de Pâques), les fiançailles contractées en face de l'Église avec une personne encore vivante, le vœu de chasteté ou d'entrée en religion. Ces empêchements peuvent être levés par des dispenses. — Les *E. dirimants*, d'après le Concile de Trente, étaient au nombre de 14 : 1° et 2° *l'erreur* quant à la *personne* et quant à *l'état* ; 3° la *profession religieuse* ; 4° *l'engagement dans les ordres* ; 5° la *parenté naturelle ou civile* ; 6° *l'affinité naturelle ou spirituelle* ; 7° le *meurtre* et *l'adultère* ; 8° le *rapt* ; 9° la *différence de religion* ; 10° la *violence* ; 11° *un mariage précédent encore subsistant* ; 12° la *folie* ; 13° *l'impuissance* ; 14° la *clandestinité*.

D'après la loi civile, les seuls empêchements dirimants sont : le *défaut de consentement* (Code civil, art. 146) ; *l'existence d'un mariage précédent* (art. 147) ; la *parenté naturelle* dans les degrés déterminés (art. 161-163) ; *l'erreur* quant à la personne (art. 180), et enfin *l'engagement dans les ordres*. Quant aux empêchements prohibitifs, ils se réduisent à deux : la défense faite à la veuve de se remarier avant 10 mois écoulés depuis la mort du mari (Code civil, art. 228), et la défense faite au prêtre de procéder au mariage religieux avant la célébration du mariage civil (Code pénal, art. 220) : on peut y ajouter le non-accomplissement des actes de soumission filiale prescrits par les art. 148-160.

EMPEREUR (du latin *imperator*). Chez les Romains, ce titre fut donné d'abord aux généraux victorieux, puis il devint, à partir de César, le titre du chef de l'État. — Chez les Modernes, il est synonyme de monarque ou de chef d'un grand État ; le plus souvent, il emporte l'idée de gouvernement absolu. *Voy.* ce mot au *Dict. univ. d'Hist. et de Géogr.*, et ci-après EMPIRE.

On a donné le nom d'*Empereur* à divers animaux qui se distinguent par une grande taille ou par des couleurs brillantes, notamment au poisson dit *Xiphias espadon*, du genre Holacanthe ; au *Boa devin* : à un petit *Roitelet* dont la tête est ornée d'un brillant diadème ; à un papillon diurne appelé vulgairement *Tabac d'Espagne* ; à plusieurs coquilles à couleurs variées, etc.

EMPETRUM (du grec *empetros*, qui croît sur les rochers), genre type de la famille des Empétracées. Ce sont de petits arbrisseaux rameux, à feuilles alternes, d'un vert sombre, luisant, roulées au bord, convexes en dessus, à fleurs petites, d'un rouge de sang foncé, et à baies noires ou rouges. L'*E. nigrum* et l'*E. rubrum* sont cultivés dans les jardins. — La famille des *Empétracées* est formée de plantes Dicotylédones dicliues, semblables à nos bruyères, à feuilles alternes ou verticillées, à fleurs petites, formées d'un calice et d'une corolle bifide ou tripartite.

EMPHRACTIQUE (du grec *emphrassô*, boucher). *Voy.* EMPLASTIQUE.

EMPHYSÈME (du grec *emphysaô*, enfler en soufflant), tuméfaction molle, crépitante, sans changement de couleur à la peau, sans douleur, qui est produite par l'infiltration et l'accumulation d'air dans le tissu cellulaire. On distingue l'*E. traumatique*, résultat d'une blessure, et l'*E. spontané*, produit par des gaz formés accidentellement dans l'intérieur même des tissus. L'emphysème du poumon est le plus fréquent : c'est un des accidents ordinaires des plaies pénétrantes du thorax ou des fractures des côtes ; il peut aussi avoir lieu à la suite des grands efforts de la voix ou des quintes de toux. L'emphysème peut encore survenir à la suite de lésions d'autres organes que les poumons : les gaz qui se développent dans les voies de la digestion produisent quelquefois des crevasses de ces organes, et passent dans le tissu lamineux des parties voisines. Les animaux ruminants sont assez sujets à cette sorte d'emphysème. *Voy.* MÉTÉORISME.

EMPHYTÉOSE (du grec *emphyteusis*, plantation, parce que dans l'origine ce contrat n'avait lieu que pour des terres qu'on donnait à défricher), bail à longues années, fait sous la condition que le preneur, qui prend alors le nom d'*emphytéote* ou d'*emphyteulaire*, améliorera le fonds donné, soit en le défrichant, soit en y élevant des constructions, améliorations dont le bailleur doit profiter à l'expiration du bail. La durée de l'emphytéose ne peut pas être moindre que 20 ans ni dépasser 99 ans.

EMPIDES (du grec *empizô*, boire tout, à cause de l'avidité avec laquelle ils sucent leur proie), *Empis*, genre d'insectes Diptères, de la famille des Tanystomes : palpes relevés devant la face ; tête petite, globuleuse ; longue trompe ; corps plus épais que large ; ailes grandes. Ils vivent de petits insectes ou du suc des plantes. L'espèce la plus commune chez nous est l'*E. opaque* (*E. opaca*), qui se montre dès les premiers jours du printemps et disparaît vers le 15 mai.

EMPIRE, état gouverné par un *empereur*. Tel a été chez les anciens l'*E. romain* (31 avant J.-C.-396 après J.-C.), qui s'est subdivisé en *E. d'Occident* (396-476), et en *E. d'Orient*, nommé plus tard *Bas-Empire* (396-1453). Aux dépens de ce dernier se formèrent au XIIIe siècle l'*E. latin* de Constantinople et les petits *E. de Nicée* et de *Trébizonde*. De l'Empire d'Occident est sorti l'*E. d'Allemagne*, dit aussi *Saint-Empire* ou absolument l'*Empire* (962-1806). — Tels sont encore, de nos jours, l'*E. de Russie*, l'*E. d'Autriche*, l'*E. français*, sous les Napoléon, l'*E. Ottoman*, l'*E. du Maroc*, l'*E. du Brésil*, l'*E. Céleste* ou de la Chine, etc. *V.* ces noms au *Dict. univ. d'Hist. et de Géogr.*

EMPIRIQUES (du grec *empeiria*, expérience), ceux qui s'appuient exclusivement sur l'expérience. Ce mot a été surtout appliqué : 1° aux partisans d'un système de philosophie dans lequel l'origine de nos connaissances est uniquement attribuée à l'expérience, et souvent même à la seule expérience des sens : tels étaient, chez les anciens, Démocrite, Épicure, Aristote ; chez les modernes, Hobbes, Locke, Condillac, Diderot ; on les nomme aussi, mais abusivement, *sensualistes* ; 2° aux médecins qui, dans les moyens qu'ils employaient, suivent pour guide, non une déduction systématique ou une induction physiologique, mais uniquement l'expérience clinique. Chez les anciens, les *Empiriques* formaient une secte opposée à celle des *Dogmatistes*.

Aujourd'hui le mot *empirique* est le plus souvent pris en mauvaise part, et est synonyme de *charlatan*.

EMPIRISME. *Voy.* EMPIRIQUES.

EMPLASTIQUE (du grec *emplassô*, appliquer sur, coller), se dit des remèdes topiques qui s'attachent aux parties sur lesquelles on les applique à la manière des *emplâtres*. On dit aussi *emphractique*.

EMPLÂTRE (en grec *emplastron*, d'*emplassô*, appliquer sur, coller), médicament solide, ferme, gluant, se ramollissant par l'action de la chaleur, ce qui le rend propre à adhérer aux corps sur lesquels on l'applique. Les emplâtres servent à faciliter le ramollissement et la résolution des tumeurs, l'écoulement des humeurs, etc. On les étend sur un morceau de toile ou de peau ; on doit avoir soin, avant de les appliquer, de les ramollir en les trempant dans l'eau chaude ou en les malaxant entre les doigts. Les uns ne contiennent que des résines, des gommes-résines, du suif, de la cire; d'autres renferment, outre ces substances, des poudres, des extraits, des sucs végétaux; enfin dans quelques-unes on met de l'huile ou d'autres matières grasses avec des oxydes métalliques. L'emplâtre simple se fait avec de la graisse de porc, de l'huile d'olives, de la litharge et une quantité d'eau suffisante : c'est un savon d'oxyde de plomb; cet emplâtre sert comme de base dans la préparation de presque tous les autres. Les plus usités sont : l'E. agglutinatif, fait avec de l'emplâtre simple et de la poix blanche : on l'emploie pour réunir les bords des plaies ; l'E. diachylon gommé, composé d'emplâtre simple, de sucs de certaines plantes, de cire jaune, de gomme ammoniaque, etc. ; l'E. diapalme, fait avec de l'emplâtre simple, de la cire blanche et du sulfate de zinc, et dans la préparation duquel on se servait autrefois, au lieu d'eau, d'une décoction de rameaux de palmier; l'E. divin, composé d'emplâtre simple, cire jaune, térébenthine, galbanum, gomme ammoniaque, opoponax, bdellium, myrrhe, mastic, oliban, racine d'aristoloche, acétate de cuivre brut et pierre d'aimant porphyrisée; l'E. mercuriel, dit de Vigo, dans lequel on fait entrer du mercure : il est appliqué comme résolutif sur les tumeurs d'origine syphilitique ou scrofuleuse, ainsi que sur les boutons de la variole, pour préserver la peau des cicatrices. On connaît encore l'E. anti-odontalgique, l'E. vésicatoire. etc. Voy. ODONTALGIQUE, VÉSICATOIRE, etc.

EMPLOI DE DENIERS, se dit, en Droit, de l'usage qu'on doit en faire suivant leur destination. Le Code civil, dans ses articles 1450, 1553, 1558, prescrit l'emploi que l'époux marié sous le régime dotal doit faire des deniers provenant des biens de sa femme. — Le Code de commerce déclare banqueroutier frauduleux tout commerçant failli qui ne justifiera pas de l'emploi de ses recettes (art. 593).

EMPOIS (du latin impicare, poisser), sorte de colle légère faite avec de l'amidon délayé d'abord dans de l'eau froide, on qu'on fait ensuite bouillir en le remuant continuellement, jusqu'à ce qu'il ait acquis la consistance nécessaire. On peut le préparer à froid et directement avec une solution de soude ou de potasse (Voy. AMIDON). — L'empois préparé avec l'amidon de blé ou de riz sert aux blanchisseuses pour l'empesage du linge; on l'emploie, dans l'impression sur tissus et sur papiers, pour donner de la consistance aux couleurs liquides; dans la fabrication des étoffes de coton, pour encoller les chaînes de ces étoffes et aussi comme apprêt. Enfin, sous le nom de colle de pâte, il sert au colleur, à l'afficheur, pour appliquer sur les murs toute espèce de papiers. V. COLLE.

EMPOISONNEMENT. Le Code pénal (art. 301) qualifie empoisonnement : « tout attentat à la vie d'une personne par l'effet de substances qui peuvent donner la mort plus ou moins promptement, de quelque manière que ces substances aient été employées ou administrées, et quelles qu'en aient été les suites. » Les poisons n'agissent pas tous de la même manière : les uns font ressentir leur action presque instantanément, sans laisser aucune trace de leur passage; d'autres n'agissent qu'au bout d'un certain temps, et laissent des désordres tels que, d'après ceux-ci, on peut reconnaître la nature du poison. Il n'est pas nécessaire que les poisons soient introduits dans l'estomac pour qu'ils agissent : l'empoisonnement peut avoir lieu lorsqu'ils sont administrés en lavements ou appliqués sur une membrane muqueuse, sur une plaie, ou même, dans certains cas, sur la peau seulement; mais jamais leur action n'est aussi prompte que lorsqu'on les applique sur les tissus séreux ou veineux.

La première indication à remplir dans les cas d'empoisonnement, c'est l'évacuation de la substance délétère. On y parvient le plus souvent en administrant de suite un vomitif; on a ensuite recours aux contre-poisons, qui varient selon la nature du poison lui-même. Voy. POISON et TOXICOLOGIE.

EMPORTE-PIÈCE, outil tranchant qui, dans le contour de sa partie tranchante, a un périmètre égal à celui que doit avoir la pièce qu'on veut découper. Il enlève d'un seul coup, par une simple percussion ou une forte pression, une pièce ronde, festonnée, ou de toute autre forme, d'une plaque de cuivre, fer, tôle ; d'un cliché, d'une pièce de cuir, de carton, etc.

EMPREINTE, marque qu'un corps dur laisse en creux ou en relief sur la surface d'une matière plus molle. Les graveurs prennent une empreinte de leur gravure sur la cire molle pour juger de leur travail. Pour prendre l'empreinte des médailles, des bas-reliefs, on verse dans le creux de ces objets des matières molles ou fusibles, telles que la cire, le plâtre ou le soufre, le plomb, l'étain, qui, en séchant ou en se refroidissant, conservent leur forme. Voy. CLICHAGE.

On a imaginé de reproduire les camées par des empreintes polychromes, qui, moulées exactement, recevaient ensuite, par la peinture à l'huile, l'imitation parfaite des couches et même des nuances de la pierre originale.

En Anatomie, on nomme empreintes les inégalités qu'on remarque à la surface des os, et qui correspondent aux attaches des tendons, des ligaments, ou sont en contact avec des vaisseaux ou d'autres parties sur lesquelles elles semblent moulées.

En Minéralogie, on nomme ainsi les vestiges que laissent sur les couches pierreuses certains corps organisés et peu épais, comme les feuilles d'arbres, les insectes, les plantes, etc. Elles n'en offrent que l'image, tandis que les fossiles et les pétrifications en offrent la forme et la substance.

EMPRISONNEMENT (de prison), privation de la liberté. L'emprisonnement fait partie des peines de simple police et des peines infligées par les tribunaux de police correctionnelle; il peut aussi avoir lieu en matière civile, notamment pour dettes.

Le condamné pour délit correctionnel doit être renfermé dans une maison de correction et employé à l'un des travaux établis dans cette maison, selon son choix. La durée de cette peine ne peut pas dépasser cinq années, sauf les cas de récidive (Code pénal, art. 24, 40). L'emprisonnement pour contravention de simple police ne peut être moindre d'un jour, ni excéder cinq jours (Code pénal, art. 465). — L'E. préventif est celui qui précède le jugement. Voy. DÉTENTION et CONTRAINTE PAR CORPS.

EMPRUNT, contrat par lequel on reçoit d'une personne de l'argent, ou toute autre valeur, à charge de les rendre avec ou sans intérêt. Pour les obligations et les conséquences qu'entraîne l'emprunt, Voy. PRÊT et DETTE — Emprunt public. L'État, les départements, les communes peuvent contracter des emprunts, mais à certaines conditions : pour les communes, l'autorisation d'emprunter est accordée, suivant l'importance de l'emprunt, par le pouvoir exécutif et par le pouvoir législatif, après délibération du conseil municipal et avis du préfet; pour l'État, l'autorisation ne peut être accordée que par le pouvoir législatif. Voy. DETTE PUBLIQUE.

EMPUSE (du grec empousa, sorcière), genre d'Orthoptères de la famille des Mantiens. Voy. MANTE.

EMPYÈME (du grec en, dans, et pyon, pus). Ce mot signifie proprement un amas purulent dans une cavité quelconque : on l'a aussi appliqué aux collections de sang, de gaz, etc. Aujourd'hui, on appelle spécialement empyème tout amas séreux, sanguin ou purulent dans la cavité des plèvres ; on étend ce nom à l'opération par laquelle on donne issue à ce liquide, opération appelée aussi paracen-

thèse du thorax. On la pratique, autant que possible, entre la 4ᵉ et la 5ᵉ fausse côte (en comptant de bas en haut), si la collection a son siége au côté droit; entre la 3ᵉ et la 4ᵉ, si c'est au côté gauche; mais lorsque le mal est circonscrit, ou qu'il se présente au dehors sous forme de tumeur fluctuante, c'est dans la tumeur qu'on doit plonger l'instrument.

EMPYRÉE (du grec *en*, dans, et *pyr*, feu, à cause de sa splendeur et de sa lumière), nom donné au plus haut des cieux, au lieu où l'on suppose que les bienheureux jouissent de l'éternelle béatitude. — Dans l'Almageste de Ptolémée, on donne le nom d'*Empyrée* à l'un des onze cieux, tous concentriques les uns aux autres, qui, suivant les idées des anciens, entourent la terre : c'était le plus éloigné. — Très-souvent le mot *empyrée* s'emploie comme synonyme de *ciel*, et désigne cet espace sans bornes dans lequel se meuvent tous les astres.

EMPYREUME (du grec *empyréin*, brûler), odeur particulière qu'exhalent les produits volatils qu'on obtient en distillant les matières végétales ou animales; cette odeur est due à une huile pyrogénée qui exerce aussi une action particulière sur le sens du goût : d'où les noms d'*odeur, huile, saveur empyreumatiques.*

ÉMULGENTS (du latin *emulgere*, traire), se dit des vaisseaux qui aboutissent aux reins. *Voy.* RÉNAL.

ÉMULSION (du latin *emulsio*, même signification), préparation pharmaceutique liquide, d'un aspect blanc et laiteux, composée d'une huile fixe divisée et tenue en suspension dans l'eau par le moyen d'un mucilage. L'É. *vraie* se prépare avec les amandes douces et amères (*lait d'amandes*), ou avec les semences de melon, de concombre, de citrouilles, de pavot blanc, de noix, de noisettes, de pistaches, de lin, de pignons, de pourpier, etc. On pile dans un mortier dur les semences débarrassées de leur pellicule, on les délaye ensuite avec de l'eau. On passe avec expression, et on édulcore avec du sucre ou avec un sirop. Le sirop d'orgeat étendu d'eau est une véritable émulsion. — L'É. *fausse* reçoit les épithètes de *camphrée*, d'*huileuse*, de *térébenthinée*, selon les substances qu'elle renferme. Les émulsions sont généralement adoucissantes, pectorales et rafraîchissantes; quelquefois purgatives. — Les *loochs* sont des émulsions épaisses avec de la gomme; le *blanc manger* n'est autre chose qu'une émulsion amandée unie à la gélatine.

ÉMYDE (du grec *émys*, tortue d'eau douce), *Emys*, genre de Tortues de l'ordre des Chéloniens, et de la famille des Émydiens ou Élodites (c.-à-d. marécageux), laquelle renferme les Tortues dites *de marais*. Elles se distinguent par une carapace plus ou moins déprimée, ovalaire, plus évasée en arrière, formée de plaques écailleuses; des pieds formés de doigts distincts, flexibles et propres à la natation; la gueule est elliptique; le cou rétractile se plie sur lui-même pour rentrer dans la carapace. — Les Émydes vivent dans les régions tempérées ou chaudes des deux continents. Elles se nourrissent de petits animaux vivants, et on tire parti de leur gloutonnerie pour les prendre à l'hameçon. Ce sont des êtres innocents, mais sauvages. Elles sont peu recherchées pour leur écaille et leur chair. On en trouve partout, excepté dans l'Australasie. Les espèces d'Europe sont l'É. *Caspica*, originaire de la mer Caspienne, mais qui vit aussi en Morée, et l'É. *sigriz*, des côtes de l'Espagne et de la Barbarie.

ÉMYDIENS, dits aussi *Élodites* ou *Paludites*, famille de l'ordre des Chéloniens, renferme ceux de ces animaux qui vivent dans les eaux stagnantes. Cette famille renferme les genres *Émyde* (genre type), *Tétronyx*, *Émy-saure*, *Staurotype*, *Pentonyx*, *Sternothère*, *Platémyde*, etc.

ÉMY-SAURE (du grec *émys*, tortue, et *sauros*, lézard), genre de Tortues, appelé aussi *Chélonure*,

de la famille des Émydiens ou Élodites, à tête forte, revêtue de plaques en avant et d'une peau aréolée sur le reste; à mâchoires robustes, crochues, avec deux barbillons sous le menton; à carapace déprimée, à disque formé de 13 plaques presque quadrilatérales, à plastron composé de 15 plaques; à queue très-longue, épaisse et musculeuse. Sa couleur varie du brun au gris verdâtre en dessus; elle est jaunâtre en dessous. Sa longueur varie de 32 à 65 centimètres. La seule espèce connue habite le voisinage des lacs et des rivières de l'Amérique septentrionale.

ÉNALLAGE (du grec *enallagè*, troc, changement), figure de Grammaire qui fait subir à une phrase un changement dans l'ordre naturel de la construction. Ce changement peut avoir lieu dans le genre, dans les personnes, dans les temps, dans les modes ou dans les nombres : d'où cinq espèces d'énallages, qui toutes, du reste, reviennent à l'*ellipse*. Le vers suivant de La Fontaine, dans les *Animaux malades de la peste*, en offre un exemple :

> Ainsi dit le Renard, et flatteurs *d'applaudir*;

d'applaudir est mis ici pour *se hâtent d'applaudir.*

ÉNANTIOPATHIE (du grec *énantios*, opposé, contraire, et *pathos*, affection), système de médecine consistant à traiter les maladies par des médicaments propres à produire des effets opposés à ceux de ces maladies. On dit plus souvent *Allopathie. Voy.* ce mot.

ÉNARTHROSE (du grec *en*, dans, et *arthron*, jointure, articulation), genre d'articulation, lâche et mobile, dans laquelle la tête d'un os est reçue dans la cavité profonde d'un autre, et peut s'y mouvoir en tous sens. *Voy.* ARTICULATION.

ENCABLURE, terme de Marine, longueur du câble qui a 120 brasses (200 mètres). Les marins estiment les distances par encâblures, et particulièrement les distances rapprochées.

ENCAN (corruption de *inquant*, du latin *in quantum*, pour combien; cri public que faisait entendre l'huissier pour indiquer le prix des objets mis en vente), vente publique de marchandises, qui se fait par l'intermédiaire d'officiers publics, au plus offrant et dernier enchérisseur. L'encan n'est qu'une simple vente aux enchères. *Voy.* ENCHÈRE.

ENCANTHIS (du grec *en*, dans, et *canthos*, angle de l'œil), tumeur formée par une augmentation de volume ou une dégénérescence de la caroncule lacrymale. L'É. *bénin*, simple tuméfaction inflammatoire de la caroncule, cède ordinairement aux émollients et aux résolutifs; l'É. *malin*, qui a souvent le caractère cancéreux, doit être extirpé.

ENCAQUEMENT DU HARENG. *Voy.* CAQUE et HARENG.

ENCASTELURE, resserrement du sabot des chevaux, qui a lieu vers la partie supérieure des deux quartiers et s'étend quelquefois jusqu'au talon. On y remédie, suivant l'intensité du mal, par le repos, les émollients, ou l'excision.

ENCASTREMENT, action d'*encastrer*, c'est-à-dire d'enchâsser ou joindre deux ou plusieurs pièces en les faisant pénétrer l'une dans l'autre. On encastre par *entaille* ou par *feuillure* une pierre dans une autre; on encastre un crampon dans deux pierres pour les joindre. — En termes d'Artillerie, ce mot désigne des entailles demi-circulaires pratiquées dans l'épaisseur des flasques des affûts de canon pour recevoir les tourillons de la bouche à feu. Cette entaille, dans laquelle doit tourner le tourillon, est garnie d'une bande de fer ou *sous-bande*; le tourillon est lui-même couvert d'une bande ou *susbande*. L'É. *du bassinet* est une entaille destinée à recevoir le bassinet dans le corps de platine.

ENCAUSTIQUE (du grec *encausticos*, brûlé, préparé avec le feu, parce qu'on fait fondre au feu la cire destinée à cette préparation), composition destinée à revêtir les murs, les plafonds, les carreaux, les parquets, etc., soit pour les préserver de l'humidité et de toute altération, soit pour y former une couche propre à recevoir toute espèce de peinture.

L'encaustique pour la peinture est un mélange de cire et d'huile cuite avec un peu de litharge; on chauffe la toile, la pierre ou le plâtre qu'il s'agit d'enduire, et l'on passe dessus avec des pinceaux l'encaustique fondu. On peut y remplacer la cire par certaines résines, telles que l'élémi, le copal, et l'huile par une essence, telle que l'essence d'aspic, surtout lorsque les peintures doivent être placées dans des lieux bas et humides. On emploie aussi l'encaustique à la cire et à l'huile lithargirée pour enduire les statues de pierre tendre, les médailles en plâtre et beaucoup d'autres objets, tels que vases, bas-reliefs, colonnes, entablements, etc. — La peinture encaustique offre de grands avantages: simplicité dans la composition, commodité dans la pratique, inaltérabilité dans les résultats; elle s'applique également bien sur toutes sortes de matières : pierre, plâtre, marbre, bois, métal, porcelaine, verre, toile; elle a les qualités de la fresque sans en avoir les inconvénients.

La peinture à l'encaustique était connue des anciens : Pline, qui l'a décrite, nous apprend qu'elle était employée dès les temps de Polygnote, au commencement du IVᵉ siècle avant J.-C.; Praxitèle la perfectionna; mais ce procédé disparut avec la civilisation antique, et, bien qu'il paraisse que plusieurs artistes du XIIIᵉ siècle, Giotto, Fiesole, etc., en aient possédé le secret, elle était généralement inconnue lorsqu'un savant archéologue français, M. de Caylus, en retrouva la composition (1752); presque en même temps, un peintre distingué, M. Bachelier, arrivait à la même découverte par des voies différentes. Depuis, la peinture à l'encaustique a reçu de grands perfectionnements, et elle a pu être employée avec succès, en remplacement de la peinture à fresque, dans plusieurs monuments publics, notamment par M. Alaux à Fontainebleau.

L'encaustique dont on imprègne les carreaux et les parquets mis en couleur pour pouvoir ensuite les frotter, est un savon de cire imparfait, qu'on prépare en incorporant du sous-carbonate de potasse (cendres gravelées) à de la cire jaune en fusion.

ENCEINTE, ligne de murailles destinée à protéger une forteresse, une ville, contre les attaques de l'ennemi. Les premières enceintes des villes n'étaient formées que de troncs et de branches d'arbres mêlés de terre; puis on éleva de petites murailles et des parapets. Au moyen âge, les enceintes devinrent circulaires ou à pans, entremêlées de tours. L'invention de l'artillerie fit imaginer les enceintes avec terrasses et bastions. Aujourd'hui on donne spécialement le nom d'enceinte à l'ensemble de bastions et de courtines formant la clôture ou l'escarpe du corps d'une place. Cet ensemble est surmonté d'un parapet; quelquefois il est entouré d'une fausse-braie, ou comprend des demi-bastions. La construction des enceintes est une des parties les plus importantes de la science des fortifications.

On a donné à l'enceinte fortifiée qui entoure Paris le nom d'enceinte continue, par opposition aux forts détachés, qui forment comme autant de postes avancés autour de cette enceinte.

ENCELADE (géant mythologique), Enceladus, insecte Coléoptère, de la famille des Carnassiers, long de 40 millimètres, d'un noir brillant; à la tête large, arrondie, aux mandibules très-épaisses; au corselet évasé, à l'écusson plus large que long, à l'abdomen ovale et allongé, aux élytres très-striés. On n'en connaît que deux espèces, toutes deux de Cayenne, l'E. gigas et l'E. lævigatus.

ENCENS (du latin incensum, fait de incendere, brûler), ou Oliban (mot qu'on dérive du latin oleum Libani, huile du Liban), en latin Thus, gomme-résine connue comme aromate. On en distingue deux espèces dans le commerce : l'E. d'Afrique et l'E. de l'Inde. L'encens d'Afrique est d'un blanc jaunâtre, en morceaux irréguliers ou en larmes; il nous arrive d'Égypte et d'Arabie par la voie de Marseille. Il est dû, suivant l'opinion la plus vraisemblable, à une espèce de Génévrier, le Juniperus lycia ou thurifera, de la famille des Cupressinées. On le récolte, suivant Niebuhr, à Dafar, ville et port d'Arabie, dans l'Hadramaout. L'encens de l'Inde, supérieur au précédent, est fourni par le Boswellia thurifera, genre de la famille des Burséracées; il nous vient de l'Inde par Calcutta, en larmes jaunes, arrondies, plus volumineuses que l'encens d'Afrique. On distingue aussi l'encens en E. mâle, le plus pur, et qui se présente sous forme de larmes détachées les unes des autres, et E. femelle, en larmes agglomérées et moins transparentes. — On donne encore le nom d'Encens au Selinum palustre, et celui d'Encensier au Romarin, à cause de l'essence balsamique qu'on en tire.

L'encens servait, dès l'antiquité la plus reculée, à parfumer les temples; cet usage était né de la nécessité où l'on se trouvait de masquer l'odeur désagréable qu'exhalaient les animaux que les prêtres y sacrifiaient. L'Église catholique a conservé cet usage. On mêle souvent à l'encens d'autres aromates, tels que le benjoin, le storax, le musc, l'ambre, etc.: on en fait une poudre qu'on projette par petites parties sur des charbons ardents. Les princes de l'Orient font brûler devant eux de l'encens dans des cassolettes. On en fait aussi des pastilles aromatiques en le mêlant avec du charbon et du nitre pulvérisés : ces pastilles, dites du sérail, sont en forme de cône; on les allume par leur sommet, et elles brûlent en répandant une odeur agréable. — On se sert aussi de l'encens en Pharmacie : il entre dans la composition du baume du Commandeur, de la thériaque et de l'emplâtre de Vigo.

ENCENSOIR, vase, cassolette dont on se sert dans les églises pour brûler l'encens. Les encensoirs des Hébreux étaient des espèces de coupes avec ou sans manche; les premiers chrétiens se servaient de semblables encensoirs, et chacun des fidèles aspirait la fumée de l'encens brûlant dans le vase, en disant ces paroles : Accendat Dominus in nobis ignem sui amoris et flammam æternæ caritatis (Que le Seigneur allume en nous le feu de son amour et les flammes d'une charité éternelle). Aujourd'hui, les encensoirs sont des vases fermés, suspendus par des chaînes de longueur variable, et garnis de trous par lesquels s'échappe la fumée odorante de l'encens. Pour éviter les accidents occasionnés trop souvent par la chute des charbons ou des étincelles, on a récemment proposé de supprimer la chaîne du milieu, qui servait à monter et à descendre le couvercle de l'encensoir, et de fermer la cassolette par un couvercle à charnière.

ENCÉPHALARTOS (du grec en, en, képhalè, tête, et artos, pain), genre de la famille des Cycadées, est composé d'arbres ou d'arbrisseaux élégants, à frondes pinnées, à fleurs monoïques réunies sur un chaton terminal pédonculé. Ces plantes sont originaires de l'Afrique Australe et de la Nouvelle-Hollande; mais on les cultive en Europe, dans les jardins botaniques. La plupart des espèces sont recherchées pour la beauté de leur port, qui simule celui des Palmiers. Leur moelle fournit l'espèce de Sagou fourni par la moelle de leur tige. Leurs fruits peuvent se manger comme nos châtaignes.

ENCÉPHALE (du grec en, dans, et képhalè, tête), ensemble de toutes les parties qui, chez les animaux vertébrés, sont contenues dans la cavité du crâne, c.-à-d. le cerveau proprement dit et le cervelet; on y comprend quelquefois la moelle allongée.

ENCÉPHALITE, inflammation de l'encéphale, comprend l'inflammation du cerveau ou cérébrite, celle du cervelet, ou *cérébellite*, et aussi, suivant quelques-uns, la *méningite*. Ces phlegmasies étaient autrefois confondues sous les noms de *fièvres nerveuse, pernicieuse, cérébrale, ataxique*, etc. Les symptômes principaux des affections encéphaliques sont la fièvre, l'insomnie, la céphalalgie intense, la difficulté de supporter la lumière, le délire. Leurs effets sur le cerveau sont l'injection, l'infiltration sanguine, l'infiltration purulente, l'induration sans friabilité, ou le ramollissement de la substance cérébrale, les abcès enkystés. Les causes de ces affections, outre celles qui déterminent les inflammations en général, sont les commotions, les coups portés à la tête, l'abus des boissons stimulantes, alcooliques, de l'opium, l'action du soleil sur la tête, la trop grande contention de l'esprit, les veilles prolongées, les émotions violentes, l'action de certains virus contagieux, etc. Ces maladies sont très-graves et presque toujours mortelles. Les moyens les plus propres pour les arrêter sont les saignées générales ou locales et les purgatifs les plus actifs. On doit à M. Bouillaud un *Traité spécial de l'Encéphalite*.

ENCÉPHALOCÈLE (du grec *enképhalon*, et *kélé*, tumeur), hernie du cerveau, nom générique par lequel on désigne les tumeurs qui se forment autour du crâne par la sortie d'une portion du cerveau, soit par suite d'une ossification imparfaite des sutures de la boîte osseuse, soit par l'effet de la destruction d'une partie des parois du crâne résultant d'une carie, de l'opération du trépan, etc. Cette affection est très-grave quand elle a beaucoup d'étendue.

ENCÉPHALOÏDE, nom donné par plusieurs anatomistes à une substance anormale qui n'est qu'une sorte de dégénérescence cancéreuse : elle est ainsi nommée à cause de sa ressemblance avec la matière cérébrale. *Voy.* CANCER.

ENCHANTEMENT (du lat. *incantamentum*, même significat.), action de *charmer*, d'ensorceler par des opérations et des cérémonies prétendues magiques, par des gestes, et surtout par des paroles mystérieuses et consacrées, qui, sans doute, dans l'origine étaient en vers (*carmen*) et se *chantaient* : l'effet obtenu prenait le nom de *charme*, quand il consistait dans une illusion des sens qui faisait voir ce qui n'existait pas, qui faisait aimer certaines personnes, ou qui paralysait les facultés naturelles ; et celui de *sort, sortilége, maléfice*, s'il s'agissait d'un mal qui troublât la raison, qui frappât le corps ou les biens de la personne, comme, par exemple, une maladie inconnue, la mort des bestiaux, la perte d'une récolte. La croyance aux enchantements a, sous des noms divers, régné à toutes les époques chez les peuples ignorants et superstitieux. Elle existait en Égypte de temps immémorial ; Moïse, dans le Lévitique, interdit aux Israélites l'usage des *maléfices* ; Homère, dans l'*Odyssée*, chante la puissance de la magicienne Circé ; Horace décrit les conjurations magiques de Canidie et de Sagane ; Ovide, Tibulle, parlent également du pouvoir des maléfices ; au moyen âge, on célèbre l'*enchanteur* Merlin, on croit à la puissance surnaturelle des *fées* et des *sorciers*; au XVIᵉ siècle, on voit des ligueurs fanatiques recourir aux sortiléges pour faire périr Henri III et le roi de Navarre, faire modeler des images de cire qui les représentaient, et les percer au cœur avec certaines formalités, s'imaginant qu'ils feraient ainsi mourir ces princes ; au dernier siècle, enfin, Cagliostro, le comte de Saint-Germain, trouvent des dupes. *Voy.* MAGIE, SORCELLERIE, ENVOUTEMENT.

ENCHÉLIDES (du grec *enchélèios*, en forme d'anguille), *Enchelis*, Zoophytes infusoires microscopiques : ce sont des êtres très-simples, pourvus plus ou moins de cils vibratiles, à corps cylindrique ou ovoïde. On les trouve dans les eaux stagnantes. L'*E. noduleuse* se trouve ordinairement dans l'eau de marais que l'on a laissée putréfier dans des bocaux.

ENCHÈRE (de *cher*), offre d'un prix supérieur, soit à la mise à prix, soit au prix offert par quelqu'un pour une chose qui se vend ou se loue au plus offrant. Les *enchères publiques* ou *ventes à l'encan* sont ou *judiciaires* ou *volontaires*. Les premières sont ordonnées par un jugement du tribunal civil ou du tribunal de commerce, par suite de la condamnation d'un débiteur envers un créancier. Les secondes ont lieu par des particuliers qui prennent ce moyen pour vendre promptement leurs effets ou marchandises. Ce mode de vente est aussi suivi par plusieurs grandes compagnies de commerce, notamment à l'étranger. En France, la loi défend de vendre à l'encan les marchandises neuves. —Dans les ventes publiques, les *enchères* se font toujours de vive voix (*à la criée*), et par l'intermédiaire d'un officier public (commissaire priseur, ou, à son défaut, greffier ou huissier). Dans les ventes judiciaires, l'enchère sur les immeubles ne peut être mise que par le ministère d'avoués. On allume successivement des bougies préparées de manière que chacune dure environ une minute ; les offres ne deviennent définitives qu'après l'extinction de trois feux sans nouvelles enchères.

Les administrations emploient souvent pour les fournitures ou les travaux dont elles ont besoin une sorte d'*enchère au rabais :* les propositions des entrepreneurs se font alors par écrit et sont cachetées : on les appelle *soumissions*. C'est à celui qui offre le plus fort rabais que l'adjudication est faite.

On nomme *folle enchère* l'offre qui dépasse la valeur réelle de la chose vendue, et aux conditions de laquelle l'enchérisseur ne peut satisfaire : on procède alors, aux frais de cet enchérisseur, à une nouvelle vente, qu'on appelle *vente sur folle enchère*. Le fol-enchérisseur doit la différence entre son prix et celui de la nouvelle vente s'il est inférieur, et il ne peut réclamer le surplus, s'il y en a. *Voy.* SURENCHÈRE.

La vente à l'enchère a existé de tout temps : à Athènes, les concessions de travaux publics se mettaient aux enchères ; à Rome, on vendait à l'enchère les prisonniers ou esclaves publics. En France, toute vente, soit mobilière, soit immobilière, qui a lieu par autorité de justice, doit se faire aux enchères.

ENCHEVÊTRURE (de *chevêtre*), se dit, en Architecture, de l'espace quadrangulaire vide qu'on ménage dans les planchers pour le passage du tuyau et l'emplacement de l'âtre des cheminées. Une solive très-forte règne dans toute la longueur, à distance convenable du mur ; on la nomme *chevêtre ;* d'autres bois forts et courts, tenant d'un côté au chevêtre et de l'autre au mur, laissent entre eux l'espace nécessaire. Une dalle ou des briques portées sur des bandes de trémie en fer forment le sol de l'âtre.

Les Vétérinaires nomment *enchevêtrure* l'excoriation plus ou moins profonde qu'un cheval se fait au pli du paturon avec sa longe, dans laquelle il se prend lui-même un des membres postérieurs, de manière à ne pouvoir se le dégager.

ENCHIRIDION (du grec *en*, dans, et *kheir*, main), c.-à-d. *Manuel*, titre sous lequel on connaît spécialement quelques ouvrages célèbres, tels que l'*E. d'Épictète*, résumé de sa morale, l'*E. de S. Augustin*, etc.

ENCISE (du latin *incidere*, pour *intus cædere*, tuer dedans), mot inusité aujourd'hui, s'appliquait, dans le Droit ancien, au meurtre commis soit sur une femme enceinte pour arriver à la destruction de l'enfant, soit sur l'enfant même qu'elle portait dans son sein : c'est un des moyens d'avortement les plus coupables et les plus sévèrement punis.

ENCLAVE (d'*inclausus*, enfermé), terrain enfermé dans la propriété d'autrui. « Le propriétaire dont les fonds sont enclavés peut réclamer un passage sur les fonds de ses voisins, à la charge d'indemnité. » (Code civil, art. 682). —Il se dit également de portions de territoire appartenant à un souverain autre que celui du territoire d'alentour : c'est en

Allemagne qu'on trouve le plus d'enclaves de ce genre.

En termes d'Hydraulique, on nomme ainsi des enfoncements qu'on a ménagés, en construisant les faces des bajoyers d'une écluse, pour y loger les grandes portes, lorsqu'on est obligé de les ouvrir pour le passage des bâtiments.

ENCLIQUETAGE, appareil composé d'un crochet, d'un cliquet et de son ressort manœuvrant ensemble, et destiné à s'opposer à la rétrogradation de la puissance ou de la résistance des roues dans les machines. *Voy.* CLIQUET.

ENCLITIQUE (du grec *en*, sur, *klinô*, incliner), se dit, en Grammaire, de certains mots qui, s'appuyant sur le mot précédent, semblent ne faire qu'un avec lui. Ces mots, très-communs chez les Grecs, se rencontrent aussi dans la langue latine et même dans la langue française. Tels sont les adverbes *que*, *ne*, *poi*, *te*, *toi*, *ge*, etc.; les cas indirects des pronoms personnels, le pronom *tis*, *ti*, les particules inséparables *ge* et *de*, etc.; en latin, les monosyllabes *que*, *ce*, *ne*, *ve*; en français, *je* dans *aimé-je*, *ce* dans *est-ce*, etc.

ENCLOUAGE (de *clou*), opération qui consiste à mettre des pièces de canon hors de service en faisant entrer de force dans la lumière un gros clou d'acier préparé à cet effet et dont on fait ensuite sauter la tête. On y a recours quand on a pris à l'ennemi des pièces qu'on ne peut emmener, quand on a une artillerie trop forte pour espérer de pouvoir la sauver dans une retraite précipitée. On peut quelquefois utiliser les pièces enclouées en forant une nouvelle lumière; mais on réussit rarement, et la refonte de la pièce est presque toujours indispensable. On attribue le premier essai de l'enclouage à Gaspard Vimercato de Brême, qui encloua l'artillerie de Sigismond Malatesta.

ENCLOUURE (de *clou*), blessure faite au pied d'un cheval, lorsque le maréchal, au lieu de faire traverser la corne du pied aux clous qui doivent tenir le fer, les enfonce dans le tissu réticulaire. L'enclouure peut entraîner une inflammation dangereuse, ou tout au moins faire boiter l'animal.

ENCLUME (suivant Ménage, de l'italien *incudine*, dérivé du latin *incus*, *incudis*, enclume), masse de fer ou de fonte sur laquelle on forge les métaux, soit à chaud, soit à froid. Tous les artisans qui travaillent le fer se servent d'enclumes différentes par leurs formes et leurs poids. La surface sur laquelle on bat les métaux doit être dure et unie. Elle est divisée en trois parties : le milieu, de forme carrée, se nomme *table de l'enclume*, et l'on nomme *bigornes* les deux extrémités, dont l'une est ronde et l'autre carrée; une enclume sans bigornes s'appelle *tas*; celle dont la surface présente une portion de sphère prend le nom de *bouterolle*. Les enclumes sont placées sur des billots scellés en terre ou sur un massif de maçonnerie, à proximité des foyers de forges.

On appelle *enclumeau* une petite enclume portative à l'usage des bijoutiers, des orfèvres, des ferblantiers et des chaudronniers.

Les Anatomistes ont nommé *enclume*, à cause de sa forme, un des quatre osselets de l'oreille. Cet osselet est placé dans la caisse du tympan, entre le marteau et le lenticulaire. *Voy.* OREILLE.

ENCOCHE (de *coche*, entaille), nom donné : 1° par les Serruriers, à une entaille faite sur le pêne ou sur la gâchette d'une serrure pour lui servir d'arrêt; 2° par les Boulangers, à l'entaille faite sur le morceau de bois appelé *taille*, pour marquer le nombre des pains fournis à crédit; 3° par les Saboteurs, à un établi disposé de façon à assujettir le sabot sous la main de l'ouvrier.

ENCOLLAGE (de *colle*), préparation qui a pour effet de donner aux matières sur lesquelles on l'applique une consistance qui facilite le travail, en assure la durée, ou lui donne une apparence, un lustre

qui en rehausse le prix. — Dans la peinture à la détrempe, on emploie un encollage, fait de gélatine, de lait ou de colle forte, pour donner au liquide qui contient la couleur en dissolution une teinte uniforme et une consistance telle qu'on puisse l'appliquer avec la brosse. — Les doreurs préparent également le bois, avant d'y appliquer l'or, en y étendant une ou plusieurs couches de colle forte bouillante.— Avec une préparation formée de feuilles d'absinthe et de têtes d'ail bouillies dans l'eau, on donne l'encollage aux bois des parquets et des panneaux d'appartements, aux plafonds, etc., pour boucher les pores du bois et le préserver de la piqûre des vers. — Les tisserands ont soin d'encoller les chaînes des étoffes avant de les mettre au métier. On emploie la colle forte pour les laines, la gomme pour les soies, la colle de farine pour les cotons et les fils de chanvre ou de lin. Leur effet est d'abattre le duvet et de rendre le fil lisse et plus fort, glissant et élastique. L'ouvrier qui applique l'encollage s'appelle *encolleur* ou *empeseur*. *Voy.* EMPOIS, COLLE et COLLAGE.

ENCOLURE (de *col*), partie du corps du cheval qui s'étend depuis la tête jusqu'aux épaules et au poitrail. On nomme *encolure de jument*, une encolure effilée ou peu chargée de chair ; *E. renversée*, celle dont le contour, l'arc et la rondeur se trouvent en dessus, quand ils devraient se trouver en dessous. Il se dit aussi des autres mammifères, et quelquefois du cygne.

En Marine, on donne ce nom à la hauteur du milieu de chaque varangue, tribord et bâbord, au-dessus de la sablure de la quille.

ENCORBELLEMENT (de *corbeau*), construction faite en saillie du plan vertical d'un mur, ne s'élevant pas de fond, mais prenant naissance à une plus ou moins grande distance du sol, et soutenue, en porte à faux, hors de l'épaisseur d'un mur, par plusieurs pierres superposées, dites *corbeaux*, dont les plus basses seulement sont engagées dans le mur : les assises successives font elles-mêmes saillie sur les assises inférieures et présentent ainsi l'aspect d'un escalier renversé. Telles sont les guérites aux encoignures des anciens châteaux, à Paris la niche de la chapelle de la Vierge à Saint-Sulpice.

Par extension, on appelle *balcon*, galerie en *encorbellement*, un balcon, une galerie, tenus en saillie du mur à l'aide de consoles.

ENCORNET, mollusque. *Voy.* CALMAR.

ENCOUBERT, Tatou à cuirasse rayée. *Voy.* TATOU.

ENCOURAGEMENT (SOCIÉTÉS D'). Il y a en France, en Angleterre, en Prusse, etc., plusieurs *sociétés d'encouragement*, destinées à propager le goût des arts et de l'industrie et à en favoriser les progrès. Ces sociétés fournissent les fonds de prix et de médailles qu'elles distribuent, à des époques fixées, aux artistes qui les ont mérités. Elles sont dans l'usage de faire paraître un journal mensuel qui fait connaître les inventions utiles, les noms des inventeurs, etc.

La *Société d'Encouragement de Paris*, fondée en 1801, a puissamment contribué aux progrès de l'industrie : elle s'occupe spécialement de l'agriculture, des arts mécaniques et chimiques, des arts lithographiques et photographiques, ainsi que de l'économie domestique. Au 1er janvier 1852 elle avait déjà distribué en prix une somme de 500,000 fr. — La *Société d'E. de Londres* subsiste depuis 1754.

ENCRE (du latin *encaustum*, même signification). L'encre ordinaire se compose essentiellement de tannate et de gallate de peroxyde de fer tenus en suspension dans l'eau et mélangés avec de la gomme, qui lui donne du corps et l'empêche de s'étendre sur le papier. On la prépare avec une décoction de noix de galle, à laquelle on ajoute de la gomme arabique, et qu'on abandonne ensuite à l'air, après l'avoir mélangée avec une solution de sulfate de fer ou couperose verte. On agite le mélange de temps à autre, et on le soutire quand il est assez noir. Les dépôts noirs qui s'y forment (*boues d'encre*) servent aux emballeurs à marquer et à numéroter les caisses. L'encre ordinaire se détruit aisément par les agents chimiques et notamment par le chlore : pour éviter cet inconvénient, on a composé des *encres indélébiles :* elles se préparent avec du noir de fumée ou de l'encre de Chine (*Voy.* plus bas), qu'on délaye dans de l'eau rendue alcaline par de la soude caustique. — L'*E. rouge*, qu'on emploie dans les écritures de commerce, s'obtient ordinairement en faisant infuser du bois de Brésil dans du vinaigre et en épaississant la décoction avec de la gomme arabique, du sucre et de l'alun. L'*E. jaune* se prépare avec la graine d'Avignon ou la gomme-gutte; l'*E. verte*, avec l'acétate de cuivre et la crème de tartre; l'*E. bleue*, avec l'indigo ou le bleu de Prusse.—L'*E. de transport*, ou *E. autographique*, qu'on emploie pour les presses à copier les lettres, se prépare en faisant dissoudre du sucre dans de l'encre ordinaire. L'*E. pour écrire sur les métaux*, avec laquelle on étiquette les objets qui restent exposés à l'humidité, est une composition de vert-de-gris, de sel ammoniac, de noir de fumée et d'eau. L'*E. à marquer le linge* est une dissolution de nitrate d'argent dans l'eau, additionnée d'un peu de gomme arabique, et colorée avec un peu d'encre de Chine.

L'encre ordinaire, à la noix de galle, *atramentum*, était connue près de 400 ans avant l'ère chrétienne; on en ignore l'inventeur. Les anciens employaient particulièrement l'encre faite avec du noir de fumée et de la gomme. Les empereurs et les rois écrivaient avec une encre pourprée (*sacrum encaustum*) qui était composée de coquilles pulvérisées et de sang tiré de la pourpre; il n'était permis qu'à eux d'employer cette encre. Les anciens faisaient aussi de l'encre avec un liquide fourni par certains poissons; on emploie encore aujourd'hui, sous le nom de *sepia*, celle que fournit le calmar. *Voy.* CALMAR.

ENCRE DE CHINE. Elle se prépare en Chine, au moyen de décoctions de diverses plantes, de colle de peau d'âne et de noir de lampe. Elle est d'un beau noir luisant, et nous arrive en petits pains sous la forme de parallélipipèdes rectangles, portant des caractères chinois dont la plupart sont dorés. On prépare aujourd'hui en Europe une encre semblable à l'encre de Chine et d'une très-bonne qualité; elle s'emploie particulièrement pour le lavis.

ENCRE D'IMPRIMERIE. Elle se prépare avec du noir de fumée et de l'huile de lin bouillie jusqu'à une consistance très-forte, ce qui en fait une sorte de glu. Les Hollandais attribuent à Laurent Coster, de Harlem, l'invention de l'encre d'imprimerie.

ENCRE SYMPATHIQUE, encre qui ne laisse aucune trace sur le papier par la dessiccation, et que la chaleur ou des agents chimiques font apparaître aux diverses couleurs. Tous les sucs végétaux qui renferment de la gomme, du mucilage, de l'albumine ou du sucre (le suc d'oignon, de citron, d'orange, de poire, de pomme, etc.), peuvent servir d'encres sympathiques, parce que la trace qu'elles laissent, d'abord incolore, devient apparente, en se décomposant, quand on chauffe le papier. Une solution étendue de chlorure de cobalt donne la plus belle encre sympathique, comme l'a le premier remarqué le chimiste allemand Waitz en 1705; les caractères, invisibles à froid, reparaissent avec une couleur verte ou bleue dès qu'on chauffe le papier; par le refroidissement ou par la simple insufflation de l'haleine, ils disparaissent complétement pour reparaître encore par la chaleur.

ENCRIER. Pour obvier aux inconvénients de l'encrier ordinaire, on a, depuis quelques années apporté à ce meuble usuel de notables perfectionnements. Parmi les encriers perfectionnés, les plus ingénieux et les plus répandus sont l'*E. siphoïde* et l'*E. à pompe*. L'*E. siphoïde* se compose d'un réservoir en verre fermé par le haut, et muni, par le bas, d'un tube latéral qui fait siphon avec le réservoir et qui sert de godet. On emplit le réservoir en inclinant l'encrier légèrement et versant l'encre de manière à laisser en même temps sortir l'air. Lorsque le réservoir est plein, on fait venir l'encre dans le godet en inclinant de nouveau l'encrier : une bulle d'air s'y introduit alors, et chasse dans le tube une quantité d'encre correspondante. Cet encrier a l'avantage de ne point laisser échapper l'encre lorsqu'il se renverse. — L'*E. à pompe* se compose d'un réservoir dans lequel plonge un cylindre plein, soutenu par une vis fixée au couvercle. Le vase étant plein d'encre, si l'on tourne la vis du couvercle, le cylindre descend dans le liquide, et fait monter le niveau de manière que l'encre puisse s'élever d'une certaine quantité et pénétrer alors dans un petit godet latéral avec lequel elle communique. En tournant la vis en sens contraire, on fait redescendre le niveau, et l'encre qui avait été amenée dans le godet rentre dans le réservoir : on a ainsi l'avantage de conserver l'encre à l'abri de l'air et de la poussière, et d'empêcher qu'elle ne se perde par l'évaporation.

ENCRINE (du grec *en*, en forme de, et *krinon*, lis), *Encrinus*, genre de Zoophytes rayonnés, de la classe des Échinodermes ou Cirrhodermaires, et de la famille des Crinoïdes de Muller : corps plus ou moins bursiforme, membraneux et régulier, placé au fond d'une sorte d'entonnoir radiaire, porté sur une longue tige articulée, qui elle-même est composée d'un grand nombre d'articles pentagonaux, percés d'un trou rond au centre, et ayant leur surface articulaire radiée, pourvue de rayons accessoires épars. Les Encrines nous viennent de l'Inde, de l'Amérique et de l'Europe septentrionale. On n'en connaît qu'une seule espèce vivante. Les autres, qui sont fossiles, se trouvent en grand nombre dans les terrains de formation secondaire et de transition.

ENCYCLIQUE (du grec *en*, dans, et *kyklos*, cercle), lettre circulaire que le pape envoie aux évêques de toute la chrétienté pour leur faire connaître son opinion sur quelque point de dogme ou de discipline. On donne spécialement ce nom aux lettres qui contiennent des exhortations pastorales, à l'occasion de circonstances particulières, du jubilé, par exemple.

ENCYCLOPÉDIE (du grec *egkyklios paideia*, expression consacrée dès les temps anciens, et qui veut dire : éducation qui embrasse le *cercle* entier des connaissances), répertoire des connaissances humaines. L'universalité des connaissances peut être présentée sous deux formes différentes, selon les besoins des lecteurs auxquels elle est destinée : sous la forme systématique, dans un ensemble de traités où toutes les sciences sont distribuées méthodiquement et traitées chacune à sa place naturelle, ou sous la forme alphabétique, chaque sujet étant traité à mesure qu'il est appelé par sa place fortuite dans l'ordre des lettres de l'alphabet.

On peut rapporter à la première forme les ouvrages d'Aristote, qui sont comme l'encyclopédie de la science grecque; l'*Histoire naturelle* de Pline; le *Satyricon* de Marcien Capella, qui embrasse les sept arts libéraux; le *Speculum* (miroir) de Vincent de Beauvais; les *Sommes* du moyen âge; *il Tesoro* de Brunetto Latini; la *Realis philosophia* de Campanella; l'*Encyclopædia seu Orbis disciplinarum* de P. Scalich (Bâle, 1555), le premier ouvrage qui ait porté le titre d'*Encyclopédie*; l'*Encyclopédie* d'Alstedius (Herborn, 1620); la *Science de l'homme de cour, d'épée et de robe*, de Chavigny (1717); la *Bibliothèque des artistes et des amateurs* de Petity (1766); et de nos jours les collections publiées sous les titres d'*Encyclopédie portative*, par M. Bailly de Merlieux; de *Bibliothèque populaire*, par MM. Arago, Ajasson, etc., l'*Encycl. Roret*; les *Cent traités*, etc.

A la deuxième forme, qui est beaucoup plus répandue, et qu'on désigne plus spécialement aujourd'hui sous le titre d'*Encyclopédie*, appartiennent le *Dictionnaire des arts et des sciences*, de Th. Corneille (1708) ; le *Dictionnaire universel*, publié en Allemagne par J.-Th. Jablonsky (1721) et celui de l'éditeur Zedler (1732-52); la *Cyclopædia* de Chambers (1728) ; l'*Encyclopédie* de Diderot et d'Alembert (1751-1780, 35 vol. in-f°), le plus vaste monument de ce genre qui eût paru jusqu'alors : elle fut plusieurs fois réimprimée ou refondue, notamment dans l'*Encyclopédie méthodique*, publiée par M. Panckoucke, et donna naissance à une foule d'ouvrages analogues. Parmi ces publications, nous citerons : en France, l'*Encyclopédie* de M. Courtin, 1823, récemment refondue par MM. Didot (1846-51); le *Dictionnaire de la conversation* (1831 et 1852), l'*Encyclopédie des gens du monde* (1832), l'*Encyclopédie nouvelle* de MM. Leroux et Raynaud (1834), l'*Encyclopédie du* XIXᵉ *siècle*, publiée par M. de Saint-Priest (1839-52); l'*Enc. catholique*, 1840, etc., publications qui toutes ont leur caractère propre ; — en Angleterre, l'*Encyclopædia britannica* (1788), la *New Cyclopædia* de Rees, l'*Enc. d'Édimbourg*, l'*Enc. de Londres*; — en Allemagne, le *Dictionnaire encyclopédique* de Binzer et Pierer (1824-37), la *Grande-Encyclopédie* d'Ersch et Gruber (*Allgemeine encyklopædie*), commencée en 1818 et non encore achevée; l'*Enc. viennoise* (1835), le *Conversations lexikon*, publié pour la première fois en 1809, et qui a eu depuis de nombreuses éditions. Divers abrégés d'un usage plus facile ont été publiés depuis le commencement de ce siècle : le *Dictionnaire des sciences et des arts* de Lunier (1805), le *Dictionnaire encyclopédique usuel* du pseudonyme Ch. Saint-Laurent (1841), le *Dictionary of science, literature and art* de W. T. Brande (Londres, 1846), et le présent *Dictionnaire universel*.

Il a en outre paru, depuis la publication de l'Encyclopédie française, plusieurs recueils périodiques qui ont contribué à répandre le goût des sciences : le *Journal encyclopédique* de P. Rousseau, Liège, 1756; le *Magasin encyclopédique* de Millin, Paris, 1795; les *Annales encyclopédiques* du même (1817), la *Revue encyclopédique* de Jullien (de Paris), 1819, le *Bulletin des Sciences* de Férussac (1823).

Arbre encyclopédique. Voy. ARBRE et SCIENCES.

ENCYPROTYPES (CARTES), du grec *en*, sur, *cypron*, cuivre, et *typos*, type : cartes géographiques qui, au lieu d'être gravées d'après un dessin antérieur, sont immédiatement exécutées sur le cuivre. Ce procédé est usité aujourd'hui au dépôt de la Marine, et a été adopté par quelques cartographes, notamment par Brué.

ENDÉCAGONE, ENDÉCASYLLABE, etc. *Voy.* HENDÉCAGONE, etc.

ENDÉMIQUES (MALADIES), du grec *endémos*, indigène : maladies qui semblent inhérentes à certains pays et qui dépendent de causes locales, telles que les fièvres intermittentes, les goitres, les scrofules, le scorbut, la fièvre jaune, le choléra asiatique, la plique polonaise, la pellagre, etc. : la peste est endémique en Égypte, la fièvre jaune aux Antilles et dans le golfe de Mexique, le choléra sur les bords du Gange, le goitre dans le Valais. Les causes principales de ces maladies sont les variations brusques de la température, la stagnation de l'air, l'humidité du sol, la privation d'air et de lumière, la mauvaise qualité des eaux et des aliments, les émanations marécageuses, l'accumulation de la population, etc. Comme les maladies épidémiques, les maladies endémiques attaquent à la fois un grand nombre d'individus; mais elles en diffèrent en ce qu'elles règnent dans un lieu circonscrit et d'une manière permanente.

ENDENTEMENT (de *dent*), nom donné, en Marine, à une sorte d'engrenage entre deux pièces de bois sur lesquelles on fait des adents, c.-à-d. des entailles alternativement saillantes et rentrantes, pour les ajuster l'une sur l'autre. — Les Charpentiers nomment *endentement* la liaison de deux pièces de bois qui, de distance en distance, entrent l'une dans l'autre.

ENDENTURES (de *dent*). On appelait ainsi, dans les *chartes parties*, des sections faites en zigzag et formant des espèces de *dents* de scie, de manière qu'on pût, en adaptant la marge de la charte au talon d'où elle avait été détachée, en reconnaître aussitôt l'authenticité. Ces endentures étaient surtout en usage chez les Anglais.

ENDERMIQUE (MÉTHODE), du grec *derma*, derme, peau : mode de traitement qui consiste à appliquer les médicaments à la surface du derme, préalablement dénudé par l'action des vésicatoires, ou sur celle des tissus sous-cutanés. On en doit l'introduction au Dr A. Lambert.

ENDIGUEMENT. *Voy.* DIGUE.

ENDIVE, *Cichorium endivia*, espèce du genre *Chicorée* (*Voy.* CHICORÉE). — On nomme *Endive marine* une espèce d'Algue, l'*Ulva lactuca*.

ENDOCARDE (du grec *endon*, dedans, et *kardia*, cœur), membrane qui tapisse l'intérieur du cœur et se réfléchit sur les valvules. L'inflammation de cette membrane reçoit le nom d'*endocardite*.

ENDOCARPE (du grec *endon*, dedans, et *carpos*, fruit), membrane interne du péricarpe, celle qui touche immédiatement la graine. Tantôt elle est mince, et se replie dans l'intérieur du péricarpe, dont elle forme la cloison; tantôt elle est dure et résistante; souvent elle se réunit au sarcocarpe, s'ossifie et forme un noyau. L'endocarpe reste ordinairement uni, après la maturité, avec les autres parties du fruit; d'autres fois, il forme plusieurs loges, comme dans la noix, qui s'ouvre en deux valves lorsqu'elle est mûre.

ENDOGÈNES (du grec *endogénès*, qui naît ou croît en dedans), nom donné par M. de Candolle aux plantes Monocotylédonées de Jussieu, dans lesquelles les vaisseaux, au lieu d'être concentriques autour d'un étui cellulaire comme dans les *Exogènes* ou Dicotylédonées, sont comme épars dans toute la tige, et disposés de manière que les plus anciens et les plus durs sont à l'extérieur, et que l'accroissement principal de la tige a lieu par le centre. Les Endogènes ont été appelées *Endorhizes* par M. Richard.

ENDOMYQUE (du grec *endomykhos*, retiré), *Endomychus*, genre de Coléoptères trimères, de la famille des Frugicoles : palpes grosses à leur extrémité; antennes terminées par une massue de trois articles; tête petite, avancée, placée dans une échancrure du corselet; élytres bombées. Ces insectes sont de petite taille et d'un beau rouge écarlate, surtout l'*E. luccineus*, type du genre. Ils vivent dans les bolets, ou sous l'écorce des arbres.

ENDORHIZES (du grec *endon*, dedans, et *rhiza*, racine), nom donné par M. Richard aux plantes dans lesquelles la radicule est intérieure à l'embryon, c.-à-d. recouverte par une sorte d'étui ou sac qu'elle perce pour se développer à l'époque de la germination. Ce groupe correspond aux *Monocotylédonées* de Jussieu et aux *Endogènes* de M. de Candolle.

ENDOSMOSE (du grec *endon*, dedans, *ôsmos*, courant), phénomène qui consiste en ce que, toutes les fois que deux liquides miscibles, dont l'un est plus fluide et l'autre moins, sont séparés par une membrane organique, il s'établit un double courant à travers les parois de la cloison qui les sépare : l'un de dehors en dedans, plus rapide; l'autre de dedans en dehors, plus lent. Dans le premier cas, le phénomène est appelé *endosmose*; dans le second, *exosmose*. C'est par ce double mouvement, joint à l'action capillaire des tissus, que l'on explique en grande partie l'absorption animale qui a lieu par les parois des veines, et celle de la sève des végétaux par les pores placés à l'extrémité des radicules. On a construit, sous le nom d'*endosmomètre*, un instrument au-moyen duquel on peut rendre sensibles les phénomènes de l'endosmose : c'est un réservoir sans fond, bouché inférieurement par une vessie ou par toute autre substance qu'on se propose d'étudier, et terminé supérieurement par un tube gradué. Le phénomène de l'endosmose a été signalé pour la première fois par M. Dutrochet, en 1828. M. Béclard fils a tenté, en 1851, d'en donner l'explication : il l'attribue à une différence de chaleur spécifique entre les liquides. D'après M. Liebig, le phénomène doit être attribué à l'attraction chimique que la cloison exerce sur l'un ou sur l'autre des liquides.

ENDOSPERME (du grec *endon*, dedans, et *sperma*, graine), nom donné par M. Richard à une substance qui accompagne l'embryon dans un grand nombre de végétaux, et qui forme la principale masse de la graine des Graminées. A l'époque de la germination, l'endosperme fournit sa substance à l'embryon, et concourt à le développer, en disparaissant lui-même peu à peu. Il est farineux et placé latéralement dans les Graminées, charnu dans les Euphorbiacées, corné dans la plupart des Palmiers, et liquide dans la noix de coco, dont il forme le lait. On le nomme aussi *périsperme*.

ENDOSSEMENT ou ENDOS, ordre écrit ordinairement *au dos* d'une lettre de change ou d'un billet, pour en transférer à quelqu'un la propriété ou le pouvoir d'en toucher le montant. Pour être *régulier*, l'endos doit : 1° être daté ; 2° exprimer la valeur fournie ; 3° énoncer le nom de la personne à l'ordre de qui il est passé. Cependant, dans la pratique, l'endossement se fait le plus souvent *en blanc* ; on se contente de signer, sans dater ni indiquer la valeur. L'endossement fait passer au cessionnaire tous les droits du cédant, de sorte que l'effet n'appartient qu'à celui qui s'en trouve propriétaire au moment de l'échéance ; toutefois, les endosseurs qui, avant cette époque, l'ont signé successivement, sont garants solidaires de la créance transférée. Un effet peut être endossé même après l'échéance, pourvu qu'il n'y ait eu ni présentation au payement, ni protêt (Code de comm., art. 136, 139, 164, 188).

ENDUIT (du latin *inductus*, étendu sur), substance molle et liquide, propre à être étendue sur la surface d'un corps. En Architecture, on appelle ainsi tout revêtement de mur en plâtre, en terre ou en mortier de chaux avec sable, pour en rendre la surface plane et unie, en cachant les pierres ou les briques qui le composent ; toute couche de chaux, de ciment, de bitume, de béton, qu'on étend sur le sol, etc. On donne le nom d'*enduits hydrofuges* à divers enduits contre l'humidité ; le plus simple et le meilleur consiste en 1 partie d'huile de lin, 1 dixième de litharge et 2 parties de résine ordinaire.

En Peinture, on nomme *enduits* les couches qu'on applique sur les toiles, le bois, etc., pour en boucher les pores, et pour détruire les effets de l'humidité. On étend ce nom aux *encaustiques*. *Voy.* ce mot.

En Médecine, on donne ce nom à une couche de matière saburrale plus ou moins épaisse, qui revêt la surface de certains organes, et particulièrement la langue et l'intérieur de la bouche. On distingue l'*E. muqueux* de la langue, jaunâtre ou blanchâtre, dans les fièvres dites *bilieuses* ou *muqueuses* ; l'*E. fuligineux* de la langue, des dents, des lèvres, dans les affections dites *putrides*, etc.

ÉNERGUMÈNE (du grec *en*, dedans, et *ergon*, action), terme usité parmi les Théologiens pour désigner une personne possédée du démon, tourmentée intérieurement par les mauvais esprits. Il est synonyme de *démoniaque* et de *possédé* (*Voy.* POSSESSION). — Aujourd'hui, ce mot ne s'emploie plus que pour exprimer un homme exalté qui exprime ses passions par des gestes et des discours violents.

ÉNERVATION, supplice usité, dit-on, autrefois en France, et qui consistait à brûler les nerfs des jarrets, ce qui rendait le patient inévitablement perclus. *Voy.* JUMIÈGES (ÉNERVÉS DE), au *Dict. univ. d'Hist. et de Géogr.* — *Énervation* est aussi le nom d'un procédé employé depuis peu par les bouchers pour abattre les bœufs : il consiste à les paralyser immédiatement de tout le corps en leur introduisant la lame d'un couteau dans la moëlle épinière entre le crâne et les premières vertèbres cervicales.

ENFANCE, en latin *infantia* (de la particule négative *in*, et *fari*, parler) ; qui ne sait pas encore parler), période de la vie humaine qui s'étend depuis la naissance jusque vers la 7e année. On donne quelquefois le nom de *seconde enfance* (*pueritia* des Latins) à la période qui s'étend depuis la 7e année jusqu'à l'âge de puberté. — L'enfance proprement dite est sujette à un grand nombre de maladies, telles que le *croup*, les *convulsions*, le *rachitisme*, les *vers*, le *carreau*, le *sclérème*, etc. A quatre mois commence la *dentition*. *Voy.*

ENFANT. On nomme *Enfant légitime* celui qui est né d'un légitime mariage, et qui a ainsi droit à la succession de son père ; *E. adoptif*, celui au profit duquel un étranger fait une déclaration d'adoption, et qui est mis alors sur la même ligne que l'enfant légitime ; *E. légitimé*, celui qui est né hors mariage, mais qui obtient, par le mariage subséquent de ses père et mère, les avantages de la légitimité ; *E. naturel* ou *bâtard*, celui qui est né hors du mariage, ou celui qui est né pendant le mariage, d'un commerce illégitime : tels sont les *E. adultérins* ; ceux-ci ne peuvent être reconnus ; les autres peuvent l'être et ont droit à une *légitime*. On distingue encore *E. mineur*, *majeur*, *émancipé*. *Voy.* ADOPTION, ÉMANCIPATION, SUCCESSION, etc.

« Les coupables d'enlèvement, de recèlement, de suppression ou de supposition d'enfant, sont punis de la reclusion. » (Code pén., art. 345.) — « Ceux qui auront exposé et délaissé en un lieu solitaire un enfant au-dessous de l'âge de sept ans seront condamnés à un emprisonnement de 6 mois à 2 ans, et à une amende de 16 à 200 fr. (art. 349). *Voy.* aussi INFANTICIDE.

ENFANTS DE CHŒUR. *Voy.* CHŒUR.

ENFANTS DE FRANCE, nom donné autrefois, en France, aux enfants, frères et sœurs du roi régnant.

ENFANTS DE TROUPE, fils de militaires élevés dans les casernes aux frais de l'État. On en admet deux par compagnie. Ils reçoivent le pain, la demi-solde et l'habillement jusqu'à l'âge de seize ans. A cette époque, s'ils veulent contracter un engagement, ils deviennent soldats, et leur service commence à partir de ce moment ; s'ils ne veulent pas suivre la carrière des armes, ils deviennent libres, mais ils n'ont plus droit à aucune fourniture.

ENFANTS SANS SOUCI, troupe de baladins que s'adjoignirent les *Confrères de la passion* pour rompre l'uniformité des mystères par leurs farces et leurs chansons. Leur chef se nommait le *Prince des sots*. Ils jouèrent sur le théâtre de l'hôtel de Bourgogne depuis le milieu du XVIe siècle jusqu'en 1659 ; ils furent alors remplacés par des acteurs italiens.

ENFANTS TROUVÉS. Chez la plupart des peuples anciens, comme encore aujourd'hui dans plusieurs contrées de l'Orient, en Chine et au Japon par exemple, l'*exposition* des nouveau-nés paraissait n'avoir rien de criminel. Le christianisme rectifia les idées à cet égard ; mais pendant longtemps encore ce fut uniquement la charité privée qui pourvut à l'entretien des enfants abandonnés. Des hospices d'enfants trouvés (*bréphotrophia*) avaient été ouverts dès le temps de Justinien (530) ; mais, après la ruine de l'empire romain, le sort de ces enfants redevint très-précaire. Du ve au xiie siècle, l'usage de vendre les enfants trouvés comme esclaves fut commun par toute l'Europe, et les infanticides y furent très-fréquents. L'Italie eut l'honneur d'apporter la première un remède à cet état de choses : on trouve des établissements spéciaux pour les enfants trouvés à Milan dès 789, ou tout au moins en 1171 ; à Padoue, en 1097 ; à Rome, en 1204 ; à Pise, en 1219. En France, des maisons semblables s'ouvrirent à Marseille avant 1188 ; à Paris, en 1362. Aux XVe et XVIe siècles, ces établissements se multiplièrent par toute l'Europe ; mais l'attention des gouvernements et la faveur publique ne se portèrent sérieusement sur eux que depuis la fondation de la maison de refuge ouverte à Paris, en 1638, par l'illustre saint Vincent de Paul, maison qu'un édit de 1670 mit au nombre des hôpitaux de la ville de Paris.

Avant 1789, il était ordonné aux seigneurs hauts justiciers de nourrir les enfants déposés sur leur territoire. Une loi du 10 décembre 1790 les mit à la charge de l'État ; deux nouvelles lois du 27 frimaire an V et du 15 pluviôse an XIII, et le décret du 19 janvier 1811, assurèrent leur avenir, en même temps que des peines furent décrétées contre les infanticides (Code pén., art. 302, 345-352). Néanmoins, la condition de ces infortunés est encore susceptible de grandes améliorations (*Voy.* TOUR). On peut consulter, sur cette question importante : *Des Hospices d'enfants trouvés en Europe, et principalement en France*, par Remacle, 1838 ; *Histoire des enfants trouvés*, par MM. Terme et Monfalcon, 1837 ; *Recherches sur les enfants trouvés*, par M. de Gouroff, 1839, etc.

ENFER (du latin *inferus*, placé au-dessous, sous terre), lieu destiné au supplice des damnés, et où les âmes des méchants subissent le châtiment de leurs crimes ; c'est la demeure des démons. On y subit deux peines, celle du *dam*, qui consiste dans la privation de la vue de Dieu, et celle du *sens*, qui consiste à souffrir les tourments les plus violents : l'Écriture nous représente ces tourments comme un feu qui agira sur les corps et sur les âmes sans les détruire. Le sentiment de la plupart des Pères et des Théologiens est que c'est un feu réel et non allégorique ; toutefois, ce n'est pas un article de foi. Les peines de l'enfer sont éternelles ; le sentiment contraire à cette croyance est regardé comme une hérésie.

Toutes les religions se sont accordées pour admettre qu'il y avait, après la mort, des supplices pour les méchants comme il y a des récompenses pour les bons ; mais elles diffèrent sur la description de ces supplices : Homère, dans le XIe chant de l'*Odyssée* ; Virgile, dans le VIe livre de l'*Énéide* ; Dante, dans la *Divine comédie* ; Milton, dans le *Paradis perdu* ; Fénelon, dans le *Télémaque*, Chateaubriand, dans les *Martyrs*, ont décrit les Enfers. — Les Grecs et les Romains avaient leur *Tartare* ; leur *Érèbe*, où régnaient Pluton et Proserpine. Les Hindous croient que les âmes des bons vont au *svarga* ou *ciel*, et que celles des méchants vont au *naraka* (enfer). On trouve des croyances semblables chez les anciens Égyptiens, dans la religion de Zoroastre, etc.

ENFERMÉS, famille de Mollusques de l'ordre des Conchifères ou Acéphales testacés : elle a le manteau ouvert par le bord antérieur, ou vers son milieu seulement, pour le passage du pied, et prolongé vers l'autre bout en un double tube qui sort de la coquille, laquelle est toujours bâillante par ses extrémités. Depuis que Cuvier, ces animaux très-nombreux ont été subdivisés en 9 tribus : *Mactracés, Ostéodesmés, Myaires, Saxicaves, Pandorées, Solémyaires, Solénacés, Phalodaires* et *Tubicolés.*

ENFILADE (de *file*), nom donné, dans l'Art militaire, à des tranchées, à des lignes de troupes ou de fortification qui sont droites, et qui peuvent être aisément balayées par le canon de l'ennemi. — C'est aussi la ligne droite suivie par un projectile qui peut agir parallèlement à un chemin couvert, aux défenses d'une place, etc.

ENFLE-BOEUF, nom donné vulgairement, mais à tort, au *Carabe doré*, parce qu'on prétend qu'il fait enfler les bestiaux qui l'ont avalé. Les anciens, par l'effet de la même erreur, lui donnaient le nom de *Bupreste. Voy.* BUPRESTE et CARABE.

ENFLURE, nom donné, en Pathologie, à tout gonflement morbide. L'enflure prend le nom de *boursouflure* quand il n'existe pas de symptômes inflammatoires prononcés ; d'*emphysème*, quand elle est produite par l'infiltration de l'air dans le tissu cellulaire ; d'*œdème*, quand elle est due à une infiltration de sérosité dans une partie plus ou moins circonscrite ; d'*anasarque* ou de *leucophlegmatie*, quand cette infiltration affecte toute l'économie.

ENFUMÉ, nom vulgaire de l'Amphisbène, et d'un poisson du genre Chétodon, le *Chœtodon faber.*

ENGAGEMENT. En Droit, l'*Engagement* est un acte par lequel une personne quelconque s'oblige envers quelqu'un à faire ou à donner une chose, ou à payer une somme à une époque convenue. « Certains engagements se forment sans qu'il intervienne aucune convention, ni de la part de celui qui s'oblige, ni de la part de celui envers lequel on s'oblige. Les uns résultent de l'autorité seule de la loi, les autres d'un fait personnel à celui qui se trouve obligé. Les premiers sont les engagements formés involontairement entre des personnes qui ne peuvent refuser la fonction qui leur est déférée ; les seconds résultent des *quasi-contrats*, des *délits* ou des *quasi-délits*. » (Code civ., 1370.) L'engagement sans cause ou pour une cause fausse ou illicite n'a aucun effet. V. CONTRAT.

Dans l'Armée, on nomme *engagement* l'enrôlement volontaire d'un soldat. D'après la loi du 21 mars 1832, l'engagement militaire n'est autorisé qu'à titre gratuit et pour une durée de sept années ; il ne peut avoir lieu avant l'âge de 18 ans ; jusqu'à l'âge de 20 ans, le consentement des père et mère est exigé. — Pour l'armée de mer, on peut s'engager à 16 ans.

ENGAGÉS (DOMAINES). *Voy.* DOMAINE.

ENGAGISTE, nom donné autrefois à celui qui tenait, par engagement, quelques domaines ou droits, soit du roi, soit des particuliers. L'engagiste jouissait des droits de patronage ; mais, tant que l'engagement durait, il était tenu d'acquitter les charges du domaine, telles que prestations, logements des troupes, frais de casernement, etc.

ENGAINANT (de *gaine*), épithète donnée en Botanique aux feuilles qui, au lieu d'être attachées par un pétiole ou par la partie inférieure de leur limbe, se prolongent en une membrane tubuleuse qui enveloppe la tige. Les feuilles des Graminées et des Cypéracées sont *engaînantes.*

ENGALLAGE. *Voy.* GALLE (NOIX DE).

ENGASTRIMYSME (du grec *en*, dans, *gaster*, ventre, et *mythos*, parole). *Voy.* VENTRILOQUIE.

ENGELURE (de *gelu*, gelée), gonflement inflammatoire de la peau et du tissu cellulaire sous-cutané, qui occupe particulièrement les doigts, les orteils ou le talon, est très-commun chez les enfants et chez les femmes, très-rare chez les gens robustes, les adultes et les vieillards. Le froid alternant avec la chaleur est la cause immédiate des engelures : aussi rien ne favorise plus leur développement que l'habitude de se réchauffer brusquement les pieds et les mains engourdis par le froid, surtout si ces parties sont mouillées. Le plus souvent les engelures ne consistent qu'en un simple engorgement superficiel, avec légère rougeur et démangeaison ; quelquefois il y a engorgement profond, douleurs cuisantes, phlyctènes remplies d'une sérosité roussâtre ; enfin il se forme des ulcérations qui peuvent pénétrer jusqu'aux tendons et même aux os. On se préserve des engelures au moyen de frictions aromatiques, de lotions avec le vin, l'eau-de-vie camphrée, l'eau salée, en se frottant les mains avec de la neige dès le commencement de l'hiver, afin de les habituer au froid, mais surtout en évitant de les laver avec de l'eau tiède. Au début, on peut arrêter les progrès du mal en trempant à plusieurs reprises la partie malade dans un bain d'eau froide sinapisée. Lorsque les engelures deviennent très-douloureuses, on y applique de légers cataplasmes préparés avec la fleur de sureau, le mélilot pulvérisé, ou toute autre poudre résolutive humectée avec l'eau blanche. Les engelures ulcérées doivent être pansées avec l'onguent styrax, le digestif *animé*, le cérat saturné, etc.; il faut quelquefois toucher les chairs fongueuses avec la pierre infernale.

ENGIN (du latin *ingenium*, le génie d'invention), nom générique donné autrefois à tous les instruments destinés à enlever, lancer ou soutenir quelque poids considérable. Les uns servaient de machines de guerre avant l'invention de l'artillerie : tels étaient les balistes, les catapultes, les mangonneaux, les béliers, les scorpions, etc.; les autres servent dans les arts, comme les moulins, les grues, les pressoirs, etc. Aujourd'hui, on emploie de préférence le mot *machine*. Voy. INGÉNIEUR.

On donne encore le nom d'*engins* : 1° aux filets et autres outils nécessaires à la chasse et à la pêche; 2° aux machines employées dans les mines pour épuiser l'eau et enlever les matériaux; 3° à une machine triangulaire analogue à la grue, et qui sert à enlever les fardeaux au moyen d'une poulie et d'un treuil à bras qui dévide un câble. — Dans les fabriques d'aiguilles et d'épingles, on nomme *engin* une planche couverte de clous d'épingles entre lesquels on tire le fil de fer pour le redresser.

ENGORGEMENT, embarras produit dans une partie du corps par l'accumulation ou l'épaississement des fluides animaux. Les engorgements sont inflammatoires, squirreux, cancéreux, scrofuleux, etc.

ENGOUEMENT (d'*angere*, étrangler ?). Ce mot, qui dans l'usage vulgaire ne se prend qu'au figuré, exprime en Pathologie une accumulation dans un conduit ou une cavité quelconque des matières qui y sont sécrétées ou portées. L'*É. du gosier* est une obstruction de ce canal causée par des aliments avalés en trop grande quantité, et qui obstruent le passage et qui étouffent. Il y a *E. des bronches* quand les mucosités s'y accumulent; *E. des intestins*, quand les matières qui doivent les parcourir y séjournent. L'*E. d'une hernie* est l'arrêt et l'accumulation des matières alimentaires et stercorales dans l'anse intestinale que contient le sac herniaire; si cet engouement persiste, il peut en résulter l'*étranglement*.

ENGOULEVENT (du vieux franç. *engouler*, saisir avidement avec la *gueule*), dit vulgairement *Crapaud volant* à cause de l'énorme ouverture de son bec qui lui donne quelque analogie avec le crapaud, appelé aussi *Tette-chèvre* (en latin *Caprimulgus*), genre d'oiseaux de l'ordre des Passereaux fissirostres, tribu des Nocturnes, est caractérisé par un bec très-déprimé, crochu à l'extrémité, garni de soies à sa base et pouvant s'ouvrir énormément. Leur plumage est gris roussâtre, avec des traits noirs; leurs jambes sont emplumées. L'espèce type est l'*E. d'Europe*, qui est de la taille d'une grive. Il fréquente les parcs de chèvres et de moutons, où il trouve beaucoup d'insectes; le peuple croit qu'il y vient pour teter les chèvres.

ENGRAIN, espèce de Froment. Voy. FROMENT.

ENGRAIS, matières qu'on porte sur les terres pour les améliorer par l'action chimique qu'elles y exercent : il ne faut pas les confondre avec les *amendements* (Voy. ce mot). Les engrais ont particulièrement de l'efficacité en restituant au sol, dans un état soluble et assimilable, les substances inorganiques (chaux, potasse, acide sulfurique, sels, etc.) nécessaires au développement de certaines plantes, et qui lui ont été enlevées par les premières récoltes. Ils agissent aussi en partie par les produits gazeux (acide carbonique et ammoniaque), qu'ils offrent aux plantes en se putréfiant. On emploie comme engrais le fumier, le sang, les cadavres de bêtes mortes, les urines, les excréments de toute espèce (*gadoue*, *poudrette*,

guano), les os, le noir animal, les débris végétaux, les varecs, le chaume des diverses récoltes, les tourteaux de graines oléagineuses, etc. Le *fumier* ordinaire est une espèce d'engrais mixte composé de la paille et des feuilles qui servent de litière aux bestiaux, imprégnées de leurs excréments et de leur urine.

L'usage des engrais remonte à la plus haute antiquité. Les excréments d'homme, les fumiers de chèvre, de mouton, de bœuf, de cheval, la fougère et même le plâtre étaient employés comme engrais par les Grecs et les Romains. De nombreuses expériences ont été faites par les agronomes dans ces dernières années pour établir la théorie des engrais sur des bases chimiques. Malheureusement, le charlatanisme s'est bientôt emparé de cette industrie, et beaucoup d'engrais, dits *artificiels* ou *concentrés*, paraissent plus nuisibles qu'utiles à l'agriculture. MM. Payen et Barral ont fait une étude particulière de ces engrais et ont dévoilé la fraude.

ENGRAISSEMENT, art de donner de l'embonpoint aux animaux domestiques, en développant chez eux une surabondance de graisse qui attendrit les fibres musculaires. L'époque où l'engraissement réussit le mieux est celle où la croissance est terminée. Les moyens les plus communément employés sont : la castration des mâles, le repos, le sommeil et les aliments substantiels. On engraisse les Mammifères (bœufs, vaches, moutons, porcs) en commençant d'abord par des herbes fraîches, des feuilles de choux, des raves; on leur donne ensuite du foin de bonne qualité, que l'on entremêle de panais, de carottes, de pommes de terre et de topinambours. On termine l'engrais en leur donnant des farines ou des grains d'orge, d'avoine, de sarrasin, de fèves, de pois et de vesces; puis on les laisse paître quelque temps. — On engraisse les volatiles en les empâtant, c.-à-d. en leur faisant avaler, même de force, plus d'aliments qu'elles n'en prendraient spontanément. Quant aux détails relatifs aux différentes espèces, Voy. CHAPON, OIE, DINDE, etc.—De nos jours on a essayé, dans les parcs, d'engraisser les huîtres. Voy. HUÎTRES.

ENGRAULIS, nom scientifique de l'*Anchois*.

ENGRÊLURE, petit point très-étroit qui forme le pied ou la bordure d'une dentelle : il peut faire partie de la dentelle ou être rapporté. Voy. ENTOILAGE.

ENGRENAGE, système de roues dentelées et de pignons qui sont disposées de telle sorte que, lorsque l'on imprime à l'une des roues un mouvement de rotation, toutes les autres sont forcées de tourner avec des vitesses déterminées. Outre les engrenages ordinaires, qui sont *cylindriques*, il y a les *E. coniques*, ou *roues d'angle*, qui sont des troncs de cône armés de dents; et les *crémaillères*, ou tiges garnies de dents comme dans le croc. Les engrenages sont l'âme de la mécanique : ils font la supériorité des machines modernes. Il faut, toutefois, éviter de les multiplier, parce que chaque roue absorbe par le frottement une partie de la force motrice. Pour prévenir, autant que possible, l'usure qui détruit rapidement les engrenages, on interpose entre les dents de l'huile, de la graisse ou de la plombagine; on fait engrener des dents en fonte avec des dents en bois. La forme des dents doit être celle d'une portion d'épicycloïde; mais, dans la pratique, on se contente de terminer leurs côtés par des arcs de cercle; leur largeur est ordinairement de 4 à 5 fois leur épaisseur.

ENGRENURE, articulation immobile dans laquelle les os s'unissent par leurs bords, au moyen de dentelures qui se pénètrent réciproquement : telles sont les articulations de la plupart des os du crâne.

ENHARMONIQUE (GENRE). Dans la Musique moderne, c'est une modulation où les notes ne changent que de nom sans changer d'intonation sensible : tel serait, par exemple, un accord où figurerait le *fa* dièse, lequel se convertirait en *sol* bémol pour entrer dans l'accord suivant. Le mot *enharmonie* a été emprunté aux Grecs ; mais, dans leur musique, il exprimait une succession mélodique par quarts de tons.

ENHYDRE (du grec *en*, dans, et *hydôr*, eau). On appelle ainsi les minéraux qui, dans leur intérieur, renferment quelques gouttes d'eau. Ce sont tantôt de petits géodes de chalcédoine, tantôt du quartz hyalin, de la fluorine, etc. On fait monter en bague ces cristaux enhydres comme objets de curiosité.

On donne aussi le nom d'*Enhydre* à la Loutre marine de la côte nord-ouest d'Amérique. *Voy.* LOUTRE.

ÉNICURE (du grec *enikos*, singulier, et *oura*, queue), *Enicurus*, genre d'oiseaux de l'ordre des Passereaux dentirostres, voisins des Bergeronnettes, est distingué par une queue longue et profondément fourchue, un bec long et presque droit, des tarses ou jambes assez élevées. Les espèces qu'il comprend sont toutes de Java ou de Sumatra ; elles vivent dans les lieux retirés, sur le bord des ruisseaux ou des torrents, et cherchent avec avidité les larves des Libellules. Le type du genre est l'*E. couronné*, dont le dessus de la tête est blanc de neige, et tranche avec la couleur noire du cou et du dos, de manière à former une espèce de couronne.

ÉNIGME (du grec *ainigma*, parole obscure). Ce jeu d'esprit, qui n'est plus qu'un amusement pour les oisifs, paraît avoir eu de l'importance chez les anciens. On connaît l'énigme de l'*homme*, proposée par le Sphinx et devinée par OEdipe, les énigmes de Samson (*Jug.*, XIV, 14), et celles de Salomon (*Prov.*, I, 6). Négligée au moyen âge, l'énigme reprit faveur au XVIIe siècle, et reçut les honneurs de la poésie. L'abbé Cotin, surnommé le *père de l'énigme*, Boileau lui-même, Dufresny, Lamothe-Houdard, J.-B. Rousseau, Voltaire, cultivèrent ce genre. Enfin, le *Mercure de France* devint un recueil périodique d'énigmes en vers. Le poëte allemand Schiller en a versifié un grand nombre. Aujourd'hui la vogue de l'énigme est à peu près passée ; l'énigme proprement dite a été remplacée d'abord par la *charade* et le *logogriphe*, puis par le *rébus. Voy.* ces mots.

On peut consulter le *Traité de l'Enigme* du P. Ménestrier ; le *Magasin énigmatiq.* de l'abbé De la Porte ; *Un million d'Énigmes*, par Hilaire-le-Gai, 1850, etc.

ENJAMBEMENT, rejet au vers suivant d'un ou de plusieurs mots qui sont indispensables pour faire un sens. Cette coupe ne doit être admise que quand elle produit un effet remarquable, comme dans ce passage de Racine (*Esther*, acte II, sc. 1) :

> Je l'ai trouvé couvert d'une affreuse poussière,
> Revêtu de lambeaux, tout pâle ; *mais son œil*
> Conservait sous la cendre encor le même orgueil.

L'enjambement était commun chez nos anciens poëtes, surtout dans l'école de Ronsard ; les progrès du goût le firent disparaître,

> Et le vers sur le vers n'osa plus *enjamber.*

Mais les poëtes de nos jours ont tenté de le remettre en honneur et en ont fait un grand abus.

ENLASSURE, trou percé par les Charpentiers, avec la tarière appelée *laceret*, en travers des mortaises et des tenons pour les cheviller ensemble.

ENLÈVEMENT. L'enlèvement de mineurs est puni par le Code pénal de la reclusion ; si la personne enlevée est une fille de moins de 16 ans, la peine est celle des travaux forcés à temps (art. 354 et suiv.).

ENLUMINURE (de *lumen*, lumière), nom donné autrefois aux ornements en couleur, tels que fleurons, vignettes, lettres ornées, sujets à personnages, etc., qui décorent les manuscrits du moyen âge : ces enluminures, tracées au pinceau et en couleurs épaisses, sont pour la plupart de véritables miniatures.

Aujourd'hui on donne ce nom au coloriage des images et des estampes, ainsi que des cartes géographiques et des cartes à jouer. L'enlumineur d'estampes se sert de couleurs à l'eau et à la gomme, et procède par teintes plates et transparentes qui laissent ressortir les ombres de la gravure ou de la lithographie. L'enluminure des cartes à jouer se fait à l'aide de planches percées à jour. On a récemment appliqué avec succès la lithographie à l'enluminure (*Voy.* LITHOCHROME). — L'enluminure à la main ne mérite guère le nom d'art ; cependant elle a été portée de nos jours à une grande perfection : elle est surtout utile pour les planches d'anatomie et d'histoire naturelle, pour le coloriage des figures de blason, des cartes géographiques, etc.

ENNÉADÉCAËTÉRIDE (du grec *ennéadéka*, dix-neuf, et *étos*, année), nom donné par Méton à la période de dix-neuf années lunaires. *Voy.* CYCLE.

ENNÉADES (du grec *ennéa*, neuf), c.-à-d. *neuvaines*, nom donné par les Grecs à des collections de neuf livres : telles sont les *Ennéades* de Plotin ; les 54 livres dont se composent les écrits du philosophe néoplatonicien forment 6 *Ennéades*.

ENNÉAGONE (du grec *ennéa*, neuf), polygone à neuf angles et à neuf côtés. Il n'y a pas de procédé géométrique exact pour décrire l'ennéagone régulier.

ENNÉAGYNIE (du grec *ennéa*, neuf, et *gyné*, femme), nom donné, en Botanique, à un ordre comprenant des plantes à neuf pistils.

ENNÉANDRIE (du grec *ennéa*, neuf, et *aner*, *andros*, mâle), 9e classe du système de Linné, comprend des plantes hermaphrodites, dont la fleur offre neuf étamines : ce nombre se rencontre, du reste, fort rarement dans les végétaux phanérogames. Cette classe comprend trois ordres : *E. monogynie*, à un style (laurier) ; *E. trigynie*, à trois styles (rhubarbe) ; et *E. hexagynie*, à six styles (butome).

ÉNOPLIE (du grec *énoplos*, armé), *Enoplium*, genre de Coléoptères pentamères, famille des Serricornes, tribu des Clairones. Ces insectes de petite taille ont le corselet presque cylindrique, les élytres un peu larges ; leurs antennes forment à l'extrémité une massue en scie, espèce d'*arme* qui, sans doute, leur a valu leur nom. L'*E. serraticorne*, type du genre, est un petit insecte noir, pubescent, ponctué, qui a les premiers articles des antennes jaunâtres. On le trouve sur les fleurs et sous le bois mort dans le midi de la France.

ÉNOPLOSE (du grec *énoplos*, armé), *Enoplosus*, genre de poissons de la famille des Percoïdes, au corps aplati verticalement, et distingué par la disposition que présentent ses deux nageoires dorsales, qui s'élèvent à leur partie antérieure plus que le corps lui-même. On n'en connaît qu'une espèce, l'*É. armé*, joli petit poisson long d'un décimètre, d'un blanc argenté, relevé par huit bandes noires de longueur inégale ; ses nageoires sont noirâtres. On le trouve sur les côtes de la Nouvelle-Hollande.

ENQUÊTE (du latin *inquirere*, s'informer), toute recherche faite au moyen du témoignage des hommes pour vérifier certains faits.

L'*E. judiciaire* est l'audition des témoins sur des faits articulés par une partie et méconnus par l'autre dans un procès civil. Dans les procès criminels, l'enquête prend le nom d'*information*. Dans les affaires ordinaires, l'enquête se fait devant un juge commis par le tribunal ; dans les affaires sommaires, elle a lieu à l'audience ; dans les tribunaux de paix, elle est faite par le juge lui-même. Les témoins sont entendus séparément, et leurs dépositions sont consignées dans un procès-verbal dit *procès-verbal d'enquête* (Code de procédure, art. 252-294).

Dans les parlements, on appelait *Chambres des enquêtes* les chambres établies pour juger les appels des sentences rendues sur procès instruits par écrit.

L'*E. administrative* est un mode d'information au moyen duquel l'administration recueille des renseignements sur une affaire dont l'examen lui est soumis. On appelle enquête *de commodo et incommodo* celle qui a pour but d'éclairer l'autorité supérieure et de constater les avantages ou les inconvénients d'un projet d'utilité publique. Ces enquêtes ont lieu dans les cas d'aliénation, acquisition, échange, expropriation, de fondation d'établissements nouveaux. Le soin de l'enquête est confié au juge de paix ou à tout autre fonctionnaire délégué par le préfet ou le sous-préfet.

On appelle E. *parlementaire* une enquête ordonnée par une assemblée législative, et faite en son nom par une commission spéciale composée de membres choisis dans son sein, dans le but de constater des faits, et de recueillir des renseignements propres à éclairer sur des matières d'intérêt public.

ENRAYER (de *rais*, rayon de roue), c'est entraver le mouvement des roues d'une voiture qui descend une pente rapide : cette opération se fait soit en appuyant fortement contre les roues de derrière, au moyen d'un mécanisme, une traverse en bois qui est attachée au derrière de la voiture, et qu'on appelle *frein*; soit en plaçant sous les roues un *sabot*, espèce de boite en fer dans laquelle peut entrer la partie de la roue qui touche le sol, et qu'on attache fortement à l'essieu de devant : dans l'un et l'autre cas, la roue glisse ou traine sur le sol en frottant, au lieu de tourner.

ENREGISTREMENT, inscription d'actes sur un registre, dans le but d'en assurer la conservation et l'authenticité. On distingue : 1º l'*E. des lois*; 2º l'*E. des actes privés*; 3º l'*E. des pièces administratives*.

1º. L'*E. des lois* était, avant 1789, l'acte par lequel les parlements de France, après avoir examiné les lois et ordonnances rendues par le roi, les transcrivaient sur leurs registres, pour être publiées et exécutées sur tout le royaume. Avant d'enregistrer les édits qui leur paraissaient illégaux, les parlements avaient le droit de faire des *remontrances*; mais si le roi croyait devoir passer outre, il ordonnait, dans un *lit de justice*, que les actes fussent enregistrés nonobstant opposition. — L'enregistrement des lois par le parlement ne paraît pas remonter au delà de 1302, époque à laquelle les parlements devinrent sédentaires : ce n'est qu'en 1418, sous le règne de Charles VI, qu'on trouve le premier exemple de protestation. — La formalité de l'enregistrement est aujourd'hui remplacée par l'insertion des actes législatifs au *Bulletin des Lois* ou au *Moniteur*.

2º. L'*E. des actes privés* est une formalité qui a pour but de donner aux actes une date certaine et d'en établir l'authenticité; elle est accomplie par des préposés qui transcrivent les actes, en tout ou en partie, sur des registres publics. Il est perçu pour cette transcription, au profit de l'État, des droits dont les uns sont proportionnels et les autres fixes. Le droit proportionnel s'applique à tous actes qui contiennent obligation, libération, condamnation, allocation ou liquidation de sommes et valeurs, transmission de propriété, d'usufruit ou de jouissance de biens meubles ou immeubles (par mutation, succession, etc.); le droit fixe s'applique aux actes civils, judiciaires ou extrajudiciaires, qui ne rentrent dans aucune des catégories précédentes. La quotité de ces droits varie selon la nature des actes, depuis 30 cent. jusqu'à 3,000 fr. pour les droits fixes; depuis 10 cent. p. 0/0 jusqu'à 10 fr. p. 0/0 pour les droits proportionnels. Indépendamment du droit d'enregistrement, il est perçu, sous le nom de *décime de guerre*, 10 cent. par franc, impôt voté en l'an VII pour les frais de la guerre, et qui a continué de subsister. Les droits d'enregistrement sont ouverts au moment de la confection des actes. Les délais fixés par la loi pour les acquitter sont de 4 jours pour les actes d'huissier et de tous les fonctionnaires ayant droit de faire des procès-verbaux; de 10 jours pour les actes des notaires qui résident dans la commune où le bureau d'enregistrement est établi; de 13 jours pour ceux qui n'y résident pas; de 20 jours pour les actes judiciaires et pour les actes d'administration centrale et municipale. Les actes sous seing privé ne sont soumis à la formalité de l'enregistrement qu'autant que l'on veut en faire usage en justice; toutefois, ceux de ces actes qui contiennent transmission de propriété ou d'usufruit de biens immeubles, baux à ferme et à loyer, doivent être enregistrés dans les 3 mois. La sanction de ces délais se trouve dans le payement d'un *double droit*. Le *double droit* est aussi exigé dans le cas de fausse déclaration des valeurs.

Les droits d'enregistrement figurent parmi les contributions indirectes; ils sont une des sources les plus fécondes du revenu public; ils sont en même temps des plus faciles à percevoir et des moins coûteux pour le trésor. La perception en est confiée à une administration spéciale qui dépend du ministère des Finances. Cette administration, dite *de l'Enregistrement et des Domaines*, embrasse à la fois l'Enregistrement proprement dit, les Domaines et le Timbre. Elle se compose d'un *directeur général*, siégeant à Paris et assisté de trois *administrateurs*; d'autant de *directeurs* qu'il y a de départements; d'*inspecteurs*, de *vérificateurs*, enfin de *receveurs*, qui résident dans les chefs-lieux de département, d'arrondissement et de canton : les receveurs n'ont d'autre traitement qu'une remise proportionnelle. On n'est admis dans l'administration que par concours et après un surnumérariat de trois ans, pendant lesquels les candidats subissent des examens chaque année; pour concourir au surnumérariat, il faut être bachelier ès lettres, justifier d'un certain revenu, et avoir travaillé au moins 5 mois dans les bureaux comme *postulant*.

L'institution de l'Enregistrement remonte, assure-t-on, au temps de Constantin. Cet empereur ordonna, sous le titre d'*insinuation*, l'enregistrement de certains actes, notamment des *donations* et des *substitutions*. L'*insinuation* paraît s'être conservée pendant le moyen âge; elle reçut une sanction légale en France par l'ordonnance de Villers-Cotterets, rendue en 1539 par François Ier. Le *Contrôle des titres*, créé en 1681 par Henri III, fut étendu et reconstitué en 1693 par un édit de Louis XIV. Le droit de contrôle fut, ainsi que le *centième denier* et plusieurs droits analogues, supprimé en 1790, et tous furent remplacés par un droit unique sous le nom de *Droit d'enregistrement*. La perception en fut confiée par une loi de février 1791 à une administration nouvelle, dite *de l'Enregistrement*, laquelle fut réunie en 1791 à celle des *Domaines*. Cette administration fut, après divers essais, définitivement constituée par les lois du 22 frim. an VII et 27 vent. an IX, qui sont encore la base de la législation actuelle.

Les principaux ouvrages sur cette matière sont le recueil des *Instructions* de l'administration, publié depuis 1802; le *Code de l'Enregistrement*, 1833; le *Manuel de l'E.*, de M. Biret, 1837; le *Traité des droits d'E.*, de MM. Championnière et Rigaud, 6 vol. in-8, 1835-1852; les *Dictionnaires* publiés par MM. Roland et Trouillet, par M. Fessard et par les rédacteurs du *Journal de l'E.*; le *Journal de l'E.*, qui existe depuis 1798, et le *Moniteur de l'E.* : les débutants consulteront avec profit le *Manuel du Surnuméraire*, par M. Flour de St-Genis, 1846.

3º. L'*Enregistrement des actes administratifs* est une mesure d'ordre adoptée dans toutes les grandes administrations, qui consiste à consigner sur des registres, à leur arrivée et à leur départ, toutes les lettres, toutes les pièces de quelque intérêt, en leur donnant un numéro d'ordre. L'inscription des pièces est confiée, dans chaque administration, à un bureau spécial, dit *B. de l'Enregistrement*, et dans chaque bureau, au *Commis d'ordre*.

ENROLEMENT. *Voy.* ENGAGEMENT, RECRUTEMENT.

ENROUEMENT (du latin *raucus*, rauque), altération de la voix, qui devient rauque. Il survient ordinairement à la suite d'un rhume ou d'une longue lecture faite à haute voix ; c'est le résultat de l'inflammation superficielle de la membrane muqueuse dont est revêtu l'organe de la voix ; il cesse avec les causes qui l'ont provoqué. Souvent aussi il est engendré par l'inflammation, l'ulcération des amygdales ou del'arrière-bouche et des conduits qui amènent l'air dans les poumons. C'est aussi un des signes de la phthisie pulmonaire ou laryngée.

ENROULEMENT, se dit, dans les Arts, de tous les ornements en forme de spirale qui s'enlacent les uns dans les autres de manière à former des arabesques. — En Architecture, on donne ce nom aux volutes des chapiteaux ioniques et corinthiens, et aux ornements placés sur le profil des consoles et des modillons. — En Horticulture, on nomme ainsi certains ornements en buis et en gazon taillés en spirale, et dont on forme les parterres.

ENROULÉS, famille de Mollusques dans laquelle Lamarck a compris toutes les coquilles qui ont la spire complètement enveloppée par le dernier tour. Tels sont les genres Ovule, Porcelaine, Tarière, Ancillaire, Olive et Cône. — En Entomologie, on nomme Enroulées les chenilles qui vivent dans des feuilles qu'elles roulent en cornet, comme celles des genres Botys et Tortrix.

ENS, mot latin qui signifie être, et par lequel Paracelse désigne la puissance que, dans son système, certains êtres ont sur nos corps : il distinguait l'ens Dei, l'ens astrorum, l'ens naturale, l'ens morborum, etc.

Les anciens chimistes appelaient ens primum une teinture qui devait avoir la vertu de convertir un métal en un autre ; ens Veneris, le produit de la sublimation de deux parties de sel ammoniac et d'une du résidu de la distillation du vitriol bleu : c'est du chlorure d'ammoniaque et de cuivre, sel triple qui a été préconisé contre le rachitisme ; ens Martis, le sel triple formé par la sublimation du chlorure d'ammoniaque et de l'oxyde de fer.

ENSEIGNE (du latin insigne, formé de signum, signe, marque). On nomme ainsi dans les Armées le signe de ralliement sous lequel se rangent les soldats. L'usage des enseignes remonte à la plus haute antiquité. Des branches vertes, des peaux d'animaux, un morceau de pourpre, un bouclier, un casque, une cuirasse, portés au bout d'une pique, suffirent dans les premiers temps ; les compagnons de Romulus avaient pour enseigne une botte de foin (manipulus). A ces signes grossiers succédèrent des figures d'animaux : la chouette à Athènes, le cheval Pégase à Corinthe ; le taureau, le crocodile, le vautour en Egypte ; l'aigle et la colombe, chez les Perses ; le loup, l'ours, le taureau, le coq, chez les Gaulois, etc. Les Romains adoptèrent successivement diverses figures d'animaux jusqu'à Marius, qui affecta exclusivement l'aigle aux légions. Toutes ces figures étaient tantôt en or ou en argent et portées au bout d'une lance, tantôt peintes ou brodées sur des drapeaux de fil, de laine ou de soie.

Les Francs Ripuaires avaient pour enseigne une épée, la pointe en haut ; les Francs Saliens et les Sicambres, une tête de bœuf. En 498, la chape de saint Martin devint le drapeau des Francs et du roi. Elle fut ensuite remplacée par l'oriflamme (Voy. ce mot). Au moyen âge les enseignes se multiplièrent : on vit s'élever les pennons, les gonfalons, les bannières, les guidons, les cornettes (Voy. ces mots). Au XVe siècle, on donna le nom particulier d'enseigne à un drapeau du second ordre, marchant après la bannière nationale. Aujourd'hui, ce n'est plus qu'un terme générique, qui comprend le drapeau de l'infanterie et l'étendard de la cavalerie.

Au moyen âge, on appelait enseigne une petite troupe qui marchait sous une même enseigne ou drapeau, et qui était assimilée, selon les circonstances, à une compagnie, à un bataillon. Le nombre des soldats variait de deux cents à cinq cents. On

nommait aussi enseigne ou porte-enseigne, celui qui portait l'enseigne dans un bataillon, une compagnie.

Dans la Marine française, on donne le nom d'Enseigne (précédemment Aspirant) à un officier dont le rang répond à celui de lieutenant au service de terre ; on le qualifie de lieutenant quand il est embarqué. L'enseigne porte une épaulette en or mat, à petites torsades, à corps uni, sur l'épaule gauche, et une contre-épaulette sur l'épaule droite ; une ancre en or est brodée sur l'épaulette et la contre-épaulette.

ENSEIGNEMENT (du latin signare, insignare, désigner, informer). Considéré sous le rapport de son objet et de ses degrés divers, l'E. est primaire, secondaire ou supérieur, selon qu'il se borne aux notions indispensables à tout homme (lecture, écriture, calcul), ou qu'il y joint les éléments des lettres et des sciences, ou qu'enfin il expose avec tous leurs développements les plus hautes théories littéraires ou scientifiques. — Considéré sous le rapport de sa destination, l'E. est général ou spécial, selon qu'il prépare à plusieurs carrières à la fois, ou qu'il prépare exclusivement à une seule ; dans le dernier cas, on le nomme aussi professionnel. — Considéré par rapport à ceux qui le dispensent, l'E. est privé ou public, selon qu'il est donné par les particuliers ou par l'Etat ; il est libre si chacun peut s'y livrer sans obstacle, monopolisé ou officiel, quand il dépend exclusivement du gouvernement. — On trouvera aux articles INSTRUCTION PUBLIQUE et UNIVERSITÉ tout ce qui se rapporte à l'organisation, à la législation et à l'historique de l'enseignement.

Méthodes d'enseignement. Considéré sous le rapport du mode employé pour le distribuer, l'enseignement est individuel, simultané, mutuel ou mixte, selon que le maître donne sa leçon à chaque élève séparément, à plusieurs à la fois, ou qu'il se sert des élèves les plus avancés pour instruire les autres, ou qu'enfin il combine ces diverses méthodes.

Dans l'E. mutuel, les enfants sont rangés par classes, selon leurs divers degrés d'instruction. Chaque classe est présidée par un enfant plus instruit que les autres, nommé moniteur. Ceux-ci à leur tour sont dirigés par un moniteur général. Les moniteurs reçoivent directement la leçon du maître ; puis ils la transmettent aux élèves moins avancés. Pour enseigner à lire, par ex., on fait placer les enfants devant des tableaux ; le moniteur désigne un mot à lire ; l'enfant qui a bien réussi à cette lecture se met à la première place, et ainsi de suite. Pour écrire, on trace des caractères sur des ardoises ou sur du sable ; le moniteur examine le travail et le corrige. Cette méthode, qui ne s'applique guère qu'à l'instruction primaire, a l'avantage d'entretenir dans les élèves l'activité et l'émulation, de proportionner l'enseignement au degré d'instruction de chacun, et d'offrir une grande économie, en permettant à un seul maître de diriger une école fort nombreuse. — L'E. mutuel paraît avoir été connu des anciens ; il est pratiqué de temps immémorial dans l'Inde. En France, il avait été essayé à plusieurs reprises, notamment par Mme de Maintenon à Saint-Cyr ; par Herbault à la Pitié (1741) ; par le chevalier Paulet, dans une école fondée en 1772 et dont la Révolution vint interrompre le succès ; mais cette méthode n'attira l'attention publique qu'après que Bell et Lancaster l'eurent appliquée en grand dans les écoles de l'Angleterre. Rapportée en France en 1815, propagée par Larochefoucauld-Liancourt, Lasteyrie, Laborde, de Gérando, Jomard, pratiquée par l'abbé Gaultier et ses disciples, elle obtint bientôt la faveur du public et reçut d'abord les encouragements de l'Etat ; malheureusement l'esprit de parti s'en empara pour opposer les écoles mutuelles, dirigées par des laïques, aux écoles de Frères, où l'on suivait le mode simultané ; dès lors l'enseignement mutuel devint suspect au gouvernement de la Restauration.

Il reprit faveur après 1830. — Aujourd'hui, les bons esprits s'accordent à reconnaître que la méthode mutuelle et la méthode simultanée ont chacune leurs avantages propres, et, loin de les opposer l'une à l'autre, ils tendent à les concilier en les fondant ensemble, ou bien ils choisissent l'une ou l'autre, selon les besoins des localités et le nombre des élèves à instruire. — On doit à M. Appert un bon *Manuel d'enseignement mutuel*.

Considéré sous le rapport de la marche à suivre dans la transmission des connaissances, l'enseignement est *synthétique* ou *analytique*, selon qu'il procède du général au particulier, des principes aux conséquences, des règles aux applications, ou qu'il s'élève des cas particuliers aux règles générales, des conséquences aux principes. La méthode synthétique est la plus généralement adoptée : c'est même celle que les Logiciens appellent spécialement *méthode d'enseignement* ou *de doctrine*. Cependant, cette méthode a été, dans ces derniers temps, l'objet des plus vives attaques : M. Jacotot l'a accusée d'*abrutir* les intelligences par des explications inintelligibles ou inutiles, et a voulu y substituer sous le nom d'*Enseignement universel*, d'*Émancipation intellectuelle*, une méthode qui consiste principalement à obliger l'élève à tout tirer de lui-même. Son principe fondamental est ainsi formulé : *Apprendre [à fond une chose et y rapporter tout le reste*; par exemple, pour l'étude des langues, apprendre par cœur un livre, *Télémaque* ou l'*Énéide*, et faire soi-même sa grammaire; il proclame à l'appui de son système que *tout est dans tout*, que *toutes les intelligences sont égales*, que *qui veut, peut*, que l'on peut enseigner ce que l'on ignore. Appliqué en Belgique en 1818, le système de M. Jacotot ne tarda pas à pénétrer en France; il y trouva d'abord des enthousiastes; mais il succomba bientôt sous l'épreuve de l'expérience. Il fut reconnu que, bien qu'il pût avoir l'avantage de stimuler les efforts, il était incapable de donner ces règles sûres, qu'inculque dès l'enfance l'enseignement ordinaire; et ne pouvait, d'ailleurs, s'appliquer, dans l'enseignement public, à des classes nombreuses. On pourra consulter les *Principes de l'Enseignement universel*, de M. Deshoulières; le *Journal de l'Émancipation intellectuelle* par MM. F. et V. Jacotot.

ENSEMENCEMENT. Il se pratique *à la volée*, *au jet libre*, avec le *semoir*, ou même avec le *plantoir*, instrument qui sert à faire des trous dans lesquels on dépose la semence (par exemple, celle de haricots, fèves, etc.). L'époque où il doit se faire varie selon les grains à semer. *Voy.* SEMAILLES.

ENSEVELIR (en latin *sepelire*, ensevelir). C'est proprement envelopper dans un drap, dans un linceul, un corps avant de l'enfermer dans le cercueil, ou simplement pour le mettre en terre. Les Romains brûlaient leurs morts, les chrétiens les *ensevelissent*.

ENSIFORME (d'*ensis*, épée), épithète donnée en Botanique aux parties qui ont la forme d'une épée. Les *feuilles ensiformes* sont un peu épaisses au milieu, tranchantes sur les bords, et vont en se rétrécissant à la base au sommet, qui est aigu. Les feuilles de plusieurs iris offrent cette disposition.

ENSOUPLES (par corruption du latin *insubulum*), gros cylindres qui font partie du métier de tisserand, et qui sont ordinairement au nombre de deux : l'un, sur le derrière, porte la chaîne prête à mettre en œuvre; l'autre, sur le devant, sert à enrouler l'étoffe à mesure qu'on la fabrique.

ENTABLEMENT (du latin *tabulatum*, plancher), saillie en pierre qui est au haut des murs d'un bâtiment; elle en forme le couronnement, et sert en même temps à soutenir la charpente de la couverture. Ce mot désigne plus spécialement cette partie des édifices qui est au-dessus des pilastres ou des colonnes, et qui comprend l'architrave, la frise et la cor-

niche prises ensemble. L'entablement est quelquefois surmonté d'une attique ou d'une balustrade. On appelle *E. de couronnement*, celui qui couronne un mur ou entoure un plafond; *E. recoupé*, celui qui fait avant-corps sur une colonne ou sur un pilastre.

ENTE (d'*insitio*, substantif formé d'*inserere*, insérer), sorte de greffe. *Voy.* GREFFE.

ENTÉLÉCHIE (du grec *entelès*, parfait, et *echein*, avoir, posséder). Dans l'école péripatéticienne, ce mot exprimait la forme essentielle d'un être. Aristote définit l'âme « une entéléchie ou forme première de tout corps naturel qui possède la vie en puissance. » Les Néoplatoniciens et les Scolastiques ont beaucoup discuté sur la nature de l'*entéléchie*. Leibnitz a remis ce mot en honneur, et l'a pris pour synonyme de la *monade*, telle qu'il l'entendait.

ENTELLE (du grec *entello*, commander), *Entellus*, espèce de Singe du genre Semnopithèque. Cette espèce est blanche; elle a la barbe jaune, et la face noire ainsi que les pieds et les mains. Elle est très-commune au Bengale; et si vénérée des Hindous, qu'ils se trouvent fort honorés quand elle va piller leurs jardins et même leurs tables déjà servies.

ENTENDEMENT. Ce mot est synonyme d'*intelligence* (*Voy.* INTELLIGENCE). Locke a donné, sous le titre d'*Essai sur l'entendement humain*, un ouvrage célèbre qui est la base de toute la psychologie moderne. Leibnitz a critiqué cet ouvrage et l'a rectifié en plusieurs points importants dans ses *Nouveaux essais sur l'entendement*. M. Thurot a publié en 1833 un traité *De l'entendement et de la raison*.

ENTÉRINEMENT (du latin *integrare*, dérivé d'*integer*, entier), sorte de vérification ou d'homologation à laquelle sont soumis certains actes, devant l'autorité judiciaire, pour devenir *entiers* et avoir leur *plein effet*. Dans l'ancienne procédure, l'entérinement était très-fréquent; il s'appliquait aux lettres de grâce, de rescission, de requête civile, d'émancipation, de bénéfice d'inventaire, etc. Aujourd'hui, l'entérinement a lieu surtout à l'occasion des grâces accordées aux condamnés; on l'emploie aussi pour les requêtes civiles et les rapports d'experts.

ENTÉRITE (du grec *entéron*, intestin), inflammation de la membrane muqueuse du canal intestinal. C'est une des maladies les plus graves et les plus fréquentes. On distingue l'*E. aiguë* et l'*E. chronique*.

Les causes principales de l'*E. aiguë* sont l'action directe de substances âcres ou vénéneuses introduites dans les voies alimentaires, l'abus des purgatifs drastiques ou des liqueurs alcooliques, l'usage d'aliments de mauvaise qualité, des eaux malsaines, l'abus des glaces; la présence de corps étrangers, surtout de vers, dans les intestins; une hernie étranglée, etc. Cette affection se propage souvent à l'estomac et au gros intestin, et alors elle constitue la *gastro-entérite*. — A l'état aigu, l'entérite présente les symptômes suivants : abdomen tendu, brûlant au toucher; douleur sourde et profonde, dans la fosse iliaque droite surtout; coliques plus ou moins fortes, avec constipation opiniâtre; soif ardente, nausées, vomissements, borborygmes; urines peu abondantes, rouges et sédimenteuses; inappétence, insomnie, sécheresse de la peau; pouls dur; langue rouge à la pointe et au pourtour, sèche et jaunâtre au centre; et, si le mal empire, prostration des forces, froid des extrémités. Sa durée est de 5 à 20 jours; sa terminaison peut avoir lieu par *résolution*, par la formation d'un *abcès*, par la *gangrène* ou par le passage à l'état *chronique*.

L'*E. chronique* est bornée à une portion peu étendue du conduit intestinal; ses symptômes sont la fréquence des évacuations alvines et la liquidité des matières excrétées; le ventre est peu douloureux; l'appétit peut persister; cependant l'embonpoint et les forces diminuent. Sa durée est illimitée et sa terminaison incertaine.

Quand l'entérite est peu intense, il suffit ordinairement, pour la dissiper, d'une diète sévère, de boissons froides, gommeuses ou mucilagineuses, de cataplasmes et de lavements émollients; mais quand elle est plus vive, il faut y joindre l'emploi des saignées générales et surtout locales, les bains et les demi-bains émollients prolongés. Enfin, lorsque la maladie s'amende et que le besoin d'aliments se fait sentir, on permet ceux qui laissent le moins possible de résidu excrémentitiel, comme le lait, la gélatine, les fécules, le bouillon de veau, de poulet, etc. Les vêtements de laine, l'exercice modéré, l'habitation de la campagne, sont fort utiles dans la convalescence.

ENTERREMENT (de *terre*). Dans son acception propre, ce mot exprime l'action de mettre en terre un corps mort (*Voy.* INHUMATION); mais, le plus souvent, il s'emploie comme synonyme d'obsèques ou funérailles. (*Voy.* FUNÉRAILLES). — *Enterré vif.* Ce supplice barbare était surtout usité en Orient. A Rome, les Vestales qui manquaient à leur vœu de chasteté étaient enterrées vives. En Occident, on cite peu d'exemples de ce genre de supplice.

ENTHOUSIASME (du grec *enthéos*, par contraction d'*enthoús*, inspiré de Dieu). Les Grecs désignaient proprement par ce mot l'état de l'âme des pythonisses et des sibylles, agitées, sur le trépied sacré, d'une fureur divine, ainsi que l'exaltation des poètes et des artistes, que l'on supposait inspirés aussi par une divinité. Les Néoplatoniciens virent dans l'enthousiasme, si voisin de l'extase, un état dans lequel l'homme s'approchait de la Divinité. Aujourd'hui, ce mot s'applique à tout transport qui s'empare de l'âme et la met hors de sa situation ordinaire; il se dit surtout d'une admiration exagérée.

On a aussi donné le nom d'*enthousiastes* à des hérétiques qui croyaient avoir des inspirations du ciel et de l'Esprit-Saint. On le donne encore aujourd'hui aux Anabaptistes, aux Quakers, aux Méthodistes, aux Mormons et à quelques autres sectes d'hérétiques, parce qu'ils soutiennent que l'Écriture doit être expliquée par les lumières de l'inspiration divine qu'ils croient avoir directement reçue. Shaftesbury écrivit, à l'occasion des merveilles attribuées aux prétendus prophètes des Cévennes, une célèbre lettre *sur l'Enthousiasme.* CONVULSIONNAIRES, ILLUMINÉS.

ENTHYMÈME (du grec *en thymó*, dans l'esprit), syllogisme tronqué, composé seulement de deux propositions : l'une des prémisses et la conclusion, l'autre prémisse reste *dans l'esprit*, c.-à-d. est sous-entendue. La première proposition prend le nom d'*antécédent*, la deuxième de *conséquent*. Exemple :

Tout mammifère est vivipare,
Donc la baleine est vivipare.

On connaît ce célèbre enthymème de Descartes :
« Je pense, donc je suis. »
Souvent l'enthymème est déguisé sous une forme plus littéraire, comme dans ce vers du *Tartufe* :

Quoi! vous êtes dévot, et vous vous emportez!

ENTIER (du latin *integer*, même signification). En Arithmétique, on oppose *nombre entier* à *nombre fractionnaire. Voy.* NOMBRE.
En Botanique, on nomme *feuille entière* une feuille qui n'a aucune irrégularité dans ses contours.

ENTIME (du grec *entimos*, estimé), *Entimus*, sous-genre de Charançons, de la section des Coléoptères tétramères et de la familles des Rhynchophores. On en trouve en France, en Angleterre, en Amérique, etc. Ils sont ornés des plus belles couleurs, depuis le vert doré jusqu'au fauve pâle.

ENTITÉ (du latin barbare *ens, entis*, ce qui est), terme de la philosophie scolastique, synonyme d'*essence* ou de *forme :* chaque genre, chaque espèce avait son entité : l'*humanité*, l'*animalité*, l'*arboréité*, étaient les entités de l'homme, de l'animal, de l'arbre. Souvent on a pris pour des substances

réelles ces entités, qui sont de pures abstractions : de le le *Réalisme. Voy.* ABSTRACTION et RÉALISME.

ENTOILAGE, dentelle plus ou moins grosse, au bas de laquelle on en monte une plus fine. En général, on étend ce nom à tout ce qui sert de soutien ou de monture à quelque partie de l'ajustement d'un travail plus fin et plus délicat.

ENTOMOLITHES (du grec *entomon*, insecte, et *lithos*, pierre), nom donné par Linné à un genre de Fossiles dans lequel il plaçait tous les insectes et les crustacés pétrifiés. On les nomme aussi *Trilobites*.

ENTOMOLOGIE (du grec *entomos*, insecte, et *logos*, discours), partie de la Zoologie qui traite des Insectes, comprend, outre l'histoire des Insectes proprement dits, celle des Crustacés, des Arachnides et des Myriapodes, que Linné avait réunis sous le nom d'*Insectes*, et qui offrent ce caractère commun, d'avoir le corps *articulé*, c.-à-d. formé d'anneaux solides, placés les uns à la suite des autres et maintenus par la peau. On ne comprend plus aujourd'hui dans l'Entomologie, comme le faisait Linné, ces Articulés à peau molle, à pieds membraneux ou à soies roides, que l'on a désignés sous le nom d'*Annélides*, comme les lombrics, les sangsues, etc. L'Entomologie embrasse donc aujourd'hui : 1º l'*Insectologie*, ou *E. proprement dite*, c.-à-d. l'étude des Insectes; 2º la *Carcinologie*, ou étude des Crustacés; 3º l'*Arachnologie*, ou étude des Arachnides; 4º enfin l'étude des Myriapodes, qui n'a pas reçu de nom particulier (*Voy.* INSECTES, CRUSTACÉS, ARACHNIDES, MYRIAPODES). — Dans ces derniers temps, les recherches entomologiques ont rendu de grands services à l'agriculture, en étudiant les animaux nuisibles et en enseignant les moyens de les détruire ou d'en empêcher la propagation.

Les plus célèbres entomologistes sont Latreille, Lamarque, Dejean, Aubé, Boisduval, Léon Dufour, Audouin, Guérin-Méneville, Strauss et Lacordaire. Il a été formé à Paris et à Londres des sociétés d'Entomologie qui ont puissamment contribué aux progrès de cette science.

ENTOMOSTÉGUES (du grec *entomos*, insecte, et *stégè*, toit), nom donné par M. A. d'Orbigny à une section de la famille des Foraminifères, comprenant ceux de ces Céphalopodes microscopiques qui ont les loges de leur coquille divisées par des cloisons ou des tubes. Cette section se compose des genres *Orbiculine*, *Hétérostégine* et *Fabulaire*.

ENTOMOSTRACÉS (du grec *entomon*, insecte, et *ostréa*, coquille), 2e section des Crustacés, établie par Latreille, dans la division du règne animal de Cuvier. Ce sont des animaux aquatiques, qui habitent, pour la plupart, les eaux douces. Ils composent deux ordres, les *Branchiopodes* et les *Pœcilopodes*.

ENTOMOZOAIRES (du grec *entomon*, insecte, et *zóon*, animal), nom donné par M. de Blainville à une classe d'animaux qui ont le système nerveux de la locomotion au-dessous du canal intestinal, la fibre musculaire contractile soutenue par une peau plus ou moins endurcie, le corps et les membres articulés d'une manière visible à l'extérieur. Cette classe comprend les *Annélides*, les *Arachnides*, les *Crustacés*, les *Insectes* et les *Vers*.

ENTONNOIR, en latin *infundibulum*. En Anatomie, on appelle *Entonnoir du ventricule moyen du cerveau*, la dépression qu'offre la paroi inférieure de cette cavité au-dessus de la tige pituitaire.
En Botanique, ce nom désigne le pédoncule creux et en forme d'entonnoir de certains lichens. — *Fleur en entonnoir. Voy.* INFUNDIBULIFORME.
En Conchyliologie, c'est le nom vulgaire des patelles profondes et coniques.

ENTORSE (du latin *intorquere*, tordre), vulgairement *foulure*, distension violente et même déchirure partielle des ligaments et des parties molles voisines d'une articulation, par suite d'un mouvement forcé. L'entorse a lieu surtout aux jointures retenues par des ligaments nombreux et très-serrés, au pied, au poignet, à la colonne vertébrale; le coude et le genou en sont quelquefois atteints; mais les entorses du pied sont les plus fréquentes. Elles surviennent ordinairement dans un faux pas, dans une chute violente sur les pieds, ou bien par suite de violents efforts pour soulever un fardeau pesant, ce qui a lieu surtout pour le poignet et la colonne vertébrale. L'entorse est toujours accompagnée de douleurs vives, d'engorgement et d'ecchymose. Quelquefois la fracture du péroné et l'arrachement de la malléole interne peuvent la compliquer d'une manière fort grave. — Les répercussifs, tels que l'eau froide, pure ou avec addition de sel, de vinaigre, d'extrait de Saturne (eau blanche), employés aussitôt après l'accident, s'opposent souvent au développement de l'engorgement inflammatoire; mais il faut continuer cette immersion pendant plusieurs heures et renouveler l'eau à mesure qu'elle s'échauffe. Quand le membre est retiré de l'eau, on l'enveloppe de compresses trempées dans l'eau blanche ou l'eau-de-vie camphrée, et que l'on mouille souvent. Si, malgré les répercussifs, il se développe une tuméfaction considérable avec douleur et chaleur vives, on recourt au traitement antiphlogistique général ou local : sangsues, cataplasmes émollients et narcotiques, repos absolu et position élevée du membre; mais dès que les symptômes inflammatoires ont à peu près cessé, on revient aux compresses trempées dans l'eau blanche et l'eau-de-vie camphrée.

ENTOTHORAX (du grec *entos*, dedans, et *thorax*, même signification), pièce importante du squelette des insectes, en forme d'Y. *Voy.* THORAX.

ENTOZOAIRES (du grec *entos*, dedans, et *zóon*, animal), ou VERS INTESTINAUX, animaux parasites dont Cuvier faisait sa seconde classe de Zoophytes, et que les progrès de la science ont fait, depuis, placer dans une classe nouvelle, celle des Helminthes, à la suite des Annélides. Les Entozoaires, très-hétérogènes entre eux, ne présentent guère de commun que leur petitesse souvent miscropique et leur séjour habituel dans le corps des animaux. On les a partagés en cinq groupes ou familles : *Nématoïdes*, *Acanthocéphales*, *Trématodes*, *Cestoïdes* ou *Tænioïdes*, et *Cystiques*.

ENTR'ACTE, intervalle qui, au théâtre, sépare les différents actes d'une pièce. C'est un repos pour les spectateurs comme pour les acteurs; mais l'action, interrompue sur la scène, est censée continuer hors du théâtre. Souvent on donne à l'entr'acte une durée idéale qui est fort exagérée : telles sont ces pièces où le héros, ainsi que le dit Boileau (*A. P.*, III, 42) :

Enfant au premier acte, est barbon au dernier;

comme dans *Julien* ou *Vingt-cinq ans d'entr'acte;* dans *Trente ans de la vie d'un joueur*, etc.

Chez les Grecs, le spectacle était continu, sans division, sans interruption. Les Romains les premiers partagèrent les pièces en actes. Dans les entr'actes, des histrions amusaient les spectateurs.

ENTRAILLES (du bas latin *enteralia*, dérivé du grec *entéron*, intestin), mot que le vulgaire emploie pour désigner les viscères renfermés dans les cavités splanchniques, et spécialement ceux qui sont contenus dans l'abdomen. — L'inspection des *entrailles* des victimes était un des moyens employés chez les anciens pour prédire l'avenir. *Voy.* ARUSPICES.

ENTRAIT (de *trait*), pièce de bois de longueur, qui traverse et qui lie deux parties opposées dans la couverture d'un bâtiment. Quelquefois on en place deux, et on les distingue par les noms de *grand* et de *petit entrait*.

ENTRAVES (du latin *trabs*, poutre, bâton), liens dont on embarrasse les jambes d'un cheval pour l'empêcher de s'éloigner du lieu où on le met pai-

tre, et quelquefois aussi pour le forcer à prendre l'allure de l'amble. Le plus souvent, les entraves ne sont qu'une corde qui lie les pieds de devant ou de derrière entre eux, ou un des pieds de devant avec celui de derrière correspondant, ou avec la tête. — On appelait aussi *entraves* (*compedes*) les liens dont les anciens embarrassaient les jambes des esclaves qui cherchaient à s'enfuir.

ENTRE-COLONNEMENT, nom donné, en Architecture, à l'intervalle compris entre deux colonnes voisines : cet intervalle est déterminé par l'*ordre* d'après lequel l'édifice est établi. On distingue : l'*E. pycnostyle*, qui mesure 3 modules ou 1 diamètre 1/2 de la colonne mesurée au bas du fût; l'*E. systyle*, 4 modules; l'*E. diastyle*, 6 modules; l'*E. aréostyle*, 8 modules. Les deux premiers sont en usage dans les édifices doriques; le dernier s'applique à l'ordre toscan; l'ordre ionique s'accommode à peu près de tous.

ENTRECHAT (de l'italien *intrecciato*, entrelacé), nom donné, dans l'Art chorégraphique, à un saut léger pendant lequel le danseur croise rapidement et plusieurs fois les deux pieds avant de toucher le sol. Les entrechats furent introduits à l'Opéra en 1730 par la Camargo : cette danseuse ne les battait qu'à quatre; on les battit depuis à six et à huit; Vestris, Trénitz les battirent jusqu'à dix.

ENTRÉE. En termes de cour, on nomme *entrées* les réceptions journalières chez le roi, la reine, les princes du sang, etc. En France, il y avait autrefois trois sortes d'entrées : l'*entrée familière*, au réveil du roi; elle était accordée aux princes du sang et de la famille royale, et quelquefois à quelques grands seigneurs; les *grandes* ou les *petites entrées*, distinguées entre elles par les heures auxquelles elles avaient lieu. Les grandes charges de la couronne et de la maison du roi y donnaient droit.

En Astronomie, on nomme *entrée* le moment auquel le soleil et la lune commencent à parcourir un des signes du zodiaque.

En Musique, le mot *entrée* a plusieurs significations. Dans un opéra, c'est la ritournelle qui annonce l'entrée en scène d'un personnage; dans un ballet, c'est le morceau relatif à une scène de danse ou de pantomime. — *Entrée* se dit aussi, dans la musique instrumentale d'ensemble, du sujet que chaque instrument attaque le premier.

Dans l'Art culinaire, les *entrées* sont des mets qui se servent, avec le bœuf ou les relevés de potage, au commencement du repas, et qui font partie du premier service. Toutes les productions animales sont matières à entrées. On distingue les *grosses entrées*, les *entrées de broches*, les *entrées de braise*, etc.

ENTRELACS (de *lacs*), ornements d'Architecture diversement enlacés, composés de fleurons liés et croisés les uns avec les autres, qui se taillent sur les moulures et dans les frises. — Les *entrelacs d'appui* sont des ornements à jour, qui remplacent les balustres, pour remplir les appuis évidés des balcons ou rampes d'escalier. — Les peintres nomment *entrelacs* des ornements de feuillage ou de vigne qui se croisent dans un tableau.

ENTREMETS, préparations diverses, telles que soufflés, plats sucrés, gelées, glaces, etc., que l'on sert avec le rôti et avant le dessert.

ENTREPAS, allure défectueuse du cheval, qui consiste en une espèce d'amble rompu, moitié pas et moitié amble : c'est le train ordinaire des chevaux qui vont sur les épaules.

ENTRE-PONT, intervalle qui, dans un bâtiment, est compris entre les deux ponts : on nomme spécialement ainsi l'espace compris entre le faux-pont et le premier pont; cet espace est ordinairement de 2 mètres. C'est dans l'entre-pont que se trouve la première batterie d'un vaisseau de ligne, et que couchent généralement les officiers, les élèves, les chirurgiens, les maîtres et une partie de l'équipage.

ENTREPOT (d'*entreposer*), magasin public établi dans un port de mer, et où les commerçants ont la faculté de déposer les marchandises pour les réexporter sans payer de droits, ou pour les écouler à l'intérieur en n'acquittant les droits du fisc qu'au moment de la consommation. On distingue l'*E. réel*, dépôt des marchandises dans un magasin unique placé sous la surveillance immédiate de la Douane et fermant à deux clefs, dont une est remise au commerçant, et l'*E. fictif*, ou dépôt dans les magasins du commerçant, fermé sa seule clef, des objets par lui importés, à charge de garantir le payement des droits dont ils sont passibles après leur vente. Quelques villes de l'intérieur (Paris, Metz, Orléans, Mulhouse, Toulouse, etc.) ont obtenu l'entrepôt réel pour des marchandises admissibles au transit, et d'autres, en plus grand nombre, pour les marchandises appartenant à leur commerce local. On nomme ces derniers *E. spéciaux* : tel est à Paris l'*E. des vins*, et, dans les départements, les *E. pour les grains étrangers*, les *tabacs*, etc. La durée de l'entrepôt réel est de trois ans ; la durée de l'entrepôt fictif est d'une année. Dans les ports qui ont des *docks*, ces établissements servent d'entrepôts.

ENTREPRENEUR, se dit, en général, de toute personne qui se charge de faire une chose à l'*entreprise*, c'est-à-dire moyennant un prix convenu et à forfait ; et, plus spécialement, dans l'industrie du bâtiment et dans la plupart des travaux publics, de l'industriel qui, sous la direction d'un architecte, se charge d'exécuter les travaux, de fournir les matériaux, de diriger et de payer les ouvriers : les maîtres maçons, les charpentiers, les serruriers, les peintres, les couvreurs, etc., sont en ce sens des *entrepreneurs*. La loi range l'entrepreneur dans la catégorie des commerçants ; tout devis arrêté avec un entrepreneur, signé par lui et le propriétaire, est aux risques et périls du premier.

ENTRE-SABORDS, bordages extérieurs qui couvrent les membres d'un bâtiment de guerre, entre les sabords d'une même batterie. La longueur de ces bordages est ordinairement d'environ 2 mètres.

ENTRE-SOL, se dit en général, en Architecture, de tout logement pris sur la hauteur d'un étage. Dans un sens plus restreint, on nomme ainsi un appartement pratiqué entre le rez-de-chaussée et le premier étage. Sa hauteur est ordinairement du tiers de l'étage dans lequel il est compris.

ENTRETOISE, pièce de bois, en forme de traverse, terminée à chaque bout par un tenon et assemblée entre deux autres pièces percées de mortaises.

ÉNUCLÉATION (du lat. *enucleare*, ôter le noyau), se dit, en Chirurgie, d'un mode d'extirpation qui consiste à faire une incision sur une tumeur et à la faire sortir à travers la plaie, à peu près comme un noyau qu'on chasse en pressant un fruit.

ENVELOPPE. En Zoologie, on appelle ainsi des membranes destinées à recouvrir et à protéger certains organes : ainsi, l'on dit les enveloppes du cerveau, pour dire les méninges ; les enveloppes du fœtus, etc. — En Botanique, on nomme *E. florales* l'ensemble des organes qui environnent les étamines et les pistils, comme la corolle, le calice, la glume, l'involucre, etc. ; *E. séminales*, celles qui entourent la graine ; *E. herbacée*, la seconde couche de l'écorce, celle qui se trouve immédiatement au-dessous de l'épiderme. *Voy.* ÉCORCE.

ENVELOPPÉES, nom sous lequel on désigne les Chrysalides des Lépidoptères de la tribu des Hespérides, parce qu'elles séjournent entre les feuilles, enveloppées d'un léger réseau de soie.

ENVERGURE (de *vergue*), développement d'une voile dans la partie qui touche à la vergue. On dit qu'un bâtiment a beaucoup ou peu d'envergure, selon que ses voiles présentent plus ou moins de largeur ou de surface à leur partie supérieure.

En Ornithologie, on nomme ainsi l'extension des ailes déployées d'un oiseau. Le Condor est l'oiseau dont les ailes ont le plus d'envergure.

ENVIE (du latin *invidia*, même signification), tristesse criminelle qu'on éprouve du bien de son prochain : c'est un des sept péchés capitaux.

Dans l'usage vulgaire, ce mot désigne tantôt les dépravations de l'appétit qu'on observe surtout chez les femmes enceintes, tantôt de petites portions de peau (*reduviæ*) qui se détachent autour des ongles, et causent une assez vive douleur quand on les arrache ; tantôt des taches (*nævi materni*) que les enfants apportent en naissant, et auxquelles on attribue de la ressemblance avec certains objets que la mère aurait désirés pendant sa grossesse. Ces taches résultent quelquefois d'un excès local de la matière colorante, et sont alors d'une teinte noirâtre ; ailleurs, elles sont dues à la présence anormale, dans une portion de la peau, d'artérioles et surtout de veinules capillaires : ces envies sont rouges, rosées, violacées, ou bleuâtres.

ENVOI. En Littérature, on nomme ainsi des vers qui accompagnent une pièce de poésie, et servent à l'adresser ou à en faire hommage à quelqu'un, et plus particulièrement la dernière strophe de l'ancienne *Ballade* et du *Chant royal*. *Voy.* ces mots.

En Jurisprudence, l'*Envoi en possession* est une autorisation émanant d'un jugement, en vertu duquel les héritiers présomptifs des absents déclarés, les héritiers irréguliers, les enfants naturels, les conjoints ou l'État, sont mis en possession de biens qui leur sont dévolus, en vertu des art. 120, 724, 1006, 1008 du Code civil.

ENVOUTEMENT ou ENVOUTEMENT (du latin *in*, contre, et *vultus*, visage), sortilége ou maléfice qui consistait à piquer, déchirer, brûler une image de cire représentant la personne contre laquelle on voulait employer ce maléfice. On croyait que les personnes *envoûtées* souffraient précisément dans la partie piquée ; un coup porté dans le cœur de l'image les faisait périr à l'instant. L'envoûtement était connu des anciens, témoin Horace (*Sat.* I, 8, 29) ; il fut souvent employé au moyen âge et jusqu'au XVIe siècle. *Voy.* ENCHANTEMENT.

ENVOYE, sorte de serpent. *Voy.* ANGUIS.

ENVOYÉ, agent diplomatique de second ordre. Les ministres plénipotentiaires ajoutent à leur titre celui d'*envoyés extraordinaires*, alors même que leur mission n'est pas seulement temporaire et exceptionnelle. *Voy.* DIPLOMATIE.

ÉOLIDE (du grec *aiolos*, bigarré, diapré), *Eolis*, genre de Mollusques gastéropodes, de l'ordre des Nudibranches. Ce sont des animaux limaciformes, gélatineux, à la tête distincte, munie de deux ou trois paires de tentacules. Les Éolides brillent par leurs riches couleurs autant que par leurs formes gracieuses. Elles rampent sur les algues marines, qui les transportent dans toutes les mers.

ÉOLIEN. *Voy.* DIALECTE, MODE.

ÉOLIPYLE (d'*Éole*, dieu du vent, et de *pylè*, porte), instrument de physique destiné à rendre sensibles quelques effets de la force élastique des vapeurs, est formé d'une boule creuse en fer, en cuivre ou en verre, terminée par un tuyau recourbé dont l'orifice est fort étroit. Après avoir chauffé cette boule pour chasser une grande partie de l'air qu'elle contient, on la plonge dans de l'eau froide, qui s'y précipite par l'effet du refroidissement de l'air intérieur. On l'expose alors à une forte chaleur, de manière à amener le liquide à l'ébullition ; la force expansive de la vapeur, développée par le calorique, s'exerce contre les parois de la boule et chasse le liquide par l'orifice ; il sort sous la forme d'un jet continu, qui s'élance d'autant plus loin que le trou est plus petit, la liqueur plus chaude et plus légère. En substituant l'alcool à l'eau et en l'enflammant à

sa sortie du bec, on produit un jet de feu continu.
On se sert quelquefois de l'éolipyle pour chauffer
certains corps; mais cet instrument est sujet à
faire explosion.

ÉONS, êtres intermédiaires entre l'homme et la
Divinité, imaginés par les Gnostiques. *Voy.* le *Dict.
univ. d'Hist. et de Géogr.*

ÉPACRIS (du grec *épi*, sur, et *acros*, colline),
genre type de la famille des Épacridées, renferme
des arbustes d'un port agréable, à fleurs blanches
ou rougeâtres, disposées en long épi. L'*É. rougeâtre*
dépasse un mètre au haut. Ses rameaux grêles sont
couverts d'un duvet blanchâtre, et garnis de feuilles
d'un beau vert luisant terminées par une pointe
piquante. On cultive cette plante en France depuis
1806. — La famille des Épacridées a été détachée de
celle des Éricinées, avec laquelle beaucoup de botanistes la confondent encore. Presque toutes les espèces habitent la Nouvelle-Hollande.

ÉPACTE (du grec *épactos*, ajouté, complémentaire), nombre qui indique combien il faut ajouter
de jours à l'année lunaire pour égaler l'année solaire : ce nombre donne l'*âge de la lune* au 1er janvier de chaque année solaire. Comme la différence
entre les deux années est de 11 jours, l'épacte augmente chaque année de 11 jours jusqu'à ce qu'elle
dépasse 29, nombre des jours du mois lunaire : quand
elle a atteint ce nombre, on suppose l'intercalation
d'un nouveau mois lunaire.—On nomme quelquefois
É. du soleil, *É. majeures*, ou *Jours concurrents*,
les jours surnuméraires, soit de l'année commune,
soit de l'année bissextile. Les années communes sont
composées de 52 semaines, plus un jour, et les années bissextiles de 52 semaines, plus deux jours.

ÉPAGNEUL, *Canis hispanicus*, chien domestique, originaire d'Espagne (*Voy.* CHIEN), à longs poils,
à oreilles longues, larges et pendantes, dont les principales sous-variétés sont : le *grand Épagneul*, long
de 0m,80; le *petit Épagneul*, blanc, plus ou moins
taché de brun ; le *Pyrame*, à pelage moins long avec
des taches rousses sur le front; le *Chien de Calabre*, un peu plus grand; le *Gredin*, petit, noir; le
Bichon, très-petit, jaune fauve ; le *Chien-lion*, aussi
très-petit, à pelage court au train de derrière, etc.
Ces chiens, de petite race pour la plupart, s'élèvent pour les appartements.

ÉPAGOMÈNES (du grec *épagô*, ajouter), se dit,
en Chronologie, des cinq jours que les anciens Égyptiens et les Chaldéens ajoutaient aux 360 jours de
leur année vague. Cette disposition de l'année datait
de l'établissement du cycle *caniculaire*. Auguste
ajouta un sixième jour épagomène. Les jours épagomènes répondaient aux cinq jours complémentaires
de notre année républicaine. — *Voy.* ÉPACTES.

ÉPANCHEMENT, se dit, en Médecine, de l'effusion et de l'accumulation d'un fluide dans une partie
qui n'est pas destinée à le recevoir : tels sont l'extravasation du sang (*Voy.* APOPLEXIE), l'amas de pus
ou de sérosité dans une membrane séreuse (*Voy.*
ASCITE, HYDROTHORAX, HYDROPISIE). Si le liquide est
amassé dans les lames du tissu cellulaire, l'épanchement prend le nom d'*infiltration*.

ÉPANOUISSEMENT, époque à laquelle une fleur,
parvenue à son parfait accroissement, déploie ses
pétales, et laisse à découvert les organes reproducteurs. *Voy.* ANTHÈSE et HORLOGE (de Flore).

ÉPARGNE (CAISSE D'), institution philanthropique
destinée à recevoir les plus petites sommes que les
particuliers veulent y placer; elle a été fondée pour
offrir à toutes les personnes laborieuses le moyen de
se créer des économies. Les fonctions des directeurs, censeurs et administrateurs, sont entièrement
gratuites. Il est délivré gratuitement à tout déposant
un livret numéroté, portant les noms et prénoms, âge,
profession et demeure du titulaire, et destiné à l'inscription de toutes les sommes qui seront successive-

ment versées ou retirées pour son compte. Ceux qui
viennent faire un premier versement doivent se présenter en personne; les versements subséquents peuvent être faits par un tiers. Aucun versement ne peut
être moindre de 1 franc, ni excéder 300 fr. à la fois.
Nul ne peut faire plus d'un versement par semaine.
Depuis la loi du 30 juin 1851, on ne reçoit plus de
versement lorsque le compte d'un individu s'élève à
1,000 fr. Toutes les sommes reçues sont immédiatement versées à la caisse des Dépôts et Consignations,
qui, depuis la loi du 7 mai 1853, en sert l'intérêt à
4 p. 100 par an. Toute somme de 1 fr. et au-dessus
produit intérêt. Les intérêts sont réglés à la fin de décembre; on les ajoute au capital pour produire de
nouveaux intérêts. On peut retirer à volonté les fonds
déposés à la caisse d'Épargne : la demande de remboursement n'est admise que le dimanche ; elle doit
être faite par le titulaire en personne ou par le porteur d'un écrit signé du titulaire. Lorsque, par suite
du règlement annuel des intérêts, un compte excède
1,000 fr., si le déposant, pendant un délai de trois
mois, n'a pas réduit son crédit au-dessous de cette limite, l'administration achète pour son compte, et sans
frais, un coupon de 10 fr. de rentes de la dette inscrite.
Tout déposant dont le crédit est de somme suffisante
pour acheter une rente de 10 fr. au moins peut obtenir, sur sa demande, par l'intermédiaire de la Caisse
d'Épargne et sans frais, une inscription de rente sur
le Grand-Livre. Tout déposant qui change de résidence peut demander le transfert de la totalité des
fonds qu'il possède à la caisse de Paris dans l'une
des caisses départementales, et réciproquement.

La première caisse d'Épargne paraît avoir été
fondée à Hambourg en 1778; Berne suivit cet exemple dès 1787. Wilberforce s'était efforcé, en 1800,
de doter l'Angleterre de cette utile institution; mais
ce n'est que dix ans plus tard qu'elle put y être introduite. La première caisse anglaise fut établie à
Rutwell en 1810 ; Édimbourg eut la sienne en
1813, et Londres en 1816. C'est en 1818 seulement
que la France entra dans cette voie : à cette époque, une société de vrais philanthropes, à la tête
desquels étaient MM. Benjamin Delessert et Larochefoucauld-Liancourt, fonda à Paris une *Caisse
d'Épargne* qui bientôt compta de nombreuses succursales dans les départements. Encouragé par le
Gouvernement, qui prit en sa faveur plusieurs mesures des plus favorables, la caisse d'Épargne était
arrivée, en 1848, au plus haut point de prospérité;
mais elle eut alors fortement à souffrir de la crise publique : les déposants redemandèrent en foule les
sommes versées, et le gouvernement provisoire se
vit forcé d'interdire les remboursements. Plusieurs
mesures prises depuis ont ramené la confiance : la
loi du 30 juin 1851, en abaissant à 1,000 fr. le
maximum des sommes déposées, qui précédemment
pouvait s'élever à 3,000 fr., a eu pour but de prévenir
le retour des embarras éprouvés en 1848, tout en consolidant l'institution. — On doit à M. Agathon Prévost, agent général de la Caisse d'Épargne de Paris,
un excellent *Manuel des Caisses d'Épargne*, 1852.

ÉPARGNE, se dit, chez les Doreurs, d'un mélange
de blanc d'Espagne, de sucre et de gomme, dont on
couvre les parties qui doivent être brunies.—Les Graveurs appellent *taille en épargne*, une manière de
graver qui consiste à enlever le fond, en ménageant
ou laissant en relief les parties qui doivent paraître.
Les gravures sur bois sont taillées en *épargne*.

ÉPARTS. Ce sont, en termes de Charronnage,
des traverses de bois qui lient ensemble les brancards ou limons d'une charrette, et qui supportent
les planches qui en forment le fond.

Espèce de jonc avec lequel on fabrique des paniers. *Voy.* SPARTERIE.

ÉPARVIN ou ÉPERVIN. On nomme ainsi : dans le
cheval, tantôt une exostose qui survient à la partie

latérale interne et supérieure du canon du membre postérieur (*E. calleux* ou *osseux*), tantôt une flexion convulsive et précipitée du membre, qui a lieu au moment où il entre en action pour se mouvoir, sans qu'on aperçoive aucune grosseur (*E. sec*), et qui fait dire que l'animal *harpe* ou *trousse*. Dans le bœuf, c'est une tumeur qui occupe presque toute la partie latérale interne du jarret, et qui, d'abord molle, durcit avec le temps et devient comme plâtreuse.

ÉPAULARD, nom vulgaire du *Phocœna orca*, espèce de poisson du genre *Dauphin*.

ÉPAULE (de l'italien *spalla*, dérivé du latin *scapula*, épaule), partie la plus élevée du membre supérieur chez l'homme, et de la jambe de devant chez les quadrupèdes. La partie la plus saillante de l'épaule est le *moignon de l'épaule ;* la cavité qui se trouve au-dessous, le *creux de l'aisselle*. Le moignon de l'épaule est formé par la réunion de trois os : l'omoplate, la tête de l'humérus et la clavicule ; de forts ligaments unissent ces os entre eux, ainsi qu'aux os de la poitrine et du bras. L'épaule est mue par des muscles nombreux qui la fixent au tronc ; elle a 6 muscles propres : le sus-épineux, le sous-épineux, le petit rond, le grand rond, le sous-scapulaire et le deltoïde, auxquels se joint l'action de deux releveurs : l'angulaire et le rhomboïde ; et de deux abaisseurs : le petit pectoral et le grand dentelé. Ses veines se rendent à la veine axillaire ; ses vaisseaux lymphatiques se portent dans les ganglions de l'aisselle ; ses nerfs viennent du plexus brachial.

L'épaule est sujette à des *luxations* et à des *fractures* qui peuvent devenir fort graves. La désarticulation de l'épaule est une opération périlleuse, à laquelle il est quelquefois nécessaire d'avoir recours : Larrey et Lisfranc l'ont pratiquée avec succès.

ÉPAULEMENT, mur en terre qu'on élève pour *épauler*, c.-à-d. pour couvrir et protéger les pièces de canon ou des soldats placés sous le feu de l'ennemi. Pour les construire, on creuse un fossé, on jette les terres devant soi, on les bat, on les unit, et on en fait une espèce de mur d'appui. On construit aussi des épaulements en fascines ou en sacs à laine.

ÉPAULETTE, large galon garni de franges que les militaires portent sur chaque épaule, et dont la forme, la grandeur et la signification ont souvent varié. Destinée d'abord à retenir le baudrier et à garantir l'épaule, l'épaulette est bientôt devenue un signe distinctif. Dans l'armée française, les épaulettes des simples soldats sont en drap ou en laine, de couleur différente, selon les corps auxquels ils appartiennent : *rouges* pour les grenadiers et carabiniers dans l'infanterie, pour les carabiniers, cuirassiers et dragons dans la cavalerie ; *jaunes* pour les voltigeurs ; *vertes*, avec tournante rouge, pour les fusiliers ; *blanches* pour les lanciers et chasseurs à cheval. Les épaulettes des officiers sont en or ou en argent, selon les corps : en *or* pour l'infanterie de ligne et les dragons ; en *argent*, pour l'infanterie légère et les chasseurs à pied, et, dans la cavalerie, pour les carabiniers, cuirassiers, lanciers et chasseurs. Elles sont à *franges simples* pour les grades inférieurs (capitaines, lieutenants, adjudants) ; à *graines d'épinards* pour tous les grades supérieurs. On appelle *contre-épaulette* une épaulette sans franges ; la contre-épaulette concourt avec l'épaulette à marquer les grades : le sous-lieutenant porte l'épaulette à droite et la contre-épaulette à gauche ; le lieutenant l'épaulette à gauche et la contre-épaulette à droite ; le capitaine porte deux épaulettes ; les chefs d'escadron et de bataillon portent l'épaulette à gauche, la contre-épaulette à droite ; le major, l'épaulette à droite et la contre-épaulette à gauche. Le lieutenant-colonel et tous les grades supérieurs portent deux épaulettes, avec des étoiles, dont le nombre varie avec le grade (1 pour les colonels, 2 pour les généraux de brigade, 3 pour les généraux de division).

C'est le maréchal de Belle-Isle qui établit en France, en 1759, l'usage des épaulettes. Elles ont été adoptées par les Anglais, les Danois, les Espagnols, les Wurtembergeois, les Américains, etc. Les Autrichiens n'en portent pas ; les officiers russes et prussiens portent des plaques de métal rehaussées sur les bords.

ÉPAVES (du latin *expavefactus*, effrayé, parce que ce mot ne se disait d'abord que des animaux égarés et qui avaient pris la fuite de peur). Ce mot se dit, en Jurisprudence, des choses égarées et dont on ne connaît point le propriétaire. On nomme *E. maritimes*, ou simplement *épaves*, les objets naufragés que la mer rejette sur ses bords ; *E. d'eau*, les effets trouvés au milieu des fleuves ou rivières navigables, ou sur leurs rives ; *É. foncières et immobilières*, les héritages abandonnés et dont le propriétaire est inconnu, etc. — Au moyen âge, les épaves appartenaient au seigneur haut justicier, si elles n'étaient pas réclamées dans les délais fixés par les coutumes. D'après le Code civil (art. 2279), les détenteurs d'objets perdus peuvent en disposer librement, sauf au propriétaire à les réclamer dans le délai de 3 ans ; les épaves maritimes trouvées sur le rivage appartiennent à l'État si elles ne sont pas réclamées dans l'an et jour ; si elles ont été trouvées en pleine mer, un tiers en espèces ou en deniers est dû à ceux qui les ont sauvées. *Voy.* AUBAINE et BRIS (droit de).

ÉPEAUTRE, *Triticum spelta*, espèce de froment appelée aussi *Blé rouge*, et caractérisée par sa couleur rouge brique et par ses fleurs tronquées obliquement et pourvues de quatre barbes. L'épeautre s'élève peu : ses épis sont aplatis, peu allongés, remplis de grains petits et légers. Ces grains donnent une farine très-blanche qui, à poids égal, fournit plus de pain que celle du froment ; ce pain, plus léger, plus savoureux, peut se garder frais plusieurs jours. Il donne d'excellentes pâtisseries et un gruau très-blanc qui se sert en potage comme le riz. Sa paille sert à nourrir les chevaux. On cultive l'épeautre dans les pays montagneux, où il féconde les mauvais sols.

ÉPÉE (du latin *spatha*, d'où l'italien *spada*, et l'espagnol *espada*), arme offensive et défensive, dont la forme et la matière ont souvent varié. L'épée des Gaulois était longue et large, en forme de *spatule* et souvent en cuivre. L'épée romaine était en fer et supportée par un baudrier ; c'était un sabre long à pointe pour la cavalerie, un sabre court à lame droite, large et plate pour l'infanterie. Les Perses, les Germains et les Gaulois portaient l'épée en temps de paix comme en temps de guerre. Les Grecs et les Romains ne la ceignaient qu'en temps de guerre. L'infanterie la portait à droite, la cavalerie à gauche. L'épée des Francs, courte, lourde, sans pointe et à deux tranchants, se portait à gauche par une chaîne en bandoulière. Au temps des croisades, l'épée des chrétiens était à poignée en forme de croix ; celle des Orientaux était recourbée en forme de faux ou de cimeterre. Sous Louis IX, l'épée était courte, pesante et à deux tranchants. Au XVe siècle, l'épée, qui jusque-là n'avait été qu'une arme de guerre, se porta aussi en temps de paix, et fit partie du costume civil ; toutefois, le droit de porter l'épée n'appartenait qu'au militaire et au gentilhomme ; ce qui faisait distinguer la *noblesse d'épée* et celle *de robe*. L'épée fait aujourd'hui partie du costume des officiers civils aussi bien que des militaires. Elle est presque plate et courte, et se porte au côté gauche, suspendue à un ceinturon ou à un baudrier. Elle est munie d'une poignée composée d'une coquille et d'une anse en métal, plus ou moins richement ornées, qu'on nomme la *garde de l'épée*.

Il existe en Suède un *ordre de l'Épée*, créé par Adolphe-Frédéric en 1748. — Gui de Lusignan, roi de Jérusalem, avait formé en 1192 un ordre du même nom. Dans les Arts, on nomme *épée* une grande alène droite dont se servent les cordiers et les bourreliers pour percer.—On donne aussi ce nom aux deux montants d'un avant-train de charrue, le long desquels glisse et s'arrête la traverse supérieure de la charrue.

ÉPÉE DE MER, nom vulgaire de l'*Espadon* et de la *Scie. Voy.* ces mots.

ÉPEICHE, nom vulgaire de plusieurs espèces du genre Pic, principalement du *Picus major. Voy.* PIC.

ÉPEICHETTE, nom vulg. du *Picus minor. V.* PIC.

ÉPELLATION. *Voy.* LECTURE (MÉTHODES DE).

ÉPEIRE, *Epeira*, genre d'insectes de la classe des Arachnides pulmonaires et de la famille des Fileuses, a pour type l'*É. diadème*, très-commune aux environs de Paris, surtout dans les jardins. Elle fait une toile large et verticale, se cache dans une feuille qu'elle roule avec ses fils, et y file un cocon où elle dépose une centaine d'œufs, de couleur jaune.

ÉPERLAN, *Osmerus*, genre de petits poissons de l'ordre des Malacoptérygiens abdominaux et de la famille des Saumons. Leur corps est sans tache. L'éperlan n'a qu'un décimètre de longueur. Son dos et ses nageoires sont colorés d'un beau gris, ses côtes et ses parties inférieures sont argentées; ces deux nuances sont relevées par des reflets verts, bleus et rouges; ses écailles et ses téguments sont transparents, et laissent distinguer le cerveau, les vertèbres et les côtes. On trouve l'éperlan dans la mer et à l'embouchure des grands fleuves. Sa chair exhale une odeur de violette; elle est blanche, tendre et très-recherchée. On estime surtout l'éperlan de Rouen.

ÉPERLAN DE SEINE, *Cyprinus bipunctatus*, poisson du genre Able, dont la grosseur est inférieure à celle du Meunier et d'autres espèces voisines. Son corps est brillant, argenté, avec deux points noirs sur chaque écaille de sa ligne latérale. Ce poisson habite nos eaux douces. Sa chair est peu estimée.

ÉPERON (de l'ital. *sperone*), pièce de métal qui s'adapte aux talons, et au milieu de laquelle joue une espèce d'étoile nommée *molette*, dont les pointes servent à piquer et à faire avancer le cheval. Avant le XIVᵉ siècle, l'éperon ne consistait qu'en une sorte de dard sortant du talon de la chaussure, et comparable, pour la forme et la disposition, à un ergot de coq. L'usage de l'éperon était connu des anciens. Au moyen âge, pour créer un chevalier, on lui attachait des éperons d'or, d'où le proverbe : *Gagner ses éperons*; le simple écuyer ne portait que des éperons d'argent.

Charles d'Anjou, roi de Naples, avait formé en 1266 un *Ordre de l'Éperon* pour récompenser la noblesse qui s'était déclarée en sa faveur contre Mainfroi. Le pape Paul III institua en 1559 un *Ordre de l'Éperon d'or* pour récompenser le mérite civil : cet ordre a été renouvelé en 1841 par Grégoire XVI. *Voy.* ÉPERON, au *Dict. univ. d'Hist. et de Géogr.* (*Supplément*).

En Architecture, on donne ce nom à des parties solides en maçonnerie, qu'on joint au revêtement pour lui donner la force de résister à la poussée des terres.—En termes de Fortification, l'*éperon* est un angle saillant qui se fait ou au milieu des courtines, ou au-devant des portes, pour les défendre. — En Hydrographie, on nomme ainsi les ouvrages en pointe qui servent à rompre le cours de l'eau devant les piles des ponts. — Dans la Marine, on donne ce nom à la charpente saillante, en avant de l'étrave, qui termine la proue d'un grand bâtiment. Dans les vaisseaux de guerre des anciens, l'*éperon* (*rostrum*) était une pointe de fer ou d'airain très-solide, destinée à pénétrer dans le flanc des vaisseaux ennemis.

En Zoologie, l'éperon est une apophyse osseuse et cornée, quelquefois double, presque toujours allongée et pointue, nommée aussi *ergot*, et qu'on remarque sur la partie postérieure du tarse des Gallinacés, et au fouet de l'aile de certains oiseaux échassiers ou palmipèdes, surtout chez les mâles.

En Botanique, on donne ce nom à une espèce de prolongement qu'on aperçoit à la base de la réunion des pétales de certaines fleurs. Tantôt c'est une sorte de corne tubuleuse, comme dans la balsamine, la capucine, le pied-d'alouette, qui prend de là le nom d'*Éperon de la vierge*, etc.; tantôt c'est une forte bosselure creusée dans les enveloppes florales.

En Anatomie, on nomme *éperon des artères* une petite saillie formée par leur membrane interne, au niveau de chaque bifurcation. Cette saillie est placée du côté du cœur ou du côté opposé, suivant que l'angle de la bifurcation est obtus ou aigu, et elle est circulaire quand l'angle est droit.

ÉPERONNIER, *Polyplectron*, genre de l'ordre des Gallinacés, famille des Paons. Ce sont des oiseaux granivores de la taille du faisan, de mœurs douces, et susceptibles de vivre en domesticité. Ils ont le plumage orné de brillantes couleurs; les pieds grêles, armés de plusieurs *éperons*; la queue longue et arrondie. On les trouve dans les Indes et en Chine.

ÉPERONNIÈRE, nom vulgaire de l'*Ancolie* des bois et des haies, de la *Dauphinelle* des jardins et de la *Linaire* champêtre. L'*Éperonnière de chevalier* est la *Dauphinelle* des blés.

ÉPERVIER (de l'allemand *Sperber*), *Falco nisus*, oiseau de proie du genre Autour, a les parties supérieures d'un cendré bleuâtre, une tâche blanche à la nuque; les parties inférieures blanches, avec des raies longitudinales sur la gorge, transversales sur les autres parties; la queue, d'un gris cendré, avec des bandes d'un cendré noirâtre; le bec noirâtre, les pieds et les iris jaunes. La longueur du mâle est de 32 centimètres, celle de la femelle de 38. Les éperviers habitent les pays montagneux de l'Europe. Ils sont carnivores et voraces. Leur vol est peu élevé, mais impétueux et rapide. On les dresse à l'espèce de chasse appelée *Autourserie. Voy.* ce mot.

Espèce du genre Sphynx. *Voy.* ÉPERVIERS.

ÉPERVIER, sorte de filet avec lequel on prend le poisson dans les étangs et les rivières. C'est un grand sac de rets dont la forme est conique, dont le bord inférieur est garni de plomb, et qui est retenu par une corde fixée au sommet du cône.

ÉPERVIÈRE, *Hieracium*, genre de plantes de la famille des Composées, tribu des Chicoracées, habite les montagnes, les plaines boisées et les lieux marécageux de l'Europe, de l'Amérique, de l'Asie et de l'Afrique. Ce sont des plantes à tiges feuillées et munies de poils noirs. L'*É. des murailles*, que l'on trouve dans les décombres, s'employait autrefois contre les maladies du poumon; on la donne comme plante alimentaire aux bestiaux, surtout aux chevaux.

ÉPERVIERS, nom donné par Geoffroy à la 2ᵉ famille de ses Sphinx, à cause de la forme qu'affectent la trompe et les antennes. *Voy.* ÉPERVIER.

ÉPERVIN, maladie des chevaux. *Voy.* ÉPARVIN.

ÉPHECTIQUES, secte philosophique. *V.* ÉPOQUE.

ÉPHÈDRE, *Ephedra*, genre de la famille des Conifères, renferme des sous-arbrisseaux dépourvus de feuilles, à rameaux cylindriques articulés. Aux fleurs succèdent des semences ovales, épaisses, succulentes, allongées, et formant une espèce de baie divisée. Dans les bosquets, les Éphèdres produisent un bel effet par leur touffe toujours verte. *Voy.* UVETTE.

ÉPHÉLIDES (en grec *éphélis*, d'*épi*, sur, et *hélios*, soleil), vulgairement *taches de rousseur, son, lentilles*, taches d'un jaune plus ou moins foncé, de forme et de dimensions variables, qui se répandent sur divers points de la peau, principalement sur les parties exposées à l'air ou à l'action des rayons solaires. Elles sont plus communes chez les femmes, les enfants, les sujets blonds ou roux; les femmes enceintes y sont particulièrement sujettes. Tantôt elles naissent spontanément; tantôt elles proviennent d'une exposition trop prolongée à l'action de la chaleur (*É. ignéales*), ou d'une altération des voies digestives (*É. hépatiques*); souvent elles accompagnent le scorbut ou la syphilis (*É. scorbutiques, syphilitiques*). Ces taches disparaissent quelquefois d'elles-mêmes, mais souvent elles persistent avec opiniâtreté. — Le traitement qu'on peut y opposer varie selon leur nature : les *E. hépatiques* et *scorbutiques* sont combattues par les lotions et les bains sulfureux, par des boissons adoucissantes et dépuratives; pour les autres, il suffit de lotions fraîches de lait, d'amandes amères, de liquides astringents, comme l'eau blanche. On débite, sous le nom de *laits antéphéliques*, diverses compositions qu'on prétend propres à faire passer ces taches.

ÉPHÉMÈRE (du grec *éphéméros*, d'un jour), nom donné aux maladies, et particulièrement aux fièvres qui ne durent qu'un jour. On nomme *éphémères prolongées* celles qui cessent après deux ou trois jours.

On donne, en Botanique, le nom d'*éphémères* aux fleurs qui, comme celles du *Cactus grandiflorus*, ne durent que quelques heures. On nomme aussi vulgairement *Éphémère* le genre *Tradescantia*. *V.* ce mot.

ÉPHÉMÈRES ou ÉPHÉMÉRINES, genre d'insectes Névroptères de la famille des Subulicornes : corps allongé, de couleur blanchâtre ou jaunâtre; ailes longues et triangulaires, élevées dans le repos; abdomen terminé par 2 filets dans les mâles, 3 dans les femelles. Les éphémères naissent au coucher du soleil et meurent à son lever; quelques-uns résistent plusieurs jours. En compensation, ils vivent 2, on dit même 3 ou 4 ans à l'état de larve. A peine sortis de cet état, ils se livrent à la reproduction, et la femelle dépose ses œufs dans l'eau; elle meurt peu après. On voit alors les eaux couvertes de leurs cadavres, dont les poissons se nourrissent avidement; ce qui a fait appeler ces insectes *manne des poissons*. L'*É. vulgaire* est commune en France : les pêcheurs s'en servent comme l'appât. Sa longueur est de 18 millimètres. M. Pictet a donné la *Monographie des Éphémérines*.

ÉPHÉMÉRIDES (du grec *éphéméris*, écrit jour par jour), nom donné d'abord par les Grecs à des espèces de journaux ou mémoires historiques où les faits étaient consignés jour par jour, a été appliqué en Astronomie à des tables qui donnent, pour chaque jour d'une année, l'état du ciel et l'équation du temps. Les plus célèbres sont, en France, la *Connaissance des temps*; en Angleterre, l'*Almanach nautique*; en Italie, les *Éphémérides de Bologne*, On donne aussi ce nom à des ouvrages qui contiennent les événements remarquables accomplis à différentes époques dans un même jour de l'année. Il en a été publié plusieurs collections, notamment les *Éphémérides politiques, littéraires, etc.*, de M. Noël, 1796 et 1812; les *Éphémérides universelles*, éditées par Corby, etc. L'*Annuaire militaire* donne les *Éphémérides militaires de la France*.

Il parut au dernier siècle, de 1765 à 1776, sous le titre d'*Éphémérides du citoyen*, un recueil hebdomadaire rédigé par l'abbé Baudeau, et consacré à la défense des doctrines des Économistes.

ÉPHIALTE (du grec *ephallomai*, sauter sur), nom donné au cauchemar dans lequel on sent quelquefois un corps pesant peser sur soi. *Voy.* CAUCHEMAR.

ÉPHIPPUS (du grec *éphippion*, selle), vulgairement *Cavalier*, poisson du genre Chétodon, est caractérisé par une dorsale profondément échancrée entre sa partie molle et sa partie épineuse; cette dernière est dénuée d'écailles. La dorsale peut se replier dans un sillon formé par des écailles du dos.

ÉPHOD (mot hébreu qui signifie littéralement *habiller*), ornement des prêtres hébreux. Celui que portait le grand prêtre se composait de deux pièces, dont l'une couvrait la poitrine et une partie du ventre, l'autre pendait jusqu'aux talons par derrière. Il était d'or, d'hyacinthe, de pourpre, de cramoisi et de fin lin retors. L'éphod que revêtaient les ministres inférieurs était de lin seulement. Ce vête-

ment paraît encore avoir fait partie du costume affecté aux juges et aux rois. David, marchant devant l'arche, portait un *éphod* de lin.

ÉPHORES (du grec *épi*, sur, et *horaô*, voir), magistrats de Lacédémone, institués pour contrebalancer l'autorité des rois. *Voy.* le *Dict. univ. d'H. et de G.*

ÉPHYDATIE, ou *Éponge d'eau*. *Voy.* SPONGILLE.

ÉPI (du latin *spica*), sorte d'inflorescence qui consiste dans la disposition, le long d'un pédoncule ou axe commun, d'un grand nombre de fleurs éparses, en spirales ou sur plusieurs rangs horizontaux. L'épi est dit *unilatéral* lorsque les fleurs sont tournées d'un même côté; *chaton*, lorsque les fleurs sont insérées autour de l'axe commun. — L'*épi* proprement dit est cette partie des plantes graminées placée au sommet des chaumes, et qui renferme les grains. — On appelle encore *épi* l'inflorescence du groseillier, du réséda, etc.

On nomme *Épi celtique* le Nard; *É. d'eau*, diverses espèces de Potamots; *É. de lait*, ou *É. de la Vierge*, l'Ornithogale pyramidale; *É. de vent*, l'Agrostide, graminée dont les fleurs panachées s'agitent au moindre vent; *É. sauvage*, l'Asaret d'Europe.

En Charpenterie, on nomme *épi* un assemblage de chevrons et liens autour d'un poinçon qui supporte la toiture et forme le comble circulaire couronnant une tourelle, un moulin, une église, etc. L'extrémité supérieure du poinçon se nomme *épi de faîte*. — On nomme encore ainsi les extrémités d'une digue construite en maçonnerie, ou avec des coffres en charpente remplis de pierres, pour résister à l'impétuosité des eaux; on les fait quelquefois en fascines chargées de gravier.

Épi de la Vierge, étoile brillante de première grandeur, située dans la constellation de la *Vierge*.

ÉPICARPE (d'*épi*, sur, et *carpos*, fruit), nom donné par le botaniste Richard à la membrane qui entoure le fruit ou *péricarpe*.

On appelait autrefois ainsi les topiques qu'on appliquait comme fébrifuges sur le poignet (en grec *carpos*) ou à l'endroit du pouls. C'étaient des emplâtres, des onguents, des cataplasmes composés d'ingrédients âcres et pénétrants, tels que l'ail, l'oignon, l'ellébore, le poivre, etc.

ÉPICEA, nom scientifique d'une espèce de *Sapin*.

ÉPICE (PAIN D'). *Voy.* PAIN D'ÉPICE.

ÉPICÈNE (du grec *épicoinos*, commun), terme de Grammaire, se dit des mots qui s'appliquent à des êtres des deux sexes, sans pourtant changer de genre : *passer, vulpes*, en latin; *enfant, aigle, caille*, en français, sont des noms épicènes.

ÉPICES, ÉPICERIES (du latin *species*, espèce, nom sous lequel on désigna d'abord les diverses *espèces* de drogues). On entend par *épices* proprement dites certaines substances végétales d'une odeur aromatique, d'une saveur forte et piquante, qui entrent dans la préparation d'une foule de compositions alimentaires pour en rehausser le goût et leur communiquer des propriétés toniques et échauffantes : tels sont le poivre, le piment, la muscade, le girofle, la cannelle, l'anis, le fenouil, le gingembre, le cumin, le carvi, la coriandre, la sauge, la moutarde, etc. Ce qu'on appelle vulgairement les *quatre épices* est un mélange de girofle, de muscade, de poivre noir, de cannelle et de gingembre réduits en poudre, dont on fait grand usage dans nos cuisines. — On donne particulièrement le nom de *drogues* aux épices employées dans les préparations pharmaceutiques ou tinctoriales (*Voy.* DROGUES). — L'*Épicerie* comprend, outre les *épices* proprement dites, les articles de consommation usuelle, tels que le miel, le sucre, le café, le cacao, le thé, le savon, l'huile, le vinaigre, la chandelle et autres denrées indigènes ou exotiques d'un usage journalier dans l'économie domestique.

Dans l'origine, le commerce de l'épicerie était exercé par les chandeliers vendeurs de suif. Sous

François Ier, les épiciers furent constitués en corporation et régis par des statuts particuliers. En 1520, on leur donna la qualité d'*Épiciers simples*, et il leur fut défendu de rien entreprendre sur les attributions des apothicaires; en 1742, cette qualification fut changée en celle d'*É. droguistes* et d'*É. grossiers*. Aujourd'hui, leur profession est libre; mais il leur est défendu de vendre ni préparer aucune composition pharmaceutique. Ils peuvent faire le commerce en gros des drogues simples, sans en vendre aucune au poids médicinal. Par la loi du 21 germ. an XI, ils sont soumis à la visite annuelle du jury médical.

La plupart des épices sont originaires des îles de la mer des Indes: aussi, jusqu'à la découverte du Cap de Bonne-Espérance, furent-elles très-rares en Occident, et considérées comme un objet de luxe. Il était d'usage d'en offrir en présent, comme on fait encore des dragées, bonbons ou confitures; on en donnait aux juges devant qui on avait eu un procès: cet usage, d'abord de pure politesse, était devenu d'une obligation telle qu'on appela *épices* les honoraires que les juges étaient autorisés à exiger des parties, et qu'ils se taxaient eux-mêmes au bas des jugements. Cet abus n'a disparu qu'en 1789.

ÉPICHÉRÈME (du grec *épikheirêma*, attaque, argument agressif), syllogisme dont chaque proposition est accompagnée de sa preuve. Tout ouvrage où le raisonnement domine peut, quelle qu'en soit l'étendue, se résumer dans un *épichérème*: tel est le discours de Cicéron *pro Milone*, qui se réduit à l'épichérème suivant: « Il est permis de tuer quiconque nous dresse des embûches: la loi naturelle, le droit des gens, les exemples, tout le prouve. — Or, Clodius a dressé des embûches à Milon: ses armes, ses soldats, ses manœuvres le démontrent; — donc il était permis à Milon de tuer Clodius. »

ÉPICLINE (du grec *épi*, sur, et *kliné*, réceptacle), se dit, en Botanique, du réceptacle lorsqu'il est placé sur le réceptacle, c.-à-d. lorsque le disque est hypogyne, comme dans les Labiées, la Rue, etc.

ÉPICONDYLE (du grec *épi*, sur, et *kondylos*, condyle), éminence qui présente en dehors l'extrémité inférieure de l'humérus, parce qu'elle se trouve placée au-dessus de la petite tête de cet os, à laquelle on a donné le nom de *condyle*.

ÉPICRANE (du grec *épi*, sur, et *kranion*, le crâne), nom donné à plusieurs organes situés sur le crâne. On a appelé *muscle épicrâne* le muscle occipito-frontal qui recouvre le dessus de la tête, et *aponévrose épicrâne* l'aponévrose qui unit les deux parties de ce muscle, et forme la calotte aponévrotique.

ÉPICYCLE (du grec *épi*, sur, et *kyklos*, cercle), se disait, dans l'ancienne Astronomie, d'un orbite circulaire dont le centre était supposé se mouvoir sur la circonférence d'un plus grand cercle appelé le *déférent*. On s'en servait pour ramener à des mouvements réguliers les irrégularités apparentes des mouvements des planètes.

ÉPICYCLOIDE (d'*épicycle*, et de *eidos*, forme), courbe décrite par un point d'une circonférence de cercle roulant sur une autre circonférence. Lorsque les deux cercles sont dans le même plan, l'épicycloïde est *plane*; lorsqu'ils sont dans des plans différents, elle est *sphérique*. Ces courbes sont d'un fréquent usage dans la fabrication des cames et des roues dentées. Leur découverte est attribuée à l'astronome danois Rœmer; elles furent l'objet d'un traité particulier publié par Lahire en 1694, et occupèrent les plus grands géomètres: Newton, Jean Bernouilli, Halley, Maupertuis, Nicole et Clairaut ont successivement examiné leurs propriétés.

ÉPIDÉMIE (du grec *épi*, sur, et *dêmos*, peuple). On appelle *épidémies*, ou *maladies épidémiques*, toutes les maladies qui, dans une localité, frappent sur un grand nombre d'individus à la fois, mais dont la cause est accidentelle, fortuite, passagère; elles diffèrent en cela des *maladies endémiques*, qui, propres à certains pays, s'y développent sous l'influence de causes persistantes (*Voy.* ENDÉMIQUES). Les maladies épidémiques affectent diverses formes. Quelquefois elles n'atteignent qu'une certaine classe d'individus, les enfants, les femmes ou les vieillards; quelquefois elles frappent indistinctement toute la population, ou spécialement certaines professions, certains tempéraments. Les causes des épidémies sont encore peu connues. L'influence de l'air, de l'humidité, de l'alimentation, joue un grand rôle dans la production de certaines épidémies restreintes et limitées; mais ces mêmes causes ne sont plus applicables à ces grandes épidémies qui envahissent souvent des régions entières du globe, où les conditions de climat et de température, bien que complétement opposées, laissent pourtant à la maladie son caractère originel: tels sont la *Grippe* et le *Choléra-morbus*. On les a attribuées aux causes les plus diverses: à l'action de l'air, des vents, du cours des fleuves, aux tremblements de terre, à l'apparition des comètes ou autres météores, à l'influence de certains miasmes et d'insectes microscopiques; enfin à un état spécial de l'électricité du globe.

Un grand nombre de maladies peuvent revêtir la forme épidémique: la coqueluche, le croup, la scarlatine, la dyssenterie, les fièvres intermittentes, le typhus, la fièvre jaune, la peste, le choléra, la variole, la suette, les fièvres éruptives, les névroses, etc.

Les épidémies sont aujourd'hui et moins fréquentes et moins meurtrières qu'autrefois, grâce aux progrès de la civilisation et des soins hygiéniques. La durée des épidémies est fort capricieuse et incertaine; il est rare qu'elles cessent avant trois ou quatre semaines, et qu'elles se prolongent au delà de trois mois. Rarement deux maladies épidémiques graves règnent simultanément; et, durant les épidémies, les maladies sporadiques sont sensiblement plus rares que de coutume. On a remarqué aussi qu'après les épidémies meurtrières, la mortalité et le nombre des malades étaient notablement diminués. Les maladies épidémiques sont particulières aux climats situés entre les tropiques et les pôles; dans leur marche, elles se dirigent ordinairement de l'est à l'ouest, comme on l'a remarqué pour le choléra-morbus.

Pour les épidémies qui frappent les animaux, *Voy.* ÉPIZOOTIE.

ÉPIDENDRÉES (du genre type *Epidendrum*), tribu de la famille des Orchidées, est caractérisée par ses masses polliniques, terminées chacune par un appendice filiforme roulé au-dessous d'elle. Le genre *Epidendrum*, type de cette tribu, se compose de plantes en général sous-frutescentes, originaires de l'Amérique du Nord. Ces plantes varient beaucoup dans leur port: les unes ont une tige élancée à feuilles alternes, d'autres offrent d'espace en espace des tubérosités couvertes de plusieurs feuilles. L'espèce la plus cultivée dans les serres est l'*É. coquille* (*E. cochleatum*) des Antilles, espèce à grandes fleurs roses, et qui tire son nom de son labelle recourbé en forme de coquille.

ÉPIDERME (du grec *épi*, sur, et *derma*, peau), dit aussi *cuticule* et *surpeau*, couche membraneuse, demi-transparente, qui recouvre la surface de tous les corps organisés. Chez l'homme, c'est une enveloppe albumineuse insensible qui paraît être sécrétée par le derme et qui se moule à sa surface. Cette enveloppe est formée elle-même d'un plus ou moins grand nombre de couches superposées, dont la plus interne est appelée *réseau muqueux de la peau*, ou *corps muqueux de Malpighi*. C'est dans cette dernière couche que réside la matière colorante à laquelle les nègres doivent leur couleur. L'épiderme a pour fonction principale de soustraire au contact de l'air et de défendre contre les corps extérieurs les papilles nerveuses qu'il recouvre et qui sont le siége de la sensibilité tactile.

En Botanique, l'*épiderme*, dit aussi *épiphlose*, est la membrane transparente qui recouvre les végétaux et les défend du contact immédiat de l'air. Quand l'arbre est vieux, elle se crevasse et devient raboteuse ; dans quelques végétaux, le bouleau, le platane, etc., elle tombe chaque année en feuillets plus ou moins larges et enroulés, et se régénère promptement.

ÉPIDOTE, substance minérale qui se présente sous la forme d'aiguilles aplaties, divergentes, ou de petites masses entrelacées. C'est un silicate de couleur verte plus ou moins foncée, quelquefois brune ou d'un jaune rouge. Cette substance est opaque : elle est assez dure pour étinceler sous le choc du briquet. On en connaît deux espèces, la *Zoïzite* ou *Épidote blanc*, et la *Thallite*.

ÉPIEU (de l'italien *spiede* ou *spiedo*, dérivé du latin *spiculum*), sorte d'arme à fer plat et pointu, dont se servaient les anciens et dont on se sert encore quelquefois à la chasse du sanglier. Au moyen âge, c'était une arme propre à l'infanterie française.

ÉPIGASTRE (du grec *épi*, sur, et *gaster*, estomac), partie moyenne de la région supérieure de l'abdomen, située entre les deux hypocondres, et s'étendant de l'appendice xiphoïde jusqu'à deux travers de doigt de l'ombilic. La partie moyenne de l'épigastre est le *creux de l'estomac;* il se trouve compris entre les côtes asternales d'un côté et celles du côté opposé : il est le siége d'une sensibilité toute particulière (*Voy.* PLEXUS SOLAIRE). On nomme *artère épigastrique* celle qui naît de l'iliaque externe, un peu au-dessus de l'arcade crurale, et s'anastomose vers l'ombilic avec la mammaire interne; *veine épigastrique*, une veine qui parcourt le même trajet, et se jette dans l'iliaque externe.

ÉPIGÉNÈSE (du grec *épi*, sur, et *génèsis*, naissance), système dans lequel on explique la formation des corps organisés par l'addition successive de leurs diverses parties. *Voy.* GÉNÉRATION.

ÉPIGÉNIE (du grec *épi*, sur, et *génos*, origine), se dit, en Minéralogie, de la forme de certains corps qui sont le résultat de la substitution d'une substance à une autre par l'effet d'une transformation chimique. Les pièces d'argent qui ont longtemps séjourné dans les fosses d'aisances se convertissent en sulfure sans changer de forme : de même, dans la nature, des cristaux de carbonate, de sulfate, de phosphate de plomb, sont convertis en sulfure et conservent néanmoins leur forme ; des cristaux d'oxyde de cuivre sont convertis en carbonate vert; ceux de pyrite de fer en peroxyde hydraté, etc.

ÉPIGÉS (COTYLÉDONS), ceux qui, à l'époque de la germination, s'élèvent au-dessus de terre avec la tigelle. Exemple : le *Haricot commun*.

ÉPIGLOTTE (du grec *épi*, sur, et *glottis*, la glotte), espèce de valvule fibro-cartilagineuse, située un peu au-dessous de la base de la langue, et qui a pour fonction de recouvrir exactement l'ouverture de la glotte au moment de la déglutition, et d'empêcher ainsi l'introduction des aliments dans les voies aériennes. — Chez les Insectes, on nomme ainsi l'anneau corné qui forme les lèvres des stigmates.

ÉPIGRAMME (du grec *épi*, sur, et *gramma*, lettre, inscription). Chez les Grecs, ce mot signifia d'abord une inscription ou une courte sentence, comme celles qu'on lit sur les monuments et sur les tombeaux : il était alors synonyme d'*épigraphe*. Il désigna ensuite un petit poëme dont la brièveté était le caractère principal : les *Anthologies* grecques sont remplies d'épigrammes de ce genre. Les Romains imprimèrent les premiers à l'épigramme ce cachet de malignité et de causticité qui en fait aujourd'hui le caractère essentiel. Catulle et Martial sont, en latin, les modèles du genre. En France, l'épigramme remonte à Mellin de Saint-Gelais, mort en 1558. Clé-

ment Marot, Boileau, J.-B. Rousseau, Piron, Lebrun et Chénier se sont fait un nom par leurs épigrammes. En voici un exemple tiré de Lebrun :

Chloé, belle et poëte, a deux petits travers :
Elle fait son visage, et ne fait point ses vers.

ÉPIGRAPHE (du grec *épigraphè*, inscription). Ce mot, qui dans l'origine exprimait, comme le mot *épigramme*, toute espèce d'inscription, désigne spécialement aujourd'hui une sentence, une phrase célèbre tirée des ouvrages d'un auteur, que l'on place à la tête d'un livre ou au bas d'une estampe pour en résumer l'esprit ou en désigner le sujet. L'usage des épigraphes remonte à une haute antiquité.

ÉPIGRAPHIE, science des inscriptions. *Voy.* INSCRIPTION.

ÉPIGYNE (du grec *épi*, sur, et *gynè*, femme), épithète qui, dans la méthode naturelle de Jussieu, exprime l'insertion d'un organe quelconque de la fleur au-dessus de l'ovaire. Ainsi les étamines, dans les Ombellifères, sont épigynes, c.-à-d. insérées sur l'ovaire. L'insertion, dans ce cas, est dite *épigynique*.

ÉPILATION. *Voy.* DÉPILATION.

ÉPILEPSIE (du grec *épilepsis*, saisissement, parce que ses accès sont le plus souvent inattendus), vulgairement *mal caduc, haut mal, mal sacré, mal lunatique*, etc., noms qui révèlent la vive impression que cette maladie a toujours produite, et les explications mystérieuses qu'on se plaisait à lui donner. C'est une maladie nerveuse cérébrale qui se manifeste par accès plus ou moins rapprochés, ordinairement brusques, dans lesquels il y a abolition complète des fonctions des sens et de l'entendement, et mouvements convulsifs. L'épilepsie se déclare plus souvent avant qu'après la puberté, chez les tempéraments nerveux et irritables, chez les femmes, dans les climats froids; quelquefois elle est héréditaire et presque toujours incurable. La frayeur, la colère, les excès de toute nature, surtout les habitudes solitaires, les passions vives, les lésions sur la tête, en sont les causes ordinaires. L'accès est quelquefois précédé de malaise et de vertiges, ou d'assoupissement, et souvent aussi d'une sensation particulière (*aura epileptica*), qui, de la tête, de l'un des bras ou de quelque autre point du corps, gagne rapidement le cerveau; d'autres fois, le malade tombe subitement comme foudroyé. L'œil est fixe, le visage rouge, gonflé, livide ; la bouche écumante et distordue, la respiration bruyante, stertoreuse ; tout le corps devient insensible, et est agité de mouvements convulsifs; après l'accès, stupeur et accablement général, pesanteur de tête, face pâle, sueur abondante; nul souvenir de tout ce qui s'est passé. — Les attaques d'épilepsie, très-irrégulières dans leur marche et leur retour, durent ordinairement de 5 à 20 minutes; elles peuvent aussi se prolonger plusieurs heures; alors, la mort peut en résulter.

On recommande aux épileptiques la sobriété et un régime doux et rafraîchissant ; la modération en toute chose; les bains tièdes prolongés; les topiques froids sur la tête; puis les voyages, les distractions douces. On prévient quelquefois les attaques par une ligature appliquée au-dessus du point d'où s'élève l'*aura epileptica;* ou bien en faisant inspirer ou donnant à l'intérieur l'ammoniaque liquide. Pendant l'attaque, il faut desserrer les vêtements du malade et le mettre au grand air. Une foule de médicaments ont été préconisés contre l'épilepsie; tels sont : la valériane, la feuille d'oranger, le camphre, le musc, le quinquina, les purgatifs aloétiques, les préparations ferrugineuses, mercurielles; les saignées générales et locales, le rappel d'éruptions ou d'évacuations habituelles supprimées; l'application de vésicatoires, de sétons, cautères et moxas.

L'épilepsie accidentelle des nouveau-nés et des femmes en couche prend le nom d'*éclampsie.*

ÉPILLET (du latin *spiculus*), se dit, en Botanique, des petits épis qui, par leur réunion, en forment un grand; et, dans un sens plus restreint, de ceux qui, dans les Graminées, sont enfermés dans la même glume, et dont l'ensemble constitue l'épi.

ÉPILOBE (d'*épi*, sur, et *lobos*, gousse), *Epilobium*, genre de la famille des Onagrariées, renferme des plantes herbacées ou frutescentes, à feuilles opposées ou alternes, à fleurs rouges, roses ou violâtres, munies d'aigrettes à l'intérieur. Le fruit est long et ressemble à une cosse. Les épilobes aiment les lieux frais et humides. L'*É.* à *épi*, vulgairement *Osier fleuri* ou *Laurier de saint Antoine*, croît dans les bois des montagnes. Ses fleurs sont d'un rouge purpurin; leurs aigrettes, mêlées au coton, peuvent servir à faire de légers tissus; ses racines se mangent dans le Nord; ses feuilles, semblables à celles du saule et de l'osier, entrent dans la composition de la bière; les chèvres et les vaches les mangent avec avidité.

ÉPILOGUE (du grec *épi*, sur, et *logos*, discours), nom donné, dans l'Art oratoire, à la conclusion ou dernière partie d'un discours ou d'un traité, laquelle contient ordinairement la récapitulation des principaux points répandus ou exposés dans le discours ou dans l'ouvrage. — Il s'emploie plus communément en Poésie, et désigne un petit poëme, quelquefois séparé, espèce d'adresse au lecteur qui se trouve à la fin d'un recueil de fables, de contes, etc., et même à la fin de chacune des parties de ce recueil, quand elles ont été publiées séparément. — Dans le théâtre grec, on appelait aussi *épilogue* une pièce de vers qu'un auteur adressait au public, à la fin d'une tragédie ou d'une comédie, et dont le but était d'effacer les impressions fâcheuses qu'aurait pu laisser la pièce dans l'esprit des spectateurs.

ÉPIMAQUE (*Epimachus*, c.-à-d. *combattant*, nom donné par les Grecs à un oiseau des Indes peu connu), genre de Passereaux ténuirostres. Ces oiseaux ont la forme allongée des merles, la tête petite; les jambes emplumées, et sont de couleurs très-variées. L'*É.* royal, type du genre, a la taille du geai; son bec est noir et long, le dessus de sa tête est recouvert de plumes d'un vert bleuâtre, et d'un reflet métallique; le cou et la gorge sont revêtus d'une cravate triangulaire d'un vert émeraude; les plumes du dos et des ailes sont de couleur noir-ponceau; le ventre est couvert de plumes brillantes à teinte de cuivre; la queue est courte, carrée et à plumes vertes dorées; les pieds sont noirs et munis d'ongles crochus. Cette espèce est de la Nouvelle-Galles du Sud. L'*É.* multifil, ou à *douze filets* (*E. albus*), est le Falcinelle de Vieillot.

ÉPIMÈDE (nom grec d'une plante inconnue), *Epimedium*, genre de la famille des Berbéridées; plantes herbacées, vivaces; fleurs en panicules ou en racèmes. L'*É.* à *grandes fleurs*, l'*É.* des Alpes et l'*É.* à *fleurs violettes* sont cultivés dans les jardins pour l'élégance de leur feuillage et de leurs fleurs.

ÉPINARD, *Spinacia oleracea*, plante de la famille des Chénopodées : ce sont des végétaux herbacés, annuels, à feuilles alternes et à fleurs monoïques, à périanthe verdâtre, quadri ou quinquéfide dans les mâles, bi ou trifide dans les femelles. Cette plante, inconnue aux anciens, est originaire de l'Asie centrale; elle a été introduite en Espagne par les Arabes, et de là elle s'est répandue partout. On en distingue deux espèces : l'*É.* commun, à graines épineuses, à feuilles petites et arrondies, et l'*É.* de *Hollande*, à graines lisses, à feuilles grandes, épaisses, anguleuses à leur base. Les feuilles de l'épinard sont inodores, aqueuses, d'une saveur légèrement amère. On les mange crues ou cuites; elles nourrissent peu et se digèrent facilement : elles sont émollientes, détersives, rafraîchissantes et un peu laxatives. On parvient à se procurer ce légume pendant

près de neuf mois de l'année, en ayant soin d'en semer de mois en mois, depuis mars jusqu'en novembre, dans une terre meuble et substantielle. Comme il monte rapidement, ce qui lui fait perdre de sa qualité, on lui substitue dans l'usage quelques plantes de propriétés analogues, auxquelles on donne improprement, le nom d'*épinards* : tels sont l'*É.* des *Juifs*, la Corète siliqueuse; l'*É.* des *murailles*, la Pariétaire; l'*É.* du *Malabar*, la Baselle; l'*É.* sauvage, l'Ansérine sagittée.

ÉPINARD-FRAISE. *Voy.* BLÈTE.

ÉPINCETAGE, une des opérations de la fabrication du drap, consiste à enlever, avec de petites pinces dites *épincettes*, les nœuds, pailles et bourrons qui se trouvent à la surface du drap. Ce sont des femmes qui sont chargées de ce travail.

ÉPINE (du latin *spina*). On désigne sous ce nom tout appendice piquant et roide que présentent certains organes végétaux ou animaux. En Botanique, on en trouve sur les branches, les tiges, les feuilles, quelquefois même sur le calice et sur les fruits. Ces piquants tirent leur origine du corps ligneux. Ils diffèrent en cela des *aiguillons*, par exemple de ceux des rosiers, qui naissent de l'écorce et s'enlèvent avec elle. On considère les épines comme des rameaux ou des pédoncules de fleurs avortés.

Dans le langage vulgaire, on nomme *É.* d'*Afrique*, le Lyciet; *É.* aigrette, l'Épine-vinette; *É.* amère ou *jaune*, le Paliure; *É.* ardente ou *buisson ardent*, l'Aubépine; *É.* blanche, l'Aubépine, la Pédane, etc.; *É.* de *bœuf*, la Bugrane, la Bardane; *É.* de *bouc*, l'Astragale; *É.* de *cerf*, le Nerprun purgatif; *É.* aux *cerises*, le Jujubier cultivé; *É.* du *Christ* ou *fleurie*, le Prunellier; *É.* croisée, plusieurs Féviers; *É.* d'*été* et d'*hiver*, deux variétés de poires fondantes; *É.* double, une espèce de Groseillier; *É.* du *Levant*, un Néflier; *É.* luisante, l'Alisier; *É.* noire, le Prunier sauvage; *É.* au *scorpion*, le Panicaut; *É.* toujours verte, le Houx commun.

En Zoologie, des épines s'observent aux nageoires ou sur le corps même de certains poissons, et sur les larves de plusieurs Lépidoptères diurnes : ce sont pour ces animaux des moyens d'attaque et de défense.

En Anatomie, on nomme *épines* certaines apophyses qui se remarquent à la surface des os, et qu'on a comparées aux épines des végétaux. Telles sont l'*É.* nasale, l'*É.* de l'*omoplate*, l'*É.* ischiatique, l'*É.* palatine, etc. On nomme *É.* dorsale l'ensemble des vertèbres qui constituent la *colonne vertébrale*.

ÉPINE-VINETTE (ainsi appelée des *épines* qui garnissent la plante et de la saveur aigrelette de ses fruits), dite aussi *Vinetier*, en latin *Berberis vulgaris*, espèce du genre Berbéride, de la famille des Berbéridées, très-commune dans les buissons. Elle a le port d'un arbuste; ses feuilles sont alternes, ovales et pointues; ses fleurs sont petites, disposées en grappes pendantes; le calice est à 6 sépales, la corolle à 6 pétales, les étamines au nombre de 6 et la stigmate sessile. Les fruits consistent en des baies rouges, ombiliquées et de la grosseur d'un pois; ils sont acides, astringents et rafraîchissants, et servent à faire des confitures estimées et une espèce de vin ou plutôt de cidre; recueillis verts, ils remplacent les câpres. Le bois est recherché par les cordonniers pour chevilles. On tire de la racine et de l'écorce une couleur jaune employée en teinture. Les feuilles se mangent en guise d'oseille et sont un aliment très-sain pour les vaches, les chèvres et les brebis. On fait avec l'épine-vinette d'élégantes clôtures autour des jardins. Quelques cultivateurs prétendent que cette plante donne la rouille aux blés voisins.

ÉPINETTE (de l'ital. *spinetta*), instrument à clavier dont on se servait avant l'invention du clavecin, et dont les cordes étaient, comme dans le clavecin, mises en vibration par un bec de plume. Chacune des notes de l'épinette a sa corde particulière, en sorte qu'il faut 12 cordes pour chaque octave. L'épinette était en usage au XVIe siècle ; mais cet instrument a depuis longtemps cédé la place au clavecin et au piano.

ÉPINETTE (d'*épine*), nom donné vulgairement à diverses espèces de Conifères que l'on tire du Canada, et qu'on emploie à faire les mâts des vaisseaux. Ce nom leur vient de la forme de leurs feuilles qui sont filiformes et aigues. L'*É. blanche* est le *Sapin du Canada*; l'*É. rouge* est un mélèze, le *Larica americanus*.

ÉPINEUX, nom spécifique de plusieurs espèces de poissons bien différents les uns des autres par leurs formes, mais dont les épines présentent un grand développement. Tels sont l'*Echimys épineux*, le *Canard épineux*, l'*Epinoche épineux*, le *Squale épineux*, et quelques mollusques ou zoophytes.

ÉPINGLE (du latin *spiculum*, petit dard, selon Roquefort, ou mieux de *spinula*, petite épine, selon Robert Estienne). La fabrication des épingles est une de celles dont le travail est le plus compliqué. Elle comprend une vingtaine d'opérations distinctes dont voici les principales. Le fil de laiton, qui vient de la forge tout noir, et roulé en *torques* ou colliers, est d'abord *décapé*, c'est-à-dire nettoyé avec du tartre, puis tiré à la *bobille* ou filière, et *dressé* au moyen d'un instrument appelé *engin*. La botte de *dressées* faite, on la coupe en tronçons, qu'un autre ouvrier *empointe* par chaque bout en les passant sur la meule ; on coupe ensuite le tronçon en deux pour en faire deux *hanses* ou épingles sans tête. Au moyen d'un instrument, dit *tour à tête*, on tourne en spirales plusieurs fils de laiton, que le *coupeur de têtes* divise en petites parties ayant chacune deux tours de fil. Les têtes coupées, l'*entêteur* les accommode au bout des épingles et les consolide sur l'enclume. Après quoi, il reste encore à *étamer* les épingles, à les *sécher*, les *vanner*, *piquer* les papiers, et y *bouter*, c.-à-d. caser, dans les trous les épingles et en former des paquets dits *sixains* contenant 6,000 épingles.

Les épingles se distinguent pour la vente en *ordinaires*, *repassées*, *rivées*, *houseaux*, ou *É. à la reine*, qui sont les plus grosses, *drapières ordinaires*, *drapières rivées*, *dentelières*, *rubanières* et *camions*, qui sont les plus petites. Les *É. noires*, qui servent surtout pour les cheveux, acquièrent cette couleur en les faisant bouillir dans de l'huile de lin. L'Aigle (Orne) et Rugles (Eure) sont les principaux centres de la fabrication des épingles en France ; on en fait beaucoup aussi à Birmingham, en Angleterre, et en Hollande. — L'usage des épingles ne remonte pas en France au delà de 1540 ; Cath. Howard les introduisit en Angleterre en 1543. — Les joailliers font des *épingles de toilette* dont la tête est ordinairement terminée par une pierrerie ou quelque autre ornement.

On appelle communément *épingles* le petit présent qu'on fait à la femme de celui avec lequel on vient de conclure un marché ou une affaire considérable, sans doute parce que, dans l'origine, ce présent était offert comme pour acheter des épingles.

ÉPINGLÉ (VELOURS), velours cannelé et très-léger. *Voy.* VELOURS.

ÉPINGLETTE, sorte d'aiguille de fer dont les artilleurs se servent pour percer les gargousses avant de les amorcer. C'est aussi le nom d'une épingle de fil d'archal que les soldats d'infanterie portent avec une petite chaîne à une de leurs boutonnières, et avec laquelle ils débouchent la lumière du fusil.

ÉPINGLIER, industriel qui fabrique ou qui vend des épingles, des aiguilles à tricoter, etc. On nomme encore *épinglier*, l'ouvrier qui fabrique les petits clous à l'usage des ébénistes, ainsi que des agrafes, des annelets, des crochets, des grillages de fil de fer pour les bibliothèques, etc.

ÉPINIÈRE (MOELLE). *Voy.* MOELLE.

ÉPINOCHE (par corruption de *spinosus*, épineux),

vulgairement *Pec* ou *Savetier*, en latin *Gasterosteus*, genre de petits poissons Acanthoptérygiens, de la famille des Joues-Cuirassées, fort communs dans le nord de l'Europe. Ils ont le ventre cuirassé, des rayons *épineux* sur le dos, des nageoires ventrales à peu près réduites à une seule épine ; leur taille ne dépasse guère 45 millim. On trouve les épinoches dans les ruisseaux, les rivières et la mer. Ils se multiplient si prodigieusement dans quelques lieux qu'on les utilise pour en fumer les terres, pour en extraire de l'huile ou pour engraisser les bestiaux. Leur voracité est très-grande. La chair de l'épinoche est peu estimée.

ÉPINOCHETTE, nom vulgaire de 2 petites espèces du genre Épinoche, les *G. pungitius* et *occidentalis*.

ÉPIPACTIDE (du grec *épipactis*, elléborine), dit aussi *Sérapias*, *Elléborine*, genre de plantes de la famille des Orchidées, tribu des Néotticées : racine fibreuse ; tige simple ; feuilles alternes, embrassant la tige ; fleurs assez grandes et disposées en épi au sommet de la tige. L'*É. à larges feuilles* a une tige haute de 30 à 40 centim., dressée, cylindrique, légèrement pulvérulente ; des feuilles allongées, un peu en cœur, ovales ; des fleurs d'un vert mélangé de pourpre. L'*É. des marais* a une tige dressée, légèrement pubescente ; ses fleurs blanches ou verdâtres, variées de pourpre, pendent en forme d'épi à l'extrémité lâche de la tige.

ÉPIPHANIE (du grec *épiphaneia*, apparition), manifestation de Jésus-Christ aux gentils, fêtée par les Chrétiens. *Voy.* le Dict. univ. d'Hist. et de Géogr.

ÉPIPHONÈME (du grec *épiphonéma*, exclamation), figure de Rhétorique, exclamation sentencieuse par laquelle on termine un discours ou un récit intéressant. Tel est, au commencement de l'*Énéide*, ce vers célèbre :

Tantæ molis erat Romanam condere gentem !

ÉPIPHORA (du grec *épi*, sur, et *phéró*, porter), larmoiement, écoulement involontaire et continuel des larmes qui tombent sur les joues au lieu de passer par les points lacrymaux, qui se trouvent obstrués. Ce mal disparaît avec la maladie dont il n'est que le symptôme.

ÉPIPHYLLES (du gr. *épi*, sur, et *phyllon*, feuille), petits Champignons parasites qui croissent sur la face supérieure des feuilles des plantes.

ÉPIPHYSES (du grec *épi*, sur, et *physis*, nature), éminences osseuses qui sont séparées du corps principal de l'os par une couche de cartilage plus ou moins épaisse. Cette disposition dans les éminences des os ne se remarque que chez les jeunes sujets ; elle dépend de ce que l'ossification n'est pas achevée : aussi, avec le temps, la couche cartilagineuse est envahie par le phosphate de chaux ; les épiphyses se soudent, semblent se confondre avec le reste de l'os, et se changent en *apophyses*.

ÉPIPHYTES (du grec *épi*, sur, et *phyton*, plante), plantes qui croissent sur d'autres végétaux, sans cependant en tirer leur nourriture : tels sont les Lichens, les Mousses, certains Champignons, etc.

ÉPIPLOON (du grec *épi*, sur, et *pléó*, nager, flotter), enveloppe membraneuse des intestins, formée par un prolongement du péritoine, se compose de deux feuillets qui flottent dans la cavité abdominale, suivant toutes les circonvolutions des intestins, qu'ils recouvrent sans y adhérer. On y distingue : l'*É. gastro-colique* ou *grand épiploon* qui recouvre la presque totalité de l'intestin et flotte sur ses circonvolutions : il est quadrilatéral, plus long à gauche qu'à droite, et a beaucoup de graisse ; l'*É. gastro-hépatique* ou *petit épiploon*, repli du péritoine qui s'étend transversalement du côté droit du cardia à l'extrémité correspondante de la scissure du foie, et de haut en bas depuis cette scissure jusqu'à la petite courbure de l'estomac, au pylore et au duodénum : il est peu chargé de graisse ; l'*É. colique*, repli du péritoine qui n'existe que du côté droit, et qui est placé derrière le grand épiploon : il remplit l'angle de réunion du colon lombaire droit et du colon transverse ; l'*É. gastro-splénique*, formé par le péritoine, qui, des bords de la scissure de la rate, se porte à la face postérieure de l'estomac. — L'épiploon sert à défendre les intestins du froid et d'un choc trop rude. C'est aussi pour les animaux hibernants une sorte de réservoir de matière nutritive.

ÉPIPONE (du grec *épiponos*, laborieux), *Epipona*, genre d'insectes Hyménoptères, famille des Diploptères, tribu des Guêpiaires, est caractérisé par le pédicule allongé de son abdomen, et le prolongement antérieur de son chaperon. L'espèce type est l'*É. Tatou* (E. Tatua), remarquable par la singularité de son nid, en forme de fuseau, et traversé par une branche d'arbre dans toute sa longueur. Cet insecte habite Cayenne. Il est petit, d'un noir soyeux, avec le bord des anneaux de l'abdomen jaune.

ÉPIQUE (POÉSIE). *Voy.* ÉPOPÉE.

ÉPISCIA (du grec *épiscios*, qui se plaît à l'ombre), genre de la famille des Gesnériacées, composé d'herbes vivaces, à feuilles opposées, à fleurs diversement colorées. L'*E. mellitifolia* est fréquemment cultivée pour la beauté de ses fleurs.

ÉPISCOPALE (VALVULE). *Voy.* VALVULE.

ÉPISCOPAT. *Voy.* ÉVÊQUE.

ÉPISÈME (du grec *épisémon*, signe, marque), un des trois caractères étrangers à l'alphabet, dont les Grecs se servaient dans leur numération écrite, s'écrivait ainsi : Ϛ'. L'épisème marquait le nombre 6 ; avec l'accent inférieur à gauche (ιϚ), il valait 6,000.

ÉPISODE (du grec *épeisodion*, même significat.), action incidente et subordonnée à l'action principale d'un poëme ou d'un roman. Elle sert à développer le sujet et à y jeter du mouvement et de la variété. Tels sont dans l'*Iliade* l'expédition de Diomède et d'Ulysse (chant X) ; dans l'*Énéide*, le récit de la mort de Cacus, le dévouement de Nisus et d'Euryale (chants VIII et IX) ; dans les *Lusiades*, l'apparition du génie Adamastor (chant V). L'épisode, étant un accessoire, doit se renfermer dans de justes limites, parer le fond, mais non le faire disparaître.

En Peinture, *épisode* se dit également d'une action accessoire qu'on ajoute à l'action principale qui fait le sujet d'un tableau.

En Musique, on nomme ainsi une partie de la *fugue*, qu'on appelle aussi quelquefois *divertissement*. Les épisodes se composent ordinairement d'imitations formées du *sujet* et du *contre-sujet*. Ils jettent de la variété dans la fugue et servent à moduler.

ÉPISPASTIQUES (du grec *épispaô*, attirer), substances qui, appliquées sur la peau, y déterminent de la douleur, de la chaleur et une rougeur plus ou moins vive, suivie du détachement de l'épiderme, soulevé par un amas de sérosité exhalée. L'eau bouillante, les cantharides, la moutarde, etc., sont des épispastiques. On appelle *pommades épispastiques* des pommades destinées au pansement des vésicatoires ; on distingue : la *P. épispastique forte* ou *verte*, la *P. épispastique moyenne* ou *jaune*, la *P. épispastique douce* ou *blanche* ; on en trouve la composition dans les formulaires. *Voy.* VÉSICATOIRE.

On donne aussi ce nom aux insectes *vésicants*.

ÉPISPERME (du grec *épi*, sur, et *sperma*, graine), enveloppe extérieure de la graine. Elle consiste ordinairement en une membrane mince et simple (fève et haricot) ; quelquefois elle se partage en deux feuillets (oranger). L'épisperme est marqué d'une cicatrice plus ou moins distincte, qui est le *hile* ou ombilic ; par ce point, la graine s'attache au péricarpe ; les vaisseaux nourriciers de l'embryon y passent par une ouverture nommée *omphalode*. Quelquefois ces vaisseaux, au lieu de percer directement l'épisperme, se glissent entre ses deux feuillets, et y forment une ligne saillante, appelée *raphé* ou va-

siducte ; l'endroit par où ils sortent est la *chalaze*.

ÉPISSOIR (de l'anglais *splice*, même signification), sorte de poinçon de fer, de corne ou de bois dur, avec lequel on ouvre le bout des cordages qu'on veut *épisser*, c.-à-d. réunir. On s'en sert à bord des vaisseaux et dans les ateliers de garniture. — On appelle *épissure*, l'assemblage de deux bouts de corde par l'entrelacement de leurs torons.

ÉPISTAXIS (du grec *épi*, sur, et *stazéin*, couler goutte à goutte), vulgairement *saignement de nez*, tout écoulement de sang par les narines. On distingue deux espèces d'épistaxis : les unes *spontanées*, *actives*, par rupture de quelques-uns des vaisseaux de la membrane pituitaire ; les autres, *passives*, ou par simple exhalation. Cette hémorragie constitue rarement un état morbide ; quelquefois même elle est salutaire, et il faut s'abstenir de la supprimer ; mais lorsqu'elle est trop abondante, atonique et non critique, il faut se hâter de l'arrêter, et pour cela, placer le malade dans un lieu frais, et dans une position verticale ; appliquer sur le front et les tempes des compresses imbibées d'eau froide ou d'éther ; en même temps, on entretient la chaleur des mains et des pieds par des bains très-chauds ou des cataplasmes sinapisés. Si ces moyens sont infructueux, on a recours à la ligature des membres ; on fait aspirer ou on injecte dans le nez quelque solution astringente d'alun, l'eau de Rabel (mélange d'acide sulfurique et d'alcool), etc. ; on prescrit la saignée du bras ou du pied, les sangsues à l'anus. Si l'hémorragie menace d'être funeste, il faut recourir au tamponnement des fosses nasales, procédé opératoire qui s'exécute avec une sonde dite de Belloc, armée d'un fil double et de deux bourdonnets de charpie ou d'agaric, destinés à obturer les ouvertures postérieure et antérieure des fosses nasales.

ÉPISTOLAIRE (GENRE), du latin *epistola*, lettre, genre de littérature qui comprend les recueils de lettres familières écrites par des personnages célèbres, comme Cicéron, Pline, Sénèque, chez les anciens ; Voiture, Balzac, Voltaire, Mᵐᵉ de Sévigné, Mᵐᵉ de Maintenon, etc., chez les modernes ; on l'étend aussi aux ouvrages, soit polémiques, soit didactiques, soit romanesques, soit satiriques, publiés fictivement sous forme de lettres. Tels sont les *Lettres de quelques hommes obscurs*, satire fameuse du XVIᵉ siècle, écrite en latin et attribuée à Reuchlin et à Ulric de Hutten ; les *Lettres provinciales* de Pascal ; les *Lettres persanes* de Montesquieu ; les *Lettres de Junius* ; les *Lettres sur la mythologie* de Demoustier, le roman de *Clarisse Harlowe* par Richardson ; la *Nouvelle Héloïse* de J.-J. Rousseau, etc. *Voy.* ÉPÎTRE, LETTRES, ROMAN.

ÉPISTOLOGRAPHES (du grec *épistolè*, lettre, et *graphô*, écrire), écrivains qui ont cultivé le genre épistolaire. *Voy.* ÉPISTOLAIRE (GENRE).

ÉPISTOME (du grec *épi*, sur, et *stoma*, bouche), partie antérieure de la tête des insectes, celle qui se trouve immédiatement au-dessus de la bouche. *Voy.* CHAPERON.

ÉPISTYLE (du grec *épi*, sur, et *stylè*, colonne). *Voy.* ARCHITRAVE.

ÉPITAPHE (du grec *épitaphion*, formé de *épi*, sur, *taphos*, tombeau), inscription, en prose ou en vers, faite pour être mise sur un tombeau. Son principal mérite est d'être concise, afin qu'elle reste plus facilement gravée dans la mémoire. On cite comme modèle en ce genre l'épitaphe du général Mercy :

Sta viator, heroem calcas.

L'épitaphe est ordinairement un éloge ou une sentence morale, et souvent l'un et l'autre.

On a publié beaucoup de collections d'épitaphes ; nous citerons : le *Thesaurus epitaphiorum* de Labbe, Paris, 1666 ; le *Jardin d'épitaphes choisies* de T. Guillebaud, Paris, 1648 ; le *Recueil d'épitaphes* de Laplace, Paris, 1782, 3 vol. ; *Epitaphs original and selected*, Londres, 1840, etc.

EPITASE (du grec *épitasis*, tension, développement), partie du poëme dramatique qui vient après l'exposition, et où l'action se développe. C'est ce que les modernes appellent le *nœud de l'intrigue*.

En Médecine, on nomme ainsi le début d'un accès ou d'un paroxysme.

ÉPITHALAME (du grec *épi*, sur, et *thalamos*, lit nuptial), sorte de poëme ou de chant, composé à l'occasion d'un mariage et à la louange des nouveaux époux. Il est d'origine grecque quant à la forme, mais de la plus haute antiquité quant à sa première institution. Nous avons encore des épithalames de Stésichore et de Théocrite, en grec ; de Catulle et d'Ausone, en latin. Aujourd'hui, les *chansons de noce* ont presque partout remplacé les épithalames, dont l'usage ne se maintient plus guère que dans les villages de quelques provinces.

ÉPITHÉLIUM (du grec *épi*, sur, et *thélys*, féminin, à cause de son analogie avec la membrane qui recouvre les organes femelles de certaines plantes), épiderme mince qui recouvre les membranes muqueuses. L'épithélium a la même structure que l'épiderme ; mais les cellules dont il est composé sont tantôt amples, et semblables les unes aux autres, de sorte que de leur adossement résulte une sorte de pavé (*É. pavimenteux*) ; tantôt plus ou moins cylindriques ou coniques (*É. à cylindres*) : ce dernier porte quelquefois des cils sur l'endroit le plus large des cellules ; on le nomme *É. vibratile*.

ÉPITHÈME (du grec *épi*, sur, et *tithémi*, mettre), médicament topique qui ne tient ni de la nature de l'onguent ni de celle de l'emplâtre. On distingue l'*É. liquide*; l'*É. sec* et l'*É. mou*, qu'on nomme aussi *cataplasme*. Lorsqu'ils sont chauds, les épithèmes liquides et secs constituent les *fomentations*. Les épithèmes secs sont des poudres, simples ou composées, enfermées dans des sachets.

ÉPITHÈTE (du grec *épithétos*, ajouté), nom donné en général à toute qualification d'un substantif, et spécialement à tout modificatif, adjectif ou autre, qui ajoute à l'idée principale plus de force, de noblesse ou de grâce. L'emploi judicieux des épithètes est de la plus haute importance en poésie.

ÉPITOGE (du grec *épi*, sur, et du latin *toga*, toge), espèce de manteau que les Romains portaient quelquefois par-dessus la toge.—C'est aussi une sorte de chapeau ou de capuce que les présidents à mortier ou le greffier en chef du parlement portaient autrefois sur la tête dans les solennités, et qu'ils ne portèrent plus ensuite que sur l'épaule. *Voy.* CHAUSSE.

ÉPITOMÉ, mot grec qui veut dire *abrégé*, se dit de toute espèce de livre abrégé, particulièrement des livres d'histoire : ainsi, les commençants traduisent dans nos classes l'*Epitome historiæ sacræ* de Lhomond ; l'*E. historiæ græcæ* de Siret. On donne aussi ce nom au *Breviarium historiæ romanæ* d'Eutrope.

ÉPITRE (du latin *epistola*, lettre), nom donné : 1° aux lettres missives des anciens qui nous ont été conservées, telles que les *Épîtres de Cicéron* et de *Sénèque*, et notamment aux lettres des apôtres ; 2° à des lettres descriptives, morales, satiriques ou badines, écrites en vers. Horace est le premier qui ait écrit des épîtres en vers, et ses épîtres (*sermones*) sont les seules qui nous restent de l'antiquité. Chez les modernes, on cite surtout en ce genre Boileau, Pope, Voltaire, Gresset, J.-B. Rousseau, Chénier, C. Delavigne et Lamartine.

Les *Épîtres des Apôtres* font partie du Nouveau Testament : elles renferment des explications des dogmes de la religion catholique, des conseils, des encouragements, etc. On distingue : les *Épîtres particulières* de S. Paul aux Églises ou à ses disciples, au nombre de 14 ; et les *Épîtres catholiques*, c.-à-d. adressées à l'universalité des fidèles, au nombre de 7 :

celles-ci sont dues à S. Jacques, S. Pierre, S. Jean et S. Jude ; on les nomme aussi *É. canoniques*.

Dans la Liturgie, on appelle *épître* la *leçon* ou partie de la messe lue par le prêtre ou chantée par le sous-diacre après la collecte et avant l'évangile. Cette leçon est prise le plus souvent dans les épîtres de S. Paul ou des autres apôtres. Les fidèles et le clergé sont assis pendant la lecture de l'épître. — Le livre qui contient les épîtres de toute l'année s'appelle *Lectionnaire* ou *Epistolier.*— On nomme *côté de l'épître* le côté droit de l'autel, celui qu'on a à sa droite en entrant dans le chœur, parce que c'est de ce côté qu'on lit l'épître.

ÉPITROCHLÉE (du grec *épi*, sur, et *trochalia*, poulie), dite aussi *condyle interne* ou *petit condyle de l'humérus*, protubérance inégale, arrondie, qui se trouve au dedans de l'extrémité inférieure de l'humérus, au-dessus de sa trochlée articulaire.

ÉPITROPE (du grec *epitrépô*, accorder, permettre), nom donné quelquefois à une figure de Rhétorique, plus connue sous le nom de *Permission*.

ÉPIZOAIRES (du grec *épi*, sur, et *zôon*, animal), animaux parasites qui vivent sur le corps de l'homme ou des animaux, comme les Poux, les Mites ou Acarides, certains Crustacés, et même les Sangsues, etc.

ÉPIZOOTIE (du grec *épi*, sur, et *zôon*, animal), maladie passagère qui sévit à la fois sur un grand nombre d'animaux domestiques. Plusieurs épizooties sont contagieuses, telles que le typhus du gros bétail, la fièvre charbonneuse, la péripneumonie des bêtes bovines, la clavelée, la morve, le farcin, la gale, la fièvre aphtheuse des bêtes bovines, ovines et du porc ; d'autres ne sont pas transmissibles, telles que l'hydrohémie, les inflammations des muqueuses intestinales, la bronchite, la pneumonie du cheval et des bestiaux, le sang de rate, les angines simples et croupales, les maladies vermineuses, etc. Les causes de ces maladies résident en général dans les influences atmosphériques, l'alimentation, l'état des étables, l'excès du travail et certaines autres conditions encore peu connues. Les moyens les plus efficaces d'en arrêter les effets sont le changement de climat, d'habitation, l'isolement des animaux attaqués, une grande propreté, une nourriture saine et convenable. Quelquefois, pour arrêter les progrès de la contagion, on se voit forcé d'abattre les animaux malades.

Tout détenteur d'animaux infectés d'une maladie contagieuse doit les séquestrer et informer le maire de la commune où ils se trouvent, sous peine d'un emprisonnement de 6 jours à 2 mois, et d'une amende de 16 à 200 fr. Ceux qui auront laissé leurs bestiaux infectés communiquer avec d'autres seront punis d'une amende de 100 à 500 fr. et d'un emprisonnement de 2 à 6 mois. Si de cette communication il résulte une contagion parmi les autres animaux, la peine sera un emprisonnement de 2 à 5 ans et une amende de 100 à 1,000 fr. (Code pén., art. 459-461, et ordonnance du 27 janvier 1815).

ÉPLUCHAGE. C'est, dans les Arts mécaniques, l'action d'enlever les ordures mêlées à la soie, à la laine, au coton et aux autres substances qu'on destine au travail. On *épluche* les soies de chaîne et de trame en enlevant les bourres, etc.

ÉPLUCHOIR, instrument destiné à l'épluchage dans la fabrication des étoffes.—L'*épluchoir* du vannier est une lame forte et triangulaire, émoussée vers la pointe et portée par un manche; il s'en sert pour couper les bouts d'osier qui saillent et excèdent la surface de ses ouvrages.

ÉPODE (du grec *épi*, en sus, et *ôdè*, chant), nom donné, chez les Grecs, à la stance qui, dans les odes et dans les chœurs de tragédies, se chantait immédiatement après la *strophe* et l'*antistrophe*. Sur la scène, le chœur chantait la strophe à gauche du théâtre, l'antistrophe à droite, et l'épode au milieu.

On nommait aussi *épode* un petit poëme lyrique composé de plusieurs distiques, dont les premiers vers étaient autant d'iambes trimètres ou de six pieds, et les derniers étaient plus courts, et seulement des iambes dimètres ou de quatre pieds.

On a donné le nom d'*Épodes* au 5e et dernier livre des poésies lyriques d'Horace, sans doute parce qu'il est composé d'odes recueillies après sa mort et publiées *à la suite de ses Odes* (ἐπὶ ᾠδῶν).

ÉPONGE, *Spongia*, genre de Zoophytes de la classe des Spongiaires, se présente sous la forme d'un amas de tissus fibreux plus ou moins denses et flexibles, plus ou moins élastiques, susceptibles de s'imbiber, et enduits, dans l'état vivant, d'une substance gélatineuse, à demi fluide, irritable, très-fugace. Presque tous les naturalistes, même les plus anciens, comme Pline et Dioscoride, les ont classées parmi les animaux; cependant ils n'offrent les caractères les plus saillants de l'animalité que dans les premiers temps de leur vie; plus tard, ils ressemblent plutôt à des végétaux informes. Le tissu des Eponges est formé de la réunion d'une multitude de petits tubes capillaires, susceptibles de recevoir l'eau dans leurs interstices et de se distendre considérablement; on aperçoit sur leur surface des trous arrondis qui sont tapissés dans leur longueur d'une membrane molle, douce et brillante : ce sont des orifices de sortie, qui emportent les matières fécales. Ces Zoophytes sont ovipares.—Les Eponges se trouvent au fond de la mer, attachées aux rochers. Avant de les livrer au commerce, on leur fait subir diverses préparations pour les blanchir, leur donner plus de souplesse, et leur enlever leur odeur désagréable. On les emploie, ainsi préparées, pour la toilette, pour laver les meubles, les voitures, etc. En Chirurgie, on s'en sert pour dilater certaines cavités fistuleuses; en Médecine, on employait autrefois l'éponge brûlée contre les goitres et les scrofules : elle agissait sans doute en vertu de l'iode qu'elle renferme.—C'est de la Méditerranée que se tirent les plus belles éponges. Les plus usitées dans le commerce sont : l'*É. fine douce de Syrie*, qui sert à la toilette; l'*É. fine dure*, ou *É. grecque*, employée aux usages domestiques; l'*É. blonde* ou *de Venise*, la plus légère et la plus régulière de toutes; l'*É. de Barbarie* ou *de Marseille*, dite *É. geline*, pour le service des appartements et des écuries.

ÉPONTILLE (de *pont*), pièce de bois ou de fer que l'on place entre les ponts d'un bâtiment pour les supporter; on s'en sert aussi pour y passer des cordages propres à tenir les pavois et les garde-corps. Il y en a deux rangs dans les vaisseaux qui portent des canons de gros calibres. Les bâtiments d'un ordre au-dessous des frégates n'en ont qu'un rang.

ÉPOPÉE ou POEME ÉPIQUE (du grec *épos*, récit). C'est le récit poétique d'une grande action. L'action épique doit être *une*, comme la *colère d'Achille* (Iliade) ou le *retour d'Ulysse* (Odyssée), et ne pas embrasser la vie entière d'un héros, comme dans l'*Achilléide* de Stace : cette unité n'exclut pas les *épisodes* (*Voy.* ce mot); elle doit être *grande* et surtout *intéressante*. Dans toute épopée, on distingue : 1° l'*exposition*, renfermant le *début*, où l'on fait connaître le sujet du poëme; l'*invocation* et l'*avant-scène*, ou exposé de la situation où se trouve le héros; 2° le *nœud*, ou ensemble des intrigues qui s'opposent à l'exécution de ses volontés; 3° l'*intrigue*, augmentant ou détruisant ces obstacles; 4° le *dénoûment*. Les personnages de l'épopée sont ou imaginés par le poëte, ou empruntés à l'histoire; le *héros* doit toujours dominer. L'épopée admet le *merveilleux*, mais à la condition que le poëte croie aux dieux qu'il fait agir; sinon ce n'est plus qu'un ressort emprunté qui jette du froid dans tout l'ouvrage : c'est là le grand défaut de la *Pharsale* et de la *Henriade*. Les principaux poëmes épiques sont : chez les anciens, l'*Iliade* et l'*Odyssée* d'Homère, les *Argonautiques*

d'Apollonius, l'*Énéide* de Virgile, la *Pharsale* de Lucain, la *Guerre punique* de Silius Italicus; chez les modernes, la *Jérusalem délivrée* du Tasse, le *Paradis perdu* de Milton, les *Lusiades* du Camoëns, la *Henriade* de Voltaire, la *Messiade* de Klopstock, etc. L'Inde possède plusieurs grandes épopées, le *Ramayana*, le *Mahabharata*, etc. Le *Chah-Nameh* de la Perse, le vieux poëme allemand des *Niebelungen*, peuvent être rapportés au même genre. On a aussi classé dans le genre épique quelques grandes compositions en prose, comme le *Télémaque* de Fénelon, les *Martyrs* de Chateaubriand, etc.

L'*épopée badine* ou *héroï-comique* est une parodie de l'épopée sérieuse où la disproportion des moyens avec la fin excite le rire. Tels sont : la *Batrachomyomachie* d'Homère, le *Lutrin* de Boileau, la *Boucle de cheveux enlevée* de Pope; et, dans un ordre plus relevé, le *Roland amoureux* de Boiardo et celui de Berni, le *Roland furieux* de l'Arioste.

ÉPOQUE (du grec *épokhê*, arrêt), point fixe dans l'histoire, ordinairement marqué par un grand événement, comme la création, le déluge, la naissance de J.-C., l'hégire, l'invasion des Barbares, la prise de Constantinople, la découverte de l'Amérique, etc. Ce mot se dit souvent de l'événement historique que l'on prend pour point de départ d'une ère. *Voy.* ÈRE.

En Astronomie, on appelle *époque* le lieu moyen d'un astre à un instant déterminé; on s'en sert pour trouver ensuite, en partant de cet instant, le lieu moyen de l'astre pour un autre instant quelconque. On choisit ordinairement pour fixer cette époque le passage au périhélie.

En Géologie, on distingue cinq grandes *époques* correspondant à autant de révolutions que la terre a subies à de longs intervalles. Les nombreux débris fossiles qui existent encore aujourd'hui dans les différentes couches du globe peuvent servir à démontrer leur existence, et à les distinguer.

Dans la 1re époque, on ne trouve aucune trace d'animaux vertébrés; on y rencontre des Mollusques et des Crustacés, des végétaux cryptogames vasculaires, semblables aux fucus, aux prèles, aux fougères, etc.; ces végétaux fossiles sont de 10 à 15 m. plus haut que les mêmes plantes actuelles. — Les terrains de la 2e époque renferment parmi les Mollusques, des *Gryphées*, des *Ammonites*; ils offrent un grand nombre de reptiles gigantesques : le *Plésiosaure*, le *Ptérodactyle*, l'*Ichthyosaure*, le *Géosaure*, le *Phytosaure*, le *Pleurosaure*, etc.; des poissons semblables au brochet, au hareng, etc., mais aucun Mammifère. Les végétaux appartiennent à la famille des Conifères et à celle des Cycadées : on y retrouve, parmi les Phanérogames, des genres de la famille des Naïades.—Dans la 3e époque, les Mammifères commencent à se montrer : ce sont parmi les Pachydermes, le *Palæotherium*, l'*Anoplotherium*, le *Mastodonte*, l'*Hippopotame*, le *Rhinocéros*, le *Tapir*, etc.; parmi les Rongeurs, le *Castor*, le *Loir*, l'*Écureuil*; parmi les Carnassiers, le *Coati*, la *Genette*, la *Sarigue*; parmi les Ruminants, le *Bœuf*; parmi les Mammifères amphibies, le *Phoque*, le *Lamantin*, la *Baleine*, etc. Les oiseaux se rapprochent des *Cailles*, des *Bécasses*, de l'*Ibis*, du *Cormoran*, du *Busard*, de la *Chouette*, etc. Les Reptiles se rapprochent des *Salamandres*, des *Tortues*, des *Crocodiles*, etc. Les poissons et les Mollusques sont très-nombreux. On voit de nombreuses plantes phanérogames. — Dans la 4e époque, on ne retrouve presque plus de traces des animaux des premières époques, perdus aujourd'hui; tout au contraire, les Pachydermes actuels, tels que l'*Hippopotame*, le *Tapir*, le *Cochon*, l'*Éléphant*, le *Cheval*, rares précédemment, y deviennent très-nombreux. — La 5e époque est l'époque actuelle, celle où l'homme apparaît. Ces cinq époques d'organisation correspondent à la division des terrains. *Voy.* TERRAINS.

En Philosophie, les Sceptiques appelaient *époque* (*arrêt*) la suspension du jugement, qui, trouvant des raisons égales pour affirmer et pour nier, ne doit, selon les Sceptiques, se prononcer ni dans l'un ni dans l'autre sens. Pyrrhon appuyait cette opinion de plusieurs arguments qu'on appelle *raisons d'époque*. Ses disciples ont pris de là le nom d'*Éphectiques*, mot dérivé comme celui d'*époque* du grec *épéchô*, arrêter, retenir.

ÉPOUSAILLES (du latin *sponsalia*, de *spondere*, promettre). Ce mot s'appliquait autrefois spécialement aux promesses de mariage, et se prenait tantôt pour une simple promesse qui ne liait pas les parties, tantôt comme synonyme du mot *fiançailles*; plus tard il est devenu synonyme de *mariage*.

ÉPOUTISSAGE, une des opérations de la fabrication du drap. *Voy.* ÉPINCETAGE.

ÉPOUX (du latin *sponsus*). Ce mot désigna dans l'origine deux *fiancés*, deux personnes qui s'étaient promis de se marier et qui étaient liées par cette promesse. Aujourd'hui, il est synonyme de *mari* et *femme*.

Aux termes de la loi (Code civil, art. 212 et suiv.), les époux se doivent mutuellement fidélité, secours, assistance; le mari doit protection à sa femme, la femme obéissance à son mari. La femme est obligée d'habiter avec le mari, et de le suivre partout où il juge à propos de résider. Le mari est obligé de la recevoir et de lui fournir tout ce qui est nécessaire pour les besoins de la vie. La femme ne peut ester en jugement sans l'autorisation du mari, si ce n'est quand elle est poursuivie en matière criminelle ou de police : le juge peut alors donner cette autorisation, à défaut du mari. La femme peut tester sans l'autorisation de son mari. Le meurtre commis par l'époux sur l'épouse, ou par celle-ci sur son époux, n'est pas excusable si la vie de celui qui a commis le meurtre n'était pas en péril lorsque le meurtre a eu lieu. Dans le cas de flagrant délit d'adultère, le meurtre est déclaré excusable (art. 324).

ÉPREINTES. *Voy.* TÉNESME.

ÉPREUVE, tout moyen par lequel on s'assure qu'une personne ou une chose a les qualités requises.

En Typographie, on nomme *épreuves* les divers tirages faits sur la forme et soumis à correction avant que la feuille soit tirée : la première *épreuve* se collationne dans l'imprimerie même avec la copie (manuscrit), afin de corriger les fautes qui auraient pu s'y glisser; on la nomme *première typographique*; elle est suivie, pour les ouvrages nouveaux, d'épreuves qui sont envoyées à l'auteur (*épreuves d'auteur*); la dernière de ces épreuves est le *bon à tirer*. Quel que soit le nombre des épreuves précédemment tirées, on appelle *tierce* celle que le correcteur de l'imprimerie revoit au moment de l'impression, afin de s'assurer que toutes les corrections indiquées ont été bien exécutées : c'est celle sur laquelle le tirage est fait.

On donne aussi le nom d'*épreuve* à l'essai que fait le graveur pour juger de l'état de sa planche. Lorsqu'il a terminé sa gravure à la pointe sur le vernis, et qu'il a fait mordre sa planche, il en tire quelques épreuves; on les nomme *É. d'eau-forte*. Quand sa planche est ébauchée, il tire une *É. d'essai*; enfin, quand elle est finie, les épreuves se nomment *É. terminées*. On nomme *É. avant la lettre*, l'épreuve qu'on tire avant d'y mettre l'inscription; on distingue l'*É. avant toute lettre*, l'*É. avec la lettre grise*, ou *avec la lettre tracée*; l'*É. avec la remarque*, où on laisse les fautes faites par le graveur, etc. Les amateurs recherchent surtout les épreuves avant la lettre.

ÉPREUVE JUDICIAIRE. *Voy.* JUGEMENT DE DIEU, au *Dict. univ. d'Hist. et de Géogr.*

ÉPREUVE PAR ASSIS ET LEVÉ. *Voy.* VOTE.

ÉPROUVETTE, se dit, en Chimie, d'un vase de verre cylindrique, ayant la forme d'un tube fermé par un bout. Il sert particulièrement à recueillir les gaz : à cet effet, on remplit l'éprouvette d'eau ou de mercure, et on la maintient renversée dans une cuve remplie d'un de ces liquides; si l'on engage alors au-dessous de l'orifice de l'éprouvette l'extrémité d'un tube par où se dégage un gaz, on voit celui-ci s'élever dans l'intérieur de l'éprouvette, et en chasser peu à peu l'eau ou le mercure. Moitrel d'Elément a le premier enseigné, en 1719, ce moyen de recueillir les gaz.

En Physique, l'*éprouvette* d'une machine pneumatique est le baromètre raccourci qui sert à indiquer la pression de l'air qui reste dans les cloches où l'on fait le vide.

Les distillateurs donnent souvent le nom d'*éprouvette* à l'*aréomètre*, parce que cet instrument leur donne le moyen d'éprouver le degré alcoolique du produit de leur distillation. Ils nomment aussi *éprouvette* un tube de verre long d'environ 15 à 20 centimètres, en forme de bouteille, ayant à son fond deux pouces de verre massif. Pour s'en servir, le distillateur remplit l'éprouvette à moitié; il bouche l'instrument avec le pouce, puis le secoue violemment afin d'exciter un grand nombre de bulles. A la manière dont ces bulles se disposent sur le liquide, on juge du degré de spirituosité.

On nomme *éprouvette à poudre* une sorte de dynamomètre destiné à mesurer la force de la poudre à canon. L'*É. hydrostatique* de Régnier se compose d'un tube de laiton long de 50 centim., portant au bout supérieur un petit canon, et dont le bas est renflé en une panse creuse, renfermant un peu de lest au-dessous. Ce tube se tient vertical dans l'eau, et une partie sort au-dessus du liquide; on fait partir le canon, et il se produit un recul qui immerge dans l'eau une partie plus ou moins grande de la tige, selon la force de la poudre. Pour trouver cette force, on a gradué la tige en parties égales, de manière que le 30e degré soit pris avec la poudre capable de lancer à 300 m. une petite balle. La poudre de guerre donne 30 degrés; la poudre de chasse 45 ou 46.

ÉPUISEMENT, diminution progressive des forces, produite par des évacuations excessives, la débauche, une fatigue considérable, la privation de sommeil, les affections tristes, la contention d'esprit, une nourriture insuffisante ou malsaine, une croissance trop rapide, etc. L'épuisement amène la phthisie, l'amaigrissement et quelquefois la mort.

ÉPUISEMENT, opération d'Hydraulique, dans la construction des ponts, digues, écluses, etc., dans les mines et dans le percement des puits. Les ustensiles ou machines à épuiser sont : l'*écope*, le *van*, la *vis d'Archimède*, les *roues à aube* ou *à tympan*, les *pompes* de toute sorte, les *siphons*, etc. Une des opérations de ce genre les plus prodigieuses est l'épuisement de la mer de Harlem, tentée de nos jours.

ÉPULIE (du grec *épi*, sur, et *oulon*, gencive), excroissance fongueuse qui vient sur les gencives, principalement de la mâchoire inférieure, dans l'intervalle de deux dents ou au fond d'une alvéole. L'épulie succède ordinairement à une inflammation de la bouche, à la carie d'une dent ou du bord alvéolaire; quelques-unes dégénèrent en cancers : pour ces dernières, l'extirpation des dents attaquées et la cautérisation sont indispensables.

ÉPURATION, clarification qui s'opère spontanément dans les sucs aqueux, acides ou huileux, lorsque, après les avoir exprimés des végétaux on les laisse reposer ou éprouver un léger mouvement de fermentation. *Voy.* CLARIFICATION.

ÉPURE, dessin au trait, le plus souvent réduit d'après une échelle, et coté, mais quelquefois de grandeur naturelle, fait par les architectes, les ingénieurs et les constructeurs de machines, pour servir de modèle aux charpentiers, aux maçons, aux tailleurs de pierre, et, en général, à tous ceux qui devront exécuter et assembler les différentes pièces de l'édifice ou du mécanisme projetés. Les épures se font dans les ateliers ou aux chantiers, sur une aire bien unie ou sur un mur convenablement disposé. L'art de tracer les épures se compose de deux parties. La 1re consiste à connaître la théorie des projections, pour former, sur le papier, l'ensemble des lignes, dont les distances et les inclinaisons déterminent par leurs intersections les limites où s'arrête la forme des corps qu'on veut exécuter; cette partie se nomme *Stéréotomie* ou *Géométrie descriptive* (*Voy.* ces mots); elle renferme la coupe des pierres, la charpente, la perspective, la gnomonique, etc. La 2e partie consiste à manier avec adresse les instruments de travaux graphiques, la règle, le compas, l'équerre, le tire-ligne, le rapporteur, etc.

ÉPURGE (GRANDE ET PETITE), nom donné vulgairement à 2 espèces *purgatives* du genre *Euphorbe.*

EPYORNIS, oiseau gigantesque. *Voy.* ÆPYORNIS.

ÉQUANT (du latin *æquans*, part. prés. du verbe *æquare*, égaler). Les anciens Astronomes nommaient ainsi certains cercles excentriques par rapport à la terre, et qu'ils supposaient parcourus par les planètes. On n'en fait plus usage depuis que Képler a démontré que les planètes se meuvent dans des orbes elliptiques dont le soleil occupe l'un des foyers.

ÉQUARRISSAGE (de *carré,* qu'on écrivait autrefois *quarré*), état d'une matière équarrie, c.-à-d. taillée à angles droits. On équarrit une poutre, une pierre, une glace, un trou, etc. On dit en Charpente qu'une poutre a 40 centimètres d'équarrissage lorsqu'elle a 40 centim. en tous sens. — On appelle *bois d'équarrissage* le bois qui a au moins 15 centimètres; celui qui est au-dessous se nomme *chevron.*

ÉQUARRISSAGE, industrie qui consiste dans l'abattage et le dépècement des chevaux, ânes, chiens, chats, etc., pour tirer parti de leur peau, de leur graisse, des muscles, des crins, des os, etc. Les enclos où les équarrisseurs exercent leur métier sont des lieux infects et malsains, qu'il faut éloigner des habitations des grandes villes. Paris en possédait plusieurs autrefois; on les appelait *escorcheries aux chevaux.* Depuis quelques années on les a transportés à Aubervilliers, dans la plaine des Vertus. *Voy.* ABATTOIR.

ÉQUARRISSOIR, outil dont se servent les horlogers et les mécaniciens. C'est une aiguille d'acier trempé, dont la surface, d'abord ronde et légèrement conique, a été limée et aiguisée ensuite en plusieurs faces tranchantes. Ils servent à agrandir les trous déjà pratiqués dans le cuivre ou dans le fer.

ÉQUATEUR (du latin *æquare*, égaler, à cause de l'égalité des jours et des nuits qui a lieu quand le soleil décrit ce cercle), grand cercle de la sphère, perpendiculaire à l'axe des pôles et au méridien, à égale distance des deux pôles, a été imaginé par les Astronomes pour faciliter l'explication des phénomènes. L'*E. terrestre*, qui est censé passer par la terre, et l'*É. céleste*, qu'on admet dans la sphère céleste, passent tous les deux par le centre de la terre, ont les mêmes pôles et se confondent dans le même plan. Ils partagent la terre et la sphère céleste en deux *hémisphères* : l'un *septentrional* ou *boréal*, et l'autre *méridional* ou *austral.* On détermine la position des lieux de la terre par rapport à l'équateur terrestre, et les différents points du ciel par rapport à l'équateur céleste : la distance d'un point à l'équateur est la *latitude* de ce point (*Voy.* LATITUDE). L'équateur coupe l'horizon en deux points, qui sont l'est ou l'orient, et l'ouest ou l'occident. L'équateur terrestre partage la zone torride en deux parties égales. Quand il est tracé sur les cartes et les planisphères, les navigateurs l'appellent la *ligne équinoxiale*, ou simplement la *ligne.* Les peuples qui habitent sous l'équateur ont perpétuellement les jours égaux aux nuits ; pour les autres lieux de la terre, cette égalité ne s'observe que deux fois par an, aux équi-

noxes du printemps et de l'automne, quand le cercle décrit par le soleil répond à l'équateur.

ÉQUATEUR MAGNÉTIQUE, courbe formée autour de la terre par la série des points où l'*inclinaison* de l'aiguille aimantée est nulle. Cette courbe est régulière dans une partie de son cours, et alors elle suit très-sensiblement la direction d'un grand cercle qui serait incliné à l'équateur terrestre de 12 à 16o, et qui le couperait d'une part à l'ouest de la côte occidentale d'Amérique, vers l'île Gallégo, et d'une autre part vers la côte occidentale d'Afrique, en s'inclinant du côté du sud, dans la partie de l'océan Atlantique qui sépare ces deux points. Mais dans la mer du Sud, entre les îles Sandwich et les îles des Amis, l'équateur magnétique offre des sinuosités nombreuses. Cette ligne fait le tour de la terre en restant toujours dans la zone équatoriale, et coupe même l'équateur en plusieurs points. Le pôle austral de l'aiguille de la boussole s'abaisse vers l'horizon dans toute la partie du globe qui se trouve au-dessus de l'équateur magnétique ; il se relève au contraire dans toute l'autre partie.

ÉQUATION (du latin *æquare*, égaler), se dit, en Algèbre, de la relation d'égalité qui existe entre deux formes ou deux générations différentes d'une même quantité. Les équations ont ordinairement pour objet la recherche des valeurs inconnues de certains nombres ; on représente celles-ci par les dernières lettres de l'alphabet, et notamment par la lettre x. Par exemple, l'expression $4x + 4 = 2x^2 - 2$ est une équation, parce que 4 fois x plus 4 forment le même nombre que 2 fois la seconde puissance de x moins 2. *Résoudre une équation*, c'est en tirer, par des calculs convenablement dirigés, la valeur de l'inconnue, ou, comme on dit, la *racine de l'équation.* Les quantités séparées par le signe $=$ se nomment les *membres de l'équation :* on nomme *premier membre* celle de ces quantités qui est à gauche du signe $=$, et *second membre* celle qui est à droite. Les différentes parties dont les membres sont composés prennent le nom de *termes :* dans l'équation précédente, $4x$ et $+ 4$ sont les termes du premier membre ; $2x^2$ et $- 2$, les termes du second membre.

Dans toute équation, on peut, sans l'altérer, faire passer un terme quelconque d'un membre dans l'autre membre, en changeant le signe dont ce terme est affecté. Ainsi, l'équation précédente peut s'écrire : $4x = 2x^2 - 2 - 4$, ou $4x = 2x^2 - 6$. On peut aussi changer tous les signes des termes qui composent une équation quelconque, en les remplaçant par des signes opposés. Enfin, on peut multiplier ou diviser les membres d'une équation par le même nombre sans détruire l'égalité de ces membres.

On classe les équations, d'après le degré de la plus haute puissance de l'inconnue qu'elles renferment, en équations du *premier degré*, du *second degré*, du *troisième degré*, etc.

On entend par *abaissement* d'une équation les diverses opérations qui consistent à diminuer d'une ou de plusieurs unités le degré d'une équation supérieure, de manière à en faciliter la résolution.

La résolution des équations des deux premiers degrés est connue depuis longtemps. Au XVIe siècle, l'Italien Tartaglia découvrit une formule qui résout les équations du 3e degré toutes les fois que leurs valeurs ne sont pas compliquées d'imaginaires ; peu après, Ferrari en donna une semblable pour les équations du 4e degré. Quant aux équations des degrés supérieurs, l'Anglais Harriot, au XVIIe siècle, fit connaître leur composition générale, et les travaux de Descartes, Newton et Lagrange fournirent des méthodes pour trouver très-approximativement leur racine.

En Astronomie, l'*équation* d'un astre est la différence qui existe entre l'élément vrai d'un corps céleste et son élément moyen, c.-à-d. la quantité dont il faut augmenter ou diminuer sa position, calculée dans l'hypothèse d'un mouvement moyen uniforme, pour trouver sa véritable situation, résultante de son mouvement réel et inégal.—L'*équation du temps* est la différence entre le temps vrai et inégal indiqué par le soleil, et le temps moyen marqué par une pendule bien réglée. L'inégalité des jours solaires, c.-à-d. de l'intervalle compris entre deux passages consécutifs du soleil au méridien, provient de l'obliquité de l'écliptique et de l'inégalité du mouvement propre du soleil. L'*Annuaire du Bureau des longitudes* et la plupart des almanachs donnent l'équation du temps pour chaque jour de l'année, c.-à-d. l'heure exacte que doit marquer une bonne pendule au midi vrai de chaque jour. Quatre fois dans l'année, vers le 14 avril, le 15 juin, le 30 août et le 23 septembre, l'équation du temps est nulle; sa plus grande valeur s'élève, vers le 1er novembre, jusqu'à 16 minutes 14 secondes.

ÉQUATORIAL (d'*équateur*), instrument dont on se sert pour suivre le mouvement diurne des astres et déterminer l'ascension droite et la déclinaison, se compose de deux cercles qui représentent l'un l'équateur, et l'autre le cercle de déclinaison. On y ajoute un quart de cercle dirigé vers le méridien, qui sert à élever l'équateur pour la latitude du lieu.

ÉQUERRE (du latin *quadra*, carré), instrument de mathématiques, en bois ou en métal, composé de deux règles fixes ajustées perpendiculairement l'une à l'extrémité de l'autre, ou d'une planchette à faces parallèles coupée en forme de triangle rectangle, et qui sert à tracer des angles droits sur le bois , la pierre, les métaux, etc., ou à tirer des perpendiculaires sur une ligne donnée. — L'équerre des maçons est formée de deux tringles de bois carré, réunies à angle droit, au moyen d'une troisième règle placée transversalement. — On nomme *équerre à chapeau* ou *à onglet* une équerre dans laquelle une règle déborde l'autre en épaisseur des deux côtés ; *É. à épaulement*, celle dont une branche est trois fois plus épaisse que l'autre ; *double équerre*, un instrument de gnomonique, composé d'une planche étroite au bout de laquelle s'adapte à angle droit une autre planche, qui forme avec la première deux angles droits ; *triple équerre*, une planche un peu large au milieu de laquelle est fixée, à angles droits, une autre planche de la même hauteur : on s'en sert pour placer le style des cadrans verticaux. — On appelle *fausse équerre* une espèce de compas formé par deux règles de bois ou de métal assemblées par un de leurs bouts, à l'aide d'un clou rivé qui les perce l'une et l'autre, et dont les deux branches peuvent s'écarter sous toutes les valeurs angulaires.

ÉQUERRE D'ARPENTEUR. On nommait ainsi anciennement un cercle épais de cuivre divisé en quatre parties égales par deux droites qui se coupent au centre en angles droits, et dont les extrémités sont garnies de pinnules. Aujourd'hui , c'est une espèce de prisme octogonal qui, au lieu de droites, a quatre fentes perpendiculaires ; on lui donne le nom d'*équerre octogone*. Cet instrument sert à tirer des perpendiculaires sur le terrain et à prendre des alignements. On visse ces équerres à l'extrémité arrondie d'un bâton dont l'autre bout est garni d'un fer pointu, de manière à pouvoir l'enfoncer dans la terre.

ÉQUERRE (L') ET LA RÈGLE, constellation de l'hémisphère austral, formée par La Caille au dernier siècle, et composée de 15 étoiles. Elle est placée au-dessous du *Scorpion* et du *Loup*, sur la ligne menée d'Antarès à l'étoile du Centaure.

ÉQUES, nom latin du genre *Chevalier*.

ÉQUESTRE (ORDRE), ordre de la chevalerie chez les Romains. Voy. CHEVALIER.

ÉQUIANGLE (du latin *æquus*, égal), nom donné, en Géométrie , aux figures dont les angles sont égaux. Un rectangle, un triangle équilatéral, et en général tous les polygones réguliers sont *équiangles*.

— On dit que deux triangles sont *équiangles entre eux* lorsque les angles du premier sont égaux, chacun à chacun, aux angles du second.

ÉQUIDIFFÉRENCE, égalité de deux rapports par différence. Voy. PROPORTION ARITHMÉTIQUE.

ÉQUIDISTANT, nom donné, en Géométrie, à deux points également distants d'un troisième. Tous les points de la circonférence du cercle sont *équidistants*. — On nomme *méthode des coordonnées équidistantes* une méthode, due à l'anglais Hutton, qui sert à trouver par approximation l'aire d'une figure terminée d'un côté par une ligne droite et de l'autre par une ligne courbe.

ÉQUILATÉRAL (du latin *æquus*, égal, et *latus, lateris*, côté), nom donné aux figures de Géométrie qui ont les côtés égaux. Un *triangle équilatéral* est un triangle dont tous les côtés sont égaux. Tous les polygones réguliers sont équilatéraux. Deux polygones sont *équilatéraux entre eux* lorsqu'ils ont les côtés égaux chacun à chacun et placés dans le même ordre.

ÉQUILIBRE (du latin *æquus*, égal, et *libra*, balance), état d'un corps sollicité au mouvement par des forces opposées qui se détruisent, ou égalité parfaite de force entre deux corps qui agissent l'un contre l'autre. Une balance est en équilibre lorsque son fléau se maintient dans une position parallèle à l'horizon. Un corps posé sur un plan horizontal ne reste en équilibre qu'autant que la verticale de son centre de gravité passe dans l'intérieur de sa base. Un corps est en *équilibre stable* s'il revient de lui-même à sa position après en avoir été légèrement écarté ; il est en *équilibre instable* s'il n'y revient pas. Il y a équilibre entre deux corps lorsque leurs directions sont exactement opposées, et que leurs masses sont égales. Un corps fait équilibre à un autre lorsqu'il a le même poids. Les lois de l'équilibre sont l'objet d'une branche de la mécanique nommée *Statique*; l'*Hydrostatique* s'occupe plus particulièrement de l'équilibre des liquides et des gaz.

ÉQUILIBRISTE, celui ou celle dont le métier est de faire des tours d'adresse, qui s'applique à maintenir sa personne ou certaines choses en équilibre. Voy. ACROBATE, FUNAMBULE et JONGLEUR.

ÉQUILLE, *Ammodytes lancea*, nom vulgaire d'une espèce de poisson de mer du genre Ammodyte, qui a beaucoup de rapport avec l'anguille et qui vit enfoncé dans le sable de la mer, d'où le nom d'*Ammodyte* (du grec *ammos*, sable, et *dyô*, pénétrer). Son corps est allongé et cylindrique ; sa tête, comprimée et pointue par devant, lui sert pour creuser la vase molle et le sable des rivages, où il cherche sa nourriture. Ce poisson, long de 20 à 30 centim., d'un gris argenté, est bon à manger ; il est très-commun sur les côtes, notamment sur la plage de Trouville : on le trouve en béchant le sable dès que la mer s'est retirée. Les pêcheurs l'emploient comme appât. Sur quelques côtes on le connaît sous le nom de *Lançon*, sans doute parce qu'il pénètre dans le sable avec la rapidité d'un dard.

ÉQUIMULTIPLE, nom donné, en Arithmétique, aux quantités qui proviennent du produit d'autres quantités par le même facteur. Soient *a* et *b* des quantités quelconques, 5*a* et 5*b* sont les équimultiples de *a* et de *b*; de même que 6*a* et 6*b*, etc. Le rapport de deux quantités équimultiples est toujours le même que celui des deux quantités primitives dont elles proviennent : $\dfrac{5a}{5b} = \dfrac{a}{b}$.

ÉQUINOXE (du latin *æquus*, égal, et *nox*, nuit), temps de l'année où le soleil se trouve à la fois sur l'écliptique et sur l'équateur, est ainsi nommé parce qu'à cette époque la nuit a la même durée que le jour. Le même nom s'applique aux points où l'écliptique coupe l'équateur. Il y a deux équinoxes :

celui du printemps, vers le 21 mars, et celui de l'automne, vers le 23 septembre. Le jour est alors égal à la nuit par toute la terre. Dans les régions septentrionales, les jours sont plus grands que les nuits, de l'équinoxe du printemps à celui d'automne ; de l'équinoxe d'automne à celui du printemps, c'est le contraire. On a reconnu que les points équinoxiaux ne sont pas fixes, mais qu'ils ont un mouvement rétrograde, de sorte que le soleil ne passe pas deux années de suite sur les mêmes points de l'écliptique ; ce mouvement s'appelle la *précession des équinoxes*. *Voy.* PRÉCESSION.

ÉQUINOXIAL, se dit quelquefois pour équateur. La *ligne équinoxiale* est l'équateur même. Les *points équinoxiaux* sont les points où l'écliptique coupe l'équateur Le *cadran équinoxial* est celui dont le plan est parallèle à l'équateur.

ÉQUIPAGE (dérivé, selon Roquefort, du vieux mot *esquip*, pour *esquif*, bateau). Dans la Marine, on entend par *équipage* l'ensemble de tous les hommes embarqués pour le service d'un vaisseau ; maîtres, contre-maîtres, timoniers, matelots, artilleurs, soldats, employés, domestiques, etc., et qu'on porte sur un registre nommé *rôle d'équipage*. On n'y comprend ni le capitaine, ni les autres officiers de l'état-major, non plus que les passagers. En France, la force numérique des équipages est d'environ 9 hommes par canon pour les vaisseaux et les frégates de premier rang ; de 7 à 8 pour les autres frégates, les corvettes et les bricks ; de 6 pour les bâtiments de guerre plus petits. Quant aux navires de commerce, le nombre de leur équipage est réglé à 10 hommes pour 100 tonneaux, à 15 pour 200, etc. Les matelots embarqués sur les vaisseaux de l'État sont enrégimentés par compagnies dont l'ensemble porte le nom de *Corps des équipages de ligne*. Sous l'Empire, on distinguait les *Équipages de haut bord* et les *É. de flottille*, selon qu'ils étaient destinés à monter des vaisseaux et frégates ou des divisions de bâtiments légers.

On nomme : 1° *É. de pompe*, la garniture de la pompe ; 2° *É. d'atelier*, l'ensemble des machines et des outils qui servent à la construction des objets qu'on y fabrique ; 3° *É. de chasse*, ce qui est nécessaire pour la chasse, les chevaux, les chiens, etc.

ÉQUIPAGES. Dans l'Armée de terre, on entend par *É. de guerre*, tout ce qu'une armée traîne à sa suite, savoir : les *É. d'artillerie et de génie*, se composant de chevaux, chariots, affûts, avant-trains, armes, pièces, boulets, mortiers, bombes, poudre, plomb, grenades, fusées, boyaux, haches, matériaux de pont et de siége ; les *É. militaires*, comprenant les convois de vivres et les ambulances ; les *É. de régiment*, ou *bagages*, tels que chevaux, harnais, tentes, fourgons, et en général tous les ustensiles que les soldats portent avec eux, etc.

ÉQUIPEMENT : c'est l'ensemble des objets à l'usage des soldats et sous-officiers de toutes armes, les effets d'habillement et l'armement étant exceptés. On distingue le *grand équipement*, qui se compose des gibernes, porte-gibernes, bandoulières, ceinturons ou baudriers, haches et tabliers de sapeurs ; caisses et colliers de tambours, etc. ; et le *petit équipement*, qui comprend tous les effets de linge et de chaussure, les brosses, peignes, etc. Dans la cavalerie, l'*É. de cheval* comprend les manteaux et portemanteaux, couvertures de laine, culottes de peau, housses, selles, bottes, pelisses, etc.

Dans la Marine, on entend par *équipement* tout ce qui est nécessaire à un bâtiment en agrès, apparaux, vivres, munitions, armes et ustensiles.

ÉQUIPEUR-MONTEUR, ouvrier arquebusier qui est chargé d'ajuster toutes les pièces qui composent le fusil et de les faire jouer ensemble. C'est la partie la plus importante de cet art.

ÉQUIPONDÉRANCE (du latin *œque*, également,

et *ponderare*, peser), égalité de poids ou de forces avec laquelle deux ou plusieurs corps tendent à se rendre vers un centre commun. L'*équipondérance* diffère de l'*équilibre* en ce que l'équilibre résulte d'une égalité de forces qui agissent en sens contraires, et que l'équipondérance vient de l'égalité de la pesanteur des corps comparés.

ÉQUISÉTACÉES (du genre type *Equisetum*), famille de végétaux acotylédonés, voisins des Fougères, se compose du seul genre *Prêle*. On retrouve les restes fossiles de plantes gigantesques de cette famille parmi celles de la première époque.

ÉQUISETUM (*crin de cheval*), nom donné en latin à la Prêle à cause de l'analogie qu'offrent ses rameaux verticillés avec une queue de cheval. *Voy.* PRÊLE.

ÉQUITATION (d'*equus*, cheval), art de monter à cheval. On distingue en équitation la *basse école* ou partie élémentaire, et la *haute école*. La 1re consiste à assurer la position de l'homme à cheval, à apprendre à diriger le cheval droit devant soi et à acquérir de la solidité. Ce travail se fait dans un *manége*, d'abord *à la longe*, puis en cercle et au large, successivement au pas, au trot, et au galop. La 2e comprend l'étude de l'action du *mors* et de l'effet des *rênes* ; la manière de produire cet effet par les mouvement de la main ; l'effet des jambes ; les moyens de maintenir le cheval dans son aplomb et de l'y ramener quand il le perd ; enfin, le *travail composé*, qui consiste à faire sortir à volonté le cheval de ses allures et à lui faire exécuter divers sauts, courbettes, etc. On divise encore l'équitation en *É. militaire*, *É. civile*, *É. des femmes*, *É. aérienne* ou *voltige*.

L'art de l'équitation remonte à la plus haute antiquité ; mais ses principes ont varié suivant les temps. Chez les anciens, le cavalier se tenait accroupi sur le cheval, comme encore aujourd'hui les Arabes et les Orientaux. Au moyen âge, la position du cavalier était presque perpendiculaire. La haute école devint en honneur au XVIe siècle. Les Italiens, d'abord, puis les Français, fournirent les écuyers les plus distingués. Aujourd'hui, les principes de la vieille école française, si brillante au dernier siècle, ont été complétement modifiés, et se sont accrus de quelques procédés empruntés à la méthode anglaise. Parmi les *écuyers* distingués des temps modernes, on cite surtout le Ferrarais César Fiaschi ; le Napolitain Féd. Grisone ; Pluvinel, écuyer de Louis XIII, qui fonda les manéges dits *académies* ; le marquis de Newcastle, créateur de l'équitation anglaise pour les femmes ; La Guérinière et d'Abzac, sous Louis XV, et, de nos jours, le comte d'Aure, Franconi et Baucher.

Xénophon nous a laissé un *Traité d'équitation*. Les modernes ont écrit sur cet art un grand nombre d'ouvrages intéressants ; nous citerons seulement le *Manége royal* de Pluvinel, 1623 ; les *Recherches sur l'équitation chez les anciens*, du P. Gabriel Fabricy, 1764, 2 vol. in-8 ; le *Traité d'équitation* de M. d'Aure, Paris, 1834, 1 vol. in-4, avec pl. ; le *Cours d'équitation militaire* de Saumur, Paris, 1830, 2 vol. in-8, avec atlas ; la *Méthode d'équitation* et le *Dict. d'équitation* de Baucher, 1849, in-8. *V.* HIPPIATRIQUE.

ÉQUITATION (ÉCOLES D') Les premières qui existèrent en France furent fondées par le duc de Choiseul (1764), pour l'instruction des troupes à cheval. Quatre écoles furent établies à Metz, Douai, Besançon et Angers ; une école centrale devait être placée à Paris pour recevoir les meilleurs élèves de ces quatre établissements. Ces écoles, supprimées en 1767, furent remplacées, en 1771, par l'*É. de Saumur*, supprimée à son tour en 1790. En 1796, une nouvelle école d'équitation fut fondée à Versailles, sous le titre d'*École nationale d'instruction des troupes à cheval*. En 1799, deux écoles semblables furent établies à Lunéville et à Angers. Un décret impérial de 1809 les supprima, et créa l'*École spéciale de cavalerie* à Saint-Germain. Rétablie à Saumur en 1814, puis transférée à Versailles (1823), elle fut, deux ans après, replacée à Saumur, où elle se trouve encore. *Voy.* CAVALERIE (ÉCOLE DE).

ÉQUIVALENT (du latin *œquus*, égal, et *valeo*, valoir), se dit, en Chimie, de la quantité d'un corps qui est susceptible de remplacer une quantité déterminée d'un autre corps pour produire le même effet ou pour jouer le même rôle. On peut, par exemple, dans l'eau, qui est un composé de 8 parties d'oxygène et de 1 partie d'hydrogène, remplacer l'oxygène par du soufre, du chlore ou du brome ; mais le déplacement des 8 parties d'oxygène exige exactement 16 parties de soufre, ou 35,4 parties de chlore, ou 80 parties de brome. Ces quantités sont les équivalents chimiques de 8 parties d'oxygène. On peut, de même, remplacer l'hydrogène de l'eau par du zinc, du fer ou d'autres métaux ; mais 1 partie d'hydrogène exige, pour cette substitution, 32,2 parties de zinc, ou 28 parties de fer, etc., qui sont les équivalents chimiques de 1 partie d'hydrogène. Afin de s'entendre, les chimistes ont rapporté à une unité de convention la valeur numérique des équivalents de tous les corps simples, et ils ont désigné cette valeur par des signes particuliers à l'aide desquels ils composent leurs *formules* (*Voy.* ce mot). L'unité est prise dans la composition de l'eau, de telle sorte que tous les équivalents se rapportent à 1 partie d'hydrogène et à 8 parties d'oxygène, ou bien à 12,5 parties d'hydrogène et à 100 parties d'oxygène. Voici la table des équivalents des principaux corps simples, avec leurs signes respectifs ; ils ont été, en grande partie, déterminés par Berzélius.

	Signes.	Hydrogène = 1.	Oxygène = 100.
Aluminium	Al	13,7	171,25
Antimoine	Sb	129,0	1612,50
Argent	Ag	108,0	1350,00
Arsenic	As	75,0	468,50
Azote	N ou Az	14.0	175,00
Baryum	Ba	68,6	857,50
Bismuth	Bi	106,4	1330,00
Bore	B	10,8	67,50
Brome	Br	80,0	500,00
Cadmium	Cd	55,8	697,50
Calcium	Ca	20,0	250,00
Carbone	C	6,0	75,00
Chlore	Cl	35,4	442,50
Chrome	Cr	28,1	351,25
Cobalt	Co	29,6	370,00
Cuivre	Cu	31,8	397,50
Étain	Sn	59,0	737,50
Fer	Fe	28,0	350,00
Fluor	F	18,7	233,75
Hydrogène	H	1,0	12,50
Iode	I	126,0	1575,00
Magnesium	Mg	12,7	158,75
Manganèse	Mn	27,6	345,00
Mercure	Hg	100,0	1250,00
Nickel	Ni	29,6	370,00
Or	Au	199,0	2487,50
Oxygène	O	8,0	100,00
Phosphore	P	32,0	400,00
Platine	Pt	98,7	1233,75
Plomb	Pb	104,0	1300,00
Potassium	K	39,2	490,00
Silicium	Si	14,8	185,00
Sodium	Na	23,2	290,00
Soufre	S	16,0	200,00
Strontium	Sr	44,0	550,00
Zinc	Zn	32,2	402,50

ÉQUIVALENTES (FIGURES). *Voy.* FIGURES.

ÉQUORÉE, *Æquorea* (c.-à-d. *marine*), genre de Zoophytes acalèphes de la famille des Méduses. Ils ont la circonférence du corps et quelquefois l'orifice buccal pourvu de cirrhes. Leur corps est diversiforme, assez fortement excavé en dessous, avec un orifice médian, souvent placé à l'extrémité d'une sorte de lèvre circulaire plus ou moins saillante ou pourvue de franges tentaculaires. Les espèces du genre Equorée sont très-abondantes dans les mers australes.

ÉRABLE, *Acer*, genre type de la famille des Acérinées, se compose d'arbres d'une haute stature et d'un port élégant. Les espèces indigènes habitent les montagnes boisées, et forment de grandes forêts. Leur bois est compacte, dur, souple, veiné, mais s'altère promptement, et ne peut servir pour les grandes constructions. Les armuriers l'emploient pour la monture des fusils ; les ébénistes et les tourneurs en font de beaux meubles ; les luthiers en font des éclisses de violon, de basse, etc. Dans quelques pays, on élève de jeunes érables pour servir de soutien à la vigne. On distingue, parmi les espèces : l'*É. sycomore* (*A. pseudoplatanus*), l'*É. platane* ou *plane* (*A. platanoïdes*), l'*É. champêtre* (*A. campestre*), l'*É. à feuilles de frêne* (*A. negundium*), etc. Parmi les espèces exotiques, on remarque l'*É. du Canada* (*A. saccharinum*), qui fournit par incision une séve limpide, produisant par l'évaporation un sucre gris rougeâtre, dur, un peu transparent, d'une saveur agréable ; l'*É. rouge* (*A. rubrum*), à fleurs rouges ; l'*É. blanc* (*A. eriocarpum*), à feuilles blanchâtres ; l'*É. jaspé* (*A. striatum*), dont l'écorce est rayée de vert et de blanc ; et l'*É. à épis* (*A. spicatum*).

ERBIUM, corps nouvellement découvert et encore mal défini, est compté au nombre des éléments.

ERBUE ou HERBUE, matière argileuse ou siliceuse que l'on ajoute comme fondant dans l'extraction du fer quand ses minerais ne sont pas siliceux.

ÈRE, point fixe et déterminé dans le temps, dont on se sert pour compter les années. L'*ère* diffère de l'*époque* en ce que celle-ci est souvent arbitraire et n'est déterminée que par les chronologistes. Elle diffère aussi de la *période*, qui est une succession d'années comprises dans l'intervalle d'une révolution sidérale donnée à une révolution semblable, et dont la durée est, par conséquent, variable. Pour les principales *ères, Voy.* ÈRE au *Dict. univ. d'H. et de G.*

ÉRÈBE (du grec *érébos*, enfer, obscurité), *Erebus*, genre d'insectes Lépidoptères, de la famille des Nocturnes et de la tribu des Noctuélites. Ce genre renferme quelques espèces exotiques, remarquables par leur taille et très-répandues dans les collections. La principale est l'*E. odora*, brun et de 16 centim. d'env. rgure. Ses ailes sont colorées de bandes noires, lie de vin claire, avec des taches blanchâtres.

ÉRECTILE (TISSU), tissu susceptible de se dilater et de s'étendre d'une manière particulière, lorsqu'il est pénétré par une plus grande quantité de sang que dans l'état ordinaire. Il paraît être formé de vaisseaux sanguins et surtout de radicules de veines qui, au lieu d'avoir la ténuité capillaire, ont plus d'ampleur, sont très-extensibles, et réunies à beaucoup de filets nerveux. Ce tissu existe dans les lèvres, l'iris, le mamelon, etc. Il se développe quelquefois accidentellement, et forme des *tumeurs variqueuses*.

ÉRÉMITIQUE (VIE). *Voy.* ERMITE.

ÉRÈSE (du grec *éresia*, action de ramer, à cause de l'habitude qu'ont ces insectes de relever souvent en l'air les pattes de devant), *Eresus*, genre d'Arachnides de l'ordre des Pulmonaires, famille des Aranéides : pattes grosses, courtes, propres au saut, et de longueur presque égale. Ces araignées vivent sur les troncs d'arbres et les plantes. Elles se renferment dans un sac de soie fine et blanche, entre des feuilles qu'elles rapprochent. L'*É. cinabre* a les pattes noires, l'abdomen rouge avec 4 points noirs. On la trouve en Italie et dans le midi de la France.

ÉRÉSIPÈLE. *Voy.* ÉRYSIPÈLE.

ÉRÉTHISME (du grec *éréthizô*, irriter), excitation générale qui porte spécialement sur le système nerveux. *Voy.* ORGASME.

ÉRÉTHIZON (du grec *éréthizô*, piquer), genre de

Mammifères de l'ordre des Rongeurs, se rapproche du Porc-épic par ses piquants en partie blancs ou jaunâtres, et en partie bruns ou noirâtres; mais en diffère par son mufle plus petit, par sa queue plus longue, et par les poils noirâtres qui cachent ses piquants. Ce genre est propre à l'Amérique du Nord. L'espèce type est l'*É. urson*, que Buffon a fait connaître sous le nom d'*Urson*. Les sauvages mangent sa chair, se couvrent de sa fourrure, et se servent de ses piquants comme d'aiguilles et d'épingles.

ERGOT, sorte d'ongles des doigts des Mammifères, imparfaitement développé, et qui se trouvent en général placés derrière les autres : tels sont les ongles des doigts rudimentaires du cochon domestique et des ruminants sont des ergots. Plusieurs oiseaux, le coq, par exemple, ont aussi un ergot derrière le pied : on le nomme plus souvent *éperon*.

En Anatomie, on appelle *ergot* un tubercule médullaire qu'on observe dans la cavité digitale des ventricules latéraux du cerveau.

ERGOT, maladie qui attaque les végétaux de la famille des Graminées et surtout le seigle, dont les épis présentent alors des espèces de cornes semblables aux ergots du coq. Le *seigle ergoté* est oblong, légèrement anguleux, et a un peu la forme du grain de seigle, mais il est développé trois ou quatre fois davantage; il est d'une odeur un peu rance, d'une saveur âcre et désagréable. La plupart des botanistes croient que l'ergot est une production analogue aux champignons et l'attribuent au *Sclerotium clavus*, champignon parasite qui envahit le grain; d'autres pensent que c'est une espèce de gale due à la piqûre d'une mouche. La farine du seigle ergoté donne au pain une teinte violacée. L'ergot est très-vénéneux; l'emploi des farines où il est abondant cause des maladies graves, qui règnent parfois épidémiquement dans les pays où l'on s'en nourrit. Le symptôme principal de ces maladies est la gangrène des doigts et des orteils, quelquefois même des pieds et des mains; les malades éprouvent des vertiges, des nausées, des spasmes, des convulsions. Le seigle ergoté exerce une action spéciale sur l'utérus, dont il augmente la force contractile; on l'administre pour ce motif dans les accouchements laborieux; cette propriété inexpliquée est connue depuis le XVIe siècle. Il est aussi hémostatique. — L'ergot du maïs se montre sous la forme d'un petit tubercule pisiforme, ou d'un cône enté sur le grain, dont le volume et la couleur sont très-peu altérés. La maladie qu'il cause à ceux qui s'en nourrissent se nomme en Amérique *peladero :* elle détermine la chute des poils et des cheveux chez l'homme, le porc, les mulets; les membres sont paralysés.

ÉRICA, nom botanique de la Bruyère.

ÉRICINÉES ou ÉRICACÉES (du genre type *Erica*, bruyère), famille de plantes Dicotylédonées monopétales, se compose d'arbrisseaux et d'arbustes élégants, à feuilles toujours vertes, à périanthe double dans la plupart, quadri ou quinquéfide, avec autant d'étamines que de divisions. Les Éricinées servent de litière et de chauffage; on en fait des balais. Les abeilles et les bêtes à laine en recherchent les fleurs. Genres principaux : *Erica* (Bruyère, genre type), *Andromeda, Arbutus, Rhododendron*.

ÉRICULE (diminutif d'*erinaceus*, hérisson), *Ericulus*, genre de Mammifères carnassiers, famille des Insectivores, formé aux dépens du genre Tanrec. Leur pelage, comme celui des Hérissons, se compose de trois sortes de poils : 1o de poils ordinaires, sur la tête et sous le corps, 2o de moustaches dirigées en arrière, 3o de piquants très-résistants, couvrant le dessus du corps, sans mélange de longues soies comme dans les Tanrecs. On en connaît deux espèces, qui ne se trouvent qu'à Madagascar : le *Sora* (*E. nigriscens*), type du genre, de 15 centim. de longueur; et le *Tendrac* (*E. setosus*).

ÉRIDAN, constellation de l'hémisphère austral, située entre la Baleine et Orion d'une part, et de l'autre entre la Harpe de George et le Fourreau. Elle renferme une étoile de 1re grandeur, dite *Acharnar*.

ÉRIGÉRON (du grec *ér*, printemps, et *géron*, vieillard; qui vieillit dès le commencement de la saison), genre de plantes de la famille des Composées, tribu des Astéroïdées, à tiges herbacées, à feuilles alternes et entières, à capitules multiflores; elles sont pour la plupart originaires d'Amérique. La plus belle espèce est l'*É. du Canada* (*E. Canadensis*), ou *Vergerette*. Sa tige est haute d'un mètre, hérissée de poils, terminée par des petites fleurs jaunâtres, en grappes axillaires, présentant l'aspect d'un long épi feuillé. Ses feuilles sont étroites, redressées, avec des poils d'un vert blanchâtre. Cette plante est commune dans les lieux pierreux et arides de la France. Elle contient du carbonate de potasse.

ÉRIGNE (du grec *airéô;* saisir), instrument de Chirurgie formé d'une tige d'acier aplatie dans son milieu, et dont les extrémités sont pointues et recourbées en crochets, sert dans des dissections délicates et dans certaines opérations, comme la résection des amygdales, pour saisir ou pour écarter les parties.

ÉRINACEUS, nom latin du genre *Hérisson*.

ÉRINE ou MANDELINE (du grec *érinos*, figuier sauvage), *Erinus*, plante de la famille des Scrofulariées, dont la tige est haute de 18 centim. Ses feuilles sont spatulées et oblongues, alternes sur la tige, étalées à sa base en rosette touffue. Les fleurs sont purpurines, d'une odeur agréable. L'Érine habite les Alpes; on la cultive dans quelques jardins.

ÉRIOCAULON (du grec *érion*, laine, et *caulos*, tige), genre type de la famille des Eriocaulonées, établie par Richard aux dépens des Restiacées: plantes herbacées à fleurs très-petites, en capitules plus ou moins globuleux. Le réceptacle est convexe, garni d'écailles uniflores très-serrées. Le fruit se compose de plusieurs petites coques monospermes. Les feuilles, linéaires et radicales, sont réunies en un faisceau, du centre duquel s'élève une hampe nue, terminée par un capitule de fleurs. Ces plantes habitent l'Amérique, et se plaisent dans les lieux humides.

ÉRIODE (du grec *ériôdès*, laineux), *Eriodes*, genre de Singes du Brésil, voisin des Atèles et caractérisé par un poil doux au toucher et laineux, par l'absence d'abajoues et de callosités, une queue longue et prenante, et des molaires au nombre de 24. Ils ont des formes grêles, des membres très-allongés, et une voix sonore qu'ils font entendre une grande partie de la nuit. L'espèce type est le *Singe-araignée* (*E. arachnoïdes*), dont le pelage est fauve-clair, avec l'extrémité des pattes et de la queue d'un roux doré.

ÉRIODENDRON (du grec *érion*, laine, et *dendron*, arbre), genre de la famille des Sterculiacées, tribu des Bombacées, est composé de beaux arbres qui croissent dans les régions tropicales de l'Amérique et de l'Asie, et que l'on cultive pour l'élégance de leur feuillage autant que pour la singularité de leurs grandes fleurs, roses ou blanchâtres. Le genre tire son nom des *poils laineux* qui garnissent les corolles à l'extérieur.

ÉRIOPHORUM (du grec *érion*, laine, et *phoros*, porteur), ou *Linaigrette*, plante ainsi nommée à cause des aigrettes soyeuses. Voy. LINAIGRETTE.

ÉRISTALE, *Eristalis*, genre d'insectes Diptères de la famille des Athéricères. Ils ont les ailes écartées dans le repos, le dessous de l'ouverture buccale bombé, la face entre les yeux, large, triangulaire; le corps entier couvert de poils. Leurs larves ont le corps arrondi, et terminé par une queue longue et mince, portant les stigmates de la respiration. Elles se tiennent dans les lieux d'aisances, les eaux corrompues, dans les mares et les étangs.

ÉRISTIQUE (ECOLE), du grec *éris*, dispute; secte

philosophique qui s'attachait surtout à la Dialectique, et qui avait réduit la controverse en art, avait pour chef Euclide de Mégare, disciple de Socrate, qui vivait à la fin du vᵉ siècle avant J.-C.

ERMINETTE, petite hache à manche très-court et en forme de houe, c.-à-d. dont le tranchant est dans un plan non perpendiculaire à celui du manche. Les charpentiers et les tonneliers s'en servent pour *doler* le bois dans les parties concaves. Il y en a dont le fer est disposé en gouttière, pour les parties creusées en gorge sur leur longueur.

ERMITE (du grec *érémitès*, d'*érémos*, désert, solitude), nom donné, du iiiᵉ au vᵉ siècle, aux chrétiens qui, pour fuir les persécutions ou pour se livrer en liberté à la vie contemplative et pénitente, se réfugièrent dans les déserts de la Thébaïde et des pays voisins ; et, dans la suite, à tous ceux qui, suivant cet exemple, se retirèrent dans des lieux solitaires, sans toutefois s'astreindre à une règle religieuse. Paul, Égyptien de la Basse-Égypte, qui vécut 90 ans dans le désert (250-340), fut le premier ermite ; après lui, on cite S. Antoine, S. Jérôme, S. Pacôme, S. Macaire, S. Siméon Stylite, etc. Quelques femmes, entre autres, Madeleine et Marie l'Égyptienne, menèrent la même vie. On trouve encore aujourd'hui quelques ermites en Europe, dans les solitudes des Alpes et dans les îles inhabitées de l'Archipel. — On a aussi donné le nom d'*ermites* à certains ordres religieux, tels que les Ermites de S. Paul, les Ermites de S. Jérôme ou Hiéronymites et les Augustins. Les Chartreux et les Camaldules menaient également la vie érémitique.

ERMITE (BERNARD L'), Crustacé. *Voy.* BERNARD.

ERODIUM (du grec *érôdios*, héron, parce que la graine a quelque analogie de forme avec un bec de héron), genre de la famille des Géraniées : plantes herbacées, quelquefois suffrutiqueuses, d'autres fois acaules ; à feuilles pennées, à pédoncules axillaires, à fleurs élégantes, le plus souvent en ombelles. Plusieurs sont cultivées pour la beauté de leurs fleurs, principalement l'*E. des Alpes*, à fleurs violettes, veinées de pourpre.

EROPHILE (du grec *er*, printemps, et *philos*, ami), synonyme de *Drave*. Ce nom vient de ce que l'Érophile se montre dès le début du printemps.

EROSION (du latin *erodere*, ronger), sorte d'écorchure, destruction superficielle de la peau produite par l'action d'une substance corrosive.

EROTIQUE (POÉSIE), du grec *éros*, amour ; poésie qui a pour objet la peinture de l'amour. L'élégie, l'ode, l'épître, l'héroïde, sont surtout affectées à ce genre de poésie. Les plus fameux poëtes érotiques sont, chez les anciens, Anacréon, Sapho, Properce, Catulle, etc.; et, chez les modernes, Marot, du Bellay, Ronsard, Baïf, Bertin, Parny, André Chénier, etc. Il ne faut pas confondre le *genre érotique*, qui ne dépasse jamais les bornes de la décence et de la pudeur, avec le genre libre et grivois; c'est à ce dernier qu'il faut rapporter tant de productions cyniques ou obscènes qu'on range à tort dans le genre érotique. *Voy.* ANACRÉONTIQUE (GENRE).

EROTYLE (du latin *erotylus*, nom donné par Pline à une pierre précieuse), genre de Coléoptères tétramères, type de la famille des Clavipalpes. Ce genre, érigé en famille par M. Lacordaire, sous le nom d'*Erotyliens*, est un des plus remarquables par l'éclat des couleurs et les formes singulières des espèces qui le composent. Le type du genre est l'*E. histrio*, qui vit dans les agarics et les bolets.

ERPÉTOLOGIE (du grec *erpéton*, reptile, et *logos*, discours), partie de l'Histoire naturelle qui s'occupe de l'étude des *Reptiles* (*Voy.* ce mot). — Chez les anciens, Hérodote, Aristote, Pline et Dioscoride ont commencé à s'occuper des Reptiles. Chez les modernes, Gesner, Aldovrandi, Duverney, Ray, Linné, Klein, Meyer, Müller, Lacépède, Latreille,

Cuvier, Geoffroy, Quoy, Gaymard, Lesson, Brongniart, Duméril, Bibron, sont les plus grands erpéto logistes:on doit aux 2 derniers l'*Erpétologie générale*.

ERPETON (du grec *erpéton*, reptile), nom donné par Lacépède à un serpent de la Nouvelle-Guinée, à corps régulièrement cylindrique, revêtu d'écailles rhomboïdales, égales, carénées, imbriquées, réticulées en dessus ; garni en dessous de lamelles étroites, bicarénées, et remarquable surtout par deux tentacules charnus placés à l'extrémité de la mâchoire supérieure. Ce serpent a près de 1 mètre de long.

ERRATIQUE (du latin *errare*, errer), nom donné, en Minéralogie, à certains fragments de roche qui ne se rattachent à aucune couche (*Voy.* BLOC et CAILLOU); — en Ornithologie, aux oiseaux qui, sans être oiseaux de passage, vont souvent d'un endroit à un autre; — en Médecine, aux fièvres intermittentes qui reviennent à des intervalles irréguliers.

ERREMENTS DE PLAIDS, gages donnés autrefois par les plaideurs au moment où se liaient les instances civiles. — En Procédure, on nomme aujourd'hui *errements* la série d'actes qui se succèdent depuis la citation devant le juge de paix jusqu'à l'arrêt définitif. Les *derniers errements* sont, aux termes de l'art. 375 du Code de Procéd., les dernières procédures faites de part et d'autre dans une affaire.

ERREUR. Les Logiciens se sont occupés de classer les erreurs auxquelles l'homme est sujet, de rechercher leurs causes et d'indiquer les moyens de les éviter. Bacon, dans le *Novum organum* (liv. I, 38-70), distingue 4 classes d'erreurs : *E.* communes à tous les hommes, *E. propres à chaque individu*, *E. provenant du langage*, *E. provenant des systèmes*. Comparant les idées fausses à de vains fantômes (*idola*) qui se jouent de notre esprit , il désigne ces quatre sortes d'erreurs par les noms bizarres d'*Idola tribus*, *I. specus*, *I. fori*, *I. theatri*, selon que ces fantômes font illusion à toute l'espèce humaine, ou qu'ils apparaissent à chacun dans sa caverne (*specus*), selon qu'ils se produisent sur la place publique (*forum*), dans les communications que les hommes ont entre eux; ou sur le théâtre des opinions humaines, et par l'effet du système que chacun a embrassé. Considérées dans leurs causes, ces erreurs naissent les unes des sens, les autres de la mémoire, de l'imagination, de l'abstraction, des passions, de l'esprit de parti, de la précipitation, de la paresse, des préjugés et des préventions, d'une confiance aveugle dans l'autorité, des sophismes, etc. Quelques philosophes ont voulu ramener toutes ces causes d'erreurs à une seule : à la précipitation de l'esprit et à l'abus de la liberté (Port-Royal); à l'imagination, qui a été appelée la *folle du logis* (Malebranche); à l'imperfection de la mémoire (Destutt-Tracy). — Quant aux remèdes à opposer à nos erreurs, ils ne consistent que dans l'application des règles d'une bonne logique, et surtout dans le soin de n'admettre aucune opinion qu'après l'examen le plus attentif. On doit lire sur ce sujet, outre le *Novum organum*, la *Logique* de Port-Royal et la *Recherche de la vérité* de Malebranche. M. Salgues a donné un livre *Des erreurs et des préjugés*, 1810 et 1828.

En Droit, l'*erreur* est une cause de nullité : « Il n'y a point de consentement valable si le consentement n'a été donné que *par erreur*. » (Code civil, art. 1109.) — Le mariage ne peut être attaqué pour erreur de personne que par celui des deux époux qui a été induit en erreur (art. 180).

ERRHIN (d'en, et *rhin*. nez). *Voy.* STERNUTATOIRE.

ERS, *Ervum*, genre de Légumineuses, renferme des herbes à tiges grêles et faibles, à fleurs petites, portées sur des pédoncules axillaires. Les fruits sont des gousses oblongues, renfermant deux à quatre grains orbiculaires. L'espèce la plus connue est la *Lentille cultivée* (*Ervum lens*). *Voy.* LENTILLE.

ERSE, nom donné, dans la Marine, aux cordages

de différentes grosseurs, épissés ensemble des deux bouts, pour former une espèce de bague ou petite élingue destinée à lever des objets qui ont un grand poids sous un petit volume. On nomme *erse du gouvernail* une erse particulière qui sert à lier le gouvernail à l'étambot et à le retenir en place.

Dialecte de la langue gaëlique. *Voy.* ERSE au *Dict. univ. d'Hist. et de Géogr.*

ÉRUCA, genre de la famille des Crucifères, composé d'herbes annuelles à feuilles pennatilobées et à fleurs blanches ou jaunes, dont la saveur est âcre et brûlante. On cultive l'*É. sativa*, vulgairement *Roquette*, employée comme condiment dans les salades.

ÉRUCA, nom latin de la *Chenille. Voy.* ce mot.

ÉRUPTION (du latin *erumpere*, sortir brusquement au dehors). Ce terme, qui désigne proprement l'action des volcans (*Voy.* ce mot), est appliqué vaguement à toutes les maladies de la peau qui surviennent avec rapidité, et spécialement à la rougeole, à la variole, à la scarlatine, à la miliaire, et, en un mot, à toutes les maladies fébriles dites *fièvres éruptives.* — On nomme encore *éruption* les taches, rougeurs ou boutons qui surviennent à la peau sous l'influence des causes les plus diverses.

ERVUM, nom latin du genre *Ers.*

ERYNGIUM, nom latin du genre *Panicaut.*

ÉRYON (*Eryon*), Crustacé décapode de la famille des Macroures : carapace plane, large, ovale, fortement découpée sur le bord antérieur, droite sur les bords latéraux; ouverture buccale allongée et assez étroite; queue courte, terminée par 5 écailles natatoires; pieds longs, grêles et terminés en pinces. On le trouve à l'état fossile dans les couches de calcaire, surtout dans le margraviat d'Anspach.

ERYSIMUM (du grec *érysimon*, plante aujourd'hui indéterminée), genre de la famille des Crucifères, tribu des Sisymbriées, renferme des plantes ordinairement bisannuelles, à feuilles étroites, pétiolées ou atténuées à la base; à fleurs jaunes, disposées en petites têtes terminales. Une des espèces les plus connues est l'*É. cheirantoïdes*, que l'on trouve le long des ruisseaux et des rivières. Quelques espèces sont cultivées dans les jardins. *Voy.* VÉLAR.

ÉRYSIPÈLE (du grec *éryein*, attirer, et *pélas*, proche, parce que cette maladie s'étend ordinairement de proche en proche), vulgairement *Érésipèle*, inflammation superficielle de la peau, non contagieuse, avec fièvre générale, tension et tuméfaction de la partie, douleur et chaleur plus ou moins âcre, et rougeur inégalement circonscrite, disparaissant momentanément sous la pression du doigt. La partie affectée est parsemée, au bout de quelques jours, de petites pustules ou vésicules, remplies d'une sérosité roussâtre, qui, bientôt, se rompent, se dessèchent et tombent sous forme d'écailles furfuracées. Cette maladie, à laquelle prédisposent le tempérament bilieux, une constitution pléthorique, peut avoir pour causes l'impression subite d'un air froid et humide, l'insolation prolongée, la malpropreté, l'usage des vêtements de laine sur la peau, la suppression d'une hémorragie habituelle ou d'un exanthème, les bains trop chauds, les excès de boissons spiritueuses, l'usage d'aliments malsains, etc. On l'observe surtout au printemps et en automne; elle règne parfois épidémiquement. On distingue l'*É. accidentel*, provenant de cause externe, et l'*É. spontané*, de cause interne; il est *simple* quand l'inflammation ne dépasse pas l'épaisseur de la peau; *phlegmoneux*, si l'inflammation se propage aux couches sous-jacentes. L'érysipèle affecte le plus souvent le visage et les membres; sa marche est constamment aiguë; sa durée moyenne est de 10 à 12 jours. Il peut être *fixe*, *vague*, *ambulant* ou *erratique*, *périodique* ou *habituel.* Il se termine presque toujours par *desquamation*, quelquefois par *résolution*, par

délitescence, avec ou sans *métastase*, *gangrène*, *ulcération* des parties.

Ce mal n'exige, au début, que la diète et les boissons rafraîchissantes, et des lotions locales tièdes de guimauve ou de sureau. Si l'inflammation est intense, on pratique sur-le-champ une saignée du bras, suivie d'une saignée locale, à une certaine distance du point affecté. On fixe l'érysipèle *ambulant* en appliquant un vésicatoire sur le lieu qu'il occupe ou sur un de ceux qu'il a primitivement occupés.

L'érysipèle est une maladie peu grave en elle-même, mais qui peut le devenir par les complications, ou lorsqu'elle-même vient compliquer des plaies ou des opérations chirurgicales. L'érysipèle de la face est dangereux chez les vieillards, surtout lorsqu'il occupe le cuir chevelu, parce qu'alors il peut communiquer l'irritation au cerveau. Quelquefois, l'érysipèle survient comme un phénomène critique, et termine heureusement une autre maladie.

ÉRYSIPHE, genre de Champignons, de la section des Thécasporés : réceptacle charnu, jaune, roux et plus tard noir, renfermant plusieurs péricarpes ovoïdes aigus, dont chacun contient deux séminules et est entouré d'une pulpe blanchâtre. Les Érysiphes forment des taches blanchâtres ou grises qu'on observe sur les feuilles des végétaux cultivés en touffes serrées dans les lieux humides et peu aérés : c'est ce qu'on appelle le *blanc.* On rencontre ces cryptogames sur les rosiers, les pommiers, le frêne, la vigne, etc.

ÉRYTHÈME (du grec *érythéma*, rougeur), exanthème non contagieux, caractérisé par des taches rouges, de grandeur variable, disséminées sur une ou plusieurs régions du corps, et dont la durée ordinaire à l'état aigu est de 7 à 14 jours. L'érythème est ordinairement produit par le frottement continuel de deux surfaces contiguës du corps, surtout chez les individus qui ont de l'embonpoint; par le contact des urines, etc.

ÉRYTHRÉE (du grec *érythros*, rouge), *Erythræa*, genre de la famille des Gentianées, renferme des plantes herbacées, à tige droite et rameuse, à feuilles opposées, entières; à fleurs roses, blanchâtres ou jaunes. L'*É. centaurium*, ou *Petite centaurée*, est une plante à fleurs roses ou blanches, à feuilles ovales, oblongues, entières, marquées de trois nervures, que l'on trouve dans tous les bois de l'Europe. Sa taille est de 35 à 40 centimètres. Cette plante a des propriétés amères et toniques.

On nomme aussi *Erythrée* un genre d'Arachnides trachéennes de la famille des Holètres et de la tribu des Acarides, qui a pour type l'*É. ruricole*, d'un beau rouge de carmin. Cette espèce, qu'on trouve sous les pierres, dans les lieux secs, est presque microscopique; elle n'en est pas moins très-vorace à l'égard des autres Acarides plus petits qu'elle.

ÉRYTHRIN (du grec *érythros*, rouge), *Erythrinus*, genre de poissons Malacoptérygiens abdominaux, de la famille des Clupes : bouche largement ouverte; mâchoires garnies de dents nombreuses, fortes et pointues; corps allongé et comprimé latéralement; écailles dures; point de nageoire adipeuse. Les Érythrins sont de couleur *rouge*, et habitent les eaux douces des pays chauds. Le type du genre est l'*É. de Malabar*, dont la chair est fort estimée.

ÉRYTHRINE (du grec *érythros*, rouge), *Erythrina*, genre de la famille des Légumineuses, section des Papilionacées, renferme des arbustes originaires des deux Indes, à feuilles alternes et composées de trois folioles; à fleurs d'un rouge éclatant, formant de petites grappes axillaires ou des épis terminaux. Les fruits sont des gousses allongées, uniloculaires, à deux valves, renfermant plusieurs graines. On cultive dans les jardins l'*É. crète de coq*, à fleurs rouges superbes. L'*É. corail* ou *Bois immortel* est un arbuste de 5 m. environ, à tronc jaunâtre et uni, peu rameux, hérissé d'aiguillons; à fleurs rouges et disposées en épis. Les graines sont rouges, luisantes et marquées d'une tache noire : on en fait des colliers, des chapelets, des bracelets. L'*E. de l'Inde* est riche en tannin et fébrifuge. La graine d'une espèce d'Érythrine commune en Abyssinie, et appelée *cuara* par les indigènes, leur sert à peser l'or. *Voy.* CARAT.

ÉRYTHRINE, arséniate de cobalt. *Voy.* ARSÉNIATES.

ÉRYTHRONE (du grec *érythros*, rouge), *Erythronium*, genre de la famille des Liliacées, tribu des Tulipiacées, composé de plantes herbacées, bulbeuses, à feuilles radicales et lancéolées, à hampe uniflore, à calice campanulé à 6 divisions profondes. L'*E. dent de chien*, ou *Violette*, à feuilles maculées de vert ou de rouge, à fleurs blanches en dedans, rouges en dehors, est cultivée dans les jardins.

ÉRYTHROXYLE (du grec *érythros*, rouge, et *xylon*, bois), *Erythroxylum*, genre type de la famille des Érythroxylées, renferme des arbres garnis de rameaux comprimés, à feuilles simples, alternes, quelquefois opposées; à fleurs solitaires, géminées ou en faisceaux ; le bois fournit une couleur *rouge* qui lui a valu son nom. Le fruit est un drupe sec, uniloculaire, oblong, cylindrique, anguleux, contenant un noyau. L'*E. aréolé*, ou *Bois major*, s'élève à 4 ou 5 m. Ses fleurs blanches exhalent une odeur de jonquille et ses fruits sont remplis d'un suc rouge. — Pour l'*E. du Pérou*, *Voy.* COCA.

ÉRYTHROXYLÉES (du genre type *Erythroxylum*), famille de plantes Dicotylédones polypétales hypogynes, a été détachée des Malpighiacées.

ÉRYX (nom mythol.), genre de Reptiles de la famille des Ophidiens, voisin des Rouleaux, est caractérisé par une queue courte, obtuse, une langue épaisse, des lèvres simples, et par l'absence de crochets à venin. Ces animaux sont timides et inoffensifs; ils se nourrissent de vers et d'insectes, et se trouvent en Asie et en Afrique. L'espèce type est l'*E. turc*, commun en Égypte et en Turquie.

ESCADRE (du latin *quadra*, carré), subdivision d'une armée navale. Ordinairement une armée navale se compose de trois escadres, commandées : la première, par un amiral; la seconde, par un vice-amiral; et la troisième, par un contre-amiral. Chaque escadre peut être subdivisée en trois *divisions*. Le nombre des vaisseaux qui composent une escadre ne peut pas être moins de 9, et s'élève quelquefois jusqu'à 20. — On appelle en général *chef d'escadre*, l'officier chargé de commander une escadre. Avant 1789, c'était un grade particulier : il a été remplacé par celui de *contre-amiral*. Une *escadre légère* est la réunion des bâtiments légers, tels que corvettes, avisos, etc., qui se trouvent dans une escadre de vaisseaux. On nomme *E. d'évolution*, une petite quantité de vaisseaux ou seulement de frégates et de corvettes armées en guerre pour l'instruction des jeunes marins sur la tactique, la manœuvre et les exercices; *E. d'observation*, la réunion de bâtiments de guerre sous un chef chargé d'observer les mouvements des escadres étrangères, même en temps de paix.—On nomme *Escadrille*, une petite escadre formée de bâtiments au-dessous du rang des vaisseaux et frégates, tels que les canots et les chaloupes.

Dans l'Armée de terre, *escadre* se disait autrefois pour *escouade*, et désignait un carré formé de 25 hommes. Ce mot, dérivé de l'italien, a été employé depuis François 1er jusqu'à la fin du règne de Louis XIV ; mais l'escadre avait un sens administratif et tactique que l'escouade ne comporte plus.

ESCADRON (de l'italien *squadrone*, dérivé du latin *quadra*, à cause de sa forme carrée), corps de cavalerie, ordinairement composé de quatre compagnies ou pelotons. L'*escadron* est, dans la cavalerie, ce qu'est le *bataillon* dans l'infanterie, c.-à-d. l'unité fondamentale du régiment. En temps de paix, il faut *quatre* escadrons pour former un régiment; il en faut *six* sur le pied de guerre. La force d'un escadron est communément de 100 à 120 chevaux. Il y a ordinairement un *chef d'escadron* pour deux compagnies : ce grade, créé en 1774, est analogue à celui de chef de bataillon dans l'infanterie.

Chez les anciens, les escadrons de la cavalerie perse étaient de 100 hommes sur huit ou douze rangs; l'escadron grec ou *épitarchie* était de 128 hommes sur huit rangs; l'escadron romain ou *turma* était de 40 hommes sur quatre rangs. — Chez les modernes, ce sont les Allemands, sous Charles-Quint, qui ont organisé les premiers leur cavalerie par escadrons. En France, cette organisation ne remonte qu'au règne de Louis XIV : l'escadron ne se composait alors que de 3 ou 4 compagnies fortes de 35 à 40 hommes. L'organisation actuelle date des guerres de l'Empire. Sous Frédéric le Grand, un régiment de cavalerie prussienne se composait de 5 escadrons dont chacun était subdivisé en 2 compagnies de 70 hommes chacune.

ESCALADE (du latin *scala*, échelle), attaque brusque, assaut fait le plus souvent au moyen d'échelles. Les escalades, jadis très-fréquentes, sont assez rares aujourd'hui. Elles se font de nuit, à bas bruit, à l'arme blanche. Parmi les plus célèbres escalades modernes, on cite celles des Français au siége de Prague (1741), au siége de la citadelle d'Anvers (1832), et à celui de Constantine (1837).

En Jurisprudence, l'*escalade* est toute entrée dans un lieu clos, par toute autre voie que par la porte. C'est une circonstance aggravante du vol. *Voy.* VOL.

ESCALADOU ou ESCOULADOU, sorte de dévidoir, se compose d'une planchette portant vers ses deux bouts deux poupées en fer, qui reçoivent dans leur partie supérieure les extrémités coniques d'un arbre de fer de 40 centim. environ. Il porte au milieu de sa longueur une roue de 15 centim. de diamètre, qui fait corps avec lui, et qui sert de volant à la machine. On fait passer la tige à travers une bobine, et on fait tourner l'arbre en passant dessus la paume de la main. La bobine se recouvre à mesure de fil, de soie, etc.

ESCALE (du latin *scala*, échelle), nom donné, dans les mers du Levant et sur les côtes du Sénégal, à tout lieu de relâche et de rafraîchissement pour les vaisseaux. *Faire escale*, c'est entrer dans un port pour se reposer et se rafraîchir.

Dans l'Art militaire, on nommait encore ainsi une échelle à pétard, ayant plusieurs entre-toises, et qui servait autrefois à renverser une porte, lorsqu'elle était précédée d'un fossé.

ESCALIER (du latin *scala*, échelle). L'escalier est formé de parties nommées *marches* ou *degrés*; la surface sur laquelle le pied pose est le *giron* de la marche ; la *contre-marche* est ce qui est en dessous de la marche, et qui en forme le relevé. On ne donne pas aux marches moins de 12 centim. de hauteur, et jamais plus de 20; le giron n'a pas moins de 30 centim. Le *palier* est un giron plus étendu qui interrompt l'escalier et forme repos. La première marche, nommée *palière*, doit avoir un giron plus large que les autres. La *volée d'escalier* est une suite non interrompue de marches d'un palier au suivant. Le *limon* est un petit mur suspendu ou une pièce de bois portée par le bout isolé des marches, et qui soutient la *rampe* en fer ou en bois, rampe sur laquelle on peut s'appuyer. L'enceinte dans laquelle l'escalier est contenu et où aboutissent les portes des différents étages se nomme *cage*. L'escalier se construit en pierre, en marbre, bois, fer, etc. Quant à la forme, les escaliers sont : ou *non-suspendus*, c.-à-d. dont les marches sont scellées par les deux bouts dans des murs parallèles ou concentriques, ou *suspendus*, c.-à-d. à limons; ils peuvent être *droits*, *elliptiques*, *circulaires* ou enfin *mixtes*, c.-à-d. en demi-cercle se raccordant avec des lignes droites. Parmi les escaliers circulaires, on remarque les *E. à vis* ou *hélicoïdes*, vulgairement dits à *limaçon*, et les *E. à gousset*, escaliers légers en bois ou en fonte, souvent employés dans les cafés ou les magasins à cause du peu de place qu'ils occupent.

ESCALIN, monnaie d'argent, usité dans les Pays-Bas et en Suisse, et dont la valeur, fort variable, est en moyenne de 65 centimes de France.

ESCALLONIA (du botaniste *Escallon*), genre type de la famille des Escalloniées, détachée des Saxifragées, renferme des arbres et des arbrisseaux propres à l'Amérique tropicale. L'*E. myrtilloïde*, espèce type, a un bois très-dur, employé en ébénisterie. L'*E. floribunda* à fleurs blanches et l'*E. rubra* à fleurs rouges sont cultivées dans les jardins.

ESCAMOTEUR. *Voy.* PRESTIDIGITATEUR.

ESCARBOT (du grec *scarabos, carabos*, qui a le même sens), *Hister*, genre de Coléoptères de la famille des Clavicornes: antennes terminées par une massue globuleuse de trois articles; pattes aplaties, triangulaires; corps carré, peu ou point renflé, long, rétréci dans les deux bouts; élytres plats et carrés, luisants, bombés et durs. Ces insectes vivent dans les boues, les fumiers, les charognes, sous les écorces des arbres, etc. Le type du genre est l'*E. des cadavres*, qu'on trouve aux environs de Paris. — Vulgairement on donne le nom d'*escarbot* au hanneton et au *scolyte*.

ESCARBOUCLE (du latin *carbunculus*, charbon, à cause de son vif éclat, comparable à celui d'un charbon ardent), variété de Grenat, qui est un silicate double d'alumine. Cette pierre était fort estimée des anciens. Il suffisait, disaient-ils, de l'exposer à l'action d'une vive lumière pour lui faire acquérir une couleur rouge de feu. Plusieurs de ces pierres brillaient dans l'obscurité, et d'un éclat si vif qu'elles pouvaient éclairer un appartement.

ESCARCELLE (du bas latin *scarcellum*), vieux mot qui signifiait *bourse* au moyen âge. Elle était ordinairement faite de cuir et se pendait à la ceinture à l'aide d'un simple cordon : on y serrait, outre l'argent, les chapelets, les bijoux et autres objets de valeur. C'était aussi un signe de pèlerinage. Les châtelaines appelaient *aumônière*, l'escarcelle où elles mettaient l'argent destiné aux aumônes.

ESCARGOT, nom vulgaire qui s'applique à tous les *Limaçons*, et plus particulièrement à celui des vignes (*Helix pomatia*). *Voy.* HÉLICE.

ESCARMOUCHE (de l'italien *scaramuccia*, farce, embuscade), se dit, dans l'Art militaire, d'un léger engagement entre les tirailleurs de deux armées. On engage les escarmouches pour contrarier l'ennemi, sonder ses intentions, apprécier sa force, masquer une opération, reconnaître une position, etc. — Le mot *escarmouche* a été introduit en France lors des expéditions de Charles VIII en Italie.

ESCAROLLE ou SCAROLE, nom vulgaire : 1° d'une espèce de Laitue cultivée (*Lactuca scariola*), indigène au midi de la France; 2° d'une variété de Chicorée originaire de Hollande. *V.* LAITUE et CHICORÉE.

ESCAROTIQUE. *Voy.* ESCHAROTIQUE.

ESCARPE (de l'italien *scarpa*, même significat.), face extérieure du rempart, qui descend jusqu'au fond du fossé : elle est opposée à la *contrescarpe*, ou ligne extérieure du fossé du côté de la campagne. L'escarpe en terre n'est autre chose que la surface du talus extérieur : elle est ordinairement revêtue de gazon et défendue au pied par des palissades ; l'escarpe en maçonnerie se compose d'un mur surmonté d'un parapet: l'épaisseur de ce mur varie en raison de sa hauteur : il est toujours appuyé de contre-forts. — On doit à Cormontaigne l'usage des escarpes inaperçues du dehors.

ESCARPIN (de l'italien *scarpino*). *Voy.* SOULIER.

ESCARPOLETTE (de l'italien *scarpoletta*, petite écharpe), sorte de fauteuil suspendu par des cordes, auquel on imprime un mouvement oscillatoire semblable à celui d'un pendule. On donne aussi quelquefois à cette machine le nom de *balançoire*.

ESCHARE ou ESCARRE (du grec *eschara*, croûte), croûte noire ou brunâtre qui résulte de la mortification et de la désorganisation d'une partie vivante affectée de gangrène, ou profondément brûlée par l'action du feu ou d'un caustique. L'*eschare*, en particulant plus à la vie, se détache au bout de 6, 10 ou 15 jours, par l'inflammation et la suppuration qui se développe dans les parties saines environnantes.

ESCHARE, genre de Molluscoïdes de la classe des Bryozoaires ou Polypes ciliés, famille des Escharés. C'est un polypier presque pierreux, non flexible, à expansions comprimées ou aplaties, lamelliformes, fragiles, simples, rameuses, couvertes sur toutes les faces de cellules à parois communes, disposées en quinconce. On les trouve dans presque toutes les mers. Leur grandeur est peu considérable. L'*E. foliacé*, le plus grand, atteint 1 mètre de grandeur en tous sens. Il est commun sur les côtes de France.

ESCHAROTIQUES, substances qui, appliquées sur une partie vivante, l'irritent violemment, la désorganisent, et y déterminent la formation d'une *eschare* : tels sont les acides minéraux concentrés, les alcalis caustiques, le deutochlorure d'antimoine, etc.

ESCLAVAGE (du latin *Slavus, Slave, Esclavon*, à cause du grand nombre d'esclaves que fournissait ce peuple, ou, selon Vossius, parce que Charlemagne réduisit les Slaves en servitude). L'esclavage, fruit de l'oppression du faible par le fort, remonte aux premiers temps du genre humain ; on a pu dire qu'il était *le fondement de la société antique*.

Les patriarches de l'Ancien Testament avaient à leur suite un grand nombre d'esclaves. Moïse, en condamnant à mort ceux qui vendaient un homme dont la possession ne leur était pas légitimement acquise, consacre l'esclavage; toutefois, il limite à dix ans l'esclavage d'un Israélite; après cette époque, si l'esclave refusait le bénéfice de sa libération, on lui perçait l'oreille, et il ne pouvait redevenir libre qu'après 45 ans d'une servitude nouvelle.

Les Grecs et les Romains avaient un grand nombre d'esclaves; ce nombre excédait le plus souvent le chiffre de la population libre. Ils étaient, selon les pays, traités avec plus ou moins de douceur. Les esclaves des Lacédémoniens, connus sous le nom d'*Ilotes*, étaient traités avec une rigueur extrême : aussi se révoltèrent-ils souvent contre leurs maîtres. — Tout au contraire, l'esclavage était fort doux à Athènes; aussi l'histoire ne mentionne-t-elle pas d'exemple de rébellion d'esclaves dans l'Attique. Lorsqu'un maître maltraitait un esclave, il était permis à ce dernier de le citer devant le magistrat, et de demander à être vendu à un autre maître. Les esclaves athéniens étaient employés à la culture des terres, aux manufactures, aux mines, aux carrières et aux travaux domestiques. Plusieurs s'adonnaient aux ouvrages d'industrie et aux arts. La loi défendait aux esclaves de laisser croître leur chevelure, de plaider, et même de rendre témoignage. Ils ne pouvaient porter des armes.

Les Romains avaient des esclaves de trois sortes : ceux qu'on prenait à la guerre (*mancipia*), ceux qui étaient nés de parents esclaves (*vernæ*), et ceux qu'on achetait aux marchands qui en faisaient trafic. Il y eut pendant un temps une 4e espèce d'esclaves : c'étaient ceux qui, étant libres, se vendaient volontairement ou devenaient esclaves de leurs créanciers. Il y avait à Rome un marché affecté à la vente des esclaves. Cette vente se faisait de trois manières, dites : 1° *sub hastâ* (sous la lance), parce qu'on plantait une lance dans l'endroit où se faisait cette vente : c'était celle des prisonniers de guerre; 2° *sub coronâ* (sous la couronne), parce que, dit-on, les marchands posaient une couronne de fleurs sur la tête des esclaves qu'ils voulaient vendre; 3° *sub pileo* (sous le bonnet), parce qu'on leur mettait sur la tête une espèce de bonnet ou de chapeau : par cette marque, le vendeur annonçait qu'il ne garantissait pas leur docilité. Les esclaves romains avaient la tête rasée, les oreilles percées, et portaient un costume particulier; ils ne pouvaient se marier sans la permission de leur maître, ni plaider, ni tester. Leurs mariages, dépourvus de formes légales et de cérémonies religieuses, s'appelaient *contubernium*. Les maîtres avaient droit de vie et de mort sur leurs esclaves : l'esclave était pour eux une *chose* (*res*) et non une personne (*persona*); on leur infligeait, pour les fautes les plus légères, les châtiments les plus barbares : on les fouettait de verges, on les livrait aux bêtes féroces, on les laissait mourir de faim ; le châtiment le plus ordinaire était le fouet. Un sénatus-consulte rendu sous Auguste ordonnait, si un citoyen était tué dans sa maison, de soumettre à la torture tous ses esclaves, et même ses affranchis. Ces lois barbares furent en vigueur jusqu'à la fin de l'Empire. Aussi, les esclaves se révoltèrent-ils fréquemment, et les Romains eurent à soutenir contre eux de véritables guerres : il suffira de rappeler les révoltes d'Eunus en Sicile (135 avant J.-C.), celle de Salvius (103), et celle de Sp·rtacus (73).

L'esclavage s'est maintenu constamment dans toute l'Asie et en Afrique; mais, en Europe et parmi les peuples chrétiens, le Christianisme le fit peu à peu disparaître. Cependant, au moyen âge, il subsistait encore sous le nom de *servage* (*Voy.* ce mot), et après la découverte de l'Amérique, les Espagnols, et à leur exemple tous les autres peuples chrétiens, le renouvelèrent en réduisant à l'esclavage les Indiens et les Noirs achetés en Afrique et transportés aux colonies. Les Anglais eurent l'honneur, au dernier siècle, de s'élever les premiers contre la traite des Noirs : l'affranchissement de tous les esclaves de leurs colonies, préparé par de sages mesures, fut effectué en 1838. En 1793, la Convention proclama l'affranchissement des Noirs dans les colonies françaises; mais cet affranchissement, qui n'était nullement amené, fut le signal des massacres de St-Domingue. Sous la Restauration et pendant la monarchie de Juillet, il fut pris une série de mesures pour adoucir le sort des esclaves, pour diminuer leur nombre et pour les préparer progressivement à la liberté (notamment l'ordonn. du 5 janvier 1840, les lois du 18 et 19 juillet 1845) ; leur affranchissement définitif fut prononcé en 1848, et une indemnité fut allouée aux colons dépossédés.

On doit à M. H. Wallon l'*Histoire de l'esclavage dans l'antiquité*, 1847; à Condorcet, à Wilberforce, et à MM de Broglie, Ag. de Gasparin, V. Schœlcher, Molinari, de nombreux écrits sur l'esclavage moderne. *Voy.* TRAITE DES NOIRS.

ESCOFFION (du grec *couphia*, coiffe, d'où l'italien *cuffione*), coiffure de femme en usage au moyen âge : c'était un réseau formé de rubans d'or ou de soie. On en porte encore dans le midi de la France.

ESCOMPTE (du latin *e* ou *ex*, hors de, et *computatio*, compte), opération de banque qui consiste à faire l'avance de la valeur d'un billet qui n'est pas encore arrivé à son échéance, à la condition d'une retenue convenue : cette retenue, appelée elle-même *escompte*, représente l'intérêt dû pour la somme payée par avance, et donne, en outre, un certain bénéfice au banquier qui fait l'opération. On distingue l'*E. en dedans* et l'*E. en dehors*, selon que l'on prend l'intérêt en dedans ou en dehors.

On appelle *Règle d'escompte* l'opération d'arithmétique qui sert à trouver l'escompte à prélever pour chaque somme. La *Règle d'escompte* n'est qu'une application de la règle de trois. Soit *a* le montant d'un billet, *t* le temps qui doit s'écouler jusqu'à l'échéance, et *i* le taux de l'intérêt. Pour trouver la formule de l'*E. en dedans*, on établit la proportion :

$$100 + it : a :: it : x; \text{ d'où } x = \frac{a \times it}{100 + it}.$$

Pour l'*E. en dehors*, on établit la proportion :

$$100 : a :: it : x; \text{ d'où } x = \frac{a \times it}{100}.$$

Outre la Banque de France, qui escompte les billets qui lui sont présentés avec trois signatures, on a fondé à diverses époques, dans l'intérêt du commerce, des caisses publiques dites *Caisses d'escompte*, qui font sur les billets qu'on leur porte les mêmes opérations que les banquiers. La première qui ait existé en France date du 1er janvier 1767. En 1848 il a été créé à Paris, sous le nom de *Comptoir national d'escompte*, une caisse qui a rendu quelques services au commerce, et dont le privilège, d'abord fixé à 3 ans, a été depuis prorogé jusqu'au 18 mars 1857.—Le taux de l'escompte varie selon les circonstances ; celui de la Banque de France, fixé à 4 p. 0/0 à l'origine, a été réduit à 3 p. 0/0 en 1852.

ESCOPE. *Voy.* ÉCOPE.

ESCOPETTE (du latin *scopus*, but, cible), arme à feu en forme d'arquebuse ou de carabine, qu'on portait en bandoulière ou qu'on attachait à l'arçon de la selle. Le canon de l'escopette avait environ un mètre de long; il était rayé à raies droites, et portait à une grande distance. Ce fut l'arme de la cavalerie française, de Charles VIII à Louis XIII; elle est hors d'usage aujourd'hui. *Voy.* CARABINE.

ESCOT, étoffe de laine dont le tissu est croisé, était autrefois fort à la mode et est peu en usage de nos jours. On en fait des robes de deuil, des vêtements pour religieuses et des tabliers communs.

ESCOUADE (par corruption d'*escadre*), subdivision d'une compagnie commandée par un caporal ou un brigadier, se compose de 10 à 12 hommes dans l'infanterie et de 6 à 8 dans la cavalerie; elle loge ordinairement dans la même chambre et mange au même ordinaire. L'escouade répond à peu près aux décuries grecques et romaines, et aux *quadrilles* du moyen âge. Depuis François 1er, le nom d'*escouade* fut donné à ce qu'on appelait d'abord dans l'infanterie *escadre* (*Voy.* ce mot). Il y avait trois de ces escouades ou escadres par compagnie. Elles étaient commandées par un *cap d'escadre* d'abord, et dans la suite par un caporal. En 1762, l'escouade était de 7 hommes. L'organisation actuelle date de 1788.

On nomme aussi *escouade* la division en brigades des ouvriers dans les chantiers maritimes.

ESCOURGEON, *Hordeum hexastichum*, espèce d'orge dont l'épi est court, épais, et à 6 rangées égales de grains. On le sème en automne. Lorsqu'on le sème tout de suite après la récolte des blés, l'escourgeon prend sa maturité avant les grandes chaleurs, et convient surtout aux pays secs et pauvres. Cette orge produit jusqu'à vingt pour un; mais ses grains sont fort petits.

ESCRIME (de l'italien *schermire*, dérivé de l'allemand *schirmen*, se battre, escarmoucher), art de faire des armes. L'escrime consiste surtout dans l'art de manier l'épée et le fleuret, ou jeu de *pointe*; on y rattache l'art de manier le sabre, qu'on nomme aussi *contre-pointe* ou *espadon*. On compte théoriquement *huit* coups réguliers dans le jeu de pointe; mais dans la pratique, il n'y en a réellement que *quatre* qui aient de l'importance; ce sont: la *prime*, qui consiste à frapper droit la poitrine de l'adversaire, la main haute et renversée; la *seconde*, dans laquelle l'épée attaque le flanc découvert par la prime; la *tierce*, qui s'exécute en passant son épée à droite sur celle de l'adversaire, les ongles en dessous et la main haute; la *quarte*, qui s'opère en passant l'épée à gauche, en dedans des armes, les ongles en dessus. Chacun de ces coups a sa *parade*. Il y a, en outre, les *dégagements*, les *parades doubles*, la *contre-quarte* et la *contre-tierce*. L'art de l'escrime comprend encore l'action de *marcher* ou d'aller en avant; de *rompre* ou de reculer; le *coup droit*, la *riposte*, le *coupé*, le *temps d'arrêt*, le *coup de temps*, le *coup sur le temps*, etc. Les *engagements* consistent à s'emparer, à droite ou à gauche, du fer de son adversaire; les *battements* ont pour but de le déranger par un tour de main, sans frapper.

Le mot *escrime* est d'origine récente, mais l'art est fort ancien : témoin l'art des gladiateurs, si fort en honneur chez les Romains. Au moyen âge, l'escrime des chevaliers ne consistait qu'à courre le faquin ou à combattre à la genette, et se composait plus encore d'équitation que du maniement de l'épée. L'escrime moderne prit naissance en Espagne, sous Charles-Quint; elle passa de là en Italie : pendant deux siècles, ce pays fournit des maîtres d'escrime à toute l'Europe; mais depuis Henri II, les Français le disputèrent aux Italiens dans l'art de manier l'épée, et, sous Louis XIII, l'escrime devint tout à fait française. On peut étudier les progrès de cet art dans les traités de G. Thibault (*Académie de l'art de l'épée*, Anvers, 1628), de Danet (l'*Art des armes*, Paris, 1766); de Laboëssière (*de l'Art des armes*, Paris, 1818); et de L.-J. Lafaugère (*Nouveau manuel complet d'escrime*, Paris, 1837).

ESCROQUERIE (dérivé, par les uns, de *croc*; par d'autres, d'une manière plus ingénieuse que probable, du grec *aischron*, honteux, et *kerdos*, gain), toute manœuvre frauduleuse employée pour s'approprier la fortune d'autrui. Le Code pénal (liv. III, art. 405) a réglé ainsi la peine de cette action. «Quiconque, soit en faisant usage de faux noms ou de fausses qualités, soit en employant des manœuvres frauduleuses pour persuader l'existence de fausses entreprises, d'un pouvoir ou d'un crédit imaginaire, ou pour faire naître l'espérance ou la crainte d'un succès, d'un accident, etc., aura escroqué ou tenté d'escroquer la fortune d'autrui, sera puni d'un emprisonnement de 1 à 5 ans et d'une amende de 50 à 3,000 fr. Il peut en outre être privé, pendant une durée de 5 à 10 ans, des droits mentionnés à l'article 42.» — «Tout individu condamné pour escroquerie ne peut être admis au bénéfice de cession.» Code du Comm., art. 575.

ESCULINE (d'*Æsculus*, marronnier), substance tirée des marrons d'Inde. *Voy.* MARRONNIER.

ÉSOCES (d'*Esox*, brochet), famille de poissons de l'ordre des Malacoptérygiens abdominaux, renferme tous les poissons qui ont les mâchoires garnies de fortes dents pointues et nombreuses, le museau aplati, le corps et la queue allongés latéralement, des écailles dures, point de nageoire adipeuse, une seule dorsale placée au-dessous de l'anale, et plus éloignée de la tête que des ventrales. Ces poissons sont les *brochets*, les *exocets*, etc.

ESOPHAGE. *Voy.* OESOPHAGE.

ÉSOTÉRIQUE (du grec *ésô*, en dedans), se dit, en Philosophie, de toute doctrine secrète et réservée aux seuls initiés. Telle était la doctrine de Pythagore, chez les anciens, et, dans les temps modernes, celle des Rose-Croix. On l'oppose à la doctrine *exotérique* ou extérieure.

ESOX, nom latin du *Brochet*. V. BROCHET et ÉSOCES.

ESPACE (du latin *spatium*). En Métaphysique, l'espace est cette étendue illimitée que nous concevons comme embrassant tous les corps, et se prolongeant à l'infini au delà de toute borne : Pascal le définissait une *sphère infinie dont la circonférence est partout, et le centre nulle part*. Les Rationalistes considèrent l'idée d'espace comme une idée nécessaire, absolue, que l'expérience seule ne pourrait donner; et qu'il faut rapporter à une faculté supérieure, à la Raison : à l'occasion des limites qui s'offrent à nos regards, nous concevons nécessairement quelque chose au delà, et nous prononçons que tout corps est dans l'espace; que le fini suppose l'infini. Quant à la nature de l'espace, les opinions sont fort partagées. Pour les philosophes anciens, Démocrite, Leucippe, Épicure, l'espace n'est autre chose que le *vide*; Newton et Clarke lui accordent de la réalité, et l'identifient avec Dieu même, considéré en tant que présent partout; Leibnitz n'y voit qu'une abstraction : l'espace est pour lui l'*ordre des coexistences*, comme le temps est l'*ordre des successions*; Kant lui attribue une réalité purement *subjective*, et en fait une des *formes nécessaires de la sensibilité*. La question de la nature de l'espace et du temps a donné lieu à une controverse célèbre entre Clarke et Leibnitz, qu'on trouvera dans le recueil des *Lettres de Leibnitz*.

En termes d'Imprimerie, on nomme *espaces* (ce mot est alors féminin) de petites pièces de fonte, qui sont de même corps que le caractère auquel elles appartiennent, mais plus basses que la lettre, et qui se mettent entre les mots pour qu'ils apparaissent isolés dans l'impression; elles servent aussi à justifier les lignes. Elles ne doivent pas marquer sur le papier.

ESPADON (de l'italien *spadone*, dérivé de *spatha*, épée), large épée à deux tranchants; de 2 à 3 mètres de long, à poignée en croix et sans garde, qui était en usage aux XIVe et XVe siècles, surtout en Allemagne et en Suisse. Pour manier cette arme pesante, on saisissait la poignée à deux mains, ou bien on appuyait le pommeau dans les viroles de la cuirasse, et l'on saisissait la lame entre la poignée et deux crocs situés quelques centimètres en avant. L'espadon était ordinairement porté par des hallebardiers d'élite, qu'on appelait *espadons joueurs d'épée*. On donnait à ceux qui le maniaient avec adresse le nom de *spadassins*, nom qui, depuis, a été pris en mauvaise part. On ne voit plus guère d'espadons que dans les musées; on en a conservé quelques-uns à lame dentelée ou flamboyante. Outre l'espadon, il y avait le *demi-espadon*, tranchant d'un seul côté, et assez semblable au sabre des cuirassiers. — On donne encore le nom d'*espadon* à l'escrime du sabre ou de taille, et à un instrument en bois, en forme de lame plate, et dont on se sert pour briser l'enveloppe ligneuse du chanvre.

ESPADON, *Xiphias*, appelé aussi *Epée de mer*, *Sabre*, *Poisson empereur*, genre de poissons Acanthoptérygiens, de la famille des Scombéroïdes. La tête de ces animaux offre une conformation singulière : leur museau se prolonge en une lame plate, tranchante des deux côtés, et terminée par une pointe aiguë. La longueur de cette lame est à peu près le tiers de la longueur totale de l'animal. Le corps et la queue sont très-allongés, et les nageoires en forme de faux, excepté celle de la queue. Le dos est noir, le ventre argenté, les nageoires jaune-brun ou d'un gris cendré. Ces poissons atteignent jusqu'à 7 mètres, et nagent avec vitesse. Leur chair est blanche, fine, d'un goût délicieux, et très-nourrissante. La pêche de l'espadon se fait au harpon; elle représente en petit celle de la baleine. Elle a lieu dans la mer du Nord, dans la Baltique et sur les côtes de Sicile.

ESPAGNOLETTE, mode de fermeture de fenêtre et de porte, originaire d'*Espagne*; se compose ordinairement d'une tige de fer droite et ronde, assujettie sur le montant à droite de la fenêtre, et dont les bouts portent horizontalement des crochets qui s'arrêtent dans des gâches. Elle porte, à une hauteur convenable, un levier en forme de poignée qui fait tourner l'espagnolette et qui s'engage dans un crochet fixé à l'autre montant de la croisée.

ESPALIER (de l'italien *spalliera*, épaule, par allusion au mur qui sert d'appui), rangée d'arbres à fleurs ou à fruit appuyés contre un mur, et auxquels on a fait prendre par la taille une forme déterminée. Le mur peut avoir de 3 à 4 m. d'élévation, et doit être exposé au midi, à l'est ou à l'ouest. Les murs légèrement inclinés au sud-est ou au sud-ouest sont les meilleurs. La moyenne distance d'un arbre à l'autre est d'environ 6 m. Le palissage s'exécute soit au moyen d'un treillage, soit au moyen d'arcs formés de petites branches de cornouiller que l'on ajoute les uns au-dessus des autres, à mesure des besoins. La forme à donner à l'espalier se détermine suivant la hauteur du mur, l'exposition, l'espèce de l'arbre et la fertilité du sol. La *forme en V ouvert* est la plus commode pour la taille et la plus facile à établir; mais elle laisse perdre une grande partie du mur, qu'elle ne peut recouvrir; la *forme à la Dumoutier*, ou parallélogrammique, permet à l'arbre de s'étendre, et convient surtout pour couvrir de grands espaces avec un petit nombre de sujets; la *forme carrée* a également l'avantage de couvrir promptement une grande surface; mais elle est dangereuse à cause de la position verticale que prennent forcément les branches de l'intérieur; la *forme en cordons*, consistant en une tige droite dont les branches se portent alternativement à droite et à gauche, est une forme nouvelle, bonne sous tous les rapports, excepté pour les branches de la partie inférieure; la *forme en palmette à double tige* est la meilleure de toutes : elle présente deux branches verticales escortées de rameaux obliques qui ne laissent aucun vide; enfin, la *forme en U* n'est qu'une modification de la précédente, plus difficile seulement et plus lente à établir. On ne doit choisir pour espaliers que des sujets vigoureux, d'un à deux ans de greffe, et ayant de bonnes racines.

ESPALMÉ, sorte de corroi à base de goudron, dont on enduit la carène des vaisseaux. — *Espalmer un navire*, c'est l'enduire de ce corroi; c'est aussi laver sa carène depuis la quille jusqu'à la ligne de l'eau.

ESPARCETTE, nom vulgaire du *Sainfoin des prés*.

ESPARGOUTTE, synonyme vulg. de la SPERGULE.

ESPARS, mâtereaux ou petits mâts de sapin qu'on embarque, comme rechange, à bord des bâtiments qui font des voyages de long cours. Ces pièces ont de 8 à 10 m. de longueur; on les distingue en *espars doubles*, qui ont près de 20 centim. de diamètre, et en *espars simples*, qui ont de 10 à 12 centim. de diamètre. — On donne aussi ce nom au morceau de bois dur, tourné et terminé par une boule, qui sert à tordre les écheveaux de soie au sortir de la teinture, ainsi qu'aux six morceaux de bois qui composent la civière à tirer le moellon.

ESPATARD, enclume et marteau de fonte qui arment un gros martinet dans une usine à fer; — cylindre tranchant sous lequel on passe les barres de fer pour les couper dans le sens de leur longueur.

ESPÈCE (du latin *species*, apparence, figure), réunion d'individus de même nature, c.-à-d. offrant des caractères communs par lesquels ils se distinguent de tous les autres groupes d'individus du même genre; l'*espèce* est le plus bas échelon de la classification. La réunion de plusieurs espèces constitue un genre. L'*espèce* était un des cinq *universaux* de l'École (*Voy.* UNIVERSAUX).—La détermination des espèces joue le rôle le plus important dans les sciences naturelles, mais elle est le plus souvent fort difficile. En Minéralogie, l'espèce est déterminée par une identité parfaite dans la composition; la forme n'y est pour rien. Dans le Règne organique, au contraire, l'espèce est fondée sur l'identité de la forme et de la structure, tant interne qu'externe. Le caractère principal des espèces de végétaux et d'animaux est de pouvoir reproduire des êtres semblables et féconds; l'espèce peut se modifier sous l'influence des agents extérieurs : elle produit alors des *races* ou des *variétés*; mais jamais elle ne quitte son caractère propre pour en revêtir un autre. En Pharmacie, on nomme *espèces* des végétaux ou des parties de végétaux qui jouissent de propriétés analogues et que l'on conserve mélangés pour l'usage; elles servent à préparer des infusions, des décoctions, etc. On distingue les *E. amères*, *antiscorbutiques*, *apéritives*, *astringentes*, *carminati-*

ves, *emménagogues*, *émollientes*, *pectorales*, *purgatives*, *stimulantes*, *sudorifiques*, *vermifuges*, *vulnéraires*, etc. *Voy.* chacun de ces mots.

Dans la Philosophie ancienne et la Scolastique, *espèce* était synonyme d'*image*. La connaissance des corps se faisait au moyen d'images perçues d'abord par les sens (*espèces sensibles*), puis par l'*entendement* (*espèces intelligibles*). Les *espèces sensibles* elles-mêmes étaient dites *impresses* si elles provenaient directement de l'impression des objets, qui se moulent sur nos sens comme le cachet sur la cire; *expresses*, quand elles avaient été pour ainsi dire exprimées des espèces impresses, et avaient pénétré jusqu'au sens intérieur qui en gardait l'empreinte. Les *espèces intelligibles* étaient le fruit des abstractions et des généralisations faites par l'*intellect* ou entendement sur les espèces expresses.

En Théologie, on nomme *espèces* les apparences du pain et du vin dans le sacrement de l'Eucharistie, après la transsubstantiation.

ESPÉRANCE, la 2e des trois vertus théologales. (*Voy.* VERTU). — Les anciens avaient fait de l'espérance une divinité : c'était une jeune nymphe, souriant avec grâce et couronnée de fleurs naissantes; ils lui donnaient des ailes. La couleur verte lui est affectée. On lui donne pour emblème une ancre ou un arc-en-ciel.

ESPINGOLE (par corruption d'*espingarde*, machine à lancer des pierres, en usage au moyen âge), nom donné autrefois à une petite pièce de canon et aujourd'hui à un gros fusil, très-court, à canon évasé depuis le milieu jusqu'à la gueule. L'espingole est généralement en cuivre; on la charge d'une douzaine de balles de calibre, et on ne la tire qu'à petite portée. Depuis 1780, les sapeurs de l'infanterie française se servaient de cette arme; mais elle a été remplacée par le mousqueton. Les Mameluks étaient aussi armés d'espingoles. Aujourd'hui on ne se sert des espingoles qu'en marine : on les place sur pivot aux extrémités des petites embarcations, dans les hunes, etc.

ESPION (d'*épier*, autrefois *espier*). L'espionnage a été en usage dans tous les temps et chez tous les peuples. Il est devenu de nécessité absolue dans la haute politique, la diplomatie et la guerre, aussi bien que dans la simple police de surveillance. Mais, en même temps, les agents de l'espionnage ont été partout regardés avec mépris; les espions diplomatiques sont payés sur les fonds secrets des divers ministères; les espions de police sont organisés en France depuis 1629; la formation de la *brigade de sûreté* (*Voy.* ces mots) du fameux Vidocq date de 1812. A la guerre, les espions ont été de tout temps punis de mort; autrefois, on les fusillait sans forme de procès; depuis le décret du 16 juin 1793, ils sont jugés par des commissions militaires.

ESPLANADE (de l'italien *spianata*, même signification), terrain uni et légèrement incliné qui, dans les places fortes, s'étend entre les remparts et les maisons de la ville.—C'est aussi le terrain laissé vide entre une ville et son château fort pour surveiller, en cas de siége, les approches de l'ennemi, et pour servir, en temps de paix, de terrain de manœuvre. — On donne encore ce nom à une plate-forme de batterie et à l'espace vide qui règne en dehors d'une place de guerre, dans toute l'étendue de son rayon.

ESPONTON ou SPONTON (de l'italien *spuntone*, pointu, tiré lui-même, selon Roquefort, du latin *pungere*, piquer), espèce de demi-pique, longue de 2 m. et demi, dont on armait autrefois en France les sous-officiers et les officiers de l'infanterie et des dragons de tous grades. En 1710, on retira cette arme aux officiers subalternes, et on leur laissa le fusil, pour réserver l'esponton aux officiers supérieurs. Ces derniers le conservèrent jusqu'en 1756. Les Cent-Suisses le portaient encore avant 1825. — Les officiers de marine se servaient aussi de cette arme.

ESPRIT (du latin *spiritus*, souffle), être incorporel : l'âme humaine, Dieu, les anges, sont des esprits. On a, en outre, chez les peuples crédules, imaginé une foule d'esprits particuliers, tels que les génies, les sylphes, les gnomes, etc. *Voy.* ces mots.

Esprit, synonyme d'*Intelligence*. *Voy.* ce mot.

Esprit-saint. Voy. SAINT-ESPRIT.

On a nommé *esprits animaux* un fluide subtil qu'on supposait être formé dans le cerveau, et distribué, par le moyen des nerfs, dans toutes les parties du corps. Ces esprits, admis dans tout le moyen âge, et même par Descartes et Malebranche, servaient à expliquer tous les phénomènes que l'on rapporte aujourd'hui à l'innervation.

ESPRITS. Les anciens Chimistes donnaient le nom d'*esprits* à tous les produits liquides qu'on obtient en soumettant les corps à la distillation. On appelait surtout *esprits*, ou *eaux spiritueuses*, des alcools chargés, par la distillation de substances aromatiques, de principes médicamenteux, de drogues simples, etc.

Esprit acide, nom donné autrefois à tout acide volatilisé pendant la distillation.

Esprit alcalin : c'est le gaz ammoniac.

Esprit ardent : c'est l'alcool très-rectifié.

Esprit de bois, dit aussi *Esprit pyroxylique*, bihydrate de méthylène, ou *hydrate d'oxyde de méthyle*, liquide inflammable, semblable à l'esprit-de-vin, incolore, contenant du carbone, de l'hydrogène et de l'oxygène ($C^2H^4O^2$) Il bout à 66°5, et présente une densité de 0,798 ; il a une odeur à la fois spiritueuse et empyreumatique, et une saveur piquante et comme poivrée ; il se mêle en toutes proportions avec l'eau et l'alcool, dissout les résines, et en général tous les corps que l'alcool dissout lui-même. Il donne, avec les acides, des éthers particuliers qu'on désigne sous le nom d'*éthers méthyliques*. Les agents oxygénants le convertissent facilement en acide formique. Il existe en dissolution dans la partie aqueuse des produits de la distillation du bois ; on l'en extrait par de nouvelles distillations et par la rectification du produit sur de la chaux vive. Il peut remplacer l'alcool dans la plupart de ses emplois industriels ; et comme il est plus volatil que ce corps, il est très-avantageux dans la préparation des vernis. Les chimistes l'utilisent comme solvant dans l'analyse des substances végétales. — Il a été découvert en 1812 par Philips Taylor, et étudié en 1833 par MM. Dumas et Péligot.

Esprit de corne de cerf. Voy. CORNE DE CERF.

Esprit de Mindererus, nom ancien de l'acétate d'ammoniaque : c'est un liquide préparé avec le carbonate d'ammoniaque provenant de la distillation de la corne de cerf. Il contient une sorte de savonule, auquel on attribue des propriétés toniques et diaphorétiques.

Esprit de nitre fumant, liquide très-fumant composé d'acide nitrique, d'acide nitreux, de chlore et d'eau, qu'on obtient lorsqu'on distille le nitrate de potasse avec l'acide sulfurique concentré.

Esprit pyroacétique. Voy. ACÉTONE.

Esprit de sel, solution d'acide chlorhydrique.

Esprit de soufre, ancien nom de l'*acide sulfureux*, que l'on obtient en faisant brûler du soufre pulvérisé dans une cloche de verre remplie d'air.

Esprit de Vénus, ancien nom du *vinaigre concentré*, obtenu par la décomposition à feu nu du verdet cristallisé et de l'acétate de cuivre.

Esprit-de-vin. Voy. ALCOOL.

Esprit de vitriol, nom ancien de l'*acide sulfurique étendu d'eau*.

Esprit volatil, sous-carbonate d'ammoniaque.

En Grammaire, *Esprit* est un signe d'accentuation en usage dans la langue grecque. L'*E. rude* (') marque l'aspiration, et l'*E. doux* (') l'absence d'aspiration ; le premier est indiqué par la lettre *h* dans un grand nombre de mots français tirés du grec.

ESPROT, vulgairement *Sprat*, *Melet* ou *Harenguet*, en latin *Clupea sprattus*, poisson de l'ordre des Abdominaux, de la famille des Clupes, est une espèce du genre Hareng. Il a les proportions de ce dernier, mais il est beaucoup plus petit ; ses opercules ne sont pas veinés ; une tache foncée se montre le long des flancs au temps du frai. On en fait des salaisons dans le Nord.

ESQUILLES (du latin *squidilla*, diminutif de *squida*, éclat de bois), fragments qui se séparent d'un os fracturé. On donne aussi quelquefois ce nom aux portions d'os qui se détachent dans les caries.

ESQUINANCIE (du grec *synankhé*, suffocation). *Voy.* ANGINE et AMYGDALITE.

ESQUISSE (de l'italien *schizzo*, source, jet). Dans les Arts, on entend par esquisse : 1° le premier trait rapide d'un dessin ; 2° la première idée crayonnée d'une composition qui doit être peinte ou sculptée. L'*ébauche* est le travail préparatoire, d'après l'esquisse, d'une peinture ou d'une sculpture.

ESSAI, opération chimique à laquelle on soumet les matières d'or et d'argent pour en connaître le *titre*, c.-à-d. la proportion de l'or et de l'argent purs qu'elles renferment.

L'essai des matières d'*or* se fait par la *coupellation* et le *départ* (*Voy.* ces mots). On se contente souvent dans le commerce de déterminer approximativement le titre des alliages d'or et de cuivre avec la pierre de touche. *Voy.* TOUCHAUX.

La détermination du titre de l'*argent* se fait aussi par la *voie sèche* ou *coupellation*, ou, d'une manière plus exacte, par la *voie humide*, d'après le procédé imaginé en 1829 par M. Gay-Lussac et immédiatement adopté par la Monnaie de Paris. Cette méthode est fondée sur la propriété que possède une solution de sel marin (chlorure de sodium) de précipiter complétement l'argent de sa dissolution dans l'acide nitrique, sans agir sur le cuivre. On a pour cet usage une solution de sel marin préparée d'avance et dite *normale*, dont on connaît la concentration (100 centim. cubes précipitent 1 gramme d'argent). On dissout dans l'acide nitrique un poids déterminé de l'alliage à examiner (1 gramme, par exemple), et l'on voit combien il faut ajouter de la liqueur normale pour précipiter tout l'argent.

Les anciens employaient la coupellation pour purifier les métaux et essayer les monnaies. Avant Philippe le Bel, sous le règne duquel l'essai des monnaies se fit régulièrement à la coupelle, quand on voulait savoir le titre d'une pièce d'argent, on en tirait un ou deux grains avec un petit instrument appelé *échoppe* ; on les mettait sur des charbons ardents, et l'on jugeait, par leur couleur plus ou moins blanche, du titre de l'argent ; c'est ce qu'on appelait *faire l'essai à la nature* ou *à l'échoppe*. Pour essayer l'or, on se servait de la pierre de touche.

On trouve dans le petit traité de Chaudet tous les détails relatifs à l'art de l'essayeur. M. Gay-Lussac a publié en 1832 une *Instruction sur l'essai des matières d'argent par la voie humide*.

ESSAIM (du latin *examen*), portion d'abeilles qui sort d'une ruche, lorsque les larves, devenues insectes parfaits, rendent la population trop nombreuse. Cette émigration a lieu en mai ou en juin, au nombre d'environ 30 à 40,000 mâles, et de 15 à 16,000 ouvrières. Elle ne s'effectue toutefois que lorsqu'une nouvelle reine, qui doit remplacer celle qui va partir, est prête d'éclore. Le départ s'annonce par un bourdonnement qui se fait entendre le soir et la nuit dans la ruche ; mais le matin même du jour où la colonie doit s'expatrier, un calme parfait succède à l'agitation. Le départ a lieu vers le milieu de la journée, par un temps chaud et un ciel pur. Les abeilles s'arrêtent ordinairement sur un des arbres voisins ; on peut hâter ce moment en frappant sur des chaudrons pour les étourdir. Bientôt elles se pendent en grappes à une branche, en se cramponnant les unes aux autres au moyen de leurs pattes. Pour recueillir l'essaim, on place sous l'arbre une ruche renversée, dont on a frotté l'intérieur avec du miel, des plantes odorantes, etc., et, à l'aide d'une légère secousse, on y fait tomber les abeilles. Quelquefois, lorsque les abeilles sont engourdies par la fraîcheur du soir, on les prend à la main et on les dépose dans la ruche. Une ruche donne ordinairement pendant le printemps 2 ou 3 essaims. On fortifie un essaim en lui laissant pour l'hiver le miel de la première année.

ESSAYEUR, officier préposé pour faire l'*essai* de la monnaie, des matières d'or et d'argent destinées à la fabrication, et pour vérifier si elles sont au titre voulu. Il y a trois sortes d'essayeurs, les *E. des monnaies*, qui résident à Paris, à l'Hôtel des monnaies, et sont chargés par le Gouvernement de s'assurer du titre des espèces à mesure qu'on les met en circulation; les *E. du commerce*, et les *E. du bureau de la garantie*, qui sont chargés d'essayer tous les ouvrages d'or ou d'argent fabriqués par les orfèvres. Il y a un bureau de garantie dans le cheflieu de chaque département. *Voy.* ESSAI.

ESSE ou ESSEAU, se dit, en général, de tous les objets, en forme d'S, qu'on emploie dans les arts, et spécialement des chevilles de fer, à tête aplatie, que l'on met sur le bout des essieux d'un affût, d'un carrosse, d'un chariot, etc., pour empêcher les roues d'en sortir. — Dans la Marine, ce sont des bandes de fer courbées, qui embrassent le bout des traversins des barres de perroquets et qui sont percées pour le passage des haubans. — On donne encore ce nom à une hache à l'usage des charpentiers et des menuisiers, et à un marteau recourbé dont se servent les mineurs; en ce sens, on dit plutôt ESSETTE.

ESSENCE (du latin *essentia*, fait de *esse*, être), ce qui fait qu'une chose est ce qu'elle est, ce qui constitue sa nature : c'est ce qui, dans toute définition, est exprimé par ce que les Logiciens appellent la *différence spécifique*.

ESSENCES, *huiles essentielles* ou *volatiles*, substances organiques, liquides et quelquefois solides, douées d'odeur, pouvant se distiller sans décomposition, non miscibles à l'eau, solubles dans l'alcool et l'éther. Les essences n'ont pas le toucher gras et onctueux des huiles fixes; elles ont une saveur âcre, irritante et même caustique. Elles ne donnent pas de savon comme les huiles fixes. Elles dissolvent les différents corps gras, la cire, les résines; cette propriété les fait employer pour enlever les taches d'huile ou de graisse sur les tissus de soie ou de drap qu'on ne peut savonner. Les essences existent dans tous les organes des plantes, particulièrement dans les feuilles et les fleurs, d'où on les extrait par la distillation. Plusieurs essences se produisent par la fermentation de certaines substances organiques : l'*E. d'amandes amères*, par exemple, ne préexiste pas dans ces amandes; mais elle est le résultat de la métamorphose d'un autre principe, appelé *amygdaline*, qui s'opère au contact de l'eau, et d'un ferment contenu dans les amandes. Les essences ont une grande importance commerciale par leurs différents usages dans les arts. L'*E. de térébenthine* entre dans la préparation des vernis; les *E. de citron* et de *cédrat* sont employées pour enlever les taches de graisse et de peinture à l'huile sur les vêtements. La médecine utilise plusieurs essences comme excitants et caustiques, en variant de toutes manières leur forme et la manière de les administrer : l'*E. de girofle* est un remède populaire contre les maux de dents; l'*E. d'amandes amères*, qui contient toujours une quantité notable d'acide prussique, est si vénéneuse que quelques gouttes suffisent pour faire périr des oiseaux, des chats, en quelques secondes. L'*E. de cajeput* sert à préserver des

insectes les collections d'histoire naturelle. C'est avec l'*E. de genièvre* que les distillateurs aromatisent l'eau-de-vie qui prend le nom de *genièvre* ou *gin;* avec l'*E. d'anis*, ils fabriquent l'*anisette*. Dans la parfumerie, on fait une grande consommation de toutes les essences pourvues d'une odeur agréable, pour la préparation des eaux aromatiques, des pommades, des savons parfumés, etc.; les plus usitées sous ce rapport sont celles de citron, d'orange ou de Portugal, d'amandes amères, de lavande, de bergamotte, de fleurs d'oranger, de menthe, de mélisse, de rose, etc. — La composition chimique des essences est extrêmement variée : elles renferment toutes du carbone et de l'hydrogène, tantôt seuls, tantôt associés à de l'oxygène. Certaines essences fétides, comme les essences de moutarde, d'ail, d'oignon, etc., renferment du soufre.

On donne aussi le nom d'*essence* aux teintures alcooliques simples, et à diverses préparations composées, comme l'*E. antihystérique* de Lemort; l'*E. céphalique* ou *Eau de Bonferme*, qu'on vante pour les maux de tête et les coups ou chutes sur le crâne; l'*E. carminative* de Wedelius; l'*E. d'Italie* et l'*E. royale*, qu'on emploie comme stimulants, etc.

Dans les Eaux et forêts, *essence* s'emploie pour *espèce* ou nature des arbres qui composent une forêt. Un bois d'*essence de chêne* est un bois qui est principalement formé d'arbres de cette espèce.

ESSENCE D'ORIENT, matière brillante et nacrée, qui entoure la base des écailles de l'*ablette*, et dont on se sert pour fabriquer les fausses perles. *Voy.* ABLE.

ESSENTIELLE (HUILE). *Voy.* ESSENCE et HUILE.

ESSERE, variété de l'urticaire. *Voy.* URTICAIRE.

ESSIEU, jadis *Aissieu* (du latin *axis*, axe), pièce de bois, de fer ou même d'acier, qui passe au travers du moyeu des roues d'une voiture et autour de laquelle celles-ci tournent. Les essieux de bois sont en charme ou en orme; ceux de fer sont faits ordinairement avec plusieurs barres de fer méplat corroyées ensemble. Un essieu se compose de deux *fusées coniques*, tournées, qui servent d'axe aux roues, et du *corps d'essieu*, de forme rectangulaire, sur lequel posent les brancards de la voiture. Les extrémités de ces fusées sont traversées dans le sens vertical par des chevilles en fer, en forme d'S, dites *esses* ou *esseaux*, ou bien elles sont garnies d'*écrous taraudés*, pour empêcher les roues de s'échapper. Ces écrous sont recouverts d'une espèce de boîte, portée par le petit bout du moyeu et qui sert à les garantir de la boue. On distingue les *E. droits* ou ordinaires, et les *E. coudés*: dans ces derniers le corps de l'essieu est plus bas que la fusée, à laquelle il se joint par un repli à angle droit. Il a le double avantage de rendre le chargement plus facile, en abaissant la caisse, et de moins fatiguer le cheval, le centre de gravité de la charge étant au-dessous de l'axe de roulement.

EST, LEVANT ou ORIENT, partie de l'horizon où le soleil se lève. *Voy.* CARDINAUX (POINTS).

ESTACADE (de l'allemand *stakete*, formé de *steken*, bâton, pieu), sorte de digue faite avec de grands pieux plantés dans une rivière, dans un canal, pour en fermer l'entrée ou détourner le cours de l'eau.

Dans la Marine, on nomme ainsi une barrière établie momentanément à l'entrée d'un port avec des corps flottants ou avec des câbles et des chaînes tendus au travers du passage pour empêcher les bâtiments ennemis d'y pénétrer. — C'est aussi le nom du remplissage en bois qu'on place dans les mailles de la carcasse d'un vaisseau ou dans les intervalles qui séparent les couples. — *Estacade* se disait autrefois pour *champ clos*.

ESTAFETTE (de l'italien *stafetta*, fait de *staffa*, étrier), courrier de dépêches qui ne porte son paquet que d'une poste à l'autre, pour le remettre à un autre courrier qui le porte à la poste suivante.

Ce service est très-accéléré : il a été organisé en France sous l'Empire.

ESTAFIER (de l'italien *staffiere*, homme d'écurie, rad. *staffa*, étrier). Au moyen âge, on nommait ainsi un valet à manteau, un laquais à pied, qui tenait l'étrier à son maître, portait son épée, et était armé lui-même; de là le nom de *domestique d'épée*. Aujourd'hui ce mot se prend toujours en mauvaise part.—En Italie, on appelle encore *estafiers* des laquais en livrée, en manteau, et de haute stature, qui figurent dans le cérémonial de l'enterrement des papes. Les cardinaux ont aussi des estafiers.

ESTAFILADE (de l'italien *staffilata*), entaille, coupure provenant d'un coup de sabre, d'un instrument tranchant. Ce mot vient de ce que les *estafiers* chassaient, même à coups de sabre, les passants qui obstruaient le chemin de leur maître.

ESTAGNON, nom donné dans le Midi de la France à des vases de cuivre étamé dans lesquels on envoie au loin les eaux distillées, notamment l'eau de fleurs d'oranger.

ESTAIM, ESTAME (du latin *stamen*, chaîne de tisserand). On appelait autrefois *estaim*, la laine fine et longue tirée au peigne; et *estame*, cette même laine filée : on en faisait ordinairement des bas dits *bas d'estame*. On nommait étoffes *à un estaim* celles dont la chaîne et la trame étaient en estaim.

ESTAINS, pièces de bois qui faisaient partie de l'arcasse d'un gros bâtiment à arrière carré : elles formaient la rondeur de l'arrière du vaisseau, et, étaient assemblées par le bas à l'étambot et par le haut aux deux allonges de tréport. Ces pièces ont été supprimées dans les nouvelles constructions.

ESTAMINET (du flamand *stamenay*, dérivé de *stamm*, souche ou famille, parce que c'était autrefois la coutume en Flandre, pour tous les membres d'une même famille, de se réunir alternativement chez l'un d'eux pour boire et fumer), lieu public où s'assemblent des buveurs et des fumeurs; salle d'un café exclusivement réservée aux fumeurs et aux joueurs de billard. On dit aussi *Tabagie*.

ESTAMPAGE (de l'italien *stampa*, impression), procédé mécanique pour obtenir des reliefs sur une plaque de métal. On estampe avec un poinçon ou un moule, dit *estampe* ou *étampe*, sur lequel on applique la feuille métallique à l'aide de la pression ou de la percussion. Cette opération se fait à froid ou à chaud, selon la dureté de la matière, la nature de l'objet et l'usage auquel il est destiné. L'estampage supplée, dans les arts industriels, à la gravure en creux et en relief : il a le double avantage d'être plus économique et plus expéditif.

ESTAMPE (de l'italien *stampa*, impression), empreinte de traits creusés dans une matière solide; se dit spécialement des images imprimées sur papier ou étoffe, avec une planche de cuivre, de bois, d'acier, etc. Le mot *estampe* se dit également des produits de la gravure à l'eau-forte, au burin, à la manière noire, au lavis, etc. On a tiré des estampes sur les cuirs, les tentures de soie, le parchemin, le satin, et même sur l'écorce d'arbre et sur du plâtre.

L'art d'imprimer les estampes a été inventé au xve siècle par Maso Finiguerra. Les plus anciennes estampes connues sont une *image de saint Christophe* (1423), et une de *saint Bernard* (1454). Le plus ancien livre où l'on trouve des estampes mêlées au texte est un traité de médecine de Pierre d'Abano (1472). La lithographie a donné le moyen de tirer des estampes avec plus de facilité et d'économie.

Dans les Arts mécaniques, on nomme *estampe* l'outil qui sert à estamper. *Voy.* ESTAMPAGE.

ESTAMPILLE (d'*estampe*), se dit, en général, de toute marque ou empreinte qu'on applique sur un objet quelconque pour en constater l'authenticité, ou pour le reconnaître au besoin s'il vient à être dérobé. Il se dit spécialement de la marque faite sur une marchandise pour constater l'acquittement de certains droits, comme ceux de douanes, etc., ou en certifier l'origine. Dans le premier cas, c'est une marque de plomb scellé; dans le second, c'est une plaque de cuivre mince, imprimée au mouton ou au balancier, sur une matrice gravée en relief qui porte le nom, la demeure et l'adresse du fabricant.

ESTER (du latin *stare*, être debout). *Ester en jugement* (*stare in judicio*), c'est comparaître en justice personnellement, plaider en son nom; ce que ne peuvent faire les mineurs non émancipés, ni les femmes mariées, à moins d'être autorisées. *Ester à droit*, c'est se présenter devant le juge où l'on a été assigné; il se dit surtout en matière criminelle.

ESTHÉTIQUE (du grec *aisthésis*, sentiment), science du Beau, philosophie de l'Art. Quoique les spéculations sur un sujet si intéressant soient aussi anciennes que la philosophie, le nom en est tout récent. Il est dû à Baumgarten, philosophe allemand, qui publia en 1750, à Francfort-sur-l'Oder, le premier ouvrage qui ait porté le titre d'*Esthetica*. L'Esthétique traite du Beau en général et du sentiment qu'il fait naître en nous; elle recherche s'il est purement relatif ou s'il dépend de règles absolues; elle fait l'application des principes qu'elle a établis sur l'art en général à chacun des arts particuliers. On la trouve traitée, au point de vue philosophique dans les ouvrages indiqués à l'article BEAU, et, au point de vue de l'application, par Diderot en France, par Lessing, Winckelmann en Allemagne, etc.

ESTIMATION. *V.* PRISÉE et COMMISSAIRE-PRISEUR.

ESTIME, détermination approximative du *point*, c.-à-d. de la position où se trouve un vaisseau en pleine mer, au moyen de la distance parcourue et mesurée par le *loch*. On étend ce nom aux calculs faits au moyen de la boussole, de la dérive, de l'observation de la latitude et de la longitude, etc. Cette estime se fait ordinairement chaque jour, à midi précis. On oppose le point *estimé* au point *observé* et au point *vrai*. *Voy.* POINT.

ESTIVAL (du latin *œstivalis*, d'été), nom qu'on donne aux plantes qui croissent ou fleurissent en été.

ESTIVATION (du latin *œstivus*, d'été, saison des fleurs), disposition des parties externes de la fleur avant leur épanouissement. Elle est *valvaire*, lorsque les enveloppes de la fleur sont rapprochées de manière à se toucher seulement; *induplicative*, quand leurs bords sont repliés du côté interne; *tordue*, quand la corolle est tournée en spirale, etc.

ESTIVE (d'un vieux mot qui signifiait *cale*), se dit du chargement d'un navire soit en coton, soit en laine ou autres marchandises en ballots, qui ont plus ou moins d'élasticité, que l'on comprime le plus possible pour en diminuer le volume et en placer davantage dans la *cale* d'un navire.

ESTOC, ESTOCADE (de l'allemand *stock*, bâton, épieu). Au xve siècle, on appelait *estoc* une épée longue et étroite qui servait à percer : d'où l'expression *frapper d'estoc*, c.-à-d. de la pointe, par opposition à *frapper de taille* ou du tranchant; et le mot *estocade*, coup de pointe. Ce dernier mot devint par suite le nom d'une arme spéciale, sorte d'épée ou plutôt de lance à pointe, en spatule, et à poignée à croisette, avec laquelle on combattait à cheval. — Il a toujours été d'usage à Rome que les papes envoyassent un *estoc* bénit au capitaine qui avait remporté une victoire sur les infidèles.

ESTOMAC (du latin *stomachus*), organe principal de la digestion : c'est un réservoir musculo-membraneux, continu d'un côté à l'œsophage, de l'autre au duodénum, situé dans le haut du ventre et au-dessous du diaphragme, transversalement entre le foie et la rate; il occupe l'épigastre et une partie de l'hypocondre gauche. Sa forme, qui est conoïde et allongée, a été comparée à celle d'une cornemuse. Il présente deux orifices, l'un supérieurement et à gauche, nommé œsophagien : c'est le cardia ; l'autre, inférieurement et à droite, nommé intestinal : c'est le pylore. Il reçoit les aliments et les fait passer successivement dans l'intestin, lorsqu'ils ont été fluidifiés et convertis en chyme. (Voy. DIGESTION). Les principales propriétés physiologiques de l'estomac sont : 1° de pouvoir se contracter lorsque des aliments ont été introduits dans sa cavité, et de les rejeter même par le vomissement ; 2° de sécréter pendant la digestion un suc acide, appelé suc gastrique, agent principal de cette fonction ; 3° de jouir d'une sensibilité spéciale, qui nous donne dans certaines circonstances la sensation de l'appétit et celle de la faim ; 4° enfin, d'être lié par une étroite sympathie avec un grand nombre d'autres organes, soit dans l'état sain, soit dans les cas de maladies.

Chez l'homme et la plupart des Mammifères, l'estomac n'offre qu'une seule cavité ; mais, dans les Ruminants, il se divise en quatre parties séparées, savoir : la panse ou herbier, le bonnet, le feuillet et la caillette. L'estomac des oiseaux se compose de trois parties : le jabot, le ventricule succenturié et le gésier. Celui des poissons se confond avec l'œsophage, de même que l'estomac des reptiles. Enfin, en descendant encore l'échelle des êtres organisés, l'estomac ne se distingue plus des intestins ; quelquefois il n'existe qu'une seule issue, par laquelle l'animal introduit les aliments, et par laquelle il rejette aussi ce qui n'est plus nutritif.

ESTOMPE (de l'italien stampa), morceau de peau ou de papier roulé en cylindre, dont les bouts sont taillés en pointe et qui sert à étendre le crayon sur le papier. On en fait en cuir d'agneau ; mais les meilleurs sont en peau de buffle et de castor ou en papier gris. L'estompe étend sur le papier le crayon broyé, comme la brosse étend les couleurs sur la toile. Elle procure des touches larges et moelleuses, établit les ombres avec précision et netteté.

ESTRADE (de l'italien strada, chemin, voie parée). On appelait batteurs d'estrade des cavaliers détachés d'une troupe pour aller à la découverte.

ESTRAGON, Artemisia Dracunculus, espèce du genre Armoise, famille des Composées, renferme des plantes vivaces et aromatiques qui sont originaires de Tartarie. L'estragon donne rarement des graines en France ; il se multiplie de boutures et de pieds éclatés. Ses rameaux se coupent tous les mois, et on le renouvelle tous les trois ans. Ses feuilles sont petites et allongées ; leur odeur est piquante et aromatique. L'estragon s'emploie comme assaisonnement dans les salades, et sert à préparer la moutarde et le vinaigre dits à l'estragon. On confit les câpres et les cornichons dans du vinaigre à l'estragon.

ESTRAMAÇON (de l'italien stramazzone), lourde épée à large tranchant dont on se servait dans les combats et les duels à mort. On disait un coup d'estramaçon pour dire un coup de tranchant.

ESTRAPADE (du vieux français estréper, briser, dont on a fait estropier), genre de supplice qui consistait à élever le criminel au haut d'une longue pièce de bois, les mains liées derrière le dos avec une corde qui soutenait le poids du corps, puis à le laisser tomber avec roideur jusqu'à environ un mètre de terre ; en sorte que le poids du corps lui disloquait les bras et les épaules. On appelait également estrapade l'espèce de potence qui servait à donner ce supplice, et le lieu où le supplice s'infligeait.

On donnait aussi l'estrapade sur mer en hissant le coupable au bout d'une vergue, et en le laissant tomber plusieurs fois dans la mer. Ce supplice, qu'on appelait cale sèche, n'est plus en usage de nos jours. Voy. CALE.

ESTROPE (de l'anglais strop). Dans la Marine, on appelle estropes : 1° les liens dont on enveloppe une poulie dans une direction perpendiculaire à sa gorge, et qui sont amarrés au-dessus et au-dessous

de la caisse ; 2° les petits bouts de cordage épissés qui servent à retenir les avirons dans leurs tolets ; 3° les étriers qui retiennent les marchepieds, etc.

ESTROPIÉS, groupe de Lépidoptères diurnes, répondant au genre Hespérie. Ils ont été ainsi appelés parce que, dans l'état de repos, ils tiennent leurs ailes supérieures relevées, et les inférieures dans une position horizontale ; ce qui leur donne l'air de papillons à ailes luxées.

ESTURGEON (du latin sturio), Acipenser, genre de poissons de mer de l'ordre des Chondroptérygiens à branchies libres, et de la famille des Sturioniens. Ces animaux ont la forme générale des Squales. Leur corps est garni de plaques osseuses arrondies, implantées sur la peau en rangées longitudinales. Leur bouche est petite, placée sous le museau. Leur longueur varie de 6 à 8 m. Ils sont faibles et inoffensifs, et se nourrissent de vers et de mollusques. Les plus grands vivent de harengs, de maquereaux et de morues. Les principales espèces sont l'E. commun, le Grand E. ou Huso, et le Petit E. ou Sterlet.

L'E. commun (A. Sturio) est d'un brun verdâtre. Il habite l'Océan, la Méditerranée, la mer Caspienne, la mer Rouge, et remonte, au printemps, dans les plus grands fleuves. On le trouve fréquemment dans la Garonne, où il est recherché sous le nom de Créac. Sa présence au milieu des Saumons qui remontent les fleuves à la même époque, et dont il fait alors sa proie, lui a fait donner le nom de Conducteur des Saumons. Chaque femelle porte plus d'un million d'œufs, pesant ensemble environ 100 kilogr. Ces œufs et la laitance des mâles sont des mets très-estimés : on en fait le caviar (Voy. ce mot). La chair est délicate et a le goût de la chair de veau. Salée ou marinée, elle devient l'objet d'un commerce considérable. L'épine dorsale est molle et grasse : préparée à la fumée, on la nomme en Italie chinolia et spinachia. Le ranckel de Norwége est fait avec des éminces de la chair.

Le Grand Esturgeon, ou Hausen (A. Huso) acquiert 5 m. de long et un poids de 12 à 1,500 kilogr. Il ne diffère de l'esturgeon commun que par les proportions de son museau et de ses barbillons, qui sont plus courts, par ses plaques plus émoussées et sa peau plus lisse. Sa couleur est d'un bleu presque noir sur le dos, et d'un jaune clair sous le ventre. Il ne se trouve guère que dans la mer Noire et dans la mer Caspienne, et on le voit remonter le Wolga, le Danube et le Pô. Sa chair est très-nourrissante, saine et agréable ; ses œufs servent, comme ceux de l'Esturgeon ordinaire, à faire le caviar. Les vésicules aériennes, séparées de leur peau extérieure, coupées en long, façonnées en tablettes ou en cylindres recourbés, séchées, constituent la colle de poisson, ou ichthyocolle. La graisse du Hausen remplace le beurre et l'huile chez les Russes. La peau tient lieu de cuir ; celle des jeunes sujets est mince, transparente, et peut remplacer les vitres.

Le Petit Esturgeon (A. pygmeus), dit aussi Sterlet, ne parvient guère qu'à une longueur de 0ᵐ,75 à 1 m. Il présente des couleurs agréables. La partie inférieure de son corps est blanche, tachetée de rose ; son dos est noirâtre ; ses plaques d'un beau jaune et en rangées longitudinales ; les nageoires de la poitrine, du dos et de la queue, sont grises ; celles du ventre et de l'anus, rouges. Son museau est très-long. Ce poisson se trouve dans la mer Caspienne, le Wolga et la Baltique ; il vit aussi et multiplie dans les lacs où on le transporte. Sa chair est plus tendre et plus délicate que celle des autres poissons de la même famille.

ÉTABLE (du latin stabulum, même signification), lieu destiné au logement des bestiaux, et surtout des bœufs et des vaches. Les conditions principales de la salubrité d'une étable, sont l'espace et le renouvellement de l'air. La largeur de l'enceinte doit être de

4 m. à 4 m. et demi, et la longueur, proportionnée au nombre des bêtes, doit laisser pour l'espace réservé à chaque bœuf 1ᵐ,50 ; il faut 30 centim. de plus pour les vaches : les râteliers et les mangeoires doivent être les mêmes que dans les *écuries* (*Voy.* ÉCURIE).

ÉTABLISSEMENT (du latin *stabilimentum*, fondation), se dit, en général, de toute institution, de toute fondation qui doit avoir de la durée. Il est quelquefois synonyme d'ordonnance ou de loi : tel est le recueil de lois connu sous le nom d'*Établissements de S. Louis*. Mais il désigne plus spécialement un édifice, une maison construite dans le but de favoriser des intérêts publics ou privés. Les hospices, les hôpitaux, les écoles publiques, les collèges, les banques, les usines, les fabriques ou manufactures de l'Etat, etc., sont des *établissements publics;* les usines, fabriques ou manufactures particulières, les ateliers, cabinets d'affaires, et généralement toute exploitation, sont des *établissements privés.*

Aux termes du décret du 15 octobre 1810, complété par les ordonnances du 14 janv. 1815, 25 juin 1823,9 février 1825 et 5 novembre 1826,les établissements industriels qui sont de nature à incommoder ou qui peuvent altérer la santé des hommes et des animaux domestiques, compromettre la sûreté des habitations, ou nuire aux récoltes et aux fruits de la terre, ainsi qu'aux produits artificiels, sont rangés sous les dénominations d'*É. dangereux, É. insalubres, É. incommodes*, en trois catégories, qui sont soumises, d'après le degré des inconvénients qu'ils présentent, à des prescriptions plus ou moins sévères. La 1ʳᵉ renferme ceux qui ne peuvent être établis près des habitations particulières, et pour lesquels il faut une autorisation du conseil d'État : telles sont les poudrières, les fonderies de fer, les fabriques de machines à vapeur, etc. La 2ᵉ comprend les établissements qui répandent des exhalaisons insalubres , comme les usines où se fabriquent certains produits chimiques, et dont on ne permet la formation qu'en dehors des villes et après s'être assuré qu'elles ne seront pas nuisibles aux voisins. La 3ᵉ renferme les établissements qui, bien qu'incommodes, mais non insalubres, peuvent rester sans inconvénient auprès des habitations, comme les fabriques de noir animal, de suif, de savon, de vernis, les raffineries de sucre, etc.

Dans la marine, l'*Établissement* est l'heure fixe, dans chaque rade, port, havre ou baie, à laquelle la mer est pleine, le jour de la nouvelle et de la pleine lune.

ÉTAGE (du grec *stégó*, couvrir), ensemble des pièces d'une maison situées sur un même plan horizontal. On appelle *étage souterrain* les pièces en contre-bas du sol; *rez-de-chaussée*, celles qui sont immédiatement sur le sol ; *mansardes*, ou *étage en galetas*, celles du grenier. Dans les villes, à Paris, par exemple, les maisons ont ordinairement de 3 à 5 étages: on en voit cependant quelques-unes qui en ont 6, 7 et même davantage. Quelquefois les mansardes sont remplacées par un étage ordinaire, construit en retraite au-dessus de la corniche, et dit *en attique.*

ÉTAI (de l'allemand *staf*, pieu), pièce de bois qui sert à soutenir un plancher, un mur, un édifice, etc. Des étais sont placés toujours entre deux couches ou plates-formes, tantôt horizontalement, tantôt de bas en haut ou sur les côtés, selon la direction des murs à soutenir. Les étais droits de forte dimension se nomment *étançons ;* les étais latéraux se nomment *contre-fiches.*—Dans la Marine , on nomme *étai* un gros cordage capelé, à douze torons, qui sert à soutenir les mâts d'un navire contre les efforts qui pourraient tendre à le renverser de l'arrière vers l'avant, comme les haubans l'affermissent de l'autre côté.

ÉTAIN, en latin *Stannum*, en grec *Cassitéros*, le *Jupiter* des alchimistes, corps simple , métallique , d'un blanc grisâtre, mou et très-malléable. Il communique aux doigts une odeur particulière. Quand il est en baguettes, on le ploie aisément ; il fait alors entendre un craquement particulier, appelé le *cri de l'étain*, qui est dû au brisement des cristaux rudimentaires renfermés dans la masse métallique. La densité de l'étain est de 7,29. Il commence à fondre à 228°. Entretenu en fusion au contact de l'air, il se recouvre d'une pellicule grisâtre appelée la *crasse*, et finit par se convertir entièrement en un oxyde pulvérulent, appelé communément *potée d'étain*. L'étain se rencontre dans la nature sous la forme d'oxyde, et plus rarement sous celle de sulfure. On extrait l'étain de l'oxyde en le calcinant avec du charbon dans des fours à réverbère. Les mines d'étain du comté de Cornouailles en Angleterre sont les plus considérables de l'Europe ; le Mexique, l'île de Banca et la presqu'île de Malacca, dans la mer des Indes, fournissent également beaucoup d'étain ; on en trouve aussi, mais en moindre quantité, en Allemagne et même en France (*Voy.* ÉTAIN OXYDÉ). L'étain des Indes est le plus pur, surtout celui de Malacca ; on l'appelle *étain en chapeau*, parce qu'il est en pyramides quadrangulaires à sommet tronqué, et dont la base est entourée d'un rebord saillant horizontal. L'étain d'Angleterre est en saumons ou en lingots; il renferme du cuivre et un peu d'arsenic.

L'étain résiste à l'acide acétique, et est à peine attaqué par l'acide sulfurique ; mais l'acide nitrique agit sur lui avec violence et le convertit en oxyde. L'acide chlorhydrique l'attaque aussi, avec dégagement de gaz hydrogène, et le convertit en un chlorure, employé dans les arts sous le nom de *sel d'étain*. L'étain forme avec l'oxygène deux combinaisons : le *protoxyde* ou *oxyde stanneux* (SnO), et le *deutoxyde*, *acide* ou *oxyde stannique* (SnO²). Chacun de ces oxydes forme des sels. Parmi les combinaisons de l'étain, le deutoxyde, le *sulfure* et les deux *chlorures* présentent seuls de l'importance.

L'étain sert à confectionner une foule d'ustensiles pour l'usage domestique, des cuillers, des assiettes, des vases pour contenir les liquides. On l'emploie pour augmenter la fusibilité et la ténacité de quelques alliages. En variant les proportions de l'alliage d'étain , de plomb et de bismuth, on obtient des produits fusibles de 94 à 300°, qui sont employés à divers usages, notamment à confectionner les disques fusibles qui s'adaptent aux chaudières à vapeur. L'alliage dit *de Biberel*, du nom de son inventeur, se compose de 6 parties d'étain et de 1 partie de fer; il est beaucoup plus dur que l'étain commun, et s'emploie pour l'étamage des vases de cuivre et des ustensiles de cuisine. La *soudure des plombiers* est composée de 1 partie d'étain et de 2 parties de plomb. Les feuilles métalliques des boîtes à thé provenant de la Chine sont formées de 36 parties d'étain et de 64 parties de plomb. Les feuilles qui servent à doubler les bouteilles électriques, les boîtes à tabac, à envelopper le chocolat, le sucre de pomme, etc., ont à peu près la même composition. Les combinaisons de l'étain avec le chlore servent dans la teinture.

L'usage de l'étain était déjà fort répandu du temps de Moïse. Les mines d'étain de Cornouailles sont exploitées depuis les temps les plus reculés ; leurs produits attiraient dans les ports de la Grande-Bretagne et des îles Cassitérides (Sorlingues) les vaisseaux des Phéniciens. Au XIIIᵉ siècle, on ne connaissait en Europe d'autre étain que celui d'Angleterre; ce ne fut qu'en 1240 que l'Allemagne commença à exploiter les mines qu'elle possède.

ÉTAIN OXYDÉ, dit aussi *Pierre d'étain*, ou *Cassitérite*, minerai d'étain cristallisé ou en concrétions, brun-foncé, très-dur, d'une densité de 6,96, composé d'étain et d'oxygène. On en extrait l'étain. Il est très-abondant, notamment dans les Indes, au Chili, au Mexique, au Brésil, en Angleterre (Cornouailles), en Bohême (Zinnwald), en Saxe (Altenberg), en Espagne. Il se trouve en filons ou en amas dans les granits les plus anciens, ainsi que dans les terrains de transition. On a aussi trouvé ce minerai en faibles dépôts à Vaulry près de Limoges (Haute-Vienne), à la côte de Piriac près de Nantes, et à la Vilder dans le Morbihan. L'étain oxydé peut encore s'obtenir artificiellement.

ÉTAIN SULFURÉ, dit aussi *Etain pyriteux*, ou *Or mussif natif*, minerai d'étain composé de soufre et d'étain. Il est fort rare ; on l'a rencontré en petite quantité dans les mines de Cornouailles. *V.* OR MUSSIF.

ÉTAL, fonds de boucherie. *Voy.* BOUCHER.

ÉTALAGE. L'étalage des boutiques a été de tout temps soumis à des règlements de police. Dès le 25 septembre 1600, une ordonnance enjoignait d'ôter et d'abattre tous les étalages ou montres excédant les gros murs. Ce règlement a été maintenu par une loi de juillet 1791 (tit. I, art. 29), et par une foule d'ordonnances de police.

On appelle *étalagistes* les marchands en plein vent, soit à poste fixe, soit ambulants ; ils ne payent point de patente, mais un simple droit de péage.

ÉTALE, se dit, dans les lieux où se fait sentir la marée, de l'état de la mer qui ne monte ni ne baisse et qui est stationnaire pendant quelques instants.

ÉTALINGURE ou ENTALINGURE, nœud coulant fait avec le bout d'un câble ou d'un cordage sur l'organeau d'une ancre, pour le fixer à cet organeau. Le bout du câble ou grelin étant passé dans l'organeau de l'ancre, on lui fait faire deux tours sur lui-même, près de cet organeau. Ces tours, formant une bague, sont serrés ensemble par cinq ou six amarrages.

ÉTALON (de l'italien *stallone*), modèle-type de poids, de mesures, réglé et autorisé par les lois, et d'après lequel les poids et mesures des marchands doivent être rectifiés. Autrefois, en France, les étalons étaient gardés dans le palais des rois : les deux plus remarquables étaient le *pied de roi* et la *livre*, dits tous deux de Charlemagne. Louis VII en confia la garde au prévôt des marchands de Paris. Dans la plupart des provinces, les coutumes conféraient aux seigneurs hauts-justiciers le dépôt des étalons et le droit d'*étalonner* les mesures. Aujourd'hui, en France, les étalons, dont la base est le *mètre*, sont conservés aux Archives, à Paris, où ils ont été déposés en 1799 : ils ont été construits en platine. Des étalons en cuivre sont remis à tous les vérificateurs des poids et mesures.

ÉTALONS, chevaux entiers spécialement destinés à la reproduction. *Voy.* HARAS.

ÉTAMAGE (du mot *étain*), opération qui consiste à recouvrir le cuivre ou d'autres métaux oxydables d'une couche mince d'étain ou d'un autre métal non oxydable. On étame le cuivre pour empêcher la formation du vert-de-gris. La pièce à étamer étant décapée, on la chauffe et on la couvre d'étain en fusion qu'on étale avec de l'étoupe. Mais on ne parvient ainsi qu'à fixer qu'une couche d'étain extrêmement mince, qui s'enlève promptement par l'usure. Aussi emploie-t-on de préférence un alliage de 6 parties d'étain et de 1 partie de fer, dit *alliage de Biberel*, du nom de son inventeur, ou *E. polychrone*, parce qu'il *dure longtemps* : il est beaucoup plus dur et bien moins fusible que l'étain commun.
— L'étamage du fer se pratique aussi en grand, dans la fabrication du fer-blanc, en plongeant le métal convenablement décapé dans un bain d'étain. Lorsque l'étamage n'a pas été exécuté avec le plus grand soin, les parties qui sont à découvert s'écaillent et s'oxydent bien plus rapidement que la tôle non étamée. — L'étamage au zinc se fait de la même manière que l'étamage à l'étain. et a sur celui-ci l'avantage de tenir plus longtemps en plein air. Le fer est protégé par le zinc non-seulement partout où ce métal le recouvre, mais même dans les parties qui seraient restées à nu : les deux métaux forment, par leur contact, un couple galvanique dans lequel le fer représente l'élément négatif et le zinc l'élément

électro-positif, de manière que l'oxygène de l'air se porte de préférence sur ce dernier : de là le nom de *fer galvanisé* donné au fer zingué. On fait un grand usage de la tôle galvanisée pour couvrir les toits, pour confectionner les gouttières, les tuyaux à vapeur, les formes à sucre, et même pour doubler les navires, etc.; on zingue aussi tous les objets en fer après leur avoir donné la forme voulue, tels que les clous, les chaînes, les treillis, les outils de jardinage, etc. Les objets zingués ne doivent, en aucun cas, servir à contenir des aliments, car les liqueurs acides dissolvent promptement le zinc et peuvent ainsi occasionner de graves accidents.

L'étamage du cuivre était connu des Gaulois. Malouin, membre de l'Académie des sciences, a le premier reconnu, en 1742, que le zinc préserve la tôle de l'oxydation ; mais ce n'est que depuis 1836, sur les indications de M. Sorel, que l'industrie commença à tirer parti de cette propriété.

ÉTAMAGE DES GLACES, opération qui consiste à mettre derrière les glaces et les miroirs une lame très-mince d'un amalgame d'étain. On commence par polir la feuille de verre en la rodant sur une plaque de fonte avec de l'émeri ; on étend ensuite sur un marbre bien dressé une feuille d'étain d'une seule pièce, de l'étendue de la glace ; on la couvre d'une couche de mercure de 4 à 6 millimètres d'épaisseur, et on y pose la glace librement, de manière qu'elle pèse de tout son poids sur le mercure. On la maintient dans cette position pendant 15 ou 20 jours ; l'amalgame d'étain se fixe alors sur le verre, et l'excédant du mercure s'écoule par des rigoles pratiquées dans la table de marbre.

ÉTAMBOT, jadis *Capion de poupe*, pièce de bois forte et droite qui termine la partie de l'arrière des vaisseaux, et qu'on place presque verticalement sur l'extrémité arrière de la quille ; elle reçoit le gouvernail. L'étambot porte sur la hauteur de ses faces extérieures une échelle graduée qui sert à mesurer le tirant d'eau. Il forme avec l'*étrave*, qui est à l'avant, l'*élancement* ou la *crête* du navire.

ÉTAMBRAI, ouverture ronde, ovale, octogone ou carrée, que l'on fait dans l'épaisseur de chaque pont de bâtiment, entre deux baux, pour le passage des mâts, des pompes et des cabestans. Les étambrais sont munis d'une garniture en bois ou en fer.

ÉTAMINE (de *stamen*, chaîne de tisserand), étoffe de laine mince et légère, non croisée, qui se fabrique à la navette sur un métier à deux mains. On en fait des pavillons, des guidons et flammes de diverses couleurs. On nomme encore ainsi un tissu peu serré, fait de crin, de soie ou de fil, et qui sert à passer une poudre, une liqueur, etc.

Les confiseurs donnent ce nom à une pièce de cuivre ou de fer-blanc un peu creuse, et percée de plusieurs trous, par où ils passent les liqueurs; d'où l'expression : *passer par l'étamine*.

ÉTAMINES, *Stamina*, organes mâles des végétaux phanérogames, situés dans l'intérieur des enveloppes florales, entre la corolle et le pistil. Chaque étamine est formée : 1° d'un filament délié appelé *filet* ; 2° d'une *anthère* située à la partie supérieure du filet, et composée de deux petites poches ordinairement jaunâtres, adossées l'une à l'autre ; 3° du *pollen*, espèce de poussière formée de très-petits globules et contenue dans l'anthère. Quelquefois, les deux loges de l'anthère sont séparées par un support transversal appelé *connectif*. Les étamines sont dites *monadelphes* lorsque leurs filets sont soudés entre eux de manière à ne former qu'un seul faisceau (Mauve) ; *diadelphes*, lorsqu'elles forment deux faisceaux distincts (Légumineuses); *polyadelphes*, lorsqu'elles en forment plus de deux (Orangers). On les nomme *didynames* lorsqu'il y en a deux grandes et deux petites dans la même fleur (Labiées), et *tétradynames* lorsqu'il y en a 4 grandes et 2 petites (Crucifères). On les appelle encore *hypogynes* lorsqu'elles ont leur point d'insertion au niveau de la base de l'ovaire ou au-dessous (Graminées); *périgynes*, lorsqu'elles ont leur point d'insertion au-dessus de celui de l'ovaire (Rosacées) ; et *épigynes*, lorsqu'elles ont leur point d'insertion sur le pistil même (Orchidées). Enfin, les étamines sont *syngénèses* lorsque leurs anthères sont soudées entre elles, comme dans l'immense famille des Composées.

Le nombre et la disposition des étamines ont servi, dans le système de Linné, à la classification des végétaux : les végétaux à une seule étamine sont appelés *monandres ;* ceux à 2 étamines, *diandres;* à 3, *triandres;* à 4, *tétrandres ;* à 6, *hexandres;* à 7, *heptandres;* à 12, *dodécandres;* à 20, *icosandres,* et au delà, *polyandres.*

ÉTAMPE ou ESTAMPE. *Voy.* ESTAMPAGE.

ÉTANÇON, grosse pièce de bois destinée à soutenir un mur ou un plancher qui menace ruine. C'est un étai de forte dimension (*Voy.* ÉTAI). Les étançons doivent être plantés le plus verticalement possible. — Dans la Marine, on nomme ainsi des pièces de bois posées debout, qu'on met quelquefois sous les baux pendant que les vaisseaux sont amarrés dans le port, pour les soutenir et diminuer la fatigue. — Les étançons des presses d'imprimerie sont des pièces de bois qui servent à maintenir la presse inébranlable dans la manœuvre.

ÉTANG (du latin *stagnum*), étendue d'eau peu profonde et sans écoulement, située dans l'intérieur des terres. Il y a des *É. naturels* et des *É. artificiels.* Les premiers sont de petits lacs d'eau douce ou d'eau salée formés par les pluies, par des sources, par le retrait de la mer ou par des sables que les vagues ont amoncelés. Les étangs formés par les pluies et les sources reposent ordinairement sur un fond composé de terre végétale et de détritus organiques entraînés par les eaux, que l'agriculture utilise comme engrais. Les étangs formés par le retrait de la mer ou par l'amoncellement des sables sont très-nombreux : c'est ainsi que s'est formée cette longue suite d'étangs que nous présentent les Landes aquitaniennes. — Les *É. artificiels* sont des amas d'eau retenus par une chaussée et où l'on élève du poisson. Souvent leur objet principal est de laisser reposer un sol fatigué et de le rendre plus propre à recevoir la culture. Leur construction exige que le terrain retienne bien l'eau, et que celle-ci puisse y affluer suffisamment des sources et des montagnes. On peut remédier à la perte des eaux en garnissant le fond d'un banc d'argile. Après avoir entouré l'aire de l'étang d'une chaussée de tourbe et d'argile soutenue par des pieux ou de la maçonnerie, on établit dans la partie la plus déclive une *bonde* pour retenir ou laisser sortir l'eau à volonté, puis des *poêles* ou fossés où se rend le poisson et où on le pêche lorsque l'on vide l'étang; enfin un *déchargeoir* où sont reçues les eaux surabondantes.

ÉTAPE (du saxon *stapel,* entrepôt). Dans l'origine, ce mot était synonyme de marché public ou de ville où se tient foire et marché. Plus tard, il désigna le lieu de gîte et de distribution des vivres et fourrages aux troupes en marche. Henri III, le premier, désigna les villes, bourgs et villages où les troupes en marche devaient s'approvisionner. En 1623, une ordonnance de Louis XIII prescrivit la formation de quatre grandes *lignes d'étape* traversant tout le royaume, et de plusieurs lignes secondaires. La première *carte d'étape* fut établie sous le ministère de Louvois. Depuis la Révolution, cette carte a été renouvelée en 1800, 1814 et 1842. Un *livret itinéraire,* publié en 1844, indique les lignes d'étapes actuellement existantes et les distances à parcourir d'un gîte à un autre. On compte aujourd'hui, en France, 1159 gîtes d'étape, séparés par des distances de 30 kilomètres au moins et de 40 au plus. — Autrefois, on donnait aussi le nom d'*étape* aux diverses fournitures de vivres, de fourrage et de chauffage destinées aux troupes, et celui d'*étapier* au fournisseur d'étapes. Ces fournitures, remplacées, en 1718, par un supplément de paye, mais rétablies de nouveau en 1727, ont subsisté jusqu'en 1789. Aujourd'hui, l'indemnité de route a remplacé ces fournitures, sauf le pain de munition.

ÉTAT (du latin *status,* même signification).

En Droit civil, on nomme *état* d'une personne la capacité de jouir, dans un pays ou dans une famille, de tous les droits propres aux citoyens ce de pays ou aux membres de cette famille. C'est en ce sens qu'on appelle *question d'état* toute contestation où il s'agit de savoirsi un individu est citoyen ou étranger, enfant légitime ou naturel, etc. — Dans un sens plus étendu, le mot *état* désigne toutes les qualités qui peuvent introduire des différences dans les droits de la personne : ainsi, la mort civile, la dégradation civique, l'interdiction, la faillite, la cession de biens, le mariage de la femme, etc., constituent autant de *changements d'état*. *Voy.* ci-après ÉTAT CIVIL.

En Droit criminel, on nomme *état de prévention* l'état d'un inculpé contre lequel la chambre du conseil a déclaré qu'il y a lieu à suivre ; *état d'accusation,* l'état du prévenu que la chambre d'accusation a renvoyé devant la Cour d'assises. On dit aussi d'un individu en prison qu'il *est en état* (Code d'instruction criminelle, art. 421).

En Droit politique, on nomme *État* une société civile constituée en corps de nation, régie par ses lois, et jouissant avec plus ou moins de plénitude du droit de souveraineté. — On nomme *maximes d'État* celles qui doivent guider le gouvernement d'un pays; *raison d'État,* une raison tirée des besoins de la politique pour justifier quelque grande mesure.

En termes de Procédure, une affaire est *en état* quand on a fait les actes de procédure nécessaires pour qu'elle puisse être jugée.

ÉTAT CIVIL, condition des individus en ce qui touche les relations de famille, la naissance, la filiation, le mariage, le décès. Cette condition est constatée par des actes et des registres spéciaux appelés *actes* et *registres de l'état civil,* on nomme *officiers de l'état civil* les magistrats qui sont chargés de dresser ces actes et de tenir ces registres (*Voy.* MAIRE). — L'état civil ne paraît pas avoir été connu des Juifs ni des Égyptiens. Les Francs, les Huns, les Goths, et autres barbares, n'ont laissé aucune trace d'actes de l'état civil. Aujourd'hui encore, les peuples orientaux n'en prennent aucun soin. — A Athènes et à Rome, des officiers spéciaux écrivaient les actes de naissance, de mariage et de décès. En France on commença, au Xe siècle, à consigner ces actes sur des registres propres à chaque famille. En 1539, François Ier chargea les prêtres de dresser des registres particuliers. En 1709, Louis XIV créa des *greffiers gardes et conservateurs des registres de l'État civil.* Louis XV, en 1736, donna aux curés et vicaires le droit de recevoir les actes de naissance, mariage et décès, et régla les formules, le mode de contrôle et le dépôt au siège de la juridiction des registres dressés dans les paroisses. Mais ces actes de naissance n'étaient que des actes de baptême, de sorte que les Juifs et les Protestants n'avaient aucun moyen de constater leur état civil. En 1789, on distingua la société civile de la société religieuse, les actes de baptême des actes de naissance, l'acte de mariage de la bénédiction nuptiale. En 1792, une loi chargea de faire ces actes des officiers spéciaux désignés par les conseils généraux des départements. La loi de 1802, qui nous régit encore, a confié ce soin aux maires et adjoints. M. Alphonse Grün a donné un *Guide des actes de l'état civil,* 1841 et 1852.

ÉTAT DE SIÉGE, mesure de sûreté publique qui suspend momentanément l'empire des lois ordinaires dans une ou plusieurs villes, dans une province, un pays tout entier, et les considère alors comme soumis aux lois de la guerre. — Avant 1789, aucune disposition législative n'avait défini ce qu'on devait entendre par état de siége, bien que le fait eût lieu fort souvent. La loi du 10 juillet 1791 prévit le cas de défense contre l'étranger ; celle du 10 fructidor an V étendit ses prescriptions aux cas d'insurrection intérieure. Cette loi n'a été depuis modifiée que par le décret impérial du 24 décembre 1811 et la loi du 9 août 1849, qui nous régit aujourd'hui. L'état de siége peut être déclaré par le pouvoir exécutif en cas de péril imminent pour la sécurité intérieure ou extérieure : tous les pouvoirs de l'autorité civile passent alors à l'autorité militaire.

ÉTAT-MAJOR, expression générique empruntée à l'espagnol (estado maior), désigne toute agrégation d'officiers hiérarchiquement institués, desquels émane la direction militaire ou administrative d'une troupe quelconque, armée, division, régiment ou bataillon.

1º. L'état-major général de l'armée comprend les maréchaux de France, les généraux de division, les généraux de brigade, et les intendants militaires : ce corps est chargé de divers services relatifs à la totalité de l'armée.

2º. États-majors spéciaux. L'État-major d'une armée comprend, à la guerre, tous les officiers qui, pourvus d'un commandement supérieur, militaire ou administratif, reçoivent directement les ordres de la bouche du général en chef et ont à en assurer l'exécution : il se compose d'un chef d'état-major ou major-général, d'aides de camp, d'officiers d'état-major proprement dits, d'officiers d'ordonnance, d'intendants militaires, de payeurs généraux, d'officiers de santé, etc. — L'État-major d'une division est celui d'une brigade différent par le du précédent ; l'infanterie, la cavalerie, l'artillerie et le génie ont aussi leurs états-majors spéciaux. — Dans un régiment, on distingue le grand et le petit état-major : le colonel, le lieutenant-colonel, les chefs de bataillon ou d'escadron, le major, les officiers payeurs, le capitaine chargé de l'habillement, le porte-drapeau, les adjudants-majors et les chirurgiens forment le premier ; le 2e se compose des adjudants, du tambour-major et des tambours-maîtres, trompettes-major, des musiciens, des maitres tail leur, cordonnier, bottier, guétrier, sellier et armurier.

3º. L'État-major des places est composé des officiers chargés, dans les places de guerre, du commandement, de la police militaire, du service et de l'entretien des places. Il forme un corps à part, qui a été constitué par l'ordonn. du 31 mai 1829 : il comprend 28 colonels, commandants de place de 1re classe ; 22 lieutenants-colonels, commandants de place de 2e classe ; 47 chefs de bataillon, commandants de place de 3e classe ou majors de place ; 137 capitaines, adjudants de place ou secrétaires de place ; 108 lieutenants et sous-lieutenants, adjudants et secrétaires de place ; et 5 aumôniers.

4º. Le Corps d'état-major est composé de tous les officiers destinés à servir près de la personne des officiers supérieurs : il comprend, depuis l'ordonn. du 23 février 1833, 30 colonels d'état-major (dits autrefois adjudants généraux ou adjudants commandants), 30 lieutenants colonels, 100 chefs d'escadron, 100 capitaines et 100 lieutenants. Ce corps a été créé en 1818 par le maréchal Gouvion St-Cyr ; depuis 1831, il fournit, outre les officiers employés au service des états-majors (Voy. ci-après), un grand nombre d'officiers ingénieurs pour le travail de la Carte de France. — Au Corps d'état-major se rattache l'Ecole d'Application de l'état-major, chargée de le recruter. Voy. APPLICATION (ÉCOLE D').

ÉTAT-MAJOR (CHEF D') ou MAJOR-GÉNÉRAL. Ses fonctions consistent à régler les marches, asseoir les camps, expédier les ordres, combiner les convois et les fourrages, surveiller la partie administrative, et assigner aux combattants leur poste avant la bataille. (Voy. MAJOR). — Ce poste est le même que le taxiarque grec, le questeur ou le préfet d'armes romain, le maréchal de l'ost du moyen âge, le chancelier d'armée du xvie siècle, le maréchal des logis des xviie et xviiie siècles, et les quartiers-maîtres généraux des armées d'Angleterre, d'Allemagne, etc.

ÉTATS (PAYS D'), nom donné aux provinces françaises qui avaient conservé le droit de s'administrer elles-mêmes, de réunir des assemblées d'État, dites États provinciaux, de fixer le chiffre de leurs impôts, leur mode de répartition et de perception. Les pays d'états se gardaient eux-mêmes par leurs milices bourgeoises, élisaient leurs magistrats, et étaient régis par des coutumes locales. Telles étaient les provinces de Bretagne, Languedoc, Bourgogne, Provence, Béarn et Dauphiné. On les opposait ordinairement aux pays d'élection. Voy. ÉLECTION.

ÉTATS GÉNÉRAUX, assemblée des trois ordres en France. Voy. ces mots au Dict. univ. d'H. et de G.

ÉTAU (d'étui), instrument en usage dans beaucoup d'industries pour tenir fermés et serrés les objets qu'on veut limer, buriner, etc. ; il est formé de deux pièces appelées mâchoires, qu'on serre à volonté au moyen d'une vis. On distingue trois espèces d'étau : l'E. à main ou tenailles à vis ; l'E. à griffes ou à attaches, qui peut se fixer à l'établi ; et l'E. à pied, qui tient à la fois au sol et à l'établi.

ÉTÉ (du lat. æstas), 2e saison de l'année, commence au solstice de juin et finit à l'équinoxe de septembre. C'est la saison la plus longue : sa durée est de 93 j. 13 h. 58′ (du 22 juin au 23 sept.) ; c'est aussi la plus chaude.

ÉTELON (pour étalon ?), dessin d'un bâtiment, d'une charpente, tracé à la craie sur un mur ou sur le sol, et de la grandeur de l'ouvrage à exécuter.

ÉTENDARD (d'étendre), nom donné autrefois à toutes sortes d'enseignes militaires, désigne spécialement aujourd'hui l'enseigne de la cavalerie, par opposition au drapeau, qui est affecté à l'infanterie. L'étendard est de soie, aux couleurs nationales. Sa forme, qui a souvent varié, est aujourd'hui à peu près carrée : il est plus petit, mais plus orné de broderies que le drapeau. Il y a un étendard par escadron ; il est porté par un sous-officier, dit porte-étendard, qui se tient au centre de l'escadron ; en route, l'étendard est plié dans un étui de cuir et supporté par un porte-mousqueton.

Sous Louis XII, les étendards étaient longs, étroits, et fendus en guise de banderoles ; sous François Ier, ils étaient larges, courts et arrondis par le bout. On appelait étendard royal une enseigne privilégiée, de forme carrée et de couleur blanche, sans ornement ni broderie, qu'on portait devant le roi dans les batailles. — L'étendard céleste des Turcs est une grande bannière verte qu'ils croient avoir été donnée à Mahomet par l'ange Gabriel : on ne le déploie qu'aux jours de danger. Voy. ENSEIGNE et DRAPEAU.

En Botanique, on nomme étendard, dans les corolles papilionacées, le pétale supérieur, qui, en général plus grand que les autres, les embrasse et les recouvre avant l'épanouissement de la fleur.

ÉTENDUE. En Géométrie, l'étendue est une portion déterminée de l'espace absolu : elle peut avoir trois dimensions, longueur, largeur et profondeur ; de la trois sortes d'étendue : la ligne ou étendue en longueur ; la surface, ou étendue en longueur et largeur ; et le solide, étendue qui a les trois dimensions. — Les Métaphysiciens ont beaucoup disputé sur la nature de l'étendue et sur l'origine de l'idée que nous en avons : Descartes fait de l'étendue l'essence de la matière, comme il fait de la pensée l'essence de l'âme. Les philosophes s'accordent à faire naître du tact l'idée d'étendue ; mais quelques-uns, les Écossais entre autres, supposent que nous en avons la perception directe et immédiate par une faculté spéciale; le plus grand nombre admet qu'elle est le résultat d'une série de perceptions successives qui naissent lorsque la main parcourt un corps étendu.

En Musique, on nomme *étendue* la distance plus ou moins considérable qu'il y a entre le son le plus grave et le plus aigu d'une voix ou d'un instrument. L'*étendue de la voix* est l'ensemble des différents sons que peut parcourir une voix du grave à l'aigu.

ÉTERNITÉ, durée qui n'a ni commencement ni fin. Dieu est *éternel*. Les philosophes anciens attribuaient également l'éternité à la matière. Les Scotistes soutenaient que l'éternité est composée de parties successives, qui *coulent* pour ainsi dire les unes des autres. Les Thomistes prétendaient au contraire que c'est une durée simple, qui exclut le passé et l'avenir. Le symbole de l'éternité est un cercle, une roue ou un serpent qui se mord la queue. *Voy.* TEMPS.

ÉTERNUMENT (du latin *sternutatio*, même signification), mouvement subit et convulsif des muscles expirateurs, par lequel l'air, chassé avec rapidité, va heurter les parois anfractueuses des fosses nasales, et occasionne un bruit bien connu. Lorsqu'il est passager, on ne songe point à le combattre: ce n'est que lorsqu'il se prolonge qu'il devient une incommodité et une maladie. On le suspend en empêchant l'air de pénétrer dans les narines, par la compression des parois du nez ou en plaçant au-dessous un corps étranger, un mouchoir, qui intercepte l'air. — L'éternûment accompagne le coryza, ou rhume de cerveau; il précède ordinairement l'éruption de la rougeole; il est considéré comme un signe favorable quand il survient au déclin des maladies aiguës. Chez les anciens, c'était un mauvais présage et quelquefois un oracle de mort. Quand on éternuait, on faisait une prière aux dieux. C'est de là sans doute qu'est venue la coutume de saluer ceux qui éternuent et de leur faire quelque souhait.

ÉTÉSIENS (VENTS), du grec *étésios*, annuel, nom donné par les Grecs à deux vents du nord qui soufflaient chaque année pendant six semaines, au printemps et en automne.

ÉTEUF (du latin *stupeus*, fait d'étoupe), balle dont on se sert pour jouer à la longue paume. *Voy.* PAUME.

ÉTHAL (de la première syllabe des deux mots *éther et alcool*, à cause de son analogie chimique avec ces substances), matière blanche, cristalline, grasse au toucher, sans odeur ni saveur, fusible à 50°, qu'on obtient en traitant le blanc de baleine par la potasse. C'est une espèce d'alcool, homologue de l'esprit-de-vin et de l'esprit de bois. Les chimistes désignent quelquefois l'*éthal* sous le nom d'*alcool cétylique* (du grec *cétos*, baleine). Il renferme du carbone, de l'hydrogène et de l'oxygène ($C^{32}H^{33}O + aq$) et a été découvert par M. Chevreul.

ÉTHER (du latin *æther*, ou du grec *aither*, dérivé de *aithô*, brûler). Les Physiciens désignent sous le nom d'*éther* une matière très-subtile, impondérable, répandue partout, qu'ils supposent être la cause de la lumière, de la chaleur, de l'électricité, etc.

En Chimie, on nomme *éther* tout composé produit par la combinaison d'un acide et d'un alcool, composé qui est ordinairement liquide, volatil, inflammable et odorant. Dans le langage vulgaire on appelle *éther*, ou *éther sulfurique*, un liquide incolore et très-volatil semblable à ses combinaisons, et qu'on obtient en chauffant de l'acide sulfurique avec l'alcool ordinaire (*Voy.* ci-après ÉTHER HYDRIQUE). Les éthers des chimistes se divisent en genres, suivant l'alcool d'où ils dérivent, et en espèces, suivant l'acide dont ils renferment les éléments. On connaît 4 genres d'éthers: les *É. méthyliques*, ou éthers dérivés de l'esprit de bois ou alcool méthylique; les *É. éthyliques* ou *viniques*, éthers ordinaires, formés par l'esprit-de-vin; les *É. amyliques*, éthers formés par l'huile de pommes de terre ou alcool amylique; et les *É. cétyliques* formés par l'éthal ou alcool cé-

tylique. Chacun de ces genres produit une infinité d'espèces: il y a, par exemple, pour chaque genre un *É. chlorhydrique*, un *É. acétique*, un *É. nitrique*, etc., c.-à-d. un éther produit par un alcool et l'acide chlorhydrique, acétique, nitrique, etc. Lorsqu'on ne désigne pas plus spécialement l'alcool qui entre dans la formation de l'éther, on sous-entend toujours l'alcool ordinaire ou esprit-de-vin, dont les éthers ont été connus les premiers. Tous les éthers renferment les éléments de l'alcool, plus ceux de l'acide, moins ceux de l'eau, ce qui les fait considérer par quelques chimistes comme des *sels*, dans lesquels un acide anhydre serait combiné avec une espèce d'oxyde organique à radical composé (*éthyle*, *méthyle*, etc.); mais ce rapprochement n'est pas justifié par l'analogie des propriétés. La constitution des éthers a soulevé de vives discussions entre plusieurs chimistes, notamment entre MM. Liebig et Dumas.

Éther acétique, dit aussi *acétate d'oxyde d'éthyle*, ($C^4H^5O,C^4H^3O^3$), liquide très-mobile, plus léger que l'eau, d'une odeur agréable, et bouillant à 74°, qu'on obtient en distillant un mélange d'alcool, d'acide sulfurique et d'un acétate. On l'emploie en frictions contre les douleurs rhumatismales. Il a été découvert en 1759 par le comte de Lauraguais.

Éther chlorhydrique, hydrochlorique ou *muriatique*, dit aussi *chlorure d'éthyle* (C^4H^5Cl), liquide incolore, très-volatil, qui, versé sur le front et mis subitement en ébullition (à 11 degrés) et produit un froid considérable. On l'obtient en distillant de l'alcool préalablement saturé par du gaz chlorhydrique. Il s'emploie en médecine, aux mêmes usages que l'éther sulfurique; on l'a recommandé dans les affections catarrhales. Comme son extrême volatilité le rendrait d'un usage incommode, on l'emploie mélangé avec son poids d'alcool: c'est l'*éther muriatique alcoolisé* des pharmacopées. Gehlen est le premier chimiste qui ait obtenu, en 1804, l'éther chlorhydrique à l'état de pureté.

Éther hydrique ou *hydratique*, *oxyde d'éthyle* (C^4H^5O), ou simplement *éther*, dit aussi, mais improprement, *éther sulfurique*, éther qui est à l'eau (en grec *hydór*), considérée comme un acide, ce que les autres éthers sont à leurs acides respectifs: c'est un liquide incolore, très-mobile, bouillant à 35°, d'une densité de 0,715, d'une odeur agréable et pénétrante, d'une saveur fraîche et aromatique. Il se vaporise complétement en très-peu d'instants dans un courant d'air; il peut produire, dans ce cas, un abaissement de température allant jusqu'à 15 degrés au-dessous de zéro. C'est à cause de cette volatilité que, versé sur la main, l'éther produit un froid instantané qui, dans certaines circonstances, peut devenir salutaire, comme, par exemple, pour dissiper la migraine; c'est alors sur le front et les tempes qu'on l'applique. L'éther est extrêmement inflammable: il prend subitement feu par l'approche d'une bougie, et brûle alors avec une flamme blanche et fuligineuse. La vapeur de l'éther pèse environ 2 fois et demie autant que l'air; mêlée avec de l'air, en certaines proportions, elle détone avec violence à l'approche d'un corps enflammé: aussi doit-on éviter de transvaser ce liquide dans un lieu où il y a quelque corps en combustion. L'éther est à peine soluble dans l'eau, mais il se dissout en toutes proportions dans l'alcool. Les *gouttes d'Hoffmann*, employées pour rappeler à la vie les personnes tombées en syncope, sont un mélange, à parties égales, d'alcool et d'éther. L'éther agit comme dissolvant sur la plupart des principes immédiats solubles dans l'alcool: il dissout principalement les huiles essentielles, le camphre, plusieurs résines, les matières grasses, les graisses et le caoutchouc gonflé par l'eau bouillante. On en fait un fréquent usage dans l'analyse des substances végétales et animales; il dissout, au contraire, très-peu de composés minéraux. — Il une dose peu élevée, l'éther cause une sorte d'ivresse, accompagnée de faiblesse générale et d'insensibilité, mais qui se dissipe promptement; cette propriété le fait employer en chirurgie, concurremment avec le chloroforme, comme anesthésique. *V.* ÉTHÉRISATION.

On obtient l'éther en chauffant un mélange d'alcool et d'acide sulfurique; il se produit d'abord une combinaison particulière, dite *acide sulfo-vinique* (un véritable éther sulfurique), laquelle se décompose par la distillation en acide sulfurique et en éther hydrique. Celui-ci renferme du carbone, de l'hydrogène et de l'oxygène, comme l'alcool, mais en proportions telles qu'on peut représenter l'éther hydrique comme de l'alcool moins une proportion d'eau.

Basile Valentin signalait déjà au commencement du xiv⁰ siècle la formation de l'éther par la distillation d'un mélange d'alcool et d'acide sulfurique. Valérius Cordus, chimiste allemand du xvi⁰ siècle, en indiqua aussi la formation et le décrivit sous le nom d'*Huile de vitriol dulcifié*. Longtemps tenue secrète, la préparation de l'éther ne se répandit qu'après que Grosse, aidé de Duhamel, l'eut de nouveau étudiée et rendue publique en 1734. M. Gay-Lussac a indiqué le premier la vraie composition de l'éther.

Éther muriatique, plus connu aujourd'hui sous le nom d'*éther chlorhydrique. Voy.* ci-dessus.

Éther nitreux ou *hyponitreux*, dit aussi *nitrite d'oxyde d'éthyle* (N^2O^3,C^4H^5O), liquide jaunâtre, d'une odeur forte qui rappelle celle de la pomme reinette, bouillant déjà à 21°, et très-inflammable. Versé sur la main, il entre aussitôt en ébullition, et disparaît en produisant un froid considérable. On l'obtient en chauffant de l'alcool avec de l'acide hyponitrique. Il est employé en médecine comme excitant et diurétique, contre le hoquet et la colique venteuse. On l'emploie généralement mélangé avec un égal volume d'alcool rectifié; ce mélange se nomme *éther nitrique alcoolisé*, ou *liqueur anodine nitreuse*.

L'éther nitreux paraît avoir été obtenu pour la première fois par Paracelse; il fut découvert de nouveau par Kunkel en 1681; mais cette découverte était oubliée quand, en 1742, Navier, médecin de Châlons, attira l'attention sur cette matière et donna un nouveau procédé pour sa préparation. L'analyse de l'éther nitreux fut faite pour la première fois, en 1828, par MM. Polydore Boullay et Dumas.

Éther nitrique, ou *nitrate d'oxyde d'éthyle* (N^2O^5,C^4H^5O), liquide d'une odeur suave, bouillant à 85°, que M. Millon a obtenu en 1843, en distillant l'alcool avec de l'acide nitrique et un peu d'urée.

Éther œnanthique, éther huileux formé par un acide gras appelé *acide œnanthique* (du grec *oinos*, vin, et *anthos*, fleur), et auquel on attribue l'odeur vineuse propre à tous les vins. Il a été extrait pour la première fois, en 1836, par MM. Pelouze et Liebig.

Éther sulfurique, nom impropre donné à l'*éther hydrique* (*V.* ce nom) ou à l'éther proprement dit. — On connaît une véritable *éther sulfurique* qui résulte de la combinaison de l'alcool et de l'acide sulfurique (SO^3,C^4H^5O, *sulfate d'oxyde d'éthyle*); il a été obtenu pour la première fois, en 1848, par M. Wetherill.

ÉTHÉRISATION, nom donné à l'action que la *vapeur d'éther*, introduite dans les poumons par inhalation, exerce sur le système nerveux. Cette action remarquable consiste dans une suspension plus ou moins absolue de la sensibilité (anesthésie), au moyen de laquelle on peut subir les opérations les plus douloureuses sans en avoir la conscience. On fait respirer l'éther convenablement préparé au moyen d'un flacon ou simplement sur un mouchoir. — On attribue la priorité de cette découverte et de son emploi sur l'homme malade au docteur Jackson, de Boston, aux États-Unis (1846). En France, MM. Malgaigne, Laugier, Velpeau et Roux en ont, les premiers, fait l'application chirurgicale; M. Flourens a étudié l'action de la vapeur de l'éther sulfuri-

que et d'autres composés analogues sur les centres nerveux, dans une foule d'expériences faites sur les animaux vivants. — L'*éthérisation* proprement dite a été fort négligée depuis qu'on a découvert un nouvel agent *anesthésique*, le *chloroforme*, dont l'inhalation produit un effet beaucoup plus rapide et plus complet, sans exposer le patient à l'agitation nerveuse qui accompagne l'emploi de l'éther (*Voy.* CHLOROFORME). On étend quelquefois le nom d'*éthérisation* à l'emploi même du chloroforme.

ÉTHIOPS, *Æthiops* (du grec *aithô*, brûler, *ops*, visage), nom donné autrefois à certains oxydes ou sulfures métalliques. On appelait *É. martial*, le deutoxyde de fer noir; *É. minéral*, le sulfure noir de mercure; *É. per se*, le protoxyde noir de mercure; *É. végétal*, le charbon obtenu par la combustion des algues dans des vaisseaux fermés : ce dernier était préconisé par Russel contre les scrofules.

ÉTHIQUE (du grec *éthos*, mœurs), nom donné par les Grecs à la Morale. *Voy.* MORALE.

ETHMOÏDE (du grec *éthmos*, crible, et *eidos*, forme), dit aussi *Os cribleux* ou *spongieux*, un des 8 os qui composent le crâne, est ainsi nommé parce que sa lame supérieure est percée d'un grand nombre de trous. Il est situé à la partie antérieure, inférieure et moyenne de la base du crâne, et forme la racine du nez. Sa forme est à peu près cubique, et il est composé d'une multitude de lames papyracées, minces, fragiles, demi-transparentes, qui forment des cellules plus ou moins spacieuses, nommées *cellules ethmoïdales*.

ETHNARQUE (du grec *ethnos*, nation, et *archè*, commandement), titre de dignité donné par les empereurs romains à quelques princes juifs, comme Hérode le Grand et Archélaüs, qui gouvernèrent la nation des Juifs sous la protection de l'empire.

ETHNOGRAPHIE (du grec *ethnos*, peuple, et *graphô*, décrire), science qui a pour objet la description, la division et la filiation des peuples. Elle tient de la géographie statistique et de l'histoire. Sous le rapport géographique, l'Ethnographie étudie la distribution des peuples sur le globe, la nature des habitants d'un pays, leur conformation physique, leurs mœurs et leurs usages, leur langue et leur religion. Sous le rapport historique, elle distingue les races et les familles des peuples, leurs rapports et leurs filiations; elle les suit dans leurs migrations les plus lointaines et dans tous leurs mélanges. Les progrès de cette science encore récente sont dus surtout aux travaux des Thunmann, des Schlœzer, des Buhle, des Klaproth, des Silvestre de Sacy, des Saint-Martin, des Ritter, des Balbi, etc. *Voy.* RACES.

ÉTHOPÉE (du grec *éthos*, mœurs, et *poiéo*, faire), figure de Rhétorique. C'est la peinture des mœurs et des passions des hommes en général ou du caractère d'un personnage.

ÉTHUSE, plante ombellifère. *Voy.* ÆTHUSE.

ÉTHYLE (du mot *éther*, et du grec *hylè*, matière, parce qu'on le considère comme la base des éthers), gaz composé de carbone et d'hydrogène dans les rapports de C^4H^5, incolore, d'une odeur éthérée faible, inflammable, et d'une densité de 2,0. Une pression de 2 1/4 atmosphères à plus de 3° le convertit en un liquide incolore très-mobile. On l'obtient en décomposant de l'éther iodhydrique par du zinc à 150°, dans un tube scellé à la lampe. Il a été isolé, en 1849, par M. Frankland. Plusieurs chimistes ont envisagé l'éthyle comme un radical ou comme une espèce de métal composé, susceptible, en s'unissant au soufre, au chlore, à l'oxygène, de former des composés semblables aux oxydes et aux sels de la chimie minérale; d'après la *Théorie de l'éthyle* par M. Liebig, l'éther ordinaire est un oxyde d'éthyle (C^4H^5,O), l'alcool un hydrate d'oxyde d'éthyle ($C^4H^5,O + HO$); l'éther chlorhydrique, un chlorure d'éthyle (C^4H^5Cl); l'éther nitri-

40

que, un nitrate d'oxyde d'éthyle (C⁴H⁵,O＋ÑO²), etc.

ÉTIAGE, état d'une rivière aux plus basses eaux. On l'indique ordinairement sur une arche de pont. Ce mot dérive d'*été*, parce que, c'est généralement dans cette saison que les eaux sont le plus basses.

ÉTINCELLE (du latin *scintilla*, même sens), petite parcelle de matière combustible qui se détache d'un corps enflammé et s'élance au loin. Le charbon de bois et beaucoup d'espèces de bois font jaillir en brûlant un grand nombre d'étincelles. En heurtant du fer contre du fer ou contre un corps dur, comme le silex, on fait jaillir des étincelles, qui ne sont autre chose que du fer oxydé que la chaleur développée par le frottement a suffi pour enflammer.

Étincelle électrique. Voy. ÉLECTRICITÉ.

ÉTIOLEMENT, altération qu'éprouvent les plantes qui vivent dans un lieu obscur, ou qui sont privées de lumière après être parvenues à un certain degré de croissance. Les plantes étiolées poussent des tiges longues, effilées, blanchâtres, terminées par des feuilles maigres, d'un vert pâle. Elles sont aqueuses ou insipides. On fait blanchir la chicorée, le céleri, la barbe de capucin, par un *étiolement* factice, afin de leur donner une saveur plus douce.

En Pathologie, on nomme ainsi la décoloration qui survient chez les individus soustraits à l'influence de la lumière et d'un air pur et vif; c'est un affaiblissement morbide de l'organisme animal. C'est à l'*étiolement* qu'est due la blancheur fade, la peau lisse et molle des femmes de l'Orient; le teint pâle et have des ouvriers mineurs. On se sert aussi de ce moyen pour engraisser les porcs, les veaux, les oies, etc.; leur chair devient tendre, fade et muqueuse.

ÉTIOLOGIE (du grec *aitia*, cause, et *logos*, discours), partie de la Médecine qui s'occupe de l'étude des causes de chaque maladie.

ÉTIQUE (pour *hectique*). Voy. HECTIQUE et ÉTISIE.

ÉTIQUETTE (du grec *stichos*, ordre, rang, où; suivant quelques-uns, par corruption des mots *est hic quest.* [p. *quæstio*] *inter N. et N.*, formule que les procureurs mettaient autrefois sur leurs sacs de procédure). Ce mot, qui dans son sens primitif signifie toute marque à l'aide de laquelle on distingue divers objets pour les classer avec ordre, se dit spécialement du cérémonial de cour qui règle les relations d'un souverain, d'un prince, d'un haut dignitaire avec ceux qui l'approchent. L'étiquette, chez les anciens, était très-sévère, surtout à la cour des rois de Perse et plus tard à celle de Byzance. En Europe, on ne trouve point de règles formelles d'étiquette avant Philippe le Bon, duc de Bourgogne. L'étiquette de la cour de Bourgogne suivit en Autriche la princesse Marie, lors de son mariage avec Maximilien, et passa de là en Espagne, où elle régna dans toute sa sévérité jusqu'à la fin du siècle dernier. En France, les règles de l'étiquette étaient déjà très-nombreuses, lorsque la reine Anne d'Autriche vint les compliquer en introduisant à la cour de France l'étiquette espagnole. La place que l'on devait occuper à la cour, le nombre de pas que l'on devait faire, l'ampleur des manteaux, les heures où le roi était visible, tout était réglé. Le grand aumônier présentait au roi l'eau bénite; le deuxième, le livre d'heures; les princes, les seigneurs, les gens de service, lui présentaient les diverses parties de l'habillement. Les formes des repas, des bals, des conseils, étaient aussi déterminées par des règles spéciales. Mme de Genlis a réuni dans son *Dictionnaire des étiquettes* toutes les règles suivies à la cour de France. Disparue complétement avec l'ancien régime, l'étiquette fut remise en honneur sous l'Empire, mais avec peu de succès. De nos jours, le progrès des idées démocratiques tend à la faire disparaître de toutes les cours. Voy. CÉRÉMONIAL, ENTRÉES, TABOURET, etc.

ÉTIRAGE (de *tirer*), action d'allonger un objet par la traction. On étire les fils métalliques par le martelage, le laminage et le passage à la filière. Pour les matières filamenteuses, on les soumet à l'action combinée de la torsion et de la traction jusqu'à ce qu'elles aient la longueur et la finesse désirées.

ÉTIRE, outil de corroyeur pour étendre les cuirs, en exprimer l'eau et abattre le grain. C'est une plaque de fer ou de cuivre de 15 à 20 centimètres de large, et finissant par une espèce de tranchant mousse qui a la forme d'un grand arc de cercle, et dont les angles sont arrondis, afin que dans le travail ils ne puissent entamer la peau ou le cuir.

ÉTISIE (d'*étique*), amaigrissement extrême et lent qui survient chez les enfants dans le rachitisme, chez les grandes personnes dans la phthisie pulmonaire; en un mot, dans toutes les maladies chroniques dont l'action se porte sur les fonctions nutritives. On appelle *étiques* les malades qui se trouvent dans cet état.

ÉTOC ou ESTOC (de l'allemand *stock*, tronc), nom donné proprement aux souches mortes d'un arbre qui a été coupé trop haut, a été, par suite d'une analogie d'apparence, appliqué aux roches multipliées situées près ou le long de certaines côtes. Elles sont dangereuses pour la navigation. On connaît les étocs de Penmarck, dans le département du Finistère.

ÉTOFFE (du bas latin *stuffa*, ou de l'allemand *stoff*, matière), toute espèce de tissu de laine, coton, fil, soie, or ou argent, fabriqué au métier ou autrement, tels que draps, serges, mérinos, alépines, casimirs imprimés, flanelles, escots, cachemires, tulles, indiennes, velours, satins, taffetas, etc. (Voy. ces mots). Autrefois, le nom d'*étoffe* était spécialement affecté aux tissus de laine légers; tels que les brocatelles et les ratines; dont on faisait des doublures ou des robes de femme. On distingue les *É. unies*, dont le fond est net et simple comme le reste du tissu; les *É. façonnées*, dont le fond est orné de figures ou dessins; les *É. brochées*, dont le fond est orné de figures saillantes ajoutées dans la fabrication du tissu, au moyen de petites navettes de soie de diverses couleurs; les *É. imprimées*, etc.

En termes de Rubannier, on appelle *étoffes* toutes les matières d'or et d'argent qui entrent dans la fabrication des rubans, telles que filés, clinquants, câbles, cordonnets, etc. — Le Chapelier nomme *étoffe* les matières qui doivent entrer dans la fabrication des chapeaux, comme les poils de castor, de lièvre, de lapin, de chameau, les laines de mouton, etc.

Les Taillandiers donnent ce nom à la réunion de plusieurs plaques de fer et d'acier superposées et forgées ensemble, pour la confection des gros instruments tranchants. On estime surtout l'*étoffe* de Deux-Ponts. Les Imprimeurs nomment *étoffes* tous les objets de consommation nécessaires à l'impression, tels que caractères, blanchets, tympans, rouleaux, machines, encre, huile, etc.; par suite, ce nom a été étendu à ce que l'imprimeur doit faire payer, à raison de tant pour cent, au delà des frais de composition et de tirage, afin de se couvrir des dépenses nécessitées par l'entretien de son matériel. Les étoffes sont généralement de 50 p. %.

ÉTOILE (du latin *stella*), nom sous lequel on désignait autrefois tous les corps célestes, en les distinguant en *É. fixes* et en *É. errantes* ou *planètes*. Les Astronomes ne donnent aujourd'hui ce nom qu'aux astres lumineux par eux-mêmes, et qui paraissent complétement étrangers à notre système solaire. Les étoiles se distinguent des autres astres par leur *scintillation* ou tremblement lumineux. On sépare les étoiles en groupes nommés *constellations*; et on les classe, dans chaque constellation, par ordre de grandeur, d'après leur éclat apparent: les étoiles les plus brillantes sont dites de *première grandeur*, et les autres de *seconde*, *troisième*, etc. Cette classification ne comprend pas plus de sept ordres de grandeur pour les étoiles vues à l'œil nu;

mais, avec le secours du télescope, on l'étend au moins jusqu'à la 16e grandeur. Le nombre des étoiles paraît infini ; lorsqu'elles sont très-rapprochées les unes des autres, elles présentent souvent l'aspect de taches blanchâtres qu'on nomme *nébuleuses*. La *voie lactée* est une grande zone blanche formée par de semblables nébuleuses.

Les étoiles paraissent, en général, conserver une position invariable sur la voûte céleste : elles se lèvent, se couchent toujours aux mêmes points à peu près, et, depuis les premiers âges de l'astronomie, les figures des constellations n'ont éprouvé aucun changement sensible. Aussi ces astres sont-ils les points fixes dans le ciel auxquels les astronomes rapportent les mouvements des planètes, pour mesurer leurs révolutions. Cependant on a reconnu que plusieurs étoiles étaient animées d'un mouvement propre, et il est probable qu'il en est de même de toutes les autres. Ce mouvement propre a été reconnu par Halley et confirmé par d'autres astronomes, particulièrement par Tobie Meyer et W. Herschell. — On appelle *accélération diurne des étoiles*, la quantité dont leur lever et leur coucher, ainsi que leur passage au méridien, avancent chaque jour ; elle est de 3′ 56″. Cette *accélération* vient du retardement effectif du soleil : le mouvement propre de cet astre vers l'Orient, qui est de 59′ 8″ de degré tous les jours, fait que l'étoile qui passait au méridien hier en même temps que le soleil est plus occidentale aujourd'hui de 59′ 58″ de degrés, ou de 3′ 56″ de temps, quantité dont elle passera plutôt qu'hier.

Étoile du Berger. Voy. VÉNUS.

Étoile polaire, étoile remarquable par son grand éclat et qui fait partie de la constellation de la *Petite Ourse*, voisine du pôle nord. La Petite Ourse se compose de 7 étoiles, dont l'étoile polaire est la plus brillante ; cette constellation est voisine d'une autre dite *Grande Ourse* ou *Chariot*, composée aussi de 7 étoiles, dont 4 forment à peu près un carré, et dont les 3 autres simulent un timon. Pour trouver l'étoile polaire, il faut suivre la direction de l'axe qui passerait par les étoiles α et β de la Grande Ourse, qui sont les plus éloignées du timon ; cette ligne prolongée jusque dans la Petite Ourse passera tout près de l'étoile polaire.

Étoiles changeantes ou *périodiques*, étoiles qui changent d'éclat, ou dont la lumière augmente et diminue alternativement. On connaît 13 étoiles de ce genre. L'une des plus remarquables est l'*omicron* de la *Baleine*, qui conserve son plus grand éclat pendant environ 15 jours. Elle est alors de 2e grandeur. Elle décline ensuite pendant 3 mois, jusqu'à devenir invisible, pour recommencer à reprendre son premier éclat.

Étoiles circumpolaires, étoiles qui sont situées près du pôle nord, et qui tournent autour de lui sans jamais s'abaisser au-dessous de notre horizon : Telles sont les deux Ourses, Cassiopée et Céphée.

Étoiles doubles, étoiles juxtaposées et superposées les unes sur les autres, et qui n'offrent entre elles aucune distance appréciable. A l'œil nu, elles sont seules et uniques ; vues au télescope, elles sont doubles et triples, chacune de ces se trouvant à quelques secondes l'une de l'autre. Parmi les étoiles doubles, il en est qui composent des systèmes stellaires de deux étoiles tournant l'une autour de l'autre dans des orbites régulières : on a nommé celles-ci *étoiles binaires*. Elles offrent presque toujours les plus belles couleurs : elles sont cramoisies ; vertes ; bleues, jaunes, blanches, bleuâtres, etc. MM. Savary, Arago, Struve, Houzeau, J. Herschell, Y. Villarceau, se sont surtout occupés des étoiles doubles.

Étoiles filantes ou *tombantes*, météores lumineux qu'on aperçoit souvent dans le ciel par les nuits sereines, et qui produisent sur les yeux l'effet d'étoiles

qui tombent. On les considère généralement comme de petites masses planétaires qui, entrant dans notre atmosphère avec une vitesse suffisante pour la traverser, ne font que s'y enflammer en y passant. Lorsqu'elles cèdent à l'attraction de notre planète, elles s'y précipitent et forment alors des *aérolithes* (*Voy.* ce mot). Les étoiles filantes tombent tantôt rares et isolées, c.-à-d. *sporadiques*, tantôt en essaims et par milliers. Ces dernières apparitions, que les écrivains arabes ont comparées à des nuées de sauterelles, sont périodiques et suivent des directions généralement parallèles. Les plus remarquables ont lieu du 12 au 14 novembre, et vers le 10 août, jour de la fête saint Laurent : les larmes brûlantes attribuées à ce saint paraissent avoir été autrefois, en Angleterre, le symbole traditionnel du retour périodique de ces météores. L'apparition des étoiles filantes est souvent accompagnée d'aurores boréales. — Les philosophes grecs nous ont laissé sur les étoiles filantes des aperçus très-voisins des idées admises aujourd'hui sur l'origine de ces météores. On doit des recherches suivies sur les étoiles filantes à MM. Coulvier-Gravier et Saigey (Paris, 1851 ; in-8).

En Botanique, on nomme *Étoile blanche*, *É. de Bethléem*, *E. jaune*, trois espèces d'Ornithogales ; *É. d'eau*, le Callithric ; *É. des bois*, la Stellaire ; *É. du Berger*, le Flûteau ; *É. du matin*, le Liseron. Quelques auteurs nomment *Étoiles* ou *Rosettes* les fleurs mâles des Mousses.

En Zoologie, on appelle vulgairement *Étoiles de mer* les zoophytes nommés *Astéries* par les naturalistes. — On a nommé aussi *Étoiles de mer pétrifiées*, les Alcyons ; les Astroites, etc.

ÉTOILE, décoration. On donne souvent ce nom à la décoration de la Légion d'honneur, à cause de ses rayons. On en applique également à un ornement brodé sur l'épaulette (*Voy.* ce mot). — Il a existé sous le nom d'*Étoile* plusieurs ordres de chevalerie : un en France, créé en 1322 par le roi Jean ; un en Sicile, institué par Charles ou par René d'Anjou. Il existe encore aujourd'hui en Suède un ordre de l'*Étoile polaire. Voy.* ce mot au *Dict. univ. d'Hist. et de Géogr.*

ÉTOILÉ, en Botanique, se dit de la disposition de plusieurs parties semblables d'une plante qui sont dans un même plan autour d'un centre commun, dont elles s'écartent en rayonnant. Les feuilles verticillées, quand elles sont petites et fort étalées, sont dites *étoilées*. Morison nommait *fleurs étoilées* celles que Tournefort a nommées *radiées*. Linné appelle *Étoilées* les Rubiacées, dont les feuilles sont disposées en rayons et qui constituent la 4e sous-famille établie par M. de Candolle dans cette famille.

En Zoologie, on nomme *Étoilé* un oiseau de la côte d'Or en Afrique, que l'on a comparé à un Merle ; 2o un Héron et un Gobe-mouches ; 3o plusieurs espèces de Baliste, d'Esturgeon, de Raie ; 4o une espèce de Bombyx.

ÉTOLE (du latin *stola*, robe ou tunique), ornement ecclésiastique qui consiste en une large bande de laine ou de soie, brodée plus ou moins richement, que l'on passe derrière le cou et qui descend par devant jusqu'à mi-jambe ; elle est ornée de trois croix, une au milieu, et une à chacune des deux extrémités ou *palles*, qui sont plus larges que le reste de la bande. L'étole est l'ornement des évêques, des prêtres et des diacres. Les évêques laissent les deux bouts pendre naturellement par devant ; les prêtres la croisent sur la poitrine pour dire la messe ; les diacres la portent en écharpe. Dans leur église, les curés portent l'étole sur le surplis comme marque de juridiction ; les prêtres la portent aussi quand ils administrent les sacrements, aux enterrements, aux processions, etc. Quand un prêtre lit l'Évangile pour une personne, il lui place le bout de l'étole sur la tête. Autrefois, les prêtres portaient toujours l'étole, même en dehors des fonctions ecclésiastiques : aujourd'hui, le pape seul a ce privilége.—L'empereur Constantin et ses successeurs firent souvent don aux évêques d'une tunique de lin (*stola*); dans la suite, ils ne donnèrent plus que la bordure de la robe, qui conserva cependant le nom de *stola* et qui devint l'*étole*.

ÉTOUFFOIR. Outre le vase de cuivre ou de tôle dont on se sert pour éteindre et conserver la braise, en la privant du contact de l'air, ce mot désigne en Musique un mécanisme à l'aide duquel on arrête les vibrations des cordes dans les instruments à clavier. Il est formé d'une pièce de bois garnie de drap qui retombe sur la corde toutes les fois que le doigt de l'exécutant abandonne la touche. Les pianos sont pourvus d'une pédale qui fait lever en même temps tous les étouffoirs, et qui sert à produire les effets bruyants, mais qui jette aussi la confusion dans les accords, quand on ne s'en sert pas avec habileté.

ÉTOUPE (du latin *stupa*), espèce de bourre formée de filaments de lin ou de chanvre, plus courts, plus grossiers, plus chargés de gomme ou de résine que les autres, et qui sont séparés par le peignage à l'aide du séran. On en distingue trois qualités, appelées *Demi-brins, Brinasse* et *Répérans*. On retire encore de ces étoupes un fil grossier; mais le plus communément elles servent à d'autres usages, comme à faire des matelas pour la marine, à garnir des sièges, fauteuils, etc.; à calfater les bateaux et bâtiments, à tamponner les futailles, à entourer les bondes des tonneaux; les chaudronniers l'emploient pour étendre l'étain dans l'opération de l'étamage. L'étoupe qui sert au calfatage est formée de vieux cordages goudronnés que l'on a détordus.

En Botanique, on nomme *étoupe* la matière filamenteuse et compacte qu'on trouve au collet ou dans le fruit de certaines plantes.

ÉTOUPILLE (d'*étoupe*), petite mèche d'étoupe filée et roulée dans la poudre, dont on se sert dans l'artillerie et pour les feux d'artifice. — On donne aussi ce nom à une préparation inflammable disposée dans un tuyau de plume, et garnie d'une petite mèche qui peut remplacer l'amorce pour les pièces qui n'ont pas de batterie à percussion. — On nomme *étoupillon* une petite mèche d'étoupe suifée qu'on introduit dans la lumière d'une pièce pour préserver la charge de l'humidité.

ÉTOURDEAU, jeune Chapon. *Voy.* CHAPON.

ÉTOURDISSEMENT, état de trouble dans lequel tous les objets semblent tourner autour de nous. C'est souvent un signe de pléthore sanguine et de congestion cérébrale. *Voy* VERTIGE et APOPLEXIE.

ÉTOURNEAU, *Sturnus*, genre de Passereaux conirostres, est caractérisé par un bec droit un peu déprimé et des narines à moitié fermées par une membrane. Ce sont des oiseaux voyageurs, à plumage noir lustré ou varié de diverses couleurs. Ils vivent en troupes et se nourrissent de vers, de mollusques, d'insectes ou de baies. L'étourderie de l'étourneau est devenue proverbiale : on le chasse au piége, au filet et au fusil. L'*É. commun*, ou *Sansonnet* (*Sturnus vulgaris*), est d'un noir métallique, à reflets cuivrés; l'extrémité de ses plumes est marquée d'une tache fauve; les pieds sont bruns, et le bec jaune; la longueur totale est de 30 à 35 millim. Les mâles ne diffèrent des femelles que par des taches plus nombreuses. L'âge et le sexe donnent aux étourneaux diverses variations de plumage : il y en a de blancs, de gris, etc. Ils placent leur nid dans le creux des arbres, des murs, ou dans les toits, les clochers, etc. Les étourneaux peuvent s'apprivoiser, ils apprennent à siffler et même à parler; ils vivent 7 ou 8 ans en domesticité. Leur chair est dure, sèche et de mauvais goût.

ÉTRANGER (du latin *extraneus*). La loi française considère comme étranger tout individu né de parents non français, et qui ne s'est pas fait naturaliser. L'étranger établi en France y jouit de tous les droits civils tant qu'il continue d'y résider, s'il

en a obtenu l'autorisation du Gouvernement (Code civil, art. 13); à défaut de cette autorisation, il ne jouit que des droits civils accordés par les traités à ceux de sa nation (art. 11). Les immeubles de l'étranger sont régis par la loi française. Il peut acquérir et disposer par donation ou testament. L'étrangère qui épouse un Français suit la condition de son mari (art. 12). L'étranger, même non résidant en France, peut être cité devant les tribunaux français pour l'exécution des obligations par lui contractées en France ou en pays étranger envers des Français (art. 14). En toutes matières autres que celles de commerce, l'étranger demandeur est tenu de donner caution pour le payement des frais et dommages-intérêts résultant d'un procès, à moins qu'il ne possède en France des immeubles de valeur suffisante pour assurer ce payement : c'est ce qu'on appelle la caution *judicatum solvi* (Code civ., art. 15 et 16; C. de de procéd., art. 166 et 423). L'étranger ne peut servir de témoin dans un acte public (Code civil, art. 980), ni faire partie de l'armée (loi du 21 mars 1832). L'étranger déclaré vagabond peut être expulsé du territoire (Code pénal, art. 272); l'étranger réfugié peut aussi, dans l'intérêt de la sûreté publique, être interné ou expulsé (loi du 21 avril 1832, etc.). Tout étranger qui arrive à Paris avec l'intention d'y résider ou d'y exercer une industrie doit se présenter dans les trois jours à la préfecture de police pour obtenir un permis de séjour (loi du 3 déc. 1849, et ord. de police du 8 sept. 1851).

Chez aucune nation de l'Europe, l'étranger n'est traité plus favorablement qu'en France : en Autriche et en Russie, il est soumis à des règlements de police fort gênants; en Angleterre, il ne peut acquérir d'immeubles. Aux États-Unis, au contraire, après un an de résidence, l'étranger est admis au droit de cité.

ÉTRANGLEMENT: *V.* HERNIE et STRANGULATION.

ÉTRAVE, pièce courbe ou suite de pièces courbes, de même largeur que la quille, qui s'élèvent à l'avant d'un navire dans son plan diamétral, depuis l'extrémité de la quille jusque sous le beaupré. On nomme *élancement de l'étrave* la saillie que forme l'étrave : elle porte, comme l'*étambot*, qui est à l'arrière, des points de division formant une échelle, pour mesurer le tirant d'eau de l'avant. La longueur d'un bâtiment se mesure de l'étrave à l'étambot.

ÉTRENNES (en latin *strenæ*, présent fait pour une fête), présents que l'on fait le premier jour de l'année. On fait remonter l'origine des étrennes jusqu'au temps du roi Tatius : ce prince ayant reçu comme un bon augure des branches coupées dans un bois consacré à la déesse *Strenua*, ou la *Force*, et qu'on lui présenta le premier jour de janvier comme un signe de paix et de concorde entre les Romains et les Sabins, cet usage subsista depuis, et tous les Romains se firent de semblables présents en se souhaitant une heureuse année; ces présents prirent le nom de *strenæ*, en souvenir de la déesse *Strenua*. Ils consistaient en figues, dattes, miel, etc.; on y ajoutait un *stips*, petite pièce de monnaie, comme présage de richesse. On portait aussi des étrennes aux patrons, aux magistrats et aux empereurs. Les Grecs empruntèrent aux Romains l'usage des étrennes. Il passa aux Chrétiens, malgré l'opposition des conciles et des Pères de l'Église, qui le décrièrent comme un abus; et il subsiste encore. En Angleterre, on donne les étrennes à Noël. On doit à J. Spon un ouvrage curieux intitulé *Lettre sur l'origine des étrennes*, 1674, in-8, souvent réimprimé.

ÉTRÉPE (corruption d'*extirper*), espèce de pioche pour arracher les mauvaises herbes. On appelle *étrépage* l'action d'enlever la surface d'une partie d'un sol en jachère pour amender le reste.

ÉTRÉSILLON, se dit, en Architecture, de pièces de bois en forme d'arcs-boutants qu'on place en travers dans les tranchées d'une fondation, dans les galeries d'une mine, etc., pour empêcher les terres de s'ébouler, ou dans un bâtiment, pour soutenir, pour étayer les murs qui déversent ou qu'on reprend en sous-œuvre. — On nomme encore *étrésillons*, les morceaux de bois qu'on fait entrer de force entre les solives d'un plancher pour le consolider.

ÉTRIER (du bas latin *strivarium* ou *straparium*, même signification), appui pour le pied du cavalier, est formé d'une sorte d'anneau, ordinairement de fer ou de cuivre, suspendu à la selle au moyen d'une longe ou courroie, dite *étrière* ou *étrivière*. On appelle *œil* de l'étrier l'ouverture dans laquelle passe l'étrière; *planche*, la partie où pose le pied. Les étriers des femmes sont fermés par devant pour empêcher le pied de passer. — La forme des étriers a varié selon les temps et les peuples. Les Orientaux et les Arabes se servent d'étriers très-larges et très-hauts qui leur emboîtent tout le pied et les maintiennent accroupis sur leurs montures. Les anciens n'ont pas connu l'usage des étriers. Il n'est pas fait mention dans l'histoire avant le vᵉ siècle : encore, les premiers étriers n'étaient-ils que de simples courroies.

Les Anatomistes ont donné le nom d'*étrier* au plus interne des osselets de l'oreille, à cause de sa forme. Il est placé horizontalement dans la caisse du tympan. Sa tête s'articule avec l'os lenticulaire; sa base bouche inexactement la fenêtre ovale.

Dans la Marine, les étriers sont des pièces de fer à deux branches qu'on emploie comme chaînons : on distingue l'*É. du gouvernail*, les *É. des chaînes de hauban*, etc. — Les Charpentiers appellent *Étrier* une bande de fer accolant une poutre rompue, ou servant à fixer un solivage en porte à faux.

ÉTRILLE (du latin *strigil*, instrument à l'usage des baigneurs chez les anciens), instrument en fer dont les palefreniers se servent pour enlever les malpropretés qui s'attachent au poil du cheval. L'étrille se compose d'un *coffre*, plaque de tôle rectangulaire, garni de deux rebords dentés, et de quatre lames de fer parallèles. Trois de ces lames sont dentées; celle qui ne l'est pas et qui forme le 3ᵉ rang s'appelle *couteau de chaleur*. On nomme *marteaux* deux morceaux de fer saillants qui sont rivés au coffre et sur lesquels on frappe l'étrille pour faire tomber la poussière.

ÉTRILLÉ, petit Crustacé. *Voy.* PORTUNIENS.

ÉTRIVE (du celtiq. *striff*, querelle?). On dit qu'une manœuvre *vient en étrive*, lorsqu'au lieu d'être tendue en direction, elle forme un coude par la rencontre d'un objet qui la détourne. — *Étrive* est aussi le nom d'un amarrage fait sur deux cordages à l'endroit où ils se croisent.

ÉTRIVIÈRE, courroie soutenant l'*étrier*. *V.* ce mot.

ÉTUDE (du latin *studium*). Outre les travaux littéraires auxquels on applique le jeune âge (*Voy.* ENSEIGNEMENT ET PÉDAGOGIE), le mot *études* exprime : en Peinture, les essais que font les peintres pour s'exercer, et les modèles destinés à l'enseignement du dessin; — en Musique, des morceaux détachés et difficiles destinés à faciliter le mécanisme de la voix ou du jeu des instruments. Les compositeurs donnent à ces morceaux un caractère mélodique, afin d'éviter le dégoût du travail. Les études pour la voix s'appellent particulièrement *vocalises*. Les études les plus estimées pour le violon sont celles de Kreutzer, de Fiorillo, de Baillot; pour le piano, celles de Cramer, Kalkbrenner, Thalberg, etc.

On appelle encore *étude* le cabinet d'affaires d'un notaire, d'un avoué, d'un huissier, etc., où sont conservés les papiers et les minutes, ainsi que l'endroit où travaillent les clercs.

ÉTUDIANTS. Ce nom se donne particulièrement à ceux qui suivent les cours des Facultés, surtout ceux de Droit ou de Médecine. *V.* DROIT, MÉDECINE (ÉCOLES DE).

Les étudiants d'Allemagne sont célèbres par leur turbulence et par les associations qu'ils ont formées. L'origine de ces sociétés est fort ancienne. Plusieurs

fois interdites à cause des abus qui y régnaient et des luttes qu'elles se livraient entre elles, elles reparurent toujours sous différents noms. On connaît surtout, parmi les plus récentes, les *Landsmannschaft*, la *Burschenschaft* et le *Tugendbund*. La *Burschenschaft*, la plus célèbre de toutes, se forma en 1813 et en 1814, à l'occasion de l'invasion française; les étudiants prirent alors les armes pour la défense de leur pays; mais en même temps ils suivaient tous les mouvements politiques, prêts à prendre part à tous les troubles. Après l'assassinat de Kotzebue par Sand, qui appartenait au *Tugendbund*, les souverains défendirent ces associations. Aujourd'hui, elles ont cessé d'exister, ou, du moins, elles ne se propagent plus qu'en secret.

ÉTUI (de l'italien *stuccio*, même signification), sorte de boîte composée de deux pièces qui s'emboîtent l'une dans l'autre, et qui sert à mettre, à porter et à conserver quelque chose. Ceux qui les fabriquent sont les *gaîniers*. On en fait de toutes sortes de matières : bois, carton, or, argent, ivoire, écaille, carton recouvert de paille ouvragée, de peau chagrinée, d'étoffes de soie, de velours, etc. — On nomme *étui de mathématiques* un assortiment complet d'instruments dont les géomètres et les dessinateurs font usage pour tracer des lignes.

En Botanique, *étui* se dit de l'enveloppe externe des bourgeons, ordinairement garnie de bourre à l'intérieur. On nomme *étui médullaire* la couche ligneuse la plus interne dans les végétaux dicotylédonés. Cette couche présente une sorte de canal qui s'étend dans toute la longueur du tronc et des branches, et qui contient la moelle. Il est formé de trachées, de fausses trachées et de vaisseaux poreux accolés parallèlement les uns aux autres. Il est plus grand dans les jeunes tiges que dans les vieilles; tantôt arrondi, comme dans le sureau; tantôt triangulaire (laurier-rose), pentagonal (chêne), etc.

En Zoologie, on appelle *étui* l'enveloppe coriace et dure formée par les élytres de certains insectes, comme les Hannetons, les Carabes, etc.; cet étui recouvre les ailes membraneuses que les élytres sont destinés à protéger. *Voy.* ÉLYTRES.

ÉTUVE (de l'allemand *stube*, même signification), se dit en général d'une sorte de poêle ou lieu fermé dans lequel la température peut être portée à un degré très-élevé. On s'en sert, en Chimie et dans les Arts, pour les objets dont la dessiccation a besoin d'être activée. Dans une acception plus restreinte, une *étuve* est une chambre de bains que l'on chauffe par des bouches de chaleur ou dans laquelle on fait parvenir de la vapeur d'eau bouillante pour provoquer la transpiration. Les anciens faisaient un grand usage de ces étuves, tant *sèches* qu'*humides* (*V.* THERMES). Elles prirent faveur en France au xviᵉ siècle et furent à la mode jusqu'à la fin du xviiiᵉ. De nos jours, elles ont été remplacées par les *bains de vapeur* et les *bains russes*. *Voy.* BAINS.

ÉTYMOLOGIE (du grec *étymos*, vrai, et *logos*, discours, c.-à-d. véritable explication d'un mot), se dit à la fois de l'origine d'un mot et de la science qui s'occupe de rechercher cette origine. La science étymologique prête plus que toute autre à l'hypothèse et au paradoxe, quand on substitue l'imagination à l'observation des faits; elle doit s'appuyer principalement sur l'étude des langues mères, sur l'histoire des langues et sur l'observation des transformations successives qu'ont subies les mots. — Les recherches étymologiques sont très-anciennes; on en trouve des traces dans la Genèse. Platon, Chrysippe, Aristote, chez les Grecs; Varron, César, Cicéron, et après eux Festus, Verrius Flaccus, etc., chez les Romains, s'en sont occupés; mais tous étaient très-peu sévères dans leurs explications. Jean de Garlande, au xiᵉ siècle, Favorinus, Perotti, Valla, à la renaissance des lettres, continuèrent leurs recherches et souvent leurs erreurs, ainsi que les Sylburg, les Vossius, les Estienne, les Pasquier, les Ménage. Au XVIIIᵉ siècle, De Brosses, Court de Gébelin et Larcher ramenèrent les études étymologiques dans une meilleure voie ; mais ce sont seulement les travaux récents de Fréd. Schlegel, de J. Grimm, de Beppo, du Danois Rask, des Français Raynouard, Roquefort, Nodier, etc., qui ont fait faire à cette science de véritables progrès. Les principaux ouvrages sur la matière sont : l'*Etymologicum magnum græcum*; l'*Et. linguæ græcæ*, de Van Lennep, Traj. ad Rhenum, 1808; l'*Et. linguæ latinæ*, de Vossius, Amst., 1662, in-fol.; le *Dict. étymologique de la langue latine*, de Dœderlein, Leips., 1826; le *Dict. étymologique de la langue française*, de Ménage; le *Dict. étymologique des mots français dérivés du grec*, par J.-B. Morin, 1809; le *Dict. étym. de la langue française*, de J.-B.-B. de Roquefort, 1829; les *Etymologische Forschungen auf dem Gebiete der indo-germ. Sprachen*, d'A.-F. Pott, Lemgo, 1833; le *Lexicon etym. ling. romanarum*, de Dietz, Bonn,1853.

EUCALYPTE (du grec *eu*, bien, et *kalyptos*, couvert), *Eucalyptus*, genre de la famille des Myrtinées, renferme des arbres originaires de la Nouvelle-Hollande, à bois dur, résineux; à feuilles alternes, entières, coriaces, parsemées de points translucides; à fleurs jaunes, en corymbe ou axillaires. Ces arbres répandent une odeur balsamique très-prononcée. L'*E. poivrée* fournit une huile essentielle moins piquante que celle de la menthe et qui la remplace avec avantage. La gomme-résine rouge de l'*E. résineux*, et le bois dur, rouge et pesant de l'*E. gigantesque*, s'emploient dans la teinture, l'ébénisterie, les constructions.

EUCHARISTIE (c.-à-d., en grec, *action de grâces*), dite aussi *Communion*, *Saint-Sacrement*, *Sainte-Cène*, *Eulogie*, etc., sacrement par lequel on reçoit réellement et substantiellement le corps, le sang, l'âme et la divinité de N.-S. Jésus-Christ, sous les espèces du pain et du vin, et dont les effets sont de remettre les péchés véniels, de donner la grâce et les droits à la vie éternelle. On appelle *transsubstantiation* le changement miraculeux par lequel le pain qu'on met sur l'autel et le vin qu'on met dans le calice deviennent, après les paroles de la *consécration*, le vrai corps et le vrai sang de Notre-Seigneur, de manière qu'il ne reste plus de ces aliments que les *espèces* ou apparences. La matière de l'Eucharistie est le pain de blé ou de froment et le vin de la vigne. L'on peut employer indistinctement du pain azyme ou sans levain et du pain fermenté, mais on se sert ordinairement du premier dans l'Église romaine; les Grecs, au contraire, se servent de pain levé. On ne peut consacrer que du pain cuit au feu et pétri avec de l'eau naturelle. Le vin peut être indifféremment blanc ou rouge. Les ministres de la consécration et de la distribution de l'eucharistie sont les prêtres et les évêques. — Jésus-Christ a institué lui-même ce sacrement la veille de sa Passion : pendant la *Sainte-Cène*, il prit du pain, le bénit, et, ayant rendu grâce, il le rompit et le donna à ses disciples, en leur disant : «Prenez et mangez; ceci est mon corps, qui est donné pour vous; faites ceci en mémoire de moi.» Il prit ensuite le calice, et, ayant rendu grâces, il le leur donna, en disant : «Buvez-en tous, car ceci est mon sang.» Matth., ch. 26, v. 26; Marc, ch. 14, v. 22; Luc, ch. 22, v. 19. L'eucharistie prend le nom de *viatique* lorsqu'elle est donnée aux malades en danger de mort, afin de les fortifier pour le dernier voyage (*via*).

La manière d'administrer l'eucharistie ou de concevoir la présence de Jésus-Christ dans l'hostie a donné lieu, parmi les sectes réformées, aux opinions les plus diverses. *V.* COMMUNION, CONSUBSTANTIATION.

EUCLASE (du grec *eu*, bien, et *klaô*, briser; qui se brise facilement), silicate double d'alumine et de glucine (silice, 43,32; alumine, 32,12; glu-

cine, 24,56), mêlé à des traces d'oxyde de fer et d'étain. C'est une substance minérale d'un blanc bleuâtre ou verdâtre, cristallisée en prismes rectangulaires courts et striés verticalement. Elle est très-fragile et assez dure pour rayer le quartz. Sa pesanteur spécifique est de 3,1. Elle fond au chalumeau en un émail blanc. On la trouve au Pérou et au Brésil, dans les quartzites talqueux et micacés.

EUCOLOGE ou EUCHOLOGE (du grec *eukhê*, prière, et *légo*, recueillir). On donne proprement ce nom au rituel des Grecs, qui renferme tout ce qui a rapport aux cérémonies de leur culte. Il règle les offices, les sacrements, les consécrations, les oraisons, les funérailles, l'ordre des fidèles, la forme des ornements d'église. Ce rituel a été imprimé par le dominicain J. Goar, grec-latin, Paris, 1647, in-fol.

Les Catholiques nomment *eucologe* un livre de prières approuvé par un archevêque, et qui renferme l'office des fêtes et des dimanches. On le nomme aussi *missel*, *bréviaire* ou *paroissien* (*V.* ces mots). Le premier eucologe de ce genre fut imprimé par ordre du cardinal de Noailles, archevêque de Paris. L'abbé de Roquefeuille, en 1850, M. Fél. Clément, en 1854, ont publié un *Nouvel Eucologe en musique*.

EUCOMIS (du grec *eu*, belle, et *komé*, chevelure), plante liliacée. *Voy.* BASILÉE.

EUDÉMONISME (du grec *eu*, bien, et *daimon*, démon, génie), système qui consiste à reconnaître le bien-être comme le mobile suprême de toutes les actions. C'est un des noms par lesquels on désigne la doctrine d'Aristippe et d'Épicure.

EUDIALYTE (du grec *eudialytos*, facile à diviser), substance minérale d'un violet rougeâtre, cristallisant dans le système rhomboédrique, mais se présentant ordinairement en lamelles faciles à détacher. C'est un composé de silice, de zircone, de soude, de chaux et de fer. Elle se trouve réunie à l'amphibole dans les gneiss du Groënland.

EUDIOMÈTRE (du grec *eudios*, pur, et *métron*, mesure), instrument imaginé par Volta, dont on se sert pour l'analyse des gaz, et surtout pour celle de l'air atmosphérique. Les eudiomètres se composent en général d'un tube de verre fort épais, dont une extrémité est ouverte et l'autre fermée. L'extrémité ouverte sert à l'introduction et à la sortie du mélange gazeux, et demeure constamment plongée soit dans l'eau, soit dans le mercure, sur lequel on fait l'expérience; l'autre extrémité est traversée par deux tiges métalliques, laiton, acier ou platine, placées intérieurement à une certaine distance l'une de l'autre, et communiquant au dehors. Ces tiges sont destinées à faire passer dans l'intérieur du tube l'étincelle électrique destinée à opérer la combinaison des gaz mélangés. La paroi du tube porte des divisions qui font connaître le volume des gaz qu'on y introduit. Lorsqu'on veut analyser l'air par l'eudiomètre, on y mélange avec une certaine quantité d'hydrogène, et l'on fait détoner ce mélange par l'étincelle électrique; la quantité de gaz qui disparaît par cette détonation pour former de l'eau avec l'hydrogène représente l'oxygène contenu dans l'air. Lorsqu'il s'agit de gaz combustibles, par exemple, de carbures d'hydrogène, on mélange ceux-ci avec une quantité déterminée d'oxygène, et l'on fait détoner ce mélange. On a varié la construction des eudiomètres de beaucoup de manières. Avant Volta, Priestley, Fontana, Ingenhousz, avaient déjà imaginé des eudiomètres fondés sur divers principes. M. Regnault a tout récemment apporté à l'eudiomètre des perfectionnements qui permettent d'analyser l'air avec beaucoup plus de rigueur.

EUFRAISE, plante. *Voy.* EUPHRAISE.

EUGÉNIE (d'un nom propre), *Eugenia*, genre de la famille des Myrtacées, est composé d'arbres et d'arbrisseaux à feuilles opposées, entières; à fleurs axillaires, blanches; à baies noires ou rouges. On cultive dans les serres la *Jambose* (*E. jambos*) ou *Pomme de rose*, dont le fruit, en petite pomme jaunâtre, répand dans la bouche une saveur de rose ; l'*E. malaccensis*, dont le fruit, de la grosseur d'une poire, a la même saveur ; enfin, l'*E. uniflora* et l'*E. australis*, dont les fruits rouges sont mangeables.

EULOGIE, nom donné d'abord à l'*Eucharistie* (*Voy.* ce mot), puis, par extension, aux choses bénites, que l'on distribuait aux communiants comme supplément de l'eucharistie, ou qu'on envoyait aux absents en signe de communion. — On a encore donné le nom d'*eulogies* aux repas bénits par les évêques et les prêtres. L'usage du pain bénit dérive de l'ancien usage des eulogies.

EULOPHE (du grec *eu*, bien, et *lophos*, aigrette), *Eulophus*, bel oiseau de l'ordre des Gallinacés, originaire de l'Inde, à tarses grêles, à plumage brillant ; sa tête est ornée d'une huppe très-touffue.

Genre d'Hyménoptères de la famille des Chalcidiens et de la section des Térébrants. Ce sont de petits insectes à corps mince, assez longs, dont les larves vivent dans le corps des chenilles des Phalénites et des Tinéites. L'espèce type, l'*E. ramicorne*, est d'un vert brillant, avec des antennes fauves ; sa larve vit dans la chenille du *Noctua aceris*.

EUMÈNE (du grec *eumenès*, doux), *Eumenes*, genre d'insectes Hyménoptères de la section des Porte-aiguillons, famille des Diploptères, tribu des Guépiaires : corps très-allongé, tête en forme de triangle aigu, garnie de mandibules allongées ; tronc globiforme, pattes de grandeur moyenne. La couleur de ces insectes est noire et jaune, quelquefois brun rouge. L'*E. étranglée*, commune en France, est noire, longue de 12 à 15 millim., avec des taches jaunes. Elle fait son nid sur les graminées et les bruyères ; ce nid consiste en une boule sphérique de terre très-fine, remplie de miel : l'insecte y dépose un seul œuf.

EUMÉRODES (du grec *euméros*, cuisse épaisse), famille de Reptiles établie par Duméril dans l'ordre des Sauriens, a un cou et des pattes très-distincts, et une queue arrondie à l'extrémité. Cette famille de Duméril répond aux trois familles des Lacertiens, des Iguaniens et des Geckotiens de Cuvier.

EUMOLPE (du grec *eumolpos*, harmonieux), *Eumolpus*, genre de Coléoptères tétramères, famille des Cycliques : tête verticale, entièrement enfoncée dans le corselet ; antennes isolées ; corselet court, globuleux, étroit. Ce sont des insectes ornés de brillantes couleurs et souvent parés de reflets dorés. L'*E. de la vigne* est long de 4 à 5 millimètres, noir, avec les élytres fauve-brun, couvertes de duvet. Sa larve attaque les jeunes bourgeons des vignes, les feuilles et même les raisins. Souvent elle s'attache au pédicule de la grappe au moment où celle-ci vient de paraître, et détruit ainsi tout espoir de récolte.

EUNICE (nom mythol.), *Eunice*, genre d'Annélides errantes : trompe armée de 7 à 9 mâchoires solides, articulées les unes au-dessous des autres, et garnie en dessous d'une espèce de lèvre inférieure ; corps linéaire, presque cylindrique, atténué en arrière et renflé à l'extrémité céphalique ; anneaux courts, très-nombreux ; antennes au nombre de cinq. La couleur des Eunices est rose, grise, verdâtre, etc. L'*E. sanguinea*, qui habite nos côtes, est le type du genre.

EUNICÉE, *Eunicea*, genre de Polypiers, de l'ordre des Gorgoniées, division des Polypiers flexibles corticifères. C'est un polypier dendroïde, rameux, recouvert d'une écorce cylindrique, parsemée de mamelons épars, saillants et polypeux. Ces polypes sont très-rétractiles. Leurs tentacules sont d'une forme cylindrique et aiguë. Les Eunicées sont en général branchues, avec des rameaux épars et cylindriques ; leur couleur est fauve. Elles habitent les mers tropicales. L'*E. antipathe*, type du genre, se trouve dans la Méditerranée. Son polypier a de 50 à 60 centim. de hauteur, et les polypes qu'il supporte

ont une couleur de cire qui fait que les rameaux semblent recouverts de cette substance.

EUNOMIE, planète téléscopique, découverte en 1851 par M. de Gasparis, astronome napolitain. *Voy.* PLANÈTES.

EUNUQUE (du grec *euné*, lit, et *ékhô*, avoir, garder). Ce mot qui, dans l'origine, désignait spécialement les esclaves que les souverains de l'Orient font mutiler pour les affecter au service de leurs harems (*Voy.* HAREM), a été étendu par la suite à tout individu qui a subi la même mutilation. Chez les anciens, certains prêtres, notamment les prêtres de Cybèle appelés Galles, se faisaient volontairement eunuques. Le Christianisme a offert l'exemple de pareilles aberrations, notamment parmi les Origénistes. — On a remarqué de tout temps chez les eunuques tous les caractères de la faiblesse : souplesse, lâcheté, ruse, mensonge, et ils ont toujours été tenus dans un état d'infériorité : à Rome, ils ne pouvaient servir de témoins ; l'Église les repousse du ministère des autels. Néanmoins, plusieurs d'entre eux, grâce à leurs fonctions intimes et souvent à l'aide de moyens honteux, acquirent un grand ascendant sur leurs maîtres : tels furent en Perse, Bagoas ; en Égypte, Photin ; à Rome, Narcisse, Pallas, Sporus ; à Constantinople, Eutrope, et ne s'en servirent que pour le mal. Quelques-uns, au contraire, se distinguèrent par leur génie ou leurs vertus : tels furent le philosophe Favorinus, Narsès, le vainqueur des Ostrogoths, Haly, grand vizir de Soliman, etc.

EUPATOIRE, *Eupatorium* (nom grec de l'*Aigremoine*), genre de la famille des Composées, section des Astéroïdées, type de la tribu des Eupatoriées, renferme des arbustes ou arbrisseaux, quelquefois des herbes à feuilles opposées. On connaît : l'*E. ayapana*, à laquelle les créoles attribuaient la puissance de guérir toutes les maladies (*Voy.* AYA-PANA) ; l'*E. d'Avicenne* (*E. cannabinum*), qui pousse dans les lieux humides de l'Europe, le long des fossés, des routes et des bois ; sa tige herbacée, cylindrique, rougeâtre, a de 0m,75 à 1m de haut, et est couverte de poils courts ; elle porte des feuilles sessiles et des fleurs en corymbe, de couleur violette pâle ; elle a des propriétés émétiques, toniques et purgatives ; l'*E. pourpre*, espèce de l'Amérique septentrionale que l'on cultive comme plante d'ornement ; l'*E. célestine* ou *Conocline*. *Voy.* CONOCLINE.

EUPATOIRE (AIGREMOINE), Rosacée. *Voy.* AIGREMOINE.

EUPHÉMISME (du grec *eu*, bien, et *phémi*, dire), figure de langage par laquelle on substitue à l'expression d'idées dures, tristes ou déshonnêtes, des expressions plus douces ou plus décentes, et qui laissent deviner les premières. Ainsi l'on dit : *Avoir vécu*, *N'être plus jeune*, pour, *Être mort*, *Être vieux*. C'est par euphémisme qu'on dit à un pauvre : *Dieu vous assiste*, au lieu de dire : *Je n'ai rien à vous donner*, etc. Les anciens, dont la superstition redoutait les paroles de mauvais augure, ont fait un grand usage de l'euphémisme.

EUPHONE (du grec *eu*, bien, et *phônè*, voix), instrument de musique à frottement, dans le genre de l'harmonica, inventé en 1790 par Chladni de Wittemberg, et modifié par lui en 1822, consiste en une caisse carrée contenant 42 petits cylindres de verre qu'on frotte longitudinalement avec les doigts mouillés et dont la vibration se communique à des tiges métalliques situées à l'intérieur.

EUPHONIE (du grec *eu*, bien, et *phônè*, voix), se dit, en Grammaire, de l'heureux choix des sons, de l'harmonieuse succession des voyelles et des consonnes. C'est par euphonie qu'on intercale certaines lettres entre les mots, afin d'éviter l'hiatus : *pro-d-est* ; *viendra-t-il*. L'euphonie va jusqu'à modifier les règles d'accord : *mon épée*, pour *ma épée*.

EUPHORBE (du grec *euphorbion*, même signif.), *Euphorbia*, genre type de la famille des Euphorbiacées, renferme environ 300 espèces, dont une centaine sont indigènes. Ce sont des plantes herbacées, à fleurs disposées en panicules ou en ombelles, groupées par 12 ou 15 fleurs mâles, avec une seule fleur femelle, dans un involucre commun, régulier et campanulé. Chaque fleur mâle renferme une seule étamine; la fleur femelle est un peu élevée au-dessus des fleurs mâles. La plupart des espèces sont des herbes très-feuillées; mais celles qui sont particulières à l'Afrique et à l'Arabie ont le port des cactiers. Quelques-unes sont cultivées parmi les plantes grasses à cause de leurs formes bizarres; telles sont : l'*E. tête de Méduse*, l'*E. melon*, et l'*E. des Canaries*. Toutes les euphorbes contiennent un suc laiteux, âcre, caustique, corrosif, qui se condense en petits morceaux friables, d'un jaune pâle, demi-transparents; c'est la *gomme-résine d'euphorbe*, employée en médecine, et usitée surtout dans l'Art vétérinaire, à cause de son énergie. Quelques graines excitent le vomissement et une irritation très-forte des membranes muqueuses. Le suc des euphorbes équatoriales est le plus souvent vénéneux ; celui des euphorbes d'Europe est moins énergique, et s'emploie comme émétique et purgatif. On se servait beaucoup autrefois de la gomme extraite de l'*E. des anciens* (*E. officinarum*) : c'est un violent drastique et un sternutatoire énergique. Les médecins de campagne font encore usage, comme purgatif, de l'*E. épurge* (*E. lathyris*) ; mais son emploi est dangereux.

EUPHORBIACÉES, famille de plantes Dicotylédonées apétales, comprend un grand nombre de genres : herbes, arbustes ou arbrisseaux à feuilles alternes, à fleurs axillaires ou terminales, très-variées dans leur disposition. La présence d'un suc laiteux, âcre et très-vénéneux, caractérise les Euphorbiacées. Le calice est monosépale, à plusieurs divisions profondes. Un assez grand nombre d'étamines, quelquefois une seule, constituent la fleur mâle; la fleur femelle se compose d'un ovaire à plusieurs loges. Le fruit est une capsule à plusieurs coques s'ouvrant par une suture longitudinale ; à leur maturité, ces coques se séparent élastiquement les unes des autres. Les principaux genres de cette famille sont, avec l'*Euphorbe*, le *Buis*, le *Croton*, le *Mancenillier*, le *Manioc*, le *Médicinier*, etc.

EUPHRAISE (du grec *euphrasia*, joie), genre de la famille des Scrofulariées, tribu des Rhinanthacées, renferme des plantes herbacées, souvent annuelles, à tiges rameuses, couvertes de feuilles larges et dentées, ou linéaires et entières; à fleurs blanches, légèrement roses, ou d'un jaune intense, le plus souvent disposées en épis terminaux. L'*E. officinale* était employée autrefois pour les maladies d'yeux sous le nom de *casse-lunettes*; elle entre encore aujourd'hui dans quelques collyres.

EUPHUISME (du gr. *euphuès*, bien né). *V.* PURISME.

EUPODES (du grec *eu*, bien, et *pous*, *podos*, pied), famille d'insectes Coléoptères tétramères, remarquables par le développement de leurs pattes : corps oblong; corselet plus étroit que l'abdomen; tête rentrée dans le corselet ; antennes insérées au-devant des yeux. Les larves vivent en général sur les végétaux ou dans leur intérieur. Cette famille se divise en 2 tribus, les *Sagrides* et les *Criocérides*.

EURITE, roche de feldspath, est un mélange de grenat, de mica et d'amphibole. Sa texture est tantôt compacte et tantôt grenue; sa structure souvent fissile. On en distingue plusieurs variétés, selon qu'elle à texture schisteuse, ou qu'elle offre quelque ressemblance avec les porphyres et les granites : elle porte alors le nom d'*E. schistoïde, porphyroïde* ou *granitoïde*. Les eurites sont toujours stratifiées; quelquefois elles affectent des formes prismatiques.

EURYLAIME (du grec *eurys*, ample, et *laimos*, gorge, cou), *Eurylaimus*, genre de Passereaux dentirostres, comprend plusieurs espèces particulières

aux îles indiennes, toutes remarquables par un *hausse-col* plus ou moins *large* : bec plus court que la tête, robuste, déprimé, élargi à sa base, à bords tranchants en dedans; narines ouvertes, arrondies, nues; pieds forts, doigts comprimés; ailes plus courtes que la queue; plumage éclatant, varié de noir, de blanc, de jaune et de rouge pourpré. Ces oiseaux sont insectivores; ils se tiennent dans les marécages ou sur le bord des lacs et des rivières, et recherchent les lieux solitaires. Le type du genre est l'*E. de Horsfield*, dont la tête et le cou sont brun-vineux, et le dos et les ailes noirs avec des flammes de jaune doré; sa taille est celle du Merle. On le trouve à Java.

EURYNOME (nom mythol.), *Eurynome*, Crustacé décapode de la famille des Brachyures, tribu des Parthénopes : test rhomboïdal, rude et raboteux; bras longs, armés de longues serres terminées par des crochets courbés. La queue offre sept tablettes : elle est ovale dans les femelles, allongée et resserrée au milieu dans les mâles. Ce crustacé se trouve sur les côtes de la Manche, à d'assez grandes profondeurs.

EUSTACHE (probablement du nom de l'inventeur), sorte de couteau grossier, dont le manche est ordinairement de bois et dont la lame n'est pas assujettie par un ressort. Le manche se fait principalement à Saint-Claude dans le Jura, la lame est fabriquée à Rives en Dauphiné, et le montage s'exécute à St-Etienne. On peut donner un *eustache* perfectionné pour moins de 4 centimes.

EUTERPE, planète télescopique (la 27e), découverte par M. Hind le 8 novembre 1853; sa révolution a lieu en 1332 jours; sa distance du Soleil est de 2,36.

EVACUATION (de *evacuare*, vider), sortie des matières excrémentielles, sécrétées ou exhalées, par un organe quelconque, ouvert naturellement ou par l'art. De là les *E. spontanées* (sueurs, urines, etc.), et les *E. artificielles* (saignées, purgations, etc.), déterminées par l'action des médicaments ou par l'instrument tranchant.

ÉVANGILE (du grec *euangélion*, bonne nouvelle). L'Église ne reconnaît que quatre Evangiles authentiques : 1° l'*E. de S. Matthieu*, écrit, vers l'an 41, en hébreu ou syro-chaldéen : nous n'en avons que la traduction grecque, un texte hébreu faut sur cette traduction, et une version latine ; 2° l'*E. de S. Marc*, écrit pour les Romains, et qui n'est autre que le précédent auquel on a supprimé et ajouté des détails : il fut écrit d'abord en grec; 3° l'*E. de S. Luc*, destiné à servir de complément aux deux premiers, et écrit en grec vers l'an 51 ou 53; 4° l'*E. de S. Jean*, écrit en grec et adressé aux Chrétiens de l'Asie Mineure. Ces 4 évangiles ont été écrits par des apôtres ou par leurs disciples immédiats.

On connaît en outre un grand nombre d'évangiles apocryphes : les *E. selon les Hébreux, selon les Nazaréens*, celui *des Douze apôtres*, celui de *S. Pierre* : c'est l'évangile de S. Matthieu, corrompu par les Hébreux hérétiques; l'*E. selon les Égyptiens*, composé par les Chrétiens d'Égypte avant que S. Luc eût écrit le sien; l'*E. de la Naissance de la sainte Vierge*, attribué à S. Jacques le Mineur, en grec et en latin; l'*E. de l'Enfance du Sauveur* ou de *S. Thomas*, en arabe; celui *de Nicodème*; les *E. de S. André, de S. Barthélemy, d'Apellès, de Basilide, de Cérinthe, des Ébionites*, celui *des Encratites*, ou *de Tatien*, ou *des Syriens*, le même que celui *des Hébreux*; l'*E. d'Eve*; celui *des Gnostiques*, l'*E. de Marcion* ou de *S. Paul*, qui n'est autre que celui *de S. Luc* altéré ; les *Grandes* et les *Petites interrogations de Marie*; le *Livre de la Naissance du Sauveur*; l'*E. de S. Jean* ou le *Livre du trépas de la sainte Vierge*; celui *de S. Mathias*; celui *de la perfection*; celui *des Simoniens*, l'*E. de Thadée* ou *de S. Jude*; l'*E. de Valentin* ou de *la vérité*; l'*E. de vie* ou *du Dieu vivant*; celui de *S. Philippe, de S. Barnabé*; celui *de S. Jacques le*

Majeur; celui *de Judas Iscarioth;* les *É. de Lucius, Seleucus, Lucianus, Hesychius;* l'*É. éternel,* composé au XIIIᵉ siècle et condamné par Alexandre IV, etc.

Le diacre dit à la messe l'évangile du jour, après le graduel et l'épître, et avant le *Credo.* A la fin de la messe, on lit l'évangile de S. Jean : *In principio erat verbum.* Pendant la lecture de l'évangile, les fidèles se tiennent debout. Le côté gauche de l'autel, celui où se lit l'évangile, s'appelle *côté de l'évangile.*

ÉVANIALES (du grec *evanios,* qui plaît), tribu d'insectes hyménoptères, famille des Pupivores : antennes sétacées de 13 à 14 articles, tête inclinée, abdomen pédiculé; pattes postérieures longues, avec tibias renflés. Le type de la tribu est l'*Évanie,* dont l'abdomen oblitéré paraît tellement distinct du corps, que l'on pourrait croire d'abord que l'on tient entre les mains un insecte mutilé. L'*É. appendigaster,* qui est noire, se trouve aux environs de Paris.

ÉVANOUISSEMENT, perte de connaissance. Cet état, suivant ses divers degrés, est désigné par les médecins sous les noms de *défaillance,* de *syncope* et de *lipothymie. Voy.* ces deux derniers mots.

ÉVAPORATION (de *vapeur*), phénomène physique par lequel un liquide quelconque, exposé à l'air ou placé dans le vide, se dissipe peu à peu de lui-même, et finit par passer entièrement à l'état de vapeur. L'évaporation est d'autant plus rapide que la température est plus élevée, la surface du liquide plus grande, et l'air qui la touche moins pesant ou plus renouvelé. Elle est utilisée dans l'industrie lorsqu'on veut recueillir les matières fixes dissoutes dans les liquides, ou celles qui sont moins volatiles, dans la fabrication des sucres, des confitures, des sirops, de certains sels; dans l'analyse des minéraux, etc. L'évaporation à air libre s'exécute dans des vases ouverts et plats, appelés *chaudières, bassines, capsules,* en métal, en verre ou en porcelaine, avec ou sans le concours de la chaleur et d'un courant d'air; l'évaporation dans un espace clos s'exécute : 1° dans le vide, en mettant la substance sous une cloche de machine pneumatique avec du chlorure de calcium, et en faisant le vide lentement; 2° dans l'air sec, en enfermant la capsule dans un endroit fermé avec une substance avide d'eau (acide sulfurique), ou en faisant intervenir la chaleur, et en dirigeant à travers l'espace clos un courant de gaz très-sec qui se charge de l'humidité.—*Voy.* VAPORISATION.

ÉVASION (du latin *evadere,* s'échapper), fuite d'un détenu (inculpé, accusé ou condamné). Toutes les fois qu'une évasion a lieu, la loi punit non-seulement ceux qui étaient chargés de la garde du détenu (geôliers, concierges, gardiens, soldats, etc.), mais aussi ceux qui ont procuré ou facilité son évasion (Code pénal, art. 237-245). Quant au détenu, il n'est passible d'aucune peine, à moins qu'il n'y ait eu bris de prison ou violence.

ÉVÊCHÉ, siège d'un évêque, étendue de sa juridiction, territoire soumis à son autorité. Ce mot désigne aussi le palais de l'évêque. Il y a en France soixante-cinq évêchés (on en trouvera le tableau à l'art. FRANCE du *Dict. univ. d'Hist. et de Géogr.*), auxquels il faut joindre l'évêché d'Alger et ceux de la Guadeloupe, de la Martinique et de l'île Bourbon, récemment créés.

ÉVECTION (du latin *evectio,* dérivé de *evehere,* élever), se dit, en Astronomie, de l'inégalité dans le mouvement de la lune produite par l'attraction du soleil sur cet astre, et dont l'effet est de rapprocher ou d'éloigner la forme de son orbite de celle du cercle.

ÉVENT (du latin *e,* hors de, et *ventus,* vent), ouvertures que les Cétacées portent en général sur la partie la plus élevée de la tête, donnent à ces animaux la facilité de respirer sans élever leur museau hors de l'eau, et de rejeter l'eau qui s'introduit dans la bouche avec leurs aliments, sous forme de jets qui s'élèvent dans l'air à une très-grande hauteur.

Dans les Fonderies, on pratique, à la partie supérieure des moules, des ouvertures dites *évents,* afin que l'air et la vapeur d'eau puissent s'échapper librement à mesure que le métal fondu arrive dans l'intérieur du moule. — En construisant les hauts fourneaux, on ménage également, dans la maçonnerie, de petits canaux rectangulaires, dits *évents* pour empêcher cette maçonnerie de se fendre ou d'éclater.

Dans l'Artillerie, l'*évent* est la différence en moins du diamètre d'un boulet à celui du calibre de la pièce.

On nomme encore *évent* une altération dans les liqueurs causée par l'impression de l'air, et qui en détruit, en affaiblit ou en corrompt le goût.

ÉVENTAIL (d'*éventer*). L'usage de l'éventail est très-ancien, et sa forme ainsi que sa matière ont souvent varié. Les premiers éventails furent simplement une queue de cheval ou de bœuf, des branches d'acacia, de myrte, etc. On en fit aussi avec des plumes de paon, d'autruche, de perroquet, etc. Les plus grands servaient, comme encore aujourd'hui, de *chasse-mouches;* les plus légers, presque toujours richement ornés, faisaient partie de la toilette des femmes, et se suspendaient à la ceinture à l'aide d'une chaîne d'or ou d'argent. Aujourd'hui, l'éventail ordinaire (*É. à feuille*) se compose d'une surface, ou *feuille,* taillée en segment de cercle, et faite en papier, en peau de chevreau, dite *cabretille* ou *canepin,* en soie, en gaze, en tulle ou en crêpe; cette feuille s'applique sur une monture composée de tiges légères, ou *brins,* réunies d'un bout par une rivure, et se fermant ou se développant à volonté : on fait ces brins en nacre, ivoire, écaille, corne, os, laque, citronnier, santal, ébène, etc.; on les rehausse de peintures, de ciselures ou de pierres précieuses; la feuille est également peinte avec plus ou moins d'art : on recherche sous ce rapport les *É. Pompadour* du dernier siècle, peints par Boucher, Watteau et Lebrun. On appelle *É. brisés* ceux dont les brins, au lieu d'être collés à une feuille, sont séparés et roulent les uns sur les autres, au moyen d'un ruban qui les traverse par le haut. Le commerce des éventails, quoique déchu, tient une place importante dans les *articles dits de Paris :* on en exporte annuellement pour plus de 2 millions en Italie, en Espagne, en Portugal et en Amérique.

En Histoire naturelle, on nomme *Éventail,* à cause de sa forme évasée, un poisson de l'espèce Coryphène; *É. de mer,* diverses Gorgoniées; *É. des Memnonites,* la coquille de la Vénus ailée; *É. des dames,* une variété de l'Agaric comestible, que l'on trouve au pied et sur le tronc des arbres en éventail.

ÉVENTUEL (du latin *eventus,* événement), ce qui dépend d'un événement incertain. On ne peut, même par contrat de mariage, renoncer à la succession d'un homme vivant, ni aliéner les *droits éventuels* qu'on peut avoir (Code civil, art. 791). Les personnes qui n'ont sur un immeuble qu'un droit *éventuel,* suspendu par une condition, ou résoluble dans certains cas, ou sujet à rescision, ne peuvent consentir qu'une hypothèque soumise aux mêmes conditions ou à la même rescision (art. 2125).

Éventuel, pris substantivement, désigne la portion du traitement d'un fonctionnaire qui dépend de recettes accidentelles. Dans les lycées, les professeurs ont, outre leur traitement fixe, un traitement éventuel qui dépend du nombre des élèves. — Dans le Clergé, l'*éventuel* prend le nom de *casuel.*

ÉVÊQUE (du grec *épiscopos,* surveillant), le premier pasteur et le chef d'un diocèse. L'évêque a la première place dans toutes les églises de son diocèse; il a le droit de porter exclusivement l'anneau, la crosse, la croix pectorale, la mitre, l'habit violet; le privilége d'avoir une chapelle particulière, etc. Ceux des évêques qui sont à la tête d'une province ecclésiastique prennent le nom d'*archevêques* (*Voy.* ce mot); ils ont une certaine supériorité sur les évêques de la province. On donne aux évêques le nom de *suffragants*, par rapport à l'archevêque auxquels ils sont subordonnés. Les évêques sont supérieurs aux prêtres, quant *à la puissance de l'ordre* et quant *à la juridiction*, c.-à-d. quant aux pouvoirs attachés à leur caractère et à leur siége. Ils sont chargés de l'ordination des prêtres, diacres et sous-diacres. Ils bénissent le saint chrême, donnent la confirmation, consacrent les églises, accordent certaines dispenses, etc. L'évêque exerce ces fonctions ou par lui-même ou par ses vicaires généraux : toutefois, il ne peut déléguer la collation des ordres sacrés, la consécration d'un autre évêque, la confirmation et la déposition des prêtres.

D'après le Concordat de 1802, les évêques de France gouvernent leur diocèse et leur clergé avec une autorité absolue en ce qui concerne la discipline ecclésiastique ; ils surveillent l'exercice du culte, l'administration des fabriques, les cérémonies publiques, etc. ; ils nomment les curés, mais ils ne leur donnent l'institution canonique qu'après qu'ils ont été agréés par le Gouvernement : quant aux desservants, ils les nomment ou les révoquent à leur volonté. Les évêques sont tenus de résider dans leur diocèse, et n'en peuvent sortir qu'avec l'autorisation du Gouvernement. Ils doivent visiter annuellement et en personne une partie de leur diocèse, et dans l'espace de 5 ans le diocèse entier.

Dans l'origine, les évêques étaient élus par le suffrage des fidèles, et leur élection était confirmée par l'assentiment des autres évêques de la province. Plus tard, il fallut aussi l'assentiment des princes, qui ne tardèrent pas à s'attribuer la nomination directe ; les papes le réclamèrent de leur côté : de là cette célèbre querelle des *Investitures*, qui se termina en 1122 par le compromis de Worms : les souverains purent choisir les évêques et leur donner l'investiture temporelle ; les papes se réservèrent le droit de les confirmer et de leur donner l'institution canonique. En France, le choix du gouvernement ne peut tomber que sur un ecclésiastique âgé de plus de 30 ans et Français d'origine.

Il faut trois évêques pour sacrer un évêque nouveau. Le consécrateur appelle le Saint-Esprit sur le nouvel évêque, impose les mains sur sa tête, lui fait l'onction du saint chrême à la tête et aux mains, et lui remet les insignes de son pouvoir.

On appelle *évêque titulaire* ou *in partibus* celui qui n'a que le titre et le caractère d'évêque, sans diocèse actuel, ou dont le diocèse fait partie d'un pays dont les catholiques ne sont plus ou ne sont pas encore en possession (*in partibus infidelium*). Ce titre est purement honorifique, et ne donne droit à aucune juridiction extérieure. Le plus souvent, les évêques *in partibus* exercent les fonctions de *coadjuteur* d'un évêque diocésain.

Le titre et la dignité d'*évêque* ont été conservés dans la hiérarchie de l'Église anglicane, qui prend de là le titre d'*Église épiscopale*.

ÉVICTION (en latin *evictio*, d'*evincere*, évincer), terme de Droit, signifie la dépossession d'un immeuble ordonnée au profit du véritable propriétaire, au préjudice de celui qui possédait indûment en vertu d'un acte de vente, d'échange ou de partage, consenti par un individu réputé à tort propriétaire. L'*éviction* donne à celui qui l'éprouve le droit d'exercer un recours de garantie contre celui avec lequel il avait traité. Tout ce qui concerne l'*éviction* se trouve réglé par le Code civil, art. 1626, 1640 et 1705.

ÉVIDENCE (en latin *evidentia*, de *videri*, être vu), clarté qu'offrent à l'esprit les objets et les faits qui emportent l'assentiment de l'esprit et produisent en nous la certitude : les anciens la définissaient : *fulgor quidam mentis assensum rapiens*. L'évidence, comme la certitude, se distingue en *É. immédiate* et *É. médiate* ; en *É. physique*, méta-

physique, *morale* (Voy. CERTITUDE). — Descartes et son école donnent l'*évidence* comme le *criterium* de la vérité ; on a voulu lui substituer le *consentement universel* ; mais comme ce consentement ne produit la certitude qu'à la condition qu'il soit *évident* que tous les hommes ne peuvent se tromper à la fois, ce nouveau système implique le premier, et, loin de le détruire, il ne fait que le confirmer.

ÉVIER, anciennement *Aivier* (d'*aigue*, eau), vulgairement *pierre à laver*, table de pierre légèrement creusée sur laquelle on lave la vaisselle dans les cuisines. Elle est ordinairement scellée au mur à hauteur d'appui, avec une pente qui donne écoulement aux eaux, à l'aide d'une ouverture pratiquée dans son épaisseur ou sur un de ses bords. — On donne aussi ce nom au canal de pierre qui sert d'égoût dans une allée.

ÉVITAGE, mouvement de rotation d'un bâtiment sur ses ancres qui a lieu au changement de marée, ou par la force du vent, qui agit plus sur lui que le courant ; on peut aussi l'effectuer volontairement au moyen d'aussières. *Éviter*, c'est effectuer ce mouvement. — On appelle *évitée* une largeur suffisante pour qu'un vaisseau tenu par son ancre de flot puisse *faire son évitage*.

ÉVOCATION (du latin *evocare*, appeler à soi), sorte de prière que les Romains adressaient aux dieux tutélaires d'une ville qu'ils assiégeaient pour les engager à l'abandonner et à passer de leur côté. Tite-Live donne la formule de l'*évocation* à propos du récit du siége de Véies par Camille (V, 21). — L'*évocation* était aussi une pratique superstitieuse à l'aide de laquelle les nécromanciens prétendaient faire apparaître des dieux, des démons et surtout l'âme ou l'ombre d'un mort. Dans la Bible même, on voit la pythonisse d'Endor évoquer l'ombre de Samuel.

En Droit, l'*évocation* est l'action d'ôter au juge ordinaire la connaissance d'une contestation, et de conférer à d'autres juges le pouvoir de la décider. Dans notre législation, l'évocation n'a lieu que dans un petit nombre de cas bien déterminés : 1° dans l'intérêt de la sûreté publique ; 2° en cas de suspicion légitime contre les juges naturels : dans ces deux cas, l'évocation est prononcée par la cour de cassation. C'est aussi le droit qu'a un tribunal supérieur d'attirer à lui, en certaines circonstances et sous certaines conditions, la connaissance d'une contestation dont un tribunal inférieur est saisi (Code de procédure civile, art. 473).

ÉVOLUTION, système physiologique dont les partisans supposent que le nouvel être qui résulte de l'acte de la génération préexistait à cet acte, lequel ne fait que le tirer de la torpeur où il était plongé, lui donner une vie plus active, lui imprimer assez d'énergie pour qu'il puisse croître rapidement et parcourir les phases de sa nouvelle existence. Cette doctrine est opposée à l'*Épigénésie*.

ÉVOLUTIONS DE LIGNE, grandes manœuvres qu'on fait exécuter par un ou plusieurs régiments, et qui sont un simulacre des mouvements que l'on doit faire à la guerre. Les changements de front et de position, le passage de l'ordre en colonne à l'ordre en bataille, ou de ce dernier au premier, le mouvement des lignes en avant et en retraite, la formation des carrés, sont les principaux mouvements des évolutions de ligne. — *Évolutions navales*. Par rapport à un bâtiment, c'est le mouvement horizontal qu'on lui fait faire lorsqu'il change d'amure. Pour une escadre, ce mot exprime les mouvements relatifs et combinés entre les vaisseaux qui passent d'un ordre signalé à un nouvel ordre de marche ou de bataille, en lignes, en colonnes, en échiquier. Ces évolutions ont pour but de rétablir l'ordre rompu par un changement de vent, de doubler l'ennemi par la tête ou la queue, de traverser l'armée ennemie, etc.

ÉVULSION (du latin *evellere*, arracher), opération de chirurgie qui consiste à déraciner, à arracher certaines parties dont la présence est nuisible. On pratique l'évulsion des dents cariées, celle d'une esquille d'os, celle des cheveux dans le traitement de la teigne, etc.

EXACERBATION (du latin *exacerbatio*, augmentation d'amertume), augmentation passagère qui survient dans l'intensité des symptômes d'une maladie, et qui se répète à des intervalles rapprochés. Ce mot est souvent employé comme synonyme de *paroxysme*.

EXACTEUR, en latin *exactor* (d'*exigere*, exiger). On nommait ainsi, chez les Romains : 1° un esclave chargé de poursuivre les débiteurs de son maître ou de surveiller les ouvriers; 2° un officier de l'empereur chargé du recouvrement des droits dits *pecuniarum fiscalium*. On appelait *E. supplicii* l'officier chargé de faire exécuter les arrêts des juges et d'assister aux exécutions. —En France, *Exacteur* était autrefois synonyme de *collecteur* d'impôts.

EXALTATION (du latin *exaltatio*, élévation). Dans l'Église, on donnait autrefois ce nom à la mort des martyrs, mort qui les *élevait* au ciel. Aujourd'hui, on appelle encore ainsi l'élévation à la papauté.—*Exaltation de la sainte Croix. Voy.* CROIX.

EXANTHÈME (c.-à-d. efflorescence, du grec *exanthein*, fleurir). On a désigné sous ce nom tantôt de simples taches cutanées, tantôt des éruptions proéminentes et même des ulcérations superficielles. Souvent aussi on a réuni sous le nom d'*exanthèmes* l'érythème, l'érysipèle, l'urticaire, la rougeole, la roséole et la scarlatine.

EXAPLES. *Voy.* HEXAPLES.

EXARQUE, mot grec qui signifie *prince*, désignait dans l'empire d'Orient plusieurs grands dignitaires ecclésiastiques et civils. Un des plus remarquables parmi ces derniers était l'*E. de Ravenne*. *Voy.* ce mot au *Dict. univ. d'Hist. et de Géogr.*

EXCÆCARIA (d'*excœcare*, aveugler), nom scientifique de l'*Agalloche* ou *Bois d'aloès*, lui a été donné parce que le suc de cet arbre est si âcre qu'en touchant l'œil, il peut occasionner la perte de la vue. C'est un genre d'Euphorbiacées, contenant des arbres et arbrisseaux lactescents pour la plupart, et habitant les régions tropicales de l'Asie et de l'Amérique.

EXCAVATEUR (du latin *excavare*, creuser), appareil destiné à faciliter les déblais, est surtout utile dans les travaux des chemins de fer. L'*excavateur* de MM. Middleton, mis en mouvement par une machine à vapeur de la force de 15 chevaux, extrait un mètre à la fois, et peut enlever jusqu'à mille mètres cubes de terre par jour.

EXCELLENCE, titre honorifique originaire de la cour de Byzance, fut primitivement attribué aux empereurs et aux princes du sang. Quand ceux-ci remplacèrent ce titre par celui d'*Altesse*, il fut donné à tous ceux qui, sans être princes, sont revêtus de hautes dignités. Avant 1789, il se donnait aux vicerois, aux ambassadeurs, aux grands d'Espagne, aux chevaliers de la Toison d'or, aux ducs et pairs de France, aux parents du pape régnant. Avant 1830, il se donnait en outre aux ministres plénipotentiaires, aux divers ministres, aux maréchaux de France. Il est encore en usage à l'étranger, surtout en Russie, en Allemagne et en Autriche, où il a toujours été plus commun que chez nous.

EXCENTRICITÉ (du latin *ex*, hors, et *centrum*, centre), se dit, en Géométrie, de la distance qui sépare du centre chacun des foyers de l'ellipse. Dans l'ancienne Astronomie, ce mot désignait la distance de la terre au centre d'une planète; mais, depuis Képler, il n'est plus employé que pour exprimer la distance entre le centre de l'orbe elliptique d'une planète ou d'un satellite et son foyer occupé par le soleil ou par la planète principale.

EXCENTRIQUES, se dit de deux cercles ou de deux sphères qui, quoique renfermés l'un dans l'au-

tre, n'ont pas le même centre, par opposition aux cercles *concentriques*, qui ont un seul et même centre.— Les *courbes excentriques*, figures fermées dont les points de contour sont à des distances inégales du point central, et dont l'objet est de transformer les mouvements de rotation en mouvement de va-et-vient, sont d'un usage fréquent dans la mécanique.

Les Tourneurs nomment *excentrique* un mandrin au moyen duquel ils font varier le centre de la pièce qu'ils exécutent sans l'enlever de dessus le tour.

EXCEPTION. En Droit, toute dérogation légale au droit commun est une *mesure d'exception*. Parmi les *lois d'exception*, les unes sont permanentes, comme celles qui soumettent les militaires et les commerçants à des juridictions spéciales; les autres sont temporaires, comme celles qui, dans un pays constitutionnel, suspendent la liberté de la presse ou la liberté individuelle, ou qui déclarent la mise en état de siége. On appelle en général *tribunaux d'exception* les juridictions autres que la juridiction générale de droit commun. Toutefois, on réserve spécialement ce nom à ces tribunaux expéditifs qui, dans les temps de troubles civils, jugent, sans s'assujettir aux formes ordinaires, les accusés qui leur sont déférés. Tels ont été les *Tribunaux révolutionnaires* de la première République, les *Cours prévôtales* de la Restauration, les *Commissions militaires* qui jugèrent les insurgés de juin 1848 et de décembre 1851, etc.

En Procédure, on appelle *exception* tous les moyens de défense que l'une ou l'autre des parties invoque ou discute avant d'aborder les moyens du fond. On distingue les *E. déclinatoires*, par lesquelles le demandeur décline la juridiction du juge devant lequel il a été appelé; les *E. dilatoires*, qui ne tendent qu'à éloigner pour un temps le jugement de l'instance; les *E. réelles* ou *personnelles*, selon qu'elles reposent sur des moyens inhérents à la *chose* en litige, ou se rapportent à la *personne* même du défendeur ou du demandeur; les *E. perpétuelles*, qui peuvent être toujours opposées; les *E. temporaires*, qui doivent être présentées dans un délai déterminé; les *E. péremptoires*, ou défenses pertinentes fondées sur des fins de non-recevoir, comme sur la prescription qu'on oppose, sur le défaut de qualité dans la personne qui agit, etc.

EXCÈS DE POUVOIR (du latin *excessus*, sortie), acte par lequel une autorité *sort* du cercle de ses attributions pour empiéter sur les droits d'une autre autorité. Il y a *excès de pouvoir* lorsqu'un juge, usurpant la puissance législative, rend des arrêts de règlement, ou lorsqu'il se permet des actes de pure administration, exclusivement dévolus aux maires, aux préfets, etc. Il y aurait *abus de pouvoir* (*Voy.* ABUS) s'il violait la loi ou prévariquait dans l'exercice de ses fonctions. La loi du 27 ventôse an VIII a posé les règles en vertu desquelles l'excès de pouvoir est réprimé en matière judiciaire.

EXCIPIENT (du latin *excipere*, recevoir), nom donné à la substance qui fait la base d'un médicament, dans laquelle on incorpore ou l'on dissout les autres substances, soit pour leur donner une forme convenable, soit pour masquer leur saveur, soit pour diminuer leur activité.

EXCISE, impôt. *Voy.* ACCISE.

EXCISION (du latin *excidere*, couper), opération par laquelle on enlève avec un instrument tranchant certaines parties peu volumineuses, une verrue, un polype, etc. On pratique l'excision avec le bistouri ou avec les ciseaux seuls ou aidés de pinces.

EXCITANTS, agents thérapeutiques propres à stimuler les tissus organiques, à les rendre plus vifs et plus prompts dans l'exercice de leurs fonctions. Les *excitants* diffèrent des *toniques* en ce que ceux-ci se bornent à fortifier les organes, à leur donner plus d'énergie, au lieu que les premiers accélèrent leur action et leur mouvement. Le thé, le café, et en général les substances aromatiques et volatiles, sont des excitants.

EXCITATEUR, instrument dont on se sert, en Physique, pour décharger un appareil électrique sans recevoir de commotion; il consiste en deux branches de cuivre assemblées à charnière, ou en une seule courbée en arc, et quelquefois pourvue d'un ou de deux manches de verre isolant; les extrémités sont terminées par des boules. *Voy.* ISOLOIR.

EXCLAMATION (du latin *exclamare*, s'écrier), figure de Rhétorique par laquelle un orateur, un poëte paraît se livrer à un vif mouvement de surprise, de joie, d'admiration, d'indignation, etc. Telle est cette exclamation de don Diègue dans le *Cid* :

> O rage! ô désespoir! ô vieillesse ennemie!
> N'ai-je donc tant vécu que pour cette infamie? etc.

EXCLUSION, se dit, en Droit, d'un contrat spécial par lequel des époux, au lieu d'adopter le régime de la communauté, déclarent qu'ils entendent vivre sous un régime *exclusif* de communauté, tel que la séparation de biens, ou même sous le régime de la communauté, mais avec l'exclusion de certains objets déterminés (Code civil, art. 1529-35 et 1595).

EXCLUSIONS (MÉTHODES DES), méthode arithmétique ayant pour objet de résoudre numériquement les problèmes en procédant par voie d'exclusion, c.-à-d. en excluant successivement les nombres qui ne peuvent satisfaire aux conditions demandées, jusqu'à ce que l'on arrive enfin au nombre qui répond à la question. Cette méthode a été imaginée au XVIIe siècle par le mathématicien Fernicle.

EXCOMMUNICATION (en latin *excommunicatio*, d'*excommunicare*, empêcher de communiquer), censure ecclésiastique qui retranche les hérétiques de la communion des fidèles, ou les pécheurs obstinés de la participation aux biens que l'Église peut seule donner. Elle ne peut être prononcée que par le pape ou les évêques. On distingue : l'*E. majeure*, qui prive l'excommunié de la participation aux prières publiques que l'Église fait pour les fidèles, du droit de recevoir et d'administrer les sacrements ainsi que d'assister aux offices divins; de la sépulture ecclésiastique; qui lui ôte le pouvoir d'élire ou d'être élu aux dignités ecclésiastiques; enfin de communiquer avec les fidèles, soit *in divinis*, soit *in humanis*; et l'*E. mineure*, qui exclut seulement de la réception des sacrements et de l'élection aux bénéfices ecclésiastiques. L'excommunication ne peut être levée que par l'absolution donnée par l'évêque : dans certains cas elle ne peut être levée que par le pape (*Voy.* CENSURE). — Dans l'origine, la formule de l'excommunication était fort simple : *Nous excommunions*, etc. Dans la suite, l'excommunication fut lancée avec un grand appareil : les évêques ou le pape, revêtus de leurs habits pontificaux, renversaient les cierges de l'autel et les livres sacrés en les foulant aux pieds et en les chargeant d'anathèmes. — L'arme de l'excommunication, d'abord purement spirituelle, devint au moyen âge une arme politique : elle fut toute-puissante entre les mains des Grégoire VII et des Innocent III; son pouvoir politique s'évanouit avec le pouvoir temporel de la papauté. Eveillon a donné un *Traité des excommunications*.

EXCORIATION (de la prép. *ex*, et de *corium*, cuir, peau), vulgairement *écorchure*, plaie légère qui n'intéresse que l'épiderme, et qui est ordinairement causée par le contact violent d'un corps dur et raboteux. On guérit les excoriations par l'application de corps gras sur la peau. L'excoriation provient aussi quelquefois d'un vice interne : elle exige alors un traitement particulier.

EXCREMENT (en latin *excrementum*, d'*excernere*, séparer, nettoyer), tout ce qui est évacué du corps de l'animal par les émonctoires naturels :

telles sont les matières fécales, les urines, la sueur, les mucosités, etc. Au pluriel, ce mot signifie presque toujours le résidu de la digestion; ce résidu varie de quantité, d'odeur, de couleur, de consistance, selon l'espèce de l'animal, la nature des aliments, l'état de santé ou de maladie, etc. En général, les excréments des oiseaux renferment une grande quantité d'acide urique et de sels ammoniacaux (*Voy.* FIENTE); ceux des chiens sont surtout formés de phosphate de chaux; ceux de l'homme sont composés d'eau, de débris de substances végétales et animales, de bile, d'albumine, d'une matière extractive particulière, d'une autre matière formée par de la résine, de la bile et de la matière animale, et de quelques sels (phosphates, carbonates, chlorhydrates). La médecine a tiré parti de l'inspection des matières excrémentitielles pour aider au diagnostic des maladies. Depuis longtemps les excréments des animaux et même de l'homme sont employés en agriculture comme de puissants engrais. *Voy.* FUMIER, POUDRETTE. *Voy.* EXCRÉTION.

EXCRÉTEURS (CONDUITS). *Voy.* EXCRÉTION.

EXCRÉTION, expulsion au dehors de tous les résidus devenus inutiles à l'économie animale. On donne aussi le nom d'*excrétions* à ces résidus, c.-à-d. aux *excréments* proprement dits, au superflu des excrétions (salive, urine, sueur, cérumen, etc.), aux matières liquides ou gazeuses rejetées au dehors par l'*exhalation* externe. On nomme *conduits excréteurs* les vaisseaux qui donnent issue à la plupart des sécrétions et qui prennent naissance, par une infinité de ramuscules, dans la masse glanduleuse où ces produits se sont formés. — Les plantes ont aussi leurs *excrétions*, telles que la gomme, la résine, les huiles essentielles, et, en général, tous les sucs sécrétés par leurs divers organes.

EXCROISSANCE (du latin *excrescere*, croître avec excès), tumeur plus ou moins volumineuse et saillante, se développant à la surface des organes, spécialement sur la peau, les membranes muqueuses, les surfaces ulcérées, les os, etc. Elles présentent de nombreuses variétés. Tels sont les verrues, les polypes, les végétations, les condylomes, les productions cornées, les exostoses, etc. *Voy.* ces mots.

Les végétaux ont aussi leurs *excroissances* : ce sont ordinairement des bourrelets dus à une sève surabondante, qui, détournée de sa route naturelle et ne formant point des boutons, s'arrête, et forme un dépôt de couches ligneuses. Les ébénistes les recherchent pour la dureté du bois et la beauté des veines qu'elles présentent.

EXCUSE. En Droit criminel, l'*excuse* est admise dans certains cas. Ainsi, l'individu âgé de moins de 16 ans peut être *excusé* et par suite acquitté, s'il est reconnu qu'il a agi sans discernement (Code pénal, art. 66). Sont admis à excuse ceux qui, ayant participé à des crimes ou complots contre la sûreté de l'État, ou à la fabrication de la fausse monnaie, ont révélé ces faits et procuré l'arrestation des coupables (art. 106). Dans le cas de meurtre ou de blessures, la provocation et la légitime défense peuvent servir d'excuse; il en est de même du cas de flagrant délit d'adultère (art. 324). En aucun cas, il ne peut être admis d'excuse en faveur du parricide. *Voy.* CIRCONSTANCES ATTÉNUANTES.

EXEAT, c.-à-d. en latin *qu'il sorte*, permission qu'un évêque accorde à un prêtre de quitter son diocèse pour se fixer ailleurs.

EXECUTANT. On donne ce nom, en Musique, à l'artiste chargé d'interpréter une composition musicale, qu'il soit chanteur ou instrumentiste.

EXÉCUTEUR DES ARRÊTS CRIMINELS OU DES HAUTES OEUVRES. *Voy.* BOURREAU et EXÉCUTION.

EXÉCUTEUR TESTAMENTAIRE. *Voy.* TESTAMENT.

EXÉCUTIF (POUVOIR). *Voy.* POUVOIR.

EXÉCUTION. En Droit criminel, ce mot s'entend

spécialement de l'application de la peine de mort. La forme de ce supplice a varié suivant les temps et les lieux. Aujourd'hui , en France, c'est la décollation qui est en usage (*V.* GUILLOTINE). Le condamné a trois jours pour se pourvoir en cassation ; s'il refuse de se pourvoir ou si le pourvoi est rejeté, l'exécution a lieu dans les 24 heures qui suivent le délai du pourvoi ou l'arrêt de rejet. Elle est encore suspendue par le recours en grâce et en cas de révision. L'exécution se fait ordinairement sur une des places publiques, désignée dans l'arrêt de condamnation. Le greffier doit assister à l'exécution et en faire le rapport. Les soldats condamnés à mort sont fusillés. Chez les Romains, ils étaient décapités.

En Matière civile, on entend par *exécution* l'accomplissement d'une obligation, d'un contrat, d'un jugement. Elle ne peut avoir lieu qu'en vertu des expéditions délivrées en la forme *exécutoire*, c.-à-d. au nom du pouvoir exécutif, portant le même intitulé que les lois et terminées par un mandement aux officiers de justice. Toutefois, avant la loi de 1842, dans les contrats passés par-devant notaires , les parties pouvaient stipuler l'*E. parée* (du latin *parata*, prête, prompte), c.-à-d. sans avoir besoin d'observer les formes et délais exigés par le Code de procédure civile. Quant aux jugements, l'exécution peut être *provisoire* ou *définitive*. — On appelle *saisie-exécution*. la saisie mobilière d'un débiteur, et tous les actes de procédure relatifs à cette saisie. En Musique, l'*exécution* est l'art d'interpréter la musique : elle est *individuelle* ou *collective ;* dans le premier cas, elle a le plus souvent pour objet de montrer l'habileté de l'exécutant, qui prend alors le nom de chanteur ou de soliste ; dans le second, elle réunit plusieurs exécutants pour constituer ce qu'on nomme la musique d'*ensemble*.

EXÉCUTOIRE , ce qui est susceptible d'exécution. Les actes et les jugements acquièrent ce droit en vertu des mandements faits au nom du pouvoir exécutif (*Voy.* EXÉCUTION). — En Procédure civile, on nomme *Exécutoire*, *E. de dépens*, la décision judiciaire qui contient la liquidation des dépens.

EXÉGÈSE (du grec *exégésis*, explication), nom donné exclusivement à l'interprétation de la Bible et des livres sacrés. Selon les théologiens protestants, il est permis à tout homme de commenter, d'expliquer les livres sacrés ; les théologiens catholiques croient , au contraire, qu'il appartient à l'Église seule d'en expliquer le sens. *Voy.* EXÉGÈTES. Viète a nommé *Exégèse numérique* ou *linéaire* la recherche des racines des équations et leur solution numérique ou géométrique.

EXÉGÈTES , c.-à-d. *interprètes*. On donnait ce nom à Athènes à des hommes habiles dans les lois, et que les juges consultaient dans les causes capitales. — Il y avait aussi des exégètes parmi les ministres des temples; ils étaient chargés de montrer et d'expliquer aux étrangers les antiquités de la ville, les temples, les objets sacrés, etc. On nomme aujourd'hui *exégètes* les savants qui se consacrent à l'explication et à l'interprétation des livres saints. Les plus célèbres exégètes , parmi les Pères de l'Église, sont Origène, S. Jean-Chrysostôme, Théodoret, Diodore de Tarse, S. Jérôme. Au moyen âge, on compte fort peu d'exégètes ; mais depuis la Réforme, leur nombre s'accrut considérablement, surtout chez les protestants. On cite principalement Grotius, A. Schultens, Michaëlis, Rosenmuller, Gesenius, Schleussner, Vater, Paulus, etc. Chez les catholiques, Dom Calmet, Dom Guarin, de Sacy, se sont distingués comme exégètes.

EXEMPLE. En Rhétorique et en Logique, c'est un argument oratoire qui n'est qu'une forme de la *comparaison*. L'exemple conclut *à pari*, c.-à-d. par la même raison ; *à contrario*, par la raison contraire ; *à fortiori*, à plus forte raison. Exemple *à pari* : Dieu pardonna à David à cause de son repentir; donc il vous pardonnera si vous vous repentez. Ex. *à fortiori :* les infidèles pratiquent la vertu ; donc, à plus forte raison , les chrétiens doivent-ils la pratiquer. Ex. *à contrario :* l'oisiveté est la mère de tous les vices, donc le travail en est le préservatif. Aristote range parmi les exemples l'apologue et la parabole.

EXEMPT, nom donné, avant 1789, à certains officiers de cavalerie, dont le grade était au-dessus du brigadier et au-dessous de l'enseigne , et qui commandaient en l'absence du capitaine et de ses lieutenants. L'exempt portait un petit bâton d'ébène garni d'ivoire, nommé *bâton d'exempt*. *Exempts de police*. Dans les corporations préposées jadis au maintien de la police, on nommait *E. des gardes de la prévôté de l'hôtel*, *E. de la maréchaussée* et *du guet*, des officiers subalternes , chargés de notifier les ordres du roi et de faire les arrestations. Le grand prévôt de l'hôtel avait sous lui douze exempts qui servaient par quartier. Les quatre plus anciens se nommaient *grands exempts*. Ils relevaient le guet et informaient des délits commis à la cour. — On appelait *E. de la connétablie* des officiers ayant rang de capitaines de cavalerie, et chargés de notifier les ordres des maréchaux de France et d'arrêter les personnes compromises.

Dans l'ordre clérical , on qualifiait *exempts de l'ordinaire*, certains monastères, certains ecclésiastiques séculiers ou réguliers qui n'étaient point soumis à la juridiction ordinaire de l'évêque diocésain.

EXEMPTION, privilège par lequel une personne se dérobe à une charge commune. Aujourd'hui ce mot désigne presque uniquement la dispense du service (*Voy.* SERVICE MILITAIRE et GARDE NATIONALE). Autrefois on distinguait les exemptions en matière de finances, en matière de procédure et en matière ecclésiastique. L'*E. en matière de finances* était un privilège qui dispensait une personne ou une corporation du payement des contributions publiques : c'est ainsi qu'avant 1789 les membres de la noblesse et du clergé étaient exempts de la plus grande partie des charges publiques. — L'*E. en matière ecclésiastique* était un privilège qui enlevait une corporation religieuse ou une personne engagée dans les ordres à la juridiction épiscopale ordinaire (*Voy.* ci-dessus EXEMPT). — L'*E. de procédure* était un privilège qui donnait à un accusé le droit de ne pas paraître en justice , en appelant le juge lui-même au combat judiciaire. Plus tard, ce privilège devint un simple droit de récusation.

EXEQUATUR, mot latin signifiant : *Que l'on exécute*, désignait, dans l'ancienne Pratique, l'ordre d'exécution qu'un juge inscrivait au bas d'une sentence émanée d'un autre tribunal.

On ne s'en sert plus aujourd'hui que pour désigner l'ordonnance en vertu de laquelle un souverain autorise un consul étranger à exercer sur son territoire les fonctions qui lui sont confiées.

EXERCICE , se dit, dans l'Art militaire, des pratiques qui ont pour objet de former le soldat au maniement des armes. On distingue : l'*École du soldat*, où l'on apprend la position du soldat sans armes, les principes du pas et du port d'armes, les charges et les feux , les principes d'alignement, les conversions, les changements de direction, etc. ; l'*E. de peloton*, c.-à-d. le maniement des armes en commun, les charges précipitées et à volonté, les feux de peloton et de deux rangs, etc.; l'*E. de bataillon*, où l'on exécute en grand, avec un bataillon entier, toutes les parties de l'école de peloton (*Voy.* MANŒUVRES). — De tout temps, l'exercice a été pratiqué scrupuleusement dans les armées ; mais jusqu'au XVIIIe siècle, on ne suivait à cet égard que des règles routinières. Les premiers règlements sur l'instruction théorique de l'infanterie datent de 1703 ; ceux de l'artillerie, de 1732 ; et ceux de la cavalérie, de 1753. Des modifications importantes y ont été introduites en 1765, 1776, 1791 et 1831.

En Marine, l'*exercice* est l'apprentissage de tous les mouvements qui se font sur les bâtiments de guerre, pour la manœuvre et le combat. On fait l'exercice du canon, de la manœuvre, de l'abordage, de la mousqueterie et des signaux.

En Musique, on nomme *exercices* des recueils de traits difficiles, destinés à l'étude du chant ou du jeu des instruments. Les *exercices* diffèrent en général des *études*, en ce qu'ils ne sont pas arrangés en forme de pièce plus ou moins mélodique.

Exercices spirituels, pratiques chrétiennes journalières propres aux fidèles. On donne aussi ce nom à certains jours de retraite que l'on emploie à méditer, à réfléchir sur sa conduite, et aux livres qui renferment les méditations destinées à ces retraites.

En matière de Finances, *Exercice* se prend pour l'emploi des fonds conformément au budget voté annuellement. On distingue autant d'*exercices* que d'années financières. — Il se dit aussi spécialement des visites que les agents de la régie font chez les marchands et les débitants de vins, de liqueurs, etc., pour assurer la perception de l'impôt indirect.

EXÉRÈSE (du grec *exæresis*, extraction), opération de Chirurgie par laquelle on enlève du corps tout ce qui lui est inutile, nuisible ou étranger. L'extraction d'un calcul vésical, l'évulsion ou l'extirpation d'une dent, l'excision d'une tumeur, l'ablation ou l'amputation d'un membre, sont des *exérèses*.

EXERGUE (du grec *ex*; hors; et *ergon*, œuvre). C'est proprement le petit espace pratiqué au bas du type d'une médaille, ordinairement au revers, pour mettre une date, une inscription, une devise. On applique aussi le nom d'*exergue* à l'inscription même. *Voy.* MÉDAILLES.

EXERT (du latin *exertus*, sorti), se dit, en Botanique, des étamines qui dépassent le limbe de la corolle.

EXFOLIATIFS (du latin *ex*, de, hors, et *folium*, feuille), substances auxquelles on attribue la propriété de hâter l'exfoliation des os nécrosés; par ex.: l'alcool, la térébenthine, la teinture de myrrhe, etc.

EXFOLIATION (du latin *ex*, de, et *folium*, feuille), séparation, par feuilles ou par lames, des parties d'un os, d'un tendon, d'un cartilage, etc., qui sont frappées de nécrose. L'*exfoliation* s'opère naturellement: les parties voisines s'enflamment, poussent des végétations, et fournissent une suppuration plus ou moins abondante, qui cerne et détache la portion nécrosée (*Voy.* NÉCROSE). On peut aussi la hâter au moyen d'agents dits *exfoliatifs*.

EXHALAISON: *Voy.* EFFLUVE.

EXHALANTS (VAISSEAUX). *Voy.* EXHALATION.

EXHALATION (du latin *exhalare*, exhaler; répandre), fonction par laquelle les fluides destinés à être éliminés définitivement, ou à être reportés dans le torrent de la circulation, sont versés, sous forme de rosée, dans les aréoles des tissus organiques, et à la surface des diverses membranes et de la peau. Elle s'exécute par un ordre particulier de vaisseaux très-ténus, à peine visibles, communiquant avec le système capillaire artériel, dont ils semblent être la continuation, et aboutissant à la surface des membranes, de la peau, ou dans le tissu même des organes. On prouve la continuité des vaisseaux *exhalants* avec le système capillaire par des injections de liquides qui traversent les parois de ces vaisseaux et apparaissent sous forme de rosée à leur surface. On distingue 3 sortes de vaisseaux exhalants: ceux qui fournissent des fluides destinés à ne plus rentrer dans l'économie, comme la sueur, le mucus; ceux qui fournissent des fluides qui séjournent pendant un certain temps dans les lieux où ils sont exhalés, et qui rentrent ensuite dans le torrent de la circulation par voie d'absorption, comme les fluides séreux, graisseux, médullaires, synoviaux;

enfin, ceux qui apportent dans les organes les éléments de la nutrition ou de l'altération des tissus.

Tant que les produits de l'exhalation ne sont fournis que dans des quantités voulues et nécessaires, ils sont utiles et même indispensables à l'état de santé; mais si ces quantités sont changées en plus ou en moins, il s'ensuit des accidents graves.

EXHAUSTION (MÉTHODE D'), du latin *exhaustio*, épuisement, se dit, en Géométrie, d'un mode de démonstration fondé sur ce théorème du 2e livre d'Euclide: « que deux figures sont égales lorsque leur différence peut être rendue plus petite que toute grandeur imaginable. » Ainsi, on prouve que la surface du cercle est égale à celle d'un polygone régulier d'un nombre infini de côtés, en inscrivant et en circonscrivant d'abord à ce cercle deux polygones réguliers semblables, puis en doublant toujours le nombre des côtés de ces deux polygones, de sorte que la différence entre leur surface devienne de plus en plus petite. Lorsque cette différence aura épuisé toute grandeur assignable, les deux polygones seront égaux entre eux et à la surface du cercle.

EXHÉRÉDATION (du latin *ex*, hors de, et *hæreditas*, héritage). C'était, dans l'ancien Droit, la disposition testamentaire par laquelle, dans certains cas déterminés par les lois, on privait son enfant ou tout autre héritier à réserve de tous droits à sa succession. Nos lois civiles n'accordent plus au testateur la faculté d'exhéréder. Toutefois, le Code permet à chacun de disposer d'une portion de ses biens, qui varie suivant le nombre et la nature des héritiers.

EXHUMATION (du latin *ex*, hors, et *humus*, terre), opération qui consiste à extraire un cadavre de la terre où il a été déposé. Cette opération ne peut avoir lieu que dans des cas exceptionnels, tels que des recherches tendant à la découverte d'un crime, la translation d'un corps d'une sépulture dans une autre, sur la demande de la famille, ou pour rendre des honneurs publics à un mort illustre, ou bien, enfin, l'évacuation de cimetières ou de caves sépulcrales qui ont reçu une autre destination. Dans le premier cas, l'exhumation est ordonnée par le juge d'instruction; dans les deux autres, par l'autorité administrative supérieure. Dans toute autre circonstance, l'exhumation est illicite et constitue la *violation de sépulture*, délit puni d'un emprisonnement de 3 mois à un an et d'une amende de 16 à 200 fr. (Code pénal, art. 360.) — L'exhumation était fort rare chez les anciens; elle devint commune dans les premiers temps du christianisme: les chrétiens retiraient alors de terre les corps des martyrs jetés sans respect dans leur tombe, pour leur donner une plus digne sépulture. Pendant longtemps, cette opération ne put avoir lieu sans l'autorisation de l'évêque: aujourd'hui, c'est un acte purement administratif ou judiciaire.

EXIL (du latin *exsilium*, dérivé d'*exsilire*, franchir le seuil), expatriation volontaire ou forcée. *Voy.* BANNISSEMENT, DÉPORTATION, ÉMIGRATION, etc.

EXOCET (du grec *exoikos*, hors de sa maison), *Exocetus*, genre de poissons de l'ordre des Malacoptérygiens abdominaux, famille des Ésoces: tête aplatie en dessus; mâchoire inférieure plus avancée que la supérieure; de chaque côté du corps, rangée longitudinale d'écailles carénées qui forme une ligne saillante: ces écailles sont dures, mais se détachent pour peu qu'on les touche. La dorsale est placée au-dessus de l'anale; les ventrales sont petites; les pectorales grandes et propres au vol. Au moyen de ces espèces d'ailes, l'exocet a la faculté de s'élever au-dessus de l'eau pour fuir la poursuite de ses ennemis. Sa vitesse natatoire est très-grande. On trouve les exocets dans les mers chaudes et tempérées. Leur taille varie de 15 à 40 centim. de longueur. L'espèce type est l'*E. volant*, qui a de 15 à 20 centim. de long, et qui est assez commun dans l'hémisphère boréal. Ce poisson est remarquable par les reflets azurés et argentins qui rehaussent la teinte bleu foncé de la dorsale, de la queue et de la poitrine.

EXODE (du grec *exodos*, sortie), un des livres de la Bible, le 2ᵉ du Pentateuque, contient l'histoire des Hébreux depuis la *sortie d'Égypte* jusqu'à la dédicace du tabernacle dans le désert.

Ce mot, dans la Tragédie grecque, désigne le dénoûment ou la fin de la pièce, c.-à-d. tout ce qui est dit par les acteurs depuis que le chœur a cessé de chanter. — Les Latins appelaient *Exodes* des bouffonneries en forme d'intermèdes, qui se donnaient à la suite des pièces, et même dans les entr'actes. C'était aussi une espèce de chanson, gaie et badine, qui se chantait à la fin des repas.

EXOGÈNES (du grec *ex*, en dehors, et *gennaô*, engendrer), nom donné par M. de Candolle aux végétaux dont l'accroissement se fait par la partie extérieure du corps ligneux. Cette division comprend les plantes Dicotylédones, et est opposée à celle des *Endogènes*, qui renferme les Monocotylédones.

EXOINE (du latin *exonerare*, décharger), nom barbare donné, en Médecine légale, aux certificats d'excuse, d'exemption ou de dispense, délivrés par le médecin à un malade appelé à une fonction qu'il ne peut remplir, et qui doit justifier de son absence ou de son incapacité motivée sur son état de maladie.

EXOPHTHALMIE (du grec *ex*, hors de, et *ophthalmos*, œil), dite aussi *Exorbitisme*, sortie de l'œil hors de la cavité orbitaire, soit par suite d'une blessure, soit par le développement d'un abcès dans le tissu cellulaire de l'orbite, soit par une exostose de ses parois, par un polype des fosses nasales, etc.

EXORCISME (du grec *exorkismos*, conjuration, dérivé lui-même d'*orkos*, serment), cérémonie religieuse par laquelle le prêtre, au nom de Dieu, chasse les démons. On regarde souvent *exorcisme* et *conjuration* comme synonymes; cependant la *conjuration* n'est proprement que la formule par laquelle on commande au démon de s'éloigner; l'*exorcisme* est la cérémonie entière, dans laquelle l'eau bénite, le sel, l'huile sainte, sont employés concurremment avec la prière. — Les exorcismes sont ou *ordinaires* ou *extraordinaires* : les premiers se pratiquent avant d'administrer le baptême et de bénir l'eau; on use des seconds pour délivrer les possédés, pour écarter les orages, pour faire périr les animaux nuisibles. — On trouve des exorcismes, sous des noms différents, chez tous les peuples anciens : les païens appelaient *conjurations* (Voy. ce mot). La pratique des exorcismes était commune chez les Juifs : les formules en étaient attribuées à Salomon. C'est d'eux que les chrétiens l'ont empruntée. Les Protestants traitent les exorcismes de superstitions.

EXORCISTE. Ce mot, qui s'entend de tout prêtre qui exorcise, est spécialement appliqué au clerc tonsuré qui a reçu celui des ordres mineurs qui confère le pouvoir d'exorciser.

EXORDE (du latin *exordium*, d'*exordiri*, commencer), se dit, en Rhétorique, du début d'un discours. L'exorde sert à préparer l'auditoire, à captiver son attention, à gagner sa bienveillance, à lui donner une idée générale de la cause qu'on va défendre ou du sujet qu'on va traiter. Il doit toujours être approprié au sujet; il y a, selon la nature des causes, plusieurs sortes d'exordes : l'*E. simple*, court préambule, sans précautions et sans détours, et qui annonce seulement le sujet; l'*E. insinuant*, qui a pour but d'adoucir et d'effacer peu à peu les préventions de l'auditoire par d'habiles ménagements (Cicéron, *pro Milone*); l'*E. ex abrupto*, vive et brusque explosion d'un orateur qui, sûr des dispositions de son auditoire ou entraîné par la passion, entame son discours sans aucune préparation (Cicéron, 1ʳᵉ *Catilin.*); l'*E. pompeux*, magnifique préambule qui convient surtout au genre démonstratif, aux

oraisons funèbres et aux discours académiques (Bossuet, *Oraisons funèbres de la reine d'Angleterre et du prince de Condé*).

EXORRHIZES (du grec *ex*, hors de, et *rhiza*, racine), l'une des deux grandes divisions établies par Richard dans le règne végétal, renferme toutes les plantes dont l'embryon présente une radicule nue ou non renfermée dans un étui ou sac, comme celles des *Endorrhizes*. Cette division correspond aux *Exogènes* de M. de Candolle.

EXOSMOSE (du grec *exosmè*, action de faire sortir, expulsion). Voy. ENDOSMOSE.

EXOSTEMME (du grec *exô*, en dehors, et *stemma*, couronne), *Exostemma*, genre de plantes de la famille des Rubiacées, tribu des Cinchonacées, renferme des arbrisseaux à feuilles opposées, entières; à fleurs blanches, dont les étamines font saillie hors du tube de la corolle. Le fruit est une capsule ovoïde, à deux loges, contenant plusieurs graines planes et membraneuses. Les Exostemmes croissent dans l'Amérique méridionale et dans les Antilles. L'espèce type est l'*E. Carybœa*, ou *Quinquina caraïbe*, que l'on a proposé comme succédané du quinquina. Il en est de même de l'*E. floribunda* ou *Quinquina de Sainte-Lucie*, de l'*E. Portlandia* ou *Q. nova*; et de l'*E. Peruviana*, ou *Quina do Mato*, qu'emploient les Brésiliens. Toutes ces espèces sont toniques et purgatives, sans cependant contenir ni quinine ni cinchonine; aussi ne produisent-elles pas les effets héroïques du quinquina.

EXOSTOSE (du grec *ex*, dehors, et *ostéon*, os), tumeur de nature osseuse qui se forme à la surface des os ou dans leurs cavités. Les exostoses sont le résultat ou du gonflement de l'os, ou d'une exsudation à sa surface; le tissu en est tantôt dur et presque éburné, tantôt spongieux ou laminé. Le développement en est ordinairement fort long. Elles peuvent être indolentes ou douloureuses. Les causes de cette maladie sont les vices vénérien, scorbutique, scrofuleux, cancéreux; les chutes, les coups, les contusions de l'os et du périoste, le voisinage d'un ulcère, les plaies, les fractures, etc. Le traitement varie suivant la cause qui a produit le mal.

EXOTÉRIQUE (du grec *exôtéros*, extérieur), doctrine publique, ostensible. Voy. ÉSOTÉRIQUE.

EXOTIQUE (du grec *exôtikos*, étranger), nom donné aux animaux ou végétaux étrangers au climat dans lequel on les transporte. — On a donné ce nom à une coquille du genre Bucarde.

EXPANSIBILITÉ (du latin *expandere*, étendre), propriété en vertu de laquelle les corps gazeux tendent toujours à occuper un plus grand espace. Les effets de l'expansibilité dans les corps gazeux sont d'autant plus marqués que la pression à laquelle les gaz sont soumis est moindre. V. DILATATION.

EXPECTANTE (MÉDECINE), méthode de médecine qui consiste à observer la marche des maladies, à laisser agir la nature sans prescrire de médicaments, à moins qu'ils ne soient fortement indiqués ou qu'il ne survienne des symptômes fâcheux. Elle est opposée à la méthode *agissante*, qui emploie des remèdes énergiques.

EXPECTATIVE, se disait autrefois, en matière bénéficiale, du droit accordé à un ecclésiastique d'être pourvu d'un bénéfice, aussitôt que ce bénéfice deviendrait vacant. Les grâces expectatives étaient distribuées par le pape. Cet usage s'introduisit au XIIIᵉ siècle, et donna lieu à beaucoup d'abus. Il fut aboli par le concile de Trente.

EXPECTORATION (du latin *ex*, hors de, et *pectus*, poitrine), vulgairement *Crachement*, action d'expulser et de rejeter de la poitrine et des poumons les mucosités qui s'y trouvent. On distingue des *crachats sanguinolents, sanglants, striés, rouillés, bilieux*, etc., qui peuvent tous fournir au médecin d'utiles indications. — On nomme *expectorants* les médicaments qui provoquent ou facilitent l'expectoration : tels sont les infusions des plantes labiées, l'ipécacuanha, le kermès minéral à petites doses, etc.

EXPÉDITION (du latin *expedire*, délivrer, terminer). On nomme ainsi, en Jurisprudence, la copie authentique d'un acte judiciaire ou notarié. Les notaires ont seuls le droit de délivrer des expéditions des actes dont ils ont les minutes; les greffiers, celles des jugements, des actes et des procès-verbaux dont le dépôt leur est confié. — Les expéditions sont faites sur papier timbré : elles doivent contenir 25 lignes à la page, 15 syllabes à la ligne. Chaque rôle produit 3 fr. au notaire, à Paris; 2 fr. dans les villes où sont des tribunaux de 1re instance; partout ailleurs, 1 fr. 50 c. Les droits d'expédition dus aux greffiers sont fixés à 40 cent. par rôle de 28 lignes à la page, et de 14 à 16 syllabes à la ligne.

Dans le Commerce, on appelle *expédition* d'une marchandise, son envoi à une destination indiquée, envoi fait par une personne qui s'en charge, et qui prend de là le nom d'*expéditeur*.

Dans la Marine, on a appelé *expédition* tout envoi de bâtiments de guerre chargés d'une mission pacifique ou hostile : on a dit dans ce sens : l'*E. de l'Astrolabe et de la Zélée*, dans les mers australes; l'*E. dans les mers du Nord*, à la recherche du capitaine Ross; et aussi l'*E. d'Égypte, de Saint-Domingue, de Morée, d'Alger*, etc. Par suite, dans les armées de terre, on a étendu ce nom à l'excursion lointaine de toute une armée ou à une entreprise particulière formée par un détachement d'une armée.

EXPÉDITIONNAIRE, employé chargé, dans les administrations publiques, d'*expédier*, c.-à-d. de recopier la correspondance, les rôles, les états, etc., que les administrateurs lui donnent à transcrire.

On appelait ainsi en France le banquier chargé de faire venir de Rome ou d'Avignon toutes les expéditions de la chancellerie ou de la daterie dont les Français pouvaient avoir besoin.

EXPÉRIENCE. *Voy.* MÉTHODE EXPÉRIMENTALE.

EXPERT (du latin *expertus*, éprouvé), commissaire spécial chargé, en vertu du mandat d'un tribunal, de prononcer sur des questions ou des faits que les magistrats ne peuvent apprécier par eux-mêmes, parce qu'ils exigent des connaissances spéciales ou un déplacement plus ou moins prolongé. Les experts sont choisis par les parties, ou, en cas de dissidence, désignés par les juges. Avant de s'acquitter de leurs fonctions, ils doivent prêter serment de les remplir fidèlement. Les parties peuvent les récuser, mais seulement avant la prestation du serment. Quand il y a plusieurs experts, ils doivent dresser un seul rapport, et ne former qu'un seul avis à la pluralité des voix. Ils doivent indiquer néanmoins, en cas d'avis différents, les motifs des divers avis. Si les juges ne trouvent pas dans le rapport des éclaircissements suffisants, ils peuvent ordonner d'office une nouvelle expertise. Les juges ne sont point astreints à suivre l'avis des experts si leur conviction s'y oppose (Code de proc., art. 323).

EXPIATION (du latin *expiatio*, même signification), acte par lequel tout transgresseur des lois divines ou humaines subit une peine imposée par ces mêmes lois; au point de vue religieux, c'est la purification d'un crime, d'une faute, d'une souillure quelconque. Toutes les religions antiques ont eu des cérémonies expiatoires. Les expiations étaient générales ou particulières. On peut citer, parmi les premières, la *fête de l'expiation*, que les anciens Juifs célébraient tous les ans, le 10 septembre (*Voy.* BOUC ÉMISSAIRE); chez les Égyptiens, ces immolations fréquentes de bœufs qu'on chargeait d'imprécations, et dont la tête était ensuite jetée dans le Nil, en pâture aux crocodiles; chez les Romains, les sacrifices expiatoires dits *suovetaurilia* et les cérémonies lustrales (*lustre, compitales, ambarva-*

les, armilustrium), etc. Parmi les expiations personnelles, les unes avaient pour objet de relever les âmes de leur dégradation native ou servaient de pénitence : telles étaient, chez les Grecs, les *expiations mystiques*, qui avaient lieu dans les mystères de Samothrace, de Lemnos et d'Éleusis; et, dans l'Inde, les pénitences souvent si cruelles du culte brahmanique. Les autres s'appliquaient à ceux qui avaient commis un homicide, un adultère (*Voy.* ŒDIPE, ORESTE, HERCULE, etc.), ou qui avaient touché un objet impur, un lépreux, un paria, un porc, etc. Outre les victimes expiatoires, l'eau et le feu jouaient un grand rôle dans les expiations : on ordonnait des ablutions dans l'eau de mer ou dans les eaux courantes, des aspersions d'eau lustrale, etc.; on brûlait du sel, de l'orge, du laurier, de l'encens, et on faisait passer par le feu ceux qu'on voulait purifier. M. Ballanche a mis habilement en usage ces traditions antiques dans sa *Ville des Expiations*.

Dans la religion chrétienne, les cérémonies instituées pour purifier les hommes de leurs péchés, telles que les œuvres de pénitence, les sacrements, etc., sont des expiations satisfactoires de ces péchés.

EXPILATION D'HÉRÉDITÉ (d'*expilo*, voler). C'était, dans l'ancienne Jurisprudence, l'action de celui qui s'était emparé des biens d'une succession avant qu'il y eût un héritier déclaré. La peine de ce délit était ordinairement pécuniaire, quelquefois afflictive. Il y avait peine de mort quand la soustraction des effets d'une succession avait été faite par des domestiques.

EXPIRATEURS (MUSCLES), muscles qui contribuent à resserrer les parois de la poitrine pour chasser l'air renfermé dans les poumons ou produire l'expiration. Ces muscles sont spécialement les *intercostaux*, le *triangulaire du sternum*, le *carré des lombes*, le *petit dentelé inférieur*, les *M. oblique* et *droit de l'abdomen*, le *sacro-lombaire*, etc.

EXPIRATION (du latin *ex*, hors de, et *spirare*, souffler), acte par lequel l'air que l'inspiration avait fait entrer dans les poumons est expulsé de la poitrine. *Voy.* RESPIRATION.

EXPLÉTIFS (du latin *explere*, remplir), mots qui, dans le discours, donnent quelquefois plus de force et d'énergie à l'expression, mais qui, n'entrant point rigoureusement dans la construction de la phrase, pourraient être supprimés sans que la phrase cessât pour cela d'être claire et correcte : *vous* est explétif dans ce vers de La Fontaine :

On vous le prend; on vous l'assomme

EXPLOIT (d'*explicitum*, expliqué, motivé, ou, selon quelques-uns, d'*ex placito*, d'après une décision du juge). En droit, c'est un acte de procédure fait pour arriver à une condamnation et par suite à une exécution. Tout exploit doit être rédigé sur papier timbré, enregistré et signifié par un huissier. On distingue les *E. judiciaires*, qui supposent un procès et constituent les formalités exigées par la loi pour les mener à fin, tels que citations, ajournements, etc., et les *E. extrajudiciaires*, mesures de conservation, de garantie de droits qui peuvent être encore ou n'être plus en contestation, tels que sommations, oppositions, commandements, saisies, etc. *Voy.* ces mots.

EXPLOSION. *Voy.* DÉTONATION.

EXPONENTIELLE, se dit, en Mathématiques, des quantités qui représentent des puissances dont l'exposant est indéterminé ou variable, telles que ax, xx, etc. On appelle *équation exponentielle* toute équation dans laquelle il entre des quantités exponentielles. On donne le nom de *courbes exponentielles* aux courbes dont l'équation est exponentielle. Le *Calcul exponentiel* est l'ensemble des procédés à l'aide desquels on trouve les différentielles et les intégrales des quantités exponentielles.

EXPORTATION, envoi de marchandises à l'étranger. L'exportation est ordinairement en proportion avec l'importation, et l'on peut établir entre ces deux mouvements une sorte de balance. Pendant longtemps on crut qu'il était de l'intérêt d'un pays de développer l'exportation et de restreindre l'importation, afin de faire entrer dans le pays plus de numéraire qu'il n'en sortait : c'est ce qu'on appelait *faire pencher* en sa faveur *la balance du commerce.* Ad. Smith a démontré la puérilité de ce système, et aujourd'hui les nations éclairées ne mettent d'entraves à l'exportation que dans le cas de disette, et à l'importation qu'autant que cela est nécessaire pour protéger temporairement des industries naissantes. L'exportation et l'importation ont suivi, depuis une trentaine d'années, en France, une marche progressive. Voici, pour les années 1842-50, le tableau dressé par l'administration des douanes :

Années.	Importat.	Exportat.	Années.	Importat.	Exportat.
1842	1,142	940	1847	1,343	1,271
1843	1,187	992	1848	862	1,153
1844	1,193	1,147	1849	1,142	1,423
1845	1,240	1,187	1850	1,174	1,531
1846	1,257	1,180			

L'exportation, en France, est principalement régie par la loi du 6 mai 1841. La grande généralité des produits paye, à la sortie, 25 cent. par 100 kilogr.

EXPOSANT, se dit, en Algèbre, du nombre qui désigne le degré d'une puissance ou d'une racine. Dans a^2, par exemple, ^{2} est l'exposant qui indique que a est élevé à la deuxième puissance; dans $\sqrt[3]{b}$, ^{3} est l'exposant de la racine. — On doit à Descartes l'invention de l'exposant. — On nommait autrefois *exposant d'une raison* le *rapport* de deux quantités, et *exposant de rang* le nombre qui exprime la place qu'un terme occupe dans une suite quelconque.

EXPOSITION. Chez les Grecs, les artistes exposaient leurs ouvrages en public pour connaître le jugement qu'on en portait; cet usage n'a pas été conservé par les nations modernes.

C'est à Mansard que sont dues les premières *Expositions de peinture et de sculpture* faites dans la galerie du Louvre (1699). Depuis 1737, ces expositions ont eu lieu régulièrement chaque année; le plus souvent au Louvre; elle s'est faite aux Tuileries en 1849, au Palais-Royal depuis 1850.

La première *Exposition des produits de l'industrie* a eu lieu à Paris en l'an IX (1798); elle comptait 110 exposants. Les suivantes eurent lieu en 1801, 1802, 1806, 1819, 1823, 1827, 1834, et depuis, de 5 ans en 5 ans, en 1839, 1844 et 1849 : ces deux dernières comptaient environ 5,000 exposants. A l'étranger, la Belgique ouvrit sa 1ʳᵉ exposition industrielle à Gand, en 1820; l'Allemagne, à Berlin, en 1834; l'Autriche, à Vienne, en 1835. La plus célèbre exposition industrielle du XIXᵉ siècle a été la *Grande exposition universelle (Great exhibition of industry)* de Londres, en 1851, à laquelle toutes les nations de la terre ont envoyé des représentants. De l'aveu unanime, la France y a tenu le premier rang pour la qualité et l'élégance de ses produits. — Outre ces grandes expositions nationales, il y a toujours en permanence, surtout en France et en Angleterre, des expositions particulières pour les beaux-arts, l'industrie, les découvertes de tout genre, etc.

EXPOSITION, genre de supplice usité dans différents pays, et qui consiste à demeurer pendant une heure exposé aux regards du peuple, sur la place publique, avec un écriteau indiquant les noms, profession et domicile du condamné, sa peine et la cause de sa condamnation. Jusqu'à la loi de mars 1850, qui l'a abolie définitivement, cette peine était en France l'accessoire des travaux forcés et de la réclusion; elle n'était jamais prononcée contre les mineurs de 18 ans et les septuagénaires; le tribunal pouvait en exempter le condamné à la réclusion ou aux travaux forcés, à moins qu'il ne fût en état de récidive ou

qu'il n'eût commis un crime de faux. Autrefois, on ajoutait à la peine de l'exposition des rigueurs qui, depuis longtemps, ne sont plus dans nos mœurs. *Voy.* CARCAN, MARQUE, PILORI.

EXPOSITION, en littérature. C'est le début d'une œuvre épique ou dramatique; on l'appelle aussi *prologue.* Elle a pour but de faire connaître au lecteur ou au spectateur le sujet du poëme, le lieu de la scène, le temps auquel elle se passe, les circonstances antérieures qui ont fait naître l'action et l'ont amenée au point où elle commence pour l'auditoire. L'exposition est de la plus grande importance au théâtre; elle doit y être claire, naturelle et simple. Il faut éviter de laisser voir dans l'exposition qu'on en fait une et qu'on la fait pour le spectateur; ce qui arrive lorsque le personnage chargé de faire l'exposition raconte à son interlocuteur ce que celui-ci doit savoir parfaitement. Eschyle, chez les tragiques, Molière, chez les comiques, sont des modèles pour l'exposition.

EXPRESSION. En Algèbre, on appelle ainsi une formule composée de lettres et de signes, et représentant la génération d'une quantité. Toute expression algébrique qui n'a qu'un *terme* s'appelle *monôme;* celles qui en ont 2, 3 ou davantage, prennent le nom de *binômes, trinômes, polynômes.*

En Musique, l'*expression* est l'intention que l'exécutant donne aux morceaux et même à chaque phrase mélodique, afin d'en tirer tout l'effet dont ils sont susceptibles. Les *signes d'expression* sont certains mots qui indiquent qu'il faut ralentir ou hâter le mouvement, accentuer certains passages d'une manière particulière, etc. *Voy.* MOUVEMENT.

On nomme encore ainsi une opération qui consiste à séparer le suc des fruits et des plantes en les comprimant. C'est par l'*expression* que l'on obtient les huiles, le vin, le cidre, etc. Ce mot désigne aussi le suc végétal qui est le résultat de l'expression.

EXPROPRIATION, enlèvement par voie légale d'une propriété à celui qui la possède.

L'*E. forcée* a lieu quand il s'agit de parvenir à la vente de la propriété d'un débiteur qui n'a point rempli ses engagements : le Code civil (liv. III, tit. 19, art. 2204-2218) énumère les circonstances dans lesquelles cette expropriation peut avoir lieu; quant aux formes, le *commandement* de payer et la *saisie* en sont les préliminaires obligés; elles se compliquent en outre, quand il s'agit d'un bien foncier, de formalités longues et coûteuses (Code de procédure, art. 673-748).

L'*E. pour cause d'utilité publique* est le droit accordé à l'État d'opérer la dépossession d'un propriétaire moyennant une juste et préalable indemnité; elle s'opère par autorité de justice, sur un décret qui autorise l'exécution des travaux; elle exige en outre un acte du préfet qui désigne les localités sur lesquelles les travaux doivent avoir lieu, un arrêté ultérieur par lequel le préfet détermine les propriétés particulières auxquelles l'expropriation est applicable. Une enquête est ouverte, puis une commission présidée par le sous-préfet de l'arrondissement, composée de 4 membres du conseil de département ou d'arrondissement, du maire de la commune et d'un ingénieur, juge les observations des propriétaires, et donne son avis. Un jury spécial de propriétaires, composé de 16 membres tirés au sort, sur une liste dressée par le conseil général, fixe les indemnités. Les règles de cette expropriation ressortent des lois du 7 juillet 1833 et du 3 mai 1841, ainsi que du décret du 26 mars 1852. — On doit à M. Ch. Delalleau un *Traité de l'Expropriation*, et à M. Desprez-Rouveau le *Guide des Expropriés.*

EXTASE (du grec *extasis*, déplacement), ravissement de l'âme qui se trouve comme transporté hors du corps.

Pour les Mystiques, l'extase est un état privilégié

dans lequel l'âme est tellement ravie par la vue de Dieu, tellement absorbée par la contemplation de ses perfections infinies, qu'elle semble ne plus tenir au corps. L'extase mystique a été de tout temps en grand honneur chez les Hindous ; elle jouait le plus grand rôle dans la philosophie des Néoplatoniciens : elle était pour eux le but suprême de toute l'éducation philosophique : Plotin, Porphyre prétendaient avoir eu des extases dans lesquelles ils s'unissaient à Dieu. — On retrouve l'extase, mais purifiée, dans le Christianisme ; elle est le prix de la plus haute piété : S. Paul déclare avoir été ravi jusqu'au 3e ciel ; S. Bonaventure (*Itinerarium mentis in Deum*), Gerson (*Theologia mystica*), S. François de Sales, recommandent l'extase et la pratiquent ; Ste Catherine de Sienne, Ste Thérèse, Marie Alacoque, la portent au plus haut degré. Malheureusement il est facile de confondre l'extase et les visions qui l'accompagnent avec de dangereuses hallucinations ; on peut aussi, en tendant à cet état de perfection, tomber dans le quiétisme : aussi les théologiens les plus sages, Bossuet à leur tête (dans son traité *Mystici in tuto*), ont-ils eu soin de préserver les fidèles de l'abus qu'on en peut faire.

Pour le Physiologiste et le Psychologiste, l'*extase* est une affection du cerveau, dans laquelle l'exaltation de certaines idées absorbe tellement l'attention que l'intelligence se *concentre* tout entière sur ces idées et devient étrangère à tout le reste : les sensations sont suspendues, les mouvements volontaires arrêtés, et souvent même l'action vitale ralentie. C'est une variété de la monomanie et un symptôme du délire mélancolique. L'*extase* diffère de la *catalepsie*, avec laquelle on l'a souvent confondue, en ce que dans celle-ci il y a suspension complète des facultés intellectuelles (*Voy.* CATALEPSIE). Le Dr Bertrand, dans son traité *de l'Extase*, rapporte à cet état nerveux les phénomènes merveilleux du somnambulisme magnétique.

EXTENSEURS (MUSCLES), muscles qui servent à étendre une partie quelconque. Les principaux sont : l'E. *de l'avant-bras* ; l'E. *commun des doigts* ; l'E. *propre du doigt indicateur, du petit doigt* ; l'E. *de la jambe* ; l'E. *court* et l'E. *long des orteils* ; l'E. *propre du gros orteil* ; l'E. *du pied* ; l'E. *court* et l'E. *long du pouce*, etc. Ces muscles ont pour antagonistes les *Muscles fléchisseurs*.

EXTENSIBILITÉ, propriété qu'ont certains corps de pouvoir être étendus ou allongés. *Voy.* ÉLASTICITÉ et DUCTILITÉ.

EXTENSION, état d'un corps qu'on allonge.

En Chirurgie, on nomme ainsi l'opération par laquelle on tire en sens opposé un membre luxé ou fracturé, dans la vue de ramener les surfaces articulaires à leur situation naturelle ou de rapprocher les fragments de la fracture. On a donné particulièrement le nom d'*extension* à la traction qu'on opère dans ce cas sur la partie inférieure du membre.

Les Vétérinaires appellent *extension*, une maladie assez commune chez le cheval, qui survient au tendon fléchisseur du pied, et qui résulte de l'effort de l'os de la couronne sur le tendon ou sur les ligaments.

En Logique, on appelle *extension* d'un terme général, la propriété qu'a ce terme d'embrasser un nombre plus ou moins grand d'individus : l'*extension* du terme *homme* est l'ensemble de tous les êtres de l'espèce humaine. On oppose *extension* à *compréhension*. *Voy.* GÉNÉRALE (IDÉE).

EXTERNAT (de *externus*, du dehors), tout établissement d'enseignement public ou privé qui n'admet que des élèves *externes*. L'*externat* paraît avoir été le seul régime connu des anciens. Les Facultés, certaines écoles spéciales, comme l'école des mines, l'école centrale, l'école des chartes, certains lycées, les écoles primaires, etc., n'admettent que des externes.

Dans les Hôpitaux, on appelle *externat* l'espèce de stage que font auprès du lit des malades les élèves en médecine, avant d'être admis à l'*internat*.

EXTERNE. En Anatomie, on donne cette épithète aux régions d'un organe qui sont dirigées vers l'extérieur ; ainsi on dit : la *face externe* du bras, le *bord externe* du scapulum, l'*extrémité externe* de la clavicule. — En Pathologie, on nomme *maladies externes* les maladies qui occupent la surface du corps, ou qui exigent des moyens externes ou des opérations chirurgicales.

En Géométrie, on nomme *angle externe* l'angle formé par un des côtés d'une figure rectiligne quelconque, et le prolongement hors de la figure du côté adjacent. L'angle externe d'un triangle est équivalent à la somme des deux angles intérieurs opposés. La somme de tous les angles externes d'un polygone est équivalente à quatre angles droits.

EXTERRITORIALITÉ, se dit, en Droit international, du droit qu'ont les représentants des puissances étrangères de vivre, dans le pays où ils sont accrédités, sous le régime des lois de la nation qu'ils représentent. Les ambassadeurs jouissent dans les pays où ils résident du droit d'*exterritorialité*, c.-à-d. qu'ils ne sont point soumis aux lois de leur résidence, mais à celles du pays qu'ils représentent.

EXTIRPATEUR (de *ex*, hors, et *stirps*, racine), nom donné à des instruments d'agriculture au moyen desquels on extirpe de la superficie d'un champ les herbes et racines qui l'infestent. Le plus simple est la *herse*. L'*extirpateur anglais* est un grand râteau à dents de fer porté par un châssis à 3 roues. On le fait traîner par un ou deux chevaux, suivant la nature des terres, et un seul homme le manœuvre sans difficulté. Les dents, placées sur une rangée perpendiculaire à la ligne du mouvement, ressemblent à de petits coutres courbés en avant.

EXTIRPATION (de *ex*, hors, et *stirps*, racine), opération de Chirurgie par laquelle on retranche une partie malade, dont on enlève jusqu'aux dernières racines. On pratique spécialement l'extirpation des cancers, des polypes, des loupes, des tumeurs enkystées, des glandes, des cors, etc.

EXTORSION (du latin *extorsio*), crime qui consiste à arracher par force ou par contrainte la signature ou la remise d'un écrit, d'un acte ou d'un titre, d'une pièce quelconque, contenant obligation, disposition ou décharge. Ce crime est puni des travaux forcés à temps (Code pénal, art. 400).

EXTRACTIF, PRINCIPE EXTRACTIF (du latin *extrahere*, extraire), nom qu'on donnait à un principe immédiat, base des *extraits* pharmaceutiques, qu'on supposait exister dans toutes les plantes et posséder la propriété de s'épaissir pendant l'évaporation de sa dissolution. On sait aujourd'hui que c'est un composé de différentes substances modifiées par l'influence de l'air, de la chaleur, des acides, etc.

EXTRACTION. En Chirurgie, l'*extraction* est une opération par laquelle on retire de quelque partie du corps, avec la main ou avec des instruments convenables, soit un corps étranger qui s'y est introduit accidentellement ou développé contre nature, soit une partie (telle qu'une dent gâtée ou le cristallin devenu opaque) qui cause d'insupportables douleurs ou nuit à une fonction importante.

En Pharmacie, c'est l'opération par laquelle on sépare une substance quelconque du composé dont elle fait partie. Suivant la nature du composé et celle de la substance à extraire, on emploie l'un des 18 modes suivants : *cassation, clarification, congélation, cristallisation, décoction, digestion, distillation, évaporation, expression, fusion, infusion, immersion, lixiviation, lotion, macération, solution, sublimation, torréfaction.* V. ces mots.

En Arithmétique, on nomme *extraction* une opération qui a pour objet de trouver la *racine* d'une puissance connue. *Voy.* RACINE.

EXTRADITION (du latin *extra*, au dehors, et *tradere*, livrer). Dans le Droit international, on appelle ainsi l'action de remettre à la puissance à laquelle il appartient celui qui est accusé d'un crime ou prévenu d'un délit, afin de le faire juger ou punir. Dans l'antiquité, l'extradition était fort rare : le caractère religieux qu'avait alors l'hospitalité et le droit d'asile s'y opposaient. On regardait d'ailleurs l'exil auquel se condamnait le coupable comme une peine suffisante. Mais, dans les temps modernes, lorsque les relations de peuple à peuple se furent multipliées, il s'établit entre les nations une solidarité morale qui donna naissance aux *traités d'extradition*. Lorsqu'un gouvernement demande l'extradition , il doit le faire par l'intermédiaire du ministre des affaires étrangères, et joindre les pièces à l'appui, afin que le gouvernement auquel est faite la demande puisse juger si on peut y satisfaire. Voici la liste des traités d'extradition actuellement en vigueur entre la France et l'étranger : *Espagne* (traité du 29 sept. 1765, complété le 26 août 1850); *Suisse* (18 juillet 1828); *Belgique* (22 nov. 1834) ; *Sardaigne* (23 mai 1838) ; *Angleterre* (13 février 1843, modifié en 1852); *États-Unis* (9 nov. 1843) ; *Lucques* (10 nov. 1843) ; *grand-duché de Bade* (27 juin 1844) ; *Toscane* (11 sept. 1844); *grand-duché de Luxembourg* (26 sept. 1844); *Pays-Bas* (7 nov. 1844); *Deux-Siciles* (14 juin 1845) ; *Prusse* (21 juin 1845); *Bavière* (23 mars 1846); *Mecklembourg-Schwerin* (26 janv. 1846) ; *Mecklembourg-Strélitz* (10 févr. 1847); *Oldenbourg* (6 mars 1847); *Brême* (31 août 1847); *Lubeck* (21 oct. 1847); *Hambourg* (5 fév. 1848) ; *Saxe* (28 avril 1850).

EXTRADOS , nom donné, en Architecture, à la surface extérieure d'une voûte lorsqu'elle est régulière ; la surface opposée se nomme *intrados*.

EXTRAIT, nom donné par les Chimistes à tout produit qu'on obtient en traitant une substance animale ou végétale par un dissolvant convenable, et évaporant ensuite le véhicule jusqu'à ce qu'on ait un résidu mou ou solide. On prépare les extraits soit avec le suc propre des végétaux, quand ceux-ci sont frais, soit avec des infusions aqueuses ou alcooliques, quand la substance est sèche. Dans les deux premiers cas, on les nomme *extraits aqueux*; dans le troisième, *extraits alcooliques*. Tantôt les extraits sont des mélanges très-compliqués, tantôt ils sont formés presque entièrement d'un seul principe, selon la nature de la substance et du menstrue qu'on emploie. On les dit *mous* quand ils ont la consistance d'une pâte ductile; *solides*, s'ils sont cassants à froid; *secs*, s'ils sont sous forme d'écailles et entièrement privés d'eau. Ils ont aussi reçu les différents noms de *gommeux*, *gélatineux*, *savonneux*, suivant les principes qui y prédominent. L'*extrait de Saturne* est une dissolution de sous-acétate de plomb. *Voy.* ACÉTATE.

En Jurisprudence, on nomme *Extraits* les copies, les expéditions des actes, soit en abrégé, soit même en entier ; ainsi on dit : *E. de naissance*, *E. mortuaire*, *E. baptistaire*, *E. de jugement*, etc.

En termes de Commerce, l'*extrait* est un projet de compte qu'un négociant envoie à son correspondant, ou un commissionnaire à son commettant, pour qu'il soit vérifié. — Dans l'ancienne administration de la Loterie, l'*extrait* était un numéro unique sur lequel on plaçait une mise; il était *simple* ou *déterminé*; le premier rapportait quinze fois la mise.

EXTRAJUDICIAIRE, tout ce qui est fait hors la présence de justice. On nomme *actes extrajudiciaires* ceux qui ne font point partie de la procédure et de l'instruction, et qui , étant faits en dehors de l'instance, ne doivent pas passer sous les yeux du juge. Ces actes n'interrompent pas la prescription.

EXTRAVASATION, EXTRAVASION (du latin *extra*, hors de, et *vas*, vaisseau), phénomène propre aux liquides en circulation dans les corps organisés, lorsqu'ils sortent des vaisseaux destinés à les contenir. — La résine , la gomme, la manne découlent des plantes par extravasation.

EXTRÊME-ONCTION, dite aussi *Huile sainte*, *Huile du saint Chrême*, *Onction des malades*, sacrement établi pour le soulagement spirituel et corporel des fidèles dangereusement malades , est ainsi nommé parce qu'il est la dernière des onctions qu'on fait sur les fidèles. Il a pour effet d'achever de nous purifier de nos péchés, d'augmenter notre patience pour supporter les douleurs de la maladie et de diminuer l'horreur de la mort. Pour administrer ce sacrement, on se sert d'huile d'olives pure et bénite. Le prêtre, qui est le seul ministre de ce sacrement, applique l'onction sainte en forme de croix et avec le pouce sur les organes des cinq sens et sur les reins ou la poitrine ; en même temps, il prononce ces mots : *Que Dieu, par cette sainte onction et sa miséricorde, vous pardonne les fautes que vous avez commises par la vue, l'ouïe, l'odorat, le goût et le toucher*. On essuie l'onction avec de petits pelotons de coton ou d'étoupe que l'on brûle ensuite. Les onctions achevées ainsi que les prières, le prêtre frotte son pouce et les doigts qui ont touché l'huile avec de la mie de pain ; puis il lave ses mains, et les essuie avec un linge blanc ; ces mies de pain et l'eau sont jetées dans le feu. Ce sacrement peut être réitéré plusieurs fois. Le sacrement de l'extrême-onction a été institué par Jésus-Christ, comme l'atteste l'épître de saint Jacques (V, 14, 15). Origène, saint Jean Chrysostôme et le pape Innocent Ier en recommandant la pratique; le concile de Trente l'ordonne formellement.

EXTRÊMES, nom donné, en Arithmétique , aux premier et dernier termes d'une proportion, par opposition aux *moyens* ou termes du milieu. *V.* PROPORTION.

EXTRORSES, se dit en Botanique des étamines qui sont tournées vers la face extérieure de la fleur.

EXUTOIRE (du latin *exuere*, dépouiller), ulcère établi et entretenu artificiellement , pour déterminer une suppuration permanente et dérivative : tels sont les cautères, les vésicatoires, les sétons, etc.

EX-VOTO (littéralement *par suite d'un vœu*), mots latins qui désignent les offrandes promises par un vœu et les tableaux qui représentent ces offrandes. De tout temps, on a consacré des *ex-voto* pour s'acquitter d'un vœu fait dans un grand danger auquel on a échappé , pour demander une faveur au ciel ou le remercier d'une grâce déjà obtenue. Les temples des païens en étaient remplis : la plupart des tableaux votifs qui les ornaient étaient accompagnés d'une inscription finissant par ces mots : *ex-voto*, etc., pour marquer qu'ils provenaient d'un vœu adressé à la divinité du lieu. Ces offrandes ont conservé ce dernier nom chez les modernes. Aujourd'hui, c'est surtout à la Vierge et aux saints que l'on consacre des *ex-voto*; les églises et les chapelles voisines de la mer en reçoivent le plus grand nombre. On cite en ce genre celle de Sainte-Anne, sur la côte de Bretagne; celles de la Vierge des Grâces , de Notre-Dame-de-Bon-Secours et de la Délivrande, en Normandie. On cite aussi Notre-Dame de Lorette, la Madona di san Luca et la Madona dell' Arco, en Italie ; Notre-Dame de Monserrat, en Espagne, et la Sainte-Baume, en Provence. L'usage des *ex-voto* existe aussi chez les peuples sauvages de l'Afrique et de l'Amérique, qui suspendent des offrandes aux branches des arbres.

F

F, 6e lettre de notre alphabet et 4e des consonnes, a le même son que le φ des Grecs (que nous représentons par *ph*), et se confond dans beaucoup de langues avec le V ; sa forme nous vient de celle du *digamma* des Éoliens (*Voy.* ce mot). — Numériquement, F s'employait quelquefois chez les Romains pour exprimer 40 ; avec un trait au-dessus, F̄, il valait 40,000 ; chez les Grecs, φ′ valait 500, et ͵φ 500,000. — F est la 6e des lettres dominicales. — Sur les monnaies, c'était autrefois la marque de la fabrique d'Angers. — Dans les abréviations, F, chez les Romains, remplaçait *filius* (fils), *fecit* ; Fl., *Flavius.* Chez les modernes, F. se met pour *Félix*, Fr. pour *François.* A Rome, on marquait d'un F au front les esclaves fugitifs (*fugitivi*) ; autrefois, en France, les condamnés aux *travaux forcés* étaient marqués sur l'épaule des deux lettres T. F.

FA, 4e note de la gamme naturelle : elle y joue le rôle de sous-dominante. Sur la plupart des instruments, la gamme de *fa* majeur a quelque chose de noble et de grave ; celle de *fa* mineur a une expression douloureuse et sévère ; *fa dièse* majeur est brillant ; *fa dièse* mineur, pathétique. — On emploie la *clef de fa* pour écrire la musique de la basse : on la plaçait autrefois sur la 3e et la 4e ligne de la portée ; aujourd'hui, on ne l'emploie plus guère que sur la 4e.

FABA, nom botanique du genre FÈVE.

FABAGELLE (diminutif de *fabula*, fève), *Zygophyllum*, genre type de la famille des Zygophyllées, renferme des arbrisseaux et des sous-arbrisseaux, à feuilles opposées, bistipulées, bifoliées, de consistance membraneuse et à pétiole très-court. Les fleurs sont solitaires, axillaires, jaunes, blanches ou rougeâtres ; le fruit est une capsule. Ces plantes se trouvent en Asie et en Afrique. On cultive dans les jardins la *F. commune* (*Z. Fabago*), à belles fleurs d'un rouge orangé, et blanches à la base.

FABLE (du latin *fabula*, de *fabulari*, parler, raconter). Tantôt ce mot est synonyme de *Mythologie* (*Voy.* ce mot) ; tantôt il exprime le récit d'une action feinte, destinée à l'amusement et à l'instruction, sous le voile de l'allégorie. Les Grecs lui donnaient le nom d'*apologue*, ou récit détourné. Aujourd'hui, le mot *apologue* désigne plus spécialement l'allégorie elle-même, simplement exposée et indépendamment de la forme littéraire ; le mot *fable* désigne plutôt le poëme. Pour l'histoire de la fable et les noms des principaux *fabulistes, Voy.* APOLOGUE.

La *fable* d'un poëme épique, d'une tragédie, etc., est le sujet considéré du côté des incidents qui composent l'intrigue et servent à nouer et à dénouer l'action. Ce mot lui vient de ce que les anciens prenaient généralement leurs sujets de la mythologie.

FABLIAU (de *fable*), nom donné aux petits contes en vers composés par les trouvères du XIIe et du XIIIe siècle. On y trouve de l'esprit et de la naïveté, mais aussi beaucoup de grossièreté et de cynisme. Les fabliaux ne se lisaient pas d'ordinaire : les jongleurs allaient de château en château pour les réciter ou les chanter. Guillaume de Poitiers, Lévis, Rutebeuf, Basir, Audefroi le Bâtard, J. de Boves, etc., ont composé les fabliaux les plus remarquables ; ils ont servi de modèles aux nouvelles de Marguerite de Navarre, de Bon. Despériers, de Boccace et de La Fontaine. On a plusieurs *Recueils* de fabliaux : on doit les principaux à Barbazan (1756, 3 vol. in-12), dont le recueil a été revu par Méon (1808-1824, 6 vol. in-8) ; à Legrand d'Aussy (1781) ; et à M. Jubinal (1839, 2 vol. in-8).

FABRIQUE (du latin *fabrica*, forge, et toute espèce d'atelier). Le plus souvent *fabrique* est synonyme de *manufacture.* Cependant ce dernier mot implique l'idée de quelque chose de considérable, et surtout l'emploi de grandes mécaniques. *Voy.* MANUFACTURE.

En Architecture, surtout en Italie et dans les ouvrages des anciens architectes français, le mot *fabrique* s'entend de tout édifice considérable et surtout d'une église. — En Peinture, c'est le nom donné à toute espèce de bâtiments, grands ou petits, ou à des ruines, servant d'ornement dans le fond d'un tableau d'histoire ou d'un paysage. On y joint aussi les ponts, les villes, les hameaux, etc.

FABRIQUE D'ÉGLISE OU DE PAROISSE (de *fabrica*, dans le sens de construction). Ce mot exprime soit le conseil d'administration chargé de la recette et de l'emploi du revenu affecté à l'entretien des églises paroissiales, aux dépenses du culte, aux constructions, réparations, achats d'ornements et autres objets semblables ; soit ce revenu même. Les fabriques furent administrées successivement par les évêques, les archidiacres et les curés, enfin par des notables élus par les paroissiens, que l'on nomme aujourd'hui *marguilliers* ou *fabriciens.* Ce dernier état de choses a été consacré par le décret du 30 déc. 1809. Les marguilliers rendent compte chaque année aux archevêques, évêques ou curés. — On peut consulter sur cette matière : Carré (*Gouv. des paroisses*), Mgr Affre (*Traité des Fabriques*), L. Roy (*le Fabricien comptable*, 1853).

FABRONIE (de *Fabroni*, physicien de Florence), *Fabronia*, genre de la famille des Mousses, section des Pleurocarpes, se compose de jolies petites mousses à fleurs monoïques, et formant des tapis de verdure d'un beau velouté sur les rochers et sur les troncs d'arbres. La *F. des neiges* se trouve dans les Andes, au milieu des neiges.

FABULISTES. *Voy.* FABLE et APOLOGUE.

FAÇADE (du latin *facies*, face), terme d'Architecture qui désigne la face principale ou le frontispice d'un édifice. Quand un édifice a plusieurs faces, on distingue les façades *antérieure, postérieure, latérale*, etc. Plusieurs auteurs ont écrit sur la décoration et le système des façades ; on peut consulter spécialement le *Cours d'Architecture* de Blondel.

FACE (du latin *facies*), partie antérieure de la tête. Quatorze os, sans compter la portion frontale de l'os coronal et les trente-deux dents, concourent à former la face : ce sont les deux maxillaires supérieurs, les deux malaires, les deux os propres du nez, les os unguis, le vomer, les deux cornets inférieurs, les os palatins et le maxillaire inférieur. Ses artères lui viennent de la carotide externe ; ses veines aboutissent à la jugulaire, et ses nerfs tirent immédiatement leur origine du cerveau. La face est le siége des organes de la vue, de l'odorat, du goût, de la mastication, de la voix ; elle exprime les désirs, les passions, le plaisir, la douleur, la joie, la tristesse : elle prend ainsi le nom de *physionomie. Voy.* ce mot.

Dans l'état de maladie, la face offre des modifications importantes sous le rapport de l'expression, du volume, de la couleur, des éruptions qui s'y montrent, etc., et qui aident puissamment au diagnostic. Dans ce sens, on emploie plutôt le mot *facies.* — On nomme *face hippocratique* ou *cadavéreuse* le caractère particulier que la face présente chez les sujets menacés d'une mort prochaine.

En Géométrie, on donne le nom de *face* aux plans qui composent la surface d'un polyèdre ; ainsi, les faces d'un cube sont les six carrés qui le limitent. La face sur laquelle repose le solide est la *base.*

FACETTE (diminutif de *face*). On appelle ainsi les plans d'un polyèdre lorsqu'ils sont très-petits. Les diamants, les pierres précieuses, les verres qui multiplient l'image des objets sont taillés à *facettes*.

Les Anatomistes nomment *facette* une petite portion circonscrite de la superficie d'un os.

FACIAL, ce qui appartient ou a rapport à la face. Tels sont l'*angle facial* (*Voy.* ANGLE) ; le *nerf facial*, qui naît à côté du nerf auditif, sort du crâne par le trou auditif interne, passe dans l'aqueduc de Fallope, sort par le trou mastoïdien et pénètre dans la glande parotide ; l'*artère faciale*, qui naît de la carotide externe, au-dessous du muscle digastrique, et monte à la commissure des lèvres et aux ailes du nez ; la *veine faciale*, qui part du muscle frontal, se porte au grand angle de l'œil, puis descend sur la face pour aller se jeter dans la jugulaire interne.

FACIES, c.-à-d. *face*, terme de Médecine, désigne surtout l'aspect du visage dans l'état de maladie.

FAÇON (du latin *facere*, faire). Dans les Arts et dans l'Industrie, ce mot se dit : 1° du travail de l'artiste ou de l'artisan, par opposition à la matière à laquelle s'applique ce travail, et aussi de la manière dont le travail est fait ; c'est en ce sens qu'on dit : la façon d'une robe, d'un habit, etc. ; un ouvrage en façon d'ébène ou de marqueterie ; de la dentelle façon d'Angleterre, de la porcelaine façon de Chine, etc.; 2° des divers ornements et figures qu'on met à un ouvrage pour l'enrichir : c'est ainsi qu'on oppose les étoffes *façonnées*, c.-à-d. à dessin, aux étoffes *unies* ; dans les fabriques, on appelle *façonnier* l'ouvrier qui façonne les étoffes en. or, en argent, en soie ou en laine.

En Agriculture, le mot *façon* désigne les divers labours ou apprêts qu'on donne à la terre avant de l'ensemencer. Le blé exige ordinairement 3 façons ; la vigne reçoit aussi 3 et même 4 façons : la dernière se donne peu de temps avant que le raisin ne mûrisse.

FAC-SIMILE, littéralement *fais semblable*, mot latin qui s'emploie pour exprimer la reproduction exacte, fidèle, à l'aide de l'impression, de toute écriture manuscrite. Pour faire un *fac-simile*, on fixe une feuille de papier à calquer sur le manuscrit ; ensuite, à l'aide de l'encre lithographique, qui sèche lentement, on suit tous les traits de l'écriture ; puis on transporte cette copie sur le cuivre ou la pierre lithographique, en la soumettant à l'action d'une presse ; en renouvelant l'encre, on peut tirer plusieurs épreuves. Lorsque l'écriture n'est pas ancienne, il suffit d'humecter légèrement le papier avec un mélange de lait et d'eau de savon, et de le soumettre à la presse. L'encre décalque aussi sur la pierre lithographique, et peut fournir un certain nombre d'exemplaires. — Les *fac-simile* sont précieux pour multiplier les autographes, les signatures, etc., et pour prendre l'empreinte exacte des inscriptions antiques. Ils sont aussi d'un usage fréquent dans les écritures du commerce et des administrations. *Voy.* AUTOGRAPHE et ISOGRAPHIE.

FACTAGE ou FACTORAGE. *Voy.* FACTEUR.

FACTEUR (en latin *factor*, dérivé de *facere*, faire), nombre qui entre dans la composition d'un autre nombre par voie de multiplication. Par exemple, 12 étant considéré comme le résultat de la multiplication de 3 par 4, 3 et 4 sont dits les *facteurs* de 12. Les facteurs d'un nombre se nomment aussi ses *diviseurs*, parce qu'un nombre est toujours exactement divisible par ses facteurs. La recherche des facteurs d'un nombre, c.-à-d. de sa *divisibilité*, est très-importante en arithmétique et en algèbre. *Voy.* DIVISIBILITÉ et NOMBRES PREMIERS.

FACTEUR. Dans l'Industrie on nomme ainsi :

1°. Ceux qui confectionnent des instruments de musique, tels que pianos, orgues, harpes, flûtes, cors, trompettes et autres instruments de cuivre : on étend aussi quelquefois ce nom aux *luthiers*, qui fabriquent les violons, basses, guitares, etc. Autrefois, les facteurs formaient un corps particulier qui avait ses statuts. Les plus célèbres facteurs sont, de nos jours, Silberman et Clicquot pour les orgues ; Érard, Pape et Pleyel pour les pianos ; Nadermann pour la harpe ; Sax pour les instruments de cuivre, etc. Pour les instruments à corde, *Voy.* LUTHIER.

2°. Un agent chargé de faire des achats, des ventes de marchandises, des négociations d'effets, etc., de représenter le commerçant dans les lieux où il ne réside pas, et de traiter toutes les affaires en son nom : on nomme *factorerie* le bureau où réside le facteur, et *factage* ou *factorage*, les droits et appointements qui lui sont dus;

3°. Un commissionnaire qui tient en dépôt les marchandises et les registres d'une messagerie, et qui est chargé du soin de délivrer les ballots et paquets aux voyageurs et aux personnes à qui ils sont destinés.

4°. Dans les halles et marchés publics des grandes villes, le Gouvernement prépose des *facteurs*, espèce de commissaires-priseurs qui vendent à l'enchère les denrées nécessaires pour la consommation de Paris ; ces denrées sont achetées par les marchands détaillants, qui les livrent ensuite aux particuliers.

C'est, enfin, le nom donné aux commissionnaires de la Poste aux lettres, chargés de distribuer les lettres et journaux, et de lever, à des heures fixes, les lettres qu'on a déposées dans la boîte aux lettres.

FACTION. Les Romains appelaient *factions* les quadrilles ou troupes de concurrents qui couraient sur des chars dans les jeux du cirque. Il y en avait quatre distinguées par les couleurs *verte*, *bleue*, *rouge* et *blanche*. Chacune avait ses partisans, et l'intérêt trop vif que les spectateurs prenaient pour elles occasionnait souvent des séditions sanglantes. Sous Justinien, il y eut 40,000 hommes tués en un seul jour. Cet événement fit supprimer les factions du cirque. Dans la suite, on conserva le nom de *faction* pour désigner un *parti* politique : il se prend presque toujours en mauvaise part.

Dans l'Art militaire, on nomme *faction* le poste occupé par une sentinelle. Chez les Romains, les factions se nommaient *veilles* (*vigiliæ*) et duraient trois heures ; la trompette en donnait le signal. Au moyen âge, les factions n'étaient pas connues, et étaient remplacées par le *guet*, l'*escoute*. La *faction* date en France de Louis XIV. Le temps d'une faction est ordinairement de deux heures ; mais à l'armée, aux postes qui exigent une grande surveillance, et dans les grands froids, les sentinelles sont relevées d'heure en heure. Les caporaux et sous-officiers sont exempts de faction ; mais ils sont chargés de *poser* les factionnaires et de leur donner la consigne.

FACTORAGE, FACTORERIE. *Voy.* FACTEUR.

FACTORIELLE, se dit, en Algèbre, du produit dont les facteurs sont en progression arithmétique, comme dans l'expression $a (a+r) (a+2r) (a+3r)...$ $(a+(m-1) r)$. C'est le mathématicien Vandermonde qui a le premier considéré ces produits en 1772. Kramp les a appliqués à toutes les fonctions circulaires et s'en est servi pour la détermination des intégrales des ordres supérieurs. Enfin, M. Wronski, dans sa *Philosophie des Mathématiques*, en a fait ressortir des propriétés nouvelles.

FACTOTUM (du latin *fac*, impératif de *facere*, faire, et *totum*, tout), intendant ou homme d'affaires qui a la confiance d'un maître de maison : il est à la fois maître d'hôtel, valet de chambre et confident.

FACTUM, c.-à-d. *fait*, mot latin employé d'abord dans le style judiciaire, lorsque les procédures se rédigeaient en latin, pour indiquer le *point de fait*, les circonstances d'une affaire. On donna ensuite ce nom aux *mémoires* que les parties font imprimer pour éclairer leurs juges sur les faits. — Par extension, ce mot s'est dit et se dit encore de tout écrit qu'une personne publie pour attaquer ou se défendre. On cite en ce genre les *factums* de Furetière lors de son exclusion de l'Académie, ceux de Saurin dans l'affaire des couplets de J.-B. Rousseau, les fameux *factums* de Beaumarchais, etc.—Le *factum* diffère du *pamphlet*, qui est toujours agressif; et il ne faut pas le confondre avec le *libelle*, qui a toujours un caractère diffamatoire.

FACTURE, compte, état ou mémoire qu'un marchand donne de la marchandise qu'il a livrée ou expédiée. La facture doit contenir : la date de la livraison, le nom de la personne qui a reçu ou acheté la marchandise, le numéro et la marque des ballots; les espèces, quantités et qualités des marchandises livrées; le prix de la marchandise, le montant des droits et frais à acquitter; le nom du voiturier qui doit transporter les marchandises.—La facture n'est point un titre positif, ce n'est qu'un extrait de registre; mais elle devient un titre exigible lorsqu'elle a été rendue au vendeur visée par le destinataire (Code de comm., art. 109).

En Littérature, *facture* se dit de la manière dont une pièce de prose ou de vers est composée, et qui révèle le génie propre à l'auteur. — En Musique, la *facture* est la manière plus ou moins savante dont un morceau est écrit, la disposition du chant et de l'harmonie. On entend par ce mot la partie harmonique de la musique plutôt que la partie mélodique.

FACULES (diminutif de *fax*, flambeau), points du disque solaire plus brillants et plus lumineux que le reste. Leur apparition précède quelquefois celle des taches; d'autres fois elles environnent un amas de taches. On les regarde comme produites par les sommets des vagues immenses que forme par son agitation l'atmosphère lumineuse du soleil.

FACULTÉS (en lat. *facultas*, de *facere*, faire, agir). En Philosophie, on appelle *facultés de l'âme* les divers pouvoirs que l'âme a de produire certains effets ou changements d'état, dont elle a le sentiment, et qu'on peut nommer pour cela *phénomènes de conscience*. Autant on reconnaît dans l'âme de phénomènes différents et indépendants les uns des autres, autant on admet de facultés différentes. Les philosophes ne sont pas d'accord sur le nombre des facultés : on en distingue ordinairement trois principales, *Sensibilité, Intelligence, Volonté*, qui elles-mêmes admettent un grand nombre d'applications diverses: perception interne, perception externe, raison, conscience morale, conception, imagination, mémoire, attention, comparaison, abstraction, généralisation, raisonnement, désirs, etc. (*Voy.* chacun de ces noms).

Condillac a traité des facultés de l'âme dans son *Essai sur l'origine des connaissances humaines;* M. Laromiguière, dans ses *Leçons de philosophie*. On doit à Reid un *Essai sur les facultés intellectuelles et morales de l'homme*, qui a été complété par Dug. Stewart dans sa *Philosophie de l'esprit humain;* et à M. Ad. Garnier, un *Traité des facultés de l'âme* (1852, 3 vol. in-8), où sont exposées et discutées toutes les théories de ses prédécesseurs.

Dans les Universités, on appelle *Facultés* le corps des docteurs qui professent les sciences ou les lettres et qui confèrent les grades : ce nom vient de ce qu'au moyen âge, ces professeurs avaient seuls la *faculté* de faire des cours publics. On distinguait autrefois en France *quatre* sortes de Facultés: celles de *Théologie*, de *Droit*, de *Médecine* et des *Arts* (qui comprenait les lettres et les sciences). Aujourd'hui, l'instruction comprend en France cinq Facultés : *Théologie, Droit, Médecine, Sciences* et *Lettres*. On compte 5 Facultés de Théologie catholique : à Aix, Bordeaux, Lyon, Paris et Rouen; et 2 de théologie protestante : à Strasbourg et Montauban; —9 Facultés de Droit : à Aix, Caen, Dijon, Grenoble, Paris, Poitiers, Rennes, Strasbourg et Toulouse; —3 Facultés de Médecine : à Paris, Montpellier et Strasbourg; —11 Facultés des Sciences : à Besançon, Bordeaux, Caen, Dijon, Grenoble, Lyon, Montpellier, Paris, Rennes, Strasbourg et Toulouse;—13 Facultés des Lettres : à Aix, Besançon, Bordeaux, Caen, Dijon, Grenoble, Lyon, Mont-

pellier, Poitiers, Rennes, Strasbourg et Toulouse.

En Algèbre, on nomme *Facultés algorithmiques* (d'*algorithme*, calcul) un mode universel de génération des quantités, à l'aide de facteurs liés entre eux par une loi; *F. exponentielles*, les facultés algorithmiques, dont l'exposant est une quantité variable ou une fonction d'une quantité variable.

FADES, devineresses gauloises. *Voy.* FÉES au *Dict. univ. d'Hist. et de Géogr.*

FAGARIER, *Fagara*, genre de plantes de la famille des Burséracées, renferme des arbrisseaux à feuilles alternes, imparipennées, et à folioles alternes. On en connaît 4 espèces, propres à l'Afrique australe. Le genre type est le. *F. du Cap*. Une autre espèce, le *F. pterota* est le *Bois de fer* de la Jamaïque.

FAGONIE (dédiée à *Fagon*, médecin français), *Fagonia*, genre de la famille des Rutacées, tribu des Zygophyllées, renferme des herbes vivaces, à feuilles opposées, munies de 2 ou 3 stipules, à corolle régulière à 5 pétales, renfermant 10 étamines et un pistil. Les fleurs sont pédonculées, solitaires, pourpres ou violettes, quelquefois jaunâtres.

FAGOPYRUM, nom scientifique du *Sarrasin*.

FAGOT (corruption de *fasciculus*, faisceau, où de *fagus*, hêtre), assemblage de menus morceaux de bois, unis ensemble par un lien de bois vert et flexible nommé *hart*. On en mesure le volume avec une petite chaînette, afin de donner au fagot une grosseur convenable. Au centre, l'on enferme des broutilles qu'on nomme l'*âme du fagot*. Les dimensions et le poids varient suivant les lieux : à Paris, on distingue les *fagots* proprement dits, formés de menues branches ayant $1^m,15$ de long et 5 décim. de circonférence, et pesant environ 5 kilogr.; les *falourdes*, formées de rondins de même longueur, et pesant de 10 à 20 kilogr., et les *cotrets*, formés de brins de bois fendus et ne pesant que 3 à 4 kilogr. Ceux qui sont formés de toutes sortes de bois menu, broussailles, genêt, bruyère, se nomment *bourrées*.

FAGOTTO, nom italien du *basson*. *Voy.* BASSON.

FAGUS, nom latin du HÊTRE.

FAHLUNITE (de *Fahlun*, ville de Suède), nom sous lequel on a désigné deux espèces de minéraux : 1° la *F. tendre* ou *Triclasite*, qui est un silicate hydraté d'alumine et de fer; 2° la *F. dure*, appelée successivement *Iolithe* et *Saphir d'eau* à cause de sa couleur, puis *Dichroïte*, parce c'est dans cette pierre qu'a été observé d'abord le Dichroïsme, et *Cordiérite*, du nom du savant qui l'a le premier décrite. La *F. dure* est un silicate d'alumine et de magnésie, cristallisée en rhombes, assez dure pour rayer le verre; elle est employée en bijouterie.

FAIENCE, poterie commune préparée avec une argile plus ou moins calcaire, qu'on recouvre après la cuisson d'un émail opaque, composé d'oxyde de plomb et d'étain. Les *faïences communes* ont l'inconvénient que leur émail se fendille par l'usage, et laisse alors pénétrer des gerçures, dans l'intérieur du *biscuit*, les matières grasses ou autres, qu'on n'en peut plus chasser et qui finissent par leur donner une mauvaise odeur. Les *faïences fines* ou *anglaises*, dites *terre de pipe*, sont des poteries à pâte blanche, opaque, dure et sonore, recouvertes d'un vernis cristallin contenant du plomb; cette pâte est composée d'argile plastique infusible et de silex broyé fin. C'est avec la même argile blanche qu'on fabrique les pipes.

On admet généralement que c'est à Faenza, en Romagne, vers 1300, qu'ont été établies les premières fabriques de faïence, et qu'elles y ont été importées des possessions arabes d'Espagne, et notamment de Majorque; de là le nom de *majolica* qu'on leur a donné et que portent encore les anciennes faïences toscanes. D'autres dérivent le mot faïence de *Fayence*, petit bourg de Provence, près de Fréjus, l'un des premiers endroits de France où l'on ait fabriqué ce genre de poterie, et dont les ateliers avaient déjà de la réputation avant les grandes manufactures créées par Henri IV à Paris, à Nevers et à Brisambourg en Saintonge. Bernard de Palissy perfectionna beaucoup la fabrication de la faïence. Les faïences fines ont été imaginées en Angleterre vers la fin du XVIIIe siècle, et perfectionnées par Wedgwood en 1763.

FAILLE (vieux mot qui signifie *faute*, *défaut*), grandes fissures au travers des couches de la terre, ordinairement accompagnées d'un dérangement de niveau des deux bords. Ces failles sont produites par l'affaissement ou le soulèvement des terrains, et traversent souvent un grand nombre de couches. Elles sont très-fréquentes dans le terrain houiller.

FAILLITE (de *faillir*, manquer, faire défaut), état d'un commerçant qui se trouve dans l'impossibilité de remplir ses engagements envers ses créanciers, ou de payer à leur échéance les billets qu'il a souscrits. On distingue : la *faillite* proprement dite, celle que fait forcément un négociant à la suite de grandes pertes ou de quelque accident malheureux, et qui peut être considérée comme excusable, et la *banqueroute*, faillite qu'un négociant fait par sa faute, et qui est toujours une flétrissure. *Voy.* BANQUEROUTE.

Tout commerçant qui cesse ses payements est en état de faillite; il doit, dans les trois jours, faire au greffe du tribunal de commerce sa déclaration de cessation de payement (Code de comm., art. 437 et 440). L'ouverture de la faillite est déclarée par le tribunal de commerce; son époque est fixée soit par la retraite du débiteur, soit par la clôture de ses magasins, soit par la date de tous actes constatant le refus d'acquitter ou de payer des engagements de commerce (art. 441). Le failli, à compter du jour de la faillite, est dessaisi de plein droit de l'administration de tous ses biens (art. 442), laquelle dès ce moment est confiée à des syndics provisoires. Tous actes ou payements faits dans les dix jours qui précèdent l'ouverture de la faillite sont déclarés nuls. Les scellés sont apposés sur les magasins, comptoirs, caisses, livres, meubles du failli. Le failli de bonne foi peut, s'il a encore quelques ressources, obtenir un *concordat*. Si le concordat n'est pas accepté, les créanciers se réunissent en contrat d'*union*, et des syndics définitifs sont nommés pour réaliser l'actif, dont le produit est réparti au marc le franc. Le failli, s'il n'obtient un sauf-conduit, est retenu dans une maison d'arrêt ou gardé par un officier de justice, jusqu'à ce que la vente de ses biens ait satisfait à ses dettes. Nul commerçant failli ne peut se présenter à la Bourse qu'il n'ait obtenu sa réhabilitation (art. 614). Tout ce qui concerne la faillite est réglé par le livre III du Code comm. et par la loi du 28 mai 1838. N. Geoffroy a donné le *Code des Faillites*, 1854.

FAIM (du latin *fames*); besoin de manger. La faim diffère du simple *appétit* en ce qu'elle a toujours quelque chose de pénible. La faim se manifeste ordinairement par une sorte de titillation et de resserrement dans la région épigastrique; d'autres fois par une chaleur accompagnée de bâillements et de borborygmes. La fatigue, la douleur et la faiblesse augmentent avec la durée de la faim et avec son intensité. Tous les organes sont moins actifs, la chaleur du corps plus faible; les fonctions et les sécrétions se ralentissent et sont moins abondantes. On n'a pu expliquer encore le mécanisme physiologique de la faim: quelques auteurs l'ont attribuée au froncement de l'estomac pendant sa vacuité; d'autres au frottement de ses rides et de ses houppes nerveuses les unes contre les autres; d'autres à la lassitude des fibres de sa tunique musculaire trop longtemps contractées; d'autres enfin à la compression des nerfs quand l'organe est resserré sur lui-même, ou bien au tiraillement du diaphragme par le foie et la rate, dont l'estomac et les intestins ne soutiennent plus le poids. Quelques-uns ont cherché dans l'accumulation

de la salive et des fluides gastriques, d'autres dans l'alcalescence de ces sucs, la cause de ce phénomène, qui paraît tenir plutôt au mode de vitalité propre de l'organe digestif. Les animaux à sang froid peuvent supporter une longue abstinence; quelques-uns même ne mangent pas pendant l'hiver; mais les animaux à sang chaud succombent promptement par le défaut d'aliments. On a vu cependant des hommes vivre de 13 à 14 jours sans prendre aucune nourriture.

La *faim canine*, ou *cynorexie*, consiste à dévorer avec avidité les aliments pour les rejeter ensuite par la bouche sans qu'ils aient été digérés; la *boulimie* est une faim dévorante accompagnée de défaillances, et la *polyphagie*, un appétit vorace, insatiable et sans choix, suivi d'ailleurs de digestions régulières. Quant au *pica*, qui s'observe chez les femmes chlorotiques et les pousse à avaler du charbon, de la craie, de la terre, etc., et au *malacia* ou dépravation du goût, ces deux affections se rapportent plutôt à l'*appétit*.

FAIM-VALLE (on dérive *valle* du latin *valens* ou *valida*, forte, ou du celtique, *gwall* ou *wall*, mauvaise). Les Vétérinaires appellent ainsi une maladie propre au cheval, qui l'attaque tout à coup pendant la marche et le jette dans des spasmes nerveux dont il ne peut sortir qu'après avoir mangé. Quelques-uns la confondent avec la *faim-calle* ou *caballe* (de *caballus*, cheval), sorte de faim dévorante qui survient parfois aux chevaux. — Dans les vieux auteurs, *faim-valle* se trouve employé dans le sens de *fringale*.

FAINE ou **FOUENNE** (du latin *faginus*, de hêtre), fruit du Hêtre (*Voy.* ce mot). C'est une capsule ovale, pointue, à 4 valves, et renfermant 4 semences triangulaires. L'amande est longue, blanche, huileuse, bonne à manger, et a un goût de noisette. On la donne aux cochons, aux daims, aux oiseaux de basse-cour pour les engraisser. On s'en sert aussi comme succédané du café. Elle fournit une farine dont on fait du pain, et une huile douce et agréable, et qui a l'avantage de ne point rancir.

FAISAN (de *phasianos*, nom grec du faisan, qu'on dérive lui-même du nom du *Phase*, fleuve de Colchide), *Phasianus*, genre d'oiseaux de l'ordre des Gallinacés, famille des Gallinacés proprement dits. Ils ont le volume du coq ordinaire, le port noble, la tête petite, oblongue; la langue épaisse et charnue, les ailes courtes, les jambes emplumées, les tarses nus : leur plumage est lustré et offre les couleurs les plus brillantes, surtout chez le mâle. Leur taille varie de 7 à 12 décimètres de longueur. Leur vol est pesant et lourd. Ils sont timides et sauvages et vivent en troupes nombreuses; ils aiment les lieux tranquilles, retirés, marécageux, et les bois de plaines. Ils vivent de 7 à 8 ans. Les faisans sont polygames; la femelle se nomme *faisane* ou *faisande*. Originaires de l'Asie, ces oiseaux se multiplient, s'acclimatent et vivent en domesticité dans tous les pays du monde. Le *F. commun*, appelé aussi *F. du Phase*, nous a été apporté, dit-on, des bords du Phase, fleuve de l'Asie Mineure, par les Argonautes; c'est celui que l'on conserve particulièrement dans les faisanderies. Les autres espèces sont : le *F. à collier*, le *F. doré*, le *F. argenté*, tous trois originaires de la Chine, et huit ou dix autres espèces plus ou moins connues. Leur chair est légère, nourrissante et délicate. On la sert sur les meilleures tables; elle était réservée autrefois aux seigneurs et aux rois. *Voy.* FAISANDERIE.

On a donné le nom de *Faisan* à des Mollusques du genre *Phasianelle*, dont les coquilles sont remarquables par leurs brillantes couleurs, et qui viennent des Indes et de la Méditerranée. On nomme *F. huppé de Cayenne* le Hoazin huppé; *F. des Antilles*, l'Agami; *F. couronné*, le Goura; *F. de mer*, le Canard pillet; *F. paon*, l'Éperonnier, etc.

FAISANDEAU, nom donné aux jeunes faisans.

FAISANDERIE, lieu convenablement disposé pour

élever des faisans. L'objet d'une faisanderie est d'augmenter la reproduction du faisan. Son étendue doit être suffisante pour que les bandes de chaque couvée puissent vivre séparées; toutefois, elle ne dépasse guère 3 ou 4 hectares. Elle doit être close de murs, et contenir du gazon, des parties boisées et des parties cultivées, ainsi que de l'eau et des terres pulvérulentes; car le faisan aime à s'ébattre dans la poussière. Le logement des faisans destinés à la ponte consiste en petits parcs ou *parquets* à claire-voie, adossés aux murs, exposés au midi, et garnis de perchoirs. La poule faisane couve 18 œufs, qui éclosent au bout de 24 ou 25 jours. Pendant le premier mois, on nourrit les jeunes faisans d'œufs de fourmis ou d'un mélange d'œufs durcis et hachés avec de la mie de pain et du lait; après ce temps, on leur donne du grain; enfin, vers deux mois et demi, on les transporte avec leur mère dans le canton où on veut les fixer, et on continue à leur donner un peu de nourriture, jusqu'à ce qu'ils aient appris à se suffire par eux-mêmes.

FAISCEAU (du latin *fasciculus*), assemblage de plusieurs choses liées ensemble.

Chez les Romains, les *faisceaux* étaient le symbole de la puissance des magistrats. Ils étaient composés de baguettes d'orme et de coudrier, nommées *verges*, au milieu desquelles s'élevait une hache. Les faisceaux étaient portés par les licteurs, et précédaient le dictateur, les consuls, les censeurs, les préteurs, etc. Dans les triomphes, ils étaient ornés de lauriers. L'usage des faisceaux, introduit par les rois, se conserva jusque sous l'empire.

En Physique, on appelle *faisceau optique* un cône de rayons lumineux partant tous d'un même point, et qu'on isole, par la pensée, de tous les autres rayons, pour les soumettre à des considérations particulières; *faisceau magnétique*, la réunion de plusieurs aiguilles ou de plusieurs lames aimantées.

Dans l'Art militaire, on appelle *faisceau d'armes* un assemblage de fusils qui se soutiennent, en forme de pyramide, par l'engagement des baïonnettes les unes dans les autres. Dans les camps, les faisceaux sont rangés le long du front de bandière, à 10 m. en avant des tentes.

FAIT. En termes de Jurisprudence, ce mot désigne les actes contestés qui font l'objet d'un procès. Les jugements doivent contenir l'exposition sommaire des points de *fait*. Dans les procès criminels, c'est le fait qui est établi par le verdict du jury.

On appelle *faits admissibles et pertinents* ceux dont la preuve peut être admise, parce qu'ils appartiennent au fond de la cause; *F. articulés*, ceux que l'une des parties énonce, soit dans ses écritures, soit dans la plaidoirie; *F. et articles*, les faits sur lesquels, en matière civile, l'une des parties fait interroger sa partie adverse; *F. de charge*, la malversation commise par un officier public dans l'exercice de ses fonctions.

FAITAGE, PIÈCE DE FAITAGE (du latin *fastigium*, faîte), pièce de bois qui règne tout le long d'un toit, et qui sert à porter tous les bouts supérieurs des chevrons. — Autrefois, on appelait *Droit de faîtage* le droit qu'on payait au seigneur pour avoir la faculté de bâtir une maison : il se payait au moment où l'on posait le *faîte* ou comble de l'édifice. — On nommait encore ainsi le droit qu'avaient, en certains lieux, les habitants, de prendre dans les bois du seigneur la pièce de faîtage.

FAITIÈRE (de *faîte*), dite aussi *tuilée*, sorte de lucarne ouverte dans le toit pour éclairer l'espace qui est sous le comble. On donne aussi ce nom aux tuiles courbées ou à la table de plomb dont on recouvre le faîtage des combles.

FAKIR ou **FAQUIN**, moine mendiant de l'Inde. *Voy.* ce mot au *Dict. univ. d'Hist. et de Géogr.*

FALAISE (du bas latin *falesia*, tour élevée), nom donné aux terres ou rochers escarpés, taillés en précipices, sur les bords de la mer. Les falaises de la Normandie s'élèvent de 100 à 150 mètres de hauteur. Ces rochers, composés de couches calcaires entremêlées de silex, se détruisent rapidement par l'action des eaux pluviales et marines; la partie calcaire se délite et se dissout facilement dans les flots; les parties siliceuses, roulées et arrondies par les vagues, forment ces masses de *galets* qui couvrent les côtes et encombrent nos ports de la Manche. *Voy.* GALET.

FALARIQUE (en grec et en latin *phalaria*, qu'on dérive du nom du tyran *Phalaris*, auquel on en attribue l'invention), arme incendiaire qui se lançait à l'aide de balistes, de catapultes ou d'armes portatives : c'était un pieu terminé par une longue pointe de fer, garni d'étoupe et imprégné d'huile et de bitume, auquel on mettait le feu. On s'en servait pour incendier les camps ennemis et les places assiégées. Des Grecs et des Romains, l'usage s'en transmit aux Gaulois, aux Espagnols, aux Francs; il se perdit sous la 2ᵉ race.

FALBALA (de l'anglais *furbelow*, de *fur*, fourrure, et *below*, en bas, c.-à-d. fourrure qui borde le bas de la robe), bandes d'étoffes plissées que les femmes mettent pour ornement à des robes, des tabliers, etc. On met encore des falbalas aux rideaux. Aujourd'hui, le falbala s'appelle *volant*.

FALCIFORME (du latin *falx*, *falcis*, faux, et *forma*, forme), se dit, en Botanique et en Zoologie, des organes plans, légèrement recourbés, et ressemblant plus ou moins au fer d'une faux.

FALCINELLE, *Falcinellus* (de *falx*, *falcis*, faux, à cause de la forme du bec), genre d'oiseaux de l'ordre des Échassiers longirostres, est caractérisé par l'absence de pouce : bec long, grêle, arqué dès sa base, obtus à sa pointe, avec des cannelures longitudinales; face emplumée; pieds grêles, nus, munis de 3 doigts. Une seule espèce, le *F. coureur*, compose ce genre : son plumage est mêlé de blanc, de noir, de gris et de brun. Il habite l'Europe et l'Afrique. — Le *F. de Vieillot* est une espèce du genre *Epimaque*.

FALCONELLE, *Falconella*, genre de Passereaux dentirostres voisins des Pies-grièches. Leur bec est robuste, assez court et comprimé. Leur plumage est jaunâtre ou olivâtre, mêlé de blanc, de noir et de gris. La *F. frontale*, ou *Pie-grièche à casque*, a la tête surmontée d'une houppe bleue. Ces oiseaux habitent la Nouvelle-Hollande.

FALCONÉS ou **FALCONIDÉS**, famille d'oiseaux de l'ordre des Rapaces diurnes. Ces oiseaux, remarquables par leurs muscles puissants, leur courage, leur vol rapide, attaquent les animaux les plus redoutables. Leur bec est crochu et recourbé; leurs yeux dirigés sur les côtés; les tarses, nus et emplumés, sont armés d'ongles acérés et robustes. La plupart se repaissent de chair; quelques-uns se nourrissent d'insectes. Tels sont l'*Aigle*, l'*Autour*, la *Buse*, le *Busard*, le *Faucon*, le *Milan*, etc.

FALE, nom vulgaire du *jabot* des oiseaux.

FALÈRE, maladie des bêtes à laine, particulière à l'ancien Roussillon, où elle est enzootique. C'est une espèce d'indigestion qui paraît avoir quelques rapports avec la météorisation ou tympanite. Ce nom lui vient d'un mot catalan qui signifie *promptitude*, à cause de la rapidité avec laquelle périssent les animaux qui en sont frappés.

FALISQUE (VERS). *Voy.* PHALISQUE.

FALLTRANCK (de l'allemand *fallen*, chute, et *trank*, boisson), nom donné, en Suisse, en Allemagne et même en France, à un mélange de plantes récoltées dans les Alpes, et dont l'infusion prévient les accidents qui pourraient arriver à la suite des coups et des chutes. Cette infusion est aromatique, agréable et sudorifique. Elle s'obtient au moyen d'un mélange d'alchimille, brunelle, bugle, bétoine, pervenche, piloselle, sanicle, verge d'or, verveine, armoise, menthe et véronique. On la nomme encore *vulnéraire suisse, thé de Suisse, espèces vulnéraires.*

FALOT (du grec *phalos*, brillant), grande lanterne en fil de fer recouverte de toile blanche, qu'on porte au bout d'un bâton pour s'éclairer pendant la nuit. Il se dit aussi de toute espèce de lanterne qu'on emploie au même usage. *Voy.* LANTERNE.

FALOURDE, espèce de fagot. *Voy.* FAGOT.

FALQUE, nom donné, en Botanique, aux organes courbés comme un fer de faux. La lèvre supérieure de la corolle de la sauge des prés offre ce caractère.

FALQUES. *Voy.* FARGUES.

FALSIFICATION, altération d'une chose, d'un acte. En Chimie, la *falsification*, qu'on nomme aussi *sophistication*, consiste à imiter des médicaments ou certains aliments à l'aide de mélanges de diverse nature, ou à ajouter à des médicaments, à des aliments des matières qui leur sont étrangères et qui les rendent quelquefois nuisibles. La *F.* des *boissons* est punie d'un emprisonnement de 6 jours à 2 ans, et d'une amende de 16 à 200 fr.; les boissons falsifiées doivent être saisies et confisquées. Les fraudes simples (par exemple, l'action de mettre beaucoup d'eau dans les liqueurs) sont punies d'une amende de 6 à 10 fr. (Code pénal, art. 318, 475 et 477). Ces peines ont été aggravées depuis 1850. On peut consulter, pour connaître les divers genres de fraude et les moyens de s'en garantir, le *Dictionnaire des falsifications et des altérations des substances alimentaires, médicinales et commerciales*, par M. A. Chevallier, Paris, 1850-52, 2 v. in-8; et le *Traité de la falsification des drogues simples et composées*, de MM. Pedroni, Bussy et Boutron-Charlard.

En Droit, la *falsification* est l'action de contrefaire un acte, en l'altérant, en y faisant des substitutions, des retranchements, etc. *Voy.* FAUX.

FALUNS, dépôts composés de débris de coquilles marines et de polypiers fossiles. Leur épaisseur varie de 1 à 2 mètres jusqu'à 15 ou 20. Ils sont recouverts d'un lit de terre végétale d'un mètre d'épaisseur environ, et disposés par couches. Ce sont des dépôts, d'une époque assez récente, rejetés par la mer sur d'anciens rivages ou sur d'anciennes embouchures de fleuves. Les fossiles qui les composent sont des *huitres*, des *arches*, des *peignes*, des *cônes*, des *serpules*, des *dents de squale*, des débris de *lamantins*, de *phoques*, de *chevaux*, de *mastodontes*, d'*hippopotames*, de *tapirs*, de *cerfs*, etc. On exploite les faluns pour l'amendement des terres. On trouve beaucoup de *falunières* dans le dép. d'Indre-et-Loire, notamment aux environs de Ste-Maure.

FAMILIER (de *famille*), personne qui fréquente habituellement quelqu'un et vit dans son intimité. Autrefois ce mot comprenait tous les domestiques, et spécialement ceux qui sont au service et aux gages d'un prélat. — En Espagne, on appelait *F. du saint Office* ou *de l'Inquisition*, des affiliés au saint Office chargés d'arrêter les personnes qui lui étaient dénoncées. — Les anciens appelaient *Dieux familiers*, les dieux domestiques ou lares, qui protégeaient la maison de chaque particulier; ils admettaient aussi des *démons* ou *génies familiers*.

FAMILLE (du latin *familia*). Ce mot, qui désignait, chez les Romains, la réunion des esclaves obéissant à un même maître, et autrefois en France les domestiques d'une grande maison, a été étendu à toutes les personnes libres ou non libres soumises au *père de famille*, qui en est le chef. Dans un sens plus restreint, il ne comprend que le père, la mère, et les enfants résultant de leur union. — En Jurisprudence, *famille* exprime la réunion de tous les parents qui descendent d'une souche commune.

On a aussi donné le nom de *famille* : 1° à un monastère de religieux ou à un ordre tout entier ; 2° à un certain nombre de moines d'un même monastère, qui avaient, sous l'abbé ou supérieur géné-ral, leurs chefs ou supérieurs particuliers, et qui demeuraient dans un même corps de logis.

FAMILLE (CONSEIL DE). *Voy.* CONSEIL.

FAMILLE, en Histoire naturelle. Ce mot représente des groupes d'êtres (animaux, végétaux ou minéraux) qui présentent entre eux certaines analogies ou affinités. Dans le règne animal et dans le règne végétal, les individus identiques et qui se reproduisent avec les mêmes caractères essentiels, ont constitué des groupes appelés *espèces;* les espèces voisines, ayant des caractères communs, ont constitué d'autres groupes moins nombreux appelés *genres;* enfin les genres qui ne diffèrent que par des caractères de peu de valeur ont constitué d'autres groupes encore moins nombreux, qu'on a appelés *familles :* telles sont, en Zoologie, les familles des Singes, des Chiens, des Chats, etc., et en Botanique, celles des Labiées, des Ombellifères, etc. On nomme ces familles *F. naturelles* parce que les groupes qui les composent sont fondés non sur un seul caractère commun, comme cela a lieu dans les classifications artificielles, mais sur l'ensemble des caractères communs que présentent tous les organes connus. C'est à A.-L. de Jussieu qu'appartient l'honneur d'avoir rangé d'abord les plantes en familles naturelles, et à Cuvier d'avoir fait une heureuse application de cette méthode à la classification des animaux. Quant au règne minéral, on n'y a établi jusqu'à présent que des groupes artificiels plutôt que de véritables familles, parce qu'on ne connaît pas encore suffisamment les rapports d'analogie qui lient entre elles les formes et les structures diverses.

FAMINE (du latin *fames*, faim), disette générale du pain et des autres aliments nécessaires à la vie dans un pays, une ville, ou une place de guerre. Dans l'antiquité et le moyen âge, les famines furent très-fréquentes : on cite celles qui désolèrent la terre de Chanaan et l'Egypte du temps de Jacob, l'empire romain sous Marc Aurèle et sous Galien ; l'Asie et l'Afrique à la fois de 542 à 545, l'Afrique en 1125; l'Europe, à plusieurs reprises, du Xe au XIVe siècle. L'imperfection de l'agriculture et des relations commerciales, l'imprévoyance des gouvernements , les guerres impitoyables et la longueur des sièges en furent les causes principales. Les progrès de la civilisation, l'adoucissement des mœurs, la fondation des greniers d'abondance dans les grandes villes, et surtout les facilités données à l'importation des blés étrangers rendent à peu près impossible le retour des grandes famines; la disette, et la cherté des vivres qui en est la suite, sont seules à craindre : c'est ce qui a eu lieu en France au dernier siècle par l'effet du *Pacte de famine* (*Voy.* ce mot au *Dict. univ. d'Hist. et de Géogr.*) ; en 1793 par l'effet de l'*accaparement* (*Voy.* ce mot), et en 1846, par l'insuffisance des récoltes. *Voy.* DISETTE.

FAMN, mesure de longueur, en Suède, répond à peu près à notre ancienne toise, et vaut $1^m,7814$.

FANAGE, opération qui a pour objet le séchage des foins qui viennent d'être fauchés. Le matin, par un temps sec, on retourne les foins abattus la veille, on répète la même opération pendant plusieurs jours, puis on les étend pour achever la dessiccation. Chaque soir on les met en petits tas pour les garantir de la pluie et de la rosée, et on les étend le lendemain jusqu'à ce que la dessiccation soit assez complète pour les mettre en grosses meules rondes ou carrées au milieu de la prairie. Dans cet état, le foin peut rester sans inconvénient exposé aux intempéries jusqu'à ce qu'on puisse le botteler et le rentrer.

FANAL (du latin *phanalium*, dérivé du grec *phanarion*, petite lampe), grande lanterne vitrée qu'on éclaire avec de grosses bougies de cire jaune ou avec de l'huile, et dont on se sert beaucoup dans la marine pour les signaux de nuit. On les place à la tête des mâts ou au bout des vergues. Les *fanaux de combat*, de forme carrée, sont suspendus aux baux, dans les batteries, lorsqu'on se bat de nuit. Le *fanal de la mèche* ou de *consigne* est suspendu sur l'avant, dans la batterie haute, et éclaire le lieu où l'on conserve toujours à bord de la lumière et du feu, et où est affichée la *consigne* ou règlement du navire ; la garde en est confiée à un factionnaire. Le *fanal d'habitacle* est un petit fanal armé de *réflecteurs*, qui sert à éclairer les boussoles. Les *fanaux de la soute aux poudres* sont vitrés et grillés. Les *fanaux sourds*, dont on se sert pour éclairer dans l'intérieur, n'ont qu'une petite corne ; on les porte à la main dans les rondes ou pour les travaux de la cale. Il y avait autrefois des *fanaux de poupe*, montés au couronnement. Les vaisseaux amiraux en portaient trois, et un quatrième sur l'arrière de la grande hune. — On donne aussi le nom de *fanal* aux feux qu'on allume sur des tours à l'entrée des ports et le long des plages pour indiquer la route aux vaisseaux. *Voy.* PHARE.

FANDANGO, danse espagnole à trois temps dont le mouvement est à la fois animé et voluptueux, et qui s'exécute à deux, au son de la guitare et au bruit des castagnettes. Les danseurs se servent des castagnettes avec beaucoup de justesse et de légèreté pour animer les mouvements et pour marquer la mesure, qu'ils indiquent encore avec le talon, d'une manière qui ajoute infiniment de grâce à leur danse. Le *fandango* s'exécute aussi en forme de contredanse ; on le danse alors à huit, partagés en quatre couples : c'est ce qu'on nomme *seguidillas*. Les Espagnols ont pour cette danse une véritable passion. Il y a quelques années on a importé le *fandango* sur la scène de notre Opéra, mais en lui ôtant une partie de son entrain.

FANE, feuilles qui croissent au sommet de quelques racines potagères telles que celles de la betterave et du salsifis, dont on fait usage dans la cuisine. — Ce mot désigne encore toute sorte de débris de feuilles ou d'herbes plus ou moins desséchées que l'on ramasse pour faire de la litière aux animaux.

FANÈGUE (de l'espagnol *fanega*), mesure de capacité pour les liquides, employée en Espagne et en Portugal ; vaut de 55 à 56 litres.

FANFARE (d'un mot arabe, formé par onomatopée), air militaire court et vif, exécuté soit à l'armée, soit dans les réjouissances publiques, notamment aux distributions de prix, par des trompettes ou par une réunion de trompettes, de clairons, de cors, de trombones et d'ophicléides. Ces airs, variables et capricieux, produisent des effets agréables et des modulations variées, quand ils sont exécutés par des instruments en divers tons. Autrefois on les exécutait avec des instruments de cuivre sans clef, ce qui leur donnait beaucoup de sécheresse. Les Allemands sont les premiers qui se sont servis à cet effet d'instruments à clef. — On prétend que les fanfares sont, ainsi que le mot même, d'origine arabe, et qu'elles furent importées par les Arabes en Espagne, d'où elles passèrent dans le reste de l'Europe. — En termes de chasse, la *fanfare* est l'air qu'on sonne en lançant le cerf.

FANFRE, nom vulgaire d'un poisson du genre Pilote, le *Naucrates Ductor*. *Voy.* PILOTE.

FANION (diminutif de *fanon*), petit drapeau de serge, qu'on portait à la tête des équipages d'une brigade. Le fanion était de la couleur des livrées du brigadier. Il a été remplacé par le *guidon*.

FANON (du bas latin *fano*, dérivé de *pannus*, toile, drap), pièce d'étoffe suspendue et déployée au bout d'une lance, d'une pique, pour servir de signe de ralliement. On a dit aussi *fanion* et *gonfanon*. *V.* ces mots. Dans le costume ecclésiastique, on nomme *fanon* ou *manipule*, l'espèce de petite étole que les prêtres et les diacres portent sur le bras gauche, à la messe. Le fanon doit être de la même étoffe que l'étole. On nomme aussi *fanons* les deux pendants de la mitre d'un évêque, qui retombent par derrière, ainsi que

les pendants d'une bannière. — En termes de Blason, le *fanon* est un large bracelet qui pend au bras droit, un dextrochère représenté sur un écu.

Dans la Marine, les *fanons* sont les portions de toile pendantes sous la vergue entre les cargues.

En Chirurgie, on appelle *fanon* un cylindre de paille de seigle, entouré d'une bande étroite et fortement serrée, qu'on employait autrefois pour le pansement des fractures de la cuisse et de la jambe ; et *faux-fanon*, une pièce de linge pliée en doubles et roulée à plat, qui se plaçait entre le membre fracturé et le fanon. Aujourd'hui les faux-fanons sont remplacés par des coussinets, et les fanons par des attelles.

En Histoire naturelle, on appelle *fanon*, le pli de la peau qui pend sous le cou des bœufs, et la pelote de crins qui croît derrière le boulet du pied des chevaux ; — et *fanons*, les lames flexibles qui descendent sous forme de peigne des deux côtés du palais de la baleine et qui remplacent les dents : ces lames, qui ont environ 3 mètres de long, sont au nombre de 8 à 900 pour chaque baleine ; elles ont pour objet de tamiser l'eau que la baleine engloutit, et de retenir les petits animaux, dont cet animal se nourrit. Ce sont ces fanons qui se débitent dans le commerce sous le nom de *baleines*, pour parapluies, corsets, etc.

FANTAISIE, sorte de pièce de musique instrumentale dont l'origine date du XVIe siècle. Ce fut d'abord une composition où le musicien s'abandonnait à toute la verve et aux caprices de son imagination, à des recherches et à des modulations savantes et hardies ; aujourd'hui, la fantaisie n'est plus que la paraphrase d'un air d'opéra. Elle a toujours pour thème un air dont le motif est varié. On cite les *fantaisies* de Bach, de Mozart, de Steibelt, de Thalberg, etc.

FANTASIA, sorte de jeu militaire ou de courses que les Arabes pratiquent dans leurs fêtes, et qui consiste à s'élancer de toute la vitesse de leurs chevaux, à revenir sur leurs pas ou à s'arrêter tout court, à tourbillonner avec de grands cris en déchargeant leurs armes, ou en les lançant en l'air pour les recevoir en courant.

FANTASMAGORIE (du gr. *phantasma*, fantôme, et *agora*, assemblée), art de faire apparaître des spectres, des fantômes, etc., à l'aide d'illusions d'optique, dans une salle parfaitement obscure. On place au milieu de la salle une grande toile qui sépare les spectateurs de l'opérateur ; celui-ci tient à la main une lanterne magique, dont les verres représentent un spectre menaçant, un fantôme. En plaçant l'appareil tout près de la toile, le spectre ne semble qu'un point ; en l'éloignant progressivement, le spectre grandit, semble s'approcher peu à peu et se précipiter vers les spectateurs. On fait quelquefois paraître ces fantômes comme animés et pleins de vie, disparaissant, s'agitant en tous sens. On croit que la fantasmagorie n'était pas inconnue aux prêtres païens, qui s'en réservaient le secret et en tiraient parti pour tromper le peuple. Cagliostro, au dernier siècle, s'en servait pour opérer ses prodiges. Robertson ouvrit à Paris, à la fin du siècle dernier, le premier *Théâtre de fantasmagorie*. *Voy.* LANTERNE MAGIQUE.

FANTASSIN (de l'italien *fantoccino*, diminutif de *fante*, pour *infante*, jeune serviteur, soldat à pied), nom usité depuis 1338, pour désigner les soldats à pied d'une compagnie d'*infanterie*. Ce fut longtemps un terme de mépris. *Voy.* INFANTERIE.

FANTOCCINI (de l'italien *fantoccio*, enfant, poupée). *Voy.* MARIONNETTES.

FANTÔME (du grec *fantasma*, apparition). *Voy.* SPECTRE. — On donne le nom de *fantôme* à plusieurs espèces de *Mantes* et de *Phasmes*. *Voy.*

FAON (pron. *fan*), nom commun aux petits de tous les animaux du genre Cerf, âgés de moins de six mois. — Il se dit aussi du petit de l'éléphant.

FAQUIN (de l'italien *facchino*, dérivé de *fasciculus*, fagot, botte de paille), nom donné primitivement à un mannequin de bois ou de paille, dont on se servait comme de plastron pour l'exercice de la lance; de là les expressions : *courre le faquin* et *brider* (c.-à-d. ici frapper) *le faquin*. Quelquefois le mannequin était remplacé par un valet, loué pour cet usage; de là, en Italie, le nom de *facchino*, donné à tout valet de place, commissionnaire ou portefaix; et en France, le nom de *faquin*, appliqué, par mépris, à tout individu qui joint l'impertinence à la bassesse, défauts trop ordinaires aux valets.

FARANDOLE ou FARANDOULE, espèce de danse en usage en Provence et en Languedoc, dans laquelle un grand nombre de personnes forment une chaîne en se tenant par la main ou avec des mouchoirs. L'air de cette danse est d'un mouvement vif et cadencé; la mesure est à six-huit. La farandole s'exécute ordinairement pour célébrer les naissances ou les mariages, et dans les fêtes publiques. Au signal donné, la ronde se met en branle, parcourt les rues de la ville et les villages environnants, se grossissant de tous ceux qu'elle rencontre, et exécute diverses figures qui consistent à réunir les bouts de la chaîne, à danser en rond, à la faire passer sous un arc formé par les bras de plusieurs danseurs, etc.—Cette danse a quelque analogie avec la danse macabre : on prétend, toutefois, qu'elle est d'origine grecque, et que c'est l'antique danse de la grue, inventée par Thésée, qui aurait été importée à Marseille par les Phocéens.

FARCE (du latin *farcire*, remplir), mélange de diverses viandes hachées, assaisonnées d'épices, d'herbes fines, de champignons, de truffes, etc., et que l'on met dans le corps de quelque animal rôti, dans des viandes, dans des œufs, etc. On nomme encore ainsi un mets fait avec plusieurs sortes d'herbes, telles que l'oseille, la laitue, etc., hachées ensemble et mélangées avec des œufs, sur lequel on met, avant de le servir, des quartiers d'œufs durs.

En Littérature, la *farce* est une pièce de théâtre d'un comique bas et burlesque, dont l'origine remonte au XIIᵉ siècle. Au moyen âge, on l'appelait *sottie*. Une des plus remarquables est la *Farce de maître Pierre Pathelin*, composée au XIIIᵉ siècle. Jusqu'à Molière, la plupart des comédies du théâtre français ne méritent que le nom de *farces*. Les *Fourberies de Scapin*, *Pourceaugnac*, le *Malade imaginaire* et même le *Bourgeois gentilhomme* appartiennent encore à ce genre. Scarron, Dancourt, Le Sage et plusieurs poëtes du XVIIIᵉ siècle ont aussi écrit des farces, surtout pour le théâtre de la Foire. Ce genre est tout à fait abandonné aujourd'hui : les *Janot*, les *Jocrisse* et les *Cadet-Roussel*, qui ont tant fait rire nos pères, en ont été les derniers héros.

FARCIN (en latin *farciminum*, de *farcimen*, andouille), maladie propre aux chevaux, consiste dans le gonflement et l'inflammation, ordinairement chronique, des ganglions et des vaisseaux lymphatiques. Le farcin se montre tantôt sous forme de *boutons* ronds et circonscrits, plus ou moins allongés, quelquefois même aplatis; tantôt sous forme de *cordes*, ou de *chapelets*; tantôt, enfin, sous forme d'*engorgements* plus ou moins étendus. — On a appelé *F. bénin* ou *volant* celui qui consiste en un petit nombre de boutons peu volumineux, sur des parties éloignées du trajet des vaisseaux; *F. cordé*, celui qui se montre sur le trajet des vaisseaux, sous forme de boutons disposés en *cordes*, ou *chapelets*; *F. cul-de-poule*, celui dont les boutons dégénèrent en ulcères calleux, à bords renversés. Cette maladie nécessite les plus grands soins de propreté, une bonne nourriture, et l'habitation dans des lieux élevés, secs et bien aérés. Les préparations antimoniales, données à l'intérieur, ont quelquefois réussi.

FARD (de l'allemand *farbe*, couleur), composition en forme de pâte blanche ou rouge que les dames s'appliquent sur le visage pour en imiter les couleurs naturelles, et dont les acteurs et les actrices se servent pour rehausser ces mêmes couleurs, qui seraient trop faibles à l'éclat d'une lumière artificielle, telle que celle des bougies et du gaz. Les plus anciens fards connus sont le *sulfure d'antimoine* et la *plombagine*, dont les femmes se servaient pour se noircir le tour des yeux, afin d'en rehausser l'éclat. On se sert, pour se teindre la peau en blanc, de la *céruse* ou *blanc d'argent* (carbonate de plomb), du *blanc de fard* (oxyde ou sous-nitrate de bismuth), de la dissolution alcoolique de benjoin précipitée dans l'eau (*lait virginal*); pour le rouge, du *vermillon*, du *minium*, *du rouge d'Espagne* (teinture de carthame), de la *cochenille*, du *carmin*, de l'*orseille* ou de l'*orcanette* dissoutes dans le vinaigre, etc. A la longue, le fard flétrit la peau; en empêchant la transpiration cutanée, il peut donner lieu à des affections dartreuses; il nécessite l'emploi de pommades ou de lotions adoucissantes. *Voy.* COSMÉTIQUE.

L'usage du fard remonte à une très-haute antiquité. En Judée, en Égypte, en Grèce, à Rome, les femmes se noircissaient le tour des yeux, les sourcils, se coloraient les joues, les lèvres, etc. Cette coutume a été retrouvée chez les peuples sauvages de l'Asie, de l'Afrique et de l'Amérique. En France, l'usage en est bien moins répandu aujourd'hui qu'au siècle dernier, et ne subsiste plus guère qu'au théâtre.

FARDE, nom donné, dans le Commerce, aux balles de café moka : elles pèsent environ 185 kilogr.

FARDIER, espèce de voiture destinée à porter les *fardeaux* les plus lourds, tels que les blocs de pierre ou de marbre, les statues de marbre ou de bronze, etc., que les voitures ordinaires ne pourraient porter, à cause de leur faiblesse comparative. Les fardiers destinés à transporter les gros bois de charpente sont formés de deux grandes roues de 3 m. de haut, d'un essieu en fer et de deux grands brancards en bois, qui servent aussi de limonière pour atteler un cheval.

FARFADET (du latin *fadus*, *fada*, fée, et de l'écossais *fair*, joli?), espèce de lutin, d'esprit follet, de la famille des Djinns et des Gnomes, qui existe dans les croyances superstitieuses de certains peuples. Les Orientaux et surtout les Indiens croient à l'existence des farfadets; on les retrouve aussi dans la croyance populaire des Écossais, qui les nomment *fairfolks* : *Trilby* est un farfadet écossais. Les farfadets sont malicieux sans être méchants; ils aiment à taquiner, à tourmenter, mais sans faire aucun mal. M. Berbiguier, qui croit à ces lutins, a publié un ouvrage intitulé *les Farfadets* (1821), où il établit doctement leur existence. *Voy.* LUTIN.

FARGUES ou FALQUES, bordages supplémentaires qu'on cloue sur les allonges en dehors, à bord des petits bâtiments qui n'ont ni vibord ni bastingage, pour les garantir des lames et couvrir un peu leur pont. On nomme encore ainsi les planches courtes enchâssées à coulisse dans l'ouverture des sabords des batteries basses des vaisseaux : elles servent à arrêter l'eau qui pourrait entrer sur le pont.

FARINE (en latin *farina*, dérivé de *far*, blé), poudre blanche ou jaunâtre, plus ou moins fine, obtenue par la trituration des graines des céréales. Par extension, on donne ce nom à la poudre tirée des semences des légumineuses, de quelques racines, de la pomme de terre, etc. Employé seul, le mot *farine* désigne la farine de froment. La farine de froment contient 60 à 70 parties d'amidon, 8 à 14 de gluten, 8 à 12 d'eau, un peu de sucre, de matière gommeuse, ainsi que divers sels, notamment des phosphates et des sulfates : le *gluten* est la partie essentiellement nutritive de la farine. — La farine résulte de deux opérations principales : la *mouture*, ou pulvérisation du grain par la meule; et le *blutage*, ou séparation de la farine d'avec le son. On distingue dans le commerce : 1° la *farine brute*, ou *F. en son*, résultat d'une mouture sans blutage;

2º la *F. entière*, qui a été purgée plus ou moins du son par l'effet du blutage, mais qui contient tous ses gruaux (cette farine est dite *blanche*, lorsqu'elle contient le moins de son possible ; *bise blanche*, lorsqu'elle n'a pas été suffisamment purgée de son) ; 3º la *F. de blé*, qui provient de la partie la plus friable du blé : elle manque de consistance et de saveur, par l'absence des gruaux ; 4º le *gruau*, partie du grain qui enveloppe le germe du blé : c'est la plus abondante en gluten ; 5º la *F. de gruau*, provenant de la mouture des gruaux : elle est employée pour la pâtisserie et le pain de luxe, dit *pain de gruau* ; 6º la *F. bise*, qui contient trop de son pour conserver une couleur claire ; 7º les *issues*, produits farineux où domine l'enveloppe corticale du blé, c.-à-d. le son. Les issues se divisent, d'après le blutage, en *recoupes, recoupettes, remoulage, petit son, gros son*, etc. : elles servent à la nourriture du bétail et des animaux de basse-cour ; on en fait aussi du pain.

La qualité de la farine tient à la nature du blé, ainsi qu'à la perfection de la mouture et du blutage ; elle varie aussi par l'effet du temps et de différentes circonstances. La farine vieille est sans consistance, d'un goût et d'une odeur de son, et sa manipulation exige beaucoup de travail de la part du boulanger ; échauffée par la fermentation, elle devient granuleuse, et se concrète par petites portions qu'on appelle *marrons*. L'altération des farines avariées se trahit par une couleur rougeâtre, un goût âcre et une odeur nauséabonde. Les bonnes farines, au contraire, sont d'un blanc jaunâtre, douces au toucher, exhalent une odeur très-faible, mais toujours agréable, soit à sec, soit mouillées, et donnent une pâte élastique et homogène. — On falsifie quelquefois la farine de froment avec de la farine de haricots ou de seigle : on reconnaît la présence de celles-ci en y versant de l'eau bouillante, qui développe l'odeur de la substance étrangère. Le pain fait avec de la farine de seigle reste longtemps humide. L'addition de la fécule à la farine se reconnaît soit au moyen du microscope, soit en la broyant avec un peu d'eau froide dans un mortier, filtrant et ajoutant au liquide filtré une solution d'iode qui bleuit alors si la farine contient de la fécule ; les grains d'amidon, étant beaucoup moins gros que les grains de fécule, ne s'écrasent pas dans ces circonstances, et ne se dissolvent pas dans l'eau froide ; au reste, on ne peut pas mélanger à la farine plus de 30 p. % de fécule ; car elle ne pourrait plus faire de pâte. La sophistication de la farine par le maïs, le riz ou le sarrasin, se reconnaît aussi facilement. Pour découvrir le maïs ou le riz, on malaxe la farine suspecte sous un filet d'eau, en recevant le liquide sur un tamis. On recueille l'amidon déposé, et, en l'examinant à la loupe, on découvre aisément les fragments angulaires, demi-translucides, que contient toujours la farine de riz ou de maïs. Quant à la farine de sarrasin, elle fournit des agglomérations d'amidon à formes polyédriques très-faciles à reconnaître.

Le muid de farine, à Paris, est de *six* sacs, pesant chacun 325 livres, environ 163 kilogr. Un sac est censé le produit de 2 setiers de blé (3 hectol., 12), et doit produire 104 pains de 2 kilogr. Paris consomme journellement de 345 à 350,000 kilogr. de farine, ou 2,200 sacs environ. Cette quantité de farine provient de la Beauce, de la Brie, de la Normandie et de la Picardie, et est fournie surtout par les marchés de Corbeil, Melun, Provins, Moret, Nogent-sur-Seine, Arcis-sur-Aube, Meaux, etc. Les farines de Narbonne et de Toulouse, renommées pour leur qualité, s'exportent en partie aux colonies ; Le Havre fait un assez grand commerce d'exportation en farines. On importe aussi beaucoup de blé en France d'Odessa, de la Sardaigne, des États-Unis et de l'Allemagne.

FARINE (FOLLE), nom donné à la poussière de la farine, dont la ténuité est telle qu'elle est emportée dans l'air, et va se déposer dans toutes les parties des bâtiments où l'on moud les grains.

FARINE EMPOISONNÉE, nom donné par les Mineurs à l'oxyde blanc d'arsenic qui recouvre quelques minerais de cobalt, et à celui qui se volatilise dans les diverses parties des fourneaux.

FARINE FOSSILE, substance terreuse, minérale, blanche, en poudre impalpable, semblable à la farine de froment. C'est une variété de chaux carbonatée, pulvérulente, légère, qui tapisse les parois des fissures verticales de plusieurs bancs de pierres calcaires. On en fait des briques assez légères pour surnager sur l'eau. Quelques variétés ne sont autre chose qu'une sorte de sable formé des dépouilles siliceuses d'animaux infusoires. En Suède et en Finlande, les indigènes les mêlent aux farines dont ils font leur pain.

FARINE RÉSOLUTIVE, mélange des farines du lupin, de l'ers, de la fève de marais et de l'orge, dont on se sert pour faire des cataplasmes résolutifs.

En Médecine, on nomme *farines* une espèce de dartre légère dans laquelle il y a desquamation de l'épiderme. *Voy.* DARTRES.

FARINEUX, se dit, en Botanique, et de tous les végétaux dont on peut extraire une farine, et des parties recouvertes d'une poussière blanche et comme farineuse. Parmi les *farineux*, on distingue les céréales, les grains, les légumes secs, le sarrasin, le maïs, les pommes de terre, les châtaignes, etc.

FARLOUSE, espèce d'Alouette. *Voy.* PIPIT.

FAROUCH ou FAROUCHE, nom vulgaire du Trèfle incarnat (*Trifolium incarnatum*), cultivé en grand comme fourrage, et qui se consomme en vert.

FAROS, nom vulgaire de deux variétés de pommes d'automne : l'une, le *gros Faros*, est grosse, comprimée, lisse et rousse ; l'autre, le *petit Faros*, est moins grosse, oblongue et pourpre.

FARSANGE, mesure itinéraire. *Voy.* PARASANGE.

FARTHING, la plus petite monnaie de cuivre d'Angleterre, vaut le quart d'un penny, et, en monnaie de France, 0 fr., 0242.

FASCE (du latin *fascia*, bandelette). En Architecture, ce mot désigne les frises ou les trois bandes qui composent l'architrave. — En termes de Blason, c'est une des pièces principales de l'écu, celle qui la coupe horizontalement par le milieu : elle représente l'écharpe que portaient les chevaliers. On appelle *écu fascé* un écu orné de plusieurs bandes ou *fasces* d'émail différent. Lorsque ces fasces sont au nombre de 6 ou 8, l'écu est *burelé* ; lorsqu'elles sont d'une couleur différente de celle de l'écu, celui-ci est *contre-fascé*.

FASCIA (mot latin qui signifie *bande*), nom commun à plusieurs membranes aponévrotiques servant d'enveloppes aux organes ou établissant leur séparation : telles sont la *F. iliaca*, ou *Aponévrose iliaque*, qui s'attache en dehors, à la lèvre interne de la crête iliaque ; en bas et en avant, à l'arcade crurale et à l'aponévrose fascia lata ; la *F. lata*, qui se fixe sur l'aponévrose fascia superficialis et qui est tendue par un muscle situé à la partie supérieure et externe de la cuisse ; la *F. superficialis*, aponévrose très-mince, qui couvre les muscles et les aponévroses de l'abdomen, passe au devant de l'arcade crurale, et présente au-dessus de cette partie des fibres dont la direction est parallèle au pli de la cuisse ; la *F. transversalis*, qui naît de l'aponévrose du grand oblique, sépare le muscle transverse du péritoine dans la région inguinale, et se perd dans le tissu cellulaire qui couvre la face interne du muscle transverse.

FASCICULE (du latin *fasciculus*, faisceau), nom donné, en Pharmacie, tantôt à la quantité de plantes qu'on peut embrasser avec le bras entre les deux corps, tantôt à celle que l'on peut prendre avec les trois premiers doigts de la main. — Il a été étendu par métaphore aux diverses livraisons de certains ouvrages scientifiques de longue haleine.

FASCICULÉ, se dit, en Botanique, des parties réunies en faisceau. Les feuilles de l'Epine-vinette, du Cèdre, du Mélèze, les racines du Porreau, les épines de plusieurs Cactiers sont *fasciculées*.

FASCINATION (du lat. *fascinare*, charmer), puissance qu'ont certains animaux de maitriser d'autres animaux par leur regard et de les attirer à eux. Les serpents, les crapauds, etc., ont la propriété d'attirer ainsi les oiseaux et quelques grands animaux. Dès qu'on intercepte la vue entre le sujet fasciné et l'animal fascinant, la *fascination* cesse à l'instant. Cette action s'explique par l'effroi qu'inspire aux animaux faibles la vue de leur ennemi. — Chez les anciens, les Psylles et plusieurs peuples d'Afrique avaient, dit-on, la puissance de fasciner les serpents. — Les effets du magnétisme peuvent être considérés, dans beaucoup de cas, comme une sorte de fascination. *Voy.* MAGNÉTISME.

FASCINE (du latin *fascis*, fagot), fagot de menus branchages, long de 1 à 2 mètres sur 20 centim. de diamètre, arrangé de manière qu'il reste entre les brins le moins de vide possible, et fortement serré et contenu par des liens placés à peu de distance de chacune de ses extrémités : on la charge de terre pour leur donner plus de consistance. Outre les *fascines* proprement dites, il y a encore les *saucissons*, les *gabions* et autres *fascinages* (*Voy.* ces mots).— Les *fascines* sont d'un grand usage à la guerre, principalement pour les fortifications; on les emploie à construire des batteries, des épaulements, des retranchements; à tracer des ouvrages, combler des fossés, élever des digues et jeter des ponts sur les ruisseaux. — On les emploie encore au raccommodage des chemins, au bordage des canaux, etc.

FASCIOLAIRE (du latin *fasciola*, bandelette), *Fasciolaria*, genre de mollusques Gastéropodes de l'ordre des Pectinibranches, famille des Buccinoïdes: coquille subfusiforme, canaliculée à sa base, sans bourrelets persistants, présentant sur la columelle, à l'origine du canal, deux ou trois plis très-obliques. On remarque la *F. tulipe*, dite aussi *Tapis turc*, *Tulipe d'Inde* ou *rubannée*, fusiforme, lisse, ventrue, de couleur jaune rougeâtre ou blanche, avec des taches rouillées et des lignes de diverses couleurs, et la *F. orangée* ou *Veste parisienne*.

FASCIOLE (du latin *fasciola*, bandelette), genre de vers entozoaires. *Voy.* DISTOME.

FASÉOLE, nom donné par les cultivateurs : 1° à la petite *fève* de marais; 2° au *haricot*; 3° aux *dolics*, que l'on emploie comme aliments. *V.* ces mots.

FASTES (du latin *fas*, il est permis). Chez les Romains, on appelait *jours fastes* les jours où il était permis de rendre la justice, par opposition aux *jours néfastes*, pendant lesquels on ne pouvait ni statuer sur aucune affaire, ni assembler le sénat ou tenir les comices (*Voy.* CALENDRIER). On appelait *F. calendaires* les registres qui contenaient l'indication des jours fastes et néfastes : on les appelait aussi *F. pontificaux*, parce que, dans l'origine, la connaissance de ces distinctions était réservée aux pontifes.

Par extension, on donna le nom de *fastes* aux registres sur lesquels on inscrivait les événements journaliers qui intéressaient la république. On appelait *Fastes consulaires*, des tables sur lesquelles on écrivait le nom des consuls et des dictateurs année par année, les guerres, les victoires, les traités de paix, les lois établies, etc. Ces derniers s'appelaient aussi *Grands fastes*, par opposition aux fastes calendaires ou *Petits fastes*. — On a appelé *F. capitolins*, des tables de marbre retrouvées dans des fouilles à Rome en 1547, et qui contenaient la suite des consuls depuis l'an 250 de Rome jusqu'à 765; on en fait remonter la composition au siècle d'Auguste, et on les attribue à Verrius Flaccus. On nomme *F. prénestins*, d'autres tables trouvées à Préneste au siècle dernier. Les *F. capitolins*, dits aussi *F. maf-*

féins parce qu'ils furent trouvés dans le palais des Maffei, ont été publiés à Rome en 1549 par B. Marliani, et depuis par Piranesi, Borghèse, Baiter (1837); les *F. prénestins*, par Foggini, 1779, Orelli, 1828, etc.

Nous avons d'Ovide, sous le titre de *Fastes*, 6 livres en vers élégiaques, qui sont un commentaire historique et mythologique du calendrier pour les six premiers mois de l'année. Lemierre a fait un poème en 16 chants avec le même titre : il y décrit l'origine des cérémonies en usage dans tout l'univers.—On a publié aussi plusieurs ouvrages historiques sous le titre de *Fastes* ; nous avons les *Fastes français*, les *Fastes de la Pologne et de la Russie*, les *Fastes de la Légion d'honneur*, etc. M. Buret de Longchamp a publié, sous le titre de *Fastes universels*, des tables chronologiques très-développées. Fynes Clinton a publié les *Fasti hellenici* (1827), les *Fasti romani* (Oxford, 1850, 2 vol. in-4) ; ces derniers vont jusqu'à la mort d'Héraclius.

FASTIGIE, se dit, en Botanique, des plantes dont les rameaux, au lieu de s'étendre horizontalement, se rapprochent de la tige et se dirigent vers le ciel.

FATALISME (de *fatum*, destin). Philosophiquement, c'est l'opinion qui consiste à nier la liberté, à supposer que les faits de l'ordre moral sont, comme ceux de l'ordre physique, le résultat de la nécessité ou du destin. Dans le langage ordinaire, on dit qu'un homme est *fataliste*, pour indiquer qu'il admet, dans certains cas, l'influence de la destinée ; ce qui ne veut pas dire qu'il étende cette influence à tous les cas possibles. C'est peut-être dans ce dernier sens que les anciens se représentaient l'empire du destin, et que les Mahométans croient encore au fatalisme.

Le fatalisme peut naître soit de l'idée fausse que nous nous faisons de la nature des êtres, soit de l'idée exagérée que nous concevons des forces du monde physique et de la dépendance où nous sommes de ce monde; soit de l'esprit de système qui nous fait sacrifier la notion de la liberté à certaines théories fausses de métaphysique, de psychologie, de théodicée, ou de physiologie. Ainsi, qu'un philosophe n'admette d'autre existence que celle de la matière, comme le faisaient Leucippe, Démocrite, Epicure, et les matérialistes modernes, Lamettrie, d'Holbach, Diderot; qu'un métaphysicien, comme Leibnitz, explique les rapports de l'âme et du corps par une harmonie préétablie entre la série des actes de l'âme et la série des phénomènes du corps; qu'un psychologue confonde, comme Condillac, la volonté ou la liberté avec le désir, et le désir avec la sensation; ou, qu'à l'exemple des Platoniciens et des Cartésiens, il fasse dépendre trop étroitement les déterminations de la volonté, non pas seulement les conseils de l'intelligence, qui ne l'est pas; qu'un théologien outre l'idée de l'omniprésence de Dieu, ce qui conduit au panthéisme, ou l'idée de sa toute-puissance et de sa prescience infinie, ce qui peut aboutir à subordonner tous les actes de l'homme à cette prédestination inflexible, imaginée par le mahométisme et par plusieurs sectes chrétiennes; qu'un physiologiste, comme Cabanis, réduise l'âme à n'être qu'une partie ou une fonction du cerveau; ou bien, qu'en se préoccupant, avec Gall et l'école phrénologique, de l'influence de certaines protubérances du cerveau, il en tire l'explication de nos qualités, de nos penchants et de nos vices; au fond de toutes ces hypothèses, il y a implicitement ou explicitement la négation de la liberté, c'est-à-dire le fatalisme.

Le fatalisme se réfute directement par le témoignage du sens intime, qui nous atteste, à tout moment, notre liberté (*Voy.* ce mot), et par une foule de faits qui prouvent que nous nous croyons libres, tels que les joies ou les remords de la conscience, les lois et les jugements des tribunaux, les engagements que nous prenons pour l'avenir. On peut, en outre, le réfuter indirectement en réfutant les faux systèmes, dont il n'est le plus souvent que la conséquence. L'abbé Plouquet a donné un ouvrage estimé sous le titre d'*Examen du fatalisme*, 1757, 3 vol. in-12.

FATA-MORGANA. *Voy.* MIRAGE.

FATHOM, mesure linéaire d'Angleterre, semblable à peu près à la toise de France, vaut 2 *yards*, et égale 1^m.828767 de nos mesures.

FAUBERT, sorte de balai à l'usage des marins et destiné à éponger l'humidité, est fait avec une grosse poignée de fils de caret ployés en double et arrangés pour recevoir un manche. Les fils, en se détordant, forment une étoupe qui fait éponge.

FAUBOURG, jadis *forsbourg*, puis, par corruption *faubourg* (du bas latin *foris burgium*, hors du bourg ou de la ville, en allemand *vorburg*, bourg situé en avant du château ou de la ville), nom donné primitivement aux maisons situées hors d'une ville. Réunies plus tard dans l'enceinte des cités, ces parties extérieures des villes n'en conservèrent pas moins leur ancien nom. Les faubourgs de quelques villes sont très-considérables. A Vienne, en Autriche, ils sont trois fois plus grands que la ville même. A Paris, ceux de Saint-Germain, Saint-Antoine, Montmartre, Grenelle, etc., sont d'une très-grande étendue.

FAUCET (du latin *fauces*, gorge). *Voy.* FAUSSET.

FAUCHAGE (de *faux*), opération par laquelle on coupe à l'aide de la *faux* les foins et les céréales. Le fauchage des prairies se fait soit à la *sape* ou à la *faucille*, soit à la *faux simple*; le manche de celle-ci est quelquefois garni près de la lame d'un crochet de fer ou de baguettes d'osier destinés à rassembler sur un même point l'herbe abattue par chaque coup de faux (*Faux à rateau*). On doit faucher le plus près possible de terre, tant pour ne rien laisser perdre que pour éviter de former des tronçons durs et ligneux qui gênent pour les coupes suivantes. Le fauchage à la rosée est le plus facile; mais dans les sols humides il accélère la fermentation. En général, la faux est plus expéditive que la sape ou la faucille : un habile faucheur moissonne en un jour une surface de 60 ares, tandis qu'on n'en moissonne guère que 40 avec la *sape* et 20 avec la *faucille*.

FAUCHARD (de *faux*), espèce de hallebarde en usage au moyen âge, consistait en une pièce de fer longue et tranchante des deux côtés, et emmanchée d'une hampe : c'était l'arme des gens de pied. Le fauchard fut remplacé par la pertuisane, et plus tard par la hallebarde proprement dite.

Serpe à deux tranchants garnie d'un long manche.

FAUCHET (de *faux*), espèce de rateau à dents de bois, qui sert aux faneurs pour amasser l'herbe fauchée, et aux batteurs en grange pour séparer la paille battue d'avec le grain.—*Voy.* aussi FAUCILLON.

FAUCHET est aussi le nom vulgaire du *Bec-en-ciseaux*.

FAUCHEUR, ouvrier. *Voy.* FAUCHAGE.

FAUCHEUR ou FAUCHEUX (ainsi nommé à cause de sa marche), *Phalangium*, genre d'Arachnides de l'ordre des Trachéennes, famille des Holètres, tribu des Phalangiens. La tête, le tronc et l'abdomen sont réunis en une masse sous une enveloppe commune. Le corps est grêle, les pattes ont une longueur démesurée relativement au corps. Ces animaux marchent fort vite et à grands pas. Leurs pattes, après avoir été coupées, conservent longtemps encore la faculté de se mouvoir. On rencontre les faucheurs sur les murailles, les plantes, les troncs d'arbres. Ils ne filent pas et sont très-carnassiers. Le *F. des murailles* est très-commun aux environs de Paris.

On nomme aussi *Faucheur* une espèce de poisson du genre Chétodon.

FAUCHON (de *faux*), sorte de faux à l'usage des moissonneurs, dont la lame a environ un mètre de long, et le manche un demi-mètre. Ce manche, dont le bout est deux fois coudé à angle droit, porte un trou de 5 centimètres de large, dans lequel on passe une lanière de cuir formée en boucle, pour

manœuvrer l'instrument; il a ordinairement une poignée ou main pour le tenir. On réunit les chaumes que l'on veut couper, à l'aide d'un crochet de fer.

FAUCILLE (diminutif de *faux*), instrument qui sert à couper les céréales dont les grains ne tiennent pas dans l'épi et tomberaient si on les fauchait. C'est une lame d'étoffe d'acier recourbée en demi-cercle, dont un des bouts est façonné en queue pour recevoir un petit manche qui s'élève un peu au-dessus du plan de la faucille. La faucille fatigue sans avancer beaucoup (*Voy.* FAUCHAGE).—Dans l'antiquité, la faucille fut l'attribut de Cérès et de l'Été.

FAUCILLE, nom vulgaire de divers poissons, tels que le *Spare*, le *Saumon*, le *Cyprin*, etc.

FAUCILLON, petite faucille dont on fait usage pour couper du menu bois, des broussailles, des herbes, des fruits, etc. On l'appelle aussi *fauchet*.

FAUCON, *Falco*, genre de l'ordre des Rapaces diurnes, type de la famille des Falconidés, renferme des oiseaux à ailes aiguës, à bec robuste, courbé dès sa base et denté, à la vue perçante. Ils ont la tête plate, la langue charnue, les jambes emplumées, les doigts longs et grêles, les ongles forts, le corps épais. Ce sont de tous les oiseaux de proie les plus beaux, les plus courageux et les plus agiles. Leur taille varie de celle d'une grosse poule à celle d'une petite grive. Les Faucons se nourrissent de proie vivante. Toutes les espèces de ce genre étaient autrefois très-recherchées pour la chasse. Le *F. commun* ou *Pèlerin* est l'espèce la plus commune. Il habite toute l'Europe, et se trouve sur les montagnes et les rochers. On le dresse aisément (*Voy.* FAUCONNERIE). Sa nourriture consiste en oies, faisans, tétras, perdrix, canards, etc. Il a de 50 à 55 centim. de long, le bec entouré à sa base de plumes blanchâtres, les narines placées latéralement, la patte garnie de 4 doigts. La tête, le cou et le dos sont d'un brun noirâtre, les ailes d'un gris brun ; la gorge, les dessous du cou, la poitrine, le ventre d'un blanc sale. La vie du Faucon est très-longue et dépasse, dit-on, un siècle.—Parmi les autres espèces, on remarque le *Gerfaut*, le *Lanier*, le *Hobereau*, l'*Émérillon*, la *Cresserelle*, etc. *Voy.* ces mots.

On appelle *F. de mer*, deux espèces de poissons, la *Mourine* et le *Dactyloptère commun*.

Dans l'Artillerie, on donnait autrefois le nom de *Faucon* (par une métaphore tirée de l'oiseau de proie) à une pièce de canon, qui est plus connue sous le nom de *Fauconneau. Voy.* ce mot.

FAUCONNEAU, jeune faucon. — Ce mot a été donné par métaphore à une petite pièce d'artillerie, dite aussi *Bombarde allongée*, de 2 mètres environ de longueur, de 0^m,05 à 0^m,15 de diamètre, et dont la balle pesait de 500 gramm. à 3 kilogr. Originairement le fauconneau se portait à bras d'homme.

On appelle encore ainsi la plus haute pièce de bois d'une machine à élever les fardeaux. Elle est posée en travers avec une poulie à chaque bout.

FAUCONNERIE (de *faucon*), art de dresser, d'élever et de conserver les oiseaux de proie destinés à la chasse. Cet art, autrefois si cultivé et en si grand honneur, est aujourd'hui tombé chez nous en désuétude ; mais il se pratique encore en Allemagne, en Pologne, en Perse, etc. Pour dresser les faucons, pour faire leur éducation (*affaitage*), on les contraint par la faim et la lassitude à se laisser coiffer la tête d'un chaperon qui leur couvre les yeux, puis on leur apprend à sauter sur une proie fictive (*leurre*); enfin on les lance dans la campagne en leur donnant la nourriture (*pât*) une seule fois par jour. Il faut environ un mois pour dresser un faucon, 15 jours seulement pour un *niais* (faucon pris au nid), un peu plus pour le *sors* (qui n'a pas subi la première mue), et pour le *hagard*, qui a eu une ou plusieurs mues. Le faucon dressé, couvert d'un chaperon, est porté sur le poing par des chasseurs à cheval, jusqu'au lieu de la chasse : là, on le déchaperonne; il part, s'élève verticalement à une grande hauteur et tombe comme la foudre sur le gibier qu'il aperçoit; puis il revient se placer sur le poing du chasseur. Le faucon Pèlerin, le Gerfaut et le Lanier servent d'ordinaire pour la chasse du héron, de la cigogne, du milan et du lièvre; L'Émérillon et le Hobereau, pour celle des perdrix, des cailles et des alouettes. Le président de Thou a composé sur l'art de la fauconnerie un poëme en 3 chants, en vers latins, l'*Hieracosophion, vel de Re accipitraria*. — On appelle *fauconnerie* ou *fauconnière* le lieu où l'on élève les faucons.

FAUCONNIER, nom donné à ceux qui se livrent à l'art d'élever les oiseaux de proie pour la chasse. On nommait *Grand fauconnier de France* ou *Maître de la fauconnerie du roi*, le chef de la fauconnerie royale. Le plus ancien *Grand fauconnier de France* fut Eustache de Gaucourt, seigneur de Viry, sous Charles VI (1406). La révolution de 1789 supprima cette charge.

FAUCRE ou FAULCRE (du latin *fulcrum*, appui), pièce de fer on d'acier, qu'on plaçait sur le côté droit des cuirasses, au moyen âge, et qui servait à soutenir la lance en arrêt.

FAUDEUR, ouvrier qui, dans les fabriques de draps, est chargé de plier les pièces en double, sur la longueur, de manière que les deux lisières se touchent. On *faude* les étoffes pour les emballer.

FAULX. *Voy.* FAUX.

FAUNE (de *Faune*, dieu des agriculteurs), nom qui désigne, depuis Linné, les ouvrages consacrés spécialement à la description des animaux qui vivent dans une circonscription plus ou moins restreinte, une île, un royaume, un continent, etc. La *Faune* est aux animaux ce qu'est la *Flore* par rapport aux végétaux. On dit aussi *F. mammologique*, pour celle qui ne comprend que l'ordre des Mammifères; *F. entomologique*, pour celle qui ne comprend que les Insectes, etc.

On a appliqué le nom de *Faune* à une espèce de *Singe*; à un papillon du genre *Satyre*; et à un genre de coquilles nommé *Melanopside*.

FAUSSAIRE. *Voy.* FAUX.

FAUSSE, épithète qu'on donne en Histoire naturelle à des espèces qui se rapprochent par quelque fausse similitude d'autres espèces plus connues.

En Minéralogie, on a nommé *Fausse Aigue-marine* une variété de Chaux fluatée d'un bleu verdâtre; *F. Améthyste*, le Spath fluor de couleur violette; *F. Chélidoine*, la petite Calcédoine ou Pierre lenticulaire; *F. Chrysolithe*, le Quartz hyalin jaune verdâtre; *F. Émeraude*, le Spath fluor vert; *F. Galène*, un Talc écailleux, métallique, ayant l'apparence du plomb; *F. Hyacinthe*, le Quartz hyalin roussâtre; *F. Malachite*, le Jaspe vert; *F. Marcassite*, la Perle factice; *F. Topaze*, le Spath fluor.

En Botanique, on nomme *Fausse Branc-ursine*, la Berce; *F. Cannelle*, le *Laurus cassia*; *F. Coloquinte*, une variété du genre Courge; *F. Guimauve*, la Mauve jaune des Indes; *F. Lysimachie*, l'Épilobe à fleurs étroites; *F. Nielle*, la Nielle des blés; *F. Orange*, la Pomme d'amour, espèce de Courge, d'un jaune foncé comme l'orange; *F. Oronge*, l'*Agaricus muscarius*; *F. Poire*, une sorte de Courge; *F. Réglisse*, l'Astragale vulnéraire; *F. Rhubarbe*, le Pigamon jaune, et la racine de Morinde employée comme vermifuge. — On appelle encore *F. baies*, celles qui ont des loges disposées avec un ordre apparent; *F. cloisons*, celles qui dans le fruit sont formées par un prolongement du trophosperme; *F. étamines*, les filets des fleurons stériles dans les Composées; *F. ombelle*, le corymbe; *F. parasites*, les plantes qui vivent sur d'autres végétaux sans en tirer leur nourriture; enfin *F. trachées*, tous les vaisseaux des plantes qui sont ponctuées ou coupées par des lignes ou des fentes transversales.

En Zoologie, on nomme *F. Chenille*, toute larve ayant 8, 18 ou 22 pattes, comme celles des Tenthrèdes; *F. coquille*, l'enveloppe des Oursins; *F. Grive*, une section du genre Merle; *F. Linotte*, une Bergeronnette; *F. Oreille de Midas*, la Bulime bouche-rose; *F. Tiare*, une coquille du genre Volute; *F. Teignes*, les Tinéites dont les larves quittent leur fourreau pour marcher. — On nomme encore *F. ailes*, les ailerons; *F. nageoires*, les nageoires adipeuses; *F. nymphes*, les nymphes qui restent inactives dans leur fourreau; *F. pattes*, les organes ambulatoires des Annélides, les pattes antérieures des Lépidoptères, et les appendices qui se trouvent sous la queue des Crustacés.

FAUSSE BRAIE, terme de Fortification, désigne une seconde enceinte terrassée comme la première, qui n'en est pas séparée par un fossé, mais dont le terre-plein joint l'escarpe de la première enceinte.

FAUSSE COUPE, nom donné en Architecture au profil d'une pierre, d'une pièce de bois, présentant des lignes qui ne sont pas tracées au moyen de l'équerre, et donnant l'angle de 45°. Telles sont les pierres qui forment quelquefois des linteaux de porte, et qui sont taillées de façon que plusieurs de leurs joints forment comme une moitié de Z.

FAUSSE DUITE, défaut de fabrication dans les étoffes, provenant d'un jet de la trame qui ne passe pas régulièrement dans les fils de la chaîne, à cause d'un défaut d'égalité dans les fils des lisses.

FAUSSE ÉQUERRE. *Voy.* ÉQUERRE (FAUSSE).

FAUSSE PLAQUE, plaque de laiton qui sert à fixer le *mouvement* d'une horloge sur la boîte. Elle est fixée par 3 vis sur une autre plaque placée sur la boîte et nommée *batte*. Le cadran est fixé sur la fausse plaque par des goupilles.

FAUSSE POSITION (RÈGLE DE), opération d'Arithmétique qui a pour objet de résoudre les problèmes déterminés à une ou deux inconnues dont la solution directe exigerait le secours de l'algèbre. Son nom lui vient de ce qu'au lieu d'exprimer l'inconnue par x, on pose arbitrairement à la place de x un nombre autre que le véritable, et l'on examine le résultat auquel cette supposition ou *Fausse position* donne lieu : dans le plus grand nombre de cas on trouve une erreur; si les conditions de la question permettent de la rectifier immédiatement, la règle de fausse position est appelée *simple*; dans le cas contraire, on fait de nouvelles suppositions qui donnent lieu à de nouvelles erreurs, et dans ce cas la règle de fausse position est dite *double*. Voici un exemple du cas le plus simple : Soit à trouver un nombre tel que ses 3/4 augmentés de ses 2/3 forment 17. Supposons que ce nombre soit 24. Les 3/4 de 24 augmentés de ses 2/3 donnent 34 et non 17. Mais, au moyen de cette supposition, on peut former la proportion $34 : 24 :: 17 : x$; d'où $x = 12$, comme il est facile de le vérifier.

FAUSSE VIS, vis qui sert à en tailler d'autres. Malgré son nom, c'est une vis véritable.

Pour les autres mots commençant par *fausse*, *Voy.* le nom qui suit.

FAUSSET, et mieux FAUCET (de *fauces*, gorge), nom donné par les Musiciens à la voix aiguë, qu'on nomme aussi *voix de tête*, bien qu'elle vienne uniquement de la gorge. Cette voix diffère entièrement de la voix naturelle : l'air ne sort alors que par la bouche, et il est impossible de prononcer purement les sons nasaux en *ain*, *oin*, etc. Ce genre de voix n'existe guère que chez les hommes, notamment chez les ténors. *Voy.* VOIX.

FAUSSET ou FOSSET, petite cheville de bois de saule arrondie en pointe, dont les tonneliers et les marchands de vin se servent pour boucher l'ouverture ronde faite à une futaille avec le foret.

FAUTEAU, machine de guerre en usage au moyen âge, consistait en une forte poutre suspendue et mise en mouvement à force de bras : elle servait à battre les portes et les murailles d'une place assiégée.

FAUTEUIL, anciennement *faudesteuil* (du bas latin *faldistorium*, dérivé de l'allemand *faltestuhl*, siége pliant), chaise à bras et à dossier. De nos jours, il est ordinairement construit en bois plus ou moins précieux, plus ou moins artistement travaillé. Le siége et le dossier sont couverts d'étoffe de velours, de soie, de toile, de crin, ou de cuir, assujettis par des clous à tête dorée, ou sous un galon étroit par des clous ordinaires. On fait aussi des fauteuils d'été, garnis en cannes de jonc et à jour, et des fauteuils de jardin, en bois ou en bois rustique. On appelle *bergère* un grand et large fauteuil garni de coussins; *F. à la Voltaire* ou *Duchesse*, un fauteuil bas, à dossier élevé ou renversé.

Le fauteuil a toujours été un siége de luxe; souvent aussi il a été une marque de dignité. Les *chaises curules* des Romains, les *trônes* des souverains, les *chaires* (*cathedræ*) des prélats et des professeurs ne sont autre chose que des fauteuils. Par métaphore, on emploie le mot *fauteuil* pour exprimer la fonction de président et le titre d'académicien.

FAUTRE, pièce de grosse étoffe de laine, sur laquelle, dans les fabriques de papier, l'ouvrier chargé de puiser avec la forme la pâte dans la cuve renverse sa feuille de papier après l'avoir égouttée, afin qu'elle s'éponge.

FAUVE (du latin *fulvus*), couleur qui tire sur le roux. C'est un mélange d'un peu de rouge avec du jaune pâle. — On nomme *Bêtes fauves* tous les animaux qui vivent à l'état sauvage. En Vénerie, on donne spécialement ce nom aux bêtes du genre Cerf (cerf, daim, chevreuil), par opposition aux bêtes *noires*, comme les sangliers, ou *rousses*, comme les renards.

FAUVEAU, bœuf d'une couleur fauve.

FAUVETTE, *Sylvia*, genre de l'ordre des Passereaux dentirostres, renferme de petits oiseaux de 15 à 18 centimètres, à plumage assez varié, mais ordinairement brun ou *fauve*, et dont le chant est assez agréable. Leur bec est effilé, droit, pointu; leur queue arrondie ou carrée. On les trouve sur tous les points de la terre, mais surtout en Europe. Ils nous quittent à l'entrée de l'hiver pour revenir au beau temps. Les fauvettes pondent de 4 à 5 œufs; elles se nourrissent d'insectes et de fruits mous. On en connaît plusieurs espèces : la *F. à tête noire* et la *F. des jardins*, communes dans toute la France; la *F. babillarde*, qu'on trouve dans le midi; la *Grisette*, etc. G. Cuvier comprend parmi les Fauvettes la *Rousserolle* et le *Rossignol*.

FAUX ou **FAULX** (du latin *falx*), instrument d'agriculture avec lequel on coupe les fourrages et les céréales. C'est en général une grande lame mince, en acier, légèrement arquée, tranchante du côté concave, pointue par un bout et ayant par l'autre une poignée qui sert à la fixer, au moyen d'une virole et d'un coin, à l'extrémité d'un manche en bois de près de deux mètres; la surface inférieure de la faux est convexe : du côté du dos est une nervure qui va former une pointe. On nomme *F. à râteau* ou à *ramassette*, une faux munie d'une claie très-légère, qui s'adapte d'une part dans le bout du manche, et de l'autre au dos de la faux, dont elle suit la courbure : les tiges de blé coupées, s'appuyant contre ce râteau, sont portées debout et sans secousse jusque dans l'*ondin*, monceau que forment ensemble ces tiges; *F. artésienne*, une très-petite faux fixée à un très-petit manche qui s'élève verticalement, et dont on se sert en Artois en guise de faucille : on la fait agir d'un seul bras, sans presque se courber (*Voy.* aussi FAUCHON). — La fabrication des faux fut longtemps concentrée en Allemagne et en Styrie. Aujourd'hui on en fabrique en France, surtout en Franche-Comté et dans le Midi. On distingue les *Faux façon d'Allemagne*, auxquelles on donne le

tranchant par le martelage, et les *F. façon anglaise*, qu'on aiguise sur la meule.

La faux a souvent servi d'arme de guerre, notamment en Pologne, en Hongrie et aussi en Chine (*Voy.* FAUCHARD). Dans ce cas, elle est emmanchée sans faire angle avec le manche. On connaît aussi les chars armés de faux dont se servaient les anciens. — Dans la Fable, la *faux* était l'emblème du *Temps* et de la *Mort*.

En Anatomie, on a donné le nom de *faux* à des replis membraneux qui ont la forme de cet instrument. Ainsi on appelle *F. du cerveau* un repli longitudinal de la dure-mère qui tient par sa pointe ou extrémité antérieure à l'apophyse *crista galli*, et par la postérieure à la tente du cervelet; *F. du cervelet*, un repli de la dure-mère qui s'étend depuis la partie moyenne et inférieure de la tente du cervelet jusqu'au grand trou occipital; *grande F. du péritoine* ou *F. de la veine ombilicale*, un repli du péritoine qui s'étend de l'ombilic au bord antérieur-inférieur du foie, et où il se continue avec le ligament suspenseur de cet organe; *petites F. du péritoine*, les ligaments latéraux du foie et les replis que forme le péritoine.

FAUX. En Droit, on distingue le *faux en écriture*, le *faux par des faits* et le *faux par paroles*.

Le *F. en écriture* se commet par l'application de fausses signatures, par l'altération des actes, écritures ou signatures, par supposition de personnes, par des écritures faites ou intercalées sur des registres ou autres actes, etc. La criminalité est plus ou moins grave selon qu'il s'agit d'écritures publiques ou authentiques, d'écritures de commerce ou d'écritures privées. Tout fonctionnaire ou officier public qui commet un faux est puni des travaux forcés à perpétuité. Les travaux forcés à temps sont appliqués à toute autre personne qui commet un faux en écriture publique. Celui qui commet un faux en écriture privée, ou fait usage d'une pièce ainsi falsifiée, est puni de la réclusion. Celui qui falsifie un passe-port ou fait usage d'un passe-port falsifié est puni de 1 à 5 ans d'emprisonnement. Ceux qui falsifient un certificat ou une feuille de route ou font usage de ces pièces falsifiées sont punis, les premiers d'un emprisonnement de 2 à 5 ans, les deuxièmes de 1 à 5 ans, du bannissement ou de la réclusion. Avant l'abolition de l'exposition, tout faussaire devait subir cette peine accessoire (C. pén., art. 145-156).

Le *Faux par des faits* a lieu par falsification ou sophistication des aliments, boissons ou médicaments (*Voy.* FALSIFICATION), par vente avec de faux poids (*Voy.* POIDS), par fabrication de fausse monnaie, contrefaçon des sceaux de l'État, des billets de banque et autres effets publics, etc. La peine des travaux forcés à perpétuité est réservée à ceux qui contrefont ou altèrent les monnaies d'or et d'argent ayant cours en France, ainsi que les billets de banque; ceux qui contrefont ou altèrent des monnaies de cuivre et de billon ayant cours en France, et des monnaies étrangères, sont condamnés aux travaux forcés à temps (Code pénal, art. 139-144). Autrefois les faux monnayeurs étaient punis de mort.

Le *F. par paroles* a lieu par *diffamation* ou par *faux témoignage*. *Voy.* DIFFAMATION et TÉMOIN.

FAUX (FABRICANT EN), nom donné à ceux qui confectionnent des objets avec l'apparence qu'ils auraient s'ils étaient fabriqués en or, en argent ou autres matières précieuses, mais en les donnant pour imités : c'est ainsi qu'on fait de *fausses perles*, des objets en cuivre doré, de *faux diamants*, etc.

FAUX, épithète donnée en Histoire naturelle à divers objets qui ont avec des objets déjà connus quelque ressemblance qui pourrait les faire confondre. En Minéralogie, on nomme *Faux Albâtre*, l'Albastrite; *F. Alun de plume*, l'Asbeste, le Gypse fibreux; *F. Argent*, le Mica; *F. Asbeste*, l'Amphibole blanchâtre : *F. Diamant*, le Zircone; *F. Grenat*, un cristal de couleur sombre; *F. Lapis*, la Pierre d'Arménie ou cuivre carbonaté; *F. Or*, le Mica; *F. Prase*, le Quartz verdâtre; *F. Rubis*, un Quartz rougeâtre; *F. Saphir*, la Cordiérite, etc.

En Botanique, on nomme *F. Acacia*, le Robinier commun; *F. Acorus* ou *Calament*, une espèce d'Iris; *F. Baume du Pérou*, le Mélilot bleu; *F. Benjoin*, le Terminalia angustifolia; *F. Bois de camphre*, le Sélage en corymbe; *F. Buis*, la Fernélie et le Fragon; *F. Café*, divers Caféiers sauvages, et, à Haïti, les graines du Ricin; *F. Champignons*, certains Lichens; *F. Chervi*, la Carotte sauvage; *F. Cumin*, la Nielle; *F. Dictame*, le Marrube; *F. Ébénier*, le Cytise des Alpes; *F. Ellébore*, tous les Ellébores autres que l'Ellébore oriental; *F. Froment*, l'Avoine; *F. Indigo*, le Galléga et l'Amorpha; *F. Ipécacuanha*, divers végétaux dont la racine est un succédané de l'Ipécacuanha, tels que le Céphælis, le Cynanchon, l'Iodinium et le Psychotria; *F. Jalap*, la Belle-de-nuit; *F. Jasmin*, le Tecoma radicans; *F. Lupin*, le Trèfle; *F. Nard*, l'Ail; *F. Piment*, la Morelle; *F. Pistachier*, le Staphylier; *F. Platane*, un Érable; *F. Poivre*, le Piment; *F. Quinquina*, l'Iva frutescens; *F. Raifort*, le Cranson; *F. Réglisse*, l'Abrus precatorius; *F. Santal*, le Brésillet et l'Alaterne; *F. Sapin*, la Pesse; *F. Seigle*, l'Avoine; *F. Séné*, le Baguenaudier; *F. Sycomore*, l'Azédarach; *F. Tabac*, le Tabac rustique; *F. Thé*, l'Alstonia thea; *F. Thuya*, le Cyprès; *F. Tithymale*, le genre Athymalus; *F. Tremble*, le Peuplier d'Amérique.

En Zoologie, on nomme *F. Bombyx* une tribu de Lépidoptères nocturnes; *F. Bourdon*, plusieurs Hyménoptères du genre Bourdon (*Bombus*), et les mâles des Abeilles; *F. Corail*, divers Madrépores et Polypiers; *F. Scorpions*, une famille de l'ordre des Arachnides trachéennes, etc.

FAUX BOURDON, manière de chanter le *plain-chant* à trois ou quatre parties et notes pour notes. On en fait usage dans certaines fêtes solennelles.

FAUX JOUR, clarté qui fait voir les objets d'une manière imparfaite et les fait juger autrement qu'ils ne sont. Un tableau est dans un *faux jour* lorsqu'il est éclairé dans un sens contraire à celui dans lequel le peintre a supposé que les objets du tableau reçoivent le jour.

FAUX MARQUÉ, inégalité des cors sur la tête du cerf. Quand il y a six cors d'un côté et sept de l'autre, les veneurs expriment cette inégalité en disant : *le cerf porte quatorze faux marqués*.

FAUX PONT, espace entre la salle et le premier pont dans les vaisseaux et les grandes frégates. Sur les côtés du faux pont sont logés, dans des cabines, les derniers officiers, l'agent comptable, l'aumônier, les chirurgiens et les maîtres; les élèves occupent le milieu, depuis le grand mât jusqu'à celui de l'artimon.

FAUX PRODUIT, opération d'Arithmétique usitée dans les multiplications dont les facteurs sont complexes. Si l'on veut multiplier 300 (francs) par 4 toises 2 pieds 4 pouces, on multiplie d'abord 300 par 4; ensuite on dit : une toise coûtant 300 fr., 1 pied coûterait le sixième de 300, ou 50 fr.; 4 pouces, qui sont le tiers d'un pied, coûteraient le tiers de 50 fr.; 50 est ce que l'on nomme *faux produit*.

FAUX SABORD. *Voy.* SABORD, MANTELET.

Pour les autres noms commençant par *faux*, *Voy.* le mot qui suit.

FAVEROLLE, FAVEROTTE, FAVIOLE, nom donné, dans la France méridionale, aux haricots et aux petites fèves ou *gourganes*. *Voy.* FÈVE GOURGANE.

FAVEUR. On appelait autrefois ainsi les rubans dont les dames gratifiaient les chevaliers dans les tournois. On donne encore aujourd'hui ce nom à un ruban de soie très-étroit et très-léger, dont on se sert pour faire des cocardes, pour réunir élégamment les feuilles d'un cahier, pour lier de petits paquets, etc. — En termes de Commerce, on nomme *jour de faveur* le jour que l'ordonnance accorde aux marchands, banquiers, négociants, après l'échéance de leurs billets pour en faire le payement.

FAVEUX (de *favus*, rayon de miel), épithète donnée à une sorte de teigne dans laquelle la peau semble se creuser et former des alvéoles. *V.* TEIGNE.

FAVORIS. *Voy.* BARBE.

FAVOSITE, *Favosites*, genre de Zoophytes de l'ordre des Polypiers pierreux, famille des Tubiporées. Ce sont des polypiers fossiles, de forme variable, composés de tubes parallèles, prismatiques, disposés en faisceaux contigus, pentagones ou hexagones, plus ou moins réguliers, rarement articulés.

FAVOUETTE, nom vulgaire de la *Gesse tubéreuse*.

FAVUS, maladie cutanée. *Voy.* PORRIGO et TEIGNE.

FAYARD, FAOU (de *fagus*, hêtre). *Voy.* HÊTRE.

FAYENCE. *Voy.* FAÏENCE.

FÉAGE (du teutonique *fe-hod*, fief). Dans l'ancienne Jurisprudence, on appelait ainsi l'héritage qui se tenait en fief et le contrat d'inféodation.

FÉAL (du latin *fidelis*, fidèle). Ce mot, synonyme de *vassal fidèle*, ou simplement de *fidèle*, a survécu à la féodalité, et pendant longtemps a été employé dans les commencements des lettres patentes accordées par les rois de France. On y lisait : *A nos amés et féaux les conseillers*, etc. *Voy.* VASSAL.

FEBRICITANT (du latin *febris*, fièvre), se dit, en Médecine, des malades affectés de la fièvre, spécialement de fièvres lentes ou intermittentes.

FÉBRIFUGES (du latin *febris*, fièvre, et *fugare*, chasser), substances médicamenteuses qui empêchent le retour des accès de fièvres intermittentes. Le fébrifuge par excellence est le *quinquina*, qu'on administre ordinairement sous la forme de sulfate de quinine. On a aussi préconisé comme antipyrétiques les écorces d'angusture, de marronnier d'Inde, d'aune, de saule; l'alkékenge, la racine de benoîte, les feuilles de houx, la serpentaire de Virginie, l'arnica, et autres végétaux amers, plusieurs alcaloïdes, et quelques substances minérales telles que l'arséniate de potasse, celui de soude, etc.

FÉCALES (MATIÈRES). *Voy.* EXCRÉMENT.

FÈCES (de *fæces*, pluriel de *fæx*, lie), substances féculentes, albumineuses ou de toute autre nature, qui forment un dépôt ou sédiment lorsqu'on laisse reposer les liquides troubles. On emploie les *fèces d'huile* dans les fabriques de draps et les filatures de laine. — Le mot *fèces* s'emploie aussi comme synonyme d'*excrément*.

FÉCONDATION. *Voy.* GÉNÉRATION.

FÉCULE (du latin *fæcula*, diminutif de *fæx*, lie, sédiment). On appelait autrefois *fécules* les matières qui se précipitent des sucs obtenus par extraction; loin d'être identiques, ces matières diffèrent au contraire beaucoup les unes des autres : c'est ainsi que l'on nomme *fécule verte* la matière verte suspendue dans ces sucs, et composée ordinairement de chlorophylle, de résine, de cire et d'une matière azotée (*Voy.* CHLOROPHYLLE). Aujourd'hui les mots *fécule*, *fécule amylacée*, sont employés pour désigner spécialement la poussière d'amidon pur ou le dépôt blanc et pulvérulent d'amidon qui se précipite au fond de l'eau quand on y lave divers végétaux préalablement broyés, tels que la pomme de terre, le manioc, le sagou, etc. Le dépôt de l'amidon de pomme de terre est ce qu'on appelle le plus ordinairement *fécule* (*Voy.* AMIDON). Les fécules, mêlées au bouillon ou au lait, fournissent un excellent aliment. — On donne le nom de *féculeries* aux usines où l'on extrait toute espèce de fécules. *Voy.* AMIDON.

FÉCULENT, se dit, en Médecine, des liquides chargés de lie et de sédiment, ou qu'une fécule rend troubles et bourbeux.

42

FÉDÉRALISME (du latin *fœdus*, *fœderis*, alliance), système politique dans lequel plusieurs États voisins se réunissent en un corps de nation, tout en conservant leur gouvernement propre et leur indépendance pour tout ce qui ne concerne pas leurs intérêts communs. La Suisse en Europe, les États-Unis et les autres Confédérations de l'Amérique, sont des *États fédératifs*. — Les Girondins essayèrent en 1793 d'établir le fédéralisme en France en rompant l'unité nationale et en faisant des départements autant de petits États indépendants. Cette idée malheureuse contribua beaucoup au triomphe des Montagnards, qui proclamaient au contraire *l'unité* et *l'indivisibilité* de la République.

FÉDÉRATIF (ÉTAT). *Voy.* CONFÉDÉRATION et FÉDÉRALISME.

FÉE, être fantastique, du sexe féminin, doué d'un pouvoir surnaturel (*Voy.* le *Dict. univ. d'Hist. et de Géogr.*). — Outre le *Cabinet des fées* (41 vol. in-12, 1785-89), qui contient la plupart des contes de fées, on peut consulter sur ce sujet les *Lettres* de M. Walckenaer *sur les contes de fées et l'origine de la féerie* (1826, in-12), et *Les fées du moyen âge*; *recherches sur leur origine, leur histoire et leurs attributs*, de M. A. Maury (Paris, 1843, in-18).

FÉERIES. Sous le nom d'*opéra-féerie*, on entend un opéra dont le personnage principal est une fée, ou un génie tout-puissant, et où le merveilleux règne sans partage. La beauté et la variété des décorations, les changements à vue et les ballets en font surtout le charme. C'est Quinault qui, dans son *Armide*, introduisit ce genre sur la scène de l'Opéra; Moncrif et Cahuzac le cultivèrent avec succès au XVIIIe siècle. La scène de l'Opéra-Comique a offert également de charmantes féeries: *La fée Urgèle*, *Zémire et Azor*, *Cendrillon*, etc. Sur la scène étrangère, Shakspeare n'a point dédaigné ce genre féerique: *la Tempête* et *le Songe d'une nuit d'été* sont des opéras-féeries.

FÉEA (du botaniste français *Fée*), *Feea*, genre de la famille des Fougères, tribu des Hyménophyllées, composé de belles et élégantes fougères, dont les fructifications, analogues à celle des Osmondacées, sont supportées par une columelle très-longue. La *F. à plusieurs pieds*, originaire de la Guadeloupe, a pour racine des faisceaux de fibres très-durs, se ramifient en branches capillaires qui s'enfoncent dans la terre; ses feuilles sont longues de 15 à 18 centim. sur 4 à 18 centim. de largeur; entre les feuilles naissent des hampes nues, courtes et surmontées par des épis élevés.

FEINTE (du latin *fictio*, fiction). En Musique, c'est l'altération d'une note ou d'un ton par un dièse ou un bémol. — Dans l'Escrime, c'est un coup qui a l'apparence d'une botte, et qui détermine l'adversaire à parer d'un côté, tandis qu'on frappe d'un autre.

FEINTE ou FINTE, sorte d'Alose. *Voy.* ALOSE.

FELD-MARÉCHAL, grade militaire en Allemagne, etc. *V.* ce mot au *Dict. univ. d'Hist. et de Géogr.*

FELDSPATH (de l'allemand *feld spath*, spath de champ), nom commun à plusieurs minéraux silicatés, remarquables par leur état cristallin et leur clivage plus ou moins facile: quelques-uns forment la base de plusieurs roches, telles que le granite, le gneiss, la siénite. Les espèces de feldspath les plus connues sont l'*orthose* (silicate d'alumine et de potasse), l'*albite* (silicate d'alumine et de soude), le *pétalite* (sil. d'alumine et de lithine), le *labradorite* (sil. d'alumine et de chaux), etc. Certaines variétés d'orthose, qui offrent plus ou moins de transparence, avec des reflets nacrés, sont employées dans la joaillerie sous le nom de *pierres de lune*; les plus belles viennent de Ceylan ou du mont Saint-Gothard (en latin *Adulas mons*, d'où le nom de *pierres adulaires* qu'on leur donne quelquefois). On nomme *pierre de soleil* une variété analogue,

remplie de petites paillettes de mica, qui est beaucoup plus rare et d'un prix très-élevé. Un feldspath laminaire d'une belle couleur verte, connu sous le nom de *pierre des Amazones*, est employé pour de petits objets de fantaisie, tels que boîtes, socles, pendules, etc. C'est au même usage qu'on emploie les belles variétés chatoyantes de labradorite. On se sert aussi de plusieurs roches feldspathiques composées, telles que le granite, la siénite, divers porphyres, pour les bornes, pour les bordures des trottoirs, etc. Les anciens faisaient de ces roches, improprement appelées *marbre dur*, des colonnes, des baignoires, des bornes sépulcrales, des tables, etc.; on les utilise peu aujourd'hui, parce qu'elles exigent de grands frais pour être taillées et polies.

FÊLE ou FESLE, canne de fer pour souffler le verre.

FÉLINS (de *felis*, chat), famille de Mammifères carnassiers, a pour type le genre Chat, et se subdivise en deux genres: le genre *Chat* proprement dit, dont les ongles sont rétractiles, et le *Guépard*, dont les ongles sont non rétractiles.

FÉLONIE (du saxon *fello*, traître). C'était, dans l'ancien Droit féodal, l'action d'un vassal qui commettait envers son seigneur un outrage ou une injure grave. La peine de la félonie était, outre la confiscation du fief, l'amende, l'emprisonnement, la mort, suivant la gravité des cas.—Il pouvait y avoir aussi félonie de la part du seigneur envers le vassal. Le seigneur perdait alors sa tenure féodale, qui passait, avec tous les droits y attachés, au seigneur suzerain. L'assassinat du jeune Artus de Bretagne par Jean sans Terre, et le refus que fit ensuite ce prince de comparaître devant les pairs assemblés à Paris, offrent un exemple de ces deux genres de félonie. En conséquence, le roi Philippe-Auguste confisqua le duché de Normandie et érigea le comté de Bretagne en fief immédiat de la couronne.

FELOUQUE (de l'espagnol *feluca*, dérivé de l'arabe *foulk*, navire), petit bâtiment léger de la famille des Galères, long et étroit, est encore en usage dans la Méditerranée. La felouque va à la voile et à l'aviron; elle a deux mâts, l'*arbre de mestre* et l'*arbre de trinquet*, dont chacun porte une voile à antennes; elle a de plus 12 avirons de chaque côté. Ce petit navire sert à la navigation marchande; autrefois on en armait en guerre.

FEMELLE. Outre son sens vulgaire, ce mot a quelques acceptions techniques. En Botanique, on nomme *Fleurs femelles* celles qui ne portent que des pistils, sans étamines. — Les Plumassiers nomment *Femelles claires* des plumes d'autruche femelle, blanches et noires, mais où le blanc domine sur le noir; *F. obscures*, celles où le noir domine. — Dans la Marine, on nomme *ferrures femelles*, ou *fémelots*, les pentures à deux branches qui portent le gouvernail et reçoivent les mamelons des gonds. Les fémelots, placés sur l'étambot à des distances égales, sont au nombre de 7 à 8, depuis le talon jusqu'au-dessus de la flottaison.

FÉMININ, genre grammatical. *Voy.* GENRE.

FEMME (du latin *femina*). Considérée au point de vue de l'Histoire naturelle, la femme ne diffère pas seulement de l'homme par le sexe. Elle en diffère encore par sa taille qui est moins élevée, par sa croissance qui s'arrête plus tôt, par ses os qui présentent moins d'aspérités que ceux de l'homme, par sa poitrine plus évasée, son bassin plus ample, ses fémurs plus obliques, son larynx plus étroit et moins saillant, sa voix plus aiguë, enfin par la prédominance du système cellulaire et du système lymphatique qui, en arrondissant ses formes et donnant plus de délicatesse à son organisation, lui assurent les avantages de la grâce et de la beauté. Sur 33 enfants, il naît 17 garçons et 16 filles. Terme moyen, la femme vit plus longtemps que l'homme. La condition sociale de la femme a beaucoup varié : chez les Juifs, la polygamie était permise ; mais la femme, soumise à son mari, pouvait exiger de la part de ses enfants le même respect, la même obéissance que le père. Dans l'Inde, les lois faisaient sa condition plus humble, mais les mœurs la rendaient en réalité plus élevée. En Égypte, la polygamie était prohibée, et la position civile des femmes n'était en rien inférieure à celle des hommes ; elles pouvaient s'élever au rang suprème. Chez les Grecs, les Spartiates n'estimaient que la femme mère ; les Athéniens traitaient la femme avec égards : ils ne pouvaient avoir qu'une épouse légitime ; cependant le droit de répudiation était presque absolu, et à côté de l'épouse était la captive ou la femme achetée et la concubine. A Rome, l'épouse était sous la complète dépendance de son mari ; elle était traitée par la loi comme une mineure ; toutefois la qualité de mère émancipait la femme et lui donnait des droits sur la fortune de son mari. Dans le moyen âge, la condition de la femme s'améliora sous l'influence du christianisme. Aujourd'hui, dans toute l'Europe occidentale, elle a, sauf certaines restrictions, des droits presque égaux à ceux de l'homme, et dans le monde elle est toujours environnée d'égards et de respect.

Dans tout l'Orient, la femme est considérée comme étant d'une condition inférieure à celle de l'homme, et la polygamie y est généralement en usage. Les Chinois n'ont qu'une femme légitime ; mais, si elle est stérile, c'est un devoir de prendre une concubine.

En Droit, on peut considérer la *femme* en général et la *femme mariée*. En général, les femmes ne peuvent exercer aucune magistrature, ni servir de témoins aux actes de l'état civil (Code civil, art. 37, 980), ni être contraintes par corps en matière civile, si ce n'est dans les cas de stellionat (art. 2066). Les femmes, autres que la mère et les ascendantes, ne peuvent être tutrices ni membres des conseils de famille (art. 442). Le *droit canonique* défend aux femmes de recevoir aucun ordre ecclésiastique, de toucher aux vases sacrés, de servir les ministres de l'Église. — La femme ne peut contracter mariage avant 15 ans révolus (art. 144). Mariée, elle doit obéissance et fidélité à son mari ; elle en suit la condition, et ne peut rien faire sans son autorisation ou celle de la justice, sauf les exceptions prévues par la loi ; cependant elle peut tester sans autorisation (art. 213-226). *Voy.* les art. DOT, ÉPOUX, MARIAGE.

Parmi les nombreux ouvrages qui ont été écrits sur la femme, on remarque : le *Système physique et moral de la Femme*, par Roussel, Paris, 1775, in-8 ; l'*Histoire naturelle de la Femme*, de Moreau de la Sarthe, Paris, 1808, 3 vol. in-8 ; *De la Femme*, par J.-J. Virey, Paris, 1824, in-8 ; *De la Femme* (physiologie, histoire, morale), par M. le Dr Belouino, 1852, etc. Legouvé a écrit un charmant poëme sur le *Mérite des Femmes*.

FEMMES-MARINES ou **POISSONS-FEMMES**, nom vulgaire donné aux *Lamentins*, aux *Dugongs*, etc., dans lesquels on a cru voir des monstres marins, des *Sirènes*, des femmes et des femmes aquatiques.

FÉMORAL (de *femur*, cuisse), se dit des parties qui appartiennent ou qui ont rapport à la cuisse : on dit plutôt *crural. Voy.* CRURAL.

FÉMUR (du latin *femur*, cuisse), le plus fort et le plus long de tous les os du corps, s'étend du bassin au tibia, et forme la partie solide de la cuisse. Il est cylindroïde, légèrement courbé en devant, non symétrique, oblique en bas et en dedans ; le corps de cet os est en forme de prisme, contourné sur lui-même, et présente en arrière une ligne saillante nommée *ligne âpre*. L'*extrémité supérieure* ou *pelvienne* présente 1º la *tête*, éminence soutenue par une partie plus rétrécie nommée *col* ; 2º le *grand trochanter*, éminence quadrilatère, occupant la partie la plus externe ; 3º le *petit trochanter*, apophyse située en arrière et au-dessous de la base du

col. L'*extrémité inférieure* ou *tibiale* offre deux éminences nommées *condyles du fémur*, et articulées avec le tibia et la rotule pour former le *genou*.

FENAISON (du latin *fœnum*, foin). On nomme ainsi et la saison où l'on coupe les foins et l'opération de couper les foins. On désigne plus souvent cette dernière sous le nom de *fanage*. *Voy.* ce mot.

FENDERIE (de *fendre*), machine au moyen de laquelle, dans les usines à fer, on fabrique les baguettes carrées nommées *fentons* (*Voy.* ce mot). Une fenderie est disposée comme un laminoir ; mais, au lieu de cylindres, on y emploie des disques en acier, également espacés sur chacun des deux axes de la machine, qui se croisent réciproquement en forme de cisailles.

FENDIS, ardoise brute ou grossièrement divisée, qui, pour être employée, a besoin d'être façonnée.

FENDOIR, instrument fréquemment employé dans les Arts, mais dont la forme varie suivant l'usage auquel on le destine. Le fendoir du *fabricant de merrain* est cylindrique et évidé en angle par un de ses bouts ; — celui du *tonnelier* et du *vannier* est un morceau de buis ou de bois dur dont la tête est partagée en trois rainures, et dont chaque séparation est formée en tranchant : il sert à partager les brins d'osier ou de jonc en trois ; — celui du *cordier* est un outil d'acier large et coupé en biseau par un bout, mais sans tranchant : l'autre bout lui tient lieu de manche ; — celui du *jardinier* est un outil en fer tranchant, qui sert à greffer en fente, etc.

FENÊTRE (du latin *fenestra*, dérivé du grec *phainô*, éclairer). Il faut distinguer la *fenêtre*, qui n'est que l'ouverture destinée à donner de l'air et du jour, de la *croisée*, châssis qui sert à la fermer ; cependant on les confond dans l'usage. On distingue dans la fenêtre le *mur d'appui* ; le *linteau*, pièce de bois posée horizontalement sur les *pieds-droits*, ou côtés de la fenêtre ; les *tableaux*, partie de l'épaisseur du mur en dehors de la croisée ; et l'*ébrasement*, portion évasée du mur intérieur. La grandeur des fenêtres varie suivant l'importance de l'édifice : dans les maisons ordinaires, la largeur de l'ouverture est de 125 à 185 centim. ; pour la hauteur, elle varie selon l'importance de la construction et selon l'étage. Aujourd'hui, beaucoup de fenêtres sont ouvertes jusqu'au plancher, ou à peu de distance ; dans les anciennes maisons, elles sont ordinairement à hauteur d'appui. Pour la forme, la plupart des fenêtres sont rectangulaires, ou *à plate-bande*, ou bien *à plein cintre*, c.-à-d. en arcade. Les entresols et les attiques ont quelquefois des fenêtres carrées, ou même plus larges que hautes, dites *mezzanine*. On appelle *F. en tribune* celles qui ont un balcon en saillie ; *F. fuyantes*, celles dont le mur d'appui est plus large que le linteau, et dont, par conséquent, les pieds-droits ne sont pas parallèles. Il y a encore les *F. en embrasure*, dont l'ouverture va s'élargissant en dehors ; les *F. d'encoignure*, les *œils de bœuf*, les *jours de souffrance*, etc.

Chez les anciens, les fenêtres étaient rectangulaires ou cintrées, ornées de chambranles ou de corniches ; du IVe au XIe siècle, elles furent presque toutes à plein cintre, souvent géminées, ornées de colonnes adossées aux jambages et d'archivoltes fort larges. Les *roses*, ou fenêtres circulaires, datent du XIe siècle : elles furent perfectionnées du XIIIe au XVe. Vers le milieu du XIIe, apparut l'*ogive* ; on appelle *F. en lancette* celles dont l'ogive est étroite et allongée. A la fin du XIVe siècle, on remarque les *F. en accolade*, empruntées à l'architecture mauresque ; aux XVe et XVIe siècles, les fenêtres rectangulaires, à angles supérieurs, arrondis, ou à croisée de pierre ; dans les siècles suivants, on multiplia, comme ornements, les chambranles à l'entour des fenêtres, les corniches et les frontons au-dessus, et les consoles sous les corniches ou sous les appuis.

Les Anatomistes nomment *fenêtres* deux ouvertures placées sur la paroi interne de la cavité du tympan. La *F. ovale* ou *vestibulaire* est ovalaire, fermée par la base de l'étrier, et correspond à la cavité du vestibule; la *F. ronde* ou *cochléaire* est située au fond d'une excavation particulière, bouchée par une membrane fine et transparente, et correspond à la rampe interne du limaçon.

FENÊTRÉ ou FENESTRÉ, c.-à-d. percé à jour. On appelle *bandes* ou *compresses fenêtrées* des bandes, des compresses garnies de petites ouvertures. Ces compresses sont employées dans les pansements des plaies, parce qu'elles permettent à la suppuration de s'écouler, et empêchent la charpie de se fixer sur la surface dénudée.

FENIL, bâtiment où l'on renferme le foin. C'est une grange ou un grenier placé au-dessus des étables. Suivant la plupart des agronomes, le foin en meule se conserve mieux qu'enfermé dans les fenils.

FENIN, monnaie de compte allemande. *V.* PFENNIG.

FENNEC ou ZERDA, *Vulpes fennicus*, espèce du genre Renard, propre à l'Afrique, qui ne diffère guère du Renard commun que par la longueur de ses oreilles et par sa petite taille: il est long de 22 centim. environ, d'un fauve jaunâtre très-pâle, varié de grisâtre; son pelage est doux et épais. Le Fennec vit dans les déserts, et il se creuse des terriers où il reste caché pendant une grande partie du jour. Il a été observé pour la 1re fois par Bruce en 1767.

FENOUIL, *Fœniculum*, genre de la famille des Ombellifères, se compose de plantes herbacées, bisannuelles ou vivaces, à tige rameuse, à feuilles laciniées et à fleurs jaunes. Le *F. officinal* est aromatique, stimulant et diurétique. Cette plante croît naturellement en Italie et dans le midi de la France. Ses grosses racines vivaces donnent tous les ans naissance à de nouvelles tiges qui s'élèvent jusqu'à 2 m. de haut. Ses feuilles nombreuses, finement découpées et alternes, plaisent à l'œil par leur délicatesse et leur légèreté; elles exhalent une odeur agréable quand on les touche ou qu'on les mâche. Les graines du fenouil sont très-parfumées et s'emploient, avec plusieurs autres graines, pour la préparation des liqueurs, telles que l'anisette et la fenouillette. — Il existe une variété de Fenouil, dite *Anis de Paris*, moins aromatique et plus douce que le fenouil du Midi, que l'on mange en salade comme le céleri. On nomme *F. commun*, ou *F. puant*, l'Aneth odorant; *F. annuel*, l'Ammi Visnaga; *F. d'eau*, le Phellandre aquatique; *F. de montagne*, le Pyrèthre du Levant; *F. marin*, le Bacile ou Crithme; *F. sauvage*, la Ciguë; *F. de porc*, le Peucédan, etc.

FENOUILLET, nom donné à trois variétés de Pommes, à cause de la saveur de leur chair, qui rappelle celle du fenouil. On distingue le *F. gris* ou *Anis*, le *F. jaune* ou *Drap d'or*; et le *F. rouge*.

FENOUILLETTE, liqueur parfumée, formée d'eau-de-vie distillée avec la graine du *Fenouil*.

FENTE (de *fendre*). En Anatomie, on nomme ainsi les ouvertures longues et étroites qui traversent toute l'épaisseur des os: telles sont la *F. ethmoïdale*, à la partie antérieure de la gouttière et de la lame criblée de l'ethmoïde; la *F. sphénoïdale* ou *orbitaire supérieure*, placée entre les grandes et les petites ailes du sphénoïde; la *F. sphéno-maxillaire* ou *orbitaire inférieure*, formée par les maxillaire supérieur, sphénoïde, malaire et palatin; la *F. glénoïdale*, qui divise en deux parties la cavité glénoïde du temporal.

En Géologie, les diverses fentes du sol ont reçu, suivant leur importance, les noms de *crevasses*, *fissures*, *failles*, etc. *Voy.* ces mots.

FENTE et REFENTE. Dans l'ancien Droit français, on appelait ainsi la subdivision entre les diverses branches d'une même ligne de parenté, des droits héréditaires attribués à cette ligne. En matière de succession ascendante ou collatérale, on nommait *fente* la division des biens en deux moitiés, l'une pour la ligne paternelle, l'autre pour la ligne maternelle. La *refente* était l'opération par laquelle on partageait entre les branches d'une même ligne la portion qui lui était déférée.

FENTONS ou CÔTES DE VACHES, baguettes de fer carrées et coupées au moyen d'une *fenderie*. On fait des clous, des crochets, des pointes, des fers à cheval et un grand nombre d'objets de serrurerie. — On nomme encore ainsi une sorte de ferrure destinée à servir de chaîne aux tuyaux de cheminée.

Dans la Marine, on nomme *fentons* des morceaux de bois coupés de longueur pour faire des chevilles, avant qu'ils en aient reçu la forme.

FENUGREC, *Trigonella Fœnum græcum* (ainsi nommé parce qu'il sert de nourriture comme le *foin*, et qu'il est commun en *Grèce*), vulgairement *Sénégré*, *Sénégrain*, *Graine joyeuse*, espèce du genre Trigonelle, famille des Légumineuses. Ce sont des plantes annuelles à tige cannelée, fistuleuse, haute d'environ 30 centim., à feuilles ovales, crénelées vers leur sommet, d'un vert agréable; à fleurs d'un blanc teint de jaune. Les fruits sont des gousses longues, étroites, recourbées en faucille; les graines, d'un brun jaunâtre, ont une odeur forte et aromatique. Le fenugrec est cultivé en Grèce et dans tout l'Orient, surtout en Égypte, où il est connu sous le nom d'*Helbeh*; il donne un excellent fourrage; on en mange aussi les jeunes tiges en salade, et la graine se met en purée. Cette graine fournit en outre de l'huile et un très-beau rouge incarnat.

FÉODAL, FÉODALITÉ. *Voy.* ces mots au *Dict. univ. d'Hist. et de Géogr.* — DROIT FÉODAL. *Voy.* DROIT.

FER (du latin *ferrum*), corps simple métallique, solide, d'un gris bleuâtre, tantôt grenu, tantôt lamelleux, très-ductile et malléable. Il pèse spécifiquement 7,788. C'est le métal le plus tenace: un fil de 2 millim. de diamètre peut supporter sans se rompre un poids de 250 kilogr. On ne peut le fondre que dans des fourneaux très-profonds, dits *hauts fourneaux*, alimentés par de forts soufflets; cependant il se ramollit à une forte chaleur rouge, et se laisse alors souder à lui-même. Il jouit, à un haut degré, de la propriété d'être attiré par l'aimant, et peut lui-même être rendu magnétique. Le fer est le métal le plus précieux pour l'homme, le plus puissant auxiliaire de la civilisation. On le rencontre dans le commerce sous trois états particuliers: à l'état de *fonte*, d'*acier* et de *fer doux*. Ce dernier, qui prend aussi le nom de *fer battu* ou *fer forgé*, est le fer le plus pur; les deux autres variétés contiennent du carbone en petite quantité, qui lui communique des propriétés physiques particulières (*Voy.* FONTE et ACIER).

Le fer est de tous les métaux le plus universellement répandu dans la nature; il forme un grand nombre d'espèces minérales, dont les plus importantes sont: le *fer oligiste* ou *fer spéculaire*, le *fer limoneux* ou *fer oolithique*, le *fer oxydulé* ou *aimant naturel*, qui renferment du fer combiné avec l'oxygène, le *fer spathique* ou *fer carbonaté*, composé d'acide carbonique et d'oxyde de fer; la *pyrite*, combinaison de fer et de soufre, etc. Le nombre des pierres, des terres et des roches qui renferment du fer est infini; il sert, à proprement parler, de principe colorant au règne minéral; on le trouve aussi dans le sang et dans presque tous les organes des animaux, et il n'est pas de plante dont les cendres n'en contiennent des proportions sensibles.

L'extraction du fer est une des opérations les plus laborieuses de la métallurgie: pour l'obtenir, on mêle le minerai, pulvérisé grossièrement, avec des proportions convenables de charbon et de fondant (c.-à-d. d'argile, si le minerai est trop calcaire, ou de craie s'il renferme trop d'argile), et l'on fait réagir ce mélange dans un *haut fourneau*, porté à une température très-élevée; le minerai se désoxyde alors aux dépens du charbon; les matières terreuses qui l'accompagnent se vitrifient au moyen du fondant, et le métal, très-chargé de charbon, coule, en raison de sa densité, dans la partie inférieure du fourneau, appelée *creuset*, qu'on débouche quand elle est pleine, pour faire couler au dehors la *fonte* dans des sillons creusés dans le sable ou dans des moules destinés à la fabrication de petites pièces, telles que marmites, boulets, biscaïens, etc.; le fer ainsi coulé prend le nom de *fer en gueuse*. On soumet ensuite la fonte à l'*affinage* (*Voy.* ce mot) pour la transformer en fer ductile et malléable. Le fer qui renferme du soufre, de l'arsenic ou du cuivre, a le défaut d'être cassant quand on le forge à la chaleur rouge; s'il contient du phosphore, il se brise quand on veut le ployer après le refroidissement; aussi n'extrait-on le fer que des oxydes et du carbonate de fer. Les premiers sont principalement exploités en France; les carbonates, en Angleterre. Il y a en France plus de 150 mines de fer exploitées, 1850 minières, et près d'un millier de fonderies et forges. La production annuelle s'élève à 3,500,000 quintaux métriques de fonte brute, et à environ 30,000 quintaux métriques de fer malléable, le tout d'une valeur de 150 millions de francs.

Le fer forme plusieurs combinaisons chimiques qui ont de l'importance dans les arts. Il donne avec l'oxygène trois composés : le *protoxyde*, ou *oxyde ferreux* (FeO), dont le sulfate est employé en teinture sous le nom de *vitriol vert* ou *couperose verte*; le *sesquioxyde*, ou *oxyde ferrique* (Fe²O³), qui forme la rouille et de nombreux minerais de fer; l'*oxyde ferroso-ferrique* (FeO + Fe²O³), ou *pierre d'aimant*. Les sels à base de fer correspondent toujours au protoxyde ou au sesquioxyde; on distingue les premiers sous le nom de *sels ferreux*, et les seconds sous celui de *sels ferriques*. Les sels ferreux sont généralement verdâtres à l'état cristallisé, et incolores après avoir été desséchés; ils ont une saveur d'encre, et s'altèrent peu à peu au contact de l'air, dont ils attirent l'oxygène. Les sels ferriques sont jaunes ou rouges; ils ont une saveur styptique et une réaction acide.

La connaissance du fer et l'art de le travailler ont dû être bien postérieurs à l'emploi des autres métaux usuels, à cause de la difficulté de son extraction. Quelques auteurs attribuent la découverte et l'usage de ce métal aux Cyclopes, d'autres aux Chalybes, peuples très-anciens et fort renommés pour leur habileté à travailler le fer. La Bible constate l'ancienneté de cette découverte dans l'Égypte et dans la Palestine : elle en fait honneur à Tubalcaïn. Les auteurs grecs s'accordent à placer l'introduction en Grèce de la connaissance du fer ainsi que de l'art de le travailler sous le règne de Minos Ier, vers 1431 avant Jésus-Christ. Cette connaissance y aurait été apportée de Phrygie par les Dactyles, lorsqu'ils quittèrent les environs du mont Ida pour venir s'établir dans l'île de Crète. Toutefois, l'usage de ce métal ne paraît pas avoir été très-répandu chez les premiers peuples de l'antiquité.

Outre ses nombreuses applications dans les arts, le fer s'emploie en médecine comme tonique et pour donner de la couleur au sang : pour obtenir ces effets, on l'emploie en limaille, réduit par l'hydrogène en poudre impalpable, en pilules, en pastilles, mêlé au chocolat, à l'eau, etc. *Voy.* FERRUGINEUX.

Fer arséniaté, espèce de fer qui est fusible à la simple flamme d'une bougie, et qui donne beaucoup de vapeurs arsenicales quand on le grille sur des charbons. Ce fer se trouve en veines dans le granit, avec le cuivre arséniaté, le fer arsenical, le quartz, le cuivre pyriteux, le fer oxydé, etc.

Fer arsenical. Voy. MISPICKEL et PYRITE.

Fer azuré, variété bleue de fer mélangé avec l'acide phosphorique. Il cristallise en prismes, mais plus souvent il se présente à l'état terreux.

Fer blanc. Voy. ci-après FER-BLANC.

Fer carbonaté ou *fer spathique*, minerai de fer composé d'acide carbonique et de protoxyde de fer (CO², FeO), qu'on rencontre souvent en cristaux qui ont la même forme et sensiblement les mêmes angles que la chaux carbonatée. Il est d'un gris de poussière et d'une pesanteur spécifique variant de 3,0 à 3,8; il se dissout dans les acides avec effervescence. C'est un des principaux minerais qu'on exploite. Il forme des filons dans les terrains anciens et dans les terrains de transition de la Saxe, de la Bohême, de la Styrie, des Pyrénées, du Dauphiné, etc. On le rencontre souvent dans les terrains houillers, comme à Saint-Étienne, à Anzin, et dans la plupart des mines de l'Angleterre; là il offre le précieux avantage d'être placé à côté du combustible nécessaire à son exploitation.

Fer carburé. Voy. PLOMBAGINE.

Fer chromé, minéral gris de fer, d'une pesanteur spécifique de 4,5, composé d'oxyde de chrome, de sesquioxyde de fer et d'alumine, en proportions variables. Il sert à la préparation des combinaisons du chrome. On le trouve dans des roches de serpentine à Baltimore, à Chestercoutz (États-Unis), en Silésie, en Sibérie, dans les monts Ourals et en France, à Gassin, sur la plage de Cavalaire (Var).

Fer galvanisé, fer étamé au zinc. *Voy.* ÉTAMAGE.

Fer limoneux (ainsi nommé parce qu'on le rencontre dans le limon des terrains d'alluvion), dit aussi *Limonite* ou *Fer hydroxydé*, minéral composé de sesquioxyde de fer et d'eau, qu'on rencontre dans les terrains tertiaires en masses amorphes, en roches ou en grains, de couleur jaune brunâtre plus ou moins foncé. Il constitue une grande partie des minerais de fer qu'on exploite en France. Lorsqu'il se présente en grains soudés ensemble, comme des œufs de poisson, on le nomme *Fer oolithique*.

Fer magnétique, ou *Fer oxydulé*, synonymes d'*Aimant naturel. Voy.* AIMANT.

Fer météorique. Voy. AÉROLITHES.

Fer natif, fer métallique qu'on rencontre dans la nature, libre de toute combinaison. Il est d'une grande rareté. On présume que le fer natif qu'on a rencontré dans certaines localités, par ex. à Labouiche dans le département de l'Allier, et à Lasalle dans l'Aveyron, est de la même origine que les aérolithes.

Fer oligiste (du grec *oligiston*, très-peu, ainsi nommé par Haüy parce qu'il y a très-peu à faire pour en retirer du fer pur), minéral rouge brun composé de sesquioxyde de fer presque pur. Lorsqu'il est en masses lamelleuses d'un gris d'acier et d'un éclat métallique, il prend le nom de *Fer spéculaire* (du latin *speculum*, miroir). En masses fibreuses, comble de sang, il prend le nom d'*Hématite* (du grec *haima*, sang). Il se trouve en filons puissants dans les terrains anciens et les terrains de transition, au Brésil, en Suède, à l'île d'Elbe, à Framont, dans les Vosges, etc. Il est aussi très-abondant dans les volcans : on en extrait le fer. On l'appelle, dans les Arts, *Ferret* et aussi *Pierre à brunir*, parce qu'on s'en sert pour polir certains corps, et en particulier les métaux.

Fer oolithique (du grec *oon*, œuf, et *lithos*, pierre), espèce de fer limoneux en grains agglomérés comme les œufs de poisson. *Voy.* FER LIMONEUX.

Fer oxydulé, fer magnétique. Voy. AIMANT.

Fer titané, minéral composé d'acide titanique, de sesquioxyde et de protoxyde de fer, noir, d'un éclat métallique, et d'une pesanteur spécifique variant de 4,0 à 4,9. On le rencontre particulièrement aux environs du lac Ilmen en Russie, au mont Saint-Gothard, en Transylvanie, etc.

FER (acceptions diverses). Dans la Construction,

on appelle *F. de carillon* un fer qui a 2 centim. de grosseur ; *F. ambouté*, la tôle relevée en bosse, pour faire divers ornements ; *F. corroyé*, du fer forgé que l'on bat à froid pour le rendre moins susceptible de casser ; *F. coudé*, du fer plié dans son épaisseur, pour retenir une poutre ; *F. étiré*, du fer qu'on a allongé en le battant à chaud ; *F. d'amortissement*, une aiguille de fer entée sur un poinçon pour tenir un ornement qui termine un comble.

En Technologie, ce mot désigne un grand nombre d'outils et d'instruments usités dans les arts, et dont les formes varient suivant les usages auxquels on les emploie. Tels sont, entre autres : le *F. à bâtir*, dont les bourreliers se servent pour rembourrer les bâts ; les *F. à repasser* et les *F. à boudin* des blanchisseuses ; les *F. à friser* des coiffeurs ; les *F. à gaufrer, à fileter, à dorer, à polir*, dont se servent les doreurs, les relieurs, les gaîniers, les fleuristes, etc. ; les *F. à râcler* des ébénistes ; les *F. à écharner* et à *raturer* des corroyeurs ; les *F. à souder* des plombiers, zingueurs, ferblantiers, etc. ; les *F. à tirer* des tireurs d'or, etc. Tels sont encore : les *F. de coupé, de velours frisé* et *de peluche*, dont on se sert pour couper le poil du velours et de la peluche ; le *F. du cordier*, morceau de fer plat qui sert à assouplir l'étoupe ; les *F. de Bouvet* et *de Guillaume*, espèces de rabots à l'usage des menuisiers, etc.

FER A CHEVAL, espèces de semelles de fer qu'on attache avec des clous dans la corne du pied des chevaux, des mulets, des ânes, des bœufs. On fait les fers de plusieurs formes différentes (*Voy.* MARÉCHAL FERRANT). — La Lingère nomme ainsi une petite pièce qui sert de doublure ou de soutien à l'épaulette des chemises d'hommes. — En termes de Fortification, on nomme *fer à cheval* un ouvrage fait en demi-cercle au dehors d'une place. — En Architecture, c'est un escalier qui a deux rampes et qui est fait en demi-cercle.

En Histoire naturelle, on nomme *Fer à cheval*, à cause de leur forme, deux espèces européennes de Chauves-Souris, du genre Rhinolophe. Le *Petit Fer à cheval*, ou *Rh. à deux lances*, a la feuille nasale droite lancéolée, couverte de quelques poils ; son pelage est long, fin, lisse, soyeux, d'un blanc lustré ; les membranes des ailes et de la cuisse sont diaphanes. Sa longueur est de 65 millim. Le *Grand Fer à cheval*, ou *Rh. unifer*, est long de 95 millim. Son pelage est cendré par-dessus, et gris blanchâtre en dessous chez le mâle. La femelle a la base des poils blanche, et l'extrémité rougeâtre ; ses parties inférieures sont d'un cendré lavé de rose. — On nomme *Fer de lance* une Chauve-Souris du genre Phyllostome.

FER CHAUD, maladie inflammatoire de l'estomac, nommée aussi *Pyrosis*. *Voy.* ce mot.

FER EN MEUBLES. Dans le Commerce, on nomme ainsi, sans qu'il soit facile d'en donner une bonne raison, toutes les fournitures nécessaires pour garnir les meubles, laines, crins, étoffes pour meubles, etc.

FER-BLANC, tôle mince recouverte sur ses deux faces d'une couche d'étain qui la garantit de la rouille. Pour obtenir le fer-blanc, on décape parfaitement la tôle, et on la maintient dans un bain d'étain en fusion. Cette fabrication a pris naissance en Allemagne Le fer-blanc anglais a eu longtemps la suprématie sur celui des autres pays, mais aujourd'hui nos fabriques françaises fournissent des produits tout aussi bons. A l'aide des acides, on parvient à faire sur le fer-blanc des dessins particuliers qui portent le nom de *moiré* (*Voy.* ce mot). — On appelle *ferblantier* l'ouvrier qui fabrique toutes sortes d'objets en fer-blanc. La plupart des ustensiles de ménage, casseroles, cafetières, passoires, écumoires, moules, boîtes, entonnoirs, etc., sont dus à la ferblanterie. Pour confectionner ces divers objets, le ferblantier taille les feuilles de fer-

blanc avec des cisailles, les contourne sur la bigorne, et les soude ensuite avec de la soudure de plombier. Pour les polir, il se sert du brunissoir ou du marteau. Quant aux cannelures ou ornements, ils se faisaient autrefois au marteau, et c'était dans ce travail que brillait surtout le talent de l'ouvrier ; aujourd'hui on les façonne à l'*estampage*. Depuis quelque temps les ferblantiers fabriquent avec le zinc des seaux, des baignoires, des plombs, des gouttières, des tuyaux de conduite, etc., ouvrages qui faisaient auparavant partie de l'industrie du plombier.

FERBLANTIER, FERBLANTERIE. *Voy.* FER-BLANC.

FÉRIES (du latin *ferire*, immoler des victimes, ou bien *à ferendis epulis*, à cause des festins qu'on célébrait), jours pendant lesquels tout travail était interrompu à Rome. Le plus souvent c'étaient des jours de fête. Il y en avait plusieurs sortes : les unes étaient fixes (*stativæ*) et se distinguaient en annuelles (*annales*) et anniversaires (*anniversariæ*) ; les autres étaient *mobiles*. La célébration de celles-ci était déterminée par les prêtres et les magistrats, et on les nommait *indicativæ* ou *indicatæ* (désignées), *conceptivæ* (votives), *imperativæ* (ordonnées). Il y avait encore les féries de famille (*feriæ privatæ* ou *propriæ*), les *natalitiæ*, ou de naissance, les *exsequiales*, pour les funérailles, les *denicales*, pour l'expiation faite après un enterrement, les *sementinæ*, pour les semailles, etc. Parmi les féries publiques, on remarquait les *féries latines*, instituées par Tarquin le Superbe en mémoire de son alliance avec le roi des Latins. *Voy.* le *Dict. univ. d'Hist. et de Géogr.*

Dans la Liturgie catholique, on nomme *féries* les jours de la semaine après le dimanche. Le lundi est compté pour la 2e férie, et ainsi de suite jusqu'au vendredi, qui est nommé la 6e férie. On ne dit point la 1re férie ni la 7e férie ; on se sert des mots ordinaires, dimanche et samedi. On nomme *féries majeures*, les trois derniers jours de la semaine sainte, les deux jours d'après Pâques et la Pentecôte, et la 2e férie des Rogations, qui a son office particulier.

FÉRIES (JOURS), jours où l'on chôme, c'est-à-dire où il y a cessation de travail prescrite par la religion pour la célébration d'une fête. Il y en avait infiniment au moyen âge, ce qui nuisait beaucoup au travail et ruinait l'ouvrier ; la loi a porté un frein à cet abus. Sont considérés aujourd'hui en France comme jours fériés, outre les dimanches, Noël, l'Assomption, l'Ascension et la Toussaint (loi du 18 germ. an X et arrêté du 29 du même mois), le premier jour de l'an (avis du conseil d'État, 20 mars 1810), le 15 août, fête de l'Empereur, et avant 1848, le jour de la fête du Roi. Toute la sanction donnée par la loi aux jours fériés consiste à ne faire aucun acte public ou de procédure pendant ces jours, si ce n'est en vertu d'une permission du président du tribunal, à ne pas arrêter un débiteur, à n'exécuter aucune condamnation. Une lettre de change échéant à un jour férié légal est payable la veille, ainsi que les billets à ordre. Le protêt ne peut être fait que le jour suivant.

FERLAGE, action de ployer une voile sur sa vergue. Pour *ferler* une voile qui est larguée, on la relève et on la serre tout le long, un peu au-dessus, et sur l'avant de la vergue, à l'aide de cordes ou tresses nommées *rubans de ferlage*. Le ferlage des voiles est la base de l'instruction des matelots.

FERLIN, petite monnaie de cuivre usitée jusqu'au XVIIe siècle, valait le quart d'un denier.

Le *ferlin*, mesure agraire, valait 3,200 mètr. carrés.

FERMAGE. *Voy.* FERME et BAIL.

FERMAIL se dit, en termes de Blason, des fermoirs, agrafes ou boucles qui sont fixés aux manteaux ou ceintures. Ils sont représentés dans les armoiries, rondes ou en losange. Un écu *fermaillé* est celui qui renferme plusieurs fermaux. *Voy.* FERMOIR.

FERME (du latin *firma*, dérivé du grec *herma*, clôture, ou du celtique, *ferma*, louage), se dit :

1° de toute exploitation rurale, comprenant les terres, les bâtiments d'exploitation, l'habitation du fermier, les animaux domestiques, etc. ; 2° d'une convention par laquelle le propriétaire d'un héritage rural abandonne à certaines conditions la jouissance de son héritage ; le fermage est fait, soit pour un prix convenu stipulé par année, soit sous la condition d'un partage des fruits avec le propriétaire (le Code civil trace les règles particulières aux *baux à ferme* dans les art. 1763-78) ; 3° de toute exploitation prise à forfait et moyennant un revenu fixe. *Voy.* FERMIER.

On nomme *Ferme école*, *F. expérimentale*, *F. modèle*, tout établissement agricole qui a pour objet de former des agriculteurs et d'enseigner les perfectionnements qui ont été introduits dans la culture des terres et le soin des animaux. La plus ancienne ferme expérimentale date de 1771 : elle fut fondée par Sarcey de Sutières, à Annel (Oise), près de Compiègne. Le peu de certitude des données de la science arrêta longtemps le développement de ces utiles institutions. Toutefois on a vu s'élever au commencement de ce siècle l'*Académie agricole* de Mœgelin (Prusse), la *ferme exemplaire* de Roville (Meurthe), fondée en 1822 par Mathieu de Dombasle ; la *ferme de Grignon*, près Versailles (1827); l'*Institut agronomique* de Cirencester, en Angleterre (1845). En 1854 on comptait en France 49 fermes-modèles.

Le décret du 3 octobre 1848, qui a organisé l'enseignement de l'agriculture en France, ordonne l'établissement de *fermes-écoles* dans tous les départements. La ferme de Grignon, celles de Grandjouan (Loire-Inférieure), de la Saulsaie (Ain), de Saint-Angeau (Cantal), sont devenues des *écoles régionales* ; enfin un *Institut agronomique* a été créé à Versailles (*Voy.* AGRICULTURE). En 1849, le gouvernement belge a créé huit *fermes-écoles* destinées également à l'enseignement pratique de l'agriculture.

FERME, assemblage de pièces de bois qu'on place de distance en distance pour porter le faîte et les chevrons d'un comble, se compose ordinairement de deux pièces de bois inclinées (*arbalétriers*) assemblées par leurs pieds dans le *tirant* qui arrête l'écartement, et par le haut dans le *poinçon* qui est vertical. D'autres poutres, dites *faux entraits* et *contre-fiches*, empêchent les arbalétriers de fléchir.

FERME (JEU DE LA), jeu de cartes que l'on joue à dix ou douze personnes, en ôtant les huit et les six, excepté le six de cœur, et où le nombre seize gagne le prix de la ferme et déposséde le fermier. Le jeu de la ferme se joue aussi avec six dés marqués d'un seul côté depuis un point jusqu'à six, de sorte que le plus haut coup, celui où l'on gagne la poule ou la ferme, est de vingt et un points.

FERMENT (du latin *fermentum*, dérivé de *fervere*, s'échauffer, bouillonner), se dit de toute substance qui a la propriété de déterminer la fermentation dans une autre. On a reconnu que les substances organiques azotées très-altérables, telles que la levûre de bière, la pâte aigrie, la lie de vin, le sang décomposé, le fromage pourri, etc., agissent particulièrement comme ferments quand on les met en présence d'autres substances organiques. — Les médecins *humoristes* donnaient ce nom à un principe matériel qui, selon eux, se développait dans l'économie, altérait les liquides du corps et causait plusieurs maladies.

FERMENTATION (de *ferment*), décomposition qui s'effectue dans un grand nombre de substances organiques, comme dans le sang, l'urine, les liquides contenant du sucre, lorsqu'elles sont exposés à l'action de l'eau, de l'air et d'une chaleur tempérée. Une substance organique qui fermente fournit une série non interrompue de nouveaux produits moins complexes et plus stables, et dont la plupart appartiennent à la nature inorganique, tels

que l'acide carbonique, l'ammoniaque, l'eau, l'acide sulfhydrique, etc. ; ordinairement la fermentation est accompagnée de gaz, quelquefois inodores, mais le plus souvent répandant une odeur infecte. — On a donné des noms particuliers à la fermentation, suivant la nature des produits auxquels elle donne lieu : ainsi on distingue la *F. saccharine*, celle où se produit du sucre, comme dans l'action de l'orge germée sur la fécule ; la *F. vineuse*, *spiritueuse* ou *alcoolique*, celle où le sucre se convertit en esprit-de-vin et en acide carbonique, comme dans la fermentation du vin, du cidre, de la bière, et en général des liquides sucrés ; la *F. acide*, celle où l'esprit-de-vin se convertit en vinaigre ; la *F. putride*, ou *putréfaction*, celle où la décomposition des matières organiques développe des gaz infects, tels que l'acide sulfhydrique, l'ammoniaque. Dans les matières azotées la putréfaction semble être spontanée, et de très-petites quantités de matières putréfiées peuvent communiquer cette altération à des quantités indéterminées des mêmes substances non altérées : ainsi, une faible portion de verjus en fermentation, ajoutée à un moût de raisin nouvellement extrait, fait entrer toute la masse en décomposition ; la plus petite portion de lait aigri, de pâte de farine altérée, de chair ou de sang putréfié, occasione les mêmes altérations dans du lait, de la pâte de farine, de la chair ou du sang non altérés : ces substances prennent le nom de *ferments* quand on les emploie pour hâter artificiellement la fermentation.

On peut empêcher la fermentation des corps organiques en les préservant de l'action de l'humidité et de celle de l'air. Les sucs végétaux les plus sujets à s'altérer se conservent parfaitement à l'abri du contact de l'air; de même les viandes de toute espèce, les légumes les plus sujets à se corrompre, si on les renferme dans des vases hermétiquement clos, après les avoir chauffés jusqu'à l'ébullition de l'eau, de manière à les dépouiller de l'air qu'ils contiennent. C'est sur ce principe qu'est fondée la méthode d'Appert pour la conservation des aliments. Il y a aussi des agents chimiques, comme les alcalis, qui favorisent la fermentation ; d'autres dits *antiseptiques*, comme les acides minéraux, les sels mercuriels, la créosote, l'essence de térébenthine, qui l'entravent ou l'arrêtent tout à fait. *Voy.* EMBAUMEMENT.

Les phénomènes de fermentation sont depuis longtemps connus, mais ce n'est que dans les temps modernes, grâce aux efforts de M. Liebig, que l'on est parvenu à les expliquer d'une manière scientifique. *Voy.* ZYMOLOGIE.

FERMENTATION COLORANTE, sorte de fermentation que Fourcroy et d'autres chimistes croyaient exister pendant la formation des matières colorantes.

FERMENTATION PANAIRE, nom donné par quelques chimistes à la fermentation que subit la pâte dont on se sert pour faire le pain ; elle se rapporte aux fermentations *acide*, *saccharine*, *alcoolique*, etc.

FERMIER (de *ferme*), nom donné à celui qui dirige l'exploitation d'une ferme, soit qu'il en soit le propriétaire, soit qu'il cultive la terre d'un autre, à charge de payer au propriétaire une redevance fixée par des conventions réciproques (*Voy.* FERME). — On nomme *F. partiaire*, *colon partiaire*, ou *métayer*, celui qui prend des terres à exploiter, à condition de rendre au propriétaire une certaine *partie* des fruits produits par le fonds affermé.

On a étendu le nom de *fermier* à celui qui prend à *ferme* certains droits, c.-à-d. qui s'engage à verser annuellement une somme fixe en se chargeant de percevoir des droits dont le produit est variable : c'est en ce sens qu'on dit *fermier des jeux*, etc. — Avant 1789, on appelait *Fermiers généraux* les membres d'une association privilégiée qui tenait à *ferme* les revenus publics. Leurs fonctions sont en partie remplies aujourd'hui par les *Receveurs généraux*. *Voy.* le *Dict. univ. d'Hist. et de Géogr.*

FERMOIR, nom commun à plusieurs outils, en forme de ciseau, employés par les menuisiers, les charpentiers, etc., et dont le caractère propre est d'avoir le tranchant formé par la réunion de deux biseaux, soit plats, soit arrondis. La *plane* des tourneurs est un fermoir à nez rond. Les sculpteurs se servent d'un fermoir dit *à trois dents*. Les bourreliers en ont un qui leur sert à tracer des raies sur le cuir. — On nomme aussi *fermoirs* des agrafes de métal, plus ou moins riches, plus ou moins ouvragées, qui servent à tenir fermé un livre, et surtout un livre d'Église.

FEROLIA, grand arbre de la Guyane, appelé aussi *Bois satiné*, B. *marbré*, B. *de férole*, paraît appartenir à la famille des Rosacées. Ses feuilles sont alternes, ovales, entières et blanchâtres en dessous; ses fruits sont charnus, en grappes terminales. On ne connaît pas ses fleurs. Son bois est recherché des ébénistes et des tabletiers.

FERRAILLE (de *fer*), nom donné aux vieux fers, tels que débris d'ustensiles en fer, fers de chevaux, bandes de roues, clous, etc. Tous ces débris sont fondus soit avec le minerai de fer qu'ils améliorent, soit seuls : ils fournissent dans ce dernier cas un fer doux et raffiné, très-recherché pour la coutellerie et la fabrication des canons de fusil. Les ferrailles rongées par la rouille servent pour la teinture en noir et la fabrication de la couleur dite de rouille. — On donne le nom de *ferretiers* ou de *ferrailleurs* aux industriels qui font le commerce de la ferraille.

FERRARIA (d'un nom propre), genre de la famille des Iridées, renferme des plantes herbacées, à racine tubéreuse, à feuilles uniformes, à fleurs formées de 6 pétales laciniés et réfléchis. On en connaît 3 espèces, toutes exotiques. La *F. ondulata* est une très-belle plante du Cap, à fleurs d'un pourpre foncé, marquées d'un cercle blanchâtre; elle ne dure que quelques heures. On la cultive dans les serres tempérées.

FERRÉE (EAU). *Voy.* FERRUGINEUX.

FERRET. *Voy.* FER OLIGISTE.

FERRETIER, marchand de vieille ferraille (*Voy.* FERRAILLE). On le nomme aussi *ferrailleur*. — Les maréchaux ferrants nomment ainsi un marteau dont ils se servent pour forger les fers sur l'enclume, à chaud ou à froid.

FERREUX et FERRIQUE (OXYDE, SEL). *Voy.* FER.

FERROCYANATE; FERROCYANIQUE (ACIDE); FERROCYANURE. *Voy.* BLEU DE PRUSSE et CYANURE.

FERRONNERIE, dénomination générale sous laquelle on comprend les ferrements ou ferrures pour bâtiments (espagnolettes, pommelles, fiches, gonds, pentures, charnières, équerres, verrous, targettes, serrures, becs de canne, etc.), les articles de ménage (pelles, pincettes, croissants, etc.). Les objets de ferronnerie connus sous le nom d'*articles de Charleville* se fabriquent surtout dans les Ardennes; on en fabrique aussi dans la Marne, à Vitry-le-François, dans l'Orne et dans la Manche. *Voy.* QUINCAILLERIE.

FERRONNIÈRE, sorte de parure consistant en une étroite bandelette qui entoure la tête et ferme sur le front à l'aide d'un camée ou d'une pierre précieuse, a été ainsi nommée de la belle Ferronnière, maîtresse de François Ier, qui la mit à la mode. *Voy.* le *Dict. univ. d'Hist. et de Géogr.*

FERRUGINEUX, corps qui contiennent du fer à l'état métallique, ou à l'état d'oxyde, de sel, etc. On nomme *ferrugineuses* certaines *eaux minérales*, quoique le fer n'existe dans ces eaux qu'à l'état de carbonate ou de sulfate. On appelle *eau ferrée* de l'eau dans laquelle on a mis en dissolution des matières ferrugineuses, comme des clous, de la limaille. Les ferrugineux sont employés, en Médecine, comme toniques et astringents. Ils conviennent surtout aux individus épuisés par de longues maladies ou par

des évacuations successives, lorsqu'il n'existe plus d'irritation dans les viscères abdominaux, mais seulement un état de débilité, avec pâleur des tissus et décoloration de la peau; on les emploie avec succès contre la chlorose.

FERRURES, terme de Serrurerie, désigne non-seulement tous les articles de ferronnerie dont on se sert dans la construction des bâtiments, mais aussi tous les ferrements employés dans les diverses industries, dans la carrosserie, par exemple, pour garnir et consolider les objets confectionnés.

On appelle aussi *ferrure* la manière dont un cheval est ferré. *Voy.* MARÉCHAL FERRANT.

FERS, punition disciplinaire en usage à bord des vaisseaux de l'État contre les matelots et les officiers-mariniers, et consacrée par la loi du 22 août 1790 (titre II, art. 1), est appliquée par le commandant du bâtiment ou par l'officier qui le remplace. L'instrument de cette peine est une barre de fer, dite *barre de justice*, placée dans l'entre-pont, et portant plusieurs anneaux de fer où peuvent entrer les jambes et qui se ferment au cadenas. Cette punition prend le caractère de peine afflictive lorsque le délit qui y a donné lieu entraîne une punition de plus de trois jours : dans ce cas, elle ne peut être prononcée que par un tribunal. — Au civil, la peine des fers avait été conservée dans notre législation pénale par la loi du 25 septembre 1791; elle fut convertie en celle des *galères* (*Voy.* ce mot) par une loi du 6 octobre 1791. Une autre loi du 19 du même mois, confirmée plusieurs fois depuis, notamment le 12 mai 1793 et le 21 brumaire an V, la rangea dans la catégorie des peines militaires. Aujourd'hui, les conseils de guerre continuent à la prononcer pour le pillage, l'absence à la générale, la violation des consignes, le dépouillement des morts sur le champ de bataille, le faux, l'insubordination, la lâcheté simple, la maraude, le sommeil en faction, le vol chez son hôte, etc.

FÉRULE, *Ferula*, genre de plantes de la famille des Ombellifères, à tige herbacée très-élevée, à feuilles grandes, divisées en segments subdivisés eux-mêmes en lanières linéaires. La *F. commune* vient sur les bords de la Méditerranée. Elle a une tige, haute de 3 à 4 m., cylindrique, simple, remplie de moelle; des feuilles grandes, dilatées, pétiolées, et des fleurs jaunes. La *F. glauque* présente à peu près les mêmes caractères. Les anciens croyaient que Prométhée renferma le feu du ciel dans la moelle de cette plante, sans doute parce qu'elle est très-inflammable; on se sert encore de cette moelle en guise d'amadou. La *F. assa-fœtida* croît en Perse. Sa tige, qui est de 2 à 3 m., porte de nombreuses gaines sans feuilles, et fournit la gomme-résine de ce nom. *Voy.* ASSA-FŒTIDA.

FÉRULE, palette en bois ou en cuir, à bout plat, épais et arrondi, dont on se sert encore dans certaines écoles, surtout à l'étranger, pour frapper dans la main des écoliers qui ont commis quelque faute. Elle tire son nom, dit-on, de ce que cette punition était originairement infligée avec une tige de férule. — On nommait autrefois ainsi le bâton ou la crosse des prélats, ainsi que le sceptre des empereurs d'Orient.

FESSES, *clunes*. Ces parties, les plus charnues du corps, sont formées par la peau et une épaisse couche de tissu cellulaire qui recouvre les trois muscles fessiers. Leur développement est un des caractères qui distinguent l'homme des autres mammifères.

FESSIERS (MUSCLES). Il y en a trois : le *muscle grand fessier*, qui rapproche la cuisse du bassin, et agit fortement dans la station et la progression; le *muscle moyen fessier*, muscle abducteur de la cuisse, et qui la fait tourner en dehors ou en dedans; le *muscle petit fessier*, qui a les mêmes usages.

FESTIVAL, grande fête musicale, symphonie colossale exécutée par une réunion considérable de virtuoses. *Voy.* CONCERT.

FESTON (de l'italien *festone*, dérivé de *festa*,

fête), ornement composé de fleurs, de fruits et de feuilles entremêlés et suspendus en guirlandes. Chez les païens, on mettait des festons aux portes des temples et dans tous les endroits où l'on voulait donner des marques de réjouissance publique. Les premiers chrétiens en ornaient les portes des églises et les tombeaux des saints. — Les festons, peints ou sculptés, sont un des principaux ornements d'architecture : on en fait quelquefois qui n'ont ni fleurs ni fruits, mais où sont représentés des instruments de musique, des objets propres à la chasse et à la pêche, et des attributs de toute sorte. — On donne aussi ce nom à des broderies ou découpures en forme de festons que les lingères, les brodeuses, les tapissiers font aux étoffes pour robes, mouchoirs, rideaux, etc.

FÊTE (du latin *festus dies*). Chez les anciens, les fêtes les plus célèbres étaient : les *Jeux Olympiques*, *Pythiques*, *Isthmiques* et *Néméens*; les *Mégalésies*, les *Panathénées*, les *Bacchanales*, pour les Grecs; les *Jeux du Cirque*, les *Lupercales*, les *Saturnales*, les *Fêtes séculaires*, *décennales*, etc., pour les Romains.

Chez les modernes, l'Église chrétienne célèbre, outre le *Dimanche*, plusieurs fêtes, dont les unes arrivent à jour fixe, et les autres, dites *F. mobiles*, varient tous les ans. Les premières sont : la *Circoncision* (1er janvier), l'*Épiphanie* (6 janvier), la *Purification* (2 février), l'*Annonciation* (25 mars), la *Visitation* (2 juillet), l'*Assomption* (15 août), la *Nativité* (8 septembre), la *Toussaint* (1er novembre), la *Conception* (8 décembre), *Noël* (25 décembre). Les fêtes mobiles sont : *Pâques*, qui se célèbre le dimanche après la pleine lune qui suit l'équinoxe du printemps (21 mars); la *Septuagésime*, la *Sexagésime*, la *Quinquagésime* ou *Dimanche gras* (qui tombent les 9e, 8e et 7e dimanches avant Pâques); la *Quadragésime*, *Reminiscere*, *Oculi*, *Lætare*, la *Passion* (les 1er, 2e, 3e, 4e et 5e dimanches du Carême); les *Rameaux* et la *Quasimodo* (les dimanches immédiatement avant et après Pâques); l'*Ascension* et la *Pentecôte* (le 40e et le 50e jour après Pâques); la *Trinité* et la *Fête-Dieu* (dimanche et jeudi suivants); l'*Avent* (les quatre semaines avant Noël). *Voy.* ces mots au *Dict. univ. d'Hist. et de Géogr.*, et ci-dessus JOURS FÉRIÉS.

FETFA (de l'arabe *fatoua*). Ce mot, qui signifie *jugement d'un sage*, désigne les décisions que rendent les muftis ou chefs de la religion musulmane sur les matières relatives au droit public ou particulier; les premiers concernent la guerre, la paix, la nomination ou la punition des gouverneurs, des pachas, etc. Les seconds regardent le dogme, la morale, les lois, la religion, etc.

FÉTICHE (de *fétiche*, idole), nom donné au serpent devin, à plusieurs couleuvres, à des vautours, des poissons, des insectes, ou même à des objets inanimés quelconques, pierres, flèches, etc., que les nègres et plusieurs peuples peu civilisés adorent et mettent au rang de leurs dieux. L'adoration ou le culte des fétiches est le *Fétichisme*. *Voy.* ce mot au *Dict. univ. d'Hist. et de Géogr.*

FÉTIDIER, *Fœtidia*, genre de la famille des Myrtacées, ne renferme qu'un seul arbre, le *F. Mauritania*, qui a le port du noyer. Ses feuilles sont ovales et coriaces; ses fleurs sont grandes, axillaires et privées de corolle; son bois est dur, veiné et rougeâtre, mais d'une *odeur infecte :* on l'emploie néanmoins dans l'ébénisterie. Le Fétidier croît aux îles Mascareigne et Maurice.

FÉTUQUE (du latin *festuca*), genre de la famille des Graminées, à épillets paniculés, à 2 ou 3 fleurs hermaphrodites. Plusieurs de ces plantes entrent dans la composition du foin des prairies, et forment d'excellents pâturages. La *F. élevée* a des feuilles longues, planes, linéaires. La *F. des brebis* habite les lieux arides, et s'élève à 16 centim. : ses touffes, formées de feuilles menues et pressées, fournissent un excellent pâturage pendant toute l'année. La *F.*

flottante, ou *Chiendent aquatique*, se trouve dans les fossés, les marais, etc. Les brebis, le cheval, les vaches, les porcs et les chèvres l'aiment beaucoup, et se nourrissent de sa fane. On s'en sert aussi pour litière, pour faire des nattes, des cordes, des paniers, pour remplir les matelas, les meubles, etc. En Pologne et en Allemagne, on la nomme *herbe à la manne* parce que sa graine sert à faire du pain.

FEU (du latin *focus*, foyer), développement simultané de chaleur et de lumière produit par la combustion des corps dits *combustibles*, tels que le bois, le charbon, la paille, etc. Les anciens regardaient le feu comme un des quatre éléments. Plusieurs peuples l'adoraient même comme une divinité (*Voy.* le *Dict. univ. d'Hist. et de Géogr.* au mot FEU). Les physiciens ont reconnu que le feu n'est autre chose qu'un degré de température plus élevé que celui du calorique sans lumière. *Voy.* CHALEUR et COMBUSTION.

On appelle *feu central* l'immense foyer de matières incandescentes qu'on suppose exister au centre de la terre, et à l'aide duquel on explique les volcans, les eaux thermales, les tremblements de terre, etc.

Dans l'Art militaire, on donne le nom de *feu* aux diverses manières de tirer les armes à feu. Le *feu de file*, ou *de deux rangs*, est celui où chaque file tire à son tour : c'est le *feu de bataille;* les hommes se tiennent debout, le premier et le deuxième rang tirent ensemble, le troisième rang charge les armes des deux autres; le feu de file commence par la droite de chaque peloton. Dans les *feux de peloton*, *de bataillon* ou *de régiment*, les trois rangs font feu ensemble; le premier rang tire à genoux.

En Médecine, on a donné le nom de *feux* à certaines éruptions, à des dartres ou érésipèles, à cause de l'ardeur qu'ils produisent dans la partie malade : tels sont le *Feu persique*, ou *Zona;* le *F. sacré*, ou érésipèle simple; le *F. Saint-Antoine*, dit aussi *F. Saint-Fiacre*, ou *Mal des Ardents*, érésipèle gangréneux ou scarlatine maligne, qui a fait de grands ravages en France au xe et au xiie siècles; le *F. sauvage* ou *volage*, éruption qui survient au visage et surtout aux lèvres des enfants.

Au Théâtre, on appelle *feu* une rétribution accordée aux artistes, soit indépendamment de leurs appointements, soit pour en tenir lieu quand ils n'ont pas d'engagement annuel, ou qu'ils ne sont chargés qu'accidentellement d'un ou de plusieurs rôles, ou pour un nombre déterminé de représentations. Ce mot dérive, sans doute, des fournitures de combustible et de lumières faites aux artistes dans leur loge pour s'habiller.

FEU D'ARTIFICE. *Voy.* ARTIFICE et PYROTECHNIE.

FEU CHINOIS, imitation des feux d'artifices réels à l'aide de transparents et du jeu de la lumière. On se sert, à cet effet, de papiers colorés et découpés selon la forme des feux qu'on veut simuler. Derrière les transparents on place, si c'est pour un *soleil*, une roue en fil de fer, revêtue de papier fin, où l'on a tracé une spirale noire ou colorée. En la faisant tourner et l'éclairant fortement, les lignes de la spirale paraissent, en travers des jets de feu découpés sur le papier, aller du centre à la circonférence, et simulent des étincelles de feu.

FEU FOLLET, flamme erratique et légère produite par les émanations de gaz hydrogène phosphoré qui s'élèvent des endroits marécageux, des lieux où des matières animales et végétales se décomposent, tels que cimetières ou voiries, et qui s'enflamment à une petite distance du point où elles se dégagent. L'ignorance des véritables causes qui produisent ces flammes légères a donné lieu à toutes sortes de contes et de frayeurs superstitieuses. *Voy.* FOLLET.

FEU GRÉGEOIS ou FEU GREC, dit aussi *feu liquide* ou *incendiaire*, feu artificiel inventé au vie siècle par des moines byzantins, et dont la recette est aujourd'hui perdue. Ce feu, dont l'eau augmentait l'activité au lieu de l'éteindre, devint bientôt une arme de guerre d'un effet terrible. Les empereurs de Constantinople s'en servirent plusieurs fois pour brûler les flottes qui venaient assiéger cette ville. En 660, Callinicus, ingénieur syrien, qui passe à tort pour en être l'inventeur, brûla avec le feu grégeois la flotte entière des Sarrasins. Les Sarrasins en connurent la recette et l'employèrent plusieurs fois contre les Croisés. On pense que c'était un mélange de salpêtre, de soufre, de naphte, de poix et de bitume : on le soufflait sur l'ennemi au moyen de sarbacanes de cuivre, ou bien on le lançait à la main ou à l'aide d'une arbalète. Ce feu avait le défaut de ne pouvoir être porté à de grandes distances; c'est ce qui l'a fait abandonner depuis l'invention de la poudre à canon. Les modernes ont inventé plusieurs compositions analogues dont l'effet est aussi redoutable. *V.* FUSÉES.

FEU GRISOU, inflammation accidentelle, avec explosion, du gaz hydrogène carboné, qui a lieu très-souvent dans les mines, principalement dans les houillères, où elle produit de terribles désastres. L'invention de la lampe de sûreté de Davy (*V.* LAMPE) prévient ou neutralise en grande partie les effets du feu grisou.

FEU DE JOIE, feu de paille ou de fagots qu'on allume dans les rues, sur les places publiques et dans les villages, en signe de réjouissance. L'usage des feux de joie était très-commun en France autrefois : on en allumait surtout le *jour de la Saint-Jean* (24 juin), pour fêter, dit-on, l'entrée du soleil dans le solstice d'été. Les feux de joie étaient connus des anciens; les Romains en allumaient, surtout aux Palilies (21 avril), fêtes instituées par Romulus pour célébrer l'anniversaire de la fondation de Rome.

FEU SAINT-ELME, dit aussi *feu Saint-Nicolas*, météore lumineux qui se manifeste quelquefois en mer par un temps d'orage et dans les nuits obscures, se présente en forme de flammes ou vapeurs lumineuses, voltigeant aux extrémités des vergues, des mâts, des navires. On pense que c'est un effet d'électricité. Ce phénomène était connu des anciens navigateurs sous le nom de *Castor et Pollux.* Si le feu était double, ils le considéraient comme un indice favorable; s'il n'en paraissait qu'un, c'était un présage funeste.

FEUDATAIRE (du latin *feodum*, fief). *V.* VASSAL.

FEUILLARD, branches de bois de châtaignier fendues pour faire des cercles. *Voy.* CERCEAU.

FEUILLE (du latin *folium*). Les feuilles sont formées par l'épanouissement des fibres de la tige et du tissu de l'enveloppe herbacée. On y distingue, outre le *parenchyme ;* 1º le *pétiole*, ou queue de la feuille; 2º le *limbe*, ou disque de la feuille; 3º la *côte médiane*, qui est le prolongement du pétiole, et qui se subdivise en *nervures, veines* et *veinules.* Les feuilles sont dites *sessiles*, lorsqu'elles n'ont pas de pétiole (Épurge); *quand elles enveloppent* la tige par la base (Blé); *composées* lorsqu'elles sont formées d'un assemblage de *folioles* portées sur un *pétiole commun* (Acacia); ou sur des divisions de ce pétiole appelées *pétiolules* (Ciguë); elles sont encore *radicales*, ou partant du collet de la racine (Pissenlit); *opposées*, c.-à-d. disposées par paire à la même hauteur (Labiées); *alternes*, disposées en échelons, de l'un et de l'autre côté de la tige, et sur le même plan (Mauves); *verticillées*, quand elles sont disposées en rosaces ou en rayons divergents autour de la tige (Aspérule odorante); *perfoliées*, traversées par la tige (Buplèvre à feuilles rondes); *connées ou conjointes*, sessiles et opposées, se réunissant par leurs bases (Chardon à foulon); *digitées*, divisées en pointes ou en lobes qui figurent des doigts (Marronnier d'Inde); *palmées*, élargies et divisées en forme de main (Ansérine); *subulées*, étroites et rétrécies en pointe comme une alène (Genévrier); *hastées*, à base prolongée en deux lobes aigus très-écartés (Pied de veau); *sagittées*, à base prolongée en deux

lobes aigus peu divergents (Sagittaire); *lancéolées*, oblongues et finissant en pointe (Plantain); *linéaires*, très-étroites (Graminées); *spatulées*, étroites à la base et élargies au sommet en forme de spatule (Pâquerette); *cordées* ou *cordiformes*, c.-à-d. en cœur (Nénuphar); *réniformes*, en forme de rein (Lierre terrestre); *lyrées*, laciniées et terminées au sommet par un lobe arrondi (Benoîte); *glabres*, dépourvues de toute espèce de poils (Laurier-rose); *pennées* ou *pinnées*, composées, avec les folioles disposées comme les barbes d'une plume (Acacia), etc.

Les premières feuilles qui sortent de terre quand une graine commence à germer, sont presque toujours très-différentes de celles qui doivent leur succéder : on les nomme *feuilles séminales* ou *cotylédons épigés. Voy.* COTYLÉDON.

Les feuilles communiquent avec le liber et l'étui médullaire, par leurs nervures et leur pétiole, quand elles en sont pourvues, et directement quand elles sont immédiatement attachées aux branches ou aux tiges.

Les feuilles remplissent dans l'air les mêmes fonctions que les racines dans la terre; aussi les a-t-on nommées des *racines aériennes.* Ce sont aussi des espèces de *poumons*, car les fluides contenus dans les végétaux se portent dans les nervures des feuilles, et y subissent, par le contact de l'air, des élaborations qui les rendent propres à la nutrition et à l'accroissement de la plante.

On a appliqué le nom de *Feuille* à plusieurs animaux ou plantes qui présentent une certaine ressemblance avec les feuilles des arbres : tels sont une Chauve-souris du genre Mégaderme; un poisson, le Polyodon. On nomme *F. ambulante, F. sèche* ou *Mâche-feuille*, un insecte du genre Phyllie; *F. de chêne, F. morte* et *F. de peuplier*, divers insectes du genre Bombyx; *F. de laurier*, une espèce d'Huître; *F. de tulipe*, quelques Moules et Modioles; *F. du ciel*, le Nostoc ou Trémelle; *F. grasse*, l'Orpin; *F. indienne*, le Malabathrum.

On nomme encore ainsi : 1º certains ouvrages ou ornements qui imitent les feuilles des arbres ou des plantes; 2º des lames très-minces d'or, d'argent, ou de tout autre métal battu; de papier, de carton, etc.

FEUILLÉE (de *Feuillée*, botaniste), *Fevillea*, genre de la famille des Nandhirobées, renferme des plantes herbacées sarmenteuses, à feuilles alternes, cordées, munies de vrilles axillaires, à fleurs petites, rosacées, à baies très-grandes, semblables au fruit des Cucurbitacées. Ces plantes appartiennent à l'Amérique. Leurs graines fournissent de l'huile à brûler. L'huile de la *F. trilobée* est de plus employée par les Brésiliens contre les rhumatismes articulaires; celle de la *F. cordifolia* est un médicament éméto-cathartique, regardé par les indigènes comme le plus sûr contre-poison du *Rhus toxicodendrum*, du Mancenilier et des Spigélies.

FEUILLET, nom donné : 1º aux lames qui tapissent la face intérieure du chapeau de quelques Champignons, et qui caractérisent le genre Agaric; 2º au troisième estomac des animaux ruminants.

FEUILLETIS, terme de lapidaire, désigne l'angle qui sépare la partie supérieure d'une pierrerie d'avec l'inférieure.

FEUILLETTE, espèce de futaille ou tonneau moyen servant à mettre le vin et qui est en usage surtout en Bourgogne. Sa capacité est celle d'un *demi-muid*. La feuillette ordinaire contient environ de 133 à 135 litres; la feuillette forte en contient même 140. La *F.* ne contient que 112 ou 114 litres dans les départements de la Côte-d'Or et de Saône-et-Loire.

FEUILLURE (de *feuille*), entaille pratiquée dans l'embrasure d'une fenêtre ou d'une porte pour contenir, affleurée au nu du mur, la menuiserie de la porte ou des châssis de croisée.

FEURRE ou FOUARE (du latin barbare *foderum*, jonc, roseau), se disait jadis pour paille longue, particulièrement pour celle qui servait à empailler des chaises et à couvrir les bâtiments ruraux.

FEUTRAGE. Le *feutrage* consiste à confectionner une espèce d'étoffe, appelée *feutre*, avec les poils de divers animaux, par la simple action du foulage, sans filage ni tissage. Les poils les plus propres au *feutrage* sont, en commençant par les meilleurs, ceux de castor, de loutre, de chameau, de lièvre, de lapin, et les laines de cachemire, de vigogne et d'agneau. Le feutrage exige plusieurs opérations successives ; 1° le *sécrétage*, qui consiste à imbiber les poils, sur la peau même, d'une composition appropriée (eau-forte et mercure), qui tend à les faire crisper ; 2° l'*arçonnage*, qui au moyen d'une sorte d'archet suspendu au-dessus d'une claie d'osier, divise la masse des poils arrachés et les mélange intimement en même temps qu'il en fait sortir la poussière et les corps étrangers. Après ces deux opérations préparatoires, les poils sont placés par lots, dits *capades*, sur une toile écrue dite *feutrière*, et légèrement humectée ; entre chaque capade est insérée une feuille de papier. On replie ensuite la feutrière et on la manie en tous sens, de manière que les poils s'entrelacent parfaitement et ne forment plus qu'une feuille égale. On les soumet alors au *foulage*, qui se fait à plusieurs reprises et dans toutes les directions, en ayant soin de tremper souvent la matière dans un bain de lie de vin presque bouillant. Après quoi, il ne reste plus qu'à extraire les poils qui n'ont pas pris et à développer le duvet à l'extérieur, ce qui se fait à l'aide d'une brosse à carde, dite *carrelet*. — Les étoffes de feutre servaient autrefois presque exclusivement à faire des chapeaux ; aujourd'hui on en fait également des tapis, des semelles de chaussure, des étoffes imperméables, etc.

FEUTRE. *Voy.* FEUTRAGE.—FEUTRES. *Voy.* FLOTRES.

FÈVE, *Faba*, genre de la famille des Légumineuses, tribu des Papilionacées : plantes herbacées à tige droite, garnie de feuilles composées de 4 grandes folioles, à fleurs axillaires, presque sessiles ; à corolle grande, blanche, marquée d'une tache noire sur chaque aile ; à gousses grosses, coriaces, contenant des semences oblongues ayant leur ombilic placé à une de leurs extrémités. Ces plantes sont originaires de l'Afrique ou de la Perse. L'espèce la plus répandue, la *F.des marais* (*F.vulgaris, Vicia faba*) a les feuilles ailées, ovales, épaisses, d'un vert foncé ; les tiges quadrangulaires, s'élevant jusqu'à un mètre ; les fleurs blanches, tachées de noir ; les gousses épaisses, renflées, contenant 2 ou 4 semences grandes et oblongues d'un goût très-prononcé. Ses variétés sont la *F. de Windsor* ou *F. ronde d'Angleterre*, abondante dans le midi de la France, et dont les graines sont nombreuses ; la *F. julienne* ou *petite fève de Portugal*, plus petite que la précédente ; la *F. naine* ou *à châssis*, haute de 30 centim.; la *F. à longues gousses*; la *F. verte*, dont les graines sont vertes ; enfin la *Féverole*, *F. gourgane* ou *F. de cheval*, que l'on cultive en plein champ pour la nourriture des bestiaux. La *Grosse fève de marais* est celle que l'on cultive d'ordinaire dans les jardins. On la sème en lignes ou en touffes écartées de 30 centimètres, après les dernières gelées de l'hiver. On la bine et on en butte légèrement le pied dès que les jeunes tiges ont atteint 9 à 10 centimètres. On répète cette opération plusieurs fois, et on les récolte quand les gousses commencent à prendre une teinte noire.

FÈVE DE SAINT-IGNACE, dite aussi *F. des Jésuites*, *Vomiquier*, *Noix igasur*, fruit de l'*Ignatier amer*, arbrisseau des Indes orientales, de la famille des Loganiacées. Les fèves, au nombre de 15 ou 20, sont renfermées dans un drupe allongé ; elles sont grosses comme des olives, arrondies, brunes, dures et amères. Elles fournissent un poison très-actif, un purgatif violent, et s'emploient contre les fièvres rebelles.

FÈVE DE TONKA ou TONGO, graine d'un arbre de la Guyane, nommé *Coumarou* (*Dipterix odorata*); c'est une coque sèche, fibreuse à l'extérieur, ayant la forme d'une amande et renfermant une semence aplatie, recouverte d'un épiderme mince, luisant, noir et ridé ; cette semence est d'un jaune brun, aromatique et onctueuse. On l'emploie pour parfumer le tabac. Les sauvages en font des colliers.

On nomme vulgairement *Fève de Bengale* le fruit du Myrobolan curin ; *F. de Carthagène*, le fruit de l'*Hippocratea scandens* ; *F. à cochon*, la Jusquiame commune ; *F. du diable*, la graine du Câprier ; *F. douce*, les fruits de la Casse et du Tamarin ; *F. épaisse*, l'Orpin ; *F. de loup*, l'Ellébore puant ; *F. de Malac* ou *de Maladou*, l'Acajou à pommes ; *F. marine*, le *Mimosa scandens* ; *F. de senteur*, le Lupin de Sicile ; *F. tête de nègre*, les semences du Dolic ; *F. de trèfle* ou *de terre*, le fruit du Bois puant, etc.

FÈVE. Dans la Zoologie, on nomme ainsi la nymphe ou chrysalide des Bombyx. — En Conchyliologie, on nomme *F. marine* l'opercule d'une coquille du genre Sabot ; *F. naine*, une espèce de Buccin.

FÉVEROLLE, nom vulgaire de la *F. gourgane*, et de petites coquilles bivalves, voisines des *Cames*.

FÉVIER, *Gleditschia*, genre d'arbres de la famille des Légumineuses et de la tribu des Papilionacées, originaire de la Chine et de l'Amérique septentrionale. Leur port est élégant, leur taille atteint 20 mètres de hauteur ; leur tronc est garni d'épines acérées et rameuses, les feuilles ailées, les fleurs verdâtres et peu apparentes ; le fruit est une gousse très-allongée et contenant plusieurs graines. Le bois de ces arbres est dur, mais cassant. Le *F. d'Amérique*, cultivé dans nos jardins, a produit, par le semis, une variété inerme (ou sans épines). Le *F. à grosses épines* sert à faire des haies impénétrables.

FÉVRIER (du latin *februarius*), second mois de notre année, était, avant Numa, le dernier mois de l'année romaine. C'est le mois le plus court : il ne contient que 28 jours dans les années communes ; on y ajoute un 29e jour dans les années bissextiles. Ce mois étant très-pluvieux, les Romains l'avaient consacré à Neptune. Pendant son cours, on célébrait les Februales ou fêtes expiatoires (de *februare*, purifier, expier) : d'où son nom. Aujourd'hui l'Église catholique célèbre le 2 février la *Purification de la Vierge*. — En Histoire, ce mois a acquis de la célébrité par la révolution accomplie le 24 février 1848.

FIACRE, voiture publique à deux chevaux et à six places, stationnant sur la voie publique et conduisant où l'on veut, à l'heure ou à la course, a été ainsi nommée parce que Sauvage, qui inventa cette sorte de voiture vers le milieu du XVIIe siècle, demeurait rue et hôtel Saint-Fiacre. C'est à Paris qu'on les trouve en plus grand nombre ; mais l'usage s'en est établi dans toutes les grandes villes.

FIAMA, poison végétal de l'Amérique du Sud, est le même que le *Curare*. *Voy.* ce mot.

FIANÇAILLES (du vieux mot français *fiancer*, engager sa foi), promesse réciproque de mariage que se font un homme et une femme, ou deux familles au nom de leurs enfants mineurs. On distingue les *F. solennelles*, qui autrefois en France avaient lieu par écrit, en présence d'un officier de l'état civil et de quatre témoins et avec la bénédiction d'un prêtre : ces fiançailles entraînaient une obligation réciproque qui ne pouvait se résoudre que par le consentement des parties ou par des dommages-intérêts ; et les *F. simples*, ou promesses de mariage, les seules dont l'usage ait été conservé et qui n'entraînent qu'une obligation morale.

L'usage des fiançailles est fort ancien ; il était pratiqué chez les Juifs, dans l'Inde, dans la Chine, et en général dans tout l'Orient. On n'en trouve guère de traces chez les Grecs ; mais à Rome on y attachait une grande importance légale. Les enfants pouvaient y être fiancés dès l'âge de sept ans. On écrivait les conventions réciproques sur un registre public, que chacun des assistants scellait de son anneau. Le fiancé donnait pour arrhes à la fiancée un anneau de fer (*pronubum*). La fiancée entrait ensuite dans la maison de son époux, où on lui présentait des sandales, une quenouille et un fuseau, pendant qu'on chantait une hymne à Thalasius. Le mariage suivait ordinairement les fiançailles à un an de distance. De Rome cet usage passa chez les Francs, où il prit un caractère tout religieux. Les conditions en furent réglées au XVIe siècle par un décret du concile de Trente ; la Révolution fit disparaître les dernières traces des fiançailles en France.

FIASQUE (de l'italien *fiasco*, flacon), mesure de liquides en usage en Italie, revient à peu près à l'ancienne *pinte* de Paris. La fiasque de Florence vaut, pour les huiles, 2 lit. 08, et pour le vin, 2 lit. 27.

FIATOLE, espèce de poisson du genre *Stromatée*.

FIBER, nom latin du *Castor*, de l'*Ondatra* ou Rat musqué et du *Harle*.

FIBRES, filaments organiques, longs et grêles, plus ou moins solides, de nature diverse, et qui entrent dans la composition des tissus animaux : ces filaments résultent de l'allongement des cellules qui primitivement composent la trame de tous les tissus. On distinguait autrefois les *F. simples*, formées, disait-on, de particules terreuses unies par un suc visqueux; les *F. composées*, formées de la réunion des premières; les *F. membraneuses, nerveuses, aponévrotiques*, etc. On a admis encore la *F. laminaire* ou *cellulaire*, large, plane, molle, formant le tissu cellulaire; la *F. albuginée*, dure, blanche, luisante, formant les membranes albuginées, fibreuses, les tendons, etc.; la *F. nerveuse* ou *nervale*, linéaire, cylindrique, molle, formant les nerfs; mais des recherches microscopiques nouvelles montrent qu'il n'y a qu'une seule espèce de fibre, savoir la *F. musculaire*, linéaire, aplatie, molle, élastique, blanche ou rouge, essentiellement composée de fibrine, qui constitue la substance des muscles et la chair des animaux. *Voy.* FIBREUX (TISSU).

En Botanique, on nomme ainsi la réunion des vaisseaux dans lesquels la séve circule. *V.* NERVURES.

FIBREUX (TISSU), tissu animal formé de fibres serrées, très-fortes, d'un blanc mat, sert à former deux classes d'organes : les organes *fibreux blancs* et les organes *fibreux jaunes* ou *élastiques*. Ce dernier constitue les ligaments jaunes des vertèbres et contribue à former la membrane propre des veines, des artères, des voies aériennes et des conduits excréteurs. Il contient beaucoup de fibrine mais peu de gélatine et d'albumine. Tantôt le tissu fibreux est une dépendance des os, comme le périoste, ou des muscles, comme les tendons et les aponévroses; tantôt il sert d'enveloppe à certains organes, comme la dure-mère, le péricarde et la sclérotique.

FIBRILLES (diminutif de *fibre*). En Botanique, on nomme ainsi : 1o les ramifications des racines capillaires qui, dans leur ensemble, forment le *chevelu;* 2o les filets déliés qui naissent du *thallus*, et par lesquels les lichens s'attachent aux corps.

FIBRINE, substance particulière qui forme en grande partie la substance des *fibres* ou de la chair musculaire, et qui se trouve dans le sang, le chyle, la lymphe, etc. C'est une matière solide, blanche, inodore, insipide, molle, élastique, plus pesante que l'eau. Elle est formée de 50,360 parties de carbone, 19,685 d'oxygène, 7,021 d'hydrogène et 19,934 d'azote. On l'obtient à part en battant du sang avec des verges de bouleau ; elle s'attache au bois.

FIBRO-LITHE (de *fibre* et du grec *lithos*, pierre), substance minérale de texture fibreuse, d'un blanc grisâtre, est un silicate d'alumine, mêlé d'un peu d'oxyde de fer. On la trouve dans l'Amérique du Nord.

FIBULAIRE (du latin *fibula*, agrafe), genre de

Zoophytes de l'ordre des Échinodermes pédicellés, famille des Oursins. Leur forme est globuleuse ou ovoïde : ce qui les a fait appeler *Oursins-boutons*. Ils sont très-petits. On en trouve de vivants et de fossiles.

FIC (du latin *ficus*, figue), excroissance charnue, molle ou rude, rougeâtre, à pédoncule étroit, à sommet renflé en forme de *figue*, et que l'on trouve quelquefois suspendue aux paupières, au menton, à la langue, etc. — Les Vétérinaires donnent ce nom à plusieurs tumeurs qui se développent chez les chevaux. Le *F. bénin* attaque la fourchette; le *F. grave* s'étend à la sole charnue, à la partie postérieure du cartilage de l'os du pied, etc.; le *F. crapaud* vient aux talons et à la fourchette, surtout aux pieds de derrière : il est spongieux et fétide.

FICAIRE, *Ficaria*, genre de plantes de la famille des Renonculacées, établi pour une petite plante herbacée différant des Renoncules par son calice à 3 folioles, et sa corolle à 8 ou 9 pétales. L'espèce type est la *Renoncule ficaire*, vulgairement *Petite Éclaire, Petite Chélidoine*, ou *Herbe aux hémorroïdes:* elle est commune dans nos bois.

FICÉES, groupe de la famille des Urticées, qui a pour type le genre Figuier.

FICELLE (du latin *funiculus*). *Voy.* CORDE.

FICHE (du latin *figere*, fixer), nom donné : 1o à de petits pieux ou jalons que l'on fixe en terre pour prendre des mesures, ou pour indiquer les bornes d'un espace de terrain, l'emplacement d'un point qu'il est nécessaire de connaître, etc.; 2o aux chevilles de fer sur lesquelles les facteurs roulent les cordes des pianos, clavecins, etc.; 3o en Serrurerie, aux petits morceaux de fer ou de cuivre servant à la penture des portes, fenêtres, etc.; 4o dans les Jeux, à ces petits morceaux d'os, d'ivoire, de nacre, etc., minces, en forme de carré long et étroit, qui servent comme de monnaie et qui ont une valeur de convention.

FICOIDE, *Mesembryanthemum*, genre de la famille des Mésembryanthémées, placée entre les Cactées et les Portulacées, renferme des plantes grasses, originaires du Cap : feuilles charnues, opposées et en général croisées à angles droits; tige herbacée ou frutescente; fleurs belles et grandes, placées au haut des tiges, blanches, rouges, jaunes ou orangées. Les fruits ressemblent assez à une figue. La *F. cristalline* ou *Glaciale* (*M. cristallinum*) a les feuilles couvertes de vésicules brillantes, semblables à des gouttes d'eau glacée. La *F. brillante* (*M. fulgidum*) a les feuilles également parsemées de vésicules : ses fleurs sont d'un jaune orangé. La *F. comestible* (*M. edule*) a les feuilles tendres, charnues, les fleurs jaunes, le fruit savoureux.

FICTION (du latin *fictio*, de *fingere*, feindre), se dit, en Littérature, de toute invention fabuleuse. *Voy.* MERVEILLEUX, FABLE, ALLÉGORIE.

En Droit, on appelle *fiction légale* la substitution faite par la loi d'une chose fausse à une chose vraie. Elle s'applique aux personnes, par exemple dans le cas de *mort civile*, d'*adoption*, de *représentation*, d'*éditeur responsable* (*Voy.* ces mots), et même aux choses : ainsi les actions *immobilisées* de la Banque sont par *fiction* réputées immeubles, etc.—Dans l'ancien Droit français, civil et politique, les fictions étaient nombreuses; la plupart étaient rédigées en axiomes, comme *Res judicata pro veritate accipitur; Si veut le Roi, si veut la loi; Le Roi ne meurt jamais; Le mort saisit le vif;* etc. L'effet de la fiction légale est d'opérer comme si le fait qu'elle suppose était réel. C'est du reste une exception.

FIDÉICOMMIS (du latin *fidei commissum*, confié à la foi), disposition testamentaire faite en apparence en faveur d'une personne, mais à la condition secrète et tacite de remettre le legs à une autre personne dont le nom n'est pas mentionné. On peut ainsi avantager des personnes auxquelles la loi ne permet point de faire des libéralités, comme les enfants adultérins. Les fidéicommis sont aujourd'hui défendus par la loi. *Voy.* SUBSTITUTION.

On appelle *fidéicommissaire, héritier fiduciaire*, l'héritier supposé, à qui une donation est faite à la charge de la rendre à une autre personne. Dans la jurisprudence romaine, le fidéicommissaire pouvait retenir le quart de la donation ou de la succession.

FIDÉJUSSEUR est synonyme de *caution*, et FIDÉJUSSION de *cautionnement*.

FIDÈLE, nom donné, dans les premiers temps du christianisme, à tous ceux qui avaient été baptisés, c.-à-d. qui étaient définitivement admis dans l'Eglise, par opposition aux simples *catéchumènes* et aux *infidèles*. Aujourd'hui, le nom de *fidèles* est donné à tous les chrétiens en général. — Depuis 1748, le roi de Portugal porte le titre de *roi très-fidèle*.

Au moyen âge, le mot *fidèle*, ou *féal*, fut synonyme de *vassal*. On l'appliquait spécialement aux grands officiers de la couronne, particulièrement attachés à la personne du souverain : ces derniers portaient aussi le nom de *leudes*. *Voy.* ce mot.

FIDONIE (nom mythologique), *Fidonia*, genre de Lépidoptères nocturnes, distingués à leurs ailes arrondies et parsemées de points plus ou moins gros, de couleur foncée, sur un fond clair. Les Fidonies senourrissent de plantes herbacées, et quelques-unes vivent sur les arbres ou sur les plantes ligneuses. La plus belle espèce est la *F. plumet*, commune aux environs de Nîmes et de Montpellier.

FIDUCIAIRE (du latin *fiducia*, confiance). Dans l'ancien Droit romain, on appelait *vente fiduciaire*, ou *fiducie*, une vente simulée, faite pour parvenir à conférer l'émancipation. Le père vendait fictivement son fils à un tiers, qui le lui revendait immédiatement; le père ayant, après trois ventes successives, perdu tout droit de puissance paternelle sur son fils, celui-ci avait acquis de droit l'émancipation. On nommait *père fiduciaire* le citoyen auquel le père vendait fictivement son fils.

Héritier fiduciaire. Voy. FIDÉICOMMIS.

FIDUCIE. *Voy.* FIDUCIAIRE (VENTE).

FIEF, propriété territoriale ou autre relevant d'un suzerain. *V.* ce mot au *Dict. univ. d'Hist. et de Géogr.*

FIEL (du latin *fel*), est synonyme de *bile* (*Voy.* ce mot). — Dans l'usage, on donne surtout ce nom à la bile de bœuf. Le fiel de bœuf est employé par les dégraisseurs pour enlever les taches de graisse, et par les peintres dans la composition des couleurs. — Le fiel du bœuf est contenu dans la *vésicule du fiel*, dite vulgairement *amer* : c'est une poche membraneuse en forme de poire, qui occupe la face inférieure du grand lobe du foie, immédiatement à côté du sillon horizontal, et qui sert de réservoir à la bile. Les cerfs, les chevaux, les daims, les dauphins n'ont pas cette vésicule; elle est remplacée, chez ces animaux, par des conduits aboutissant aux intestins.

Fiel de terre est le nom vulgaire de la *Fumeterre* et de la *Petite Centaurée*. *Voy.* ces mots.

On nommait *Fiel de verre* un mélange de plusieurs sels calcaires, de sulfate de potasse, de chlorhydrate de soude, etc., qui surnagent au-dessus du verre pendant sa vitrification. Ce mélange était autrefois employé en Médecine.

FIENTE (du bas latin *fiens;* par corruption du latin *fimetum*, fumier), excréments des animaux, et particulièrement des oiseaux, fournissant un excellent engrais. *Voy.* EXCRÉMENTS, ENGRAIS et GUANO.

FIERTE (du latin *feretrum*, civière pour les morts), ancien mot qui désignait autrefois une châsse. Ce mot était surtout en usage à Rouen, en parlant de la châsse de saint Romain, archevêque de cette ville. On faisait grâce à un criminel le jour de l'Ascension, jour où l'on portait cette châsse en procession dans la ville. On disait qu'un crime était *fiertable* lorsqu'on pouvait en obtenir la rémission

en levant la châsse de saint Romain : tels étaient les crimes de lèse-majesté, de duel, etc.

FIÈVRE (de *fervere*, brûler, avoir chaud), dénomination servant, en général, à exprimer certains troubles aigus de la circulation et de la respiration, dans lesquels il y a tantôt une augmentation de chaleur avec accélération du pouls, tantôt des alternatives soit dans la température réelle, soit dans la chaleur et le froid ressentis par le malade. Bien que la chaleur soit surélevée dans la plupart des cas, la fièvre n'est pas toujours une maladie dans laquelle il y ait de la chaleur; car le frisson s'observe dans toutes les fièvres, et l'on admet des fièvres *algides*, caractérisées par un froid glacial. Ce n'est pas non plus l'accélération du pouls qui constitue la fièvre; car la fièvre typhoïde présente souvent un pouls assez lent : de là, l'impossibilité de donner de la fièvre une définition exacte.

Considérée pendant longtemps comme une affection *essentielle*, comme constituant elle-même une maladie susceptible de se compliquer avec toutes les autres, la fièvre n'est plus pour la plupart des médecins modernes qu'un *symptôme*, qui, dans une foule de maladies, indique qu'un organe important souffre ou est irrité. Broussais a posé en principe que la fièvre n'est en réalité qu'un phénomène sympathique, ou le résultat d'une douleur transmise au cœur et aux capillaires sanguins par les ramifications nerveuses faisant partie d'un organe souffrant : localisant ainsi la fièvre, il en place le siège sur la surface muqueuse des voies digestives, et ne la considère plus que comme une modification de la gastrite ou de la gastro-entérite. Néanmoins, plusieurs partisans de cette doctrine admettent que l'irritation inflammatoire qui est la cause des fièvres peut résider primitivement dans d'autres appareils que celui de la digestion. Selon Georget et Dugès, la fièvre est une excitation cérébrale et nerveuse. Bouillaud confond les *fièvres essentielles* avec les phlegmasies.

Presque tous les cas de fièvre offrent trois périodes : la *p. d'invasion*, la *p. d'état* ou *stationnaire*, et la *p. de déclin*. On distingue, en outre, les fièvres en : *F. continues*, qui ne présentent ni intermission ni rémission, mais des paroxysmes ou exacerbations : ce sont particulièrement ces fièvres que l'on regarde aujourd'hui comme étant toujours symptomatiques d'une phlegmasie, et ne constituant pas par elles-mêmes une maladie; *F. rémittentes*, qui, étant continues, sont accompagnées de redoublements périodiques en froid ou en chaud : les intervalles entre les accès s'appellent *rémissions;* et *F. intermittentes*, qui présentent des accès composés de frissons, de chaleur et de sueur, et des intervalles sans fièvre qui sont désignés par le mot *apyrexie*. Toutes ces fièvres se subdivisent en variétés nombreuses : elles sont décrites ci-après, à leur ordre alphabétique.

Fièvre adynamique (du grec *a* priv., et *dynamis*, force), l'ancienne *F. putride* : elle est causée par le séjour dans un lieu malsain, chargé de miasmes putrides, par la privation de bons aliments, les veilles, les passions tristes, les travaux excessifs; elle survient souvent aussi dans le cours des affections chroniques, et est ordinairement symptomatique de la dernière période d'une inflammation intérieure; elle est caractérisée par un état de prostration et de faiblesse générale qui accompagne ces maladies; elle réclame le traitement antiphlogistique.

F. algide (du latin *algeo*, avoir froid), fièvre intermittente pernicieuse, dans laquelle le malade éprouve un froid glacial et continu.

F. ardente, ou *Causus*. Hippocrate nomme ainsi une espèce de fièvre caractérisée par une chaleur et une soif excessives; Pinel la regardait comme une complication de la fièvre bilieuse avec la fièvre inflammatoire; suivant Broussais, ce n'est qu'une gastrite très-intense accompagnée de symptômes bilieux, ou une gastro-hépatite, très-commune en été chez les sujets d'un tempérament irritable et bilieux.

F. ataxique (du grec *a* privatif, et *taxis*, ordre, règle), l'ancienne *F. maligne*, ensemble de phéno= mènes nerveux remarquables par l'irrégularité de leur marche et leur gravité, et indiquant presque toujours une affection cérébrale : la *F. adynamique*, la *F. nerveuse inflammatoire* ou *lente*, la *F. céré-brale* en sont les variétés principales. Ce mot, *fièvre ataxique*, n'indique point une maladie unique, parti-culière, et ne saurait admettre un traitement spécial.

F. bilieuse ou *gastrique*, fièvre caractérisée par la lassitude, l'inappétence, la courbature, la fréquence du pouls, la sécheresse de la peau et une migraine intense, accompagnées d'abondantes évacuations de bile. Elle peut être causée par le séjour dans une atmosphère chaude et humide, par des aliments malsains, l'inaction, les passions tristes; elle est fré-quente dans l'âge adulte et chez les tempéraments bi-lieux. Sa durée est de 7 à 14 jours, et sa terminaison ordinairement favorable. On regarde aujourd'hui l'ensemble de symptômes qui la caractérisent comme résultant de l'inflammation de la membrane mu-queuse de l'estomac et du duodénum, et souvent comme provenant d'une gastro-entérite. *Voy.* ce mot.

F. catarrhale, nom employé comme synonyme de *F. muqueuse*, mais plus souvent de *Catarrhe pul-monaire*. *Voy.* BRONCHITE ET CATARRHE.

F. cérébrale (du latin *cerebrum*, cerveau), variété de la fièvre ataxique, caractérisée par des symptômes d'excitation nerveuse très-intense de l'encéphale : c'est une complication de la méningite avec la gastro-entérite. *Voy.* MÉNINGITE.

F. gastrique. Voy. FIÈVRE BILIEUSE.

F. hectique (du grec *ectéco*, consumer, épuiser), dite aussi *F. lente, colliquative, de consomption;* fièvre ordinairement continue, avec des exacerba-tions le soir, d'autres fois rémittente et affectant le type quotidien ou double-tierce; ordinairement symptomatique et causée par la suppuration lente et profonde d'un organe interne. Elle se déclare dans la dernière période des maladies organiques, et a pour principaux caractères l'amaigrissement pro-gressif, la flaccidité générale, la fréquence du pouls, la chaleur à la peau, surtout aux mains et aux pieds; et, vers la fin, les sueurs et la diarrhée colli-quative. Le traitement à y opposer n'est autre que le traitement de l'organe où est le foyer de la maladie.

F. inflammatoire. V. INFLAMMATION et PHLEGMASIE.

F. intermittentes. Ces fièvres ont pour caractère d'être *endémiques*, c.-à-d. attachées à certaines con-ditions de localité, comme le voisinage d'un étang, d'un marais, etc. Elles proviennent encore de l'ac-tion du froid humide. Elles paraissent avoir pour siège le système nerveux (la moelle épinière). Par leur action prolongée, elles entraînent le gonflement et l'altération de la rate. Lorsque l'accès se repro-duit tous les jours à la même heure, la fièvre est dite *quotidienne.* Si elle revient tous les deux jours, elle est *tierce*, et peut alors admettre les variétés de *dou-ble tierce* (un accès tous les jours, mais à des heures différentes et se correspondant en tierce); de *tierce doublée* (deux accès tous les deux jours, et un jour d'intermission), etc. Si elle revient tous les trois jours, elle est *quarte*, avec les variétés *double-quarte* (deux accès en un jour, et apyrexie les deux jours suivants); *quarte doublée* (deux accès chaque 3e jour), etc. — On nomme *fièvres intermittentes pernicieuses* celles dont les symptômes sont si graves et la marche si fougueuse qu'elles déterminent sou-vent la mort dès les premiers accès. On rencontre fréquemment des fièvres intermittentes *anomales*, ainsi nommées, les unes, parce que les accès sont incomplets; les autres, parce que les trois stades sont confondus ou intervertis. Enfin, on appelle *fièvres intermittentes larvées* ou *masquées* celles

qui ont une marche plus ou moins obscure, latente, insidieuse.

Les fièvres intermittentes de tous les types et ca-ractères sont souvent *épidémiques*, principalement au printemps et en automne : les intermittentes *ver-nales* sont généralement bénignes, tandis que les *automnales* sont souvent dangereuses et opiniâtres. Là thérapeutique des fièvres intermittentes consiste : 1° pendant le stade de froid, à favoriser le dévelop-pement de la chaleur par des boissons diaphoréti-ques chaudes, et aromatiques; 2° pendant le stade de chaleur, à l'entretenir, et en même temps à combattre les congestions locales qui peuvent se ma-nifester; 3° dans l'apyrexie, à recourir aux fébri-fuges, et notamment au *sulfate de quinine*, remède héroïque et spécifique de ces fièvres, dont il détruit promptement la périodicité.

F. jaune (ainsi appelée parce qu'elle s'accompagne toujours de *jaunisse*), appelée aussi *fièvre pestilen-tielle, mal de Siam, typhus ictérode, typhus des tropiques* ou *d'Amérique*, etc. Elle ne règne que dans les pays chauds, et jamais en deçà du 24e de-gré de latitude. Elle est *sporadique* dans quelques pays, en particulier aux Antilles, mais le plus sou-vent *épidémique;* elle passe pour être *contagieuse.* Le miasme qui la produit exerce plus spécialement son action sur la membrane muqueuse gastro-intestinale son action, tout à la fois irritante et septique. Souvent l'invasion est précédée de malaise général, de pro-stration, de tremblement. D'autres fois, la maladie débute subitement par des alternatives de frisson et de chaleur sèche, avec céphalalgie, coloration de la face, langue rouge, puis brunâtre; déglutition diffi-cile, épigastre tendu et rénitent; puis vomissements opiniâtres, coliques, selles liquides et fétides. Cette 1re période dure de 1 à 5 jours. Alors, la langue se couvre d'un enduit plus épais, noir et sec; vomisse-ments plus fréquents, bilieux, puis noirâtres; dou-leurs atroces à l'épigastre et aux lombes; l'estomac ne supporte aucune boisson; les selles, plus fréquen-tes, sont d'un jaune verdâtre, ou sanguinolentes ou semblables à la matière des vomissements. C'est dans cette période que la *jaunisse*, ou *ictère*, se déve-loppe. Quand le malade doit succomber, ces symp-tômes s'aggravent, l'urine est supprimée, il y a une prostration complète, des pétéchies, des phlyctènes gangréneuses, quelquefois des bubons ou des an-thrax. La durée de la fièvre jaune est de 4 à 8 jours. Son issue est très-souvent funeste. — La saignée générale doit être employée dès le début, ainsi que les applications de sangsues à l'épigastre et aux lom-bes, et les antiphlogistiques; puis, vers la fin de la maladie, les boissons toniques et astringentes.

F. laiteuse, F. de lait, espèce de fièvre éphémère résultant des efforts que fait la nature vers les ma-melles, après l'accouchement, pour y établir la sé-crétion du lait. Elle s'annonce trois ou quatre jours après l'accouchement par l'augmentation de la cha-leur animale, la fréquence et le développement du pouls, la rougeur du visage, le gonflement des seins et la suppression des lochies. Elle se termine, au bout de 24 heures, par des sueurs abondantes, par l'écoulement du lait et par le rétablissement du cours du sang. Elle n'exige pas d'autres soins que d'entretenir une douce chaleur et de favoriser la transpiration par des boissons chaudes.

F. miliaire ou *pourprée. Voy.* MILIAIRE.

F. muqueuse ou *pituiteuse* des anciens, complica-tion de la fièvre avec une inflammation particulière de la membrane muqueuse intestinale, jointe à un état de langueur et d'abattement : elle n'est consi-dérée aujourd'hui que comme un symptôme de l'in-flammation de la membrane intestinale.

F. nerveuse. Ce nom a été employé pour désigner toute fièvre compliquée d'ataxie (*Voy.* FIÈVRE ATAXI-QUE), et particulièrement le typhus. Elle est caractérisée par un trouble général des fonctions, surtout de celles qui sont sous l'influence des nerfs.

F. ortiée. Voy. URTICAIRE.

F. pernicieuse. Voy. FIÈVRES INTERMITTENTES.

F. puerpérale, péritonite des nouvelles accouchées. *Voy.* PÉRITONITE.

F. putride. Voy. ci-dessus FIÈVRE ADYNAMIQUE.

F. quarte, double quarte, F. quotidienne. Voy. FIÈVRES INTERMITTENTES.

F. rouge. Voy. SCARLATINE.

F. symptomatique, vulgairement *Fièvre*, mouvement fébrile lié à l'existence d'une autre maladie, et surtout d'une inflammation.

F. tierce. Voy. FIÈVRES INTERMITTENTES.

F. traumatique (du grec *trauma*, blessure), mouvement fébrile symptomatique qui accompagne la suppuration des grandes plaies, qui succède aux blessures ou aux grandes opérations de chirurgie.

F. typhoïde (du grec *typhos*, stupeur). Sous ce nom général on comprend aujourd'hui ce qu'on appelait précédemment *fièvre putride* ou *maligne*, les *fièvres lente nerveuse, synoque putride* et *non putride, angio-ténique, méningo-gastrique, adéno-méningée, adynamique, ataxique* de Pinel; la *F. entéro-mésentérique* de Petit, Serres, Bouillaud, etc.; la *Dothinentérite* de Bretonneau, la *Gastro-entérite adynamique* de Broussais, l'*Entérite folliculeuse* de Cruveilhier, Andral, Forget, etc. — La fièvre typhoïde consiste dans une affection primitive des follicules de l'intestin grêle et des ganglions (glandes de Peyer), et dans une altération du sang et des liquides, consécutive à cette inflammation. Elle attaque également toutes les constitutions, et même de préférence les individus forts et jeunes. Le séjour récent dans une grande ville, le défaut d'acclimatement, les excès de tout genre, une mauvaise alimentation, l'habitation dans des lieux bas, mal aérés, encombrés, où se dégagent des miasmes de nature animale, en sont les causes ordinaires. L'opinion générale admet la contagion de cette fièvre, qui est identique au *typhus des armées*; elle peut apparaître épidémiquement ou sporadiquement. Elle doit être combattue, à son début, par les antiphlogistiques.

FIFRE (de l'allemand *pfeiffen*, siffler), petit instrument à vent, en forme de flûte traversière, percé de six trous et d'un son très-perçant. Il est originaire de Suisse et fut en usage dans l'armée française depuis François Ier. On s'en est particulièrement servi depuis Henri IV jusqu'à Louis XVI; il accompagnait toujours le tambour. Depuis la Révolution, il n'a plus été employé que dans quelques corps, dans la garde impériale, les cent-suisses, etc. Il a été généralement remplacé par le *piccolo*, petite flûte moins glapissante et plus juste que lui, et le *clairon*, instrument plus convenable et qui a plus de portée de son. Le fifre est encore usité en Allemagne, en Prusse et en Angleterre. — Dans la musique allemande, on se sert quelquefois du fifre pour accompagner le violon.

FIGARO, personnage de comédie, créé par Beaumarchais dans le *Barbier de Séville* et le *Mariage de Figaro*, est devenu le type du valet adroit et fripon et de l'intrigant sans conscience. — Il a été publié sous la Restauration un journal satirique, intitulé le *Figaro*, qui a eu beaucoup de vogue.

FIGUE, fruit du Figuier. La figue est formée par un involucre monophylle, ovoïde, clos de toutes parts, et contenant un grand nombre de petits drupes qui proviennent d'autant de fleurs femelles; c'est une sorte de réceptacle, dans l'intérieur duquel s'opère la fécondation. Il y a deux sortes de figues : la *figue-fleur* ou *de printemps* et la *figue d'été*. La 1re mûrit en juin et juillet, la 2e d'août en octobre : celle-ci est la plus estimée. On divise aussi les figues en : 1o *blanches*, *jaunâtres* et *vertes*; 2o *violettes*, *rouges*, *brunes* et *noirâtres*. Parmi les

premières, on distingue la *F. blanche*, lisse, d'un vert pâle, piriforme; la *F. de Marseille*, petite, arrondie, blanche à l'extérieur, rouge en dedans; la *F. de Lipari*, très-petite, ronde et blanche; la *F. coucourelle*, presque ronde, blanchâtre, rouge en dedans; la *F. angélique*, blanche, arrondie, à pulpe d'un jaune rougeâtre; la *F. verte*, rouge en dedans; la *F. grosse jaune*, la plus grosse de toutes. Parmi les deuxièmes, on cite la *F. monissonne*, d'un bleu violacé, la plus agréable quand elle est fraîche; la *F. rousse*, presque ronde, peau brune, chair d'un rouge vif; la *F. poire* ou *F. de Bordeaux*, peau violette ou brune, chair fauve, etc. — Les figues sont mucilagineuses et adoucissantes. Fraîches, elles nourrissent peu; sèches, elles sont très-alimentaires. En Médecine, on en fait des tisanes et des cataplasmes émollients.

FIGUIER, *Ficus*, genre de la famille des Urticées, se compose d'arbres et d'arbrisseaux renfermant un suc laiteux; les feuilles sont alternes, découpées, d'un vert foncé; les fleurs sont nombreuses, réunies dans un réceptacle commun, charnu et piriforme, clos à l'orifice par des écailles; les fleurs mâles occupent la partie supérieure du réceptacle, et les fleurs femelles la partie intérieure; le fruit est la *figue* (Voy. ci-dessus). Le *F. commun* (*F. carica*) s'élève de 5 à 6 mètres dans les contrées méridionales de l'Europe. Son tronc est couvert d'une écorce grisâtre. Son bois est d'un jaune clair et tendre, élastique à l'état de siccité. Son suc est très-corrosif; on s'en servait autrefois en médecine. On en retire une résine molle et visqueuse. Le *F. du Bengale* a cette propriété, que les branches, en descendant à terre, y prennent racine et forment bientôt ainsi une épaisse forêt. *Voy.* BANIANS (ARBRE DES).

Le figuier paraît être originaire de l'Orient; il prospéra en Grèce, dans l'Attique surtout, et fut répandu par les Grecs dans l'Archipel et l'Italie, d'où il passa dans toute l'Europe mériodinale. La figue fraîche et la figue sèche étaient, pour les anciens, l'objet d'une récolte et d'un commerce importants. C'était la nourriture habituelle des gens de la campagne; certaines espèces plus rares et plus exquises étaient réservées pour la table des riches. Les fleurs du figuier, étant fort cachées, avaient échappé pendant longtemps aux recherches des naturalistes de l'antiquité, qui pensaient que le figuier rapportait des fruits sans avoir de fleurs; ce n'est même qu'en 1712 que l'on découvrit les fleurs mâles et les fleurs femelles de cet arbre. Quant à la maturation des figues à l'aide de l'insecte appelé Cynips, *Voy.* CAPRIFICATION.

On nomme vulgairement *F. d'Adam* le Bananier; *F. des Hottentots*, la Ficoïde comestible; *F. maudit*, le Clusier; *F. de l'Inde, de Barbarie* ou *d'Amérique*, le Cactus raquette, etc.

FIGUIER, *Cynniris platurus*, espèce d'oiseau du genre Souimanga, nommé aussi *Sucrier-figuier*. Cet oiseau, très-commun au Sénégal, a la tête, le cou, la gorge, le dos et le bord externe des ailes d'un vert bronzé, à reflets dorés, le croupion et la queue de couleur violette; les pennes de l'aile et de la queue sont brunes; les intermédiaires, dorées et terminées en palettes; la poitrine, d'un jaune clair.

Figuier. espèce de Fauvette. *Voy.* SYLVICOLE.

FIGULINE (du latin *figulina*, poterie de terre, de *figere*, pétrir). On connaît sous le nom de *Figulines rustiques*, de curieuses poteries émaillées et offrant en relief des figures d'animaux bizarres : elles sont dues à Bernard de Palissy. *Voy.* ARGILE.

FIGURATIF (de *figure*). On appelle *écriture figurative*, celle qui est composée de la figure des objets qu'on veut exprimer : telle est l'écriture idéographique des Égyptiens. *Voy.* ÉCRITURE.

En Grammaire, on nomme *Figuratives, Lettres figuratives*, les lettres qui servent à caractériser certains temps des verbes, telles que le Σ, qui, dans la langue grecque, caractérise le futur et l'aoriste; le K, qui caractérise le parfait; la *figurative* précède toujours la *terminaison*.

FIGURE (du latin *figura*). En Géométrie, on nomme en général *figure* la forme qu'affecte une portion quelconque de l'étendue : le triangle, le quadrilitère, le cercle, etc., sont des figures. *V.* ces mots.

Deux figures sont dites *égales*, lorsque, étant superposées, elles coïncident exactement dans toutes leurs parties; *équivalentes*, lorsqu'elles ont la même étendue, sans avoir la même forme; *semblables*, lorsqu'elles ont la même forme sans avoir la même étendue; *symétriques*, lorsqu'elles ont toutes leurs parties égales chacune à chacune, mais dans une disposition inverse.

On donne aussi le nom de *figure*, dans tout traité didactique de science ou de technologie, à tout objet *figuré*, c.-à-d. représenté par le dessin pour venir à l'appui d'une démonstration ou d'une description.

En Rhétorique, on appelle *figures*, certaines manières de parler qui rendent la pensée avec plus de vivacité, de force et de grâce : c'est surtout le langage de l'imagination et de la passion. On distingue les *F. de pensée* et les *F. de mots*. Les premières dépendent de la forme que la pensée a prise dans l'esprit; on peut en changer l'expression sans détruire pour cela la figure. Telles sont : l'*interrogation*, la *prétérition*, la *réticence*, la *suspension*, la *prolepse*, la *correction*, la *concession*, l'*hyperbole*, la *litote*, l'*ironie*, l'*antithèse*, la *comparaison*, l'*hypotypose*, l'*éthopée*, l'*imprécation*, l'*exclamation*, l'*apostrophe*, la *prosopopée*, l'*épiphonème*, etc. (*Voy.* ces mots). — Les *Figures de mots* tiennent surtout à la forme de l'expression et disparaissent quand on la change; elles se distinguent : en *F. de grammaire*, qui modifient l'emploi grammatical des mots, telles que l'*ellipse*, le *pléonasme*, la *syllepse* et l'*inversion;* en *Tropes*, qui modifient le sens des mots, tels que la *métaphore*, la *métonymie*, la *synecdoque*, la *catachrèse*, l'*hypallage*, l'*antonomase*, l'*allusion;* et en *F. de mots proprement dites*, comme la *répétition*, la *gradation*, la *disjonction*, la *périphrase*, l'*onomatopée*, etc. On doit à Dumarsais, à Fontanier, des *Traités des Figures.* —Pour les *Figures du Syllogisme, Voy.* SYLLOGISME.

En Théologie, on a appelé *figures* les choses, les personnes, les événements de l'Ancien Testament qui, suivant l'opinion de quelques commentateurs, sont les images du Nouveau Testament et de ses mystères : ainsi la manne est une *figure* de l'eucharistie; Abel, Isaac, Joseph sont des *figures* de Jésus-Christ. On nomme *figurisme*, le système de ceux qui cherchent ainsi, dans toute l'Écriture, des figures ou allégories. Ce système, déjà en faveur chez les Juifs, et adopté par Origène, devint surtout à la mode au moyen âge. On cite parmi les figuristes du XVIIe siècle le savant Cocceius de Leyde, qui voyait dans toute la suite de l'Ancien Testament l'histoire de Jésus-Christ et celle de l'Église.

En Astrologie, on nomme *figure* une description ou reproduction de l'état et de la disposition du ciel à une certaine heure, qui contient les *lieux* des planètes et des étoiles, marqués dans une *figure* de douze triangles nommés *maisons.* On la nomme aussi *horoscope* et *thème.*

Dans les Arts du dessin, le mot *figure* désigne la représentation par le dessin de l'être humain, ainsi que celle de l'animal. — En termes de Blason, il se dit des pièces dont un écu est chargé.

En Musique, c'est un groupe de notes qui forme un certain dessin. On appelle *chant figuré* et *musique figurée* tout ce qui n'est pas plain-chant.

En Chorégraphie, on nomme ainsi les mouvements, les danses symétriques faites par les danseurs, de manière à former un tableau, un ensemble agréable. La danse de société a aussi ses *figures*,

qui sont connues de tout le monde. *Voy.* CONTREDANSE et QUADRILLE.

FIGURÉ. En Arithmétique, on appelle *nombres figurés* des suites de nombres formant des progressions arithmétiques de divers ordres, dérivées les unes des autres par une loi constante. La suite des nombres 1, 2, 3, 4, 5, etc. forme les *F. du premier ordre.* Si l'on ajoute ensemble les termes de cette suite ainsi : 1 et 2 font 3; 3 et 3, 6; 6 et 4, 10, etc., il en résulte les nombres 1, 3, 6, 10, 15, 21, etc., que l'on nomme *F. du deuxième ordre*, ou *nombres triangulaires.* En ajoutant de la même manière les termes de cette 2e série, on a la suite 1, 4, 10, 20, etc., nommée *F. du troisième ordre*, ou *nombres pyramidaux;* ajoutant encore la 3e série, on a les nombres 1, 5, 15, 35, 70, 126, etc., nommés *F. du quatrième ordre*, etc.

Dans la Géométrie pratique, on nomme *figuré* la représentation des différents objets que renferme un terrain dont on lève le plan, ou un pays dont on fait la carte.

En Littérature, on appelle *style figuré* tout style où l'on fait un fréquent usage des *figures* (*Voy.* ce mot). On dit d'un mot qu'il est employé dans un *sens figuré*, lorsqu'on le détourne de son sens propre pour lui faire exprimer des choses analogues, mais qui n'ont point de signes propres dans le langage ordinaire. *Voy.* TROPE et MÉTAPHORE.

En Musique, on appelle *trait figuré*, un trait dans lequel on fait passer, pour une marche diatonique, d'autres notes que celles de l'accord actuel; *basse figurée*, une basse dont les notes portant accord sont subdivisées en plusieurs autres notes de moindre valeur; *harmonie figurée*, celle où l'on fait passer plusieurs notes sur un accord.

FIGURINE (diminutif de *figure*), se dit en Sculpture d'une petite figure. Plus souvent, on entend par ce mot de très-petites figures antiques en terre cuite, en bronze, en argent. La plupart de ces figurines représentent des divinités, et étaient, selon toute apparence, un objet de dévotion domestique.

FIGURISME. *Voy.* FIGURE en Théologie.

FIL (du latin *filum*), petit brin long et menu qu'on détache de l'écorce du lin ou de celle du chanvre, ou de toute autre substance susceptible d'être filée, et que l'on tord ensemble soit entre les doigts, soit au moyen du rouet, du fuseau, ou d'instruments mécaniques produisant le même effet (*V.* FILATURE). La force du fil se mesure par le poids qu'il peut supporter; sa finesse, par l'opération dite *numérotage.* Le fil, en sortant du métier, est mis en écheveau; chaque écheveau est formé de dix échevettes de 100 mètres chacune, et ayant 70 tours de dévidoir; après avoir pesé ces écheveaux, on met ensemble ceux qui ont le même poids jusqu'à concurrence d'un demi-kilogr., et leur nombre pour former ce poids donne le *numéro* du fil.

Les fils de lin ou de chanvre servent soit à fabriquer des toiles, rubans ou tissus quelconques, soit à coudre. Parmi les fils à coudre, on distingue : 1º le *fil de Bretagne*, le plus fort entre les fils communs : il est bis ou teint en diverses couleurs, toujours tors en deux ou en trois, et sert aux tailleurs, aux tapissiers, et pour le gros linge; 2º le *fil blanc de Bretagne*, également bis, mais plus varié dans les degrés de finesse; 3º les *fils de Flandre* (en poignées, blancs, demi-blancs ou à la religieuse, bis, à marquer, etc.), qui se fabriquent à Lille et aux environs, numérotés de 14 à 500 et même au delà; 4º le *fil d'Épinay* ou de France, dit aussi *fil blanc bonnetier*, fil blanc en deux et en trois, fort estimé; 5º le *fil de Bailleul* ou *fil en masse*, teint de toutes couleurs et dont on fait une consommation considérable. — On connaît encore les fils dits *de Malines*, pour la fabrication et le raccommodage des dentelles; *de Saxe*, très-unis, très-fins, et très-légers, mais un peu secs; *de Cologne*, qui sont blancs et non tors : on s'en sert pour tricoter. Ces derniers se fabriquent aussi en France, surtout dans la Bretagne et la Flandre.

Les fils de coton se distinguent en *fils plats*, à 2 ou 4 fils, peu retors et souvent de faux teint, et en *fils câblés*, de première qualité, de 3 à 6 fils et très-retors. Parmi ces derniers, on remarque le *fil d'Écosse*, fil excellent, très-rond, imitant le grain du cordonnet et le brillant de la soie : il est à la fois solide et léger; aussi en fait-on une grande consommation, soit pour la couture, soit pour la fabrication des bas ou gants, dits *de fil d'Écosse*. On le fabrique en France en toute perfection.

La soie est filée par le ver qui la donne; il ne reste plus qu'à la dévider (*Voy.* SOIE et FILOSELLE). Quant aux fils dits de *soie végétale* ou de *crin végétal*, ils sont plutôt effilés que filés. — On fait avec le *poil de chèvre* un fil excellent qui entre dans la fabrication des camelots, des peluches, etc.; on en fait aussi des ouvrages de passementerie. — On fait encore du fil de *poil de cheval* ou de *poil de vache*, avec le mot, ou *ploc*, de ces animaux : il sert à faire des étoffes grossières et des tapis. On appelle *fil de sayette* du fil de laine filée qui se fabrique en Flandre.

Au moyen de la filière, on file plusieurs métaux, comme l'or, l'argent, le fer, le cuivre, le platine, etc. (*Voy.* FILS MÉTALLIQUES); — au moyen du feu, on peut filer le verre. *Voy.* VERRE.

FIL A PLOMB, petit instrument formé d'un plomb suspendu à une corde légère, et dont les ouvriers se servent pour s'assurer qu'un mur, un pan de bois, etc., est d'aplomb, c'est-à-dire posé perpendiculairement à l'horizon, sans pencher d'aucun côté. Il est fondé sur cette loi de la pesanteur, que tout ce qui tombe suit la direction de la verticale.

FIL D'ARCHAL, fil de laiton passé par la filière. On en fait des treillis de fenêtres, des cordes de clavecin, des épingles, et mille autres choses. On dérive ce mot, par corruption, d'*aurichalcum*, laiton; quelques-uns prétendent que le fil d'archal est ainsi appelé du nom de Richard Archal, inventeur de la manière de tirer ce fil. — Beaucoup de personnes donnent au fil de fer, mais improprement, le nom de *fil d'archal*. *Voy.* FILS MÉTALLIQUES et FIL DE FER.

FIL DE CARET. *Voy.* CARET.

FIL DE CHAINETTE, nom donné à du gros fil ou de la petite ficelle dont les tisserands forment la partie de leur métier nommée *chainette*, parce qu'elle sert à lever ou baisser les fils de la chaîne au travers desquels ils lancent la navette.

FIL D'EAU, sorte de ver. *Voy.* GORDIUS.

FIL DE LACS, nom donné, dans les manufactures de soie, à un fil fort, à trois brins, qui sert à arrêter, par un entrelacement successif et indéterminé, les cordes que la liseuse a retenues avec l'embarbe.

FIL NOTRE-DAME, ou *Fil de la Vierge*, filaments blancs et soyeux que l'on voit voltiger dans l'air au printemps et en automne : on croit qu'ils sont produits par de jeunes Aranéides (Épéire et Thomires), et par un Acaride, le *Trombidium telarium*.

FIL DE REMISE, fil très-fin, à trois brins, qui sert à faire les mailles des lisses dans lesquelles sont passés les fils de la chaîne.

FILS MÉTALLIQUES. Ces fils s'obtiennent à l'aide de la *filière* dans des usines dites *tréfileries*. 1° Les *F. d'or* et *d'argent*, dits aussi *or trait* et *argent trait* (c.-à-d. *tiré*), ne peuvent être tirés qu'à l'hôtel des Monnaies, dans la salle de l'Argue, afin que le fisc ne perde point ses droits. Les fils dits *fils d'or* ne sont jamais en or fin, mais en argent doré. On s'en sert pour broderies, galons et passementeries. On fait des *F. d'or* et *d'argent faux* avec du cuivre rouge doré et argenté. — 2° Les *F. d'acier*, qu'on fabrique surtout en Allemagne et à Belleville près de Paris, servent pour les cordes de piano et

l'horlogerie. — 3° Le *F. de fer*, dit improprement *F. d'archal*, est fait de fer doux et est de diverses grosseurs, depuis 15 millim. jusqu'aux plus minces échantillons. Le plus fin, dit *manichordion*, sert à faire des cardes. Le meilleur fil de fer est celui de Liége; on estime ensuite celui de Suisse; les plus fins viennent de Cologne. En France, il s'en fabrique surtout en Normandie, en Champagne et en Bourgogne. On le vend en paquets de 3 kilogr. ayant la forme d'un petit cerceau et nommés *torches*. — 4° Pour le *F. de laiton*, ou *F. d'archal* proprement dit, *Voy.* LAITON et ci-dessus FIL D'ARCHAL.

FILAGRAMMÉ. *Voy.* FILIGRANE.

FILAIRE (du latin *filum*, fil), *Filaria*, genre de vers de la classe des Helminthes, de l'ordre des Nématoïdes, est caractérisé par un corps grêle et fort allongé qui les a fait comparer à des fils. Ils sont blancs, quelquefois jaunâtres ou rougeâtres, et cylindriques. Leur bouche est ronde ou triangulaire et diversement armée. Leur peau est plus ou moins dure et élastique. On les trouve dans le tissu cellulaire sous-cutané, quelquefois même dans les muqueuses, dans les viscères, dans le cœur, dans les yeux et même dans le sang, sans que l'économie paraisse en souffrir. Il y en a dans tous les vertébrés, mammifères, reptiles, insectes, oiseaux, etc. L'espèce humaine en nourrit trois espèces : le *Ver de Médine*, dit aussi *Ver de Guinée* ou *Dragonneau*, le *F. des bronches* et le *F. de l'œil*.

FILANDIERES, Araignées à filières coniques.

FILAO, plante. *Voy.* CASUARINA.

FILARET, nom donné dans la construction maritime à de longues pièces de bois, minces, lisses, soutenues par des chandeliers ou montants, qui formaient une espèce de galerie autour de certains bâtiments. — Les charpentiers donnent ce nom à l'arête aiguë d'une pièce de bois travaillée selon son fil.

FILARIA, *Phyllirea*, genre de la famille des Jasminées, renferme de jolis arbustes toujours verts, indigènes du midi de l'Europe. On les place dans les bosquets d'hiver. Leur couleur est luisante et sombre; les fleurs sont verdâtres ou blanchâtres, disposées en grappes à l'aisselle des feuilles; le fruit est une baie renfermant une graine blanche et dure; le bois est jaune, dur, susceptible de prendre un beau poli. On distingue le *F. à larges feuilles*, le *F. à feuilles moyennes*, et le *F. à feuilles étroites*. Genre d'Helminthes. *Voy.* FILAIRE.

FILASSE (de *fil*), partie la plus grossière du chanvre et du lin du commerce, consistant en fibres flexibles et résistantes qui adhèrent encore à la partie intérieure de l'écorce du chanvre, du lin et de quelques autres plantes filamenteuses, après que le lin, le chanvre pur, etc., ont été détachés. Ces fibres sont réunies à l'écorce par une substance particulière. On les détache par le moyen du *brouissage* ou macération plus ou moins longue dans l'eau courante ou stagnante. La filasse peignée se nomme *étoupe*. — *Filasse de montagne*. *Voy.* ASBESTE.

FILATURE, industrie qui consiste à réduire en fil les substances susceptibles d'être filées : on donne aussi ce nom aux manufactures où s'exerce cette industrie. L'opération du *filage* s'applique surtout au chanvre, au lin, au coton, à la soie et à la laine. On file également toutes sortes d'écorces ou de tiges flexibles ou filamenteuses, telles que celles de certaines orties, de l'apocyn, toutes les bourres végétales, et même le poil ou la fourrure de plusieurs quadrupèdes.

L'art de filer remonte à la plus haute antiquité; mais ce n'est guère que depuis 70 ans qu'il a fait d'immenses progrès. Les divers procédés de filature se réduisent à quatre : le *fuseau*, le *rouet* dit *de la bonne femme*, le *rouet du cordier* (*Voy.* FUSEAU et ROUET), et les *machines* d'invention moderne. Le premier métier à filer, le *Spinning-Jenny* ou *Jeannette-la-Fileuse*, fut inventé en 1768 par l'Anglais

James Hargreaves, du comté de Lancastre ; l'année suivante, R. Arkwright mit au jour la mécanique *à cylindres* ou *à laminoirs*, dite *continue*, bien supérieure aux Spinning-Jennys. En 1779, Samuel Crompton, combinant les systèmes des deux premiers inventeurs, créa la fameuse *Mule-Jenny*, dont l'usage devint général en 1787 ; vers la même époque, Watt appliquait la force de la vapeur aux filatures. Enfin, en 1825 fut inventé le *banc à broches*, supérieur encore à la Mull-Jenny pour la vitesse et l'économie de la fabrication. Mais ces diverses machines ne s'appliquaient qu'au coton et à la laine cardée et peignée. On fut longtemps avant d'en trouver une pour filer le chanvre et le lin. Cette machine a été inventée en France par les frères Girard, en 1813, et portée depuis à la perfection par les améliorations successives dues à MM. Saulnier, Lagorzais, Dabo, J. Collin, Laurent, Scrive, etc. — C'est en Angleterre qu'on trouve le plus grand nombre de filatures. En France, ce sont les départements du Nord, de la Seine-Inférieure, de l'Aisne, de la Marne, du Haut et du Bas-Rhin qui en possèdent le plus.

On trouvera la description des mécaniques et des procédés de tout genre employés dans la filature dans le *Manuel du filateur* de Noël, Paris, 1825 ; le *Traité de la filature de coton* d'Oger, Paris, 1839 ; le *Nouveau système complet de filature de coton* de Leblanc et Molard jeune, Paris, 1828.

FILE, suite de choses ou de personnes disposées l'une après l'autre. — Dans l'*ordre mince*, le seul employé dans les armées modernes, *trois* hommes pour l'infanterie, *deux* pour la cavalerie, forment une *file*. Dans certains cas, l'infanterie se range sur *deux* hommes de hauteur. Les trois hommes qui forment une file marchent les uns devant les autres, et se tiennent à un pied de distance. On nomme *chef de file* le premier d'une file ; *serre-file*, les officiers et les sous-officiers placés derrière une troupe en bataille, sur une ligne parallèle au front de cette troupe. Dans l'*ordre profond*, usité chez les anciens et jusqu'au XVIe siècle, les files avaient jusqu'à *seize* hommes de profondeur. On appelle *feu de file* ou *feu de deux rangs*, le feu d'une troupe qui tire par file et sans interruption. *Voy.* FEU.

Dans la marine, on nomme *chef de file* le vaisseau qui est à la tête d'une flotte.

FILER. Dans la marine, *filer* c'est lâcher un cordage : on *file en douceur*, *à la demande*, *en garant*, c.-à-d. avec précaution ; *en bande*, en lâchant tout. *Filer la ligne de sonde*, c'est la laisser descendre librement dans l'eau ; *F. du câble*, c'est en laisser aller dehors du navire ; *F. le loch*, c'est laisser aller la ligne du loch ; *F. un nœud*, *deux nœuds*, *trois nœuds*, etc., c'est parcourir deux fois, trois fois, etc., 15 mètres dans l'espace de 30 secondes.

En Musique, *F. un son*, c'est le poser doucement, puis l'enfler insensiblement et le diminuer de même.

FILET (de *fil*), tissu à claire-voie et à mailles nouées, fabriqué avec de la ficelle ou du fil retors de lin ou de chanvre, et qui sert à prendre des poissons, des oiseaux et autres animaux, ainsi qu'à beaucoup d'autres usages. On compte plus de 72 espèces de filets pour la pêche, différant par la forme, la dimension et la force du fil ; les principaux sont : l'*épervier*, la *seine*, le *verveux*, le *sac*, le *chalut*, la *folle*, le *tramail*, la *flue*, la *rissole*, etc. On prend les oiseaux et certains quadrupèdes avec des *réseaux* ou *rets*, des *nappes*, des *toiles*, des *rafles*, des *panneaux*, des *halliers*, etc. On appelle *tête*, le haut d'un filet de pêche tendu verticalement ; *flottes*, les morceaux de liége qui garnissent la tête ; *plombée*, la corde garnie de bagues de plomb qu'on attache au bas d'un filet ; on nomme *goulet* l'embouchure d'un filet ; *levure*, le premier rang de mailles ; *accrues*, l'élargissement des mailles ; *enlarmure*, l'action de mettre sur les bords une forte

ficelle pour le consolider et maintenir la forme des mailles, etc. Outre le lavage et le séchage, précautions indispensables pour la conservation des filets, les pêcheurs ont soin de les teindre ou de les goudronner ; quelquefois aussi ils les passent au tan, — M. Buron, en 1802, et depuis, MM. Escallon, Raillard et Pecqueur, ont inventé des métiers à fabriquer les filets ; cependant on les fabrique ordinairement à la main. On se sert à cet effet de *moules* ou bâtons cylindriques, et d'*aiguilles* en bois, pointues d'un bout et fourchues de l'autre, que l'on a préalablement garnies.

En Botanique, on nomme *filet* la partie déliée de l'étamine qui, dans les fleurs mâles, soutient l'*anthère*. On l'a comparée à la nervure moyenne ou pétiole de la feuille. Les fleurs dont les étamines n'ont pas de filet sont dites *sessiles*. Le filet est le plus souvent filiforme ; quelquefois cependant il est plane, dilaté et semblable à un pétale (Anémones). Les filets des étamines sont tantôt libres et distincts, tantôt réunis en un seul corps, et les étamines sont alors *monadelphes* ; tantôt en deux, et elles sont *diadelphes* ; tantôt en plusieurs faisceaux, et les étamines sont *polyadelphes*.

En Anatomie, on nomme ainsi divers replis membraneux qui brident et retiennent certains organes : le *F. de la langue* est un repli triangulaire formé par la membrane muqueuse de la bouche, et placé entre la paroi intérieure de cette cavité et la base inférieure de la langue. Quand ce repli se prolonge jusqu'à l'extrémité de la langue, il gêne ses mouvements ; on y remédie en le coupant avec des ciseaux. — Il y a deux *F. des lèvres*, un pour la lèvre supérieure, et l'autre pour l'inférieure. Ils unissent ces parties aux os maxillaires. Ils sont triangulaires, situés sur la ligne médiane, et formés par la membrane muqueuse de la bouche. On les appelle aussi *freins*.

Dans l'Équitation, on nomme *filet* une espèce de petite bride à mors brisé, formée de plusieurs pièces, et dépourvue de branches ; les rênes en sont courtes et taillées d'un seul morceau ; il sert aux cavaliers pour rafraîchir la bouche de leurs chevaux.

En Architecture et en Menuiserie, le *filet* est une moulure plate ou lisse, ronde ou carrée, qui sépare deux autres moulures plus grandes et plus saillantes. — Les Imprimeurs appellent *filet* une espèce de lame en fonte dont l'épaisseur est proportionnée à la force du caractère, et qui sert à séparer les colonnes d'une même page. Les Relieurs, les Peintres, les Doreurs emploient aussi ce nom pour exprimer toute espèce de trait droit et délié. — Dans la fabrication de la Blonde, on appelle *filet*, de la soie mise en 4, 5 ou 6 brins. Les dames appellent *F. dentelle* un ouvrage à jour fait à la main : ce genre de travail aller souvent à la mode dans nos salons.

En Boucherie, le *F. de bœuf* est la partie charnue qui se lève le long de l'épine du dos du bœuf : c'est la partie la plus délicate du bœuf.

FILEUSES, nom donné par Latreille à la 1re famille des Arachnides pulmonaires, comprenant la division des *Aranéides* de Walckenaër ou le grand genre *Araignée* de Linné. *Voy.* ARANÉIDES.

FILIATION. La filiation des enfants légitimes se prouve par les actes de naissance inscrits sur les registres de l'état civil, ou, à leur défaut, par la possession d'état, ou bien encore par témoins ou par des titres ou papiers émanés des père et mère décédés (Code civil, art. 319-330) ; celle des enfants naturels n'est prouvée que par la reconnaissance volontaire ou forcée du père et de la mère (art. 342). Les enfants adultérins ne peuvent jamais réclamer cette reconnaissance. Les enfants adoptifs n'ont qu'une filiation fictive et purement légale (art. 335).

FILIÈRE, instrument destiné soit à étirer les fils métalliques, soit à leur donner la forme d'une vis. Les *F. à étirer* se composent uniquement d'une plaque de fer trempé, percée de trous coniques ou pyramidaux en progression presque imperceptible, et solidement fixée à l'aide d'un étau ou autrement : on introduit le bout du fil à étirer d'abord dans le trou le plus large ; quand il peut passer, on le serre dans des pinces plates et on tire en s'éloignant de la filière. On recommence ensuite dans un trou plus petit, jusqu'à ce que le fil ait atteint la longueur et la ténuité voulues. Les *F. à fileter*, ou à faire des vis, sont simples ou doubles. La *F. simple* est une plaque d'acier percée de trous taraudés de plus en plus profondément, dans lesquels on fait entrer le fil successivement en tournant, ce qui forme le filet en spirale, appelé *pas de vis ;* les arêtes de cette filière sont vives et coupantes, pour ne pas repousser le métal en lui-même, comme dans l'étirage, mais bien pour le couper. La *F. double*, préférable pour travailler en grand, ou sur de grosses pièces, se compose de deux coussinets, soudés aux côtés d'une lame de fer courbée en compas et qu'un mécanisme plus ou moins compliqué fait approcher l'un de l'autre à volonté. — Il y a encore la *F. à fileter le bois :* c'est un morceau d'acier tranchant terminé en V, emmanché comme le fer d'un rabot dans la filière, et enlevant au bois, à mesure qu'il se présente en tournant, des copeaux qui laissent en relief les arêtes de la vis.

On nomme encore *filières* les pores par lesquels les Araignées et les Chenilles font sortir la matière dont elles composent leurs toiles et leurs cocons.

FILIFORME, se dit des corps qui ont la figure et l'aspect d'un fil, par ex., les antennes de certains insectes, les feuilles, les pétales de quelques plantes, etc.

FILIGRANE (du latin *filum*, fil, et *granum*, grain), nom donné, dans l'Orfévrerie, à de petits ouvrages de fantaisie en fils d'or, d'argent ou de verre entrelacés, et représentant les formes les plus diverses, telles que fleurs, oiseaux, corbeilles, vases, etc. Le talent principal de l'ouvrier, dans ces ouvrages délicats, c'est de faire des soudures si légères qu'elles soient imperceptibles à l'œil nu. — La fabrication des objets de filigrane était connue des anciens ; ils étaient à la mode dans l'ancienne Byzance, et ils sont encore aujourd'hui prisés dans tout l'Orient. On en fait beaucoup à Paris.

Le mot *filigrane*, ou mieux *filigramme* (*gramma fili*, chiffre de fil), s'applique aussi aux lettres ou figures en fil de cuivre appliquées sur la toile métallique qui sert de forme pour fabriquer le papier. Comme ce dessin s'élève un peu au-dessus de la toile métallique, la feuille de papier est plus mince dans cette place que dans le reste de la surface, et on voit le dessin en regardant au travers.

FILIN (de *fil*), se dit, en Marine, de tout cordage qui n'est pas câble ou grelin. Les haubans, les écoutes, les amarres, etc., sont de filin. On connaît le *filin de trois, de quatre*, etc., selon qu'il est formé de trois ou quatre torons. D'autres, plus petits, sont nommés *filins* de tant *de fils. Voy.* FUNIN.

On nomme aussi *filin* une espèce de serge qu'on fabriquait autrefois à Pithiviers.

FILIPENDULE, *Spiræa filipendula*, espèce de plante du genre Spirée, doit son nom à ses racines, formées de tubercules ovoïdes soutenus par de petits filets. Sa tige s'élève à 60 centimètres. Ses feuilles sont ailées et profondément découpées. Ses fleurs sont grandes, blanches à l'intérieur, rougeâtres à l'extérieur, et réunies en corymbe terminal. On en cultive une variété à fleurs doubles. La racine, légèrement astringente, a été employée en médecine.

FILLE. La fille ne peut se marier avant 15 ans sans une permission spéciale du chef de l'État. A 21 ans, elle est majeure et peut se choisir un époux, en demandant à ses parents, par des actes respectueux, leur consentement ; à 25 ans, elle est libre de se marier en signifiant un seul de ces actes.

On a donné le nom de *filles* aux religieuses de beaucoup de communautés, telles que les *Filles-Saint-Thomas*, les *Filles-du-Calvaire*, les *Filles-Dieu*, les *Filles repenties*, etc.

FILLEUL, FILLEULE (du latin *filiolus*, petit fils, ou fils chéri). *Voy.* PARRAIN.

FILON (de l'italien *filone*, augmentatif de *filo*, fil), se dit, en Géologie, des masses minérales dont l'épaisseur est beaucoup moins considérable que les deux autres dimensions. On peut se les représenter comme des matières en fusion qui seraient venues remplir les fentes des roches. Les filons sont souvent ramifiés, présentent diverses inflexions, coupent les roches sous diverses inclinaisons, etc. Les deux faces d'un filon se nomment *salbandes*, et les deux parois de la fente qui les renferme, *épontes*. Quand le filon est incliné à l'horizon, la pente du bas est appelée *mur*, et celle du haut, *toit ;* le bord supérieur du filon en est la *téte*. Quand la pente se montre à la surface du sol, on la nomme *affleurement*. La *direction* d'un filon est l'angle que fait avec le méridien une ligne menée par le milieu de la salbande. Son *inclinaison* est l'angle que fait avec le plan horizontal une perpendiculaire à la direction. Les filons se terminent en coin, ou se divisent en une multitude de petits filets ou *veines* qui se perdent dans la roche, ou qui forment des *dykes*. *Voy.* ce mot.

FILOSELLE (du français *fil*, ou plutôt du latin *pilosus*, poilu, velu), dite aussi *bourre de soie* et *fleuret*, partie de la soie qu'on rebute au dévidage des cocons. Elle se compose de la partie de la coque qui recouvre immédiatement la chrysalide, et qui y est comme collée ; de la soie de bourre, qui forme l'enveloppe extérieure du cocon ; des bouts cassés, etc. On carde la filoselle, on la file et on la met en écheveaux comme la soie ; on en fait des rubans, des ceintures, des lacets, des bas, du cordonnet, etc.

FILOU, voleur de bas étage dont les délits sont du ressort de la police correctionnelle. Les actes de *filouterie* sont punis d'un emprisonnement de 1 à 5 ans et d'une amende de 16 à 500 fr. (Code pénal, art. 401.) — Suivant les uns, ce mot vient du grec *philétès* ou *phélétès*, larron, ou du bas latin *fillo*, corruption de *nebulo*, fripon. Suivant d'autres, c'était autrefois le nom d'un jeu qu'on jouait avec un petit bâton d'ivoire à six pans et marqué comme un dé ; comme il était facile de piper au *jeu du filou*, on étendit ce nom à tous les voleurs.

FILOU, *Epibulus*, genre de poissons Acanthoptérygiens, formé aux dépens du genre Spare. Le *Sparus insidiator*, seule espèce du genre, est remarquable par l'extrême extension qu'il peut donner à sa bouche, ce qui lui permet de saisir au passage les petits poissons. Il est recouvert de grandes écailles rougeâtres.

FILS (du latin *filius*). *Voy.* ENFANT.

On appelait autrefois *fils de France* les enfants mâles des rois de France.

FILTRE (du bas latin *filtrum* ou *feltrum*, feutre), instrument propre à opérer la *filtration*, et dont la nature varie suivant le liquide qu'on veut filtrer. Tantôt le filtre est un morceau de feutre ou un châssis garni d'étoffe de laine ou de toile, ou même un simple cornet de papier non collé ; tantôt il se compose de vases à plusieurs fonds, percés de trous, et recouverts de l'une ou plusieurs couches de paille, de coton, de sable ou de charbon. Il faut, en général, pour filtrer, une matière qui soit assez poreuse ou assez divisée pour laisser passer les liquides et retenir les corps étrangers qu'ils tiennent en suspension. La filtration en grand s'exécute particulièrement sur les eaux de rivière qu'on veut rendre potables. Dans plusieurs localités, notamment à Toulouse et à Bordeaux, on se contente de faire passer l'eau à filtrer au travers d'un terrain poreux où elle se clarifie à la manière des eaux de source. Ce moyen n'étant pas praticable partout, on a imaginé divers systèmes pour y suppléer. Le *filtre Smith*, le plus anciennement connu, se compose d'une caisse prismatique en bois, garnie intérieurement en plomb, et contenant, au fond, une couche de charbon pilé, comprise entre deux couches de sable et une couche d'éponges placées par-dessus; le fond de la caisse est percé de trous pour donner passage à l'eau. Le *F. Fonvielle* est formé, comme le précédent, de plusieurs couches de matières filtrantes, avec la différence que ces couches sont contenues dans un vase clos, hermétiquement fermé, ce qui permet de les faire traverser par l'eau sous une pression élevée. Il donne un débit beaucoup plus considérable et se nettoie plus facilement que le filtre Smith. Le *F. Souchon* a pour principe l'emploi de la laine comme couches filtrantes; il fonctionne, à Paris, depuis 1839, à la pompe Notre-Dame; il produit environ 160 litres d'eau filtrée par minute et par mètre carré; mais il a besoin d'être nettoyé très-souvent.— On emploie dans les ménages, à Paris, des fontaines filtrantes qui sont faites avec des grès très-poreux; ces fontaines clarifient bien les eaux troubles; mais elles n'enlèvent pas l'odeur et la saveur désagréables que leur communiquent les matières organiques qui s'y sont putréfiées. Le charbon seul jouit de la propriété de rendre potables les eaux fétides. Les Raffineurs de sucre emploient deux systèmes de filtres connus sous les noms de *F. Taylor* et de *F. Dumont*. Le premier, destiné à débarrasser le sirop des matières qu'il renferme en suspension, se compose d'une série de sacs en coton, attachés verticalement dans une caisse, et renfermant des claies en osier qui maintiennent l'écartement des parois des sacs. Le sirop est versé dans l'espace libre qui environne les sacs, filtre du dehors en dedans, et s'écoule ensuite dans un double fond par une ouverture ménagée à la partie inférieure des sacs. Comme, après cette opération, le sirop est encore coloré, on le fait passer ensuite par le filtre Dumont, qui se compose d'une caisse en bois de la forme d'une pyramide quadrangulaire, et dont le bord est garni de noir animal, recouvert d'un diaphragme métallique criblé de trous. *Voy.* CLARIFICATION.

FIN, en termes d'Essayeur, désigne la quantité d'or ou d'argent pur qui se trouve dans les monnaies. *Voy.* TITRE.

FINALE. En Musique, c'est un morceau d'ensemble qui termine une symphonie, un quintetti, etc., ou un acte d'opéra. Un finale d'opéra renferme souvent des airs, des duos, des trios ou des quatuors, ou des quintettes et des chœurs. L'objet du compositeur, dans un finale, est surtout de produire de l'effet. — Dans le Plain-chant, la *finale* est la note sur laquelle se termine une antienne, un hymne ou un autre morceau.

FINALES (CAUSES). *Voy.* CAUSES.

FINANCES (du bas latin *finare*, fixer une indemnité, une amende, dérivé lui-même du saxon *fine*, amende), se dit de l'argent et des revenus de l'État, et de la science de l'administration de ces revenus. — La *Science des finances* se réduisait, chez les anciens, à de simples notions pratiques; ce n'est guère que dans les républiques italiennes du moyen âge qu'on voit le premier germe des idées financières de notre temps. En France, Sully est le premier qui songea à régler les revenus et les dépenses d'après des vues financières; mais à Colbert seul appartient l'honneur d'avoir établi un ordre régulier dans les finances de l'État. — On trouvera, dans les ouvrages de L.-H. de Jacob, de Ganilh et de Malchus, le résumé des diverses théories en matières de finances. Quant à l'histoire des finances, on peut consulter, pour l'antiquité: Bœckh, *Économie politique des Athéniens* (trad. de l'allemand, Paris, 1828); Hegewisch, *Finances des Romains* (Altona, 1801); Bouchaud, *Mémoires de l'Académie des inscriptions*,

t. XXXV; — pour les temps modernes, Dutot, Forbonnais, Necker, Gaudin, etc. On doit à M. d'Audiffret le *Syst. fin. de la France* (1854). M. A. Bailly (1830) et M. Bresson (1840) ont donné l'*Hist. fin. de la France*.

Ministère des Finances. Il comprend l'administration des revenus publ., de la dette inscrite, des monnaies; la rédaction du budget, celle des projets de loi concernant les impôts. Il a la direction du trésor, la distribution des fonds nécessaires au service de chaque ministère, l'application des fonds aux dépenses publiques, la nomination aux emplois de finances, etc. Cet immense travail est partagé entre cinq grandes directions: D. du personnel et de l'inspection; D. du mouvement des fonds; D. de la comptabilité générale; D. du contentieux. Du ministère des Finances dépendent les administrations de l'enregistrement et des domaines, des forêts, des douanes et sels, des tabacs, des postes, des contributions directes et indirectes, etc. — Appelé successivement *Argentier*, *Surintendant des finances* (1515), *Contrôleur général* (1661), le *Ministre des Finances* ne prit le nom qu'il porte encore aujourd'hui qu'en 1795.

FINANCIER (de *finance*). Ce mot désignait autrefois ceux qui régissaient les biens du roi. Aujourd'hui, on nomme ainsi celui qui dispose de grands capitaux dans des entreprises étendues ou qui administre les deniers de l'État. — Au Théâtre, le *financier* est un emploi de la scène comique qui comprend les gens de finance et les rôles pleins de rondeur et de bonhomie. Orgon, dans le *Tartufe*; Lysimon, dans le *Glorieux*; Turcaret, dans la comédie de ce nom, etc., sont des rôles de financier. Molière, comme acteur, et après lui Bonneval, Grandménil, Desessarts, Michot et Devigny, se sont distingués dans cet emploi.

FINE-MÉTAL ou FONTE-MAZÉE. *Voy.* FONTE.

FINERIE (d'*affiner*), fourneau qui sert à l'affinage de la fonte quand on fait cette opération à la houille. La *finerie* est formée d'un massif de maçonnerie, au milieu duquel est un creuset de forme rectangulaire, formé de plaques de fonte recouvertes d'argile. Le creuset a sur le devant un trou par lequel on fait couler les débris du minerai et le métal fondu.

FINETTE, étoffe légère de laine ou de coton, dont on fait des doublures, des bonnets, etc. On fabrique dans le Dauphiné beaucoup de finette de laine.

FINI. En Géométrie, on nomme *grandeur finie* celle qui a des bornes; *nombre fini*, tout nombre dont on peut assigner et exprimer la valeur; *progression finie*, celle qui n'a qu'un certain nombre de termes. En général, ce mot, dans les sciences, s'emploie par opposition à *infini*. *Voy.* INFINI.

FINISSEUR, en Horlogerie. *Voy.* AJUSTEUR.

FIN-OR, nom donné à deux variétés de *poires*: le *fin-or d'été*, poire petite, en forme de toupie tronquée, lisse, vert-jaunâtre d'un côté et vert-foncé de l'autre; le *fin-or de septembre*, poire grosse, bien faite, lisse et d'un beau vert tacheté de roux.

FINS. En Procédure, c'est le but, l'objet d'une demande. On dit qu'une demande est *à fins civiles*, quand elle n'a pour objet que la réparation pécuniaire d'un dommage, et non la condamnation à une peine proprement dite. Conclure *à toutes fins*, c'est réclamer tout ce qui, à défaut du chef principal, peut être accordé par le juge; *être renvoyé des fins de la plainte*, c'est succomber dans sa plainte. — On nomme: *F. de non-procéder*, les moyens présentés pour que la procédure ne s'engage pas ou soit différée: telles sont les exceptions déclinatoires ou dilatoires; *F. de non-recevoir*, les moyens par lesquels on soutient que la partie adverse n'est pas recevable dans sa demande.

FINTE, sorte d'alose. *Voy.* ALOSE.

FIOLE (du grec *phialè*, vase à boire). En Physique, on appelle *Fiole des quatre éléments*, un instrument dont on se sert pour montrer certains effets de l'équilibre des liquides : c'est un tube de verre, rempli de mercure, d'eau, d'alcool et d'acide nitrique. Si l'on agite la fiole, les liqueurs se mêlent ; mais en les laissant reposer, elles se séparent et se placent les unes au-dessus des autres, dans l'ordre de leur pesanteur spécifique.

FIORITURES (de l'italien *fioritura*, floraison), autrefois *Broderies*, traits d'ornement que les chanteurs improvisent pour embellir ou varier la mélodie écrite par le compositeur. Employées avec goût, les fioritures produisent un effet agréable ; mais si on en abuse, elles fatiguent bientôt par leur excès.

FIRMAMENT (du latin *firmamentum*, appui, soutien), nom donné dans l'Astronomie ancienne et du moyen âge au huitième ciel, que l'on croyait être de cristal, et dont la voûte supportait les étoiles. On supposait qu'il entraînait dans son mouvement les sept *cieux* des planètes ou les cieux inférieurs. Ce mot a aussi désigné : 1° le *ciel* en général ; 2° la *moyenne région de l'air*, et on le regardait alors comme fluide ; 3° le *ciel étoilé*, pour le distinguer du ciel empyrée, que quelques théologiens croient être au-dessus, et dont ils font la demeure des bienheureux. Aujourd'hui, on le nomme plus ainsi que la voûte azurée qui s'étend au-dessus de nos têtes.

FIRMAN (du turc *fermân* ou *faramân*), nom donné aux ordonnances émanées du *divan*, ou écrites de la main du sultan de Turquie, ou de ses ministres. Un édit, un décret, un statut, un sauf-conduit ou un permis accordé à un voyageur ou à un individu envoyé en mission, prennent également le nom de *firman*.

FIROLE, *Pterotrachœa*, genre de Mollusques de la classe des Gastéropodes, ordre des Nucléobranches. Ce sont des animaux gélatineux, très-allongés, transparents, ayant une queue pointue et une bouche située à l'extrémité d'une trompe. Ils manquent de coquilles, ou n'en ont qu'un rudiment. Ils nagent avec facilité et en plaçant leurs pieds en l'air. Ils sont communs dans les mers chaudes et tempérées. Le type du genre est la *F. couronnée*, la plus grande de toutes les espèces, qui habite la Méditerranée.

FISC (du latin *fiscus*, qui signifiait d'abord un *panier d'osier* destiné aux provisions de ménage, et par suite, *épargne, caisse, trésor*), nom donné par les Romains, du temps des empereurs, au trésor particulier du prince, par opposition au trésor de l'État (*œrarium*). Chez les modernes, ce mot a conservé longtemps la même signification ; on est venu à s'en servir aussi pour désigner le trésor de l'État, parce que ce trésor était autrefois, dans les monarchies absolues, à la disposition du prince.—A Rome, le trésor particulier des empereurs était alimenté par certains priviléges dévolus au prince, comme la *confiscation* des biens des condamnés à mort, les successions vacantes par déshérence, les amendes, etc. Sous les premiers rois francs, ce qu'on appelait *domaine royal* ou *de la couronne* répondait à peu près au *fisc* des empereurs romains, et consistait surtout en biens-fonds, auxquels venaient s'ajouter les produits des confiscations, du tiers de l'amende dite *composition*, du droit d'aubaine, etc. A mesure que le pouvoir royal s'agrandit, le fisc s'empara peu à peu du produit de tous les impôts, tels que vingtième, dîme saladine, tailles, aides, gabelles, etc. C'est aux vexations sans nombre qu'entraînait la perception de ces taxes arbitraires qu'est due l'impopularité attachée depuis lors au mot *fisc*. Aujourd'hui ce mot a disparu de la langue administrative : la partie du fisc qui composait les revenus de la couronne forme le *Domaine de l'État*, et la partie affectée aux charges publiques s'appelle le *Trésor*.

Autrefois on étendait le nom de *fisc* aux officiers chargés de la conservation des droits du fisc. On nommait *procureur, avocat fiscal*, des officiers chargés de la conservation des droits d'un seigneur haut justicier et des intérêts des vassaux dans le ressort de la seigneurie. On nommait *Fiscalins* ceux qui étaient chargés de l'exploitation des domaines du prince. On appliquait aussi cette épithète aux fiefs qui faisaient partie du fisc du roi ou de quelques seigneurs.

FISSIDACTYLES (du latin *fissus*, fendu, et du grec *daktylos*, doigt), se dit des oiseaux qui ont les doigts entièrement libres, et non réunis par des membranes : tels sont la plupart des Passereaux, des Grimpeurs, des Gallinacés, etc.

FISSIPARES (du latin *fissus*, fendu, *parere*, engendrer), se dit, en Histoire naturelle, des êtres qui se reproduisent par la scission de leur propre corps, comme cela a lieu dans un grand nombre de polypes et de végétaux inférieurs.

FISSIPÈDES, c.-à-d. *à pieds fourchus*, Mammifères ongulogrades, dont le pied est divisé en 2 ou 4 sabots : tels sont les Cochons, les Antilopes, les Cerfs, les Girafes, les Moutons, les Chèvres et les Bœufs.

FISSIROSTRES, famille d'oiseaux de l'ordre des Passereaux, comprend ceux qui ont le *bec* (*rostrum*) court, large, légèrement crochu et *fendu* profondément. Cette famille se divise en deux groupes : les Diurnes, qui renferment le genre *Hirondelle*, et les Nocturnes, formant le genre *Engoulevent*.

FISSURE. En Géologie, on nomme ainsi les petites fentes qui se trouvent dans une masse minérale : les *F. de stratification* séparent les assises de même nature, et les *F. de superposition*, des couches de nature diverse. — En Pathologie, on appelle *F. de la peau* ou *des membranes muqueuses*, des ulcérations allongées, étroites, peu profondes, que présentent la peau au niveau de ses plis ordinaires, ou les membranes muqueuses à leur origine. On observe ces maladies aux mains, aux pieds, aux plis de la cuisse, aux coins des yeux, vers la commissure de la bouche, à la marge de l'anus, etc.

FISSURELLE, genre de Mollusques Gastéropodes, de l'ordre des Scutibranches, voisins des Patelles et des Émarginules. Ce sont des animaux oblongs et bombés, munis d'une tête distincte et assez large, terminée en avant par une trompe courte et arrondie, à l'extrémité de laquelle est la bouche. Ils ont deux tentacules coniques portant des yeux très-saillants ; le manteau est grand, mince, ouvert en avant ; la coquille est patelliforme, conique, sans trace de spire, à base oblongue ; le sommet est tronqué et perforé. Cette coquille a une empreinte musculaire en forme de fer à cheval ouvert en avant. Les Fissurelles vivent à la surface des rochers. On en trouve de fossiles dans les terrains tertiaires.

FISTULAIRE (de *fistula*, flûte), *Fistularia*, genre de poissons Acanthoptérygiens abdominaux, famille des Bouches-en-Flûte, doit son nom à la forme allongée de sa tête ; la mâchoire inférieure et les intermaxillaires sont armées de petites dents. Il possède une seule dorsale. D'entre les lobes de la caudale sort un filament quelquefois aussi long que tout le corps. L'espèce type est le *F. tabacaria*, commun dans la mer des Antilles, et long de plus d'un mètre. Sa chair est maigre, sèche et peu recherchée.

FISTULAIRE, *Fistularia*, genre de Zoophytes échinodermes, de la famille des Holothuries : corps libre, cylindrique, mollasse, à peau coriace, souvent rude et papilleuse ; bouche terminale, entourée de tentacules. On distingue la *F. élégante*, et la *F. tubuleuse*, que l'on trouve sur les côtes d'Europe.

FISTULANE, *Fistulana*, dite aussi *Gastrochène*, genre de Mollusques caractérisé par un tube calcaire dont la forme rappelle celle d'une *flûte* (*fistula*). Le nom de *Fistulane* a été donné par Bruguière au genre qui était déjà connu sous le nom de *Gastrochène*, nom que lui avait donné Spengler. *Voy.* GASTROCHÈNE.

FISTULE (du latin *fistula*, tuyau), plaie étroite, à trajet plus ou moins long, profond, sinueux, disposé en forme de canal, entretenue par une cause locale, et donnant issue à du pus ou à des liquides naturels, tels que la salive, les larmes, la bile, l'urine, etc.; d'où les noms de *fistules salivaire, lacrymale, urinaire*, etc. On nomme *fistules borgnes* celles qui n'ont qu'une ouverture. Les causes ordinaires des fistules sont : la perforation d'un conduit ou d'un réservoir naturel ; la présence au milieu des tissus de corps étrangers qui y ont pénétré du dehors; la gangrène, la formation de vastes abcès, et particulièrement d'abcès froids, dont la position déclive rend difficile l'écoulement du pus; enfin, l'ouverture d'un kyste. Lorsque les fistules ont duré quelque temps, leurs trajets se revêtent d'une membrane muqueuse, presque analogue à celle des conduits naturels. Le traitement repose sur deux indications distinctes : 1° tarir la source de l'écoulement, en remédiant à la cause qui l'a produit ; 2° faire cicatriser le trajet fistuleux avant qu'il se soit revêtu du tissu muqueux, et, si celui-ci est déjà organisé, le détruire avec les caustiques, par ex. avec la pierre infernale. Quelquefois de simples injections irritantes d'eau iodée, chlorurée, alcoolisée, etc., suffisent pour amener la cicatrisation, en y joignant une douce compression. — Dans certains cas, on donne aux humeurs un cours artificiel au moyen d'une canule qui pénètre jusqu'à leur réservoir, ou bien on rétablit, à l'aide d'un corps dilatant, le calibre de leur conduit naturel oblitéré.

FISTULEUX, FISTULEUSE, se dit des tiges qui, comme celles de l'oignon, de l'ail, sont creuses à l'intérieur et en forme de tube.

FISTULINE, *Fistula*, genre de Champignons à tubes libres et non soudés entre eux. Ils ont une couleur sanguine, une consistance charnue et mollasse. Ils sont attachés par le côté, et munis d'un très-petit pédicule. Leur surface est d'abord chargée d'une infinité de petites rosettes qui se détachent et tombent bientôt. Leur face inférieure est formée de tubes inégaux, grêles, d'abord blancs, puis jaunâtres. Leur chair est marquée de zones rouges. On trouve ces champignons à fleur de terre ou sous les chênes. On les mange quand ils sont jeunes. Le type du genre est la *F. Buglossoïde*, dont la chair, zonée de rouge, acquiert un volume souvent considérable. Lorsqu'il est jeune, il a à peu près la forme d'un foie ; ce qui l'a fait appeler *Bolet hépatique*.

FIXE (du latin *fixus*, attaché). En Chimie, on appelle *Corps fixes* ceux qui ne se volatilisent pas sous l'influence d'un feu ardent, par exemple, l'or, le carbone, la chaux, etc. On appelait spécialement *alcalis fixes*, la potasse et la soude. On pense que la *fixité* de la plupart de ces corps tient uniquement à ce qu'on ne peut pas les soumettre à une température assez forte pour les volatiliser.

Par *Fixation*, on entend, en Chimie, deux opérations distinctes : 1° l'action d'empêcher un corps volatil de se changer en gaz sous l'action du feu : ainsi on fixe l'acide arsénieux en l'unissant à la potasse, qui le transforme en arsénite non volatil ; 2° l'opération par laquelle on combine un corps gazeux avec un corps liquide ou solide : par exemple, lorsque le mercure, chauffé au contact de l'air, s'empare de l'oxygène de celui-ci. — La *fixation* des couleurs est une des principales opérations qui constituent l'art du teinturier. *Voy.* MORDANÇAGE.

FIXES (ÉTOILES). *Voy.* ÉTOILES.

FIXE. En Peinture, *fixé* se dit d'un tableau peint à l'huile sur un taffetas et qu'on recouvre d'une glace qui lui tient lieu de vernis.

FLABELLAIRE (de *flabellum*, éventail), *Flabellaria*, genre de plantes Cryptogames de la famille des Algues et de l'ordre des Dictyotées : tige cylindrique d'où s'élève une fronde spatulée, réticulée, à mailles petites et comme feutrées. Les Flabellaires ont une couleur verte qui ne change jamais. On les trouve dans toute la Méditerranée.

FLABELLÉ ou FLABELLIFORME (du latin *flabellum*, éventail), se dit des animaux ou des plantes dont la forme générale et la figure sont en éventail; tels sont les Gorgoniens, les Lycopodes, etc.

FLABELLIPÈDES (de *flabellum*, éventail, et *pes*, pied), se dit des oiseaux dont les pieds ont 4 doigts dirigés en avant et réunis par une seule membrane.

FLACHE, amas d'eau stagnante dans quelque partie basse d'un terrain. — Il se dit aussi, en Menuiserie, de certaines dépressions dans les bois que l'on travaille, et qui empêchent de les bien équarrir.

FLACON (de l'italien *fiasco*), petite bouteille de verre, de cristal ou de porcelaine, avec un bouchon fait de la même matière ou de métal. Pour être bien fermés, ils doivent être bouchés *à l'émeri* (*Voy.* ce mot). On s'en sert surtout pour y mettre des sels déliquescents ou des eaux de senteur.

FLACOURTIA (d'un nom propre), genre de plantes Dicotylédones polypétales hypogynes, renferme des arbrisseaux à feuilles dentées et épineuses, à fleurs terminales rassemblées en groupes, et dont le fruit est une baie globuleuse à plusieurs loges. Le *Fl. ramonchi* a un fruit qui se mange à Madagascar, quoique un peu âcre. Le *Fl. cataphracta* fournit des turions employés comme toniques. Ce genre est le type de la famille des *Flacourtianées* de De Candolle.

FLAGELLAIRE (de *flagellum*, fouet), genre de la famille des Joncées, originaire de l'Asie et de la Nouvelle-Hollande. Ce sont des plantes herbacées, vivaces, à tige pliante, sarmenteuse, haute de 2 m. Les fleurs sont disposées en panicules terminales, rameuses. Elles sont grandes et en forme de demi-cloches. La *Fl. Indienne* est l'espèce type du genre.

FLAGELLATION (du latin *flagellum*, fouet), supplice du fouet, en usage dans tous les temps et chez tous les peuples. Chez les Juifs, on l'encourait pour des fautes légères et elle n'avait rien d'infamant: le patient la subissait dans la synagogue, en présence de trois juges, et recevait ordinairement 13 coups d'un fouet armé de trois courroies. — Dans la Grèce et à Rome, la flagellation, supplice plus cruel que la *fustigation* (*Voy.* ce mot) et plus infamant que les *verges*, n'était infligée qu'aux esclaves et aux criminels condamnés à être crucifiés. Souvent le patient expirait sous les coups. — Dans l'Église chrétienne, la flagellation devint une discipline ecclésiastique. Parfois elle fut infligée comme peine publique : Raymond, comte de Toulouse, fut flagellé au pied de l'autel pour avoir favorisé les Albigeois ; les évêques condamnaient aussi dans certains cas leurs justiciables à la peine du fouet ; mais le plus souvent elle était infligée comme pénitence, surtout dans les couvents. Quant à la flagellation volontaire, on a peu d'exemple avant le XIe siècle; c'est au XVIe qu'elle fut surtout en honneur. *Voy.* DISCIPLINE, et le *Dict. univ. d'Hist. et de Géogr.* au mot FLAGELLANTS.

Dans notre législation civile, il y avait jadis deux sortes de flagellations : l'une infamante, qui s'infligeait publiquement et par la main du bourreau ; l'autre correctionnelle, appliquée sous la custode par le questionnaire ou le geôlier : c'était la punition des blasphémateurs, des braconniers, etc.

La flagellation n'apparaît dans l'armée française que sous François Ier : elle était tellement infamante qu'on ne l'infligeait à un soldat qu'après l'avoir dégradé et banni. Cette punition disparut en France, ainsi que celle des *baguettes*, en 1790. Elle existe encore en Angleterre, où elle n'est considérée que comme une simple punition de police, et en Russie, où elle est connue sous le nom de *knout*.

FLAGEOLET (du latin *flagellum*, baguette; ou du grec *plagiaulos*, flûte oblique), petite flûte à bec, de 15 à 20 centim., percée de 6 trous principaux pour varier les tons, et garnie de plusieurs clefs. Le tube est terminé par un petit évasement nommé *patte*, que le doigt annulaire peut boucher pour obtenir quelques sons graves. On a augmenté la longueur du tube en lui ajoutant un tuyau fermé, nommé porte-vént, et un bec d'os, d'ivoire ou de bois, par lequel on souffle. Le corps du flageolet se fait de buis, d'ivoire, d'ébène, etc. Le son de cet instrument est fort aigu, mais agréable : aussi convient-il aux scènes joyeuses et on l'emploie pour animer les danses. Il demande beaucoup de légèreté dans les doigts et d'habileté pour ménager l'haleine. — On nomme aussi *flageolet* le plus aigu des jeux de l'orgue.

FLAGEOLET, espèce de fève Haricot. *Voy.* HARICOT.

FLAGRANT DÉLIT (du latin *flagrans*, qui brûle, et *delictum*, délit). Le Code d'instruction criminelle, art. 41, qualifie ainsi tout délit qui se commet actuellement, ou qui vient de se commettre à l'instant même, en présence de témoins. Est aussi réputé *flagrant délit* le cas où le prévenu est poursuivi par la clameur publique, et celui où il est trouvé muni d'effets, d'armes, instruments ou papiers faisant présumer qu'il est auteur ou complice, pourvu que ce soit dans un temps voisin du délit. La circonstance de flagrant délit motive l'arrestation immédiate et dispense de la garantie préliminaire du mandat d'amener.

FLAIR. On nomme ainsi, en termes de Chasse, la qualité des chiens dont l'odorat est subtil et délicat.

FLAMANT, oiseau. *Voy.* FLAMANT.

FLAMBANT, nom ancien donné au *Flammant*, parce que son plumage rouge faisait paraître cet oiseau couleur de feu.

FLAMBART, petite embarcation de côte à deux mâts et sans vergues. Elle sert à la pêche au chalut, surtout aux environs du Havre. — Les Marins donnent souvent ce nom aux feux follets qui voltigent autour des mâts. — Sorte d'épée. *Voy.* FLAMBE.

FLAMBE, synonyme de *flamme*, désignait, au moyen âge, un genre de lame, d'épée ou de poignard, dont la forme était très-ondulée et comme *flamboyante*. On l'appelait aussi *flambart*.

FLAMBE, nom vulgaire de l'*Iris d'Allemagne*.

FLAMBERGE (de *flambe*), nom donné, au moyen âge, à toute épée grosse et luisante. Dans les romans de chevalerie, on donne ce nom à l'épée du paladin Roland et à celle de Renaud de Montauban.

FLAMMANT, *Phœnicopterus*, genre d'oiseaux de l'ordre des Échassiers, a le bec gros, fort, denté, les pieds très-longs et palmés, les ailes médiocres. Les Flammants sont longs de 1 m. à 1m,50. Leur plumage est rouge clair ou rose pâle. Ces oiseaux, que l'on trouve dans l'ancien et le nouveau monde, volent avec vigueur, et se livrent à de longs voyages; ils vivent en société, se nourrissant de mollusques, de vers, etc. Pour nicher, ils élèvent des mottes de terre, y posent leur nid, et s'y mettent comme à cheval. Les anciens estimaient beaucoup la chair des flammants, surtout la langue. On les recherche encore en Égypte, où on leur fait une chasse active. Leur plumage est employé pour fourrure. Le genre Flammant renferme quatre espèces : le *Fl. des anciens* (*Ph. ruber*), dont tout le plumage est d'un beau rose, sauf les ailes, qui sont d'un rouge ardent, ainsi que le bec : on le trouve en France sur les côtes de la Méditerranée, principalement sur les étangs de la Camargue; le *Fl. rouge* de l'Amérique méridionale (*Ph. bahamensis*), plus petit et plus vivement coloré que le précédent; le *Fl. à manteau de feu* (*Ph. ignicapillus*), d'un rouge pâle, de Patagonie et de Buénos-Ayres; enfin, le *Fl. pygmée* (*Ph. minor*) du Cap de Bonne-Espérance et du Sénégal, de moitié plus petit que les précédents.

FLAMINES, prêtres de Jupiter, de Mars et de Quirinus. *Voy.* le *Dict. univ. d'Hist. et de Géogr.*

FLAMME (du latin *flamma*), corps subtil, lumineux, ardent, diversement coloré, qui se dégage des corps en combustion, et qui provient de l'ignition des gaz inflammables; il est d'une extrême mobilité et est emporté par l'air au-dessus des corps qui brûlent. Toute matière simple ou composée, chauffée au point d'être lumineuse, c.-à-d. au-dessus de 500 à 600 degrés, donne de la flamme. L'éclat de la flamme varie suivant la température et suivant la nature des gaz en combustion : ceux qui, en brûlant, ne donnent naissance qu'à des produits gazeux ne fournissent qu'une lueur faible, comme, par exemple, l'hydrogène; ceux qui, au contraire, donnent naissance à des produits solides, comme l'oxyde de carbone, le cyanogène, les carbures d'hydrogène, répandent une vive lumière.

La flamme est composée de plusieurs couches concentriques d'inégale température. La flamme d'une bougie présente : 1° une couche inférieure bleuâtre qui n'a encore acquis qu'une faible température; 2° un cône intérieur, obscur, parce qu'il n'a point le contact de l'air; 3° une troisième partie au-dessus de la précédente et d'un blanc pur, parce que c'est là que le carbone brûle; 4° une partie plus pâle au-dessus de la troisième et où le carbone achève sa combustion; 5° enfin, une cinquième partie, mince, enveloppant toute la flamme de bas en haut, et à peine sensible à cause de son refroidissement, dû au contact de l'air. Cette dernière partie est celle qui possède la température la plus élevée et qui sert le plus au chimiste pour les essais au chalumeau. — On a remarqué que la flamme ne traverse point une toile métallique très-serrée : c'est que ce tissu refroidit le gaz qui la traverse, de manière à réduire sa température au-dessous du degré auquel il est lumineux. C'est sur ce principe que Davy a construit sa *lampe de sûreté*.

En Chirurgie, on nomme *flamme*, ou *flammette*, une espèce de lancette qui sert à disséquer les veines et à saigner les chevaux.

En Architecture, on nomme ainsi un ornement de sculpture en forme de flamme torse qui termine les vases et les candélabres, et dont on décore quelquefois les colonnes et les monuments funéraires.

En Marine, on nomme *flammes* des bandes de serge, d'étamine ou de tout autre tissu, de diverses couleurs, longues de 8 m. environ, larges de 2, allant en diminuant jusqu'à 30 centim. au petit bout, qui est arrondi. On s'en sert pour les signaux.—D'autres flammes, dites *flammes nationales*, ont la couleur du pavillon de poupe, et se mettent à la tête du grand mât pour désigner les bâtiments de guerre. Elles ont de 40 à 50 m. de long, et sont plus étroites que celles qui servent de signaux. Elles se terminent en pointe; quelquefois elles ont deux pointes. Les bâtiments au-dessous des vaisseaux et des frégates ont des flammes sur de plus petites dimensions, nommées *flammes d'armement*. La *flamme d'ordre*, hissée au grand mât, est de la couleur de celle du pavillon de poupe, et est la marque distinctive des officiers commandants.

En Histoire naturelle, on nomme *Flamme* : une espèce du ver nommé *Tænia*, et une variété de l'Œillet rouge ponceau; *Fl. blanche*, une espèce d'Iris; *Fl. de Jupiter*, la Clématite droite; *Fl. des bois*, une plante couleur de feu, à fleurs nombreuses, originaire de l'Inde et cultivée dans nos serres; *Petite flamme des bois*, un arbrisseau à fleurs rouges du Malabar.

FLAMMULE, plante du genre Clématite, de la famille des Renonculacées. Ses fleurs sont grandes, nombreuses, blanches et d'une odeur agréable.

FLAN (du latin *flando*, gérondif de *flare*, souffler, fondre?), morceau de métal préparé par la fonte, coupé en rond, et destiné à être frappé pour recevoir l'empreinte qui en fait une pièce de *monnaie* ou une *médaille* (*Voy.* MONNAYAGE). — On donne aussi le nom de *flan* à une espèce de tarte.

FLANC, région latérale de l'abdomen, comprise entre les fausses côtes et la crête iliaque. C'est dans les *flancs* que sont logés le foie, à droite; la rate, à gauche; les reins, de l'un et de l'autre côté.

Dans l'Art militaire, *flanc* est synonyme de côté :

le *flanc droit*, le *flanc gauche*, sont le *côté droit*, le *côté gauche*. *Faire par le flanc droit*, c'est tourner à droite sur ses deux talons, en observant de ne faire qu'un quart de tour sur soi-même. La *marche de flanc* est celle qui longe la ligne à laquelle on faisait face. — Dans la Marine, c'est le côté d'un bâtiment. — En termes de Fortification, on appelle *flancs* la partie d'un rempart qui réunit l'extrémité de la face d'un ouvrage à l'intérieur ou à la gorge de ce même ouvrage. On nomme *Fl. de bastion* la partie qui unit la face à la *courtine*. On distingue le *Fl. concave*, formant une courbe dont la convexité est tournée en dedans du bastion; le *Fl. rasant*, perpendiculaire à la ligne de défense; le *Fl. oblique*, oblique à cette même ligne; le *Fl. couvert*, dont une partie rentre en dedans du bastion, et qui est couverte par l'autre partie vers l'épaule.

FLANELLE (de *lana*, laine, selon Roquefort), étoffe légère, à tissu simple ou croisé, faite avec du fil de laine peignée ou cardée, et assez fine. On distingue : les *Fl. en peignés*, dont la chaîne et la trame, faites en fils de laine peignée, sont rases, légères, et servent à faire des gilets, des caleçons, des doublures, etc.; les *Fl. en cardés*, qui sont plus garnies et plus chaudes: on en fait des gilets à mettre sur la peau, pour se garantir contre les dangers d'un refroidissement ; on les emploie aussi pour provoquer à la peau une irritation salutaire. Les flanelles faites en trame cardée et en chaîne peignée tiennent le milieu entre les deux et servent aux mêmes usages. Les flanelles anglaises sont les plus estimées; on les connaît, dans le commerce, sous le nom de *flanelle de santé, de Galles, genre anglais.* En France, on en fait surtout à Reims, à Rouen et à Beauvais. On cite encore les flanelles de Saxe.

FLASQUES, nom donné aux pièces de bois qui, dans un affût, portent le canon par ses tourillons. Dans le système Gribeauval, les *flasques* étaient les principales parties en bois d'un affût; elles étaient réunies par des entre-toises, encastrées dans le haut, en crosse arrondie. Dans le matériel nouveau, la partie supérieure des *flasques* a seule été conservée. Elles sont fixées par des boulons d'assemblage à la flèche de l'affût. — Dans la Marine, on nomme ainsi certaines pièces de bois qui servent à assurer les mâts.

FLATOIR, gros marteau pesant de 3 à 4 kilogr., large d'un bout et pointu de l'autre. Les monnayeurs s'en servent pour donner au métal l'épaisseur convenable avant de frapper l'empreinte.

FLATUOSITE (de *flatus*, souffle), vulg. Vent, gaz développé dans l'intérieur du corps. *Voy.* PNEUMATOSE.

FLÉAU (du latin *flagellum*, fouet), instrument d'agriculture qui sert à battre le blé. Il est formé de deux bâtons attachés l'un au bout de l'autre par des courroies. L'un des deux bâtons est cylindrique et poli, et sert de *manche* ; l'autre est plus court, gros et raboteux; on le nomme la *verge* ou le *fléau.* En faisant tomber la verge horizontalement sur les épis, le coup et le contre-coup font éprouver un soubresaut qui détache les grains. Les fléaux sont faits ordinairement en cormouiller.

On nomme encore ainsi : 1° la verge de fer qui supporte les plateaux d'une balance (*Voy.* BALANCE); 2° une barre de fer qui se place horizontalement pour fermer le haut des portes cochères.

FLEBILE, mot italien qui signifie *plaintif*, se joint quelquefois, en Musique, à l'indication d'un mouvement. L'*andante flebile* est un andante dont la mélodie doit être d'une expression triste et plaintive.

FLÉCHE (par corruption de l'italien *freccia*, ou de l'allemand *flitz*), arme de jet, la plus anciennement connue, et usitée chez tous les peuples comme arme de guerre avant l'invention de la poudre. Elle est encore en usage dans l'Asie (chez les Persans, les Tartares, les Chinois et les Malais), en Afrique, parmi les Indiens d'Amérique et les peuplades sau-

vages de l'Océanie. La flèche se compose d'une baguette, qui atteint quelquefois 2 mètres, armée par un bout d'un fer pointu de forme diverse, et garnie au talon de plumes ou d'ailes en métal destinées à en faciliter et à en diriger le vol. Ce sont ces plumes ou ailes qui font la différence entre le *dard* et la *flèche*. Ce trait se lance ordinairement avec l'*arc* (*Voy.* ARC). Les Grecs avaient des flèches qui se lançaient avec une fronde (*cestres*) ; les Romains et les Byzantins avaient des flèches fort pesantes (*tragules, phalariques*, etc.), ainsi que des *flèches à feu*, qu'ils lançaient avec des balistes. Au moyen âge, on en lançait à l'aide de l'arbalète. — Chez les anciens, les Numides, les Scythes, les Parthes, les Tyriens et les Baléares excellaient à se servir de l'arc et à lancer les flèches. Tous les Barbares, excepté les Francs, étaient armés de flèches. Au moyen âge, les archers génois et anglais paraissent avoir eu la supériorité. Les nombreuses espèces de flèches dont on se servait à cette époque sont désignées sous les noms de *sagettes* (de *sagitta*), *passadoux, eslingues, dardes, gourgons, songnoles, panons* (de *penna*, plume), *carreaux* (à cause de la forme carrée du fer), *raillons, barbillons* (à fer barbelé), *frètes* ou flèches sans pointe, pour tirer au papegai, etc. La coutume d'empoisonner les flèches est fort ancienne : elle subsiste encore chez les peuples sauvages.

En Géométrie, on appelle *flèche* la perpendiculaire élevée du milieu de la corde d'un arc de cercle ou d'une courbe symétrique, et qui aboutit à l'arc ou à la courbe. Cette ligne se nomme, en Trigonométrie, *sinus versé*.

Dans l'Architecture religieuse, la *flèche* est la partie pyramidale, en charpente, en pierre ou en fer, carrée ou à pans, qui surmonte les tours ou clochers des églises gothiques, et qui est elle-même surmontée d'une croix ou d'un coq. Les premières flèches de ce genre datent du XIe siècle ; l'usage s'en perdit au XVIe. On cite, parmi les plus belles, celles des cathédrales de Strasbourg, haute de 152 m. ; d'Anvers, haute de 154 m. ; d'Amiens, haute de plus de 69 m. ; celles des cathédrales de Rouen, de Saint-Étienne, à Vienne, en Autriche, etc.

En termes de Fortification, on nomme *flèche* un petit ouvrage composé de deux faces ou de deux côtés, et à cornes, qu'on établit à l'extrémité des angles saillants et rentrants d'un glacis; *flèches de pont-levis*, les pièces de bois assemblées dans la bascule, et qui tiennent les chaînes de fer qui servent à faire manœuvrer le pont-levis.

Dans la Marine, on nomme *Flèches en l'air*, des mâts légers et volants, établis sur les mâts de perroquet pour gréer des cacatois; *Fl. en cul*, une voile légère qu'on établit dans l'espace compris entre le mât d'artimon et le mât de perroquet; *Fl. de beaupré*, une pièce de bois saillante hors de la proue, et servant à fixer et contenir le beaupré.

Dans les Arts, on donne le nom de *flèche*:1° dans beaucoup de machines, à l'arbre ou pièce principale sur laquelle tourne la machine; 2° en Carrosserie, à une pièce de bois de charronnage, le plus souvent d'orme, et longue de 3 à 5 mètres, dont on se servait autrefois pour joindre le train de derrière d'un carrosse avec celui de devant; 3° dans les fabriques de Tapis de haute lisse, à une ficelle que l'ouvrier entrelace dans les fils de la chaîne, au-dessus des bâtons de croisure, afin que ces fils se maintiennent toujours à une égale distance. — Les Arpenteurs nomment encore *flèches* les piquets qu'ils plantent en terre chaque fois qu'ils transportent la chaîne dont ils se servent pour mesurer.

En Histoire naturelle, on nomme vulgairement *Flèche* le poisson Callionyme et le mollusque Calmar; *Fl. d'eau*, la Fléchière; *Fl. d'Inde*, la Galanga; *Fl. de mer*, le poisson Dauphin; *Fl. d'amour*, une variété de fer oxydé, d'un jaune roussâtre, qui se trouve en Russie, mêlée au quartz hyalin; *Fl. de pierre*, les Bélemnites.

En Horticulture, ce mot désigne la pousse de la canne à sucre et autres plantes à tiges fermes et droites.

FLÈCHE (LA), constellation de l'hémisphère boréal, située sur les bords de la Voie Lactée, entre le *Renard* et l'*Aigle*, et qui contient 18 étoiles de quatrième grandeur. Les poëtes ont prétendu que c'était la flèche de l'Amour, ou celle qui servit à tuer le vautour déchirant les entrailles de Prométhée.

FLÉCHIÈRE, *Sagittaria*, genre de la famille des Alismacées, est composé d'herbes aquatiques, à racines vivaces, à feuilles en forme de flèches, et à fleurs monoïques, blanches ou rougeâtres, disposées en épi, les fleurs mâles en haut, les femelles au-dessous. Ces plantes croissent sur le bord des eaux. La *Fl. sagittée*, qui vient en Europe, fleurit de juin à juillet. L'intérieur des tiges et des feuilles est rempli d'une moelle douce, savoureuse, qui les fait rechercher des chevaux et des pourceaux. Cette plante fixe les terrains d'alluvion et procure un bon engrais.

FLÉCHISSEURS (MUSCLES), muscles destinés à fléchir certaines parties du corps. Le *Fl. sublime* ou *superficiel des doigts*, situé à la partie antérieure de l'avant-bras, fléchit les deuxièmes phalanges sur les premières, celles-ci sur les os du carpe, et la main sur l'avant-bras; le *Fl. profond des doigts*, situé au-dessous du précédent, fléchit les troisièmes phalanges sur les deuxièmes; il y a aussi le *Fl. du pouce*, *du petit doigt*, celui *des orteils*, etc.

FLEGME. *Voy.* PHLEGME.

FLÉOLE, dit aussi *Fléau*, en latin *Phleum*, genre de la famille des Graminées : panicule resserrée en épi, glumes tronquées et terminées par deux petites pointes avec une pilu courte dans le milieu. La *Fl. des prés* est une herbe à tige droite, glabre, haute de 75 centimètres à 1 mètre, et très-commune dans nos prés. Tous les bestiaux la recherchent, particulièrement les chevaux. On en fait de bonnes prairies artificielles, auxquelles on reproche toutefois de donner trop peu de fane. La *Fl. noueuse*, presque aussi commune que la précédente, se trouve dans les prés marécageux; elle n'est pas moins agréable aux troupeaux. Elle se distingue par ses racines noueuses et par ses tiges couchées à leur partie inférieure.

FLET, nom vulgaire d'un poisson du genre Plie, le *Platessa flessus*.

FLETAN, *Hippoglossus*, genre de l'ordre des Malacoptérygiens subbrachiens, famille des Pleuronectes, et composé de poissons plats ayant les nageoires et la forme des Plies; les yeux et la ligne latérale les uns à droite, les autres à gauche. Le *Fl. helbut*, type du genre, est très-commun dans les mers du Nord. Il ressemble beaucoup aux Plies, dont il ne diffère que par l'allongement de son corps. Il atteint jusqu'à 2 m., et pèse de 150 à 200 kilogr. Sa chair fournit un aliment copieux et agréable. On le mange frais, ou réduit en longues lames salées ou séchées. La membrane de son estomac est transparente : les Groenlandais en font des plaques dont ils se servent comme de vitres pour les fenêtres.

FLÉTRISSURE. *Voy.* MARQUE.

FLEUR (du latin *flos*), la partie la plus éclatante et la plus passagère de la plante : c'est un appareil qui renferme les organes reproducteurs et les protège, et dans lequel s'effectue la fécondation et se développent les graines qui doivent perpétuer la plante. Les organes qui composent les fleurs sont, les uns, essentiels, comme les *étamines* ou organes mâles, et les *pistils* ou organes femelles; les autres, accessoires, comme la *corolle* et le *calice*, etc., auxquels la fleur doit particulièrement sa grâce et son éclat.

Une fleur se compose ordinairement de quatre couches concentriques appelées *verticilles*, qui, de l'extérieur à l'intérieur, sont la *corolle*, le *calice*, les *étamines* et les *pistils*. Quelquefois, un 5e verticille

est formé, entre les étamines et les pistils, par une rangée de *nectaires*. Le calice et la corolle constituent le *périanthe*. On nomme *andrécée* le verticille des organes mâles, et *gynécée* celui des organes femelles. Une fleur est dite *complète* lorsqu'elle possède les quatre verticilles, et *incomplète* dans le cas contraire; *nue*, si elle ne porte ni calice ni corolle. Elle est *hermaphrodite* lorsqu'elle renferme les organes mâle et femelle; *unisexuée*, lorsqu'elle ne porte que des étamines ou des pistils, et *neutre*, lorsque les organes sexuels avortent, comme cela arrive souvent dans les Composées. On appelle *monoïques* les plantes qui ont sur le même pied des fleurs mâles et des fleurs femelles séparées; *dioïques*, celles qui n'ont sur chaque pied que des fleurs mâles ou des fleurs femelles; et *polygames*, celles sur lesquelles on trouve à la fois des fleurs unisexuées et des fleurs hermaphrodites. La fleur est encore *monandre*, *diandre*, *triandre*, *polyandre*, suivant qu'elle renferme un, deux, trois, ou un plus grand nombre d'étamines; et *monogyne*, *digyne*, *trigyne* ou *polygyne*, suivant qu'elle renferme un, deux, trois ou un plus grand nombre de pistils. On nomme *réceptacle* l'axe qui supporte tous les verticilles, quelle que soit sa forme. Lorsque la corolle est d'une seule pièce, on dit la fleur *monopétale*; elle est dite *polypétale* lorsque la corolle est formée de plusieurs pièces. La fleur peut être encore *hypogyne*, *périgyne*, *épigyne*; *régulière*, *irrégulière*; *infundibuliforme*, *tubuleuse*, etc. *Voy.* ces mots.

On nomme vulgairement : *Fleur ailée*, plusieurs espèces d'Ophrides, la Mantisie et la Rhexie veloutée; *Fl. d'amour*, l'Amarante, l'Ancolie et le Pied d'alouette sauvage; *Fl. d'Arménie*, l'OEillet de poëte; *Fl. de carême*, une variété de Renoncule; *Fl. de chair*, le Trèfle incarnat, le Mélampyre des champs, la Lychnide laciniée; *Fl. changeante*, la Ketmie de l'Inde; *Fl. du ciel*, le Nostoc et la Tremelle; *Fl. de crapaud*, la Stapélie panachée; *Fl. des dames*, l'Anémone coquelourde, l'Hépatique des jardins et l'Héliotrope du Pérou; *Fl. écarlate*, la Lychnide de Russie et le Quamoclit jasmin; *Fl. d'écrevisse*, la fleur du Balisier indien; *Fl. feuille*, la Sauge hormin; *Fl. impie*, la fleur du Dombeya éclatant; *Fl. de jalousie*, l'Amarante tricolore; *Fl. joyeuse*, l'Acacia de Malabar; *Fl. miellée*, le Mélianthe pyramidal et la Moscatelline printanière; *Fl. mistèle*, une espèce de Talin; *Fl. de muscade*, le Macis; *Fl. de passion*, la Grenadille et le Passiflore; *Fl. de plume*, la Valériane grecque; *Fl. printanière*, la Pâquerette et la Primevère; *Fl. de sang*, la Capucine et la Tulipe du Cap; *Fl. satanique*, l'Iris de Perse; *Fl. de soleil*, l'Héliotrope, l'Hélianthe, la Belle-de-jour, la Gaude, la Mauve, etc.; *Fl. de tous les mois*, le Souci des jardins; *Fl. des veuves*, la Scabieuse atropurprée.

On donne encore le nom de *Fleur* : 1º à la partie la plus fine de la farine, du soufre et d'autres matières; 2º aux taches blanches que l'on voit sur la peau de certains fruits qui n'ont pas été maniés; 3º en termes de Corroyeur, au côté de la peau dont on a enlevé le poil; l'autre côté se nomme *chair*.

On appelle *fleurs* du vin les moisissures que le contact de l'air développe à la surface de ce liquide.

Les anciens Chimistes nommaient *fleurs* certains produits solides et volatils obtenus par la sublimation, ainsi que les sublimés pulvérulents. Telles sont les *Fl. ammoniacales martiales*, produit de la sublimation du chlorhydrate d'ammoniaque avec le chlorure de fer; les *Fl. argentine d'antimoine*, ou protoxyde d'antimoine; les *Fl. d'arsenic*, ou deutoxyde d'arsenic; les *Fl. de benjoin*, ou acide benzoïque; les *Fl. de bismuth*, ou oxyde de bismuth; les *Fl. de cuivre*, oxyde et sulfate de cuivre; les *Fl. de zinc*, oxyde de zinc; les *Fl. de soufre*. *V.* SOUFRE.

On nomme *Fleur d'argent*, *de chaux* ou *de pierre*, une chaux carbonatée qui se réduit facilement en poudre; *Fl. de fer*, une mine de fer blanche; *Fl. de cuivre*, les petits grains rouges de cuivre vierge.

FLEUR DE LIS. C'était autrefois l'emblème héraldique de la maison de France. Les antiquaires ne s'accordent point sur l'origine de cet emblème : les uns y voient un lis véritable, ou tout au moins un iris; d'autres, un fer de lance, où le type dégénéré de l'abeille impériale. Quoi qu'il en soit, la fleur de lis apparaît sur les sceaux des empereurs d'Allemagne, sur la couronne de quelques rois d'Angleterre, sur l'écusson des rois de Navarre, antérieurement au XIIe siècle, époque où elle commence à figurer dans les armoiries des rois de France. Louis le Jeune est le premier qui l'adopta officiellement (1180). L'étendard royal fut d'abord chargé d'un nombre indéterminé de fleurs de lis; dans la suite, ce nombre se réduisit à trois. Quelques familles illustres de la noblesse, alliées à celle de France ou autorisées par le roi, ont porté ou portent encore la fleur de lis dans leurs armes : ce sont celles d'Angoulême, de Bourgogne, de Bourbon, de Naples, de Thouars, de Simiane, de Vic, de l'Hôpital, de Goldy en Suisse, etc. On peut consulter sur l'histoire de cet emblème Beneton de Peyrins, Bullet, le P. Ménestrier, etc.; et de nos jours, M. E. Woillez. — Sous l'ancienne monarchie, le manteau royal, le bâton des maréchaux, les siéges des juges au parlement étaient *fleurdelisés*. — Les galériens étaient autrefois marqués sur l'épaule d'une *fleur de lis*, sans doute parce que c'était l'emblème de l'autorité royale.

FLEURS ARTIFICIELLES. Cette industrie, connue depuis longtemps des Chinois, a été cultivée en Occident, d'abord en Italie, puis en France et en Suisse; c'est en 1738 que Séguin de Mende l'établit à Paris. Aujourd'hui, les fabriques les plus renommées sont à Paris et à Lyon. On n'employait d'abord à cet usage que des rubans de diverses couleurs, qu'on frisait et dont on recouvrait ensuite des fils de laiton; on y ajouta bientôt la plume, la gaze, le coton et la bourre de soie, le papier, la batiste, le taffetas et la peau. Maintenant, outre les étoffes de toute espèce, on se sert, pour cette fabrication, de laine, de ciré, de coquilles, etc. Mme Celnart a donné le *Manuel du Fleuriste artificiel*, Paris, 1838, in-18.

FLEURS (LANGAGE DES), langage symbolique dans lequel les fleurs, soit isolées, soit assemblées suivant un certain choix, servent à exprimer une pensée, un sentiment secret : ainsi, la *rose blanche* exprime l'amour; le *lis*, la pureté; le *souci*, le chagrin; le *basilic*, le mécontentement. Le langage des fleurs était connu des anciens; il fut très à la mode du temps de la chevalerie, et il est encore fort usité en Orient. M. de Hammer a donné, dans les *Mines de l'Orient* (t. I et II), l'explication des emblèmes orientaux. Mme Ch. de Latour a donné : *Langage des fleurs* (Paris, 1844). — On doit à M. Dubos un recueil d'élégantes poésies intitulé : *Les Fleurs*.

FLEURET, sorte d'épée à lame carrée, terminée par un bouton, le plus souvent garni en peau, et dont on se sert pour apprendre à faire des armes. Les meilleurs *fleurets* sortaient autrefois des fabriques d'Allemagne, entre autres, de Solingen en Prusse; cette branche d'industrie est maintenant exploitée avec succès à Saint-Étienne.

On appelle encore *fleuret* : 1° le fil fait avec la bourre de soie (*Voy.* FILOSELLE); 2° le premier choix de la laine, du coton et du fil; 3° une sorte de toile qu'on fabrique à Alençon, et qu'on nomme aussi *blancard* ou *blanchard*.

FLEURETTE où FLORETTE, nom donné aux *gros tournois* frappés sous le règne de Charles V, parce qu'ils étaient marqués d'une fleur; ils valaient 20 deniers tournois (1 fr. 40 cent. de notre monnaie).

FLEURETTES, petites fleurs dont la réunion forme la fleur de certaines plantes. Chaque fleurette a sa corolle, ses pétales, ses étamines et ses pistils. La

chicorée sauvage, l'artichaut, l'hélianthe du Pérou, la cardère et la scabieuse offrent cette disposition. — On donne aussi ce nom aux épillets des Graminées.

FLEURISTE. Le *Jardinier fleuriste* est celui qui s'occupe de la culture et du commerce des fleurs. La Hollande avait autrefois le monopole de cette industrie; aujourd'hui, la France et surtout Paris ont triomphé de toute concurrence. *Voy.* HORTICULTURE.

On donne encore le nom de *Fleuristes* aux personnes qui s'occupent de l'arrangement des *fleurs naturelles* en bouquets, couronnes, etc., et à ceux qui préparent des *fleurs artificielles*. *Voy.* ce mot.

FLEURON (de *fleur*). En Botanique, on nomme *fleurons* de petites fleurs qui forment les fleurs composées : ce sont de petites corolles régulières, infundibuliformes ou tubuleuses; *demi-fleurons*, des tubes courts, déjetés d'un côté sous la forme d'une languette plane, plus ou moins allongée, et qui, à son extrémité supérieure, est presque toujours dentée. *Voy.* FLOSCULEUSES et COMPOSÉES.

En Sculpture et en Orfévrerie, on nomme *fleurons* de petits ornements formés de fleurs ou de feuilles détachées. — Les Imprimeurs nomment ainsi des ornements qu'ils placent au frontispice d'un livre, à la fin d'un chapitre.

Dans le Blason, le *Fleuron* est un ornement qui se trouve sur les couronnes des rois, des princes, des ducs et marquis. Ces fleurons étaient jadis des fleurs de lis pour les rois de France et d'Espagne. Ceux des ducs et marquis sont de feuilles de persil et d'ache. On les nomme *fleurons refendus*.

FLEUVE (du latin *fluvius*), grand cours d'eau qui prend ordinairement sa source au pied des montagnes, reçoit dans son cours une foule de ruisseaux et de rivières, et va se jeter dans la mer. Les fleuves suivent la direction des montagnes, et coulent ordinairement de l'orient à l'occident ou de l'occident à l'orient; quelques-uns seulement vont du N. au S. et du S. au N. Plusieurs fleuves (le Nil, le Pô, l'Indus, etc.) grossissent et débordent régulièrement à certaines époques de l'année; d'autres (le Rhône) s'enfoncent momentanément sous terre pour reparaître ensuite en d'autres lieux. Les fleuves sont plus larges à leur embouchure; qui est une ou multiple, et les sinuosités de leur cours augmentent en s'approchant de la mer. Plusieurs roulent de l'or. Les plus grands fleuves sont dans l'Amérique : ce sont l'Amazone, le Mississipi, le Missouri, le Rio de la Plata, etc. — Les anciens rendaient aux fleuves un culte religieux. Selon les Grecs, ils étaient fils de l'Océan et de Téthys. Les sauvages de l'Amérique et de l'Océanie possèdent des traditions semblables, et ont une grande vénération pour les fleuves.

Dans l'ancienne Jurisprudence de la France, les fleuves navigables appartenaient au roi en pleine propriété, ainsi que les îles, îlots, alluvions, moulins, ponts, droits de passage, de bac, de pêche, etc. Ils pouvaient appartenir à des hauts justiciers en vertu d'une concession expresse ou d'une possession centenaire. Les fleuves et les rivières non navigables appartenaient de plein droit à ceux-ci. Aujourd'hui, tous font partie du domaine public. *V.* COURS D'EAU.

FLIBOT (de l'anglais *fly*, mouche, et *boat*, navire; c.-à-d. navire qui vole, ou qui n'est pas plus gros qu'une mouche), petit navire léger à 2 mâts, à fonds plats, à carène renflée, ayant l'arrière rond et haut, de moins de cent tonneaux, dont on se servait autrefois pour faire la course, et dont on se sert encore pour la contrebande et pour la pêche du hareng. — Le *flibot* a donné son nom à la *flibuste*, mot qui désigne à la fois le métier de pirate et de contrebandier, et aux *flibustiers*. *Voy.* le *Dict. univ. d'Hist. et de Géogr.* au mot FLIBUSTIERS.

FLINT-GLASS (c.-à-d. en anglais *verre de cailloux*), verre doué d'un pouvoir réfringent et d'un pouvoir dispersif considérables, qu'on obtient par la fusion d'un mélange de sable, de minium et de potasse, et dont on fait les objectifs des lunettes achromatiques. *Voy.* CRISTAL et ACHROMATISME.

FLOCON (du latin *floccus*), petite touffe de laine, de coton, de neige, de soie. Les chimistes désignent ainsi l'état de quelques précipités qui se présentent sous forme de flocons. — En Pathologie, on nomme ainsi les corps légers, agités d'un mouvement rapide, que les malades affectés de maux très-graves croient avoir devant les yeux et cherchent à saisir. *Voy.* CARPHOLOGIE.

FLORAISON. *Voy.* ANTHÈSE et FLEUR.

FLORAL, ce qui appartient à la fleur. Le *bouton floral* est celui qui renferme une seule fleur; les *enveloppes florales* sont le calice et la corolle; l'*épine florale* est placée à la base de la fleur; la *feuille florale* est celle qui est située à la base des fleurs ·(Chèvrefeuille) : quand elle diffère des autres feuilles, on la nomme *bractée*; les *glandes florales* sont appelées aussi *nectaires*. *Voy.* ce mot.

FLORAUX (JEUX), célébrés à Toulouse. *Voy.* JEUX au *Dict. univ. d'Hist et de Géogr.*

FLORE, nom emprunté à la déesse des fleurs des Romains et donné depuis Linné aux ouvrages destinés à faire connaître toutes les plantes propres à un pays. Les *Flores* les plus connues sont la *Flore de Laponie* de Linné, la *Flore française* de Lamarck et De Candolle, *de l'Autriche* par Jacquin, *du Piémont* par Allioni, *de l'Angleterre* par Smith et par Martyn, *de la Sicile* par Bivona, *des Antilles* par Descourtilz, *de l'Atlantique*, par Desfontaines.

On a nommé *Calendrier de Flore* une liste des floraisons successives des divers végétaux sous un certain climat (*Voy.* CALENDRIER); *Horloge de Flore*, une liste des plantes qui s'ouvrent à telle ou telle heure de la journée : on en a une de Linné; *Hygromètre de Flore*, une liste des plantes météoriques dont la floraison semble être modifiée par l'état de l'atmosphère : on en a un de M. Bierdanker, etc.

FLORE, planète télescopique découverte par M. Hind en 1847. Elle fait sa révolution en 1,200 jours environ; l'inclinaison du plan de son orbite sur l'écliptique est de 5° 53′ 3″. Sa distance moyenne au soleil, celle de la terre étant 1, est de 2,2. L'emblème de cette planète est une fleur, et son signe, ♀.

FLORÉAL, 3ᵉ mois du calendrier républicain, commençait, selon les années, le 20 ou le 21 avril.

FLORENCE, petit taffetas léger qu'on tirait anciennement de *Florence*, se fabrique à Lyon, à Avignon et à Zurich. Les *Florences* d'Avignon se consomment presque en entier à l'intérieur; on en fabrique annuellement environ 60,000 pièces.

FLORIDÉES (*Choristosporées* de M. Decaisne), végétaux cryptogames formant la 2ᵉ ordre de la classe des Hydrophytes. Ce sont des plantes d'un rouge purpurin plus ou moins foncé, mêlé d'une teinte verdâtre. Les feuilles sont des expansions planes, plus ou moins grandes et divisées, portées sur une tige cylindrique fixée aux corps par un empatement bombé. Les Floridées habitent les côtes des mers, où elles atteignent de 2 à 3 décim. de longueur.

FLORIFÈRES (de *flos*, fleur, et *féró*, porter); nom donné, en Botanique, aux parties des plantes qui portent des fleurs. Les feuilles des Fougères, du Lin, du Laurier maritime, les chatons du Peuplier, du Noisetier, les boutons des arbres, sont *florifères.*

FLORIN, monnaie réelle ou de compte qui a cours dans plusieurs États de l'Europe, tire son origine de Florence et est ainsi nommée, dit-on, à cause de la *fleur de lis* qui entre dans les armoiries de cette ville. Le florin est ordinairement en argent; sa valeur varie suivant les pays. On distingue le *florin* ou *demi-risdale* de Hanovre, qui vaut 2 fr. 00 cent.; celui de Belgique, 1 fr. 83 cent.; celui de Hollande, 2 fr. 16 cent.; celui de Prusse, 2 fr. 60 c.; ceux de Silésie, 2 fr. 45 cent.; de Mecklembourg-

Schwerin, 2 fr. 85 cent.; et celui de Lucerne (Suisse), 1 fr. 39 cent. — On appelle *Florin de convention* une monnaie de compte usitée dans plusieurs contrées de l'Allemagne, et qui vaut 2 fr. 60 cent. Il y avait autrefois des *florins d'or.* Le seul qui subsiste encore est le *florin* ou *guilder d'or* de Hanovre, qui vaut 8 fr. 60 cent. — En France, on donnait vulgairement le nom de *florin* à toutes les monnaies d'or, parce qu'elles portaient une fleur de lis.

FLORIPARES (de *flos*, fleur, et *pario*, enfanter), nom donné, en Botanique, aux bourgeons qui ne produisent que des fleurs.

FLOSCULAIRE (de *flosculus*, petite fleur), genre d'Infusoires, type de la famille des Flosculariens, se compose d'animaux en forme de massue, fixés aux corps solides par un pédicule annelé et contractile. La massue est susceptible de s'épanouir comme une fleur, et alors elle se dispose en forme de coupe avec 5 lobes saillants munis de cils lentement contractiles. Le type du genre est la *Fl. ornée*, qu'on trouve dans les eaux stagnantes aux environs de Paris.

FLOSCULEUSES (de *flosculus*, petite fleur, fleuron), nom que Tournefort a donné aux fleurs des plantes de la famille des Composées (*Voy.* ce mot), qui sont formées de fleurons. — On nomme *capitule flosculeux* celui qui est composé entièrement de fleurons.

FLOT (du latin *fluctus*), nom donné au flux de la mer, c.-à-d. au temps qu'elle met à s'élever et à s'étendre sur les rivages, accroissement qu'elle prend deux fois pendant 24 heures. *Voy.* MARÉE.

FLOTRÈS, dits aussi *Flautres, Feutres, Fautres.* On nomme ainsi, dans la fabrication du papier, les blanchets ou morceaux d'étoffe de laine feutrée sur lesquels on met le papier au sortir de la forme, et qui sont destinés à boire la surabondance d'eau dont la pâte est chargée.

FLOTTAGE, nom donné au transport par eau du bois de chauffage et des pièces de charpente, lorsqu'on les laisse suivre la pente et le cours des rivières. Pour cela, on amène les bois abattus jusqu'au bord des rivières ou ruisseaux flottables, où on les jette pêle-mêle et bûche à bûche : c'est ce qu'on nomme *Flottage à bûches perdues.* Des hommes, dits *Poules d'eau*, guident ce flottage jusqu'au lieu où la rivière devient navigable; là, des *colliers*, ou chaînes, sont disposés pour arrêter les bois; on les trie et on en forme des radeaux, ou *trains*, qui sont dirigés jusqu'au lieu où ils doivent être vendus : les trains ont ordinairement 70 m. de long sur 5 de large. Le *bois flotté* perd pendant son séjour dans l'eau sa sève et une partie des sels qui le rendaient plus lourd; du reste, il donne beaucoup de flamme quand il est bien sec, et est recherché pour le chauffage des fours. — Le flottage a été inventé en 1549, dans le Morvan, par Jean Rouvet.

FLOTTAISON (LIGNE DE), ligne que le niveau de l'eau trace sur la carène d'un bâtiment, qui en sépare la partie submergée de celle qui ne l'est pas. La ligne de *flottaison* d'un bâtiment s'applique toujours à un bâtiment supposé complétement chargé.

FLOTTE, nom collectif employé autrefois pour désigner un grand nombre de bâtiments de mer réunis pour naviguer ensemble. On distinguait les *Fl. de guerre* et les *Fl. marchandes.* Aujourd'hui, le mot *flotte* désigne la totalité des bâtiments de guerre d'un État. En 1850, la *flotte* comptait en France 145 bâtiments armés, savoir : *bâtiments à voiles*, 8 vaisseaux, 9 frégates, 17 corvettes, 22 bricks, 17 transports, 18 goëlettes ou cotres; *bâtiments à vapeur*, 9 frégates, 11 corvettes, 34 avisos. Elle comptait, en outre, en commission de port : 16 vaisseaux, 11 frégates, 4 corvettes *à voiles*; 11 frégates, 7 corvettes, 13 avisos *à vapeur.* Le service à bord des bâtiments de la flotte était régi, sous l'ancienne monarchie, par l'ordonnance de Colbert (15 avril 1689) et par celles du 25 mars 1765 et 1ᵉʳ janvier

1786, et depuis la Restauration, par celle du 31 oct. 1827; il a été complétement réorganisé par un décret du 28 septembre 1851. *Voy.* MARINE MILITAIRE.

On appelait autrefois *Flotte d'argent* le convoi de galions qui, depuis la découverte du nouveau monde, apportait tous les ans à Cadix l'or et l'argent tirés des mines des colonies espagnoles. Depuis l'émancipation des colonies, il n'y a plus de flotte d'argent.

Les Marins appellent *flottes* les bouées ou barriques vides destinées à soutenir un câble au niveau de l'eau. — C'est encore le nom : 1° de morceaux de liége ou de bois de peuplier, plats et ronds, ayant un trou au centre, dans lequel passe la corde qui ferme un *filet* : ils servent à tenir la partie supérieure du filet à fleur d'eau, tandis que l'inférieure est retenue au fond par des plombs; 2° de la plume placée vers le milieu d'une ligne et dont le mouvement avertit que le poisson mord à l'appât.

FLOTTEURS, nom donné en Physique et dans l'Industrie à divers instruments qui *flottent* à la surface d'un liquide, et sont destinés à en marquer le niveau ou à soutenir les corps qui y sont plongés. Tels sont les flotteurs des *différenciomètres*, des *manomètres*, etc. (*Voy.* ces mots). Tel est aussi le *flotteur* qui sert à indiquer le niveau de l'eau dans les chaudières à vapeur : ce dernier se compose ordinairement d'une pierre cerclée en fer, qui est équilibrée presque en totalité par un contre-poids convenable, de manière à plonger en partie dans l'eau de la chaudière et à s'élever ou à s'abaisser en même temps que le niveau de l'eau; tantôt le flotteur porte une tige qui sort de la chaudière et qui se meut en regard d'une échelle fixe; tantôt il est suspendu à un fil de cuivre qui lui-même s'enroule sur une poulie extérieure et fait tourner une aiguille qui se meut sur un cadran. On a construit des *Fl. d'alarme*, qui avertissent les chauffeurs de l'abaissement du niveau de l'eau par un bruit aigu, produit au moyen d'un jet de vapeur qui jaillit sur un timbre métallique. — On connaît encore le *Fl. de Prony* et le *Fl. électro-dynamique*, instruments qui servent à la vérification de certaines lois d'hydraulique et d'électricité.

FLOTTILLE (diminutif de *flotte*), flotte qui peut être considérable, mais qui est toujours composée de petits bâtiments et portant le plus souvent de l'artillerie : telle fut la flottille que Napoléon fit construire à Boulogne en 1804, dans le but de faire une descente sur les côtes d'Angleterre. — Ce mot se dit aussi de plusieurs bâtiments réunis dans un port militaire pour étudier les évolutions de ligne.

FLOU (onomatopée), terme technique employé par les peintres pour exprimer la grâce et la douceur des touches, le moelleux du coloris.

FLOUVE, *Anthoxanthum*, genre de plantes de la famille des Graminées : fleurs réunies au nombre de 3, sur des épillets incomplets; fruit sillonné et nu. L'espèce la plus commune est la *Fl. odorante*, plante vivace, croissant dans les lieux secs, et dont le chaume, haut de 30 à 32 centim., se termine par un épi rameux. C'est un fourrage excellent. C'est principalement à cette plante que le foin doit l'odeur agréable qu'il exhale. On s'en sert quelquefois pour aromatiser le tabac, auquel il communique une odeur analogue à celle de la fève de Tonka.

FLUATE DE CHAUX. *Voy.* CHAUX FLUATÉE et FLUOR.

FLUCTUATION (de *fluctuare*, flotter), se dit, en Médecine, du mouvement d'oscillation d'un liquide amassé dans un foyer quelconque, mouvement que l'on rend sensible par une pression. C'est ainsi que dans l'hydropisie la *fluctuation* se fait sentir à l'une des deux mains appliquée sur un des côtés de l'abdomen pendant qu'on frappe de l'autre main la partie opposée; dans les abcès, la *fluctuation* se manifeste quand on touche la tumeur alternativement avec un ou deux doigts sur deux points opposés.

FLUE, nappe fine du filet dit *tramail*. *V.* ce mot.
FLUENTE, terme de Géométrie. *Voy.* INTÉGRALE.
FLUIDES (de *fluere*, couler), corps dont les molécules sont assez éloignées les unes des autres pour qu'elles puissent rouler, sans se gêner mutuellement, autour de leurs centres de gravité. On distingue les *Fl. incompressibles*, ou *Liquides*, dans lesquels la pression ne diminue le volume que d'une manière peu sensible; les *Fl. aériformes* ou *Fl. élastiques*, dont le volume diminue à peu près en raison inverse des pressions qu'on leur fait subir. Le nom d'*aériformes* leur vient de leur analogie avec l'air, et celui d'*élastiques* de la tendance qu'ils ont à s'étendre quand ils ont été comprimés. Les fluides aériformes sont de plus distingués en *Gaz* et en *Vapeurs*, suivant qu'à la température et à la pression ordinaires, leurs éléments se maintiennent à l'état aériforme ou peuvent se présenter à l'état liquide.

On nomme *Fl. impondérables* le *Calorique*, la *Lumière*, le *Fluide électrique* et le *Fluide magnétique*, que l'on suppose être des corps fluides, et dont le poids est inappréciable par nos instruments.

FLUOBORIQUE (ACIDE), ou *Fluorure de bore*, gaz composé de fluor et de bore (BF3), incolore, d'une odeur suffocante et d'une saveur fort acide; sa densité est de 2,3; il répand, à l'air, d'abondantes fumées blanches, et se dissout dans l'eau en se transformant en acide fluorhydrique et en acide borique. On l'obtient en chauffant ensemble un mélange d'acide sulfurique concentré, d'acide borique et de spath fluor (fluorure de calcium). Il a été découvert en 1808 par MM. Gay-Lussac et Thénard.

FLUOR (du latin *fluere*, couler), terme qui s'appliquait d'abord en Minéralogie à une substance assez fusible, connue sous les noms de *Spath fluor*, *Chaux fluatée* ou de *Fluorure de calcium*, minéral qui renferme du calcium, et un autre élément pour lequel le nom de *Fluor* est aujourd'hui réservé, ne désigne plus qu'un corps simple, dit aussi *Phthore*. C'est un gaz incolore et odorant qui décompose l'eau à la température ordinaire; il attaque aussi presque tous les métaux, et forme avec eux les *fluorures*. Avec l'hydrogène, il forme l'*acide fluorhydrique*. On ne peut isoler le gaz fluor qu'en opérant dans des appareils en chaux fluatée. Il a été particulièrement étudié par MM. G.-J. et Th. Knox et Louyet.

Les anciens Chimistes nommaient *Fluor* toute matière fluide, et surtout l'*alcali volatil* liquide.

FLUORHYDRIQUE (ACIDE), dit aussi *Acide fluorique* ou *hydrofluorique*, combinaison de fluor et d'hydrogène (FH), gazeuse à la température ordinaire, d'une odeur pénétrante, très-caustique, fumant à l'air, et très-soluble dans l'eau. On l'obtient en chauffant du fluorure de calcium avec de l'acide sulfurique concentré. L'acide fluorhydrique est extrêmement corrosif; une goutte de cet acide dissous, portée sur la peau, détermine une ulcération fort douloureuse et très-lente à guérir; sa vapeur provoque l'inflammation des yeux. Il est le seul corps qui attaque la silice et ses combinaisons, telles que le verre, la porcelaine, les poteries; aussi ne peut-on le conserver que dans des vases en plomb ou en platine. On l'emploie pour graver sur le verre : à cet effet, on recouvre celui-ci d'une couche mince de cire ou de vernis, sur laquelle on trace les dessins qu'on veut produire, de manière à mettre le verre à nu ; les vapeurs d'acide fluorhydrique qu'on y fait alors arriver n'attaquent que ces dernières parties.

L'acide fluorhydrique a été découvert en 1771 par Schéele; Humphry Davy et MM. Gay-Lussac et Thénard en ont fait connaître la composition.

FLUORINE, synonyme de *Fluate de chaux*.
FLUORIQUE (ACIDE). *Voy.* FLUORHYDRIQUE.
FLUORURE, sel formé par le fluor et un métal. Tous les fluorures se reconnaissent en ce qu'ils dégagent de l'acide fluorhydrique quand on les chauffe

avec de l'acide sulfurique concentré. Le *Fl. de calcium*, dit aussi *Spath fluor*, *Fluorine*, ou *Chaux fluatée* (FCa), se rencontre en filons dans les gîtes métallifères, ordinairement en cristaux cubiques qui présentent des couleurs vives et très-variées, jaunes, bleues ou améthystes. Sa pesanteur spécifique est d'environ 3,2. On l'emploie au Hartz comme fondant dans le traitement des mines de cuivre; c'est probablement cette circonstance qui lui a valu le nom de *fluor* (en allemand *flusspath*). Il sert à la préparation de l'acide fluorhydrique et des autres fluorures.

FLUOSILICIQUE (ACIDE), ou *Fluorure de silicium*, gaz composé de fluor et de silicium (SiF2), incolore, fumant beaucoup à l'air, d'une saveur et d'une odeur analogues à celles de l'acide chlorhydrique, avec lequel il avait été autrefois confondu. Sa densité est de 3,597. Il se décompose, au contact de l'eau, en acide fluorhydrique et en acide silicique, qui se sépare sous forme de gelée. On l'obtient en chauffant un mélange d'acide sulfurique concentré, de silice et de fluorure de calcium. C'est le gaz fluosilicique qui se forme lorsqu'on grave sur le verre au moyen de l'acide fluorhydrique.

L'acide fluosilicique a été découvert par Schéele en 1771, et étudié en 1812 par John Davy.

FLUSTRE, *Flustra*, genre de Zoophytes de l'ordre des Polypes Bryozoaires, dont la peau externe s'endurcit en partie, de manière à former des Polypiers d'apparence cornée, à loges ou cellules complètes pour chaque animal, et constituant ainsi des espèces de lames ou feuilles fixées aux corps sous-marins. Nous citerons comme type la *Fl. foliacée*, commune sur nos côtes.

FLUTE (du latin *fistula*), instrument à vent dont la forme a souvent varié. Celle dont on se sert le plus communément aujourd'hui est un tube cylindrique, d'environ 6 décimètres de long, en buis, en ébène et en cristal, formé de trois ou quatre pièces dites *corps* ou *pattes*, ajustées au moyen d'emboîtures; il est percé dans sa longueur d'un canal nommé *perce*, qui communique à l'extérieur par l'une de ses extrémités, nommée *pied*; l'autre bout, ou *tête*, est fermé. L'*embouchure* consiste en un trou latéral percé vers la tête. Les trous sont ordinairement au nombre de 8 : le premier est sur le pied; le second corps a 3 trous, le troisième, 3; le quatrième n'en a qu'un, ou l'embouchure, qui est ovale et plus grand que les autres. On a ajouté à la flûte des clefs qui ferment 4 ou 5 trous. Cet instrument se note en clef de *sol*. Il s'étend du *ré* du violon à l'*ut* d'en haut. —Outre la flûte ordinaire, qu'on nomme *Fl. traversière* ou *Fl. allemande*, on se sert encore de la *petite flûte*, dite aussi *octavin* et *piccolo*, qui a la même forme que la précédente, dont elle sonne l'octave, quoique étant beaucoup plus petite. Elle est longue d'environ 40 centim. Les sons en sont aigus et perçants : on s'en sert, dans les orchestres, pour obtenir des effets brillants, pour imiter des sons naturels, et surtout pour faire danser.— On appelle *Fl. à bec*, *Fl. douce*, ou *Fl. d'Angleterre*, une flûte ordinaire dont la tête, au lieu d'être bouchée, porte un appareil nommé *sifflet*, par lequel on fait entrer le vent dans la bouche, en serrant ce bec avec les lèvres. On tient cette espèce de *flageolet* devant soi, comme une clarinette, le bout éloigné du corps. Son étendue est depuis le *fa* grave du violon jusqu'au troisième *sol* du même instrument. On s'en sert dans les bals ou pour imiter le chant des oiseaux.

La flûte paraît avoir été connue de toute antiquité; on la retrouve peinte ou sculptée sur un grand nombre de monuments antiques. Les poëtes en attribuent l'invention à Apollon ou à Mercure, et racontent le défi porté à Apollon par l'imprudent Marsyas. La flûte ne fut d'abord qu'un simple tuyau de paille d'avoine (*avena*), ou un roseau creux (*calamus*); on en fit ensuite avec l'os de la jambe d'un cerf,

d'une biche ou d'un âne (*tibia*). Les Grecs et les Romains avaient des flûtes droites, courbes, obliques, comme notre flûte traversière; des flûtes simples et des flûtes doubles : ces dernières, formées de deux tuyaux, avaient une embouchure commune; l'un des tuyaux jouait le sujet, l'autre accompagnait. —Ils appelaient *syrinx* ou *flûte de Pan*, un instrument composé d'un certain nombre de roseaux de grandeur différente, accolés ensemble et placés de telle sorte que le plus grand est le premier, et que les autres vont en décroissant jusqu'au dernier, qui est le plus petit. Ces tuyaux sont ouverts par en haut et bouchés par le bas. Leur ouverture supérieure est disposée sur un même ligne horizontale. En soufflant dans ces tuyaux, on produit un son; mais comme il n'y a ni dièses ni bémols, les airs que l'on peut jouer sont très-limités. On s'en sert encore aujourd'hui. — La flûte traversière était connue en France avant le XIIe siècle; mais on s'en servait surtout en Allemagne et en Suisse : d'où son nom de *Fl. allemande*.

Parmi les artistes qui se sont fait un nom par leur exécution, on cite : en France, Philibert, musicien de Louis XIV, La Barre, Hottetèrre le Romain, Buffardin, Blavet, Rault, A. Hugot, Devienne, et aujourd'hui, MM. Tulou et Drouet; en Allemagne, Bœhm, Quantz et Furstenau; en Angleterre, Nicholson. Les facteurs les plus renommés sont MM. Rudall à Londres, Hoch et Ziegler à Vienne, Clair Godefroy aîné à Paris. On estime les *Méthodes* de Devienne, de Berbiguier, de MM. Walkiers et Drouet.

FLUTE, grand bâtiment de charge à 3 mâts, portant de 600 à 1,200 tonneaux, ayant de 12 à 24 canons, et employé spécialement au transport des bois de construction ou de mâture, des munitions de bouche ou de guerre, etc. Un *vaisseau de guerre*, une *frégate*, sont *armés en flûte* quand ils sont disposés de manière à recevoir un chargement.

FLUTE, poisson. *Voy.* MURÈNE.

FLUTEAU ou PLANTAIN D'EAU. *Voy.* ALISMA.

FLUTET, sorte de flûte. *Voy.* GALOUBET.

FLUVIALE (LÉGISLATION, PÊCHE). *V.* CODE et PÊCHE.

FLUVIALES, famille de plantes. *Voy.* NAÏADÉES.

FLUVIATILES, nom donné aux animaux et aux végétaux qui vivent dans les fleuves et en général dans les eaux douces.

FLUX (de *fluere*, couler), mouvement de la mer vers le rivage, opposé au *reflux*. *Voy.* MARÉE.

En Médecine, on donne ce nom aux évacuations de liquides qui surviennent dans un grand nombre de maladies : le flux est dit *colliquatif* quand il est assez abondant pour produire l'épuisement du malade. — On nomme *Fl. de sang*, la dyssenterie et l'hémorragie; *Fl. de ventre*, la diarrhée; *Fl. bilieux*, toute évacuation de bile; *Fl. muqueux*, une maladie grave qui consiste dans un écoulement abondant de mucosités, etc.

Les Chimistes appellent *flux* ou *fondant*, toutes les matières très-fusibles dont on se sert pour favoriser et hâter la fusion d'autres matières, moins fusibles. Le *borax* est un des meilleurs flux (*Voy.* FONDANTS). — On nomme *Fl. blanc*, le produit qu'on obtient par la déflagration d'un mélange de nitre et de crème de tartre : il se compose de carbonate de potasse, et sert comme fondant dans certaines opérations de docimasie; *Fl. noir*, un mélange de charbon et de carbonate de potasse qu'on obtient par la calcination du tartre; il est employé pour désoxyder certains oxydes métalliques.

FLUXION (du latin *fluere*, couler). En Médecine, ce mot désigne d'une manière générale l'afflux d'un liquide vers le point où l'appelle une cause irritante. Sous le nom de *fluxion de poitrine*, on a désigné quelquefois le *catarrhe pulmonaire* aigu, mais plus ordinairement la *péripneumonie*. *Voy.* ces mots.

On appelle souvent *fluxions*, des engorgements phlegmoneux du tissu cellulaire des joues ou des gencives, causés par l'impression d'un air froid, un coup ou une maladie des dents. Quelques fluxions sont dues aussi au déplacement subit de la goutte ou d'un rhumatisme. Ces fluxions se développent avec une rapidité remarquable; elles peuvent envahir les parties voisines, les ailes du nez, les paupières et le cou, presque toujours aussi les gencives quand l'affection tient à une carie dentaire. Il se manifeste, en général, peu de douleur; on éprouve plutôt un sentiment de gêne et de tension dans la joue. Cette affection est sans danger; sa durée varie de 4 à 8 jours; presque toujours elle se termine par résolution, ou bien il peut se former un abcès dans l'épaisseur de la joue ou dans la gencive. Il suffit de se tenir chaudement et de couvrir la joue malade; on n'a recours à des cataplasmes émollients que s'il survient de la rougeur et de la chaleur à la peau.

En Mathématiques, Newton, considérant une étendue quelconque comme engendrée par le mouvement d'une autre étendue, a nommé *fluxion* la vitesse avec laquelle chaque partie de la première étendue se trouve décrite. Si l'on suppose, par exemple, une parabole engendrée par le mouvement d'une droite qui se meut uniformément, parallèlement à elle-même, le long de l'axe des abscisses, tandis qu'un point parcourt cette droite avec une vitesse variable telle que la partie parcourue est toujours moyenne proportionnelle entre une ligne donnée quelconque et la partie correspondante de l'abscisse, le rapport qu'il y a entre la vitesse variable de ce point à chaque instant et la vitesse uniforme de la droite est celui de la *fluxion* de l'ordonnée à la *fluxion* de l'abscisse: c'est ce que Leibnitz appelle *différence*. Aussi le *calcul des fluxions* de Newton est-il le même, en dernier résultat, que le *calcul différentiel*.

FOC, voile triangulaire qui se place à l'avant du bâtiment, entre le mât de misaine et le beaupré, ou entre ce dernier et le grand mât, dans les bâtiments qui n'ont pas de mât de misaine. Les petits bâtiments n'ont qu'un foc; les grands en ont au moins 4 et quelquefois 6: on les nomme *petit foc*, *faux foc, grand foc, clin foc, foc vedette* et *foc en l'air*. Le *foc d'artimon* est la voile d'étai d'artimon, enverguée dans le sens de l'étai du mât d'artimon.

FOENE, dit aussi *Fœsne* ou *Fouanne*, instrument de fer pour la pêche, formé de plusieurs branches pointues et armées à leurs bouts d'un dardillon. Il est emmanché à un gros bâton de 2 à 3 mètres. On lance la fœne sur les poissons qui passent à fleur d'eau.

FOENE, *Fœnus*, genre d'insectes Hyménoptères, famille des Pupivores, tribu des Évaniales: antennes droites; abdomen allongé en massue, terminé par une tarière de médiocre longueur, composée de 3 soies; tête portée comme sur un col. On trouve ces insectes tantôt sur les fleurs, où ils se tiennent en relevant leur abdomen, tantôt suspendus aux tiges des plantes au moyen de leurs mandibules.

FOETUS, mot latin passé en français, désigne l'enfant lorsqu'il est encore dans le sein de sa mère. Depuis le moment de la conception jusqu'au 4e mois environ, on le désigne sous le nom d'*embryon* (*Voy.* ce mot); on lui donne spécialement le nom de *fœtus* lorsque ses organes sont déjà prononcés et qu'il commence à se mouvoir sensiblement. A *quatre mois et demi*, les membres abdominaux l'emportent sur les membres thoraciques; les ongles se prononcent; l'accroissement est très-prompt, et le fœtus a 12 centim. 1/2 de longueur. Dans chacun des trois mois suivants, il augmente environ de 8 à 9 centim., en sorte que vers le *septième mois* il a près de 38 centim. et pèse de 50 gr. à 2 kilogr.; la peau est moins rouge, plus dense, recouverte d'un enduit gras, onctueux et adhérent; duvet et cheveux plus longs et moins blancs; os du crâne bombés à leur partie moyenne. — A *huit mois*, le fœtus prend un plus grand développement; ses mouvements sont plus forts; longueur totale,

40 à 42 centim.; pesanteur, 2 à 3 kilogr. — Enfin, à *neuf mois* (à *terme*), la longueur ordinaire est de 50 centim., mais variable entre 45 et 55; poids ordinaire, environ 3 kilogr. et demi; ossification plus complète; tête fort grosse, et formant la dixième partie du volume total; cheveux plus épais, plus longs, plus foncés; les os du crâne, quoique mobiles, se touchent par leurs bords membraneux; le thorax est court; l'abdomen ample, arrondi, saillant vers le nombril; le bassin étroit, peu développé; l'appareil digestif, les poumons et le cœur sont en état de commencer les fonctions de la vie extérieure.

FOI (du lat. *fides*), la 1re des 3 vertus théologales. Les mythologues grecs et romains avaient fait de la *Foi* une divinité allégorique; ils lui donnaient pour emblème deux mains enlacées. Mignard a représenté la *Foi chrétienne* sous la figure d'une femme assise, tenant d'une main une croix ou les tables du Décalogue, et de l'autre un calice surmonté d'une hostie.

Dans le système féodal, on appelait *Foi et Hommage*, l'acte de reconnaissance que le vassal devait adresser à son seigneur (*Voy.* INVESTITURE et HOMMAGE). — On appelait *Foi mentie*, tout manquement à la foi que devait un vassal.

FOIE (du latin *focus*, foyer, selon Roquefort), en latin *jecur*, en grec *hêpar*, organe sécréteur de la bile: c'est la plus volumineuse de toutes les glandes; son poids, assez variable, est chez l'homme de près de 2 kilogr. Cet organe est situé dans le ventre, du côté droit et immédiatement au-dessous de la poitrine et du diaphragme, sous lequel il fait une saillie dans la cavité pectorale, ce qui permet aux fausses côtes de le protéger. Il occupe presque tout l'espace connu sous le nom d'*hypocondre droit*, s'étend même un peu vers l'hypochondre gauche, et recouvre en partie l'estomac. Il est divisé en plusieurs lobes de forme irrégulière; son parenchyme a une consistance remarquable, une teinte fauve ou légèrement jaunâtre, un aspect poreux. Lorsqu'on le déchire, il paraît formé de granulations, au milieu desquelles sont disséminées les radicules des conduits excréteurs de la bile, dont la réunion forme le *canal hépatique*. Le foie est le seul organe qui, indépendamment du sang rouge, qui lui est apporté par l'artère hépatique, reçoive du sang noir: celui-ci lui est transmis par le système de la veine-porte. On croit généralement que c'est du sang de la veine-porte que sont extraits les matériaux de la bile, et que le sang de l'artère est uniquement destiné à la nutrition de l'organe. Les maladies du foie sont nombreuses et fréquentes; elles comprennent: l'*hypertrophie* et l'*atrophie*, les *affections calculeuses*, la *dégénération graisseuse*; le *cancer*, les *tubercules*, les *hydatides*, les *tumeurs biliaires*, les *coliques hépatiques*, l'*hépatite* et les *abcès du foie*. — Le Dr Fauconneau-Dufresne a fait une étude particulière des maladies de cet organe. — En 1851, M. Cl. Bernard a prouvé qu'outre la sécrétion de la bile, cette glande servait à répandre dans l'économie une quantité considérable de matière sucrée.

Le *foie* se trouve chez tous les animaux, même chez les Mollusques. Chez les Mammifères, le nombre des lobes varie dans la même espèce: le chat en a deux à sept. Chez les oiseaux, il est plus volumineux que dans les mammifères; il est partagé ordinairement en deux lobes. Le foie des oiseaux est le plus estimé des gourmets, surtout celui d'oie et celui de canard. Les reptiles l'ont encore plus volumineux, ainsi que les poissons et les mollusques. Les insectes l'ont en forme de petits tubes réunis.

Les anciens chimistes donnaient le nom de *foie* à diverses substances dans la composition desquelles il entre du soufre, et dont ils comparaient la couleur brunâtre à celle du foie. Ainsi ils appelaient: *Foie d'antimoine*, l'oxysulfure d'antimoine qu'emploient les vétérinaires; — *F. d'arsenic*, l'arsénite de potasse ; — *F. de soufre*, un mélange de plusieurs sulfures de potassium, dont on se servait comme d'excitant dans les maladies cutanées ; *F. de soufre antimonié*, une dissolution d'où se précipite le kermès lorsqu'on prépare celui-ci en faisant bouillir le sulfure d'antimoine avec du sous-carbonate de potasse ; *F. de soufre terreux*, un composé de soufre et d'une base terreuse (chaux, baryte, etc.).

FOIN (du latin *fœnum*), herbe fauchée, séchée et conservée pour servir d'aliment aux animaux domestiques. On comprend aussi sous ce nom, mais très-improprement, les plantes données par les prairies artificielles, comme le sainfoin, la luzerne, etc. La première coupe des prairies naturelles se nomme particulièrement *foin*, les autres *regain*. Pour la manière de convertir en foin l'herbe des prairies naturelles ou artificielles (*Voy.* FAUCHAGE et FANAGE). On enferme le foin quand il est bien sec. Humide, il s'échauffe et déplait aux bestiaux ; il peut s'échauffer au point d'occasionner un incendie. A défaut de granges, on conserve en plein air le foin tassé en meules. Pour être nourrissant et substantiel, le foin doit conserver sa couleur verte et son odeur. Il perd de son poids en vieillissant, de telle sorte que 45 kilogr. de foin en hiver n'en donnent plus que 40 en été. Le meilleur foin est celui des terres légères, fraiches et non humides des hautes montagnes. Ensuite vient celui des vallées plus siliceuses qu'argileuses ; et enfin celui des terrains ferrugineux, glaiseux ou marécageux.

On donne vulgairement le nom de *foin :* 1° à l'ensemble des tubes qui garnissent le dessous du chapeau de quelques champignons, par exemple, les Bolets ; 2° aux poils soyeux qui garnissent le fond d'un artichaut. — On nomme *Foin grec* le Fenugrec ; *Foin de mer*, les Zostères.

FOIRE (du latin *forum*, marché, ou *feria*, fête), marché temporaire qui se tient à des époques fixes dans certaines localités. Ces marchés doivent, pour la plupart, leur origine à des fêtes solennelles ayant le privilège d'attirer un grand concours de fidèles et de faciliter ainsi l'écoulement des produits. Les foires n'ont plus une grande utilité pour le commerce ; mais elles ont, sous ce rapport, joué un grand rôle au moyen âge, époque où les voyages étaient rares et les communications difficiles. On cite entre autres, à Paris, la foire du *Landit*, qui se tenait entre Paris et St-Denis du 10 au 20 octobre ; la foire de *St-Germain*, établie sous Louis XI, en 1482, et celle de *St-Laurent*, remplacées toutes deux par les marchés permanents de même nom. Il existe dans les départements beaucoup de foires encore célèbres : telles sont les foires de *Guibray*, à Falaise, du 10 au 25 août, suivie surtout pour les chevaux normands ; de *Caen*, le 2e dimanche après Pâques, pour les toiles ; de *Beaucaire* (en juillet) pour les produits du midi de la France. — Tout ce qui regarde les foires a été réglé par les lois des 16 et 24 août 1790, 22 juillet 1791, 4 thermidor an III, et par le Code pénal, art. 479. — A l'étranger, il se tient encore beaucoup de foires : dans les Pays-Bas, où on les nomme *kermesses* (*Voy.* ce mot) ; en Allemagne, notamment à *Leipzig*, où se fait un grand commerce de librairie, à *Francfort-sur-le-Mein*, et à *Brunswick* ; en Russie, à *Nijnéi-Novgorod*, véritable entrepôt de commerce entre l'Europe et l'Asie ; en Pologne, à *Varsovie* ; en Italie, à *Sinigaglia* et *Alexandrie*. En Amérique, *Mexico*, *Portobello* et la *Havane* ont des foires assez fréquentées.

FOIRE (THÉÂTRE DE LA). Dès 1595, plusieurs petits théâtres de joueurs de gobelets, sauteurs et danseurs de corde, s'étaient élevés dans l'enclos de la foire St-Germain à Paris. En 1650, un certain Brioché y établit un théâtre de marionnettes ; en 1678 on y représenta pour la première fois des pièces littéraires ; en 1690, Bertrand remplaça les marionnettes par une troupe de jeunes gens, et malgré l'op-

position constante du Théâtre-Français, ces nouveaux comédiens continuèrent leurs représentations. Ce théâtre fut l'origine de l'*Opéra-Comique* (1714), réuni en 1762 à la *Comédie-Italienne*. Le Sage, Fuselier, Favart, Piron, Dominique fils, Boissy, Largillière, Panard, sont les auteurs qui ont le plus travaillé pour le théâtre de la Foire. Après 1762, les théâtres forains se continuèrent encore sous divers noms jusqu'à leur suppression définitive, vers 1800.

FOLIACÉ (du latin *folium*, feuille), se dit, en Botanique, des parties qui ont la nature, la forme et l'organisation des feuilles. Tels sont les cotylédons du *tilleul*, de la *belle-de-nuit*, et, en général, des plantes qui ont leur embryon accompagné d'un endosperme. On dit aussi *stipules foliacés*, *spathes foliacées*, etc.

FOLIE ou *Aliénation mentale*, lésion plus ou moins complète et ordinairement permanente des facultés intellectuelles et affectives, sans trouble notable dans les sensations et les mouvements volontaires, et sans désordre apparent des autres fonctions vitales. Le fou conserve, en général, la connaissance de sa propre existence et celle des objets avec lesquels il se trouve en rapport ; mais il a des idées, des passions, des déterminations en contradiction avec celles des hommes raisonnables ; il méconnaît son état de délire, ou bien sa volonté est impuissante pour la maîtriser.

Pinel a divisé la folie en : 1° *manie*, délire général, avec agitation, irascibilité, penchant à la fureur ; 2° *mélancolie*, délire exclusif avec abattement, morosité, penchant au désespoir ; 3° *démence*, affaiblissement des opérations de l'entendement et des actes de la volonté ; 4° *idiotisme*, sorte de stupidité plus ou moins prononcée. *Esquirol* admet 4 divisions : la *manie* (délire général), et la *monomanie* (délire partiel) ; il réserve le nom d'*idiotisme* ou *idiotie* à l'oblitération congéniale de l'intelligence ou imbécillité, et celui de *démence* à son oblitération accidentelle.

Les causes de l'aliénation mentale sont aussi nombreuses que variées ; elles sont générales ou particulières ; primitives ou secondaires ; physiques (excès de chaleur ou de froid, abus du vin, des liqueurs, des opiacés), ou morales (libertinage, accès violents de colère ou de toute autre passion, commotions politiques, fanatisme religieux). Non-seulement les climats, les saisons, l'âge, le sexe, les tempéraments, la manière de vivre influent sur la fréquence, le caractère, la durée de la folie, mais elle est encore modifiée par les lois, la civilisation, les révolutions politiques, etc. L'hérédité est la cause de folie la plus ordinaire. La folie peut être continue, rémittente ou intermittente. Quelquefois elle se transforme en quelque sorte, et les diverses espèces de folie se succèdent. La folie se complique très-souvent avec la paralysie, les convulsions, l'épilepsie, l'hystérie, l'hypocondrie.

Le traitement de la folie se réduit à agir habilement sur l'intelligence, sur les passions de l'aliéné, et à user convenablement des moyens physiques. Les anciens se bornaient à l'usage de l'ellébore ; plus tard, on préconisa la saignée, les bains par surprise, les purgatifs, etc., en y joignant le plus souvent de cruelles violences. Pinel fit tomber les chaines des aliénés ; Esquirol perfectionna la méthode de traitement. Aujourd'hui tous les médecins sont d'accord sur la nécessité de l'isolement ou de la translation des aliénés dans une maison consacrée à ces malades, où le traitement moral, intellectuel et hygiénique est bien plus facilement applicable. On conseille les distractions, la musique, les voyages, l'exercice en plein air, l'équitation, l'escrime, la culture de la terre, la lecture, les réunions ; enfin, les bains froids et par immersion, les affusions et les douches, la glace sur la tête et les pédiluves sinapisés. On a constaté que les guérisons d'aliénés sont d'environ un tiers. On les obtient surtout au printemps et en automne, et depuis 20 jusqu'à 30 ans. On guérit beaucoup plus de manies que de mélancolies ou de monomanies : on ne guérit point l'idiotisme, ni la démence sénile; la démence chronique guérit rarement.

Outre les établissements privés consacrés au traitement des aliénés, il existe chez tous les peuples civilisés, surtout en France, de nombreux asiles ouverts à ces infortunés (*Voy.* ALIÉNÉS). Les principaux hospices de ce genre sont : en France, ceux de Charenton, de Bicêtre, la Salpêtrière; en Angleterre, Bedlam; en Belgique, la colonie de Gheel, près d'Anvers; en Prusse, l'hospice de la Charité à Berlin; en Italie, l'hospice d'Aversa, près de Naples, etc. On a beaucoup écrit sur la folie; les traités les plus importants sont dus à Pinel (*Traité sur l'aliénation mentale*, 1809), à Esquirol (*Des maladies mentales*, 1838), à F.-J.-V. Broussais (*De l'irritation et de la folie*, 1839), à F. Leuret (*Du traitement moral et de la folie*, 1840), à MM. Calmeil, Brière de Boismont, Lélut, etc.

FOLIÉ (du latin *folium*, feuille), nom donné, en Botanique, aux parties garnies de feuilles.—En Pharmacie, on nomme ainsi des produits de certaines opérations qui ressemblent à de petites feuilles. Ainsi la *terre foliée de tartre* est l'acétate de potasse; la *terre foliée mercurielle*, l'acétate de mercure.

FOLIES, ou *Folies d'Espagne*, air gai que l'on dansait autrefois en Espagne avec des castagnettes. La mesure est à trois temps, le mouvement modéré, et la mélodie d'une grande simplicité.

FOLIO (du latin *folium*, feuille). En Typographie, on appelle ainsi le numéro de chaque page d'un livre; ainsi on dit : ce volume a tant de *folios*; voyez au *folio six*, au *folio douze*. — On appelle *folio recto*, ou simplement *recto*, la première page d'un feuillet; *folio verso*, ou simplement *verso*, le revers du feuillet. — Un volume *in-folio* est celui dont les feuilles d'impression ne sont pliées qu'en double.

FOLIOLES, petites feuilles qui, par leur réunion sur les deux côtés d'un pétiole commun, constituent une feuille composée, comme celles de l'Acacia, du Frêne, de l'Astragale, etc.—On nommait encore ainsi les petites pièces distinctes qui constituent le calice et qui ne sont autres que les sépales.

FOLLE (du latin *follis*, soufflet, bourse), filet de pêche à mailles très-larges, qui se tend de manière qu'il fasse des plis, tant dans le sens horizontal que dans le sens vertical, afin que le poisson s'y enveloppe plus aisément. On prend avec la folle des tortues, des raies ou autres grands poissons. On appelle *folle tramaillée*, celle qu'on tend sur des piquets.

FOLLE AVOINE, *Avena fatua. Voy.* AVOINE.

FOLLE-ENCHÈRE. *Voy.* ENCHÈRE.

FOLLET ou ESPRIT FOLLET, lutin familier, plus malin que malfaisant. Dans les superstitions du vulgaire, les *follets* se plaisent à effrayer les passants, à égarer les voyageurs, et à tourmenter les personnes craintives. D'un autre côté, ils obéissent avec docilité à ceux qui savent leur commander et remplissent auprès d'eux, comme dit La Fontaine, l'*office de valets*. Les flammes errantes, appelées *feux follets* (*Voy.* FEU), passent aux yeux des villageois pour être allumées par ces lutins, qui les font briller çà et là aux yeux du voyageur, afin de l'égarer.

FOLLETTE, nom vulg. de l'*Arroche des jardins*.

FOLLICULAIRE (de *feuille*), auteur, faiseur de *feuilles* périodiques. Il ne se prend qu'en mauvaise part. M. La Ville de Mirmont a donné en 1820 une comédie intitulée le *Folliculaire*.

FOLLICULES (du latin *follis*, vessie), petits corps membraneux, utriculaires ou vésiculeux, situés dans l'épaisseur des téguments. *Voy.* CRYPTE et KYSTE.

FOLLICULE (du latin *follicula*, dimin. de *folium*, feuille), fruit capsulaire, membraneux et allongé, qui n'a qu'une suture longitudinale : tels sont les fruits des Apocynées, du Laurier-rose, de la Pervenche.

FOMALHAUT, étoile de la première grandeur, située dans la constellation du Verseau, et près de la bouche du Poisson austral. Dans nos contrées on ne la voit qu'en automne et vers le Sud.

FOMENTATION (du latin *fomentum*, de *fovere*, bassiner, échauffer), application d'un médicament chaud et liquide sur une partie du corps, au moyen d'une éponge, d'un morceau de flanelle ou de linge, trempé dans ce liquide. Le liquide employé peut être aqueux, vineux, alcoolique, acide, huileux, et tenir en dissolution quelque substance émolliente, tonique, aromatique, astringente, selon le but qu'on se propose. — On fait quelquefois des fomentations sèches : elles sont composées de sel, de sable, de cendres de sarment, de laine, de linge, échauffés convenablement.

FONCIER (de *fundus*, fonds de terre). *Voy.* CRÉDIT, IMPÔT, etc.

FONÇOIR, marteau à l'usage des forgerons, dont la panne est tranchante.

FONCTION. En Physiologie, les *fonctions* sont les actes qui résultent de l'activité des organes, soit chez les êtres animés, soit dans les végétaux : telles sont la digestion, la circulation, la respiration, l'absorption, les sécrétions, la génération, etc.

On nomme, en Algèbre, *fonction* d'une ou de *plusieurs quantités variables*, toute expression composée de ces variables et de quantités constantes. Si, par exemple, x et y désignent des quantités variables, et a, b, c, etc., des quantités constantes, les expressions

$$ax, \quad ax^2+b, \quad \sqrt{ax+b+c^2}, \quad (ax+b)^2+cx, \text{ etc.}$$

sont des fonctions de x; et

$$ax+y, \quad \sqrt{x^2+y^2}, \quad \sqrt{ax-y^2+by}, \text{ etc.,}$$

sont des fonctions de x et y. — On distingue les F. *algébriques*, qui se forment par les opérations élémentaires de l'algèbre, et les F. *transcendantes*, qui contiennent en outre des quantités transcendantes, c.-à-d. des quantités exponentielles, des sinus, des logarithmes, des différentielles, etc. Les fonctions algébriques se subdivisent en F. *rationnelles*, qui ne contiennent que des puissances entières de la variable, et en F. *irrationnelles*, où la variable est affectée du signe radical.

FONCTIONS PUBLIQUES. Avant de prendre possession de leur charge, tous les fonctionnaires publics sont astreints à un serment. Les fonctions publiques sont inamovibles ou révocables; elles sont généralement salariées. Quelquefois le cumul des fonctions est permis; celui des traitements n'est autorisé que jusqu'à une certaine somme (*Voy.* CUMUL). Il y a des fonctions publiques incompatibles avec d'autres fonctions publiques ou avec des fonctions privées (*Voy.* INCOMPATIBILITÉ). L'autorité des fonctionnaires publics s'exerce généralement dans des circonscriptions déterminées, en dehors desquelles leur autorité devient nulle. Les pouvoirs des fonctionnaires publics cessent soit par l'arrivée du terme fixé pour l'exercice de leurs fonctions, soit par la démission volontaire, la révocation, la destitution. Ils peuvent être suspendus temporairement. — Pour les délits qu'ils peuvent commettre dans l'exercice de leurs fonctions, *Voy.* les articles APPEL COMME D'ABUS, EXCÈS DE POUVOIR, CONCUSSION, CORRUPTION, FORFAITURE.

FOND. Dans les Beaux-Arts, ce mot désigne : 1° la substance ou l'enduit sur lequel un artiste travaille : le meilleur fond pour la peinture est la toile bien tissée; 2° ce qui se voit derrière les figures d'un tableau : les divers effets produits par les nuages, les tons des fabriques et des masses d'arbres sont autant de moyens de faire ressortir les objets. Un fond est *vague*, quand la dégradation des plans est insaisissable; *aérien*, quand l'artiste ne désigne pas par des objets l'étendue des lieux qu'il représente, etc.

Dans la Marine, on entend par *fond* : 1° la profondeur de la mer, mesurée avec une ligne de sonde, et qui s'exprime en brasses; le fond est *bas* lorsque la profondeur est grande; il est *plat* lorsqu'une petite profondeur reste la même sur une grande étendue; *il n'y a pas de fond* quand la sonde ne peut l'atteindre; 2° la qualité du sol recouvert par la mer : les fonds formés par des rochers sont très-dangereux, ainsi que ceux qui sont formés de sable ou de vase.

En Procédure, le *fond*, quand on emploie ce mot par opposition au *fait*, est ce qui constitue une action judiciaire et en fait le mérite. On nomme moyens *au fond* les moyens puisés dans le Droit et qui servent toujours de base aux condamnations définitives rendues en jugement. On oppose encore le *fond* à la *forme*. On dit que *la forme emporte le fond*, pour dire que les exceptions péremptoires tirées de la procédure font déchoir le demandeur de sa demande, quelque bien fondée qu'elle soit au fond.

FONDAMENTAL, nom donné, en Musique, au son le plus grave de plusieurs accords. Ainsi, dans l'accord de septième (*sol*, *si*, *ré*, *fa*), *sol* est le son *fondamental*. Un accord *fondamental* est celui dont d'autres dérivent; ainsi, *si*, *ré*, *fa*, *sol*, a pour accord fondamental *sol*, *si*, *ré*, *fa*.

Basse fondamentale. Voy. BASSE.

FONDANTS, nom donné, en Chimie et en Métallurgie, à toutes les substances qui, mêlées ou chauffées avec des corps, sont propres : 1° à en faciliter la fusion ; 2° à amener à l'état de pureté un élément du corps soumis à cette action ; 3° à le défendre du contact de l'air. On distingue les *F. terreux*, comprenant les substances calcaires, argileuses et siliceuses propres aux métaux, comme la castine, l'erbue, etc. ; les *F. alcalins*, qui sont les meilleurs de tous pour opérer la fusion des terres et des métaux ; les *F. acides* (Ac. phosphorique et Ac. borique) pour les métaux ; les *F. métalliques*, tels que les scories, qui servent dans le traitement des mines de cuivre et de plomb; les grenailles qu'on emploie pour réduire le sulfure d'antimoine ; les oxydes, carbonates ou nitrates métalliques qu'on emploie pour fondre les minéraux renfermant de la potasse, de la soude et du lithium. *Voy.* FLUX.

En Médecine, on a nommé *fondants* des remèdes que l'on jugeait autrefois propres à fondre les humeurs épaisses et coagulées. Tels étaient les alcalis, les savons, les préparations mercurielles, les eaux minérales alcalines gazeuses. Ces remèdes sont des stimulants, qui ont en effet la propriété de résoudre les engorgements, mais seulement en ranimant l'énergie vitale dans la partie malade ou en y changeant le mode de vitalité. — On nomme *Fondant de Rotrou*, un mélange de sulfate et d'antimoniate de potasse obtenu par la calcination d'une partie de sulfure d'antimoine et de 3 parties de nitre, qu'on employait autrefois comme fondant.

FONDATIONS et FONDEMENTS (du latin *fundare*, fonder). On appelle proprement *fondations* l'ensemble des travaux nécessaires pour asseoir solidement un édifice, et *fondements*, l'ensemble des constructions faites ce but, une fois terminées. On distingue les fondations *sur le sol* et les fondations *hydrauliques* ou *dans l'eau*.

Pour les premières, si le sol est solide, il suffit d'établir les assises sur un lit de mortier. On fait les premières assises en gros moellons. Il faut une assise de pierres de taille au rez-de-chaussée des caves, à la naissance des arcs, des voûtes, des portes et aux soupiraux. Le tout est maçonné avec du mortier de chaux et de sable. Si le sol est sablonneux ou mouvant, par exemple en terre végétale ou rapportée, tourbe, argile molle, etc., il est indispensable de fonder sur le béton ou sur pilotis. On a récemment réussi à fonder dans ce cas sur du sable fin rapporté.

Les fondations hydrauliques peuvent se rapporter à deux systèmes. Le système *ancien* consiste surtout dans l'emploi de *bâtardeaux*, se vidant à l'aide de machines, pour fonder ensuite à sec : à ce système se rapportent encore les fondations *par enrochements*, qui s'exécutent en coulant de forts quartiers de roches à l'endroit où l'on veut bâtir, et en élevant sur cette base un massif de maçonnerie hourdé ; les matériaux mêlés avec le mortier se déposent sur l'enrochement au moyen de caisses dont le fond à soupape s'ouvre le plus près possible de l'enrochement; on emploie pour ce travail la pouzzolane et la chaux hydraulique. Ce procédé, dit *à pierres perdues*, sert surtout à la construction des môles. — Le système *nouveau* consiste dans l'emploi du béton *par immersion* : après avoir dragué le sol jusqu'au vif, on verse le béton à l'aide d'un long canal en bois, dit *trémie*, ou avec une caisse munie d'un fond à soupape. — Il y a encore le système *par caisson*, qu'on emploie surtout dans la construction des piles de pont. On a récemment imaginé de remplacer les quartiers de rocs par d'énormes massifs de pierres consolidées avec du béton, que l'on construit sur place et qu'on laisse ensuite couler au fond.

FONDATIONS, donations ou legs qui ont pour objet l'établissement d'une église, d'un bénéfice, d'un hôpital, d'une école, etc., ou qui sont faits à une église, à un bénéfice, un hôpital, etc., déjà établi, à la charge de quelque œuvre de piété ou de toute autre condition. Autrefois le parlement décidait si ces fondations pouvaient être autorisées. La constitution civile du clergé du 12 juillet 1790 a supprimé toute fondation emportant bénéfice, en maintenant provisoirement les fondations de messes et autres services. La loi du 8 avril 1802 porte (art. 73 et 76) : que les fondations ayant pour objet l'entretien des ministres et l'exercice du culte ne pourront consister qu'en rentes constituées sur l'État, qu'elles seront acceptées par l'évêque diocésain et ne pourront être exécutées qu'avec l'autorisation du chef de l'État; que néanmoins, pour les fondations de messes, obits, etc., l'acceptation du curé est suffisante.

FONDERIE (de *fondre*), usine où l'on *fond* les métaux pour en faire des objets utiles aux arts, des ustensiles pour l'économie domestique, des outils, etc. Il y a des fonderies *de fer* (Voy. FONTE), *de cuivre* (Voy. CUIVRE, BRONZE, CANONS, etc.), *de zinc*, *d'étain*, *de caractères d'imprimerie* (Voy. CARACTÈRES), *de petit plomb* (Voy. BALLES ET PLOMB), etc.

L'art du fondeur remonte aux temps les plus anciens : les Égyptiens et les Grecs savaient fondre et mouler les métaux. Les premières statues en airain datent du VIIe siècle avant J.-C. Du reste, cet art déclina sous l'empire romain et fut complétement négligé au moyen âge. De nouveaux essais furent tentés à l'époque de la Renaissance ; mais ce ne fut qu'au XVIIe siècle que l'art du fondeur reprit de l'éclat. En 1685, Louvois établit, sous la direction de J.-B. Keller, la fameuse fonderie de l'Arsenal pour les statues de bronze. L'art de fondre les canons ne remonte qu'au XIVe siècle, et c'est seulement depuis la fin du XVIIe que date l'importance des fonderies françaises de Douai, Pignerol et Besançon, pour les armements de terre; de Brest, Toulon et Port-Louis, pour la marine. Les progrès de l'industrie métallurgique ont multiplié de nos jours les fonderies de toute sorte et notamment celles de fer. On cite la fonderie du *Creuzot*, près d'Autun (Saône-et-Loire), pour les grandes pièces et les locomotives; celle d'*Indret*, près de Nantes, pour les bateaux à vapeur; celle de *Romilly* (Eure), de *Fourchambault* (Nièvre), de *Bruniquel* (Tarn-et-Garonne), de *Vienne* et d'*Allevard* (Isère), de *Sauveterre* (Lot-et-Garonne), d'*Alais*, près de Nîmes ; les fonderies de canons de *Saint-Gervais* (Isère), celles de *Niederbronn* (Bas-Rhin), etc. — Les plus belles fonderies de caractères ont été établies par MM. Didot, à Paris.

FONDERIE DE SUIF. *Voy.* SUIF.

FONDRIÈRES, terrains légers et marécageux, où l'on s'enfonce et où l'on disparaît facilement. On en voit souvent dans les vallées et les marais. On y retrouve des corps fossiles de grands animaux.

FONDS (du latin *fundus*). C'est proprement le sol d'une terre, d'un champ. On appelle *biens-fonds* les terres et tout ce qui est inhérent au sol, maisons, bâtiments, etc. On distingue, dans un *fonds de terre*, la superficie et le *fonds* : des règles différentes sont dans certains cas applicables à l'un et à l'autre. *Voy.* MINES, CARRIÈRES, FOUILLES.

Par *fonds de commerce*, on entend non-seulement les marchandises d'un négociant, mais encore l'achalandage, la clientèle, le droit au bail des lieux occupés; par *fonds social*, la réunion des apports particuliers faits par chacun des membres d'une société et destinés à une exploitation commune.

FONDS PERDU, fonds placé en rentes viagères. *Voy.* ce mot.

FONDS PUBLICS, se dit en général de toutes les valeurs appartenant à l'État, des capitaux qui forment la *dette publique. Voy.* DETTE PUBLIQUE et RENTE.

FONDUE, sorte d'entremets composé de fromage *fondu* au feu et d'œufs brouillés, est originaire de la Bresse ou du Bugey.

Mesure de convention pour le minerai, en usage dans le Périgord. La fondue vaut 32,000 kilogr.

FONGIBLE (du latin *fungibilis*, dérivé de *fungor*, se servir de). En Jurisprudence, on entend par *choses fongibles*, celles qui se consomment par l'usage et sont susceptibles d'être remplacées les unes par les autres et de se représenter mutuellement, comme les grains, les liqueurs, l'argent monnayé, les métaux livrés au poids, le poisson d'un étang, etc. Les *choses non fongibles* sont celles qui demeurent entières après l'usage auquel elles sont destinées et qui se restituent en nature : un meuble, un bijou d'or ou d'argent, un vêtement, un ustensile de fer ou de cuivre, sont autant d'objets non fongibles.

FONGICOLE (du latin *fungus*, champignon, et *colere*, habiter), famille de Coléoptères de la section des Trimères : antennes longues, palpes filiformes, corps ovalaire. Ces insectes vivent sur les Champignons qui croissent sur le tronc des vieux arbres, tels que les Bolets et les Agarics. — On a aussi donné le nom de *Fongicoles* à une tribu de la famille des Tipulaires, dont les larves se développent dans les Champignons et les bois pourris.

FONGINE. *Voy.* FONGINE.

FONGOSITÉ (de *fungus*, champignon). En Médecine, on appelle *fongosités* ou *chairs fongueuses*, des végétations charnues, mollasses, spongieuses, en forme de champignons, qui se développent souvent à la surface des plaies ou des ulcères. Les fongosités cèdent le plus souvent à l'emploi des cathérétiques, et réclament rarement l'excision.

FONGUS (du latin *fungus*). Ce mot est synonyme de *fongosité*; cependant quelques auteurs le réservent pour désigner les excroissances mollasses qui surviennent à la peau ou sur une membrane muqueuse, sans solution de continuité préalable.

FONTAINE (du latin *fons, fontis*). On distingue les *F. naturelles* ou *Sources*, et les *F. artificielles*; on distingue, en outre, les *F. intermittentes* ou *périodiques*, les *F. jaillissantes*, etc. (*Voy.* ci-après). On donne le nom de *F. ardentes* à des réservoirs naturels de gaz inflammables (gaz hydrogène) qui, lorsqu'on leur ouvre un passage dans le sol, s'enflamment subitement à l'approche d'un corps incandescent, et produisent un jet continu; *F. bitumineuses*, des sources qui renferment du bitume, etc.

En Architecture, on appelle *fontaine* tout système hydraulique employé pour fournir l'eau nécessaire aux besoins d'une population. Il y en a de toute forme et de toute grandeur, depuis le simple tuyau de conduite des *bornes-fontaines* jusqu'aux vastes réservoirs des *châteaux d'eau* (*Voy.* ces mots) et aux *F. monumentales* qui ornent les grandes villes. Rome a les plus belles en ce genre : on cite surtout celles de la place Navone, du Vatican, de Trevi, Paolina, etc.; à Paris, on remarque les fontaines de la place de la Concorde, du marché des Innocents, de la place Louvois, de la rue de Grenelle, du Château-d'Eau, la fontaine Molière, etc.

En Économie domestique, on nomme *fontaine* un vase employé à la conservation de l'eau : les meilleures sont en grès, en pierre de liais, ou en marbre; la plupart sont munies de *filtres* (*Voy.* FILTRE) propres à épurer l'eau : on les nomme *F. filtrantes*.

Les Physiciens ont inventé quelques appareils fort curieux qu'on appelle *fontaines artificielles*, d'où l'on fait jaillir un liquide par la pression et la force élastique de l'air ou la pesanteur de l'eau. Telles sont : 1° la *F. de Héron*, inventée par Héron d'Alexandrie (120 avant J.-C.), et dans laquelle l'eau jaillit au-dessus de son niveau, au moyen de l'élasticité de l'air, comprimé par une colonne d'eau; 2° la *F. de compression*, vase en fonte au haut duquel est un tuyau portant robinet et sur lequel on visse un ajutage. Un autre tuyau descend depuis ce robinet jusqu'au fond intérieur du vase, où il est ouvert. On remplit d'eau en partie la capacité du vase, puis on y fait entrer de l'air avec une pompe foulante. On ferme le robinet, on ôte la pompe, et on y visse un ajutage. Dès qu'on tourne le robinet, l'air comprimé chasse l'eau avec force. On se sert de cet appareil pour fabriquer les eaux gazeuses artificielles.

FONTAINES INTERMITTENTES ou PÉRIODIQUES, sources dont le jet varie d'une manière périodique, c.-à-d. qui, après avoir coulé pendant un certain temps, s'arrêtent entièrement, puis recommencent à couler, s'arrêtent de nouveau, et ainsi de suite. On les nomme *intercalaires* lorsqu'au lieu de tarir entièrement, elles donnent par moments de l'eau en plus petite quantité pour en donner ensuite avec plus d'abondance. Pour expliquer ce phénomène, on suppose dans les entrailles de la terre la présence d'un siphon naturel servant de canal d'écoulement : on conçoit que si ce canal entraîne plus d'eau que les canaux d'entretien n'en fournissent au réservoir de la source, l'écoulement devra s'arrêter périodiquement jusqu'à ce que le niveau de l'eau s'élève assez pour produire un nouvel écoulement. On rencontre ces fontaines particulièrement dans les sols calcaires. Le *Frais Puits*, près de Vesoul (Haute-Saône), la *Fontaine ronde*, près de Pontarlier (Doubs), le *Puits de Brême*, près de Dormans (Marne), la *Fontaine du pont de l'Oléron*, celle de *Genet*, aux environs de Beaune (Côte-d'Or), sont des fontaines intermittentes. Pline a décrit la fontaine intermittente qui se trouve près de Côme (Milanais), et Gassendi, celle qui existe aux environs de Colmars (Basses-Alpes). — Sturm, physicien allemand de la seconde moitié du XVIIe siècle, a imaginé un petit appareil, appelé *fontaine intermittente*, qui reproduit les phénomènes de périodicité de ces sources, et sert à en donner l'explication.

FONTAINES JAILLISSANTES, jets d'eau naturels qui s'échappent du sein de la terre : tels sont la fontaine de Vaucluse en France, et les Geysers en Islande. — Les *puits artésiens* sont des fontaines jaillissantes artificielles. *Voy.* PUITS.

FONTAINIER, ouvrier qui s'occupe de l'établissement des réservoirs et fontaines, de la construction des pompes et machines hydrauliques, de la conduite des eaux ainsi que de tous les travaux de plomberie et de zinguerie qui regardent les fontaines; on les nomme aussi *plombiers*, parce qu'ils se servent surtout de plomb pour faire les tuyaux ou les soudures. — On donne encore ce nom aux ouvriers qui fabriquent les fontaines à filtre en pierre de liais à l'usage des cuisines. — On appelle *Fon-*

tainier sondeur celui dont l'art consiste à connaître les terrains où l'on doit découvrir des eaux souterraines, et à trouver les moyens d'amener ces eaux à la surface du sol. *Voy.* SONDEUR. '

FONTANELLES (en latin *fontes pulsatiles*, parce que leur peu d'épaisseur permet de sentir les pulsations du cerveau), nom donné aux espaces membraneux que présentent les os du crâne des enfants avant son entière ossification. — En Chirurgie, *fontanelle* est synonyme de *fonticule* ou d'*exutoire*.

FONTANGE, parure de tête à la mode aux xviie et xviiie siècles, doit son nom à la duchesse de Fontanges, qui, voyant sa coiffure dérangée par un coup de vent dans une partie de chasse, se servit d'un nœud de rubans pour en réparer le désordre. La forme du nœud changea souvent, mais le nom resta. La mode des fontanges est aujourd'hui passée.

FONTE (de *fondre*), dite aussi *Fer cru*, premier produit de la fusion des minerais de fer. On distingue : 1° la *Fonte noire*, qui s'obtient dans les hauts fourneaux où l'on a employé plus de charbon que de minerai : cette fonte renferme beaucoup de carbone ; sa couleur est foncée ; elle cède sous le marteau ; — 2° la *F. grise*, qui provient de bons minerais et d'une fusion bien conduite ; elle a une solidité et une ténacité remarquables ; on peut la tourner et la forer ; on s'en sert pour couler des bouches à feu ; quand il y a excès de charbon, on la nomme *fonte truitée* ou *mêlée* : c'est un passage de la fonte grise à la fonte blanche ; — 3° la *F. blanche*, d'un blanc d'argent, fibreuse, rayonnée, très-cassante et dure. On appelle *fonte mazée*, ou *fine métal*, une espèce de fonte blanche refroidie brusquement par une aspersion d'eau froide. — Affinée, la *fonte* donne le fer pur. On s'en sert pour les mêmes ouvrages que le fer.

On donne le nom de *fonte moulée* à la fonte convertie en ustensiles de toute espèce, en pièces de mécanique, en grilles, balcons, plaques de cheminées, tuyaux pour la conduite des eaux, etc. Tous ces objets sont jetés dans des moules en sable. Le commerce de la fonte moulée a pris, de nos jours, un développement considérable. On en fond annuellement en France près de 150 millions de kilogr.

En termes d'imprimerie, le mot *fonte* désigne un assortiment complet de toutes les lettres et autres caractères nécessaires à l'impression d'un ouvrage, et fondus sur un seul corps.

Fontes se dit encore d'une sorte de fourreaux de cuir que l'on attache à l'arçon de la selle pour y mettre des pistolets.

FONTICULE (du latin *fonticulus*, petite fontaine), ulcère artificiel. *Voy.* CAUTÈRE.

FONTINALE (du latin *fontinalis*, qui croît dans les fontaines), genre de plantes de la famille des Mousses, section des Pleurocarpes : elles sont garnies de ramifications nombreuses, de feuilles petites, disposées sur plusieurs rangs, et croissant dans toutes les rivières de l'Europe. La *F. incombustible*, dont la tige rameuse est longue de plus de 40 centim., et qui flotte à la surface des eaux pures et courantes, doit son nom à la propriété qu'elle a de brûler très-difficilement, à cause de l'humidité dont elle est pénétrée.

FONTIS ou FONDIS, éboulement de terre dans une carrière, sous un édifice, etc.

FONTS BAPTISMAUX. *Voy.* BAPTÈME.

FOR (du latin *forum*). Ce mot, dans la Jurisprudence ancienne, désigne une *juridiction*. On opposait le *for intérieur*, ou tribunal de Dieu, de la conscience, au *for extérieur*, ou tribunal des hommes. La première expression est seule usitée aujourd'hui.

FORAGE, action de creuser avec l'instrument appelé *foret*. *Voy.* ce mot et PUITS ARTÉSIENS.

Droit seigneurial que levait le seigneur quand ses vassaux vendaient en détail ou en gros du vin ou toute autre boisson.

FORAIN (de *foire*, ou du vieux mot *fors*, dérivé du latin *foris*, dehors), marchand qui ne fréquente que les foires, et revend dans l'une ce qu'il a acheté dans l'autre. On donne aussi ce nom à un marchand qui n'est pas du lieu où il fait son négoce, et va de ville en ville vendre sa marchandise. Il y avait autrefois au Châtelet une *chambre foraine*, devant laquelle on appelait les débiteurs non domiciliés. — On nommait *traite foraine* un impôt mis à la sortie des marchandises d'un territoire déterminé. — On appelait autrefois *docteurs forains* ceux qui ne résidaient pas dans le lieu de l'Université. — On nommait encore *forains* ceux qui, possédant des biens dans la terre du seigneur, demeuraient ailleurs.

Dans la Marine, on nomme *rade foraine* une rade mal fermée, ceinte en partie par des terres plus ou moins élevées, ouverte aux vents et à la mer.

FORAMINÉ (du lat. *foramen*, trou), nom donné aux corps qui présentent un ou plusieurs trous. — Lamarck a nommé *Foraminées* une section de Polypiers comprenant les espèces percées de petites cellules.

FORAMINIFÈRES (de *foramen*, trou, et *fero*, porter), animaux microscopiques que l'on a placés dans les mollusques Céphalopodes, mais qui paraissent aujourd'hui devoir former une classe intermédiaire entre les Échinodermes et les Polypes. Ces animaux ont un test ou une coquille en spire très-allongée, à loges très-globuleuses, ayant une ou plusieurs ouvertures donnant communication d'une loge à l'autre : d'où leur nom. Les espèces vivantes sont très-nombreuses dans les contrées chaudes. Quant aux espèces fossiles, elles sont si multipliées que le sable de tout le littoral des mers en semble à moitié composé.

FORBAN (du latin *foras*, au dehors, et du mot *ban*, c.-à-d. qui combat hors de la bannière), nom donné au corsaire qui exerce la piraterie sans lettre de marque et au bâtiment qui le porte (*Voy.* PIRATE). — Au moyen âge, on appelait surtout *forban* le corsaire qui ne déposait pas les armes à la fin des hostilités.

FORÇAT, criminel condamné aux travaux forcés (*Voy.* BAGNE et GALÈRES). — On appelle *forçat libéré* celui qui a été rendu à la liberté après l'expiration de la peine à laquelle il avait été condamné. Les forçats libérés, qui sont le fléau de la société, sont en surveillance, et ne peuvent quitter la résidence qui leur a été assignée. En cas de rupture de ban, ils sont transportés (décret du 8 déc. 1851).

FORCE (du latin *fortis*). En Métaphysique, on nomme ainsi toute puissance capable d'agir, de produire un effet ; chez les modernes, les *forces*, principes vraiment actifs et féconds, ont été opposées aux *substances* nues et aux *formes* inertes des Scolastiques, qui n'étaient que de stériles abstractions. C'est à Leibnitz surtout que l'on doit des idées justes sur le rôle des forces, dont il anime ses *monades*.

En Mécanique, on nomme *force* une cause quelconque qui met un corps en mouvement. On distingue : 1° les forces qui agissent dans un corps en repos (*F. de pression*, *de tension*, dites *F. mortes*) : elles peuvent être mesurées par un poids ; 2° les forces qui agissent dans un corps en mouvement : on les nomme *F. mouvantes* ou *vives*. Deux forces sont dites *égales* lorsqu'elles produisent le même effet, et l'une est *double* ou *triple* de l'autre lorsqu'elle peut produire un effet double ou triple. Toutes les forces peuvent être représentées par des nombres ou par des lignes, en les rapportant à une unité de leur espèce. Suivant leur mode d'action, les forces sont, les unes *instantanées*, c.-à-d. n'agissant sur un corps que par une seule impulsion, comme la poudre sur le boulet ; les autres *continues*, ou agissant sur les corps par une série d'impulsions à des intervalles très-rapprochés. Ces dernières sont de plus *constantes* ou *variées*, suivant que leurs impulsions successives sont égales ou inégales. Enfin, on les dit *accélératrices* ou *retardatrices*, suivant

44.

qu'elles agissent dans le sens du mouvement du corps ou en sens contraire. *Voy.* MOUVEMENT.

En Physique, on a supposé, pour expliquer plusieurs phénomènes, l'existence de certaines forces, telles que les *F. de cohésion*, *d'affinité*, *d'attraction*, *de gravitation*, *d'agrégation*, etc. *V.* ces mots.

FORCE CENTRIFUGE, FORCE CENTRIPÈTE. *V.* ces mots.

FORCE MAJEURE (CAS DE), force à laquelle il n'est pas possible de résister. Les art. 64 du Code pénal, 1148, 1730, 1929 et 1954 du Code civil font connaître les modifications que ces cas peuvent apporter dans les conventions et en offrent des exemples. *Voy.* CAS FORTUITS.

FORCE MOTRICE. *Voy.* MOTEURS.

FORCES, sorte de grands ciseaux dont les deux branches sont unies par une portion de cercle qui fait ressort et en facilite le jeu. On s'en sert pour tondre les draps. On les nomme aussi *Tondeuses*.

FORCEPS, mot latin qui signifie *pince*, *tenaille*, désigne un instrument de chirurgie en forme de pince, destiné à embrasser la tête du fœtus, et à l'extraire du corps de la mère sans compromettre l'existence de l'enfant. Il est composé de deux branches dont les extrémités se recourbent en forme de cuiller évasée et percée à jour; on les introduit séparément, et après les avoir réunies, on les maintient croisées par un pivot et une mortaise. La branche qui porte le pivot est appelée *branche mâle* ou droite, et l'autre *branche femelle* ou gauche. On emploie le forceps lorsque l'accouchement ne peut se terminer naturellement ni à l'aide des mains seulement, ou bien lorsque des accidents graves nécessitent une prompte délivrance. — Cet instrument a été inventé en 1721 en Angleterre par Palfyn ou Pelfin. La forme primitive en a été modifiée de mille manières, avec plus ou moins de succès; celle qui semble réunir le plus d'avantages est le forceps de Levret, dont on se sert communément aujourd'hui.

FORCES, ciseaux à tondre le drap. *Voy.* FORCE.

FORCLUSION (du latin *forclusio*, quasi *a foro exclusio*), se dit en Jurisprudence de la déchéance d'un droit que l'on a encourue pour n'avoir pas exercé ce droit en temps utile. Ce mot s'applique surtout à la déchéance encourue dans une contribution ou dans un ordre par le créancier qui n'a pas produit ses titres dans le temps légal; ce créancier est dit alors *forclos*. — *Juger par forclusion*, c'est juger une affaire sur les pièces d'une seule partie, parce que l'autre est *forclose*, ayant laissé écouler le délai fixé par la loi pour présenter les siennes.

FORESTIER. Au moyen âge, ce mot désignait tout officier qui avait juridiction dans les contrées forestières. Les comtes de Flandre portaient dans l'origine le titre de *F. de Flandre*. Cette dénomination, créée par Clotaire, subsista jusqu'à Charles le Chauve.

Administration forestière. Elle dépend du ministère des Finances. Elle se compose d'un directeur général et d'un conseil d'administration qui résident à Paris auprès du ministre, et de 32 conservateurs résidant dans les départements et administrant autant d'*arrondissements forestiers*; ils ont sous leurs ordres des inspecteurs, des gardes généraux et des gardes forestiers. Les chefs-lieux des arrondissements forestiers sont : Paris, Rouen, Nancy, Strasbourg, Colmar, Douai, Troyes, Épinal, Châlons, Metz, Besançon, Lons-le-Saulnier, Grenoble, Alençon, Bar-sur-Ornain, Mâcon, Toulouse, Tours, Bourges, Moulins, Rennes, Niort, Carcassonne, Aix, Nîmes, Aurillac, Bordeaux, Ajaccio.

On donne le nom de *Code forestier* à la loi du 31 juillet 1827 qui règle tout ce qui concerne l'administration des forêts; elle a été complétée par les ordonnances du 1er août 1827, du 23 juin 1830, du 26 novembre 1836 et du 12 février 1840.

L'École forestière de Nancy, créée le 26 août 1824, reçoit chaque année après examen un nombre d'élè-ves fixé par le ministre, et qui varie de 20 à 30. Les candidats doivent avoir 19 ans au moins et 22 au plus; ils doivent justifier du diplôme de bachelier et d'un revenu annuel de 1,500 fr. Le séjour à l'école est de 2 ans : on y enseigne la sylviculture, l'histoire naturelle, les mathématiques, la législation forestière, le dessin, etc. A leur sortie de l'école, les élèves sont nommés gardes généraux stagiaires.

FORET (du latin *forare*, percer), nom donné à divers instruments de fer, dont on se sert pour *forer* des trous dans le bois, la pierre ou les métaux. Il y en a de toute dimension, depuis le petit *foret* des marchands de vin, qui sert à percer les tonneaux, jusqu'à ceux qu'on emploie pour creuser les canons; ceux-ci sont en acier trempé : ils ne font qu'exercer une forte pression sur la pièce, qui tourne elle-même et se creuse en tournant. On distingue trois formes principales de forets : le *F. proprement dit* ou *perçoir*, le *F. langue de carpe*, et le *F. langue d'aspic*. Ces deux derniers percent toujours en tournant; on les manœuvre le plus souvent à l'aide d'un archet ou d'un vilbrequin.

FORÊT, grande étendue de terrain plantée d'arbres : quand elle est de moindre étendue, on l'appelle *bois*. Les essences d'arbres les plus généralement répandues dans nos forêts sont : le chêne, l'orme, le hêtre, le frêne, le bouleau, l'aune, le tremble. Les forêts ne servent pas seulement de parure à la terre, elles assainissent l'air en y répandant de l'oxygène, gaz vital, tandis qu'elles absorbent le carbone, gaz délétère. Elles ajoutent de l'humus au sol, condensent les vapeurs atmosphériques, et régularisent la température. La France possédait autrefois beaucoup plus de forêts qu'aujourd'hui; cependant elles occupent encore environ 8,625,000 hectares.

Les forêts naturelles sont dites *forêts vierges* lorsque l'homme n'y a pas encore porté la cognée. L'antique Germanie était couverte de forêts vierges; on en trouve encore un très-grand nombre en Amérique. — Les forêts artificielles peuvent se former de deux manières: par ensemencement et par transplantation. L'ensemencement se fait dans un terrain labouré ou dont on a seulement enlevé le gazon à la houe par bandes alternées. La transplantation se fait dans des trous ouverts sur un terrain qui n'a reçu aucune préparation préalable; ces trous sont disposés en quinconce, et à une distance de 1m,30 les uns des autres. En général, la transplantation se fait en automne ou en hiver. L'expérience a appris que les arbres mélangés présentent une végétation plus belle que lorsqu'ils sont tous de la même espèce, pourvu toutefois que la nature du sol convienne à tous. On doit à M. Baudrillart un *Traité général des Eaux et forêts* (1821-34, 10 vol. in-8), le *Dictionnaire de la culture des arbres* (avec Bosc), le *Mémorial forestier*, l'*Annuaire forestier*, etc.; tous ouvrages classiques sur la matière.

FORÊTS SOUS-MARINES, SOUTERRAINES, forêts d'une époque fort reculée, dont on retrouve les débris au fond des mers ou dans les entrailles de la terre. Ces forêts sont formées d'arbres et d'arbustes semblables à ceux du sol avoisinant; souvent ces arbres, quoique réduits en tourbe, conservent encore leur position verticale. C'est par les empiétements de la mer ou par l'abaissement du sol qu'ils se sont ainsi trouvés recouverts par les eaux. On trouve de ces forêts sous-marines en Angleterre, en Écosse, en Autriche et en France. A Liverpool, il en existe une à 70 m. au-dessous de la hauteur moyenne des marées. Celle de Plougean, près de Morlaix, a 80 kilom. de long; on en trouve aussi dans la Haute-Loire.

FORÊTS (EAUX-ET-). *Voy.* EAUX-ET-FORÊTS.

FORFAIT. Dans le Commerce, on appelle *marché à forfait* ou simplement *forfait*, tout traité ou marché par lequel une des parties s'oblige à faire ou à fournir quelque chose pour un certain prix, à perte ou à gain; *vente à forfait*, celle qui est faite sans garantie de la part du vendeur. — En Droit, on nomme *forfait de communauté*, la clause par laquelle les époux conviennent dans leur contrat de mariage que l'un d'eux, ou ses héritiers, ne pourront prendre dans la communauté, quelle qu'en soit la valeur, qu'une certaine somme déterminée.

FORFAITURE (de *forfait*, crime). Ce mot désignait autrefois : 1º une espèce de crime commis par un vassal contre son seigneur, et qui entraînait la confiscation du fief; 2º un crime commis par un officier contre les devoirs de sa charge. On appelait *F. dans les forêts*, le délit que commettent ceux qui dérobent le bois dans les forêts, ou y font quelque dégât. — Aujourd'hui, par *forfaiture* on entend le crime commis par un fonctionnaire public dans l'exercice de ses fonctions ; indépendamment des autres peines, la forfaiture entraîne toujours la *dégradation civique* (Code pénal, art. 167).

FORFICULE (du latin *forficula*, ciseaux, pinces), genre d'insectes Orthoptères de la famille des Coureurs, au corps allongé, dont l'abdomen est terminé par de petites pinces, trop faibles pour blesser. Leur tête est ovoïde et épaisse. Ces insectes vivent dans les endroits frais et humides, attaquent les fruits, les fleurs et surtout les œillets. Le type du genre est la *F. perce-oreille*, commune dans toute l'Europe, et ainsi appelée parce qu'on a prétendu qu'elle pouvait s'introduire dans la tête par l'oreille; ce qui, du reste, est tout à fait impossible.

FORGAGE, nom donné dans l'ancien Droit coutumier au droit de racheter un *gage* qu'on avait déposé. En vertu de ce droit, un débiteur dont on avait saisi et vendu les meubles par autorité de justice pouvait les retirer dans la huitaine en rendant le prix de vente à l'acquéreur.

FORGE, atelier où l'on façonne à bras d'homme, au marteau, à la lime, et à l'aide du feu, toutes les pièces de fer et d'acier que consomment les diverses industries. Les serruriers, les maréchaux ferrants, les mécaniciens, les cloutiers, etc., ont des forges, dont la disposition varie suivant l'usage auquel elles sont destinées : toutes sont essentiellement formées d'un soufflet, d'une tuyère et d'une cheminée : on y brûle, selon les localités, du charbon de bois ou de la houille menue. On nomme ces forges *forges maréchales*, par opposition aux *grosses forges*, usines ou fonderies où l'on fabrique le fer et l'acier, et où on les tire en barre au moyen de martinets et de laminoirs. Les propriétaires de ces derniers établissements prennent le nom de *maîtres de forges* (*Voy.* FER et FONDERIE). On distingue les *F. à l'anglaise*, où le fer est affiné dans des fourneaux à réverbère par le moyen du coke, et étiré à l'aide de cylindres cannelés ; et les *F. à la catalane*, où l'on fait fondre le minerai par petites mises dans le creuset même de la forge. — La Bible attribue l'art de forger à Tubalcaïn. La Fable avait fait de Vulcain le dieu des forgerons.

FORGERON. *Voy.* FORGE.

FOR-L'ÉVÊQUE, en latin *Forum episcopi*, édifice situé à Paris rue St-Germain l'Auxerrois, où s'exerçait autrefois la justice temporelle de l'évêque et où résidait son prévôt. C'était aussi la prison de ceux que la juridiction épiscopale condamnait. Cette prison fut réunie au Châtelet en 1764, et réservée aux détenus pour dettes, aux comédiens coupables de quelque délit, et aux jeunes gentilshommes. On y était envoyé sans jugement. Elle fut supprimée en 1780.

FORMALITÉS, conditions dont le concours est nécessaire pour que les actes judiciaires aient toute leur valeur. On distingue les *F. habilitantes*, qui rendent une personne capable de faire certains actes, comme l'âge, le sexe, etc.; les *F. intrinsèques*, qui constituent l'acte en lui-même, comme le consentement des parties dans les contrats; les *F. extrinsèques*, qui ont pour but de constater l'authenticité ou le ca-

ractère de l'acte, comme la signature des parties; et les *F. d'exécution*, celles qu'exige la loi pour l'exécution des actes, comme l'enregistrement, la légalisation.

FORMARIAGE, nom donné autrefois à tout mariage célébré contrairement à la loi, à la coutume ou au droit des seigneurs. Tels étaient le mariage qu'un homme de condition serve contractait, sans la permission de son seigneur, avec une femme franche ou qui dépendait d'une autre justice ou seigneurie ; le mariage qu'une fille ou une femme mainmortable contractait hors de la terre de son seigneur sans la permission de ce dernier, quand elle quittait le lieu où elle demeurait pour suivre son mari.

FORMAT (de *forme*), dimension d'un livre imprimé. Les formats prennent leur nom du nombre de feuillets que renferme chaque feuille imprimée et pliée, quelle que soit sa dimension. La feuille donne ainsi un nombre de pages double du chiffre dont elle tire son nom. Dans le format *in-folio*, la feuille est pliée en double et a 4 pages ; l'*in-quarto* en a 8 ; l'*in-octavo*, 16 ; l'*in-douze*, 24 ; l'*in-seize*, 32, etc. On nomme *F. atlantique* ou *F. in-plano* celui qui a toute l'étendue de la feuille, largeur et hauteur. On s'en sert pour les atlas et les estampes.

Dans la Papeterie, les formats connus sont : la *cloche*, le *pot*, la *tellière*, la *couronne*, la *coquille*, le *carré*, le *cavalier*, le *raisin*, le *jésus*, le *colombier*, le *grand-jésus*, le *grand-aigle*, le *quadruple jésus*. La feuille de cloche a 29 centim. sur 39, ou 11 décim. carrés. La feuille quadruple jésus, qui est le plus grand format, a 110 centim. sur 154, ou 169 décim. carrés ; elle équivaut à plus de 15 feuilles du petit format. *Voy.* COURONNE, COQUILLE, etc.

FORMATION, se dit en Géologie d'un ensemble de roches ou de masses minérales, quelquefois très-différentes, mais liées entre elles par certains caractères qui y dénotent une origine commune. Quand les diverses roches d'une formation se trouvent disposées de manière à produire des divisions tranchées, placées les unes au-dessus des autres, ces divisions se nomment *étages*. L'épaisseur d'une formation s'appelle *puissance*. Les formations sont dites *neptuniennes* (marines, d'eau douce, pélasgiques, lacustres, fluviatiles), lorsqu'elles résultent de l'action des eaux de la mer, des fleuves, des lacs, etc.; *plutoniennes* (venant d'éruption, d'épanchement), lorsqu'elles tirent leur origine de matières sorties des volcans ; et *mixtes* (pluto-neptuniennes, neptuno-plutoniennes), lorsqu'elles ont pris naissance par le concours simultané de l'eau et du feu. L'étude des formations est particulièrement utile pour la découverte des lois qui ont présidé à la consolidation de notre planète. *V.* TERRAINS et ÉPOQUES.

FORME. Ce mot, qui au propre n'exprime que la configuration des corps, a reçu dans la science et dans l'industrie une foule d'acceptions diverses.

Les Scolastiques l'employaient, en parlant des universaux ou idées générales, comme synonyme d'*essence*; ils disaient aussi *cause formelle*. Chaque espèce avait sa *forme*, c.-à-d. ses caractères propres et distinctifs. — Kant a employé ce mot pour exprimer certaines idées nécessaires qu'il considère comme tenant à la nature de notre esprit, et n'ayant aucune réalité objective (idées de temps, d'espace, etc.). Pour les Logiciens, la *forme* est la disposition régulière d'un argument : un raisonnement peut pécher soit contre la *forme*, soit contre le *fond*.

En Droit, on appelle *formes judiciaires*, l'ensemble des formalités, clauses et conditions qu'on doit observer dans l'instruction d'une cause ou d'un procès. On dit en ce sens que *la forme emporte le fond*, c.-à-d. que l'on perd quelquefois son procès pour n'avoir pas observé les formalités prescrites.

Dans l'Industrie, les Cartonniers nomment *forme* une espèce de châssis de bois, fait d'un cadre et de traverses, et recouvert de fils de laiton assez forts :

cette forme reçoit la pâte et sert à faire des feuilles de carton; — les Papetiers, un châssis sur lequel les feuilles de papier prennent leur forme : il est composé d'un cadre en bois de figure rectangulaire, traversé par de petits barraux de bois nommés *vergeures*, sur les arêtes desquels on étend des fils de laiton ou une toile métallique. Les marques du manufacturier se font par l'impression d'un fil de laiton entrelacé sur la toile métallique. *Voy.* FILIGRAMME.

En Typographie, on nomme *forme* un châssis de fer renfermant un certain nombre de pages prêtes à être imprimées, et maintenues dans le châssis au moyen de petits morceaux de bois.

La *forme* des Chapeliers est un gros morceau de bois, de forme variable, dont ils se servent pour dresser et former les chapeaux après qu'ils ont été foulés et feutrés; ils nomment encore ainsi la cavité du chapeau destinée à recevoir la tête.

La *forme* des Cordonniers est un morceau de bois qui a à peu près la figure d'un pied, sur lequel les cordonniers montent les souliers pour les confectionner. Il y a deux espèces de formes : la *F. simple* et la *F. brisée:* celle-ci est composée de deux demi-formes, ayant chacune une rainure; ces deux rainures font ensemble une coulisse, dans laquelle on fait entrer un coin de bois qui écarte les deux demi-formes. L'usage de cette seconde forme est d'élargir les souliers trop étroits ou de maintenir la forme de la chaussure.

Les *formes à sucre* dont on se sert dans les Raffineries sont des moules en terre cuite, creux et minces, de figure conique, dans lesquels on coule le sirop pour le faire cristalliser en sucre, et le réduire en pains selon l'usage du commerce.

Dans la Marine, on appelle *formes* des bassins pris dans la mer ou pratiqués dans un port, pour y faire entrer les bâtiments qu'on veut réparer; on les y introduit à la marée montante. Quand le bâtiment est placé au-dessus des chantiers qu'on lui a préparés, et que la marée s'est retirée, on ferme les portes, et le bâtiment reste à sec.

FORMIATES, sels formés d'acide formique et d'une base : ils exhalent une forte odeur de fourmi quand on les arrose avec l'acide sulfurique, et réduisent les sels d'argent quand on les traite à une chaleur modérée.

FORMICAIRES, tribu d'insectes Hyménoptères, de la famille des Hétérogynés et de la section des Porte-Aiguillons. Ce sont des insectes de petite taille, à tête globuleuse, plus grosse chez les femelles que chez les mâles; yeux peu saillants; mandibules très-développées chez les femelles, et très-courtes chez les mâles. Ces insectes ont des glandes à l'aide desquelles ils produisent un liquide corrosif nommé *acide formique*, qui sert à leur défense. Ils vivent en sociétés composées de mâles, de femelles et de mulets, et se nourrissent de corps animaux et végétaux. Cette tribu a pour type le genre *Fourmi. Voy.* ce mot.

FORMICA-LEO. *Voy.* FOURMI-LION.

FORMICANT, se dit, en Médecine, du pouls dont les pulsations sont faibles, petites, fréquentes, semblables à la sensation que produit la piqûre des fourmis.

FORMICATION ou FOURMILLEMENT, douleur analogue à celle produite par la piqûre des fourmis.

FORMIQUE (ACIDE), du latin *formica*, fourmi, acide organique liquide, composé de carbone, d'hydrogène et d'oxygène (C^2HO^3, HO), qui est sécrété par les fourmis, et qui se produit aussi dans une foule de circonstances par l'action des corps oxygénants sur les matières organiques. On peut l'obtenir en chauffant du sucre ou de la fécule avec un mélange d'acide sulfurique et peroxyde de manganèse. Il est incolore et d'une odeur piquante, semblable à celle des fourmis qu'on irrite; sa densité est de 1,168; il bout à 100° ; sa vapeur est inflammable et brûle avec une flamme bleue. Il est très-corrosif et détermine sur la peau de véritables brûlures. On le re-

connaît aisément en ce que sa solution aqueuse réduit à l'état métallique les sels de mercure et d'argent. Il se combine avec les bases, et forme avec elles les *formiates.* Le *formiate d'ammoniaque* est remarquable en ce qu'il se décompose par la chaleur en acide cyanhydrique et en eau.

L'acide des fourmis a été analysé pour la 1re fois par Marggraf en 1749; plus tard, Gehlen, Berzélius, Gœbel, Dœbéreiner, Liebig et Pelouze en firent connaître la composition et les combinaisons.

Les chimistes donnent le nom de *série formique* à l'ensemble des substances organiques (esprit de bois, cyanures, acide cyanhydrique, urée, etc.) qui se rattachent à l'acide formique par leurs métamorphoses.

FORMULAIRE (de *formule*). En Théologie, on appelle ainsi une formule de foi émanant ordinairement du pape, et qu'on propose pour être reçue ou signée. Le plus célèbre de ces formulaires est celui de 1665, qu'Alexandre VII enjoignit de signer contre les propositions de Jansénius qui avaient été condamnées.

Il y a des livres de dévotion et de prières qui portent aussi le nom de *Formulaires.*

En Médecine, on le donne aux recueils de remèdes dont les médecins font usage dans le traitement des maladies. *Voy.* PHARMACOPÉE.

Il y a encore un *Formulaire des notaires,* un *Formulaire des actes de procédure,* etc.

FORMULE (du latin *formula*, dimin. de *forma*, forme), se dit de certaines règles, formes ou termes prescrits pour les actes diplomatiques ou authentiques, pour une loi, un décret, une profession de foi, une ordonnance de médecine, etc. Les codes fixent les nombreuses formes à employer pour chaque acte judiciaire, formalités indispensables pour la validité de l'acte. — Chez les Romains, on appelait *Droit Flavien*, le recueil des formules sans lesquelles une procédure ne pouvait être légitime. Les patriciens tinrent longtemps ces formules secrètes; mais l'édile C. Flavius les publia l'an 343 avant J.-C. Le président Brisson a publié *De formulis et solennibus populi Romani verbis*, etc.

Les formules étaient fort nombreuses au moyen âge. L'usage réglait la suscription, le préambule, le salut, la date, la souscription des lettres et diplômes. Quelques-unes de ces formules existent encore. Jér. Bignon, puis Baluze, ont donné des recueils fort complets de ces formules (1664, in-4, et 1667).

En Algèbre, on appelle *formule* le résultat d'un calcul algébrique, indiquant les opérations à effectuer sur des nombres donnés, ainsi que sur tous les autres appartenant à une question de même nature. Telle est la formule générale :

$$x = -\frac{p}{2} \pm \sqrt{\frac{p^2}{4} - q}.$$

qui sert à résoudre les équations du second degré.

En Physique, on nomme *formules empiriques* des formules déduites de l'expérience des sciences physiques et que l'on emploie faute d'autres plus exactes données par la théorie : telle est celle dont on se sert pour corriger la loi du refroidissement donnée par Newton. *Voy.* REFROIDISSEMENT.

En Médecine, on appelle ainsi l'exposé des substances qui doivent entrer dans un médicament composé, avec indication de la dose de chacune d'elles, de la forme pharmaceutique, et souvent de la manière dont le médicament doit être administré. On commence les formules par le signe ♃, ou par Pr., ce qui signifie *recipe, prenez.*

FORQUINE, fourche d'arquebuse ou de mousquet. *Voy.* FOURCHE.

FORT, ouvrage de fortification isolé, destiné à protéger une certaine étendue de pays, une route, un défilé, un passage de rivière, etc., et pouvant se défendre pendant un temps plus ou moins long, selon sa position, son étendue, ses approvisionnements et la force de sa garnison. Un fort n'a ordinairement d'autres habitants que les militaires de la garnison. Il renferme des casernes, des corps de garde, des magasins, des casemates pour les munitions et les malades ou blessés. — On appelle *citadelles*, les forts qui dépendent d'une place forte ; *forts détachés*, les forts placés de distance en distance pour défendre les approches d'une grande ville : tels sont les forts établis en avant de l'enceinte continue qui entoure la ville de Paris ; *forts de campagne*, des ouvrages improvisés pour défendre une position stratégique, et qui permettent à un corps d'armée de se porter en avant ou de battre en retraite en toute sécurité : ils sont ordinairement étoilés et à huit pointes ; *fortins*, de petits forts de campagne qui n'ont qu'une utilité momentanée et qui doivent servir tout au plus quelques jours.

FORT DENIER. *Voy.* DENIER.

FORTE, FORTÉ PIANO. *Voy.* PIANO et CLAVECIN.

FORTERESSE, terme générique qui s'emploie pour exprimer toute espèce de *place forte*, petite ou grande, servant à couvrir un pays, ou à arrêter la marche d'une armée victorieuse. Autrefois le sol de chaque contrée était hérissé de forteresses élevées au hasard, sans aucune vue d'ensemble. Aujourd'hui on les établit sur les frontières, où elles forment ordinairement une triple ligne de défense. Les principales forteresses qui protégent les frontières continentales de la France sont : au Nord, Dunkerque, Bergues, Lille, Douai, Cambrai, Valenciennes, Condé, Maubeuge, Avesnes, Rocroy, Givet et Charlemont, Mézières, Sedan, Thionville, Metz, Bitche et Weissembourg ; à l'Est, Haguenau, Strasbourg, Schelestadt, Neufbrisach, Belfort, Besançon, le fort de l'Écluse, Grenoble et Briançon ; au Sud, Perpignan, Bellegarde, Montlouis, Saint-Jean-Pied-de-port et Bayonne. — En Allemagne, on nomme *F. fédérales*, les places fortes destinées à former une ligne de défense contre l'éventualité d'une invasion française : les principales sont situées à Mayence, Luxembourg, Landau, Wesel, Juliers, Saarlouis, Cologne, Coblentz, Ehrenbreitstein, Rastadt, etc. — Les avantages et les inconvénients des forteresses ont été discutés dans le *Traité de la sûreté et conservation des États par le moyen des forteresses*, de Maigret, Paris, 1770. *Voy.* FORT et CITADELLE.

FORTIFICATION. On distingue 2 sortes d'ouvrages de fortification, selon qu'ils sont construits pour une longue durée, ou seulement pour une campagne.

Fortifications permanentes. Les ouvrages de ce genre s'appellent en général *forteresses*, et comprennent les *places fortes*, les citadelles et les forts ; il faut y joindre les *lignes* fortifiées (*Voy.* ces mots). L'*enceinte* d'une forteresse affecte aujourd'hui diverses formes polygonales : ce sont pour les *petites places*, l'hexagone, l'heptagone et l'octogone ; pour les *places de 2e ordre*, l'ennéagone, le décagone et l'endécagone ; pour les *places de 1er ordre*, le dodécagone, etc. Chez les anciens, dont les armes de trait avaient peu de portée, on opposait à l'assiégeant des remparts élevés et de hautes tours. Depuis l'invention de l'artillerie, il a fallu dérober les remparts aux effets destructeurs des projectiles en abaissant les murs d'enceinte et en élevant les contrescarpes, et remplacer les créneaux et les murs de pierre par des parapets et des murs en maçonnerie et en terre où les boulets viennent se perdre ; de là le nom de *rasantes* donné aux fortifications modernes, par opposition aux fortifications *dominantes* des anciens. A la défense verticale, de haut en bas, à l'aide de *machicoulis*, on a substitué la méthode de *flanquement* ou défense de côté, à l'aide d'angles saillants et rentrants destinés à croiser les feux. On trouvera à leur article spécial la description des différents ouvrages de fortification, tels que

fort, front de fortification, flancs, bastion, courtine, demi-lune, escarpe et *contrescarpe, chemin couvert, glacis, redan, ravelin,* etc.

Fortifications passagères. Elles ont les mêmes formes que les précédentes : seulement les murs d'escarpe et de contrescarpe sont remplacés par des talus en terre ; on augmente la force de ces ouvrages par des abatis, des sauts de loup, des chausse-trapes, des palissades et autres défenses accessoires. Les ouvrages de campagne se divisent en retranchements simples, tels que *redans, lunettes, redoutes, forts étoilés, fortins, crémaillères, fronts bastionnés,* etc., et en retranchements composés ou *lignes,* qui sont *continues* ou *à intervalles.*

L'art de fortifier, chez les modernes, ne remonte guère qu'au XVIe siècle, époque où le bastion fut inventé en Italie. Errard, de Bar-le-Duc, l'importa en France en 1594. Malgré les travaux de nombreux ingénieurs, en Italie, en France, en Allemagne et dans les Pays-Bas, cet art demeura presque stationnaire jusqu'à Vauban (1673). Cet illustre ingénieur inventa le *tir à ricochet*, perfectionna les manœuvres d'eau pour inonder les assiégeants, les contre-mines, les camps retranchés sous les places, etc. ; enseigna l'art de faire concourir à la défense des places les dispositions naturelles du terrain ; reconnut et développa les avantages des fortifications rasantes. Il eut pour rival le Hollandais Cohorn et pour disciple l'habile Cormontaigne. Tandis que les ingénieurs français restaient fidèles aux principes de ces deux maîtres, les ingénieurs Italiens et Allemands, Landsherg, Voigt, Rosard, Auguste II, Bélidor, le maréchal de Saxe, etc., assemblaient les casemates à plusieurs étages ; éloignaient et multipliaient les ouvrages extérieurs et détachés ; substituaient aux enceintes continues les bastions fermés et les forts détachés (1713-57). De 1776 à 1786, le marquis de Montalembert publia son traité de la *Fortification perpendiculaire*, où il prétend rendre les États imprenables en les ceignant de lignes soutenues par des forteresses, ceintes aussi de lignes également soutenues par des ouvrages détachés, le tout défendu par des feux toujours perpendiculaires l'un à l'autre. Ces principes, adoptés aujourd'hui en Allemagne, n'ont pas eu le même succès en France ; ils ont été refutés par d'Arçon (*Considérations sur les fortifications*, 1795) : c'est toutefois au système Montalembert qu'a été empruntée l'idée des forts détachés.

Outre les écrits de Vauban, Cormontaigne, Montalembert, les ouvrages classiques sur la matière sont : le *Cours élémentaire de Fortification* d'Imbert, 1835, et le *Cours de Fortification à l'usage de l'École militaire*, de Savart, 1830, 3e édition.

FORTIFICATIONS (COMITÉ DES), comité créé le 10 juillet 1791, et reconstitué par décret du 11 mars 1850, donne son avis au ministre de la Guerre sur les projets généraux et particuliers de toutes les places de guerre du pays, sur l'instruction de l'école du génie, les progrès et la perfection des différentes branches de l'art de la fortification, etc. Il est composé des officiers généraux du corps du génie. Le dépôt des fortifications (*Voy.* ci-après) est destiné à faciliter les opérations de ce comité.

FORTIFICATIONS (DÉPÔT DES), établissement qui existait à Versailles dès 1744, a été réellement constitué par la loi du 10 juillet 1791, qui le sépara du Dépôt de la guerre. Il renferme les archives du génie, et s'enrichit tous les jours de mémoires, projets, cartes, plans, etc., relatifs aux fortifications. Il publie tous les ans un recueil général sous le titre de *Mémorial du génie*. A ce dépôt sont attachées une bibliothèque nombreuse et le dépôt des *Plans en relief des places fortes de France*. Cette collection, commencée au Louvre en 1660, a été transférée en 1777 aux Invalides, où elle est encore aujourd'hui.

FORTIN. *Voy.* FORT.

FORTRAITURE (du latin *foris*, au dehors, à l'excès, et *trahere*, traîner), maladie qui survient chez les chevaux après un travail excessif, surtout dans les temps secs et chauds. Elle consiste dans la contraction convulsive des muscles du corps, dans la courbure de l'épine, avec fièvre et échauffement.

FORTUNA, planète télescopique. *Voy.* PLANÈTES.

FORTUNE DE MER, mot qui désigne dans le commerce maritime tous les accidents auxquels sont exposées les marchandises embarquées. On assure un bâtiment ou des marchandises contre tous les accidents de mer, en garantissant leur valeur à l'assuré (*Voy.* ASSURANCE et l'art. 350 du Code de Commerce). Toutes les lois et règlements concernant cette matière sont réunis et expliqués dans la *Collection des lois maritimes* de M. Pardessus.

FOSSANE, *Geneta fossâ*, Mammifère du genre Genette, qui vit à Madagascar. La Fossane est d'une teinte légèrement roussâtre, marquée de taches brunes disposées sur le dos en 4 lignes longitudinales ou éparses sur les flancs. La queue est roussâtre, marquée d'anneaux bruns. La Fossane a les mœurs de la fouine, et vit de viande et de fruits.

FOSSE (du latin *fossa*). En Anatomie, on appelle *fosse* une cavité dont l'entrée est plus évasée que le fond : telles sont les *F. cérébrales*, à la base du crâne ; — les *F. nasales*, situées dans l'épaisseur de la face, au-dessous de la base du crâne, au-dessus de la voûte du palais : elles communiquent au dehors par les narines, et en dedans avec le pharynx ; les fosses nasales sont séparées entre elles par une cloison verticale ; elles sont tapissées par la *membrane pituitaire ;* le sens de l'odorat y a son siége ;— les *F. orbitaires, temporales ;* la *F. scaphoïde*, etc.

Dans la Marine, on nomme *Fosse aux câbles* la plate-forme faite en grosses planches, sur le premier plan de la cale, pour loger les câbles à bord des bâtiments de guerre ; — *F. aux lions*, l'emplacement ménagé sur les vaisseaux anciens, en avant de la cale, pour renfermer divers objets de consommation journalière, comme huile, suif, chandelles, goudron, etc.; — *F. à mâts*, des canaux fermés où l'on conserve dans l'eau de mer les mâts d'approvisionnement, ainsi que les bois de construction.

Fosses d'aisances, sorte de réservoir pratiqué dans les caves des habitations particulières, et destiné à recevoir les matières fécales. Dans beaucoup de localités, on leur a substitué, sous le nom de *fosses mobiles* ou *inodores*, des tonneaux hermétiquement fermés, qu'on enlève dès qu'ils sont pleins. — Celui qui veut construire une fosse d'aisances est tenu de faire les ouvrages prescrits par les règlements et usages (Code civil, art. 674). Une ordonnance du 24 septembre 1819 détermine le mode de construction des fosses d'aisances dans la ville de Paris : les voûtes doivent avoir de 30 à 35 centim. d'épaisseur, et les massifs et les murs de 40 à 45 centim.; on ne peut y employer de la pierre meulière.

FOSSÉ. Le propriétaire d'un champ a le droit de l'entourer d'un fossé ; mais il doit le creuser sur son propre terrain, à 3 décim. de distance de la limite. Entre deux héritages, le fossé peut être mitoyen. Lorsqu'il y a un rejet de terre d'un côté, le fossé appartient à celui du côté duquel ce rejet se trouve (Code civil, art. 666-669). La profondeur et la largeur des fossés varient d'après la nature du sol. Il est bon de leur donner un mètre de profondeur pour un et demi de largeur, et de les maintenir par des gazons. — Les fossés d'irrigation prennent les noms de *rigoles*, de *tranchées* ou de *saignées*. Il y en a d'ouverts et de souterrains. *Voy.* DRAINAGE.

Dans l'Art militaire, les *fossés* sont les excavations tracées autour des ouvrages de fortification pour en défendre l'accès : la terre qui en provient sert à former le relief des parapets. Leur largeur varie de 2 à 6 m., leur profondeur de 24 à 36. Des ponts-levis facilitent le passage aux troupes de la garnison. Il y a des fossés secs et des fossés pleins d'eau : ces derniers offrent plus de résistance, surtout si l'eau est courante. Pour passer un fossé, l'ennemi doit le combler de fascines s'il est sec, ou y jeter un pont de bateaux s'il y a de l'eau. Les anciens se servaient aussi de fossés pour la défense des camps et des villes.

FOSSET, cheville de bois. *Voy.* FAUSSET.

FOSSETTE, diminutif de *fosse*. En Anatomie, on nomme ainsi plusieurs excavations, telles que la *fossette des joues*, la *fossette du menton*, etc. — La *fossette du cœur*, ou *creux de l'estomac*, est une dépression qui se montre à la partie antérieure et inférieure de la poitrine ; elle répond à l'appendice xiphoïde du sternum.

FOSSILES (du latin *fodere*, fouiller), débris de corps organisés, restés longtemps enfouis dans des terrains déposés par les eaux. Ils appartiennent à toutes les grandes divisions de la nature, mammifères, oiseaux, reptiles, poissons, crustacés, mollusques, polypiers, arbres, herbes même et feuilles, qui sont indiquées par leurs empreintes ; cependant on n'a jamais trouvé de vrais débris humains. Ces corps se présentent tantôt conservés en nature, tantôt remplacés par d'autres substances, tantôt n'offrant plus que l'empreinte d'un corps ou que la place vide occupée par ce corps, détruit par diverses causes. Dans les terrains récents, les fossiles animaux conservent encore leurs parties cornées avec leurs parties osseuses ; les fossiles végétaux conservent leurs parties charbonneuses et bitumineuses. Dans les terrains anciens, les substances animales ne conservent plus que leurs sels calcaires ; toutes les matières gélatineuses ont disparu. C'est cette transformation, qui se fait lentement par infiltration, qui donne lieu aux pétrifications, telles que bois silicés, bois agatisés, etc. Un fait remarquable, c'est que les dépôts les plus superficiels et les plus récents sont les seuls qui présentent des *fossiles identiques* avec les espèces actuelles. Au-dessous se trouvent des *fossiles analogues*, c.-à-d. des fossiles d'espèces distinctes, mais pouvant entrer dans les mêmes genres que les espèces actuelles. Plus loin, on ne trouve plus que des végétaux et des animaux complétement différents de ceux qui existent à la surface de la terre, et dont on peut former des familles distinctes de celles que forment les espèces vivantes. *Voy.* ÉPOQUES GÉOLOGIQUES.

Les anciens appelaient *Fossiles* presque tout ce qui était extrait de la terre par des fouilles. Linné fit des fossiles une division des minéraux, et il les distingua en *F. de terre* (ocre, argile), *F. compactes* (stalactites, pierre-ponce), et *F. pétrifiés* (zoolithes, ornitholithes, etc.).—Bernard de Palissy, Leibnitz, Buffon attirèrent les premiers l'attention sur les fossiles ; en 1774, Werner publia à Leipsick un livre *Sur les caractères extérieurs des fossiles ;* mais c'est surtout à dater des travaux immortels de G. Cuvier que fut véritablement constituée cette partie de la minéralogie : en 1821 furent publiées ses *Recherches sur les ossements fossiles*. Après lui, Blumembach, Buckland, Link, Schlotheim, de Steinberg, R. Wagner, Ad. Brongniart, Agassiz, continuèrent ses recherches. *Voy.* GÉOLOGIE.

FOSSOYEUR, *Necrophorus Vespillo*, nom vulgaire d'un insecte du genre Nécrophore, lui a été donné parce qu'il creuse des fosses pour ensevelir les corps des taupes et autres animaux morts, dans lesquels sa femelle va déposer ses œufs.

FOTHERGILLE (d'un nom propre), genre de la famille des Euphorbiacées, établi par Linné pour une espèce de l'Amérique septentrionale. C'est la *F. à feuilles d'aulne*, arbuste à feuilles ovales, alternes et stipulées ; à fleur à pétales en épis et d'odeur très-suave. On la cultive dans quelques jardins.

FOU, *Sula*, genre d'oiseaux de l'ordre des Palmipèdes, famille des Totipalmes, nommés *fous* à cause de leur stupidité, est caractérisé par les dentelures qui garnissent le bord de leurs mandibules, et par l'ongle de leur doigt médian. L'espèce la plus commune est le *Fou blanc* ou *F. de Bassan* (ainsi nommé d'une petite île du golfe d'Edimbourg), dont le bec est comprimé, pointu, presque droit. Son vol est rapide et assuré. Il s'écarte peu du rivage des mers, près desquelles il vit. On le trouve en Europe et en Amérique. Incapable de fuir à cause de la brièveté de ses jambes, il se laisse approcher et tuer à volonté.

FOU. *Voy.* FOLIE, BOUFFON et ÉCHECS.

FOUACE ou FOUGASSE (en italien *focaccia*, du latin *focus*, foyer), sorte de pâtisserie en forme de galette dont on fait une grande consommation dans le midi de la France. Elle est ordinairement faite avec une pâte formée de trois parties de farine de froment contre une de gruau : on la fait cuire au four ou sous la cendre.

FOUAGE (de *focus*, foyer), sorte de redevance qui se payait autrefois dans certaines provinces par chaque *feu* ou maison. *Voy.* AFFOUAGE.

FOUARE. *Voy.* FEURRE.

FOUCAULT, nom vulgaire de la *Bécassine*.

FOUDRE (du latin *fulgur*), se dit de la matière électrique et enflammée qui, dans les temps d'orage, s'élance du sein des nuages avec une explosion plus ou moins forte. La lumière qu'elle répand porte le nom d'*éclair*, et le bruit qu'elle occasionne s'appelle *tonnerre* (*Voy.* ces mots). Dans le langage vulgaire, on confond souvent le tonnerre avec la foudre. On dit que le tonnerre *tombe* quand l'éclair jaillit entre un nuage et les corps placés à la surface de la terre : on dit alors que ces corps sont *foudroyés*. La foudre, en tombant, produit souvent de terribles effets, et frappe quelquefois à mort les hommes et les animaux. Quand elle tombe dans un appartement, il arrive presque toujours que des meubles ou des ustensiles sont déplacés ou renversés; on a vu souvent des pièces de métal arrachées de leurs scellements et transportées au loin; les arbres sont quelquefois fendus et brisés, mais ordinairement ils sont marqués, de la cime au pied, par un sillon de plusieurs centimètres de largeur et de profondeur; alors l'écorce et les fibres, arrachées, sont lancées à une grande distance ; au pied de l'arbre, on voit souvent un trou par lequel les fluides électriques se sont répandus dans le sol. La foudre carbonise les parties qu'elle frappe, y met souvent le feu, et produit des incendies. Les coups redoublés de la foudre sur les sommets des montagnes y laissent des traces de fusion très-sensibles; on leur attribue la formation des *tubes fulminaires* (*V.* FULGURITES). La foudre frappe de préférence des objets élevés, comme des arbres ou des édifices : on doit donc, pendant les orages, redouter l'approche d'un arbre et même d'un buisson, surtout au milieu des plaines. Il faut aussi se tenir éloigné des endroits garnis de substances métalliques, tels que cheminées, grillages, portes, croisées. On garantit les édifices des atteintes de la foudre par le moyen des *paratonnerres*. *Voy.* ce mot.

Les anciens croyaient que la foudre était lancée par Jupiter ; ils tiraient des présages de la manière dont elle tombait : quand elle frappait à droite, elle était favorable; les endroits frappés étaient sacrés. Ils avaient des devins, appelés *fulgurateurs*, qui expliquaient les effets de la foudre, et indiquaient les moyens de s'en préserver. Suivant la Fable, les Cyclopes forgeaient la foudre, sous les ordres de Vulcain : elle était formée de trois rayons de grêle, de trois de pluie, de trois de feu et de trois de vent. — C'est à Franklin que l'on doit la découverte de la nature électrique de la foudre.

Dans l'Armée, on donne le nom de *foudre* à l'ornement brodé que les généraux, les adjudants généraux, les aides de camp et les officiers d'état-major portent au retroussis de leurs habits, et qui

imite la foudre. Les premiers l'ont entière; les autres n'ont que des *demi-foudres*.

En Histoire naturelle, on a donné le nom de *Foudre* à quelques coquilles du genre Volute et du genre Cône, à cause des lignes en zigzag et imitant la foudre qui sont gravées à leur surface.

FOUDRE (de l'allemand *fuder*, même signification), vase en bois de grande capacité, garni de cercles de fer, dans lequel on conserve le vin plusieurs années. Les plus grands foudres que l'on connaisse sont ceux de Nuremberg et de Heidelberg en Allemagne. On en fait aussi en pierre : tels sont les immenses foudres en usage dans les brasseries anglaises.

FOUET, anciennement *fouest* (du latin *fustis*, bâton). On distingue : les *F. longs*, qui servent aux cochers de carrosse, de diligence, de cabriolet et aux charretiers : ils ne différent que par le manche, qui est plus ou moins élégant; les *F. moyens*, qu'on nomme aussi *cravaches*; les *F. courts*, longs de 45 à 60 centim., qui servent aux postillons et aux valets de chiens. — Le *Fouet d'armes*, arme offensive très-meurtrière en usage au moyen âge, était composé d'un manche très-court, à l'extrémité duquel pendaient plusieurs chainettes en fer, terminées par des boules de même métal. On en voit au Musée d'artillerie de Paris.

Par extension, on a appelé *fouet* une petite corde ou ficelle fort menue et fort pressée, qu'on fabrique surtout à Montargis, et que les cochers et les charretiers mettent, en l'effilant, au bout de leurs fouets.

FOUET (SUPPLICE ou PEINE DU). *Voy.* FLAGELLATION.

FOUET DE L'AILE, bout de l'aile d'un oiseau.

FOUET DE NEPTUNE, nom vulgaire de plusieurs espèces de *Fucus* et de *Laminaires*.

FOUETTE-QUEUE, nom vulg. du STELLION BATARD.

FOUGASSE (de l'italien *focaccia*), mine passagère construite à la hâte, que l'ou creuse, dans certains siéges, à 2 ou 3 m. sous terre, et qu'on remplit de poudre pour faire sauter des rochers, des pans de murailles, etc. Il y en a de portatives, dites *coffres fulminants*, ou *caissons d'artifice* : on les introduit dans l'excavation pratiquée au point où on veut les faire jouer. A défaut d'autre récipient, on transforme en fougasse un seau, un obus ou tout autre projectile creux. — Espèce de gâteau. *Voy.* FOUACE.

FOUGERES, *Filices*, famille de plantes Monocotylédones cryptogames, dont le caractère principal est d'avoir leurs séminules enfermées dans des capsules qui se développent à la face inférieure des feuilles. Les fougères présentent en outre une tige le plus souvent souterraine ou rampante, quelquefois dressée et atteignant une hauteur de plusieurs mètres, comme dans les *Alsophiles* des Indes-Orientales et de l'île Bourbon, qui s'élèvent à 15 ou 20 m. Dans les espèces à tiges souterraines, les feuilles naissent de la partie supérieure du rhizôme; dans les espèces arborescentes, elles forment en général des séries longitudinales régulières ou quelquefois des verticilles. Ces feuilles sont roulées en crosse à leur extrémité avant leur complet développement; elles sont tantôt simples, tantôt composées, à nervures simples ou bifurquées, naissant de la nervure médiane. Les fougères croissent spontanément dans les bois et les lieux incultes. La fougère cendre donne une potasse excellente. Les jeunes pousses et les racines servent dans quelques pays à la nourriture de l'homme et des animaux. On fait avec la fougère de la litière pour les bestiaux. On s'en sert aussi pour abriter les jeunes plantes. Les feuilles servent pour emballer les objets fragiles et pour faire du verre. En Médecine, elles sont regardée comme toniques et vermifuges. Les fougères sont très-répandues: on les trouve depuis les régions polaires, où elles sont peu nombreuses, jusqu'aux tropiques : c'est dans les régions tropicales que croissent les espèces arborescentes. On partage cette famille en 3 tribus : *Polypodiacées*,

Cyathéacées , *Hyménophyllées.* — On trouve dans les terrains les plus anciens et dans les tourbières des débris de fougères gigantesques, dont quelques espèces n'ont plus d'analogues sur le globe.

On nomme vulgairement *Fougère aquatique,* l'Osmonde royale; *F. en arbre,* le Polypode et la Cyathe; *F. femelle,* l'Aspidée; *F. impériale,* la Ptéride; *F. mâle,* une autre espèce de Polypode; *F. musquée.* le Cerfeuil musqué.

FOUGUE, nom que l'on donne dans la Marine au mât de hune d'artimon. Lors de la création des hunes d'artimon, on les nomma *perroquets de fougue.*

Le mot *fougue* désignait autrefois ce que nous appelons *grain* ou *rafale.* On disait une *fougue de vent.*

FOUILLES. La propriété du sol emportant la propriété du *dessous* aussi bien que celle du *dessus,* le propriétaire peut faire toutes les *fouilles* qu'il jugera à propos, sauf les modifications résultant des lois et règlements relatifs aux mines et des lois et règlements de police (Code civil, art. 552).

FOUINE , *Mustela foina ,* espèce de Mammifère du genre Marte. Elle est de la taille d'un chat, a le corps allongé, l'œil vif, le saut léger, les membres souples, le museau long, la tête plate et petite, les dents et les ongles pointus, la queue fort longue. Tout le corps est d'un fauve brun, couleur de *bistre.* Sur le haut de la poitrine, et au-dessous du cou, sont deux larges plaques de blanc qui distinguent au premier coup d'œil la Fouine de la Marte commune, qui a ces parties jaunes. Cet animal exhale une odeur musquée forte et désagréable. On le trouve dans les bois, les fermes et même dans les magasins à fourrage des villes. La fouine ne sort que la nuit, entre dans les poulaillers, mange les œufs, les poules, et en tue quelquefois un grand nombre qu'elle porte à ses petits. Elle prend aussi les souris, les taupes, les oiseaux dans leur nid. Les femelles jeunes font 3 ou 4 petits. Les plus âgées en font jusqu'à 7. La fouine s'apprivoise et devient susceptible d'assez d'éducation pour écouter la voix de son maître et chasser pour lui. Sa peau sert de fourrure.

FOUINE , espèce de fourche de fer, à deux ou trois pointes, emmanchée à une longue perche, sert à élever sur le tas les gerbes qui sont dans une grange.

FOUISSEURS , *Fossores* (du latin *fodere,* creuser), nom donné aux Mammifères qui creusent la terre pour y trouver un abri ou des aliments. Ces animaux ont les ongles très-longs et une grande force musculaire dans les membres de la poitrine. Tels sont les Taupes, les Tatous, les Échidnés, etc.

FOUISSEURS , famille d'insectes Hyménoptères, de la section des Porte-aiguillons : ils sont caractérisés surtout par leurs pattes, propres à fouiller le sable et la terre. Ce sont des insectes ailés à ailes toujours étendues, qui vivent sur les fleurs. Les femelles déposent leurs œufs dans des trous qu'elles se creusent en terre. Cette famille renferme 6 tribus : les *Scoliètes,* les *Sapygites,* les *Sphégides,* les *Larrates,* les *Nyssocriens,* les *Crabronites.* Le *Sphex* en est le plus grand genre.

FOULAGE , opération qui a pour objet de feutrer les étoffes de laine. *Voy.* FEUTRE et FOULON (MACHINE A).

FOULAGE du Raisin. *Voy.* PRESSOIR.

FOULARD , étoffe de soie, ou de soie et coton, fort légère , dont on fait des mouchoirs, des cravates, des fichus, des tabliers et des robes. Ce tissu est originaire de l'Inde , et , malgré les perfectionnements apportés à l'industrie européenne, les foulards qui viennent de cette contrée sont encore les plus estimés. Les foulards de l'Inde offrent des dessins ordinairement plus bizarres que gracieux , le plus souvent en jaune sur un fond rouge. En France, Lyon, Nîmes et Avignon fabriquent beaucoup de foulards qu'on imprime ensuite à Paris.

FOULON (en latin *fulla*), artisan qui feutre les étoffes de laine par le foulage (*Voy.* FEUTRE); on se sert surtout à cet effet de la *Machine à foulon.* On distingue les machines *à maillets* et les machines *à pilons.* Les premières, usitées en France et en Angleterre, frappent obliquement les étoffes dans des *piles* ou auges de bois de chêne inclinées. Les maillets ou marteaux de bois sont mus ordinairement par l'eau ou la vapeur. — Les machines *à pilons* frappent verticalement dans les auges de bois placées horizontalement sur des massifs de pierre. Ils sont surtout en usage en Allemagne et en Hollande. Pour accélérer l'opération du foulage, on joint à l'étoffe du savon, de l'urine, de l'argile dite *terre à foulon.* Pour les petits objets, tels que bas , bonnets, gants, etc., on emploie le foulage à la main , aux pieds, aux rouleaux, etc.

Pour le foulage du feutre destiné à la fabrication des chapeaux ; *Voy.* CHAPELLERIE.

FOULQUE , *Fulica ,* genre d'oiseaux de l'ordre des Échassiers et de la famille des Macrodactyles, ayant beaucoup de rapports avec les Poules d'eau ; bec court; front chauve et garni d'une large plaque cornée; pieds grêles et presque nus. Ces oiseaux recherchent les marais et les lacs, vivent dans les roseaux, où ils se tiennent cachés tout le jour, et ne prennent leur vol que la nuit. Ils se nourrissent de vers, d'insectes, de petits poissons et d'herbes aquatiques. Leur chair est noire et sent le marais. On en connaît 3 espèces : la *F. morelle* ou *Macroule,* à plumage noir avec une tache blanche sur le front; la *F. à crête,* d'un noir ardoisé avec un trait bleuâtre derrière l'œil; la *F. bleue,* noire à reflets bleus, avec une crête blanche et une crête frontale rouge. La 1re est de nos environs ; la 2e du Chili, la 3e du Portugal. — On nomme *F. noire* ou *blanche* le Grèbe cornu, et *F. oreillée,* le Grèbe oreillard.

FOULURE , distension violente des muscles d'une articulation. Quand elle affecte l'articulation du pied, elle prend le nom d'*entorse. Voy.* ce mot.

FOUR (du latin *furnus*), espace voûté, de forme circulaire ou elliptique, avec une seule ouverture par devant, qui sert à faire cuire le pain ou la pâtisserie. On nomme *âtre,* la surface horizontale du four, élevée au-dessus du sol et ordinairement carrelée. Autour, règne un mur d'enceinte de 30 centim. d'épaisseur, et, s'il y a un mur mitoyen, il doit en être séparé par un espace vide dit le *tour du chat.* Le four est recouvert par le *dôme* (voûte ou *chapelle*), construit en briques. L'entrée du four se nomme *bouche* : elle est fermée par une porte de métal. Enfin, on nomme *autel* la tablette posée horizontalement en avant de la bouche, et *ouras,* des conduits par où l'air s'introduit dans les grands fours. On chauffe les fours avec du menu bois. On nomme *fournil* le local où est placé le four.

Les fours sont en usage depuis les temps les plus reculés, et il ne paraît pas que leur construction ait beaucoup varié. On a essayé cependant dans ces derniers temps d'y apporter des perfectionnements. On cite surtout les *F. aérothermes* de MM. Lemare et Jametel aîné, Lespinasse, etc., qui sont chauffés par un courant d'air chaud, et offrent, avec une grande économie, plus de propreté que les fours ordinaires; les *F. à âtre mobile* de MM. Coveley, Rolland, etc.; le *F. continu* de M. Pironneau, à l'usage des troupes, consistant en un cylindre de tôle, destiné à recevoir le pain, et en un fourneau dans lequel se place le cylindre, que l'on fait tourner à l'aide d'une manivelle comme les cylindres à torréfier le café.

Le *F. de campagne* est une sorte de four portatif, fait ordinairement de cuivre rouge ou de tôle de fer, qui a la forme d'une voûte surbaissée à contour circulaire, et dont on se sert pour préparer certains mets qu'on veut faire saisir par le feu de toutes parts.

FOUR A BAN OU FOUR BANAL, nom donné autrefois au four que possédait le seigneur, et auquel tous les vassaux étaient obligés de faire cuire leur pain, moyennant une redevance dite *fournage*. Les boulangers (depuis 1305), les nobles, les ecclésiastiques, les collèges, monastères et hôpitaux étaient exempts de cette charge, qui a été supprimée en 1790. — Dans le Midi de la France il existe encore des fours banaux, où des boulangers, appelés *fourniers*, font cuire, moyennant une rétribution, le pain que les particuliers leur apportent.

FOUR A CHAUX ou CHAUFOUR, fourneau en maçonnerie destiné à la calcination de la pierre à chaux. On y distingue : le *foyer*, situé dans la partie inférieure ; le *corps du four*, où se place la pierre à chaux, et qui n'est formé le plus souvent que de pierres à chaux disposées avec art ; le *gueulard*, orifice supérieur par où s'échappent la fumée et la flamme. On le chauffe au bois, à la houille ou à la tourbe. Quant au procédé de calcination, on distingue les fours *intermittents*, dans lesquels, après avoir arrangé les pierres avec méthode, on entretient le feu de 48 à 72 heures, après quoi, on procède au défournement ; et les fours *continus*, dans lesquels on retire successivement par le foyer la chaux calcinée, qu'on remplace immédiatement par de nouvelles pierres qu'on remet par le haut. — On construit ordinairement les chaufours loin des habitations et à l'abri du vent : on se sert de briques réfractaires pour former la chemise ou paroi intérieure du four. — Les fours dans lesquels on calcine le plâtre et ceux où on cuit la brique et la tuile sont construits à peu près de la même manière.

FOURBISSEUR. L'art du fourbisseur consiste à polir et à monter les armes blanches, comme épées, sabres, lances, etc. Autrefois le fourbisseur fabriquait lui-même ces armes, ainsi que leurs fourreaux. Aujourd'hui il ne fait que les finir et les polir. Pour fourbir les lames, on se sert d'un moulin composé de plusieurs meules mues d'une manière quelconque. On les polit aussi à l'aide de l'émeri, du rouge d'Angleterre ou de la potée d'étain.

FOURBURE ou FORBATURE, maladie d'un cheval ou de quelque autre animal qui perd tout à coup l'usage de ses jambes : les articulations sont roides ; l'animal a la fièvre et perd l'appétit. Les causes de la fourbure sont un exercice trop violent ou l'excès du repos, le séjour dans un lieu humide, enfin un refroidissement subit, qui survient surtout quand l'animal a bu ayant très-chaud. — On donne aussi ce nom à l'inflammation du tissu réticulaire du pied ; elle accompagne souvent l'affection précédente, lorsque celle-ci est le résultat de travaux excessifs. Le siège de cette seconde espèce de *fourbure* est dans l'intérieur du sabot. Au début, il faut avoir recours à la diète, aux délayants, aux saignées, aux topiques résolutifs et astringents. On a soin de déterminer en même temps une inflammation dérivative aux genoux ou aux jarrets, en frictionnant fortement ces parties avec de l'essence de lavande ou de térébenthine. Ménage dérive *torbu* de *bu*, abreuvé, et *tor*, mal, à tort.

FOURCHE (du latin *furca*), long manche de bois de 12 à 15 centim. terminé par deux ou trois branches ou pointes de bois ou de fer, qui vont en s'écartant. La *fourche* de fer à trois dents, portées sur une douille où l'on fait entrer le manche ; on s'en sert pour remuer le fumier, déterrer les racines, etc. Les *fourches* en bois sont d'une seule pièce et faites avec des branches offrant des bifurcations naturelles. On s'en sert pour retourner le foin, la paille, les herbes ; les meilleures se font en bois de cornouiller. — On appelle *F. de jardinier*, une espèce de fourche en fer, dont les fourchons sont recourbés en dedans. On l'emploie pour rompre les mottes de terre, ensemencer les graines dans les jardins.

Autrefois on appelait *Fourche d'arquebuse* ou *Forquine*, un bâton garni d'un fer fourchu, dont on se servait pour appuyer le mousquet en tirant : — *F. fières*, des fourches de fer attachées à de longues perches, qui servaient pour renverser les échelles dans un assaut ou dans une escalade.

Fourches caudines. Voy. ce mot au *Dict. univ. d'Hist. et de Géogr.*

Fourches patibulaires. Voy. GIBET.

FOURCHET (de *fourche*), maladie propre aux bêtes à laine, consiste dans l'inflammation du canal interdigité du pied du mouton, lequel est tapissé d'une membrane folliculeuse. Cette maladie résulte de l'accumulation de l'humeur sébacée, ou de l'introduction accidentelle d'un corps étranger ; elle cède le plus souvent aux résolutifs et aux astringents ; d'autres fois elle dégénère en abcès ou en ulcère, et cause la chute du sabot, le dépérissement et la mort, si l'on ne se hâte d'extraire le canal tout entier : ce qui se fait à l'aide d'un instrument tranchant.

FOURCHETTE (diminutif de *fourche*). Cet instrument de table n'avait autrefois que deux pointes comme la fourche ; aujourd'hui il en a ordinairement quatre : on fait des fourchettes en argent, en vermeil, en fer, en étain, etc. Il est fait mention pour la première fois en France de *fourchettes* dans un inventaire de l'argenterie de Charles V en 1379. L'usage en avait été, dit-on, importé d'Italie. C'était encore un objet de luxe au XVIe siècle ; on ne commença à s'en servir en Angleterre qu'au XVIIe. Presque tous les peuples de l'Asie ignorent encore l'usage des fourchettes : ils les remplacent par des bâtonnets qu'ils manœuvrent fort adroitement.

En Anatomie, on appelle *fourchette :* 1º certaines parties du corps qui offrent une certaine bifurcation ; 2º l'espèce de fourche formée par la corne dans la cavité du pied chez le cheval ; 3º un instrument de chirurgie semblable à une petite fourche à branches mousses aplaties et très-rapprochées l'une de l'autre, dont on se sert pour soulever la langue de l'enfant dans l'opération du filet.

En Musique, c'est une partie du mécanisme de la harpe qui élève les cordes d'un demi-ton.

En Technologie, les Horlogers nomment *fourchette* une pièce de laiton ou d'acier, fendue pour recevoir la tige du balancier, et lui transmettre l'action de va-et-vient de l'*échappement*.

Dans l'Art militaire, on nommait autrefois *fourchette :* 1º un bâton terminé par un fer fourchu, sur lequel les soldats appuyaient leurs fusils en tirant ; 2º deux petits morceaux de fer au milieu desquels était un fil et dont on se servait pour guider l'œil en tirant de l'arbalète.

FOURCROYE, *Furcræa*, plante. Voy. AGAVÉ.

FOURGON, voiture militaire pour le transport des munitions, vivres, etc. Voy. CAISSON.

Instrument de fer, droit ou recourbé par une de ses extrémités, avec lequel on remue la braise ou le coke dans un four de forge, ou dans un fourneau.

FOURMI, *Formica*, genre d'insectes Hyménoptères de la famille des Hétérogynes, caractérisé par une tête triangulaire, une lèvre supérieure large, des mandibules robustes, des antennes coudées après le premier article, un abdomen ovalaire tenant au thorax par un pédicule fort court. Elles exhalent une odeur particulière qui provient de l'*acide formique* qu'elles contiennent. Ces insectes vivent en commun. Chaque *fourmilière* présente tout un peuple, agissant, comme les abeilles, avec un ensemble admirable. Comme chez l'abeille encore, on distingue parmi les fourmis, des *mâles*, des *femelles*, plus grosses que les mâles et portant des ailes analogues à celles des mouches, des *ouvrières*, individus *neutres*, chargées du soin des larves et de la construction des demeures. Quinze jours après la ponte, les larves brisent leur coquille ; leur corps est transparent ; on y distingue une tête et des anneaux, mais pas de pattes ni d'ailes. Aux premiers rayons du soleil, les ouvrières portent ces larves au sommet de la fourmilière pour les réchauffer, et les placent ensuite dans des loges peu profondes, où bientôt elles les nourrissent en dégorgeant dans leur bouche les sucs qu'elles ont recueillis. Quand les larves ont pris tout leur accroissement, elles se filent, du moins dans la plupart des espèces, une coque soyeuse où elles se transforment en nymphes. Celles-ci, d'abord d'un blanc pur, deviennent successivement d'un jaune pâle, roussâtres, brunes et enfin noires. Lorsque les nymphes sont arrivées à l'état d'insectes parfaits, les ouvrières percent leur coque, les débarrassent de leur enveloppe, leur apportent de la nourriture, et continuent leurs soins jusqu'à ce qu'elles soient en état de quitter la fourmilière.

Les Fourmis sont fort nuisibles par les dégâts qu'elles occasionnent dans les vergers, les celliers et jusque dans les maisons, où elles recherchent avec avidité toutes les matières sucrées. On trouve en Guyane des fourmilières qui ont plus d'un mètre d'élévation et dont la présence rend toute espèce de culture impossible. Dans les faisanderies on entretient quelques fourmilières pour fournir à la nourriture des faisandeaux. — Les espèces les plus remarquables sont : parmi celles qui habitent les troncs des vieux arbres, la *F. hercule*, longue de 10 à 15 millim., et la *F. fuligineuse*, d'un quart plus petite et dont les cellules sont partagées par des cloisons aussi minces qu'une feuille de papier ; parmi celles qui élèvent des monticules, la *F. fauve* ; enfin parmi les maçonnes, la *F. brune*, qui se construit des habitations à plusieurs étages. On doit à M. Huber, de Genève, et à M. Léon Dufour, des observations très-curieuses sur l'histoire naturelle et les mœurs des Fourmis.

FOURMILIER, *Myrmecophaga*, genre de Mammifères de l'ordre des Édentés, caractérisé par le manque de dents aux deux mâchoires, par des ongles puissants qui leur servent de défense, et surtout par une langue longue, filiforme et visqueuse, qu'ils étendent sur les fourmilières pour saisir les fourmis, qui forment leur principale nourriture. Ces animaux appartiennent aux régions les plus chaudes de l'Amérique. On en connaît trois espèces, dont la principale est le *F. didactyle*, gros comme un rat, à pelage doux, d'un blond jaunâtre brillant, avec des teintes roussâtres. Son corps est court et ramassé, à pattes assez petites et pourvues antérieurement de deux doigts seulement, armés de longues griffes, tandis que les pattes de derrière présentent quatre doigts. Il passe la plus grande partie de sa vie sur les arbres ; à terre, sa démarche est très-lente. On le trouve principalement au Brésil et à la Guyane. Les autres espèces sont le *Tamanoir* et le *Tamandua*.

FOURMILIER, *Myrmothera*, *Myiothera*, genre de Passereaux de la famille des Dentirostres, à bec long, presque droit, comprimé sur les bords, à narines obliques, à ailes moyennes, à tarses longs et grêles, à plumage un peu sombre. Ces oiseaux, tous américains, sauf une espèce qui est de l'ancien monde, vivent les uns à terre, les autres sur les buissons ; ils se nourrissent d'insectes et surtout de fourmis. Leur chair est très-recherchée. On cite parmi les principales espèces le *Roi des fourmiliers*, qui habite la Guyane, le *Grand Beffroi*, le *Carillonneur*, et l'*Arada chantant*, ainsi nommé de la nature de leur voix.

FOURMILIÈRE, habitation des fourmis (*Voy.* FOURMI). — Maladie du pied du cheval, qui consiste dans la déviation de l'os de cette partie, qui se sépare du sabot : d'où résulte dans l'intervalle la formation d'un tissu spongieux qui a quelque ressemblance avec une fourmilière. Cette maladie est produite par une contusion ou par l'effet du fer chaud que le maréchal a laissé trop longtemps sur le pied. Quand le mal est léger, il disparaît de lui-même ou à l'aide d'une ferrure méthodique ; mais le plus souvent il entraîne la perte du sabot.

FOURMI-LION, *Formica-leo* et *Myrméléon*, genre d'insectes de l'ordre des Névroptères et de la famille des Planipennes, assez semblables aux Libellules : corps grêle et allongé, tête grosse, yeux saillants, ailes grandes, pattes courtes et robustes. Ces insectes sont carnassiers. Ils volent dans les lieux secs et sablonneux pendant les plus grandes ardeurs du soleil. Leur larve est terrestre et a six pattes ; leur tête est plate et très-forte. A l'état de larve, le *Formica-leo* est remarquable par les travaux qu'il exécute pour prendre les insectes dont il fait sa nourriture : il construit dans la terre une espèce d'entonnoir au fond duquel il se tient, et lorsqu'un insecte vient à y tomber, il le saisit et le dévore ; quelquefois il fait jaillir une pluie de sable sur son ennemi quand il est trop vigoureux. On trouve ces insectes dans toutes les régions chaudes du globe. L'espèce unique de nos pays est le *M. formicarium*, long de 4 centim., noirâtre, avec des ailes diaphanes parsemées de points ou de taches noirâtres. Ses pattes postérieures sont robustes et dirigées de manière à ne permettre à l'animal que le mouvement à reculons : pour construire son entonnoir, il exécute ce mouvement en cercles, ou plutôt en spires, dont le diamètre diminue graduellement. Ce sont surtout les fourmis qui deviennent les victimes du *Formica-leo* : c'est ce qui lui a valu son nom.

FOURMILLEMENT. *Voy.* FORMICATION.

FOURNEAU (du latin *furnus*), instrument de forme variable dans lequel on fait chauffer, à l'aide de bois ou de charbon, les substances que l'on doit être soumises à l'action de la chaleur. Un fourneau se compose généralement d'une capacité nommée *foyer*, où l'on place le combustible ; d'une *grille* qui fait le fond du foyer, et par où les cendres tombent dans une cavité inférieure nommée *cendrier*. On y ajoute souvent une *cheminée*. Dans les opérations où le vase contenant les substances à chauffer ne doit pas être posé immédiatement sur le feu, le fourneau présente, au-dessus du *foyer*, une partie que l'on appelle *laboratoire*, et qui est destinée à recevoir ce vase. Lorsqu'il est terminé par un dôme, il prend le nom de *F. à réverbère*. Le *F. de coupelle*, exclusivement réservé à la coupellation, ne diffère du *F. à réverbère* qu'en ce que son laboratoire contient un *moufle* (*Voy.* ce mot) dans lequel on place les coupelles.

Les *Fourneaux de forge* ou *de fusion*, destinés à la fusion des substances métalliques et autres plus ou moins réfractaires, sont aussi ordinairement des fourneaux à réverbère dont on active le feu par un soufflet. Le dôme de ces fourneaux peut être, comme dans les *F. à vent*, surmonté d'un tuyau de cheminée pour favoriser le courant d'air et la combustion.

On appelle *Hauts fourneaux* les fourneaux destinés à fondre le minerai de fer à une haute température. Ils ont la forme d'une tour quadrangulaire ou circulaire, dont la hauteur varie de 6 à 20 mètres. Pour diminuer leur masse, on les compose souvent d'un prisme surmonté d'une pyramide. Le vide inférieur dans lequel on met le minerai et le charbon se nomme *cheminée intérieure* ou *cuve*. On met le fourneau en activité au moyen d'un soufflet à vapeur.

On donne le nom de *F. potager* au fourneau le plus communément utilisé dans l'art culinaire et l'économie domestique ; mais, depuis quelques années, on construit pour l'usage des grandes cuisines des *F. économiques* de forme quadrangulaire, en tôle et en fonte, qu'on chauffe avec du coke. Outre une chaudière qui contient de l'eau en ébullition, ces fourneaux peuvent chauffer à la fois un grand nombre de casseroles et rôtir en même temps plusieurs pièces.

Le *F. de mine* est une chambre pratiquée à l'extrémité d'une galerie souterraine chargée de poudre, et où se fait l'explosion d'une mine de guerre. On emploie aussi ces fourneaux dans l'exploitation des mines pour faire sauter un quartier de roche.

Fourneau chimique. Lacaille a donné ce nom à

une constellation australe formée par lui, composée de 48 étoiles, et située près du tropique du Capricorne, entre la Balance et l'Éridan.

FOURNIER, celui qui tient un four banal : on n'en trouve guère auj. en France que dans le Midi. *V.* FOUR.

FOURNIER (du nid du genre type, qui a la forme d'un *four*), *Furnarius*, genre de Passereaux ténuirostres. Ce sont des oiseaux à bec aussi épais que large, comprimé sur les côtés, terminé en pointe; ailes faibles; tarses annelés; doigt externe réuni à l'interne par sa base. Les Fourniers sont petits, de couleur rousse et brune, variée de blanc et de noir; ils habitent les parties chaudes de l'Amérique du Sud. Le *Fournier roux* (F. *rufus*), type du genre, construit sur les poteaux et jusque sur les fenêtres des maisons, un nid d'argile en forme de four, avec ouverture sur le côté. L'*Annumbi rouge* (F. *ruber*) est remarquable par la teinte rose vif de sa tête, de ses ailes et de sa queue. On le nomme *Hornero* sur les bords de la Plata.

FOURNIL. *Voy.* FOUR.

FOURNIMENT, nom donné autrefois à un étui où les soldats renfermaient leur poudre. Aujourd'hui ce mot ne désigne plus que les objets d'équipement, tels que la bufleterie, les baudriers, les ceinturons et les fourreaux de sabre et de baïonnette.

FOURNISSEURS ou MUNITIONNAIRES. On nomme spécialement ainsi des entrepreneurs qui se chargent, moyennant une remise, de pourvoir à l'entretien des corps de l'armée, ou à l'approvisionnement des places fortes. Pendant les désordres de la Révolution et les grandes guerres de l'Empire, plusieurs de ces fournisseurs ont fait des fortunes scandaleuses. Les règles sévères de la comptabilité actuelle rendent difficile le retour de cet abus (Code de proc., art. 537; Code civ., art. 2101, 2271-72). La loi punit ceux qui fraudent sur la nature des vivres, ou qui apportent de la négligence à les livrer, d'un emprisonnement de 6 mois à 5 ans, et de dommages-intérêts. S'ils abandonnent leurs fonctions, la loi les condamne à une amende de 500 fr. au moins, aux dommages-intérêts et à la reclusion (Code pén., art. 420-33).

FOURNITURE. Les Facteurs nomment ainsi un jeu d'orgues qui entre dans la composition du plein jeu, et qui est composé de plusieurs tuyaux d'un son aigu accordés à la quinte, à l'octave de la tierce, et à la double octave du son principal, avec des redoublements.

Fourniture se dit aussi des literies militaires. La fourniture complète se compose d'une couchette, d'une paillasse, d'un matelas, d'une paire de draps, d'un couverture de laine et d'un traversin. La demi-fourniture n'a pas de matelas, et souvent le bois de lit est remplacé par trois planches et deux tréteaux.

FOURRAGE (du latin *farrago*, mélange de céréales hachées). On donne ce nom au foin des prairies naturelles ou artificielles, et en général aux végétaux de toute sorte qui servent de nourriture aux bestiaux. Ces plantes appartiennent à diverses familles, mais surtout à celles des Graminées, des Légumineuses, des Composées et des Chénopodées. On nomme *Fourrages verts* l'herbe fraîche, les céréales coupées en vert, les feuilles de millet vertes, etc. Ces plantes contiennent peu de principes nutritifs, et leur usage exclusif amène la diminution des forces. Les *F. secs* sont le foin, le trèfle, la luzerne, la paille, et en général toutes les céréales desséchées. Ils sont plus alimentaires que les précédents. C'est la nourriture d'hiver des bestiaux. Mêlés aux fourrages verts, ils offrent encore au printemps une nourriture saine. Pour avoir des fourrages frais dans chaque saison, le cultivateur doit choisir des plantes dont la maturité soit plus ou moins hâtive, et les semer de manière que leurs produits se succèdent: par exemple, on aura pour le printemps des champs de colza, de navette, de chicorée sauvage ou de seigle; en été viendront la pimprenelle, la luzerne,

le trèfle, puis les pois, les vesces; en automne le sarrasin, le millet, le maïs; enfin, en hiver, les choux et les racines. — On appelle *Dragée* un fourrage composé d'un mélange de pois, vesces, fèves, lentilles, etc., qu'on laisse croître en herbe pour les donner aux chevaux.

Dans l'Armée, le mot *fourrage* désigne le foin et la paille qui doivent former la nourriture des chevaux. Pour chaque régiment de cavalerie, les distributions de fourrage sont faites en présence des adjudants, d'un officier et sur les bons des capitaines. Les officiers de cavalerie reçoivent toujours le fourrage en nature. La ration varie suivant les circonstances. Le maximum est de 7 kilogr. de foin avec 5 de paille, ou de 9 de foin et 8 litres et demi d'avoine; le minimum, de 4 kilogr. de foin avec 5 de paille, ou 7 et demi de foin et 6 litres et demi d'avoine. Les officiers supérieurs des troupes à pied ont aussi droit à des rations de fourrage. En temps de guerre, on les leur donne en nature; en temps de paix, on les leur rembourse sur le pied de 1 fr. la ration.

FOURRE, endroit d'un bois où il y a un assemblage épais d'arbrisseaux, de broussailles, etc.

En Escrime, un *Coup fourré* est un coup donné et reçu simultanément par chacun des deux adversaires.

Les Antiquaires nomment *Médaille* ou *Pièce de monnaie fourrée*, une médaille ou pièce de monnaie dont le dessus est d'or ou d'argent, et le dedans de cuivre ou de tout autre métal inférieur. Les médailles d'or de ce genre sont rares; on en trouve beaucoup d'argent parmi les médailles romaines jusqu'au règne de Septime-Sévère, où la fraude commença à s'exercer sur le titre même du métal.

FOURREAU (de *fourrer*), nom donné à toute sorte de gaîne ou d'étui servant d'enveloppe à un objet quelconque. Les sabres, les épées ont des fourreaux de cuir, de fer ou de cuivre, selon l'arme; la baïonnette a aussi le sien. — C'est aussi le nom vulgaire de la *Mésange à longue queue*.

FOURRE-BUISSON, nom vulgaire du *Troglodyte*.

FOURREUR. *Voy.* PELLETIER et FOURRURE.

FOURRIER (de *feurre*, *fourrage*?), sous-officier, ayant rang de caporal et quelquefois de sergent, est placé sous les ordres immédiats du sergent-major, et chargé de la comptabilité d'une compagnie; il départit entre les escouades les vivres, les effets d'équipement, pourvoit au logement des soldats en route, etc. Le *fourrier* loge et mange avec le sergent-major, ne fait aucun service; sa place de bataille est à la garde du drapeau. Il a pour signe distinctif de son grade un galon d'or ou d'argent sur le haut du bras. — Le titre de fourrier date de 1534 : il y avait jadis des *fourriers-généraux* et des *fourriers-majors* d'armée, chargés de tous les détails des logements; mais le grade de fourrier tel qu'il existe aujourd'hui ne s'établit qu'en 1758.

Il y avait sous l'ancienne monarchie le *fourrier du palais*, chargé d'établir le logement des personnes de la cour qui suivaient le roi dans ses voyages.

FOURRIÈRE, lieu de dépôt où sont conduits et nourris aux frais du propriétaire les bestiaux laissés à l'abandon et pris en flagrant délit sur les propriétés d'autrui. Le propriétaire qui éprouve les dommages causés par ces animaux a le droit de les saisir, sous l'obligation de les faire conduire dans les 24 heures au lieu du dépôt désigné à cet effet par la municipalité. Le montant du dommage est acquitté par la vente des bestiaux s'ils ne sont pas réclamés, ou s'il n'a pas été payé dans la huitaine du délit. Si le dommage est causé par des volailles, le propriétaire peut les tuer sur le lieu, au moment du dégât (loi du 28 sept. 1791, tit. II, art. 12). — Dans les grandes villes, à Paris, par exemple, la police a le droit, dans l'intérêt de la sûreté publique, de *mettre en fourrière* les voitures abandonnées sans cocher sur la voie publique, ainsi que les animaux qui errent à l'abandon, surtout les chiens sans maître, ou qui n'ont point de muselière.

FOURRURE (de *fourrer*), nom donné à toutes les peaux garnies de leur poil, qui, par leur épaisseur, fournissent des vêtements chauds, ou qui, par leur finesse et la beauté de leurs teintes, peuvent servir à garnir les manteaux, les pelisses, les robes d'hiver, à composer des garnitures, des manchons, des coiffures, etc. On donne particulièrement le nom de *pelleteries* aux peaux non encore ouvrées, et celui de *fourrures* à celles qui ont été coupées, cousues, assorties et confectionnées. Quelques peaux d'oiseaux, celles de cygne en particulier, sont employées en fourrures; mais, en général, ce sont des peaux de mammifères qui sont destinées à cet usage. La peau de mouton, la peau d'ours, celles des chats, des loups, des renards communs, des blaireaux, des foulness, des putois, etc., sont les fourrures les plus communes; la marte, la zibeline, la loutre marine, le petit-gris, le chinchilla, l'hermine, le cygne, sont les plus rares et les plus estimées. Le commerce des fourrures est très-important pour les contrées du Nord, où se trouvent les plus précieuses, notamment en Sibérie et dans l'Amérique septentrionale. De hardis chasseurs, formant des compagnies de commerce très-importantes, entreprennent chaque année des voyages longs et périlleux pour la chasse des animaux à fourrures.

On appelle encore *fourrure* un habillement doublé de la fourrure de quelque animal, que portaient les docteurs, les licenciés, et les bacheliers des Universités, comme marque de leur qualité.

Les Charpentiers nomment *fourrures* des morceaux de bois qui remplissent les vides dans les pièces, ou des bois tendres recouvrant certaines parties.

FOUTEAU, nom vulgaire du HÊTRE.

FOYER (du latin *focus*, même signification), lieu où l'on fait le feu. Le foyer d'une cheminée est la partie de l'âtre qui est entre les deux jambages de la cheminée; on le pave en carreaux de terre cuite, en pierre ou en carreaux de faïence. On construit aujourd'hui des *foyers mobiles*, ou espèces de tiroirs métalliques qu'on peut à volonté pousser au fond de l'âtre ou amener au-devant de la cheminée : ces instruments augmentent le tirage et chauffent mieux l'appartement. — On nomme encore *foyer* la pierre ou pièce de marbre que l'on scelle en avant de l'âtre : elle fait saillie en dehors de la cheminée, et se trouve au niveau du parquet ou du carrelage. Ces foyers sont très-sujets à se briser par l'effet de la chaleur; pour éviter cet inconvénient, on les fait de plusieurs morceaux.

Dans les Théâtres, on donne le nom de *foyers* aux salons où l'on se réunit pendant les entr'actes, et où l'on va se chauffer en hiver. Dans chaque théâtre, outre le foyer des spectateurs, il y a celui des acteurs, où sont admis aussi les auteurs et quelques privilégiés : le plus fameux en ce genre est le foyer du Théâtre-Français.

FOYER, se dit, en Géométrie, de certains points pris dans l'aire des sections coniques, dont la propriété principale est de réunir les rayons qui viennent frapper la courbe, suivant des directions déterminées : ainsi, l'on dit le *foyer* d'une ellipse, d'une hyperbole, d'une parabole.

En Optique, on appelle *foyer* d'un verre, d'une lunette, le point où les rayons lumineux, réfléchis par une lentille ou réfractés par un miroir, viennent se réunir. On donne encore ce nom au point où se place un objet devant un miroir ou une lentille, et à celui où se forme l'image de cet objet (*Voy.* LENTILLE et MIROIR). — On nomme *foyers conjugués* les foyers d'un système de deux miroirs ou de deux lentilles, disposés de manière que les rayons qui partent de l'un arrivent à l'autre après deux réflexions sur ces miroirs ou deux réfractions à travers les lentilles.

En Médecine, on nomme *foyer* d'une maladie le siége principal du mal. On appelle *foyer purulent* l'endroit où se forme le pus dans les abcès.

FRAC. *Voy.* HABIT.

FRACTION (du latin *fractio*, de *frangere*, rompre). En Arithmétique et en Algèbre, on appelle *fraction* une ou plusieurs parties de l'unité divisée en parties égales. On énonce les fractions à l'aide de deux *termes* : le *dénominateur*, qui exprime en combien de parties l'unité est divisée, et le *numérateur*, qui indique le nombre des parties que contient la fraction. Ainsi, dans 2/5, le dénominateur 5 indique que l'unité est divisée en cinq parties, et le numérateur 2 représente le nombre des parties de l'unité ainsi divisée. Une fraction est d'autant plus grande que son numérateur est plus grand et que son dénominateur est plus petit; elle est d'autant plus petite que son numérateur est plus petit et que son dénominateur est plus grand.

On peut exécuter sur les fractions les mêmes opérations que sur les nombres entiers (*Voy.* ADDITION, SOUSTRACTION, MULTIPLICATION, DIVISION). Le calcul des fractions conduit quelquefois à des expressions qui ont la forme de fraction, mais qui sont plus grandes que l'unité, comme 17/3, 9/2, etc.; ces dernières prennent le nom de *nombres fractionnaires*.

Les fractions ne changent pas de valeur lorsqu'on multiplie ou qu'on divise en même temps leurs deux termes par le même nombre. Une même fraction peut donc être exprimée d'une infinité de manières différentes; c'est ainsi que chacune des fractions 1/2, 2/4, 3/6, 4/8, etc., exprime une seule et même quantité. L'expression la plus simple d'une fraction est celle dans laquelle les nombres qui forment son numérateur et son dénominateur sont les plus petits possibles : telle est 1/2 dans la suite précédente. On *réduit une fraction à sa plus simple expression* en divisant ses deux termes par leur plus grand *commun diviseur* (*Voy.* ce mot). Une fraction est dite *irréductible* lorsqu'elle ne peut se réduire à une forme plus simple, c.-à-d. quand elle ne peut être exprimée exactement par aucune fraction équivalente ayant des termes respectivement moindres.

On appelle *fractions continues* une espèce particulière de fractions dont le dénominateur est composé d'un nombre entier et d'une autre fraction qui a également pour dénominateur un nombre entier et une fraction, et ainsi de suite; par exemple :

$$\cfrac{1}{1 + \cfrac{1}{2 + \cfrac{9}{2 + \text{etc.}}}}$$

On transforme souvent les fractions irréductibles, composées de grands nombres semblables, en fractions continues exprimées par de plus petits nombres, et qui n'en diffèrent que très-peu : c'est ce qui a lieu lorsqu'il s'agit d'obtenir des approximations suffisantes pour les applications usuelles.

Une fraction est dite *décimale* lorsqu'elle a pour dénominateur l'unité suivie d'un ou de plusieurs zéros, c.-à-d. 10 ou une puissance entière de 10; les fractions *périodiques* sont une espèce particulière de fractions *décimales*. *Voy.* DÉCIMALE.

On donne le nom de *fractions littérales* aux fractions algébriques, parce qu'elles sont désignées par des lettres. On appelle *fractions rationnelles*, en Algèbre, les expressions algébriques composées de fractions et ne renfermant que des *exposants* entiers.

FRACTIONNAIRES (NOMBRES). *Voy.* FRACTION.

FRACTURE (du latin *fractura*, de *frangere*, rompre, briser), solution de continuité d'un ou de plusieurs os, produite par une violence extérieure, et quelquefois par la contraction forte et subite des muscles auxquels ils donnent attache. Ces causes déterminent la division des os, soit dans le lieu même où elles agissent (*Fr. directe*), soit dans un endroit plus ou moins éloigné (*Fr. indirecte* ou *par contrecoup*). Tantôt l'os est fracturé *nettement* en travers (*Fr. en rave*); tantôt la fracture est *oblique* (*Fr. en bec de flûte*). Les fractures sont le plus souvent *complètes*, c.-à-d. affectant toute l'épaisseur, tout le diamètre transversal de l'os, qu'elles séparent complétement en deux ou plusieurs fragments; elles sont *incomplètes* quand elles n'affectent qu'une partie du diamètre transversal de l'os. Une fracture est *simple* quand elle n'est accompagnée d'aucune autre lésion; *compliquée*, dans le cas contraire; *comminutive*, lorsque l'os est réduit en esquilles, avec écrasement des parties molles. Le déplacement et le rapport des fragments sont sujets à beaucoup de variétés. — Le déplacement est presque nul dans les os longs réunis deux à deux dans la même direction; on le constate difficilement dans les fractures du col du fémur ou de l'humérus, par exemple. Le déplacement ou défaut de rapport peut avoir lieu d'ailleurs *suivant l'épaisseur*, comme dans les fractures transversales; *suivant la longueur*, comme dans les fractures obliques de la partie moyenne des os longs, où il y a ce qu'on appelle alors *chevauchement* des fragments; *suivant la circonférence*, *suivant la direction*, ainsi qu'il arrive lorsque le fragment inférieur exécute un mouvement de rotation, ou quand tous les deux forment un angle plus ou moins aigu, etc. — Le déplacement des os fracturés est dû à l'impulsion des corps extérieurs, au poids du membre, mais plus communément à l'action musculaire. — Les signes des fractures sont, outre la douleur et l'impossibilité de mouvoir le membre, tous les changements survenus tout à coup dans la conformation du membre, dans sa longueur, sa forme, sa direction; l'écartement ou les inégalités senties par le toucher; enfin, la crépitation produite par le frottement des bouts des fragments l'un contre l'autre, ce qui est le vrai signe caractéristique.

Le traitement général des fractures consiste : 1° à réduire les fragments d'os dans leur situation naturelle; 2° à les maintenir dans cet état, à prévenir les accidents ou à y remédier. — La réduction comprend l'extension, la contre-extension, et la coaptation ou confrontation. — Pour maintenir le membre immobile pendant tout le temps nécessaire à la consolidation, les moyens à employer sont : le repos, les bandages et autres pièces d'appareils, telles que les fanons, les faux fanons, les attelles ou éclisses, les liens, les machines diverses et l'extension continuelle. On se sert aussi de l'appareil dit *inamovible*, composé au moyen de la *dextrine* ou du *collodion*, ou d'un mélange de blancs d'œufs, d'eau-de-vie camphrée et d'eau blanche, dont on imbibe les pièces d'appareils, et qui, en se desséchant, les rend adhérentes entre elles et en forme une sorte de moule auquel on ne touche plus pendant tout le temps du traitement, qui est de 40 à 50 jours. — On juge que la réduction est bien faite quand il n'y a plus d'inégalités, que le membre a recouvré sa forme, sa longueur et sa direction naturelles.

FRAGARIA, nom latin du FRAISIER.

FRAGMENT (du latin *fragmentum*, de *frango*, briser). Au figuré, le mot *fragment* désigne un ouvrage dont il ne nous reste qu'une partie : nous n'avons plus guère aujourd'hui que des fragments de la plupart des auteurs de l'antiquité. On a publié diverses collections de ces fragments : tels sont les *Fragmenta poetarum latinorum* de Rob. et H. Estienne, 1560. Maittaire, Scriverius, Almenoveen, Creuzer, Brunck, ont donné aussi des recueils de ce genre.

FRAGON, *Ruscus*, genre de la famille des Smilacées, tribu des Convalliariées, renferme des arbrisseaux toujours verts, à feuilles squammiformes, à fleurs axillaires, dioïques par avortement, munies d'un périanthe à six divisions; les fleurs mâles contenant trois étamines soudées, les fleurs femelles un ovaire à trois loges bi-ovulées. Le fruit est une baie monosperme par avortement. L'espèce la plus répandue est le *Fragon Petit Houx* (*R. aculeatus*), appelé aussi *Buis piquant, Myrte épineux, Houx-Frelon, Bruse*. Ses feuilles sont ovales, piquantes à leur sommet; ses baies sont rouge écarlate. On le trouve en France, surtout dans le Midi. Ses rameaux, garnis de leurs feuilles, servent à faire de petits balais. Sa racine est aux fruits passent pour diurétiques, et ses baies torréfiées se prennent en guise de café.

FRAI, nom sous lequel on désigne les œufs des Poissons et des Batraciens. — On nomme *Frai de Grenouilles* une espèce du genre *Conferve*. V. ce mot.

FRAI, altération et diminution de poids que les pièces de monnaie éprouvent par l'usage.

FRAIS (du latin barbare *fredum*, prix ?). Ce mot s'entend, dans le Commerce, de toutes les dépenses que le producteur ou le négociant est forcé de faire pour livrer une marchandise à la consommation. En ce sens, *frais* s'oppose à *bénéfice, produit net*.

En Jurisprudence, on nomme *frais* ou *dépens* toutes les dépenses occasionnées par la poursuite d'un procès. On appelle *frais et salaires*, les vacations et déboursés dus aux avoués, notaires, huissiers, etc., qui ont travaillé pour une partie; *frais et loyaux coûts*, les frais faits pour la passation d'un acte et pour ses suites légitimes; *faux frais*, les dépenses qui n'entrent pas en taxe; *frais frustratoires*, des dépenses faites sans nécessité.

FRAISE, *Fragum*, fruit du Fraisier. *Voy.* FRAISIER. — On nomme *Fr. en grappe* le fruit de l'Arbousier; *Fr. d'écorce* ou *des arbres*, la Sphérie fragiforme.

FRAISE, nom donné vulgairement au mésentère du veau, de l'agneau, etc. : c'est la membrane qui enveloppe leurs intestins; on étend ce nom à toutes les entrailles du veau. On en compose un mets assez estimé.

En termes de Vénerie, on appelle ainsi la forme des meules (racines du bois) et des pierrures de la tête du cerf, du daim, du chevreuil.

On appelle encore *fraise* : 1° une sorte de collet à plusieurs doubles et à plusieurs plis ou godrons, qui entoure le cou, et qui, par sa forme, à quelque ressemblance avec la fraise du veau : ce collet, importé d'Italie en Espagne et en France au XVIe siècle, fut porté également par les hommes et par les femmes, depuis le règne de Henri II jusqu'à celui de Henri IV; il disparut sous Louis XIII; aujourd'hui, c'est encore le nom d'une collerette que portent les femmes et les enfants; — 2° un petit outil qui s'adapte à un vilbrequin, ou qu'on fait tourner à l'archet pour évaser ou rendre conique l'entrée d'un trou percé dans du métal ou dans du bois, où l'on veut mettre une vis ou un rivet : ces fraises, faites en acier, sont de forme conique et un peu arrondies vers la pointe; — 3° en termes de Fortification, un rang de pieux dont on garnit les dehors d'une fortification : on les plante horizontalement dans les talus pour empêcher qu'on ne les approche et qu'on ne les franchisse.

FRAISIER, *Fragaria*, genre de la famille des Rosacées, tribu des Dryadées, renferme des plantes herbacées, vivaces, stolonifères, à feuilles munies de 3 folioles, à fleurs en rose à 5 pétales et portées sur des pédoncules plus ou moins longs. Ces fleurs, blanches pour l'ordinaire, donnent naissance aux *fraises*, fruits, dont tout le monde connaît le goût exquis et le parfum : ce sont des baies ou fruits multiples, tantôt rouges, tantôt blancs, formés d'une masse spongieuse, tendre, sucrée, laquelle supporte à sa surface un grand nombre de très-petits ovaires : ces ovaires deviennent de véritables fruits distincts, mais ils ont l'apparence de petites graines, et on les considère en effet comme les graines du fraisier.

On connaît un assez grand nombre d'espèces de fraisiers : la principale est le *Fr. commun* (*Fr. vesca*), originaire des Alpes ; il produit toute l'année et est appelé pour cela *Fr. des quatre saisons*. Il a donné lieu à toutes les autres variétés, telles que le *Fr. du Chili* ou *Frutillier*, qui produit la plus grosse fraise, mais dont le goût est fade et peu sucré ; le *Fr. ananas*, dont le fruit est gros, sucré et parfumé ; le *Fr. capron*, dont le fruit est très-gros et rond, mais peu estimé ; le *Fr. des bois* et le *Fr. des buissons*, cultivés dans nos jardins pour faire des bordures. Le fraisier fleurit en avril et fructifie en mai et juin. On le multiplie d'ordinaire par les *coulants* ou *filets* que la tige principale pousse autour d'elle. On le cultive en planches et en bordure. Tous les soins consistent à arroser dans les temps secs, à sarcler et à supprimer les filets. Le fraisier vit 6 ans ; mais pour avoir de beaux fruits, il faut renouveler les plants tous les 2 ou 3 ans. La racine de fraisier est employée en médecine comme diurétique et apéritive.

FRAISIER EN ARBRE, nom vulgaire de l'*Arbousier*.

FRAISIL, nom donné à la poussière de charbon pilé et tamisé dont on saupoudre le moule en sable où se jette la fonte, ainsi qu'à la cendre du charbon de terre qu'on brûle dans les forges.

FRAMBOESIA (de *framboise*), maladie cutanée caractérisée par des tumeurs semblables à des framboises, des mûres, des fraises ou des champignons, accompagnées d'ulcérations, de croûtes, d'exostoses et de dépérissement ; elle est contagieuse. Les nègres des colonies sont sujets à cette maladie. On la connaît aussi sous les noms de *pian* et de *yaws*.

FRAMBOISIER (de *fragum bosci*, fraise de bois?), *Rubus*, genre de la famille des Rosacées dryadées, renferme des arbrisseaux à souches ligneuses, produisant des tiges hautes de 1ᵐ,50 à 2 m., creusées en dedans, blanchâtres en dehors, hérissées d'aiguillons ; les feuilles sont allongées, dentées, vertes dessus, blanchâtres et cotonneuses dessous ; les fleurs, blanches et inodores, paraissent en mai et en juin. On le croit originaire de l'île de Crète. L'espèce type est le *Fr. commun* (*R. idæus* ou du mont Ida), qui croît naturellement dans toute l'Europe centrale et méridionale, et dont le fruit, la *framboise*, mûrit en juin ou juillet : c'est une baie, de la forme et de la grosseur d'une mûre, de couleur violette, noirâtre ou rougeâtre, quelquefois blanche ou couleur de chair. Ce fruit est rafraîchissant, acidule, sucré, et a un bouquet exquis. On mange les framboises comme les fraises ; on en fait des liqueurs, des boissons agréables recommandées contre les maladies inflammatoires ; des ratafias, des confitures recherchées, des sirops. Mêlées au vinaigre, elles font un sirop antiphlogistique. Les Russes en font une espèce de miel, et les Polonais un hydromel. Cet arbrisseau doit à la culture toutes ses qualités. On le cultive aussi comme plante de luxe et d'agrément.

Une autre espèce, commune dans nos haies, est le *Fr. sauvage* (*R. fruticosus*), appelé vulgairement *Muron*, à aiguillons robustes et crochus ; ses fruits noirs et rafraîchissants, faussement appelés *mûres*, servent à teindre les vins et à préparer une boisson fort agréable ; ses feuilles s'emploient en décoction contre les maux de gorge, et ses sarments servent dans les campagnes à chauffer les fours.

FRAMÉE (d'un mot celtique latinisé), arme des anciens Francs et des Germains. On est incertain sur la forme de cette arme. Des auteurs en font une épée à deux tranchants ; la plupart, avec plus de probabilité, un long javelot ou une espèce de hallebarde : on la confond aussi avec la francisque. Le nom de la framée disparaît après le vɪᵉ siècle.

FRANC, unité monétaire usitée en France depuis l'adoption du système métrique. La pièce d'un franc est en argent, et renferme 9/10ᵉˢ d'argent pur et 1/10ᵉ d'alliage. Elle pèse 5 grammes, et son diamètre est de 24 millimètres. Sa valeur, par rapport à la *livre*

tournois, est de 1,0125. Le *franc* se subdivise en *décimes* et en *centimes*. Outre la pièce de 1 *franc*, on frappe, en argent, des pièces de 2 et 5 *francs*, de 50 et de 20 *centimes* (on n'en frappe plus de 25 c.); et, en or, des pièces de 10, 20 et 40 *francs*.

Sous l'ancienne monarchie il y avait des pièces d'or appelées *francs* : sous Philippe Iᵉʳ, ces pièces, dites aussi *sols parisis, florins d'or*, valaient 20 fr. 27 c. de notre monnaie ; sous le roi Jean, en 1360, elles pesaient un gros et un grain et valaient environ 13 fr. 48 ; mais dès le règne de Henri IV ce n'était plus guère qu'une monnaie de compte.

En Suisse, il y a eu aussi des francs ; ceux qui ont été frappés pour la République helvétique en vertu de la loi de juillet 1804 valent 1 fr. et demi de France.

En Droit ancien, le mot *franc* désignait : 1° une personne libre, en tant qu'opposée au serf ; 2° une personne ou une terre exempte de charges et impositions publiques ou particulières. Les nobles étaient, par leur qualité, francs et exempts de tout impôt : c'est pour cette raison que les *alleux* étaient souvent appelés *francs-alleux*; qu'on appelait *franc-fief* un héritage noble, parce qu'il ne pouvait être possédé que par une personne exempte d'impositions. Plusieurs villes portaient le nom de *franches* parce qu'elles étaient exemptes de toutes charges et impositions, ou qu'elles jouissaient de certains privilèges.—Il existe encore des *ports francs*. *Voy.* PORT.

En Botanique, on appelle *arbre franc*, un arbre qui provient des semences d'un arbre cultivé. Ces arbres donnent des fruits savoureux et abondants, mais ils ont l'inconvénient de ne les porter que très-tard.

En Marine, le vent est dit *franc* lorsqu'un bâtiment gouverne en bonne route, ses voiles étant orientées obliquement, avec un vent qui ne varie ni en force ni en direction.

FRANC-ALLEU. *Voy.* FRANC.

FRANC-BORD. En termes de Fortification, on nomme ainsi un espace situé entre le pied du talus extérieur d'un parapet et le sommet de l'escarpe. Dans la Marine, c'est le revêtement extérieur d'un bâtiment depuis la quille jusqu'à l'autre bordure, nommée *préceinte*.

FRANC-BOURGEOIS. *Voy.* BOURGEOIS.

FRANC ET QUITTE, se dit, en Droit, d'un immeuble qui n'est grevé d'aucunes charges et hypothèques. — Dans les contrats de mariage, la clause de *franc et quitte* permet à la femme de reprendre, après la dissolution de la communauté, tout ce qu'elle y avait apporté et qui se trouve mentionné dans la clause.

FRANC-FIEF, héritage noble. *Voy.* FRANC.

FRANC-FILIN ou FRANC-FUNIN. *Voy.* FUNIN.

FRANCHE. En termes de Jardinage, on appelle *terre franche* une terre végétale dépourvue de sable et de cailloux.—*Ville franche*. V. FRANC et FRANCHISE.

FRANCHIPANIER, *Plumeria*, genre d'arbres et d'arbrisseaux lactescents de la famille des Apocynées, à feuilles grandes, alternes, éparses chez les uns, ramassées au sommet des rameaux chez les autres ; étroites, aiguës ; à fleurs grandes, réunies en grappes terminales, d'un beau blanc, rouges, couleur de chair d'un blanc rosé, etc. ; la plupart d'odeur agréable et pénétrante. Toutes ces plantes, originaires de la zone tropicale, renferment un suc laiteux dont l'extrême causticité peut être quelquefois dangereuse. L'espèce type est le *Fr. à longues feuilles* de Madagascar, remarquable par ses grandes fleurs, d'un beau blanc, marquées de jaune clair.

FRANCHISE (de *francus*, libre, franc). Ce mot désigna d'abord : 1° un domaine rural possédé par un Franc ou par toute autre personne de condition libre, sans aucune charge ni redevance ; 2° un espace limité de terrain autour de certaines villes et de quelques bourgs, qui possédaient des droits et des privilèges particuliers : Paris et Londres avaient jadis des franchises de cette nature; à Rome, jusqu'au XVIIe siècle, le quartier des ambassadeurs jouissait de franchises très-étendues, comme encore aujourd'hui le faubourg de Péra à Constantinople.

Ce mot désigna enfin l'état de *liberté*, par opposition à celui de *servitude*. Quand on affranchissait une ville, une personne, on lui donnait une charte de *franchise*. — La ville d'Arras reçut de Louis XI (1476) le nom de *Franchise*, qu'elle quitta en 1482 pour reprendre son ancien nom. De là aussi les noms de *Villefranche*, *Francheville*, *Fribourg* (Freyburg), *Francfort*, si communs en France et en Allemagne.

Aujourd'hui, en termes de Commerce et de Douanes, la *franchise* est une espèce de privilége dont jouit un port de mer, et qui consiste dans la faculté d'y pouvoir débarquer, rembarquer, vendre, réexporter toute espèce de denrées et de marchandises sans payer aucun droit (*Voy.* PORT FRANC). — *Franchise* se dit aussi, dans l'Administration des postes, du droit de recevoir les lettres franches, droit concédé aux ministres et autres fonctionnaires supérieurs.

FRANCISATION (de *France*), acte qui constate qu'un bâtiment est français, qu'il navigue sous un pavillon français. Cet acte est délivré par le bureau de douanes dans l'arrondissement duquel se trouve le port auquel appartient le bâtiment. La loi du 21 sept. 1793 contient les formalités à remplir.

FRANCISQUE (de *Franc*), arme offensive en usage chez les Francs. On la considère comme une hache à deux tranchants. *Voy.* FRAMÉE et HACHE.

FRANC-MAÇONNERIE. *Voy.* FRANCS-MAÇONS au *Dict. univ. d'Hist. et de Géogr.*

FRANCOLIN, section du genre Perdrix, renferme des oiseaux au bec fort et allongé; aux jambes hautes, armées chez les mâles de deux éperons. On trouve les francolins en Europe, en Asie et en Afrique. Le *Fr. à collier roux* (*Perdix francolinus*) se trouve surtout en France : d'où son nom. Il est long de 30 à 35 centim. Il a le plumage gris, émaillé de noir et de roux, le bec noir, les pieds rougeâtres.

FRANC-QUARTIER, *Levure de quartier* ou *Canton d'honneur*. Ces mots désignent dans le Blason le premier quartier d'un écusson, à droite du chef, et offrant d'autres armes que le reste de l'écu.

FRANC-SALÉ, droit qu'avaient certaines provinces, tels que le Poitou, l'Aunis, la Saintonge, etc., d'acheter ou de vendre du sel sans payer aucune taxe au roi. — C'était aussi la quantité de sel donnée gratuitement à certaines personnes et aux officiers royaux. *Voy.* SEL (IMPÔT DU) et GABELLE.

FRANCS-ARCHERS. *Voy.* ARCHERS.

FRANCS-JUGES. *Voy.* VEHME (SAINTE) au *Dict. univ. d'Hist. et de Géogr.*

FRANC-TENANCIER, celui qui possédait des terres en roture, mais qui en avait racheté les droits.

FRANGES, filets de soie, de coton, de lin, d'or, d'argent, etc., qui pendent d'un tissu quelconque, et qui servent à orner les habits, les rideaux, les tapis, les housses, etc. L'usage des habits ornés de franges a pris naissance dans l'Orient. Les franges sont fabriquées par les passementiers.

Dans le langage héraldique, *frangé* se dit des parties qui ont des franges d'une autre couleur; et, en Histoire naturelle, de ce qui est découpé en forme de franges.

FRANGIPANE, espèce de crème où il entre des amandes et divers ingrédients, et dont on garnit les tartes et autres pièces de pâtisserie; elle doit son nom, dit-on, à un seigneur romain de l'illustre maison des Frangipani. — C'est aussi le nom d'un parfum que l'on donne à certains cuirs, et dont on attribue également l'invention à un Frangipani.

FRANGIPANIER, arbre. *Voy.* FRANCHIPANIER.

FRANKÉNIE (de *Frankenius*, médecin et botaniste suédois), *Frankenia*, plante herbacée à feuilles opposées ou verticillées et amplexicaules, à fleurs sessiles, offrant un calice à 4 ou 5 divisions, autant de pétales en onglet, 5 à 7 étamines et un ovaire uniloculaire. Ces plantes habitent les rivages de la Méditerranée. La Frankénie est le type de la petite famille des *Frankéniacées*, établie par Linné.

FRASE, une des façons données à la pâte par le boulanger pour faire le pain. *Voy.* BOULANGER.

FRASÈRE (nom propre), *Frasera*, genre de plantes de la famille des Gentianées, composé de plantes vivaces à feuilles opposées, à fleurs présentant un calice ayant 4 divisions profondes, une corolle à 4 lobes ovales; fruit capsulaire comprimé, renfermant de 8 à 12 graines. La racine de ces plantes est très-amère. On distingue surtout la *Frasera carolinensis* ou *Fr. Walteri*, dont la racine a été appelée à tort *Racine de Colombo*. *Voy.* ce mot.

FRATER, mot latin qui signifie *frère*, désignait autrefois les garçons chirurgiens, spécialement chargés du soin de faire la barbe aux pratiques. Ce nom est encore en usage dans l'Armée et dans la Marine.

FRATERNITÉ. Au moyen âge, on nommait *fraternité d'armes*, une association que faisaient deux ou plusieurs chevaliers en jurant d'être toujours unis et de s'entr'aider contre tous. Les anciens Scandinaves, les Germains faisaient souvent de semblables associations. Elles étaient à vie ou à temps. La chevalerie raviva ces vieilles institutions qui, aujourd'hui, sont perdues en Europe. On les retrouve encore chez les Arabes.

FRAUDE (du latin *fraus*). En Droit civil, la *fraude* est le préjudice causé par un débiteur de mauvaise foi à ses créanciers avec le dessein prémédité de leur nuire. Elle entraîne la nullité des actes à la rédaction desquels elle a présidé (Code civil, art. 1116). *Voy.* DOL. — Dans une acception toute spéciale, la *fraude* est l'action de soustraire des marchandises ou des denrées aux droits de douane ou d'octroi.

FRAXINELLE (de *fraxinus*, frêne, parce que ses feuilles ressemblent à celles du Frêne), *Dictamnus albus*, plante vivace du genre Dictamne et de la famille des Diosmées, à racine ligneuse, à tige droite, cylindrique, haute de 65 à 90 centim. Toutes les parties de la fraxinelle répandent une odeur forte, résineuse et pénétrante. Les pédoncules qui portent les fleurs, le calice et l'extrémité supérieure des tiges, sont couverts de petites glandes qui sécrètent une huile volatile d'une odeur très-forte. L'air de la nuit, devenant plus froid, condense cette vapeur en forme d'atmosphère éthérée qui environne la plante; si l'on approche de cette atmosphère une bougie, elle jette une lueur verte ou rouge, et brûle rapidement sans endommager la plante. L'écorce de la racine de Fraxinelle est un stimulant très-énergique.

FRAXINUS, nom latin du Frêne, adopté par les Botanistes pour désigner le genre *Frêne*. On en a formé le mot *Fraxinées*, tribu de la famille des Oléacées.

FRÈDE, en latin *fredum* (de l'allemand *friede*, paix). *Voy.* AMENDE.

FRÉDÉRIC, monnaie d'or de Prusse. Le *frédéric* simple vaut 20 fr. 80 c.; le *demi-frédéric*, 10 fr. 40 c., et le *double frédéric*, 41 fr. 60 c.

FREDON (du latin *fritinnire*), espèce de roulement et de tremblement de voix qui se fait quelquefois dans le chant; il consiste dans le passage rapide de plusieurs notes sur la même syllabe (*Voy.* ROULADE). *Fredonner*, c'est chanter sans articuler d'une manière peu distincte.

Fredon désignait, dans certains jeux de cartes, trois ou quatre cartes semblables : quatre rois réunis, trois dames réunies, etc., formaient des *fredons*.

FRÉGATE (du catalan *fragata*, dérivé du grec *aphracta*, sans pont), bâtiment de guerre à un seul pont ou batterie entière, et qui par son importance vient immédiatement après le vaisseau de ligne. Sa construction ne diffère pas de celle du vaisseau. Les frégates sont désignées par le nombre de leurs bouches à feu, ou par le calibre des canons dont leur batterie est armée. Les plus fortes portent de 30 à 44 canons de trente, et au moins autant de caronades de trente réparties sur les gaillards ; les moins fortes ont aujourd'hui 18 canons et 24 caronades. La frégate est le bâtiment qui présente le plus d'avantages et qui est le mieux voilé. Elle est remarquable par sa marche et la vélocité de ses mouvements. Dans les armées navales, les frégates se tiennent sur les ailes ou en avant pour éclairer la marche, transmettre les ordres et les signaux dans les combats, et empêcher les vaisseaux désemparés de tomber au pouvoir de l'ennemi. On s'en sert encore pour escorter les flottes marchandes. La frégate peut porter de 650 à 850 tonneaux. Son tirant d'eau est de 6 m. — Autrefois on nommait, mais à tort, frégate, tout bâtiment à trois mâts qui avait une marche supérieure. — Capitaine de frégate. Voy. CAPITAINE.

FRÉGATE, Tachypetes, genre d'oiseaux de l'ordre des Palmipèdes, famille des Totipalmes, qui sont de la grosseur d'une poule : bec robuste, long de 15 centim., crochu à la pointe ; le tour des yeux et la gorge nus, des tarses à demi emplumés, et une membrane interdigitale très-échancrée. Leurs ailes démesurément longues empêchent ces oiseaux de nager ; mais ils saisissent à la surface de la mer, en effleurant l'eau, les poissons dont ils se nourrissent. La rapidité de leur vol et leurs formes élancées les ont fait comparer aux frégates. Ces oiseaux osent, dit-on, attaquer le pélican, et lui font dégorger le poisson qu'il a pris. La Fr. à tête blanche (T. leucocephalos), espèce unique que renferme ce genre, a le plumage du corps noir, avec des taches blanches. On la trouve planant sur toutes les mers tropicales.

FREIN (du latin frenum), partie de la bride, ordinairement en métal, que l'on met dans la bouche du cheval pour le gouverner (Voy. MORS). — Il se dit, en Anatomie, de tout repli membraneux qui bride ou retient un organe, comme le frein ou filet de la langue ; — en Mécanique, d'un mécanisme au moyen duquel on peut ralentir ou même arrêter complétement le mouvement d'une machine, d'une voiture, etc. : tel est le grand cercle qui entoure le rouet d'un moulin, et qui sert à l'arrêter tout d'un coup, quoique le vent donne à plein dans les ailes ; tels sont encore l'arc de cercle en bois ou en fer qu'on place derrière les grandes roues des charrettes, et la mécanique des diligences et des locomotives : cette dernière porte spécialement le nom de frein sur les chemins de fer. Voy. ENRAYER.

FRÉLATAGE, préparation qu'on fait subir au vin et aux spiritueux pour dissimuler leurs défauts, ou leur donner un goût qu'ils n'ont pas réellement. Ainsi, on rétablit avec du tannin les vins devenus gras ; avec de la chaux ou de la litharge (oxyde de plomb), ceux qui ont tourné à l'aigre ; on coupe ensemble des vins de qualités opposées pour obtenir des mélanges plus agréables ; on colore avec des bois de teinture les vins pâles ; on ajoute de l'alcool à ceux qui sont faibles, etc. La loi punit ces fraudes, toujours coupables et souvent dangereuses. Voy. FALSIFICATION DES BOISSONS.

FRELON, Vespa crabro, espèce du genre Guêpe, est de couleur ferrugineuse, avec une tache entre les antennes et une autre à la base des ailes. Le frelon a près de 3 centim. de longueur. Son nid, composé en grande partie de fibres de bois mort et extrêmement friable, est attaché par un pédicule, recouvert d'une espèce de toiture, arrondi, et n'ayant qu'un ou deux rangs de cellules ; le frelon place ce nid dans les greniers, les trous des murailles ou des arbres. Il est très-vorace et déchire les autres insectes pour sucer l'intérieur de leur corps. C'est un des plus cruels ennemis des abeilles ; en outre, il vole le miel de ces laborieux insectes. Sa piqûre est très-redoutable. Les frelons vivent en société : ces sociétés varient de 100 à 200 individus. Au commencement de l'hiver, presque toute la colonie meurt ; il ne reste que quelques femelles fécondées, qui la renouvellent au printemps.

FRÉMISSEMENT (du latin fremitus), mouvement insensible qui s'effectue entre les molécules des corps sonores, tels que le verre, les cloches, les cordes d'instrument, et qui consiste en une série de vibrations, d'où résulte le son.

En Médecine, on appelle ainsi un tremblement des membres ou de tout le corps qui précède ou accompagne le frisson de la fièvre. Voy. FRISSON. Laënnec a nommé Fr. cataire (de chat), un bruissement particulier, sensible à la main appliquée sur la région précordiale, et qu'il regarde comme un signe d'une ossification considérable de la valvule mitrale : ce frémissement a quelque analogie avec le murmure que font entendre les chats quand on les flatte.

FRÊNE, Fraxinus, genre de la famille des Oléacées, tribu des Fraxinées, renferme des arbres propres aux climats tempérés des deux continents, à feuilles opposées, à fleurs polygames ; le fruit est une capsule biloculaire, coriace et ailée. Les frênes servent à l'ornement des parcs et des avenues. Le Fr. commun, Grand Frêne ou Fr. des bois (Fr. excelsior), est un des arbres les plus élevés de nos climats, où il est indigène. Sa tige s'élève à près de 30 m. ; sa croissance est rapide : il vient dans toutes les terres, mais surtout dans les terrains légers et humides. Le tronc est droit, parsemé de gros boutons courts et noirâtres. Les feuilles sont formées de 6 à 13 folioles allongées, pointues, d'un beau vert, portées sur un pétiole ou rameau commun ; les fleurs, disposées en grappe, s'ouvrent en avril et en mai ; les fruits sont ovales, oblongs ; la graine, oblongue et comprimée. Le frêne nuit beaucoup aux végétaux voisins, épuise le sol par ses longues racines, et a la propriété de laisser tomber sur les plantes, après la pluie et la rosée, une liqueur visqueuse qui leur est funeste. C'est sur cet arbre que se réunissent de préférence les mouches dites cantharides. Le bois du frêne est compacte, blanc et veiné : on le travaille au tour pour en faire des manches d'outils, de petites machines ; on en fait encore des cercles de tonneaux, des brancards de voitures, diverses pièces de charronnage, des meubles, etc.; mais il se laisse facilement attaquer par les vers. Comme bois de chauffage, il brûle bien, jette beaucoup de chaleur, et fait d'excellent charbon. Les feuilles du frêne peuvent servir à la nourriture des bestiaux. La semence, fermentée dans l'eau, donne une boisson usitée en Suède. La première écorce de l'arbre peut servir à teindre en bleu ; la deuxième est un excellent fébrifuge. Le Fr. à fleur (Fr. ornus) et le Fr. de Calabre (Fr. rotundifolia) produisent la manne du commerce. Voy. MANNE.

FRÉNÉSIE ou PHRÉNÉSIE (du grec phrén, esprit). Ce mot, qui dans le langage vulgaire est synonyme de délire furieux, signifie pour les médecins, tantôt l'inflammation du cerveau et de ses membranes, surtout des méninges (Voy. ce mot), tantôt le délire symptomatique qui a lieu dans beaucoup d'affections. La frénésie était définie par les anciens un délire continuel avec fièvre aiguë, et Celse l'appelait insania febricitantium.

FRÈRE (du latin frater). C'est le deuxième degré de la parenté civile (Voy. PARENTÉ). Deux frères sont germains, lorsqu'ils ont même père et même mère ; consanguins, lorsqu'ils ne sont frères que du côté paternel ; utérins ou demi-frères, s'ils ont la même mère seulement.

Dans l'ancienne législation française, les frères avaient des droits fort inégaux ; mais depuis l'abolition du droit d'aînesse, tous ont le même rang dans les successions. — Le Code civ. (art. 162) avait prohibé le mariage entre beaux-frères et belles-sœurs. La loi du 16 avril 1832 a autorisé le chef de l'État à lever cette prohibition pour des causes graves.

On appelle encore *frères*, les religieux d'un même ordre et d'un même couvent.

FRESQUE (de l'italien *fresco*, frais), genre de peinture qui s'exécute ordinairement sur un enduit encore *frais*, formé de chaux et de sable mélangés ensemble. De cette manière, la peinture s'incorpore dans le mortier en séchant avec lui et devient presque ineffaçable. Les murs destinés à la peinture à fresque doivent être secs; on y applique d'abord la *crépissure*, enduit de chaux, de sable et de tuiles pilées; quand celui-ci est sec, on y pose le *deuxième enduit*, que l'on humecte d'eau, ce qui s'appelle *donner de l'amour au fond*, et on le couvre du dernier enduit, composé de chaux éteinte, de sable fin et de pouzzolane. C'est sur cette couche , *encore humide*, que l'on peint à fresque; on ne doit faire enduire que la partie de mur que l'on peut achever dans la journée. ⸺ La peinture à fresque est fort ancienne. On a trouvé dans les monuments de la Nubie et de l'Égypte, des hiéroglyphes, des ornements et même des figures peintes à fresque; les peintures du Pœcile et du Lesché à Athènes ont été exécutées de cette manière. Il en est de même des fragments de peinture découverts à Herculanum. Ce genre de peinture fut cultivé en Italie pendant tout le moyen âge; Raphaël, Michel-Ange, J. Romain et Zuccaro y ont excellé : rien n'égale la beauté des fresques du Vatican et de la chapelle Sixtine. En France on cite à la même époque La Fosse, B. Boulogne et Perrier. L'invention de la peinture à l'huile fit depuis négliger la peinture à fresque; mais, de nos jours, ce genre commence à reprendre faveur. ⸺ *Voy.* ENCAUSTIQUE.

FRET (de l'allem. *fracht*, charge, ou, selon Nicot, de *fretum*, mer), prix du loyer d'un navire, employé pour transporter des marchandises d'un port à un autre. Ce mot désigne encore : 1º la cargaison d'un navire de commerce; 2º certains droits que les vaisseaux payent à l'entrée ou à la sortie des ports. ⸺ Le Code de commerce (art. 286-310) traite de tout ce qui concerne le fret. ⸺ Ce que l'on nomme *fret* sur l'Océan, s'appelle *nolis* sur la Méditerranée.

FRETTE (du vieux français *frète*, petit cercle de métal dont on entourait le bois de certaines flèches), cercle de fer qui sert de lien à un morceau de bois pour l'empêcher de se fendre. Les moyeux des roues sont *frettés* par leurs deux bouts; ces frettes débordent le moyeu et forment une espèce de creux dans lequel se trouve l'écrou. On met encore des frettes aux pelles de bois, aux bois de lance, aux têtes de pilotis, etc.

FRÉUX ou FRAYONE, dit aussi *Grolle* ou *Graule*, en latin *Corvus frugilegus*, espèce d'oiseaux du genre Corbeau, se distinguent par l'absence de plumes à la base du bec, aux narines, à la gorge et au devant de la tête. Leur corps est d'un beau noir, à reflets pourpres et violets; leur bec est effilé et de couleur noire; le tour des yeux est d'un gris blanc. Le Freux est long d'un demi-mètre. Une variété, très-rare, est entièrement blanche. Cet oiseau se nourrit de petits animaux carnassiers, d'insectes et de grains. On le trouve en Europe et en Asie.

FRICHE (du bas latin *friscum*, même signif.), étendue de terrain qu'on ne cultive pas, et où ne croissent que des herbes et des broussailles. La France renferme encore aujourd'hui plus de 3 millions d'hectares de terres en friche. *Voy.* DÉFRICHEMENT.

FRICTION (du latin *fricare*, frotter), action de frotter une partie quelconque du corps : c'est un puissant moyen d'exciter les fonctions de l'organe cutané. Les *frictions* sont ou *sèches* ou *humides* : les premières se font avec les mains, avec une brosse, du linge ou de la flanelle; les autres avec des huiles, des liniments, des onguents, etc. Au moyen d'un conducteur adapté à une brosse, on fait des frictions électriques qui sont éminemment stimulantes.

FRIGORIQUE, nom donné par les anciens physiciens à un fluide impondérable , qui , répandu dans les corps, produirait le froid, de même que le calorique produit la chaleur. On est d'accord aujourd'hui sur la non-existence de ce fluide. *Voy.* FROID.

FRIMAIRE (de *frimas*), 3e mois du calendrier républicain en France, commençait, selon les années, le 21 ou le 22 novembre.

FRIMAS (du latin *fremo*, frémir, parce qu'il fait frissonner?), nom collectif du givre et du grésil, dus tous deux à un brouillard épais qui se congèle avant de tomber. Les frimas s'attachent aux cheveux, aux crins des chevaux, et à tous les corps exposés directement à l'air. Ceux qui blanchissent la campagne pendant l'hiver sont produits par la même cause que la rosée.

FRINGALE, par corruption de *Faim-valle* (*Voy.* ce mot), expression populaire par laquelle on désigne, en général, une faim dévorante et spécialement un besoin brusque et impérieux de manger, accompagné de frisson, besoin qui disparaît aussitôt qu'on a pris un peu d'aliments.

FRINGILLES ou FRINGILLIDÉS (de *Fringilla*, nom latin du genre Moineau), famille de l'ordre des Passereaux conirostres. Ces oiseaux ont aux pieds trois doigts en avant et un en arrière; le bec forme un cône plus ou moins régulier. On en trouve des espèces sur tous les points du globe. Plusieurs sont voyageuses, mais la plus grande partie est sédentaire. Ils se nourrissent d'insectes, de graines et surtout de fruits. Pendant l'automne, ces oiseaux occasionnent des torts considérables aux cultivateurs. Les principaux genres sont : le *Gros-bec*, le *Bouvreuil*, le *Chardonneret*, le *Moineau*, le *Pinson* et le *Serin*.

FRIPIER (de *fripé*, usé), celui qui fait métier d'acheter et de revendre de vieux habits et de vieux meubles. Autrefois les fripiers formaient une corporation dont l'organisation remonte à 1544. Les membres de cette corporation devaient avoir trois ans d'apprentissage et autant de compagnonnage.

FRIQUET ou HAMBOUVREUX, *Fringilla montana*, espèce du genre Moineau, plus petite que le Moineau domestique. Le Friquet a le sommet de la tête rouge bai, le dessus du dos et du cou varié de noir et de roussâtre; le croupion et la queue gris, la gorge noire, la poitrine et le ventre d'un gris blanc, le bec noir et les pieds gris. Cet oiseau a l'habitude, lorsqu'il est perché, d'être toujours en mouvement et d'agiter sans cesse la queue. Il ne s'approche pas beaucoup des lieux habités; mais il se tient à la campagne, sur le bord des chemins et des ruisseaux. Les Friquets sont communs dans toute l'Europe; ils sont moins destructeurs que les Moineaux.

FRISE (de l'italien *fregio*, dérivé, dit-on, de *Phrygius*, parce que les Phrygiens furent les premiers qui brodèrent des ornements sur la *frise*?), partie supérieure de l'entablement d'un monument, celle qui sépare la corniche de l'architrave. Elle est souvent ornée de sculptures ou d'inscriptions. ⸺ On nomme encore ainsi des bandeaux peints ou sculptés, qui entourent à l'intérieur le haut d'un édifice.

On distingue : la *Frise* ou *gorge de placard*, qui est au-dessus d'une porte entre le chambranle et la corniche; la *Fr. de lambris*, un panneau de menuiserie plus long que large , dans l'assemblage d'un lambris; la *Fr. bombée*, ou courbée en saillie; la *Fr. de fer*, en serrurerie; la *Fr. fleuronne*, enrichie de faisceaux de feuillages imaginaires; la *Fr. historiée*, représentant des figures historiques ou allégoriques, comme celle de l'Arc de triomphe de l'Étoile, à Paris; la *Fr. symbolique*, ornée d'emblèmes et d'attributs, etc.

Dans la Marine, on nomme *frises* les planches sculptées que l'on place en divers lieux de la charpente d'un vaisseau, comme ornement ; ainsi que des pièces d'étoffe de laine épaisses, que l'on emploie pour boucher les voies d'eau.

FRISE, sorte d'étoffe de laine à poil frisé, et qui n'est pas croisée. — On nomme *Toile de frise*, une toile qui vient de la province de Frise en Hollande.

FRISE (CHEVAL DE). *Voy.* CHEVAL.

FRISQUETTE, nom donné par les Typographes au châssis en fer recouvert de fort papier collé que l'on met sur le tympan et sur la feuille qu'on veut tirer, après avoir enlevé de ce papier seulement ce qui masque les endroits qui doivent être imprimés, afin d'empêcher que les marges et tout ce qui doit demeurer blanc ne soient maculés.

Les fabricants de cartes à jouer se servent de frisquettes taillées selon les figures et les couleurs séparées qu'on veut y appliquer au moyen de la brosse.

FRISSON (du grec *phrix*, bruit, frémissement), tremblement involontaire, subit, inégal, irrégulier et passager, qui consiste dans un frémissement convulsif de la peau, suivi d'une sensation de froid ; il est causé ordinairement par le froid qui précède la fièvre, par l'impression immédiate du froid extérieur, par un sentiment de frayeur, d'horreur, etc. Quelquefois il se fait sentir par tout le corps, d'autres fois il n'est que partiel.

FRISURE (de *friser*). On frise soit avec un peigne, soit en roulant les cheveux dans du papier et les pressant avec un fer chaud, soit en les enroulant autour d'un fer chaud. *Voy.* COIFFEUR.

FRITILLAIRE (de *fritillus*, cornet à jouer aux dés), *Fritillaria*, genre de plantes de la famille des Liliacées, tribu des Tulipacées, est composé de plantes herbacées à bulbe solide, charnu, d'où s'élance une tige à feuilles alternes. Les fleurs sont grandes, renversées, en forme de cloches à 6 divisions distinctes. Ces plantes sont originaires de l'Europe et de l'Asie. On cultive dans les jardins : la *Fr. méléagride*, ou *Damier*, qui se plaît dans les prés humides et atteint 30 centim.; ses fleurs, assez grandes et penchées, sont violettes ou blanches, marquées de carreaux blancs ou jaunes, et rouges ou pourpres ; la *Fr. impériale*, ou *Couronne impériale*, qui s'élève à 1 m. de hauteur : ses feuilles sont éparses, lancéolées ; ses fleurs, très-grandes et d'une belle couleur safranée ; elles forment au haut de la tige une couronne surmontée de feuilles ; elles exhalent une odeur fétide. Cette plante donne une fécule alimentaire.

FRITTE (du latin *frigere*, frire), produit d'une fusion, d'une vitrification imparfaite, causée par l'action d'une chaleur insuffisante pour amener une fusion complète, mais assez forte pour déterminer un commencement d'action chimique entre les corps constituant le mélange : il y a des *frittes* de verre, de fer, de minerai, etc.

FRITURE (du latin *frictus*, participe de *frigere*, frire), opération culinaire qui consiste à faire cuire diverses substances alimentaires dans la graisse bouillante, surtout dans le saindoux. La friture se fait aussi avec du beurre ou de l'huile. Elle sert à accommoder le poisson, les œufs, les beignets et toutes sortes d'entremets sucrés. La friture date du XIIIᵉ siècle.

FRIVOLITÉ. Dans le Commerce, on connaît sous ce nom une petite dentelle de coton qui se vend très-bon marché.

FROC (du bas latin *froccus*, corruption de *floccus*, flocon de laine, parce qu'au bout du froc on attachait quelquefois une petite houppe), se dit de l'habit d'un moine, et particulièrement du capuchon, de la partie supérieure de cet habit qui recouvre la tête et les épaules. Le froc est toujours de la couleur de l'habit. — Ce mot désigne encore par métonymie la profession de religieux.

FROID (en latin *frigus*), sensation produite par la soustraction du calorique du corps. Les anciens physiciens croyaient que le froid était causé par un fluide spécial nommé *Frigorique*, qui possédait, d'après eux, des propriétés contraires à celles du *Calorique*. Aujourd'hui, il est reconnu que le froid n'est qu'une diminution de calorique, et qu'un corps ne se refroidit que parce qu'il cède son calorique aux corps environnants. Ce refroidissement a lieu soit par l'abaissement de la température atmosphérique, soit par des moyens artificiels.

Froid naturel. Le froid est très-prononcé vers les régions voisines des pôles ; il est plus rigoureux sur les lieux élevés : il augmente d'un degré par 180 mètres d'élévation perpendiculaire. Les corps qui garantissent le mieux du froid sont la laine, les poils d'animaux, la soie, qui, étant mauvais conducteurs de calorique, retiennent la chaleur qui se dégage du corps. Le froid influe sur la vitalité des êtres organisés : tempéré, il retarde leur développement, mais prolonge leur existence ; il diminue la sensibilité du système nerveux et augmente l'appétit ; excessif, il produit chez l'homme des engelures, des maladies de poitrine, l'apoplexie ; il décolore le poil des animaux et le blanchit ; dans certaines espèces, il engourdit le sang, au point de produire un sommeil de plusieurs mois. Le froid arrête aussi la végétation des plantes ; beaucoup d'espèces ne peuvent vivre dans les pays froids.

Froid artificiel. On peut le produire : par le *contact*, en entourant un corps quelconque de substances plus froides qui lui enlèvent son calorique ; par la *raréfaction* de l'air, par l'*évaporation*, par des moyens chimiques, tels que la *liquéfaction* et les *mélanges réfrigérants*. *Voy.* ces mots.

FROMAGE (pour *formage*, par métathèse ; de *forme*, espèce de natte de jonc ou d'osier où l'on met le fromage pour le faire égoutter), aliment préparé avec la partie caséeuse et le beurre du lait. On se sert, pour le fabriquer, de lait de vache, de chèvre ou de brebis, seul ou mélangé ; mais, quoique la matière première soit partout la même, les procédés de préparation, qui varient considérablement, et la qualité des pâturages, ont donné lieu de distinguer un nombre infini d'espèces de fromages, le plus souvent désignées par le nom des localités où on les fabrique. On range ordinairement tous les fromages en 3 classes : les *Fr. frais*, qui doivent être mangés sur-le-champ ; les *Fr. gras*, qui peuvent attendre quelques mois ; et les *Fr. secs*, qui peuvent se conserver au delà d'une année. Il faut néanmoins se mettre en garde contre les fromages par trop vieux ; beaucoup d'espèces, en vieillissant, acquièrent des qualités vénéneuses, et produisent de véritables empoisonnements. Quant à l'odeur et à la saveur piquante de plusieurs fromages, elle est due, en grande partie, à des sels ammoniacaux et surtout à des acides volatils (butyrique, caprique, valérianique, etc.), qui s'y développent par la fermentation.

Fromages frais. Pour les préparer, on fait cailler le lait, soit en l'abandonnant à lui-même à une température de 18 à 20°, soit au moyen d'un suc acide (jus de citron, vinaigre, etc.), ou de *présure* (*Voy.* ce mot) ; on recueille ensuite le *coagulum* sur des formes à claire-voie garnies d'un linge fin, de manière que le petit lait puisse s'écouler : c'est ainsi qu'on obtient les *Fr.* dits *à la pie*, en grands disques blancs ; les *Fr. à la crème*, en forme de cœur ; les *Fr. de Neufchâtel*, en petits pains entourés de papier de soie ; les *Fr. de Viry*, etc.

Fromages gras. Après avoir obtenu le *coagulum* ou lait caillé comme pour les fromages frais, on le laisse bien égoutter : après quoi, on le sale et on le presse à plusieurs reprises ; puis on le porte à la cave, où on le conserve sur un lit de foin, jusqu'à ce qu'il s'amollisse et devienne gras. C'est ainsi qu'on prépare, avec de légères différences, le *Fr. de Brie*, en disques de 40 centim. de large sur 3 d'épaisseur, qu'on distingue en fromages maigres (de lait écrémé), gras (de lait naturel), et crémeux ; le *Fr. de Marolles*, petit et carré, à pâte molle et jaune ; le *Fr. du Mont-*

Dore, fait de lait de chèvre, et qui s'expédie en grande quantité dans de petites boîtes rondes; le *Fr. de Gérômé*, ou *Gérardmer*, qui s'aromatise avec du cumin; ceux *de Rollo, des Angelots, des Dauphins*, etc.

Fromages secs. Ils se préparent de deux manières : par *cuisson*, ou par *compression*.—Dans le premier cas, on verse dans une chaudière du lait modérément écrémé, et, après l'avoir chauffé jusqu'à 25°, on met la présure; on bat quelque temps le coagulum, puis on le remet sur le feu jusqu'à ce que les grumeaux deviennent consistants et d'un aspect jaunâtre; on retire alors la pâte du feu, et, après l'avoir remuée pour l'agglomérer et la rendre élastique, on la verse dans un moule, qu'on soumet ensuite à la presse pendant 24 heures. Après quoi, on porte les fromages à la cave : on les y laisse 4 ou 5 mois, en ayant soin de les retourner tous les jours, en répandant du sel sur toute la surface. On prépare ainsi, en Suisse et en Franche-Comté, le fromage dit de *Gruyère*, qui a la forme d'une grosse meule ; en Italie, le *Parmesan*, ou *Lodesan*, qu'on colore en jaune verdâtre avec du safran ; en Angleterre, le *Chester*, qu'on colore avec du gaillet, etc. — Dans le 2ᵉ cas (*compression*), le fromage se fait à froid avec du lait non écrémé. Après avoir fait cailler le lait à la manière ordinaire, on pétrit la pâte et on la comprime dans une passoire pour la faire égoutter; on la met ensuite dans un cylindre à fond percé de trous, et on la charge de pierres; quand la masse est bien homogène et qu'il ne reste plus d'interstices, on l'immerge dans de l'eau salée, puis on la saupoudre de sel blanc; après quoi, on lave le fromage dans du petit-lait, on le racle et on le met au frais jusqu'à ce que la croûte prenne un aspect rougeâtre : on fabrique ainsi le fromage *de Hollande*, qui a la forme d'une boule ; les gros fromages *du Cantal* ou *d'Auvergne*, ceux *de Gex* ou *de Sept-Moncel;* le fromage *de Roquefort* (Aveyron), fait avec du lait de chèvre et de brebis, et qui doit sa qualité supérieure à la nature des caves où on le prépare; les fromages *de Sassenage* (Isère), *du Mont-Cenis*, etc.

La préparation du fromage remonte à la plus haute antiquité. Elle était connue des Hébreux, des Égyptiens et des Grecs; les fromages étaient un mets très-recherché des Romains et des Gaulois; ceux de Nîmes et des Alpes étaient particulièrement en faveur. Dans les Gaules, on exposait les fromages à la fumée des plantes aromatiques pour leur communiquer un goût particulier. A Rome et en Grèce, on trempait les vieux fromages dans du vinaigre pour leur restituer leur première saveur.

Le *Fromage glacé* est un mets composé de crème et de sucre, auxquels on joint quelque substance agréable au goût et qu'ensuite on frappe à la glace.

Les Charcutiers appellent *Fr. d'Italie* et *Fr. de cochon* des préparations de viande de porc hachée et mêlée de graisse, qui n'ont de commun avec le fromage que de se manger avec le pain.

FROMAGEON, un des noms vulgaires de la *Mauve.*

FROMAGER, *Bombax*, genre type de la famille des Bombacées, renferme des arbres remarquables par leur croissance rapide, la grosseur de leur tronc, la beauté de leurs fleurs et par le duvet qui enveloppe les semences des fruits. Leurs feuilles sont alternes, longuement pétiolées; les pédoncules axillaires et uniflores, les fleurs blanches, le calice tubulé et à 5 dents, la corolle à 5 pétales, les étamines au nombre de 5; le fruit est une capsule à 5 valves et à 5 loges. Ces plantes sont originaires de l'Amérique tropicale. Le *Fr. à cinq étamines* (*B. pentandrum*) est un arbre haut de 20 à 25 m. Son bois est léger, très-cassant; le tronc se recouvre d'une écorce verdâtre et parsemé de tubérosités épineuses. Les feuilles sont composées de sept ou neuf folioles lancéolées portées sur de longues tiges. Le fruit, long de 16 centimètres, renferme des semences noires, enveloppées dans un duvet semblable à celui du cotonnier. On garnit des coussins et des meubles avec ce duvet; mais on ne peut le filer, parce qu'il est trop court. On retire de l'huile de ses feuilles. On mange les semences torréfiées. Une autre espèce, le *Fr. de Carthagène* (*B. Ceïba*), le plus épineux de tous, se cultive en serre chaude.

FROMENT (en latin *frumentum*), *Triticum*, le Blé le plus pur, la principale nourriture de l'homme. Pour les Botanistes, c'est un genre de la famille des Graminées, tribu des Hordéacées, renfermant des plantes herbacées, annuelles ou vivaces, composées d'épillets multiflores et solitaires sur chaque dent de l'axe, qui est fléchi en zigzag. Chaque épillet renferme ordinairement 4 fleurs : ce qui distingue le froment du seigle, où chaque épillet en renferme 2 ; il diffère aussi de l'orge par l'absence des paillettes sétacées, qui, dans ce dernier végétal, environnent 2 ou 3 épillets en forme d'involucre. Les deux points extrêmes au delà desquels il cesse de croître sont, au Nord, le 58ᵉ degré, et au Sud, le 12ᵉ. Le genre Froment renferme des espèces cultivées et des espèces sauvages.

Parmi les premières, on compte 5 types : 1° le *Fr. commun* (*Tr. sativum*), ou *Blé*, qui comprend des *variétés sans barbes et à pailles creuses*, comme le Blé commun d'hiver à épi jaunâtre ; le Blé de mars, blanc, sans barbes ; le Blé blanc de Flandres; le Blé blanc de Hongrie, ou Blé anglais; et le Blé d'Odessa, ou Blé d'Alger; des *variétés barbues à paille creuse*, telles que le Blé barbu d'hiver à épi jaunâtre, le Blé de mars barbu ordinaire, et le Blé de Toscane à chapeaux, qui fournit les pailles fines, dites *Pailles d'Italie;* et des *variétés barbues à paille pleine :* Poulard rouge lisse, ou gros Blé rouge; P. rouge velu, ou Gros Blé roux; P. blanc lisse, P. blanc velu, etc.; 2° le *Fr. dur* (*Tr. durum*), comprenant le Blé dur ou d'Afrique, le Blé trémois ou barbu de Sicile, et le Blé d'Ismaël ou Blé Tripet; 3° le *Blé de Pologne* (*Tr. polonicum*), dit aussi *Seigle de Pologne* ou *de Russie*, et que l'on croit identique aux variétés dites *Blé d'Égypte, Blé du Caire* et *Blé Mogador;* 4° l'*Épeautre* (*Tr. spelta*), à grains ne se séparant pas de leur balle, et comprenant l'É. sans barbe, l'É. blanche barbue, l'Amidonnier blanc, ou É. de mars, et l'Amidonnier roux ; 5° enfin, l'*Engrain* (*Tr. monococcum*), appelé aussi *Engrain commun, Petit Epeautre* ou *Froment Locular,* variété utile dans les mauvaises terres.

Les espèces sauvages sont le *Chiendent* (*Tr. repens*), le *Fr. des haies* (*Tr. sepium*), le *Fr. à collines de jonc* (*Tr. junceum*), le *Fr. glauque* (*Tr. glaucum*), etc. Plusieurs de ces espèces, loin d'être utiles, nuisent, comme le Chiendent, par leurs longues racines, qui infestent partout les terrains cultivés.

FROMENTAL, nom vulgaire donné à une espèce d'avoine, l'*Avoine élevée*, qui sert de fourrage.

FROMENTEAU, qualité supérieure de raisin gris rouge, à grappe grosse et sucrée. Les grains ont la peau dure et un goût exquis.

FRONDE (du latin *funda*, même signification), instrument léger formé d'une petite bande de cuir, à laquelle sont attachées deux cordes, chacune d'un côté. On place sur le cuir un objet quelconque, pierre, balle de plomb, etc.; puis on fait tourner la fronde en augmentant peu à peu la vitesse. Lorsque cette vitesse est la plus grande possible, on lâche une des deux cordes en retenant l'autre : la fronde s'ouvre alors, et laisse partir le corps qu'elle renferme et qui va frapper avec force les obstacles. Le projectile suit d'abord la tangente à la circonférence de rotation, puis il décrit une parabole par l'effet de la pesanteur. Sa portée peut dépasser 500 pas.

La fronde était l'arme ordinaire des soldats à pied dans l'antiquité et le moyen âge. On sait que le jeune David tua le géant Goliath avec une fronde; les habitants des îles Baléares étaient réputés pour être les plus habiles frondeurs. Les Grecs, les Romains et les Carthaginois eurent des corps de frondeurs, et à leur exemple, les Germains, les Francs et les autres Barbares. Au xive siècle, il y avait encore des frondeurs dans l'armée espagnole : on s'en servit pour lancer les premières grenades. L'invention des armes à feu a fait abandonner cette arme. *Voy.* FUSTIBALE.

En Botanique, *fronde* se dit des feuilles qui s'élèvent de la racine ou de la tige de quelques plantes, et en général des feuilles très-grandes.

En Chirurgie, on nomme *fronde* une sorte de bandage à quatre chefs, que l'on fait avec une bande fendue par ses extrémités jusqu'à 5 centim. environ de sa partie moyenne, ce qui lui donne la forme d'une *fronde*. On l'emploie surtout pour fixer la mâchoire inférieure, dans le cas de fracture ou de luxation de cet os. On le nomme alors *mentonnière*.

Pour la *Fronde*, dans l'Histoire, *Voy.* ce mot au *Dict. univ. d'Hist. et de Géogr.*

FRONT, partie supérieure du visage qui s'étend d'une tempe à l'autre, et qui est comprise entre la racine des cheveux et la saillie que forme le bord de l'orbite. — On se sert quelquefois de ce mot par analogie pour exprimer, dans les oiseaux, l'espace compris entre la base du bec et le vertex.

Dans le langage militaire, ce mot est synonyme de *face* ou *d'aspect* : le *front d'une troupe en bataille*, ou le *front de bataille*, est le devant; le rang antérieur d'une troupe ou de la ligne sur laquelle elle est établie, et qui regarde l'ennemi; le *front d'une troupe en colonne* est sur la ligne passant par le premier rang de la colonne; un bataillon carré présente autant de *fronts* que de côtés. — Dans un camp, on appelle *front de bandière* la large rue qui longe le premier rang de tentes ou de baraques (*Voy.* BANDIÈRE). — Dans les places fortes, on appelle *front de fortification* la partie comprise entre les capitales de deux bastions consécutifs : elle se compose de deux demi-bastions et d'une courtine, enveloppés d'un fossé et formant le corps de place; d'une tenaille, d'une demi-lune et de son fossé; d'un chemin couvert et du glacis. — Dans la Marine militaire, on appelle *front* l'ordre de marche dans lequel tous les vaisseaux d'une armée navale sont rangés sur une même ligne et marchent à côté les uns des autres.

FRONTAL, qui concerne le front. L'os *frontal*, qui forme le front, est la même chose que l'*os coronal* (*Voy.* ce mot). L'artère *frontale* est une artère fournie par l'artère ophthalmique. Elle sort par la partie interne et supérieure de la base de l'orbite, et remonte sur le front entre l'os et le muscle des paupières. La *veine frontale* est une branche de la veine faciale. — *Sinus frontaux. Voy.* SINUS.

FRONTEAU (de *front*), nom donné : 1o à un bandage qu'on place sur le front et qu'on nomme aussi *frontal*; 2o à une pièce du harnais d'un cheval destinée à lui couvrir le front quand il est caparaçonné.

Dans la Marine, le *fronteau* est une balustrade de planche sculptée dont on couvre une face des pièces de bois qui tiennent le grand mât et qui soutiennent les ponts. On nomme *fronteau de volée* la petite saillie en bois qui reçoit et appuie les canons.

FRONTIÈRES (de *frons*, front, parce que la frontière est comme le front opposé aux ennemis), ligne séparative des territoires de deux nations voisines. On distingue les *Fr. naturelles*, telles que l'eau, la rive, le thalweg, le milieu d'un fleuve, des chaînes de montagnes, des vallées, déserts, landes, écueils, côtes, bancs de sable, etc. ; et les *Fr. artificielles* ou *conventionnelles*, comme bornes, poteaux, termes, édifices, ponts, arbres ou rochers marqués, routes, monceaux de terre, fossés limitrophes, barrières, tonnes flottantes arrêtées par des ancres, etc.

La fixation des frontières, les travaux élevés pour leur défense, tels que forteresses, lignes retranchées, batteries, têtes de pont, etc., donnent souvent lieu à des difficultés diplomatiques qui ne se résolvent que par la guerre ou par des traités particuliers, dits *traités de délimitation*.

FRONTIN, personnage de l'ancienne comédie, créé au xviiie siècle. C'était un valet audacieux, impudent, à la repartie prompte, qui dirigeait son maître dans ses plaisirs et dans ses affaires. Augé et Dugazon excellèrent dans ce rôle.

FRONTISPICE (du latin *frons*, front, et *inspicere*, regarder), mot qui désigne, en Architecture, la façade principale d'un édifice quelconque, celle qui annonce à la première vue la destination d'un monument et qui y donne entrée (*Voy.* FAÇADE) : tels sont le portail d'une église, le péristyle d'un temple, la porte d'un palais ou d'un hôtel, etc. — Par extension, on applique ce mot aux titres et aux gravures placés en tête des livres ou des recueils d'estampes.

FRONTON (de *front*), construction qui s'élève au-dessus de la frise, au sommet d'un édifice, et qui forme le couronnement de toute son ordonnance. On élève aussi des frontons au-dessus des portes, des fenêtres, des niches, etc. : ils sont le plus souvent ornés de bas-reliefs ou d'ornements. Le fronton est ordinairement triangulaire; il y en a aussi de courbes, en arcs de cercle ou d'ellipse. On appelle *Fr. à jour*, celui dont le tympan est évidé pour laisser passer le jour; *Fr. à pan*, celui dont la corniche supérieure forme trois parties en pans coupés; *Fr. sans base*, celui dont la corniche horizontale est supprimée; *Fr. gothique*, une espèce de pignon, de la forme d'un comble très-élevé, tantôt plein, tantôt à jour, comme on en voit à toutes les façades des églises d'architecture ogivale, etc.

Les monuments grecs et romains offrent des frontons remarquables par la richesse de leurs ornements : ce sont ordinairement des bas-reliefs remplissant tout le tympan, des médaillons ornés de figures, des ornements peints, etc. Quelquefois ils portent aux angles et au sommet des socles ou piédestaux dits *acrotères*, surmontés de statues ou d'objets allégoriques.

FROTTEMENT, résistance qu'éprouve un corps à glisser ou à rouler sur un autre corps. Quelque polies que soient deux surfaces, elles sont toujours couvertes d'aspérités visibles au microscope. Ces aspérités s'engrènent les unes dans les autres et contractent une certaine adhérence par leur contact immédiat. On distingue deux sortes de frottement : 1o celui dans lequel un corps glisse sur un autre et où une seule des deux surfaces se renouvelle; 2o celui d'un corps qui roule et dans lequel les deux surfaces en contact se renouvellent à chaque instant. Le frottement de la première espèce, dit *Fr. de glissement*, est plus grand que celui de la seconde. L'huile, les graisses, le savon, la plombagine, ont pour objet de transformer le premier frottement en frottement de la seconde espèce, tant en remplissant les inégalités des surfaces, que par la facilité avec laquelle leurs molécules roulent les unes sur les autres.

Le frottement de deux corps hétérogènes est moindre que celui de deux corps homogènes. Dans la pratique, on admet 0,07 pour coefficient du frottement de glissement, lorsque les surfaces ont été enduites d'huile ou de saindoux, et 0,09 lorsqu'elles ont été graissées de suif. Dans le *Frottement de roulement*, comme celui d'une voiture, le coefficient varie de $\frac{1}{25}$ à $\frac{1}{8}$ suivant que le cheval va au pas ou au trot, et que la route est pavée ou sablée.

On se sert du *frottement* en Physique pour développer l'électricité. En Médecine, le frottement, qui prend alors le nom de *friction*, est un puissant moyen curatif. *Voy.* FRICTION.

FROUEMENT (onomatopée), action de contrefaire avec une feuille de lierre ou un instrument quelconque les cris des geais, des pies, des merles, des grives et de différents petits oiseaux, quelquefois même des cris imaginaires, ou le bruit de leur vol, pour les engager à s'approcher des pièges qu'on leur tend.

FRUCTIDOR (du latin *fructus*, fruit), 12ᵉ mois du calendrier républicain. Il commençait, selon les années, le 18 ou le 19 août. C'est à la suite de ce mois que venaient se placer les *jours complémentaires*. *Voy.* ce mot.

FRUCTIFICATION (de *fructus*). On entend par ce mot, l'ensemble des phénomènes qui accompagnent la production du fruit, depuis sa première apparition jusqu'à son entière maturité. *Voy.* FRUIT.

FRUGIVORES (de *fruges*, grains, et *vorare*, dévorer), animaux qui se nourrissent de substances végétales en général de fruits. Le nombre en est très-grand. MM. Vieillot et Ch. Bonaparte ont donné ce nom à une famille de l'ordre des Passereaux, composée de ceux qui vivent de fruits, comme les Touracos, les Musophages.

FRUIT (du latin *fructus*), production des végétaux qui succède à la fleur et qui sert à leur propagation : c'est l'ovaire fécondé et parvenu à son entier développement. Le fruit comprend 2 parties : le *péricarpe* et la *graine* (*Voy.* ces mots). La grosseur des fruits n'a aucun rapport avec la grandeur de de l'arbre qui les produit : le gland, par exemple, provient d'un arbre gigantesque, tandis que le potiron est le produit d'une plante grêle et rampante. — On nomme *Fr. simple*, celui qui provient d'un seul pistil, comme la pêche, la cerise ; *Fr. multiple*, celui qui provient de plusieurs pistils renfermés dans une même fleur, comme la fraise, la framboise ; *Fr. composé*, celui qui résulte de plusieurs pistils réunis, mais provenant de fleurs distinctes, comme les mûres, les ananas, les cônes des pins. On nomme *Fr. secs*, ceux dont le péricarpe est mince et peu fourni de sucs, et *Fr. charnus* ceux, au contraire, qui ont un péricarpe épais et succulent, comme le melon, l'abricot. Dans quelques fruits, la partie charnue provient du calice (mûre, ananas), ou des bractées (genévrier), ou de l'involucre (figue), ou du pédoncule (noix d'acajou). On nomme *Fr. déhiscents*, ceux qui s'ouvrent par des valves ; *Fr. indéhiscents*, ceux qui restent clos. Les premiers, quand ils sont secs, sont dits *Fr. capsulaires*. Suivant le nombre de graines qu'ils renferment, les fruits peuvent être *monospermes, dispermes, trispermes, oligospermes, polyspermes*, etc. (*Voy.* ces mots) ; on nomme *pseudospermes*, ceux dont le péricarpe a peu d'épaisseur et adhère à la graine, comme dans les Graminées et les Composées. — M. Richard classe les fruits en *simples, multiples* et *agrégés* ou *composés*. Les premiers se partagent ensuite en *Fr. secs indéhiscents* : caryopse, akène, polakène, samare, gland, carcérule ; *Fr. secs déhiscents* : follicule, silique, silicule, gousse, pyxide, élatérie, capsule ; et *Fr. charnus* : drupe, noix, nuculaine, mélonide, péponide, hespéridie, baie. Les *Fr. multiples* ne comprennent que le syncarpe. Enfin les *Fr. agrégés* comprennent le cône ou strobile, le sorose et le sycône. *Voy.* ces mots.

En Droit, on nomme *fruits* les produits ou revenus d'une propriété quelconque. On nomme *Fr. civils* les loyers des maisons, les intérêts des sommes exigibles, les arrérages de ferme, le prix des baux à ferme, etc. ; *Fr. industriels*, les productions qu'on obtient par la culture, comme le blé, le vin, etc. ; *Fr. annuels*, ceux qui se reproduisent chaque année ; *Fr. casuels*, ceux qui dépendent d'événements futurs. — On appelle *Fr. pendants par racines*, les blés, les raisins, et généralement tous les fruits lorsqu'ils sont encore sur pied. Les fruits pendants par racines font partie du fonds. On ne peut les saisir qu'après une époque déterminée par la loi.

FRUITS A NOYAU. Ce sont les Drupes, tels que Prunes, Pêches, Abricots, etc. *Voy.* DRUPE.

FRUITS CONFITS. *Voy.* CONFITURES.

FRUITS LÉGUMIERS, nom que l'on donne à l'*Aubergine*, à la *Tomate*, aux *Melons*, aux *Courges*, aux *Citrouilles*, aux *Concombres*, etc., et en général aux fruits qu'on sert comme légumes.

FRUITS SECS, fruits séchés au four ou au soleil (raisins, figues, pruneaux, poires et pommes tapées, amandes, etc.). La chaleur, en évaporant leur eau de végétation, en a concentré la partie sucrée. Le plus souvent on les *blanchit* en les trempant auparavant dans l'eau bouillante. Les plus estimés sont les raisins de Corinthe, de Montpellier, de Damas, les prunes de Tours et d'Agen, les poires de Reims, les figues d'Alep, de Marseille, les dattes d'Algérie, etc.

FRUITIER (de *fruit*), local destiné à la conservation des fruits. Le meilleur est une cave sèche dont la température se maintienne constamment entre 12 et 14° centigrades. Il faut de plus qu'il soit suffisamment distant des fumiers, des lieux d'aisances et des mares qui pourraient y apporter de la mauvaise odeur et de l'humidité. On pose le fruit sur des tablettes ou des tringles à claire-voie. Ceux que l'on veut conserver pour l'hiver doivent être cueillis quelques jours avant leur complète maturité. On ne les essuiera pas, de peur que le duvet de nature gommeuse qui les recouvre ne produise, en se desséchant, une sorte de vernis qui bouche les pores, et mette obstacle à la fermentation. Dès que les fruits sont dans le fruitier, on doit profiter de quelques beaux jours pour ouvrir portes et fenêtres, et faire évaporer l'excès d'humidité dont ils sont chargés.

FRUITIERS (ARBRES). On distingue les *A. fruitiers à noyau* et les *A. fruitiers à pepins* ; on nomme *A. de verger*, ceux que l'on cultive au jardin ou dans un enclos ; et *A. de plein vent*, ceux qui croissent dans les champs cultivés. Suivant la forme qu'on leur donne, on les appelle encore *A. en quenouilles*, *A. en espaliers*, etc. (*Voy.* ces mots). — On plante les arbres fruitiers après la chute des feuilles dans les terres légères, mais seulement en février et mars dans les terres fortes et humides. On a soin qu'ils soient jeunes et vigoureux, que le sujet soit bien proportionné à la greffe, et que tout le chevelu des racines soit bien conservé. On ne doit enterrer l'arbre que jusqu'au collet. Lorsque l'arbre est fixé, on achève de couvrir toutes les racines de terre fine, et l'on remplit le reste du trou avec de la terre mêlée de fumier consommé. — Pour la taille des arbres fruitiers, *Voy.* TAILLE.

FRUITS, terme de Jurisprudence. *Voy.* FRUIT.

FRUSTE (du latin *frustum*, fragment), se dit, en Numismatique, d'une médaille effacée ou défectueuse dans sa forme. — Ce mot s'applique aussi aux marbres, statues, bas-reliefs que le temps a endommagés.

FRUSTRATOIRE (du latin *frustra*, en vain). En Droit, on appelle *frais frustratoires* ceux qui ont été faits sans nécessité, dans la seule vue d'augmenter les émoluments d'un officier ministériel. Les procédures, les actes nuls ou frustratoires sont à la charge des officiers ministériels qui les font. Ceux-ci sont en outre passibles de dommages-intérêts, et peuvent être suspendus de leurs fonctions.

On nomme aussi *frustratoire* une boisson sucrée ou aromatisée qu'on prend quelquefois après le repas, pour faciliter la digestion, ou que l'on donne à un malade pour l'aider à supporter sa diète. Le nom vient sans doute alors de ce qu'à l'aide de ce cordial on prolonge sa vie et l'on *frustre* ses héritiers.

FRUTESCENT ou FRUTIQUEUX (du latin *frutex*, arbrisseau) ; se dit, en Botanique, des plantes qui ont le port d'un arbrisseau, comme le Jasmin frutescent, la Buplèvre frutescente, etc. — On appelle *sous-frutescents* les végétaux qui ont le port de *sous-arbrisseaux*.

FRUTICULEUX, synonyme de *Sous-frutescent*.

FRUTIQUEUX, synonyme de *Frutescent*.

FUCACÉES ou FUCÉES (de *fucus*, varech), groupe d'Algues constituant le 1ᵉʳ ordre de la famille des

Hydrophytes établie par Lamouroux, répond à la section des Phycoïdées. *Voy.* ce mot.

FUCHSIA (de *Léonard Fuchs*, médecin du XVIe siècle), genre de la famille des Onagraires ou OEno-théracées, type de la tribu des Fuchsiées, est composé de sous-arbrisseaux ou d'arbrisseaux à feuilles alternes, opposées ou verticillées. Ses fleurs rouges ou roses, pendant en clochettes et rattachées à la tige par un long pédoncule, sont fort élégantes. On compte une cinquantaine d'espèces de fuchsias, toutes d'Amérique, recherchées la plupart pour l'ornement des serres et des appartements. La plus répandue est la *F. coccinea*, remarquable par ses feuilles d'un vert luisant, et surtout par ses fleurs d'un beau rouge écarlate bordé de bleu violet.

FUCOIDES (de *fucus*, varech), nom donné par M. de Blainville à une famille de végétaux de sa classe des Calciphytes, comprenant des espèces d'Algues voisines des Fucus, et dont la tige et les rameaux sont enduits d'une couche crétacée fort mince, continue et sans aucune trace de pores. Tels sont les genres *Udotée*, *Liagore*, et plusieurs autres que l'on rangeait autrefois dans les Zoophytes. On désigne aussi sous ce nom, ainsi que sous celui de *Fucites*, toutes les plantes fossiles qui paraissent avoir appartenu à la famille des Algues, comme les Laminarites, les Gigartinites, les Dictyotites, etc.

FUCUS, vulgairement *Varech*, genre de la famille des Algues, section des Phycoïdées, composé de plantes marines à fronde coriace, filiforme ou plane, presque toujours dichotome, et parsemée de vésicules creuses, à apothèques uniloculaires et à sporidies noirâtres. Les fucus sont souvent remarquables par leur longueur, qui, dans quelques-uns, dépasse 100 m., par les brillantes couleurs de leur feuillage et la forme curieuse de leurs fructifications. Le *F. potatorum* (des buveurs) de la Nouvelle-Hollande a de larges feuilles qui servent à puiser de l'eau. Le *F. buccinalis*, vulgairement *Trompette de Neptune*, a un tronc dégarni de feuilles, de la grosseur de la cuisse et de la hauteur de nos plus grands arbres. La *Laminaire saccharine* (*F. saccharinus*), dite vulgairement *Baudrier de Neptune* à cause de ses longues feuilles en bandelettes de la largeur de la main, se recouvre, en se desséchant, d'une efflorescence blanchâtre qui a la saveur du sucre et qui n'est autre que de la Mannite; le *Varech siliqueux* (*F. siliquosus*) fournit également beaucoup de cette espèce de sucre; le *Varech comestible* (*F. edulis*) se mange, dit-on, préparé dans du lait. Il en est de même du *F. palmatus*, qui sert de nourriture aux pauvres de l'Écosse et de l'Irlande. Le *F. vesiculosus* s'emploie comme fourrage pour les bestiaux, ainsi que pour fumer les terres et pour préparer la soude et l'iode. Le *F. natans* transforme en certains endroits la surface des mers en vastes tapis de verdure qui ont plus d'une fois trompé et effrayé les compagnons de Christophe Colomb; les marins mangent cette plante et la nomment *Raisin de mer*, à cause de ses vésicules disposées en grappes.

FUERO (mot espagnol fait de *forum*, place publique, tribunal), nom donné en Espagne aux priviléges de certaines provinces (*Voy.* FUEROS au *Dict. univ. d'Hist. et de Géogr.*). L'Académie d'histoire de Madrid a entrepris en 1852 de publier une collection des *fueros*.

FUGACE (du latin *fugax*, qui fuit), nom donné, en Botanique, à certains organes qui tombent et disparaissent peu de temps après leur apparition.

FUGITIVES (POÉSIES), pièces de vers de peu d'importance, inspirées par une occasion, une circonstance quelconque, et qui n'ont entre elles aucune liaison. Elles ont été ainsi appelées, dit La Harpe, parce qu'elles semblent s'échapper, avec la même facilité, et de la plume qui les produit, et des mains qui les recueillent. Les poëtes qui se sont le plus

distingués dans ce genre de poésie sont : chez les anciens, Anacréon, Sapho, Catulle, Horace; chez les modernes, Marot, Voiture, Pavillon, Saint-Pavin, Saint-Gelais, Desportes, Chaulieu, Voltaire, Gresset, Bernis, Dorat, Desmahis, Boufflers, etc.

FUGUE (du latin *fuga*, fuite), pièce de musique vocale ou instrumentale, établie sur une phrase donnée, sur une idée principale qui disparaît et revient constamment, passant alternativement dans toutes les parties par une imitation périodique. L'idée principale se nomme le *sujet*; on appelle *contre-sujets*, les idées secondaires qui accompagnent le sujet; *réponse*, la reprise du sujet par la partie suivante; des imitations formées de fragments du sujet et du contre-sujet, et jetant de la variété dans la fugue. Lorsque le compositeur veut rentrer dans le ton primitif, il fait une *stretta*, imitation plus vive du sujet et de la réponse. Dans la musique instrumentale et d'église, la fugue produit des effets admirables. — On cite surtout les fugues d'Al. Scarlatti, de Porpora, de Clementi, de J.-Séb. Bach, de Haendel, de J. Haydn et de Cherubini. Les meilleurs ouvrages sur ce sujet sont : le *Traité de la fugue* de Marpurg; le *Traité de haute composition* d'A. Reicha; le *Traité du contre-point et de la fugue* par F.-J. Fétis; et le *Cours de contre-point et de fugue* de L. Cherubini.

On appelle *Fugué* ce qui est dans le style ou la forme d'une fugue : un chœur *fugué* est celui dans lequel une phrase principale est imitée par les diverses parties; le *contre-point fugué*, de 3, 4, 5, 6, 7 parties, etc., se nomme aussi *alla Palestrina*, du nom d'un compositeur qui s'est illustré dans ce genre.

FUIE (de *fuir*), petit colombier construit sur un pilier en bois et sans ouverture. *Voy.* COLOMBIER.

FULGORE, *Fulgora* (de *fulgur*, éclair, à cause de leurs brillantes couleurs), genre d'insectes Hémiptères, de la famille des Cicadaires, type de la tribu des *Fulgoriens* ou *Fulgorelles*, a 2 yeux lisses, la tête aussi longue que le corps, et quelquefois plus grosse, de forme très-variable. Ces insectes, propres à l'Amérique méridionale, sont ornés de couleurs brillantes. Le *F. porte-lanterne*, type du genre, porte sur le devant de la tête un renflement vésiculeux plus long que la moitié du corps, et qui, dit-on, brille avec éclat dans l'obscurité. Il en est de même du *F. porte-chandelle*, qu'on trouve ainsi que le précédent à Cayenne.

FULGURATION (de *fulgur*, foudre), nom donné à ce phénomène de lumière électrique qui se produit souvent dans l'atmosphère à la fin des chaudes journées de l'été, et qu'on appelle vulgairement *éclair de chaleur*. Il diffère de l'*éclair* proprement dit en ce qu'il n'est point accompagné de tonnerre.

On appelle aussi *fulguration*, la lumière vive et éblouissante que donne l'argent en bain, à l'instant où il perd son état de fluidité.

FULGURITES, dits aussi *Tubes fulminaires* ou *Astrapyalites*, tubes que l'on trouve souvent dans les collines de sable où ils se ramifient à une profondeur de 2 à 10 mètres. Ces tubes, creux et complétement vitrifiés, varient dans leur grosseur. Ils sont dus à la foudre, qui, en tombant sur le sable, s'y enfonce et le vitrifie sur son passage. On en rencontre beaucoup en Silésie, dans le Cumberland, et près de Bahia au Brésil. — Les Romains donnaient le nom de *fulgurites* à tous les endroits frappés de la foudre : ils les regardaient comme sacrés.

FULIGINEUX (du latin *fuligo*, suie), ce qui est de la couleur de la suie, ou a un rapport, une ressemblance avec elle. — En Médecine, on donne cette épithète aux parties qui prennent une couleur brunâtre, ou qui se couvrent d'un enduit qui offre cette couleur. La fuliginosité des dents, des lèvres et de la langue est un des symptômes de la fièvre typhoïde.

FULMINAIRES (tubes). *Voy.* FULGURITES.

FULMINANT (de *fulmen*, foudre), épithète donnée en Chimie à certaines préparations qui produisent une détonation plus ou moins bruyante lorsqu'on les soumet à la chaleur, à la compression, à la trituration ou à la percussion. L'*argent fulminant* est l'ammoniure d'argent; l'*or fulminant*, l'ammoniure d'or. *Voy.* FULMINATES et AMMONIURES.

FULMINATES (du latin *fulminare*, foudroyer), sels composés de carbone, d'azote, d'oxygène et d'un métal ($C^2N^2O^2M$), qui ont la propriété de détoner par la chaleur ou par la chaleur. On y suppose l'existence d'un acide particulier (*A. fulminique*), qui n'a pas encore été isolé. Les fulminates les plus remarquables sont ceux à base d'argent et de mercure. Ils s'obtiennent en dissolvant du mercure ou une pièce d'argent dans de l'acide nitrique, et ajoutant de l'alcool à la solution chaude; le sel se dépose alors, par le refroidissement, sous la forme d'une poudre blanche et cristalline. Cette poudre est très-dangereuse à manier; un centigramme de fulminate d'argent, jeté sur des charbons ardents, produit une détonation aussi forte qu'un coup de pistolet. Le plus léger frottement de ce sel entre deux corps durs suffit pour en provoquer la détonation : le chimiste Hennell a péri victime d'une semblable explosion. C'est avec le fulminate d'argent que l'on confectionne les petits pétards dits *bonbons chinois :* une parcelle de cette poudre est collée, avec quelques grains de verre pilé ou de sable, entre deux bandes étroites de parchemin; lorsqu'on tire ces bandes en sens contraire, le frottement fait détoner le fulminate d'argent. Les cartes et les pétards fulminants sont préparés de même. Le *F. de mercure* est employé pour faire les capsules ou amorces des fusils à percussion : on mélange ordinairement de la poudre à canon ou du nitre au fulminate, avant de l'introduire dans les capsules, dans la proportion de 60 pour 0/0; ce mélange communique mieux l'inflammation à la charge.

Les fulminates ont été découverts en 1800 par Howard. L'analyse en a été faite en 1824 par MM. Gay-Lussac et Liebig. Il faut distinguer les fulminates des composés connus sous les noms d'*or* et d'*argent fulminants. Voy.* FULMINANT.

FULMINATION, détonation subite et bruyante. *Voy.* FULMINANT et FULMINATES.

Fulminer une bulle, se dit, en Droit canonique, de l'acte par lequel le pape, un évêque ou tout autre ecclésiastique commis par le pape, publient quelque acte avec certaines formalités pénales ou comminatoires, ou ordonnent que des bulles ou autres rescrits pontificaux seront exécutés. Ce mot s'applique surtout aux sentences d'anathème et d'excommunication.

FULMINIQUE (acide). *Voy.* FULMINATES.

FUMAGE ou FUMURE (de *fumus*, fumée), opération d'agriculture qui consiste à répandre le fumier sur les champs (*Voy.* FUMIER et ENGRAIS).

On nomme encore ainsi l'opération que l'on fait subir aux viandes et aux poissons préalablement salés, et qui a pour objet d'en favoriser la conservation et le transport. On fume particulièrement le lard, le bœuf et le hareng.

On appelle aussi *fumage* l'opération par laquelle on donne une fausse couleur d'or à l'argent filé en le soumettant à la fumée de certaines compositions.

FUMARIACÉES (du latin *Fumaria*, Fumeterre), famille de plantes dicotylédones polypétales hypogynes, détachée des Papavéracées, se distingue par ses pétales irréguliers, le nombre défini de ses étamines, et par la nature de ses sucs. Ce sont des herbes à feuilles alternes, découpées et glabres; à fleurs pourpres, blanches ou jaunes, à grappes terminales, à calice bisépale, à corolle à 4 pétales et à 6 étamines. Ces plantes croissent dans les parties tempérées de l'hémisphère boréal. La *Fumeterre* en est le type.

FUMARIQUE (acide), dit aussi *A. paramaléique*, acide organique renfermant du carbone, de l'hydrogène et de l'oxygène (C^4HO^3,HO), et contenu, en combinaison avec la chaux, dans la fumeterre (*Fumaria*) et dans le lichen d'Islande. Il se produit aussi par la distillation de l'acide malique. Il se présente en prismes incolores, peu solubles dans l'eau et d'une saveur franchement acide; il forme, avec les bases, les *fumarates*. On l'extrait de la fumeterre en décolorant le suc de cette plante avec du charbon animal, précipitant par l'acétate de plomb et décomposant le précipité par l'hydrogène sulfuré. Il a été découvert par M. Lassaigne, dans l'acide malique, puis par M. Winkler, dans la fumeterre.

FUMÉE (du latin *fumus*), vapeur plus ou moins épaisse, odorante, souvent âcre, qui se dégage des matières animales et végétales, ou même minérales, chauffées jusqu'à leur entière décomposition. Elle se distingue de la *vapeur* proprement dite, en ce qu'elle renferme diverses parties solides et liquides, et que la vapeur est à l'état de gaz seulement. Tantôt la fumée est produite par la volatilisation d'un corps solide (oxyde d'arsenic, sublimé corrosif), tantôt elle est le résultat de la décomposition de certains corps par le feu : ainsi, le bois qui brûle répand de la fumée, et celle-ci n'est alors qu'un mélange d'eau et d'acide acétique, entraînant de la cendre, du charbon très-divisé et des parties non brûlées (*Voy.* SUIE). Dans certains cas, la fumée est produite par la volatilisation d'un des principes immédiats d'un corps composé : ainsi lorsqu'on chauffe les baumes, l'acide benzoïque se dégage et se répand dans l'air sous forme de fumée. Quelques chimistes ne donnent le nom de *fumée* qu'aux vapeurs fuligineuses, huileuses, acides, charbonneuses, ammoniacales, qui s'exhalent des corps organiques traités dans les cheminées, dans les fours, des creusets, des cornues mal lutées, etc., et aux corps métalliques réduits en vapeur. — Quant aux moyens employés pour se garantir de la fumée dans les appartements, *Voy.* FUMISTE et CHEMINÉE.

Noir de fumée. Voy. NOIR.

Les chasseurs nomment *fumées* la fiente des cerfs et autres bêtes fauves.

FUMEROLLES ou FUMAROLLES (de *fumée*), vapeurs qui s'échappent des crevasses du sol sous la forme de colonnes de *fumée*, blanches, parfois hautes de 10 à 20 m., et souvent avec bruit, comme si elles sortaient d'une chaudière à vapeur. On les observe particulièrement dans les cratères des volcans actifs et dans les solfatares; on en rencontre aussi au milieu de terrains terrains calcaires, comme à Monte-Cerboli, à Castel-Nuovo, en Toscane, où ces jets de vapeur sont groupés par 10, 20 ou 30, et disposés sur une ligne à peu près droite de 30 à 40 kilom. Les fumeroles entraînent toujours divers agents qui attaquent plus ou moins les roches environnantes : au Vésuve, elles renferment de l'acide chlorhydrique; à la solfatare de Pouzzole, du gaz sulfureux et de l'acide sulfhydrique; en Toscane, de l'acide borique.

FUMET, nom donné aux émanations qui se dégagent du corps des animaux, et qui persistent longtemps dans les lieux dont ils se sont approchés. Les animaux, et surtout le chien de chasse, possèdent, avec une grande perfection, la propriété de sentir le fumet des êtres organisés. C'est un moyen pour eux de poursuivre leur proie, ainsi que de reconnaître et d'éviter leurs ennemis.

Le mot *fumet* s'applique aussi à l'odeur de certaines viandes apprêtées, à celles qu'exhalent certains produits végétaux, les vins, les liqueurs, etc.

FUMETERRE, *Fumaria*, genre type de la famille des Fumariacées, est composé de plantes annuelles, molles, rameuses; à feuilles alternes multifides, à fleurs en grappes, et dont le fruit s'ouvre en deux à la maturité, pour laisser sortir une graine réniforme. On emploie en Médecine la *F. officinale*, plante glabre et glauque, à fleurs purpurines, très-commune dans les champs cultivés. Toutes les parties de cette plante contiennent un suc amer qui la fait employer comme fébrifuge, diurétique et apéritive. Son nom lui vient de ce qu'elle croît en certains endroits en si grande abondance, qu'enterrée par le labour, elle devient un engrais pour la terre.

FUMIER (du latin *fimus*); engrais végéto-animal; composé de litière mêlée aux excréments des bestiaux. Les fumiers sont, les uns concentrés et actifs, les autres aqueux et lents. Aux premiers appartiennent les fumiers de mouton et de cheval; aux seconds, ceux de vache et de porc; mais ces derniers peuvent, au moyen d'une fermentation suffisante, ou par l'effet d'une alimentation plus sèche, se rapprocher plus ou moins des premiers. Les fumiers concentrés et chauds conviennent aux terres compactes et froides, auxquelles ils communiquent la porosité et la chaleur qui leur manquent. Les fumiers frais et aqueux conviennent, au contraire, aux terres légères qui, par leur action corrosive et fermentescible, ont bientôt converti en humus la fibre végétale que contient la paille. — La pratique la plus avantageuse pour fumer consiste, en général, à conduire le fumier sur les terres à la sortie de l'étable, et à l'y laisser, pendant trois semaines, terme moyen, éprouver un certain degré de macération avant de l'enfouir. Quand on le garde chez soi, il convient, après l'avoir mis à l'air, de le recouvrir de terre argileuse ou marneuse, en ajoutant quelques poignées de plâtre pour mieux y fixer le carbonate d'ammoniaque qui tend à s'en dégager. En général, le mélange des fumiers de cheval et de mouton avec ceux de vache ou de porc est nuisible : par l'inégale distribution de la chaleur et de l'humidité, il apporte un obstacle à l'ensemble des réactions.

FUMIGATION (de *fumus*, fumée). Les *fumigations* sont employées, en Médecine, comme moyen thérapeutique et comme désinfectant. Dans le premier cas, la manière la plus simple de les administrer est de laisser les vapeurs se répandre librement et remplir un lieu clos dans lequel est renfermé le malade; on peut aussi, au moyen d'appareils fort simples, les diriger sur une partie déterminée du corps, ou les introduire par l'aspiration dans les voies aériennes. On distingue les *F. émollientes*, vapeur d'eau chaude et de décoctions de plantes malvacées; les *F. excitantes*, vapeur des décoctions de plantes aromatiques, de l'alcool ou des teintures éthérées; les *F. sulfureuses*, produites par la combustion du soufre, et qu'on emploie dans le traitement des affections cutanées, etc.

Comme désinfectants, les fumigations servent à purifier les appartements, les salles d'hôpitaux, les substances imprégnées de miasmes dangereux. On emploie vulgairement à cet effet la vapeur de soufre enflammé (acide sulfureux), et celle du vinaigre brûlé; les fumigations qu'on produit avec du sucre, des clous fumants, de l'encens et différents parfums, fournissent un arome plus ou moins agréable qui peut masquer la mauvaise odeur, mais elles sont tout à fait inefficaces. On appelle *F. guytonienne*, celle que l'on fait, suivant le procédé de Guyton-Morveau, avec un mélange de peroxyde de manganèse, de sel et d'acide sulfurique. Aujourd'hui le chlore a remplacé avec avantage toutes ces fumigations.

FUMISTE (de *fumus*, fumée); artisan dont le métier est de construire les cheminées et de les empêcher de fumer. Cet art, qu'on a décoré du nom de *Caminologie*, et qui laisse encore beaucoup à désirer, malgré les perfectionnements qu'il a reçus de nos jours, était fort négligé chez nos pères. On parle néanmoins, dans les ouvrages des architectes anciens, des *éolipyles* de Vitruve, des soupiraux de

Cardan, des moulinets de Jean Bernard, des chapiteaux de Sébastien Serlio, des tabourins et girouettes de Paduanus, etc. Aujourd'hui, les principaux moyens employés par les fumistes sont : à l'*extérieur*, d'élever sur le tuyau de la cheminée un autre tuyau de tôle coudé en T, ou surmonté d'un chapiteau; ou mieux encore, d'un appareil tournant dit *gueule de loup*, et garni d'une girouette, de sorte que la fumée ait toujours son issue du côté opposé au vent; quelques fumistes se contentent même d'élever un tuyau dont le diamètre va toujours s'amincissant jusqu'à l'ouverture, de sorte que la fumée, sortant avec effort, domine plus aisément l'action du vent; à l'*intérieur*, de diminuer l'ouverture du foyer, soit en abaissant le manteau et rapprochant les côtés, soit à l'aide de tabliers mobiles ou rideaux; et d'augmenter le tirage à l'aide d'une soupape ou de ventouses. Franklin est un des premiers qui se soient occupés du perfectionnement des cheminées; M. Péclet a approfondi ce sujet dans son *Traité de la Chaleur*.

FUMIVORE (de *fumus*, fumée, et *vorare*, dévorer), nom donné : 1° aux fourneaux et aux cheminées dans lesquels des dispositions particulières sont ménagées dans le but d'achever la combustion des parties combustibles qui se sont échappées avec la fumée; 2° à un appareil concave qu'on place au-dessus des becs de gaz, des quinquets et des lampes pour absorber la fumée qui s'y développe.

FUMURE. *Voy.* FUMAGE.

FUNAIRE (de *funis*, corde), genre de Cryptogames, de la famille des Mousses, est composé de plantes annuelles qui croissent réunies en touffes et que l'on trouve dans toutes les parties du globe. La *Funaire hygrométrique*, type de ce genre, se trouve communément sur les murs, les rochers et les fentes un peu humides. Cette mousse a une tige peu rameuse, garnie de très-petites feuilles oblongues, pointues. La capsule terminale est grande, oblique, d'un brun rougeâtre, et supportée par un long filet, qui se tord sur lui-même comme une corde quand le temps est sec, et qui se déroule et s'étend lorsqu'on l'humecte ou que le temps est humide : d'où son nom.

FUNAMBULE (du latin *funis*, corde, et *ambulare*, marcher), nom donné, chez les Romains, aux danseurs de corde. On les appelle aujourd'hui *Acrobates* (*Voy.* ce nom). — Il existe à Paris (boulevard du Temple) un *théâtre des Funambules*, ouvert en 1816 par Mme Saqui, qui s'y fit longtemps admirer par sa force, son agilité et son adresse, et où Debureau, l'inimitable Pierrot, a longtemps attiré la foule. On n'y danse plus sur la corde depuis 1830.

FUNÈBRES (JEUX). *Voy.* JEUX. — FUNÈBRES (ORAISONS). *Voy.* ORAISON. — FUNÈBRES (POMPES). *V.* POMPES.

FUNÉRAILLES (en latin *funera*), obsèques et cérémonies qui se font aux enterrements.

A Memphis, en Égypte, les funérailles étaient précédées d'une cérémonie intéressante : des juges choisis parmi les vieillards examinaient la vie du défunt; si sa conduite avait été irréprochable, ils laissaient procéder aux funérailles; dans le cas contraire, le cadavre était déposé dans une fosse commune, appelée *Tartare*; les rois eux-mêmes étaient soumis à ce jugement. On ajournait aussi les funérailles de ceux qui mouraient chargés de dettes, jusqu'à ce que les parents les eussent acquittées. Les corps, embaumés avec le plus grand soin, étaient portés en grande pompe dans la sépulture de la famille.

Chez les Juifs, les cérémonies des funérailles duraient 7 jours; elles se prolongeaient jusqu'au 30e pour les princes et les rois. Pendant ce temps on jeûnait, on ne rasait les cheveux, on marchait pieds et tête nus, on couchait sur la cendre; revêtu du cilice; on chantait des hymnes. Le corps était porté le plus souvent en terre, quelquefois au bûcher.

Chez les Athéniens, on lavait et on parfumait le corps du défunt, puis on l'exposait dans le vestibule de la maison, les pieds tournés vers la porte. Le convoi avait lieu le matin avant le lever du soleil : devant le corps marchaient des joueurs de flûte ; venaient ensuite les fils du défunt, les femmes vêtues de blanc, les cheveux épars ou rasés, et poussant des cris aigus ; enfin les proches et les amis ; le corps était tantôt brûlé, tantôt inhumé ; si le défunt avait été un personnage considérable ou était mort pour la patrie, un orateur prononçait son éloge. Un repas funèbre terminait les cérémonies. — Chez les Lacédémoniens, les funérailles des particuliers étaient fort simples. Mais quand un citoyen était mort pour la défense de la patrie, on le revêtait d'une robe de pourpre et on le couchait sur un lit couvert de feuilles d'olivier ; puis on le portait sans pompe au tombeau de sa famille. Le corps des rois restait exposé pendant 10 jours, et durant tout ce temps les tribunaux restaient fermés, et les citoyens revêtaient des habits de deuil.

A Rome, aussitôt que le mort avait rendu le dernier soupir, on lui ôtait son anneau, on lui fermait les yeux et la bouche en l'appelant trois fois par son nom. Des esclaves (*pollinctores*), appartenant aux entrepreneurs de funérailles (*libitinarii*), lavaient le corps et le parfumaient. On exposait le mort dans le vestibule de sa maison, revêtu de ses plus beaux habits. Quant aux funérailles proprement dites, elles avaient lieu ordinairement le 8e jour après la mort, et, dans les premiers temps, seulement la nuit. Un maître des cérémonies (*designator*), suivi de licteurs vêtus de noir, conduisait le convoi. En tête, marchaient les musiciens, les pleureuses (*præficæ*) ; l'*archimime*, qui représentait par ses gestes les principales actions de la vie du défunt ; les esclaves affranchis par le défunt, les images de ses ancêtres, ainsi que ses propres insignes. Le corps était porté sur une litière (*feretrum*), ordinairement par des porteurs (*vespillones*) et quelquefois par les parents, les affranchis, ou même par des personnages considérables. Les parents suivaient le corps, la tête voilée, avec des cris et des lamentations. Si le mort était d'un rang illustre, le cortège s'arrêtait sur le forum, où l'on prononçait son oraison funèbre (*laudatio*) ; on le portait ensuite au bûcher, qui était toujours placé hors de la ville. Les cendres étaient recueillies dans une urne et placées dans un sépulcre de famille (*columbarium*) disposé à cet effet. Ordinairement les funérailles étaient suivies de festins (*silicernia*) et quelquefois de jeux funèbres.— Le corps des pauvres était emporté dans une bière commune (*sandapila*) et inhumé sans cérémonie.

Les premiers Chrétiens enterraient leurs morts comme les Juifs : ils plaçaient le cadavre sur le dos, le visage tourné vers l'Orient. Dans l'origine, on inhumait les martyrs dans les catacombes ; eux seuls eurent longtemps le privilège d'être inhumés dans les églises. Constantin à Byzance, et Honorius à Rome, furent les premiers princes qui obtinrent cet honneur ; dans la suite, malgré les prescriptions contraires des conciles et des évêques, ce devint un usage général pour toutes les personnes de distinction : cet usage a subsisté en France jusqu'en 1777. En France et dans les pays de l'Europe, les funérailles, dont tout le monde connaît le cérémonial, tirent surtout leur pompe de la majesté du culte chrétien. Les funérailles des rois de France ont toujours été célébrées avec de grandes cérémonies, la plupart empruntées aux usages de la Grèce et de Rome. Voy. POMPES FUNÈBRES.

Pendant longtemps dans l'Inde, les veuves se brûlaient sur le bûcher de leurs maris ; cet usage barbare, combattu avec force par les Anglais, tend de plus en plus à disparaître. Chez les Musulmans, les cérémonies funèbres sont empreintes d'une gravité lugubre : comme nous, ils enterrent leurs morts dans des cimetières situés hors des villes. Plusieurs peuplades sauvages, notamment en Amérique et en Océanie, suspendent les corps morts, enveloppés dans une natte, aux branches des arbres de leurs forêts.

Cl. Guichard (*Funérailles des Romains; Grecs et autres nations*, Lyon, 1581, in-4) ; Muret (*Cérémonies funèbres de toutes les nations*, 1679, in-12), Stackelberg (*Die Græber der Hellenen*, Berlin, 1837) ; Kirchmann (*De Funeribus romanis*), etc., ont traité sous toutes ses faces cet intéressant sujet.

FUNGICOLES. Voy. FUNCICOLES.

FUNGINE (de *fungus*, champignon), principe immédiat qui constitue le tissu des champignons, s'obtient en faisant bouillir des champignons dans une eau alcaline. La fungine est blanche, molle, fade et sans saveur. Elle est composée d'oxygène, d'hydrogène, de carbone et d'azote.

FUNGIQUE (ACIDE), acide qui se trouve dans un grand nombre de champignons (*fungus*). Il est incolore, déliquescent, très-aigre, et ne cristallise point : il est sans usages.

FUNGUS, nom latin des CHAMPIGNONS.

FUNICULAIRE (MACHINE ou POLYGONE), machine simple consistant en une corde ou un assemblage de cordes, dont plusieurs points sont sollicités en divers sens par des puissances et des résistances. Les cordes qui étendent les voiles sur les vaisseaux en offrent des exemples. La courbe produite par un polygone funiculaire d'un nombre infini de côtés est appelée *chaînette* : telle est celle que forme une corde flexible et inextensible suspendue à deux points fixes et abandonnée à l'action seule de la pesanteur. On fait un fréquent usage de cette courbe en architecture.

FUNICULE (de *funiculus*, corde), nom donné par les Botanistes à un cordon de longueur et de forme variables, qui est le moyen duquel la graine tient au placenta, et qui lui porte la nourriture fournie par les racines et les feuilles.

FUNIN (du latin *funis*, corde), nom générique donné en Marine aux cordages blancs, ou faits de fil non goudronné, qui servent aux grands appareils employés dans les ports. On dit plutôt franc-funin.

FURCELLAIRE, *Furcellaria*, genre d'Algues marines, de la famille des Fucacées, composé d'Hydrophytes non articulées, à fronde cartilagineuse, filiforme, dichotome, à sporidies noirâtres. Ce genre a pour type la *F. lombricale*, plante de couleur olivâtre, de 8 à 25 centim. de longueur, qu'on trouve en Europe au-dessous de la ligne des marées.

FURCULAIRE (de *furcula*, petite fourche), *Furcularia*, genre d'Infusoires, renferme de très-petits animaux à corps ovoïde, à fourreau tronqué obliquement en avant et terminé par une queue formée de deux doigts ou stylets. Le type du genre est la *F. fourchue*, qu'on trouve dans les eaux douces.

FURET, *Putorius furo*, espèce du genre Putois, originaire de Barbarie, ne diffère du Putois commun que par son pelage d'un blanc jaunâtre et ses yeux roses ; ce qui a conduit certains naturalistes à ne le considérer que comme une variété albine du Putois. Il vit en Espagne à l'état sauvage ; en France, le froid de l'hiver le fait périr : aussi ne l'élève-t-on chez nous qu'en domesticité. On s'en sert pour la chasse du lapin, en profitant de son antipathie naturelle pour cet animal, qu'il ne manque pas d'attaquer et de mordre avec fureur dès qu'il le voit. On l'introduit dans les terriers ; après l'avoir muselé, le furet attaque les lapins avec ses ongles, et les force ainsi à sortir et à aller donner tête baissée dans les poches que le chasseur a tendues à l'entrée du terrier. Lorsqu'il n'est pas muselé, il tue les lapins, leur mange la cervelle et s'endort auprès de ses victimes après s'être gorgé de leur sang. Le furet ne s'apprivoise jamais au point de reconnaître son maître et de lui obéir. On l'élève dans des tonneaux ou des cages, en lui donnant du pain, du son, du lait, etc.; mais pas de viande, afin de lui faire oublier autant que possible son goût pour le sang. La femelle fait deux portées par an, chacune de 5 à 6 petits. Ces animaux exhalent, surtout lorsqu'ils sont en colère, une odeur analogue à celle du Putois.

FUREUR. *Voy.* DÉLIRE et FOLIE.

FURFURACÉ (de *furfur*, son), qui ressemble à du son, se dit en Médecine, 1° de petites parties de la peau qui se détachent sous forme de farine ou de son (*Voy.* DARTRES); 2° d'une espèce de sédiment qui se forme quelquefois dans l'urine.

FURIOSO, c.-à-d. en italien *furieux*. Ce mot s'emploie en musique pour désigner un accent particulier d'un caractère sauvage, et parfois un mouvement très-accéléré : c'est en ce second sens qu'on dit *allegro furioso*. *Voy.* ALLEGRO.

FURNARINÉES, groupe d'oiseaux établi par le naturaliste anglais G.-R. Gray dans sa famille des Certhiadées. Ce groupe répond aux Grimpereaux de Cuvier, et a pour type le genre *Fournier* (*Furnarius*).

FURONCLE (du latin *furunculus*), petite tumeur dure, circonscrite, très-rouge, chaude, s'élevant à la surface de la peau, et terminée en pointe, d'où le nom vulgaire de *clou*. Il est occasionné par l'inflammation de petits prolongements du tissu cellulaire sous-cutané, qui traversent l'épaisseur de la peau, accompagnés de vaisseaux et de nerfs; ces prolongements, étranglés par les mailles du derme enflammé lui-même, sont bientôt frappés de mort; ils tombent en suppuration, et se montrent au sommet de la petite tumeur, où ils forment ce qu'on nomme le *bourbillon*. Le plus souvent il existe plusieurs furoncles à la fois, ou bien ils se succèdent rapidement sur diverses parties du corps, notamment au dos et aux fesses. Leur développement est toujours lié à une cause interne, inconnue dans sa nature. On les observe fréquemment au printemps, chez les personnes sanguines et pléthoriques, ou bien à la suite d'une maladie éruptive, ou comme complication de l'embarras gastrique. La tumeur furonculeuse produit une douleur plus ou moins vive, qui s'accompagne quelquefois de fièvre. La suppuration ne se prononce souvent qu'au bout de 6 ou 8 jours. A son début, on peut faire avorter le furoncle en y appliquant directement une sangsue; puis on le cautérise avec le nitrate d'argent. Quand le mal est développé, on prescrit l'application de sangsues autour de la tumeur, les cataplasmes et bains émollients; puis on favorise la suppuration par l'application d'un emplâtre de diachylon ou d'un onguent. Enfin, lorsque le bourbillon paraît et se ramollit, on comprime les côtés de la tumeur pour l'en expulser, ou bien on pratique, pour l'extraire, une incision cruciale avec le bistouri.

FUSAIN, *Evonymus*, genre de la famille des Célastrinées, type de la tribu des Évonymées, est formé d'arbrisseaux à branches tétragones, à feuilles opposées, à pédoncules axillaires, et à fleurs formées d'un calice à 4 ou 5 divisions, d'une corolle à 4 ou 5 pétales, et contenant 4 ou 5 étamines. L'espèce la plus commune dans nos taillis et nos jardins est le *F. d'Europe*. C'est un arbrisseau de 4 à 5 mètres, à écorce verdâtre et lisse, à branches lisses, nombreuses, verdâtres et quadrangulaires, à feuilles ovales-oblongues, pointues; à fleurs petites, d'un vert pâle, s'ouvrant au printemps. Le fruit est une baie d'un rouge vif à 4 ou 5 côtes, renfermant autant de graines; on l'a nommé *Bonnet de prêtre* à cause de sa forme. Le bois du fusain est jaunâtre, cassant. Les sculpteurs en bois, les luthiers, les tabletiers s'en servent; les tourneurs en font des vis, des fuseaux, de longues aiguilles, des cure-dents, etc. Les jeunes branches réduites en charbon servent à faire des crayons tendres pour apprendre à dessiner; ce charbon entre aussi dans la composition de la

poudre à canon. Les fruits sont âcres et purgatifs; ils peuvent servir à teindre en jaune et en vert.

Le *Fusain bâtard* est le Célastre grimpant.

FUSEAU (du latin *fusus*), petit instrument de bois, long de 15 centim. environ, pointu par un bout, arrondi par l'autre, avec lequel les femmes filent à la quenouille. Il sert à tordre le fil et à le rouler à mesure qu'il se forme.

Dans les Arts, on donne ce nom à une foule d'outils qui ont à peu près la forme d'un fuseau. Les filateurs appellent *fuseau* une petite broche en bois, de forme conique, sur laquelle ils dévident le coton filé en fin ou en gros.

En Géométrie, on nomme *fuseau* : 1° la portion d'une surface sphérique comprise entre deux demi-grands cercles; 2° le solide que forme la révolution d'une courbe soit autour d'un axe, soit autour de son ordonnée, ou autour de sa tangente au sommet.

En Langage héraldique, on nomme *fuseau* un meuble de l'écu qu'on appelle aussi *fusée*. *V.* FUSÉE.

FUSEAU, *Fusus*, genre de Mollusques gastéropodes de l'ordre des Pectinibranches, famille des Buccinoïdes, se trouve à l'état fossile et à l'état vivant: ils ont des coquilles très-élégantes, en forme de fuseau, souvent ventrues dans leur milieu, épaisses; canal droit et allongé; ouverture ovale. Leur longueur varie de 3 à 12 centim. Leur couleur est blanche ou brune, avec des lignes de diverses couleurs. L'animal est quelquefois d'un rouge vif uniforme. Les fuseaux existent sur nos côtes; mais les plus volumineux proviennent des mers tropicales.

FUSÉE (du mot *fuser*), pièce d'artifice renfermée dans un carton, dit *cartouche*, qui s'enflamme par couches successives et brûle en lançant au dehors de son enveloppe des jets de parcelles en ignition. Lorsque le feu est communiqué à une fusée, la pression des gaz élastiques développés par la combustion des matières qu'elle contient agit contre les parois du carton d'une manière égale dans tous les sens, et telle sorte que l'une de ses extrémités étant ouverte et donnant une libre issue à ces gaz, la fusée est entraînée dans ce sens par l'effort que les gaz exercent sur la paroi opposée. Les *Fusées volantes* se composent d'une cartouche cylindrique contenant la matière fusante, et d'une longue baguette, attachée à la partie inférieure et dans l'axe de la cartouche : l'effet de cette baguette est d'utiliser la résistance de l'air pour maintenir la fusée sur sa trajectoire, en lui servant en quelque sorte de gouvernail. On remplit les cartouches de mélanges variables de salpêtre, de soufre et de charbon. L'extrémité ou *pot* est remplie d'artifices qui doivent éclater dans l'air. On se sert des fusées soit dans les feux d'artifice, soit à la guerre pour faire des signaux, et comme moyen incendiaire pour mettre le feu à la poudre que renferment les bombes, les obus et les grenades, et les faire éclater dans les lieux où ils sont lancés, etc.

L'usage des fusées remonte aux premières années de la découverte de la poudre à canon, et paraît être antérieur à l'emploi de cette composition comme moyen de lancer des projectiles. Les Grecs du Bas-Empire portaient, dans l'intérieur de leurs boucliers, de légers tubes (*cheirosiphones*), remplis d'une composition qui, en brûlant, s'élançait dans l'air avec force; l'empereur Léon le Philosophe faisait lui-même préparer ces tubes; le *feu grégeois* était une préparation du même genre. Cependant l'usage des fusées n'est bien constaté en Europe qu'en 1378 : les Vénitiens s'en servirent cette année-là au siége de Chiozza : on appelait ces fusées *rochettes, roquettes* ou *raquettes*. Au XVIII° siècle, les troupes de Tippou-Saïb en lancèrent un grand nombre contre les Anglais pendant le siége de Seringapatnam. Le premier exemple de l'emploi régulier des fusées de guerre en Europe date de 1805, où sir William

Congrève, qui les perfectionna (d'où le nom de *fusées à la Congrève*), et les fit admettre par le gouvernement anglais comme moyen incendiaire : on s'en servit contre la flottille de Boulogne (1806) et contre Copenhague (1807). Leur usage s'est répandu depuis dans les autres pays. — On les emploie à la fois comme projectiles incendiaires et comme force motrice pour lancer d'autres projectiles.

On appelle encore *fusée* : 1° en Musique, un trait diatonique fort rapide qui, en montant ou en descendant, unit deux notes séparées par un grand intervalle ; — 2° en Chirurgie, le conduit fistuleux que forme le pus d'un abcès, lorsqu'il tend à s'échapper au dehors ; — 3° en Hippiatrie, une exostose oblongue de l'os du canon ; — 4° en Horlogerie, le petit cône cannelé en spirale autour duquel s'enroule la chaîne d'une montre ; — 5° en Marine, l'arbre du milieu d'un cabestan, dans lequel on passe les barres ; — 6° la partie tournée en forme de tronc de cône par laquelle se termine à chaque extrémité un essieu fixe et qui lui sert de tourillons ; — 7° en termes de Blason, un meuble de l'écu en forme de losange allongée et un peu arrondie sur les côtés : on nomme *fuselé* un écu chargé de fusées.

FUSER (du latin *fusus*, part. de *fundo*, répandre), se dit, en Chimie, des sels qui, projetés sur des charbons ardents, laissent échapper leur oxygène et se fondent en éclatant. Le salpêtre fuse lorsqu'il est sur les charbons. — On appelle *Chaux fusée*, la chaux amortie sans eau, et qui s'est d'elle-même réduite en poudre.

FUSIBILITÉ, propriété en vertu de laquelle les corps solides passent à l'état liquide par l'action du feu. On appelle *fusibles* les corps qui entrent en fusion au feu de nos fourneaux, comme le suif, la cire, le plomb, le soufre, etc. ; *infusibles* ou *réfractaires*, ceux qui résistent à l'action des fourneaux de forge et qui ne peuvent être fondus qu'à l'aide du chalumeau : tels sont le palladium, l'iridium, l'osmium, la baryte, la strontiane, la chaux, l'alumine, le rubis, le diamant, etc. On est parvenu à fondre tous les corps solides, à l'exception de ceux qui se décomposent avant d'arriver à leur degré de fusion. Le carbone fut longtemps regardé comme infusible : M. Despretz est parvenu à faire fondre le charbon au moyen de la chaleur fournie par une pile de Bunsen de 500 éléments réunis (1849). Le tableau suivant donne le degré où les substances les plus usuelles entrent en fusion :

	Centigr.		Centigr.
Mercure à	— 40°	Plomb à	260°
Glace	0°	Zinc	370°
Suif	33°	Argent	1000°
Potassium	58°		Pyrom. de Wedgwood.
Soufre	108°	Cuivre à	27°
Étain	210°	Or	32°
Bismuth	256°	Fer	130°

FUSIFORME, se dit de tout objet qui a la forme d'un fuseau à filer, c.-à-d. qui est allongé, renflé au milieu et aminci à ses extrémités. La racine de la *Rave*, la feuille du *Laurier-rose*, sont fusiformes.

FUSIL (de l'italien *focile*, dérivé du latin *focus*, feu). Ce mot désigne : 1° une arme à feu ; 2° une petite pièce d'acier avec laquelle on bat un caillou pour en tirer du feu ; les étincelles sont produites par l'inflammation de petits fragments de métal que le frottement détache du fusil ; 3° un morceau d'acier long et arrondi, dont les bouchers se servent pour donner le fil à leurs couteaux.

Le *fusil*, arme à feu, se compose du *canon*, de la *platine*, et du *bois* qui porte l'un et l'autre. — Le *canon* est un tube en fer doux ; l'intérieur, ou *âme*, est exactement cylindrique ; le diamètre de l'âme s'appelle le *calibre* du fusil ; extérieurement l'un des bouts du canon est plus gros que l'autre,

c'est le *tonnerre* ; il est fermé par une vis ou *culasse* portant en arrière une *queue*, au moyen de laquelle elle se fixe dans le bois ; cette culasse, ainsi que le canon lui-même, est traversée latéralement par une ouverture ou *lumière* par où pénètre le feu qui doit enflammer la charge. Les canons *carabinés* ou *rayés* diffèrent des canons ordinaires, en ce qu'on pratique à leur intérieur dans leur longueur un certain nombre de rainures ou gouttières disposées suivant des hélices très-allongées et parallèles. Cette disposition a pour but d'imprimer à la balle un mouvement de rotation sur elle-même, qui donne plus de justesse au tir. — La *platine* se compose essentiellement, au moins dans les *fusils à pierre* ou *à silex*, d'une pièce d'acier appelée *chien*, munie d'une pierre à feu tranchante, qu'un ressort rabat avec puissance contre une plaque en acier (*platine* proprement dite ou *batterie*), lorsqu'on vient à presser avec le doigt une petite languette de fer ou *détente* ; le choc de la pierre contre l'acier, en même temps qu'il donne des étincelles, a pour effet de découvrir une petite capsule en cuivre ou *bassinet*, et d'enflammer ainsi l'*amorce*, traînée de poudre qui doit communiquer le feu à la charge. Dans les *F. à percussion* ou *à piston*, le chien est une sorte de marteau qui vient frapper sur une petite capsule en cuivre contenant du fulminate de mercure et tenant lieu d'amorce ; cette capsule, qu'on place sur une espèce de *cheminée* chaque fois qu'on veut tirer, éclate par le choc du chien, et communique le feu à la charge par l'intermédiaire de la lumière.

Les fusils à percussion ont sur les fusils à pierre l'avantage de rater moins souvent, de tirer plus juste et d'exiger moins de poudre : aussi sont-ils aujourd'hui généralement employés, même dans l'armée.

On a aussi imaginé des fusils qui se chargent par la culasse, et au moyen desquels on peut tirer plus vite qu'avec les fusils ordinaires ; dans cette sorte de fusils, la baguette est supprimée. En ce genre, deux systèmes ont surtout acquis de la réputation : dans l'un, le *système Lefaucheux*, le canon se brise au tonnerre, de manière que le canon et la crosse ne sont plus en ligne droite lorsqu'on veut charger ; dans l'autre, le *système Robert*, le canon et la crosse restent toujours liés l'un à l'autre ; mais le tonnerre se brise seul et se lève pour permettre l'introduction de la charge.

On donne le nom de *F. de munition* aux fusils dont se servent les soldats : ils sont d'un calibre déterminé (*Voy.* CALIBRE). Tous les autres fusils sont appelés *F. de chasse;* leur calibre est moindre que celui des fusils de munition.

Les fusils, introduits dans nos armées en 1671, succédèrent à l'arquebuse et au mousquet. Ils furent d'abord nommés *fusils à rouet*, parce que le feu s'y communiquait à la poudre au moyen d'une roue d'acier qui, en tournant, faisait jaillir des étincelles d'un caillou. On imagina les fusils à pierre vers 1685 ; en 1704 tous nos soldats en étaient armés. L'invention des fusils à percussion a suivi de près celle des *amorces fulminantes*, qui remonte à 1786 ; mais leur introduction dans l'armée française ne date que de 1830. Depuis la création des chasseurs de Vincennes, on a considérablement perfectionné ces fusils. *Voy.* CARABINE et ARMES À FEU.

FUSIL À VENT, sorte de fusil dans lequel la balle est chassée par l'effet de la dilatation subite de l'air comprimé. Il se compose d'un canon ordinaire, se vissant sur le bout d'une crosse métallique, laquelle a la forme d'une grosse poire allongée, et est le récipient dans lequel on comprime l'air au moyen d'une pompe foulante. Une soupape dont la tige présente une saillie en dehors tient l'air enfermé dans la crosse ; une fois chargée, celle-ci est mise sur son canon qui porte une détente à ressort ; en s'abattant, cette détente fait ouvrir instantanément la soupape de la crosse, et l'air qui s'en échappe va frapper la balle. Le canon peut recevoir à la fois un assez grand nombre de balles ; on peut, avec un semblable fusil, tirer de 25 à 50 coups sans recharger. On n'est pas d'accord sur l'époque de l'invention du fusil à vent : on l'attribue à Morin de Lisieux, à Guter de Nuremberg (1560). Cette invention a été surtout perfectionnée au dernier siècle par Jean et Nic. Bouillet, arquebusiers à St-Étienne et à Paris. Le *fusil à vent* est aujourd'hui une arme prohibée.

FUSILIER (de *fusil*), nom donné en général aux soldats d'infanterie, mais le plus souvent aux soldats de ligne qui ne sont ni grenadiers ni voltigeurs. Ainsi, dans la Ligne, les compagnies du centre sont des compagnies de *fusiliers*. Dans la garde impériale, il y avait des régiments de *fusiliers* ; sous la Restauration, les soldats des compagnies du centre de la garderoyale portaient aussi le nom de *fusiliers*.

FUSILLÉ. Tout soldat condamné à mort est *fusillé*. La loi militaire punit de mort l'assassinat, les séditions, la désertion avec armes et bagages, la correspondance avec l'ennemi, l'espionnage, l'insulte à une sentinelle ou à un supérieur, la trahison, la voie de fait envers un supérieur, etc. Tout jugement est exécuté dans les 24 heures ; 4 sergents, 4 caporaux et 4 fusiliers les plus anciens de service, pris dans la troupe du prévenu, sont commandés pour l'exécution. Le régiment auquel appartient le condamné y assiste et défile devant son corps.

FUSION (du latin *fusio*, même signification), passage d'un corps solide à l'état liquide par l'action de la chaleur. Le point de fusion, comme le point d'ébullition, varie pour chaque corps (*Voy.* FUSIBILITÉ). Pendant toute la durée de la fusion, la température du liquide reste constante, quelque violente que soit la chaleur employée. Dans cette action, une partie du calorique disparaît et devient latente.

Les Chimistes distinguent dans les sels la *Fusion aqueuse* et la *F. ignée*. Dans la 1re, le sel ne fait que se fondre dans son eau de cristallisation, et redevient solide et sec dès que cette eau est expulsée par la chaleur ; par une température plus élevée, il éprouve ensuite une nouvelle fusion, la fusion ignée, qui est la fusion proprement dite. La plupart des corps qui éprouvent la fusion ignée prennent, en se refroidissant lentement, une texture cristalline. Un grand nombre de roches, telles que les granits, les porphyres, les basaltes, qui composent l'écorce du globe, doivent à la fusion ignée leur état cristallin.

FUSTEREAU ou BILLE, petit bateau fort léger qui sert à passer d'un bord d'une rivière à l'autre, et à placer des balises, pour indiquer la route que les bateaux peuvent tenir sans danger.

FUSTET, *Rhus cotinus*, dit aussi *Bois jaune de Hongrie*, joli arbrisseau du genre Sumac, à feuilles simples, ovales, d'un vert tendre, à fleurs petites et verdâtres, à baies rougeâtres, croît aux Antilles et dans les parties méridionales de l'Europe et de la France. Il contient une matière tinctoriale jaune et un principe astringent. On l'emploie dans la teinture des laines ; avec les mordants d'alumine, il donne une couleur orangée très-fugace. Les peaussiers aussi en font un grand usage ; en Turquie et dans le Tyrol, on s'en sert pour tanner les cuirs fins, principalement ceux qui doivent être teints en jaune ou en rouge. Le Fustet nous arrive en paquets de baguettes jaunes ou en branches refendues, dépouillées de leur écorce ; quelquefois, mais rarement, en tiges tortueuses un peu grosses. Le fustet d'Amérique est le plus estimé.

FUSTIBALE (du latin *fustis*, bâton, et du grec *ballô*, lancer), bâton long d'environ un mètre, au milieu duquel était une fronde de cuir. On le prenait à deux mains et on lançait ainsi des pierres avec une violence extraordinaire.

FUSTIGATION (de *fustis*, bâton), action de battre avec un bâton. La fustigation était en usage chez les Romains comme châtiment militaire. On distinguait : la *F. simple* (*castigatio*), infligée par le centurion avec le cep de vigne qu'il portait comme marque de son grade : elle n'avait rien de cruel, ni de déshonorant ; et le *Fustuaire* (*fustuarium*), qui était infligé aux soldats et aux officiers subalternes qui avaient mérité la mort, pour vol, faux témoignage, lâcheté, désertion, trahison, etc. : un tribun touchait d'abord le condamné, sur lequel tous les légionnaires fondaient ensuite à coups de bâton et à coups de pierres. Il ne faut pas confondre le fustuaire avec la *bastonnade* proprement dite, supplice uniquement réservé aux esclaves. — La fustigation a été longtemps en usage dans les armées modernes : elle a été abolie en France en 1790 ; mais on la retrouve encore dans quelques pays du Nord. *Voy.* BASTONNADE et FLAGELLATION.

FÛT (du latin *fustis*, bâton), partie d'une colonne comprise entre la base et le chapiteau. C'est le tronc de la colonne. La forme, les ornements, la hauteur des fûts varie à l'infini. Le diamètre inférieur du fût sert d'unité de mesure pour les proportions à garder dans l'ordonnance d'un édifice ; la moitié de ce diamètre est le *module* (*Voy.* ce mot). La partie légèrement évasée des deux bouts du fût se nomme *congé*. — On nomme encore *fût* : 1° la pièce de bois, sur laquelle on monte un outil ou un instrument ; 2° un morceau de bois léger où est fixée la girouette d'un vaisseau ; 3° toute espèce de *futailles*.

FUTAIE (de *fustis*), bois qu'on a laissé grandir et que l'on a éclairci de manière à ce que chaque arbre pût atteindre sa plus grande croissance. On nomme *jeune futaie* ou *futaie sur taillis* le bois qui n'a pas atteint la moitié ou les deux tiers de sa grandeur (entre 27 et 40 ans) ; *demi-futaie*, celle qui atteint 60 ans ; *haute futaie*, celle qui a une centaine d'années. Après 120 ans, le bois est dit *vieille futaie* ou *vieille écorce*. *Voy.* BOIS et COUPE.

FUTAILLE (de *fût*), nom général donné à tous les tonneaux, aux barriques, pipes, tierçons et quarts, et, en général, à tous les vaisseaux de bois destinés à mettre du vin ou d'autres liqueurs. Les tonneliers nomment *F. montée* celle qui est garnie de cerceaux, de ses fonds et de ses barres ; et *F. en botte* celle dont les parties sont toutes préparées et où il ne reste qu'à les monter et à mettre des cerceaux.

FUTAINE (du bas latin *fustana*, ou de *Fustat* ou *Fostat*, ville d'Égypte, d'où cette étoffe a été apportée), sorte d'étoffe croisée dont la chaîne est en fil et la trame en coton. Il y a des futaines sans envers, et des futaines à poil. Les meilleures se fabriquent à Troyes. La fabrication des futaines tend à diminuer tous les jours.

FUTÉ, se dit, en Blason, d'une javeline ou autre arme dont le fer et le bois sont de deux émaux différents, d'un arbre dont le *fût* ou le tronc est d'un autre émail que les feuilles. Ainsi, on dit d'un écu qu'il est d'or à trois javelines de gueules, *futées* de sable.

FUTUR (du latin *futurus*), nom donné, en Grammaire, au temps du verbe qui marque une action ou un état à venir. On distingue : le *F. simple* ou *absolu*, comme *je sortirai*, et le *F. composé*, qui est formé d'un auxiliaire et d'un participe, comme *j'aurai parlé* : on l'appelle aussi *F. antérieur*, parce qu'il exprime une action à venir précédant une autre action également à venir ; les anciens grammairiens appelaient ce futur *F. passé*. En Latin, on appelle *F. relatif* ou *périphrastique* (c.-à-d. composé de plusieurs mots), celui qui est formé du verbe *esse* et des participes en *rus*, *ra*, *rum*, et *dus*, *da*, *dum* : *amaturus sum*, *laudandus eram*. Chez les Grecs il y avait un *futur* 1er et un *futur* 2e, qui ne différent guère que par la forme : le 1er a pour caractéristique le Σ, qui ne se trouve jamais dans l'autre.

En Métaphysique, on appelle *F. contingent*, ce qui peut indifféremment arriver ou n'arriver pas.

FUYARD (de *fuir*). Chez tous les peuples anciens et chez la plupart des peuples modernes, les soldats qui fuient dans le combat ou qui abandonnent lâchement leurs armes ont été regardés comme infâmes et le plus souvent punis de mort. La loi du 21 brumaire an V punit de mort celui qui abandonne son poste devant l'ennemi; s'il s'agit d'une troupe entière, les six plus anciens soldats subissent le même sort.

G

G, la 7e lettre des alphabets latin et français, et la 5e des consonnes; elle était la 3e lettre des Hébreux ainsi que des Grecs, qui la nommaient *gamma*. — Comme abréviation ancienne, elle est rare; parfois G est pour *gens, genius, Gaius* (mieux *Caïus*); D. G. veut dire *Dei gratia*. En France, S. G. se lit *Sa Grandeur* ou *Sa Grâce.* — Comme chiffre romain (mais rare), G valait 400, G̅ 400,000; en grec γ′ est 3, γ̅ 3,000. — Sur les monnaies, G désignait Poitiers. — Dans les calendriers, G est la 7e et dernière lettre dominicale. — En musique, G répond à *sol*, qui jadis était la 7e note.

GABARE (du bas latin *cabarus*, bateau de passage), navire de charge remplissant sur l'eau l'office des grosses voitures de roulage à terre. Les gabares furent longtemps des bateaux plats et larges, souvent très-grands, pontés ou non pontés, allant à la voile et à l'aviron, ne portant qu'un mât, et et employés exclusivement dans les ports et sur les rivières. Aujourd'hui il y a des gabares qui traversent l'Océan et qui vont ravitailler un port, des escadres, etc. Leurs dimensions varient beaucoup : les *grosses gabares* portent jusqu'à 900 tonneaux et ont 3 mâts triples. On nomme *gabarots* les plus petites gabares ; *gabosses*, les plus grandes. La voilure des gabares est celle des grands bâtiments carrés. Leur marche n'est pas rapide, et leur construction manque de grâce et de légèreté. — On nomme aussi *gabare*, aux bords de l'Océan, un filet à mailles serrées et que des morceaux de liége tiennent suspendu à la surface de l'eau.

GABARI ou **CABARIT** (de *gabare?*), modèle ou patron qui, dans la construction navale, indique la forme de quelque partie du navire, comme l'avant, l'arrière, la quille, ou de quelque pièce, comme le gouvernail, etc. Les gabaris sont le plus souvent en bois, quelquefois en fer. Sur les grands navires, on embarque les gabaris de certaines pièces afin de pouvoir réparer ou refaire ces pièces sur le même modèle. — Les ateliers d'artillerie ont aussi des gabaris pour la construction de diverses pièces, notamment des affûts; ces gabaris sont tous en fer.

GABELLE (de l'allemand *gabe*, don, tribut, impôt). Ce nom, qui fut d'abord commun à beaucoup de taxes (ainsi l'on disait *Gabelle des draps, G. des vins, G. de tonlieu*, etc.), fut ensuite exclusivement réservé à la *taxe du sel* dans l'ancienne monarchie française. Autrefois le roi avait seul le monopole de fabriquer et de vendre le sel, ainsi que d'en fixer le prix; on était en outre obligé d'acheter au roi une quantité déterminée de sel, avec défense de revendre ce qu'on avait de trop; de là l'impopularité qui s'est toujours attachée à cette taxe inique et vexatoire. La quotité de la taxe variait selon les provinces : ainsi on distinguait 1o les *pays de grande gabelle*, qui payaient le maximum de l'impôt; les familles étaient dans ces pays taxées à 62 liv. de sel par tête ; le prix du quintal s'élevait à 62 liv. : c'étaient l'Ile de France, l'Orléanais, le Maine, l'Anjou, la Touraine, le Berri, le Bourbonnais, la Bourgogne, la Picardie, la Champagne, le Perche et une partie de la Normandie ; 2o les *pays de petite gabelle*, qui payaient le minimum : le prix du quintal y était de 33 livres 10 sous, mais la consommation était réglée à 11 ou 12 livres par tête :

c'étaient le Lyonnais, le Mâconnais, le Forez, le Beaujolais, le Bugey, la Bresse, le Dauphiné, le Gévaudan, le Languedoc, la Provence, le Roussillon, le Rouergue et quelques cantons d'Auvergne ; 3o les *pays de quart-bouillon*, qui se bornaient à la basse Normandie : là les habitants s'approvisionnaient par des sauneries où l'on faisait *bouillir* un sable mouillé d'eaux salines, et versaient, en retour de ce privilége, le *quart* du produit de leur fabrication dans les greniers du roi; mais ils ne devaient pas moins acheter par tête 25 livres de sel au roi, et le prix du quintal était de 16 livres. — Les *provinces franches* (dites peu exactement *pays de franc-salé*), et les *provinces rédimées*, étaient exemptes de tous droits : les unes, parce qu'elles s'étaient rachetées de cet impôt sous Henri III, en payant une fois pour toutes un capital de 1,750,000 liv.; les autres sans avoir jamais désintéressé l'État, mais probablement parce qu'étant toutes sur la mer et pourvues de marais salants, il eût été impossible d'y réprimer la contre-bande : les provinces rédimées étaient l'Angoumois, partie du Poitou, de l'Aunis, de la Saintonge, le Limousin, partie de l'Auvergne, le Quercy, le Périgord, la Guyenne, les comtés de Foix, de Bigorre et de Cominges; les provinces franches étaient la Flandre, l'Artois, le Hainaut, le Calaisis, le Boulonnais, les principautés de Sedan, d'Arles, de Rançon, la Bretagne, les îles d'Oléron et de Ré, partie du Poitou, de la Saintonge et de l'Aunis. Dans les premières, le quintal se payait de 6 à 12 livres; dans les secondes, le prix variait de 2 à 9. — On appelait encore *francs-salés* des distributions gratuites de sel faites à certaines personnes.

L'origine de la taxe du sel remonte au moins à Philippe le Long (1318). Beaucoup de seigneurs même avaient déjà établi précédemment des gabelles dans leurs terres. D'abord partielle et temporaire, la gabelle fut étendue à tout le royaume en 1340, par Philippe de Valois (qu'Édouard III appelait, en plaisantant, l'auteur de la *loi salique*), puis établie à perpétuité par Charles V. Elle ne fut d'abord que d'un tiers de florin par muid; dès 1382, sous Charles VI, elle montait à 20 livres; de 24, où elle était en 1542, François Ier la porta, en 1543, à 45. L'organisation définitive de l'administration de la gabelle eut lieu sous Louis XIV en 1680. Les gabelles formaient, avant la Révolution, cinq grosses fermes, qui levaient sur le pays environ 38 millions, dont 7 au plus entraient dans les coffres de l'État. Une nuée d'employés surveillait la rentrée de cet impôt; la contrebande (*faux saunage*) était punie des galères. Cet impôt fut supprimé le 1er déc. 1790. Le mot *gabelou*, usuel parmi le peuple pour désigner avec mépris les agents des contributions indirectes, vient de *gabelle*. *Voy.* SEL (IMPOT DU).

GABIAN, nom vulgaire du Goëland (*Voy.* ce mot). — GABIAN (HUILE DE). *Voy.* PÉTROLE.

GABIE (en bas latin *gabia*, cage, hotte), demi-lune en caillebotis appliquée sur un des côtés de la tête des mâts à antennes. La hune même, autrefois, était, non une plate-forme à l'extrémité du mât comme aujourd'hui, mais une cage en forme de hotte et à l'arrière du mât. *Voy.* GABIER et HUNE.

GABIER (de *gabie*), matelot préposé au service de la mâture. Le gabier ne fut d'abord qu'un guetteur qui, du haut de la hune (ou *gabie*), signalait les navires, les écueils ou la terre. Aujourd'hui tout ce qui se présente à faire dans un mât est du ressort du gabier. Dans les travaux de gréement, de dégréement, de prise de ris, c'est lui qui, sous les ordres de l'officier de quart, dirige les autres matelots. On distingue le *Gabier du grand mât*, le *G. de misaine*, le *G. d'artimon*; et même, quoiqu'il n'y ait plus de hune au beaupré, les matelots qui ont soin de ce mât incliné sur lequel se serrent les focs, sont dits *gabiers de beaupré*. Les gabiers des grands bâtiments sont des matelots d'élite; c'est chez eux de préférence qu'on prend les contre-maîtres.

GABION (du bas latin *gabia*, cage, treillis), grand panier cylindrique, sans fond, formé d'un clayonnage et rempli de terre ou de toute autre matière que la balle ne peut pénétrer, sert à mettre les travailleurs à l'abri des coups de l'ennemi. On l'emploie presque exclusivement dans les travaux de siège. On distingue les *G. de sape* ou *de tranchée*, et les *G. farcis* ou *roulants*. Les premiers, qui sont le plus en usage, ont environ 80 centimètres de haut sur 65 de diamètre extérieur: c'est de terre qu'on les emplit; placés debout les uns à côté des autres, ils forment soit le parapet des sapes, des logements, des tranchées, soit l'exhaussement de travail, dit *cavalier de fortification*. — Les seconds, qui ont remplacé les *mantelets* (*Voy.* ce mot), ont 30 centimètres de hauteur, 1m,50 de diamètre extérieur: 25 ou 30 fascines, ou à leur défaut, de la laine, de la bourre, de menus copeaux, en forment la garniture ordinaire; on les emploie couchés, et on les roule avec un crochet en avant des travailleurs.

GABORD (de *bord*), bordage extérieur d'un navire, se place sur les varangues de fond, et sert à joindre la quille en s'emboîtant dans sa rablure. Il forme le 1er rang de bordage de long en long de la quille. Son épaisseur, en général, est moitié de celle du bordage qui joint le dessous de la 1re préceinte.

GABRONITE, substance minérale compacte, à cassure écailleuse, d'un aspect gras, d'une couleur jaunâtre, rougeâtre ou grisâtre, rayant le verre, fusible au chalumeau et soluble dans l'acide chlorhydrique. Elle se compose de silice, d'alumine et de soude, avec quelques parties de magnésie, d'oxyde de fer et d'eau.

GABURON (pour *capuron*, du latin *caput*, tête?), pièce de bois qui recouvre un bas mât depuis la naissance du ton jusqu'à environ un quart de sa longueur au-dessous de la hune, garantissant ainsi ce bas mât des frottements du mât supérieur quand on monte ou qu'on descend celui-ci. Le gaburon se nomme aussi *jumelle*.

GACHE, pièce métallique, le plus souvent en fer ou en cuivre, où vient se loger et s'appuyer une autre pièce de métal. On connaît surtout: 1o les gâches qui reçoivent soit le pêne d'une serrure, soit un verrou, une targette, etc.; 2o les gâches des plombiers, anneaux de fer qu'on attache au mur pour tenir et fixer un tuyau de plomb ou une gouttière. La forme des premières varie beaucoup. Anciennement, les pênes étaient reçus à même la muraille: c'est de là sans doute que vient le nom de *gâche*, la muraille étant le plus souvent faite de *gâchis*.

GACHETTE (diminutif de *gâche*), pièce d'acier qui fait partie de la platine d'un fusil: c'est celle sur laquelle on appuie pour faire partir l'arme. On y distingue: le *bec*, branche de devant qui s'engrène dans la noix et l'empêche de tourner; la *queue*, branche de derrière reposant sur la détente; le *trou*, ouverture pratiquée dans le bec pour recevoir la vis; enfin la *vis*, qui assujettit la pièce au corps de la platine. La gâchette du fusil est un levier du 1er genre coudé; le bec son bras court, la queue son bras long. — On nomme encore *gâchette*, dans les serrures, la pièce de fer placée sous le pêne; — dans les métiers

à bas, un petit levier coudé qui se meut sur son axe et qui sert à hausser ou à baisser le petit métier.

GACHIS (de l'allemand *waschen*, laver), mélange de chaux, de sable, de plâtre ou de ciment délayé dans de l'eau, et propre à la bâtisse. Mettre du plâtre dans l'eau jusqu'à ce qu'elle soit toute absorbée, c'est *gâcher serré*; mettre peu de plâtre et obtenir un mélange très-liquide, comme pour faire des enduits ou couler des pierres, c'est *gâcher lâche*. Le *gâcheur* est ordinairement un apprenti maçon.

GADE, *Gadus*, genre de poissons de la famille des Gadoïdes, dont les principales espèces habitent les mers froides, a les ventrales attachées sous la gorge, plus en avant que les pectorales: le premier et le second rayon de ces ventrales se prolongent en un filet plus ou moins long. Ils ont en général le corps allongé, les écailles petites, la gueule armée de dents. Ils produisent un nombre considérable de petits, et fournissent à l'homme un aliment abondant et recherché. Ce genre renferme les *Morues*, les *Merlans*, les *Merlus*, les *Lottes*, etc.

GADE-LOTTE OU BARBOTE, poisson d'eau douce du genre Gade, dont le foie est très-bon à manger.

GADOIDES (de *Gade*, genre type), famille de poissons Malacoptérygiens: corps médiocrement allongé, peu comprimé, couvert d'écailles molles; tête sans écailles et nageoires molles; vessie aérienne grande et dentelée sur les côtés. Cette famille renferme les genres *Gade*, *Lépidolèpre* et *Macroure*.

GADOLINITE, silicate de cérium, noir, brunâtre ou jaunâtre, à texture granuleuse ou compacte et à cassure vitreuse. Cette substance, plus dure que le verre, est appelée aussi *Yttrite* et *Ytterbite*. Elle se compose de silice, d'yttria, d'oxyde de cérium et d'oxyde de fer. On la trouve en Suède.

GADOUES. On donne à la fois ce nom aux matières enlevées des latrines, aux boues et aux immondices de toute espèce. Toutes ces gadoues forment un excellent engrais; mais on ne devrait les employer, les premières surtout, que dans la culture des plantes oléagineuses, des chanvres, des lins, et en général des végétaux qui ne sont pas destinés à la nourriture de l'homme et des bestiaux, parce qu'elles communiquent aux plantes un goût et une odeur désagréables. — On appelle *gadouards* les ouvriers qui vident les fosses d'aisance, ceux qui curent les puits, les égouts, etc. Ils courent souvent le danger d'être asphyxiés par les gaz délétères et sont sujets à plusieurs maladies spéciales. On prévient ces dangers par l'emploi des substances désinfectantes.

GAERTNERE, *Gaertnera* (d'un nom propre), genre de la famille des Loganiacées, établi par Lamarck, renferme des arbres de Madagascar et de Maurice, à feuilles opposées, oblongues, coriaces, et à fleurs terminales paniculées ou en corymbe. Le type de ce genre est la *G. à gaines*, qu'on trouve à Maurice. C'est un bel arbre à feuilles lancéolées, à fleurs blanches, et dont le fruit est une baie ovale renfermant 2 semences dures, semblables à celles du café, ce qui l'a fait nommer *Café marron*.

GAFFE (du celtique *gaflach*, dard), instrument de fer à deux branches, l'une droite, un peu pointue, l'autre recourbée en forme de croc, toutes deux tenant à un manche d'environ 3 mètres de long, et dont les matelots se servent pour pousser les embarcations au large. — Instrument de fer à crochet, muni aussi d'un long manche, et avec lequel les pêcheurs tirent le poisson à terre. — Dans les Salines, on nomme *gaffes* des vases servant à transporter le sel.

GAGE (du bas latin *vadium*, dérivé du teuton *wage*, balance, équilibre), objet remis en nantissement pour sûreté d'une dette. La loi définit le *gage* le nantissement d'une chose mobilière, et l'oppose à l'*antichrèse* (*Voy.* ce mot), qui est le nantissement d'une chose immobilière. Le gage confère au créancier le droit de se faire payer sur la chose qui en est l'objet, par privilége et préférence aux autres créanciers. Toutefois, le créancier ne peut, à défaut de payement, disposer du gage; il doit en ce cas requérir en justice l'autorisation de le faire vendre. Le débiteur, jusqu'à son expropriation, s'il y a lieu, reste propriétaire du gage, qui n'est dans la main du créancier qu'un dépôt assurant le privilége de celui-ci. Le gage est indivisible, nonobstant la divisibilité de la dette entre les héritiers du débiteur ou ceux du créancier (Code civil, art. 2072–84).

CAGE (PRÊT SUR). *Voy.* PRÊT et MONT-DE-PIÉTÉ.

GAGES, salaire donné aux domestiques et aux ouvriers pour leurs services. *Voy.* DOMESTIQUE et SALAIRE.

GAGERIE (SAISIE-). *Voy.* SAISIE.

GAGEURE. *Voy.* PARI.

GAIAC, *Guajacum*, genre de la famille des Zygophyllées, se compose de grands arbres des Antilles à bois très-dur, à feuilles opposées, à folioles coriaces très-entières, à fleurs bleues supportées par des pédoncules uniflores. Le type du genre est le *G. officinal*, appelé vulgairement *Bois de Gaïac* : c'est un arbre de 15 m. de hauteur, dont la médecine utilise le bois et l'écorce. La résine que ces parties renferment, dite *gaïacine*, a l'odeur du benjoin, une saveur douce d'abord, puis amère, et enfin très-âcre : on l'obtient en en faisant macérer des copeaux de gaïac dans l'alcool; elle est soluble dans l'alcool et l'éther, mais très-peu dans l'eau. On en prépare une teinture qui entre dans la composition de plusieurs sudorifiques puissants; on l'emploie aussi comme dentifrice. — Dans l'industrie, le bois sert à faire des vis et des galets d'une grande dimension.

GAILLARD (de *valens* ou *validus*, fort?). On donne ce nom aux parties extrêmes du pont supérieur d'un navire : celle qui se trouve sur l'arrière du grand mât s'appelle *G. d'arrière*; celle qui se trouve sur l'avant du hauban de misaine, *G. d'avant*. Autrefois ces deux parties étaient séparées par un espace nommé *l'embelle* et communiquaient par un petit pont de chaque côté du navire : ce pont était dit *passe-avant*. Au gaillard d'avant sont les matelots, à l'autre les officiers, lesquels se tiennent à bâbord ou à tribord, selon qu'ils sont simples officiers ou officiers supérieurs. Primitivement, les gaillards étaient des plates-formes entourées de créneaux et du haut desquelles on se battait : les dunettes représentent ces anciennes fortifications. Les gaillards sont encore les lieux de combat les plus dangereux. La batterie d'artillerie du pont supérieur se nomme toujours *batterie de gaillard*.

Château-gaillard s'est dit pour *Château-fort*.

GAILLARDE, ancienne danse, italienne d'origine, qui s'exécutait à trois temps avec un mouvement vif et animé. Il en est resté le *pas de gaillarde*, composé d'un pas assemblé, d'un pas marché, d'un pas tombé et qui se fait en avant et de côté.

Caractère d'imprimerie entre le petit romain et le petit texte, dont la force est de huit points.

Genre de la famille des Composées, tribu des Sénécionidées, originaire d'Amérique, et dont on cultive surtout deux espèces dans nos jardins, la *Gaillarde vivace* et la *G. aristée*. La première est remarquable par ses fleurs d'un jaune orangé pourpre à la base, avec un disque brun. La seconde a des fleurs plus grandes, mais moins vives.

GAILLET ou CAILLE-LAIT (du grec *galion*, dérivé de *gala*, lait), *Galium*, genre de la famille des Rubiacées, renferme des herbes vivaces et indigènes, à fleurs blanches, jaunes ou purpurines, très-petites et disposées en grappes; à feuilles longues et étroites. Lesueur du *G. accrochant* (vulg. *Grateron*) s'emploie contre quelques maladies du système lymphatique; les feuilles du *G. jaune* (*G. verum*), très-commun dans les prés et les haies, passent pour donner du lait aux femmes et pour faire cailler le lait (*Voy.* CAILLE-LAIT). — Dans le comté de Chester, en Angleterre,

on mêle le Gaillet au lait, pour colorer le célèbre fromage de Chester. La même plante, bouillie avec l'alun, sert à teindre en jaune, et sa racine en rouge.

GAINE (du latin *vagina*, étui, fourreau). Ce mot, qui désigne en général toute espèce d'étui, et notamment celui d'un couteau, d'un poignard, s'applique, en Architecture, à une espèce de support, plus large du haut que du bas, sur lequel on pose des bustes. Quand la gaine et le buste sont d'une seule pièce, on leur donne le nom de *Terme*.

En Anatomie, on nomme *gaine* : 1° plusieurs parties qui ont pour but d'envelopper d'autres parties; 2° les lames celluleuses qui entourent les muscles et pénètrent dans leurs fibres; 3° les expansions nerveuses qui enveloppent les membres.

En Histoire naturelle, ce mot désigne : 1° dans les Insectes suceurs, le tube qui renferme l'appareil dont ces insectes se servent pour sucer; 2° dans les Hyménoptères, le tube où sont renfermées la lèvre et la languette; 3° en Botanique, une expansion membraneuse de la partie inférieure d'une feuille qui embrasse plus ou moins la tige dans une partie de sa longueur : on en voit dans le *blé*.

GAINIER (de *gaine*), ouvrier qui confectionne les gaines, les étuis de mathématiques, les étuis de lunette, les écrins, les portefeuilles, et autres articles de cuir bouilli, de maroquin, de chagrin, etc. Il y avait à Paris un corps de métier de gainiers, bourreliers et ouvriers en cuir bouilli, établi par une ordonnance de 1323.

GAINIER, *Cercis*, genre de la famille des Papilionacées, ainsi nommé à cause de la disposition de ses graines, dans lesquelles l'embryon se trouve enfermé au centre d'un endosperme charnu comme dans une *gaine*: se compose d'arbres à feuilles simples, cordées et garnies de fleurs qui se développent avant les feuilles et par fascicules, sur le vieux bois et sur les branches. Le *G. commun* (*C. siliquastrum*), appelé aussi *Arbre de Judée*, est un des plus beaux arbres que l'on puisse élever, en palissades ou en massifs, pour l'ornement des jardins : c'est un arbre d'environ 12 mètres de haut, à écorce noirâtre, à feuilles molles, d'un vert tendre, et à fleurs roses d'un agréable aspect. On se sert quelquefois de ses fleurs, à cause de leur saveur piquante, pour l'assaisonnement des salades. On les confit au vinaigre lorsqu'elles ne sont encore qu'en boutons.

GAL, *Gallus*, genre de Poissons de la famille des Scombéroïdes, a le corps haut et comprimé, et des couleurs disposées par bandes sur un fond argenté. Le *Grand Gal*, qui habite les mers de l'Inde, est un poisson dont la chair est très-recherchée. Son corps paraît couvert d'une peau lisse, salinée et du plus bel éclat. Sa longueur est de 15 à 16 centimètres.

GALACTITE (du grec *gala*, lait, parce que toute la plante est lactescente), *Galactites*, genre de plantes de la famille des Composées, tribu des Cynarées, formé d'une seule espèce, la *Galactite cotonneuse* (*G. tomentosa*), qu'on trouve sur les côtes et dans les îles de la Méditerranée; c'est une plante haute de 5 décimètres. Sa tige est couverte d'une espèce de coton blanc et épais. Ses feuilles sont longues et découpées, cotonneuses en dessous, vertes en dessus, et marquées de points blanchâtres.

Les anciens nommaient aussi *Galactite, Galaxie*, ou *Pierre de lait*, une substance pierreuse, grise, d'une saveur douce, donnant un lait délayeux lorsqu'on délaye sa poussière dans de l'eau. C'est une espèce d'argile ou terre à foulon, assez commune en Saxe, en Angleterre, en France et en Suède. On s'en sert pour le dégraissage des laines.

GALACTODENDRON, arbre à lait. *V.* ARTOCARPE.

GALACTOMÈTRE (du grec *gala*, lait, et *métron*, mesure), instrument à peser le lait. *Voy.* PÈSE-LAIT.

GALACTOPHORES (du grec *gala*, lait, et *phéró*, porter), conduits excréteurs qui portent le lait sécrété par la glande mammaire vers le mamelon où se trouvent leurs orifices extérieurs. — On nomme encore ainsi les vaisseaux des intestins qui renferment du chyle et semblent être remplis de lait.

GALAGO, *Otoclinus*, genre de Mammifères quadrumanes, de la famille des Lémuriens, remarquables par la longueur de leurs jambes et l'ampleur de leurs conques auditives. Ils ont le museau obtus, les yeux grands et propres à la vie nocturne; les oreilles larges et membraneuses, l'ouïe très-délicate. Ils dorment pendant la plus grande partie du jour. Ces animaux, doux et paisibles, vivent dans les forêts du Sénégal, se nourrissant de la gomme des Mimosas. Ils sont faciles à apprivoiser et montrent beaucoup de vivacité et de gentillesse. Le *G. de Demidoff* est roux et de la taille d'un Loir. Il a le pelage soyeux et très-fourni. Le *G. à queue épaisse* a une taille double et se trouve en Cafrerie.

GALANE, plante. *Voy.* CHÉLONE.

GALANGA, *Alpinia*, genre de plantes de la famille des Amomées, est formé d'une seule espèce, le *G. officinal*, qui croit aux Indes orientales, offre deux variétés connues sous le nom de *Grand* et de *Petit galanga*. Le premier a des racines tubéreuses et aromatiques; des tiges droites de 2 mètres de haut; des feuilles alternes, des fleurs blanchâtres et des fruits rouges. Le Petit galanga ne diffère du précédent que par des proportions moindres; il a des propriétés médicamenteuses plus énergiques. Les deux variétés s'emploient comme aliment, comme assaisonnement et comme médicament tonique et excitant. Les Vinaigriers s'en servent pour donner de la force au vinaigre.

GALANTHE ou GALANTHINE (du grec *gala*, lait, et *anthos*, fleur), plante de la famille des Amaryllidées, plus connue sous le nom de *Perce-neige*. *V.* ce nom.

GALANTINE. Dans l'Art culinaire, on nomme ainsi une composition de viandes froides, notamment de volailles, qu'on décore avec de la gelée, et qu'on sert pour grosse pièce à l'entremets.

GALATHÉE (de *Galathée*, nom d'une nymphe Néréide), genre de Mollusques acéphales, dont la coquille, remarquable par sa beauté, est très-épaisse, très-grosse, et dont la surface extérieure est revêtue d'un épiderme d'un beau vert lisse et brillant. Cet épiderme enlevé laisse apparaître une nuance d'un beau blanc de porcelaine, sur laquelle se détachent plusieurs rayons violets. La seule espèce connue est la *G. à rayons* (*G. radiata*), qui nous vient des rivières de l'Inde et de l'île de Ceylan.

On nomme aussi *Galathée* un genre de Crustacés décapodes de la famille des Macroures, dont l'espèce type est la *G. grêle* (*G. strigosa*), commune sur les côtes de la Méditerranée et de l'Océan.

GALAUBAN. *Voy.* GALHAUBAN.

GALAXIE (du grec *gala*, lait). *Voy.* VOIE LACTÉE et GALACTITE.

GALBANUM ou *Gomme en larmes*, substance gommo-résineuse, tirée de la racine du *Bubon galbanum*, qui croit en Syrie, en Perse et en Afrique. Elle est grasse, molle, blanchâtre ou jaune, ou rousse, ou gris de fer. Sa saveur est amère et un peu âcre, son odeur forte et aromatique. On l'a employée comme antispasmodique. Chez les Juifs, c'était un des éléments du parfum que se brûlait dans le saint lieu.

GALBE. On nomme ainsi en Architecture et en Sculpture l'ensemble des contours d'un vase, d'une statue, d'un dôme, d'un fût de colonne, etc. Ce mot se prend en bonne part et emporte une idée de forme gracieuse : on dit d'un vase, d'un chapiteau, qu'ils sont d'un beau galbe, d'un galbe élégant.

GALBULE (du latin *galbulus*, baie), nom donné par les anciens au *Loriot*, et par quelques auteurs au *Jacamar*, oiseaux qui se nourrissent spécialement de baies. — On a encore nommé ainsi le fruit des Cyprès, des Pins, des Protéacées, des Casuarinées, ainsi que le strobile du genévrier.

GALE (du latin *callum*, callosité, ou de *galla*, tumeur produite sur une feuille par la piqûre d'un insecte?), en grec *psora*, en latin *scabies*, affection cutanée contagieuse, est caractérisée par une éruption prurigineuse de petites vésicules plus ou moins multipliées, rondes, souvent confluentes, dures à leur base, cristallines à leur sommet, qui contiennent une sérosité d'abord limpide, puis légèrement visqueuse et purulente, et par une vive démangeaison qui augmente vers le soir et surtout pendant la nuit, par la chaleur du lit. La gale affecte de préférence l'intervalle des doigts, les poignets, la face interne des membres, les aisselles, les jarrets, les aines. On en distingue deux variétés, d'après le volume des pustules : la *grosse gale* et la *galé miliaire*, dite aussi *canine* ou *prurigineuse*, parce qu'elle cause un prurit plus vif que l'autre variété. Cette maladie, sur la nature de laquelle on a longtemps disputé, et que l'on attribuait à un virus spécial, dit *virus psorique*, paraît être due à la présence d'un animalcule du genre Acarus nommé par les Naturalistes *Sarcopte*, qui se creuse sous l'épiderme de petites galeries ou sillons où il trouve une retraite sûre; on le découvre en déchirant l'épiderme avec la pointe d'une épingle : il s'accroche à l'extrémité de celle-ci, en peut alors le transporter où l'on veut. Placé sur la peau d'une personne saine, l'Acarus de la gale s'y enfonce, s'y multiplie, et développe la gale au bout d'un temps variable, de 8 à 20 jours. Les linges et les étoffes sur lesquels se trouvent ces Acarus, peuvent également transmettre la maladie. Abandonnée à elle-même, la gale dure indéfiniment; mais, bien traitée, cette maladie, dont le nom seul donne tant d'effroi, guérit facilement, sans laisser à sa suite aucune trace. Le *soufre*, sous forme de bains, de lotions, de fumigations, et surtout de pommades, en est le remède le plus efficace. — On confond souvent la gale avec d'autres affections de la peau, qui s'accompagnent de démangeaisons, notamment avec la *dartre squammeuse* et le *prurigo*. La première se distingue de la gale par ses vésicules très-aplaties, et agglomérées dans un petit espace, le plus souvent bornées aux mains. La seconde est une affection papuleuse, non accompagnée de vésicules, et qui a son siége au dos, à la nuque, et au-dessus du coude. — *Voy.* ACARUS, PEAU (MALADIES DE LA).

Les animaux, tels que le chien, la brebis, le porc, etc., sont sujets à la gale. Cette maladie est également due chez eux à la présence d'un Acarus, mais qui est très-différent de celui de l'homme. On en distingue deux variétés : la *gale farineuse*, qui se développe sur toutes les parties du corps indifféremment, et la *gale rogne*, qui occupe particulièrement la crinière et la queue des animaux.

On appelle aussi *gale* une maladie des végétaux, caractérisée par des rugosités qui s'élèvent sur l'écorce des branches, sur les feuilles et sur les fruits.

GALE, *Myrica*, genre type de la famille des Myricacées, se compose d'arbrisseaux et de petits arbres résineux, à feuilles alternes, à fleurs dioïques ou monoïques, disposées en chatons. L'espèce principale est le *Myrica galé*, appelé vulgairement *Galé odorant, Piment royal, Piment aquatique* et *Myrte bâtard*: cette plante croit dans les lieux marécageux de l'Europe; elle a une odeur forte et balsamique; on en met les branches parmi le linge pour le parfumer et en éloigner les insectes; elle s'employait anciennement en guise de thé. Dans le pays de Galles et en Suède, on s'en sert pour la teinture en jaune et pour le tannage. Dans la Caroline, les fruits du *Galé à cire* (*M. cerifera*) donnent, par l'ébullition, une cire avec laquelle on fait des bougies odoriférantes.

GALEA, mot latin qui veut dire *casque*, nom donné à une céphalalgie (migraine) qui occupe toute la tête, et à la lèvre supérieure des fleurs labiées.

GALÉASSE (en italien *galleazza*, augmentatif de *galea*, racine du mot galère), très-grande galère à 3 mâts allant à la rame et à la voile, étroite en proportion de sa longueur, haute du derrière et basse du devant. Les Vénitiens surtout en firent usage. Ils les armaient d'un grand nombre de pièces d'artillerie. Quelques-unes avaient jusqu'à 60 m. de long.

GALÉE, se dit, en Typographie, d'une petite planche rectangulaire, de dimensions diverses, portant un rebord sur deux côtés, où le compositeur met les lignes à mesure qu'il les compose. Il y a des galées à coulisse.

GALÉGA (du grec *gala*, lait, parce que, dit-on, ces plantes augmentent le lait des bestiaux?), genre de plantes de la famille des Papilionacées ; herbes vivaces, glabres, à feuilles imparipennées, à fleurs blanches, bleues ou violettes, disposées en racèmes. L'espèce la plus commune est le *G. officinal* (*Faux indigo, Lavanèse* ou *Rue de chèvre*), plante aromatique, sudorifique et antiseptique. On l'emploie contre les fièvres malignes, l'épilepsie, les maladies convulsives. Elle croît en France et en Italie ; on en mange les feuilles cuites ou en salade. Une espèce donne une teinture bleue. Plusieurs sont cultivées pour l'ornement des jardins, principalement le *G. grandiflora* du Cap de Bonne-Espérance. A Cayenne, on emploie dans le *G. soyeux* pour enivrer le poisson, ce qui l'a fait appeler *Bois à enivrer*.

GALÈNE (en grec *galéné*), ou *plomb sulfuré*, minerai composé de plomb et de soufre (PbS), d'un gris métallique fort brillant, généralement lamelleux, et se divisant par le clivage en petits fragments cubiques. Sa pesanteur spécifique est de 7,6. On distingue la *G. cubique*, la *G. massive*, la *G. à grandes facettes*, la *G. à petites facettes*. On rencontre ce minerai en filons, dans les terrains tertiaires du Hartz, de l'Erzgebirge, de l'Angleterre, de la Saxe, de la Bretagne, etc. Il fournit la plus grande partie du plomb du commerce. Les galènes sont souvent argentifères ; on les exploite comme mine d'argent, lorsqu'elles contiennent assez d'argent pour couvrir les frais. Les potiers se servent de la galène à grandes facettes, sous le nom d'*alquifoux*, pour vernir les poteries grossières. *Voy.* ALQUIFOUX.

GALÉOPITHÈQUE (du grec *galé*, chat, et *pithékos*, singe), *Galeopithecus*, genre de Mammifères quadrupèdes de l'ordre des Cheiroptères, appelés aussi *Chats-volants* ou *Chiens-volants*. Ils sont pourvus à chaque pied de 5 doigts armés d'ongles très-forts, et réunis par une membrane qui s'étend également entre leurs membres, et qui forme une sorte de parachute. Ils ont 2 paires de mamelles placées sur la poitrine, et ressemblent assez, pour le corps, à un chat ou plutôt à un maki. Ces animaux vivent dans les bois, où leur parachute leur permet de s'élancer d'arbre en arbre à de grandes distances. Leur nourriture se compose d'insectes et de fruits. L'espèce la plus commune est le *G. roux*, qu'on trouve aux îles Carolines. Il est long de 30 centim., roux vif en dessus, plus clair en dessous. Il grimpe comme les chats et répand une odeur analogue à celle du renard.

GALÉOPSIS (de *galea*, casque, et *opsis*, figure), genre de plantes de la famille des Labiées, ainsi nommé à cause de la forme de la lèvre supérieure des Labiées : tiges rameuses, à feuilles florales semblables à celles de la tige, fleurs rouges, jaunes blanchâtres ou panachées de ces 2 couleurs. On trouve partout dans les haies et le champs le *G. ladanum*, vulgairement *Ortie rouge*, et le *G. tétrahit*, à fleurs rouges ou blanches, dont la tige est hérissée de poils.

GALÉOTE, *Calotes*, genre de reptiles de l'ordre des Sauriens, famille des Iguaniens, à tête courte, pyramidale, quadrangulaire, à museau obtus, à corps comprimé latéralement, à membres allongés, à queue longue et grêle. Ce sont des animaux innocents et doux qui vivent sur les arbres, où ils se nourrissent d'insectes. On les trouve dans l'Inde.

Le type du genre est le *G. commun*, qui est d'un bleu clair verdâtre, avec des lignes transversales disposées en chevrons sur les parties supérieures.— Les anciens donnaient le nom de *Galéotes* aux lézards qu'on nomme aujourd'hui Geckos.

GALÈRE (de *galea*, casque), ancien navire de guerre, long, ras d'eau, de peu de calaison, allant à la voile et à la rame. Chez les anciens on la nommait *unirème, birème, trirème*, etc., selon qu'elle avait un, deux, trois rangs de rames ou davantage. Les *trirèmes* furent les plus employées, comme n'ayant ni trop ni trop peu de dimension, tenant le mieux à la mer et alertes à la marche, tandis que les grosses galères étaient beaucoup plus lourdes. Carthage cependant fit grand usage des *quadrirèmes* ; Marcellus, lors du siége de Syracuse, fit usage de *quinquérèmes* ; Démétrius Poliorcète avait fait construire une fameuse galère à 16 rangs de rames ; Ptolémée Philadelphe en fit, dit-on, construire une à 40 rangs de rames. Les galères étaient les vaisseaux de guerre des anciens : elles portaient à l'avant un *éperon* (*rostrum*) destiné à briser de son choc la carène du vaisseau ennemi. — On ne connaît pas bien la manière dont étaient placés les rameurs. Quelques-uns pensent qu'ils étaient placés obliquement à côté les uns des autres, maniant des rames de plus en plus longues à mesure qu'ils s'éloignaient davantage du bord ; le plus grand nombre suppose que les rameurs, armés également de rames de longueurs différentes, étaient disposés en amphithéâtre. Dans les trirèmes, on nommait les rameurs d'en bas *thalamites*, ceux du milieu *zeugites*, ceux d'en haut *thranites* : ce sont eux qu'on payait le plus cher comme maniant la rame la plus longue et la plus lourde. Il n'y avait qu'un homme par rame. — On présume que les trirèmes usuelles avaient à peu près 20 mètres de long, 3 au plus de large, 1m50 ou 2 au-dessus de l'eau.

Les galères modernes ont été beaucoup plus grandes : elles étaient encore au XVIIe siècle les plus longs des navires. Leur longueur variait entre 30, 40, 50 et 60 m.; les plus longues se nommaient *galéasses*. On y comptait de chaque côté jusqu'à 30 avirons, mis en mouvement par un ou plusieurs hommes. Les galères étaient pontées ; elles avaient 2 mâts, 2 voiles latines, des gabies, et portaient 5 pièces de canon à l'avant, plus, quelquefois, des pierriers entre les rames. On s'est longtemps servi des galères dans la Méditerranée. Mais l'insuffisance du pont faisait qu'au moindre coup de mer elles s'emplissaient d'eau. Le progrès de la construction navale y a fait renoncer complétement. *Voy.* GALIOTES et GALIONS.

Peine des galères, punition des criminels condamnés à ramer sur les galères de l'État après avoir été marqués. On nommait *galériens* ceux qui subissaient cette peine. L'ensemble des galériens que portait une galère s'appelait *chiourme*. La chiourme était surveillée par un *argousin*, un *sous-argousin* et 10 *compagnons*. Les galériens étaient chacun attachés à leur banc ; ils y couchaient la nuit. Chaque rame était mue par 5 hommes dits *vogue-avant, apostis, tiercerol, quarterol, quinterol*. Le vogue-avant était souvent un marinier libre. Aux derniers bancs de droite et de gauche près de la poupe étaient deux hommes de renfort dits *espaliers* ou *tire-gourdins*. C'est sous François Ier que les galères devinrent une peine. Sous Louis XV (1748), on construisit des *Bagnes* pour recevoir les galériens à terre ; depuis la fin du règne de Louis XIV, les galériens étaient appliqués en partie à divers travaux publics, dans les ports, les arsenaux maritimes, les hôpitaux, etc. L'Assemblée constituante remplaça la peine des galères par celle des travaux forcés: *Voy.* ce mot.

GALÈRE, nom vulgaire 1o de la *Physale* ou *Holothurie physale*, à cause de sa forme ovale, pointue aux deux bouts, et de son habitude de flotter au-dessus des mers ; 2o de la coquille de l'*Argonaute*, etc.

GALERIE (pour *wallerie*, de l'allemand *wallen*, se promener), pièce beaucoup plus longue que large et qui sert, soit à donner des fêtes ou des concerts, soit à réunir un grand nombre de tableaux, de statues ou d'œuvres d'art. Les galeries les plus célèbres sont, en France, celle du *Louvre*, qui a 450 m. sur 9 1/2 et dont les murailles sont couvertes de 1300 tableaux des plus grands peintres; celle de *Diane* aux Tuileries (42 m. sur près de 9); celle de *Versailles*, peinte par Lebrun. A l'étranger, on cite : à Rome, celle du palais *Farnèse*, peinte par Carrache, et celle du *Vatican*, peinte et ornée par Raphaël; celle de *Florence;* celle de *Dresde*, qui contient 1400 tableaux; celles de *Vienne*, de *Berlin;* celle de l'*Ermitage* à Saint-Pétersbourg, etc. *Voy.* MUSÉE.

Dans les Mines, les galeries sont des chemins souterrains un peu inclinés, pratiqués pour découvrir les filons et communiquant à l'extérieur avec des *puits* ou *bures.* — Dans l'Art militaire, les galeries sont aussi d'étroits et longs chemins souterrains, destinés à l'attaque et à la défense des villes. *Voy.* MINE.

On appelle encore *galerie :* 1° au Théâtre, ces espèces de balcons en encorbellement qui sont destinés à recevoir chacun deux ou plusieurs rangs de spectateurs (le mot alors se met presque toujours au pluriel : *premières, secondes, troisièmes galeries*); — 2° dans la Marine, un corridor libre, d'environ 1 m. de large, ménagé dans toute la longueur de l'entrepont, entre la muraille intérieure du bâtiment et une cloison : c'était autrefois une espèce de balcon saillant en dehors de la poupe, sur toute la largeur du navire.

GALÉRIEN. *Voy.* BAGNE. et GALÈRE.

GALÉRUQUE, *Galeruca*, genre de Coléoptères tétramères de la famille des Cycliques. Ce sont des insectes de taille moyenne, à tête petite, à corselet étroit, à antennes courtes, et dont les pattes sont impropres au saut. La *G. de l'orme* est ponctuée et de couleur jaunâtre; elle est très-commune en France, où elle est cause de grands dégâts aux arbres. — La tribu des Galérucites renferme, outre le genre type, les genres *Adorie, Altise* et *Lupère.*

GALET (du celtique *gal*, pierre), nom donné aux cailloux des bords de la mer. *V.* CAILLOU et FALAISE.

En Mécanique, on appelle *galets* de petits disques ou cylindres d'ivoire, de bois ou de métal, qu'on place entre deux surfaces qui se meuvent l'une sur l'autre, afin de diminuer le frottement.

Le *Jeu de galets* est un jeu qui consiste à approcher des galets ou grosses dames d'ivoire le plus près possible d'un but placé au bout d'une table polie, sans cependant les laisser tomber dans les trous ou trémies qui terminent la table.

GALGALE, mastic employé par les Indiens pour enduire la carène des navires, se fait en Europe avec de la chaux, du goudron et de l'huile. La galgale durcit à l'eau, et les vers ne l'entament que difficilement.

GALHAUBAN (de *hauban*), la plus longue des manœuvres dormantes d'un navire : ce sont de longs et forts cordages qui servent à assujettir le travers et vers l'arrière les mâts supérieurs. Ils se capèlent, comme les haubans, sur la tête des mâts de hune et descendent jusqu'aux deux côtés du navire, où ils sont retenus à la muraille du bâtiment par leurs caps-de-mouton. Il y en a deux par chaque mât de hune.

GALIMATIAS, discours confus, obscur, inintelligible, qui ne signifie rien, quoiqu'il semble dire quelque chose; c'est une espèce d'amphigouri. Le style de l'hôtel de Rambouillet, ridiculisé par Molière (dans les *Précieuses ridicules*) et par Boileau (dans ses *Héros de roman*), et celui de beaucoup de romans psychologiques de nos jours, en offrent de curieux exemples. —On fait venir ce mot de *gallus*, coq, et de *Mathias*, nom qu'un avocat, chargé par un certain Mathias de réclamer un coq qu'on lui avait volé, répéta si souvent qu'il finit par s'embrouiller, et, qu'au lieu de dire *gallus Mathiæ*, il dit *Galli Mathias.*

GALINETTE, nom vulgaire donné à plusieurs plantes, entre autres à la *Valériane* et au *Rhinanthus.*

GALION (augmentatif de *galea*, galère en catalan), nom donné spécialement aux grands navires armés en guerre que les Espagnols employaient jadis pour rapporter de leurs colonies les métaux précieux. Rhodes, Venise, la France, le Portugal avaient eu des vaisseaux de cette espèce avant l'Espagne, et s'en servaient pour toute espèce de marchandises. Le galion était, comme l'indique son nom, une grosse galère. Sa poupe était en cœur; de l'avant à l'arrière elle avait très-peu de courbure; beaucoup de voiles, une grande légèreté de marche; 2 ponts ou plutôt 2 couvertes, parfois 3 et même 4. Le tonnage en était considérable. Les galions d'Espagne, quand une fois ils furent affectés à l'importation de l'or des mines en Espagne, eurent jusqu'à 1000 ou 1200 tonneaux. Les galions partaient de Cadix chaque année, en septembre, au nombre de 12, et après avoir touché ensemble aux Canaries, un d'eux allait aux Philippines; les autres abordaient successivement à Carthagène, Portobello, la Havane; après quoi ils revenaient en Europe chargés des produits métalliques du Mexique et du Pérou. Pour plus de sûreté, ils naviguaient de conserve sous la protection d'une forte escadre : on donnait à ce convoi le nom de *flotte d'argent.*

GALIOTE (diminutif de *galea*, galère en catalan). On nomme ainsi : 1° un navire particulièrement usité en Hollande : c'est un bâtiment de moyenne grandeur, de 28 à 30 m. pour l'ordinaire, de 50 à 200 tonneaux, à fond plat, mâté en heu, bien que quelquefois on joignît au grand mât un petit mât d'artimon; la galiote est plus ventrue que le heu et la corvette. Elle sert au petit et au grand cabotage; 2° un navire à varangues plates, très-fort en bois, ouvert, et ayant un ou deux mortiers à lancer des bombes, d'où son nom de *G. à bombes;* on l'a remplacée par la *bombarde;* 3° un long bateau couvert dont on se servait jadis pour voyager sur les canaux et les rivières.

GALIPOT, sorte de goudron formé de la résine tirée par incision du pin des forêts et du pin maritime, unie à des matières grasses; il joint à l'odeur de la térébenthine un goût amer et une couleur jaunâtre. Desséché, il prend le nom de *barras* (*Voy.* ce mot). On en fait des vernis, des bougies, des torches, etc. Fondu, puis agité dans l'eau, le galipot se débarrasse des matières étrangères; décanté ensuite et filtré, il constitue la *poix jaune* ou *poix de Bourgogne*, ou *galipot* proprement dit, dont on se sert en Marine pour enduire la carène, les mâts et les vergues des navires.

GALLATES, sels formés par la combinaison de l'acide gallique avec une base. L'encre ordinaire renferme du *gallate de fer.*

GALLE (du latin *galla*). On donne ce nom à des excroissances très-variées sur diverses parties des végétaux par la piqûre de certains insectes appartenant à divers ordres, principalement au genre *Cynips;* elles sont dues à l'extravasion des sucs du végétal. Elles se composent principalement d'acide gallique, de tannin et de mucilage, avec un peu de carbonate de chaux. Leur position varie suivant les végétaux : ainsi, elles croissent sur les feuilles du chêne velani, sur le pétiole du rosier sauvage, sur l'écorce des ormes, etc. Les galles ont tantôt la forme globuleuse et unie, tantôt la surface plus ou moins rugueuse; elles peuvent être feuillées, velues, fongueuses, osseuses, etc. Les Galles du Chêne de l'Asie Mineure (*Quercus infectoria*), connues sous le nom de *noix de galle*, sont d'un grand usage dans les arts, surtout dans la teinture. L'*engallage* se fait en plongeant les tissus pendant un certain temps dans une infusion de noix de galle, à une température voisine de l'ébullition. La noix de galle agit de deux manières différentes : ou bien elle sert de mordant pour fixer la couleur, ou bien la couleur résulte de la combinaison de ses principes avec certains corps, surtout avec l'oxyde de fer : c'est ce qui a lieu pour les *noirs*. La galle de chêne s'emploie encore à la préparation de l'encre, et sert quelquefois en Médecine à cause de ses propriétés astringentes. La Chimie se sert souvent de l'infusé aqueux de noix de galle comme réactif. En Perse et à Constantinople, on mange une galle charnue, grosse comme une pomme d'api, et qui croît sur une espèce de Sauge (*Salvia pomifera*). En quelques endroits, on mange la galle qui croît sur le Lierre terrestre. La galle du Rosier sauvage était employée autrefois sous le nom de *Bédéguar*. *Voy.* ce mot.

On nomme *Fausses galles* les excroissances dues à la piqûre des insectes d'un ordre autre que celui des Hyménoptères : telles sont celui du Buis, du Noisetier, du Caille-lait, etc.

GALLÉRIE, *Galleria*, genre d'insectes Lépidoptères, famille des Nocturnes, tribu des Tinéites, renferme des espèces qui exercent de grands ravages dans les ruches d'abeilles. Les anciens les appelaient *Fausses teignes*. Ce sont des papillons d'un gris obscur, de 10 à 15 millim. de longueur, qui dans le jour se cachent autour des ruches, et s'y introduisent la nuit pour sucer le miel et y déposer leurs œufs. Leurs larves nuisent surtout à la cire, qu'elles mangent et qu'elles emploient dans la construction de leurs nids. La *G. cerella* se loge de préférence dans les gâteaux dont les cellules sont vides ; la *G. alvearia*, bien que plus petite que la précédente, est cependant aussi nuisible à cause de son excessive reproduction. Deux autres espèces, la *G. colonella* et la *G. anella*, exercent les mêmes ravages dans les nids des bourdons du genre *Bombus*.

GALLIAMBIQUE (VERS), vers de six pieds dont faisaient usage les Galles, prêtres de Cybèle, se composait d'un vers ïambique dimètre catalectique, suivi d'un anapeste et deux ïambes, ou bien d'un tribraque et d'un ïambe. Exemples :

Adēs. In | quīt. 6 | Cybē | bē. || fērā mōn | tīum | dēa.
Vēlūtī | jūvēn | cǎ vī | tāns || ōnūs in | dōmītā | jūgī.

L'*Atys* de Catulle est écrit en vers galliambiques.

GALLICISME (du latin *gallicus*, qui appartient au français), idiotisme de la langue française contraire aux règles ordinaires de la grammaire, mais autorisé par l'usage. Exemples : *Il est honteux de mentir. C'est un crime que de haïr la patrie. Il l'a échappé belle.* Prendre *l'air*, prendre *les eaux. Il* fait *froid*, etc. Les gallicismes sont plus communs dans le style populaire que dans le style relevé.

GALLICOLES (du latin *galla*, galle, et *colere*, habiter), tribu d'insectes Hyménoptères, famille des Pupivores : palpes fort longs, antennes de 13 à 15 articles, larve roulée en tire-bouchon dans l'intérieur de l'abdomen. Ces insectes, presque tous à petite taille, piquent les plantes pour y déposer leurs œufs. L'endroit piqué se développe beaucoup, et finit par former une excroissance, dite *galle*, où l'insecte subit ses diverses métamorphoses ; celles qui sont percées d'un trou sont celles d'où est sorti l'insecte parfait. Cette tribu a pour type le genre *Cynips*.

GALLINA, nom latin de la *Poule*, a été donné par les Zoologistes : 1° à plusieurs oiseaux, tels que l'*Agami*, la *Bécasse*, la *Gélinote*, le *Rale* et le *Vautour percnoptère* ; 2° à plusieurs poissons du genre *Trigle* et au *Dactyloptère commun*.

GALLINACÉS (de *gallina*, poule), ordre d'oiseaux caractérisés par leur bec moins long que la tête, leur mandibule supérieure voûtée, recouvrant l'inférieure, et portant à sa base une cire dans laquelle sont percées les narines. Ils ont, de plus, des ailes courtes et concaves, des tarses robustes, de courtes membranes entre leurs doigts antérieurs, et un doigt en arrière. Ils sont pour la plupart d'assez grande taille, épais, lourds de vol et légers à la

course, faciles à apprivoiser, et aiment à vivre en société. Les Gallinacés sont granivores, et comprennent, dans la classification de Cuvier, les 9 genres suivants : *Alector*, *Dindon*, *Faisan*, *Paon*, *Pigeon*, *Pintade*, *Tétras*, *Tridactyle* et *Tinamous*.

GALLINOGRALLES, nom sous lequel M. de Blainville désigne les 1ers familles de l'ordre des Echassiers, comprenant les genres *Outarde*, *Agami* et *Kamichi*.

GALLINSECTES (c.-à-d. *insecte à galle*), petite famille d'insectes Hémiptères, tribu des Homoptères : tarses à un seul article et un seul crochet au bout, antennes filiformes, abdomen terminé par deux soies. Le mâle a deux ailes qui se recouvrent en toit sur le corps. La femelle est aptère. Le genre *Cochenille* est le type de cette tribu.

GALLINULES (de *Gallinula*, jeune poule), famille de l'ordre des Echassiers, établie par Lesson, comprend les genres *Gallinule*, *Foulque*, *Talève*, *Rale* et *Jacana*. — La *Gallinule* proprement dite est la *Poule d'eau*.

GALLIQUE (ACIDE), acide organique composé de carbone, d'hydrogène et d'oxygène ($C^7H^6O^5 + aq.$), se produit par la décomposition du tannin, de la noix de galle et se rencontre tout formé dans les graines du Manguier. Il se présente en petites aiguilles soyeuses, incolores, peu solubles dans l'eau froide, d'une saveur aigre et astringente, très-solubles dans l'alcool. On l'obtient en abandonnant pendant quelques mois, dans des vases ouverts, des noix de galle en poudre et humectées, puis exprimant la masse et traitant le résidu par l'eau bouillante, qui dissout l'acide gallique et le dépose à l'état cristallisé. L'acide gallique précipite les sels ferriques en bleu noir, couleur d'encre. Il joue, concurremment avec le tannin, un rôle important dans l'art de la teinture ; les différentes substances astringentes qu'on y emploie pour colorer les tissus en noir et en gris, à l'aide de sels de fer, comme la noix de galle, le sumac, le brou de noix, le cachou, etc., agissent par le tannin et l'acide gallique qu'elles renferment.

Cet acide a été obtenu pur, pour la première fois, en 1786, par Schéele.

GALLON, mesure anglaise pour liquides, équivaut à 4 lit. 543. Ses multiples sont le *peck*, qui vaut le double (9l.086), et le *bushel* (4 pecks ou 8 gallons, 36l.344). Ses sous-multiples sont le *quart* et la *pinte*, qui valent l'un le quart, l'autre le huitième du gallon (2l.272, 1l.136). Il y eut jadis plusieurs espèces de gallons ; celui qui est resté en usage était distingué des autres par le nom de *gallon impérial* (c.-à-d. gallon de l'État).

GALLOT, nom vulgaire de la *Tanche de mer*.

GALLUS, nom latin du *Coq*.

GALOCHE (du latin *gallicæ*, sous-entendu *soleæ*; chaussures gauloises). On donne ce nom 1° à une sorte de soulier à semelle de bois, rembourré de dedans avec de la peau d'agneau et qui tient le milieu entre le sabot et le soulier : on s'en sert pour garantir les pieds de l'humidité ; 2° à une poulie dont la chape est ouverte transversalement sur une de ses faces ; 3° à des pièces de bois, des blocs, placés dans différentes parties de la muraille ou du pont d'un navire.

GALON, tissu étroit, croisé, très-épais, fait avec des fils d'or, d'argent, de cuivre, d'argent doré, de soie, de laine, de coton, de lin ou de chanvre.

La loi voulait jadis que les galons en métal fin fussent filés sur toile, les autres sur chanvre ou lin.

On fait beaucoup de *faux galons*, c.-à-d. de galons simulant l'or ou l'argent : ils durent peu. Pour vérifier si le galon est d'or vrai, il faut user de la pierre de touche : le plus souvent on se contente de détordre et de voir sur quoi le galon est filé. — Le galon, autrefois, se faisait au moyen du métier à la tire ; le métier à la Jacquard l'a remplacé aujourd'hui. Le galon fin se fabrique surtout à Lyon ; Amiens fournit les galons de laine. Tous se trouvent chez les Passementiers. — On distingue les *G. figurés*, qui n'offrent de dessin que d'un côté; les *G. pleins*, qui sont figurés de part et d'autre ou sans envers bien fixes; les *G. à lames* ou *gazés-galons*, où le dessin est peu sensible parce qu'ils n'ont point de feston.

Les galons se placent sur les coutures ou au bord des habits pour les empêcher de s'effiler. Dans l'Armée, ils servent à distinguer les grades des sous-officiers: les caporaux ont deux galons de laine sur l'avant-bras; les sergents un galon d'or ou d'argent, selon le corps, et les sergents-majors deux galons pareils; les fourriers un galon d'or ou d'argent sur le haut du bras; les tambours, trompettes et musiciens de régiments ont aussi des galons dont la forme et le nombre ont beaucoup varié.—Les suisses d'église, les valets de grande maison portent des habits galonnés sur les coutures. On emploie aussi le galon pour tapisseries, ornements d'église, etc.

GALOP (du bas latin *calapare*, venu lui-même du grec *kalpazō*, trotter, galoper), une des 4 allures naturelles du cheval ou des autres animaux, et la plus rapide après la *course*, est une suite de sauts en avant. — Le cheval dans le galop, meut d'abord ses 2 jambes de devant: s'il part de la gauche, on dit qu'il *galope à droite*; au cas contraire, il galope *à gauche*. — On distingue le *G. de manège*, dont la rapidité est de 300 à 330 mètres par minute; le *G. de chasse*, de 500 à 600 m.; le *G. de course*, de 800 à 900 m. Au reste, l'âge du cheval et le poids du cavalier font varier la rapidité; c'est de 4 à 5 ans qu'un cheval acquiert sa plus grande célérité.—On appelle *faux galop*, celui où le cheval galope tantôt à droite, tantôt à gauche.— De toutes les allures naturelles du cheval, le galop, et surtout le galop de course, est la plus fatigante pour l'animal; en effet, elle met en œuvre tous les muscles et porte particulièrement sur la colonne vertébrale.

On nomme aussi *galop, galope, galopade*, une danse à 2 temps, très-simple, d'un mouvement vif et presque emporté. — Cette danse paraît originaire de Hongrie. En 1822, elle fit son apparition à Vienne ou à Berlin; Paris ne la connut qu'en 1829. Depuis ce temps, sa vogue a été prodigieuse. C'est aujourd'hui le complément du bal, le final, en quelque sorte obligé, de la plupart des contredanses.

GALOUBET, le plus aigu des instruments à vent, est une petite flûte à 3 trous, de deux octaves plus haute que la grande flûte, et d'un octave au-dessus de la petite. Son étendue, moindre que celle de la *petite flûte*, est de deux octaves et un ton. Le ton naturel y est celui de *ré*. Le son en est criard et perçant; l'embouchure en est très-difficile. Le galoubet était l'instrument favori des anciens troubadours; l'usage en a été tout à fait abandonné par les habitants du Nord; mais dans le Midi, et surtout en Provence, on s'en sert encore. Du reste, à cause de son extrême acuité, on n'en joue guère qu'avec accompagnement du *tambourin de Provence*.

GALUCHAT (du nom d'un ouvrier gainier de Paris, qui inventa l'art de le préparer), peau de raie, de roussette ou d'autres squales, dite vulgairement *peau de chien marin* ou *de chagrin*, séchée, amincie et préparée, qui sert pour couvrir les gaines, les étuis, etc. Longtemps on tira le galuchat d'Angleterre sans en connaître l'origine; c'est Lacépède qui, le premier, indique que la raie en fournissait l'élément. *Voy.* CHAGRIN.

GALVANISATION. On appelle ainsi très-improprement, en parlant des métaux, et surtout du fer, l'opération par laquelle on recouvre ces métaux d'une couche de zinc en les plongeant dans un bain de zinc en fusion pour les préserver de l'oxydation; on donne aussi à ce genre d'étamage le nom de *zingage*, qui est plus juste. *Voy.* ÉTAMAGE.

GALVANISME, branche de la Physique qui s'occupe des phénomènes électriques produits par le contact de certains corps. En 1789, Galvani, médecin de Bologne, ayant eu l'occasion de préparer des grenouilles pour divers sujets de recherches, les suspendit par hasard à un balcon de fer par de petits crochets de cuivre qui passaient entre les nerfs lombaires et la colonne dorsale; disposées ainsi, ces grenouilles, mortes et mutilées, éprouvèrent de vives convulsions. Galvani attribua ce phénomène au développement d'un fluide particulier qui de son nom fut appelé *galvanisme*; mais l'on reconnut bientôt l'identité de ce fluide et du fluide électrique développé par le frottement (*V.* ÉLECTRICITÉ). La découverte de la pile par Volta, puis celle de l'électromagnétisme par OErsted, ont donné une impulsion puissante aux travaux des Physiciens sur les phénomènes galvaniques, et ont déjà conduit à des applications importantes, telles que la dorure galvanique, la télégraphie électrique, la galvanoplastie.

GALVANOMÈTRE ou MULTIPLICATEUR; instrument de physique, imaginé par Schweigger, sert à découvrir les moindres traces d'électricité en mouvement. Sa construction est fondée sur la déviation que les courants galvaniques font éprouver à l'aiguille aimantée: un fil de métal, entouré de soie, est replié un grand nombre de fois dans le même sens, sur un châssis en bois; la soie qui enveloppe le fil a pour objet d'empêcher le passage de l'électricité d'une des circonvolutions à l'autre. Lorsqu'un courant passe à travers un pareil système, il revient autant de fois dans la même direction que le fil fait de tours sur le châssis, et chaque fois il agit avec une même force sur une aiguille aimantée placée au-dessus. Nobili a rendu ce galvanomètre encore plus sensible en y employant, au lieu d'une seule aiguille, un système de deux aiguilles compensées, ayant leurs pôles opposés l'un à l'autre.

Le *G. différentiel* sert à indiquer la différence d'action de deux courants: il est construit avec deux fils parfaitement égaux en longueur, diamètre et conductibilité; ces deux fils sont enroulés simultanément sur le cadre, et lorsqu'on fait passer par chacun d'eux des courants opposés, on n'observe sur les aiguilles que la différence de leurs actions, en sorte que l'instrument reste à zéro lorsque les deux courants sont parfaitement égaux.

GALVANOPLASTIE (de *galvanisme*, et du grec *plassô*, façonner, mouler), art qui consiste à précipiter, par l'action d'un courant galvanique, un métal en dissolution dans un liquide, sur d'autres objets, soit pour les embellir ou les préserver des influences atmosphériques, soit pour en prendre l'empreinte. Cet art comprend la *Galvanoplastie proprement dite*, qui se rapporte aux statues, aux bas-reliefs, aux médailles, etc.; la *Galvanotypie* ou *Électrotypie*, qui se rapporte aux clichés, aux planches gravées, et en général à tous les objets qui sont destinés à transporter leurs empreintes sur d'autres corps par la pression; la *Dorure* et l'*Argenture galvaniques* (*Voy.* ces mots); en un mot tous les dépôts qui s'appliquent à la surface des corps dans quelque but que ce soit.

Le cuivre est pour la galvanoplastie et l'électrotypie le métal par excellence; l'appareil qu'on emploie pour le déposer est une pile voltaïque dont le pôle négatif est en communication avec les objets soumis à l'opération, et le pôle positif avec une solution de sulfate de cuivre. On peut ainsi recouvrir tous les objets possibles d'une couche de cuivre assez mince pour leur conserver leurs linéaments les plus délicats. Lorsque ces objets sont mauvais conducteurs, comme le plâtre, la terre, la cire, la stéarine, on y applique d'abord à la brosse de la mine de plomb où certaines poudres métalliques qui les rendent conducteurs. On est ainsi parvenu à couvrir de cuivre avec une grande perfection, non-seulement des statuettes ou même de très-grandes statues, mais les corps les plus variés: des fruits de toute espèce, des branches, des feuilles, des fleurs, des animaux même. On peut, par le même moyen, reproduire aisément chacune des faces d'une médaille : il suffit de couvrir de cire celle des deux faces dont on ne veut pas prendre le creux, et de procéder comme précédemment ; on obtient ainsi un excellent creux de la médaille, qui sert à son tour de moule pour reproduire le relief. Enfin on reproduit par la galvanoplastie les planches gravées sur cuivre, soit pour estampes, soit pour cartes géographiques, les planches gravées sur acier, les planches de plaqué du daguerréotype, les clichés, et même des dessins exécutés sur métal au moyen de compositions particulières. — M. Spencer, en Angleterre, et M. Jacobi, en Russie, ont fait les premiers essais de galvanoplastie pendant les années 1837 et 1838. Depuis lors cet art a été beaucoup perfectionné par MM. Smée, de Kobell, Boquillon, Elsner, etc. Il a été appliqué en 1840 à la dorure et à l'argenture par MM. Ruolz et Elkington. On trouve décrits les procédés les plus récents dans un volume, rédigé par MM. Smée et de Valicourt, et qui fait partie de la *Collection Roret*.

GAMBAGE (DROIT DE), du bas latin *cambagium*, vaisseau où se fait la bière, venu lui-même du vieux allemand *kam*, bière ; droit féodal qu'on payait au seigneur, non-seulement sur la bière, mais encore sur toute boisson fermentée, principalement sur le vin.

GAMBE, instrument de musique. *Voy.* VIOLE.

GAMBETTE, nom spécifique d'une espèce d'oiseau du genre Chevalier. *Voy.* ce mot.

GAMBIR, suc du *Nauclea*. *Voy.* NAUCLEA.

GAMELLE (du latin *camella*, panier d'osier fort serré), écuelle de bois ou de fer-blanc dans laquelle on met la portion des soldats, et où ils mangent ensemble. Huit hommes mangent à la même gamelle. Les portions de viande sont découpées et placées sur la soupe : chaque soldat prend sans choisir celle qui se trouve devant lui, et la place sur son pain. Les soldats sont debout, la cuiller à la main : le caporal puise le premier dans la gamelle, et les soldats puisent tour à tour et en ordre. — Dans la Marine, la gamelle est un vase en bois, cerclé de fer, de la largeur du fond d'un seau ordinaire, et de la moitié de sa hauteur. Dans les bâtiments de l'État, la gamelle contient la ration de 7 hommes.

On dit aussi la *gamelle* des officiers, du commandant, pour dire la *table* des officiers, du commandant. On nomme *Chef de gamelle*, l'officier qui est momentanément chargé de l'administration de la table d'un état-major de vaisseau.

Une décision du 24 décembre 1852 a substitué dans toute l'armée de terre des gamelles individuelles aux gamelles communes.

GAMMARUS, nom latin du genre *Crevette*.

GAMME (de *gamma*, 3ᵉ lettre de l'alphabet grec, qui dans l'ancienne notation, représentait le *sol*, d'où partait la gamme normale). Le mot *gamme* exprime une succession de sons, ascendante ou descendante, dans l'étendue de l'octave. Il y a plusieurs sortes de gammes, déterminées par l'ordre dans lequel les sons qui les composent sont disposés. On peut, dans l'octave, distinguer 12 sons différents, placés à égale distance l'un de l'autre ; c'est ce que l'on nomme des *demi-tons*, et leur série continue forme la *G. chromatique*. Mais cette série peut se simplifier et se réduire à 7 tons principaux, qui constituent la *G. diatonique*, que l'on connaît le plus communément sous le seul nom de *Gamme*. Dans celle-ci, au lieu de procéder uniquement par demi-tons, on procède par tons entiers et par demi-tons alternatifs ; on obtient ainsi la série : *ut* (ou *do*), *ré*, *mi*, *fa*, *sol*, *la*, *si*. On peut considérer l'octave comme formée de deux fractions égales, composées chacune de deux tons entiers suivis d'un demi-ton. Dans la première fraction :

d'*ut* à *fa*, on trouve en effet, entre *ut* et *ré* un ton, de *ré* à *mi* un ton, et de *mi* à *fa* un demi-ton ; dans la seconde : de *sol* à *ut*, on trouve également, de *sol* à *la* un ton, de *la* à *si* un ton, et de *si* à *ut* un demi-ton. Si l'on place ces deux séries à la suite l'une de l'autre, on trouve de plus entre le *fa* et le *sol* un ton entier, en sorte que l'ensemble de la gamme diatonique se compose de deux sections, chacune de deux tons et un demi-ton, réunies par un ton entier. — La gamme diatonique se divise en *G. majeure* et *G. mineure*. Ces deux gammes ne diffèrent que par la place qu'occupe le premier demi-ton. Dans la gamme majeure, il se trouve placé du 3ᵉ au 4ᵉ degré, et dans la gamme mineure, il se place du 2ᵉ au 3ᵉ ; toutes les autres distances restant les mêmes ; ce que l'on exprime en disant que, dans la première, la tierce est majeure, et que, dans la seconde, la tierce est mineure. La gamme normale majeure part du ton d'*ut* et la gamme mineure du ton de *la*, parce que, dans l'une et l'autre, les demi-tons se trouvent naturellement à leur place obligée. Dans les gammes qui commencent par toute autre note, on est forcé de rétablir les intervalles de rigueur, à l'aide de signes accidentels, tels que les dièses, les bémols et les bécarres.

On attribue l'invention de la gamme à Gui d'Arezzo, qui l'aurait introduite en 1026, dans le but de simplifier le mode de notation musicale adopté jusque-là. Elle n'avait d'abord que 6 notes.

GANACHE (de l'italien *ganascia*, dérivé du latin *gena*, joue), mâchoire inférieure du cheval, formée par deux os situés de part et d'autre du derrière de la tête, et opposés à l'encolure.

GANDASULI, *Hedychium*, genre de la famille des Scitaminées, renferme des plantes herbacées originaires de l'Inde méridionale, à calice monophylle, à corolle tubulée, à 6 divisions et un peu labiée. Le *G. à bouquets* (*H. coronarium*) a des tiges de 1 mètre de haut, des feuilles ovales aiguës, velues en dessous ; des fleurs groupées en bouquets, d'un blanc jaunâtre, répandant une odeur agréable. Le *G. à feuilles étroites* a ses fleurs disposées en épi terminal, d'un rouge orangé foncé, avec une étamine écarlate. On cultive ces plantes dans les serres.

GANGA, *Pterocles*, genre d'oiseaux de l'ordre des Gallinacés, famille des Tétras. Leur forme générale est celle des Tétras : bec court, robuste, convexe ; yeux bordés d'un repli nu et lisse ; narines recouvertes de plumage ; jambes courtes et poilues ; ailes longues et pointues. Ils vivent de graines et d'insectes. On trouve les Gangas dans l'Europe, l'Afrique et l'Asie. Le *G. unibande* ou *des sables*, est un peu plus gros que la perdrix. Sa longueur est de 15 à 18 centim. Il a la tête et le cou cendrés, la gorge fauve et noire, le dos varié de blanc, de brun et de jaune, la poitrine blanche et le ventre noir. On le trouve même en Espagne, où on le nomme *Charra*. Le *G. cata*, nommé aussi *Gélinotte des Pyrénées*, *Grandoul*, *Angel*, etc., est très-commun en Espagne et en Italie. On le voit souvent en France. Cet oiseau est long d'environ 12 centim. Il a la gorge noire, la tête et le cou d'un cendré jaunâtre, les ailes d'un cendré olivâtre, mêlé de blanc.

GANGLIONS (du grec *ganglion*, même signification), petits nœuds ou tubercules de forme, de volume, de texture et de consistance variables, qui se trouvent sur le trajet des nerfs ou des vaisseaux lymphatiques, et qui sont enveloppés dans une membrane qui leur sert d'enveloppe. Ils résultent d'un entrelacement des filets nerveux et de vaisseaux unis entre eux, par du tissu cellulaire. Ils ont été longtemps, mais à tort, rangés parmi les glandes, sous le nom de *glandes conglobées*. On distingue les *G. nerveux*, composés de corpuscules et de fibres nerveuses, et les *G. lymphatiques*, qui paraissent avoir la même composition que les glandes.

Les opinions sont fort partagées sur les usages des ganglions : Lancisi, qui avait cru y trouver des fibres musculaires, imagina qu'ils servaient à accélérer le cours du fluide nerveux ; d'autres les crurent destinés à la fois à favoriser la division de certains nerfs et à réunir plusieurs petits filets en une grosse branche ; le plus grand nombre pense qu'ils servent à croiser et à mêler des nerfs provenant de différents troncs nerveux, afin d'assurer certaines communications sympathiques. *Voy.* SYMPATHIQUE (GRAND).

En Pathologie, on nomme *ganglionite* l'inflammation des ganglions lymphatiques : ce qu'on appelle vulgairement *glandes*, les *bubons*, le *carreau* sont des ganglionites.

On nomme aussi *ganglions* de petites tumeurs globuleuses, dures, indolentes, développées sur le trajet des tendons, sans changement de couleur à la peau et formées par un fluide visqueux, albumineux, renfermé dans un kyste plus ou moins épais. Une forte compression qui détermine la rupture du kyste suffit pour les faire disparaître.

GANGRÈNE (en grec *gangraina*, de *graô* ou *grainô*, consumer), altération d'une partie plus ou moins considérable du corps, qui perd la sensibilité et le mouvement : c'est une mort locale. La gangrène peut être le résultat d'une violente inflammation, d'une contusion, de la brûlure, de la congélation, de la ligature d'un gros tronc artériel, d'un bandage trop serré, de l'action chimique d'un caustique, etc. Lorsque la partie gangrénée est engorgée de liquides qui, dans ce cas, entrent en putréfaction, la gangrène s'appelle G. *humide*. Dans le cas contraire, c'est la G. *sèche* : telle est ordinairement la gangrène *sénile*. La gangrène se nomme *sphacèle*, quand elle attaque toute l'épaisseur d'un membre ou d'un organe composé de plusieurs tissus. La gangrène des os s'appelle *nécrose*. Les caractères auxquels se reconnaît la gangrène *extérieure* sont : la décoloration, l'insensibilité, et une odeur particulière de la partie affectée ; les phénomènes qui la précèdent et l'annoncent sont : diminution de la chaleur, développement de phlyctènes remplies de sérosité sanguinolente, calme trompeur, prostration des forces, froid général ; la partie malade, brunâtre et violacée, se décompose et se convertit en une escarre fétide, qui se détache plus ou moins promptement et laisse à découvert une plaie simple ; mais si cette séparation entre les parties mortifiées et les parties saines n'a pas lieu, la gangrène s'étend toujours et le malade meurt. La gangrène *intérieure*, survenant ordinairement à la suite de l'inflammation d'un viscère, est indiquée par une rémission subite et intempestive des symptômes inflammatoires, cessation brusque de la douleur, etc. ; mais ce calme est illusoire, et l'aspect cadavéreux de la face, le froid des extrémités, la petitesse du pouls, etc., annoncent une mort inévitable.

La gravité de cette maladie est en raison de son étendue et de son siége. Les lotions désinfectantes, faites avec l'eau-de-vie camphrée ou l'eau additionnée d'une solution de chlorure de soude ou de chaux, les poudres absorbantes de quinquina et de charbon, les cataplasmes ou emplâtres propres à hâter la chute des escarres, les soins de propreté, le renouvellement de l'air, telles sont les principales bases du traitement à y opposer. Souvent il est nécessaire d'enlever, par une opération chirurgicale, la partie gangrenée ou même de couper le membre entier.

GANGUE (de l'allemand *gang*, filon), partie du filon dans laquelle est engagée la substance métallique. La gangue est très-distincte de la roche que parcourt le filon : elle est toujours d'une autre nature que le métal qu'elle enveloppe : ainsi la chaux fluatée, la chaux carbonatée, la baryte sulfatée, le quartz, le schiste argileux servent perpétuellement de gangue aux métaux. On appelait jadis la gangue *matrice* des minéraux, parce que l'on croyait, à tort, que le minéral s'y formait.

GANSE (du latin *ansa*, poignée, attache), petit cordonnet rond, carré ou plat, d'or, d'argent, de soie, de coton ou de fil, et d'une grosseur indéterminée. Les ganses servent soit à arrêter ou à attacher quelque partie du vêtement, soit comme simple ornement ; la ganse du chapeau, soit en or, soit en argent, est une partie de l'uniforme de l'officier. Les tapissiers se servent aussi de ganses dans les ameublements. — On fabrique la ganse sur le métier à lacets, sur le boisseau avec des fuseaux, ou sur un métier à tisser comme les galons.

GANT (de l'ancien allemand *wante*, qui a le même sens aujourd'hui en flamand). Il se fait des gants en fil, en coton, en filoselle, en laine, en soie ; il s'en fait encore plus en peau : les 1ers sont l'ouvrage du bonnetier ; les 2es sont l'objet de l'industrie du *Gantier* (*Voy.* ce mot). — Il n'est pas certain que les anciens connussent les gants, bien que l'on trouve dans de très-vieilles gloses grecques le nom de *khérides* (de *khéir*, main), qui semble avoir une signification analogue ; mais ils étaient en usage au VIe siècle au plus tard, quoique sans doute les gants de cette époque différassent beaucoup des nôtres. Peu à peu les gants devinrent de plus en plus de mode, d'abord comme partie de l'armure (*Voy.* GANTELET), puis comme ornement. C'est sous Henri III que les femmes commencèrent en France à porter des gants : ils étaient d'abord de soie tricotée. Les gants en peau parurent à la cour comme objet de toilette vers le commencement du siècle de Louis XIV. De nos jours, l'usage en a été adopté par tout le monde, et la consommation en est devenue immense.

On nomme vulgairement *Gant de Notre-Dame*, à cause de leur forme, la Campanule, l'Ancolie commune, la Digitale pourprée. On leur donne aussi les noms de *Gantelée*, de *Ganteline* et de *Gantillier*.

GANTELET (de *gant*), espèce de gant très-fort dont les doigts étaient revêtus de lames d'acier en forme d'écailles, et qui recouvrait, outre la main, une partie de l'avant-bras. Le gantelet faisait partie de l'armure des chevaliers. C'est vers l'an 1300 que s'établit l'usage du gantelet. Au moyen âge, on défiait un ennemi en lui jetant le gantelet ; le relever, signifiait qu'on acceptait le combat. On dit encore aujourd'hui *jeter* et *relever le gant*.

GANTIER. Ce nom désigne spécialement le fabricant de gants de peau. — Les peaux dont on se sert pour gants sont celles d'agneau, de mouton, de chevreau, de chèvre, de chamois, de cerf, d'élan, de castor, de buffle, de chien et même de rat. Les peaux les plus estimées viennent d'Annonay. Toutes doivent avoir été passées en mégisserie. — Les peaux achetées, on les trie suivant leur beauté, on les humecte pour les rendre plus souples, on les sèche au soleil pour les blanchir ; puis elles sont livrées au coupeur, qui les taille en autant de morceaux qu'elles peuvent contenir de gants (moins le pouce qui généralement est coupé à part dans les coins perdus de la peau) ; ensuite on *fend*, c.-à-d. qu'on divise de manière à obtenir le dessus et le dessous des doigts ; on ajoute les *fourchettes* destinées à donner aux doigts l'ampleur nécessaire ; enfin on coud. Depuis quelques années plusieurs de ces opérations, telles que la coupe, le fendage, la couture même se font à la mécanique ; la mécanique à coudre ne date que de 1824. — Les procédés du gantier ont été infiniment perfectionnés depuis 30 ans : la maison Jouvin surtout a donné à la coupe une précision mathématique.

La France est, sans contredit, le premier pays du monde pour l'industrie gantière : aussi exporte-t-elle immensément de gants. Paris, et ensuite Grenoble, Niort, Chaumont, Nancy, Lunéville, Montpellier, sont au premier rang sous ce rapport. On peut estimer de 25 à 30 millions de fr. la valeur des gants fabriqués annuellement en France. L'Angleterre confectionne aussi beaucoup de gants, surtout à Woodstock et à Worcester. La Suède était jadis célèbre par l'odeur agréable des siens, dus à l'eau de Randers ; mais cette odeur a été imitée, et aujourd'hui le *suède-français* est préféré, même dans le Nord, au *suède-suédois*.

GANYMÈDE, un des noms du signe du Zodiaque plus connu sous le nom de *Verseau*. *Voy.* ce mot.

GARAMOND. On nomme ainsi, du nom de son inventeur, un caractère d'imprimerie de la grosseur du petit-romain ; il ne s'emploie plus.

GARANCE (de *varantia*, nom qu'on donnait au moyen âge à cette substance), *Rubia*, plante vivace, herbacée, de la famille des Rubiacées, à tiges rameuses et chargées d'aspérités, et dont la racine sert en teinture. Cette racine se compose de trois parties distinctes : d'un cœur ligneux jaune, qui la parcourt dans toute sa longueur, d'une partie corticale rouge, où réside surtout le principe colorant, et d'une pellicule légère et rougeâtre nommée *épiderme*. On la sèche à l'air sur des filets ou dans des fours ; on la bat pour en séparer l'épiderme, la terre et les autres matières étrangères ; puis on la broie sous des meules ; un blutage en sépare ce qui reste de terre et d'épiderme. La racine, entière, est connue dans le commerce sous le nom d'*alizari* (*Rubia tinctorum*) ; moulue, elle reçoit particulièrement le nom de *garance*. La garance est dite *robée* lorsqu'elle a été dégagée de son épiderme, ce qui donne plus d'éclat à la poudre, et *non robée*, si elle a été triturée sans cette précaution. On appelle garances *mulles*, les qualités inférieures, composées en grande partie de débris provenant du blutage. On estime surtout la garance du Levant ; on distingue dans le commerce la garance d'Avignon, celle d'Alsace et celle de Hollande. La racine de la garance contient une substance particulière, appelée *alizarine*, à laquelle elle doit ses propriétés tinctoriales ; elle donne un beau rouge très-solide, et, avec les différents mordants, toutes les nuances de violet, de brun, etc. On s'en sert pour l'impression des toiles peintes et pour teindre les draps : tous les pantalons rouges de l'armée française sont teints avec la garance.

La garance est originaire d'Orient ; elle était connue des Grecs et des Romains, qui l'employaient non-seulement en teinture, mais encore en médecine, comme diurétique. Elle était cultivée dans la Carie, en Galilée, et à Ravenne en Italie. Depuis une soixantaine d'années, elle a été cultivée en France avec le plus grand succès, surtout dans les départements de Vaucluse, du Bas-Rhin et de la Seine-Inférieure ; on a réussi depuis peu à la cultiver en Algérie.

GARANCINE, poudre couleur chocolat qu'on emploie dans la teinture, et qui contient le principe colorant de la garance dans un plus grand état de concentration. On l'obtient en faisant macérer de la garance dans les 2/3 de son poids d'acide sulfurique concentré, pendant quelques heures, lessivant le produit avec de l'eau, et desséchant le résidu solide. Les fabricants d'indiennes font une grande consommation de garancine. *Voy.* ALIZARINE.

GARANTIE (de *garant*), obligation en vertu de laquelle une personne doit défendre une autre d'un dommage éventuel ou l'indemniser d'un dommage éprouvé. La garantie est dite *formelle*, quand elle a lieu en matière réelle, comme celle à laquelle le vendeur d'un immeuble est soumis envers l'acquéreur qui en est évincé ; *simple*, quand elle s'exerce en matière personnelle, comme celle que doit le coobligé au débiteur solidaire qui est poursuivi seul par le créancier commun ; *légale* ou *de droit*, lorsqu'elle est la conséquence d'une loi, et dans ce cas elle n'a pas besoin d'être stipulée : telle est la garantie dont le vendeur est tenu à raison des vices cachés de la chose vendue ; *de fait* ou *conven-*

tionnelle, quand elle résulte seulement des conventions des parties (Code de procédure , art. 175-184 et Code civil , art. 1625-49).

On nommait jadis *Garant absolu* celui qui, en intervenant à un procès, mettait hors de cause celui qu'il avait garanti ; *G. contributeur*, celui qui n'était caution que pour une partie d'un fait ou d'une obligation.

GARANTIE (BUREAU DE), administration chargée d'*essayer* les matières d'or et d'argent ouvragées, d'en constater le titre et de faire apposer, avec un poinçon, sur chaque objet essayé le *contrôle*, c.-à-d. le sceau du gouvernement. L'État prélève sur les orfévres les frais de contrôle et d'essai, dits *droits de garantie*. Le poinçon de la garantie porte à la fois, depuis l'ordonnance du 7 avril 1838, la marque du titre et celle du bureau de garantie, qui précédemment étaient séparées. Il porte pour les ouvrages d'or et d'argent une empreinte particulière qui varie de temps en temps ; pour les vieux ouvrages, une hache ; pour les ouvrages étrangers, les lettres ET. On distingue encore le poinçon *de petite garantie* (pour les menus ouvrages), le poinçon *de remarque* (pour les chaînes), et le poinçon *de recense :* on nomme ainsi un poinçon nouveau substitué à l'ancien, afin de mettre en défaut les contrefacteurs. Si le titre des ouvrages présentés au contrôle était inférieur au moindre titre légal, on les briserait.—Il y a en France 91 bureaux de garantie ; chaque bureau se compose d'un essayeur, d'un receveur et d'un contrôleur. Il y a, en outre, à Paris un vérificateur à la fabrication des poinçons, coins et bigornes, un inspecteur des bureaux de garantie et un vérificateur commis d'ordre. Les bureaux de garantie dépendent, pour la partie d'art, de l'administration des Monnaies, et pour la partie fiscale, des Contributions indirectes.

L'origine de ce service remonte à un édit de Henri III, en 1579. Il a été réorganisé par une loi du 19 brumaire an VI, qui est encore aujourd'hui la loi fondamentale de la matière. Les droits, très-modérés d'abord, ont été graduellement augmentés : ils sont aujourd'hui de 20 fr. par hectogr. d'or, et de 1 fr. par hectogr. d'argent, plus un dixième par franc.

GARCETTE, cordage tressé en bitord ou tout autre menu cordage long de 2 ou 3 mètres environ. Les garcettes servent d'amarrages pour diminuer l'ampleur des voiles quand le vent devient trop fort ; on les emploie également à lier le câble au cordage sans fin dit *tournevire*, lorsqu'on lève l'ancre ; de là le nom de *garcettes de tournevire*. On se sert aussi de la garcette pour frapper sur le dos à nu les matelots qui ont encouru ce châtiment.

Garcette est aussi le nom d'une petite pince à ressort et à pointes très-aiguës, dont on se sert pour épinceter les draps, c.-à-d. pour en retirer les nœuds, les flocons, les gros fils qui restent à la surface quand ils sortent du métier.

GARCINIÉES (du genre type *Garcinia*. Guttier), tribu de la famille des Guttifères, caractérisée par un ovaire à plusieurs loges monoculées, et par son fruit, qui est une baie ou un drupe. *Voy.* GUTTIER.

GARDE (de l'allemand *wart*, de *wahren*, garder). Ce mot a reçu une foule d'acceptions différentes.

I. Dans l'Art militaire, le mot *garde* exprime : tantôt le service des soldats ou autres agents de la force publique désignés pour veiller alternativement pendant un temps déterminé au maintien du bon ordre, à la sûreté d'un camp, etc. (une ordonnance du 1er mars 1768, encore en vigueur, a fixé tout ce qui concerne ce service dans les troupes françaises) ; tantôt le détachement armé actuellement chargé de ce service et distribué dans différents *postes;* tantôt enfin certains corps particuliers, tels que les *Gardes du corps*, les *G. françaises*, la *G. impériale*, la *G. municipale*, la *G. nationale*, la *G. royale*, etc.

1o. *Gardes du corps*. On nommait ainsi en France, sous l'ancienne monarchie, des compagnies de geutilshommes qui étaient spécialement destinés à garder le roi; ils étaient à cheval et avaient le pas sur tous les autres corps. On en peut trouver le germe dans une milice instituée en 1192 par le roi Philippe-Auguste pour sa garde personnelle, sous le nom de *Sergents d'armes* (*Servientes armorum*); mais le véritable créateur de ce corps est Charles VII, qui organisa, vers 1448, la première compagnie de *Gardes du corps du roi*; il la composa d'Écossais pour reconnaître les services que cette nation lui avait rendus dans les guerres contre les Anglais. Louis XI ensuite créa deux compagnies purement françaises; Louis XII en ajouta une troisième. La compagnie écossaise avait le premier rang et fournissait les 24 archers, ou *Gardes de la manche*, chargés de suivre le roi de plus près et de veiller spécialement sur sa personne dans les cérémonies. Sous Charles IX la compagnie dite encore *écossaise* n'était plus composée que de Français. A la fin du règne de Louis XVI, le corps se composait d'environ 1400 hommes; après avoir fait vaillamment leur devoir en défendant le roi, ils furent supprimés le 12 septembre 1791. Louis XVIII rétablit les gardes du corps en 1814; il en forma six compagnies dites *C. écossaise*, de *Gramont*, de *Poix*, de *Luxembourg*, de *Wagram* et de *Raguse* (les deux dernières furent supprimées à la seconde rentrée des Bourbons). Dans cette milice, les simples gardes avaient rang d'officiers. Le corps fut dissous en 1830. Sous l'ancienne monarchie, on ne recevait que des nobles parmi les gardes du corps; cette condition n'avait pas été maintenue en 1814.

2°, *G. françaises*, corps militaire faisant jadis partie de la maison militaire du roi, composé en 1563. Il eut d'abord 10 compagnies (de 100 hommes environ) et finit par en avoir 32. Tous étaient Français. Ils tenaient garnison dans les faubourgs de Paris. Ce corps avait le pas sur le reste de l'armée. Les gardes françaises se joignirent au peuple en 1789, et devinrent un des éléments de la garde nationale de Paris.

3°, *G. impériale*. Bonaparte avait créé dès novembre 1799 une *Garde consulaire*; en 1804 il lui fit prendre le nom de *G. impériale*: de 9,775 hommes, son chiffre primitif, elle arriva successivement à 12,175 (1804), 15,470 (1806), 32,330 (1810), 55,946 (1812), 81,606 (1813); elle était de 102,706 hommes en janv. 1814. Licenciée la même année par Louis XVIII, elle a été rétablie en 1854 par Napoléon III. — On sait les services éminents et l'intrépidité de la garde impériale. Depuis 1809 elle était divisée en *Vieille garde* et *Jeune garde*. Jusqu'à la fin de 1812, l'admission dans la garde avait été une récompense: le choix se faisait sur des listes de 10 candidats réunissant des conditions déterminées; la solde était d'un tiers en sus, et tout officier ou sous-officier admis dans la vieille garde avait rang du grade immédiatement supérieur. M. E. Marco Saint-Hilaire a donné l'*Histoire de la Garde impériale*, 1847, grand in-8.

4°, *G. mobile*, corps créé en mars 1848, et composé en grande partie de jeunes gens que la Révolution laissait sans travail, tenait le milieu entre la garde nationale et l'armée: c'était une espèce de garde nationale mobile, mais pour Paris seulement. Elle avait 24 bataillons de 1,000 hommes chacun, portait un uniforme particulier et recevait une solde assez élevée. Aux journées de juin 1848, elle marcha la première contre l'insurrection et déploya une admirable intrépidité, quoique la plus forte partie de ceux qui la composaient sortissent à peine de l'adolescence. Ce corps, qui occupait dans l'armée une position irrégulière, ne pouvait se maintenir; il a été licencié au bout d'un an, terme de l'engagement contracté par ceux qui y étaient entrés.

5°, *G. municipale de Paris*. On nomma ainsi de 1802 à 1813 et sous Louis-Philippe (1830–1848) le corps chargé du service d'ordre et de police dans la ville de Paris. Sous l'ancienne monarchie, le corps

créé pour cet office était le *guet*; supprimé en 1792, il fut remplacé par la gendarmerie; vint ensuite, en 1795, la *Légion de police générale*, forte de 5,844 hommes. C'est à celle-ci que succéda la première *Garde municipale*, qui comptait 2 régiments d'infanterie et 2 de cavalerie. Ce corps, modifié dans son organisation, prit le nom de *Gendarmerie impériale de Paris* (1813), de *Gendarmerie royale de Paris* (1816): il comptait sous la Restauration 1021 hommes et 471 chevaux. La gendarmerie parisienne fut abolie de nom après juillet 1830, mais remplacée de fait dès le 16 août de la même année par une nouvelle *Garde municipale*, qui fut répartie en 12 compagnies dont 4 à cheval, plus un peloton hors ligne et un état-major. Son chef était un colonel. Elle obéissait au préfet de police et ressortissait au ministère de l'Intérieur. La solde incombait à la ville de Paris. Ce corps, qui, pendant tout le règne de Louis-Philippe, rendit de grands services à la cause de l'ordre, et qui en février 1848 fut le seul à tenir tête à l'insurrection, fut supprimé aussitôt après la révolution. Son service fut alors confié à la *Garde républicaine* et à la *Gendarmerie mobile*, dans laquelle rentrèrent la plupart des anciens gardes municipaux. C'est aujourd'hui la *Garde de Paris*.

6°, *G. nationale*, milice bourgeoise destinée à la fois à maintenir l'ordre et à défendre les libertés publiques. Improvisée en France par la municipalité de Paris, le 13 juil. 1789, veille de la prise de la Bastille, cette milice prit d'abord le nom de *Garde bourgeoise*, qu'elle échangea bientôt contre celui de *Garde nationale*. Elle prit pour cocarde les couleurs *bleu* et *rouge*, qui étaient celles de la ville de Paris; elle y joignit le *blanc* quand le roi eut donné son assentiment à sa formation; elle élut pour chef le général Lafayette. Bornée d'abord à Paris, elle s'étendit promptement à toute la France, et fut depuis imitée par plusieurs États de l'Europe. Elle reçut une existence légale par la loi de déc. 1790, qui se bornait à poser le principe de l'institution, et par celle du 14 octobre 1791, qui l'organisa. Les meneurs de la révolution, craignant qu'elle ne s'opposât à leurs excès, la paralysèrent de bonne heure; d'abord par leur camp de 20,000 *fédérés* à Paris, puis par l'organisation des *sections armées*, qui noya la vraie garde nationale dans une tourbe d'hommes sans ressource et sans garantie. Dissoute à la suite de la journée du 13 vendémiaire où Bonaparte vainquit ses sections, elle fut reformée, mais ne joua qu'un rôle insignifiant jusqu'au 18 brumaire. Le Consulat et l'Empire la réduisirent à rien. Il fallut l'invasion de 1814 pour que l'Empereur consentît à réorganiser la garde nationale de Paris. La Restauration adopta cette institution, et même en favorisa l'extension par toute la France. Le comte d'Artois fut alors nommé colonel-général des gardes nationales. Mais l'institution avait toujours été suspecte à la cour, et finalement Charles X brisa, par ordonnance, la garde nationale de Paris en 1827, à la suite d'une revue tumultueuse. Celle-ci se reforma d'elle-même le 28 juillet 1830, et eut une part décisive à la révolution qui renversa la branche aînée. Elle affermit Louis-Philippe sur le trône par son assentiment, et fut reconstituée par la loi du 22 mars 1831. Son refroidissement, sa défection partielle en février 1848, furent une des causes les plus puissantes du succès de la nouvelle révolution. Après cet événement, elle subit de profondes modifications, vit supprimer ses compagnies d'élite, et admit dans son sein, sans distinction et sans garantie, tous les citoyens qui se présentèrent: son nombre se trouva ainsi porté, pour Paris seulement, de 80,000 hommes à plus de 200,000. Les classes les plus dangereuses se trouvant ainsi armées, il en résulta bientôt un conflit terrible: les événements de juin 1848 nécessitèrent le désarmement d'une grande partie de la garde nationale ainsi que sa réorganisation complète. Une première modification y fut apportée par la loi du 13 juin 1851; mais, après les événements du 2 décembre, le décret organique du 11 janvier 1852 a totalement changé la nature de cette institution. En vertu de ce décret, le Gouvernement s'est réservé le droit de former ou de suspendre les gardes nationales dans les communes où il le jugera convenable, ainsi que la nomination des officiers de tout grade, qui auparavant étaient élus; il a restreint entre 25 et 50 ans le service, auparavant obligatoire de 21 à 55 ans; enfin les anciennes légions ont été partout supprimées, et la réorganisation nouvelle a eu lieu par simples bataillons. — La garde nationale a pour devise ces mots : *Liberté, ordre public.*

7°. *G. républicaine.* V. GENDARMERIE, G. MUNICIPALE.

8°. *G. royale.* On connaît spécialement sous ce nom en France un corps d'armée qui fut institué après la rentrée des Bourbons par ordonnance du 1er sept. 1815; il se composait de soldats d'élite, tirés pour la plupart des débris de la garde impériale. On y adjoignit 2 régiments suisses. Cette garde, qui avait été définitivement constituée par ordonnance du 27 février 1825, fut dissoute après les journées de juillet 1830, dans lesquelles elle avait vaillamment, mais inutilement, tenté de défendre Charles X.

II. Dans la Marine on distingue :

1°. Les *G.-côtes*, corps de milice spécialement chargé de la garde des côtes et affecté au service des batteries de côtes. Ils existaient sous l'ancienne monarchie: licenciés en 1791, recréés en 1799, supprimés encore en 1814, ils ont été définitivement rétablis en 1831. Ils forment 6 compagnies de canonniers.

2°. Les *G.-chiourmes*, chargés de la garde des bagnes et de la surveillance des forçats: ce sont des sous-officiers et soldats placés sous l'autorité immédiate des préfets maritimes et commissaires de marine.

3°. Les *G.-marine*, jeunes gens faisant autrefois partie d'un corps militaire institué dans les trois ports de Toulon, de Brest et de Rochefort par Louis XIV, et servant, comme aujourd'hui les *Élèves de la marine*, à fournir des capitaines de vaisseau aux flottes du roi. Il fallait, pour y entrer, être gentilhomme et n'avoir pas plus de 16 ans. Ils étaient distribués en trois compagnies, et recevaient une éducation maritime, telle à peu près que celle de nos écoles navales. La révolution de 1789 a fait disparaître cette institution. Il y avait aussi une compagnie des *Gardes du pavillon amiral*, composée de 80 hommes tirés du corps des *gardes-marine*.

III. En Jurisprudence. La *garde,* suivant certaines coutumes aujourd'hui abolies, consistait dans la faculté accordée aux pères, mères ou aïeuls de conserver en tout ou en partie des biens appartenant à leurs enfants mineurs pendant un certain temps, sans être tenus de rendre compte des fruits perçus pendant ce temps, mais à la condition d'entretenir et surtout de ne point aliéner ces biens. Les nobles eurent d'abord seuls ce privilège, qu'on appela pour cette raison *garde noble*; mais plusieurs coutumes, notamment celle de Paris, l'étendirent au tiers état, et alors elle se nommait *garde bourgeoise* ou *roturière.* Encore aujourd'hui, le Code civil (art. 384) accorde au père, pendant le mariage, puis à l'époux survivant, la jouissance des biens des enfants jusqu'à la majorité ou jusqu'à l'émancipation.—On appelait aussi *garde noble*, le droit féodal qui conférait au seigneur la tutelle des enfants mineurs d'un de ses vassaux à la mort de celui-ci, et par suite la surveillance du fief.

IV. GARDE, titre de fonctionnaire.

1°. *G. des sceaux* (dit aussi parfois *Référendaire* et *Grand chancelier*). C'était, dans l'ancienne monarchie, un grand officier de la couronne, chargé de faire apposer aux pièces qui devaient en être revêtues, soit le grand *sceau* du roi, soit le *scel* de

Dauphiné et des *contre-scels* de ces deux sceaux. Il y joignait l'inspection sur les sceaux des chancelleries établies près des cours et présidiaux. Il nommait à tous les offices de ces chancelleries, recevait le serment des gouverneurs des villes, accordait soit les lettres de pardon et de commutation, soit les diplômes d'érection en marquisats, comtés, baronies, etc. — La République et l'Empire n'eurent point de garde des sceaux; la Restauration rétablit ce titre et le joignit à celui de *Ministre de la justice.*

2°. *G. champêtres* (dits, avant la révolution, *bangardes*, c.-à-d. gardiens du ban, et *gardes-messiers* ou gardes des moissons), fonctionnaires communaux, soumis aux maires et chargés de prévenir les délits et les dégâts dans les propriétés rurales. Il y en a au moins un par commune. Tout garde champêtre doit avoir au moins 25 ans. Il doit savoir lire et écrire. Il est armé d'un sabre pour sa défense et porte une plaque aux armes de France. En cas de flagrant délit, il fait la déclaration à l'autorité ou en dresse procès-verbal; et ce procès-verbal fait foi en justice jusqu'à inscription en faux. Il surveille les contraventions aux lois sur les passeports, les ports d'armes, la chasse, la pêche, le roulage, la mendicité. Requis par l'huissier, il lui doit prêter main-forte; requis par les gendarmes, il doit les aider dans la recherche et l'arrestation des déserteurs, malfaiteurs, etc. Les gardes champêtres ne sont justiciables que des cours d'appel. L'organisation des gardes champêtres a été réglée par la loi du 28 sept. 1791, par le décret du 8 juillet 1795 (20 messidor an III), et par l'ord. du 29 nov. 1820. Depuis le décret du 25 mars 1852, ils sont nommés par les préfets sur la proposition des maires.

3°. *G. forestiers*, agents institués pour la conservation des bois et des forêts. On distingue ceux des bois de l'État, ceux des bois des communes et des établissements, enfin ceux des bois des particuliers. L'organisation des gardes forestiers de l'État a été réglée par la loi du 21 mai 1827.

4°. Les *G.-pêche*, assimilés par la loi aux gardes forestiers, tiennent la main à l'observation des règlements de police concernant la pêche. Ce qui les concerne en particulier a été réglé par la loi du 15 mars 1829 sur la pêche fluviale.

5°. Le *G.-chasse*, employé qui a cessé d'être un fonctionnaire public depuis la Révolution, est l'individu chargé de veiller, sur une terre, à la conservation du gibier. Le nombre des gardes-chasse, très-considérable sous l'ancien régime, est fort limité depuis le morcellement des grandes propriétés. Ils sont presque partout remplacés aujourd'hui par les gardes champêtres et les gardes forestiers.

6°. Les *G.-vente* (ou *facteurs*) sont des commis préposés par un propriétaire ou un adjudicataire de forêts pour l'exploitation et la vente des bois qu'il en tire. Tout garde-vente doit être agréé par le conservateur des forêts, et, s'il opère pour un adjudicataire, par le propriétaire. Il prête serment devant le tribunal de 1re instance de l'arrondissement. Il tient registre sur papier timbré, etc.

7°. On appelait *G. des monnaies* les premiers juges des monnaies, dont les appels ressortissaient aux cours des monnaies; *G. du trésor royal,* l'officier chargé de payer et de recevoir les deniers de l'État, conformément aux ordonnances; *G. des métiers,* ceux qui étaient élus dans les corps des métiers pour veiller à la conservation des privilèges, à ce qu'il ne se fît rien contre les règlements et les statuts; *G. des priviléges des universités,* les juges devant lesquels étaient portées les causes où étaient impliqués des membres de l'Université; *G.-notes,* les adjoints des notaires ou gardes subalternes. On nomme encore *G. des archives* le fonctionnaire chargé du dépôt des archives nationales. V. ARCHIVES.

8°. Les *G. du commerce* sont des huissiers spéciaux chargés, dans de grandes villes, telles que Paris, d'opérer l'arrestation des débiteurs condamnés par corps. Ils peuvent se faire assister d'aides dits abusivement *gardes*. Ils ne peuvent opérer les dimanches et fêtes, ni une fois le soleil couché, ni dans le domicile du débiteur, à moins d'être accompagnés d'un juge de paix. Les gardes du commerce, institués en vertu de l'art. 625 du Code de commerce, ont été organisés par un décret du 14 mars 1808. Réduits un instant à l'inaction par le décret du gouvernement provisoire de 1848 qui avait aboli la contrainte par corps, ils reprirent leurs fonctions dès que ce décret eut été rapporté.

V. Dans l'Industrie, beaucoup de pièces se nomment *gardes* : ainsi, les *gardes* d'une serrure sont la garniture interne qui ne peut céder qu'à certaines clefs travaillées de façon à s'y adapter et à les mouvoir. — Les *gardes* d'une romaine sont les anneaux qui la soutiennent. On nomme *garde faible*, la plus éloignée du centre de la balance ; *garde forte*, la plus voisine. — Le Tisserand appelle *garde* un morceau de bois placé aux deux extrémités des peignes pour assujettir les broches ou dents et les empêcher de s'écarter. — Pour le Rubannier, c'est une bande de papier pliée en trois de la hauteur du peigne, et qui sert à le tenir fixé, etc.

On appelle : *G.-chaîne*, un mécanisme employé dans les montres pour empêcher que la chaîne ne se casse ; *G.-platine*, la pièce du métier à bas qui préserve les platines du contact de la presse ; *G.-main*, tout ce qui empêche le contact de la main sur un ouvrage auquel on travaille, en particulier le parchemin percé qui couvre l'ouvrage des brodeurs.

GARDE-MEUBLE. Ce mot, qui se dit en général de tout lieu où l'on garde les meubles qu'on a de trop, s'appliquait spécialement au *Garde-meuble de la couronne*, superbe édifice situé place de la Concorde à Paris, où étaient gardés et le mobilier superflu et les diamants de la couronne. Chaque résidence royale avait son garde-meuble avant 1789, mais le garde-meuble de Paris était de beaucoup le plus riche et le plus célèbre : il fut pillé après le 10 août.

GARDE-ROBE. Avant 1789, on appelait *G.-robe du roi* tout ce qui se référait à la garde de ses vêtements, et le nom s'étendait à ceux qui en avaient le soin. Il y avait un grand maître et deux maîtres de la garde-robe du roi, plus, nombre de valets. Outre l'intendance et la conservation des costumes, ils étaient chargés d'habiller le roi. La reine aussi et les princes avaient chacun leur garde-robe. Ce service, rétabli par la Restauration, fut aboli en 1830.

GARDE-TEMPS. *Voy.* CHRONOMÈTRE.

GARDÉNIE (d'un nom propre), *Gardenia*, genre de la famille des Rubiacées, tribu des Cinchonacées, se compose d'arbrisseaux et d'arbustes à feuilles opposées, à fleurs terminales, à calice quinquédenté, à corolle infundibuliforme à 5 ou 9 lobes. Le fruit est une baie sèche à 2 loges. On cultive en serre chaude la *G. à grandes fleurs*, appelée aussi *Jasmin du Cap*. C'est un arbrisseau de 1 à 2 mètres, à feuilles d'un vert luisant, à fleurs blanches, très-odorantes, solitaires au sommet des branches. Le fruit de cette plante fournit une couleur qui sert à teindre en jaune. Le *G. gummifera* contient une gomme résine semblable à l'Élémi.

GARDIEN (de *garde*). Outre les applications de ce mot que tout le monde comprend, il en est quelques-unes qui peuvent avoir besoin d'explication :

En Justice, le *G. judiciaire* est celui auquel un juge ou un huissier commet le soin des scellés, des meubles saisis, etc. On l'appelle, suivant les cas, *G. à la saisie*, *G. des scellés*, etc. Il répond, par corps, des objets confiés à sa garde. Il reçoit salaire.

Dans la Marine, on appelle *gardien* : 1° celui qui, dans les ports, garde un magasin, un navire, etc. ; 2° le matelot qui surveille la chambre des poudres

et les objets de conservation journalière ; 3° *G. de la fosse aux lions*, le matelot chargé de la garde de tout ce qui se trouve dans le lieu ainsi nommé.

Dans les ordres de St-François et dans la Congrégation de la Ste-Trinité à Rome, le *gardien* est le supérieur du couvent ou de la congrégation, et sa charge se nomme *gardiennat*. De là, ces titres de *Gardien des Capucins*, de *G. des Cordeliers*. — Le grand maître de l'ordre de la Jarretière est dit aussi *gardien* (warder) *de cet ordre :* c'est toujours le roi d'Angleterre qui porte ce titre.

GARDON, *Leuciscus idus*, poisson du genre Cyprin, qu'on nomme aussi *Rosse*, tient le milieu entre la carpe et la brème. Ses nageoires sont rouges ; sa chaire blanche et d'assez bon goût, mais garnie d'arêtes fourchues qui rendent ce poisson incommode à manger. Son nom lui vient, dit-on, de *garder*, parce qu'il se garde plus longtemps vivant que beaucoup d'autres poissons, dans un vase plein d'eau.

GARE (de *garer*, venu lui-même de l'all. *wahren*, garder). On nomme ainsi : 1° dans les rivières et les canaux, tout bassin naturel ou artificiel pour recevoir les bateaux en déchargement ou pour leur servir de refuge par les grosses eaux ou le dégel ; on les forme le plus souvent aux dépens d'un bras de la rivière, bras que l'on enlève ainsi à la circulation ; on les ferme par une estacade en charpente laissant un passage libre au milieu et contre laquelle viennent se briser les glaçons ; — 2° dans les Chemins de fer, des portions élargies de la route, correspondant aux stations principales, et où se trouvent, outre l'embarcadère ou le débarcadère, un entre-croisement de rails, des plateaux, des entrepôts, etc.

GARENNE (de l'angl. *warren*, même sens, qui dérive lui-même de *ward*, garde), espace assez grand, à la campagne, peuplé de lapins gardés pour la table ou pour la vente, et où ils jouissent d'assez de liberté pour se rapprocher de l'état sauvage. Leur chair alors est très-supérieure à celle du lapin domestique élevé dans le *clapier*. On distingue les *G. ouvertes* ou *libres*, et les *G. forcées*. Dans les premières, les lapins ne sont point clôturés ; elles ont été abolies en France en 1789 à cause des dommages qu'elles causaient à l'agriculture. Les garennes *forcées* sont fermées ou par un mur ou par des pieux très-serrés et garnis d'un treillage de fer. On choisit pour garenne un terrain sablonneux et sec : il faut y répandre des graines d'herbes odoriférantes, de graminées, de légumineuses ; les arbres doivent être, les uns des arbres résineux offrant abri aux lapins sans courir le risque d'être rongés par eux, les autres des arbres fruitiers ou formant touffes, comme aliziers, cormiers, etc.

GARGARISME (du grec *gargarismos*, onomatopée), médicament liquide qu'on maintient quelque temps dans l'arrière-bouche sans l'avaler en le repoussant au moyen de l'air qu'on expire, de manière à y produire une espèce d'agitation ou de frémissement jusqu'à ce qu'on le rejette. La secousse assez vive qu'on imprime en se gargarisant à toutes les parties qui constituent le pharynx favorise l'expulsion des mucosités. Le plus souvent les gargarismes sont *émollients*, quelques-uns sont *stimulants*. Pour faire avorter les angines commençantes, on y fait entrer des acides végétaux ; dans les angines scorbutiques, gangréneuses, etc., on emploie des gargarismes faits avec le quinquina, l'écorce de grenade, les acides minéraux, les sels de fer, etc.

GARGOUILLE (de *gula*, gueule ?), ouverture par laquelle s'écoule l'eau d'une fontaine ou d'une gouttière. Cette ouverture simule souvent le musle ou la *gueule* d'un animal, un lion, une chimère, etc. Les édifices du moyen âge sont chargés de gargouilles.

Jadis, *gargouille* fut comme le nom spécial d'un monstre, d'un être plus ou moins chimérique, dont on faisait un épouvantail aux enfants. Il y eut dans nombre de villes des fêtes et des processions, avec costumes et mascarades, où, à côté des anges et des saints, des rois, des reines et des paladins, figurait la gargouille terrassée : celle qui avait lieu à Rouen, à la Saint-Romain, était la plus célèbre.

GARGOUSSE, jadis *gargouche* ou *gargouge* (du vieux mot allemand *war*, guerre, et *guss*, jet), sac ou cylindre destiné à contenir la charge de poudre d'une bouche à feu. On a fait des gargousses en parchemin, en carton, en cuir, en bois mince, en fer-blanc; finalement on a préféré le papier : seulement il faut qu'il soit fort et bien collé. Le diamètre et le poids de la gargousse dépendent de la pièce à charger : la gargousse d'une pièce de 12 contient 2 kilogr. de poudre.

GARNISAIRE, jadis *Garnisonnaire* (de *garnison*), homme que l'administration place comme en *garnison* chez ceux qu'elle veut contraindre. Autrefois le gardien judiciaire à la saisie se nommait *garnisaire*. Ce nom a depuis été réservé : 1° au soldat qui s'installe, soit chez les parents d'un conscrit réfractaire ou d'un déserteur, soit chez ceux qu'on soupçonne de les cacher : il peut y rester un temps indéterminé; 2° au porteur de contraintes qui, les délais épuisés, s'établit chez le contribuable en retard pour hâter le payement de ce qui est dû au trésor : celui-ci ne reste que deux jours chez celui qu'il a mission de forcer ainsi à s'acquitter, et ne peut exiger que l'abri, la nourriture et la place au feu. Les garnisaires prêtent serment.

GARNISON (en bas latin *garnisio*, formé du vieil allemand *wahren*, garder). On nomme ainsi et l'ensemble des troupes de toutes armes dont on *garnit* une place de guerre pour sa défense, et toute troupe résidant dans une ville, même quand la ville n'a pas de fortifications et qu'il ne s'agit pas de la défendre. *Voy.* CAPITULATION.

GARNITURE. Entre autres sens spéciaux de ce mot, il faut distinguer : 1° la *G. d'une épée*, laquelle comprend la garde, le pommeau, la branche et la poignée de cette épée; 2° les *G. d'imprimerie* : ce sont les divers morceaux de bois ou de métal dont on se sert pour séparer les pages et former les marges.

GARO, synonyme de Bois d'Aigle. *V.* AQUILAIRE.

GAROU, très-souvent *Sain-bois*, nom sous lequel on trouve dans le commerce l'*écorce* d'une espèce de *Daphné* (*D. mezereum* ou *D. cnidium*). On le vend par petites bottes formées de lanières blanches ou jaunes de texture fibreuse. L'odeur en est nauséabonde, la saveur corrosive; il est doué d'une vertu épispastique très-prononcée; on l'emploie pour les vésicatoires quand on craint l'effet des cantharides, et aussi contre les dartres, scrofules, etc. On s'en est servi pour garantir des suites de morsures venimeuses : on l'appliquait alors sur la plaie. La *pommade de garou* active la suppuration.

Loup garou. Voy. LOUP.

GARROT, instrument composé d'un morceau de bois peu long, assez gros, que l'on passe dans une corde pour la serrer en la tordant. Les Chirurgiens appellent spécialement *garrot* un instrument dont ils se servent pour retenir la bande circulaire avec laquelle on comprime une artère pour arrêter le sang. Cet instrument fut inventé par Morel, chirurgien de Besançon, pendant le siége de cette ville, en 1674. Ce n'était dans le principe qu'un lien circulaire, auquel Morel ajoutait deux bâtonnets destinés à le serrer en le tordant. Aujourd'hui le garrot se compose d'un petit cylindre de bois et d'une bande en tissu de laine semblable à la ligature, qu'on place autour du bras avant de pratiquer une saignée.

On nomme aussi *garrot*, chez tous les Quadrupèdes de taille un peu haute, mais plus spécialement chez le cheval, une saillie située au-dessus des épaules, au bas de la crinière, et terminant le cou; elle est formée par les apophyses épineuses des huit premières vertèbres. Le garrot d'un beau cheval doit être haut et tranchant. On indique souvent la taille des quadrupèdes en la prenant du garrot.

GARROT, espèce du genre Canard, différant du Canard ordinaire par le bec, qu'il a plus court et plus étroit vers l'avant. Chez le *Garrot proprement dit* (*Anas clangula*), ce bec est noirâtre, ainsi que la tête, la queue et le dos; le reste du corps est blanc, et les ailes offrent deux bandes blanches. Le garrot se nourrit de petits poissons, de vers, de grenouilles. C'est un oiseau voyageur; en hiver, il vient par bandes dans nos climats; aux temps chauds, il habite le nord des deux continents.

GARROTTE (de *garrot*), supplice de la strangulation sans suspension, usité en Espagne. Le patient est assis sur une sellette adossée à un poteau ; on lui passe autour du cou une corde que l'on tord au moyen d'un garrot (ce fut le moyen primitif), ou bien un collier brisé formé de 2 demi-cercles séparés, mais qu'une vis mue par l'exécuteur force à se rapprocher. L'inquisition accordait comme grâce aux condamnés à mort les moins coupables la garrotte avant le bûcher. Tout récemment encore (sept. 1851), le général Lopez a subi le supplice de la garrotte pour avoir tenté de s'emparer de l'île de Cuba.

GARUM (de *garus*, anchois), espèce de saumure en usage chez les anciens Romains et qui se faisait en recueillant les liquides qui s'écoulaient des poissons salés et à demi putréfiés, et qu'on aromatisait ensuite fortement. C'était un assaisonnement de luxe et un puissant stimulant de l'appétit. On estimait surtout le *garum* dit *sociorum*, ou des alliés.

GARUS (ÉLIXIR DE). *Voy.* ÉLIXIR.

GASQUET (diminutif ou corruption de *casque*), calotte rouge en laine drapée, usitée en Orient et dans toute l'Afrique septentrionale : elle se termine par un flocon de soie bleue. Longtemps les plus beaux se fabriquèrent à Tunis ; mais la France en fabrique aujourd'hui de qualité supérieure, qui se vendent en Turquie et en Algérie.

GASTÉROPODES (du grec *gaster*, ventre, et *pous*, *podos*, pied), 3e classe des Mollusques, comprend ceux qui se meuvent en rampant sur un prolongement de leur disque ventral, appelé leur *pied*. On les divise en 11 ordres : les Pulmonés, les Pectinibranches, les Tubulibranches, les Cirrhobranches, les Scutibranches, les Cyclobranches, les Inférobranches, les Tectibranches, les Nudibranches, les Janthines et les Hétéropodes.

GASTEROSTEUS, nom latin de l'*Épinoche*.

GASTRALGIE (du grec *gaster*, ventre, et *algos*, douleur), douleur de l'estomac, que l'on attribue à un état *nerveux* particulier, n'est souvent qu'un symptôme de gastrite chronique. Elle est ordinairement caractérisée par des *besoins* qui simulent le sentiment de la faim, par des tiraillements et une sorte de défaillance ; souvent les malades digèrent alors avec la plus grande facilité les aliments qui sembleraient les moins convenables. Le traitement de la gastralgie varie suivant que l'on regarde la maladie comme nerveuse ou comme inflammatoire. On appelait autrefois cette affection *cardialgie*.

GASTRIQUE, ce qui a rapport ou qui appartient à l'estomac : les *artères* et les *veines gastriques* sont celles qui vont se distribuer à l'estomac ; le *suc gastrique* est un fluide que renferme l'estomac, et qui est sécrété par sa membrane muqueuse : il opère la décomposition et la dissolution des aliments.

Embarras gastrique. Voy. EMBARRAS.

GASTRITE (du grec *gaster*, estomac), inflammation de la membrane muqueuse de l'estomac. Ses causes ordinaires sont les écarts de régime, l'usage d'aliments altérés ou irritants, les excès de boissons spiritueuses ou glacées, les indigestions répétées, l'introduction dans l'estomac de poisons âcres ou corrosifs, les pressions habituelles sur cet organe, notamment celles exercées par les corsets trop serrés, les coups, les chutes sur cette région, l'impression du froid, la rétropulsion de la goutte, de divers exanthèmes, etc. — La gastrite est *aiguë* ou *chronique*. La *G. aiguë* s'annonce ordinairement par de la chaleur, de la soif, de l'inappétence, de la fièvre, de l'insomnie; bientôt, douleur vive à l'épigastre, augmentant par la pression; bouche brûlante, langue rouge, jaunâtre et sèche; désir continuel de boissons froides et acides; puis, le plus souvent, vomissements, hoquets, éructations, et troubles divers de la respiration, de la circulation et de l'innervation, etc. La *G. chronique* succède le plus communément à la précédente. Ses symptômes sont: lenteur et difficulté dans les digestions, sentiment d'un poids incommode ou d'une douleur obscure à l'épigastre après les repas; malaise général, flatuosités acides, langue blanchâtre, rouge à la pointe; quelquefois des nausées, plus rarement des vomissements; puis irritabilité dans le caractère, nuits agitées, constipation; le malade maigrit insensiblement, et succombe à une fièvre lente si l'on ne parvient à remédier au mal. — La gastrite aiguë se termine soit par *résolution*, soit par *ulcération*, par la *gangrène*, ou par la *perforation* des membranes de l'estomac, enfin par la mort. La gastrite chronique se termine souvent par le *squirre*.

Le traitement consiste dans une diète sévère, et dans l'emploi des antiphlogistiques appropriés à l'intensité des symptômes inflammatoires (eau, lait, bains; abstention d'excitants, etc.); vers la fin, on emploie les calmants et les dérivatifs.

GASTRO.... (de *gaster*, estomac), partie initiale d'un grand nombre de mots composés dans lesquels entre l'idée d'estomac, comme *gastro-arthrite*, inflammation simultanée de l'estomac et des articulations; *gastro-cystique*, qui concerne à la fois l'estomac et la vessie; *gastro-entérique*, qui se rapporte à l'estomac et à l'intestin grêle, etc.

GASTROBRANCHE (du grec *gaster*, ventre, et *branchia*, branchies). *Gastrobranchus*, genre de poissons Chondroptérygiens, à branchies fixes, qui s'ouvrent au dehors par 2 ouvertures situées sous le ventre. Leur corps est cylindrique et allongé; leur peau visqueuse et sans écailles. Le *G. aveugle* (*Myxine glutinosa*) a le dos bleu, le ventre blanc et les côtés rougeâtres. Six barbillons pendent de sa bouche. Sa longueur est de 33 centim. On le trouve dans l'Océan. Il vit dans la vase, et quelquefois pénètre dans le corps des grands poissons qu'il dévore.

GASTROCHÈNE (du grec *gaster*, ombilic, et de *khainô*, être l'air ouvert), *Gastrochæna*, genre de Mollusques acéphales de l'ordre des Lamellibranches dimyaires: ils sont tronqués en avant, et ont le manteau ouvert au milieu de la troncature, pour laisser passer un pied, implanté vers le milieu de la masse abdominale. Leur coquille est régulière, symétrique, à charnière simple et sans dents. Les Gastrochènes habitent presque toutes les mers, où ils vivent tantôt libres, tantôt contenus avec leur coquille dans l'épaisseur des corps sous-marins.

GASTRO-ENTÉRITE (de *gaster*, estomac, et *entéron*, intestin), inflammation simultanée de la membrane muqueuse de l'estomac et de celle des intestins, dans laquelle ces deux affections se compliquent et s'aggravent mutuellement. C'est dans les divers degrés de ces deux phlegmasies réunies que consistent, suivant Broussais, les affections appelées précédemment *fièvres essentielles*. *Voy.* GASTRITE.

GASTROMÉLIE (du grec *gaster*, ventre, et *mélon*, cuisse), monstruosité consistant dans la présence d'un ou deux membres surnuméraires, implantés au-devant de l'abdomen d'un animal d'ailleurs normalement conformé, du moins à l'extérieur. Les membres ainsi surajoutés appartiennent ordinairement au train postérieur. Les exemples d'individus Gastromèles vivants sont excessivement rares. M. Joly a rencontré récemment chez une chatte un cas de gastromélie.

GASTRONOMIE (du grec *gaster*, ventre, et *nomôs*, loi, règle), art de faire bonne chère, d'apprécier les bons mets, art qu'il ne faut pas confondre avec l'*Art culinaire*, qui consiste simplement à apprêter les mets. Pratiqué chez tous les peuples civilisés, cet art a illustré certains hommes dont il rappelle infailliblement les noms, tels que Lucullus et Apicius chez les Romains, et chez nous, Cambacérès, Grimod de la Reynière, le marquis de Cussy, Brillat-Savarin, etc. — Archestrate de Syracuse, contemporain de Périclès, est le premier qui ait écrit sur ce sujet: après avoir parcouru le monde pour étudier ce que chaque pays produisait de meilleur, il composa un poëme de la *Gastronomie*, qu'Ennius ne dédaigna pas de traduire. Berchoux, en 1800, chanta la *Gastronomie* dans un poëme qui eut une grande vogue. M. Brillat-Savarin, dans sa *Physiologie du goût* (1825), a rédigé avec autant d'esprit que de science le code du gastronome.

GASTRORRHÉE (de *gaster*, estomac, et *rhéô*, couler), espèce de catarrhe de l'estomac, caractérisé par des vomissements, ordinairement faciles, d'un liquide glaireux plus ou moins abondant. Cette affection est quelquefois symptomatique d'une inflammation chronique de la membrane muqueuse, mais souvent aussi elle ne se lie à aucune lésion appréciable de l'estomac. On la combat par les purgatifs et des amers.

GASTROTOMIE, ouverture, incision que l'on pratique dans l'abdomen. On pratique cette opération pour retirer le fœtus ou tout autre corps étranger.

GAT, se dit, en Marine, d'une descente pratiquée par des marches ou degrés sur le bord d'une côte escarpée, pour arriver à un endroit de la mer où l'on peut s'embarquer avec facilité. — C'est aussi un grand escalier qui descend d'un quai à la mer.

GATANGIER, nom vulgaire de la *Roussette*, poisson du genre Squale.

GATEAU. Outre la signification que tout le monde connaît, ce mot a plusieurs autres acceptions qui demandent explication. On appelle *gâteau*, en Entomologie, la réunion des alvéoles que forment les Hyménoptères vivant en société, soit pour y loger leurs larves, soit pour y déposer leur miel ou tout autre produit analogue au miel. On connaît surtout les gâteaux des abeilles; mais ceux des espèces voisines (guêpes, bourdons, etc.) ne sont pas moins curieux à observer. Leur position, leur forme, le nombre de rangs de leurs cellules différent suivant les espèces.

En Pathologie, on nomme *gâteau fébrile* l'intumescence des viscères abdominaux, et notamment de la rate, intumescence qu'accompagne l'induration et qui rappelle plus ou moins la forme d'un gâteau: elle suit assez souvent les fièvres intermittentes invétérées. On la nomme aussi *obstruction*.

La Chirurgie emploie dans les plaies d'une grande étendue et d'où se détache une suppuration abondante, une sorte de plumasseau mollet et peu serré, fait en charpie, et dit aussi *gâteau* à cause de sa forme.

Dans les opérations de Fonderie, le *gâteau* est une masse de métal qui se fige dans le fourneau après avoir été mise en fusion. C'est un accident grave et qui souvent oblige à recommencer le travail. Il a pour cause, tantôt un vice dans l'alliage du métal, tantôt l'introduction d'un courant d'air ou d'une fumée épaisse, humide, par les portes du fourneau, tantôt la mauvaise conduite du feu, tantôt la faute commise en laissant tomber du métal à froid dans le fourneau où il y en avait déjà de fondu.

Pour les Sculpteurs, dans la fonte en moule dépoté, le *gâteau* est le morceau de cire préparé pour garnir l'intérieur du moule.

GATE-BOIS, insecte. *Voy.* COSSUS.

GATON, bâton employé par les Cordiers pour faciliter le commettage des gros cordages. On en distingue de grands et de petits : les premiers servent pour les câbles et ont jusqu'à 1ᵐ,60 de long ; les autres, dont on use pour les moyens cordages, atteignent à peine 40 ou 60 centimètres.

GATTE, espèce de cloison transversale située à l'avant et à 1 m. environ au-dessus du premier pont des navires pour empêcher l'eau lancée par les coups de mer sur ce pont de se répandre dans l'entre-pont ; elle a été remplacée par une tringle de 10 à 15 cent.

GATTILIER, *Vitex*, genre de la famille des Verbénacées, renferme des arbrisseaux à feuilles ordinairement digitées, à fleurs en panicules formées d'un calice court à 5 dents et d'une corolle partagée en 2 lèvres. Presque toutes ces plantes sont propres aux contrées chaudes du globe. Une seule espèce croît dans le midi de l'Europe, c'est le *G. agneauchaste* (Voy. AGNUS CASTUS). Ses graines, connues sous le nom de *petit poivre* ou de *poivre sauvage*, ont une saveur âcre et une odeur forte et repoussante. Elles ont été employées comme stimulantes.

GAUCHE (LA). Chez les anciens, le côté gauche était sinistre et de mauvais augure ; une corneille qui volait à gauche, par exemple, était un signe de malheur.

Dans nos assemblées délibérantes, à partir de la Révolution, on a donné ce nom à la portion dite libérale de l'Assemblée ou parti du mouvement, parce que ce parti se plaçait à la gauche du président.

GAUDE, *Reseda luteola*, espèce du genre Réséda, appelée vulgairement *Vaude*, *Herbe à jaunir*, *Réséda jaunissant*, et croissant naturellement en Europe dans les lieux sablonneux : tige droite, cannelée, haute de plus de 1 mètre ; feuilles éparses, nombreuses, longues et étroites ; racine pivotante ; fleurs d'un vert jaunâtre, disposées en épi terminal. On cultive la gaude en grand pour la teinture. Dès qu'elle jaunit et que la graine est mûre, on l'arrache avec sa racine, on la fait sécher au soleil, et on en forme des bottes de 6 à 7 kilogr. Les Teinturiers en retirent une belle couleur jaune très-solide que l'on fixe avec l'alun ou l'acétate d'alumine. On teint aussi en vert avec la gaude, en se servant d'acétate de cuivre pour mordant, ou bien en passant au bain de gaude une étoffe peinte en bleu. On prépare encore avec cette plante une laque jaune à l'usage des peintres. — On a appelé la Gaude *Herbe aux Juifs*, parce qu'autrefois les Juifs étaient obligés de porter un chapeau jaune teint avec de la gaude.

Bouillie faite avec du maïs ou blé de Turquie.

GAUDERONS ou GODRONS, ornements ciselés que l'on fait sur l'or, sur l'argent, l'étain, le plomb, le bronze, etc., lorsqu'on les travaille au tour. Dans les bagues et les cachets, ce sont le plus souvent des espèces de rayons droits ou tournants sur le fond du bijou, partant du centre de ce fond. — L'ouvrier qui les fait se nomme *gaudronneur*. — Le *gaudronnoir*, à l'aide duquel il opère, est un ciselet portant en creux ou en relief le dessin que l'on veut reproduire sur le métal, ciselet avec lequel le gaudronneur n'a qu'à frapper la surface métallique.

Gaudron s'est dit aussi autrefois de petits tuyaux formés au linge avec un fer.

GAUFRAGE, action d'imprimer des ondulations ou autres figures en bas-reliefs, dites *gaufrures*, sur une étoffe, sur des rubans, sur des cuirs, sur du papier ou du carton, au moyen de fers chauds ou de cylindres gravés. Le *gaufreur* est l'ouvrier par qui s'opère le gaufrage. L'instrument qu'il emploie s'appelle *gaufroir*. Cet instrument se compose de deux portions, le *gaufroir proprement dit* et sa *contre-épreuve*. Celle-ci peut être en carton qui se moule sur le gaufroir ; l'autre est en laiton gravé en creux ou cannelé, suivant le dessin qu'on veut produire en relief. Il y a aussi des gaufroirs en cuivre et en fer. La substance à gaufrer doit être légèrement

humectée ou même pénétrée par un apprêt ou empesage ; le gaufroir, de son côté, doit être un peu échauffé : après avoir placé le gaufroir sur la matière, on met à la presse : peu d'instants suffisent pour que l'empreinte soit tracée.

GAUFRE, GAUFRIER (de l'anglais *wafer*, qui a le même sens), pâtisserie légère et croquante qu'on fait cuire entre deux plaques de fer, qui, le plus souvent, portent à l'une et à l'autre de leurs surfaces des losanges, des carreaux ou autres dessins. Ces deux plaques s'écartent ou se rapprochent à volonté comme des ciseaux ; l'instrument entier se nomme *gaufrier*. La pâte à gaufrer est formée d'un poids égal de farine et de sucre en poudre délayé avec de la crème, auquel on ajoute des jaunes d'œufs bien battus et un peu de fleur d'oranger. Le gaufrier chauffé, on graisse les plaques à l'intérieur avec un pinceau trempé dans du beurre tiède, afin d'empêcher la pâte d'y adhérer ; on verse une cuillerée de pâte sur la plaque inférieure ; on abat l'autre, et on laisse quelques instants le gaufrier sur un feu de charbon. L'on ouvre ensuite, et, à l'aide d'un couteau, on détache la gaufre. — Les gaufres sont, dit-on, d'origine brabançonne. Toute la Belgique, la Hollande, le nord de l'Allemagne et même la France en font une grande consommation.

Le mot *gaufre* signifie aussi rayon de miel, gâteau de miel : on dit en ce sens : manger une gaufre de miel, se faire servir du miel dans sa gaufre.

GAULETTE (de *gaule*), mesure de superficie usitée dans certaines colonies françaises, et surtout à l'île Bourbon. Elle vaut 23ᵐ,74 carrés.

GAULTHÉRIE (d'un nom propre), *Gaultheria*, genre de la famille des Éricacées, se compose d'arbrisseaux de l'Amérique méridionale, à feuilles alternes, à fleurs axillaires en grelot, disposées en grappes terminales. On cultive dans les jardins la *G. du Canada* (*G. procumbens*), joli arbuste, remarquable par ses fleurs d'un rouge vif, auxquelles succèdent des baies rouges purpurines, qui sont comestibles. L'huile essentielle extraite de ses fleurs contient une espèce d'éther (salicicate de méthyle), et est employée en parfumerie.

GAVE, nom que les habitants des Pyrénées donnent aux torrents de leur pays : on connaît surtout le gave de Pau, le gave de Gavarni et le gave d'Oléron, formé des eaux des gaves d'Osseau et d'Aspe.

GAVIAL (nom indigène dans l'Inde), sous-genre de Crocodiles, à museau étroit et allongé, et dont aucune des dents de la mâchoire inférieure ne pénètre dans la supérieure. Le museau, chez les mâles, est surmonté d'une protubérance singulière. Le *G. du Gange* (*Crocodilus longirostris*), type de ce genre, atteint de 5 à 6 mètres de long, et vit plus particulièrement dans le Gange. Le *petit Gavial* (*Cr. tenuirostris*), qui habite le même fleuve, paraît n'en être qu'une variété.

GAVOTTE (de *Gavots*, habitants du pays de *Gap*), espèce de danse qui fut en grande faveur au XVIIIᵉ siècle, et dont la vogue atteignit à son apogée vers 1790 ; on aimait surtout la *gavotte* dite *G. de Vestris*, du nom du célèbre danseur qui l'exécutait dans la perfection. Toutes les gavottes étaient sur un air à deux temps, composé de deux reprises chacune de 4 ou 8 mesures. Le mouvement en était gracieux, souvent gai, parfois tendre et lent. On y sentait une imitation agréable et modifiée du menuet. Un cavalier et une dame y figuraient toujours ; ils ne s'abordaient qu'après avoir fait nombre de saluts et de révérences. La gavotte est tombée en désuétude depuis 50 ans.

GAYAC. Voy. GAÏAC.

GAZ (dérivé par corruption du vieux allemand *gahst*, aujourd'hui *geist*, esprit), nom commun à tous les fluides aériformes, c'est-à-dire aux corps qui sont analogues à l'air par leur transparence, leur compressibilité, et en général par l'ensemble de leurs propriétés physiques. La plupart des gaz passent à l'état liquide ou solide, lorsqu'on les expose à l'action d'une forte pression, ou d'un grand froid. On appelle *Gaz coercibles* (du latin *coercere*, forcer) les gaz qui sont susceptibles d'éprouver ce changement d'état; et *Gaz permanents* et *incoercibles*, ceux qu'on ne peut pas condenser. A cette dernière classe appartiennent : l'oxygène, l'hydrogène, l'azote, le deutoxyde d'azote, l'oxyde de carbone et le gaz des marais. Les gaz sont remarquables par la tendance qu'ils possèdent à augmenter sans cesse de volume et à exercer ainsi une pression contre les parois des vases qui les contiennent: on donne à cette propriété le nom *d'élasticité*, de *force élastique*, de *tension* ou de *force expansive*. On mesure cette élasticité à l'aide du *manomètre* (*Voy.* ce mot). Mariotte a reconnu que lorsque l'on comprime les gaz, leurs volumes sont en raison inverse des pressions qu'ils supportent, c.-à-d. que si, par exemple, un gaz occupe, sous le poids de l'atmosphère, un volume de 1 litre, ce volume sera de 1/2 litre si on l'expose à la pression d'un poids double; de 1/3 litre, à celle d'un poids triple, etc. Cette loi n'est rigoureusement exacte que pour les gaz permanents; elle se modifie, pour les gaz coercibles, dès qu'on approche de leur point de liquéfaction ou de solidification. La chaleur augmente l'élasticité des gaz : pour chaque degré du thermomètre centigrade, le volume de l'air augmente de 0,00367 de son volume à 0º, c.-à-d. que si l'air à 0º occupe un litre, ce volume, à 100º, sera de 1 lit., 367. Le *coefficient de dilatation* pour les autres gaz est à peu près le même.

Les principaux gaz sont : parmi les corps simples, l'oxygène, l'hydrogène, l'azote, le chlore; parmi les corps composés, le protoxyde et le deutoxyde d'azote, l'ammoniaque, les acides carbonique, hypochloreux, hypochlorique, chlorhydrique, bromhydrique, iodhydrique, fluorhydrique, fluoborique, fluosilicique, sulfhydrique, sulfureux, le phosphure d'hydrogène, l'arséniure d'hydrogène, l'oxyde de carbone, le gaz des marais, le gaz oléfiant. *Voy.* ces mots. On doit les premières notions sur les gaz à Van Helmont, qui en a introduit le nom dans la science. Mariotte, Torricelli, et plus récemment Macquer, MM. Gay-Lussac, Magnus, Regnault, etc., en ont étudié les propriétés physiques. M. Faraday a condensé, à l'état liquide et solide, plusieurs gaz réputés jusque-là permanents.

GAZ D'ÉCLAIRAGE, appelé vulgairement *Gaz* (sans adjonction), le *Gaz light* des Anglais, mélange de deux ou plusieurs gaz composés de carbone et d'hydrogène, dont la combustion est utilisée pour l'éclairage. On produit ce mélange gazeux par l'action de la chaleur sur les matières organiques, notamment sur la houille, les schistes bitumineux, la tourbe, les résines, les huiles de poisson brutes, la lie de vin, la matière grasse provenant des eaux de savon des fabriques de drap, etc. La composition du gaz de l'éclairage varie suivant les matières d'où on l'extrait, et suivant la température à laquelle elles sont soumises ; cependant la partie éclairante est toujours l'*hydrogène bicarboné* ou *gaz oléfiant*. La houille fournit le gaz au meilleur marché, et est généralement employée. On la distille dans des cylindres en fonte ou *cornues*; le gaz qu'elle fournit est ordinairement mélangé d'acide carbonique et d'acide sulfhydrique (provenant des pyrites qu'elle renferme), qui lui donnent une odeur désagréable et une action fâcheuse sur l'économie; on est donc obligé de l'épurer, en lui faisant traverser des substances qui absorbent ces deux acides et qui condensent en même temps les huiles et le goudron, entraînés par le gaz : telles sont l'eau, la chaux, certaines dissolutions métalliques de peu de valeur (sulfate de fer, chlorure de manganèse). Ainsi épuré, le gaz se rend

dans un grand réservoir, dit *gazomètre*, communiquant avec les tuyaux qui le distribuent aux consommateurs. Un kilogr. de houille donne de 200 à 300 lit. de gaz. Le charbon qui reste dans les cornues après l'extraction de tout le gaz porte le nom de *coke*, et s'emploie encore comme combustible.

L'art d'éclairer par le gaz a pris naissance en France : l'ingénieur Lebon conçut, dès 1785, l'idée de faire servir à l'éclairage des maisons les gaz combustibles qui se produisent par la distillation du bois, mais cette idée n'eut point de succès parmi nous; quelques années plus tard, deux Anglais, Murdoch et Windsor, s'en emparèrent, et continuèrent sur une plus grande échelle les expériences de l'ingénieur français. En 1810, la première usine pour l'éclairage public fut établie à Londres. Ce n'est qu'en 1818 que ce mode d'éclairage fut adopté en France. Le *Gaz portatif comprimé* fut inventé en Angleterre en 1820; mais ses inconvénients, et surtout le danger des explosions, l'ont fait abandonner. M. Houzeau-Muiron, de Reims, a trouvé le moyen d'extraire des eaux savonneuses des fabriques un *Gaz portatif non comprimé*, dont l'usage est répandu aujourd'hui à Paris et dans plusieurs départements. On doit à M. Magnier, ingénieur civil, un *Traité de la fabrication du gaz d'éclairage.*

GAZ DES MARAIS, dit aussi *Gaz des acétates* ou *Hydrogène protocarboné*, gaz inflammable, incolore, sans odeur ni saveur, composé de carbone et d'hydrogène (C^2H^4), qui se produit par la décomposition du bois et d'autres matières végétales au sein de l'eau, et qu'on voit arriver à la surface des marais et des étangs quand on en remue la vase. On l'obtient à l'état de pureté en distillant de l'acétate de soude avec de la chaux caustique. Le même gaz se dégage des volcans boueux, dits *salses*, qu'on rencontre en Italie, près de Modène, et sur la route de Bologne à Florence, ainsi qu'en Chine, aux États-Unis d'Amérique, etc.; il s'enflamme par l'approche d'un corps embrasé. Les *fontaines ardentes* et les *rivières inflammables*, dont les anciens parlent comme de prodiges inexplicables, sont dues au même gaz : tels sont les feux de Bakou, près de la mer Caspienne, qui sont l'objet de l'adoration des Guèbres; ceux du Mont-Chimère, sur les côtes de l'Asie Mineure, cités par Pline et reconnus de nouveau en 1811 par le capitaine Beaufort. Il en est de même du *grisou* des mineurs, qui occasionne souvent de terribles explosions dans les houillères.

GAZ MURIATIQUE, synonyme de *gaz*, ou *acide chlorhydrique. Voy.* CHLORHYDRIQUE (ACIDE).

GAZ NITREUX OU VAPEUR NITREUSE, synonyme d'*acide hyponitrique. Voy.* HYPONITRIQUE (ACIDE).

GAZ OLÉFIANT (du latin *oleum*, huile, et *fio*, devenir, parce qu'il se transforme par le chlore en une huile), dit aussi *Hydrogène bicarboné*, *Bicarbure d'hydrogène*, *Éthérène* ou *Élaïle*, gaz composé de carbone et d'hydrogène (C^4H^4), incolore, sans odeur ni saveur, inflammable et brûlant avec une flamme très-lumineuse. Il se produit en abondance par l'action de la chaleur sur la plupart des matières organiques; il forme la partie éclairante du gaz qu'on extrait de la houille. Mêlé avec de l'oxygène ou avec de l'air, il détonne à la température rouge. Les chimistes se le procurent à l'état de pureté, en chauffant de l'esprit-de-vin avec un excès d'acide sulfurique et lavant le gaz avant de le recueillir. Le gaz oléfiant se combine avec le chlore, et produit alors une matière huileuse ($C^4H^4Cl^2$) qui est connue sous le nom de *Liqueur des Hollandais*, d'après quatre chimistes hollandais (Deiman, Troostwyk, Lauwerenburgh et Bondt), à qui l'on en doit la découverte.

GAZÉ (de *Gaza*, ville de Syrie, où ce tissu fut, dit-on, fabriqué dans l'origine), tissu très-léger et très-clair, fabriqué avec la soie et le lin, seuls ou mélangés, et même avec le coton. On distingue toutes ces gazes en y joignant le nom du fil dont elles sont formées. On distingue de plus les façons données à la gaze en disant : *G. unie*, *G. façonnée*, *G. rayée*, *G. brochée*, *G. crème* ou *à la crème*, *G. fond plein*, *G. d'Italie*, etc. Ce qui caractérise la gaze, c'est la transparence et la finesse du tissu, dues à l'écartement des fils de la trame, qui sont maintenus constamment à distances égales, lors de la fabrication, par le serpentement de deux fils de chaîne l'un sur l'autre, fils dont un seul ensuite sep résente à l'œil et dont l'ensemble avec le fil de trame forme un tissu criblé de trous. —La gaze d'Italie se fabrique comme le taffetas. Pour la gaze brochée et pour la gaze façonnée, on se sert du métier à la Jacquard.

GAZÉ, *Pieris cratægi*, espèce de Lépidoptère diurne, dit aussi *Papillon de l'aubépine*, et appartenant au genre Piéride : il a des ailes blanches marquées de nervures noires et dépourvues d'écailles, ressemblant beaucoup à la gaze. Cette espèce est très-commune dans les prairies de l'Europe au mois de mai. Sa chenille vit sur l'aubépine et les arbres fruitiers, où elle occasionne souvent de grands dégâts.

GAZELLE (de l'arabe *gazal*), *Antilope dorcas*, espèce du genre Antilope, remarquable par ses formes élégantes, sa taille délicate, ses membres d'une grande finesse, sa légèreté à la course, ses yeux noirs, vifs, perçants et d'une grande douceur. Ses cornes, disposées en lyre, sont annelées, sans arêtes; elles existent dans les deux sexes. Son pelage est fauve sur le dos, blanc sous le ventre avec une bande brun foncé qui lui parcourt les flancs. Une partie de la joue est blanchâtre. Ses oreilles sont grandes, sa queue courte, terminée par une touffe noire. Des poches placées près des aines sécrètent une liqueur fétide. Les gazelles habitent l'Asie et l'Afrique, et vont par troupes. Leur chair est recherchée.

On étend le nom de *Gazelles* à plusieurs autres espèces du genre *Antilope*, et même à une espèce de Chèvre.

GAZETTE (de *gazetta*, petite pièce de monnaie de Venise, prix de chaque numéro du journal qui paraissait en cette ville au commencement du XVIIe siècle). Ce mot a longtemps été synonyme de *journal* et l'est encore; mais il s'emploie plutôt aujourd'hui pour désigner certaines feuilles publiques : les plus célèbres ont été la *Gazette de France* et la *Gazette de Hollande*. Celle-ci se fit remarquer surtout par son opposition à Louis XIV. La *G. de France*, établie au mois d'avril 1631, existe encore aujourd'hui : c'est le plus ancien journal français, et même le plus ancien de l'Europe après le *G. de Venise*. Très-longtemps elle s'appelait *Bureau d'adresses* ou l'*Extraordinaire*; au XVIIIe siècle, elle prit le nom de *Gazette*, auquel pourtant elle n'ajouta que bien des années après les mots *de France*. Le médecin Renaudot en fut le premier rédacteur et propriétaire : Richelieu en favorisait la publication et y faisait insérer des relations, des notes et nombre de pièces officielles ou semi-officielles; Louis XIII lui fournit plus d'un article. Sous Louis XIV elle fut soumise à une censure sévère, mais n'en prospéra pas moins. Sous Louis XV, son renom baissa par degrés à mesure que d'autres feuilles paraissaient. Assez obscure sous l'Empire, elle embrassa avec chaleur la cause des Bourbons en 1814. Sous Louis-Philippe, tout en soutenant la légitimité de la branche aînée, elle en appela constamment, par l'organe de M. de Genoude, son rédacteur en chef, au suffrage universel.

Il y eut à diverses reprises (tant sous Louis XIV que sous Louis XV, 1769 et années suivantes) des *Gazettes à la main*, feuilles manuscrites comme l'indique le nom, et dont le but était soit de suppléer au silence de la gazette censurée, soit de donner la petite chronique de la cour et de la ville.

GAZOMÈTRE (c.-à-d. *qui mesure le gaz*), appareil qui sert à emmagasiner le gaz et à lui donner, pendant la consommation, une pression régulière, qui assure l'uniformité de l'éclairage. Tout gazomètre se compose d'une cuve cylindrique en bois, en maçonnerie ou en fonte, entièrement remplie d'eau, et d'un cylindre, généralement en tôle, fermé à la partie supérieure, et dont la partie inférieure ouverte plonge dans la cuve pleine d'eau. C'est ce cylindre qui sert de réservoir au gaz; il a jusqu'à 30 à 35 m. de diamètre dans les gazomètres des grandes usines qui fournissent à l'éclairage des capitales; on le tient suspendu par des poulies, de manière à pouvoir régler à volonté la pression du gaz qu'il contient. On a aussi imaginé ce qu'on appelle des *G. télescopiques*, composés de plusieurs cylindres qui s'emboîtent comme les tubes d'un téléscope. Généralement, on adapte aux gazomètres deux *compteurs* (*Voy.* ce mot), l'un à l'entrée du gaz, afin de connaître à chaque instant les résultats de la fabrication, et l'autre à sa sortie, pour savoir la quantité de gaz distribuée aux consommateurs.

GAZON (de l'allemand *wasen*, même sens), mélange de Graminées courtes et fines, qui, naturellement ou au moyen de la culture, forment sur le sol une nappe de verdure. On obtient le gazon soit par le *semis*, soit par le *placage* de mottes garnies de verdure. Dans le premier cas, on sème de l'ivraie vivace ou *ray-grass*, et l'on y joint des trèfles blancs, fraise et incarnat, du paturin annuel, des fétuques, des houques, des serpolets, des violettes, etc.; dans le second cas, on recouvre les mottes à la herse ou au râteau, et l'on opère l'adhésion entre les mottes et le terrain qu'elles doivent recouvrir. Çà et là, si la qualité du sol le permet, on peut laisser croître des touffes de crocus, de colchiques, de fritillaires, d'orchis, etc., qui produisent par leurs fleurs un effet charmant. Pour obtenir de beau gazon, comme en Angleterre, il faut, outre de fréquents arrosages, le rouler, le sarcler et le faucher très-souvent.

On donne le nom de *Gazon anglais* au Paturin et au Phléole; de *G. d'argent* au Céraiste; de *G. de chat* à la Germandrée maritime; de *G. d'Espagne* ou *de montagne* à la Statice capitée; de *G. de Mahon* à la Julienne de Chio; de *G. d'or* à la Vermiculaire et à l'Orpin; de *G. du Parnasse* au Muguet à deux feuilles et à la Parnassie des marais; de *G. turc*, *G. d'Angleterre*, à la Saxifrage mousseuse.

En Fortification, on appelle *Gazon*, un revêtement du parapet. Le gazonnement ici se fait par placage; on coupe des mottes de terre en forme de rectangles dans le terrain que l'on a choisi; on les pose à plat, et on les arrête par trois petits piquets.

GEAI, en latin *Graculus*, nommé par les Zoologistes *Garrulus*, genre d'oiseaux de l'ordre des Passereaux conirostres, voisin des Corbeaux, dont il se distingue par un bec court et épais, recourbé et denté à la pointe. Les plumes de la tête sont érectiles. Il a le cou épais et nerveux, les jambes élevées, d'un gris foncé; son plumage est d'un gris ardoisé : les ailes sont variées de noir, de bleu et de blanc. Les habitudes du geai sont celles du corbeau et de la pie : il vit comme eux au milieu des forêts, s'apprivoise, imite toute espèce de cris et de sons, et apprend facilement à parler. Le type du genre est le *Geai d'Europe* (*Garrulus glandarius*), assez bel oiseau que tout le monde connaît. Il habite les bois et les buissons, et niche sur les arbres et les taillis. Il se nourrit de glands, noisettes, baies, fèves, insectes, etc.

On nomme *Geai de batenille*, le Gros-bec commun; *G. de Bohême*, le Jaseur; *G. du Bengale*, le Rollier de Mendana; *G. huppé*, la Huppe; *G. de Strasbourg*, le Rollier vulgaire.

GÉANTS (du grec *gigas*, dérivé de *gê*, terre, parce que les géants de la Fable sont fils de la Terre), hommes qui dépassent de beaucoup la taille ordinaire de la race humaine. On pensait autrefois qu'il avait existé sur la terre des races d'hommes conformes à nous pour le reste de l'organisation, mais dont la stature était de beaucoup supérieure à la nôtre; la science moderne a fait justice de cette erreur. Les os énormes découverts de loin en loin et attribués par l'ignorance à des géants ont été reconnus pour n'être que des débris de mastodontes ou autres grands animaux terrestres d'espèces aujourd'hui disparues. La Bible mentionne, il est vrai, une race de géants, et nommé Og, roi de Basan, qui avait 9 coudées de haut; mais les passages où l'on en parle ont été controversés. La Fable parle aussi de géants qui voulurent escalader le ciel; mais il est clair que c'est là une pure allégorie. Quant à ces peuplades de l'Amérique méridionale si fameuses autrefois par leur grandeur, et parmi lesquelles on a vanté surtout les Patagons, leur taille ne dépasse jamais en moyenne 1^m,85, c.-à-d. 10 ou 12 centim. au delà de la taille humaine prise par toute la terre. Restent donc seulement quelques êtres exceptionnels; mais ce ne sont plus, comme les *nains*, que des objets de curiosité. Nul des géants dont on a scientifiquement constaté la taille n'a dépassé 2 m. 50 : c'était la taille de l'empereur romain Maximin. On a remarqué que la force des géants est loin d'être en proportion avec leur stature, et qu'en général les facultés, tant intellectuelles que morales, sont moindres chez eux que chez les hommes de taille ordinaire.

GÉBIE (du grec *gè*, terre, et *bios*, vie), *Gebia*, genre de Crustacés de la famille des Macroures, tribu des Homards : 4 antennes à la tête; pieds antérieurs en forme de pince; carapace couverte de petits piquants et terminée antérieurement par un rostre triangulaire, assez large pour recouvrir presque les yeux. On rencontre les gébies sur les côtes de nos mers, où elles nagent avec facilité. Le type du genre est la *G. riveraine*, qui est blanche et se tient sur les fonds sablonneux, à peu de profondeur. Les pêcheurs s'en servent comme d'appât.

GÉCARCIN (du grec *gè*, terre, et *karkinos*, crabe), *Gecarcinus*, genre de Crustacés décapodes à carapace peu élevée, très-renflée sur les côtés, et en forme de cœur. Leur corps est épais et presque quadrilatère. Les gécarcins, connus aussi sous le nom de *Tourlouroux*, de *Cériques*, de *Crabes de terre*, habitent l'Amérique du Sud. Leur couleur est blanc jaunâtre, jaune rouge ou rouge foncé, selon les espèces. Ils vivent dans les terres, et se rendent sur le bord de la mer pour y pondre leurs œufs et pour changer de peau. Leur chair est estimée, mais est quelquefois dangereuse. Le *G. ruricole*, type de ce genre, est d'un beau rouge violet ou jaune violacé. Il est assez commun aux Antilles.

GECKO, genre de reptiles de l'ordre des Sauriens : tête déprimée, corps allongé et recouvert de petites écailles grenues qui lui donnent un aspect chagriné; doigts présentant en dessous une série de lames crénelées, au moyen desquelles ils font le vide et s'accrochent aux corps; pieds peu développés; ongles courts, petits, crochus. On trouve les geckos dans les contrées chaudes; ils vivent d'insectes. Ce sont des animaux timides, inoffensifs, incapables de nuire; cependant leur aspect repoussant les a fait longtemps passer pour venimeux. — L'*Ascalabote* et la *Galéotte* des anciens paraissent n'être rien autre chose que le *Gecko* des modernes.

GÉCOME (du grec *gè*, terre, et *komè*, chevelure). *Voy.* LIERRE TERRESTRE.

GÉHENNE (de l'hébreu *ge-hinnom*, val de Hinnom), vallée maudite, près de Jérusalem, dont le nom est devenu synonyme d'*enfer* (*Voy.* le *Dict. univ. d'H. et de G.*). — Ce mot a été pris ensuite pour la torture; en ce sens, il s'est transformé en *gêne*.

GEISER, sorte de volcan d'eau. *Voy.* GEYSER.

GÉLASIME (du grec *gélasimos*, grotesque), *Gelasimus*, genre de Crustacés, de l'ordre des Décapodes brachyures, connus sous le nom de *Crabes*

appelants, parce qu'ils ont l'habitude de tenir une de leurs pattes toujours élevée en avant de leur corps, comme s'ils faisaient le geste d'*appeler*. Ces Crustacés ont la carapace très-large, courbée et rétrécie en arrière. Les pattes antérieures atteignent dans le mâle des dimensions énormes. L'une d'elles, appelée *grosse-pince*, est quelquefois deux fois aussi grande que le corps. Ces Crustacés vivent dans des trous sur le bord de la mer. Le type du genre est le *G. combattant* (G. *pugilator*), qui, dans la Caroline, vit par millions sur le bord de la mer et des rivières.

GÉLATINE (de *gelée*), substance organique azotée qui a la propriété de former une gelée avec l'eau, et qui se produit par l'action de l'eau bouillante sur le tissu cellulaire des animaux, particulièrement sur les os, les ligaments, les tendons, les membranes, les cartilages, etc. A l'état de pureté, elle est solide, cassante, incolore, sans odeur ni saveur; insoluble dans l'eau froide, elle acquiert une grande solubilité dans ce liquide par l'addition d'un acide ou d'un alcali. L'acide sulfurique concentré la convertit en une substance cristallisée, improprement appelée *sucre de gélatine*, qui présente les caractères d'un alcali organique, mais qui n'est point fermentescible comme le véritable sucre. La gélatine a des usages multipliés : associée à des jus de viandes et de légumes, elle sert à composer des tablettes de bouillon; à l'état de pureté, elle s'emploie à la clarification de certains liquides, ainsi qu'à la préparation des gelées alimentaires; modifiée par une longue ébullition, elle compose en grande partie la colle forte. On extrait la gélatine en grand des os traités par la vapeur. Elle se trouve presque pure dans la colle de poisson.

Papin reconnut le premier la propriété nutritive de la gélatine, et offrit au roi d'Angleterre Charles II de l'utiliser pour les hospices; mais la cour tourna son idée en ridicule, et un siècle se passa avant qu'on y revînt. Proust et Jean Darcet rappelèrent l'attention sur la gélatine; ce dernier, et surtout Joseph Darcet, son fils, la mirent en grande vogue. On exagéra d'abord les services qu'elle pouvait rendre comme substance alimentaire; puis on en vint à nier complétement sa propriété nutritive. Aujourd'hui, il paraît constaté qu'outre la gélatine, le bouillon renferme plusieurs autres éléments nutritifs, notamment l'osmazôme; mais on ne doute pas non plus qu'elle ne contribue à nourrir, et on continue à s'en servir dans les hospices et à bord des navires.

GELÉE (du latin *gelu*), abaissement de la température au-dessous de zéro. L'eau alors passe à l'état solide, le sol se durcit, parfois à de grandes profondeurs. En Sibérie, la congélation va jusqu'à 8 ou 9 m.; en France, il est rare qu'elle s'étende à plus de 40 centim. La gelée a pour cause principale, avec le refroidissement opéré par l'absence du soleil, le rayonnement considérable qui s'opère pendant l'hiver à la surface du sol, la température propre des corps tendant sans cesse à se mettre de niveau avec celle de l'air ambiant. — Les plantes souffrent beaucoup de la gelée, surtout si elle vient après de longues pluies, après un dégel ou une fonte de neige : l'eau qui est contenue dans les végétaux, occupant plus de place à l'état de glace qu'à l'état liquide, déchire alors les interstices où elle s'est logée, et rompt la fleur ou le bourgeon. C'est la même force qui fend les pierres. On sait aussi que les animaux peuvent avoir des membres gelés. Pour dégeler un membre, il faut les plus grandes précautions : l'approcher rapidement du feu, ce serait s'exposer à y amener la gangrène, les liquides, dans ce cas, se détendant plus vite que les vaisseaux qui les contiennent, et les brisant. La meilleure méthode consiste à pratiquer des frictions avec de l'eau de neige, et dans un endroit très-froid.

La *gelée blanche*, ou *givre*, est la congélation de la rosée. Elle se forme de nuit par une température d'un ou deux degréscentigrades, et s'offre sous forme de menues aiguilles diaphanes, qui semblent blanches par l'effet de la réfraction. Elle est surtout fréquente en avril et en mai, et nuit beaucoup aux bourgeons, que l'on voit noircir ou tomber sitôt que le soleil vient à frapper sur eux.

En Chimie et en Cuisine, on appelle *gelée* une matière molle, tremblotante, transparente, que fournissent soit les fruits, soit les viandes convenablement traitées : de là deux classes de gelées. — Les *gelées végétales* s'extraient surtout des fruits acides, dans lesquels abonde un suc qui se change plus tard en sucre et en gomme : associé aux acides malique et citrique, ce suc ne tarde pas à se prendre, et, mêlé avec du sucre, il forme la base des confitures dites *gelées de groseilles, de mûres, de pommes, de coings, d'abricots*, etc. — Les *gelées animales* ne sont autre chose que la dissolution concentrée de gélatine qu'on a laissée refroidir. On emploie surtout à cet effet les parties tendineuses et gélatineuses des viandes, et, comme auxiliaires, la colle de poisson, la corne de cerf râpée, etc. Les gelées se colorent, s'aromatisent et se coulent en moule de mille manières. En général, ce sont des aliments doux, agréables, facilement digestibles; ils conviennent aux personnes délicates et aux convalescents.

Gelée minérale, dénomination ancienne sous laquelle on désignait quelques précipités qui avaient lieu dans des solutés acides ou alcalins de substances minérales, et qui, par leur aspect tremblotant, rappelaient une gelée végétale.

Gelée de mer, espèce de Méduse des côtes méridionales de la France. Ce zoophyte a beaucoup de ressemblance avec la gélatine. On a substitué à ce nom celui de *Céphée rhizostome*.

GÉLINOTTE, *Tetras bonasia*, espèce de Gallinacé du genre Tétras, se reconnaît à un grand espace noir entouré d'une bande blanche qu'elle porte sous la gorge, à une tache rouge au-dessus des yeux, et au mélange de roux, de blanc et de noir qui recouvre toutes les autres parties du corps. La gélinotte est assez commune en France; elle vit dans les bois de bouleau, de pins et surtout de coudriers: d'où le nom de *Poule des coudriers*. Son vol est lourd; mais elle court avec vitesse, comme la perdrix. Elle niche dans les broussailles et les fougères, et pond de 12 à 16 œufs d'un roux clair parsemé de taches plus foncées. Sa chair est très-recherchée.

La *Gélinotte des Pyrénées* est une espèce de Gallinacé du genre *Ganga. Voy.* ce mot.

GEMARA, commentaire du Talmud. *Voy.* TALMUD au *Dict. univ. d'Hist. et de Géogr.*

GÉMATRIE (par corruption du grec *géômétria*, géométrie), une des divisions de la Cabale chez les Juifs, consistait en une sorte d'explication géométrique ou arithmétique des mots. Dans ce dernier cas, on prenait la valeur numérique de chaque lettre dans un mot ou dans une phrase, et on donnait à ce mot ou à cette phrase la signification d'une autre phrase ou d'un autre mot, dont les lettres, prises de même pour des chiffres, formaient le même nombre.

GÉMEAUX (de *gemellus*, jumeau), la 3e constellation zodiacale en partant du Bélier, à 85 étoiles, généralement petites, sauf *Castor et Pollux*, qui sont de la 1re grandeur. Ces deux étoiles, en quelque sorte *jumelles*, forment presque les deux extrêmes de la ligne qui semble terminer au nord la constellation : c'est à elles que les Gémeaux doivent leur nom. Le Soleil entre dans la constellation des Gémeaux le 20 ou le 21 mai, selon les années.

GÉMELLAIRE ou GÉMICELLAIRE (du latin *gemellus*, jumeau), genre de Polypes à cellules ovales, réunis deux à deux par le dos, et formant ainsi les articulations d'un polypier phytoïde dichotome, et fixé par des fibrilles radiciformes. La *G. cuirasse* et la *G. boursette* se trouvent sur les côtes d'Europe.

GÉMINE (du latin *geminus*, double), épithète donnée par les Botanistes aux parties des plantes qui naissent par paires et d'un même point de la plante ; il y a des fleurs, des étamines, des pistils *géminés*.

GEMMATION (de *gemma*, bourgeon). On appelle ainsi, en Botanique, 1o l'époque à laquelle les bourgeons des plantes vivaces et ligneuses s'épanouissent; 2o la structure et l'évolution première de ces mêmes bourgeons.

GEMME (du latin *gemma*, pierre précieuse et bourgeon). En Minéralogie, *gemme* est le nom général de certains cristaux très-durs, diaphanes, aux couleurs vives, tels que grenat, topaze, émeraude, saphir, zircon, etc. C'est en quelque sorte le synonyme de *pierres précieuses.*—Quant au *Sel gemme, Voy.* SEL.

En Botanique, les *gemmes* sont des portions soit du bulbe, soit du tubercule, qui peuvent se reproduire et former un individu à part, tantôt en se détachant de la plante mère, tantôt en y restant fixées. La gemme dans le bulbe est à la partie inférieure et se distingue par une tuméfaction à la base; dans le tubercule, elle peut se rencontrer à tous les points de la surface, et se reconnaît à un enfoncement ou œil que la chair du tubercule déborde de tous côtés. — On emploie aussi le mot *gemme* comme synonyme de *bourgeon*, ou mieux de *bouton*.

En Zoologie, les *gemmes* sont des espèces de germes qui, développés à l'intérieur des membranes des animaux, font saillie au dehors et au dedans de leurs corps et se détachent de l'animal pour former autant d'individus nouveaux.

GEMMIPARES (du latin *gemma*, gemme, et *pario*, enfanter), plantes ou animaux qui ont des *gemmes* pour se reproduire. *Voy.* GÉNÉRATION.

GEMMULE (de *gemmula*, diminutif de *gemma*, bourgeon), nom donné en Botanique : 1o au rudiment d'une nouvelle branche, situé dans l'aisselle d'une feuille, et qui consiste en feuilles déjà distinctes, quoique très-exiguës; 2o au permier bourgeon de la plante (*Voy.* GEMME); 3o à la partie de l'embryon qui termine la tigelle; 4o à la rosette des mousses; 5o aux corpuscules reproducteurs des algues. L'évolution de la gemmule, prise dans les deux premiers sens, se nomme *gemmulation*.

GENCIVES (du latin *gingiva*), tissu fibro-musculaire qui revêt les deux arcades dentaires, et qui, revêtu lui-même par la membrane muqueuse de la bouche, se prolonge entre les dents et adhère fortement à leur collet. Ce tissu est rosé, dense et peu sensible. Le principal office des gencives est d'affermir les dents : aussi, lorsque par une cause quelconque elles s'amollissent, les dents ne tardent pas à tomber. Heureusement, il arrive souvent alors que le tissu des gencives se durcit de façon à faciliter la mastication presque autant que les dents mêmes. Les principales maladies des gencives sont le scorbut et les épulies. Ce sont les gencives qui, par la partie muqueuse de leur enveloppe, sécrètent le tartre.

GENDARME, GENDARMERIE. Ce nom, qui dans l'origine s'appliquait à toute troupe que le seigneur féodal conduisait à la guerre (*gens armata*), n'a été appliqué à un corps spécial que depuis Charles VII. En 1453, ce prince créa des compagnies permanentes de *gendarmes*, qui furent la base et le point de départ de nos armées. Elles recevaient une solde au moyen d'impôts consentis par les communes, et étaient réparties par petites troupes sur la surface du royaume; elles contribuèrent puissamment au retour de l'ordre après l'expulsion des Anglais. Le gendarme, dans cette organisation, était un lancier armé de toutes pièces, bardé de fer, et il avait à sa suite un écuyer, un page et plusieurs archers; le tout était appelé *lance fournie* (*Voy.* ce mot). Chaque compagnie comptait 100 lances. Le gendarme alors devait être noble et avoir fait ses preuves. La gendarmerie était le corps d'élite, la force principale de l'armée. Mais peu à peu, leurs armes primitives, la lance et l'arc, devenant surannées, l'importance du gendarme diminua. Sous Louis XIV, la gendarmerie n'était plus qu'un beau corps de cavalerie d'élite, mais où tous étaient armés et équipés de même. Elle faisait partie de la maison militaire du roi. Licenciée sous Louis XVI par le ministre St-Germain, elle fut bientôt remplacée par la *Petite Gendarmerie* ou *G. de Lunéville*, qui fut supprimée à son tour en 1789.

La *Gendarmerie* actuelle est un corps chargé du maintien de l'ordre et de l'exécution des arrêts judiciaires. Elle a pour devise : *Valeur et discipline.* Cette milice a été instituée en 1791 par l'Assemblée constituante, sous le nom de *Gendarmerie départementale*, nom que porte encore aujourd'hui la plus grande partie du corps, et remplaça l'ancienne maréchaussée (*Voy.* ce mot). Ses attributions ont été fixées par la loi du 28 germinal an VI (17 avril 1798). Sous Napoléon, il y eut une *Gendarmerie d'élite.* La Restauration appela le corps entier *Gendarmerie royale.* La gendarmerie de Paris cessa d'exister de nom après juillet 1830, mais elle y fut remplacée de fait par la *Garde municipale*, qui prit en 1848 le nom de *Garde républicaine*, et en 1852 celui de *G. de Paris.*

La gendarmerie a été réorganisée par les décrets des 22 déc. 1851, 19 févr. 1852 et 1er mars 1854. Ce corps se compose actuellement : 1o de la *Gendarmerie impériale*, formant 6 légions, pour le service des départements et de l'Algérie ; 2o de la *G. coloniale* (4 compagnies) ; 3o de la *G. mobile* ou *d'élite* (2 bataillons) ; 4o de la *Garde de Paris* (anc. *G. républicaine*), chargée spécialement du service de la ville de Paris ; 5o de *Gendarmes vétérans* (1 compag.). Chaque légion se fractionne en compagnies, lieutenances et brigades ; chaque brig. soit à pied, soit à cheval, est de 5 hommes, dont le chef est ou un *brigadier* ou un *maréchal des logis.* La réunion des brigades d'un département forme une *compagnie départementale.* — Les simples gendarmes ont rang de brigadier ; ils se montent, s'équipent et s'habillent à leurs frais. L'armement seul est fourni par l'État. Il consiste pour le gendarme à cheval en un sabre de cavalerie de ligne, pistolets et mousqueton ; pour le gendarme à pied, en un fusil à baïonnette avec le sabre-briquet. — L'uniforme de la gendarmerie départementale consiste (*grande tenue*) en un habit de drap *bleu*, retroussis *écarlates*, collet et parements *bleus*, pantalon de drap *bleu* ou *blanc*, aiguillettes et trèfles en fil *blanc* ; la buffleterie est *jaune*, bordée d'un galon de fil *blanc* ; la coiffure est un *chapeau*, remplacé par un shako pour la gendarmerie à pied et celle de la Corse, et par un *oursin* ou bonnet à poil dans le département de la Seine. Les officiers portent l'épaulette d'*argent*. Quant à l'uniforme de la garde de Paris, il ne diffère du précédent que par les trèfles et aiguillettes en fil *orange*, la buffleterie *blanche* et les épaulettes d'*or* des officiers.

Le nombre d'hommes de la gendarmerie a souvent varié. De 10,564 hommes qu'il était à l'origine, il fut porté sous l'Empire, d'abord à 15, plus tard à 21,000 hommes ; il fut réduit en 1814 à 17,000 hommes, puis à 15,855, non compris Paris. Il a été considérablement augmenté depuis 1848 ; en 1852 il comptait 24,491 hommes.

On appelle *Gendarmerie maritime* un corps spécial de gendarmerie affecté au service des ports, des arsenaux et de la police dans les arrondissements maritimes de la France. Il renferme 5 compagnies (une par arrondissement). Elles forment 51 brigades, dont 9 résident à Cherbourg, 11 à Brest, 13 à Lorient, 7 à Rochefort, 11 à Toulon.

GÉNÉALOGIE (du grec *généa*, naissance, et *logos*, discours), exposition de la filiation d'un individu ou du développement d'une famille. Quoique destinée la plupart du temps à flatter l'orgueil et à satisfaire la vanité, la généalogie est souvent aussi une affaire sérieuse, par exemple pour les questions de succession ; après la géographie et la chronologie, elle est l'auxiliaire le plus utile de l'histoire. Les Orientaux ont de tout temps attaché une grande importance à la généalogie : témoin les généalogies du Pentateuque, et, dans le Nouveau Testament, celle de Notre-Seigneur. Les Romains de haut rang conservaient aussi leur généalogie avec un soin extrême. Au moyen âge, cet usage donna naissance à l'art héraldique.

Pour rendre sensible à l'œil la filiation, on emploie surtout les *tables généalogiques* et les *arbres généalogiques.* Dans les *tables*, en général, on place en tête le personnage tige de la famille ; au-dessous, sur une 2e ligne, les fils et filles, en les embrassant par une accolade horizontale dont la pointe est en haut ; sur une 3e ligne, les fils et filles des fils, disposés de la même manière, et ainsi de suite. — Dans les *arbres généalogiques* on voit sortir comme d'un tronc diverses branches qui chacune sont représentatives d'une ligne ; celles-ci, à leur tour, se ramifient, se sous-ramifient suivant les subdivisions des lignes. Ajoutons qu'en généalogie la famille ou maison se divise en lignes, la ligne en branches, la branche en rameaux. Chaque génération s'appelle *degré* : Louis XVI, par exemple, est dit descendre de Henri IV au 7e degré, Louis XV en descendait au 5e, Louis XIV au 3e.

Beaucoup de seigneurs, jadis, avaient leur généalogiste ; à plus forte raison les rois : d'Hozier, sous Louis XIV, fut le dernier généalogiste royal de France. Le P. Anselme, Ritterhusius, Hübner, Lenz, Köch, Chazot de Nantigny, Hellbach, Imhof, Saint-Allais, se sont aussi fait un renom européen comme généalogistes.

GÉNÉPI. On donne ce nom, dans les Alpes, à plusieurs plantes que les montagnards regardent comme autant de panacées. Chaque localité a son *génépi* particulier. Le *G. des Savoyards* est l'Armoise glaciale ; le vrai *Génépi* est l'Achillée musquée. Le *G. blanc* est l'Achillée naine ; le *G. noir*, l'Achillée noire. Ces plantes font partie des mélanges appelés *vulnéraires suisses.*

GENERA (c.-à-d. *genres*), nom donné à des ouvrages de Botanique, où l'on indique les caractères qui séparent les genres de plantes, et la disposition de ces genres en ordre méthodique. Les plus célèbres sont les *Genera plantarum*, dus à Linné et à Jussieu, et celui du savant botaniste autrichien M. Steph. Endlicher. Ce dernier ouvrage (*Genera plantarum secundum ordines naturales disposita*, 1836-1840) est aujourd'hui le plus complet et le plus au niveau des connaissances actuelles.

GÉNÉRAL. A l'Armée, on comprend sous ce nom, qui est une abréviation du mot *officier-général*, les généraux de division, les généraux de brigade, les contre-amiraux et vice-amiraux. Sous l'ancienne monarchie, on le donnait aussi aux brigadiers, grade intermédiaire entre le colonel et le maréchal de camp. — Officiellement on ajoute toujours au titre de général celui de l'arme ou du corps. Le *G. en chef* est celui qui commande toute une armée. — Les *G. de division* occupent le premier rang parmi les officiers généraux et n'ont au-dessus d'eux que les maréchaux. Ils peuvent commander en chef les armées ou remplir les fonctions de majors-généraux. Ils commandent les divisions de l'armée active et les divisions territoriales. Ils ont une double broderie au collet et aux parements de leur habit et 3 étoiles sur les épaulettes. L'institution de ce grade remonte à 1663. Ils furent d'abord appelés *lieutenants généraux.* Sous la République et sous l'Empire, on les appela *généraux de division.* Le titre de *lieutenant général*, rétabli en 1815, fut de nouveau supprimé en 1848. — Les *généraux de brigade* ou *maréchaux de camp* commandent les brigades et les départements ; ils n'ont qu'une simple broderie et 2 étoiles sur les épaulettes.

M. Durat-Lasalle a publié : *Du Généralat, ou De*

l'éducation, de l'instruction, des connaissances et des vertus nécessaires aux officiers généraux, 1852.

GÉNÉRAL DES GALÈRES, titre donné jadis à un officier de la couronne de France, qui commandait les galères sur la Méditerranée.

GÉNÉRAL D'ORDRE, chef supérieur et unique de tous les couvents du même ordre. Le titre de *général* est ici opposé à celui de *provincial*. Les ordres de Cîteaux, de St-Maur, des Feuillants, des Chartreux, etc., avaient leurs généraux particuliers.

GÉNÉRALE (IDÉE), GÉNÉRALISATION. On nomme idée *générale* celle qui embrasse tout un *genre*, c.-à-d. tous les êtres doués de certaines qualités semblables, par ex. les *hommes*, les *plantes*, les *animaux*.—Dans toute idée générale on distingue : 1° l'ensemble des propriétés qu'elle rappelle comme étant communes à certains êtres : c'est la *compréhension* de l'idée ; 2° le nombre plus ou moins grand des êtres que cette idée nous présente comme possédant les qualités communes : c'est l'*extension*. La compréhension de l'idée d'homme serait *animal raisonnable*, l'*extension* serait *Européen, Africain, Asiatique, Américain*, etc. Selon leur plus ou moins d'extension, les idées générales sont des idées de *genre*, d'*espèce*, de *variété*, etc. — La généralisation est la faculté de former les idées générales : elle n'est que le résultat de la *comparaison* qui nous montre dans des êtres divers des facultés semblables, et de l'*abstraction* qui détache ces qualités de toutes les autres ; elle est aidée par le langage, qui, en attachant un nom à l'idée ainsi formée, la fixe dans l'esprit et lui donne un corps. Les idées générales nous rendent les mêmes services et nous exposent aux mêmes dangers que les idées abstraites, avec lesquelles on les confond souvent. *Voy.* ABSTRACTION.

GÉNÉRALE (LA), par abréviation, pour *alarme générale*, batterie de tambour par laquelle on donne l'alarme aux troupes. On la bat comme pas redoublé à raison de deux pas par seconde. On bat la générale soit lorsque l'ennemi approche, soit à l'occasion d'un incendie, d'une révolte, d'une émeute.

GÉNÉRALISSIME (superlatif de *général*), titre donné jadis soit à des généraux en chef, soit à des princes ou à de très-hauts personnages commandant en même temps à plusieurs armées. Tels furent Wallenstein, Piccolomini, etc., et souvent en Turquie les grands vizirs. En France, ce titre date de Charles IX. Il a été aboli en 1790.

GÉNÉRALITÉS, division financière de l'ancienne France. *Voy.* ce mot au *Dict. univ. d'H. et de G.*

GÉNÉRATEUR, synonyme de *chaudière* dans les machines à vapeur pour chemins de fer et pour diverses usines. Ce nom vient de ce que c'est dans ces récipients que *s'engendre la vapeur.*

On appelle en Musique *Son générateur*, la tonique, relativement aux accords parfaits et de septième diminuée qu'elle engendre ; et *Accord générateur* : 1° la première face des accords tant consonnants que dissonants ; 2° la fausse quinte relativement aux accords de septième diminuée et de seconde et septième diminuées qui la comprennent.

En Géométrie, *Générateur* se dit de ce qui engendre par son mouvement quelque ligne, quelque surface, ou quelque solide : le point est générateur de la ligne, la ligne est génératrice d'une surface, la surface est génératrice d'un solide.

GÉNÉRATION, fonction par laquelle les êtres organisés se reproduisent. On distingue : 1° la *G. fissipare* ou *scissipare*, c.-à-d. par division, qui s'effectue par le partage naturel ou accidentel de l'individu en plusieurs parties dont chacune devient un animal ou un végétal parfait, comme on l'observe dans les infusoires, dans certains végétaux inférieurs et dans les boutures ; 2° la *G. gemmipare*, ou par bourgeons, certains points de la surface de la plante ou de l'animal formant une saillie qui se prononce de

plus en plus jusqu'à revêtir tous les caractères de l'individu, comme dans les Hydres et la plupart des Polypiers, dans les Mousses, les Lichens, etc. ; 3° la *G.* dite *sexipare* ou *Ovigénère*, exigeant le concours de deux sexes et provenant d'un germe libre qui, dans les animaux, prend le nom d'*œuf*. Ce dernier mode se proprement la *génération*, dans laquelle on distingue encore la *G. ovipare*, la *G. vivipare*, la *G. ovovivipare*, etc.

La génération prend plutôt le nom de *Fécondation* dans les végétaux. Voici comment elle s'opère chez ces derniers :

Peu de temps après l'épanouissement de la fleur, les anthères s'ouvrent, le pollen s'en échappe et tombe sur le stigmate. Les grains de pollen mis en contact avec le stigmate s'y gonflent en absorbant une humeur visqueuse sécrétée par cet organe ; leur membrane extérieure, appelée *exhyménine*, se rompt, et à travers l'ouverture, la membrane intérieure ou *endhyménine* fait une saillie qui s'allonge en un appendice tubuleux que l'on a nommé *boyau* ou *tube pollinique*. C'est alors qu'à travers l'endhyménine de ce tube, on peut apercevoir le mouvement des granules, nageant dans une liqueur fécondante appelée *fovilla*, qui les transporte à travers les méats intercellulaires du style, jusqu'à la surface des trophospermes, où ils sont pompés par les ovules. Dès que l'imprégnation a eu lieu, les ovules s'ouvrent, s'appliquent contre le trophosperme et absorbent le fluide fécondant destiné au développement de l'embryon. Dès lors la fécondation est achevée. La fleur se fane ; les étamines, la corolle, le calice même, devenus désormais inutiles, tombent, ainsi que le style et le stigmate ; l'ovaire seul, qui contient les ovules fécondés, persiste, et concentre en lui toute la vitalité de la plante jusqu'à ce qu'il soit devenu fruit ; les ovules deviennent des graines destinées à la reproduction de l'espèce.

Il existe deux hypothèses sur la formation des êtres engendrés, de quelque nature qu'ils soient, celle de l'*évolution* et celle de l'*épigénèse* : la première admet la préexistence de germes que l'action fécondante ne fait que développer ; la deuxième, au contraire, admet que les germes n'existent pas avant l'imprégnation, mais qu'ils se forment de toutes pièces au moment de l'action fécondante : cette dernière opinion a généralement prévalu en France.

On a nommé *G. spontanée* la production fortuite d'êtres organisés qui n'auraient pas été engendrés par d'autres êtres pareils et antérieurs. Les anciens croyaient à la génération spontanée, s'appuyant sur l'observation de ces myriades d'animaux microscopiques ou autres que l'on voit éclore dans les corps en décomposition ; ils avaient, en conséquence, posé ce principe : *Corruptio unius, generatio alterius.* Mais les recherches plus approfondies des modernes ont démontré que ces êtres qui avaient été si longtemps regardés comme les produits de générations spontanées étaient engendrés par quelqu'un des procédés connus, et à l'axiome des anciens on a substitué ce principe formulé par Harvey : *Omne vivum ex ovo.* Toutefois, la génération spontanée a encore des défenseurs : ils s'appuient principalement sur l'existence de ces animalcules, de ces vers que l'on trouve vivants au milieu des organes les plus compactes des animaux, dans des parties où il semble impossible qu'un germe ait jamais pu pénétrer. Ils soutiennent d'ailleurs que, à moins de se perdre dans l'infini, on ne peut concevoir la formation primitive des êtres que par une première génération spontanée, par le concours d'éléments se réunissant d'après les lois posées par le Créateur : c'est l'opinion qu'ont professée Buffon, Needham, Priestley, Lamarck, Bory de St-Vincent, et la presque totalité des physiologistes allemands, Burdach, Carus, Oken, etc.

Dans la Généalogie et la Chronologie, on appelle

génération : 1° chaque degré de filiation ou de descendance de père en fils : ainsi il y a une génération ou 1 degré de génération du père au fils, 2 du père au petit-fils (on en compte 8 de Hugues-Capet à saint Louis) ; 2° la moyenne de la durée qui s'écoule entre chacun de ces degrés de filiation : cette moyenne, assez arbitraire, est de 30 à 33 ans ; Hérodote compte 3 générations en 100 ans.

En Géométrie, on appelle *génération* la formation d'une ligne, d'une surface, d'un solide, par le mouvement d'un point, d'une ligne, d'une surface (*Voy.* GÉNÉRATEUR).—Pour la génération des diverses figures, *Voy.* les noms de chacune d'elles.

GENÈSE (du grec *génésis*, naissance). Ce mot, qui désigne spécialement le 1ᵉʳ livre de l'Écriture sainte (*Voy.* GENÈSE au *Dict. univ. d'Hist. et de Géogr.*), a été étendu à tout système cosmogonique.

GÉNESTROLE, genêt des Teinturiers. *V.* GENÊT.

GENÊT, *Genista*, genre de la famille des Légumineuses, tribu des Papilionacées, renferme des arbrisseaux, tantôt inermes, tantôt épineux, à feuilles ordinairement simples, à fleurs jaunes, terminales et le plus souvent en grappes. Parmi les espèces on distingue : le *G. d'Espagne* (G. *junca*), qui s'élève en buisson de 2ᵐ,50 à 3 mètres ; ses fleurs jaunes passent pour diurétiques ; dans les Cévennes, on cultive le genêt d'Espagne pour en retirer une filasse dont on fait des toiles ; le *G. des Teinturiers* (G. *tinctoria*), dit aussi *Genestrole*, *Genette*, *Petit genêt*, *Herbe à jaunir*, qui s'élève à 1 mètre et dont la fleur jaune fournit une couleur très-solide ; le *G. commun* ou *à balais* (G. *scoparia*), qui se trouve dans le midi de la France : on s'en sert pour faire des balais, couvrir les cabanes ou chauffer les fours ; les bestiaux en aiment les tiges et les feuilles. Toutes les parties de la plante servent, comme celles de l'espèce précédente, à teindre en jaune. On prépare avec son écorce un fil assez résistant, mais de moins bonne qualité que celui du chanvre et du lin.

Pour le *Genêt épineux*, *Voy.* AJONC.

GENET, espèce particulière de chevaux d'Espagne, petits et bien conformés. Il y a aussi des genets de Sardaigne, de Portugal et de quelques autres provinces d'Europe.

GÉNÉTHLIAQUE (du grec *généthlia*, naissance), nom donné par les anciens aux poésies composées en l'honneur d'une naissance ; et à certains astrologues qui prédisaient l'avenir au nouveau-né, d'après l'état du ciel au moment de la naissance : l'art de prédire ainsi était la *généthlialogie*.

GENETTE, *Genetta*, genre de Mammifères de l'ordre des Carnassiers, de la famille des Digitigrades, et voisin des Civettes, dont ils ne diffèrent guère que par leurs ongles qui sont contractiles comme ceux des chats, et par leur pupille verticale. Leur taille est celle d'un chat, mais le corps est plus allongé et plus bas sur jambes. Ils sécrètent une liqueur odorante par plusieurs enfoncements situés au périnée. La *G. commune* ou *de France* (*Viverra Genetta*) habite les contrées chaudes de l'ancien continent. Son pelage est gris, tacheté de noir ; sa queue est annelée de noir ; sa longueur, en y joignant la queue, est de 75 centim. à 1 mètre. Elle est surtout commune dans le département de la Gironde, où son pelage est un article de pelleterie assez important.

GENETTE est aussi le nom vulgaire du *Narcisse*.

GENETTE (de l'espagnol *gineta*), sorte de lance ou de demi-pique, en usage au moyen âge, avait d'abord été l'arme spéciale des *Genétaires*, cavaliers armés à la légère et habillés à la moresque, qu'on trouve dans les armées espagnoles jusqu'au XVIᵉ siècle.

GENEVRETTE (de *genévrier*), mélange de baies de genièvre qu'on délaye dans l'eau et qu'ensuite on laisse fermenter : il faut de 2 à 3 ans pour obtenir cette liqueur. C'est surtout dans les Vosges qu'on la fabrique et q l'on en fait usage.

GENÉVRIER, *Juniperus*, genre de plantes de la famille des Cupressinées, se compose d'arbres et d'arbustes à feuilles linéaires, toujours vertes, à fleurs monoïques, les mâles en chaton ovoïde, les femelles en chaton arrondi, formant plus tard une baie grosse comme un pois, à 2 ou 3 noyaux. Ces plantes se plaisent dans les lieux arides et montagneux. Le *G. ordinaire* (*Juniperus communis*) est chez nous un arbrisseau ; mais dans le Midi, c'est un arbre qui s'élève à une hauteur de 6 à 7 m. Toutes les parties de cet arbre contiennent un principe résineux qui lui donne des propriétés stimulantes. Ses baies, appelées *Baies de Genièvre*, mettent 18 mois ou même 2 ans à mûrir ; elles ont alors une couleur violette, tirant sur le bleu ; leur pulpe, de couleur roussâtre, à une saveur douceâtre et aromatique ; elles donnent par la macération dans l'eau froide un *Rob* ou *Extrait de Genièvre* employé comme tonique et diurétique. Par la fermentation, ces baies fournissent l'*Esprit de Genièvre*, liqueur propre à faciliter la digestion : il s'en fait une grande consommation en Belgique, en Hollande et en Angleterre (sous le nom de *gin*, qu'on prononce *djinn*). Le genévrier sert à faire des haies, à orner les jardins. Son bois, veiné et susceptible d'un beau poli, est employé aux ouvrages de tour. — Le *G. Cade* (J. *oxycedrus*) fournit l'*Huile de Cade*, employée comme vermifuge dans la médecine vétérinaire. — Le *G. Sabine* fournit également une huile essentielle, appelée *Huile de Sabine*, qui est un puissant emménagogue. — Le *G. de Virginie* est un grand arbre à bois très-dur, employé en Amérique aux constructions, et qui sert en France à recouvrir les crayons de plombagine.

Genévrier de Suède. Voy. SANDARAQUE.

GÉNICULÉ ou GENOUILLÉ, nom que l'on donne en Botanique à tous les organes fléchis sur eux-mêmes, de manière à former un angle plus ou moins ouvert. Telles sont les tiges de plusieurs graminées, les arêtes des balles de l'avoine, etc.

GÉNIE. Ce mot a trois acceptions qui elles-mêmes ont leur source dans trois étymologies différentes :

1°. GÉNIE, *genius*, était, chez les païens, le nom de divinités subalternes qui présidaient à la naissance et à la vie de chacun. *V.* le *Dict. univ. d'H. et de G.*

2°. GÉNIE, *ingenium*, exprime la plus haute puissance à laquelle puissent s'élever les facultés humaines, dans quelque ordre de choses que ce soit : dans ce sens, les poëtes Homère, Virgile, Dante, Corneille, Shakspeare ; les artistes Phidias, Michel-Ange, Raphaël ; les savants Copernic, Galilée, Newton ; les généraux Alexandre, Annibal, César, Napoléon, sont tous également des hommes de génie.

3°. GÉNIE, pour *enginerie*, dérivé d'*engin*, machine, est le nom d'un art spécial qui consiste à exécuter certaines constructions militaires ou civiles. Le Génie militaire, qui, avec l'infanterie, la cavalerie et l'artillerie, forme les quatre armes qui composent les armées modernes, a pour attributions principales la construction, l'attaque et la défense des places fortes ; il y joint l'entretien, la conservation et l'amélioration du domaine militaire de l'État. — Le corps du génie comprend un état-major général, des employés attachés aux écoles, et 3 régiments de ligne, plus une compagnie d'*ouvriers du génie* et une compagnie de *vétérans du génie*. Chaque régiment du génie comprend un état-major (dix membres) ; une compagnie hors rang (99 hommes) ; 16 compagnies, 2 de mineurs et 14 de sapeurs ; une compagnie du train. Il forme deux bataillons. — L'armement des troupes du génie consiste dans le fusil, la baïonnette et le sabre-poignard. L'uniforme se compose comme il suit : habit *bleu* à revers non adhérents ; collet, revers, parements et pattes de parements en *velours noir* avec passe-poil *écarlate* ; doublure du collet, des revers, et brides d'épaulettes, *écarlate* ; ornements des retroussis (deux grenades).

en drap *bleu;* épaulettes et retroussis *écarlate;* boutons *jaunes,* empreints d'une cuirasse avec casque au-dessus; pantalon *bleu,* avec bandes et passe-poils *écarlate;* shako en tissu de coton *noir,* avec pourtour supérieur en galon *écarlate;* plaque ayant pour empreinte une cuirasse surmontée d'un casque et placée au-dessus d'une bombe; pompon sphérique à flamme écarlate; buffleterie *blanche.* Les officiers portent l'épaulette d'or. — Il y a en France (1853) 21 directions des fortifications ou du génie, dont les chefs-lieux sont : Paris, le Havre, Arras, Lille, Mézières, Metz, Strasbourg, Besançon, Lyon, Grenoble, Toulon, Montpellier, Perpignan, Toulouse, Bayonne, la Rochelle, Nantes, Brest, Cherbourg, Bourges, Ajaccio; et 3 en Algérie, Alger, Oran, Constantine.

Tout commandant d'une place assiégée doit appeler au conseil de guerre l'officier en chef du génie. Un comité des officiers généraux du génie examine les pro-projets qui surgissent et soumet des plans au ministre.

Quoique l'art de la fortification et des machines de guerre pour siéges de places remonte très-haut, les *engignours* ou *engeigneurs* n'eurent en quelque sorte une existence à part que vers la fin du moyen âge , et le génie ne devint une arme spéciale que sous Henri IV. Louvois en forma un seul corps (1690). Remanié plusieurs fois, ce corps est actuellement régi par l'ord. du 31 oct. 1845 et le décret du 16 oct. 1850.

En 1748 fut instituée à Mézières l'*École du génie,* pépinière d'excellents ingénieurs; la Convention l'abolit le 9 sept. 1793, mais en 1802 ses débris furent réunis à l'école d'artillerie de Metz, qui depuis cette époque est *École de l'artillerie et du génie.* On n'y est admis qu'en sortant de l'École polytechnique.

On peut citer parmi les hommes auxquels le génie militaire doit le plus, P. Navarre, Colonne, San-Michelli, Adam de Craponne, de Serré, Sully, Errard de Bar-le-Duc, Claude, de Châtillon, Duvignau, Cohorn, surtout Vauban; et après lui Cormontaigne, Montalembert, Haxo, Dode de la Brunerie, etc. *V.* FORTIFICATION. Le *Génie civil* embrasse les *Ponts et chaussées* et les *Mines. Voy.* ces mots et l'article INGÉNIEUR.

GÉNIEN (du grec *généion,* menton). Les Anatomistes appellent *apophyse génienne,* une petite apophyse située à la partie postérieure de la symphyse du menton, sur la face linguale de l'os maxillaire inférieur. Parmi les muscles qui appartiennent au menton, on distingue les muscles *mastoïdo-génien, génio-glosse, génio-hyoïdien, génio-pharyngien,* etc.

GÉNIÈVRE. *Voy.* GENÉVRIER.

GÉNIPAYER , *Genipa,* genre de la famille des Rubiacées, renferme des arbres propres à l'Amérique tropicale et aux Antilles, à feuilles opposées, ovales; à fleurs axillaires ou terminales, blanches ou passant au jaune. L'espèce type est le *G. d'Amérique,* arbre de 15 à 16 m., à tronc droit, épais, couvert d'une écorce ridée et raboteuse; à feuilles d'un beau vert, réunies au sommet des rameaux; à fleurs blanches et odorantes. Le bois est d'un gris de perle, et prend un beau poli. Le fruit, le *génipat,* est une baie charnue, de la grosseur d'une orange, d'un vert blanchâtre, contenant une pulpe blanche, aigrelette, rafraîchissante, dont le suc tache les corps en violet.

GÉNISSE , jeune vache. *Voy.* VACHE.

GÉNITIF. *Voy.* CAS.

GÉNOPLASTIE. (du grec *généion,* joue, et *plastô,* former), opération qui consiste à réparer une perte de substance de la joue, à l'aide d'un lambeau de chair découpé sur le côté du cou, et ne tenant à cette partie que par un petit pédicule.

GÉNOU (du latin *genu*), articulation de la jambe avec la cuisse. Le *jarret* en forme la partie postérieure; la partie antérieure et saillante est la *rotule.* os plat et triangulaire, appliqué sur la surface concave qui sépare les deux condyles du fémur. Ces deux condyles sont reçus dans deux enfoncements de la tête du tibia, et forment l'articulation pro-

prement dite, qui est affermie par un grand nombre de ligaments. — *Genou* se dit aussi de l'inflexion antérieure du corps calleux. *Voy.* CALLEUX (CORPS).

Dans les Arts mécaniques, on applique le nom de *genou* à une articulation de deux pièces, l'une concave et l'autre concave , quand la première coule ou roule sur la seconde : on la nomme ainsi parce qu'il en résulte pour le système une flexion comparable à celle qui a lieu à la réunion de la jambe avec la cuisse. Les instruments d'astronomie surtout présentent des mécanismes de ce genre. On y adapte souvent une vis de pression pour augmenter à volonté le frottement et pour arrêter le mouvement.

Dans la Marine, *Genou* s'entend d'une pièce de bois plus ou moins courbe qui entre dans la formation de la membrure du bâtiment et dont le nom varie suivant sa destination.

GENOUILLÈRES (de *genou*), partie de l'armure du cavalier destinée à couvrir les genoux et qui s'adaptait par le haut aux cuissards, par en bas aux grèves ou jambières. L'usage en fut adopté presque universellement de 1300 à 1320. Les meilleures genouillères formaient sur le devant un coin tranchant, et en dehors elles avaient une longue pointe aiguë. — On nomme encore ainsi la partie du revêtement intérieur d'une batterie à embrasures comprise entre le sol et l'arête horizontale int. érieure de l'embrasure.

GENRE (du latin *genus, generis*), collection d'êtres qui présentent des ressemblances importantes et constantes; le genre se subdivise en groupes moins nombreux, qui prennent le nom d'*espèces.*

Dans le langage vulgaire, les noms de *genre* et d'*espèce* sont purement relatifs : ainsi un *genre* peut être *espèce* par rapport à des collections plus étendues; une *espèce* peut devenir *genre* par rapport à des collections moins étendues, et la possibilité de ces transformations ne cesse que quand on est parvenu au genre le plus élevé (*summum genus*) ou descendu à la dernière espèce (*species infima*).

En Histoire naturelle, où le besoin de tout classer méthodiquement se fait surtout sentir, le mot *genre* a une application plus fixe; il exprime ces collections d'êtres qui sont placées entre l'*espèce* et la *famille.* (*Voy.* CLASSIFICATION).— Les genres, qui sont la partie la plus stable de toute classification, sont ou *naturels* ou *artificiels. Voy.* MÉTHODE et GENERA.

Dans les Arts, on distingue différents genres selon l'ordre d'idées sur lequel s'exerce l'artiste, ou selon la forme sous laquelle son œuvre se produit : ainsi en Architecture, il y a le genre *sacré* et le genre *profane;* le genre ou style *grec,* l'*égyptien,* le *byzantin,* le *gothique,* le genre *renaissance,* etc.; — en Peinture , on distingue, entre autres genres, l'*histoire,* le *portrait,* les *marines,* le *paysage,* les *fleurs,* les *intérieurs* (les tableaux de cette dernière espèce sont spécialement appelés , d'une manière fort impropre , *tableaux de genre*). — En Musique , il y a *musique d'église,* d'*opéra,* de *chambre* ou de *salon.* En outre, en considérant les formules de succession harmonique et mélodique, on distingue 3 genres : le *diatonique,* qui procède par tons et demi-tons naturels ou sans altération; le *chromatique,* qui ne procède que par demi-tons; l'*enharmonique,* dans lequel on fait usage de la supposition des dièses et des bémols.— Pour les genres en Littérature , *Voy.* LITTÉRATURE.

En Grammaire, on appelle *genre* le sexe attribué aux mots ou à la forme que prennent les mots pour indiquer le sexe : ainsi il y a naturellement trois genres, le *masculin* pour les êtres mâles ou assimilés aux mâles, le *féminin* pour les femmes et les femelles, le *neutre* pour ce qui n'est d'aucun sexe : mais rien de plus capricieux que les langues sous le rapport du genre; les unes, comme le français, n'ayant que deux genres, les autres , comme l'anglais , n'en ayant aucun ou du moins n'admettant dans la forme du mot rien qui distingue le sexe; d'autres, comme le grec, le latin, le sanscrit, l'allemand, admettant les 3 genres, mais donnant sans discernement le genre masculin ou féminin à ce qui n'a pas de sexe; la plupart étendant la forme des genres aux adjectifs, aux participes, aux pronoms; quelques-unes laissant tous ces mots invariables. — Par suite de ces irrégularités, la juste application des genres est une des grandes difficultés dans l'étude des langues, surtout de la langue française.

GENS (DROIT DES). *Voy.* DROIT.

GENTIANE (qu'on dérive de *Gentius*, roi d'Illyrie, le premier, dit-on, qui ait fait connaître les propriétés), *Gentiana*, genre type de la famille des Gentianées, renferme des plantes herbacées à feuilles glabres, un peu coriaces et luisantes, à fleurs roses, pourpres ou jaunes; à corolle infundibuliforme, campanulée ou rotacée. Ces plantes, originaires des montagnes de l'Europe, prennent par la culture une foule de nuances qui en font l'ornement des jardins. Leur racine est épaisse, jaune, amère, et jouit de propriétés fébrifuges. La *G. jaune* (*G. lutea*), type du genre, est remarquable par ses fleurs jaunes, nombreuses, verticillées; elle est tonique, stomachique, vermifuge; on l'emploie contre les fièvres intermittentes. Sa racine, traitée par l'éther, fournit le *gentianin*, substance volatile, odorante, amère, de couleur dorée, et soluble dans l'alcool, l'éther et l'eau bouillante.

GENTIANÉES, famille de plantes dicotylédones monopétales hypogynes, à calice libre, de 4 ou 5 divisions, à corolle régulière dont les lobes alternent avec ceux du calice; à étamines en nombre égal aux divisions de la corolle, à ovaire libre, fournissant pour fruit une capsule. Toutes ces plantes sont des herbes ou des sous-arbrisseaux à suc amer, à feuilles tantôt opposées, tantôt alternes. On les trouve répandues à peu près sur tout le globe. On les partage en 2 tribus: les *Gentianées vraies* et les *Ményanthées*. A la 1re tribu appartiennent les genres *Gentiane*, *Chironia*, *Chlore*, *Erythrée*, *Eudonie*, etc. Pour la 2e tribu, *Voy.* MÉNYANTHÉES.

GENTIANELLE, *Gentiana viscosa*, espèce du genre Gentiane, plante originaire des Canaries et cultivée en France. Elle jouit des propriétés de la Gentiane jaune; mais elle sert surtout à orner les jardins de ses grandes et jolies fleurs jaunes, disposées en panicules. — On donne aussi ce nom à une espèce du genre *Erythrée*. *Voy.* ce mot.

GENTILHOMME (du latin *gentilis*, qui fait partie de la *gens*, c.-à-d. d'une des familles patriciennes, de celles qui, à l'origine, composèrent la population de Rome). Ce mot, qui, en général, s'applique à tout homme de race noble, désigna spécialement sous la monarchie certains fonctionnaires attachés à la cour. On appelait *gentilshommes ordinaires du Roi* des nobles qui servaient auprès de la personne du roi; ils rappellent assez les aides de camp actuels des souverains. C'est Henri III qui les créa: ils furent d'abord au nombre de 45; Henri IV les réduisit à 24; Louis XIV en ajouta 2. Les *gentilshommes de la chambre* étaient des nobles préposés aux offices intérieurs: ils ordonnaient les habits du roi, réglaient le deuil de sa maison, lui offraient la chemise à son lever, etc. Ils étaient nombreux encore sous la Restauration. L'on distinguait un *premier gentilhomme*, un *second gentilhomme*. Le premier gentilhomme remplaçait le grand chambellan absent. — Le *gentilhomme servant* portait les plats à la table du roi et servait exclusivement le roi ainsi que les princes assis à la même table.

GENTILS (du latin *gentilis*, dérivé de *gens*, nation), nom par lequel les Hébreux désignaient tous ceux qui n'étaient pas Israélites, et en particulier, les païens adorateurs des idoles.

GENTRY, nom de la petite noblesse en Angleterre.

GÉNUFLEXION (de *genu*, genou, et *flectere*, fléchir). La génuflexion, considérée comme acte d'humilité et de respect, est surtout usitée chez les Catholiques, dans les cérémonies du culte, et particulièrement devant le Saint-Sacrement. Anciennement on priait debout le dimanche, et pendant tout le temps de Pâques à la Pentecôte, pour célébrer la résurrection de Jésus-Christ. Les Éthiopiens, les Juifs et les Russes font encore leurs prières debout. — Autrefois on s'agenouillait devant les rois et les princes en les abordant. Aujourd'hui, le seul homme devant lequel on fléchisse le genou est le pape.

GÉOCENTRIQUE (du grec *gè*, terre, et *kentron*, centre), se dit, en Astronomie, de tout ce qui a rapport aux planètes, en considérant la terre comme le centre de leurs mouvements: on nomme *longitude géocentrique*, et *latitude géocentrique*, la longitude et la latitude d'une planète vue de la terre.

GÉOCORISES, c.-à-d. *Punaises terrestres*. On les oppose aux *Hydrocorises* ou *Pun. d'eau*. *V.* PUNAISE.

GÉODE (du grec *gè*, terre, et *eidos*, apparence), se dit de toute pierre naturellement creuse et contenant du sable ou des cristaux, qu'on entend remuer lorsqu'on la secoue. Il y a des géodes formées par la voie ignée, et d'autres formées par la voie humide. On trouve dans les environs de Besançon des *géodes* siliceuses qui contiennent du soufre pulvérulent.

GÉODÉSIE (du grec *gè*, terre, et *daïo*, diviser), branche de la géométrie pratique qui a pour objet la mesure des terres ou des surfaces. Ce même mot a aussi une acception plus générale, et comprend toutes les opérations trigonométriques et astronomiques nécessaires pour lever une carte, mesurer la longueur d'un degré terrestre, déterminer la forme de la terre, etc. Le *Traité de géodésie* de M. Puissant, 2 vol. in-4, et le *Nouveau Traité géométrique de l'arpentage* de M. A. Lefèvre, sont les ouvrages les plus estimés sur cette matière.

GÉOGNOSIE (du grec *gè*, terre, et de *gnôsis*, connaissance), science qui étudie la structure, la situation respective et la nature des matériaux qui composent le globe terrestre. La *Géognosie* est une partie de la Géologie; elle en diffère en ce qu'elle se contente de décrire l'état actuel du globe et d'étudier les caractères distinctifs des matériaux qu'il renferme, sans s'occuper des théories émises sur l'origine et la formation de ses parties. Werner a, le premier, employé le mot *géognosie*; après lui Saussure, Pallas, Dolomieu, Faujas, sont ceux qui se sont occupés de cette science avec le plus de succès. On doit à MM. d'Aubuisson et Burat un *Traité de Géognosie*, qui est l'un des plus estimés.

GÉOGRAPHIE (du grec *gè*, terre, et *graphô*, décrire), science qui donne la description de la terre. On distingue: 1° la *G. mathématique et astronomique*, qui traite de la forme, des dimensions, des mouvements de la terre et de ses rapports avec les corps célestes; 2° la *G. physique*, qui décrit la surface de la terre, la distribution des terres et des eaux, les montagnes, le cours des fleuves, les productions des trois règnes de la nature, les différentes races qui habitent le globe; 3° la *G. politique*, qui fait connaître les divisions établies par les conventions humaines, et toutes les créations de l'homme, institutions, religions, langues, etc.; 4° la *G. historique* ou *G. comparée*, qui suit chaque localité dans toutes ses phases, faisant connaître les divers noms qu'elle a reçus ainsi que les événements dont elle a été le théâtre: ces deux dernières se divisent en *G. ancienne*, *G. du moyen âge*, *G. moderne*. — On peut en outre distinguer une *G. industrielle et commerciale*, une *G. botanique*, une *G. zoologique*, etc., selon les applications que l'on fait de la science.

La Géographie ne fut longtemps qu'une topographie informe. Les navigations des Phéniciens l'avancèrent un peu. Aux temps d'Hérodote et surtout d'Eudoxe de Cnide, ses progrès sont déjà sensibles. Les conquêtes d'Alexandre lui ouvrirent un champ immense, et bientôt la géographie scientifique prit naissance. Ératosthène, Hipparque, Strabon, Ptolémée, la développèrent ou la popularisèrent. Au moyen âge, les conquêtes des Arabes et les croisades furent les principales occasions de découvertes nouvelles. Saint Louis envoya jusqu'au fond de la Mongolie ; le prince Henri, en Portugal, donna l'élan aux expéditions dans le but d'arriver dans l'Inde en doublant la pointe de l'Afrique. Colomb, en 1492, découvrit les Antilles et peu après l'Amérique. Depuis ce temps, la géographie a marché à pas de géant, secondée, à partir surtout du XVIᵉ siècle, par les progrès de la Cartographie (*Voy.* ce mot). Les hommes auxquels la Géographie, comme science, doit le plus dans les temps modernes, sont Varenius, qui la constitua sur un pied nouveau, d'Anville, Malte-Brun, Balbi, Pinkerton, et en Allemagne, Busching, Mannert, Ritter. — Diverses *Sociétés de Géographie*, formées à Paris (1822), à Berlin (1828), à Londres (1830), etc., ont fait faire de grands pas à la science, en dirigeant les recherches et proposant des prix.

Les ouvrages français les plus utiles à consulter sont : le *Précis de la G. universelle* de Malte-Brun, continué et complété par Huot (1841, etc.); le *Précis de G. historique universelle* de MM. Barberet et Magin ; l'*Abrégé de G.* d'A. Balbi ; le *Dictionnaire géogr. universel* (Paris, 1823-33, 10 vol. in-8).

GÉOLE, GÉÔLIER (du bas latin *gabiola*, diminutif de *gabia*, cage). Ce mot était autrefois synonyme de *prison*. On appelait *droit de géôle*, ou *géôlage*, le droit en argent que chaque détenu devait au geôlier pour son gîte : ce droit était d'un sou par jour pour les prisonniers à la paille. Le geôlage n'existe plus; mais, pour obtenir un logement séparé et moins incommode que les cellules ordinaires, les détenus payent encore un droit qu'on nomme *pistole*.

GÉOLOGIE (du grec *gè*, terre, et *logos*, discours), science qui a pour objet l'étude des matériaux qui constituent le globe terrestre. Elle s'occupe des différentes roches dont il se compose, de la forme, de l'âge, de la position des terrains formés par ces roches, et fait l'histoire des révolutions qu'a subies le globe par l'effet des inondations, des tremblements de terre ou des éruptions volcaniques.

La géologie est une science toute moderne : les anciens, entre autres Thalès, attribuaient à l'eau la formation du monde; mais ils n'avaient à cet égard que des notions fort obscures. On peut considérer comme le vrai créateur de la géologie Bernard Palissy, plus connu par ses poteries : dans un cours de minéralogie qu'il fit à Paris en 1575, il combattit l'idée que les fossiles fussent de simples jeux de la nature; il soutint le premier que les coquilles qui se trouvent au sommet des montagnes sont des restes d'animaux, et que les mers ont jadis couvert les continents. Au XVIIᵉ siècle, Thomas Burnet, Jean Ray et Leibnitz émirent plusieurs hypothèses sur l'origine de la terre. Guettard dressa le premier, en 1746, des cartes géologiques destinées à représenter la nature des terrains. La *Théorie de la terre*, publiée par Hutton en 1785, eut une grande influence sur la géologie; ce savant repoussa une partie des hypothèses qui attribuaient à l'eau l'origine de certaines roches, et expliqua par l'action d'un feu central la formation d'une foule de roches et de minéraux, ainsi que celle de nos continents; il fut le chef de l'école des *Vulcanistes*. Werner publia en 1787 une autre théorie qui fit aussi révolution dans la science : il distingua les terrains en plusieurs époques : il appela *primitifs*, ou à filons, les terrains granitiques; *secondaires*, ou à couches, les terrains stratifiés d'origine plus récente et présentant des restes organiques ; et *intermédiaires*, ou de transition, des dépôts particuliers intercalés dans les terrains précédents ; mais il tomba dans l'exagération

opposée à celle de Hutton, en attribuant une origine aqueuse à tous les terrains : de là le nom de *Neptunistes* donné à ses disciples. De Saussure et Pallas contribuèrent aux progrès de la géologie par leurs nombreuses observations. A la fin du XVIIIᵉ siècle, la formation véritable de chaque espèce de terrains commença à être connue. Scipion de Breislak publia en 1811, sous le titre d'*Introduction à la Géologie*, le premier traité régulier qui ait paru sur cette science : il ne s'y prononce pas exclusivement pour la formation par le feu ou par l'eau ; mais il admet d'abord la fluidité ignée primitive du globe comme cause de sa forme sphéroïdale, puis le concours des eaux dans les phénomènes dont sa surface a été le théâtre. Ce système a été confirmé par les recherches plus récentes des géologues. La science moderne doit d'importants travaux à MM. de Buch et Élie de Beaumont sur les soulèvements; à M. Cordier, sur la chaleur centrale et sur les amas volcaniques; à MM. de Buch, Lyell, Élie de Beaumont, Dufrénoy, etc., sur le *métamorphisme*, ou transformation des roches stratifiées d'origine neptunienne en roches cristallines d'apparence plutonienne ; à MM. d'Omalius d'Halloy, Conybeare, Lyell et Murchison, sur l'origine des vallées; à MM. Agassiz et Rendu, sur les glaciers; à MM. Buckland, Brochant, de La Bèche, de Léonhard, Alex. Brongniart, sur la classification des roches, les blocs erratiques, les cavernes à ossements, etc. Les découvertes de Cuvier sur la paléontologie ont aussi beaucoup contribué aux progrès de la géologie. Les *Traités de Géologie* les plus estimés sont ceux de La Bèche (trad. en français), de Lyell (trad. en français par Mad. Meulien), d'Omalius d'Halloy, d'Huot, de Constant-Prévôt. M. Beudant a publié un *Cours élémentaire de Géologie* à l'usage des lycées, et M. d'Orbigny un traité de *Géologie appliquée* (1852). On doit à MM. Brochant, Élie de Beaumont et Dufrénoy la *Carte géologique de la France*, ainsi que la *Description* de cette *Carte* (1830-38). La Société géologique de France, fondée à Paris le 17 mars 1830, publie un *Bulletin* périodique de ses travaux. *Voy.* ÉPOQUES GÉOLOGIQUES et TERRAINS.

GÉOMÉTRAL (du grec *gè*, terre, et *métron*, mesure), se dit, en Architecture, de tout dessin qui représente un objet avec sa forme et ses proportions réduites de la même quantité et sans diminutions perspectives. Ainsi, l'on dit le *plan géométral* d'un édifice, d'une charpente, etc., pour exprimer le tracé qui indique les proportions et la configuration que doivent avoir les fondations d'un édifice, son élévation, sa charpente, etc.

GÉOMÉTRIE (du grec *gè*, terre, et *métron*, mesure), science qui a pour objet l'étendue considérée sous ses trois aspects : la ligne (étendue en longueur seulement), la surface (étendue en longueur et largeur), et le corps (étendue en longueur, largeur et épaisseur). On distingue la *G. élémentaire*, qui étudie les propriétés des lignes droites, des lignes courbes, des surfaces et des solides les plus simples (c'est proprement la géométrie des anciens); et la *G. analytique*, qui résout, au moyen de l'algèbre et du calcul différentiel, les questions générales relatives à toutes les espèces d'étendue. La géométrie analytique se subdivise en *Trigonométrie*, qui donne les méthodes pour mesurer les triangles et pour les calculer à l'aide de leurs différentes parties ; et en *G. analytique proprement dite* (géométrie analytique à deux ou à trois dimensions), qui enseigne comment s'engendrent les lignes et les surfaces quelconques. Cette dernière comprend deux branches : 1º l'application de l'algèbre à la géométrie sans coordonnées, ou la construction individuelle des *lieux géométriques*; 2º l'application de l'algèbre à la géométrie avec des coordonnées, ou la construction universelle des *équations*. — La *G. descriptive* a pour objet la construction pratique de l'étendue par le moyen des *projections. Voy.* ce mot.

L'origine de la géométrie remonte à la plus haute antiquité; on considère généralement l'Égypte comme le berceau de cette science; mais elle se réduisait alors à quelques considérations relatives au partage et à la mesure des terres, à la figure et à la dimension des matériaux propres aux constructions, etc.

La géométrie scientifique naquit en Grèce. Thalès et Pythagore considérèrent les premiers d'une manière abstraite les vérités géométriques : on doit à Pythagore l'important théorème du *carré de l'hypoténuse.* Anaximandre, Anaxagore, Hippocrate de Chio, Platon, contribuèrent beaucoup au progrès de cette science; plus tard, Archimède et plusieurs savants de l'école d'Alexandrie, notamment Apollonius, surnommé le *Grand Géomètre,* et Euclide, célèbre par ses *Éléments,* s'illustrèrent par de nombreuses découvertes. Au moyen âge, cette science resta stationnaire; et après la renaissance des lettres, Nunez, Commandino, Ramus, Adrien Métius ne firent que traduire et commenter les ouvrages des anciens. Enfin, au XVIᵉ siècle, le géomètre français Viète employa le premier l'algèbre pour trouver les parties inconnues d'une figure, et pour en exprimer les relations par des équations. Au XVIIᵉ siècle, Descartes perfectionna ses travaux, et inventa des méthodes générales pour ramener la théorie des courbes au calcul géométrique. A la même époque, on vit s'illustrer Cavalieri par sa méthode des indivisibles; Fermat et Barrow par leur méthode des tangentes; Desargues et Pascal par leurs considérations sur les propriétés des projections et des transversales, premiers germes de la géométrie descriptive, à laquelle Monge donna son entier développement dans les dernières années du siècle passé; Huyghens, par sa théorie des développées, etc. Enfin, la découverte du calcul différentiel par Leibnitz et Newton, et les travaux de leurs disciples, les Bernouilli, l'Hôpital, F. Nicole, G. Manfredi, Maclaurin, Clairaut et d'Alembert, portèrent la science du géomètre à son plus haut degré de perfection. Aujourd'hui, toutes les branches de la géométrie sont définitivement constituées, grâce aux importants travaux d'Euler, Lagrange, Laplace, etc., complétés par ceux de Poisson, Fourier, Puissant, Carnot, etc. Les meilleurs traités de géométrie pour les classes sont les *Éléments de Géométrie* de Clairaut, de Lacroix, ceux de Legendre (revus par M. Blanchet), de MM. Vincent, Lionnet, Tresca, Olivier, Sonnet, etc.

Géométrie du compas. Voy. COMPAS.

GÉOPHILE (du grec *gè,* terre, et *philos,* qui aime), *Geophilus,* genre d'insectes de la famille des Scolopendres, faciles à reconnaître par le nombre considérable de leurs pattes, qui dépasse toujours 40 paires, et par les anneaux de leur corps, dont le premier et le dernier ne portent point de pattes. Ces animaux se tiennent dans les lieux humides, sous la terre, dans les feuilles pourries ou sous les décombres, etc. Leur longueur varie de 5 à 15 centimètres. Leur morsure n'est pas dangereuse; toutefois ils peuvent s'introduire dans les narines et y causer de graves maladies. Leur couleur est jaunâtre ou brune. L'espèce type est le *G. carpophagus* ou Scolopendre électrique, qui se trouve en France.

GÉOPITHÈQUES (*singes vivant à terre*), nom donné par Ét. G. St-Hilaire aux espèces de singes de la famille des Quadrumanes qui sont réduites à vivre ordinairement à terre sans pouvoir grimper sur les arbres, parce que leur queue ne peut s'enrouler autour des branches. Néanmoins, ils peuvent courir sur les arbres en s'aidant de leurs mains. On les appelle aussi *Sagouins. Voy.* ce mot.

GÉOPONIQUES (du grec *gè,* terre, et *ponos,* travail), nom donné par les Grecs à la science de l'agriculture. C'est le titre d'un célèbre recueil d'écrits relatifs à cette science formé au IVᵉ siècle de notre ère par Cassianus Bassus, *Voy.* CASSIANUS au *Dict. univ. d'Hist. et de Géogr.*

GÉORAMA (du grec *gè,* terre, et *orama,* aspect), représentation en relief, sur une échelle plus ou moins grande, de l'ensemble ou d'une partie de la terre. Il y a quelques années, on avait exposé à Paris un *Géorama,* ayant la forme d'un immense globe, au centre duquel le spectateur était placé et embrassait d'un coup d'œil l'ensemble de la terre vue à contre-sens. *Voy.* GLOBE.

GÉORGIQUES (du grec *géórgein,* cultiver la terre), poème didactique qui retrace les travaux des champs. Les *Géorgiques* de Virgile, le plus parfait ouvrage de ce genre, sont composées de quatre livres, dont le premier est consacré à la culture des terres, le second à celle des arbres et de la vigne, le troisième aux troupeaux, le quatrième aux abeilles. Elles ont été traduites en vers français par Delille, et imitées en italien par Alamanni dans sa *Coltivazione.*

GÉOSAURE (du grec *gè,* terre, et *sauros,* lézard), *Geosaurus,* genre de reptiles que l'on ne trouve qu'à l'état fossile, et dont la place est entre les Crocodiliens et les Sauriens : museau peu effilé, orbites des yeux assez vastes et elliptiques, mâchoires peu allongées; dents nombreuses, coniques. Le géosaure avait une longueur de 4 à 5 mètres.

GÉOTRUPE (du grec *gè,* terre, et *trupaô,* percer), *Geotrupes,* genre de Coléoptères pentamères lamellicornes, tribu des Scarabéides : corps arrondi, très-convexe, de couleur verte ou noir-bleu; pattes allongées, fortement dentées. Ils habitent les lieux sablonneux, et voltigent en bourdonnant autour des bouses des vaches, où ils déposent leurs œufs, et où vivent leurs larves. Celles-ci achèvent leur métamorphose dans des trous qu'elles creusent sous des bouses. Le type du genre est le *G. stercoraire,* vulg. *Fouille-merde,* qui se trouve dans toute l'Europe.

GÉRANIÉES ou GÉRANIACÉES (de *Geranium,* genre type), famille de plantes dicotylédones polypétales hypogynes, composée de plantes herbacées ou de sous-arbrisseaux, à feuilles opposées, à fleurs blanches, roses, rouges ou veinées de pourpre. Le calice est polysépale, à 5 folioles libres; la corolle à 5 pétales alternant avec les folioles; les étamines au nombre de 10. Le fruit est une capsule. Cette famille renferme, outre la *Geranium,* les genres *Erodium, Monsonia* et *Pelargonium.*

GÉRANIUM ou GÉRANIER (du grec *géranos,* grue), genre type de la famille des Géraniées, caractérisé par sa tige herbacée, ses feuilles découpées, et surtout par ses fruits formés d'une capsule allongée et se retrécissant en pointe, ce qui a valu à ces végétaux le nom de *Bec-de-grue.* Les principales espèces sont : le *G. sanguin,* haut d'environ 30 centim., touffu, à fleurs violettes, propre à orner les jardins; le *G. Robertin* ou *Herbe à Robert,* plante annuelle, à tige rougeâtre, à fleurs rouges, d'une odeur forte; le *G. odorant,* à feuilles arrondies, molles, velues, d'une odeur très-forte quand on les presse, et à fleurs petites et blanches.

GÉRANT (du latin *gero,* faire), celui qui administre les affaires d'autrui. Dans les sociétés civiles ou commerciales, on nomme *gérants* ceux des associés auxquels l'administration est confiée. Les commandités seuls peuvent être gérants dans les sociétés en commandite. — Le *gérant volontaire* se soumet à toutes les obligations qui résultent d'un mandat exprès (Code civil, art. 1372).

D'après les lois du 11 juillet 1828 et du 9 septembre 1835, les sociétés qui publiaient un journal étaient tenues d'avoir un gérant dit *responsable,* par lequel la feuille fût signée chaque jour. Pour que ce gérant fût sérieux, il fallait qu'il eût une part ou une action du journal, plus un tiers du cautionnement.

GERBE (du bas latin *garba*), faisceau de céréales coupées et liées de manière que tous leurs épis soient tournés du même côté. — On appelle *Gerbier* une meule de gerbes établie au milieu des champs ou des cours. Ordinairement on l'établit à même le sol ou sur un lit de fagots. En Amérique et en Angleterre, on élève les gerbiers sur une plate-forme en bois que supportent de petits piliers, et on les couvre en paille. On a imaginé récemment de leur donner des toits mobiles qui transforment le gerbier en *grange ouverte*. Il y en a de plusieurs systèmes : celui des *granges allemande et hollandaise*, décrit par MM. Perthuis et Mornel de Vindé, semble un des meilleurs. Le plan en est polygonal ; à chaque angle s'élèvent des poteaux, et le long des poteaux glisse, au moyen de poulies, un toit léger.

Par analogie, on a nommé *gerbe* : 1° dans l'art de l'Artificier, un grand nombre de fusées volantes qui, s'élançant en même temps d'une caisse de sapin de forme carrée, divisée en parties égales, figurent par leur expansion une gerbe lumineuse; 2° dans l'art du Fontainier, un faisceau de petits jets d'eau s'élevant à peu de hauteur : tels sont les gerbes des bassins des Tuileries, de Saint-Cloud, du Palais-Royal, etc.

GERBILLE (dimin. de *gerboise*), *Gerbillus*, genre de Mammifères de l'ordre des Rongeurs, que l'on désigne aussi sous le nom de *Mériones*. Ils ont la taille petite, les yeux grands, ainsi que les oreilles; les pieds de derrière plus longs et plus gros que ceux de devant, ayant toujours cinq doigts; la queue longue et velue. Leur couleur est brune ou jaunâtre, avec des teintes variées. Ces animaux se creusent des terriers : on les trouve dans les deux continents. La *G. d'Égypte*, type du genre, a la taille d'une souris. Son pelage est jaune-clair, sa queue brune, et ses pattes de derrière aussi longues que le corps.

GERBOISE (de l'arabe *Jerbuali*, nom de l'espèce type), *Dipus*, genre de Mammifères de l'ordre des Rongeurs et de la section des Claviculés, renferme des animaux remarquables par l'élégance de leurs formes, par la longueur de leur queue et de leurs membres postérieurs. On les trouve dans les pays chauds. Les gerboises ont la langue douce et la lèvre supérieure fendue et garnie de moustaches. Elles se creusent des terriers comme les lapins; elles sont très-timides, et vivent de graines et de racines. Leur allure ordinaire est le saut; elles se servent des membres antérieurs pour porter les aliments à leur bouche. Le type du genre est le *Gerbo* (*D. Gerboa*), qui n'a que 3 doigts aux pattes; son pelage est fauve en dessus, blanc en dessous, avec une ligne blanche en forme de croissant qui s'étend de la partie antérieure de la cuisse jusqu'à la fesse; son corps a 16 centim. de longueur, et est terminé par une queue un peu plus longue. On trouve le gerbo en Arabie, en Syrie et dans les contrées sablonneuses du nord de l'Afrique. — *Gerb. du Cap.* V. HÉLAMYS.

GERÇURES ou CREVASSES, petites fentes peu profondes, qui surviennent dans l'épaisseur de la peau et à l'origine des membranes muqueuses, surtout aux lèvres, aux narines, aux pieds, aux mains et aux mamelons. Ces dernières produisent chez les nourrices des douleurs intolérables, etc. Les autres, en général, sont de très-légères affections. Les gerçures sont dues à une infinité de causes : le froid est la plus commune; les chocs, les tiraillements rendent la petite plaie saignante et difficile à guérir. Le repos et les pommades adoucissantes (comme le beurre de cacao, etc.) forment le traitement habituel. Au cas où la maladie aurait passé à l'état chronique, on emploie quelques excitants, notamment la cautérisation superficielle.

GERFAUT, *Falco islandicus*, oiseau de proie du genre Faucon, le plus courageux et le plus agile de toutes les espèces de ce genre. Son plumage est brun, rayé transversalement en dessous, comme celui du Faucon ; mais sa taille est plus grande, et égale à celle d'une grosse poule. De plus, il a la cire ainsi que les cercles périophthalmiques bleuâtres; son audace est telle qu'il ne craint pas de se mesurer même avec l'aigle. Aussi était-il très-recherché autrefois pour la chasse. Cet oiseau est très-commun en Islande et dans le Groënland.

GERMAIN (du latin *germanus*), se dit, en Jurisprudence, du frère et de la sœur nés du même père et de la même mère (*Voy.* FRÈRE). — Dans le langage ordinaire, ce mot ne s'emploie qu'en parlant de la ligne collatérale et en s'ajoutant au mot *cousin*. *Voy.* COUSIN.

GERMANDRÉE, *Teucrium*, genre de plantes de la famille des Labiées, renferme des herbes ou des sous-arbrisseaux à feuilles ovales et dentées, à fleurs axillaires rouges, purpurines ou jaunes, qui habitent les lieux secs et incultes de l'Europe. Les espèces les plus connues sont : la *G. aquatique* (*T. Scordium*), à feuilles fermes, velues, dentelées, et qui doit son nom de *scordium* à l'odeur d'ail (en grec *skorodon*) qu'exhalent ses feuilles froissées entre les doigts : elle entre dans la composition du diascordium; la *G. officinale* ou *Petit chêne* (*T. Chamædrys*), qui a ses feuilles semblables à celles de la précédente, mais qui n'a point d'odeur alliacée ; elle entre dans la préparation de la thériaque; l'*Ivette* (*T. Chamæpitys*); la *G. maritime* ou *Herbe aux chats* (*T. Marum*), originaire d'Espagne, et dont l'odeur plaît fort aux chats; la *G. sauge des bois* (*T. scorodonia*), à fleurs jaunes. Les diverses espèces de Germandrée sont toniques et légèrement amères.

GERME (en latin *germen*). On désigne ainsi le rudiment d'un nouvel être qui vient d'être produit ou engendré. En Zoologie et en Botanique, le *germe* est renfermé dans un ovule qui ne se développe qu'après avoir été fécondé; il prend le nom d'*embryon*, dès qu'on peut distinguer les premiers linéaments de l'être qui doit en provenir. — Vulgairement, on nomme *germe* la *cicatricule* ou tache blanche qui se voit sur le jaune d'un œuf fécondé, et qui contient les rudiments de l'oiseau. Dans les plantes, la plumule n'est autre chose que le germe fécondé sortant du bourgeon par la germination.

GERMINAL (du latin *germen*, *germinis*, germe), 7e mois de l'année française républicaine, commençait, selon les années, le 21 ou le 22 mars.

GERMINATION, nom donné, en Botanique, au premier développement des parties contenues dans la graine confiée à la terre. L'eau, la chaleur et l'air sont indispensables à l'accomplissement de ce phénomène. L'eau ramollit l'enveloppe de la graine; elle pénètre l'amande et la gonfle; elle dissout les premiers aliments du germe, contenus soit dans le périsperme (*Monocotylédonées*), soit dans les cotylédons (*Dicotylédonées*). La température la plus convenable est de 15° à 30°. La lumière et surtout l'électricité activent la germination en favorisant l'action chimique. Par la germination, les cotylédons s'amincissent, se colorent en vert et sortent de terre, sous le nom de *feuilles séminales*. Certaines graines conservent la faculté de germer pendant plusieurs années : des grains de blé retirés de ruines anciennes avaient même conservé cette faculté après plusieurs siècles. Quant à la durée de la germination pour une graine placée en terre, elle est très-variable : le froment, le millet et le seigle sortent de terre au bout d'un jour; le haricot, la rave, la moutarde, l'épinard, le 3e jour; la laitue, le 4e; la citrouille, le 5e; la betterave, le raifort, le 6e; l'orge, le 7e; le chou, le 10e; la fève, du 15e au 20e; l'oignon, le 20e. Il faut une année pour le pêcher, l'amandier, le noyer, le châtaignier ; 2 pour le noisetier.

GERMOIR (de *germer*), trou fait en terre, caisse ou pot destiné à recevoir les graines qui doivent être mises en terre immédiatement après leur chute de l'arbre, mais ne doivent être semées qu'au printemps. Sorte de cellier destiné, dans les brasseries, à la germination des grains. Le germoir doit être pavé en pierres unies et bien jointes pour qu'on puisse y placer les grains et les remuer facilement à la pelle; les murs doivent être épais et les fenêtres bien fermées.

GERMON, *Orcynus*, genre de poissons Acanthoptérygiens, famille des Scombéroïdes. Ils sont épais, lourds, d'une grande force, et assez semblables aux Thons, dont ils diffèrent par la longeur de leurs pectorales, égales au tiers de la longueur du corps. Le *G. commun* (*O. alalonga*) a les nageoires pectorales très-longues, et en forme de faux; il porte de plus, de chaque côté de la queue, une carène longitudinale qui lui permet de s'élancer avec rapidité sur la mer ou au sein des eaux. Le dessus du corps est d'un bleu noirâtre, qui devient argenté sous le ventre. Ce poisson, très-vorace, habite la Méditerranée et les mers voisines. Sa chair est blanche et très-estimée. Le germon pèse jusqu'à 40 kilogr.

GÉROFLE, GÉROFLIER. *Voy.* GIROFLE.

GÉRONDIF (de *gerundum*, vieux latin, pour *gerundum*, à faire), nom commun à trois formes du verbe latin, qui grammaticalement sont des cas de participe futur passif, mais qui logiquement peuvent être considérées comme les cas de l'infinitif décliné avec la nuance ou d'avenir, ou de continuité, ou d'obligation. Leurs désinences sont *di, do, dum :* le 1er est un génitif, le 2e un datif ou un ablatif, le 3e un nominatif et un accusatif. — En français et par abus, l'on a nommé gérondifs les formes complexes *en faisant*, *en courant*, qui correspondent pour le sens au 2e gérondif des Latins.

GÉRONTE (du grec *gérón, gérontos*, vieillard), nom donné aux membres du sénat chez les Crétois et les Spartiates. On a par suite donné le nom de *Gérontocratie* au gouvernement dans lequel les vieillards dominaient.

Dans notre ancienne comédie, *Géronte* était le nom propre habituel du père ou du personnage grave de la pièce. Les premiers *Gérontes* n'eurent d'abord sur la scène aucune teinte de ridicule : fidèles à l'étymologie, nos auteurs avaient pris la vieillesse au sérieux et en faisaient l'organe de la raison et de la sagesse; mais *Géronte* vit peu à peu déchu de ce beau rôle et devint, comme Cassandre, un bonhomme simple et crédule. *Voy.* CASSANDRE.

GÉROUSSE ou JAROUSSE. *Voy.* TRÈFLE INCARNAT.

GERRHONOTE, *Gerrhonotes* (du grec *gerrhón*, bouclier, et *nótos*, dos, à cause de ses écailles), genre de reptiles Sauriens, propres à l'Amérique : tête pyramidale, obtuse, terminée par un museau mousse ou arrondi; dents coniques et nombreuses; yeux garnis de paupières; queue longue, grêle, ronde; corps couvert d'écailles grandes et carrées. Les gerrhonotes vivent dans les bois ou sous les pierres. Leur couleur est grise, noire, ou verdâtre. Ces animaux sont timides et inoffensifs, quoiqu'on leur applique vulgairement le nom de *Scorpions*.

GERRHOSAURE, *Gerrhosaurus*, genre de reptiles Sauriens, voisins des Gerrhonotes, dont ils ne diffèrent guère que par la présence des cryptes muqueux qu'ils portent au bord interne des cuisses. On les trouve au Cap de Bonne-Espérance et à Madagascar. On en connaît 2 espèces : le *G. rayé* et le *G. ocellé*, qui sont de la taille de nos Lézards piqués.

GERRIS (nom de l'anchois chez les Latins), genre d'insectes Hémiptères, section des Hétéroptères, famille des Géocorises : forme très-allongée, conique en-dessous, plate en-dessus; tête triangulaire, yeux saillants; pattes postérieures longues, et terminées par de petits crochets; pattes antérieures courtes. On trouve ces insectes en grand nombre sur les eaux tranquilles; ils glissent sur la surface des eaux sans se mouiller, à cause du duvet soyeux qui les recouvre. Ils sont longs d'environ 15 millim.; ils sont carnassiers et se nourrissent de petits insectes. Le type du genre est le *G. des marais* (*G. lacustris*),

ou *Araignée d'eau*, qui est très-commun sur les eaux stagnantes de nos parcs.

GÉSIER (du latin *gigeria*, entrailles des victimes), le dernier des trois estomacs des oiseaux, celui où le bol alimentaire arrive après avoir passé par le jabot et le ventricule succenturié, et où s'achève la digestion. Cet organe, qui est le véritable estomac des oiseaux, présente une structure musculeuse très-robuste chez ceux qui se nourrissent exclusivement de graines. L'intérieur est tapissé d'une membrane cornée qui, dans les Gallinacés et à l'aide des cailloux que ces oiseaux avalent avec leur nourriture, est capable de réduire en poussière des pierres et des morceaux de verre, de courber ou de casser des aiguilles, des sous, des fragments de fer, sans que l'estomac en paraisse le moins du monde altéré. Au côté droit du gésier, se trouvent placés, l'un au-dessus de l'autre, le *cardia* et le *pylore*, ouvertures qui font communiquer cet organe, la première avec le ventricule succenturié, la seconde avec l'intestin.

GESNÉRIE (du naturaliste *Gesner*), *Gesneria*, genre type de la famille des Gesnériées, renferme des plantes herbacées ou des arbustes à feuilles opposées ou verticillées, remarquables par leur élégance et la beauté de leurs fleurs. On les cultive en serre chaude. La *G. cotonneuse* (*G. tomentosa*), type du genre, est originaire de l'Amérique. Sa tige ligneuse, haute de 2 mètres, est chargée de feuilles qui exhalent une odeur fétide; mais ses fleurs réunies en grappes, brillent par leurs jolies taches rouges éparses sur un fond jaunâtre. — La famille des Gesnériées, détachée de celle des Campanulacées, renferme, outre le genre type, les genres *Cyrtandre*, *Beslérie*, *Dalbergier*, *Episcie*, etc.

GESSE, *Lathyrus*, genre de la famille des Légumineuses, tribu des Papilionacées, renferme des plantes herbacées, à tiges anguleuses, souvent grimpantes, dont on cultive plusieurs espèces pour leurs grains, ou pour l'ornement. La *G. cultivée* ou *domestique*, connue sous les noms de *Pois carré*, *Pois breton*, ou *Lentille d'Espagne*, est annuelle; sa tige, haute de 30 à 50 centimètres, est garnie de feuilles composées de deux folioles étroites, portées sur des pétioles, terminées par une vrille; ses fleurs sont solitaires, mélangées de bleu, de blanc et de rouge; chaque gousse contient trois ou quatre graines anguleuses, qu'on mange en grain ou en purée; elle fournit un excellent fourrage pour les bestiaux. La *G. odorante*, appelée vulgairement *Pois de senteur* à cause de son excellente odeur, est annuelle; elle fleurit pendant tout l'été et ressemble beaucoup par ses fleurs au pois gris; elle est originaire de la Sicile. La *G.* ou *Pois de la Chine*, ou *Pois vivace*, croît naturellement dans l'ouest et le midi de la France. Sa racine est vivace, pivotante, et ses tiges, de 1 m. de haut, portent des bouquets de fleurs d'un rose vif. La *G. tubéreuse* donne des graines bonnes à manger; ses racines sont tubéreuses et comestibles. La *G. de Tanger* est une jolie plante annuelle grimpante, à grandes et belles fleurs d'un rouge pourpre. On trouve dans les champs et les prés des gesses sauvages dont les bestiaux sont très-friands.

GESTATION (du latin *gestare*, porter), temps pendant lequel la femelle des Mammifères porte le produit de la conception. La gestation de la femme est appelée *grossesse* (*Voy.* ce mot). — La durée de la gestation est très-variable : elle est de 30 jours pour le Lièvre et le Lapin, de 5 à 6 semaines pour les Rats, de 56 jours pour la Chatte, de 63 jours pour la Chienne, de 72 pour la Louve, de 110 pour la Lionne, de 4 mois pour la Truie et la femelle du Sanglier, de 5 mois pour la Brebis, la Chèvre, la Gazelle et le Chamois; de 8 mois pour les Cerfs, les Rennes, les Élans, et pour les Singes de la petite espèce; de 9 mois pour les Singes de la grande espèce et pour la Vache ; enfin de 11 mois pour l'Anesse, la Jument, le Chameau, le Rhinocéros et l'Éléphant.

GESTE (du latin *gestus*), nom donné aux mouvements extérieurs du corps, à l'aide desquels nous exprimons nos sentiments, nos désirs, nos craintes, mouvements dont se compose le langage d'action, la pantomime, etc. Le geste est naturel ou conventionnel (*Voy.* SOURDS-MUETS). — L'étude du geste constitue un art dans lequel on distingue le *G. oratoire* et le *G. théâtral. Voy.* ACTION, DÉCLAMATION, MIMIQUE.

Dans le vieux français, *gestes* est synonyme d'*exploits*. On appelait *chansons de gestes*, d'anciens poëmes traitant des actions (*de gestis*) des héros nationaux. Ces poëmes se chantaient ; ils étaient ordinairement écrits en grands vers de 10 ou de 12 syllabes, partagés en stances monorimes. On cite en ce genre : la chanson de *Garin le Loherain* (la plus ancienne connue), la chanson de *Roland*, celles de *Renaud de Montauban* et de *Gérard de Roussillon* ; celle de *Bertrand de Duguesclin*, composée en 1380, est probablement l'une des dernières.

GEUM, nom latin du genre *Benoite*.

GEYSERS, jets d'eau chaude. *Voy.* VOLCAN et l'art. GEYSERS du *Dict. univ. d'Hist. et de Géogr.*

GIAOUR ou CHIAOUR (du persan *ghiav*, veau, partisan du veau), terme de mépris dont les Perses se sont servis comme synonyme de mécréant, faisant allusion aux adorateurs du veau d'or. La langue turque l'a depuis adopté pour désigner tout ce qui n'est pas musulman. Nous le traduisons par *infidèle*.

GIAROLE, oiseau. *Voy.* GLARÉOLE.

GIBBIE (de *gibbus*, bosse), *Gibbium*, genre de Coléoptères pentamères, famille des Térédyles, se compose d'insectes de très-petite taille, qui ont, au premier aspect, l'apparence de grosses puces : tête petite, abdomen globuleux, corselet très-court. Le *G. scotias*, genre type, est brun rouge, avec les élytres transparents, et les pattes et les antennes couvertes d'un duvet jaunâtre.

GIBBON, *Hylobates*, genre de Singes, voisin des Orangs. Ils n'ont ni queue ni abajoues ; leur pelage est épais, leur museau court, leurs oreilles de forme humaine, mais leur front est extrêmement fuyant et en rapport avec leur peu d'intelligence. Ils ont 32 dents, à peu près semblables aux nôtres. Ils sont doux, timides, mais peu susceptibles d'éducation. Leur taille ne dépasse pas 1ᵐ,50 ; lorsqu'ils sont debout, leurs bras, démesurément longs, touchent presque à terre. Ces animaux sont originaires du midi de l'Asie. Le type du genre est le *G. siamang* (*H. syndactylus*), qui vit en troupes nombreuses. Cette espèce est remarquable par l'énorme poche gutturale qu'elle porte au larynx et au moyen de laquelle, chaque jour, au lever et au coucher du soleil, ces singes poussent des cris épouvantables.

GIBBOSITE (du latin *gibbus*, bosse), difformité qui résulte de la courbure de la colonne vertébrale, ainsi que de la déformation du sternum et des côtes. On distingue : la *cyphose* (du grec *kyphoô*, courber), ou courbure postérieure : c'est la plus ordinaire ; la *lordose* (de *lordoô*, pencher), ou courbure en avant, qui est plus rare ; et la *scoliose* (de *skolios*, tortu), ou courbure latérale. La gibbosité est congéniale ou accidentelle : dans ce dernier cas, elle arrive principalement dans le premier âge et chez les enfants rachitiques, scrofuleux, mal nourris, habitant des lieux froids, humides et obscurs ; elle se manifeste le plus souvent à l'époque du sevrage. Le plus souvent, les os finissent par se consolider dans la position qu'ils ont prise, et la gibbosité devient une sorte de guérison ; mais lorsque le ramollissement et la courbure font des progrès, il en résulte une compression de la moelle épinière qui peut entraîner la paralysie et la mort. Les bossus sont sujets aux maladies du poumon et du cœur ; on en voit beaucoup cependant atteindre un âge avancé. Ils passent pour

avoir, en général, l'intelligence très-développée. Dans ces derniers temps, on a réussi à combattre la gibbosité chez les jeunes sujets par des moyens mécaniques. *Voy.* ORTHOPÉDIE.

GIBECIÈRE (de *gibier*), sac en peau chamoisée ou en cuir, fermant par une garniture à ressort et suspendu à une bandoulière, dans lequel les chasseurs renferment leurs munitions. — On nomme aussi, mais improprement, *gibecière*, la *carnassière*, espèce de sac formé par un filet et de fortes toiles cousues ensemble, dans lequel on place le gibier et les provisions de bouche.

C'est aussi le nom vulgaire des Mollusques bivalves, plus connus sous le nom de *Peignes*. *V.* ce mot.

GIBERNE (de *gibier*, pris pour vivres, parce que primitivement elle contenait les vivres ?), petit coffre en bois ou en cuir où les soldats mettent leurs cartouches ; il est recouvert d'un cuir noir verni, et orné d'une plaque aux armes du souverain ou du corps. La giberne se porte sur la hanche droite, au moyen de buffleteries, ou bien au dos, passée dans le ceinturon. — La *giberne à la Corse*, ou *cartouchière*, qu'on a tenté d'introduire dans l'armée française, se boucle sur le ventre, au moyen d'un ceinturon. —La *giberne d'équipages*, la seule usitée en marine, est plus petite que celle des troupes de terre : elle se porte aussi sur le ventre, à l'aide d'une ceinture.

Le mot *giberne* parait être peu ancien, ainsi que la chose elle-même : Gustave-Adolphe le premier donna, en 1620, la giberne à son infanterie.

GIBET (de l'arabe *djebel* ou *gibel*, montagne, parce qu'autrefois les exécutions se faisaient ordinairement sur des lieux élevés), instrument de supplice pour la pendaison, est le plus souvent employé comme synonyme de *potence ;* mais il désigne spécialement un assemblage de poutres verticales et horizontales placé à demeure dans un lieu déterminé, où l'on accrochait autrefois les cadavres des suppliciés, jusqu'à ce qu'ils fussent dévorés par les oiseaux de proie, ou qu'ils tombassent en putréfaction : tel était le fameux *gibet de Montfaucon*, près de Paris. On donnait aussi aux gibets le nom de *fourches patibulaires* ou de *justices*.

GIBIER (du latin *cibaria*, vivres), tout animal pris à la chasse. On distingue le *gros gibier*, qui comprend les bêtes fauves ; le *menu gibier*, ou celui dont la grosseur n'excède pas celle du renard ; et le *gibier à plumes*, c'est-à-dire les oiseaux qu'on prend aux pièges ou qu'on tue à coups de fusil (*Voy.* CHASSE). Sous le régime féodal, le gibier était beaucoup moins rare qu'aujourd'hui, parce que le plaisir de la chasse était réservé à la noblesse, et que le braconnage entraînait la peine des galères. Aujourd'hui que le droit de chasse appartient à tout le monde et que des lois protectrices défendent le cultivateur contre les ravages du lapin et des bêtes fauves, le gibier diminue de jour en jour. Pour en prévenir la destruction complète, on a prohibé la chasse pendant certains temps de l'année (*Voy.* CHASSE) ; on a imaginé les parcs, les garennes, les faisanderies, etc. A Paris, la consommation du gibier s'élève annuellement à près de 10 millions de francs.

La viande de gibier est riche en sucs animaux : elle est très-nutritive et très-savoureuse, mais aussi très-échauffante. Pour être bonne à manger, elle a besoin d'être *faite ;* ce qu'on nomme *faisandée*.

GICLET, nom vulgaire du *Concombre sauvage*.

GIFOLE, vulg. *Cotonnière* ou *Herbe à coton*, genre de la famille des Synanthérées. C'est une plante herbacée, annuelle, commune en Europe, dans les champs, sur les bords des chemins et des fossés.

GIGARTINE, genre d'Algues de l'ordre des Floridées, famille des Hydrophytes : plantes à rameaux toujours cylindriques, couverts de tubercules sphériques ou d'expansions foliacées ; couleur d'un rouge de pourpre plus ou moins foncé ; 1 à 8 décimètres de hauteur. On les trouve dans toutes les mers. On les rencontre aussi à l'état fossile. — La principale espèce est le *G. helminthochorton*, qui entre dans la composition de la mousse de Corse.

GIGOT, cuisse de mouton coupée pour le service de la table ; c'est proprement la partie inférieure de la cuisse, celle qui tient à la jambe : on l'oppose à l'*éclanche*, partie supérieure, qui tient à la hanche et va s'emboîter dans les charnières du buste. On estime les gigots de *Pré salé*, surt. ceux de Normandie.

GIGUE, air de danse à six-huit, d'un mouvement assez vif, et qui fit fureur en France aux XVIIe et XVIIIe siècles. On chantait de grands morceaux d'opéra sur des airs de gigue ; on en introduisait dans des symphonies, dans des sonates. Il n'existe plus trace de gigue dans la musique actuelle. Cependant la danse de ce nom s'est conservée, surtout en Angleterre.

GILIE (de *Gilio*, botaniste espagnol), *Gilia*, genre de la famille des Polémoniacées, se compose de végétaux herbacés à feuilles alternes ou opposées, à fleurs solitaires ou agrégées, originaires des deux Amériques. Ce sont des plantes gracieuses que l'on cultive pour l'ornement des parterres. La plus commune est la *G. à fleurs en tête* : ses fleurs, d'un beau bleu d'azur, s'épanouissent pendant l'été.

GILLE (corruption d'*Ægidius*), personnage de comédie, partage avec Pierrot l'emploi des niais de la parade. Dans les arlequinades, Gille est toujours le rival d'Arlequin près de Colombine, et le plastron des deux amants. Il est toujours vêtu de blanc des pieds à la tête, avec de longues manches pendantes.

GINGEMBRE, *Zingiber*, genre de plantes de la famille des Zingibéracées, détaché des Amomées. Ce sont des plantes herbacées, originaires des Indes orientales, à racines tubéreuses, à feuilles membraneuses, renfermées dans une gaîne ; à fleurs petites, formées d'un périanthe extérieur à 3 divisions et d'un périanthe intérieur irrégulier. L'espèce la plus intéressante est le *G. officinal*, que l'on cultive depuis un demi-siècle aux Antilles et à la Guyane. Sa racine est de la grosseur du doigt, coriace, blanche ; l'odeur en est piquante, la saveur brûlante et aromatique. On entre dans une foule de préparations pharmaceutiques ; confite au sucre, elle fournit un excellent digestif. On en assaisonne les ragoûts après l'avoir râpée. On tire aussi du gingembre une huile essentielle, qui est très-irritante.

GINGLYME (du grec *gigglymos*, charnière). *Voy.* ARTICULATION.

GINKGO ou CINCO, genre de la famille des Conifères, tribu des Taxinées, renferme des plantes originaires de la Chine et du Japon, introduites en France en 1758. Ce sont des arbres à feuilles alternes, coriaces, à fleurs unisexuelles, et ayant pour fruit un drupe. Le type du genre est le *G. biloba* (*Salisburia adiantifolia*), dit aussi *Arbre aux quarante écus*, à cause du prix auquel il se vendit lors de son introduction en France. C'est un arbre très-élevé, à port pyramidal, à feuilles larges et sillonnées de veines nombreuses. Ses fleurs sont jaunâtres et en chatons. Ses fruits, qui sont semblables à de petites noix, lui ont valu le nom de *Noyer du Japon*. L'amande se mange crue ou rôtie, et a un goût analogue à celui de la châtaigne.

GIN-SENG, *Panax*, la plante la plus célèbre de l'Orient après le thé, est un genre de la famille des Araliacées. La tige est simple, droite, unie, annuelle, haute de 30 à 40 centim., garnie à son sommet de 3 feuilles, composées chacune de 5 folioles inégales, vertes, ovales, lancéolées, aiguës et dentées sur leurs bords. Au milieu sont les fleurs en ombelle, d'un jaune verdâtre. Le fruit est une baie à 2 noyaux. La racine est charnue, raboteuse, roussâtre au dehors, jaune pâle en dedans, inodore, et composée de deux branches pivotantes, simulant grossièrement les deux cuisses de l'homme. En Asie,

où on lui fait subir une préparation à cet effet, cette racine est livrée au commerce transparente. La saveur en est aromatique, d'abord sucrée, ensuite âcre et amère. Elle est tonique, stimulante et réparatrice. Les Chinois, les Japonais et les Tartares préconisent la racine de Gin-seng comme un remède universel et comme un aphrodisiaque sans égal, et l'empereur de la Chine s'en réserve le monopole. On la vendait encore au siècle dernier de 2 à 3 fois son poids en argent, en Chine même. On ne la trouvait alors, dit-on, qu'en Tartarie, entre les 10e et 20e degrés de latitude E. à partir de Pékin, et les 39e et 47e degrés de latitude N. Elle ne fut apportée en Europe qu'en 1606. Le P. Lafiteau, vers 1712, la trouva au Canada ; mais le Gin-seng d'Amérique passe pour être inférieur. Du reste, il s'en faut de beaucoup que cette plante produise dans nos climats les merveilleux effets dont parlent les Asiatiques. Peut-être la dessiccation, la vétusté, la vermoulure, sont-elles pour beaucoup dans cette infériorité. — On cultive, mais rarement, le Gin-seng dans nos jardins botaniques ; il s'y multiplie difficilement.

GIPSY, GIPSIES. *Voy.* BOHÉMIENS au *Dict. univ. d'Hist. et de Géogr.*

GIRAFE (de l'arabe *zourafâ* ou *djourafa*), *Camelopardalis*, genre de l'ordre des Ruminants, type de la famille des Camélo-pardinées, voisin des Antilopes et des Cerfs. Ce mammifère a le tronc mince, la tête petite, supportée par un très-long cou et ornée de 2 petites cornes, formées par des épiphyses osseuses du frontal et recouvertes par une peau velue ; sur le milieu du front on remarque une saillie osseuse, plus développée dans les mâles que chez les femelles. Ses membres postérieurs sont beaucoup moins élevés que ses membres antérieurs. Son pelage, ras et blanchâtre, est parsemé de larges taches, fauves chez les femelles et les jeunes individus, noires chez les vieux et les mâles. Sa queue, terminée par une touffe épaisse de crins durs, et sa crinière droite et entremêlée de poils noirs et jaunes, sont toutes deux très-petites. La girafe habite les déserts de l'Afrique, où elle vit en troupes, et se nourrit de bourgeons et de feuilles d'arbres. Sa taille dépasse 7 m. C'est un animal inoffensif, qui n'a d'autre défense que l'extrême rapidité de sa course. On lui a aussi donné le nom de *Caméléopard*, à cause de la ressemblance qu'il offre, pour la forme, avec le chameau, et pour le pelage, avec le léopard.

GIRAFE, constellation de l'hémisphère boréal, est formée de 37 étoiles, dont les plus belles sont de 4e grandeur. Elle est située entre le Dragon, l'étoile polaire, Persée, le Cocher et le Lynx. C'est Royer qui la forma en 1679.

GIRANDE (du latin *gyrare*, tourner en cercle), nom donné, en Hydraulique, à un faisceau de plusieurs jets d'eau qui s'élève en forme de gerbe ; et, en Pyrotechnie, à un assemblage de fusées volantes qui partent en même temps, et qui, dans les fêtes publiques, forment le bouquet du feu d'artifice.

GIRANDOLE (diminutif de *girande*). On nomme ainsi : 1o en Pyrotechnie, un soleil tournant horizontalement, à une ou plusieurs roues, de manière à imiter une nappe d'eau ou un château d'eau ; ou bien encore un assemblage de fusées volantes qui partent toutes ensemble et qui forment le bouquet d'un feu d'artifice : il est alors synonyme de *girande* ; — 2o un candélabre ou chandelier à plusieurs branches, dont le nom vient de ce que le limbe qui portait toutes les lumières *tournait* à volonté sur la tige du candélabre ; — 3o des boucles d'oreilles en diamants ou autres pierres précieuses, dont la disposition imite aussi la girandole.

En Botanique, on nomme *Girandole*, le Plumeau, la Charagne, l'Amaryllis oriental, le Dodécathéon de Virginie, etc., parce que toutes ces plantes forment des espèces de bouquets disposés en verticilles.

GIRASOL (du latin *gyrare*, tourner, et *sol*, soleil). On nomme ainsi, en Minéralogie, plusieurs pierres chatoyantes, comme l'Opale et le Corindon astérie; — en Botanique, l'Hélianthe annuel, l'Héliotrope et quelques autres plantes dont les fleurs paraissent suivre les mouvements du soleil.

GIRAUMON ou GIRAUMONT, espèce du genre Courge, vulgairement appelée *Citrouille*. *Voy.* CITROUILLE.

GIRELLE, *Julis*, genre de poissons Acanthoptérygiens, famille des Labroïdes, à tête lisse et sans écailles, à ligne latérale, coudée vers la fin de la caudale. Ces poissons vivent par troupes, et se plaisent parmi les rochers. Ils sont de petite taille, et ornés des plus belles couleurs. La *G. commune* est de couleur violette, avec une bande orangée. Elle habite nos mers. La *G. rouge* est d'un beau rouge écarlate. La *G. turque* est verte, avec des bandes verticales d'un bleu turquoise; elle habite la Méditerranée.

GIROFLE (CLOU DE), fleur non épanouie du *Giroflier. Voy.* ce mot.

GIROFLÉE, *Cheiranthus*, genre de la famille des Crucifères, renferme des végétaux herbacés ou ligneux, à feuilles linéaires, à fleurs terminales, d'une odeur suave, tantôt d'un jaune éclatant mêlé de brunâtre, tantôt rouges, blanches, ou jaspées et disposées en grappes. On trouve ces plantes en Europe, en Asie et en Amérique; on les cultive dans tous les jardins. La *G. des murailles* (*Ch. cheiri*) croît communément sur les murs et dans les endroits arides et rocailleux. Par la culture, elle produit de nombreuses variétés à fleurs doubles et odorantes : telles sont celles qu'on connaît sous les noms de *Baguette d'or*, de *Giroflée brune*, de *Giroflée pourpre*, etc.

On donne aussi le nom de *Giroflées* à des plantes qui ont été extraites récemment du genre précédent pour former le genre *Mathiola* : tels sont le *Violier des jardins*, ou *Grande Giroflée*, la *G. quarantaine*, la *G. maritime*, etc.

GIROFLIER ou GÉROFLIER, *Caryophyllus*, genre de la famille des Myrtacées, établi pour un arbre des Moluques, de 5 à 10 m. de haut, à tronc pyramidal, à feuilles opposées, luisantes, toujours vertes, à fleurs roses et odorantes, en panicules. Le giroflier a été transplanté dans plusieurs localités, telles que les îles Maurice et Bourbon, la Guyane, les Antilles, etc. Ses fleurs non encore épanouies sont ce qu'on appelle *clous de girofle*; desséchées, elles sont si légères qu'il en faut dix mille pour peser un kilogr. Elles renferment une huile aromatique essentielle, épaisse, brune, très-pesante, d'odeur d'œillet, à laquelle elles doivent leur propriété aromatique et leur saveur âcre et brûlante. Cette huile est souvent employée contre le mal de dents : on l'introduit avec un peu de coton dans le creux de la dent cariée; elle agit en détruisant la sensibilité du nerf dentaire. Les clous de girofle s'emploient dans toutes les cuisines comme assaisonnement; on s'en sert aussi comme de médicament, à cause de leurs propriétés stimulantes. Les petites tiges qui supportent les fleurs servent aux mêmes usages, et se nomment *griffes de girofle*. Les girofles entrent encore dans la composition de l'élixir de Garus, du baume de Fioraventi, du vinaigre des Quatre-Voleurs, etc. — Le fruit du giroflier a une forme ovoïde. Il se vend dans le commerce sous les noms de *clous-matrices*, *antofles*, *mères de girofle*, *mères de fruits*, etc. Il a une odeur faible et une saveur moins prononcée que celle des clous de girofle. On en tire une huile volatile qui possède les mêmes propriétés. Enfin, ces fruits se mangent confits comme excitants des fonctions gastriques.

GIROLE. *Voy.* CHERVI.

GIROLLE, *Agaricus aquifolii*, champignon comestible, appelé aussi *Oreille de houx*, est d'un jaune clair; son pédicule, long de 12 à 15 centim., est très-épais et un peu comprimé; son chapeau, long de 9 à 12 centim., est lisse et glabre, et porte à sa face inférieure des feuilles blanchâtres; d'abord convexe, ce chapeau se creuse ensuite et semble ainsi s'être retourné : c'est de là qu'on fait venir le nom de *girolle* (de *gyrare*, tourner).

GIRON (du latin *gyrus*, rond, tournant). Outre son acception vulgaire, ce mot exprime en Architecture cette portion supérieure de la marche d'un escalier sur laquelle on pose le pied; il se dit surtout des marches d'un escalier tournant.

En termes de Blason, le *giron* est un triangle dont la base est aussi large que la moitié de l'écu, ou dont le sommet est au centre de l'écu.

GIROUETTE (du latin *gyrare*, tourner), petite lame ou feuille de fer-blanc ou de tôle, dont un bord est roulé en tuyau, dans lequel est enfilée une tige de fer, autour de laquelle elle peut tourner. Les girouettes se placent sur les tours, sur les clochers, sur le sommet des édifices, pour indiquer la direction et la durée du vent. Quelquefois on les découpe en forme de cheval, de dragon, de chasseur, de coq, etc. On place quelquefois au-dessous de la girouette quatre tiges en fer portant les lettres N, S, E, O, initiales de *nord*, *sud*, *est*, *ouest*, pour mieux indiquer la direction du vent. — Il y a des girouettes perfectionnées qui, par le prolongement de leur pivot et à l'aide d'une aiguille, peuvent parcourir les 32 divisions de la *rose des vents*; et d'autres qui, par un ingénieux mécanisme, en précisent la force et la vitesse. *Voy.* ANÉMOMÈTRE.

Jadis la girouette était une marque de noblesse et ne s'élevait que sur les demeures seigneuriales. Il y en avait d'armoriées : on les nommait *pannonceaux*.

La girouette, en Marine, est remplacée par une *flamme*, bande d'étoffe de couleur placée à la tête des mâts. *Voy.* FLAMME et APLUSTRE.

GISEMENT, nom donné par les Géologues à la disposition des minéraux dans le sein de la terre.

GITHAGO, ou *Nielle des blés*. *Voy.* AGROSTEMME.

GIVRE. *Voy.* GELÉE BLANCHE.

GLABRE (du latin *glaber*, ras, sans poils), se dit, surtout en Botanique, de toutes les surfaces complètement dépourvues de glandes et de poils, ce qui peut arriver sans que pour cela la chose soit lisse et unie. On dit *face glabre*, *feuille glabre*, etc.

GLACE (en latin *glacies*). On désigne sous ce nom l'eau à l'état solide. Elle prend cette forme par un abaissement de température jusqu'à zéro. Lorsque l'eau est parfaitement tranquille, on peut quelquefois la faire descendre à plusieurs degrés au-dessous de zéro avant qu'elle se solidifie. La glace est plus légère que l'eau, parce que celle-ci, en se congelant, augmente considérablement de volume. Par l'effet de cette augmentation de volume, on a vu des canons de fer très-épais, remplis d'eau et exposés à la gelée, éclater en plusieurs endroits; lorsque l'eau qui s'infiltre dans les fissures des rochers vient à se congeler, elle fend quelquefois des masses énormes de pierres, d'où le dicton : *il gèle à pierre fendre*. Cette dilatation de l'eau par la congélation explique les dégradations qu'éprouvent les pierres de taille, les tuyaux de conduite, les corps de pompe, etc., par l'effet des fortes gelées. — On peut se procurer de la glace, soit en maintenant l'eau dans un mélange réfrigérant (par exemple, dans un mélange de 8 parties de sulfate de soude et de 5 parties d'acide chlorhydrique), soit en la faisant rapidement évaporer dans le vide. — On emploie la glace en médecine comme tonique et répercussif.

GLACES (Sorbets). On donne ce nom à des aliments de luxe, composés de sucs de fruits, de sucre, de matières et d'eau congelées. Ces glaces se font à la vanille, à l'ananas, au citron, aux framboises, etc. : pour cela, on introduit dans un vase cylindrique en étain ou en argent très-mince, appelé *sabot* ou *sorbétière*, les liquides qu'on veut glacer, et l'on plonge ce vase dans un mélange de 6 parties de glace pilée avec 2 parties de sel marin, auquel on ajoute souvent du chlorure de calcium cristallisé, afin de hâter la congélation. On agite rapidement la sorbetière, et l'on répète cette manipulation jusqu'à ce que toute la liqueur, après avoir perdu sa transparence, se soit convertie en une sorte de neige compacte. Dans les grands centres de population, l'art du *glacier* est devenu une spécialité. — La consommation des glaces est immense dans les pays chauds pendant les fortes chaleurs. L'Italien Procope fabriqua les premières qu'on ait mangées à Paris, en 1660 ; depuis 25 ans, l'usage s'en répand de plus en plus en France, surtout dans les bals et dans les cafés. Les médecins sont unanimes pour en regarder l'abus comme dangereux.

GLACES (Verrerie), grandes lames de verre d'une assez grande épaisseur, destinées à réfléchir la lumière, ou à servir de vitrages pour les devantures de boutiques, les voitures de luxe, etc. On fabrique ces lames en les *soufflant* ou en les *coulant*. Les glaces *soufflées* se font par les mêmes manipulations que le verre à vitres (*Voy*. VERRE). Le *coulage* consiste à étendre le plus régulièrement possible sur des tables en cuivre ou en fonte, d'une surface parfaitement unie, le verre en fusion. Après quoi, on fait passer sur la pâte encore brûlante un rouleau en cuivre très-pesant qui aplatit et égalise la matière sur son passage. La glace est alors formée ; mais elle n'a pas une solidité suffisante : pour l'acquérir, elle ne doit se refroidir que par degrés. A cet effet, on la place dans un four chauffé au rouge, dit *carquaise*, qu'on ferme hermétiquement. Cette opération, qu'on appelle *recuisson*, s'exerce sur plusieurs glaces à la fois. — Obtenues soit par le soufflage, soit par le coulage, les glaces sont ensuite soumises au polissage : on commence par les dégrossir en frottant deux glaces l'une contre l'autre, puis on les fait frotter sur du feutre enduit de colcothar ou rouge d'Angleterre, de plus en plus fin. Ainsi polies, les glaces peuvent s'employer comme carreaux de vitres ; quand elles sont destinées à servir de miroirs, on les étame au moyen d'un amalgame d'étain. *Voy*. ÉTAMAGE DES GLACES et MIROIR. Les glaces sont une invention du moyen âge. Pendant longtemps le monopole de leur fabrication appartint aux Vénitiens, qui les préparaient par le procédé du soufflage ; ce procédé fut importé en France par Colbert en 1665, et il s'établit dès lors à Tourlaville, près de Cherbourg, une manufacture de glaces soufflées, qui n'a cessé d'exister qu'en 1808. Ce fut en 1688 qu'Abraham Thévart imagina de couler les glaces ; son établissement, construit d'abord à Paris, dans la rue de Reuilly, fut transféré peu de temps après à St-Gobain, près La Fère, où il existe encore. En France, on ne fait actuellement que des glaces coulées ; à Venise et en Bohême, on fabrique encore une grande quantité de glaces soufflées. Les plus célèbres manufactures de glaces sont : en France, outre celle de Saint-Gobain, celles de Cirey et de Saint-Quirin (Meurthe), de Montluçon, d'Aniche (Nord), et de Paris ; en Belgique, celle d'Oignies ; en Angleterre, celle de Blackwall, près de Londres. L'Amérique possède aussi plusieurs manufactures de glaces, qui ont été créées en 1820 par des Français.

GLACIALE, plante. *Voy*. FICOÏDE.

GLACIER, vaste amas de glaces dans une montagne. Les glaciers commencent au-dessus de la limite inférieure des neiges et se terminent en pente jusqu'au fond des vallées. Les uns se forment sur les hautes sommités et sur leurs pentes, les autres occupent de larges ravins qui s'étendent avec une déclivité plus ou moins rapide depuis les hautes sommités jusque dans les vallées. Les glaciers de la première classe sont rarement de très-grande étendue ; ceux de la seconde présentent toujours une longueur plus ou moins considérable (10, 15, 20, 25 kilomètres sur environ 4 de large : celui de Cha-

mouni, dans le Valais, a même une longueur de près de 60 kilom.). L'épaisseur des glaciers varie suivant leur étendue ; elle va fréquemment à 30 m. et plus : en certains endroits de la *Mer de glace*, au pied de Montanvert, elle atteint de 200 à 260 mètres.

Les glaciers ont pour origine des masses de neige que des dégels et des regels successifs ont transformées en glaces. Ils sont tantôt unis, comme les lacs gelés ; tantôt coupés par de larges et profondes crevasses. Leur aspect change fréquemment ; entre autres causes de ces variations est le phénomène dit *crue des glaciers*. Souvent, au printemps, une partie du glacier glisse sur la masse, et descend un peu plus bas. Ébel a calculé qu'en Suisse les glaciers gagnaient ainsi de 4 à 8 mètres par an. Des amas de cailloux, nommés *moraines*, se déplacent en même temps que les neiges, et exhaussent graduellement le fond de la vallée. Les glaciers les plus célèbres de la Suisse sont ceux de Grindewald et de Chamouni. Le dernier donne naissance au torrent de l'Arveiron, qui va se jeter dans l'Arve.

GLACIER, fabricant de glaces-sorbets. *Voy*. GLACES.

GLACIÈRE, espèce de réservoir où l'on conserve pour l'été la neige ou la glace dont on l'a rempli l'hiver. Pour construire une glacière, on fait choix d'un terrain sec, à l'abri des infiltrations souterraines et des rayons du soleil : le flanc d'un coteau regardant le nord est excellent à cet effet. On creuse ensuite une cave circulaire d'environ 12 m. de profondeur sur 2 ou 2 et demi de diamètre ; le fond de cette cave est carrelé en pierre, et forme un puisard où vont s'écouler les eaux de la glacière. Le tour en est garni d'un mur en pierres de taille ou du moins en bâtisse excellente construite à chaux et à ciment. La glacière construite, sur un lit de paille peu épais qui revêt le haut du puisard, on couche une grille en fer sur laquelle reposera le premier lit de glace ; ensuite on jette les glaçons ou la neige, en les tassant à mesure pour laisser le moins de vide possible. De cette manière, la glace peut se conserver fort longtemps. Entre autres glacières fameuses, celles de St-Pétersbourg méritent d'être remarquées. Il y entre plusieurs centaines de grands blocs de glace de 1 m., 1 m. 1/2 de longueur, sur 66 centim. d'épaisseur. Les glacières de Saint-Ouen, de Gentilly, près de Paris, fournissent en grande partie à la consommation de la capitale. Depuis quelques années, on en expédie beaucoup de Norwége. — En Amérique, un amateur de Boston a imaginé des *glacières portatives*, en transformant en glacières des cales de vaisseau ; on a transporté ainsi de la glace jusqu'à Calcutta.

Depuis peu, on a fabriqué de petites *glacières artificielles* au moyen desquelles on peut en quelques minutes avoir de l'eau glacée : on obtient ce résultat par un des procédés indiqués ci-dessus à l'art. GLACE.

GLACIS, se dit en général de toute pente douce, par opposition au *talus*, qui est plus rapide. — En termes de Fortification, le *glacis* est une pente très-douce qui s'étend sur 40 à 50 mètres de longueur à partir de la crête du chemin couvert jusqu'à sa rencontre avec la campagne. Le glacis entoure la contrescarpe, masque le chemin couvert et est percé de coupures qui communiquent aux portes.

En peinture, on nomme *glacis* l'application sur une couleur sèche d'une couleur claire et transparente, de façon que la première non-seulement s'aperçoive toujours, mais se trouve avoir beaucoup gagné en éclat.

GLADIATEURS. *Voy*. ce mot au *Dict. univ. d'Hist. et de Géogr.*

GLADIOLUS, nom latin du GLAÏEUL.

GLAGOLITES, GLAGOLITIQUE (ÉCRITURE), du slavon *glagol*, lettre, et plus tard langue. Les *Glagolites* sont des catholiques dalmates auxquels Innocent IV, par une bulle de 1248, permit d'entendre la messe dans la langue ecclésiastique du pays (le vieux slaron) et à l'aide de livres liturgiques écrits en caractères spéciaux, dits *glagolitiques*, qui ont une analogie assez frappante avec les lettres dont S. Cyrille passe pour être l'inventeur (*lettres cyrilliques*) et dont se servent les Russes et les Serbes. La tradition dalmate en attribue l'invention à S. Jérôme, qui, dit-on, aurait traduit les psaumes en illyrien et fait usage de l'alphabet glagolitique pour écrire sa traduction. Les savants pensent que cette écriture ne remonte guère qu'au vIIᵉ siècle. La traduction des psaumes écrite en 1322 par Nicolas d'Arbe passa longtemps pour être le plus ancien manuscrit glagolitique; depuis on en a découvert qui datent du xIᵉ siècle, notamment l'*Évangile d'Ostromir*.

GLAIADINE, dite aussi *Graisse des vins*, substance visqueuse qui se produit dans les vins blancs par l'effet d'une fermentation particulière. On peut en empêcher la formation en ajoutant au vin une petite quantité de tannin. C'est au tannin qu'ils ont emprunté à la rafle avec laquelle ils ont été longtemps en contact, que les vins rouges doivent de n'être pas sujets à la graisse.

GLAIEUL (de *gladiolus*, petit glaive), *Gladiolus*, genre de plantes de la famille des Iridées, renferme des végétaux herbacés, à racines bulbeuses, à feuilles larges et longues, en forme de glaive, ce qui lui a fait donner son nom. Les fleurs sont en épis, à couleurs variées et très-éclatantes. Ces plantes se trouvent dans toutes les parties de l'ancien continent. On cultive dans les jardins : le *Gl. commun*, à fleurs blanches ou rouges; le *Gl. cardinal*, qui a ses fleurs écarlates et les pétales inférieurs marqués d'une tache blanche; le *Gl. flatteur*, à fleurs blanc de chair, et le *Gl. perroquet*, à fleurs d'un rouge safrané.

On donne aussi le nom de *Glaïeul des marais* à l'Iris des marais, et celui de *Gl. puant* à l'Iris fétide.

GLAIRE (de *clarus*, clair, transparent?). Ce mot, qui signifie au propre le blanc d'un œuf qui n'est pas cuit, a été donné aussi à une matière blanchâtre, gluante et semblable au blanc d'œuf coagulé, qui est sécrétée par les membranes muqueuses, et qui ne diffère des mucosités ordinaires que par une plus grande consistance et une plus grande viscosité. Toutes les causes débilitantes peuvent donner ces caractères au produit de l'excrétion muqueuse, et c'est à tort qu'on a considéré les *glaires* comme une humeur particulière. Cette humeur est un effet et non une cause de maladie : la thérapeutique doit moins s'attacher à l'évacuer qu'à en prévenir la formation en traitant l'état morbide qui la produit.

GLAIRINE ou BARÉGINE, matière organique et gélatineuse que l'on trouve dans les eaux minérales sulfureuses, notamment dans l'eau de Barége, est ainsi nommée de sa ressemblance avec la *glaire* des œufs; elle est tantôt blanche, tantôt grise, brune, rougeâtre, verte; tantôt en filaments, tantôt en flocons. C'est à ce principe, dont la nature n'est pas encore bien connue, qu'on rapporte en grande partie les bons effets que produisent les eaux des Pyrénées. Dans la préparation des eaux artificielles, on a recours à la gélatine pour remplacer la glairine.

GLAIS. *Voy.* GLAS.

GLAISE (qu'on dérive d'*argilla*, argile), nom vulgaire de l'*argile commune* ou *figuline*. Cette terre est douce, onctueuse au toucher; elle fait avec l'eau une pâte plus ou moins tenace, et, quoique offrant les couleurs les plus variées, elle devient toujours rougeâtre par l'action du feu. Elle est fusible à un feu très-élevé, et renferme une petite quantité de chaux carbonatée. C'est avec de la terre glaise que se font les *tuiles*, les *poteries rouges*, les *poteries fines*, les *faïences communes*, les *pipes* turques et autres. C'est aussi de glaise que se servent les statuaires pour modeler leurs œuvres, qu'ensuite le praticien transporte sur le marbre ou sur toute autre pierre.

GLAIVE (du latin *gladius*). C'est proprement une espèce de long sabre à simple poignée, à deux tranchants presque parallèles, séparés par une nervure et terminés par une pointe pyramidale. Au moyen âge, le mot *glaive* se prenait pour *lance*, et s'opposait à *épée*.

GLANAGE. Le glanage remonte aux premiers temps de la civilisation : c'est, d'après le Pentateuque, la part du pauvre, de l'étranger, de l'orphelin et de la veuve; ils exercent le glanage sur le blé, sur la vigne, sur les oliviers. Le Christianisme sanctionna un usage inspiré par la charité. A diverses époques, plusieurs lois et ordonnances, notamment les lois du 2 et 28 septemb. 1791, et du 23 thermidor an IV, les art. 471 et 473 du Code pénal, l'art. 95 de la loi du 28 avril 1832 et divers arrêts de la Cour de cassation, ont précisé et réglementé chez nous l'exercice du glanage. Voici le résumé des dispositions actuelles : 1º les pauvres hors d'état d'aider à la récolte (femmes, vieillards, enfants et infirmes) ont seuls le droit de glaner; 2º le glanage n'est permis que dans les champs ouverts, après l'enlèvement de la récolte et quand le soleil est sur l'horizon; 3º il est accordé 2 jours pour le glanage; nul propriétaire ou fermier ne peut, avant la fin du 2ᵉ jour, envoyer son bétail dans ses champs moissonnés; 5º nul ne peut vendre le droit d'y glaner, et nul ne peut, par violence ou autrement, s'opposer à l'exercice du glanage.

On appelle *grappillage* le glanage dans les vignes.

GLAND (en latin *glans*), fruit simple, sec, indéhiscent, uniloculaire et monosperme, provenant d'un ovaire infère, et plus ou moins recouvert par une capsule de forme variable. Tels sont les fruits du chêne, du hêtre, du châtaignier, etc.; c'est au fruit du chêne que l'on donne plus spécialement ce nom. Il y en a des espèces comestibles, dites *douces*; elles sont fournies par le *Chêne bellote*, le *Ch. grec*, le *Ch. castillan* et le *Ch. yeuse*. Ces glands étaient, dit-on, la nourriture des premiers hommes avant que l'on sût cultiver le blé. Torréfiés, certains glands sont employés en guise de café sous le nom de *Café de glands doux.*—Les glands qui viennent du *Chêne rouge*, du *Ch. blanc* et du *Ch. de Bourgogne* ont une saveur extrêmement amère; ils s'emploient en médecine comme astringents. — On donne les glands crus ou cuits aux pourceaux, aux dindons, aux oies, aux poules, etc.

Par analogie, on nomme *glands* certains ouvrages en fil, laine, coton, soie, etc., qui ont ordinairement la forme du gland du chêne.

On appelle vulgairement : *Gland de mer*, les coquillages ou mollusques du genre Balane; *Gl. de terre*, la Gesse tubéreuse, l'Arachide, la Terre-noix et plusieurs Clavaires, qui ont quelque analogie de forme avec le gland.

GLANDÉE, droit de mettre des porcs dans les bois pour manger les glands : c'était jadis un droit seigneurial. Aujourd'hui il regarde, pour les forêts de l'État, l'administration des Eaux et forêts.

GLANDES (du latin *glans*, gland, à cause de leur ressemblance de forme avec le fruit du chêne), en grec *adén*, mot consacré exclusivement pour désigner des organes mollasses, grenus, lobuleux ou parenchymateux, composés de vaisseaux, de nerfs et d'un tissu particulier, qui sont destinés à opérer une *sécrétion*, c.-à-d. à tirer du sang les molécules nécessaires à la formation de fluides nouveaux, et à porter ces fluides au dehors par le moyen d'un ou de plusieurs *canaux excréteurs*. On ne compte que seize glandes proprement dites : les deux lacrymales, les six salivaires, les deux mammaires, les testicules, les ovaires, le foie, le pancréas et les reins. Plusieurs de ces organes ont leurs canaux excréteurs, possèdent des *réservoirs particuliers*, dans lesquels les fluides sécrétés s'amassent, séjournent plus ou moins, et subissent une légère modification : telle est la vésicule du fiel pour la bile, et la vessie pour l'urine. L'ordre

48

des glandes ainsi définies ne comprend que celles que les anciens nommaient *conglomérées*, parce qu'elles sont en effet des amas irréguliers de plusieurs petites glandes simples renfermées dans une même membrane. Celles qu'on appelait *conglobées* forment aujourd'hui un ordre spécial de solides organiques, celui des *ganglions* (*V.* ce mot). —Toutes les autres glandes muqueuses, de noms si divers et impropres, sont maintenant réunies sous la dénomination collective de *follicules* ou *cryptes* : telles sont les glandes de *Brunner* et celles de *Peyer*, que présente la membrane muqueuse de l'intestin grêle; les *Gl. de Meibomius*, situées à la base des cils : ces dernières sécrètent une huile onctueuse, vulgairement connue sous le nom de *chassie* lorsqu'elle est produite en trop grande abondance, qui, dans l'état naturel, paraît destinée à entretenir la souplesse des cils.

On appelle *adénite* l'inflammation d'une glande; fièvre *adéno-méningée*, la fièvre muqueuse qui paraît avoir son siége dans les follicules muqueux des intestins, etc. Comme beaucoup d'autres organes, les glandes sont souvent affectées de dégénérescence cancéreuse, surtout le foie et les mamelles.

On donne vulgairement le nom de *glandes* aux tumeurs ou engorgements des ganglions lymphatiques.

Glande pinéale, pituitaire, etc. *Voy.* PINÉALE, etc.

Glande se dit en Botanique de petits mamelons arrondis ou ovales destinés à sécréter les sucs propres à certaines plantes. Il y en a d'*écailleuses*, de *lenticulaires*, de *miliaires*, etc.

GLARÉOLE, la *Giarole* de Buffon, genre d'oiseaux de l'ordre des Échassiers, vivant dans les marais ou sur le bord des eaux, et très-rarement sur les plages maritimes. Ces oiseaux ont une course rapide, un vol léger, et se nourrissent d'insectes. L'espèce type est la *Gl. à collier* ou *Perdrix de mer*, à bec de pluvier, à ailes longues, pointues, et dont le pouce porte à terre par le bout. On la trouve en Europe et en Asie.

GLAS (du latin *classicum*, bruit de clairon ou de cloches ?), se dit ordinairement du tintement lugubre, lent, mesuré, et sur une seule note uniforme, d'une cloche qui annonce l'agonie ou la mort d'une personne. — Dans l'Armée, on appelle *glas* ou plutôt *glais*, les coups de canon tirés à intervalle dans les convois militaires, à l'imitation des glas ecclésiastiques. On étend aussi ce nom aux salves d'artillerie et même au jeu des instruments exécutant des airs funèbres et des batteries sourdes.

GLAUBER (SEL DE). *Voy.* SULFATE DE SOUDE.

GLAUBÉRITE (du chimiste allemand *Glauber*), dite aussi *Brongniartine* ou *Polyhalite de Vic*, substance minérale formée de sulfate de chaux et de soude, avec des traces de chlorure de sodium, de magnésie, de manganèse, de fer et d'argile. Sa couleur est blanchâtre, grisâtre ou jaunâtre. On la trouve dans les gites de sel gemme, notamment à Vic (Meurthe), et près d'Ocana en Espagne.

GLAUCIENNE, *Glaucium*, genre de la famille des Papavéracées, se compose d'herbes bisannuelles, glauques, d'où découle par pression un suc âcre et safrané : feuilles radicales pétiolées; celles de la tige sessiles et découpées en plusieurs lobes ; fleurs grandes, jaunes ou tirant sur le rouge. Le type du genre est la *Gl. jaune*, appelée aussi *Pavot cornu*, à cause de la petite pointe qui termine ses feuilles. C'est une plante herbacée, haute de 30 centimètres, à tige droite, rameuse, lisse, quelquefois velue ; ses fleurs, jaunes ou rouges, ressemblent à celles des pavots. On la trouve sur tous les murs. Ses propriétés paraissent être les mêmes que celles de la Chélidoine.

GLAUCOME (du grec *glaukos*, vert de mer, et de *omma*, œil), ou *Cataracte verte*, maladie de l'œil, consiste dans un grand affaiblissement de la vue, avec couleur verdâtre du fond de l'œil. On l'attribue à une altération de la membrane hyaloïde, à un épanchement entre la choroïde et la rétine ou à une

diminution de la sécrétion pigmentaire. Le plus souvent, le glaucôme est incurable.

GLAUCOPE (du grec *glaukos*, azuré, et *ops*, œil), *Glaucopis*, genre d'oiseaux de l'ordre des Passereaux conirostres, à bec allongé, convexe, comprimé; à ailes courtes, arrondies; à tarses robustes, courts et scutellés. Ces oiseaux sont propres à l'Inde et à l'Océanie. Le *Glaucope cendré* est d'un cendré sombre tirant sur le noir. Les caroncules qui pendent sous la base du bec sont épaisses, arrondies, d'un beau bleu de ciel à la base, et d'un rouge vif dans le reste de leur étendue.

GLAUQUE (du latin *glaucus*, vert de mer), se dit, en Botanique, des organes qui offrent une couleur d'un vert bleuâtre.

GLAUQUE, *Glaucus*, petit Mollusque gastéropode, de l'ordre des Nudibranches : corps triangulaire, revêtu d'une peau très-large et contractile; bouche surmontée de 4 filets ou tentacules; dos bombé. Le Glauque nage renversé. Sa couleur est d'un beau bleu tendre, nuancé d'argent. Cet animal, long de 4 centim., vit dans la Méditerranée.

GLAYEUL, plante. *Voy.* GLAÏEUL.

GLÈBE (du latin *gleba*, motte de terre). Dans l'ancien Droit féodal, ce mot désignait le sol de l'héritage qu'on possède. Les serfs étaient autrefois attachés à la glèbe; on les vendait avec le fonds. *Voy.* SERVAGE.

GLÉCOME ou GÉCOME. *Voy.* LIERRE TERRESTRE.

GLÈNE (du grec *glènè*, cavité), cavité légère d'un os dans laquelle s'articule un autre os.

Dans la Marine, on nomme *glène* chaque couche que forme un cordage ployé plusieurs fois en rond sur lui-même. — Les Pêcheurs nomment *glène* ou *gline* un panier couvert pour conserver le poisson.

GLIADINE ou GLUTINE. *Voy.* GLUTEN.

GLIS, nom latin du genre *Loir*, a donné naissance à celui de *Gliriens*, qui désigne une famille formée du Loir, des Gerboises et des Gerbilles.

GLOBBÉE, *Globba*, genre de plantes de la famille des Zingibéracées, renferme des herbes annuelles, à feuilles membraneuses et lancéolées, à fleurs terminales disposées en racines ou en épis. Ces plantes sont originaires de l'Inde. On cultive dans les serres la *Gl. penchée* (*Gl. nutans*), à racine tubéreuse, et à fleurs blanches contenant une espèce de nectaire trilobé jaune, rayé de rouge en dedans.

GLOBE (du latin *globus*). En Géographie et en Uranographie, on appelle *globes*, des boules qui représentent la surface de la terre ou la disposition des étoiles sur la voûte du firmament. Dans le premier cas, on les nomme *Gl. terrestres*; dans le second, *Gl. célestes*. Ces derniers nous représentent le ciel à l'envers, puisqu'il apparaît à nos yeux comme une voûte ou hémisphère concave, et que presque tous les globes célestes ne nous laissent voir que leur surface convexe. Il en est pourtant qui, grâce à leur vaste diamètre, permettent à l'observateur de pénétrer dans leur intérieur, et offrent à leurs yeux la surface concave; tel est le globe dit de *Gottorp*, à Saint-Pétersbourg, qui représente à l'extérieur la surface terrestre, et à l'intérieur la voûte céleste.

Les globes soit terrestres, soit célestes, sont construits sur un moule en bois creux avec plusieurs feuilles de papier ou de carton très-mince, appliquées avec soin les unes sur les autres. Lorsque leur surface a été régularisée autant que possible, on y applique une carte représentative de la terre ou du ciel : cette carte est découpée en plusieurs morceaux dont chacun correspond à un fuseau sphérique, et qui s'ajustent tous ensemble au moyen de lignes tracées sur le globe. Pour que le globe puisse servir commodément, on le suspend à l'intérieur d'un méridien de cuivre dans lequel il tourne sur un axe vertical, puis on le fixe dans un cercle horizontal en bois adapté lui-même à un pied. Les globes construits sur une échelle assez grande, et munis de tous les cercles, servent, quand ils peuvent d'ailleurs se mouvoir dans leur méridien de métal, à résoudre sans calculs divers problèmes de géographie et d'astronomie, tels que déterminer la latitude ou la longitude d'un lieu quelconque, trouver tous les lieux qui ont la même longitude ou la même latitude qu'un point donné, trouver le lieu du soleil dans l'écliptique, etc. *Voy.* sur ce sujet l'*Usage des globes* de N. Bion, 1751, et le *Traité de l'usage de la sphère et du globe* par Delamarche. — Un des plus anciens globes connus est celui que Martin Behaim construisit en 1492. Un des plus beaux est celui de la bibliothèque Mazarine, qui dépasse 1ᵐ,30 de diamètre. Le beau globe de Gottorp a plus de 3ᵐ,50. Les deux globes de la Bibliothèque nationale de Paris, dits *Gl. de Coronelli*, du nom du Vénitien qui les commença, ont très-près de 4 m. ; mais, comme ils datent de deux siècles environ, ils sont tous deux, surtout le globe terrestre, fort en arrière sur la science actuelle.

On nomme *Globe de compression* un fourneau de mine surchargé, dont l'assiégeant fait usage pour crever les contre-mines de l'assiégé et pour faire sauter les contrescarpes. L'invention en est due à Bélidor, en 1732. Les Prussiens en firent usage pour la première fois au siége de Schweidnitz, en 1762, et les Autrichiens, au siége de Valenciennes, en 1794.

GLOBULAIRE (de *globulus*, petite boule), *Globularia*, genre de la famille des Primulacées, renferme des herbes vivaces ou des végétaux frutescents, à feuilles alternes, à fleurs en capitules terminaux et à réceptacle garni de paillettes en forme de boule. Ces plantes contiennent un principe âcre auquel elles doivent des propriétés amères et une action purgative. Elles sont répandues dans les régions tempérées de l'Europe. La *Gl. à longues feuilles* est un arbuste de 2 à 3 mètres de haut, à tige droite, à écorce cendrée, à feuilles linéaires, lisses, luisantes; à fleurs bleues accompagnées de bractées en forme d'écailles. Cette plante, originaire de l'île de Madère, se cultive en orangerie. La *Gl. turbith* (*Gl. adypum*) est très-commune en Europe; c'est un arbrisseau à tige forte et ligneuse, à rameaux grêles, à feuilles lancéolées, coriaces, d'un vert pâle, et à fleurs bleuâtres. On a exagéré ses propriétés purgatives, au point de l'appeler *Herbe malfaisante.*

GLOBULAIRE (ÉTAT) des corps. *Voy.* SPHÉROÏDAL.

GLOBULES (du latin *globula*), ce nom, qui, dans les sciences naturelles, s'applique à tout ce qui se présente en forme de petits corps sphériques (globules du mercure, du sang, du lait, du chyle ; corps reproducteurs de certains lichens, etc.), a été spécialement adopté par les partisans d'Hahnemann pour désigner certaines préparations pharmaceutiques appropriées à leur système. Les pilules de la pharmacie homœopathique sont des *globules* d'un volume égal à celui des graines de pavot. *Voy.* HOMOEOPATHIE.

GLOIRE. En Peinture, ce mot indique : 1º l'auréole qui enveloppe le corps entier de la personne que l'on veut glorifier, et plus spécialement l'auréole environnée de nuages au milieu de laquelle s'aperçoit le triangle, symbole de la Très-Sainte Trinité; 2º un ciel ouvert, avec les trois personnes de la Trinité, au milieu des saints, des anges, des séraphins, etc. Par suite, le nom en a passé à des tableaux; ainsi, l'on dit : *la gloire du Titien, du Tintoret, la gloire du Val-de-Grâce, la gloire du Panthéon.*

Dans la Mécanique théâtrale, la *Gloire* est un siége recouvert de nuages brillants et mû à l'aide d'un mécanisme, de manière soit à emporter les personnages dans les airs, soit à les descendre sur la scène. Les anciens connaissaient déjà ce mécanisme : témoin le *Deus ex machina* d'Horace.

GLOIRE DE MER, nom vulgaire d'un Mollusque du genre Cône, le *Conus gloria maris.*

GLOMÉRIDE (du latin *glomus*, peloton), *Glome-*

ris, genre d'insectes de l'ordre des Myriapodes, famille des Chilognathes : corps convexe en dessus, concave en dessous, et formé de 13 segments ou tablettes; 8 yeux, 4 de chaque côté de la tête. On trouve ces insectes cachés sous les pierres ; ils se contractent en forme de boule quand on les inquiète. Le type du genre est la *Glomeris marginata*, assez commune aux environs de Paris.

GLOSE (du grec *glóssa*, langue), nom donné d'abord à toute note explicative d'un passage plus ou moins obscur, puis à tout l'ensemble des gloses d'un même manuscrit, d'un même ouvrage ; dans ce second sens, *glose* est à peu près l'équivalent de *commentaire*, et *glossateur* de *commentateur*. Il y a seulement cette différence, que l'explication du glossateur doit être plus littérale et moins libre que celle du commentateur. *Voy.* GLOSSAIRE.

C'est surtout au moyen âge que les gloses ont été en vogue. La *Bible* et le *Corps du droit romain* en ont été surchargés plus encore que tous les autres ouvrages. Accurse fit sur les *Pandectes* une *glose continue* qui récapitule les gloses de tous ses prédécesseurs, et qui n'a pas moins de 6 volumes in-folio ; il en est de même de la *glose ordinaire* de Nicolas de Lyra, qui vivait au commencement du XIVᵉ siècle.

GLOSSAIRE (du grec *glóssarion*, dérivé de *glóssa*, langue), nom donné d'abord à un recueil de gloses se rapportant à un même sujet, puis à tout dictionnaire de termes techniques, poétiques, surtout archéologiques, etc., en un mot, de termes qui sont hors de l'usage commun. Ainsi, le *Dictionnaire de la moyenne et de la basse latinité* de Ducange porte le titre de *Glossaire.* — On ne donne guère aujourd'hui d'éditions de poëtes du moyen âge sans y joindre un glossaire. Beaucoup de lexiques, tels que le *Lexicon Platonicum, Xenophonteum, Homerico-Pindaricum*, etc., publiés soit avec l'auteur dont on explique ainsi la terminologie, soit à part, ne sont que des glossaires de ce genre. — Parmi les grands glossaires, on cite, outre celui de la *moyenne et basse latinité*, déjà mentionné, le *Gl. de la moyenne et de la basse grécité*, aussi de Ducange, le *Gl. archéologique* de Spelman, le *Gl. germanique* de Wachter, le *Gl. germanique du moyen âge* de Scherz, le *Gl. français allemanique* de Schilter, le *Gl. roman* de Roquefort, le *Lexique roman* de Renouard.

GLOSSATEUR. *Voy.* GLOSE.

GLOSSITE (du grec *glóssa*, langue), inflammation de la langue, est ordinairement causée par l'action sur la surface de la langue de substances âcres, caustiques ou délétères, ou d'un venin, d'une piqûre. Quand elle se borne à la surface muqueuse, c'est une affection peu grave, qui cède à l'emploi des émollients et à l'application des sangsues; quand elle atteint le parenchyme, elle prend quelquefois une marche très-aiguë, et peut déterminer promptement la suffocation ; il faut, dans ce cas, recourir à un traitement antiphlogistique très-énergique. Souvent la glossite superficielle se produit pendant le cours d'une maladie de la gorge, ou bien elle est symptomatique d'une gastrite, d'une entérite, d'une affection typhoïde très-grave, contre laquelle il faut diriger tous les moyens de traitement.

GLOSSOCÈLE (du grec *glóssa*, langue, et *kèlè*, hernie), hernie ou saillie de la langue hors de la bouche. Cette affection dépend ordinairement du gonflement inflammatoire de cet organe (*Voy.* GLOSSITE); quelquefois cependant on observe une *glossocèle chronique*, sorte d'engorgement œdémateux qui est susceptible d'acquérir à la longue un volume considérable, de déformer les arcades dentaires, les lèvres et même l'os maxillaire inférieur, et qui nécessite l'amputation d'une portion de la langue.

GLOSSOPÈTRES (c.-à-d. *langues pierres*), dents fossiles de poissons appartenant aux genres Squale, Raie, Spare, Baliste, etc. On en trouve souvent en

Europe, surtout aux environs de Montpellier, Bordeaux, Paris, dans la Sicile, etc.

GLOSSOPHAGE (du grec *glóssa*, langue, et *phagos*, qui suce), *Glossophaga*, genre de Chauves-souris caractérisées par une membrane en forme de feuille qu'elles portent au-dessus du nez. Ces animaux, qui habitent l'Amérique du Sud, ont le museau long et étroit, la langue très-allongée, étroite, extensible, recouverte en avant de poils nombreux, et creusée d'un sillon dans son milieu. Cette langue leur permet de sucer, comme les Vampires, le sang des mammifères. L'espèce type est le *Gl. de Pallas* (*Gl. soricina*), qu'on trouve au Brésil et à la Guyane.

GLOSSO-PHARYNGIENS (NERFS), du grec *glóssa*, langue, et de *pharynx*; nerfs de la langue qui naissent des parties supérieures latérales de la moelle vertébrale, entre les nerfs faciaux et pneumo-gastriques, dans le sillon qui sépare les éminences olivaires des corps restiformes. Ils sont le principal siège du goût.

GLOTTE (du grec *glóttis*, même signification), organe de la voix : c'est une fente oblongue qui s'ouvre au fond de la bouche et forme la partie supérieure du larynx. Elle est limitée supérieurement et inférieurement par 5 petits ligaments qui, deux à deux, forment les *cordes vocales supérieures et inférieures*. L'intensité de la voix dépend de l'étendue de la glotte. Dans l'âne et les singes hurleurs, de grandes cellules, en communication avec cet organe, rendent la voix de ces animaux assourdissante. — Quelques anatomistes nomment *glotte* une autre fente placée un peu au-dessous de la précédente.

GLOUSSEMENT. C'est proprement le cri de la poule domestique lorsqu'elle appelle ses petits ou qu'elle demande à couver.

GLOUTERON, nom vulgaire du genre *Bardane*.

GLOUTON (de *gluto*, gourmand), *Gulo*, genre de Carnivores, tribu des Plantigrades. Il ne comprend que 2 espèces : le *Gl. du Cap*, ou *Ratel*, qui a le corps épais et trapu, d'un mètre de longueur, et couvert de poils longs et rudes, gris cendré en dessus, noirs en dessous; il répand une odeur fétide; le *Gl. du nord*, couvert d'un long poil soyeux d'un beau brun marron, qui habite les régions arctiques; il est remarquable par son extrême voracité et sa hardiesse; bien qu'il ne soit pas plus grand que le blaireau, il s'attaque au renne et s'en rend maître.

GLU (en latin *glus*), substance visqueuse, collante, verdâtre, qui sert à faire des *gluaux* pour attraper les petits animaux, surtout les oiseaux. On l'emploie aussi pour préserver les arbres des insectes et des chenilles. La plus commune se fait, chez nous, avec l'écorce moyenne du Houx (*Ilex aquifolium*); en Italie, on préfère celle des baies du Gui (*Viscum album*); en Amérique, on en retire du Glutier (*Sapium aucuparium*); en Égypte, on en prépare avec le Sébeste (*Cordia sebestena*), et on l'appelle glu d'Alexandrie ou de Damas. Beaucoup d'autres végétaux peuvent en fournir. La glu ne se dissout au dans l'eau; elle est infusible, inflammable, et brûle en répandant une odeur animale; les alcalis, l'essence de térébenthine et l'éther la dissolvent. On la prépare en laissant pourrir les végétaux qui la contiennent, pendant 15 jours, en terre ou à la cave, puis les battant dans un mortier, et lavant à grande eau la glu qui se sépare. — On appelle *glu anglaise* une glu qu'on obtient par la transformation du *Robinia viscosa* et du *Gentiana lutea* en un extrait éthéré qu'on traite ensuite par l'alcool. — La glu a été employée en médecine à l'extérieur comme résolutive et contre la goutte; prise à l'intérieur, elle peut, dit-on, être très-nuisible.

GLUCINE (du grec *glykys*, doux, parce que les sels de glucine ont une saveur sucrée), substance terreuse, blanche, insipide, infusible au feu de forge, insoluble dans l'eau, composée de glucinium et d'oxygène. Elle forme avec les acides des *sels* par-

ticuliers, d'un goût sucré, et astringents. On la rencontre en combinaison avec la silice dans plusieurs minéraux, tels que l'euclase et l'émeraude. C'est dans cette dernière pierre qu'elle a été découverte, en 1798, par Vauquelin.

GLUCINIUM, métal d'un gris foncé, contenu dans la glucine, d'où M. Wœhler l'a extrait pour la 1re fois en 1827; étudié spécialement en 1854 par M. Debray.

GLUCOSE (du grec *glykys*, doux), synonyme de *Sucre de fécule* ou *de raisin*. *Voy.* SUCRE et AMIDON.

GLUCOSURIE (de *glucose*, et du grec *ouron*, urine), synonyme de *Diabète sucré*. *Voy.* ce mot.

GLUME, enveloppe florale des graminées. *V.* BALLE.

GLUTEN (mot latin qui veut dire *colle*, *gomme*), substance organique azotée qui existe dans la graine des céréales, et surtout dans le blé, où elle forme comme un réseau dont les mailles emprisonnent les granules d'amidon. On l'obtient sous la forme d'une masse grisâtre, molle, très-élastique, insoluble dans l'eau, de l'apparence d'une membrane, en malaxant de la pâte de farine, pendant qu'on y dirige un filet d'eau, jusqu'à ce que ce liquide ait entraîné tout l'amidon et les parties solubles de la farine. Le gluten est la partie essentiellement nutritive des farines, et c'est lui qui communique à la pâte la propriété de *lever*, c'est-à-dire de produire un pain léger, savoureux et de facile digestion. Les farines sont d'autant plus nourrissantes qu'elles contiennent plus de gluten. Le riz, le maïs, le millet, le sarrasin, sont très-pauvres en gluten, ou en sont même complétement dépourvus. — Le gluten est un mélange d'une matière semblable à la fibrine, appelée *fibrine végétale*, d'une substance gluante, nommée *glutina* ou *gliadine*, d'albumine, de caséine et de quelques sels. Abandonné à l'air humide, il se colore, perd son élasticité, et se décompose comme une matière animale, en répandant une odeur putride.

On emploie le gluten pour améliorer les pâtes destinées à la fabrication des macaronis, des vermicelles, et pour imiter ainsi les meilleures pâtes d'Italie. Le *gluten granulé* passe même pour être supérieur à toutes ces pâtes. On fabrique ce dernier de la manière suivante : le gluten frais est mélangé, en le divisant par menus lambeaux, avec deux fois son poids de farine; il est ensuite déposé dans un cylindre garni intérieurement de chevilles en fer, au centre duquel tourne un autre cylindre extérieurement muni de chevilles semblables. Les granules plus ou moins allongés qu'on obtient ainsi sont desséchés à l'étuve et passés dans des tamis de toile métallique.

On attribue généralement la découverte du gluten à un Italien du nom de Beccaria, qui vivait au milieu du XVIIIe siècle; cependant Quercetanus, médecin à la cour de Henri IV, en avait déjà parlé.

GLUTIER, nom vulgaire de plusieurs arbres qui fournissent de la *glu*, comme le *Sapium aucuparium* et le *Croton sebiferum*.

GLYCÉRINE (du grec *glykys*, doux), dite autrefois *Principe doux des huiles*, substance organique composée de carbone, d'hydrogène et d'oxygène ($C^6H^8O^6$), qu'on extrait des huiles et des graisses en les saponifiant par les alcalis. Elle forme un liquide sirupeux, transparent, incolore, sans odeur et d'une saveur très-douce. Elle est neutre aux réactifs, inflammable, très-soluble dans l'eau. On en doit la découverte au chimiste allemand Scheele.

GLYCINE (du grec *glykys*, doux), *Glycine*, genre de la famille des Papilionacées, renferme des plantes herbacées ou sous-ligneuses, à tiges souvent volubiles, à feuilles ternées, originaires des parties chaudes de l'Amérique. L'espèce type est la *Gl. frutescente*, originaire de la Caroline et acclimatée dans nos pays. On en fait des berceaux. Ses tiges sont blanchâtres, ses feuilles, formées de 9 à 10 folioles soyeuses; ses fleurs violettes, jaunâtres ou pourpres, et en grappes, s'épanouissent au printemps et à la fin de l'été. On cultive encore la *Gl. tubéreuse*, la *Gl. tomenteuse*, celles *de la Chine, à deux taches*, etc.

GLYCONIQUE (VERS), vers trimètre des Latins, se compose d'une spondée et de deux dactyles :

Sīctē, | dīvă pŏ | tēns Cyprī. (Hon., *Od.*, I, 6.)

On donne aussi ce nom à un vers trochaïque dimètre catalectique, qui prend au second pied le dactyle ou le spondée indifféremment. Exemple :

Fāīs | sī līcē | āt mī | bī.
Spīrī | tu āntēn | nœ gē | mūnt. (Sen., Trag.)

GLYCYRRHIZA, nom scientifique de la *Réglisse*.

GLYCYRRHIZINE (de *glykyrrhiza*, réglisse), substance brunâtre et amorphe qui constitue la partie essentielle du jus de réglisse, se compose de carbone, d'hydrogène et d'oxygène ($C^{16}H^{12}O^6$). Pour l'obtenir, on traite par l'acide sulfurique l'extrait aqueux de la racine de réglisse; on lave le précipité avec de l'eau acidulée, puis avec de l'eau pure; on le dissout ensuite dans l'eau, et l'on neutralise la liqueur par le carbonate de potasse; cette liqueur, filtrée et évaporée, donne pour résidu la glycyrrhizine.

GLYPHE (du grec *glyphó*, graver), terme d'Architecture, se dit de tout trait gravé en creux, de tout canal creusé dans les ornements. *V.* TRIGLYPHE.

GLYPTIQUE (du grec *glyphó*, graver), art de tailler ou de graver les pierres fines : c'est à cet art qu'on doit les *intailles* et les *camées* ou *gemmes* (*V.* ces mots et GLYPTOTHÈQUE). La cornaline, la calcédoine, le jaspe, l'agate, l'onyx, le lapis-lazuli, la malachite, la stéatite, la turquoise, le saphir, sont les pierres sur lesquelles on grave le plus ordinairement. Les instruments dont on se sert à cet effet sont le *touret*, espèce de tour, et la *bouterolle*, petit rond de cuivre ou de fer émoussé, propre à user ou à entamer la pierre, qui est mis en mouvement par le touret, et dont on augmente la puissance avec de l'émeri, de la poudre de diamant et quelques liquides.

On fait remonter l'origine de la glyptique aux Égyptiens, à qui les Étrusques, puis les Grecs, empruntèrent leurs procédés mécaniques. Chez ces derniers, la glyptique atteignit à une perfection qui est restée depuis inimitable. Rien n'égale la délicatesse et le fini des détails de la glyptique grecque. Les Romains succédèrent aux Grecs dans cet art, et c'est encore en Italie qu'on trouve aujourd'hui les meilleurs graveurs en pierres fines. Chez les anciens, les pierres gravées servaient d'amulettes, de cachets, d'anneaux, et quelquefois de bracelets, d'agrafes, etc. — Les graveurs anciens ne nous ont pas laissé la description des procédés qu'ils employaient : on sait seulement qu'ils connaissaient le touret et la bouterolle (*ferrum retusum*) ; ils se servaient, en outre, d'une espèce de scie (*terebra*): ils employaient aussi la poudre de diamant, le *naxium* (sorte de grès pulvérisé), le schiste d'Arménie et l'émeri (*smyris*).

Les meilleurs traités sur la Glyptique sont ceux de Vettori, de Mariette, de L. Natter (Londres, 1755), de Millin (1797). Il existe, en outre, un grand nombre de collections de pierres gravées (*Voy.* DACTYLIOTHÈQUE et GLYPTOTHÈQUE). Stosch, Bracci, et de nos jours, MM. de Clarac, Sillig, Raoul Rochette, ont décrit et classé toutes celles qui offraient quelque intérêt pour l'étude de l'histoire ou de l'art. M. Ch. Lenormant la a reproduites, par les procédés de M. Ach. Collas, dans son *Trésor de Numismatique et de Glyptique* (1834-50, 13 vol. in-fol.).

GLYPTOTHÈQUE (du grec *glypta*, choses gravées, et *thékê*, dépôt), collection de pierres gravées. Les anciens se plaisaient déjà à former des collections de ce genre; ils les plaçaient même dans leurs temples. Chez les modernes, Pétrarque en donna le premier l'exemple (*Voy.* DACTYLIOTHÈQUE et MÉDAILLES); de nos jours, la *Galerie des antiques* du Louvre à Paris et la *Glyptothèque* de Munich offrent les plus belles collections de pierres gravées,

bas-reliefs, mosaïques, etc. Malheureusement pour l'intérêt de la science, la fraude a produit beaucoup de pierres fausses, dont quelques-unes imitent l'antique de manière à tromper les plus habiles : telle était la collection, un moment fameuse, du pr. Poniatowski.

GNAPHALIUM (c.-à-d. en gr. *cotonnière*), g. de Composées-Sénécioïdées, qui comprend l'*Immortelle*.

GNATHODONTES (du grec *gnathos*, mâchoire, et *odous, odontos*, dent), nom donné par M. de Blainville à l'une des deux grandes divisions de la classe des Poissons, celle à laquelle Cuvier a donné le nom d'*Osseux*.

GNEISS (mot emprunté à l'allemand), roche remarquable par sa texture feuilletée, est composée des mêmes éléments que les différentes variétés de granit, spécialement du mica en paillettes et de feldspath lamellaire ou grenu. Elle constitue dans la croûte solide du globe de puissantes assises qui paraissent avoir été consolidées les premières. Elle est extrêmement riche en minéraux cristallisés de presque toutes les espèces : on y connaît, en exploitation, des mines de manganèse, de galène argentifère, de cuivre, d'étain, d'argent, d'antimoine, de fer, etc. Elle présente un grand développement dans la partie centrale des Alpes, dans les Vosges, dans les montagnes qui séparent la Loire du Rhône et de la Saône, dans les Cévennes, les Pyrénées, etc.

GNET, *Gnetum*, genre type de la famille des Gnétacées, détachée des Conifères, renferme des arbres de l'Inde et de l'Océanie, à tronc droit et noueux, à rameaux élancés, à feuilles opposées, ovales, pointues, luisantes en dessus. Leurs fruits sont rouges, semblables à ceux du Cornouiller. L'amande cuite est comestible et d'un bon goût. Le *Gn. gnemon* est l'espèce type de ce genre. — Outre le genre Gnet, la famille des *Gnétacées* renferme le genre Éphèdre, que l'on trouve en Europe.

GNIDIENNE, *Gnidia* (de la ville de Gnide, dédiée à Vénus), genre de la famille des Thymélées, renferme de fort jolies plantes frutescentes, originaires d'Afrique, à feuilles persistantes et à fleurs dont l'odeur rappelle celle de l'héliotrope. La *Gn. à feuilles de lin* (*Gn. simplex*) est un petit arbrisseau, haut de 40 à 50 centim. Ses rameaux grêles sont couverts de feuilles nombreuses et linéaires; ses fleurs, d'un jaune pâle, s'épanouissent deux fois par an. La *Gn. à feuilles de pin* (*Gn. pinifolia*) a de belles fleurs blanches, couvertes de poils; des rameaux grisâtres et des feuilles longues de 14 à 15 millim. On les cultive dans les serres.

GNOMES, génies de petite stature, imaginés par les Cabalistes. *Voy.* GNOME au *Dict. univ. d'H. et de G.*

GNOMIQUES (POÈTES), du grec *gnômé*, sentence. Les Grecs ont donné ce nom à des poëtes qui ont écrit un grand nombre de poésies renfermant des sentences et des pensées morales. Plusieurs de ces poëtes furent en même temps philosophes et législateurs. On cite parmi les plus célèbres : Théognis, Phocylide, Pythagore, Solon, Simonide, Cléanthe, Hésiode, etc. Brunck a donné un recueil estimé des *Poëtes gnomiques grecs* (Strasbourg, 1784, gr.-lat.). Les *Distiques* de D. Caton et les *Sentences* de P. Syrus chez les Romains, les *Quatrains* de Pibrac, peuvent être rangés parmi les poésies gnomiques.

GNOMON (mot grec qui veut dire proprement *indicateur*), instrument qui sert à mesurer la hauteur du soleil et à marquer les heures, en indiquant la longueur et la direction de l'ombre projetée. Il est ordinairement formé par une aiguille ou style, une colonne ou une pyramide élevée verticalement sur une surface plane et horizontale, en un point d'une ligne droite tracée sur cette surface et qui représente la méridienne du lieu. Pour connaître la hauteur du soleil, on mesure la longueur de l'ombre projetée par le gnomon, lorsque cette ombre tombe exactement sur la ligne méridienne. Les Grecs distinguaient l'heure par l'ombre d'un gnomon projetée sur un *cadran* solaire (*Voy.* ce mot). — Les observations de l'ombre du gnomon ont fait reconnaître la diminution progressive de l'obliquité de l'écliptique.

Gnomon se dit encore d'une ouverture plus ou moins élevée, par laquelle, dans le but aussi de connaître la hauteur du soleil, on introduit un rayon solaire sur une ligne méridienne parfaitement horizontale et où l'on marque les tangentes de la distance au zénith.

Ce mot est enfin employé, mais avec peu d'exactitude, comme synonyme de *Cadran solaire.*

GNOMONIQUE, science des gnomons et art de tracer les cadrans solaires (*Voy.* CADRAN et GNOMON). On en trouvera les procédés décrits dans le *Manuel de Gnomonique* de M. Boulereau (Collection Roret).

GNOSE (du grec *gnôsis*, connaissance), prétendue science privilégiée, réservée aux seuls Gnostiques, était obtenue par une intuition immédiate. *Voy.* GNOSTIQUES au *Dict. univ. d'Hist. et de Géogr.*

GNOU, *Antilope gnus*, espèce de Mammifère ruminant du genre Antilope. C'est un animal plus grand que les autres Antilopes, d'un aspect farouche, et qui a la face recouverte de poils épais. Son pelage est fauve ou brun ; la queue est garnie de longs poils blancs. Avec le mufle et les cornes du bœuf, il a les jambes du cerf, et là belle encolure, la crinière et la croupe du cheval. Une seconde crinière, toute noire, lui défend la face inférieure du cou. Enfin, sa queue est longue et terminée par un flocon de longs poils. Cette espèce habite l'Afrique et l'Amérique méridionales ; elle paraît difficile à apprivoiser.

GOBELET (du latin *cupa*). A la cour des rois de France, le *Service* dit *du gobelet* était un des 7 offices de la maison du roi : il comprenait le pain, le vin, le fruit et le linge pour la bouche du roi. On appelait *chef du gobelet*, ou simplement *gobelet*, le premier des officiers de la bouche du roi. V. ÉCHANSON.

Dans l'ancienne Pharmaceutique, on appelait *gobelet émétique* un gobelet de métal dans la composition duquel il entrait de l'antimoine, et qui communiquait une vertu émétique à la liqueur qu'on y laissait séjourner. On y a renoncé, parce que la quantité d'émétique dissoute n'était pas constante, et qu'il en résultait souvent des accidents. Il y avait de même des *gobelets de quassia, de tamaris,* etc.

GOBELETS (JOUEUR DE). *Voy.* PRESTIDIGITATEUR.

GOBE-MOUCHES, *Muscicapa*, genre d'oiseaux de l'ordre des Passereaux dentirostres : bec moyen, d'une longueur et d'une largeur moyennes, élargi et déprimé à la base, qui est hérissée de longs poils ; comprimé et échancré vers la pointe, ou très-acéré. Ces oiseaux sont répandus sur tout le globe. Ils se nourrissent d'insectes. Ils sont migrateurs : ils arrivent au printemps dans les pays tempérés, et partent en automne, après avoir niché. Ils vivent dans les lieux retirés, sur le sommet des arbres les plus élevés ; leur cri est aigu et monotone. On trouve en Europe le *G. gris* (*M. grisola*), qui est long de 12 à 15 centim. ; il a la poitrine, les flancs, le cou et les parties supérieures d'un brun cendré, la gorge et le ventre blancs. Le *G. à collier* (*M. albicollis*) est long de 10 à 12 centim. Il a les parties inférieures et le front blancs, le sommet de la tête noir, ainsi que la queue et le dos. Le *G. bec-figue* (*M. luctuosa*), long d'environ 12 centim., est d'un beau noir, excepté le front, qui est blanc, ainsi que les parties inférieures.

GOBETIS. *Voy.* CRÉPI.

GOBIE (du grec *Kôbios*, nom d'un poisson analogue), *Gobius*, vulgairement *Goujon de mer*, genre de poissons Acanthoptérygiens, type de la famille des Gobioïdes, se distingue aux rayons flexibles de ses nageoires, à ses ventrales réunies sur toute leur longueur ; à ses dorsales et à ses dents en velours, disposées sur une seule rangée à chaque mâchoire. On trouve ces poissons dans toutes les mers, quelques-uns même dans les fleuves. L'espèce type

est le *Boulereau noir* (*G. niger*), que l'on pêche sur nos côtes en mars et en avril. Il n'a que 12 à 13 centim. de longueur ; mais sa chair est estimée.

GOBIO, COBIUS, noms latins du Goujon.

GOBIOIDES (de *Gobie*, genre type), famille de poissons Acanthoptérygiens, caractérisée par ses ventrales attachées sous ses pectorales, un peu en avant, et réunies par leur bord interne de manière à ne former qu'une seule nageoire qui devient une sorte de ventouse pour le poisson. Cette famille renferme les genres *Gobie, Blennie, Anarrhique, Callionyme,* etc.

GODILLE ou GOUDILLE, aviron qui, placé dans une entaille arrondie sur l'arrière d'une petite embarcation, sert à l'homme qui la manie à diriger seul cette embarcation soit sur une rivière, soit même sur la mer quand elle n'est pas trop mauvaise. Cette manière de naviguer, qui imite les mouvements de la queue du poisson, s'appelle *godiller.*

GODIVEAU (de *godebillaux*, tripes de bœuf avec lesquelles on faisait d'abord ces pâtés), pâté chaud composé d'andouillettes, de hachis de veau qui se met ordinairement en boulettes, et de béatilles (ris de veau, crêtes de coq, champignons, etc.). On n'en fait plus aujourd'hui. Les tourtes d'entrée et les vols-au-vent en sont remplacés.

GODRON ou GAUDERON. *Voy.* GAUDERON.

GOELAND, *Larus*, oiseau de mer qui forme une section du genre Mouette, renferme les plus grosses espèces, c.-à-d. celles qui atteignent au moins la taille du canard, et qui ont les jambes à demi nues et les formes lourdes et massives. La principale espèce est le *G. burgmeister* (*L. glaucus*), qui habite les contrées septentrionales de l'ancien monde, et ne se voit que rarement sur nos côtes. Cet oiseau est d'un bleu cendré avec un cercle rouge autour des paupières et des iris rouges. Il est doué d'un appareil de vol si puissant qu'il fait, en suivant les navires, des traversées de 3,000 kilom. sans se reposer. Il dépose ses œufs sur les rochers de la mer, et se nourrit de cadavres, soit d'hommes, soit de poissons.

GOELETTE (de *goëlund* ?), navire léger, de 50 à 100 tonneaux, allongé, peu large, construit essentiellement pour la course. Il porte 2 mâts, fort inclinés en arrière, sa grande voile et sa voile de misaine trapézoïdale envergués à une corne et à un pic, et presque toujours des mâts hauts sortant des huniers, parfois une voile de fortune à la vergue carrée de l'avant, et des focs. On l'arme en guerre avec de petite artillerie, et il sert de mouche ou d'aviso. Les corsaires sous l'Empire en avaient de fort jolies et d'une marche supérieure. Le commerce s'en sert aussi beaucoup dans les parages où la mer est basse.

GOEMON, nom donné sur quelques côtes de France aux plantes marines jetées sur ces côtes ou ramassées sur les rochers, et qui fournissent aux habitants un engrais précieux pour les champs. Parmi ces plantes sont des *Fucus*, des *Varechs*, des *Laminaires*, des *Siliquaires*, des *Lorées*, etc. Cet engrais se décompose lentement et est très-propre à maintenir la fraîcheur de la terre.

GOÉTIE (en grec *goëteia*, formé de *goès*, sorcier, imposteur), espèce de magie par laquelle on invoquait les génies malfaisants pour nuire aux hommes : c'est l'opposé de *Théurgie*. On réunissait pour augmenter l'effet des pratiques de la *goétie* tout ce qui pouvait ébranler l'imagination : nuit obscure, caverne souterraine, proximité des tombeaux, ossements de morts, victimes noires, sourds gémissements, etc. ; quelquefois même on sacrifiait, dit-on, de jeunes enfants pour chercher l'avenir dans leurs entrailles. C'est dans les derniers temps du paganisme que l'on se livra à ces pratiques, ridicules quand elles n'étaient pas horribles et criminelles.

GOITRE (qu'on fait dériver, par corruption, du latin *guttur*, gorge), dit aussi *Thyroïdite*, tumeur produite par l'engorgement du corps thyroïde ; les anciens la nommaient improprement *Bronchocèle* ou *Hernie gutturale*. Le goître forme à la partie antérieure du cou une tumeur irrégulière et bosselée, souvent bilobée, susceptible d'acquérir un volume considérable, et qui peut alors entraver plus ou moins gravement la respiration. Les femmes y sont plus sujettes que les hommes. Le goître est endémique et héréditaire dans certaines contrées froides et humides, notamment dans les vallées des Alpes, le bas Valais, la Savoie, la Maurienne, etc.; on l'attribue aux aliments grossiers, indigestes, à l'usage des eaux séléniteuses, calcaires, magnésiennes, ou provenant de la fonte des neiges, et en général au défaut de matières iodées. Il affecte surtout les individus lymphatiques, à constitution molle ou scrofuleuse (*Voy.* CRÉTINS). Toutes les professions qui nécessitent des efforts susceptibles de porter le sang à la tête peuvent développer le goître, ainsi que les cris, l'habitude de porter des fardeaux sur la tête, un accouchement laborieux, etc. Il n'est accompagné ni d'inflammation, ni de changement de couleur à la peau; mais il peut, après avoir persisté pendant plusieurs années à l'état de simple hypertrophie, se transformer en une autre maladie, telle que des tubercules, des kystes, des dégénérations squirreuses, etc.

En général, on envisage le goître plutôt comme une simple difformité que comme une vraie maladie. De tous les moyens préconisés contre cette difformité, le plus efficace est l'iode et la pommade d'hydriodate de potasse. On a employé à l'intérieur l'éponge de mer, le savon, le carbonate de soude, les eaux alcalines et sulfureuses; on a aussi appliqué sur la tumeur des sachets remplis de chlorhydrate d'ammoniaque, de chaux éteinte et de poudre de tan, et ceux appelés jadis *colliers de Morand*. L'extirpation du corps thyroïde a presque toujours été mortelle.

Dans l'Art vétérinaire, on nomme *goître* une tumeur plus ou moins grosse, remplie d'eau, qui se forme sous la mâchoire des moutons, et qui paraît ou disparaît, augmente ou diminue, selon que le temps est humide ou sec, ou que l'animal a travaillé ou s'est reposé. Les chiens y sont aussi sujets.

GOLFE (du grec *kolpos*, sein, et par suite golfe), portion de mer qui s'enfonce dans les terres. On distingue la *baie* en ce que celle-ci est moins considérable. — Autrefois on nommait golfes de véritables mers : la mer Baltique (*sinus Codanus*), la mer Rouge (golfe Arabique). Les vrais golfes les plus connus sont ceux de Bothnie, de Finlande, de Riga, de Gascogne, de Lyon, de Gênes, de Tarente, en Europe; d'Alexandrette, de Suez, de Siam, de Tonquin, de l'Obi, de Iénisséi, en Asie; de la Sidre, en Afrique; de St-Laurent, en Amérique. Beaucoup de golfes sont formés par des embouchures de grandes rivières : tel est le canal de Saint-George en Angleterre. — On a appelé *golfes ouverts* des enfoncements qui commencent par simuler un golfe, mais au bout desquels se trouve un passage; il faut réserver à ces bras de mer le nom de *manche*.

GOLIATH (par allusion au géant *Goliath*), *Goliathus*, genre de Coléoptères pentamères de la famille des Lamellicornes, tribu des Scarabées. Ces insectes sont les géants de leur tribu : leur longueur atteint 9 centim. Ils ont la lèvre supérieure échancrée en gouttière, le sternum large et les pattes antérieures non dentelées à leur côté extérieur. Les mâles ont le chaperon fendu et prolongé des deux côtés en forme de cornes. Ces animaux vivent sur les fleurs. On en connaît plusieurs espèces, toutes d'Afrique et d'Amérique. Le *G. brillant* est vert doré, avec les cornes et les tarses noirs; le *G. géant* à la tête et le corselet d'un blanc jaunâtre avec des raies noires et les ailes jaunâtres.

GOMART, *Bursera*, genre de plantes de la famille des Burséracées, renferme de très-grands arbres tous

exotiques. Le plus remarquable est le *G. gommier* (*B. gummifera*), vulgairement nommé *Bois à cochon*, *Bois à colophane*, *Cachibou*, *Gommier*, *Sucrier de montagne*. C'est un arbre propre à l'Amérique, qui s'élève à près de 30 mètres, et duquel découle un suc balsamique, gommeux, qui est un excellent remède contre les plaies. Pour les caractères botaniques, *Voy.* BURSÉRE.

GOMBO ou GOMBAUT, nouveau légume cultivé en Algérie, appartient à la famille des Malvacées, et est originaire des Antilles. *Voy.* KÉTMIE.

GOMME (en latin *gummi*), substance solide, blanche, jaune ou rougeâtre, incristallisable, d'une cassure vitreuse et d'une saveur fade, qu'exsudent beaucoup d'arbres, et particulièrement nos arbres fruitiers, sous la forme d'un liquide épais et visqueux qui bientôt se durcit à l'air. Souvent, l'excrétion de ce suc n'ayant pas lieu naturellement, on la détermine au moyen d'incisions qu'on pratique sur l'écorce des arbres. On trouve d'ailleurs des principes gommeux dans la plupart des végétaux. On rencontre dans le commerce : la *G. arabique* et la *G. du Sénégal*, en petites masses arrondies, tantôt blanches, tantôt rousses ou rouges, solubles dans l'eau froide, provenant de différentes espèces d'*Acacias* (*Mimosa*) qui croissent en Égypte, sur les bords du Nil, en Arabie et au Sénégal; la *G. adragant*, en petits rubans entortillés, qu'on tire de petits arbrisseaux appelés *Astragales* (*Astragalus tragacantha*), qui viennent à l'île de Crète et aux îles environnantes; les *G.* dites *de pays*, notamment la *G. de France*, qui découle dans nos contrées, à l'époque de la maturité des fruits, des abricotiers, amandiers, cerisiers, pêchers, pruniers, etc. Ces gommes ne sont jamais des corps purs; mais des mélanges, en proportions variables, de substances composées de carbone, d'hydrogène et d'oxygène (*arabine, cérasine, bassorine*), qui se dissolvent plus ou moins facilement dans l'eau, et l'épaississent en donnant des liquides gluants et mucilagineux. Les gommes sont précipitées par l'alcool. La gomme arabique est particulièrement recherchée à cause de sa grande solubilité dans l'eau froide. On emploie les gommes dans les arts pour fabriquer l'encre et le cirage, épaissir les couleurs, apprêter et lustrer les étoffes. Les gommes de France sont utilisées dans la chapellerie pour l'apprêt du feutre. Les médecins prescrivent les gommes à cause de leurs propriétés adoucissantes : elles entrent dans la composition de beaucoup de sirops, de pastilles, de potions, etc.; les pâtes de guimauve et de jujube ne sont que des mélanges de gomme arabique et de sucre, aromatisés avec le jus de ces plantes. Dans les pays de l'Afrique où les gommes abondent, les indigènes les emploient comme nourriture. — On fabrique une *Gomme artificielle* au moyen d'une légère torréfaction de la fécule; mais cette gomme, dite *Léiocome* (*Voy.* ce mot), diffère des gommes naturelles par certains caractères chimiques.

On donne improprement le nom de *Gommes-résines* à des matières très-diverses, qui exsudent, il est vrai, de certains arbres comme les gommes proprement dites, mais qui contiennent des principes résineux très-différents des substances gommeuses, et souvent des huiles essentielles qui leur donnent de l'odeur. On range parmi les gommes résines : le *Suc d'aloès*, la *G. ammoniaque*, l'*Assa fœtida*, le *Bdellium*, le *Copal*, la *G. élémi*, l'*Euphorbe*, le *Galbanum*, la *G.-gutte*, la *Gutta-percha*, la *Myrrhe*, l'*Oliban*, l'*Opoponax* et le *Scammonée*. *Voy.* ces mots.

Gomme ammoniaque, espèce de gomme-résine, ordinairement en larmes blanches, fournie par une Ombellifère, le *Dorema armeniacum*, qui croît en Perse. On l'emploie en médecine, à l'extérieur, sous forme d'emplâtre, et à l'intérieur comme excitant dans le traitement de l'asthme et des catarrhes pulmonaires chroniques.

Gomme animé. Voy. RÉSINE ANIMÉ.

Gomme de Bassora, Gummi torridonense, substance qu'on tire des environs de Bassora, se trouve en morceaux irréguliers, d'un petit volume, blancs ou jaunes; elle est moins transparente que la gomme du Sénégal, et moins opaque que la gomme adragant. Elle contient un principe particulier nommé *bassorine (Voy.* ce mot). On l'a attribuée, mais sans preuve, au *Mesembryanthemum;* elle vient plus probablement d'un *Mimosa.* Du reste, c'est à tort qu'on l'appelle *gomme,* puisqu'elle ne se dissout pas dans l'eau. Elle n'est d'aucun usage, et même vicie les gommes où elle se trouve mêlée.

Gomme élastique. Voy. CAOUTCHOUC.

Gomme-gutte, espèce de gomme-résine, en masses cylindriques, d'un jaune brun, opaques, inodores, d'une cassure vitreuse, presque insipide d'abord, puis âcre et amère. Elle provient d'un Guttifère, le *Garcinia morella* de De Candolle, qui croît dans l'île de Ceylan et dans la presqu'île de Camboge; on l'emploie comme couleur jaune dans la peinture en aquarelle, et comme purgatif en médecine.

Gomme laque, nom donné improprement à une résine. *Voy.* LAQUE et DALBERGE.

Gomme en larmes. Voy. GALBANUM.

GOMMIER, nom donné aux arbres qui produisent de la gomme ou des résines. Ainsi on nomme *G. d'Arabie,* l'Acacia du Nil et l'Acacia du Sénégal; *G. blanc,* le Balsamier; *G. rouge,* le Gomart, etc.

GOMPHOSE (du grec *gomphos,* clou), articulation immobile par laquelle les os sont emboîtés l'un dans l'autre, comme un clou ou une cheville dans un trou; telle est l'insertion des dents dans les mâchoires.

GOMPHOSE, genre de poissons Acanthoptérygiens, de la famille des Labroïdes : corps très-comprimé, tête entièrement nue, museau ayant l'apparence d'un tube long et mince, et représentant une espèce de clou. Le *G. bleu* est de la grandeur d'une tanche; son corps est bleu. Le *G. brun* et le *G. vert* tirent leur nom de la couleur de leur corps. Le *G. varié* est mêlé de vert, de bleu et de jaune. Ces trois espèces fournissent un aliment très-agréable, recherché par les habitants des Moluques.

GOMPHRÈNE, vulgairement *Amarantine, Immortelle violette,* genre de la famille des Amarantacées, renferme des plantes annuelles originaires de l'Inde. Les tiges sont droites, articulées, un peu velues, munies de feuilles opposées, ovales, lancéolées, entières et molles. Les fleurs sont d'un rouge vif. On cultive ces plantes dans nos jardins.

GONDOLE (de l'italien *gondola*), barque légère, oblongue, ayant la poupe repliée en l'air, la proue élancée et recourbée en dehors, et au milieu une cabine fermée par des glaces ou des jalousies, ne sert que pour le passage et l'agrément. Elle ne va qu'à la rame; le rameur, nommé *gondolier,* est placé à l'arrière. On ne voit guère de gondoles qu'à Venise. Les gondoliers vénitiens ont acquis une célébrité par leurs chansons ou barcarolles : les paroles, originairement empruntées aux vers du Tasse, ont subi, grâce au temps et au dialecte vénitien, de nombreuses modifications.

Diverses voitures, des diligences, des omnibus, etc., ont porté le nom de *gondoles.* Le maréchal de Saxe, à Fontenoi, se faisait porter dans une gondole d'osier quand il ne pouvait plus se tenir à cheval.

GONFALON ou GONFANON (de *cum,* ensemble, et *fanon;* réunion de fanons), espèce de bannière à plusieurs fanons. *V.* ce mot au *Dict. univ. d'H. et de G.*

GONG ou GONG-GONG (onomatopée), instrument de musique des Chinois et des Indiens, consiste en une plaque de métal dont on tire des sons éclatants en la frappant avec une baguette garnie de peau.

GONGYLE (du grec *goggylos,* rond), nom sous lequel on désigne les globules reproducteurs de certaines plantes dans lesquelles la fécondation n'est pas démontrée. Tels sont les globules des Algues et ceux qu'on trouve sur le thalle des Lichens.

GONIOMÈTRE (du grec *gônia,* angle, et *métron,* mesure), instrument qui sert à mesurer les angles dièdres dans les cristaux. On distingue le *G. par application* et le *G. par réflexion.* Le premier se compose d'un demi-cercle divisé, sur lequel sont adaptées deux alidades, l'une fixe au zéro de la division, l'autre mobile, de manière à pouvoir marquer sur le limbe l'angle du cristal. Le deuxième donne des résultats beaucoup plus précis; mais il n'est applicable qu'aux cristaux qui présentent un certain poli : le plus généralement employé est celui de Wollaston. Il se compose d'un limbe vertical, gradué sur sa tranche, et dont l'axe horizontal est monté sur un support. Ce limbe peut être tourné au moyen d'une virole, et se trouve muni d'un vernier immobile. L'axe du limbe est creux et traversé par un autre axe mobile, destiné à porter le cristal dont on veut mesurer les angles. On y fixe celui-ci de manière que l'une de ses faces réfléchisse, à l'œil placé très-près, un objet extérieur, par exemple, une ligne noire tracée sur un mur; puis on fait faire à cette face, en même temps qu'au limbe, une révolution, jusqu'à ce que l'œil perçoive de nouveau la même objet réfléchi par une autre face qui fait avec la première l'angle cherché; celui-ci est donné par l'arc parcouru dans cette révolution par le limbe.

GOODENIA (d'un nom propre), genre type de la famille des Goodéniacées, formée par Smith, renferme des végétaux propres à l'Océanie. Ce sont des arbres ou des arbrisseaux à fleurs élégantes, portées sur de longs pédoncules. Ces fleurs sont jaunes, blanches, roses ou rougeâtres. Le fruit est une capsule à deux loges. L'espèce principale est la *G. à grandes fleurs,* à feuilles ovales, et à fleurs jaunes et axillaires. On cultive cette plante dans les serres tempérées.

GORDONIA (d'un nom propre), genre de la famille des Ternstrœmiacées, renferme des plantes frutescentes, à feuilles alternes et coriaces, à pédoncules axillaires et uniflores, propres aux parties les plus chaudes de l'Amérique septentrionale. On cultive dans nos jardins la *G. à feuilles glabres,* haute de 4 m. et à fleurs blanches, et la *G. pubescente,* également à fleurs blanches, mais plus petite.

GORFOU (de *goir fugl,* nom sous lequel les habitants des îles Fœroë désignent le grand pingouin), *Catarrhactes,* genre d'oiseaux palmipèdes et de la famille des Plongeurs : bec court, droit, robuste; mandibule supérieure convexe, un peu crochue; sillon nasal, s'arrêtant au tiers du bec. L'espèce unique du genre, le *G. sauteur (C. chrysocoma),* est brun en dessus, blanc en dessous, avec des plumes dorées sur la tête. Cet oiseau est de la taille d'un gros canard; il vit de poissons, et habite les mers polaires.

GORGE. Ce mot, dans le langage vulgaire, désigne la partie antérieure du cou; pour les Anatomistes, c'est seulement la cavité formée par le pharynx, le *Gosier.* — Ce qu'on nomme vulgairement *mal de gorge* est désigné par les médecins sous le nom d'*angine. Voy.* ce mot.

On nomme *Gorge blanche* la Sylvie grisette et la Mésange nonnette; *G. jaune,* le Figuier trichas; *G. noire,* le Rossignol des murailles; *G. nue,* une espèce de Perdrix; *G. rouge,* la Sylvie rouge.

En Botanique, on appelle *fausse-gorge* l'entrée du tube de la corolle, du calice, etc.

En Architecture, on appelle *gorge* une moulure concave. La *gorge d'une poulie* est la cannelure, le creux circulaire qui règne sur sa circonférence.

GORGERET (de *gorge*), instrument de chirurgie, qui représente une gouttière allongée en forme de *gorge* ou de canal étroit; on s'en sert dans plusieurs opérations, notamment dans celle de la taille et de la fistule à l'anus. Les gorgerets ont été modifiés à l'infini : on emploie surtout, pour la taille, ceux de Foubert, de Ledran, de Lecat, de Desault; pour la fistule, ceux de Marchettis, Percy, Larrey. On nomme vulgairement *Gorgeret*, un Rolle, un Fourmilier et un Gobe-mouches.

GORGERIN (de *gorge*). C'était, au moyen âge, la pièce de l'armure qui couvrait la gorge et le cou d'un homme d'armes. — On l'a dit aussi du collier garni de pointes dont on arme le cou des chiens.

En Architecture, le *gorgerin* est la partie du chapiteau dorique qui est au-dessus de l'astragale.

GORGONE (nom mythologique donné par Pline à ce zoophyte), *Gorgonia*, genre de Polypes, renferme des Zoophytes à polypiers simples ou rameux, recouverts d'une écorce animée qui les fait tous communiquer entre eux, de sorte que ce qui sert à la nourriture de l'un profite à tous les autres. Cette écorce est charnue, élastique, flexible, et devient, par la dessiccation, terreuse et friable. Ces polypiers, qui ont de 5 centimètres à plusieurs mètres de hauteur, ressemblent à des arbrisseaux : aussi les a-t-on longtemps rangés parmi les végétaux. Leur couleur varie du rouge au blanc, au vert, au violet, au noir et au jaune. Les animaux qui les habitent sont petits et enfermés dans un sac membraneux. Les Gorgones ressemblent aux Alcyons. La *G. éventail*, commune dans les collections, se trouve dans toutes les mers. La *G. briarée* habite les mers de l'Amérique septentrionale. — La Gorgone est le type de l'ordre des Gorgoniées, qui appartient à la division des Polypiers flexibles, section des Corticifères.

GORILLES, nom donné par le Carthaginois Hannon aux femmes d'une peuplade africaine qui avait le corps entièrement velu, a été appliqué récemment par les Zoologistes à une espèce de Singe d'Afrique très-voisine de l'homme. *Voy.* TROGLODYTES.

GOSIER, nom vulgaire du *pharynx*. V. PHARYNX.

GOSSAMPIN, *Gossampinus*, espèce de Fromager, arbre de la famille des Malvacées, qui croît dans l'Inde, en Afrique et en Amérique, est ainsi nommé parce qu'il ressemble au *pin*, et que son fruit renferme une sorte de coton (*gossypium*).

GOSSYPINE (de *gossypium*, coton), substance végétale solide, fibreuse, insipide, très-combustible, insoluble par l'eau, l'alcool et l'éther, soluble dans les alcalis, et qui, traitée à chaud par l'acide nitrique, se décompose et fournit de l'acide oxalique. On l'extrait du coton commun. Elle est sans usage.

GOSSYPIUM, nom scientifique du COTON.

GOTHIQUE (ARCHITECTURE), nom donné vulgairement à tous les genres d'architecture en usage au moyen âge, désigne spécialement le *style ogival*.

On distingue le *vieux gothique*, résultat des diverses modifications apportées à l'architecture ancienne par les peuples barbares, et dont les principaux monuments se trouvent en Allemagne, en Angleterre, dans les Pays-Bas et dans le nord de la France; et le *gothique moderne*, ou *gothique proprement dit*, qu'on nomme aussi *architecture sarrasine*, parce qu'il est né du mélange de l'architecture arabe et mauresque avec le vieux gothique et le style byzantin : c'est par l'effet d'une erreur accréditée par le temps que les Goths passent pour être les inventeurs de cette seconde espèce d'architecture.

On divise encore l'*architecture gothique* soit par rapport aux races ou nations, soit par rapport à l'exécution. Sous le 1er point de vue, il y a le *G. du nord* (subdivisé en *G. breton* ou *anglais*, *G. flamand* et *G. normand*); le *G. germain* (qui comprend le *saxon*, le *tudesque* et le *lombard*); le *G. du midi* (dont les espèces sont très-variées), et enfin le *G. asiatique* (où l'on distingue le *syrien*, l'*arabe*, le *sarrasin* et le *mauresque*). Sous le point de vue de l'art, on distingue surtout : le *G. à trèfle*, qui fleurit du IXe au XIe siècle; le *G. rosé et fuselé* (la *rose* est la disposition des vitraux en corolles aplaties, et l'on nomme *fuseaux* la réunion d'un gros fût principal et

de nombreuses colonnettes en fuseaux); le *G. ondulé et panaché*, c.-à-d. chargé de galbes, ondulations et clefs pendantes (de Louis VIII à Charles VI); le *G. flamboyant* et le *G. fleuri*, développement ou exagération du précédent; la période où domina ce dernier genre s'étend jusque sous François Ier et sous Henri II. Mais déjà le style renaissance dispute la place au gothique, et bientôt celui-ci disparaît.

On a émis des opinions fort diverses sur l'origine de l'architecture gothique. Il paraît constant que le vieux gothique est d'origine septentrionale. Les bois étaient les seuls temples des peuples du nord; et les troncs, les rameaux, le feuillage, les masses d'ombre coupées par quelques interstices de lumière, leur offraient précisément les types de tout ce qui frappe dès l'abord les yeux dans une cathédrale et même dans les édifices profanes du moyen âge : la substitution de l'ogive au plein cintre roman, les flèches élancées, les murs à jour, etc. Quant au gothique moderne, les uns en placent l'apparition, en Sicile, du VIIIe au IXe siècle; les autres la reculent au XIe. On en fait honneur tantôt au génie arabe, tantôt à l'Asie antérieure, notamment à la Syrie plus ou moins modifiée par l'islamisme. Dans la première hypothèse, l'ogive aurait été répandue en Europe par suite des conquêtes arabes en Espagne, en Sicile et dans le sud de la France. Dans la deuxième, son introduction parmi les Chrétiens aurait suivi les deux ou trois premières croisades. — Les Anglais Murphy, Langley, Hall, S. Hawkins, ont publié des travaux remarquables sur l'origine, les règles et l'histoire de l'architecture gothique : on peut consulter aussi les dessins de Sopp et ceux de Tollet (Paris, 1840), ainsi que l'*Histoire de l'architecture au moyen âge* de M. de Caumont (Caen, 1837).

GOTHIQUE (ÉCRITURE), écriture ancienne, dont les caractères sont remarquables par leurs formes roides et angulaires. C'est l'ancien caractère romain, altéré et chargé de traits et d'ornements, dont l'introduction dans l'écriture a été attribuée aux Goths. On distingue le *G. ancien* ou *proprement dit*, qui prit naissance vers la fin du Ve siècle, et qui dura jusqu'au XIIIe : cette écriture n'est assujettie à aucune règle fixe; les lettres capitales et onciales, minuscules et cursives, y sont mélangées d'une manière plus ou moins bizarre; et le *G. moderne*, écriture gothique assujettie à des traits fixes et réguliers, qui date du commencement du XIIIe siècle, et que les Allemands emploient encore aujourd'hui. — Les lettres runiques ont été appelées autrefois *gothiques*, malgré la différence qui existe entre ces deux sortes de caractères. — Les caractères gothiques sont encore usités en Typographie, mais seulement pour certains titres et pour les lettres initiales de chapitres.

GOTHIQUE (LANGUE), un des plus anciens idiomes de la branche germanique, et celui duquel dérivent l'islandais, le suédois et le danois, qui tous trois ensemble forment le rameau scandinave. Le gothique primitif est aujourd'hui perdu : celui que nous connaissons maintenant est l'idiome que parlaient au IIIe siècle les Goths de la Mésie. — Il n'existe en gothique que des fragments de la version de la Bible en cette langue faite par l'évêque Ulfilas au IVe siècle.

GOUACHE (de l'italien *guazzare*, dérivé de l'allemand *waschen*, laver), sorte de peinture dans laquelle on emploie des couleurs broyées avec de l'eau mêlée de gomme, et réduites en pâte : ces couleurs se posent par couches successives comme dans la peinture à l'huile; ce qui distingue la gouache de l'*aquarelle* (V. ce mot).—La gomme donnant aux couleurs une belle transparence, la gouache est très-favorable au paysage; on l'emploie aussi pour les décorations de théâtre, pour les tableaux de moyenne proportion, pour les esquisses. Les gouaches d'un bon coloriste flattent toujours par les tons frais, éclatants et veloutés. Mais il faut que l'artiste sache parfaitement proportionner sa gomme à chaque couleur et qu'il peigne habilement ; car la gomme est siccative, et il devient bien vite impossible de retoucher. Aussi a-t-on conseillé de joindre à la gomme quelque corps glutineux (entre autres, le jaune d'œuf), ou de substituer à la gomme arabique la sarcocolle. — Un procédé nouveau, et dont on a vu les premiers échantillons à l'exposition de 1839, la *gouache vernie*, a aussi pour but de remédier à cet inconvénient. — Parmi les artistes qui ont excellé dans ce genre, on cite Ant. Corrège, J.-Guill. Bawr de Strasbourg (né en 1610), Baudoin, gendre de Boucher, Noël, etc.

GOUDRON, ou *Brai liquide*, substance noire, épaisse, collante, d'une forte odeur empyreumatique, qu'on obtient en soumettant à une combustion incomplète, dans des fours grossiers, creusés en terre, les pins et les sapins presque épuisés de térébenthine : le goudron coule alors en bas du fourneau, et de là dans des réservoirs extérieurs. Il consiste en une résine très-chargée d'huile empyreumatique, de charbon et d'acide pyroligneux. L'alcool, l'éther, les huiles grasses, les huiles volatiles le dissolvent. Mêlé à l'eau, qui jaunit alors, il constitue *l'eau de goudron* ; distillé avec l'eau, il laisse passer un mélange brun, d'odeur désagréable, dit *Huile de poix*. Le goudron s'extrait aussi de la houille. On fait une grande consommation de goudron dans la marine pour en enduire la carène et les cordages. Les goudrons de Norwège et de Russie sont les plus estimés ; ceux des Etats-Unis, de Bordeaux, de Strasbourg, de Provence, etc., sont également l'objet d'un commerce étendu. Les tanneurs s'en servent aussi pour faire gonfler les peaux. Les médecins le prescrivent en pilules, ou dissous et sous la forme d'eau de goudron, contre la dyssenterie, le tænia, la variole, etc. ; on le recommande aussi contre les maux de dents et les douleurs rhumatismales. Il produit de bons effets dans les phlegmasies chroniques de la peau et la phthisie pulmonaire. On emploie surtout contre cette dernière maladie le goudron en vapeur.

Les Vétérinaires emploient le goudron contre la gale des moutons et les plaies des chevaux, à cause de son action stimulante sur la peau.

GOUDRON MINÉRAL, nom vague donné : 1° à une sorte de bitume ou d'asphalte, au malthe, au pétrole tenace, etc. ; 2° au goudron extrait de la houille.

GOUET, *Arum*, genre type de la famille des Aroïdées, est composé de végétaux herbacés à racines tuberculeuses et charnues, et à feuilles engainantes ; la fleur est formée d'une spathe en oreille d'âne, renfermant un spadice en massue, nu au sommet, et supportant à sa partie inférieure plusieurs rangées d'anthères sessiles ; puis, au-dessous, 2 ou 3 rangées de glandes aiguës ; et enfin, à la base du spadice, plusieurs ovaires surmontés d'un stigmate barbu. Le *G. ordinaire*, ou *Pied de veau*, croît dans les bois humides. Ses feuilles, d'un vert foncé, sont tachetées de noir ; son fruit est formé de petites baies d'un rouge écarlate et de la grosseur d'un pois. Sa racine fraîche renferme, comme toute la plante, un suc laiteux émétocathartique ; mais desséchée, elle fournit une fécule agréable et très-nourrissante. Il existe aussi un *G. comestible*, dont les anciens mangeaient les feuilles et les racines.

GOUFFRE (du latin *gurges*). C'est, en Géologie, une cavité souterraine qui s'étend perpendiculairement à une profondeur très-grande, indéterminée souvent. Les cratères sont des gouffres de feu.

En Géographie, on réserve ce nom à ces parages de la mer ou même des rivières où les eaux se précipitent en tournoyant, et font disparaître avec violence tous les objets qui s'y trouvent. Les gouffres résultent de l'action de plusieurs courants opposés qui se heurtent et tourbillonnent. Charybde et Scylla, si redoutés des anciens, étaient des gouffres. Le Mael-

ström, gouffre de la mer du Nord, celui de Cariaco, dans le golfe de Cumana (Amérique méridionale), ont de bien plus vastes dimensions, et sont beaucoup plus dangereux.

GOUGE (du bas latin *guvia*, même signif.), outil en fer, à manche de bois et dont le tranchant en acier. Il a généralement la forme d'un arc. Il en existe de diverses sortes, les unes droites, les autres recourbées, et dont le manche est perpendiculaire au plan de la courbure (celles-ci se nomment *gouges à la main*) ; les unes, dont le tranchant est garni, par ses deux côtés, d'un rebord ; les autres, qui n'en ont pas (ce sont les *gouges rondes*). Relativement aux industries dans lesquelles on les emploie, nous signalerons la *G. du tuilier*, avec laquelle on recoupe les tuiles molles qui débordent et l'on unit leurs surfaces ; — la *G. des cordonniers*, tranchant courbé qu'ils emploient pour creuser les talons des souliers ; — la *G. des maçons*, qui sert à pousser des moulures à la main ; — les *G. des arquebusiers*, avec lesquelles ils creusent des trous dans le bois ; — la *G. des charpentiers*, ciseaux à deux biseaux concaves pour faire des cannelures et des rivures dans le bois ; — les *G. des charrons*, avec laquelle ils évident leurs mortaises, ou agrandissent les trous ; — les *G. des tourneurs, des tabletiers, des plombiers*, lesquelles taillent par le bout, et dont les ouvriers se servent, soit avec la main seule, soit en la frappant avec le marteau ; — la *G. des ferblantiers*, petit poinçon de fer, rond par en haut, tranchant par en bas, avec lequel on découpe et festonne le fer-blanc.

GOUJON, *Gobio*, genre de poissons Malacoptérygiens abdominaux de la famille des Cyprinoïdes. On le distingue à la dorsale et à l'anale, qui sont courtes et sans épines, et aux barbillons situés, un de chaque côté, aux angles de la bouche. Ce sont de très-petits poissons qui vivent en troupes, et habitent les fonds sablonneux de toutes les eaux douces de l'Europe. Leur chair est blanche. Ils sont très-recherchés pour la friture. L'espèce type est notre Goujon (*G. cyprinus*), qui a le corps allongé, le dos arrondi, d'un bleu noirâtre, et les flancs couverts de petites taches brunes. Une seconde espèce, le *G. obtusirostris*, a été trouvée dans la Soumme ; et une troisième espèce, le *G. uranoscopus*, dans le Danube.

On nomme *Goujon de mer* la Gobie ; *Goujonnière*, ou *Perche-goujonnière*, la Grémille.

On a nommé *Goujon*, sans doute à cause de sa forme, une broche ou cheville de fer qui a la même grosseur à peu près dans toute sa longueur. Elle est ronde, triangulaire ou carrée. On s'en sert, dans plusieurs arts industriels, pour unir, par exemple, les deux parties d'une charnière.

GOULET, GOULETTE (de *gula*, bouche). On nomme ainsi : 1° un canal étroit et peu long qui reçoit les eaux de la mer, et sert d'entrée à une rade ou à un port, comme à Brest, à Tunis ; 2° l'ouverture dans laquelle on met la fusée d'une bombe, et qui est nommée plus généralement *l'œil de la bombe* ; 3° une espèce d'entonnoir que l'on met à l'entrée des filets en manche et des nasses, par où le poisson descend dedans sans pouvoir en sortir.

GOULOTTE (de *gula*), nom donné, en Architecture, dans les cascades, à un petit canal en pente douce taillé sur des tablettes de pierre où l'eau marbre, et interrompu d'espace en espace par de petits bassins en coquille d'où sortent des bouillons d'eau.

GOUPILLE (du latin *cupicula*, diminutif de *cuspis*, pointe ?), cheville de métal qui sert à assembler deux pièces l'une contre l'autre. On en fait un grand usage dans l'horlogerie, ainsi que dans l'armurerie, pour fixer le canon du fusil sur le bois.

GOUPILLON (du vieux français *goupil*, dérivé de *vulpes*, nom latin du renard, parce que c'est avec une queue de renard que se faisaient anciennement les aspersions), petit bâton de bois ou de métal garni au bout de soies de porc, ou quelquefois d'une éponge. On s'en sert pour asperger le peuple, pour bénir une tombe, pour présenter l'eau bénite à la porte des églises.

GOUR, *Bos gaurus*, variété de Buffle. *Voy.* BUFFLE.

GOURA ou PIGEON COURONNÉ, *Lophyrus*. *Voy.* COLOMBI-GALLINE.

GOURAMI, espèce de poissons du g. *Osphromène*.

GOURBIL, nom donné, en Algérie, aux réunions de tentes ou villages des Arabes.

GOURDE, variété de *Courge*. *Voy.* COURGE.

GOURDE, par abréviation, pour *piastre gourde* (de l'espagnol *piastra gorda*, piastre épaisse), monnaie des Antilles, jadis monnaie réelle, aujourd'hui monnaie de compte. Elle vaut 6 fr. à la Guadeloupe, 5 fr. 85 cent. à la Martinique; mais, comme aux Antilles on porte tous les chiffres de monnaie à deux tiers au-dessus de ceux qu'adopte la métropole, la première est dite valoir 10 fr., et la seconde 9 fr. 75 cent. — On connaît de plus à la Guadeloupe la *gourde percée* (9 livres en langage monétaire du pays, 5 fr. 40 cent. selon nous).

GOURGANDINE, nom vulgaire de plusieurs mollusques ou coquillages du genre Vénus.

GOURGANE (FÈVE), dite aussi *Féverole, Fève de cheval* (*Faba equina*), espèce du genre Fève. Sa tige est peu élevée; ses fleurs, noires ou d'un blanc sale; ses graines, allongées, presque cylindriques, âpres et dures. On s'en sert pour la nourriture des bestiaux et pour engrais. On donne aux bestiaux les graines sèches, concassées ou cuites.

GOURME, nom donné vulgairement aux exanthèmes du visage et du cuir chevelu, fréquents chez les jeunes enfants, surtout au moment de la première dentition. On les nomme aussi *croûtes de lait*. On considère ordinairement la gourme comme une dépuration salutaire de la nature, dont le traitement doit se borner aux soins hygiéniques. *Voy.* IMPETIGO.

Les Vétérinaires nomment *gourme* un écoulement nasal qui attaque surtout les poulains. C'est une phlegmasie de la membrane pituitaire, qui cède ordinairement au repos, à la diète et aux boissons délayantes.

GOURMETTE, partie du mors. *Voy.* MORS.

GOUSSE (en italien *guscio*), enveloppe membraneuse, à deux valves ou *cosses*, ordinairement à une seule loge, dans laquelle les graines sont attachées alternativement à l'une et à l'autre valve, le long de la suture supérieure seulement, comme on le voit dans les pois, les haricots et toutes les légumineuses.

GOUT (du latin *gustus*), un des cinq sens, celui qui perçoit et discerne les *saveurs*. L'organe principal du goût est la *langue*, surtout sa partie antérieure et ses bords, qui sont recouverts de papilles nerveuses très-sensibles (*Voy.* LANGUE). Quant à l'impression produite par les corps sapides, elle est d'autant plus forte qu'ils sont plus solubles et mieux divisés. Le goût s'émousse par des impressions trop violentes et trop multipliées, de même qu'il se perfectionne par l'exercice (*Voy.* DÉGUSTATION). Le goût est plus actif quand la faim se fait sentir; quand celle-ci est calmée, les saveurs sont moins bien perçues et deviennent même désagréables. Le goût s'altère par l'effet de l'âge ou celui des maladies : il fournit par là de précieuses indications au médecin, notamment dans les fièvres bilieuses, les maladies de l'estomac, les empoisonnements, etc.

En Littérature et dans les Arts, le *goût* est la faculté d'apprécier et de sentir les beautés ou les défauts qui se trouvent dans les œuvres de l'intelligence humaine : il est le plus souvent synonyme de *jugement, discernement*. L'emploi judicieux de cette faculté constitue le *bon goût*, son abus produit le *mauvais goût* ou *goût faux*. Le goût a varié selon les époques et chez les différents peuples, avec l'idée qu'on se faisait du *beau* (*Voy.* ce mot) : de là l'impossibilité d'établir des règles générales et absolues. On

s'accorde néanmoins assez généralement dans les Beaux-Arts à reconnaître qu'il existe un idéal du beau, ou, du moins, qu'en matière de goût, tout objet doit être jugé d'après le modèle qu'il est destiné à représenter et d'après l'harmonie des détails avec l'ensemble. Dans tout ce qui n'est pas au rang des beaux-arts, dans les parures, par exemple, et autres objets de mode, le goût est tout à fait arbitraire. — Le bon goût naturel est une qualité assez rare que précieuse; mais le goût s'acquiert et se développe par l'étude des grands modèles et dans le commerce des grands génies. La science du goût, fondée sur la connaissance du beau, a été nommée *Esthétique*. — Outre les ouvrages indiqués aux articles BEAU et ESTHÉTIQUE, il faut lire sur ce sujet l'article GOÛT dans le *Dictionnaire philosophique* de Voltaire; les *Réflexions sur le goût*, de Rollin; le fragment *Sur le goût*, de Montesquieu; les *Cours de Belles-Lettres* de H. Blair; l'*Essai sur le goût*, de Cartaud de Villate; les *Lettres sur le bon goût dans les arts*, de Lacurne de Ste-Palaye.

GOUTTE (ainsi nommée au XIIIᵉ siècle, parce qu'on la regardait comme produite par le dépôt d'une *goutte* de quelque humeur âcre sur les surfaces articulaires), inflammation spécifique des parties fibreuses et ligamenteuses des petites articulations des pieds et des mains : on la nomme quelquefois *arthrite* (du grec *arthron*, jointure). On l'appelle *podagre, chiragre, gonagre, omagre, ischias*, suivant qu'elle affecte le pied, la main, le genou, l'épaule, la hanche. La goutte est souvent héréditaire : alors elle se montre de bonne heure; acquise, on l'observe rarement avant 35 ans. Elle attaque tous les tempéraments, toutes les constitutions, et plus souvent les hommes que les femmes. Elle est le plus ordinairement occasionnée par les excès de table, le défaut d'exercice, une vie molle et sédentaire, ce qui l'a fait surnommer la *Maladie des maîtres* (*Morbus dominorum*). Elle peut aussi avoir pour causes la suppression de la transpiration ou d'un exutoire, les variations atmosphériques, l'impression du froid humide. Cette maladie débute presque toujours par une douleur vive aux gros orteils, particulièrement la nuit. De là elle se porte sur les petites articulations, en donnant lieu à des accidents sympathiques sur les organes digestifs. C'est une affection extrêmement mobile et variable dans ses retours; elle est quelquefois très-difficile à distinguer des diverses espèces de rhumatismes. Pendant les accès, l'articulation affectée est le siège d'une douleur brûlante et lancinante, avec gonflement, tension et rougeur : ce qui constitue la *goutte inflammatoire*, ou aiguë; l'accès se termine par résolution au bout de 7 à 30 jours et plus; mais d'autres fois il existe des douleurs articulaires et du gonflement sans rougeur, douleurs qui persistent, augmentent ou diminuent irrégulièrement, sans jamais présenter d'intermittences, ni d'accès : c'est alors la *goutte atonique, froide, nerveuse, irrégulière*.— La goutte ne se borne pas toujours aux articulations. On dit qu'elle est *remontée* ou *rentrée*, lorsqu'elle abandonne brusquement les articulations pour s'emparer de l'estomac, des intestins, du cerveau, des poumons. A mesure que la goutte devient ancienne ou *chronique*, il survient de la faiblesse et du gonflement dans les articulations, et plus tard des concrétions tophacées d'urate de soude et de chaux; ces nodosités produisent la difformité et la rigidité des membres, et la goutte alors se nomme *G. nouée*. Les goutteux rendent souvent, surtout à la fin des accès, une urine rouge qui dépose beaucoup d'acide urique ou des graviers d'urate d'ammoniaque : preuve de l'affinité de la goutte avec les affections calculeuses des voies urinaires.

Une foule de remèdes ont été préconisés contre la goutte (*Remède de Pradier, Eau de Husson*, etc.); mais le plus grand nombre sont sans vertu ou même offrent des dangers. Le traitement de la goutte aiguë réclame d'abord l'application de sangsues autour des articulations malades, suivie de cataplasmes émollients laudanisés, puis de légers purgatifs et des boissons délayantes. Il faut rejeter toute application irritante, tout purgatif drastique. On recommande surtout l'observation sévère des règles de l'hygiène, un régime végétal et léger ; puis la tranquillité de l'esprit, les distractions, l'habitation d'un lieu sec et aéré, l'usage des vêtements de flanelle ; on prescrit contre les engorgements et empâtements articulaires les eaux alcalines et sulfureuses.

GOUTTE SCIATIQUE. *Voy.* SCIATIQUE.

GOUTTE SEREINE. *Voy.* AMAUROSE.

En Botanique, on nomme vulgairement *Goutte bleue*, le Volute ; G. *d'eau*, la Bulle ; G. *de lin*, la Cuscute ; G. *de sang*, l'Adonide automnale, etc.

GOUTTES. En Pharmacie, on appelle *goutte* la petite quantité de liquide qui se détache sous forme sphérique du bord d'un flacon ou d'une fiole doucement incliné (2 centigr. environ). Certaines substances, comme le laudanum (opium), l'éther sulfurique, etc., ne devant entrer qu'en petites proportions dans les préparations pharmaceutiques, sont prescrites par *gouttes* : telles sont les G. *d'Hoffmann*, mélanges à parties égales d'alcool et d'éther, mis en usage au commencement du dernier siècle par Fréd. Hoffmann, pour les personnes tombées en syncope.

On donne aussi ce nom à des médicaments qu'on prend par gouttes : ce sont ordinairement des calmants prescrits contre les maladies nerveuses. Telles sont les *Gouttes anodynes anglaises*, médicament composé d'écorce de sassafras, de sous-carbonate d'ammoniaque, de bois d'aloès et d'opium, qu'on fait digérer dans l'alcool ; les G. *céphaliques*, obtenues par la distillation du sous-carbonate d'ammoniaque huileux, de l'huile essentielle de lavande et de l'alcool rectifié ; les G. *de Séguin*, préparées en distillant l'opium, de l'eau et du miel blanc, et dissolvant l'extrait dans l'alcool ; les G. *d'or de Lamotte*, composées d'alcoolé de chlorure de fer et d'éther sulfurique rectifié ; les G. *noires anglaises* (*Black drops*), dont les formules varient beaucoup, mais qui contiennent toujours une préparation opiacée associée à un acide végétal (acide citrique ou tartrique), et souvent à du suc de réglisse.

GOUTTIÈRE (du latin *gutta*, goutte). Les gouttières se font en plomb, en zinc ou en fer-blanc. Il y en a aussi en bois ou en pierre. On donnait jadis un soin tout particulier à la forme des gouttières. Au moyen âge elles présentaient des figures bizarres d'hommes ou d'animaux (*Voy.* GARGOUILLE). Dans les monuments de la renaissance, les monstruosités et les charges firent place à d'élégantes figurines, à des vases ou à des enroulements en forme de console. Aujourd'hui les gouttières sont infiniment plus simples et se réduisent à la simple rigole qui reçoit les eaux pluviales et aboutit aux tuyaux de descente.

En Anatomie, on donne le nom de *gouttière* à toute rainure creusée sur la surface d'un os. Quelques gouttières sont destinées à faciliter le glissement des tendons, comme la G. *bicipitale* ; d'autres à loger des vaisseaux sanguins, particulièrement des veines (G. *sagittale*) ; quelques-unes servent seulement à soutenir certains organes (G. *basilaire*).

GOUVERNAIL (du latin *gubernaculum*), appareil attaché à l'arrière d'un navire et qui sert à le diriger. Il se compose d'un fort morceau de chêne dit *mèche du gouvernail*, qui sert de base à tout l'assemblage ; aux deux faces de la mèche s'ajoutent des planches de sapin épaisses, mais peu larges, chevillées fortement sur la mèche et formant la partie extérieure et saillante, dite *safran* ; des ferrures suspendent cet assemblage le long de l'étambot, autour duquel le gouvernail tourne verticalement. La *barre*, qui traverse la tête de la mèche à la hauteur de la grand'chambre, meut tout l'assemblage ; lors-

que le navire est grand, des *palans*, ou une corde très-solide, souvent en cuir tressé, dite *drosse* du gouvernail, aident à manœuvrer la barre ; enfin, sur le pont du navire est située une *roue* verticale sur le tambour de laquelle s'enroule la drosse et que manient les timoniers. Le gouvernail transmet au navire sur l'arrière duquel il opère l'impulsion que lui donne l'eau environnante, arrivant rapidement après avoir glissé le long des flancs du vaisseau.— On appelle *gouvernail de rechange* celui que l'on embarque pour remplacer le gouvernail en cas d'accident. On emploie surtout à cet usage, dans la marine française, ceux de M. Dusseuil, de M. Mancel et de M. Fouque.

Le gouvernail n'était d'abord qu'un aviron attaché le plus souvent au flanc du navire et manié par le timonier pour la direction du mouvement. Parfois il était d'un seul côté, comme chez les Normands ; parfois il était à droite et à gauche, comme en Egypte. On ne sait à quelle époque on l'attacha pour la première fois à l'étambot d'un navire : le premier exemple qu'on en connaisse est du XIIIe siècle ; mais l'usage doit en être bien plus ancien.

GOUVERNEMENT, autorité chargée d'administrer un pays. La manière dont s'exerce cette autorité varie selon la constitution de l'État. Il y a trois formes principales de gouvernement : la *Monarchie*, l'*Aristocratie* et la *Démocratie* ou *République*, qui peuvent elles-mêmes se combiner d'un grand nombre de manières, de manière à donner naissance aux gouvernements constitutionnels et représentatifs, et aux différentes sortes de républiques. *V.* CONSTITUTION, ARISTOCRATIE, DÉMOCRATIE, MONARCHIE, etc.

GOUVERNEMENT, division territoriale. Avant 1789, la France était divisée en 40 *gouvernements* (32 grands et 8 petits). *Voyez*-en le tableau au *Dict. univ. d'Hist. et de Géogr.*

GOUVERNEUR (de *gouverner*), celui qui commande dans une province, dans une maison royale.

Gouverneurs de provinces. Les titres de ceux qui commandent dans les provinces diffèrent beaucoup. C'étaient autrefois des *satrapes* chez les Perses ; c'étaient des *émirs* sous les Khalifes, des *nababs* et des *soubabs* dans l'Inde ; ce sont des *pachas* et des *begs* dans la monarchie ottomane ; mais presque partout dans l'Europe moderne, ils portent le nom de *gouverneur*. En Prusse, en Autriche, en Russie, les provinces, dites *gouvernements*, obéissent à des *gouverneurs*. La France, avant 1789, avait autant de gouverneurs que de provinces. Le gouverneur a depuis été remplacé par les préfets ; toutefois, le nom de *gouverneur* a été conservé pour les magistrats qui exercent l'autorité aux colonies ; celui qui commande en Algérie porte le titre de *gouverneur général*.

Il y a encore aujourd'hui le G. *de l'Hôtel des Invalides*, comme en Angleterre le G. *de l'hospice de Chelsea* ; les G. *des châteaux et résidences* ci-devant *royales* ; le G. *de la Banque de France*, etc.

GOYAVIER ou GOUYAVIER, *Psidium*, genre de la famille des Myrtacées, se compose d'arbres à feuilles opposées, entières ; à fleurs blanches portées sur des pédoncules axillaires, et formées d'un calice quinquéfide et d'une corolle à 5 pétales. Ce genre, propre à l'Amérique et à l'Asie, a pour type le G. *poire*, appelé vulgairement G. *blanc des Indes*. C'est un arbre de 3 mètres, à tronc droit, à écorce unie, verdâtre, tachée de rouge et de jaune ; à rameaux quadrangulaires et portant des feuilles ovales, allongées, aiguës, lisses, veloutées en dessous. Ses fleurs blanches sont semblables à celles du Cognassier. A ces fleurs succèdent des fruits en forme de poire, de la grosseur d'un œuf. Leur chair est blanche, succulente, parfumée et très-agréable. On les nomme *goyaves*. Le G. *poire* est cultivé avec succès en Provence. Une variété de l'espèce précédente est appelée G. *pomme*, parce que ses fruits ressembleut à des pommes. Une seconde espèce, le *G. aromatique*, porte à la Guyane le nom de *Citronelle*.

GRAAL ou GRÉAL (le SAINT), célèbre vase mystique. *V.* GRÉAL au *Dict. univ. d'Hist. et de Géogr.*

GRACE. En Théologie, ce mot désigne en général les faveurs et les dons qui ont pour objet direct la sanctification de celui qui les reçoit, et plus spécialement un don surnaturel et gratuit que Dieu accorde à l'homme pour le conduire à sa fin, et sans lequel il ne peut être sauvé. On distingue : les *Gr. extérieures*, comprenant tous les secours extérieurs que Dieu donne à l'homme pour lui faire connaître ses devoirs et à le porter au bien, comme la révélation, la loi de Dieu, les leçons de J.-C., la prédication de l'Évangile, les exhortations, les bons exemples; et la *Gr. intérieure*, action toute spéciale de la Divinité, qui s'exerce au dedans des cœurs et qui inspire les saints désirs, les résolutions louables.

La *Gr. intérieure* elle-même, qui est la *Grâce* proprement dite, est *habituelle*, *sanctifiante* ou *justifiante*, si elle réside dans l'âme comme une qualité ou une disposition permanente; *actuelle*, si elle nous est donnée dans chaque circonstance pour nous aider à faire le bien ; *prévenante* ou *excitante*, si elle prévient et détermine les bons mouvements de notre volonté; *coopérante*, si elle agit avec nous pour soutenir et fortifier notre volonté; *efficace*, si elle produit infailliblement son effet, sans que l'homme y résiste jamais; *suffisante*, si, tout en donnant à la volonté assez de force pour faire le bien, elle admet la résistance de l'homme.

La difficulté de concilier avec le libre arbitre l'action de Dieu sur la volonté dans la grâce a donné lieu à un grand nombre d'opinions diverses, dont quelques-unes sont devenues des hérésies célèbres. D'un côté, les Pélagiens, et après eux les Sociniens, penchant de préférence pour la liberté, nient la nécessité de la grâce ; les Semi-Pélagiens, tout en reconnaissant la nécessité de la grâce pour les bonnes œuvres, soutiennent qu'elle n'est pas nécessaire pour ces premiers mouvements par lesquels l'homme se tourne vers Dieu, et qui sont le commencement du salut. D'un autre côté, les Prédestinatiens, les Wiclefistes, les Luthériens, les Calvinistes, Baïus, Jansenius et leurs disciples, exagèrent le rôle de la grâce, sacrifient la liberté et soutiennent que la grâce fait tout, que l'homme est un instrument purement passif incapable de résister à la grâce, qu'il ne pêche que parce que la grâce lui manque. S. Augustin a combattu avec force les Pélagiens et a su concilier la grâce avec la liberté; sa doctrine à ce sujet fait autorité dans l'Église. — Pascal, dans ses *Provinciales*, a exposé avec une spirituelle ironie quelques-unes des subtilités auxquelles a donné lieu la question de la grâce.

Dans la Législation, la *Grâce*, qu'il ne faut pas confondre avec l'*amnistie* (*Voy.* ce mot), est à la remise faite au coupable de tout ou partie des peines corporelles ou pécuniaires auxquelles il a été condamné. Autrefois un grand nombre de seigneurs, d'évêques et les légats du pape avaient le droit de grâce. Maintenant, dans les États de l'Europe, le souverain ou le chef de l'État exerce seul ce droit. — En France, il est donné à celui qui est l'objet de cette faveur des *lettres de grâce*, qui doivent être *entérinées* par la cour d'appel.

La *Grâce*, considérée comme le don de plaire, avait été divinisée par les anciens sous les traits de trois déesses aux formes et à la démarche séduisantes. *Voy.* GRACES au *Dict. univ. d'Hist. et de Géogr.*

Comme titre de dignité, le mot *Grâce* a été appliqué aux rois d'Angleterre jusqu'à Henri VIII, qui le remplaça par le titre d'*Altesse*, et plus tard par celui de *Majesté*. — Il est encore aujourd'hui porté par les ducs anglais et par les évêques anglicans.

GRACIOSO (de l'espagnol *gracia*, grâce), rôle des pièces espagnoles, surtout des pièces dites de *cape* et d'*épée*, est une variété du bouffon. La condition du gracioso est toujours subalterne. Loquace, poltron, naïf, parfois grossier et glouton, il amuse à ses propres dépens : souvent il a de l'esprit, de la malice, du trait; mais ces qualités se montrent ou gauchement, ou hors de propos. Cependant, chez les dramatistes récents, chez Moreto, par exemple, le gracioso est plein de ruse, de finesse. Arlequin, si connu en France, tient du gracioso.

GRADATION (de *gradus*, degré, en latin), nom donné, en Littérature, à certain arrangement des idées tel que l'effet va en augmentant sans cesse, et comme par *degrés*. Un orateur, par exemple, en disposant ses preuves, aura soin de réserver les plus fortes pour les dernières. Un auteur dramatique, un romancier, fait succéder les scènes et les tableaux de manière à ce que les émotions deviennent de plus en plus vives et profondes. — En Rhétorique, la *gradation* est rangée parmi les figures de pensée. On distingue la *Gr. ascendante* et la *Gr. descendante*. — En Logique, on donne quelquefois le nom de *gradation* au *sorite*. *Voy.* ce mot.

En Peinture et en Sculpture, la *gradation* est l'habileté avec laquelle les peintres et les sculpteurs groupent leurs personnages, de manière à ce que les principaux soient en relief et que les autres soient graduellement affaiblis par l'expression et le jeu de la lumière à mesure qu'ils s'éloignent de l'action.

GRADE (du latin *gradus*, degré). Voici l'ordre des grades dans l'Armée de terre : 1° *caporal;* 2° *sous-officier* (sergent ou maréchal des logis, fourrier, sergent-major ou maréchal des logis chef, adjudant); 3° *officier* (sous-lieutenant, lieutenant de 2e et de 1re classe, capitaine de 2e et de 1re classe); 4° *officier supérieur* (chef de bataillon ou d'escadron, major, lieutenant-colonel, colonel) ; 5° *officier-général* (maréchal de camp ou général de brigade, lieutenant général ou général de division); 6° maréchal de France, titre qui est plutôt une dignité qu'un grade.

Dans l'Armée de mer, les grades sont les suivants : 1° quartier-maître ; 2° second et premier maître, 3° élève de 2e et de 1re classe, 4° enseigne de vaisseau, 5° lieutenant de vaisseau de 2e et de 1re classe, 6° capitaine de corvette de 2e et de 1re classe, 7° capitaine de vaisseau de 2e et de 1re classe, 8° contre-amiral, 9° vice-amiral, 10° amiral.

Depuis la loi de 1832, les grades, en France, sont donnés soit à l'ancienneté, soit au choix, et d'après des règles déterminées (*Voy.* AVANCEMENT). Avant la Révolution, les grades se vendaient, ou bien le roi les donnait arbitrairement ; la haute noblesse accaparait les hauts grades, la petite noblesse se partageait le reste.

Il faut distinguer le grade de l'emploi. La disponibilité, la retraite, enlèvent l'emploi, mais non le grade. Ce dernier n'est perdu que par la *dégradation*.

Dans le Clergé, *grade* se dit de la prêtrise, et des autres degrés plus élevés, même de l'épiscopat. *Grades universitaires. Voy.* DEGRÉS et FACULTÉS.

GRADE, nom donné, en Géographie, au degré centésimal que l'on a tenté un instant de substituer au *degré nonagésimal*, actuellement en usage, pour exprimer la latitude. Ce dernier, en supposant le méridien entier de 40 millions de mètres et la terre parfaitement sphérique, est de 11 myriamètres 1,111 mètres plus 1/9; le grade centésimal aurait juste 10 myriamètres; mais comme la terre est un sphéroïde aplati aux pôles, le chiffre doit être exhaussé : il arriverait à 10 myriamètres 149 mètres 4 dixièmes, dans l'hypothèse de 1/335 d'aplatissement. On a donc conservé le degré ordinaire, dont la moyenne est 11 myriamètres 1,094 mètres.

GRADUÉ (de *grade*), celui qui est pourvu d'un grade dans quelque Faculté. On distinguait autrefois, en Théologie, plusieurs espèces de gradués : les *G. simples* n'avaient que les lettres de leurs degrés et l'attestation de leur temps d'étude; les *G. nommés* y joignaient leurs lettres de nomination et de présentation aux bénéfices; les *Gr. de grâce* étaient ceux qui avaient été dispensés du temps d'étude; les *Gr. de privilége*, ceux à qui des lettres du pape, de ses légats, etc., conféraient ce titre, avec dispense du temps d'étude et des examens.

GRADUEL (du latin *gradus*, degré), portion de l'office de la messe, entre l'épître et la prose, qui précède l'évangile. Elle a été ainsi nommée, parce qu'elle se chantait autrefois sur les *degrés* ou marches du jubé ou de l'ambon. Le graduel se compose le plus souvent de 3 versets contenant quelques réflexions relatives à l'épître. Autrefois, c'était un psaume entier. On croit que c'est S. Ambroise qui introduisit le graduel dans l'office. — On donne aussi le nom de *Graduel* au livre qui se place sur le lutrin, et qui contient ce que le chœur chante à la messe.

GRAIN (du latin *granum*), se dit en général de tout fruit ou semence qui ne présente qu'un petit volume, comme les grains de blé, de raisin, de poivre, etc., mais plus particulièrement du fruit des Graminées qui servent à la nourriture de l'homme et des animaux. Dans ce sens, *Grains* est synonyme de *Céréales* (*Voy.* ce mot). — On nomme *Gros grains* le Froment, le Méteil et le Seigle; *Menus grains*, l'Avoine et le Sarrasin; et *Grains ronds*, les fruits des vesces, des féveroles, et les autres semences que l'on sème pour avoir du fourrage pour les bestiaux ou de la graine pour les oiseaux de basse-cour.

Dans nos anciens poids de marc, le *Grain* était la 24e partie du scrupule, la 72e partie du gros et la 9216e partie de la livre. Il équivaut aux 0,0542 du gramme, un peu plus de 5 centigrammes. — Dans les formules médicales, on indiquait les grains par g. ou gr., suivi d'un nombre exprimé en lettres : par exemple, 8 grains s'exprimaient par : gr. viij.

En Pharmacie, on appelle quelquefois *grains* des préparations qui ne diffèrent des pastilles que par leur forme globuleuse : tels sont les *Gr. de vie de Mésué*, ou *Pilules gourmandes*, composées d'aloès, quinquina, cannelle et sirop d'absinthe; les *Gr. de santé* de Frank, appelés aussi *Gr. de vie*, ou *P. angéliques*, composés d'aloès et d'extrait de réglisse.

Vulgairement on nomme *Grain de Zelim* le Poivre long de l'Inde; *Gr. d'avoine*, une coquille fossile, du genre *puppa*; *Gr. de sel*, une Porcelaine; *Gr. de millet*, un Crustacé du genre *Cypris*; *Gr. d'orge*, un Bulime, etc.

Le nom de *Grain d'orge* s'applique encore :
1o. à une maladie qui attaque fréquemment les cochons que l'on engraisse, et qui couvre leur corps d'un très-grand nombre de petites pelotes dures de la grosseur d'un grain d'orge;
2o, à un outil employé dans plusieurs arts : il sert au menuisier pour dégager une baguette ou une autre moulure; le grain d'orge du tourneur a la forme d'un triangle; celui du serrurier est carré; il s'en sert pour percer les pierres.

GRAINE (de *grain*), nom donné à l'ovule des fleurs qui a été fécondé et qui est parvenu à son entier développement. C'est la partie la plus essentielle du fruit, puisqu'elle contient le rudiment de la plante nouvelle. Toute graine se compose de deux parties essentielles : 1o le *tégument propre*, dit aussi *épisperme*, endosperme et albumen; 2o l'*amande*, qui est formée également de deux parties : l'une externe, le *périsperme*; l'autre interne, l'*embryon*. La graine est unie au péricarpe par un pédicule dit *trophosperme*, ou podosperme, qui naît d'une cavité appelée *hile*. On nomme *arille*, le prolongement du podosperme, qui, dans certaines plantes, recouvre tout ou partie du tégument (*Voy.* ces mots). Les graines varient de forme, de grosseur, de couleurs, de position dans le fruit, etc. Elles ont des propriétés particulières. Quelques-unes fournissent de pré-

cieux aliments à l'homme et aux animaux. Plusieurs donnent de l'huile, d'excellentes couleurs, ou possèdent des propriétés médicinales.

On nomme vulgairement *Graine à chapelet*, ou *Gr. de réglisse*, l'Abrus; *Gr. à dartres*, les graines de la Casse et du Vateria; *Gr. à vers*, le Chénopode et l'Artémise de Judée; *Gr. d'ambrette*, celle de la Ketmie musquée, employée dans les parfums; *Gr. d'amour*, le Grémil; *Gr. d'Avignon*, le fruit du Nerprun, qui teint en jaune; *Gr. de baume*, le Baumier de la Mecque; *Gr. de capucin*, le Fusain; *Gr. d'écarlate*, la Galle du chêne kermès; *Gr. de gérofle*, l'Amome cardamome, le fruit du Myrte et du Campêche épineux; *Gr. de paradis*, la semence d'une espèce d'amome à goût poivré (*Voy.* MANIGUETTE); *Gr. de perroquet*, le Carthame officinal; *Gr. de perruche*, le Micocoulier; *Gr. de psyllion*, celle du Plantain; *Gr. des Canaries*, celle de l'Alpiste et le Millet des oiseaux; *Gr. musquée*, celle de la Ketmie odorante; *Gr. orientale*, le Ménisperme; *Gr. perlée*, le Grémil et la Larmille; *Gr. de Tilly* ou *des Moluques*, le fruit du Croton tiglium, d'où l'on retire l'huile de croton; *Gr. tinctoriale*, la Galle du Chêne kermès; *Gr. de Turquie*, le Maïs.

GRAISSE. En Chimie, on appelle *graisses*, ou *corps gras*, des substances solides, d'une consistance variable, fondant à une température peu élevée, tachant le papier, inflammables, insolubles dans l'eau, et que les alcalis convertissent en *savons* (*Voy.* ce mot). Suivant l'état que les corps gras affectent dans les circonstances ordinaires, on leur donne, dans le langage vulgaire, des noms particuliers : ainsi, l'on appelle *graisses* proprement dites, et dans certains cas, *beurres*, ceux qui sont mous, onctueux et très-fusibles; *huiles*, ceux qui sont liquides à la température ordinaire; *suifs*, les corps gras, mous, d'origine animale, qui ne fondent que vers 38o; *cires*, les corps gras très-durs, cassants, et qui ne fondent que vers 60o. Tous ces corps gras renferment beaucoup de carbone et d'hydrogène, combinés avec une faible proportion d'oxygène. La graisse est logée, chez les animaux, dans les petits sacs formés par le tissu cellulaire; mais elle occupe de préférence certaines parties du corps : ainsi, chez les Mammifères, elle est abondante sous la peau, à la surface des muscles, autour des reins, à la base du cœur et auprès des intestins. Elle offre des modifications dans les différentes classes d'animaux : chez les herbivores, elle est plus ferme, plus solide, moins odorante que chez les carnivores; la graisse des oiseaux est fine, douce, onctueuse et très-fusible. Chez les végétaux, les corps gras se rencontrent particulièrement dans la graine et quelquefois dans le fruit; les corps gras végétaux sont ordinairement liquides. *Voy.* HUILES.

Les graisses s'emploient à mille usages : on les utilise pour la cuisine, pour faire des savons et des pommades, pour fabriquer des chandelles et des bougies, pour graisser les essieux des roues, etc. Les graisses de porc, de mouton, de bœuf, d'oie, etc., sont les plus généralement employées. Les matières grasses produisent sur les étoffes des taches désagréables : on les enlève au moyen de l'éther, de l'alcali volatil, de la benzine, etc. *Voy.* DÉGRAISSAGE.

Jusqu'en 1813, les huiles et les graisses avaient été considérées comme des principes immédiats purs, ne différant entre eux que par de simples propriétés physiques; à cette époque, MM. Chevreul et Braconnot reconnurent, presque en même temps, que les corps gras sont des mélanges de plusieurs principes particuliers, parmi lesquels la *margarine* ou *stéarine*, et l'*oléine* (*Voy.* ces mots), sont les plus remarquables. On doit surtout à M. Chevreul de savantes recherches sur la composition des corps gras.

Graisse des vins, altération du vin qui le rend filant, en lui faisant éprouver une fermentation visqueuse : elle est due à la présence d'une matière azoté, la *glaïadine*, qu'on élimine en ajoutant au vin une petite quantité de tannin, ou à l'aide des fruits du sorbier.

GRALLES (du latin *grallæ*, échasses), famille d'oiseaux nommés aussi *Échassiers*. *Voy.* ce mot.

GRAMINEES (du latin *gramen*, gazon), famille nombreuse de plantes monocotylédones, annuelles ou vivaces, ayant pour tige un chaume creux, entrecoupé de nœuds solides de distance en distance. Leurs feuilles lancéolées présentent à leur base une gaîne fendue, terminée supérieurement par une petite *ligule*. Leurs fleurs, disposées en épis ou en panicules, forment, autour d'un axe commun, de petits groupes ou *épillets*, enveloppés chacun d'une ou de deux écailles qui constituent l'enveloppe appelée *glume*. Chaque fleur de l'épillet est aussi entourée d'une ou de deux écailles formant une *glumelle*, qui quelquefois présente à l'intérieur une *glumellule*, formée de deux petites écailles charnues. En dedans de ces enveloppes se trouvent trois étamines et un ovaire surmonté d'un stigmate double et plumeux. Le fruit est un caryopse formé en grande partie d'un périsperme farineux, placé au-dessus de l'embryon. Un grand nombre de Graminées nous rendent d'importants services. Les principales sont le *Blé* ou *Froment*, le *Seigle*, l'*Orge*, l'*Avoine*, le *Riz*, le *Maïs*, la *Canne à sucre*, etc. Le *foin* dont se nourrissent nos bestiaux se compose d'autres graminées appelées *Fétuques*, *Paturins*, *Vulpins*, *Fléoles*, *Flouves*, *Amourettes*, *Ivraie*, etc.

GRAMMAIRE (du grec *gramma*, lettre, écriture). Vulgairement la *Grammaire* est définie l'art de parler et d'écrire correctement. Dans son acception la plus vaste, c'est à la fois la science et l'art du langage : la science, car elle en fait connaître les éléments constitutifs et les principes généraux ; l'art, car elle en expose les procédés et les règles. La grammaire est dite *générale* quand elle ne s'attache qu'aux principes communs à toutes les langues ; *particulière*, quand elle se borne aux formes propres à un seul idiome ; *comparée*, quand elle met en regard les analogies et les différences de deux ou plusieurs langues. Toute grammaire traite : 1º du matériel d'une langue : lettres, alphabet, syllabes, accents et signes divers ; 2º de la *lexigraphie*, c.-à-d. des différentes espèces de mots, de leurs modifications ou inflexions : genres, nombres, cas, personnes, voix, temps, modes, etc. ; 3º de la *syntaxe*, qui enseigne à unir et à combiner les mots pour exprimer nos pensées ; 4º enfin, des idiotismes, de l'orthographe, de la prononciation et de la prosodie.

La grammaire est née longtemps après la poésie et l'éloquence. Les premières traces qu'on trouve de cette science sont éparses dans le *Cratyle* de Platon, et le περὶ Ἑρμηνείας (*de l'Interprétation*) d'Aristote ; elle ne commença à former une science à part qu'à l'époque de l'école d'Alexandrie. La grammaire comprenait alors l'explication des poëtes, l'interprétation du sens des mots et les règles de la prononciation (*Voy.* GRAMMAIRIENS). Il en fut de même à Rome et pendant la plus grande partie du moyen âge : Cassiodore met la grammaire au premier rang des *Arts libéraux*. Peu à peu cependant la grammaire se sépara de la philologie et de la critique littéraire, et devint ce que nous la voyons aujourd'hui. Au XVIIᵉ siècle, les travaux remarquables des savants de Port-Royal contribuèrent puissamment aux progrès de la science grammaticale : Arnaud, Nicole et Lancelot publièrent une *Grammaire générale* devenue célèbre et d'excellentes *Méthodes* (grecque, latine, espagnole et italienne). Après eux parurent en France, Régnier Desmarais, Buffier, l'abbé Dangeau, et pendant le XVIIIᵉ siècle, l'abbé Girard, d'Olivet, Duclos, Dumarsais, Condillac, de Brosses, Beauzée ; vers la même époque, l'Anglais Harris publiait sous le titre d'*Hermès* une gram-

maire générale fort estimée. Le XIXᵉ siècle ne fut pas moins fécond que ses devanciers : aux continuateurs de Condillac, Destutt de Tracy, S. de Sacy, succédèrent les travaux de Lemare, de Marle, de Girault-Duvivier, et ceux de MM. Guéroult, Burnouf, Dutrey, B. Jullien, etc., particulièrement destinés à l'enseignement classique, auquel ils firent une heureuse application de la grammaire générale. Les grammaires de Lhomond, moins philosophiques, sont du reste admirablement appropriées à l'intelligence de l'enfant. — L'Allemagne a produit aussi de savants traités dus surtout à Adelung, Bernhardi, Reinbeck, Jacob, Bekker, et plus récemment à Buttmann, Matthiæ, Grimm, etc. *Voy.* LINGUISTIQUE.

GRAMMAIRIENS. Ce mot, qui désigne aujourd'hui ceux qui se livrent spécialement à l'étude de la grammaire et au soin d'épurer et de réformer le langage (*Voy.* GRAMMAIRE), désignait chez les Grecs et chez les Romains des savants qui étaient à la fois philologues critiques et grammairiens : ils commentaient les anciens auteurs, les corrigeaient, les expliquaient et les publiaient. Les plus célèbres sont : chez les Grecs, Démétrius de Phalère, Philétas de Cos, Aristarque, Eratosthène, Aristophane de Byzance, Cratès de Malles ; chez les Romains, Attéius, Opilius, Ant. Gniphon, Varron, etc. — Quant à ceux qui enseignaient la grammaire proprement dite aux enfants, on leur donnait le nom de *grammatistes*.

GRAMMATISTES. *Voy.* GRAMMAIRIENS.

GRAMMATITE, substance minérale blanche, disposée en cristaux rhomboïdaux, aplatis, divergents et basilaires, *Voy.* AMPHIBOLE.

GRAMME (du grec *gramma*, trait d'écriture, et plus tard petit poids grec équivalant à 20 grains), unité de poids de notre système métrique : c'est le poids d'un centimètre cube d'eau distillée à son maximum de densité, c.-à-d. à 4º,4 du thermomètre centigrade. Le gramme vaut de notre ancien poids de marc près de 19 grains (18 grains 82,715 cent-millièmes). Dans l'usage, on regarde 500 grammes ou un demi-kilogr. comme équivalant à l'ancienne livre. Les multiples du gramme usités sont le *décagramme* (10 gr.), l'*hectogramme* (100 gr.), et surtout le *kilogramme* (1,000 gr.). Ses sous-multiples sont le *décigramme* (10ᵉ du gramme), le *centigramme* (100ᵉ du gr.) et le *milligramme* (1,000ᵉ du gr.).

GRAMMITE (du grec *gramma*, ligne), *Grammitis*, genre de la famille des Fougères, tribu des Polypodiacées : capsules disposées en *lignes* simples le long des nervures secondaires et dépourvues de téguments ; tiges rampantes ; fronde simple et quelquefois pinnée. Presque toutes les espèces habitent les régions tropicales. Une seule, la *Gr. leptophylla*, croît en Europe. On la trouve sur les rochers du midi de la France, de l'Italie, de l'Espagne. Ses pinnules sont en forme de coins, crenelées à leur extrémité, et sans nervure médiane.

GRAND, GRANDE, adjectif qui, joint à un autre mot, sert de désignation à beaucoup d'animaux et de plantes de genres très-différents. Ainsi, en Zoologie, on nomme : *Gr. Aigle de mer*, le Pygargue ; *Gr. Beffroi*, un Fourmilier ; *Gr. Chevêche*, la *Strix brachyotos* ; *G. Duc*, le *Strix bubo* ; *Gr. Grive*, la Draine ; *Gr. Langue*, le Torcol vulgaire ; *Gr. Moutardier*, le Martinet des murailles ; *Gr. Pouillot*, la Sylvie à poitrine jaune ; *Gr. Œil*, un poisson du genre Spare ; *Gr. Oreille*, le Scombre Germon ; *Gr. Diable*, une espèce de Cigale, etc.

En Botanique, on nomme *Gr. Baume*, la Tanaisie ; *Gr. Baumier*, les *Populus nigra et balsamifera* ; *Gr. Berce*, la Brancursine ; *Gr. Éclaire*, la Chélidoine vulgaire ; *Gr. Œil-de-bœuf*, l'Adonide vernale ; *Gr. Pardon*, le Houx piquant, etc.

GRAND AUMONIER, GRAND CHAMBELLAN, GRAND CHANCELIER, etc. *Voy.* AUMÔNIER, CHAMBELLAN, etc.

GRAND-CROIX, GRAND CORDON, *V.* CROIX et CORDON

GRAND'GARDES, postes avancés ou corps de garde qui forment l'enceinte extérieure d'un camp.

GRAND JUGE, nom donné par Napoléon, comme annexe, au ministre de la justice.

GRAND-LIVRE, registre sur lequel un commerçant inscrit tous ses comptes. C'est l'extrait du journal. On l'appelle *grand-livre* parce que c'est en effet le plus grand de tous les registres des commerçants : on lui donne cette dimension afin que chaque article qui doit y être porté puisse être contenu dans une seule ligne. — Avant de rapporter un article du journal au grand-livre, on met sur la marge de cet article du journal, devant le nom de l'individu ou de l'objet débité, le numéro du folio du grand-livre sur lequel le compte de ce débiteur est ouvert. On tire ensuite un petit trait de plume sous ce numéro, et l'on place au-dessous celui du folio sur lequel celui du créancier est ouvert ; d'où résulte cette règle générale : lorsqu'on porte une somme au débit d'un compte sur le grand-livre, il faut porter la même somme au crédit d'un autre. *Voy.* COMPTES COURANTS, CRÉDIT, DÉBIT, etc.

On appelle le *Grand-livre de la dette publique*, et par abréviation, le *Grand-livre*, un registre formé en exécution de la loi du 24 août 1793, sur la proposition de Cambon, et sur lequel sont inscrits les noms de tous les titulaires des différentes fractions de rente dont l'ensemble forme le montant de la *dette constituée* ou *dette inscrite*; c'est sur ce registre qu'est inscrit le titre de toute rente due par le trésor public, titre dont le pareil est délivré au titulaire et qu'on appelle *inscription de rentes*. Le grand-livre contient de plus les *transferts* ou actes par lesquels sont constatées les mutations qui surviennent dans la propriété des diverses parties de rentes. — Chaque receveur général est obligé, depuis la loi du 14 avril 1819, de tenir un registre spécial sur lequel sont inscrits nominativement les rentiers de son département participant au compte collectif ouvert au trésor. On délivre à chacun d'eux une inscription qui, visée par le préfet et signée par le receveur général, tient lieu de celles qui sont délivrées par le directeur du grand-livre. C'est ce que l'on appelle *livres auxiliaires du grand-livre*, ou parfois abréviativement, *petits grands-livres*.

GRAND MAITRE, nom commun à plusieurs chefs de corps ou chefs de services. Les ordres souverains, tels que ceux des Templiers, des Porte-glaives, des Chevaliers teutoniques, des Chevaliers de Saint-Jean de Jérusalem (plus tard ordre de Malte), avaient des *grands maîtres* : c'étaient en quelque sorte des souverains électifs nommés à vie ; leur dignité se nommait *grand-magistère*. Quant aux *grands maîtres* d'ordres non souverains et non religieux (ceux de Calatrava, par exemple, d'Alcantara, de Saint-Jacques, de la Légion d'honneur, de Saint-Alexandre Nevski, de l'Éléphant, de la Jarretière, etc.), et notamment pour les quatre premiers, c'est presque toujours le souverain qui s'en réserve le titre.

Dans l'ancienne monarchie, il y avait le *Grand Maître de France*, ou *Souverain maître de l'hôtel du roi*, chef de tous les officiers de la bouche du roi ; le *Gr. M. de la maison du roi*, le *Gr. M. des cérémonies*, le *Gr. M. de l'artillerie*, le *Gr. M. des arbalétriers*. — Il y eut sous l'Empire, et sous la monarchie d'Orléans, un *Gr. M. de l'Université*, etc. *Voy.* MAISON DU ROI, CÉRÉMONIES, ARTILLERIE, UNIVERSITÉ, etc.

GRAND OEUVRE, nom donné par les alchimistes au procédé par lequel ils prétendaient pouvoir transmuter tous les métaux en or, et à la recherche duquel ils consacraient leurs veilles.

GRAND OFFICIER, GRAND PANETIER, GRAND PRIEUR, GRAND VENEUR, etc. *Voy.* OFFICIER, PANETIER, etc.

GRANDESSE, dignité de *grand* d'Espagne. *Voy.* ce mot au *Dict. univ. d'Hist. et de Géogr.*

GRANDEUR, se dit, en Mathématiques, de tout ce qui est susceptible d'augmentation ou de diminution, comme les nombres, l'étendue, le mouvement, etc. *Voy.* ÉTENDUE, QUANTITÉ, etc.

Dans les deux derniers siècles, on donnait le titre de *Votre Grandeur* à tous les Grands Seigneurs qui ne prenaient pas le titre d'Altesse ou d'Excellence ; on le donnait aussi particulièrement au Grand Chancelier de France ; on le donne aujourd'hui aux évêques.

GRANDS VOILIERS, nom donné à tous les oiseaux de mer dont les ailes sont très-longues, et qui peuvent entreprendre de longs voyages. Cuvier a nommé ainsi une famille caractérisée par de longues ailes, un pouce nul ou libre, et un bec sans dentelure ; elle comprend les genres *Pétrel, Puffin, Pelicanoïde, Prion, Albatros, Goëland, Mouette, Stercoraire, Hirondelle de mer, Noddis, Bec-en-ciseaux*.

GRANGE (du latin *granum*, grain), construction en maçonnerie, en pans de bois ou en pisé, presque toujours oblongue, où l'on bat le grain, et où l'on serre les céréales en gerbes et le fourrage. Toute grange doit avoir son *aire à battre*, dont la dimension moyenne est de 5 mètres courants. Il faut aussi réserver un *ballier* (espace pour mettre les balles après le battage), et un porche ou emplacement quelconque pour opérer à couvert le déchargement des voitures. Les granges sont pourvues de fenêtres, qu'on place au nord et au midi. *Voy.* GERBIER.

GRANIT ou GRANITE (de l'italien *granito*, dérivé de *grana*, grains, à cause de sa texture grenue), roche massive et cristalline composée de feldspath, de mica et de quartz, réunis en masses granuleuses, plus ou moins fortement agrégées. On distingue le *Gr. commun*, de couleurs variables, grisâtre, jaunâtre ou roussâtre, où les trois éléments sont à peu près également disséminés ; le *Gr. porphyroïde*, où des cristaux de feldspath sont dans un granit à petits grains ; le *Gr. syénitique* (de Syène, en Haute-Égypte), où le mica est, en partie, remplacé par de l'amphibole ; le *Gr. pegmatite*, où les trois éléments forment chacun de gros amas distincts, accolés les uns aux autres ; le *Gr. talqueux* ou *protogyne*, qui renferme du talc avec le mica ; le *Gr. graphique*, où les cristaux de quartz, vus dans certaines directions, offrent l'apparence de caractères hébraïques, etc.

Le granit est la plus ancienne des roches plutoniennes ; il occupe des parties considérables de la surface du globe, et forme une des assises les plus importantes de sa croûte solide. On le trouve en masses immenses et non stratifiées ; il est surtout abondant en Égypte, en Espagne, dans les Pyrénées, dans la Grande-Bretagne, au Brésil, etc. La France en possède aussi de nombreuses carrières ; les principales sont à Cherbourg, à Ste-Honorine, en Bretagne, dans les Vosges, en Corse (à Algajola). — Les substances métalliques sont assez abondantes dans les granits : on y rencontre du fer oxydé, du cuivre pyriteux, de la galène, de l'étain oxydé, du fer chromé, etc.

Les granits sont d'excellentes pierres de construction : ils sont presque inaltérables ; on les taille parfaitement dans le Morvan, le Limousin et la Bretagne ; ils fournissent aussi de fort bons matériaux pour l'entretien des chaussées. Les monuments de l'ancienne Égypte sont faits avec le granit syénitique des cataractes du Nil. Les kaolins provenant de la décomposition des pegmatites sont employés pour la fabrication de la porcelaine. Le granit décomposé donne aussi un bon sable pour les mortiers.

GRANIVORES (du latin *granum*, graine, et *vorare*, manger), nom commun à tous les oiseaux qui se nourrissent de graines. Leur jabot est plus développé et leur fécondité plus grande. Leur bec est ordinairement court, gros et robuste. Le Moineau, la Perdrix, la Poule, le Pigeon, sont granivores. Temminck a spécialement appliqué la dénomination de *Granivores* à une section de l'ordre des Passereaux, renfermant les Alouettes, les Mésanges, les Bruants, les Gros-Becs, les Bouvreuils, etc.

GRANULATION, opération par laquelle on réduit les métaux en grains pour qu'ils puissent se fondre plus aisément. Pour parvenir à ce but, après avoir fondu le métal, on le coule dans un mortier où on le broie. Quelquefois on le coule à travers un tamis, et on le laisse tomber dans de l'eau très-froide.

GRANULATIONS, lésion organique, qui consiste dans la formation de petites tumeurs arrondies, fermes, luisantes, demi-transparentes, du volume et de la forme d'un *grain* de millet ou d'un pois. Ces tumeurs se rencontrent surtout dans le poumon.

Granulations cérébrales, petits corps blanchâtres ou jaunâtres, tantôt isolés, tantôt réunis en forme de grappes, qu'on remarque dans plusieurs points des membranes intérieures qui revêtent le cerveau.

GRAPHIQUE (du grec *graphó*, écrire), se dit de tout ce qui a rapport à l'art de représenter les objets par des lignes ou des figures, et en général aux arts du dessin, etc. Il s'étend même à ce qui concerne l'écriture, comme quand on dit les *signes graphiques* d'une langue, pour dire : les caractères, l'écriture de cette langue. — Les *pierres graphiques* sont celles qui sont écrites ou gravées. *Voy.* GLYPTIQUE.

Graphique se dit aussi de certains minéraux dont les cristaux se réunissent par files deux à deux, par une de leurs extrémités, sous un angle droit, ce qui les a fait comparer à des *lettres* hébraïques.

On nomme *Ampélite graphique* une espèce d'ampélite qui sert à faire des crayons.

En Géométrie, on appelle *Opérations graphiques* les opérations qui consistent à résoudre des problèmes par des figures géométriques tracées sur du papier. Ces opérations ne donnent pas une solution très-exacte, mais elles donnent la solution la plus prompte, et fournissent une première approximation dans un grand nombre de questions astronomiques, et même dans des problèmes numériques.

GRAPHITE (du grec *graphó*, écrire, parce qu'on en fait des crayons), synonyme de *Plombagine*.

GRAPHOMÈTRE (du grec *graphó*, écrire, et *métron*, mesure), demi-cercle gradué dont on se sert dans l'arpentage pour relever les angles sur le terrain. Ce demi-cercle est monté sur un pied et porte à son centre une lunette ou une alidade mobile qui sert à viser les objets. Lorsque cette lunette est placée dans la direction d'un objet, et que le diamètre du demi-cercle est placé dans la direction d'un autre, l'angle formé par les droites qu'on suppose menées du centre de l'instrument à ces deux objets, est mesuré par l'arc compris entre le diamètre et la lunette; on connaît immédiatement la valeur de cet angle par le nombre des degrés de l'arc marqué sur l'instrument.

GRAPIN. *Voy.* CRAPPIN.

GRAPPE, assemblage de fleurs ou de fruits pendants le long et autour d'un pédoncule commun, comme dans les grappes de raisin, de groseilles, de fleurs d'acacia. La grappe diffère de l'épi en ce que dans ce dernier les fleurs sont sessiles ou à peu près. La grappe est dite *rameuse* lorsque les pédicelles qui la forment se divisent et forment autant de petites grappes. La *panicule* et le *thyrse* sont des espèces de grappes.

Les Vétérinaires donnent le nom de *grappes* à des excroissances molles, de couleur rouge, dont la disposition ressemble à celle d'une grappe de raisin et qui se montrent le long de la jambe chez le cheval.

GRAPPILLAGE. *Voy.* GLANAGE.

GRAPPIN, petite ancre à plusieurs pointes recourbées dont on se sert pour hisser sur le pont d'un navire de légères embarcations, canots, chaloupes, etc. — C'est aussi un instrument de fer dont on se sert, dans l'abordage, pour accrocher le vaisseau ennemi. *Voy.* ABORDAGE.

GRAPTOLITHES (du grec *graptos*, écrit, et *li-*

thos, pierre), polypiers fossiles que l'on trouve en Suède et en France, et dont la contexture semble reproduire des caractères d'écriture.

GRAS (du latin *crassus*, gros). *Corps gras. Voy.* GRAISSES.

Gras de cadavre. Voy. ADIPOCIRE.

On a nommé *Gras fondu; Gras fondure*, une diarrhée colliquative accompagnée d'un amaigrissement considérable et dans laquelle on admettait une résorption de la graisse qui se mêlait avec le sang, et était expulsée ensuite avec les évacuations alvines.

Les Vétérinaires appellent ainsi une maladie du cheval, consistant en une excrétion de mucosités ou de glaires tamponnées et épaisses qui enveloppent les excréments, comme une espèce de coiffe. Cette maladie est une variété de l'entérite. Elle cède aux saignées, aux breuvages et aux lavements émollients ou rafraîchissants.

GRASSETTE, *Pinguicula*, genre de plantes de la famille des Utriculariées, renferme des herbes vivaces, à feuilles radicales, charnues, glabres; à fleurs formées d'un calice à 5 divisions inégales, et d'une corolle bilobée, munie d'un éperon à la base. Le type du genre est la *Gr. commune*, à fleurs bleues, qui croît dans les marécages de toute l'Europe. Cette plante possède une vertu purgative, qui est nuisible aux bestiaux. Les Lapons s'en servent pour faire cailler le lait de rennes; les paysannes danoises en emploient le suc au lieu de pommade pour leurs cheveux. La décoction de grassette fait périr les poux.

GRASSEYEMENT (de *gras*), vice de la parole qui consiste soit à articuler d'une manière défectueuse la lettre *r*, soit à lui substituer le son d'une autre lettre, comme *l*, soit enfin à supprimer plus ou moins complétement cette consonne, comme le font surtout les habitants de Londres. La cause principale du grasseyement est l'imitation ou une mauvaise habitude prise de bonne heure par les enfants, chez qui peut-être déjà une conformation particulière des organes de la parole rendait l'articulation de la lettre *r* difficile.

GRATERON, ou *Gaillet accrochant. Voy.* GAILLET.

GRATIOLE, genre de Scrofulariées : herbe vivace, à feuilles opposées, à pédoncules axillaires uniflores, à fleurs blanches ou jaunâtres, formées d'un calice quinquéparti, d'une corolle bilabiée et à 4 étamines insérées sur le tube de la corolle. L'espèce type est la *Gr. commune* qui croît dans les marais, et dont les feuilles amères et d'odeur nauséabonde passent pour hydragogues et émétiques. L'usage qu'en font les indigents pour se purger lui a valu le nom d'*Herbe à pauvre homme*. On s'en sert, en Médecine, contre les maladies de la peau, les vers, les fièvres, etc.

GRATTEAU, instrument de fer trempé dont les doreurs et les fourbisseurs se servent pour gratter ou nettoyer les pièces, et les disposer pour l'apprêt.

GRATTE-BOESSE, outil dont les doreurs et argenteurs, formé d'une grande quantité de petits fils de laiton disposés en faisceau, en forme de brosse longue. Ils s'en servent pour enlever la poussière noire qui se forme à la surface d'une pièce de métal trop exposée au feu, ainsi que pour étendre les amalgames d'or et de mercure dans la dorure d'or ou moulu.

GRATTECUL, nom vulg. du fruit de l'*Églantier.*

GRATTELLE. *Voy.* GALE et DARTRE.

GRATTOIR. Outre le *Grattoir de bureau*, que tout le monde connaît, une foule d'instruments employés dans les arts portent le même nom. Tels sont : le *Gr. des monnayeurs et chaudronniers*, petit couteau d'acier, tranchant des deux côtés et fixé à un manche; le *Gr. des mouleurs*, en forme d'S, large par ses deux bouts qui sont dentelés, et qui sert à rustiquer ou piquer les pièces de cire et de plâtre qu'on veut adapter l'une à l'autre; le *Gr. à creuser* et le *Gr. à ombrer* à l'usage des graveurs, qui l'emploient à polir le bois pour y graver des lointains et des points peu éclairés; le *Gr. des luthiers* ou *Gr. à ânche*, simple morceau de bois avec lequel on ratisse les lames de roseau dont sont faites les anches, etc.

GRAU, petit canal entre un étang et la mer. Ce mot est devenu le nom propre d'une des principales bouches du Rhône.

GRAUSTEIN (corruption de *grunstein*, pierre verte), synonyme de *diabase* ou *diorite*. V. DIORITE.

GRAUWACKES (de l'all. *grau*, gris, et *wacke*, roche), espèce de roche secondaire conglomérée, formée de granit, de gneiss, de micaschiste, de schiste argileux, dans un ciment argileux.

GRAVATIF (du latin *gravis*, pesant), se dit, en Médecine, des douleurs qui font éprouver un sentiment de pesanteur, comme si la partie malade était comprimée ou chargée d'un poids.

GRAVE (du latin *gravis*, lourd), se prend quelquefois substantivement pour signifier un *corps pesant*; ainsi on dit : la chute des *graves*.

Ce nom avait été donné à l'unité de poids à laquelle s'étaient d'abord arrêtés les savants auxquels on doit le système décimal des poids et mesures. C'eût été le poids d'un *décimètre cube* d'eau distillée, et, par conséquent, l'équivalent du kilogramme actuel. Les multiples étaient le *décagrave*, l'*hectograve*, le *kilograve*, le *myriagrave*; et les sous-multiples, le *décigrave*, le *centigrave*, le *milligrave*, etc. Ce dernier, identique à ce que depuis l'on nomma *gramme*, était d'environ 18 grains 1/2; ne pouvant suffire à des pesées délicates, on en faisait une unité secondaire nommée *gravet*, subdivisée à son tour en 10es, 100es, 1,000es, dits *décigravets*, *centigravets*, etc.

En Musique, *grave* est 1º l'opposé d'aigu (*Voy.* SON); 2º le nom d'un mouvement, de tous le plus lent, qui est surtout employé dans la musique d'église.

Accent grave. Voy. ACCENT.

GRAVELÉE, cendre de lie de vin. *Voy.* CENDRE.

GRAVELLE (de *gravier*), maladie produite par de petites concrétions, dites aussi *gravelles*, semblables à de petits graviers, qui se forment dans les reins, se disséminent dans les voies urinaires et sont expulsées avec les urines. Ces gravelles se composent ordinairement d'acide urique et d'une matière animale. Le régime végétal, les boissons diurétiques ou alcalines, certaines eaux minérales, surtout celles de Contrexeville, sont recommandés aux personnes menacées de cette affection. Quelquefois les graviers sont formés d'oxalate de chaux : d'où la nécessité pour certains individus de s'abstenir d'oseille. Les concrétions urinaires trop grosses pour traverser l'urètre, prennent le nom de *calculs. Voy.* ce mot.

GRAVEUR. *Voy.* GRAVURE.

GRAVIER (de *gravis*, lourd), sable à gros grains, que charrient les fleuves et les rivières, et qui se trouve mêlé aux galets ou cailloux roulés, provient de la décomposition des sols pierreux que parcourent les cours d'eau. Il tient le milieu entre le *galet* et le *sable*. Certaines roches, telles que les *poudingues* et les *anagénites*, doivent leur origine à un gravier dont les grains ont été réunis par un ciment siliceux. On se sert souvent de gravier pour lest.

GRAVIMÈTRE (de *gravis*, pesant, et *metron*, mesure). Guyton-Morveau avait désigné sous ce nom l'*aréomètre* de Nicholson, perfectionné par lui.

GRAVITATION (du latin *gravis*, pesant), effet de la gravité, ou tendance qu'un corps a vers un autre par la force de sa gravité. Le mot *gravitation* est synonyme d'*attraction. Voy.* ce mot.

GRAVITÉ, force par laquelle tous les corps tendent les uns vers les autres. La gravité est la même chose que la pesanteur; cependant, le mot *pesanteur* ne s'applique guère qu'à la force qui fait que les corps terrestres sont attirés par la terre, tandis que le mot *gravité* est d'une acception plus générale.

GRAVOIR, plaque ronde, tranchante et dentelée, avec laquelle les Lunetiers tracent, dans la châsse de leurs lunettes, la rainure où se place le verre et qui le retient. Cette plaque est d'un diamètre un peu moindre que le verre et la châsse, et sur elle est appliquée une platine qui la déborde; toutes deux sont montées sur un petit arbre qui les traverse. On fait tourner cette plaque dans l'épaisseur de la châsse, et la rainure se fait.

GRAVURE (de *graver*). Ce mot désigne à la fois un des arts du dessin, celui qui consiste à tracer des dessins ou figures sur matières dures, le plus souvent, pour être reproduits par l'impression; et les reproductions ainsi obtenues, que l'on nomme plus exactement *estampes* (*Voy.* ESTAMPE). Les matières sur lesquelles on grave le plus souvent sont les métaux (surtout le cuivre et l'acier), le bois, la pierre, le verre, les pierres fines. Pour cette dernière espèce de gravure, *Voy.* GLYPTIQUE.

Outre la *gravure proprement dite*, qui a surtout pour objet la reproduction des œuvres d'art, telles que tableaux, dessins, statues, bas-reliefs, etc., il y a la *Gr. de musique*, la *Gr. en écritures*, la *Gr. linéale*, pour l'architecture et les figures de mathématiques et de physique, la *Gr. des cartes géographiques*, la *Gr. pour papiers de tenture*, etc. Considérée par rapport aux procédés employés par les graveurs, on distingue : 1º la *Gr. en creux*; 2º la *Gr. en relief*; 3º la *Gr. en bas-relief*.

I. *Gravure en creux*. Elle se fait sur métal ou sur verre, et comprend elle-même plusieurs procédés, la *Gr. au burin*, la *Gr. à l'eau-forte*, etc.

1º. La *G. au burin* en *taille-douce* s'exécute avec la *pointe sèche* ou avec le *burin*. La pointe sèche est une tige d'acier trempé, aiguisée, ronde ou en biseau, dont on se sert comme d'une plume pour inciser le métal par la seule pression de la main. Le burin est aussi une tige d'acier trempé, mais à 4 facettes, formant carré ou losange, aiguisée en biseau, et coupante par un ou ses angles. La planche qui reçoit les tracés est de cuivre ou d'acier. On opère immédiatement sur le métal nu.

2º. Pour la *Gr. à l'eau-forte*, on enduit d'abord la planche d'un vernis mince et tendre noirci à la fumée; on promène sur ce vernis une pointe plus ou moins fine, qui enlève le vernis partout où elle touche, et trace un sillon léger sur la planche. On verse ensuite sur la planche de l'eau-forte qui mord et entame le métal aux endroits où la pointe l'a mis à découvert. — Dans la gravure *sur verre*, on emploie l'acide fluorique au lieu d'eau-forte.

3º. Dans la *Gr. à la manière noire* ou *mezzotinto*, les procédés et les effets sont inverses des deux cas précédents. Tandis que dans toutes les tailles-douces on passe de la lumière aux ombres, donnant graduellement de la couleur à la planche, ici l'on passe des ombres aux lumières, en éclaircissant la planche peu à peu. La planche, ordinairement de cuivre, est d'abord préparée de manière à offrir un fond noir et couvert d'un grain velouté, égal et partout moelleux. Sur ce grainé, on trace le dessin, soit au crayon, soit au pinceau; puis, avec le *râcloir* et le *grattoir*, on enlève le grain du cuivre pour obtenir des blancs purs, et on adoucit les autres teintes selon le besoin.

4º. La *Gr. au pointillé* se compose essentiellement de points disposés par séries. On les obtient par l'eau-forte; le burin donne ensuite l'empâtement nécessaire aux ombres et aux demi-teintes; la *roulette* fond ces dernières avec les lumières; on l'emploie surtout pour les chairs et les fonds. La gravure *au maillet* en est une variété; son nom vient de ce que les diverses pointes avec lesquelles on trace les points sont enfoncées dans le métal à l'aide d'un petit maillet.

5º. La *Gr. au lavis* ou *à l'aqua-tinta* emploie plusieurs procédés divers. Le plus usité consiste à laver sur le cuivre avec l'eau-forte et le pinceau, comme on lave un dessin sur le papier avec du bistre ou de l'encre de la Chine. La gravure en couleur, ou *imitation des dessins coloriés à l'aquarelle*, n'est qu'une application de la précédente; la différence, c'est qu'il faut multiplier les planches, chacune devant avoir sa couleur.

6º. Pour la *Gr. de la musique*, les planches sont d'étain, de 3 millimètres d'épaisseur. S'il y a des paroles à graver, c'est par là que l'on commence, et c'est l'affaire du graveur en taille-douce. Les lignes des portées se gravent avec un instrument dit *couteau*; puis on les ébarbe avec le *grattoir*; on polit au *brunissoir*. Les notes sont frappées au *poinçon*, au moyen d'un petit *maillet*. Les liaisons, les silences, les accolades se font avec l'*échoppe*.

II. *Gravure en relief.* La *Gr. en relief* ou en *taille d'épargne* se fait ordinairement sur bois (sur le buis ou le poirier), mais aussi quelquefois sur cuivre ou sur acier. Elle comprend : 1º la *Gr. à une seule taille*: la planche étant bien dressée et saupoudrée de sandaraque, l'artiste trace son dessin à la plume ; il enlève ensuite toutes les parties restées blanches, de manière à laisser en saillie tous les traits et toutes les hachures, qui deviennent autant de *tailles*; il se sert pour cela d'une lame longue et étroite, dite *pointe*, et, quand l'espace à enlever est grand, d'une *gouge*, qu'il frappe avec le maillet ; aujourd'hui, on se sert aussi du burin, et on grave de préférence sur le bois debout ; — 2º la *Gr. à plusieurs tailles*, ou en *clair-obscur*, en *camaïeu*, qui ne diffère de la précédente que parce qu'on se sert de plusieurs planches pour un même dessin, lorsqu'il doit être reproduit avec diverses couleurs; — 3º la *Gr. de vignettes*, sur cuivre et sur acier, qui comprend la gravure des cachets et estampilles, des planches pour billets de banque et pour certaines éditions de luxe.

III. *Gravure en bas-relief.* La *Gr. en bas-relief* s'exécute sur pierres fines; elle est connue sous le nom de *Glyptique* (*Voy.* ce mot).

Pour la gravure des médailles, *Voy.* MÉDAILLES.

Pour la reproduction des gravures par l'impression, *Voy.* ESTAMPES et IMPRESSION.

L'art de la gravure, et principalement de la gravure en creux, était connu des anciens (*Voy.* GLYPTIQUE) ; mais ce ne fut qu'au XVᵉ siècle qu'on imagina de tirer des épreuves des planches gravées sur métal. On en attribue l'invention à Maso Finiguerra (1452). La gravure à l'eau-forte est due, suivant les Italiens, à Fr. Mazzuoli, dit *le Parmésan*; suivant les Allemands, à Albert Durer. Parmi les plus célèbres graveurs à l'eau-forte et au burin, on cite surtout, outre Albert Durer, les Blœmaert, Marc-Antoine, Edelinck, Callot, Masson, Nanteuil, Audran, Van der Meulen, Aliamet; et, de nos jours, le baron Dunoyer, Forster, Calamatta, Henriquel, etc.

La gravure sur bois paraît être d'origine moderne : les Chinois la connaissaient, dès le XIᵉ siècle, et les Indiens dès le XIIIᵉ; mais on n'en trouve point de trace en Europe avant le XVᵉ siècle. On cite comme s'étant distingués en ce genre Bernard Milne (1445), les Papillon, Beugnet, Bougon, Thompson, Nesbitt, Gubitz, Best, Leloir, etc.

On doit un *Traité de la Gravure à l'eau-forte et au burin* à Abr. Bosse (Paris, 1758); à P. Deleschamps (1836), etc.; de la *Gr. en bois* à Papillon (Paris, 1766) et à Jackson (Londres, 1839); de la *Gr. en pierres fines* à L. Natter (Londres, 1754). Enfin MM. Perrot et Malepeyre ont publié un *Traité complet de la gravure en tous genres* (dans la collection des manuels Roret).— Jansen, Heller, Léon de Laborde, Rob. Dumesnil, etc., ont écrit l'*Histoire de la gravure*; Basan a donné un *Dictionnaire des graveurs* (Paris, 1789). M. Dumesnil a publié le *Peintre-graveur français*, catalogue raisonné des estampes de graveurs français, 1835 et années suiv.

GRAZIOSO. *Voy.* GRACIOSO.

GRÉAL (LE SAINT). *V.* le *Dict. univ. d'Hist. et de G.*

GRÈBE, *Podiceps*, genre d'oiseaux de la famille des Palmipèdes plongeurs : corps oblong, tête arrondie, cou allongé ; bec plus long que la tête, robuste, droit; yeux placés à fleur de tête ; tarses dénués de plumes, doigts des pieds réunis à leur base par une membrane ; queue nulle, ailes moyennes. Les grèbes vivent sur les mers et les rivières : ils nagent avec facilité; leur plumage est doux et satiné, principalement en dessous; on en fait de jolies fourrures. Les Grèbes se trouvent dans les deux continents; ils vivent de poissons, d'insectes et de mollusques. Le *Gr. huppé*, type du genre, est long de 45 à 50 centimètres. Il a les plumes de la tête allongées, et partagées, en arrière, en deux faisceaux qui représentent deux espèces de cornes, rousses et noires à la pointe ; la face est d'un blanc roussâtre; son corps est brun noir en dessus, blanc argenté en dessous ; l'iris et les pieds sont rougeâtres. Cette espèce habite la France et niche dans les roseaux.

GRECQUE, ornement d'architecture composé d'une suite de lignes droites parallèles qui reviennent sur elles-mêmes, en formant toujours des angles droits. Il s'emploie ordinairement dans les frises.

GREDIN, sorte de petit chien de race anglaise, à longs poils et de couleur noire.

GRÉEMENT (de *gréer*, pour *agréer*, dans le sens vieilli d'*approprier*), se prend : 1º pour l'action de gréer un navire ; 2º pour l'ensemble de tout ce qui sert à le gréer. — On varie sur les espèces d'objets qu'embrasse le mot de *gréement*. Généralement, on en exclut les voiles, et l'on ne regarde comme le composant que le système complet des poulies et des cordages. L'art du gréement a reçu des perfectionnements considérables depuis 60 ans. Les cordages, beaucoup moins gros, sont d'égale force; les poulies, par conséquent, ont diminué de dimension : par là, le poids, jadis énorme, des gréements surcharge infiniment moins le navire.

GREFFE, GREFFIER (du bas latin *graphiarius* ou *greffarius*, tiré du grec *graphô*, écrire). Le *Greffe* est le lieu où se classent et se conservent les registres des causes, les notes prises aux interrogatoires préalables et aux débats judiciaires, les procès-verbaux, les minutes des jugements. L'ensemble de toutes ces pièces est conservé par des fonctionnaires spéciaux dits *greffiers*, qui, de plus, tiennent le registre des causes, recueillent les notes, qu'ils rédigent ensuite, et délivrent des expéditions certifiées des jugements et arrêts. C'est au greffe aussi que s'acquittent les droits de justice et les amendes. Le juge de paix n'a d'ordinaire qu'un greffier. Les tribunaux de 1ʳᵉ instance et de commerce ont, en outre, un ou plusieurs *greffiers adjoints*. Dans les cours d'appel, le nombre de ces derniers est bien plus considérable. Le premier des greffiers se nomme *greffier en chef*. Outre ses appointements fixes, qui sont médiocres, le greffier en chef touche un droit par chaque rôle d'expédition qu'il délivre, ce qui, dans certaines localités, rend son poste très-lucratif. — Le greffier de cour d'appel doit avoir 27 ans, ceux de tribunal de 1ʳᵒ instance et de justice de paix, 25. Leurs charges se vendent de gré à gré, mais avec l'approbation du président du tribunal ou du premier président de la cour d'appel. La nomination ou plutôt l'institution est faite par le chef de l'État. — Les greffiers font partie intégrante des cours et tribunaux ; ils sont responsables vis-à-vis du tribunal et de l'État.

GREFFE, branche ou bourgeon que l'on enlève à une plante, à un arbre d'espèce cultivée, pour l'on implante sur un autre *sujet*, qui est ordinairement un *sauvageon*. On appelle aussi *greffe* l'opération elle-même par laquelle on unit la branche ou le bourgeon au sujet, pour qu'ils s'identifient avec lui et qu'ils y croissent comme sur leur tige naturelle. Certaines conditions sont indispensables pour le succès d'une greffe. Ce sont : 1º l'absence de l'air : 2º le

49.

contact du liber de la greffe avec celui du sujet ; 3º une certaine analogie entre les deux individus, qui doivent être de la même espèce, du même genre ou du moins de la même famille ; 4º enfin, une similitude parfaite dans le grain du bois, dans la consistance de l'écorce, dans le temps de la séve, etc. En général, les sujets greffés multiplient plus promptement que les semis, et donnent des variétés qui se conservent et qui produisent de meilleurs fruits.

On distingue quatre sortes de greffes : 1º la *Gr. par approche*, qui consiste à unir deux plantes voisines par des entailles qui se correspondent, et à ne les détacher que lorsque la soudure est complète ; —2º la *Gr. par scions*, qui consiste à implanter un rameau dans un sujet, de manière que le liber du rameau coïncide, dans sa plus grande étendue, avec celui du sujet ; on nomme *Gr. en fente* celle qui se fait en fendant la tête du sujet et y implantant le rameau ; et *Gr. en couronne*, celle qui se fait en écartant l'écorce du sujet, préalablement été, et y insinuant plusieurs petits rameaux en cercle ; — 3º la *Gr. par germes*, qui se pratique en transportant sur une plante une plaque d'écorce munie d'un bourgeon d'une autre plante : telle est la *Gr. en écusson*, qui se fait en enlevant à un individu un morceau d'écorce muni de son bourgeon, et en l'introduisant sous l'écorce du sujet, incisée en T ; telle est encore la *Gr. en anneau* ou *en flûte*, qui consiste à enlever d'une tige un anneau d'écorce pourvu d'un œil, et à le placer sur une autre tige de même grosseur, dépouillée de son écorce ; — 4º enfin, on a les *Gr. herbacées*, ou *Gr. Tschudy*, qui ne sont autres que la *Gr. en fente* et la *Gr. par approche* pratiquées sur les plantes herbacées ou sur les jeunes pousses des végétaux ligneux, et dans l'aisselle ou le voisinage d'une feuille qui y attire la séve. — On doit à M. Thouin une *Monographie des greffes*.

GREFFIER, officier public. *Voy.* GREFFE.

GREFFOIR, petit couteau qui sert à greffer. La lame, longue de 5 à 6 centim., est un peu arrondie par le bout, du côté du tranchant, et le talon porte une lame de buis, d'ivoire ou d'os, en forme de spatule, destinée à soulever l'écorce de l'arbre, après qu'elle a été entaillée. *Voy.* GREFFE.

GRÉGE (SOIE), soie telle qu'elle a été tirée de dessus les cocons, avant qu'elle ait éprouvé aucune préparation. On l'appelle aussi *soie ou matasse*. Elle sert à faire les organsins, qui prennent ce nom lorsque la soie grége a été moulinée, c.-à-d. tordue à plusieurs brins, au moyen de moulins faits exprès. Les soies gréges se vendent, en majeure partie, en pelotes ou masses. On en tire une grande quantité du Levant, de l'Italie, etc.

GRÉGEOIS (FEU). *Voy.* FEU.

GRÈGUES, sorte de culotte sans brayettes, ou simple haut-de-chausses à la mode des Grecs, dont la mode s'introduisit en France au XVIᵉ siècle.

GRÊLE, glaçons plus ou moins gros, d'une forme le plus souvent arrondie, qui tombent de l'atmosphère, et qu'on croit n'être autre chose que de la pluie congelée. Ordinairement les plus gros grêlons ne dépassent pas la grosseur d'une noisette ; mais on en a vu quelquefois de beaucoup plus volumineux, pesant jusqu'à 200 et 250 grammes, et brisant tout ce qu'ils frappent sur la terre. La grêle précède ordinairement les pluies d'orage ; les nuages qui la portent répandent en général une grande obscurité, et ont une couleur grise ou roussâtre. La chute de la grêle est précédée quelquefois d'un bruissement particulier qu'on compare au bruit que feraient des sacs de noix entre-choqués. Le tonnerre et d'autres phénomènes électriques l'accompagnent presque toujours.

Volta admet, pour expliquer la formation de la grêle, que les rayons solaires, en frappant la surface supérieure d'un nuage très-dense, sont absorbés presque en totalité ; qu'il en résulte une très-rapide

évaporation, et que c'est cette évaporation qui produit assez de froid pour congeler l'eau. Le même physicien suppose, pour se rendre compte de ce que les grêlons restent quelque temps suspendus dans l'air, bien qu'ayant acquis assez de volume pour tomber par leur poids, que deux nuages chargés d'électricités contraires sont disposés l'un au-dessus de l'autre ; que les grêlons, encore très-petits, tombent sur le nuage inférieur, s'y couvrent d'une nouvelle couche de glace, sont repoussés par ce nuage et attirés par le nuage supérieur, et font ainsi la navette, jusqu'à ce qu'ils tombent enfin en masse sur la terre, soit que les grêlons deviennent trop lourds, soit que les nuages perdent leur électricité, ou se trouvent emportés par les vents à des distances trop grandes. Cette théorie de Volta n'est pas à l'abri des objections. On peut consulter, pour l'explication de ce phénomène, la notice de M. Arago dans l'*Annuaire du Bureau des longitudes* pour 1828.

On a proposé pour garantir les récoltes de la grêle divers moyens qui ont été jusqu'ici peu efficaces. *Voy.* PARAGRÊLE.

On a appelé *grêle*, à cause de sa forme, une petite tumeur arrondie qui se développe dans l'épaisseur du bord libre des paupières, et dont on est souvent obligé de pratiquer l'ablation.

GRÊLE (du latin *gracilis*), se dit de tout ce qui est long, étroit et mince. *Intestin grêle. Voy.* INTESTIN.

GRELIN, le plus petit des câbles d'un navire : il a de 15 à 30 centim. de circonférence. Les grelins servent à amarrer les vaisseaux à terre, à touer, à remorquer les bâtiments, et à tenir les petites ancres.

GRÉMIAL (du latin *gremium*, giron), linge ou morceau d'étoffe que l'on place sur les genoux de l'officiant lorsqu'il est assis, pour garantir la chasuble. Autrefois, les simples prêtres faisaient usage du *grémial* ; aujourd'hui il est réservé aux évêques. Le grémial est souvent plus précieux que l'objet même qu'il est destiné à garantir.

GRÉMIL, *Lithospermum*, genre de la famille des Borraginées, renferme des plantes herbacées ou sous-frutescentes, à feuilles simples, alternes ; à fleurs solitaires, formées d'un calice quinquéparti, d'une corolle infundibuliforme à 5 divisions, de 5 étamines, et d'un ovaire quadrilobé. Le type du genre est le *Gr. officinal*, vulgairement *Herbe aux perles*, très-commun en Europe, dans les lieux incultes et sur les chemins. Sa tige herbacée monte à 40 ou 60 centim. ; elle est droite, couverte de feuilles lancéolées et velues ; ses fleurs sont petites et blanchâtres ; ses fruits sont très-durs, grisâtres, et passent pour apéritifs et diurétiques ; ses semences sont blanches et ont la figure de *perles*. Le *Gr. tinctorial*, ou *Orcanette*, est la *Buglosse des teinturiers*. V. BUGLOSSE.

GRÉMILLE, *Acerina*, genre de poissons de la famille des Percoïdes, est distingué par des fossettes creusées sur les os de la joue, du museau et des mâchoires ; par ses écailles rudes et par des dents très-nombreuses. L'espèce la plus remarquable est la *Gr. vulgaire*, petit poisson d'eau douce et de petite taille, nommé aussi *Perche goujonnière*, et très-commun en France. Ce poisson, qui ne dépasse guère 20 centim., diffère de la perche en ce qu'il n'a qu'une seule dorsale. Il se nourrit de fretin, comme la perche. On le trouve en France, principalement dans la Moselle et la Seine. Sa chair est excellente.

GRÉMILLET, vulgaire du *Myosotis*.

GRENACHE (RAISIN et VIN DE), de l'italien *granaccio*, gros grain ; espèce de raisin à gros grains, en général très-spiritueux, très-parfumé, très-doux, et dont il existe des variétés blanches et noires. Il ne croît guère que dans le Midi : on en fait les vins de luxe dits *vins de Grenache*. Ces vins sont rouges pour la plupart ; il y a aussi de blancs : les grenaches blancs de Rodez et ceux de Conflans ou Conflent (Pyrénées-Orientales) sont les plus estimés ; viennent ensuite ceux de Banyols-sur-mer, Port-Vendre, Collioure, Rivesaltes, etc. — Pour préparer les vins de Grenache, on les laisse fermenter plusieurs jours dans les futailles. La plus grande partie du grenache qui se boit à Paris vient de Mazan, près de Carpentras : le raisin y est moins bon, et le vin s'obtient en mélant au moût, exprimé par écrasement et soumis une heure à la coction, un 16ᵉ d'eau-de-vie de vin.

GRENADE, *Granatum*, fruit du Grenadier. C'est une baie globuleuse, grosse comme le poing, à écorce coriace, d'un jaune rougeâtre, épaisse, arrondie et couronnée par les divisions du calice de la fleur tombée. Elle est divisée intérieurement en 7 ou 9 loges renfermant des semences rouges, brillantes, succulentes et acides. Ces semences sont agréables au goût, rafraîchissantes et légèrement astringentes. On en fait un sirop dont on se sert, en médecine, dans les maladies aiguës et les fièvres bilieuses. L'écorce du fruit s'emploie comme tonique et astringente.

La grenade est sur les anciennes médailles le symbole de Proserpine, en mémoire de la grenade dont cette déesse mangea quelques pepins, après son enlèvement, en arrivant dans l'empire de Pluton. — Une grenade entr'ouverte et remplie de pepins est, dans les arts, le symbole de l'amitié ou de l'union de deux peuples.

GRENADE, petite bombe ainsi nommée à cause de sa ressemblance avec le fruit de ce nom, est composée d'un globe de fer creux, rempli de poudre par la lumière, et auquel on met le feu, comme aux bombes, par une mèche qui communique à l'intérieur. On distingue les *Gr. à la main* et les *Gr. de rempart*. Les premières se lancent avec la main (*Voy.* GRENADIERS); les secondes, au moyen d'une fusée ou de bouches à feu. On ne se sert guère des grenades que pour les siéges. Un homme expert peut lancer une grenade avec la main à une distance de 8 mètres, et même de 32 s'il s'aide d'une ficelle convenablement adaptée. On faisait jadis des grenades en carton, en verre, en métal de cloche, en bronze : toutes ont été abandonnées pour celles en fer. Les grenades existaient avant 1523. Les Français en usèrent pour la 1ʳᵉ fois au siége d'Arles, en 1536.

GRENADIER, *Punica granatum*, genre de la famille des Myrtacées, qu'on croit originaire de l'Afrique septentrionale, renferme des arbrisseaux à rameaux épineux; à feuilles opposées, éparses ou verticillées; à fleurs terminales, d'un rouge vif. Ces fleurs sont formées d'un calice coloré, coriace, à 5 ou 7 divisions, d'une corolle à 5 ou 7 pétales insérés sur la gorge du calice; les étamines y sont nombreuses; l'ovaire est infère, et le fruit, la *grenade*, est une baie coriace, un peu charnue (*Voy.* GRENADE). Le genre Grenadier renferme deux espèces. La plus connue est le *Gr. commun*, arbrisseau touffu, épineux, dépassant 4 m. de hauteur, et originaire de la Mauritanie. Sa racine est jaune et rameuse; son écorce est d'un gris rougeâtre; son bois est très-dur; les fleurs sont la plus souvent d'un rouge écarlate très-vif, coriaces, campanulées, à 5 divisions pointues, inodores; les feuilles sont simples, entières, oblongues, lisses et luisantes. Il y a sur quelques variétés des fleurs doubles appelées *balaustes;* il y en a aussi de blanches, de jaunes et de panachées. C'est le fruit de cette espèce de grenadier que l'on mange, et que l'on recherche comme un mets aussi sain qu'agréable. Les fleurs sèches ont, en médecine, de grandes propriétés astringentes. L'écorce de la racine de grenadier est fortement purgative : elle s'emploie contre le ver solitaire. On se sert encore de cette écorce pour tanner les cuirs. La deuxième espèce est le *Gr. nain*, qui n'a que 30 à 40 centim. de haut, et qui sert, aux Antilles et à la Guyane, à faire des haies de clôture. Son fruit est plus acide que celui du Grenadier commun.

GRENADIER, *Lepidoleprus*, genre de poissons Malacoptérygiens de la famille des Gadoïdes, est ainsi nommé, à cause de quelque ressemblance que présente leur museau avec un bonnet de grenadier. Les Grenadiers ont les dents fines et courtes, et le corps garni d'écailles dures. Leur longueur ne dépasse guère 40 centim. Ce poisson, qui habite le fond de nos mers, a la chair blanche et d'un goût agréable.

GRENADIERS. Jadis ce nom désignait exclusivement les soldats qui lançaient la *grenade*. Originairement, ils étaient répartis dans les différents corps : en 1667, époque où parut ce nom, il y avait de 4 à 6 grenadiers par compagnie. Dès 1669, on les réunit et on en forma une seule compagnie; à partir de 1672, il y en eut 60; enfin, chaque bataillon en eut une. Mais dès lors ils n'étaient plus grenadiers que de nom : le jet de la grenade passa aux soldats du génie, qui seuls aujourd'hui se servent de ce projectile. Louis XV forma en 1745 sept régiments de *grenadiers royaux.* —Sous Louis XIV, fut créée, en 1676, une compagnie de *grenadiers à cheval*, qui subsista jusqu'en 1775, et ne fut rétablie en 1789 que pour disparaître trois ans après. Cependant, en 1830, il y en avait encore deux régiments dans la garde royale : ils furent dissous avec elle. — Louis XVIII avait formé en 1814 le *Corps royal des grenadiers de France* avec les débris des grenadiers de la vieille garde; mais ce corps disparut après les Cent-Jours.

Aujourd'hui, dans l'Infanterie de ligne, il y a par bataillon une ou deux compagnies d'élite, dites *de Grenadiers*. On les reconnaît à leurs épaulettes rouges et à une grenade brodée sur leur uniforme.

La garde nationale avait aussi, avant 1848, des compagnies de grenadiers : elles ont été supprimées le 18 mars de cette année.

GRENADILLE, synonyme vulgaire de *Passiflore* (*Voy.* ce mot). Cette plante est ainsi nommée de ce que ses semences rappellent le goût de la grenade. *Grenadille* ou *Ébène rouge. Voy.* ÉBÈNE.

GRENAILLE, métal réduit en grains. La grenaille de fer se fait avec de la fonte que l'on jette, pendant qu'elle est encore liquide, sur un crible placé au-dessus d'un baquet rempli d'eau. La grenaille triée, par ordre de grosseurs, au moyen de cribles calibrés, peut remplacer le plomb de chasse; mais elle a l'inconvénient de rayer les canons de fusil.

GRENAT, substance minérale, employée en bijouterie comme pierre fine, est ainsi nommée à cause de la ressemblance de sa couleur avec celle des grains de grenade. Le grenat est essentiellement composé de silice et d'alumine, mais ces substances y sont souvent unies au fer, à la chaux, au manganèse et à la magnésie : de là plusieurs variétés, dont les principales sont la *grossulaire*, l'*almendine*, la *mélanite*, la *spessartine*, etc. Le grenat se rencontre par masses dans les gneiss, les schistes, les serpentines, etc. Sa forme primitive est le dodécaèdre rhomboïdal; sa dureté est telle qu'il raye le quartz; sa pesanteur spécifique est de 3,55 à 4,18. Les grenats sont, pour la plupart, rouges, vifs et vermeils, quelquefois coquelicots, orangés, jaunâtres, verdâtres et brun-noir. Dans le Commerce, on distingue les grenats d'Orient et ceux d'Europe. Les premiers viennent de l'Inde, de Calicut, de Cambaye et de Ceylan; la Syrie en fournit également. Il y a 3 sortes de grenats orientaux : les uns sont de couleur de sang brun; exposés au soleil ou à la lumière, ils paraissent comme un charbon embrasé : il y en a d'assez gros; une 2ᵉ espèce est presque de couleur d'hyacinthe; lorsque le rouge domine, on le nomme *sorania;* quand c'est le jaune, on la confond avec l'hyacinthe; la 3ᵉ sorte est le grenat violacé : celle-ci est regardée comme la plus parfaite, et elle est aussi la plus estimée. — Les grenats d'Europe sont moins prisés; quelques-uns, comme ceux d'Espagne, ont une couleur faible; les grenats de Bohême sont d'un rouge vineux, de couleur forte, qu'ils ne perdent que très-difficilement par le feu. On les emploie dans la bijouterie, en mettant une feuille d'argent par-dessous, pour leur donner plus de vivacité. Il y en a aussi d'un rouge de feu très-vif, auxquels on donne le nom de *vermeils*, qu'on croit être l'escarboucle des anciens, qui, à ce qu'ils prétendaient, brillait dans l'obscurité. La Bohême, le Tyrol et la Hongrie fournissent une grande quantité de petits grenats, la plupart taillés et polis : ils se vendent à bas prix.

GRENIER (du latin *granarium*, tiré de *granum*, grain), lieu où l'on conserve les grains battus, parfois les gerbes, les foins, la paille, etc. On nomme en général ainsi la partie d'une maison qui est sous le comble. Les vrais greniers, dits *chambres à blé*, doivent être isolés, bien aérés, abrités contre la pluie et l'humidité ; le plancher doit être très-solide pour supporter le poids souvent considérable des grains ; de plus, il doit être planchéié ou carrelé. La hauteur doit être assez grande et la surface assez considérable pour que la manutention nécessaire se fasse commodément. On y dispose le grain par tas ou couches plus ou moins minces, selon qu'il est plus ou moins sec : trop d'épaisseur ralentirait la dessiccation et amènerait la fermentation ; l'on doit remuer souvent. Les fenêtres doivent être percées au nord et au midi, et être assez nombreuses pour faciliter les courants d'air ; il faut qu'elles puissent à volonté se clore et s'ouvrir, et qu'elles descendent jusqu'au plancher, afin que l'air rase bien la surface et, par conséquent, traverse le blé. Jusqu'ici le grenier modèle est celui qu'a décrit l'agronome sir Jones Saiclair, dit *grenier perpendiculaire* (Pour les greniers souterrains, *Voy.* SILO).—Duhamel du Monceau a composé un *Traité de la conservation des grains*.

GRENIERS D'ABONDANCE, vastes édifices où l'on amasse et où l'on conserve les grains pour subvenir aux besoins publics en temps de disette. L'usage de greniers de ce genre remonte à la plus haute antiquité : il y en avait en Égypte sous les Pharaons, comme on le voit par l'histoire de Joseph ; il y en eut à Rome ; il y en a en Chine de temps immémorial. Napoléon en fit construire de fort vastes à Paris (1807-1811), le long du canal de la Bastille. — Quelque utile que paraisse au premier abord l'institution des greniers d'abondance, elle n'a pas produit tout le bien qu'on en attendait, et on y a presque partout renoncé.

GRENOUILLE (par corruption du latin *ranuncula*, dimin. de *rana*, grenouille), *Rana*, genre de reptiles de l'ordre des Batraciens et de la famille des Anoures, se distingue des Crapauds par l'extrémité des doigts et des orteils, qui ne sont pas dilatés en disque, par la mâchoire supérieure qui est armée de dents, par la forme de leur langue, qui est fourchue en arrière et libre dans le tiers postérieur de sa longueur, enfin par leur forme, qui est svelte, élancée, moins ramassée que celle des crapauds. Les grenouilles mâles ont de chaque côté de la gorge une vessie vocale qui est très-apparente lorsqu'elle est remplie d'air : c'est à l'aide de cet organe que se produit leur *coassement* : la grenouille femelle, qui en est privée, ne fait entendre qu'un léger grognement. Les grenouilles vivent de larves, d'insectes aquatiques, de vers et de petits mollusques. Elles passent l'hiver engourdies dans la vase, et s'accouplent au printemps. Leurs œufs, disposés en chapelet, sont abandonnés à la surface des eaux. Au bout de quelques jours, les petits en sortent : ceux-ci, qu'on connaît sous le nom de *Têtards*, ont d'abord une vie tout aquatique et respirent par des branchies. Quinze jours après on commence à leur voir des yeux et des rudiments de pattes de derrière ; mais ce n'est qu'au bout de 2 ou 3 mois que, la peau de ces têtards se fendant par le dos, l'animal en sort à l'état parfait et avec une queue qui disparaît ensuite graduellement. — La chair des grenouilles, principalement celle des cuisses, est blanche et délicate, surtout en automne ; on la mange avec plai-

sir dans un grand nombre de localités. On en fait aussi un bouillon médical utile dans la phthisie.

On compte jusqu'à 20 espèces de grenouilles. Les principales sont : 1º la *Gr. verte* ou *Gr. commune*, qui est d'une belle teinte verte avec trois bandes dorsales d'un beau jaune d'or : elle habite indifféremment les eaux courantes et dormantes ; 2º la *Gr. rousse*, dite aussi *Gr. muette*, *Rana temporaria* (marquée à la tempe), qui tire le nom de *muette* de ce que le mâle n'a pas de sacs vocaux, et celui de *temporaria*, d'une tache noire ou brune qu'elle porte entre l'œil et l'épaule. Celle-ci est uniformément rousse et habite les champs, les vignes, les lieux humides ; elle ne se rend dans l'eau que pour la ponte.

Le nom de *Grenouille* s'applique encore à deux espèces de coquilles, le *Strombus lentiginosus* et la *Ranella crumena*. *Voy.* STROMBE et RANELLE.

GRENOUILLET, *Muguet* qui croît sur les collines, et dont la feuille ressemble à celle du Laurier.

GRENOUILLETTE (de *grenouille*), tumeur qui survient au-dessous et près du filet de la langue, est ainsi nommée, soit à cause de sa ressemblance avec les goîtres ou vessies aériennes de la grenouille, soit à cause de l'espèce de *coassement* que fait entendre le malade dont la prononciation est altérée. Cette maladie est due à l'oblitération du conduit excréteur de la glande sous-maxillaire, oblitération produite par l'inflammation chronique de ce canal, par une ulcération, des aphthes, ou la formation d'un calcul salivaire, etc. La salive, ne pouvant s'écouler, s'amasse, distend les parois du canal et forme une espèce de poche qui contient un liquide visqueux, limpide, semblable à du blanc d'œuf, et qui n'est que de la salive un peu altérée. Une fois développée, cette tumeur tend à s'accroître ; peu à peu, elle gêne les mouvements de la langue et la prononciation ; au bout de plusieurs mois, ce kyste remplit quelquefois presque toute la cavité buccale, et soulève la langue ; il empêche la mastication, et finirait par déterminer des accidents graves si l'on ne rétablissait le cours naturel de la salive, ou si l'on ne lui donnait une issue artificielle et permanente dans l'intérieur de la bouche, par l'incision ou la cautérisation de la tumeur, ou mieux, par l'excision d'une portion du kyste.

On désigne quelquefois sous le nom de *Grenouillette* la *Rainette verte* et la *Ficaire*.

GRÈS (du vieux mot celtique *craig*, pierre ?), roche composée de grains plus ou moins volumineux de sable quartzeux. Elle se présente en couches, en amas et en rognons dans divers terrains. On distingue quatre variétés principales de grès : le *Gr. lustré*, dense, d'un éclat plus ou moins vif, d'une cassure conique ; le *Gr. blanc*, blanchâtre, lâche, et d'une texture grenue ; le *Gr. rouge* et le *Gr. bigarré*, de couleur variable. Les grès sont très-utiles comme pierres à bâtir, pour le pavage des routes, et pour aiguiser les instruments en acier ; on en fait aussi des meules pour moudre les grains et pour les fontaines à filtrer l'eau. Il existe en France plusieurs carrières considérables de grès, parmi lesquelles celles de Champagne, de Lorraine, et de Fontainebleau, de Palaiseau, sont les plus renommées. Les Géologues donnent le nom de *formation du grès rouge* aux dépôts de grès qui recouvrent immédiatement le terrain houiller dans plusieurs parties de la France et de l'Allemagne, bien que souvent la couleur rouge n'y soit qu'accidentelle ; c'est le *rothe todtliegende* des géologues allemands (fond stérile rouge), ainsi appelé parce qu'il ne renferme aucun minerai et se trouve au-dessous de ceux qu'on exploite.

On donne aussi le nom de *grès* à une sorte de poterie de terre sablonneuse de couleur grisâtre ou bleuâtre et ayant la dureté du grès ; il en existe deux grandes manufactures en France, l'une à Savignies (Oise), et l'autre près de Mortain (Orne).

GRÉSIL, phénomène météorologique, dont la formation a beaucoup de rapport avec celle de la neige. C'est de l'eau congelée sous forme de petites aiguilles ou de grains de glace pressés et entrelacés. Le grésil est lourd et tombe vite; il se montre surtout à l'équinoxe du printemps, en mars et avril, quand des vents violents font varier d'un instant à l'autre la température. On ne connaît pas bien les causes physiques de ce phénomène.

GREUBE, calcaire jaune, poreux et friable, que l'on trouve dans les montagnes de la Suisse, et dont on se sert, particulièrement à Genève, pour nettoyer et colorer en jaune les boiseries de sapin.

GRÈVE, nom donné 1º aux bords des mers et des rivières que les eaux ont couverts de gravier et de cailloux roulés (une place de Paris, autrefois célèbre comme lieu d'exécution des condamnés, et où se trouve l'Hôtel-de-Ville, doit ce nom à son voisinage de la Seine); 2º aux pièces d'armure en fer qui entouraient la jambe des guerriers armés de pied en cap.

GREWIÉES (d'un nom anglais), tribu des Tiliacées.

GRIBOURI, Cryptocephalus, genre de Coléoptères tétramères de la famille des Cycliques, tribu des Chrysomélines : tête verticale et enfoncée dans le corselet; antennes à palpes filiformes, à mandibules courtes et tranchantes. Ces insectes sont très-petits, ramassés, globuleux. Ils vivent sur les plantes, dont ils mangent les bourgeons. A la moindre crainte, ils resserrent leurs pattes et leurs antennes, et se laissent tomber à terre. Le Gr. soyeux, qui est très-commun, est long de 6 à 7 millim.; il est d'un vert doré, noirâtre en dessous du corps.

GRIECHE (PIE), corruption de Grecque. Voy. PIE.

GRIFFE (du grec grypos, crochu, ou de l'allemand greifen, saisir), espèce d'ongle allongé et plus ou moins aigu et recourbé, qui termine les doigts de certains animaux, comme le chat, le tigre, les oiseaux, etc., et qui leur sert de défenses. Voy. ONGLE.

En Botanique, on donne ce nom : 1º à certaines racines tubéreuses, à divisions coniques ou cylindriques, et ressemblant plus ou moins à des griffes ou à des digitations, comme, par exemple, la racine de la Renoncule des jardins, de l'Anémone; 2º aux appendices au moyen desquels certaines plantes grimpantes, comme le Lierre, la Bignone de Virginie, etc., se cramponnent aux corps environnants.

GRIFFE, nom donné en Amérique, et surtout à Saint-Domingue, aux enfants nés de l'union des nègres avec les descendants des anciens indigènes. Les Griffes ont le teint plus clair que les Mulâtres.

GRIFFON (en grec gryps, gén. grypos, crochu), animal fabuleux, mi-parti mammifère et oiseau, ayant la tête, le bec et les serres de l'aigle ou du vautour et le corps d'un lion. Les poëtes et les artistes, tout en restant fidèles au type général, ont varié le détail de ses formes. Cet être imaginaire n'est sans doute qu'un symbole, un mythe, exprimant, par exemple, l'union de qualités fort diverses. Le griffon paraît être originaire de la Perse : il ne fut pas inconnu aux Égyptiens ni aux Grecs : Hérodote, Élien le décrivent et le prennent pour un être réel; tout l'Occident, au moyen âge, l'adopta.

Dans le Blason, le Griffon est représenté moitié lion, moitié aigle, et toujours rampant.

Le Lœmmergeyer, le Vautour fauve, le Gypaète, ont aussi été nommés griffons.—Enfin, tout le monde connaît les chiens de ce nom avec leurs moustaches et leurs poils longs et hérissés sur la tête et sur le devant du corps : ils sont, dit-on, originaires de la Grande-Bretagne.

Dans les Arts, divers outils sont appelés griffons, notamment la lime plate à bords dentelés, au moyen de laquelle les tireurs d'or cannellent le lingot de cuivre qui, après avoir été argenté, puis tiré à la filière, devient un faux fil d'argent.

GRIL. Outre l'ustensile de cuisine connu de tous, ce nom désigne : 1º une machine dont se sert l'im-primeur en taille-douce : elle est composée de plusieurs barres de fer, sur lesquelles on place les planches de cuivre pour les faire chauffer avant d'y poser l'encre; 2º un treillis de fer, dont les mailles sont en losange : les doreurs s'en servent pour exposer au feu leurs ouvrages.

GRILLAGE (de griller). Dans le traitement des minerais, le grillage vient après le tirage et le lavage : séparant du métal qu'on veut avoir pur le soufre, l'eau, l'arsenic et autres substances volatiles que contiennent les minerais, ou diminuant la cohésion des molécules, il a pour résultat de les rendre plus friables et plus aptes à être traités dans le fourneau. Par le grillage, les sulfures de plomb et d'antimoine perdent leur soufre. On grille les minerais de 4 manières : 1º à l'air libre; 2º sur des aires murées non couvertes; 3º sur des aires murées couvertes; 4º dans des fourneaux à réverbère. Dans les trois premiers cas, on les moule en petites mottes, et on place ces mottes sur un lit de bois auquel on met le feu. Dans le quatrième, on étend le minerai concassé sur le sol d'un fourneau à réverbère, et on le chauffe sans le laisser entrer en fusion.

Le Grillage (ou flambage) du coton consiste à brûler cette matière filamenteuse et barbue qui entoure les fils de coton après le tissage fini, afin de l'égaliser et de le rendre parfaitement uni.

On appelle encore grillages : 1º divers ouvrages où l'on entrecroise soit le bois, soit le métal, et l'on distingue ainsi le Gr. en charpente, et les Gr. en métal (fer, cuivre, etc.), tissus à jour, à mailles plus ou moins serrées qui laissent passer la lumière, et dont les plus fins sont dits gazes ou toiles métalliques; 2º un assemblage de pièces de bois qui se croisent à angles droits, bâties solidement, pour former une cale de construction pour les vaisseaux.

GRILLON (du grec gryllos), Gryllus, genre d'insectes Orthoptères de la famille des Sauteurs, renferme un grand nombre d'espèces caractérisées par leur tête très-bombée et par leurs antennes, dont le premier article est court et épais. Les mâles ont un cri bien connu, qui leur a valu le nom de Cricri; ce cri est dû au frottement de leurs cuisses contre leurs élytres. On trouve communément en France : 1º le Gr. des champs, long de près de 3 centim., et d'un noir brillant : il se creuse des terriers dans les endroits secs, exposés au soleil; 2º le Gr. domestique, plus petit que le précédent et d'un brun jaunâtre. Il est surtout commun dans les boulangeries. — On a fait de cet insecte le type d'une tribu, celle des Grillones ou Grillydes, qui renferme les genres Grillon, Courtilière, Tridactyle et Myrmécophile.

GRIMOIRE, livre de conjurations, à l'aide duquel les sorciers prétendaient évoquer les démons et les contraindre soit à des révélations, soit à des actions surnaturelles. Les formules du grimoire étaient conçues en une espèce d'argot cabalistique, mêlé de mots étranges; les caractères avaient un aspect bizarre. Lire le grimoire était chose dangereuse; car si le diable apparaissait et qu'on ne lui jetât pas aussitôt une pierre à la tête, ou avait le cou tordu. On connaît en français trois grimoires, tous aussi absurdes l'un que l'autre : 1º le Grimoire dit du pape Honorius; 2º les Véritables clavicules de Salomon; 3º le Grand grimoire, avec la grande clavicule de Salomon et la Magie noire.

GRIMM, Antilope grimmia, espèce d'Antilope, remarquable par sa gentillesse et l'élégance de ses formes. Ses cornes sont droites, petites, presque parallèles et dirigées en arrière. Sa taille atteint à peine 30 centim. Son pelage est d'un fauve jaunâtre ou d'un brun foncé, gris le long du dos, sur la queue et les membres. Le Grimm s'apprivoise facilement, et est d'une excessive propreté. On le trouve dans la Guinée et l'Afrique méridionale.

GRIMPANTES (PLANTES), plantes qui ont la propriété de s'attacher et de se fixer aux corps le long desquels elles montent, comme les haricots, les pois, les liserons, le lierre, le chèvrefeuille, etc.

GRIMPEREAU (de *grimper?*), *Certhia*, genre de Passereaux ténuirostres, renferme des oiseaux à bec courbe, pointu, à ailes courtes, et dont la queue est terminée par des tiges de plumes nues, roides, un peu recourbées. Ces oiseaux, doués d'une extrême mobilité, grimpent le long du tronc des arbres, et se nourrissent des insectes qu'ils rencontrent dans les fentes de leur écorce. On trouve communément en France et dans toute l'Europe le *Grimpereau commun*, de 12 à 14 centimètres de longueur, que l'on voit sans cesse voltiger d'arbre en arbre dans les bois et les vergers. Il est d'un brun gris, flammé de blanc.—*Gr. des murailles*. *V.* TICHODROME.

GRIMPEURS ou ZYGODACTYLES, *Scansores*, ordre d'oiseaux qui ont deux doigts dirigés en avant et deux en arrière, formant ainsi une sorte de pince, à l'aide de laquelle ils grimpent facilement sur les plans verticaux et inclinés. Ils nichent d'ordinaire dans les troncs d'arbres, et se nourrissent d'insectes et de fruits comme les Passereaux. Cet ordre renferme les genres *Jacamar*, *Pie*, *Torcol*, *Coucou*, *Barbu*, *Toucan*, *Perroquet*, *Touraco* et *Musophage*.

GRIOTTE, fruit du Griottier (*Voy.* ce mot). — Le même nom a été donné, à cause d'une ressemblance de couleur, à un marbre estimé qui s'exploite à Cannes, en Languedoc, et qui se fait remarquer par sa belle couleur d'un rouge foncé, et par de nombreuses taches ovales d'un rouge vif, qui sont dues à des coquilles; ce marbre est l'un des plus recherchés parmi les marbres de France.

GRIOTTIER, variété du Cerisier dont les fruits, dits *griottes*, sont d'un rouge foncé ou presque noirs, et ont la peau dure, la chair rouge, ferme, douce, et quelquefois légèrement amère. Les griottiers ont les feuilles petites, mais très-vertes. *Voy.* CERISIER.

GRIPHE (du grec *griphos*, filet de pêcheurs), énigme ou question obscure que, chez les anciens les convives se proposaient mutuellement pendant repas : c'est de ce mot qu'est venu *logogriphe*.

GRIPPE, nom donné vulgairement à une affection épidémique qui se présente sous la forme d'un catarrhe aigu ou d'une inflammation des membranes muqueuses, notamment de la conjonctive, accompagnée de fièvre et de malaise. La grippe apparaît à des époques variables, mais surtout lorsque l'atmosphère offre de brusques alternatives de froid et de chaleur. Quelques médecins l'expliquent aussi par la présence accidentelle d'un miasme analogue à celui de la rougeole. Le plus souvent, c'est une affection légère dont la terminaison est toujours favorable, et qui cède ordinairement à des soins hygiéniques. Toutefois, chez les personnes affectées de maladies chroniques, elle prend quelquefois de la gravité, et peut devenir mortelle. On a donné à la *grippe* toutes sortes de noms, tels que ceux de *follette*, de *coquette*, d'*influenza*, etc.

GRIS (PETIT-). *Voy.* PETIT-GRIS.

GRISAILLE, peinture grise, d'une seule couleur, imitant le bas-relief et ne rendant que le clair et l'ombre (d'où le nom de *chiaro scuro*, clair-obscur, que lui a donné l'Italie). On l'emploie surtout dans les frises et soubassements d'édifices. Polydore de Caravage a fait de fort belles grisailles au Vatican; on vante celles de la Bourse de Paris par Abel de Pujol.

GRISARD, nom vulgaire du *Blaireau*, du *Goëland à manteau noir*, et d'une variété de *Peuplier*.

GRISET, GRISETTE, nom donné vulgairement: 1° au *Maki*, 2° à une *Gallinule*, 3° au *Chardonneret*, à l'*Alouette*, à la *Phalène* et au *Charançon*.

GRIS-GRIS, espèce d'amulette, consistant en un morceau de papier sur lequel on écrit des vers du Coran. Les Maures d'Afrique portent sur eux des gris-gris, et les regardent comme des préservatifs

universels. Plusieurs tribus de la côte d'Afrique donnent aussi ce nom à leurs devins ou sorciers.

GRISON, *Galictis*, genre de Mammifères Carnassiers de la famille des Carnivores et de la tribu des Plantigrades. Ce genre renferme trois espèces d'Amérique qui ont été détachées de la division des petits Ours. 1° Le *Grison proprement dit* est de la taille de notre furet. Son pelage est de deux sortes, l'un laineux, l'autre soyeux : le premier est *gris* pâle ; le second est noir, parfois annelé de blanc. A l'état sauvage, le Grison est féroce : il tue et dévore tous les petits animaux qu'il rencontre, même sans être pressé par la faim. Il est commun surtout au Paraguay. 2° Le *Taïra* est de la taille de la marte commune, et a les mêmes mœurs que le Grison. On le trouve dans la Guyane et le Brésil. 3° La troisième espèce est le *Galictis Allamandi*, qui habite la Guyane hollandaise.

GRISOU. *Voy.* FEU GRISOU.

GRIVE, *Turdus*, section du genre Merle, renferme les espèces qui se distinguent par leur plumage *grivelé*, c.-à-d. marqué de petites taches noires ou brunes, principalement sur le devant et le dessous du corps. La *Gr. ordinaire* ou *chanteuse* est d'un brun olivâtre en dessus, d'un blanc roussâtre tacheté de noir en dessous; ses ailes sont bordées d'un jaune roux ; la gorge et les flancs sont d'un blanc pur, ainsi que le dessous de la queue ; le bec et les pieds sont jaunâtres ; sa longueur est de 20 à 24 centim. Cette espèce habite l'Europe, et se nourrit de vers et de baies. Son chant est agréable et sonore. La grive est un excellent gibier : elle est recherchée des gourmets pour la délicatesse et le bon goût de sa chair. La *Gr. draine* ou *dresne*, appelée aussi *Grosse grive*, *Crécer*, etc., a le dessus du corps brun cendré, le dessous jaunâtre, avec des taches brunes, en fer de lance. Elle est très-commune en France; mais sa chair est moins recherchée que celle de la Grive ordinaire.

GRIVE, GRIVELÉ, GRIVELIN. On nomme vulgairement *Grive* une espèce de poisson, le Labre *Paon*, ainsi que les mollusques *Porcelaine* et *Nérite* ; *Grive d'eau*, l'oiseau Chevalier ; *Grive de Bohême*, l'oiseau Jaseur; *Grivelé*, les oiseaux Chevalier, Philédon et Fourmilier ; *Grivelin à cravate*, le Gros-bec nonette.

GRIVET ou GRIS-VERT, *Cercopithecus griseoviridis*, espèce de singes du genre Guenon ou Cercopithèque, qui habite l'Abyssinie et l'Égypte. Cette espèce porte une bande étroite au devant du front, et les joues garnies de longs poils blancs, dirigés en arrière. La face et les mains sont noires ; le dessus du corps est vert jaunâtre tiqueté ; les parties inférieures sont blanches, ainsi que le menton.

GRIVOIS (GENRE). *Voy.* ÉROTIQUE et LIBRE.

GROAT, petite monnaie d'argent d'Angleterre, valant 4 penny, ou 42 de nos centimes.

GROG, mot emprunté de l'anglais pour désigner une boisson composée de rhum ou d'eau-de-vie, mêlés à l'eau en proportions variables, que l'on distribue souvent aux marins sur les navires.

GROIN (du latin *grunnitus*), extrémité du museau du sanglier et du cochon. *V.* les art. de ces animaux.

GROOM, mot anglais qui sert à désigner : 1° un petit valet d'écurie; 2° un jeune domestique pour le service du cabriolet et du tilbury.

GROS (du bas latin *grossus*), ancien poids français, nommé aussi *dragme*, était le 8e de l'once et la 128e partie de la livre, et se divisait en 3 deniers ou scrupules, chacun de 24 grains. Il équivalait à de nos grammes, 824.

Le *gros* a été aussi longtemps en France une monnaie : il y eut des gros en or, en argent, en billon, dont la valeur variait continuellement. Le gros en or, dit, selon les époques, *grosroyal*, *florin*, *cadière* (*Voy.* ces mots), avait en 1295 un poids de 8 gram. 273, et valait 28 fr. 50; on en taillait 29 et demi au marc. Il ne tarda pas à décliner et finit par disparaître. — Le gros en argent, *gros tournois*, pesa originairement (vers 1226) 4 grammes 22, et valut 90 centimes; altéré de règne en règne, il s'abaissa graduellement jusqu'au point de ne contenir presque plus d'argent : dès 1350, ce n'était plus qu'une mauvaise monnaie de billon, qui valait à peine 6 centimes.

Gros est encore aujourd'hui le nom d'une monnaie allemande, qui diffère selon les localités. Dans la Confédération germanique, les *gros*, dits *bons gros* (*gute groschen*), valent 12 *pfennige*, et sont le 24e du thaler, qui vaut 4 fr. En Prusse, le gros ne vaut plus que le 30e du thaler prussien de 3 fr. 75 cent. et s'appelle *gros d'argent* (*silber grosche*). Ils reviennent donc, le premier à 16 cent. et quelque chose de notre monnaie, l'autre à un peu plus de 12 cent.

En Histoire naturelle, on nomme vulgairement *Gros-argentin* le Gymnote; *Gros-bleu*, *Grosse pivoine*, plusieurs Gros-becs; *Gros-colas*, le Goëland à manteau noir; *Grosse-gorge*, le Combattant; *Gros-miaulard*, le Goëland à manteau gris; *Gros mondain*, une variété de Pigeon; *Gros-Pinson*, le Grosbec ordinaire; *Grosse-tête*, le Bouvreuil; *Gros verdier*, le Proyer, etc.

GROS DE NAPLES, GROS DE TOURS, nom donné à des étoffes de soie qui se distinguent par leur épaisseur et la force de leur grain. *Voy.* SOIERIES et TAFFETAS.

GROS-BEC, *Coccauthraustes* (c.-à-d. *brisant le grain*), genre de Passereaux conirostres de la famille des Fringilles, renferme des oiseaux migrateurs à bec court, robuste; à narines rondes, en partie cachées par les plumes frontales; à ailes et à queue courtes à corps trapu. Ces oiseaux vivent de baies et de graines, et rarement d'insectes. L'espèce type est le *Gros-bec ordinaire*, appelé vulgairement *Pinçon royal*, commun dans toute la France. Il a le dessus et les côtés de la tête de couleur marron, ainsi que le dos; le croupion gris, le dessous du cou cendré, la base du bec ornée d'une ligne noire, les pieds couleur de chair, l'iris cendré, et le bec grisâtre et très-gros. On le rencontre toute l'année, bien qu'en général il émigre en octobre pour se rendre sur les bords de la Méditerranée.

GROSEILLIER, *Ribes*, genre d'arbrisseaux de la famille des Ribésiées ou Grossulariées, à feuilles éparses, incisées, souvent digitées, lobées; à fleurs verdâtres, jaunâtres ou rouges; à calice campanulé, offrant à 4 ou 6 divisions; à corolle de 4 ou 5 pétales, renfermant un même nombre d'étamines, et à ovaire infère; fruits en grappes, dont chacun est une baie uniloculaire et polysperme. Les principales espèces sont : 1° le *Gr. commun* (R. *rubrum*), originaire de nos bois, à fleurs hermaphrodites; à fruits rouges ou blancs : le fruit, la groseille, d'une acidité agréable, possède à un haut degré une vertu rafraîchissante; il renferme une espèce de gélatine et un suc mucoso-sucré nourrissant; on prépare avec ce suc une gelée très-saine et d'une saveur très-fine, ainsi qu'un excellent sirop, etc.; 2° le *Gr. à maquereaux* (R. *grossularia*), épineux, à fruits très-gros et à côtes : il sert à faire des haies; le fruit bien mûr est excellent; encore vert, il s'emploie, comme le verjus, pour assaisonner de son jus certains poissons, notamment le *maquereau*; 3° le *Gr. noir* (R. *nigrum*), plus communément appelé *Cassis*, dont les fruits, noirs et aromatiques, servent à faire une liqueur tonique et excitante : à cet effet, on les mêle en proportions variables avec l'eau-de-vie.

GROS-CANON, caractère d'imprimerie de très-grande dimension qui porte aujourd'hui le nom de 40. Il n'est d'usage que dans les affiches.

GROS-OEIL, nom donné à tout caractère dont l'œil a plus de grosseur que n'en a d'ordinaire l'œil du même corps de caractère. — Poisson. *Voy.* ANABLEPS.

GROSSE. On nomme ainsi, en Pratique, la copie authentique d'un acte notarié ou d'un jugement,

prise sur l'original et délivrée en forme exécutoire : on la nomme ainsi, parce qu'on l'écrit d'ordinaire d'une écriture large et *grosse*. La grosse fait foi dans le cas où l'original viendrait à se perdre.

Dans le Commerce maritime, on nomme *contrat à la grosse aventure* ou *à la grosse* un contrat par lequel on place de l'argent sur un bâtiment de commerce, à 12 ou 15 pour %, et quelquefois même au-dessus, au risque de le perdre par les accidents de la mer. Tout ce qui concerne ce genre de prêt est réglé par le Code de commerce, art. 311–331.

Les marchands désignent par le mot *grosse* un compte de douze douzaines ou de 144 objets; une *demi-grosse*, c'est six douzaines ou 72 objets. On dit une grosse de soie, de plumes, de boutons, etc.

GROSSESSE. On désigne spécialement sous ce nom l'état d'une femme enceinte, le temps pendant lequel le produit de la conception séjourne dans le sein de la mère, jusqu'à l'époque de l'accouchement. Pour le développement de ce produit, *Voy.* FOETUS. Pour le terme de la grossesse, *Voy.* ACCOUCHEMENT.

GROSSETTO, ancienne monnaie de compte de Venise, est la 12e partie du *grosso*, et vaut 0 fr. 0021. — En Dalmatie, c'est la 40e partie d'un ducat, 6 soldi ou 0 fr. 096.

GROSSO, ancienne monnaie de compte de Venise, est la 124e partie du ducat, et vaut 12 grossettos, ou 0 fr. 0255.

GROSSULAIRE, espèce de minéral du genre Grenat, qui, par sa forme et sa couleur, a quelque ressemblance avec la groseille à maquereau (*Ribes grossularia*). Elle renferme des grenats verdâtres et des grenats jaunâtres ou rouge orangé, nommés *colophonite* ou *essonite*. Sur 100 parties, la grossulaire renferme 40 parties de silice, 20 d'alumine, 34 de chaux, 3 de peroxyde de fer et quelques traces de manganèse.

GROSSULARIÉES, famille de plantes dicotylédones, ainsi nommée du *Groseillier*, qui en est le type, est plus connue aujourd'hui sous le nom de *Ribésiées*. *Voy.* ce mot.

GROTESQUES, jadis GROTTESQUES (de *grotte*), ornements de peinture bizarres, imités de ceux qui furent découverts dans les *grottes* ou ruines du palais de Titus. Ce sont surtout des groupes dans lesquels le peintre se plaît à outrer et à contrefaire la nature, et à associer des objets étonnés de se trouver réunis, par exemple, un homme sur un animal sortant d'une branche d'arbre, au milieu de fleurs, de fruits, d'instruments et d'armes. Les Romains aimaient beaucoup les grotesques. La mode en reprit au XVIe siècle, après un long abandon; et Raphaël lui-même ne dédaigna pas de s'exercer en ce genre. La France sacrifia de même à ce goût au XVIIe siècle, et Callot est resté sans rival pour les grotesques. MM. Decamps et Deville ont déployé un vrai talent dans ces sortes de compositions.

GROTTES, cavités souterraines creusées par la nature au sein de certaines montagnes, sont semblables aux cavernes, mais moins grandes. Rares dans les roches schisteuses, telles que gneiss et micaschistes, elles se rencontrent, au contraire, fréquemment dans les gypses et les masses volcaniques, mais plus encore dans les montagnes calcaires. Dans ces dernières aussi, les grottes sont, en général, plus étendues, et l'on y recueille beaucoup de nitre. Les grottes les plus fameuses sont celles d'Antiparos, dans l'Archipel, et d'Arcy, en France (Yonne), remarquables par leurs stalactites et leurs stalagmites; celle d'Adelsberg, en Carniole; celle de Fingal, en Écosse; celle de Moffetta, dans la Pouille, où abonde le nitre; et celle du Chien, près de Pouzzole, où l'atmosphère, jusqu'à 1 mètre à peu près de hauteur, n'est composée que d'acide carbonique, et asphyxie à l'instant tout être vivant dont la taille ne dépasse pas cette mesure. *Voy.* CAVERNES.

GROUP, sac cacheté plein d'or ou d'argent qu'on envoie d'une ville à une autre. La valeur des groups varie selon les pays. On en fait grand usage à Marseille et en Italie, dans le commerce avec le Levant, où les billets ne sont pas en usage.

GRUAU (du latin barbare *grutellum*, diminutif de *grutum*, même signif.), partie du blé de froment qui enveloppe le germe du grain; c'est la plus nourrissante et la plus abondante en gluten; elle est aussi la plus dure du grain, et ne se broie d'abord qu'imparfaitement sous les meules, à moins de tenir celles-ci très-rapprochées; alors le gruau sort du blutage sous la forme d'un sable plus ou moins fin. Dans cet état imparfait de pulvérisation, il se vend dans le commerce, sous le nom de *semoule*, pour le service de la table. Soumis de nouveau à la mouture par l'action de meules plus rapprochées, les gruaux donnent des produits farineux d'une qualité supérieure, dits *farines de gruaux*, avec laquelle on fait les *pains de gruau*, très-recherchés par les estomacs délicats. On divise les farines de gruaux en première, deuxième, troisième, etc., suivant qu'ils ont été repris sous les meules une, deux ou trois fois. Les premières de gruaux sont beaucoup plus pures que les autres. La plus parfaite des farines de gruaux est celle dite de *gruaux de sasserie*, parce qu'en outre des blutages ordinaires, elle a encore été soumise à l'action de *sas*, de tamis et de ventilateurs qui en ont extrait toutes les *piqûres* ou parties d'issues. Cette espèce de farine exige un travail très-perfectionné qui en élève considérablement le prix.

On donne aussi le nom de *gruau* : 1° à l'avoine dépouillée de son enveloppe extérieure ou de la balle florale par une espèce de mouture : ce gruau d'avoine ne peut pas servir à faire du pain; mais sa décoction, dite *eau de gruau*, est regardée comme délayante et adoucissante; 2° à l'orge dépouillée de son enveloppe et arrondie de manière à former l'*orge perlé*, on s'en sert, ainsi que du gruau d'avoine, pour faire une boisson rafraîchissante recommandée aux estomacs irrités; 3° à une pâte de pommes de terre réduite en petits grains qui lui donnent l'aspect du sagou; on en fait une bouillie.

GRUE (en grec, *géranos*, en latin, *Grus*), genre d'oiseaux de l'ordre des Echassiers et de la famille des Cultrirostres : bec long, droit, pointu, comprimé latéralement; narines situées dans un sillon, et couvertes en arrière par une membrane; tarses nus, très-longs; doigts externes unis à leur base par une membrane. Les grues vivent de poissons, de reptiles, et quelquefois de graines et de plantes aquatiques. Elles voyagent en volant sur deux files en forme de V, et ayant un chef à leur tête. Elles ont des sentinelles lorsqu'elles stationnent pour dormir. Elles font leur nid sur une petite élévation où elles puissent se tenir comme à cheval pour couver leurs œufs. L'espèce la plus connue est la *Grue cendrée*, qui a le sommet de la tête rouge, la gorge et l'occiput noirâtres, et le reste du corps d'un gris cendré. Elle nous arrive, en automne, du nord de l'Europe, pour se rendre en Afrique et dans l'Asie méridionale. — Pour la *Grue couronnée*. *Voy.* OISEAU ROYAL.

GRUE, machine à mouvoir de lourds fardeaux, se compose d'un long levier suspendu par son milieu sur un arbre ou axe vertical, et aux extrémités duquel est une poulie où passe un câble renvoyé par plusieurs poulies vers l'autre extrémité du levier, et communiquant au cylindre d'un treuil. Le treuil met toute la machine en action. Au câble est attaché l'objet à mouvoir, et à mesure que le câble s'enroule autour du cylindre, la grue élève le fardeau. La grue est ainsi nommée à cause de la longueur de son levier (6, 7, 8 mètres, et même plus), qui lui donne certaine analogie d'aspect avec le cou de la Grue. — La *chèvre* est une variante de la grue.

GRUERIE (que Roquefort dérive par corruption de *drus*, chêne), nom donné, sous l'ancienne monarchie française : 1° à une petite juridiction que le roi s'attribuait sur certaines forêts, et qui connaissait des dommages qui pouvaient y être faits; 2° à un droit prélevé sur ces mêmes forêts. Les prélèvements avaient lieu dans des bois appartenant soit à des gens de main-morte, soit à des particuliers, et consistaient en amendes, confiscations et autres droits de justice, plus une portion du prix des bois vendus. — La juridiction de la *Gruerie* s'exerçait et dans ces bois dits *bois de gruerie*, et dans les propres bois de la couronne. Dans les premiers, le roi entretenait des officiers particuliers, dits *gruyers*, tant pour percevoir les droits qui lui revenaient, que pour connaître des délits, abus et malversations.

GRUME, bois coupé qui a encore son écorce. On fait avec le *bois en grume* des chaises, des meubles rustiques pour les jardins, des jardinières, etc.

GRUNSTEIN, c.-à-d. *pierre verte*, nom donné par les Allemands à la *Diorite*.

GRUPPETTO, ou en français GROUPE, ornement musical formé de trois ou quatre petites notes ascendantes ou descendantes, dont la valeur se prend en avant de la note qui en est affectée. On indique quelquefois le *gruppetto* au moyen de ce signe ∾.

GRUYER. *Voy.* GRUERIE.

GRUYÈRE (FROMAGE DE). *Voy.* FROMAGE.

GRYLLIDES, famille d'insectes. *Voy.* GRILLON.

GRYPHE. *Voy.* GRIPHE et GRIFFON.

GRYPHÉE (du grec *grypos*, crochu), *Gryphæa*, genre de Mollusques détaché des Huîtres par Lamarck. Ils sont caractérisés par leur crochet saillant, tourné en spirale, et par leurs valves, dont l'inférieure est grande et concave, tandis que la supérieure est petite et plane. Les Gryphées sont très-rares; mais les *Gryphites*, qui sont les gryphées fossiles, sont très-abondants dans le calcaire argileux qui avoisine les grès rouges et bigarrés. Le type de ce genre est la *Gryphée arquée* (Gr. *arcuata*), qui a son crochet perpendiculaire ou subperpendiculaire.

GRYPHITE, gryphée fossile. *Voy.* ce mot.

GUACHARO (nom du lieu où fut trouvée l'espèce type, dans la province de Cumana), *Steatornis*, genre de Passereaux de la famille des Caprimulgidés ou Engoulevents, propre à l'Amérique. Cet oiseau est gros comme un pigeon; il est long d'environ 50 centimètres, et a 1 mètre d'envergure. Son plumage est roux marron, à reflets mêlés de brun et de verdâtre, et tacheté de noir et de blanc. Le bec est fort, solide, gris rougeâtre. La mandibule supérieure est terminée par un crochet aigu qui dépasse la mandibule inférieure. Les guacharos vivent de graines. L'espèce type est le *G. de Caripe*, qui, soumis au feu, fournit une graisse limpide également recherchée pour la cuisine et l'éclairage. Cet oiseau, connu depuis 1800, a été décrit par M. de Humboldt.

GUAN. *Voy.* PÉNÉLOPE. — GUANACO. *Voy.* LAMA.

GUANO, substance d'un jaune foncé, d'une odeur forte et ambrée, qui forme, au Pérou et dans nombre d'îlots déserts de la mer du Sud, notamment aux îles Lobos, des dépôts de 16 à 20 mètres d'épaisseur, et très-étendus. On en attribue l'origine à l'accumulation des excréments d'une foule d'oiseaux qui habitent ces parages, notamment à ceux des genres *Ardea* et *Phénicoptère*. C'est un excellent engrais, et plusieurs établissements, nommés *guaneros*, sont consacrés à son exploitation. Longtemps pourtant cette exploitation ne s'étendit pas hors du Pérou; mais, depuis quelques années, on en exporte une grande quantité en Europe. La quantité exportée en 1851 s'est élevée à 254,239 tonneaux, chargeant 396 navires.

GUAZUMA, dit aussi *Mutombo, Bubrome, Bois d'Orme, Orme* ou *Cèdre d'Amérique*, genre de la fam. des Byttnériacées, renferme des arbres de l'Amérique tropicale, couverts d'un duvet cotonneux, à feuilles alternes, à fleurs de 5 pétales, entourées d'un calice bi ou triparti. L'espèce type est le *G. à feuilles d'orme*, qui atteint 15 mètres de hauteur, et dont la cime élevée se charge de petites fleurs d'un blanc pâle, réunies en corymbes axillaires. Aux Antilles et au Brésil, on plante de belles avenues de ces arbres; avec le bois, qui est d'un travail facile, on fait des barriques pour les sucres bruts; les fruits servent à fabriquer une espèce de bière qui, distillée, donne une liqueur alcoolique d'un goût agréable; les feuilles s'emploient en cataplasmes, et les graines servent à la nourriture du bétail.

GUÉ, en lat. *vadum*, emplacement dans le lit d'une rivière où le fond est assez ferme et l'eau assez peu profonde pour qu'on puisse le traverser à pied ou à cheval. La profondeur d'un gué ne doit pas excéder 1 mètre dans le premier cas et 1^m,30 dans le second. Le passage des gués est de la plus haute importance dans l'Art militaire. M. le capitaine Haillot a publié un *Essai d'une instruction sur le passage des rivières* (Paris, 1835, in-8).

GUÈBRES, adorateurs du feu. *Voy.* le *Dict. univ. d'Hist. et de Géogr.*

GUÈDE ou GUESDE, nom vulgaire du pastel employé pour teindre en bleu et en noir. Il se faisait autrefois un grand commerce de cette plante à Saint-Denis (Seine). On y voit encore une place appelée le marché des *guèdes*. A Rouen, on appelle *guédon* le teinturier qui teint en bleu. *Voy.* PASTEL.

GUENON. Ce mot qui, dans l'usage vulgaire, est donné à toute femelle de singe, désigne, en Zoologie, un genre de Mammifères quadrumanes, de la famille des Singes, qu'on nomme aussi *Cercopithèque*, c.-à-d. *Singe à queue*. Ces singes sont caractérisés par des formes grêles, une *longue queue*, un museau court, un nez peu saillant, des callosités ischiatiques, des abajoues et une taille de 4 à 6 décimètres, du museau à l'anus. Ils vivent dans les forêts, et sont très-agiles. Jeunes, ils s'apprivoisent avec facilité; mais ils deviennent indociles en vieillissant. Ils sont originaires d'Afrique, où ils vivent en troupes, avec des sentinelles toujours en faction. A l'approche du danger, ils se réfugient sur les arbres, d'où ils assaillent l'ennemi d'une grêle de fruits et de branches cassées. Si leurs petits tombent ou sont blessés, les femelles s'élancent près d'eux et se font tuer en cherchant à les emporter. Les espèces remarquables sont : la *G. mone* (*G. mona*), qui a le pelage marron, le dessus des extrémités noires, et deux taches blanchâtres sur chaque fesse; on la trouve sur la côte occidentale d'Afrique; — la *G. callitriche* (*C. sabæus*), appelée aussi *Singe vert* ou *Singe de saint Jacques*; cette espèce vient du Sénégal : elle est verdâtre en dessus, blanche en dessous, a la face noire, le bout de la queue jaune; — le *Grivet d'Abyssinie*. *Voy.* GRIVET.

GUÉPARD, *Felis jubata*, espèce du genre Chat, appelé aussi *Léopard à crinière* et *Tigre des chasseurs*. Cet animal habite l'Asie et l'Afrique. Il est de la taille de la panthère; il a le corps plus élancé et la tête plus petite. Sa peau est d'un blanc jaunâtre, parsemée de taches noires, rondes, d'environ 3 décimètres de diamètre. Ses doigts sont allongés et munis d'ongles crochus. On l'apprivoise et on le dresse pour la chasse de la gazelle.

GUÊPE, *Vespa*, genre d'insectes Hyménoptères, de la famille des Diploptères, section des Porte-aiguillons: mandibules courtes, mâchoires allongées, antennes coudées, et jambes postérieures pourvues de 2 épines à l'extrémité. Leur couleur est noire ou brune, mélangée de jaune. Les Guêpes vivent en société comme les abeilles et les fourmis, et construisent, comme les premières, des ruches appelées *guêpiers*. Elles sont armées d'un aiguillon qui lance dans les piqûres qu'il a faites un liquide empoisonné. (*Voy.* PIQURE et ABEILLE). — La *G. commune* établit son nid dans la terre, et le construit d'une substance papyracée d'un gris cendré. Ce nid est souvent situé à plus d'un mètre de profondeur, et renferme ordinairement plusieurs milliers d'individus. La *G. rousse* est une seconde espèce de nos pays; elle est plus petite que la précédente, et fait son nid entre les branches des arbustes. Une troisième espèce, plus grande et plus dangereuse que les deux autres, est le *Frelon*, bien connu dans les campagnes pour les ravages qu'il fait dans les ruches d'abeilles (*Voy.* FRELON). La *G. cartonnière*, si remarquable par la construction de son nid, se trouve en Amérique. *V.* CARTONNIÈRE.

GUÊPIER (parce que les *guêpes* sont leur principale nourriture), *Merops*, genre d'oiseaux de l'ordre des Passereaux et de la famille des Syndactyles: corps effilé, paré de couleurs agréables; tête arrondie et couverte de plumes; col court; bec allongé et aigu; jambes courtes et dépourvues de plumes. Ces oiseaux habitent les régions les plus chaudes de l'ancien monde, et vivent d'abeilles et de guêpes. Une espèce de nos pays, le *G. commun* (*M. apiaster*), est long de 30 centimètres, et a le front blanc, nuancé de verdâtre; le derrière de la tête et le haut du dos, marrons, et le reste du dos, d'un roux jaunâtre; sa gorge est jaune, son bec noir, l'iris de ses yeux rouge, sa queue verdâtre, et ses pieds bruns.

GUÊPIER, nid ou ruche des guêpes. *Voy.* GUÊPE.

GUÉRET (du latin *nervactum*, terre non ensemencée). Ce mot désigne : 1° une terre labourée sans être cependant ensemencée; 2° une terre inculte et incapable de rien produire; 3° un champ laissé en repos après avoir été cultivé.

En Poésie, *Guéret* est le plus souvent synonyme de *champs* ou de *moissons*.

GUÉRILLAS, nom donné en Espagne aux bandes irrégulières qui font la guerre de montagne et surtout d'embuscade. *Voy.* ce mot au *Dict. univ. d'Hist. et de Géogr.*

GUERRE (de l'ancien saxon *wer* ou *ger*, qui à la même signification). On distingue: *G. offensive* et *G. défensive*; *G. de campagne* et *G. de siége*, tous mots qui se définissent d'eux-mêmes.

Dans l'Histoire, on connaît des *G. sacrées*, des *G. de religion*, des *G. sociales*, des *G. privées*, etc. *Voy.* ces mots au *Dict. univ. d'Hist. et de Géogr.*

L'histoire de la guerre remonte aux premiers âges du monde. C'est dans la Bible qu'on trouve les notions les plus anciennes sur l'Art de la guerre en Orient. Les Mèdes et les Perses se firent remarquer de bonne heure par leurs armées innombrables, leur cavalerie et leurs chars armés de faux; les Indiens, par leurs éléphants. D'Asie, cet art fut importé en Europe, où il fit de grands progrès; d'abord chez les Grecs, surtout chez les Spartiates, les Athéniens, les Thébains, et chez les Macédoniens, inventeurs de la *phalange*, puis chez les Romains, qui créèrent la *légion* et perfectionnèrent les armes de jet et celles de main. L'invasion des Barbares fut une époque de décadence pour l'art de la guerre; au moyen âge, la chevalerie n'offrit plus guère que de brillants faits d'armes, des traits de bravoure isolés; mais nul esprit d'ensemble, nulle idée de tactique. Au XVe siècle, l'invention de la poudre à canon révolutionna l'art de la guerre et rendit inutiles les pesantes armures du moyen âge. Le XVIIe siècle fut l'époque des grandes manœuvres, des guerres longues et systématiques, des siéges savants; au XVIIIe siècle, Frédéric le Grand fit faire un pas immense à l'art de la guerre : en instruisant mieux ses soldats, il put étonner ses rivaux par la promptitude de ses mouvements et la hardiesse de ses opérations; cependant il fallut les guerres de la République et celles de l'Empire pour qu'on sortît du système de lenteur et de combinaisons prudentes usité jusqu'alors. Napoléon enseigna à agir par masses compactes de manière à frapper des coups décisifs, à diviser les forces de l'ennemi, à l'isoler de ses ressources, à le troubler par des marches hardies et rapides, en même temps que par l'ensemble des attaques.

Arrien, Polyen, Élien, Onosander, l'empereur Léon, chez les Grecs ; César, Végèce, Frontin, Modestus, chez les Romains, ont écrit sur l'art de la guerre. Chez les modernes, on estime surtout les traités de Guibert, Folard, Ternay, Turpin de Crissé, Puységur, Koch, Jomini, Rogniat ; ainsi que les mémoires de Montecuculli, de Frédéric le Grand, du maréchal de Saxe, de l'archiduc Charles et de Napoléon. On doit à d'Ecrammerville un *Essai historique sur l'Art de la guerre* (1789-90), et à Carrion-Nisas une *Histoire générale de l'art militaire* (1823). *Voy.* aussi TACTIQUE, STRATÉGIE, SIÉGES, BATAILLES, etc.

La guerre est un fléau que les amis de l'humanité ont de tout temps cherché à combattre, ou du moins à restreindre : c'est dans ce but que furent établies les *Amphictyonies* des Grecs, et les *Trèves de Dieu* au moyen âge. Dans les temps plus rapprochés de nous, on a vu les *Quakers* anathématiser la guerre, et refuser obstinément d'y prendre aucune part ; au dernier siècle, l'abbé de Saint-Pierre crut avoir trouvé, dans la création d'un tribunal suprême des nations, le moyen d'assurer la *paix perpétuelle* ; enfin, de nos jours, il s'est formé un *Congrès de la paix* (*Voy.* PAIX), qui malheureusement n'a pas eu, jusqu'ici, plus d'effets que tous les efforts précédents.

GUERRE (MINISTÈRE DE LA), ministère chargé de tout ce qui concerne l'administration de l'armée de terre envisagée à la fois sous le rapport militaire et sous le rapport économique. Il a, dans son ressort, outre l'armée proprement dite, les établissements et bâtiments militaires, tels que places fortes, arsenaux, dépôt de la guerre ; les tribunaux et prisons militaires, les écoles spéciales, etc. Souvent modifié dans sa constitution, le ministère de la Guerre comprend aujourd'hui, outre le cabinet du ministre et le secrétariat général, les services des états-majors, de l'infanterie, de l'artillerie et du génie, ceux de l'intendance militaire, des subsistances et hôpitaux, et de l'Algérie ; les directions de la comptabilité générale et du dépôt de la guerre, et différents comités consultatifs. — La création du ministère de la Guerre date du 1er janvier 1589, époque où L. de Revol reçut pour la première fois le titre de *Secrétaire d'État au département de la guerre.* Parmi les hommes célèbres qui ont occupé ce poste, on cite Louvois (1662-91), le duc de Choiseul (1761-71), Carnot, Bernadotte, Berthier, Gouvion Saint-Cyr, Soult, etc.

GUET (de l'italien *guatare*, regarder), troupe chargée avant 1789 de la police de sûreté dans les villes de France, notamment à Paris, remonte presque à l'origine de la monarchie, mais reçut une organisation nouvelle en 1254, sous S. Louis. Le guet fut alors divisé à Paris en *Guet royal*, composé de 20 sergents à cheval et de 40 sergents à pied ; et *Guet assis* ou *des mestiers*, ne comptant que des bourgeois et gens de métiers ; le premier, chargé de parcourir pendant la nuit les divers quartiers de la ville ; le second stationnant dans les corps de garde pour prêter au besoin main-forte au guet royal. L'un et l'autre avaient pour chef un officier, dit *chevalier du guet* : cette charge, qui conférait de grands avantages, fut abolie en 1733. Le guet de Paris était formé en 1789 de deux compagnies de 69 hommes appelés *archers* ; de 111 cavaliers et d'une troupe de 852 fantassins. L'Assemblée constituante, en détruisant le guet par toute la France, le remplaça par la gendarmerie.

Le *mot du guet* était la même chose qu'aujourd'hui le *mot d'ordre.*

GUET-APENS (de *guetter*, et du latin *appenso pede*, le pied levé). Aux termes du Code pénal, art. 298, le *guet-apens* consiste à attendre un individu dans le but de lui donner la mort ou d'exercer sur lui des actes de violence. Le guet-apens entraîne l'idée de préméditation et devient une circonstance aggravante de tout crime ou délit ; un meurtre avec la circonstance du guet-apens est toujours puni de mort. Les coups et blessures faits dans les mêmes circonstances sont punis des travaux forcés à perpétuité, s'ils ont occasionné la mort, et des travaux forcés à temps, s'ils ont occasionné une incapacité de travail de plus de 20 jours. S'ils n'ont été suivis ni de maladie ni d'incapacité de travail, ils sont néanmoins punis d'un emprisonnement de 2 à 5 ans et de 50 à 500 fr. d'amende.

GUÊTRES (du latin *vestiaria*, sous-entendu *res*, objet d'habillement). Les *guêtres* couvrent la jambe depuis le genou jusqu'au cou-de-pied, et se ferment sur le côté extérieur, avec des boutons ; on appelle *demi-guêtres* celles qui ne montent que jusqu'au mollet. Elles se font en peau, en toile ou en coutil. Les guêtres ont précédé les bas : précédemment on se servait de bandelettes ou de lanières pour s'envelopper les jambes. Les anciens ont connu les guêtres sous le nom de *tibialia* ; mais l'usage était loin d'en être général. Aujourd'hui les soldats de presque toutes les nations portent des demi-guêtres, dites *guêtres*, soit en drap noir, soit en toile grise ou blanche.

GUETTEUR (de *guetter*). On appelle ainsi : 1o les hommes placés sur des éminences au bord des côtes pour signaler les bâtiments qui naviguent sur la mer, ainsi que leurs manœuvres ; ils ont une lunette d'approche, des pavillons d'étamine, ou bien ils font leurs signaux avec un télégraphe ; 2o l'homme qui se tient dans un beffroi ou un clocher pour signaler les incendies. Au moyen âge, il y avait des guetteurs dans tous les châteaux et les places fortes pour signaler l'approche de l'ennemi.

GUEULARD, partie supérieure d'un haut-fourneau. C'est par cette ouverture qu'on introduit le minerai et le charbon dans le fourneau. *Voy.* FOURNEAU.

GUEULE (du latin *gula*). Ce mot, qui au propre désigne la bouche de certains animaux, se dit, en Botanique, de la fleur de certaines plantes, composée de deux lèvres qui forment une espèce de gueule, et s'étend même à la plante entière : telles sont les plantes connues dans nos jardins sous les noms de *Gueule de loup* ou *G. de lion*, qui est le Muflier (*Voy.* MUFLIER), de *G. de souris*, qui est le Mytile ; de *G. noire*, le Strombe ou le Vaccinium.

En Ornithologie, on appelle *Gueule de four* la Mésange à longue queue.

Dans la Marine, on nomme *G. de loup* une entaille angulaire faite dans l'extrémité d'une pièce de bois, pour qu'elle puisse embrasser l'angle plan de deux faces adjacentes d'une autre pièce.

Dans le Blason, *Gueules* (qui vient de l'arabe *gul*, rose, et non du latin *gula*, la gueule), exprime la couleur rouge. C'était la plus honorable de toutes et elle n'était portée que par les princes ou ceux auxquels en était spécialement octroyée la permission. Elle exprimait la valeur, la justice, l'amour de Dieu, etc. Les d'Albret, les Noailles, les Rohan, les Coligny, les Rochechouart, etc., portaient leurs armes sur un *champ de gueules.* — A défaut de couleur, l'*émail de gueules* est représenté par des hachures verticales tracées sur le fond de l'écu.

GUEUSE (de l'allemand *eisen*, fer ?), nom donné au fer fondu tel qu'on le coule dans le sable au sortir du fourneau de fusion. D'ordinaire, on lui fait prendre la forme de grosses masses prismatiques, parallélépipèdes ou autres. *Voy.* FONTE.

GUI, *Viscum*, plante ligneuse qui vit en parasite sur les autres arbres, est un genre de la famille des Loranthacées ; on le trouve dans toutes les parties du globe. Le gui a des tiges souvent articulées, à feuilles quelquefois nulles ou squammiformes, portant des fleurs unisexuelles monoïques ou dioïques, formées d'un calice tubuleux soudé à l'ovaire et d'une corolle à 4 pétales insérés au sommet du calice. Le fruit est une baie pulpeuse et monosperme. L'espèce principale est le *Gui blanc*, qu'on trouve très-rarement sur le Chêne, mais communément sur le Pommier, le Poirier, le Frêne, le Peuplier, le Saule et le Pin. Sa tige dichotome porte des fleurs blanches dioïques, à 4 étamines dans les fleurs mâles, et à 5 stigmates dans les femelles.

Le gui est très-nuisible pour le cultivateur. Il se nourrit au détriment de la branche sur laquelle il croît, et la fait périr. Ses feuilles sont amères et mucilagineuses ; elles ont été préconisées comme antispasmodiques. Les grives sont friandes de ses baies. Elles servent, ainsi que l'écorce, à faire de la glu. — On sait que le *Gui du chêne* était l'objet de la vénération des Gaulois. Au commencement de l'année, le chef des druides, accompagné de ses prêtres, se rendait dans une forêt consacrée, ordinairement dans la forêt de Dreux. Là, vêtu de blanc et en présence d'un peuple nombreux, il montait sur l'arbre et coupait le gui avec une serpe d'or ; ensuite, il immolait deux taureaux blancs. Suivant les Gaulois, le gui était un remède contre tous les maux et un préservatif contre tous les poisons. Aussi distribuait-on au peuple une eau dans laquelle le gui avait trempé. Cette eau possédait la double vertu de purifier l'âme et de guérir le corps. Longtemps encore, au moyen âge, et quand on ne cueillait plus le gui en signe du renouvellement de l'année, l'on a dit en France *à gui l'an neu*, comme synonyme de *jour de l'an* ou *fête du jour de l'an*.

En Marine, on appelle *Gui* ou *Bôme* une grande vergue en arc-boutant qui sert à tendre la ralingue inférieure de la brigantine. Le gui tient par un bout au mât d'artimon ; par l'autre, il sort d'un quart de sa longueur en dehors du bâtiment.

GUIBRE, charpente placée en saillie devant l'étrave d'un bâtiment, sert à consolider le mât de beaupré ; on la nomme aussi *éperon*.

GUICHET (par corruption de *huis*, porte), petite porte pratiquée dans une grande, notamment dans une porte de ville ou dans une porte de prison : d'où le nom de *guichetier* pour geôlier. *Voy.* PRISON.

GUIDE (du bas latin *guida*, dérivé de l'allemand *weisen*, montrer). Outre les guides si nécessaires aux voyageurs dans les pays de forêts et de montagnes, et les hommes qui conduisent les corps d'armée d'une localité à une autre, il faut distinguer : 1° les *guides*, sous-officiers portant un *guidon* (*Voy.* ce mot), sur lesquels, en Théorie militaire, les autres doivent régler leurs mouvements et leurs alignements ; — 2° le *Corps des guides*, organisé par Bessières, sur les ordres de Bonaparte, après que, le 30 mai 1796, il eut failli être enlevé par des coureurs ennemis (ce corps était spécialement chargé du soin de veiller sur la personne du général). En 1848, on a organisé à Paris plusieurs escadrons de *guides* pour servir d'escorte au chef du pouvoir exécutif et d'estafettes dans les divers ministères. Depuis le 10 mai 1852, leur uniforme est un dolman et une veste de drap vert, avec brandebourgs de laine jaune, le pantalon garance, le colback avec flamme garance et aigrette en crins blancs.

GUIDON (de l'italien *guidone*, augmentatif de *guida*, guide), espèce de drapeau dont on se sert tant sur terre que sur mer. Dans l'armée de terre, c'est aujourd'hui un petit drapeau carré dont le manche peut entrer dans le canon d'un fusil, et qui sert aux alignements (*Voy.* GUIDE). On l'appelait jadis *fonion*. — Au siècle dernier, c'était un étendard particulier à la gendarmerie : il était plus long que large et fendu par le bout, les deux pointes arrondies. Auparavant, c'était le petit drapeau de la cavalerie, lequel parut dans les camps lors de l'abolition des bannières, et lorsque les troupes royales à cadre permanent eurent remplacé le service féodal.

Dans la Marine, on distingue deux espèces de guidons. L'un, qui sert à faire reconnaître sur un vaisseau la présence du chef de division, est de la couleur du pavillon de la nation et se hisse en long à la tête du grand mât ; il est fendu dans la moitié de sa longueur, longueur qui est de 5 à 7 m. L'autre est employé pour les signaux. Il est en étamine, et sa couleur varie. On le place comme les pavillons.

En Musique, le *guidon* est un petit signe, ayant le plus souvent l'aspect de deux accents circonflexes liés côte à côte, et qu'on place au bout de chaque portée, pour indiquer la place que doit occuper la 1re note de la ligne suivante. L'usage s'en perd tous les jours.

GUIGNE, fruit du *Guignier*. *Voy.* ce mot.

GUIGNIER, *Cerasus juliana*, espèce d'arbre du genre Cerisier, à tige élevée, à feuilles larges, glabres, souvent pendantes ; à rameaux étalés, à fruit cordiforme, que l'on nomme *guigne*. La culture peut produire une foule de variétés. On connaît surtout la *G. cœur de poule*, la plus grosse de toutes, noire au dehors, d'un rouge foncé au dedans, et de 3 centimètres de diamètre ; la *G. noir luisant*, la meilleure au goût, et dont le noyau reste un peu teint en rouge ; la *G. noire*, la *G. blanche*, la *G. rouge*, la *G. de Pentecôte*, etc.

GUIGUE, canot très-léger, long de 7 à 8 mètres, profond d'environ 90 centim., à fond plat, les deux bouts en pointe, et marchant au moyen de 6 avirons et d'une voile légère que porte un mât très-court. La guigue est surtout usitée en Angleterre.

GUILDER, monnaie d'Allemagne. *Voy.* GULD.

GUILANDINE, *Guilandina*, genre de la famille des Papilionacées Césalpinées, renferme des arbres ou des arbrisseaux à tiges et à pétioles armés d'aiguillons hérissés, à feuilles pinnées et à fleurs disposées en épis ou en grappes. Parmi ces plantes, indigènes de l'Asie méridionale, se trouve la *G. bonduc*, que l'on cultive chez nous. *Voy.* BONDUC.

GUILLAGE, fermentation par laquelle la bière récemment mise en tonneau pousse hors du tonneau une écume que les brasseurs nomment *levure*.

GUILLAUME (mot dérivé, sans doute, du nom de l'inventeur), espèce de rabot dont la lumière occupe toute l'épaisseur, et dont le fer, à fer étroit, échancré, dépasse un peu le fût sur les côtés, ce qui permet de couper à angle vif et de creuser une feuillure de son épaisseur. — On donne aussi ce nom à un tamis à trous assez grands où l'on fait passer de force les masses de poudre compacte provenant du moulin à poudre, ce qui les dispose au grenage.

GUILLAUME, monnaie d'or de Hollande, qui contient 10 florins et vaut 21 fr. 84 c.

GUILLEMETS, signe de ponctuation composé d'une double virgule(«»), se place avant et après une citation.

GUILLEMOT (d'un mot anglais qui veut dire *oiseau stupide*), *Uria*, genre d'oiseaux de l'ordre des Palmipèdes, famille des Plongeurs, tribu des Brachyptères ou à ailes courtes : bec court, en partie droit et comprimé ; narines fendues longitudinalement et à moitié fermées par une membrane couverte de plumes ; pieds courts, à trois doigts réunis par une membrane. Ces oiseaux, observés sur l'eau, sont fort gracieux ; mais, à terre, ils sont presque condamnés à l'immobilité à cause de la position très-reculée de leurs jambes, ce qui leur donne un air stupide. Ils habitent les mers antarctiques des deux hémisphères ; ceux des mers du Nord s'approchent de nos côtes pendant l'hiver. La plus grande espèce de ce genre est le *G. troïle*, long de 45 centimètres : la tête, le cou, la gorge et le croupion sont noirs ; le bec noir et le reste blanc ; il vit d'insectes et de coquillages. Cette espèce est la plus commune chez nous en hiver.

GUILLOCHIS (du vieux français *guille*, finesse, raffinement), entrecroisement régulier de traits, de lignes droites ou courbes en creux sur une surface. Les plaques, les plinthes, les boîtes de montres, les plinthères, les boutons, reçoivent souvent un guillochis. On guilloche le plus souvent à l'aide d'un instrument particulier, parfois à l'aide du tour.

GUILLOIRE, cuve où s'opère la première fermentation de la bière, et d'où elle passe dans un vase plein d'eau. Le plus souvent cette cuve est fermée. Elle est munie d'un tube recourbé par lequel se dégage le gaz que développe la fermentation.

GUILLOTINE (du nom du docteur *Guillotin*), instrument de décapitation usité surtout en France, consiste essentiellement en une lame d'acier tranchante, suspendue entre deux poteaux, et que le simple jeu d'une corde abaisse ou relève à volonté. Le patient est placé de son long sur une table, de telle façon que le cou corresponde à la ligne sur laquelle le couteau vient s'appliquer en tombant.

On a souvent répété que la guillotine avait été inventée par le docteur Guillotin, dont elle porte le nom. Le fait est que dès 1507 on exécutait à Gênes à l'aide d'un instrument dit *mannaja*, et qui ne diffère de la guillotine que par sa grossièreté : c'est la *mannaja* qui trancha la tête de Béatrix Cenci, à Rome, en 1600. Les Écossais avaient des instruments analogues connus sous le nom de *maiden*. Le duc de Montmorency, à Toulouse, en 1632, fut mis à mort de la même manière. Le docteur Guillotin ne peut pas même être regardé comme ayant perfectionné la vieille machine italienne. Membre de l'Assemblée constituante, il proposa, le 28 novembre 1789, que la peine de mort fût infligée selon un mode uniforme, sans distinction de noblesse ou de roture, et ce fût la décapitation, opérée par le procédé le plus rapide et le plus sûr, parce que c'est aussi le plus doux. L'on adopta le principe, mais en 1791 seulement on passa à l'application, et ce fut l'Assemblée législative qui s'en occupa. Chargé par elle de *donner son avis motivé sur le mode de décollation*, le docteur Antoine Louis présenta, le 7 mars 1792, un rapport où il proposait le procédé actuel, imité de l'Italie ; le 20 suivant, un décret sanctionna les conclusions de ce rapport. La première machine fut construite sous la direction du Dr Louis ; la première épreuve d'essai en fut faite le 17 avril 1792, sur trois cadavres, à Bicêtre ; et la première exécution à Paris eut lieu le 27 mai : ce fut celle d'un voleur de grand chemin ; le 21 août eut lieu la première exécution politique, celle de Collenot d'Anglemont. Le public appela d'abord la machine tantôt *la grosse Louison*, tantôt *la petite Louison* ou *Louisette*, par allusion au docteur Louis ; celui de *Guillotine* ne prévalut qu'ensuite.

On a beaucoup discuté sur la question de savoir si ce genre de supplice était douloureux. On peut consulter sur ce sujet : l'*Opinion du docteur Sue sur le supplice de la guillotine*, 1796, et ses *Recherches physiologiques et expériences sur la vitalité* ; la *Dissertation sur le supplice de la guillotine*, par le docteur Gastelier, Sens, an IV (1796) ; les *Réflexions historiques et philosophiques sur le supplice de la guillotine*, de J. Sédillot, an IV, etc.

GUIMAUVE, *Althæa*, genre de plantes de la famille des Malvacées, se compose d'herbes annuelles ou vivaces, tomenteuses, à feuilles alternes, à fleurs rouge-pâle, formant une sorte de grappe ou de corymbe au sommet de la tige. On en cite 19 espèces. La plus importante est la *G. officinale*, plante vivace, à tige cylindrique et velue, haute de 1m,50 à 2 m. ; à feuilles alternes, munies d'un calice double ; à pétales rose-pâle ou blancs, à racine pivotante, longue et charnue. Toutes les parties de la plante et surtout les racines contiennent un mucilage abondant qui leur donne les propriétés émollientes et adoucissantes, et les rend d'un usage journalier dans les affections catarrhales et dans toutes les inflammations. Les fleurs servent à préparer des infusions pectorales, et la racine mondée est la base de la

pâte et du *sirop de guimauve*. — C'est aussi à ce genre qu'appartient la *Rose trémière*.

On nomme *G. veloutée* et *G. royale* deux espèces de Ketmie, l'*Hibiscus abelmoschus* et l'*H. syriacus* ; et *G. potagère* une Cocrète, le *Corcorus olitorius*.

GUIMBARDE (formé, selon Roquefort, par imitation du son *guin, guin*, que rend cet instrument), petit instrument de musique, se compose de deux parties : 1o l'*âme*, petite lame ou languette d'acier scellée au haut du corps de l'instrument, et recourbée à son extrémité pour que les doigts puissent aisément l'accrocher ; 2o le *corps*, dont la forme est celle des anses de ces tire-bouchons dont le manche se replie sur lui-même. On tient l'instrument entre les dents et les lèvres : les sons s'obtiennent en soufflant et au moyen de la pression des lèvres, l'âme vibrant à peu près comme un diapason. La guimbarde possède des propriétés acoustiques très-curieuses : le ton grave qu'elle donne porte avec lui ses aliquotes, sa septième et plusieurs notes diatoniques de la troisième octave ; elle a trois timbres différents, qui sont analogues, le plus bas au chalumeau de la clarinette, le médium à la voix humaine de certains orgues, le dernier à l'harmonie. Pour exécuter un air, il faut avoir au moins deux guimbardes. Un Allemand, Scheiler, a uni jusqu'à douze guimbardes, au moyen d'un anneau qu'il appliquait à sa bouche et dont il dirigeait le mouvement rotatoire selon les sons qu'il voulait obtenir ; il a fait ainsi de la guimbarde un instrument complet auquel il donne le nom d'*aura* et sur lequel il a écrit un traité, véritable *méthode de guimbarde*. — Le jeu de la guimbarde est excessivement fatigant pour la poitrine.

Cet instrument, l'un des plus simples qui existent, est d'origine fort ancienne ; on le trouve en Asie comme en Europe ; il fait les délices des habitants du Tyrol et de la Hollande. Les Anglais l'appellent *Jew's harp*, harpe de Juif.

On nomme encore *guimbarde* un grand chariot à quatre roues et couvert qui sert au transport des marchandises.

GUIMPE (de l'allemand *wimpel*, voile), morceau de toile qui fait partie de la toilette des religieuses : elle couvre le col et la poitrine, et quelquefois encadre le visage. Les femmes du monde portent aussi des collerettes en forme de guimpe.

GUINDAGE (de *guinder*, tiré lui-même de l'allemand *winden*, tourner). Dans la Marine, le *guindage*, ou action de *guinder*, consiste à hisser sur les bas-mâts les mâts de perroquet et de cacatois. C'est aussi l'action de charger et décharger les bâtiments, ce qui se fait au moyen de cordages assemblés par une poulie. — On nomme *guindant* la longueur d'une voile, la plus grande hauteur à laquelle on puisse l'élever à la tête d'un mât, si c'est une voile carrée, ou le long d'une draille, si c'est un foc ou une voile d'étai. On dit aussi *guindant* des pavillons et des guidons. — Le *guindal* est une machine à hisser les fardeaux qu'on doit embarquer sur un navire ; et le *guindeau* une sorte de cabestan horizontal de diverse forme : un tourillon placé à chaque bout porte deux montants sur lesquels on le fait tourner au moyen de trois ou quatre leviers appelés *barres* ; un homme ou deux sont employés à cette action. — Enfin, la *guinderesse* est la corde, le gros cordage qui sert à *guinder* les hauts-mâts.

GUINDEAU, treuil à axe horizontal employé sur la plupart des navires de commerce pour retenir les câbles et lever les ancres. *Voy.* GUINDAGE.

GUINÉE (du pays de ce nom, en Afrique), monnaie d'or très-usitée en Angleterre, et qui, avant 1816, équivalait à 21 schellings, mais, aujourd'hui, n'en vaut plus que 20. Les valeurs correspondantes françaises sont donc de 26 fr. 47 c. et 25 fr. 21 c. Il y avait, de plus, des *demi-guinées*, des *quarts* et des *tiers de guinée*, lesquels valaient

13 fr. 23 c., 6 fr. 62 c., 8 fr. 82 c., et dont les deux premiers ne valent plus que 12 fr. 56 c. et 6 fr. 27 c. On ne frappe plus de tiers de guinée. — Les premières guinées furent frappées sous Charles II, avec l'or importé de la contrée de l'Afrique qui porte ce nom. On appelle encore *guinée* une sorte de toile de coton assez fine, rayée bleu et blanc, qui vient des Indes orientales, principalement de Pondichéry, et qu'on importe en grande quantité au Sénégal et en *Guinée*. Aujourd'hui, on fabrique cette espèce d'indiennes dans plusieurs villes de France, particulièrement à Rouen, d'où on l'exporte en Afrique.

GUINGAMADOU ou CIRIER DE CAYENNE. *V.* CIRIER.

GUINGAMP, qu'on a aussi écrit GUINGAN, espèce de toile de coton très-fine et très-lustrée, qu'on fabrique à Guingamp (Côtes-du-Nord), et dont on fait des robes. — On a donné le même nom à une toile de coton de Pondichéry, tantôt blanche, tantôt bleue, parfois mêlée de fils d'écorce d'arbres; il y a même des guingamps moitié soie, moitié écorce.

GUINIER, GUINE. *Voy.* GUIGNIER.

GUIPURE (de l'anglais *whip*, surjet), espèce de dentelle fort belle, fort riche, soit en fil, soit en soie, où il entre de la cartisane. Les guipures étaient autrefois d'un grand emploi, notamment sur les jupes. L'Église n'a jamais cessé d'en faire usage pour ses costumes de luxe. Négligées assez longtemps dans l'ajustement familier, elles sont redevenues de mode il y a quelques années; c'est surtout au cou et sur les épaules, en berthes, en pèlerines, etc., qu'on les portait.

Guiper, c'est aujourd'hui faire de la guipure ou imiter la guipure par une broderie et sur le vélin; mais, primitivement, ce fut faire du *guipé*. Le *guipé* consistait, étant donné un fil de deux brins ou davantage déjà tordus ensemble, à faire passer sur ce fil un nouveau brin qui s'enroulait autour de lui en spirales dont le pas (comme un pas-de-vis) était uniforme sur un même guipé. Les guipés, du reste, variaient beaucoup; ils se faisaient au moyen du *guipoir*, par des femmes nommées *guipeuses*.

GUIRACA, genre de Passereaux conirostres d'Amérique, analogues à nos Gros-becs : bec court, bombé, à côtés renflés, à bords rentrés et lisses; mandibule supérieure échancrée à la base; ongles petits et faibles. Ce sont des oiseaux superbes, qui ont les mœurs de nos Fringilles. Ils sont granivores. Les principales espèces sont : le *Gros-bec rose-gorge* de la Louisiane, le *Cardinal* de l'Amérique septentrionale, le *Bouvreuil bleu* de la Caroline, et le *Gros-bec bleu de ciel* du Brésil.

GUIRLANDE (de l'anglais *whirl*, tournoiement), cordon de verdure et de fleurs auquel on donne toute espèce de formes, mais surtout celle de l'arc de cercle, soit simple, soit multiple (elle forme alors des *festons*), et celle de la spirale (par exemple lorsqu'elle s'enroule autour d'un thyrse, d'une colonne). Les guirlandes figurent comme décor de monuments et dans la toilette des femmes. — Par extension, on dit *guirlande de perles*, *guirlande de pierreries*.

En Marine, les *guirlandes* sont des pièces de bois de longueurs et de courbures diverses qui forment des liaisons aux bouts des ponts des bâtiments, et particulièrement de l'avant de ces bâtiments, où elles sont placées horizontalement. On multiplie les guirlandes en raison de la grandeur du bâtiment.

GUITARE (du grec *kithara*, lyre), instrument de musique à 6 cordes (jadis 5), ayant la forme d'un violon très-épais et très-gros, à table plate et sans chevalet; elle est percée, au milieu, d'un grand trou circulaire, dit *rosace*, au moyen duquel les sons vont retentir dans la caisse et d'où ils sortent amplifiés. De ses 6 cordes, 3 sont en soie revêtue de laiton et se nomment *bourdons*, 3 sont en boyau (ce sont les plus aiguës). On les nomme, en partant de la plus grave (dite *sixième*), *mi, la, re, sol, si, mi*, etc. De l'une à l'autre, on compte toujours une quarte,

sauf de la 2e à la 3e, où l'intervalle est d'une tierce majeure. Les sons s'obtiennent en pinçant avec la main droite les cordes, que pressent les doigts de la main gauche. Des divisions établies le long du manche de l'instrument, de manière à correspondre à autant de demi-tons, facilitent l'exécution. La guitare ne sert guère qu'à accompagner la voix. Cet instrument offre peu de ressources : il est monotone, ses arpéges fatiguent vite, les sons en sont voilés, l'absence de chevalet semble empêcher toute sonorité; d'ailleurs tous les tons ne sont pas également faciles sur la guitare. Pour parer à ce dernier inconvénient, on a recours le plus souvent à un petit mécanisme qu'on adapte au manche, et qui, haussant tout le système d'un ton et demi, transforme le *do* en *mi bémol*, etc., ou à la *scordatura* (désaccordage), qui n'élève les sons que d'un demi-ton.

La guitare est un des plus anciens instruments : on en retrouve la figure sur les monuments égyptiens. Répandu de temps immémorial chez les Arabes et chez les Maures, il leur a été emprunté par les Espagnols, qui l'ont introduit en Europe, et chez lesquels il n'a pas cessé d'être en vogue. Il existe nombre de *Méthodes de guitare* : les plus anciennes sont celles de Louis de Milan (1534), Henri de Valderrabano (1547); les dernières et les meilleures, celles de Sor, Aguado, Carcassi, etc.

GUIT-GUIT, *Cœreba*, genre de Passereaux ténuirostres de la tribu des Grimpereaux : bec long et grêle, aigu à la pointe, recourbé, triangulaire; langue divisée en deux filets; membranes recouvrant les narines; pieds à quatre doigts. Les guit-guits vivent par troupes; ils ont un riche plumage, et voltigent, comme les Colibris, autour des fleurs pour y chercher les insectes dont ils se nourrissent. Quelques-uns vivent aussi de l'espèce de miel qui découle de la canne à sucre. Ces oiseaux sont propres à l'Amérique méridionale. L'espèce principale est le *Guit-guit bleu*, dit aussi *G. azur* et *Grimpereau du Brésil*, qu'on trouve aux Antilles, à la Trinité et à la Martinique. C'est un bel oiseau, long d'un décimètre, d'un bleu lustré, avec un bandeau d'un noir velouté sur les yeux. Le *G. noir bleu* de Cayenne est un peu plus petit. Son plumage est d'un beau bleu nuancé de violet, à l'exception du front, du bec, de la gorge et de la queue, qui sont d'un beau noir.

GULD, GULDEN ou GUILDER (mots allemands qui ne sont que des formes de *gold*, or), nom donné, en Allemagne, à diverses monnaies, de même valeur à peu près que le florin, et qui, sans doute, étaient, dans l'origine, en or et d'une valeur bien supérieure. Le *guld* de Manheim vaut 2 fr. 85 cent.; dans le Brunswick, le *guld* de 1764 vaut 2 fr. 89 cent.; le *guld commun*, 2 fr. 59 cent.; le *guld* de 1795, 2 fr. 89 cent. : ils sont en argent, et on les appelle aussi *florins*. Dans la Hesse-Darmstadt, c'est une monnaie de compte, à 60 kreutz, qui vaut 12 fr. 16 cent. — Le *guld* d'or de Hanovre vaut 8 fr. 70 cent.

GUTTA PERCHA, substance gommo-résineuse fournie par un grand arbre de la famille des Sapotacées, l'*Isonandra percha*, qui croît abondamment dans la presqu'île de Malacca et dans les îles de l'Asie, surtout à Sumatra, et qui s'élève jusqu'à 20 m. de hauteur. La gutta percha se présente sous forme de masses plus ou moins épaisses, rousses ou grisâtres; on l'épure par plusieurs lavages, d'abord à l'eau froide, puis à l'eau tiède et à l'eau bouillante : elle devient alors poreuse, molle, adhésive; on peut à volonté la réduire en lames, l'étirer en tubes, la mouler, la souder, etc. Refroidie, elle offre une solidité et une ténacité très-grandes; mais elle n'a pas l'élasticité du caoutchouc. En mêlant ces deux substances dans la proportion d'une partie de gutta percha et de 2 de caoutchouc, on obtient une matière très-résistante qui convient pour les objets qui exigent plus de rigidité que le caoutchouc. La gutta percha est inattaquable à l'eau froide, aux alcalis et aux acides.

Depuis longtemps, les Asiatiques emploient la gutta percha à divers usages, notamment à fabriquer des manches de cognée. On n'a guère commencé à l'exporter en Europe qu'en 1844. Singapore et Pinang sont les principaux entrepôts de cette précieuse marchandise. Depuis quelques années, l'industrie a considérablement multiplié les applications de la gutta percha. On en fait des tubes, des lanières, des courroies, des vases; on s'en sert pour envelopper les fils télégraphiques sous-marins, etc.

GUTTE (GOMME), du latin *gutta*, goutte. *V.* GOMME.

GUTTIER, *Garcinia*, genre de la famille des Guttifères, se compose d'arbres à feuilles opposées, coriaces, brillantes, et à fleurs terminales axillaires. On le cultive aux Indes-Orientales, à Ceylan et dans plusieurs pays de l'Asie. On n'en connaît qu'une seule espèce, le *G. gommier*, qui a le bois blanchâtre, revêtu d'une écorce noirâtre en dessus, rouge en dessous, et qui laisse découler par incision une liqueur visqueuse, inodore, donnant par voie de siccité une gomme-résine opaque, de couleur jaune safrané, confondue longtemps avec la véritable *Gomme-gutte*. Le fruit de cet arbre se mange. Il est jaunâtre, gros comme une orange, et légèrement acide et astringent.

GUTTIFÈRES (du latin *gutta*, goutte, gomme découlant par gouttes), famille de plantes dicotylédones, renferme des arbres ou des arbrisseaux élégants, originaires des pays chauds, fournissant un suc résineux, analogue à la gomme-gutte, qui en découle au moyen d'incisions faites à leurs diverses parties. Cette famille se divise en 3 tribus : les *Clusiées*, les *Garciniées* et les *Calophyllées*.

GUTTURAL, qui a rapport au gosier. On nomme *fosse gutturale* l'enfoncement qui se trouve à la base du crâne, entre le grand trou occipital et l'ouverture postérieure des fosses nasales; *conduit guttural du tympan*, le canal de communication de l'oreille avec le pharynx, autrement dit *trompe d'Eustache; hernie gutturale*, le goitre; *toux gutturale*, une sorte de toux occasionnée par une irritation du larynx ou de la trachée-artère; *artère gutturale*, une artère qui dépend d'une branche de la carotide externe, et se distribue principalement à la partie supérieure de la glande thyroïde et du gosier.

En Grammaire, on appelle *lettres gutturales* celles qui se prononcent du gosier. G, K ou Q sont des lettres gutturales. L'arabe, l'espagnol et l'allemand ont beaucoup de sons gutturaux.

GUZLA, instrument de musique des Illyriens, n'est qu'un violon réduit à sa plus simple expression, puisqu'il n'y a qu'une corde de boyau. On le fait vibrer avec l'archet. Toute pauvre qu'est cette mélodie, les Illyriens regardent la guzla comme leur instrument national, et ils aiment à en accompagner leurs chants. M. Mérimée a publié, sous le titre de *Guzla*, un recueil de prétendus chants illyriens (1827).

GYMNASE (du grec *gymnos*, nu ; d'où *gymnazô*, exercer, et enfin *gymnasion*, lieu d'exercice).

Les *Gymnases* de l'ancienne Grèce étaient de vastes édifices où l'on se livrait aux exercices du corps. Un gymnase complet se composait de douze grandes divisions : 1° le *portique*, où causaient les hommes mûrs, les philosophes ; 2° l'*éphébéion*, où s'entretenaient les jeunes gens qui ne voulaient pas, pour le moment, prendre part aux exercices ; 3° le *gymnastérion*, ou *apodytérion*, où l'on se dépouillait de ses vêtements ; 4° l'*aléiptérion*, où l'on se frottait d'huile ; 5° la *palestre*, où l'on se livrait à la lutte ; 6° le *sphéristérion*, ou jeu de boule ; 7° de grandes allées sablées ; 8° les *xystes d'hiver*, ou galeries couvertes pour la promenade pendant l'hiver ; 9° les *xystes d'été* ; 10° les *bains* ; 11° le *stade*, pour la course ; 12° le *grammatéion*, ou archives. Un directeur, appelé *gymnasiarque*, surveillait tous les

exercices. — On donne encore aujourd'hui en France le nom de *Gymnase* aux établissements où l'on s'exerce à la gymnastique. *Voy.* ce mot.

En Allemagne, on nomme *Gymnases* les établissements d'instruction de degré secondaire. Le chef se nomme *gymnasiarque*, ou mieux *recteur*. Les deux objets principaux de l'instruction sont, comme chez nous, la philologie et les sciences, tant mathématiques que physiques.

Les *Gymnases militaires* sont, en France, des établissements consacrés à l'instruction de l'armée dans la gymnastique. On en compte huit, dont les sièges sont Paris, Arras, Metz, Strasbourg, Lyon, Montpellier, Toulouse et Rennes. Le premier est dit *Gymnase normal de Paris*, et, tout en étant affecté à l'instruction des troupes de la 1re division militaire, il a surtout pour but de fournir des professeurs aux autres gymnases. — Il a été aussi fondé récemment un *Gymnase musical* pour la musique militaire ; ce gymnase (situé rue Blanche, à Paris) a déjà produit d'excellents résultats.

GYMNASTIQUE (de *gymnase*), art d'exercer le corps pour le fortifier, jouait un rôle considérable dans l'éducation ancienne, surtout en Grèce, et particulièrement à Sparte. Le saut, la course, la lutte, le jet du disque ou du javelot, le pugilat, en étaient les principaux exercices. On appelait *Gymnastique athlétique* l'ensemble des exercices auxquels se vouaient spécialement les athlètes.

Négligée depuis la chute de la civilisation grecque, la gymnastique a été remise en honneur depuis une quarantaine d'années. Les écrits de Desessarts et de J.-J. Rousseau avaient jeté dans les esprits les germes de cette rénovation. Cultivée d'abord en Angleterre, puis en Allemagne (en Saxe, en Suisse, en Prusse), où elle s'introduisit jusque dans l'enseignement officiel ; appliquée en Suède, par le docteur Ling, au traitement des maladies ; recommandée en France dès 1803 par L.-F. Jauffret et Amar-Durivier pour les établissements d'éducation, elle ne commença à être mise en pratique qu'en 1818, lorsque le colonel Amoros eut établi dans la plaine de Grenelle son *Gymnase normal*, civil et militaire. La méthode de ce dernier, perfectionnée par M. Laisné, qui y adjoignit le chant comme moyen de régler le rhythme des mouvements, fut introduite en 1847 à l'hôpital des enfants malades de la rue de Sèvres : on y recourt pour combattre la chorée, l'épilepsie, pour fortifier les enfants scrofuleux. Enfin M. Triat y apporta de nouveaux perfectionnements (1853). Auj., les lycées, les collèges et presque toutes les maisons d'éducation, même celles de filles, ont des cours de gymnastique. Ces exercices, bien dirigés, développent la vigueur, perfectionnent la stature, et assurent la santé. On doit au colonel Amoros un *Manuel de Gymnastique* (2 vol. et atlas), qui a été approuvé par l'Université et couronné par l'Institut, et à M. P.-H. Clias la *Callisthénie* (1843), ouvrage consacré à l'éducation physique des jeunes filles.

GYMNÈTRE (du grec *gymnos*, nu, et *étron*, basventre, c.-à-d. sans anale), *Gymnetrus*, genre de poissons Acanthoptérygiens de la famille des Tænioïdes : corps allongé et comprimé ; nageoire dorsale qui règne tout le long du dos, et où les rayons antérieurs se prolongeant, forment une sorte d'aigrette sur la tête du poisson ; nageoire caudale qui s'élève verticalement au-dessus de la queue, laquelle se termine en crochet ; enfin, absence d'anale. Le *G. faux* de la Méditerranée est long de 45 centim., très-plat sur les côtés, argenté, avec les nageoires rouges. Sa chair est très-molle et muqueuse comme celle de la morue.

GYMNOCARPE (du grec *gymnos*, nu, et *karpos*, fruit), dénomination proposée par quelques botanistes pour désigner les fruits qui sont à nu et ne sont soudés avec aucun organe accessoire, a été spécialement appliquée à un genre de la famille des Paronychiées, qui renferme des arbrisseaux propres à l'Afrique, toujours verts, et ayant la propriété de fixer les sables mouvants de ces climats. Ce genre ne contient qu'une espèce, le *G. ligneux*, qui atteint 70 centim., et dont les fleurs, d'un beau violet, sont placées à l'extrémité des rameaux.

GYMNOCLADE (du grec *gymnos*, nu, et *klados*, rameau, à cause de l'aspect triste que ces plantes, dépourvues de leur beau feuillage, prennent à l'entrée de l'hiver), *Gymnocladus*, genre de la famille des Papilionacées, renferme des arbres peu élevés, à feuilles bipennées, à fleurs dioïques ou polygames, et à légume pulpeux. Ce genre, détaché du genre Guilandine, renferme le *Bonduc*. *Voy.* BONDUC.

GYMNODONTES (du grec *gymnos*, nu, et *odous, odontos*, dent), famille de poissons de l'ordre des Plectognathes, qui ont les mâchoires garnies d'une couche d'ivoire provenant de la soudure des dents. Ces animaux vivent de Crustacés et de plantes marines; leur chair, qui est muqueuse, est peu estimée, et peut même, à certaines époques, devenir malfaisante.

GYMNOGRAMME (de *gymnos*, nu, et *gramma*, ligne), genre de Fougères de la famille des Polypodiacées, établi par Desvaux, croît dans les régions tropicales: tige herbacée très-courte, frondes composées et décomposées, couvertes d'une pubescence furfuracée. *Voy.* CÉTÉRACH.

GYMNORHYNQUES (du grec *gymnos*, nu, et *rhynklos*, bec), famille de poissons de l'ordre des Sturoniens, comprenant ceux qui ont le museau court et dénué d'appendices.

GYMNOSOPHISTES, philosophes de l'Inde. *Voy.* le *Dict. univ. d'Hist. et de Géogr.*

GYMNOSPERMIE (du grec *gymnos*, nu, et *sperma*, graine), 1er ordre de la didynamie de Linné, renferme des plantes dont les graines paraissent nues, c.-à-d. dépourvues de péricarpe. Il correspond à la famille des *Labiées* de Jussieu.

GYMNOSTOME (du grec *gymnos*, nu, et *stoma*, orifice), *Gymnostomum*, genre de Mousses annuelles et vivaces, croissant en touffes serrées sur les rochers humides, et offrant pour principal caractère l'orifice de leur capsule tout à fait nu.

GYMNOTE (du grec *gymnos*, nu, et *nôtos*, dos), *Gymnotus*, genre de poissons Malacoptérygiens, famille des Anguilliformes, qui sont caractérisés par l'absence totale de la nageoire dorsale et par une nageoire anale qui règne sous la plus grande partie du corps. Le corps et la queue des gymnotes sont très-allongés, cylindriques, en forme de corps de serpent, sans écailles sensibles, de couleur noirâtre. Le *G. électrique*, très-commun en Amérique, atteint près de 2 m. de longueur. Sa tête est percée de petits trous très-sensibles, par lesquels se répand sur la surface du corps une liqueur visqueuse. De semblables ouvertures sont disposées sur tout le reste du corps. Le gymnote possède, comme la torpille, la propriété d'engourdir, même à distance, les autres animaux. Lorsqu'on le touche à deux mains, la commotion est très-forte; elle peut aller, dit-on, jusqu'à renverser un homme. L'organe dans lequel réside cette vertu est situé le long du dessous de la queue, et est formé de quatre faisceaux composés d'un grand nombre de lames membraneuses, unies fortement entre elles et remplies d'une matière gélatineuse. On attribue à l'électricité les effets produits par le gymnote; les lames membraneuses de sa queue sont considérées comme formant une pile électrique.

GYNANDRIE (du grec *gynè*, femme, et *aner, andros*, homme), 28e classe du système de Linné, renferme les plantes dont les étamines sont réunies et comme implantées au pistil, c.-à-d. dont les organes *mâles* et les organes *femelles* ne forment qu'un seul corps avec lui. Linné divisait la Gynandrie en 9 ordres, nommés *G. diandrie*, *G. triandrie*, *G. tétrandrie*, *G. pentandrie*, *G. hexandrie*, *G. décandrie*, *G. polyandrie*. Les *Orchidées*, les *Aristoloches* appartiennent à cette classe.

GYNÉCÉE (du grec *gynè*, femme, et *oikos*, maison). C'était, chez les Grecs, la partie de la maison réservée à l'habitation des femmes. Dans l'origine, le gynécée formait l'étage supérieur de l'édifice; plus tard, il fut placé dans un bâtiment à part ou dans la partie la plus reculée de la maison, et séparé ordinairement par une cour de l'habitation des hommes. L'entrée de cette cour était un vestibule, sur l'un des côtés duquel se trouvaient les loges des portiers, eunuques le plus souvent, qui gardaient l'appartement des femmes. Au milieu de cet appartement, était un grand salon (*oikos*), où se tenait habituellement la maîtresse de la maison; des deux côtés étaient les chambres à coucher (*thalamoi*) et les chambres des esclaves (*amphithalamoi*). Les femmes grecques sortaient peu du gynécée, sans toutefois y subir la même réclusion que les femmes de l'Orient dans les *harems*.

GYPAETE (du grec *gyps*, vautour, et *aétos*, aigle), *Gypaetus*, genre d'oiseaux de l'ordre des Rapaces, famille des Diurnes, établi pour une seule espèce, le *G. barbu*, appelé aussi *Griffon* et *Vautour des agneaux*, et intermédiaire aux Vautours et aux Faucons. Cette espèce a la tête et le cou jaunes, le corps noir en dessus, fauve en dessous, et une raie noire qui s'étend de la base du bec au-dessus des yeux. Presque aussi grande que le Condor, elle est dangereuse même pour l'homme; elle se repaît indifféremment de charogne et de proie vivante; elle attaque les agneaux, les chamois, les bouquetins, et se jette même sur les enfants.

GYPSE (du grec *gypsos*, plâtre, qu'on dérive lui-même de *gè*, terre, et *epsô*, cuire), sorte de roche dans laquelle domine le *sulfate de chaux*. Il y a un grand nombre de variétés de gypse. La plus importante et la plus précieuse pour l'industrie est le *G. grossier*, dans lequel la chaux carbonatée est mélangée avec le sulfate, et qui est le plus communément connu sous le nom de *Pierre à plâtre* (*Voy.* PLATRE). Lorsque le gypse est compacte ou grenu, il prend le nom d'*Albâtre gypseux*. Mélangé avec de la colle de peau, le gypse réduit en poudre, le *plâtre*, forme une pâte connue sous le nom de *Stuc*.

GYRIN (du grec *gyreuô*, tournoyer), *Gyrinus*, genre de Coléoptères pentamères, type de la famille des Gyriniens, renferme des insectes appelés aussi *Tourniquets* et *Puces aquatiques*, qui ont le corps ovale, un peu bombé, très-luisant en dessus, et qui se tiennent habituellement à la surface de l'eau, où ils font des tours et circuits continuels avec une grande vivacité. Le *G. nageur* est très-commun en France. Il est long de 6 millim., vert bronzé en dessus, noir en dessous, et a les pattes fauves.

GYROCARPE (du grec *gyros*, cercle, et *karpos*, fruit, à cause des tours de spire que font les cotylédons autour de la gemmule), genre de plantes que l'on a pris pour type d'une petite famille, celle des Gyrocarpées, voisine des Laurinées. Ce genre renferme des arbres élégants de l'Inde et de l'Amérique, à feuilles alternes, à fleurs précoces, disposées en panicules, et à fruit monosperme, revêtu de 2 ailes à son sommet, qui le font tomber en tournillant.

GYROSELLE (de *gyrus*, cercle, et *sella*, siège), un des noms donnés au *Dodécathéon*. *Voy.* ce nom.

GYROSCOPE (de *gyros*, mouv. circulaire, *skopéô*, observer), nom donné par M. L. Foucault à un appareil imaginé par lui en 1854 pour démontrer la déviation d'un corps tournant en liberté à la surface de la terre.

H

H, 8e lettre de notre alphabet. Elle manque en hébreu, où elle est remplacée par le *hè*, aspiration douce, et par le *cheth*, aspiration très-forte ; le grec usuel n'avait point non plus de lettres particulières pour l'exprimer, mais on y suppléait par deux aspirations dites *esprits*, l'un doux ('), l'autre rude (') ; dans quelques inscriptions, l'esprit rude est représenté par H (н) ; chez les Éoliens, l'aspiration douce se figurait par F. — Comme abréviation, HS (pour LLS, *libra libra semis*) signifiait *sestertius*. De nos jours, S. H. se lit *Sa Hautesse*. — Prise comme signe numérique, H, à Rome, valait 200 et Ħ 200,000. — Sur les monnaies, H était la marque de La Rochelle.—En Chimie, H = *Hydrogène*; Hg, *Mercure*.

HABIT (du latin *habitus*, manière de se tenir, vêtement). Dans son acception la plus large, ce mot signifie tout ce qui sert à couvrir le corps et est synonyme d'*habillement*. Dans un sens plus restreint, l'*habit* est ce vêtement des hommes qui couvre les bras et le corps, qui est ouvert par devant, et terminé par derrière par des pans ou basques. Ainsi entendu, l'habit ne remonte pas au delà du règne de Louis XIV. Dans l'origine, les basques étaient assez larges pour faire le tour du corps, ce qui donnait au vêtement la forme d'une redingote ; elles se retroussèrent ensuite en se repliant sur elles-mêmes, et arrivèrent ainsi, au XVIIIe siècle, à prendre la forme étriquée qu'elles ont de nos jours. Le collet, d'abord droit, fut rabattu à la fin du siècle dernier ; les parements, amples et détachés de la manche, diminuèrent peu à peu de grandeur et se collèrent à la manche ; aujourd'hui, ils sont seulement figurés. Les habits se font généralement en drap ; autrefois, ils se faisaient aussi en soie, en velours, en bouracan, etc. Jusqu'à la Révolution, les habits de la noblesse étaient surchargés des plus riches broderies, d'or, d'argent et de soie. Aujourd'hui, presque tous les habits, surtout les *habits habillés*, ou *fracs*, sont en drap noir uni ; le bleu, le vert et le brun sont, avec le noir, les seules couleurs qui soient de mise aujourd'hui dans l'habillement civil. — Dans les cours, on porte encore des habits brodés, à collet droit, qui rappellent un peu la forme des habits du siècle passé : on les nomme *habits à la française*.

Dans un sens tout spécial, l'*habit* est le costume que portent les ecclésiastiques et les membres des ordres religieux ; c'est ainsi qu'on dit : *prendre l'habit*, pour entrer dans les ordres ; *l'habit ne fait pas le moine*, etc. — On appelait autrefois *habit angélique*, l'habit religieux dont se faisaient revêtir les agonisants par esprit d'humilité.

HABITACLE (du latin *habitaculum*), petite armoire qui renferme la boussole dans un navire. Elle est située au milieu du gaillard d'arrière, sous les yeux du timonier. On l'éclaire la nuit.

HABITAT, nom donné, en Botanique, aux stations ou circonscriptions propres à chaque plante, c.-à-d. aux lieux où les plantes croissent naturellement et spontanément, et où elles peuvent être cultivées sans beaucoup de soins et de difficultés. Parmi les plantes, les unes, petites, sous-ligneuses, munies de très-peu de feuilles, sont destinées à couvrir la nudité des montagnes (*Saxifrage*, *Absinthe*, *Gentiane*, *Romarin*, etc.) ; d'autres, remarquables par leur odeur aromatique, viennent sur les collines (*Fétuque*, *Thym*, *Serpolet*) ; d'autres, à tiges roides, à saveur amère, à odeur souvent repoussante, croissent dans les lieux nus et stériles (*Stellaire*, *Orpin*, *Véronique*, *Millefeuille*) ; d'autres encore se plaisent au milieu de nos forêts (*Arbousier*, *Houx*, *Bruyères*, *Muguet*, etc.), ou dans les plaines (*Graminées*, *Trèfle*, *Gesse*, *Genêts*), ou dans les eaux douces (*Cresson*, *Nénuphar*, *Tussilage*, *Conferves*). L'*Orseille*, la *Soude*, le *Bacille*, les *Varechs*, les *Ulvacées*, etc., habitent les côtes ou le milieu des mers. Enfin, certaines plantes, telles que la *Truffe*, l'*Arachide*, les *Byssus*, etc., habitent sous terre.

Pour ce qui est de la distribution des plantes par régions, on distingue : 1o la *Région de l'Olivier*, qui comprend l'Espagne, l'Italie et la Grèce : on y trouve, outre l'Olivier, le Cotonnier, l'Oranger, le Figuier, le Riz et le Maïs ; — 2o la *R. de la Vigne*, qui, partant du nord des mêmes contrées, s'étend jusqu'à la hauteur de Paris et même de Dresde ; — 3o la *R. des Céréales*, qui occupe toute l'Europe centrale ; — 4o la *R. inculte*, au nord de la précédente, qui s'étend du 60e jusqu'au pôle : les *Choux*, les *Raves*, les *Pois*, l'*Oseille*, sont les seuls légumes qu'offrent les jardins autour des habitations. — La *R. des arbres verts* occupe les contrées les plus élevées du globe, sous toutes les latitudes.

HABITATIONS. *Voy.* LOGEMENTS.

HABITUDE (du latin *habitudo*, manière d'être constante, coutume), disposition acquise par des actes réitérés, et en vertu de laquelle on tend à répéter ces mêmes actes. Toutes les parties de notre être sont susceptibles d'habitudes, l'âme comme le corps, la sensibilité comme l'activité, le jugement comme la mémoire. On distingue des *H. actives*, celles de la volonté, de l'attention, des organes ; et des *H. passives*, celles de la sensibilité, de la mémoire, du désir : les désirs tournés en habitudes constituent les passions. — Les actes devenus habituels s'exécutent avec beaucoup plus de facilité, de promptitude, de précision, comme on l'observe dans les artistes qui jouent d'un instrument, dans les faiseurs de tours d'adresse ; mais en même temps l'empire de notre liberté sur ces actes diminue, le penchant à les reproduire devient de plus en plus fort, et finit par nous dominer : c'est ce qui a fait dire que l'*habitude est une seconde nature*. En outre, les impressions que laissent en nous les faits habituels s'affaiblissent graduellement, et s'émoussent au point qu'on cesse presque d'en avoir conscience : c'est ce qu'on observe surtout pour les sensations trop répétées ou continues, comme les saveurs, les odeurs. — Les animaux sont, comme l'homme, susceptibles d'habitudes : c'est sur cette aptitude qu'est fondée leur éducabilité. On a cru, en outre, remarquer que, chez les animaux, les habitudes acquises se transmettent de génération en génération.

On a tenté diverses explications de l'habitude : les uns, comme Hume et Dugald Stewart, n'y voient qu'un effet de l'association des idées ; les autres, comme Berkeley, Hartley, Reid, l'assimilant à l'instinct, la rapportent à un *principe mécanique d'action*.

On peut consulter sur cet intéressant sujet, qui n'a pas encore été suffisamment approfondi, l'*Influence de l'habitude* de Maine de Biran, la *Théorie de l'habitude* de Dutrochet, la thèse de M. F. Ravaisson, *De l'habitude*, et d'excellents morceaux dans les œuvres de Reid, de Dugald Stewart (*Philosophie de l'esprit humain*, ch. 2), de M. de Cardaillac (*Études de philosophie*, sect. III, ch. 4 et 5).

HACHE (du latin *ascia*, qui a le même son, ou de l'allemand *hacken*, hacher). La hache est connue de toute antiquité. On la retrouve jusqu'en Océanie. On en fait d'airain, de fer, d'acier ; on en trouve même en pierre chez les peuples primitifs. Quant aux formes de la hache, elles ont été infiniment variées : une des plus remarquables est celle de la *francisque*, dont le manche était court, et dont le fer, à deux taillants, formait deux haches opposées l'une à l'autre. La *hache d'armes* du moyen âge avait le manche plus long, et formait hache d'un côté et marteau de l'autre. La *hache des gendarmes* de Charles VIII était sans marteau; mais la douille du fer se prolongeait au delà du taillant en pointe aiguë. Il y avait aussi des haches où le marteau était remplacé par un dard ou par un croissant à deux pointes. La *hache*, aujourd'hui, n'est plus portée à l'armée que par les sapeurs; mais, pour eux, ce n'est qu'un outil, et non une arme. Dans la Marine seulement l'on a gardé la *hache d'abordage*; elle sert à la fois pour frapper l'ennemi, pour renverser les mâts et pour couper les manœuvres lorsqu'on prend un navire à l'abordage. On la porte au côté gauche, fixée par un crochet au ceinturon.

Longtemps la hache fut l'instrument du supplice: à Rome, la hache était portée, au milieu des faisceaux, par les licteurs, qui remplissaient l'office de bourreaux.

On donnait le nom de *hachereau* à une petite hache d'armes courte, légère et sans marteau. Aujourd'hui, ce n'est plus qu'un instrument avec lequel les Charpentiers, Menuisiers, etc., façonnent et dressent ce qu'ils ont dégrossi à la hache. On appelle *merlin* la hache à fendre le bois.

HACHE-PAILLE, instrument ou machine d'agriculture qui coupe la paille ou les fourrages des bestiaux en parties d'une grande ténuité, ou qui rend cette opération prompte et facile. Le *hache-paille allemand* est une auge en bois de 15 à 20 centimètres de côté et d'un mètre de long à peu près, soutenue à peu près à une hauteur de 50 centimètres par deux tréteaux: contre un de ses bouts glisse diagonalement une grande faux qu'on fait agir de la main ou du pied, tandis qu'avec un râteau à dents de fer on amène successivement sous le tranchant la paille dont on a préalablement rempli l'auge.

HACHEREAU. *Voy.* HACHE.

HACHETTE. Ce mot désigne, outre une petite hache, une espèce de marteau ayant d'un côté une tête plate de 10 centimètres de long, et de l'autre un tranchant de 20 centimètres environ. Le manche est placé au milieu. Les Maçons, les Couvreurs s'en servent pour tailler les moellons, les pierres tendres, percer les murs, couper le vieil enduit, etc.

HACHICH ou HASCHISCH (en arabe *herbê*), préparation enivrante composée d'extrait de chanvre bouilli avec du beurre, puis mêlé avec du sucre; on en fait un opiat ou des pastilles. Le hachich produit une espèce d'ivresse très-distincte de l'ivresse alcoolique: elle se manifeste d'abord par des rires quelquefois convulsifs; puis vient une extase délicieuse pendant laquelle l'esprit se plaît aux souvenirs les plus agréables, aux plus belles images. Cet état se transforme peu à peu en une extrême gaîté, que termine enfin une entière prostration. Il suffit de 30 grammes environ de hachich pour produire ces effets. L'ivresse est 4 heures dans toute sa force; elle ne se dissipe complètement qu'en 24 heures. Pris rarement, le hachich n'offre pas d'inconvénient marqué; mais si l'usage en devient plus fréquent, il produit l'hébétation et la poltronnerie. Les Orientaux en font un abus déplorable. Les effets du hachich ont sans doute été connus fort anciennement; mais longtemps on en a fait un secret. On sait que c'est avec le hachich que le *Vieux de la montagne* produisait ces extases extraordinaires par lesquelles il obtenait un dévouement et une foi aveugles de ses séides, qui prirent de là le nom d'*Hachichins* (dont nous avons fait *Assassins*). — On peut toujours, dit-on, dissiper les hallucinations produites par le hachich au moyen d'une limonade très-acidulée.

On doit à M. Moreau (de Tours): *Du Hachich*, 1845.

HACHURE, nom donné, dans le Dessin et la Gravure, aux traits que l'on fait pour exprimer les ombres.

Les *H. simples* sont formées par une seule ligne, droite ou courbe; les *H. doubles*, par plusieurs lignes droites ou courbes qui se croisent. Les *H. empâtées*, en termes de graveur, sont des hachures confondues par l'effet de l'eau-forte, qui a enlevé le vernis.

En termes de Blason, on nomme *hachures* les points ou traits qui désignent spécialement les couleurs et les métaux. La hachure en points indique l'or. L'écu qui n'a point de hachure est d'argent. La hachure de bas en haut (en pal) désigne les gueules (le rouge); la hachure en travers (en fasce) désigne l'azur (le bleu); la hachure double (en pal et en fasce) désigne le sable (le noir).

HADENA (c.-à-d. *infernal*, du grec *hadês*, enfer), genre de Lépidoptères nocturnes, tribu des Noctuélites: le dessin de leurs ailes représente une Ξ couchée. Leurs chenilles sont à 16 pattes et sans poils; elles vivent sur les plantes basses, principalement les Crucifères, et dévastent les jardins potagers: c'est probablement ce qui leur a valu leur nom. L'espèce type est le *Papillon du chou*, dont la chenille vit aux dépens du choux cultivé.

HÆMA (en grec *sang*), etc. Pour ce mot et pour ses composés, *Voy.* HÉMA.

HAGIOGRAPHES (du grec *hagios*, saint, et *graphô*, écrire). Primitivement on qualifia d'*hagiographes* tous les livres et tous les auteurs de l'Ancien Testament autres que Moïse et les Prophètes. Ce nom passa ensuite aux biographes et légendaires qui racontaient la vie et les actions des saints: tels ont été surtout, 1° parmi les Grecs, Palladius et Siméon le Métaphraste, qui, par ordre de Constantin Porphyrogénète, rassembla les vies des saints éparses dans les archives des églises et des monastères; 2° au moyen âge, Jacques de Voragine, l'auteur de la *Légende dorée*; 3° parmi les modernes, les Bollandistes, dom Ruinart, Baillet, Mésenguy, A. Butler, dont la *Vie des saints* a été traduite par Godescard.

HAHA (onomatopée exprimant l'étonnement), ouverture pratiquée dans un mur de jardin ou de parc, afin de laisser la vue libre, et qui est défendue par un fossé extérieur.

HAIDOUKS, milice autrichienne. *Voy.* le *Dict. univ. d'Hist. et de Géogr.*

HAIE (de l'allemand *haag*, même sens). On distingue la *haie vive*, formée d'arbres ou d'arbrisseaux vivants, et la *haie morte* ou *sèche*, construite avec des fagots, des ronces mortes, ou même avec des planches. La haie vive est quelquefois plantée sur double rang. Assez souvent on l'accompagne d'un fossé. La haie vive, d'après l'article 671 du Code civil, doit être plantée à 50 centim. du terrain voisin, et si les branches se développent trop, le propriétaire de celui-ci peut contraindre à les couper. La haie morte n'a pas besoin d'être éloignée. — Les conditions requises pour les plantes d'une bonne haie vive sont d'avoir des racines pivotantes et non traçantes, de supporter aisément la taille, de ne pas se dégarnir du pied, d'être de longue durée, etc. L'aubépine seule réunit toutes ces qualités. Ensuite viennent le néflier, l'alizier, le houx, les nerpruns, l'épine-vinette, les rosiers, groseilliers, ronces, genêts, jeunes charmes et jeunes ormes, cognassiers, lilas, noisetiers, sureaux, acacias, baguenaudiers, luzernes en arbre, etc. Parfois même on y place des arbres fruitiers. On en fait la tonte deux fois l'an, en hiver et en été. On sème ou l'on plante la haie vive. Elle est formée au bout de six ans. On commence à la tailler à la 4e année. — Dans les prairies clôturées, les haies ont des avantages: elles entretiennent l'humidité du sol en diminuant l'évaporation, mettent obstacle à la déperdition de la chaleur acquise le jour, épargnent les frais de surveillance et de garde pour l'entretien du bétail, etc. Sur les terres arables, les haies prennent du terrain et nuisent aux communications.

HAIK, couverture de laine, vêtement des Berbères.

HAIRE (de l'allemand *haar*, poil), vêtement en forme de chemise, tissu de crin, de poil de chèvre, ou de tout autre poil rude et piquant, que l'on portait autrefois sur la peau par esprit de mortification.

HALAGE, action de *haler*, c.-à-d. de tirer à soi un bateau par des moteurs en mouvement, placés sur les bords d'un canal ou d'une rivière. Les moteurs pour halage sont ordinairement l'homme ou le cheval : les Anglais ont tenté d'y substituer des locomotives; mais jusqu'ici les essais ont peu réussi. Un câble unit le moteur à la masse en mouvement. On diminue la résistance en faisant serrer le rivage par le bateau, et en plaçant le moteur très en avant. La partie réservée de la rive sur laquelle se meut le moteur est dite *Chemin de halage*. *Voy.* ce mot.

HALALI ou HALLALI (du grec *alala*, cri de victoire), cri qui, dans la chasse au courre, annonce que le cerf est aux abois. La fanfare du *hallali*, donnée par le son du cor, est simple et facile : elle sert à rassembler les chasseurs épars. L'auteur de cette fanfare est inconnu. Méhul s'en est servi pour terminer sa belle ouverture du *Jeune Henri*. On cite aussi le hallali de Haydn dans la chasse de l'oratorio des *Saisons*.

HALE, effet produit par l'action combinée de la lumière solaire, du grand air et du vent : 1° sur la peau de l'homme, qui prend une teinte brune et basanée; 2° sur les herbes, sur les plantes, et toutes les matières organiques, qui se flétrissent et se dessèchent. — On nomme aussi *hâle* un vent sec et chaud qui souffle de l'est et du nord.

Dans la Marine, *haler*, c'est tirer et roidir un cordage pour amener horizontalement une manœuvre, un mât, un fardeau, une chaloupe, etc. (*Voy.* HALAGE). On nomme : 1° *hale-à-bord* un petit cordage employé à haler, dans un bâtiment, tout objet extérieur un peu éloigné; 2° *hale-bas*, une petite manœuvre qui sert à amener les voiles, les pavillons et les guidons; 3° *hale-breu*, un petit cordage que l'on fait passer dans une poulie, et qui sert à élever les voiles; 4° *hale-dedans*, un cordage destiné à haler en dedans certaines voiles. — On dit du vent qu'il *hale de l'avant*, qu'il *hale le sud*, *l'est*, etc., selon qu'il change en approchant de l'une de ces directions.

HALECRET (du latin *alacris*, leste, léger), arme défensive en usage aux xve et xvie siècles, consistant en une espèce de corselet de fer battu, formé de deux pièces, dont l'une se mettait devant et l'autre derrière. Le halecret était plus léger que la cuirasse.

HALEINE (du latin *halitus*), air qui sort des poumons pendant l'expiration. C'est un mélange d'azote, d'acide carbonique et de vapeur aqueuse, tenant une matière animale en dissolution.

HALER. *Voy.* HALE et HALAGE.

HALÉSIE (du nom d'un savant anglais), *Halesia*, genre de la famille des Styracinées, renferme des arbrisseaux indigènes de l'Amérique, à feuilles simples, alternes, et à fleurs axillaires, blanches. Ces fleurs sont formées d'un calice à 4 dents, et d'une corolle campaniforme quadrilobée, renfermant 12 à 16 étamines. Le fruit est une noix ailée à 4 loges monospermes. L'*H. à quatre ailes* figure agréablement parmi les arbustes de nos bosquets. On admire ses rameaux étalés, ses feuilles alternes, vertes en dessus, cotonneuses en dessous; ses fleurs blanches et pendantes; enfin, son fruit à quatre ailes. L'*H. à deux ailes*, qui nous vient de la Pensylvanie, se distingue de la précédente par ses feuilles plus ovales et par son fruit, qui n'a que deux ailes. — Quelques botanistes font du genre Halésie le type d'une famille particulière, celle des *Halésiées* ou *Halésiacées*.

HALICTE, *Halictus*, genre d'Hyménoptères de la famille des Mellifères, renferme des insectes de petite taille, de forme cylindrique très-allongée, et ayant les antennes très-droites, recourbées seulement à leur extrémité. Les femelles ont la tête plus large et l'abdomen plus ovoïde que celui des mâles.

Ces insectes, communs en France, sont noirs ou verts; ils construisent leur nid dans la terre. L'*H. écaphose* fait le sien dans les terrains sablonneux à une profondeur de 12 centim.; une galerie oblique y conduit : la femelle y dépose ses œufs et la nourriture qui doit nourrir la larve; elle bouche ensuite l'entrée du nid. Cet insecte a 1 centimètre et demi de longueur. L'*H. perceur*, qui habite nos jardins, est beaucoup plus petit.

HALIEUTIQUES (du grec *halieutiké*, la pêche), nom donné chez les Grecs aux ouvrages didactiques traitant de l'art de la pêche. On connaît surtout en ce genre les *Halieutiques* d'Oppien, poëte grec du commencement du IIIe siècle.

HALIOTIDE (du grec *halios*, marin, et *ous*, *otos*, oreille), *Haliotis*, genre de Mollusques de la classe des Gastéropodes et de la famille des Scutibranches, renferme des espèces qui se trouvent dans presque toutes les mers. Ces animaux vivent attachés aux rochers, et y acquièrent parfois de grandes dimensions. Les deux espèces qui vivent près de nos côtes fournissent la *nacre* du commerce. Elles se tiennent, le jour, cachées sous les rochers, et viennent, la nuit, paître les plantes du voisinage. L'*H. commune*, vulgairement *Oreille de mer*, *Oreilles de S. Pierre*, a une coquille ovale, nacrée, déprimée, verdâtre ou jaunâtre, assez grande, marquée de raies longitudinales et de plis disposés transversalement, présentant de cinq à huit trous sur sa surface et une ouverture aussi grande que la coquille. L'*H. magnifique* est plus rare : elle est petite, ovale, arrondie, d'un jaune orangé, garnie, à l'extérieur, de côtes tuberculeuses, percées de plusieurs trous; sa nacre est très-belle. L'*H. géante* est la plus grande espèce du genre qu'on trouve en Océanie.

HALLE (*hall* en allemand, vaste emplacement, salle). C'est, à proprement parler, un lieu destiné à l'emmagasinement et à la vente d'objets d'une utilité première, qui s'y vendent par fortes parties et presque toujours pour l'approvisionnement des magasins et des boutiques, où ces objets sont revendus en détail. Ainsi, l'on dit la *halle aux cuirs*, la *halle aux toiles*, la *halle au blé*, etc. — Mais vulgairement on prend *halle* comme synonyme exact de *marché*; et c'est alors, dans les villes un peu considérables, une place publique destinée à réunir toutes les marchandises et denrées, particulièrement celles qui servent à la vie, comme les légumes, les grains, etc. La plupart des halles sont closes et couvertes.

Philippe-Auguste assigna le premier une place fixe aux échoppes des marchands et les réunit : ce fut là, pour la France, l'origine des halles. Vers le même temps, Henri II, en Angleterre, en élevait dans plusieurs villes. Vienne en Dauphiné en eut une de bonne heure. Celles de Rouen, les plus importantes de France en leur genre, furent commencées au xiiie siècle. Paris en a plusieurs, entre autres la *Halle au blé*, la plus ancienne de toutes (1762-65), et la *Halle aux vins*, immense et admirable ensemble de caves, de bâtiments, avec des rues intérieures pour les desservir. — On appelle vulgairement la *Halle*, l'ensemble des marchés situés au centre de Paris et comprenant, outre le *marché des Innocents*, la *Halle au beurre et aux œufs*, la *Halle à la marée*, la *Halle aux draps*, le *Marché de la verdure*, celui des *pommes de terre*, le *Marché à la volaille*, *à la viande*, etc. Tous ces marchés, construits pour la première fois sous François Ier et Henri II, mais considérablement accrus dans la suite (les *piliers des halles* sont les uniques restes des premières constructions), vont être remplacés par des constructions vastes et régulières, dites les *Nouvelles Halles*, dont la première pierre a été posée le 15 sept. 1851. *Voy.* MARCHÉS.

Les *Forts de la halle*, hommes de peine employés au chargement, au déchargement et au transport des marchandises dans les halles et marchés de Paris, formaient autrefois une corporation importante. Ils ont encore leurs facteurs et leurs syndics, et portent un costume uniforme, consistant en une veste ronde, un large pantalon retenu par une ceinture de drap, et un chapeau rond à larges bords, comme celui des charbonniers.

HALLEBARDE (du vieux teutonique *barthe*, lance, et de *hell*, clair, luisant, ou, selon d'autres, de l'arabe *alabarda*, qui a le même sens), arme à hampe, de 2 m. de longueur environ, qui avait une partie de sa lame façonnée en forme de hache ou de croissant tranchant, à pointes aiguës, tandis que de l'autre côté se trouvait un dard droit ou crochu, et qu'au-dessus, le fer devenait une lame à deux tranchants, large à sa base et se terminant en pointe aiguë. C'était une arme d'estoc et de taille, fort redoutable dans les mains d'un homme exercé. Les Suisses la maniaient très-habilement.

La Chine a eu de temps immémorial des hallebardiers. La hallebarde toutefois ne fut célèbre en Europe qu'au xvᵉ siècle. Elle fut importée de Danemark en Allemagne, en Suisse et en France, où elle parvint vers 1460. Elle fut l'arme de l'infanterie d'élite de chaque corps, et ensuite l'arme des sergents. François Iᵉʳ forma des légions composées de hallebardiers, de piquiers et d'arquebusiers, sans que les premiers formassent un corps spécial. Presque toutes les nations européennes eurent également des hallebardiers; mais la vogue de cette arme baissa dès la fin du xvíᵉ siècle. Partout cependant on garda longtemps encore des hallebardiers. En France, ils faisaient partie de la garde des souverains et des gouverneurs de province, et on ne les abolit qu'en 1756; toutefois les Suisses chargés de la garde des châteaux royaux conservèrent la hallebarde jusqu'à la Révolution. La Restauration les fit renaitre; Charles X les supprima définitivement. Les hallebardiers sont restés en Piémont jusqu'en 1798; à Rome, en Espagne, à Naples et en Sardaigne, jusqu'à présent; en Autriche, ils s'appelaient *trabans*. Le saint-père en a toujours. Quant à la France, nos suisses d'église sont les seuls aujourd'hui qui portent la hallebarde.

HALLERIE (du nom du célèbre *Haller*), *Halleria*, genre de la famille des Scrofulariées, renferme des arbrisseaux du Cap, qui atteignent de 3 à 5 m. de haut. Leurs fleurs sont latérales. Elles sont formées d'un calice monosépale à 3 divisions, et d'une corolle monopétale à 4 étamines didynames. L'espèce la plus remarquable est l'*H. luisante*, qui a la tige rameuse, garnie de feuilles d'un beau vert luisant et dentelées sur les bords. Ses fleurs sont rouges et solitaires ou accouplées; elles s'épanouissent en juin. Ses fruits sont semblables à des cerises, mais verts. Cette plante réussit dans nos serres.

HALLIER, buisson épais dans lequel le menu gibier se réfugie pour éviter le chasseur.

On donne aussi ce nom à un filet contre-maillé, qui est employé pour la chasse d'un grand nombre d'oiseaux, et qui varie par sa longueur, sa largeur, et la hauteur des mailles et des rets dont il est composé. Les chasseurs distinguent les halliers, selon leur destination, en *H. à perdrix, H. à cailles, H. à faisans, H. à canards*, etc.

HALLUCINATION (du latin *hallucinari*, se tromper). On désigne sous ce nom toutes les erreurs des sens dans lesquelles un individu croit voir, entendre, toucher, etc., des objets qui n'existent point : ce mot est synonyme de *vision*. C'est un symptôme très-fréquent, un des éléments du délire, qu'on retrouve le plus souvent dans la manie, la mélancolie, la monomanie, l'extase, l'hystérie, le délire fébrile; sur 100 aliénés, 80 au moins ont des hallucinations. Si le plus souvent les hallucinations sont le partage des esprits faibles, les hommes les plus remarquables par la capacité de leur intelli-

gence, par la profondeur de leur raison et la force de leur esprit ne sont pas toujours à l'abri de ce genre d'illusion : quelques physiologistes ont attribué à des hallucinations les prétendues inspirations du génie de Socrate; Pascal avait des hallucinations.

Les hallucinations n'étant qu'un symptôme du délire, et pouvant convenir à plusieurs maladies de l'entendement soit aiguës, soit chroniques, elles n'exigent pas un traitement particulier. Elles sont un signe peu favorable pour la guérison dans les vésanies. — On doit à M. Brière de Boismont un savant *Traité des hallucinations*, 1845 et 1852.

HALO (du grec *halos*), nom donné au cercle rouge et brillant qui entoure quelquefois le soleil, et aux aréoles irisées qui environnent souvent la lune vue à travers une atmosphère brumeuse ou sereine. L'halo, dans le soleil, se teint de toutes les couleurs un peu affaiblies de l'arc-en-ciel. Ce phénomène est dû à la réfraction de la lumière dans l'atmosphère. La lumière de l'halo soumise à la polarisation se comporte comme un rayon lumineux déjà réfracté.

HALOIDES (du grec *hals*, sel), nom donné par Berzélius aux sels résultant de la combinaison du soufre, du sélénium, du chlore, de l'iode, du brôme, du phthore ou du cyanogène avec un métal électro-positif.

HALORAGIS (du grec *hals*, génitif *halos*, mer, et *rax*, *ragos*, raisin), genre de plantes de la famille des Cercodiennes, type des *Haloragées*, se compose d'herbes ou de petits arbrisseaux de l'Asie tropicale, dont le fruit ressemble à des grains de raisin.

HALTÈRE, nom grec du balancier des Acrobates.

HALURGIE (du grec *hals*, *halos*, sel, et *ergon*, travail), art qui s'occupe de l'extraction et de la fabrication du sel destiné aux usages domestiques et ruraux. Un des meilleurs traités sur cette matière est celui de Langsdorf, en allemand (1784-97, 5 vol.).

HAMAC (de l'allemand *hangematte*, natte suspendue?), jadis *Branle*, lit suspendu, en usage surtout en mer, consiste essentiellement en une bande de forte toile de 2 mètres de long sur un au plus de large, que deux faisceaux de cordelettes nommées *araignées* attachent au plafond d'une chambre, d'une batterie, d'un entre-pont. Parfois on y met un matelas, des draps et des couvertures; on l'appelle alors hamac matelassé. Les Anglais ont remplacé le hamac par un lit suspendu formé d'un grand rectangle de bois, sur lequel est clouée une toile; on l'appelle *Cadre (Voy.* CADRE). On y est mieux couché; mais le hamac à l'anglaise tient beaucoup plus de place à bord que les autres. Le dormeur, dans tout hamac, a la tête à l'arrière.

HAMBOUVREUX (de la ville de *Hambourg*, où il est commun), espèce de Moineau. *Voy.* FRIQUET.

HAMEÇON (du latin *hamus*, dérivé du grec *hamma*, attache), petit crochet de fer, armé d'une pointe appelée *barbe* ou *ardillon*. On attache l'hameçon à des lignes, et on recouvre l'ardillon d'un appât auquel le poisson vient mordre (*Voy.* LIGNE). Les sauvages se servent, au lieu de crochets de fer, de crochets formés des os et des arêtes des poissons.

Dans l'industrie, on appelle quelquefois hameçon l'instrument plus connu sous le nom d'*archet*.

HAMÉLIE (d'un nom propre), *Hamelia*, genre de la famille des Rubiacées, renferme des arbrisseaux de l'Amérique tropicale dont une partie est cultivée dans nos jardins. La principale est l'*H. à feuilles velues* (*H. patens*), vulgairement *Mort-aux-rats*. C'est un arbrisseau de 3 mètres de hauteur, et dont la tige, droite, est garnie de rameaux anguleux et de feuilles molles, ovales, pointues, d'un beau vert en dessus, cotonneuses en dessous. Les fleurs sont velues, rouges, en grappe, et donnent naissance à une baie noire. On a fait de ce genre le type d'une nouvelle tribu, dite des *Haméliées*.

HAMPE (de l'allemand *hand*, main, poignée?) nom donné, dans le langage ordinaire, au manche d'un pinceau; et dans l'Art militaire, au manche d'un épieu, d'une hallebarde, d'un drapeau, d'une pertuisane, d'un écouvillon, d'un refouloir.

En Botanique, on nomme *hampe* la tige d'un végétal quand elle est herbacée, simple, dénuée de feuilles et de branches, destinée uniquement à tenir les parties de la fructification élevées au-dessus de la racine, comme dans la *Jacinthe*, le *Pissenlit*.

HAMSTER (mot allemand), en latin *Cricetus*, genre de Mammifères de l'ordre des Rongeurs, renferme des animaux assez semblables aux rats, mais ayant une queue courte, les membres postérieurs plus longs que les antérieurs, et des abajoues sur les côtés de la bouche. Le *H. commun*, vulgairement *Marmotte d'Allemagne*, *Rat de blé*, est plus grand que le rat; son pelage est noir en dessous, roussâtre en dessus; les pieds sont blancs, les flancs fauves; les yeux petits et saillants. Cet animal se trouve en Alsace, en Allemagne, en Russie, en Sibérie et dans la Tartarie. Il est long de 2 décim., et vit de graines qu'il amasse dans des terriers qu'il se creuse. Les hamsters font de 3 à 12 petits, trois ou quatre fois l'an. Chaque terrier contient de 6 à 50 kilogr. de grain. On peut juger par là des ravages que leur réunion doit causer dans les moissons; aussi leur fait-on une guerre acharnée. On fouille leurs terriers pour s'emparer de leurs provisions, ou bien on les détruit en répandant dans les champs des pâtes d'arsenic ou de poudre d'ellébore, de farine et de miel. Les chiens, les chats, les renards, les putois, les fouines, qui sont leurs ennemis naturels, en détruisent aussi un grand nombre.

HANAP (de l'allemand *kneipe*, qu'on prononce presque *knape*, cabaret), se disait, au moyen âge, d'un grand vase à boire. Ce mot se trouve souvent employé dans les fabliaux de Barbazan, dans Perceforest, dans le roman des *Neuf-preux*, dans Rabelais et même dans La Fontaine.

HANCHE (du bas latin *ancha*), saillie formée de chaque côté du corps par les os qui constituent les parties latérales du bassin (*os coxal*, *iliaque*, ou *innominé*). La hanche s'unit à la cuisse par l'articulation *coxo-fémorale* ou *ilio-fémorale*. Cette articulation se fait au moyen d'une cavité hémisphérique creusée dans l'os iliaque, et dans laquelle la tête du fémur est retenue par des ligaments. Chez les femmes, le bassin est plus large, et, par suite, les hanches sont plus saillantes que chez l'homme. En général, chez un homme bien conformé, les hanches doivent avoir moins de largeur que les épaules; chez les femmes, c'est le contraire.

La hanche peut être le siège d'une maladie fort grave, la *coxalgie* ou *mal de hanche* (*Voy.* COXALGIE). On nomme *effort des hanches*, chez le cheval, la distension qui arrive dans les fibres charnues des muscles fessiers après un mouvement violent.

En termes de Marine, la *hanche* est la partie de l'arrière d'un bâtiment qui est entre la poupe et les haubans du grand mât.

HANEBANE, nom vulgaire de la *Jusquiame noire*.

HANGAR (du latin *angarium*, lieu où l'on gardait les chevaux de louage, ou du celtique *han*, maison, et *gard*, garde), grand emplacement couvert, mais non clôturé sur les côtés. Dans les fermes il sert, au lieu de grange, à mettre provisoirement à l'abri les foins, les pailles, les gerbes même : on y remise aussi les chariots, les charrues, etc. Dans les ports et arsenaux, on y conserve les bois de construction, les mâts, les ancres, les canons et une foule d'objets analogues.

HANNETON (dérivé, selon Roquefort, du latin *alitonans*, à cause du bourdonnement que produit leur vol?), *Melolontha*, genre de Coléoptères pentamères, famille des Lamellicornes, tribu des Scarabéides : tête courte; yeux arrondis, un peu saillants, très-nombreux; antennes de 10 articles, dont les 7 derniers chez les mâles, et les 6 derniers chez les femelles, forment autant de feuillets, plus larges dans les premiers que dans les seconds. Les hannetons commencent à paraître à la fin d'avril : le jour, ils restent accrochés aux feuilles des arbres et comme engourdis; après le coucher du soleil, ils volent de tous côtés en bourdonnant, et avec si peu de précaution que leur étourderie est devenue proverbiale. La femelle dépose 20 à 30 œufs, ovalés et jaunâtres, dans une terre légère, à 1 ou 2 décimètres de profondeur. Ce sont les larves qui naissent de ces œufs qui sont connues en France sous le nom de *Vers blancs*. Ces larves, d'un blanc sale, à tête fauve et à 6 pattes, mettent trois ans et quelquefois quatre avant d'arriver à l'état parfait. Les dégâts qu'elles occasionnent sont pires que ceux du hanneton. Celui-ci ne dévore que les feuilles des arbres; mais le *ver blanc* coupe les racines des plantes près du collet, et les fait périr. Le meilleur moyen de s'en délivrer est de planter des rangs de fraisiers et de laitues, végétaux dont il est très-friand, et de le chercher chaque jour au pied de ceux qui commencent à se faner. On a aussi proposé plusieurs compositions chimiques dont la meilleure paraît être l'*anti-ver-blanc* de M. Jaume-St-Hilaire. Les oiseaux domestiques, quelques oiseaux de nuit, les rats, les fouines, etc., détruisent une grande quantité de ces insectes si nuisibles. M. Strauss-Durckheim a donné une *Monographie* du hanneton.

HANSAR ou HANSARD, sorte de scie à lame très-large et flexible : elle a une poignée en bois à une de ses extrémités, et à l'autre un trou dans lequel on fait passer une brochette, qui sert de poignée, pour se faire aider dans quelques cas par un second scieur. On en fait grand usage en Normandie.

HANSE, HANSÉATIQUES (VILLES), grande association commerciale de villes maritimes au moyen âge. *Voy.* le *Dict. univ. d'Hist. et de Géogr.*

On appelait *Hanse parisienne* une association de marchands pour le commerce de la haute et de la basse Seine. Déjà établie au XIIe siècle, elle acheta en 1220 de Philippe-Auguste, moyennant une rente annuelle de 320 livres, le droit de crier les marchandises dans la ville. En 1228, le chef de la hanse parisienne prit le titre de *Prévôt des marchands*, et les autres membres celui d'*échevins*. Ils formèrent dans la suite le corps municipal de Paris.

HAPALIENS, tribu de Singes particuliers à l'Amérique, et qui a pour type le genre *Ouistiti* nommé par Illiger *Hapale* (du gr. *hapalos*, gracieux).

HAPPEMENT. On appelle ainsi l'adhérence que certaines substances minérales ou végétales ont avec la langue quand on les met en contact avec cet organe; on dit de ces métaux qu'ils *happent à la langue*. C'est un des caractères distinctifs employés par les Minéralogistes; il se rencontre surtout dans les matières argileuses.

HAQUENÉE (qu'on dérive par corruption du latin *equina*, formé d'*equus*, cheval), nom donné, au moyen âge, à une jument ou à un cheval aisé et doux au montoir et allant ordinairement à l'amble. C'était la monture des dames et des ecclésiastiques. Tous les ans, la veille de la St-Pierre, conformément à un usage qui existait encore au XVIIIe siècle, l'ambassadeur du roi de Naples présentait au pape une belle haquenée blanche, en signe de vassalité. On appelait autrefois *Haquenée du gobelet*, un cheval qui portait le couvert et le dîner des rois de France, dans les petits voyages qu'ils faisaient dans leurs provinces. — On dit encore aujourd'hui d'un cheval qui va l'amble qu'*il va la haquenée*.

HAQUET (de *haque*, cheval), sorte de charrette à l'usage des marchands de vin, longue, étroite et sans ridelles, composée de deux pièces de bois de même longueur, liées par des barreaux. Cette charrette peut faire bascule à volonté, afin de faciliter le chargement des pièces de vin, qu'on fixe au moyen de deux cordes parallèles, partant de l'extrémité de la machine et venant s'enrouler à la tête par le moyen d'un moulinet. Il y a de petits haquets qui peuvent être traînés par des hommes. On attribue à Bl. Pascal l'invention du haquet.

HARANGUE (de l'italien *aringa*, mot qui a la même signification, et qu'on dérive lui-même de *fari*, parler), allocution ou discours prononcé devant le peuple, devant une assemblée ou devant des troupes. En parlant des Grecs, ce mot désigne tous les genres d'éloquence, éloge, invective, défense ou plaidoyer, délibération, etc., parce que ces orateurs parlaient toujours devant le peuple. C'est ainsi que l'on dit : les *Harangues de Périclès*, les *H. de Démosthène*. En parlant des Romains, on donne plus spécialement le nom aux allocutions prononcées au Forum, comme les *Catilinaires* de Cicéron, ses discours *ad Quirites post reditum* et *pro Marcello*, ou les paroles adressées aux soldats. Les harangues modernes sont surtout des formules de compliment, de félicitations ou de condoléances, que les préfets ou les maires adressent aux princes ou aux personnages officiels aux portes d'une ville; on donne encore ce nom aux discours d'inauguration ou de rentrée que prononcent chaque année les présidents de chambre et de tribunaux, discours que l'on nomme aussi *mercuriales*.

HARAS (du bas latin *hara*, étable à cochons ?), établissement où l'on élève des étalons et des juments pour propager et améliorer la race. On distingue trois espèces de haras : 1° les *H. sauvages*, espaces immenses peuplés de chevaux et où l'homme n'intervient que pour chasser et prendre ces animaux, comme cela a lieu dans les vastes solitudes de la Russie et de l'Amérique du Sud; 2° les *H. domestiques* ou *privés*, bien moins amples quant aux dimensions, mais où rien n'est abandonné au caprice des animaux ou au hasard; 3° les *H. parqués*, qui doivent leur nom à ce qu'ils occupent un parc, et qui tiennent le milieu entre les deux autres : on en trouve un grand nombre en Hongrie, en Allemagne, en Espagne et en Italie.

L'art de former et de gouverner les haras comprend : 1° le choix des sujets; 2° l'emplacement et la disposition du haras; 3° la nourriture; 4° le pansement; 5° la saillie; 6° les soins à donner à la jument tant pendant la gestation qu'au moment de la production et ensuite; 7° l'éducation et le sevrage des poulains. La difficulté de trouver chez de simples particuliers cet ensemble de soins, la nécessité cependant pour une riche et grande nation d'avoir de belles races tant pour les travaux de la campagne et de la vie civile que pour la guerre, ont porté divers gouvernements à établir des haras. Les premiers qu'on vit en France furent institués sous Colbert; Louis XV en établit deux, l'un à Pompadour, l'autre au Pin (Orne) : ils furent supprimés en 1790; mais Napoléon les rétablit, et Louis XVIII en ajouta un troisième, celui de Rosières (Meurthe). Le roi Louis-Philippe avait établi à Saint-Cloud et à Meudon deux haras magnifiques où l'on conservait surtout les étalons de race arabe; ces deux haras ont été désorganisés depuis 1848.—Par le décret du 21 juin 1852, le nombre des établissements de l'administration des haras est ainsi fixé : Un haras, avec une école nationale, 23 dépôts d'étalons, et un dépôt des remontes, avec station à Paris. M. E. Gayot a publié en 1852 un *Atlas statistique de la production des chevaux en France*.

L'Angleterre possède les plus beaux haras du monde : tous appartiennent à des particuliers. On trouve aussi beaucoup de haras en Allemagne, surtout dans le Holstein et le Mecklembourg.

HAREM (mot arabe qui signifie *défendu*). Ce mot désigne spécialement chez les Orientaux l'apparte-

ment réservé aux femmes; il ne doit pas être confondu avec le mot *seraï* ou *séroïl*, appellation commune à toute espèce de palais. Aucun homme n'a le droit de pénétrer dans le harem, à l'exception des médecins et des porteurs d'eau, et l'entrée en est sévèrement gardée par des eunuques (*taouachis*). Le respect qu'on professe pour les harems est si grand, qu'en beaucoup d'endroits ils jouissent du droit d'asile. — La somptuosité des harems était autrefois proverbiale : elle est aujourd'hui de beaucoup diminuée; cependant c'est encore la partie la plus riche et la plus ornée des habitations orientales; c'est là que les Turcs conservent leur trésor et leurs objets les plus précieux.

HARENG (du hollandais *haring*), *Clupea Harengus*, genre de poissons Malacoptérygiens, de la famille des Clupes, a pour caractères : un corps comprimé, le ventre tranchant, la tête égale au cinquième de la longueur totale, le sous-opercule arrondi, ce qui le distingue de la Sardine; les maxillaires, la langue et les palatins garnis de dents très-fines; pas d'échancrure entre les deux intermaxillaires, ce qui le distingue de l'Alose. L'animal vivant est vert glauque sur le dos, blanc sur les côtés et sur le ventre, et couvert sur tout le corps d'un brillant glacé métallique; le vert du dos se change en bleu après sa mort. Les Harengs habitent l'Océan boréal. Ils sont d'une prodigieuse fécondité. Ce sont des poissons migrateurs : chaque année, au mois de mars, leurs troupes innombrables, formant des bancs immenses, descendent de la mer polaire sur les côtes de l'Angleterre et de la France. La pêche, dans la Manche, s'étend depuis le Pas-de-Calais jusqu'à l'embouchure de l'Orne, et dure depuis la mi-octobre jusqu'à la fin de décembre. Cette pêche se fait soit avec des *manets*, espèces de sennes où le hareng se prend par les ouies, soit au moyen de *parcs de pierre* dans lesquels la marée les apporte et où elle les dépose lorsqu'elle se retire.

Les *Harengs frais* sont seulement lavés et arrangés avec soin dans des paniers; il faut les manger dans la journée. Les *H. salés* sont d'abord *habillés* ou *caqués*, c'est-à-dire qu'on leur enlève, par une incision à la gorge, l'estomac et les intestins. Ensuite, on les *braille*, ce qui se fait en les couvrant de sel et en les enfermant dans des barils. Enfin, au bout de 15 jours, on les retire, on les lave dans leur saumure, et on les *paque*, c'est-à-dire on les range méthodiquement par couches dans des barils pour les livrer au commerce. Les harengs salés s'appellent aussi *H. pecs* (de l'anglais *pecken*, empaqueter) ou *H. à la caque* (du mot *caque*, nom du baril qui les renferme). Les *H. saurs* sont braillés sans être caqués; puis on les embroche par les joues dans des baguettes de saule ou de coudrier, et on les suspend, pour les *fumer*, dans des tuyaux de cheminée où arrive la fumée d'un feu doux entretenu avec du hêtre, du chêne ou de l'orme. Les meilleurs harengs pour saurer sont ceux qu'on appelle *H. de Yarmouth*. — On appelle *H. pleins* ceux qui n'ont pas encore frayé; *H. gais*, sans doute parce qu'ils sont plus agiles, ceux qui ont frayé depuis longtemps, et qui, par conséquent, n'ont plus ni œufs ni laitance; et *H. boussards* ou *à la bourse*, ceux qui sont en train de frayer. On nomme *H. marchais*, c'est-à-dire marchands, bons à vendre, ceux de ces derniers qui commencent à se remettre du frai et tendent à devenir harengs gais. Les harengs pleins et les harengs gais sont les plus estimés. Ceux qui ne sont pas bons à manger s'emploient comme saumure ou comme engrais.

Le commerce des harengs salés et caqués était déjà florissant dans les XIe et XIIe siècles; c'est donc à tort que l'on attribue généralement l'art de saler et de caquer les harengs à un pêcheur de Biervliet (Pays-Bas), nommé Georges Beuckels, qui vivait au XIVe siècle;

sans doute on lui doit seulement quelque utile perfectionnement.

HARICOT, *Phaseolus*, genre de la famille des Légumineuses, section des Papilionacées, type de la tribu des Phaséolées, se compose de plantes ligneuses ou herbacées, le plus souvent volubiles, à feuilles pinnées trifoliolées, à fleurs blanches, jaunes ou rouges, à étendard orbiculaire ou réfléchi, et à carène contournée en spirale. Parmi les espèces, les unes sont cultivées comme plantes alimentaires, les autres comme plantes d'agrément. Au nombre des premières se trouve le *H. commun*, plante herbacée, annuelle, volubile, grimpante, dépourvue de vrilles, à feuilles alternes, ternées, et à fleurs disposées en grappe. Le fruit est une gousse oblongue, bivalve, renfermant un grand nombre de graines réniformes et farineuses, qui offrent un mets simple, agréable et nourrissant. Cette espèce est originaire des Indes Orientales. Elle a fourni un grand nombre de variétés. Le *H. comprimé*, dit aussi *H. de Soissons* ou *de Hollande*, n'est pas ou presque pas volubile : il est tendre et farineux ; les jardiniers en distinguent une variété *naine*. Le *H. renflé*, à fleurs blanches, fournit les variétés dites *Princesse*, *Nain flageolet* et *Nain d'Amérique*. — Le *H. à bouquets* ou *multiflore*, appelé aussi *H. d'Espagne*, est originaire d'Amérique et ne se cultive guère que comme plante d'ornement. Il en est de même du *H. caracole*, belle espèce des Indes Orientales, à tige volubile comme la précédente, à grandes fleurs odorantes, teintées de rose ou de lilas sur un fond blanc.

On appelle *Haricots verts* les gousses du *H. commun*, assez tendres pour être mangées vertes avant le développement de la graine. Les haricots verts sont un aliment très-sain, mais aqueux et peu nourrissant.

On nomme vulgairement *Haricot d'Égypte*, le Dolic d'Égypte ; *H. du Pérou*, le Médicinier cathartique ou son fruit ; *H. de terre*, une Glycine qui pousse des fruits sous la terre.

HARLE, *Mergus*, genre d'oiseaux de l'ordre des Palmipèdes, famille des Lamellirostres, analogue au Canard par l'organisation et par les mœurs : bec droit, étroit, cylindrique, déprimé à la base ; narines ovales, très-petites, situées sur le milieu du bec ; yeux saillants ; ailes de longueur moyenne ; pieds courts et placés très en arrière sous l'abdomen. Les Harles sont des oiseaux aquatiques qui se nourrissent de poissons et de petits animaux. Ils plongent et nagent sous l'eau en se servant de leurs ailes comme les Brachyptères. Le *Grand Harle* (*M. merganser*) est plus gros que le Canard. Il a le corps large, aplati, le dos, la tête et les parties supérieures du cou, d'un noir verdâtre, et couverts de plumes courtes, relevées en houppe ; la poitrine, les ailes, blanches, nuancées de rose jaunâtre ; les ailes supérieures noires, ainsi que le haut du dos ; la queue grise. La femelle porte sur la tête une huppe longue et effilée. Le Harle habite les contrées arctiques des deux mondes. Il vient en hiver sur nos côtes, surtout les espèces dites *H. huppé*, *H. couronné*, et *H. Piette*.

HARMONICA (ainsi nommé parce que ses sons ont de l'analogie avec les *sons harmoniques*), instrument de musique formé d'un cylindre horizontal auquel s'adaptent des clochettes de verre ou de cristal, taillées en forme de soucoupes et accordées par demi-tons. Mû à l'aide du pied, le cylindre tourne par l'effet d'une manivelle, tandis que l'exécutant, les doigts légèrement imbibés d'eau, les porte sur les soucoupes qu'il veut faire résonner : la droite donne la mélodie, la gauche l'accompagnement. Cet harmonica est dû à Franklin, et antérieur à 1760 ; c'est en 1765 qu'une Dlle Davier le fit entendre pour la première fois. Depuis, l'on a tenté de le varier et de le perfectionner. L'*H. virginal* de Stiffer imite la voix humaine. L'*H. double* de l'abbé Mazucchi est une double série de soucoupes ou de clochettes de verre, placées dans une caisse : on joue avec un archet enduit de poix, de térébenthine, de cire ou de savon. Les *Harmonicas* de Klein, de Rœllig, ont des touches, grâce auxquelles on évite le contact des doigts et du verre. L'*Harmonica* Lenormand est en lames de verre d'inégale grandeur formant des séries diatoniques et retenues entre des fils qui leur laissent toute liberté de vibration : on les frappe avec un marteau de liége. L'*Harmonicon* de Müller a 4 jeux d'orgue (3 de flûte et 1 de haut-bois).

Le propre des sons de l'harmonica, c'est une douceur, une pureté presque céleste ; mais ils ébranlent fortement le système nerveux et peuvent causer des spasmes. Berlioz pourtant a fait figurer cet instrument dans des symphonies. Il y a peu de musique écrite pour l'harmonica. Il existe cependant une *Méthode d'harmonica* par Müller, Leipzig, 1788.

Le nom d'*Harmonica* a encore été donné à divers instruments qui se rattachent aux précédents par le nom et par l'analogie des sons, mais où les moyens employés sont fort différents : tels sont l'*H. à cordes* de Stein (1788), combinaison d'un piano et d'une épinette ; l'*harmonicorde* de Kauffmann, piano à queue accompagné d'un mécanisme qui se ment au moyen du pied ; l'*Harmonium*, orgue de plusieurs jeux d'anches libres qui communique avec des rainures placées à l'intérieur d'un sommier formant cases acoustiques (il y a 5 octaves et il que les registres portent en quelque sorte à 7 octaves chromatiques) ; l'*Harmoniphon*, instrument à vent et à clavier de 0m42 sur 0m12 de large et 0m8 de haut, qui se joue avec la bouche au moyen d'un tube élastique, et qui produit en même temps plusieurs sons analogues à ceux du hautbois ; le *Physharmonica*, l'*Eolharmonica*, etc., dont le son est produit par la vibration de languettes métalliques.

HARMONIE (en grec *union*, *assortiment*), signifie aujourd'hui science des accords : on oppose l'*harmonie* à la *mélodie*, qu'elle a pour but d'accompagner. On distingue l'*H. proprement dite* et l'*H. appliquée*. Celle-ci enseigne l'art d'assortir telle ou telle variété de l'harmonie à une situation, à un morceau d'une couleur particulière ; celle-là est en quelque sorte mathématique : elle se subdivise en 2 parties, la théorie des accords isolés, la théorie de la succession des accords. La première fait connaître les accords *consonnants* et *dissonants*, leurs *faces* ou *renversements*, leurs *analogies* par note commune, leurs développements, leur répartition sur deux parties (la *basse* et le *dessus*), la théorie de la *basse fondamentale* ; la deuxième étudie les conditions d'après lesquelles les accords consonnants se suivent, d'après lesquelles les accords dissonants se *préparent* et se *résolvent* ; les modulations, les 3 mouvements (*direct*, *contraire* et *oblique*), le *contre-point*, etc., sont de son ressort. A l'harmonie appliquée appartiennent la détermination des *styles*, l'art de l'*accompagnement*, l'*instrumentation*, etc. V. ces mots.

Il existe un grand nombre de traités d'harmonie sous divers titres. Au premier rang se placent ceux de Reicha, de Mattei, de Perne, de Berton (*Traité d'harmonie*, 1815), de Choron (*Principes de composition des écoles d'Italie*, 1809, 3 vol. in-fol., et *Manuel complet de musique*, 1836-38, 6 vol. in-18), de Jelensperger (l'*Harmonie au commencement du XIXe siècle*, Paris, 1830, in-fol. et in-8). *Voy.* ACCORD.

Les anciens prétendaient que le mouvement régulier des corps célestes à travers l'espace formait une espèce d'harmonie qu'ils nommaient l'*H. des sphères*. On considérait d'abord les aspects comme ayant rapport avec les intervalles des tons en musique. Ainsi l'aspect quadrat ou la quadrature est rapport à l'aspect sextile ou de 60 degrés comme 3 est à 2 ; c'est le rapport des tons qui forme la *quinte* en musique. — Képler a cherché à comparer les rapports des distances des planètes entre elles aux intervalles de la musique. Mais ces rapports sont très-arbitraires et incomplets.

Harmonie du style. On distingue : 1° l'*H. des mots et des périodes*, qui résulte du choix des mots et de l'agencement des phrases :

Il est un heureux choix de mots harmonieux, etc. (BOIL.,*Art poét*.) ;

2° l'*H. imitative*, artifice de langage qui consiste dans une imitation de la nature par les sons. On cite comme exemples : en latin, ce vers si connu de Virgile, décrivant le galop du cheval :

Quadrupedante putrem sonitu quatit ungula campum;

en français, ce vers de Racine (*Andromaque*, V) ·

Pour qui sont ces serpents qui sifflent sur vos têtes?

Harmonie préétablie, système imaginé par Leibnitz pour lever la difficulté qu'offre, en Métaphysique, l'action de l'âme sur le corps et du corps sur l'âme. Leibnitz suppose que l'âme et le corps n'agissent pas réellement l'un sur l'autre, mais qu'il existe entre ces deux substances, accouplées par le Créateur, une harmonie si parfaite, que chacune d'elles, tout en ne faisant que se développer selon les lois qui lui sont propres, éprouve des modifications qui correspondent exactement aux modifications éprouvées par l'autre, comme deux horloges parfaitement réglées qui marqueraient toujours la même heure, bien qu'obéissant chacune à un mécanisme particulier. Quelque ingénieux que soit ce système, il est réfuté par le sentiment que nous avons, à chaque instant, de notre action réelle sur nos organes : il ferait de la vie un mensonge perpétuel.

Harmonies ou *Concordes des Evangiles*, ouvrage destiné à montrer la conformité des faits et des doctrines que présentent les Evangiles. Les premiers ouvrages de ce genre sont attribués à Tatien au iie siècle et à Théophile d'Antioche. Ensuite vint Eusèbe de Césarée, qui dressa un tableau synoptique des 4 Evangiles. S. Augustin écrivit dans le même but son livre *De consensu evangelistarum*. Au moyen âge, Pierre Lombard, S. Thomas d'Aquin, Gerson, s'occupèrent aussi de cette question. Parmi les modernes, Osiander, Jean Buisson, Calvin, Paulus (1828), Clausen (1829), méritent d'être mentionnés. D'autres écrivains, au contraire, se sont plu à mettre en relief les plus légères divergences des évangélistes : tel est, entre autres, Strauss, qui a tiré de là un de ses moyens pour faire du Christ un être mythique. — *Voy.* CONCORDANCE.

HARMONIPHON. *Voy.* HARMONICA.

HARMONIQUE (PROPORTION). *Voy.* PROPORTION.

HARMONIQUES (SONS). *Voy.* SONS.

HARMONIUM. *Voy.* HARMONICA.

HARMOPHANE (du grec *harmos*, jointure, et *phainomai*, apparaître, à cause de sa texture lamelleuse), dit aussi *Corindon adamantin*, espèce de Corindon comprenant toutes les variétés de l'Inde, du Thibet et de la Chine qui sont translucides, lamelleuses, et se divisent facilement en fragments rhomboïdaux. Elles ont des couleurs plus ternes que les corindons hyalins.

HARNAIS, HARNACHEMENT, nom donné à l'ensemble des divers appareils qu'on adapte à un cheval, soit dans le but de le gouverner, soit pour lui faciliter le tirage ou le transport à dos. — Les appareils de gouverne sont la *bride*, pour les chevaux, ânes et mulets; l'*anneau*, pour le buffle et quelquefois pour le bœuf; le *licou*, pour le chameau, etc. — Quant aux autres appareils, ce sont : pour le transport à dos, le *bât* ou la *selle*, avec sa *sous-ventrière*, et les *étriers*; pour la traction, le harnachement, qui embrasse d'une part (pour le tirage), le *collier*, les *traits*, en chaîne, en cordes ou en cuir, qui s'adaptent au collier; de l'autre (pour le recul), l'*avaloire*, qui longe les flancs et contourne les cuisses, tout en s'attachant également au collier; le *surdos*, qui opère la liaison;

la *croupière*, pour le limonier; et, afin d'empêcher les brancards, dans les voitures à deux roues, de s'élever et de s'abaisser, la *sellette* accompagnée de sa *dossière* et de sa *ventrière*. Les harnais, au reste, différent suivant l'espèce de véhicule et suivant le rôle de l'animal auquel on les attache.

HARO, ou, par pléonasme, CLAMEUR DE HARO (du teutonique *haren*, crier?), forme de réclamation qu'on faisait anciennement en Normandie, lorsque, attaqué et insulté, ou violemment lésé dans ses biens, on voulait mettre arrêt sur une personne ou sur une chose, ni le mener ou la transporter devant le juge : l'adversaire était tenu de suivre celui qui criait *haro* sur lui, et tous deux demeuraient en lieu de sûreté jusqu'à ce que le juge eût prononcé sur le différend. — Cet usage, particulier à la Normandie, et dont quelques-uns dérivent le nom de Rollon, prince d'une justice exemplaire, auquel on faisait appel, dit-on, en criant : *Ah! Rollon*, ne fut sans doute qu'importé par lui dans le duché que lui abandonnait Charles le Simple; il remonte à une haute antiquité dans la Scandinavie, patrie des Northmans.

HARPALE (nom mythol.), *Harpalus*, genre de Coléoptères pentamères de la famille des Carabiques : insectes de moyenne taille, à corps oblong, à tête arrondie, à corselet trapézoïdal et à élytres striés, presque parallèles. Ces insectes habitent les endroits secs et sablonneux des régions tempérées. Plusieurs présentent des couleurs d'un vert cuivreux ou d'un bleu métallique assez brillant. On remarque surtout l'*H. bucéphale*, l'*H. réticorne* et l'*H. bleu*, des environs de Paris.

HARPE, instrument de musique, monté aujourd'hui de 42 cordes verticales (quelquefois de 43 et même de 46), et muni de pédales. Les cordes se pincent avec les doigts. Dans leur état naturel, elles ne fournissent que les sons d'une gamme; le mécanisme annexé aux pédales permet à toutes de donner les demi-tons et même un ton entier au-dessus de celui qu'elles donnent par elles-mêmes. — La harpe se joue des deux mains : elle a la même étendue que le piano à 6 octaves et une plus belle sonorité; elle passe du son le plus éclatant au murmure le plus doux par des nuances insensibles, et produit des effets inimitables. Elle prête, d'ailleurs, à des poses gracieuses, et fait valoir les avantages de la personne qui exécute. A tous ces titres, elle a joui de la plus grande faveur dans les salons, surtout à la fin du siècle dernier et au commencement de celui-ci; mais depuis une trentaine d'années sa vogue a diminué.

La harpe est un des instruments les plus anciens : on la trouve chez les Juifs et en Égypte; les peuples du Nord l'ont possédée également. Les Grecs, les Latins n'en ont pas fait usage. Au moyen âge, elle devint populaire : ce fut l'instrument des bardes, puis des troubadours, des ménestrels et des jongleurs. Primitivement, les harpes furent très-simples. Le nombre des cordes n'était encore que de 17 au xiiie siècle. Disposées suivant l'échelle diatonique, longtemps elles se refusèrent aux dièses et aux bémols. Ensuite vinrent les crochets, qui, correspondant aux cordes et mus avec la main, accroissaient la tension et donnaient ainsi le demi-ton supérieur. Enfin, en 1720, Hochbrucker imagina la pédale, qui, pressée par le pied de l'exécutant, mettait les crochets en mouvement : de là la *harpe à pédales*, ou *harpe simple*. La pédale, ensuite, fut perfectionnée par Vetter et d'autres; les crochets l'avaient été par Nadermann, quand Cousineau (1782) inventa son ingénieux *mécanisme à béquilles*, qui, avec un double rang de pédales, faisait produire à la même corde le dièse et le bémol à volonté; plus tard, il fit des harpes plus simples à 7 pédales, et la harpe à *chevilles mécaniques tournantes* (1806). Pendant ce temps, Sébastien Érard avait trouvé, outre une foule d'améliorations de détails, le *méca-*

nisme à fourchette (1787-98); portant ensuite à deux le nombre des fourchettes, il créa la harpe à double mouvement, qui hausse chaque corde d'un demi-ton ou d'un ton à volonté (1811). Cette harpe eut un succès prodigieux, et c'est celle dont on se sert le plus généralement aujourd'hui. — Il faut pourtant mentionner la harpe chromatique de Bothe à Berlin, ainsi nommée de ce que les cordes sont disposées par demi-tons (donc 12 pour 7) : les cordes additionnelles s'y distinguent des autres par une couleur différente, comme les noires du piano. Mais l'instrument était trop grand, les cordes trop nombreuses et trop serrées, et le doigté devenait tout autre. Les meilleures Méthodes de harpe sont celle de Désargus pour la harpe simple, et celles de Labarre et de Bochsa pour la harpe à double mouvement.

La Harpe éolienne, dite aussi météoréolique, qui n'a rien de commun que le nom avec la harpe, est un appareil musical destiné à produire des sons harmonieux par la seule action du vent. C'est une boîte de sapin, d'un mètre sur 20 ou 30 centim. à peu près, ayant en bas une table d'harmonie, sur laquelle passent 8 ou 10 cordes de boyau. En mettant toutes les cordes à l'unisson et en fixant l'instrument à une fenêtre de manière à ce qu'un courant d'air assez fort vienne à frapper les cordes, elles résonnent d'abord à l'unisson, puis font entendre un charmant mélange de tous les sons, des accords, des crescendo et décrescendo inimitables. — On attribue l'invention de la harpe éolienne au P. Kircher : elle a fourni à l'acoustique des expériences importantes sur la vibration des cordes. Sur son principe, on a tenté la construction de divers instruments, tels que l'anémocorde (ou piano dont les cordes sont mues par un soufflet), le violon éolique et l'éolicorde.

HARPE (de la forme de la coquille), Harpa, genre de mollusques Gastéropodes de la famille des Buccinoïdes, se compose d'espèces remarquables par la richesse de leurs couleurs et l'élégance de leurs formes. Elles rampent sur un pied énorme, glossoïde. Leur coquille est univalve, ovale ou bombée, munie de côtes longitudinales, parallèles, avec une ouverture échancrée inférieurement. Sa couleur est grise ou d'un blanc violacé, avec des taches rouges ou roussâtres. Les Harpes proviennent des mers de l'Inde et du grand Océan. On en trouve de fossiles dans les terrains tertiaires des environs de Paris.

HARPÉGE. Voy. ARPÉGE.

HARPIE. Voy. HARPYE.

HARPON, jadis Harpeau (du grec harpazô, enlever?), gros javelot à hampe, muni d'une longue corde. Le fer est triangulaire, tranchant et acéré; la hampe a 2 m. de long; la corde doit pouvoir filer plusieurs centaines de brasses; elle porte à son extrémité une boule qui sert d'indice au pêcheur. On harponne la baleine, et généralement les cétacés et les gros poissons. Le métier de harponneur exige beaucoup de vigueur et d'adresse; les dangers y sont extrêmes. Aujourd'hui, du reste, on lance le harpon à l'aide de la poudre à canon, moyen plus sûr et plus facile en même temps.

HARPYES, oiseaux mythologiques. Voy. le Dict. univ. d'Hist. et de Géogr. — On donne aussi ce nom aux Céphalotes et à une espèce du genre Aigle.

HART. On nomme ainsi : 1° tout lien fait d'une branche pliante et facile à tordre (Voy. FALOURDE et FAGOT); 2° le lien qui, passé autour du cou du condamné à mort, l'attachait ensuite à la potence; et, par suite, la potence même, le gibet. Voy. GARROTTE.

HASARD (que Ménage et Roquefort dérivent d'as, nom de l'unité dans les jeux de hasard), rencontre imprévue, concours d'éléments auquel l'intelligence ne paraît avoir aucune part. Le hasard est, pour une cause véritable, mais une idée purement négative, qui exprime l'ignorance où nous sommes sur les causes de certains événements. Cependant, quelques

philosophes, Épicure à leur tête, n'ont pas craint de vouloir expliquer le monde par le hasard, par le concours fortuit des atomes. Pour détruire cette supposition insensée, il suffit de faire remarquer que l'on ne peut rapporter au hasard que les faits accidentels et passagers, et d'y opposer, comme l'ont fait Cicéron (De naturâ Deorum), Fénelon (Existence de Dieu, 1re partie), etc., l'ordre admirable qui règne dans l'univers, le retour régulier des saisons, la reproduction constante des mêmes espèces.

HASCHICH, boisson enivrante. Voy. BACHICH.

HASE (de l'allemand hare, lièvre), nom que l'on donne à la femelle du lièvre et à celle du lapin.

HAST (ARMES D'), du latin hasta, lance, nom donné autrefois aux diverses variétés d'armes offensives, composées en général d'un fer aigu ou tranchant, monté à l'extrémité d'une hampe. Telles étaient la haste (Voy. ci-après), la pique, la lance, la sarisse, l'épieu, le javelot, la phalarique, la lancegaye, l'angon, la zagaye, l'esponton, le fauchard, la hallebarde, la pertuisane, etc. De toutes ces armes, nous n'avons conservé que la lance, à laquelle il faut joindre la baïonnette, qui est d'invention moderne.

HASTAIRE, HASTE (en latin hastarius, hasta). Chez les Romains, le hastaire était un soldat légionnaire qui était armé de la haste, et qui combattait à la première ligne (Voy. LÉGION). On appelait ainsi une lance garnie, à son extrémité, d'un fer pointu, et dont la hampe était tantôt longue et tantôt courte : dans le premier cas, elle servait à pointer; dans le second, à lancer.

HASTÉ (du latin hasta, lance), nom donné, en Botanique, aux feuilles dont la forme affecte celle d'un fer de lance.

HATTI-CHÉRIF, nom donné, en Turquie, aux ordonnances émanées du sultan et signées de sa main. Voy. le Dict. univ. d'Hist. et de Géogr.

HAUBANS (de haut, et de ban, mis pour l'allemand band, lien), gros cordages à trois torons qui vont du haut du mât jusqu'à bâbord et à tribord du navire. Tout hauban entoure la tête du mât et lui fait comme un bandeau (de là son nom), puis est attaché à l'endroit des barres de hune. Il y en a de simples, et ceux-là sont garnis, à leur extrémité inférieure, de poulies ou de caps de mouton, où passe un filin qu'on appelle la ride du hauban. D'autres, au contraire, sont composés d'un système d'étagues et de palans, et se nomment haubans à bastague, jadis candèles. Les haubans prennent le nom de leurs mâts : Grands haubans, H. de misaine, H. d'artimon, H. de beaupré; puis H. du grand mât de hune, H. du grand perroquet, et ainsi de suite. Tous sont traversés du haut en bas par de petits cordages dits enfléchures, qui servent d'échelons aux matelots. Il y a aussi des haubans longitudinaux tirant le grand mât, l'un vers l'arrière, l'autre vers l'avant. — L'effet des haubans est d'étayer les mâts contre les secousses du roulis et de la tempête.

HAUBERT (de l'allemand hals, cou, et bürgen, garder), cotte de mailles à manches et à gorgerin, qui servait de hausse-col, de brassards et de cuissards (Voy. COTTE). — On appelait fief de haubert un fief qui obligeait son possesseur à servir le roi à la guerre, avec droit de porter le haubert.

HAUSSE-COL, ornement de cuivre ou d'argent doré, en forme de croissant, que les officiers d'infanterie portent par devant quand ils sont de service, ou quand le régiment sort avec les drapeaux. C'est un reste de l'ancienne armure. On armait officier, sous Louis XIV, en présentant un hausse-col et une pique.

HAUSSIÈRE. Voy. AUSSIÈRE.

HAUTBOIS (de haut, pris dans le sens musical, pour aigu, et de bois, matière dont cet instrument est formé?), instrument à vent à anche, long de 60 centim. environ, construit en buis, en ébène, en grenadille, etc., est formé de trois pièces dites *corps*, qui s'ajustent bout à bout, formant un tube graduellement évasé que termine une espèce d'entonnoir dit *pavillon*; *l'anche* est formée de deux lamelles de roseau. Sur la longueur du tube sont des trous qui donnent l'échelle diatonique. Pour les notes avec dièses et bémols, elles s'obtiennent au moyen de clefs qui, aujourd'hui, sont au nombre de 12. Parfois on adapte au corps supérieur ce qu'on nomme la *pompe* : ce sont 2 tubes de cuivre roulant l'un sur l'autre et augmentant de 2 centim. la longueur du canal. Le hautbois a 2 octaves et 5 demi-tons qui, pour le hautbois ordinaire, vont du 1er *ut* du violon au *fa* suraigu, mais qui, pour l'espèce de hautbois dite *cor anglais*, sonnent une quinte plus bas (depuis le *fa*, un ton sous le *sol* initial du violon, jusqu'au 1er *si* bémol de la chanterelle), et qui, dans le *H. baryton* de Brod, partent du *la* intermédiaire à ces 2 points de départ. — Le son du hautbois a quelque chose de champêtre, de naïf et de doux. Bien employé, il produit un effet charmant dans la symphonie. Il est propre surtout à la cantilène et ne doit pas être chargé de notes. Plus que d'autres instruments, il doit être joué avec talent. Le doigté en est facile; mais la belle qualité, le velouté, l'égalité des sons ne le sont pas.

Le nom de *hautbois* se donnait il y a 150 ans à toute une famille d'instruments que l'on ne peut décrire ici : le *Hautbois dessus*, le *H. ténor*, le *H. basse*; 3 hautbois de Poitou un peu plus aigus que les précédents; le *H. de forêt*, une octave plus haut que le hautbois moderne; le *H. d'amour*, une tierce plus bas; le *Cervelas*, dont le tube avait de développement 1m164, mais dont la longueur ne passait pas 0m137, etc. Il ne reste de tous ces instruments que le *H. ténor*, sous le nom de *Cor anglais*. V, ce mot.

HAUT, ᴴᴬᵁᵀᴱ. En Géographie, on nomme ainsi la partie des fleuves ou des rivières qui est du côté de la source; le pays arrosé par cette partie; on dit *haute Garonne, haute Seine, haut Rhin*, etc. — On appelle *haut pays* la partie de certains pays qui est la plus éloignée de la mer.

En Musique, *haut* est synonyme d'*aigu*.

Une rivière, une mer sont *hautes* quand leurs vagues sont soulevées avec violence. La *haute mer* est la *pleine mer*. On appelle *vaisseaux de haut bord* les vaisseaux de haute dimension. V. ᴠᴬISSEAU.

HAUTE-CONTRE. On appelle ainsi la plus aiguë des voix d'homme par opposition à la basse; les voix de *haute-contre* sont rares.

HAUTE COUR DE JUSTICE, tribunal suprême créé par la Constitution de 1848 pour juger des crimes politiques et des attentats à la sûreté de l'État, et conservé par la Constitution de 1852, sauf certaines modifications apportées par le sénatus-consulte organique du 13 juillet 1852. Aujourd'hui cette cour se compose de juges pris parmi les membres de la Cour de cassation et d'un haut jury pris parmi les membres des conseils généraux. Elle forme deux chambres, l'une *de mise en accusation* et l'autre *de jugement*, toutes deux composées de 5 juges et de 2 suppléants. Les hauts jurés sont au nombre de 36. La haute cour de justice ne peut être saisie d'une accusation que par un décret du chef de l'État. — Précédemment, des attributions analogues étaient remplies par la Cour des pairs.

HAUT FOURNEAU. *Voy.* ꜰᴏᵁʀɴᴇᴀᵁ.

HAUT JUSTICIER, nom donné, pendant le moyen âge, aux seigneurs qui avaient droit de connaître des crimes entraînant la peine capitale. Ils recevaient du roi la plénitude de son pouvoir dans l'étendue de leur justice, et le droit d'y connaître des matières que le roi ne s'était point réservées à lui seul ou n'avait point attribuées aux juges royaux.

HAUT MAL. *Voy.* ÉPILEPSIE.

HAUTESSE, titre que l'on donne exclusivement au padichach ou Grand-Seigneur des Ottomans.

HAUTEUR, se dit, en Géométrie, de l'élévation d'un objet au-dessus de la surface de la terre. — On se sert encore de ce mot pour désigner la distance d'un point à une ligne et celle d'une ligne à un plan: ainsi, la hauteur d'un triangle est la perpendiculaire abaissée de son sommet à sa base ; la hauteur d'un parallélogramme est la perpendiculaire abaissée d'un point quelconque d'un de ses côtés sur le côté opposé.

En Astronomie, on nomme *hauteur* ou *élévation d'un astre*, l'arc d'un cercle vertical compris entre l'astre et l'horizon. Les hauteurs des astres se distinguent en *apparentes* et en *vraies*. La hauteur apparente est celle qu'on observe avec les instruments et qui est influencée par la réfraction qui relève l'astre vers le zénith, ainsi que par la parallaxe qui l'abaisse vers l'horizon. La hauteur vraie est celle qu'on obtient par le calcul, en tenant compte des effets de la réfraction et de la parallaxe. La *hauteur méridienne*, qui a lieu lorsque l'astre passe par le méridien, est la plus grande de toutes ; c'est l'arc du méridien compris entre l'astre et l'horizon. La *H. de l'équateur* est la plus petite de ses deux distances à l'horizon, mesurée sur le méridien ; elle est le complément de la hauteur du pôle. La *H. du pôle* est égale à la latitude terrestre du lieu. Toutes les étoiles circompolaires peuvent servir pour obtenir la hauteur du pôle, si l'on observe leur double passage au méridien. Les marins la déduisent ordinairement de la hauteur du soleil, comparée à la déclinaison de cet astre, qui leur est fournie par la *Connaissance des temps*; ces observations se font à l'aide du sextant.

HAVRE (de l'allemand *hafen*, port). On nommait ainsi autrefois tout port de mer, naturel ou creusé par les hommes ; aujourd'hui, on donne ce nom à certains ports, moins sûrs, moins vastes, et généralement situés à l'embouchure d'un fleuve. Quelques-uns l'ont retenu comme nom propre. — *Havre de barre* est un nom donné aux ports dont l'entrée est fermée par des bancs de sable ou des galets, etc. Le *H. de toutes marées* ou *d'entrée* est celui où les bâtiments peuvent entrer et sortir à tout instant. Le *H. brut* ou *crique* est un havre naturel.

HEAUME (du bas latin *helmus*, fait de l'allemand *helm*, même signification), espèce de casque élevé en pointe qui couvrait la tête, le visage et le cou. Il n'y avait qu'une ouverture à l'endroit des yeux, garnie de grilles et de treillis, et qui servait de visière. Le heaume était réservé aux chevaliers et à la noblesse. Son usage se maintint jusqu'au XVIe siècle. — Dans le Blason, le *heaume* est un ornement et une marque de fief noble. *Voy.* ᴄᴀꜱQᵁᴇ.

HEBDOMADAIRE (du grec *hebdomas*, semaine), nom donné à tout ce qui se fait une fois chaque semaine. — L'*Hebdomadier*, dans un couvent ou un chapitre de chanoines, est celui qui est de semaine pour dire les oraisons de l'office et y présider. — On nomme aussi *Hebdomadière* la religieuse qui, dans les couvents de femmes, remplit le même office.

HÉBÉ (du nom d'*Hébé*, déesse de la jeunesse), planète télescopique découverte en 1847 par M. Hencke, de Driessen. La durée de sa révolution est de 1380 jours et demi; l'inclinaison du plan de son orbite sur l'écliptique est de 14° 46' 42". Sa distance moyenne au soleil, celle de la terre étant 1,000, est de 2,399. On la représente par une coupe.

HÉBERGE. Ce mot, autrefois synonyme de *logement*, a, en Droit, une signification particulière, et désigne le point jusqu'où un mur est censé être commun entre deux bâtiments contigus et de hauteur inégale. Un propriétaire n'est tenu de contribuer à l'entretien et aux réparations du mur mitoyen que jusqu'à son héberge.

HÉCATOMBE (du grec *hekaton*, cent, et *bous*, bœuf), sacrifice dans lequel on immolait 100 victimes, le plus souvent 100 taureaux ou 100 génisses. On élevait 100 autels de terre ou de gazon, où 100 prêtres sacrifiaient autant de victimes. Cette cérémonie, qui n'était en usage que chez les Grecs et les Romains, avait lieu seulement dans les grandes calamités ou dans les grandes réjouissances. — On donnait d'ailleurs le nom d'*hécatombe* à tout sacrifice somptueux, bien que le nombre des victimes pût être beaucoup moindre que cent.

HECT... ou HECTO... (du grec *hékaton*, cent), élément initial du nom de beaucoup de mesures décimales qui valent cent fois celle que l'on a prise pour point de départ : tels sont l'*hectomètre*, l'*hectare*, l'*hectostère*, l'*hectolitre*, l'*hectogramme*, qui valent cent mètres, cent ares, cent stères, etc.

HECTARE, mesure de superficie qui contient cent ares, ou 10,000 mètres carrés : c'est un carré qui a cent mètres de côté. L'hectare a remplacé comme mesure usuelle les anciennes mesures désignées sous les noms d'*arpent*, de *journal*, de *stérée*, qui variaient de pays en pays. Il équivaut à 2 arpents 9,249 ou 100 perches à 18 pieds de côté, ou arpents de Paris, et à 1 arpent 9,580 de 100 perches à 22 pieds de côté, ou arpent des eaux et forêts.

HECTIQUE (FIÈVRE), du grec *hecticos*, continu. *Voy.* FIÈVRE. — *Hectisie. Voy.* CONSOMPTION.

HECTOGRAMME, poids métrique de 100 grammes : c'est le poids absolu d'un décilitre d'eau à son maximum de densité. Il équivaut à 3 onces 2 gros, 10 gros 715 des anciens poids.

HECTOLITRE, mesure de capacité pour les liquides et pour les choses sèches, contient 100 litres. Il équivaut à 107 pintes anciennes de Paris et à 7 boisseaux 2/3.

HECTOMÈTRE, espace de 100 mètres, vaut 51 toises 1 pied 10 pouces des anciennes mesures. On trouve les hectomètres marqués par de petites bornes sur certaines routes secondaires.

HÉDÉRACÉES (du latin *hedera*, lierre), famille de plantes créée par M. Richard pour le seul genre *Lierre* : la plupart des Botanistes rangent ce genre dans la famille des Araliacées, où, cependant, par son style simple et son ovaire multiloculaire, il fait exception à la règle générale, qui est d'avoir autant de styles distincts que de loges.

HEDWIGIE (du botaniste *Hedwig*), *Hedwigia*, genre de Mousses : coiffe campaniforme, à opercule mamillaire; urne ovale à tube très-court. L'espèce principale est l'*H. aquatique*, que l'on trouve à Vaucluse et près de Genève : elle a une tige allongée, adhérente aux pierres et rameuse à son sommet.

Le nom d'*Hedwigie* a été aussi donné à un arbre de la famille des Burséracées, qui croît à Saint-Domingue, et à un autre arbre d'Amérique, de la famille des Térébinthacées, haut de 10 à 12 mètres. On en retire, à l'aide d'incisions pratiquées sur son écorce, une substance résineuse, claire, âcre, qui prend à l'air la forme de petits morceaux d'un blanc jaunâtre, et que l'on brûle en guise d'encens : ce qui lui a fait donner l'épithète de *Balsamifère*.

HEDYCHIUM, nom latin du genre *Gandasuli*.

HEDYOTIS, HEDYSARUM, *V.* OLDENLANDIE, SAINFOIN.

HÉGÉMONIE (du grec *hégémón*, conducteur), suprématie qui alternait d'une cité à l'autre dans les fédérations de l'antiquité, surtout en Grèce. Athènes, Sparte et Thèbes furent successivement en possession de l'hégémonie. On en trouve aussi des exemples dans l'Étrurie, dans le Latium, et même en Gaule. Le généralissime ne jouissait de son autorité que pour l'expédition qu'on entreprenait, sans pouvoir s'immiscer dans l'administration intérieure des États qui se soumettaient ainsi à sa direction.

HÉGIRE (ÈRE DE L'), fuite de Mahomet de la Mecque, le 16 juillet 622. *V.* le *Dict. univ. d'H. et de G.*

HEISTÉRIE, *Heisteria* (d'un nom propre), genre de la famille des Olacinées, renferme des arbres exotiques qui ont le port du Laurier : calice très-petit, quinquéfide; corolle à 5 pétales, 10 étamines; ovaire à 3 loges, et drupe monosperme, en forme d'olive, à demi enveloppé par le calice. Ce genre a pour type l'*H. coccinelle*, arbre de moyenne grandeur, qui croît en Amérique. Le calice qui en enveloppe la base acquiert par la maturité une couleur rouge éclatante, analogue à celle de la *Cochenille*. On le nomme vulgairement *Bois de perdrix*, parce que les tourterelles, improprement dites *perdrix* aux Antilles, recherchent son fruit avec avidité.

HÉLAMYS (du grec *hélé*, chaleur du soleil, et *mys*, rat; rat des pays chauds), genre de Mammifères de l'ordre des Rongeurs, a été formé, aux dépens des Gerboises, pour une seule espèce, le *Lièvre sauteur* (*H. cafer*), dit aussi *Gerboise du Cap*, ou *Mannet*. C'est un animal un peu plus grand que notre lièvre, à membres postérieurs très-longs, et dont le pelage est d'un brun jaune légèrement grisâtre. Il vit dans des terriers, d'où il ne sort que la nuit. Sa marche a lieu par sauts, comme chez les kangourous.

HELBEH, nom donné en Orient au *Fenugrec*.

HELCOSÉ (du grec *helcos*), synonyme d'ulcère ou de plaie suppurante. — On donne aussi ce nom : 1° à une ulcération profonde de la cornée, qui survient à la suite d'un coup ou d'une grande inflammation ; 2° à une cachexie anomale, caractérisée par un grand nombre d'ulcères opiniâtres, compliqués de carie, de putridité, de fièvre lente, etc.

HELER (de l'anglais *to hale*, prononcé *héele*, haler, attirer à soi). Dans la Marine, ce mot est synonyme d'*appeler*. On se sert d'un porte-voix pour héler un bâtiment peu éloigné et pour donner des ordres sur le sien : *Oh! du navire! oh!* est le cri de l'homme qui hèle.

HÉLIANTHE (du grec *hélios*, soleil, et *anthos*, fleur), *Helianthus*, genre de la famille des Composées, tribu des Sénécionidées, se compose d'espèces herbacées, rarement suffrutescentes, à feuilles opposées, et à fleurs jaunes réunies en larges capitules radiés comme un *soleil* : c'est à quoi il doit son nom. L'involucre est formé de bractées imbriquées irrégulières ; le réceptacle est plan ou convexe, couvert de paillettes; les fruits sont comprimés, quadrangulaires, et terminés chacun par une aigrette formée de deux petites folioles contiguës aux angles. Trois espèces surtout sont très-répandues dans les jardins : 1° l'*H. tournesol*, originaire du Pérou, vulgairement *Soleil, Grand soleil* et *Tournesol des jardins* : on le cultive souvent pour ses graines, qui fournissent de l'huile en abondance; 2° l'*H. multiflore*, appelé aussi *Soleil vivace*, ou *Petit soleil*, originaire de la Virginie, et dont une variété à fleurs doubles est fréquemment cultivée dans les jardins ; 3° l'*H. tubéreux*, appelé aussi *Topinambour*, et originaire du Brésil. *Voy.* TOPINAMBOUR.

HÉLIANTHÈME (du grec *hélios*, soleil, et *anthémon*, fleur), *Helianthemum*, genre de la famille des Cistinées, renferme des plantes herbacées et des sous-arbrisseaux à feuilles alternes ou opposées, à calice quinquésépale, à corolle quinquépétale, et à étamines nombreuses. L'*H. commun*, vulgairement *Herbe d'or, Hyssope des Garigues*, se reconnaît à ses tiges grêles, couchées, à ses feuilles à bords roulés, à ses fleurs au disque d'or, qui pendent en grappes au bout des rameaux. Il est commun sur nos coteaux; on le cultive aussi dans les jardins.

HÉLIAQUE (COUCHER et LEVER), du grec *hélios*, soleil. Le *lever héliaque* d'un astre est celui qui a lieu une heure avant l'apparition du soleil; le *coucher héliaque* a lieu une heure après que le soleil a disparu sous l'horizon.

HÉLICE (du grec *hélix*, spirale). En Géométrie, on nomme ainsi une ligne tracée en forme de vis autour d'un cylindre. *Voy.* SPIRALE.

En Architecture, on appelle *escalier en hélice* un

escalier formé de marches gironnées, tournant autour d'un pilier cylindrique qui lui sert de noyau.
— Dans les colonnes de l'ordre corinthien, on nomme *hélices* les petites volutes qui semblent supporter la fleur du chapiteau. Il y en a quatre paires, une sous chaque fleur, placée à la face échancrée du tailloir. On appelle *Hélices entrelacées* celles dont les enroulements se croisent ensemble; *H. évidées*, celles qui sont à jour.

Dans la Mécanique, on appelle *hélice* tout appareil en forme de vis ou de tire-bouchon. On fait une foule d'applications usuelles de ces précieux appareils, comme dans l'*écrou*, la *vis à bois*, la *vis d'Archimède*, la *presse à vis*, les *tours*, les *machines à diviser*, etc. On s'en est récemment servi de la manière la plus heureuse dans la navigation à vapeur pour obtenir un propulseur sous-marin d'une grande puissance : c'est ce qu'on nomme *hélice propulsive*.

L'*hélice propulsive* remplace avec avantage dans les bateaux à vapeur les roues à aubes. L'hélice est placée à l'arrière du navire et fixée à l'étambot dans une direction oblique; elle est immergée d'une profondeur d'au moins 60 centimètres. Elle est mise en mouvement par une machine à vapeur située au centre du vaisseau, comme dans les bâtiments à roues, et qui lui imprime une vitesse de rotation de 100 à 120 et même 200 tours par minute. Par l'effet de ce mouvement rapide, les ailes de l'hélice frappant obliquement l'eau comme celles d'un moulin à vent, la refoulent violemment et font ainsi avancer le navire avec une vitesse qui peut atteindre de 10 à 12 milles à l'heure. — Les hélices se font ordinairement en fer et d'un seul jet de fonte; pour les bâtiments doublés en cuivre, il est nécessaire de les faire en bronze, les hélices en fer s'oxydant très-rapidement par l'effet du voisinage du cuivre.

La première idée de l'hélice comme agent propulseur remonte à 1727 : elle est due à deux Français, Du Quet et Paneton. Depuis ce moment, mille essais furent tentés, mais sans grand succès. L'hélice du capitaine suédois Ericsson, inventée en 1836, fut la première qui donna des résultats satisfaisants : elle est formée d'un cylindre en fer joint au noyau de l'axe par trois segments d'hélicoïde qui servent de propulseurs par l'inclinaison de leur plan, et qui se prolongent à l'extérieur en forme d'ailes; cette hélice est montée sur une douille dans laquelle passe l'arbre, qui est horizontal. De nouveaux essais ont fait donner à l'hélice la forme et l'inclinaison que nous avons indiquée ci-dessus. Quoique toute récente encore, la navigation à hélice a déjà pris de tels accroissements qu'il s'est formé en Angleterre une Compagnie générale des bateaux à hélice qui dessert les principaux points du globe. — La navigation à hélice peut se combiner heureusement avec la navigation à voiles, comme l'ont prouvé les expériences faites en 1852 à Toulon sur le vaisseau *le Napoléon*.

Dans la Conchyliologie, l'*Hélice*, vulgairement connue sous les noms de *Limaçon*, *Colimaçon*, est un genre de Mollusques terrestres de la classe des Gastéropodes, ordre des Pulmonés, à coquille univalve, globuleuse ou orbiculaire, à spire convexe ou conoïde, à ouverture entière. Toutes les hélices vivent d'herbes et de feuilles d'arbres, et causent de grands dégâts dans les jardins. On en mange plusieurs espèces, principalement l'*Escargot comestible* (*H. pomatia*), appelé vulgairement la *Vigneronne*, ou le *Limaçon des vignes*. Aux approches de l'hiver, cette espèce s'enferme dans sa coquille, dont elle bouche l'entrée, au moyen d'une membrane calcaire : c'est l'époque à laquelle elle est le plus recherchée comme aliment. En Médecine, on en fait un sirop, et on en prépare un bouillon pour les maladies de poitrine.

HÉLICHRYSE (d'*hélichrysos*, nom de l'espèce type chez les Grecs), *Helichrysum*, genre de plantes de la famille des Composées, tribu des Sénécionidées, renferme des herbes ou des sous-arbrisseaux, à feuilles alternes, à capitules multiflores, à involucres imbriqués, scarieux, colorés de teintes pourpres, jaunes, blanches, qui en font de très-jolies fleurs et se conservent plusieurs années; ce qui a valu à ces plantes le nom d'*Immortelles*. Ces plantes croissent dans le midi de l'Afrique, et quelques-unes en Europe. On cultive en orangerie l'*H. d'Orient*, dite vulgairement *Immortelle jaune*.

HÉLICOÏDE, c.-à-d. qui a la forme de spirale. — En Géométrie, ce mot s'emploie substantivement pour désigner la spirale parabolique. *Voy.* SPIRALE.

HÉLIOCENTRIQUE (du grec *hélios*, soleil, et *kentron*, centre), se dit, en Astronomie, de tout ce qui est relatif aux planètes vues du soleil. Ainsi, le *lieu héliocentrique* d'une planète est le point de l'écliptique auquel nous rapporterions cette planète si nous étions placés au centre du soleil.

HÉLIOGRAPHIE (*dessin solaire*). *V.* PHOTOGRAPHIE.

HÉLIOMÈTRE (du grec *hélios*, soleil, et *métron*, mesure), sorte de lunette dont on se sert pour mesurer exactement le diamètre apparent du soleil ou des planètes, ainsi que les petites distances apparentes qui séparent les corps célestes entre eux. L'*héliomètre* consiste principalement en deux objectifs ou deux moitiés d'objectif, et un seul oculaire; ce qui a pour effet de donner deux lunettes dans un seul tuyau et de doubler les images. Pour s'en servir, on rapproche les deux objectifs, jusqu'à ce que les deux images qu'ils donnent semblent se toucher : alors, l'écartement des deux verres, évalué en secondes, donne le diamètre ou la distance cherchée. On appelle encore cet instrument *astromètre*, ou *micromètre objectif*. L'héliomètre, inventé en 1747 par le Français Bouguer ou par l'Anglais Savery, a été perfectionné par les Anglais Short et Dollond.

HÉLIOPHILE (du grec *hélios*, soleil, et *philos*, ami), *Heliophila*, genre de la famille des Crucifères, renferme des plantes herbacées ou sous-frutescentes, à racine grêle, à tiges rameuses, à fleurs blanches, jaunes, roses ou d'un beau bleu, et disposées en grappes allongées. Ces plantes sont indigènes au cap de Bonne-Espérance. On en a fait une tribu de la famille des Crucifères, sous le nom d'*Héliophilées*.

Genre de Coléoptères hétéromères de la famille des Mélasomes, qui a pour type l'*H. hybridus* du midi de la France.

HÉLIOSCOPE (du grec *hélios*, soleil, et *skopéin*, observer), lunette destinée à observer le soleil, est garnie, à cet effet, d'un verre enfumé ou coloré en noir, en bleu ou en vert, afin d'affaiblir la trop grande vivacité de la lumière. — On donne aussi ce nom à des instruments à l'aide desquels on peut diriger l'image du soleil dans une chambre obscure, où elle est reçue sur du papier ou sur un verre dépoli. On peut alors l'observer directement à l'œil nu ou avec un verre grossissant. — Ces instruments sont précieux pour étudier les taches du soleil et la marche des éclipses.

HÉLIOSTAT (du grec *hélios*, soleil, et *staô*, s'arrêter), lunette astronomique montée sur un axe parallèle à l'axe du monde, et munie d'un mécanisme d'horlogerie qui lui fait suivre le mouvement du soleil (ou de tout autre astre) et permet ainsi de l'observer comme s'il était immobile. Cet instrument est dû à S'Gravesand.

HÉLIOTROPE (du grec *hélios*, et de *trépô*, tourner), *Heliotropium*, genre de la famille des Borraginées, renferme des herbes et des arbrisseaux à feuilles alternes, entières, le plus souvent hérissées; à fleurs petites, ordinairement en épis unilatéraux, roulés en crosse à leur sommet; le calice et la corolle sont à 5 divisions, les étamines au nombre de 5; le fruit est un tétrakène. Parmi les espèces, généralement intertropicales, on remarque : 1° l'*H. du Pérou*, que les jardiniers appellent *Vanille*, ou simplement *Héliotrope*, arbuste à rameaux poilus, à feuilles ovales, à fleurs blanches un peu violacées, exhalant une agréable odeur de vanille; cette plante, originaire du Pérou, est cultivée partout en Europe; 2° l'*H. d'Europe*, appelé vulgairement *Herbe aux verrues*, à fleurs blanches, en épis géminés, très-commun dans tous les lieux sablonneux, secs et découverts.

On donne aussi, en général, le nom d'*Héliotrope* aux plantes qui ont la propriété de tourner leurs fleurs du côté du soleil et d'en suivre les mouvements (*Voy.* TOURNESOL).—L'*H. d'hiver* est le *Tussilage odorant*.

En Joaillerie, on appelle *Héliotrope* une espèce d'Agate parsemée de points rougeâtres, sur un fond vert obscur : c'est un quartz rhomboïdal.

HELLÉBORE, HELLÉBORÉES. *Voy.* ELLÉBORE.

HELLÉNISME (du grec *hellên*, grec), manière de parler qui tient au génie de la langue grecque. Le plus fréquent hellénisme est l'attraction, qui consiste à attirer un mot au cas de son corrélatif (χράομαι οἷς ἔχω). On en trouve de nombreux exemples en latin (*Istum quem quæris, ego sum. Licet illis esse beatis*, etc.). En français, une foule d'expressions et de tours ne s'expliquent que par leur source grecque. Ainsi, Racine construit le verbe *admirer* avec la conjonction *si*, en grec θαυμάζω εἰ :

J'admirais si Mathan, dépouillant l'artifice, etc.

H. Estienne a composé un petit traité *De la Conformité du langage français avec le grec.*

HELMINTHES (du grec *helmins*, ver), 4° classe du sous-embranchement des Vers, dans le système de M. Milne-Edwards. Cette classe renferme la plupart des vers intestinaux que quelques naturalistes, à l'exemple de Cuvier, avaient rangés parmi les animaux rayonnés, et quelques autres espèces non parasites qui se rapprochent des premières par leur organisation. Ces animaux n'ont rien de radiaire dans leur structure, et ils se rapprochent des Annélides par leur corps allongé, tantôt cylindrique, tantôt déprimé. Souvent leur tête est armée de crochets ou de ventouses; mais ils sont apodes, privés d'organes vibratoires et dépourvus d'un système nerveux multiganglionnaire distinct. On divise cette classe en *Planariés, Nématoïdes, Acanthocéphales, Trématodes, Tænioïdes* et *Cystoïdes*.

HELMINTHOCHORTOS (du grec *helmins*, ver, et *chortos*, tas, monceau), synonyme de *Mousse de Corse. Voy.* ce mot.

HELMINTHOLOGIE (du grec *helmins*, ver, et *logos*, discours), partie de l'Histoire naturelle qui traite des Vers.

HÉLOPS (du grec *hêlos*, tubercule, et *opsis*, aspect, à cause de la forme de leur corps), genre de Coléoptères hétéromères, de la famille des Sténélytres : corps ovale, oblong, légèrement convexe; antennes filiformes, un peu plus grosses vers le bout. Ces insectes sont généralement de petite taille, bruns ou d'une couleur métallique sombre. Leur tête est petite, moins large que le corselet, lequel est lui-même plus large que l'abdomen. Ils vivent sous les écorces des arbres. L'*H. bleuâtre*, long d'un centimètre et demi, et d'un bleu violet foncé, habite le midi de la France. L'*H. lanipède*, d'un vert foncé, est commun aux environs de Paris. — Le genre Hélops est le type de la tribu des *Hélopiens.*

HÉLOTIUM, genre de Champignons de la section des Thécasporés : chapeau stipité, membraneux, charnu, hémisphérique, à bords quelquefois repliés en dedans. On trouve ces champignons en France, sur les vieux troncs d'arbres, les branches mortes et les fumiers, où ils se présentent sous forme de petites épingles blanches, roses ou jaunes. Le type du genre est l'*H. agaric*, très-petit et très-blanc, qui croît par groupes sur les bois pourris.

HELVELLE (du latin *helvella*, petit chou), genre de Champignons de la section des Thécasporés : chapeau irrégulier, stipité, charnu, translucide, coloré en gris, en orangé, en noir. Les helvelles croissent à terre sur le gazon ou sur les arbres morts. L'*H. mître*, l'*H. grande* et l'*H. comestible* sont bonnes à manger et d'un goût très-agréable. Cette dernière a un chapeau presque difforme, de couleur châtain-clair, et un stipe court, d'un blanc roux. On la trouve par groupes au printemps dans les bois élevés.

HÉMANTHE (du grec *haïma*, sang ; et *anthos*, fleur), *Hæmanthus*, genre de la famille des Amaryllidées : plantes herbacées, à racine bulbeuse, d'où s'échappent deux feuilles opposées, larges, consistantes, et une hampe courte qui porte à son extrémité une ombelle de fleurs d'un beau rouge de sang. Ces plantes sont presque toutes originaires du Cap de Bonne-Espérance. Celle qui est le plus cultivée dans nos parterres est l'*H. écarlate* (*H. coccineus*), appelée vulgairement *Tulipe du Cap*. Cette espèce est remarquable par ses deux larges et belles feuilles qui s'étalent à terre, et par son ombelle de 20 à 30 fleurs d'un rouge vif, entourées d'une spathe à 6 folioles d'un très-beau rouge.

HÉMATOPOTE (du grec *haïma*, sang, et *potés*, buveur), *Hæmatopota*, genre de Diptères, division des Brachocères, tribu des Tabaniens, renferme des insectes très-voisins des Taons, et qui ont les mêmes mœurs. Ils en diffèrent surtout par leurs ailes, qui, dans le repos, dépassent de beaucoup l'abdomen. L'*H. pluvial* est très-avide de sang, et incommode beaucoup les bestiaux dans les prairies.

HÉMASTATIQUE (du grec *haïma*, sang, et *statiké*, statique), partie de la Physiologie qui traite des lois de l'équilibre du sang dans les vaisseaux, des rapports entre la force d'impulsion du cœur et la force de résistance qu'il rencontre le sang.

HÉMATÉMÈSE (du grec *haïma, haïmatos*, sang, et *éméô*, vomir), vomissement de sang, hémorragie gastrique, provenant d'une exhalation de sang à la surface de la membrane muqueuse de l'estomac. Elle est fort rare, et n'a guère lieu que dans l'âge mûr, ou chez les individus d'un tempérament nerveux, d'une constitution maigre, d'un caractère mélancolique, et qui mènent un genre de vie sédentaire. Un excès dans les aliments, une émotion pénible, un coup sur l'épigastre, un refroidissement brusque des extrémités, l'action d'un poison, sont les causes occasionnelles de l'hématémèse.

HÉMATINE (du grec *haïma*, sang), principe colorant pur du bois de Campêche, se présente en petits cristaux aiguillés, d'un blanc rosé, entièrement inodores. Les acides la jaunissent, et lui donnent une teinte rose lorsqu'ils sont en excès; tandis que les alcalis et tous les oxydes métalliques, susceptibles de former des sels, lui font prendre une teinte pourpre ou violette. On l'appelle aussi *Hématéine* et *Hématoxyline.*

Le nom d'*hématine* a été également donné à la matière colorante du sang. *Voy.* HÉMATOSINE.

HÉMATITE (du grec *haïma*, sang), variété de fer oligiste (tritoxyde ou oxyde rouge de fer), dite aussi *Sanguine*, à cause de sa couleur rouge, *Feret d'Espagne* et *Pierre à brunir* : c'est un minerai riche, qui donne d'excellente fonte, mais qui est rare en France. On en fait des *brunissoirs*, des crayons, de la terre d'ombre, du rouge de Prusse, etc. On l'emploie en Médecine comme astringent.

HÉMATOSE (du grec *haïma*, sang), sanguification ou conversion du chyle en sang : fonction par laquelle le sang veineux acquiert dans les poumons les qualités du sang artériel, qualités qu'il doit à l'absorption de l'oxygène atmosphérique dans l'acte respiratoire et qui le rendent propre à la nutrition. *Voy.* CIRCULATION et RESPIRATION.

HÉMATOSINE (du grec *haïma*, sang), matière colorante ou plutôt produit d'une décomposition du sang; n'est pas toujours d'une composition constante. Pour l'extraire, on commence par dépouiller le sang de sa fibrine en le battant avec des baguettes; on coagule l'albumine avec l'acide sulfurique; on presse le précipité entre deux linges pour lui enlever un excès d'acide sulfurique et d'eau; on le traite par l'alcool qui dissout le principe colorant, et après avoir évaporé la dissolution, on traite le résidu par l'éther. La matière ainsi obtenue contient encore 8 p. 100 de fer, dont M. Goudœver est parvenu à la débarrasser. Sa formule est alors $C^{44}H^{22}N^3O^6$.

HÉMATOXYLE (du grec *haima*, sang, et *xylon*, bois; bois couleur de sang), *Hæmatoxylon*, genre de Légumineuses de la section des Papilionacées, tribu des Cæsalpiniées, plus connu sous le nom de *Campêche épineux*. C'est un arbre de 15 à 20 m., à écorce brune, rugueuse, à bois rouge et à aubier jaunâtre. Ses branches sont chargées d'épines solitaires. Ses fleurs sont d'un blanc jaunâtre, petites, et ont l'odeur de la Jonquille. Cet arbre est propre à l'Amérique: il a reçu son nom du port de Campêche, dans les environs duquel il croît plus particulièrement. Son bois peut prendre un beau poli: on s'en sert dans la marqueterie, mais surtout dans la teinture, à laquelle il donne une substance rougefoncé appelée *Hématine* ou *Hématoxyline*, que les acides font passer au rouge vif. Mêlée à des alcalis, cette couleur devient bleue et est inaltérable. Ce bois a été employé en médecine comme astringent. Les marchands s'en servent pour colorer les vins.

HÉMATURIE (du grec *haima*, sang, et *ourein*, uriner), ou *Pissement de sang*, hémorragie de la membrane muqueuse des voies urinaires, peut être déterminée par un grand nombre de causes, telles que la présence d'une pierre dans la vessie, les uretères ou les reins; une inflammation très-vive de ces organes, l'introduction de corps étrangers dans la vessie, la suppression d'une hémorragie habituelle; des coups, des chutes, des blessures, etc. On l'observe surtout chez les hommes. L'hématurie est plus souvent *symptomatique* qu'*essentielle*. Comme toutes les hémorragies, celle-ci peut être *active* ou *passive*. Ses symptômes précurseurs sont: une douleur gravative avec sentiment de tension dans la région des reins et de la vessie, pâleur de la face, lipothymies, anxiétés et frissons, puis fréquentes envies d'uriner suivies de l'émission d'un fluide sanguinolent, dont la sortie est ordinairement accompagnée de douleurs plus ou moins vives dans l'urètre. L'hématurie active réclame les saignées générales, les boissons rafraichissantes et émollientes, le repos absolu, la position horizontale; et lorsque l'écoulement de sang est trop abondant, les applications réfrigérantes sur les lombes et le périnée, ainsi que les injections froides dans le rectum. Celle qui est chronique et passive est beaucoup plus grave; on lui oppose des boissons acidulées ou aluminées, les astringents, les ferrugineux, les toniques.

HÉMÉRALOPIE (du grec *héméra*, jour, et *opsis* vue), dite aussi *Amblyopia crepuscularis*, espèce de névrose dans laquelle les yeux jouissent de la faculté de voir tant que le soleil est élevé sur l'horizon, et cessent de distinguer les objets à mesure que l'astre s'abaisse. Dans la plupart des cas, cette cécité nocturne n'est pas complète; d'autres fois, au contraire, la lumière la plus vive ne fait point impression sur l'œil. On observe surtout cette singulière affection dans les régions équatoriales, particulièrement chez les marins. Le traitement consiste à combattre d'abord, s'il y a lieu, la congestion sanguine vers la tête, puis à diriger sur les yeux quelques vapeurs stimulantes, à déterminer une forte révulsion.

HÉMÉROCALLIS (du grec *héméra*, jour, et *callos*, beauté; beauté de jour), genre de la famille des Liliacées, tribu des Asphodélées, renferme des plantes remarquables par la grandeur et la beauté de leurs fleurs, qui s'épanouissent durant le jour et se ferment le soir. Leur périanthe est tubulé, à 6 divisions, et renferme 6 étamines à ovaire libre, triloculaire. L'*H. du Japon* a des feuilles ovales, en forme de cœur, et marquées de nervures très-fortes; du milieu des feuilles sort une tige nue cylindrique portant des fleurs assez semblables à celles du lis, d'un blanc pur, odorantes et disposées en grappes. L'*H. bleue*, originaire aussi du Japon et de la Chine, ne diffère de la précédente que par ses fleurs bleues. Elle vient en pleine terre. L'*H. jaune*, appelée vulgairement *Lis jaune*, *Lis asphodèle*, *Lis jonquille*, originaire des montagnes du Piémont, a les feuilles en touffes, longues, étroites, aiguës, et les fleurs d'un beau jaune et d'une odeur agréable. Ces espèces sont cultivées comme plantes d'ornement.

HÉMÉRODROME (du grec *héméra*, jour, et *dromos*, coureur). *Voy.* COUREUR.

HÉMI (du grec *hémi*, pour *hémisus*, demi), mot qui se joint à un grand nombre de termes de science et d'art. Pour les mots commençant ainsi et qui ne seraient pas ici, *Voy.* le mot qui suit *hémi*.

HÉMICRANIE (du grec *hémi*, demi, et *kranion*, crâne): *Voy.* MIGRAINE et CÉPHALALGIE.

HÉMICYCLE (du grec *hémi*, demi, et *kyklos*, cercle), se dit, en général, de tout amphithéâtre qui a la forme d'un demi-cercle. — On nomme *H. de Bérose* une espèce de cadran solaire, coupé en demi-cercle, concave du côté du septentrion. Du milieu sortait un style, dont la pointe répondait au centre de l'hémicycle représentant le centre de la terre. Son ombre marquait sur la concavité de l'hémicycle les jours des mois et les heures de chaque jour.

HÉMIÉDRIE (du grec *hémi*, demi, et *édra*, base, face), se dit, en Cristallographie, d'une anomalie ou exception à la loi de symétrie de Haüy, qu'on observe dans certains cristaux, quand les modifications n'y portent que sur la moitié des parties semblables. Cette dissymétrie, se présente, par exemple, dans les cubes de la *boracite* qui, au lieu d'être tronqués sur les 8 angles, ne le sont que sur 4, en alternant. M. Weiss a introduit dans la science le principe de l'hémiédrie. Selon M. Delafosse, la dissymétrie des cristaux hémièdres n'est qu'apparente, attendu que ce n'est pas la similitude géométrique qu'il faut considérer dans leurs parties, mais leur similitude physique. M. Pasteur a démontré en 1852 que l'hémiédrie est la cause de la déviation que certains corps font éprouver au plan de la lumière polarisée.

HÉMIGALE (du grec *hémi*, demi, et *galè*, belette). *Hemigalus*, genre de Mammifères de l'ordre des Carnassiers, se compose d'animaux à museau effilé, fendu; à oreilles droites, à poils lisses, presque ras, et à ongles à demi rétractiles. Leurs pieds semi-plantigrades les placent entre les Genettes et les Paradoxures. L'unique espèce de ce genre est l'*H. zébré* qui est long de 90 centim., et dont le dos, les épaules, les hanches et la queue sont couverts de bandes alternativement blanches et brunes. Il habite l'Inde, et se nourrit de fruits et d'insectes.

HÉMINE (du grec *hémi*, demi), mesure de capacité des Romains pour les choses liquides et les choses sèches, était la moitié du setier (*sextarius*), et valait 26 de nos centilitres.

HÉMIONE (du grec *hémi*, demi, et *onos*, âne), *Equus hemionus*, espèce du genre Cheval, offre les parties antérieures du cheval et les parties postérieures de l'âne. Sa tête a la forme de celle du cheval avec la grosseur de celle de l'âne; ses oreilles tiennent le milieu entre celles de ces animaux; son pelage est ras et lustré, isabelle en dessus, blanc en dessous. La crinière, qui est noirâtre, semble se continuer en une bande de même couleur, le long de la ligne dorsale jusqu'à la naissance de la queue; celle-ci, couverte de poils ras dans sa moitié supérieure, est terminée par un bouquet de crins noirâtres. L'hémione se trouve en grand nombre dans le pays de Katch, au nord de Guzzerat (Inde), où il porte le nom de *Dziggetai*. Sa course est plus rapide que celle des meilleurs chevaux arabes. On s'en est servi à Bombay comme de chevaux de selle et de trait.

HÉMIPLÉGIE (du grec *hémi*, et *plessein*, frapper), paralysie qui affecte toute une moitié du corps: c'est la suite ordinaire des attaques d'apoplexie.

HÉMIOPIE (du grec *hémi*, demi, et *ops*, œil), maladie dans laquelle on n'aperçoit qu'une partie plus ou moins considérable des objets, soit qu'on en voie le milieu seulement et non le contour, soit qu'on n'en discerne que le contour et non le milieu, soit, enfin, qu'on n'en distingue que la moitié supérieure ou inférieure.

HÉMIPTÈRES (du grec *hémi*, demi, et *ptéron*, aile), ordre de la classe des Insectes, a pour caractères : 4 ailes, les supérieures coriaces dans leur première moitié et membraneuses dans leur partie terminale; tête petite, triangulaire, verticale ; bouche garnie de trois soies aiguës, constituant un véritable suçoir. Tous les Hémiptères subissent des métamorphoses comme les autres ordres; mais ces métamorphoses peuvent n'être considérées que comme de simples changements de peau, puisqu'elles n'altèrent pas leurs formes, et qu'ils ont, en sortant de l'œuf, celles qu'ils conserveront toujours. Tout consiste dans le développement des ailes et l'appropriation à un service actif de différents organes qui, jusqu'à l'état d'insecte parfait, sont plus ou moins rudimentaires. Les *Pucerons*, les *Cochenilles*, les *Punaises*, les *Cigales* font partie de cet ordre, que l'on a divisé en deux sections : les *Homoptères* et les *Hétéroptères*. *Voy.* ces mots.

HÉMIRAMPHUS (du grec *hémi*, demi, et *ramphos*, bec), sorte de Poisson. *Voy.* DEMI-BEC.

HÉMISPHÈRE (de *hémi*, et du grec *sphœra*, sphère), moitié d'une sphère ou d'un corps sphéroïde. En Astronomie, l'équateur partage la terre en deux hémisphères, dans le sens du Nord au Sud (*H. boréal* et *H. austral*), et le méridien la partage en deux autres hémisphères, dans le sens de l'Est à l'Ouest (*H. oriental* et *H. occidental*).

En Physique, on nomme *Hémisphères de Magdebourg* des hémisphères concaves en cuivre, inventés, vers 1650, par Otto de Guericke, et qui servent à démontrer la puissance de la pression atmosphérique. Ces deux hémisphères étant appliqués l'un contre l'autre, si on fait le vide dans l'intérieur, on ne peut parvenir à les séparer.

Les Anatomistes appellent *hémisphères* du cerveau, du cervelet, les deux moitiés latérales de ces organes, bien qu'elles n'aient pas exactement la forme que le mot indique.

HÉMISTICHE (du grec *hémi*, et *stikhos*, vers), moitié d'un vers héroïque ou alexandrin. Il doit y avoir un repos à la fin du premier hémistiche des grands vers de douze syllabes. Dans les vers de dix syllabes, il y a lieu après les quatre premières syllabes. Boileau et Voltaire ont donné les règles de ce repos dans les vers suivants :

> Que toujours, dans vos vers, le sens, coupant les mots,
> Suspende l'hémistiche, en marque le repos.

> Observez l'hémistiche, et redoutez l'ennui
> Qu'un repos uniforme apporte auprès de lui.
> Que votre phrase heureuse, et clairement rendue,
> Soit tantôt terminée, et tantôt suspendue.

HÉMITRITÉE (du grec *hémi tritaios*, c.-à-d. demi-tierce), nom donné à une fièvre qui a deux sortes d'accès, c.-à-d. un accès chaque jour, et un second plus intense tous les deux jours.

HÉMITROPIE (du grec *hémi*, demi, et *trépô*, tourner, c.-à-d. moitié de révolution), se dit, en Minéralogie, d'une sorte d'interversion que présentent certaines formes cristallines, lorsque deux moitiés du même cristal sont accolées, comme si l'une

avait fait une demi-révolution pour se placer sur l'autre : il en résulte que les faces de ces deux moitiés sont placées en sens opposés. On observe l'hémitropie dans les cristaux de chaux carbonatée, dans ceux d'amphibole, de feldspath, etc.

HÉMOPIDE (du grec *haima*, sang, et de *ops*, regard), genre d'Annélides de la famille des Hirudinées, ou Sangsues, se compose d'animaux qui ne diffèrent des sangsues que par leur ventouse orale bilabiée et par la disposition de leurs 5 paires d'yeux, dont 3 sont très-rapprochées. L'espèce type est l'*H. sanguisorba*, commune dans nos ruisseaux. Elle est brune, pâle en dessous, et quelquefois plus ou moins verdâtre. E le s'attache aux jambes des bestiaux, pénètre dans leurs narines ou dans leur bouche, et leur occasionne par sa morsure des plaies douloureuses.

HÉMOPTYSIE (du grec *haima*, sang, et *ptyó*, cracher, crachement de sang), hémorragie de la membrane muqueuse pulmonaire, caractérisée par l'expectoration d'une quantité plus ou moins grande d'un sang vermeil et écumeux. Quelquefois le sang est rendu à flots par la bouche et par les narines, et amène de la suffocation avec de l'anxiété, des vomissements, de la pâleur, des syncopes, etc.

L'hémoptysie est *aiguë* ou *chronique*, rarement *continue*; d'une durée variable et très-sujette à récidiver: Elle a pour causes les compressions habituelles du thorax ou du ventre, qui sont trop souvent chez les femmes l'effet des corsets; les coups sur la poitrine, les plaies pénétrantes, la lecture à haute voix et la déclamation, les chants, les cris et la toux violente, le jeu des instruments à vent, les maladies chroniques des poumons ou du cœur. On prescrit d'abord le repos et le silence, puis des saignées générales ou locales, des pédiluves ou sinapismes, la diète, les boissons gommées, émulsionnées, nitrées, quelquefois astringentes et froides, enfin, l'emploi des hémostatiques. Plus tard, on conseille un régime dont le lait et les fécules font la base; on proscrit le vin, les liqueurs, le café, les exercices violents, les émotions vives, etc.

HÉMORRAGIE et mieux HÉMORRHAGIE (du grec *haima*, sang, et *rhagénai*, rompre), effusion d'une quantité notable de sang, soit par la rupture de quelques vaisseaux sanguins, soit par voie d'exhalation. Les hémorragies sont ou *actives*, c.-à-d. dépendant d'une exaltation de l'action organique; ou *passives*, c.-à-d. dépendant d'une débilité générale.

Les premières surviennent surtout chez les individus jeunes et pléthoriques, livrés à la bonne chère, aux excès, à l'usage des boissons alcooliques; chez ceux qui font un exercice immodéré, ou qui mènent une vie trop sédentaire. Ces hémorragies sont ordinairement précédées de chatouillement, de pesanteur, de chaleur, de battements dans la partie où afflue le sang, et de refroidissement des extrémités. Le sang évacué est d'un rouge vermeil. Le traitement consiste dans l'emploi des antiphlogistiques et des révulsifs.

Les hémorragies *passives* se montrent chez les individus d'une constitution faible ou affaiblie par de longues maladies, par un régime débilitant, par des veilles prolongées, des évacuations excessives, par le scorbut, en un mot, par tout ce qui peut jeter les vaisseaux exhalants dans un état d'atonie. Ces hémorragies ne sont précédées d'aucun signe de congestion locale; elles sont accompagnées de pâleur de la face, de faiblesse du pouls et quelquefois de lipothymies. Ce sont alors les toniques et les astringents qui sont indiqués, tels que l'alun, la limonade sulfurique, l'extrait de ratanhia, l'application des corps froids, en un mot, des hémostatiques. *Voy.* ce nom.

Dans les hémorragies *traumatiques*, c.-à-d. résultant de plaies faites aux vaisseaux sanguins, le sang est vermeil et sort par jets et saccades s'il provient d'une artère; il est d'un rouge foncé et coule par un jet continu s'il est fourni par une veine.

Ces hémorragies réclament, selon les circonstances, l'emploi des absorbants, des styptiques, des caustiques, de la compression ou de la ligature.

Suivant la partie du corps où a lieu l'hémorragie, celle-ci prend un nom particulier. *Voy.* ÉPISTAXIS, HÉMATÉMÈSE, HÉMOPTYSIE, HÉMATURIE, HÉMORROÏDES, etc.

HÉMORROÏDES (du grec *haima*, sang, et *rhéô*, couler), tumeurs sanguines de l'anus, accompagnées ou non de flux de sang. On distingue les *H. externes*, qui occupent la marge de l'anus et qui quelquefois se réunissent en une sorte de bourrelet : tendues, ovoïdes ou oblongues, rouges ou bleuâtres, dans leur turgescence, elles sont flasques, décolorées, et souvent peu visibles dans leur état de vacuité; et les *H. internes*, ne consistant souvent qu'en un boursouflement de la membrane muqueuse de l'extrémité inférieure du rectum. On les distingue aussi en *accidentelles* et *constitutionnelles*, en *fluentes* et *non fluentes* (selon qu'elles coulent ou non).

Lorsque cette affection est légère, elle produit seulement une tension, une pesanteur plus ou moins douloureuse au siège ou dans les parties voisines; mais lorsqu'elle est intense, il y a, outre la tuméfaction hémorrhoïdale, horripilation dans le dos, pouls dur et serré, pâleur du visage, urines rares, épreintes, flatuosités intestinales, sentiment de pression entre l'anus et le périnée, écoulement de mucosités ou de sang. Tantôt le flux hémorroïdal a lieu goutte à goutte, tantôt il coule avec abondance pendant assez longtemps et à plusieurs reprises. Il ne doit cependant pas pour cela devenir un sujet d'inquiétude : beaucoup d'individus se trouvent même ainsi débarrassés d'incommodités plus ou moins graves qui les tourmentaient; bien plus, quand les hémorroïdes sont habituelles et périodiques, elles deviennent nécessaires au maintien de la santé. Cependant leur dégénération peut amener des accidents graves, des fissures, des abcès, des fistules, des cancers.

Les hémorroïdes n'apparaissent ordinairement que dans l'âge adulte; elles sont souvent héréditaires. Une constitution sanguine et bilieuse, une vie oisive ou sédentaire, une nourriture trop succulente, y disposent; la constipation, la grossesse, les travaux intellectuels, les vêtements trop serrés à la taille, l'abus des purgatifs, en un mot, toutes les circonstances qui favorisent la stagnation du sang dans les vaisseaux du rectum ou qui l'y appellent, en sont les principales causes déterminantes.

Le traitement des hémorroïdes ne doit être, la plupart du temps, que palliatif. Il faut suivre un régime doux, s'abstenir d'aliments trop copieux, de boissons excitantes; prendre fréquemment des bains tièdes ou frais, selon la saison; faire, matin et soir, des lotions froides sur la région anale; éviter soigneusement la constipation, au moyen de lavements émollients et de purgatifs doux; se servir de sièges élastiques, au lieu de ces coussins mous ou percés dont l'usage ne fait que favoriser le développement du mal. — Si les tumeurs hémorroïdales sont engorgées et très-douloureuses, les bains, les cataplasmes, les pommades, les lotions narcotiques, la belladone, etc., sont indiqués, et quelquefois aussi les sangsues à la marge de l'anus. — Lorsqu'il y a un flux hémorroïdal abondant, on parvient à le modérer par le repos absolu, la diète, la position horizontale, les boissons froides et acidulées, des bains de siège froids, des injections froides, acidulées ou astringentes; et, dans les cas extrêmes, par le tamponnement du rectum. — Quelquefois des tumeurs hémorroïdales peuvent être poussées au dehors et étranglées par le sphincter : il est important d'en faire de suite la réduction, en exerçant une compression douce sur ces tumeurs, préalablement enduites de cérat ou d'huile. — L'excision et la ligature des bourrelets hémorroïdaux sont les seuls moyens de guérir les hémorroïdes; mais on y a rarement recours, crainte d'accidents graves, surtout d'hémorragies.

HÉMOSTATIQUES (du grec *haima*, sang, et *staô*, s'arrêter). On appelle ainsi les moyens que l'on met en usage pour arrêter les hémorragies. Ils varient suivant le volume, le nombre, la situation des vaisseaux qui fournissent le sang, etc. Tantôt ce sont les *topiques froids*, les *absorbants*, tels que la charpie, l'amadou ou l'agaric, que l'on recouvre de différentes poudres, comme la colophane, la gomme, le charbon; les *styptiques* et *astringents*, tels que l'alun, les dissolutions de noix de galle, de ratanhia, de sels ferrugineux et d'acides minéraux; tantôt ce sont les *caustiques*, tels que le nitrate d'argent fondu, différents acides minéraux concentrés, la potasse, le chlorure d'antimoine ou de zinc, etc., ou bien le cautère actuel ou fer rouge; enfin, la *compression*, la *ligature*, la *torsion* et le *tamponnement*.

Parmi les compositions hémostatiques les plus vantées et les plus efficaces, on connaît l'*Eau hémostatique* de Brocchieri, celles de Léchelle, de Pagliari, etc. Elles ont généralement pour bases l'alun et des substances aromatiques. On cite comme un bon hémostatique une poudre faite avec 4 parties de colophane, 2 de gomme arabique et 1 de charbon. On se sert des hémostatiques à l'intérieur aussi bien qu'à l'extérieur.

HENDÉCAGONE (du grec *hendéka*, onze), polygone composé de onze côtés et de onze angles. On obtient sa surface : 1° s'il est régulier, en multipliant par 11 la surface d'un des triangles réguliers isoscèles obtenus au moyen des rayons menés du centre à chacun des angles; 2° s'il est irrégulier, en calculant la somme des surfaces de chacun des triangles dans lesquels ce polygone se partage au moyen de diagonales conduites du sommet d'un angle aux autres angles. La somme de ses angles est de neuf fois deux angles droits.

HENDÉCASYLLABE (du grec *hendéka*, onze), vers de onze syllabes : on l'appelle aussi *phaleuque*. *Voy.* ce mot.

HENNEBANNE, plante. *Voy.* JUSQUIAME.

HENNÉ ou **HENNÉ**, *Lawsonia*, genre de plantes Dicotylédones de la famille des Salicariées, renferme des arbustes à feuilles opposées, à fleurs formées d'un calice quadrifide, d'une corolle à 4 pétales, de 8 étamines, d'un ovaire supère, et disposées en bouquets lâches. Le fruit est une capsule globuleuse, renfermant des semences nombreuses, petites et roussâtres. Le *H. cultivé*, dit *Alcanna*, par corruption de l'arabe *al-hennah*, est un arbuste de 3 à 4 mètres, à bois dur, revêtu d'une écorce ridée et d'un blanc jaunâtre; on le trouve en Égypte, en Arabie, en Palestine, en Perse et dans l'Inde. Le *H. épineux* est armé d'épines fortes et piquantes situées dans l'aisselle des feuilles; ses fleurs sont d'un jaune pâle, répandant une odeur de bouc très-prononcée. La décoction des feuilles de henneh, séchées et pulvérisées, fournit une belle couleur jaune dont on se sert en Orient pour donner une teinte aurore à la barbe, aux cheveux, aux mains. On en teint également le dos, la crinière, le bas des jambes et même le sabot des chevaux. Les anciens Égyptiens en coloraient leurs momies. Cette couleur peut aussi être appliquée pour la teinture sur les étoffes de laine.

HENNIN, coiffure d'une hauteur démesurée que les femmes adoptèrent au XIVe siècle.

HÉPAR, nom grec du *foie*, a donné naissance aux mots *hépatique*, *hépatite*, etc. *Voy.* ces mots.

Les anciens chimistes donnaient aux sulfures alcalins le nom d'*hépar* ou de *foie*, à raison de leur couleur d'un rouge brun ayant de la ressemblance avec celle du foie. *Voy.* FOIE.

HÉPATIQUE (du grec *hépar*, gén. *hépatos*, foie), se dit en Anatomie de tout ce qui a rapport au foie : *artère* et *veines hépatiques*, *canal hépatique*. *Voy.* FOIE.

HÉPATIQUE (du grec *hépatikos*, qui s'emploie contre les maladies du foie, à cause des propriétés que l'on attribuait autrefois à cette plante), *Hepatica*, genre de la famille des Amomées, tribu des Anémonées, renferme des herbes vivaces, propres aux régions boréales du nord de l'Amérique. L'espèce unique de ce genre est l'*H. trilobée*, appelée vulgairement *Trinitaire* ou *Herbe de la Trinité*. On la cultive dans les jardins à cause de la beauté et de la précocité de ses fleurs.

On nomme vulgairement *Hépatique blanche* ou *noble*, la Parnassie ; *H. dorée* et *H. des marais*, la Dorine ; *H. des bois* et *H. étoilée*, l'Aspérule ; *H. pour la raye*, une espèce de Lichen.

HÉPATIQUES, famille de plantes acotylédones, longtemps réunie aux Algues, renferme des végétaux cellulaires, à frondes membraneuses, minces, à bords découpés en feuilles, quelquefois à tiges caulescentes et ramifiées, avec des feuilles disposées autour de la tige sur plusieurs rangs : vertes ordinairement, ces feuilles prennent, quand elles sont au soleil, une couleur brune analogue à celle du foie (*hépar*, en grec) : d'où leur nom. Les Hépatiques présentent, comme les mousses, deux sortes d'organes reproducteurs, des anthéridies et des sporanges. Les genres *Jungermannie* et *Marchantie* appartiennent à cette famille.

HÉPATISATION (du grec *hépar*, foie), dégénérescence d'un tissu organique en une substance qui présente l'aspect du foie. On l'observe fréquemment dans le poumon, à la suite des péripneumonies.

HÉPATITE (du grec *hépar*, *atos*, foie), inflammation du foie, caractérisée par une tension et une douleur plus ou moins aiguë et plus ou moins profonde dans l'hypocondre droit, avec fièvre, trouble dans la sécrétion biliaire, coloration de l'urine en jaune, bouche amère et sèche, soif ardente, et souvent constipation. Si l'inflammation occupe la face convexe du foie, il y a, de plus, toux sèche, difficulté de respirer, douleur sympathique dans l'épaule droite, et quelquefois tuméfaction du foie au-dessous du rebord des côtes. Si l'inflammation occupe la partie concave du viscère, on observe une teinte jaunâtre par tout le corps (ictère ou jaunisse), des déjections bilieuses très-jaunes ; le malade ne peut se coucher sur le côté gauche. Outre les causes ordinaires des inflammations, celle du foie est souvent déterminée par de grandes commotions morales, des chagrins profonds, un violent accès de colère ; par des chutes sur la tête ou sur les pieds, des contusions dans l'hypocondre droit ; de plus, elle est favorisée par une nourriture trop stimulante, par l'abus des alcooliques, des vomitifs ; par une grande chaleur atmosphérique (cette affection est surtout commune dans les pays chauds).

La durée moyenne de l'hépatite *aiguë* est de deux septénaires ; mais elle passe souvent à l'état *chronique*, et le tissu du foie éprouve alors diverses altérations pathologiques. L'hépatite aiguë réclame souvent la saignée du bras, mais surtout l'application de sangsues à l'anus ou bien sur la région douloureuse du foie ; puis le repos absolu, la diète, les boissons adoucissantes et acidules, les toniques émollients, les sinapismes aux extrémités inférieures, et surtout les lavements émollients et purgatifs. — On oppose à l'hépatite chronique les tisanes amères, les pilules d'aloès, de calomel, de savon médicinal ; les eaux minérales salines, notamment celles de Vichy, et l'observation rigoureuse des règles de l'hygiène.

HÉPIALE (du grec *hépialos*, papillon de nuit), *Hepialus*, genre de Lépidoptères nocturnes , type de la tribu des Hépialides : antennes moniliformes, abdomen grêle, ailes lancéolées, formant un toit très-incliné dans le repos. Leurs chenilles vivent sous terre et se nourrissent de racines. L'*H. du Houblon* est commune en Belgique et dans le nord de la France ; sa chenille y occasionne parfois de grands dégâts dans les plantations de houblon. Cet insecte, qui a de 5 à 6 centim. d'envergure, à le dessus des ailes d'un blanc argenté, bordé de rouge. L'*H. vénus*, qui a les ailes fauves parsemées de taches d'argent, doit son nom à sa beauté remarquable. On la trouve au Cap de Bonne-Espérance.

HEPTA, mot grec qui signifie *sept*, précède un grand nombre de mots de la langue française.

HEPTACORDE, nom donné par les Grecs à une sorte de lyre qui avait sept cordes, et à un système de musique formé de sept sons.

HEPTAGONE (du grec *hepta*, sept , et *gônia*, angle), polygone composé de sept angles et de sept côtés : la somme des angles de l'heptagone est égale à 10. — *Heptagone* se dit aussi d'une place fortifiée qui a sept bastions.

HEPTAGYNIE (de *hepta*, sept, et *gyné*, femelle), nom donné par Linné à un ordre de plantes renfermant celles qui ont sept pistils ou organes femelles.

HEPTAMÉRON (de *hepta*, sept, et de *héméra*, jour), recueil de 72 contes en prose, divisés en *sept journées*, et composés par la reine de Navarre, Marguerite de Valois, sœur de François Ier, à l'imitation du *Décaméron* de Boccace. On y trouve beaucoup de gaîté, mais une assez grande licence.

HEPTANDRIE (du grec *hepta*, sept, et *aner*, *andros*, mâle), 7e classe du système de Linné, renferme les végétaux dont les fleurs ont 7 étamines (par exemple, le Marronnier).

HEPTARCHIE, c.-à-d. gouvernement de sept. *Voy.* le *Dict. univ. d'Hist. et de Géogr.*

HÉRACLEUM (du grec *Héraclès*, Hercule, qui, le premier, dit-on, apprit aux hommes l'usage de cette plante), genre de la famille des Ombellifères, est caractérisé par un calice presque entier, des pétales échancrés, ceux de la circonférence plus grands, et l'involucre de l'ombelle très-caduc. Le type de ce genre est l'*H. spondylium*, vulgairement *Berce*, *Branche ursine* ou *Acanthe d'Allemagne*, qui habite les bois et les lieux incultes. Elle est remarquable par ses gros paquets de fleurs blanches et par un luxe de végétation souvent nuisible aux pâturages. Sa racine est très-âcre ; ses tiges, dépouillées de leur écorce, fournissent aux habitants du Nord un aliment précieux. De plus, ils en tirent un suc mucilagineux et sucré avec lequel ils fabriquent de l'eau-de-vie et de la bière.

HÉRALDIQUE (ART). *Voy.* BLASON et HÉRAUT.

HÉRAUT, jadis *Hérault* (de l'allemand *heralt*, noble crieur), officier d'un prince ou d'un État souverain, chargé de faire certaines publications solennelles, certains messages importants, et de remplir diverses fonctions dans les cérémonies publiques. — Les hérauts étaient connus des anciens : les Grecs les appelaient *kérukes* ; les Latins, *caduceatores*. On en trouve de fréquentes mentions dans Homère. A Rome, comme en Grèce, leurs fonctions étaient à la fois civiles et religieuses : ils avaient un rôle dans les fêtes et les jeux publics ; ils étaient chargés, sous le nom de *Féciaux*, de signifier les déclarations de guerre.

Les hérauts modernes ou *hérauts d'armes*, remontent au XIIe siècle. Ils s'occupaient de tout ce qui concerne l'*art héraldique*, portaient les déclarations de guerre ou les défis, réglaient les formalités des tournois, assistaient à toutes les cérémonies de la cour, etc. En France, leur costume était une cotte sans manches, appelée *cotte d'armes*, en velours violet, rehaussée de fleurs de lis d'or. Leur chef, dit *roi d'armes*, prenait le nom de Montjoie-St-Denys ; les autres hérauts se distinguaient en *hérauts* proprement dits et *poursuivants d'armes*, ou simples surnuméraires. Le dernier exemple d'un cartel signifié par un héraut eut lieu en 1634. L'Empire et la Restauration eurent leurs hérauts ; mais ce n'était plus qu'une vaine imitation du passé. — En Angleterre, cette institution s'est conservée dans tout son éclat. Les hérauts d'armes sont sous les ordres du Grand Maréchal du royaume. Trois d'entre eux portent le titre de *kings of arms*, et l'un de ces derniers, appelé *garter* (jarretière), est particulièrement affecté au service de cet ordre de chevalerie.

HERBACE, nom donné aux végétaux de la nature de *l'herbe*, qui n'ont qu'une consistance molle et tendre, qui sont revêtus d'un épiderme vert, et périssent le plus souvent après la maturité des graines.

HERBAGE. En Agriculture, ce mot désigne les prés que l'on ne fauche jamais, et qui sont réservés pour y faire paître des bœufs. Les plus renommés en France sont ceux de la Normandie et de l'Auvergne. On cite aussi ceux de la Hollande et de l'Angleterre. Le choix des herbages influe beaucoup sur la qualité du lait des animaux domestiques, ainsi que sur celle de la viande qu'on en tire.

HERBE, *Herba*, plante non ligneuse, et qui perd sa tige et ses feuilles pendant l'hiver. On la dit *annuelle*, quand elle périt entièrement dans l'année; *bisannuelle*, quand elle perd ses tiges et qu'elle subsiste par sa racine pendant 2 ans; *trisannuelle* ou *vivace*, quand elle prolonge sa vie 3 ans ou pendant un temps plus ou moins long. On nomme H. *potagère*, celles qu'on cultive pour l'usage des cuisines; H. *sauvages*, celles qui vivent sans culture; *mauvaises herbes*, celles qui nuisent au développement des plantes utiles en s'enroulant autour d'elles ou en épuisant les sucs nutritifs.

Dans la langue vulgaire, on appelle H. *admirable*, la Belle-de-nuit; H. *amère*, la Tanaisie; H. *à l'âne*, le Chardon, l'Onagre, la Bugrane; H. *aux abeilles*, l'Ulmaire; H. *d'amour*, la Sensitive commune, l'Oxalide sensitive, le Myosotis, la Conyse et les Brizes; H. *de Sainte-Barbe*, H. *aux charpentiers*, la Barbarée; H. *à cailler*, le Gaillet; H. *au cancer*, la Dentelaire; H. *au cerf*, la Dryade; H. *au chat*, la Germandrée et la Cataire; H. *chaste*, le Gattilier; H. *des chanoines*, la Mâche; H. *à la coupure*, la Valériane, la Millefeuille, la Consoude, qui sont regardées comme vulnéraires; H. *à cousin*, la Conyse; H. *à couteau*, les Laiches, l'Ivraie et les Graminées dont les feuilles ont des bouts tranchants; H. *aux cors*, la Joubarbe et l'Orpin; H. *au citron*, la Mélisse et l'Armoise; H. *au coq*, la Tanaisie et la Corrète jaune; H. *aux cure-dents*, la Visnage; H. *à deux bouts*, le Chiendent; H. *aux écrouelles*, la Scrofulaire; H. *à éternuer*, l'Achillée; H. *aux écus*, la Nummulaire; H. *à l'esquinancie*, l'Aspérule; H. *à la fièvre*, la Gratiole, la Petite Centaurée; H. *de feu*, l'Armoise, l'Ellébore, la Renoncule; H. *à gale*, la Morelle; H. *aux gueux*, la Clématite; H. *aux grenouilles*, la Riccie flottante; H. *aux hémorroïdes*, la Ficaire; H. *à jaunir*, la Gaude, la Génestrole; H. *de Judée*, la Douce-amère; H. *à lait*, l'Euphorbe, le Polygala; H. *aux ladres*, la Véronique; H. *aux mamelles*, la Lampsane; H. *militaire*, la grande Millefeuille; H. *musquée*, la Ketmie; H. *nombril*, la Cynoglosse; H. *de Notre-Dame*, la Pariétaire; H. *aux oies*, la Potentille; H. *à la ouate*, les Asclépiades; H. *pédiculaire*, la Staphysaigre; H. *à pauvre homme*, la Gratiole; H. *aux perles*, le Grémil; H. *aux poux*, la Pédiculaire; H. *puante*, la Morelle triste, l'Anthémis, l'Anagyris; H. *aux puces*, le Plantain psylle; H. *à Robert*, le Géranium; H. *rouge*, la Rubéole, la Méiampyre des champs; H. *à rubans*, le Roseau panaché; H. *sacrée*, la Verveine; H. *Sainte-Marie*, la Menthe coq; H. *de Saint-Benoît*, la Benoîte; H. *de Saint-Roch*, l'Aunée anti-dyssentérique; H. *sans couture*, l'Ophioglosse; H. *sardonique*, la Renoncule scélérate; H. *à sept têtes*, la Statice; H. *de la Trinité*, l'Hépatique; H. *aux tourterelles*, le Croton; H. *aux teigneux*, le Tussilage pétasite; H. *traînante*, la Cuscute; H. *turque* ou *turquette*,

la Herniaire; H. *à verre*, la Soude; H. *aux vers*, la Tanaisie; H. *aux verrues*, l'Héliotrope; H. *vineuse*, l'Ambroisie maritime; H. *vivante*, la Sensitive, l'Oxalide irritable, le Sainfoin du Gange; H. *vulnéraire*, l'Inule, le Thé suisse, etc.

HERBIER, collection de plantes sèches conservées dans du papier, et rangées de manière à pouvoir facilement être consultées au besoin. Pour composer l'herbier, on développe une à une les plantes fraîches sur des feuilles de papier peu collé; on les suppose en les séparant par des lits de 3 ou 4 feuilles de papier bien sec et par des planchettes, et on les soumet à une pression modérée. Deux ou trois jours après, on renouvelle le papier de celles qui sont humides, et on place celles qui sont sèches entre de feuilles de papier très-fort, en les accompagnant chacune d'une étiquette qui en donne le nom générique, le lieu natal et la famille. Les cabinets d'histoire naturelle, notamment celui du Muséum de Paris, possèdent de riches herbiers; parmi ceux des particuliers, on cite celui de M. B. Delessert, qui avait été commencé par J.-J. Rousseau.

Herbier, en Anatomie, se dit aussi de la *panse* des Ruminants. *Voy.* PANSE.

HERBIVORES, espèces animales qui se nourrissent exclusivement de végétaux. Il existe dans tous les ordres du règne animal des espèces qui se nourrissent de plantes. Dans les Mammifères, les espèces herbivores se distinguent des espèces carnassières par leurs dents à couronne plate, par un estomac plus vaste et plus compliqué, et par un tube digestif plus long.

HERBORISATION, promenade faite dans la campagne, dans le double but d'y étudier les plantes dans leur état de nature, et de les recueillir pour en faire des collections (*Voy.* HERBIER). Le botaniste qui veut herboriser doit se munir de: 1° d'une longue boîte de fer-blanc pour conserver les plantes fraîches et entières; 2° d'un registre d'assez grand format pour y placer les plantes à pétales fugaces et les sécher; 3° d'un instrument pour arracher les plantes, tel que canne à lance, houlette. Il est bon aussi de porter avec soi une flore locale et une loupe.

HERBORISTE, personne qui fait métier de vendre des simples ou herbes médicinales. Généralement, l'herboristerie est une annexe de la pharmacie; mais, dans les grandes villes, elle est devenue une spécialité. A Paris, les herboristes ne peuvent exercer leur commerce sans un diplôme de capacité, qui s'obtient après examen (lois du 11 avril 1803 et 13 août 1803); ils sont, en outre, assujettis aux visites annuelles des membres de la commission médicale. Ils ne doivent vendre que des substances végétales indigènes: le débit de toute substance exotique, ainsi que de toute préparation pharmaceutique, leur est formellement interdit.

HERBUE, fondant argileux. *Voy.* ERBUE.

HERCULÉ, constellation boréale en forme de quadrilatère, entre la Lyre, la Couronne boréale, le Dragon et Ophiuchus. Le Soleil paraît se porter, avec tout notre système, vers l'étoile μ de cette constellation.

HÉRÉDITÉ (du latin *hœres*, héritier), anciennement *Hoirie*, droit de recueillir en totalité ou en partie les biens qu'une personne laisse à son décès. Il se dit aussi de l'ensemble des droits, tant actifs que passifs, qui composent une succession. On appelle *addition d'hérédité* tout acte par lequel un héritier accepte les bénéfices et les charges d'une succession; *pétition d'hérédité*, l'action par laquelle une personne qui se prétend héritière fait la demande judiciaire d'une succession.

La légitimité de l'hérédité a été souvent contestée, notamment par les Socialistes de nos jours. Quoiqu'il soit vrai que l'hérédité peut faire tomber de grands biens dans des mains incapables ou indignes, et qu'elle soit un obstacle à l'égalité absolue rêvée par quelques utopistes, il est évident que l'abolition de l'hérédité enlèverait au père de famille le stimulant le plus puissant de son travail et de son industrie, et jeterait l'Etat dans des embarras inextricables en le forçant d'intervenir dans les familles, à chaque décès, pour régler l'emploi des biens et fixer le sort des survivants.

HÉRÉSIE, HÉRÉSIARQUE, HÉRÉTIQUES (du grec *hairésis*, choix), doctrine qui, tout en prétendant garder les principes fondamentaux d'une religion, s'en écarte sur des points que l'autorité compétente regarde comme non moins essentiels que les autres. Celui qui le premier formule l'hérésie est dit *hérésiarque;* ceux qui adhèrent à l'hérésie sont des *hérétiques.* Souvent aussi l'on dit : *hétérodoxie*, doctrine *hétérodoxe*, mots auxquels on oppose ceux d'*orthodoxie* et *orthodoxe.*

L'idée d'hérésie resta toujours étrangère aux Grecs et aux Romains : les légendes les plus diverses couraient sur leurs dieux, sans qu'ils s'en émussent le moins du monde. Il en avait été autrement chez les Hindous : chez eux, l'on opposait aux deux *Mimansas*, philosophies orthodoxes, le *Sankhyâ*, doctrine hétérodoxe, du moins en partie; Bouddha fut le chef d'une grande hérésie.

Dans l'Église chrétienne, on voit naître les hérésies dès le 1er siècle; elles se multiplièrent au 2e et 3e siècles, et bien plus encore après le triomphe du christianisme, sous Constantin. Les principales hérésies chrétiennes sont celles des Gnostiques, Manichéens, Ariens, Nestoriens, Eutychiens, Pélagiens, Monothélites, Iconoclastes, Albigeois, Vaudois, Wicléfites, Luthériens, Calvinistes, Anabaptistes, Anglicans, Presbytériens, Puritains, Quakers, Arminiens, Jansénistes, Méthodistes, etc. *Voy.* ces articles au *Dict. univ. d'Hist. et de Géogr.*

L'Eglise prémunit les fidèles contre les hérésies en condamnant l'erreur, soit dans un concile œcuménique, comme l'hérésie d'Arius, foudroyée au concile de Nicée, soit dans un concile particulier reçu de toute l'Eglise, comme le concile d'Antioche, qui condamna Paul de Samosate, soit par une décision du pape, comme celle du saint Innocent contre Pélage, d'Innocent X contre Jansénius. L'hérésie est, en outre, punie des plus grandes peines canoniques : pour les clercs, de la déposition; pour tous, de l'excommunication. Quand ces peines spirituelles ne suffisaient pas, le coupable était jadis livré au *bras séculier*, et puni de la prison, ou de la mort, et même du feu.

Toutes les histoires ecclésiastiques offrent le tableau des hérésies. On doit au P. Maimbourg l'histoire particulière des principales hérésies, et à l'abbé Grégoire une *Histoire des sectes religieuses depuis le commencement du dernier siècle* (1828-29). On peut, en outre, consulter le *Dict. des hérésies*, de B. Pinchenat (Paris, 1736), et celui de Pluquet (1762), récemment réimprimé et complété.

Les Musulmans comptent aussi beaucoup d'hérésies : les *Chyites*, les *Ismaéliens*, les *Druses*, etc. Les orthodoxes sont appelés *Sunnites.*

HÉRIDELLE, sorte d'ardoise étroite et longue qui a deux de ses côtés taillés et les deux autres bruts.

HÉRISSON, *Erinaceus*, genre de Mammifères de l'ordre des Carnassiers et de la famille des Insectivores, renferme des animaux de 2 à 3 décimètres de longueur, et dont le corps est couvert d'épines en dessus et de poils en dessous. Ils ont la queue très-courte, les 4 pieds terminés par 5 doigts armés d'ongles très-forts, et les oreilles arrondies. Ils habitent les bois, et se tiennent cachés pendant le jour sous la mousse ou sous les troncs des vieux arbres. Leur démarche est lente; ils se nourrissent de petits animaux et de fruits, et n'ont d'autre ressource que de se rouler en boule en redressant leurs piquants, lorsqu'ils sont menacés. Le *H. commun* a les épines variées de noir et de blanc; son museau, ses oreilles et ses doigts sont d'un brun violet. Il passe l'hiver engourdi dans son terrier. Sa chair est bonne à manger. On l'élève quelquefois dans les jardins, où, sans faire de dégâts, il détruit un grand nombre d'insectes. Lorsqu'il se roule en boule, les chiens se mettent la gueule en sang et ne peuvent le saisir. Le renard, au contraire, le retourne adroitement, insinue sa patte sous son ventre, où il n'y a pas de piquants, et parvient à le manger, en commençant par le museau.

On a appelé *H. soyeux, H. de Madagascar*, le Tenrec et le Tendrac; *H. de Malacca*, un Porc-épic; *H. à grosses pointes*, ou *H. pourpre*, le Murex ricinus; *H. de mer*, l'Oursin, etc.

HÉRITAGE. *Voy.* SUCCESSION.

HÉRITIER (du latin *hæres*). Pour être reconnu *héritier*, il faut exister au moment de l'ouverture de la succession. L'enfant qui n'est pas encore né, mais qui est conçu, est capable de succéder, pourvu qu'il naisse viable. Il faut, en outre, avoir la jouissance de ses droits civils. Sont indignes d'hériter : celui qui a été condamné pour avoir attenté aux jours du défunt; celui qui aurait porté contre le défunt une accusation capitale jugée calomnieuse; l'héritier majeur qui n'aurait pas poursuivi le meurtre du défunt (Code civil, art. 725-730). *Voy.* SUCCESSION.

La loi distingue : l'*H. légitime* ou *ab intestat*, qui succède en vertu de la disposition de la loi; l'*H. institué* ou *testamentaire*, désigné par la volonté du défunt; l'*H. pur et simple*, qui a accepté purement et simplement une succession, et qui est tenu indéfiniment de toutes les dettes de la succession : l'*H. bénéficiaire*, ou *sous bénéfice d'inventaire*, qui, n'ayant accepté qu'avec réserves, n'est tenu des dettes que jusqu'à concurrence de ce qu'il a recueilli dans la succession; l'*H. présomptif*, parent qui se trouve au degré le plus proche, et qui, par cette raison, est présumé devoir être héritier; l'*H. apparent*, celui qui, n'étant pas héritier véritable, s'empare comme tel d'une succession, et en jouit ou en dispose comme si elle lui appartenait réellement.

HERMAPHRODITE (du grec *Hermès*, Mercure, et *Aphrodité*, Vénus), se dit généralement de tout être qui réunit en lui les deux sexes; et spécialement, en Botanique, des fleurs qui renferment les organes des deux sexes, c'est-à-dire les étamines et le pistil.

HERMÉNEUTIQUE (du grec *herméneuein*, traduire, interpréter), art de l'interprétation. En Théologie, ce mot est synonyme d'*exégèse*, avec cette différence, que l'herméneutique se borne à établir le vrai sens des textes sacrés, tandis que l'exégèse cherche à expliquer le sens des choses aussi bien que les mots. — En Jurisprudence, il désigne l'interprétation des sources du droit.

HERMÉTIQUE (d'*Hermès*, ou Mercure, qu'on regardait comme le père de l'alchimie), partie de l'Alchimie qui avait pour objet la transmutation des métaux, et expliquait tous les effets naturels par trois principes actifs, le sel, le soufre et le mercure. *Voy.* ALCHIMIE.

HERMÉTIQUE (FERMETURE), terme emprunté à l'ancienne alchimie. Boucher un vase *hermétiquement*, c'est le boucher si exactement que rien ne puisse en sortir, pas même les substances les plus volatiles : ce qui s'opère, soit en faisant fondre, au feu de la lampe ou du chalumeau, la matière propre du vaisseau, de manière à souder les bords de l'ouverture, soit en y appliquant un bouchon de cristal usé à l'émeri.

HERMINE (d'*Arménie*, pays dont elle est originaire), *Putorius herminea*, espèce du genre Putois, qui atteint une taille de 25 centim. du bout du museau à l'origine de la queue, laquelle est elle-même de 19 centim. En été, l'hermine est brune en dessus, d'un blanc jaunâtre en dessous, et elle porte alors le nom de *Roselet.* En hiver, sa fourrure, qui est alors très-fournie, et pour ce motif plus estimée, est d'un beau blanc éclatant, avec le bout de la queue seulement noir : c'est alors qu'elle conserve le nom d'*Hermine*. Ce joli petit animal a une physionomie fine et gracieuse. Il est agile et léger ; mais il exhale une très-mauvaise odeur, et est d'un naturel très-sauvage : cependant on parvient à l'apprivoiser. — La fourrure de l'hermine est l'une des plus précieuses ; les plus belles nous viennent du nord de l'Asie, et celles de moindre valeur des environs d'Irkoutz en Sibérie · on en fait des manteaux de luxe, des palatines, etc. On relève le grand blanc de l'hermine par des mouchetures noires, formées avec la queue de l'animal, et que l'on parsème çà et là. — L'hermine est une des deux fourrures du blason ; elle est considérée comme le symbole de la pureté. Autrefois les rois, les ducs, les présidents, les chanceliers de France, les greffiers en chef, etc., portaient des manteaux d'hermine dans les grandes cérémonies. — Les gradués des diverses facultés portent encore aujourd'hui sur leur chausse des rangs d'hermine dont le nombre varie selon leur grade.

HERMINETTE, espèce de hache à l'usage des charpentiers et des tonneliers. *Voy.* ERMINETTE.

HERMITAGE, HERMITE. *Voy.* ERMITAGE, ERMITE.

HERMODACTE, *Hermodactylus* (d'*Hermès*, Mercure, et *dactylos*, doigt ; de la forme digitée qu'on a cru trouver dans cette racine), racine tubéreuse, amylacée, cordiforme, mucilagineuse, d'une saveur douceâtre et en même temps un peu âcre. Cette racine, qui paraît contenir de la vératrine, a été employée comme purgative. Elle est attribuée par quelques auteurs à l'*Iris tuberosa* ; mais le plus grand nombre la regardent comme provenant d'une espèce de colchique, *Colchicum illyricum*.

HERNIAIRE (ainsi appelée, parce qu'on l'employait autrefois contre les hernies), *Herniaria*, genre de plantes de la famille des Paronychiées, renferme des herbes et des arbrisseaux à tiges rameuses et couchées, à feuilles simples et opposées, à fleurs petites, réunies en grappes nombreuses. Ces plantes sont très-communes, surtout dans le bassin de la Méditerranée. L'*H. glabra*, dite aussi *Turquette, Herbe au Turc, Herbe aux hernies*, et *Herniole*, a des tiges grêles, rameuses, couchées. Elle est commune dans les champs, sur les terrains sablonneux et arides. Elle a été employée longtemps comme diurétique et astringente.

HERNIAIRE (BANDAGISTE). *Voy.* BANDAGE et HERNIE.

HERNIE (qu'on dérive du grec *hernos*, rameau, rejeton, parce que la partie déplacée semble former un rejeton), vulgairement *descente, effort*, en grec *kélé*, tumeur formée par le déplacement et la sortie d'une anse intestinale, d'une portion d'épiploon, ou d'une partie d'un viscère abdominal qui vient faire saillie au dehors. Les hernies ont reçu différents noms, suivant l'organe déplacé et l'ouverture par laquelle cet organe s'est échappé : on appelle *gastrocèle*, la hernie de l'estomac ; *épiplocèle*, celle de l'épiploon ; *entérocèle*, la hernie intestinale ; *omphalocèle*, ou *exomphale*, la hernie ombilicale ; *bubonocèle*, ou *hernie inguinale*, celle qui se fait par l'anneau inguinal ; *oschéocèle*, ou *H. scrotale*, celle qui descend jusque dans le scrotum ; *mérocèle*, ou *H. crurale*, celle qui a lieu par l'arcade crurale, etc. La plupart des viscères, en se déplaçant ainsi, poussent devant eux le péritoine, qui leur fournit de la sorte une enveloppe appelée *sac herniaire* ou *péritonéal*, communiquant avec l'abdomen par une ouverture qu'on nomme l'*orifice du sac*. — Les hernies ont pour causes les coups sur le ventre, tous les efforts, même ceux de la respiration, l'équitation, l'escrime, les luttes, les chutes, le transport de fardeaux pesants, et en outre, chez les femmes, l'usage inconsidéré des corsets, les grossesses répétées. L'action de ces causes peut être lente et graduée ; mais quelquefois l'apparition de la hernie est brusque et instantanée. — L'existence d'une hernie se révèle quand on aper-

çoit à l'ombilic, à l'aine, au pli de la cuisse, etc., une grosseur plus ou moins volumineuse, molle, circonscrite, sous des téguments sains et de couleur naturelle, insensible, augmentant par la toux, par la position verticale et la marche, tandis que la position horizontale en diminue le volume et la tension. La hernie intestinale se reconnaît particulièrement à son élasticité, au *gargouillement* qu'elle fait entendre et qui est causé par le déplacement des gaz et des matières fluides contenues dans l'intestin.

Une hernie abandonnée à elle-même expose à des conséquences fâcheuses : outre qu'elle augmente toujours avec le temps et gêne en marchant, elle occasionne fréquemment des nausées, des vomissements, des indigestions, des coliques, des constipations opiniâtres, etc. Quand les hernies peuvent être repoussées dans leur cavité naturelle à l'aide d'une pression méthodique, appelée le *taxis*, on dit qu'elles sont *réductibles* ; elles sont dites, au contraire, *irréductibles*, quand des adhérences ou le volume de la tumeur s'opposent à leur rentrée. Lorsque l'ouverture qui a livré passage à la partie herniée vient à se resserrer de manière à y produire une constriction plus ou moins forte, il y a *étranglement de la hernie* ; et, si l'on ne se hâte de débrider la tumeur (ce qui se fait par une opération fort délicate, dite *Kélotomie*), il survient une constipation complète, des hoquets, des vomissements stercoraux, et tous les signes d'une inflammation violente, promptement suivie d'une gangrène mortelle. Après la réduction des hernies qui sont susceptibles d'être réduites, on doit empêcher, au moyen d'un bandage herniaire à pelote convexe, qu'elles ne sortent de nouveau. Les hernies irréductibles doivent être seulement soutenues par un bandage à pelote concave, qui n'exerce qu'une pression douce et constante, et qui s'oppose à leur accroissement.

HÉROI-COMIQUE (POÉSIE). *Voy.* ÉPOPÉE.

HÉROÏDE (du grec *hérôis*, de *hérôs*), épître en vers composée sous le nom de quelque héros ou personnage fameux. L'*héroïde* est susceptible de tous les sentiments qui animent la tragédie : l'amour et la haine, la générosité, la fureur, le désespoir, peuvent y parler tour à tour ; mais c'est surtout à la peinture de l'amour que l'héroïde est consacrée. Ovide fut l'inventeur de ce genre de poésie : nous avons encore ses *Héroïdes*. La *Lettre d'Héloïse à Abélard*, de Pope, imitée par Colardeau, est le chef-d'œuvre de la poésie moderne en ce genre.

HÉROÏQUE (de *héros*). *Age, temps héroïques. Voy.* le *Dict. univ. d'Hist. et de Géogr.* au mot HÉROS. — *Poëme héroïque* (*Voy.* POEME et ÉPOPÉE). — *Vers héroïque* ou alexandrin. *Voy.* VERS.

HÉRON, *Ardea*, genre d'oiseaux de l'ordre des Échassiers, famille des Cultrirostres, a le bec allongé, conique et robuste ; les jambes longues et dégarnies de plumes ; les pieds longs, grêles, armés d'ongles aigus. Les hérons vivent solitaires et mélancoliques sur le bord des rivières, et se nourrissent de poissons. Ils restent des heures entières sur un seul pied pour épier leur proie ; leur vol est lent, mais élevé. On les prend aux lacets, ou bien on les tue au fusil. Le *H. commun*, qu'on trouve en France, est d'un cendré bleuâtre. Le sommet de la tête et le front sont blancs ; une huppe noire très-flexible orne le derrière de la tête ; la partie antérieure du cou est blanche, tachetée de noir ; les couvertures des ailes sont grises avec de grandes plumes noires ; le bec est jaune verdâtre. La longueur du héron est d'environ 1 mètre, de l'extrémité du bec à celle de la queue.

HÉRON (FONTAINE DE). *Voy.* FONTAINE.

HÉROS, nom donné par les Grecs aux grands hommes divinisés. *Voy.* le *Dict. univ. d'H. et de G.*

HERPES, lisses en bois recourbées et sculptées qui ornent les deux côtés de la *guibre* ou charpente en saillie sur l'avant d'un grand bâtiment. On les nomme aussi *lisses de l'éperon, lisses de poulaine, écharpes* et *porte-vergues.* — On donne le nom *d'herpes marines* aux choses égarées qu'on trouve au bord de la mer, ainsi qu'à l'ambre, aux coraux, etc., que la mer laisse à découvert.

HERPÈS (du grec *herpô,* se glisser), éruption dartroïde et vésiculeuse, caractérisée par de légères élevures transparentes, rassemblées en groupes sur une base enflammée, de manière à présenter une ou plusieurs surfaces plus ou moins larges, mais bien circonscrites, et séparées les unes des autres par des intervalles plus ou moins grands, dans lesquels la peau est parfaitement saine. La durée de l'herpès est de 14 à 21 jours. On en distingue plusieurs variétés, dont la plus grave est l'éruption connue sous le nom de *zona* (*Voy.* ce mot). Rarement ces éruptions nécessitent l'emploi de moyens thérapeutiques : il suffit de quelques toniques émollients, si la douleur et la chaleur sont trop vives, ou même de lotions avec l'eau fraîche légèrement alcaline.

HERSCHELL, planète. *Voy.* URANUS.

HERSE (du latin *hirpex,* râteau ou herse), nom donné : 1° à un instrument aratoire qui consiste en un cadre rectangulaire où se croisent, en forme de treillis, des traverses de bois munies de fortes dents de fer ou de bois dur, et qui est traîné par un cheval ; elle sert à ameublir la terre, à briser les mottes dans les champs labourés ou nouvellement ensemencés, à recouvrir et enfouir les grains que l'on vient de semer, et à donner comme un dernier labour superficiel, en remuant le sol en tout sens ; — 2° à une espèce d'arrière-porte ou double porte, mais dont l'aspect est celui d'une grille en fer, suspendue dans les forteresses à la voûte du portail, entre le pont-levis et la porte. La herse, soutenue par de longues chaînes de fer, peut s'abattre : dans le cas où les chaînes du pont seraient brisées, et où ce pont prêterait passage à l'ennemi, on descendrait la herse pour opposer un nouvel obstacle. Les herses de ce genre étaient en usage dans les maisons des particuliers en Grèce et à Rome, où on les nommait *portes cataractes,* et au moyen âge, où elles étaient dites *sarrasines.* On en voit encore très-fréquemment en Orient.

HESPÉRIDÉES, famille de plantes plus connue sous le nom d'*Aurantiacées,* et à laquelle appartient l'*Oranger.* Elle a été ainsi nommée par allusion au jardin des *Hespérides,* où croissaient les pommes d'or.

HESPÉRIE (nom de nymphe), *Hesperia,* genre de Lépidoptères diurnes, se compose d'insectes en général assez gros, se distinguant des autres Lépidoptères diurnes par l'habitude qu'ils ont de ne relever, dans le repos, que les ailes supérieures ; ce qui fait paraître les ailes inférieures comme luxées : c'est ce qui a valu à ces insectes le nom de *Papillons estropiés.* Leurs chenilles vivent dans des feuilles qu'elles roulent, et font, pour leur métamorphose, une coque légère. L'*H. silvaine,* longue de 2 centimètres, a le corps noir, avec des poils fauves en dessus ; les ailes d'un fauve blanc et vif. Cette espèce est commune dans les bois humides.

HESPERIS, nom scientifique de la *Julienne.*

HÉTÉRO... (du grec *héteros,* autre, différent), radical d'un grand nombre de mots scientifiques, tels que *hétéranthères, hétérophylles, hétérocarpes,* etc., c.-à-d. qui ont des anthères, des feuilles, des fruits, etc., de nature différente.

HÉTÉROCARPE (du grec *héteros,* différent, et *karpos,* fruit), se dit de tout arbre susceptible de produire par la greffe plusieurs sortes de fleurs, comme le *Cytisus Adami,* et plusieurs sortes de fruits : tels sont le Pommier, le Poirier, etc. Les hétérocarpes peuvent se multiplier par greffe sur les plantes de leur tribu, et donner sur chaque rameau diverses sortes de fruits : on a vu une jeune branche de pommier porter deux pommes de reinette rousses et une reinette du Canada jaunâtre.

HÉTÉROCLITE (du grec *héteros,* autre, et *klinô,* décliner), se dit en Grammaire des mots qui s'écartent des règles communes de l'analogie grammaticale, et spécialement, surtout en latin et en grec, des noms ou adjectifs qui appartiennent à la fois à deux ou plusieurs déclinaisons : *avaritia* et *avarities; juventa* et *juventus,* etc.

HÉTÉRODOXE, HÉTÉRODOXIE (du grec *héteros,* autre, et *doxa,* opinion), ce qui est contraire à la doctrine de l'Eglise catholique, par opposition à *Orthodoxe. Voy.* HÉRÉSIE.

HÉTÉRODROME (du grec *héteros,* autre, et *dromos,* course), terme de mécanique, se dit d'un levier dont le point d'appui est entre le poids et la puissance. On l'appelle aussi *levier du premier genre. Voy.* HOMODROME ET LEVIER.

HÉTÉROGÈNE (du grec *héteros,* autre, et *génos,* genre). Ce mot, qu'on oppose à *homogène,* s'applique à tout corps composé dont les parties sont de nature dissemblable. Ainsi, en Physique, on nomme *Corps hétérogènes* ceux dont les particules intégrantes sont d'espèces différentes, comme, par exemple, l'eau, l'alcool ; mais, par extension, on applique ce mot à tous les corps qui diffèrent essentiellement les uns des autres, soit par leur nature, soit par leur densité, soit par leurs propriétés.

En Grammaire, *hétérogène* se dit de ces noms irréguliers qui sont d'un genre au singulier et d'un autre au pluriel, comme en français , *délice* et *orgue;* en latin, *locus, loca, carbasus, carbasa,* etc.

HÉTÉROGYNES (du grec *héteros,* différent, et *gyné,* femelle), famille d'insectes de l'ordre des Hyménoptères, et de la section des Porte-aiguillons, renferme des genres dont les uns vivent solitaires et ont des femelles aptères ; et dont les autres vivent en société, et n'ont d'aptères que les individus neutres. Cette tribu se partage en deux sections, les *Mutillaires* et les *Formicaires.*

HÉTÉROMÈRES (du grec *héteros,* différent, et *méros,* partie), section de l'ordre des Coléoptères : 5 articles aux tarses antérieurs, 4 aux postérieurs. On y compte 7 fam. : *Mélasomes, Taxicornes, Ténébrionites, Hélopiens, Trachélides, Vésicants, Sténélytres.*

HÉTÉROMYS (du grec *héteros,* différent, et *mys,* rat), genre de Mammifères de l'ordre des Rongeurs et de la famille des Rats, se compose d'animaux qui ont le corps couvert de piquants entremêlés de poils plus fins. Ils ont les oreilles nues, arrondies, comme celles des rats ; leur bouche est petite et munie d'abajoues. L'espèce unique de ce genre est l'*H. anomalus,* qui est brun marron et de la taille de notre rat commun. Cet animal a été trouvé dans l'île de la Trinité.

HÉTÉROPHYLLE (du grec *héteros,* différent, et *phyllon,* feuille ; à feuilles dissemblables), se dit d'une plante qui a toutes ses feuilles de forme et de grandeur diverses, ou dont la forme des feuilles diffère dans le bas et le haut de la tige, comme l'*Actinée hétérophylle,* qui a les inférieures linéaires et les supérieures lancéolées ; la *Celsie hétérophylle,* les inférieures ailées et les supérieures entières. — Il se dit aussi des plantes dont le feuillage varie suivant l'âge, soit pour la forme, comme la *Ludie hétérophylle,* soit pour la pubescence , comme le Peuplier *hétérophylle,* dont les feuilles, chargées d'un duvet blanc des deux côtés, dans la jeunesse , ne sont plus duvetées qu'à leur surface inférieure dans l'âge avancé.

HÉTÉROPTÈRES (du grec *héteros,* différent, et *ptéron,* aile), section de l'ordre des Hémiptères, renferme ceux de ces insectes qui ont leurs élytres coriaces dans leur moitié antérieure, et transparents dans le reste de leur étendue. Cette section comprend 2 familles, les *Géocorises* et les *Hydrocorises.*

HETMAN ou ATTAMAN, chef de Cosaques. *Voy.* ce mot au *Dict. univ. d'Hist. et de Géogr.*

HÊTRE, *Fagus*, genre de la famille des Cupulifères, renfermé des arbres à fleurs monoïques, les mâles en chatons, à périanthe campanulé à 6 lobes, avec 8 ou 12 étamines; les femelles réunies par deux dans un involucre épineux et quadrilobé. Le fruit, appelé *faine*, est formé de 2 petites noix triangulaires devenues monospermes par avortement. Le *Hêtre commun* (*F. sylvatica*), vulgairement nommé *Fau, Fouteau* et *Fayard*, est un arbre de haute futaie, qui atteint 30 mètres. Ses fruits fournissent une amande bonne à manger; on en retire une huile qui passe pour la meilleure après l'huile d'olives. Son bois, dur, sec et incorruptible, est beaucoup employé en ébénisterie. Il fournit aussi un excellent chauffage.

HEU, bâtiment à fond plat, qu'on emploie à faire le cabotage dans la mer du Nord et la Manche. Il est d'un petit tirant d'eau, et porte un grand mât, une trinquette, un foc et un petit mât sur son extrémité de derrière.

HEURE, 24e partie du jour naturel, ou de la durée de la rotation diurne de la terre. On divise l'heure en 60 minutes, et la minute en 60 secondes. Généralement, le jour civil commence à minuit, c.-à-d. au moment du passage du soleil par le méridien inférieur. Les astronomes distinguent trois sortes d'heures : l'*H.* sidérale, que donnent les étoiles par leur retour consécutif au même point ; l'*H.* moyenne, qui est marquée par les horloges d'une exécution parfaite ; l'*H.* vraie ou solaire, qu'indique le soleil. Les heures sidérales, ainsi que les heures moyennes, sont respectivement égales entre elles et uniformes; mais les heures vraies varient de grandeur d'un jour à l'autre. *Voy.* ÉQUATION DU TEMPS.

La division du jour en heures remonte très-haut; mais elle n'a pas toujours été faite par 24. Les Hindous, par exemple, ont longtemps divisé le jour en 30 parties. L'Egypte, l'Asie antérieure et l'Europe, au contraire, ont de bonne heure compté par 24mes ; mais le point de départ n'a pas été partout le même. Comme les anciens Égyptiens, nous partons de minuit, et, arrivés à midi, nous recommençons la numérotation : 1, 2, etc. Les Babyloniens, les Juifs, les Romains partaient du lever du soleil, qu'ils plaçaient à 6 heures du matin : de là les noms de *prime, tierce, sexte, none*, usités encore dans l'Église pour l'office de 6 heures du matin, de 9 heures, de midi, de 3 heures du soir; cet usage s'est conservé à Nuremberg et à Majorque. Les Athéniens partaient du coucher du soleil ; de même aujourd'hui les Italiens partent de 6 heures du soir, mais en continuant les chiffres au delà des 12 heures de nuit : ainsi, 7 heures du matin est pour eux la 13e heure; midi est 18 heures; 6 heures du soir est 24 heures.—Tandis que partout, aujourd'hui, l'on fait les heures égales, très-longtemps on se contenta de faire égales les unes aux autres les 12 heures d'un même jour, les 12 heures d'une même nuit; mais l'heure du jour était plus longue ou plus courte que celle de la nuit voisine (sauf aux équinoxes), et d'un jour à l'autre il y avait toujours une variation. — Pendant la Révolution, quand on substitua le calendrier républicain au calendrier grégorien, on eut l'idée d'appliquer au jour la division décimale; mais cette idée ne reçut aucune exécution.

Les païens avaient divinisé les Heures : ils en faisaient les filles de Jupiter et de Thémis. Elles ouvraient les portes du ciel et suivaient le char du Soleil.

HEURES CANONIALES, prières vocales, instituées par les canons, et qui doivent être récitées tous les jours à diverses heures. Il y en a sept : *matines* et *laudes, prime, tierce, sexte, none, vêpres* et *complies.* Prime, tierce, sexte, none, sont appelées les *petites heures.* —Par suite, on a nommé *Livre d'heures*, ou simplement *Heures*, les livres où ces prières sont contenues, et même tout livre d'église.

Les *Prières de quarante heures* sont des prières publiques et extraordinaires que l'on fait pendant quarante heures continues, devant le Saint-Sacrement, dans les calamités publiques, pendant le jubilé, pendant le carnaval, etc.

HEURISTIQUE (du grec *euriskô*, trouver), nom donné en Allemagne à l'art d'inventer, art qui devrait indiquer la méthode à suivre pour arriver à des découvertes intellectuelles, mais qui est encore à trouver.

HEURTOIR (de *heurter*), se dit en général, dans les Arts, d'une pièce mobile qui vient frapper sur une autre. — Dans l'Artillerie, c'est un morceau de fer battu, de la forme d'une grosse cheville à tête percée, qui s'enfonce dans l'épaisseur d'un affût de canon, et qui soutient la surbande de fer qui couvre le tourillon de la pièce. — On appelle encore ainsi : 1o une pièce de bois équarrie à vive arête, qu'on place contre le revêtement des gabions d'une batterie, pour que les roues de l'affût n'endommagent pas ce revêtement; 2o un coin de bois qu'on place sous la roue d'un canon pour arrêter le recul.

HEUSE. Ce mot, au moyen âge, était synonyme de *botte* ou *chaussure* : d'où le surnom de *Courte-Heuse*, ou *Courte-Botte*, donné à Robert II, duc de Normandie. Il désignait spécialement un soulier en fer qui faisait partie de l'armure. —Aujourd'hui, on appelle *heuse*, ou *sabot*, le cylindre de bois qui joue dans les corps de pompe.

HÉVÉE, *Hevea Guianensis*, plante de la famille des Euphorbiacées, qui fournit le caoutchouc, est plus connue sous le nom de *Siphonia*. *Voy.* ce nom.

HEXACORDE (du grec *hex*, six, et *khordê*, corde), gamme de plain-chant, composée de six notes, qu'on croit généralement avoir été inventée par un moine du XIe siècle, nommé Gui d'Arezzo. Les notes de cette gamme sont *ut, ré, mi, fa, sol* et *la*.

HEXAÈDRE (du grec *hex*, six, et *hédra*, base), nom donné, en Géométrie, au cube, et en général à tout solide ayant six faces. L'hexaèdre cube est un des cinq polyèdres réguliers. *Voy.* CUBE.

HEXAGONE (du grec *hex*, six, et *gonia*, angle), polygone qui a six angles et six côtés. — En termes de Fortification, c'est un ouvrage qui a six bastions.

HEXAGYNIE (du grec *hex*, six, et *gyné*, femme), nom donné, dans le système de Linné, à un ordre de plantes dont les fleurs portent *six* pistils ou organes femelles, par exemple, le *Jonc fleuri*.

HEXAMÈTRE (du grec *hex*, six, et *métron*, mesure), nom donné par excellence au vers de six pieds, que les Grecs et les Romains ont consacré à l'épopée. Les quatre premiers pieds sont dactyles ou spondées indifféremment; le cinquième est un dactyle, et le sixième un spondée. Quelquefois, et par exception, l'hexamètre se termine par deux spondées : il prend alors le nom de *spondaïque.* Ce vers doit avoir au moins une césure au 3e pied; ou deux, l'une au 2e et l'autre au 4e. Voici un exemple d'hexamètre latin :

Vēnĭt | sūmmā dĭ | ēs ĕt ĭn | ēlŭc | tābĭlĕ | tēmpŭs.

On a quelquefois, par abus, donné, en France, le nom d'hexamètre au vers alexandrin, et, en Angleterre, au vers iambique de 12 syllabes. — En allemand, la *Messiade* de Klopstock est écrite en vers hexamètres; Gnéditch a traduit l'*Iliade* d'Homère en hexamètres russes.

HEXANDRIE (du grec *hex*, six, et *aner*, mâle), la 6e classe des végétaux dans le Système de Linné, renfermant ceux dont les fleurs ont six étamines ou organes mâles. Les *Liliacées*, les *Joncées*, les *Asphodélées*, les *Asparaginées* sont dans ce cas.

HEXAPLES (du grec *hexaploos*, sextuple), ouvrage publié par Origène, et qui contenait diverses versions de la Bible, disposées sur six colonnes. *Voy.* HEXAPLES au *Dict. univ. d'Hist. et de Géogr.*

HEXAPODES (du grec *hex*, six, et *pous*, *podos*, pied), nom par lequel on distingue les insectes pro-

prement dits, dont le caractère est d'avoir six pattes.
— Walckenaër applique spécialement ce nom à la
2e classe des Insectes aptères, les *Dicères hexapodes*
(à deux antennes et à 6 pieds).

HIATUS (du latin *hiatus*, dérivé de *hiare*, ouvrir
la bouche), cacophonie produite par la rencontre
désagréable de deux voyelles; exemple : *Il alla à
Athènes; j'ai été étonné.* — En Prose, les hiatus
blessent l'oreille; cependant on les tolère dans beaucoup de phrases reçues par l'usage; mais ils sont,
depuis Boileau, entièrement bannis de notre poésie :

> Gardez qu'une voyelle, à courir trop hâtée,
> Ne soit d'une voyelle en son chemin heurtée. (*Art. poét.*)

Cependant l'hiatus était encore admis au xvie siècle : on en trouve de fréquents exemples dans Saint-
Gelais, Théophile, Marot, Régnier, etc. On en rencontre même dans Corneille et dans Racine, mais seulement dans le style familier et dans la poésie comique :

> Dans tout le *Pré aux clercs* tu verras mêmes choses. (*Le Menteur*.)
> Tant y a qu'il n'est rien que votre chien ne prenne. (*Les Plaideurs*.)

En Anatomie, on appelle *hiatus* certaines ouvertures du corps, telles que l'*Hiatus de Fallope*, petite
ouverture de la face supérieure de l'os temporal;
l'*H. occipêtre pétreux*, situé à la partie postérieure du crâne; l'*H. de Winslow*, ouverture située
au-dessus du col de la vésicule biliaire, etc.

HIBBERTIE, *Hibbertia* (de G. *Hibbert*), naturaliste anglais à qui cette plante fut dédiée par Salis-
bury), genre de plantes de la famille des Dilléniacées, renferme des espèces suffrutescentes, à fleurs
jaunes, formées d'un calice à 5 folioles et d'une corolle à 5 pétales. Ces plantes sont originaires de la
Nouvelle-Hollande. L'espèce type est l'*H. volubile*,
arbrisseaux sarmenteux, à rameaux rosés, à feuilles
luisantes et à fleurs grandes, très-brillantes, mais
d'une odeur désagréable.

HIBERNATION, nom donné à une sorte de sommeil annuel auquel sont soumis certains animaux.
Ce sommeil n'est point causé uniquement par le
froid, comme on l'a cru longtemps; on l'observe
aussi dans les grandes chaleurs, comme cela a lieu
pour le *Tenrec* de Madagascar, qui passe en léthargie les 3 mois les plus chauds de l'année. L'animal
qui doit hiberner ferme son terrier, se contracte,
se tient pelotonné, immobile, et les yeux fermés.
Les fonctions les plus importantes de la vie sont
suspendues. La respiration est lente et à peine per-
ceptible. Le hérisson, la chauve-souris, la marmotte, l'hamster, le loir, le campagnol, la gerboise,
la taupe, le porc-épic, l'ours, le blaireau, le castor,
l'agouti, le cochon d'Inde, le lièvre, le lapin (dans
l'état de nature), chez les mammifères; quelques
espèces d'hirondelles, chez les oiseaux; le limaçon
des vignes, la limnée, chez les mollusques, sont les
plus connus des animaux *hibernants*.

HIBERNIE (du latin *hibernus*, d'hiver), *Hiber-
nia*, genre de Lépidoptères de la famille des Nocturnes, se compose d'insectes dont les femelles sont
aptères, et qui ne se montrent à l'état parfait qu'à
la fin de l'automne ou même en plein hiver : d'où
leur nom. L'espèce la plus connue est l'*H. defolia-
ria*, dont la chenille est, dans certaines années, un
véritable fléau pour les arbres fruitiers.

HIBISCUS, nom latin du genre *Ketmie*.
Hibiscus Syriacus. Voy. CIRIER et KETMIE.

HIBOU, *Strix Otus*, sous-genre des Chouettes, caractérisé par le disque de plumes effilées qui entoure
ses yeux et par les deux aigrettes de plumes qu'il porte
sur le front. Son bec est court et crochu, incliné et
comprimé à sa base; ses narines sont grandes, un
peu obliques, recouvertes de poils; sa tête est grosse,
couverte de plumes; ses yeux très-grands, avec une
pupille ronde, qui, comme celle de tous les animaux
nocturnes, ne peut supporter la lumière du jour. Ce

n'est que le soir ou le matin que les hiboux peuvent
sortir de leur nid pour chercher leur nourriture.
Pendant le jour, ils se retirent dans les trous des rochers, dans les creux des arbres ou les vieux édifices.
Ils vivent d'insectes, d'oiseaux et de petits animaux.
Le *H. commun* ou *Moyen-Duc* est long de 35 centim.;
son plumage est fauve, varié de blanc et de brun,
sa queue présente 8 ou 9 barres transversales. On
le trouve en France, en Angleterre, en Allemagne, etc. Les mœurs du Hibou sont les mêmes que
celles de la Chouette. Il fait rarement un nid et dépose ses œufs dans les nids abandonnés des Pies et
des Corbeaux. — Le *Grand-Duc* et le *Petit-Duc*
(*Voy.* DUC) appartiennent aussi à ce sous-genre.

HIE (du latin *hiare*, bâiller, pousser son haleine
avec effort, ce qu'on fait lorsqu'on soulève la hie?),
instrument très-lourd dont on se sert pour battre,
pour enfoncer le pavé. On l'appelle aussi *demoiselle*.

HIÈBLE, *Sambucus ebulus*, espèce du genre Sureau, à tige herbacée, haute d'un mètre à 1m30; à
feuilles ailées, à folioles lancéolées, dentées; à
fleurs blanches, en ombelles, et donnant pour fruits
des baies noires et pulpeuses. L'hièble croît sur le
bord des rivières et dans les terrains humides. Il
exhale une odeur vireuse très-forte. La racine est
purgative et diurétique; les fleurs et les baies sont
stimulantes et diaphorétiques; ces dernières s'emploient en teinture, pour colorer les tissus en violet.

HIERACIUM (du grec *hiérax*, épervier), nom scientifique de la plante vulgairement appelée *Épervière*.

HIÉRARCHIE (du grec *hiéros*, sacré, et *arkhè*,
commandement). Ce mot, qui s'applique aujourd'hui
à tout ensemble des pouvoirs subordonnés les uns
aux autres, qu'ils soient ecclésiastiques, civils ou
militaires, signifiait primitivement, chez les Grecs,
l'autorité du chef des prêtres ou grand prêtre. Chez
les Chrétiens, il signifia le gouvernement de l'Église
dans son intérieur, la subordination des divers degrés de l'état ecclésiastique, depuis le pape, qui en
est le chef, jusqu'au simple prêtre. — Les Théologiens appellent *H. céleste* la subordination des neuf
chœurs des anges. *Voy.* ANGES.

HIÉRATIQUE (ÉCRITURE), du grec *hiéros*, sacré,
l'une des formes de l'écriture hiéroglyphique des
Égyptiens, paraît n'être que la tachygraphie ou le
trait abrégé des hiéroglyphes.

HIÉROGLYPHES, écriture symbolique des Égyptiens. *Voy.* ce mot au *Dict. univ. d'Hist. et de G.*

HILARANT (GAZ). *Voy.* AZOTE (PROTOXYDE D').

HILE (du latin *hilium* ou *hilus*, petite marque
noire qui se remarque au sommet des fèves de marais), espèce de cavité ou de cicatrice que porte toute
graine, et qui indique le point par lequel elle tenait
à la plante qui l'a produite, comme on le voit dans
la fève, le haricot, etc. — La radicule est dite *hilifère*
quand l'amande est nue, et la radicule reçoit
directement les vaisseaux du funicule; le périsperme
est *hilifère* quand il porte immédiatement le *hile*,
comme dans les Conifères.

HIMANTOPUS (du grec *himas*, *himantos*, cuir,
et *pous*, pied), nom scientifique donné au genre
Échasse, à cause de l'épaisse membrane qui couvre
ses pieds; — et à un genre d'Infusoires rotifères.

HIPPIATRIQUE (du grec *hippos*, cheval, et *ia-
tréïa*, guérison), une des principales branches de
l'art vétérinaire, a pour objet le traitement des maladies des chevaux et des autres animaux domestiques. *Voy.* VÉTÉRINAIRE (ART).

HIPPOBOSQUE (du grec *hippos*, cheval, et *boskô*,
paître), *Hippobosca*, genre de Diptères, de la famille des Pupipares, renferme des insectes de petite
taille, à corps ovalaire, déprimé, revêtu à l'abdomen de deux enveloppes coriaces, offrant à la main
une résistance sensible : tête petite, presque plate,
arrondie; yeux grands et saillants; ailes longues, recouvrant l'abdomen dans le repos; pattes courtes,

robustes, munies de poils roides et courts. Les hippobosques, appelés aussi *Mouches à chiens*, *Mouches bretonnes*, *Mouches d'Espagne* et *Mouches-araignées*, sont des insectes qui sucent le sang des animaux et même de l'homme; mais leur piqûre n'a rien de plus grave que celle de la puce. Une particularité curieuse est que la femelle ne pond qu'un seul œuf, et seulement lorsque sa larve est voisine de l'état parfait. L'*H. des chevaux*, qui se trouve dans toute l'Europe, tourmente de ses piqûres, pendant l'été, les chevaux, les bœufs et les chiens.

HIPPOCAMPE (du grec *hippos*, cheval, et *kamptô*, courber; qui a l'encolure du cheval), *Hippocampus*. Les anciens donnaient ce nom à des chevaux marins fabuleux, consacrés à Neptune, qui n'avaient que les deux pieds de devant, et dont l'arrière se terminait en queue de poisson. Les Naturalistes l'ont appliqué à un poisson, vulgairement appelé *Cheval marin*, qui forme un sous-genre des Syngnathes, ordre des Lophobranches. Ce poisson est remarquable par son tronc comprimé, notablement plus élevé que la queue; il atteint 33 centim.; il se trouve dans nos mers.

En Anatomie, on appelle *Pieds d'hippocampe, Grand* et *Petit hippocampes* ou *Cornes d'Ammon* deux prolongements médullaires qui naissent, l'un à droite, l'autre à gauche, de la partie postérieure du corps calleux, se recourbent, et s'enfoncent dans la partie inférieure des ventricules du cerveau.

HIPPOCASTANUM (c.-à-d. *châtaigne de cheval*), nom spécifique du *Marronnier d'Inde*, a formé celui d'*Hippocastanées*, donné par De Candolle à une famille dont le Marronnier est le type, et qui renferme les genres *Æsculus, Pavia, Ungnadia*.

HIPPOCRATEA (d'*Hippocrate*, à cause des vertus fébrifuges qu'on lui attribue), arbuste du Mexique et de la Guyane, voisin des Célastrinées, et rapporté d'abord aux Acérinées. Presque toutes les espèces donnent des fruits comestibles. Nous citerons, en particulier, l'*Amandier des bois* (*H. comosa*), dont le fruit ressemble à la poire et a le goût de l'amande douce. L'*Hippocratea* donne son nom à la famille des *Hippocratéacées*, formée par A.-L. de Jussieu.

HIPPODROME (du grec *hippos*, cheval, et *dromos*, course), édifice public destiné, chez les Grecs, aux courses de chars et de chevaux; il différait du *stade*, uniquement réservé pour les courses à pied, les luttes, le pugilat, les jeux du ceste, etc. L'hippodrome d'Olympie avait 400 m. de long sur 200 de large; il était séparé du stade par des portiques immenses, et à l'une de ses extrémités était une borne autour de laquelle tournaient les chars des concurrents, qui ne devaient que l'effleurer dans leur course rapide. La place de l'Atméidan, à Constantinople, occupe l'emplacement de l'hippodrome de Constantin. — Les Romains avaient aussi des courses de chars; mais elles avaient lieu dans le *cirque* : à cet effet, le cirque était séparé en deux parties par un mur ou piédestal long et étroit, appelé *spina* (épine) et qui traversait l'arène dans presque toute sa longueur (*Voy.* CIRQUE). — On a récemment fait revivre à Paris le nom d'*hippodrome* pour désigner un spectacle consacré aux exercices équestres.

HIPPOGRIFFE (du grec *hippos*, cheval, et *gryps*, griffon), animal fabuleux, moitié cheval, moitié griffon, et possédant des ailes, est une création du moyen âge. C'est, dans les poëtes italiens (Boïardo, Arioste, etc.), la monture des héros de chevalerie.

HIPPOMANE, arbre. *Voy.* MANCENILLIER.

HIPPOPOTAME (du grec *hippos*, cheval, et *potamos*, fleuve), *Hippopotamus*, genre de Mammifères de la famille des Pachydermes, renferme d'énormes quadrupèdes dont le poids atteint près de 2,000 kilogram., et qui vivent dans les rivières du centre et du milieu de l'Afrique. Quoiqu'ils aient près de 4 m. de longueur, ils n'ont guère plus de 1m,60 de hauteur; ce qui fait que leur ventre touche pres-

que à terre; leur peau est d'un brun noir, et presque dénuée de poils, excepté à la queue; leur nourriture se compose de végétaux et de poissons. Ils passent le jour dans les fleuves, cachés au milieu des roseaux; au moindre bruit, ils se précipitent sous l'eau, où ils peuvent rester quelques instants sans venir respirer; ils ne quittent les rivières que pendant la nuit pour ravager les plantations de sucre, de riz et de millet. L'*H. amphibie*, la seule espèce bien connue, est d'un naturel doux et même stupide; mais sa fureur est très-redoutable. On le prend en le faisant tomber dans des fosses, ou bien on le chasse avec l'arc ou avec le fusil; mais cette chasse est fort dangereuse : l'animal n'est vulnérable qu'au ventre et entre les cuisses, et il est doué d'une très-grande force. Sa chair est bonne, salubre, et n'est pas indigeste; son cuir, qui est très-épais, et à l'épreuve même de la balle, sert à de nombreux usages; ses dents fournissent un très-bel ivoire, presque inaltérable, que l'on recherche surtout pour les dents artificielles. Le premier hippopotame vivant a été amené à Paris en 1853 par M. Delaporte. — Il existe aussi plusieurs espèces d'hippopotames fossiles.

HIPPURIDE (de *hippos*, cheval, et *oura*, queue), *Hippuris*, plante aquatique, ainsi nommée parce que ses feuilles capillaires lui donnent quelque ressemblance avec une queue de cheval. *Voy.* PESSE.

HIPPURITES, coquillages fossiles, forment un genre de Mollusques acéphales, voisin des Sphéralites et des Rudiolites de Lamarck, à coquilles allongées, conoïdes, mais non symétriques. Ces coquillages sont propres aux terrains crétacés.

HIRCINE (du latin *hircus*, bouc), principe indiqué par Chevreul dans les graisses de bouc et de mouton. Il est liquide, très-odorant, assez analogue à l'*oléine*; il fournit par la saponification un acide gras particulier, appelé *acide hircique*.

HIRONDELLE, *Hirundo*, genre de Passereaux, de la famille des Fissirostres, renferme des oiseaux connus de tout le monde, et caractérisés par un bec court, large à la base, étroit et pointu à l'extrémité, un corps ovale, des ailes allongées, une queue le plus souvent fourchue, composée de 12 pennes, des tarses grêles et le doigt externe ne dépassant pas la dernière phalange du médian. Ces oiseaux voyageurs arrivent dans nos contrées avec les premières chaleurs et disparaissent aux approches de l'hiver. Ils se nourrissent d'insectes, qu'ils poursuivent jusque dans les airs, et dont ils détruisent chaque année une quantité innombrable. Les hirondelles sont très-attachées au lieu où elles ont pris naissance; elles y reviennent ordinairement tous les ans, et retournent le plus souvent dans le même nid. Elles choisissent toujours pour faire leur nid les localités les mieux exposées et ne craignent pas de s'établir dans l'habitation même de l'homme. La rapidité de leur vol la a fait employer souvent comme messagers; elles peuvent faire 80 ou même 100 kilom. à l'heure. Rien d'admirable comme les réunions des hirondelles et leurs cris d'appel au moment de leur départ, leur tendresse pour leurs petits, l'art avec lequel elles construisent leur nid, leur instinct à se secourir mutuellement dans le danger, etc. Celles que nous possédons nous quittent en septembre, et vont en Afrique. Leur retour se fait isolément et seulement par couples. On trouve des hirondelles dans toutes les parties du globe. On en compte en Europe six espèces. Les plus communes chez nous sont : l'*H. de cheminée* (*H. rustica*), qui a la queue plus longue que les ailes et profondément échancrée, et l'*H. de fenêtre*, qui a la queue moins longue que les ailes et médiocrement échancrée. La première nous arrive à la fin de mars, 10 ou 12 jours avant la seconde. La *Salangane* (*H. esculenta*) est une espèce que l'on trouve en Chine et dans les îles de l'Océan indien; elle fait son nid d'une matière gélatineuse qu'elle tire d'un fucus : ce nid, apprêté avec art, devient un mets délicat, très-recherché des Chinois.

Dans la Fable, l'hirondelle est Procné, épouse de Térée (huppe), et sœur de Philomèle (rossignol).

On nomme aussi *Hirondelle* un mollusque du genre Avicule ; *H. de mer*, l'Exocet volant et un Sterne ; *H. de Ternate*, l'Oiseau de paradis.

HIRUDINÉES (du genre type *Hirudo*, sangsue), famille de Vers de la classe des Annélides, renferme des animaux sans branchies et sans soies, à corps mou, privés de pieds ; à extrémités élargies en forme de disques et susceptibles de s'appliquer aux corps comme une ventouse. C'est au moyen de ces disques que les Hirudinées se meuvent et que plusieurs espèces sucent le sang des animaux. La bouche est au centre du disque antérieur. La peau est molle et contractile. Ces animaux sont ovipares. On les rencontre dans les rivières, dans les marais et même dans les eaux de la mer. *Voy.* SANGSUE.

HISTÉROIDES, tribu d'insectes Coléoptères pentamères, de la famille des Clavicornes, renferme de petits animaux à corps carré ou arrondi, à élytres courts, ne recouvrant pas l'abdomen ; à pattes larges et à tibias dentelés et épineux. Ces insectes, lorsqu'ils se croient en danger, contrefont le mort en retirant leurs pattes sous le corps. Le type de cette tribu est l'*Hister*, dont une espèce, l'*H. cadaverinus*, se trouve aux environs de Paris.

HISTOIRE (du grec *historia*, qui vient lui-même de *histôr*, instruit). Dans sa plus grande étendue, c'est le récit de tous les faits dignes de mémoire, de quelque nature qu'ils soient ; ce qui donne lieu à distinguer l'*H. civile* ou l'*H. proprement dite*, et l'*H. naturelle*.

HISTOIRE CIVILE. On la divise en *universelle* et *particulière*. L'*H. universelle* embrasse l'histoire de l'humanité tout entière : on la partage ordinairement en 4 grandes périodes : le *monde ancien*, depuis la création jusqu'à la destruction définitive de l'Empire romain (476) ; le *moyen âge*, de 476 à 1453, époque de la prise de Constantinople par les Turcs ; les *temps modernes*, de 1453 à 1789 ; et l'époque *contemporaine*. — L'*H. particulière* comprend encore l'*H. spéciale*, qui se borne à un seul sujet, un empire, une province, une ville, une dynastie, une famille, un individu même (cette dernière prend le nom de *biographie*) ; et l'*H. fragmentaire*, qui s'attache à une période ou à un événement mémorable, la Réforme, la Ligue, la Fronde, la guerre de Trente ans, etc. L'histoire particulière prend encore les noms d'*histoire ecclésiastique, diplomatique, législative, judiciaire, administrative, commerciale, littéraire, scientifique*, etc., selon la matière que l'historien a choisie. — Quand l'histoire est écrite sèchement année par année, on la nomme *Chroniques* : on pourrait aussi la nommer *Annales* ; mais plusieurs ouvrages de ce nom, notamment les *Annales* de Tacite, sont écrits d'une manière plus littéraire. Quand c'est un témoin oculaire qui raconte les faits qu'il a vus, et où il a joué un rôle, son récit s'appelle *Mémoires* ; ne parle-t-il absolument que de lui, c'est une *Autobiographie*.

Considérée sous le point de vue de la méthode, c.-à-d. de la manière dont les faits sont présentés, l'histoire est dite *chronologique* lorsqu'elle suit régulièrement le cours des temps ; *ethnographique*, lorsqu'elle présente isolément l'histoire de chaque peuple ; *synchronistique*, lorsqu'elle rapproche les événements qui se sont passés dans le même temps chez des peuples différents ; *pragmatique*, lorsqu'elle cherche à expliquer les effets des événements, etc.

Les plus célèbres historiens de l'antiquité sont : Hérodote, Thucydide, Xénophon, Arrien, Polybe, Diodore de Sicile, parmi les Grecs ; Salluste, Tite-Live, et surtout Tacite, parmi les Romains. Bossuet, l'auteur de l'*Histoire universelle*, Voltaire, soit pour son *Siècle de Louis XIV*, soit pour l'*Essai sur l'his-*

toire et les mœurs des nations, Rollin, Hume, Gibbon, Lingard, Schiller, Jean de Muller, Guichardin, Herrera, Karamsin, Sismonde de Sismondi, etc., pour ne pas parler de ceux qui vivent encore, méritent les premiers rangs entre les modernes. — Parmi les grandes compilations historiques, nous indiquerons : l'*Art de vérifier les dates* ; l'*Histoire universelle anglaise*, traduite et retouchée (1779-91, 126 vol. in-8) ; le *Cours d'histoire moderne* de Schœll (1830, etc., 46 vol. in-8). — On trouvera en outre d'utiles secours dans les *Précis* des professeurs d'histoire, et dans les *Dictionnaires historiques* de Moréri, de Bayle, de Chaudon et Delandine, dans la *Biographie universelle*, et dans les abrégés où ces grands ouvrages sont résumés et continués (*Dict. historique* de Ladvocat, *Dict. univ. d'Hist. et de Géogr.*, etc.) Lenglet Dufresnoy a donné une *Méthode pour étudier l'histoire*, et M. Daunou un excellent *Cours d'études historiques*.

Longtemps négligé dans nos écoles, l'enseignement de l'histoire y a été constitué en 1819 par M. Royer-Collard, président de la Commission d'instruction publique : des chaires d'histoire furent alors créées dans tous les collèges. Cet enseignement a porté d'heureux fruits. Toutefois, il tendait à prendre une extension exagérée ; il a été ramené par le règlement du 30 août 1852 à de plus justes proportions.

Les anciens avaient divinisé l'histoire : ils en faisaient une Muse, sous le nom de *Clio*, et la représentaient couronnée de lauriers, une trompette dans la main droite, un rouleau de papier dans la main gauche.

HISTOIRE NATURELLE. On réunit sous ce nom l'ensemble des sciences qui ont pour objet la connaissance des êtres organisés ou inorganisés qui composent notre globe. On la divise généralement en trois grandes parties : 1° la *Zoologie*, qui traite des animaux (quelquefois, on donne plus particulièrement à cette étude le nom d'*histoire naturelle*) ; 2° la *Botanique*, qui traite des végétaux ; 3° la *Minéralogie*, qui étudie et classe les espèces minérales prises isolément ; à cette dernière se rattache la *Géologie*, qui s'occupe de la distribution des matériaux dont se compose le globe, et du rôle qu'ils ont joué dans la formation de ses diverses couches.

Le premier ouvrage sérieux écrit sur cette science par les anciens est dû à Aristote, l'auteur immortel de l'*Histoire des animaux*, écrite 350 ans avant J.-C. Théophraste, Dioscoride, Pline, chez les anciens ; Conrad Gesner, Aldrovande, Belon, au XVIe siècle, marchèrent, mais à de grandes distances, sur les traces du maître. Depuis cette époque, les travaux des Césalpin, des Bauhin, des Rondelet, de Linné, de Buffon, de Daubenton, de Lacépède, de Lamarck, de Cuvier, des deux Geoffroy Saint-Hilaire, et de tant d'autres dont on retrouvera les noms à l'article de chaque subdivision, ont fait de l'histoire naturelle ce qu'elle est aujourd'hui, une des plus positives et des plus attrayantes de toutes les sciences.

Parmi les nombreux écrits publiés sur l'ensemble de l'Histoire naturelle, il suffira de citer (outre les grands ouvrages des auteurs déjà mentionnés, notamment l'*Histoire naturelle* de Buffon, tant de fois réimprimée, et complétée par plusieurs *Suites*), le *Manuel d'H. N.* de Blumenbach ; les *Éléments des sciences naturelles* de M. C. Duméril ; le *Cours élémentaire d'H. N. à l'usage des collèges*, de MM. Beudant, Ad. de Jussieu et Milne-Edwards ; les *Cahiers d'H. N.* de M. Achille Comte ; les *Leçons d'H. N.* de M. Doyère ; les *Notions élémentaires d'H. N.* de M. Delafosse ; l'*Encyclopédie d'H. N.* du Dr Chenu. — Parmi les dictionnaires consacrés à cette science, on connaît surtout celui de Valmont de Bomare, 1791, qui eut beaucoup de vogue, mais qui est aujourd'hui fort arriéré ; le *Dictionnaire des sciences naturelles* en 60 vol., 1816 et ann. suiv. ; le *Dict. classique d'H. N.*, dirigé par Bory de St-Vincent, 17 vol., 1822-31 ; le *D. pittoresque d'H. N.*, publié par

M. Guérin-Menneville, 1843, et le D. univ. d'H. N., dirigé par M. Charles d'Orbiguy, 13 vol. in-8, 1841-49. — On doit à G. Cuvier une *Histoire des sciences naturelles*, publiée d'après ses cours au Collège de France par M. de Saint-Agy, 9 vol. in-8, 1835-43.

HISTOLOGIE (du grec *histos*, tissu, et *logos*, discours), partie de l'Anatomie qui traite des tissus organiques. L'*H. pathologique* étudie, le plus souvent à l'aide du microscope, les altérations produites dans les tissus par la maladie : on doit à M. Gluge des travaux tout spéciaux sur ce sujet. (1852).

HISTORIOGRAPHE (du grec *historia*, histoire, et *graphô*, écrire), écrivain pensionné pour rédiger l'histoire du prince ou du corps qui le paye. Les monarques orientaux avaient des espèces d'historiographes, puisqu'ils faisaient rédiger officiellement et jour par jour, dit-on, les annales de leur règne. Les grands pontifes à Rome ou les scribes qui, en leur nom, rédigeaient les annales pontificales, étaient des historiographes. La charge d'*historiographe de France* fut créée ou du moins constituée par Charles IX. Racine, Boileau, Mézeray, eurent sous Louis XIV le titre d'*historiographe du roi*; Voltaire fut un instant l'historiographe de Louis XV. Cette charge fut abolie en 1789. Beaucoup d'ordres religieux et diverses corporations avaient aussi leur historiographe : Fontenelle fut l'historiographe de l'Académie française. Aujourd'hui encore, le ministère de la Marine a son historiographe.

HISTRIONS (de l'étrusque *hister*, *histrio*, qui avait le même sens). Ce furent d'abord des baladins et des danseurs, que les édiles firent venir d'Étrurie pour donner des représentations à Rome, l'an 363 av. J.-C. Ces mimes devinrent plus tard des acteurs parlants, et finirent par jouer des farces grossières et accompagnées du son des flûtes. Livius Andronicus, en 237 av. J.-C., fit le premier représenter des pièces régulières, et les histrions furent abandonnés. Leur nom devint même un terme de mépris, comme il l'est encore.

HIVER, 4ᵉ saison de l'année, la plus froide de toutes, parce que c'est dans cette saison que les rayons du soleil nous viennent le plus obliquement et que les jours sont le plus courts. Le soleil parcourt dans cette saison le *Capricorne*, le *Verseau* et les *Poissons*. L'hiver commence le jour du solstice d'hiver (le 22 décembre), et finit le jour de l'équinoxe du printemps (le 21 mars). Il dure ainsi 89 jours. Les plus grands froids sont généralement entre le 25 décembre et le 5 février. L'hiver, dans nos contrées, n'est pas sans utilité pour l'agriculture : c'est pour la terre une saison de repos. Cette saison rend au sol l'excès d'humidité qu'il a perdu pendant l'été. La neige, en séjournant sur le sol, diminue la dissipation de la chaleur et celle des gaz enfermés dans le sol : en général, de longues neiges sont le pronostic d'abondantes récoltes.

On représente l'hiver sous la figure d'un vieillard couvert de glaçons, avec une barbe et des cheveux blancs, ou bien sous celle d'une femme couverte d'épaisses draperies et qui se chauffe à un foyer.

HIVERNAGE. On donne spécialement ce nom à la saison pluvieuse des régions équinoxiales. Cette saison est redoutable par ses tempêtes et par les maladies mortelles qu'elles amènent, surtout pour les Européens. C'est entre les mois de mai et d'octobre que cette saison tombe le plus ordinairement.

On nomme aussi *Hivernage* un mélange de seigle, de vesce, de froment, d'orge, etc., qu'on sème en automne pour le récolter en vert au printemps. Ce mélange fournit aux bestiaux un pâturage d'hiver plus salubre et qui est plus de leur goût que si chaque espèce de grain eût été semée séparément.

HOAZIN, *Opisthocomus*, c.-à-d. *ayant la huppe en arrière*; genre d'oiseaux de l'ordre des Gallinacés, voisin des Faisans : bec épais, robuste, garni à sa base de soies divergentes; orbites nues; narines

médianes; doigts entièrement divisés ; cet oiseau porte en arrière, sur la nuque, une houle de brun porte en arrière, sur la nuque, une houle de brun plumes effilées : c'est ce qui lui a valu son nom d'*Opisthocomus*, ainsi que celui de *Faisan huppé*. Il a la gorge blanche, le cou mêlé de brun, le dos et les ailes d'un vert doré, et la queue terminée par un large ruban blanc. Cet oiseau habite Cayenne. Il vit sédentaire au bord des eaux, et se nourrit des fruits de l'*Arum arborescens*; sa chair exhale une forte odeur de castoréum qui empêche de la manger.

HOBEREAU, espèce de petit Faucon, gros comme une grive; il chasse surtout le pigeon et le troupiale.

On donnait autrefois le nom de *Hobereaux* aux petits seigneurs qui tyrannisaient leurs paysans, et aux gentilshommes qui, n'ayant pas le moyen d'entretenir un faucon ou un épervier, portaient sur le poing un *hobereau*, dont ils se servaient pour chasser.

HOC (JEU DU), sorte de jeu de cartes, peu usité aujourd'hui, se jouait à 2 ou 3 personnes, avec un jeu entier. A ce jeu, les 4 rois, la dame et le valet de carreau sont privilégiés et font *hoc* : ces cartes ont, pour celui qui le joue, la valeur qu'il lui convient de leur donner en les jouant. — Mazarin passe pour être l'inventeur du *Jeu du hoc*.

HOCCO, *Crax*, genre d'oiseaux de l'ordre des Gallinacés, et de la tribu des Alectors, renferme des espèces propres aux régions équatoriales de l'Amérique, où ils représentent nos Dindons. Leur tête est ornée d'une huppe érectile, composée de plumes étroites, frisées au sommet. Ces oiseaux vivent en société dans les forêts, et perchent sur les arbres les plus élevés. Leur chair est blanche et d'un goût exquis. Le *H. noir* (*Crax alector*) a la taille du Dindon. C'est un oiseau commun au Mexique et au Brésil. On en élève quelquefois dans nos basses-cours.

HOCHEPOT (des deux mots français *hoche* et *pot*, ou, suivant d'autres, du nom d'un cuisinier célèbre), espèce de ragoût fait avec la queue de bœuf ou simplement avec du bœuf haché et cuit sans eau dans un pot, avec des marrons, des navets et autres assaisonnements. On en fait aussi avec des oies grasses et des canards.

HOCHEQUEUE, nom vulg. de la *Bergeronnette*.

HOCHET (de *hocher*, secouer), jouet que l'on suspend au cou des petits enfants et qu'on leur donne surtout dans le temps de la dentition, pour qu'ils le portent à leur bouche et le serrent entre leurs gencives, afin de hâter le travail de la dentition, se compose ordinairement d'un manche, dans lequel est enchâssé un morceau de corail, d'ivoire ou de cristal. Il ne doit être employé qu'avec précaution. *Voy.* DENTITION.

HODOMÈTRE ou ODOMÈTRE, suivant l'Académie, (du grec *hodos*, chemin, et *métron*, mesure), nom de différents appareils servant à mesurer la longueur du chemin parcouru. Ces instruments, en forme de montres, se composent de roues faisant mouvoir avec lenteur des aiguilles sur un cadran gradué. Les uns se mettent dans la poche du voyageur, les autres s'adaptent à la roue d'une voiture. Ils sont mis en jeu par une chaîne dont l'un des bouts est attaché à la jambe de celui qui le porte, ou bien à un levier sur lequel agit le mouvement de la roue. L'Anglais Betterfield, en 1678 et 1681, le Français Meynier, en 1724, et l'abbé Outhier, se sont occupés de perfectionner cet instrument. On l'appelle encore *Compte-pas*. *Voy.* ce mot.

HOIR, HOIRIE (du latin *hæres*, héritier). Ces deux mots, dans le langage du Droit, sont synonymes, l'un *d'héritier*, et l'autre de *succession*. Donner *en avancement d'hoirie*, c'est donner par anticipation à un de ses enfants, à la condition que ce qui lui est ainsi donné lui sera diminué dans le partage de la succession. Du reste, cette donation ne diffère point de la donation pure et simple (Code civil, art. 843).

HOLACANTHE (du grec *holos*, tout, et *akantha*,

épine), genre de poissons Acanthoptérygiens, de la famille des Squammipennes, tribu des Chétodons : préopercule armé d'une longue épine horizontale qui est pour eux un moyen de défense, indépendamment de ceux que leur fournissent les aiguillons de la dorsale et de l'anale. Ces poissons, appelés vulgairement *Demoiselles* ou *Veuves coquettes*, comptent parmi les plus beaux et les plus délicats des mers de l'Inde. L'espèce type est l'*H. couronné* (*H. isabellita*), qui est grisâtre, avec les nageoires d'un beau jaune orangé, et du bleu à la nuque, au bord de l'opercule et à la base de la pectorale.

HOLCUS, nom latin du genre *Houque*. V. ce mot.

HOLÉTRÈS (du grec *holos*, entier, et *étron*, abdomen), nom donné par Hermann et Latreille à une famille d'Arachnides trachiales comprenant ceux de ces animaux qui ont l'abdomen réuni au thorax. Ce nom n'a pas été maintenu par M. Walckenaër.

HOLOBRANCHES (du grec *holos*, entier, et *branchia*, branchie), famille de Poissons osseux comprenant ceux qui ont des branchies complètes, c.-à-d. pourvues d'un opercule et d'une membrane branchiostège.

HOLOCAUSTE (du grec *holos*, entier, et *kaustos*, brûlé), sorte de sacrifice en usage chez les Israélites, et dans lequel la victime était entièrement consumée par le feu, de manière qu'il ne restait rien pour le sacrificateur. Matin et soir, un agneau était offert en holocauste au Seigneur dans le temple. L'*autel des holocaustes*, placé en avant du temple et tourné vers l'est, était couvert de lames de cuivre, et avait cinq coudées en carré sur trois de hauteur ; aux quatre coins s'élevaient quatre pointes entre lesquelles était une grille d'airain, sur laquelle on faisait le feu.

HOLOCENTRE (du grec *holos*, tout, et *kentron*, épine), *Holocentrum*, genre de poissons Acanthoptérygiens de la famille des Percoïdes, se compose de poissons de la plus grande beauté, à nuances rouges ou roses, relevées par le brillant de l'or ou de l'argent. On les appelle aux Antilles *Cardinaux* et *Écureuils*. L'*H. à longues nageoires* (*H. longipenne*) dépasse 30 centim. de longueur. Sa chair est excellente.

HOLOSTÉE (c.-à-d. *tout os*), plante. V. STELLAIRE.

HOLOTHURIE (du grec *holos*, entier, et *thurion*, petit trou), *Holothuria*, genre de Zoophytes de la classe des Échinodermes, renferme des animaux vermiformes, pourvus de suçoirs tentaticuliformes, extensibles et rétractiles, et se terminant, à chaque extrémité, par deux grands orifices, la bouche et l'anus : ils sont en partie pleins d'eau, de sorte que les viscères flottent dans ce liquide. Les Holothuries vivent sur les rochers ou sur le rivage de la mer. Leur nourriture consiste en animalcules, qu'elles se procurent au moyen des appendices qui entourent leur bouche. Leur taille est souvent considérable. On les mange dans beaucoup de pays. — Les Holothuries ont donné leur nom à l'ordre des *Holothurides*, créé par M. de Blainville.

HOMARD, *Homarus*, l'*Astacus marinus* de Fabricius, le *Cancer gammarus* de Linné, genre de Crustacés décapodes de la famille des Macroures, a été formé des espèces du genre Écrevisse qui ne se trouvent que dans la mer. Le homard se distingue par une carapace unie, par un rostre grêle, armé, à chaque côté, de 3 ou 4 épines ; par ses branchies, qui ressemblent à des bras, au nombre de plus de 20 de chaque côté ; par des pattes extrêmement grosses, comprimées, ovalaires et inégales, que terminent des pinces d'une grande force. Il est brunverdâtre, avec les filets des antennes rougeâtres. Cuit, il devient d'un rouge vif. On en trouve des espèces dans la Méditerranée et l'Océan. Le *H. commun* atteint 50 centim. de longueur, et se tient près des côtes, dans les lieux remplis de rochers, à une profondeur peu considérable. Sa chair est fort estimée, surtout dans le temps du frai, mais elle n'est pas

de facile digestion. — On confond souvent le Homard avec la Langouste : les pattes de celle-ci sont beaucoup moins fortes et sans pinces ; ses antennes sont plus grosses, plus longues et plus hérissées.

HOMBRE (JEU DE L'), de l'espag. *hombre*, homme ; jeu de cartes très-compliqué, qui nous est venu d'Espagne, se joue ordinairement à 3 personnes, avec un grand jeu, mais sans 10, sans 9 et sans 8. Chaque joueur a 9 cartes, et en écarte autant qu'il veut. L'as de pique se nomme *espadille*; celui de trèfle, *baste*; et la dernière carte dans l'ordre de la couleur dont on joue, *manille*. Espadille est la 1re *triomphe*, c.-à-d. prise sur toutes les autres cartes ; manille la 2e ; baste la 3e ; toutes trois réunies dans la même main s'appellent *matadors*. Les as rouges l'emportent sur leur roi. On ne retourne pas de carte ; l'*atout* est la couleur en laquelle l'*hombre* (c.-à-d. celui qui entreprend le jeu) fait son jeu. Celui qui n'a pas assez de jeu pour gagner quand il est hombre *passe*; celui qui fait quelque faute paye une amende, ce qui s'appelle *faire la bête*; ceux à qui profite cette amende la nomment *consolation*. L'hombre a contre lui tous les autres joueurs, et ceux-ci peuvent l'aider à faire des levées, et l'avertir de prendre ou de ne pas prendre la carte qu'ils jouent (dans le 2e cas, ils demandent *gano*). Divers hasards ou combinaisons dites *pretintailles*, et au nombre de 14, compliquent encore le jeu ; et, dans ces cas, l'hombre paye des fiches s'il perd, on lui en paye s'il gagne. Celui-là gagne qui fait le plus de levées.

HOMÉLIE (du grec *homilia*, conversation), sermon familier ou conférence dans laquelle un ecclésiastique explique au peuple l'Évangile et les dogmes de l'Église catholique ; il se dit aussi de tout sermon. Origène, S. Chrysostôme, S. Grégoire le Grand, S. Augustin, sont les plus célèbres auteurs d'homélies. S. Chrysostôme s'élève souvent à de véritables beautés dans les siennes : on cite comme un modèle d'éloquence et d'élégance celle qu'il prononça sur la disgrâce de l'eunuque Eutrope. — On appelait *Homiliaire* un recueil d'homélies qui devait être lu le dimanche dans les églises ; *Homilétique* la partie de la Rhétorique qui concerne l'éloquence de la chaire. — Aujourd'hui, en France, le nom d'*Homélie* est tombé en désuétude ; cependant la chose est restée dans nos *prônes*. En Espagne, le mot s'emploie toujours : on connaît le célèbre épisode de Gil Blas sur les homélies de l'archevêque de Grenade.

HOMÉOMÉRIES. Voy. HOMOEOMÉRIES, etc.

HOMÉOPATHIE. Voy. HOMOEOPATHIE.

HOMICIDE (du latin *homicidium*). En France, la loi pénale distingue : 1° l'homicide commis avec préméditation ou guet-apens ; c'est l'*assassinat* : il est puni de mort (art. 302) ; 2° l'homicide résultant de coups donnés volontairement, mais sans préméditation ; c'est le *meurtre* (art. 295) : il est puni, selon les cas, de la peine de mort ou des travaux forcés à perpétuité (art. 304) ; 3° l'homicide commis par imprudence ou par accident : il est puni, suivant les cas, d'un emprisonnement plus ou moins long et d'une amende, et donne lieu à des dommages-intérêts (art. 321-326) ; 4° l'homicide commis dans le cas de légitime défense : ce dernier ne constitue ni un crime ni un délit. Enfin, la loi prend encore en considération l'âge du coupable, et, s'il a moins de 16 ans, distingue le cas où il aurait agi *avec* ou *sans discernement*. Voy. ce mot.

On a observé que les femmes commettent vingt fois moins d'assassinats que les hommes, mais beaucoup plus d'empoisonnements ; que c'est dans la période de trente à trente-cinq ans que l'on rencontre le plus de meurtriers ; que la Seine, la Corse, les Pyrénées-Orientales, l'Ardèche, l'Aveyron, sont les départements qui en comptent le plus.

Chez la plupart des peuples anciens, l'homicide entraînait la peine de mort. A Athènes, le meurtrier involontaire était puni d'un an d'exil ; le meurtrier volontaire devait subir le dernier supplice ; mais on laissait souvent au coupable la liberté de fuir avant la sentence, et, dans ce cas, on se bornait à confisquer ses biens et à mettre sa tête à prix. A Rome, l'homicide était aussi puni de la peine capitale par la loi de Numa et celle des Douze-Tables.—Chez les Barbares du moyen âge, et notamment chez les Francs, le meurtre était presque toujours racheté par une composition en argent (wehrgeld). Chez les modernes, la peine de mort est presque partout, comme en France, infligée à l'homicide.

HOMILÉTIQUE (d'homélie), nom donné, surtout en Allemagne, à la Rhétorique sacrée ou à la théorie de l'éloquence de la chaire. Schmidt, Ammon, Schott, Hüffel, ont rédigé des traités d'homilétique. Le cardinal Maury, en France, H. Blair, en Angleterre, ont aussi écrit sur cette matière, quoiqu'ils n'aient pas employé le mot.

HOMMAGE (du latin barbare hommagium, dérivé de homo, homme), serment de fidélité que devait faire entre les mains du seigneur tout vassal qui possédait un fief. Ce nom vient de ce qu'en faisant ce serment le vassal se déclarait l'homme du seigneur. —On appelait hommage-lige un hommage qui liait le vassal au seigneur quant à leurs personnes, et en vertu duquel le seigneur pouvait employer son vassal comme il le voulait.

HOMME, Homo. Au point de vue purement anatomique, l'homme est un animal vertébré, mammifère, bipède, bimane, avec des doigts unguiculés, le pouce opposable aux autres doigts, se tenant debout, les yeux dirigés en avant, ayant l'angle facial plus ouvert que tous les autres animaux (de 70 à 80 degrés), possédant les trois sortes de dents (incisives, canines et molaires), et étant, par conséquent, omnivore; mais ce qui fait essentiellement sa supériorité, c'est qu'il est seul doué de la raison, de la parole; qu'il est libre, qu'il distingue le bien et le mal, et qu'il est éminemment perfectible.

Simple embryon d'abord, puis fœtus (Voy. ces mots), l'homme naît généralement neuf mois après la conception, passe successivement par l'enfance, l'adolescence, l'âge adulte, l'âge mûr et la vieillesse (Voy. AGE); il commence vers le 7e mois après sa naissance le travail de la dentition, remplace vers l'âge de sept ans les dents de lait par des dents plus fortes, seules destinées à persister; croit pendant le quart de sa vie environ, et peut prolonger son existence, quand il est bien conformé, et que des causes accidentelles ne viennent pas l'interrompre, jusqu'à 80, quelquefois même jusqu'à 100 ans et au delà. Sa taille varie entre 1m,60 et 1m,82. La femme est plus petite et plus délicate. Voy. FEMME.

Les hommes offrent, selon les contrées du globe qu'ils habitent, des différences de conformation assez considérables: c'est ce qui a donné lieu de distinguer diverses races humaines. Voy. RACES HUMAINES.

HOMME DES BOIS, nom vulgaire de l'Orang-Outang (Pithecus satyrus). Voy. ORANG-OUTANG.

HOMME MARIN, nom donné quelquefois au Lamantin ou au Dugong.

HOMO.... (du grec homos, semblable), radical qui entre dans la composition d'un grand nombre de mots scientifiques : tels sont, outre ceux qu'on trouvera ci-après, les mots homopétale, homophylle, homophône, etc., c.-à-d. à pétales, à feuilles, à sons semblables, etc.

HOMOCENTRIQUE. Voy. CONCENTRIQUE.

HOMODROME (du grec homos, semblable, et dromos, course), levier dans lequel le poids et la puissance sont situés du même côté du point d'appui. Il y a deux sortes de leviers homodromes: dans l'un, le poids est entre la puissance et l'appui, comme dans la brouette : on le nomme levier du 2e genre; dans l'autre, la puissance est entre le poids et l'ap-

pui, comme dans les pédales : on le nomme levier du 3e genre. Par opposition, on a nommé hétérodrome le levier du 1er genre, dans lequel le point d'appui est situé entre la puissance et la résistance.

HOMOEOMÉRIES (du grec homoios, semblable, et méros, partie), nom par lequel Anaxagore désigne les éléments primitifs ou parties similaires que Dieu, en débrouillant le chaos, sépara des éléments hétérogènes au milieu desquels ils étaient confondus. Voy. ANAXAGORE au Dict. univ. d'Hist. et de Géogr.

HOMOEOPATHIE (du grec homoios, semblable, et pathos, maladie), système médical fondé par Samuel Hahnemann, consiste à traiter les maladies à l'aide d'agents doués de la propriété de produire eux-mêmes sur l'homme sain des symptômes semblables à ceux qu'on veut combattre. L'axiome des partisans de cette méthode est : similia similibus curantur, qu'ils opposent à l'aphorisme d'Hippocrate : contraria contrariis. De là, le nom d'homœopathes, qu'ils se donnent, et celui d'allopathes (du grec allos, autre, pathos, maladie), qu'ils appliquent aux partisans de la médecine contraire.

Selon les homœopathes, deux maladies semblables ne pouvant exister au même degré dans un organe, la maladie artificielle qu'on produit avec le médicament détruit la maladie spontanée ; puis on fait cesser à volonté la maladie artificielle en cessant le médicament qui l'a produite. Sans s'occuper des causes internes des maladies, causes souvent obscures, ils ne combattent que les symptômes, avec lesquels s'évanouit toujours, disent-ils, la cause interne qui y est identifiée : ils substituent les symptômes produits par le remède aux symptômes du mal, et produisent ainsi des maladies qu'ils appellent médicamenteuses, maladies dont ils font une classe nouvelle, à ajouter aux maladies aiguës et aux maladies chroniques, seules admises jusque-là. — Selon Hahnemann, toutes les maladies chroniques sont de nature miasmatique ; il les range sous ces trois chefs : le virus syphilitique, le virus sycosique (qui produit les excroissances et les végétations), et le virus psorique ou psore (principe de la gale, de la teigne, des dartres, etc.).

Les médecins homœopathes ont des spécifiques pour chaque maladie. Les principaux médicaments qu'ils emploient sont l'aconit, l'arnica, l'arsénic, la belladone, la bryone, la camomille, le mercure, la noix vomique, la pulsatille, le soufre. Ils ne donnent les médicaments qu'à des doses infinitésimales, assurant que, loin de s'affaiblir en se divisant, ces médicaments, longtemps triturés et secoués, ne font qu'acquérir une plus grande puissance médicatrice ; leur action devient alors plus subtile et plus pénétrante : il y a dans ce cas dynamisation, c.-à-d. élévation de puissance. Voici comment ils préparent leurs remèdes : une fois le médicament obtenu dans son état de pureté le plus parfait, on le mêle, s'il est liquide, avec partie égale d'alcool rectifié, ce qui donne la teinture-mère du médicament ; on mêle ensuite une goutte de cette teinture avec 99 gouttes d'alcool, ce qui donne une première dilution ; puis, de ce mélange de 100 gouttes, on met une goutte dans 99 gouttes d'alcool pour faire une 2e dilution, qui contient alors un millième de goutte, et ainsi de suite jusqu'à la trentième dilution. Pour les substances solides, un grain de médicament est mêlé à 99 grains de sucre de lait, substance regardée comme inerte, et est trituré dans un mortier pendant une heure ; puis, un de ces 100 grains est uni à 99 nouveaux grains de sucre de lait et trituré encore pendant une heure; après la 3e trituration, on procède, comme précédemment, par dilutions, Hahnemann ayant trouvé qu'à ce degré de division toutes les substances sont solubles dans l'alcool. Les médicaments ainsi préparés, on imprègne, avec la dernière solution obtenue, des globules de sucre de lait gros comme des grains de pavot; dans les traitements, on n'administre à la fois qu'un seul de ces *globules*, étendu dans quelques cuillerées d'eau. Les médecins homœopathes assurent que le microscope a fait retrouver des molécules du remède jusque dans les dernières dilutions. Les substances médicamenteuses doivent être employées isolément; le malade doit s'abstenir de tout excitant qui puisse contrarier leur effet.

C'est en 1791 que Hahnemann, médecin à Leipsick, conçut la première idée de l'homœopathie; il traduisait l'article *Quinquina* dans la *Matière médicale* de Cullen, et, peu satisfait des explications qui étaient données sur l'action thérapeutique de cette substance, il pensa qu'elle ne guérissait la fièvre intermittente que parce qu'elle avait la faculté de déterminer cette même maladie chez des sujets bien portants. Depuis ce moment jusqu'à sa mort, arrivée en 1843, il ne cessa, par des travaux assidus, de poursuivre cette idée et de la propager; il forma de nombreux disciples qui, à leur tour, répandirent rapidement sa doctrine. Aujourd'hui, l'homœopathie est connue et pratiquée dans presque toutes les contrées du monde, bien qu'elle rencontre de la part des corps savants la plus vive opposition. Dans plusieurs pays, en Allemagne, en Russie, au Brésil, elle est officiellement enseignée dans les Facultés, pratiquée dans les hôpitaux. — Les ouvrages dans lesquels on peut l'étudier sont : l'*Organon*, le *Traité de matière médicale pure* et le *Traité des maladies chroniques* d'Hahnemann; la *Thérapeutique homœopathique* d'Hartmann; la *Clinique homœopathique* de Beauvais (de St-Gratien); le *Manuel de médecine homœopathique* et la *Pharmacopée* de Jahr; la *Bibliothèque*, les *Archives*, les *Annales de la médecine homœopathique*, recueils rédigés par les Drs Roth, Guidi, Griesselich, Pétroz, Léon Simon, etc.

L'homœopathie a des partisans enthousiastes celle a aussi des détracteurs acharnés : les plus indulgents se bornent à dire que ce mode de traitement laisse agir la nature, au risque de permettre au mal de grandir sans y apporter remède. Nous ne pouvons qu'exposer, sans prétendre la juger, cette doctrine, qui, sur la plupart des points, est si opposée aux notions communes, et dont le charlatanisme a trop souvent abusé. Quelque opinion que l'on doive s'en former pour le fond, on pourra reconnaître qu'elle a rendu le service de rappeler l'attention sur l'action absolue des médicaments, trop négligée par l'école physiologique.

HOMOGÈNE (du grec *homos*, semblable, et *génos*, genre), nom que l'on donne, en Physique, aux corps dont toutes les parties intégrantes sont de même nature : telles sont les parties intégrantes des corps simples (oxygène, hydrogène, métaux, etc.).

En Algèbre, on nomme *quantités homogènes* celles qui ont le même nombre de *dimensions*, par exemple, x^2, x^3y, xyz. Lorsque l'on applique l'algèbre à la solution des problèmes de géométrie, et que l'on ne prend pour unité aucune des lignes employées, les équations que l'on obtient sont toujours homogènes, c.-à-d. que la somme des exposants dans chaque terme est toujours la même, comme dans celle-ci : $x^3 = a^3 - ax$, où tous les termes sont de la seconde dimension. — On nomme *quantités sourdes homogènes* celles qui ont le même signe radical.

En Géologie, on nomme *homogènes* une classe de roches dans lesquelles on ne distingue à l'œil nu qu'une seule matière composante.

HOMOLE (du grec *homolos*, aplati), genre de Crustacés décapodes : ils ont la carapace *aplatie*, plus longue que large, formant presque un quadrilatère. Les homoles habitent les plus grandes profondeurs rocailleuses. Des deux seules espèces connues, l'*H. de Cuvier* et l'*H. barbu* ou *à front épineux*, habitent la Méditerranée.

HOMOLOGATION (du grec *homologéô*, être d'accord), approbation donnée, après examen, par l'autorité compétente, soit aux actes émanés de simples particuliers, soit aux actes ou décisions d'une autorité moins élevée. Les délibérations des conseils de famille portant sur des intérêts de mineurs d'une certaine gravité doivent être homologuées par le tribunal de 1re instance (Code civil, art. 448, 457, 483 et 511). Lorsqu'un failli a fait un concordat avec ses créanciers, le Code de commerce (art. 524-29) en ordonne l'homologation par le tribunal de commerce.

HOMOLOGUE (du grec *homos*, semblable, et *logos*, rapport), nom qu'on donne, en Géométrie, aux côtés opposés à des angles égaux dans les figures semblables. Dans les triangles semblables, les côtés homologues sont proportionnels. Deux polyèdres semblables sont entre eux comme les cubes de leurs côtés homologues.

En Chimie, on nomme *corps homologues* les substances organiques (combinaisons du carbone) qui remplissent les mêmes fonctions, suivent les mêmes lois de métamorphose, et renferment dans leur équivalent n fois C^2H^2, plus ou moins la même quantité des mêmes éléments, hydrogène, oxygène, chlore, azote, etc. Ainsi, l'esprit de bois, l'esprit-de-vin, l'huile de pomme de terre, l'éthal, sont des *alcools homologues*, dont la composition se représente par les formules suivantes :

Esprit de bois, $C^2H^2 + H^2O^2$, c.-à-d. 1 fois C^2H^2 plus H^2O^2;

Esprit-de-vin, $C^4H^4 + H^2O^2$, c.-à-d. 2 fois C^2H^2 plus H^2O^2;

Huile de pomme de terre, $C^{10}H^{10} + H^2O^2$, c.-à-d. 5 fois C^2H^2 plus H^2O^2;

Éthal, $C^{32}H^{32} + H^2O^2$, c.-à-d. 16 fois C^2H^2 plus H^2O^2.

Ces alcools se convertissent par l'oxydation en des *acides homologues*, d'après la même loi, savoir :

L'esprit de bois, en acide formique, $C^2H^2 + O^4$, c.-à-d. 1 fois C^2H^2 plus O^4;

L'esprit-de-vin, en acide acétique, $C^4H^4 + O^4$, c.-à-d. 2 fois C^2H^2 plus O^4;

L'huile de pomme de terre, en acide valérianique, $C^{10}H^{10} + O^4$, c.-à-d. 5 fois C^2H^2 plus O^4;

L'éthal, en acide palmitique, $C^{32}H^{32} + O^4$, c.-à-d. 16 fois C^2H^2 plus O^4.

Deux ou plusieurs corps homologues donnent, en se métamorphosant par le même agent, de nouvelles substances homologues entre elles. Les séries homologues, très-nombreuses en chimie organique, ont acquis, dans ces dernières années, une grande importance pour la classification philosophique des combinaisons dont s'occupe cette science. On en doit la découverte à M. Gerhardt, qui en a donné la théorie (1843).

HOMONYMES (du grec *homonymos*, qui a le même nom). Dans le sens strict, on n'appelle homonymes que les personnes diverses qui portent le même nom. On a étendu cette dénomination à tous les mots qui sonnent de même quoique ayant un sens différent. Ainsi, *port* (de mer) et *port* (tenue, attitude) sont homonymes; *livre* (poids) et *livre* (qu'on lit), *neuf* (chiffre) et *neuf* (nouveau) le sont également; mais l'homonymie est surtout remarquable lorsque l'orthographe n'est pas la même : ainsi, *mer*, *mère* et *maire*; *sain*, *sein*, *seing*, *ceint*, *saint*; ainsi, en anglais, *write*, *rite*, *right* et *wright*. Les mots homonymes sont une des principales sources des difficultés qu'offre l'orthographe des langues, surtout de la langue française. Pour aider l'élève à surmonter cette difficulté, on a rédigé des recueils de ces mots : on doit à M. Philipon de la Madelaine un recueil *Des homonymes français*, Paris, 1817 (3e éd.).

HOMOPTÈRE (du grec *homos*, semblable, et *ptéron*, aile), section de l'ordre des Hémiptères, composée de ceux de ces insectes dont les élytres ont la même consistance et sont demi-membraneux dans toute leur étendue. Elle comprend 3 familles : les *Aphidiens*, les *Cicadaires* et les *Gallinsectes*.

HONCHETS. *Voy.* JONCHETS.

HONGRE (CHEVAL), cheval à qui l'on enlève en partie les organes de la génération. Ces sortes de chevaux sont plus dociles que les chevaux entiers : aussi les emploie-t-on de préférence dans la cavalerie. Le nom de *hongre* leur vient de ce que autrefois on les tirait principalement de la Hongrie.

HONGROYEUR, celui qui prépare les cuirs estimés, dits *cuirs de Hongrie*. Cette dénomination s'emploie aussi comme synonyme de *tanneur. V.* ce mot.

HONNEUR (LÉGION D'). *Voy.* l'article LÉGION D'HONNEUR au *Dict. univ. d'Hist. et de Géogr.*

Honneurs. Au sacre des rois, des prélats, etc., on appelle *honneurs* certains objets qu'on présente à l'offrande. C'étaient pour les rois de France : un vase de vermeil pour le vin, un pain d'or, un pain d'argent, une bourse contenant 13 médailles en or.

Au Whist, au Boston, et à plusieurs autres jeux, on appelle *honneurs* les figures et les as.

HONORABLE (AMENDE). *Voy.* AMENDE.

En termes de Blason, on appelle *pièces honorables de l'écu* les pièces principales et ordinaires qui peuvent occuper le tiers du champ de l'écu.

HOPITAUX et HOSPICES (du latin *hospitale* et *hospitium*, lieu affecté à recevoir les hôtes), édifice destiné à secourir les personnes privées de tout moyen de remédier à leurs souffrances, et à donner à ces personnes les remèdes propres à l'amélioration de leur santé. *Hôpital* et *hospice* jadis étaient synonymes : aujourd'hui l'hôpital reçoit les malades ou blessés qui doivent ou peuvent guérir ; l'hospice reçoit les incurables, les enfants et les vieillards qui ne peuvent pourvoir à leur existence.

Un hôpital doit être, autant que possible, hors des villes, sur une hauteur, en terrain sec, au nord ou à l'est des grands centres de population. La forme doit être ou le parallélépipède ou l'étoile à rayons, selon les cas et le nombre des malades. La ventilation doit être très-soignée. Les bureaux, magasins, cuisines, etc., doivent être placés au rez-de-chaussée, les malades au 1er et au 2e. Il faudrait enfin que jamais les hôpitaux ne fussent trop vastes ; car plus ils sont étendus, plus les miasmes agissent avec force, et plus il meurt de malades.

Les hôpitaux ont leur origine dans la charité chrétienne. Les premiers furent fondés à Jérusalem pour recevoir les pèlerins. Plus tard, chaque abbaye, chaque cathédrale eut son hôpital, dont les fonds furent fournis par les rois et les évêques. Après la 1re croisade s'élevèrent les *léproseries*, *ladreries* et *maladreries*. Les hôpitaux étaient alors sous la direction du clergé. En 1544, ils furent placés sous celle des parlements, et plus tard sous celle du prévôt des marchands.—De nombreux hôpitaux ont été construits à Paris, notamment l'Hôtel-Dieu, le Val-de-Grâce, Beaujon, Saint-Louis, la Charité, la Pitié, la Bourbe, les Enfants, Necker, l'hôpital Louis-Philippe, auj. hôp. Lariboisière. On y compte en outre plusieurs grands hospices, la Salpêtrière, l'hospice des Vieillards, l'hospice des Ménages, les Incurables, les Invalides, Bicêtre (situé dans la banlieue). Il y a en tout 28 hôpitaux et hospices dans le seul département de la Seine. On en compte plus de 1100 dans toute l'étendue de la France. Dans les départements, on admire l'*hôpital général* de Lyon et ceux de Rouen et de Caen. Le budget général de tous les hospices et hôpitaux de France est aujourd'hui en moyenne de 55 millions.—Londres a 20 hôpitaux et 93 hospices, tous parfaitement tenus. On en compte 30 à Rome. Naples en a entre autres un magnifique, dit les *Incurables*. Cadix, Madrid, Barcelone, Venise, en possèdent aussi de très-beaux, auquel il faut joindre la *Maison de travail* de Berlin, fondée en 1642.

On peut consulter sur les hôpitaux, pour le point de vue architectural et médical, les travaux de Grosser, Petit, Chirol, Coste, etc.; pour le point de vue écono-

mique et moral, Mongez, Recalde, Tenon, Rochow, de Gérando (*De la bienfaisance publique*), etc. *V.* ASILE.

HOPLIE (du grec *hoplé*, ongle), *Hoplia*, genre de Coléoptères pentamères, famille des Lamellicornes, tribu des Scarabéides : jolis insectes, de moyenne taille et revêtus en général d'écailles très-brillantes. Ces insectes ont 9 articles aux antennes et un seul crochet aux tarses postérieurs. Ils fréquentent le bord des eaux. L'espèce type est l'*H. farineuse*, dite aussi *Hanneton écailleux*, que l'on trouve quelquefois aux environs de Paris, mais qui est surtout très-commun dans les prairies du midi de la France ; il est d'un beau bleu d'azur.

HOPLITE (du grec *hoplon*, arme défensive), soldat pesamment armé de l'infanterie des anciens Grecs.

HOQUET (onomatopée), contraction spasmodique et subite du diaphragme, qui détermine une secousse brusque des cavités thoraciques et abdominales, accompagnée d'un bruit rauque tout particulier et d'un resserrement subit du larynx, par lequel l'inspiration est interceptée. Dans l'état de santé, le hoquet peut être occasionné par l'ingestion brusque d'aliments pesants et compactes, par celle de liquides spiritueux pris avec excès, ou par le brusque passage d'un lieu chaud à un lieu froid. Il se produit encore dans certaines maladies nerveuses ou abdominales, et, dans ce cas, c'est un signe funeste. On l'observe aussi fort souvent chez les agonisants : c'est ce qu'on nomme le *hoquet de la mort*. — Le plus ordinairement le hoquet est une indisposition insignifiante, qu'on dissipe par quelques gorgées d'eau froide, en par une surprise, ou en retenant sa respiration ; on en a vu cependant persister pendant plusieurs jours et devenir une véritable maladie : on le combat alors à l'aide de boissons glacées et par l'application d'irritants très-actifs sur le creux de l'estomac.

HOQUETON (du grec *chitón*, tunique?), casaque d'archer en usage depuis Charles V, consistait en une sorte de sayon d'étoffe ou de cuir, avec des garnitures en métal, à l'épreuve des armes tranchantes. Cette arme défensive a été supprimée à la Révolution.

HORAIRE, se dit, en Astronomie, de plusieurs choses qui ont rapport aux heures. Tels sont les *cercles horaires de déclinaison*, qui passent par les pôles du monde, et qui, par leurs distances au méridien, marquent les heures. On en compte 12, divisant l'équateur en 24 parties, pour les 24 heures du jour naturel.

HORDÉACÉES (du genre type *Hordeum*), tribu de la famille des Graminées, caractérisée par ses épillets multiflores, à 2 glumes et à 2 paillettes, par ses stigmates sessiles, et son ovaire le plus souvent pileux. Les genres *Orge, Froment, Seigle, Ivraie*, font partie de cette tribu.

HORDÉINE (du latin *hordeum*, orge), substance particulière extraite de l'orge, est pulvérulente, jaunâtre, insipide, inodore, un peu rude au toucher et semblable à la sciure de bois ; c'est cette substance qui rend le pain d'orge rude et grossier. On l'extrait en faisant tomber un filet d'eau sur de la pâte de farine d'orge : l'hordéine et l'amidon se déposent. On traite le précipité par l'eau bouillante, qui dissout l'amidon, et l'hordéine reste pure.

HORIZON (du grec *horizô*, terminer), cercle de la sphère qui sépare sa partie visible de sa partie invisible. En Astronomie, on distingue l'*H. sensible*, qui est le cercle faisant l'intersection de la voûte visible du ciel et du plan de la terre, et l'*H. vrai* ou *rationnel*, dit aussi *H. astronomique*, qui est un grand cercle de la sphère dont le plan passe par le centre de la terre, et qui a pour pôles le zénith et le nadir. L'horizon sensible est parallèle à l'horizon rationnel. L'horizon sert à déterminer le lever et le coucher des astres : on dit que le soleil se lève lorsqu'il monte au-dessus de l'horizon ; on dit qu'il se couche lorsqu'il descend au-dessous.

En Géographie, on appelle *H. visible* l'étendue

de la terre ou de la mer qu'on peut apercevoir en regardant autour de soi autant que la vue peut s'étendre, étendue qui est d'autant plus grande que l'œil de l'observateur est plus élevé.

HORLOGE (en grec *horologion*, dérivé de *hora*, heure, et *légó*, dire), nom commun à toutes les machines qui servent à mesurer le temps; on comprend sous ce nom, outre les *horloges* proprement dites (*horloges publiques* et *horloges à poids* ou *à armoire*), les *pendules*, et même les *montres*.

Dans la plupart des horloges, le moteur du mécanisme est un *poids* attaché à une corde qui est enroulée sur une poulie; l'autre extrémité de cette corde porte un contre-poids plus faible qui la maintient tendue. Si ce poids était abandonné librement à l'action de la pesanteur, il tomberait avec une vitesse accélérée; mais à peine a-t-il parcouru un petit espace en descendant, que sa chute se trouve arrêtée par un obstacle périodique appelé *pendule*. Aussitôt que ce dernier cesse d'agir, la chute du poids moteur recommence, pour s'arrêter de nouveau après que la même hauteur a été parcourue, et par l'effet du même obstacle; on obtient ainsi une série de chutes de même durée (*isochrones*), que l'on compte au moyen d'*aiguilles* qui marchent sur un *cadran*, et auxquelles une poulie, tirée elle-même par le poids moteur, imprime le mouvement par l'intermédiaire de rouages. Le pendule est un corps pesant, tel qu'une lentille de plomb ou de cuivre, fixé au bas d'une tige, qui est suspendue soit par une petite bande métallique mince et flexible, soit à l'aide d'une sorte de couteau, portant par son tranchant sur deux appuis. Dans les horloges les plus parfaites, on emploie, pour suspendre le pendule, un ressort élastique pressé entre deux couteaux horizontaux. Les oscillations du pendule sont liées aux chutes successives du poids moteur et à l'action d'un mécanisme particulier appelé *échappement*, qui a pour effet de neutraliser les résistances opposées au mouvement constant du pendule et dues au frottement sur les pivots ou à l'ébranlement de l'air.

Dans les pendules qu'on place sur les cheminées, ainsi que dans les montres, le poids moteur est remplacé par un *ressort spiral* qui se débande peu à peu. Dans les montres, il y a, en outre, un autre ressort spiral fort délicat que les débandements successifs du grand ressort moteur font courber chaque fois en spirale d'une quantité toujours égale. Cette impulsion est régularisée par une roue *balancier*, sur l'axe de laquelle est fixé ce ressort régulateur, et qui tourne alternativement vers lui dans un sens ou dans un autre.

Dans l'antiquité, le temps se mesurait au moyen des *cadrans solaires*, des *clepsydres* ou horloges d'eau, et des *sabliers* (Voy. ces mots). Les horloges mécaniques datent de beaucoup plus tard : les premières paraissent avoir été faites en Orient. En Europe, les Italiens et les Allemands se distinguèrent les premiers dans l'art de l'*horlogerie*. Jean de Dondis, dit *Degli orologj*, en fit une au XIVe siècle pour Padoue sa patrie. La première horloge mue par un poids qu'on ait vue en France est celle de la tour du Palais, due à Henri de Vic, horloger allemand, que Charles V avait attiré à sa cour. Vers la fin du XVe siècle, l'application de l'horlogerie aux calculs astronomiques fit faire de rapides progrès à cet art; en 1560, Tycho-Brahé possédait déjà des horloges assez délicatement exécutées pour marquer les minutes et les secondes. L'admirable horloge de Strasbourg date de 1573. Vers le même temps, parurent les premières montres : on en voyait déjà beaucoup à la cour sous les règnes de Charles IX et de Henri III. Le célèbre Huyghens donna un grand essor à l'horlogerie par l'application du pendule régulateur, dont les propriétés venaient d'être découvertes par Galilée, et par l'invention du ressort spiral. La répétition fut inventée vers la fin du XVIe siècle, par un

horloger de Londres. Au XVIIe siècle, Lebon, Julien et Pierre Leroy, Gaudron, Enderlin, Thiout, Rivaz, Dutertre, Romilly, Lepaute et Ferdinand Berthoud, en France; Graham, Cole, Harrison, en Angleterre, s'illustrèrent par des horloges remarquables de combinaison et d'exécution, ainsi que par des traités d'horlogerie estimés. Vinrent ensuite Robin, Lépine, Louis Berthoud, Bréguet et Robert. Dans notre siècle, il faut citer Janvier, pour les machines astronomiques; Bréguet fils, Lepaute, Leroy, pour l'horlogerie fine, et Wagner pour la grosse horlogerie. Paris, Genève et Londres sont aujourd'hui les places les plus renommées pour l'horlogerie. Dans le Jura français et suisse, il y a aussi de nombreux établissements consacrés à cette branche d'industrie. La France exporte annuellement plus de 10 millions de produits d'horlogerie. — C'est dans la Forêt noire et dans la Suisse qu'on fabrique en grand l'horlogerie en bois (*Coucous*, *Réveille-matin*, etc.).

Les ouvrages les plus estimés sur l'horlogerie sont les suivants : *Essai sur l'horlogerie*, par Ferd. Berthoud, Paris, 1773 et 1786; *Nouveau traité élémentaire d'horlogerie*, par L. Moinet, 1838, 2 vol. in-8; *Principes généraux de l'exacte mesure du temps par les horloges*, par Urb. Jurgenson, 1838, in-4; *Histoire et Traité de l'horlogerie depuis son origine jusqu'à nos jours*, par P. Dubois, Paris, 1850, in-4.

HORLOGE DE FLORE, collection de fleurs qui s'épanouissent ou se ferment à des heures fixes du jour, et dont on peut faire une horloge curieuse en les disposant en cadran dans un jardin. Dans cette horloge, on verra s'ouvrir à 3 h. *du matin* le Salsifis des prés; à 4 h., la Chicorée sauvage; à 5 h., le Laiteron commun; à 6 h., l'Hypochœris tachetée; à 7 h., la Laitue cultivée; à 8 h., le Mouron des champs; à 9 h., le Souci des champs; — on verra se fermer à 10 h. la Chicorée sauvage; à 11 h., la Crépide des Alpes; à midi, le Laiteron de Laponie; à 1 h., l'OEillet prolifère; à 2 h., l'Épervière auricule; à 3 h., le Souci des champs; à 4 h., l'Alysse utriculée; — à 5 h., s'ouvrira la Belle-de-nuit; à 6 h., le Géranium triste; — à 7 h., se fermera la Pavot nudicaule; à 8 h., l'Hémérocalle fauve; — enfin, à 9 h., s'ouvrira le Cierge à grandes fleurs, qui se referme à minuit. Voy. CALENDRIER DE FLORE.

HORLOGE DE LA MORT, nom vulgaire du *Pou de bois*, insecte qui, en rongeant les pièces de charpente, fait entendre un petit bruit cadencé analogue à celui d'une horloge.

HORLOGE SOLAIRE. Voy. CADRAN SOLAIRE et GNOMON.

HORLOGERIE. Voy. HORLOGE.

HORNBLENDE (de l'allemand *horn*, corne, à cause de son aspect corné), espèce d'Amphibole composée de cristaux d'un noir brunâtre, ordinairement dodécaédrique. Cette substance doit sa couleur à une forte proportion de protoxyde de fer, et présente, en outre, des traces d'acide fluorique et d'alumine. On rapporte à cette espèce la *H. du Labrador* et la *H. basaltique* des laves de l'Auvergne. Les écailles de cette dernière, vues par transparence, paraissent souvent d'un beau rouge.

HOROGRAPHIE (de *hora*, heure, et *graphó*, écrire, indiquer), s'emploie quelquefois comme synonyme de GNOMONIQUE.

HOROSCOPE (du grec *hora*, heure, et *skopeó*, considérer), observation qu'on fait de l'état du ciel *à l'heure* de la naissance de quelqu'un, et par laquelle les Astrologues prétendaient juger de ce qui devait arriver au nouveau-né dans le cours de sa vie. — Il y avait cinq manières de tirer les *horoscopes* ou de lire la destinée de l'homme dans les apparences du ciel : la première, dite *rationnelle*, partageait le ciel en 12 *maisons*, c.-à-d. 12 parties égales prises sur le cercle équinoxial; la deuxième, dite *manière égale*, divisait le zodiaque en 12 parties; ce fut la méthode adoptée par Ptolémée et par

Cardan. Les trois autres partageaient de même des cercles pris dans d'autres directions. Chaque *maison* avait des indications propres, telles que *longue vie*, *richesses*, *voyages*, etc. On appelait *thème de nativité* le résultat des observations faites en traçant l'horoscope. *Voy.* ASTROLOGIE.

HORRIPILATION (du latin *horrere*, se hérisser, et *pilus*, poil), impression nerveuse qui fait trembler, et hérisser les cheveux et les poils. Elle est due à l'irritabilité des organes nerveux et à l'action des couches musculaires étendues sous la peau. L'horreur, la colère, la peur, le froid, certaines douleurs vives, sont chez l'homme, comme chez les animaux, les causes ordinaires de l'horripilation.

HORS-D'ŒUVRE. En Architecture, on nomme ainsi une pièce qui est en saillie, et qui ne fait pas partie de l'ordonnance générale.— Il ne faut pas confondre *hors-d'œuvre* avec *hors-œuvre*, qui se dit de tout l'espace compris de l'angle extérieur d'un mur à l'angle extérieur du mur opposé.

HORTENSIA (de *Hortense*, épouse de l'horloger Lepaute, à laquelle Commerson la dédia), *Hydrangea hortensia*, vulgairement *Rose du Japon*, espèce du genre Hydrangée, et de la famille des Saxifragées, est un bel arbrisseau de près d'un mètre de hauteur, glabre dans toutes ses parties, à feuilles ovales, aiguës et dentées, à fleurs en corymbes ou en boule, d'une beauté remarquable: d'abord vertes, ces fleurs arrivent graduellement au plus beau rose. Cet arbrisseau croit en Chine et au Japon; il est souvent représenté sur les vases et les porcelaines qui nous viennent de ces contrées. On le cultive en Europe depuis 1792. On le multiplie de boutures avec facilité, sur couches ou sous cloche; mais la terre de bruyère lui est absolument nécessaire: dans toute autre terre, il languit et meurt. On recommande de changer cette plante de terre tous les ans, et de lui donner de fréquents arrosages en été; elle doit être rentrée en hiver. Ses fleurs présentent parfois le curieux phénomène de se colorer en bleu, sans que l'on ait pu jusqu'ici en reconnaître la cause. On obtient artificiellement cette couleur en entourant le pied de la plante d'ardoise pilée, de limaille de fer ou d'ocre jaune.

HORTICULTURE (du latin *hortus*, jardin, et *colere*, cultiver), partie de l'Agriculture qui a pour objet une culture plus productive des plantes destinées à nos besoins ou à notre agrément; cette partie comprend: 1º le *Jardinage*, c.-à-d. la connaissance des terrains, des engrais, des instruments propres à la petite culture; 2º les procédés de *culture forcée*, tels que couches, serres, etc.; 3º la culture simple ou forcée des végétaux comestibles, ou d'ornement; 4º enfin, l'établissement d'un jardin potager, d'un jardin fruitier, d'un parterre, d'une serre, etc.

L'Horticulture est une science toute nouvelle que les progrès de la Botanique ont fait naître, et qui rend, chaque jour, surtout aux villes, des services qu'on ne saurait attendre de la grande culture. Il existe à Paris une *Société centrale d'Horticulture*, qui, depuis plus de 15 ans, distribue des récompenses annuelles, et fait produire des merveilles à nos horticulteurs.—On peut consulter, sur cette partie, le *Bon Jardinier* de Poiteau, Vilmorin, etc.; le *Manuel du Jardinier-maraîcher*, *pépiniériste*, *fleuriste*, etc., par L. Noisette; les *Annales de la Société d'Horticulture*, 1827 et ann. suiv., et les *Annales de l'Institution horticole de Fromont*, 1829–34.

HOSANNA (corruption de l'hébreu *hoschiah-nna*, c.-à-d. protége, je t'en prie), est une formule de souhaits et de bénédiction. Dans la Liturgie catholique, on nomme ainsi l'hymne qui se chante le jour des Rameaux, et qui commence par le mot *hosanna*.

HOSPICE. *Voy.* HÔPITAL.

HOSPITALITE (du latin *hospes*, hôte). Chez les anciens, l'hospitalité était regardée comme la plus grande vertu: c'était un devoir de l'exercer envers les étrangers, les voyageurs, les inconnus. Ceux qui avaient reçu une personne dans leur demeure étaient dès lors liés avec elle par les nœuds de l'hospitalité; ils étaient obligés de se secourir mutuellement, et ce droit passait à leur postérité. Rien n'y pouvait porter atteinte, pas même la guerre. Les dieux protecteurs de l'hospitalité étaient Jupiter, Apollon, Vénus, Minerve, Castor, Pollux, et surtout les dieux Lares. L'hospitalité antique s'exerce encore parmi les Arabes et les peuples de l'Orient. — Dans l'Occident, la fréquence des relations et la multiplicité des voyages ont fini par rendre difficile et même onéreux l'exercice de l'hospitalité. Elle a fait place aux créations charitables pour les pauvres, les malades, les infirmes (*Voy.* BIENFAISANCE PUBLIQUE, HÔPITAUX, etc.); mais, en se transformant ainsi, l'hospitalité a perdu le caractère de noblesse et de grandeur qu'elle avait dans l'antiquité. Au moyen âge, l'hospitalité devint comme le privilège exclusif de certains ordres religieux. De là la création des *Ordres hospitaliers*, et notamment des *Chevaliers de Saint-Jean de Jérusalem* et des *Chevaliers Teutoniques*, des *Frères de la Charité*, des *Bons-Fils* de l'ordre de S. François, des *Religieux du mont Saint-Bernard*, etc.; de là aussi les *Sœurs hospitalières*: les *Filles-Dieu*, les *Haudriettes*, les *Filles de S. François*, etc.; et, de nos jours, les *Sœurs de la Charité*, les *Petites Sœurs des Pauvres*, etc.

HOSPODAR (d'un mot slave qui signifie le *maître de la maison*), est le titre que portent les souverains de la Moldavie et de la Valachie.

HOSTIE (du latin *hostia*, victime, fait de *hostis*, ennemi). Chez les anciens, c'était la victime que l'on immolait avant de marcher à l'ennemi: c'était souvent un prisonnier de guerre. Ce mot se disait aussi de toute victime. *Voy.* SACRIFICE et VICTIME.

Aujourd'hui, ce mot désigne, dans l'Eucharistie, le corps de Jésus-Christ lui-même, qui s'est immolé pour nous comme une victime (*hostia*), et le pain destiné à la consécration. *Voy.* EUCHARISTIE.

HOTEL (d'*hospitale*, lieu d'hospitalité). Dans l'origine, ce mot fut synonyme d'*hôtellerie* ou d'*hôpital*: on dit encore aujourd'hui *Hôtel-Dieu*, *hôtel garni*. Dans la suite, il désigna la demeure de ville des grands seigneurs de la cour ou de ceux à qui leur richesse permettait de marcher sur leurs traces. Le moyen âge vit construire de superbes hôtels à Paris, entre autres, l'*hôtel de Saint-Paul* et l'*hôtel des Tournelles* (au Marais), dont les noms se rencontrent à chaque pas dans notre histoire, l'*hôtel de Bourgogne* (rue des Sept-Voies), l'*hôtel du Petit-Musc*, depuis *hôtel de Bretagne* (rue St-Antoine). A la Renaissance et sous les siècles de Louis XIV et de Louis XV, les hôtels devinrent plus splendides et plus nombreux. Ceux *de Rambouillet* (rue St-Thomas-du-Louvre) et *de Carnavalet* (rue Culture-Ste-Catherine) sont célèbres comme ayant été l'habitation, l'un de la célèbre marquise de Rambouillet, l'autre de Mme de Sévigné; l'*hôtel Cluny* (rue des Mathurins), aujourd'hui musée, l'*hôtel Barbette* (rue Barbette), l'*hôtel Bullion* (rue de Grenelle-St-Honoré), eurent aussi leur renom, mais à d'autres titres.—Aujourd'hui, en France, les grands hôtels princiers ont disparu en partie ou restent inhabités. On n'en trouve plus guère qu'à l'étranger. On peut consulter, sur l'histoire des grands hôtels, Germain Brice, Piganiol, Sauval et M. Léon de Laborde (*Grandes habitations françaises*).

HÔTEL DE VILLE, édifice où s'assemblent les magistrats municipaux pour tous les actes de leur administration. Ce nom se changea sous la République en celui de *commune*. Dans beaucoup d'endroits, il est aujourd'hui synonyme de *mairie* (*Voy.* ce mot). — Les hôtels de ville de Paris, de Toulouse et de Lyon sont les plus beaux de France, surtout le premier, depuis que, sous Louis-Philippe, il a été quadruplé au moins pour l'étendue, sans qu'on ait altéré en rien l'architecture primitive. Il avait été fondé en 1533. Il sert de demeure au préfet de la Seine. Celui de Toulouse est connu sous le nom de *Capitole*. Il existe aussi de superbes hôtels de ville en Belgique, en Allemagne, en Angleterre, etc.

HÔTEL-DIEU, célèbre hôpital de Paris, fondé, dit-on, en 660 par S. Landry, est situé dans la partie méridionale de l'île de la Cité, et s'étend aussi sur la rive gauche de la Seine. Il contient actuellement de 7 à 800 lits, et reçoit annuellement plus de 12000 malades. — Dans plusieurs villes de France, on trouve des hôpitaux qui portent le même nom, notamment à Rouen et à Lyon.

HÔTEL GARNI. *Voy.* AUBERGISTE et LOGEMENT.

HOTTONIE (de Pierre *Hotton*, botaniste), *Hottonia*, genre de plantes de la famille des Primulacées, renferme des herbes aquatiques de l'ancien et du nouveau monde, dont nous ne possédons en Europe qu'une seule espèce, l'*H. palustris*, appelée vulgairement *Plumeau*, *Plume d'eau*, *Herbe militaire*, *Giroflée d'eau* et *Millefeuille aquatique*. C'est une plante à tige droite, fistuleuse, à feuilles grandes, touffues, d'un aspect agréable, et à fleurs blanches ou légèrement purpurines, formant des thyrses élégants au-dessus des étangs où elle croit. On s'en sert pour orner les pièces d'eau dans les jardins paysagers.

HOUACHE (de l'anglais *wake*), remous, trace que forme à son arrière un bâtiment faisant route.

HOUARI (de l'anglais *wherry*), espèce de bateau de passage à deux mâts, portant deux voiles, et destiné au cabotage. — On dit que des voiles sont *en houari* lorsque ce sont des voiles triangulaires dont la ralingue (cordage cousu autour des voiles) est élevée par sa vergue au-dessus du mât.

HOUBLON, *Humulus*, genre de la famille des Urticées, renferme des plantes dioïques, à racines vivaces, rameuses, traçantes; à tiges herbacées, grimpantes, minces, anguleuses, hérissées d'aspérités; à feuilles opposées, dentées, rudes; et à fleurs vertes, disposées en grappes ou en épis. Le fruit, en forme de cône, est une graine arrondie, composée de petites écailles, légèrement comprimée et roussâtre, amère et légèrement aromatique. Le *Houblon commun* (*H. lupulus*), qu'on rencontre dans les haies, est cultivé en grand en Angleterre, en Allemagne, en Belgique et dans le nord de la France, pour ses cônes fructifères, que l'on emploie à la fabrication de la bière : ce sont ces fruits qui communiquent à cette boisson l'amertume qui la caractérise. En Médecine, on emploie les cônes du houblon comme stomachiques; ses feuilles s'administrent comme diurétiques et anti-scorbutiques. On mange les jeunes pousses assaisonnées comme les asperges; les tiges servent de lien, et fournissent du fil et des cordages usités dans le Nord. Cette plante réussit dans les terrains bas et humides.

HOUE, instrument de fer large et recourbé, à manche de bois, avec lequel on remue la terre en la tirant vers soi. La *houe fourchue*, qui, au lieu d'être pleine, à dents plates, sert à labourer et défoncer les terrains pierreux ou trop argileux, parce qu'elle entre plus avant que la houe pleine. On appelle *houe à cheval* une espèce de petite charrue tirée par un cheval, à un ou plusieurs socs en forme de houe plate, et à une ou deux roues. Cet instrument sert à biner les plantes disposées par rangées.

HOUILLE (du vieux mot saxon *hulla*), dite aussi *Charbon de terre*, substance charbonneuse qu'on trouve en masses considérables dans le sein de la terre, et qui est essentiellement formée de carbone et de bitume, associés à une proportion variable de substances terreuses. C'est le combustible le plus abondant et le plus précieux pour toutes les industries qui ont besoin de produire une forte chaleur; à poids égal, la houille donne une chaleur plus considérable que le bois. Elle joue aussi un rôle important comme agent de réduction dans l'extraction de la fonte et

du fer, et s'emploie pour la fabrication du gaz de l'éclairage. — La houille se présente en fragments plus ou moins volumineux, d'un beau noir, presque toujours éclatant, et ordinairement d'une texture schisteuse. Son poids spécifique varie de 1,2 à 1,6. Elle s'allume assez facilement, et brûle avec une flamme jaune, accompagnée d'une fumée noire, en laissant beaucoup de cendres. On désigne sous le nom de *mâchefer* les scories vitreuses qui restent, avec les cendres, pour résidu de la combustion de la houille. Soumise à la distillation, la houille donne des gaz hydrocarbonés (*gaz de l'éclairage*), et laisse pour résidu un charbon compacte, appelé *coke*.

Il existe un grand nombre de variétés de houille qui pour la pratique peuvent se réduire à trois principales : la *H. grasse*, la *H. sèche* ou *maigre*, et la *H. compacte*. La *H. grasse*, vulgairement *Charbon de terre collant*, *Charbon de forge* ou *de maréchal*, comprend les variétés les plus chargées de bitume; elle s'allume le plus aisément; elle se gonfle et s'agglutine, pendant la combustion, en une masse pâteuse. Peu avantageuse, par cette raison, pour les usages domestiques, la houille grasse est recherchée au contraire pour le travail des forges et la fabrication du gaz. On l'exploite dans les mines de St-Étienne, de Rive-de-Gier (Loire), de Givors (Rhône), du Forez (Haute-Loire), de Littry (Calvados), d'Anzin près de Valenciennes, de Fins (Allier), du Creuzot (Saône-et-Loire), de Newcastle, et quelques autres en Angleterre, en Écosse et en Belgique. La *H. sèche*, ou *Charbon de grille*, est moins combustible, plus compacte, plus lourde que la précédente; elle est aussi moins huileuse et moins collante : ce qui lui a valu le nom de *sèche*. Elle s'emploie de préférence pour le chauffage des appartements, la cuisson de la brique, du plâtre, de la chaux, etc.; elle donne souvent une fumée fétide et sulfureuse, due aux pyrites qu'elle renferme. On la trouve dans les mines des environs de Marseille, d'Aix, de Toulon, celles de la Mothe de Peschanard, près de Grenoble, de Fresnes sur l'Escaut, près de Condé (Nord), de Vieux-Condé (Nord), de Blanzy près le Creuzot (Saône-et-Loire), de Durham en Angleterre, et dans quelques mines de Belgique, notamment à Charleroi et à Mons. La *H. compacte*, plus dure et plus légère que la précédente, n'existe en grande quantité qu'en Angleterre, dans le Lancashire, notamment à Wigan, et dans le comté de Kilkenny en Irlande; on l'y désigne sous le nom de *cannel-coal* ou charbon-chandelle, parce que, très-combustible, elle brûle avec une longue flamme, blanche et brillante, et donne fort peu de cendres; elle est fort recherchée pour le chauffage des maisons, et s'emploie pour la fabrication du gaz. Elle se laisse travailler au tour, et sert à la confection de vases, encriers, tabatières, et objets d'ornement.

Les mines de houille se trouvent dans les terrains dits *de sédiment*, principalement dans cette partie que la présence du charbon a fait nommer *groupe carbonifère*, qui se compose de lits alternatifs de grès, d'argile schisteuse et de calcaire. Le combustible forme dans le grès des couches plus ou moins puissantes, dont il existe ordinairement plusieurs les unes au-dessus des autres. L'Angleterre et l'Écosse possèdent 1,570,000 hectares de terrain houiller, la Belgique 150,000, la France 280,000. En 1840, on a extrait dans les Îles Britanniques 260, en Belgique 34, en France 32 millions de quintaux métriques de houille; le bassin de la Loire (Saint-Étienne, Rive-de-Gier, etc.), et le bassin du Nord (Anzin, Denain, Douchy, etc.), sont les plus productifs en France.

On admet généralement que la houille est le produit de l'altération plus ou moins profonde d'arbres et de plantes d'espèces diverses, existant dans les premiers âges du monde, avant l'apparition de l'homme, et qui ont été enfouis par les déluges et autres grands cataclysmes qui ont bouleversé notre planète.

Cette opinion est justifiée par l'abondance des débris végétaux dont on trouve les empreintes dans les grès et les schistes qui accompagnent la houille.

L'emploi de la houille comme combustible, et dans les travaux métallurgiques, remonte à une haute antiquité : Théophraste nous apprend que de son temps les fondeurs et les forgerons de la Grèce faisaient une grande consommation des *charbons fossiles* qui venaient de la Ligurie et de l'Élide. Suivant Wallis, auteur d'une histoire du Northumberland, les mines de houille du nord de l'Angleterre furent exploitées par les Romains, alors qu'ils étaient en possession de cette île. C'est sous Henri III, en 1272, que les mines de Newcastle commencèrent à être exploitées d'une manière régulière. Les mines du pays de Liége furent ouvertes dès le XIe siècle. A Saint-Étienne, on possède des documents inédits qui établissent que la houille y était employée dès le XIIIe siècle. Toutefois, l'usage ne s'en répandit en France qu'au commencement du XVIIIe siècle.

M. Am. Burat a publié en 1851 un *Traité théorique et pratique des combustibles minéraux* (*houille, anthracite, lignite,* etc.).

HOUILLÈRE, mine de houille. *Voy.* HOUILLE.

HOULE, nom donné au fort mouvement d'ondulation qui se produit dans les vagues de la mer, avant ou après la tempête. La mer qui est ainsi agitée et couverte de vagues est dite *houleuse*.

HOULETTE (du bas latin *agolum*), en latin *pedum*, bâton à l'usage des bergers, se termine par une feuillette ou morceau de fer en cuiller tronquée. Le berger s'en sert pour ramasser de la terre ou des pierres, qu'il jette aux moutons. — Instrument de jardinage en forme de houlette de berger, mais qui n'a pas plus de 15 à 20 centim. de long : les jardiniers s'en servent pour tirer de la terre les oignons ou les racines des plantes.

Genre de Mollusques bivalves, à coquille ovale, comprimée inégalement, mince, demi-transparente et de couleur blanche parsemée de taches fauves. Ces coquilles habitent la mer Rouge, et se trouvent dans tout l'océan de l'Inde.

HOULQUE, plante graminée. *Voy.* HOUQUE.

HOUPPE. C'est proprement un assemblage de bouts de soie ou de laine, flottants et disposés en boule sur une pelote : on en voit sur les bonnets carrés des ecclésiastiques. — On a appliqué ce nom : 1° à un flocon de plumes que certains oiseaux portent sur la tête ; 2° en Botanique, un assemblage de poils qui partent en rayonnant d'un même point d'insertion, et à des champignons en forme de houppe, qu'on trouve sur les chênes, et qui sont bons à manger ; 3° en Anatomie, on nomme *houppes nerveuses* de petits mamelons nerveux répandus dans le tissu de la peau, et qui sont les organes du tact et du goût ; *houppe du menton*, un petit muscle épais, conique, dont la base repose sur une fossette creusée à côté de la symphyse de la mâchoire inférieure, et dont les fibres s'épanouissent, en manière de *houppe*, dans la peau du menton, qu'elles relèvent, poussant ainsi la lèvre inférieure en haut et la renversant en dehors.

HOUPPELANDE, sorte de manteau ou de casaque à larges manches, dont l'usage nous est venu de Suède, est ainsi nommé de la province d'*Upland* en Suède.

HOUPPIFÈRE (qui porte une houppe), *Euplocomus*, genre de l'ordre des Gallinacées, famille des Faisans, renferme des oiseaux qui ont une aigrette sur la tête et le rebord inférieur de la peau des joues saillant. Les plumes de leur queue sont verticales, et retombent en panache comme celles des coqs. Toutes les espèces connues sont de fort beaux oiseaux. Le *H. ignicolore* habite les îles de la Sonde. Le mâle a une huppe composée de plumes terminées par de petites barbules, formant un large et gracieux éventail, d'un brun noir violet. Son bec est jaune ; ses ailes sont noires, et les couvertures supérieures de la queue sont d'une belle couleur de feu.

HOUQUE ou HOULQUE, *Holcus*, genre de la famille des Graminées, renferme des plantes originaires de l'Inde et de l'Afrique, qui jouent un rôle important parmi les espèces alimentaires. L'*H. sorgho*, appelé vulgairement *Grand millet d'Inde, Gros millet*, est une plante annuelle, d'un bel aspect, à tiges articulées, pleines de moelle, s'élevant à 2 m. ou 2 m. 50, et garnies de feuilles semblables à celles du maïs, simples, pointues, vertes, traversées par une forte nervure blanche ; sa panicule est grosse et un peu serrée. Elle est composée de fleurs d'un blanc sale ou rousses, ramassées presque en épis, auxquelles succèdent des semences arrondies, assez grosses, blanches ou jaunâtres, brunes, noires ou pourpres, selon les variétés. Ces graines sont plus grosses que celles du millet. Le sorgho réussit très-bien dans le Midi. Les graines fournissent un aliment sain, agréable et de facile digestion pour l'homme. Ces graines, comme le pain chez nous, font la base de l'alimentation chez plusieurs peuples de l'Asie. On les donne aussi aux volatiles et aux bestiaux, ainsi que les feuilles de la plante, qu'ils mangent avec avidité.

HOURDI (BARRE ou LISSE D'), nom donné dans la Marine à la plus élevée des barres d'arcasse. Ses deux faces extrêmes s'appliquent contre l'estain ; elle porte une entaille au milieu, à la rencontre de l'étambot.

HOURDIS ou HOURDAGE (de l'allemand *hurd*, claie), première couche de plâtre qu'on met sur un latis pour former l'aire d'un plancher ou l'épaisseur d'une cloison, qui prend alors le nom de *cloison hourdée*. — Il se dit aussi en général de tout maçonnage grossier en plâtre et moellons.

HOURQUE ou HOUCRE (de l'anglais *howker*), grand bâtiment de transport en usage dans le Nord, surtout en Hollande. Il a deux mâts, l'un au centre, l'autre de l'arrière. Le grand mât porte une grande voile et un hunier ; celui de l'arrière a une voile carrée. — On donne aussi ce nom à tout bâtiment mal construit ou qui navigue mal.

HOURRA ou HOURA, cri de guerre apporté en Europe par les Mogols ; les Slaves s'en emparèrent et le transmirent aux Germains et aux Scandinaves, d'où il se répandit en Allemagne, en Angleterre et en Normandie. Sous l'Empire, les Cosaques se précipitaient sur nos troupes en poussant ce cri de guerre. — C'est aussi une sorte de vivat, une exclamation de joie ou d'approbation que les Anglais poussent et en toute occasion : ils écrivent *hurrah*.

HOURVARI, nom donné, aux Antilles, à une bourrasque mêlée d'orage. — En termes de Vénerie, *faire hourvari* se dit d'un animal qui trompe les chiens et leur fait perdre la voie.

HOUSARD. *Voy.* HUSSARD.

HOUSEAUX (de l'allemand *hosen*, haut-de-chausses), ancienne chaussure destinée à garantir les jambes contre la pluie et la crotte, comme les guêtres.

HOUSSE (du latin *ursa*, ourse ; parce que les premières housses étaient en peau d'ours ?), couverture en drap galonné, qui se met sur la croupe des chevaux de selle. Les officiers généraux dans les armées et la gendarmerie font encore usage de la housse. On nomme aussi *housses*, ou *bisquains*, ces peaux de mouton garnies de leur laine dont les bourreliers couvrent les colliers des chevaux de trait.

HOUTIAS, synonyme de *Capromys*. V. ce mot.

HOUX (en latin *Ilex*, nom qui lui fut donné par Bauhin, à cause de la ressemblance de ses feuilles avec celles du *Quercus Ilex*, ou Chêne vert), genre type de la famille des Ilicinées ou Aquifoliacées, renferme des végétaux toujours verts, à feuilles alternes, coriaces ; à fleurs hermaphrodites, formées d'un calice à 4 dents, d'une corolle à 4 pétales, avec autant d'étamines et un ovaire sessile à 4 loges. Le fruit est une drupe à 4 noyaux monospermes. Le type du genre est le *Houx commun* (*Ilex aquifoliensis*), arbrisseau de 8 à 10 mètres. garni, dans toute sa longueur, de rameaux souples et pliants : feuilles alternes, pétiolées, très-coriaces, dentées et épineuses; fleurs blanches, fort petites, réunies en bouquets serrés et axillaires; pédoncules très-courts. Cet arbrisseau croît sur les lieux montueux, dans les bois des climats tempérés de l'Europe. La couleur écarlate de ses fruits contraste avec le vert foncé et luisant de son feuillage. Le bois du houx, dur et pesant, est susceptible de prendre le noir ou même toute autre couleur : il peut recevoir un beau poli. On l'emploie aux ouvrages de tour et de marqueterie. Les jeunes rameaux sont très-souples et élastiques; ils servent à faire des manches d'outils, des verges de fléaux; les branches plus fortes fournissent d'excellentes cannes. Dans plusieurs contrées, en Corse, par exemple, les semences du houx, torréfiées et réduites en poudre, servent à faire une boisson analogue à celle du café. Le houx possède des propriétés fébrifuges, et s'emploie comme succédané du quinquina. On fait de la glu avec l'écorce et les jeunes pousses. — *Petit Houx*, plante de la famille des Smilacées, à feuilles épineuses et toujours vertes, comme celles du houx. *Voy.* FRAGON.

HOYAU, espèce de houe à deux fourchons qui sert à fouir la terre. *Voy.* HOUE.

HUCARE ou HYCAYE, espèce de gomme qui découle du *Spondius purpurea* ou *Prunier d'Amérique*, arbre de la famille des Térébinthacées. Elle se présente dans le commerce en larmes allongées, presque cylindriques, transparentes, assez consistantes, d'une couleur de citron. Sa saveur est d'abord mucilagineuse, puis sucrée, enfin désagréable, amère et astringente.

HUILE (du latin *oleum*), liqueur grasse, onctueuse, inflammable, qu'on tire de diverses substances. On distingue les *H. grasses* ou *H. fixes*, et les *H. essentielles*, dites aussi *H. volatiles* ou *essences*. Pour ces dernières, *V.* ESSENCES et les noms de chacune d'elles.

Les *Huiles fixes* ont les mêmes caractères chimiques que les graisses solides : elles sont combustibles, ne se mêlent pas avec l'eau, se dissolvent dans l'alcool et l'éther, se décomposent par l'action de la chaleur, et se transforment en *savons* par l'action des alcalis. Les huiles fixes sont ordinairement un mélange de deux corps particuliers : d'une partie liquide, dite *oléine*, et d'une partie solide, ordinairement la *margarine*, qui est tenue en dissolution par la première à la température ordinaire.

Les huiles fixes se tirent pour la plupart des végétaux. Elles se rencontrent presque exclusivement dans les semences; rarement elles se trouvent dans les parties charnues des fruits; on ne connaît que l'olivier, les lauriers et le cornouiller sanguin dont les fruits soient pourvus d'huile dans leur péricarpe ou partie externe et charnue. C'est en soumettant ces parties à l'action de la presse qu'on en extrait les huiles fixes, dans le plus grand nombre des cas. Les huiles ainsi exprimées contiennent généralement les débris des tissus où elles étaient renfermées; on est donc obligé de les *épurer*, ce qui se fait en les battant avec de l'acide sulfurique concentré qui charbonne les substances étrangères, sans altérer l'huile.

Quelques huiles fixes sont fournies par certains animaux : telles sont l'huile de poisson, l'huile de baleine, l'huile de pied de bœuf. On trouve les huiles fixes, chez les animaux, dans les mêmes parties qui renferment les graisses solides.

On appelle *huiles minérales* le naphte, le pétrole, l'asphalte; mais ce nom leur est improprement appliqué : ce sont des espèces de bitumes.

Les huiles se préparent presque toutes par pression et par distillation; pour certaines huiles, comme celles de noix et de graines, la pression est quelquefois précédée d'une espèce de macération faite à feu nu ou à la vapeur; mais l'huile provenant de matières qui n'ont pas été chauffées est plus estimée.

On distingue les huiles fixes en *H. siccatives*, et en *H. non siccatives* ou *H. grasses proprement dites*. Les huiles siccatives ont la propriété de s'épaissir peu à peu au contact de l'air et de se transformer en une espèce de membrane solide et transparente; telles sont les huiles de lin, de noix, d'œillette, d'œillette ou de pavot, etc. Cette propriété les rend précieuses pour la préparation des vernis et des couleurs à l'huile. Les huiles non siccatives ne peuvent pas servir aux mêmes usages : elles ne se résinifient pas au contact de l'air, mais elles y deviennent peu à peu acides, rances, d'une odeur et d'une saveur désagréables. On les emploie comme aliment et comme médicaments, ou pour l'éclairage, pour la fabrication des savons : telles sont les huiles d'olives, d'amandes, de navette, de colza, de faines, etc. Les anciens en faisaient aussi un grand usage pour s'oindre le corps, afin de le rendre plus flexible et de diminuer la transpiration.

Huile d'amandes. Elle s'extrait par la pression, à froid et sans eau, des amandes douces et amères fournies par l'amandier. Elle est très-fluide, d'une saveur agréable, et se congèle moins facilement que l'huile d'olives. Elle sert dans les pharmacies à la préparation du cérat, des liniments, etc.; elle est employée comme adoucissante, et entre comme laxatif ou comme émollient dans la composition de quelques potions, des juleps, etc. Les tourteaux des amandes, privés d'huile et réduits en poudre, servent à former la *pâte d'amandes* des parfumeurs.

Huile animale de Dippel, huile empyreumatique mise en vogue au dernier siècle par l'alchimiste Dippel, est extraite de la corne de cerf; elle s'emploie comme antispasmodique à la dose de quelques gouttes. On lui avait aussi attribué mille autres vertus, mais qui ne sont pas constatées.

Huile de baleine. *Voy.* BALEINE.

Huile de belladone. Elle s'extrait des semences de la belladone, et sert dans quelques localités à l'éclairage et même à la cuisine : le principe narcotique de la plante reste dans les tourteaux.

Huile blanche. *Voy.* HUILE D'OEILLETTE.

Huile de cade, extraite du Genévrier. *Voy.* CADE.

Huile de chènevis. Elle s'extrait des graines de chanvre, et sert pour l'éclairage et la confection des savons et des vernis.

Huile de coco. *Voy.* BEURRE DE COCO.

Huile de colza. *Voy.* COLZA.

Huile de corne de cerf. *Voy.* HUILE ANIMALE.

Huile de croton ou de *Tilly*. *Voy.* CROTON.

Huile empyreumatique (du grec *empyreuô*, brûler), nom donné en général à tous les produits volatils qui résultent de la distillation à feu nu de matières animales ou végétales; telles sont l'*huile de corne de cerf* (*Voy.* HUILE ANIMALE), l'*H. de succin*, *de cade*, *de cire*, etc.

Huile de Galian. *Voy.* PÉTROLE.

Huile de lin, huile siccative que l'on extrait des semences de lin, après les avoir torréfiées et broyées. Elle s'emploie dans la peinture commune et pour préparer les vernis gras. On la rend plus siccative en la faisant bouillir avec 7 à 8 pour cent de litharge : on l'écume avec soin, et quand elle a acquis une couleur rougeâtre, on la retire du feu et on la laisse clarifier par le repos : c'est ce qu'on appelle l'*H. de lin cuite*. On prépare l'*encre des imprimeurs* avec l'huile de lin rapprochée sur le feu et broyée avec 1/6 de son poids de noir de fumée. Les taffetas gommés reçoivent leur enduit de plusieurs couches successives d'huile de lin lithargirée; il en est de même des toiles vernies, des toiles cirées, etc.

Huile minérale. *Voy.* ASPHALTE, NAPHTE, PÉTROLE.

Huile de morue ou *de foie de morue*. Elle a une odeur putride et s'obtient en exposant aux rayons du soleil des foies de morue entassés dans des cuves, et soumettant à la presse ceux qui commencent à se putréfier. Elle renferme de l'iode, ce qui lui donne des vertus médicales : on l'emploie contre plusieurs maladies rhumatismales et scrofuleuses, ainsi que pour détruire les vers des enfants. On en fait aussi usage dans la chamoiserie et la corroierie. On la fabrique surtout à Berg en Norwége.

Huile de navette. On l'extrait des semences des navets. On l'emploie pour l'éclairage, la fabrication des savons mous, le foulage des étoffes de laine et la préparation des cuirs.

Huile de noix, huile siccative; elle s'extrait de l'amande des noix et est plus siccative que l'huile de lin; elle sert de préférence pour les peintures fines. On l'emploie aussi pour les vernis, l'éclairage, le savon vert. On en faisait une grande consommation à Paris dans le XIᵉ et le XIIᵉ siècle, tant pour les aliments que pour l'éclairage; elle sert encore aujourd'hui pour la cuisine dans quelques pays.

Huile d'œillette, ou mieux d'*oliette* (du latin *olietum,* diminutif d'*oleum,* huile d'olive), huile siccative, dite aussi *huile blanche;* elle s'extrait de la graine du pavot cultivé. On l'emploie comme aliment et pour l'éclairage. Dans la peinture, elle sert à délayer les couleurs blanches et claires, dont elle n'affaiblit point l'éclat; on la blanchit, à cet effet, en l'exposant au soleil dans des vases plats et ouverts qui sont remplis d'eau salée et d'huile par parties égales.

Huile d'olive, la plus importante des huiles végétales, la plus propre aux usages culinaires et à la préparation des savons. Il y a de plusieurs qualités, en raison du mode d'extraction : l'*huile vierge* est celle qu'on obtient des olives portées au moulin immédiatement après leur récolte; elle est douce, verdâtre, et a un parfum agréable qui la fait rechercher des connaisseurs; on la prépare surtout aux environs d'Aix en Provence. Les qualités inférieures s'obtiennent en délayant dans l'eau bouillante la pulpe des olives qui ont fourni l'huile vierge, et la soumettant à la pression. La bonne huile d'olive commence déjà à se concréter à 3 ou 4 degrés au-dessus de zéro; elle se fige complétement lorsqu'on la plonge dans de la glace pilée, tandis que les huiles plus communes avec lesquelles on la mélange quelquefois ne se figent pas à cette température. On essaye aussi l'huile d'olive en observant le temps qu'elle met à se figer avec de l'acide hyponitrique; elle se solidifie, dans ces circonstances, bien plus tôt que les autres huiles.

Huile de palme, nom qu'on donne improprement à un corps solide qui n'est autre qu'une huile de diverses espèces de palmiers, notamment du coco, et qui a la consistance du beurre de vache avec une odeur d'iris. *Voy.* PALME et BEURRE DE PALME.

Huile de pied de bœuf. On l'obtient en abandonnant à lui-même le décocté aqueux des pieds de bœuf séparés de leur corne, enlevant le liquide qui surnage, et le portant dans de grands réservoirs où il se dépure par le repos. Elle sert à graisser les rouages des machines délicates, notamment en horlogerie, et s'emploie même dans la cuisine pour faire des fritures.

Huile de poisson, mélange de graisses extraites de plusieurs poissons de mer, principalement des cétacés et des harengs; on l'emploie pour faire le savon vert, pour l'éclairage, etc. Elle est de couleur blanche ou rougeâtre, et d'une odeur désagréable.

Huile de pomme de terre, nom vulgaire d'un composé que les chimistes désignent sous le nom d'*alcool amylique* ou de *bihydrate d'amylène,* et qui présente des propriétés semblables à l'esprit-de-vin ou alcool ordinaire. Il se produit, dans certaines circonstances, par la fermentation du sucre et des mélasses de betterave; les eaux-de-vie communes, fabriquées avec les pommes de terre ou les raisins, lui doivent leur mauvais goût et leur odeur désagréable. On l'extrait de l'eau-de-vie de pomme de

terre, en la soumettant à la distillation, et recueillant à part les dernières portions dès qu'elles passent laiteuses. L'huile de pomme de terre est incolore et volatile; respirée à l'état de vapeur, elle occasionne un serrement de poitrine et provoque une forte toux. Elle bout à 132 degrés et ne s'enflamme que difficilement. Elle renferme du carbone, de l'hydrogène et de l'oxygène dans les rapports de $C^{10}H^{12}O^2$. Elle se convertit par l'oxydation en acide valérianique. MM. Cahours et Balard ont démontré que l'huile de pomme de terre est un homologue de l'esprit-de-vin.

Huile de ricin ou *de Palma-Christi.* Elle s'obtient en faisant bouillir dans de l'eau les semences du ricin, pilées et dépouillées de leur enveloppe. Elle est très-épaisse, peu colorée, siccative, d'une saveur fade, légèrement âcre. On l'emploie souvent comme purgative, ou contre les vers et les fièvres.

Huile de schiste, huile d'éclairage extraite par la distillation des schistes bitumineux et de la houille.

Huile de vin douce, produit huileux et volatil qu'on obtient accessoirement dans la préparation de l'éther par l'alcool et l'acide sulfurique; elle se décompose en partie par l'eau en acide sulfurique et en une combinaison de carbone et d'hydrogène.

Huile de vitriol. V. VITRIOL et SULFURIQUE (ACIDE).

HUILES (SAINTES), huiles consacrées et employées par l'Eglise catholique pour le *saint Chrême* et l'*Extrême-Onction. Voy.* ces mots.

HUIS, corruption du latin *ostium,* porte.

En Droit, *huis clos* (c.-à-d. *portes fermées*) se dit de certains débats judiciaires dont le public est exclu. Autrefois, en France, les cours prévôtales et les jugements au criminel s'instruisaient à huis clos, et cet usage s'est maintenu en Allemagne, en Italie, etc. En France, le huis-clos n'a plus lieu que pour les causes qui intéressent les mœurs publiques (Code de proc., art. 87). Le huis-clos est ordonné par le président; les jugements sont prononcés publiquement.

HUISSERIE (de *huis,* porte). Les Maçons appellent ainsi le bâtis en bois qui fait partie d'une cloison et forme l'encadrement d'une porte.

HUISSIER (du vieux français *huis*). Ce mot qui, dans son sens littéral, signifiait autrefois *portier,* gardien d'un *huis,* se dit encore, en ce sens, des gens qui se tiennent dans les antichambres des princes, des ministres et des hauts fonctionnaires pour introduire les personnes qu'ils reçoivent, ainsi que des officiers chargés du service intérieur des séances publiques des chambres législatives ou des académies, des audiences des tribunaux, etc. On leur donnait dans certains corps le nom de *sergents;* dans l'Université, ceux d'*appariteurs,* de *massiers.* Chaque cour désigne pour son service intérieur des huissiers qui prennent le nom d'*huissiers audienciers.*

Sous l'ancien régime, il y avait les *H. de la chambre du roi,* qui gardaient les portes de l'intérieur du palais; les *H. d'armes,* qui, placés dans l'intérieur de l'appartement, en ouvraient la porte à ceux qui devaient y entrer; les *H. de la chaine,* huissiers du conseil ou de la grande chancellerie, qui portaient une chaine d'or au cou; les *H. à verge,* sergents royaux reçus au Châtelet : c'étaient des charges, qui se vendaient. — En Angleterre, on nomme encore *H. à la verge noire, à la baguette noire,* le premier huissier de la chambre du roi.

Dans un sens particulier, on nomme *huissiers* les fonctionnaires publics établis dans chaque arrondissement pour faire toutes citations, notifications et significations requises pour l'instruction des procès, tous actes et exploits nécessaires pour l'exécution des ordonnances de justice, jugements et arrêts, etc. Les huissiers près des cours d'appel et autres tribunaux sont nommés par le pouvoir exécutif : par exception, la cour de cassation nomme les siens. Pour être huissier, il faut être âgé de 25 ans; avoir travaillé au moins 2 ans dans l'étude d'un notaire ou d'un avoué, ou 3 ans au greffe d'une cour d'appel ou d'un tribunal de première instance. Les huissiers sont tenus d'exercer leur ministère toutes les fois qu'ils en sont requis; ils ne peuvent cependant faire aucun acte pour leurs parents ou alliés. Leur salaire est fixé par les règlements.

On appelait autrefois *huissier priseur* ce qu'on nomme aujourd'hui *commissaire priseur. V.* ce mot.

HUIT DE CHIFFRE, bandage dans lequel les tours de bandés se croisent en forme de 8, s'applique spécialement autour de l'articulation du coude après la saignée du bras, ou autour de celles du genou, de l'épaule, etc. — On appelle encore ainsi un compas d'épaisseur ayant la forme d'un 8, et dont se servent les horlogers et les tourneurs.

HUIT-PIEDS, nom donné aux orgues dont le tuyau le plus grand du jeu de flûte ouverte a huit pieds (2m,66) de longueur.

HUITRE, *Ostrea, Ostrea edulis,* genre de Mollusques de la classe des Acéphales et de l'ordre des Lamellibranches, renferme des animaux répandus dans toutes les mers et recherchés partout pour la nourriture de l'homme. Leur coquille, à deux valves et fermant à charnière, est généralement ovale, quelquefois ronde ou allongée, nacrée à l'intérieur, et grossièrement feuilletée à l'extérieur. L'animal n'a qu'un muscle pour ouvrir et rapprocher ses valves, et n'a pas de pied charnu. Sa bouche, absolument molle, se trouve tout auprès de la charnière de la coquille. Le cœur, placé entre ce muscle et les viscères, se reconnaît à la couleur brune de son oreillette. Les huîtres sont hermaphrodites et sont d'une fécondité prodigieuse; leurs œufs nagent dans l'eau et s'agglutinent aux coquilles voisines; ce sont les myriades de jeunes huîtres ainsi agglutinées qui constituent ces énormes amas que l'on nomme *bancs.* Attachée au banc où elle prit naissance, l'huître croît et meurt sans avoir jamais changé de place. La mer lui apporte sa nourriture, qui se compose de frai de poissons et de débris de toute espèce suspendus dans ses eaux. Il faut 3 ans à une huître pour acquérir la taille de celles qui se vendent sur nos marchés. Les huîtres de la Manche sont les meilleures d'Europe. Celles qu'on estime le plus en France viennent des côtes de la Bretagne et de la Normandie, surtout de Granville et du rocher de Cancale. On estime encore les petites huîtres d'Ostende, les huîtres vertes de Marennes, près de Rochefort, et l'huître *pied de cheval,* très-grande espèce, commune dans la mer de Cette, et qu'on mange dans tout le Midi. Les huîtres ne prennent une saveur délicate qu'après avoir été *parquées,* c.-à-d. avoir séjourné pendant quelque temps dans un réservoir d'eau salée de 1 mètre à 1m,30 de profondeur, communiquant avec la mer par un petit conduit; cette eau doit être renouvelée assez fréquemment et reposer sur du gravier ou sur des galets, la vase étant nuisible à l'huître. En restant quelques mois dans les parcs, les huîtres *verdissent,* et acquièrent une saveur un peu poivrée. La pêche des huîtres, en général, se fait, en France, du mois de septembre au mois d'avril, dans les mois qui ont des *r* dans leur nom (*mensibus erratis*) : c'est alors que les huîtres sont les meilleures; dans les autres, elles sont plus maigres et moins fraîches. L'appareil que l'on emploie pour les pêcher est la *drague,* espèce de râteau garni d'une poche en lanières de cuir, et qu'un bateau traîne en divers sens sur le banc d'huîtres. On a prétendu mal à propos que le lait *dissolvait* les huîtres et en accélérait la digestion : ce liquide n'a aucune action sur elles; les acides faibles ont seuls cette propriété : c'est donc avec raison que les amateurs d'huîtres préfèrent aux vins rouges les vins blancs légers, toujours moins alcooliques et un peu acidulés. — L'*eau des huîtres* contient beaucoup de chlorure de sodium, du chlorure de magnésium, du sulfate de magnésie, du sulfate de chaux, et une assez grande quantité d'osmazôme : elle est réputée apéritive.

Les *écailles* d'huîtres, composées en grande partie de carbonate calcaire, sont quelquefois employées en poudre comme un remède absorbant; elles faisaient autrefois partie du lithontriptique de Mlle Stéphens, des remèdes contre le goître et surtout contre la rage, etc. : leurs propriétés ne sont autres que celles du carbonate de chaux. — On les emploie aussi sur les côtes pour amender la terre.

On doit à M. Goubeau de la Bilainerie un curieux *Traité de l'éducation des huîtres.*

HUITRE FEUILLETÉE (mollusque), nom vulgaire des *Cames. Voy.* ce mot.

HUITRIER (du nom de l'*huître,* leur principale nourriture), *Hæmatopus,* genre d'oiseaux de l'ordre des Échassiers, a pour caractères : un bec robuste, droit, comprimé latéralement, occupé dans une grande partie de sa longueur par les fosses nasales; des tarses robustes, nus, réticulés; des doigts au nombre de 3 seulement, réunis à leur base par une membrane. Ils vivent de coquillages et quelquefois d'annélides, de crustacés et d'étoiles de mer. L'*Huîtrier pie* ou *Pie de mer* (*H. ostralegus*) est varié de noir et de blanc. Il habite l'Europe, et nous arrive quelquefois en France. Il se plaît sur les bords de la mer, et s'élève facilement en domesticité.

HULANS, milice originaire de Tartarie, d'où elle s'introduisit en Pologne, était montée sur des chevaux légers; elle servait et combattait comme les hussards ou les lanciers. Les hulans étaient armés de sabres, de pistolets et de longues lances. Leur costume consistait en une veste courte et une culotte à la turque. La France, en 1734, avait créé un corps de hulans de mille hommes : il ne fut pas longtemps conservé. La Russie, la Prusse et l'Autriche ont encore des hulans. On écrit aussi *Uhlans, Oulans, Houlans.*

HULOTTE, espèce du genre Chouette et du sous-genre *Chat-huant. Voy.* ce mot.

HUMANITÉS (du latin *humánus,* poli). On entend par ce mot la partie de l'éducation classique qui embrasse, avec l'étude plus approfondie du grec et du latin, celle de l'histoire, de la poésie et de la rhétorique. Les *classes d'humanités* font suite à celles *de grammaire,* et s'étendent de la troisième à la rhétorique.

HUMANTIN, *Centrina,* genre de poissons Chondroptérygiens de la famille des Squales, est caractérisé par un aiguillon très-dur et très-fort à chacune des deux nageoires dorsales. La queue est très-courte; les dents inférieures sont tranchantes et sur une ou deux rangées; les supérieures sont grêles, pointues et sur plusieurs rangs. Le dos est élevé en carène, s'exhausse dans le milieu de sa longueur, et s'abaisse vers la queue et la tête. Le *H. vulgaire,* ou *Cochon marin,* est brun par-dessus et blanchâtre en dessous. Sa peau, couverte de tubercules gros, sert pour polir les corps durs. Sa chair n'est pas comestible.

HUMERUS, mot latin conservé en français pour désigner l'os du bras depuis l'épaule jusqu'au coude. Cet os est terminé supérieurement par une éminence appelée *tête de l'humérus,* qui est reçue dans la cavité glénoïde de l'omoplate. Cette tête est supportée par un *col* très-court. Deux autres éminences latérales ont reçu le nom de *tubérosités,* et sont distinguées en *grosse tubérosité* ou *trochite,* et *petite tubérosité* ou *trochin.* L'extrémité inférieure présente : la *petite tête,* où *condyle de l'humérus,* éminence arrondie que reçoit une cavité du radius; la *poulie,* ou *trochlée,* qui est reçue dans la cavité sigmoïde; l'*épitrochlée,* tubérosité située au côté interne; l'*épicondyle,* autre tubérosité plus forte située au côté externe.

HUMEUR (du latin *humor,* liqueur). On appelle ainsi, en Physiologie, toute substance fluide circulant ou simplement contenue dans un corps organisé, comme le sang, lé chyle, la lymphe, la bile, etc.

Les anciens avaient réduit à quatre toutes les humeurs du corps humain, toutes celles, du moins, qui influaient d'une manière notable sur la santé : c'étaient le sang, la pituite, la bile jaune et l'atrabile, qu'ils nommaient les *humeurs cardinales*. A la prédominance de chacune de ces humeurs correspondait un des âges, un des tempéraments, une des saisons, un des climats. Toutes les maladies étaient dues à l'altération, à l'excès ou au défaut de quelqu'une de ces humeurs ; toute la médecine consistait à les évacuer ou à rétablir l'équilibre entre elles. Ce système, qui pendant longtemps régna d'une manière exclusive, appuyé de l'autorité de Galien, est connu sous le nom d'*humorisme*.

Aujourd'hui on distingue, d'après Chaussier, les humeurs qui sont le *produit de la digestion* (chyme et chyle) ; les *H. circulantes* (lymphe, sang) ; les *H. sécrétées*, qui se subdivisent elles-mêmes en *H. exhalées*, *H. folliculaires*, *H. glandulaires*. Les *H. exhalées* sont, ou *récrémentitielles*, c.-à-d. rentrant en entier dans le torrent de la circulation : tels sont les fluides albumineux des membranes séreuses, la synovie, la graisse, la moelle, les humeurs aqueuse et vitrée de l'œil, etc. ; ou *excrémentitielles*, c.-à-d. destinées à être rejetées : telles sont la transpiration insensible, la sueur, les fluides muqueux des appareils respiratoire, digestif, urinaire et génital. Les *H. folliculaires*, ou sécrétées par les follicules, sont l'humeur sébacée de la peau, le cérumen des oreilles, les mucus nasal, guttural, bronchique, pulmonaire, ceux de l'appareil génito-urinaire. Les *H. glandulaires*, sécrétées par les glandes, sont les larmes, la salive, la bile, l'urine, le lait.

Vulgairement, on emploie l'expression d'*humeur* pour caractériser les divers produits morbides accidentellement formés pendant les maladies, tels que le pus, la sérosité de l'hydropisie, etc.

Humeur aqueuse, *H. vitrée de l'œil*. *Voy.* OEIL.

Humeurs froides. *Voy.* SCROFULES.

HUMIDITÉ. *Voy.* HYGROMÈTRE.

HUMIFUSES (du latin *humus*, sol, et *fusus*, répandre), plantes ou parties des plantes qui sont appliquées à la surface du sol, en tous sens, sans pousser des radicules. Telle est la Renouée.

HUMORISME (d'*humeur*), système médical qui date de la plus haute antiquité, et dans lequel on attribue la cause des maladies à l'altération primitive des humeurs. C'est Galien qui le premier en a fait un corps de doctrine. Ce système a régné jusqu'au XVIIe siècle. *Voy.* HUMEUR.

HUMOUR, mot anglais qu'on a naturalisé chez nous, indique un genre de style singulier, formé d'un mélange d'esprit et de naïveté, de douce gaîté et de mélancolie, de brusquerie et de sensibilité, de légèreté et de philosophie profonde : Sterne en est le type. Swift en possède aussi beaucoup ; mais l'*humour* est chez lui plus incisive et plus grave. Elle se manifeste très-souvent chez les Allemands, mais avec la tendance à l'idéalisme qui se mêle à presque tout chez eux : nulle part elle n'éclate plus que chez Jean-Paul (Richter). La France n'est pas non plus étrangère à l'*humour*. La Fontaine et Montaigne furent certes des humouristes sans le savoir : Xavier de Maistre et Paul-Louis Courier méritent aussi cet éloge, quoique à des titres bien différents.

HUMULUS, nom latin du *Houblon*.

HUMUS (du latin *humus*, terre), terre végétale, celle qui forme le sol fertile de toutes les contrées du globe, celle dont se nourrissent les végétaux : c'est une matière noire, fine, qui provient de la décomposition des végétaux et des animaux ; son épaisseur atteint quelquefois jusqu'à près d'un mètre. L'humus est en plus grande quantité dans les vallées que sur les lieux élevés, les eaux ne cessant d'y entraîner quelques molécules du sol végétal. *Voy.* TERREAU.

HUNE, HUNIER. La *hune* est une plate-forme épaisse et large, à peu près rectangulaire, et percée d'un trou carré dit *trou du chat*, établie à la tête d'un bas mât. Elle a, entre autres usages, celui de servir de point d'appui aux mâts supérieurs. On distingue les hunes par l'addition du nom de leur mât (*grande hune, hune d'artimon, hune de misaine*). Les mâts placés au-dessus d'une hune se nomment *mâts de hune*, ou *grand hunier, petit hunier, hunier d'artimon*. Eux-mêmes jadis portaient chacun leur hune, dite *hune de perroquet*. Il n'existe plus de ces hunes. Celle *de beaupré* aussi a été supprimée. La hune jadis était en forme de cage, et se nommait *gabie* (*Voy.* ce mot). — Le mot de *hunier* sans addition est réservé pour la voile carrée, propre au mât de hune, et qui s'attache par sa petite base à la vergue de hune, par sa grande à la basse vergue.

HUPPE, en latin *Upupa*, genre de Passereaux de la famille des Ténuirostres, renferme des oiseaux de la grosseur d'un merle, qui ont le bec trois fois aussi long que les pattes, mais qui sont surtout faciles à distinguer par une belle huppe formée d'une double rangée de plumes rousses bordées de noir, qu'ils redressent à volonté. Ils se nourrissent de scarabées, de mollusques et de vers. La *H.-Puput* ou *H. commune* (*U. epops*) est d'un roux vineux, avec 5 bandes blanches aux ailes. La Huppe est un oiseau de passage : elle arrive en Europe au printemps, et en part en automne pour aller passer l'hiver en Afrique. — Cet oiseau était révéré dans toute l'Égypte : on le trouve souvent placé sur le sceptre d'Horus. La huppe était le symbole de la joie et de l'amour filial. — Selon la Fable, la huppe était Térée, roi de Thrace, époux de Procné, qui subit cette métamorphose pendant qu'il poursuivait Philomèle, sa victime.

HURE (d'un vieux mot français qui signifiait *hérissé*), se dit de la tête de quelques animaux, surtout lorsqu'elle est coupée. On dit une hure de sanglier, de saumon, de brochet, etc.

HURLEUR, espèce de Singe. *Voy.* ALOUATES.

HURRAH. *Voy.* HOURRA.

HUSSARDS, mieux HOUSARDS (du hongrois *housz*, vingt, vingtième, parce que, pour former ce corps, la noblesse hongroise équipa un homme par vingt feux), corps de cavalerie légère, dont les armes sont aujourd'hui un sabre, une carabine et une paire de pistolets. Leurs chevaux sont petits ; leur habillement est élégant et léger : *pelisse*, bleue, bleu céleste, grise, brune, garance, verte, blanche ou noire, selon le régiment, avec collet, parement et garniture en peau d'agneau, grise ou noire ; *dolman*, de même couleur que la pelisse, avec parements garance ou bleus ; *pantalon* et *schako* de la couleur du parement du dolman ; *tresses* blanches, noires, jaune d'or ou mélangées ; *ceintures* en poil de chèvre cramoisi ; *boutons* blancs ou jaunes ; *plumet* tombant en plumes noires ; *buffleteries* blanches. La France compte aujourd'hui neuf régiments de hussards à trois escadrons. Les armées allemandes en ont un nombre plus considérable.

Primitivement, les hussards formaient en Hongrie et en Pologne une milice à cheval qu'on opposait avec succès à la cavalerie irrégulière des Turcs. Sous Louis XIII, en 1637 au plus tard, on eut en France 5 compagnies de cavalerie hongroise. Sous Louis XIV, en 1692, on les organisa en un régiment, qui fut réformé à la paix, mais que remplaça bientôt un autre donné au roi en 1701. On en créa de nouveaux en 1719, 1734, 1743 et 44 ; et au total on en comptait en 1748 6, formant 28 escadrons. La paix les fit réduire à 8 escadrons, chacun de 100 hommes, dont 4 de Hongrois. — Le maréchal de Saxe faisait peu de cas des hussards : tous les militaires, cependant, les regardent aujourd'hui comme indispensables ; ils ont toujours rendu de grands services, dans nos guerres de l'Empire notamment : les hussards se sont couverts de gloire sous le commandement des Berchini, des Lauzun, des Chamboran, des Lasalle, etc.

HYACINTHE (nom mythologique), pierre précieuse d'un rouge orangé, mêlé de brun. Cette pierre est presque toujours un grenat essonite; l'*H.* dit *jargon* est un zircon; l'*H. brune de Vésuve*, une idocrase; l'*H. de Compostelle*, un quartz rouge opaque. Les bijoutiers distinguent 4 espèces d'hyacinthes: la 1re, de couleur écarlate, jette des rayons comme le feu: c'est à cette qualité que l'on donne le nom de *Belle Hyacinthe*; la 2e espèce a une couleur de safran rougeâtre; la 3e ressemble à l'ambre jaune, mais est plus dure; la 4e est transparente et blanche, sans aucune rougeur. — On distingue aussi les hyacinthes en *orientales* et en *occidentales*. La 1re espèce est d'un jaune rougeâtre: c'est un corindon orangé; on la trouve en Arabie, à Ceylan, etc., en morceaux de la grosseur d'une lentille, et quelquefois même d'une aveline. La 2e, qui est une topaze, est moins dure et d'un brillant plus éclatant que la précédente; elle a une couleur plus safranée ou orangée: elle vient du Brésil. Dans le commerce, on voit de ces hyacinthes jaunes, d'autres d'un blanc jaunâtre, de laiteuses, etc.; mais leur teinte soutient peu le feu. Elles viennent de la Silésie et de la Bohême.

HYACINTHE, plante. *Voy.* JACINTHE.

HYADES, petite constellation composée de 5 étoiles en forme d'Y, qui sont placées au front de la constellation du Taureau, tire son nom de sept sœurs, filles d'Atlas, roi de Mauritanie, qui, après la mort tragique de leur frère Hyas, déchiré par une lionne, furent changées en astres. Les anciens croyaient que leur lever ou leur coucher annonçaient la pluie.

HYALE, *Hyalœa*, genre de Mollusques de l'ordre des Ptéropodes, renferme des animaux qui ont le corps enfoncé dans de petites coquilles en forme de cornets: ils ont de plus des nageoires membraneuses en forme d'ailes sur les côtés du cou. Ces Mollusques sont très-communs dans les mers du Nord, où ils servent de pâture aux baleines.

HYALITE (c.-à-d. *vitreux*). *Voy.* OPALE.

HYALOIDE (du grec *hyalos*, verre, et *eidos*, forme), membrane de l'intérieur de l'œil, qui enveloppe le corps vitré. Cette membrane est extrêmement mince, parfaitement transparente, et fournit par sa face interne une foule de prolongements qui forment des cellules, dans lesquelles se trouve renfermée l'humeur vitrée. Elle est divisée antérieurement en deux lames qui passent, l'une devant, l'autre derrière la capsule du cristallin, et qui laissent, à l'endroit de leur écartement, un espace conique appelé *canal de Petit*.

On nomme *canal hyaloïdien* un canal que forme la membrane hyaloïde, en se réfléchissant sur elle-même, au travers du corps vitré.

HYALURGIE (du grec *hyalos*, verre, et *ergon*, œuvre), fabrication ou manipulation du verre.

HYBRIDES (du latin *hybrida*, métis). En Botanique, on nomme ainsi des variétés de fleurs obtenues en mariant les plantes, c.-à-d. en portant sur le pistil d'une plante la poussière fécondante d'une autre plante voisine. En général, les hybrides réunissent les qualités des plantes d'où elles sont sorties. On nomme *H. congénère*, celle qui provient de deux espèces du même genre, par exemple le *Cactus hybride*, né du *C. phyllaroïdes* et du *C. grandiflora*; et *H. bigénère*, celle qui provient de l'union de deux espèces appartenant à des genres différents; par exemple, la *Dauphinelle umbigué*, née de l'Aconit napel marié avec la Dauphinelle élevée.

En Grammaire, *Hybride* se dit de mots formés de radicaux pris dans deux langues différentes: tels sont *choléra-morbus*, *monocle*, qui sont moitié grecs, moitié latins; *bureaucratie*, moitié français, moitié grec, etc. Bien que les mots hybrides soient proscrits avec raison par les philologues, il en est quelques-uns qui ont été sanctionnés par l'usage.

HYDARTHROSE ou HYDRARTHRE (du grec *hydôr*, eau, et *arthron*, articulation), hydropisie articulaire, qui provient ordinairement à la suite de coups, de chutes, de violences extérieures quelconques, s'observe aussi très-souvent chez les individus scrofuleux ou lymphatiques. Au début, cette maladie a tous les caractères de l'arthrite ou inflammation articulaire; vers la fin, on la confond facilement avec une tumeur blanche. Dans un individu sain, l'hydarthrose se termine ordinairement par résolution; dans le cas contraire, les cartilages se ramollissent, les os deviennent fongueux, et il s'établit une suppuration qui finit par emporter le malade. Dans beaucoup de cas, l'amputation du membre affecté est le seul remède.

HYDATIDES (du grec *hydôr*, eau), nom donné d'abord aux tumeurs enkystées qui contiennent un liquide aqueux et transparent, a été ensuite appliqué à des vésicules plus molles que le tissu des membranes, et plus ou moins transparentes, qui se développent dans les organes sans adhérer à leur tissu. Hartmann et Tyson, vers la fin du XVIIe siècle, reconnurent que quelques-unes de ces vésicules n'étaient que des entozoaires, doués d'une vie propre et indépendante. Cette découverte, négligée pendant longtemps, fut ensuite tirée de l'oubli par Linné et Pallas. Aujourd'hui, on admet plusieurs espèces d'hydatides: celles qu'on rencontre le plus ordinairement chez l'homme ont reçu les noms d'*acéphalocystes*; de *cysticerques* et d'*échinocoques*. Une autre espèce produit la ladrerie des cochons; une autre, le tournis des moutons, etc. Le traitement à employer contre les hydatides est encore très-incertain. *Voy.* KYSTES.

HYDNE (du grec *hydnon*, truffe), *Hydnum*, genre de Champignons à chapeau tantôt stipité, tantôt sessile, hérissé inférieurement de papilles nombreuses. L'espèce principale est l'*H. rameux de Bulliard*, qui est comestible et très-recherché. On le trouve en France sur les hêtres.

HYDRACHNE (du grec *hydôr*, eau, et *akhnè*, poil, fil), genre d'Arachnides trachéennes, tribu des Acarides, renferme des Araignées très-petites, qui vivent dans les eaux stagnantes. Elles courent avec célérité dans l'eau et se nourrissent d'insectes aquatiques. Cette araignée fait la morte lorsqu'on veut la toucher; elle aime aussi à rester à la même place des heures entières, et comme endormie. Elle est assez commune dans nos mares.

HYDRACIDES, acides résultant de la combinaison d'un corps simple ou composé avec l'hydrogène considéré comme principe acidifiant. On les désigna d'abord en commençant le mot par *hydro*: hydro-chlorique, hydrosulfurique, etc. Dans la théorie dualistique de Berzélius, qui place en premier les corps qui sont le plus électro-négatifs, on les désigne par la terminaison *hydrique*. Les principaux hydracides sont: les acides bromhydrique, chlorhydrique, cyanhydrique, fluorhydrique, iodhydrique, sélénhydrique, sulfhydrique, etc.

HYDRAGOGUES (du grec *hydôr*, eau, et *agô*, chasser). On a désigné sous ce nom des substances auxquelles on supposait la propriété de faire écouler les sérosités épanchées dans les cavités ou infiltrées dans les tissus organiques, substances que l'on employait contre l'hydropisie. C'est particulièrement aux purgatifs drastiques qu'on a donné ce nom: à ce titre, la gratiole, la gomme-gutte, la coloquinte, le jalap, le nerprun, l'ellébore, la digitale, sont des hydragogues. La *poudre hydragogue* était composée de racine de jalap, de méchoacan, d'anis, de rhubarbe, de cannelle et de soldanille. Les diurétiques, les sudorifiques, les délayants, peuvent être aussi employés comme hydragogues.

HYDRANGÉE (du grec *hydôr*, eau, et *aggeion*,

vase, parce que cette plante aime beaucoup l'humidité), *Hydrangea*, genre de la famille des Saxifragées, renferme des arbrisseaux élégants à feuilles opposées, ovales; à fleurs blanches ou roses, formées d'un calice à 5 dents et d'une corolle à 5 pétales. Le fruit est une capsule biloculaire. Toutes les espèces sont exotiques. Quelques-unes sont cultivées dans nos jardins pour la beauté de leurs fleurs. La plus répandue est l'*H. hortensia*, appelée vulgairement *Hortensia* (*Voy.* ce mot) ou *Rose du Japon*.

HYDRARGYRE(eau-argent),nomgrecdu*Mercure.*

HYDRARGYRIE (du grec *hydrargyros*, mercure), ou *Lèpre mercurielle*, éruption cutanée produite par l'administration intérieure ou extérieure des préparations mercurielles, et caractérisée par de petites vésicules développées sur des surfaces rouges d'une étendue plus ou moins considérable. Des ablutions avec de l'eau fraîche, des bains tempérés, un régime doux, les purgatifs et les préparations opiacées, sont les moyens employés contre cette maladie.

HYDRARTHRE. *Voy.* HYDARTHROSE.

HYDRATE (du grec *hydôr*, eau), se dit, en Chimie, de tout corps qui renferme de l'eau en combinaison : *hydrate de potasse* (KO +HO), *hydrate d'acide sulfurique* (SO³+HO), etc.—On en a formé le participe *hydraté* pour désigner le corps qui par sa combinaison avec l'eau forme un *hydrate* : potasse *hydratée*.

HYDRAULIQUE (du grec *hydôr*, eau, et de *aulos*, tuyau), science qui a pour objet le mouvement des liquides. Elle étudie : 1° l'écoulement des eaux par des conduits, des orifices et des ajutages de différentes formes ; 2° les moyens employés pour distribuer, diriger ou retenir les eaux ; 3° leur application comme moteurs dans nos usines ; 4° enfin leur élévation , à l'aide de machines, pour les besoins des arts, de l'agriculture et de l'économie domestique. L'écoulement le plus ordinaire est celui des eaux de source ou pluviales qui passent d'un terrain supérieur dans un autre inférieur. Leur distribution exige la construction de *canaux*, d'*écluses*, d'*aqueducs*, de *pertuis*. L'emploi des eaux comme moteurs se fait à l'aide de *moulins*, de *digues*, de *roues hydrauliques*, de *béliers hydrauliques*, etc. Enfin, leur élévation s'effectue par des *pompes*, des *vis d'épuisement*, des *siphons*, des *jets d'eau*, des *machines à vapeur*, des *puits artésiens*. *Voy.* ces mots.

L'hydraulique avait fait peu de progrès avant Archimède; ce grand homme découvrit le principe de la pression des liquides sur les corps qui y sont plongés, et inventa la vis qui porte son nom. Cette science s'accrut bientôt des découvertes de Ctésibius et de Héron, deux célèbres mathématiciens d'Alexandrie. Le premier inventa la pompe aspirante et foulante, ainsi qu'un orgue et une horloge hydrauliques et les clepsydres; le second inventa le siphon et la fontaine de compression dite *Fontaine de Héron*.Les *moulins à eau* furent importés de l'Asie Mineure à Rome du temps de César, et passèrent en France du IVe au VIe siècle. Les travaux de Stévin qui, au XVIe siècle, détermina la pression des fluides contre les parois qui les retiennent, ceux de Galilée qui entrevit la pesanteur de l'air, ceux de Torricelli qui trouva la loi de la vitesse des fluides quand ils s'écoulent par un orifice; enfin ceux de D. Bernouilli, de Maclaurin, de J. Bernouilli, d'Euler, etc., ont achevé de fonder l'hydraulique moderne, en lui donnant pour base l'hydrodynamique. Les principaux ouvrages sur cette science sont : l'*Architecture hydraulique* de Bélidor (1753); le *Traité théorique et expérimental d'hydrodynamique* de Bossut (1796); la *Nouvelle architecture hydraulique* de Prony (1796), et l'*Hydraulique à l'usage des ingénieurs*, d'Aubuisson de Voisins, 1840.

On nomme *Machine hydraulique* toute machine mue par l'eau ou destinée à élever l'eau. On divise ces machines en deux classes : les unes douées d'un mouvement alternatif (*Machine de Schemnitz*, *Balance d'eau*, *Bélier hydraulique* et *Machine à colonne d'eau*) ; les autres possédant un mouvement de rotation continu (*Roues hydrauliques*, *Roues à réaction*). — M. Girard a exposé en 1852 le plan d'un *Chemin de fer hydraulique*, dans lequel les wagons, munis d'aubes par-dessous, seraient poussés par des masses d'eau provenant de réservoirs situés à 80 mètres au-dessus du sol. — On appelle *Orgue hydraulique*, un orgue jouant par le moyen d'une chute d'eau qui y fait entrer le vent et le fait résonner ; — *Mortier hydraulique*, un mortier qui a la propriété de durcir dans l'eau : il est principalement composé de chaux hydraulique; — *Chaux hydraulique*, une chaux mêlée de silice, susceptible de former une pâte qui, comme le mortier hydraulique, a la propriété de durcir sous l'eau.

HYDRE (nom mythol.), *Hydra*, genre de Polypes nus, c.-à-d. sans polypiers, appelés aussi *Polypes d'eau douce*, *Polypes à bras*. Ils sont de fort petite taille , mais visibles à l'œil nu, et n'ont qu'une ouverture qui leur sert à la fois de bouche et d'anus. Leur orifice buccal, en forme de lèvre circulaire, est muni tout autour de tentacules creux, en nombre variable, et en communication avec l'estomac. C'est avec ces bras qu'ils saisissent les petits animaux dont ils se nourrissent, tels que des Entomostracés, des Naïs, de petites larves de Diptères, etc. Enfin ils peuvent être retournés comme un gant sans que la vie cesse en eux , et , dans cette position , ils continuent à manger de la même manière qu'auparavant. Ils se reproduisent par bourgeons, comme les plantes. De plus, si on les coupe par morceaux, chaque fragment se complète et devient en peu de temps un animal parfait. Outre ces deux modes de reproduction , ils pondent des œufs. Nos lacs, nos étangs et même les tonneaux d'arrosage de nos jardins renferment 3 espèces d'hydres : l'*Hydra fusca*, l'*H. viridis* et l'*H. grisea* ou *vulgaris*. Elles se tiennent fixées sous les plantes aquatiques , sous les feuilles tombées des arbres et les autres corps qui peuvent se trouver à la surface de l'eau.

Les anciens donnaient en général le nom d'*Hydres* aux serpents aquatiques. On désignait spécialement sous ce nom un monstre fabuleux, à plusieurs têtes, sans cesse renaissantes, qui vivait dans le lac de Lerne et qui fut exterminé par Hercule.

En Astronomie, on nomme *Hydre femelle* une constellation de l'hémisphère austral, longue et sinueuse, dans laquelle on remarque une étoile de 1re grandeur, le *Cœur de l'hydre* ; elle s'étend au-dessous du Lion, de la Vierge et de la Balance : on l'appelle aussi *Echidna* ou *Vipère*, *Serpens aquaticus* et *Asina coluber;* — *H. mâle*, une constellation plus méridionale, qui ne paraît point dans nos contrées.

HYDRIODATES,HYDRIODIQUE (ACIDE).*Voy.*IODURES et IODHYDRIQUE.

HYDRO, initiales du mot *hydrogène*, par lesquelles commencent beaucoup de termes de chimie, comme *acide hydrochlorique*, *hydrochlorate*, *hydrosulfate*, etc., et qui indiquent des combinaisons de l'hydrogène. On dit plus généralement *acide chlorhydrique*, *chlorhydrate*, *sulfhydrate*, etc. (*Voy.* ces mots et l'article HYDRACIDES). — Les minéralogistes se servent du même mot initial pour désigner certains minéraux qui renferment de l'eau (en grec *hydôr*), comme *hydro-carbonate* ou carbonate hydraté, *hydro-silicate* ou silicate hydraté, etc.

HYDROBORACITE, minéral composé d'acide borique, de magnésie, de chaux et d'eau, blanc, fibreux , et d'un éclat nacré, qui a la plus grande analogie avec le gypse.

HYDROCANTHARES (du grec *hydôr*, eau, et *cantharos*, scarabée), tribu de Coléoptères pentamères, famille des Carnassiers, renferme des insectes de forme elliptique qui vivent dans les eaux stagnantes, à la surface desquelles ils remontent de temps en temps pour respirer. Ils nagent avec facilité, grâce à leurs pattes postérieures, aplaties en forme de rames, et à un mouvement latéral par lequel ils savent donner l'impulsion à leur corps. Ces insectes sortent de l'eau au coucher du soleil pour voler d'un étang à un autre. Ils sont très-voraces. Leurs larves vivent également dans l'eau, et n'en sortent que pour se transformer en nymphes dans la terre. Les *Dytisques* et les *Gyrins* sont les principaux genres de cette tribu.

HYDROCÈLE (du grec *hydôr*, eau, et *kèlè*, tumeur), tumeur formée dans le scrotum par un amas de sérosité. Les causes de cette maladie sont assez obscures; l'habitude de l'équitation y prédispose; les coups, les chutes sur les bourses la déterminent. La marche de l'hydrocèle est généralement assez lente. Arrivée à un certain développement, la maladie peut rester stationnaire pendant des années, et ne constituer qu'une simple infirmité; quand le volume de la tumeur augmente, il est nécessaire de la vider de temps en temps, au moyen de la ponction avec un trocart.

HYDROCÉPHALE (du grec *hydôr*, eau, et *képhalè*, tête), hydropisie de la tête ou collection de sérosité dans l'intérieur du crâne. Elle a son siége tantôt entre la dure-mère et les os du crâne, tantôt dans la grande cavité de l'arachnoïde, le plus souvent dans les ventricules du cerveau, quelquefois dans des espèces de kystes de cet organe. — Cette maladie se présente à l'*état aigu* (fièvre cérébrale ou méningite), et à l'*état chronique*. L'enfance et la vieillesse y sont les plus exposées; elle est souvent l'effet des scrofules, de la phthisie, des fièvres éruptives (rougeole et scarlatine), des maladies aiguës gastro-intestinales, surtout chez les enfants du sexe féminin, à tête volumineuse, lymphatiques, avec prédomination du système nerveux et des facultés intellectuelles; quelquefois elle provient de la suppression de dartres ou d'éruptions rebelles du cuir chevelu. Elle peut avoir pour causes directes les violences extérieures, les coups et chutes sur la tête.

Les symptômes les plus constants de l'*H. aiguë* sont d'abord des vomissements, de la céphalalgie, avec coloration de la face, tristesse, somnolence, fièvre vive, puis lenteur remarquable du pouls, dilatation et oscillation des pupilles, mouvements convulsifs des yeux et de la face, délire sourd et momentané, enfin assoupissement profond, convulsions, engourdissement des sens, — On combat cette maladie par les saignées locales, les dérivatifs les plus énergiques (sinapismes, vésicatoires, purgatifs drastiques), applications froides sur la tête, diurétiques, frictions et douches de vapeur; mais on réussit rarement à en arrêter la marche: elle enlève quelquefois les enfants en moins de 48 heures.

L'*H. chronique* peut être congéniale ou acquise; cette dernière succède souvent à l'hydrocéphale aiguë. Cette maladie commence le plus souvent à se montrer dans les premières semaines ou dans les premiers mois qui suivent la naissance. Elle peut résulter d'une maladie du cerveau ou de ses enveloppes, ou bien tenir à un défaut de développement de l'encéphale. Le volume de la tête, l'état des facultés intellectuelles, en sont déjà des indices. A mesure qu'elle se manifeste, la tête s'élargit dans les points non ossifiés, la fluctuation y est évidente, la forme du crâne cesse d'être régulière, on observe enfin les mêmes symptômes que dans l'état aigu. Le pronostic est toujours grave: les hydrocéphales ne vivent guère au delà d'un an; et la maladie, quoique combattue par les moyens précités, est constamment au-dessus des ressources de l'art.

HYDROCÉRAMES (du grec *hydôr*, eau, et *kéramos*, terre à potier), vases faits avec une sorte d'ar-

gile poreuse, dans lesquels on met de l'eau ou quelque autre liquide qu'on veut rafraîchir. V. ALCARAZAS.

HYDROCHARIS (du grec *hydrokharès*, qui aime l'eau), genre de Plantes aquatiques, type des Hydrocharidées, ne renferme qu'une seule espèce indigène, l'*H. morsus ranæ*, vulgairement appelé *Morène*, *Mors de grenouille*. Ses feuilles ressemblent à celles du Nénuphar, mais sont plus petites; ses fleurs dioïques sont blanches, les mâles à 9 étamines, les femelles à un ovaire, surmonté de 3 styles. Cette plante sert à décorer les pièces d'eau dans les jardins d'agrément.

HYDROCHLORATE, HYDROCHLORIQUE. Voy. CHLORHYDRATE, CHLORHYDRIQUE.

HYDROCHOERUS, ou *Cochon d'eau*. Voy. CABIAI.

HYDROCORISES (du grec *hydôr*, eau, et *koris*, punaise), famille d'insectes Hémiptères, section des Hétéroptères: antennes plus courtes que la tête, yeux saillants, rostre court, mais très-robuste. Ces insectes, appelés aussi *Punaises d'eau*, passent dans ce liquide la plus grande partie de leur vie. Ils sont très-carnassiers, et piquent vivement quand on veut les saisir. Les *Nèpes* et les *Notonectes* sont les principaux genres de cette famille.

HYDROCOTYLE (du grec *hydôr*, eau, et *kotylè*, vase), genre de plantes de la famille des Ombellifères, renferme des herbes aquatiques, à feuilles simples ou composées, à ombelle petite, et à fleurs formées d'un calice entier et d'une corolle de cinq pétales. Ces plantes croissent dans les marais et les lieux sablonneux. L'*H. vulgaire*, ou *Écuelle d'eau*, est ainsi appelée de la forme de ses feuilles orbiculaires, qui flottent à la surface des eaux stagnantes. Ces feuilles sont âcres et nuisibles aux bestiaux; elles s'emploient comme détersives et vulnéraires. L'*H. asiatique* est donnée comme spécifique contre la lèpre.

HYDROCYANATE, HYDROCYANIQUE. Voy. CYANHYDRATE, CYANHYDRIQUE.

HYDRODYNAMIQUE (du grec *hydôr*, eau, et *dynamis*, force, puissance), partie de la Mécanique qui a pour objet de calculer les forces qui déterminent le mouvement des fluides, et d'établir les lois d'équilibre et de pression qui les régissent. Appliquée, elle prend le nom d'*Hydraulique*. Voy. ce mot.

HYDROFUGE (ENDUIT), du grec *hydôr*, eau, humidité, et *pheugô*, fuir, éviter). Voy. ENDUIT et MASTIC.

HYDROGÈNE (du grec *hydôr*, eau, et *génos*, origine, c.-à-d. générateur de l'eau), dit aussi *Air inflammable*, gaz simple, incolore, sans saveur ni odeur, 14 fois et demie plus léger que l'air, inflammable et brûlant avec une flamme jaune pâle, en se transformant en eau. Un mélange de gaz hydrogène et de la moitié de son volume d'oxygène détone avec violence quand on y met le feu. L'hydrogène ne se trouve pas dans la nature à l'état de liberté; il entre dans la composition de l'eau, de toutes matières végétales et animales, d'un grand nombre d'acides et d'autres combinaisons chimiques. On l'obtient en versant de l'acide sulfurique étendu d'eau sur de la grenaille de zinc ou de la limaille de fer; l'oxygène de l'eau se combine alors avec le métal, tandis que l'hydrogène se dégage à l'état de gaz. On emploie l'hydrogène, à cause de sa légèreté, pour remplir les ballons aérostatiques. Mêlé avec l'oxygène, il sert à produire, par sa combustion, la température la plus élevée qu'on connaisse (Voy. CHALUMEAU A GAZ OXY-HYDROGÈNE). Comme le gaz hydrogène s'enflamme lorsqu'on le dirige sur de l'éponge de platine, on utilise cette propriété dans la construction de briquets, dits *Briquets à gaz hydrogène*. Enfin, les chimistes font souvent usage du gaz hydrogène pour décomposer et réduire à l'état de métal un grand nombre d'oxydes.

Longtemps avant d'avoir été reconnu comme un des éléments de l'eau et caractérisé comme corps simple, l'hydrogène avait été entrevu par les chimistes des XVIe et XVIIe siècles : Paracelse avait très-bien observé l'effervescence qui se manifeste lorsqu'on met de l'eau et de l'huile de vitriol (acide sulfurique) en contact avec du fer ; un siècle plus tard, Boyle parvint à recueillir le gaz qui se développe alors ; et, en 1703, Turquet de Mayerne en reconnut l'inflammabilité. Ce ne fut cependant qu'en 1766 que le chimiste anglais Cavendish l'obtint pur, par le procédé qui est encore employé aujourd'hui.

Hydrogène antimonié, gaz incolore, composé d'hydrogène et d'antimoine (H³Sb), qui se développe, en même temps que l'hydrogène, quand on fait agir de l'acide sulfurique étendu d'eau sur du zinc, en présence d'une combinaison antimoniale, comme, par exemple, dans l'appareil de Marsh. Il est inflammable et brûle avec une flamme blanche, en déposant des taches noires, semblables à celles produites par l'hydrogène arsénié, quand on présente à la flamme une soucoupe de porcelaine.

Hydrogène arsénié, synonyme d'*arséniure d'hydrogène*. Voy. ARSÉNIURE.

Hydrogène bicarboné, synonyme de *gaz oléfiant*. Voy. GAZ OLÉFIANT.

Hydrogène carboné. Voy. CARBURE D'HYDROGÈNE.

Hydrogène liquide. Voy. LAMPE A GAZ.

Hydrogène phosphoré, synonyme de *phosphure d'hydrogène*. Voy. PHOSPHURE.

Hydrogène protocarboné, synonyme de *gaz des marais*. Voy. GAZ DES MARAIS.

Hydrogène sulfuré, synonyme d'*acide sulfhydrique*. Voy. SULFHYDRIQUE.

HYDROGRAPHIE, HYDROGRAPHES (du grec *hydôr*, eau, et *graphô*, écrire). L'*Hydrographie* est la science de la topographie maritime. Elle a pour objet de lever le plan des côtes et des îles, de reconnaître la place et l'étendue des bas-fonds, écueils, récifs et bancs de sable, des courants et des gouffres; de constater par des sondes la profondeur des mers. Elle coordonne ensuite les résultats de ces opérations et les rend sensibles, tant en les réunissant en corps de science qu'en dressant des cartes où sont portées toutes les particularités constatées. On étend le nom d'*Hydrographie* à la science qui a pour objet la solution de tous les problèmes relatifs aux calculs de la position ou du lieu d'un navire, soit par l'observation des astres, soit par les procédés de l'estime. L'Hydrographie n'était d'abord qu'un art de routine qui se confondait avec le pilotage. La connaissance de la boussole, les expéditions du prince Henri au XVe siècle, lui firent faire les premiers pas. Les grands voyages qui suivirent, surtout après Colomb et Gama, la fréquente publication de routiers et autres recueils hydrographiques, les progrès de toutes les sciences mathématiques, l'introduction de formules expéditives et précises (sinus, logarithmes, etc.), l'invention d'instruments de précision, tels que le quartier de réduction, le cercle de réflexion et les chronomètres, n'ont cessé d'y ajouter dans des proportions immenses. La France a pris, depuis le XVIIe siècle, une part considérable à ce mouvement. Dès 1639, Louis XIII décrétait une école de navigation, que Louis XIV fondait en 1681, sur les plans arrêtés par Colbert. Aujourd'hui, nos principaux ports ont des écoles gratuites d'hydrographie : l'enseignement y est donné par 43 professeurs; le Bureau des longitudes, le Dépôt des plans et cartes de la marine et le corps des Ingénieurs-hydrographes, donnent, l'un des tables nautiques annuelles, l'autre des cartes d'un admirable fini. Les hydrographes les plus célèbres, tant en France qu'en Angleterre, sont J. Hadley, T. Meyer, le chevalier de Borda, Harrison, M. Beautemps-Beaupré, etc. Voy. CARTES MARINES.

HYDROHÉMIE (du grec *hydôr*, eau, et *haima*, sang), surabondance du sérum dans le sang, s'observe fréquemment dans les bestiaux, et constitue une des épizooties les plus redoutables.

HYDROMEL (du grec *hydôr*, eau, et *méli*, miel), sorte de breuvage fait d'eau et de miel. On fait fondre le miel dans dix ou douze fois son poids d'eau. Cette solution, n'étant pas susceptible de se conserver, doit être préparée au moment d'être bue. L'hydromel était fort en usage avant qu'on connût le sucre; aujourd'hui cette boisson n'est plus guère employée que dans quelques campagnes et dans les pays du Nord, où elle était connue dès la plus haute antiquité. On emploie aussi l'hydromel comme médicament. On nomme *H. composé* celui dans lequel on met quelques plantes aromatiques; *H. vineux*, ou *Œnomel*, un hydromel qui a éprouvé une espèce de fermentation, et qui est plus fort que l'hydromel ordinaire : pour l'obtenir, on mêle le sirop de miel épuré avec moitié de son poids d'un vin blanc agréable et un 10e d'alcool à 36°. Le *Merum* des Latins avait beaucoup d'analogie avec ce dernier. — L'hydromel a servi à la fraude pour imiter les vins liquoreux d'Espagne, de Madère, et surtout les vins muscats.

HYDROMÈTRE (du grec *hydôr*, eau, et *métron*, mesure), nom sous lequel on désigne en général tous les instruments qui servent à mesurer la pesanteur, la densité, la vitesse, la force, ou autres propriétés des liquides : tels sont les *aréomètres*, qui en donnent la pesanteur spécifique; les *flotteurs*, qui en font connaître la vitesse ; les *compteurs*, qui en mesurent la dépense, etc.

HYDROMÈTRE, *Hydrometra*, genre d'insectes de la famille des Réduviens, ne se compose que d'une seule espèce, l'*H. des étangs*, que l'on voit souvent chez nous courir sur les eaux des mares, et quelquefois s'attacher aux plantes aquatiques.

HYDROMYS (du grec *hydôr*, eau, et *mys*, rat), genre de Rongeurs détaché du grand groupe des Rats, renferme des animaux de l'Australie, remarquables par leurs pieds à 5 doigts : ces doigts, libres aux pieds de devant, sont palmés aux pieds de derrière. L'Hydromys se rapproche du rat d'eau et du castor par sa manière de vivre. On en connaît deux espèces : l'*H. à ventre jaune* et l'*H. à ventre blanc*.

HYDROPHANE (du grec *hydôr*, eau, et *phainô*, briller), variété d'Opale qui est blanche, poreuse, légèrement translucide, doit son nom à un certain degré de transparence qu'elle acquiert lorsqu'on la plonge dans l'eau. Voy. OPALE.

HYDROPHILE (du grec *hydôr*, eau, et *philos*, ami), genre de Coléoptères pentamères de la famille des Palpicornes, type de la tribu des Hydrophiliens, se compose d'insectes aquatiques de grande taille, de forme elliptique, de couleur sombre et à corps bombé. Le type du genre est l'*H. brun* (*H. piceus*), commun dans les eaux dormantes des environs de Paris. Ces insectes sont forcés, pour respirer, de venir de temps à autre à la surface de l'eau renouveler la provision d'air qu'ils forment dans leurs élytres. Les femelles filent une coque comme les araignées, à l'aide d'organes situés à l'extrémité de leur abdomen, et y déposent leurs œufs. Leurs larves, dites *vers assassins*, sont carnassières, tandis que l'animal parfait est herbivore. Ces animaux sortent de l'eau le soir, pour voler d'un étang à un autre.

HYDROPHOBIE (du grec *hydôr*, eau, et *phobos*, crainte), aversion que l'on éprouve pour l'eau et les liquides, et qui s'observe surtout dans la rage. Elle est aussi un des symptômes de plusieurs autres maladies, telles que celles de l'encéphale, de l'utérus, ou même des organes digestifs et respiratoires. C'est donc à tort que l'on a employé ce mot comme synonyme de *Rage*. Voy. ce mot.

HYDROPHYLLE (du grec *hydôr*, eau, et *phyllon*, feuille), *Hydrophyllum*, genre de plantes détaché de la famille des Borraginées, propre à l'Amérique boréale, est devenu le type d'une nouvelle famille, celle des *Hydrophyllacées*. Ce genre renferme des plantes à feuilles luisantes, palmées ou pinnées, à fleurs formées d'un calice à 5 divisions et d'une corolle campanulée, quinquéfide, à 5 étamines. On cultive quelquefois l'*H. pinnée* (*H. virginianum*), originaire de la Virginie, qui donne de grosses touffes à tiges basses, et des fleurs blanches.

HYDROPHYTES (du grec *hydôr*, eau, et *phyton*, plante), nom sous lequel on a désigné tantôt tout le groupe des Algues, tantôt seulement les Algues d'eau douce, et quelquefois une des familles dans lesquelles le groupe des Algues a été décomposé. Aujourd'hui, on ne l'emploie plus guère que comme synonyme d'*Algues*. *Voy.* ce mot.

HYDROPISIE (du grec *hydôr*, eau, et *opsis*, aspect, apparence), nom donné à tout épanchement de sérosité dans une cavité quelconque du corps ou dans le tissu cellulaire, accumulation toujours due à un défaut d'équilibre entre l'exhalation et l'absorption. On lui donne différents noms, selon le siége de la collection séreuse : on appelle *hydrothorax* l'hydropisie de la poitrine ; *hydropéricarde*, celle du péricarde ; *hydrocéphale*, celle du cerveau ; *ascite*, celle du ventre ; *œdème* ou *anasarque*, l'infiltration, partielle ou complète, du tissu cellulaire.

Les hydropisies sont *actives* ou *passives*. Dans les premières, il y a augmentation de l'activité vitale : liées constamment soit à la pléthore, soit à une irritation des surfaces séreuses, ces affections s'accompagnent d'ordinaire d'une réaction générale, et leur marche est celle des affections aiguës. — Les hydropisies *passives*, au contraire, résultant soit d'un état de débilité ou d'appauvrissement de l'économie, soit d'obstacle mécanique au cours du sang ou de la lymphe, ont généralement une marche lente et chronique, et sont dépourvues de réaction. Locales, elles n'apportent aucun désordre dans l'ensemble des fonctions ; l'organe affecté est seul troublé par la présence du liquide épanché ; mais quand elles sont devenues générales, et que la diathèse séreuse s'est établie, on voit se développer les symptômes suivants : sécheresse, décoloration, flaccidité de la peau ; pâleur et tuméfaction de la face ; blancheur extrême de la conjonctive ; soif continuelle ; urines épaisses, rougeâtres et disproportionnées avec les boissons ; prompt amaigrissement ; les digestions sont le plus souvent dérangées, l'appétit dépravé ; les malades tombent dans le découragement en même temps que l'affaiblissement musculaire les éloigne de tout mouvement, etc. Le pronostic des hydropisies est toujours grave ; néanmoins, le danger est proportionné à la cause productrice de la maladie : ainsi, les lésions organiques du cœur, du foie, etc., produiront une hydropisie plus fâcheuse qu'une irritation locale ou qu'un état passager de pléthore ou d'anémie.

Le traitement consiste, pour les hydropisies *actives*, dans l'emploi de la médication débilitante et antiphlogistique ; les saignées générales ou locales, les boissons émollientes et la diète en forment la base, mais employées avec prudence. Les hydropisies *passives*, au contraire, accompagnées le plus souvent d'un état de débilité et de prostration, doivent être combattues par l'action des toniques et des stimulants (principalement la scille, la digitale pourprée, le fer, le quinquina, la gentiane), et par une alimentation reconfortante. Dans les unes et dans les autres, on s'efforce de procurer l'évacuation de la sérosité soit en facilitant la résorption du liquide épanché, soit en lui pratiquant une issue au dehors. Pour cela, on a recours d'abord aux *hydragogues* ou agents propres à déterminer des sécrétions dérivatives, tels que les purgatifs, les diurétiques et les sudorifiques ; on a employé aussi les exutoires sur la peau, les frictions aromatiques, alcooliques et mercurielles, ainsi que la compression méthodique et modérée de la partie malade. Quand tous ces moyens sont impuissants, il faut ouvrir une issue à

la sérosité ; pour cela, on a recours à diverses opérations chirurgicales, qui varient selon le siége de l'épanchement : pour l'anasarque, ce sont de simples *mouchetures*; on emploie la *ponction* pour l'ascite, pour l'hydrocèle, l'hydrothorax et quelquefois l'hydrocéphale. Ce soulagement n'est le plus souvent que momentané ; ordinairement les eaux se reproduisent avec rapidité et il faut recommencer l'opération.

HYDROPNEUMATIQUE (CUVE), cuve dont on se sert pour recueillir sous l'eau les gaz qui ne se dissolvent pas dans ce liquide. Priestley en est l'inventeur.

HYDRORACHIS, maladie. *Voy.* SPINA-BIFIDA.

HYDROSCOPE (du grec *hydôr*, eau, et de *skopéô*, examiner), espèce d'horloge d'eau ou de clepsydre qui était autrefois fort en usage à cause de sa simplicité. C'était un large vase d'où l'eau s'écoulait goutte à goutte par une partie conique et était reçue à mesure dans un cylindre gradué.

On a encore donné le nom d'*hydroscopes* à certains individus qui prétendaient avoir la faculté de découvrir les eaux souterraines par les seules émanations qui s'en dégagent. *Voy.* BAGUETTE DIVINATOIRE et SOURCIERS.

HYDROSTATIQUE (du grec *hydôr*, eau, et *staô*, s'arrêter), une des branches de la mécanique, a pour objet l'équilibre des liquides et des gaz.

Cette science, inséparable de l'*hydrodynamique* et de l'*hydraulique* (*Voy.* ces mots), a été fondée par Archimède, qui en donna les premières notions dans son traité *De insidentibus humido* ; on lui doit l'important principe qui porte son nom, et d'après lequel tout corps plongé dans un fluide perd de son poids un poids égal à celui du fluide déplacé. Depuis Archimède, l'hydrostatique demeura stationnaire jusqu'à la fin du XVIe siècle. A cette époque, Stévin, géomètre flamand, consacra un ouvrage spécial à la démonstration des propositions fondamentales trouvées par Archimède. Mais ce fut surtout Pascal qui, dans le siècle suivant, fit faire les premiers progrès réels à l'hydrostatique ; les importants travaux de Torricelli, de Guglielmini et de Mariotte la portèrent bientôt après à un haut degré de développement. Lorsque ces savants eurent posé empiriquement les lois de cette science, la déduction mathématique de leurs conséquences devint le but des efforts des plus grands géomètres, notamment de Jean et Daniel Bernouilli, Newton, Maclaurin, d'Alembert, Clairaut, Lagrange, etc.

HYDROSUDOPATHIE (mot hybride formé du grec *hydor*, eau, du latin *sudor*, sueur, et du grec *pathos*, maladie), synonyme d'*Hydrothérapie*. *Voy.* ce mot.

HYDROSULFATE, etc. *Voy.* SULFHYDRATE, etc.

HYDROTHÉRAPIE (du grec *hydôr*, eau, et *thérapéia*, guérison), méthode de traitement qui consiste à combattre exclusivement ou principalement les maladies par l'usage de l'eau. Cette méthode, dont l'idée mère se retrouve à toutes les époques de l'histoire de la médecine, a été depuis 1828 mise en vogue par un paysan de la Silésie, nommé Priesnitz (mort en 1851), et suivie plus de 30 ans dans un établissement fondé par lui à Græfenberg. On y emploie l'eau froide sous toutes les formes : à l'intérieur, en boisson (de 12 à 15 verres par jour), lavements et injections ; à l'extérieur, en bains (bains entiers, demi-bains, bains de siége, de pieds), affusions, douches, application de ceintures humides, de draps mouillés dans lesquels on s'emmaillotte, frictions avec des linges humides, etc. Ces moyens ont pour effet de faire passer alternativement du froid au chaud et du chaud au froid, de faire transpirer fortement le malade, puis de le saisir. Ils réussissent surtout contre les rhumatismes et les maladies chroniques. — La méthode de Priesnitz est tout empirique ; elle a cependant laissé à la science quelques faits dont une étude attentive et vraiment scientifique pourra profiter. — Plusieurs établissements analogues à celui de Græfenberg ont été fondés en France, notamment à Paris, à Bellevue près de Paris, à Lyon, à Dijon, à Divonne (Ain) et dans les montagnes de l'Auvergne. On doit à M. le Dʳ H. Scoutetten un livre excellent intitulé : *De l'Eau sous le rapport hygiénique et médical* (1842). M. le baron de Ponte-Reno, partisan de l'hydrothérapie, a publié, en 1851, une brochure intéressante sur l'*Emploi hygiénique et curatif de l'eau*. Le docteur L. Fleury a donné un *Traité pratique et raisonné d'hydrothérapie* (1852).

HYDROTHORAX (du grec *hydôr*, eau, et *thorax*, poitrine), nom donné à l'hydropisie de poitrine, et particulièrement à celle des plèvres. *Voy.* HYDROPISIE et PLEURESIE.

HYDRURE, se dit, en Chimie, de toute combinaison de l'hydrogène avec un autre élément.

HYÈNE, en latin *Hyæna*, genre de Mammifères de l'ordre des Carnassiers, sous-ordre des Carnivores, famille des Digitigrades. Elle a beaucoup de rapport avec le loup par son naturel carnassier, par sa taille et la forme de sa tête ; mais elle en diffère essentiellement en ce qu'elle n'a que 4 doigts à chacun des pieds. L'hyène a 34 dents : 18 à la mâchoire supérieure (6 incisives, 2 canines et 10 mâchelières), et 16 à la mâchoire inférieure, qui a 2 mâchelières de moins. Le corps est rendu oblique par la flexion des membres postérieurs, ce qui fait que l'animal semble boiter en marchant. Le poil du cou est hérissé en forme de crinière. Cet animal a une poche entre l'anus et la queue. L'espèce type est l'*H. vulgaire* ou *rayée*, dont le pelage est d'un gris jaunâtre rayé de noir. Cette espèce habite la Perse, la Syrie et l'Abyssinie. C'est un animal nocturne, très-vorace ; il préfère les charognes aux viandes fraiches. On a exagéré grandement sa férocité.

On trouve dans toutes les parties du monde de nombreux ossements d'Hyènes fossiles dans les cavernes, et même dans certaines brèches osseuses.

HYGIE (du nom d'*Hygie*, déesse de la santé), planète télescopique découverte le 14 avril 1849 par M. de Gasparis, astronome napolitain. Elle fait sa révolution en 2,124 jours ; l'inclinaison du plan de son orbite sur l'écliptique est de 3° 41′ 51″, 3 ; sa distance moyenne au soleil est de 3,230, celle de la terre étant 1,000. On la représente par un serpent avec une étoile sur la tête.

HYGIÈNE (du grec *hygiéia*, santé), partie de la médecine dont la fin est la conservation de la santé, c.-à-d. qui nous apprend à régler la vie de l'homme, de manière à assurer l'exercice régulier de toutes ses fonctions et le développement complet de toutes ses facultés. Le professeur Hallé divisait l'*hygiène* en trois parties : 1° le *sujet* de l'hygiène ou la connaissance de l'homme sain, dans ses relations et dans ses différences, c.-à-d. en société et individuellement ; 2° la *matière* de l'hygiène ou la connaissance des choses dont l'homme use ou jouit, et celle de leur influence sur notre constitution et nos organes ; 3° les *moyens* ou *règles de l'hygiène*, règles qui déterminent la mesure dans laquelle doit être restreint l'usage des choses pour la conservation de l'homme considéré soit en société, soit individuellement.

La connaissance des lois, des mœurs et de la police des peuples, relativement à l'hygiène, constitue l'*hygiène publique*. Elle s'occupe de tout ce qui concerne la salubrité publique, construction et entretien des égouts et dépôts d'immondices, distribution des eaux, halles et marchés, salles de spectacles, prisons, ateliers et manufactures ; surveillance de l'éclairage, des aliments, des boissons, des logements, etc. Il existe à cet effet un *Comité consultatif d'hygiène publique* qui réside à Paris ; il y a en outre dans chaque département un *Conseil d'hygiène publique* composé de 15 membres (décrets du 15 décembre 1851 et du 19 janv. 1852).

L'*hygiène privée* est celle qui détermine, par des règles déduites de l'observation, dans quelle mesure l'homme qui veut conserver sa santé doit, selon son âge, sa constitution et les circonstances dans lesquelles il se trouve, user des choses qui l'environnent et de ses propres facultés, soit pour ses besoins, soit pour ses plaisirs. *Voy.* DIÈTE.

Les traités d'hygiène les plus estimés sont le *Cours élémentaire d'Hygiène* de M. Rostan (1828) ; les *Éléments d'Hygiène* de M. Ch. Londe (1838). On doit à M. Parent-Duchâtelet l'*Hygiène publique* (1836), à M. Ambr. Tardieu un *Dict. d'Hyg. publique* (1853). Il paraît depuis 1829 des *Annales d'Hygiène publique*.

HYGROBIEES (du grec *hygros*, humide, et *bios*, vie), synonyme d'*Haloragées. Voy.* ce mot.

HYGROMETRE (du grec *hygros*, humide, et *métron*, mesure), instrument qui sert à apprécier le degré d'humidité de l'air, c.-à-d. à mesurer la force élastique de la vapeur d'eau qu'il renferme. Tous les corps qui, en absorbant l'humidité de l'air, changent de forme, de poids ou de volume, tels que les cordes tendues, les cheveux, le chlorure de calcium, la potasse, etc., peuvent servir à la construction des hygromètres ; aussi ces corps sont-ils appelés *hygrométriques* ou *hygroscopiques*.

On a imaginé plusieurs espèces d'hygromètres : dans les uns, on met à profit la condensation, dans les autres, l'absorption, dans d'autres enfin la simple évaporation. L'*H. de Saussure* est le plus employé : c'est un hygromètre d'absorption ; il se compose d'un cheveu fixé par une de ses extrémités à une pièce qui peut éprouver de légers déplacements au moyen d'une vis et d'un ressort, et enroulé, par l'autre extrémité, sur une poulie à deux gorges, dont l'axe porte une aiguille destinée à parcourir un cadran ; dans la seconde gorge de la poulie est enroulé un fil de soie, portant un petit contre-poids qui tient le cheveu constamment et uniformément tendu. Le zéro de l'échelle (la sécheresse extrême) se détermine en enfermant ce petit appareil sous une cloche avec du chlorure de calcium et de l'acide sulfurique qui en absorbent toute l'humidité ; le centième degré (l'humidité extrême) s'obtient en portant l'instrument sous une cloche dont on a mouillé les parois avec de l'eau distillée. Le cheveu s'allonge ou se raccourcit, et détermine ainsi le mouvement de l'aiguille sur le cadran, suivant que l'air se charge plus ou moins d'humidité. Comme cet hygromètre montre simplement l'air approche plus ou moins des deux limites extrêmes de sécheresse ou d'humidité, M. Gay-Lussac a construit une table qui établit les rapports qui existent entre les degrés de l'hygromètre et les forces élastiques elles-mêmes.— Un autre hygromètre, connu sous le nom de *Psychromètre*, a été imaginé par M. August, de Berlin : il mesure l'état hygrométrique de l'air par le refroidissement que cause l'évaporation de l'eau (en grec, *psychros* veut dire froid). Cet instrument se compose de deux thermomètres égaux, dont les réservoirs sont également exposés à l'air ; mais l'un reste sec, tandis que l'autre, couvert d'une toile fine, est incessamment humecté : un simple fil de lin, qui va du réservoir à un vase d'eau assez voisin, suffit pour produire cet effet. L'évaporation qui se fait sur le réservoir humide détermine un abaissement de la température, d'où l'on peut déduire la force élastique de la vapeur qui existe dans l'air. M. August a dressé des tables qui, pour chaque température indiquée par le thermomètre sec, donnent la force élastique de la vapeur hygrométrique lorsqu'on connaît le refroidissement de la boule humide.

HYGROMETRIE, partie de la Physique qui traite des moyens d'apprécier les variations de l'humidité de l'air, la quantité d'eau en vapeur contenue dans l'air ou dans un gaz quelconque. — M. Regnault a publié en 1845, dans les *Annales de chimie et de* physique (t, xv, p. 129), d'importantes études sur l'hygrométrie. *Voy.* HYGROMÈTRE.

HYGROMÉTRIQUES, se dit, en général, des corps qui sont particulièrement sensibles à l'influence de l'humidité ou de la sécheresse. On appelle *État hygrométrique* d'un corps la quantité plus ou moins considérable de vapeur aqueuse qu'il contient.

Il y a des *Plantes hygrométriques* : ce sont celles sur lesquelles les variations de l'humidité de l'atmosphère paraissent avoir le plus d'action. Telles sont : la *Porlière hygrométrique*, qui rapproche ses folioles dès que le temps se dispose à la pluie ; le *Géastre hygrométrique*, champignon dont la collerette, roulée sur elle-même par un temps sec, se déroule et prend une position horizontale par l'effet de l'humidité ; la *Funaire hygrométrique*, dont les pédicules se tordent sur eux-mêmes par la sécheresse, et se déroulent avec rapidité lorsqu'on les mouille, etc.

HYGROSCOPE (du grec *hygros*, humide, et *skopéô*, voir), synonyme d'*Hygromètre*. *Voy.* ce mot.

HYLÉSINE (du grec *hylè*, bois), Coléoptère redoutable par les dégâts considérables qu'il produit dans les bois de pins ; d'où le nom de *Piniperde* qu'on lui donne aussi. Il attaque de préférence les bois abattus ou morts, où il creuse de profondes galeries. Son éclosion a lieu vers le mois de juillet.

HYLOBATES (du grec *hylébatès*, qui court dans les bois), nom scientifique du genre *Gibbon*.

HYLOZOISME (du grec *hylè*, matière, et *zôon*, être vivant), système qui attribue une existence primitive à la matière, et qui considère la vie comme n'étant qu'une de ses propriétés. Ce système a été professé, sous des formes diverses, par Straton de Lampsaque, par les Stoïciens et les Néoplatoniciens, qui donnaient une âme au monde.

HYMENÉA, plante légumineuse. *Voy.* COURBARIL.

HYMÉNIUM (du grec *hymen*, membrane), expansion membraneuse qui, dans les champignons, porte les corpuscules reproducteurs ; cette membrane affecte des formes très-variées ; par exemple, celle de lames dans les Agarics, celle de papilles dans les Téléphores, etc.

HYMÉNOMYCÈTES (du grec *hymen*, membrane, et *mykès*, champignon), nom sous lequel Fries a établi une classe de Champignons, comprenant tous ceux qui ont à l'extérieur une membrane fructifère dans laquelle sont placés les corpuscules reproducteurs. Tels sont les *Agarics*, les *Bolets*, les *Pézizes*, les *Clavaires*, etc.

HYMÉNOPTÈRES (du grec *hymen*, membrane, et *ptéron*, aile), 3e ordre de la classe des Insectes, à pour caractères : 4 ailes membraneuses, à nervures longitudinales ; des mandibules, des mâchoires, et l'abdomen armé, chez les femelles, de tarière ou d'aiguillon. Les Hyménoptères subissent une métamorphose complète. Ce sont les insectes qui se font le plus remarquer par leur instinct. On les divise en 2 sections : les *Térébrants* et les *Porte-aiguillons*. C'est à ces derniers qu'appartiennent les *Fourmis* et les *Abeilles*.

HYMNE (du grec *hymnos*, même sens), chant en l'honneur de la Divinité. Les hymnes furent probablement dans l'origine l'œuvre de chantres inspirés, de poëtes sacrés : tels sont chez les Hébreux le *Cantique de Moïse* après le passage de la mer Rouge, le *Cantique de Débora*, les *Psaumes* ; tels furent en Grèce les hymnes d'Olen, ceux d'Orphée, ceux d'Eumolpe et des Eumolpides ; tels furent encore à Rome les *Assamenta* des Saliens et le *Chant arval* ; plus tard vinrent les hymnes qui portent le nom d'Homère et qui forment la transition des hymnes vrais aux hymnes purement littéraires. — Ceux-ci commencent avec Pindare, dont les hymnes sont perdus ; puis viennent Cléanthe, auteur d'un hymne célèbre à Jupiter, Callimaque, dont on a 6 hymnes, Mésonide, auteur du bel *hymne à Némésis* ; Aristide,

auteur de deux hymnes, l'un à Jupiter, l'autre à Minerve, Proclus, etc. Le *Chant séculaire* d'Horace est aussi un hymne.— Les hymnes eurent chez les anciens des noms spéciaux selon le dieu chanté par le poëte (*Pœans*, en l'honneur d'Apollon ; *Dithyrambes*, en l'honneur de Bacchus ; *Ioules*, de Cérès ; *Métroaques*, de Cybèle).

Le Christianisme a aussi ses hymnes, les uns qui ne se chantent pas aux offices (tels sont les hymnes de Synésius), les autres qui sont destinées à être chantées. Quelques-unes datent des premiers siècles du Christianisme : tels sont le *Te Deum*, dû à S. Ambroise, le *Salvete, flores martyrum*, de Prudence, le *Vexilla regis*, de Fortunat, le *Pange, lingua*, de Claudien Mamert, le *Dies iræ*, attribué à Thomas de Celano, minorite du xiiie siècle ; mais la plupart des hymnes qu'on chante aujourd'hui en France sont de Santeul, qui se fit, comme hymnographe, une grande réputation : il y en a aussi de Coffin et de trois ou quatre autres modernes. L'hymne excède rarement 6 stances de 4 vers : elle finit par une strophe qui paraphrase le *Gloria patri* ; on la chante après les Psaumes. Chaque fête et chaque saint a son hymne particulière. Les hymnes sont quelquefois désignées sous les noms de *proses*, de *cantiques*. *Voy.* ces mots.

N. B. On sait que, par une bizarrerie que rien ne justifie, le mot *hymne*, qui est masculin, devient féminin quand il s'applique aux chants de l'Église.

HYMNOGRAPHES, auteurs d'hymnes. *V.* HYMNE.

HYOÏDE (os), du grec *hyoeidès*, qui a la forme de l'*ypsilon*, *v*; petit os en forme d'arc dont la convexité regarde en devant, et qui est suspendu horizontalement entre la base de la langue et le larynx, dans l'épaisseur des parties molles du cou. Quelques anatomistes l'ont appelé *os lingual*, parce qu'il donne attache aux divers muscles qui se rendent à la langue. Il est composé de 5 pièces, mobiles les unes sur les autres : 1o une, moyenne, presque carrée, représente le *corps* ; 2o deux, appelées les *grandes cornes*, se prolongent latéralement, et sont unies, par un ligament dit *thyro-hyoïdien*, aux cornes supérieures du cartilage thyroïde ; 3o deux autres, nommées les *petites cornes*, sont placées au-dessus des grandes.

HYOSCYAMUS. *Voy.* JUSQUIAME.

HYPALLAGE (du grec *hypallagè*, changement), figure de style, qui consiste en un renversement dans la corrélation des idées ; elle paraît attribuer à certains mots ce qui appartient à d'autres mots de la même phrase : exemple, *enfoncer son chapeau dans sa tête*, pour : *enfoncer sa tête dans son chapeau*. Cette figure est d'un usage fréquent chez les poëtes latins, notamment chez Virgile :

Ibant obscuri sola sub nocte per umbram,

au lieu de *soli* sub *obscura* nocte.

Souvent aussi l'hypallage consiste en une personnification hardie d'une chose à laquelle on prête des qualités qui ne conviennent qu'à des êtres animés :

Trahissant la vertu sur un *papier coupable*.

HYPER, c.-à-d., en grec, *au-dessus, au delà*, préposition grecque qui entre dans la composition de plusieurs mots français dérivés du grec, marque quelque *excès*, quelque chose au delà de la signification du mot simple auquel on la joint.

HYPERBATE (du grec *hyper*, au delà, par-dessus, et *bainô*, aller), figure de Grammaire qui renverse l'ordre naturel des mots, ne se dit que de petites inversions qui ne dépassent pas un membre de phrase :

Et les hautes vertus que de vous il hérite. (CORN., le *Cid.*)

HYPERBOLE (du grec *hyper*, au delà, et *ballô*, jeter), figure de Rhétorique qui consiste à amplifier, à exagérer les choses, pour faire plus d'impression,

Les meilleurs écrivains ont fait un heureux usage de l'hyperbole. Racine a dit, en parlant de l'impie :

Pareil au cèdre, il cachait dans les cieux
Son front audacieux, etc.

Les poëtes satiriques en ont fait abus :

Juvénal, élevé dans les cris de l'école,
Poussa jusqu'à l'excès sa mordante hyperbole. (Art poét.)

L'hyperbole va, il est vrai, au delà de la vérité ; mais il est des limites dans lesquelles elle doit se renfermer sous peine de tomber dans le ridicule. Molière a pu faire dire à Alceste, à propos du mauvais sonnet d'Oronte :

Et si par un malheur j'en avais fait autant,
Je m'irais, de regret, pendre tout à l'instant. (Misanthr.)

Mais l'Arioste dépasse toutes les bornes quand, parlant d'un de ses héros, il dit que, dans la chaleur du combat, ne s'étant pas aperçu qu'on l'avait tué, il combattit toujours vaillamment, tout mort qu'il était. En Géométrie, l'hyperbole est une courbe du second ordre produite à la surface d'un cône par un plan qui coupe cette surface obliquement par rapport à l'une des génératrices, et se prolonge au delà du sommet au travers du cône opposé formé par le prolongement de toutes les génératrices. Il suit de là que l'hyperbole est formée de deux parties qu. sont opposées l'une à l'autre sans se toucher, et étendues indéfiniment dans les deux sens. L'hyperbole a son usage et ses applications dans l'Architecture, dans la Dioptrique et la Catoptrique, pour la construction des verres et des miroirs, etc.

HYPERDULIE (du grec hyper, au-dessus, et douléia, hommage), se dit du culte qu'on rend à la sainte Vierge. On l'appelle ainsi pour marquer que ce culte est au-dessus de celui qu'on rend aux saints.

HYPÉRICINÉES (du genre type Hypericum, Millepertuis), famille de plantes dicotylédones, renferme des herbes, des sous-arbrisseaux, des arbustes et même des arbres, qui sont souvent remarquables par les sucs résineux qu'ils renferment. Leurs feuilles, lorsqu'on les regarde contre le jour, paraissent marquées de points translucides qui sont les réservoirs de ces sucs. Les fleurs sont à 4 ou 5 pétales, jaunes et parsemées de petits points noirs. Le suc de ces plantes est tonique et astringent ; quelquefois même, légèrement purgatif et fébrifuge. Les genres Millepertuis, Vismie, Androsème, appartiennent à cette famille.

HYPEROODON (du grec hyperóa, le palais de la bouche, et odous, dent), genre de Cétacés qui ne renferme qu'une espèce des mers du Nord. Cette espèce, voisine des Baleines, a le bec des Dauphins, une nageoire dorsale, et est remarquable par une crête verticale qu'elle porte aux maxillaires supérieurs. Sa taille atteint 10 mètres de longueur.

HYPERSARCOSE (du grec hyper, excès, et sarx, génitif sarkos, chair), développement trop considérable des bourgeons celluleux et vasculaires qui recouvrent la surface d'une plaie.

HYPERTROPHIE (du grec hyper, à l'excès, et de trophè, nutrition), accroissement excessif d'un organe, caractérisé par une augmentation de son poids et de son volume sans altération réelle de sa texture. L'hypertrophie est le résultat d'une nutrition anormale et trop active. L'anévrisme actif du cœur est une hypertrophie des parois de cet organe.

HYPÈTHRE (du grec hypaithros, formé lui-même de hypo, sous, et aithra, air), nom donné par les Architectes à des édifices découverts ou sans toit. La Grèce offrait plusieurs temples hypèthres, notamment ceux de Jupiter et d'Apollon ; ces temples avaient deux rangs de colonnes tout autour.

HYPNIATRE (du grec hypnos, sommeil, iatros, médecin). On a donné ce nom à certains somnambules qu'on suppose doués de la faculté d'indiquer,

pendant le sommeil magnétique, les médicaments convenables au traitement des maladies,

HYPNOBATE, Hypnobates (du grec hypnos, sommeil et batès, qui marche), synonyme de SOMNAMBULE.

HYPNOTIQUES (du grec hypnos, sommeil), se dit de médicaments propres à provoquer le sommeil. Voy. NARCOTIQUES.

HYPO..., c.-à-d., en grec, sous, dessous, préposition grecque qui entre dans la composition de plusieurs mots français dérivés du grec, marque en général soumission, abaissement, diminution.

HYPOAZOTIQUE (ACIDE). Voy. HYPONITRIQUE.

HYPOCHLOREUX (ACIDE), acide composé de chlore et d'oxygène (ClO), qu'on obtient sous la forme d'un gaz jaune, en décomposant un hypochlorite par un acide faible. Il détone par la chaleur et se décompose en chlore et en oxygène ; il jouit à un haut degré de la propriété de blanchir les matières colorantes.

HYPOCHLORITES, dits aussi Chlorures d'oxyde ou Chlorures décolorants, sels formés par la combinaison de l'acide hypochloreux et d'une base. On les obtient, mélangés avec des chlorures proprement dits, en faisant passer du gaz chlore dans la dissolution des alcalis. Les hypochlorites les plus importants sont ceux de chaux, de potasse et de soude. L'H. de chaux, plus connu sous le nom de Chlorure de chaux, se prépare en saturant de chlore la chaux éteinte : c'est une poudre blanche, d'une saveur âcre et désagréable, et répandant l'odeur du chlore ; il est lentement décomposé par l'acide carbonique de l'air, et instantanément par l'acide sulfurique. L'H. de potasse, Chlorure de potasse, vulgairement Eau de Javelle (ainsi nommée du nom d'un village près de Paris, où elle paraît avoir été d'abord fabriquée), et l'H. de soude, Chlorure de soude ou Liqueur de Labarraque (du nom d'un pharmacien qui en fit connaître l'emploi), se préparent de la même manière que l'hypochlorite de chaux, et ont des propriétés semblables. — On emploie ces divers composés en arrosements, fumigations ou lotions, comme agents hygiéniques, pour l'assainissement des hôpitaux, des salles de dissection, des mines, des égouts, et, en général, de tous les lieux rendus infects et malsains par la décomposition des matières organiques. On peut aussi en tirer parti pour détruire l'odeur de la peinture dans les appartements fraîchement vernis. Leur emploi est préférable à celui du chlore, leur odeur étant moins vive et moins suffocante. On les applique aussi, surtout le chlorure de chaux, au blanchiment du coton, de la toile, du linge, et des chiffons destinés à la fabrication du papier. On s'en sert journellement pour blanchir les vieilles estampes, restaurer les vieux livres et enlever les taches d'encre.

L'époque précise de la découverte des hypochlorites est incertaine. En 1789, l'eau de Javelle était déjà usitée dans le blanchiment ; sa préparation, tenue longtemps secrète, fut ensuite indiquée par Berthollet ; le chirurgien Percy l'employa, dit-on, en 1793 à l'armée du Rhin contre la pourriture d'hôpital. Le chlorure de chaux, décrit en France par Descroizilles de Rouen, fut ensuite introduit en Angleterre par G. Tennant, et préparé en grand, en 1798, par Mackintosh, sous le nom de Poudre de Tennant et de Knox, ou Poudre de blanchiment. Son usage ne fut adopté en France que longtemps après. M. Mœsuyer, professeur à l'Ecole de médecine de Strasbourg, est un des premiers qui eurent l'idée d'employer ce chlorure à la désinfection de l'air (1807). Oubliés pendant longtemps, ces composés furent, en 1822, rappelés au souvenir des savants par Labarraque, qui en fit d'abord connaître l'utilité dans l'art du boyaudier et qui en fit de nombreuses applications à l'hygiène publique et privée.

On doit particulièrement à MM. Balard et Williamson des expériences sur les hypochlorites.

HYPOCISTE (du grec *hypo*, sous, et de *Ciste*, espèce de plante), plante parasite, qui croît sous le Ciste, est plus connue sous le nom de *Cytinelle. V.* ce mot. On nomme *Suc d'hypociste* un suc qu'on extrait des baies de la Cytinelle. On trouve ce suc dans le commerce en masses orbiculaires et noires, enveloppées d'une vessie, brillantes dans leur cassure, inodores, d'une saveur acide et astringente. Il entre dans la thériaque et dans quelques autres préparations officinales. On l'employait contre les hémorroïdes et les flux muqueux. L'hypociste croît dans les régions méditerranéennes; le meilleur extrait d'hypociste vient de l'île de Crète.

HYPOCONDRE ou **HYPOCHONDRE** (du grec *hypo*, sous, et *chondros*, cartilage), partie supérieure et latérale de l'abdomen, située sous les cartilages des côtes, à droite et à gauche de l'épigastre. On y plaçait jadis le siège d'une maladie noire qu'on nommait, pour cette raison, *Hypocondrie.*

Hypocondre se prend aussi adjectivement pour *hypocondriaque,* attaqué d'*hypocondrie.*

HYPOCONDRIE (du grec *hypo*, sous, et *chondros*, cartilage, parce qu'on plaçait le siége de cette maladie dans les hypocondres), affection éminemment nerveuse, qu'on a appelée aussi *Vapeurs*, *Maladie noire*, et qui paraît consister dans une irritation ou une manière d'être particulière du système nerveux, principalement de celui qui vivifie les organes digestifs. Elle est caractérisée par un trouble dans la digestion, sans fièvre ni lésion locale, par des flatuosités, des borborygmes, une exaltation extrême de la sensibilité, avec des spasmes, des palpitations, des illusions des sens, des terreurs paniques, des inquiétudes exagérées, spécialement sur tout ce qui tient à la santé. Cette névrose est plus fréquente chez les adultes que chez les vieillards, et chez les hommes que chez les femmes; elle se développe presque toujours chez les individus doués de grandes facultés intellectuelles, mais irritables, impressionnables, épuisés par les travaux de l'esprit, par des passions vives, ou chez les riches blasés; elle survient parfois à la suite d'une maladie de l'estomac ou du foie, ou bien par la crainte de cette même maladie.

L'hypocondrie n'est grave que par l'espèce d'anéantissement intellectuel dont elle frappe le malade; bien qu'étant de longue durée, elle est guérissable; mais elle est sujette à récidiver, et détermine alors des maladies organiques, ou même la folie. Le traitement consiste presque uniquement dans l'emploi des moyens hygiéniques et des influences morales. Les moyens pharmaceutiques ont ici peu d'efficacité; cependant, on doit chercher à calmer les douleurs par des bains, des frictions sur les membres, de légers narcotiques à l'intérieur; on combat l'inertie de l'estomac par des préparations amères et toniques et par des eaux gazeuses acidules; enfin, on remédie à la constipation si ordinaire aux hypocondriaques par des lavements émollients et laxatifs, et des purgatifs doux répétés.

HYPOCOROLLIE (du grec *hypo*, sous, et de *corolle*), une des classes de Jussieu, renfermant les plantes dicotylédones monopétales, à étamines hypogynes, comme les *Solanées*, les *Labiées*, etc.

HYPOCRAS, selon l'Académie (il dériverait alors de la préposition *hypo*, sous, et de *crasis*, mélange), et mieux HIPPOCRAS, en latin *vinum hippocraticum* (parce qu'on coulait le mélange dans le filtre, dit *chausse* ou *manche d'Hippocrate*), boisson tonique et stomachique que l'on compose, tantôt avec une infusion d'amandes douces et de cannelle concassée dans du vin de Madère mêlé d'eau-de-vie, sucré et enfin aromatisé avec un peu de musc et d'ambre, tantôt avec du vin, du sucre, de la cannelle, du girofle, du gingembre, etc. Cette liqueur était fort en usage autrefois. Il y avait de l'*H. de bière*, de l'*H. de cidre*, de l'*H. rouge* et *blanc*, de l'*essence d'hypocras*, etc.

HYPOGASTRE (du grec *hypo*, sous, et *gaster*, ventre), partie inférieure du ventre, est opposée à l'*épigastre*, qui en est la partie supérieure. La *région hypogastrique* est bornée supérieurement par une ligne droite que l'on suppose étendue de l'une à l'autre des épines iliaques antérieures supérieures, environ à trois travers de doigt au-dessous du nombril. On la subdivise en *région supérieure*, qui est située au-dessus de la saillie du pubis, et dont la partie moyenne constitue l'*hypogastre* proprement dit, et en *région inférieure*, qui comprend le pubis et les aines.

HYPOGÉ (du grec *hypo*, sous, et *gè*, terre), épithète par laquelle on désigne les cotylédons lorsqu'ils restent sous terre lors de la germination.

HYPOGÉE (du grec *hypogéios*, souterrain), se dit particulièrement des excavations et des constructions souterraines où les anciens, les Egyptiens surtout, déposaient leurs morts : on trouve aux environs de Thèbes beaucoup d'hypogées. Les Grecs eurent des *hypogées* après que l'usage de brûler les morts eut été abandonné. *Voy.* NÉCROPOLE.

HYPOGLOSSE (du grec *hypo*, sous, et *glôssa*, langue), grand nerf qui préside aux mouvements de la langue, naît par dix ou douze filets des sillons qui séparent les éminences pyramidales et olivaires, sort du crâne par le trou cotyloïdien, et se divise en deux branches, dont l'une, dite *branche cervicale*, forme avec le plexus cervical une grande arcade anastomosique, et dont l'autre, la *branche linguale*, se distribue aux muscles de la langue et du pharynx.

HYPOGYNE (du grec *hypo*, sous, et *gynè*, femelle, pistil), se dit, en Botanique, des organes floraux insérés sous le pistil. Ainsi on nomme *hypogynes* les étamines, le disque, les pétales, lorsque leur point d'insertion est au même lieu que celui du pistil ou au-dessous, comme dans les Graminées, les Solanées, les Crucifères, etc.

HYPONITRIQUE (ACIDE), dit aussi *Acide hypoazotique*, *Gaz nitreux*, *Vapeur nitreuse*, combinaison d'azote et d'oxygène (NO^4), qui se présente, dans les circonstances ordinaires, sous la forme d'un liquide jaune, très-volatil et fort mobile, répandant d'abondantes fumées rutilantes et extrêmement délétères. C'est à elle que l'acide nitrique fumant du commerce doit sa coloration jaune. Elle se produit dans beaucoup de circonstances, lorsqu'on verse de l'acide nitrique sur des métaux, par exemple, sur l'étain ou le cuivre. On l'obtient à l'état de pureté en distillant du nitrate de plomb, et condensant le gaz dans un mélange de glace et de sel marin. Elle peut être solidifiée par l'action du froid. Elle se décompose au contact de l'eau, qui se charge alors d'acide nitrique. Mise en contact avec les alcalis, elle les convertit en un mélange de nitrite et de nitrate : c'est ce qui lui a fait donner par quelques chimistes le nom d'*acide nitroso-nitrique* ($NO^3 + NO^5$). On s'en sert pour éprouver la qualité de l'huile d'olive (*Voy.* ce mot). — L'acide hyponitrique a été reconnu et analysé par Dulong.

HYPOPÉTALIE (du grec *hypo*, sous, et *pétalon*, pétale), une des classes du système de Jussieu, renferme les plantes dicotylédones polypétales à étamines hypogynes, comme les *Renonculacées*, les *Crucifères*, etc.

HYPOSTAMINIE (du grec *hypo*, sous, et du latin *stamen*, étamine), une des classes du système de Jussieu renferme les plantes dicotylédones, à fleurs apétales, et de les étamines hypogynes, telles que les *Plantaginées*, les *Nyctaginées*, etc.

HYPOSTASE, HYPOSTATIQUE (du grec *hypo*, sous, et *staô*, se tenir, *substratum*). Le mot *hypostase* s'emploie fréquemment en Théologie dans le sens de substance, d'essence, de condition. Par *forme hypostatique* on entend ce qui constitue essentiellement chacune des trois personnes de la Trinité. La forme hypostatique du Père consiste à ne point avoir de principe, mais à être le principe d'où procèdent les deux autres personnes; celle du Fils à être engendré de toute éternité par le Père, et à être avec lui le principe du Saint-Esprit; et celle du Saint-Esprit à procéder de toute éternité du Père et du Fils, sans être le principe d'aucune autre personne.

Dans la Philosophie néoplatonicienne, Dieu se produit sous trois formes ou *hypostases* : l'*Unité* en soi, l'*Intelligence absolue*, l'*Ame universelle*.

HYPOSULFATES, sels composés d'acide hyposulfurique et d'une base.

HYPOSULFITES, sels composés d'acide hyposulfureux et d'une base. On emploie dans la Photographie l'*hyposulfite de soude* (S^2O^2, NaO + 5aq), sel incolore, très-soluble dans l'eau et cristallisé, qu'on obtient en faisant chauffer du soufre avec du sulfite de soude; il a la propriété de dissoudre le chlorure et le bromure d'argent.

HYPOSULFUREUX (ACIDE), acide composé de soufre et d'oxygène (S^2O^2), qu'on suppose se trouver en combinaison dans les sels appelés *hyposulfites*. Il n'a pas encore été isolé.

HYPOSULFURIQUE (ACIDE), acide composé de soufre et d'oxygène (S^3O^5), qu'on obtient en combinaison avec du protoxyde de manganèse, lorsqu'on fait passer du gaz sulfureux dans de l'eau tenant en suspension le peroxyde de ce métal. On peut l'isoler sous la forme d'un liquide incolore, sans odeur et d'une saveur franchement acide. Il a été découvert par Gay-Lussac.

HYPOTÉNUSE (du grec *hypo*, sous, et *téinô*, tendre), se dit, en Géométrie, du côté qui est opposé à l'angle droit dans un triangle rectangle. L'hypoténuse est le plus grand des côtés d'un triangle rectangle. Le carré construit sur l'hypoténuse est égal à la somme des carrés construits sur les deux autres côtés. C'est à Pythagore que l'on doit la découverte de ce beau théorème, et philosophe fut, dit-on, si ravi de sa découverte, qu'il sacrifia une hécatombe aux Muses pour témoigner sa reconnaissance.

HYPOTHÉCAIRE (CAISSE), institution privée, autorisée par ordonnance du 12 juillet 1820, avait deux buts bien distincts : le premier, de venir au secours de la propriété foncière, en prêtant dans toute la France à un taux d'intérêt uniforme et modéré; le second, de procurer aux capitalistes et aux rentiers un placement sûr de leurs capitaux. Après avoir rendu pendant 25 ans d'incontestables services, cette caisse s'est vue obligée de cesser ses opérations. La *Banque foncière de Paris*, créée le 28 mars 1852, rend des services analogues, en même temps qu'elle facilite le transport des créances hypothécaires.

Inscription hypothécaire. Voy. HYPOTHÈQUE.

HYPOTHÉNAR (du grec *hypo*, sous, et *thénar*, paume de la main), saillie qui se remarque à la face palmaire de la main, sous le petit doigt et dans sa direction. Elle est formée par les quatre muscles palmaire cutané, adducteur, court fléchisseur et opposant du petit doigt.

HYPOTHÈQUE (du grec *hypothéké*, support, gage, nantissement). Suivant le Code Napoléon (art. 2114), «l'*hypothèque* est un droit réel sur les immeubles affectés à l'acquittement d'une obligation.» Le bien hypothéqué reste en la possession du débiteur; mais, à défaut de payement, le créancier peut le faire vendre en justice. — L'hypothèque est *légale*, *judiciaire* ou *conventionnelle*, suivant qu'elle résulte de la *loi*, d'un *jugement*, ou d'une *convention*. L'*H. légale* a lieu : 1° au profit des femmes mariées, sur les biens de leur mari; 2° au profit des mineurs et interdits, sur les biens de leur tuteur ; 3° au profit de l'État, des communes et des établissements publics, sur les biens des comptables. L'*H. judiciaire* résulte, non-seulement des jugements, en faveur de celui qui les a obtenus, mais encore des actes sous seing privé, quand la reconnaissance ou la vérification des signatures apposées à ces actes a été faite en justice. L'*H. conventionnelle* ne peut être consentie que par ceux qui ont capacité d'aliéner et ne peut par acte devant notaire. — En outre, l'hypothèque est *générale* ou *spéciale*, selon qu'elle s'étend sur tous les biens du débiteur ou sur une partie seulement de ces biens. Toute hypothèque légale est générale. L'hypothèque conventionnelle doit être spéciale, c.-à-d. déterminer la nature et la situation des immeubles hypothéqués ; l'hypothèque générale conventionnelle est prohibée, ainsi que toute hypothèque sur biens à venir, à moins d'insuffisance du gage. — Toute hypothèque est indivisible, c.-à-d. qu'elle subsiste en entier sur tous les immeubles affectés, sur chacun et sur chaque portion de ces immeubles; en outre, elle les suit, dans quelques mains qu'ils passent. — L'hypothèque doit être déclarée et inscrite au bureau de la conservation des hypothèques (c'est ce qu'on nomme *inscription hypothécaire*); autrement elle est à l'égard des biens comme si elle n'existait pas. Néanmoins, l'hypothèque légale a son effet lors même qu'elle n'est pas inscrite. Le rang des hypothèques est fixé par la date de leur inscription, et c'est d'après cette date qu'on établit le rang de chaque créancier dans les *ordres*. Les inscriptions doivent être renouvelées tous les dix ans. — Les hypothèques s'*éteignent* : 1° par l'extinction de l'obligation principale, 2° par la renonciation du créancier à l'hypothèque, 3° par l'accomplissement des formalités prescrites aux détenteurs ou acquéreurs pour *purger* les biens par eux acquis (Voy. PURGE), 4° par la prescription. — Tout ce qui concerne les hypothèques est réglé par le C. Nap. (art. 2092-95).

L'origine des hypothèques remonte aux temps les plus reculés : chez les Grecs, qui créèrent le mot, on indiquait par des colonnes surmontées d'inscriptions les biens hypothéqués. Cet usage fut aussi pratiqué à Rome dans les premiers temps ; plus tard, il y fut remplacé par un mode d'enregistrement nommé *insinuation* (Voy. ce mot). Pendant longtemps, en France, l'hypothèque était occulte ; et dès lors il n'y avait aucune garantie contre la mauvaise foi : un créancier se trouvait primé par des hypothèques dont il n'avait pu soupçonner l'existence. Henri III en 1581, Henri IV en 1606, Louis XIV en 1673, tentèrent de donner aux hypothèques le degré de publicité nécessaire pour la sûreté des contractants ; mais ces projets, sans cesse traversés par les courtisans endettés, ne furent pas exécutés. Enfin, la publicité parut avec la loi du 11 brumaire an VII; c'est une des conquêtes de notre Révolution. Le Code Napoléon consacra ce principe, et donna aux hypothèques une législation qui, depuis, a été adoptée par la plupart des peuples de l'Europe.

Toutefois, notre législation hypothécaire laisse encore beaucoup à désirer. Une commission, nommée en 1845 pour la perfectionner, s'était déjà livrée à d'importants travaux, lorsque survint la révolution de 1848; repris avec ardeur par l'Assemblée nationale en 1849, ces travaux allaient aboutir à une loi nouvelle, lorsque les événements de décembre 1851 vinrent encore ajourner une réforme impatiemment attendue. Toutefois, le décret du 28 février 1852, qui a créé les institutions de crédit foncier, a déjà introduit dans une partie du régime hypothécaire, notamment en ce qui concerne les propriétés rurales, d'importantes améliorations, telles que le transport des obligations et l'expropriation des biens hypothéqués.

Parmi les ouvrages publiés sur cet important sujet, on cite : le *Régime hypothécaire*, de M. Persil; le *Traité des Hypothèques*, de Grenier ; le *Commentaire sur les priviléges et hypothèques*, de M. Troplong. L'administration a publié en 1841 trois vol. de *Documents relatifs au régime hypothécaire*.

HYPOTHÈQUE. Ce mot s'emploie quelquefois, dans le langage populaire, pour désigner une composition que l'on boit après le repas comme digestif, et qui est faite avec de l'eau-de-vie, du sucre et des fruits, tels que coing, raisin muscat. etc. On dit en ce sens : *boire de l'hypothèque, prendre de l'hypothèque.* Cette expression vient sans doute de ce que de telles compositions sont considérées comme garantissant la santé, de même que les hypothèques garantissent les créances.

HYPOTHÈSE (en grec *hypothésis,* supposition). On fait une *hypothèse,* en matière scientifique, lorsque, pour rendre raison d'un fait, on le suppose produit soit par une des causes déjà connues dans la nature, soit par une cause spéciale qu'on imagine. Si cette cause, considérée dans ses effets ordinaires ou possibles, concorde avec toutes les circonstances du fait qu'il s'agit d'expliquer, elle est réputée vraie, et prend rang dans la science; dans le cas contraire, elle est écartée. On peut citer comme exemple d'hypothèse vérifiée et définitivement admise l'idée de la gravitation universelle; et comme exemple d'hypothèse contredite par les faits, l'explication du phénomène de la rosée par la pluie. — L'hypothèse est d'un grand secours dans les sciences physiques : elle conduit, par voie d'essai, à d'importantes découvertes; en outre, elle sert à lier les faits entre eux et à les coordonner; sans elle, il n'y aurait, pour ainsi dire, ni astronomie, ni physique, ni chimie, ni médecine; mais elle a besoin d'être sévèrement contrôlée par l'observation. Bacon a tracé à cet égard, dans le *Novum Organum,* des règles qui sont reconnues aujourd'hui par tous les savants, et qui se trouvent dans toutes les logiques (*Voy.* INDUCTION). Avant lui, avant les Képler, les Galilée, les Newton, ces règles étaient peu pratiquées. Dans l'antiquité et durant le moyen âge, la philosophie, la cosmologie, la physique, etc., n'ont été le plus souvent qu'un tissu d'hypothèses ambitieuses, sans fondement dans la réalité : telles étaient celles des philosophes anciens sur la formation du monde, qu'ils attribuaient soit à l'eau, soit au feu, soit à d'autres éléments, ou au concours fortuit des atomes. On fait aussi un grand usage de l'hypothèse dans les sciences exactes pour la solution des problèmes : on suppose une solution, et on en tire les conséquences jusqu'à ce qu'on arrive à un résultat évidemment vrai, ce qui justifie la supposition; ou évidemment faux, ce qui la condamne définitivement. C'est dans cet emploi de l'hypothèse que consiste la *Méthode analytique* dans les sciences de raisonnement pur.

HYPOTYPOSE (en grec *hypotyposis,* exposition, image, d'*hypo,* sous, et *typpô,* figurer; mettre sous les yeux), figure de Rhétorique qui peint les choses dont on parle avec des couleurs si vives qu'on croit les voir de ses propres yeux, et non en entendre seulement le récit. Boileau, Racine, Voltaire et tous nos grands poëtes ont fait de cette figure un usage très-heureux. En voici un exemple emprunté à Racine (*Andromaque,* III, 8) :

> Figure-toi Pyrrhus, les yeux étincelants,
> Entrant à la lueur de nos palais brûlants,
> Sur tous nos frères morts se frayant un passage,
> Et, de sang tout couvert, échauffant le carnage.

Hypotyposes pyrrhoniennes, titre d'un livre célèbre de Sextus Empiricus, écrit vers la fin du IIᵉ siècle de J.-C., dans lequel ce philosophe grec fait une savante exposition des doctrines du scepticisme.

HYRAX, nom latin du genre DAMAN. *Voy.* ce mot.

HYSON, sorte de thé fort estimée, est ainsi nommée d'un mot chinois qui veut dire *printemps,* parce que c'est au commencement de cette saison qu'on le cueille.

HYSSOPE ou **HYSOPE** (du grec *hyssopos,* même signification), *Hyssopus,* genre de la famille des Labiées, renferme des sous-arbrisseaux à feuilles opposées, sessiles; à pédoncules axillaires, multiflores; et à fleurs blanches, rouges, purpurines ou bleues, toutes odoriférantes. L'espèce principale est l'*H. officinale,* dont les sommités fleuries sont employées en médecine, et sont rangées parmi les stomachiques et les pectoraux. On en tire une eau distillée et une huile essentielle de même odeur que celle de la plante. L'hyssope sert encore à faire de bordures dans les jardins. — Il est souvent question dans la Bible de l'*Hyssope;* elle y est opposée au Cèdre du Liban comme étant la plus petite des plantes : mais cette Hyssope est si vaguement désignée qu'on ne saurait aujourd'hui la rapporter à un genre quelconque. Quelques Botanistes ont cru que ce pouvait être une mousse qui croît en abondance sur les murs de Jérusalem.

HYSTÉRIE (du grec *hystéra,* utérus), maladie souvent convulsive exclusivement propre à la femme, et que l'on désigne vulgairement sous les noms de *vapeurs,* d'*attaques de nerfs :* c'est une névrose. Elle se manifeste par des accès, dont le principal caractère consiste dans le sentiment d'une boule (*globe* ou *boule hystérique*) qui semble partir de l'utérus, refouler vers l'estomac une chaleur plus ou moins vive ou un froid glacial, et se porter ensuite à la poitrine et au cou, où elle produit une espèce d'étouffement et de strangulation. Dans les accès violents, ces phénomènes sont suivis de perte de connaissance, de mouvements convulsifs, de somnambulisme ou de léthargie. Souvent aussi les malades se plaignent de douleurs violentes dans la tête, ordinairement au vertex (*clou hystérique*). La durée des attaques est très-variable. Des bâillements, des pandiculations, des cris, des pleurs, des éclats de rire immodérés, annoncent ordinairement la fin de l'accès. — L'hystérie diffère de l'épilepsie par la nature des mouvements convulsifs, qui n'affectent point les muscles de la face, et par l'absence de salive écumeuse.

Cette névrose se manifeste, spécialement de 15 à 30 ans, chez les femmes douées d'un tempérament nerveux, exalté par un amour contrarié, par la jalousie, ou par l'influence de lectures et de conversations licencieuses. Les affections vives et fréquentes, une vie oisive et triste, l'irrégularité dans le cours du sang, en sont encore de causes fréquentes.

Chez les femmes d'une forte constitution, l'hystérie cesse quelquefois spontanément dans l'état de mariage. Dans le cas contraire, on ne peut guère lui opposer avec succès qu'un traitement hygiénique, un régime adoucissant, dont le lait doit former la base, des bains et des demi-lavements frais, un exercice modéré, les distractions, les voyages, les antispasmodiques, et souvent, selon les cas, des saignées locales ou générales.

HYSTRIX, nom scientifique du genre Porc-épic, emprunté aux Grecs, et formé des mots *hys,* porc, et *thrix,* poil. Il a donné naissance à la dénomination d'*Hystriciens,* appliquée par quelques Naturalistes à une tribu de Rongeurs qui se caractérise par les piquants dont sa peau est revêtue, et qui a pour type le Porc-épic.

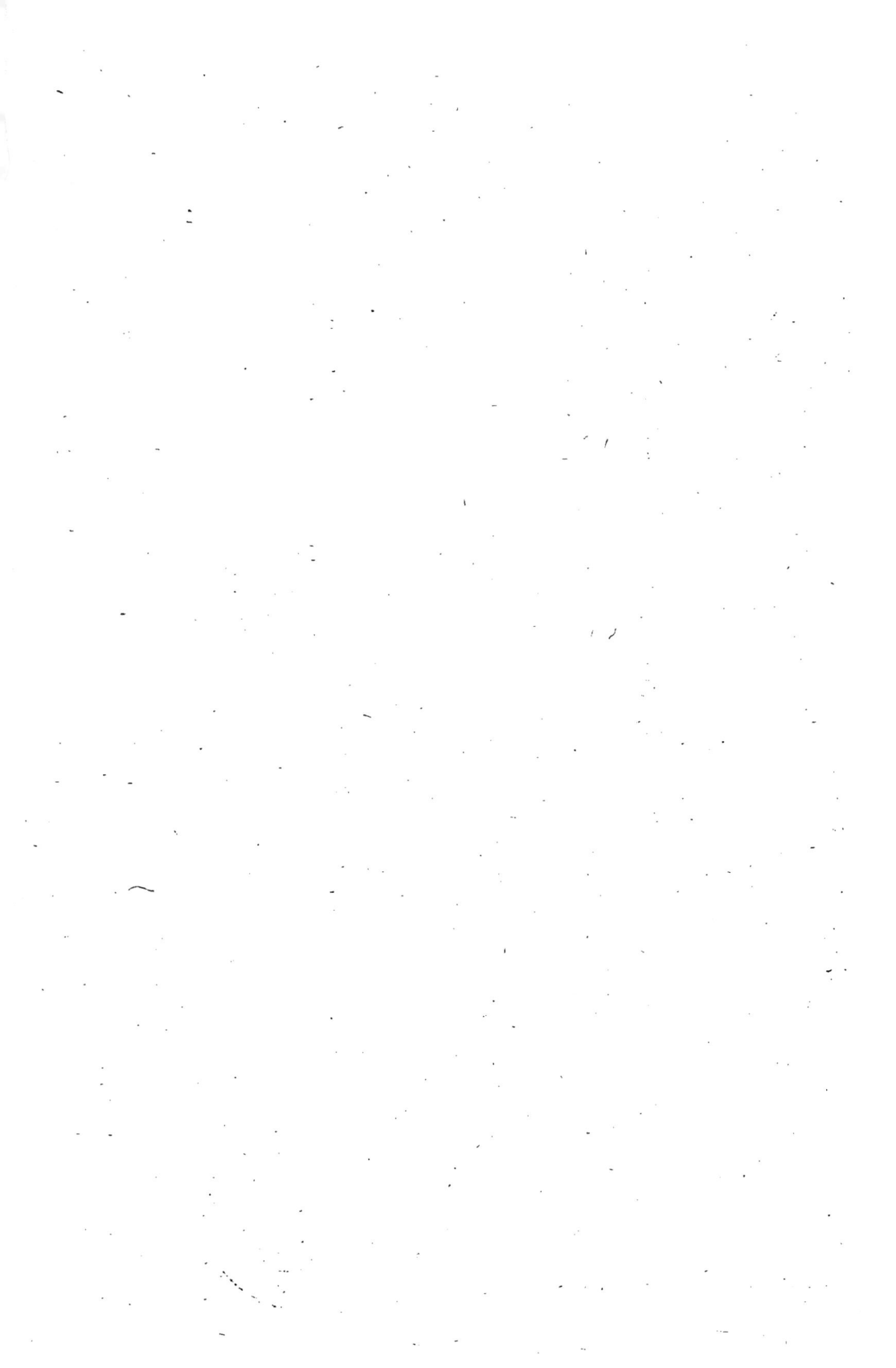

www.ingramcontent.com/pod-product-compliance
Lightning Source LLC
Chambersburg PA
CBHW060535280326
41932CB00011B/1299